NOVO DICIONÁRIO DA BÍBLIA

NOVO DICIONÁRIO DA BÍBLIA

JOHN DAVIS

AMPLIADO E ATUALIZADO

© 1985 da Junta de Educação
Religiosa e Publicações da Convenção
Batista Brasileira
© 2005 Editora Hagnos
Título original
A dictionary of the Bible

Revisão
Eldo Ferreira
João Guimarães
Patricia Murari

Capa
Souto Crescimento de Marca

Diagramação
Atis Design Ltda

1ª edição - setembro - 2005
Reimpressão - agosto - 2006
Reimpressão - junho - 2008
Reimpressão - abril - 2011
Reimpressão - agosto - 2013
Reimpressão - setembro - 2015
Reimpressão - fevereiro de 2019

Gerente editorial
Juan Carlos Martinez

Coordenador de produção
Mauro W. Terrengui

Impressão e acabamento
Imprensa da Fé

Todos os direitos desta edição reservados para:
Editora Hagnos Ltda
Av. Jacinto Julio, 27 - CEP: 04815-27
São Paulo - SP - Tel (11)5668-5668
hagnos@hagnos.com.br - www.hagnos.com.br

Dados Internacionais de Catalogação na Publicação (CIP)
(Câmara Brasileira do Livro, SP, Brasil)

Davis, John D., 1854 - 1926
Novo Dicionário da Bíblia / John D. Davis; [Tradução: J.R. Carvalho Braga]. - Ed. Ampl.
e atual. - São Paulo, SP: Hagnos, 2005.

Título original: *A dictionary of the Bible*

ISBN 85-89320-73-1

1. Bíblia - Dicionários I. Título

05-4626   CDD-220.3

Índices para catálogo sistemático:
1. Bíblia: Dicionários 220.3

Junta de Educação Religiosa da
Convenção Batista Brasileira
Caixa Postal 320 - Cep 20001-970
Rua Silva Vale, 781 - Cavalcanti - Cep 21370-360
Rio de Janeiro, RJ - Brasil

Editora associada à:

abdr
Respeite o direito autoral

APRESENTAÇÃO

A presente ampliação e atualização do DICIONÁRIO DA BÍBLIA de John D. Davis mantém seus objetivos básicos de ser uma ferramenta para o uso prático da Bíblia e também de ser uma obra de referência de resposta rápida.

Desta maneira a Editora Hagnos se preocupou não somente em manter estes objetivos, mas também em apresentar uma obra abrangente, porém, não exaustiva. Ele deve prover informação factual suficiente a respeito dos livros e pessoas, lugares e eventos, definir palavras e expressões mais longas, e, por meio disso, cumprir o propósito básico de qualquer dicionário: explicar. Além disto ele proporciona orientações necessárias e valiosas com dados reais suficientes para definir e explicar termos e expressões encontradas na Bíblia.

Ao apresentar esta obra ampliada e atualizada ao público, temos honestamente tentado proporcionar uma informação útil e proveitosa para manter os altos padrões e a validade, integridade, e valor estabelecido e alcançado pelas edições anteriores desta obra de referência.

Os Editores

A – 1 A primeira letra do nosso alfabeto e de quase todos os alfabetos conhecidos. No hebraico, chama-se ALEF, que significa boi; no antigo alfabeto fenício, era desenhada mais ou menos como a cabeça de um boi, daí o seu nome. **2** No alfabeto grego, se chama Alfa. Jesus foi chamado de "alfa e ômega", a combinação de alfa com ômega, a última letra do alfabeto grego, enfatiza a eternidade e divindade de Cristo, Ap 1.11; 21.6; 22.13.

AALAR – nome de um lugar de onde vieram alguns judeus que se diziam sacerdotes, 1 Ed 5.36. Esses judeus foram impedidos do exercício sacerdotal, pois não puderam provar sua linhagem. Há suposições que o lugar seja o mesmo Imer, mencionado em Ed 2.59 e Ne 7.61, mas não há provas suficientes para se fazer uma afirmação.

AARÁ (*no hebraico, "após o irmão"*) – nome do terceiro filho de Benjamim, 1 Cr 8.1. Em Gn 46.21, tem o nome de Eí, em Nm 26.38, de Airão e Aer em 1 Cr 7.12.

AARÃO/ARÃO (*etimologia incerta, talvez "serrano", "montanhista", ou iluminador"*) – era irmão de Moisés e três anos mais velho que ele, Êx 7.7. Descendia da tribo de Levi. Seus pais eram Anrão e Joquebede, Êx 6.14-27. Foi o primeiro sumo sacerdote de Israel. Nenhum perigo ameaçou o seu nascimento, como aconteceu a Moisés, e, por isso, presume-se que nasceu antes da lei bárbara que condenava à morte os filhos varões das famílias hebréias. Era mais jovem que Miriã, sua irmã. Casou-se com Isabel, filha de Aminadabe irmã de Naassom da tribo de Judá. Teve quatro filhos, Nadabe, Abiú, Eleazar e Itamar, Êx 6.23; Nm 3.2. Quando Moisés foi chamado para libertar seus irmãos oprimidos, procurou eximir-se dessa missão, alegando que não tinha a eloqüência precisa e era tardo de língua. Deus repeliu as suas objeções e disse-lhe: "Eu sei que teu irmão, filho de Levi, é eloqüente. Eis que te sai ele ao encontro e vendo-te se alegrará no coração". Daí em diante, Aarão foi comissionado a acompanhar Moisés pelo

AARÃO/ARÃO

deserto. Os dois irmãos se encontraram e se beijaram, Êx 4.10-16,27. Nas terras do Egito, convocaram os anciãos de Israel e lhes anunciaram o seu próximo livramento, Êx 4.29-31. Arão falava em lugar de Moisés e conduzia a vara nas primeiras entrevistas com os anciãos e com Faraó, e mesmo durante as três primeiras pragas, Êx 4.30; 7.2,9,19. Depois disto, Moisés dispensou em parte a representação de Arão, sempre que a vara era usada simbolicamente, sendo ele mesmo quem a empunhava, Êx 9.23; 10.13 e cap. 22; 14.16,21; 17.5; Nm 20.11. Arão e Hur sustentaram os braços de Moisés durante a batalha contra Amaleque, Êx 17.12. Por ocasião de ser ratificado o pacto entre Jeová e Israel, esta cerimônia foi celebrada com banquete, como era de costume, em que tomaram parte dois de seus filhos, e Moisés com os setenta anciãos do povo, que eram os representantes legais da nação; e viram o Deus de Israel, Êx 24.1,9,10. Durante a prolongada demora de Moisés no monte Sinai, o povo começou a impacientar-se, e, ajuntando-se contra Arão disseram: "...faze-nos deuses que vão adiante de nós". Arão atemorizado fez um bezerro de ouro com as arrecadas dos filhos e filhas do povo, Êx 32. Conforme as instruções dadas a Moisés, Arão e seus filhos deviam exercer as funções de sacerdotes. Levantado que foi o tabernáculo no deserto, Arão e seus filhos foram solenemente consagrados, ungidos com óleo e revestidos das vestimentas simbólicas do seu cargo, Êx 28; 40.13-16; Lv 8. Foi ele o primeiro sumo sacerdote, cargo este que exerceu durante 40 anos. Não muito depois de saírem do Sinai, Arão e Miriã sua irmã falaram contra Moisés por se ter ele casado com uma mulher cusita, Nm 12.1-16. A rebelião de Coré tinha por fim abolir o privilégio sacerdotal de Arão e a autoridade civil de Moisés. Os privilégios de seus cargos foram confirmados pelos castigos infligidos aos rebeldes. Os direitos sacerdotais conferidos a Arão foram confirmados pelo florescimento de sua vara no Tabernáculo, Nm 16.17. No termo de sua viagem pelo deserto, quando o povo acampou pela segunda vez em Cades, Arão e Moisés desonraram a Deus no ato de ferir a pedra duas vezes, de onde brotaram as águas. Por causa desse pecado, foram eles privados de entrar na terra da promessa, Nm 20.1-13. Acampados em Cades, Arão foi conduzido por Moisés ao monte Hor, por ordem divina, e o despojou de suas vestes sacerdotais e com elas vestiu a seu filho Eleazar. E ali morreu, tendo 123 anos de idade. Durante 30 dias, o povo celebrou a sua morte, Nm 20.23-29; 33.37-39; Dt 10.6 (veja *SACERDOTE e SUMO SACERDOTE*).

AARÃO, A VARA DE – a vara de Aarão floresceu como testemunho da autoridade que recebera de Deus para ser o sumo sacerdote de Israel, Nm 17.8. O fato ocorreu devido ao questionamento encabeçado por Coré e seus companheiros Datã, Abirão e Om, quanto a autoridade de Moisés sobre Israel no deserto e a posição sumo sacerdotal de Aarão, Nm 16 e 17. Moisés determinou que as varas dos príncipes das tribos fossem colocadas perante o Senhor na tenda do testemunho. No dia seguinte, Moisés entrou na tenda do testemunho e somente a vara de Aarão havia florescido, enquanto as demais varas continuavam como antes, Nm 17.7. A vara foi colocada diante da Arca, no Santo dos Santos, para servir de contínua confirmação do sacerdócio aarônico, e ao que tudo indica, foi colocada na Arca com as tábuas dos mandamentos, Hb 9.4.

AAREL (*no hebraico, "irmão de Raquel"*) – filho de Harum fundador de uma família arrolada na tribo de Judá, 1 Cr 4.8. A LXX traduz como *irmão de Recabe*.

AARONITAS – termo aplicado aos filhos e descendentes de Aarão e que passou a designar os sacerdotes levitas que serviam no santuário, Nm 4.5. Apesar da morte de seus dois filhos sacerdotes, Nadabe e Abiú, Lv 10.1, o sacerdócio foi mantido na linhagem dos dois filhos mais novos, Eleazar e Itamar. Na época de Davi, devido ao número crescente da tribo dos levitas, ele a dividiu em 24 turnos, 16 da linhagem de Eleazar e oito da linhagem de Itamar. Após o exílio babilônico, cerca de quatro mil sacerdotes retornaram em companhia de Zorobabel. Um sacerdote não podia ter qualquer defeito físico, por isso nem todos os descendentes de Aarão eram qualificados para o ofício sacerdotal.

AASBAI (*no hebraico, "refúgio em Jeová", ou "florescência"*) – nome de um maacatita, pai de um dos homens poderosos de Davi chamado Elifete, 2 Sm 23.1-34.

AAVA (*no hebraico, "água"*) – local na Babilônia, ao norte da capital. Dá-se esse nome também ao rio ou canal, em que Esdras reuniu o povo que devia acompanhá-lo a Jerusalém, Ed 8.15; 7.28; 8.31. Parece que distava oito dias de viagem da capital Babilônia, Ed 7.9; 8.15,31. Passando em revista os judeus presentes, verificou que não havia nenhum levita, além dos sacerdotes. Esdras conseguiu reunir certo número desses ministros para a casa de Deus. Celebrou-se um jejum e implorou-se a proteção divina para a longa viagem à Cidade Santa.

AAZAI (*no hebraico, "clarividente"*) – sacerdote, descendente de Imer, filho de Mesilemote, Ne 11.13. Não confundir com Jezra, mencionado em 1 Cr 9.12 por linha genealógica diferente.

ABA (*no aramaico, "pai"*) – termo emprestado da linguagem infantil para exprimir o modo filial de nos dirigirmos a Deus, Mc 14.36; Rm 8.15; Gl 4.6. O termo correspondente em hebraico é *Ab*; é muito comum na formação de nomes próprios. Os prefixos *Ab* e *Abi* entram na composição dos nomes Abimeleque, Abner ou Abiner, Eliabe etc.

ABÃ – nome de um dos membros da tribo de Judá da família de Hesrom da casa de Jerameel, 1 Cr 2.29.

ABADOM (*no hebraico é ᵃbhaddôn, "destruição"*). **1** Destruição, ruína, Jó 31.12. Lugar dos mortos, sinônimo de sepultura, Sl 88.11. Inferno, Jó 26.6; Pv 15.11. Morte, Jó 28.22. **2** Nome do anjo do abismo, chamado Apoliom em grego, Ap 9.11.

ABAGTA – um dos sete eunucos do rei Assuero, Et 1.10. Esses eunucos, guardas do harém, eram ministros do rei. Provavelmente de origem estrangeira, de que os nomes conservam a forma.

ABANA (*no hebraico, "pedregoso"*) – um dos dois rios de Damasco, citado por Naamã, 2 Rs 5.12. Presume-se que seja ele o Barada, o Crisorroas dos escritores clássicos; nasce de um insondável abismo nas altas planícies do Antilíbano, a 37 quilômetros de Damasco. Em seu curso para sudeste, precipita-se das montanhas, e, voltando para leste, corre pelo lado norte do muro da cidade, para perder-se em um lago interior, entre dois outros ali existentes. Depois, desliza preguiçosamente pela planície, porém, à sua passagem por Damasco continua em curso rápido. Nove ou dez braços se estendem pela planície de Damasco, cobrindo-a de uma beleza e fertilidade admiráveis. No termo de seu curso, readquire a sua largura e profundidade. Uma variante no texto hebraico diz Amana, pode ser uma variante do nome, uma vez que nos idiomas orientais o **b** e o **m** são intercambiáveis, no entanto, pode se tratar do nome original do rio, pois Amana é o nome da serra onde ele nasce. A Septuaginta diz Abana. Os gregos chamavam esse rio de correnteza dourada, porquanto transformava em verdadeiro oásis a cidade de Damasco.

ABANDONO – positivamente, a palavra pode referir-se à abnegação ou sacrifício pelo

ABARIM

próximo. O supremo exemplo é a dedicação de Cristo à Sua missão, sob a vontade do Pai, Fp 2.5-8. O termo também pode referir-se ao próprio senso de abandono, produto da falta de fé, de objetivos, de valores que envolvem a vida humana e de sentimento de fraqueza.

ABARIM (*no hebraico é ªbhārîm'*) — é plural de um termo que significa, "do outro lado" ou "além"). Cordão de montanhas a oriente do Jordão, pendendo rapidamente do planalto de Moabe para o mar Morto e para o vale do Jordão. Foi ali que os israelitas descansaram antes de chegarem às baixas planícies de Moabe, defronte de Jericó, Nm 33.47-48. Das montanhas de Abarim e do pico do monte Nebo, foi que Moisés contemplou a Terra Prometida, Nm 27.12; Dt 32.49; 34.1 (veja *IJE-ABARIM*).

ABATER (*no hebraico, "fugir", "diminuir"*) — o verbo é usado em Dt 34.7 acerca das energias físicas de Moisés, que ainda existiam, apesar de seus 120 anos de idade. O verbo também foi usado em outros dois acontecimentos distintos: no Dilúvio, quando as águas começaram a baixar, Gn 8.8, e em relação à ira dos efraimitas contra Gideão, Jz 8.3.

ABATTACHIM (*no hebraico, "melões"*) — termo hebraico que aparece apenas em Nm 11.5, quando os israelitas murmuravam lembrando da fartura de comida no Egito em relação as suas necessidades no deserto.

ABDA – (*no aramaico, "servo"*). **1** Pai de Adonirão, 1 Rs 4.6. **2** Filho de Samua, levita, Ne 11.17.

ABDEEL (*no hebraico, "disciplinado por Deus"*). **1** Filho de Selomias, Jr 36.26. **2** Nome de uma tribo descendente de Ismael, Gn 25.13; 1 Cr 1.29. No oitavo século a.C., uma tribo chamada Idibail habitou o norte da Arábia, não muito distante da fronteira do Egito.

ABDI (*do hebraico, "servo de" – contração da frase servo de Deus*). **1** Levita da família de Merari, filho de Maluque e pai de Cisi, 1 Cr 6.44. O Abdi de 2 Cr 29.12, parece ser o mesmo. **2** Filho de certo Elão, Ed 10.26.

ABDIAS – forma latina de Obadias, em algumas versões, em 2 Ed 1.39.

ABDIAS, HISTÓRIA APOSTÓLICA DE – trata-se de uma coletânea de lendas latinas acerca dos 12 apóstolos, inclusive Paulo. As fontes dessa obra são o Novo Testamento, a literatura pseudoclementina e um antigo Atos apócrifo. O prefácio da obra aponta Abdias como seu autor, afirma também que ele fora testemunha ocular do ministério de Jesus, companheiro dos apóstolos Simão e Judas, e bispo da Babilônia. A coletânea data do fim do século seis d.C., está dividida em dez livros, cada um dos quais teria sido escrito por algum apóstolo.

ABDIEL (*do hebraico, "servo de Deus"*) — nome de um membro da tribo de Gade, residente em Gileade, 1 Cr 5.15.

ABDOM (*do hebraico, "servo"*). **1** Filho de Ileu, natural de Faratom da tribo de Efraim. Foi juiz de Israel durante oito anos e é o 11º. na ordem numérica. Foi pai de 40 filhos e avô de 30 netos. Todos eles montavam, cada um em seu potro, como sinal de sua alta categoria em tempos em que os hebreus ainda não possuíam cavalos. Foi sepultado no lugar de seu nascimento, Jz 12.13-15. **2** Chefe de uma das famílias de Benjamim, filho de Sasaque, morador em Jerusalém, 1 Cr 8.23. **3** Filho primogênito de Jeiel e Maaca, da tribo de Benjamim, natural de Gibeão, e antecessor do rei Saul, 1 Cr 8.30; 9.35,36. **4** Oficial do rei Josias, 2 Cr 34.20. **5** Cidade na tribo de Aser, dada com os seus subúrbios aos levitas da família de Gérson, Js 21.30; 1 Cr 6.74. Essa cidade parece identificada com as ruínas de Abede, a 16 quilômetros ao norte de Acre (veja *ACBOR*).

ABE – nome do quinto mês eclesiástico e do 11º. mês civil do povo hebreu. O termo não aparece nas Escrituras, é substituído por "quinto" mês, Nm 33.38. Sendo de origem caldéia, o termo foi introduzido no vocabulário hebraico após o cativeiro babilônico. Começava com a lua nova e corresponde mais ou menos aos nossos meses de julho e agosto.

ABECEDARIANOS – nome de uma seita extrema da Reforma. Rejeitavam aprender a ler e escrever e todo tipo de estudo, cultura e erudição. Acreditavam que o Espírito Santo é tudo que se faz necessário à vida do homem. Seu nome é uma referência ao abecedário que rejeitavam.

ABEDE-NEGO (*um nome caldeu que significa "servo de Nego"*) – nome que o eunuco-mor de Nabucodonosor, rei da Babilônia, deu a Azarias, um dos três fiéis judeus, salvos miraculosamente da fornalha ardente, Dn 1.7; 1 Mc 2.59.

ABEGARO/ABAGARO – era rei de Edessa e do distrito de Osroente, e contemporâneo de Jesus Cristo. Esse nome não aparece na Bíblia, embora seja celebrado na história eclesiástica devido à suposta correspondência trocada entre ele e Cristo. A lenda diz que Abegaro escreveu a Jesus, pedindo que Ele fosse curá-lo de lepra. A resposta de Jesus foi que Ele mesmo não poderia fazer a viagem, mas enviaria o apóstolo Tadeu. Essa lenda espalhou-se sob várias formas e em diversos idiomas. Encontra-se no "Doctrine Addaei Siríaco", em Agostinho e em Jerônimo. Abegaro V de Edessa foi um personagem histórico contemporâneo de Jesus, mas a lenda era desconhecida antes da época de

Eusébio, pelo que se entende tratar-se de uma fábula criada. "Abegaro e as Epístolas de Cristo", como é chamada a obra, data de antes de 260 d.C.

ABEL (*no hebraico, "respiração", "sopro"*) – nome aplicado a Abel, talvez por sua curta existência, outros pensam que esse nome significa *filho*. **1** Nome do filho mais novo de Adão. Abel foi varão reto, Mt 23.35; 1 Jo 3.12, um dos tipos de fé mencionados em Hb 11.4. Ofereceu a Deus um cordeiro de seu rebanho, a oferta foi aceita, não por sua qualidade, mas pelo caráter do ofertante; era a expressão de um coração rendido a Deus. A oferenda do que era melhor revelou mais tarde o sentimento das obrigações e da gratidão que devemos a Deus, fonte de todo o bem e a quem são devidos todos os louvores; manifestou que o ofertante sentia a inteira dependência que tinha de Deus para as bênçãos de cada dia e o desejo de continuar a receber os seus favores. Todos aqueles que sentem profundamente os seus pecados, manifestam o desejo de receber a misericórdia sem que tenham direito a ela. O caráter de Caim era diferente do de Abel; ao ser rejeitado, sentiu os estímulos da inveja e matou seu irmão, Gn 4. O sangue expiatório de Jesus Cristo confirma que o sacrifício de Abel foi aceito. **2** Nome de uma cidade dos filisteus, 1 Sm 6.18. **3** *Lugar de relva, ceara.* Nome referido em 2 Sm 20.14,15,18, em conexão com Bete-Maaca.

ABEL-BETE-MAACA (*no hebraico é 'ābhel bêth ma'akhâ, "prado da casa de Maaca" ou literalmente "prado da casa da opressão"*). Cidade fortificada da tribo de Naftali, 1 Rs 15.20; 2 Rs 15.29. Foi célebre como lugar onde se davam bons conselhos, 2 Sm 20.18. Durante a revolta de Seba, Joabe estava a ponto de tomá-la de assalto, o que foi evitado pelo valor de certa mulher sábia que mandou tirar a cabeça de Seba e a lançou fora por cima do muro,

ABEL-BETE-MAACA

salvando a cidade, 2 Sm 20.14-22. Foi um dos lugares que Bene-Hadade tomou a pedido de Asa, 1 Rs 15.20. Tiglate-Pileser invadiu o país e entre outras cidades tomou também a de Abel, levando cativos todos os seus habitantes para a Assíria, 2 Rs 15.29. Existe a oeste do Jordão, cerca de 25 quilômetros do lago Hulé, uma pequena vila povoada por cristãos, chamada Abil El Kamh, que se supõe ter sido o lugar da antiga Abel, bem defronte de Dã. O rio Derdara corre rapidamente pelo vale ocidental da vila. A região é abundante em água e por isso muito fértil. Em 2 Cr 16.4, é chamada Abel-Maim que quer dizer *Abel das águas*.

ABELHA – nome de um inseto que produz mel, Jz 14.8,18. As abelhas são comparadas a um exército, Is 7.18, a um perseguidor, Dt 1.44, e a um exército sitiante, Sl 118.12. Canaã era uma terra onde corriam arroios de leite e mel, Êx 3.18; comparar Gn 43.11; Ez 27.17, e, portanto, as abelhas deveriam ser em grande número. Construíam suas casas nas rochas e nas matas, especialmente na tribo de Judá, 1 Sm 14.25; Ez 27.17; *cf.* Mt 3.4.

ABEL-MAIM (veja *ABEL-BETE-MAACA*).

ABEL-MEOLÁ (*no hebraico, "prado das danças"*) – cidade do vale do Jordão, onde Elias nasceu, Jz 7.23; 1 Rs 4.12; 19.16. Jerônimo diz que essa cidade era situada a 15 quilômetros ao sul de Citópolis, a Bete-Seã das Escrituras. Conder assinala Aim Helve, como sendo o lugar onde existiu Abel-Meolá.

ABEL-MIZRAIM (*no hebraico, "prado do Egito"*) – esse era o nome da eira onde José, seus irmãos e os egípcios, choraram a morte de Jacó. Ali foram feitos sete dias de lamentação, Gn 50.10,11. O termo hebraico *ebel* significa *luto*, pelo que o nome poderia ser chamado de *prado do luto*, é o que nos dá a entender o texto de Gn 50.10,11. O local era chamado de eira de Atade, antes dos cananeus lhe darem o nome mencionado.

Abelha — Christian Computer Art

ABEL-NAIM/ABEL-MAIM – nome substituto de Abel-Bete-Maaca, encontrado em 2 Cr 16.4, em relação às conquistas militares de Bene-Hadade (veja *ABEL-BETE-MAACA*).

ABEL-QUERAMIM (*do hebraico, "prados" ou "vinhedos"*) – lugar ao oriente do Jordão, plantado de vinhas, onde Jefté derrotou os amonitas, Jz 11.33.

ABEL-SITIM (*no hebraico, "prado" e "acácias"*) – acampamento dos israelitas na terra de Moabe, Nm 33.49; 25.1; Js 2.1 (veja *SITIM*).

ABENÇOAR – este verbo aparece nas Escrituras em três sentidos, a saber: **1** No sentido de ministrar um favor divino, ou conferir benefícios divinos, Gn 1.22; 2.3; 9.1-7. **2** Render graças a Deus pela sua bondade, Sl 102.1; Mt 26.26; Mc 14.22; Lc 22.19; 1 Co 11.24. **3** Pedir o favor divino para alguém, Gn 27.4,27-29; 1 Cr 16.2; Sl 128.7, incluindo as saudações e até os cumprimentos usuais paz seja convosco, 1 Sm 25.5,6,14; 2 Rs 4.29.

ABES – no hebraico é um metal, *estanho*, que alternativamente pode ser soletrado *ebez*. O nome se referia a uma aldeia de Issacar, supostamente perto da fronteira mencionada entre Quisiom e Remete, Js 19.20,21.

ABI (*no hebraico, "pai de"*). **1** No hebraico, *pai de*, que forma a primeira parte de diversos nomes próprios hebraicos. O termo é exclusivo para indicar o pai natural de alguém, salvo algumas exceções como, Abiatar, "pai da abundância". **2** Nome da mãe do rei Ezequias, 2 Rs 18.2; também chamada de Abia, 2 Cr 19.1. O nome do pai dela era Zacarias, talvez aquele que Isaías tomou como testemunha, Is 8.2.

ABIA (*no hebraico, "Jeová é pai"*). **1** Mulher de Hesrom da tribo de Judá, 1 Cr 2.24. **2** Nome da mãe de Ezequias, 2 Cr 29.1. Em 2 Rs 18.2, tem o nome abreviado *ABI*.

ABIAIL (*no hebraico é ᵃbhihayil, "meu pai é poderoso", ou "pai da luz"*). **1** Nome de um dos levitas da família de Merari, Nm 3.35. **2** Mulher de Abisur. Em 1 Cr 2.29, lê-se, Abiail. **3** Nome de um dos cidadãos de Gileade, 1 Cr 5.14; Lê-se, Abiail. **4** Nome da mulher de Reoboão, filha de Eliabe, irmão de Davi. Também se lê Abiail em 2 Cr 11.18. **5** Nome do pai da rainha Ester, Et 2.15. Lê-se, Abiail.

ABI-ALBOM (*no hebraico, "pai da força", "valente"*) – nome de um dos valentes do exército de Davi, 2 Sm 23.31. Em 1 Cr 11.32, tem o nome de Abiel.

ABIÃO (*no hebraico, "pai do Mar"*) – filho e sucessor do rei Reoboão no trono de Judá. Sua mãe chamava-se Maaca, filha de Absalão, 1 Rs 15.1; 2 Cr 13.2. Foi pecador como seu pai. Reinava a revolta pela divisão do reino e Abião continuava a guerra com Jeroboão, iniciada por seu pai, 1 Rs 15.6,7. Segundo as narrações feitas em 2 Cr 13.3, comparadas com 2 Sm 24.9, os homens capazes de ambos os reinos foram mobilizados à guerra. Nessa campanha foram mortos 500 mil homens, só do reino de Israel, 2 Cr 13.16-20. Abião tinha 14 mulheres, 22 filhos, e 16 filhas, 2 Cr 13.21. Reinou três anos. Por sua morte, sucedeu-lhe no trono seu filho Asa, 1 Rs 15.1-8; 2 Cr 14.1. Nesta última citação, o nome é Abias.

ABIAS (*no hebraico é ᵃbhîya, "de quem Deus é pai", ou "meu pai é Jeová"*). **1** Um dos filhos de Arão, que foi o oitavo das 24 classes em que Davi dividiu os sacerdotes, 1 Cr 24.10. **2** Um dos descendentes de Benjamim, filho de Bequer, 1 Cr 7.8. **3** Nome do filho moço de Samuel, designado por seu pai para ser juiz em Berseba, o qual se deixou

ABIAS

corromper de avareza, 1 Sm 8.2; 1 Cr 6.28. **4** Um dos filhos de Jeroboão, que adoeceu gravemente. Jeroboão mandou sua mulher em disfarce para consultar o profeta Aías e saber o que iria acontecer ao menino. O profeta reconheceu a rainha, apesar do seu disfarce, e denunciou-lhe o juízo de Deus contra Jeroboão por causa de sua apostasia, e acrescentou que o menino morreria logo que ela pusesse os pés na cidade. E assim aconteceu, 1 Rs 14.1-18. **5** Nome de um filho de Reoboão, que o sucedeu no trono, 2 Cr 12.16; 13.1; 14.1. Algumas versões traduzem Abião em 1 Rs 14.31 e 15.1 (veja *ABIÃO*). **6** Um dos sacerdotes que voltaram do cativeiro de Babilônia em companhia de Zorobabel, Ne 12.4,7. Na seguinte geração, esse nome figura entre os chefes das famílias dos sacerdotes, Ne 12.17. O pai de João Batista pertencia a essa família, Lc 1.5. **7** Um dos sacerdotes que assinaram o concerto nos dias de Neemias, Ne 10.7.

ABIASATE (*no hebraico, "pai da colheita"*) – nome do mais jovem dos três filhos do levita Coré, Êx 6.24. O termo pode aplicar-se a uma divisão dos levitas, descendentes de Coré. Entre os descendentes notáveis, figurava o profeta Samuel, filho de Elcana, 1 Sm 1.1; *cf.* Êx 6.24.

ABIATAR (*no hebraico é 'ebhyathar, "pai da abundância"*) – sacerdote, filho de Abimeleque da linhagem de Eli. Por ocasião da matança dos sacerdotes por ordem de Saul em Nobe, Abiatar fugiu, levando consigo a estola sacerdotal e lançou a sorte com Davi, 1 Sm 22.20-23. Quando Davi subiu ao trono, Abiatar foi chamado para as funções sacerdotais, 1 Cr 15.11,12; 2 Sm 15.24-35. Em 2 Sm 8.17, se menciona o nome de Abimeleque como filho de Abiatar, o que parece ser erro de cópia pela transposição dos dois nomes. Há, porém, freqüentes repetições do mesmo erro, como em 1Cr 18.16; 24.3,6,31. Para resolver essa dificuldade, há outra ex-

plicação. Pensam alguns que, pela leitura de Mc 2.26, se pode supor a existência de outro Abimeleque, filho de Abiatar, e neto do precedente. O velho Abiatar conservou-se fiel a Davi durante a rebelião de Absalão e prestou relevantes serviços ao rei fugitivo, 2 Sm 15.24,29,35,36; 17.15; 19.11. Envelhecendo Davi, Adonias, seu filho, disputou o trono como legítimo sucessor de seu pai. Abiatar apoiou essa candidatura com o seu prestígio sacerdotal, secundado pela influência militar do velho general Joabe, 1 Rs 1.7. A candidatura fracassou; porém, depois da morte de Davi, voltou a favorecer as pretensões de Adonias, 1 Rs 2.12-22. Por esse motivo, foi deposto do sacerdócio, e em seu lugar Zadoque passou a exercer as funções de sumo sacerdote, 1 Rs 2.26-35. Com a sua deposição, caíram também seus filhos, Abimeleque e Jônatas, extinguindo-se a casa de Eli, conforme havia sido profetizado, 1 Sm 2.31-35.

ABIBE (*no hebraico, "espiga"*) – nome do primeiro dos meses do ano; o mês dos trigos novos que devia comemorar o livramento do cativeiro do Egito, Êx 12.1,2; 13.4. Era o mês das colheitas do trigo, em que se celebrava a festa dos asmos e da Páscoa, Êx 12; 23.15; Dt 16.1. Os meses judeus eram contados pelas luas e não podem corresponder aos nossos. O mês de Abibe aproxima-se ao nosso mês de março, e conforme as luas, em alguns casos corresponde aos princípios de abril. Depois do cativeiro, o nome Abibe é substituído pelo de Nisã, Ne 2.1; Et 3.7.

ABIDA (*no hebraico, "pai do julgamento"*) – um dos descendentes de Abraão e filho de Midiã, Gn 25.4; 1 Cr 1.33.

ABIDÁ (*no hebraico, "pai do juiz", ou "pai que julga"*) – príncipe da tribo de Benjamim durante a viagem pelo deserto, e filho de Gideoni, Nm 1.11; 2.22; 7.60,65; 10.24.

ABIMAEL

ABIDE (veja *ABIBE*).

ABIEL (*no hebraico é ʰbhi'el "Pai da força", ou "Deus é meu pai"*). **1** Homem de Benjamim, pai de Cis e de Ner e avô de Saul e de Abner, 1 Sm 9.1; 14.51. **2** Nome de um dos valentes de Davi, natural de Arbate, 1 Cr 11.32, chamado Abi-Albom em 2 Sm 23.31.

ABIEZER (*no hebraico é ʰbhi'ezer, "pai da ajuda" ou "pai do auxílio"*). **1** Um dos descendentes de Manassés, filho de Hamolequete, chefe de uma família, Is 17.2; 1 Cr 7.18. Em Nm 26.30, aparece com o nome de Jezer, como chefe da família dos jezeritas. Gideão, juiz libertador de Israel, era um de seus descendentes, Jz 6.11. **2** Nome coletivo da família de Abiezer, Jz 6.34; 8.2. **3** Nome de um dos valentes de Davi, 2 Sm 23.27; 1 Cr 11.28; 27.12.

ABIEZRITA – um dos membros da família de Abiezer, que tem o nome de Iezri na seguinte passagem, Nm 26.30.

ABIEZRITAS (*no hebraico, "pai dos iezritas"*) – uma designação antiga dos descendentes de Abiézer, Js 17.2,4.

ABIGAIL (*no hebraico é 'abhighail, "pai de júbilo" ou "pai de alegria"*). **1** Nome da mulher de Nabal, notável pelo seu bom senso e beleza excepcional. Depois da morte de seu primeiro marido, casou-se com Davi, 1 Sm 25.3,14-44; 27.3; 2 Sm 2.2. Quando os amalequitas tomaram Ziclague, foi ela levada cativa. Davi, porém, indo ao seu encalço, desbaratou os invasores e libertou-a com os demais cativos, 1 Sm 30.5,18. De Abigail, teve Davi um filho por nome Quileabe, 2 Sm 3.3, chamado Daniel em 1 Cr 3.1. **2** Uma das irmãs de Davi, 1 Cr 2.16, filha de Naás, 2 Sm 17.25, foi esposa de Amasa.

ABILA (*derivado do hebraico Abel, pode significar "lugar de relva" ou "prado"*) – ca-pital da Abilene de Lisânias, Lc 3.1, e que deve ser distinguida de outros lugares com o mesmo nome, como Abila de Lisânias e Abila do Líbano. Uma antiga tradição faz de Abila o lugar onde Caim matou Abel, concordando com uma lenda fantástica que Damasco fica no local do antigo jardim do Éden.

ABILENE (*no grego, "planície", derivado de Abila, sua capital*) – nome originário provavelmente do semítico Abel, que significa prado. Tetrarquia próxima ao Antilíbano. A capital sobre o rio Barada estava a 32 quilômetros, mais ou menos a noroeste de Damasco, no lugar da moderna vila de Es-Suque. Há ali, uma garganta, por onde passava uma estrada militar aberta num rochedo escarpado, do tempo dos romanos; um cemitério; um grupo de colunas; uma torrente no fundo da garganta; e, em cima, o chamado túmulo de Abel. A tradição local afirma que ali foi sepultado o filho de Adão e, talvez, por isso, se originou a semelhança dos nomes Abel e Abila. O historiador Josefo não faz referência à existência dessa tetrarquia. No Evangelho segundo Lucas, cap. 1.3, consta ser separada da tetrarquia de Felipe, e governada por Lisânia, no 15º. ano de Tibério. Uma inscrição existente em Abila, datada do tempo de Tibério, menciona o nome de Lisânia como tetrarca de Abilene. Alguns anos depois, as duas tetrarquias ainda existiam separadas. Porém, no tempo do imperador Calígula, foram colocadas sob o governo de Herodes Agripa, o Herodes de Atos dos Apóstolos, que mandou matar Tiago, At 1.2.
Existiu outra Abilene na província de Peréia, não mencionada nas Escrituras.

ABIMAEL (*no hebraico, "o pai é Deus" ou "pai de Mael"*) – esse nome encontra-se na genealogia de Joctão, foi seu nono descendente, descendente de Sem, ao qual se atribui a fundação de uma tribo árabe, Gn 10.29; 1 Cr 1.22,23.

ABIMELEQUE

ABIMELEQUE – (*no hebraico é ʿabhime-lekh, "pai do rei" ou "Meleque é pai", ou ainda "o rei [a divindade] é meu pai"*). **1** Rei de Gerar, em cuja corte entrou Abraão, apresentando Sara sua mulher, como sendo sua irmã, Gn 20.1-18. Ambos, o rei e o patriarca, entraram mais tarde em pacto de amizade para regular seus mútuos interesses, Gn 21.22-34. **2** Outro Abimeleque, rei dos palestinos em Gerar. Na corte, Isaque também apresentou sua mulher como sendo sua irmã, como fizera seu pai. Entre ambos foi celebrado um pacto de amizade, Gn 26.1-33. **3** Abimeleque, filho de Gideão, ou Jerubaal, Jz 6.32. Sua mãe foi concubina de Gideão e era natural de Siquém, onde sua família tinha grande influência. As conseqüências resultantes da poligamia produziram rivalidades, contendas entre os filhos legítimos e os naturais. Abimeleque, com o apoio dos parentes de sua mãe, matou os 70 filhos de seu pai sobre uma pedra em Ofra, cidade natal de sua família, escapando apenas Jotão, pela fuga. Depois disso, Abimeleque foi eleito rei de Siquém. Antes de três anos de seu reinado, começaram as divergências entre ele e seus súditos. O seu trono, que havia sido fundado em sangue, começou a vacilar. Formou-se uma conspiração contra ele capitaneada por Gaal. Chegou essa notícia aos ouvidos de Zebul, governador da cidade. Gaal foi derrotado e lançado fora de Siquém. A cidade foi destruída e no seu solo semeado sal. Mil de seus habitantes que se refugiaram na torre foram queimados. Quando Abimeleque mais tarde foi visitar Tebes, sofreu grave ferimento por um pedaço de mó, que uma mulher lhe atirou de cima do muro. Julgando desonroso para si o ser morto por uma mulher, ordenou a seu escudeiro que tirasse da espada e lhe desse a morte, Jz 9.1-57. **4** Sacerdote, filho de Abiatar, que em 1 Cr 18.16, está escrito Abimeleque. Veja também 1 Cr 26.6s.

ABINADABE (*no hebraico, "pai da generosidade"*). **1** Habitante de Quiriate-Jearim, que deu abrigo à Arca do Senhor durante 20 anos, quando os filisteus a remeteram aos israelitas. Seu filho Eleazar foi santificado para servir de guarda como sacerdote, 1 Sm 7.1,2; 2 Sm 6.3; 1 Cr 13.7. **2** Segundo filho de Jessé, e irmão mais velho de Davi, 1 Sm 16.8; 17.13. **3** Nome de um dos filhos de Saul, morto com seu pai na batalha de Gilboa, 1 Sm 31.2. **4** Nome de um genro de Salomão, 1 Rs 4.11 (veja *BEN-ABINADABE*).

ABINOÃO (*no hebraico, "pai da agradabilidade" ou "pai da graça"*). Pai de Baraque, mencionado na narrativa referente à vitória de Baraque sobre os cananeus, Jabim, Sísera, e no cântico de Débora e Baraque, Jz 4.6,12; 5.12.

ABIRÃO (*no hebraico é uma variante de Abrão, significa "pai da altura", "exaltado"*). **1** Irmão de Datã, da tribo de Rúben. Companheiro de Coré na conspiração contra Moisés, Nm 16. **2** Filho primogênito de Hiel, que reconstruiu Jericó, 1 Rs 16.34. Morreu quando lançava os fundamentos da cidade, cumprindo-se em parte, a maldição proferida por Josué, Js 6.26.

ABISAGUE (*no hebraico é ʿabhishagh, "meu pai foi errante"*) – nome de uma formosa virgem de Sunem, que assistiu a Davi no fim de sua vida, quando as forças se lhe enfraqueceram, 1 Rs 1.1-4. Adonias desejou casar com ela depois da morte de Davi. Bate-Seba serviu de medianeira à sua pretensão perante o novo rei, Salomão, que não somente recusou seu consentimento, como mandou dar-lhe a morte por julgar que o seu pedido envolvia um plano insidioso para subir ao trono, 1 Rs 2.13-25.

ABISAGUE SUNAMITA – sunamita ou morador de Sunem, de onde era natural, Abisague, 1 Rs 1.3,15. Dessa cidade, era natural a mulher, cujo filho, o profeta Eliseu ressuscitou dos mortos, 2 Rs 4.8.

ABNER

ABISAI (*no hebraico é ʼabhishay, "pai dos presentes", ou "pai de Jessé"*) – filho de Sarvia e irmão de Joabe e Azael, 2 Sm 2.18; 1 Cr 2.15,16. Quando Davi encontrou Saul dormindo na caverna, com os seus soldados, Abisai pediu permissão para matar o rei, no que Davi não consentiu, por ser Saul o ungido do Senhor, 1 Sm 26.5-9. Abisai serviu no exército de Davi sob o comando de Joabe, 2 Sm 2.18; 10.10. Quando Abner, fugindo da batalha em Gibeão, foi compelido a matar Asael, os dois irmãos, Joabe e Abisai, perseguiram o homicida, porém sem resultado, 2 Sm 2.18-24. Abisai foi sempre leal a Davi durante a revolta de Absalão e de Seba, 2 Sm 16; 20. Quis matar a Simei quando amaldiçoava Davi; e até na ocasião em que este pedia perdão da sua ofensa, 2 Sm 16.9; 19.21. Foi um dos homens fortes de Davi, que matou 300 pessoas com a sua lança, 2 Sm 23.18; 1 Cr 11.20. Desbaratou os edomitas no Vale das Salinas, matando 18 mil deles e ocupando todo o país, 1 Cr 18.12,13. Serviu de broquel a Davi, quando Isbi-Benobe procurava feri-lo com a sua lança, 2 Sm 21.16,17.

ABISMO (*no grego é abyssos, "sem fundo"*) – Hades, lugar dos mortos; em sentido mais particular, determina a morada dos espíritos malignos, sob a presidência de Apoliom, que é Satanás, Ap 9.11; 17.8; 20.1-3; *cf.* Lc 8.31.

ABISSÍNIA (veja *ETIÓPIA*).

ABISUA (*no hebraico, "pai da segurança"*). **1** Nome de um dos membros da família de Benjamim, e filho de Bale, 1 Cr 8.4. **2** Nome de um dos filhos do sacerdote Finéias, 1 Cr 6.4; Ed 7.5.

ABISUR (*no hebraico, "meu pai é um muro"*) – homem da tribo de Judá, da família de Hesrom, da casa de Jerameel, 1 Cr 2.28,29.

ABITAL (*no hebraico, "pai do orvalho"*) – nome de uma das mulheres de Davi, mãe de Safatias, 2 Sm 3.4; 1 Cr 3.3.

ABITUBE (*no hebraico, "pai da bondade"*) – filho de Saaraim e de sua mulher, Husim, da tribo de Benjamin, 1 Cr 8.8-11.

ABIÚ (*no hebraico é ʼabhihu, "de quem Deus é pai", ou "meu pai é Deus"*) – nome de um dos filhos de Arão. Tomou parte na grande comissão dos setenta anciãos que subiram ao Senhor, e também participou do pecado de Nadabe, seu irmão mais velho, oferecendo fogo estranho. Por este motivo, desceu sobre eles o fogo do Senhor, que os devorou, Êx 6.23; 24.1; 28.1; Lv 10.1-7; Nm 3.2.

ABIÚDE (*no hebraico, "pai da majestade"*). **1** Membro da linha real de Judá, Mt 1.13. Este nome foi omitido em 1 Cr 3.19. **2** Um dos filhos de Bale, da família de Benjamim, 1 Cr 8.3.

ABLUÇÃO – era a lavagem com água como símbolo de purificação, muito usado na religião judia. A cerimônia consistia na lavagem de mãos, Lv 15.11; Mt 15.2; Mc 7.3; pés, Êx 30.19; 40.31; Jo 13.5; de todo o corpo, Lv 8.6; 16.24; objetos, utensílios, roupas e outras coisas com propósito religioso, Lv 14.52; 15.6-8; Êx 19.14; Mc 7.4. A rígida observância dessa cerimônia fazia com que muitos judeus reclamassem dos rabinos, pois diante de tanta coisa que precisava ser lavada, pouco era o tempo para estar no santuário.

ABNER (*no hebraico é ʼabhner, "pai da luz", "iluminador"*) – filho de Ner, tio do rei Saul. Durante o reinado desse monarca, Abner foi o general-chefe dos exércitos de Israel, 1 Sm 14.50,51. A luta de Davi com o gigante Golias, foi o início da aproximação de Abner com o vencedor do filisteu, 1 Sm

ABNER

17.55-58. Depois da morte de Saul, aproveitou-se dos sentimentos adversos das tribos contra Judá e disso tirou vantagem da casa de Saul com a qual se havia aliado. Proclamou Is-bosete, filho de Saul, rei de Israel, 2 Sm 2.8. Rebentou a guerra entre a casa de Saul e Davi. Em conferência entre Joabe e Abner em Gibeão, Abner propôs que, em um combate singular entre moços de ambas as partes, fosse decidida a vitória. Saíram 12 de Benjamim, por parte de Is-bosete e 12 da gente de Davi, os quais se traspassaram mutuamente, caindo todos mortos. Seguiu-se crua peleja. Abner foi derrotado e colocado em fuga com o seu exército pelos soldados de Davi. Em sua retirada, foi Abner perseguido pertinazmente por Asael, um dos irmãos de Joabe. Advertiu a este para que cessasse de persegui-lo, pelo que Abner, voltada a lança, o feriu na virilha e o atravessou, em própria defesa, 2 Sm 2.18-24. Por motivo de uma grave acusação de Is-bosete contra Abner, de tal modo este se irritou, que imediatamente declarou sua intenção de fazer aliança com Davi, para elevar o seu trono sobre Israel. Primeiramente enviou-lhe mensageiros e depois o convidou para uma entrevista, que foi graciosamente aceita. Joabe, porém, pensando que Abner tinha vindo simplesmente disfarçado em espião, convidou-o para uma conversa amistosa e traiçoeiramente o matou, vingando deste modo a morte de seu irmão Asael, que não obstante, havia sido morto em luta aberta. Talvez o receio de que Abner algum dia o viesse substituir no comando do exército, fosse também um dos motivos. O rei irritou-se grandemente contra o assassino, e declarou ao povo que ele, rei, não tinha cumplicidade no crime. Compareceu aos funerais e fez o elogio do grande morto. Finalmente, encarregou a seu sucessor Salomão, para dar a Joabe o pago dos seus crimes, 2 Sm 3.6-39; 1 Rs 2.5. Abner deixou um filho por nome Jasiel, a quem Davi fez participar dos despojos tomados em combate, 1 Cr 27.21; 26.28.

ABÓBODA CELESTE (*o firmamento*) **–** o termo hebraico tem mais de um significado nas Escrituras, dependendo do contexto em que for usado. Em Am 9.6, é traduzido como *suas câmaras no céu*, em Is 58.6 indica *algemas de prisioneiros*; em 2 Sm 2.25, é traduzido como *um batalhão*.

ABOBOREIRA (*no hebraico, kikayon*) **–** a planta que tem esse nome, cresceu durante uma noite para abrigar a cabeça do profeta contra os ardores do sol de Nínive, Jn 4.6,7,9,10. O seu fenecimento foi rápido; Deus enviou um bicho que roeu as raízes da planta, e ela secou. A LXX traduz a palavra hebraica em grego pelo vocábulo *Kolokynte*, aboboreira, *Cucurbita pepo*, tipo da família das cucurbitáceas. É natural de Astracã, na costa noroeste do mar Cáspio, e provavelmente foi introduzida em Nínive, antes de Jonas ir lá. Porém, o vocábulo hebraico *Kikayon*, é muito semelhante ao grego-egípcio *Kiki*, que significa palma cristi, mamona, *Ricinus Communis*. Não tem a forma de palma; é antes uma planta euforbiácea, semelhante ao titímalo, natural da Índia, e cultivada ao sul da Ásia e no Egito, Heród. 2.94. Cresce à altura de dois a três metros e meio em poucos dias; o tronco tem a cor avermelhada, coberto de um pó branco, cor de pérola; as folhas são arrodeladas e palmadas; as flores em racimos; o invólucro das sementes contém três compartimentos, cada um deles, com duas células e cada célula com uma semente. Se for esta a planta que abrigou a cabeça de Jonas, o seu crescimento foi todo miraculoso.

ABOMINAÇÃO (veja *ABOMINAÇÃO, MONTE DA*).

ABOMINAÇÃO, MONTE DA – nome de um monte a oriente de Jerusalém, 2 Rs 23.13, *cf*. 1 Rs 11.7, sobre o qual Salomão edificou altares no lado do sul, em honra aos deuses de suas mulheres pagãs. É crença geral que esse local é o lado sul do monte das Oliveiras. É mais conhecido na tradição pelo nome de monte da Ofensa, ou do Tropeço.

ABOMINAÇÃO DA DESOLAÇÃO – a
idolatria produz um efeito mortal no homem, degrada os ideais divinos, impressiona com as suas formas e disfarça insidiosamente a sua oposição ao reino de Deus. Daí a justa aplicação do termo abominação. A Daniel foi revelado que: "...na metade da semana fará cessar o sacrifício e a oferta de manjares; sobre a asa das abominações virá o assolador até que a destruição, que está determinada, se derrame sobre ele. Dele sairão forças que profanarão o santuário, a fortaleza nossa, e tirarão o sacrifício costumado, estabelecendo a abominação desoladora. ...Depois do tempo em que o costumado sacrifício for tirado, e posta a abominação desoladora, haverá ainda mil duzentos e noventa dias", Dn 9.27; 11.31; 12.11. Estas profecias retratam as feições salientes do desenvolvimento do Reino de Deus, que são invariáveis em todos os tempos. Os judeus compreenderam facilmente o cumprimento da profecia de Daniel no cap. 11.31, quando Antíoco Epifânio, em junho de 168, a.C., fez cessar o sacrifício diário e ofereceu no altar de bronze, sacrifícios a Júpiter Olímpico, 1 Mac 1.54; 6.7; 2 Mac 6.2; Antig. 12.5,4; 7.6. O cumprimento da profecia não está de todo terminado; ele tem de se completar nos tempos messiânicos pelo triunfante estabelecimento do Reino de Deus, Dn 9.27; 12.7,11; *cf.* cap. 7.25-27 e cap. 12.2. Jesus confirma essa interpretação quando diz: "Quando, pois, virdes o abominável da desolação de que falou o profeta Daniel, no lugar santo... Então, os que estiverem na Judéia fujam para os montes", Mt 24.15,16.

ABORTO (*no grego é éktroma*) – o termo
hebraico no Antigo Testamento vem do verbo cair, traduzido pela LXX como aborto, Jó 3.16; Sl 58.8; Ec 6.3. Outro termo aparece em Nm 12.12, e, embora a LXX traduza éktroma, nem sempre tem o mesmo sentido nas versões em português. No Novo Testamento, o apóstolo Paulo usa o termo para diminuir sua importância como apóstolo em face de tão grande chamado, 1 Co 15.8. Na questão da prática do aborto, as questões teológicas dividem-se com base no tempo em que o feto recebe o espírito. Para alguns, o feto recebe o espírito quando há a concepção, logo o aborto torna-se uma forma de homicídio, salvo no caso em que a mãe corre risco de vida. Para outros, o espírito entra no feto somente na ocasião do nascimento, um pouco antes ou depois, logo a prática do aborto não é vista como uma forma de homicídio. Existem ainda os casos de incesto e estupro, defendidos como legais independentes das concepções mencionadas. No entanto, há outras considerações que devem ser feitas. As Escrituras afirmam que a existência de vida no ventre deve ser respeitada. Em caso de combate, se um homem ferisse uma grávida a ponto de fazê-la perder a vida do ventre, teria de pagar com sua própria vida, Êx 21.22-25. O chamado de Deus a Jeremias indica que ele fora escolhido ainda no ventre de sua mãe, Jr 1.5. O mandamento, "não matarás", proíbe o extermínio da vida, e, um feto, comprovadamente, tem vida e sentimentos, Êx 20.13, *cf.* com Mt 5.21,22.

ABRAÃO ou ABRÃO (*no hebraico é*
'*abhraham, "pai de uma multidão", ou "pai exaltado". ABRÃO, no hebraico 'abhram, "pai das alturas"*) – a mudança de Abrão para Abraão teve por fim, reforçar a raiz da segunda sílaba, para dar maior ênfase à idéia de exaltação. Abraão era filho de Terá; progenitor dos hebreus, pai dos crentes e amigo de Deus, Gn 11.26; Gl 3.7-9; Tg 2.23. Esse nome estava muito em voga entre os semitas, pelo menos duas gerações antes do reinado de Hamurabi, que parece ser o Anrafel,

ABRAÃO ou ABRÃO

Abraão - Oferecendo Isaque — Christian Computer Art

mencionado em Gn 14. Abraão será nome de tribo? Ou será ele a personificação de uma tribo? O motivo para levantar esta questão é que muitos nomes dos registros genealógicos dos hebreus, referem-se a tribos e não a indivíduos, Gn 10 e 24.1-4. Não é sempre fácil, e às vezes, é impossível saber se tais nomes se referem a uma pessoa ou a um povo. Porém, é importante notar que o nome da tribo inclui indivíduos cujos feitos são recordados nele, e como atos da tribo. Noé, por exemplo, pode ser o nome de uma tribo; se assim for, a narrativa do Dilúvio denota igualmente um membro individual daquela tribo, salvo com a sua família na arca. No caso de Abraão, Gn 11.26,27; e nos primeiros dez versículos do capítulo 12, podemos ler tanto a história original de uma tribo, e sua emigração, quanto a de um xeque com sua família. A separação de Abraão e Ló pode ser considerada como a separação de duas tribos, e do mesmo modo, o pacto de Abimeleque com o patriarca Abraão. Esta distinção entre tribo e individualidades não vem alterar o assunto deste artigo, referente à pessoa de Abraão. A maior parte dos feitos aqui registrados são atos individuais, Gn 15.1-8; 16.1-11; 18.1; 19.28; 20.1-17; 22.1-14; e cap. 26. As passagens citadas pertencem à mais remota literatura de Israel, segundo o acordo de todas as escolas de crítica. Nos séculos subseqüentes, os próprios hebreus tratam do assunto sob o mesmo ponto de vista, Is 29.22; 41.8; 51.2; Jr 33.26; Ez 33.24; Mt 8.11. Cronologia: a) *A saída de Ur*. O patriarca tinha 75 anos quando deixou a

ABRAÃO ou ABRÃO

Caldéia. Todo esse tempo viveu com seu pai e seus irmãos, em Ur. Casou-se com Sara, sua irmã paterna. Depois da morte de seu irmão Harã, ele e sua mulher e Ló, seu sobrinho, emigraram, sob a direção de Terá, de Ur para a terra de Canaã, Gn 11.27-31. A Bíblia não menciona o motivo dessa emigração. O historiador Josefo pensa que foi devido à morte de seu filho Harã, Antig. 1.6,5. Pensam outros, que o motivo da mudança baseia-se no desejo de melhorar as condições de vida, em uma nova terra de liberdade, ou talvez por causa das perturbações políticas da Caldéia, ocasionadas pela invasão dos elamitas. Estevão interpreta o caso referido em Gn 12.1, do seguinte modo."O Deus da Glória apareceu a nosso pai, Abraão, estando ele na Mesopotâmia, antes de habitar em Harã", At 7.2. Esta interpretação é favorecida pelas narrativas de Gn 15.7, e Ne 9.7, em que a saída do patriarca obedece a atos providenciais. As várias causas já assinaladas e os motivos de ordem natural poderiam ter cooperado como meios providenciais empregados por Deus para persuadir o seu servo a obedecer à visão celestial. A família saiu de Ur, e, tomando a direção comum, seguiu o vale do Eufrates, para noroeste. Chegados que foram a Harã, abandonaram a idéia de seguir para Canaã e ficaram ali. Quando Abraão tinha 75 anos de idade, partiu de Harã para a terra de Canaã. Essa mudança foi feita em obediência à vontade de Deus, que a ele se revelou em Ur. Estevão, como já foi dito, dá essa interpretação que bem se combina com a narração de Gn 12.1. Pelo fato de constar a morte de Terá no capítulo anterior, não se segue que o patriarca se detivesse em Harã até à morte de seu pai. O escritor sagrado, como é de costume, termina o que tinha a dizer sobre Terá, antes de entrar nos pormenores da história de Abraão. Pode-se também acreditar que Abraão se deteve ali por mais tempo, porque as mesmas pessoas que saíram de Ur, exceto Terá, deixaram Harã. É isto também o que

diz Estevão no seu discurso em Atos. Sendo assim, Abraão nasceu quando Terá tinha, pelo menos, 130 anos, e não 70, como se infere de Gn 11.26. Nesta passagem, o nome de Abraão está em primeiro lugar, ou porque era o primogênito, nascido quando Terá tinha 70 anos ou então, se ele era o mais moço e nascido depois dos 70 anos de Terá. Neste caso, pode ser que, ocupando o seu nome o primeiro lugar, seja isso por ter ele sido o progenitor do povo escolhido. De Harã foi para Canaã. Que caminho ele tomou? Provavelmente a estrada de Damasco, larga via que saía da Mesopotâmia e passava por esta cidade, em demanda de Canaã. Abraão não se demorava muito tempo nos lugares de descanso; caminhava sempre. Tinha 75 anos quando deixou Harã e passou dez em Canaã, antes de tomar por mulher, a sua escrava Hagar, Gn 16.3. Aos 86 anos de idade, nasceu-lhe Ismael, Gn 16.16, de modo que só decorreu um ano entre a sua saída de Harã e a chegada a Canaã. b) *Residência em Canaã*. Esteve em Canaã, quando muito, dez anos. Armou suas tendas em Siquém, Gn 12.6, e em Betel, Gn 12.8, continuando o seu caminho passou ainda mais longe para o sul, Gn 12.9, indo até ao Egito para se abrigar da fome que assolou toda a terra. Ali, pelo receio de perder a vida, apresentou a Sara como sua irmã. Depois regressou para o sul do país e se estabeleceu de novo em Betel. Foi neste lugar que surgiram os conflitos entre os seus pastores e os de Ló, por causa do aumento de suas manadas. Deu-se então a separação, indo Ló, para as planícies do Jordão. Abraão dirigiu-se mais tarde para os carvalhais de Manre em Hebrom, Gn 12.10-20; 13.1,3,5-12,18. c) *Residência em Manre*. Neste lugar, demorou-se cerca de 24 anos. Associado aos príncipes da sua vizinhança, perseguiu Quedorlaomer, que foi derrotado, reavendo toda a presa, pelo que recebeu as homenagens dos reis de Sodoma e de Salém. Deus anuncia a Abraão o nascimento de um herdeiro e lhe promete dar em herança, a

ABRAÃO ou ABRÃO

terra de Canaã. Foi aqui que lhe nasceu Ismael, mas não era ele o filho herdeiro da promessa. Após um intervalo de 13 anos, essas promessas são renovadas e ampliadas. O pacto de aliança entre Deus e Abraão é ratificado pelo sinal da circuncisão e o nome de Abrão é mudado para o de Abraão. Destruição das cidades de Sodoma e Gomorra, Gn 14.1-24; cap. 15; cap. 16; cap. 17; 18; 19. d) *Residência ao sul do país*. Nesse lugar, permaneceu Abraão durante a infância de Isaque, cerca de 15 anos, e Sara fora levada à corte de Abimeleque, rei de Gerar. Aos 100 anos de idade, nasceu Isaque, e mais tarde, Ismael é despedido com sua mãe para fora da tenda. À beira de um poço de propriedade de Abraão, foi concluído o tratado de paz entre ele e Abimeleque, e deu o nome de Berseba àquele lugar. Aos 25 anos de idade de Isaque, a fé que Abraão possuía foi colocada em prova. O Senhor exigiu-lhe o sacrifício de seu filho Isaque. Ambos, pai e filho, em obediência à ordem divina, dirigiram-se às montanhas de Moriá. Quando o patriarca estendia a mão para o sacrifício de seu filho, um anjo do Senhor mandou substituir a vítima humana por um carneiro. Terminado o sacrifício, voltou ele para Berseba, Gn 20.1-21,22-34; 22.6; 22.1-19. e) *Abraão volta para Hebrom*. Passados 20 anos de vida calma, veio habitar em Hebrom, onde morreu Sara na idade de 127 anos, Gn 23. f) *Ao sul do país, com Isaque*. Depois da morte de Sara, quando Abraão tinha 140 anos de idade, ordenou a um de seus servos que fosse buscar na sua terra natal, uma esposa para seu filho Isaque, mulher que fosse de sua própria linhagem. Rebeca foi trazida e Isaque a encontrou no caminho — *Do-que-vive-e-do-que-vê*, ou seja, *Beer-Laai-Roi*. Abraão tomou outra mulher, chamada Quetura, e morreu aos 175 anos de idade, sendo sepultado na cova de Macpela, Gn 24.67; 25.20; 25.1-9. g) *Desenvolvimento de sua casa*. Abraão partiu de Harã com sua mulher, seu sobrinho e as almas que lhe acresceram. Em

Canaã, aumentou a sua casa com os servos que comprou, com os que lhe deram e provavelmente, com os que lhe nasceram. Era rico em ovelhas, bois, jumentos e camelos, em servos e servas. Quando correu para libertar Ló, levou consigo 318 homens da sua casa. Os reis que eram seus vizinhos o reconheceram como príncipe poderoso, com quem eles se prezavam de ter aliança. Porém, quando se viu privado do auxílio de seus aliados, ao dirigir-se para o Egito, para abrigar-se da fome, mostrou-se fraco, escondendo a verdade a respeito de sua mulher. Desejava a paz e era homem de paz, todavia, em tempos de perigo e de guerra, era corajoso e forte para combater pelos seus parentes e amigos, Gn 12.5; 16.1; 17.27; 18.7; 20.14; 12.16; 13.2,7; 24.32,35,59; 26.15; 14.14; 14.13; 21.22 etc. h) *Crenças religiosas de Abraão*. Seus parentes mais chegados serviram a outros deuses, Js 24.2. A sua adoração era pelo menos, corrompida pelo animismo prevalecente na Babilônia, que emprestava um espírito a cada objeto da natureza, dirigia o pensamento para os 11 grandes deuses, além de inumeráveis deuses menores. Os grandes deuses eram os objetos da natureza, que pela sua majestade e grandeza, impressionavam os sentidos, como: o firmamento, a superfície da terra e do oceano e todas as águas debaixo da terra, a lua, o sol, a tempestade, os cinco planetas visíveis a olho nu. Os deuses eram ativos por sua natureza, aos quais se atribuíam cuidados especiais a favor de indivíduos e coletividades, que ouviam e respondiam às orações. A fé que Abraão tinha distinguia-se da grande maioria dos seus contemporâneos: acreditava em Deus Todo-poderoso, Gn 17.1; eterno, Gn 31.33; altíssimo, Gn 14.22; criador dos céus e da terra, governador moral de toda a terra, Gn 18.25; e, de acordo com as crenças de seus contemporâneos, acreditava em Deus, como regulador de todos os acontecimentos do mundo, que vê e toma conhecimento de tudo que acontece e que faz

ABRAÃO, APOCALIPSE DE

tudo conforme sua vontade soberana. Nessa crença, Abraão obedecia a Deus e o adorava, honrando o seu nome. Como conseguiu essa crença? **1** A razão veio em seu auxílio, como vem em auxílio de muitos cristãos inteligentes. Os politeístas têm chegado a ser henoteístas e, há traços de henoteísmo entre os compatriotas de Abraão na Babilônia. Espírito lúcido e lógico, como o de Abraão, facilmente chegaria do henoteísmo para o monoteísmo. Melquisedeque adorava o Deus Altíssimo, criador dos céus e da terra; as suas concepções religiosas o conduziram a um profundo reconhecimento para com Abraão. Há evidências monumentais que parecem provar que um indivíduo entre os assírios e babilônios chegava a conhecer a unidade de Deus. Não é de estranhar que Abraão chegasse a crer em um Deus, Senhor de todas as coisas, como Oséias e Amós creram. **2** A herança religiosa de seus antepassados devia tê-lo auxiliado. Em favor dessa fonte de informação religiosa temos: a) a crença em uma revelação primitiva; b) a existência de uma linha que principia em Adão, e que continha os nomes de verdadeiros adoradores, como Sete, Enoque e Noé; c) o fato histórico das tradições sobre a criação e o Dilúvio, legadas ao povo hebreu. **3** Abraão teve revelações especiais por meio de sonhos, visões e teofanias, Gn 12.7; 15.1,2,17; 17.1; 18.1,2; 22.1,2. As teofanias no tempo de Abraão são como as manifestações de Jesus Cristo nos tempos posteriores. i) *Harmonia entre a história dos hebreus e a história contemporânea.* **1** A linguagem de Canaã. Antes da conquista do país pelos israelitas, sob a chefia de Josué, não poucos lugares e pessoas tinham nomes semíticos. Abimeleque e Urusalim, i.é., Jerusalém, eram nomes em voga. **2** A narrativa histórica da vida de Abraão combina perfeitamente com a história do Egito. As datas cronológicas da Bíblia dão a entrada de Abraão em Canaã, 645 anos antes do êxodo. Esta data explica perfeitamente a presteza com que Abraão se dispôs a ir para o Egito, quando a fome flagelava Canaã, e nos dá a razão por que Faraó lhe deu tão cordial acolhimento. Esse Faraó reinava no período em que o trono do Egito era ocupado pelos reis pastores que tinham vindo da Ásia. A cronologia bíblica dá a visita de Abraão às terras do Nilo e a descida de Jacó e seus filhos à terra do Egito, dentro do período dos reis pastores: prova bem evidente do rigor das datas, como da autenticidade da narrativa. **3** A mesma narrativa mostra-se de acordo com a história da Babilônia: a) Diz ela que a população da planície, estabelecida na foz do Tigre, era governada por uma dinastia de elamitas, isto no tempo em que a história dos hebreus se refere à vida de Abraão e à invasão ocidental. b) Sob a soberania dos elamitas, os reis vassalos exerciam influências como as descreve o livro de Gênesis. c) Os reis da Babilônia, nos séculos precedentes e durante esse período histórico, fizeram incursões no extremo ocidente e não poucas vezes dominaram sobre Canaã, *cf.* Lugalzaggisi, Sargom, Gudea, Kudurmabug Hamurabi e Amimisatana. d) O nome de Quedorlaomer, pertencente ao rei de Elão, é nome genuinamente elamita. Quedor ou Kudur entra constantemente na composição dos nomes da realeza elamita, bem como o nome Laomer ou Lagamar, pertencente a uma divindade elamita. Vê-se, pois, que a narrativa dos hebreus, descreve minuciosamente as condições políticas do império babilônico, tanto quanto da terra de Canaã. Sob a teoria geralmente aceita de que Anrafel, rei de Sinar, é o mesmo Hamurabi que foi rei de Betel desde 1975 a 1921 a.C., descobre-se valioso sincronismo com a vida de Abraão, Gn 14.1,13, e a data de seu estabelecimento em época muito aproximada.

ABRAÃO, APOCALIPSE DE – uma obra apócrifa, baseada em uma tradução grega de

ABRAÃO, APOCALIPSE DE

um original hebraico ou aramaico, existente na escrita eslavônica antiga. A introdução da obra consta de oito capítulos que narram a juventude de Abraão, seguindo depois para as revelações que ele teve, quando escoltado pelo anjo Jaoel, foi ao sétimo céu, testemunhando eventos passados, como a queda de Adão e Eva; que sendo seduzidos por Azazel, ou Satanás, cometeram pecado sexual, o que lhes proporcionou a queda. Outras revelações dizem respeito a profecias, a vinda do Messias, a destruição do templo em Jerusalém, restauração de Israel e o juízo sobre os ímpios. A data provável dessa obra é o ano 100 d.C, com exceção dos oito primeiros capítulos que não devem ter sido escritos antes do ano 50 d.C.

ABRAÃO, SEIO DE – termo usado em Lc 16.22,23 para expressar e ilustrar o estado pós-morte do justo. Na teologia judaica, o seio de Abraão era um paraíso que fazia parte do hades, onde habitavam os justos, em contraste com o outro lado do hades, que era um lugar de castigo. A falta de comunicação entre esses lados sugere uma separação definitiva e eterna entre justos e ímpios. O seio de Abraão também retrata a comunhão com Deus e o estado de filiação que o justo terá em relação a Deus, o Pai.

ABRAÃO, TESTAMENTO DE – trata-se de uma obra apócrifa judia, contendo a lenda sobre a experiência de Abraão na sua morte e sua ascensão ao céu. Segundo a lenda, Abraão teve sua morte revelada pelo anjo Miguel e relutou em entregar seu corpo. Miguel o arrebata em uma carruagem, e do firmamento, vendo a iniqüidade dos homens, Abraão pede o juízo divino sobre eles. Abraão também contempla a estrada larga que conduz à perdição, e a estrada estreita, que leva à vida. Ainda sem querer dar o seu espírito, é arrebatado pela morte e conduzido com honras ao paraíso. Há similaridade entre essa obra e as obras apócrifas, o Tes-

tamento de Jó e o Apocalipse de Abraão, e, elementos dos escritos judaicos, como o anjo Miguel e o anjo da morte, mostram o caráter espúrio da obra. Três julgamentos aparecem nesses escritos: um juízo dirigido por Abel; um juízo das 12 tribos de Israel e o juízo final.

ABRÃO (veja *ABRAÃO*).

ABROLHOS – tradução de vários termos hebraicos e um termo grego, a saber: **1** *Brakan*, Jz 8.7,16, talvez por se dar em terreno pedregoso de acordo com a etimologia da palavra. **2** *Shamir*, cerdoso, espinhento, espinhos e abrolhos que crescem em vinha abandonada, Is 9.18; 10.17; 27.4; 32.13; 5.6; 7.23. **3** *Sirpad*, urtiga, assim traduzida pela Vulgata e pela LXX. **4** *Sarab*, sarças, Ez 2.6. **5** *Sillon*. Espinho que causa dor, Ez 28.24. **6** *Hedek*, Mq 7.4, espinho que se usa nas sebes, Pv 15.19. A palavra correspondente, em árabe, significa planta solanácea, que produz frutas ovais, tomateiro, maçã dos judeus ou brinjal (*Solanum melongena*) que tem uma variedade espinhosa. Nasce na Índia e na Arábia. É do mesmo gênero das batatas. A parte que se pode comer é a fruta usada em conservas no Oriente. **7** *Akantha*, grego, planta ou árvore, espinhosa, Hb 6.8.

ABRONA (no hebraico, "passagem", ou "oposto"). **1** Acampamento dos israelitas no deserto, Nm 33.34,35. **2** Nome de um riacho mencionado apenas no livro apócrifo de Judite (Jt 2.24).

ABSALÃO (*no hebraico é 'abhshalôm, "pai de paz", ou simplesmente "pai da paz"*). **1** Terceiro filho de Davi, rei de Israel, nascido em Hebrom, filho de Maaca, filha de Talmai, rei de Gesur, 2 Sm 3.3. Foi moço de notável beleza, dotado de mil lindos cabelos, porém, vazio de bons intuitos. Sua irmã, Tamar, era igualmente bela, como ele, e de tal modo fascinou a seu irmão paterno, Amnom, que

ABSALÃO

este criminosamente a desonrou, e, por isso, dois anos depois, foi traiçoeiramente assassinado por instâncias de Absalão. Apesar de ser ele o filho favorito de Davi, o seu crime foi tão revoltante, que seu pai não encontrou meios de encobri-lo. Teve de exilar-se, permaneceu três anos com os parentes de sua mãe em Gesur, e mais dois em Jerusalém, antes de voltar para a presença de seu pai. Não se demorou a, deliberadamente, recomendar-se às simpatias do povo, para conspirar contra o rei. Quando tudo estava preparado, levantou o estandarte da revolta em Hebrom. As suas perfeições físicas foram de valor para elevá-lo nas vistas do povo como digno de ocupar o alto posto de chefe da nação. Provavelmente, ele sabia que Salomão sucederia a Davi e, que esta sucessão lhe era desfavorável, porquanto ele era o mais velho, e, além disso, tanto por parte de pai quanto de mãe, era de sangue real. Se ele acreditou ou não que Salomão foi designado por Deus mesmo, para ser rei, como o diz o primeiro livro de Cr 22.7-10, o seu crime torna-se sobremodo odioso, por se tratar de um governo teocrático, como era o governo judeu. É digno de nota que os sacerdotes e levitas não abandonaram Davi e lhe prestaram todo o apoio moral e material. O povo estava contra ele. Para salvar a vida,

Túmulo de Absalão — Christian Computer Art

ABSALÃO

teve de abandonar Jerusalém, acompanhado apenas por alguns de seus fiéis servidores. Aitofel, um dos seus mais hábeis conselheiros, bandeou-se com Absalão; Husai, porém conservou-se fiel a ele, e acompanhou-o no seu exílio. Davi serviu-se dele como instrumento pacífico junto de Absalão para neutralizar os conselhos de Aitofel, 2 Sm 16.20-23. Aitofel escolheu para si 12 mil homens para ir em busca de Davi, pensando em derrotá-lo antes de tomar novas forças. Eu o matarei, dizia Aitofel, e reconduzirei todo o povo para Absalão. Antes, porém, que ele levasse a efeito o seu plano, Absalão mandou consultar a Husai. Este foi de opinião contrária, dizendo que tal plano acarretaria a sua ruína; aconselhou-o a reunir todas as forças desde Dã até Berseba para cair sobre Davi. Esse conselho tinha por fim dar tempo a que Davi se fortificasse cada vez mais e que as forças de Absalão se enfraquecessem. Lisonjeou a vaidade de Absalão, propondo-lhe o comando do seu exército e augurando-lhe vitória certa. Alcançada essa vitória, sem derramamento de sangue, tudo havia de terminar com a destruição do poder de Davi. Esse plano absurdo foi bem recebido por Absalão e pela sua gente. Aitofel, vendo que a rebelião ia fracassar, retirou-se para sua casa e suicidou-se. Husai compreendeu que o perigo não havia passado: mandou imediatamente avisar a Davi para que atravessasse o Jordão, abandonando as planícies do deserto. Absalão e o exército rebelde começaram a voltar-se para a política de Aitofel, resolvendo que as hostilidades começassem sem demora sob o comando de Absalão. A batalha deu-se nas florestas de Efraim, onde se achava Davi. As hostes rebeldes, indisciplinadas e mal dirigidas, apressaram-se a enfrentar os veteranos de Davi, comandados por três valentes generais. Quando se deu o encontro, Absalão corria desabrigadamente montado em um mulo e, ao passar debaixo de um carvalho, seus cabelos se embaraçaram nos seus galhos, ficando suspenso entre o céu e a terra, correndo adiante o animal que montava. Joabe, um dos três generais de Davi, atravessou-lhe o coração com três lanças. Davi havia dado expressas ordens para que a vida de Absalão fosse poupada e, ao saber da sua morte, caiu em profunda tristeza, 2 Sm 13.1, até o cap. 19.8. O corpo do príncipe vencido foi enterrado perto do lugar onde morreu e sobre a sua cova lançaram um grande monte de pedras. Quando vivo, mandou levantar em Jerusalém para si, uma coluna em memória de seu nome, 2 Sm 18.18. Existe no vale de Cedrom um túmulo que é chamado, o túmulo de Absalão. No princípio do século 4 a.C., alguém supôs que esse monumento encerrava os ossos do rei Ezequias, baseando-se em 2 Cr 32.33. As ornamentações que o revestem pertencem ao período greco-romano, porém o interior revela data mais antiga. O Salmo 3 foi composto durante a revolta de Absalão e talvez também o Salmo 7 tenha sido escrito no mesmo período. **2** Nome do pai de Matias e talvez de Jônatas, capitães do exército judeu, que serviam sob o comando de Jônatas e Simão, nas guerras dos Macabeus, 1 Mac 11.70; 13.11; Antig. 13.5, 7; 6, 4. **3** Pai de Maaca, esposa de Reoboão e mãe de Abias, rei de Judá. É possível que o termo *filho ou filha* em alguns textos seja referência à paternidade ou maternidade ancestral distante e não a uma descendência direta. Logo, a palavra *filha*, em 1 Rs 15.2, provavelmente signifique neta, e a palavra mãe em 1 Rs 15.10, pode significar *avó*. Se for o caso, Abisalom foi o avô de Maaca, *cf.* 1 Rs 15.2,10 com 2 Cr 11.20,21,22; 13.2.

ABSALÃO, O EMBAIXADOR – um embaixador no exército de Jônatas Macabeu, pai de Matatias e de Jônatas, 1 Mac 11.9,70; 13.11; 2 Mac 11.17. Para alguns pode se tratar de duas pessoas distintas as referências nos livros de Macabeus.

ABSINTO, LOSNA (*no grego é ápsinthos, "não ingerível"*) – planta que produz

ACABA, GOLFO DE

A

um líquido amargo como fel, Dt 29.18; Pv 5.4, de mau gosto, e de efeitos tóxicos, Ap 8.11; em hebraico *laanak,* e no grego do Novo Testamento, *ápsinthos.* Emprega-se em sentido figurado para representar a injustiça, Am 5.7; 6.12, as punições, Jr 9.15, os sofrimentos atrozes, Lm 3.19. Parece pertencer ao grande gênero da Artemísias, do que se conhecem 180 espécies. Dizem haver na Palestina, cinco espécies e diversas variedades dessa planta, do tipo comum do absíntio, *Artemisia absinthium*, cultivada nos jardins.

ABSTINÊNCIA – a abstinência é a renúncia voluntária a certos alimentos, bebidas, prazeres carnais, luxo etc. Dependendo do ato religioso, da finalidade ou necessidade. A lei judia incluía várias proibições, principalmente acerca de alimentos, Lv 11.15. Com o desenvolvimento do judaísmo, a lista chegou a aproximar-se do ascetismo. Alguns grupos religiosos, como os essênios, adicionaram mais itens, tornando-se francamente ascetas. As Escrituras, principalmente o Novo Testamento, descrevem atitudes e comportamentos diversos que devem ser evitados, como impureza, imoralidade, cobiça, vícios etc., Cl 3.5; Gl 5.21; At 15.2-29; 1 Pe 2.11.

ABUBUS – nome do pai de um Ptolomeu que foi governador do distrito a que pertencia a cidade de Jericó, 1 Mac 16.11,15.

ABUTRE – ave de rapina, cuja cabeça é despida de penas, ou pobremente coberta, e que se nutre de carnes. É tradução da palavra hebraica *Ayyah*, em Jó 28.7; de *Daah* em Lv 11.14; de *Dayyah*, em Dt 14.13; Is 34.17; de *Raham*, em Lv 11.18, e também de *Nesher* em hebraico e *Actos,* em grego. O grande abutre, que é o grifo, mencionado em Lv 11.13, é uma ave de rapina, aleonada ou pardacenta, *Gyps fulvus.* O pescoço e a cabeça são pelados, tendo apenas leve

penugem. O resto do corpo, as asas, as costas e a cauda são de amarelo-escuro. Tem quatro pés de altura, cerca de 120 centímetros. As garras não são muito grandes, mas o bico é formidável. O grito, diz Tristram, é o emblema ornitológico mais notável da Palestina. É impossível deixar de vê-lo em qualquer parte da Palestina, dominando majestosamente os ares à imensa altura; os seus ninhos formam grandes colônias nas ravinas de todo o país.

ACÃ I (*no hebraico, "torcido"*) – também chamado de Jaacã, em 1 Cr 1.42. Nome de um dos descendentes, ou de um ramo notável dos horreus, que habitavam o monte Seir, eventualmente despojados pelos edomitas, Gn 36.20,21,27; 1Cr 1.38,42; Dt 2.12. Por ocasião do êxodo, alguns dos filhos de Jacã formaram uma tribo que ocupou o distrito da fronteira a Edom, perto do monte Hor, onde Arão morreu. Os israelitas acamparam em Bene-Jaacã, Dt 10.6; Nm 20.21-23; 33.31.

ACÃ II (*no hebraico é 'akhan, "perturbador" ou "turbulento"*) – nome do filho de Carmi, filho de Zabdi, filho de Zerá, da tribo de Judá. Quando os israelitas tomaram Jericó, Acã cobiçou uma parte dos despojos da cidade, apropriando-se de uma capa de escarlata, de 200 siclos de prata e de uma régua de ouro de 50 siclos, que escondeu em sua tenda. Este fato atraiu a ira de Jeová sobre Israel que foi batido pelos amorreus, diante de Ai. Por ordem do Senhor, foi lançada sorte a fim de se descobrir o culpado dessa catástrofe. Sendo manifestada a culpabilidade de Acã, foi ele apedrejado e queimado a fogo no vale de Acor. A atitude de Acã foi tão desconfortável para Israel, que é chamado de "o perturbador", em 1 Cr 2.7. Veja, Js 7.1-26; 22.20; 1 Cr 2.7.

ACABA, GOLFO DE (veja, *MAR VERMELHO*).

ACABE

ACABE (*no hebraico é 'ah'abh, "irmão do pai"*). **1** Rei de Israel, filho e sucessor de Onri. Começou a reinar no ano 874, 1 Rs 16.29. Casou-se com Jezabel, mulher idólatra e de temperamento impetuoso, filha de Etbaal, rei de Sidônia. Sendo adoradora de Baal, levou seu marido, homem fraco e irresoluto, a fazer-se também idólatra, 1 Rs 16.30-33. Essa conduta alterou profundamente a religião nacional de Israel. Quando Jeroboão levantou os dois bezerros de ouro, Acabe ainda mostrou desejos de adorar o verdadeiro Deus na aparência, servindo-se, para isso, dos dois bezerros. Porém, sob as influências de Jezabel, consagrou-se inteiramente ao culto de Baal. A intolerância de Jezabel não se satisfez com a conversão do rei, quis também que todo o povo adotasse o novo culto. Os profetas do Senhor foram perseguidos e mortos. Somente escaparam alguns que um funcionário da corte escondeu em cavernas. Nessa época, levantou-se em Israel o mais formidável profeta conhecido da história daquele povo, Elias, o tesbita. Foi enviado a Acabe para lhe anunciar anos de seca e de fome, em castigo dos seus pecados. Ao terminar a seca, que durou três anos e seis meses, 1 Rs 18.1; Lc 4.25; Tg 5.17. Elias, por ordem divina, foi ao encontro de Acabe e exigiu que ele e os profetas de Baal se ajuntassem no monte Carmelo para uma prova final entre Deus e Baal. Feito isto, Jeová se manifestou mandando fogo do céu para devorar o sacrifício de Elias. Sob a direção do profeta, o povo, que era testemunha do fato, reconheceu Jeová como Deus, tomou os 450 profetas de Baal e os 400 profetas dos bosques e os matou na torrente de Quisom. Jezabel, sabedora do acontecido, rompeu em imprecações contra si mesma, se Elias ficasse com vida até o dia seguinte. O profeta, temendo por sua vida, refugiou-se no monte Horebe. Deus o mandou a Damasco ungir a Asael como rei da Síria, para castigar os idólatras de Israel; e ordenou igualmente, que ungisse Jeú para ser rei de Israel, suplantar a casa de Acabe, derrubar os altares de Baal, e ungisse também Eliseu para ser o profeta que devia combater a idolatria pelo efeito de sua palavra. O cálice das iniqüidades de Acabe e de Jezabel encheu-se e derramou-se com o crime contra a vinha de Nabote. Por esse tempo, Acabe foi vitorioso sobre Bene-Hadade de Damasco, rei da Síria, cuja vida foi poupada mediante um tratado. A vinda de Salmaneser, rei da Assíria, provocou uma aliança entre Bene-Hadade de Damasco e Acabe de Israel, com outros reis da vizinhança, para resistir ao invasor. Acabe forneceu duas mil carroças e dez mil homens de infantaria. Os aliados foram derrotados em Carcar, no distrito de Hamate em 854 a.C. Renovou-se outra vez a guerra com Damasco. Acabe, aproveitando-se da visita de Jeosafá, rei de Judá, propôs-lhe uma ação conjunta para reaver a Ramote de Gileade, além do Jordão. Todos os profetas de Baal falaram a favor da empresa. Miquéias, o único dos profetas do Senhor que foi chamado, profetizou a morte de Acabe. Esse desditoso rei resolveu ir à batalha, porém disfarçado, para não ser conhecido; propôs ao rei de Judá para entrar em combate com as suas vestes reais. Certo homem, porém, armou o seu arco ao acaso e feriu Acabe, que morreu naquela tarde. A sua carroça foi lavada na piscina de Samaria. Os cães lamberam-lhe o sangue, como Elias havia profetizado. Reinou 28 anos, e sucedeu-lhe seu filho, Acazias, 1 Rs 16.29 até o cap. 22.40; 2 Cr 18.1-34. **2** Profeta mentiroso, filho de Colaías. Jeremias profetizou que Nabucodonosor o havia de frigir no fogo, como de fato o fez, Jr 29.21-23.

ACÁCIA, madeira de acácia – nome de uma árvore, Is 41.19. Cresce no vale do Jordão, desde o mar da Galiléia até o mar Morto. Havia muitas dessas árvores no deserto do Sinai, das quais se tirou a madeira para a construção do Tabernáculo, para a arca do testemunho, os altares com os varais, a mesa

AÇAFRÃO

Acácia — Christian Computer Art

dos pães da proposição, as tábuas da tenda, os barrotes e as colunas, Êx 25.5,10,13,23; 26.15,26,32; 27.1,6; 30.1,5. Os egípcios empregavam o pau de sitim na construção de navios, Heród. 2.96. Diz Josefo que essa madeira era forte e muito durável, Antig. 3.6,5. Em árabe tem o nome de *sant*, em hebreu *shittah*, cuja tradução é acácia, da qual existem várias espécies: a acácia *seyal* e a *tortilis*, que se encontram nos vales que cercam o mar Morto; e a acácia nilótica que se encontra na parte sul da península do Sinai e no Egito. Outras espécies dessa mesma árvore crescem em várias partes da Palestina. As acácias, propriamente ditas, são árvores de pequeno tamanho, de três a cinco metros de altura, armadas de espinhos com folhas bipinuladas e produzindo bainhas com várias sementes. A madeira é forte e muito resistente. Algumas das suas espécies fornecem a goma arábica do comércio.

ACADE – antiga cidade na terra de Sinar, uma das quatro cidades que formavam o reino de Ninrode, Gn 10.10. Nabucodonosor, que reinou na Babilônia, 1150 a.C., faz menção a ela. Esse nome era extensivo a um distrito que se chamava a Terra de Acade, e compreendia, em remotos tempos, o norte da Babilônia, adjacente à Síria, e tinha dentro de seus limites as cidades da Babilônia e de Cuta.

AÇAFRÃO – planta odorífera, Ct 4.14; em hebraico *Karkom* e em árabe, *Karkam*. É o *Crocus sativus*, parece ser natural do norte da Itália e do ocidente da Ásia. Desde tempos remotos, foi largamente cultivada no sul da Europa e da Ásia. As flores têm a cor viva da violeta, com veios vermelhos. Os estigmas pulverizados, ou pisados, produzem uma tinta amarela muito viva. Costumavam os antigos borrifar os aposentos e as vestes

AÇAFRÃO

com água de açafrão. O azeite perfumado com açafrão empregava-se para unções, temperavam com ele a comida e servia de remédio para certas doenças.

ACAIA – parte da antiga Grécia, situada ao norte do Peloponeso (atual Moréia), compreendendo a cidade de Corinto e a região do istmo do mesmo nome. Depois da conquista da Grécia pelos romanos, o imperador César Augusto a dividiu, com as regiões adjacentes, em duas províncias, a Macedônia e a Acaia. Esta última compreendia todo o Peloponeso, sul da Ilíria, o Epiro e a Tessália. Corinto era a capital da província e residência do procônsul governador. As referências do Novo Testamento são à província romana e não à Acaia antiga, At 18.12,27; 19.21; Rm 15.26; 2 Co 1.1; 9.2; 1 Ts 1.7,8.

ACAICO (*natural da Acaia*) **–** nome de um cristão que, em companhia de Estéfanas e de Fortunato, viajou de Corinto para a Ásia em busca de Paulo, 1 Co 16.15-17.

ACAMPAMENTO – 1 No Antigo Testamento, temos descrições de acampamentos de Israel no deserto e de exércitos na guerra ou em sítios às cidades. O livro de Números descreve os acampamentos dos israelitas durante o Êxodo. Feito ao redor do Tabernáculo, em seus quatro lados: No oriente ficavam Judá, Issacar e Zebulom; ao sul ficavam Rúben, Simeão e Gade; ao norte ficavam Dã, Aser e Naftali; no ocidente ficavam Efraim, Manassés e Benjamim. Dentro dessa formação, e ao redor do Tabernáculo, ficavam os levitas e os transportadores de bagagens, e os currais de animais domésticos. Para os exércitos, não havia uma formação designada, salvo quando Yahweh determinava uma posição para o exército de Israel. Geralmente, eram usadas proteções naturais como montanhas, colinas, bosques, vales e rios, isso determinava o tipo de acampamento a ser montado. Sentinelas e linhas de defesa

eram sempre estabelecidas, 1 Sm 17.20; 26.5; Jz 7.19. Em tempos de batalhas, um destacamento era feito para guardar o acampamento. **2** No Novo Testamento, algumas referências são feitas aos romanos que dominavam o mundo da época. Eram bons estrategistas de guerra, mas pouco se narra nas Escrituras sobre suas batalhas, somente que possuíam barracas e quartéis, Atos 21.34,37; 22.24; 23.10,16,32.

AÇÃO DE GRAÇAS (veja *OFERTAS E SACRIFÍCIOS*).

ACAR – variante do nome Acã, que lhe é dado em 1 Cr 2.7.

ACAZ – (*no hebraico é 'ahaz, "Ele tem sustentado". Forma abreviada de Jeoacaz, "sustentado por Jeová"*). **1** Rei de Judá, filho de Jotão a quem sucedeu no trono, cerca de 734 a.C., sendo proclamado rei aos 20 anos de idade. Entregou-se à idolatria, fez passar seu filho pelo fogo, sacrificou e queimou incenso aos ídolos, nos altos e nos outeiros e debaixo de toda árvore frondosa, 2 Rs 16.3,4. Os exércitos de Rezim, rei da Síria e de Peca, rei de Israel, sitiaram Jerusalém sem a poderem tomar, 2 Rs 16.5; Is 7.1. Antes que as forças invasoras se tivessem aproximado, o profeta Isaías foi enviado a exortar o rei a confiar em Jeová e a não buscar socorro em país estrangeiro. Recusou um sinal de garantia divina e não acreditou na sua proteção. O profeta, então, proferiu a célebre passagem relativa ao nascimento de Emanuel, em Is 7.1-16. Acaz foi buscar o auxílio de Tiglate-Pileser, rei da Assíria, dando-lhe em troca os tesouros do Templo e do palácio. O rei não se demorou e por esse motivo Rezim e Peca levantaram o sítio de Jerusalém. Tiglate-Pileser atacou a Filístia, invadiu Samaria, tomou Damasco e matou Rezim, foi conivente no assassinato de Peca e colocou em seu lugar no trono de Israel a Oséias. Acaz foi a Damasco em companhia de diversos assírios para render homenagens a Tiglate-Pileser, 2 Rs 16.2; 2 Cr 28. Ali teve ocasião de apreciar um altar pagão tão belo que mandou fazer dele um *fac-símile* para ter em Jerusalém. Acaz morreu cerca do ano 726 a.C., tendo reinado 16 anos. Subiu ao trono seu filho, Ezequias. Oséias, Miquéias e Isaías profetizaram durante o reinado de Acaz em nome de Jeová, Is 1.1; 7.1-16; Oséias, 1.1. Acaz é mencionado nos monumentos assírios pelo nome de *Yauhazi*, correspondendo ao nome hebreu *Jeoacaz*, forma completa de Acaz, que significa, *Ele tem sustentado*, enquanto que Jeoacaz significa, *Jeová tem sustentado*. **2** Nome de um dos descendentes de Jônatas, 1 Cr 8.35,36; 9.42.

ACAZIAS (*no hebraico é ªhazyâ e ªhazyahu, "a quem Jeová sustenta"*). **1** Nome de um rei de Israel que subiu ao trono por morte de seu pai. Antes já havia ocupado o trono, quando seu pai, Acabe, marchou com os aliados contra Salmaneser em 854 a.C. Reinou apenas dois anos, 1 Rs 22.40,50. Associou-se a Jeosafá para equipar frotas para buscar ouro em Ofir, porém os navios naufragaram em Eziom-Geber. Acazias propôs nova tentativa, que Jeosafá rejeitou avisado por um profeta, 1 Rs 22.48,49; 2 Cr 20.35-37. Depois da morte de Acabe, deu-se a revolta de Moabe, que Acazias não soube reprimir, 2 Rs 1.1; 3.5. Esse rei foi vítima de um acidente, caindo pelas grades de um quarto alto. Sentindo-se mal, enviou mensageiros para consultar Baal-Zebude, deus de Ecrom, para saber se sararia da doença. Elias saiu ao encontro dos mensageiros e os mandou retroceder para dizerem ao rei que ele morreria, 2 Rs 1.2-17. Pela sua morte, reinou Jorão, seu irmão. **2** Nome de um rei de Judá, que governou, a princípio, como regente durante a enfermidade de seu pai em 843 a.C., a quem sucedeu no trono no ano seguinte, 2 Rs 9.29; 2 Cr 21.18,19; 2 Rs 8.25. Tinha 42 anos de idade e reinou um ano apenas. Sua mãe, Atalia, o impeliu

a reinar com impiedade, 2 Cr 22.3. Foi a Ramote-Gileade com Jorão, filho de Acabe, guerrear contra Hazael, rei da Síria. Os sírios feriram a Jorão, que voltou para curar-se em Jezreel, onde Acazias o visitou. Nesse tempo, deu-se a revolta de Jeú em que os dois reis foram mortos, 2 Rs 8.25-29; 9.16-29; 2 Cr 22.1-10.

ACBAL/ACO (*no hebraico, "gordo", "lugar fértil"*) – cidade no território de Aser e da qual os israelitas não puderam expulsar os cananeus, seus habitantes, Jz 1.31. É mencionada no Talmude com o nome de Gush Halad, e nas obras de Josefo com o nome de Gíscala. Está situada a oito quilômetros a noroeste de Safede, na estrada de Tiro, porém está muito além, para o lado do oriente para ser contida nos limites de Aser. É provável que Acbal seja uma corrupção textual de Mahlab, cidade da costa, entre Aczibe e Tiro.

ACBOR (*no hebraico, "rato", "roedor"*). **1** Pai de Baal-Hanã, rei de Edom, Gn 36.38; 1 Cr 1.49. **2** Filho de Mica e pai de Elnatã, oficial de confiança da corte do rei Josias, 2 Rs 22.12,14; Jr 26.22; 36.22. Em 2 Cr 34.20, é chamado Abdom.

ACÉLDAMA (*do grego, akeldamach, "campo de sangue", "campo do sono"*) – nome do campo de um oleiro, comprado pelos príncipes dos sacerdotes, com as 30 moedas de prata que Judas, depois de arrependido, atirara para dentro do Templo e que eles tiveram escrúpulo de recolher à caixa das esmolas. Esse campo foi reservado para servir de cemitério aos estrangeiros, pelo que tomou o nome de Acéldama, do grego *Akeldamach*, que quer dizer, Campo do Sono, Mt 27.8; At 1.19. Essa mesma palavra se encontra no códice C, do quinto século, no sírio e na língua etíope, como Aceldama, ou seu equivalente. Há argumentos bem fundados que asseguram ser

ACÉLDAMA

Akeldamach uma variante de Aceldama, campo de sangue, embora seja muito raro o caso em que o *ch* grego representa o *Aleph* ou *a* final. Um exemplo isolado desse caso é a forma *Seira* para o aramaico *Sira*, no vocábulo *Sira*, nome do pai do autor do livro do Eclesiástico, Eclesiástico 1.27. A forma *Akeldamach* é no aramaico *Hakal-Demak* (*hᵃqel dᵉmâ*), "campo do sono"; cuja pronúncia é muito semelhante à de *Hakal-dema*, campo de sangue, e como tal muito sugestiva para escapar à imaginação popular. Daí, o povo chamar Acéldama, campo de sangue, o pedaço de campo comprado com o preço do sangue de Cristo, e também por ter Judas se enforcado em uma árvore no mesmo campo, depois do que arrebentou pelo meio e suas entranhas se derramaram, segundo afirma o apóstolo Pedro, Mt 27.8; At 1.18,19. Jerônimo, no século 4, determinou a posição desse campo que fica ao sul do vale de Hinom. Essa localização é muito admissível, pois o lugar é abundante em barro para cerâmica, e durante muito tempo serviu de cemitério. No tempo das Cruzadas, muitos dos soldados encontraram ali o seu último repouso. O atual nome desse campo é *Hakked-Dumm*.

ACESSO (*do verbo grego prosago, aproximar, trazer à frente*) – o termo grego *prosagoge*, é usado em três lugares do NT, Rm 5.2; Ef 2.18 e 3.12. A forma verbal *prosago*, "aproximar", "trazer à frente", pode ser encontrada em seis lugares, Mt 18.24; Lc 9.41; At 12.6; 16.20; 27.27 e 1 Pe 3.18. O sentido que o termo implica é a introdução de alguém à presença de uma autoridade ou poder superior. Nesse aspecto, as Escrituras falam da autoridade dos filhos de Deus, tendo acesso a Ele, mediante Cristo Jesus, Rm 5.1-5; 2 Co 3.18; Ef 2.18. Esse acesso a Deus requer do homem uma postura diante do Pai, e não tem somente implicações na vida futura, pode ser experimentado no presente pela comunhão, Cl 1.21-22; Hb 10.17. O resultado desse acesso produz: aproximação por reconciliação, Cl 1.21,22; filiação paterna, Jo 1.12; 6.25,26; Rm 8.15-17; 2 Co 3.18; 2 Pe 1.4; bênçãos espirituais, Hb 4.16.

ACMETA (*na língua meda, hangmátana, "lugar de assembléia"*) – capital da província da Média e residência de verão dos reis persas. Os gregos a chamaram de *Ecbátana*, que significa *cidadela* ou *fortaleza*. Seu antigo nome persa foi *Hangmátana*, que significa *lugar de assembléia*. Quando os judeus estavam reconstruindo o templo de Jerusalém, seus adversários procuraram informar-se se eles tinham autorização para isso, e correram à Babilônia a ter com o rei Dario, o qual ordenou que se fizesse um inquérito a esse respeito. O decreto assinado pelo rei Ciro foi encontrado em Acmeta, Ed 5.6 até 6.2. Heródoto, 1.98; Xenofonte, Ciropedia, 8.6-22. O nome atual de Acmeta é Hamadã.

ACO (*areia quente*) – cidade situada em um pequeno promontório da costa da Palestina, cerca de 40 quilômetros ao sul de Tiro. Esta cidade fronteia o Carmelo através da baía que tem o seu nome, a uma distância de 12 quilômetros ao sul. Foi dada à tribo de Aser, mas nunca foi ocupada pelos hebreus, Jz 1.31. No tempo de Oséias, foi tomada por Salmaneser, rei da Síria, Antig. 9.14,2, e mais tarde por Assurbanipal. Um século antes de Cristo, seu nome mudou para Ptolemaída, em honra a um dos antigos Ptolomeus. Adquiriu grande importância política por ser a chave da província da Galiléia e como porto de mar no extremo das vias comerciais de Decápolis e Arábia, 1 Mac 5.15,21,55; 10.1; Antig. 13.12s. Nessa cidade é que Jônatas Macabeus foi traiçoeiramente assassinado, 1 Mac 12.48; Antig. 13.6,2. Nos tempos das guerras judias, grande número de judeus refugiou-se dentro de seus muros, Guerras 2.18,5. O cristianismo teve ali uma comunidade, que foi visitada pelo apóstolo Paulo, quando fez a sua última viagem a Jerusalém.

At 21.7. Mais tarde, foi sede de um bispado. Os árabes restauraram-lhe o antigo nome que os francos alteraram para Acre. Filipe Augusto, rei da França, e Ricardo I, rei da Inglaterra, a tomaram em 1191 d.C. Desde o ano de 1229, caiu em poder dos Cavaleiros de São João e passou a se chamar S. João d'Acre. Anterior a 1790, foi grandemente fortificada por Jezar Pacha que a governou com energia, porém, com tal crueldade, que o denominaram o Carniceiro. Em 1790, Napoleão investiu contra ela sendo derrotado, retirando-se da Síria. A vitória de Jezar foi grandemente devida à colaboração dos marinheiros ingleses que desembarcaram para auxiliá-lo na defesa. Em 1832, Ibraim Pacha, filho de Maomé Ali, governador do Egito, a tomou do sultão turco. Em 3 de novembro de 1840, as esquadras combinadas da Inglaterra e da Áustria a bombardearam, provocando a explosão dos depósitos de pólvora, que causou a morte de 1700 a dois 2000 soldados egípcios. A cidade passou de novo ao governo do sultão até o presente. Atualmente, continua cingida de muralhas com duas portas, uma de saída para sudeste, e outra que dá saída para o cais do porto.

AÇO – modificação da forma do ferro, imprimindo-lhe elasticidade e resistência. O processo mais antigo de tirar do ferro as suas escórias era capaz de convertê-lo em aço. Os calibas do Ponto celebrizaram-se no modo de endurecer o ferro, de maneira que o nome deles serviu para designar a nova forma do metal. Parece que já era conhecido no antigo Egito. Comparando o vocábulo siríaco *paleda* com a palavra hebraica *paldah*, em Na 2.3, parece tratar-se de aço.

AÇOITE – o termo trata do objeto e da ação de açoitar. Açoitar era uma forma comum de castigo entre os povos antigos. Na lei mosaica, uma pessoa julgada e culpada, poderia ser condenada a castigo com açoites. A sentença era cumprida na presença do juiz, e, embora fosse o número de açoites proporcional ao delito, jamais poderia ultrapassar a 40, Dt 25.1-3 (veja *AZORRAGUE*).

ACOR (*no hebraico, "perturbação"*) **–** nome de um vale perto de Jericó onde o infeliz Acã foi apedrejado e morto, Js 7.24-26; Is 65.10; Os 2.15. Está situado ao sul de Jericó e era o limite norte da tribo de Judá, visto que Jericó já estava no território de Benjamim, Js 15.7.

ACÓS, CÓS, HACOZ, ESPINHO. – 1 Nome de um dos descendentes de Arão, cuja família constituía a sétima classe, das 24 em que Davi distribuiu os sacerdotes, 1 Cr 24.1,6,10. Talvez alguns dos membros dessa família tivessem voltado da Babilônia com Zorobabel, cujos nomes não foram encontrados nos registros genealógicos, pelo que não puderam entrar no sacerdócio, Ed 2.61,62; Ne 7.63,64. Mais tarde, porém, conseguiram provar seus direitos ao ofício sacerdotal, Ne 3.21; *cf.* Ed 8.33. **2** Nome de um homem de Judá, 1 Cr 4.8. **3** Forma grega de *Hakkoz*. Nome da família sacerdotal **–** Acós, 1 Mac 8.17.

ACÓSMICO – palavra que se origina no grego, "a", "não" e "kosmos", "mundo". Foi usada por Hegel a fim de referir-se à idéia de que o mundo físico, na realidade, é ilusório e irreal, visto que, em um sentido verdadeiro, só Deus existe. A idéia, que é comum nas religiões orientais, presume que toda a existência material é aparente ou ilusória, pois somente é verdadeiro o que é espiritual. De igual modo, a idéia abrange o conceito idealista da realidade, somente o que é espiritual é real, ao passo que o que é material é apenas uma manifestação do espírito.

ACRA (*no grego, "cidadela"*) **–** termo usado para indicar o lugar elevado ao norte do templo, onde Antíoco Epifânio construiu uma cidadela para conquistar Jerusalém. Tornou-se a acrópole de Jerusalém. A guarnição síria foi expulsa por Simão Macabeu que demoliu o lugar e aplainou a colina, para que nenhum lugar fosse mais alto que o local onde o templo estava construído. O povo trabalhou de maneira voluntária dia e noite nessa empreitada, tamanho foi o sofrimento experimentado no período daquela guarnição, Josefo, Antig. XIII: 6,6; Bel. Jud. v. 4,1. Mais tarde, o palácio de Helene foi construído nesse local, e manteve seu antigo nome.

ACRABATENA – **1** Nome de um distrito na Judéia com cerca de 19 quilômetros de comprimento, indo de Siquém em direção a Jericó, e 13 quilômetros a leste de Neápolis. Esse distrito é mencionado pelo historiador Josefo e não aparece nas Escrituras do Antigo Testamento. **2** Nome de um distrito da Judéia que mais tarde ficou conhecido como Iduméia. Sua localização era próxima à extremidade sul do mar Morto, foi ocupado pelos idumeus durante o cativeiro de Israel. Há suposições que Acrabatena seja um nome derivado de Maalh Akrabbim, *Barranco dos Escorpiões*, mencionado em Nm 34.4 e Js 15.3, a extremidade sul do território de Judá.

ACRABATINE – nome de um lugar na Iduméia, 1 Mac 5.3 – talvez seja o Acrabim, Js 15.3.

ACRABIM (*no hebraico é 'aqrabbim, "escorpiões"*) – nome de uma subida a sudeste, fronteira a Judá, perto do mar Morto e não muito distante do deserto de Zim, Nm 34.4; Js 15.3. Fica nos limites de Canaã com Edom, deixando o mar Morto e seguindo o vau de *el-Fikcreh*.

ACRE (*no hebraico, "jugo"*) – uma medida de superfície dos hebreus. Designava a área de terra que uma junta de bois podia arar em um dia, 1 Sm 14.14; Is 5.10.

Acrópole Antiga — Christian Computer Art

ACSA

Acrópole hoje — Christian Computer Art

ACRÓPOLE (*no grego, "lugar elevado"*) – a palavra designava um lugar elevado em uma cidade, geralmente uma colina fortificada de onde eram vistas cidades greco-romanas. A acrópole de Atenas elevava-se a quase 154 m de altura. O Partenom foi levantado ali para abrigar a estátua de Atena, feita de ouro e marfim. Sem dúvida, a acrópole de Atenas foi a mais famosa de todas. Era adornada por templos esplêndidos quando Paulo visitou a cidade.

ACRÓSTICO (*do grego akron, "extremidade" e stixos, "verso"*) – um tipo de composição poética em que cada linha, em seu início ou final, representada por uma letra, forma em coluna um nome ou uma sentença. O Antigo Testamento nos apresenta alguns exemplos, como o Salmo 119, que é dividido, originalmente, em composições de oito versos, e cada uma dessas colunas é representada por uma letra do alfabeto hebraico; cada um dos oito versos começa com a mesma letra até o seu final. A coluna seguinte de oito versos será representada pela próxima letra do alfabeto hebraico, todos os oito versos começam com a mesma letra, e assim sucessivamente até a última coluna que terá seus versos começados com a última letra do alfabeto hebraico. O livro das Lamentações de Jeremias é composto quase que inteiramente de acrósticos e provérbios. Tem no seu último capítulo, os 22 versos finais, começados pelas letras do alfabeto hebraico. Essas composições poéticas não eram somente bonitas e diferenciadas, mas tornavam os textos mais fáceis de serem memorizados.

ACSA (*no hebraico, "amuleto"*) – nome da filha de Calebe, filho de Jefoné, que a prometeu em casamento a quem tomasse a cidade de Quiriate-Sefer. Otoniel, irmão mais moço de Calebe, tomou a cidade e desposou Acsa. A pedido de sua filha, Calebe, deu-lhe um campo regado com boas aguadas,

ACSA

Js 15.16-19; Jz 1.12-15. Quiriate-Sefer quer dizer, *Cidade das Letras* (veja *DEBIR*).

ACSAFE (*no hebraico é 'akhshâph, "lugar de mágica", "feitiçaria", "fascinação", "encantamento"*) **–** cidade da fronteira de Aser, pertencente outrora aos cananeus, sede de um reino, e conquistada por Josué, Js 11.1; 12.20. Não deve distar muito de Aço, atual São João d'Acre, na costa da Palestina.

ACUA (*forma alternativa de "Acube"*).

ACUBE (*no hebraico, "artificioso"*). **1** Nome de um dos descendentes de Secanias e de Elioenai, 1 Cr 3.21-24. **2** Nome de um levita, guarda das portas do Templo e fundador da família do mesmo nome, 1 Cr 9.17; Ed 2.42; Ne 11.19; Ne 12.25. **3** Nome de um dos Netinins, Ed 2.45. **4** Um levita empregado por Esdras para ajudar o povo a compreender a lei, Ne 8.7.

AÇUCENAS – tradução das palavras hebraicas *Shoshan, Shoshannaah* e *Shushan*. A planta conhecida por esses nomes encontra-se nos pastos, onde se alimentam as ovelhas e as gazelas, Ct 2.16; 4.5; 6.3, e entre espinhos, Ct 2.2, além de ser cultivada nos jardins, Ct 6.2. Crescia também nos vales, é por isso conhecida pelo nome de lírios dos vales, Ct 2.1, ou açucena dos vales, planta odorífera, com perfume semelhante à mirra, Ct 5.13. Os tradutores gregos deram-lhe o nome de *Krinon*. O *Krinon* é planta ribeirinha, Ec 1.8, e campestre, Mt 6.28, companheira do incenso e das rosas, Ec 39.13,14. É tipo de uma vida enriquecida de boas obras. O sumo sacerdote, ao sair do santuário, é comparado ao lírio do campo, que em sua beleza, excede a magnificência do próprio Salomão, Mt 6.29. As palavras *shushan* e *Krinon* nem sempre designavam o lírio, segundo o sentido científico moderno, compreendia, além do verdadeiro lírio, outras plantas com ele parecidas. Os antigos egípcios designavam o lotus pelo nome de *aeshnin* que Heródoto chamava *Krinon*, 2.92. Os árabes dão ao lírio o nome de *susan*, nome este que se emprega genericamente, incluindo as tulipas, a anêmona e o rainúnculo. Não se sabe quantas qualidades de lírios os judeus cultivavam em seus jardins da Palestina. O lírio denominado "gorro vermelho dos turcos", *Lilium cnalcedonicum*, não é muito comum nos campos da Palestina. Além do verdadeiro lírio, outros gêneros da ordem das liliáceas, como os jacintos e as tulipas, são abundantes na primavera. Uma bela violeta escura, que tem o nome de *susan*, encontra-se em toda parte do Haurã. Thomson dá notícia de um esplêndido íris, que denomina lírio de Hule, que se dá nos carvalhais do monte Tabor e nas montanhas de Nazaré. Julga ele que é a essa flor que Jesus se refere. As anêmonas vermelhas dão uma feição peculiar aos vales da Palestina na primavera. Vários viajantes, inclusive Tristram, pensam que a *Anemona coronária*, de cor vermelha, muito comum na Palestina, é aquela a que se refere o Novo Testamento; outros então a identificam com a rosa do Sarom.

ACZIBE (*no hebraico, "enganador", "desapontador"*). **1** Cidade ao sul da Palestina e incluída nos domínios de Judá, Gn 38.5; Js 15.44; Mq 1.14. Está identificada com o nome de *Ain Kezbek*, que parece ser uma corrupção do antigo nome. **2** Cidade na costa de Aser, Js 19.29. O povo da tribo de Aser não lançou fora os seus habitantes, Jz 1.3. Era conhecida pelos gregos e romanos pelo nome de *Ekdippa* (Guerras Judaicas, 1.13,4). O nome atual é Zibe, situada a 16 quilômetros ao norte do Acre.

ADA (*no hebraico, "adorno", "beleza"*). **1** Nome de uma das mulheres de Lameque e mãe de Jubal e Jabel, Gn 4.19-21,23. **2** Nome de uma das mulheres de Esaú, filha de Elom, heteu, Gn 36.2,4. Em Gn 26.34, tem o nome de Basemate. É freqüente a duplicidade de nomes masculinos no Oriente, e mais ainda, entre as mulheres que tomam outros nomes, quando se casam em segundas núpcias ou mudam de religião.

ADÃ ou **ADOM** (*no hebraico, "poderoso"*) – nome de um lugar na Babilônia cujos habitantes, quando voltaram para a Palestina depois do cativeiro, não puderam provar a sua genealogia, Ed 2.59; Ne 7.61.

ADADA (*no hebraico, "dia festivo", "festividade"*) – nome de uma cidade no extremo sul da tribo de Judá, Js 15.22. Ainda não foi identificada. Talvez esse nome seja uma alteração da palavra Arara. A disposição das palavras em Josué sugere a localização do lugar na região de Arade e Aroer (veja *AROER*).

ADAGA – essa palavra indica qualquer instrumento agudo, mas, especialmente, uma arma de guerra como uma pequena espada, Jz 3.16,21,22.

ADAÍAS (*no hebraico, "Jeová embelezou"*) – nome de várias pessoas do Antigo Testamento. **1** Nome de um homem de Bozcate, sogro de Josias, 2 Rs 22.1. **2** Nome de um levita, descendente de Gérson, 1 Cr 6.41. **3** Sacerdote, descendente de Jeroão, linhagem de Malquias, 1 Cr 9.12; Ne 11.12. **4** Nome de um benjamita, filho de Simei, 1 Cr 8.21. **5**, **6**. Nome de dois homens descendentes de Bani, que foram obrigados a lançar fora suas mulheres estrangeiras, com as quais haviam casado, Ed 10.29,39. **7** Nome de um dos filhos de Joiaribe, Ne 11.5. **8** Nome do pai de Maaséias, 2 Cr 23.1.

ADALIA – termo hebraico de origem persa e significado desconhecido. Era o nome de um dos dez filhos de Hamã, Et 9.8.

ADAMA (*no hebraico, "terra"*) – uma das 19 cidades fortificadas de Naftali, Js

19.36-39. Sua localização é incerta, apenas se concorda que ficasse ao norte do mar da Galiléia, embora alguns exploradores a identifiquem com ed-Damié, que fica a nove quilômetros a sudoeste do mar da Galiléia.

ADAMI (*no hebraico, "humano" ou "terra vermelha"*) – nome de uma cidade da fronteira de Naftali, Js 19.33, chamada Neguebe; talvez para não se confundir com outra cidade do mesmo nome, às margens do Jordão, onde se dividiram as águas para os israelitas atravessarem o rio a pé enxuto, Js 3.16. Os restos dessa cidade, presume-se, são as ruínas de *ed-Damié*, nove quilômetros a sudeste do lago de Tiberíades, no começo de um desfiladeiro por onde passa o caminho de Gileade para Acre. Conder acha que Adami deve ser a mesma Arama, no planalto que se estende entre o lago Tiberíades e Bete-Seã, a oeste do rio Jordão (veja *NEGUEBE*).

ADÃO (*derivado do hebraico ʰᵃdhamâ, "terra". O nome pode significar "homem vermelho", a palavra hebraica é a mesma para Adão e homem*) – o termo aparece 560 vezes no Antigo Testamento, para indicar homem ou humanidade; mas no começo do livro de Gênesis indica o primeiro homem, e é um nome próprio. **1** Nome do primeiro homem, que Deus formou do barro da terra, Gn 1.26, depois de ter criado todos os animais. Em seguida, formou a mulher, sua companheira e parte integral de sua individualidade, Gn 2.7,20-23; Mt 19.4-6; 1 Tm 2.13, e deu-lhes o espírito de vida. Foi ele a origem da humanidade e seu representante. Deus o criou à sua imagem e semelhança, participando dos atributos divinos, como sejam sabedoria, retidão e santidade, Ef 4.22-25; Cl 3.9,10. Conferiu-lhe domínio sobre todos os animais inferiores, Gn 1.26-28. Deus ordenou-lhe multiplicar-se e encher a terra, participando da manifestação divina de que todas as coisas criadas eram muito boas, Gn 1.28-31. Adão e Eva foram colocados no jardim do

ADÃO

Criação de Adão: imagem de Michelangelo, capela sixtina. — Christian Computer Art

Éden, para cultivá-lo e guardá-lo. Ordenou-lhe, Deus, dizendo: Come de todos os frutos da árvore do Paraíso, mas não comas do fruto da árvore da ciência do bem e do mal. Esta proibição tinha a natureza de um pacto de vida e de morte, Gn 2.16,17. Por causa da sua transgressão, Deus os sentenciou à morte e os submeteu a todas as conseqüências de seu pecado, sendo expulsos do Paraíso Gn 3.1-24. Caim foi o seu primeiro filho; depois teve Abel, e aos 130 anos, nasceu Sete. Adão viveu 930 anos (veja *CRONOLOGIA*). O apóstolo Paulo traça um duplo paralelo entre Adão e Cristo, dizendo que Nosso Senhor é o último Adão, Rm 5.12-21; 1 Co 15.22,45 (veja *ADÃO, O ÚLTIMO*). **2** Nome de uma cidade do vale do Jordão, além de Zaretã, Js 3.16. Julga-se que *ed-Damié*, na parte ocidental do rio Jaboque, a 33 quilômetros acima de Jericó, seja o lugar de sua antiga existência.

ADÃO, LIVRO DE – esse é um título geral que alude a várias obras não-canônicas e que abordam diversos eventos fantasiosos nas vidas da primeira família. O original da obra é hebraico ou aramaico, existe uma versão em grego, no Apocalipse de Moisés e outra versão em latim, na vida de Adão e Eva. Existem versões menores em outras línguas, como o árabe, o armênio, o eslavônico, o siríaco e o etíope.

ADÃO, O ÚLTIMO – título aplicado pelo apóstolo Paulo a Cristo, 1 Co 15.45-47. Paulo faz um paralelismo e um contraste entre Adão e Cristo. O primeiro Adão, homem, trouxe morte física para o homem por causa do pecado, o segundo Adão, Cristo, trouxe a vida e a salvação pela expiação e ressurreição. Em Cristo, o homem é incorporado numa nova raça espiritual, de natureza divina.

ADAR (*no hebraico, "eira", "lugar espaçoso"*). **1** Nome de uma cidade de Judá. **2** Tradução do assírio-babilônio, *adaru* e *addaru*, que quer dizer, escuro, enevoado. Nome adotado pelos judeus, para o 12º. mês, e tirado do calendário babilônico, durante o exílio, Ed 6.15; Et 3.7,13; 9.15. Esse mês era contado da lua nova de fevereiro até à lua nova de março (veja *ANO*). **3** Nome de uma cidade de Judá na fronteira sul da Palestina, Js 15.3. Na V. B. Nm 34.4, lê-se, *Hazar-Hadar*, que quer dizer aldeia de Adar

ADIVINHAÇÕES

(veja *AZMOM*). **4** Nome de um benjamita (veja *ARELI*).

ADASA – nome de uma cidade que ficava próxima a Bete-Horon e na junção das duas estradas principais, que do norte se dirigiam a Jerusalém, 1 Mac 7.40,45, cf. com 39; Antig. 12.10,5.

ADI (*no grego, "ornamento"*) **–** nome de um dos antecessores de Cristo, que viveu muito antes de Zorobabel, Lc 3.28. Era filho de Cosão e pai de Melqui.

ADIÁFORA (*no grego, "coisas diferentes"*) **–** termo que se refere às questões que não são consideradas essenciais à fé, que podem ser toleradas, mas que devem ser evitadas, para se evitar a crítica e o escândalo. Um exemplo disso são as coisas que carecem de moderação e não de excessividade, 1 Co 6.12,13; 1 Tm 5.23.

ADIDA – cidade da tribo de Judá, situada em uma colina, acima das planícies da Judéia. A cidade foi reconstruída e fortificada por Simão Macabeu, 1 Mac 12.38; 13.13.

ADIEL – (*no hebraico, "ornamento de Deus"*). **1** Nome de um simeonita, 1 Cr 4.36. **2** Nome de um sacerdote, filho de Jezra, 1 Cr 9.12. **3** Nome do pai do tesoureiro-mor, do rei Davi, 1 Cr 27.25.

ADIM – (*no hebraico, "efeminado", "delicado"*). **1** Fundador de uma família, cujos membros, voltaram da Babilônia com Zorobabel para Jerusalém, em cerca de 536, Ed 2.15. Assinou o pacto feito por Neemias para servir ao Senhor, Ne 10.16.

ADINA (*no hebraico, "magro", "delicado"*) **–** nome de um dos oficiais do exército de Davi. Era da tribo de Rúben e capitão de 30 homens da sua tribo, 1 Cr 11.42.

ADINO – nome de um dos homens fortes de Davi, o mesmo que tem o nome de Josebe-Bassebete, em 2 Sm 23.8. Este v., como está, é defectivo. Lutero e a maior parte dos intérpretes modernos mudam o texto, alterando as palavras *Adino, o Ezenita,* de acordo com 1 Cr 11.11.

ADITAIM – nome de uma cidade situada nas terras baixas da tribo de Judá, Js 15.36. Identificada em Adida atual, porém, Adida é antes identificada em Hadide.

ADITUM (*do grego "a", "não", e "dein", "entrar"*) **–** na antiguidade, a palavra indicava algum lugar secreto e inacessível, como um santuário ou lugar de adoração, como era o Santo dos Santos do templo de Jerusalém. Na atualidade, o termo é usado metaforicamente para indicar o que está oculto no homem, o seu coração ou a sua consciência.

ADIVINHAÇÕES – dá-se este nome a todos os processos empregados para ler o futuro, por meio de inspirações, At 16.16, ou até por meio de sinais. Este último processo inclui os augures, que predizem o futuro por meio de movimentos naturais, como o vôo dos pássaros, os movimentos das entranhas dos animais, Ez 21.21. A hidromancia, ou predição, pela aparência da água depositada em vasos ou por meio de objetos mergulhados nela, Gn 44.5; as feitiçarias, pelas sortes, Ez 21.21; a astrologia, procurando conhecer o futuro pela influência dos astros, Is 47.13. Os hebreus incluíam nas adivinhações, a necromancia, ou a descoberta dos acontecimentos futuros pela invocação dos mortos, 1 Sm 28.8. O feiticeiro umas vezes pronunciava bênçãos, e outras, anunciava maldições, Nm 22.6, que diferiam da mágica por serem consideradas como profecias reveladas por influência divina, ou espíritos familiares, v. 12,13.

ADIVINHO

ADIVINHO – pessoa que prediz o futuro, Js 13.22; Nm 22.7; Jr 27.9, em hebraico onenim. No aramaico é Gazerin, pessoa que se diz capaz de interpretar os sonhos, Dn 4.7, e explicar sentenças obscuras v. 9, cap. 5:11,12, a quem costumam consultar as pessoas desesperadas, para, se possível, descobrirem os mistérios, 2.27. Havia muitos desses profetas entre as nações pagãs, Dt 18.9-12; 1 Sm 6.2; Is 19.3; Ez 21.33; Dn 2.2; At 16.10 e também, várias vezes, entre os israelitas, apesar das proibições contra essas práticas abomináveis e das ameaças contra os que exerciam a arte de adivinhar, Lv 19.31; 20.6,27; Dt 18.10; 1 Sm 28.8; Is 2.6; 3.2; Jr 27.9; 29.8; Ez 13.23; 22.28; Mq 3.6,7,11; Zc 10.2. Alugava-se alguns desses feiticeiros, Nm 22.7; At 16.16.

ADLAI (*no hebraico, "Jeová é justo"*) – nome do pai de um dos pastores de Davi, 1 Cr 27.29.

ADMÁ (*no hebraico, "terra vermelha"*) – nome de uma das cidades da planície, Gn 10.19, que foi destruída com Sodoma e Gomorra, Gn 14.2,8; 19.25,28,29; Dt 29.23; Os 11.8 (veja *EDEMA*).

ADMATA – nome persa de significação duvidosa. Nome de um dos sete príncipes da Pérsia e Média, no reinado de Assuero, Et 1.14. Algumas versões traduzem Adamata (veja *PRÍNCIPE/CHEFE*).

ADMINISTRAR (*no grego, diakonia, significa "gerenciar", "distribuir"*) – a raiz do termo dá idéia de *prestar serviço*, como o ofício de um mordomo, 2 Co 8.19. Mas, a palavra "administração" diz respeito a um *ofício público e a execução desse ofício*, 1 Co 12.5. Em 2 Co 9.12 tem o sentido de *aliviar, ministrar*.

ADMIRAÇÃO – vários vocábulos gregos expressam esse sentimento, a saber: *tham-bein*, Mc 1.27; *existanai*, Mc 2.12; *ekplessesthai*, Mc 1.22; *thaumazein*, Mt 8.10; Mc 1.22; 6.6; *fobeisthai*, Mc 5.20. Estão envolvidas idéias como *espanto, admiração e temor*.

ADMOESTAÇÃO (*no grego, nouthesia, "admoestação", "instrução", "recomendação"*) – o termo aparece por três vezes no Novo Testamento, em 1 Co 10.11; Ef 6.14 e Tt 3.10, denotando a idéia de *meter na mente*. O cognato verbal aparece por quatro vezes: Rm 15.14; Cl 3.16; 1 Ts 5.12 e 2 Ts 3.15, e denota o mesmo sentido.

ADNA (*no aramaico, "prazer", "delícia"*). **1** Nome de um sacerdote, chefe da casa de Harã, da segunda geração depois do cativeiro, Ne 12.15. **2** Nome de um dos filhos de Paate-Moabe, induzido por Esdras a divorciar-se de sua mulher estrangeira, Ed 10.30. **3** Um dos homens da tribo de Manassés, que se ajuntou a Davi, em Ziclague, 1 Cr 12.20. **4** Nome de um general do exército de Jeosafá, 2 Cr 17.14.

ADOÇÃO (*no grego, uiothesia, "filiação"*) – adoção traduz um termo grego que significa *colocar como filhos*. Ato pelo qual se confere a uma pessoa estranha o mesmo direito de seu próprio filho, como no caso de Moisés e de Ester, Êx 2.10; Et 2.7. O Antigo Testamento não contém qualquer vocábulo equivalente ao termo grego traduzido por *adoção*, embora ocorram alguns poucos exemplos da prática. No Novo Testamento, o termo grego *uiothesia*, "filiação", pode ser encontrado em Rm 8.15,23; 9.4; Gl 4.5; Ef 1.5, em um total de cinco vezes. É usado para significar: a) A escolha que Jeová fez para que a nação judaica fosse o seu povo, Rm 9.4. b) A eleição de todos os verdadeiros cristãos como filhos de Deus, em um sentido todo especial, Gl 4.5; Ef 1.4. O espírito de adoção nos habilita a amar a Deus da mesma sorte, por que os filhos amam a um pai perfeito. Distingue-se do espírito de servilismo, que impele uma pessoa a ter por Deus, o mesmo sentimento que um escravo tem pelo seu dono, Rm 8.14-21. c) A redenção do corpo; a sua libertação do pecado, da dor e da morte, por um estado de glória, Rm 8.23.

ADOM (*no hebraico, "poderoso"*) – lugar de onde vieram vários israelitas, que foram cativos na Babilônia, para Jerusalém. Esses homens não puderam provar genealogicamente que eram israelitas e que faziam parte da classe sacerdotal, Ne 7.61.

ADONAI (*no hebraico, "senhor", "mestre"*) – forma plural do substantivo *Adon*, usada como nome de Deus. Por motivo de respeito, os judeus evitavam pronunciar o nome divino, Yahweh. Assim, misturavam as consoantes desse nome com as vogais de Adonai, produzindo o nome Jeová (veja *NOMES DE DEUS*).

ADONIAS (*no hebraico é ʾadhoniyyâ, "Jeová é meu Senhor"*). **1** Nome de um dos filhos de Davi com Hagite, sua mulher, quarto filho que lhe nasceu em Hebrom, 2 Sm 3.2,4. Era moço formoso e belo, favorito de seu pai, depois de Absalão. Cego pela loucura de suas paixões, nunca foi repreendido por Davi. No fim da vida do rei, tentou apoderar-se do trono, pensando muito naturalmente, que a intenção de seu pai era dá-lo a Salomão, 1 Rs 1.13; 1 Cr 23.1; 28.5. Tendo morrido o terceiro filho de Davi, e provavelmente também o segundo, Adonias que era o mais velho dos filhos vivos, julgou que tinha direito à coroa. Porém, nem as leis, nem as praxes estabelecidas, alimentavam tal pretensão. Conseguiu o apoio de Joabe, que traria consigo o exército, e também do sumo sacerdote, Abiatar, que levaria os sacerdotes e os levitas. Porém nem o pontífice Zadoque nem Benaia, comandante da guarda do rei, nem o profeta Natã, abandonaram o partido do rei. Convidou Adonias os seus partidários para uma grande festa ao ar livre, ao pé da pedra de Zoelete, que está junto à Fonte do Rogel, e aí se fez proclamar rei. Salomão, porém, havia sido escolhido rei, em sucessão a Davi. Bate-Seba, mãe de Salomão, sustentada pelo profeta Natã, tendo notícia que Adonias se havia proclamado rei, foi à presença de Davi para lembrar-lhe a promessa feita, acerca de seu filho Salomão. Imediatamente, mandou Davi que Salomão fosse proclamado rei. A festa ao ar livre terminou por uma debandada geral; os convidados fugiram, e Adonias refugiou-se no Templo, e "foi apegar-se às pontas do altar", 1 Rs 1.5-50. Salomão perdoou a Adonias, porém, quando este pretendeu a mão de Abisague de Sunã, o rei Salomão mandou matá-lo, porquanto esse novo desejo denunciava a intenção de, em tempo, disputar a posse do trono, 1 Rs 1.51,53; 2.13-25. **2** Nome de um dos levitas que Jeosafá enviou para instruir o povo do reino de Judá, 2 Cr 17.8.

ADONI-BEZEQUE (*no hebraico é ʾadhoni-bhezeq, "senhor de Bezeque"*) – nome do rei de Bezeque, conquistado pelos guerreiros de Judá, que o mutilaram cruelmente. O mesmo ele fez a 70 reis. O costume era de decepar os polegares das mãos e os dedões dos pés de seus prisioneiros, o que, de fato, Israel fez com ele quando foi capturado. Adoni-Bezeque considerou a própria sorte como um ato da justiça divina, Jz 1.4-7. Eusébio situou a cidade de Bezeque a cerca de 27 quilômetros a leste de Neápolis, em Siquém.

ADONICÃO (*no hebraico, "estabelecido pelo Senhor"*) – nome do fundador de uma família, cujos membros voltaram do cativeiro com Zorobabel e com Esdras, Ed 2.13; 8.13; Ne 7.18. O chefe dessa família assinou o pacto no tempo de Neemias, porém, com o nome de Adonias, Ne 10.16.

ADONIRÃO (*no hebraico é ʾadhoniram, "Senhor da altura", ou "Senhor exaltado"*)

ADONIRÃO

– um dos oficiais, que durante os reinados de Davi e Salomão, foi superintendente dos tributos. Era filho de Abda, 1 Rs 4.6; 5.14. Em 2 Sm 20.24, tem o nome de Adorão, e em 2 Cr 10.18, é denominado Hadorão. Quando as dez tribos se revoltaram, Reoboão o mandou parlamentar com os rebeldes, que em vez de o ouvir, o apedrejaram e mataram, 2 Sm 20.24; 1 Rs 4.6; 12.18; 2 Cr 10.18.

ADÔNIS (*no grego, "senhor"*) – uma divindade síria da vegetação, cuja lenda dizia que descia às profundezas interiores na época que a vegetação começava a ressecar pelos raios de sol quentes do verão. Sua esposa *Istar*, uma deusa ligada à fertilidade, descia para reavivá-lo, para que chegasse a primavera. Embora conhecido na Síria e na Fenícia pelo nome grego 'adoni', em acadiano era chamado de *duzu* ou *tamuz*. Foi cultuado em muitos lugares do oriente próximo, como o Egito e a Grécia. Em Ez 8.14, encontramos referência a mulheres que choravam por *Tamuz*, uma abominação para o Senhor, Ez 8.15.

ADONI-ZEDEQUE (*no hebraico é "dhoni-çedheq, "senhor de Bezeque", ou "senhor da justiça"*) – nome do rei de Jerusalém na época da invasão de Canaã liderada por Josué. Sua resistência ao exército de Israel foi notável, pois sabendo ter sido tomada a cidade de Ai, pelos israelitas, e que os gibeonitas tinham feito paz com Josué, formou uma confederação com quatro outros reis amorreus, a fim de castigar a Gibeão. Com os seus confederados, foi vencido, feito prisioneiro e morto, Js 10.1-27. Na tradução da LXX é chamado *Adoni-Bezeque*. A similaridade do seu nome ao nome de um antigo rei de Jerusalém, chamado Melquisedeque, sugere que *Zedeque* tenha sido um nome antigo de Jerusalém.

ADORAÇÃO – respeito e honra que se prestam a uma pessoa de distinção,

Lc 14.10. Neste sentido, a palavra adoração é obsoleta. Adoração presta-se a alguém que possui atributos divinos, Mt 14.33; 15.25; Ap 14.7. Deus proíbe que se preste adoração a não ser a Ele só, Êx 20.3; 34.14; Mt 4.10; At 10.25; Ap 19.10. Os atos externos de adoração representavam um dever de civilidade para com pessoas de elevada posição como Esaú, José ou os soberanos, Gn 33.3; 42.6; 2 Sm 24.20, ou de adoração a Deus, Gn 24.52; Sl 94.6. Tais manifestações religiosas não se devem prestar aos ídolos, conforme proíbe a lei em Êx 20.5. Adoração inclui em seu ato vários elementos que são distintos nas Escrituras, mas que convergem para uma mesma atitude, como louvor, prostrar-se, honrar, servir etc. Veja alguns termos gregos que se destacam nas Escrituras: a) *Thereskeia* – aparece com o sentido de *culto*, *religião*, At 26.5; Cl 2.18; Tg 1.26, 1.21. b) *Proskuneo* – *prostrar-se perante, adorar, reverenciar*, Tg 4.6; Jo 4.20-24. c) *Latreia* – do verbo *latreúo*, é usado para enfocar o *serviço prestado a Deus* – Jo 16.2; Rm 12.1; 1 Co 6.19,20, Rm 9.4; Hb 9.6. d) *Gonupetéo* – no grego *gónu* é joelho, e *gonupetéo* denota o ato de *ajoelhar-se como atitude de adoração ou não*, 1 Rs 8.54; Dn 6.10; Lc 22.41; Mt 17.14; Fp 2.10. e) *Leitourgia* – do verbo grego *leitourgéo*. Embora no mundo greco-romano o uso do termo denotasse vários tipos de serviços, como público, cívico, secular e de culto, o Novo Testamento o aplica *à responsabilidade no serviço que é prestado a Deus e ao próximo*. Desse termo vem a nossa palavra *liturgia*, que envolve o ritual no serviço ou culto prestado a Deus, Lc 1.23; 2 Co 9.12; Fp 2.17,30; Hb 8.6,10, 11) *Homología* – do verbo grego *homologein* (*homo* = o que é comum; *logos* = palavra). O termo é usado no Novo Testamento como *confissão, confessar, admitir* etc., Lc 12.8; 2 Co 9.13; 1 Tm 6.12; Hb 3.1; 4.4; 10.23.

ADULTÉRIO

ADORAIM (*no hebraico, "dois montes", "duas habitações"*) – nome de uma cidade de Judá, fortificada por ordem de Reoboão, 2 Cr 11.9. Talvez seja a mesma Adora, abreviado o nome para Dora, cidade do interior, próximo à Iduméia que depois do exílio foi reconhecida como pertencente a este último país, Antig. 13.9,1; 15.4; 14.5,3; Guerras 1.2,5; 1 Mac 13.20. Pelas investigações de Robinson, está identificada como sendo Dura, aldeia situada em uma encosta a uns dez quilômetros a oeste de Hebrom.

ADORÃO (no hebraico, "Senhor exaltado", veja *ADONIRÃO*).

ADRAMELEQUE (*no hebraico, "o deus Adar é rei"*) – a) Divindade trazida de Sefarvaim, a quem os colonizadores de Samaria queimavam os seus filhos, 2 Rs 17.31. O deus Adar é o mesmo sol, adorado sob um atributo particular. b) Nome de um filho de Senaqueribe. Com seu irmão Sarasar, assassinou o pai e fugiu para a Armênia, 2 Rs 19.37; Is 37.38.

ADRAMITINO – nome do porto da cidade de Adramítio. Uma antiga cidade marítima na província da Mísia, na Ásia Menor, defronte à ilha de Lesbos e de uma colônia ateniense, no tempo do império romano (Estrabão XIII. par. 606; Herod. VIII 42). O navio em que Paulo embarcou em Cesaréia, com destino a Roma, pertencia a Adramítio, At 27.2. O local original é conhecido atualmente como Karatahs, alguns acreditam que a cidade foi fundada por Adramis, irmão de Croeso, em 6 a.C., outros querem associar o lugar a Pédaso de Homero.

ADRIÁTICO – parte do mar Mediterrâneo, At 27.27. Nome derivado da cidade comercial Adria, situada no curso inferior do rio Pó, ao norte da Itália. Primeiramente, designava só a parte do mar próximo a essa cidade,

porém, mais tarde, deu-se o mesmo nome a todo o mar, que se estende até o sul da Grécia e da Itália, Ptolomeu, 3; Pausanias, Eliac, 5; Procópio, Bell, 1.14.

ADRIEL (*no hebraico, "rebanho de Deus"*) – nome de um meolatita a quem Saul deu em casamento sua filha Merabe, que tinha sido anteriormente prometida a Davi, 1 Sm 18.19.

ADUFES (veja *TAMBORES*).

ADULÃO (*"lugar fechado", "refúgio"*) – nome de uma cidade do território de Judá, entre Jerimote e Socó. Já existia no tempo de Jacó e era habitada pelos cananeus, Gn 38.1,2; Js 15.35. Por ocasião da Terra Prometida, essa cidade era governada por um régulo, Js 12.15. Foi fortificada pelo rei Reoboão, 2 Cr 11.7, continuou a florescer no tempo do profeta Miquéias, Mq 1.15, e foi ainda habitada depois do exílio, Ne 11.30; 2 Mac 12.38. Em suas vizinhanças, existia a caverna em que Davi se refugiou por ocasião de uma de suas peregrinações, e onde se foram a ele reunir seu pai, seus partidários e muitos outros que aderiram à sua causa, 1 Sm 22; 2 Sm 23.13; Antig. 6.12,6. Clermont-Garneau talvez tenha razão em supor que *Aid-el-Miyeh,* nome de um monte coroado de fortins e com cavernas em seus flancos, seja o lugar onde existia a antiga Adulã. O monte mencionado anteriormente encontra-se na parte sul de uma ravina, na sua junção com o prolongamento do vale de Efá (Es-Sunt), distante cerca de três quilômetros do lugar onde Davi combateu contra Golias.

ADULTÉRIO – a) Em sentido restrito, significa relação sexual de um homem casado, com outra mulher que não a sua, ou a mesma relação entre uma mulher casada e um homem que não seja o seu marido. De acordo com a legislação antiga, a poligamia e o concubinato não eram considerados adulté-

ADULTÉRIO

Adulã (veja p. 37) — Christian Computer Art

rio. Sob a lei mosaica, a pena do adultério era a morte, Lv 20.10. b) Em sentido geral, significa toda impureza sexual, por pensamentos, palavras ou atos, tendentes a isso. É este o sentido do sétimo mandamento interpretado por Jesus no Sermão da Montanha, Êx 20.14; Dt 5.18; Mt 5.27,28. c) Figuradamente, significa o culto prestado a deuses estranhos, ou outras violações do pacto com Jeová; pois Deus exige de nós amor incondicional, tanto quanto o marido o exige de sua esposa, pelos seus juramentos de fidelidade, Jr 3.8,9; Ez 23.37,43; Os 2.2,13.

ADUMIM (no hebraico, "rochas vermelhas") – a subida de Adumim é um desfiladeiro, que vai do vale do Jordão até à região montanhosa do país. A linha divisória entre Judá e Benjamim passava perto dela, Js 15.7; 18.18. Esse desfiladeiro era a estrada principal e a mais curta entre Jerusalém e Jericó. Segundo Jerônimo, esse nome pertencia a uma aldeola que em seus dias, estava em ruínas, com o nome de Maledomim, parecendo ser este nome, a frase hebraica que quer dizer – subida de Adumim. Jerônimo liga a origem desse nome aos assaltos sangrentos, levados a efeito nesse lugar por ladrões, como se vê em Lc 10.30; porém é mais provável que se derive do calcário argiloso vermelho que há na redondeza. Uma recordação desse nome subsiste na expressão – Talaat ed-Dumm, Ladeira do Sangue, nome dado ao monte e forte que se acham a meio caminho entre Jerusalém e Jericó, e ao caminho fundo por onde segue a estrada, descendo.

ADUS – um homem cujos descendentes retornaram com Zorobabel, da Babilônia, somente mencionado em 1 Ed 5.34.

ADVERSÁRIO – tradução de vários termos que de modo geral pode ser um inimigo de qualquer categoria, um oponente comum, geralmente praticando oposição injusta. Um dos nomes de Satanás, que é oponente dos que servem a Deus. Em 1 Pe 5.8 ele é literalmente chamado de *inimigo, opositor, adversário*. O termo grego é *antídicos*, usado em outras passagens do Novo Testamento, Mt 5.25; Lc 12.58; 18.3 (veja *DEMONÍACO*).

ADVOGADO (no grego, parakletos, "chamado para o lado de outrem") – alguém que pleiteia a causa de outrem. O termo grego tem larga abrangência e também pode indicar alguém que exorta, defende ou ora em favor de outrem. O termo é aplicado ao Espírito Santo como companheiro, consolador; pois, etimologicamente, a palavra significa "chamado para o lado de outrem", Jo 14.16,26; 15.26; 16.7, e também como "intercessor", Rm 8.26. O termo também é aplicado a Cristo no sentido de "advogado" e "intercessor", Rm 8.34; Hb 7.25; 1 Jo 2.1.

AEDIAS – no apócrifo de 1 Ed 9.27, uma forma alternativa para Elias.

AEON (*no grego, era*) **–** dependendo de seu uso, pode significar o tempo de duração de uma vida, a própria vida ou um período de tempo passado ou futuro e um tempo infindável, como a eternidade, Mc 10.30; Rm 1.25; 9.5; 2 Co 9.9; Gl 1.5; Ef 2.7; 3.9; Fp 4.10; 2 Tm 4.18; Ap 1.16; 4.9; 5.13; 7.12; 10.6. Em 1 Tm 1.17, o título de Rei dos séculos é dado a Deus para evidenciar sua eternidade.

AER (*no hebraico, "outro", ou "depois"*) **–** nome de um benjamita, pai de Husim, 1 Cr 7.12.

AFARSAQUITAS – nome de uma tribo de além do Eufrates, estabelecida por Asenafar, em Samaria, Ed 4.9; 5.6.

AFARSITAS – nome de uma tribo, transportada para Samaria, por Asenafar, Ed 4.9.

AFECA (*no hebraico, "fortaleza"*) **–** nome de uma cidade, situada na região montanhosa de Judá, Js 15.53.

AFEQUE (*no hebraico, "força"*). A maioria das versões, em português, opta em traduzir AFECA. **1** Nome de uma cidade ao norte de Sidônia, Js 13.4, identificada com a antiga Afaca, a noroeste de Beirute, famosa pelo grandioso templo de Vênus. Modernamente, tem o nome de Afca. A situação dessa cidade, que é bastante para o norte, dá lugar a se colocar em dúvida se, realmente, determina a antiga posição de *Aphek*, variante de *Aphik*, que estava situada dentro do território da tribo de Aser, e que tinha sido expurgada do elemento cananeu, Js 19.30; Jz 1.31. **2** Uma cidade do território de Aser, na vizinhança de Aczibe, Js 19.29,30; Jz 1.31. **3** Nome de um lugar, não muito distante de Siló, e perto de Mispá, 1 Sm 4.1,2,7,11; Js 17.18. Foi nesse lugar que se acamparam os filisteus, antes da batalha em que tomaram a Arca do Senhor. **4** Cidade situada entre Sunem e Jezreel. Os filisteus acamparam em Sunem e logo perceberam que os israelitas ocupavam as alturas do Gilboa. Levantando acampamento, avançaram de Sunem em direção a Afeque, e dali a Jezreel, onde atacaram as forças de Israel que acamparam ali. Os israelitas tiveram de se retirar para as suas posições anteriores, no Gilboa, onde foram totalmente derrotados, 1 Sm 28.4; 29.1,11; 31.1. É possível que essa cidade de Afeque seja a mesma de Apku, de que fala Assurbanipal, rei da Assíria, existente nos limites de Samaria, na estrada militar que vai ao Egito. Também pode ser a Afeque, para onde se retirou o exército de Bene-Hadade, quando tencionava combater a Acabe, que o desbaratou, e onde perdeu 27 mil homens, sobre os quais, caiu o muro da cidade, 1 Sm 20.26-30. Pode ainda ser a cidade onde Josias, rei de Israel, havia de lutar contra os sírios até serem consumidos, conforme a profecia de Eliseu, 2 Rs 13.14-19. A situação pressuposta, de acordo com as narrativas feitas, é a de uma cidade a oeste do Jordão na planície de Jezreel. A Afeque mencionada nas duas passagens referidas, pode ainda ser a cidade daquele nome, além do Jordão, cerca de cinco quilômetros e meio a este do mar da Galiléia, na estrada entre Damasco e Betsã, que atualmente se chama *Fik*.

AFEREMA

AFEREMA – nome de um distrito, que no tempo de Jônatas Macabeu, foi separado de Samaria e anexado à Judéia, sob a autoridade do sumo sacerdote, 1 Mac 11.34; 10.30,38. Parece ser uma corrupção da palavra Efrém, designando a parte do extremo sul de Samaria, Jo 11.54.

AFERRA – chefe de uma família de servos de Salomão que retornou do cativeiro com Zorobabel, o nome não aparece nas listas de Esdras e Neemias, somente no apócrifo de 1 Ed 5.34.

AFIA (*no hebraico, "soprado", "revivido"*) – nome de um antecessor do rei Saul, 1 Sm 9.1.

ÁFIA (*no grego aphía, de significado desconhecido*) – nome de uma mulher crente de Colossos, relacionada com Arquipo e Filemom, talvez esposa de Filemom, Fm 2. A tradição diz que ela morreu apedrejada, com Filemom, Onésimo e Arquipo, no tempo do imperador romano Nero. A igreja grega dedica o dia 22 de novembro a sua memória. A única referência encontrada a esse nome está no texto mencionado anteriormente.

ÁFRICA – um dos sete continentes. Embora o nome não apareça nas Escrituras, há muita menção a povos e lugares dentro desse continente. No passado, os gregos o chamavam de Líbia, mas não tinham idéia de sua extensão. Veja alguns nomes relacionados: No Antigo Testamento – o Egito é um dos grandes enfoques do Antigo Testamento. Foi lá que o povo de Israel passou muito tempo cativo, tendo sido levado depois por Moisés a Canaã, após Faraó ter experimentado as dez pragas do Egito, Êxodo 1 a 12. Outros povos mencionados, são: Lubim, Pute e Etiópia ou Cuxe, Jr 13.23; Is 45.14; 18.1,2; Cap. 19 e 20, Ez 29 a 32. No Novo Testamento – José e Maria viveram um tempo da infância de Jesus na África, foram para o Egito fugindo da perseguição de Herodes, Mt 2.13-19; Simão, pai de Alexandre e Rufo, que ajudou Jesus a carregar a cruz, era de Cirenaica, Mc 15.21; no Pentecostes se fizeram presentes judeus de várias nações, dentre elas Egito, Líbia e Cirene, At 2.5-11; um cristão de nome Apolo, muito sábio e eloqüente era de Alexandria, At 18.24; um eunuco etíope foi evangelizado por Filipe e levou o evangelho a sua terra, At 8.26-40.

ÁGABA – variante de Hagaba, 1 Ed 5.30. Era o nome de uma fortaleza próxima a Jerusalém que Galesto, seu governador, devolveu a Aristóbulo, filho de Alexandre Janeu, Josefo Antig. XXII. 24.

ÁGABO (*nome grego de significado incerto, talvez "gafanhoto" ou "amor"*) – nome de um profeta cristão de Jerusalém. Profetizou que haveria uma grande fome por todo o globo da terra; esta, veio em tempo do imperador Cláudio, At 11.28; Antig. 20.2,6; 5.2. Quando o apóstolo Paulo passou por Cesaréia, em sua última viagem a Jerusalém, chegou da Judéia o profeta Ágabo que, tomando a cinta de Paulo, atando os próprios pés e mãos, anunciou que assim fariam em Jerusalém, ao varão a quem a cinta pertencia, At 21.10,11.

AGAGITA – qualificativo dado a Hamã, grande inimigo dos judeus, Et 3.1-10; 8.3-5. Não se pode afirmar que seja descendente de Agague, Antig. 11.6,5.

AGAGUE (*no hebraico, "chama", ou "flamejante"*) – ignora-se se esse nome era o título oficial dos reis de Amaleque, como Faraó era o título oficial dos reis do Egito, ou se era o nome dado à dinastia. Particularmente, refere-se a: **1** Agague, rei de Amaleque e, cuja grandeza, alude Balaão, Nm 24.7. **2** Agague, rei de Ameleque, morto por Samuel, cuja vida Saul havia poupado, 1 Sm 15.9-33.

AGNOSTICISMO

ÁGAPE (*do grego, agapao , "amar" ou agape, "amor"*) – o termo era usado referindo-se a uma refeição fraternal, uma festa de amor, como a Ceia do Senhor. Parece que no Novo Testamento, ágape consistia de uma refeição completa, antes do partir do pão e do beber o vinho, At 2.42-47; 20.6-12; 1 Co 11.17-34. No Novo Testamento, ágape é traduzido por *amor, caridade, querido e festa do amor*. É o sentimento que permite amar sem preconceito, descreve o benevolente amor de Deus, um exemplo que deve ser seguido pelos homens, Mt 5.43; Gl 5.22; 1 Jo 4.7,8.

ÁGATA – nome derivado de um rio da Sicília, perto do qual, é abundante a pedra preciosa chamada, ágata. É composta de várias espécies de quartzo colorido, especialmente de ametista, calcedônia e jaspe. Há dois vocábulos hebraicos que se referem a essa pedra, e são os seguintes: **1** *Kadkod,* que significa *brilhante,* Is 54.12; Êx 27.16. Esse qualificativo mal se aplica a essa pedra que, pelo seu natural, não tem brilho. A versão brasileira e Almeida traduzem, Rubis. **2** *Shebo,* derivado talvez de *shabah, levar cativo,* ou de *Sheba.* Era a pedra que ficava na terceira ordem, entre as duas pedras preciosas do peitoral da veste do sumo sacerdote, Êx 28.19; 39.12.

AGÉ (*no hebraico, "fugitivo"*) – nome de um dos araritas, pai de um dos valentes de Davi, 2 Sm 23.11.

AGEU (*no hebraico, "festividade"*) – nome de um profeta, contemporâneo de Zacarias, Ag 1.1; Zc 1.1. Profetizou depois da volta do cativeiro de Babilônia. O trabalho da reconstrução do templo estava interrompido havia 15 anos. O profeta foi o grande instrumento que levantou o ânimo do povo para continuar a obra, Ed 5.1; 6.14.

AGEU, O LIVRO DE – o livro de Ageu contém quatro profecias pronunciadas no espaço de quatro meses, no segundo ano do reinado de Dario Histaspes, 520 a.C. **1** No primeiro dia do sexto mês, o profeta repreende aqueles que tinham deixado o templo em ruínas, ao passo que haviam construído para si, casas forradas de laçaria: mostra-lhes como as bênçãos de Deus haviam decrescido sobre o trabalho de suas mãos. Em vista dessas exortações, o povo pôs mãos à obra na reconstrução da casa do Senhor, no dia 24 do sexto mês. **2** No dia 21 do sétimo mês, ele anima aqueles que lamentavam a inferioridade do templo, comparado com a glória do primeiro; e prediz que a glória do segundo seria maior do que a do primeiro, porque o Senhor moveria as nações e o Desejado de todos os povos encheria de glória a nova casa, 2.1-9; Hb 12.16-28. **3** No dia 24 do nono mês, ele faz um aditamento a essa profecia, dizendo: Se um homem em estado de impureza, por ter tocado um corpo morto, tocar qualquer de todas as coisas, acaso ficará ela por isso contaminada? Responderam os sacerdotes e disseram: Ficará contaminada. Assim é que este povo, e assim é que esta gente, está diante da minha face, diz o Senhor, e assim está a obra de suas mãos, e todas as coisas que ali ofereceram, serão contaminadas, pelo que não mereceram as bênçãos de Deus, 2.10-19. **4** No mesmo dia, ele acrescenta à segunda profecia: "Eu abalarei juntamente o céu e a terra, e farei cair os tronos e quebrarei a fortaleza do reino das gentes, e tomarei a Zorobabel, filho de Sealtiel, debaixo de minha proteção, diz o Senhor", 2.20-23.

AGNOETAE (*no grego, "não onisciente"*) – assim foi denominada uma seita do século 4 d.C., que negava a onisciência de Deus. Segundo a seita, a onisciência de Deus anularia o livre-arbítrio do homem. Seu líder foi Teofrônio de Capadócia.

AGNOSTICISMO (*vem do grego, "a", não e "ginosko", conhecer*) – conceito filosófico

AGNOSTICISMO

que não defende ou nega a existência de Deus, dizendo que as evidências para uma ou outra parte são inconclusivas. O vocábulo foi cunhado por T.H. Huxley (1869), para exprimir a idéia ou posição do indivíduo que não crê, nem deixa de crer. A origem do agnosticismo está nos filósofos céticos pré-socráticos e nos sofistas, oponentes de Sócrates e de Platão em 450 a.C., e posteriormente no filósofo Pirro, em 300-270 a.C., e em Sexto Empírico no séc. 3 d.C.

AGNUS DEI (*do latim, "cordeiro de Deus"*) – significa "Cordeiro de Deus", simbolizando Jesus em sua missão expiatória, Jo 1.29. Esse trecho tornou-se parte da invocação litúrgica da missa católica: "Ó Cordeiro de Deus, que tira os pecados do mundo, tem misericórdia de nós".

AGONIA – o sentido do termo geralmente denota uma *luta* ou *competição*, mas também *angústia* e *sofrimento*. No Novo Testamento, o termo é usado somente para indicar a agonia de Jesus no Jardim do Getsêmani, Lc 22.44.

AGORÁ (*no grego, "mercado" e "local de reuniões"*) – o termo no grego significa mercado, local de reuniões, ou uma assembléia. Em muitas cidades gregas, como Atenas, o *AGORÁ* era o centro da vida comercial, judicial e religiosa da cidade. Agorá no latim é *fórum*, e sua tradução no Novo Testamento, em geral, é *praça* e *mercado*, Mt 11.16; 23.7; Mc 6.56; 7.4; 12.38; Lc 11.43; 20.46; At 16.19; 17.17.

AGOUREIROS (veja *ASTRÓLOGOS*).

AGOURO – nome que se dá à prática de artes mágicas, ou ao emprego de certas palavras com o fim de obter o auxílio dos maus espíritos, para produzir efeitos sobrenaturais nas criaturas, nos animais perigosos e na natureza em geral. O agouro nem sempre se distingue da adivinhação, Nm 23.23; 24.1; 2 Rs 17.17; Jr 27.9. As palavras agoureiro e agouro incluem a mágica, Êx 7.11, o esconjuro, o exorcismo, Dn 2.2, a feitiçaria, At 8.9-11; 13.8,10. Essas práticas são proibidas pela lei mosaica, Dt 18.10. Os encantamentos usados para impedir a mordedura da cobra venenosa, Ec 10.11, *cf.* Sl 57.5; Jr 8.17, são de outra natureza; não exigem fraude, nem a invocação dos espíritos malignos.

ÁGRAFOS (*no grego, "coisas não escritas"*) – o termo é alusivo às declarações de Jesus que não foram registradas nos evangelhos. Algumas estão registradas em outros livros do Novo Testamento, como em At 20.35 e 1 Ts 4.15. A maioria é mencionada nos escritos dos primeiros Pais da Igreja, embora também sejam encontradas nos evangelhos apócrifos.

AGRAMATOS (*no grego, "analfabeto", "sem escolaridade"*) – foram assim chamados os apóstolos Pedro e João, pelos líderes judeus, At 14.13. Foi também aplicado a Jesus, Jo 7.15.

AGRICULTOR – vários nomes são dados na Bíblia ao indivíduo que trabalhava no campo, como agricultor, viticultor, lavrador etc. Veja os termos que se destacam: No Antigo Testamento, o termo hebraico *ikkar*, é traduzido como *lavrador*, Jr 14.4; 51.21; Am 5.16. Embora também servisse para indicar aquele que trabalhava com a terra, no plantio e na colheita. No Novo Testamento, o termo é *geórgos*, uma tradução da LXX do hebraico *ikkar*, e designa as mesmas funções de *ikkar* no Antigo Testamento, Mt 21.33-38; Jo 15.1; 2 Tm 2.6; Tg 5.7.

AGRICULTURA – cultura do campo. Essa palavra não ocorre nas Escrituras, porém a sua idéia está nelas implícita pela correlação

ÁGUAS DE MEROM

A

de fatos, tanto no Antigo quanto no Novo Testamento. A palavra, lavrador, é muito freqüente. Adão tinha de guardar e hortar o paraíso das Delícias, Gn 2.15. Caim era lavrador, Gn 2.15; Noé plantou uma vinha, Gn 9.20; e Isaque semeava a terra, Gn 26.12. A agricultura teve notável desenvolvimento entre a raça dominadora estabelecida no delta do Nilo, no tempo em que os israelitas se estabeleceram no Egito, onde cultivavam várias espécies de cereais para exportação, Gn 41.49,57; 43.2, trigo, centeio, cevada, além das grandes colheitas de linho, Êx 9.31,32. As plantações dos israelitas eram às vezes limitadas ao trigo e ao vinho, Gn 27.37; Sl 4.8. Um terceiro ramo de agricultura entre os israelitas era a oliveira, Dt 6.11. Quando se desenvolveu mais a lavoura, a lista dos seus produtos cresceu; era o trigo, a cevada, o vinho, os figos, as romeiras e as oliveiras, para não falar do mel que as abelhas produziam, Dt 8.8; 11.14; 12.17. A essa lista, Isaías acrescenta a nigela e o cominho, Is 28.25,27, e Ezequiel, as favas, as lentilhas e a aveia, Ez 4.9. Usavam arados puxados por bois, 1 Rs 19.19; Is 2.4, foices e outros instrumentos, Dt 16.9; Jl 3.13 etc. A fertilidade da terra era auxiliada pelo descanso de um ano, no fim de cada sete anos, Dt 23.10,11. As grandes colheitas eram, em regra, armazenadas; dava-se grande atenção às reservas de água, de modo a suprir a falta das chuvas, evitando por esse modo os sofrimentos causados pela fome. A agricultura e a conservação das manadas de rebanhos continuaram a ser a fonte da riqueza nacional durante o período histórico das Escrituras. Era mais um povo de agricultores do que de comerciantes e industriais.

AGRIPA (veja *HERODES*).

ÁGUA AMARGA – água colocada em um vaso de barro, misturada com um pouco de pó, do pavimento do Tabernáculo, Nm 5.17-31, tinha o fim de revelar a inocência ou a culpa de uma mulher acusada de adultério por seu marido, no caso de não haver testemunhas. O sacerdote descobria-lhe a cabeça e punha-lhe nas mãos o sacrifício de recordação e a oferta dos zelos. O sacerdote tomando as águas amarguíssimas, dizia que não teriam mau efeito sobre a mulher se fosse inocente; se, porém, fosse culpada, as carnes da coxa apodreceriam, e o ventre, inchando, arrebentaria. A mulher respondia: Amém. O sacerdote escrevia as maldições em um livro e depois as apagava com as ditas águas. Depois tomava da mulher o sacrifício dos zelos, e o levantava diante do Senhor, colocando-o sobre o altar, e dava de beber à culpada, as águas da maldição a penetrariam, e inchando-lhe o ventre, lhe apodreceria a coxa; se fosse inocente, não experimentaria mal algum, e teria filhos. A parte essencial desse processo era o juramento. Todo o ritual era simbólico. O resultado pertencia a Deus. É provável que esse ordálio viesse de outros tempos e que Moisés colocou em prática, por meio de regulamentos novos.

ÁGUAS DA CONTENDA (*no hebraico, "contendas de Cades"*) **–** nome de uma estação dos israelitas no deserto, Ez 47.19; 48.28.

ÁGUAS DE MEGIDO – lugar citado no cântico de Débora, Jz 5.19. Provavelmente, um canal que drenava a região por detrás do Megido.

ÁGUAS DE MEROM (*no hebraico, "águas superiores"*) **–** local onde Josué venceu os cananeus, Js 11.5-12. Segundo estudiosos, trata-se de uma massa de água em forma triangular, tendo aproximadamente sete quilômetros e meio de extensão e 800 metros de largura, e está a 82 metros e meio abaixo do nível do mar Mediterrâneo. Essa massa de água é atravessada pelo rio Jordão em seu curso em direção ao mar Morto.

ÁGUA SANTA/ÁGUA BENTA

ÁGUA SANTA/ÁGUA BENTA – água usada pelo sacerdote católico em cerimônias. Trata-se de água comum que, abençoada pelo sacerdote, torna-se santificada. Adiciona-se o sal para simbolicamente denotar sua preservação da corrupção, e está pronta para ser usada em cerimônias, a fim de conferir bênçãos.

ÁGUIA – ave de rapina, Jó 9.26; 39.30; Hc 1.8, vultosa, Ez 17.3,7 ligeira de vôo, 2 Sm 1.23, de grande porte visual e que constrói seus ninhos nas rochas elevadas e inacessíveis, Jó 39.27-29; Jr 49.16. A águia emprega grande cuidado na educação de seus filhos, enquanto pequenos, ensinando-os a agir por si mesmos, impelindo-os para fora do ninho, provocando-os a voar, e voando sobre eles, em seus primeiros ensaios para dominar os ares, Dt 32.11; Êx 19.4,5. Sir Humphrey Davy relata ter visto duas águias ocupadas nesse mister, nos desfiladeiros de Ben-Nevis. Havia uma crença antiga e muito popular que a águia, no fim de certo tempo, renovava a sua mocidade, Sl 102.5. Diziam que a águia, chegando à velhice, elevava-se às alturas em direção ao sol, até crestar as asas, e depois se precipitava no oceano. Dali ela emergia no vigor de sua mocidade. Pode ser que essa lenda sirva para ilustrar a longevidade da águia, retendo até ao fim de sua vida, o vigor da mocidade. Por ser uma ave carnívora que se alimenta de répteis e de carnes em decomposição, era considerada imunda pela lei cerimonial, Lv 11.13. Os hebreus e os árabes davam o nome da águia a todos os outros pássaros que se alimentavam de carnes, à semelhança dos naturalistas gregos e romanos, como Aristóteles e Plínio, Mt 24.28; *cf*. Pv 30.17. O profeta Miquéias, em seu livro, cap. 1.16, alude à calvície da águia, e ao despojo de suas penas. Talvez tivesse em mente outra ave de rapina, porquanto a águia não arranca as suas próprias penas. Tristram enumera oito espécies de águias sob famílias que se encontram na Palestina. Sete do tipo,

Áquila, a saber. *Áquila chisaetus*, águia dourada; *Áquila helíaca*, águia imperial; *Áquila clanga*, águia mosqueada; *Áquila rapax* cinzenta; *Áquila pennata*, águia calçada; *Áquila nipolensis*, águia estepe; *Áquila Bonelli*, águia de Bonelli, e a *Áquila circaetus gallicus*, águia de dedo curto. Excetuando a águia calçada, as demais são muito comuns. A mais numerosa de todas é a dos dedos curtos, que se alimenta de répteis. Aparece com mais freqüência no verão e no outono. No inverno, emigra para o Sul.

ÁGUIA MARINHA – tradução do hebraico *Oznyyah*, Lv 11.13; Dt 14.12, ave considerada imunda pela lei cerimonial. É uma espécie de águia, ou mais vagamente do gênero, isto é *Pandion haliaetus*. É uma águia de cor cinzenta escura, muito conhecida em todo o mundo, que freqüenta as costas e se alimenta de peixes. Na Palestina, percorre as praias do Mediterrâneo e as lagoas formadas na foz do Quisom.

AGUILHADA (veja *AGUILHÃO*).

AGUILHÃO – a palavra vem de um termo hebraico que significa *aprender*, *ensinar*, e no grego significa *ferrão*, designa um objeto de ponta aguçada. Assim era chamada uma vara comprida, terminada em ponta, às vezes revestida de um ponteiro de ferro, que servia para estimular os bois a caminhar, 1 Sm 13.21. O instrumento pontudo e afiado também servia como arma de guerra; com uma aguilhada de bois, Sangar matou 600 filisteus, Jz 3.31. Em At 9.5, o termo é aplicado em "duro é para ti recalcitrar contra os aguilhões", é a metáfora de um animal recalcitrante, ferindo-se contra a aguilhada. As palavras dos sábios são comparadas a aguilhões, Ec 12.11, uma metáfora para encorajamento, estímulo e exortação.

AGULHA – palavra que só aparece em Mt 19.24. Trata-se de um instrumento pontiagudo que serve para bordar, e para costurar, Êx 35.35; Ec 3.7; Mc 2.21. O buraco por onde entra a linha chama-se fundo da agulha. Imagine um camelo entrando pelo fundo de uma agulha. Esta extrema dificuldade serviu para Jesus ilustrar o perigo para a salvação daqueles que confiam nas suas riquezas, Mc 10.24-26. A arqueologia tem encontrado agulhas feitas de vários materiais, como osso, ferro, bronze, marfim etc. O seu uso pode ser visto de forma indireta nas Escrituras. Adão e Eva costuraram folhas de figueira para cobrir a sua nudez, Gn 3.7. Existiam tecidos que levavam bordados, Êx 36.37,38. Esse ofício era exercido por homens e mulheres, e ensinado como ofício nobre, Êx 35.33-35. O apóstolo Paulo foi fabricante de tendas, certamente a agulha era um dos seus instrumentos de trabalho, At 18.3.

AGUR (*no hebraico, "colhedor", ou "mercenário"*) – filho de Jaque, autor das máximas contidas no capítulo 30 do livro de Provérbios, veja Pv 30.1.

AI (*no hebraico, "montão", "ruína"*) – ruínas. Aiate em Is 10.28, é a forma feminina dessa palavra. **1** Cidade dos amorreus, a leste de Betel e perto de Bete-Áven, tendo um vale ao lado do norte, Gn 12.8; Js 7.2; 8.11. Ficava ao norte de Micmás, se Aiate é a mesma Ai, como se presume. As observações modernas excluem a possibilidade de ser el-Hai, a um quilômetro a sudoeste de Micmás, o local de sua antiga existência. Devia estar localizada próximo à atual Deir Diwan, na antiga estrada entre Micmás e Betel, a meio caminho de cada uma dessas cidades. A pouco mais de um quilômetro a noroeste de Deir Diwan, estão as ruínas de et-Te (o montão), *cf.* Js 8.28. A cerca de 500 metros ao sul, e pelos jardins que se estendem até um quilômetro para sudoeste em direção a el-Kadeirah, existem também as ruínas de el-Haiyan. Cada um desses três lugares tem seus defensores que os dão como sendo o local da antiga Ai. Esse nome Haivan, deve-se notar, é palavra inteiramente diferente de Ai. O nome que o historiador Josefo deu a Ai apenas fornece o elo que aproxima as

Lugar de Ai — Christian Computer Art

AI

duas palavras, porquanto os textos gregos do historiador não dão o caso nominativo Aina, pelo qual se poderia fazer a identificação. Ai foi atacada por Josué (Js 7.2-5), sendo malsucedido. Quando se descobriu que a causa da derrota era o pecado de Acã, foi este lapidado. Renovou-se o ataque à cidade de Ai que dessa vez foi tomada; e mortos os seus habitantes em número de 12 mil; o rei pendurado numa árvore e as suas habitações reduzidas a cinzas, Js cap. 7 e 8. Permaneceu em ruínas por algum tempo depois da narrativa de Josué, e foi reconstruída mais tarde, Is 10.28; Ed 2.28. **2** Cidade dos amonitas, pouco distante de Hesbom, Jr 49.3. **3** Chefe dos gaditas em Gileade, filho de Abdiel, 1 Cr 5.15. **4** Nome de um dos filhos de Semer, tribo de Aser, da família de Baria, 1 Cr 7.34.

AIÃ (*no hebraico, "fraterno"*) – nome de um membro da tribo de Manassés, filho de Semida, 1 Cr 7.19.

AIALOM (veja *ELOM*).

AIÃO (*no hebraico, "irmão da mãe"*) – nome de um dos 30 mais valentes de Davi, 2 Sm 23.33.

AÍAS (*no hebraico, "meu irmão é Jeová"*). **1** Benjamita que ajudou Gera a transportar para Manaá, os habitantes de Gibeá, 1 Cr 8.6,7. **2** Nome de um homem de Judá descendente de Jerameel, 1 Cr 2.25. **3** Nome de um filho de Aitube, e bisneto do pontífice Eli. Uma ocasião no reinado de Saul, preencheu as funções de sumo pontífice em Gibeá, 1 Sm 14.3-18. Era irmão mais velho de Aimeleque, segundo uns, e segundo outros, o mesmo Aimeleque com o nome de Aia. **4** Nome de um filho de Hasem e um dos valentes que ajudaram Davi a subir ao trono de Israel, 1 Cr 11.36. **5** Nome de um levita, guarda dos tesouros da casa de Deus e dos vasos sagrados, durante o reinado de Davi, 1 Cr 26.20. **6** Nome de um dos secretários de Salomão, 1 Rs 4.3. **7** Nome do pai de Baasa, rei de Israel, 1 Rs 15.27,33. **8** Nome de um dos chefes do povo que assinou o pacto de guardar a lei de Deus, Ne 10.26. **9** Nome de um filho de Zibeão e irmão de Aná, Gn 36.24. Descendentes de Seir, o horita. **10** Nome do pai de Rispa, concubina de Saul, 2 Sm 3.7. Um dos filhos de Saul, Is-bosete, acusou Abner, capitão do exército, de ter um caso amoroso com ela, 2 Sm 3.7.

AÍAS, O PROFETA (*no hebraico, "meu irmão é Jeová"*) – nome de um profeta de Siló. Encontrando-se com Jeroboão, rasgou a capa em 12 partes, das quais lhe deu dez, como sinal de que Jeroboão reinaria sobre dez das tribos de Israel, 1 Rs 11.29-39. Depois de se tornar rei, ficou doente seu filho Abia, Jeroboão enviou a rainha sua mulher, disfarçada em trajes diferentes, a consultar o profeta já velho e fraco da vista, o qual, apesar do disfarce, a reconheceu por revelação divina. Em resposta, o profeta predisse a morte do menino assim que ela pusesse os pés no limiar da porta da cidade, 1 Rs 14.1-18. Contemporâneo de Salomão, Reoboão e Jeroboão. Profetizou contra a idolatria que incorreu Salomão e Jeroboão, 2 Cr 9.29, e a ascensão e queda de Jeroboão por causa da idolatria, 1 Rs 11.29-33.

AIATE – forma alternativa de Ai usada em Is 10.28 (veja *AI*).

AICÃO (*no hebraico é 'ªhiqam, "meu irmão levantou-se"*) – nome de um filho de Safã e príncipe de Judá, 2 Rs 22.12. Protegeu o profeta Jeremias, quando os falsos sacerdotes e os falsos profetas pediram a sua morte, Jr 26.24. Era pai de Godolias, 2 Rs 25.22.

AICAR, LIVRO DE – Aicar era sobrinho de Tobias, filho de Anael, Tob. 1.21,22; 2.10. Trata-se de uma lenda em que o herói é Aicar, um alto oficial de Senaqueribe, rei da Assíria. Segundo a lenda, Aicar adotou um filho de sua irmã, Nadã, para o preparar, a fim de ser o seu sucessor. Seu sobrinho era de caráter ruim, mas quando Aicar quis substituí-lo, Nadã o traiu. Enviou cartas aos reis do Egito e da Pérsia oferecendo-se para trair as tropas assírias, e delatou ao rei da Assíria Aicar como traidor da nação. Aicar foi condenado à morte, só não se consumou sua morte porque o executor era um amigo seu, e executou outro em seu lugar, poupando sua vida e escondendo-o. O Egito havia subjugado a Assíria e exigia tributos pesados, a liberação dos tributos aconteceria se a Assíria conseguisse alguém que construísse um castelo no ar. Precisando de um sábio para resolver a questão, Aicar foi trazido à presença do rei. Irreconhecível pelas circunstâncias em que estava vivendo e pelo tempo, pôde argüir e destruir seu sobrinho, o ventre de Nadã inchou e estourou quando ouviu as repreensões de Aicar. A questão da construção do castelo no ar ele resolveu mandando duas águias levar dois meninos ao ar, eles pediram aos egípcios os tijolos e o cimento, como não pudessem enviar, os assírios foram dispensados da obrigação, e, Aicar voltou a ocupar o seu posto de vizir de Senaqueribe.

AIEZER (*no hebraico, "irmão auxiliador"*). **1** Filho de Amisadai e cabeça da tribo de Dã, por ocasião da viagem de Israel pelo deserto, Nm 1.12; 2.25; 7.66. **2** Nome de um homem de Gibeá que auxiliou a Davi em Ziclague, quando fugia de Saul, 1 Cr 12.3.

AIJALOM (*no hebraico, "lugar de veados ou carvalhos"*). **1** Nome de uma vila de Sefelá, perto de um vale, onde se deu a batalha de Josué contra os amorreus, quando o Sol parou sobre Gibeão e a Lua sobre o vale de Aijalom, Js 10.12; 2 Cr 28.18. Aijalom é mencionada em cartas que datam do século 15 a.C., encontradas em Tel-el-Amarna, com o nome de Aialuna; corresponde a Yalo, vila situada em bela planície a 24 quilômetros a noroeste de Jerusalém sobre um contraforte na direção norte. Na partilha da Terra Prometida, coube à tribo de Dã, mas continuou em poder dos amorreus, Jz 1.34,35. Mais tarde, foi somada ao patrimônio levítico, Js 21.20,24. Por ocasião do cisma das dez tribos, entrou no patrimônio da tribo de Benjamim e Reoboão a converteu em praça forte, 1 Cr 8.13; 2 Cr 11.10. Os filisteus a tomaram no tempo de Acaz, 2 Cr 28.18. **2** Lugar na tribo de Zebulom, onde Aiatom ou Elom, juiz de Israel, foi sepultado, Jz 12.12. Local ainda não identificado. Supõe-se que as ruínas de Jalum, ou as de Ailute sejam os restos da antiga Aijalom, porém, as primeiras, estão muito ao norte de Zebulom, cerca de 17,5 quilômetros a leste de Acre; e a três quilômetros a sudeste de Mejd el-Kerum; e as segundas, que ficam a 4,5 quilômetros a noroeste de Nazaré, têm nome radicalmente diferente.

AILUDE (*no hebraico, "irmão do nascido", ou "irmão do Lídio"*) – nome do pai de Jeosafá, cronista-mor dos reis Davi e Salomão, 2 Sm 8.16; 20.24; 1 Rs 4.3. Sob o reinado de Salomão, Ailude colocou também a seu filho Baaná como provedor da casa real, 1 Rs 4.12.

AIM (*no hebraico, "olho", ou "fonte"*). **1** Nome da 16ª. letra do alfabeto hebraico, que teve origem na forma de um olho. A 15ª. letra do nosso alfabeto teve a mesma, porém não é da mesma categoria; a hebraica é consoante, com um som gutural, e a nossa é o O vogal. No transporte dos nomes hebraicos que contêm *ain* para a nossa língua, essa consoante não é traduzida e outras vezes aparece como *g*, e outras vezes passando pelo grego, é representada pela letra *h*. No original, a letra *ain* figura no princípio das palavras Amaleque, Heli, Gomorra e talvez Heli. Aparece na 16ª. secção do salmo 118, Figueiredo e 119, Almeida e V. B., cujas linhas de cada verso começam por essa letra no hebraico. **2** Lugar do limite norte da Palestina, a oeste de Ribla, Nm 34.11, Almeida e V. B. **3** Cidade do território de Judá, para os lados de Edom e perto de Rimom, Js 15.32; 1 Cr 4.32, com a qual forma, por assim dizer, uma só cidade, Ne 11.29. Essas duas cidades foram sorteadas para Simeão e destinadas aos sacerdotes residentes na tribo de Judá, Js 19.7; 21.16 (veja *ASA*). Supõe-se que as grandes ruínas de *Bir-Khuweifeh*, onde existe uma fonte perene, sejam os restos da cidade de Rimom.

AIMÃ (*no hebraico, "irmão de um presente", "dadivoso"*). **1** Nome de um filho de Anaque e provável fundador da família Enacita, Nm 13.23, composta de homens robustíssimos (veja GIGANTE), expulsos de Hebrom por Calebe, Js 15.14; Jz 1.10. **2** Levita empregado no serviço de transportar a arca, 1 Cr 9.17.

AIMAÁS (*no hebraico é ªhima'aç, "meu irmão é ira", ou "irascível"*). **1** Nome do pai de Ainoã, mulher de Saul, 1 Sm 14.50. **2** Filho de Zadoque, pontífice no tempo de Davi. Aimaás e Jônatas, filho de Abiatar, foram os oficiais de ligação entre Davi e o partido leal, em Jerusalém, durante a revolta de Absalão, 2 Sm 15.27,36; 17.20. Aimaás foi o primeiro a anunciar a Davi, a vitória obtida sobre Absalão, 2 Sm 18.19-30. Talvez seja o mesmo que, mais tarde, foi nomeado provedor da casa de Salomão com jurisdição sobre o território de Naftali, 1 Rs 4.15.

AIMELEQUE (*no hebraico é ªhimelekh, "irmão do rei", ou "amigo do rei"*). **1** Filho de Aitube e sumo sacerdote em Nobe, 1 Sm 22.9. Quando Davi fugia da presença de Saul, esteve em Nobe onde, apertado pela fome e com o pretexto de estar a serviço do rei, recebeu de Aimeleque os pães da proposição, o que só aos sacerdotes era permitido. Também recebeu a espada que pertenceu a Golias, 1 Sm 21.1-9;

em Mc 2.26, este fato se dá no tempo de Abiatar, filho de Aimeleque. O edomita Doegue referiu a Saul o ato de Aimeleque. Saul, interpretando-o como prova de traição, mandou matar Aimeleque e os demais sacerdotes. Só Abiatar filho de Aimeleque escapou à matança, 1 Sm 21.7; 22.7-23. **2** Filho de Abiatar que escapou da matança em Nobe, neto de Aimeleque, filho de Aitube. Foi um dos dois sumos sacerdotes no reinado de Davi, 2 Sm 8.17; 1 Cr 18.16; 24.3,6,31. **3** Nome de um heteu, companheiro de Davi, 1 Sm 26.6. **4** Aimeleque é outro nome para Aias, 1 Sm 14.3

AIMOTE (*no hebraico, "meu irmão é morte"*) **–** nome de um levita filho de Elcana, 1 Cr 6.25.

AINADABE (*no hebraico, "irmão é nobre", ou "irmão de liberalidade"*). Provedor da casa de Salomão, em Maanaim, 1 Rs 4.14.

AIN KARIM **–** uma aldeia onde, segundo a tradição, viviam Zacarias e Isabel, pais de João Batista. Estava a cerca de seis quilômetros de Jerusalém, Lc 1.24,39.

AINOÃ (*no hebraico, "irmão da graça", ou "irmão é deleite"*). **1** Nome de uma das mulheres de Saul, filho de Aimaás, 1 Sm 14.50. **2** Uma das mulheres de Davi, natural de Jezreel, 1 Sm 25.43; 27.3. Foi prisioneira dos amalequitas em Ziclague e resgatada por Davi. Era mãe de Amnom, primogênito de Davi, 2 Sm 3.2.

AIO (veja *PEDAGOGO*).

AIÔ (*no hebraico, "fraternal"*). **1** Filho de Abinadabe, que, com seu irmão Uzá, conduziu o carro novo em que Davi transportou a Arca do Senhor de Gibeá para Jerusalém, 2 Sm 6.3,4. **2** Nome de um benjamita, filho de Elpaal, 1 Cr 8.14. **3** Nome de um benjamita, filho de Jeiel e de sua mulher Maaca, 1 Cr 8.29,31; 9.35,37.

AIRÁ (*no hebraico, "irmão do mal"*) – filho de Enã, príncipe da tribo de Naftali durante a peregrinação pelo deserto e um dos assessores de Moisés para fazer o recenseamento do povo, Nm 1.15; 2.29; 7.78; 10.27.

AIRAMITAS – a família ou os descendentes de Airá, Nm 26.38.

AIRÃO (*no hebraico, "irmão exaltado", ou "irmão do que é exaltado"*) – chefe da família dos airamitas, Nm 26.38. Aara, 1 Cr 8.1, representa o mesmo nome; e bem assim, Eí, mencionado em Gn 46.21.

AISAAR (*no hebraico, "irmão da alva"*) – nome de um dos descendentes de Benjamim, filho de Jadiel, um dos príncipes das famílias dessa tribo, e homem de grande valor, 1 Cr 7.10.

AISAMAQUE (*no hebraico, "irmão auxiliador"*) – nome do pai de Aoliabe da tribo de Dã, Êx 31.6; 35.34.

AISAR (*no hebraico, "irmão da canção"*) – mordomo-mor da corte de Salomão, 1 Rs 4.6.

AITOFEL (*no hebraico é ʻªhithophel, "irmão de loucura"*) – nome de um dos conselheiros de Davi, residente em Gilo, a sudeste de Judá, 2 Sm 15.12, pai de um dos valentes de Davi, 23.34 e, talvez, avô de Bate-Seba, 11.13; 23.34. Os conselhos desse homem eram considerados como oráculos de um Deus, 2 Sm 16.23. A par da sabedoria de seus conselhos, revelou caráter indigno de confiança. Absalão serviu-se dele como instrumento de traição contra Davi, tomando parte saliente na conspiração em Jerusalém. Por seu lado, Davi serviu-se de Husai para transtornar os conselhos de Aitofel, que resultou a derrota de Absalão e conseqüente suicídio de Aitofel, 2 Sm 15.12,31-34; 16.15; 17.23. Pela sua traição e pelo suicídio, Aitofel é o Judas do Antigo Testamento.

AITUBE (*no hebraico é ʻªhitubh, "irmão da benevolência"*). **1** Filho de Finéias e neto de Eli, 1 Sm 14.3, e pai do sacerdote Aimeleque, 22.9. **2** Filho de Amarias e pai de Zadoque, sacerdote, 2 Sm 8.17; 1 Cr 6.7,8. **3** Nome de outro sacerdote da mesma família, filho de outro Amarias e avô de outro Zadoque, também sacerdote, 1 Cr 6.11,12; Ne 11.11.

AIÚDE (*no hebraico, "irmão de majestade"*). **1** Príncipe que representou a tribo de Aser na comissão que dividiu a Terra Prometida, Nm 34.27. **2** Chefe de uma família de Gibeá, da tribo de Benjamim, 1 Cr 8.7.

AJELÉ-HAS-SAAR – título usado para o salmo 22, da tradução de Ferreira de Almeida e V. B. A tradução em português diz: *Corça da Manhã*. O salmo 21, que a este corresponde na tradução de Figueiredo, diz no seu título: Salmo de Davi pelo socorro da manhã. O termo original pode indicar uma melodia que o salmo era cantado ou um instrumento musical.

AJUDADOR – uma tradução do termo grego *parakleto*, a fim de designar um de seus ofícios na vida do crente, o de ajudar, Rm 8.26.

AJUDAS (*no grego, "antilempsis"*) – o sentido do termo em sua forma verbal é levar a carga de outro, isto está comumente ligado às necessidades do próximo, como fome e pobreza. O termo aparece em 1 Co 12.28, na lista dos dons do Espírito, traduzido como *socorros*. A LXX também traduz o termo hebraico correspondente por "socorro", Sl 22.19.

ALABASTRO (*"sem asa", ou derivado de um lugar chamado "alabastrum"*) – material de que foi fabricada a redoma, cheia de bálsamo que ungiu a cabeça de Jesus em Betânia, Mt 26.7; Mc 14.3; *cf.* com Lc 7.37. O alabastro é uma variedade de fino gipso

ALABASTRO

de cor branca, adornado de delicadas sombras. Por ser menos duro que o mármore, é mais fácil de ser trabalhado na fabricação de colunas, taças, caixinhas ou vasos. Dava-se o nome de alabastro a qualquer pedra que servisse para o fabrico de tais utensílios. A maior parte dos frascos antigos, usados para guardar perfumes, era fabricada de pedra calcária, de cor cinza e transparente.

Alabastro — Christian Computer Art

ALABE (*no hebraico, "gordura", ou "fértil"*) – uma cidade de Aser identificada com a moderna Khirbet el-Mahalib, na Galiléia superior, a cerca de sete quilômetros de Tiro, Jz 1.31.

ALAI (*no hebraico, "oxalá!"*) – filha de Sesã e talvez, antecessora de Zabade, 1 Cr 2.31,34; 11.41.

ALAMELEQUE (*no hebraico, "carvalho do rei"*) – nome de uma aldeia de Aser, Js 19.26. O vale *el-Melech* que recebe as águas da planície de *el-Buttauf* para as lançar no Quisom, defronte a monte Carmelo, parece ser o eco desse nome.

ÁLAMO (*do hebraico, libneh, "branco"*) – tradução da palavra hebraica *Libneh*, branco, designando uma árvore, Gn 30.37, contada entre as que dão boa sombra, Os 4.13. Se for o choupo, pertence à espécie *Populus alba*, árvore alta de madeira branca, e folhas brancas com uma camada felpuda na parte inferior. Na primeira dessas passagens, segundo os Setenta, é o *Styrax officinale*, chamado *libinah* em árabe, árvore resinosa, de dez a 20 pés de altura, natural do Levante. Na segunda passagem, em Os 4.13, a tradução grega diz ser o choupo branco.

ALAMOTE (*no hebraico, "virgens"*) – termo musical para designar a voz trêmula. Em Figueiredo, parece designar um instrumento musical, 1 Cr 15.20. Título do salmo 46. Algumas versões em português traduzem *vozes de soprano*, em 1 Cr 15.20; Sl 46.

ÁLCIMO – nome de um sumo sacerdote nomeado por Antíoco Eupator, 2 Mac 14.37; Antig. 12.9,7, confirmado por Demétrio, em 162, a.C., 1 Mac 7.5-9, e promovido a chefe do exército por Baquides, 1 Mac 7.10-20. Por ser simpático aos gregos, os judeus o aborreciam. Judas Macabeu expulsou-o da

Palestina, porém Baquides o recolheu de novo. A ele se atribui a destruição do muro interno no templo, 160 a.C. Morreu repentinamente logo depois. Os judeus diziam que a sua morte foi em castigo por causa da impiedade de seu ato, 1 Mac 9.1,54-56.

ALCORÃO – é o livro sagrado do islamismo, a palavra de Deus verdadeira e eterna, revelada a Maomé pelo arcanjo Gabriel, em 622 d.C. Deus falava por intermédio de Gabriel a Maomé, quando o profeta chegou a Medina, passou seus oráculos a um discípulo que começou a escrevê-los. Alcorão vem do termo árabe 'quaram', que procede de 'quadra', e significa "ler". O termo ganhou o sentido de "lição", e no princípio foi aplicado a cada revelação do profeta, mais tarde veio a indicar o livro inteiro.

ALDRAVAS – palavra traduzida como *maçaneta*. Em alguns textos, "aldravas da fechadura", ou "maçaneta da fechadura", Ct 5.5. O verbo é traduzido como *manejar*, em 2 Cr 25.5.

ALEFE – nome da primeira letra do alfabeto hebraico; tem origem comum com o nosso "a", mas não é vogal. Não aparece em nomes hebraicos traduzidos para a nossa língua. É letra inicial dos nomes originais Edom, Ofir, Ur etc.

ALEGORIA (*do grego allos, "outro" e ago-reuein, "falar"*) **–** termo usado em Gl 4.24, referente a Sara e Hagar como alegoria dos dois concertos de Deus. Alegoria indica um método que explica alguma coisa por meio do nome ou imagem de outra coisa.

ALEIJADO – característica daquele que possui atrofio em um dos seus membros. O termo na Bíblia geralmente é referência a um atrofio nos membros inferiores, um coxo. Existiam certas restrições aos aleijados em Israel, Lv 21.17-23. E havia muitos deles em Israel, 2 Sm 5.6-8.

ALEXANDRE, O GRANDE

ALELUIA (*no hebraico, hallelu, "louvor" e yâh, abreviação de Yahweh, "louvor a Yahweh"*) **–** palavra composta, empregada pelos escritores de vários salmos, convidando a todos para louvarem a Jeová, Sl 103.35; 104.45; 105.1,48; 110.1; 111.1; 112.1,9; 114.18; 115.19; 116.2; 134.1,21; e os primeiros e últimos versículos dos salmos 145 até 150. Desses salmos, o apóstolo João tirou o vocábulo Aleluia, repetido no cap. 19.1,3,4,6, do Apocalipse.

ALEMA – cidade de Gileade, 1 Mac 5.26. Presume-se que seja Elim, mencionado em Is 15.8.

ALÉM DO JORDÃO – essas palavras hebraicas podem fazer referência ao *outro lado do Jordão*, ou *margens* ou *perto*. Todavia, o mais provável é que seja região do Jordão, Jordânia, Gn 50.10,11; Dt 3.20; Js 9.1; 1 Rs 4.21.

ALÉM DO RIO – expressão usada para designar qualquer margem do rio Eufrates, 2 Sm 10.16; 1 Cr 19.16; Ez 4.10,11,16,17,20; Ne 2.7,9; 3.7.

ALEMETE (*no hebraico, "cobertura", "ocultamento"*). **1** Benjamim, descendente de Bequer, 1 Cr 7.8. **2** Nome de um dos descendentes do rei Saul, 1 Cr 8.36; 9.42. **3** Nome de uma cidade, 1 Cr 6.60 (veja *ALMOM*).

ALEXANDRE, O GRANDE (*no grego, "defensor de homens"*). **1** Alexandre o Grande, rei de Macedônia, que sucedeu a seu pai Filipe, 1 Mac 1.1. Começou a reinar no ano 336 a.C. Depois de ter controlado algumas perturbações interiores, atravessou o Helesponto para atacar os persas que foram desbaratados no Granico e em Isso. Depois da batalha de Isso, Alexandre tomou Damasco que encerrava grandes tesouros, e Sidônia, e sitiou Tiro. Deste lugar, enviou emissários

ALEXANDRE, O GRANDE

a Jádua, sumo sacerdote judeu, pedindo sua aliança e abastecimento para o exército. Jádua recusou sob o pretexto de ser sujeito ao rei dos persas. Irritado por essa resposta, Alexandre partiu para Jerusalém logo depois da conquista de Tiro. Segundo narra o historiador Josefo, os judeus ficaram apavorados com a aproximação de Alexandre, e Jádua, saindo das portas da cidade, com suas vestes sacerdotais foi ao encontro do conquistador. Alexandre lançou-se aos pés de Jádua, adorando-o como se Deus fosse representado por ele. Referiu Alexandre que antes de sair da Macedônia havia sonhado que a divindade, em trajes sacerdotais, lhe havia aparecido, prometendo-lhe vitória sobre os persas; em vista do que, desistiu de tomar a cidade, conferindo aos judeus especiais favores, Antig. 11.8,5. Partindo da Palestina, Alexandre seguiu para o Egito, onde fundou Alexandria. Regressando à Palestina, dirigiu-se à Pérsia onde derrotou o rei Dario. No final de sua vitória, morreu na Babilônia, no ano 323, a.C., com 33 anos de idade. Depois de sua morte, quiseram os generais de Alexandre assegurar o império para o infante, seu filho, sob a regência da imperatriz viúva e de seu irmão. Porém, surgiram dissensões entre os generais. Todos os membros da família de Alexandre foram afastados do poder; o número dos generais foi reduzido de sete para quatro; esses quatro assumiram o título de reis, e fundaram quatro realezas: Ptolomeu, no Egito; Seleuco, na Síria; Antipater, na Macedônia, e Filetero, na Ásia Menor. Na primeira divisão do império de Alexandria, antes da fundação dos quatro reinos, a Síria e a Palestina formavam uma satrapia independente, sob o governo de Laomedom, porém em breve foram anexadas ao Egito por Ptolomeu Lago. A riqueza dessa nova província, despertou a cobiça de outros, sendo duas vezes tomada por Antígono, outro dos generais de Alexandre, que dominou grande parte da Ásia Menor. Na partilha final do império, distribuído pelos quatro reinos, depois da batalha de Ipso, passou a fazer parte do Egito desde 320 a.C. até 203 a.C. que, desde então, passou a ser integrante do reino da Síria no tempo de Antíoco, o Grande. **2** Alexandre Balas que se dizia ser filho de Antíoco Epifanes. Com o auxílio de Ptolomeu, rei do Egito, que se tornou seu genro, casando-se com a famosa Cleópatra, reinou sobre a Síria, 150-146, a.C. Incapaz de sustentar o reino, e traído por Ptolomeu, foi facilmente despojado do governo por Demétrio II. Por via de tratados com Jônatas Macabeu, conseguiu o auxílio dos judeus, 1 Mac 10.1,18-20; Antig. 13.2; 1.4,8. **3** Nome de um filho de Simão de Cirene, que ajudou a conduzir a cruz de Jesus Cristo, Mt 15.21. **4** Nome de uma personagem de alta categoria, que tomou parte no julgamento de Pedro e João em Jerusalém, At 4.6. **5** Nome de um advogado que os judeus tiraram aos empurrões durante o tumulto em Éfeso, At 19.33. **6** Nome de um dos que naufragaram na fé, blasfemador, mencionado pelo apóstolo Paulo, 1 Tm 1.19,20. Talvez seja o mesmo Alexandre latoeiro, que, com outros associados, fez oposição ao apóstolo, 2 Tm 4.14,15.

Alexandre O grande — Christian Computer Art

ALEXANDRIA

Alexandre O grande — Christian Computer Art

ALEXANDRIA – nome de seu fundador Alexandre. Cidade fundada por Alexandre o Grande, no ano 332 a.C., na costa norte do Egito, destinada a ser metrópole da Grécia. Sua posição foi de feliz escolha, a oeste das bocas do Nilo, nas correntes do Mediterrâneo, que levavam os lados do rio para fora do porto, impedindo a sua obstrução. Essa cidade foi edificada sobre uma língua de terra entre o Mediterrâneo, o mar e o lago Mareotis, ligada por um molhe à ilha de Parós, onde existiu o famoso farol. A cidade estava maravilhosamente situada para fins comerciais. Veio a ser o porto de exportação do trigo do Egito para Roma, passando por Putéoli, a menos que ventos contrários obrigassem a navegação pela costa da Ásia Menor, At 27.6; 28.1-13; Filo, em Flac, 5. Tornou-se o empório do intercâmbio entre o Oriente. Floresceu grandemente sob o governo dos Ptolomeus e subseqüentemente, sob o império romano. Ocupava uma extensão de cerca de 24 quilômetros sobre a costa, com 1,6 km, de largura. Durante o domínio do velho império romano, Alexandria ocupava o segundo lugar das cidades do mundo, com uma população de 600 a 700 mil habitantes, composta de indivíduos de diversas nacionalidades: gregos, egípcios, judeus, romanos etc. que se serviam da língua grega como meio de comunicação. Os membros dessas diversas nacionalidades ocupavam, geralmente, bairros diferentes na cidade. Os judeus ocupavam a parte nordeste, desfrutavam iguais direitos com os outros cidadãos e eram governados pelos seus próprios chefes, Antig. 19.5,2; Guerras, 2.18,7. Os Ptolomeus fundaram um museu e uma famosa biblioteca que continha dezenas de milhares de volumes, que fez dessa cida-

ALEXANDRIA

de o maior centro intelectual do mundo. A tradução das Escrituras hebraicas para a língua grega começou no Egito, provavelmente nessa cidade, no terceiro século e terminou no segundo século a.C. Foi aqui, também, que o espírito da filosofia grega permeou o judaísmo, e onde exegetas, como Filo, deram às Escrituras Sagradas uma interpretação excessivamente alegórica. Os judeus de Alexandria tinham suas sinagogas em Jerusalém e tomaram parte na perseguição de Estêvão, o protomártir do cristianismo, At 2.10; 6.9. As doutrinas de João Batista e os ensinos de Jesus, deram entrada em Alexandria e produziram homens eminentes como Apolo, At 17.24,25. A tradição atribui ao evangelista Marcos, o estabelecimento da Igreja em Alexandria. Nos primitivos tempos da Igreja, foi sede de uma notável escola de catequese dirigida por Clemente e Orígenes e berço de famosos bispos como Hesíquio e Atanásio. No ano 616 d.C., Cosrós II, rei da Pérsia, tomou Alexandria, e em 640, foi novamente tomada por Anrou, general de Omar I, califa árabe. Excetuando alguns pequenos intervalos, tem estado sempre sob o domínio do governo maometano. Napoleão I a tomou em 1798, porém os ingleses, em 1801, expulsaram dela os franceses, revertendo depois ao domínio maometano. Em 11 de julho de 1882, os fortes de Alexandria foram bombardeados pela esquadra inglesa, começando então a ocupação britânica no Egito. Tinha Alexandria, naquela época, uma população de 227.064 habitantes.

ALFA – nome da primeira letra do alfabeto grego, derivado do fenício e correspondente ao Alefe hebraico. Ômega é a última letra do mesmo alfabeto grego. *Eu sou o Alfa e o Ômega*, que quer dizer, *Eu sou o primeiro e o último*, Ap 1.8; 21.6; 22.13, *cf.* com Is 44.6.

ALFABETO – derivado do grego *Alpha e Betha*, nome das duas primeiras letras do alfabeto grego. Assim se denomina o conjunto dos sinais usado na escrita manual ou impressa, dispostos em ordem conforme as regras de cada linguagem. O nosso alfabeto nos veio do latim, que por sua vez o recebeu do grego. Este teve origem no fenício. Diz a tradição que Cadmo trouxe o alfabeto para a Grécia. Se não for rigorosamente verdade em seus pormenores, é essencialmente histórico. Os fenícios, os hebreus, os moabitas e os armênios tinham alfabeto comum, pelo menos até o século 8 a.C. O mesmo alfabeto, em forma particular, era usado em séculos remotos, pelos habitantes do sul da Arábia. A forma original dos sinais alfabéticos consistia na pintura de objetos familiares, que tinha o nome do objeto representado e o som inicial da mesma palavra. Assim: *Gimel* tinha o som de *g* e representava um camelo que se chamava gamalu. Os nomes das diversas letras do alfabeto hebraico e a ordem em que são dispostas devem ser familiares aos leitores do Salmo 119, da Versão Brasileira, e 118, de Figueiredo. A versão revista da Bíblia inglesa, em aditamento, dá as últimas formas das letras, isto é, os caracteres quadrados, introduzidos nos princípios da era cristã. Esses caracteres são em número de 22. A Bíblia hebraica tem outros salmos alfabéticos, além do 119 (veja *SALMOS e LAMENTAÇÕES*). Para representar as letras hebraicas, é necessário substituí-las pelos caracteres equivalentes do alfabeto romano. Há diferentes métodos de fazer isto com algumas das letras hebraicas. Neste dicionário, *Aleph* é representado pelo *a* brando e *Ain* pelo *a* forte; *Heth* por *h*; *Teth*, por *t*; *Jod*, quando consoante, é representado por *y*; *Tzadde*, por *s*; *Koph*, por *K*, e *Shin*, por *sh*. As outras letras dispensam explicações. Em o Novo Testamento, aparecem duas letras do alfabeto grego, Alfa e Ômega, a primeira e a última. Outras letras são assim representadas: *epsilon*, por *e* breve; *Eta*, por *e* longo; *Theta*, por *th*; *Xi*, por

ALICERCES

x; Omikron, por *o* breve; *Upsilon*, por *u*; *Psi*, por *ps*, e *Ômega*, por *o* longo.

ALFARROBAS (*no grego é keratia*) – espécie de alimento destinado aos porcos, que o filho pródigo desejava comer, quando se achava em terra estranha, abandonado pelos amigos de outros tempos, Lc 15.16. A bainha das alfarrobas, *Ceratónia siliqua*, também se chama bainha de gafanhoto e pão de São João. É árvore formosa e sempre verde, de nove a dez metros de altura, sem espinhos e com as folhas semelhantes às do freixo. Produz bainhas em grande abundância que, às vezes, atingem 30 centímetros de comprimento. Depois de maduras, servem para sustento do gado e dos porcos, e em tempos de grande fome servem para alimento dos pobres. Da polpa das vagens ou bainhas faz-se um xarope muito apreciado.

ALFEU – **1** Esposo de uma das Marias e pai de Tiago, o Menor, e de José, Mt 10.3; Mc 15.40. **2** Nome do pai de Levi ou Mateus, Mc 2.14, *cf*. com Mt 9.9.

ALFORJE ou SURRÃO – sacola destinada a levar provisões e objetos necessários para viagem, Mt 10.10. O alforje que hoje se usa na Palestina é feito do couro de cabrito, que leva-se a tiracolo suspenso por uma correia. Os pastores e os homens da lavoura, andam sempre com esse alforje. Davi quando pastor, trazia consigo o surrão, ou bolsa, 1 Sm 17.40.

ALGODÃO – tradução da palavra hebraica *Karpas*, em Et 1.6. No átrio do jardim do palácio real de Susã, havia pavilhões de cor celeste e branca, pendentes de todas as partes. A palavra correspondente a *Karpas*, no sânscrito, no persa, no armênio e no arábico, aplica-se ao algodão, planta essa que produz um feixe de fibras que envolvem a semente amadurecida. Pertence ao gênero, *gossypium*, da ordem, das malváceas. As folhas têm três ou cinco lóbulos; as flores são largas e vistosas, às vezes levemente coloridas de amarelo, cercadas por um invólucro, ou cálice de três grandes folhas. O algodão indiano, *Gossyium herbaceum*, havia muito era cultivado na Pérsia. Provavelmente, desse produto eram fabricados os pavilhões mencionados anteriormente, no livro de Ester.

ALHO – planta bulbosa semelhante à cebola, que os hebreus chamavam *Shom*. Os egípcios o comiam sempre, e os israelitas também se habituaram a ele, durante o cativeiro, Heród. 2.125; Nm 11.5. O *allium sativum* é do mesmo gênero da cebola, porém com gosto e cheiro mais forte. É natural da Ásia central; cultiva-se em grande escala na região do Mediterrâneo, onde o povo o utiliza para servir de condimento ao pão.

ALIANÇA – trata-se de um acordo entre duas pessoas ou mais. Vários termos usados traduzem a mesma idéia, como *pacto*, *concerto, fazer liga, combinar*. São vários os pactos ou alianças mencionados nas Escrituras, como: Abraão e Abimeleque, Gn 21.27; Isaque com Abimeleque, Gn 26.26-33; Labão e Jacó, Gn 31.44; Israel e Gibeão, Js 9.6-15; Davi e Jônatas, 1 Sm 18.3; Acabe e Ben-Hadade, 1 Rs 20.34; Davi com Abner, 2 Sm 3.12-21 etc.

ALICERCES – um edifício poderia ser edificado sobre a superfície do solo ou da rocha, nivelados ou por escavação ou aterro das partes baixas com pedras pequenas. Porém, o verdadeiro alicerce era solidamente assentado com pedras, pois de sua solidez dependia a durabilidade das paredes levantadas, Is 28.16; Jr 50.15. Assim sendo, os melhores edifícios possuíam camadas básicas de pedra, assentadas ou para formar um alicerce completo e contínuo, ou para sustentar as esquinas. Sobre esse alicerce eram colocadas as fileiras superiores de madeira

ALICERCES

ou de tijolos secos ao sol. Os alicerces do Templo de Salomão consistiam de grandes e caros blocos de pedras lavradas, 1Rs 5.17; 6.37.

ALIMÁRIAS (veja *BESTA*).

ALIMENTO – o alimento dos hebreus, durante o seu estado de povo nômade, consistia, em grande parte, de pão e de produtos dos rebanhos, como, leite, manteiga, carnes, Gn 18.7,8; Jz 5.25, e mel silvestre, Jz 14.8,9. Depois de seu estabelecimento na Palestina, acrescentaram os produtos das hortas, das vinhas e dos olivedos, como lentilhas, pepinos, feijões, 2 Sm 17.28, as romãs, os figos, as uvas etc; Nm 13.23; 20.5; Mt 7.16. O vinho doce e fermentado constituía elemento importado de alimentação; e bem assim, peixe, gafanhotos, aves e ovos, 1 Rs 4.23; Ne 13.16; Mt 4.18; Lc 11.12. As refeições simples consistiam de pão e lentilhas, Gn 25.34, caldos, 2 Rs 4.38, ou pão e vinho, Gn 14.18, farinha torrada e vinagre, Rt 2.14. Abrão recebeu os seus inesperados hóspedes, de um modo mais distinto, oferecendo-lhes manteiga e leite, bolos de flor de farinha e um bezerro, Gn 18.3-8. Maior variedade de alimentos se usava nas mesas dos ricos e dos poderosos, 1 Rs 4.22,23; Ne 5.18.

ALJAVA – carcás que servia para conduzir as setas, Is 49.2; Lm 3.13. Os arqueiros assírios carregavam a aljava às costas, em linha diagonal com a boca voltada para o lado direito; os arqueiros que combatiam dentro das carroças de guerra levavam as aljavas penduradas ao lado do veículo. Os egípcios também carregavam as aljavas às costas, em posição horizontal e com a boca para o lado esquerdo.

ALMA – no sentido ordinário da palavra, a alma é uma entidade espiritual, incorpórea, que pode existir dentro de um corpo ou fora

dele. "Deus é espírito." "O meu espírito se alegrou em Deus meu salvador" Jo 4.24; Lc 1.47. "A alma é um espírito que habita um corpo, ou nele tem estado, como nas almas dos que tinham sido mortos por causa da palavra de Deus e pelo testemunho de Jesus" (Ap 6.9), e espírito é a alma desincorporada. Os teólogos apresentam duas idéias acerca da alma, e por conseguinte a respeito da natureza do homem e dos irracionais. Uma das idéias pertence aos tricotomistas que diferem consideravelmente entre si. Segundo eles, o homem compõe-se de três partes, ou elementos essenciais, que vêm a ser, o corpo, a alma e o espírito, 1 Ts 5.23. O corpo é a parte material da sua constituição; a alma, em hebraico, *nephesh*, e em grego *psyche,* é o princípio da vida animal, que o homem possui em comum com os brutos. A ela pertencem o entendimento, a emoção e a sensibilidade, que terminam com a morte. O espírito em hebraico, *ruah*, e em grego *pneuma*, é o princípio do homem racional e da vida imortal, possui razão, vontade e consciência. Deus criou o homem do barro da terra e inspirou nele um sopro de vida, e depois criou um espírito racional que infundiu nele, Gn 2.7. Na morte, o pó ou o corpo, volta à terra de onde veio, e o espírito volta para Deus que o deu, Ec 12.7. A alma, em hebraico *nephesh hayyah*, no sentido de vida animal, Gn 1.21,24 é o elemento que anima o corpo; é física e material em sua natureza e perece com o corpo que lhe serve de princípio vital. A alma, tomada em sentido mais elevado, com referência ao homem, é o princípio racional que ele possui, dom do Criador, que o fez à sua imagem e semelhança. Em geral, os escritores bíblicos não fazem distinção entre *psyche*, alma animal que é a parte inferior do ente humano, e pneuma, ou alma racional, parte superior, desde que as duas formam uma só alma, *psyche* para distingui-la do corpo. Ambas são, às vezes, designadas em sua unidade pelo vocábulo *pneuma*, e outras vezes por

ALMA

A

psyche. De maneira comum, os escritores sagrados referem-se ao homem como sendo um composto de corpo e alma, ou corpo e espírito, e não de corpo, alma e espírito, a não ser as passagens em 1 Co 15.44 e 1 Ts 5.23; e em Hb 4.12, em que se faz distinção entre a alma animal e a racional, para fins de pura argumentação. Segundo a idéia dos dicotomistas, existem apenas dois elementos essenciais na constituição do homem; o corpo, formado do pó da terra e a alma que é o princípio da vida, Gn 2.7. A alma é o princípio de toda vida, quer se fale do homem, quer dos animais: é o princípio de toda vida física, moral e religiosa. Ela contém duas substâncias: uma é a alma que sente e recorda, e a outra substância é o espírito que tem consciência e possui o conhecimento de Deus. A alma do bruto constitui o seu princípio de vida, recebe as impressões dos objetos externos, transmitidos pelos órgãos sensórios, é dotada de certo grau de inteligência que a experiência nos mostra existir nos animais inferiores, porém é irracional e moral. Os brutos perecem, porque Deus não quer que o princípio de vida, que neles existe, continue. A alma humana é semelhante à do bruto, mas difere dela em ser de ordem superior. Em adição aos atributos da sensibilidade, da memória e do instinto, tem ainda faculdades que são superiores, que pertencem à vida intelectual, moral e religiosa, e cuja existência se perpetua depois que o corpo deixa de existir, não em razão de sua natureza, mas porque Deus assim o quer. Os defensores dessa dualidade dizem que: **1** A alma da vida, *nephesh hayyah,* significa apenas existência animada, uma entidade em que habita uma alma vivente. Ninguém pode afirmar isto em referência a um bruto, e dizer o contrário a respeito do homem. **2** A Bíblia não diz que os animais são dotados de *psyche* somente, e que o homem possui tanto a *psyche* quanto o *pneuma*. O princípio vital dos brutos chama-se espírito, *ruah*, do mesmo modo que a alma *nephesh*,

psyche. "Quem sabe se o espírito dos filhos de Adão subirá para cima, e o espírito dos brutos descerá para baixo", Ec 3.21. **3** Não se nota distinção alguma no emprego das palavras alma e espírito. As almas dos que foram mortos por causa da palavra de Deus estão nos céus, Ap 6.9; 20.4, do mesmo modo que os espíritos dos justos consumados, Hb 12.23. Os tricotomistas citam a seu favor, 1 Ts 5.23: "E o mesmo Deus de paz vos santifique em tudo, para que todo o vosso espírito, e a alma e o corpo, se conservem sem repreensão para a vinda de nosso Senhor Jesus Cristo", *cf*. Hb 4.12, provando que o apóstolo Paulo fazia distinção entre a alma animal e o espírito racional. Respondem os dicotomistas que a linguagem do apóstolo é inteiramente semelhante à do mandamento: "Amarás ao Senhor teu Deus de toda a tua alma, e de todo o teu entendimento e de todas a tuas forças", Mc 12.30; *cf.* Lc 1.46,47. Quando se diz: "Amarás ao Senhor teu Deus" e quando se exorta a "perseverar em oração", tem-se em vista simplesmente mostrar a importância de tais atos para o homem, por meio de palavras diversas. O coração, a alma, a força, a mente, não designam outros tantos elementos essenciais à constituição humana, do mesmo modo que não se pode provar que o corpo, a alma e o espírito o sejam. A passagem principal que serve de base ao argumento dos tricotomistas é a de 1 Co 15.44: "E semeado o corpo animal, ressuscitará o corpo espiritual. Se há corpo animal, também *soma psychikon*, ou corpo natural, é o corpo que se distingue pelas qualidades da *psyche*, ou alma animal; isto é, que se distingue pelos apetites e paixões físicas, como a fome, a sede e os desejos sexuais, que se baseiam na "carne e no sangue", ou naquela substância de que se compõe o corpo humano atual. A ressurreição, ou corpo espiritual, de outro lado, distingue-se pelas qualidades do *pneuma*, ou alma racional. Não se compõe de carne e sangue, mas de uma substância que mais se parece

ALMA

com a alma racional do que com a animal. Há ainda outra interpretação, não somente em harmonia com a doutrina da construção dual do homem, mas de acordo também com o emprego geral das palavras *psychikos* e *pneumatikos,* natural e espiritual. O corpo ressuscitado dos remidos não será conhecido pelas qualidades da vida animal comum, será diferente de tudo quanto seja carnal, caracterizando-se pelas qualidades do homem que é levado pelo espírito. Isto se depreende pelo estudo das próprias palavras. Segundo o uso estabelecido entre os gregos, a palavra *psyche* servia para designar o princípio vital, que não obstante, podia também aplicar-se à alma desencarnada, a parte imortal do homem e órgão do pensamento e do juízo, Heród. 2.123; 5.124; Platão, Tim, 10, i.é., p. 30b, segue-se, pois, que a palavra *psychikos*, que designava primitivamente a vida animal comum, conforme o sentido que lhe dão os apóstolos Paulo, Tiago e Judas, 1 Co 2.14; Tg 3.5; Jd 19. A palavra *pneumatikos*, de outro lado, refere-se quase exclusivamente, segundo as Escrituras, ao *pneuma agion*, isto é, ao Espírito Santo. Emprega-se em oposição ao que é carnal, a tudo quanto se encontra na natureza humana, abandonada pelo espírito de Deus; refere-se ao governo e domínio do Espírito Santo em contraste com o domínio da carne; 1 Co 3.1; denota que é dominada pelo Espírito e que a ele pertence, Rm 1.11; 1 Co 2.13; 12.1. Portanto, o corpo espiritual contrasta com o corpo carnal, em ser livre dos desejos da carne, em elevar-se acima das paixões e apetites físicos naturais do homem, Mt 22.30, em achar-se em união com o Espírito de Deus e em distinguir-se pelas qualidades que caracterizam o homem que é guiado pelo Espírito.

ALMODÁ (*no hebraico, "imenso"*) – foi o filho mais velho de Joctã, Gn 10.26; 1 Cr 1.20. É provável que se tenha estabelecido ao sul da Arábia. A Septuaginta, em Gn 10.26, diz Elmodá, *Deus é amigo*.

ALMOFARIZ (veja *GRAL*).

ALMOM (*no hebraico, "retiro", "coisa escondida"*) – nome de uma aldeia no território de Benjamim, destinada aos sacerdotes, Js 21.18. Em 1 Cr 6.60, chama-se Almate (Fig.) e Alemete na V. B. e Almeida. Estes nomes têm a mesma origem, e diferem somente na sua forma. Seu antigo local é assinalado em Almit, *montículo*, baixo e nu entre Geba e Anatote.

ALMOM-DIBLATAIM – distrito provável, entre Almom e Diblataim. Ponto de estrada dos israelitas entre o Armom e Sitim. Talvez seja o mesmo que Bete-Diblataim, Nm 33.46.

ALMOTOLIA (veja *TALHA e COPO*).

ALMUGUE – palavra derivada do sânscrito *valgu,valgum*, segundo Lessen e Max Müller. Madeira trazida em grande abundância, vinda de Ofir, por via marítima, durante o reinado de Salomão. Foi empregada na fabricação de balaustradas, harpas e saltérios, 1 Rs 10.11,12; 2 Cr 9.10,11. Segundo Josefo, essa madeira se parece com a da figueira, porém é mais branca e brilhante, Antig. 8.7,1. Presume-se que seja o sândalo, o *Santalum Album*, dos botânicos, tipo da ordem *Santalaceae*. A árvore é pequena e muito frondosa, no aspecto, um pouco parecida com o *myrto* da Índia e das orientais. É encontrada no Líbano, que Figueiredo traduziu – pinho do Líbano, 2 Cr 2.8, mas não é natural dessa região. Pelo aroma delicioso que lhe é peculiar, a queimavam para perfumar os templos e casas particulares, tanto na Índia quanto na China. Servia muito bem aos fins que Salomão tinha em vista.

ALNATAN (*no hebraico, "Deus deu"*) – nome de um dos principais líderes do retorno de Israel da Babilônia, 1 Ed 8.44.

Foi quem solicitou sacerdotes para servir na casa do Senhor.

ALOÉS – este nome não se refere à planta do gênero Aloe, pertencente à ordem *Liliácea*, planta suculenta que fornece um óleo amargo e de efeito purgativo. O valor principal do aloés, mencionado nas Escrituras, consiste evidentemente na sua fragrância, Sl 45.8, Pv 7.17; Ct 4.14. Parece ser a *Agallocha* conhecida em vários dialetos indianos, pelo nome de agar, agaru e agru. As palavras hebraicas *ªhalim* e *ªhalôth* são prováveis corrupções de termos indianos. As espécies *Aquilaria agallocha* cresce no Silhete e em Tenasserim da Península oriental. É árvore grande, de folhas lanceoladas alternadas, cálice resistente sem pétalas, com dez filamentos e produzindo um pericarpo com duas células. A madeira contém resina e um óleo essencial que dão o perfume que a tornam tão estimada no Oriente. Há referência a essa árvore em Nm 24.6. O aloés referido em Jo 19.39 é uma espécie de perfume com o qual Nicodemos foi embalsamar o corpo de Jesus.

ALOM (*no hebraico, "carvalho"*) – nome de um homem da tribo de Simeão, descendente de Samaia, 1 Cr 4.37. Em Js 19.1, lê-se Elom, e na mesma passagem da V. B. lê-se: terebinto de Zaananim, o mesmo que carvalho, em Jz 6. 11.

ALOM-BACUTE (*no hebraico, "carvalho do pranto"*) – carvalho perto de Betel sob, cuja copa foi sepultada Débora, ama de Rebeca, Gn 35.8.

ALOSNA – nome de diversas plantas da família das Compostas, Am 6.12 (veja *ABSINTO*).

ALOTE (*no hebraico, "que produz leite"*). **1** Nome de um dos 12 distritos de onde Salomão recebia as provisões para a sua mesa,

1 Rs 4.16. **2** Nome de uma localidade nas vizinhanças da tribo de Aser, 1 Rs 4.16.

ALQUEIRE, MÓDIO – tradução da palavra grega *Módios*, medida para secos, contendo cerca de oito litros e meio, Mt 5.15; Mc 4.21 (veja *PESOS E MEDIDAS*).

ALTAR – estrutura elevada, onde se oferecia incenso e se queimavam os sacrifícios em honra aos deuses. Poderia ser feito de terra, ou de uma grande pedra ou de uma plataforma construída de pedras, cobertas, ou não; ou um objeto de forma semelhante, feito de metal. Nos tempos patriarcais, construíam-se altares no lugar em que se levantavam as tendas. Em circunstâncias especiais, também levantavam altares para oferecerem sacrifícios a Deus, Gn 7.20; 12.7; 22.9; 35.1,7; Êx 17.5; 24.4. A lei fundamental do altar hebraico incorporado no pacto teocrático, e que foi dada no Sinai, antes da construção do Tabernáculo, ordenava edificar-se um altar de terra ou de pedras no lugar onde a divindade se manifestasse. Esta lei era a ordem primária para os altares que tinham de ser levantados no Tabernáculo e mais tarde no Templo, em que a presença de Jeová era sempre visível, e também para os altares transitórios por ocasião das teofanias, Jz 2.5. O Tabernáculo tinha dois altares: **1** O altar de bronze ou dos holocaustos, que ficava do lado de fora, em frente à porta do Tabernáculo. Tinha cinco côvados de comprimento, cinco de largura e três de altura. Era feito de pau de setim e oco por dentro, coberto de chapas de bronze, tendo argolas dos lados por onde deviam passar os varais de pau de setim, para conduzi-lo de um lugar para outro. Nos seus quatro cantos, erguiam-se quatro pontas, uma em cada canto, cobertos de bronze. Não tinha degraus, mas em roda, era guarnecido de um estreito andaime, onde o sacerdote oficiava. Todos os sacrifícios eram oferecidos nesse altar.

ALTAR

O fato de achar-se logo à entrada da porta, ensinava que ninguém podia ter acesso a Jeová, a menos que fosse purificado pelo sangue, Êx 27.1-8; 30.28; 38.30; 40.27; *cf.* 1 Sm 1.50; Sl 118.27. **2** O altar de ouro, ou o altar do incenso que estava diante do véu que pendia ante a arca do testemunho, tinha um côvado de comprido, um côvado de largo e dois côvados de alto, e era feito de pau de setim revestido de chapas de ouro, e tinha uma cornija em roda, também argolas e varais para o seu transporte e os cornos em cada um dos cantos. Sobre ele se queimava o incenso preparado conforme as prescrições dadas de manhã e à tarde, à luz do candeeiro. Significava a obrigação que o povo tinha de adorar a Deus, e ao mesmo tempo, que essa adoração lhe era agradável, Êx 30.1-10; 28.34-37; 40.5; *cf.* com Hb 9.4, e 1 Rs 6.22; Lv 16.19. Quando se construiu o templo de Salomão, o novo altar de bronze tinha cerca de quatro vezes mais as dimensões primitivas, 1 Rs 8.64; 2 Cr 4.1. Também foi construído um novo altar de ouro, 1 Rs 7.48; 2 Cr 4.19. Eram esses os únicos altares permanentes, em que se deviam oferecer os sacrifícios e o incenso aceitáveis a Deus, Dt 12.2,5,6,7. Porém, erigir altares e ofertar sacrifícios em outros lugares onde havia manifestações da divindade estavam previamente autorizados pela lei fundamental, privilégio esse de que utilizaram os israelitas em Boquim, ou lugar das Lágrimas, por Gideão, por Manoá, Jz 2.1-5; 6.20-25; 13.15-23. E Josué exigiu um altar no monte Ebal para servir a uma ocasião especial. Quando as 12 tribos se congregaram para uma solenidade nacional, e a Arca da Aliança estava presente, aquele altar era o altar da pátria, Js 8.30-35, tudo feito de acordo com o espírito da lei deuteronômia, Dt 27.5-8. A lei do altar deixou de ser cumprida duas vezes. **1** Quando Deus deixou que a Arca e o Tabernáculo caíssem nas mãos dos filisteus, ou a arca ficasse prisioneira em Quiriate-Jearim, não havia lugar onde se manifestasse a presença de Deus, Sl 78.60-64; 1 Sm 6.20; e cap. 7.4, Samuel, na qualidade de profeta e de representante de Jeová, erigiu um lugar ao Senhor em Ramá e sacrificou em várias localidades, 1 Sm 7.9-17. Por causa da confusão produzida pelo aprisionamento da arca, pelo domínio dos filisteus e pelas complicações políticas entre Saul e Davi, surgiram, e continuaram, por algum tempo, a existir dois altares e dois sumos sacerdotes. O Tabernáculo original com o primitivo altar e o novo altar com a Arca em Jerusalém, 1 Rs 3.2,4,15; 2 Cr 1.3,6. Quando se deu a revolta das dez tribos, os judeus piedosos que habitavam a parte norte do país, e que se viam privados de sua peregrinação a Jerusalém, eram obrigados, ou a abster-se de adorar a Deus e oferecer-lhe sacrifícios, ou a erigir altares no lugar de sua residência. Em muitos casos, adotaram a segunda alternativa, 1 Rs 18.30,32; 19.10. Depois do cativeiro, em um tempo em que as leis sobre a localização do culto eram bem conhecidas, os

Altar — Christian Computer Art

judeus que habitavam em Yeb, no Alto Egito, seis séculos antes de Cristo, e ainda no segundo século da mesma época, e alguns judeus residentes perto de Leontópolis, aventuraram-se a Jeová, a erigir um altar e a oferecer sacrifícios sobre ele em honra ao Deus do céu, (*Elephantine papyri*; Antig. 13.3,1; Guerras, 7.10,2,3). Nem sempre os altares que se erigiam eram destinados a sacrifícios ou à oferta de incensos. As duas tribos e meia que se estabeleceram ao oriente do Jordão levantaram um altar com o fim de conservar a lembrança de sua afinidade de sangue com as outras tribos que atravessaram o Jordão, Js 22.10-34.

ALTOS – lugares escolhidos para o culto de Jeová e de deuses falsos, onde se levantavam altares para sacrifícios. Escolhiam os lugares altos, perto das cidades, ou dentro delas, Nm 22.41; 1 Rs 11.7; 14.23; 2 Rs 17.9; 23.5,8, e mesmo nos vales, Jr 7.31; *cf.* Ez 6.3. Os cananeus haviam estabelecido lugares altos para o culto dos seus deuses, que os israelitas destruíram, quando entraram em Canaã, Nm 33.52; Dt 33.29; *cf.* antigos altos, descobertos em Gezer, Tell es-Safiyeh, Tanach. Os moabitas também possuíam lugares altos, Nm 21.28; 22.41; Js 13.17. Veja o nome *Ramonih Baal*, Is 15.2; Jr 48.35. Praticava-se a imoralidade em larga escala nesses lugares altos com os atos de adoração, Jr 3.2; *cf.* 2 Cr 21.11. Escolhia-se um local apropriado, com área suficientemente espaçosa e nivelada. Ali, erguia-se o altar, 1 Rs 12.32 que às vezes era cavado em rocha viva, com degraus de acesso. Sobre ele colocava-se o ídolo; mais adiante, erguiam uma coluna, ou uma fileira delas, consistindo de pedras toscas, de dois metros de altura 2 Rs 14.23; Jr 17.2 (veja *ASERÁ*). Também construíam casas ao lado desses santuários, para abrigar os ídolos e para outros fins, 1 Rs 12.31; 2 Rs 23.19; 17.29,32. Dos lados, estendiam-se bancos, para comodidade dos assistentes, 1 Sm 9.12,13,22. Os sacerdotes subiam ao altar, 1 Rs 12.32; 2 Rs 17.32, queimavam incenso e ofereciam sacrifícios, 1 Rs 13.2; *cf.* 3.3; 11.8. Algumas vezes, o culto a Jeová era celebrado pelos israelitas, em lugares altos; este costume, porém, era

Altar Cananeu — Christian Computer Art

ALTOS

proibido pela lei, que estabelecia um só altar para todo o Israel. O fim, ou objetivo, era cultivar o espírito nacionalista, evitar os cismas, impedir que o povo fosse levado às práticas da idolatria, a enfraquecer ou alterar o culto a Jeová e garantir a manutenção do santuário nacional, de modo a não diminuir a magnificência, compatível com a glória de Israel, que não deveria ser inferior às pompas dos templos do paganismo. O culto a Jeová em outros altares só era permitido durante o tempo em que o santuário nacional havia cessado no período, em que Jeová rejeitou o tabernáculo de Siló, e ainda não se havia erguido o templo em Jerusalém, Sl 77.60,61,67-69; 1Rs 3.2,4; 2 Cr 1.3. Ergueram-se altares e ofereceram-se sacrifícios fora de Jerusalém, em pontos distantes, ao norte do reino, onde os piedosos israelitas se viam impedidos de visitar a cidade santa, pela distância que os separava, 1 Rs 18.30-32 (veja *ALTAR*). Salomão, para satisfazer os desejos de suas mulheres gentias, criminosamente ergueu altares nos altos a *Astarote*, ídolo dos sidônios, a *Camos*, tropeço de Moabe e a *Milcom*, abominação dos filhos de Amom, 2 Rs 23.13. Jeroboão, para contrabalançar a influência do santuário nacional de Jerusalém, fez uma casa nos altos de Betel e ordenou sacerdotes, 1 Rs 12.31,32; 13.33, para que Jeová fosse adorado por meio de símbolos idólatras, 12.28-39; 13.2. Esses lugares foram denunciados pelos profetas, 13.12; Os 10.8. Não somente em Betel, mas em outras cidades de Samaria, existiam lugares altos, 1 Rs 13.32; 2 Rs 17.32; 2 Cr 34.3. A ação reformadora de Asa, de Jeosafá, no reino de Judá em referência aos lugares altos, foi ineficaz, 1 Rs 15.14; 2 Cr 14.3; 15.17, 1 Rs 22.43, *cf.* 2 Cr 17.6. Jeorão, filho de Jeosafá fez lugares altos nas montanhas de Judá, 2 Cr 21.11. Acaz fez o mesmo, para render culto aos deuses falsos e queimar incenso, 28.4,25. Ezequias derrubou os altos, 2 Rs 18.4,22, porém, Manassés os reergueu, 21.13; 2 Cr 33.3. De novo, o rei Josias os derrubou, 2 Rs 23.5,8,13. Esses lugares foram verberados pela linguagem vibrante de Ezequiel 6.3. Os demais profetas que destruíram a idolatria dos altos, alegavam que Jerusalém era o lugar da habitação do Senhor, o seu santuário e o seu santo monte, Is 2.2,3; 8.18; 18.7; 33.20; Jl 2.1; 3.17; Am 1.2; Mq 4.1,2.

ALTÍSSIMO (*no hebraico, Elyon, "o Altíssimo"*) – um dos mais antigos nomes hebraicos de Deus. Melquisedeque era sacerdote de El Elyon, e não de Yahweh, Gn 14.18. No livro dos Salmos "Altíssimo" é usado 21 vezes, como em Sl 7.17. Em Daniel, é usado três vezes, como em Dn 7.22. No Novo Testamento, os demônios chamaram Jesus de Filho do Altíssimo, Mt 5.7.

ALUS (*no hebraico, "tumultos de homens"*) – lugar de acampamento dos israelitas, entre o Egito e o monte Sinai, Nm 33.13,14.

ALVÁ (*no hebraico, "alto", "sublime"*) – nome de um dos descendentes de Esaú, denominado capitão em Gn 36.40; governador e príncipe em 1 Cr 1.51.

ALVÃ (*no hebraico, "grande", "alto"*) – nome de um dos filhos de Sobal, horita, Gn 36.23; 1 Cr 1.40.

ALVO – termo usado uma única vez no Antigo Testamento, em Jó 16.12. No Novo Testamento, a palavra "skopòs", *alvo* ou *marca*, aparece uma única vez, Fp 3.14.

AMA – **1** Tradução da palavra hebraica *meneketh*. Determina a mulher encarregada de amamentar uma criança de quem não é mãe, Êx 2.7-9; 2 Rs 11.2. Débora, que havia sido ama de leite de Rebeca, continuou fazendo parte da família, ocupando lugar de honra, Gn 24.59; 35.8, como acontecia com freqüência, Odisséia, 19.15.251. **2** Pessoa de qualquer sexo encarregada de exercer as

AMANTE

funções de ama-seca, cuidando de crianças pequenas, Nm 11.12; 2 Rs 4.16, e mesmo depois de crescidas, quando desamparadas, 2 Sm 4.4.

AMÁ (*no hebraico, "côvado"*) – nome de uma colina, que está *diante de Gia, junto ao caminho do deserto de Gibeão*, 2 Sm 2.24. Foi até esse lugar que Abner, capitão do exército de Saul, foi perseguido por Joabe e Abisai. Atualmente não se tem referência dessa localidade (veja *OUTEIRO DE AMÁ*).

AMÃ (*no hebraico, "conjunção", "lugar de reunião"*) – nome de uma cidade da tribo de Judá, situada na parte sul desse território, Js 15.26.

AMADE (*no hebraico, "povo durável"*) – nome de uma aldeia nas fronteiras de Aser, Js 19.26. Não identificada.

AMAL (*no hebraico, "labutador"*) – nome de um homem da tribo de Aser, filho de Helém, 1 Cr 7.35.

AMALDIÇOADO – alguém ou alguma coisa sobre quem caiu maldição, ou que foi votado à destruição, Js 6.17,18; 7.1,11,13,15; 22.20 (veja *ANÁTEMA*).

AMALEQUE (*no hebraico é ªmaleq, "habitante do vale"*) – nome de um filho de Elifaz, filho de Esaú, e de Timana, sua concubina, Gn 36.12. Esse nome é usado como sinônimo de nacionalidade, em Êx 17.8; Nm 24.20; Dt 25.17; Jz 5.14 etc.

AMALEQUITAS – nome que se dá aos descendentes de Esaú, Gn 36.12. Por muito tempo, centralizaram-se nas cercanias de Cades, onde se detiveram até o tempo do Êxodo, Nm 13.29; 14.25. O território por eles ocupado era visível das montanhas de Abraim, Nm 24.20. Os amalequitas se contavam entre os povos principais daquela

região, Nm 24.20. Um escritor sobrevivente ao Êxodo, referindo-se aos antigos eventos ocorridos naquela região, poderia começar pelo país dos amalequitas. Descrevendo a campanha de Quedorlaomer e seus aliados, nessa região, diz-se que esses invasores orientais vieram a Cades e mataram, não os amalequitas, mas tudo que encontraram na terra dos amalequitas, Gn 14.7. De seu centro em Cades, o povo amalequita se irradiou, passando para o deserto, em perseguição dos israelitas, após a sua saída do Egito. Em Refidim, a oeste do Sinai, travaram batalha contra os israelitas, sendo derrotados. A sua atitude hostil contra Israel foi motivo para que a destruição desse povo fosse decretada, Êx 17.8-16; Dt 25.17-19. Um ano depois, tendo os israelitas chegado a Cades, desobedeceram a Deus, tentando a entrada em Canaã. Os amalequitas e os cananeus deram sobre eles e os perseguiram até Horma, Nm 14.43-45. Um pouco mais tarde, encontra-se o nome de Amaleque ligado à região montanhosa da terra de Efraim, Jz 12.15, *cf.* 5.14. Depois dos tempos de Moisés e de Josué, se uniram a Eglom, rei de Moabe, para tomar a cidade de Jericó dos israelitas. Passadas algumas gerações, aliaram-se com os midianitas para perturbarem a parte norte do país, Jz 3.13; 6.3,33. Evidentemente eles cultivaram amizades com outros habitantes do deserto. Nos dias de Saul, bandos de amalequitas vagavam numa extensão de cerca de 12 mil quilômetros pelo deserto afora, desde os limites do Egito até Havilá, parte central do norte da Arábia, 1 Sm 15.7; 27.8. Saul infligiu-lhes tremenda derrota, matando o seu rei, desaparecendo da história.

AMANA (*no hebraico, "firmeza", "fixo"*) – nome das montanhas do Antilíbano, onde nasce o rio Abana, também chamada Amana, Ct 4.8.

AMANTE (*no hebraico, "concubina"*) – o termo hebraico geralmente refere-se

AMANTE

à mulher, Gn 22.24; Jz 8.3 etc., e aparece 37 vezes no Antigo Testamento. Há caso do seu emprego no sexo masculino, como em Ez 23.20. Em Daniel 5.2,3,23, o que a versão em português traduz por concubina é um termo hebraico que significa "jovem cantora".

AMARGO – o termo era empregado para indicar sofrimento, aflição e miséria, Êx 1.14; Nm 5.18-27; Jr 9.15; Am 8.10. Quando usado de maneira simbólica, atraía o mesmo sentido a fatos ou a questões envolvidas. Assim, os caldeus era *uma nação amarga e apressada*, pois o seu poder e força era a miséria das nações, Hc 1.6; ou ainda em Hb 12.15, em que falsos ensinos podem fazer brotar *a raiz de amargura e contaminar*.

AMARIAS (*"Jeová disse", ou "palavra de Jeová"*). **1** Filho de Meraiote, sacerdote descendente de Finéias, 1 Cr 6.7. **2** Sacerdote da mesma linha do sumo sacerdote, filho de Azarias, 1 Cr 6.11; Ed 7.3. **3** Chefe dos sacerdotes que voltou do cativeiro de Babilônia com Zorobabel, Ne 12.2-7. Na geração seguinte, aparece o mesmo nome como chefe de uma casa, Ne 12.13. **4** Sacerdote, que assinou o pacto com Neemias, Ne 10.3. **5** Nome de um homem, que casou com mulher estrangeira e se divorciou, Ed 10.42. **6** Homem de Judá, da família de Perez, Ne 11.4. **7** Nome de um dos filhos de Ezequias, antepassado do profeta Sofonias, Sf 1.1. **8** Sacerdote e pontífice no tempo de Jeosafá, 2 Cr 19.11. **9** Nome de um levita, descendente de Hebrom, 1 Cr 23.19; 24.23. **10** Nome de um levita, assistente de Coré, que recebia as ofertas voluntárias destinadas ao Santo dos Santos, no tempo de Ezequias, 2 Cr 31.14,15.

AMASA (*no hebraico, "fardo", "carga", ou "carregador de carga"*). **1** Nome de um filho de Abigail, enteada de Davi, e de Jeter, ismaelita, 1 Cr 2.17. Era primo de Joabe,

2 Sm 17.25. Absalão nomeou-o capitão do exército. Depois da morte de Absalão, foi perdoado por Davi e por este nomeado comandante-chefe em lugar de Joabe, 2 Sm 19.13. Quando aconteceu a revolta de Seba, Amasa recebeu ordem para aprontar o exército em três dias. Retardando-se na execução da ordem do rei, foi Abisai acompanhado com tropas por Joabe para sufocar a revolta. Em Gibeão, reuniram-se os dois exércitos, o de Joabe com Abisai e o de Amasa. Joabe, sob pretexto de saudar a Amasa com um ósculo, atravessou-o com a sua espada, 2 Sm 20.1-13; 1 Cr 12.18. **2** Nome de um príncipe de Efraim, filho de Hadlai, que se opôs ao cativeiro de seus irmãos, que voltavam da batalha, conseguindo a sua liberdade, 2 Cr 28.12.

AMASAI (*no hebraico, "penoso", "pesado", "incômodo", ou "carregador de cargas"*). **1** Nome de um levita da família de Coate, descendente de Abiasafe, antecessor de Hamã, o cantor, 1 Cr 6.35. O Amasai de que fala o versículo 25, é talvez pessoa diferente pertencente à mesma família, porém descendente de um irmão de Abiasafe, Êx 6.24. **2** Nome de um chefe que se uniu a Davi e que se distinguiu como grande capitão, 1 Cr 12.18. **3** Um dos levitas que tocavam a trombeta diante da arca no reinado de Davi, 1 Cr 15.24. **4** Nome de um dos filhos de Coate que cooperaram no despertamento religioso do reinado de Ezequias, 2 Cr 29.12.

AMASIAS (*"Jeová limitou"*) **–** filho de Zicri, grande oficial militar no tempo de Jeosafá, 2 Cr 17.16.

AMASIS – faraó cuja residência em Tafnes é mencionada em Jr 43.9, e que reinou entre 569-525 a.C.

AMASSADEIRA – vasilha chata, feita de madeira, servindo para amassar a farinha que tem de ser levada ao forno para assar o pão, Êx 12.34. Os egípcios amassavam a farinha com os pés, ou com as mãos, para fabrico do pão. Heród. 2.36.

AMASSAI – nome de um sacerdote, filho de Azarel, habitante de Jerusalém a pedido de Neemias, 11.13.

AMAZIAS (*no hebraico, "força de Jeová", "Jeová fortalece"*). **1** Rei de Judá que, no ano 804 a.C., tendo apenas 25 anos de idade, começou a reinar em lugar de seu pai Joás, incapacitado por grave enfermidade. No ano 802 a.C., Joás foi assassinado no seu leito e Amasias o sucedeu no trono, 2 Rs 14.1; e 2 Cr 24.25-27. Quando se viu firmemente garantido no poder, mandou matar os assassinos de seu pai, poupando a vida de seus filhos, em obediência à lei estabelecida em Dt 24.16. Assalariou cem mil israelitas mercenários para acompanhá-lo em uma expedição contra os edomitas, porém, obedecendo às repreensões de um homem de Deus, dispensou esses mercenários, e servindo-se somente das forças de Judá, derrotou os edomitas no vale das Salinas e tomou a sua capital. Porém, trouxe de lá os ídolos que eles adoravam e fez deles os seus próprios deuses. Os cem mil homens que Amasias havia dispensado, voltando para seus lares, saquearam as cidades de Judá ao norte de Bete-Horom. Amasias, obedecendo a más inspirações, desafiou a Joás, rei de Israel, para uma batalha, na qual ele foi derrotado em Bete-Semes, feito prisioneiro e conduzido a Jerusalém. Uma parte do muro da cidade foi destruída por Joás, que levou para Samaria grandes tesouros e os filhos dos que estavam como reféns. Pelo ano 787 a.C., ocorreu em Jerusalém uma conspiração contra Amasias, que se refugiou em Laquis, de onde foi retirado 12 anos mais tarde, e assassinado. Seu reinado foi de 29 anos, 2 Sm 14.1-20; e 2 Cr 25.1-27. **2** Nome de um homem da tribo de Simeão, 1Cr 4.34. **3** Nome de um levita da família de Merari, 1Cr 6.45. **4** Nome de um sacerdote de Betel, que tentou impedir a missão do profeta Amós, Am 7.10-17.

ÂMBAR – a Versão Brasileira e Figueiredo dizem electro em todas as passagens citadas. Nome que se dá a uma resina fossilizada produzida por uma espécie de pinheiro já extinta (*Pinus succinifer*), semelhante ao abeto da Noruega. Antes de assumir o estado sólido, era fluida, o que se prova pela existência de numerosos restos de plantas e insetos que se encontram envolvidos nela, como em uma capa. Os abetos ou pinheiros que a produziam formavam bosques na região que hoje serve de leito ao mar Báltico, do lado sudeste. A princípio, era tida como pedra preciosa, mas em pouco tempo se tornou objeto de comércio em regiões distantes do Báltico. É de cor amarela, e talvez referida nas seguintes passagens: Ez 1.4,27; 8.2,4.

AMÉM (*do hebraico, "verdadeiro", "certo", "digno de confiança"*) **–** vem de um adjetivo hebraico que significa verdadeiro, certo, digno de confiança. O verbo correlato, aman, significa "sustentar", "apoiar". O uso do "amém" como uma explicação, significa "certamente", ou "assim seja". **1** Nome de Jesus com que ele se apelida em Ap 3.14; e Fiel e verdadeiro na tradução de Figueiredo, *cf.* Isaías, 65.16. **2** Interjeição que quer dizer: Assim seja, Mt 6.13; Dt 27.16-26; 2 Co 1.20. Para tornar mais enfática essa interjeição, costuma-se repeti-la, Nm 5.22. Jesus começou muito das suas sentenças com essa expressão, amém, que foi traduzida **–** na verdade, na verdade.

AMÊNDOA, AMENDOEIRA – fruto e árvore de amêndoas, Gn 43.11; Ec 12.5, chamado em hebraico *Shaked*, despertador, talvez por ser a primeira árvore que florescia na primavera. É a *Amygdalus communis* dos botânicos. Regula ter seis metros e

AMÊNDOA, AMENDOEIRA

meio de altura. Julga-se ser originária da Barbária. Encontra-se no Líbano, no Hermom e na maior parte da região, além do Jordão. A cidade de Luza, situada na parte montanhosa de Efraim, tirou o seu nome dessa fruta. Na Mesopotâmia também se encontra a amendoeira, Gn 30.37. Há duas variedades de amendoeiras: as doces e as amargas, as amargas dão flores rosadas. Jacó mandou de presente aos dignitários do Egito, entre outras frutas, a amêndoa, Gn 43.11. Os braços do candeeiro de ouro eram adornados com as flores de amendoeira moldadas, Êx 25.33. Eram flores de amêndoas as que brotavam na vara de Arão... Nm 17.8. A vara que Jeremias viu e que significava a vigilância divina à sua palavra, era uma vara de amendoeira, Jr 11.12. O florescimento da amendoeira de que fala o Eclesiastes, cap. 12.5, será, sem dúvida, o emblema da velhice, representada nos cabelos brancos.

AMENDOEIRA, AVELEIRA – tradução da palavra hebraica Luz, em Gn 30.3; que é quase certo tratar-se da amendoeira.

AMETISTA (*no hebraico, "pedra de sonho"*) **–** nome de uma pedra preciosa, colocada no fim da terceira ordem das pedras que adornavam o peitoral do Juízo do sumo sacerdote judeu, Êx 28.19; 39.12. A ametista formava a duodécima linha das pedras de fundamento da Nova Jerusalém, Ap 21.20. É uma variedade de quartzo cristalino, reluzente, purpúreo ou azul violeta, que se julga ser produzida pelo manganês. Os hebreus a traziam de Edom, do Egito, da Galácia ou de Chipre. As mais preciosas dessas pedras vinham da Índia ou da Espanha. O nome da pedra no hebraico vem da crença que os rabinos tinham de que a pedra poderia ser usada por aqueles que *desejassem ter sonhos*. Os antigos gregos acreditavam que a pedra possuía alguma propriedade que fazia passar a embriaguez,

deriva-se daí o termo grego *amethustos, não intoxicado, ou que não está ébrio.*

AMI (*no hebraico, "meu povo"*) **–** um nome simbólico aplicado a Israel, em contraste com Lo-Ami, que significa *não meu povo* (veja *MEU POVO*).

AMI (ou AMOM) – um dos antepassados de um servo de Salomão, Ed 2.57. É chamado de Amom em Ne 7.59 (veja *AMOM*).

AMIDIANOS – uma família que retornou do cativeiro babilônico com Zorobabel, 1 Ed 5.20.

AMIEL (*no hebraico, "povo de Deus"*). **1** Nome de um filho de Gemali, representante da tribo de Dã, que fez parte da comissão que foi reconhecer a terra de Canaã, Nm 13.12. **2** Nome de um homem de Ló-Debar e pai de Maquir, 2 Sm 9.4,5; 17.27. **3** Nome do filho de Obede-Edom, 1 Cr 26.5. **4** Nome do pai de Bate-Seba, 1 Cr 3.5.

AMIGO DO NOIVO – as palavras hebraicas *rea", "re'eh"* e *"merea'*, embora com freqüência signifiquem *amigo*, têm tomado o sentido de *amigo do noivo, padrinho de casamento*. As versões antigas algumas vezes exibem esse sentido especial. No caso de um casamento malsucedido, a lei da Mesopotâmia proibia qualquer casamento entre o 'amigo' e a noiva abandonada. Isso explica a reação dos filisteus e de Sansão, por ocasião do casamento da noiva deste com seu padrinho, Jz 14; 15.1-6, deveria ser traduzido *ao seu padrinho, que havia feito o papel de padrinho*. Um emprego metafórico da posição de padrinho do noivo pode ser encontrado em Jo 3.39.

AMIGO DO REI – nome que se dava a um oficial de alta patente, Gn 26.26, provavelmente pessoa de confiança do rei e seu conselheiro, 1 Rs 4.5. Os reis siro-macedônios criaram uma classe privilegiada de funcionários, chamada, amigos do rei, 1 Mac 2.18; 3.38; 6.10.

AMINADABE (*no hebraico, "meu parente é generoso" ou "meu parente é nobre"*). **1** Homem de Judá, família de Hesrom, casa de Rão, 1 Cr 2.10. Era pai de Naassom, príncipe de Judá, Nm 1.7, sogro do sacerdote Arão, Êx 6.23, e avoengo de Davi, Rt 4.19; Mt 1.4; Lc 3.33. **2** Nome de um levita da família de Coate, da casa de Oziel. Foi chefe da casa de seu pai no reinado de Davi, 1 Cr 15.10,11, *cf.* com Êx 6.18,22. **3** Nome de um levita da família de Coate, 1 Cr 6.22. As genealogias de Coate têm geralmente o nome Izar nesse lugar, 1 Cr 6.37,38; Êx 6.18,21,24, de sorte que, Aminadabe é provavelmente outro nome de Izar, ou uma corrupção da genealogia.

AMISADAI (*no hebraico, "o Todo-poderoso é meu parente"*) – nome do pai Aiezer da tribo de Dã, Nm 1.12; 2.25.

AMITAI (*no hebraico, "fiel"*) – nome do pai do profeta Jonas, 2 Rs 14.25; Jn 1.1.

AMIÚDE (*no hebraico, "meu parente é glorioso"*). **1** Nome de um efraimita descendente de Taã e pai de Elisama, Nm 1.10; 1 Cr 7.26. **2** Nome de um homem da tribo de Simeão e pai de Samuel, Nm 34.20. **3** Nome de um homem da tribo de Naftali, pai de Pedael, Nm 34.28. **4** Nome do rei de Gesur, pai de Talmai, 2 Sm 13.37. **5** Nome de um descendente da tribo de Judá, da família Perez, 1 Cr 9.4.

AMIZADABE (*no hebraico, "o parente concedeu", ou "o parente doou"*) – nome de um filho dos valentes de Davi, chamado Benaia, 1 Cr 27.6.

AMNOM (*no hebraico, "fiel"*). **1** Nome de um dos filhos de Davi com Ainoã de Jezreel, nascido em Hebrom. Procedeu escandalosamente com sua irmã Tamar, sendo mais tarde assassinado por seu irmão Absalão por causa do seu crime, 2 Sm 13.1; 1 Cr 3.1. **2** Nome de um dos filhos de Simeão, registrado na tribo de Judá, 1 Cr 4.20.

AMOM (*no hebraico é 'ammôn*) – esta palavra é uma paráfrase do nome Ben-Ami, (Benami), dado ao filho mais moço de Ló, pai dos amonitas, Gn 19.38. Amom talvez signifique, *filho do meu povo*, como traduz Figueiredo na passagem citada (veja *AMONITAS*).

AMOM (*no hebraico, "artesão", ou "construtor"*). **1** Nome do governador da cidade de Samaria, no reinado de Acabe, 1 Rs 22.26. **2** Nome de um dos reis de Judá, que com 22 anos sucedeu a seu pai Manassés, cujos maus exemplos imitou. Foi assassinado por seus servos no próprio palácio. O povo, por sua vez, matou os assassinos e colocou no trono a Josias, filho de Amom, 2 Rs 21.19-26; 2 Cr 33.21-25. **3** Nome de um indivíduo da classe dos filhos dos servos de Salomão, Ne 7.59, chamado Ami em Ed 2.57.

AMOM (*a divindade egípcia, no egípcio, "Amém", "ente invisível"*) – a principal divindade de Tebas. Esta cidade foi capital do alto Egito cujo nome, em honra do seu deus, foi alterado para No-Amom, Jr 46.25; Na 3.8. Os hicsos foram expulsos do Egito pelo poder dessa divindade e, por conseguinte, ela foi honrada como a primeira entre os deuses e considerada sucessora de *Ra*. Era representada como tendo duas plumas de penas de falcão, um disco e um barrete vermelho.

AMONITAS – povo descendente de Amom ou Ben-Ami, filho de Ló, Gn 19.38. Os amonitas apoderaram-se do território pertencente aos gigantes chamados zanzumins, entre o Arnom e a torrente de Jaboque, Dt 2.20,21;

AMONITAS

Amom — Christian Computer Art

3.11. Por sua vez, foram os amonitas expulsos e obrigados a se conservarem nos limites orientais do deserto, tendo as cabeceiras do Jaboque como linha de limites ao ocidente, Nm 21.24; Dt 2.37; Jz 11.13,22. Esse povo associou-se aos moabitas para subornarem o profeta Balaão, que devia amaldiçoar os israelitas, e, por esse motivo, foram excluídos da congregação do Senhor até a décima geração, Dt 23.3-6. Auxiliaram a Eglom, rei de Moabe, a subjugar uma parte do povo de Israel, Jz 3.13. No tempo de Jefté, tornaram a oprimir os israelitas que habitavam ao oriente do Jordão, Jz 10.6,9,18. Pouco antes do reinado de Saul, Naás rei dos amonitas sitiou Jabez de Gileade. Saul veio em socorro dos sitiados e derrotou totalmente a Naás, 1 Sm 11.1-10. Naás tornou-se amigo de Davi, naturalmente porque ambos eram inimigos de Saul. Quando morreu Naás, Davi mandou embaixada a seu filho Hanom. Os embaixadores sofreram grave insulto, e rebentou a guerra. Na primeira campanha, os sírios e os amonitas confederados foram derrotados pelos israelitas comandados por Joabe e Abisai, 2 Sm 10.1-19. Na segunda campanha, os israelitas tomaram Rabá, capital do reino amonita, 2 Sm 11; 12; 1 Cr 20.1-3. Salomão contava entre as suas amantes, mulheres amonitas, 1 Rs 11.1. Nos dias de Jeosafá, os moabitas, amonitas e edomitas confederados invadiram o reino de Judá, sem conseguirem

AMOREIRA

vitória alguma, 2 Cr 20.1-30. No tempo de Uzias e Jotão, os amonitas pagavam tributos a Judá, 2 Cr 26.8; 27.5. Os amonitas com outros povos, fizeram novas investidas contra a Judéia no reinado de Jeoiaquim, 2 Rs 24.2. Depois da queda de Jerusalém, procuraram embaraçar os judeus na tentativa de formar novo estabelecimento, 2 Rs 25.25; Jr 40.11-14. Como inveterados inimigos de Israel, foram denunciados pelos profetas, Jr 49.1-6; Ez 21.20; 25.1-7; Am 1.13-15, e Sf 2.8-11. Opuseram-se à reedificação dos muros de Jerusalém pelos judeus que voltaram do cativeiro, Ne 4.3-7. Infelizmente, os israelitas não trepidaram em estabelecer relações de família com tal gente, pelo que foram severamente censurados por Esdras e Neemias, Ed 9.1,2; 13.23-31. Judas Macabeu fez-lhes guerra, 1 Mac 5.1-8. Há indícios da existência desse povo no segundo século da era cristã. A principal divindade que eles adoravam era Melcom, o mesmo que Moloque, 1 Rs 11.7,33, e no tempo dos juízes adoravam o deus Camos, Js 11.24.

AMOQUE (*no hebraico, "fundo", "profundo"*) – nome de um dos sacerdotes que voltaram de Babilônia com Zorobabel, Ne 12.6. Na geração seguinte, esse nome aparece como chefe de uma família. Veja o v. 20.

AMOR – no Antigo Testamento o termo *aheb* é traduzido como "amor", mas outros termos também são usados associados ao mesmo sentido como desejar, amante, amar etc. No Novo Testamento, encontramos uma definição melhor de termos, são eles: a) *Agape*, do verbo *agapao*. O verbo *agapao* figura por 142 vezes e o substantivo *agape* por 116 vezes. É o amor perfeito, à semelhança do amor de Deus pelo homem, que é benevolente, que trata bem ao próximo independente do tipo de tratamento que recebeu, que busca o interesse do outro e não seu próprio interesse, Mt 5.43-48; 1 Co 13. b) *Philia*, do verbo *philein*. O verbo *phi-*

lein pode significar "acariciar" ou "beijar", mas retrata o amor puro, de mente, corpo e espírito. Alguns tentam fazer distinção entre *philia* e *agape*, mas é difícil observar essa diferença no contexto em que são usadas no Novo Testamento. As duas palavras aparecem em Jo 21.15-18, no diálogo entre Jesus e Pedro, tendo um mesmo significado. c) *Eros*. O termo indica o amor entre um homem e uma mulher, um amor que predomina o físico, o amor sexual. O termo não aparece no Novo Testamento, pois nesse tempo denotava mais a concupiscência do que o amor. d) *Storge*. Termo de uso limitado, pois se referia ao amor entre a parentela. O amor entre pais e filhos, irmãos e irmãs, e outros parentes do lar. Não aparece no Novo Testamento.

AMOR FRATERNAL (*no grego, philadelphia*) – significa não amor figurado, como de irmão, mas sim, o amor daqueles unidos na fraternidade cristã. No Antigo Testamento, 'irmão', como 'próximo', significava 'compatriota israelita'. Jesus alargou o sentido e objetivo do amor estendendo-o aos demais homens, mas também, chamando Seus próprios seguidores de Seus irmãos e de irmãos uns dos outros, e ordenando que Seus seguidores se amassem mutuamente, estabelecendo assim, o amor especial entre os irmãos na fé cristã que a palavra *philadelphia* descreve, Rm 8.29.

AMOREIRA (*no hebraico, baka, "lacrimejar ou destilar"*) – árvore da mesma ordem da figueira cultivada na Síria, por causa das suas folhas de que se alimenta o bicho-da-seda. Das suas frutas faz-se bebidas e refrigerantes, espremendo-as e adoçando-as com suco de mel, aromatizado com especiarias. Expunham o suco da amora às vistas dos elefantes, a fim de prepará-los para o combate, 1 Mac 6.34. Em o Novo Testamento, esse nome é traduzido de dois modos diferentes: amoreira (fig.), e sicômoro (V. B.).

AMOREIRA

O original hebraico diz *Baka*, que significa lacrimejar ou destilar, é assim denominada uma árvore que cresce nas vizinhanças de Jerusalém, cujas folhas sussurram ao vento, 2 Sm 5.23,24; 1 Cr 14.14,15. Nessas passagens, diz Royle, a árvore mencionada denomina-se *bak* pelos árabes, ou antes, *shajrat al-bak*, que quer dizer, árvore grande, que ele identifica com o álamo. Há duas espécies de álamos, comuns à beira dos rios e nas terras úmidas da Palestina, o álamo branco e o álamo do Eufrates, porém, não existe relação etimológica entre *bak* e *baka* (veja *BALSAMÁRIAS*).

AMOREIRA, SICÔMORO (*no grego, sukáminos*) — árvore que produz amoras, chamada *sukáminos* em grego, Lc 17.6. A amoreira negra (*Morus nigra*) é árvore de 30 pés de altura, cerca de nove metros, muitíssimo cultivada pelo valor de suas folhas e de seus frutos, e serve para a criação do bicho-da-seda. Dá frutos vermelho-escuros, ou pretos, cuja superfície granulosa é irregular. Na Palestina, é cultivada em grande escala (veja *SICÔMORO*).

AMORREUS (*nome de origem suméria e significado desconhecido, talvez "ocidental" ou "montanheses"*) — nome de um dos povos estabelecidos em Canaã, antes da conquista pelos hebreus, Gn 10.16; 15.21; Êx 3.8. No tempo de Abraão, ocupavam pelo menos, uma das praias ocidentais do mar Morto por detrás das montanhas, Gn 14.7,13. Desfrutavam um nome respeitável pelo seu poder na região montanhosa. Com os demais povos de Canaã, os amorreus cresceram mais e mais. No tempo do Êxodo dos israelitas, ainda ocupavam a região serrana, Nm 13.29; Dt 1.7,19,20,44, e podiam ser chamados cananeus, Nm 14.45. Antes dessa época, estenderam-se as suas conquistas até o oriente do Jordão, Nm 21.26-30, e se apoderaram de todo o território entre o Arnom e o monte Hermom, e desde o deserto até o Jordão,

Dt 3.8; 4.48; Js 2.10; 9.10; Jz 11.22. Por esse tempo, ocupavam inteiramente toda a região a oeste do Jordão, desde Jerusalém até Hebrom, inclusive as terras baixas, e para o norte, iam até Aijalom e terras de Efraim, Js 10.5,6; Jz 1.35; e Js 11.3; 13.14. Eram perversos e dados à pilhagem e à destruição. Ainda depois da conquista da terra pelos israelitas, eles continuaram a dominar uma parte do país, Jz 1.35; 3.5. Durante o governo de Samuel, estiveram em paz, e no reinado de Salomão, eles e outros povos sobreviventes, foram tributários de Israel, 1 Rs 9.2,21; 2 Cr 8.7.

AMÓS (*no hebraico, "carregador de fardos", "forte"*). **1** Profeta, natural de Tecoa, cidade da tribo de Judá, situada cerca de dez quilômetros ao sul da vila de Belém, Am 1.1. Pertencia à classe humilde do povo, e empregava-se no mister de pastor de ovelhas. Sendo habitante de Tecoa, passava o tempo no deserto que se estendia para o oriente até o mar Morto, na guarda dos rebanhos. Nessa bravia região, ele se sustentava com o produto dos sicômoros existentes nas planícies próximas ao mar. Nas suas profecias, revela ter conhecimento de lugares distantes e de fatos que só poderia conhecer fazendo viagens longas, conduzindo ovelhas ou carregando lã para o Egito ou para Damasco. Sendo cidadão do reino de Judá, foi pelo Senhor comissionado para exercer missão profética no reino das dez tribos. Apareceu em Betel que era, naquele tempo, o lugar do santuário do rei, onde se achava um dos dois bezerros de ouro que Jeroboão I mandou fazer para objeto de culto, Am 8.14; Os 8.5,6; 10.5. Amós falou tão fortemente contra os pecados do rei e do seu povo, que Amasias, idólatra em Betel, mandou dizer a Jeroboão II, que Amós conspirava contra o rei no meio da Casa de Israel, Am 7.10. Não se sabe quando, nem em que circunstâncias ocorreu a sua morte. Amós acreditava em

Deus como onipotente, criador de todas as cousas, governador de suas criaturas, e governador dos povos, inflexível em sua justiça, cujo poder se estende até aos infernos e que sonda o que há de mais íntimo nos homens. Amós era grande observador dos homens e de seus atos e podia refletir sobre tudo que via, e generalizar os seus raciocínios no seu relacionamento com Deus. A profecia de Amós oferece belo espécime do puro estilo hebraico, dicção simples, sem prejuízo da dignidade e do vigor de seus discursos. É moderado no emprego de imagens, sem enfraquecer o objetivo de sua missão. Usou de frases que se perpetuaram até nossos dias como: moeda de bom metal. Veja caps. 3.3,6; 4.11,12, e 6.1 de seu livro. Amós não é tão brando, nem tão sentimental quanto Oséias no exercício de seu ministério. Oséias profetizava aos da sua própria tribo. Amós mostra um ar de altivez muito natural em um profeta de outra tribo e de outro reino. Ainda mais, ele pronuncia a justiça a respeito dos povos, cujos laços de sangue não eram tão íntimos com o seu povo.

AMÓS, O LIVRO DE – o livro de Amós é o terceiro dos profetas menores. Profetizou depois dos reinados de Azael e Bene-Hadade e nos dias de Uzias, rei de Judá, e nos dias de Jeroboão, rei de Israel, dois anos antes do terremoto, Am 1.14; 7.10; Zc 14.5, quando o reino havia atingido o maior grau de sua extensão, 6.14 *cf.* 2 Rs 6.25. Proferiu as suas mensagens antes de Oséias ter proferido as suas, constantes nos caps. 4-14 do seu livro. As condições sociais do reino de Israel, refletidas nas páginas de Amós, parecem não ser tão desesperadoras quanto Oséias as descreve, durante os anos em que ocorreram assassínios, conflitos e desordens, depois da morte de Jeroboão II. Amós não faz referências à invasão dos assírios, como Oséias, provavelmente por ainda não ter acontecido, Os 4-14. O tema das profecias de Amós é o juízo do Senhor cap. 1.2, *cf.* Jl 3.16. O livro compõe-se de três partes: **1** Introdução, (caps. 1 e 2); **2** Três discursos (caps. 7-9). As duas primeiras partes do livro são denunciatórias. Cada uma de suas subdivisões termina denunciando os juízos de Deus. **3** Promessas, (cap. 9.8-15). a) Na secção introdutória (cap. 1.2; 11.16), o profeta denuncia o juízo divino sobre seis nações gentílicas que eram vizinhas dos hebreus, também sobre Judá e finalmente sobre Israel. As primeiras sete denúncias se acham compreendidas nas sete estâncias de igual estrutura que começam e terminam do mesmo modo, e estão vinculadas às denunciações sobre Israel, às quais se prendem pela fórmula de abertura. O argumento parece ser: Se essas nações pagãs têm de ser castigadas, quanto mais o será Judá que tem pecado a luz; e se Judá vai ser punido, quanto mais o será Israel que tem mais profundamente ofendido as leis de Deus. b) As denunciações contra Israel ocupam o corpo do livro (cap. 3.1 até cap. 9.7). Há três discursos começando cada um deles com a fórmula: "Ouvi esta palavra", cap. 3.1; 4.1; 5.1, seguidos de cinco visões. Na primeira visão, há a devastação pelos gafanhotos, mas, pelas orações do profeta, Deus perdoa a Israel e cessa a obra devastadora. Na segunda visão, há fogo que seca as águas e destrói a terra; mais uma vez pela oração do profeta, Deus faz cessar o flagelo. Parece que uma nova praga de gafanhotos apareceu durante o ministério do profeta Amós seguida de uma estação de intenso calor e por conseguinte devastadora seca. Seja como for, as duas pragas dos gafanhotos representam os juízos anteriores caídos sobre Israel; os gafanhotos relembravam a destruição praticada pelos invasores seja insetos, seja exércitos inimigos; e o fogo, significando a justa indignação divina contra o pecado. É mais provável que Amós veja nessas visões as calamidades anteriores, sobre as quais já havia discursado, com o fim de avisar a

AMÓS, O LIVRO DE

Israel e que tinham sido suspensas pela graça de Deus, mas que infelizmente não produziram arrependimento, 4.6-11. Portanto, o povo deveria preparar-se para entrar em juízo com o seu Deus, 4.12. Na terceira visão, Deus mostra o juízo que viria sobre a casa de Israel, 7.7-9. Nesse ponto, o profeta foi interrompido pelo sacerdote de Betel que o proibiu de continuar com os seus discursos. Na quarta visão, ele vê um cesto de frutos de verão, indicando que Israel estava maduro para ser julgado, 8.1-3. Na visão, Jeová é visto sobre o altar, sem dúvida em Betel, 3.14, mandando ferir a coucoeira e abater a verga da porta, indicando que o juízo ia ser executado, 9.1-4. c) A profecia termina com as promessas contidas no cap. 9.8-45: o exílio seria a peneira que havia de preparar a restauração do reino de Davi à sua primitiva glória; seus limites se estenderão sobre a Iduméia e sobre as demais nações pagãs, e o cativeiro será levantado. O texto das profecias de Amós tem sido transmitido em excelentes condições. Quanto à sua legitimidade, algumas passagens sofrem contestações, como os caps. 2.4,5; 5.8,9; 9.5,6; 9.8-15. Sobre os v. 4 e 5 do cap. 2, dizem que o pensamento e a dicção das palavras pertencem ao Deuteronômio, e que as denunciações contra Judá são convencionais e gerais em contraste com as acusações específicas contra as outras nações. Porém: **1** As feições do Deuteronômio, referentes ao abandono da lei de Jeová, à violação de seus estatutos e à adoração de outros deuses, encontram-se nos escritos dos contemporâneos de Amós e em outros que o precederam (Êx 15.26; 18.16; Is 5.24; Os 2.7,15; 4.6). **2** Em referência às denunciações, deve-se notar que elas são arranjadas em séries, e são construídas de modo a atingir a espécie de violações dos mandamentos de Jeová e revelam concepções suficientemente definidas no pensamento profético (*cf.* Is 1.2-4; Os 8.1; Jr 1.16; 2.4-8). **3** Esses

dois v. do cap. 2 já referidos não podem ser cancelados. As acusações contra Judá, se fossem omitidas, alterariam a natureza do argumento e perturbariam totalmente o seu desenvolvimento. (Veja, Driver, sobre Joel e Amós, p. 117; Vos, Presb. e ref. Rev. 9.226.) As outras três passagens, 4.13; 5.8,9; e 9.5,6, cuja legitimidade foi colocada em dúvida, descrevem qualidades inerentes à pessoa divina. Os argumentos que se lhe opõem são os seguintes: Primeiro, que a doutrina referente aos atributos divinos expressa naqueles versículos não se salienta na literatura hebraica até o tempo do cativeiro. Segundo, que a abundância de palavras em louvor do poder de Jeová são produzidas em linguagem que pertence a uma época posterior, veja Isaías, caps. 40 e 46. Terceiro, que duas dessas passagens, 4.13; e 9.5,6, não se ligam intimamente com o argumento, e finalmente, que os v. 8 e 9 do cap. 5 cortam o argumento referido. Resposta: 1) É certo que essas passagens podem ser omitidas sem prejuízo sensível, porém o mesmo se deve dizer a respeito de outras passagens, cuja legitimidade não é contestada. As expressões contestadas servem para reforçar as predições sobre o juízo pronunciado declarando a grandeza transcendente do supremo Juiz (Vos, loco cit. p. 227). 2) A forma do apelo criticado não está fora das condições gerais da oratória profética (Driver, citando Robertson Smith). 3) "A doutrina sobre o império que Deus tem sobre a natureza, está em harmonia com os ensinos de Amós em qualquer outra parte", 4.7; 7.1,4; 9.3, (Driver) e pode acrescentar-se ainda que está em harmonia com os ensinos que antedatam as profecias de Amós encontrados, por exemplo, em Gn caps. 2 até 8, e 11 e 18; em Êx caps. 7 a 14. Em relação às promessas de Deus com que fecha o livro de Amós, 9.8-15, tem-se dito que essa parte do livro pode apenas ter sido a conclusão original da visão que Amós teve acerca do juízo sobre Israel, porque difere do resto da profecia em fraseologia, em concepção e nas previsões. Além disso, é coisa de menos importância se as tais palavras foram escritas por Amós na época em que teve a visão, ou depois. Não há, pois, base alguma para negar ao profeta a autoria dos versículos em discussão. Os profetas, com freqüência, acrescentam às denunciações dos juízos de Deus, as profecias consoladoras da esperança. A gente piedosa precisava de animação, e por isso, convinha mostrar a harmonia existente entre os juízos esmagadores da divindade e a promessa eterna da estabilidade do trono de Davi e da vitória do reino de Deus sobre a terra. **4** Nome de um dos antecessores de Jesus Cristo, Lc 3.25. **5** Nome do pai do profeta Isaías, Is 1.1.

AMPLIATO – um crente de Roma ou da Ásia Menor, a quem Paulo enviou saudações, em cerca de 60 d.C., Rm 16.8. Nome comum na época, com o sentido de honrado ou expandido. Foi encontrado por duas vezes no cemitério de Domitila, em Roma.

AMULETOS – a origem da palavra é desconhecida, talvez venha do vocábulo árabe que significa *pendente, ou levar*. Povos antigos do oriente acreditavam na influência dos astros, em encantamentos, bruxarias, ou poderes sobrenaturais contidos em lugares que poderiam ser usufruídos ou influenciados, para o bem ou para o mal, para curar ou para matar. Isso disseminava o uso de amuletos entre os povos como objeto de proteção, poder, ou sorte. Tendo inscrições de oração, de encantamento, ou relevo de figuras, feito de toda sorte de material. Em Is 3.18-20 há menção a vários tipos de jóias e enfeites, os termos *sussurro, encantamento e silvo da serpente* são usados, indicando a prática de encantadores de serpentes, Is. 3.20; veja Sl 58.5; Ec 10.11; Jr 8.17.

ANA (*no hebraico é hannâ, "graça", "favor"*). **1** Nome de uma das duas mulheres de Elcana e a predileta de seu esposo. Essa circunstância provocou represálias de sua rival. Fez voto a Deus, que se ele lhe desse um filho varão, o consagraria ao serviço do santuário. O seu desejo foi realizado, com o nascimento do profeta Samuel, 1 Sm 1.1-28. O seu belo cântico é um monumento de poesia, que parece achar-se na mente de Maria, quando manifestou sua intensa gratidão, em semelhantes estrofes, ao ser-lhe anunciado que ela seria mãe do Salvador, 1 Sm 2.1-10; Lc 1.26-55. **2** Nome de uma viúva, filha da tribo de Aser. Havia sido casada durante sete anos. Aos 84, não se apartava do Templo, onde servia a Deus de dia e de noite, em jejuns e orações. Como profetisa que era, reconheceu e proclamou o menino Jesus como sendo o Messias prometido, Lc 2.36-38.

ANÁ (*no hebraico, "que ouve", "que concede", ou "resposta"*) – nome de uma tribo de horitas, Gn 36.20, dirigida por um príncipe, v. 29. A tribo conservava o nome de seu fundador que era descendente de Zibeão. Aná descobriu fontes termais no deserto. Por esse motivo deram-lhe o nome de Beeri, *homem do poço*, Gn 36.20,24; Gn 26.34. Alguns tentam fazer distinção entre os nomes citados em Gn 36.20 com Gn 36.29, como se fossem duas pessoas distintas, mas tudo indica que se trata de uma só pessoa.

ANÃ (*no hebraico, "nuvem"*) – nome de um homem que, com Neemias, assinou o pacto de adorarem o Senhor, Ne 10.20.

ANAARATE (*no hebraico, "garganta"*) – uma cidade de Issacar, provavelmente localizada na porção norte daquele território, no vale de Jezreel, Js 19.19. Tem sido identificada com a moderna En-Naurah, a três quilômetros de En-Dor.

ANABE (*no hebraico, "que produz uvas"*) – nome de uma cidade nas montanhas de

ANABE

Judá, Js 11.21; 15.50. Existem dois lugares de ruínas que têm esse nome, um a cerca de 18 quilômetros a sudeste de Hebrom e outro mais extenso, a cerca de 800 metros na mesma direção, mais além.

ANACARATE (*significado hebraico incerto, talvez "passagem"*) – nome de uma aldeia, fronteira a Issacar, Js 19.19. Dão como lugar dessa aldeia, o local denominado *en-Naurá*, a oito quilômetros ao norte de Jezreel. O nome atual parece ser uma corrupção do nome primitivo.

ANAÍAS (*no hebraico, "Jeová respondeu"*) – nome de duas pessoas no Antigo Testamento: **1** Um dos que estiveram ao lado de Esdras, quando se lia o Livro da Lei ao povo, e que assinou o concerto de servir ao Senhor, Ne 8.4; 1 Ed 9.43. **2** Um dos chefes do povo que se aliou a Neemias, em cerca de 445 a.C., assinando um pacto sagrado, Ne 10.22.

ANAMELEQUE (*no hebraico, "o deus anu é rei"*) – uma das divindades adorada pelo povo em Sefarvaim, cidade da Babilônia, 2 Rs 17.31. Anu era deus do firmamento. Quando os sefarvitas vieram colonizar Samaria, queimaram seus filhos no fogo em honra de Anu, do mesmo modo que adoravam a Moloque.

ANAMIM (*no hebraico, "homens das rochas"*) – nome de uma tribo do Egito, da qual nada se sabe, Gn 10.13; 1 Cr 1.11.

ANAMNESIS (*no grego, "memória", "lembrança"*) – é o termo que o apóstolo Paulo emprega quando escreve aos crentes em Corinto acerca da Ceia instituída pelo Senhor: "...fazei isto, todas as vezes que beberdes, em *memória* de mim", 1 Co 11.25.

ANANI (*no hebraico, "nebuloso", ou "ele cobriu"*) – nome de um dos filhos de Elioenai, 1 Cr 3.24.

ANANIAS (*no hebraico, "protegido de Jeová"*). **1** Nome do pai de Maaséias, Ne 3.23. **2** Nome de uma cidade de Benjamim, Ne 11.32. A despeito da diferença de grafia, considera-se a povoação de Beite-Hanina, a quatro quilômetros ao norte de Jerusalém para os lados de Gibeão, como a antiga Ananias.

ANANIAS (*uma forma grega de Hananiah, "Jeová tem sido gracioso"*). **1** Nome de um dos discípulos dos apóstolos em Jerusalém, que, com sua mulher Safira, vendeu um campo, e tomando parte do preço, a colocou aos pés dos apóstolos, At 5.1s. A comunidade cristã possuía tudo em comum. Não havia nenhum necessitado entre eles, porque, quantos eram possuidores de campos ou de casas, vendiam isso, cujo preço lançavam aos pés dos apóstolos que distribuíam conforme a necessidade de cada um. Ninguém era obrigado a fazer tais liberalidades (v. 4), e o fim em vista não exigia que se vendesse tudo que se tinha. As vendas eram feitas de acordo com a situação da comunidade. O resultado das vendas era distribuído igualmente entre todos. Ananias trouxe parte do preço e o lançou aos pés dos apóstolos como se fosse o produto total da venda. Pedro o repreendeu por haver mentido contra o Espírito Santo. E Ananias caindo, expirou. Sua mulher Safira entrou horas depois, e ignorando o que havia acontecido a seu marido, repetiu a falsidade e teve a mesma sorte de Ananias. **2** Nome de um cristão de Damasco que foi informado, em visão, de que Saulo de Tarso tinha se convertido ao cristianismo. Foi comissionado para ir ao encontro deste, para dar-lhe a vista que havia perdido e recebê-lo na Igreja pelo batismo, At 9.10-18. **3** Nome de um sumo sacerdote, nomeado por Herodes, rei de Cálcis, d.C. 58 (Antig. 20.5,2). Quatro anos mais tarde, foi mandado a Roma pelo governador da Síria, para responder pelas violências cometidas pelos judeus contra os samaritanos. Por influência do rei Agripa, foi absolvido, regressando a Jerusalém (Antig. 20.6,2,3; Guerras, 2.12,6,7). Jônatas, outro sumo sacerdote, antes de Ananias, foi politicamente associado a este. No ano 58, Paulo foi levado à presença de Ananias, que tomou parte contra o apóstolo, perante o governador Félix, At 23.2; 24.1. Jônatas, seu colega, havia sido assassinado; e esse mesmo Ananias foi deposto por Agripa, pelos fins da presidência de Félix, ao cair do ano 50 (Antig. 20.8,5,8; Guer. 2.13,3). Foi assassinado no ano 67. Morreu na parte alta da cidade, perto do palácio dos Asmoneus (Guer. 2.17,6,9).

ANÃO (*no hebraico, "mirrado"*) **–** uma única referência bíblica aparece em Lev 21.20, em que vários defeitos físicos são relacionados como desqualificante para alguém servir como sacerdote. No Oriente Próximo, em tempos antigos, pensava-se que os anões eram possuidores de poderes mágicos, isso já era suficiente para desqualificar os anões para o sacerdócio, à parte de qualquer outro problema físico. Essa crença pode ser vista atualmente em contos antigos e lendas de duendes.

ANAQUE (*no hebraico, "pescoço grande"*) **–** Anaque foi o pai dos gigantes chamados anaquins, possivelmente descendiam de Arba, Js 14.15; 15.13. Habitavam ao sul de Canaã, antes da chegada dos israelitas, foram o motivo de desânimo dos espias para a conquista de Canaã, Nm 13.33; Dt 1.28; 9.2; Js 15.13,14.

ANAQUIM (*no hebraico, ᵃnakim, bᵉne ᵃnak, "filhos de Anaque"*) **–** raça de gigantes ligada nos refains, Nm 13.33; Dt 2.10,11,21. Dessa raça de gigantes, três famílias se estabeleceram em Hebrom, Nm 13.22, outras se encontraram em várias cidades vizinhas, na região montanhosa

do país, Js 11.21; 15.14; 17.15. Foram destroçados por Josué, Js 10.36,39; 11.21; na partilha da terra em Hebrom foi grande a mortandade, Js 14.12; 15.13-19; Jz 1.10-15. Restaram alguns em Gaza, Gate, Azote e no país dos filisteus, Js 11.22. O gigante Golias de Gate era um dos anaquins. Há dúvidas quanto ao lugar de origem de Anaque, duas cidades entram nessa questão; Arba, Js 15.13 e Quiriate-Arba, que é Hebrom, e a mais provável pelo relato em Nm 13.22.

ANÁS (*forma grega da palavra Hananiah, "Jeová tem sido gracioso"*) **–** nome de um dos príncipes dos sacerdotes, no tempo do ministério de João Batista, Lc 3.2; Jo 18.13-24, cerca do ano 26. Josefo escreve Ananos, forma que é mais chegada ao hebraico. Anás foi nomeado sacerdote no ano 7, por Quirino, governador da Síria, e deposto dessa carga por Valerius Gratus, procurador da Judéia, no ano 16. Tinha cinco filhos, que também eram sacerdotes. Anás era sogro do sumo sacerdote, Caifás (Antig. 18.2,1,2; Jo 18.13). Anás não atuava como sumo sacerdote quando Jesus foi preso, mas, como era pessoa de grande influência, ainda conservava o seu título, Lc 3.2; At 4.6. Jesus foi levado à casa de Anás, Jo 18.13, que o examinou, remetendo-o em seguida à casa de Caifás, seu genro, que era o pontífice daquele ano. Anás fez parte do conselho ou tribunal a que compareceram Pedro e João e foi um dos seus argüentes, At 4.6.

ANASIB – pai de uma família de sacerdotes que voltou do cativeiro com Zorobabel, 1 Ed 5.24. Esse nome não consta nas listas de Esdras e Neemias, Ed 2 e Ne 7.

ANATE (*no hebraico, "resposta", "conceder", uma referência a pedidos de oração*). **1** Nome do pai de Sangar, juiz de Israel, Jz 3.31; 5.6. **2** Nome de uma deusa do sexo e da guerra, identificada como esposa ou

ANATE

irmã de Baal, e com a *raínha do céu* a quem os israelitas queimavam incenso, Jr 44.17-25. Essa deusa chegou a ser cultuada em vários locais da Palestina, Jr 44.17, seu lugar de origem era a antiga Ugarite, atual Ras Shamra.

ANÁTEMA (*no grego é anathema, "colocado de lado", ou "excluído"*) — o grego nos mostra o significado de algo que é colocado de lado ou suspenso, como uma oferta separada para um deus. Geralmente o "anátema" era suspenso em um templo ou em um lugar de adoração. Na Septuaginta, a tradução do hebraico *herem* veio a indicar qualquer coisa consagrada a Deus, proibida para uso comum, ou algo destinado à destruição, Lv 27.19; Js 6.17; 7.1. Também no Novo Testamento, dá-se esse nome a qualquer pessoa, ou coisa voltada à destruição, Rm 9.3; 1 Co 12.3; Gl 1.8,9. Com o tempo, o termo passou a ser usado com o sentido mais restrito de maldito, principalmente referindo-se a quem tivesse sido excluído da igreja. O termo é usado de forma literal em Rm 9.3, traduzido por *separado* em algumas versões (veja *AMALDIÇOADO*).

ANÁTEMA MARANATA — no grego, significa pessoa voltada à destruição; Maranata, no aramaico, quer dizer, *O Senhor vem*. Pessoa amaldiçoada na vinda do Senhor, 1 Co 16.22.

ANATOTE (*no hebraico, "orações respondidas"*) — orações respondidas; sendo nome de cidade, talvez seja a forma do plural — *Anath*, que era uma deusa (veja *ASTAROTE*). **1** Nome de um chefe da tribo de Benjamim da família da Bequer, 1 Cr 7.8. **2** Chefe e representante dos homens de Anatote, que assinou o pacto de obediência a Jeová, Ne 10.19. **3** Nome de uma cidade do território de Benjamim, destinada ao patrimônio dos sacerdotes, Js 21.18; 1 Cr 6.60. Lugar onde residia Abiatar, sumo sacerdote, 1 Rs

2.26, e onde nasceu o profeta Jeremias, e onde a sua vida correu grave perigo, Jr 1.1; 11.21. Essa cidade foi novamente povoada depois do cativeiro, Ed 2.23. Estava situada a 20 estádios de Jerusalém (Antig. 10.7,3). Anata é povoação moderna, distante de Jerusalém cerca de cinco quilômetros; é o lugar da antiga Anatote. Foi uma cidade fortificada, que ainda conserva restos de suas muralhas, construída com grandes pedras aparelhadas.

ANATOTITA — qualificativo dado a Abiezer, natural de Anatote, 2 Sm 23.27; 1 Cr 11.28; 27.12.

ANCIÃO — nome de um oficial que, em virtude de seu cargo, segundo se pensa, era o sucessor do chefe da família ou do príncipe da tribo, do mesmo modo que o primogênito tomava o lugar de cabeça da casa, 1Rs 8.1-3; Jz 8.14,16. Quando o ancião era o chefe e representante de uma tribo, ou de um grande número de famílias, tinha as honras de príncipe. Em geral, somente homens de idade madura chegavam a essa posição, por isso mesmo, eram chamados anciãos. Outros povos, constituídos pelo mesmo sistema, também tinham anciãos, como os midianitas e os moabitas, Nm 22.4-7. Esse título designa geralmente altos funcionários, Gn 50.7. Entre os judeus, eram eles que exerciam autoridade sobre o povo, Dt 27.1; Ed 10.8, e representavam a nação, em negócios de Estado, Êx 3.18; Jz 11.5-11; 1 Sm 8.4. Eles recebiam e prestavam honras aos hóspedes distintos, Êx 18.12, que tomavam parte nos concertos, ou pactos, tanto civis quanto religiosos, 2 Sm 5.3; Lv 4.13-15; Js 7.6. Um corpo de 70 anciãos assistia a Moisés no governo dos israelitas, Nm 11.16,24. Cada cidade tinha os seus anciãos, que naturalmente eram os chefes das famílias principais e que dirigiam os negócios civis e religiosos, Dt 19.12; 21.2; Rt 4.2-11; 1 Sm 11.3; Ed 10.14. Essas funções ainda eram exercidas por eles, mesmo quando sob o domínio dos romanos, Mt 15.2; 21.23; 26.3,47 (veja *SINAGOGA e SINÉDRIO*). Nas igrejas que os apóstolos fundaram, o ancião ou presbítero e o bispo exerciam funções que se relacionavam entre si, At 20.17 com 28; Tt 1.5,7, ainda que fossem nomes sinônimos. O nome ancião representava a dignidade do ofício e, presbítero, os deveres a ele inerentes. A distinção entre ancião, ou presbítero e bispo, como duas ordens separadas de ministros, data do segundo século. A origem do ofício de ancião não é conhecida, mas existia praticamente desde tempos mui remotos. No ano 44 da nossa era, já havia anciãos na igreja de Jerusalém, At 11.30. Paulo logo na sua primeira viagem missionária ordenou anciãos ou presbíteros em cada igreja, 14.22. Esse ofício era exercido em outras igrejas, como se observa em Tg 6.14; 1 Pe 5.1. O ofício de presbítero, ou ancião, na igreja, correspondia a cargo igual entre os judeus e revestidos da mesma autoridade. Os anciãos associavam-se com os apóstolos no governo da Igreja, At 15.2,4,6,22,23; 16.4; *cf.* 21.18; eram eles os bispos vigilantes das igrejas locais (20.17,18; Tt 1.5), tendo a seu cuidado espiritual da congregação, a sua direção e instrução, participando ao mesmo tempo dos atos oficiais de ordenação, 1 Tm 3.5; 5.17; Tt 1.9; Tg 5.14; 1 Pe 5.1-4; *cf.* Hb 13.17; 1 Tm 4.14. As igrejas locais tinham vários desses oficiais, Fp 1.1; At 11.30. Não consta que houvesse divisão de trabalho entre eles, como foi no tempo da sinagoga, assim começou a ser na Igreja apostólica, a pregação não era função peculiar aos anciãos, nem era a eles limitada. Eram os pastores regulares das igrejas os seus doutrinadores. A capacidade para instruir foi uma das qualificações essenciais para exercer o ofício de presbítero, 1 Tm 3.2; Tt 1.9, além destes, qualquer pessoa que possuía o dom de profecia, que estava apto para ensinar, podia ser exortador, 1 Co 12.28-30; 14.24,31. No regime das igrejas reformadas,

o presbítero regente era um leigo, que se chamava ancião. Esse modo é conveniente, porém na Igreja apostólica não era universalmente admitido. Calvino, interpretando o versículo 17 do cap. 4 da 1 epístola a Timóteo, diz que havia duas espécies de anciãos: a dos que ensinavam e governavam e a dos que somente governavam. Há, porém, grande divergência nesse sentido. Dizem que o apóstolo fala de duas funções do mesmo ofício, porém, nem todos entendiam assim. O Apocalipse fala de 24 anciãos, sem dúvida com referência aos fundadores das 12 tribos e aos 12 apóstolos, representando a igreja judia e a igreja cristã, Ap 4.4,10; 5.5,6,8,14; 7.11-13; 9.16; 19.4.

ANDAR (*no hebraico, "passar de um lugar para o outro"*) – indica o meio de locomoção humano e de maneira metafórica o modo de se conduzir com Deus, Gn 5.24; 6.9; 17.1; Dt 6.7; 11.9; Sl 15.2; Jo 11.9,10.

ANDORINHA – **1** Nome de um pássaro, que no hebraico talmúdico se denomina *deror*, que quer dizer, *tiro certo* ou *liberdade*. Freqüentava o santuário de Jerusalém, onde fazia seus ninhos em companhia de outros pássaros, como o pardal, Sl 84.3; Pv 26.2. A andorinha dos celeiros, *Hirundo rustica,* é muito abundante na Palestina desde março até os princípios do inverno. Existem outras espécies pouco comuns (veja *ROLA*). **2** Tradução da palavra hebraica *Sus* ou *Sis*, muito chilreador, Is 38.14, e migratório, Jr 8.7. A LXX, a Vulgata e a Versão Siríaca adotaram a palavra andorinha. Tristram supõe que seja o gavião, *Cypselus apus*. Diz ele que o gavião tem o nome de *sis* no vernáculo árabe. Visita a Palestina em grande número e ali permanece desde abril até novembro. Duas outras espécies do mesmo gênero aparecem na Palestina, o gavião de peito branco, *Cypselus melba*, e o gavião de peito mesclado, *Cypselus affinis*. **3** Tradução do hebraico *Agur*, em

ANDORINHA

Is 38.14; Jr 8.7, nas duas passagens a V. B. diz *grou*.

ANDRÉ (*no grego, "valoroso" ou "vencedor"*) – irmão de Simão Pedro de Betsaida, no mar da Galiléia, Jo 1.44. Era pescador de profissão e morava com seu irmão, em Cafarnaum, Mt 4.18; Mc 1.16-18,29. Foi discípulo de João Batista, que lhe mostrou Jesus, como o cordeiro de Deus que tira o pecado do mundo. Convencido de que Jesus era o Messias prometido, tornou-se um de seus discípulos. Encontrando-se com seu irmão Simão, convidou-o para ver Jesus, Jo 1.35-42. Daí em diante, conservou-se na companhia do Salvador, Mt 4.18,19; Mc 1.16,17, *cf.* com Jo 6.8, e foi nomeado apóstolo, Mt 10.2; Mc 3.18; Lc 6.14; At 1.13. Com seu irmão Simão, e Tiago e João, foi a Jesus para saber alguma coisa a respeito da destruição da cidade e do Templo, e da Segunda Vinda de Cristo, Mc 13.3,4. Em companhia de Filipe, foi portador da mensagem daqueles gregos que queriam ver Jesus, Jo 12.22. Nada se sabe digno de crédito a respeito de sua vida subseqüente. Segundo informações tradicionais, sofreu o martírio na Acaia, sendo crucificado em um madeiro em forma de X. Esta forma chama-se hoje, cruz de Santo André. Conta-se que um navio que trazia duas relíquias desse santo naufragou na baía da Escócia, que depois deram o nome de Baía de Santo André. Os marinheiros, que saltaram na praia, introduziram o Evangelho naquela região. O santo ficou sendo o padroeiro da Escócia e deu seu nome à cidade. As Igrejas gregas e romanas festejam o seu dia, em 30 de novembro de cada ano. Na Igreja da Inglaterra, tem sido costume pregar, nesse dia, sobre o assunto das missões. Existe um escrito intitulado "Atos de Santo André", que dizem ser produto de sua pena, mas que não passa de um documento espúrio.

ANDRÔNICO (*no grego, "conquistador de homens"*) – nome de um cristão, companheiro de Paulo em suas prisões, a quem o apóstolo enviou saudações em Roma, Rm 16.7.

ANÉIS DOS ARTELHOS – argolas de metal ou de vidro usadas pelas damas orientais para adorno dos artelhos e que emitiam sons ao caminhar, Is 3.18.

ANEL (veja *SINETE*).

ANÉM (*no hebraico, "duas fontes"*) – nome de uma cidade no território de Issacar, dada com os seus subúrbios aos filhos de Gérson, 1 Cr 6.73. É provável que esse nome seja uma corrupção de En-Ganim, mencionado em Js 21.29, *cf.* 19.21.

ANER (*no hebraico, "jovem", "menino"*). **1** Nome de um amorreu, residente em Manre, e um dos confederados de Abraão, na batalha contra os reis do oriente, Gn 14.13,24. **2** Nome de uma cidade de Manassés, ao ocidente do Jordão, dada com seus subúrbios, aos filhos de Coate, 1 Cr 6.70. Em Js 21.25, aparece com o nome de Taanaque.

ANFÍPOLIS (*no grego, "a cingida cidade"*) – cidade da Trácia, situada na boca do Strymon, em uma curva desse rio. Foi fundada pelos atenienses no século quinto a.C. e chamada Antípolis por ser quase cercada pelo rio. Nos tempos do império romano, foi a cidade principal da Macedônia. Passava a seu lado a Via Egnatia, e distava de Filipos cerca de 53 quilômetros a sudoeste. Por essa estrada passou o apóstolo Paulo, viajando de Filipos para Tessalônica, At 17.1. Atualmente, chama-se Empoli, ou Yamboli, distante cinco quilômetros do mar e, tem a seu lado a aldeia Neokhorio, ou Jem Keui (Cidade Nova).

ANIÃO (*no hebraico, "lamento do povo"*) – nome de um homem da tribo de Manassés, pertencente à família de Semida, 1 Cr 7.19; *cf.* Nm 26.32.

ANIAS – nome do cabeça de uma família de 101 pessoas, que retornara da Babilônia, após o cativeiro, com Zorobabel. Esse nome não aparece nas listas de Esdras e Neemias, somente no apócrifo de 1 Ed 5.16.

ANIM (*no hebraico, "fontes", uma contração de ayanim*) – nome de uma cidade da região serrana de Judá, Js 15.50. Parece que as ruínas de Ghuwein, a cerca de 18 quilômetros ao sul de Hebrom, indicam o lugar de sua antiga existência.

ANIMAIS IMUNDOS – as nações da antigüidade faziam distinção entre alimentações limpas e impuras. Alguns animais eram tidos como próprios para a comida e para os sacrifícios, ao passo que outros não. A diferença baseava-se, em parte, no saber-se que a carne de certos animais era prejudicial à saúde, e em parte também nos hábitos de alimentação, e ainda em uma inexplicável aversão a certos animais. A legislação mosaica respeitou o sentimento dos povos daquela época, incorporando no seu código a distinção entre o limpo e o imundo, destinado à alimentação do povo. Na lista dos animais imundos, entraram alguns que não envolviam ofensa à religião dos israelitas. Os animais imundos foram classificados do seguinte modo: **1** Animais que não têm a unha fendida e que não remoem; animais que remoem, mas que não têm unha fendida, Lv 11.3,4, inclusive os quadrúpedes, v. 27. A lei declarava limpos, o boi, a ovelha e a cabra; o veado, a gazela, a corsa, a cabra montês, o antílope, a ovelha montês e o gamo, Dt 14.4,5. Entre outros, excluía todos os animais carnívoros, que se alimentavam de sangue e de carnes putrefatas, e, portanto, os israelitas os repugnavam (veja *BESTA*). **2** Aves carnívoras, das quais, a lei especifica 20 ou 21, Lv 11.13-19; Dt 14.12-18. Nessa classe entra o morcego, considerado como o pássaro que comia carne e bebia sangue. **3** Insetos alados que andam sobre os quatro pés, menos aqueles cujas pernas traseiras são mais compridas, como os que saltam sobre a terra; Lv 11.20-30. Todos os demais insetos foram excluídos, exceto o gafanhoto. **4** Os animais que se criam nas águas, que não têm escamas, nem barbatanas, 9.10. Essa proibição facultava o uso dos mais saborosos peixes que existem nas águas da Palestina. Excluía as enguias e outros animais das águas que não são realmente peixes, como os caranguejos. Proibia que os romanos oferecessem em sacrifício, peixes que não tivessem escamas (Plínio. Hist. Nat. 31.10). Os modernos povos do Egito consideram esses peixes prejudiciais à saúde. Alguns desses peixes sem escamas e sem barbatanas tinham a conformação de cobras, e faziam lembrar a tentação do Éden e suas conseqüências. **5** Animais que se movem sobre a terra, Lv 11.29,30, tudo que anda de rastos, tendo quatro pés e que tendo muitos pés, se arrasta sobre a terra, v. 41,42. Uns eram prejudiciais à saúde, outros se arrastavam pelo pó e pela lama, outros pareciam com as cobras. As pessoas religiosas tinham repugnância aos animais dessa natureza, pela sua semelhança com a serpente. A carne dos animais limpos também estava sujeita a tornar-se imunda. A lei proibia comer as carnes sacrificadas aos ídolos, dos animais estrangulados, ou mortos pelas bestas-feras, ou que por si morressem. O sangue e a gordura do pássaro e do animal pertenciam ao Senhor. Nenhum dos filhos de Israel, nem dos estrangeiros que peregrinavam na sua terra, poderia comer o sangue, Lv 17.10-14, sob pena de perecer o povo, 7.27; 17.10,14. Todos que violassem as leis referentes aos animais imundos ficavam manchados até à tarde, 11.24,40; 17.15. Os animais que morriam por si mesmos, podiam ser vendidos ao estrangeiro e comido por eles, Dt 14.21 (veja *IMPUREZA*).

ANIS (*Endro em Mt 23.23 (veja ENDRO*) – planta umbelífera, *Pimpinella anisum*,

ANIS

semelhante ao cominho, cultivada no Oriente, cujas sementes se empregam como carminativo, e que ordinariamente usa-se como tempero culinário. A versão inglesa traduz a palavra grega *anethon* por *anise*, e em nota à margem, *dill* correspondente a endro (*Anethum graveolens*) da mesma ordem das umbelíferas. Tem a mesma aparência e as mesmas propriedades.

ANIÚTE – também chamado de Anus, foi um levita que ajudou Esdras a ensinar a lei ao povo, 1 Ed 9.48. Em Ne 8.7, seu nome aparece como Bani.

ANIVERSÁRIO (*no grego, genesia, no hebraico yom huledeth, "dia do nascimento"*) **–** no Antigo Testamento, não existe nenhum tipo de alusão à comemoração de aniversário natalício. Sabe-se que os judeus consideravam idólatras as celebrações de aniversários, embora isso não significasse poder se alegrar com o nascimento de um filho, o que parece claro em Jr 20.14,15. Outros povos tinham costume diferente, como os persas que festejavam e presenteavam os aniversariantes, o Faraó, no Egito, que fez grande banquete em seu aniversário, Gn 40.20,21, ou os romanos que por causa dos recenseamentos mantinham registros dos cidadãos, Lc 2.1-5. No Novo Testamento, a única alusão à celebração natalícia diz respeito a Herodes, mostra um costume romano, e foi desastroso, Mt 14.6-12. Todavia, o que se conclui é que os judeus não tinham a preocupação de celebrar a data natalícia, mas não significa que fosse ignorada.

ANJO – (*no hebraico, mal'akh, no grego, angelos, "mensageiro"*). **1** Nome de entes celestiais, mais elevados do que o homem em dignidade, Sl 8.6; que não se casam, nem se dão em casamento, Mt 22.30. Pela sua natureza, são chamados filhos de Deus, pelo menos em poesia, Jó 1.6; 37.7, e pelo seu caráter, são chamados santos, Jó 5.1;

Sl 89.5,7. O seu ofício é determinado pela palavra anjo. Em outros livros da Bíblia, há indícios de duas categorias de anjos, em ofício e dignidade, como os arcanjos (chefes) e outros de posição inferior, 1 Ts 4.16; Jd 9. Essas duas classes não são as únicas. Há os anjos caídos e os que não caíram; há tronos e domínios, principados e potestades, Rm 8.38; Ef 1.21; 3.10; Cl 1.16; 2.15. Querubins e serafins, todos os quais parecem pertencer à classe dos anjos. As forças inanimadas da natureza, pelas quais se opera todo o movimento econômico do universo, são mensageiras de Deus, Sl 104.4. A pestilência e a morte, quando obedecem a atos especiais do governo divino, são representadas como operando sob a direção dos anjos, 2 Rs 24.16, 2 Rs 19.25; Zc 1.7-17. Escapando à vista humana, acampam à roda dos que temem a Deus, Sl 34.7; Gn 28.12; 48.16; 2 Rs 6.17; Is 43.9. O anjo do Senhor apareceu em forma humana a Abraão, a Hagar, a Ló, a Moisés e a Josué; aos israelitas em Bequim, a Gideão e a Manoá. Um anjo do Senhor apareceu a Elias e a Daniel. Os anjos ocupam lugar saliente na história de Jesus, anunciando o seu nascimento aos pastores, servindo-o depois de sua vitória no deserto e de sua angústia no Jardim, Lc 22.43. Foram ainda os anjos que deram as boas novas aos discípulos na ressurreição e ascensão. Um anjo assistiu a Pedro, outro a Paulo. Alguns desses mensageiros de Deus são conhecidos pelos seus nomes, como Gabriel, Dn 8.16; 9.21; Lc 1.19,20; e Miguel, Dn 10.13,21; Jd 9; Ap 12.7. Os Livros Apócrifos acrescentam ainda os nomes de Rafael e Uriel. Há alguns anjos, enviados a executar ordens divinas, chamados Anjo do Senhor, 2 Sm 24.16; 1 Rs 19.5-7. Também se menciona um anjo, que em certas circunstâncias, parece ser distinto de Jeová e que no entanto se identifica com ele, Gn 16.10,13,14,33; 22.11,12,15,16; 31.11,13; Êx 3.2,4; Js 5.13-15; 6.2; Zc 1.10-13; 3.1,2. Assim, em Gn 32.30, se menciona um anjo em que se revelava a face de Jeová

ANO

A

e que tinha o nome de Jeová, e cuja presença equivalia à presença de Jeová, Gn 22.11; Êx 32.34; 33.14; Is 63.9. O anjo do Senhor aparece como uma manifestação de Jeová, um com ele e, todavia, diferente dele (veja *TEOFANIA*). **2** Nome representativo de igreja. Não está suficientemente claro se a palavra anjo representa o corpo dirigente dos negócios locais da igreja, ou se representa o pastor, ou se alude a uma personagem de categoria celestial que vela sobre a Igreja, Ap 1.20; 2.1,8,12,18; 3.1,7,14.

ANJO DO SENHOR – expressão que identifica um mensageiro celestial de Deus aos homens, muitas vezes falando em nome de Deus ou como o próprio Deus. Algumas vezes é identificado como *Meu Anjo* ou como *Anjo de Deus*, Gn 16.7 e 21.17.

ANO – o ano dos hebreus tinha 12 meses, 1 Rs 4.7; 1 Cr 27.1-15. Parece que o cálculo do tempo se fazia pelo mês lunar, e, portanto o ano deveria ter 354 dias, 8 horas, 48 minutos e 32,4 segundos. As festas anuais eram inseparáveis das épocas da agricultura. O ano restritamente lunar podia fazer que as festas fixadas pelo calendário não coincidissem com as estações próprias. Era preciso colocar o ano lunar em correspondência com o ano solar, de 365 dias. Isto se fazia intercalando um mês adicional de três ou de quatro em quatro anos, sobre isto a Bíblia nada conta. O ano começava com o mês de Nisã, Êx 12.2; 23.15; Et 3.7, com a lua nova, logo antes ou logo depois do equinócio vernal, quando o sol estava em Áries (Antig. 3.8,4; 10.5). Desde tempos remotos havia um ano civil ou rural que começava no outono (*cf.* Êx 23.16; 34.22; Lv 25.4,9s.). Era conveniente a um povo dedicado à agricultura, começar o ano com as estações próprias para arar a terra, para as semeaduras, encerrando-o com as colheitas. Na prática, preferiam quase sempre indicar o tempo do ano pela colheita, ou pelas ocupações da agricultura, do que mesmo pelo número ou pelo nome dos meses, Nm 13.20; Rt 1.22. Algumas vezes depois do exílio, o dia da lua nova do sétimo mês veio a ser considerado como o primeiro dia do ano novo. Este costume não se originou nos acontecimentos registrados em Ed 3.6 e Ne 8.2, contudo a eles se prende.

MESES	APROXIMAÇÃO	FESTAS	ESTAÇÕES DO ANO
1. Abibe ou Nisã Êx 13.15 Ne 2.1 Antig. 3.10,5	Abril	14. Tarde da Páscoa, princípio do dia 15 (Êx 12:18,19; 13.3-10); introdução. 15-21. a Festa dos Pães Asmos (Lv 23.6). 16. Apresentação dos molhos de espigas ao Senhor (Lv 23. 10-14; cp. Js 6. 5-11; Antig. 13.10,5).	- Chuvas da primavera. - Colheita do linho em Jericó (Js 2.6). - Trasbordamento do Jordão (Js 3.15; 1 Cr 12.15; Ec 24.26), - Colheita da cevada na planície marítima. - Colheita do trigo no vale do Jordão. - As alfarrobeiras começam a deitar frutos. - Começa a estação da seca que se prolonga até o mês de outubro, com ventos constantes de noroeste.

ANO

MESES	APROXIMAÇÃO	FESTAS	ESTAÇÕES DO ANO
2. Zio, ou Zive 1 Rs 6.1,37 Antig. 8.3,1	Maio	14.Celebração da Páscoa, facultada a todos que se acham em viagem (Nm 9.10,11).	- Colheita da cevada nas terras altas, e do trigo nas baixadas.
3. Sibã ou Sivã Et 8.9	Junho	6. Pentecostes, ou Festa das Semanas, ou das colheitas dos primeiros frutos (Êx23.16; 34.22; Lv 23.15-21; Nm 28.26; Dt 16.9,10).	- Colheita de maçãs na costa do mar. Primeiros frutos das figueiras. Loureiros em flor, Amendoeiras com frutos maduros. - Calor abrasador (Guerras 3.7,32). - Colheita do trigo nas altas montanhas. - As videiras dão os primeiros frutos maduros. - Frutos nas oliveiras das terras baixas. - Tâmaras e figos do verão. Vindimas.
4, Tamuz	Julho		
5. Abe Antig. 4.4,7	Agosto		
6. Elul Ne 6.15	Setembro		
7. Etanim ou Tisri 1 Rs 8,2 Antig. 8.4,1	Outubro	1. Toque das trombetas (Nm 29,1).	
		10. Dia da expiação (Lv 16.29).	- As romãs amadurecem.
		15-21. Festa dos Tabernáculos. Primícias do vinho e do azeite (Êx 23.16; Lv 23.24: Dt 16.13).	- Mudança de estação para o inverno (Antig. 3. 10,4), Começam as chuvas com os ventos dominantes de oeste e sudoeste.
		22. Ajuntamento solene (Lv23.36; Nm 29.35; Ne 8.18; cp, Jo 7.37).	- Colheita das nozes dos alfostigueiros. - Aramento das terras. - Semeia-se cevada e trigo - Colheita de azeitonas ao norte da Galiléia. -Figos do inverno.
	Novembro		
8. Bul ou Marchesvã 1 Rs 6.38 Antig. 1.3,3			

ANRAFEL

MESES	APROXIMAÇÃO	FESTAS	ESTAÇÕES DO ANO
9. Casleu, ou Chisleu, Zc 7.1; cp. Antig 12.5,4; 7.6	Dezembro	25. Festa da Dedicação (1 Mac 4.52; Jo 10.22).	- Aumentam as chuvas (cp,Esdras, 10.9,13).
10. Tabete Et 2.16; Antig, 11.5,4	Janeiro		- Granizo, neve nas altas montanhas, e às vezes em Jerusalém. Nas terras baixas, pastos verdes e profusão de flores nativas. - As amendoeiras florescem. Primeiros figos. Florescem as alfarrobeiras.
11. Sabate ou Sebate, Zc 1.7; I Mac 16.14	Fevereiro		
12. Adar Et 3.7; Antig. 4.8,49 Março		14,15. Festa do Purim (Et 9.21. -28).	- Laranjas e limões nas terras baixas. Estoraques em flor. Primeiras flores das romeiras. Colheita da cevada em Jericó,

ANO SABÁTICO – o ano Sabático era o final, em um ciclo, de sete anos no calendário hebraico. Nesse ano, o campo era deixado sem cultivo para a terra descansar, cuidava-se dos pobres, dos animais, e os escravos eram alforriados, Êx 21.2; 23.11; Lv 25.5-7. O cumprimento de sete anos sabáticos dava início ao ano do jubileu, período em que as propriedades voltavam aos seus antigos donos e em que todas as leis do ano sabático eram obedecidas (veja *FESTAS JUDAICAS*).

ANRAFEL (*nome hebraico de significado incerto*) – rei de Sinar, aliado de Quedorlaomer na invasão do oriente, Gn 14.1-9. Existem provas evidentes que o identificam com o Hamurabi ou Amurabi, que foi rei de Betel, 1975 a.C. Reinou 55 anos. A princípio fez sentir seu poder sobre um pequeno distrito apenas; porém, pelo 30º. ano de seu reinado, arrebatou Larsa aos elamitas e assenhoreou-se de toda a Babilônia. Cuidou muito bem de seus súditos, consertou os velhos canais e fez outros novos para favorecer a fertilidade da parte norte e sul da Babilônia, engrossou as fortificações,

embelezou os templos, e construiu outros, superintendeu a administração da justiça, e codificou as leis do país. Mereceu com muita justiça o nome que a si mesmo deu, de Pai do seu povo. Hamurabi é o codificador de leis mais antigo que se conhece. O seu nome ocupa o primeiro lugar na lista, em que estão os nomes de Moisés, Justiniano e Napoleão. Ele mesmo também legislava; porém, além de decretá-las, também discernia entre as que regulavam os direitos da realeza e as que interessavam à vida social do seu povo, juntando-as e dando-lhes ampla publicidade. Essas leis antigas da Babilônia tinham íntima semelhança com as do Livro do Pacto, pelo qual se administrava em Israel, Êx 20.23 até 23.33; *cf.* com 24.7. Não somente eram codificadas à maneira dos últimos volumes da legislação hebraica, mas também, muitas delas se pareciam na forma, começando pela palavra "se". Além dessa semelhança, havia outro material. Em 24 ou 25 exemplos, os dois corpos de leis tratam das ofensas às pessoas e dos direitos de propriedade. Não é de admirar que existam essas coincidências. Em todos

ANRAFEL

os povos há as mesmas desgraças e ocorrem os mesmos fatos, e é de presumir que tenham conhecimento dos códigos de leis que regulam os atos da vida civil. O que é mais notável é que em muitos exemplos, a mesma classe de povo, particularmente a menos afortunada, era contemplada por ambos os códigos, babilônico e israelita, com iguais direitos perante o Estado. Também é digno de nota que em 14 exemplos, pelo menos, a lei babilônica como a hebraica, impunha a mesma, ou praticamente a mesma pena, para a mesma culpa. Em grau muito notável, os dois povos tinham concepções de justiça muito semelhantes. Não parece, nem é provável, que o legislador hebreu tivesse diante de si as leis de Hamurabi; mas é certo que Israel herdou, de algum lugar, as concepções de justiça que existiam entre os babilônios nos dias de Hamurabi (veja *MOISÉS*).

ANRAMITAS – nome que se dá aos descendentes de Anrão, que constituem uma subdivisão dos levitas, Nm 3.27 e 1 Cr 26.23.

ANRÃO (*no hebraico é 'amram, "povo engrandecido", ou "parente exaltado"*). **1** Nome de um levita, filho de Coate, casado com Jacobede e fundador da casa dos anramitas, que nos tempos de Moisés contava cerca de dois mil homens, Nm 3.17,19,27,28. Foi antecessor de Moisés e Arão e viveu até a idade de 137 anos, Êx 6.20. **2** Nome de um filho de Bani, induzido por Esdras a divorciar-se de sua mulher estrangeira, Ed 10.34.

ANSI (*no hebraico, "robusto"*). **1** Nome de um levita descendente de Merari, 1 Cr 6.46. **2** Nome de um sacerdote do turno de Malquias, Ne 11.12.

ANTICRISTO (*do grego antichristos, "contra Cristo"*) **–** a palavra anticristo pode significar, como a etimologia o diz, pessoa que é inimiga de Cristo, ou que usurpa o nome e as prerrogativas que só a ele pertencem. O primeiro sentido é sem dúvida o que tem significação mais primitiva. Nos escritos do Novo Testamento, somente o apóstolo João emprega esse termo, 1 Jo 2.18,22; 4.3; 2 Jo 7. Pela leitura dessas passagens, aprende-se que o anticristo havia de aparecer na última hora, isto é, antes da Segunda Vinda de Cristo. Ao mesmo tempo em que o apóstolo diz que esse anticristo seria uma pessoa, também afirma que o espírito que nela se incorpora é também anticristo, e declara que já muitos deles têm vindo. A substância desse espírito é a negação de Cristo, ou da real encarnação do Filho de Deus, que não somente contraria a doutrina, como se coloca em posição antagônica a todas as suas conseqüências. Esse espírito já se patenteava na Igreja, na pessoa de falsos mestres e de falsos discípulos, porque o anticristo se manifesta no próprio cristianismo nominal. Apesar de ser somente o apóstolo João quem usa esse termo, a doutrina aparece em outras partes do Novo Testamento. Jesus advertiu a seus apóstolos para se guardarem dos falsos cristos, Mt 24.5,23,24; Mc 13.21,22, que naquele tempo eram representados pelos vários messias judeus que pretendiam ser os verdadeiros, mas, ao mesmo tempo, fala claramente da apostasia que havia de surgir dentro da própria Igreja. Veja as parábolas do Joio e das Dez Virgens, Mt 7,22,23; 24.12 etc. O apóstolo Paulo diz mais claramente que antes da Segunda Vinda de Cristo, "aparecerá o homem do pecado, aquele que se opõe e se eleva sobre tudo que se chama Deus, ou que é adorado como se fora Deus, e que se assentará no trono de Deus" 2 Ts 2.3-12. Paulo, como o faz o apóstolo João, representa assim o ponto culminante da apostasia (veja 1 Tm 4.1). Muitos intérpretes vêem na besta do Apocalipse, uma ampliação dessa doutrina, Ap 13. Por aqui se observa que a história da Igreja não é a narração de fatos que só

ANTIGO TESTAMENTO

representam a bondade e a verdade, mas que dentro do cristianismo manifestaria e desenvolveria a apostasia em várias formas, culminando no próprio anticristo, que tanto poderá ser uma pessoa, quanto uma instituição, ou talvez ambas, cujo espírito será essencialmente oposição, absorvendo as prerrogativas que só a Deus pertencem. Em diferentes períodos da História, tem-se manifestado diversas apostasias que, pelas suas feições, bem ou mal, incorporam o espírito dos princípios anticristãos; acreditamos, porém, que a manifestação plena do anticristo ainda há de vir, precederá a vinda do Senhor e por Ele será destruído.

ANTÍFONA – trata-se de uma frase extraída das Escrituras que era recitada antes e depois dos cânticos e salmos. O termo também foi usado para indicar um salmo entoado como antifonia, pelos dois lados do coro.

ANTIGO TESTAMENTO – a primeira das duas partes em que se divide a Bíblia. Essa designação é tirada de 2 Co 3.14, em que o apóstolo Paulo diz: "Pois até ao dia de hoje, quando fazem a leitura da antiga aliança, o mesmo véu permanece..." O Antigo Testamento compõe-se de 39 livros, que na ordem em que estão dispostos em nossas Bíblias, o dividem naturalmente em três classes, a saber: 17 livros históricos, de Gênesis a Ester; cinco livros poéticos, de Jó ao Cântico dos Cânticos, e 17 livros proféticos. Poemas e fragmentos de poemas, ocorrem nos livros históricos, Gn 4.23,24; 9.25-27; Êx 15.1-18; Jz 5. Também há passagens proféticas nos livros históricos, Gn 3.15; 9.11-16; 2 Sm 7, e história nos livros proféticos, Is 7; Jr 26.7,11 até caps. 39.14; 40.7 e cap. 43.8. A poesia é muito abundante nos livros proféticos. A Bíblia hebraica só contém esses livros, com algumas diferenças no arranjo e na sua classificação. Todo o Antigo Testamento foi originalmente escrito em

hebraico, excetuando apenas Ed 4.8 até caps. 6.18; 7.12-26; Jr 10.11; Dn 2.4 até cap. 7.28, que foram escritos em aramaico. Os caracteres do alfabeto hebraico eram semelhantes aos do alfabeto aramaico. A forma original desses caracteres estava em uso na Fenícia 1.500 anos antes de Cristo, que podemos observar na Pedra Moabita e na inscrição de Siloé, bem como nas moedas do tempo dos macabeus. Passaram por várias alterações de modo até que ultimamente se converteram nas formas quadrangulares que se encontram nos manuscritos existentes e nas edições impressas da Bíblia hebraica. Os livros do Antigo Testamento foram escritos nos antigos caracteres, que mudaram para as formas atuais, por causa das repetidas cópias manuscritas. A escrita hebraica só empregava letras consoantes, deixando que o leitor suprisse as vogais. Porém, entre os séculos sétimo e décimo da era cristã, os escritores judeus, residentes em Tiberíades da Palestina, substituíram essa falta com os pontos que indicavam a vocalização própria, segundo a pronúncia tradicional. Esses pontos, servindo de vogais, fixaram de modo amplo o sentido dos textos. Os seus autores chamavam-se Massoretas, de massorah, que quer dizer tradição. Os textos desse modo suplementados têm o nome de massoréticos, também acompanhado de um sistema de acentos para facilitar a pronúncia das palavras e o modo de as ajuntar e separar. As escolas judaicas da Babilônia usavam um método diferente para indicar as vogais, conservando substancialmente a mesma pronúncia em voga. A pontuação babilônica era feita por cima das linhas do texto. Em tempos remotos, as palavras foram muitas vezes separadas por um ponto (cf. os pontos da Pedra Moabita, da inscrição de Siloé; os espaços de Carpentras Stele, talvez do século quarto a.C.) e disso se conclui que existiam manuscritos hebreus que eram espaçados de modo semelhante. O Talmude instruía que as cópias manuscritas dessem um espa-

ANTIGO TESTAMENTO

ço do tamanho de uma letra depois de cada palavra. Também em tempos antigos, os judeus dividiam o texto hebraico em secções e em versículos. As secções assinalavam a divisão do discurso; e eram de duas espécies, maior e menor, ou divisões principais e subdivisões, tecnicamente chamadas abertas e fechadas, indicadas pelas letras pe e samech, respectivamente. Por exemplo, no primeiro capítulo de Gênesis, abria-se uma secção para cada dia; uma secção continha a narração do Dilúvio, cap. 6.9 até cap. 9.7, que se subdividia em quatro secções "fechadas": introdução, 6.9-12; a Arca e o Dilúvio, 6.13 até cap. 8.14; Noé sai da arca, oferece sacrifícios e recebe as bênçãos de Deus, 8.15 até cap. 9.7, e, finalmente, o pacto e o arco sobre as nuvens, 9.8-17. As secções são, pela maior parte, apropriadas e mostram compreensão exata do texto por parte daqueles que as fizeram. Com relação à divisão em versículos, a primeira que aparece é na Bíblia hebraica de Bomberg, editada em 1547, em que os números vêm à margem oposta a cada quinto versículo, assinalados pela letra do alfabeto apropriada e empregada numericamente. Arias Montanus, na sua Bíblia hebraica com a tradução interlinear latina publicada em Antuérpia no ano de 1571, foi o primeiro que dividiu o texto hebraico em capítulos. Para numerar os versículos, fê-lo com algarismos arábicos à margem (veja *BÍBLIA*). O texto do Antigo Testamento tem chegado até nós sem alterações, ao menos do segundo século para cá. Desse texto procedem todas as cópias manuscritas. A sua conservação no todo, e livre de erros durante o período de cerca de 2.000 anos, é devido à existência de escribas profissionais, a quem foi confiada essa obra, conservando a pronúncia e a interpretação; e às regras elaboradas para guiá-los, a fim de evitar erros na cópia. Aaron Moses ben Asher, que floresceu na primeira metade do décimo século, preparou uma edição fiel ao original e de acordo com as minuciosas tradições dos escribas. Essa obra de ben Asher foi altamente apreciada pela sua exatidão, e da qual descendem todos os manuscritos do ocidente. Porém, algumas passagens duplicadas, como Gn 10.4 e 1 Cr 1.7 ou 2 Rs 8.26 e 2 Cr 22.2, revelam a existência de erros ocasionais no texto padrão, antes do segundo século da era cristã. Esses erros ocorrem mais em palavras que representam números e nomes próprios, do que em narrativas, em razão principalmente de enganos dos copistas, tomando uma letra por outra que lhe é semelhante, veja *BETE* e *DÁLETE*, unindo duas palavras em uma, ou dividindo uma em duas, veja Toupeira, ajuntando uma letra inicial à palavra precedente, ou acidentalmente repetindo, ou omitindo letras ou palavras. Contudo, nem todas as diferenças são erros verdadeiros. Algumas, como nos Sl 14 e 53, resultaram de uma revisão feita pelo próprio autor ou por outros, a fim de adaptar a obra a novo propósito; ou como as que se encontram em Is 2.2-4 e Mq 4.1-3, devido a citações livres. Como no Novo Testamento, existem três meios que habilitam os críticos que se ocupam em expurgar os erros dos copistas e restaurar a pureza do texto primitivo. São eles: primeiro, a coleção de manuscritos hebraicos que tem sido feita com perseverança, para a qual tem servido a comparação de 1.500 a 2.000 manuscritos; segundo, o exame das versões antigas, do hebraico para outras línguas, antes de ser elaborado o texto massorético; e terceiro, o estudo das passagens citadas ou aludidas nos livros apócrifos, em o Novo Testamento ou em outros escritores. É crível que os livros originais do Antigo Testamento tenham sido escritos em peles e há certeza disto em referência a muitos deles, Sl 40.7; Jr 36.14,23. Os manuscritos existentes, em geral, são feitos em pergaminhos, ou em couro, e não datam de muito tempo. No museu britânico há um volume da lei escrito em *vellum*, que se julga haver sido escrito no ano 850 da nossa era: e na sinagoga

ANTÍLOPE

A

Karaita, no Cairo, existe um códice contendo os primeiros e os últimos profetas, escritos sem vogais, do ano 895, se for verdadeira a data que têm. O manuscrito mais antigo que agora existe, cuja data não sofre contestação, contendo os profetas maiores e menores, pontuado pelo sistema babilônico, foi trazido da Criméia e tem a data de 916 d.C., e pertence à biblioteca de Petrogrado. O manuscrito mais antigo do Antigo Testamento inteiro é do ano 1010, também pertencente a essa biblioteca. A escassez de velhos manuscritos hebraicos, em grande parte, é devido ao costume que tinham os judeus de enterrar todos os manuscritos sagrados, estragados pelo uso, ou por quaisquer outras causas. Depois da invenção da imprensa, publicou-se pelo novo processo o livro dos salmos em 1477. Onze anos depois, em 1488, foi impressa a Bíblia hebraica completa, *in folio*, em uma tipografia existente em Soncino, no ducado de Milão. Outra edição manual foi publicada por Bomberg em 1517. A grande Bíblia rabínica de Jacob ben Hayyim, publicada por Daniel Bomberg em Veneza em 1524-25, em quatro volumes, é baseada em uma cuidadosa coleção de manuscritos, e reproduz fielmente o texto que serviu de padrão aos escribas de Tiberíades. A edição de Van der Hooght do texto hebraico foi publicada, a primeira vez, em Amsterdã no ano de 1705. Considera-se essa edição como sendo muito bem cuidada por ter sido reimpressa com pequeno número de correções, por Aug. Hahn em 1831, e por C. G. C. Thiele em 1849. Tem cerca de mil variantes marginais, em sua maioria de considerável antigüidade. Mais importante ainda é a edição do texto massorético, com apêndices e críticos e massoréticos, feitos por S. Baer Franz Delitzsch. O Gênesis apareceu em 1869 e os outros livros foram saindo gradualmente. Essa edição e a de Ginsburg, em 1894, são revisões do texto de Jacob ben Hayyim, com o intuito de se aproximar o mais possível dos ensinos de Massora. A edição de Kittel, impressa em Leipzig em 1906, reproduz o texto de Jacob ben Hayyim, e dá em notas, no fim das páginas, as variantes mais valiosas dos manuscritos e das versões.

ANTILEGOMENA (*no grego, "disputado", "contradito"*) – termo que os primeiros autores cristãos usaram em relação a alguns livros do Novo Testamento e outros ligados a eles, que não eram dignos de serem aceitos no cânon, embora fossem lidos e usados nas igrejas. Dentre os antilogomenas estão; Hebreus, Tiago, 2 Pedro, 2 João, 3 João, Judas e Apocalipse, estes foram incluídos no cânon. Os antilegomenas não incluídos no cânon, são: o Evangelho aos Hebreus; Barnabé e a Didache.

ANTILÍBANO – cordilheira da Síria, a leste da cadeia do Líbano, de onde fazem parte alguns montes citados nas Escrituras como o Senir, Dt 3.9; Hermom, 1 Cr 5.23; Siriom, Sl 29.6; e o Líbano para o nascente do sol, Js 13.5. É na cadeia do Líbano e Antilíbano que nascem as principais fontes d'água do Jordão. Entre as duas cordilheiras está o vale do Líbano.

ANTÍLOPE – nome de um animal mencionado em Dt 14.5, e Is 51.20. Caçavam-no em redes; sua carne saborosa o tornava muito apreciado nas mesas. No Targum se traduz por boi silvestre, significando o *antílope bubalis,* do Egito e da Arábia. Nas versões gregas e na Vulgata, dá-se o nome de órix que se refere ao *antílope leucoryx.* É animal de longas aspas, delgadas, de formas cônica e anelada. É de cor branca, excetuando um longo penacho preto de cabelo, pendente por baixo do pescoço. Cresce no Senaar, no alto Egito e na Arábia de onde é natural. Também se encontra na Síria. Da mesma família das cabras monteses, das corças, dos gamos, das gazelas e dos veados.

ANTÍOCO

ANTÍOCO (*no grego, "opositor"*). **1** Antíoco III, cognominado o Grande, rei da Síria, e sexto governador da dinastia dos Selêucidas, pai de Seleuco IV e de Antíoco Epifânio, 1 Mac 1.10; 8.6-8, reinou de 223 a 187 a.C. Tentou arrebatar a Coelesíria, a Fenícia e a Palestina de Ptolomeu IV, porém foi derrotado em Rafia no ano 217 a.C. Após a morte de Ptolomeu, renovou sua tentativa, e dessa vez realizou o que desejava na batalha decisiva de Panéias em 198. Invadiu a Europa, onde a sua carreira vitoriosa teve seu epílogo nas Termópilas. Em sua retirada, sofreu derrota final em Magnésia na Ásia, em 190. Pelos termos da paz, obrigou-se a mandar para Roma 20 reféns, inclusive seu filho, e a pagar enorme tributo. Enquanto saqueava um templo em Susiana, foi assassinado pela população. A linha dos Selêucidas continuou como segue: Antíoco, o Grande; Seleuco IV; Antíoco Epifanes; Antíoco Eupátor; Demétrio I; Alexandre Balas; Demétrios II; Antíoco VI; Antíoco VII.

2 Antíoco Epifanes, oitavo governador da casa dos Selêucidas, 175-164; a.C. 1 Mac 1.10. Passou 15 anos como refém em Roma, 1 Mac 6.16. Príncipe enérgico, estendeu e consolidou o seu reino, porém muito intolerante em religião, provocou a ira de seus governados. Provocou grande irritação do povo judeu, por ter roubado as alfaias do Templo e levantado no Santo dos Santos a estátua de Júpiter. Demoliu os muros de Jerusalém, ordenou o sacrifício de suínos, proibiu a circuncisão e destruiu todos os livros sagrados que pôde encontrar. Esses ultrajes provocaram a revolta dos Macabeus, 1 Mac 1.41-53. Morreu entre Elimaís e Babilônia logo depois de receber a notícia da revolta dos judeus, 1 Mac 6.1-16. **3** Antíoco Eupátor. Filho de Antíoco Epifanes, sendo ainda menor, reinou dois anos sob a tutoria de Lisias, 1 Mac 6.17-63. Tendo sido assassinado, reinou em seu lugar Demétrio Soter. **4** Antíoco VI, jovem filho de Alexandre Balas, foi colocado no trono pelo general Tryphon que se serviu dele como instrumento de suas próprias ambições, e que o assassinou, logo que se sentiu seguro, 142 a.C., 1 Mac 11.39,40,54; 13.31,32. **5** Antíoco VII, irmão de Demétrio II, que reinou em lugar de Demétrio, enquanto durou a sua prisão por Arsaces, 138-128 a.C. Derrotou a Tryphon. 1 Mac 15.1,10-14, e fez um tratado com Simão Macabeu que não demorou a rompê-lo, e tentou despojar o Templo, no que foi impedido por João e Judas Macabeu, 1 Mac 16.1-10. **6** Nome de um judeu, conhecido apenas como pai de Numênio, 1 Mac 12.16.

ANTIOQUIA (*pertencentes a Antíoco*). **1** *Antioquia da Síria*. Metrópole da Síria durante o domínio da dinastia greco-macedônia, 1 Mac 3.37, *et passim*. Fundada por Seleuco Nicátor, 300 a.C. e denominada assim em honra de seu pai Antíoco. Estava localizada na parte sul do rio Orontes, na distância de cerca de 40 quilômetros acima de sua embocadura ao alcance da navegação. Tinha o monte Casius ao sul e as montanhas Amanus a oeste, em frente ao vale do Orontes. A cidade era grande e populosa. Foi elevada a capital logo que os romanos criaram a província da Síria em 64 a.C. Sua população compunha-se de gentios e em grande parte de judeus, Guer. 7.3,3. Os cristãos que fugiram de Jerusalém para evitar as perseguições que se levantaram depois do martírio de Estêvão, pregaram ali o Evangelho, primeiramente aos judeus que falavam a língua aramaica, e depois pregaram aos judeus que falavam o grego. Barnabé foi enviado de Jerusalém para auxiliar aquela obra. Depois de trabalhar ali por algum tempo, foi buscar Paulo que estava em Tarso. Durante um ano, esses dois grandes evangelistas fizeram ali o centro de suas operações e ensinaram a muita gente. Ali foram os discípulos chamados cristãos pela primeira vez, At 11.19-26. Outros contingentes de evangelistas continuaram ali o

ANTIOQUIA

Antioquia da Síria — Christian Computer Art

trabalho. Paulo e Barnabé saíram para nova jornada missionária, At 13.2, regressando novamente a essa cidade. Os cristãos de Antioquia mantiveram íntimas relações com a Igreja de Jerusalém. Em tempo de fome, enviaram-lhe socorros, At 11.28-30, e nas questões relativas à circuncisão dos gentios convertidos, submeteram essa matéria ao critério da Igreja-mãe (veja cap. 15). A segunda viagem missionária de Paulo teve como ponto de partida a cidade de Antioquia, regressando de novo a ela via Cesaréia, At 15.35,36; 18.22. Em Antioquia, deu-se a cena desagradável na qual Paulo repreendeu a Pedro por causa do seu proceder com relação aos gentios convertidos, Gl 2.11. A cidade conservou a sua grande opulência e a Igreja continuou a crescer enquanto durou o império romano. Em 538 d.C., Cosroes, rei persa, tomou-a e destruiu-a. O imperador Justiniano reconstruiu-a, mas no ano 635 a.C., os sarracenos a tomaram, e em 1084 passou para o domínio turco. Excetuando o período decorrente entre 1068 e 1269, em que foi sede de um reino cristão, fundado pelos cruzados, tem continuado em poder dos maometanos. É muito sujeita a terremotos, um dos quais ocorreu em 1822, destruindo os muros de Justiniano. Em seu lugar existe uma pequena povoação com o nome de Antaquia. **2** *Antioquia da Psídia*. Nome de outra cidade na Ásia Menor, também fundada por Seleuco Nicátor que igualmente lhe deu o nome de seu pai Antíoco. Foi situada na Frígia, quase nos limites da Psídia. Para não haver confusão entre os dois nomes

ANTIOQUIA

iguais, as duas cidades foram designadas assim: Antioquia da Psídia e Antioquia da Síria. Incluída na província romana da Galácia, ficou sendo o centro da administração civil e militar da parte sul da província. A colônia judia construiu uma sinagoga para seu culto, At 13.14, *cf.* Antig. 12.3,4. Barnabé e Paulo visitaram essa cidade, quando fizeram a sua primeira viagem missionária, At 13.14-52; 14.19-21; 2 Tm 3.11. Em 1833, Arundel identificou as ruínas dessa cidade com a moderna cidade de Yalabatch.

ANTIPAS (*contração de Antipater*). **1** Nome de um cristão que sofreu martírio em Pérgamo, na Ásia Menor, Ap 2.12,13. **2** Nome de um dos filhos de Herodes, o Grande (veja *HERODES*).

ANTIPATER (*"em lugar de", ou "igual ao pai"*). **1** Nome de um judeu, filho de Jassom. Fazia parte do conselho de Estado, e foi um dos dois embaixadores enviados por Jônatas e pelos anciãos a Roma para renovar o trabalho de aliança, 1 Mac 12.16; Antig. 13.5,8. Jassom, seu pai, presume-se que tenha sido anteriormente encarregado de igual missão, Antig. 8.17. **2** Nome do pai de Herodes, o Grande, Antig. 14.7,3.

ANTIPÁTRIPE (*"que pertence a Antipater"*) – cidade fundada por Herodes, o Grande, nas férteis planícies de Cafar Saba, no lugar da aldeia desse nome, perto das montanhas, assim denominada, em memória de seu pai. Estava circundada por um rio, Antig. 13.5,1; 16.5,2; Guer. 1.4,7; 21.9, e à beira da estrada militar entre Jerusalém e Cesaréia, na distância de 62 quilômetros de Jerusalém, e 42 quilômetros de Cesaréia. O seu nome antigo desaparece sob a nova denominação de Quefer Saba, lugar de sua antiga existência; porém, as condições do lugar são, em todos os respeitos, preenchidas pelos estudiosos, que a localizam em Ras-el-Ain, na junção da velha estrada romana de Jerusalém com a de Ramlé, que passa por Lida em direção a Cesaréia. A planície está semeada de ruínas; pelo lado do norte e do oeste, o rio Aujá corre violento e cheio. Antipátride foi o limite da viagem de Paulo na primeira noite em que foi conduzido preso, de Jerusalém para Cesaréia, At 23.31.

ANTI-SEMITISMO – palavra usada para indicar os preconceitos e as perseguições contra os judeus. O termo também é usado em relação a atividades antijudias em oposição ao Estado de Israel.

ANTÍTIPO (*no grego, "algo correspondente", "cópia", "representação"*) – termo que aparece em Hb 9.24 e 1 Pe 3.21, traduzido como *figura*. A palavra alude a algo que tem correspondente em outro plano, dimensão ou lugar.

ANTÔNIA, TORRE (*"que pertence a Antônio"*) – nome de uma torre, unida ao Templo de Jerusalém, no lugar presumível, onde existiu a fortaleza Birá, que pertencia ao Templo e que foi restaurada por Neemias, Ne 2.8. João Hircano edificou-a, habitou-a e nela guardava as vestes do sacerdócio, que lhe era permitido usar, Antig. 15.11,4; 18.4,3. Até os dias de Herodes, conservou o nome de Baris, porém esse rei a reparou à custa de grandes despesas, tornou-a mais forte do que antes havia sido, para defesa do Templo, e colocou-lhe o nome de Antônia, em honra de Marco Antônio, imperador romano, Antig. 18; Guer. 1.21,1; 5.5,8; Tácito, His. 5.7. Estava situada no ângulo da área do Templo e na parte noroeste sobre uma rocha de 33 metros de altura, que era o ponto culminante daquelas vizinhanças, Guer. 6.1,5. A construção da torre na área do Templo prejudicou a sua quadratura, Guer. 6.5,4. A fortaleza tinha a amplitude e a forma de um palácio, com quartos, casernas, banheiros etc. Os muros tinham cerca de 28 metros de altura sobre a rocha, e nos ângulos se elevavam as torres, das quais três eram de 36 metros de altura, e mais uma, que dominava o templo, elevando-se a 46 metros, cf. Antig. 20.5,3; Guer. 6.2,5. Estava separada do monte Bezeta por um valado profundo, Guer. 5.4,2, que se ligava aos claustros do norte e o do oeste, e onde terminava, com portas para passagem subterrânea que se comunicava com o interior, com os guardas e escadas, At 21.35,37,40; 22.24, e uma do Templo, pelo lado do oriente. Essa passagem parece ter sido aberta por Hircano quando levantou a torre Baris, Antig. 13.11,12. Na extremidade da passagem subterrânea, Herodes mandou construir uma torre, com o fim de se refugiar no caso de alguma sedição popular. No castelo permanecia uma legião de soldados romanos, em guarda nos claustros, principalmente enquanto duravam as festas judias para reprimir quaisquer excessos da população, Antig. 18.4,3; Guer. 5.5,8. A fortaleza foi afinal demolida por ordem de Tito, quando tomou a cidade no ano, 70 d.C., Guer. 7.1.1, cf. 6.2,7; 5.4; 9.1,4. O acontecimento mais trágico da história dessa fortaleza ocorreu no reinado de Aristóbulo, filho de Hircano. O rei jazia enfermo em um dos aposentos da torre. Seu querido irmão Antígono, ao voltar da guerra, apressou-se em entrar no Templo, ainda vestido de sua armadura, e acompanhado pela escolta para fazer oração pela saúde do rei. Este fato foi comunicado a Aristóbulo em termos que mal interpretavam a chegada de seu irmão, que foi logo intimado a ir à presença do rei, porém desarmado. Ordenou aos soldados que ficassem na passagem subterrânea e que o matassem no caso de ele vir armado. A rainha alterou a ordem em parte, fazendo crer a Antígono que o rei desejava vê-lo com a sua esplêndida armadura. Sem nada suspeitar, entrou na passagem armado como estava e ali foi morto. Tendo conhecimento do ocorrido, o rei sofreu choque tão violento que lhe produziu abundante hemorragia. Um escravo trazia para fora o vaso em que fora apanhado o sangue do rei enfermo, e tropeçando caiu no mesmo lugar em que Antígono havia sido assassinado. O sangue dos dois irmãos misturou-se no pavimento. Um grito de horror ressoou pelo palácio, e despertou a curiosidade do rei. Ao saber o que havia acontecido, sofreu tão forte abalo que, no mesmo instante morreu, Antig. 13.11. O apóstolo Paulo, tendo sido arrebatado da multidão enfurecida que o arrastou para fora do Templo, foi colocado nesse castelo e em caminho lhe foi permitido falar ao povo, posto em pé sobre os degraus, At 21.30s.

ANTOTIAS – nome de um benjamita descendente de Sasaque, 1 Cr 8.24.

ANUBE (*no hebraico, "reunido", "confederado", "ligado a"*) – nome de um dos homens da tribo de Judá, filho de Cós, 1 Cr 4.8.

ANZI (*no hebraico, "forte" ou "minha força"*). **1** Um levita, filho de Bani, descendente de Merari, 1 Cr 6.46. **2** Um sacerdote, filho de Zacarias, Ne 11.12.

AOÁ (*no hebraico, "fraternal"*) – benjamita da família de Bale, 1 Cr 8.4. Talvez seja o Aiúde mencionado em 1 Cr 8.7.

AOÍ – avó de Eleazar, um dos principais valentes de Davi, 2 Sm 23.9; 1 Cr 11.12.

AOÍTA – descendente de Aoí, 2 Sm 23.9,28; 1 Cr 11.12,29.

AOLIABE (*no hebraico, "tenda de seu pai"*) – nome de um artífice da tribo de Dã, que ajudou a Bezaleel na feitura dos ornamentos do Tabernáculo, Êx 31.6; 35.34,35.

AOLIBÁ – um nome simbólico dado a Jerusalém por causa do seu envolvimento com a idolatria, Ez 23.3,4. Jerusalém era considerada a esposa de Jeová, que se prostituiu seguindo outros ídolos. Aolibá pode

AOLIBÁ

ser o nome de uma prostituta da época ou pode ser um termo alusivo a "Oolibá", que significa *minha tenda está em Jerusalém*, demonstrando a esposa que abandonou a habitação do esposo, ou Jerusalém abandonando a habitação divina do Senhor.

AOLIBAMA (*no hebraico, "a minha tenda está em lugar alto"*) – nome da mulher de Esaú, e filha de Ana, Gn 36.2. Essa mulher deu nome a uma família edomita, organizada sob a direção de um chefe, v. 41. Chama-se também Judite, que quer dizer, digna de louvor, 26.34.

APAGADORES – instrumentos feitos de ouro ou de bronze, de função exata incerta, todavia usados na manutenção das lâmpadas no Tabernáculo e no Templo, Êx 25.38; 37.23; Nm 4.9; 1 Rs 7.50; 2 Rs 25.14. Algumas traduções em português envolvem os termos: *espevitadores*, 1 Rs 7.49; 2 Cr 4.22; *tenaz*, Is 6.6; *garfos*, 2 Rs 12.13; 2 Cr 4.22; Jr 52.18; e ainda *escumadeiras e taças rasas*, dependendo da tradução.

APAIM (*no hebraico, "ventas"*) – nome de um homem de Judá da família de Hesrom, 1 Cr 2.30,31.

APEDREJAR – modo comum de aplicar a pena capital, prescrita pela lei dos hebreus, Lv 20.2. Era um processo muito antigo empregado, não só pelos hebreus, como também pelos macedônios e pelos persas. A execução fazia-se fora dos muros da cidade, Lv 24.14; 1 Rs 21.10,13; At 7.58. As testemunhas colocavam as mãos na cabeça do criminoso, em sinal de que sobre ele repousava o crime, Lv 24.14, e despojavam-no das vestes para melhor cumprirem o solene dever, At 7.58. Em casos de idolatria e mesmo em outros, segundo parece, a testemunha atirava a primeira pedra, Dt 13.9; 17.7; *cf*. Jo 8.7; At 7.58. Dizem os rabinos que o condenado era despojado de todas as

roupas, exceto de uma faixa que lhe cingia os rins. A primeira testemunha o atirava ao chão de cima de um tablado de dez pés de altura, cerca de três metros; a segunda testemunha atirava-lhe a primeira pedra sobre o peito do lado do coração. Se esta não lhe dava a morte, as pessoas presentes à execução completavam a obra. Depois da morte, costumavam dependurar o corpo até o fim do dia, ou queimavam-no, Dt 21.23; Js 7.25; Antig. 4.8.24. Uma lei mais recente proibia que o cadáver fosse colocado no túmulo da família.

APELES – nome de um cristão, provado em Cristo, a quem o apóstolo Paulo enviou saudações, Rm 16.10.

ÁPIO – nome de uma cidade da Itália, à distância de cerca de 73 quilômetros de Roma, à beira da célebre Via Ápia, que ia de Roma a Cápua. As ruínas de Ápia podem ser vistas perto de Triponti. Alguns cristãos de Roma foram ao encontro de Paulo, nesse lugar, quando era conduzido prisioneiro para a capital, At 28.15.

ÁPIS – assim era chamado um deus-boi egípcio, representado por um touro preto com manchas brancas. Sua adoração estava relacionada a outros deuses, como o deus Ptah em Mênfis, onde era considerado o corpo desse deus.

APOCALIPSE (*no grego, "revelação"*) – palavra derivada do grego apokalypsis. No latim é revelatio, que significa revelar, expor à vista, e metaforicamente, descobrir uma verdade que se achar oculta. No Antigo Testamento não se encontra a palavra revelação; porém, emprega-se, com freqüência o verbo revelar no sentido de descobrir segredos, Pv 11.13. Deus revela a sua vontade aos homens, Dt 29.29; Is 22.14; Dn 2.19,22,28; Am 3.7. No Novo Testamento, a palavra revelação serve para falar-nos do modo pelo

APOCALIPSE, LIVRO DO

A

qual Deus nos deu a conhecer, por meio de Cristo e o seu Santo Espírito, as verdades divinas, antes completamente ignoradas, Rm 16.25; 1 Co 14.26; 2 Co 12.1; Gl 1.12; Ap 1.1, para fazer conhecida a vontade de Deus em referência ao seu reino, Gl 2.2, e para a manifestação do justo juízo de Deus, Rm 2.5; 1 Pe 1.13. Em sentido teológico, a palavra revelação significa a comunicação da verdade que Deus faz ao homem, por meio de seus agentes sobrenaturais.

APOCALIPSE, LIVRO DO – o Apocalipse de João é o último livro do Novo Testamento, também denominado *Revelação*. Recebeu esse nome por ser com ele que o livro começa, e tem por fim descobrir as coisas que cedo deviam acontecer, reveladas por Deus a Jesus Cristo, e que este enviou por seu anjo a seu servo João, para serem comunicadas às sete igrejas da província romana da Ásia, estabelecidas nas seguintes cidades: Éfeso, Esmirna, Pérgamo, Tiatira, Sardes, Filadélfia e Laodicéia, Ap 1.1-3,4,11. O número sete teve a preferência por ser o número sagrado que indica perfeição, indicando desse modo que o livro realmente se destinava a toda a Igreja. O autor chama-se simplesmente João à maneira dos antigos profetas hebreus, Is 1.1; Jl 1.1; Am 1.1 etc., como se observa no cap. 1.1,4,9; 22.8. Revela que as visões contidas no livro ele as teve quando se achava preso na ilha de Patmos, por causa da palavra de Deus e do testemunho de Jesus, 1.9. Essa ilha encontra-se ao sul da costa da Ásia Menor. Para ela havia sido desterrado o apóstolo, pelo fato de ser cristão. Foi em um período em que os imperadores romanos perseguiam a Igreja de Jesus. A visão inicial apresenta Cristo exaltado, em um quadro simbólico, no meio de sete candeeiros de ouro que representam as sete igrejas, 10.20. Cristo dá mensagens ao seu servo para serem mandadas às sete igrejas, e em seguida vem uma série de outras visões. Essa revelação se deu no dia do Senhor que, segundo entendemos, era o primeiro dia da semana. As visões descritas nesse livro são maravilhosamente simbólicas. A maior parte das figuras e muito da sua linguagem encontram-se nos profetas do Antigo Testamento, particularmente em Daniel e em Ezequiel, que lhe servem de comentário. Examinando mais de perto esse livro, vemos que a introdução, 1.1-3, e as saudações, 4-8, consistem de sete divisões principais que vão até o cap. 22.7, depois das quais encerra-se com um epílogo, 8-21. Essas divisões constituem, de fato, sete vistas ou série de vistas, subdivididas geralmente em sete partes. Cada série começa com uma visão, que apresenta em globo a idéia da série inteira, e que depois é acompanhada, na maioria dos casos, por outras tantas representações quantos os elementos de que ela se compõe. Essas visões não devem ser entendidas como representando acontecimentos que se sucederiam uns aos outros na história em ordem cronológica, e, sim, como quadros simbólicos representando certas verdades religiosas, ou princípios que a Igreja teria de realizar no decorrer dos tempos. Todo o conteúdo destina-se a confortar a Igreja dos conflitos que teria de encontrar e prepará-la para a Segunda Vinda de seu Senhor, 1.7,8; 22.7,10,17,20. As sete séries que se descobrem na análise do livro são as seguintes: **1** Visão de Cristo glorificado no meio da sua Igreja, seguida das sete mensagens dirigidas às sete igrejas da Ásia, 1.9 até cap. 3.22. O assunto principal consiste em instruir, admoestar e animar a Igreja nas suas condições atuais. **2** Visão em que aparece Deus, presidindo os destinos do universo, adorado por toda a criação; e em que se vê o Cordeiro de Deus, tendo em suas mãos o livro dos sete selos que encerra os decretos divinos, caps. 4 e 5, seguindo a abertura dos selos, em que aparecem as sete visões nas quais se revelam os propósitos divinos, desde a manifestação do Verbo da Vida até o Juízo final, 6.1 até cap. 8.1.

APOCALIPSE, LIVRO DO

Entre o sexto e o sétimo selo, é introduzido um episódio que mostra a segurança do povo de Deus no meio das grandes calamidades que hão de vir sobre o mundo, cap. 7. **3** A visão das trombetas, 8.2 até cap. 11.19. Começa com o aparecimento de um anjo, oferecendo a Deus as orações dos santos, 8.2-6. Segue-se o toque das trombetas. Cada uma delas anuncia a destruição do mundo pecador, terminando ainda com o julgamento final. Entre a sexta e a sétima trombeta, é introduzido também um episódio, descrevendo a segurança da Igreja, como testemunha de Jesus, 10.1 até 11.14. A idéia central parece uma resposta às orações dos santos pedindo vingança; Deus mostra-lhes a desolação que virá sobre todo o mundo, no qual a Igreja tem de dar o seu testemunho. **4** A visão em que aparece a Igreja na figura de uma mulher que dá à luz um filho, contra quem se lança o dragão, que é Satanás, e lhe faz guerra, cap. 12; seguida de uma visão de animais de que Satanás se serve como seus agentes, cap. 13; vem ainda a visão da igreja militante 14.1-5; e das conquistas do Evangelho de Cristo, 6-20. Bem pode ser chamada essa visão a do grande conflito entre a Igreja e o mundo. **5** A visão dos sete cálices, contendo as últimas pragas, ou juízos de Deus, caps. 15 e 16. A visão inicial, 15, descreve o triunfo que os santos hão de alcançar, ao passo que os sete cálices representam as sete formas de juízos que virão sobre o mundo dos ímpios, 16. **6** A visão da grande prostituta, Babilônia, cap. 17, e da vitória de Cristo sobre ela e sobre os inimigos a ela associados, terminando com o juízo final, cap. 18.1 até cap. 20.15. Entre a sexta e a sétima cena desse grande triunfo aparece ainda um episódio, 20.1-10, descrevendo provavelmente a completa segurança e garantia espiritual do povo de Deus, durante o período da prolongada batalha. Alguns doutores fazem com que a divisão entre a sexta e a sétima série das visões se estenda até o cap. 19.11. **7** Visão da igreja

ideal, a esposa de Cristo, ou a Nova Jerusalém, 21.1-8, e descrição de sua glória final, 21.9 até o cap. 22.7. Prevalece uma convicção geral, tanto entre os críticos quanto entre os que estudam a Bíblia por devoção, que o Apocalipse é um livro cujo conteúdo revela unidade, facilmente reconhecida. A unidade de sua estrutura manifesta-se em toda a sua contextura, consistindo de sete grupos de sete episódios, e na semelhança de sua construção gramatical e uniformidade de linguagem. O autor do livro era judeucristão, dotado de espírito observador, era familiarizado com as lições do Antigo Testamento e com as formas literárias nele contidas, e de rara habilidade para moldar as profecias características de Daniel e Ezequiel, de modo a descrever o conflito da igreja e sua glória final (veja *DANIEL e EZEQUIEL*). João era o nome do autor do livro, 1.1,4,9; 22.8. O apóstolo e discípulo amado de Jesus, afirma-o a tradição mais antiga, confirmada pelo testemunho de Justino Mártir, na metade do segundo século, por Melito e Ireneu da mesma época. É também confirmada pela comparação do livro com o evangelho que traz o seu nome e com a sua primeira epístola. Em todos os três livros existem doutrinas em comum e muitas peculiaridades de linguagem. Apesar disto, o Apocalipse foi escrito com menos uniformidade de linguagem do que o Evangelho e a sua Primeira Epístola, por causa, sem dúvida, da natureza do assunto que obrigava o escritor a empregar expressões fora do comum, e também porque tinha de repetir e combinar as palavras dos antigos profetas. Alguns doutores, tanto antigos quanto modernos, como Dionísio de Alexandria, d.C. 247-265, são de opinião que o Apocalipse e o Evangelho não foram escritos pela mesma pessoa. O exame de ambos, bem como a tradição unânime da Igreja, não julgam necessária essa distinção quanto à autoria nem que existia conflito entre os dois escritos que colocavam em dúvida a sua origem.

APOCALIPSE, LIVRO DO

A

Tem-se procurado provar que o Apocalipse se originou na mitologia dos babilônios, principalmente os caps. 12 e 13, e as passagens a eles relacionadas. A isto opomos as seguintes considerações: **1** Ignoram os defensores de tal opinião qual seja o sentido claro desses dois capítulos, que inquestionavelmente descrevem o conflito da Igreja com o poder espiritual de Satanás, 12.3-17, em união com as forças do mundo, 13.1-10, e com a falsa profecia, que à semelhança de Elias, fazia até descer fogo do céu, e se aparentava ao cordeiro, 13.11-17. **2** Não tomaram na devida consideração, o simbolismo que a natureza oferece, fornecendo imagens aos poetas de todas as raças, que os habilita a produzir, sem depender uns dos outros. **3** Emprestam aos mitos da Babilônia, pormenores que não encontram apoio nas descobertas arqueológicas. **4** Fecham os olhos para não verem que o autor tinha à mão, abundante cópia de imagens nas Escrituras hebraicas, contidas em Gn cap. 3 e Dn cap. 7, e que em Jr 51.1-12, encontrava amplo colorido para pintar a cena descrita no cap. 17. Com respeito à data do Apocalipse, existem duas opiniões. Segundo uns, deveria ter sido escrito um ou dois anos antes da queda de Jerusalém, no ano 70, isto é, antes de rebentar a tremenda perseguição de Nero contra os cristãos. Assim sendo, é de presumir que os terrores produzidos pela tomada da cidade santa e as crueldades de Nero tenham fornecido elementos à imaginação do vidente para as descrições do seu quadro. A maioria dos críticos racionalistas aceita essa data para verem no Apocalipse apenas vaticínios humanos, sugeridos pelas calamidades que afligiam a humanidade naqueles tempos. A opinião tradicional, pela voz de Ireneu, d.C. 175-200, diz que o Apocalipse foi escrito no fim do reinado de Domiciano, ano 96. Existem provas mais abundantes dando a prisão do apóstolo na ilha de Patmos, ordenada por Domiciano e seu regresso a Éfeso depois da morte desse tirano. Não se deve supor que um testemunho tão unânime e pormenorizado quanto o que a tradição fornece não seja digno de fé. As condições em que se achavam as sete igrejas, igualmente, se acomodam mais com a segunda data do que com a primeira. O estilo não exige que o Apocalipse precedesse a data do evangelho nem as razões em favor da primeira data satisfazem aos que acreditam na inspiração do livro. São inumeráveis as interpretações dadas ao Apocalipse, que se pode reduzir a quatro classes principais: **1.** A interpretação pretérita, considerando a obra como descrevendo os fatos que ocorreram por ocasião de ser ela escrita. Esta opinião destrói o caráter profético do livro, e por isso é rejeitada. **2.** A interpretação futurista, que observa no livro predições sobre acontecimentos ainda não realizados. Ela apresenta uma dificuldade: é que toda a profecia, e particularmente essa, liga-se intimamente com a situação da Igreja e do profeta a que ela foi dirigida. **3.** Interpretação histórico-profética, que observa nas revelações o cenário dos acontecimentos sucessivos que se desdobram na história da Igreja. A dificuldade que se descobre neste modo de explicar o livro é que poucos expositores podem concordar com os pormenores proféticos e com a exatidão de seu cumprimento, e que não levam em conta a feição contemporânea das sete séries das visões. **4.** A interpretação simbólica e espiritual que considera as visões como figuras representativas de algumas verdades, ou de certos princípios, destinados a ter lugar na história da Igreja, com o fim de animar e confortar a Igreja de Cristo até que Ele volte, cheio de glória para o julgamento final. Apesar de nenhum dos expositores estar convencido da exatidão de suas idéias referentes ao conjunto da Revelação, esse último método de interpretação tem a vantagem de dirigir a atenção dos leitores a certas verdades de grande valor e importância, sob a forma de figuras, fazendo com que o livro

APOCALIPSE, LIVRO DO

mais misterioso das Escrituras seja praticamente proveitoso.

APÓCRIFO (*no grego, apokrypha, "escondido"*) – nome usado pelos escritores eclesiásticos para determinar, 1) assuntos secretos, ou misteriosos; 2) de origem ignorada, falsa ou espúria; 3) documentos não canônicos. São tecnicamente considerados apócrifos, os 16 livros seguintes: a) 1, 2, Esdras; b) Tobias; c) Judite; d) O Repouso de Ester; e) Sabedoria de Salomão; f) O Eclesiástico; g) Baruque com a epístola de Jeremias; h) O Cântico dos Três Mancebos; i) A História de Suzana; j) Bel e o Dragão; l) A oração de Manasses; m) 1, 2, 3, 4, livros dos Macabeus. Algumas vezes esse número é reduzido a 14 livros, omitindo os livros 3 e 4 de Macabeus. Ao contrário dos livros do Antigo Testamento que são escritos em hebraico, exceto alguns versículos em aramaico, as produções apócrifas são escritas em grego, menos Judite, Eclesiástico, os caps. 1–3 de Baruque até o v. 8 e 1º. de Macabeus que foram originariamente escritos em hebraico. A Igreja judia negava a inspiração deles e os próprios escritores de alguns dos referidos livros não pretendem ser inspirados (Prólogo ao Eclesiástico, 1 Mac 4.46; 9.27; 2 Mac 2.23; 15.38). Não se encontram no cânon hebreu; jamais foram citados por Jesus, e nunca se encontraram referências diretas a eles, feitas pelos apóstolos. As igrejas primitivas permitiam a sua leitura como elemento de edificação e os recomendavam aos catecúmenos, porém os excluíam do cânon. Esse proceder teve foros de autoridade durante a Idade Média e ainda atualmente serve de regra a várias igrejas protestantes. A Igreja da Inglaterra, no sexto dos seus 39 artigos, publicados em 1562, declara que os livros apócrifos podem ser lidos para exemplo da vida e norma de costumes, porém, não reconhece neles autoridade doutrinária. A Confissão de Westminster de 1643 declara como matéria de fé que: "os livros chamados apócrifos, não sendo de inspiração divina, não fazem parte do cânon da Escritura, e, portanto, não são de autoridade na Igreja de Deus, e que não têm mais valor do que quaisquer outros livros de humana produção". O Concílio de Trento, em sua sessão de 15 de abril de 1546, decretou que 11, dos 16 livros apócrifos são canônicos, a saber: Tobias, Judite, Sabedoria, Eclesiástico, Baruque e os dois livros de Macabeus e acrescentou o Repouso de Ester ao respectivo livro canônico, incorporando a história de Suzana, a história dos Três Mancebos e a história de Bel e o Dragão, ao livro de Daniel. Esse Concílio pronunciou anátema contra qualquer que contrariasse as suas decisões. Desde então para cá, a Igreja Católica adota essa crença. Os Livros Apócrifos foram introduzidos na versão inglesa por Coverdale em 1535 e publicados na versão do rei Tiago, mas começaram a ser omitidos em 1629. Ocupavam a parte final do Antigo Testamento. Esse assunto foi motivo de séria controvérsia entre os anos 1821 e 1826, de que resultou a sua exclusão de todas as edições da Bíblia, publicadas pela Sociedade Bíblica de Londres. Conteúdo dos apócrifos: **1** *1º. Esdras.* Esdras é simplesmente a forma grega de Ezra, e o livro narra o declínio e a queda do reino de Judá, desde o reinado de Josias até à destruição de Jerusalém: o cativeiro da Babilônia, a volta dos exilados e a parte que Esdras tomou na reorganização da política judia. Em certos respeitos, amplia a narração bíblica, porém essas adições são de autoridade duvidosa. O historiador Josefo é o continuador de Esdras, d.C. 93 *cf*. 1 Ed 3.1 a 4.44, com Antig. 11.3,2-8 etc. Ignora-se o tempo em que foi o seu autor. **2** *2º. Esdras.* Esse livro tem estilo inteiramente diferente de 1º. Esdras. Não é propriamente uma história, mas sim, um tratado religioso, muito no estilo dos profetas hebreus. O assunto central, compreendido nos caps. 3–14, tem como objetivo registrar as sete revelações de Esdras na Babilônia, algumas das quais tomaram a forma de visões: a mulher que

APÓCRIFO

A

chorava, 9.38, até 10.56; a águia e o leão, 11.1 até 12.39, o homem que se ergueu do mar, 13.1-56. O autor desses capítulos é desconhecido, mas evidentemente era judeu pelo afeto que mostra a seu povo. (A palavra Jesus, que se encontra no cap. 7.28, não está nas versões orientais.) A visão da águia, que é expressamente baseada na profecia de Daniel, 2 Ed 12.11, parece referir-se ao império romano, e a data de 88 d.C. até 117 d.C. é geralmente aceita. Data posterior ao ano 200, contraria as citações do v. 35 cap. 5 em grego por Clemente de Alexandria, com o Prefácio: "Assim diz o profeta Esdras". Os primeiros dois e os últimos dois capítulos de 2 Esdras, 1 e 2; 15 e 16 são aumentos; não se encontram nas versões orientais, nem na maior parte dos manuscritos latinos. Pertencem a uma data posterior à tradução dos Setenta, que já estava em circulação, porquanto os profetas menores já aparecem na ordem em que foram colocados na versão grega, 2 Ed 1.39,40. Os dois primeiros capítulos contêm abundantes reminiscências do Novo Testamento e justificam a rejeição de Israel e sua substituição pelos gentios, 2 Ed 1.24,25,35-40, e, porquanto, foram escritos por um cristão, e, sem dúvida, por um judeu cristão. **3** *Tobias*. Este livro contém a narração da vida de certo Tobias de Naftali, homem piedoso, que tinha um filho com o mesmo nome. O pai havia perdido a vista. O filho, tendo de ir a Rages na Média, para cobrar uma dívida, foi levado por um anjo a Ecbatana, onde fez um casamento romântico com uma viúva que, tendo-se casado sete vezes, ainda se conservava virgem. Os sete maridos haviam sido mortos por Asmodeu, o mau espírito nos dias de seu casamento. Tobias, porém, foi animado pelo anjo a tornar-se o oitavo marido da virgem-viúva, escapando à morte, com a queima de fígado de peixe, cuja fumaça afugentou o mau espírito. Voltando, curou a cegueira de seu pai esfregando-lhe os escurecidos olhos com o fel do peixe, que já se tinha mostrado tão prodigioso. O livro de Tobias é manifestamente um conto moral e não história real. A data mais provável de sua publicação é 350 ou 250 a.C. **4** *Judite*. É a narrativa, com pretensões à história, do modo por que uma viúva judia, de temperamento masculino, se recomendou às boas graças de Holofernes, comandante-chefe do exército assírio, que sitiava Betúlia. Aproveitando-se de sua intimidade na tenda de Holofernes, tomou da espada e cortou-lhe a cabeça enquanto ele dormia. A narrativa está cheia de incorreções, de anacronismos e de absurdos geográficos. É mesmo para duvidar que exista alguma cousa de verdade; talvez que o seu autor se tenha inspirado nas histórias de Jael e de Sísera, Jz 4.17-22. A primeira referência a esse livro encontra-se em uma epístola de Clemente de Roma, no fim do primeiro século. Porém, o livro de Judite data de 175 a 100 a.C., isto é, 400 ou 600 anos depois dos fatos que pretende narrar. Dizer que naquele tempo Nabucodonosor reinava em Nínive em vez da Babilônia, não parecia ser grande erro, se não fosse cometido por um contemporâneo do grande rei. **5** Os capítulos do livro de Ester, que não se encontram nem no hebraico, nem no caldeu. O livro canônico de Ester termina no décimo capítulo. A produção apócrifa acrescenta dez versículos a esse capítulo e mais seis capítulos, 11–16. Na tradução dos Setenta, essa matéria suplementar é distribuída em sete porções pelo texto e não interrompe a história. Amplifica partes da narrativa da Escritura, sem fornecer novo fato de valor, e em alguns lugares contradiz a história, como se contém no texto hebraico. A opinião é que o livro foi obra de um judeu-egípcio que a escreveu no tempo de Ptolomeu. Filometer, 181-145 a.C. **6** *Sabedoria de Salomão*. Este livro é um tratado de ética recomendando a sabedoria e a retidão, e condenando a iniqüidade e a idolatria. As passagens salientam o pecado e a loucura da adoração das imagens, lembram as

APÓCRIFO

passagens que sobre o mesmo assunto se encontram nos Salmos e em Isaías (*cf.* Sabedoria 13.11-19, com Sl 95; 135.15-18 e Is 40.19-25; 44.9-20). É digno de nota que o autor desse livro, referindo-se a incidentes históricos para ilustrar a sua doutrina, limita-se aos fatos recordados no Pentateuco. Ele escreve em nome de Salomão; diz que foi escolhido por Deus para rei do seu povo, e foi por ele dirigido a construir um templo e um altar, sendo o templo feito conforme o modelo do Tabernáculo. Foi homem genial e piedoso, caracterizou-se por sua crença na imortalidade. Viveu entre 150 e 50 ou 120 e 80 a.C. Nunca foi formalmente citado, nem mesmo a ele se referem os escritores do Novo Testamento, porém, tanto a linguagem quanto as correntes de pensamento do seu livro encontram paralelos no Novo Testamento (Sab. 5.18-20; Ef 6.14-17; Sab. 7.26, *cf.* com Hb 1.2-6 e Sab. 14.13-31 com Rm 1.19-32). **7** *Eclesiástico*. Também chamado Sabedoria de Jesus, filho de Siraque. É uma obra comparativamente extensa, contendo 51 capítulos. No capítulo primeiro, 1-21, louva-se grandemente o sumo sacerdote Simão, filho de Onias, provavelmente o mesmo Simão que viveu entre 370-300 a.C. O livro deveria ter sido escrito entre 290 ou 280 a.C. em língua hebraica. O seu autor, Jesus, filho de Siraque de Jerusalém, Ec 1.27, era avô, ou, tomando a palavra em sentido mais lato, antecessor remoto do tradutor. A tradução foi feita na Egito no ano 38, quando Evergeto era rei. Há dois reis com esse nome, Ptolomeu III, entre 247 a 222 a.C. e Ptolomeu Fiscom, 169 a 165 e 146 a 117 a.C. O grande assunto da obra é a sabedoria. É valioso tratado de ética. Há lugares que fazem lembrar os livros de Provérbios, Eclesiastes e porções do livro de Jó, das escrituras canônicas, e do livro apócrifo, Sabedoria de Salomão. Nas citações desse livro, usa-se a abreviatura Eclus, para não confundir com Ec, abreviatura de Eclesias-

tes. **8** *Baruque*. Com a Epístola de Jeremias. Baruque foi amigo de Jeremias. Os primeiros cinco capítulos do seu livro pertencem à sua autoria, enquanto que o sexto é intitulado "Epístola de Jeremias". Depois da introdução, descrevendo a origem da obra, Baruque 1.1,14, abre-se o livro com três divisões, a saber: 1) Confissão dos pecados de Israel e orações, pedindo perdão a Deus, Baruque 1.15, até 3.8. Essa parte revela ter sido escrita em hebraico, como bem o indica a introdução, cap. 1.14, foi escrita 300 anos a.C. 2) Exortação a Israel para voltar à fonte da Sabedoria, 3.9 até 4.4. 3) Animação e promessa de livramento, 4.5 até 5.9. Estas duas parecem que foram escritas em grego, pela sua semelhança com a linguagem da LXX. Há dúvidas, quanto à semelhança entre o cap. 5 e o Salmo de Salomão, 9. Essa semelhança dá a entender que o cap. 5 foi baseado no Salmo, e portanto, escrito depois do ano 70, d.C., ou então, que ambos os escritos são moldados pela LXX. A epístola de Jeremias exorta os judeus no exílio a evitarem a idolatria de Babilônia. Foi escrita 100 anos a.C. **9** *O Cântico dos Três Mancebos*. Esta produção foi destinada a ser intercalada no livro canônico de Daniel, entre o cap. 3.23,24. É desconhecido, o seu autor, e ignorada a data de sua composição, *cf.* os versículos 35-68 com o Salmo 148. **10** *A História de Suzana*. É também um acréscimo ao livro de Daniel, em que seu autor mostra como o profeta, habilmente descobriu uma falsa acusação contra Suzana, mulher piedosa e casta. Ignora-se a data em que foi escrita e o nome de seu autor. **11** *Bel e o Dragão*. Outra história introduzida no livro canônico de Daniel. O profeta mostra o modo por que os sacerdotes de Bel e suas famílias comiam as viandas oferecidas ao ídolo; e mata o dragão. Por este motivo, o profeta é lançado pela segunda vez na caverna dos leões. Ignora-se a data em que foi escrita e o nome do autor. **12** *A Oração de Manassés*. Trata-se

APOLOGETAS/APOLOGISTAS

do rei de Judá quando esteve cativo na Babilônia, *cf*. 2 Cr 33.12,13. Autor desconhecido. Data provável, 100 anos a.C. **13** *Primeiro Livro dos Macabeus*. É um tratado histórico de grande valor, em que se relatam os acontecimentos políticos e os atos de heroísmo da família levítica dos Macabeus durante a guerra da independência judaica, dois séculos a.C. (veja *ANTÍOCO e MACABEUS*). O autor é desconhecido, mas evidentemente é judeu da Palestina. Há duas opiniões quanto à data em que foi escrito; uma apresenta 120 a 106 a.C., outra, com melhores fundamentos, entre 105 e 64 a.C. Foi traduzido do hebraico para o grego. **14** *Segundo Livro dos Macabeus*. É inquestionavelmente um epítome da grande obra de Jasom de Cirene; trata principalmente da história judia desde o reinado de Seleuco IV, até à morte de Nicanor, 175 e 161 a.C. É obra menos importante que o primeiro livro. O assunto é tratado com bastante fantasia em prejuízo de seu crédito, todavia, contém grande soma de verdade. O livro foi escrito depois do ano 125 a.C. e antes da tomada de Jerusalém, no ano 70 a.C. **15** *Terceiro Livro dos Macabeus*. Refere-se a acontecimentos anteriores à guerra da independência. O ponto central do livro é a pretensão de Ptolomeu Filopater IV, que em 217 a.C. tentou penetrar no Santo dos Santos, e a subseqüente perseguição contra os judeus de Alexandria. Foi escrito pouco antes, ou pouco depois da era cristã data de 39, ou 40 a.C. **16** *Quarto Livro dos Macabeus*. É um tratado de moral, defendendo o império da vontade sobre as paixões e ilustrando a doutrina com exemplos tirados da história dos Macabeus. Foi escrito depois do 2º. Macabeus e antes da destruição de Jerusalém.

APOLIOM (*nome grego equivalente a Abadom do hebraico, "destruição"*) – anjo do abismo, Ap 9.11. Em grego, é sinônimo de Abadom.

APOLO (*forma abreviada de "Apolônio", ou "Apolodoro"*) – nome de um judeu de Alexandria, eloqüente, erudito e profundamente conhecedor do Antigo Testamento. Fez-se discípulo de João Batista e com muito zelo ensinava as doutrinas acerca do Messias, apesar de conhecer somente o batismo do arrependimento. Quando viajava pela Ásia Menor, em trabalho missionário encontrou-se em Éfeso com Áqüila e Priscila, que o levaram consigo e lhe declararam mais particularmente o caminho do Senhor. Os irmãos de Éfeso forneceram-lhe cartas de apresentação aos irmãos da Acaia. Chegando à Grécia, ajudou os cristãos, refutando publicamente os judeus, e mostrando pelas Escrituras que Jesus era o Cristo, At 18.24-28. Os discípulos que o apóstolo Paulo encontrou em Éfeso, que somente conheciam o batismo de João e ainda não tinham ouvido falar do Espírito Santo, eram provavelmente convertidos por Apolo, At 19.1-7. A pregação de Apolo em Corinto levantou ali um partido na Igreja, 1 Co 1.12; 3.4,5,6,22; 4.6. Paulo tinha inteira confiança nele, como se prova pelo modo por que o recomenda à Igreja, 16.12. Ele também ordenou a Tito que enviasse Apolo a Creta. É pensamento de alguns eruditos que a Epístola aos Hebreus foi escrita por Apolo.

APOLOGETAS/APOLOGISTAS – palavra usada em relação aos pais da igreja que se levantaram em defesa da fé e da Igreja. A maioria dos Pais da Igreja exerceu seu ministério no segundo século e alguns no século três e quatro. Os ataques contra a fé da novel igreja vinham de movimentos judaizantes, do paganismo, dos movimentos e filosofias das escolas gregas e muitas vezes das leis e postura do Estado. Eis o nome de alguns dos chamados Pais da Igreja, os apologistas: Aristides, século 2; Justino Mártir, século 2; Aristo, século 2; Atenágoras, século 2; Taciano, século 2; Teófilo de Alexandria, século 3; Minúcio

APOLOGETAS/APOLOGISTAS

Félix, século 3; Tertuliano, século 3; Ireneu, século 2; Arnóbio, século 3; Eusébio de Cesaréia, século 4.

APOLÔNIA (*no grego, "cidade de Apolo"*) – cidade da Macedônia, entre Anfípolis e Tessalônica, por onde passou o apóstolo Paulo, na sua ida para Tessalônica. Várias cidades eram chamadas por esse nome, porém Apolônia da Ilíria foi a mais conhecida, era ponto final da Via Inácia e foi base militar de César, At 17.1.

APOLÔNIO (*no grego, "cidade de Apolo"*). **1** Nome de um oficial de Antíoco Epifânio, que foi enviado à Judéia para receber os tributos, e que traiçoeiramente ordenou um morticínio em Jerusalém, 1 Mac 1.29-32; 2 Mac 5.24-26, *cf.* 4.21. Foi governador de Samaria, Antig. 12.5,6, derrotado e morto por Judas Macabeu, 1 Mac 3.10; Antig. 12.7,1. **2** Nome de um governador de Cele-Síria, a quem Demétrio II fez general do exército. Foi derrotado por Jônatas Macabeu na batalha de Asdode, 1 Mac 10.69-85. Fala dele, Josefo, como sendo partidário de Alexandre Balas, o que é pouco provável, Antig. 13.4,3,4. **3** Um dos governadores que Lísias deixou na Judéia, após firmar um tratado com o rei Antioco Eupator, e que levou os judeus a violarem o pacto, 2 Mac 12.2.

APOSTASIA (*no grego, "afastamento"*) – termo encontrado no Novo Testamento indicando afastamento, abandono deliberado da fé cristã, 2 Ts 2.3; 1 Tm 4.1. No Antigo Testamento, o termo traduzido para o português tem o mesmo significado, Jr 2.29; 8.5; em Js 22.22 é traduzido como *revolta*.

APÓSTOLO (*do grego apóstolos, "enviado", "mensageiro", "embaixador"*). **1** Nome dos homens escolhidos por Jesus para serem testemunhas dos acontecimentos de sua vida, para vê-lo depois da sua ressurreição e dar testemunho dele à humanidade, Mt 10.2-42; At 1.21,22; 1 Co 9.1. Foram escolhidos sucessivamente, logo no princípio da vida pública do Salvador. Primeiro chamou a André e a seu irmão, Simão Pedro, Mt 4.18-20; 10.2; Mc 1.16-18; Lc 6.14; Jo 1.35-42, depois chamou a Tiago e a João, filhos de Zebedeu, Mt 6.21,22; 10.2; Mc 1.19,20; Lc 6.14, em seguida, Filipe e Natanael, também chamado Bartolomeu, Jo 1.43-51, e subseqüentemente, mais seis, a saber: Mateus, também chamado Levi, Mt 9.9-13; Mc 2.14-17; Lc 6.13-16; At 1.13. Os apóstolos eram tidos como homens iletrados pelas altas dignidades judias, que tiveram diante de si Pedro e João, At 4.13. Nenhum deles possuía grau elevado de instrução. Jesus deu grande atenção a seu preparo espiritual; ainda assim, até os últimos dias, não tinham compreendido a missão de Cristo, acreditando que ele ia estabelecer um reino temporal, Mt 20.20-28; Mc 10.35-45; At 1.6, adormeceram na hora de sua angústia no Jardim, Mt 26.40, e o abandonaram no momento de sua morte, Mt 26.56; Mc 14.50. Também foram chamados discípulos, Mt 11.1; 14.26; 20.17; Jo 20.2. Pedro, Tiago, filhos de Zebedeu, e João, possuíam compreensão mais clara das instruções do mestre e o apreciavam melhor. Em três ocasiões diferentes, se destacaram dos outros em privilégios especiais. Esses três entraram com Jesus no quarto, onde ressuscitou a filha de Jairo, Mc 5.37; Lc 8.51; estiveram presentes no ato da transfiguração de Cristo, Mt 17.1; Mc 9.2; Lc 9.28; e no Jardim do Getsêmani, durante a agonia do Redentor, Mt 26.37; Mc 14.33, Pedro apesar de precipitado e impetuoso, nas suas palavras, era constitucionalmente o mais apto para líder. Geralmente, o seu nome figura em primeiro lugar, menos em Gálatas 2.9. João era o discípulo peculiarmente amado por Jesus, Jo 19.26; 20.2; 21.7,20. Tomé era muito escrupuloso em matéria de fato, mas muito pronto a ceder à evidência. Judas deu provas de ser traidor, entregando o seu divino Mestre à morte, por amor do lucro, suicidando-se, depois de um arrependimento tardio. As medidas tomadas para preencher o lugar vago, no apostolado, indicam que o número dos apóstolos fixados originariamente em 12, devia ser conservado, pelo motivo, que esse número correspondia ao número das 12 tribos de Israel. Havia dois homens que possuíam as qualidades necessárias para serem eleitos, eram José, chamado Barsabás, que tinha por sobrenome o Justo, e Matias. A sorte caiu sobre este, que foi eleito em lugar de Judas, At 1.15-26; *cf.* com o v. 20 e Salmo 109.8. A descida do Espírito Santo no dia do Pentecostes produziu transformação espiritual nos apóstolos, habilitando-os para a grande obra para a qual haviam sido chamados – a evangelização do mundo, At 2.1-47. A essa grande missão se dedicaram logo, tendo na primeira classe a Pedro e a João, At 3.1, até caps. 5.42; 9.32 até cap. 12.18. Tiago era muito zeloso e por isso, provocou o ódio das autoridades judias a ponto de ser morto à espada, At 12.2. Paulo foi divinamente escolhido e chamado para a árdua tarefa de pregar o Evangelho aos gentios, At 9.1-31; 22.5-16; 26.1-20. Não andou com Jesus enquanto esteve na terra, mas alcançou as qualidades apostólicas por tê-lo visto depois da sua ressurreição. No caminho de Damasco, Jesus lhe apareceu e lhe falou, mudando os seus intentos de perseguidor em sentimentos de profunda dedicação a Cristo. Ele podia dizer, como disse em sua carta aos Coríntios: Não sou eu apóstolo? Não vi eu a Nosso Senhor Jesus Cristo? 1 Co 9.11. Paulo foi homem de grande instrução intelectual e apto para dirigir-se a auditórios, como o que havia em Roma e na Grécia. Seus grandes dotes não o desviaram da carreira a que se devotou. Seus trabalhos eram tão abundantes que o seu registro enche quase metade do livro dos Atos dos Apóstolos. Onde os demais apóstolos trabalharam, como viveram

e como morreram, é conhecido, na maioria dos casos, pelo testamento duvidoso da tradição. Fato, porém, de suma importância, é afirmado pela tradição, sobre bases bem sólidas, é que jamais apareceu outro Judas entre eles: todos foram fiéis até à morte, e alguns, pelo menos, senão a maioria, selaram o seu testemunho de Jesus, com o sacrifício de seu próprio sangue. **2** A palavra apóstolo é aplicada, em sentido menos restrito no Novo Testamento, a homens que possuíam dons apostólicos. Neste caso está, por exemplo, Barnabé que foi companheiro de Paulo, At 13.3; 14.4, 14. Este nome também é aplicado a Jesus, em Hebreus 3.1.

APRISCO – espaço fechado de muros, destinado a guardar as ovelhas durante a noite, Jr 23.3; Ez 34.14. Os apriscos permanentes tinham porta de entrada, *cf.* Nm 32.16; Jo 10.1. Por cima dos muros, colocavam galhos de espinhos. As ovelhas ficavam na área aberta ao ar livre. No tempo frio, se abrigavam em telheiros baixos, construídos em um dos lados do aprisco. Era costume recolher mais de um rebanho em um só aprisco, sob os cuidados de um pastor que guardava a porta durante a noite. Pela manhã, chegavam os vários pastores dos rebanhos e chamavam as suas ovelhas, que também conheciam o pastor e o seguiam, Jo 10.3,4. Nos lugares distanciados, improvisavam apriscos por meio de cercas de espinhos, dentro de cavernas e de outros meios naturais de proteção, onde ficavam os rebanhos sob a guarda dos pastores. Nos lugares expostos aos assaltos de ladrões e de tribos inimigas, construíram torres, em torno das quais as ovelhas pastavam e onde se recolhiam à noite, 2 Rs 17.9; 2 Cr 26.10; Mq 4.8.

ÁQÜILA (*no grego, "águia"*) – nome de um judeu natural do Ponto, que, com sua mulher Priscila, morou por algum tempo em Roma, de onde foi obrigado a sair quando o

ÁQÜILA

imperador Cláudio expulsou de Roma todos os judeus, que ali habitavam. Mudou-se para Corinto, onde exercia o ofício de fabricar tendas de campanha. Paulo, que também era do mesmo ofício, hospedou-se com ele, At 18.1-3. Áqüila e Priscila foram companheiros de Paulo na sua viagem de Corinto para Éfeso, quando se dirigia para a Síria, At 18.18,19. Na primeira epístola aos Coríntios, aparecem os nomes de Priscila e Áqüila, com o de Paulo, enviando saudações à Igreja de Corinto, vindos da Ásia, com certeza, de Éfeso, 1 Co 16.19. Em Éfeso, encontraram-se com Apolo, a quem instruíram mais particularmente nos caminhos do Senhor, At 18.26. Depois disto, parece que voltaram para Roma, porque Paulo lhes enviou saudações em sua carta dirigida à Igreja de Roma, Rm 16.3. Porém, possivelmente deixaram Roma outra vez, porque na segunda epístola a Timóteo, escrita de Roma, envia-lhes novas saudações, 2 Tm 4.19.

AQUIM (*uma abreviação de Jeioaquim*) – filho de Zadoque, e antepassado de José, relacionado na genealogia de Jesus Cristo, Mt 1.14.

ÁQUIS (*no hebraico, "o rei dá"*) – nome do filho de Maoque, rei de Gate, que por duas vezes acolheu Davi, quando este fugia da presença de Saul, 1 Sm 21.10-15; 27.1-12; 28.1,2; 29.1-11. É com certeza o mesmo Áquis que reinava em Gate, no começo do reinado de Salomão; consta ser ele filho de Maaque, que é radicalmente idêntico ao de Maoque, pai de Aquis, amigo de Davi. Esta suposição exige para Aquis um reinado de cerca de 50 anos, que, aliás, não é extraordinário, pois o mesmo se deu com Uzias e Manassés. Aquis sobreviveu a Davi, pelo menos três anos, 1 Rs 2.39. No Salmo 33 de Figueiredo e 34 de Almeida, é chamado Abimeleque, nome este, que parece designar, não o nome da pessoa, mas sim, um cargo oficial como os reis do Egito chamavam-se Faraós.

AR (*no hebraico, "cidade"*) – nome de uma das principais cidades de Moabe, denominada Ar de Moabe, Is 15.1. Estava situada no extremo norte de Moabe, Nm 21.15; Dt 2.18, no centro do vale do Arnom, Nm 22.36; Dt 2.36; Js 13.9. Os gregos ligavam esse nome com Ares, deus da guerra, que era o mesmo Marte, dos romanos, e davam à cidade o nome de Areópolis, cidade de Marte. Os judeus e outros povos, nos primeiros séculos do cristianismo, a denominavam Rabá Moabe, ou simplesmente, Rabá, isto é, capital de Moabe. Foi destruída por um terremoto em 342 a.C., e seu antigo nome de Areópolis, transferido para outra Rabá, distante cerca de 19 quilômetros ao sul *plateau*.

ARA – nome de um homem da tribo de Aser, filho de Jeter, 1 Cr 7.38.

ARÁ (*no hebraico, "caminhante", "viajante"*) – nome de um homem da tribo de Aser, filho de Ula, 1 Cr 7.39. **2** Nome do fundador de uma família, cujos membros voltaram de Babilônia com Zorobabel, Ed 2.5; Ne 7.10.

ARÃ (*no hebraico, "região montanhosa"*). **1** Nome de uma planície, *Padã-Arã*, que significa, "Planície de Arã", ou "Campo de Arã". Era ocupada pelos sírios, estendendo-se desde as montanhas do Líbano até além do Eufrates, e desde o rio Sagur ao norte, até Damasco ao sul. O profeta Amós fala sírios como habitantes entre Damasco e Bete-Éden, em outras palavras, desde o Líbano a sudeste, até o monte Masius a nordeste. Há vários distritos distintos, Am 1.5, a saber: a) *Arã-Naarim*, i. e., Arã dos dois rios, com referência, ou ao Eufrates e ao Tigre, ou mais provavelmente, ao Eufrates e ao Cabur. Acredita-se que foi nessa região que estava situada Padã-Arã, se for certo que Padã ocupava o lugar, perto de Harã, chamado Tel Fadã, Gn 28.5; 24.10,47. Esse é o Arã onde os patriarcas habitaram antes de sair para

Canaã, em que estavam as cidades de Harã e Nisibis e, onde mais tarde, esteve Edessa, centro notável da cultura síria – a Arã "dalém do rio" de que falavam os hebreus, 2 Sm 10.16. b) *Arã-Damascus*. Os hebreus, durante o período de seu reino, encontraram sírios em Damasco, 2 Sm 8.5; 1 Rs 15.18, que veio a ser, eventualmente, o centro da influência síria a oeste do Eufrates, e provocaram contendas com os israelitas do norte, enquanto durou o reino, separado de Judá. c) *Arã-Zobá*. Nos dias de Saul, Davi e Salomão, outro reino poderoso floresceu a oeste do Eufrates, a saber, o reino de Zobá, 1 Sm 14.47; 2 Sm 8.3, denominado pelos escritores hebreus, Arã-Zobá, sírios de Zobá (V. B.) e Siros de Zobá (Fig.), 2 Sm 10.6. Seus domínios estenderam-se até os limites de Hemte a nordeste, 1 Cr 18.3; 2 Sm 8.10-12. Damasco ao sul, ou sudeste, Berota, entre Hamate e Damasco, Ez 47.16. Durante esse período florescente, exerceu sua influência, tanto no Eufrates a oriente, quanto no Hauã ao sul. d) *Arã-Maa-Cá* estava ao oriente do Jordão, dentro dos limites de Israel, protegido pelo monte Hermom, Js 12.5; 13.11. Pela descrição que temos de Abel, pertencente à tribo de Naftali como Abel-Bete-Maaca (nas suas vizinhanças) podemos inferir que Maaca se estendia até ao oeste do Jordão. e) *Gesur*, em Arã, era um pequeno reino perto de Maaca, também a oriente do Jordão, perto de monte Hermom e dentro do território de Manassés, Dt 3.14; 2 Sm 15.8. f) *Ara-Bete-Reor*, 2 Sm 10.6. Localização incerta. Se for identificada com o lugar mencionado em Nm 13.21 e Jz 18.28, devia estar perto de Maaca e Dã. **2** Nome de um descendente de Disã, ramo da tribo dos horitas, Gn 36.28; 1 Cr 1.42. **3** Nome de uma pessoa, ou de uma coletividade de descendentes de Sem, que habitou a região conhecida por esse nome, Gn 10.22,23; 1 Cr 1.17. **4** Nome de um dos descendentes de Aser, 1 Cr 7.34. **5** Forma grega de Rã, pai de Aminadabe, Mt 1.3; Lc 3.33 (veja *ARNI*).

ARABÁ (*no hebraico, "deserto"*) – compreende toda a extensão baixa que se estendia do mar da Galiléia, indo pelo vale do Jordão, para além do mar Morto até o golfo de Acaba (veja *PLANÍCIES*).

ARABE (*no hebraico, "emboscada"*) – nome de uma aldeia na região serrana da tribo de Judá, perto de Hebrom, Js 15.52, veja *ARBITA*).

ÁRABE – nome que designa um indivíduo pertencente a essa raça, ou natural e habitante da Arábia, 2 Cr 17.11.

ARÁBIA (*forma grega da palavra árabe arab, que quer dizer, "região árida"; no hebraico, "deserto"*) – na geografia moderna, dá-se esse nome a uma das três grandes penínsulas ocidentais do sul da Ásia. É limitada ao oriente pelo golfo Pérsico e pelo golfo de Omã, ao sul, pelo oceano Índico, e a ocidente, pelo mar Vermelho. O lado do norte abre-se em forma triangular e passa insensivelmente para o deserto da Síria. Tem 27.775 quilômetros, de norte a sul, e 1.480 quilômetros na sua maior largura, de este a oeste, com uma área de 2.107.150 km². É formada por elevado platô ou tabuleiro, que se chama Nedi, e se eleva para os lados do sul e oeste, perto da costa, deslizando para o deserto da Síria. Está separada da costa por uma região baixa e arenosa, cuja parte ocidental tem o nome de Hejaz; a sudoeste e ao sul, o Yemen e ao oriente Omã, Heir e Bahrein. A Arábia atravessa a enorme região do deserto que começa perto do oceano Atlântico com o Saara, estendendo-se pela Tartária chinesa, até quase o oceano Pacífico. A Arábia é, pois, grande deserto. Os hebreus denominavam árabes os habitantes da parte deserta, mesmo a que se aproxima da Babilônia e da Etiópia, Jr 3.2, para distingui-los das tribos estabelecidas naquela região, Is 13.20; 2 Cr 21.16; Jr 25.24; Ez 27.21. Eventualmente, a palavra Arábia se

ARÁBIA

emprega para representar a península inteira, At 2.11; Gl 1.17; 4.25; *cf.* 2 Cr 9.14. Ptolomeu, geógrafo de Alexandria, que escreveu no segundo século da era cristã, dividiu a região em três partes: Arábia Félix (feliz, ou fértil), Arábia Pétrea (pedregosa) e Arábia Deserta. A Arábia Pétrea, tendo por capital Petra, era o distrito entre o mar Vermelho e o mar Morto; e a Arábia Deserta, o ângulo que se projeta para os limites do norte, chamado deserto da Síria. Os rios que nela correm são poucos e nenhum deles é navegável. A sua geologia é pouco conhecida, mas tem-se encontrado ouro e algumas pedras preciosas. A sua flora fornece abundantes plantas aromáticas, algumas das quais produzem valiosas especiarias. Entre as aves destacam-se as avestruzes; e entre os quadrúpedes, o camelo, o cavalo árabe e o asno montês. A península foi ocupada pelos semitas, Gn 10.26-29; 25.2-4,13-15, e parcialmente pelos filhos de Cão, bem caracterizados pelos seus traços fisionômicos e linguagem peculiar, Gn 10.6,7. Durante a estada dos israelitas no Egito, existia ao sul da Arábia um elemento civilizador, o reino dos Minos, cuja capital era Maim, a 55 quilômetros e meio ao norte de Mariaba. Os nomes dos seus 36 reis foram descobertos. Conheciam o alfabeto semítico de que faziam uso. O reino dos Minos foi absorvido pelos sabeus, cujo reino é conhecido nas Escrituras pelo nome de Sabá. As tribos árabes se relacionavam com freqüência com os hebreus, Gn 37.29,36; Jz caps. 6–8. Salomão negociou com elas ouro, prata e especiarias, 2 Cr 9.14. Jeosafá recebeu tributos em gado e ovelhas, 2 Cr 17.11. No reinado de Jorão, os árabes, com outros salteadores, saquearam Jerusalém, 2 Cr 21.16. O rei Uzias expulsou-os do país, 2 Cr 26.7. Isaías e Jeremias vaticinaram contra a raça árabe, Is 21.13-17; Jr 25.24, e os dois profetas ilustravam a sua linguagem poética com o nome do arábio nômade, Is 13.20; Jr 3.2. Os árabes alugaram-se aos sírios para combaterem contra Judas Macabeu, 1 Mac 5.39. Entre as multidões que enchiam a cidade de Jerusalém no dia de Pentecostes, encontraram-se representantes dessa raça, At 2.11. Paulo demorou-se na Arábia, antes de iniciar a sua missão apostólica, Gl 1.17. A escassez de água, a coragem indômita dos árabes e a sua vida nômade, impediram que a força dos mais poderosos impérios da antiguidade conseguissem a conquista da península e o domínio de seus habitantes. O cristianismo e o judaísmo deitaram suas raízes na Arábia. No século da era cristã, apareceu Maomé, cuja doutrina dominou em toda a península até à sua morte em 632. Um século mais adiante, os sarracenos irromperam dali, ameaçando a civilização de todo o mundo cristão e a sua fé.

ARADE (*no hebraico, "asno montanhês"*). **1** Cidade dos cananeus, localizada ao sul do território de Judá, derrotada por Israel, Nm 21.1; 33.40; Js 12.14; Jz 1.16. **2** Um benjamita, filho de Berias, 1 Cr 8.15.

ARADO – instrumento de lavoura. O arado da Palestina era de tipo muito rudimentar; consistia em uma trave ou galho de árvore, guarnecido por um jugo em uma extremidade, e na outra por uma relha segura a uma chapa de ferro, Is 2.4; tirado por uma junta de bois e guiado pela mão do lavrador, Jz 14.18; Jó 1.14; Eclus 38.25-26; Lc 9.62. Pouco mais que arranhar a terra se poderia fazer com um aparelho tão simples; e por isso, o trabalho de arar a terra devia ser repetido sempre e sempre. Quando Elias encontrou Eliseu a lavrar com 12 juntas de bois é provável que o fizesse com 12 arados, cada um deles com dois bois, dirigidos por homens, sendo Eliseu o último dos doze, 1 Rs 19.19,20.

ARAMAICO – idioma semítico, falado em Arã e que se escrevia com o mesmo alfabeto hebreu, diferindo da linguagem hebraica, principalmente no sistema de vocalização e na estrutura de algumas formas gramaticais. Antes de se descobrir que a língua vernácula da Babilônia era assíria, o aramaico foi incorretamente chamado caldeu, termo este, ainda em voga. O aramaico era usado por Labão, Gn 31.47. Encontram-se vestígios do aramaico nos nomes próprios Tabrimom, Hazael, 1 Rs 15.18; 19.25; e Mari, e nas inscrições do tempo de Salmaneser e de Sargom, pelas quais se observa que era a linguagem usada pelos negociantes em Nínive, pela diplomacia e pelo comércio externo, 2 Rs 18.26. Nessa linguagem falava Jeremias contra os deuses falsos de Israel, Jr 10.11. Esdras e Daniel escreveram algumas porções de seus livros em aramaico; os judeus que voltaram do cativeiro, a adotaram e no tempo de Cristo foi usada familiarmente pelos judeus e pelas nações vizinhas. As Escrituras do Antigo Testamento foram traduzidas para o aramaico. Onquelos, discípulo de Gamaliel, traduziu o Targum para esse idioma, compreendendo a Lei e os Profetas, e foi a primeira obra desse gênero que passou do hebraico para o aramaico. O siríaco é dialeto dessa língua.

ARAMEUS (*no hebraico, "elevado", "exaltado"*) — terra dos arameus, um território extenso que no tempo patriarcal incluía a região da Mesopotâmia (veja *ARÃ*).

ARANHA — inseto da classe dos aracnídeos, chamado em hebraico *akkabish*. A aranha constrói a sua teia, Jó 8.14; Is 59.5. Existem na Palestina cerca de 600 a 700 espécies de aranhas.

ARÃO — nome de um homem da tribo de Judá, filho de Esrom e irmão de Jerameel, Rt 4.19; 1 Cr 2.9; Mt 1.3; Lc 3.33.

ARARÁ — região montanhosa, ao norte da Síria, no alto tabuleiro central do Araxes. No tempo de Jeremias, existia ali um reino, vizinho aos reinos de Meni e Asquenaz, Jz 51.27. Quando os filhos de Senaqueribe o mataram, fugiram para a terra de Arará, que é na Armênia, 2 Rs 19.37; Is 37.38. Sobre uma das montanhas de Arará, que se ignora qual seja, ficou a arca de Noé, Gn 8.4. As inscrições cuneiformes da Assíria, que registram a história do Dilúvio, falam de certa montanha perto da região de Ortu, a noroeste da Babilônia. Talvez o nome Arará (Urartu) tenha sido confundido com Urtu. A tradição se refere a várias montanhas como sendo o lugar onde ficou a arca. Atualmente, dá-se o nome Arará à majestosa montanha, que se eleva entre o mar Negro e o mar Cáspio, pouco distante dos limites da Rússia com a Turquia. Tem dois picos, um mais alto do que o outro. O mais elevado tem 5.695 metros sobre o nível do mar, mais 3.300 metros acima do tabuleiro, em que se acha, e 990 metros acima da linha das neves perpétuas. A subida é tão difícil e trabalhosa que os turcos a denominam *Aghri Dag*, ou montanha dos sofrimentos. Por muito tempo, se julgou inacessível, porém, afinal, foi galgada em 1829 por Parrot, e em 1850, pelo coronel Khoelzko e seus 60 auxiliares, quando empenhados na medição trigonométrica da região Transcaucásia.

ARATES ou ARIARATES — nome do rei da Capadócia desde 162-131 a.C., cognominado Filopator, 1 Mac 15.22.

ARAÚNA (*no hebraico é "rawnâ, "forte", "ágil", "herói" ou "senhor"*) — nome de um jebuseu, dono de uma eira no monte Moriá. Davi comprou a eira e levantou nela um altar a Jeová, a fim de fazer cessar a praga que afligia o povo, 2 Sm 24.18-25; 1 Cr 21.15-28. Nesse lugar, foi levantado o Templo de Salomão, 2 Cr. 3.1. Araúna chama-se Ornã em Crônicas, e Urná ou Orná no texto hebraico de 2 Sm 24.16, e de modo diferente no v. 18. É difícil determinar qual foi a forma original do nome, que parece ser estrangeiro.

ARAUTO (*do aramaico karôz*) – era um funcionário que levava e fazia as proclamações do governo, o termo só ocorre em Dn 3.4. O arauto apregoava em alto som os decretos do governo, ou uma mensagem enviada pelo rei. Nesse aspecto, os profetas também poderiam ser qualificados como arautos, pois eram "anunciadores" dos decretos de Deus, bons ou ruins, Is 40.9. No Novo Testamento, o termo empregado é "pregar", do grego *kerússo*. Os pregadores são os verdadeiros arautos de Cristo anunciando as boas novas de salvação.

ARBA (*no hebraico, "quatro"*) – nome do maior homem entre os enaquins ou anaquins. Foi ele quem deu o nome de Quiriate-Arba à cidade que ele fundou, que depois se chamou Hebrom, Js 14.15; Jz 1.10.

ARBATA – localidade perto da Galiléia, 1 Mac 5.23. A grafia desse nome é muito variada nos manuscritos, e por isso é muito incerto determinar o verdadeiro lugar de sua antiga existência. Alguns sugerem a planície onde o Jordão deságua no lago da Galiléia.

ARBATITA – nome de um dos habitantes de Bete-Arabá, 2 Sm 23.31; 1 Cr 11.32.

ARBELA – lugar, segundo Josefo, de bem conhecida cidade, desse nome, na Galiléia, 1 Mac 9.2; Antig. 12.11,1.

ARBITA – nome de um morador de Arabe da região serrana de Judá, 2 Sm 23.35. Talvez uma variante do que se lê em 1 Cr 11.37.

ÁRBITRO – nome que se dá a alguém chamado a ser mediador ou árbitro entre duas pessoas, Jó 9.33. O termo hebraico que aparece mais de 60 vezes no Antigo Testamento tem sido traduzido por palavras diferentes no português, como *convencer*, *disputar*,

julgar, *argumentar* e *reprovar*. No Novo Testamento, o termo empregado por 17 vezes é o grego *krités*, "juiz", Mt 5.25; 12.27; Lc 18.2,6; At 10.42; 24.10; 2 Tm 4.8; Hb 12.23; Tg 2.4; 4.11s.

ARCA – arca, cofre, caixa, ou qualquer vaso de forma, semelhante. **1** A arca de Noé era uma embarcação, construída por ordem divina, na qual Noé se manteve em segurança, enquanto duraram as águas do Dilúvio. Se o côvado, que serviu de medida de unidade à construção da arca, correspondesse à nossa antiga unidade de 18 polegadas, então o comprimento deveria ser de 148 metros e meio, e a largura de 24,75 com a altura de 14,19 metros. O Great Eastern tinha 222,42 metros de comprimento, 25,41 de largura e 19,14 de altura, com a tonelagem de 22,500. Ignora-se qual foi a madeira empregada na construção da arca. Para torná-la impermeável, foi betumada por dentro e por fora; possuía três compartimentos sobrepostos e uma porta de ingresso e regresso, e bem assim uma janela de 0,66 de alto. Uma cobertura servia de proteção contra a chuva e o sol, Gn 6.14 até cap. 8.19; Mt 24.38; Lc 17.27; Hb 11.7; 1 Pe 3.20. A arca era destinada à acomodação de Noé, de sua família e dos animais escolhidos para conservação das espécies. O Dr. Howard Osgood, no Sunday School Times, de 6 de fevereiro de 1892, discutiu a questão se todas as espécies de animais classificados pelos naturalistas poderiam ter sido recolhidas na arca. O cálculo mais elevado do número das espécies dos mamíferos é de 290. Cada animal dessa espécie é superior ao tamanho de uma ovelha; mais 757 espécies de animais do tamanho da ovelha; decrescendo até o tamanho de um rato, e 1.359 espécies de ratos, morcegos e toupeiras. O volume médio de todas elas regula o tamanho de um gato. Dando-se à área de 1,65 m quadrados espaço suficiente para um gato, duas de cada espécie de mamíferos poderiam acomodar-se em dois

ARCA

A

terços de um dos compartimentos da Arca com os seus 11.137,50 metros quadrados. Os representantes das dez mil espécies de pássaros, 879 de répteis, 1.252 de Lacertilia, e 100 mil de insetos, poderiam facilmente ocupar o terço restante do compartimento, deixando os outros dois compartimentos para depósitos de alimentos. **2** A pequena arca em que foi depositado o infante Moisés, construída para seu livramento, quando lançado às águas do Nilo; era um cestinho feito de folhas e talos de papiro, ligados entre si com betume, Êx 2.3-6. **3** A Arca do Testamento, objeto central do Tabernáculo, era construída de pau de cetim, revestida de ouro por dentro e por fora. Tinha o comprimento de dois cúbitos e meio correspondentes a um metro e 22 cm, um cúbito e meio de largo, ou 762 milímetros; com igual altura, guarnecida na parte superior com moldura de ouro em roda e quatro argolas também de ouro, duas de cada lado, por onde se metiam os varais de pau de cetim cobertos de ouro, para seu transporte. A cobertura da arca era de puro ouro com as mesmas dimensões dela e chamava-se Propiciatório; sobre ele foram colocados dois querubins de ouro, trabalhados a martelo, um em cada extremidade, os quais cobriam o Propiciatório com as asas estendidas, e as faces voltadas um para o outro, Simbolizavam esses querubins, a presença de Jeová que, como rei de Israel, habitava no meio de seu povo, entre os querubins, de onde fazia ouvir a sua voz e onde se encontrava com os representantes do povo. Êx 25.10s.; 30.6; Nm 7.89; 1 Sm 4.4. Servia especialmente para guardar as tábuas da Lei, Êx 25.21; 31.18; Dt 10.3,5, ocupava o centro do Santo dos Santos, Êx 26.34. Posteriormente, guardava também um vaso com o maná, e a vara de Arão, e a seu lado se conservou o Livro da

Arca Querubim — Christian Computer Art

ARCA

Lei, Êx 16.34; Nm 17.10; Dt 31.26; Hb 9.4. Nos tempos da confusão de Israel, somente existiam na arca as duas tábuas da Lei, 1 Rs 8.9. A família dos coatitas foi encarregada de guardar a arca, Nm 3.29-31; 4.4-15. Os sacerdotes, levitas da casa de Coate, eram os que a conduziam nas ocasiões especiais, Js 3.3; 6.6; 8.33; 2 Sm 15.24,29; 1 Rs 8.3. A marcha do povo, saindo do Sinai, era precedida pela arca, Nm 10.33, que semelhante a um rei, no meio de seu exército, indicava o caminho a seguir. Os sacerdotes que a acompanhavam, transmitiam as ordens de Jeová, Nm 10.5,6,8; Êx 32.1; Dt 3.28; 10.11; 31.3. Chegados que foram os israelitas ao Jordão, ali parou a arca, até todas as tribos passarem para o outro lado do rio, Js 4.9-11. Durante o cerco de Jericó, a arca passou sete vezes em torno da cidade, antes da queda de seus muros, Js 6.1-20. Depois da passagem do Jordão, a arca esteve em Gilgal, de onde passou a Siló, 1 Sm 3.3. No tempo de Eli foi levada para o campo de batalha como talismã que para dar aos israelitas a vitória contra seus inimigos, os filisteus, que a capturaram, 1 Sm 4.1-22, devolvendo-a logo depois para o território dos hebreus, 1 Sm 5.1, até o cap. 6.11. Esteve sucessivamente em Bete-Semes, cujos habitantes foram punidos por a terem visto, 6.12-20 (veja BETE-SEMES), em Queriate-Jearim, 7.1,2, e em Perez-Uzá, que quer dizer, O Castigo de Uzá, nome de um dos condutores da arca que a tocaram, caindo morto a seu lado, 2 Sm 6.1-11; 1 Cr 13.1-14; *cf.* Nm 4.15,19,20. Desse lugar seguiu para Jerusalém, 2 Sm 6.12-23, conduzida pelos sacerdotes e pelos levitas, Js 3.13; 4.9; 6.4,6; 2 Sm 15.24,25,29; 1 Cr 15.1-15. Nesse lugar a colocaram em um tabernáculo temporário, preparado por Davi, 2 Sm 6.17; 7.1,2; 1 Cr 16.1,4-6,37-43. Finalmente, do tabernáculo passou para o Santo dos Santos no Templo de Salomão, 1 Rs 8.1-9. O rei Josias se refere a ela em 2 Cr 35.3, porém em termos de significação obscura. Desapareceu, por ocasião de ser destruída a cidade por Nabucodonosor e desde esse tempo nunca mais se teve notícia dela. Outros povos da antiguidade faziam uso de arcas sagradas, como os gregos e os egípcios, para encerrarem os ídolos, para símbolo das divindades, ou para outros fins religiosos.

ARCANJO (veja *ANJO*).

ARCO – arma de guerra que servia para despedir as flexas, 2 Rs 6.22; 1 Cr 12.2. Fabricava-se com uma barra de madeira flexível ou de metal, 2 Sm 22.35; Jó 20.24, a cujas extremidades se prendia uma corda entesada, Sl 10.2. O arco era usado na mão esquerda, Ez 39.3, e servia para a caça e para a guerra, Gn 27.3; 48.22, entre as nações da antiguidade, 1 Sm 31.3; 1 Rs 22.34; Jr 46.9; 49.35. Os soldados amestrados nessa arma chamavam-se arqueiros, dos quais havia muitos nas tribos de Rúben, Gade, na meia tribo de Manassés e Efraim e especialmente na de Benjamim, 1 Cr 5.18; 2 Cr 14.8; Sl 78.9. O arco era conduzido pelos oficiais e pelos soldados, a pé, a cavalo e em carroças, 2 Rs 9.24. Os arqueiros levavam também um pequeno escudo e uma espada, 1 Sm 18.4; 1 Cr 14.8, que constituíam as armas ligeiras da guerra. As setas eram feitas de canas ou de varas de madeira polida, e conduzidas na aljava, Lm 3.13; Is 49.2; Ez 39.9, cujas pontas de ferro, cobre ou pedra, eram geralmente envenenadas, Jó 6.4.

ARCO-ÍRIS – arco colorido que aparece na parte do céu oposta ao sol, consistindo em cores prismáticas e formado pela refração e reflexão dos raios do sol, passando pelas gotas da chuva ou pelo vapor; é de uma beleza encantadora, Eclus 43.11,12. Após o Dilúvio, Deus serviu-se do arco-íris, já antes visto no firmamento, e fez dele o símbolo de sua promessa de não mais destruir o mundo por meio das águas, Gn 9.12-17. Veio a ser também o sinal da fidelidade de Deus no cumprimento de suas promessas misericordiosas para com os homens, Ap 4.3.

ARDATE – nome do campo onde Esdras se comunicava com Deus e recebeu uma visão, 1 Ed 9.26.

ARDE (*de sentido incerto, talvez "fugitivo", no "hebraico"*) – um dos filhos de Bela, neto de Benjamim, Gn 46.21; Nm 26.38,41. Esse nome estende-se a uma família de Benjamim. A pessoa que tem o nome de Adar, em 1 Cr 8.3, é o mesmo Arde ou Arede, segundo parece. A variedade na forma é devido talvez a uma transposição de letras muito semelhantes no hebraico, ou a uma confusão das duas consoantes *d*, *r*. Essa confusão é muito freqüente, porém se reconhece facilmente (veja *DÁLETE*).

ARDITAS – os descendentes de Arde, Nm 26.40.

ARDOM (*no hebraico, "descendente"*) – um dos membros da tribo de Judá, da família de Hesrom, da casa de Calebe, 1 Cr 2.18.

ARELI – nome de um dos filhos de Gade, fundador de uma família, arelitas, em data aproximada a 1700 a.C., Gn 46.16; Nm 26.17.

AREOPAGITA – qualificativo que se dava aos juízes pertencentes à corte do Areópago, At 17.34.

AREÓPAGO (*no grego é Areios pagos, "monte de Ares"*). **1** Nome de um dos montes inferiores a oeste da acrópole de Atenas, consagrado a Ares, deus da guerra. Era uma rocha calcária, nua, na direção do noroeste para sudeste, terminando abruptamente sobre a acrópole, ou cidadela de Atenas. A extremidade do sudeste era bordada com vários altares, e sobrelevava-se uns 16 a 20 metros acima do vale que a separa da acrópole, que era um dos mais elevados, dos dois montes. Ares, corresponde a Marte dos romanos: Areópago, portanto, é o mesmo que monte de Marte. **2** Nome da suprema corte de Atenas, que se reunia sobre o monte denominado Areópago para sentenciar causas. Esse tribunal era formado por um corpo de cidadãos eminentes. Ainda se pode ver os lugares cortados na rocha, em que se assentavam os juízes e mais pessoas que tomavam parte nos julgamentos; e a sudoeste, destaca-se a linha de degraus em direção ao mercado. Foi no lugar fronteiro ao Areópago que o apóstolo Paulo fez a sua defesa e a do cristianismo que ele representava. A feição peculiar de seu discurso bem mostra que ele se dirigia a um auditório composto do elemento mais intelectual, da mais culta cidade do mundo. Durante o julgamento, o tribunal tomava assento na câmara, por cima do mercado, transferia-se depois para o Areópago, onde se lavrava a sentença. É de presumir que Paulo produziu a sua defesa na câmara do julgamento e não perante o Areópago. Recentes estudos sobre Aristóteles nos levam à conclusão de que os casos de heresia não estavam pendentes desse tribunal, e a narrativa do livro "Atos dos Apóstolos" milita contra a suposição de que o discurso de Paulo fosse uma defesa formal perante um tribunal judiciário. Conclui-se, pois, que o apóstolo se dirigia a um auditório de filósofos que não constituíam corpo jurídico, At 17.16s.

ARETAS (*forma grega do hebraico Harthaih*) – os reis que dominavam na Arábia Pétrea, ocupada pelos árabes nabateus, usavam esse nome – Aretas (veja *ARÁBIA*). **1** Título de um contemporâneo do sumo sacerdote Jasom, pelo ano 170 a.C., 2 Mac. 5.8. **2** Nome do sogro de Herodes Tetrarca, que também era chamado de Enéas IV e Filopatrio, o último dos reis nabateus. Quando esse Herodes se dispôs a separar-se de sua mulher, filha do rei Aretas, a fim de casar-se com Herodias, este declarou-lhe guerra e totalmente lhe desbaratou o exército, no ano 36 d.C. Os romanos tomaram o partido de Herodes, enviando a Vitélio, governador da Síria, para castigar a Aretas, porém a morte do imperador Tibério veio impedir a expedição, Antig. 18.5,1-3. **3** Um rei dos árabes, também chamado Obedas. Derrotou Antíoco Dionísio, reinando sobre a Cele-Síria. Foi derrotado por Aristóbulo, após cerco frustrado sobre Jerusalém, em Papirom. Mais tarde, cercado pelo general romano Escauro que invadiu Petra, pagou alto preço em dinheiro para Escauro deixar o lugar, no que foi bem-sucedido, 2 Co 11.32; Antig. 13.13,3,5; Josefo, Guerras 1.6,3; 14.5,1.

ARFAXADE (*no hebraico é 'arpakhsha-dh, no grego é Arphaxad*) – um neto de Noé e filho de Sem que nasceu dois anos depois do Dilúvio. Foi pai de Salá e um ancestral de Abraão. Morreu aos 438 anos, Gn 11.11-13,31.

ARGANAZ (*do hebraico, shafan*) – o termo hebraico é usado quatro vezes no Antigo Testamento e tem traduções diferentes nas versões em português, a saber: *arganaz*, *querogrilo* e *coelho*. Os textos respectivos são, Lv 11.5; Dt 14.7; Sl 104.18 e Pv 30.26. Trata-se de uma espécie de rato silvestre, assemelha-se a um esquilo, que vive em árvores, é encontrado em toda a Europa.

ARGOBE (*no hebraico, "monte de pedras", "pedregoso"*). **1** Nome de uma região de Basã, incluída nos domínios de Ogue, que se estendia para os lados de Gessuri e Macati. Continha 60 cidades muradas, além de inumeráveis povoações que não tinham muros, tomadas por Jair, Dt 3.4,13,14; Js 13.30; 1 Rs 4.13. O Targum indica o distrito de Traconitis como lugar do antigo Argobe, porém essa região localiza-se muito para o oriente. Josefo identifica uma parte do Ar-

gobe com Gaulonitis, Antig. 8.2,3; e 1 Rs 4.13, que corresponde em parte à região entre o desfiladeiro de Gileade ao norte, e o *Lejjah*. **2** Nome de um homem que foi assassinado com Pecaías, rei de Israel, por Peca, general de suas tropas, que aspirava ao trono, 2 Rs 15.25. Figueiredo dá o nome de Argobe, como sendo de um lugar e não da pessoa assassinada.

ARGUEIRO (*do grego karphos, "argueiro", "cisco", "uma pequena lasca de madeira"*) – termo que Jesus usou em um dos ensinos do Sermão do Monte sobre o juízo temerário. O termo alude a uma pequena falta que incomoda como um cisco no olho, referindo-se a uma pequena falta que pode ser vista e criticada na vida do irmão. Em contraste a isto, Jesus fala sobre uma trave de madeira que pode estar no olho daquele que só consegue ver as pequenas faltas na vida do outro. Precisa, então, remover a trave do seu olho para depois tirar o cisco do olho do irmão, Mt 7.4-5; Lc 6.41,42.

ARIDAI – nome de um filho de Hamã, morto com seu pai pelos judeus que habitavam na Babilônia, Et 9.6-9.

ARIDATA (*no hebraico, "forte"*) – nome de um dos filhos de Hamã, morto com seu pai pelos judeus, Et 9.6-9.

ARIÉ (*no hebraico, "leão"*) – nome de um homem que foi assassinado com o rei Argobe e outros, por Peca, filho de Remalias, 2 Rs 15.25. Figueiredo dá Arié como o nome do lugar e não da pessoa que foi morta, como acontece com o nome de Argobe.

ARIEL (*no hebraico é 'ari'el, "leão de Deus"*). **1** Nome de uma parte do altar descrito por Ez 43.15. **2** Nome de um moabita, 2 Sm 23.20; 1 Cr 11.22. Em algumas versões, Ariel tem a tradução de "fortes leões", pois o nome pode significar um epíteto para pessoas corajosas. **3** Nome de Jerusalém, simbolizando a força que possuía vinda de Deus, Is 29.1,2,7. Leve diferença na forma original da palavra, "Areli", daria o sentido de fornalha do altar. **4** Nome de um chefe judeu que estava com Esdras no rio Aava, Ed 8.16.

ARÍETE (*do latim, "aries", "arietes", "carneiro"*) – antigo instrumento de guerra, consistia de um forte poste com cabeça de metal chata ou pontuda, como lança. Às vezes colocada sobre rodas, tornava-se então, uma máquina de guerra. Era usado para derrubar portões e muralhas de cidades sitiadas. Alguns aríetes possuíam em sua ponta uma cabeça de carneiro de ferro de onde os golpes eram desferidos, Ez 4.2; 21.22; 26.9.

ARIMATÉIA (*modificação latina e grega da palavra Ramah, "altura"*) – nome da cidade onde morava o homem rico que foi pedir a Pilatos o corpo de Jesus para ser sepultado no seu jazigo novo, aberto em rocha, Mt 27.57-60; Mc 15.43; Lc 23.51-53; Jo 19.38. Arimatéia é a forma grega de Ramah cujo local é ignorado. Alguns assinalam Ramleh, perto de Lida, porém esse lugar está fora de toda discussão, porquanto só foi edificado no oitavo século da era cristã. Esse nome encontra-se em 1 Mac 11.34, *cf.* Antig. 13.4,9, como pertencente a Samaria naquele tempo.

ÁRIO – rei de Esparta, 1 Mac 12.20; Antig. 13.5,8, talvez o primeiro rei desse nome que governou desde 309 a 265 a.C.

ARIOQUE (*no hebraico, "semelhante ao leão", se o termo for de origem sumeriana, "servo do deus lua"*). **1** Nome de um rei de Elasar, confederado com Quedorlaomer, rei dos elamitas, para invadir o vale do Jordão, Gn 14.1,9. Nas inscrições babilônicas, encontra-se o nome de um rei de Larsa, de nome Eriacu, filho de Cudurmabugue. Provavelmente o Larsa babilônico se refere a Elasar, capital do mesmo nome do reino, presentemente assinalado por montões de ruínas em Senquerá, pouco ao oriente de Ereque. **2** Nome do capitão das guardas de Nabucodonosor, rei da Babilônia, Dn 2.14,15, a quem competia executar as penas de morte, v. 24.

ARISAI (*no hebraico, "flecha de Ária*) – nome de um dos filhos de Hamã, morto pelos judeus babilônios, Et 9.9.

ARISTARCO (*no grego, "O melhor líder"; no latim, "que governa muito bem"*) – nome de um macedônio de Tessalônica que acompanhou o apóstolo Paulo a Éfeso, e que no tumulto que ali houve, foi arrebatado pela multidão, At 29.29. Quando Paulo voltou da Grécia, Aristarco foi com ele de Trôade para a Ásia, At 20.4,6, e subseqüentemente o acompanhou em viagem para Roma, e com ele esteve nas prisões, At, 27.2; Fm 24; Cl 4.19.

ARISTÓBULO (*no grego, "melhor consolador"; no latim, "o melhor conselho"*). **1** Nome de um célebre filósofo judeu de Alexandria, 2 Mac 1.10. **2** Nome de um cristão a quem Paulo enviou saudações em Roma, Rm 16.10.

ARMADILHAS (*do grego pagís, "rede" ou "armadilha"*) – artifício ou método para apanhar animais ou pessoas, uma cilada. No Novo Testamento, encontramos dois vocábulos gregos, *bróchos*, que significa "corda", 1 Co 7.35, e *págis*, armadilha; muitas vezes traduzido por "laço", Rm 11.9, 1 Tm 3.7; 6.9; 2 Tm 2.6 ou "rede", Lc 21.35. No Antigo Testamento, vários termos abrangem a idéia de armadilha, como "laço", Êx 10.7; "uma corda" e "armadilha", em Jó 18.10; "laços", em Jr 5.26; "rede" e "laço", em Ez 12.13.

ARMADURA

ARMADURA – cobertura que usavam os guerreiros para se protegerem contra as armas ofensivas. As peças principais de uma armadura são descritas pelo apóstolo Paulo, quando escreve aos crentes em Éfeso, para enfatizar a necessidade da perfeita conduta cristã diante das armadilhas do diabo, Ef 6.11-17. Consistiam em armas de defesa e armas de ataque: Armas de Defesa: a) *Escudos*. Usados por todas as nações da antigüidade. Os israelitas tinham duas espécies de escudos, um maior e outro menor. 1 Rs 10.16,17. Os maiores serviam para os lanceiros, 1 Cr 12.8,24,34; 2 Cr 14.8; os menores, para os besteiros, 1 Cr 5.18; 2 Cr 14.8. Havia os de várias formas, redondos, ovais e oblongos. Eram feitos de couro grosso ou de madeira coberta de couro, Ez 39.9, untados de azeite, para se conservarem lustrosos e flexíveis e resistirem à umidade, Is 21.5. Algumas vezes eram cobertos com um revestimento de bronze, ou mesmo feitos inteiramente de bronze, Antig. 13.12,5; 1 Rs 14.27, e até mesmo feitos de couro batido, 1 Rs 10.17; 2 Cr 9.16; 1 Mac 6.2,39. Os escudos de bronze tinham de 60 a 90 centímetros de diâmetro. Às vezes os guerreiros levavam um escudeiro que os acompanhavam na guerra, 1 Sm 17.2. b) *Elmo*. O capacete. Fabricado de couro e outras vezes de ferro ou de bronze, 1 Mac 6.35, usados pelos egípcios, filisteus, assírios, babilônios e persas, 1 Sm 17.5; Jr 46.4; Ez 23.23,24; 27.10. Os capacetes de bronze eram ocasionalmente usados pelos israelitas e filisteus no tempo de Saul, 1 Sm 17.5,38. O rei Uzias equipou as suas tropas com escudos, capacetes e couraças, 2 Cr 26.14. Alguns capacetes antigos possuíam enfeites, como crista, e animais comuns ou mitológicos com o objetivo de intimidar o inimigo. c) *Couraça*. Ou cota de malha. Esse peitoral tinha duas partes, denominadas de asas. Cobria o peito, as costas e os ombros. Fabricada de couro, algodão, linho, bronze, ferro e até ouro, Heród. 3.47; 1 Sm 17.5; Ap 9.9; 1 Mac 6.2. Havia articulações entre ela e as outras peças da armadura, 1 Rs 22.34. Armaduras com escamas e de cadeias foram usadas por Golias e pelos soldados de Antíoco Eupater, 1 Sm 17.5; 1 Mac 6.35. d) *Grevas*. Ou botas de cobre. Feitas de chapas finas de metal para proteger as pernas abaixo dos joelhos, as canelas, 1 Sm 17.6. Geralmente tinham uma parte de couro que descia à extremidade inferior para proteger os pés. e) *Cinturão*. Feito de couro e às vezes revestido em parte com bronze, era usado para ajustar a armadura ao corpo do soldado, e também como suporte para levar adagas e armas pequenas. Armas de Ataque, citadas por Paulo: a) *Flecha*. "Tomando sobretudo o escudo da fé, com o qual podereis apagar todos os dardos inflamados do maligno", Ef 6.16. O termo grego é *béle, flecha*, traduzido como "dardo". Usada pelos arqueiros nos muros das cidades fortificadas, eram poderosas armas que impediam a aproximação do inimigo. Suas pontas poderiam levar fogo ou veneno para o inimigo. b) *Espada*. "Tomai também o capacete da salvação, e a espada do Espírito, que é a palavra de Deus", Ef 6.17. *Ziphos*, no princípio feita de bronze, de tipo e tamanhos variados. Foi durante muito tempo a principal arma de ataque e de defesa de um soldado. Outras armas conhecidas: a) *Lança*, "egchos". Aste de madeira dura com ponta afiada de ferro ou bronze. Usada no combate de corpo a corpo ou arremessada a pouca distância contra o inimigo (veja *LANÇA*). b) *Machado de guerra*, "aksine" e "pelekus". O primeiro termo refere-se a um machado de um corte, o segundo refere-se a um machado com corte em ambos os lados. c) *Maça*, "korune". Instrumento feito de ferro, apreciada pelos persas e posteriormente pelos gregos, embora usada também por outros povos. d) *Dardo*, "doru". Instrumento como uma lança bem curta, de fácil manejo, usada para atingir o inimigo a distância. Outro tipo de dardo, chamado *akontion*, mais leve e menor que a lança, era usado para combate corpo a corpo ou para ser lançado

ARODI

A

a pouca distância. e) *Funda*, "sphendone". Uma espécie de estilingue que atirava pedras a distância. Uma arma pequena, de fácil transporte, mas dependia de grande habilidade para usá-la. Muito usada por povos antigos e pelos hebreus, foi com uma funda que o pequeno Davi derrubou o gigante Golias, 1 Sm 17.49. f) *Arco e flecha*, "tokson e bele". Instrumento que abatia o inimigo a distância, e quando usado sobre os muros das cidades fortificadas impedia a aproximação do inimigo. Eram usados também como instrumentos de caça. g) *Carros de guerra*. Possuíam diferentes formas, dependendo de cada povo. Pode tratar-se de um carro sobre rodas para levar o soldado de maneira veloz, ou carroças com lanças pontiagudas nas extremidades e na frente para ferir o inimigo. Há muita semelhança entre os carros de guerra egípcios e as bigas romanas. h) *Balistas e Catapultas*. Arremessadores sobre rodas, tinham poder de destruição considerável em muros e construções diversas. i) *Aríete*. Instrumento sobre rodas para arrombar portões (veja *ARÍETE*).

ARMAS (veja *ARMADURA*).

ARMAGEDOM (*monte de Megido*) – nome que se dá a um campo de batalha profético, onde os reis de toda a terra se reunirão para uma batalha no grande dia do Deus Todo-poderoso, Ap 16.16. Esse nome é uma evidente referência à sanguinolenta batalha travada perto da cidade de Megido, em que foram derrotados Sísera e os cananeus, e a outra batalha, entre Acazias, rei de Judá e Jeú, rei de Israel, em que Acazias perdeu a vida, 2 Rs 9.27. Finalmente, uma terceira batalha, em que o rei Josias foi morto, quando saiu de encontro ao Faraó Neco, rei do Egito, 2 Rs 23.29; Zc 12.11. A associação histórica com as sangrentas batalhas de Megido levaram o profeta evangelista a empregar um nome apropriado para descrever as futuras dores e o futuro triunfo do povo de Deus.

ARMÊNIA (veja *ARARÁ*).

ARMOM – termo hebraico de significado incerto, atribuído a uma árvore usada por Jacó, quando usou suas varas, fazendo nelas riscas brancas ao descascá-la. O termo é traduzido por "amendoeira", Gn 30.37.

ARMONI (*do hebraico*, *"pertencente ao palácio"*) – um dos filhos de Saul com a sua concubina Rispa, que foi entregue por Davi aos gibeonitas, para ser morto por vingança à casa de Saul, 2 Sm 21.8-12.

ARNÃ (*no hebraico*, *"forte"*, *"ágil"*) – nome do fundador de uma família presumível da linhagem de Davi, 1 Cr 3.21.

ARNI – nome de um antepassado de Jesus, pai de Aminadabe, também chamado de Rão, Lc 3.33; *cf.* Rt 4.19, e de Arão, Mt 1.3. O nome hebraico Rão aparece geralmente na tradução grega do Antigo Testamento, como Apã ou Appan; e Apnei que se encontra em importantes textos de Lucas. Pode ser uma simples corrupção do texto (veja *ARÃO*).

ARNOM (*do hebraico*, *"que corre rápido"*) – nome de um rio que antigamente servia de linha divisória entre o país dos amorreus ao norte, e o dos moabitas ao sul, Nm 21.13,26, e mais tarde, entre a tribo de Rúben, ao norte, e Moabe, outra vez ao sul, Dt 3.8,16; Js 13.16. Dava passagem por diversos vaus, Is 16.2. O seu leito, em profundo vale, é o mesmo por onde corre o Wady Môjib, formado pela junção de três tributários menores, e desemboca no mar Morto. Suas margens são ornadas de loureiros, a vegetação de suas ribanceiras é exuberante e suas águas povoadas de numerosos peixes.

ARODI (*no hebraico*, *"asno selvagem"*) – nome de um dos filhos de Gade, e fundador de uma família, Gn 46.16; Nm 26.17.

AROER

AROER (*no hebraico, "desnudo"*). **1** Nome de uma cidade, situada às margens do rio Arnom. Era ponto sul do reino dos amorreus, quando governado por Seom, e mais tarde, passou à tribo de Rúben, Dt 2.36; 3.12; Js 12.2; 13.16; Jz 11.26,33. Foi tomada por Mesa, rei de Moabe v. 26 (veja *PEDRA MO-ABITA*) e por Azael rei da Síria, 2 Rs 10.33; 1 Cr 5.8. No tempo de Jeremias, pertencia a Moabe, Jr 48.19. Atualmente tem o nome de Arair; é lugar desolado, bem ao sul de Dibom e um pouco ao oriente da estrada romana que atravessa Moabe, de norte a sul. **2** Nome de outra cidade, edificada pelos gaditas, Nm 32.34, defronte de Rabá, no meio do vale de Gade, limite sul dessa tribo, Js 13.25; 2 Sm 24.5. **3** Aldeia de Judá, à qual Davi enviou os despojos da presa de Ziclague, 1 Sm 30.28. Suas ruínas consistem de alguns muros, na passagem de Arara, 22 quilômetros a sudoeste de Bersebão. Se Aroer, mencionada em Is 17.2, for nome próprio, e não o nome comum que significa *nudez*, *ruína*, então, a frase em que se emprega, deve ser traduzida – *cidades de Aroer*, referindo-se aos subúrbios de Aroer dos gaditas; ou "as cidades Aroer" (as duas cidades a leste do Jordão) como representando todas as cidades dessa região.

AROERITA – nome de pessoa que nasceu, ou que mora em Aroer, referência provável a *uma aldeia de Judá*, 1 Cr 11.44 (veja *AROER*).

AROMA (*no hebraico, reach, "odor", "fragrância"*) – a palavra pode denotar um sentido agradável ou desagradável que atinge o olfato. Outros termos podem traduzir de modo mais específico o que pode ser cheiro agradável ou desagradável, como o hebraico *tsachanah*, em Jo 2.20, *cf.* Nm 15.3. No Antigo Testamento o termo é usado 58 vezes, Gn 8.21; Êx 29.18,41; Lv 1.9,13,17; Nm 15.3; Ez 20.41 etc. No Novo Testamento o termo grego usado é *osmé*, "odor", aparece cinco vezes, Jo 12.3; 2 Co 2.14,16; Ef 5.2; Fp 4.18.

ARONITAS – o texto hebraico diz Arão. O nome Aronitas é tomado coletivamente e representa o sacerdócio dos descendentes de Arão, 1 Cr 12.27 e 27.17.

ARPACHADE – etimologia ignorada. A última parte do nome, quando separada, é de origem caldéia. Nome de um filho de Sem, Gn 10.22,24; 1 Cr 1.17, 18, antepassado remoto de Abraão, nasceu dois anos depois do Dilúvio; quando tinha 35 anos gerou a Salá, e morreu 430 anos depois, com 438 anos de idade, Gn 11.10-13. A palavra Arpachade não é necessariamente nome de pessoa. A estrutura dos registros genealógicos, à primeira vista é tal, que o nome pode ser de uma tribo, ou da terra de onde vieram os descendentes do filho de Sem, que nasceu dois anos depois do Dilúvio. Arpachade há muito tempo foi identificado em uma região montanhosa do alto Zabe, ao norte e a noroeste de Nínive, a que os geógrafos gregos davam o nome de *Arrapachitis*, e os assírios chamavam *Arabcha*. Essa identificação é incerta por causa da sílaba final, *shad*.

ARPADE – nome de uma cidade, em geral mencionada no Antigo Testamento com outra cidade de nome Hamate, não muito distante uma da outra, 2 Rs 18.34; 19.13; Is 10.9; Jr 49.23. Julga-se que o lugar de sua antiga existência é a atual *Tell Erfad*, a 40 quilômetros ao norte de Alepo, cidade muito importante, visitada muitas vezes pelos assírios. Ali estiveram os exércitos de Ramanirari, em 806 a.C., e os de Asurnirari, em 754, e os de Tiglate-Pileser, que a tomaram em 742-740. Essa cidade, com outras que se ergueram depois, foram suprimidas por Sargom, em 720.

ARPÃO (*no hebraico, "lança", "fisga", "arpão"*) – aparece na Bíblia somente em

Jó 41.7. Tem traduções alternadas de seus significados por, "arpões" e "arpéus de pescadores", ou ainda de "lança de pesca" e "ganchos".

ARQUELAU (*no latim, "governante do povo"*) – nome do filho mais velho de Herodes, o Grande, com uma mulher samaritana; o mais moço chamava-se Antipas, e mais tarde, Herodes tetrarca, Antig. 17.1,3. Ele e seus irmãos Antipas, Herodes e Filipe, foram educados em Roma. Durante a sua ausência, um de seus irmãos, Antipater, acusou-os falsamente de tentarem contra a vida de seu pai. Arquelau e Filipe se inocentaram da culpa. O crime atribuído a eles caiu sobre o acusador que foi condenado à morte, Antig. 14.4-3; 17.7,1; Guer. 1.31,2-32,7. Herodes morreu imediatamente depois, 4 a.C. Aberto o seu testamento, que havia sido alterado poucos dias antes, viu-se que a maior parte do reino tinha sido deixada a Arquelau, e as tetrarquias, para Antipas e Filipe, ficando para Salomé, irmã de Herodes, algumas cidades, Antig. 27.8,1. Nesse momento histórico, o reino da Judéia estava sob o protetorado da Roma Imperial. Arquelau prudentemente se absteve de subir ao trono, sem primeiramente solicitar permissão de Augusto, imperador romano, resolvendo seguir logo para a metrópole a fim de pessoalmente obter o reconhecimento de seus direitos ao trono, *8,4.* Antes porém, de sair para Roma, deu-se um incidente infeliz. Um grupo foi queixar-se que havia sido ofendido e exigia reparações imediatas. A queixa foi prematura, mas eles não queriam delongas, e como não pudessem satisfazer a seus desejos, amotinaram-se por ocasião da Páscoa. Bem contra a sua vontade, porquanto desejava ser agradável ao povo, teve de empregar a força para dominar a sedição, sacrificando a vida de três mil pessoas. Em conseqüência disto, uma missão especial judia foi a Roma para rogar ao imperador que não desse o reino a Arquelau. Seu irmão mais moço, Herodes Antipas, entrou na disputa, pedindo para si o trono. O imperador confirmou o testamento de Herodes nos seus pontos essenciais. Arquelau obteve a maior parte do reino, porém, somente com o título de etnarca, ou governador do povo, título inferior ao de rei, Antig. 17.8,1; 9.7; 11.5. Ao seu rival Antipas, deu somente uma tetrarquia. Foi logo depois que José e Maria voltaram do Egito com o infante Jesus. Podiam bem imaginar que aquele que havia sufocado a revolta por ocasião da Páscoa não tinha muito respeito pela vida humana, e por isso julgaram prudente abrigar-se na Galiléia, fora da jurisdição de Arquelau, Mt 2.22. A parábola de Jesus parece referir-se ao caso de Arquelau. Um homem de projeção social, diz nosso Senhor, foi para um país distante a tomar posse de um reino para depois voltar, Lc 19.12. Mas os de seu país o aborreciam, e enviaram às escondidas, deputados que fizeram este protesto: "Não queremos que este seja nosso rei. Quanto, porém àqueles meus inimigos que não quiseram que eu fosse seu rei, trazei-mos aqui e tirai-lhes a vida na minha presença", 14.27. Completamente em harmonia com essa parábola, diz o historiador Josefo, é que Arquelau tratou barbaramente judeus e samaritanos em represália da resistência feita ao seu governo. As duas nacionalidades enviaram embaixadores a Roma para se queixarem das crueldades que sofriam. Foram bem-sucedidas. Em o nono ano de seu reinado, 6 d.C., foi deposto Arquelau, e banido para Viena na Gália, e confiscados todos os seus bens, *Guer. 2.7,3.*

ARQUEUS – nome de uma tribo, oriunda de Canaã, Gn 10.17; 1 Cr 1.15. Segundo o testemunho de Josefo, foram os arqueus que fundaram a cidade de Arque, na Fenícia, a moderna Arca, situada a cerca de 22 quilômetros ao norte de Trípoli na Síria, Antig. 1.6,2. Com o nome de Arcatu, essa cidade é mencionada por Tutmés III, cerca de 1600 a.C.

ARQUEVITAS – babilônios, habitantes de Ereque, que se estabeleceram nas cidades de Samaria por ordem de Asenafar, depois que as dez tribos haviam ido para o cativeiro da Babilônia, Ed 4.9.

ARQUIPO (*no latim, "domador de cavalo"*) – nome de um cristão de Colossos, companheiro da milícia cristã, íntimo de Filemom, Cl 4.17; Fm 2.

ARQUITA – nome de alguém pertencente a uma tribo cananita do mesmo nome, ou então, natural ou habitante de uma aldeia conhecida pelo nome de Ereque. A localização dessa aldeia era nos limites entre Efraim e Benjamim a oeste de Betel, onde estão as fontes de Arique, Js 16.2. Cusai, fiel conselheiro de Davi, era arquita, 2 Sm 15.32.

ARRABALDE (*no hebraico, "terras de pastagens"*) – o termo abrange as terras em volta da cidade ou terras fora da cidade, os campos e pastos, Lv 35.2-7; Js 14.4; 21.11s.; 1 Cr 6.55s. Em Lv 25.34, o termo refere-se às terras não cultivadas, apropriadas para pasto de animais, que cercavam as cidades levitas.

ARRAIAL – ponto de parada de um exército, ou de um grupo qualquer de homens, onde se demoram temporariamente abrigados em barracas, ou em construções provisórias, Êx 14.19; 1 Sm 4.5; 17.4; 2 Rs 7.7. Os israelitas receberam instruções especiais a fim de garantir o bom estado sanitário em seus acampamentos, Dt 23.9-14. O arranjo do campo dos hebreus, durante a sua viagem imigratória pelo deserto, acha-se descrito em Nm 1.47 até os caps. 2.34; 3.14-39, *cf.* cap. 10.11-28. Isto era absolutamente regular, quando o povo se acampava em uma planície ampla, (veja *CAMPO*). Sobre o acampamento de Israel no deserto, veja *DESERTO*.

ARRATEL (veja *PESOS E MEDIDAS*).

ARRECADAS – adorno usado pelos israelitas, homens, mulheres e crianças, Êx 32.2, e mais particularmente pelas mulheres, Êx 16.12; Judite, 4.4. Os midianitas, os assírios, os egípcios e outros povos adornavam-se com elas. Era um costume inocente. Algumas vezes, porém, foram usados como amuletos, Is 3.20, e até mesmo para fins idólatras por homens e mulheres, como se deu com o povo da casa de Jacó, cujos objetos mandou enterrar debaixo de um terebinto, Gn 35.4. Eram fabricados de ouro e de outros metais preciosos, Êx 32.2; *cf.* Pv 25.12. Pelo que se lê em Gn 24.22,30 e Êx 35.22. Os termos hebraicos envolvidos abrangem "amuleto", "pendente" ou "argola para o nariz" ou "para a orelha", Is 3.20; Gn 35.4 (veja *PINGENTES, JÓIAS, PENDENTES*).

ARREPENDIMENTO (*no grego metánoia, "mudança de mente", "arrependimento", "conversão", "remorso"*) – no Novo Testamento, o termo expressa uma mudança de atitude radical. O grego *metánoia* significa literalmente *mudança de mente*, o que também demonstra o processo da conversão, impossível sem haver arrependimento de pecados, Mt 3.8,11; Mc 1.4; Lc 15.7; At 5.31; 20.21; 26.20; 2 Co 7.9; Hb 6.1; 12.17.

ARRUDA (*no grego, péganon*) – nome de uma planta, que em grego se chama *peganon*, de que os fariseus pagavam o dízimo, Lc 11.42. É a *Ruta graveolens*, pequeno arbusto, de dois a três pés de altura, com folhas pinuladas de cor azul-verde, e de flores amareladas, a maior parte delas com oito estames. Tem cheiro muito forte. É natural das regiões que rodeiam o Mediterrâneo. Cultiva-se na Palestina, serve de remédio e emprega-se também como tempero nas comidas.

ARSA (*no hebraico, "mundano"*) – nome do mordomo do rei Elá, em Tirsa, 1 Rs 16.9.

ARSACES (*título dos reis partas, no persa antigo significa, "herói"*) – rei da Pérsia e da Média, entre 174 e 136 a.C. 1 Mac 15.2,3; 15.22. Foi o sexto soberano com esse título, seu nome é *Mitrídates I*, da Partia. Dominou até além dos limites da Média e da Pérsia; conquistou a Ásia, desde Hindu Kush até o Eufrates e elevou o reino da Partia à categoria de império.

ARTAXERXES (*do persa "reino de Arta", no grego e latim "o grande rei"*) – nome do terceiro filho de Xerxes e seu sucessor no trono da Pérsia, 465 a.C. Era cognominado Longímano (de longa mão). Este epíteto é interpretado literalmente, porém pode se considerar uma expressão devido às suas grandes conquistas. Foi ele quem proibiu a reconstrução de Jerusalém, que, mais tarde, ordenou se fizesse, Ed 4.7; 6.14. Os intérpretes antigos dizem que esse rei é o Pseudo-Smerdis, i.é, o imperador Mago chamado Gomates que pretendia ser o Smerdis, irmão de Cambises, e como tal reinou sete meses no ano 521 a.C., sendo morto em conseqüência de seu embuste (veja notas sobre o artigo Assuero). No sétimo ano de seu reinado, 458 a.C. Artaxerxes permitiu que Esdras levasse para Jerusalém uma grande multidão de cativos, Ed 7.1,11,12,21; 8.1, e no ano 20, também de seu reinado 445 a.C. concedeu a Neemias licença para fazer sua primeira viagem à capital judia e reconstruir os muros da cidade, Ne 2.1s. Ainda em 433-432, o mesmo rei autorizou a Neemias, que havia voltado à Pérsia, a regressar a Jerusalém, assumindo as funções de governador da cidade restaurada e do território adjacente, Ne 13.6. Artaxerxes morreu no ano 425 a.C.

ÁRTEMAS (*no grego, "presente de Artemis"*) – nome de um companheiro do apóstolo Paulo que seria enviado a Creta em substituição a Tito, Tt 3.12.

ARTEMIS – nome grego de uma deusa que presidia os divertimentos da caça, e que os romanos chamavam Diana, At 19.24 (veja *DIANA*).

ARTÍFICE (*no grego, technites, "artesão"*) – um artífice era um profissional em algum material específico como pedras, pedras preciosas, argila, madeira, metal etc. Alguns se destacaram no ofício que praticavam, Gn 4.22; 1 Rs 7.13,14. Nem todos os trabalhadores de habilidades manuais foram chamados "artífices". O profissional do ouro também era chamado "artífice", Is 40.19; Jr 10.9; o fabricante de vasos de barro era o "oleiro", Jr 18.1-6; e quem trabalhava a madeira para construção era um "carpinteiro". Assim, com exceção de casos específicos, o termo "ourives" pode designar o trabalhador em qualquer área mencionada.

ARUBOTE – nome de um lugar mencionado com Soco e Hefer, a sudoeste de Judá, 1 Rs 4.10. Era uma das dez regiões que forneciam mantimentos a Salomão. Apesar de sua localização exata ser desconhecida, é sabido que Hefer pertencia ao território de Manassés e, o moderno Tell er-Ras tem sido identificado com Socó, sendo assim, Arubote não deveria estar muito longe ao norte da cidade de Samaria.

ARUMÁ (*no hebraico, "altura"*) – nome de uma aldeia perto de Siquém, onde morou Abimeleque, Jz 9.41. Supõe-se que seja a mesma Ruma, mencionada em 2 Rs 23.36. Julga-se que el-Olmeh, cerca de 12 quilômetros a sudeste de Siquém, seja o antigo lugar de sua localização.

ARVADE (*no hebraico, "errante", ou "lugar de fugitivo"*) – nome de um lugar que, nos tempos de Ezequiel, fornecia marinheiros e valentes defensores das fortalezas de Tiro, Ez 27.8,11. É a ilha de Arado, próxima

ARVADE

à costa da Fenícia, que agora se chama *er-Ruade*, 1 Mac 15.23.

ARVADEU – nome dos habitantes de Arvade ou Arada, que pertencem aos povos de Canaã, Gn 10.18; 1 Cr 1.16.

ÁRVORE DO CONHECIMENTO – uma expressão em Gn 2.9, acerca de uma árvore que o Senhor Deus plantou no jardim do Éden. A LXX traduz como "tó ksúlon tou eidénai", "a árvore do Éden", mas a expressão correta é "a árvore do conhecimento do bem e do mal". Muitas fábulas surgiram, em relação a essa árvore, talvez a mais conhecida seja a que se refere a ela como sendo uma macieira, e o seu fruto, a maçã, o fruto proibido comido por Eva e Adão, simbolizando o contato sexual.

ASA (*no hebraico, "médico"*). **1** Nome de um levita, filho de Elcana, que morava em uma das aldeias dos netofatitas, 1 Cr 9.16. **2** Nome de um rei de Judá, que subiu ao trono no 20º. ano de Jeroboão, rei de Israel. Era filho de Abião e neto de Reoboão. Sua mãe, ou para dizer melhor, sua avó, chamava-se Maaca, filha de Absalão, 1 Rs 15.9,10. Começou a reinar, dando à terra dez anos de paz, 2 Cr 14.1. Tirou da terra os efeminados, e a limpou de todas as imundícies dos ídolos, que seus pais haviam fabricado; além disso, demoveu sua mãe para que não fosse princesa nos sacrifícios de Príapo e no Bosque, que tinha consagrado, e arruinou a sua gruta e despedaçou o ídolo, e o queimou junto ao ribeiro de Cedrom, 1 Rs 15.9-13; *cf.* 14.22-24; 2 Cr 14.1-5; 15.16. Também destruiu os altares estranhos, os bosques, as imagens do sol em todo o Judá, 2 Cr 14.3-5, tão completamente quanto o permitia a sua autoridade, *cf.* 1 Rs 22.46; 2 Cr 19.4. Mas apesar de todos os seus esforços, ainda conservou os altos, onde o povo ocasionalmente sacrificava, 1 Rs 15.14; 2 Cr 15.17. Durante o seu reinado, o país foi invadido pelo etíope Zerá, à frente de um enorme exército de africanos, mas pelo auxílio de Jeová, ele o derrotou e o lançou fora do país, 2 Cr 14.9-15. No 15º. ano de seu governo, animado pelo profeta Azarias, completou a reforma religiosa, restaurou o altar do Senhor e induziu o povo a renovar o pacto, 15.1-15. No 36º. ano, (16º.) de seu reinado (veja *CRONOLOGIA*). Baasa, rei de Israel, invadiu Benjamim e fortificou Ramá na estrada geral de Jerusalém para o norte. O rei Asa, não tendo elementos para reaver Ramá e reabrir a estrada, tirou os tesouros do Templo, e os mandou ao rei de Damasco para que viesse em seu auxílio contra Baasa. Bene-Hadade invadiu a parte norte do reino, compelindo Baasa a evacuar Ramá. Asa tomou então os materiais que Baasa tinha ajuntado em Ramá, e fortificou Geba de Benjamim e Mizpá. O profeta Hanani reprovou a política mundana de Asa, depois de ter experimentado o auxílio que Deus lhe tinha dado contra a invasão dos etíopes. Asa ressentiu-se da interferência do profeta e mandou lançá-lo na prisão, 1 Rs 15.16-22; 2 Cr 16.1-10. No 30º. ano de seu reinado, ficou doente dos pés, e na veemência de seus sofrimentos não recorreu ao Senhor, mas antes colocou a sua confiança na ciência dos médicos, 1 Rs 15.23; 2 Cr 16.12. No final de sua vida não foi tão fiel ao Senhor quanto havia sido antes. Morreu aos 41 anos de seu reinado, e foi sepultado com as honras reais, em um sepulcro que ele fizera para si mesmo, na cidade de Davi.

ASÃ (*no hebraico, "fumaça"*) – nome de uma cidade da planície, distribuída a Judá, e posteriormente transferida a Simão, destinada com seus subúrbios ao patrimônio dos levitas, Js 15.42; 19.7; 1 Cr 4.32; 6.59. Em Js 21.16 e 1 Cr 6.59, se confundem os nomes de Asã e Aim, por engano de uma letra. Asã é idêntica a *Cor-Asã*, que quer dizer *fornalha fumegante*, 1 Sm 30.30, e muitos manuscritos e versões dizem *Bor-Ashan*, que significa *poço fumegante*.

ASAEL – (*no hebraico é ᵃsah'el, "Deus fez", ou "Deus é o que faz"*). **1** Nome de um filho de Zeruia, irmã de Davi, e irmão de Abisai e Joabe, 1 Cr 2.16, notável pela sua ligeireza e valor, 2 Sm 2.18; 23.24. Serviu no exército de Davi; e em caminho das tropas de Is-Bosete pelo monte Gilboa perseguiu Abner com o intuito de matá-lo. Este, depois de em vão o ter aconselhado a desistir de seu mau intento, em própria defesa, o feriu mortalmente com a sua lança, 2.12-23. A morte de Asael deu-se antes que Davi dominasse em todo o Israel; não obstante, quando Davi organizou o exército, em 12 divisões, entregou-lhe a quarta, composta de 24 mil homens, tendo como substituto o seu filho Zabadias, 1 Cr 27.7. O comando dessa quarta divisão para o quarto mês, devia ser feito pela casa de Asael, e depois dele Zebadias, seu filho. **2** Nome de um dos levitas, empregado por Jeosafá para instruir o povo na lei de Jeová, 2 Cr 17.8. **3** Nome de um dos superintendentes do Templo, no reinado de Ezequias, 2 Cr 31.13. **4** Nome do pai de certo Jônatas, Ed 10.5.

ASAFE (*no hebraico, "coletor"*). **1** Nome de um levita, filho de Beraquias, da família de Gérson, 1 Cr 6.39,43. Este, com Hemã e Etã, tocavam os címbalos de metal, diante da Arca do Senhor, quando foi transportada da casa de Obede-Edom para a cidade de Jerusalém, 15.16-19. Dali em diante ele foi confirmado no posto permanente de tocar os címbalos, 16.4,5,7, e quando o serviço do culto foi definitivamente organizado, das três famílias encarregadas da música e do canto, bem exercitadas nesse ofício, a família de Asafe, com ele à sua frente, era uma delas, 25.1-9. A sua posição no coro, era à direita de seu irmão, 6.39. Esta família é mencionada em 2 Cr 20.14; 29.13. Na volta do cativeiro da Babilônia vieram 128 can-

tores, Ed 2.41; Ne 7.44, os quais tomaram parte na solenidade da fundação do templo por Zorobabel, Ed 3.10. Doze dos Salmos, a saber: 49, 72 a 82, inclusive, são atribuídos à família de Asafe, cujo nome trazem, *cf*. 2 Cr 29.30. O salmo 49 pertence ao segundo livro dos Salmos; os outros entram no terceiro livro. Nesses salmos, o nome da Divindade é expresso pela palavra Deus, em vez de Jeová; os outros cantores-mores, são chamados profetas, 2 Cr 29.30; *cf*. 35.15; 1 Cr 25.5. **2** Nome do cronista-mor do rei Ezequias, 2 Rs 18.18. **3** Nome do guarda do bosque real da Palestina no tempo de Artaxerxes Longímano, rei da Pérsia, Ne 2.8.

ASAÍAS (*no hebraico, "Jeová fez"*). **1** Nome de um príncipe da tribo de Simão, 1 Cr 4.36. **2** Nome de um levita, chefe da família de Merari no tempo de Davi, 1 Cr 6.30; 15.6,11. **3** Nome de certo homem da tribo de Judá, filho de Baruque e cabeça da família de Siloni, quando voltaram do cativeiro, 1 Cr 9.5. Esse homem é conhecido também pelo nome de Maasia, sinônimo de Asaías, Ne 11.5. **4** Nome de um oficial a quem Josias enviou, com outros, à profetisa Hulda, para saber, por meio dela, a vontade do Senhor, em referência ao Livro da Lei, encontrado por Hilquias, 2 Rs 22.12,14; 2 Cr 34.20.

ASARAMEL – nome provável de um título dado a Simão Macabeu, que significa "Príncipe do Povo de Deus", ou então, sendo a palavra precedida por uma preposição, é mais provável que o sentido seja: Átrio do povo de Deus, ou antepátio do Templo, 1 Mac 14.28. Alguns são de opinião que a palavra Asaramel representa uma sentença hebraica que diz: Não existe nenhum príncipe do povo de Deus.

ASAREEL (*no hebraico, "Deus limitou", "reto de Deus"*) – nome de um dos filhos de Jealelel, da tribo de Judá, 1 Cr 4.16.

ASARELA *(no hebraico, "reto com Deus")* – nome de um dos filhos de Asafe, 1 Cr 25.2, também chamado de Jesarela, 1 Cr 25.14.

ASBEL *(no hebraico, "homem de Baal" ou "homem do Senhor")* – nome de um dos filhos de Benjamim, e fundador de uma família tribal, Gn 46.21; Nm 26.38; 1 Cr 8.1.

ASCALOM *(no hebraico, "ponto de partida", "emigração")* – nome de uma das cinco cidades principais dos filisteus, cada uma governada por um régulo, Js 13.3. Estava situada em um vale à beira do Mediterrâneo, Jr 47.5,7, cerca de 22 quilômetros ao norte de Gaza. Era sede de adoração de uma deusa, representada pela figura de uma mulher com o corpo de peixe. Habitava em um templo à beira de um lago ao oriente da cidade. No tempo dos juízes de Israel, foi tomada pela tribo de Judá, Jz 1.18, revertendo logo à posse de seus antigos donos, 14.19; 1 Sm 6.17. Um dos faraós a tomou nos dias de Jeremias, Jr 47.1,5,7; Sf 2.4,7; *cf.* Zc 9.5. Jônatas Macabeu a tomou duas vezes, 1 Mac 10.86; 11.60. Foi pátria de Herodes, o Grande, e residência de sua irmã Salomé. Os cruzados a tomaram várias vezes, e finalmente, no ano 1270 da era cristã, o sultão Bibars a descobriu e encheu o porto de pedras. Seu antigo lugar encontra-se em um anfiteatro natural, feito por uma linha de rochas, formando semicírculo com abertura para o mar. A muralha, agora em ruínas, estende-se até à extremidade da linha de rochas. O solo é muito fértil, produz belas frutas, como maçãs, figos etc. Uma espécie de cebola, chamada *chalota*, veio primeiramente de Ascalom. A velha cidade tem atualmente o nome de *Askalan*.

ASCALONITA – nome que se dá aos que habitam em Ascalom, Js 13.3.

ASDODE *(no hebraico, "fortaleza", "lugar fortificado")* – nome de uma das cinco cidades principais dos filisteus, governadas por um rei, e centro do culto prestado a Dagom, Js 13.3; 1 Sm 5.1s. 6.17; 1 Mac 10.83; 11.4. Os anaquins continuaram a habitá-la mesmo depois da conquista de Canaã pelos israelitas, Js 11.22. Foi repartida a Judá, 15.46,47, porém não tomou posse dela. A arca do Senhor foi levada pelos filisteus para essa cidade, depois que a tomaram em Ebenézer, e colocada no templo de Dagom, 1 Sm 5.1-8. Após um castigo que atormentou os habitantes de Azoto, a levaram para Gate, v. 6-8. O rei Uzias derrubou os muros dessa cidade, 2 Cr 26.6, Tartã, general-chefe dos assírios, no tempo de Sargom, a sitiou, Is 20.1. Durante o império dos reis assírios, desde Sargom até Ezar-Hadom, foi governada por um oficial com o título de rei. Psamético, rei do Egito, a destruiu completamente em 630 a.C., depois de um sítio, que, segundo Heródoto, durou 29 anos. Poucos de seus habitantes sobreviveram, Jr 25.20; *cf.* Sf 2.4; Zc 9.6. Azoto foi uma das cidades que se opuseram à reconstrução dos muros de Jerusalém. Os judeus que voltaram do cativeiro, apesar da diferença de linguagem, travaram relações com os de Azoto até o ponto de alguns deles se casarem com as mulheres dessa cidade, Ne 4.7; 13.23,24. Os Macabeus a sitiaram por duas vezes e parcialmente a destruíram, 1 Mac 5.68; 10.84, porém os romanos a reconstruíram em 55 a.C. O evangelista Filipe pregou o Evangelho desde Azoto até Cesaréia, At 8.40. Em Azoto, estabeleceu-se a sede de um bispado. Presume-se que o lugar de sua antiga existência seja a pequena vila Estude, situada na descida de uma baixa, rodeada de sicômoros e pereiras, cerca de 17 quilômetros a nordeste de Ascalom, e sete e meio quilômetros do Mediterrâneo, a meio caminho de Jafa e Gaza. Não se conhece o monte Azoto, mencionado em 1 Mac 9.15.

ASDODITAS – nome dos nativos ou habitantes de Azoto, ou Asdode, Js 13.3; Ne 4.7.

ASENATE (*no egípcio, "dedicada a Neith", "que pertence a deusa Neith"*) – nome da filha de Potífera, sacerdote de Heliópolis, esposa de José, filho de Jacó, e mãe de Manassés e Efraim, Gn 41.45,50-52; 46.20.

ASER (*no hebraico, "felicidade"*). **1** Nome do oitavo filho de Jacó, e segundo, de sua mulher Zilpa, escrava de Lia, Gn 30.12,13; 35.26. A bênção que lhe deu seu pai na hora de morrer, é assim expressa: "Aser, abundante em pão, também ministrará as delícias aos reis", Gn 49.20. Moisés também pronunciou a seguinte bênção: "Bendito Aser entre os filhos, ele caia em graça a seus irmãos, e banhe em azeite o seu pé", Dt 33.24. "O ferro e o bronze será seu calçado. Os dias da tua velhice sejam como os da tua mocidade." Teve quatro filhos, Imná, Isvá, Isvi e Berias; e uma filha chamada Sera, Gn 46.17; 1 Cr 7.30. **2** Nome de uma tribo de que foi progenitor, Aser, filho de Jacó. O território dessa tribo estendia-se pelo limite norte da Palestina, e ao sul atingia o Carmelo com uma extensão de 96 quilômetros. A este era limitado pelas tribos de Zebulom e Naftali e a oeste pelo Mediterrâneo, Js 19.24-31. Aser não expulsou os habitantes de Tiro, Sidom, Aco e outras cidades fortes de Canaã, Jz 1.31. Aser cometeu a falta de não ocupar a costa da Fenícia, e por isso ficou somente com o interior do país, a parte montanhosa, exceto o Carmelo. Essa região servia para a cultura da oliveira, de modo que os seus habitantes podiam bem mergulhar os pés em azeite, Dt 33.24. **3** Nome de uma cidade a este de Siquém, Js 17.7. O lugar de sua antiga localização seria a atual Teiasir, uns 18 quilômetros a noroeste de Siquém, na estrada que vai a Betsã.

ASERIM, ASERÁ (*plural Aserim, masculino, e Aserote, feminino*) – é palavra traduzida uniformemente por "bosque", porém, não se pode crer que se tirasse do Templo um bosque, como se lê em 2 Rs 23.6.

Aserim é o nome de algum tronco de árvore de que foram tirados os ramos, e que era tido como símbolo de uma deusa com o nome de Aserá, representando a abundante fertilidade (veja Êx 34.13 da V. B.). No templo de Baal, havia um bosque em torno do altar, Jz 6.25,28. Os profetas de Aserá do tempo de Acabe foram mortos, com os de Baal, na torrente de Quisom, 1 Rs 16.33; 18.19-40. As mulheres teciam cortinas para o Templo, 2 Rs 23.7. O rei Josias, como parte de sua reforma religiosa, mandou tirar do Templo todos esses símbolos idólatras e os queimou no vale de Cedrom.

ASERITAS – nome dos membros da tribo de Aser, Jz 1.32.

ASFAR – nome de um reservatório no deserto de Tecoa, 1 Mac 9.33.

ÁSIA – nome do continente a leste da Europa e da África, Heród. 4.36-40. Empregou-se em sentido restrito para designar o reino dos selêucidas, 1 Mac 8.6; 11.13, que compreendia a Síria e as regiões que se estendiam para o ocidente do rio Halis. Quando os romanos transferiram a maior parte desses distritos ocidentais, a Mísia, a Lídia e a Frígia para Eumenes II, rei de Pérgamo, continuou com o mesmo nome. Esse reino incorporado pelos romanos em 133 a.C. ao império, com o aumento da Cária e de uma linha da costa, formou a província da Ásia, At 6.9; 27.2; 1 Pe 1.1; Ap 1.4, 11. Plínio faz distinção entre a Frígia e a Ásia, 5.28, do mesmo modo que o apóstolo Paulo e outros, At 2.9,10; 16.6. Esses distritos conservaram os nomes primitivos, que Paulo menciona em seus itinerários, falando da Mísia, At 16.7, onde, se achava a cidade de Pérgamo, na Ásia, Ap 1.4,11. A princípio, essa província foi governada por pretores, porém, no ano 27 a.C. passou a ser governada por procônsulares, *cf.* At 19.38. A capital era Éfeso. Em o Novo Testamento, sempre se fala da Ásia

ÁSIA

como província romana, At 19.10,22,26,27; 20.4,16,18; 21.27; 24.18; 27.2; 1 Co 16.19; 2 Co 1.8; 2 Tm 1.15.

ASIARCAS (*chefes da Ásia ou governantes da Ásia*) – esses governantes eram os dez magistrados que presidiam aos ritos religiosos e públicos, combates e espetáculos, como os jogos em homenagem aos deuses e ao imperador na província romana da Ásia, a Ásia proconsular. As custas dos jogos eram caras e pagas por eles, esses homens eram ricos, eleitos para a função em assembléia em suas cidades, enviados posteriormente ao conselho geral da província, que se reunia em uma das principais cidades, onde somente dez homens eram selecionados para o cargo. Os asiarcas de Éfeso foram amigos do apóstolo Paulo, chamados de 'principais da Ásia', At 19.31. Esses asiarcas formaram um corpo de influência política nas cidades, a fim de promoverem a sua reeleição.

ASIEL (*no hebraico, "Deus fez", "criado por Deus"*) – nome de um simeonita, 1 Cr 4.35.

ASIMA (*termo hebraico de significado incerto, talvez "céu"*) – divindade adorada pelos habitantes de Hamate, 2 Rs 17.30.

ASÍNCRITO (*no grego, "incomparável"*) – nome de um cristão, residente em Roma, a quem o apóstolo Paulo enviou saudações, Rm 16.14.

ASMODEU – nome de um espírito maligno mencionado no livro de Tobias, Tob 3.7,8. A história conta que esse espírito se apaixonou por Sara, filha de Raquel, que morava na Média, em Ecbátana. Seu ciúme o fez matar sete maridos que haviam casado com ela, antes de terem consumado as núpcias.

ASMONEU (*em grego asamonaios, do hebraico hashman, que quer dizer "opulento"*) – nome de um dos descendentes de Hasmã,

sacerdote da família de Joribe, antecessor dos Macabeus, Antig. 12.6,1; *cf.* 1 Mac 2.1; 1 Cr 24.7. O título de Asmoneu emprega-se de modo comum na literatura judia, para designar a família asmoneana desde Matartias até Herodes, o Grande, e Aristóbulo, Antig. 14.16,4; 20.8,11.

ASMONEUS (*palácio dos asmoneus*) – palácio em Jerusalém, edificado pelos príncipes asmoneus, fronteiro ao átrio ocidental do Templo sobre uma elevação, de onde se descortinava toda a cidade e o santuário, Antig. 20.8,11. Ficava perto de Xisto, e por cima dele, Guer. 2.16,3. Esse palácio era, ao mesmo tempo, fortaleza, com o palácio Baris, no qual residiu Herodes, o Grande, antes de construir o seu palácio na parte alta da cidade, Antig. 14.3,9; 15:3,7 8,5. Essa última construção excedia em magnificência o outro palácio e também como fortaleza. Até o ano 60 d.C., foi ocupado pelo último príncipe da casa de Herodes, Agripa II, o rei Agripa, mencionado nos Atos dos Apóstolos, 25.13; Antig. 20.8,11; Guer. 2.16,3. Presume-se que foi incendiado por judeus sediciosos da guerra com os romanos.

ASNÁ (*no hebraico, "espinheiro"*) – nome de um dos que voltaram do cativeiro babilônico, Ed 2.50.

ASNÁ (*no hebraico, "forte", "fortificação"*). **1** Nome de uma aldeia das terras baixas de Judá, perto de Zorá, Js 15.33. **2** Nome de outra aldeia de Judá, que Figueiredo traduz Esna, mais para o sul, Js 15.43. Ignora-se o lugar exato de sua antiga localização.

ASNAPAR – grande dignitário da Assíria, chamado grande e nobre por haver estabelecido em Samaria várias tribos estrangeiras, Ed 4.10. Parece que é o Esar-Hadom, ou um dos seus oficiais, 4.2,10. Julgam alguns ser esse nome uma forma rude de Assurbanipal, filho de Esar-Hadom, que desde 671 a.C. foi

ASNO

seu associado, e desde 699 a.C. seu sucessor no trono da Assíria, até 626 a.C. Os registros de Assurbanipal referem que ele entrou no Eliã, tomou Susã e levou muitos dos seus habitantes para a Assíria, *cf.* Ed 4.9,10. Seu pai Esar-Hadom conquistou o Egito. Várias rebeliões ocorreram entre os pequenos régulos, a quem o hábil *Tirhakah* deu mão forte. Para reprimir essa revolta, Assurbanipal dirigiu duas campanhas em que triunfou, menos no Egito, que afinal veio a perder. Na última campanha, 664 a.C., saqueou Tebas, nesse tempo chamada Nó, *cf.* Na 3.8-10. Travou relações de amizade com Giges, rei da Lídia que mais tarde veio a perder. Sufocou mais uma rebelião, levantada por seu irmão, governador da Babilônia; e fez guerra a Mini. Os gregos o apelidaram de Sardanapalo, por causa de seus hábitos efeminados. Os modernos literatos veneram a sua memória com gratidão, por causa da esplêndida biblioteca que ele estabeleceu. Empregou um corpo permanente de copistas que trabalhavam constantemente em transcrever livros assírios, e a traduzir obras de valor, da Asádia e de outras línguas. Uma parte dessa biblioteca foi recobrada, e a ela se deve grande parte dos conhecimentos do império assírio e da vida de seus reis.

ASNO – o gênero que os zoologistas denominam *Asinus,* de que existem várias espécies, montês e doméstico. O gênero asno pertence à família *Equidae,* ou cavalo. A Escritura menciona três espécies desse animal. **1** O asno montês, hebraico *Arod,* fugitivo, poeticamente descrito em Jó 39.5-8, com referência ao asno montês da Síria, mencionado em Dn 5.21. Se for diferente em espécie do asno montês comum, poderá ser o *Asinus,* que se encontra no Saara e na Arábia, onde em algum tempo foi muito co-

Asno — Christian Computer Art

ASNO

mum, e hoje mui raro. Às vezes aparece no Aurã, região ao sul de Damasco. É dele que procede o asno doméstico. **2** O asno montês da Síria. *Asinus hemippus*, em hebraico *Pere,* pulador, mencionado em Jó 24.5; 39.5; Sl 103.11; Is 32.14, e Jr 14.6. É menor que o onagro. Tristram refere que enormes manadas desses asnos alcançam, durante o verão, as montanhas da Armênia. Encontram-se em todas as estações ao norte da Arábia, na Mesopotâmia e na Síria, ocasionalmente aparecem ao norte da Palestina. São dessa espécie os que se vêem nas esculturas de Nínive. **3** O asno doméstico (*Asinus asinus*), em hebraico, *Hamor*. É uma subespécie descendente do onagro, obstinado; em compensação, é forte, de fácil alimentação, paciente e manso. O que nele se nota de indocilidade é em grande parte, produzido pela crueldade de seus donos. O asno serviu ao homem desde tempos mui remotos. Abraão e Jacó usavam asnos para as suas longas peregrinações, Gn 12.16; 22.3; 30.43. Prestavam grandes serviços no transporte de cargas, e no amanho da terra de cultura, puxando o arado, Gn 49.14; Is 30.6; Dt 22.10. Os asnos brancos se destinavam às pessoas de distinção, Jz 5.10, como ainda se usa na Palestina. Jesus mostrou sua humildade e ao mesmo tempo, a dignidade dos antigos reis, preferindo o asninho para fazer a sua entrada triunfal em Jerusalém, Zc 9.9; Mt 21.5.

ASPATA – nome de um dos filhos de Hamã, Et 9.7.

ASPENAZ – nome do eunuco-mor de Nabucodonosor, rei da Babilônia, Dn 1.3.

ÁSPIDE – é assim que se traduz a palavra hebraica *Pethen,* em Dt 32.33; Jó 20.14,16, e Is 9.8, e a palavra grega *Aspis,* em Rm 3.13. Com alguma inconsistência, a palavra *Pethen* é traduzida na V. B. por serpente, e não áspide, no Sl 58.4 e 91.13. *Pethen* é uma espécie de serpente venenosa que habita em tocas, Is 11.8. A *Naja haje,* que se encontra no Egito e na Palestina, pode bem ser a *Aspis* dos gregos e dos romanos, porque é do mesmo gênero da serpente venenosa da Índia, geralmente usada pelos encantadores de serpentes em suas exibições. Tem um capelo que se dilata quando ataca a presa.

ASQUELOM (*no hebraico, "ato de pesar"*) **–** uma das cinco cidades dos filisteus, localizada nas praias do mar Mediterrâneo e a 16 quilômetros ao norte de Gaza. Identificada com a moderna Asqalon. A cidade foi conquistada pela tribo de Judá, Jz 1.18. Foi em terras de Asquelom que Sansão matou 30 homens, Jz 14.19. No período do Novo Testamento, foi atacada pelos judeus na rebelião no ano 66 d.C, onde não tiveram êxito. A cidade sempre foi alvo de guerras e conquistas, principalmente no tempo das cruzadas devido às conquista e ocupações islâmicas.

ASQUENAZ – nome do filho mais velho de Gomer, Gn 10.3; 1 Cr 1.6. Esse nome, quer tenha sido originalmente de pessoa, de país, ou tribo, representa um povo da raça de Gomer. No tempo de Jeremias esse povo ocupava as vizinhanças do Arará e Meni, isto é, ao oriente da Armênia, Jr 51.21.

ASRIEL (*no hebraico, "promessa de Deus"*) **–** nome de um dos descendentes de Manassés e fundador de uma família, Nm 26.31; Js 17.2.

ASSASSINO/ASSASSINATO (*termo grego emprestado do latim, sicario, "assassino"*) **–** logo depois do Dilúvio, entrou em vigor a lei sobre o assassinato: "Todo que derramar o sangue humano será castigado com efusão de seu próprio sangue; porque o homem foi feito à imagem de Deus, Gn 9.6. Ao vingador da morte cabia o direito de tirar a vida ao matador, Nm 35.19, porém, se este pudesse alcançar uma cidade de refúgio, escapava temporariamente da morte. Essas cidades de refúgio não se destinavam a proteger os assassinos, propriamente ditos, e, sim, os que matavam acidentalmente, Nm 35. Mesmo que um criminoso intencional se refugiasse em algumas dessas cidades, ou buscasse proteção, apegando-se aos cantos do altar, era dali tirado para ser morto, Êx 21.14; *cf.* 1 Rs 28.34. O matador retirado da cidade de refúgio, entrava em julgamento ali. Era preciso, pelo menos, duas testemunhas contestes para se provar o crime; Nm 35.30; Dt 37.6. Provada a culpa, não havia remissão para ela, Nm 35.31; o criminoso era entregue à vingança e morria, v. 19; Dt 19.12. Conhecida a inocência, tinha asilo seguro na cidade de refúgio (veja *CIDADES DE REFÚGIO*).

ASSASSINOS (*termo grego emprestado do latim sicario, no grego, sikarioi*) **–** salteadores que invadiram a Judéia nos anos 50-70 d.C., com o fim de libertá-la do jugo estrangeiro. Era uma sociedade que não reconhecia outra autoridade senão a divina. Os seus membros levavam uma pequena espada, escondida debaixo da capa; introduziam-se no meio das multidões por ocasião das festas e assassinavam todos os indivíduos destinados por eles à morte. Formavam-se em bandos e saqueavam as pequenas povoações, At 21.28; Antig. 20.8,10; Guer 7.10,1.

ASSE – (veja *CEITIL*).

ASSEMBLÉIA (*do grego ekklesia*) **–** no Antigo Testamento, dois termos se destacam neste sentido; a) *Atsawraw*, que se refere a uma reunião, principalmente as de festas religiosas, era a santa convocação, Lv 23.27; b) *Mikraw*, designava uma reunião pública, uma congregação, Is 1.13; 4.5. No Novo Testamento, dois termos são usados: a) *Paneguris*, denota uma grande reunião popular, traduzida por assembléia, Hb 12.23;

b) *Ekklesia*, refere-se a uma reunião movida para deliberar, At 19.39. O termo veio designar "igreja", no Novo Testamento, Mt 16.18; 18.17; At 5.11; Rm 16.1,5; 1 Co 1.2,22; Gl 1.2; Ef 1.22; 3.10; Cl 1.18.

ASSENTO – cadeira de feitura especial em que se assentava a parturiente no momento de dar à luz. Os hebreus denominavam-no *obnayim*, que quer dizer *pedras duplas*, Êx 1.16, por se parecer com a roda dos oleiros. Os modernos egípcios dão-lhe o nome de *Kursee el-willaeh.*

ASSIR (*no hebraico, "cativo"*). **1** Nome de um descendente de Levi, nascido no Egito, Êx 6.24; 1 Cr 6.22. **2** Nome de um descendente de Assir, o mesmo referido aqui, veja item 1. **3** Nome de um filho do rei Jeconias, 1 Cr 3.17. A Versão Brasileira não dá esse nome, bem como a Versão Revista da Bíblia inglesa. Diz o Dr. John Davis autor deste livro, que os revisores da Bíblia inglesa tomaram a palavra Assir como adjetivo descritivo de Jeconias, e a traduziram segundo o seu sentido gramatical que é cativo. Porém, essa palavra não é precedida pelo artigo definido, nem no atual texto hebraico, nem na versão dos Setenta. Assir, tendo a significação de cativo, parece indicar que a pessoa a que ele se refere nasceu no cativeiro. Esta idéia se acomoda a outras indicações. Jeconias tinha 18 anos quando foi levado para Babilônia. Não consta da enumeração dos membros da família deportada com ele, a existência de crianças, 2 Rs 24.8-15. Assir não herdou o título de rei; os direitos do trono passaram a seu irmão Salatiel.

ASSÍRIA (*modificação grega de Assur*) **–** nome de uma região por onde corria o rio Tigre, Gn 2.14. Essa região foi primeiramente denominada pelo nome da cidade de Assur, cujas ruínas se encontram em *Kalah Shergat* nas margens do Tigre, 111 quilômetros abaixo de Nínive. Crescendo em

ASSÍRIA

força e domínio, a cidade deu nome a toda a região compreendida entre as montanhas da Armênia ao norte, e as cordilheiras da Média a este, e o pequeno rio Zabe ao sul. Ao ocidente, estendia-se pela Mesopotâmia a dentro, a pequena distância do Tigre. Esse distrito é propriamente a Assíria da História antiga, cujo nome veio designar o império conquistado pelos assírios. Os seus habitantes pertenciam à raça semítica, Gn 10.22, e partilharam a civilização da Babilônia, de onde haviam emigrado. Cresceu em poder sob o reinado de Tuculti-adar, 1300 a.C. a ponto de conquistar a Babilônia. Dali em diante, durante 700 anos, a Assíria foi, com pequenas intermitências, o poder dominante do oriente. Tiglate-Pileser I, 1120-1100 a.C. elevou o reino ao mais alto grau de expansão territorial daquele tempo. Depois desse famoso rei, o poder da Assíria declinou sensivelmente, sob o governo de seus sucessores, abrindo entrada à influência do reino de Davi e Salomão que ampliou até lá os seus limites. Assurbanipal, 885-860 a.C., pelas suas conquistas, restaurou o prestígio do império, levantou um palácio a noroeste da cidade de Cale, e fez dessa antiga cidade a capital do império, Gn 10.11. Sucedeu-lhe no trono seu filho Salmaneser, chamado II, que reinou desde 860-825; foi esse o primeiro rei assírio que entrou em conflito com os israelitas (veja *ACABE e JEÚ*). Entre outros reis contam-se Pul, conhecido pelo nome de Tiglate-Pileser III, 745-727; Salmaneser IV, 727-722; Sargom, 722-705; Senaqueribe, 705-681; Esaradom 680-668; e Assurbanipal 668-626. Este último é possivelmente o mesmo Asnaper. Outros monarcas de menor importância os seguiram. Pelo ano 607, a.C., os medos, os babilônios e seus aliados, tomaram a cidade de Nínive o deram fim ao império assírio. No auge de seu poder, sete séculos antes de Cristo, a Assíria dominou sobre a Babilônia, parte da Média, Armênia, Síria, Chipre, Arábia e Egito. Em suas inscrições se encontram os nomes dos reis de Israel, Hunri, (Anri), Ahabbu (Acabe), Yaua (Jeú), Mimihimmu (Manaém), Pakaha (Pecá) e Ausi (Oséias); dos reis de Judá, se encontram os nomes de Yuazi (Acaz), Hazakiyan (Ezequias) e Minasi (Manassés). A identificação que se pretende fazer, de Azriyan com Azarias, i. é., Uzias, não tem mais valor. A religião dos assírios foi trazida da Babilônia, executando aquele Asur, deus tutelar da cidade de Assur, que se tornou a divindade principal de toda a Assíria. Adoravam a natureza, como participante da alma humana. Cada objeto, e cada fenômeno da natureza, segundo eles, era animado por um espírito. Os grandes deuses, depois de Asur, eram os objetos proeminentes da natureza; em número de 11, sendo duas tríades e uma penta. Os principais deuses das duas tríades eram Anu, Céu, Bel, a região não habitada, nem pelos homens, nem pelos animais, nem pelos pássaros, e Ea, as águas de cima e de baixo da terra. As outras três divindades da segunda tríade a seguir, eram: Sin, a lua, Shamash, o sol, e Ramman, o deus das tormentas. Depois, seguia-se a penta, onde se contavam os cinco planetas, que tal o sentido da palavra grega, representava o número cinco. Seguiam-se inumeráveis outras divindades, algumas das quais eram simplesmente aspectos diferentes das outras divindades. Outros deuses subordinados, ou inferiores, adquiriram certa importância como patronos de cidades principais. As escavações feitas nos palácios assírios, iniciadas em 1843, pelo arqueólogo francês Botta, e seguidas, imediatamente, pelo inglês Layard e mais tarde por George Smith, do Museu Britânico, com Rassaam e outros, revelaram que a história do grande império, considerada quase um mito pelos clássicos da Antigüidade, é para nós uma grande realidade. A linguagem falada pelos assírios e pelo povo da Babilônia à família semítica, intimamente ligada ao idioma hebraico. Não havia alfabeto. A linguagem escrita se representava por meio de caracteres que formavam sílabas, e não letras simples ou sons. Os sinais da escrita eram impressos em argila por meio de um estilete. Cada impressão tinha a forma de uma cunha, ou seta, de onde lhe veio o nome de inscrições cuneiformes. Os caracteres originavam-se na pintura de objetos, porém, com o tempo, converteram-se em formas convencionais, que na maioria dos casos, não se pareciam em nada com os objetos que lhes serviram de modelo.

ASSÔS – cidade portuária na costa da Mísia, no golfo de Adramítio, que atualmente se chama Beirã, não muito distante de Trôade, At 20.13,14.

ASSUERO (*no hebraico é 'ahashwerôsh, "homem poderoso", ou "olho poderoso"*) – nome persa derivado de *Khshava* "rei". **1** Pai de Dario, rei dos medos, Dn 9.1 (veja *DARIO*). **2** Nome de um rei persa, marido de Ester, Et 1.2,19; 2.16,17. Assuero é o mesmo Xerxes dos gregos. O livro de Ester fala dele como sendo homem sensual, devasso, déspota, insidioso e cruel. A história da Grécia confirma esses predicados referindo-se à pessoa de Xerxes (veja Heródoto 7.35,37; 9.107). Sucedeu no trono persa a seu pai Dario Histaspes, no ano 486 a.C. Sua mãe, Atossa, era filha de Ciro. No segundo ano de seu reinado, subjugou os egípcios que se haviam revoltado contra Dario. Depois de quatro anos de preparo militar, levantou um imenso exército para invadir a Grécia, porém retrocedeu para a Pérsia, depois da batalha de Salamina, onde a sua grande esquadra foi aniquilada por uma pequena frota grega, a.C. 480. No ano seguinte 479 a.C., o general Mardônio que havia ficado em Platéia, à testa do grande exército, foi ali derrotado sofrendo grande mortandade, fracassando de uma vez, a projetada invasão. Em 406, após um reinado de 20 anos, Xerxes foi assassinado por dois de seus cortesãos, sucedendo-lhe no trono seu filho Artaxerxes Longímano.

Xerxes é provavelmente mencionado outra vez no livro de Esdras 4.6, com o nome de Assuero, onde o seu autor completa a história das maquinações samaritanas na corte persa, contra os judeus, resumindo no v. 24 a narrativa interrompida no v. 5. Antigos intérpretes são de parecer que o Assuero ali mencionado refere-se a Cambises filho de Ciro, porém não se evidencia tal asserção.

ASSUR – a significação original era planície regada da palavra *Asushar*, segundo Delitzsch; ou então derivada do deus *Ashur*, que era uma divindade local, segundo a opinião de Schrade. Nome de um povo descendente de Sem, extensivo à terra que habitava, Gn 10.22; Ed 4.2; Ez 27.23.

Assur filho de Sem — Christian Computer Art

ASSURBANÍPAL (*no assírio, "Assur criou um herdeiro"*) – rei da Assíria, neto de Senaqueribe e filho de Esar-Hadom, 687-642 a.C. Também chamado de Asnaper ou Osnaper. Sendo coroado pelo pai em 672 a.C., só herdou o reino em 669 a.C. Reinou na Babilônia quando Manassés reinava em Judá, é bem provável que seja ele o rei que decretou a deportação do monarca de Judá para a Babilônia, 2 Cr 33.11.

ASSURBANIPAL II

Astarote — Christian Computer Art

ASSURBANIPAL II (*no acadiano, "Asur guardou o herdeiro"*) – um rei da Assíria, filho de Tukulti-Ninurta I e pai de Salmaneser II, em 883-857 a.C. O mais temido e um grande conquistador assírio, sua fama consistia de sua maldade e impiedade usadas em suas conquistas. O pavor e a destruição que os reis da Assíria provocavam podem ser notadas em tempos posteriores, como no cerco a Judá 2 Rs 18.13s., e no desejo do profeta Jonas em vê-los perecer, Jn 1 e 4.

ASSURIM – nome de um povo descendente de Abraão e sua mulher Quetura, Gn 25.3, que habitava a península da Arábia. Nome semelhante aparece em uma inscrição mineana, que pouca ou nenhuma luz traz sobre a história desse povo.

ASSURITAS – nome de um povo pertencente ao reino de Is-Bosete, 2 Sm 2.9, entre Gileade e Jezreel. A Vulgata e Figueiredo, e bem assim a versão siríaca, dizem gessuritas.

ASTARATITA – nome que se dá a um morador de Astarote, 1 Cr 11.44.

ASTAROTE, ASTARTE (*plural de Astorete*) – trata-se de um título que significa, *"minha senhora"* ou *"minha deusa"*. **1** *Em conexão com o plural de Baal,* esse termo designa em geral, todos os deuses falsos das nações vizinhas bem como dos seus ídolos; ou ainda melhor a julgar pelos textos de Gn 14.5; e 1 Sm 31.10. Astarote é o plural de Astorete, usado pelos cananitas em sinal de reverência à sua deusa (veja *ASTARTE*). **2** *Asterote, deusa dos fenícios*, nome este inspirado pela beleza do planeta Vênus e simbolizando também a suave radiação da lua (veja *ASTEROTE-CARNAIM*). Era adorada em Sidônia, por isso foi denominada deusa dos sidônios, 1 Rs

11.5,33; 2 Rs 23.13. Nos dias de Abraão, era muito venerada na parte oriental do Jordão, Gn 14.5. Os judeus prestavam-lhe culto nos tempos dos juízes, Jz 2.13; Sm 31.10. O grande rei Salomão conferiu-lhe o prestígio de seu glorioso nome, 1 Rs 11.5; 2 Rs 23.13. **3** *Nome de uma cidade em Edrei,* que lhe foi dada em honra da deusa, Astarté; foi a capital de Ogue, rei de Basã, Dt 1.4; Js 9.10. Alguns de seus antigos habitantes pertenciam à raça dos gigantes, de que fazia parte o rei Ogue, Js 12.4; 13.12. Tocou esse lugar em sorte a Maquir, filho de Manassés, v. 31, porém converteu-se em cidade levítica, ocupada pelos filhos de Gérson, 1 Cr 6.71. Uzia, um dos homens fortes de Davi, consta ter sido morador de Astarote, 11.44. Sua antiga localização é identificada com a atual *Tell Ashterá,* que concorda com a narração de Eusébio que estabelece a sua posição a nove quilômetros de Edrei. Isto quer dizer que está situada sobre uma colina que se ergue sobre uma conhecida planície, rica de águas e revestida de luxuriante vegetação (veja *ASTEROTE-CARNAIM*).

ASTARTE (*forma grega, do hebraico "Astorete"*) (veja *ASTAROTE*).

ASTEROTE-CARNAIM (*no hebraico, "Asterote de dois chifres"*) – nome de um lugar invadido por Quedorlaomer em sua expedição contra as cidades da planície, Gn 14.5. Esse nome sugere que os habitantes dessa cidade adoravam especialmente a lua de dois cornos. Asterote-Carnaim é o nome por extenso de Astarote, e pode bem ser o nome do lugar conhecido século antes pelo nome de Carnaim, mencionado em conexão com as cidades de Gileade, onde a deusa Atargatis recebia culto, 1 Mac 5.26,36,43; 2 Mac 12.26. Essa deusa, cujo verdadeiro nome, segundo Estrabão, era Atara, divindade síria, corresponde a Astorete. Deve notar-se que as feições físicas atribuídas a Carnaim, em 2 Mac 12.21, não combinam com *Tell Ashterah*, em que comumente se diz que existia a antiga Asterote.

ASTRÓLOGOS – **1** Tradução das palavras hebraicas *Hobere shamayim* que querem dizer: Divisores dos céus. Isaías, 47.13, chama-os astrólogos segundo a V. B., e agoureiros, segundo Figueiredo. Não há dúvida que esses divisores dos céus foram astrólogos. Segundo eles, os céus se formavam de certas mansões pelas quais faziam passar o curso dos planetas, na vã esperança de contar a sorte e predizer acontecimentos futuros. O nenhum valor dessas práticas supersticiosas contribuiu entretanto para que o estudo acurado dos astros que se julgava indispensável, se convertesse na sublime ciência astronômica. **2** A tradução das palavras hebraicas e aramaicas *Ashaphim*, Dn 1.20, *Ashephim*, 2.27, e *Asshephayya,* 4.7; 5.7, é encantador na V. B., e mágico em Figueiredo.

ASUR (*no hebraico, "escuridão"*) – nome de um dos filhos de Hesrom e de sua mulher Abia. Foi arrolado na casa de Calebe. Os habitantes de Tecoa têm-no como seu avoengo. Casou-se com duas mulheres que lhe deram sete filhos, 1 Cr 2.24; 4.5-7.

ASVATE – nome de um aserita da família de Heber e da casa de Jafé, 1 Cr 7.33.

ATACE (*no hebraico, "estalagem", "alojamento", ou "abrigar-se"*) – nome de uma aldeia ao sul de Judá, para onde Davi enviou despojos da tomada de Ziclague, 1 Sm 30.30. Talvez seja essa a mesma aldeia mencionada em Js 15.42; e 19.7, com o nome de Eter, por causa de um erro de escriba que confundiu a letra *Kaph* com a letra *resh*.

ATADURA FRONTAL – facha usada na fronte: símbolo de manifesta obediência aos preceitos e mandamentos de Deus, Êx 13.16;

ATADURA FRONTAL

Dt 6.8,9; 11.18; *cf.* Pv 3.3. Os judeus dos últimos tempos davam-lhe uma interpretação literal (veja *FILACTÉRIOS*).

ATAI (*no hebraico, "oportuno"*). **1** Nome de um homem de Judá, descendente pelo lado materno, de Jerameel e Hesrom, cujo pai foi escravo egípcio, 1 Cr 2.34-36. **2** Nome de um gadita que foi encontrar-se com Davi em Ziclague, 1 Cr 12.11. Fig. diz. Eti. **3** Nome de um filho de Reoboão e de Maaca, 2 Cr 11.20.

ATAÍAS – nome de um homem de Judá, filho de Azião, da família de Farés, Ne 11.4. Não se pode dizer, com certeza que esse Ataías seja o mesmo Otei, mencionado em 1 Cr 9.4.

ATALIA (*no hebraico, "Jeová tem afligido", ou "Jeová é exaltado"*) – Jeová tem afligido, ou Jeová é exaltado. **1** Nome da mulher de Jorão, rei de Judá, filha de Acabe e neta de Anri, 2 Rs 8.18,26; 2 Cr 21.6; 22.2. Essa mulher era dotada da coragem máscula de sua mãe, Jezabel, com os mesmos instintos sanguinários. Quando seu filho Acazias foi morto por Jeú, ela mandou matar todos os filhos do monarca assassino, exceto o infante Joás, que sua tia Josabete arrebatou e escondeu. Subindo ao trono, reinou seis anos, no fim dos quais uma insurreição de sacerdotes se levantou em favor de Joás. Tentando sufocar a revolta, foi ela retirada do Templo e morta à entrada das cavalariças do rei, 2 Rs 11.1-16; 2 Cr 22.1 até 23.21.

ATÁLIA (*que pertence a Atalo*) – nome de uma cidade na costa da Panfília, fundada por Atalo Filadelfo, rei de Pérgamo (159-138 a.C.) que hoje se chama Antali ou Adal. O apóstolo Paulo navegou dessa cidade para Antioquia, em sua primeira viagem missionária, At 14.25.

ATALIAS (*no hebraico, "Jeová tem afligido", ou "Jeová é exaltado"*). **1** Nome de um benjamita da casa de Jeroboão, 1 Cr 8.26; em Fig. Otolia, na V. B. Ataliá. **2** Nome de um homem da casa de Elão, Ed 8.7.

ATALO – nome do rei de Pérgamo ou seja Atalo II, Filadelfo, ou seu sobrinho Atalo III, que sucedeu a seu tio em 138 a.C., 1 Mac 15.22.

ÁTARA (*no hebraico, "coroa", "ornamento"*) – nome da mulher de Jerameel, e mãe de Onã, 1 Cr 2.26.

ATARIM (*no hebraico, "regiões"*) – um lugar onde Israel foi atacado quando peregrinava no deserto com Moisés, Nm 21.1 (veja *CAMINHO DOS ESPIAS*).

ATAROTE (*no hebraico, "coroas"*). **1** Nome de uma cidade ao oriente do Jordão, reconstruída pela tribo de Gade, Nm 32.3-34, e que Mesa, rei de Moabe tomou aos gaditas (Pedra Moabita, 10.11). O seu nome se conserva nas ruínas *Attarus*, na vertente ocidental de Jebel Atanus, segundo se crê, cerca de sete quilômetros a oriente de Machaerus. As ruínas formam uma saliência montanhosa ao sul de Hesebom na tribo de Rúben; porém, os territórios de Rúben e Gade, semelhante aos de Judá e Simeão eram muito unidos. Essas ruínas consistem de pedras brutas amontoadas; restos de alicerces, grandes cavernas, cisternas circulares e lances de muros destruídos. **2** Nome igual a Atarote-Adar, Js 16.5. **3** Nome de uma cidade nos limites de Efraim, perto de Jericó, que parece diferente de Atarote-Adar, Js 16.7.

ATAROTE-ADAR (*no hebraico, "coroas de Adar"*) – nome de uma aldeia na fronteira sul de Efraim, Js 16.5, da linha divisória entre essa tribo e a de Benjamim, a oeste de Luza e perto do monte que está no lado sul de Bete-Horom inferior, Js 18.13. Ainda não identificada.

ATENAS

ATAROTE-BETE-JOABE (*no hebraico, "coroas da casa de Joabe"*) – nome de uma aldeia de Judá, 1 Cr 2.54 que na V. B. se lê: *Atroth-Beth-Joab* e Figueiredo traduz: "Coroas da casa de Joabe" (veja *COROAS DA CASA DE JOABE*).

ATAROTE-SOFÃ (*no hebraico, "coroas de Sofã"*) – nome de uma cidade reconstruída pelos gaditas, Nm 32.35. Local ainda desconhecido. Na versão de Figueiredo, esse nome se apresenta como sendo de duas cidades.

ATENAS – nome da capital da Ática, um dos Estados da Grécia. Essa cidade era o centro luminoso da ciência, da literatura e da arte do antigo mundo. Foi edificada e cresceu em torno de um outeiro rochoso, denominado Acrópole, que quer dizer o ponto mais elevado da cidade e se estendeu pelos outeiros e vales, ao lado noroeste do golfo de Aegina, entre o ribeiro Ilissus, a oriente e Cefrisos, um pouco para o ocidente. Distanciava-se da costa cerca de nove quilômetros, com um porto comercial no Pireu, com o qual estava ligada por fortes muralhas. Os navios ancoravam junto a Falero. Diz a tradição que Atenas foi fundada por *Cecrops* no ano de 1156 a.C., que enviou uma frota de 50 navios para a guerra de Tróia. Foi governada por monarcas até o ano de 1068 a.C. A suprema autoridade foi investida em Arcontes. Fala-se de dois célebres legisladores; um deles Draco, 621 a.C. cujo nome se tornou proverbial pela sua severidade; e Sólom, 594 a.C., cujas leis foram mais humanas. Em 490 a.C., os atenienses, auxiliados pelos habitantes de Platéia, tiveram a grande vitória de Maratona, contra os generais de Dario Histaspes, rei da Pérsia em 480 a.C. Xerxes, sucessor de Dario, organizou nova expedição contra Atenas, mas a grande batalha naval de Salamina, vencida pelos gregos, compeliu o invasor a abandonar a luta. A cidade, todavia, foi incendiada em 479 a.C. por Mardônio, general persa. A glória que os atenienses ganharam nas guerras pérsicas levou-os a estabelecer um pequeno império, tendo Atenas como sua capital com uma poderosa frota, em vez de um grande exército,

Atenas — Christian Computer Art

ATENAS

para sua defesa. Pelo ano 441, Péricles, hábil chefe democrata tornou-se grande força política. A característica encantadora de seu governo foi o embelezamento da capital com lindos edifícios públicos. A literatura floresceu grandemente sob sua administração. Em 431, ainda sob seu governo, começou a guerra do Peloponeso que terminou com a submissão de Atenas a Esparta, em 404. A cidade sofreu várias vicissitudes políticas, porém a intelectualidade de seus habitantes não decresceu. As quatro grandes escolas filosóficas, a platônica, a peripatética, a estóica e a epicuréia, floresceram nela e atraíram numerosos estudantes, da Grécia e de Roma. A cidade foi tomada pelo general romano Sula, em 86 a.C., e continuou sujeita aos romanos até o tempo em que nela se demorou o apóstolo Paulo. Não só em Atenas como no porto Falero, erguiam-se altares ao "Deus Desconhecido", At 27.23; Pausânias, 1.4; Filostrato vit. Apol. 6.2. O monte Marte, onde Paulo proferiu o seu grande discurso, ficava a curta distância a oeste da Acrópole, At 17.15, até 18.1, *cf.* 1 Ts 3.1. Subseqüentemente, Atenas caiu na mão dos godos, dos bizantinos e de outras raças dominadoras, terminando com o domínio turco. Porém, no ano de 1828, restabeleceu-se a independência da Grécia, de que Atenas é capital não só do país como de toda a raça helênica do mundo.

ATENÓBIOS – nome de um comissário enviado por Antíoco VII Sidetes, rei da Síria a Simão Macabeu para discutir acerca de algumas cidades tomadas pelos judeus. Pertencia a uma classe privilegiada, conhecida pelo nome de "Amigos do Rei", 1 Mac 15.28.

ATER – (*no hebraico, "fechado" ou "mudo"*). **1** Nome de um homem que, por causa da sua distinção, se cognominava "Ater de Ezequias" e que fazia parte dos 98, cujos descendentes, voltaram do cativeiro da Babilônia, Ed 2.16; Ne 7.21. **2** Nome de um dos porteiros vindos da Babilônia, depois do cativeiro, Ed 2.42; Ne 7.45

ATLAI (*no hebraico, "Jeová afligiu"*) – nome de um homem, filho de Bebai, a quem Esdras induziu a divorciar-se de sua mulher estrangeira, Ed 10.28.

ATOS DOS APÓSTOLOS – quinto livro do Novo Testamento, escrito no século primeiro. Esse título não quer dizer que nele estejam narrados todos os atos dos apóstolos do Senhor. Seu objetivo é mostrar como o cristianismo se estabeleceu entre os gentios pela operação do Espírito Santo. A princípio foi Pedro e depois Paulo, que iniciaram o estabelecimento do Evangelho nos países gentílicos, e a eles se incorporaram os demais apóstolos, At 1.23-26; 2.42; 4.33; 5.12,29; 6.2; 8.1,14; 15.6,23. O Livro é dedicado a certo Teófilo, talvez novo convertido do paganismo e pessoa de distinção. O seu autor refere-se a um prévio tratado por ele escrito a respeito da vida e ensinos de Jesus Cristo, que é claramente o terceiro evangelho pelas seguintes razões: a) Foi dirigido à mesma pessoa; b) Contém a narração da vida e ensinos de Jesus até a sua ascensão, Lc 24.51; c) Apresenta o ministério de Cristo com especial referência à sua missão universal, que naturalmente foi o ponto de vista por ele adotado; d) O vocabulário e o estilo em ambos os livros são notavelmente semelhantes. Ainda mais: o autor não menciona o seu nome, mas emprega o pronome da primeira pessoa do plural em certos lugares em que menciona as viagens de Paulo, At 15.10-15; 20.5; 21.18; 27.1; 28.16, e por esse modo se denuncia como companheiro do grande apóstolo. Quando Paulo realizava a segunda viagem a Trôade, Lucas foi seu companheiro até Filipos e de novo a ele se reuniu nessa cidade quando fez a sua terceira viagem, indo com ele a Jerusalém e acompanhando-o de Cesaréia a Roma. A tradição mais antiga dos tempos pós-apostólicos dá o nome de Lucas, como o autor do terceiro evangelho e dos Atos Apostólicos. Essa autoria não podia ser atribuída a

ATOS DOS APÓSTOLOS

nenhum dos outros companheiros de Paulo. Pela leitura da epístola aos Colossenses 4.14 e Filemom 24, observa-se que Lucas esteve com Paulo em Roma. Em outras cartas escritas na ausência de Lucas, este nome não se menciona. Outro argumento em favor da autoria atribuída a Lucas é o emprego de termos médicos e os elementos clássicos que se encontram nos citados livros, bem assim o notável conhecimento do império romano, indicando tudo isto que o seu autor devia ser homem instruído como médico que era (veja Hobart, *Linguagem Médica de Lucas*). Não deve haver dúvida alguma, portanto, de que Lucas é o autor do Evangelho que tem o seu nome e do livro dos Atos dos Apóstolos. A finalidade nesse último livro já foi mencionada anteriormente. O primeiro capítulo recorda a última entrevista de Jesus com os apóstolos durante os 40 dias e bem assim a promessa do derramamento do Espírito Santo, e a ordem expressa de pregar o Evangelho até às extremidades da terra seguindo-se a ascensão e as deliberações tomadas pelos apóstolos até o dia de Pentecostes. Nos caps. 2.1 a 8.3, temos a história da Igreja em Jerusalém depois do Pentecostes, nos quais se mencionam as primeiras conversões, as primeiras oposições, os primeiros atos de disciplina, as primeiras perseguições, a primeira organização, o primeiro martírio e finalmente, uma breve notícia de seus efeitos sobre a Igreja nascente (veja 2.41-47; 4.23-27; 5.11-16,41,42; 6.7; 8.1-3). O apóstolo Pedro aparece como figura proeminente, se bem que o promártir, Estêvão, foi quem preparou a Igreja para o período seguinte, o período de transição que a transformou em

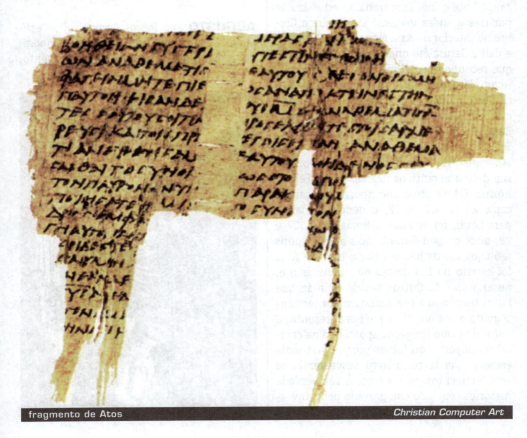

fragmento de Atos — Christian Computer Art

ATOS DOS APÓSTOLOS

Igreja missionária, para oferecer a salvação pela fé a todas as gentes (cap. 8.4 até cap. 12.25). Nesse segundo período se contêm cinco eventos notáveis a saber: a) A obra de Filipe em Samaria e a conversão do varão etíope, favorito de Candace, cap. 8.4-40; b) A conversão de Saulo e seus primeiros trabalhos, cap. 9.1-30; c) O trabalho de Pedro na Síria começando com a conversão de Cornélio que levou a Igreja a compreender que a salvação era partilhada pelos gentios, cap. 9.31 até 11.18; d) a fundação da Igreja gentílica em Antioquia, novo centro de operações no mundo pagão, cap. 11.19-30; e) a perseguição de Herodes pela qual os judeus repudiaram definitivamente o cristianismo, cap. 12. Segue-se o estabelecimento do cristianismo nos principais centros do império romano pelo ministério do apóstolo Paulo, cap. 13 até o fim. Esse trabalho estendeu-se por três grandes viagens: a primeira a Chipre no interior da Ásia Menor, caps. 13 e 14, e dali a Jerusalém onde assistiu ao concílio que reconheceu o direito que os gentios tinham de entrar na Igreja sem receberem o rito da circuncisão; a segunda, à Macedônia e Grécia, caps. 15.36 até 18.22; a terceira a Éfeso e também à Grécia caps. 18.23 a 20.3. Foi esta a última viagem a Jerusalém, caps. 20.4 até 21.26, onde foi preso, depois da sua defesa perante os judeus, Festo, Félix e Agripa. Esteve preso dois anos, em Cesaréia, caps. 21.27 até 26.32, e depois apelando para César, foi enviado a Roma, caps. 27 e 28, onde pregou durante dois anos. Alguns teólogos são de parecer que o livro de Atos foi escrito no fim desses dois anos, isto é, no ano 63 d.C. Outros são de opinião que Lucas terminou a sua narrativa por ter conseguido o seu objetivo que era apresentar o apóstolo como pregador apostólico na capital do império, ou talvez porque pretendia escrever um terceiro livro descrevendo os acontecimentos posteriores. A sua verdade histórica tem sido comprovada pelas investigações modernas (veja Ramsay – *A Igreja no Império Romano*). A sua harmonia com as epístolas de Paulo tem sido muito debatida, mas defendida com muito êxito. Está escrito com vigor artístico e fornece os elementos necessários para explicar o progresso do cristianismo como religião universal, durante os 33 anos decorridos desde a morte de Cristo.

ÁTRIO – área fechada e descoberta, junto a uma habitação particular, às vezes contendo um poço, 2 Sm 17.18; Ne 8.16, ou junto a uma residência palaciana, 1 Rs 7.8,9,12; Jr 32.2, e também em frente aos apartamentos reais, Et 4.11; 5.1, e ainda em torno do Tabernáculo e do Templo, Êx 27.9; 40.8; 1 Rs 6.36. Como a área do Templo era dividida em várias secções, a palavra emprega-se às vezes no plural, 2 Rs 21.5; Sl 64.5; Sl 83.3.

AUGUSTO (*no latim, "venerável", "estimado"*) – nome pessoal do primeiro imperador romano chamado em o Novo Testamento, César Augusto, Lc 2.1.

Augusto — Christian Computer Art

AVES DA BÍBLIA

AUMAI (*no hebraico, "irmão da água"*) – homem de Judá, da família de Hesrom e da casa de Calebe, 1 Cr 4.2; *cf.* 2.18,19,50.

AUZÃO (*no hebraico, "possessão deles"*) – homem da tribo de Judá, filho de Assur, da família de Hesrom, *cf.* 1 Cr 4.5,6; 2.24.

AUZATE (*no hebraico, "possessão"*) – amigo de Abimeleque, rei de Gerar, nos dias de Isaque, Gn 26.26 (veja *AMIGO DO REI*).

AVA (*no hebraico, "ruína"*) – nome de uma cidade do império assírio, a noroeste da Babilônia, de onde vieram os colonizadores de Samaria. Seus deuses eram Nibaaz e Tartaque, 2 Rs 17.24,31. Esse nome é o mesmo que se encontra em 2 Rs 18.34 e 19.13, com ortografia diferente.

AVE – nome que se dá aos pássaros e outros animais voadores (Gn 1.26; Lv 11.13-19).

AVE DE RAPINA – ave diurna também chamada falcão, dada à presa. Esta família inclui no seu gênero, os falcões, restritamente chamados, os açores, os milhanos e as águias. É a tradução da palavra hebraica *Ayyah*, Jó 28.7; Lv 11.14; Dt 14.13. Há diversas variedades na Palestina, mencionada por Tristram, como: o esmerilhão, *falco subbuteo*, o esmerilhão da perna vermelha, *F. vespertino*, e o falcão leonor, *F. eleanore*.

ÁVEN (veja *HELIÓPOLE*).

AVES DA BÍBLIA – os hebreus colocavam nessa categoria todos os animais que voam, inclusive os morcegos e os insetos alados. Tristram enumera 348 espécies de aves indígenas ou adventícias. Destas, 271 pertenciam à zona Paleártica de Sclater (a que pertence a maior parte das aves européias), 40 à etíope, sete à indiana e 30 são peculiares à Palestina. Os tipos da Etiópia e da Índia são quase exclusivamente limitados à bacia do mar Morto. O nível desse mar é tão abaixo do oceano que oferece uma zona temperada. A lei mosaica considera imundas 20 ou 21 aves, sendo

Rolinha — Christian Computer Art

AVES DA BÍBLIA

expressamente condenadas quatro, Lv 11.13-19; Dt 14.11-20. A carne e os ovos de todas as aves limpas podiam ser comidos, Is 10.14; Lc 11.12. Somente as rolas e os pombinhos serviam para sacrifícios, Lv 1.14. Os pombos, os pombinhos, o galo, a galinha, são mencionados na Bíblia, como animais domésticos, Is 60.8; Mt 26.34; 23.37; Lc 13.34. As aves silvestres eram apanhadas em armadilhas e em redes, Eclus. 11.30; Am 3.5; Pv 1.17. Jeremias alude à migração das aves no cap. 8.7, de seu livro.

AVESTRUZ – 1 Tradução da palavra hebraica *Yaen*; feminino *Yaianah*, pássaro voraz. Era condenada pela lei cerimonial, Lv 11.16; Dt 14.15. Solta tristes lamentos, Mq 1.8, habita no deserto, Is 13.21; 34.13, e dizem que se esquece dos ovos, Lm 4.3. **2** Tradução do hebraico *Ranan*, que solta gemidos trêmulos, Jó 39.13. A fêmea deposita os ovos no chão para chocarem com o calor da terra, abandona-os à sua sorte, esquecendo-se de que podem ser destruídos pelas feras ou pisados, Jó 39.14,15. Corre mais do que um homem a cavalo, v. 18. **3** A avestruz, *Struthio camelus*, pertence à subclasse ou divisão chamada *Ratita*, e a contam na classe das aves mais corpulentas, mas não podem voar; supre essa falta pela velocidade de suas pernas. A avestruz comum tem cerca de dois metros a dois metros e meio de altura. As penas são apreciadas para enfeitar os chapéus das damas. Prepara os ninhos espojando-se na areia e abrindo uma cova de cerca de dois metros de diâmetro, põe dez, doze e mais ovos regularmente. Cada um deles pesa cerca de 1 quilo e 400 gramas, e chocam em parte com o calor do sol e em parte pela incubação. O macho permanece sobre eles durante 20 horas e a fêmea, apenas umas quatro horas. É o macho que toma conta da ninhada. A noite solta um grito lamentoso a que alude o profeta Miquéias no cap. 18. A avestruz é muito comum na maior parte da África. Encontra-se também na Arábia. Tem escasseado muito desde os tempos do Antigo Testamento.

AVEUS/AVINS, da cidade de Avim – não podemos confundi-los com os heveus, que descendiam de Canaã, Gn 10.17. Os aveus eram habitantes de Ava, levados pelo rei da Assíria para colonizar a terra de Israel após o exílio, 2 Rs 17.31. A versão em português assinala como 'aveus' os 'heveus' em Dt 2.23. **1** Nome de um território filisteu, Js 13.3. **2** Nome de uma cidade de Benjamim, talvez a mesma Ai, Js 18.23.

AVITE (*no hebraico, "cabana" ou "vila"*) – nome de uma cidade edomita, onde nasceu o rei Hadade, Gn 36.35; 1 Cr 1.46.

AZÃ (*no hebraico, "forte"*) – nome do pai de Paltiel, príncipe de Issacar, nos tempos de Moisés, Nm 34.26.

AZALIAS (*no hebraico, "Yahweh tem perdoado", "Yahweh poupou"*) – nome de um filho de Mesulão e pai de Safã, escriba, 2 Rs 22.3.

AZANIAS (*no hebraico, "Jeová ouviu"*) – nome de um levita, pai de Josué, e que assinou o pacto com Neemias, Ne 10.9.

AZAREEL (*no hebraico, "Deus tem ajudado"*). **1** Nome de um levita que se ajuntou a Davi em Ziclague, 1 Cr 12.6. **2** Nome de um cantor do tempo de Davi, 1 Cr 25.18. No v. 4 tem o nome de Uziel (como o rei Azarias é conhecido pelo nome de Uzias), pertencente à linhagem de Hemã. **3** Nome de um filho de Jeroboão, chefe da tribo de Dã, 1 Cr 27.22. Ezriel, em Figueiredo. **4** Nome de um homem a quem Esdras aconselhou a divorciar-se de sua mulher estrangeira, Ed 10.41. Ezrel, em Figueiredo. **5** Nome de um sacerdote da casa de Emer, Ne 11.13. Azreel, em Fig. **6** Nome de um músico, filho de um sacerdote, Ne 12.36.

AZARIAS (*no hebraico, "a quem Yahweh ajuda"*). **1** Nome de um homem de Judá da família de Zara e casa de Etã, 1 Cr 2.8. **2** Nome de um levita da família de Coate, da linhagem de Izaar e antecessor do profeta Samuel e do cantor Hemã, 1 Cr 6.36; 2 Cr 29.12. **3** Nome de um dos oficiais de Salomão, filho do sumo sacerdote Zadoque e irmão de Aquimaás, 1 Rs 4.2. **4** Nome de um neto de Zadoque e filho de Aquimaás, que estava na linhagem de sucessão do sumo sacerdote, 1 Cr 6.9. **5** Nome de um filho de Natã, e, portanto, sobrinho de Salomão que foi um dos 12 intendentes, 2 Sm 5.14; 1 Rs 4.5. **6** Nome de um profeta, filho de Obede que animou o rei Asa a perseverar na reforma religiosa que havia iniciado, 2 Cr 15.1-8. **7** Nome de dois filhos do rei Jeosafá, 2 Cr 21.2. É notável a repetição do mesmo nome na família desse rei. Pode atribuir-se a corrupções do texto primitivo, ou, se não houver, talvez seja originada por serem filhos de mães diferentes (veja *HERODES*). Não se pode explicar essa repetição dizendo que o filho mais moço tomava o nome do irmão morto, porque os dois viviam e foram mortos ao mesmo tempo. **8** Nome de um homem de Judá, da família de Hesrom, e casa de Jerameel, 1 Cr 2.38,39, e neto de Obede, v. 38, naturalmente o capitão Azarias filho de Obede, que ajudou a destronar Atalia, para colocar a Josias no trono de Judá, 1 Cr 23.1. **9** Nome de outro capitão, filho de Jeroboão, que participou da conspiração contra Atalia, 2 Cr 23.1. **10** Nome de um príncipe de Efraim, filho de Joanã, que ajudou a persuadir os soldados do exército de Facéia a soltar os cativos de Judá, 2 Cr 28.12. **11** Nome de um dos reis de Judá, conhecido também pelo nome de Uzias, *cf.* 2 Rs 15.1, com 2 Cr 26.1 (veja *UZIAS*). Não é crença geral que o nome Azriyan encontrado nas inscrições cuneiformes de Tiglate-Pileser seja o mesmo Azarias. **12** Nome de um príncipe dos sacerdotes, 1 Cr 6.10, provavelmente o mesmo pontífice que repreendeu o rei Uzias, por haver usurpado funções sacerdotais, 2 Cr 26.17-20. Talvez seja esse mesmo o pontífice que ainda oficiava no reinado de Ezequias 31.10,13, porém é de supor, que o pontífice do reinado posterior seja outro de igual nome (veja *SUMO SACERDOTE*). **13** Nome de um levita da família de Merari, que colaborou na purificação do Templo no reinado de Ezequias, 2 Cr 29.12. **14** Nome de um sumo sacerdote, filho de Hilquias e pai de Seraías, pouco antes do cativeiro, 1 Cr 6.13,14; 9.11 (veja *SERAÍAS*). **15** Nome de um filho de Hosaías, que se opôs ao profeta Jeremias, Jr 43.2. **16** Nome hebraico e primitivo de Abede-Nego, Dn 17; 1 Mac 2.9. **17** Nome de uma personagem, talvez um príncipe, que tomou parte na festa da dedicação do muro de Jerusalém, Ne 12.32,33. **18** Nome de um filho de Maasias que era dono de uma casa em Jerusalém, no tempo de Neemias e que edificou a parte do muro que estava fronteira à sua casa, Ne 3.23,24. **19** Nome de um levita que explicava a lei ao povo, depois de lida por Esdras, Ne 8.7. **20** Nome de um sacerdote, chefe de uma família que nos dias de Neemias assinou o compromisso de guardar a lei do Senhor e de separar-se dos povos estrangeiros, Ne 10.2. **21** Nome de um descendente de Hilquias maioral da casa de Deus, depois do exílio, 1 Cr 9.11. Além destes, aparece outro Azarias, rei de Israel, em 2 Cr 22.6. **22** Nome de um dos dois homens, nomeados por Judas Macabeus, para dirigir o governo da Judéia durante a sua ausência, 1 Mac 5.18, e que foram derrotados por Górgias.

AZAZ (*no hebraico, "forte"*) – nome de um rubenita, da linha de Joel, 1 Cr 5.8.

AZAZEL (*do hebraico "azalzeu", "demitido" ou "separado"*) – esta palavra ocorre

AZAZEL

somente no livro de Levítico, em que a versão em português traduz o termo por "bode emissário", Lv 16.8,10,26. Não existe base segura para determinar a sua significação a não ser a que se limita à etimologia, à exegese da passagem e ao ensino bíblico em geral. Numerosas têm sido as interpretações propostas, mais ou menos satisfatórias, como vamos observar: **1** Nome de um lugar solitário e deserto (Jônatas, Jerônimo). **2** Nome de um bode, o bode emissário (revisores judeus da versão dos Setenta e da Vulgata). **3** Nome abstrato: Remover para longe ou demitir (Bahr, Winer). **4** Nome concreto e pessoal. a) Algum demônio do deserto (Stade); b) um anjo caído que seduz os homens para o mal (livro de Enoque 6.7; 8.1, *et passim*), mais tarde identificado com Samuel; c) um epíteto aplicado ao diabo (Orígenes, Hengstenberg, Oehler; Kurtz, Keil e Milton, Paraíso Perdido). 1). Qualquer das duas interpretações é satisfatória: a. Considerar o termo como uma abstração. Arão "lança a sorte sobre dois bodes, uma pelo Senhor e outra pelo emissário, fará sobre ele a prece e enviá-lo-á para o deserto". A idéia do bode emissário está virtualmente garantida por essa interpretação. b. Considerar a palavra como um epíteto do diabo. A esta, objetam alguns que Satã nunca é mencionado no Pentateuco. A serpente na verdade, o é; porém não é certo que o diabo já fosse reconhecido como atuando na serpente que tentou Eva no Paraíso.

AZAZIAS (*no hebraico, "Jeová é forte"*). **1** Nome de um tocador de harpa no reinado de Davi, 1 Cr 15.21. **2** Nome de um príncipe de Efraim no tempo de Davi, 1 Cr 27.20. **3** Nome de um dos inspetores dos celeiros no tempo de Ezequias, 2 Cr 31.13.

AZBUQUE (*no hebraico, "perdão"*) – nome do pai de certo Neemias, contemporâneo do governo da Judéia, que tem igual nome, Ne 3.16.

AZECA (*no hebraico, "campo cavado", "lavrado"*) – nome de uma cidade da planície, perto de Socó para onde foram lançados os reis que sitiavam Gibeão, Js 10.10,11. Essa cidade foi partilhada a Judá, 15.35. Os filisteus se acamparam perto dela quando Golias saiu para desafiar os mancebos de Israel, 1 Sm 17.1. Reoboão a fortificou, 2 Cr 11.9, e Nabucodonosor pelejou contra ela, Jr 34.7. Depois do cativeiro, foi ocupada pelos filhos de Judá, Ne 11.30. Até hoje não foi identificada.

AZEITE (*no grego, elaion, "azeite de oliveira"*) – óleo extraído da azeitona por intermédio de prensas de moinho, ou esmagamento com as mãos e os pés, usado de várias maneiras pelos hebreus: a) Como remédio, Is 1.6; Lc 10.34; Tg 5.14. b) Como cosmético, para os cabelos e a pele, Rt 3.3; 2 Sm 12.20; 14.2. c) Em rituais, como consagração de coisas Gn 28.18; Êx 30.22,23; 2 Sm 1.21; de reis 1 Sm 10.1; de sacerdotes Lv 8.30; profetas Is 61.1. d) Como combustível, Êx 27.20; Mt 25.1s.; Lc 12.35. e) Na recepção de hóspedes, em que o costume era lavar e ungir as mãos e os pés, Sl 23.5; Lc 7.46. f) Como alimento, Lv 2.1; 4.7; 1 Rs 17.12; 2 Rs 4.2. g) Como forma de comércio, Nm 18.12; 1 Rs 5.11; 2 Rs 4.7; Ez 27.17; Lc 16.6. O Antigo Testamento contém alguns termos que envolvem o azeite de oliva, como *yishar*, "azeite claro", Nm 18.12, e *shemen*, "graxa" ou "ungüento". Há também um termo aramaico, *meshak*, "ungüento", em Ed 6.9; 7.22.

AZEL (*no hebraico, "nobre"*). **1** Nome de um descendente de Jônatas, filho de Saul, 1 Cr 8.37; 9.43,44. **2** Nome provável de uma aldeola situada a oriente de Jerusalém, Zc 14.5. Presume-se que esteja identificada com *Beth-esel*.

AZGADE (*no hebraico, "forte na sorte", ou "é forte o deus Gade"*) – nome de uma família, cujos membros voltaram da Babilônia com Zorobabel e com Esdras, Ed 2.12; 8.12. Os representantes dessa família assinaram o pacto de servir a Deus, Ne 10.15.

AZINHEIRA – espécie de carvalho e tradução de vários termos, como segue: **1** Nome de uma árvore que no hebraico se chama *Tirzah,* em virtude de sua dureza, Is 44.14. **2** Carvalho sempre verde (*Quercus ilex*) tradução da palavra hebraica *Tirzah,* árvore dura, na única passagem em que se encontra, Is 44.14. Os dois tradutores gregos Áquila e Theodotion lhe deram o nome de carvalho bravo, a Vulgata diz *ilex.* **3** Tradução da palavra hebraica-*Oren,* que se encontra em Is 44.14. Dos troncos da azinheira faziam ídolos. É árvore que os árabes denominam *aran*; cresce, segundo dizem os escritores orientais, na Arábia Pétrea. Seu tronco é revestido de espinhos e produz uns cachos de frutas amargas. Esta descrição é imperfeita, e nos leva crer que seja a azinheira das montanhas. A palavra *aran* pode ser a mesma *oren*, que os Setentas traduzem por abeto, e Jerônimo traduziu por Pinheiro. Talvez seja o pinheiro da Síria (*Pinus Halepensis*) que se encontra nas montanhas da Palestina e ao sul de Hebrom.

AZIZA (*no hebraico, "robusto"*) **–** nome de um homem a quem Esdras induziu a separar-se de sua mulher estrangeira, Ed 10.27.

AZMAVETE (*no hebraico, "forte como a morte"*). **1** Nome de um beromita, dos homens valentes de Davi, 2 Sm 23.31. **2** Nome de um benjamita, cujos filhos foram unir-se a Davi em Ziclague, 1 Cr 12.3. **3** Nome de um filho de Adiel, tesoureiro-mor do rei Davi, 1 Cr 27.25. **4** Nome de um filho de Jeodade, e descendente de Jônatas, filho de Saul, 1 Cr 8.36. **5** Nome de uma aldeia nas vizinhanças de Jerusalém, perto de Geba. Quarenta e dois de seus habitantes voltaram da Babilônia, Ed 2.24. Alguns desses eram cantores e se estabeleceram nos campos ao redor de Jerusalém, Ne 12.29. Eram conhecidos também pelo nome de Bete-Azmavete, Ne 7.28. O lugar presumível da antiga Azmavete é em meio caminho, entre Geba e Anatote.

AZMOM (*no hebraico, "forte", "fortaleza"*) **–** nome de um lugar no limite sul de Canaã, a oeste de Cadesbarnéia, perto do rio do Egito, Nm 34.4,5. Ignora-se sua localização antiga.

AZNOTE-TABOR (*no hebraico, "cumes do Tabor"*) **–** os desfiladeiros do Tabor. Nome de um lugar nos limites de Naftali, vizinho do monte Tabor, Js 19.34.

AZOR (no grego, "auxiliador") **–** nome de um dos antecessores de Cristo, que viveu depois do exílio, Mt 1.13,14.

AZORRAGUE (*açoite*) **–** instrumento de tortura por meio de açoites. A lei mosaica não impunha a pena de açoite nem mesmo no caso previsto em Lv 19.20. A lei permitia castigar com açoites, deitado em terra de costas para cima, Dt 25.2,3. Este modo de castigar é diferente daquele a que se refere 2 Co 11.24,25. Reoboão fala em açoitar com escorpiões, aludindo sem dúvida, a um sistema de punição usado no seu tempo, 1 Rs 12.11,14, e que foi colocado em prática por Antíoco Epifanes para, por meio da tortura, obrigar os judeus a comer carne de porco, 2 Mac 6.30; 7.1. A legislação judia posterior a Moisés estabeleceu a pena de açoites para castigar os crimes contra as leis da Igreja, como a violação das cerimônias religiosas não especificadas pela lei de Moisés, a desobediência às ordens do Sinédrio e a heresia. Algumas vezes açoitavam com vara, 2 Co 11.25, e outras, com azorrague formado de três látegos, sendo um de couro de boi e dois de couro de burro. O número de açoites não podia exceder a 39, a fim de evitar os perigos de ultrapassar os

AZORRAGUE

40 que a lei de Moisés prescrevia para os castigos corporais, Dt 25.2,3. Os castigos aplicados dentro da sinagoga estavam a cargo dos *hazzan*, ou serventes, Mt 10.7; 23.34; alguns ofensores também sofriam o mesmo castigo na presença do Sinédrio, At 5.40. Os romanos usavam um azorrague de cordas, ou de correias, guarnecidas de pedaços de chumbo, ou bronze ou ainda de lascas de ossos, com o fim de tornar o castigo mais cruel. Empregavam o mesmo processo doloroso para obterem a confissão do crime, ou depoimento de testemunhas. Depois que foi decretada a lei porciana de 248 a.C., e a lei semproniana de 123 a.C., os cidadãos romanos não podiam ser açoitados, Lívio, 10.9. Podiam sofrer a pena de açoites as pessoas livres que não fossem cidadãos romanos e os escravos. Não obstante, os governadores pouco escrupulosos açoitavam até cidadãos romanos, Guerras, 2.14,9; Tácito, Hist. 4.27. Os criminosos condenados à morte de cruz sofriam os açoites antes da execução, Lívio 33.36. Jesus e muitos dos judeus, antes da revolta e depois do cerco de Jerusalém, pelos romanos, foram açoitados antes do suplício da cruz, Mt 27.26; Guerras, 2.14,19; 5.11,1. As vítimas eram açoitadas da cintura para cima, amarradas a um poste com as mãos para trás. O sofrimento era atroz. O corpo ficava horrivelmente lacerado. Os mártires cristãos de Esmirna no ano 155 da era cristã foram de tal modo açoitados que as veias ficaram à mostra, bem como os nervos e os tendões, até as entranhas ficavam expostas, Eusébio, Hist. 4.15.

AZRICÃO (*no hebraico, "auxílio contra o inimigo", ou "auxílio que se levantou"*). **1** Nome de um filho de Nearias, 1 Cr 3.23. **2** Nome de um filho de Azel, descendente de Jônatas, filho de Saul, 1 Cr 8.38; 9.44. **3** Nome de um levita descendente de Merari, 1 Cr 9.14. **4** Nome do mordomo-mor de Acaz, que foi morto por Zicri da tribo de Efraim, 2 Cr 28.7.

AZRIEL (*no hebraico, "auxílio de Deus"*). **1** Nome de um chefe da meia tribo de Manassés, que habitava no oriente do Jordão, 1 Cr 5.24. **2** Nome de um homem da tribo de Naftali do tempo de Davi pai de Jerimote, 1 Cr 27.19. **3** Nome do pai de Seraías do tempo de Jeremias, Jr 36.26.

AZUBA (*no hebraico, "desolação", "ruínas"*). **1** Nome de uma das mulheres de Calebe, 1 Cr 2.18,19. **2** Nome de uma filha de Sili e mãe de Jeosafá, 1 Rs 22.42.

AZUR (*no hebraico, "ajudador", "auxiliador"*). **1** Nome do pai de Hananias, falso profeta, Jr 28.1. **2** Nome do pai de Jaazanias, Ez 11.1. **3** Nome de um dos que assinaram o pacto com Neemias, Ne 10.17.

B – 1 Nome da nossa segunda letra do alfabeto. A origem de sua pronúncia está ligada à sua forma semítica na palavra "casa", *beth* [ê]. Esse fonema consonantal, "b" [bê], com o qual se iniciava a palavra "casa", originou a pronúncia atual da nossa letra "b". **2** No hebraico, *beth*; no grego, *beta*, e universalmente, "b".

BÃ – nome de um homem cujos descendentes regressaram a Israel, do cativeiro babilônio, sem, contudo, conseguir provar suas origens israelitas, 1 Ed 5.37.

BAAL (*no hebraico, "senhor", "proprietário", ou "marido"*). **1** O deus-sol, exibindo os diferentes aspectos da energia solar, cujo centro de adoração era a Fenícia, de onde se irradiou para os países vizinhos. Sua ação como deus estava ligada à fertilidade, germinação e crescimento de lavouras e rebanhos, e até da família. Por isso, em tempos de fome ou pestes, a família oferecia o primogênito, queimado vivo a Baal. Dentro da crença de Baal, existia ainda "El", o deus pai e "Aserá", a deusa mãe, e ainda "Astarte", no Antigo Testamento também chamada de "Asterote" ou "Astorete", a divindade feminina de Baal. Baal era adorado nos lugares altos de Moabe, desde os dias de Balaão e Balaque, Nm 22.41. No tempo dos juízes, tinha altares dentro dos limites dos israelitas, Jz 2.13; 6.28-32. Quando o rei Acabe casou com Jezabel, filha de Etbaal, rei dos sidônios, o culto a Baal quase suplantou o culto a Jeová. A luta de vida e morte entre as duas religiões culminou no alto do Carmelo, quando o profeta Elias enfrentou os profetas de Baal, 1 Rs 16.31,32; 18.17-40, que nessa ocasião foram todos mortos, mas em breve ressurgiram de novo, até que Jeú fez nova matança neles, 2 Rs 10.18-28. Por esse tempo, a adoração a Baal teve novo impulso no reino de Judá pela influência de Atalia, filha de Jezabel, mulher de Jorão, 2 Cr 17.3; 21.6; 22.2. Mas, o povo da terra entrou no templo de Baal, derrubou os seus altares; fizeram as suas imagens em mil pedaços e mataram Matã,

BAAL

sacerdote, diante do altar, 2 Rs 11.18. Mais tarde, reviveu nos dois reinos de Judá e Israel, o culto idólatra a Baal, Os 2.8; 4.13. Acaz mandou fundir estátuas de Baal, 2 Cr 28.2. Ezequias promoveu uma reforma, que Manassés anulou, levantando altares a Baal, 2 Rs 21.3. Josias destruiu todos os vasos feitos para Baal em Jerusalém e fez cessar o seu culto, 23.4,5. Jeremias e os demais profetas proferiram veementes denúncias contra essas apostasias, Jr 19.4,5. Esse culto idólatra era acompanhado de ritos lascivos, *cf*. 1 Rs 14.24. Os pais sacrificavam os seus filhos, passando-os pelo fogo, Jr 19.5, e ocultavam as imagens de Baal, 1 Rs 19.18; Os 13.2. Esse deus estava associado a Astarote, Jz 2.13, e nas proximidades de seu altar, havia com freqüência uma imagem da deusa Aserá, Jz 6.30; 1 Rs 16.32,33. Não se deve confundir esse Baal com o deus da Babilônia, Bel, apesar de os dois serem adorados do mesmo modo e com a mesma significação. **2** Nome de um rubenita, da casa de Joel; viveu antes do cativeiro das dez tribos, 1 Cr 5.5,6. **3** Nome de um benjamita, filho de um antecessor do rei Saul, 1 Cr 8.30; 9.35,36,39. **4** Nome de uma aldeia da tribo de Simeão, a mesma que tem o nome de Baalate-Beer, 1 Cr 4.33.

BAALÁ (*no hebraico, "senhora"*). **1** Nome de uma cidade, que também é chamada de Quiriate-Jearim e Quiriate-Baal, Js 15.9,10,60; 18.14; 1 Cr 13.6. Quiriate-Jearim tem sido identificada com a moderna Teel-el-Azhar, próxima a Jerusalém. **2** Nome de um monte entre Ecrom e Jabneel, na fronteira norte de Judá, Js 15.11. **3** Nome de uma cidade ao sul de Judá, Js 15.29. É a mesma cidade com o nome de Balá em Js 19.3 e 1Cr 4.29. Tem sido identificada com Khirbet el-Meshash, no extremo sul de Judá, Js 15.29.

BAALATE (*no hebraico, "senhora"*) – nome de uma aldeia do território primitivo de Dã, perto de Gezer, fortificada por Salomão, Js 19.44; Antig. 8.6,1; 1 Rs 9.17,18; 2 Cr 8.6.

BAALATE-BEER (*no hebraico, "possuidor de um poço", ou "Baal do poço"*) – nome de

Templo de Baal-Berite — Christian Computer Art

BAALINS

uma cidade nos limites da tribo de Simeão, chamada simplesmente Baal em 1 Cr 4.33 e conhecida como sendo também denominada Ramote e Ramá do sul, Js 19.8; 1 Sm 30.27. Localização não identificada.

BAALBEQUE (*no sírio, "cidade de Baal", ou "senhor do vale"*) – antiga cidade que separava o Líbano das montanhas do Antilíbano. Seu nome grego era Heliópolis, cidade do sol. Estava localizada próxima à planície de El-Bekaa, e situada cerca de 65 km de Trípoli.

BAAL-BERITE (*no hebraico, "senhor da aliança", ou "senhor do pacto"*) – o deus que entrou em um pacto com os seus adoradores. Designação que se dava ao deus cananeu Baal, no tempo dos juízes e pela qual era adorado em Siquém onde tinha um templo, Jz 8.33; 9.4. Algumas vezes também era conhecido pelo nome de El-Berite, "o deus que faz aliança", Jz 9.46.

BAALE-JUDÁ (*no hebraico, "senhores de Judá"*) – cidade de Judá de onde Davi trouxe a arca para Jerusalém, 2 Sm 6.2 (veja *BAALIM DE JUDÁ*).

BAAL-GADE (*no hebraico, "senhor da fortuna"*) – nome de uma cidade no sopé do monte Hermom, no vale do Líbano, onde era adorado Gade, o deus da fortuna. Constituía o limite norte da conquista de Josué, Js 11.17; 12.7; 13.5. Há dúvidas, se é Banias ou Baalbeque o lugar de sua antiga existência, todavia sua localização está entre o monte Líbano e o monte Hermom.

BAAL-HAMOM (*no hebraico, "Baal das multidões"*) – nome de um lugar onde Salomão tinha uma vinha, Ct 8.11. Dizem que existia no lugar que atualmente se chama Balamom, cidade perto de Dotão, Judite 8.3. Gesenius, porém, acha duvidosa essa identificação por causa dos diversos modos de soletrar a palavra Balamom que uns dizem *Belbaim*, outros, *Baelmain* e *Abelmaein*, 4.4; 7.3.

BAAL-HANÃ (*no hebraico, "Baal é gracioso"*). **1** Nome de um filho de Acbor e rei de Edom, que reinou depois de Saul, Gn 36.38; 1 Cr 1.49. **2** Nome de um gederita, superintendente dos olivais e dos sicômoros do rei Davi, 1 Cr 27.28.

BAAL-HAZOR (*no hebraico, "senhor de Hazor", ou "vila de Baal"*) – nome de um lugar ao lado de Efraim, onde Absalão guardava seus rebanhos e realizou sua festa de tosquia, 2 Sm 13.23. Gesenius diz que é ao lado de Benjamim, Ne 11.33. Outra opinião aponta Tel-Asur, a oito quilômetros a noroeste de Betel, porém os dois nomes são etimologicamente diferentes.

BAAL-HERMOM (*no hebraico, "senhor do Hermom"*) – nome de um monte que assinala o limite da meia tribo de Manassés a noroeste e a este do Jordão, situado ao sul ou a sudoeste do monte Hermom, Jz 3.3; 1 Cr 5.23. A comparação entre Js 13.5 e Jz 3.3 não basta para estabelecer a sua identificação com Baale-Gade.

BAALIADA (*no hebraico, "o senhor conhece", ou "Baal sabe"*) (veja *BEELIADA*).

BAALIM DE JUDÁ (*Baal de Judá*) – nome de uma cidade de Judá, de onde Davi trouxe a arca para Jerusalém, 2 Sm 6.2. Algumas versões traduzem "Baala de Judá", "Baal-Judá", "Baalé de Judá" etc. *cf.* 1 Cr 13.6; Js 18.14. Parece tratar realmente de Baalá, cidade do território de Judá.

BAALINS (*é plural de Baal, tem o significado de "grande senhor"*) – nome de Baal, o deus sol, adorado sob diferentes aspectos pelos vizinhos de Israel, ou então, o plural de eminência usado pelos cananeus, em

BAALINS

vez do número singular, Jz 2.11; 3.7; 8.33; 10.10; 1 Sm 7.4; 12.10.

BAALIS (*no hebraico, "exultação"*) – nome de um rei dos amonitas que reinou logo depois da tomada de Jerusalém por Nabucodonosor, Jr 40.14.

BAAL-MEOM (*no hebraico, "senhor de Meom", ou "senhor da habitação"*) – nome de uma antiga cidade dos amorreus nas fronteiras de Moabe, conhecida como Bete-Baale-Meom, Nm 32.38; Ez 25.9. Esses dois nomes se encontram na Pedra Moabita, 9.30. Tocou na partilha de Canaã à tribo de Rúben que a reconstruiu, Nm 32.38, e no v. 3 tem o nome de Beom, Is 13.17; 1 Cr 5.8. Esteve em poder de Mesa, rei de Moabe (Pedra Moabita), até o sexto século a.C., Ez 25.9; Jr 48.23, onde tem o nome abreviado para Bete-Maom. Foi uma cidade considerável no tempo de Jerônimo, que dá a distância de nove milhas romanas de Hesebom, ou seja, cerca de 14 quilômetros. As ruínas de Baal-Meom se encontram no lugar chamado Maim na parte setentrional do território moabita, e a sete quilômetros e meio a sudeste de Medeba. Tristram, descrevendo essas ruínas, diz que elas se estendem pelas cristas, e pelos lados de quatro outeiros adjacentes, um dos quais representa ser o núcleo, ou ponto central da cidade, ligado por três avenidas aos outros três outeiros. Existem restos de alicerces, de muros, de ruas, arcos, pedras esculpidas, cavernas e habitações subterrâneas, poços e cisternas.

BAAL, MEU (*no hebraico "Baali", "meu senhor"*) – um nome usado para indicar Deus, em Os 2.16. O desejo de Jeová era manter um relacionamento de intimidade com Israel, ilustrado várias vezes por um relacionamento de marido e mulher. Um escravo tem por obrigação respeitar o seu senhor, mas isso não significa ter intimidade com ele. Nesse aspecto, a expressão "Meu marido" reflete a intenção do coração de Jeová no seu relacionamento íntimo com Israel, ao passo que "Meu Baal", *meu senhor*, não pode refletir essa mesma intimidade. Pois os deuses pagãos não podem ter com o homem a intimidade que Jeová tem. A expressão "não me chamarás mais", desassocia o nome de Jeová do nome do deus pagão Baal, que significa "Senhor", e muitas vezes era usado em relação a Jeová.

BAAL-PEOR (*no hebraico, "senhor de Peor"*) – nome de uma divindade moabita, adorada no cimo do monte Peor, com um ritual impuro. Balaão foi quem levantou essa apostasia em Israel. Quando os israelitas acamparam em Sitim, sentiram-se atraídos pelo culto nefando prestado a Baal-Peor, e pecaram de modo a provocar a ira de Deus que os castigou com uma praga mortífera, que cessou depois que foram mortos os principais transgressores, Nm 25.1-9; Sl 105.28; Os 9.10.

BAAL-PERAZIM (*no hebraico, "senhor de Perazim"*) – nome de um lugar perto do vale de Refaim, onde Davi alcançou uma vitória contra os filisteus, 2 Sm 5.18-20; 1 Cr 15.9-11; *cf.* Is 28.21.

BAAL-SALISA (*no hebraico, "senhor de Salisa"*) – nome de uma aldeia, de onde trouxeram a Eliseu pão e trigo, quando ele estava nas montanhas de Gilgal, cerca de 14 km ao norte de Betel, 2 Rs 4.42-44, ali havia uma escola de profetas. Jerônimo e o historiador Eusébio mencionam essa aldeia com o nome de Baal-Salisa, Bete-Salisa e a situam cerca de 22 km ao norte de Lida. Conder assinala a atual de *Kefr Thilt* nas colinas de Efraim, cerca de 26 km a nordeste de Lida, e 22 km a noroeste de Gilgal. A distância e a etimologia da palavra favorecem essa identificação.

BAAL-TAMAR (*no hebraico, "senhor da palma"*) – nome de um lugar de Benjamim, onde o exército israelita acampou para o assalto à cidade de Gibeá, Jz 20.33. O local estava associado à palmeira de Débora, localizada entre Betel e Ramá, Jz 4.5, perto de Gibeá, cerca de seis quilômetros de Jerusalém.

BAAL-ZEBUBE (*no hebraico, "senhor das moscas"*) – nome que se dava ao deus-sol, Baal, em Ecrom onde era adorado como o produtor das moscas, e por isso, capaz de proteger o povo contra a peste. Acazias, rei de Judá, mandou consultar esse deus para saber se restabeleceria ou não da sua enfermidade, mas foi impedido pela interferência de Elias, 2 Rs 1.6,16 (veja *BELZEBU*).

BAAL-ZEFOM (*no hebraico, "senhor de Zefom", ou "senhor do inverno", ou "senhor do norte"*) – um lugar ou cidade do Egito na fronteira do mar Vermelho, onde acamparam os israelitas; "diante de Pi-Hairote, entre Migdol e o mar, no ponto em que o atravessaram", Êx 14.2,9. Veja também Nm 33.7. O local ainda não foi identificado, embora alguns queiram situá-lo em Tapanes, no mar Mediterrâneo, cerca de 35 km de Rameses.

BAANA (*no hebraico, "filho de aflição", ou "filho de opressão"*) – nome hebraico que tem traduções diferentes como, Baana, Baanã e Baaná. As três primeiras menções são a forma hebraica do nome "Baana", as três últimas são a forma aramaica do nome "Baaná". **1** Nome de um benjamita irmão de Recabe e capitão de um bando de salteadores. Não obstante seus irmãos pertencerem à tribo de Saul, ele e Recabe mataram Is-Bosete, filho do rei e levaram a sua cabeça a Davi em Hebrom, esperando recompensas; porém, Davi mandou matá-los como criminosos, 2 Sm 4.1-12. **2** Nome de um netofatita, pai de Helede, que fazia parte dos mais valentes de Davi, 1 Cr 11.30. **3** Nome de um judeu que voltou de Babilônia com Zorobabel, Ed 2.2; Ne 7.7. Foi provavelmente representante de sua família como signatário

do concreto, no tempo de Neemias, 10.27. **4** Nome de um dos governadores que Salomão havia estabelecido sobre Israel; era filho de Ailude e provavelmente irmão de Jeosafá, cronista-mor, 1 Rs 4.12; *cf.* v. 3. **5** Nome de outro governador nomeado para Aser e suas vizinhanças; era filho de Husi, não daquele que era amigo de Davi, 1 Rs 4.16. **6** Nome do pai de Zadoque, que ajudou a reparar os muros de Jerusalém após o cativeiro na Babilônia, Ne 3.4.

BAARA (*no hebraico, "estupidez"*) – nome de uma das esposas de Saaraim, 1 Cr 8.8.

BAARUMITA – nome de um habitante de Baurim, 1 Cr 11.33. O mesmo que barumita, 1 Cr 11.33, *cf.* com 2 Sm 23.31.

BAASA – nome de um filho de Aías, da tribo de Issacar que conspirou contra Nadabe, filho e sucessor de Jeroboão I, rei de Israel. Quando Nadabe dirigiu o assédio de Gibetom, ainda em poder dos filisteus, Baasa o matou e a todos os descendentes de Jeroboão, cumprindo-se assim o juízo contra a sua casa, 1 Rs 16.7. Então, o assassino subiu ao trono de Israel no terceiro ano de Asa, rei de Judá, e fixou sua capital em Tersa, 1 Rs 15.25 até o cap. 16.4. Manteve longa guerra com Asa. Começava a fortificar Ramá para bloquear a fronteira norte de Judá, quando foi desviado desse intento pela invasão de seu reino por Bene-Hadade, rei de Damasco, a serviço de Asa, 1 Rs 15.16-21; 2 Cr 16.1-6. Baasa continuou a adorar o bezerro de Jeroboão, pelo que o profeta Jeú ameaçou a ele e à sua casa com os juízos que caíram sobre a casa de Jeroboão. Morreu depois de um reinado de 24 anos e foi sepultado em Tirza. Seu filho Elá sucedeu-o no trono, 1 Rs 15.34 até o cap. 16.6.

BAASÉIAS (*no hebraico, "O Senhor é ousado", ou "obra do Senhor"*) – nome de um

BAASÉIAS

levita descendente de Gérson e antecessor de Asafe, o cantor, 1 Cr 6.40.

BABEL (*no hebraico, "porta de Deus"*). **1** Cidade. Nome de uma cidade da planície de Sinar. É a primeira cidade mencionada depois do Dilúvio e nela teve princípio o reino de Ninrode, i.é., provavelmente a primitiva sede de seu governo, Gn 10.10. Daqui por diante passa a chamar-se Babilônia (veja *BABILÔNIA*). **2** Torre. A torre de Babel começou a ser edificada em seguida ao Dilúvio, com o intuito de estabelecer um centro de renome e evitar um movimento dispersivo. Não havia pedras nem cal naquela planície de aluvião do Sinar, de modo que tiveram de fazer tijolos para levantar a torre e usar o betume em vez de cal. O betume era abundante na parte superior do rio, distante cerca de 225 km. O plano dos edificadores não foi avante, por causa de um castigo que imediatamente produziu espantosa variedade de dialetos, que não mais se podiam entender, provocando uma dispersão das pessoas para regiões distantes. Daí lhe veio o nome de Babel, ou *lugar do juízo de Deus*, (veja *PORTA*). Para descrever esse acontecimento, os escritores hebreus escolheram a palavra *balal*, que tem suas relações fonéticas com a palavra *babel*, Gn 11.1-9. Essa confusão de línguas está registrada no meio de uma secção do livro de Gênesis, dedicado aos semitas, Gn 10.21 até 11.26, e pode ser um incidente privativo da história semítica, e não um fato da História universal. Podia ter originado dialetos entre os semitas somente, o que parece confirmado em Gn 11.1. A confusão das línguas deuse depois de constituída a família de Héber. Uma tradição duvidosa identifica a torre de Babel com a *Birs Nimrud* em Borsipa, distante cerca de 11 km do centro de Babilônia. Porém, se a torre prestou algum serviço depois da dispersão, é mais razoável supor que ela se tenha perpetuado no templo cônico Etemenanqui, ao norte do grande templo de Marduque na cidade da Babilônia. Apesar de

ter cessado a edificação, o local continuou a ser ocupado. Em anos posteriores, existiu ali uma grande comunidade (veja *BABILÔNIA*).

BABILÔNIA (*no acadiano, "babli", "babilani", "porta dos deuses"; no grego, "porta de Deus"*). **1** Nome da capital do império babilônico. Esse nome aparece pela primeira vez nas Escrituras hebraicas em Gn 10.10, associado a outros três nomes no princípio do reino de Ninrode (*cf*. Is 23.13). Ali começaram a edificar a torre de Babel, e ocorreu, a confusão das línguas, Gn 11.1-9. Essa cidade foi o centro do poder babilônico no reinado de Hamurabi, 20 séculos antes de Cristo (veja *ANRAFEL*) e desde então ficou sendo o centro político e religioso de todo o país. Atingiu o auge de sua glória no século seis a.C., sob o reinado de Nabucodonosor, que muito fez para convertê-la na mais esplêndida capital do mundo. O antigo palácio erguia-se na margem oriental do Eufrates. O palácio real foi por ele aumentado no dobro de seu tamanho original. Estendia-se para o norte, e era cercado pelo rio a oeste e por um canal ao norte e ao sul. A parte oriental era ornada por um magnífico pórtico, tendo em frente a grande Avenida das Procissões com cerca de três quilômetros de extensão, que ia dar no templo de Marduque. Nabucodonosor edificou outro palácio ao norte do primeiro, a uns três quilômetros de distância, sobre uma eminência artificial, ladeado de terraços, onde provavelmente, existiam os famosos jardins suspensos. Heródoto, que viveu no ano 413 a.C., diz que a Babilônia, que ele havia visitado, ocupava uma área quadrada, tendo cada lado 120 estádios, ou cerca de 22 km, com uma área provável de 370 km, incluindo Borsipa, que ficava nos limites da cidade. Ctesias, que também floresceu no ano 400 a.C., e foi testemunha de vista, dá a cada lado da cidade, 90 estádios, sendo os quatro lados, com uma extensão de 360 estádios ou 66 quilômetros e meio, cobrindo uma área superior a 185 km. A cidade

BABILÔNIA

era protegida por um muro, segundo Jr 51.58; ou, segundo Heródoto, por muralhas duplas. Entre esses dois muros, havia um espaço em que não se permitia a construção de casas. Em todo o circuito do muro interno, estendiam-se jardins, hortas e campos, que aumentavam a área e que pouco serviam para o crescimento da população. Diz Heródoto que os muros tinham a espessura de 50 cúbitos reais, que corresponde a 28 metros e a altura de 200 cúbitos reais, ou 112 metros. Quinto Cúrcio, ano 40 da era cristã, dá a largura de 101 metros e meio e Clitarcus (segundo Diodoro Siculo) e Estrabão dizem que a altura dos muros era de 24,75 metros. Esses escritores calculam a área da cidade entre 365 a 385 estádios, ou seja 67.525 ou 71.225 metros respectivamente. A cidade tinha 100 portas de bronze, 25 em cada lado. À entrada de cada porta, abriam-se largas ruas que se entrecruzavam em ângulos retos, dividindo a cidade em áreas quadradas. O Eufrates corria pelo centro da cidade, dividindo-a em duas partes; as margens do rio eram cercadas de um cais separado da cidade por uma muralha em toda a sua extensão, a qual possuía 25 portas de comunicação para o rio por meio de caminhos em declive até à sua margem. O rio era navegado por barcos de recreio e era atravessado por uma ponte e por um túnel. Os muros, cais, palácios, templos e edifícios particulares eram construídos de tijolos, com betume servindo de argamassa, Gn 11.3. O madeiramento empregado nas construções, geralmente de dois, três e quatro andares, era de palmeiras (Heródoto, 1.178-186). Em 520-19 a.C., e outra vez em 514 a.C, a Babilônia revoltou-se contra Dario Hitaspes, sendo as duas vezes subjugada e facilmente desmantelada. Seleuco Nicátor apressou a sua decadência; conquistando-a em 312 a.C., e retirando dela grande cópia de materiais para construir a sua nova capital, Selêucia, às margens do Tigre. As profecias das Escrituras sobre a Babilônia têm sido literalmente cumpridas, Is 13; 14.1-23; 21.1-10; 6.1,2; 47.1-3; Jr 50; 51. Jeremias no cap. 51 *cf.* com cap. 5.26, disse que ela seria reduzida a montões, tal como existe atualmente. As suas ruínas começam 6 km e meio acima da aldeia de *Hillah*, e estendem-se 5 km e meio para noroeste, e perto de 4 km do oriente para o acidente, principalmente do lado oriental do rio. Aos três montões principais dão os árabes o nome de *Babil, Kasr e Amram*; estão no oriente do rio, e em uma secção da antiga cidade, que em um período remoto tinha a forma triangular limitada pelo rio e por muros. Esses muros eram construídos em linhas retas que se encontravam, formando um ângulo reto na direção do oriente, com três a cinco quilômetros de extensão. O montão sul, *Amram*, assinala o local do templo de Marduque, o montão central, *Kasr*, cobre as ruínas do velho palácio e do templo da deusa Belite; situado mais para este, e separado do palácio pela Avenida das Procissões. O montão *Babil*, ao norte é o lugar do palácio norte de Nabucodonosor. **2** Nome da Babilônia mística de que fala o Apocalipse de João, 14.8; 16.19; 17; 18, que representa a cidade de Roma edificada sobre sete montes (*cf.* 17.3,5,6,9). **3** Nome da região ocidental da Ásia, cuja capital era Babilônia. Essa região tem às vezes o nome de Sinar, Gn 10.10; 12.2; Is 11.11, e outras o de Caldéia, Jr 24.5; 25.12; Ez 12.13. Era limitada ao norte pela Mesopotâmia, linha divisória, entre as duas, que corre desde perto do Hite no Eufrates até um pouco abaixo do Samara no Tigre. O limite é natural e separa a planície levemente elevada de formação secundária ao norte, da parte baixa formada pelas aluviões trazidas pelo Eufrates e pelo Tigre ao sul. A região é limitada ao oriente pelas montanhas do Elão, a leste pelo rio Tigre; ao sul, pelo Golfo Pérsico, a oeste pela Arábia Deserta. Nos antigos tempos históricos, a sua área era de 46.300 km^2, porém com as aluviões trazidas gradualmente sobre a parte norte

BABILÔNIA

do golfo Pérsico, a superfície eleva-se a 55.560^2. A parte formada pelas aluviões é riquíssima; irrigada artificialmente, é de fertilidade admirável. Foi ali que os descendentes de Cus se estabeleceram e bem assim os semitas, Gn 10.8-10. As cidades principais fundadas ali foram: Ur, 11.28, Larsa, Ereque, Babel, Acabe, Cutá, 2 Rs 17.24, e Nipur. Estas cidades foram às vezes reinos independentes, e outras vezes governadas por um só monarca. Ninrode dominou sobre quatro dessas cidades. Sargom de Agade, semita de origem, dominou em toda a região, 3.750 a.C., porém o seu domínio e bem assim o de seu filho *Naram-sin*, estendeu-se muito além da Babilônia, chegando até o Mediterrâneo. Dois milênios antes de Cristo, Cudurnanhundi desceu de Elão e conquistou Babilônia. Presume-se que o rei Quedorlaomer pertencia a essa dinastia, Gn 14.1. Esses elamitas foram, afinal, derrotados, terminando o domínio de Hamurabi sobre a Babilônia. Posteriormente, os cosseanos se estabeleceram no país. Cerca de 16 séculos a.C., a Palestina adotou a linguagem e a escrita usada na Babilônia para sua correspondência oficial com a corte egípcia. Em 1270 a.C., os assírios, sob o governo de Tuculti-Adra, subjugaram Babilônia, que durante 700 anos ficou sendo uma potência de segunda ordem, ainda que, por vezes tenha sacudido o jugo dos assírios. Nabonassar alcançou a independência em 747 a.C. O país foi novamente conquistado por Tiglate-Pileser, 741 a.C., e depois de sucessivas revoltas, por Sargom em 709; por Senaqueribe, em 703; e por Assurbanipal em 648 a.C. Durante esse período, Merodaque-Baladã duas vezes ocupou o trono, uma vez, de 721 a 709, e outra vez de 704 a 703. Em 625 a.C., a independência da Babilônia foi finalmente consolidada por Nabopalusur, conhecido dos gregos pelo nome de Nabopolassar que provavelmente era oficial do tempo dos assírios. Os inquietos babilônios com os medos ameaçaram o império assírio. Auxiliado pelos cal-

deus, Nabopolassar apoderou-se da Babilônia, proclamou-se independente da Assíria, aliou-se com os medos e lançou os fundamentos do grande império babilônio. Reinou desde o ano 625 até 605 a.C. Nínive havia sido tomada e destruída em 606 a.C., e na partilha desse império, foram anexadas ao império babilônio, a Susiana, o vale do Eufrates, a Síria, e a Palestina. Porém, as pretensões da Babilônia à região ocidental do Eufrates, foram disputadas por Faraó Neco, rei do Egito, e Nabopolassar mandou seu filho Nabucodonosor para proteger os interesses babilônios. Este derrotou totalmente Neco na batalha de Carquemis, 605 a.C. e, continuando para o ocidente, no prosseguimento de suas vitórias, teve de retroceder para Babilônia por causa da morte de seu pai. Subiu ao trono em 605 a.C., e reinou 44 anos. No seu reinado, o império estendeu os seus limites, como nunca antes; quase todos os melhoramentos de engenharia e arquitetura foram por ele dirigidos. Tomou e destruiu Jerusalém e levou cativo o povo de Judá (veja *NABUCODONOSOR*) – morreu em 562 a.C.; sucedeu-lhe no trono seu filho Evil-Merodaque que se tornou amigo do rei Jeoiaquim, tirando-o do cárcere, 2 Rs 25.27; Jr 52.31. Depois de um reinado de dois anos, 562-560 a.C., Evil-Merodaque foi assassinado por uns conspiradores chefiados por Neriglissar, genro de Nabucodonosor. Parece ter sido o mesmo Nergal-Sarezer que tomou parte no sítio de Jerusalém, Jr 39.3,13; subiu ao trono e reinou quatro anos e meio, vindo a morrer em 556 a.C. Seu filho e sucessor, *Labashi-marduk*, ainda criança, foi assassinado, alguns meses depois. Os conspiradores investiram a um de seus companheiros, chamado Nabunaide, no governo do país. Decorridos 17 anos de seu reinado, 539 a.C., Ciro, rei dos persas, entrou na Babilônia, que deu fim ao império babilônio (veja *CIRO*). Depois de Ciro, veio Alexandre, o Grande, que, pelas suas grandes vitórias, 333 e 331 a.C. nulificou o domínio persa.

Desde então, o território do baixo Eufrates passou sucessivamente dos gregos para os romanos, para os partas, para os persas outra vez, e, finalmente, para os maometanos. Depois da tomada de Jerusalém, no ano 70 a.C., a Babilônia foi um centro de instrução, onde existiam várias escolas judias, consagradas ao estudo e interpretação da Lei mosaica. Esse país é atualmente região estéril, mas que se pode tornar rica e fértil sob um governo culto e sábio.

BABILÔNICO – um habitante da Babilônia, da cidade ou de todo o país, Ed 4.9.

BACA (*no hebraico, "pranto", "lágrimas"*) – árvore balsâmica que destila uma resina, formando cristalizações semelhantes a lágrimas; esse nome tem o significado de choro. Nome de um vale na Palestina, Sl 84.6, assim chamado por causa das árvores aromáticas que nele cresciam. É provável que haja uma referência a esse vale em 2 Sm 5.22,23, em que se fala do vale de Refaim. Figueiredo diz no Salmo 83.7, vale de lágrimas, e a Versão de Almeida diz vale de Baca, no Salmo 84.6. Em 2 Sm 5.23,24, Fig. diz pereiras, e a V. de Almeida diz amoreiras.

BACBUQUE (*no hebraico, "frasco", "garrafa"*). **1** Garrafa de gargalo estreito. **2** Chefe de uma das famílias dos netinins, que retornaram do cativeiro babilônio com Zorobabel, Ed 2.51; Ne 7.53.

BACBUQUIAS (*no hebraico, "esvaziamento por Jeová"*). **1** Nome de um levita residente em Jerusalém, e que exerceu altas funções, logo depois que voltou do exílio, Ne 11.17. **2** Nome de um levita, talvez representante da família de outro levita do mesmo nome, que serviu de porteiro do templo nos dias de Neemias, Ne 12.25.

BACENOR – nome do chefe do exército de Judas Macabeu que participou da guerra contra o governador da Iduméia, chamado Górgias, 2 Mac 12.35.

BACIA, LAVATÓRIO, PIA – 1 Utensílio que servia para as lavagens, feito de bronze, ou de cobre, e destinado ao serviço do Tabernáculo, colocado sobre bases de bronze entre o altar e a porta do Tabernáculo. Tanto a bacia quanto a sua base eram feitas com os espelhos das mulheres que velavam à porta do Tabernáculo, Êx 38.8; cf. 30.17. Essas mulheres serviam de vigilantes à porta do Tabernáculo, 1 Sm 2.22, do mesmo modo que os levitas, Nm 4.23; 8.24, a intervalos certos como era obrigação dos sacerdotes e dos levitas, Dt 18.6; Lc 1.8,23, para presidirem às danças sagradas e à execução da música, tanto vocais quanto instrumentais, Êx 15.20; Jz 21.21; Sl 67.25,26. Os sacerdotes lavavam os pés e as mãos na bacia de bronze antes de ministrar no altar, ou de entrar no santuário, Êx 30.17-21; Lv 8.11. Essa cerimônia simbolizava a santidade necessária ao serviço de Deus. No templo de Salomão havia muito bronze e dez bacias em vez de uma, 1 Rs 7.23-26,38-40,43. O rei Acaz alterou a posição desses utensílios, na sua volta de Damasco, 2 Rs 16.17. **2** Algumas palavras hebraicas designam uma vasilha portátil para lavagens. a) *Aggan*. Nome de pequenas vasilhas, Is 22.24, que serviam para vinho, Ct 7.2, e outros líquidos, Êx 24.6. A tradução, em português, diz "bacia" e "taça", respectivamente. b) *Saph*. Nome de vasilhas para usos domésticos, 2 Sm 17.28, e para receber o sangue dos sacrifícios, Êx 12.22; Jr 52.19; 2 Rs 12.13. O termo significa "prato", ou "porta". c) *Mizraq*. Nome do vaso que servia no Tabernáculo e no templo, nas solenidades do grande altar, Nm 4.14, destinado a receber a farinha e o azeite e também o sangue dos sacrifícios, Nm 7.13; Zc 9.15; 14.20. Era feito de ouro, prata ou cobre, Êx 27.3; Nm 7.84; 1 Rs 7.45,50. O termo significa, "bacia grande". d) *Kefor*. Traduzido por *taça* em 1 Cr 28.17; Ed 1.10;

BACIA, LAVATÓRIO, PIA

8.27, e por *geada* em Êx 16.14; Jó 38.29; Sl 147.16.

BADABE (*no hebraico, "separação"*) – nome do pai de Hadade, rei de Edom, Gn 36.35; 1 Cr 1.46.

BAEÃ – nome de uma tribo de beduínos que fizeram incursões na Palestina, 1 Mac 5.4. O historiador Blau, porém, é de opinião que o nome se refere ao lugar denominado Bajaá, que se lê nas inscrições de Karnak, e situado na região indicada pela narrativa de Macabeus. Essa é a única referência à tribo em toda a literatura.

BAETIL – geralmente era um meteorito tido como pedra sagrada e dotado de poderes sobrenaturais, o que trouxe veneração à pedra. A deusa Diana dos Efésios era uma dessas pedras.

BAGAGEM – nome que se dá aos objetos de uso individual, que geralmente acompanham o seu dono, 1 Sm 17.22; Is 10.28; 1 Mac 9.35; At 21.15. Também aos fardos de fazendas, Jz 18.21, e cargas de grande peso, Is 46.1. O lugar para guardar as bagagens era cercado pelas carroças que as transportavam para o acampamento do exército, formando um círculo, 1 Sm 17.20; 26.5,7.

BAGOAS – nome do eunuco, personagem do livro de Judite, encarregado dos negócios de Holofernes, Judite 12.11s.

BAINHA DA ESPADA – um estojo para proteger a parte cortante da espada ou adaga, usualmente feita de couro, Sm 17.51; Jo 18.11.

BAITERUS – chefe de uma família que retornou do cativeiro da Babilônia com Zorobabel e cujo nome não aparece nas listas de Esdras e Neemias, 1 Ed 5.17.

BALÁ (*no hebraico talvez "enrugado", ou "velho"*) – uma cidade, ou lugar, no território de Simeão, Js 19.3. Alguns a identificam com Baalá de Judá, Js 15.9, e com Bila em, 1 Cr 4.29.

BALAÃO (*no hebraico, "devorador"*) – nome de um adivinho, Jr 13.22; cf. Nm 24.1, filho de Beor, residente na cidade de Petor sobre o Eufrates, Nm 22.5, em Arã, na parte montanhosa ao oriente do país, Nm 23.7; cf. Dt 23.4. O texto hebraico em Nm 22.5 descreve Balaque mandando buscar Balaão na terra dos filhos do seu povo, dando a entender que era a terra de seu nascimento ou de sua residência. O texto siríaco e o samaritano dizem ammon em vez de ammo, e portanto, tem a seguinte variante: "terra dos filhos de Amom", como traduziu Figueiredo. Balaão não tinha relacionamento com os amonitas, como se observa em Nm 31.8. Esse adivinho reconhecia Jeová como o Deus de Israel, 23.21, ou pelo menos, como um dos seus deuses, 22.18; porém a versão grega diz apenas "Jeová Deus". Balaque, rei de Moabe, mandou-lhe uma embaixada composta de anciãos de Moabe e de Midiã, oferecendo-lhe dons para amaldiçoar o povo de Deus, Nm 22.5-7. Respondeu-lhes Balaão que não poderia ir sem primeiro consultar a Jeová, Deus de Israel. Recusada que foi a proposta, Balaque enviou outra embaixada, desta vez, composta de príncipes, à qual Balaão respondeu: "Ainda que Balaque me desse sua casa cheia de prata e de ouro, eu não poderia trocar a palavra do Senhor meu Deus para dizer, ou mais, ou menos". De novo consultou Balaão ao Senhor, o qual o aconselhou a acompanhar os mensageiros de Balaque, sob a condição de somente dizer o que lhe fosse mandado. No caminho, um anjo do Senhor, com uma espada nua, que só era visto pelo animal em que ia o profeta, atravessou no caminho. O animal recusou caminhar, pelo que, três vezes foi castigado. O Senhor abriu a boca do jumento para dizer "Que te fiz eu? Por que me feres?" Finalmente, Balaão viu o anjo e conheceu o perigo que o ameaçava. Disposto a voltar do caminho para sua casa, o anjo ordenou-lhe que continuasse a viagem com os emissários do rei, para dizer somente o que lhe fosse mandado por Deus. Balaque lhe saiu ao encontro nas margens do Arnom, conduzindo-o aos altos de Baal. Na manhã seguinte, os dois, acompanhados pelos príncipes de Moabe, viram a última parte do povo de Israel, acampado em Sitim, Nm 22.8-41. Depois de um sacrifício em sete altares, Balaão subiu a um lugar solitário onde o Senhor lhe apareceu. Voltando para Balaque, e sob o poder irresistível da divindade, abençoou o povo que era para ser amaldiçoado, 23.1-12. Balaque, desapontado pelo mau êxito, convidou o profeta a observar a outra parte do acampamento dos israelitas, esperando que ao menos esta fosse amaldiçoada. E o levou ao alto do monte Pisga, onde o profeta sacrificou como antes tinha feito. Porém, ainda essa vez, o povo foi abençoado. Nova tentativa, pela terceira vez. Balaque conduziu o profeta ao cume do monte Peor, na cordilheira norte do Nebo. Repartiram-se ali as bênçãos que terminaram pela profecia acerca de uma estrela de Jacó que haveria de nascer; e de uma vara de Israel, para ferir os capitães de Moabe e destruir todos os filhos de Sete. Irado, o rei Balaque despediu Balaão, privando-o das recompensas prometidas, 23.27, até o cap. 24.25. O profeta, antes de se retirar do país, deu um conselho ao rei para perverter o povo de Israel, ou seja, que as mulheres moabitas seduzissem, pelos seus atrativos, os homens de Israel, levando-os a praticar o culto abominável de Baal, caindo assim sob as maldições de Jeová. O mau conselho produziu os resultados desejados. Na guerra contra os midianitas, Balaão foi morto, 31.8-16. Em vários lugares da Bíblia, tanto do Antigo quanto do Novo Testamento, se encontram referências ao caráter e destino do profeta, Dt 23.4,5; Js 24.9,10; Ne 13.2; Mq 4.5; 2 Pe 2.15; Jd 11; Ap 2.14.

BALADÃ (*no hebraico, "Ele deu um filho"*) – nome do pai de Merodaque Baladã, Is 39.1. Baladã é uma abreviação, em que se omitiu o nome de algum deus a quem se atribui o nascimento do filho.

BALANÇAS (*no hebraico, moznayim, "par de balanças"*) – instrumento para medir pesos que na antiguidade consistia de uma espécie de prumo com bandas laterais em que eram colocados os pesos feitos de pedras. Como se tratava de um instrumento não tão preciso e rude, havia muito abuso no comércio com o uso de pesos diferentes para a compra e a venda de mercadorias, uma injustiça não tolerada por Deus, Lv 19.36; Pv 11.1; 16.11; 20.23; Mq 6.11; Os 12.7. No Novo Testamento, o termo grego é *zugós*, "balança", e aparece em toda sua extensão, Mt 11.29-30; At 15.10; Gl 5.1; 1 Tm 6.1; Ap 6.5.

Balança — Christian Computer Art

BALAQUE

Balança — Christian Computer Art

BALAQUE (*no hebraico, "seco", "esgotado"*) – nome do rei moabita, filho de Zipor, que atraiu Balaão, para que fosse amaldiçoar Israel, Nm caps. 22–24; Js 24.9; Jz 11.25; Mq 6.4, 5; Ap 2.14 (veja *BALAÃO*).

BALEIA – **1** A palavra traduzida por esse nome refere-se a um grande animal marinho, exceto em Ezequiel 32.2, em que o texto hebraico fala de um dragão. No geral, se refere a um grande peixe, ou a outro grande animal que vive nas águas, como o golfinho, o cachorro do mar, a foca, a baleia, o tubarão, o atum etc. A LXX emprega as palavras *Ketos megalos*, "grande monstro marinho", em Jn 2.17, que a versão em português diz grande peixe e que algumas versões em Mt 12.40 traduzem por baleia. **2** Monstro do mar. Grande peixe marítimo, Gn 1.21; Jó 7.12. Tradução do original *Tannin*. Em Lamentações 4.3., a palavra hebraica *tannim*, ainda que no singular, é regida por um verbo no plural. Talvez seja erro de cópia em que *tannim* foi tomado por *tannin*, chacais.

BALSAMARIAS – tradução da palavra hebraica *Baka*, Sl 84.6; 2 Sm 5.23,24; 1 Cr 14.14,15. É planta que cresce perto de Jerusalém. Os árabes dão esse nome a um arbusto natural de Meca, muito semelhante ao bálsamo e que produz uma seiva branca e de gosto acre (veja *AMOREIRA*).

BÁLSAMO – **1** *O termo e a história*. Tradução da palavra hebraica *Seri*, lodo, produto vegetal obtido especialmente em Gileade, Gn 37.25; Jr 8.22; 46.11, e exportado da Palestina, Gn 37.25; Ez 27.17. Usava-se como linimento para curar feridas, Jr 51.8. Acreditava-se muito, e ainda há quem creia, que o bálsamo de Gileade era o opobálsamo, oleoso, uma resina de cor verde-amarelada, de consistência semelhante ao mel, a que atribuíam maravilhosas propriedades curativas. Era extraído de uma árvore *Balsamodendron opobalsamum*, ou *gileadense* da ordem *Amyridaceae*, *Amíridis*. Atingia a altura de dois a três metros. A identificação do opobálsamo com o Bálsamo de Gileade ainda está um pouco em dúvida, pela razão de que a árvore que o produz não se encontra em Gileade, nem mesmo nos jardins, e não há provas de que jamais tenha existido naquele lugar. É antes natural da Arábia e da Núbia, e, por isso, lhe dão o nome de bálsamo de Meca. Na Versão Brasileira, em Gn 37.25, a palavra hebraica *Seri* é traduzida por *mastique*, *Pistacia lentiscus*, árvore frondosa e sempre verde, de cerca de quatro metros de altura, natural da Palestina, Plínio, 14.25. A sua resina aromática transparente de um amarelo pálido queimava como incenso, e, dissolvida em água, fornecia uma loção agradável; o óleo produzido pela casca, pelas folhas e pelas bagas, servia para fins medicinais. Josefo faz menção de uma planta produtora de um bálsamo mui

BANHO

B

precioso, cultivada em Jericó, mas sem fornecer pormenores para sua identificação, Antig. 14.4,1; 15.4,2; Guer. 1.6,6. Desde o tempo das cruzadas que não se tem notícia dela, e supõe-se extinta. **2** *O uso do bálsamo*. Os hebreus davam grande importância aos bálsamos, Ec 7.1, que empregavam para perfumar os cabelos e aveludar a pele, Et 2.12; Ec 9.8. Várias vezes ungiram a Jesus com bálsamos, as piedosas mulheres que vinham adorá-lo, Mt 26.6-13; Lc 7.36-50. Os bálsamos, com outras especiarias, serviram para ungir e embalsamar os cadáveres, Lc 23.56. O bálsamo de Gileade e o colírio empregavam-se como remédio, Jr 8.22; Ap 3.18. No ritual do Tabernáculo, empregavam os bálsamos santos, compostos com mirra, cássia, cinamomo, cálamo e azeite de oliveira, Êx 30.25. Os ungüentos comuns usados na Palestina consistiam de azeite perfumado. A palavra hebraica que se traduz pelo vocábulo óleo, ou azeite, também se traduz por bálsamos, ungüento etc., em 2 Rs 20.13; Pv 17.9; Ec 7.1; 9.8; 10.1; Ct 1.3; 4.10; Is 57.9; Am 6.6 (veja *PERFUMARIAS*).

BALTASAR – a forma grega do nome "Beltessazar", ou "Belsazar", Dn 1.7; 2.26; 5.1; 7.1; 8.1. Na tradição, esse também é o nome de um dos magos que visitaram o menino Jesus (veja *BELTESSAZAR*).

BAMÁ (*no hebraico, "lugar alto"*) – palavra que somente aparece em Ez 20.29. Refere-se a um lugar alto em que se tinha o costume de fazer adoração aos deuses pagãos.

BAMOTE (*no hebraico, "lugares altos"*) – nome do acampamento dos israelitas ao norte do Arnom, abreviatura de Bamote-Baal, Nm 21.19.

BAMOTE-BAAL (*no hebraico, "lugares altos de Baal"*) – nome de um lugar ao norte do Arnom, na Transjordânia, em que os israelitas acamparam, e para onde Baraque levou o adivinho Balaão, para contemplar as planícies de Moabe, Nm 21.19; 22.41. Estava situado dentro dos limites da tribo de Rúben, Js 13.17, entre Dibom e Baal-Meom. Acredita-se que seja um dos picos da serra Atarus da encosta sul do Zerca-Maim.

BANCO, BANQUEIRO – a palavra "banco" das versões em português em Lc 19.23, é o grego *trápeza*, que significa, "mesa". Não há menção alguma nas Escrituras a qualquer tipo de instituição financeira para custear o dinheiro. A lei judaica não aprovava o empréstimo a juros, salvo se o devedor fosse de outra nação, Êx 22.5; Lv 25.37, e taxas de juros altas eram condenadas, Dt 23.19,20. Sendo assim, o que se podia fazer com o dinheiro era emprestá-lo a um cambista para ter um pouco de rendimento ou guardá-lo em lugar seguro. Havia tanto o costume de se enterrar o dinheiro, quanto também de guardá-lo em locais como, cofres, palácios e templos, Js 7.21; Mt 13.44. Depois do exílio, alguns negócios bancários foram estabelecidos em Israel e o sistema se aperfeiçoou. Enfim, as transações monetárias aconteciam de duas maneiras, em caráter particular ou bancário, e consistiam no empréstimo de valores a juro, ou em depósito nos bancos, também para render juros, Lc 19.23; Mt 25.27; Ne 5.3,4. Outra forma de negócios bancários é o câmbio, que consiste em trocar moedas de um país por outras, mediante ágio convencional, como acontecia em Jerusalém. A taxa do Templo era de meio *shekel*. Também as moedas de países estrangeiros, como o denário romano e as dracmas gregas, eram trocadas pelo siclo hebreu e vice-versa, Mc 11.15; Jo 2.15.

BANHO – **1** Como meio de higiene. Nos climas quentes do Oriente, o banho era de urgente necessidade. A filha de Faraó banhava-se no Nilo, Êx 2.5. Os egípcios usavam roupas de linho que eram lavadas

BANHO

Banheiros — Christian Computer Art

constantemente; os sacerdotes banhavam-se em água fria, duas vezes ao dia e duas vezes à noite (Heród. 2.37). Tanto os egípcios quanto os hebreus e os sírios lavavam os pés toda vez que entravam em casa, Gn 18.4; 24.32; 43.24; Jo 13.10. Era costume depois dos banhos, ungir-se com óleos aromáticos e vestir as melhores roupas, Êx 40.12,13; Rt 3.3; 2 Sm 12.20; Judite 10.3; Mt 6.17. Os hábitos gregos e romanos que haviam penetrado nos países conquistados deram origem ao estabelecimento de banhos públicos. As termas em Tiberíades, em Gadara e Calirroe, nas proximidades do mar Morto ofereciam alívio a enfermos de várias moléstias. Os tanques existentes perto do palácio de Jericó serviam para exercícios de natação e para banhistas, Antig. 17.6,5; 18.2,3; 15.3,3. **2** Como meio de purificação cerimonial e ritualista. Em casos de contaminações prescritas na lei cerimonial, lavavam o corpo e as vestimentas, Lv 14.8; 15.5; 17.15; Nm 19.7,8, quer fosse em água corrente, Lv 15.13, quer em fontes, Judite 13.7,9 cf. Jo 9.7, em rios, 2 Rs 5.10 ou nas piscinas dos jardins, 2 Sm 11.2,4. Antes de entrar no Santuário e de se aproximarem do altar para oferecer os sacrifícios, os sacerdotes lavavam os pés e as mãos, Êx 30.19-21. O sumo sacerdote lavava-se no ato inaugural de suas funções e no dia da expiação e antes de qualquer ato de propiciação, Lv 8.6; 16.4,24. No tempo de Cristo, os judeus lavavam as mãos antes de comer e quando voltavam do mercado, Mc 7.3,4.

BANI (*no hebraico, "edificado"*). **1** Nome de um gadita, que fazia parte dos homens fortes de Davi, 2 Sm 23.36. **2** Nome de um descendente de Judá, 1 Cr 9.4. **3** Nome do fundador de uma família, cujos membros voltaram da Babilônia com Zorobabel, Ed 2.10. Alguns deles casaram-se com mulheres estrangeiras, 10-29. Os representantes dessa família assinaram o pacto de obediência a Deus, Ne 10.14. Em Ne 7.15, tem o nome de Binui. **4** Nome de um levita da família de Merari, 1 Cr 6.46. **5** Nome de um levita que viveu antes da volta do exílio, era dos filhos de Asafe, da família de Gérson, Ne

11.22. **6** Nome de um levita, pai de Reum, Ne 3.17, talvez um dos que tomaram parte proeminente na festa dos tabernáculos, no tempo de Esdras, Ne 8.7; 9.4,5 e que assinou o pacto, 10.13. **7** Nome de um levita, Ne 9.4. Esse nome é mencionado duas vezes no v. 4, e somente uma vez no v. 5. **8** Nome do fundador de uma casa, ou família, entre cujos descendentes se encontra uma pessoa também com o nome de Boni, Ed 10.34,38.

BANI, BINUÍ (*no hebraico, "edificado"*) – Bani e Benuí são nomes difíceis de se fazer distinção, algumas traduções trazem as duas formas. **1** Nome de chefe de família. Muitos de seus membros voltaram do cativeiro, Ed 2.10; Ne 7.15. **2** e **3** Nomes de dois homens, um filho de Paate-Moabe e outro, filho de Bani, cada um dos quais, despediu sua mulher estrangeira, a conselho de Esdras, Ed 10.30, 38. **4** Nome de um dos levitas, que saíram da Babilônia com Zorobabel, Ne 12.8. Era filho de Henadade, 10.9. Um de seus filhos recebeu o ouro e a prata, trazidos da Babilônia para o Templo, por Esdras, Ed 8.33, e sua família se fez representar na construção do muro, Ne 3.24, e no pacto de Neemias, 10.9.

BANQUETES – tradução da palavra grega *Agapai*, em 2 Pe 2.13. Em Jd 12, o sentido é de festa de caridade, que consistiam em divertimentos dentro da Igreja em conexão com a celebração da Ceia do Senhor. Diz João Crisóstomo que depois que cessou na Igreja a comunhão dos bens em benefício dos pobres, as pessoas mais abastadas levavam para a igreja comidas e bebidas, e depois do culto divino e da celebração da Santa Ceia distribuíam para todos, e principalmente entre os mais pobres, promovendo, dessa maneira, o exercício da caridade fraternal entre os crentes. À medida que declinava a pureza da Igreja e crescia o número das cerimônias, apareceram os escândalos com as festas de caridade. O concílio de Laodicéia, no ano

320, e o de Cartago em 397, proibiram as festas de caridade nas igrejas, e o mesmo decretaram os concílios de Orleans, em 541, o de Trulo, em 692, e o Aix-la-Chapelle, em 816. A autoridade de todos esses concílios não bastou para extinguir abusos. Modernamente, reviveu entre os moravianos, e João Wesley a introduziu na grande organização por ele fundada. Os sandemanianos também celebravam a festa de caridade, ou ágape.

BAQUEBACAR (*no hebraico, "diligente procurador"*) – nome de um levita somente mencionado em 1 Cr 9.15. Voltou do exílio babilônico com Zorobabel. Talvez seja o Baquebuquias, mencionado em Ne 11.17.

BAQUEBUQUE (*no hebraico, "frascos"*) – nome de um dos netinins e fundador de uma família, cujos membros voltaram do cativeiro, Ed 2.51; Ne 7.53.

BAQUIDES – nome de um general sírio, enviado por Demétrio I no fim do ano 162 a.C., para investir Alcimo no ofício de sumo sacerdote e subjugar o rebelde Judá, 1 Mac 7.8-20. No ano seguinte, derrotou Judas e Jônatas Macabeu; mas essa terceira campanha que empreendeu em 157 a.C. não lhe foi favorável, pelo que se retirou desanimado, 9.1-57,59-72.

BAR (*no aramaico, "filho"*) – trata-se de um prefixo do aramaico que ganhou uso no hebraico. Está vinculado ao nome do pai de alguém, como em Barjesus, At 13.6, "filho de Jesus"; Barjonas, Mt 16.17, "filho de Jonas"; Barnabé, At 4.36, "filho da Consolação" etc. Esse prefixo em Daniel 7.13 formou a expressão, "Filho do Homem". Em hebraico, o prefixo é Ben, como em Bene-Hadade, "filho de Hadade" e Benjamim, "filho da mão direita".

BARAQUE (*no hebraico, "relâmpago"*) – nome de um israelita da cidade de

BARAQUE

Quedes-Naftali, que por ordem da profetisa Débora chamou dez mil homens das tribos de Zebulom e Naftali, e com eles derrotou Sísera, general-chefe das forças de Jabim, destruindo o seu exército, Jz 4.1-24; 5.1-12; Hb 11.32.

BARAQUEL (*no hebraico, "abençoado de Deus"*) – nome de um buzita, pai de Eliú, amigo de Jó, Jó 32.2,6.

BARAQUIAS (*modificação grega do nome hebreu, "Jeová abençoou", ou "Bar Aquias", "filho de Aquias"*) – nome do pai do profeta Zacarias, que foi morto entre o Templo e o Altar, Mt 23.35 (veja *ZACARIAS*).

BARBA (*no hebraico, zaqan, "barba"*) – o termo hebraico aparece 19 vezes no Antigo Testamento, como em Lv 13.29,30; 1 Sm 17.35; 1 Cr 19.5; Sl 133.2; Ez 5.1. A barba foi sempre muito desejada como sinal de dignidade varonil. Desprezá-la era indício de aberração mental, ou de grande aflição, 2 Sm 19.24. Muitos juramentos eram feitos pelo dito, "juro por minha barba". Em casos de tristeza, costumavam os judeus arrancar a barba e os cabelos, Ed 9.3; Is 15.2; Jr 12.5; Heród. 2.36. O rei dos amonitas insultou os embaixadores de Davi quando, entre outros atos, lhes mandou cortar a metade das barbas, 2 Sm 10.4, 5; Heród. 2.121,4. Os antigos egípcios rapavam a cabeça e faziam a barba, porém, muitas vezes usavam barbas postiças, até mesmo as mulheres em celebrações importantes usavam essas barbas falsas. Deixavam crescer as barbas e o cabelo em sinal de tristeza, Heród. 2.36. Quando José saiu da prisão, barbeou-se a fim de comparecer diante de Faraó, Gn 41.14. O costume de cortar as pontas do cabelo e da barba era praticado pelos pagãos. Os árabes raspavam a barba entre o ouvido e os olhos em honra ao seu deus Orotal, Heród. 3.18.

BÁRBAROS (*no grego "bárbaros", "estranho", "estrangeiro"*). **1** Nome por que se apelidavam os povos antigos que não falavam a língua grega. Os vocábulos helenos e bárbaros designaram todas as nações da antigüidade, Rm 1.14. Nem os judeus, nem os romanos, se ofendiam por serem chamados bárbaros. **2** Mais adiante, todos quantos não pertenciam às classes cultas da Grécia eram chamados bárbaros, Cl 3.11. **3** Dava-se o nome de bárbaro a quem falava uma língua estrangeira, 1 Co 14.11.

BARCOS (*no hebraico, "pintor"*) – nome de um dos netinins que fundou uma família cujos membros voltaram do cativeiro, Ed 2.53; Ne 7.55.

BARIÁ (*no hebraico, "fugitivo"*) – nome de um dos filhos de Semaías, descendente de Salomão, 1 Cr 3.22.

BARJESUS (*no hebraico, "filho de salvação", ou no grego, "filho de Jesus"*). Um judeu mágico, falso profeta, que se opôs a Paulo e Barnabé em Pafos. Também foi chamado de Elimás, talvez um nome de influência grega, At 13.6-8.

BARJONAS (*no grego, "filho de Jonas"*) – nome dado ao apóstolo Pedro, Mt 16.17, significa "filho de João", Jo 1.42; 21.5-17. A palavra hebraica de que se deriva o nome João é ocasionalmente escrita em forma semelhante à de Jonas. *Cf.* os vários textos gregos em 2 Rs 25.23; 1 Cr 6.9, 10; 12.2; 36.3; Ed 8.12; Ne 9.1, 23.

BARNABÉ (*no aramaico e no hebraico, "filho da consolação", "filho da exortação"*) – filho da profecia, especialmente da profecia que tem a forma de exortação ou consolação. Sobrenome de José, levita de Chipre, convertido ao cristianismo, possuidor de um campo que vendeu e colocou o seu valor aos pés dos apóstolos, em Jerusalém, At 4.36,37.

BARRACAS

Quando os cristãos de Jerusalém receavam a vinda de Paulo, recém-convertido ao cristianismo, Barnabé falou a seu favor, removendo as apreensões que havia contra ele, 9.27. Quando chegou ao conhecimento dos crentes de Jerusalém que o evangelho havia sido proclamado com grande êxito aos gregos e aos judeus em Antioquia da Síria, a Igreja enviou Barnabé para ajudar o trabalho ali, 11.19-24. De Antioquia foi para Tarso, de onde levou Paulo, 11.22-26. Mais tarde, os dois foram socorrer os irmãos em Jerusalém que estavam sofrendo fome, 27-30. Voltando com João Marcos a Antioquia, 12.15, foram enviados pela Igreja aos gentios, 13.2; visitaram Chipre e dali seguiram para Perge, Antioquia, Icônio, Listra e Derbe. Em Listra, onde residia um homem leso dos pés, coxo desde o ventre de sua mãe, foi este curado, pelo que o povo da cidade levantando a sua voz, dizia em língua licaônica: "Estes são deuses que baixaram a nós em figura de homens. E chamavam a Barnabé Júpiter, e a Paulo, Mercúrio", At 13.3 até o cap. 14.28. Voltando à Síria, foram eles, Paulo e Barnabé, enviados pela Igreja de Antioquia a Jerusalém. Os dois falaram no concílio que se reuniu ali discutindo a questão referente à circuncisão dos gentios convertidos, At 15.1,2,12. Terminados os trabalhos, foram eles portadores dos decretos para as igrejas da Síria e da Ásia Menor, 22-31. O trabalho continuou em Antioquia, e Paulo propôs uma segunda viagem missionária. Barnabé desejou levar consigo seu parente João Marcos, Cl 4.10. Paulo recusou a companhia de João Marcos porque ele não o acompanhou na primeira viagem. Depois de tal desavença, os dois evangelistas separaram-se, tomando diferentes caminhos. Barnabé e Marcos foram para Chipre, e Paulo partiu para a Ásia Menor, 36.41. Essa divergência não alterou a sua mútua amizade. Paulo, em suas epístolas, referiu-se a Barnabé em termos muito cordiais, 1 Co 9.6; Gl 2.1,9,13; Cl 4.10, bem como a João Marcos, 2 Tm 4.11.

BARNABÉ, EPÍSTOLA DE – uma epístola apócrifa que faz parte do manuscrito do Novo Testamento intitulado Codex Sinaiticus. Essa obra é citada por Clemente de Alexandria como escritura sagrada, no século 2, isso mostra que possuía muito prestígio na época. Seu conteúdo teológico abrange coisas práticas da vida cristã, como o cuidado com os pobres e o amor ao próximo. A salvação é obtida mediante o sacrifício de Cristo e a obediência aos seus mandamentos. A epístola foi rejeitada pelo Cânon e faz parte das obras apócrifas do Novo Testamento.

BARODIS – chefe de uma família de servos de Salomão que retornaram do exílio babilônio cujo nome não figura na lista de Esdras e Neemias, 1 Ed 5.34.

BARRABÁS (*no hebraico, "filho do pai", ou "filho de Abas". No grego, "filho do rabbi"*) **–** nome de um salteador que, em um motim, cometeu um assassinato. Estava preso quando Jesus ia ser condenado. Pilatos, desejando ardentemente soltar Jesus, propôs aos judeus optar entre Jesus e Barrabás. Eles escolheram Barrabás, Mt 27.16-26.

BARRACAS – nome de uma habitação rude, que se destinava a uma ocupação mais demorada do que a tenda, e sem permanência fixa, como se fosse uma casa. Geralmente era construída de ramos de árvores. Jacó fez barracas para o seu gado em Siquém, em razão de que, colocou naquele lugar o nome de Sucote, Gn 33.17. Os guardas das vinhas faziam para seu abrigo, barracas ou choupanas, Jó 27.18; Is 1.8, no tempo das vindimas. Durante os sete dias das festas dos tabernáculos, os israelitas deviam habitar em cabanas feitas de ramos de árvores e de folhas de palmeiras como lembrança da vida campestre, que se associava à época de seu livramento do cativeiro do Egito e da sua peregrinação no deserto sem habitação permanente, Lv 23.39-43; Ne 8.14.

BARRO

BARRO – substância empregada para ligar os tijolos ou as pedras na construção das casas e dos muros. Para esse fim, empregavam-se diversos materiais: **1** Barro amassado sem cal, Ne 3.14, usado pelos camponeses na Palestina. **2** Argamassa propriamente dita, consistindo em mistura de cal e areia umedecidas com água, destinada à edificação de casas (*cf.* Ez 13.10). A Palestina é muito abundante em calcáreos, de modo que é muito fácil obter-se cal, Is 33.12. **3** Betume, nas regiões como Babilônia, onde o barro e a cal são escassos, Gn 11.3. As paredes das casas eram e ainda são rebocadas com barro ou argamassa, Lv 14.42, algumas vezes misturada com palha e pedregulho para defendê-las da ação do tempo. A argamassa usada para este fim pelos egípcios, era feita metade de cal, um quarto de barro e o restante de palha e cinzas.

BARSABÁS (*no aramaico e no hebraico, "filho de Sabá"*). **1** Nome de um dos discípulos, de sobrenome Justo, proposto para o apostolado com Matias, para ocupar o lugar de Judas Iscariotes, At 1.23. **2** Sobrenome de Judas, que foi enviado com Paulo, Barnabé e Silas à Antioquia como delegado da igreja metropolitana, At 15.22.

BARTIMEU (*no aramaico e no hebraico, "filho de Timeu"*) – nome de um cego que Jesus curou em Jericó, Mc 10.46.

BARTOLOMEU (*no aramaico, "filho de Tolmai". O mesmo sentido tem a palavra transliterada para o hebraico e do hebraico para o grego*) – nome de um dos doze apóstolos, Mt 10.3; Mc 3.18; Lc 6.14; At 1.13. Nas três primeiras passagens o nome de Bartolomeu segue imediatamente o de Filipe, e quase assim mesmo, na quarta passagem citada. Bartolomeu parece ser o sobrenome de Natanael que foi levado a Cristo por Filipe, Jo 1.45,46.

BARUQUE (*no hebraico, "abençoado", "bendito"*). **1** Nome de um escriba da família de Nerias e amigo de Jeremias, Jr 36.26,32, *cf.* Antig. 10.9,1. No quarto ano de Jeoiaquim, escreveu as profecias de Jeremias que este lhe ditou, 36.1-8. No ano seguinte, ele as leu publicamente no dia do jejum, 10, e depois diante dos príncipes que se apoderaram do livro, 14-20. O rei, ao ouvir as primeiras palavras, queimou o livro e ordenou a prisão do profeta e do seu escriba, os quais escaparam, 21-26. Baruque escreveu um segundo livro, cópia do primeiro com algumas adições, Jr 36.27-32. No décimo ano de Zedequias, durante o sítio de Jerusalém, Jeremias comprou um campo em Anatote, pertencente a seu tio, cuja escritura de compra foi entregue a Baruque, Jr 32.6-16; 43,44. Para o livro que traz o nome deste, veja *APÓCRIFO*. **2** Nome de um filho de Zabai, que tomou parte na reconstrução do muro de Jerusalém, Ne 3.20. **3** Nome de um dos homens que assinaram o pacto de obediência ao Senhor, Ne 10.6. Talvez seja o mesmo já mencionado. **4** Nome de um homem de Judá, filho de Col-Hoze, pertencente à família dos silonitas, Ne 11.5.

BARZILAI (*no hebraico, "feito de ferro", ou "forte"*). **1** Nome de um homem rico, gileadita de Rogelim, ao oriente do Jordão, que deu a Davi hospedagem principesca, fornecendo-lhe mantimentos e outras cousas necessárias ao seu exército, enquanto o rei fugitivo permaneceu em Maanaim, durante a rebelião de seu filho, 2 Sm 17.27-29. Alcançada a vitória de Davi sobre as forças de Absalão, Barsilai acompanhou o rei na passagem do Jordão. Por estes serviços tão relevantes, Davi convidou Barsilai para morar em seu palácio de Jerusalém, convite que não aceitou, em razão de ser avançado em anos. Em seu lugar foi Quimã, seu filho, que participou dos benefícios destinados ao pai, 19.31-40. **2** Nome de um homem natural de Molati, cujo filho Adriel se casou com

Mical, filha de Saul, 2 Sm 21.8. **3** Nome de um sacerdote que se casou com uma filha de Barsilai de Gileade e que tomou o nome do sogro, Ed 2.61; Ne 7.63.

BASÃ (*no hebraico, "solo fértil", ou "frutífero"*) – nome de uma região a este do Jordão. O Antigo Testamento nos dá uma idéia da sua grandeza, avaliando o número de suas cidades, como: Golã, ao norte de Jarmuque, Dt 4.43, Edrai e Astarote, Dt 1.4, Salca, no desfiladeiro sul de Jebel Haurã, Dt 3.10; Js 13.11. Isto quer dizer que a região de Basã se estendia para sudeste, desde as vizinhanças do alto, até os limites da Arábia Deserta, e sul das montanhas Haurã; e se estendia para o norte até Gessur e Maaca, Js 12.5. Em seus limites, contava-se a região do Argobe, famosa pelas 60 cidades, defendidas por altas muralhas, Dt 3.4,5; 1 Rs 4.13. Nas partes montanhosas, existem ainda, pelo menos, cerca de 100 cidades desertas e muitas aldeias, em grande parte construídas de basalto (Porter, Cidades de Basã). Josefo identifica Basã com a Gaulonita e a Bactânea, Antig. 4.5,3; 1 Rs 4.1-13; 9.8; 2 Rs 10.33. Nos tempos abraâmicos, Basã era habitada por um povo notável e poderoso, conhecido pelo nome de refains, Gn 14.5. O último rei dessa raça foi Ogue, morto em Edrei pelas forças israelitas, sob o comando de Moisés, Nm 21.33-35; Dt 3.1-7. Basã tocou, em partilha, à meia tribo de Manassés, Dt 3.13. É um largo e fértil platô de formação vulcânica, muito apropriado à criação e engorda de gado e de ovelhas, no que se tornou famoso, Sl 22.12; Ez 39.18; Am 4.1; Dt 32.14. As suas florestas de carvalhos, de verde perene, ainda existentes, são mencionadas em Is 2.13; Ez 27.6; e Zc 11.12.

BASÃ-HAVOTE-JAIR – nome dado às aldeias de Jair. Um grupo de aldeias na planície de Basã, em Argobe, que foi conquistada por Jair, filho de Manassés, Nm 32.41; Dt 3.14. O livro dos Juízes fala acerca de um juiz de Israel, chamado Jair, o fundador dessas aldeias, Jz 10.3,4.

BASCAMA – nome de uma cidade, ao oriente do Jordão, em cujas vizinhanças foi morto e sepultado Jônatas Macabeu, 1 Mac 13.27; Antig. 13.6,6. O historiador Josefo a chama de Basca, Antig. XIII. 6,6. Alguns a identificam com el-Jummeizeh, localizada a nordeste do mar da Galiléia.

BASEMATE (*no hebraico, "fragrância"*). **1** Nome de uma das mulheres de Esaú, filha de Elom, heteu, Gn 26.34. Em Gn 36.2, tem o nome de Ada. **2** Nome de outra mulher de Esaú, filha de Ismael e irmã de Nebaiote, Gn 36.3. No cap. 28.9, tem o nome de Maalate. **3** Nome de uma filha de Salomão, esposa de Aimaás, governador em Naftali, 1 Rs 4.15.

BASILISCO 1 Nome de um monstro fabuloso, criação imaginosa dos europeus, saído de um ovo de galo e criado por uma serpente. Tradução do hebraico *Siphoni*, em Is 11.8 e Jr 8.17; e da palavra *Sepha*, em Is 14.29; e em Pv 23.32. **2** Tradução das palavras hebraicas *Sepha* e *Siphoni*, serpente que vive em tocas, Is 11.8. Deposita seus ovos, de onde saem os basiliscos, 59.5. É insensível aos encantamentos (veja *COBRA*).

BASTARDO (*no hebraico, mamzare, "poluído", "misto"*) – no Antigo Testamento, o termo designa o filho que não é legítimo, proibido até a décima geração de entrar no santuário, Dt 23.2; Zc 9.6. Também ao que nasceu de relações entre graus de parentesco proibidos e outras irregularidades sexuais, Jz 11.1s. No Novo Testamento, o grego é *nothos*, "bastardo", aplicado a filhos que nascem fora do casamento, e de maneira metafórica ao falso cristão, Hb 12.8.

BATE-RABIM (*no hebraico, "filha da multidão"*) – nome de uma porta da cidade de Hesbom, mencionada em Ct 7.4.

BATERIA (veja *TRINCHEIRA*).

BATE-SEBA (*no hebraico, "filha do juramento", ou "sétima filha"*) – nome de uma filha de Elião, mulher de Urias, o heteu. Foi com essa mulher que o rei Davi pecou tão vergonhosamente e com quem se casou depois da morte de Urias seu esposo. Era a mãe de Salomão, 2 Sm 11.3,4; 12.24; 1 Rs 1.11. Quando Adonias pretendia usurpar o trono, Bate-Seba, protegida pelo profeta Natã, apelou a Davi, a favor de seu filho Salomão, que foi ungido rei. Adonias, tendo-se refugiado no templo, foi morto, 1 Rs 1.11-53; 2 Rs 13.25.

BATE-SUA (*no hebraico, "filha de Sua" ou "filha da abundância"*). **1** Nome da filha de Suá e mulher de Judá, 1 Cr 2.3; Gn 38.2,12. **2** O texto de 1 Cr 3.5 refere-se à mãe de Salomão, como sendo Bate-Sua, filha de Amiel. Esse nome pode ser devido a uma leitura errada do nome Betesabé, pela falha parcial da letra *beth*. Na versão de Figueiredo, nas passagens mencionadas, não aparece o nome de Betesabé, e sim Sué, e na Versão Brasileira, lê-se *Shua*.

BATISMO 1 *Introdução*. É o uso da água aplicada a propósitos determinados, como atos religiosos, de forma simbólica ou não, por imersão, derramamento ou aspersão. Como elementos de ritos variados, com propósito de iniciação, elemento de purificação cerimonial, ou símbolo de unidade. No cristianismo, o batismo por imersão simboliza morte para o mundo e ressurreição para uma nova vida com Cristo. **2** *Descrições gerais*. O rito de lavar com água simbolizando a purificação religiosa, ou consagração a Deus, era usado pelos israelitas com muita freqüência, conforme as prescrições legais que se encontram em Êx 19.4; 30.20; 40.12; Lv 15; 16.16,28; 17.15; 22.4,6; Nm 19.8. Praticavam-se ainda outras abluções, sancionadas pelo uso e costumes sociais, Mc 7.3,4; Hb 6.2. Muitos acreditam que, no tempo de Cristo, e em tempos posteriores, os prosélitos do judaísmo eram batizados. Assim, pois, quando João Batista, o precursor,

Batismo no Jordão — Christian Computer Art

BATISMO DE JOÃO BATISTA

B

foi enviado por Deus, a pregar o arrependimento a Israel, aplicava o batismo a todos que aceitavam a sua mensagem, Jo 1.33. Esse rito chamava-se batismo de arrependimento para remissão de pecados, Mc 1.4. Os batizandos confessavam os seus pecados e professavam a sua fé no Messias vindouro para serem perdoados por ele. Jesus Cristo veio receber o batismo das mãos de João Batista para manifestar a sua simpatia à missão que ele exercia, como também para dar princípio à sua própria missão de tomar para si as culpas da humanidade. O modo pelo qual João batizava não é claramente descrito, porém, como Jesus entrou no Jordão para receber o batismo, Mc 1.9,10, é evidente que era administrado por imersão (veja *BATISMO DE JOÃO BATISTA*). No princípio, os discípulos de Cristo continuaram a batizar o povo, como João havia feito, Jo 4.1,2, prosseguindo assim a obra de João Batista. Quando, porém começou o ministério de Cristo na Galiléia, não se ouvia mais falar em batismos, senão na partida de Jesus. Depois de ressurgir, em suas instruções aos apóstolos, Mt 28.19, Cristo instituiu o batismo como o rito de iniciação na sua Igreja, uma das ordenanças estabelecidas por Ele, a todos os que cressem. Desde o começo da pregação apostólica, esse rito foi administrado aos convertidos, At 2.38,41; 8.12,38; 9.18; 10.48; 1 Co 1.14,16 etc., significando a união do crente com Cristo, pelo arrependimento e fé; o perdão dos pecados pela morte de Cristo, e a operação do Espírito Santo, bem assim o voto de pertencer ao Senhor, Rm 6.4; Gl 3.27; Cl 2.11,12; 1 Pe 3.21. Os cristãos, desde os tempos primitivos, têm opiniões diferentes, quanto ao modo de administrar essa ordenança. Conquanto a palavra *baptismo* derive do verbo grego *baptizo*, que significa etimologicamente imergir, isto não constitui prova suficiente para muitos de que o batismo deve ser feito por imersão. Os argumentos para os que praticam o batismo por derramamento ou aspersão, é que as Escrituras, em parte alguma, descrevem ou prescrevem o modo de batizar. E, ainda, que em alguns textos, como em Lc 11.38, e Mc 7.4, a palavra batizar não tem o sentido imergir. Contra esses argumentos, o próprio termo, por si só, já define o modo e a natureza do batismo, *baptizo* é imersão, e não há como mudar a raiz do termo. E mesmo quando aplicado à lavagem, como nos textos mencionados, implica cobrir totalmente com água o objeto a ser purificado. O batismo, quando não realizado por imersão, não absorve o verdadeiro sentido de sua simbologia ensinada nas Escrituras, sepultados para o mundo e nascidos para uma nova vida, Rm 6.3-11. A Igreja oriental e os protestantes batistas batizam por imersão, enquanto que a Igreja latina, em geral batiza por aspersão, e a maioria dos evangélicos usa a imersão. O ensino das Escrituras diz que deve ser batizado todo aquele que crer, Mc 16.6; At 8.36-38, 16.32-33; Gl 3.27, portanto o batismo deve ser administrado a todo aquele que de sã consciência aceitou o sacrifício remidor de Cristo. É evidente que uma criança não tem esse discernimento, por isso a maioria das igrejas evangélicas não pratica o batismo em crianças. Elas são, sem dúvida, herdeiras de todas as promessas de Deus em Cristo, todavia, é preciso amadurecimento e o devido tempo para escolherem servir a Cristo de todo o coração. A frase, "batizar pelos mortos", em 1 Co 15.29, é difícil de explicar. Pode significar o batismo com vista ao mundo dos mortos, para onde caminhamos, ou então pode referir-se ao costume de batizar uma pessoa em lugar de outra já morta, costume este que o apóstolo Paulo poderia citar por amor de seu argumento sem dar-lhe aprovação.

BATISMO DE JOÃO BATISTA – João Batista foi o precursor de Jesus Cristo, sua tarefa consistia em preparar o caminho do Senhor que estava por vir, Mt 3.1-11. Essa não era tarefa fácil e tocava em pontos

BATISMO DE JOÃO BATISTA

importantes da nação: **1** Sua pregação era uma chamada ao arrependimento, uma exortação para que os homens abandonassem seus pecados para esperar a manifestação do Reino de Deus, por isso o seu batismo recebeu o nome de "batismo de arrependimento". Em um sistema religioso já poluído e fanatizado, Mt 3.7-12 *cf.* cap. 23 de Mateus, a voz de João não haveria de ser bem aceita. Desenvolveu seu ministério no deserto, onde as multidões iam ouvi-lo e muitos se arrependiam dos pecados e eram batizados no rio Jordão, Mt 3.1-6. A prática do batismo por imersão já era usada pelos judeus quando um gentio convertia-se ao judaísmo. O prosélito entrava na água para ser imerso, representando a purificação de sua vida anterior. Saía da água ouvindo a leitura da lei, que simbolizava a sua crença e obediência à nova fé, Mt 3.1-6. **2** A nação de Israel orgulhava-se de sua descendência abraâmica. Uma descendência cheia de revelações e promessas do Deus verdadeiro, como nenhuma outra nação na terra possuía. Além disso, o apego às leis humanas e a hipocrisia religiosa fizeram surgir um falso moralismo religioso nos líderes da religião judaica, e contra isso a mensagem de João Batista foi agressiva, Mt 3.7-9. Logo, seu batismo era evidência clara de sua mensagem; o verdadeiro relacionamento com Deus e a espiritualidade não dependiam da nacionalidade nem da vida legalista que os religiosos ensinavam e colocavam sobre a nação, Mt 23. **3** O império romano dominava Israel e muitas revoltas dos judeus aconteciam por todo o território. Todos aguardavam a vinda do Messias prometido que traria paz e soberania à nação de Israel. Essa profecia era bem conhecida e divulgada, tanto que no nascimento de Jesus, Herodes ao ser informado pelos magos do oriente, tentou matá-lo, ao dar ordem para que todas as crianças, até dois anos, fossem mortas, Mt 2.13-16. A mensagem de João despontava no mínimo a curiosidade de todos, e como profeta era respeitado pelo povo e por governantes de Roma, Mt 14.1-12. O batismo de João preparou o coração de uma geração que buscava alcançar as promessas com a vinda do Messias. Seus seguidores tornaram-se seguidores de Jesus, e mais tarde muitos que haviam sido batizados, mas não chegaram a conhecer Jesus, ouvindo a mensagem de salvação e aceitando-a, foram rebatizados em nome de Jesus e confirmados na promessa pelo Espírito Santo, At 19.1-7.

BATISMO DO ESPÍRITO SANTO – a promessa da vinda do Espírito Santo para a vida do crente e a igreja predita pelo profeta Joel e reafirmada por Jesus, Jl 2.28s; Jo 14.16,17,26; At 1.4,5, ocorrida em Atos 2, não constitui problema algum para os cristãos no que diz respeito ao seu cumprimento histórico como profecia. Porém, a continuidade desse evento na vida da Igreja e as manifestações advindas dele trazem calorosas discussões e controvérsias, principalmente, entre os diversos grupos evangélicos. São estes os pontos mais discutidos: a. *A continuidade do evento na vida da igreja*. A descida do Espírito Santo, ocorrida em Atos 2, foi somente para inaugurar um novo tempo, em que o Espírito Santo se faria presente na vida da Igreja e dos crentes como o Consolador, o Ajudador prometido? Ou, conquanto tenha sido um evento inaugural, não se extinguiu, mas volta a acontecer como manifestação de revestimento e poder na vida do crente? b. *Dom de línguas*. O evento em Atos caracterizou-se pela manifestação de línguas. Duas palavras gregas ocorrem ali, *glossa*, "língua", At 2.3,4,11 e *dialekto*, "idioma", At 2.6,7; sendo que *glossa* pode se referir a uma fala estática dentro do contexto de culto, e, geralmente, é traduzida por "falar em línguas", At 19.6; 1 Co 12.10; 1 Co 13.1. Essa seria então a evidência, ou a confirmação de alguém ter recebido o batismo no Espírito Santo? c. *Experiência posterior à conversão*. Uma vez que todo crente em Cristo Jesus tem o selo do Espírito, é templo do Espírito Santo e guiado por Ele, qual seria, então, a validade do evento após o Pentecostes? Não está o Espírito Santo de maneira plena na vida do crente, somente esperando uma vida de santificação para manifestar-se com poder? Não poderia o evento de Pentecostes ser traduzido nos dias posteriores a ele como, *ser cheio do Espírito*, At 2.4; *receber o Espírito*, At 2.38; *ser selado com o Espírito*, Ef 1.13; *ser ungido com o Espírito*, 2 Co 1.21? Não se trata aqui do crente ter ou não o Espírito Santo, mas o Pentecostes presente no ato da conversão cristã, com o espírito habitando o crente, sem necessidade de uma segunda experiência, o que muitos, nem sequer acreditam existir. Estas são questões básicas na discussão do tema entre vários grupos evangélicos, os denominados pentecostais e os não pentecostais: **1** *Pentecostais*. Acreditam que a experiência é real e necessária a uma vida cristã sadia. O batismo no Espírito Santo é um revestimento de poder, que dá ao crente maior autoridade para a pregação do evangelho, At 1.8. Não surgiu como uma evidência histórica e profética, inaugurando a vinda do Espírito Santo, para se extinguir depois, mas é uma evidência da necessidade que todo crente tem de um revestimento e de uma experiência sobrenatural. Como ocorreu em Atos 2, a evidência do batismo no Espírito Santo é o "falar em línguas". O resultado do batismo na vida do crente é torná-lo mais capacitado para desempenhar e viver o evangelho em toda sua plenitude. Para alguns, é até aceitável que os termos "receber" ou "estar cheio" do Espírito Santo indiquem uma experiência de batismo, mas para ser batismo é necessário a evidência de línguas estranhas, At 2.1-8; 10.45,46; 19.5-7. Sendo assim, o batismo no Espírito Santo não tem implicações com a salvação que já foi efetuada por meio de Cristo, mas uma experiência posterior, outorgada por Jesus a todo aquele que busca com persistência,

em obediência e oração. **2** *Não pentecostais*. Fora do movimento pentecostal, o batismo no Espírito Santo foi a continuidade da obra de Jesus mediante o cumprimento de uma promessa para a Igreja, que continuaria a agir no mundo sob a orientação do Espírito Santo, Lc 24.49; At 1.4,5,8. Uma vez cumprida essa promessa e inaugurada a vinda do Espírito Santo, a experiência de batismo não tem razão para continuar, pois o Espírito Santo se faz presente na vida do crente. Isto é demonstrado pela presença do fruto do Espírito e pelo caráter de uma vida cristã exemplar, Gl 5.16,22-25. Quanto à manifestação de "línguas" como evidência no batismo com o Espírito Santo em Atos 2, não há dúvidas. No entanto, tal manifestação cessou, pois o fato em Atos constituiu um sinal para os incrédulos e a certeza para os apóstolos que o tempo da chegada do Espírito Santo prometido por Jesus havia chegado, At 1.8.

BATISMO PELOS MORTOS – esta expressão só aparece em 1 Co 5.29. Muitas interpretações procuram explicar o uso e contexto dessa frase mencionada pelo apóstolo Paulo. É certo que o costume de alguém se batizar em lugar de outro já morto chegou à igreja em Corinto. Apresentamos duas explicações que mais se aproximam do contexto em que a expressão se encontra: 1) Alguns cristãos se batizavam por outros que haviam morrido sem, contudo, serem batizados. O rito teria a intenção de confirmar para o morto sua confiança em Cristo e na ressurreição dos mortos. 2) Alguns cristãos se batizavam por entes queridos que não professavam a fé em Cristo. Essa seria uma tentativa de levar algum benefício ao morto ou lhe garantir a participação na ressurreição dos mortos.

BATO – nome de uma medida de capacidade para líquido, 1 Rs 7.26,38; 2 Cr 2.10; 4.5; Ed 7.22. Era a décima parte de um

BATO

coro e igual a um efa, usado para secos, Ez 45.10,11,14. O bato correspondia a 38,88 litros de capacidade e o coro a 388,80, isto é, dez vezes mais.

BAURIM (*no hebraico, "vila de jovens"*) – nome de uma aldeia perto do monte das Oliveiras, na estrada que de Jerusalém vai ao Jordão, 2 Sm 16.5. Esse nome aparece repetidas vezes na história de Davi. Desse lugar partiu Simei para insultar Davi. Foi nesse lugar que Jônatas e Aimaaz se esconderam dentro de um poço, para escapar à perseguição dos partidários de Absalão (2 Sm 3.16; 16.5; 17.18; 19.16; 1 Rs 2.8). Acredita-se que Baurim estava situada perto da velha estrada que ia de Jerusalém ao Jordão pelo vale de Ruabé, cerca de dois quilômetros a nordeste de Jerusalém e em igual distância ao sul de Anatote.

BAVAI (*no hebraico, "desejador"*) – nome de um levita, filho de Henabade, governador de metade da cidade de Queila,que superintendeu os trabalhos da reconstrução do muro de Jerusalém, Ne 3.18.

BAZAR (*no hebraico, chuts, "rua", "lado de fora"*) – um termo que algumas versões em português traduzem por "praça" ou "bazar", em 1 Rs 20.34. Nos países do Oriente Próximo e Médio, os bazares eram armados em plena via pública, nas ruas ou praças.

BAZLITE, BASLUTE (*no hebraico, "petição", ou "nudez"*) – nome de um dos netinins e fundador de uma família cujos membros voltaram do cativeiro, Ed 2.52; Ne 7.54.

BDÉLIO – tradução da palavra hebraica *Bedolach*, substância da cor do maná, Nm 11.7, que se encontra em Evilate, onde também se acha o ouro, o ônix e o berilo, Gn 2.12. Não há certeza se a referência é a uma pedra preciosa ou a uma resina aromática. **1**

Os gregos davam o nome de *bdellion* a uma resina transparente, maleável e fragrante, produzida por uma árvore natural da Arábia, Babilônia, Índia e Média. Era apreciada por perfumistas e sua aparência era semelhante a mirra. **2** O bdélio mais afamado encontra-se na Bactriana. É um produto mineral, como o ouro, o ônix e o berilo. A LXX diz *anthras* em vez de bdélio e em Nm 11.7 *Kystallos*, cristal de rocha.

BEALIAS (*no hebraico, "Jeová é Senhor"*) – nome de um guerreiro ambidestro da tribo de Benjamim que foi ter com Davi em Ziclague, 1 Cr 12.5.

BEALOTE (*no hebraico, "senhoras"*) – nome de uma aldeia no extremo sul de Judá, Js 15.24.

BEBAI (*no hebraico, "paternal"*) – nome do fundador de uma família da qual alguns de seus membros voltaram do cativeiro, Ed 2.11; 8.11; Ne 7.16.

BEBIDA – a bebida usual dos judeus era a água, Gn 21.14; Êx 23.25; 1 Sm 25.11; 1 Rs 13.8; 2 Rs 6.22, se bem que usavam com freqüência o leite, Jz 5.25, vinagre, Nm 6.3; Rt 2.14, o vinho comum, Gn 14.18; 27.25; Js 9.4; Jz 19.19; Ne 5.15, e mui raramente usavam bebidas alcoólicas, Lv 10.9.

BEBIDAS EMBRIAGANTES ou FORTES – os hebreus designavam as bebidas fortes pelo nome *shekar*, 1 Sm 1.13-15; Pv 20.1; Is 29.6. Essa palavra indica qualquer bebida alcoólica produzida por frutos ou cereal, embora também indicasse o vinho. No entanto, com o tempo veio a indicar somente *bebidas fortes* que não provinham de vinhas, Lv 10.9; Nm 6.3; Pv 20.1; Lc 1.15. *Proibições*. Os sacerdotes e seus filhos não podiam beber vinho, nem bebida que embriagasse, quando tivessem de entrar no tabernáculo do testemunho, Lv 10.9; *cf.* Ez

BEEMOTE

44.22. Os reis e os príncipes não deviam tomar bebidas embriagantes, a fim de não transtornarem a eqüidade na causa dos filhos do pobre, Pv 31.4,5. Isaías foi compelido a descrever a conduta dos sacerdotes e profetas de Judá, tomados pela embriaguez e abandonando a justiça, Is 28.7. Os nazarenos deviam abster-se de vinho, e de tudo que pudesse embebedar, nem vinagre de vinho nem qualquer outra beberagem, Nm 6.3; *cf.* Jz 13.4; Lc 1.15. *Usos*. Vinhos e licores eram permitidos por ocasião da festa anual que se fazia na presença do Senhor quando terminavam as colheitas, Dt 14.26. Baseadas nas exortações do livro dos Pv 31.6, que dizem: *Dá aos que estão aflitos um licor capaz de os embriagar, e vinho aos que estão em amargura de coração*, o caridoso coração das mulheres de Jerusalém preparava drogas inebriantes para aliviar as angústias dos criminosos condenados à morte (veja *VINHO*).

BECA – moeda de meio siclo, Êx 38.26, usada como unidade de peso para metais preciosos, Gn 24.22 (veja *PESOS e MEDIDAS*).

BECORATE (*no hebraico, "primogênito"*) – nome de um benjamita, antecessor do rei Saul, 1 Sm 9.1. Não tem fundamento a identificação de Becorate com Bequer, 1 Cr 7.6. Becorate é filho de Áfia, filho de Benjamim, enquanto que Bequer era filho direto de Benjamim.

BEDÃ (*no hebraico, "filho de Dã", ou "filho de julgamento"*) – nome de um juiz hebreu que governava entre o juizado de Gideão e Jefté, bastante digno de ser contado com eles e com Samuel, 1 Sm 12.11. Não se encontra esse nome no livro dos Juízes. Quatro teorias se propõem para explicá-lo. 1ª). Bedã governou Israel, apesar de não se encontrar registro algum de seu governo no livro de Juízes. 2ª). Bedã significa em

Dã, ou é uma contração de Ben-Dã, filho de Dã, equivalente a Sansão. 3ª). Bedã é o juiz Jair; porque uma pessoa chamada Bedã se encontra registrada em 1 Cr 7.14-17, como descendente de Gileade, filho de Maquir, filho de Manassés; e o juiz Jair era de Gileade e lhe pertenciam as aldeias que tinham o nome de Jair, descendente de Maquir, 1 Cr 2.21,22. Os descendentes de Bedã por Manassés diferem dos de Jair que capturou as aldeias e lhes deu os nomes; porém este fato não impede Bedã de representar os descendentes e o distrito de Jair, o conquistador, e de ser oficialmente chamado Jair. 4ª). Bedã é o nome errado ou de Abdom ou de Baraque que se acha na LXX e na versão Siríaca, Jz 12.13; Hb 11.32.

BEDADE (*no hebraico, "sozinho"*) – pai de Hadade e rei de Edom, Gn 36.35. Reinou cerca de 1500 a.C. quando a monarquia ainda não havia se estabelecido em Israel.

BEDIAS (*no hebraico, "servo de Jeová"*) – nome de um filho de Bani que foi induzido por Esdras a repudiar a sua mulher estrangeira, Ed 10.35.

BEELIADA (*no hebraico, "conhecido por Baal"*) – um filho de Davi que nasceu em Jerusalém, 1 Cr 14.7. Posteriormente, quando o nome de Baal passou a ser evitado por se associar à idolatria, foi mudado para Eliada, que significa "Deus sabe", 2 Sm 5.16.

BEEMOTE – nome derivado da palavra egípcia *p-ehe-mau*, que quer dizer "boi aquático", modificada pelos hebreus em *beemote*, plural de excelência, para denotar um animal que possui, em alto grau, os atributos de *behamah*. É esse o nome de um grande animal, descrito por Jó, que come feno como boi, que possui corpo de músculos resistentes, como canas de bronze, que move sua cauda como cedro, é anfíbio e se alimenta em companhia de

BEEMOTE

outros quadrúpedes nas pastagens montesinhas; vive em cavernas e entre os juncos e salgueiros e nos grandes rios, Jó 40.15-24. Provavelmente, é o hipopótamo do Nilo (*Hippopotamus amphibios*), de corpo pesado, quatro metros de comprimento, cabeça disforme, pernas curtas e grossas, pés armados de dedos; boca enorme e dentes formidáveis. Nos tempos antigos, habitava o Nilo. Era caçado por causa de sua valiosa pele, da preciosidade dos dentes e da carne. Eram levados para Roma em grande número para serem exibidos nos circos. Não existem mais no Egito; somente é encontrado no alto Nilo.

BEER (*no hebraico, "poço"*). **1** Nome de um lugar, nos confins de Moabe, onde acamparam os israelitas, e os príncipes de Israel cavaram um poço com os seus bordões, Nm 21.16-18. **2** Nome de um lugar, onde se refugiou Joatão para escapar de seu irmão Abimeleque, Jz 9.21. A situação é ignorada. Eusébio a discrimina em Beerote de Benjamim, e a situa a oito milhas romanas, cerca de 12 km, ao norte de Eleuterópolis, i.,é., *Beit Jibrin*, nas planícies marítimas. Josefo, porém, assevera que Jotão fugiu para as montanhas, Antig. 5.7,2.

BEERA (*no hebraico, "o poço"*). **1** Nome de um príncipe dos rubenitas, levado cativo por Tiglate-Pileser, rei da Assíria, 1 Cr 5.6. **2** Um chefe da tribo de Aser, 1 Cr 7.37.

BEER-ELIM (*no hebraico, "poço dos heróis"*) – nome de uma aldeia de Moabe, Is 15.8. Talvez a mesma Beer em, Nm 21.16-18 (veja *POÇO*).

BEER-LAAI-ROI (*no hebraico, "poço daquele que me vê"*) – nome que Hagar deu ao poço, no deserto, entre Cades e Barade, e que lhe foi indicado por um anjo, quando ela e seu filho Ismael estavam a ponto de morrer de sede, Gn 16.10-15; 24.62; 25.11.

Os beduínos consideram Ain Muweileh, a este de Jebel Muweileh, distante alguns quilômetros ao ocidente de Cades, à beira da estrada que vai para o Egito, como sendo o lugar onde a escrava de Abraão adorou o Senhor (veja *POÇO*).

BEERI (*no hebraico, "meu poço"*). **1** Nome de um heteu, pai de Judite, uma das mulheres de Esaú, Gn 26.34. **2** Nome do pai do profeta Oséias, Os 1.1.

BEEROTE (*no hebraico, "poços"*). **1** Nome de uma cidade dos gibeonitas, Js 9.17, anexada à tribo de Benjamim, 18.25; 2 Sm 4.2. Continuou a ser povoada depois da volta do cativeiro, Ed 2.25; Ne 7.29. Ainda existe com o nome da aldeia de el-Bireque, cerca de 12 km ao norte de Jerusalém, no caminho de Betel. Está edificada em uma eminência na direção de este a oeste, visível a distância, tanto do lado norte, quanto do sul. As grandes pedras e as várias camadas de alicerces atestam a antigüidade desse lugar.

BEEROTE-BENE-JACÃ (*no hebraico, "poços dos filhos de Jacã"*). **1** Lugar onde acamparam os filhos de Israel, em sua rota para Canaã, Dt 10.6. **2** Lugar do nascimento de um dos capitães de salteadores a serviço do filho de Saul, 2 Sm 4.2; 23.37; 1 Cr 11.39.

BEESTERÁ (*no hebraico, "em Astarte"*) – uma cidade de Manassés que foi dada aos levitas, Js 21.27. É a mesma Astarote, *cf*. Js 21.27 com 1 Cr 6.71, uma contração de Bete-Asterá, assim como Bete-Sã é de Beisã.

BEIJO **1** Saudação: Modo de saudação que é usado no Oriente desde os tempos patriarcais, entre pessoas do mesmo sexo, e em casos especiais, entre pessoas de sexos diferentes. Os pais e as mães osculavam os filhos e pessoas da mesma família, Gn 31.28,55; 48.10; 2 Sm 14.33 etc. Os filhos beijavam os pais,

Gn 27.26,27; 50.1; 1 Rs 9.20. Irmãos e irmãs beijavam-se mutuamente, Ct 8.1, e irmãos a outros irmãos, Gn 45.15; Êx 4.27. Do mesmo modo, o faziam outros membros das famílias, Gn 29.11; Êx 18.7; Rt 1.9. Amigos e camaradas osculavam-se reciprocamente, 1 Sm 20.41; 2 Sm 19.30; 20.9; At 20.37. Nos tempos de nosso Senhor, os convidados a um banquete eram osculados à entrada da casa, Lc 7.45. Assim saudavam-se os antigos cristãos, Rm 16.16; 1 Co 26.20; 2 Co 13.12; 1 Ts 5.26; 1 Pe 5.14, como símbolo da fraternidade cristã. Esse costume está em desuso. Em todos os casos mencionados, o beijo era a expressão de amor. O ato da traição de Judas tornou-se tanto mais vil e odioso, por ser acompanhado de um ósculo, Mt 26.48,49; Lc 22.47,48; *cf.* Pv 27.6. Em todos esses sinais de amor, havia um grau de respeito, mais ou menos elevado. Beijavam-se os pés dos reis em sinal de grande respeito, ou de humildade e sujeição, Sl 2.12. A mesma idéia se ligava em referência aos ídolos, 1 Rs 19.18; Os 13.2. Era uso atirar beijos com a mão depois de haver osculado, Jó 31.27. Quando a mulher pecadora beijou os pés de Jesus, manifestou, por este ato, profundo respeito, e íntimo afeto para com o seu caráter e para com a sua obra, Lc 7.38, 45. **2** Seu significado no Novo Testamento: Nos dias do Novo Testamento, era comum o uso do ósculo como saudação, e manifestação de afeto. A Igreja não estava criando algo novo, mas permitindo um ato gracioso entre a congregação. Os escritores dos primeiros séculos mostram que o uso do beijo fazia parte da cerimônia da Ceia do Senhor, Justino Mártir, Apol. 1, op. 65. À medida que a Igreja crescia e alcançava outros costumes, o beijo ganhava tradição diferenciada. Por muito tempo, foi usado como saudação de paz pela Igreja, acrescentando a isso surgiu o costume de congratular o novo convertido com beijo depois da sua profissão de fé e após seu batismo. O concílio de Auxerxes, no ano de 578, proibiu uma prática horrível da época de se beijar o cadáver dos líderes religiosos; por-

tanto, o ósculo está sempre ligado à cultura do povo em que a Igreja está inserida. Em alguns países, os homens se beijam como cumprimento o que em outros países é visto com certo desagrado. Há locais onde o beijo é visto como uma maneira calorosa ou agradável de recepção ou despedida, o que de certo não deve ser bem visto em outras culturas. O fato é que, o Novo Testamento não torna o ósculo uma obrigatoriedade, mas incentiva a Igreja a uma manifestação pura de afeto, "ósculo santo", costume generalizado no tempo da Igreja Primitiva.

BEL (*no hebraico, "Senhor"*) – nome do deus tutelar da Babilônia, Is 46.1; Jr 50.2; 51.44; Bel e Dragom, 3-22; Heród. 1.181, cujo nome próprio era Marduque, ou, como o pronunciavam os hebreus, Merodaque. Era o deus-sol, o sol da manhã e da primavera, filho de Era, deus do oceano e das outras águas. Festejavam-no no princípio da primavera de cada ano. Porque o sol exercia tão poderosa influência na natureza, e por ser ele a divindade tutelar dos babilônios, recebia deles suprema adoração, conferindo-lhe os mais altos atributos. Os habitantes do baixo Tigre e do Eufrates não o consideravam como o deus supremo, porém, com o crescimento da grande Babilônia, ele também cresceu em poder. Outro Bel, deus da região entre o céu e a terra, formando uma trindade com Anus e Ez, era um dos 12 grandes deuses.

BELA (*no hebraico, "destruição"*). **1** Nome de um rei de Edom, filho de Beor, Gn 36.32. **2** Nome de um chefe da tribo de Rúben, 1 Cr 5.8. **3** Nome de um filho de Benjamim e fundador de uma família, Gn 46.21; Nm 26.38. **4** Nome de uma das cidades da planície, a mesma que tem o nome de Zoar, Gn 14.2,8.

BELÉM (*no hebraico, "casa de pão"*). **1** Nome de uma cidade na parte montanhosa de Judá, chamada Efrata, para distingui-la de

BELÉM

outra com igual nome na tribo de Zebulom. Tem esta o nome Belém da Judá, Gn 35.19; Jz 17.7; Mq 5.2. Belém não é mencionada entre as cidades partilhadas à tribo de Judá, Js 15, mas já existia nos tempos de Jacó. Nas suas vizinhanças se deu sepultura a Raquel, Gn 35.16,19; 48.7. Nela se hospedavam os levitas, Jz 17.7; 19.1. Um ramo da família de Calebe estabeleceu-se ali, onde exerceu grande influência, 1 Cr 2.51,54; *cf.* Rt 4.20. Serviu de residência a Boaz, a Rute, a Obede e a Jessé, pai de Davi, Rt 1.19; 4.9-11,21,22; 4.11,17; 1 Sm 16.1,4. Sendo pátria dos antecessores de Davi, ficou sendo a cidade de Davi, Lc 2.11. Desde os tempos do grande rei, já era cingida de muros de defesa; caiu por algum tempo em poder dos filisteus, 2 Sm 23.14,15. Reoboão reforçou, ainda mais, as suas muralhas, 2 Cr 11.6. Alguns dos seus habitantes, que haviam ido para o cativeiro, voltaram de lá com Zorobabel, Ed 2.21; Ne 7.26. Sempre a consideravam como o lugar onde nasceria o Messias, Mq 5.2; Mt 2.5, e, portanto, no cumprimento dos tempos, Jesus nasceu em Belém. Aos pastores que guardavam as vigílias nas suas vizinhanças, foi anunciado o seu nascimento, Lc 2.1-20. Para ali foram os magos a fim de saudar o infante nascido. A espada assassina de Herodes destruiu a vida de muitas crianças de Belém com o fim de atingir também a vida do filho de Maria, futuro rei de Israel, Mt 2.1-18. Nunca surgiram dúvidas quanto ao lugar de sua existência. Está situada ao sul de Jerusalém, a distância de 9,26 km, no lugar da moderna *Beit-Lahm*, ao oriente e a nordeste de uma encosta que se inclina para o ocidente e se eleva acima da cidade. As muralhas dão entrada por diversas portas; as casas são pequenas e bem construídas; os habitantes, cerca de quatro, professam, pela maior parte, o cristianismo e pertencem à Igreja grega. Cerca-a, profusão de vinhas, pomares, figueiras e oliveiras. Os campos, apesar de pedregosos, produzem abundantes cereais, cujas colheitas fazem lembrar os tempos de Rute. Um pouco ao oriente da cidade, ergue-se a igreja, edificada por Helena, mãe do imperador Constantino, sobre a gruta onde nasceu Jesus. A cerca

Belém Hoje — Christian Computer Art

BELSAZAR

Belém: Detalhe da Igreja da natividade - lugar tradicional do nascimento de Jesus *Christian Computer Art*

de um quilômetro, ao norte da cidade, encontra-se o tradicional túmulo de Raquel. Ao sul, vê-se um vale em direção ao mar Morto, ao passo que, pelo lado do oriente, quase ao sopé das muralhas, começa outro vale que se liga à encosta *es-Surar*, ou vale de Soroque, passando também pela encosta *es-Sunt*, ou vale de *Elah, cf.* 1 Sm 17.2. **2** Nome de uma cidade e suas aldeias, dentro do território da tribo de Zebulom, Js 19.15. Parece que foi nessa cidade que nasceu Ibezã, juiz de Israel, Jz 12.8-10. A noroeste de Nazaré, existe uma pequena aldeia com o nome de *Beit-Lahm*, que se supõe ser o lugar da extinta cidade.

BELEMITA – um habitante de Belém de Judá, Rt 1.1,2; 1 Sm 17.12.

BELIAL (*no hebraico, "indignidade", "perversidade"*) – a frase, homens de Belial, é um circunlóquio de origem semítica, usado em vez de um adjetivo apropriado, para designar os ímpios, Dt 13.13, e personificada em 2 Co 6.15. No Antigo Testamento, essa palavra nunca foi usada como nome próprio, representando sempre *uma pessoa ímpia*, Jz 19.22; 1 Sm 1.16; Dt 17.4.

BELSAZAR (*nome babilônico, Bel-sar-usur, "o deus Bel protegeu o rei"*) – nome de um rei da Caldéia que governou três anos, Dn 8.1, e que foi morto em uma memorável noite, 5.16,20,30. Segundo as crônicas contemporâneas da Babilônia, era ele o filho mais velho de Nabunaíde e neto de Nabutalatsuícbi, o sábio príncipe e poderoso potentado, 1 Rs 68.4; 69.2, 26; ver. 1 Rs 63.1,16; 65.1,9. A rainha da Babilônia, mulher de Nabunaíde, o mesmo Belsazar e Daniel, seu contemporâneo, falam de Nabucodonosor como sendo pai de Belsazar, 5.11,13, e seu pai Nabunaíde, falando de si mesmo, diz: "os reis, seus pais". É certo, pois, que Belsazar descendia de Nabucodonosor. As palavras referentes a Belsazar na noite do banquete podem ser explicadas pelo uso largo da palavra pai, que designava o antecessor no mesmo ofício. Nabucodonosor, falando de Naramsim,

BELSAZAR

que reinou 300 anos antes dele, diz "o rei", "antigo pai", não obstante não existir relação de consangüinidade alguma entre ambos. Sargom, rei da Assíria, semelhante ao usurpador Nabunaíde, diz que era capacitado de sabedoria muito mais que "os reis, meus pais" (Cilindro, 18). Os delegados das cidades da Jônia pediram a Seleuco Nicanor que "aderisse à política de seus antecessores" *progonoi;* apesar de só um deles se haver assentado no trono (Bevã, Casa dos Seleucos, 1.161). Nas conversas da corte, Belsazar era tratado como filho de Nabucodonosor, descendente dele e seu sucessor no trono. Em 555 a.C., primeiro ano do reinado de seu pai, ocupava uma casa na Babilônia, e havia tomado para seu serviço dois servos, pelo menos, dos que pertenceram ao rei Nergalsarusur. Durante os anos que seu pai permaneceu em Tema, Belsazar esteve com o exército, que se achava acampado no distrito de Acade, ao norte da Babilônia, na fronteira sul da Assíria (Anais, 2.5-23). O filho do rei, como era tratado, não tinha somente o comando das tropas, mas também representava seu pai em certos deveres religiosos, administrativos e domésticos. Não longe do acampamento militar em Acade, estava a cidade de Sípara, para onde enviava, regularmente, donativos de ovelhas e bois, e até uma língua de ouro de presente ao deus-sol, em nome do rei. As inscrições de Ur, escritas por ordem de Nabunaíde para comemorar a restauração do templo do deus-lua, são muito peculiares e expressivas, porque o rei, depois de orar por si, acrescenta uma petição em favor de Belsazar. "Quanto a mim, Nabunaíde, rei de Babilônia, livra-me do pecado contra a tua natureza divina, e prolonga a minha vida. A meu filho primogênito, Belsazar, primícias de meu corpo, concede-lhe coração temente à tua grande divindade, para que nunca venha a cair em pecado, e dá-lhe dias felizes e abundantes." No tempo de Ciro, rei dos persas, o general Ugbaru, também chamado Gubaru, entrou na Babilônia no 16°. dia de Tamuz, quarto mês do ano 539 a.C., orgulhoso de haver tomado a cidade sem combate. Nabunaíde foi morto. O grande santuário Esagila foi guardado, durante duas semanas, por sentinelas de escudeiros (Anais, 3.16,17). A cidade foi ocupada por um exército estrangeiro, porém os documentos comerciais daquele tempo não registram interrupção de negócios alguma, nem alterações financeiras. Na Babilônia, compravam-se e se vendiam propriedades e todas as transações eram devidamente registradas, emprestava-se dinheiro, emitiam-se obrigações a pagar e davam-se casas em garantia. Esses documentos continuaram até o último ano do reinado de Nabunaíde, não obstante sua prisão. Apesar das restrições impostas à liberdade de Nabunaíde, a família real não foi constrangida, nem molestada. Belsazar fez donativo em dinheiro ao deus de Sípara. No dia três do oitavo mês, o rei Ciro fez a sua entrada triunfal na Babilônia, Anais 3.18, e instalou-se no palácio real (Cilindro 23). Uma semana depois, no dia nove do undécimo mês, deu-se um importante acontecimento. A inscrição está um pouco apagada, e vários caracteres foram traduzidos sem absoluta exatidão; porém recentes estudos dão a conhecer que a palavra filho é clara e certa (Pinches, Delitzsch, Hagen). Diz assim: "No undécimo de Marchesvã, à noite, Gubaru sobre... matou o filho do rei". Naquela noite, pois Baltasar foi morto. Nada sofreu pessoalmente seu pai Nabunaíde. Ao contrário, segundo Berosus, visto que Nabunaíde foi privado da coroa e deportado da Babilônia, o rei Ciro o tratou com muita benignidade, garantindo-lhe propriedades na Carmânia, ao sul da Pérsia (Contra Apiom, 1.20), e lhe confiou o governo da província (Euz, Cr 1. 10, 3). O banquete que Belsazar deu aos grandes da sua corte, Dn 5.1, se efetuou, segundo esta leitura do texto, no começo

BENAIA

da tarde do undécimo de Marchevã. A julgar pelo testemunho dos registros contemporâneos, é muito possível que Belsazar desse o grande banquete, depois da ocupação das forças invasoras, para o qual mandou os vasos de ouro e de prata que se achavam no templo de Marduque, 5.2; Ed 1.7 (veja *CIRO e DANIEL*).

BELTESSAZAR (*no babilônico, "balatu-sur-usur, protege a sua vida"*) – nesse nome se omite o nome da divindade invocada. Foi assim que se apelidou Daniel quando entrou para o serviço do rei. Bel, deus de Nabucodonosor, foi a divindade invocada para o novo nome dado ao profeta, Dn 1.7; 4.8,9. No hebraico significa "príncipe de Bel", ou "líder do senhor".

BELZEBU – nome do príncipe dos demônios, que Jesus identifica com Satanás, Mt 10.25; 12.24; Mc 3.22; Lc 11.15; 18.19; Mt 12.26; Mc 3.23; Lc 11.18. A palavra Belzebu difere um pouco de Baal-Zebube, deus de Ascarom. O texto diz Beel-Zebube. A explicação razoável dessa diferença é que os judeus, com o fim de escarnecer os ascaronitas e o seu deus, converteram a palavra *zebub*, mosca, em *zibbul*, ou *zebel*, estrume. Mas, como a palavra *zebul* significa habitação, Belzebul quer dizer – "Senhor da habitação"; portanto, cai por terra a idéia de escárnio, o que parece comprovado pelo dito de Jesus em Mt 10.25. A idéia de escárnio também cai sob a plausível suposição de que Beelzebul era simplesmente uma modificação grega de Beelzebube, adotada, para facilitar a pronúncia e por ser mais agradável ao ouvido.

BEM-AVENTURANÇA (*no grego, makarismós, "felicidades"*) – expressão que envolve o conceito de felicidade plena, o que no Novo Testamento só é possível se o homem tiver um perfeito relacionamento com Deus. Para os gregos, essa expressão referia-se a uma felicidade material, uma vida sem sofrimentos ou preocupações. Os judeus estenderam um pouco mais esse conceito de felicidade. Acreditavam que ser bem-aventurado era uma recompensa pela obediência à lei. Jesus deu um completo sentido à expressão associando a verdadeira felicidade a um relacionamento com Deus e a participação do homem no seu reino, Mt 5.1-12. As Bem-aventuranças relacionadas em Mateus 5 exprimem um regozijo que é fruto de uma recompensa divina e não humana. O modelo de vida mencionado não é o conceito de felicidade que os homens tinham. Ser *humilde de espírito*, ser *manso*, ou estar dentro do contexto dos que *choram* e são *perseguidos*, demonstra mais um estado de tristeza e fracasso do que felicidade. No entanto, o ensino de Jesus demonstra que a felicidade perfeita só é possível tendo participação no reino de Deus, e as Bem-aventuranças tornaram-se mais que promessas para a Igreja, elas são regras para alcançar a verdadeira felicidade.

BEN – nome de um levita, 1 Cr 15.18. Comparando os versículos 20 e 21, observa-se que esse nome foi alterado.

BEN-ABINADABE (*no hebraico, "filho de Abinadabe"*) – nome do genro de Salomão e seu ministro na região de Dor, 1 Rs 4.11.

BENAIA (*no hebraico, "Jeová edificou"*). **1** Nome de um levita, filho do sacerdote Joiada, natural de Cabzeel de Judá, 2 Sm 23.20; 1 Cr 27.5. O pai de Benaia foi, provavelmente, o líder dos sacerdotes que se reuniram ao exército para colocarem Davi no trono, 1 Cr 12.27. Benaia foi homem valentíssimo, famoso por ter descido a um poço e matado um leão; matou também os dois filhos de Ariel de Moabe, valentes como leões, e um egípcio, homem digno de se ver, armado de lança chegou-se a ele, com uma

BENAIA

vara, arrancou por força a lança da mão do egípcio e com ela o matou, 2 Sm 23.20,21; 1 Cr 11.22,23. Benaia estava no comando dos quereteus e dos peleteus, que formavam a guarda da pessoa do rei, 2 Sm 8.18, e também comandava a divisão para o terceiro mês, 1 Cr 17.5,6, ele, com os seus comandados, foram fiéis a Davi, durante a revolta de Absalão, 2 Sm 15.18; 20.23, e a de Adonias, 1 Rs, 1.10. Por ordem de Davi, ele escoltou a Salomão até Giom para ser ungido rei; 1 Rs 1.38, como chefe das guardas executou a Adonias, 2.25, a Joabe, v. 29-34, e a Simei, v. 46. Com a morte de Joabe, que era o comandante chefe do exército, Benaia foi promovido para o mesmo posto, v. 35. **2** Nome de um dos 30 valentes de Davi, natural de Piratom, 2 Sm 23.30; 1 Cr 11.31, comandou a terceira divisão para o undécimo mês, 27.14. **3** Nome de um levita da segunda ordem, tocador de saltério, diante da arca na viagem para Jerusalém, e depois, no tabernáculo que Davi levantou, 1 Cr 15.18,20; 16.5. **4** Nome de um sacerdote que tocava a trombeta durante o transporte da arca para Jerusalém e mais tarde, no tabernáculo que Davi levantou, 1 Cr 15.24; 16.6. **5** Nome de um levita, descendente de Asafe, antes do reinado de Jeosafá, 2 Cr 20.14. **6** Nome de um homem da tribo de Simeão, contemporâneo de Ezequias, 1 Cr 4.36,41. **7** Nome de um levita, superintendente das ofertas no tempo de Ezequias, 2 Cr 31.13. **8** Nome de um dos príncipes do povo, no tempo do profeta Ezequiel, Ez 11.1,13. **9** Nome de quatro homens, filhos, respectivamente, de Parós, de Paate-Moabe, de Bani, e de Nebo, que tiveram de lançar fora as suas mulheres estrangeiras, Ed 10.25,30,43.

BEN-AMI (*no hebraico, "filho do meu povo"*) – nome de um filho da filha mais moça de Ló, de quem procede a tribo dos amonitas, Gn 19.38.

BÊNÇÃO – qualquer vantagem conferida ou desejada. **1** Favores e vantagens que

Deus concede, comunicando-nos prazer ou felicidade, Gn 39.5; Dt 28.8; Pv 10.22 etc. **2** Invocar o favor de Deus em benefício de uma pessoa, Gn 27.12. **3** Um donativo como expressão de boa amizade e simpatia, Gn 33.11; Js 15.19; 2 Rs 5.15.

BEN-DEQUER (*no hebraico, "filho de Dequer"*) – nome de um dos 12 governadores que Salomão estabeleceu sobre todo o Israel, 1 Rs 4.9.

BENE (*no hebraico, "filho"*) – um músico do templo na época de Davi, 1 Cr 15.18.

BENE-BERAQUE (*no hebraico, "filhos de Beraque"*) – nome de uma cidade de Dã, Js 19.45, que atualmente tem sido identificada com a moderna el-Kheiriyeh, próxima a Tel-Avive.

BENE-HADADE (*no hebraico, "filho de Hadade"*) – filho de Hadade, supremo deus *Adade* da Síria. Nome de três reis que governaram em Damasco. **1** Bene-Hadade, filho de Tabrimom, e neto de Heziom. Quando Baasa, rei de Israel, edificou Ramá, para fechar a entrada do reino de Judá pelo lado do norte, Asa, rei de Judá, contratou a Bene-Hadade para romper o tratado com o rei Baasa, e invadir o reino de Israel. O exército de Bene-Hadade entrou no território das dez tribos, tomou as cidades de Ijom, Dã e Abel-Bete-Maaca, e devastou a região a oeste do lago Genesaré. Com isto, o rei Baasa desistiu de edificar Ramá e voltou para Tirza, 1 Rs 15.18-21; 2 Cr 16.1-6. **2** Bene-Hadade, contemporâneo de Acabe. O nome inteiro desse rei é Benadadidri, que quer dizer, "o filho de Hadade é meu auxílio". Sitiou Samaria e provocou de tal modo o rei Acabe, que o obrigou a entrar em luta, resultando a sua derrota. No ano seguinte, Bene-Hadade renovou a guerra, sofrendo ainda maior derrota. Acabe tratou benignamente o rei vencido

BENJAMIM

B

e deixou-o ir em paz, 1 Rs 20.1-34. A chegada de um inimigo comum, Salmaneser, rei da Assíria, foi motivo para haver paz entre Israel e a Síria, que durou três anos, 1 Rs 22.1. Em 854 a.C. Ben-Hadade, aliado com Acabe e outros reis, ofereceu resistência aos assírios em Carcar, perto de Hamá, porém foi derrotado. No seguinte ano, pela primavera, Acabe tentou inutilmente arrebatar Ramote de Gileade das mãos de Bene-Hadade, 22.1-36. Por algum tempo Bene-Hadade exerceu a pirataria no território dos israelitas, e depois invadiu o país e sitiou Samaria, 2 Rs 5.2; 6.8; 7.20. Essas freqüentes hostilidades foram interrompidas pelas operações de Salmaneser contra Bene-Hadade nos anos 850, 849 e 846. Entre os anos 845 e fins de 843, Bene-Hadade foi assassinado, sucedendo-lhe no trono o seu filho Hazael, 2 Rs 8.15. **3** Bene-Hadade, filho de Hazael, que tomou o nome do rei assassinado. No reinado de Jeoacaz, rei de Israel, Hazael e Bene-Hadade oprimiram as dez tribos, 2 Rs 13.3-13. Porém Joaz, filho de Jeoacaz, derrotou três vezes a Bene-Hadade, reconquistando as cidades de Israel que estavam sob o domínio dos assírios, v. 22-25. Seu filho Jeroboão II continuou as vitórias de seu antecessor, retomou Hamate, e chegou a ocupar temporariamente Damasco, 14.28.

BENE-HAIL (*no hebraico, "filho de fortaleza"*) **–** nome de um dos príncipes, enviado por Jeosafá para ensinar a lei nas cidades de Judá, 2 Cr 17.7.

BENE-HANÃ (*no hebraico, "filho do bondoso" ou "filho da graça"*) **–** nome de um dos filhos de Simão, registrado na tribo de Judá, 1 Cr 4.20.

BENÉ-HASÉM (*no hebraico, "rico"*) **–** nome que se encontra na relação dos homens valentes de Davi, 1 Cr 11.34. *Bene* significa *filho de*, algumas traduções dizem, filhos de Hasém. No paralelo de 2 Sm 23.32, temos Bené-Jásen ou filhos de Jasen.

BENE-HESEDE (*no hebraico, "filho de Hesede", ou "filho de benevolência"*) **–** nome de um dos 12 governadores nomeados por Salomão, para a cidade de Arubote, 1 Rs 4.10.

BENE-JAACÃ (*no hebraico, "filhos de Jaacã" ou "filhos da inteligência"*) **–** aparece em Nm 33.31; e também em Dt 10.6, sob a forma Beerote-Bene-Jaacã, que significa "poços dos filhos de Jaacã".

BENÉ-JÁSEN (veja *BENÉ-HASÉM*).

BENE-ZOETE (*no hebraico, "filho de Zoete", ou "filho do corpulento"*) **–** era filho de Isi, descendente de Judá, 1 Cr 4.20.

BEN-GEBER (*no hebraico, "filho de Geber"*) **–** nome de um dos 12 governadores que Salomão estabeleceu sobre Israel, 1 Rs 4.13. Algumas traduções dizem "filho de Geber" e não "Ben-Geber".

BEN-HUR (*no hebraico, "filho de Hur", ou "filho de nobre"*) **–** nome de um dos governadores, nomeado por Salomão para o monte de Efraim, 1 Rs 4.8 (veja *HUR*).

BENINU (*no hebraico, "nosso filho"*) **–** nome de um levita que assinou o pacto de obediência a Jeová, Ne 10.13.

BENJAMIM (*no hebraico, "filho da mão direita"*). **1** Nome do filho mais moço dos 12 filhos de Jacó, e irmão de José, ambos filhos de Raquel. Quando Jacó se aproximava de Belém, Raquel deu à luz a Benjamim e, sentindo que ia morrer, chamou-o "Benoni", ou "filho de minha dor"; porém, Jacó lhe deu o nome de "Benjamim", Gn 35.16-20. Sendo ele o último filho de Jacó,

BENJAMIM

e pelas circunstâncias de seu nascimento, tornou-se peculiarmente querido de seu pai, principalmente depois da suposta morte de José. Com excessiva relutância, seu pai consentiu na sua ida ao Egito, em companhia de outros irmãos, Gn 43.1-17. Judá tinha razão em pensar que Jacó morreria de dor, se algum acidente lhe arrebatasse o filho querido, no fim de sua velhice. O irmão José também estimava muito ao pequeno Benjamim, Gn 43.29-34; 44.1-34. Benjamim teve, entre outros descendentes, cinco filhos e dois netos que constituíram as famílias da tribo de Benjamim em Israel, Gn 46.21; Nm 26.38-41; 1 Cr 7.6-12; e cap. 8. **2** Nome da tribo a que Benjamim deu o nome e do território que lhe foi distribuído. Jacó, seu pai, profetizou que Benjamim seria "como um leão arrebatador; ele, pela manhã, devorará a presa, e à tarde repartirá os despojos", Gn 49.27. E Moisés disse a Benjamim: "O muito amado do Senhor habitará nele confiadamente: morará em tálamo nupcial todo o dia e descansará entre os seus braços", Dt 33.12. Na partilha da terra, feita por Josué em Silo, depois que Judá e Efraim receberam a sua parte, caiu a primeira sorte aos filhos de Benjamim que ficou delimitada entre as duas tribos referidas. A fronteira foi para as bandas do setentrião, pela margem do Jordão, estendendo-se para a banda do setentrião de Jericó; e daí, subindo às montanhas para o poente e chegando até ao deserto de Bete-Áven, e passando ao meio-dia pelo pé de Luz, que é Betel, e desce a Atarote-Adar, perto do monte, que está meio-dia de Bete-Horom a baixa; e, dando volta, torce para a banda do mar, meio-dia do monte, que olha para Bete-Horom da banda da África, e termina em Quiriate-Baal, que também se chama Quiriate-Jearim, cidade dos filhos de Judá. Esta é a sua extensão para o mar, pelo lado do poente. Mas meio-dia, da parte de Quiriate-Jearim, se estendem os termos para a banda do mar, e chega até à fonte das águas de Neftoa; e desce até àquela parte do monte que olha para o vale dos filhos de Hinom e que está da banda do setentrião, na extremidade do Vale dos Refains. E desce, a Geenom, ao Vale de Hinom, ao lado dos jebuseus meio-dia, e chega até à fonte de Rogel, passando para a banda do setentrião e se estendendo até Em-Semes, a fonte do Sol; passa até os cabeços, que estão defronte da subida de Adumim e desce até Abenboém, isto é, até à Pedra de Boém, filho de Rúben; e passa para o lado do setentrião até às campinas, desce à planície, passa para a banda do setentrião, além de Bete-Hogla, e termina na ponta setentrional do mar Salgado na embocadura do Jordão que olha para o meiodia, que a termina da banda do Nascente. Esta é a herança dos filhos de Benjamim, com os seus limites à roda, Js 18.11-20. O território assim descrito, tem 56 km de este a oeste, e 22 km de sul, bastante montanhoso e extremamente fértil, Antig. 5.1,22. Possuía muitas cidades, sendo as principais, Jerusalém, capital, Jericó, Betel, Gibeão, Gibeá e Quiriate, Js 18.21-28. A tribo de Benjamim deu à pátria um libertador que a livrou do jugo estrangeiro, Jz 3.15. A indiferença para com um crime horrendo, praticado pelos habitantes de Gibeá, comprometeu seriamente a integridade da tribo, Jz caps. 19 a 21. O primeiro rei de Israel veio da tribo de Benjamim, que sempre se mostrou partidária da casa de Saul, 2 Sm 2.9-15; 1 Cr 12.29. Mesmo depois que Davi subiu ao trono, os benjamitas ocasionalmente se mostravam descontentes com o governo de Davi, 2 Sm 15.5; 20.2-22; Sl 7. Uma parte considerável da tribo conservou-se fiel à casa de Davi, quando se deu a revolta das dez tribos, e lançou a sua sorte com a tribo de Judá até o fim, 1 Rs 12.21; Ed 4.1. O grande apóstolo dos gentios era natural da tribo de Benjamim, Fp 3.5. Em Jerusalém, havia duas portas com o nome de Benjamim, uma no Templo e outra no muro da cidade

BERÉIA

por onde passava a estrada que vinha de Benjamim. **3** Nome de um benjamita, filho de Bilã, da família de Jediael, 1 Cr 7.10. **4** Nome de um filho de Herém, casado com mulher estrangeira, Ed 10.32.

BENJAMITA – termo dado a qualquer descendente de Benjamim, 1 Sm 9.21; 22.7; 1 Rs 2.8.

BENO (*no hebraico, "seu filho"*) **–** nome de um descendente de Merari, 1 Cr 24.26, 27.

BENONI (*no hebraico, "filho da minha dor"*) **–** nome que Raquel deu a seu filho, cujo nascimento foi a causa de sua morte, e que Jacó mudou para Benjamim, Gn 35.18.

BEOR (*no hebraico, "facho", ou "tocha"*). **1** Nome do pai de Belá, rei de Edom, Gn 36.32; 1 Cr 1.43. **2** Nome do pai de Balaão, Nm 22.5; 2 Pe 2.15.

BEQUER (*no hebraico, "camelo novo", ou "primogênito"*). **1** Nome de um filho de Benjamim, Gn 46.21; 1 Cr 6.6. Os seus descendentes foram em pequeno número para constituírem uma família tribal, pelo menos, não se encontra no registro das famílias, Nm 26.38; 1 Cr 8.1-6. Mais tarde, aumentaram em número, contando-se nove famílias que habitaram em Anatote e em outras cidades do território de Benjamim, elevando-se a 20 mil e 200 homens, 1 Cr 7.8, 9. **2** Nome de um filho de Efraim e fundador de uma família, Nm 26.35. Não se encontra o seu nome entre os filhos de Efraim em 1 Cr 7.20-27. Talvez os filhos de Bequer não fossem tão poucos em número, durante o cativeiro do Egito, como se supõe. Eles estão identificados com Efraim, possivelmente por motivo de casamento de Bequer com Sara, de modo que somente esta família se acha arrolada.

BERA (*no hebraico, "presente", "dom"*) **–** nome de um rei de Sodoma, derrotado por Quedorlaomer e seus confederados, Gn 14.2. Nome da família de Héber, da tribo de Aser, 1 Cr 7.37 (veja *BEER*).

BERACA (*no hebraico, "bênção"*). **1** Nome de um benjamita que se reuniu a Davi em Ziclague, 1 Cr 12.3. **2** Nome de um vale, na tribo de Judá, perto de Tecoa. Josué lhe deu esse nome em virtude de ter ali chegado vitorioso contra os amonitas, os moabitas e os edomitas, e ter dado graças a Deus, 2 Cr 20.6. Umas ruínas a noroeste de Tecoa, distantes sete quilômetros e meio, a 11 km de Belém, assinalam o lugar onde existiu Beraca, que atualmente tem o nome de *Bereikut*; fica um pouco ao oriente de Hebrom.

BERAÍAS (*no hebraico, "Jeová criou"*) **–** nome de um filho de Simei, 1 Cr 8.21, descendente de Saaraim, registrado na tribo de Benjamim, v. 8,11-13.

BEREDE (*no hebraico, "saraiva"*). **1** Nome de um lugar no deserto de Sur, a oeste de Cades, não muito distante de Beer-Laai-Roi, Gn 16.14, cuja situação é desconhecida. **2** Nome de um habitante de Efraim, da família de Sutela, 1 Cr 7.20.

BERÉIA **1** Nome de uma cidade da Judéia, perto da qual Judas Macabeu foi morto, 1 Mac 9.4. **2** Nome de uma cidade da Macedônia, situada cerca de 93 km a oeste de Tessalônica, e cerca de 44 km distante da costa. Nessa cidade, o apóstolo Paulo pregou o Evangelho na sua primeira viagem para a Europa, At 17.10-14; 20.4. Atualmente tem o nome de Veria ou Beor. **3** Nome de uma cidade da Síria, entre Antioquia e Hierápolis, onde Menelau foi sufocado por um montão de cinzas, 2 Mac 13.4. Alepo é o seu nome atual. Foi Seleuco Nicátor quem lhe deu o nome de Beréia, que logo lhe foi mudado.

BERENICE

BERENICE (*no grego, "vitoriosa"*) – nome da filha mais velha de Herodes Agripa I, casada com seu tio Herodes, governador de Calcis, que morreu logo depois do casamento. Ajuntou-se com seu irmão Agripa, de modo a provocar escândalo público. Tentou enfraquecer esse escândalo, por meio de novo casamento com o rei Polemo da Cilícia. Em breve se enfadou e, abandonando o marido, voltou à companhia de Agripa, Antig. 20.7,3; Guerras 2.11,5. Ainda estava em companhia dele quando Paulo produziu a sua defesa, At 25.23; 26.30. Essa mulher foi sucessivamente amante de Vespasiano e de Tito.

BEREQUIAS (*no hebraico, "Jeová abençoou"*). **1** Nome de um levita, pai de Asafe, descendente de Gérson, 1 Cr 6.39; 15.17. **2** Nome de um dos quatro levitas que serviam de porteiros da arca, no reinado de Davi, 1 Cr 15.23. **3** Nome de um dos príncipes dos filhos de Efraim, no reinado de Peca; tomou parte na sorte dos cativos de Judá. Era filho de Mesilemote, 2 Cr 28.12. **4** Nome de um homem, filho de Zorobabel, 1 Cr 3.20. **5** Nome de um levita descendente de Elcana, de Netofati, 1 Cr 9.16. **6** Nome de um filho de Mesezabel; tomou parte na reconstrução dos muros de Jerusalém no tempo de Neemias, Ne 3.4, 30. **7** Nome do pai do profeta Zacarias, Zc 1.1.

BERI (*no hebraico, "homem de um poço"*) – nome de um homem natural da tribo de Aser, filho de Zofa, da família de Héber, 1 Cr 7.36. Seu nome não aparece na genealogia de Gn 46.17 e Nm 26.44-47. Parece não haver conexão entre ele e os beriitas, Nm 26.44, e os beritas em 2 Sm 20.14.

BERIAS (*no hebraico, "proeminente"*) – o nome pode ter ainda o significado de "mau" ou "filho do mal". Se o nome se derivar do termo árabe *bara'a*, poder ter outro significado. **1** Nome de um dos filhos de Aser e fundador de uma família, Gn 46.17; Nm 26.44. **2** Nome de um dos filhos de Efraim, 1 Cr 7.23. **3** Nome de um dos chefes dos ramos que se estabeleceram em Aijalom, 1 Cr 8.13. **4** Nome de um levita, filho de Simei, gersonita, 1 Cr 23.10, cujos filhos, por serem em pequeno número, foram contados na família de seu irmão, Jaús, v. 11.

BERIÍTAS – descendentes de Berias, Nm 26.44 (veja *BERIAS*).

BERILO **1** Tradução da palavra hebraica *Tarshish*, pedra preciosa, trazida do lugar que tem o mesmo nome. Era encostada na quarta ordem das pedras preciosas que ornavam o Racional do Juízo, Êx 28.20; 39.13; Ct 5.14; Ez 1.16; 10.9; 28.13; Dn 10.6. Em nenhuma destas passagens se diz a cor dessa pedra. Em Ct 5.14, o vocábulo *Tarshish*, é traduzido por safiras nas três versões em português; e em Ez 10.9, Figueiredo traduziu Crisólita. **2** O nome berilo do grego *Beryllos*, Ap 21.20, dá-se ao oitavo fundamento do muro da Nova Jerusalém. O berilo é produto mineral, constituído de sílica, alumínio e berílo (*glucinum*). Varia de transparência, ora tem a cor de água marinha, ora de um verde azulado, ora de um azul violeta, ora amarelado escuro. É muito aparentado com a esmeralda. Encontra-se na Sibéria, na Índia, no Brasil e em alguns lugares da Grã-Bretanha.

BERITAS – nome de um povo que vivia perto de Abel-Bete-Maaca, de existência incerta, 2 Sm 20.14. Um povo mencionado somente em 2 Sm 20.14.

BERITE (*no hebraico, "aliança"*) – nome de um ídolo adorado em Siquém. Na versão em português, aparece como Baal-Berite em Jz 8.33, e deus Berite em Jz 9.46 (veja *BAAL-BERITE*).

BERODAQUE-BALADÃ (*no hebraico, "Merodaque deu um filho"*) – nome de um rei da Babilônia, filho de Baladã, 2 Rs 20.12,

BERSEBA

da dinastia de *Bit-Yakin*, homem de grande habilidade, muito corajoso e empreendedor. Essa dinastia ocupava *Bityakin* como sua capital, situada nos pântanos, perto da foz do Eufrates, distrito que foi a casa ancestral da tribo dos caldeus. Berodaque-Baladã tomou posse desse pequeno trono. Pelo ano 731 a.C. prestou homenagens a Tiglate-Pileser, rei da Assíria; porém, quando em 722 o exército assírio se empenhava no sítio de Samaria, e sabendo que o rei da Assíria tinha morrido, ou havia sido assassinado, Berodaque-Baladã aproveitou a ocasião para fazer-se rei da Babilônia. Sargom, rei da Assíria, reconheceu-o como tal em 721. Reinou 11 anos. Em 712, mais ou menos mandou uma embaixada a Ezequias, com o fim aparente de congratular-se com ele pelo seu restabelecimento, 2 Rs 20.12-19; 2 Cr 32.31; Is 39.1-8, tinha por objetivo convidá-lo a formar uma confederação com os reis da Babilônia, Susiana, Fenícia, Moabe, Edom, Filístia e Egito, e tentar um grande ataque ao império da Assíria. Sargom suspeitou desse plano e atacou seus inimigos, cada um em separado, antes que tivessem tempo de unir as suas forças, venceu-os um por um. Em 710, Sargom tomou Babilônia e em 709, *Bit-Yakin*, onde prendeu Berodaque-Baladã. Algum tempo depois da morte de Sargom, Berodaque-Baladã recuperou a sua liberdade. Em 704 ou 703, entrou de novo na Babilônia e matou o vice-rei assírio que ali governava. Esse segundo reinado durou apenas de seis a nove meses; foi expulso da Babilônia e deportado para *Bit-Yakin* por Senaqueribe, filho e sucessor de Sargom. No ano 700, em conexão com a revolta de um caldeu chamado Nergal-Usezibe, ou Suzube, Berodaque-Baladã ergueu de novo a cabeça. Senaqueribe tomou a estrada de *Bit-Yakin* para combatê-lo, mas Berodaque evitou-o e refugiou-se em uma cidade marítima. Mais uma vez, Senaqueribe prevaleceu, sufocando a revolta, em 698. Em 697 atacou o último reduto de Berodaque-Baladã, que era

um pedaço do terreno que lhe tinham dado os elamitas. O rei assírio empregou navios fenícios nessa empresa. Berodaque abandonou o seu pequeno abrigo que foi reduzido a cinzas, e nunca mais tomou pé. Apesar de todos os fracassos, não se abateu. Os caldeus de que era chefe, continuaram, desde então, a ser a raça dominante em Babilônia.

BEROTA (*no hebraico, "poços"*) — Berota era uma cidade situada entre Hamate e Damasco, Ez 47.16. É provavelmente identificada com Berotai, cidade que esteve na posse de Hadade-Ezer, rei de Zobá, e que foi tomada por Davi, de onde retirou grande quantidade de cobre, 2 Sm 8.8. Em 1 Cr 18.8, tem o nome de Cum (veja *BEROTAI*).

BEROTAI (*no hebraico, "cipreste de Jeová"*) — palavra que aparece em 2 Sm 8.8. O lugar tem sido identificado como Berota, Ez 47.16. Já se pensou em tratar-se da cidade de Beirute, porém estudos recentes apontam para uma cidade ao norte de Damasco, chamada Bereitan (veja *BEROTA*).

BERSEBA (*no hebraico, "poço do juramento", ou "poço dos sete"*) — nome de um poço, que Abraão cavou no deserto, adjacente ao país dos filisteus, e onde ele e o rei de Gerar fizeram aliança de recíproca amizade. Esse poço já havia sido objeto de contenda entre os pastores de ambos. Para sinal da aliança, Abraão deu a Abimeleque sete cordeiras que serviriam de testemunhas de como ele havia cavado o poço, e por isso foi denominado *Berseba*, isto é, "poço dos sete", Gn 21.22,32, e ali plantou uma tamargueira, invocando o nome de Senhor, v. 33. Abraão residiu por muitos anos nesse lugar, depois foi para Hebrom e peregrinou em Beer-Laai-Roi. Enquanto os hebreus estiveram ausentes dessa parte do deserto, os filisteus entupiram os poços; porém quando Isaque voltou a esse distrito, reabriu-os de novo. Durante a sua permanência em Berseba, tratou de limpar

BERSEBA

Berseba — Christian Computer Art

esse poço. O rei de Gerar veio ter com Isaque e fez também com ele aliança, como seu predecessor havia feito com Abraão. Apenas retirado o rei de Gerar, vieram os servos de Isaque notificar que tinham encontrado água. Como em casos semelhantes, Isaque imediatamente restaurou o antigo nome do poço, chamando-o *Shibah*, forma feminina do numeral *sheba*, confirmando o nome Berseba, 26.32,33. Foi desse lugar que Jacó saiu em demanda de Harã, 28.10, e onde ofereceu sacrifícios, quando partia para o Egito, 46.1-5. Perto desse poço fundou-se, finalmente, uma cidade, Js 15.28, no extremo de Judá, Js 15.28; 2 Sm 24.7; 2 Rs 23.8, que foi partilhada à tribo de Simeão, Js 19.1,2; 1 Cr 4.28, e que também assinalava o limite sul da Palestina. Por este modo, tornou-se proverbial a expressão – de Dã até Berseba, i.é, do extremo norte ao extremo sul da Terra Santa, Jz 20.1, *et passim*. Os filhos de Samuel foram juízes nessa cidade, 1 Sm 8.2. Elias passou por ela, em direção a Horebe, 1 Rs 19.3. Depois do cativeiro, foram de novo povoadas, 11.27, 30. O viajante e escritor Edward Robinson encontrou dois poços profundos, ainda com o nome de *Bir es-Seba*, na parte setentrional, de uma larga corrente ou cabeceira de *es-Seba*. Além destes, outros mais se têm descoberto. O maior que o Dr. Robinson descreve tinha quatro metros de diâmetro, e 14,5 metros de profundidade, até à superfície da água, e mais cinco metros até o fundo, todo ele aberto em rocha.

BESODIAS (*no hebraico, "familiar com Jeová", ou "íntimo de Jeová"*) – nome do pai de Mesulão, que trabalhou na reparação dos muros de Jerusalém, nos dias de Neemias, Ne 3.6.

BESOR (*no hebraico, "frio"*) – nome de um ribeiro ao sul de Ziclague, 1 Sm 30.9,10. Talvez seja o *Nahr Ghazzeh*, que tem as cabeceiras nas vizinhanças de Berseba e se lança no Mediterrâneo, ao sul de Gaza.

BESTA, FERA 1 Nome que se dá aos animais mamíferos para distingui-los das aves

BETE-ARÃ

e dos répteis, Gn 1.29,30. Os animais selvagens se distinguem dos animais domésticos, Lv 26.22; Is 13.21,22; 34.14; Jr 50.39; Mc 1.13. **2** Nome dos animais inferiores, inclusive os répteis e os pássaros, Sl 146.9; Ec 3.19; At 28.5. Neste sentido, a lei mosaica fazia distinção entre animais limpos e impuros. **3** Em sentido figurado, dá-se esse nome a um poder destruidor. Quatro impérios sucessivos, começando com o império babilônico, foram assim simbolizados no cap. 7 de Daniel. As quatro bestas, ou alimárias, fundidas em um monstro, representam o poder do mundo em Ap 13.1-10, com a sua sede transferida da Babilônia para Roma, cap. 17.3-18. Uma besta com os cornos do cordeiro representa o falso profeta, 13.11-18, que vem a ser o lobo devorador com a pele de ovelha (veja *MULA*).

BETÁ (*no hebraico, "confiança"*) – nome de uma cidade de Arã-Zobá, 2 Sm 8.8. É a mesma Tibate, mencionada em 1 Cr 18.8. Lugar de sua existência, ignorado.

BETÂNIA (*no hebraico, "casa das tâmaras", no Talmude "casa das tâmaras verdes"*). **1** Nome de uma cidadezinha do monte das Oliveiras, Mc 11.1; Lc 19.29; quinze estádios de Jerusalém, cerca de dius quuilômetros, Jo 11.18, na estrada que vai a Jericó. O Senhor Jesus hospedou-se ali muitas vezes, Mt 21.17; 26.6; Mc 9.1,11,12; 14.3. Era residência de Lázaro, Marta e Maria, Jo 11.1; 12.1, como também de Simão o leproso, em cuja casa, Jesus foi ungido, Mt 26.6-13; Mc 14.3. O lugar de sua antiga existência tem o nome de *Asiriveh*, que quer dizer, "aldeia de Lázaro", situada em um vale ao lado do monte das Oliveiras, a sudeste de Jerusalém. É uma aldeia miserável com algumas das antigas habitações de pedra, convertidas em casas modernas. Vêem-se ainda as casas de Simão, Marta e Maria, e o túmulo de Lázaro, porém não há razões para crer na sua autenticidade.

Presume-se que, em virtude das muitas tamareiras que havia nas vizinhanças dessa povoação, é que lhe colocaram o nome de Betânia. Em lugar das tamareiras, crescem atualmente as oliveiras, as figueiras e as romeiras. **2** Nome de um lugar, a oriente do Jordão, onde João batizava, logo depois que Jesus voltou da tentação no deserto, Jo 10.28; 10.40.

BETE (*no hebraico, "casa"*) – nome da segunda letra do alfabeto hebraico. A princípio era representada pela forma rude de uma casa, e por isso tomou o nome de *Beth* que quer dizer casa. A letra B do nosso alfabeto tem a mesma origem. Numericamente, representava o número dois. Bete assinala secção do salmo 119. As letras hebraicas, Bete, Cafe, Meme, e Pe, ou B, K, M e P, em diferentes graus de seu desenvolvimento, têm-se assemelhado tanto entre si, a ponto de haver dificuldade para distingui-las, dando lugar a erros de leitura. Bete também pode ser encontrada em nomes compostos, como *Betel*, "casa de Deus".

BETE-ANATE (*no hebraico, "casa da deusa Anate", "templo de Anate", ou "casa do eco"*) – nome de uma cidade da tribo de Naftali, Js 19.38, cujos habitantes cananeus não foram expulsos pelos israelitas, Jz 1.33. Muito bem situada com o nome atual de Anata, ou Ainita, está cerca de nove quilômetros a oeste de Kedesh.

BETE-ANOTE (*"casa da deusa Anate", "templo de Anate", ou "casa do eco"*) – nome de uma cidade situada nas montanhas de Judá, Js 15.59, cuja existência parece ter sido em *Bete-Zur*, três quilômetros a sudoeste de *Halhul*. É a moderna Khirbet Beit' Ainum.

BETE-ARÃ (*no hebraico, "casa da montanha", ou "lugar alto"*) – uma cidade dos

BETE-ARÃ

amorreus conquistada pela tribo de Gade. Localizava-se defronte de Jericó, pouco mais de cinco quilômetros a leste do Jordão, Js 13.27.

BETE-ARABÁ (*no hebraico, "casa do deserto", ou "casa da travessia"*) – nome de uma aldeia no deserto da Judéia, situada na linha divisória entre Judá e Benjamim, Js 15.6, 61; 18.22.

BETE-ARABIM (veja *BATE-RABIM*).

BETE-ARBEL (*no hebraico, "casa da corte de Deus"*) – nome de uma cidade destruída por Salmã com horrível crueldade, Os 10.14. A melhor identificação proposta é com Arbela da Galiléia, que atualmente chama Irbide, 7,5 km a noroeste de Tiberíades, Antig. 12.11,1; 15.14; 1 Mac 9.2. Tem muitas cavernas naturais em rocha calcária, ligadas entre si por meio de passagens cortadas na rocha. No tempo de Herodes, essas cavernas eram habitadas por bandidos, que ele expulsou.

BETE-ASMOTE – essa palavra aparece somente em 1 Ed 5.18, como lugar de onde um grupo de pessoas retornou com Zorobabel, depois do cativeiro babilônio.

BETE-ÁVEN (*no hebraico, "casa da idolatria", ou "casa do nada"*). **1** Nome de uma cidade no território de Benjamim, perto de Ai, a este de Betel; Js 7.2, a oeste de Macmás, 1 Sm 13.5; 14.23, e à beira do deserto, Js 18.12. Ainda identificada. **2.** Nome que Oséias deu a Betel por se ter convertido em centro de idolatria, Os 4.15; 5.8; 10.5.

BETE-AZMAVETE (*no hebraico, "casa da força da morte"*) – forma alternativa para Azmavete (veja *AZMAVETE*).

BETE-BAAL-AMOM (*no hebraico, "casa do senhor da habitação"*) – uma localidade atribuída a tribo de Rúben, nas planícies do Jordão, Js 13.17.

BETE-BARA (*no hebraico, "casa do vau"*) – nome de um lugar além do Jordão, onde João batizava, Jo 1.28 (Betábara). Foi próximo a esse lugar que Gideão venceu os midianitas, Jz 7.24, e Jefté venceu os efraimitas, Jz 12.4,5. Os mais antigos manuscritos têm a palavra Betânia. Orígenes, não achando esse nome além do Jordão, decidiu-se a favor da palavra Bete-Bara. Se esta for a verdadeira leitura, então devemos procurá-la em algum dos vaus do Jordão e destes, somente um, que é o Macade Abará, servirá de referência. É um dos principais vaus, acima do ponto, onde entra a torrente Jalude, que desce do vale de Jezreel e entra no Jordão. Alguns a identificam com Bete-Arabá.

BETE-BASI – nome de um lugar no deserto, que talvez seja o deserto de Tecoa. Dá-lhe Josefo o nome de Beta-laga, 1 Mac 9.62-64; Antig. 13.1,5.

BETE-BIRI (*no hebraico, "casa do criador", ou "casa da minha criação"*) – nome de uma cidade da tribo de Simeão, talvez uma corrupção do nome Bete-Lebaote, 1 Cr 4.31; *cf.* Js 19.6.

BETE-CAR (*no hebraico, "casa das ovelhas", "casa de pasto", ou "lugar de pastagens"*) – nome de um lugar que indica o ponto até onde foram perseguidos os filisteus pelos israelitas, depois da segunda e definitiva batalha na Pedra do Socorro, Ebenézer, 1 Sm 7.11.

BETE-DAGOM (*no hebraico, "casa de Dagom"*). **1** Nome de uma aldeia na baixada de Judá, Js 15.41, nas proximidades de Eleuterópolis. Não identificada. **2** Nome de uma cidade da tribo de Aser, fronteira a Zebulom, Js 19.27. Não identificada.

BETE-DIBLATAIM (*no hebraico, "casa dos círculos", ou "casa da pasta de figos"*) – nome de uma cidade no planalto de Moabe, território outrora possuído pelos israelitas, Jr 48.21,22; Pedra Moabita, 30. É provável que seja a mesma Almom-diblataim.

BETE-ÉDEN (*no hebraico, "casa do deleite", ou "casa de prazer"*) – um lugar na cabeceira do rio Eufrates. O profeta Amós profetizou a deportação de seus habitantes, Am 1.5.

BETE-EMEQUE (*no hebraico, "casa do vale"*) – nome de uma cidade do território de Aser, Js 19.27. Alguns a identificam com o moderno Tell el-Mimas, próximo a Aco.

BETE-EQUEDE (*no hebraico, "casa da tosquia"*) – nome de um lugar onde Jeú matou 42 irmãos de Acazias, rei de Judá, que iam a Samaria para visitar o rei de Israel, 2 Rs 10.12-14. Era nesse lugar que se reuniam os pastores para a tosquia das ovelhas, e daí lhe veio o nome. O nome original é *Beth-eked-haroim* no grego, *Baithakath*. Este nome parece indicar o *Beit-Kad*, cinco quilômetros a nordeste de *En-Canim*, e a 25 km de Samaria para o mesmo lado.

BETE-EZEL (*no hebraico, "casa ao lado", ou "casa da raiz firme"*) – nome de uma cidade de Judá, ou Samaria, Mq 1.11, que talvez seja a mesma Azel, referida em Zc 14.5.

BETE-GADER (*no hebraico, "casa da fonte", ou "casa do muro"*) – nome de uma cidade da tribo de Judá, 1 Cr 2.51. Talvez a Geder mencionada em Js 12.13.

BETE-GAMUL (*no hebraico, "casa do camelo", ou "casa de perfeição"*) – nome de uma cidade moabita, Jr 48.23. É provável que seja a mesma Jemail, a oriente de Dibom.

BETE-GILGAL (*no hebraico, "casa de Gilgal", "casa da recompensa"*) – esse nome aparece somente em Ne 12.29. Era uma das aldeias de onde vieram cantores para celebrar a dedicação das muralhas reconstruídas por Neemias, talvez seja a mesma Gilgal, perto de Jericó (veja *GILGAL*).

BETE-HANÃ – nome de uma cidade da tribo de Dã, 1 Rs 4.9, talvez a mesma Elom (veja *ELOM*).

BETE-HAQUERÉM (*no hebraico, "casa da vinha"*) – nome de uma cidade da tribo de Judá, Ne 3.14; Jr 6.1. Jerônimo dá notícia de uma aldeia com o nome de Beta-carma, que ele avistava de Belém quando lá residia, e que estava situada sobre um outeiro em meio da estrada de Tecoa e Jerusalém. De harmonia com estas indicações, procura-se descobri-la no monte Franco, a 6,5 km a sudeste de Belém.

BETE-HARÃ (*no hebraico, "casa da altura"*) – nome de uma cidade do vale do Jordão, reconstruída pelos filhos de Gade, Nm 32.36; Js 13.27. Tristram a identifica em uma elevação chamada Bete-Hará, sobre a planície a este do Jordão e fronteira a Jericó. Não se deve confundir essa elevação com a denominada *Tell-er-Rameh*, 5,5 km mais para além, na encosta oriental, onde Herodes tinha um palácio, Antig. 18.2,1; Guer. 2.4,2; 9.1.

BETE-HOGLA (*no hebraico, "casa da perdiz", ou "casa da corvina"*) – nome de uma aldeia da tribo de Benjamim, na linha divisória entre essa tribo e a de Judá e perto do rio Jordão, Js 15.6; 18.19,21. Esse nome e o lugar situam-se em *Ain Hajlah*, a 7,5 km a sudeste de Jericó.

BETE-HOROM (*no hebraico, "casa da caverna"*) – nome de duas cidades da tribo de Efraim, Bete-Horom a alta, e Bete-Horom a

BETE-HOROM

baixa, a distância de 3,2 km uma da outra, e a 198 metros de altitude, uma sobre a outra, entre as tribos de Efraim e Benjamim. Foram construídas por uma mulher de Efraim, chamada Sara, Js 16.3,5; 18.13; 1 Cr 7.24. Uma delas foi destinada para residência dos levitas, da família de Coate, Js 21.22; 1 Cr 6.68. Dominavam a antiga estrada, que passava entre Jerusalém e a planície, a 12 milhas romanas, cerca de 17,5 km a noroeste da capital. Salomão as mandou cingir de muralhas, 2 Cr 8.5. A que ocupava o plano superior mereceu especial atenção, por ser ponto militar de grande valor estratégico, 1 Rs 9.17; 1 Mac 9.50; *cf.* Judite 4.4. A onda guerreira, de vez em quando, passou por elas. Os amorreus sofreram aqui tremenda derrota pelas tropas de Josué, Js 10.10s., os filisteus subiram a elas para guerrearem contra Saul, 1 Sm 13.18. Judas Macabeu feriu ali duas batalhas, Mac 3.15s.; 7.39s., e o exército de Cestius Galus, governador da Síria, foi quase aniquilado pelas forças judias, Guerras, 2.19, e ainda existem com os nomes de *Beit Ur et-Tahta e el-Foka*.

BETE-JESIMOTE (*no hebraico, "casa das devastações", ou "casa da desolação"*) – nome de uma cidade a oriente do Jordão, perto de Pisga e do mar Morto, Js 12.3; 13.20; Guer. 4.7,6. Quando os israelitas acamparam em Sitim, formava a linha divisória do campo ao sul, Nm 33.49. Distava dez milhas romanas, 14.820 metros, de Jericó, a sudeste. A direção e a distância coincidem com a situação de *Ain es-Suwemeh*, nome este que parece um eco de Jesi-Mote. Tocou em parte à tribo de Rúben. Em tempos do profeta Etzequiel, existia em poder dos moabitas, Js 13.20.

BETEL (*no hebraico, "casa de Deus"*). **1** Nome de uma cidade da Palestina, a oeste de Ai, ao sul de Siló, Gn 12.8; Jz 21.19, e perto de Macmás, 1 Sm 13.2. Abraão, na sua primeira viagem à Palestina, e subseqüentemente, levantou ali a sua tenda, Gn 13.3. A cidade chamava-se Luz pelos cananeus, porém Jacó colocou-lhe o nome de Betel, nome esse que lembrava o lugar próximo em que havia dormido, e onde teve a visão da escada colocada sobre a terra, e cuja extremidade tocava o céu, Gn 28.19s. – 31.13. Estes nomes, Betel e Luz, estão separados em Js 16.2, sendo que, por breve, o primeiro absorveu o segundo, prevalecendo o nome Betel. Quando Jacó voltou de Padã-Arã, foi morar em Betel e ali levantou um altar, confirmando o mesmo nome, Gn 35.1-15; Os 12.4. Os habitantes de Luza auxiliaram os de Ai na segunda batalha contra Josué, Js 8.9,12,17. Mais tarde, a cidade foi tomada, e morto o seu rei, 12.9,16. Tocou em partilha à tribo de Benjamim e servia de linha divisória entre esta e a de Efraim, Js 16.2; 18.13,22. Os homens de Efraim mataram todos os seus habitantes e se apoderaram de todo o território, Jz 1.22s. As aldeias, ao norte da linha divisória, pertenciam a Efraim, e por conseguinte também a cidade como resultado da matança que os seus homens fizeram, 1 Cr 7.28. Quando os israelitas se reuniram em Mizpá, perto de Gibeá, distante 33,5 km para Betel, para guerrear contra Benjamim, trouxeram a arca de Silo, e pararam cerca de 15 km fora da cidade, Jz 20.1,27. Ali consultaram o Senhor e construíram um altar para os sacrifícios, 18.26. No fim da guerra, vieram outra vez para Betel, construíram novo altar e ofereceram sacrifícios, 21.2-4. Quando suspenderam o serviço regular do Tabernáculo durante a ausência da arca, Betel foi um dos lugares onde Samuel julgou a Israel, e ali iam levar suas ofertas ao Senhor os homens de Israel, 1 Sm 7.16; 10.3. Ali Jeroboão levantou um dos bezerros, 1 Rs 12.29-33; convertendo a cidade em um foco de idolatria, 1 Rs 13.1-32; 2 Rs 10.29. Derrotado que foi Jeroboão, o rei Abia tomou a cidade e a conservou por algum tempo em seu poder, 2 Cr 13.19.

Eliseu passou ali e foi escarnecido por uma turba de rapazes, 2 Rs 2.1-3,23,24. Os profetas denunciaram as suas idolatrias e a denominaram *Bete-Áven*, casa de nada, Jr 48.13; Os 10.15; Am 3.14; 4.4; 5.5,6; Os 4.15; 5.8; 10.5. O profeta Amós correu sério perigo por causa da sua pregação, Am 7.10-13. O rei Josias derrubou os seus altares e destruiu os seus altos, e, como havia sido profetizado, exumou os ossos dos sacerdotes e os queimou, 2 Rs 23.4,15-20. Alguns de seus habitantes voltaram da Babilônia com Zorobabel, Ed 2.28; Ne 7.32, revertendo-a de novo à posse dos benjamitas, 11.31. No tempo dos Macabeus, foi convertida em praça de guerra por Baquides, 1 Mac 9.50. Nas guerras judias, foi ela tomada por Vespasiano (Guerras, 4.9,9). As ruínas, denominadas Beitim, cerca de 20 km ao norte de Jerusalém, denunciam o seu antigo local. Podem ser vistas na extremidade de um outeiro, olhando para sudeste e cobrindo uma área de alguns quilômetros. Uma enfiada de cerros dirige-se para sudeste, e no vale a oeste, existe um reservatório com cerca de 104 metros de comprimento por 72 de largura, para onde correm dois arroios. Mais dois correm nas suas vizinhanças. Há sepulcros cortados na base das rochas. O terreno adjacente é constituído de rochas escuras e de calcários em que se encontram impressões de plantas. Nos tempos de Abraão, o terreno servia de pastagens para ovelhas. **2** Nome de uma cidade no território da tribo de Simeão, 1 Sm 30.27.

BETE-LE-AFRA (*no hebraico, "casa da poeira"*) – nome de uma cidade desconhecida, mencionada somente em Mq 1.10. Sua situação é ignorada. Algumas traduções a chamam, Afra.

BETE-LEBAOTE (*no hebraico, "casa da leoa"*) – nome de uma cidade ao sul da tribo de Judá, partilhada à tribo de Simeão, Js 19.6. Não identificada.

BETE-LOMOM – o nome de Belém da Judéia na LXX. Os moradores dessa área foram relacionados entre os homens da Judéia que voltaram do exílio babilônico com Zorobabel, 1 Ed 5.17, *cf.* 2 Ed 2.21.

BETEL, MONTE DE – nome de uma cadeia montanhosa ao sul da cidade de Betel, Js 16.1. Foi referência na divisão da herança dos filhos de José.

BETE-MAACA (*no hebraico, "casa de Maaca"*) – nome de uma cidade situada nas raízes do monte Hermom, 2 Sm 20.14,15 (veja *ABEL-BETE-MAACA*).

BETE-MARCABOTE (*no hebraico, "casa das carroças", ou "casa das carruagens"*) – nome de uma cidade da tribo de Simeão, Js 19.5; 1 Cr 4.33. Lugar desconhecido. Talvez Medemena, ou Madmaná, mencionado em Js 15.31, tenha sido uma estação de carroças.

BETE-MERAQUE (*no hebraico, "casa de retirada"*) – talvez seja o nome de uma casa à beira do Cedrom, entre Jerusalém e o monte das Oliveiras, onde Davi parou quando fugia da cidade, 2 Sm 15.17.

BETE-MILO (*no hebraico, "casa da plenitude", ou "casa de Milo"*) – trata-se de um lugar perto de Siquém, Jz 9.6-20. Os habitantes desse lugar apoiaram Abimeleque como rei.

BETE-NIMRÃ (*no hebraico, "casa da água fresca", ou "casa da água doce"*) – nome de uma cidade do vale do Jordão, partilhada à tribo de Gade e reconstruída por ela, Nm 32.36; Is 13.27. Eusébio e Jerônimo dizem que essa cidade ficava ao norte de Lívias, distante cinco milhas romanas, cerca de 7,5 km, que atualmente se chama *Tell er-Rameh*. As ruínas encontradas nesse local têm o nome de Nimrim, e estão no meio de terreno regado e de belas pastagens.

BETE-PAZES

BETE-PAZES (*no hebraico, "casa de dispersão"*) – nome de uma cidade da tribo de Issacar, próxima ao monte Tabor, Js 19.21. Lugar desconhecido.

BETE-PELETE (*no hebraico, "casa do refúgio", ou "casa da fuga"*) – nome de uma cidade, situada no extremo meridional da tribo de Judá, Js 15.27; Ne 11.26. Lugar desconhecido.

BETE-PEOR (*no hebraico, "casa de Peor", ou "casa da abertura"*) – nome de uma cidade, perto do monte Pisga. No vale fronteiro acamparam os israelitas, *cf.* Dt 3.29; 4.46, com Nm 21.20; 23.28; 33.47-49. Nesse vale foi sepultado Moisés, Dt 34.6. A cidade foi partilhada à tribo de Rúben, Js 13.20. Segundo o testemunho de Eusébio, está a seis milhas romanas, cerca de 8.892 metros, nas montanhas ao oriente de Lívias, com o nome de *Tell er-Rameh*. O lugar é identificado atualmente com a moderna Khirbet esh-Sheikh-Jayil.

BETE-RAFA (*no hebraico, "casa de Rafa", ou "casa do gigante"*) – nome de uma família da tribo de Judá ou de uma cidade, cujos habitantes pertenciam a essa tribo, 1 Cr 4.12.

BETE-REOBE (*no hebraico, "casa de uma rua"*) – nome de uma cidade, ao norte da Palestina no vale do alto Jordão, Nm 13.21. Reobe em Jz 18.28. Os sírios habitaram nela e se uniram aos amonitas em uma grande guerra contra Davi, 2 Sm 10.6. Alguns acreditam que ela deveria estar localizada onde se encontra atualmente a fortaleza Hunim, que domina a planície de Hulé, antigo território da tribo de Dã. Outros tentam identificá-la com a moderna Banias, mas nada nessas especulações é concreto.

BETE-SEÃ (*no hebraico, "casa do repouso", "casa do descanso", ou "casa do sossego"*) – nome de uma cidade esplendidamente situada à beira de uma montanha, justamente no lugar onde o vale de Jezreel se afunda uns 100 metros até ao nível do Jordão. A fim de garantir a segurança e defesa natural de sua posição, os habitantes de Bete-Seã tornaram-se formidáveis pelo emprego de suas carroças de guerra, armadas de ferro, Js 17.16. Essa cidade, com as suas aldeias, caiu por sorte à tribo de Issacar, mas foi dada a Manassés, Js 17.11; 1 Cr 7.29. A tribo não expulsou os seus habitantes cananeus; impôs-lhes, porém, o pagamento de tributos, Js 17.12-16; Jz 1.27,28. Depois da batalha de Gilboa, os filisteus expuseram os corpos de Saul e de seus filhos sobre os muros de Bete-Seã, Sm 31.10-13; 2 Sm 21.12-14. No período da dominação grega, deram-lhe o nome de Nissa; na literatura grega e latina, chama-se Citópolis, nome este que durou até à época de Judas Macabeu. Em alguns casos, existe a expressão cidades dos citas, que se encontra em Jz 1.27, da versão dos Setenta; e em Judite 3.10; 2 Mac 12.29. Julga-se que uns restos das hordas dos citas se estabeleceram ali, quando avançaram pela Palestina adentro, em demanda do Egito, na última metade do século sete a.C. (Heród. 1.103; 105; Plínio, hist. nat. 5.16). O nome Citópolis pode bem ser o eco de alguma palavra de origem semítica. No primeiro século da era cristã, o elemento dominante na cidade pertencia ao gentilismo, 2 Mac 7.30; Guer. 2.18,1,3,4; Vida 6; sendo saqueada pelos judeus, durante a guerra com os romanos. Por sua vez, os habitantes da cidade, em represália, trucidaram os judeus nela residentes. Josefo refere que era uma das maiores das dez cidades conhecidas pelo nome de Decápolis, única das dez cidades situada a oeste do Jordão. A menção elogiosa a esta cidade não desmerece a importância de Damasco que provavelmente não fazia parte da liga (Guer. 3.9,7). A sua existência histórica vai até à época das cruzadas. Citópolis foi um nome perpetuado durante séculos, mas a dominação árabe não a respeitou. Uma pequena aldeia, denominada Beisã, assinala o local da famosa Citópolis. Extensas ruínas do período greco-romano permanecem até hoje. As muralhas estendem-se por um perímetro de cerca de 5,5 km. A cidade dividia-se em três partes, delimitadas por duas torrentes, originárias de duas profundas ravinas. A parte sul é onde se encontra a pequena aldeia Beisã, o antigo hipódromo, o teatro, as ruínas de uma mesquita e parte dos velhos muros da cidade. A parte central é abraçada pelas duas torrentes, e inclui a elevação atual, ou *tell*, de 66 metros de altura, cortada quase a pique; e no cume vêem-se os traços da espessa muralha que a cercava. A parte do norte ainda conserva uma igreja, um cemitério e uma fortaleza. Os principais edifícios foram construídos de basalto negro. A região em torno é de formação vulcânica.

BETE-SEMES (*no hebraico, "casa do sol"*). **1** Nome de uma cidade, situada no vale de Soreque que atualmente chama Ain Shems. O nome dá a entender que em outros tempos serviu de centro de adoração ao deus sol, cultuado pelos cananeus. Entrou na partilha das terras à tribo de Judá ocupando a linha divisória, Js 15.10, porém, como essa tribo possuía mais território do que precisava, 19.9, foi adjudicada à tribo de Dã, com outras cidades. Os danitas não chegaram a ocupá-la sendo distribuída à tribo de Levi e dada aos sacerdotes, filhos de Arão, e reconhecida como parte da tribo de Judá, 21.16; cf. 9.1; 1 Cr 6.59. E por isso logo depois da formação do reino foi incorporada a essa tribo, 2 Rs 14.1. Quando os filisteus devolveram a arca, colocada em um carro novo, puxado por duas vacas que davam leite aos seus bezerros, estas seguiram pela estrada que vai a Bete-Semes. Os betesemitas secavam trigo em um vale, e levantando os seus olhos, viram a arca, pelo que foram feridos por uma praga, que matou 70 homens do povo e 50 mil da plebe (Antig.

6.1-4). Parece haver uma estranha inserção no texto hebraico, que se torna suspeita, pela ausência de conjunção que deveria ligar as palavras "cinqüenta mil da plebe" 1 Sm 6.1-21. Um dos 12 governadores nomeados por Salomão, tirou dessa cidade e de suas vizinhanças suprimentos necessários à mesa do rei, 1 Rs 4.7-9. Serviu de cenário à grande batalha de Amazias, rei de Judá, e de Joás, rei de Israel, em que o primeiro sofreu tremenda derrota, 2 Rs 14.11; 2 Cr 25.21. No reinado de Acaz, foi tomada pelos filisteus, 28.18. **2** Nome de uma cidade, situada nos limites de Issacar, entre o Tabor e o Jordão, Js 19.22. Lugar não identificado. **3** Nome de uma cidade fortificada da tribo de Naftali, sempre ocupada pelos cananeus, Js 19.38; Jz 1.33. Lugar não identificado. **4** Nome de uma cidade onde se adorava o sol, Jr 43.13. Sem dúvida é a cidade de Om.

BETE-SEMITA – nome de um natural de Bete-Semes, 1 Sm 6.14

BETE-SITA (*no hebraico, "casa da acácia"*) – nome de uma cidade, situada entre o vale de Jezreel e o Jordão, Jz 7.22. O fato de se encontrar esse nome em par com Zerera, e não com Bete-Semes, exclui a sua identificação com Suta.

BETE-TÁPUA (*no hebraico, "casa das maçãs"*) – nome de uma cidade, situada na região serrana de Judá (Josefo 15.53). É atualmente a pequena aldeia de Tuffuh, 7,5 km a oeste de Hebrom, *cf.* 1 Cr 2.43.

BETE-ZACARIAS (*no hebraico, "casa de Zacarias"*) – nome de uma cidade, situada a 70 estádios, cerca de 13 km distante de Betsura (Antig. 12.9,4). É identificada com a moderna *Beit Zakariya*, nove milhas romanas, cerca de 13,5 km ao norte de Betsura.

BETE-ZAÍTE (*no hebraico, "casa das oliveiras"*) – um lugar onde, durante a guerra

BETE-ZAÍTE

dos Macabeus, muitos judeus foram mortos por Baquides, um general do rei Demétrio, 1 Macabeus 7.19.

BETE-ZUR (*no hebraico, "casa de rocha"*). **1** Nome de uma cidade da região serrana de Judá, Js 15.58, fortificada pelo rei Reoboão, 2 Cr 11.7. Metade de seu distrito ficou a cargo de Azboque para ser por ele edificada, Ne 3.16. No período da dominação grega, escrevia-se este nome – *Bethsura*. Serviu de importante limite fronteiro à Iduméia. Aqui Judas Macabeus conquistou grande vitória sobre os sírios, comandados pelo general Lísias, 1 Mac 4.29; 2 Mac 9.5; 13.19,22. O grande líder patriota a guarneceu e fortificou mais tarde, 1 Mac 4.61; 6.7,26,31. A falta de alimentos compeliu a guarnição a render-se aos sírios, 49.50. Baquides reforçou-a, 9.52, mas Simão a retomou, 11.65,66; 14.7. O seu nome está nas ruínas *Beit-Sur*, 7,5 km ao norte de Hebrom. **2** Filho de Maom, 1 Cr 2.45.

BÉTEN (*no hebraico, "ventre", "barriga", "útero", ou "vale"*) – nome de uma aldeia da tribo de Aser, Js 19.25. Eusébio a identifica com a aldeia *Bete-béten* situada a oito milhas romanas, ou cerca de 12 km ao oriente de Acre.

BETER (*no hebraico, "separação"*) – nome comum, descrevendo certas montanhas de aparência rugosa, Ct 2.17; *cf.* 4.6; 8.14. Esse nome não se deve confundir com Bitir, situada 11 km a sudoeste de Jerusalém, último lugar de resistência na guerra dos judeus, capitaneados por Barcochebas, contra o exército romano, 135 a.C.

BETESDA (*no aramaico, "casa da misericórdia", transliterada para o grego e hebraico com o mesmo significado*) – antigos manuscritos do Novo Testamento dão o nome de Betsaida, significando casa de pesca, e Betzata, significando casa das oliveiras, ou das azeitonas. Betsaida é o nome de um tanque em Jerusalém, perto da porta das ovelhas, que tinha cinco alpendres com espaço suficiente para abrigar grandes multidões, Jo 5.2s. Acreditava-se que as suas águas possuíam propriedades terapêuticas. A leitura contida no v. 4, dizendo que um anjo do Senhor descia em certo tempo ao tanque e movia-se a água, foi omitida pelos revisores da Bíblia inglesa, por não encontrar apoio em textos antigos. A tradição assinala a existência de Betsaida ao norte do Templo, ou perto de um tanque adjacente. A tradição antiga merece crédito, apesar de as tradições posteriores se desviarem dela. No ano 333 d.C., os peregrinos de Bordeaux afirmavam que existiam dois tanques e cinco alpendres. O manuscrito de tempos remoto, como o Sinaítico, tem o nome Betzata, em forma reduzida a Bezeta, em vez de Betesda. Estas palavras são evidentemente variações de Bezete, nome do quarteirão da cidade ao norte do Templo e, por isso, se deve entender que o tanque ocupava aquele quarteirão. O tanque era vizinho da porta das ovelhas; e no livro de Neemias, cap. 3, se determina o local indicado, ser ao norte da área do Templo. No outono de 1888, fizeram escavações na parte setentrional de Jerusalém em conexão com os reparos da igreja de Sant'Ana e, a uns 34 metros a noroeste dessa igreja, no bairro de Bezeta, descobriram um tanque com cinco alpendres, próximo à Porta das Ovelhas. Um afresco, já um pouco apagado, representa um anjo sobre a água, o que dá a entender que os cristãos primitivos consideravam esse tanque como sendo o tanque de Betsaida.

BETFAGÉ (*do aramaico, "figos verdes"; no hebraico e grego, "casa dos figos verdes"*) – nome de uma aldeia, perto de Betânia, na estrada que de Jericó vai a Jerusalém, Mc 11.1; Lc 19.29. Com certeza estava entre Betânia e Jerusalém, não longe da descida do monte das Oliveiras, Mt 21.1; Jo 12.1,12,14, e perto da velha estrada que passa por cima do monte.

BETONIM (*no hebraico, "nozes de pistácia"*) – nome de uma cidade da tribo de Gade, na fronteira com Manassés, Js 13.26.

BETSAIDA (*do aramaico, "casa de pesca" ou "casa do pescador"*) – nome de uma cidade, à beira do mar da Galiléia, situada no vale do alto Jordão, e construída por Filipe, o tetrarca, que lhe deu o nome de Júlias, em honra da filha do imperador Augusto (Antig. 18.2,1). A esta cidade retirou-se Jesus, quando teve notícia da morte de João Batista, Lc 9.10; Mt 14.13; Jo 6.1. Em seguida, saiu para o deserto acompanhado pela multidão de povo; tomando a direção oriental do lago, e descendo cerca de quatro quilômetros. Na tarde desse dia, alimentou, por milagre, a todos. Os discípulos, então, entraram em um barco, por ordem de Jesus, transportando-se para outro lado do mar, em demanda de Betsaida, Mc 6.45. A viagem foi tormentosa. Os ventos contrários dificultavam o serviço dos remeiros, já exaustos pelo muito labor. No meio de sua angústia, Jesus veio sobre as águas ao encontro dos discípulos, e entrou na embarcação. Atravessado que foi o lago, aportaram em Genesaré, v. 53. A referência feita a Betsaida da Galiléia no evangelho segundo João 12.21, dá lugar a outra cidade do mesmo nome? Notáveis cientistas, como o Dr. Robinson, assim pensam, e determinam a sua existência no local *Ain el-Tabighah*, uns 5,5 km a sudoeste da embocadura do Jordão. Porém, a existência de duas cidades do mesmo nome, no mesmo lago, distanciadas apenas por alguns quilômetros, não parece aceitável, é, pois, a narração do evangelista digna de atento estudo: **1** O ponto visado para desembarque em Cafarnaum, Jo 6.17, porém navegaram para Betsaida, dando preferência à praia mais próxima e abandonaram a rota direta a Cafarnaum (Thomsom). **2** Mesmo que o seu objetivo fosse Betsaida, a linguagem seria a mesma "para o outro lado, a

Betsaida — Christian Computer Art

BETSAIDA

Betsaida". Josefo usa de semelhante expressão navegando de Tiberíades para Tariquéia, distante sete quilômetros. "Ele navegou para Tariquéia" (*Vida*, citação de G. A. Smith). **3** Filipe era natural de Betsaida da Galiléia, Jo 12.21. Thomsom sugere que qualquer cidade situada na embocadura do estreito Jordão, como Betsaida Júlias, necessariamente teria parte de suas habitações, ou subúrbios, na margem ocidental do rio que ficava na província da Galiléia. Pedro, André e Filipe, eram galileus e de Betsaida. Thomson sugere, ainda, que a cidade que dominava ambas as margens do rio, tinha a sua existência mais ligada à Galiléia. Geo Adam Smith afirma que a "província da Galiléia se estendia pela orla do lago. A sua opinião baseia-se no testemunho de Josefo que, falando de certo Judas, diz que "ele pertencia a Gamala na Gaulonitis como galileu" (Guer. 2.8, 1; Antig. 18.1,1).

BETSAIDA DA GALILÉIA (veja *BETSAIDA*) – era uma cidade da Galiléia, na costa ocidental do mar de Tiberíades, Jo 1.44; 12.21.

BETUEL (*no hebraico, "lugar onde Deus habita", "residência de Deus", ou "residente em Deus"*). **1** Nome de um filho de Naor com sua mulher Milca. Foi pai de Labão e de Rebeca e sobrinho de Abraão, Gn 22.20,22,23; 24.15,29; 25.20; 28.2,5. **2** Nome de uma cidade da tribo de Simeão, 1 Cr 4.30. Davi mandou a esta cidade, uma parte dos despojos de Ziclague, 1 Sm 30.27. Nesta última passagem, lê-se Betel, modificação de forma por ser mais sugestiva ao ouvido dos hebreus. Parece ser a mesma Quesil, mencionada em Js 15.30. Não identificada, ainda que se supõe ser a Khirbet el-Qaryatein, uma ruína ao sul de Hebrom.

BETÚLIA (*no hebraico, "habitação de Jeová"*) – uma aldeia mencionada somente no livro apócrifo de Judite, Jd 4.5; 7.1-3.

BETUME – 1 Tradução da palavra hebraica *Kopher*, "revestir". A arca de Noé foi untada com betume por dentro e por fora com o fim de torná-la impermeável, Gn 6.14. Esse betume era provavelmente o asfalto de Hite na Babilônia. **2** Tradução da palavra hebraica *Zepheth*, "líquido". O cesto em que colocaram o menino Moisés foi vedado com betume, Êx 2.3. As torrentes da terra de Edom converteram-se em pez, espécie de betume, Is 34.9. **3** Alcatrão mineral, de que existem três variedades: 1) Betume terrestre; 2) Betume elástico, ou cauchu mineral; 3) o Betume compacto ou asfalto da Judéia. Na aparência, assemelha-se ao piche comum. É mais pesado que a água, derrete-se facilmente, é muito inflamável, produzindo chamas vermelho escuras. É elaborado pela natureza e se forma de matérias vegetais enterradas.

BEULÁ (*no hebraico, "casado"*) – nome profeticamente aplicado à esquecida terra da Palestina, quando fosse restaurada ao favor divino, e de novo povoada pelos repatriados do cativeiro, Is 62.4.

BEZAI (*no hebraico, "vitória", "conquistador"*). **1** Nome do chefe de uma família cujos membros retornaram do exílio com Zorobabel; Ed 2.17; Ne 7.23. Foi um dos líderes dessa família que assinaram o pacto de obediência a Jeová de Neemias, Ne 10.18. **2** Nome de um dos netinins fundador de uma família, Ed 2.49; e Ne 7.52.

BEZALEEL (*no hebraico, "na sombra de Deus", "sob a proteção de Deus"*). **1** Nome de um homem de Judá, da família de Hezrom, da casa de Calebe, filho de Uri e neto de Hur, 1 Cr 2.20, que foi perito artífice, destinado por Deus para o trabalho em ouro, prata e cobre. Dirigiu a ornamentação do Tabernáculo, Êx 31.1-11; 35.30-35. **2** Nome de um filho de Paate-Moabe, induzido por Esdras a divorciar-se de sua mulher estrangeira, Ed 10.30.

BÍBLIA

BEZEQUE *(no hebraico, "relâmpago", "brilho", ou "brecha")* – no tempo de Eusébio existiam duas aldeias com esse nome, a 17 milhas romanas de Siquém, cerca de 25 km para as bandas de Bete-Sem. Conder identifica o local dessas duas aldeias com as ruínas de Ibzique, a 24 km a noroeste de Siquém. **1** Nome de uma cidade, situada no centro da Palestina, não muito longe de Jabez de Gileade, 1 Sm 11.8,11. Foi nesse lugar que o rei Saul reuniu os exércitos de Judá e Israel, para ajudar a Jabez Gileade. **2** Uma cidade de Adoni-Bezeque, Jz 1.4,5. Adoni-Bezeque, avançando com as suas forças para o sul a unir-se aos cananeus, foi detido pelas tribos de Judá e Simeão, que o perseguiram até entrar na capital.

BEZER *(no hebraico, "forte", "fortaleza")*. **1** Nome de um filho de Zofa, da tribo de Aser, 1 Cr 7.37. **2** Nome de uma cidade do deserto, situada no platô do território de Rúben. Fez parte do patrimônio dos levitas, e veio a ser uma das cidades de refúgio, Dt 4.43; Js 20.8; 21.36; 1 Mac 5.26. Posteriormente, os moabitas a tomaram, sendo fortificada pelo rei Mesa, Pedra Moabita, 27. Lugar não identificado. **3** Nome de uma cidade de Gileade da tribo de Rúben, 1 Mac 5.26,36; Js 20.8 (veja *BEOR*).

BEZERRO – touro novo *(Bos taurus)*, empregado como alimento e oferecido em sacrifício, Gn 18.7; Hb 9.12,19. Arão fez um bezerro de ouro para ser adorado, como expressão da pessoa de Jeová, Êx 32.4; Sl 105.19,20; Ne 9.18. O bezerro simbolizava o vigor, a força e a resistência, Nm 23.22. Nenhum outro animal serviria melhor para representar a divindade, segundo os israelitas aprenderam no Egito com a pomposa adoração que se tributava ali ao boi Ápis. Quando se dividiu o reino de Israel, o rei Jeroboão restaurou o culto idólatra, levantando dois bezerros, um em Dã e outro em Betel, 1 Rs 12.29. Ele também havia presenciado a adoração prestada no Egito ao boi Ápis, quando se refugiou na corte do rei Sisaque, 1 Rs 11.40. Porém, o que parece é que ele desejava aderir às antigas tradições, quando se referiu às palavras de Êx 32.4 (veja *VACA e PURIFICAÇÃO*).

BEZERRO DE OURO *(no hebraico, "vitela fundida")*. **1** Uma imagem que o irmão de Moisés, Arão, fez com pendentes de ouro doados pelos israelitas no deserto, especificamente quando Moisés esteve por 40 dias e 40 noites no monte Sinai, recebendo de Deus os Dez Mandamentos, Êx 24.18; 32.1-18; Dt 9.16; Ne 9.18. Muitos povos antigos viam no boi ou no touro um símbolo de força, razão que levou muitas nações a usar o animal como símbolo do seu deus. Talvez o bezerro de ouro, no entendimento de Arão, que tanto foi pressionado pelo povo, apenas pudesse representar a força de Jeová. Essa rebeldia custou caro a Israel, muitos morreram, vítimas das espadas dos levitas e da ira de Deus, Êx 32.27-35. O bezerro de ouro foi queimado no fogo, moído em pó e dissolvido na água, que os filhos de Israel beberam, Êx 32.20. **2** Dois bezerros de ouro foram feitos por Jeroboão, para impedir que o povo fosse a Jerusalém para adorar. Ele construiu um santuário em Betel e outro em Dã, onde se prestava adoração aos bezerros como deuses, 1 Rs 12.26-33 (veja *JEROBOÃO*).

BEZETE, BETE-ZETE – nome de um lugar, não distante de Jerusalém, onde Baquides acampou, 1 Mac 7.19. Pode bem ser a aldeia de Bete-Zeto, ou Berzeto (Antig. 12.10,2), ou ainda o subúrbio denominado Bezata, ao norte de Jerusalém.

BÍBLIA *(no grego, bíblia, "livros"; no latim, eclesiástico, "bíblia")*. **1** Acredita-se que a palavra grega Bíblia foi aplicada a princípio aos livros sagrados, por João Crisóstomo, patriarca de Constantinopla entre 398 e 404 d.C. Etimologicamente considera-

BÍBLIA

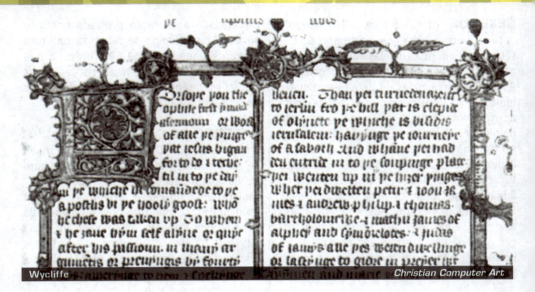
Wycliffe — Christian Computer Art

da, a palavra bíblia quer dizer "os livros", e quando não for precedida por adjetivo, quer dizer que esses livros são tidos como um conjunto de escritos superiores a todos os outros produtos literários – são os livros por excelência. A mesma idéia se compreende na palavra Escritura e Escrituras. Estes dois termos ocorrem em o Novo Testamento, no sentido de livros sagrados, Mt 21.42; At 8.32. A palavra bíblia não se acha em nenhuma das suas páginas, é de origem puramente eclesiástica. Bíblia tem a forma do plural, denotando que não se refere a um só um livro, mas que designa um grupo de livros de alto valor religioso. Bíblia e Escritura, dois vocábulos no singular, têm a alta significação de representar que, sob a diversidade dos autores humanos, existe maravilhosa unidade que revela a operação dirigente de um Autor, Deus, atuando, durante mais de 1.500 anos consecutivos, na sua elaboração. São um total de 66 livros que contêm a revelação de Deus, e cerca de 40 homens foram inspirados para escrevê-la. A doutrina sob a inspiração das Escrituras e de autoridade divina, é estabelecida e investigada pela Apologética, cuja significação original quer dizer – Defesa. Há outra ciência, além da Apologética, que é a Crítica, ou Criticismo Bíblico que se divide em alta crítica, indagando a origem e o caráter dos diversos livros, procurando determinar quem foram os seus autores, em que circunstâncias os escreveram e qual o seu objetivo; e em baixa crítica, ou crítica textual, determinando, pelo auxílio dos velhos manuscritos e de antigas versões, o verdadeiro sentido dos termos empregados para se obter o mais exato conhecimento de sua significação (veja *APÓCRIFOS e CÂNON*). A ciência da hermenêutica indaga dos princípios de interpretação, enquanto que a exegese faz aplicações desses princípios. Observa-se, pois, que todo o conteúdo da Bíblia está metodicamente organizado. Feito isto, chega-se a conhecer a relação dos assuntos bíblicos com a geografia, com a história, com as ciências naturais, com a ética e com todos os demais ramos da sabedoria humana. Temos ainda a Teologia Bíblica, que investiga as doutrinas da Bíblia em seu desenvolvimento histórico, e a Dogmática, ou Teologia Sistemática, que apresenta o conjunto das doutrinas contidas nas Escrituras, em suas relações entre si e com as outras verdades, estabelecendo-as com a mais rigorosa precisão. A Bíblia com-

BIGAMIA

preende o Antigo e o Novo Testamento: a. O Antigo Testamento: Foi escrito em hebraico, exceto algumas passagens, em aramaico, Dn 2.4–7.28; Ed 4.8–6.18; 7.12-26; Jr 10.11. É composto de 39 livros, classificados da seguinte maneira: – Livros da Lei ou Pentateuco: Gênesis, Êxodo, Levítico, Números e Deuteronômio. – Livros Históricos: Josué, Juízes, Rute, 1 Samuel, 2 Samuel, 1 Reis, 2 Reis, 1 Crônicas, 2 Crônicas, Esdras, Neemias e Ester. – Livros Poéticos: Jó, Salmos, Provérbios, Eclesiastes e Cântico dos Cânticos, de Salomão. – Livros Proféticos; dividido em Profetas Maiores e Menores. Os Profetas Maiores: Isaías, Jeremias, Lamentações de Jeremias, Ezequiel e Daniel. Os Profetas Menores: Oséias, Joel, Amós, Obadias, Jonas, Miquéias, Naum, Habacuque, Sofonias, Ageu, Zacarias e Malaquias. b. *O Novo Testamento*: Foi escrito em grego e, é composto de 27 livros: – *Os Evangelhos*: Mateus, Marcos, Lucas e João. – *Livro Histórico*: Atos dos Apóstolos. – *Epístolas de Paulo*: Romanos, 1 Coríntios, 2 Coríntios, Gálatas, Efésios, Filipenses, Colossenses, 1 Tessalonicenses, 2 Tessalonicenses, 1 Timóteo, 2 Timóteo, Tito e Filemom. –*Epístolas Gerais*: Hebreus, Tiago, 1 Pedro, 2 Pedro, 1 João, 2 João, 3 João e Judas. – *Livro Profético*: Apocalipse. Sobre as indagações de cada livro dos dois testamentos, o leitor deve procurar os artigos respectivos; e sobre as versões da Bíblia, em outras línguas, consulte *Samaritano*, *Septuaginta*, *Versões* e *Vulgata*. Cada um dos livros sagrados foi publicado originalmente, sem a divisão em capítulos e versículos. Atribui-se essa divisão ao cardeal Hugo, ou ao arcebispo Langton, no século 13. *Os judeus massoretas* do século nove dividiram o Antigo Testamento em versículos. A divisão do Novo Testamento, como se acha atualmente, é trabalho de Robert Stephens, que a introduziu no grego e no latim, edições que ele publicou nesses idiomas, em 1551, na cidade de Gênova. Foi igualmente adotada na versão inglesa do Novo Testamento, impressa em Gênova no ano de 1557. A Bíblia inteira apareceu, pela primeira vez, com as divisões atuais em capítulos e versículos na edição da Vulgata, publicados por Stephens, em 1555. A primeira Bíblia inglesa, que apareceu dividida em capítulos e versículos, foi a que se publicou em Gênova, no ano de 1560 (veja *NOVO TESTAMENTO*). A divisão primitiva revela imperfeições, em capítulos e versículos. Em referência aos capítulos, nota-se que, entre os capítulos 1 e 2 de Gênesis, no lugar da atual divisão, deveriam entrar, no final do capítulo 1, os v. 1-3, do capítulo 2; e o capítulo 2 deveria começar com o v. 4. Em Isaías, o capítulo 53 deveria começar no versículo 13, do capítulo 52; no evangelho segundo João, o versículo 1 do capítulo 8 deveria entrar no fim do capítulo 7. A divisão em versículos é de suma importância para o confronto de referências, quando se estudam assuntos históricos, e doutrinários, e quando se trata de acompanhar certa linha de argumentos. A Bíblia inteira e partes dela acham-se traduzidas em mais de mil línguas, ou dialetos. Não é exagero aplicar aos escritores da Bíblia os conceitos do salmista ao firmamento estrelado: "O seu som se estende por toda a terra, e as suas palavras, até as extremidades do mundo" Sl 19.3,4.

BICRI (*no hebraico, "jovem"*) – um homem benjamita cujo filho, chamado Seba, incitou uma rebelião contra Davi, depois da morte de Absalão, 2 Sm 20.1s.

BIDCAR (*no hebraico, "servo de Kar", ou "filho da perfuração"*) – nome de um dos capitães de Jeú, que antes havia sido seu companheiro de armas, 2 Rs 9.25.

BIGAMIA – embora no princípio da criação um casal tenha sido o ideal de Deus no jardim do Éden, Gn 2.18-25, a Bíblia não condena nem a bigamia nem a poligamia, e

BIGAMIA

a lei mosaica determina os direitos de concubinas, Êx 21.7-11; Dt 21.10-14. A prática já era comum no patriarcado, Gn 16.1-5; 29.21-31; 30.1-26. Os reis de Israel usaram exacerbadamente o direito de possuir muitas mulheres. Salomão chegou a possuir 700 princesas e 300 concubinas, 1 Rs 11.13, e essa foi a causa do seu afastamento do Senhor, as mulheres lhe perverteram o coração. Porém, todo ato de bigamia ou poligamia era natural na nação de Israel, visto que a Lei mosaica nada dizia a respeito. No Novo Testamento, a lei se completa nos ensinos de Cristo, que deixa claro a intenção de Deus de que o homem seja marido de uma só mulher, e que tamanha brecha na lei mosaica foi devido à dureza do coração do homem, Mt 19.3-1.

BIGTÁ – nome de um dos sete eunucos, assistentes do rei Assuero, Et 1.10.

BIGTÃ (*no persa e no sânscrito, "Bagadana", "dom da fortuna"*) – nome de um dos eunucos e porteiros do rei Assuero, que conspirou contra ele, Et 2.21; e 6.2.

BIGVAI (*no hebraico, "feliz", ou "do povo"*). **1** Nome de um dos líderes, que acompanharam os exilados, vindos da Babilônia com Zorobabel, Ed 2.2. **2** Nome do fundador de uma família cujos membros, em número de 2.056, voltaram da Babilônia com Zorobabel, Ed 2.14; Ne 7.19, e mais uns 72 que vieram com Esdras, Ed 8.14.

BILA (*no hebraico, "terna", ou "modesta"*). **1** Nome de uma escrava que Labão deu a sua filha Raquel, Gn 29.29. Bila foi a mãe de Dã e Naftali, Gn 30.6-8. **2** Nome de uma cidade de Simeão, 1 Cr 4.29. Talvez seja a Balá, em Js 19.3, também mencionada como Baalá, em Js 15.29.

BILÃ (*no hebraico, "modesto", ou "terno"*). **1** Nome de um horita filho de Eser, Gn 36.27. **2** Nome de um benjamita, da família de Jediael, antecessor de diversas famílias, 1 Cr 7.10.

BILDADE (*no hebraico, "Bel amou", ou "senhor Adade"*) – nome de um amigo de Jó, Jó 2.11, que proferiu três discursos em visita ao velho patriarca, caps. 8, 18, 25.

BILEÃ (*no hebraico, "lugar da conquista"*) – nome de uma cidade da tribo de Manassés, a oeste do Jordão, dada em patrimônio aos levitas da família de Coate, 1 Cr 6.70 (veja *IBLEÃ*). Em Josué, 21.25, o nome dessa cidade é Gate Rimom, na V.B. e *Gethremmon*, em Fig. Alguns críticos são de parecer que este último nome foi copiado erroneamente.

BILGA (*no hebraico, "regozijo", ou "rompimento", ou "brilho"*). **1** Nome de um descendente de Arão, cujos membros formaram uma família tribal no tempo de Davi e constituiu a 15ª. sorte dos sacerdotes, 1 Cr 24.1,6,14. **2** Nome de um chefe dos sacerdotes representando, talvez, o curso sacerdotal desse nome, que voltou da Babilônia com Zorobabel, Ne 12.5,7. Na geração seguinte, uma das famílias sacerdotais era conhecida pelo mesmo nome, v. 18.

BILGAI – nome de um dos sacerdotes, que assinou o pacto nos dias de Neemias, Ne 10.8. É provável que seja o mesmo Bilga, em Ne 12.5-7 (veja *BILGA*).

BILHA – um vaso bojudo que possui o gargalo estreito, 1 Sm 26.11 (veja *TALHA*).

BILSÃ – nome de um dos varões principais que voltaram da Babilônia com Zorobabel, Ed 2.2; Ne 7.7.

BIMAL (*no hebraico, "filho da circuncisão"*) – nome de um aserita da família de Baria e da casa de Jaflete, 1 Cr 7.33.

BINEÁ (*no hebraico, "jorro", "fonte" ou "vagabundo"*) – nome de um filho de Moza, descendente de Jônatas, filho de Saul, 1 Cr 8.37; 9.43.

BINUI (*no hebraico, "edifício", ou "família"*). **1** Nome de um levita, pai de Noadias, Ed 8.33; 1 Ed 8.63. **2** Nome de um levita, filho de Henadade, que trabalhou no conserto do muro de Jerusalém, Ne 3.24; 10.9. **3** Nome de um levita que retornou do exílio, com Zorobabel, Ne 12.8.

BIRSA (*no hebraico, "grosso", "forte", ou "filho da iniqüidade"*) – nome de um dos reis de Gomorra, que foi derrotado por Quedorlaomer e seus confederados, Gn 14.2,8,10.

BIRZAVITE (*no hebraico, "poço de azeitonas", ou "azeite de oliveira"*) – nome de um aserita da família de Malquiel, ou nome de uma cidade que significa *poço das oliveiras*, 1 Cr 7.31.

BISLÃO (*no hebraico, "em paz"*) – nome de um oficial do rei da Pérsia, escreveu a Artaxerxes, tomando parte nas queixas contra os judeus por estarem reconstruindo Jerusalém, Ed 4.7.

BISPO (*no grego, episkopos, "supervisor"; do latim episcopus, "vigilante"*) – O termo *episkopos* designa, na LXX, um oficial encarregado de zelar pelo serviço do Templo, Nm 4.16, ou de cuidar dos negócios do exército, 31.14. Essa palavra encontra-se em o Novo Testamento, quando Paulo exorta os presbíteros da igreja de Éfeso, dizendo: "Atendei por vós e por todo o rebanho sobre o qual o Espírito Santo vos constituiu bispos, para pastoreardes a Igreja de Deus", At 20.28. Nesse lugar e em outros de suas cartas, Paulo identifica anciãos, presbíteros e bispos, Tt 1.5-7. Os termos são diferentes, mas designam o mesmo ofício. Em outros lugares, ele distingue entre bispos e diáconos, Fp 1.10; 1 Tm 3.1-8. Pedro usa o verbo *episcopeo* para exortar os anciãos a atender ao rebanho de Deus, "não por força mas espontaneamente, segundo Deus" 1 Pe 5.2. Na Igreja do Novo Testamento, os deveres dos bispos consistiam em ter cuidado do rebanho de Deus, At 20.28; 1 Pe 5.2. O bispo exercia as funções de pastor, governando e vigiando as almas, admoestando, animando e sofrendo, 1 Ts 5.14; Hb 13.17. Alguns tinham a dupla missão de pregar e ensinar, 1 Tm 5.17. As qualificações para exercer esse ofício encontram-se enumeradas em 1 Tm 3.1-7, e Tito 1.7-9. As igrejas de Filipos e de Éfeso foram governadas por vários desses presbíteros, Fp 1.1. Segundo as regras estabelecidas pela boa ordem e disciplina, eram eles ordenados pela imposição das mãos do concílio, chamado presbitério, 1 Tm 4.14. Na Igreja de Jerusalém, os anciãos e os apóstolos resolveram juntos, e as decisões do concílio foram enviadas em nome dos apóstolos e dos presbíteros, At 15.6,22; 16.4; 21.18. Este nome de bispo é aplicado figuradamente a Jesus, 1 Pe 2.25. Não demorou para que na primitiva igreja surgisse uma distinção entre os cargos de presbítero e bispo. Já no segundo século, nota-se essa característica nas epístolas de Inácio, que morreu em 107 ou 116. Segundo os decretos do Concílio de Trento no século 16, "Os bispos, sendo sucessores dos apóstolos, são colocados pelo Espírito Santo para governar a Igreja de Deus, e são superiores aos presbíteros ou sacerdotes". A idéia da Igreja Romana é que os apóstolos tinham a direção da Igreja em geral, e que os presbíteros somente atendiam aos interesses das igrejas locais; mas, como a Igreja crescesse, os apóstolos ordenavam assistentes, que designavam para seus sucessores, a fim de atenderem às igrejas de certo distrito. Tais eram os anjos das sete igrejas da Ásia, Ap 1.20. A alta Igreja da Inglaterra acha que a instituição da hierarquia episcopal se baseia no exemplo de Tiago, irmão do Senhor, na

BISPO

igreja de Jerusalém, e nos anjos das sete igrejas, e na obra de Timóteo e Tito. De fato, Paulo ordenou a Timóteo que se demorasse em Éfeso para admoestar e ensinar, 1 Tm 1.3, e também mandou Tito como mensageiro à Igreja de Corinto, 2 Co 11.18, e lhe ordenou que regulasse o que faltava em Creta, e estabelecesse presbíteros nas cidades, Tt 1.5-7. É preciso observar que Timóteo foi ordenado pelo presbitério, 1 Tm 4.14 e não existe no Novo Testamento, nenhum exemplo em que os apóstolos designassem sucessores.

BITIA (*no hebraico, "filha de Jeová"*) – nome da filha de Faraó, casada com Merede, um dos homens de Judá. Seu nome nos faz supor que se convertera ao culto a Jeová, 1 Cr 4.18.

BITÍNIA – nome de um país, situado na parte noroeste da Ásia Menor, limitado ao norte pelo mar Negro, ao sul pela Frígia e Galácia ao oriente, pela Paflagônia e parte da Frígia e a oeste pela Mísia. Estes limites têm sido alterados várias vezes. Foi colonizado pelos tínios ou bítinios da Trácia européia, que conquistaram os bebrices, seus primitivos habitantes e deram seu nome ao país, Heród. 7.75. No domínio dos persas, constituiu uma satrapia. Nicomedes III legou o país aos romanos no ano 74 a.C. Paulo e Silas procuraram pregar ali o Evangelho, no que foram impedidos pelo Espírito Santo, At 16.7. O Evangelho entrou ali, por outros meios. O apóstolo Pedro dirigiu-se aos irmãos da Bitínia em sua primeira epístola, 1 Pe 1.1. Plínio, o Moço, dá notícia da existência de numerosos cristãos ali residentes. Mais adiante, em duas das suas cidades, Nicéia e Calcedônia, reuniram-se dois grandes concílios da Igreja. É país fértil e abundante em vinhas que são cultivadas em grande escala. Em várias partes do país, principalmente na cadeia do monte Olimpo, que se estende pelo limite sul, existem florestas de carvalhos, pinheiros, nogueiras e castanheiro.

BITROM (*no hebraico, "quebrada ou dividida"*) – nome de uma região, ao norte de Jaboque, perto de Maanaim, 2 Sm 2.29. Aparentemente, foi uma localidade em um vale ao lado oriental do rio Jordão, 2 Sm 2.29.

BIZIOTIÁ (*no hebraico, "desprezo de Jeová"*) – nome de uma cidade no extremo sul de Judá, próximo a Berseba, Js 15.28.

BIZTA – nome de um eunuco, o camareiro de Assuero, Et 1.10.

BLASFÊMIA (*do grego blaks, "mal" e phemi, "falar", "falar mal"*) – nome que se dá à linguagem perversa contra Deus, Sl 73.10-18; Is 3.5; Ap 16.9,11,21. A lei mosaica punia com a morte esse pecado, Lv 24.16. Nabote foi acusado falsamente de blasfêmia, 1 Rs 21.10-13. Estêvão, At 6.11 e Nosso Senhor, Mt 9.3; 26.65,66; Jo 10.36. A blasfêmia contra o Espírito Santo consistia em atribuir os milagres de Cristo à influência de Satanás, Mt 12.22-32; Mc 3.22-30. No Antigo Testamento, os termos usados são: a. *Barak*, "abençoar". Usada de forma negativa tem o sentido de blasfemar, em 1 Rs 21.10,13; b. *Gadaph*, "insultar". Usada em 2 Rs 19.6; Sl 44.16; Is 37.6,23 etc.; c. *Naqab*, "traspassar". Usada em Lv 24.11,16; Nm 22.11,17; 24.10 etc.; d. *Naats*, "ferroar". Usada em Nm 14.11,23; Dt 31.20; 2 Sm 12.14; Sl 74.10,18 etc.

BLASTO (*no grego, "rebento", ou "botão"*) – nome do camareiro do rei Herodes Agripa I, mencionado em At 12.20.

BOÃ (*no hebraico, "polegar"*). **1** Nome de um filho de Rúben, Js 15.6; 18.17. **2** Nome da pedra de Boã, filho de Rúben, ou a pedra conhecida pelo nome de polegar de Rúben, que era um marco indicador das divisas entre Judá e Benjamim, perto do Jordão, Js 15.6; 18.18. Ignora-se a posição exata.

BOANERGES (*"filhos do trovão"*) – nome que Jesus Cristo deu aos irmãos Tiago e João por causa de seus temperamentos impetuosos, Mc 3.17; Lc 9.54,55. A raiz da palavra torna o significado incerto, as Escrituras interpretam como "filhos do trovão", Mc 3.17.

BOAZ (*no hebraico, "força", ou "rapidez", ou "felicidade"*). **1** Nome de um honrado habitante de Belém, aparentado com o marido de Rute, a moabita. Respeitou a memória do parente morto, casando-se com Rute e veio a ser antecessor de Davi e de Cristo, Rt caps. 2 a 4; Mt 1.5. Antigas tradições judaicas, destituídas de fé, o identificam com Abesã, juiz em Israel.

BOCRU (*no hebraico, "primogênito", ou "jovem"*) – nome de um filho de Azel e descendente de Jônatas, filho de Saul, 1 Cr 8.38.

BODAS – celebração de casamento que consistia de um período festivo, Jz 14.12 (veja *CASAMENTO*).

BODE – tradução de certo número de palavras hebraicas do Antigo Testamento e de algumas gregas do Novo Testamento. Os termos hebraicos são: a) Attud, bode, provavelmente por ser o que governa o rebanho; b) Tayish, bode que marra; c) Saphir, bode que pula; d) Ez, bode fêmea, e bode sem designar sexo; e) Sair, bode macho; f) Seirah, cabra felpuda. No grego: a) *Tragos*, bode; b) *Aix*, bode que levanta a caça; c) *Eriphos* e *Eriphion*, cabrito. Os bodes e as cabras eram guardados no mesmo rebanho das ovelhas e guiados pelo mesmo pastor, Gn 27.9; 30.32, porém, apartados uns dos outros. Os pêlos das cabras serviam para tecidos, Êx 25.4; 35.26; a carne e o leite usados como alimento, Lv 7.23; Dt 14.4; Pv 27.27, e em certos casos, a pele com os pêlos serviam de vestimenta, Hb 11.37. Era um dos elementos valiosos da riqueza de seus donos, Gn 30.33,43; 31.1; 1 Sm 25.2; 2 Cr 17.11. O bode era utilizado para os sacrifícios pelo pecado, Gn 15.9; Êx 12.5; Lv 1.10; 4.24; Nm 7.17; 15.27; Sl 66.15; Is 1.11; Ed 6.17; 8.35; Hb 9.12. O bode doméstico (*Capra hircus*) pertence à grande família dos *Bovidae*, ou ruminantes de cornos vazios. Tem a mais íntima afinidade com as ovelhas por uma série de semelhanças entre si. Uma das poucas distinções entre ovelhas e bodes consiste na inclinação dos chifres. O bode tem-nos inclinado para trás. Existe também alguma diferença nos hábitos das ovelhas e dos bodes. Na Palestina, as ovelhas procuram os pastos de ervas tenras, ao passo que os bodes e as cabras procuram os brotos e os rebentos das árvores e suas folhas. Cada rebanho de cabras e bodes tem o seu pastor, Jr 50.8. Esse animal foi muito abundante na Palestina, como é natural em uma terra montanhosa e de poucas águas. O bode comum da Síria é preto e tem as orelhas caídas por baixo dos cornos recurvados. É a *Capra mambrica* de Lineu. A sua *Capra hircus*, variedade das *angorensis*, o bode moair, também se cria ao norte da Palestina.

BOI – macho de espécie *Bos taurus*, se bem que a palavra boi significa qualquer um dos sexos, Êx 20.17. A mesma palavra no plural emprega-se no sentido de gados, Gn 12.16. O boi começou bem cedo a prestar serviços ao homem que o domesticou. Abraão possuía ovelhas, bois, jumentos etc., Gn 12.16; 21.27, e bem assim o seu contemporâneo Abimeleque, 20.14, e os egípcios no tempo das pragas, Êx 9.3. O boi servia para arar a terra, 1 Rs 19.19, para arrastar os carros, Nm 7.3; 2 Sm 6.6 etc., para descascar os grãos, Dt 25.4, e para a alimentação, 1 Rs 1.25; Mt 22.4. Os sacrifícios com os holocaustos consumiam grande número desses animais, Nm 7.87,88; 2 Sm 24.22; 2 Cr 5.6; 7.5. A junta de bois compunha-se de um par deles jungidos à canga para arar a terra, para puxar os

BOI

carros e para outros serviços semelhantes. As maiores manadas de gado encontram-se atualmente além do Jordão. A palavra hebraica *to* foi traduzida *órix* e *órige*, em Dt 14.5 e Is 51.20 (veja *NOVILHO*).

BOIEIRO/BOIADEIRO (*no hebraico, boquer*) – boieiro é o nome dado a quem cuida de bois. O termo é usado apenas em Am 7.14. No entanto, outros termos também são usados tendo o mesmo significado, como *noqed*, em Am 1.1 e 2 Rs 3.14; *raah*, em Gn 13.7,8; 26.20; 1 Sm 21.7. A tarefa do boieiro é comparada a do pastor de ovelhas. Conduzir o rebanho a bons pastos e protegê-lo de animais ferozes. Amós tinha esse ofício quando foi chamado para ser profeta, Am 7.14.

BOLOS/BOLOS DE PÃO – alimento comum na civilização antiga, feito de farinha de cevada ou de trigo, muitas vezes acrescentado de frutas como figos e passas. Os termos hebraicos são: **1** *Challah*, termo que aparece 14 vezes e tem diversas traduções, como *bolos*, *bolos asmos*, *bolo de pão* e *pães*, Êx 29.2,23; Lv 2.4; 7.12-13; 8.26; 24.5; Nm 6.15,19; 15.20; 2 Sm 6.19. **2** *Sappihit*, termo que aparece uma vez, Êx 16.31, traduzido como *um bolo* ou *bolo*. **3** *Rãqiq*, "bolo fino". Um pão caseiro amassado e de fina espessura, Êx 29.2 (veja *PÃO*).

BOLOTAS (veja *ALFARROBAS*).

BOLSA – objeto feito de couro ou fibras trançadas, destinadas a transportar valores e objetos e a guardar dinheiro, Lc 10.4; 12.33; 22.35, que também se coloca na cinta, Mt 10.9. A bolsa, que servia de tesouro apostólico, estava ao cuidado de Judas, Jo 12.6; 13.29. Antes de entrar em uso a moeda cunhada, usavam-se pedaços de prata e ouro de vários tamanhos, que se carregavam à cinta ou em bolsas, ou ainda argolas de metal precioso, enfiadas em um cordão, Gn 42.35; Pv 7.20. Para avaliar o peso e o valor dos metais, os negociantes levavam consigo pesos e balanças, Dt 25.13; Mq 6.11.

BONS PORTOS – nome de um porto de Creta, perto da cidade de Laséia, onde o navio em que o apóstolo Paulo navegava aportou por causa do mau tempo, At 27.8. Esse porto está cerca de oito quilômetros ao oriente do Cabo Matala, promontório ao sul das praias de Cândia, no ponto em que a linha da costa se volta para o norte.

BOQUIM (*no hebraico, "pranto", "pranteadores", ou "lugar dos que choram"*) – nome de um lugar, perto de Gilgal, onde os israelitas se arrependeram e choraram, ao serem repreendidos pelo anjo do Senhor, pelas suas desobediências às ordens que haviam recebido do Senhor no tocante à posse da Terra Prometida, Jz 2.1-5. Lugar desconhecido.

BORDADOR/BORDADEIRA/BORDADURA – as artes de bordar, costurar e outros trabalhos de agulha eram praticadas tanto entre os hebreus quanto entre os povos circunvizinhos, Êx 28.29,32; 35.25. Muito antes dos dias de Abraão, os cananeus bordavam finos tecidos, empregando padrões de vívidas cores. A arqueologia tem encontrado restos de equipamentos de tinturaria em Ugarite.

BORDADURA – processo de ornamentação sobre tecidos, representando figuras lavradas por agulhas com fios de seda colorida, linha de ouro ou prata, ou qualquer outro material diferente do tecido em preparo. Bezaleel e Ooliabe receberam dons especiais para executar, entre outros trabalhos, bordaduras em panos de diversas cores, de jacinto, de púrpura, de escarlata e de linho fino, Êx 35.35; 38.23. O véu para a entrada do Tabernáculo e o da entrada do átrio, Êx 26.36; 27.16, o cinto do sumo sacerdote, 28.39; 39.29, tudo era bordado. As pessoas ricas trajavam vestimentas bordadas, Jz 5.30; Sl 45.14.

BORDÃO – uma espécie de bastão ou cajado grosso, 2 Rs 4.29; 18.21; Ez 29.6; Mt 10.10; Hb 11.21.

BORLAS (veja *ORLAS*).

BORRA – a goma que se ajunta nos recipientes em que o vinho é colocado. O termo hebraico é *shemarim*, significa "preservadores", Is 25.6; Jr 48.11; Sf 1.12; Sl 75.8. Quanto maior era a borra do vinho, maior era a sua concentração, o que lhe denotava melhor qualidade.

BOSOR 1 Nome do pai de Balaão, 2 Pe 2.15. Forma alternativa de Beor, que aparece nos originais gregos do Novo Testamento. **2** Nome de uma cidade de Gileade dominada por Judas Macabeu, 1 Mac 5.26,36. A cidade tem sido identificada com a moderna Buar el-Hariri.

BOSORA – nome de uma cidade de Gileade, 1 Mac 5.26,28. Tem sido identificada com a moderna Busra eski Sham, cerca de 43 km de Ramote-Gileade. Bosora foi palco de muita guerra e matanças no tempo dos Macabeus, 1 Mc 5.26-28; Josefo, Antig. 12.8,3.

BOSQUE – nome de uma localidade onde Davi se escondeu da perseguição de Saul, 1 Sm 23.16.

BOSQUE, TAMARGUEIRA 1 A tamargueira, *Tamarix articulata*, em árabe *athl* e em aramaico *athla*; segundo a palavra hebraica que lhe é cognata *eshel*, todas elas se referem à tamargueira. Abraão plantou uma delas em Berseba, Gn 21.33; Saul abrigou-se a uma tamargueira, 1 Sm 22.6, os seus ossos e os de seus filhos foram sepultados embaixo de uma dessas árvores em Jabez de Gileade, 31.13. O livro de 1 Crônicas, em

Bosora — Christian Computer Art

BOSQUE, TAMARGUEIRA

vez de tamargueira, diz carvalho *elah*, 1 Cr 10.12. É possível que o vocábulo *elah* seja empregado em sentido geral, referindo-se à árvore grande. A tamargueira é árvore relativamente pequena e muito resistente e duradoura, de galhos pendentes e folhas pequenas sempre verdes, parecidas com escamas. Encontram-se nove espécies na Palestina. A mais vulgarizada é a *Tamarix pallassi* que atinge a altura de três a seis metros. A maior delas é a *Tamarix articulada* que chega a ter dez metros de altura; cresce no limite ocidental do deserto. Existe ainda a *Tamarix manifera*, de três a quatro metros e meio, que se encontrava na antiga Moabe, em Edom, e na península do Sinai. Produz uma substância conhecida pelo nome de maná. **2** Grupo de árvores, tradução imperfeita da: a) Palavra hebraica *Eshel* em Figueiredo, Gn 21.33; *cf.* 1 Rs, 22.6, que a versão brasileira traduziu por tamargueira; b) Tradução do vocábulo hebraico *asherah e* dos dois plurais, *asherim* e *asheroth,* em Êx 34.13, que Figueiredo traduz por bosques e a Versão Brasileira diz *asherins*.

BOTIJA – pequeno vaso de barro fabricado pelos oleiros, destinado a usos domésticos, Jr 19.1,10,11. No salmo 56.8, faz-se referência a um vaso para recolher lágrimas (veja *COPO, TALHAS*).

BOZCATE (*no hebraico, "altura", "elevado"*) **–** nome de uma cidade, no extremo sul de Judá, próxima a Laquis. Foi a pátria de Adaias, avô materno de Josias, 2 Rs 22.1. Lugar ainda desconhecido.

BOZEZ (*no hebraico, "altura", ou "brilhante"*) **–** nome de um dos dois rochedos perto de Gibeá, defronte de Micmás, por onde subiu Jônatas e o seu escudeiro ao campo dos filisteus, 1 Sm 14.4,5.

BOZRA (*hebraico, "aprisco", "fortaleza", "recinto fechado"*). **1** Nome de uma cidade

importante de Edom, Gn 36.33; 1 Cr 1.44; Is 34.6; 63.1. Amós predisse que os seus palácios seriam destruídos, Am 1.12, e Jeremias profetizou a sua completa destruição, Jr 49.13,22. Foi notável pela abundância de seus rebanhos, Mq 2.12. Tem sido identificada com a moderna *Buseireh,* cerca de 50 km de Petra. **2** Nome de uma cidade de Moabe, mencionada com Cariote, Bete-Meom, Dibom e outras cidades, Jr 48.24.

BRAÇAS (*no grego, orguiá, "braça"*) **–** medida usada na avaliação da profundidade do mar, At 27.28. O nome grego é *orguia*, que representa uma unidade igual ao comprimento dos braços estendidos, avaliado pelo nosso sistema métrico em dois metros e dois centímetros.

BRACELETE – **1** Nome de um ornamento para os pulsos e para os braços, usados por ambos os sexos, Ez 16.11. O servo de Abraão presenteou com braceletes a Rebeca, filha de Naor, Gn 24.22. Os israelitas entregaram os seus braceletes de ouro e de prata para o fabrico dos vasos do Tabernáculo, Nm 31.50. Saul usava um bracelete, quando foi morto em Gilboa, 2 Sm 1.10. **2** Ornamento usado pelos orientais, semelhante à pulseira, na parte superior dos braços, Êx 35.22. No esbulho dos midianitas, depois da batalha, foram recolhidos, entre outros despojos, muitos braceletes, Nm 31.50. Os braceletes com outras jóias, são usados em certas partes do Oriente, como insígnias de autoridade real, 2 Sm 1.10.

BRASA (veja *CARVÃO*).

BRASEIRO – vasilha de bronze, ouro ou prata, que servia para levar fogo ou brasas de carvão, a fim de aquecer o ambiente ou outra coisa. Em alguns lugares das Escrituras tem o nome de turíbulo, Êx 27.3; 1 Rs 7.50; 2 Rs 25.15.

BRINCOS (*no hebraico, nezem, "argola de orelha ou de nariz"*) – são adornos para serem usados nas orelhas furadas, ou alguns povos, como os hebreus, as colocavam no nariz, Gn 24.22,30,47; 35.4; Êx 32.2; Jz 8.24-26; Os 2.13. O costume remonta a povos bem antigos e nas Escrituras a primeira menção está em Gn 24.22,47. Brincos ou pendentes não são adornos só para as mulheres, ao que parece a cultura determinava o uso de adornos. Os hebreus utilizavam esses adornos, tanto homens quanto mulheres, isto é claro no relato de Êx 32.2, em que crianças de ambos os sexos já os usavam. Assírios e egípcios eram chegados a esses tipos de adornos, como a muitos outros, e, os descendentes de Ismael também usavam brincos, Jz 8.24-25. Esses objetos de adorno eram tão comuns que Arão os derreteu em grande quantidade para fabricar o bezerro de ouro. Tal costume às vezes tornava-se exagero, um modo de mostrar ostentação. Outras vezes, os objetos ganhavam tanto valor que viravam amuletos e deuses. O costume também era acentuado no tempo do Novo Testamento, talvez, por isso, o apóstolo Paulo recomendou o uso moderado de adornos, 1 Tm 2.9,10.

BROCHE – era um tipo de fecho que ajudava a manter a roupa no lugar. Seu uso remonta ao século 10 a.C. Eram feitos de ouro, prata ou bronze, por isso, embora com papel definido na indumentária, sobressaía-se como adorno nas vestes, Êx 35.22.

BRONZE – trata-se de uma liga feita de cobre e estanho. Algumas vezes traduzido por *latão*, por ser metal amarelo. Porém, as referências ao bronze nas Escrituras, indicam, na verdade, o cobre puro (veja *COBRE*).

BRUXA/BRUXO (veja *MÁGICO*).

BUGIOS (*o termo hebraico é koph*) – tem significado amplo, podendo designar qualquer espécie de macaco ou babuíno. Aparece somente em 1 Rs 10.22, referindo-se a uma espécie de macaco importado para a corte de Salomão. Como o animal não é natural da Palestina, provavelmente veio da África ou Índia, lugares de grande comércio na época de Salomão.

BUL (*no hebraico, "crescimento"*) – nome do oitavo mês do ano judeu, 1 Rs 6.38. Compreende os dias dos nossos meses de outubro e novembro.

BUNA (*no hebraico, "discrição", "prudência"*) – nome de um descendente de Judá, filho de Jerameel, 1 Cr 2.25.

BUNI (*no hebraico, "edificado", "construído"*). **1** Nome de um levita que viveu antes do exílio, Ne 11.15. **2** Nome de um levita contemporâneo de Neemias, Ne 9.4. **3** Nome de um dos chefes da família que assinou o pacto com Neemias, Ne 10.15.

BUQUI (*no hebraico, "dilapidador"*). **1** Nome de um príncipe da tribo de Dã e membro da comissão que repartiu as terras entre as tribos, Nm 34.22. **2** Nome de dos descendentes de Arão na linha sacerdotal de Finéias, 1 Cr 6.5,51; Ed 7.4.

BUQUIAS (*no hebraico, "desgastado por Jeová", ou "provado por Jeová"*) – nome de um levita, filho de Hemã, designado por Davi como chefe do sexto turno dos serviçais do Templo em Jerusalém, 1 Cr 25.4,13.

BUXO – termo que aparece por duas vezes no Antigo Testamento designando um tipo de cedro, Is 41.19; 60.13. Trata-se de uma árvore de grande altura, cuja madeira nobre é usada em construções e confecções de utensílios. Por sua qualidade e abundância, é muito mencionada no Antigo Testamento. O Líbano era grande produtor

BUXO

de cedros e exportava para outros países. A árvore também é abundante nas montanhas da Galiléia (veja *CEDRO*).

BUZ (*no hebraico, "desprezo"*). **1** Nome de uma tribo aramaica, descendente de Naor, Gn 22.20,21, que, provavelmente, habitava perto de Dedã e Tema na Arábia, nos tempos de Jeremias, Jr 25.23. **2** Nome de um dos filhos de Gade, fundador de uma família tribal, 1 Cr 5.14.

BUZI (*no hebraico, "desprezado por Jeová"*) – nome do pai do profeta Ezequiel, Ez 1.3.

BUZINA (veja *TROMBETA*).

BUZITA – nome de um homem pertencente à tribo árabe de Buz, Jó 32.2.

CABELO – no hebraico, o termo pode ser *sear*, Lv 13.3,4,10,20,21,25; Nm 6.5; Jz 16.22; Ez 16.7 etc.; ou pode ser *saarah*, Jz 20.16; 1 Sm 14.45; 2 Sm 14.11; 1 Rs 1.51; Jó 4.5. No grego, mais duas palavras aparecem: *thríks*, Mt 3.4; 5.36; 10.30; Mc 1.6; Lc 7.38,44; Jo 11.2; At 27.34; 1 Pe 3.3; Ap 1.14 etc; e *kóme*, "cabeleira", Mt 9.35; 10.11; Mc 6.6,36; Lc 5.17; Jo 11.1; At 8.25 etc. O cabelo é a cobertura natural da cabeça. Os egípcios, habitualmente, rapavam a cabeça, mas, por ocasião de luto, deixavam crescer os cabelos (Heród. 2.36; 3.12). Assim também procediam os gregos e romanos, que usavam os cabelos compridos e os aparavam quando em ocasião de morte, como sinal de luto. Os assírios, ao contrário, deixavam-nos crescer até caírem sobre os ombros, (1.95). Os israelitas usavam os cabelos excessivamente compridos, cortando-os para impedir demasiado crescimento, principalmente quando chegavam a uma idade avançada, *cf.* 6.5; 2 Sm 14.26; Ct 5.11; Antig. 14.9,4. Os barbeiros se ocupavam desse mister, Es 5.1.

A lei não permitia que se cortasse o cabelo em redondo perto das têmporas, Lv 19.27, à moda dos pagãos (Herod. 3.8). As mulheres hebréias usavam o cabelo comprido, Ct 7.5; Ap 9.8; *cf.* 1 Co 11.15, que às vezes encrespavam e cingiam, Judite 10.3; 16.8; 1 Tm 2.9; 1 Pe 3.3. Homens e mulheres ungiam os cabelos com óleo, Sl 23.5; Mt 6.17. Herodes, o Grande, a fim de esconder a sua idade avançada, pintava o cabelo de preto (Antig. 16.8,1). Aos sacerdotes era proibido cortar os cabelos, Lv 21.5, e a ninguém se permitia fazer incisões no corpo, Dt 14.1, porque desfiguravam o corpo que Deus havia criado. As mulheres cativas que os hebreus tomavam para si, e os leprosos declarados limpos de sua enfermidade, deveriam rapar a cabeça para efeito de purificação, Lv 14.8,9; Dt 21.12. Os nazireus sujeitavam-se ao mesmo processo quando terminava o tempo de seus votos, Nm 6.18 (*veja* BARBA).

CABO – **1** Nome de uma medida de capacidade para secos, 2 Rs 6.25, equivalente

CABO

a três litros. **2** Nome de uma medida para cereais, 2 Rs 6.25, contendo, segundo a tradição rabínica, um sexto de um seá, ou 117 de um coro (*veja MEDIDAS*).

CABOM (*no hebraico, "círculo", ou "atadura"*) – nome de uma cidade de Judá, Js 15.40, na parte baixa, próxima a Laquis. Parece ser idêntica à palavra Macbena, em 1 Cr 2.49. As letras radicais são as mesmas em ambas.

CABRA – um pequeno animal mamífero ruminante e domesticável. O nome do macho é bode, tradução do hebraico sair, "peludo", Lv 4.24; 9.15; Nm 28.22 etc. O termo hebraico para cabra é Ez, Gn 27.9,16; Êx 12.5; 25.4; Lv 1.10; 3.12; 4.23,28; Nm 7.16; 15.24; Dt 14.4; 1 Sm 19.13 etc. Os israelitas eram criadores desse animal, que lhes provia o leite e a carne, Lv 3.12; 4.24; Nm 15.27; 28.22; Jz 6.19. A pele também era usada no fabrico de bolsas, aljavas, tendas, vestes e outros objetos. O texto bíblico nos dá conta que o animal já era comum na Palestina desde tempos bem antigos. Foi com o sangue de um cabrito que os irmãos de José mancharam sua túnica, a fim de enganar o pai Jacó, dizendo que o jovem havia sido devorado por uma fera do campo, Gn 37.31. A cabra não podia ser criada como o gado ou a ovelha solta no pasto, pois seu apetite voraz destrói facilmente qualquer tipo de vegetação (*veja BODE*).

CABRA MONTESA – **1** Animal que em hebraico tem o nome de *Yeel*, "eminente". As cabras montesas refugiam-se nas altas montanhas, Sl 104.18, e nos rochedos, Jó 39.1. Os rochedos de Engedi serviam de refúgio às cabras montesinhas, 1 Sm 24.2. É uma espécie de cabra, *capra beden*, e tem a cor menos carregada do que a cabra européia. Os chifres são mais delgados e mais recurvados, cheios de nós. Encontra-se no Egito, na Arábia, na Pérsia, em Moabe e no deserto

da Judéia, perto do mar Morto. Tristram dá conta delas no seu lugar favorito, os rochedos de Engedi, e encontrou dentes fósseis na caverna brécia do Líbano. Cabra montesa também traduz a palavra hebraica *Aggo*, que parece dizer, "pescoço cheio de graça", Dt 14.5. **2** *Gamo, Capreolus caprea*, o *Cervus capreolus*, de Lineu, 2 Sm 2.18; 1 Cr 12.8, em hebraico *sebi*; em Pv 5.19 é *yaalah*.

CABRITO – cria de bode, muito apreciado como gênero de boa alimentação, Lc 15.29. Cozinhava-se a carne para comer, Jz 6.19, algumas vezes cozinhava-se no leite, Êx 23.19. A lei não proibia que se comesse cabrito novo que ainda mama, mas não consentia que fosse cozinhado no leite de sua mãe. O homem deve respeitar as sagradas relações da mãe e das suas crias, mesmo quando se trata de um animal inferior. O cabrito servia para os sacrifícios, Jz 13.15,19.

CABUL – (*no hebraico, "distrito"*). **1** Nome de uma cidade da tribo de Aser, Js 19.27. Ainda é conhecida por esse nome e está situada cerca de 17 km a sudeste do Acre. **2** Nome de um distrito da Galiléia, na parte setentrional do território de Naftali, habitado exclusivamente por estrangeiros, Is 9.1. Era composto de 20 cidades que Salomão deu a Hirão, o rei de Tiro, em paga dos serviços que este lhe prestou na edificação do Templo. O rei Hirão não se agradou do presente, e por isso, colocou-lhe o nome de Terra de Cabul, 1 Rs 9.13, que significa "Terra de areia", "Terra seca", ou como preferem alguns, "Terra que de nada vale". Considerando que a recompensa era inadequada, rejeitou-a e devolveu-a ao rei Salomão, que fortificou as suas cidades e fez habitar nelas os filhos de Israel, 2 Cr 8.2; Antig. 8.5,3.

CABZEEL (*no hebraico, "Deus traz junto"*) – nome de uma cidade situada no extremo sul de Judá, Js 15.21, pátria de Benaia, heróico defensor de Davi,

CADES-BARNÉIA

2 Sm 23.20; 1 Cr 11.22. Essa cidade foi ocupada pelos exilados depois do cativeiro. Localização desconhecida.

CAÇA, CAÇADA (*no hebraico, tsayid e tsedah*) – a caçada constituía um passatempo favorito dos antigos reis, Gn 10.9. Os monarcas assírios e babilônios deliciavam-se com essa diversão, e colocavam em evidência a sua perícia na arte venatória, recordando os sucessos da caça nas suas inscrições, e representando-os nas esculturas que adornavam os seus palácios. A Palestina possuía muita caça durante o período da história bíblica, em certas localidades, como no deserto de Judá e nas florestas densas do Jordão e ao sul do país, Gn 25.27; Antig. 16.10,3. Muitos dos animais declarados limpos pela lei cerimonial eram selvagens, caçados nas matas para uso doméstico. Caçado o animal, derramavam-lhe logo o sangue sobre a terra, Dt 12.15,16,22. O exercício da caça tinha por fim particular exterminar as feras, Êx 23.29; 1 Rs 23.24, e prover os meios de alimentação, Gn 27.3; Eclus. 36.19, e também servia para recreio, Guerras 1.21,3. Os caçadores iam sós ou formavam companhias, Jr 16.16, iam a pé ou a cavalo ou em carros quando a caçada se fazia em campo aberto, Guerras, 1.21,13. Os caçadores usavam arco e flechas, Is 7.24, e também a lança, Antig. 16.10,13. Além desses instrumentos, empregavam também as armadilhas, Jr 5.26,27, as redes e as ratoeiras, Jó 18.10; Eclus. 27.20, e fossos ou cisternas, 2 Sm 23.20; Ez 19.4,8. Os babilônios, os assírios e os persas ensinavam os cães para auxiliá-los nas caçadas.

CAÇADOR DE AVES – nome que se dá ao que se ocupa em apanhar aves com a rede, ou por outros meios artificiosos, Sl 124.7; Pv 6.5. Serve também para designar os malvados que armam laços contra a vida de seus semelhantes, ou para arrastá-los para os caminhos da ruína moral e espiritual, Sl 91.3; 124.7; Os 9.8.

CACHO DE CHIPRE (*no persa, henna, no árabe, hanna*) – tradução da palavra hebraica *Kopher*, segundo a LXX, em Ct 1.14 a 4.13. Hena é planta da ordem dos *Lytharieae*, ou das *lisimáquias*, *Lausonia alba* ou *inermis*, de folhas opostas, flores odoríferas em corimbos, ou cachos, Ct 1.14. Os gregos lhe davam o nome de *kypros*, por ser da ilha de Chipre. Na Palestina, adaptava-se muito bem na região tropical de En-Gedi e em Jericó, Guerras 4.8,3. As folhas e os brotos novos eram reduzidos a pó fino ou convertido em pasta, com água quente, que as orientais empregavam para colorir os dedos das mãos e as unhas e as solas dos pés que dava uns tons de vermelho, laranja. Algumas das múmias egípcias estão pintadas desse modo.

CADEIAS – **1** Correntes de ouro usadas pelas mulheres orientais para prender-lhes os artelhos e obrigá-las a dar passos curtos; principalmente quando essas correntes eram combinadas com argolas de metal ou de vidro que soavam ao seu caminhar, Nm 31.50; Is 3.20. **2** Algemas e correntes utilizadas para prender, Lc 8.29; At 28.20. **3** Em uso figurado, é qualquer coisa que serve para prender e escravizar, At 8.23; Na 1.13; Jó 38.31; Sl 73.6.

CADES-BARNÉIA (*no hebraico Kades significa "consagrado"*) – nome de uma fonte, de uma cidade e de um deserto, na fronteira sul de Judá e da Palestina, Nm 20.16; 34.4; Js 15.3; Sl 29.8; Ez 47.19; 48.28, distinto, como Cades-Barnéia de outros lugares que têm o nome de Cades, Nm 13.26; 33.8; Dt 1.19,46. Em tempos remotos, chamava-se Fonte de En-Mispate; no deserto de Parã, Nm 13.3,26, no deserto de Sim, Nm 20.1; 27.14, a 11 dias de jornada do Sinai, passando pelo monte Seir, Dt 1.2, no limite extremo de Edom, Nm 20.16. Parece que não fica muito longe da estrada principal que vai da Palestina ao Egito, porque o poço de Hagar estava situado entre Cades e Barade na estrada

CADES-BARNÉIA

para o Egito, Gn 16.7,14; *cf.* 20.1. Esse lugar foi invadido por Quedorlaomer, 14.7. Na região adjacente recolheu-se Hagar, 16.7,14, e ali peregrinou por algum tempo, 20.1. Os israelitas, durante a sua peregrinação pelo deserto, acamparam duas vezes em Cades. Chegaram às suas vizinhanças pelo quinto mês do segundo ano, Nm 13.20; *cf.* 10.11, e dali enviaram os espias para reconhecer a terra; ali receberam as desalentadoras notícias sobre as dificuldades da conquista, 13.26, recusaram-se avançar, pelo que foram condenados a permanecer no deserto e a ficar em Cades muitos dias, Dt 1.46. Voltaram a Cades no primeiro mês do quadragésimo ano, Nm 20.1; 33.36,38; *cf.* Dt 2.7,14. Ali morreu Miriã, irmã de Moisés, 20.1, e Moisés feriu a rocha, como em iguais circunstâncias havia feito em Refidim, 20.1-13. Porém, ele e Arão pecaram, agindo em seu próprio nome. De Cades, Moisés enviou uma embaixada ao rei de Edom, pedindo licença para atravessar suas terras, 20.14,16,22; Jz 11.17. Em 1842, o Rev. J. Rowlands descobriu uma fonte chamada pelos árabes Kades ou Kudes, a oriente de Jebel Helal. Em 1878, o Rev. T. J. Holand, e, em 1881, o Rev. Dr. H. Clay Trumbull visitaram o local e reviveram a identificação. O nome Cades é representado pelos atuais, Kadis Jebel Kadisi e Ain Kades. O lugar corresponde à situação descrita na Bíblia em todos os respeitos. O wady Abu Retemát que lhe fica unido, serve de confirmação. Sobre o local onde os israelitas acamparam por duas vezes, em Cades, Nm 13.26; 20.22; 33.36, muitos intérpretes são de opinião que Retema é o mesmo que Cades, 12.16; *cf.* 33.18. Sabe-se agora que o wady mais perto e paralelo ao de Kadis tem o nome correspondente a Retema, wady Abu Retemat. Ain Kades está a 143 km do sul de Hebrom e a 195 ao sul de Berseba. A fonte, que é de água doce, nasce em uma furna de rocha, pertencente à cadeia noroeste do Arabá. A fonte é abundante, interceptada no seu curso por dois ou três tanques ar-

tificiais de alvenaria de pedra. Depois de atravessar o oásis que ela mesma criou, perde-se finalmente na vastidão do deserto. Essa identificação é bem aceita e parece correta. Numerosos outros lugares têm sido indicados, particularmente Ain el-Weibeh ao lado ocidental do Arabá e a noroeste de Petra. Robinson procurou debalde descobrir uma fonte chamada Kadis, e julgou haver identificado na fonte el-Weibeh por causa da abundância de suas águas e de achar-se nos limites de Edom. Wetzstein identifica Cades com Kadus, ao norte de Jebel Madara. **2** O nome Cades talvez esteja compreendido na expressão "terras baixas de Hodsi", 2 Sm 24.6, que o texto de Luciano traduz: "A terra dos heteus, para as bandas de Kades".

CADMIEL (*no hebraico, "Deus é eterno", "Deus está na vanguarda"*) — **1** nome de um levita pertencente a uma casa tribal que voltou da Babilônia com Zorobabel, Ed 2.40; Ne 7.43; 12.8. Auxiliou a fiscalização dos trabalhos da reconstrução do templo, Ed 3.9. **2** Nome de um levita que participou da confissão pública de arrependimento do povo de Israel e assinou o pacto de Neemias, Ne 9.4,5; 10.9. Pode ser o mesmo nome mencionado anteriormente.

CADMONEU (*no hebraico, Bene-Kedem, "Povo do Oriente"*) — nome de uma tribo que se estabeleceu na região situada entre o Egito e o Eufrates, Gn 15.19, provavelmente no deserto da Síria. Veja Juízes 6.33.

CAFARNAUM (*no hebraico, "aldeia de Naum" ou "de consolação"*) — nome de uma cidade, a noroeste do mar da Galiléia, na região de Zebulom e Naftali, Mt 4.13-16, *cf.* Lc 4.31; Jo 6.17-24. Era centro de cobrança dos impostos, Mc 2.1,14, e posto militar do império romano, Mt 8.5-13; Lc 7.1-10. No princípio de seu ministério, Jesus Cristo se mudou de Nazaré para Cafarnaum onde centralizou suas operações miraculosas, a ponto de vir a chamar-se a sua cidade, Mt 9.1; *cf.* 2.1. Foi ali que ele curou o servo do centurião, Mt 8.5-13; Lc 7.1-10, a sogra de Pedro, Mt 8.14-17; Mc 1.29-31, que ele expulsou um demônio, Mc 1.21-28; Lc 4.31-37, que curou um paralítico que fora levado nas costas de quatro homens, Mc 2.1-18, cf. Mt 9.1-8, que curou o filho do régulo, Jo 4.46-54, e outros enfermos, Mt 8.16,17; Mc 1.32-34; Lc 4.23,40,41. O discurso registrado no Evangelho de João, 6.24-71, depois o milagre dos pães, com que alimentou cinco mil pessoas, e outros discursos foram proferidos na Sinagoga de Cafarnaum, ou em outro ponto da cidade, Mc 9.33-50. Foi nessa cidade que Jesus chamou para o apostolado Mateus ou Levi, quando este se achava assentado à mesa da cobrança, Mt 9.9-13; Mc 11.14-17; Lc 5.27-32; *cf.* Mt 17.24. Não obstante os ensinos e milagres de Jesus, o povo não se arrependeu, nem lhe deu crédito, pelo que Jesus predisse sua total ruína, Mt 11.23,24; Lc 10.15. Cafarnaum não é mencionada no Antigo Testamento por ter sido fundada provavelmente depois da volta do cativeiro. Josefo foi levado com os punhos feridos desde perto de Julias até cerca da embocadura do Jordão no mar da Galiléia, até a aldeia chamada Cafarnaum (Vida 72). Dois lugares disputam a localização da antiga cidade, distanciadas entre si por 4.630 metros. Um ao norte, com o nome de Tell Hum, e outro ao sul, chamado Khan Minyeh, ou Minia. Cada um desses pontos conserva vestígios de ter sido antiga cidade. Existia em Cafarnaum uma coletoria, Mc 2.13,14, para receber os impostos do governo do império. Se era para coletar as caravanas que passavam de Damasco para o Mediterrâneo, o local da cobrança deveria ser em Khan Minyeh. Porém, se a taxa de imposto incidia sobre os produtos dos moinhos e das searas (*cf.* Lc 19.2), a cidade poderia estar situada perto das cachoeiras e dos famosos campos de trigo nas vizinhanças de Tell Hum (Talmude). As nascentes de Cafarnaum que regam as planícies de Genesaré abundavam em peixe, sendo mais produtiva a nascente em Tabighah, entre Kahn Minyeb, o Tell Hum. O local acha-se topograficamente ligado a Tell Hum, e não a Kahn Minyeb. Deveriam funcionar ali, naquele tempo, como atualmente, os moinhos, movidos pela água conduzida da planície para ali, por um canal de que ainda restam vestígios. Parece que pouco distante, ao norte, existiu uma grande cidade, a julgar pelas extensas ruínas que cercam Tell Hum, em direção ao ocidente da praia, até uns 300 metros além. As casas eram construídas, em grande parte, de basalto negro. As ruínas de uma sinagoga são de mármore branco ou de alguma pedra de fino calcário, cortada nas montanhas a noroeste. Na palavra Cafarnaum, as duas primeiras sílabas, Caper, representam o nome hebraico que se dá a uma aldeia, e que bem pode ser suplantada pela árabe, Tell, que quer dizer montão, quando o lugar se converteu em ruínas. *Hum*, em árabe, quer dizer manada de camelos. Se a palavra for hebraica, então entra na composição de Naum. É bem possível que Tell Hum seja um eco da palavra Cafarnaum ou corrupção de Tanhum, nome de um judeu que ali foi sepultado.

CAFARSALAMA (*no hebraico, "aldeia de Salém", ou "de Salama"*) – nome de uma cidade, talvez a antiga Carvasalim, perto de Ramlé. Foi em Cafarsalama que se travou a batalha de Judas Macabeu e Nicanor da Síria, 1 Mac 7.31; Antig. 12.10,4. O lugar tem sido identificado com Khirbet Deirsallam, cerca de 19 km a oeste de Jerusalém.

CAFE – nome da 11ª. letra do alfabeto hebraico. Tem o som de K, e seu valor numérico é 20. No grego é Kappa, de onde se originou a letra latina K. Esta letra marca a 11ª. seção do salmo 119, e no original se emprega no princípio de cada versão da referida seção.

CAFENATA – nome que se dava a uma porção do muro oriental de Jerusalém, ou a uma das torres, ou fortificações murais, Mac 12.37, ou mesmo à torre que se levantava acima da alta casa do rei.

CAFTOR – nome de uma ilha da costa do Mediterrâneo de onde procedem originariamente os filisteus, Jr 47.4; Am 9.7. Os filisteus eram, em conjunto, queretitas, isto é, de Quereti, 1 Sm 30.14; Ez 25.16; Sf 2.15, e Caftor era provavelmente a ilha de Creta. Como quer que seja, um distrito no delta do Egito tem o nome de Kap-ethor, que bem pode originar-se de Caftor. Se assim for, os antecessores dos filisteus vieram dali para Creta, e mais tarde para a Filístia, ou foram para lá, indo de Creta e depois para a Filístia (*veja CAFTORIM*).

CAFTORIM – nome de uma tribo descendente dos egípcios, Gn 10.14; 1 Cr 1.12, antigos habitantes de Caftor, Dt 2.23, Fig. diz Capadócios.

CAIFÁS (*no grego, "depressão"*) – José Caifás foi nomeado para exercer o cargo de sumo pontífice por Valério Gratus, imediato predecessor de Pôncio Pilatos, no ano 18 da era cristã, Antig. 18.2,2. Caifás e seu sogro Anás foram sumo sacerdotes quando João Batista começou o seu ministério, Jo 18.13; Lc 3.2. Caifás profetizou a morte de Jesus e falou da sua importância em termos que estavam acima de sua convicção, dizendo: "Vós nada sabeis, nem considerais que nos convém que um homem morra pelo povo, e que não pereça toda a nação" Jo 11.49-53; 18.14. Foi no seu palácio que se reuniram em concílio os príncipes dos sacerdotes e os magistrados do povo para resolverem sobre o modo de prenderem Jesus, Mt 26.3-5. Quando aprisionaram nosso Senhor, ele foi conduzido ao palácio de Anás, que o mandou levar à casa de Caifás, Jo 28.24, de onde saiu para o pretório de Pôncio Pilatos. Plenamente responsável pelo assassinato judicial de um prisioneiro inocente, Caifás tomou parte no processo de Pedro e de João, apóstolos de Cristo, At 4.6. No ano 36, Vitélio,

Casa de Caifás — Christian Computer Art

governador romano na Síria, o despojou do seu ofício, Antig. 18.4,2.

CAIM – o nome tem origem desconhecida, alguns acham que está ligado à fabricação de metais, instrumento forjado, forjador. Outros lhe dão o sentido de inveja ou lança, porém o mais aceito é aquisição, conforme Gn 4.1. Nome do filho mais velho de Adão e irmão de Abel. Ofereceu a Deus os frutos da terra, como demonstração de reconhecimento pelos benefícios recebidos. Mas o coração de Caim não era reto diante de Deus, e, por isso, a sua oferta foi rejeitada. Nesse ato se revelou o seu mau caráter, mostrou-se invejoso e irado contra seu irmão, recusou-se receber as exortações necessárias para combater o pecado, praticou o assassinato de seu irmão, negou o crime, e, quando julgado, não deu mostras de arrependimento. Apoderou-se dele o temor do castigo. Deus o expulsou para longe. Foi morar na terra de Node, a oriente do Éden. Casou-se com alguma das suas irmãs ou netas de Adão, cujos nomes ignoramos. Naquele tempo, nenhuma incompatibilidade existia em tais uniões, *cf.* Gn 11.27,29; 20.1,2. No lugar de seu exílio, edificou uma cidade e foi o progenitor de uma raça que fez notáveis progressos nas artes mecânicas, Gn 4.2-25; 1 Jo 3.12; Jd 11.

CAIM, CIDADE DE – nome de uma das dez cidades de Judá, mencionadas em Js 15.57. Pode ser a moderna Khirbet Yakin, cerca de seis quilômetros a sudeste de Hebrom.

CAINÃ 1. Nome de um dos filhos de Enos, bisneto de Adão, Gn 5.9-14; 1 Cr 1.2; Lc 3.37,38. **2** Nome de um dos filhos de Arfaxade, pai de Sala e avô de Eber, Gn 10.24; Lc 3.36. A genealogia correspondente em Gn 11.12 não tem Cainã. A LXX menciona esse nome e por ela se guiou o evangelista.

CAL – material que se prepara, queimando pedras calcárias, a fim de se obter óxido de cálcio, Is 33.12 e Am 2.1, e que se emprega para fazer reboco, para argamassas e para caiar as paredes das casas, Dt 27.2; Mt 23.27; At 23.3.

CALÁ – nome de uma cidade da Assíria, edificada por Ninrode, ou pela gente de sua terra, que fazia parte do conjunto de cidades coletivamente designadas pelos hebreus – a grande cidade, 10.11,12; *cf.* Gn 1.2. Conforme Assurnasipal II (885-860 a.C.), a cidade de Calá foi edificada ou reedificada, embelezada e fortificada por Salmaneser I, que reinou em 1.300 a.C. Logo no princípio do nono século a.C., caiu em decadência, mas foi restaurada por Assurnasipal II que levantou um palácio e fez nela a sua residência oficial. Calá ficou sendo o lugar preferido para residência dos reis assírios durante cerca de 150 anos. A arqueologia encontrou o palácio de Assurnasipal II e também o famoso obelisco negro de Salmaneser III, com a menção ao rei de Israel Jeú, trazendo seu tributo ao monarca assírio. O lugar atualmente se chama Ninrude, e está cerca de 37 km ao sul de Nínive.

CALAI (*no hebraico, "ligeiro", "leve"*) **–** nome de um sacerdote importante no período do sumo sacerdote Jeoiaquim. Era filho de Salai, e retornou do cativeiro babilônico com Zorobabel, Ne 12.20.

CÁLAMO (*do grego kalamos, cana, caniço*) **–** é a tradução da palavra hebraica *Qaneh bosem*, cana aromática, de *Qaneh*, cana, caniço, quando se menciona uma das variedades que têm perfume. Essa planta que atinge 60 centímetros, exalava doce cheiro, Ct 4.14, e entrava na manipulação dos óleos destinados às unções, como o óleo sagrado, Êx 30.23, em conexão com os sacrifícios, Is 43.24; Jr 6.20. O cálamo vinha de longe, Jr 6.20. Os de Tiro iam buscá-lo em

CÁLAMO

Javã, região a ocidente da Ásia Menor e da Grécia, Ez 27.19. O que vinha da Europa era o *Acorus calamus*, ou o lírio roxo da Inglaterra, planta endógena com uma espádice e uma espata, afim das aroídeas, porém, pertencente à ordem aliada dos *Orontiaceae* ou *Orontiades*. O rizoma, ou raiz, é aromático. Se tratar-se de uma planta indiana, então o cálamo era provavelmente o *Andropogon calamus aromaticus*, gramínea altamente odorífera, como é a sua aliada, a Erva-Limão (*veja CANA*).

CALÇADO – os calçados que os hebreus usavam eram simplesmente sandálias, amarradas aos pés por meio de correias. Geralmente era uma sola de couro ou madeira, amarrada com cordões em ambos os lados para fixá-la aos pés. No Antigo Testamento, dois termos são traduzidos nas versões em português por sandálias, são eles: a) *Naal* "sapato", Êx 3.5;12.11; Dt 25.9,10; Js 5.15; Rt 4.7-8; Sl 60.8 etc. b) *Minal*, "sapato", somente usado em Dn 33.25. No Novo Testamento, o termo grego *Úpodema*, "sob os pés", "sandália", é usado por dez vezes, Mc 1.7; Lc 3.16; 10.4; 15.22; 22.35; Jo 1.27; At 7.33 e 13.25. A cultura dos hebreus tinha certos costumes quanto ao uso de calçados: dentro de casa e nas salas de refeições, não se entrava com sapatos nos pés, *cf.* Lc 7.38. As casas ricas costumavam ter criados à entrada da porta, que se destinavam a desprender as sandálias dos convidados e das visitas, *cf.* Mc 1.7. Em terra santa não se devia pisar com os pés calçados, Êx 3.5; Js 5.15. A ausência de calçados nos pés dos sacerdotes faz crer que eles entravam no Tabernáculo e no Templo com os pés descalços. Andar nu e descalço simbolizava as agruras do cativeiro, Is 20.2, e condição de profunda amargura e tristeza, 2 Sm 15.30. Trazer a cabeça atada e sapato nos pés em situações dolorosas servia para disfarçá-las, Ez 24.17-23. Era costume antigo em Israel, entre os parentes, que, quando um cedia o seu direito a outro para a cessão ser válida, o que cedia tirava o sapato e o dava a seu parente, em testemunho, Rt 4.7,8. Aquele que se recusava a receber por mulher a viúva de seu irmão, morto sem prole, se lhe tirava o sapato de um pé pela mão da mulher desprezada que ao mesmo tempo lhe cuspia no rosto, dizendo: Assim será tratado aquele que não edifica a casa do irmão. E a sua casa se chamará em Israel a Casa do Descalçado, Dt 25.9,10. Atirar sapato sobre um lugar simbolizava o ato de tomar posse dele e de tratá-lo pelas leis da escravidão, Sl 60.8.

CALCEDÔNIA – derivado de Chalkedon, Kalkedon, – nome de uma cidade da Ásia Menor, de onde é originário esse mineral. O sentido da palavra tem a ver com *chalkós*, "cobre", metal que está associado à Calcedônia. Nome de uma pedra preciosa, de que se compõe o terceiro fundamento do muro da Nova Jerusalém, Ap 21.19. A Calcedônia era considerada uma espécie distinta de mineral silicioso; agora, porém, está reduzida a uma variedade de quartzo, cujo elemento predominante é a sílica. Tem o brilho da cera e, portanto, mais baço que o quartzo típico. As cores variam entre o branco-cinzento, o pardo, o azul etc. Não é perfeitamente cristalizado, porém, muitas vezes se reveste das cristalizações do quartzo. Apresenta-se maciço, com veias e nódulos de forma botrioidal, (semelhante a um cacho de uvas) ou em forma de estalactites. Até o período da Idade Média, não era conhecido por esse nome. O apóstolo João parece ter em mente outra pedra, talvez esmeralda da Calcedônia ou a pedra jaspe, mencionada por Plínio.

CALCOL (*no hebraico*, *"sustentáculo"*, *"sustento"*) **–** nome de um dos três filhos de Maol, notáveis pelo seu saber, 1 Rs 4.31. É provável que seja o mesmo Calcol, filho de Zera, da tribo de Judá, 1 Cr 2.6.

CALDÉIA (*muito semelhante ao hebraico Kasdim, significando, talvez, "terra dos conquistadores"*) **–** era o nome que se dava à parte sul da Babilônia, nas cabeceiras do golfo Pérsico, que ultimamente se estendeu a toda a planície entre o Hite e o golfo. Na parte sul, estavam situadas as cidades Ur e Ereque; e na parte norte, Babilônia, Cuta e Sípara. Outras cidades havia nesse país, não mencionadas nas Escrituras, ou não identificadas. Não se pode provar que o termo Caldéia incluísse a planície ao norte, no seu todo, ou em parte. A teoria em contrário, baseia-se na identificação do rio Quebar, que estava na terra dos caldeus, Ez 1.3, com o rio da Mesopotâmia, que os gregos chamam Caboras. Essa identificação, porém, não prevalece, porque os hebreus distinguiam os dois rios por nomes diferentes: Quebar e Habor. Ainda mais, a presença do povo nas montanhas do Kurdistan, durante a retirada dos dez mil chefiados por Xenofonte, (Anabasis, 4.3,4 etc.), e de outros povos residentes no Ponto, mencionados por Estrabão, parece provar que o berço primitivo dos caldeus foi a Armênia. Essa teoria parece agora abandonada; em parte, porque, apesar de as montanhas do Kurdistan e terras adjacentes terem sido repetidas vezes atravessadas pelos exércitos assírios, durante o período de 700 anos, a começar do século 14 a.C., e as informações geográficas nos registros dessas expedições militares serem completas e minuciosas, não consta que os assírios tenham encontrado um povo ou um país denominado Kaldu, em toda aquela região. Se o povo caldeu, a que se referem os escritores clássicos, é realmente merecedor desse nome, e se relaciona com os caldeus do sul, então devemos supor que tenha sido formado por antigas emigrações, ou pelos restos das forças militares da Babilônia, e não de uma raça de origem local.

CALDEU – nome que se dá a um habitante, ou a um natural da Caldéia. Os caldeus dominaram brevemente a Babilônia. No século 9 a.C., eles já estavam firmemente estabelecidos nas praias do golfo Pérsico, tendo como capital a cidade de Bit-yakin. No reinado de Merodaque Baladã, conquistaram a Babilônia. Senaqueribe, rei da Assíria, por sua vez, derrotou o conquistador. Em 625 a.C., o caldeu Nabopolassar fundou o novo império da Babilônia e os caldeus se tornaram a raça dominante e assumiram todas as funções administrativas e eclesiásticas. O nome caldeu na Babilônia ficou sendo sinônimo de sábio com os sacerdotes de Bel-marduk (Heród. 1.181,183). Esses sacerdotes eram tidos como possuidores da sabedoria, Dn 1.4; 2.2,4.

CALDEUS – expressão usada em conexão com a palavra Ur, em Gn 11.31, e com o vocábulo fogo, em Ne 9.7, e em outras passagens em que se toma o nome na acepção de lugar, 2 Rs 24.2; 25.4-26; 2 Cr 36.17; Is 13.19.

CALEBE (*no hebraico, "escravo"*). **1** Nome de um dos filhos de Hezrom e irmão de Jerameel, 1 Cr 2.18,42. É uma forma variante do nome Quelubai, mencionado no v. 9. No registro tribal, os seus pósteros constituíam uma subdivisão da casa de Hesrom, família de Perez, da tribo de Judá, l Sm 25.3; 1 Cr 2.3. Entre os seus mais imediatos descendentes, contam-se Hur, companheiro de Arão, e Bezaleel seu neto, hábil artífice, 1 Cr 2.19. **2** Nome de um filho de Jefoné quenezeu, irmão mais velho de Otniel, Nm 32.12; Js 15.17; 1 Cr 4.15. Foi chefe de uma família da tribo de Judá, e um dos 12 homens enviados para reconhecer a terra de Canaã, um dos dois únicos que mostraram fé em Jeová, e que, 40 anos depois, tomaram parte na conquista do país, Nm 13.2,6,30; 14.6,24,38; Js 14.6,14; 1 Mac 2.56. Fez parte da comissão nomeada por Moisés, antes da conquista, para distribuir a terra e representar a tribo de Judá, Nm 34.19. Tinha

CALEBE

85 anos de idade quando completou-se a conquista, Js 14.7,10. Tocou à sua parte a cidade de Hebrom, v. 14, de onde expulsou os enaquins que a tinham previamente ocupado, 15.13,14 (*veja HEBROM*). Tinha ainda de tomar a cidade vizinha, Quiriate-Sefer, que antes se chamava Debir, Js 15.15-19. O-Meio-Dia-de-Calebe, mencionado em 1 Sm 30.14, era com certeza o sul de Hebrom, ou vizinhanças de Debir. Em 1 Cr 2.49, *cf.* v. 19,42,46, Acsa, a bem conhecida filha de Calebe, o espião, se encontra registrada como filha ou descendente de Calebe, irmão de Jerameel. Segundo esse registro, Calebe, filho de Jefoné e pai de Acsa, descendia do velho Calebe, e talvez de sua concubina Maaca, e, por conseguinte, vinha da família de Hesrom e de Perez, da tribo de Judá. Há muitos pormenores que não podem ser explicados, por causa das dificuldades na interpretação da antiga genealogia dos hebreus, agravada pela imperfeição do texto, nos caps. 2 e 4 de 1 Crônicas. A explicação mais provável é que um membro da tribo dos quenezeus identificou-se com os israelitas, participavam de trabalhos comuns com Judá, antes que os israelitas entrassem no Egito. Ele, ou algum dos seus descendentes, casou-se com uma mulher da tribo de Judá, da família de Perez. É possível que haja várias modificações dessa teoria geral. Todas as referências históricas e genealógicas, e todas as peculiaridades dos registros, harmonizam-se admitindo que, pouco antes do Êxodo, Jefoné, o quenezeu, se casou com uma mulher da casa de Calebe, irmão de Jerameel, da qual teve o primogênito a que deram o nome de Calebe. Esse filho herdou os privilégios da família, e veio a ser cabeça do casal e chefe na tribo de Judá. Jefoné, o quenezeu, tomou uma segunda mulher da qual teve Otniel. Dali vêm a ser chamados filhos de Quenaz, ou quenezeus, indevidamente arrolados na tribo de Judá e reconhecidos como seu pai Jefoné o havia sido.

CALEBE-EFRATA – os descendentes de Calebe e de sua mulher Efrata formaram uma comunidade, 1 Cr 2.19,24. A LXX tem pequena diferença no texto. Se o atual texto hebraico é correto, e se a genealogia não falha, então Hezrom, pai de Calebe, se casou em idade avançada com a neta de Manassés. Os seus descendentes foram reconhecidos como pertencentes à tribo de Manassés, mas nesse registro eles são incluídos aos descendentes de Hezrom pela linha Calebe-Efrata. Nesta conexão, observa-se que Hezrom morreu em Calebe-Efrata; isto é, ou naquela parte da terra de Gósen, em que o ramo de sua família residiu, ou na Palestina, para onde Calebe se retirou quando voltou do Egito.

CALFI – nome do pai de Judas Macabeu, um dos dois capitães que assistiram a Jônatas Macabeu em Hazor, 1 Mac 11.70.

CÁLICE (*veja COPO*). **1** Pequeno vaso manual, feito de barro, madeira, ou de metal, 2 Sm 12.3; Jr 51.7, serve para se beber água, Gn 40.11, ou vinho, Mc 9.41; Jr 25.15. **2** Em sentido figurado, designa o conteúdo de um copo, quer seja amargo ou doce; e também serve para designar a sorte de cada um, Sl 22.5; Is 51.17; Jr 16.7; Mt 26.39.

CALNÉ – nome de uma cidade da Babilônia pertencente ao reino de Ninrode, Gn 10.10. Uma cidade com igual nome é mencionada por Amós, no cap. 6.2. Um lugar com o nome de Calné ou Calnó é relatado em Is 10.9. Apesar de muitas suposições o lugar é desconhecido. O Talmude de Jerusalém, Eusébio e Jerônimo, opinam por Ctesiphom, a oriente do Tigre. Frederico Delitzsch aponta Kulunu.

CALVÁRIO – nome de um lugar, perto de Jerusalém e fora dos muros, onde Jesus foi crucificado e em cujas vizinhanças o sepultaram, Mt 28.11; Jo 19.17,20,41; Hb 13.11-13.

CALVÁRIO

Gólgota — Christian Computer Art

Parece ter sido um ponto de destaque, Mc 15.40; Lc 23.49, à beira da estrada geral, Mt 27.39. O nome deriva do latim *calvária*, ou *calvarium*, que quer dizer, "crânio", "caveira", Lc 23.33, correspondente ao aramaico *Gólgotha*, Mt 27.33; Mc 15.22; Jo 19.17,41. Jerônimo supõe que esse nome foi originado por avistar-se caveiras insepultas, ou descobertas; outros pensam que é por ser o lugar onde se executavam os condenados. A explicação mais comum é que o nome deriva da aparência que tem a rocha, como uma caveira. A frase "Monte Calvário" é moderna. A questão relativa ao lugar da crucificação liga-se à que se refere ao sepulcro. A teoria defendida por Ferguson é que o túmulo estava na rocha, sobre a qual se ergue a cúpula da Mesquita Omar, teoria esta repudiada por outros investigadores. Dois lugares disputam a preferência: 1) A Igreja do Santo Sepulcro, que está dentro dos muros da cidade moderna; 2) O outeiro, onde se encontra a gruta de Jeremias, a uns 230 metros a nordeste da Porta de Damasco. A Igreja do Santo Sepulcro tem a seu favor a tradição. Eusébio, que nasceu em Cesaréia pelo ano 264 d.C., é o testemunho mais antigo e que nos pode fornecer informações mais seguras sobre o caso. Diz ele que homens ímpios cobriram de terra o sepulcro e ergueram sobre ele o templo de Vênus, e que o local foi por muito tempo entregue ao esquecimento. Constantino edificou uma igreja no lugar onde existiu o templo de Vênus, e esse lugar é justamente o da Igreja do Santo Sepulcro atual. Estará ele no terreno que outrora ficava além dos muros? Esta segunda questão só poderá ser resolvida por meio de escavações que mostrem o curso do segundo muro. Está ganhando terreno a teoria de que o outeiro, onde se acha a gruta de Jeremias, é o verdadeiro lugar do Calvário. Essa suposição tem encontrado adesões valiosas. Parece não haver dúvida que esse é o local que melhor satisfaz a todas as condições da questão. O outeiro, em que se acha a gruta de Jeremias, está situado fora da segunda muralha. A linha arredondada que desenha a extremidade do outeiro e as duas caver-

CALVÁRIO

nas que lhe servem de entrada pela base assemelham-se com caveira. A posição elevada em que se encontra torna-o visível a distância. Perto dele, passa a estrada geral para o norte. Nas suas vizinhanças, vêem-se jardins e sepulcros abertos nas rochas. Nenhuma tradição antiga, porém, diz ser esse o lugar da crucificação de Jesus.

CAMA – vários são os termos nas Escrituras traduzidos por cama. No Antigo Testamento, os termos hebraicos: a) *Mittah*, "lugar para reclinar", como em Gn 47.31, Êx 8.3; 1 Sm 19.13,15; 2 Rs 1.4,6,16; Pv 26.14 etc. b) *Yatsua*, "algo estendido", Gn 49.4; 1 Cr 5.1; Jó 17.13; Sl 63.6; 132.3. c) *Mishkab*, "lugar para deitar", como em Lv 15.4,5,21; 2 Sm 4.5; Sl 4.4; Is 57.2 etc. d) *Eres*, "divã", como em Jó 7.13; Sl 41.3; Pv 7.16; Ct 1.16; etc. e) *Matsa*, "algo estendido", termo que só aparece em Is 28.20. No Novo Testamento, os termos gregos: a) *Klíne*, "lugar de reclinar", como em Mt 9.2,6; Mc 4.21; Lc 5.18; Ap 2.2 etc. b) *Koite*, "cama", Lc 11.17; Rm 9.10; 13.13; Hb 13.14. c) *Krábbatos*, "colchão", Mc 2.4,9,11,12; 6.55; Jo 5.8-11; At 5.15; 9.33. d) *Klinídion*, "cama pequena", termo que só aparece em Lc 5.19,24. Trata-se de um utensílio doméstico que serve para dormir. Os pobres e os viajantes, muitas vezes, dormem no chão, cobrindo-se com a sua própria vestimenta, Gn 28.11; Êx 22.26. A cama pode ser feita com um tapete, ou manta, que se enrola para ser transportada, Mt 9.6. As camas levantadas do chão já se usavam em tempos remotos, 2 Rs 1.4,6; 4.10, construídas de madeira ou de ferro, Dt 3.11, trançadas de cordas ou tecidos que funcionavam como estrados, 1 Sm 19.15; Ez 23.41. Os abastados tinham-na de marfim com colchões de seda, Am 3.12; 6.4, e ricas cobertas.

CAMARISTA – qualidade da pessoa que tem a seu cargo a inspeção dos aposentos particulares de um palácio, ou de uma

Cama — Christian Computer Art

residência distinta, como Blasto, camarista de Herodes, At 12.20.

CAMBISTAS – quando se fez o arrolamento do povo, todos os israelitas, ricos ou pobres, que haviam atingido a idade de 20 anos, deviam contribuir com meio ciclo para o tesouro do Senhor, como oferta de expiação pelas suas almas, Êx 30.13-15. Segundo Maimonides, essa contribuição *per capita* continuou a ser feita anualmente. Os piedosos israelitas faziam ainda ofertas voluntárias que lançavam na caixa, ou gazofilácio, colocada no átrio das mulheres, Mc 12.41. Essas contribuições deviam ser feitas em moeda do país; e visto que estavam em circulação muitas moedas de várias procedências no tempo de Cristo, e como viessem muitos judeus de terras estrangeiras para visitar Jerusalém por ocasião da Páscoa, trazendo consigo as moedas correntes dos países onde habitavam, nasceu, daí, a conveniência de se trocarem as moedas estrangeiras pelas da Judéia. O negócio cambial desenvolveu-se muito. Abriram-se casas de câmbio na cidade. Nas proximidades das festas, os cambistas conseguiam permissão para estender suas mesas no átrio dos gentios. A comissão para a troca de meio siclo era, segundo o Talmude, um *kollubos*, igual a 12 grãos de prata no valor de três cents. Em virtude desse prêmio, o cambista tomou o nome de *kollubistes*, Mt 21.12 e por causa das mesas que eles ocupavam, que se chamavam *trapezites*, receberam a denominação de banqueiros, Mt 25.27. Em duas ocasiões diferentes, Jesus derribou as mesas dos cambiadores e lançou fora do templo todos que vendiam bois e ovelhas, porque a presença de tal gente, desonesta e avarenta, era incompatível com a santidade daquele lugar e com a tranqüilidade necessária ao culto a Deus, Jo 2.11-16; Mt 21.12,13.

CAMELO (*do semítico, gamal*) – o camelo de uma só corcova consiste de duas

Camelo — Christian Computer Art

variedades distintas, o camelo propriamente dito, animal cargueiro de marcha lenta, 2 Rs 8.9, e o dromedário, que serve para as viagens de curso rápido, Is 66.20. O camelo da Bactria, citado em Tobias 9.2, tem duas corcovas. É denominado "Navio do Deserto", pela sua estrutura especial que o habilita a transpor os vastos areais africanos. É um animal ruminante, mas pertence à classe dos Ruminantia, que, não sendo lissípedes, tem os cascos fechados por um couro endurecido envolvendo as plantas lateralmente, formando uma espécie de almofada que se alarga ou contrai de modo a impedir que os cascos se afundem na areia. Nas paredes do primeiro estômago, existem dois reservatórios de água que o animal pode utilizar se houver falta desse líquido. O camelo tem capacidade de se sustentar com o alimento mais pobre. A corcova lhe serve de despensa em que ele armazena o alimento, e que aumenta ou diminui conforme as condições do animal. O camelo é passivo, obediente, forte, mas, às vezes, oferece resistência ao se lidar com ele. Até hoje, não consta que tenha sido animal selvagem. Abraão e Jacó possuíam camelos, Gn 12.16; 30.43, e bem assim as tribos nômades do sul de Palestina, 1 Sm 27.9; 2 Cr 14.15. Os ismaelitas que compraram José iam montados em camelos,

CAMELO

Gn 27.25. A Palestina, por ser país montanhoso, não é muito própria para esse animal; ele se adapta melhor nos desertos da África e da Arábia, Êx 9.3; Jz 6.5; 1 Rs 10.2; 1 Cr 5.18-21. Nas planícies de Moabe, ao sul da Judéia, há muitas criações de camelos. Fazia-se uso do leite das fêmeas, apesar de ser considerado animal imundo pela lei cerimonial, Gn 32.15; Lv 11.4. O pêlo servia para tecido de que se faziam roupas, Mt 3.4, e tendas. As cargas eram colocadas sobre as corcovas, Is 30.6, e quando precisavam utilizá-lo para montaria, colocavam-lhe sela, ou palanquim; Gn 31.34. Os árabes costumam ornamentar o pescoço dos seus camelos com coleiras de ouro e lunetas, Jz 8.21,26.

CAMINHO DOS ESPIAS – a estrada de Atarim não era muito distante da cidade de Arade, e foi por ela que os israelitas passaram, vindos de Cades, para o monte Hor, em direção a Canaã, Nm 21.1.

CAMOM (*no hebraico, "lugar permanente"*) – nome do lugar onde foi sepultado Jair de Gileade, Jz 10.5. Localização ainda desconhecida. Eusébio e Jerônimo dizem que era na planície de Esdraelom, entre Megido e o Acre; porém Josefo afirma que é em Galade (Antig. 5.7,6). Políbio fala de uma cidade com o nome de Kamoun, que foi tomada por Antíoco em guerra com Ptolomeu Filadelfo, logo depois da tomada de Citópolis, ao mesmo tempo em que tomou Pela, Abila, Gadara e outras povoações de Gileade, Hist. 5.70,12.

CAMOS – nome do deus dos moabitas, Nm 21.29; Jr 48.46. Pedra Moabita, 3. Esse deus era adorado do mesmo modo que Moloque, com o sacrifício de crianças, 2 Rs 3.27. É o mesmo Moloque, como se observa em Jz 11.24, em que o deus dos amonitas, que era Moloque, 1 Rs 11.7, é chamado Camos. Salomão edificou um templo a Camos no monte que está fronteiro a Jerusalém, 1 Rs 11.7, que Josias contaminou, 2 Rs 23.13. Algumas traduções dizem Quemós.

CAMPAINHAS – nome das pequenas campainhas de ouro, alternadas com ornamentos em forma de romãs, usadas na parte inferior das vestimentas do sumo sacerdote, no hebraico *paamom*, que produziam som, como sinal de sua entrada e saída no Santo lugar, "...perante Jeová para que não morra", Êx 28.33,34; Eclus. 45.9. Os cavalos traziam ao pescoço uma trança ornada de lâminas de bronze, ou um simples cincerro que servia para conservar os animais juntos, ou para descobrir aqueles que se afastavam para longe.

CAMPINA, PLANÍCIE – **1** Há sete palavras diferentes na língua hebraica que servem para representar a idéia de campina, planície, baixada, três das quais merecem especial atenção, e vêm a ser: *Shephelah*, *kikkar* e *arabah*. *Shephelah*, ou campinas, é de designação técnica para os distritos do sul e da parte central da Palestina, compreendidos entre as altas montanhas ao oriente e a planície que se estende ao longo do Mediterrâneo, a oeste. O livro de Josué enumera 42 cidades com suas aldeias, todas situadas nos limites dessa planície, Js 15.33-47. Algumas delas, estavam em poder dos filisteus. *Kikkar*, significa círculo, circuito, e serve para designar a planície do Jordão desde Sucote ao norte até Sodoma e Gomorra ao sul, Gn 13.10-12; 19.17-28; Dt 34.3; 2 Sm 18.23, 2 Cr 4.17. O vale que se estende até o mar da Galiléia para o norte entrava nessa região (*Guerras* 4.8, 2). A palavra *arabah*, que se traduz planície e campina, em Dt 2.8; 3.17 etc., fica geralmente sem vocábulo a ela correspondente. **2** Terrenos abertos, terreno plano, planície, Dt 11.30.

CAMPO – segundo o sentido bíblico, campo é um terreno aberto, que serve para pastagens ou cultura, Gn 37.7,14-16, de qualquer extensão, desde a pequena área até ao território de um povo, Gn 14.7; 23.9; Rt 1.6; Mt 6.28; 13.24. Também havia campos revestidos de árvores grandes, 1 Sm 14.25. Os limites artificiais dos campos eram assinalados por marcos de pedra, Dt 19.14.

CANA (*do hebraico, kaneh*) – **1** Cana aromática. É assim traduzida a palavra *kaneh* em Is 43.24, e Jr 6.20. Nessas duas passagens, algumas versões traduzem Cálamo sempre que se referem à cana aromática (*veja CÁLAMO*). **2** Cana. Nome das plantas que nascem nos lugares alagados, onde crescem, a certa altura, produzindo folhas largas. Os hebreus dão o nome de *kaneh*, e os gregos a denominam *kalamos*, Is 42.3; Mt 12.20. Quando se pretende dar esse nome a uma variedade de canas odoríferas, traduzem-no por cálamo. Cresce nos lugares baixos do Nilo e em outros lugares úmidos ou alagados, 1 Rs 14.15; Is 19.6; 35.7. Forma espessos e altos maciços de modo a oferecer abrigo e refúgio até para os hipopótamos, Jó 40.21. São muito flexíveis à ação do vento, 1 Rs 14.15, e tão frágeis que se alguém se firmar em uma delas, arrisca-se a cair e a ferir-se nas suas pontas, 2 Rs 18.21; Is 36.6; Ez 29.6,7. A esse respeito, a cana oferece um quadro vivo, representando o tratamento que os egípcios deram aos israelitas, quando estes se encostaram a eles em casos de emergência. Foi uma dessas canas que os perseguidores de nosso Senhor lhe colocaram na mão em lugar de cetro, para escarnecê-lo; e o feriram na cabeça. Foi ainda com a cana, ou com cousa semelhante que lhe chegaram aos lábios a esponja embebida em vinagre, Mt 27.29,30,48. A planta referida nestas passagens é com certeza a *Arundo donax*, que se vê no Nilo, muito comum na Palestina, onde chega a três metros e meio de altura com folhas tão compridas e largas quanto a lâmina de uma espada. Cultiva-se na França, onde as suas hastes leves e direitas servem de caniço para pescaria, para flechas e postes para segurar as videiras. Empregavam as canas como vara de medir com o comprimento fixo de seis côvados, Ez 40.5; 42.8. Na Babilônia, seis côvados ou cúbitos formavam uma unidade denominada *kanu*, ou cana.

CANÁ (*no hebraico, "lugar de canas"*). **1** Nome de uma aldeia, chamada Caná da Galiléia, onde Jesus operou os seus primeiros milagres, convertendo a água em vinho, Jo 2.1-11 e em que curou o filho de um régulo que morava em Cafarnaum, 4.46. Foi pátria de Natanael, 21.2. A palavra Galiléia serve para distingui-la de outra Caná, existente na Coelesíria, Antig. 15.5,1. Josefo também menciona Caná da Galiléia, em Vida, 16.71. O sítio tradicional de Caná da Galiléia é apontado na aldeia Kefr Kenna, sete quilômetros a nordeste de Nazaré na estrada de Tiberíades. Robinson sustenta a opinião de alguns investigadores do tempo das cruzadas, de que a Caná da Galiléia era a Kâna-el-Jelil, que é o antigo nome, levemente alterado, que fica cerca de 15 km ao nordeste de Nazaré. **2** Nome de uma cidade situada na linha divisória da tribo de Aser, Js 19.28. Robinson a identifica com a moderna Kânâ, que fica a 13 km a sudeste de Tiro. Essa cidade não apresenta indícios de antiguidade, porém, mais para baixo, na ravina que a ela se prende, existem antigas esculturas visíveis nas escarpas do lado sul.

Caná da Galiléia — Christian Computer Art

CANÁ, RIBEIRO DE

CANÁ, RIBEIRO DE – nome de uma torrente que servia de limite entre as tribos de Efraim e Manassés, Js 16.8; 17.9. Robinson identifica-a com *wady Kanah*, que nasce ao sul de Siquém e entra no Aujeh que, por sua vez, cai no Mediterrâneo, sete quilômetros acima de Jope. Outros estudiosos a identificam com o próprio rio Aujeh.

CANAÃ (*no hebraico, "baixo", "plano"*). **1** Nome de um dos filhos de Cão e neto de Noé, ou para melhor dizer, nome dos descendentes de Cão que ocuparam Canaã, de onde derivaram o nome e cujos traços característicos se desenham nitidamente nos habitantes do país, Gn 10.6,15; Os 12.7. A continuação do caráter de Cão em um ramo de seus descendentes tinha sido profetizada por Noé, Gn 9.18-27. Nesta passagem, o progenitor dos cananeus é chamado Canaã, como que previamente, designando o futuro transmissor da venerável profecia de Noé. Desejando indicar os antepassados dos cananeus entre os filhos de Cão, o historiador dá ao seu antecessor o nome que teriam os seus descendentes, e pelo qual ele deveria ser familiarmente conhecido, a despeito de ser ou não, o seu nome próprio. **2** Nome que se deu à parte baixa da costa da Palestina para distingui-la da parte montanhosa do país, Nm 13.29; Js 11.3. Posteriormente, estendeu-se primeiro ao vale do Jordão e depois a toda a parte ocidental da Palestina, e veio a ser a designação mais comum da terra habitada pelos hebreus, se bem que eles somente ocuparam a parte alta e o vale do Jordão em uma pequena linha da costa, Gn 11.31; Nm 13.2. A linguagem que prevaleceu depois da conquista pelos israelitas foi a hebraica, falada pelo povo de Deus, Is 19.18. Os hebreus conquistaram Canaã sob o comando de Josué, depois da morte de Moisés. O plano da campanha incluía também o estabelecimento fixo em Gilgal, ao oriente de Jericó, Js 4.19; 5.10. Dali subiram para Ai e Gibeão, 7.3; 8.1,3; 10.9. As vantagens dessa posição foram grandes. Em Gilgal, não havia inimigos a temer; havia água em abundância, tinham recursos de alimentação fornecidos pelas duas tribos e meia, já estabelecidas no país a leste do Jordão, e lugar seguro para armazenar os despojos. Os objetos proeminentes nesse campo eram o Tabernáculo, Js 6.24; 9.23; 18.1, a arca, 3.17; 6.11; 7.16, o altar, 9.27; 21.19,28,29, as 12 pedras que tinham sido retiradas do leito do rio Jordão e conservadas em memória da passagem pelo rio, 4.20. Vinha depois o corpo dos sacerdotes Eleazar e os demais sacerdotes, 14.1,6; 6.6,12; 8.33. O plano de Josué incluiu mais tarde a campanha preliminar para a destruição dos inimigos que ameaçavam o campo. Tomou Jericó posto avançado de Canaã, a princesa do vale do Jordão. Depois, marchou para os altos, em direção ao ocidente e conquistou a cidade de Ai, que ficava na parte superior do vale, fronteira a Gilgal, de onde poderiam descer tropas inimigas para o campo. Feita essa campanha preliminar, devia dar cumprimento às injunções de Moisés, erigindo um altar sobre o monte Ebal, Js 8.30-36; Dt 27. Segundo Josefo, essa solenidade foi celebrada depois de conquistado todo o país, Antig. 5.1,19. Nessas circunstâncias, aparecem uns embaixadores de Gibeão com os quais Josué celebrou um tratado sem consultar ao Senhor. Foi um passo muito errado, como se vai ver. Tendo tomado pé no país, Josué procedeu à conquista de Canaã em duas campanhas. A aliança dos cinco reis contra Gibeão determinou a campanha expedicionária do sul, Js cap. 10. O rei de Jerusalém convidou o rei de Hebrom, o rei de Jarmute, o rei de Laquis e o rei de Eglom para combater contra Gibeão. Josué teve de entrar na defesa de Gibeão, de acordo com o tratado. Os cinco reis foram derrotados e desceram para Bete-Horom. Continuando as suas vitórias, no mesmo dia, Josué tomou Maqueda, desta cidade passou a Libna e a Laquis, cujos reis foram vencidos. Em Eglom fez novo

CANAÃ

acampamento provisório, combateu a cidade, e dali passou a Hebrom que foi igualmente tomada, passando de volta a Debir que ele tomou e destruiu. Desta maneira, toda a região, compreendida entre Gibeão, Gaza e Cades-Barnéia foi conquistada, voltando Josué para Gilgal. Foi durante essa campanha que Josué mandou parar o Sol, 10.12-15. Este acontecimento vitorioso durou quase um dia inteiro (*veja MILAGRE*). Tendo conquistado a região central e a parte sul, Josué julgou necessário dirigir sua atenção para a confederação das cidades do norte, cidades populosas e fortificadas, deixando as de menor importância ao norte da Filístia, Js cap. 11. Com isto em vista, empreendeu a campanha do norte. O rei de Hazor era o cabeça de uma confederação de pequenos monarcas, e ouvindo falar das vitórias dos israelitas na região do sul, convocou todos os reis daquela região para derrotarem Josué. Os exércitos aliados reuniram-se nas águas de Merom. Josué havia chegado ao mesmo lugar e travou batalha, desbaratou-os e perseguiu-os até Sidom, para noroeste e até Mizpá ao oriente. Voltando, queimou Hazor e tomou todas as capitais dos pequenos reinos aliados. Nos caps. 11 e 12 do livro de Josué, encontra-se a narração de toda essa conquista. O poder dos cananeus foi destruído nessa grande campanha, porém os habitantes da Palestina não foram totalmente exterminados. Muitos de seus naturais ali permaneceram. Cidades importantes ficaram de posse das populações indígenas, 11.13; 15.63; 16.10 etc., e até mesmo, onde a destruição foi mais completa, não poucos escaparam pela fuga, e quando o exército de Israel se retirou, eles voltaram, reconstruíram as cidades devastadas e cultivaram de novo os campos arrasados, 10.43. Anos depois, quando as tribos de Israel se espalharam por todo o país, eles ofereceram novas resistências, Jz cap. 1 (*veja HEBROM e JOSUÉ*). Foi longa a campanha para a conquista de Canaã. Somente os heveus, moradores de Gibeão, fizeram paz com Josué, 11.3,8,19. Calcula-se com muita exatidão que se passaram 45 anos desde o reconhecimento feito pelos espias no segundo ano até a distribuição da terra, Nm 10.11; 13.20; Dt 3.2; Js 14.7,10, sendo 38 anos, desde o reconhecimento feito pelos espias, até à passagem do Zarede, e mais sete anos para a conquista do país, a este e a oeste do Jordão. Com estes dados, deduz-se o tempo consumido na conquista da terra ocidental. A morte de Arão, Nm 3.38, ocorreu no quinto mês do ano 40 da saída dos filhos de Israel do Egito, e a passagem do Jordão, Js 4.19, teve lugar no dia dez do primeiro mês, dando para a conquista de Siom e Ogue, e para os acontecimentos de Sitim, cerca de oito meses e nove dias, sendo que, só em Sitim, permaneceram dois meses, Dt 1.3,4; Js 4.19; Dt 34.8; Js 2.22 etc. Antig. 4.8,49 e 4.8,1, e calculando mais cinco ou seis anos para a tomada da parte ocidental da Palestina. Josefo relata cinco anos (Antig. 5.1,19). Josué cometeu três erros políticos: o tratado de aliança com os gibeonitas, a concessão feita aos jebuseus para permanecerem em Jerusalém, Js 15.63, e ainda o fracasso com os filisteus, que impediu o domínio sobre o território da costa marítima. Por um estudo sobre o mapa geográfico, observa-se logo o resultado desses erros, que veio a ser o isolamento em que ficaram as duas tribos de Judá e Simeão, separadas do resto do país. A estrada principal de Judá para o norte era dominada pela fortaleza de Jerusalém em mãos dos jebuseus, e cercada, na extensão de cerca de 19 km a oeste, pelos estabelecimentos dos gibeonitas. Entre Jerusalém e Jericó, para o oriente, havia uma região montanhosa, selvagem e inabitável, cortada na direção de este para oeste, por intransponíveis gargantas. De Jerusalém para o Mediterrâneo, estendia-se uma faixa de

CANAÃ

terra, ocupada por estrangeiros, como gibeonitas, cananeus; em Dã, e depois os filisteus que dominavam até as praias do Mediterrâneo. As conseqüências desse isolamento das duas tribos de Judá e Simeão foram muito sérias, influindo grandemente no curso da história em anos subseqüentes. O extermínio dos cananeus pelos israelitas, seria ato justificável? A simples expulsão de suas posições não oferece dificuldade moral alguma. A conduta dos conquistadores estava de acordo com o espírito da época. Os israelitas tinham tanto direito à posse de Canaã quanto os que dela foram despojados: eram conquistadores que conquistavam outros conquistadores. O modo de suas operações para se apoderarem da terra também não oferece nenhuma dificuldade moral; porquanto, a conduta dos hebreus na guerra compara-se favoravelmente com as práticas daquele tempo. Julgados pelos padrões da época, não foram mais sanguinários nem mais cruéis. Os assírios retrataram as suas guerras. Era muito freqüente decapitarem os povos das cidades vencidas, pondo em pirâmides os seus crânios, crucificavam ou empalavam os prisioneiros, arrancavam-lhes os olhos e os esfolavam vivos. Nas batalhas de Israel com os cananeus, há exemplos de mortandade, mas sem as torturas. A dificuldade moral, associada ao extermínio dos cananeus, provém de ordem divina. O caráter de Jeová está envolvido nessa questão. É preciso considerar, pois, que Deus tinha em vista duplo fim, exterminar pela morte e pela expulsão, os habitantes da Palestina. Era ato de justiça, a punição daquela gente, Gn 15.6; Lv 18.25; Dt 9.3,4; 18.12, e, ao mesmo tempo, um remédio preventivo, Êx 23.31-33; 34.12-16; Dt 7.2-4. Os cananeus precisavam ser punidos por causa das suas iniqüidades e para evitar que o povo de Deus fosse por eles contaminado. Não está comprovado que os cananeus eram mais pecadores que os demais povos. A sua moral talvez não fosse pior do que a de outros pagãos a

que se refere o apóstolo em Rm cap. 1. Eram idólatras, dominados por vícios vergonhosos e abomináveis, além dos sacrifícios humanos em que se excediam mais do que outros povos gentílicos. A morte é decreto para toda a humanidade. Deus responsabiliza, tanto as nações quanto os indivíduos. Ele votou ao extermínio os povos de Canaã, punindo assim os seus crimes, e prevenindo que o seu povo participasse das suas impurezas. Nos dias de Noé, exterminou a raça humana pelo Dilúvio; destruiu as cidades da planície por meio do fogo e enxofre; sepultou no mar Vermelho Faraó e seu exército; fez que a terra engolisse a Datã e Coré com os seus companheiros, tudo por causa de sua iniqüidade e costumes perversos. No caso presente, em vez de empregar as forças da natureza como agentes executivos de sua vingança, usou os israelitas, para executarem os atos judiciários por ele decretados; do mesmo modo que procedem os tribunais civis, empregando executores humanos como ministros da sua justiça. Esta lição os israelitas aprenderam. Sabendo que exerciam funções executivas da justiça divina, todas as operações de guerra sobre os palestinos eram plenamente justificadas, e justos também os meios empregados para esse fim. Em conexão com o justo castigo infligido aos povos delinqüentes, subsistia o benefício para a humanidade. Um dos grandes erros cometidos pelos israelitas foi não executar o plano divino por inteiro. Esse erro foi ao mesmo tempo pecado de que resultou grave e durável prejuízo para a nação. A repartição da terra conquistada, na parte oeste do Jordão, foi feita parcialmente em Gilgal e em Siló para onde havia sido transportado o Tabernáculo, Js 14.1,2,6 até o cap. 18.1,2. Essa divisão foi dirigida pelo sacerdote Eleazar, por Josué e por dez chefes de famílias, 17.4, *cf.* Nm 34.17,18, lançando sortes, Js 18.6. A lei que devia presidir a essa distribuição já havia sido promulgada: à tribo mais populosa caberia maior porção

CANANEU

de terra, Nm 26.52-56; 33.54. Os rabinos destinaram duas urnas para receberem as sortes; em uma depositavam os nomes das tribos, e na outra, os nomes dos distritos; tirava-se o nome de uma tribo de uma urna, e da outra o nome do distrito que lhe tocava em sorte. O tamanho do terreno regulava-se pela população da tribo. No caso em que a comissão escolhesse um distrito sem determinar as divisas e nomeasse, pela sorte, a tribo que pertenceria, a dificuldade deveria ser resolvida: 1º.) Compare a forma da questão em Jz 1.1. 2º.) Essa teoria satisfaz Nm 33.54. 3º) Compare Js 18.1-10, em que se descreve a terra dividida em sete porções, e Josué lança sortes para a distribuição pelas tribos. 4º.) Essa teoria também satisfaz ao exposto em Js 19.1 etc., onde se estabelece que na partilha final, a segunda sorte seria para Simeão, a terceira para Zebulom e assim por diante etc. 5º.) Os distritos já ocupados ficavam com os seus ocupantes, alterando assim o sistema das sortes, seguindo uma ordem regular de organização de modo a evitar solução de continuidade no estabelecimento das tribos. 6º.) Muito desse trabalho ficou ao critério da comissão encarregada da partilha. Calebe deveria ficar com Hebrom, se a sorte pertencente à maioria da tribo de Judá, consentisse que ele ficasse nas suas vizinhanças. As disposições finais do velho Jacó ficavam assim cumpridas até onde as sortes o permitissem, Gn 49. Zebulom não pôde ficar com a costa do mar, porém, ainda assim, foi aquinhoado de acordo com os desejos do patriarca, até onde era possível. Houve enganos que foram corrigidos. Antes de determinada distribuição (o que não se fez em um dia, nem em uma semana), Judá acusou haver recebido terra em excesso. As sobras teriam de ser anexadas à parte ainda não distribuída. Os filhos de José, de outro lado, haviam informado Josué de que a parte que lhes tocou era pequena e pediram mais, que lhes foi dado. Segundo as intenções de Jacó, as terras de Efraim e Manassés deviam ser limítrofes e por isso a sorte foi lançada em comum com os filhos de José, Js 16.1,4. Desse modo, a nação se constituiu com a distribuição prévia de todo o território. **1** A parte montanhosa do sul – a Judá, quarto filho de Lia. **2** A parte montanhosa do centro – a José, primogênito de Raquel. **3** A parte montanhosa do meio – a Benjamim, segundo filho de Raquel. **4** A parte que excedeu de Judá, devolvida – a Simeão, segundo filho de Lia. **5, 6** O território limitando a parte montanhosa central ao norte – a Zebulom, sexto filho de Lia e a Issacar, seu quinto filho. **7** O terreno junto à costa – a Aser, segundo filho da serva de Lia. **8** O território, que tocava ao sul, Zebulom, a Aser, ao ocidente, e Judá, pelo Jordão, ao nascente do sol – a Naftali, segundo filho da serva de Raquel. **9** O território que tocou a Dã era pequeno – Dã, era filho da serva de Raquel, Bila. Rúben, primogênito de Lia, Gade, filho da serva de Lia, Zilpa, e a meia tribo de Manassés, este primogênito de José, filho de Raquel, receberam terras ao oriente do Jordão. Levi, filho de Lia, os levitas descendentes de Levi, receberam terras da herança dos filhos de Israel, segundo o mandado do Senhor.

CANANEU – 1 Nome que se dá aos habitantes de Canaã. O povo desta região compunha-se principalmente dos descendentes de Cão e de outras famílias e tribos que a eles se agregaram. De conformidade com a designação geográfica, a palavra Canaã emprega-se em dois sentidos, um mais lato e outro mais restrito. No sentido restrito, a palavra designa o povo residente na costa e nos vales, Gn 15.21; Js 11.1. No sentido lato, o nome designa todas as tribos enumeradas em Gn 10.15-19. Esse povo foi destinado ao aniquilamento por causa de seus pecados, Dt 20.17. Os israelitas deixaram de levar a cabo essa empresa. Em muitos casos, contentaram-se em fazê-los seus tributários em vez de os destruir, Jz 1.27-36. Salomão

CANANEU

os obrigou a pagar tributos. Os cananeus dedicavam-se eventualmente ao comércio e cujo nome se fez tradicional, Is 23.8. **2** Nome de um dos membros de um partido patriótico da Judéia, conhecido também pelo sinônimo grego zelador. O apóstolo Simão tinha esse epíteto, zelote, para distingui-lo de Simão Pedro, Mt 10.4; Lc 6.16.

CANDEEIRO, CASTIÇAL – nome de um aparelho, destinado a sustentar as lâmpadas de azeite que alumiavam o recinto sagrado do Tabernáculo e do templo. Consistia em uma base com uma coluna central a que se prendiam seis braços de ouro maciço, batidos ao martelo, em cujas extremidades se colocavam as lâmpadas. Esse candeeiro ocupava o lado sul do Santuário, Êx 25.31a-40; 40.24; Lv 24.2-4. Somente azeite puríssimo era usado nas lâmpadas que ficavam acesas desde a tarde até à manhã seguinte, Êx 27.20,21; 30.7,8; 1 Sm 3.3. Segundo Josefo, três dessas lâmpadas ardiam durante o dia (Antig. 3.8,3), simbolizando a adoração constante do povo de Deus, Zc 6. No Templo de Salomão, havia dez candeeiros de ouro, cinco à direita e cinco à esquerda do oráculo, 1 Rs 7.49; 2 Cr 4.7. Foram conduzidos para Babilônia, Jr 52.19, de onde voltou apenas um, trazido por Zorobabel, e que foi outra vez arrebatado por Antíoco Epifanes, 1 Mac 1.21. Tendo sido reconduzido para o templo, ali ficou até à tomada de Jerusalém por Tito, e levado para Roma, onde figurou na festa triunfal do grande guerreiro. Acha-se esculturado no Arco do Triunfo em Roma.

CANE – nome de um lugar, evidentemente situado na Mesopotâmia, Ez 27.23.

CANELA – nome de madeira odorífera, Ct 4.14. Usava-se no preparo de óleos empregados na consagração dos sacerdotes, como Arão e seus sucessores, Êx 30.23. Outras vezes servia para perfumar os leitos, Pv 7.17. Cinamomo é a casca aromática de uma árvore.

CÂNFORA – esta palavra é a tradução da palavra grega *Kaphoura*, do árabe *kafur*, ambas derivadas do malaio *kapur*, *greda*. O hebraico diz *Kopher*, traduzido em inglês, *caphire*, ou cânfora. A Versão Brasileira diz hena em Ct 4.13; Figueiredo diz chipres no mesmo lugar; e Almeida também diz Hena (*veja HENA*).

CANGA (*veja JUGO*).

CÂNON (*do grego Kanon, "régua", "cana", "vara", ou "regra"*) – o sentido dessa palavra tem aplicação variada, como vamos observar. É o nome de uma peça de madeira, ou de outro material, de que se utilizam os pedreiros, os carpinteiros e outros artistas, para alinhar ou nivelar a sua obra. Em sentido figurado, é tudo que serve para regular ou determinar outras coisas, especialmente livros clássicos: é um padrão, modelo ou regra, Gl 6.16; Fp 3.16. Tipo da doutrina cristã, o ortodoxo em oposição ao heterodoxo. As Escrituras Sagradas, consideradas como regra de fé e prática. A palavra cânon é de origem grega. Empregou-se, a princípio, nesta última acepção pelos primeiros doutores da Igreja, mas a idéia é mais remota, para que um livro tivesse lugar entre os outros livros da Bíblia, precisava ser canônico; outro livro, sem os requisitos necessários para tal fim, chamava-se não-canônico. O cânon do Antigo Testamento. A literatura sagrada evoluiu gradativamente e foi cuidadosamente vigiada. Os Dez Mandamentos escritos em tábuas de pedra, e que eram a constituição de Israel, foram guardados em uma arca, Êx 40.20. Os estatutos foram registrados no livro do pacto, 20.23, até o cap. 23.33; 24.7. O livro da lei, escrito por Moisés, era colocado ao lado da arca, Dt 31.24-26. A essa coleção se ajuntaram os escritos de Josué, Js 24.26. Samuel escreveu a lei do reino e a depositou diante do Senhor, 1 Sm 10.25. No tempo do rei Josias, o livro da lei

CÂNON

do Senhor, o bem conhecido livro, foi encontrado no templo e reconhecido pelo rei, pelos sacerdotes, pelo povo, pelas autoridades e pelos anciãos, 2 Rs 22.8-20. Do livro encontrado foram tiradas cópias, Dt 17.18-20. Os profetas reduziram as suas palavras a escrito, Jr 36.32, e eram familiarizados reciprocamente com os seus escritos que os citavam como padrões autorizados, Is 2.2-4; Mq 4.1-3. A lei e os profetas eram tidos como produções autorizadas, inspiradas pelo Espírito Santo, e cuidadosamente guardadas por Jeová, Zc 1.4; 7.7,12. A lei de Moisés, compreendendo os cinco primeiros livros da Bíblia, circulava como uma porção distinta da literatura sagrada no tempo de Esdras em cujas mãos esteve, Ed 7.14, sendo doutor no conhecimento dela, v. 6, a pedido do povo, ele leu publicamente no livro da Lei, Ne 8.1,5,8. Nesse tempo, e antes do cisma entre os judeus e os samaritanos chegar a seu termo, o Pentateuco foi levado para Samaria. O colecionamento dos profetas menores em um grupo de doze é confirmado por Jesus, filho de Siraque, como em voga no ano 200 a.C., Ecclus 49.10. Sua linguagem dá a entender a existência do grande grupo formado pelos livros de Josué, Juízes, Samuel, Reis, Isaías, Jeremias, Ezequiel e os 12 profetas menores, que formavam a segunda divisão do cânon hebraico, caps. 4.49. A existência da tríplice divisão das Escrituras em "Lei, Profetas e os outros que os acompanharam"; ou "a Lei, os Profetas e, os outros livros", ou, "a Lei, os Profetas e o resto dos livros", é confirmada já no ano 132 a.C. Com a existência de uma versão grega da mesma época, atestada pelo neto de Jesus, filho de Siraque (Ecclus, prólogo), em uma passagem do 1 Mac 12.9, datada, do ano 100 a.C., faz-se referência a livros sagrados, "que estão em nossas mãos". O judeu Filo, que nasceu em Alexandria no ano 20 a.C., e ali morreu no reinado de Cláudio, possuía o cânon, e citou quase todos os livros, com exceção dos Apócrifos. O Novo Testamento cita as "Escrituras" como escritos de autoridade religiosa, Mt 21.42; 26.56; Mc 14.49; Jo 10.35; 2 Tm 3.16, como livros santos, em Rm 1.2; 2 Tm 3.15,16, e como Oráculos de Deus, em Rm 3.2; Hb 5.12; 1 Pe 4.11; e menciona a tríplice divisão em Moisés, Profetas e Salmos, em Lc 24.44, cita e faz referências a todos os outros livros, exceto Obadias e Naum, Esdras, Ester, Cântico dos Cânticos e Eclesiastes. Josefo que foi contemporâneo do apóstolo Paulo, cujos escritos datam do ano 100 d.C., falando do seu povo, diz: "Nós temos apenas 22 livros contendo a história de todo o tempo, livros em que "nós cremos", ou segundo geralmente se diz, livros aceitos como divinos", e o mesmo escritor exprime em termos bem fortes, afirmando a exclusiva autoridade desses escritos e continua, dizendo: "Desde os dias de Artaxerxes até os nossos dias, todos os acontecimentos estão na verdade escritos; mas estes últimos registros não têm merecido igual crédito, como os anteriores, por causa de não mencionarem a sucessão exata dos profetas. Há uma prova prática do espírito em que tratamos as nossas Escrituras; apesar de ser tão grande o intervalo de tempo decorrido até hoje, ninguém se aventurou a acrescentar, a tirar, ou a alterar uma única sílaba; faz parte da natureza de cada judeu, desde o dia em que nasce, considerar estas Escrituras como ensinos de Deus; confiar nelas, e, se for necessário, dar alegremente a vida em sua defesa" (Contra Apion, 1.8). Josefo apresenta o conteúdo das Escrituras sob três divisões: "Cinco livros pertencem a Moisés, e contêm as suas leis e as tradições sobre a origem da humanidade, até a sua morte". "Desde a morte de Moisés até Artaxerxes, os profetas que viveram depois dele, escreveram os fatos de seu tempo em 13 livros". Josefo acompanhou o arranjo feito nos livros da Escritura pelos tradutores de

CÂNON

Alexandria. Os 13 livros são, provavelmente: Josué, Juízes com Rute, Samuel, Reis, Crônicas, Esdras com Neemias, Ester, Jó, Daniel, Isaías, Jeremias com Lamentações, Ezequiel e os doze Profetas Menores. Os quatro livros restantes contêm hinos a Deus e preceitos de conduta para a vida humana. Sem dúvida, ele se refere aos Salmos, ao Cântico dos Cânticos, aos Provérbios e ao Eclesiastes. Até aqui, os fatos. Havia uma tradição corrente que o cânon fora arranjado no tempo de Esdras e de Neemias. Josefo, já citado, fala da crença universal de seus patrícios de que nenhum livro havia sido acrescentado desde o tempo de Artaxerxes, isto é, desde Esdras e Neemias. Uma extravagante legenda do fim do primeiro século da era cristã deu curso a uma tradição de que Esdras havia restaurado a lei, e mesmo o Antigo Testamento inteiro por se terem perdidos os exemplares guardados no Templo, Ne 14.21,22,40. Afirma a tal legenda que os judeus da Palestina, naquela época, reconheciam os livros canônicos como sendo 24. Uma passagem de duvidosa autenticidade e de data incerta, talvez escrita 100 anos antes de Cristo em 2 Mac 2.13, alude à atividade de Neemias em conexão à segunda e terceira divisão do cânon. Ireneu transmite a tradição assim: "Depois que os sagrados escritos foram destruídos no exílio sob o domínio de Nabucodonosor, quando os judeus depois de setenta anos, voltaram do cativeiro para a sua pátria, Ele (Deus) nos dias de Artaxerxes, inspirou a Esdras, o sacerdote, da tribo de Levi, para arranjar de novo todas as palavras dos profetas dos dias passados e restaurar para uso do povo a legislação de Moisés". Elias, levita, escrevendo em 1538, fala da crença que o povo tinha dizendo: "No tempo de Esdras, os 24 livros ainda não estavam unidos em um volume. Esdras e seus associados fizeram deles um volume dividido em três partes, a lei, os profetas e a hagiógrafa". Esta tradição

contém verdades. Se deve ser aceita em todos os seus particulares, isso depende de determinar a data em que certos livros foram escritos, como Neemias e Crônicas. O Pentateuco, como trabalho de Moisés, compreendendo a incorporação das leis fundamentais da nação, formou uma divisão do cânon, e com direitos firmados na cronologia, ocupou o primeiro lugar na coleção dos livros. A segunda divisão dos livros teve a designação de proféticos, por serem escritos pelos seus autores assim chamados. Esses livros eram em número de oito, Josué, Juízes, Samuel, e Reis, denominados os primeiros profetas, e Isaías, Jeremias, Ezequiel e os doze profetas menores, denominados os últimos profetas. Por que é que Josué é denominado profeta? (veja Ecclus. 46.1). O núcleo da terceira divisão é formado de secções de livros de Salmos e Provérbios. Tinham duas características distintas: eram essencialmente poéticos e os seus autores não foram oficialmente profetas. Atraíram para si todas as outras produções de literatura semelhante. A oração de Moisés no Salmo 90, não foi escrita por profetas, mas foi colocada nessa divisão dos livros da Escritura por ser produção poética. Pela mesma razão, o livro Lamentações de Jeremias, escrito por profeta, e sendo poesia, entrou na terceira divisão do cânon hebraico. Uma razão adicional existiu para separá-lo de Jeremias, é que foi lido por ocasião dos aniversários da destruição de ambos os templos, e por isso, foi colocado com os quatro livros menores, que foram lidos durante os outros quatro aniversários, Cântico dos Cânticos, Rute, Eclesiastes e Ester formavam os cinco rolos, ou *Megilloth*. O livro de Daniel foi incluído nesta parte por ter sido escrito por homem que, capacitado de espírito profético, não era oficialmente profeta. Com toda a probabilidade, o livro das Crônicas foi escrito por um sacerdote e não profeta, e por esta razão, foi colocado na terceira divisão do cânon. Não sabemos por que estes livros

CÂNON DO NOVO TESTAMENTO

estão nessa divisão, quando é certo que alguns deles e partes deles que agora se acham nela já existiam antes de Malaquias e Zacarias na segunda divisão. É conveniente que se diga que, conquanto o conteúdo das diversas divisões do cânon permanecesse inalterável, a ordem dos livros da terceira divisão variou de tempos em tempos; e mesmo na segunda divisão, o Talmude cita Isaías entre Ezequiel e os Profetas menores. Essa ordem dos quatro livros proféticos, Jeremias, Ezequiel, Isaías, e os profetas menores, foi evidentemente determinada pelo tamanho, priorizando os de maior volume. Logo no fim do primeiro século da nossa era, o direito de certos livros figurarem na terceira divisão do cânon foi disputado. Não havia dúvida em pertencerem ao cânon. As discussões versaram sobre o conteúdo dos livros e sobre as dificuldades de harmonizá-los entre si. Esses debates, porém, eram simples exibições intelectuais. Não havia intenção de excluir do cânon nenhum desses livros, e sim tornar bem claro o direito que eles tinham aos lugares que ocupavam.

CÂNON DO NOVO TESTAMENTO
– a Igreja apostólica recebeu da Igreja judia a crença em uma regra de fé escrita. Cristo mesmo confirmou essa crença, apelando para o Antigo Testamento como a Palavra de Deus escrita, Jo 5.37-47; Mt 5.17,18; Mc 12.36; Lc 16.31, instruindo os seus discípulos nela, Lc 24.45. Os apóstolos habitualmente se referem ao Antigo Testamento como autoridade, Rm 3.2,21; 1 Co 4.6; Rm 15.4; 2 Tm 3.15-17; 2 Pe 1.21. Em segundo lugar, os apóstolos baseavam o seu ensino, oral ou escrito, na autoridade do Antigo Testamento, 1 Co 2.7-13; 14.37; 1 Ts 2.13; Ap 1.3, e ordenavam que seus escritos fossem lidos publicamente, 1 Ts 5.27; Cl 4.16,17; 2 Ts 2.15; 2 Pe 1.15; 3.12, enquanto que as revelações dadas à Igreja pelos profetas inspirados eram consideradas como fazendo parte, com as instruções

apostólicas do fundamento da Igreja, Ef 2.20. Era natural e lógico que a literatura do Novo Testamento fosse acrescentada à do Antigo, ampliando, desse modo, o cânon de fé. No próprio Novo Testamento se observa a íntima relação entre ambos, 1 Tm 5.18; 2 Pe 3.1,2,16. Nas épocas pós-apostólicas, os escritos procedentes dos apóstolos e tidos como tais foram gradualmente colecionados em um segundo volume do cânon, até se completar o Novo Testamento. Porquanto, desde o princípio, todo livro destinado ao ensino da Igreja em geral, endossado pelos apóstolos, quer fosse escrito por algum deles, quer não, tinha direito a ser incluído no cânon e constituía doutrina apostólica. Desde os primeiros três séculos da Igreja, foi baseado neste princípio que se reuniu os livros da segunda parte do cânon. A coleção completa fez-se vagarosamente por diversas razões. Alguns dos livros só eram conhecidos como apostólicos em algumas igrejas. Quando o corpo cristão em todo o império romano os reconhecia, eram aceitos como de autoridade apostólica. O processo adotado foi lento, por causa ainda do aparecimento de vários livros heréticos e escritos espúrios, com pretensões de autoridade apostólica. Apesar de sua lentidão, os livros aceitos por qualquer igreja foram considerados canônicos porque eram apostólicos. O ensino dos apóstolos era regra de fé, e lido nas reuniões do culto público. Já no princípio do segundo século, os escritos apostólicos foram chamados Escrituras (Epíst. de Policarpo, 12; Epíst. de Barnabé, 4). Os evangelhos segundo Marcos e Lucas entraram na Igreja pela autoridade de Pedro e Paulo, de que foram companheiros. Logo começaram os comentários a esses escritos, cuja fraseologia saturou a literatura da idade pós-apostólica. São dignos de nota os seguintes fatos para explicar a rapidez com que a coleção dos livros se estendeu a toda a Igreja. Os quatro evangelhos entraram nas igrejas desde o princípio do segundo

CÂNON DO NOVO TESTAMENTO

século. A segunda epístola de Pedro, cap. 3.16, mostra-nos que as epístolas de Paulo já haviam formado uma coleção de escritos familiares aos leitores das cartas de Pedro. Muito cedo aparecem as expressões "evangelho" e "apóstolos" designando as duas partes do novo volume. A evidência sobre a canonicidade dos Atos apostólicos, nos leva à primeira metade do segundo século. Alguns livros, é certo, sofreram contestações por parte de certos grupos de igrejas, mas serve para provar que tais livros entraram no cânon depois de evidentes provas de sua autenticidade. Finalmente, observa-se que a Igreja da Síria, no segundo século, recebeu como canônicos todos os livros de que se compõe o atual Novo Testamento, exceto O Apocalipse, a epístola de Judas, a segunda de Pedro, a segunda e a terceira de João. A Igreja latina aceitou todos os livros, menos as epístolas de Pedro, a de Tiago, a terceira de João; a Igreja africana do norte aceitou todos os livros, exceto a epístola aos Hebreus, a segunda de Pedro e talvez a de Tiago. As coleções recebidas pelas mencionadas igrejas somente continham os livros que elas haviam recebido formalmente como sendo de autoridade apostólica, mas isto não prova a não existência de outros livros de igual procedência e autoridade. Os restantes eram universalmente aceitos no curso do terceiro século, apesar de opiniões diferentes a respeito de alguns deles. No decorrer do tempo, e quando entramos na época dos concílios, o Novo Testamento aparece na lista dos livros canônicos como atualmente o temos. No quarto século, dez dos padres da Igreja e dois concílios deixaram listas dos livros canônicos. Em três dessas listas omitem o Apocalipse, contra o qual se levantaram objeções que desapareceram diante dos testemunhos abundantes a seu favor. As outras listas apresentam o Novo Testamento como hoje o temos. Em vista destes fatos, deduzimos: **1** Apesar de a formação do NT em um volume ter sido lenta, nunca deixou de existir a crença de ser ele livro considerado como regra de fé primitiva e apostólica. A história da formação do cânon do NT serve apenas para mostrar como se chegou gradualmente a conhecer os direitos que eles tinham para entrar no rol dos livros inspirados. **2** As diferenças de opinião sobre quais livros canônicos e sobre os graus de certeza em favor deles, observam-se nos escritos e nas igrejas do segundo século. Este fato, pois, mais uma vez, vem afirmar o cuidado e o escrúpulo das igrejas em receber livros como apostólicos sem evidentes provas. Do mesmo modo se procedeu com referência aos livros espúrios. **3** A prova em favor da canonicidade dos livros do Novo Testamento é a evidência histórica. Quanto a isto, o juízo da Igreja Primitiva em favor dos nossos 27 livros é digno de inteira fé, enquanto não for provado o contrário. Não os devemos aceitar como tais, só porque os concílios eclesiásticos os decretaram canônicos, nem por causa do que eles dizem. A questão versa só e unicamente sobre a sua evidência histórica. **4** Finalmente nota-se que a palavra cânon não se aplicou à coleção dos livros sagrados antes do quarto século. Não obstante, existia a noção que representa, isto é, que os livros sagrados eram regra de fé contendo a doutrina apostólica.

CÂNTAROS – pequenas vasilhas de barro, Jz 7.19, com uma ou duas asas, destinadas no oriente ao transporte de água. Veja no artigo Jerusalém, a ilustração Jacó e a Fonte da Virgem. Sobre Cântaros, (*veja TALHA*).

CÂNTICO – composição poética, em geral pouco extensa, capaz de ser colocada em música, para ser entoada, Êx 15.1-18; Dt 31.30 até o cap. 32.44. Cantava-se ao som de música, Êx 15.20,21; Is 38.20. Os cânticos serviam para fins seculares ou religiosos, Gn 31.27; Nm 21.17,18 e Sl 92; 138.3,4, em louvor dos homens ou de Deus, 1 Sm 18.6,7; Sl 29.7, e para exprimir profundas emoções

CÂNTICO DOS CÂNTICOS, DE SALOMÃO

de gratidão e reconhecimento, Sl 69.12, e para as alegrias do vinho.

CÂNTICO DOS CÂNTICOS, DE SALOMÃO –

nome do último dos cinco livros poéticos do Antigo Testamento conforme a distribuição atual dos livros da Bíblia, como fez a LXX. Nas Escrituras hebraicas, o livro dos Cânticos ficava entre o livro de Jó, e o de Rute, na terceira seção do cânon, em um dos cinco rolos menores, que formavam um grupo dos livros destinados a serem lidos nos cinco grandes aniversários. O livro dos Cânticos era lido no oitavo dia da festa da Páscoa, e interpretado alegoricamente com referência à história do êxodo. A reduplicação da palavra cântico não tem por fim dar a entender que seja a coleção de muitos cânticos, ou que seja o principal dos muitos cânticos de Salomão, tem apenas o valor de um superlativo, semelhante à expressão servo dos servos, santo dos santos, Senhor dos senhores, céu dos céus, vaidade das vaidades, Gn 9.25; Êx 26.33; Dt 10.17; 1 Rs 8.27; Ec 1.2, e quer simplesmente dizer que o Cântico dos Cânticos é uma produção de alto valor poético. Na Vulgata, tem o nome de *Canticum Canticorum*, de onde deriva-se o nome que tem em algumas traduções. Várias personagens entram nos diálogos. No original hebraico, a distinção entre elas se faz por meio das formas gramaticais que determinam o gênero. Quais e quantas são as figuras proeminentes que aparecem no poema? São duas, além das filhas de Jerusalém, que se parecem a um coro de teatro grego ou são três que falam ao mesmo tempo, com a entrada da sulamita? Assim sendo, os três principais interlocutores são: uma donzela camponesa, um apaixonado e Salomão. A donzela está casada com o seu jovem aldeão. Salomão e seus companheiros a vêem quando está em passeio pelas bandas do norte, 6.10-13, e a levam para Jerusalém. Ali a rodeiam as damas do palácio e recebe homenagens do rei com o fim de ganhar-lhe o afeto. A donzela resiste a esses encantos. Aos galanteios de Salomão, responde, enaltecendo as qualidades do seu amado camponês. Suspira por ele durante o dia e sonha com ele durante a noite; manifesta o grande amor que lhe tem e relembra as suas doces palavras; conserva-se fiel a seus votos. Afinal separam-se dela os que a cortejam e reúnem-se, 8.5-7, para louvar o valor com que resiste a todos os seus admiradores. Salomão aparece sempre, como sedutor perigoso; tenta persuadir a donzela a trair o seu amado, 7.1-9. O poema, segundo este modo de ver, celebra amor puro que resiste a todas as tentações de uma corte e as sedutoras artes de um rei. Este modo de entender, conhecido pelo nome de hipótese do pastor, baseia-se nas exclamações apaixonadas, dirigidas a seu querido ausente, 1.4,7; 2.16. Se as evocações amorosas da sulamita nessas passagens, como nas outras contidas no poema, são dirigidas ao rei Salomão, torna-se mais claro o sentido do livro. A donzela campesina não possui concepções adequadas sobre a vida e costumes da vida palaciana; considera o rei como sendo o pastor do povo de Israel, Jr 33.4, à semelhança dos pastores da sua terra nativa, e, dirigindo-se a ele, emprega a linguagem da vida pastoril que lhe era familiar. Também em todas as demais expressões, naturalmente reflete imagens da vida pastoril e das cenas rurais que lhe eram familiares. Alguns intérpretes, especialmente da Inglaterra, vêem na sulamita, não uma simples camponesa e sim a filha de Faraó, esposa de Salomão. Ela é estrangeira de cor morena e filha de príncipe, 1.5; 7.1; o trigueiro da pele é efeito de ação do sol (v. 5). A expressão "filha de príncipe", provavelmente, não se refere à origem de seu nascimento que parece ter sido humilde (2.9), e sim ao seu estado atual a que se havia elevado, cap. 6.12; 1 Sm 2.8. A palavra filha emprega-se

CÂNTICO DOS CÂNTICOS, DE SALOMÃO

no sentido geral de mulher, Ct 6.9; 1 Sm 1.16, e, portanto a expressão filha de príncipe, quer dizer "A mulher nobre". O livro dos Cânticos tem sido considerado como um drama. Contudo, são bem poucos os que pensam que se destinava a ser representado no palco. Segundo Ewald e Friedrich, era composto de quatro atos, ou de cinco, contendo de 13 a 15 cenas, segundo Ewald, Bottcher e outros; ou de seis atos com duas cenas cada um, segundo Delitzsch e Hahn. Bossuet descobre sete atos, cada um deles destinado a um dia da semana, terminando no sábado, porquanto, nesse dia, o amado noivo não saía para as suas ocupações rurais. Bossuet distribuía os dias da seguinte forma: Primeiro dia, cap. 1.1 até 2.6; segundo, cap. 2.7-17; terceiro, cap. 3.1 até 5.1; quarto, cap. 5.2, até cap. 6.9; quinto, cap. 6.10 a cap. 7.11; sexto, cap. 7.12 até cap. 8.3; sétimo, cap. 8.4-14. Delitsch fez o seguinte esboço: Primeiro ato, paixão mútua dos amantes, 1.2 até 2.7; terminando com as palavras: "Eu vos conjuro, filhas de Jerusalém". A cena ocorre no palácio de Jerusalém. Cena primeira. 1. Diálogo entre a donzela sulamita e as damas da corte de Jerusalém, durante uma refeição, 1.2-8. Cena segunda. Entra Salomão: diálogo entre ele e as donzelas que ainda não são desposadas, 1.9 até cap. 2.7. Segundo ato. Os dois amantes em busca um do outro. Termina com as palavras "eu vos conjuro filhas de Jerusalém" 2.8 até 3.5. A cena acontece na pátria da sulamita. Cena primeira. A sulamita narra um encontro arrebatador com Salomão, 2.8-17. Cena segunda. Ela relata um sonho em que havia perdido o seu amado, e que de novo o encontrou, 3.1-5. Terceiro ato. Salomão traz a sua noiva para a capital, onde se celebram as núpcias, 3.6 até cap. 5.1 começando pelas palavras: "Quem é esta", e terminando onde diz: "Comei, amigos, bebei abundantemente, ó amados". Cena primeira. Ida para o palácio, 3.6-11. Cena segunda. Diálogo entre Salomão e a sua desposada no aposento nupcial, 4.1-16. Supõe-se que a isto seguiu-se o casamento e depois, 5.1, vêm as saudações de Salomão a sua noiva e exortações aos convivas. Quarto ato. Amor desprezado, e depois recuperado, 5.2 até 6.9. Cena primeira. Sombras caindo sobre a vida conjugal. A sulamita sonha que vai à busca do seu amado e não o encontra, 5.2 até 6.3. Cena segunda. Novamente o encontra, 6.4-9. Quinto ato. A bela sulamita, mas humilde princesa, 6.10 até 8.4, começando com as palavras "Quem é esta" e terminando com a apóstrofe: "Eu vos conjuro". Primeira cena. Nos jardins do rei, diálogo entre a sulamita e as filhas de Jerusalém, 6.10 até 7.6. Cena segunda. No palácio: a sós com a sulamita, 7.7 até 8.4. Sexto ato. Confirmação dos laços amorosos na antiga pátria da sulamita, 8.5-14, começando com as palavras "Quem é esta". Cena primeira. Salomão e sua noiva comparecem diante de sua parentela, 5-7. Cena segunda. A sulamita na casa paterna: diálogo entre ela, seus irmãos e o rei, 8,14. Esta opinião a favor de ser o livro dos Cânticos um drama, é amplamente esposada nos tempos modernos, mas nem por isso deixa de sofrer bem fundamentada oposição. O livro não obedece naturalmente a regras da unidade dramática, nem apresenta enredo regular. Para se construir uma narrativa uniforme, é preciso acrescentar-lhe certos liames alheios a ele. E por isso, as várias partes do livro passam a dizer coisas de sentido diferente, conforme as ligações que a imaginação dos intérpretes lhe emprestam. O livro como está escrito é composição contínua, falando do amor de Salomão e de sua noiva, porém, as várias cenas estão agrupadas sem ligações e a transição de uma para outra se faz abruptamente. O arranjo não agrada à mente dos ocidentais que se comprazem com a ordem e seqüência lógica das produções literárias; mas a estrutura do poema está em perfeita harmonia com os métodos adotados nas composições literárias do oriente. Tem-se adotado três méto-

CÂNTICO DOS CÂNTICOS, DE SALOMÃO

dos principais de interpretação, e todos eles encontram adeptos: o alegórico, o literal e o típico. Os judeus, que acatavam o livro dos Cânticos, geralmente o consideravam como alegoria espiritual, com o fim único de mostrar o amor de Deus para com Israel. Deus é o que ama, e Israel o amado. Este modo de interpretação entrou na Igreja por meio de Orígenes, grande alegorista, no terceiro século da era cristã, com algumas modificações. Cristo é o que ama e a sua Igreja, ou a alma de cada um, o objeto amado. Segundo a interpretação literal, o poema contém uma história verdadeira, a narração dos amores de Salomão e da sulamita. A interpretação típica harmoniza-se com as duas primeiras. O amor puro, espontâneo, ou mútuo amor de um grande rei e de uma humilde donzela, é considerado como sendo uma exemplificação dos mútuos afetos entre Jeová e o seu povo; a história é assim contada, não somente por causa de sua beleza, mas por ser ela o tipo de uma grande verdade religiosa. O Cântico dos Cânticos muito se parece com os salmos messiânicos, baseados nas experiências pessoais, ou nas posições oficiais de Davi ou Salomão, revelando certas verdades a respeito do Grande Rei. A comparação do mútuo amor entre a Igreja e seu divino cabeça na figura de uma esposa e de um esposo ocorre com freqüência em várias partes do Novo Testamento, Ef 5.25-33; Ap 19.7-9; 21.9 etc. Em relação à data em que foi escrito o livro dos Cânticos e quem foi o seu autor, percebe-se à primeira vista, que de acordo com a teoria hipotética de ser uma cena pastoril, o poema não vem da pena inspirada de Salomão. O sábio rei teve suas faltas, mas nem por isso devemos considerá-lo um monstro de iniqüidade, como o representa a referida hipótese pastoril. Segundo ela, o autor do livro não pode ser o rei Salomão, que o escreveu em tempos posteriores. Voltando a considerar quem seria o autor do poema e data em que foi

escrito, temos de prestar a devida atenção ao título: "Cântico dos Cânticos de Salomão". Estas palavras têm sentido ambíguo no idioma hebraico; podem dizer que Salomão é o autor do livro (*cf.* Hc 3.1, no hebraico) ou que o Cântico tem como objetivo a pessoa do rei (*cf.* Is 5.1, no hebraico). Existe a ambigüidade, mas também há abundantes provas de ser o rei Salomão o autor do poema. A mente do autor, revelada nos Cânticos, assemelha-se maravilhosamente a tudo quanto se conhece como produto mental do grande rei. A linguagem figurada, que ele emprega nos seus discursos, reflete não somente as belezas naturais de que se adorna a natureza, mas também espelha a maravilhosa coleção de plantas exóticas que adornavam os seus jardins, em que tanto se alegrava. O vasto conhecimento que adornava o seu espírito, adquirido no estudo dos reinos da natureza, desde o cedro do Líbano até o hissopo que sai da parede, e de todos os animais, aves, répteis e peixes, aparecem refletidos em todas as partes do seu poema. Encontram-se nele os cenários dos tempos de Salomão, minuciosamente descritos. Dizem alguns críticos que os vocábulos de origem aramaica que o livro contém, provam que foi escrito em tempos posteriores a Salomão. Porém, a ortografia das palavras, exceto três, não é aramaica; e as peculiaridades sintáxicas do poema limitam-se ao emprego de um pronome relativo que se encontra em muitos outros lugares principalmente no cântico de Débora e na história de Eliseu, composições pertencentes ao antigo idioma hebraico e que antedatam o reinado de Salomão. Ewald e Hitizig são de parecer que o poema foi composto no período áureo da língua hebraica, e no período da grandeza nacional. Esses críticos dizem que o poema foi escrito por um autor pertencente a uma geração posterior a Salomão. As três formas aramaicas, *netar*, guardar, 1.6; 11.12, *beroth*, cipreste, 1.16,

CÂNTICO DOS CÂNTICOS, DE SALOMÃO

e *sethav*, inverno, 2.11, encontram-se no dialeto do norte da Palestina, como palavras idiomáticas a ele pertencentes; e, portanto, dizem eles, o poema deveria ser produzido por um autor próprio do reino do Norte. Admitindo que tais vocábulos pertençam exclusivamente ao dialeto setentrional, é muito natural que o rei Salomão, dirigindo-se à sulamita, que era natural de Sulém, segundo se presume, empregasse os termos de sua terra, dando assim às palavras da sulamita um cunho local. Dizem que o vocábulo *pardes*, jardim, pomar, 4.13, e *appiryon*, cadeirinha, 3.9, em sânscrito, *paryana* e em grego, *phoreion*, são de origem ariana, e que portanto pertencem a uma data pós-exílica. Mas sendo mesmo de origem ariana, por que é que se julga estranho que um rei que mandava navios a Ofir, que comerciava com a Índia, que importava mercadorias de nações estrangeiras, que trazia de lá objetos com nomes arianos, como: macacos, pavões, madeiras resinosas etc., conservasse os mesmos nomes que tinham no país de origem e desse os mesmos nomes às plantas orientais que adornavam seus jardins?

CÃO – o cão da Palestina pertence à mesma classe dos cães sem dono da Índia. Durante o período remoto da história da Bíblia, o cão percorria as ruas e subúrbios das cidades, ladrando em busca de alimento que ele encontrava no lixo, lançado às ruas, Sl 59.1,14; Êx 22.31. Lambendo o sangue derramado, 1 Rs 22.38; Sl 6.24, ou devorando os corpos mortos, 1 Rs 14.11; 16.4; 2 Rs 9.35,36, e algumas vezes, reunidos em matilhas, atacavam os viajantes nas estradas, Sl 22.17,21. O cão servia, depois de suficientemente ensinado, para ajudar os pastores na guarda dos rebanhos, defendendo-os contra as feras e os ladrões, Jó 30.1. Domesticado, servia para acompanhar o seu dono, de um lugar para outro, Tobias, 5.16; 11.4, para guardar a casa e apanhar as migalhas que caiam das mesas, Mc 7.28. Os cães lambiam as úlceras do pobre Lázaro que se assentava à porta do rico, Lc 16.21. O cão servia também para usos venatórios. A maior parte deles era selvagem. Por causa dos seus hábitos e do modo de se alimentarem, eram tidos como animais imundos pela lei cerimonial. Era grande ofensa chamar de cão a alguém, 1 Sm 17.43; 2 Rs 8.13. A palavra serve para designar todos quantos são incapazes de apreciar o que é santo e elevado, Mt 7.6; o mesmo nome se dá aos que introduzem falsas doutrinas, Fp 3.2, aos que, semelhantes a cães, voltam a comer o seu vômito, isto é, voltam aos pecados que antes haviam renunciado, 2 Pe 2.22; *cf.* Pv 26.11, ou que são tão vis e desonestos como cães, Dt 23.18. Os judeus de tempos mais recentes davam o nome de cães aos gentios, por serem declarados impuros pela lei cerimonial. O mesmo Jesus empregou esse termo para dar à doutrina da graça maior realce, Mt 15.26; Mc 7.27.

CÃO (*do vocábulo egípcio kam, "preto", derivado da cor dos nateiros marginais do Nilo*) – nome, que em estilo poético, se dá ao Egito, em Salmos 78.51; 105.23,27; 106.22.

CÃO, FILHO DE NOÉ – nome do filho mais moço de Noé, que lhe nasceu depois de ter 500 anos de idade, Gn 5.32; 6.10; 11.24 (*veja CRONOLOGIA, 1, 3*). Por ocasião do Dilúvio, já era casado, mas parece que ainda não tinha filhos, Gn 7.7; 1 Pe 3.20. Quando seu pai se embriagou, teve ele procedimento desrespeitoso, incorrendo por isso na maldição do patriarca, que passou aos seus descendentes, Gn 9.22-27. Os povos do sul da Arábia, Etiópia, do Egito e de Canaã, em grande parte descendem de Cão, Gn 10.6-14.

CAPA – peça de vestuário, em geral, larga e sem mangas, para uso sobre outra roupa. Várias vezes aparecem na Bíblia referências a essa peça: Gn 9.23 e outras no Antigo Testamento, e Mt 5.40 e outras em o Novo Testamento.

CAPADÓCIA – nome de uma província da Ásia Menor, limitada ao norte pelo Ponto e ao sul pela Cilícia, a este pela Síria e pela Pequena Armênia e ao oriente pela Licaônia. Região muito produtiva em trigo, e onde se criam excelentes cavalos. De outro lado, é habitada por um povo de pouca cultura intelectual e de costumes imorais. Alguns dos habitantes dessa região foram a Jerusalém para assistir à Festa de Pentecostes, memorável pela descida do Espírito Santo, At 2.9. O apóstolo Pedro, em sua primeira epístola, cap. 1.1, dirige-se aos estrangeiros dispersos pela Capadócia (*veja CAFTORIM*).

CAPITÃES (*veja GENERAL*).

CAPITEL – nome que se dá à cabeça ou parte superior de uma coluna, pilar ou pilastra, 1 Rs 7.16. Varia na forma e na ornamentação, conforme a ordem arquitetônica a que pertence, Êx 36.3,8; 38.17,19; 1 Rs 7.19,20.

CARBÚNCULO – **1** Tradução da palavra hebraica *Bareketh* e *Barekath* que brilha como relâmpago. Usava-se como objeto de adorno, Ez 28.13. Ocupava o terceiro lugar na primeira linha de pedras preciosas do Racional do Juízo, utilizado pelo sumo pontífice, Êx 29.17. Figueiredo diz esmeralda como está na LXX, na Vulgata e em Josefo. **2** Tradução de outra palavra hebraica *Ekdah*, usada por Isaías, cap. 54.12. Almeida diz: Pedras aprazíveis. Segundo o Dr. Dana, existem três minerais distintos a que Plínio chama carbúnculo, são a granada, o rubi e a safira. A granada, que Plínio classificou entre os carbúnculos, é a almandina preciosa do Oriente; possui cor de finíssima transparência: as melhores vêm de Pegu. O rubi é pedra de um vermelho claro, transparente, ou transluzente (*veja SAFIRA*).

CARCA (*no hebraico, "solo", "soalho"*) – nome de um lugar do limite sul da tribo de Judá, entre o mar Mediterrâneo e o mar Morto, Js 15.3. Esse nome é precedido de artigo definido, e pode bem ser um substantivo comum, significando ravina.

CARCAS – nome de um dos sete eunucos que serviam na presença de Assuero, rei da Pérsia. O nome só é mencionado em Et 1.10.

CÁRCERE (*veja PRISÃO*).

CARCOR (*no hebraico, "fundamento"*) – nome de um lugar situado a oriente do Jordão, onde Zebá e Zalmuna, acamparam com o seu exército, na batalha contra Gideão, Jz 8.10. Lugar não identificado.

CARDOS – tradução da palavra hebraica, *choach*, "cardo". É uma das plantas daninhas da Palestina. É um arbusto cheio de espinhos que produz um fruto escuro e arredondado. Sua flor pode ser rosa, púrpura ou branca. Pode tratar-se do *Rubus sanctus*, comum nas terras da Palestina, 1 Sm 13.6; Is 34.13. Outra palavra hebraica é *boshah*, planta malcheirosa, traduzida como espinheiro algumas vezes, Jó 31.40. Os abrolhos são plantas daninhas que há no meio das plantações e de sementeiras, não têm mau cheiro (*veja ABROLHOS*).

CAREÁ (*no hebraico, "calvo"*) – nome do pai do capitão Joanã, que foi ter com Gedalias, nomeado governador de Judá pelo rei da Babilônia, 2 Rs 25.23; Jr 40.8.

CARGA – **1** Palavra que se usa em sentido literal ou figurado, Êx 23.5; Nm 11.11. **2** Nome empregado para representar um juízo, "carga" ou "peso", contra um povo, ou contra um indivíduo, ou contra um lugar, Is 14.28; 15.1; Ez 12.10; Os 8.10; Na 1.1.

CÁRIA – nome de um país a sudoeste da Ásia Menor, incorporado ao território conquistado pelos romanos, desde os tempos de Antíoco, o Grande, e dado aos ródios pelo senador romano, sendo novamente libertado em 168 a.C. Em 139, ainda era independente; mas, afinal, foi incorporado à província da Ásia, 1 Mac 15.22,23.

CARIDADE – amor, manifestado em atos de beneficência. A caridade de que fala Paulo, em 1 Co 13, não consiste em dar esmolas, como se depreende do v. 3, e, sim, no amor que se deve Ter para com todos, no sentido mais lato. Esse termo tem sido acertadamente modificado nas traduções modernas por "amor", visto que caridade está muito longe de conter o verdadeiro sentido de agape, como se pode observar em 1 Co 13 (*veja AMOR*).

CÁRIO – como é chamado o indivíduo que é natural de Cária, um país da Ásia Menor, 2 Rs 11.4,19.

CARMELO (*no hebraico, "campo plantado", "campo fértil", ou "jardim"*). **1** Nome de uma cordilheira de cerca de 30 km de comprimento, ligada por uma cadeia de montanhas de menor altitude à região serrana da Palestina central, e terminando em um cabo de rochas elevadas que avança pelo Mediterrâneo, constituindo o limite da baia de Acre a sudeste, Jr 46.18. Na extremidade do sudeste, o ponto mais elevado é de 575 metros sobre o nível do mar, e mais adiante, desce a 566, decrescendo gradualmente, até que o pico do noroeste que forma o cabo rochoso se eleve a 184 metros de altitude. Essa cordilheira serve de limite ao vale de Esdraelom, por onde corre o Quisom, que em um ponto banha as raízes do Carmelo, 1 Rs 18.40. As alturas da cordilheira contêm uma série de eminências e tabuleiros de rochas nuas, em que se encontram, aqui e ali, algumas moitas de carvalhos e zimbros. É constituída de rochas calcárias. Aos lados da cordilheira, abrem-se algumas cavernas. O lugar oferece uma vista esplêndida. O Carmelo chama-se atualmente Jebel Kurmul. Outrora servia de limite à tribo de Aser, e

Carmelo — Christian Computer Art

ficava dentro de seu território, Js 19.26; 17.11. No cimo do Carmelo, o profeta Elias pôs termo à questão entre Jeová e Baal, 1 Rs 18.17-40. Do mesmo ponto, o seu criado viu sobre o Mediterrâneo elevar-se uma pequena nuvem semelhante a mão humana, anunciando a tempestade que viria banhar as terras sequiosas de Israel, 41-46. Eliseu, sucessor de Elias no ministério profético, visitou o Carmelo, 2 Rs 2.25; 4.25. É provável que as elevações do Carmelo, em tempos remotos, tivessem sido cultivadas, vestidas de pomares, hortas e jardins como o seu nome indica e como as descrevem os profetas Isaías e Jeremias, Is 33.9; 35.2; Jr 1.19. Pelo menos, segundo Mq 7.14, um bosque frondoso deliciava os habitantes daquelas alturas. Quando, no Cântico dos Cânticos, o Amado diz ao objeto de seu coração "a tua cabeça é como o monte Carmelo" provavelmente quer dizer que era adornada de luxuriante coma, semelhante ao Carmelo coberto de árvores frutíferas. O profeta Amós anunciou que o Carmelo seria despojado da sua beleza, Am 1.2. Há ali um convento de frades, denominado Carmelitas, nome derivado de Carmelo. **2** Nome de uma cidade, situada na parte montanhosa de Judá, Js 15.55; *cf.* 1 Sm 15.12; 25.2, em cujas vizinhanças existiam as propriedades do vilão Nabal, 1 Sm 25.2-40. O antigo nome se perpetua nas ruínas de Kurmul, 13 km a sudeste de Hebrom. Uma das mulheres de Davi, que havia sido levada cativa pelos amalequitas, 1 Sm 30.5, e também um dos seus homens valentes, 2 Sm 23.35, eram moradores, ou naturais dessa cidade.

CARMELITA – como é chamado aquele que é natural, ou morador da cidade de Carmelo, 1 Sm 30.5; 1 Cr 3.1; 2 Sm 23.35.

CARMI (*no hebraico, "vinhateiro", "frutífero", ou "nobre"*). **1** Nome de um dos filhos de Rúben, fundador da família dos carmitas, Gn 46.9; Êx 6.14; Nm 26.6.

2 Nome de um dos descendentes de Judá e pai de Acã, Js 7.11; 1 Cr 2.6, 7. **3** Nome de um filho de Hezrom, pai de Hur, 1 Cr 4.1. Também chamado de Calebe, 1 Cr 2.8, e de Quelubai, 1 Cr 2.9.

CARNE – 1 Músculos do corpo animal, quer do homem, quer dos animais, pássaros ou peixes, ou mais precisamente a parte mole do corpo, Gn 40.19; Êx 12.8; 16.8; Lv 21.5; Jó 10.11; Lc 24.39; 1 Co 15.39. A carne de que se compõe o corpo humano, é diferente do espírito, Jó 14.22; Is 10.18; 31.3; Mt 26.41; Cl 2.5. **2** Todos os seres, o homem e os animais inferiores, são formados de carne, Gn 6.13,19; 8.17; At 2.17; Rm 3.20; 1 Co 1.29. A palavra carne emprega-se em contraste com a palavra Deus, que é espírito, Sl 56.5; Is 31.3; 40.6-8; Jl 2.28; Mt 16.17. **3** Dá-se o nome de carne à natureza humana, sem o Espírito de Deus, e dominada pelas paixões, Rm 7.5; 8.5-7; 2 Co 7.1; Gl 5.16-20; 2 Pe 2.10. Inclui também a natureza inteira do homem não regenerado, Rm 8.8,9; *cf.* Jo 3.6. O termo é usado de maneira metafórica em várias partes das Escrituras para contrastar com a vida no espírito, e de maneira literal para indicar a formação do homem e o gênero alimentício a que se compõe. Os termos gregos e hebraicos são: no Antigo Testamento, temos os termos hebraicos; a) *Basar*, "carne", o termo mais usado em todo o AT, denotando o elemento de composição do homem e dos animais, Gn 2.21; 40.19; Êx 12.8; Lv 21.5; Zc 14.12 etc.; b) *Sheer*, traduzida por "carne", fazendo referência tanto a carne humana quanto à carne que é alimento, Sl 73.26; 78.20,27; Pv 11.17; Jr 51.35 e Mq 3.2,3. c) *Besar*, "carne". Um termo aramaico somente usado em Daniel, Dn 2.11; 4.12 e 7.5. No Novo Testamento, os termos gregos, são: a) *Sarks*, "carne". O termo mais usado no NT enfatiza sempre a natureza carnal do homem, Mt 16.17; Mc 10.8; Lc 3.6; Jo 1.13,14; 3.6; At 2.17,26,31; Rm 1.3; 2.8; Gl 5.13,16,17,19,24 etc. b) *Kréas,*

CARNE

"carne". Traduz carne quando alimento, e só aparece duas vezes, Rm 14.21 e 1 Co 8.13.

CARNEIRO – é por essa palavra que Figueiredo e a Versão Brasileira e Almeida traduziram o vocábulo *Tahash*, Êx 26.14; 35.7. É nome de um animal cuja pele serviu para a cobertura do Tabernáculo, e também para o fabrico de sandálias. Tristram diz que o vocábulo *Tahash* é o nome de um animal tecnicamente conhecido por *Meles vulgaris*, que se encontra nas matas da Palestina, porém, na Bíblia não existe alusão alguma a ele. **1** Nome do macho da ovelha, Ez 34.17. Servia de alimento, Gn 31.38 e para os holocaustos e ofertas pacíficas, 22.13; Lv 1.10; 8.18; e 3.6; 9.4, e também pelo pecado, 5.15; 6.6. As peles de carneiros tingidas de vermelho empregavam-se para cobrir o Tabernáculo, Êx 26.14, e dos chifres parece que faziam trombetas de uso na guerra e nas festas do jubileu, nos tempos de Josué, Js 6.4-6,8,13. O carneiro com dois chifres, que apareceu a Daniel em sua visão profética, representava o poder medo-persa. O chifre menor era o império dos medos, e o maior representava o império persa, Dn 8.3-7,20 (*veja OVELHA*). **2** Carneiro ou aríete era um instrumento de guerra destinado a abrir brecha nos muros das cidades sitiadas e a arrombar as portas que neles se abriam, Ez 4.2; 21.22; Guerras 5.6,4. Consistia de uma trave de madeira com uma cabeça de ferro, suspensa por meio de cordas que se prendiam a um suporte que ficava dentro de uma torre de madeira (*Guerras* 5.11,5). Para atacar uma fortaleza ou uma cidade, era preciso algumas vezes, ajuntar bastante terra para fazer uma espécie de plano inclinado por onde se levava o aríete e outras máquinas de guerra para junto dos muros, Ez 4.2 (*veja ARÍETE*).

CARPINTEIRO – a primeira vez que na Bíblia se faz menção de carpinteiros como sendo ocupação distinta, é quando Hirão, rei de Tiro, fez donativos de madeira a Davi, para edificar a sua casa em Jerusalém, enviando-lhe, com as madeiras, os carpinteiros, 2 Sm 5.11. O termo no hebraico é *harush*. Indica qualquer artesão especializado, seja em madeira, metal, pedra ou outros. O mesmo acontece com o termo grego *tékton*, "artífice". As ferramentas desses artistas consistiam, entre outras, de machados, serras, Is 10.15, régua, cepilho, compasso, pregos, martelo etc., Is 44.13; Jr 10.4; 1 Cr 22.3. José, marido de Maria, exercia esse ofício, Mt 13.55, e Jesus na sua mocidade trabalhou de carpinteiro, Mc 6.3.

CARPO (*no grego, "fruto", ou "pulso"*) **–** nome de um indivíduo, residente em Trôade, em cuja casa o apóstolo Paulo havia se hospedado e deixado a sua capa, 2 Tm 4.13, que depois mandou que lhe trouxessem. Talvez seu nome derive da palavra grega *kárpos*, que significa "fruto". Embora seja mencionado somente uma vez no NT, segundo Hipólito, Carpo foi bispo de Beréia, na Trácia.

CARQUEMIS – nome de uma cidade, capital do reino dos hititas, a ocidente do Eufrates, fronteira a um vau desse rio, e ao norte de confluência com o Sajur. Admiravelmente situada para fins comerciais, veio a ser uma cidade riquíssima. O rei de Assíria Assur-Natsupal (885-860, a.C.) estava a ponto de tomá-la, desistindo desse intento, em troca de pesados tributos. Em 717 a.C. foi tomada por Sargom, e com a sua queda desapareceu o império dos hititas, Is 10.9. Neco, Faraó do Egito, sofreu grave derrota em Carquemis, por Nabucodonosor II, em 605 a.C., 2 Cr 35.20; Jr 46.2. No período de regência dos selêucidas, a cidade de Europos foi erigida na antiga Carquemis. Suas ruínas estão localizadas na moderna Jerablus, uma alteração da palavra grega *Hierápolis*, na margem ocidental do Eufrates, entre Birejik e a embocadura do Sajur, 370,5 km a

CARROS, CARROS DE GUERRA, CARRUAGEM

noroeste de Circesium, e jazem sepultadas artificialmente. Os desenhos de figuras humanas, esculturadas em blocos, mostram calçados de botas de bico fino levantado, indicando pertencerem aos hititas.

CARREIRA – o decurso da vida ou de um ministério, pode designar uma profissão, um modo de vida ou um caminho a ser percorrido, Jr 8.6; At 13.25; 20.24; 2 Tm 4.7; Hb 12.1.

CARRO (*no hebraico, agalah, "vagão"*) – veículo de duas rodas, empregado em tempo de paz, no transporte de cargas, para distingui-lo dos carros de guerras; construído de madeira, coberto ou não, por uma tolda e puxado por bois e às vezes também por cavalos, 1 Sm 6.7-14; 2 Sm 6.3; Nm 7.3; 7.7. Usavam-se também os carros para triturar os cereais, Is 28.28, para o transporte de cargas, 2 Sm 6.3, de feno, Am 2.13, e para conduzir passageiros, Gn 45.19. No Egito, havia carros, como os que ainda atualmente são usados universalmente na Ásia ocidental, com duas rodas de madeira forte. Os carros da Ásia, inclusive os que eram levadas as mulheres cativas de Laquis, sobre sacos de trigo, como se vêem representadas em baixos-relevos da Assíria, tinham duas rodas de seis ou quatro raios cada uma, e eram puxados por bois. Alguns desses baixos-relevos, representam os carros conduzidos por dois animais ou por dois homens.

CARROS, CARROS DE GUERRA, CARRUAGEM – a palavra hebraica mais usada no Antigo Testamento é *Rekeb*, "carruagem", geralmente todos os termos aparecem como "carro" nas edições em português, como em Gn 50.9; Êx 14.6-28; Dt 11.4; Js 11.4; Jz 1.9; 1 Rs 1.5; Jr 17.25 etc. Outro termo é *Markabah*, traduzido por "carro", como em Gn 41.43; 46.29; Êx 14.25; 1 Sm 8.11; 1 Rs 7.33; é *Agalah*, que figura por 25 vezes, como em 1 Sm 6.7-14; 7.3; Is 5.18 etc. Outros quatro termos aparecem de maneira específica uma única vez, são eles: *Hotsen*, "carro de guerra", em Ez 23.24; *Merkab*, "carruagem", em 1 Rs 4.26; *Rikbah*, "carruagem", em Ez 27.20 e *Rekub*, "carruagem", em Sl 104.3. No Novo Testamento, o termo mais usado é *Árma*, "carro de guerra", como em At 8.28,29,38 e Ap 9.9. Outro termo é *Réde*, "vagão", usado apenas em Ap 18.13. Do mesmo modo que ocorre no Antigo Testamento, esses termos também, geralmente, são traduzidos por "carro". Trata-se de um veículo de duas rodas, e de vários formatos, puxado por dois cavalos, 2 Sm 8.4, empregado no serviço de guerra, Êx 14.9; 1 Sm 13.5; em serviço oficial, Gn 41.43; 2 Sm 15.1; 1 Rs 1.5; e também em serviço particular, Gn 46.29; 2 Rs 5.9; At 8.28. A caixa em que

Cavalaria Assíria

CARROS, CARROS DE GUERRA, CARRUAGEM

entravam os viajantes era aberta na parte posterior e descansava diretamente sobre um eixo sem molas. As rodas eram trabalhadas com arte, guarnecidas de pinos em toda circunferência, que por sua vez apoiava os raios, concentrados no cubo. Às vezes, as rodas com seus raios e cubos eram feitos de metal fundido, 1 Rs 7.33. O terreno montanhoso da Palestina não se prestava a esse meio de condução. Os cananeus serviam-se de carroças nos vales do Jordão, Js 17.16; Jz 4.3, bem assim os egípcios, Is 31.1, os etíopes, 2 Cr 16.8, os sírios, 2 Rs 5.9, os heteus, 2 Rs 7.6, e os assírios, Na 2.3,4; 3.2. Os carros de guerra eram guiados por um condutor ou cocheiro, 2 Cr 18.33, e levavam ocasionalmente um escudeiro além do guerreiro, 2 Rs 9.25. Os carros de guerra eram às vezes construídos de ferro ou forrados com chapas de ferro, Js 17.16,18; Jz 1.19; 4.3. Os persas guarneciam as extremidades dos eixos com foices alongadas, que na carreira vertiginosa cortavam os corpos dos inimigos. Essa espécie de carroça que ocasiona a morte foi empregada na Palestina pelos selêucidas, 2 Mac 13.2.

CARSENA – nome de um dos sete príncipes da Média-Pérsia, na corte do rei Assuero, Et 1.14. Nada se sabe além do que é narrado nesse texto.

CARTÁ (*no hebraico, "cidade"*) – nome de uma cidade da tribo de Zebulom, que foi partilhada aos levitas, filhos de Merari, Js 21.34. Local não identificado.

CARTÃ (*no hebraico, "cidades gêmeas", "duas cidades"*) – nome de uma cidade da tribo de Naftali partilhada aos levitas gersonitas, Js 21.32. Em 1 Cr 6.76, tem o nome de Quiriataim. Local não identificado.

CARVALHO – 1 Tradução da palavra hebraica *'elâ*, "árvore robusta", que aparece em nove passagens da Versão Inglesa Revista, com a palavra terebinto à margem. A Antiga

Carvalho — Christian Computer Art

Versão, seguindo os Targuns e a Vulgata, traduziu *'elâ* por planície, porém, em Jz 9.6, coloca à margem a palavra carvalho. Havia o carvalho de Moré, Gn 12.6, Dt 11.30; o carvalho de Manre, Gn 13.18; 14.13; 18.1; o carvalho de Zaananim, Jz 4.11; o carvalho alto, 9.6; o carvalho de Meonenim, 9.37; o carvalho de Tabor, 1 Sm 10.3. **2** Tradução da palavra hebraica *'el*, árvore forte, em Is 1.29,30. **3** Tradução uniforme e correta da palavra hebraica *'allôn*, que aparece em oito passagens, espécie de carvalho associado à palavra Basã, Is 2.3; Ez 27.6; Zc 11.2. À sombra de uma árvore dessa espécie, perto de Betel, foi sepultada Débora, ama de Rebeca, Gn 35.8. Provavelmente é o carvalho espinhoso (*Quercus coccifera*). **4** Tradução, provavelmente correta da palavra hebraica *'allâ*, Js 24.26, *'allôn* significa "carvalho", árvore peculiar de Basã; *'allâ* é diferente dela, Is 6.13; Os 4.13, e, portanto, deve ser o "terebinto". As três palavras *'elâ, el* e *'allâ*, talvez representem três espécies de terebintos. E também poderá determinar qualquer árvore de grandes dimensões e não o terebinto em particular. Na Palestina, há várias espécies de carvalhos: o *Quercus sessiflora* do monte Líbano e do Haurã; mais quatro variedades do carvalho espinhoso, *Q. coccifera*, uma é o *Q. pseudo coccifera*, que

CASA DO CONCÍLIO

se encontra no Carmelo, em Gileade e em Basã de majestosas proporções; outra é o *Q. calliprinus*, que também se encontra no Líbano, no Tabor e em Gileade. O carvalho valônia, *Q. egilops* é comum na Galiléia em Gileade (*veja TEREBINTO*).

CARVÃO, BRASA – nas Escrituras, esse nome não representa o carvão mineral, e sim o que é feito de madeira queimada, Sl 120.4. Usava-se dele para aquecer os aposentos no tempo de frio, Is 47.14; Jo 18.18; para fins culinários, Is 44.19; Jo 21.9, e para uso dos ferreiros, Is 44.12; 54.16.

CASA (*no hebraico, bayith*) **–** na Palestina e em outras partes do oriente, as casas do povo comum, formando três quartas partes do todo, têm somente um pavimento, e, às vezes, só um aposento. O interior com freqüência se divide em duas partes, sendo uma delas em plano superior. A porta de entrada abre-se na parte inferior que serve de abrigo ao gado. Em torno de uma plataforma ao lado das paredes ficam as manjedouras. Sobe-se para a parte superior por meio de uma escada de alguns degraus. Às vezes, constroem um estrado por cima das manjedouras, para os hóspedes. Esses diversos apartamentos não possuem divisões. As paredes são geralmente feitas de barro amassado ou de tijolos secos ao sol, mesmo em lugares onde é fácil obter pedras como na Palestina (*cf*. Jó 24.26; Ez 10.16). Os telhados são feitos de troncos de árvores, canas, folhas de palmeiras etc., cobertos com camadas de terra. Materiais tão frágeis não resistem por muito tempo às chuvas pesadas, muito freqüentes nos países de alta temperatura. Não havia séria dificuldade em fazer uma abertura na cobertura de uma casa dessa natureza, e por ela, descer um leito com um doente, como se fez em Cafarnaum com o paralítico que Jesus curou, Mc 2.1-12; Lc 5.18-26. As casas de melhor categoria são geralmente construídas como antigamente, em forma quadrangular, tendo no centro uma área ajardinada com uma fonte ou um poço, 2 Sm 17.18. O quarto alto é um aposento instalado no segundo andar e construído acima do nível comum do telhado, Jz 3.20; 1 Rs 17.19; 2 Rs 4.10; Mc 14.15; At 1.13; 9.37. As coberturas de todas as casas são de forma achatada, tendo ao redor um parapeito de pequena altura, Dt 22.8. Nessas coberturas, costumavam armazenar os grãos das colheitas para secarem mais facilmente, Js 2.6; serviam também para passeios depois da sesta, 2 Sm 11.2; para conversar, 1 Sm 9.25,26, para o culto idólatra, 2 Sm 23.12, ou para meditar e orar, At 10.9. Havia pelo lado de fora uma escada utilizada para subir ao telhado sem passar por dentro da casa, *cf*. Mt 24.17; Mc 3.15. As janelas eram geralmente estreitas, sendo a maioria delas aberta para o pátio interno. Os árabes a denominam casa de inverno, ou simplesmente a casa, e a parte de cima, a casa de verão. Se ambas as casas são no mesmo pavimento, a casa de verão fica para o lado de fora e a casa de inverno para o lado de dentro, Jr 36.22; Am 3.15.

CASA DE ASBÉIA (*no hebraico, "casa do juramento"*) **–** nome de um dos descendentes de Selá, da tribo de Judá. A gente dessa família fabricava linho fino, 1 Cr 4.21.

CASA DO CONCÍLIO – nome de um edifício de Jerusalém, a oeste do templo, perto do ginásio e dentro do muro interno da cidade (Guer. 5.4,2). Foi incendiada pelos romanos quando Tito se apoderou da cidade, 6.3. Era nesse edifício que funcionava o sinédrio. O nome em grego era *bouleutrion*, e os membros, *bouleutes*, Lc 23.50,51; Guer. 2.17,1. O concílio, segundo Josefo, chamava-se *synedrion* e *boule*, indiferentemente (Antig. 14.9,3,4; 20.1,2; Guer. 2.15, 6). Segundo as autoridades judias, o sinédrio reunia-se no *lishkath haggazith* ou câmara do *gazith*

CASA DO CONCÍLIO

Casas e ruas de Pompéia — Christian Computer Art

Casa Egípcia — Christian Computer Art

Casa Romana — Christian Computer Art

CASAMENTO

que provavelmente designava a câmara perto do ginásio. Segundo o *Mishna*, o *lishkath haggazith* estava situado na direção do ângulo oriental do átrio do templo: *Gazith* quer dizer, cortado, especialmente falando-se de pedras, Êx 22.25; 1 Rs 6.36, *et passim*; e como as câmaras do templo fossem construídas em grande parte dessa maneira, o nome *gazith* não poderia fazer distinção entre uma e outra. A casa do concílio ficava perto do *xystos*, ou ginásio, ou junto dele; porém, a palavra *xystos* é grega, equivalente a *gazith* e é uma das palavras empregadas pela LXX para traduzir *gazith* para o grego, 1 Cr 22.2; Am 5.11. Portanto, apenas se pode supor que o vocábulo *xystos* era o mesmo que *gazith* no entender de um que falava o hebraico por acaso; e que o nome *lishkath haggazith* quer dizer a sala quanto ao *xystoa* (*cf.* Schurer. Stud. u. Krit. 1887). Há nomes de igual significação e de grafia diferente, como: Cristo e Messias, Pedro e Cefas, Caveira e Gólgota, Campo de sangue e Acéldama, Jo 1.41,42; 19.13,17; At 1.19. Isto é talvez suficiente para abandonar o fato de que a sala do *gazith* estava, *cf.* o *Mishna* já mencionado, dentro do átrio do templo.

CASA DOS PROFETAS – nome de um lugar em Ramá, onde residia uma comunidade de profetas sob a direção de Samuel, 1 Sm 19.18 até o cap. 20.1. Essa palavra encontra-se só nessa passagem. Os antigos tradutores não a compreenderam. Os massoretas alteraram um pouco sua forma, daí as dificuldades de tradução. O texto hebraico, porém, não oferece dificuldade; a palavra aparece seis vezes sem alteração alguma. Tem a natureza de um nome próprio, por não ter antes o artigo, 19.23; 20.1. Pertence ao gênero feminino do número singular e tem a forma arcaica, como Efrata e Sarepta, ou tem uma formação mais rara como a palavra *gazith*; ou ainda um feminino do plural, escrito defectiva-

mente por causa da ocorrência da letra *vav*, e pertencente ao mesmo tipo, como *geviyyah* ou *revayah*. Tem sua relação com *naveh*, habitação, 2 Sm 15.25; Jó 8.6, do mesmo modo que *revayah* se relaciona com *raveh* e *saday*, campo, com *sadeh*. Por isso, é melhor adotar a interpretação comum, com o sentido de habitação ou habitações.

CASAMENTO – o casamento é uma instituição divina, constituída no princípio, antes da formação da sociedade humana. O Criador fez o homem e dele tirou a mulher, e ordenou o casamento como condição indispensável para perpetuar a raça humana, Gn 1.27,28. Deus implantou no homem desejos e afetos que se estenderam a todas as criaturas humanas; fez do casamento uma influência nobilitante, que poderosamente contribui para o desenvolvimento de uma existência completa no homem e na mulher. Declarou que não era bom que o homem estivesse só, e lhe preparou uma companheira igual a ele, Gn 2.18. A abstinência do casamento somente é recomendável em casos especiais, Mt 19.12; 1 Co 7.8,26, e constitui um desvio da fé, quando for imposta como necessária e essencial à vida piedosa, 1 Tm 4.3. A monogamia é o ideal divino. O Criador instituiu o matrimônio com a união de um homem e uma mulher, Gn 2.18-24; Mt 19.5; 1 Co 6.6. O casamento estabelece relacionamento permanente, Mt 19.6. O Criador indicou a permanência desse vínculo, fazendo com que os afetos entre o marido e a mulher cresçam na proporção dos anos que passam, processo muito natural, em condições normais. Os fins morais exigem que esse convívio seja permanente. A fidelidade do marido e da mulher no cumprimento de seus deveres, intimamente ligados ao seu relacionamento relações e a criação dos filhos nos princípios da obediência e da virtude, são indispensáveis para se atingirem os fins morais do matrimônio.

CASAMENTO

Os laços da família não podem ser dissolvidos por nenhum ato legítimo da sociedade, somente pela morte, Rm 7.2,3, e pelo crime de adultério, poderão ser desfeitos, Mt 19.3-9. Alguns protestantes, estribados nos ensinos de Paulo, declaram que podem ocorrer, por acordo mútuo, 1 Co 7.15. É, provável que naqueles tempos, a deserção de um dos cônjuges fosse acompanhada de adultério, ou por um segundo casamento. O casamento de pessoas divorciadas, por motivos não estabelecidos no Evangelho, é proibido, Mt 5.32; 19.9; 1 Co 7.10,11. À vista de Deus, o tribunal civil não pode anular o casamento. Entre os antediluvianos, Adão, Caim, Noé e os três filhos deste, cada um tinha sua própria mulher, mas a poligamia já era praticada. Lameque teve duas mulheres, Gn 4.19. A pureza do matrimônio se enfraqueceu pela conduta de homens, que se deixaram governar por motivos torpes na escolha de suas esposas, 6.12. Abraão adotou imprudentemente a poligamia quando julgou necessário ir em socorro de Deus para realizar a sua promessa, Gn 16.4. Isaque teve só uma esposa. Jacó teve duas mulheres como suas concubinas. Moisés que estava corrigindo abusos, não o fez repentinamente, permitindo aos israelitas por causa de sua dureza de coração e por se acharem escravizados aos costumes do tempo, divorciarem-se de suas mulheres e por qualquer motivo; ele não proibiu a poligamia, mas procurou enfraquecê-la; deu regras aos costumes de seu tempo, porém a história do período primitivo mostrou que o estado dessas coisas entre os israelitas, era contrário às disposições do Criador. Os serviços prestados por Moisés à causa do matrimônio consistiam em estabelecer ideal mais elevado, marcando os graus de consangüinidade e de afinidade dentro dos quais se permitia o casamento segundo a Lei, Lv cap. 18, colocando freio à poligamia, Lv 18.18; Dt 17.17, garantindo os direitos das esposas inferiores,

Êx 21.2-11; Dt 21.10-17 restringindo o divórcio, Dt 22.19-29; 24.11 exigindo pureza na vida matrimonial, Êx 20.14,17; Lv 20.10; Dt 22.22. A poligamia continuou a ser praticada, em maior ou menor grau, pelos ricos, depois dos tempos de Moisés como o fizeram Gideão, Elcana, Saul, Davi, Salomão, Reoboão e outros, Jz 8.30; 1 Sm 1.2; 2 Sm 5.13; 12.8; 21.8; 1 Rs 11.3. Os males que a poligamia produz aparecem nas desordens domésticas provocadas pelo ciúme das mulheres de Abraão e as de Elcana, Gn 6.6; 1 Sm 1.6, em contraste com a beleza do casamento entre um homem e uma só esposa, descrita em Sl 128.3; Pv 5.18; 31.10; Ec 9.9; *cf.* Ecclus 26.1-27. Na família a que Abraão pertencia, permitia-se o casamento com a filha de seu pai e até com duas mulheres irmãs, Gn 20.12; 29.26. O casamento com a própria irmã não era coisa rara no Egito e foi permitido na Pérsia (Heród. 3.31). Em Atenas, consentia-se o casamento com a irmã por parte de pai, e em Esparta, com a irmã por parte de mãe. A lei mosaica proibia tais alianças e ainda outras com laços de sangue menos chegados, Lv 18.6-18. Porém, no caso de morte do marido, que não deixava filhos, o irmão dele deveria casar-se com a viúva, sua cunhada, Dt 25.5. A lei ordenava esses casamentos, mas não compulsoriamente. A lei romana parecia semelhante à lei mosaica nesse particular. Declarava tais casamentos incestuosos, quando as partes tinham laços de consangüinidade muito íntimos, isto é, sendo as partes do mesmo sangue como irmã e irmão, ou por afinidade, como sogro e nora. A escolha de uma esposa para o filho era na maioria das vezes feita pelo pai, Gn 21.21; 24.38,46. Em alguns casos, o filho fazia ele mesmo a sua escolha, cabendo, ao pai, a missão de dirigir as negociações, Gn 34.4,8; Jz 14.1-10. Somente em circunstâncias extraordinárias é que o jovem dirigia todo o negócio, Gn 29.18. Havendo o consentimento do pai ou do irmão da moça preferida, não tinha necessidade de consultar a vontade dela, Gn 24.51; 34.31. Ocasionalmente, os pais procuravam um esposo para sua filha, ou a ofereciam em casamento a um indivíduo de sua escolha, Êx 2.21; Jo 15.17; Rute 3.1,2; 1 Sm 18.27. Os pais, e às vezes a própria filha, recebiam presentes feitos pelo candidato, Gn 24.22,53; 29.18,27; 34.12; 1 Sm 18.25. No tempo que decorria entre o noivado e o casamento, todas as comunicações entre as partes eram mantidas por meio de um amigo para esse fim escolhido, que se chamava o amigo do noivo, Jo 3.29. O casamento em si era negócio puramente doméstico, sem nenhuma cerimônia religiosa, apenas ratificado por uma espécie de juramento, Pv 2.17; Ez 16.8; Ml 2.14. Depois do exílio, estabeleceu-se o costume de lavrar um contrato selado (Tob. 7.14). Quando chegava o dia marcado para o casamento, a noiva purificava-se, *cf.* Judite, 10.3; Ef 5.26,27, vestia-se de branco, Ap 19.8; Sl 4.13,14, ornava-se de jóias, Is 61.10; Ap 21.2, apertava o cinto, Is 3.24; 49.18; Jr 2.32; cobria-se com um véu, Gn 24.65, e cingia a fronte com uma coroa. O noivo vestia as suas melhores roupas, cobria a cabeça e cingia o diadema, Ct 3.11; Is 61.10, saía de casa para a casa dos pais da noiva acompanhado por seus amigos, Jz 14.11; Mt 9.15, ao som de músicas e cânticos. Se o casamento era à noite, as pessoas que faziam parte do cortejo empunhavam tochas, 1 Mac 9.39; Mt 25.7, *cf.* Gn 31.27; Gn 7.34. Recebia a esposa na casa dos pais, com o rosto velado, e acompanhada pelos votos de felicidade dos amigos e pelas bênçãos paternas, Gn 24.59; Rt 6.11; Tob. 7.13, o marido a conduzia para a casa de seu pai, ou para a sua, com os convidados, ao som de músicas e bailados, Sl 4.15; Ct 3.6-11; 1 Mac 9.37. No caminho para a casa, ajuntavam-se à comitiva, pessoas amigas do novo casal, moças virgens etc., Mt 25.6. Seguia-se o banquete na casa do esposo, ou de seu pai, Mt 22.1-10; Jo 2.1-9. Se a distância da casa era grande, então o banquete se realizava na casa dos pais da noiva, Mt 25.1, à custa destes ou do esposo, Gn 29.22; Jz 14.10; Tob. 8.19. Nessa ocasião é que o noivo se aproximava da esposa pela primeira vez, Jo 3.29. Terminado o banquete, a noiva era conduzida para a câmara nupcial pelos pais, Gn 29.23; Jz 15.1; Tob. 7.16,17, e o noivo acompanhado pelos seus amigos, ou pelos pais da noiva, Tob. 8.1. As festas continuavam no dia seguinte um pouco mais resumidas, e se prolongavam por mais uma ou duas semanas, Gn 29.27; Jz 14.12; Tob. 8.19,20. O relacionamento espiritual entre Jeová e o seu povo é comparado ao de um esposo com a sua esposa, Is 62.4,5; Os 2.19. A apostasia de Israel, voltando-se para a idolatria, ou para outras formas de pecado é, por conseguinte, comparada à infidelidade de uma mulher para com o seu marido, Is 1.21; 3.1-20; Ez 16.23; Os 2, e portanto, dando lugar ao divórcio, Sl 73.27; Jr 2.20; Os 4.12. Essa comparação continua no Novo Testamento. Cristo é o esposo, Mt 9.15; Jo 3.29, e a Igreja é a esposa, 2 Co 11.2; Ap 19.7; 21.2,9; 22.17. O amor de Cristo pela Igreja, os cuidados que ele tem por ela, a posição que ele ocupa como seu cabeça, são bem representados pelos cuidados que um marido dispensa a sua mulher, Ef 5.23-32.

CASFOR – nome de uma cidade ao oriente do Jordão, praça forte, tomada por Judas Macabeu, 1 Mac 5.26,36. Josefo dá-lhe o nome de Casfoma, Antig. 12.8,3.

CASIFIA (*no hebraico, "branco", ou "brilhante"*) – nome de um lugar, pouco distante do caminho entre a Babilônia e Jerusalém, e mais próximo à Babilônia, Ed 8.17.

CASLUIM – nome de um povo descendente de Mizraim, que habitava no Egito. Talvez povo conquistado por eles, e a eles

CASLUIM

incorporado, que se encontra na linha genealógica dos filisteus, Gn 10.14; 1 Cr 1.12. Quem sabe não seriam eles os habitantes de Casiotis, distrito situado sobre o Mediterrâneo e que se estendia desde a boca oriental do Nilo até a Filístia.

CÁSSIA – 1 Tradução da palavra hebraica *Kiddah*, em Ez 27.19. É madeira aromática e entrava na composição dos óleos perfumados, Êx 30.24. Esse vocábulo é usado na versão Siríaca, pelo Targum e pela Vulgata. Se for correta a tradução, representa uma espécie de madeira. A versão inglesa, revista, tem à margem a palavra *costus*. O *costus* dos antigos foi descoberto por Falconer que a descreve como sendo uma planta compósita, ornada de flores purpúreas, e tem o nome científico – *Aplotaxis lappa*, cresce em Caxemira, na altitude de 2.600 a três mil metros sobre o nível do mar, e é exportada para diversos países. A parte mais aproveitável e valiosa é a raiz. Os chineses queimam-na em seus templos em lugar de incenso. **2** Tradução da palavra hebraica *Kesiah*, fragrância, Sl 45.8. A casca ou cortiça de Cássia deriva-se de várias espécies de cinamomo.

CASTANHEIRO (*veja PLÁTANO*).

CASTANHOLAS – no plural é a tradução da palavra hebraica *Menaneim*, que se move de um lado para o outro, 2 Sm 6.5, instrumentos músicais que Davi e seus súditos utilizavam. As traduções em português apresentam címbalos e timbales. As castanholas consistem em um par de timbales pequenos em forma de conchas, ligados por um cordel, por onde se introduz o dedo polegar e com o dedo médio as faz soar. A palavra castanholas deriva-se de *castanea*, "cascas de noz", duas das quais se prendiam aos dedos para bater uma na outra. Os gregos e os romanos batiam as castanholas, acompanhando os hinos em honra da deusa Ártemis, também chamada Diana.

CASTIÇAL (*veja CANDEEIRO*).

CASTOR E POLLUX – duas divindades gregas e romanas; nasceram de mãe comum, chamada Leda, porém de pais diferentes. O pai de Castor era Tíndaro, rei de Esparta, enquanto que Zeus, o deus supremo da Grécia, foi o pai de Pollux. Segundo outra lenda, Castor também é filho de Zeus, e distinguiu-se na direção dos carros de guerra e como bom cavaleiro morrendo em combate. Pollux celebrizou-se no jogo de soco. Seu pai Zeus ofereceu-lhe a imortalidade; ele, porém, pediu para desfrutá-la em companhia de seu irmão Castor, já morto, o que lhe foi concedido. Ambos receberam adoração, especialmente em Esparta, sob a invocação de Dióscuri, ou filhos de Zeus. Os marinheiros os tinham como seus defensores nas crises marítimas. O navio de Alexandria, em que Paulo navegou de Malta para Putéoli, possuía na proa os Dioskouroi, ou os irmãos Castor e Pollux, At 28.11. A constelação dos Gêmeos se compõe de duas estrelas, denominadas Castor e Pollux em honra dos dois afetuosos irmãos.

CATATE – nome de uma cidade da tribo de Zebulom, Js 19.15, algumas vezes identificada com Quitrom de Jz 1.30, e outras com Cartá em Js 21.34. Talvez seja a moderna Khirbet Quteineh.

CATIVEIRO – estado de escravidão em poder de inimigos e em terra estrangeira. No tempo do Antigo Testamento, os assírios introduziram e os babilônios adotaram a prática de levarem as populações dos países conquistados, locando-as em situações em que se viam segregados da família e sob a vigilância do governo. As deportações eram feitas em massa, ou, simplesmente, levavam para o cativeiro as pessoas de

CATIVEIRO

C

maior destaque. Este processo era empregado em casos em que outros falhavam. O país vencedor, geralmente, satisfazia-se em impor tributos. A resistência ao pagamento dos tributos era sinal de rebelião, e, como tal, tratavam os povos vencidos, invadindo o seu território e saqueando as cidades. Se ainda essas medidas não apresentavam o resultado desejado, procediam à deportação. A Bíblia menciona dois cativeiros dos judeus: **1** O *cativeiro das Dez Tribos*. No ano 842 a.C. Jeú pagava tributos a Salmaneser, rei da Assíria. Pelo ano 803, Ramanirari relata que os israelitas pagavam tributos. Entre os anos 745-727, os assírios começaram a despovoar a terra das dez tribos, e Manaém ainda lhe pagava tributos. No reinado de Pecaías, filho de Manaém, veio Tiglate-Pileser, rei da Assíria, e tomou as cidades de Naftali e levou os seus habitantes para a Assíria, 2 Rs 15.29; invadiu o país ao oriente do Jordão e deportou os habitantes das tribos de Rúben, de Gade e da meia tribo de Manassés, conduzindo-os para a Mesopotâmia, 1 Cr 5.26. Tendo sido morto Pecaías, subiu ao trono Oséias. Salmaneser sitiou Samaria, a qual foi tomada no ano em que Sargom subiu ao trono, 722 a.C., e grande número de seus habitantes foi levado para a Mesopotâmia e para a Média, e os que ficaram, tiveram de pagar tributos, 2 Rs 17.5,6. Em aliança com Hamate e Damasco, sacudiu o jugo assírio, porém, Sargom sufocou a rebelião e começou a introduzir estrangeiros em Samaria, processo esse que os seus sucessores adotaram, até que um povo heterogêneo apoderou-se do outrora território das dez tribos. Alguns dos israelitas eventualmente voltaram para Jerusalém, Lc 2.36, porém a maior parte ficou nos países para onde havia sido levada, conservando a sua distinção de raça, e continuando as suas práticas religiosas, visitando Jerusalém de tempos a tempos, At 2.9; 26.7. **2** O *cativeiro de Judá*. Senaqueribe registrou a leva de 200

mil cativos de Judá, 2 Rs 18.11-13. Mas o cativeiro propriamente dito consistiu na deportação em massa do povo de Judá para a Babilônia. Um século antes, o profeta Isaías o havia anunciado, Is 6.11,12; 11.12, e o profeta, com Miquéias, apontavam Babilônia como sendo o lugar do exílio, Mq 4.10; Is 11.11; 39.6. O profeta Jeremias determinou o tempo que seria de 70 anos, Jr 25.1,11,12. Foi Nabucodonosor quem cumpriu as predições dos videntes. No ano 605 a.C., no terceiro ou quarto ano do reinado de Jeoiaquim, segundo o método de contar o tempo que cada um adota, veio ele a Jerusalém, tomou os vasos do Templo, levou-os para a Babilônia, conduzindo com eles alguns membros da família real como cativos, 2 Cr 36.2-7; Dn 1.1-3. Sete anos mais adiante, levou o rei Jeoiaquim, sua mãe, suas mulheres, três mil príncipes, sete mil homens robustos e os artistas e lapidários em número de mil, 2 Rs 24.14-16. Onze anos depois, os seus exércitos queimaram o templo, destruíram a cidade e levaram o resto do povo, deixando somente os mais pobres da terra para cultivarem as vinhas e os campos, 2 Rs 25.2-21. Cinco anos após a destruição da cidade, nova leva de gente foi para Babilônia, Jr 3.30. No exílio, os judeus desfrutavam muitos privilégios. Foi-lhes permitido construir casas, ter criados, negociar, Jr 29.5-7; Ed 2.65, e ninguém os impedia de ocupar as mais altas posições do Estado, Dn 2.48; Ne 1, 11. Tinham consigo os sacerdotes e os doutores, Jr 29.1; Ed 1.5, e recebiam os conselhos e o encorajamento de Ezequiel, Ez 1.1. Em 539 a.C. Daniel compreendeu, pela lição dos livros, que o cativeiro havia de durar 70 anos; como esse período tocava o seu termo, começou a suplicar a Deus pela restauração do povo, Dn 9.2. No ano 538, Ciro, rei dos persas, publicou um decreto, autorizando os judeus a regressar à terra de seus pais e reconstruir o templo, Ed 1.1-4. Quarenta e três mil voltaram do

CATIVEIRO

exílio, Ed 2.64. Muitos deles, porém, preferiram ficar na Babilônia. Estes, com os que habitavam no oriente, na Mesopotâmia e na Média, constituiriam a parte da nação conhecida pelo nome de Diáspora, Zc 6.10; At 2.9 (*veja DISPERSÃO*).

CAVALO (*no hebraico, sus, no grego, íppos*) – bem cedo foi esse animal subjugado pelo homem. Já era cavalgado nos tempos de Jacó, Gn 49.17. A região montanhosa da Palestina não se prestava ao uso desse animal, que mais se adaptava às planícies marítimas e ao vale de Jezreel. O Egito era terra de muitos cavalos, Êx 9.3; Gn 47.17. Quando se ocorreu o êxodo dos israelitas, o exército de Faraó era equipado com carros e cavalos, Êx 14.9; 15.19. As forças de Sísera, comandante chefe dos exércitos de Jabim, possuíam cavalos, Jz 4.15; 5.22. Determinava o Deuteronômio que o rei que fosse escolhido nos tempos futuros não deveria multiplicar os seus cavalos, 17.16, e todavia Salomão os importou em grande número do Egito a 150 ciclos de prata cada um. Depois os exportou para o rei dos heteus e dos assírios, 1 Rs 10.28,29; 2 Cr 1.16,17; 9.28. Mais tarde, nos reinos de Israel e de Judá, estavam muito em uso, na guerra e em serviço particular, 2 Rs 9.18; Is 2.7; 1 Rs 17.4; 2 Rs 3.7; 9.33. Os reis estrangeiros viajavam a cavalo, Et 6.8, quando era vergonha para um rei montar em um jumento, Zc 9.9, como fazia o povo humilde da Judéia, os reis e os juízes, Gn 22.3; Jz 10.4; 12.14; 1 Rs 1.33. Os reis de Judá, algumas vezes dedicavam cavalos ao sol, 2 Rs 23.31. Há freqüentes referências a esse animal nos livros de Zacarias e no Apocalipse, Zc 1.8; 6.2,3; 10.5; 14.20; 6.2,4,5,8; 19.11 etc.

CAVALO DE GUERRA – tradução da palavra hebraica *Zarzir*, "que se move airosamente", Pv 30.31. Também pode referir-se a um cavalo de guerra, ajaezado com correias e fivelas; ou ao estorninho, a palavra correspondente no árabe, no siríaco e no hebraico pós-bíblico.

CAVERNA – lugar subterrâneo, aberto ao lado dos outeiros ou de lugares semelhantes. Essas cavidades encontram-se em penhascos

Cavernas de Qumram — Christian Computer Art

CEDRO

Cavernas de Qumram — Christian Computer Art

ou rochedos escarpados, que em tempos remotos foram batidos pelas águas. As mais numerosas e extensas existem nos lugares onde predominam as rochas calcárias, como na Palestina; serviam de habitações aos aborígines do monte Seir, como o indica a palavra horeu, em Gn 36.20. Em tempos posteriores, ainda se prestavam para habitações temporárias de que se serviram Ló e suas filhas após a destruição de Sodoma, 19.30, e o profeta Elias, depois de sua jornada de 40 dias, 1 Rs 19.9. Serviam de abrigo aos rebanhos e também eram aproveitadas para colocar cadáveres, como se deu com Abraão que sepultou Sara, sua mulher, na caverna, no campo de Macpela, em Hebrom, Gn 23.1-20; 49.29, e com Lázaro em Betânia, Jo 11.38. Em tempos de guerra e de opressão, serviam de lugares de refúgio, Jz 6.2; 1 Sm 13.6; 24.3-10; 1 Mac 1.53; 2 Mac 6.11. As mais notáveis são a de Maqueda e Adulão, Js 10.16-27; 1 Sm 22.1.

CEBOLA – nome de uma planta, cuja raiz bulbosa tinha grande consumo entre os egípcios como gênero alimentício, Nm 11.5; Heród. 2.125. É o *Allium cepa* que os hebreus chamam *besel* e os árabes *basal*, cultivado desde muito no Egito e em várias partes do oriente.

CEDRO (*no hebraico, erez*) – árvore famosa do Líbano, 1 Rs 5.6, alta e resistente, Is 2.13; Ez 17.22; 31.3. Fornecia valioso madeiramento para a construção de palácios e templos, 2 Sm 5.7; 1 Rs 5.5,6; 7.1-12; Ed 3.7. Os pranchões, o madeiramento, todo o forro interno e entalhes para a construção do Templo, e bem assim, as madeiras para a casa do bosque, tudo era de cedro, 1 Rs 6.9,10,18; 7.2,7. De cedro se faziam ídolos, mastros de navios etc., Is 44.14; Ez 27.5. Madeira odorífera, usada também na cerimônia das purificações, Ct 4.11; Os 14.7; Lv 14.4; Nm 19.6. O cedro, a que se referem estas passagens, era evidentemente o cedro do Líbano (*Abies cedrus* ou *Cedrus libani*, chamado *erez* no hebraico, e no arábico, *arz*). É grande árvore, de copa redonda, galhos torcidos e extensos, folhas

CEDRO

sempre verdes com oito a dez centímetros de comprimento, de forma cônica. É árvore nativa, tanto no Tauro quanto no Líbano. Julgava-se que o pequeno bosque de cedros visitado pelos viajantes era o único existente; outros têm sido descobertos na parte traseira do monte. Não é certo se o *Deodar* do Himalaia é realmente uma espécie distinta do cedro do Líbano.

CEDROM (*no hebraico, "escuro", "turvo", "melancólico"*). **1** Ravina que começa a noroeste de Jerusalém, perto dos chamados túmulos dos juízes, na distância de meia hora a pé, segue para sudeste por cerca de três quilômetros, volta-se rapidamente para o sul e continua nesta direção, passando por detrás da cidade até o vale de Enom e da Fonte de Rogel. Deste ponto, curva-se para sudeste e segue curso tortuoso até o mar Morto. Não tem águas correntes. Na estação das grandes chuvas do inverno, recebe as vertentes das encostas vizinhas. Além disso, todo o vale se mantém inteiramente seco. O termo que se encontra junto a Cedrom no cap. 18.1 do Evangelho segundo João representa uma palavra hebraica que, simplesmente, tem o sentido de ravina, que serve de coletor para as águas das chuvas na estação do inverno, e que as conserva durante o verão. Os escritores gregos empregam a palavra Cedrom no sentido de "torrente do inverno", 1 Mac 12.37. O nome deriva-se talvez da cor escura que as águas têm ou da escuridão do vale, principalmente na parte inferior. Aos que falam língua grega, a forma do nome Cedrom é parecida com cedro, de modo que a pequena torrente do vale chamava-se quase sempre "a torrente dos cedros", como se acha no Códice Vaticanus, em Jo 18.1; e 2 Sm 15.23. O Cedrom separa a cidade de Jerusalém do monte das Oliveiras, e era preciso atravessá-lo para ir da cidade a Betânia ou a Jericó, 2 Sm 25.23. Marca a linha divisória da cidade pelo lado do nascente, 1 Rs 2.37; Jr 31.40. A parte do vale para o lado do sul era destinada aos cadáveres do povo, 2 Rs 23.6. Os piedosos reis que de tempos em tempos surgiam, lançavam no vale de Cedrom as cinzas das abominações destruídas pelo fogo, 1 Rs 15.13; 2 Cr 29.16; 30.14; 2 Rs 23.4. Dizem que a rainha Atalia foi conduzida para o Cedrom a fim de que o seu sangue não profanasse o templo (Antig. 9.7,3). **2** Nome de uma cidade, perto de Jâmnia e Azoto, 1 Mac 15.39; 16.9,10, fortificada por Cendebeu, e ocupada por um destacamento de tropas sírias por ser ponto dominante de várias estradas da Judéia, 15.41.

CEFAS (*no aramaico, "rocha", ou "pedra"*) **–** apelativo que Jesus deu ao apóstolo Simão, Jo 1.42; 1 Co 1.12; 3.22; 9.5; 15.5; Gl 2.9, de onde derivou o nome de Pedro, o grego traduz *petros*, o latim *petrus*.

CEFIRA (*no hebraico, "aldeia"*) **–** nome de uma cidade dos gibeonitas, Js 9.17, partilhada à tribo de Benjamim, 18.26. Ainda existia depois do cativeiro, Ed 2.25; Ne 7.29. As ruínas de Kefireh assinalam o lugar de sua antiga localização, cerca de 15 km a noroeste de Jerusalém.

CEGONHA – nome de uma ave, em hebraico *hasidah*, que significa "afetuoso", por causa dos grandes desvelos pelos seus filhos. A lei cerimonial declarava-a imunda, Lv 11.19; Dt 14.18. Fazia seus ninhos nos cedros do Líbano, Sl 104.17, e emigrava periodicamente, Jr 8.7. É a *Ciconia alba*, ave branca semelhante à garça. Durante o inverno, permanece na África Central, ao sul, e na primavera visita a Europa Continental, a Palestina e o norte da Síria. Tem cerca de 120 centímetros de altura, longo bico de cor vermelha, pernas compridas, branca plumagem, e asas de um preto brilhante. Alimenta-se de rãs e de pequenos répteis, e, na falta destes, de qualquer

CEIA DO SENHOR

C

outra espécie de carnes, por isso a lei a denominava imunda. Consideravam-na como ave sagrada. Em muitos lugares, ninguém a perseguia, de modo que familiarmente entrava nas habitações humanas. A cegonha negra, *Ciconia nigra*, assim chamada por causa da cor das costas e do pescoço, também se encontra na Palestina sendo muito comum no vale do mar Morto. Cria-se nas árvores.

CEGUEIRA – a cegueira é muito comum no Oriente, cujas causas principais são: a bexiga, e em particular as oftalmias, agravadas por influências peculiares, como, o deslumbramento constante dos raios solares, e a grande quantidade de pó fino na atmosfera. Muitas crianças já nascem cegas. Acreditavam os hebreus que essa doença poderia ser resultado de uma maldição por causa de pecados, Jo 9.1. Essa doença faz aumentar o número dos mendigos, Mt 9.27; 12.22; 20.30; 21.14. A cegueira, quer parcial, quer total, pode ser devido à idade, Gn 27.1; 1 Sm 4.15; 1 Rs 14.4. Os cativos na guerra eram privados dos olhos por meios muito bárbaros, empregados pelos vencedores, como os amonitas, os filisteus, os assírios e os babilônios, Jz 16.21; 1 Sm 11.2; 2 Rs 25.7. Em alguns casos, a cegueira era transitória, operando-se a cura miraculosa, Gn 19.11; 2 Rs 6.18-22; At 9.9; 13.11. A legislação mosaica continha artigos muito humanitários a favor dos pobres, Lv 19.14; Dt 27.18.

CEIA DO SENHOR – nome que o apóstolo Paulo deu à ordenança comemorativa instituída por nosso Senhor Jesus Cristo na tarde que precedeu a sua crucificação, 1 Co 11.20. A narrativa do apóstolo é o registro mais antigo que se conhece da instituição da ceia, precedendo dois ou três anos a qualquer outra. Foi escrita, provavelmente, nos princípios do ano 57, 27 anos depois da sua celebração inicial. Cinco anos antes, já o apóstolo a havia ensinado à igreja de Corinto, 11.23. Ele argumenta com autoridade quando diz: "Eu recebi do Senhor o que também vos ensinei" para mostrar como devem ser administrados os elementos comemorativos. Refere-se à fonte de sua informação, "recebi do Senhor" para mostrar que não foi testemunha presencial da instituição. As palavras do apóstolo podem ter duas interpretações: ou Paulo recebeu instruções diretas de Jesus ressuscitado, ou foram ministradas, por ordem de Cristo, por meio de seus apóstolos que participaram da primeira ceia. Mateus, que foi testemunha ocular, e Marcos, companheiro de Pedro, que esteve presente à ceia também relatam as mesmas circunstâncias, e do mesmo modo o Lucas companheiro de Paulo. Com o desejo de cumprir toda a justiça e honrar a lei cerimonial, que ainda durava, Jesus ordenou tudo o que era necessário para celebrar a Páscoa com os seus discípulos, Mt 26.17-19. Como o cordeiro pascal tinha de ser morto de tarde e ser comido na mesma tarde, a festa pascal necessariamente se deu no mesmo dia, Mt 26.20. O vinho misturado com água estava em uso nessa ocasião, por ser considerado o melhor meio de beber o bom vinho, *cf.* 2 Mac 15.39. Quando, pois, nosso Senhor estava a ponto de celebrar a Páscoa, havia vinho misturado com água sobre a mesa, e bem assim os pães asmos. Ele e seus discípulos assentaram-se à mesa, Mt 26.20, o que quer dizer que, segundo o costume do tempo, estavam meio sentados e reclinados à mesa, Mc 14.18. Terminada a festa pascal, Jesus tomou o pão e o abençoou dando graças e o deu a seus discípulos, dizendo: "Este é o meu corpo, que por vós é dado; fazei isto em memória de mim". E tomando igualmente o cálice, depois de haver ceado, disse: "Este é o cálice da nova aliança no meu sangue derramado em favor de vós", Lc 22.19,20, e "...derramado em favor de muitos, para remissão de pecados", Mt 26.28. A Ceia do Senhor foi instituída

CEIA DO SENHOR

para perpetuar a sua lembrança, Lc 22.19, e para anunciar a sua morte até que ele volte, 1 Co 11.25,26. Essa cerimônia não era privativa somente dos cristãos e dos judeus convertidos, mas também era celebrada nas igrejas dos gentios, por exemplo, a dos coríntios, 1 Co 10.15-21. Ficou estabelecido que seria praticada na Igreja em todas as gerações. A mesa em que o pão foi colocado ficou sendo a mesa do Senhor, 10.21; o cálice do vinho conserva o antigo nome judeu de cálice de bênção, 10.16, e foi também denominado cálice do Senhor, v. 21; 11.27. A Ceia do Senhor tornou-se uma festividade na Igreja Primitiva. A reunião consistia de uma refeição em comum entre os crentes. A igreja em Corinto experimentou a banalização desse momento, certamente outras igrejas também, permitindo que a dissensão e a glutonaria quebrassem o vínculo de comunhão, 1 Co 11.17-30. A Ceia do Senhor, com o tempo, tornou-se o momento de comunhão e adoração tal qual a Igreja experimenta atualmente, o cálice de vinho e o partir do pão, como um cerimonial para lembrança do sacrifício de Cristo.

CEIFA (*veja SEGA*).

CEITIL – 1 Nome de certa moeda romana, chamada *quadrans*, feita de bronze, igual à quarta parte de um *as*. Os gregos empregavam o mesmo nome, *kodrantes*. No tempo de Cristo, o seu valor era igual à metade de um *farthing*, Mt 5.26; Mc 12.42. Centavo. Quadrante. **2** Nome de um *assorion*, diminutivo da palavra latina *as*, moeda de cobre como um centavo de dólar, Mt 10.29.

CELEIRO – lugar preparado para armazenar cereais, Sl 144.13; Jl 1.17; Mt 3.12.

CELEIROS DAS PORTAS/TESOURARIA DAS PORTAS – nome de uma construção, em hebraico *asuppim*, destinada a guardar os aviamentos e alfaias do Templo, Ne 12.25.

CENÁCULO – aposento de uma habitação, At 1.13.

CENCRÉIA– nome do porto oriental de Corinto, por onde se entrava para o Arquipélago. Distava da cidade cerca de 14 km. Nesse porto havia uma igreja que Paulo visitou, e a irmã Febe servia talvez como diaconisa, At 18.18; Rm 16.1.

CENDEBEU – nome de um general, encarregado por Antíoco VII, de guardar as costas marítimas da Judéia. Foi derrotado par Judas e João Macabeu, filhos de Simão Macabeu, 1 Mac 15.38; 16.1-10.

CENSO – assim se chama a enumeração e registro do povo, convenientemente feito entre os hebreus pelas tribos, famílias e casas, Nm 1.18. Esse serviço ocorreu durante a viagem pelo deserto baseado nos relatórios dos oficiais, que Moisés havia colocado para governarem sobre mil, sobre cem, sobre cinqüenta e sobre dez, Êx 18.25; *cf.* Nm 1.21,23 etc. Além da enumeração do povo em classes, como a dos primogênitos, Nm 3.43, tinha também uma estatística geral de todos os israelitas, em condições de prestar serviços militares, de que nos dá conta o Antigo Testamento, em ocasiões diferentes. O primeiro censo aconteceu no monte Sinai, no segundo ano depois de haverem saído do Egito, Nm cap. 1, omitiu-se os levitas, v. 47-54. Os homens acima de 20 anos de idade capazes de pegar as armas foram 603.550, v. 45-47; 11.21. Havia naturalmente um registro dos contribuintes que concorriam para o serviço religioso, Êx 38.26. Os levitas desde um mês de idade e daí para cima eram contados separadamente e acharam-se 22 mil, Nm 3.39. O segundo censo foi realizado 38 anos depois, no campo de Sitim, na terra de Moabe, ao se aproximar o termo de sua peregrinação de

CENSO

C

Cenáculo — Christian Computer Art

Cenáculo — Christian Computer Art

CENSO

40 anos. O número de homens sofreu pequenas alterações; era agora de 601.730, Nm 26.1-51, e os levitas, 23 mil, 26.62. O terceiro censo ou estatística se efetuou por ordem de Davi, verificando-se a existência de 800 mil homens de guerra em Israel e 500 mil em Judá, 2 Sm 24.1-9; *cf.* 1 Cr 21.1-6. Na mesma ocasião, o número de levitas de 30 anos para cima era de 38 mil, 1 Cr 23.3. Depois do cativeiro, fez-se nova contagem dos que voltaram do exílio da Babilônia para Jerusalém com Zorobabel, Ed 2, e outro alistamento ordenado pelo imperador Augusto em todo o império romano, pouco antes do nascimento de Cristo, Lc 2.1 (*veja* QUIRINO).

CENTURIÃO (*do latim centurio*) – o grego apresenta três termos para centurião: a) *Kenturiõn*, "centurião". É uma transliteração do termo latino *centurio*, Mc 15.39,44,45; b) *Hekatontarchos*, "centurião". É a junção dos termos *hekaton*, "cem", e *archõ*, "reger", Mt 8.5; c) *Hekatontarches*, "centurião". Termo usado de maneira mais extensa como "capitães de centenas", At 10.1,22. Nome de um posto do exército romano, cujo oficial comandava cem homens, At 21.32; 22.26; *cf.* 23.23. Dois desses são conhecidos pelo nome no Novo Testamento: Cornélio que tinha base em Cesaréia, no qual se evidenciou que o Espírito Santo era partilhado também pelos crentes que vinham do gentilismo, At 10, e Júlio, que conduziu Paulo com outros prisioneiros para Roma, homem de espírito humanitário que tratou carinhosamente o apóstolo, At 27.1,3,43. Há notícia de mais dois centuriões que se converteram em Cafarnaum e outro ao pé da cruz no Calvário, Mt 8.5-13; 27.54 (*veja* GENERAL).

CEPO/TRONCO – instrumento de castigo, chamado em hebraico *sad*, consiste em uma armação de madeira; por isso os gregos a denominavam *xylon*, destinado a apertar os pés com firmeza, Jó 13.27; 33.11; At 16.24, ficando a vítima assentada e com as pernas estendidas. Havia outro cepo que os hebreus chamavam *mahpeketh*, que significa torcer, porque o corpo do condenado ficava em posição de constrangimento, 2 Cr 16.10; Jr 20.2. Além do cepo, continha argolas de ferro e algemas que podiam ser usadas ao mesmo tempo, 29.26, de modo que o pescoço, as mãos e os pés ficavam igualmente seguros.

CÉSAR – nome de família de um ramo da casa Juliana de Roma. Segundo Plínio, 7.9, o primeiro que usou esse nome foi o *quod ceaso mortuae matris utero natus fuerit*. O nome de família vem desde 501 a.C., mas, celebrizou-se na pessoa de Caio Júlio César, que com Alexandre, o Grande, e Napoleão, foi um dos conquistadores mais notáveis que o mundo civilizado tem produzido. Depois do assassinato de Júlio César, 44 a.C., o título de César foi destinado a Otávio, mais tarde imperador Augusto. Tibério,

Nero Tibério — Christian Computer Art

CÉSAR

sucessor de Augusto, Calígula, Cláudio e Nero, todos eles relacionados à família do grande ditador, conservaram o nome titular: os sete imperadores em sucessão, a saber: Galba, Oto, Vitélio, Vespasiano, Tito, Domiciano e Nerva, assumiram o mesmo nome, e assim foram todos denominados "os doze Césares". Por ter sido esse o nome do grande conquistador, o nome César ficou sendo o tipo ou símbolo do poder civil em geral, e é usado continuamente nesse sentido nas discussões relativas aos domínios do poder civil e religioso, Mt 22.17,21; Mc 12.24,16,17; Lc 20.22,24,25. O nome César aplica-se em o Novo Testamento, aos seguintes: **1** Augusto César, primeiro imperador romano, Lc 2.1. No ano 43 a.C., fez parte do segundo triunvirato com Antônio e Lépido. Este foi julgado incompetente e forçado a retirar-se, e Antônio sofreu a derrota de Actium, ficando Augusto como único governador do mundo com o título de imperador. Foi em conseqüência de um decreto desse imperador, que José e Maria tiveram de ir a Belém para se alistarem ali. Augusto César não gostava dos judeus, mas nem por isso deixava de favorecê-los na política e na religião. Era ele quem mandava fazer à sua custa os sacrifícios de cada dia no templo. Era amigo pessoal de Herodes e o considerava como um dos seus valiosos aliados. As cidades, Cesaréia de Filipos e a outra Cesaréia na costa do mar, foram edificadas em sua honra por Herodes. Augusto morreu no ano 14 da nossa era, com 66 anos. **2** Tibério César, segundo imperador romano, Mt 22.17; Mc 12.14; Lc 3.1; 20.21,22; Jo 19.12, nascido no ano 42 a.C., filho adotivo de Augusto, de temperamento sombrio e áspero, passava grande parte do seu tempo na ilha de Capri em retiro voluntário. Durante o seu reinado, a Judéia foi governada por Valério Grato e Pôncio Pilatos. Por um de seus editos, expulsou os judeus de Roma, e por causa da severidade com que foram tratados pelos governadores

provinciais, revogou o edito e os recebeu novamente na capital. A cidade de Tiberíades, à beira do mar da Galiléia, foi edificada em sua honra por Herodes Antipas. Foi assassinado pelos seus próprios guardas no ano 37. **3** Cláudio, quarto imperador romano, fraco, vacilante, tomou posse do governo contra a sua vontade, deixando o poder nas mãos de seus favoritos. Herodes Agripa I tinha ido a Roma para assistir à sua coroação, o que lhe valeu o domínio sobre toda a Palestina. No princípio de seu reinado, favoreceu os judeus e reintegrou os judeus de Alexandria nos seus primitivos privilégios, porém, depois,os baniu de Roma, At 18.2. Morreu no ano 54, tendo reinado 14 anos. **4** Nero, quarto imperador romano, At 25.12,21; 26.32; Fp 4.22. Foi adotado como filho de seu antecessor, Cláudio. Procurando garantir-se no poder, envenenou seu irmão Britânico. Nero foi monstro de vícios e crueldades, exagerados. No décimo ano de seu reinado, um grande incêndio devorou três dos quatro distritos da capital. Julga-se ter sido ele mesmo quem ateou o fogo. Correndo risco a sua vida, acusou os cristãos de serem eles os incendiários, e, por isso, muitos deles sofreram morte cruel. A tradição conta que os apóstolos Pedro e Paulo foram contados entre as vítimas. Nero é o leão citado por Paulo em 2 Tm 4.17. Vendo-se abandonado pelas suas tropas, e que breve seria morto, antecipou a sua sorte. Como Saul, tentou suicidar-se, mas, falhando o seu intento, ordenou a um dos assistentes para completar a obra. Morreu no ano 68, com 32 anos de idade, e 14 de reinado. **5** Tito, filho de Vespasiano, e décimo imperador romano. No ano 66, Vespasiano foi enviado à Palestina para sufocar uma revolta dos judeus, sendo acompanhado por Tito. Três anos depois, quando Vespasiano foi a Roma para assegurar para si o trono, deixou Tito no comando do exército dirigindo o cerco de Jerusalém no ano 70 (Guer. 3.1,3; 7.3,1)

CÉSAR

(*veja JERUSALÉM*). Tito se fez imperador no ano 79, e morreu no ano 81, com 40 anos de idade.

CESARÉIA (*no grego, "pertencente a César"*). **1** Cesaréia da Palestina – nome de uma cidade da costa da Palestina, situada cerca de 45 km ao sul do Carmelo. Foi construída por Herodes, o Grande, no lugar da antiga cidade denominada a Torre de Estrato. Demorou 12 anos a sua construção, de 25-13 a.C. Fizeram uma doca com pedras de 16,5 m de comprimento, seis de largura e três de espessura. A muralha tinha 66 metros de largura e quatro metros de profundidade, formando um porto tão vasto quanto o de Atenas. A entrada era pelo lado do norte onde havia uma torre. A cidade possuía um teatro e um anfiteatro e tinha um sistema completo de esgotos. Herodes a denominou Cesaréia em honra de seu patrono Augusto César (Antig. 15.9,6; Guer. 1.21.5), conhecida por Cesaréia da Palestina ou Cesaréia do Mar, para distingui-la da Cesaréia de Filipos. Tornou-se a capital romana da Palestina. O Evangelho a alcançou por meio de Filipe que fez ali sua residência, At 8.40; 21.8. Paulo, logo depois de convertido, correu risco de ser morto pelos judeus em Jerusalém. Os irmãos o conduziram a Cesaréia, de onde partiu para Tarso, sua pátria, na Ásia Menor, 9.30. Morava ali o centurião Cornélio, a quem Pedro foi enviado para anunciar a Cristo, inaugurando assim a entrada dos gentios na Igreja, 10.1,24; 11.11. Ali morreu Heródes Agripa no ano 44 d.C., At 12.19-23; Antig. 19.8,2. Paulo esteve lá duas vezes, onde encontrou uma Igreja, At 18.22; 21.8,16. Foi preso e processado, comparecendo perante Festo e o rei Agripa, 23.23,33; 24.1-4,6-13. A população da cidade era mista e agitada pelo espírito jacobino de tal modo, que no reinado de Nero, os sírios fizeram matança geral na população judia que se tornou mais intensa no ano 70, quando Jerusalém

foi destruída por Tito, Guer. 2.18,1. No segundo século da era cristã, Cesaréia era sede de um bispado, que no ano 451 foi elevado a metropolitano, primaz da Palestina. Em 195, reuniu-se ali um concílio. Foi centro intelectual de grande importância, havia uma escola superior, onde Orígenes lecionava e na qual o grande Eusébio, bispo naquela cidade, foi educado. No ano 548, os judeus unidos aos samaritanos, assaltaram os cristãos. Em 638, os maometanos tomaram a cidade, e em 1102, foi outra vez tomada pelos cruzados, capitaneados por Balduíno I. Saladino I retomou-a em 1189, e os cruzados, outra vez a retomaram em 1191, e finalmente, o sultão Bibars conquistou-a em 1265. As ruínas de Cesaréia pertencem a dois períodos; as ruínas do tempo dos romanos, com a sua doca, as suas muralhas, o seu teatro, o seu hipódromo, o seu templo e aqueduto; e o período das cruzadas, assinalado pelos muros, pelo castelo, pela catedral, mais uma pequena igreja e pelo seu grande porto. O muro construído pelos romanos tinha 1.584 metros de comprimento de norte a sul, e 891 de este a oeste. A largura do porto era de 170 metros. Grande linha de recifes que se estende pelo mar adentro indica o antigo dique construído pelos romanos. O nome atual da cidade é Kaisarich. **2** Cesaréia de Felipe – nome de uma cidade situada no sopé do monte Hermom, e na cabeceira principal do Jordão, e no ângulo de uma pequena planície, com os montes que a cercam a oeste. Tem sido identificada com Baal-Gade. O culto prestado ao deus Pã, pelos romanos, prevaleceu por longo tempo. Herodes, o Grande, mandou erigir-lhe belo templo de fino mármore no local que se chamou Panéias (Antig. 15.10,3). A cidade foi ampliada e embelezada por Filipe, o tetrarca, dando-lhe o nome de Cesaréia em honra a Tibério César, Antig, 18.2,1; Guer. 2.9,1. Jesus, em companhia de seus discípulos, visitou-a ao menos uma vez, e foi ali que se deu a notável e memorável conversa de Jesus com os apóstolos, perguntando-lhes: Quem dizem os homens que é o Filho do homem? Mt 16.13; Mc 8.27. Agripa II a embelezou ainda mais e mudou-lhe o nome para Nerônias em honra de Nero, porém, depois da morte desse imperador, voltou a ter o nome antigo de Cesaréia (Antig. 20.9,4). Depois da tomada de Jerusalém, Tito deu ali espetáculos de gladiadores. Uma parte desses espetáculos consistia em lançar os pobres judeus às feras ou compeli-los à lutas mortais entre si (Guer. 7.2,1; 3.1). Parte das antigas fortificações ainda existe. Nas rochas adjacentes, observam-se inscrições gregas. A opulência da antiga Cesaréia desapareceu e atualmente está reduzida a uma pequena aldeia com o nome de Banias, alteração do antigo nome Panéias.

CESTOS – os cestos, em uso pelos antigos povos, eram de várias formas e de diversos tamanhos. As antigas esculturas e as relíquias históricas revelam que esse utensílio doméstico era fabricado com fibras ou folhas de palmeira, com folhas

Cesto — Christian Computer Art

de junco, com varetas de caniço, vime ou tecidos de cordas. As formas variam conforme os gostos dos fabricantes. Uns eram afunilados na parte superior, e outros na inferior, alargando-se no centro, eram altos ou baixos, ornamentados com cintas de cores; uns pequenos para serem conduzidos à mão, outros maiores para serem levados à cabeça, ou aos ombros, ou ainda, grandes para serem carregados por dois homens, que o penduravam no centro de uma vara, sustentada nos ombros de ambos os condutores. Serviam para o transporte de frutas, Dt 26.2; Jr 6.9; 24.2; Am 8.2. Em cada uma destas passagens, o hebraico emprega palavras diferentes de pão, bolos e carne, Gn 40.17; Êx 29.2,3; Lv 8.2; Jz 6.19; Mc 8.19,20; em cujas passagens, tanto o hebraico quanto o grego empregam termos distintos. Havia também cestos para conduzir barro para as olarias e terra para as construções, Sl 81.6.

CETRO – vara que os reis seguravam nas mãos como símbolo de autoridade, Sl 45.6; Am 1.5; Sab. 10.14; Hb 18; Guerras 1.33,9. Vem de tempos imemoriais. Nem sempre, porém, representava a soberania. Usavam-no também os chefes, Jz 5.14; Baruque 6.14; entre os gregos, os reis, os juízes, os arautos e os oradores, Ilíada 1. 238; 2. 100; 7. 277; 23. 568. A palavra, hebraica *shebet* não é termo específico, emprega-se para designar qualquer espécie de vara, como um bastão, usado como símbolo de dignidade, Gn 38.18, o cajado de pastor, Lv 27.32; Sl 23.4; Mq 7.14, e a vara que servia para bater os cominhos no eirado, Is 28.27. Os cetros reais eram feitos de madeira, mas o do rei Assuero era de ouro, Et 4.11, como também o famoso cetro de Agamenon, Ilíada, 2. 100. Por escárnio, os soldados de Pôncio Pilatos colocaram na mão de Jesus uma cana como cetro da realeza, Mt 27.29.

CÉU/CÉUS

CÉU/CÉUS – **1** O firmamento, o espaço em torno da Terra, compreendendo tudo quanto dela se distancia, Gn 2.1. Os céus e a terra compreendem o universo, Gn 1.1; 14.19; 24.3; Jr 23.24; Mt 5.18. Além do firmamento visível, existia a região primeval das águas, Gn 1.7; Sl 148.4, de que não mais se fala na história da criação. É razoável acreditar que dessa região surgiram os corpos celestes. As águas que estavam por cima do firmamento exprimem uma idéia que se perpetuou no pensamento dos hebreus com outras concepções. No céu visível estão os astros e os planetas, Gn 1.14,15,27; Ez 32.7,8. Em uma parte do céu, perto da Terra, está a atmosfera, a região das nuvens, onde voam as aves e de onde desce a chuva, Gn 1.20; 7.11; 8.2; 27.28; 2 Sm 21.10; Sl 14.8; Lm 4.19 (*veja FIRMAMENTO*). Os hebreus empregavam a frase "céu dos céus", Dt 10.14; 1 Rs 8.27; Sl 115.16, para representar os céus na sua amplidão. Os judeus dos últimos tempos costumavam dividir os céus em sete regiões diferentes. Nenhuma concepção definida prevaleceu a respeito dessas regiões que somente a fantasia tinha licença de empregar. A mais elevada região era habitada pela divindade. O apóstolo Paulo, falando de Jesus, diz: "Ele mesmo é o que subiu acima de todos os céus", Ef 4.10, e falando de si, diz que foi arrebatado ao terceiro céu e que não sabe se foi no corpo ou fora dele, 2 Co 12.1-4. **2** Nome do lugar onde se manifesta a presença de Deus, Gn 28.17; Sl 80.14; Is 66.1; Mt 5.12; 16.45,48; 23.9, onde estão os anjos, Mt 24.36; 28.2; Mc 13.32; Lc 22.43, e onde os remidos habitarão, Mt 5.12; 6.20; 18.10; Ef 3.15; 1 Pe 1.4; Ap 19.1,4. Cristo desceu dos céus, Jo 3.13, e subiu outra vez para lá, At 1.11, onde intercede pelos santos, e de onde virá para julgar os vivos e os mortos, Rm 8.33,34; Hb 6.20; 9.24; Mt 24.30; 1 Ts 4.16. **3** Os habitantes dos céus, Lc 15.18; Ap 18.20.

CEVA – membro de uma das famílias judias, de onde vinham costumeiramente os príncipes dos sacerdotes. Esse Ceva tinha sete filhos que eram exorcistas judeus, At 19.14.

CEVADA – nome de um cereal que os hebreus chamavam *Seorah*, planta sedosa e eriçada de pêlos. Os gregos davam-lhe o nome de *Krithai*, cultivada em grande escala na Palestina, Rt 1.22, no Egito, Êx 9.31, e nas regiões adjacentes. Os grãos dessa planta, depois de reduzidos a farinha, serviam para o fabrico de pães e de bolos, Jz 7.13; Jo 6.9. As diversas qualidades de cevada pertencem ao gênero *Hordeum*. É gramínea ornada de espiguetas nas hastes, em grupos de três e em posição oposta, de modo a formar uma palma. Há dez espécies, das quais, Tristram encontrou seis na Palestina, sendo uma delas a *Hordeum athaburense* encontrada no monte Tabor e peculiar da Terra Santa. A que se cultiva agora na Palestina é a *Hordeum distichum* em que apenas duas das suas flores centrais são férteis e as laterais, abortivas.

Colheita de espigas de cevada   *Christian Computer Art*

CHACAIS – tradução da palavra hebraica *Tannim* e *Tannoth*, animal mamífero, Lm 4.3, habitante do deserto e de lugares solitários, Is 35.7; 43.20; 34.13,14; Jr 49.33; 51.37. Os chacais, *Canis aureus*, pertencem ao gênero *canis*. Diferem do cão, por ter o focinho alongado. O nome *aureus* é devido à cor amarela da raiz de seus pêlos mesclado de um amarelo escuro e preto. Têm o comprimento de cerca de 90 cm e aproximadamente 45 cm de altura. Andam em bandos e se alimentam, costumeiramente, de carnes podres e de cadáveres. Quando se oferece ocasião, arrebatam crianças vivas. Os leões correm ao encontro dos chacais quando ouvem seus gemidos, e participam de suas presas, por isso os denominam despenseiros do leão. Emitem bramidos estranhos, diferente do de seus companheiros de raça. Vivem na África e no Sul da Ásia e freqüentam a Palestina, principalmente as ruínas de lugares antigos (*veja RAPOSA*).

CHAGA/ÚLCERA – tradução da palavra hebraica que se acha em Dt 28.27,35, que em outros lugares se traduz por úlcera, tumor.

CHAPÉUS – tradução da palavra aramaica *Karbel*, atadura, Dn 3.21 (*veja MITRA*).

CHAVE – instrumento destinado a mover a lingüeta das fechaduras, Jz 3.25. A chave usada pelos orientais consistia de uma peça de madeira, fornecida de cavilhas em número correspondente aos pequenos orifícios contidos dentro da fechadura. Geralmente trazia-se à cinta e também sobre os ombros, Is 22.22. A chave é símbolo de autoridade, Mt 16.19; Ap 1.18; 3.7; 9.1; 20.1. Também representa o acesso a conhecimentos de que muitos são privados, Lc 11.52.

CHEFE (*veja PRÍNCIPE*).

CHIBOLETE (*veja SIBOLETE*).

CHIM (*veja SHIN*).

CHIPRE – nome de uma ilha famosa na Antigüidade pela riqueza de suas minas de cobre. Está situada na parte setentrional do Mediterrâneo, cerca de 65 km da costa da Cilícia, e 96 da Síria e 383 de Porto Saíde no Egito; a parte central tem cerca de 207 km de comprimento, e 55 a 110 km de largura. Do lado nordeste, prolonga-se uma estreita faixa de terra com cerca de 74 km de comprimento por 31 km de largura, semelhante ao gurupés de um navio. A área total da ilha está em torno de 6.637 km²; é montanhosa, cortada de vales que em certas épocas do ano apresentam doenças perigosas. As suas minas de cobre tornaram-se famosas no tempo de Herodes, o Grande, Antig. 16.4,5. Os antigos habitantes descendiam de Quitim, um dos ramos da raça grega, Gn 10.4, que mais tarde foram substituídos pelos fenícios da costa da Síria, que a colonizaram. A capital da ilha foi a cidade de Kition, ou Citium. Outras colônias gregas reforçaram a antiga população, de modo que 3/4 partes da população pertencem a essa raça. Chipre foi, outrora, por algum tempo, província do império romano, porém, no ano 27 a.C., o imperador Augusto a transferiu ao senado, passando a ser governada por um propretor com o título de procônsul. Havia nela muitas comunidades judias, 1 Mac 15.23; At 4.36. Antes do martírio de Estêvão, ali já existiam cristãos, e durante a perseguição que se seguiu, alguns deles regressaram à ilha pregando o Evangelho, At 11.19,20. Barnabé e Paulo, e outra vez Barnabé e Marcos, a visitaram como missionários, At 13.4; 15.39. O apóstolo Paulo passou por ela duas vezes sem desembarcar, At 21.3,16; 27.4. Desde o ano 1571, está incorporada ao império turco. Por um tratado com a Grã-Bretanha, de 4 de junho de 1878, essa potência mantém uma praça de armas e a Rússia conserva a

CHIPRE

posse das cidades de Batoum e Bars. Esta situação política foi mudada depois da guerra européia (1914-1919).

CHOÇA/CHOUPANA – cabana construída para abrigo dos guardas e das plantações em tempo dos frutos, Is 1.8, geralmente feita de ramos de árvores, ou de galhos de madeira tapados com esteiras.

CHUMBO – nome de um dos metais conhecidos dos antigos povos. O nome em hebraico é *Ophereth*. Entre os metais preciosos tomados aos moabitas contava-se o chumbo, Nm 31.22, que também era conhecido dos egípcios, cont. Apiom, 1.34. Extraía-se esse metal em grande abundância na península do Sinai, encontrava-se no Egito e importavam-no de Társis, Ez 27.12. Empregava-se no fabrico de pesos, Zc 5.7, servia para afundar as redes e as linhas de pesca (Ilíada, 24.80) e para o fabrico de lâminas em que se faziam inscrições (Tácito, Antig. 2.69; Plínio Hist. Nat. 13.21; Pausânias, 9.31,4; Jó 19.24). As palavras de Jó na passagem citada parecem significar que, sendo o livro sujeito a estragar, ele desejava que as suas palavras fossem escritas com ponteiro de ferro em lâmina de chumbo, ou se gravassem com cinzel em pederneira, para torná-las mais legíveis e duradouras. Há dúvidas se esse metal poderia servir para mistura e liga, Ez 22.20.

CIDADE – segundo o costume dos hebreus, cidade é um conjunto de habitações fixas para uso do homem, e principalmente cercada de muros de defesa, Gn 4.17; 18.26; 19.20; Nm 13.19; Js 3.16; 10.39; 13.17; Jz 20.15; Lc 2.4; 23.51. As cidades podem ser muradas ou não, Dt 3.5; Et 9.19. Foram edificadas sobre montanhas, Js 11.3; 1 Rs 16.24; Mt 5.14; Guer. 3.7, essa posição contribuía para sua defesa; e em lugares férteis, onde as correntes das águas e a exuberância do solo convidavam o homem ao trabalho. Geralmente, eram cercadas de muros altos com portas e trancas, Nm 13.28; Dt 3.5;

Choça em estilo Romano — Christian Computer Art

Js 2.5,15; 6.5; Ne 3.3; At 9.24,25, e torres de defesa, Ne 3.1,11,25; Guer. 5.4,3. Os muros tinham geralmente a espessura de seis a dez metros. As portas eram de construção maciça e sobre elas construíam salas, 2 Sm 18.33. Em ocasiões especiais, eram guardadas por sentinelas, 2 Rs 7.10; Ne 13.19. Sobre os telhados das casas, das portas, ou sobre as cúpulas das torres colocavam sentinelas, 2 Sm 18.24; 2 Rs 9.17; Guer. 5.6,3. Em lugares abertos em frente às portas, faziam-se transações comerciais, decidiam-se casos jurídicos e se estabeleciam feiras livres, Gn 23.10; Rt 4.1-11; 2 Sm 15.2; 1 Rs 22.10; 2 Rs 7.1; Ne 8.1. As ruas eram estreitas (Antig. 20.5,3; Guer. 2.14,9; 15.5; 5.8,1), com exceções, 2 Sm 15.1; 1 Rs 1.5; Jr 17.25, e algumas destinadas aos bazares, 1 Rs 20.34; Ne 3.31; Jr 37.21.

CIDADES DE REFÚGIO – em Israel, havia seis cidades levíticas destinadas a servir de refúgio àqueles que, acidentalmente, cometiam homicídio, a fim de escaparem à vingança do sangue derramado, Nm 35.9-14; Êx 21.13. Moisés designou três no oriente do Jordão: Bezer, no território de Rúben; Ramote de Gileade, no Território de Gade; e Golã em Basã, no território de Manassés, Dt 4.41-43. Depois da conquista de Josué, designaram as outras três cidades a oeste do rio: Quedes, no território de Naftali; Siquém, em Efraim e Quiriate-Arba, que é em Hebrom, nas montanhas de Judá, Js 20.7. Nenhuma parte da Palestina está longe demais de uma cidade de refúgio. O homicida refugiava-se na mais próxima. Poderia ser alcançado e morto pelo vingador, mas se conseguisse chegar a uma cidade de refúgio, era ali acolhido e tinha direito à defesa. Se no seu julgamento ficasse provado que o homicídio foi voluntário, era entregue à morte. Se, porém, ficasse provado que matou em legítima defesa, ou por acidente, então a cidade lhe oferecia asilo.

Se ele deixasse a cidade, antes da morte do sumo sacerdote, o risco era por sua conta. Depois da morte do sumo sacerdote, era-lhe facultado regressar à sua casa sob a proteção das autoridades, Nm 35; Dt 19; Js 20. Visto que era uma questão judicial entre o homem e Deus, com a morte do sumo sacerdote que representava o povo perante Deus, ficava encerrado o período da vida teocrática.

CIDADES FORTIFICADAS – cidades defendidas por muros altíssimos, com portas e trancas, Dt 3.5; 2 Cr 8.5; Ne 3.1-32. Tais eram as cidades dos cananeus e dos amorreus quando os israelitas entraram em guerra contra eles, Nm 13.28; Dt 3.5; Js 14.12. Depois da ocupação, os israelitas também tiveram cidades fortificadas, Dt 28.52; 2 Sm 20.6; 2 Rs 14.13; 2 Cr 12.4; Jr 5.17; Os 8.14; Sf 1.16. (*Para descrição dos muros veja JERUSALÉM e LAQUIS*).

CIÊNCIA – tradução da palavra hebraica *Madda* e do vocábulo grego *Gnosis*, em Dn 1.4 e 1 Tm 6.20. Nesse sentido não se empregam atualmente os dois termos. Não se referem a conhecimentos obtidos pela observação dos fenômenos organizados em sistema, significam simplesmente conhecimento. A ciência de falso nome a que se refere Paulo, consiste no ensino das doutrinas dos judaizantes e no misticismo da idade apostólica, que procuravam tomar o lugar do cristianismo, Cl 2.8, e cujos perigos o apóstolo denunciava às igrejas, 1 Co 8.1,7. A tal ciência de falso nome contrariava a verdadeira ciência cristã, que alimentava a fé na qual deveriam crescer as igrejas, 12.8; 13.2; 1.9.

CILÍCIA – nome de uma província da Ásia Menor, limitada ao norte pelas montanhas do Tauro, Capadócia, Licaônia e Isaura, a oriente pelo monte Amanus, ao sul pelo Mediterrâneo e a oeste pela Panfília.

CILÍCIA

Antigamente, era dividida em duas partes: a ocidental montanhosa, e por isso, denominada Áspera; e a parte oriental, que era plana, chamada Cilícia Plana. A cidade principal era Tarso, onde o apóstolo Paulo nasceu, At 21.39; 22.3; 23.24. A Cilícia fazia parte do reino da Síria, e quando, em 148-7 a.C., Demétrio II desembarcou em suas praias, e foi elevado ao trono da Síria, a maioria de seus habitantes deu-lhe apoio, 1 Mac 11.14; Antig. 13.4,3. Os judeus da Cilícia disputaram com Estêvão, At 6.9. O Evangelho muito cedo chegou ali, levado pelo apóstolo Paulo, 9.30; Gl 1.21. Passando mais tarde, confirmou as igrejas lá existentes, At 15.41. Subseqüentemente, em viagem para Roma navegou nos mares da Cilícia, At 27.5.

CÍMBALOS (*veja TIMBALES*).

CINAMOMO ZEILANICUM – planta pertencente à ordem dos loureiros, e cultivada no Ceilão, de onde é natural. A casca produz um óleo essencial que se obtém por meio de destilação. É da cor do ouro, de cheiro agradável, e emprega-se nas perfumarias. Essa árvore cresce na Arábia.

CIPRESTE (*veja FAIA*).

CIRANDA (*veja JOEIRA*).

CIRCUNCISÃO – rito de iniciação como sinal de cumprimento do pacto estabelecido entre Deus e Israel para que o hebreu participasse dos privilégios e promessas contidas nesse pacto, Gn 17.1-10,21. Foi instituído por Deus como rito da religião do povo de Israel e aplicado primeiramente a Abraão e a todos os de sua casa, fossem filhos, servos ou escravos, quer nascidos em sua casa, quer adquiridos por compra. O ato consistia em cortar o prepúcio do pênis, operação esta que poderia ser praticada pelo chefe da família, ou por qualquer

outro israelitas, e até pela própria mãe, Êx 4.25; 1 Mac 1.60. O tempo próprio para essa operação ritual era o oitavo dia depois de nascido o menino; e os nascidos antes da instituição dessa ordenança deveriam ser circuncidados em qualquer época de sua idade. Abraão foi circuncidado quando tinha 99 anos e Ismael quando tinha 13, Gn 17.11-27. Esse rito foi observado durante a peregrinação no Egito, porém, negligenciado no deserto. Antes de chegarem à terra de Canaã, Josué fez facas de pedra e com elas, circuncidou todo o povo, Js 5.2-9. Já tinham conhecimento do metal. O fato de usarem facas de pedra, em vez de metal, é devido às idéias conservadoras prevalecentes, sobretudo em religião. Os antigos usos tendem a perpetuar-se, não obstante já não haver necessidade de seu emprego, Êx 4.25, os estrangeiros que desejavam entrar na comunhão com o povo de Israel deveriam submeter-se a esse rito, qualquer que fosse a sua idade, Gn 34.14-17,22; Êx 12.48. Pouco antes da era cristã, os edomitas e itureus conquistados, foram compulsoriamente adicionados à nação judia (Antig. 13.9,1; 11.3). Além dos hebreus, outras nações como os egípcios também a praticavam por mais de três mil anos antes de Cristo (cont. Apiom, 2.14; Heród. 2.104). Contudo, os filisteus, os fenícios, os moabitas, os amonitas, os sírios, os assírios, os babilônios e várias outras nações com que os judeus estavam em contato não eram circuncidados, e por esse motivo, a palavra incircunciso, empregada no sentido de reprovado, significava (não etimologicamente) o mesmo que pagão, Gn 34.14; Jz 14.3; 15.18; 1 Sm 17.26,36; 31.4; 2 Sm 1.20; 1 Cr 10.4; Ez 28.10; 31.18; 32.19-32. Circuncisão no sentido do Novo Testamento quer dizer a igreja antiga e o povo judeu, Gl 2.8; Cl 4.11. A circuncisão era um ato de purificação religiosa, Heród. 2.37, e em sua significação lata quer dizer abandonar todas as paixões carnais, Cl 2.11. A verdadeira circuncisão é a do coração, isso significa regenerá-lo de modo a extinguir toda a resistência às influências santificadoras, e viver em obediência a Deus não por um sinal externo, mas por causa de uma transformação do interior, Rm 2.25-29; Cl 2.11-12 *cf.* com Dt 10.16, habilitando-o a amar a Deus com todas as suas forças, Dt 30.6. Os mulçumanos, como os judeus, praticam a circuncisão.

CIRENE – nome de uma importante cidade colonial da Grécia, situada ao norte da África, em belíssima planície, a centenas de metros acima do nível do mar e a alguns quilômetros do mar Mediterrâneo. Faz parte das cinco cidades gregas, com o nome de Pentápolis, existentes na Líbia Cirenaica, atualmente Trípoli. Presume-se que tenha sido fundada pelos dórios, ano 632 a.C. Durante o domínio dos Ptolomeus, no terceiro século a.C., muitos judeus se estabeleceram em Cirene (contra Apiom, 2.4; Antig. 14.7, 2). Simão que foi constrangido a levar a cruz do Salvador, era provavelmente um dos judeus cirenenses, Mt 27.32. Os cirenenses, com os libertinos, fundaram uma sinagoga em Jerusalém, At 6.9. Alguns desses cirenenses se converteram ao cristianismo e se tornaram pregadores, 11.20, contando-se entre eles, certo Lúcio, pessoa notável em Antioquia, At 13.1. As extensas ruínas de Cirene ainda existem com o nome de el-Krenna.

CIRO – nome de um rei persa, duas vezes mencionado no livro de Isaías, como ungido do Senhor e predestinado para conquistar reis, levantar fortalezas e libertar os judeus do cativeiro, Is 44.28; 45.1-14. Daniel, referindo-se a conquista da Babilônia pelos medos e persas, conta que durante a noite que se seguiu à grande festa de Belsazar, o rei dos caldeus foi morto, e Dario, medo, tomou posse do reino, Dn

5.30,31. O rei Dario foi antecessor de Ciro, ou seu regente na Babilônia, 6.28. Esdras relata que Ciro, no primeiro ano de seu reinado, mandou publicar um decreto que concedia aos judeus a sua volta a Jerusalém, a reconstrução do templo e restitui-lhes os vasos sagrados que Nabucodonosor havia tomado, Ed 1.1-11; 5.13; 6.3. Muitos dos judeus aproveitaram essas concessões e regressaram a Jerusalém; porém, a obra da reconstrução foi grandemente perturbada pelos adversários da nação judia. Segundo as inscrições babilônias, feitas por ocasiões em que a cidade foi tomada, Ciro era filho de Cambises, neto de Ciro e bisneto de Teispes, todos eles reinaram em Ansã, nome este que parece referir-se ao reino de Elã, cuja capital era Susa. Pelo ano 550 a.C., sexto ano de Nabunaide ou Nabonido, rei da Babilônia, Istuvegu ou em grego, Astyages, rei do povo de Manda, marchou contra Ciro, porém foi traído por seu exército e entregue às mãos de Ciro. Este tomou Ecbatana, levando todos os despojos para a sua capital. No mês de Nisã 547 a.C., Ciro, que então era o rei da Pérsia, conduziu o seu exército, atravessando o Tigre perto de Arbela e levou as suas conquistas para o ocidente. Conforme o testemunho de autoridades gregas, conquistou a Lídia, tomou Sárdis e aprisionou o seu rei, Creso. Em 539 a.C., décimo ano do rei Nabonido, no mês de Tamuz, Ciro deu combate aos babilônios, e no dia 14 do mesmo mês tomou Sípara, fugindo o seu rei. Dois dias depois, no dia 16, Ugbaru, ou Gobrias, governador de Gutium, à frente de um destacamento do exército de Ciro, entrou na Babilônia sem resistência, quando Nabonido foi feito prisioneiro. No dia três de Marchesvã, o próprio Ciro entrou na cidade, Ugbaru proclamou a paz em toda a província, foram nomeados os novos governadores e restituídos aos seus altares os deuses estrangeiros que haviam sido aprisionados. No dia 27 do mês de Adar, morreu a mulher do rei. Decretou-se luto nacional por uma semana e foram celebradas exéquias religiosas, dirigidas por Cambises, filho do rei. Ao rei Ciro sucedeu Cambises, em 529 a.C. Até aqui falam as inscrições. Segundo o testemunho de Heródoto (1. 190, 191), Ciro tomou a Babilônia, desviando as águas do Eufrates para um lago previamente escavado para esse fim, fazendo entrar o seu exército pelo leito do rio, então sem água. As portas permaneceram abertas durante a noite enquanto os habitantes da cidade se entregavam a folguedos delirantes. A narração que faz o sacerdote Berosus que viveu no tempo de Alexandre, o Grande, é a seguinte: "No ano 17 de Nabonido, Ciro veio da Pérsia com um grande exército e tendo conquistado todo o resto da Ásia chegou apressadamente à Babilônia. Assim que Nabonido percebeu que ele vinha atacá-lo, reuniu todas as suas tropas para enfrentá-lo, porém foi derrotado, e pôs-se em fuga com alguns de seus cortesãos, encerrando-se na cidade de Borsipa. Neste tempo, Ciro tomou a Babilônia e ordenou que os muros externos fossem demolidos por serem causa de grandes dificuldades na tomada da cidade. Em seguida, marchou contra Borsipa para cercar Nabonido; porém, Nabonido se entregou em suas mãos. Ciro o tratou benignamente, exilou-o da Babilônia, mas lhe deu habitação na Carmânia, onde passou o resto de sua vida até a sua morte" (Contra Apiom 1.20).

CIS (*veja QUIS*).

CISTERNA (*no hebraico, bor, "lugar cavado", "poço"*) – nome de um pequeno reservatório artificial, cavado na terra e forrado de pedras ou tijolos para servir de coletor das águas pluviais, Dt 6.11; Jr 2.13. As cisternas eram muito numerosas na Palestina, visto que o povo dependia muito das águas da chuva (*cf.* Guer. 3.7,12, 13; 4.1,8). Nas cidades, construíam as cisternas em cima das torres dos muros que as encerravam (Guer. 5.4,3). Também as faziam debaixo das casas e nos pátios

Cisterna — Christian Computer Art

internos (*cf.* 2 Sm 17.18; Jr 38.6); fornecidas de cântaros e cordas, Ec 12.6, e para onde canalizavam as águas pluviais que desciam dos telhados. Nos campos abertos, as bocas das cisternas eram cobertas com grande pedra, e nos lugares desertos, além da pedra, ainda a cobriam com terra para a esconderem melhor.

CITA – **1** Aplicava-se primeiramente esse nome à região que fica ao norte do mar Negro e a oriente dos montes Cárpatos. Quando as conquistas de Alexandre, o Grande, revelaram a existência de habitantes na Ásia, semelhantes aos citas da Europa, formando uma só raça, a Cítia asiática começou a ser reconhecida. Finalmente, supõe-se que todo o nordeste da Europa com a Ásia central e setentrional foram invadidos por citas nômades, muito atrasados em civilização, de modo que o nome cita tinha o mesmo sentido que tem para nós atualmente o nome de tártaro, e para os gregos e romanos, o mesmo que bárbaros, 2 Mac 4.47; Cl 3.11 (*veja BETE-SEÃ*). **2** Aquele que é natural da Cítia.

CIZÂNIA/JOIO – tradução da palavra grega *Zizanion* em Mt 13.25-27,29,30. A cizânia (*Vicia sativa*), espécie de ervilha brava, com folhas pinuiladas e com flores papilionáceas de cor azul-purpurino ou vermelha, facilmente se distingue do trigo. A palavra grega *Zizanion* corresponde ao vocábulo árabe *zuwan*, que é o *Lolium*, e no Talmúdico, *zonin*. A cizânia peluda (*Lolium temulentum*) é uma gramínea venenosa e quase não se distingue do trigo, enquanto essas plantas são ainda novas, mas, depois de crescidas, não se confundem mais (*cf.* v. 29,30).

CLAUDA – nome de uma pequena ilha a sudoeste de Cândia ou Creta. O navio em que Paulo navegava foi jogado desgovernado contra essa ilha, tendo deixado a ilha de Creta, At 27.16. Também era chamada

Cauda e Gaudos (Plínio Hist. Nat. 4.42). Os gregos conservam o nome de Claudanesa, ou Gaudonesi, que os italianos converteram em Gozo.

CLÁUDIA – nome de uma cristã que se associou a Paulo, enviando saudações a Timóteo, 2 Tm 4.21.

CLÁUDIO LÍSIAS – nome de um quiliarco, ou comandante de mil homens, que parece ter sido o tribuno militar responsável pela guarnição de Jerusalém. Cada legião tinha seis oficiais, ou tribunos. Cláudio residia no castelo Antônia, e mandou soldados para salvar Paulo da fúria dos judeus amotinados. Deu ordens para que esse judeu desconhecido fosse açoitado para se saber o motivo de tão grande clamor contra ele. Sabendo que era cidadão romano, mandou que lhe desatassem as suas prisões. Logo depois, frustrou os planos judeus contra a vida do apóstolo, enviando-o de noite para Cesaréia, guardado por uma grande escolta militar, para comparecer diante de Félix, procurador romano, At 22.24 até o cap. 23.35.

CLEMENTE (*do latim, Clemens, que significa, "benigno", "misericordioso"*) – nome de um cristão que trabalhou com Paulo em Filipos. Ao que parece, tratava-se de um cristão fiel e de boa reputação na Igreja Primitiva. Paulo se refere a Clemente como alguém verdadeiramente salvo por Cristo, Fp 4.3. Pode ser o mesmo Clemente de Roma, que figura no elenco dos pais apostólicos. Tertuliano e outros pensavam assim.

CLÉOPAS – nome de um dos dois discípulos que iam para Emaús na tarde da ressurreição de Jesus, Lc 24.18. Alguns dos pais da Igreja antiga são de parecer que é o mesmo Clopas mencionado por João, no seu evangelho, cap. 19.25.

CLEÓPATRA

CLEÓPATRA – nome que usavam várias princesas do Egito. Uma delas era filha de Ptolomeu VI e mulher de Alexandre Balas, 1 Mac 10.57,58. Seu pai tirou-a do poder do marido e casou-a com Demétrio Nicator, quando invadiu a Síria, 12.12; Antig. 13.4,7. Enquanto Demétrio esteve cativo dos partas, ela se casou com Antíoco VII, irmão de Demétrio (Antig. 13.7,1; 9.3,10,1). Teve dois filhos de Demétrio, o mais velho foi por ela assassinado, e pôs no trono o filho mais moço, com o nome de Antíoco VIII, chamado Grípus. Não querendo ele satisfazer os seus ambiciosos desígnios, tentou envená-lo, porém ele a obrigou a beber o veneno de que foi vítima, no ano 120 a.C.

CLOE (*no grego, "ramo tenro", ou "erva verde"*) **–** nome de uma cristã, parecendo ser de Corinto, que informou ao apóstolo Paulo das contendas que havia na igreja, 1 Co 1.11.

CNIDO – nome de uma cidade da Cária, a sudeste da Ásia Menor, fronteira à ilha de Cós, na distância de 19 km. Foi uma colônia dos dórios. Existem extensas ruínas no lugar da antiga Cnido, onde se encontram ricos vestígios da arquitetura grega. Uma pequena ilha, perto da costa, que agora é ligada ao continente, forma uma península com o nome de cabo Crio. O apóstolo Paulo, em sua viagem para Roma, passou por essa ilha, At 27.7.

COA – nome de um povo, situado entre os babilônios e os assírios, Ez 23.23, que Frederico Delitzsch diz haver existido a oriente do Tigre e ao sul do baixo Zabe.

COALHADA (*veja MANTEIGA*).

COATE (*no hebraico, kohate, "assembléia"*) **–** nome de um dos filhos de Levi, fundador da grande família dos coatitas, Gn 46.11; Êx 6.16,18. Foi o pai de Anrão e tinha como incumbência levar a arca e os vasos sagrados, Nm 4.15; 7.9; 13.19.

COATITAS – nome que designa os membros da grande família levítica, fundada por Coate. Essa família subdividiu-se em outras famílias ou casas, cujos chefes foram: Issar, Anrão, Hebrom e Uziel, Êx 6.18; Nm 3.27. Moisés e Arão pertenciam à família de Coate, Êx 6.20. Os coatitas assentaram suas tendas no deserto ao lado do Tabernáculo, Nm 3.29. Quando Arão e seus filhos cobriam o santuário com todos os seus vasos e objetos ao partir o arraial, eram os filhos de Coate quem transportavam os objetos, sem olhar o que estava embrulhado e sem tocá-los, sob pena de morte, 4.15,17-20; 2 Cr 34.12. Quando se fez o primeiro recenseamento no deserto, contaram-se 8.600 machos de um mês para cima, Nm 3.28, e desde os 30 anos, e daí para cima 2.750 machos, 4.34-37. Na subseqüente distribuição das cidades pelas famílias, saíram por sorte à família de Coate dos filhos do sacerdote Arão, 13 cidades das tribos de Judá, de Simeão e Benjamim, e aos outros filhos de Coate, isto é, aos levitas que ficaram, dez cidades das tribos de Efraim, de Dã e da meia tribo de Manassés, Js 21.4,5; 1 Cr 6.61,66.70. Coatitas também veio designar os descendentes de Coré, aquele mesmo que foi engolido pela terra por causa de sua rebelião contra Moisés. Esse povo constituía uma casa entre os filhos de Coate. O cantor Hemã e o profeta Samuel eram coritas, 1 Cr 6.33-38. Davi organizou um corpo de cantores com os descendentes de Hemã, 15.17; 16.41,42; 25.4,5. Os salmos 42; 44; 45 até 49; 84; 85; 87 e 88, trazem o nome da família de Coré. Os porteiros da casa do rei eram coritas, 1 Cr 9.19; 26.19, e bem assim os fabricantes dos pães da proposição e dos bolos sacrificais, 9.31,32. Em algumas traduções encontramos Corá, *cf.* Nm 16.1 com 1 Cr 6.33-38.

COBRA, VÍBORA, SERPENTE, ÁSPIDE, BASILISCO, DRAGÃO – tradução de quatro palavras hebraicas, referentes a quatro espécies distintas de cobras venenosas. **1** *Shephiphon*, réptil. A *vipera cerastis*, a cobra que se arrasta pela areia existente na Arábia e no Egito. Em Tebas, era objeto de culto (*cf*. Heródoto 2 e 74). É víbora venenosa de um a dois metros de comprimento, de cor parda e um chifre sobre cada olho. Esconde-se na terra para picar as pernas dos cavalos, Gn 49.17. **2** *Pethen*. Espécie de serpente muito venenosa, e insensível à voz dos encantadores, por isso chamada de serpente surda, Sl 58.4,5; Sl 91.13. Essa cobra é a áspide de Dt 32.33; Jó 20.14,16; Is 11.8. Provavelmente seja a *naja haje* do Egito (*veja* ÁSPIDE). **3** *Akshub*, Sl 140.3. Na tradução da LXX e na citação de Rm 3.13, é traduzida por áspide, Bochart acha que este nome é o da cobra comum (*Pelias beros*), e o coronel Hamilton Smith acredita que seja a cobra que assopra do Cabo dos Colonos, *Vipera arietans*, porém, ainda não identificada. **4** *Siphoni*, Pv 23.32, palavra traduzida em Is 11.8; 14.29; 59.5, por áspide e basilisco.

COBRE/BRONZE – tradução do hebraico *Nehosheth* e do grego *Chalkos*. O cobre era extraído da terra e apurado pela fundição, Dt 8.9; Jó 28.2. No Líbano e em Edom, encontram-se vestígios de obras de cobre. Era extraído na península do Sinai, em Chipre, e em Meseque e Tubal, Ez 27.13. O bronze é composto, ou liga de cobre com 28% a 34% de zinco. A menos que esteja associado com calamina, não se encontra no estado natural. Fora disso, o bronze é o resultado de mistura por meio de fusão. Dizem que esse metal era desconhecido, e que só fora descoberto no incêndio de Corinto em 146 a.C., pelo cônsul Múmio nas torrentes de diversos metais derretidos formadas pelo incêndio. A arqueologia, porém, revela a existência de vasos de bronze encontrados nos túmulos do Egito. Nos tempos de Moisés, segundo a lição dos Livros Santos, os vasos destinados ao uso do Tabernáculo eram feitos de cobre e bronze, como caldeiras, tenazes, garfos, ganchos, braseiros, grelhas etc., Êx 38.3; Lv 6.28; Nm 16.39; Jr 52.18, assim como utensílios de guerra, capacetes, cotas de malha, perneiras, escudos, pontas de setas, arcos, 2 Sm 21.16; 22.35; 2 Cr 12.10 e outros artefatos destinados a vários usos: fechaduras,

Serpente — Christian Computer Art

COBRE/BRONZE

espelhos, portas de cidades, instrumentos musicais, ídolos e mais adiante as moedas correntes, Êx 38.8; 2 Rs 25.7,13; Is 45.2; Mt 10.9; 1 Co 13.1; Ap 9.20. Quando se fala de fundição, subentende-se que o metal fundido era o cobre, associado a outro metal para formar o bronze, de que se fabricavam os utensílios para o serviço do Templo, as bacias, o mar de bronze, com o seu pedestal formado de 12 bois e as magníficas colunas, 1 Rs 4.41,46; 2 Cr 4.1-17 (*veja BRONZE*).

CODORNIZES – nome dos pássaros que os filhos de Israel, duas vezes durante a sua passagem pelo Sinai, tiveram em abundância para sua alimentação. No deserto, as codornizes cobriram os alojamentos em uma só tarde, Êx 16.12,13, impelidas por vento que vinha da outra banda do mar, em tão grande quantidade que formavam camadas de dois côvados de altura, cerca de 90 cm, sobre a terra, Nm 11.31-34; Sl 78.26-31. Este fenômeno se deu na primavera do ano. Essa ave chamava-se em hebraico *Selav*. A semelhança dessa palavra com o árabe *salwa*, codorniz, prova ser esse realmente o pássaro de que fala a Escritura. É a codorniz da Europa e não da América, chamada *coturnix dactilisonans*, ou *communis*, pertencente à família das *Tetraonidae* e da subfamília *Perdicinae*, perdizes. É a espécie menor do tipo das perdizes, tendo apenas sete polegadas e meia de comprimento. As penas são escuras com listas esbranquiçadas. Emigram para a Palestina vindas do sul em grande número no mês de março e voltam para lá ao aproximar-se o inverno. As codornizes voam rapidamente e resistem bem aos ventos; porém se o vento se lhes torna contrário, ou elas desfalecem pelo longo vôo, o imenso bando desce sobre a terra e aí fica entontecido (*cf.* Antig. 3.1,5). Nestas condições, é muito fácil apanhá-las em grande quantidade nas costas do Mediterrâneo e nas ilhas nele existentes. Os israelitas colocaram para secar ao redor do campo as que não puderam comer,

como faziam os egípcios com o peixe, Nm 11.32; Heród. 2.77.

COELE-SÍRIA – nome de um vale entre o Líbano e as montanhas do Antilíbano, regado pelo Orontes e pelo Litani, cujas nascentes vêm de Baalbek e correm em direções opostas. O termo aplicava-se em sentido mais lato, 1 Mac 10.69, e incluía o lado ocidental do vale do Jordão até Bete-Seã (Antig. 13.2) e a região que se estende desde Damasco pelo lado do sul, passando pela Traconitis, Peréia e Iduméia até os limites do Egito (*cf.* Antig. 1.11,5). Era distinta da Fenícia, 2 Mac 3.5.

COELHO (*veja QUEROGRILO*).

COENTRO – nome de uma planta que em hebraico tem o nome de *Gad* e que produz sementes brancas, Êx 16.31; Nm 11.7. É o *Coriandrum sativum*, que em fenício se diz *Goid*, planta anual, de folhas recortadas, com umbelas guarnecidas de flores brancas ou róseas, que se transformam em sementes de forma globular e que se empregam no tempero de vários preparados culinários. É planta nativa na Arábia e na África setentrional e talvez no sul da Europa; cultiva-se no vale do Jordão.

COFE – décima nona letra do alfabeto hebraico. O Q do nosso alfabeto originou-se nele, que às vezes é substituído pelo C, como "Caim" e "Coré".

COIFAS – nome que se dá aos objetos usados para cobrir ou envolver a cabeça, principalmente dos homens, Ez 44.18. As mulheres usavam diademas, Is 3.20,22.

COLAÍAS (*no hebraico, "voz de Jeová"*). **1** Nome do pai do falso profeta Acabe, Jr 29.21. **2** Nome de um benjamita, filho de Maaséias, que após o cativeiro babilônio veio habitar em Jerusalém, Ne 11.7.

COLOSSENSES, EPÍSTOLA AOS

COLCHETES (*veja FIVELAS e GANCHOS*).

COLHEITA (*no grego, therizo*) – o período das colheitas na antiga Palestina dividia-se em duas partes: a colheita da cevada e a do trigo. A primeira fazia-se 15 dias antes da segunda, Rt 2.23. Por essa ocasião, os israelitas deviam levar ao Tabernáculo os primeiros frutos de suas colheitas, em sinal de gratidão, Lv 23.10. As colheitas começavam nas terras baixas, antes das que se faziam na região das montanhas. No vale quente do Jordão, a colheita da cevada principiava em abril, quando o Jordão estava cheio, Js 3.15; *cf.* 5.10, no fim da estação de chuva, 1 Sm 12.17,18; Pv 26.1. A colheita do trigo das terras altas esperava o mês de junho, estação do verão, Pv 25.13; Is 18.4. Terminadas as colheitas e recolhidos os frutos, os israelitas entregavam-se a francas expansões de alegria, Is 9.3. As festas dos pães asmos, das semanas ou das colheitas, todas se relacionavam com a época das ceifas.

COLHOZE (*no hebraico, "que vê tudo", "vidente total"*) – nome do pai de um maioral de Mizpá, que reparou a porta da fonte, chamado Salum, talvez seja o mesmo pai de Baruque, Ne 3.15; 11.5.

COLÔNIA – estabelecimento de cidadãos romanos autorizados pelo senado de Roma em países conquistados. O decreto do senado fixava a porção de terreno destinada à colônia, o modo de sua distribuição e as obrigações decorrentes. Filipos era uma dessas colônias, mencionada em At 16.12.

COLOSSENSES, EPÍSTOLA AOS – epístola escrita pelo apóstolo Paulo, durante os dois anos de sua primeira prisão em Roma, 4.3,10,18; At 28.30,31; contra a opinião de alguns que dizem ter sido escrita em Cesaréia, At 23.35; 24.27. Pela leitura de Cl 2.1, parece evidente que ele nunca pregou em Colossos, e pelo que se lê no cap. 1.7, foi Epafras quem fundou a igreja ou pelo menos, um dos que colaboraram no seu estabelecimento. A igreja poderia ter sido fundada enquanto Paulo trabalhava em Éfeso, At 19.10. Epafras associou-se ao apóstolo, 1.8, e em virtude de seu relatório, expondo as condições da igreja é que o apóstolo escreveu a epístola. A carta foi enviada por certo Tíquico, 4.7,8, que exerceu igual ofício, levando a carta aos efésios, Ef 6.21, escrita ao mesmo tempo. Foi seu companheiro dessa comissão, Onésimo, Cl 4.9, que também levou a carta a Filemom, residente em Colossos e de quem Onésimo havia sido escravo. O Arquipo mencionado na epístola a Filemom, que parece seu filho, é também mencionado em Cl 4.17. As saudações contidas na carta, 4.10-17, indicam que, conquanto Paulo não tivesse trabalhado em Colossos, conhecia muito bem alguns de seus habitantes, por causa do ministério de seus amigos. De fato, Filemom era um dos seus convertidos em Éfeso, Fm 19. Os relatórios de Epafras mostraram que os cristãos de Colossos estavam ameaçados de ser atingidos por falsos doutores que haviam combinado tendências ritualistas com o asceticismo e especulações religiosas. Eram judeus ascetas, o que bem se depreende pela leitura do cap. 2.11,16,20-23, feição esta que dá a entender que pertenciam à seita dos essênios. A essas tendências aliavam uma filosofia mística, 2.8, que pretendia possuir grande conhecimento das coisas divinas, 2.18, e que havia introduzido a adoração dos anjos, 2.18, atentatória da suprema eficiência dos merecimentos de Cristo. Esses falsos doutores eram diferentes daqueles judaizantes a quem Paulo se opôs na epístola aos Gálatas e representavam nova forma de erro e de certo modo, foram os precursores do gnosticismo. Reuniam ao ritualismo as tendências teosóficas, traço característico

COLOSSENSES, EPÍSTOLA AOS

das teorias orientais e que, portanto, exigiam imediata contestação pelo apóstolo. Naturalmente o assunto da epístola se divide em quatro partes: **1** Introdução e ações de graças, 1.1-8. **2** Secção doutrinária (cap. 1.9 até o cap. 3.4). **3** Exortações práticas, 3.5 até 4.6. **4** Saudações finais, 4.7-18. A seção doutrinária é de grande importância. Começa com uma oração pelo crescimento em sabedoria e santidade, elevando-se à descrição da preeminência de Cristo em sua relação com Deus, com o universo e com a Igreja. Depois, no cap. 2, ele expõe a preeminência de Cristo sobre os doutores do erro, assegurando aos crentes a garantia de sua vitória, visto ter ele triunfado sobre todos os seus inimigos espirituais. Nada, senão a nossa união com ele pela fé, é necessária para termos total certeza da nossa salvação. Em combate ao asceticismo, acrescenta ele em suas exortações práticas, que os crentes devem cultivar a moralidade espiritual e o equilíbrio da ordem social. A epístola tem, pois, um caráter todo cristológico. Refere-se às doutrinas de salvação ensinadas em outras epístolas, porém, nesta ele demonstra mais explicitamente a excelência da pessoa de Cristo e a suficiência de sua obra. Essa epístola com a de Filemom e a epístola aos Efésios parecem ter sido escritas durante a primeira prisão de Paulo em Roma, na primavera do ano 62. A epístola aos Efésios contém muitas coincidências notáveis de linguagem e de pensamento com a epístola aos Colossenses, ainda que notavelmente diferentes (*veja EFÉSIOS, EPÍSTOLA AOS*). Ainda que evidentemente escrita no mesmo tempo, a epístola aos Efésios apresenta um desenvolvimento mais completo da verdade, não exigido pelas circunstâncias em que se achava a Igreja.

COLOSSOS – nome de uma cidade a oeste da Frígia, na Ásia Menor, situada sobre o rio Licos, e perto da sua confluência com o Meandro. Primitivamente dominava a estrada de comércio entre o Oriente e o Ocidente e foi de grande importância (Heród. 7.30; Xen, Anabasi I, 2.6). Mais tarde, o sistema de rodagem foi alterado e as cidades vizinhas, Laodicéia e Hierápolis, Cl 2.1; 4.13, distantes 18,5 km e 24 km, respectivamente, excederam-na em posição e riqueza, de modo que a importância de Colossos decaiu rapidamente. Semelhante a Laodicéia, conservou a sua fama pela fabricação de tecidos de fina lã e manteve a sua independência municipal sob o domínio romano. Ali cresceu uma comunidade cristã sob a ministração de Epafras e mais tarde, de Arquipo, Cl 1.7; 4.17; Fm 2. Filemom e Onésimo foram membros ativos dessa igreja, Cl 4.9; Fm 2.

COLUNA – **1** Pedra levantada para comemorar a santidade de um lugar, Gn 28.18, para perpetuar a lembrança de alguma pessoa, ou de algum evento, 31.45; Js 4.5-9; 1 Sm 7.12; 2 Sm 18.18, ou como testemunha entre duas partes, Êx 24.4. Isaías profetizou que era chegado o tempo quando os convertidos à verdadeira fé no Egito levantariam um altar e uma coluna ao Senhor, Is 19.19, como procederam Abraão e Jacó na terra de Canaã. Os pagãos erguiam colunas aos seus deuses, como fizeram os cananeus no culto de Baal. A mais antiga legislação hebraica ordenava a destruição desses monumentos e dos altares, Êx 23.24, bem como proibia que tais elementos fossem colocados diante do altar do Senhor, Dt 16.22. Infelizmente, os israelitas do norte os ergueram no tempo de sua degeneração espiritual, Os 3.4; 10.1,2, nem mesmo Judá escapou a essas profanações, Mq 5.3. **2** Peça muito usada na arquitetura antiga para sustentar as coberturas e os tetos das casas e para suporte das cortinas, Êx 26.32; Jz 16.26. Em linguagem poética, os céus e a terra mantêm-se firmes sobre colunas, 1 Sm 2.8; Jó 9.6; 26.11. Os homens fortes e

CONCÍLIO

os princípios fundamentais são comparados a colunas, Gl 2.9; 1 Tm 3.15.

COMENTÁRIO – midras, ou interpretação da história, sob o ponto de vista religioso, e sua exposição didática, como os comentários do profeta Ido sobre os atos, costumes e feitos do rei, e o comentário do livro dos Reis, em que se expõem as responsabilidades do rei Josias e o seu trabalho na reconstrução do Templo, 2 Cr 13.22; 24.27.

COMINHOS – do nome hebraico *Kammom* e do arábico, *Kammum*. No grego é *Kiminon*. Planta que se cultiva pelas sementes e quando madura, bate-se com vara para separar-lhe as sementes, Is 28.25. Foi uma das miudezas de que os fariseus pagavam os dízimos, Mt 23.23. É o *Cuminum cyminum* dos botânicos, planta parecida com o funcho, produzindo umbelas de pequenas flores brancas. Era cultivada na Palestina. As sementes serviam de tempero para as refeições. Atualmente são substituídas pela alcaravia, mais agradável ao gosto e mais nutritiva.

CONANIAS (*no hebraico, "Jeová estabeleceu", Jeová está fundado"*). **1** Nome de um levita que tinha a seu cargo a guarda dos dízimos e ofertas durante o reinado de Ezequias, 2 Cr 31.12,13. **2** Nome de um levita de alta posição no reinado de Josias, 2 Cr 35.9.

CONCÍLIO (*no grego, Synedrion, "estar sentado com". No latim, é Consillium, "Assembléia"*) **– 1** nome que se dava ao corpo deliberativo dos judeus. Os persas concederam-lhes a faculdade de se governarem por suas próprias leis, Ed 7.25,26; 10.14. Depois da queda do império persa, iguais privilégios lhes foram concedidos. Formou-se um corpo a que se deu o nome de *gerousia* ou senado (Antig. 12.3,3) à

semelhança de igual corporação das nações, 1 Mac 12.6, composto de anciãos, cap. 14.20, que representavam a nação; e que com Jônatas, sumo sacerdote, fizeram aliança ofensiva e defensiva com os espartanos. Jônatas convocou também os anciãos do povo para consultá-los sobre a conveniência de construir edificações de defesa na Judéia e de aumentar a altura dos muros de Jerusalém, 13.36; 14.20,28,47. Sob o governo de Gabinius, procônsul da Síria, 57-55 a.C., a Judéia foi dividida em cinco distritos, cada um deles governado por um *synedrion* ou *synodus*, isto é, assembléia ou sinédrio (Antig. 15.5,4; Guer, 1.8,5). Dali em diante, o tribunal superior em Jerusalém tomou o nome de *synedrion*, sem excluir o *gerousia* ou o *boulé*. Esse regime não durou muito tempo. No ano 47 a.C., César conferiu autoridade ao sinédrio para estender a sua jurisdição a toda a Judéia (Antig. 14.9,3-5; Guer. 1.10,7). No princípio do seu reinado, Herodes, o Grande, mandou matar 45 membros desse concílio (Antig. 14.9,4; 15.1,2), conservando ainda o mesmo tribunal. Sob o domínio dos procuradores romanos, 6-66 d.C., esse corpo governativo possuía atribuições muito amplas. Segundo as autoridades judias, compunha-se de 71 membros eleitos dentre os legítimos descendentes de família israelita. Os 70 membros de que se compunha o sinédrio correspondiam aos 70 anciãos nomeados por Moisés para assisti-lo como juízes no governo do povo. O septuagésimo membro era o sumo pontífice *ex-officio* do concílio. Assim era formado o supremo tribunal com direitos de vida e morte (Antig. 14.9,3,4; Mt 26.3,57; At 4.5,6,15; 5.21,27,34,41; 6.12,15; 7.1; 23.2). Sempre que se tinha de condenar à morte algum criminoso, a sentença não podia ser executada senão pelo procurador romano, depois de prévio exame geral do governo e das leis, naquilo em que não invadia as atribuições do

CONCÍLIO

procurador e de seus auxiliares, At 22.30. No tempo de Flórus, pelo menos, as rendas públicas eram arrecadadas pelos oficiais do concílio que, para este fim, percorriam as povoações (Guer. 2.17,1). Tinham às suas ordens a polícia para auxiliá-los nas execuções judiciais, Mt 26.47; Mc 14.43. Jesus foi processado perante esse tribunal, Mt 26.59; Mc 14.55; 15.1; Lc 22.66; Jo 11.47. Igualmente o foram Pedro, João e os outros apóstolos, At 4.5,6,15; 5.21,27,34,41. Estêvão, At 6.12, e Paulo compareceram a esse mesmo tribunal, At 22.30; 23.15; 24.20. O sinédrio dissolveu-se depois da destruição de Jerusalém. **2** Nome de um corpo de conselheiros escolhidos pelo oficial de uma província, para auxiliá-lo na administração da justiça, perante os quais, tendo como presidente o oficial, julgavam-se as causas, At 25.12; Antig. 16.11; Guer. 2.16,1.

CONCUBINA – a Bíblia dá esse nome à segunda mulher sob o regime antigo da poligamia. As concubinas eram costumeiramente tiradas dentre as escravas compradas ou cativas, como Hagar, Gn 16.2,3; 21.10; Bila, 29.29; 35.22, a concubina de Gideão, Jz 8.31; 9.18. Elas podiam ser abandonadas mais facilmente do que a mulher principal, Gn 21.10-14, mesmo com seus direitos sendo reconhecidos pela lei de Moisés, Êx 21.7-11; Dt 21.10-14.

CONGREGAÇÃO – nas Escrituras, emprega-se essa palavra para designar: **1** Corporação política de Israel composta de homens, mulheres e crianças, Êx 12.3,19,47; 16.1,22; Lv 4.13,15; 24.14; Nm 1.2; 14.1; 15.26; 16.9; 20.11; Jz 20.1. **2** Assembléia do povo especialmente para fins religiosos, 1 Rs 8.14,65; 2 Co 30.2,4; Sl 22.22,25, ou para a adoração a Deus. A palavra assembléia é muitas vezes preferida à palavra congregação, Nm 10.7; 16.3,19; 20.4; Js 8.35 e algumas vezes a palavra sinagoga é empregada no mesmo sentido, Jz

20.2; At 13.43. Todavia, sinagoga, é sempre usada com referência a reuniões locais de judeus. **3** O tabernáculo da congregação, o lugar das reuniões onde Jeová e seu povo se encontravam, Êx 27.21; *cf.* 25.22; 29.42; 30.36. No Antigo Testamento, são dois os termos hebraicos que designam o ajuntamento do povo para vários fins, a saber: a) *Edah*, "congregação". É o termo mais usado nos cinco primeiros livros da Bíblia, como em Êx 12.3,19,47; 34.31; Nm 1.2,16; 16.19 etc. b) *Qahal*, "assembléia". Termo muito usado para designar vários tipos de convocação, para a guerra ou para o culto ao Senhor, Nm 10.7; 16.3,19; Dt 5.22; 2 Sm 20.14. No Novo Testamento, o termo grego usado é *Ekklesia*, que significa "assembléia", mas no sentido de reunião política convocada. Com o tempo, o termo foi aplicado à igreja reunida e permaneceu essa identificação adotada em o Novo Testamento, At 8.1; 7.38; 19.32; Rm 16.1.

CONSAGRAÇÃO – o ato pelo qual uma pessoa ou objeto se dedicava ao serviço de Deus. Esse ato inclui a ordenação para exercer qualquer ofício sagrado, Lv 8.23; 1 Cr 19.5; 2 Cr 29.31; Êx 29.9, e bem assim a separação de objetos de uso comum, para fins religiosos, Js 6.19; 2 Cr 31.6.

CONSELHEIRO – os sete conselheiros do rei Artaxerxes, Ed 7.14, foram provavelmente os sete príncipes da Média e da Pérsia, que nunca perdiam de vista a face do rei e que costumavam ser os primeiros que se assentavam ao pé dele, Et 1.14, aos quais o rei consultava sempre. Esses príncipes eram talvez os chefes das sete principais famílias da Pérsia (Heród. 3.84).

CONSOLADOR, PARÁCLETO (*no grego parakletos, "assistente legal", "advogado", ou "intercessor"*). Essa palavra encontra-se em Jo 14.16,26; 15.26; 16.7. No texto original dessas passagens, a tradução

CORAZIM

é confortador, porém, na epístola primeira de João, 2.1, é advogado e aplica-se: **1** Ao Senhor Jesus Cristo, que, no evangelho segundo João, 14.16, se revela como advogado dos pecadores, conselheiro, dando ânimo aos discípulos enquanto estava presente com eles. Agora, à mão direita do Pai, intercede por nós e defende a causa dos crentes, 1 Jo 2.1, como o fazia quando estava sobre a terra, Lc 22.31,32; Jo cap. 17.2. **2** Ao Espírito Santo, que dá testemunho de Cristo aos crentes, e que ao mesmo tempo o glorifica, Jo 15.26; 16.14, em oposição aos pensamentos iníquos dos homens, apresentando-o como aquele que foi escolhido entre milhares, sempre amável, desejado nas grandes contingências humanas. O Parácleto é o Espírito da Verdade que ensina e guia os crentes nas investigações da verdade, 15.26; 16.13,14, convencendo o mundo do pecado, da justiça e do Juízo, é ele que ensina a orar e que ora por nós com gemidos inexplicáveis, Rm 8.26,27 (*veja AJUDADOR e ESPÍRITO SANTO*).

CONVOCAÇÃO – festival para a qual os israelitas deveriam comparecer em dias especiais abstendo-se de qualquer trabalho servil. As santas convocações eram feitas para cada sábado, Lv 23.1-3, para o primeiro e sétimo dia da festa dos pães asmos, Êx 12.16; Lv 23.6, 7; Nm 28.18-25, para o dia de Pentecostes, Lv 23.15-21, para o primeiro e sétimo dia do décimo mês, sendo este último, o grande dia da expiação, Lv 23.24-28,35; Nm 29.1, e para o primeiro e oitavo dia da festa dos tabernáculos que começavam no dia 15 do sétimo mês, Lv 23.34-36 e Ne 8.18 (*veja FESTAS JUDAICAS*).

COORTE AUGUSTA – nome de uma coorte de soldados romanos, que tinha o nome de Augusto, imperador romano, At 27.1.

COPEIRO – nome do oficial que enchia o cálice do rei e lho dava, Gn 40.9-14; Ne 1.11; 2.1,2; ofício muito honroso nos países orientais, só exercido por homens de grande confiança, a fim de evitar envenenamento (Antig. 16.8,1). Neemias devia desfrutar alto conceito, pois sendo estrangeiro, foi designado para esse cargo pelo grande rei dos persas.

COPO, VASO, ALMOTOLIA, REDOMA, BILHA, BOTIJA – nome de um pequeno vaso que servia para levar água em viagem, 1 Sm 26.11; 1 Rs 19.6; para conduzir azeite, 1 Rs 17.12; Judite 10.5; para guardar perfumes, Mt 26.7, e para carregar mel, 1 Rs 14.3. Vocábulo diferente no hebraico.

CORAIS (*veja MARFIM*).

CORAL – tradução da palavra hebraica *Ramoth*. O coral era muito estimado, Jó 28.18; traziam-no os negociantes sírios para os mercados de Tiro, Ez 27.16. O Mediterrâneo e o mar Vermelho eram os grandes produtores do coral, aplicado no fabrico de contas e outros objetos de adorno. O coral não é senão o esqueleto de certos animais de rudimentar organização, petrificados, a que dão erroneamente o nome de insetos do coral; são animais radiados com uma boca central, ornada de lábios polpudos; encontram-se presos às rochas ou abrolhos, formando um conjunto de muitos indivíduos meio unidos e semidistintos. O carbonato de cal de que se formam os esqueletos do coral é produzido pela água do mar. O coral assume formas muito belas, semelhtante a arbustos, sendo por isso denominada *Zoófitos* (animais plantas). Algumas espécies formam grandes arrecifes. A palavra coral também é a tradução marginal do vocábulo hebraico *Peninim*, que o texto apresenta como mancha vermelha, cor vermelha, ou rubi, Lm 4.7; Jó 28.18; Pv 3.15.

CORAZIM – nome de uma cidade, mencionada com Betsaida e Cafarnaum, situada perto do mar da Galiléia. Semelhante

CORAZIM

às duas outras. Corazim foi o lugar onde Jesus pregou e fez muitos milagres. Pelo desprezo de tão altos privilégios, sofreu as penas merecidas, Mt 11.21; Lc 10.13. Eusébio disse no quarto século que a cidade estava a duas milhas romanas (2.964 metros) distante de Cafarnaum. Em 1842, o Rev. Williams julgou ter descoberto o antigo local de Corazim, no sítio denominado, Kerazeh, a 4.630 metros ao norte de Tell Hum, identificação que é geralmente aceita. Fica ao lado de um vale que desce para o lago de Genesaré, assinalado por extensas ruínas, inclusive as de uma sinagoga.

CORBÃ (*do hebraico, Korban, "oferta"*) – oferta ou oblação de sacrifício cruento ou incruento, Lv 1.2,3; 2.1; 3.1; Nm 7.12-17, em lugares em que o texto hebraico traz esse nome. A palavra *Korbanas*, derivada da mesma raiz, é traduzida em Mt 27.6, por cofre; Figueiredo traduz, arca das esmolas. Corbã tem a significação de dinheiro ou serviço prestado a Deus, Mc 7.11. A prática condenada nessa passagem do Evangelho originou-se no fato de alguns filhos negaram a seus pais, o auxílio reclamado pelas suas necessidades, sob o pretexto de que esse dever já havia sido cumprido por meio de ofertas a Deus, e que seria um sacrilégio desviá-las para outros fins. Relata o historiador Josefo que uma multidão clamorosa cercou o tribunal de Pôncio Pilatos, por ter ele lançado mão do dinheiro sagrado do aqueduto que abastecia a cidade de Jerusalém. Era incontestavelmente um benefício público, mas os judeus pensavam que o dinheiro, uma vez dedicado a Deus, não devia ser legalmente destinado a fins seculares, ainda mesmo que em benefício público.

CORÇA – tradução da palavra hebraica, *Tsebi*, que pode significar "beleza". Trata-se de um pequeno antílope que vive na mata, é a *Gazella dorcas*, cuja carne saborosa a tornou uma das fontes de alimento de Israel e caça muito concorrida, Dt 12.5,22; 14.5; 15.22; 2 Sm 2.18; 1 Rs 4.23; 1 Cr 12.8; Ct 2.7 etc.

CORÇO – veado vermelho ou amarelo. Tradução da palavra hebraica, *Yachmur*, em Dt 14.5; 1 Rs 4.23. Esse animal era apreciado para a caça, sua inclusão nas iguarias do rei Salomão dá-nos a entender que era estimado na mesa dos abastados. Devido à caça desordenada é provável que tenha ocorrido o desmatamento de seu *habitat*, foi se extinguindo. Talvez seja o *Alcephalus busephalus*, que segundo a arqueologia, era comum nas terras do Egito. A genuína corça, *Dama vulgaris*, tem as pontas abertas em forma de palma. O pêlo no verão é de um amarelo escuro malhado, no inverno, as cores são menos vivas. O macho mede cerca de um metro de altura nas espáduas. É natural da região do Mediterrâneo. Escassamente se encontra na Galiléia e no monte Líbano.

CORDEIRO – desde tempos mui remotos que a carne dos cordeiros servia de alimento, Lv 3.7; 7.15; 2 Sm 12.4; Am 6.4. Os carneiros e os cabritos eram largamente empregados nos sacrifícios, mesmo antes de ser promulgada a lei mosaica, Gn 4.4; 22.7. A instalação da Páscoa no Egito ordenava que se sacrificasse um cordeiro, ou um cabrito de um ano para ser comido, Êx 12.3,5. Sob a dispensação mosaica, oferecia-se um cordeiro macho de um ano todos os dias pela manhã, e outro à tarde. Nos sábados, sacrificavam-se dois de cada vez, Êx 29.39-41; Nm 28.4. No primeiro dia de cada mês, Nm 28.11, durante os sete dias da Páscoa, v. 16,19, na festa das semanas, v. 26,27, no dia das trombetas, 29.1,2, e no dia da expiação, v. 7,8, sacrificavam-se sete cordeiros machos, e na festa dos tabernáculos, o sacrifício era de 14, durante cada um dos sete primeiros dias e de sete, no oitavo

CORÉ

dia, v. 13-36. Em outros casos costumeiros, também se oferecia um cordeiro para holocausto, Lv 9.3; 23.12,18; Nm 6.14; 7.15, no caso de algum do povo pecar, ofereceria uma cabra sem defeito, Lv 4.27,32; Nm 6.14 e uma cordeira, ou uma cabra pelo pecado, Lv 5.6; 14.12,21; Nm 6.12, ou uma oferta pacífica, Lv 3.6,7; 23.19; Nm 7.17. Em qualquer desses casos, a vítima deveria ser sem defeito porque simbolizava a pessoa de Cristo, que era como um cordeiro imaculado e sem contaminação alguma, 1 Pe 1.19. Jesus assemelhava-se também a um cordeiro, pela mansidão e pelo modo que se submetia aos sofrimentos sem murmurar e sem queixas, Is 53.7; Lc 23.25; At 8.32; 1 Pe 2.21-23. Finalmente, ele, como cordeiro, foi sacrificado sem ter culpa alguma. Por isso, é chamado o Cordeiro de Deus que tira o pecado do mundo, Jo 1.29,36, o Cordeiro que foi imolado desde o princípio do mundo, Ap 13.8, ou simplesmente o Cordeiro, Ap 5.6,8,12; 7.14,17; 14.1,4. Tanto no Antigo quanto no Novo Testamento a palavra cordeiro se emprega figuradamente no sentido infantil, Is 40.11; Jo 21.15.

CORÉ (*no hebraico, "calvo"*). **1** Nome de um dos filhos de Esaú com sua concubina cananéia, Aolibama, nascido em Canaã, Gn 36.5,14, chefe e fundador de uma tribo, 18. **2** Nome de um dos filhos de Elifaz e neto de Esaú, Gn 36.16. Esse nome foi omitido nos versículos 11 e 12, em 1 Cr 1.36. **3** Nome de um dos filhos de Hebrom, 1 Cr 2.43. **4** Nome de um neto de Coate, cuja descendência destacou-se na música e escreveu alguns salmos, são os filhos de Coré, 1 Cr 6.22. **5** Nome de um levita, da família de Coate, filho de Jizar, Nm 16.1. Em companhia de Datã, Abirão e Om, da tribo de Rúben, rebelaram-se contra Moisés e Arão. Não podia aceitar que Arão, levita da mesma família como ele era, e somente seu igual em hierarquia, exercesse o ofício de sacerdote sobre todo o Israel.

Os rubenitas mostraram-se descontentes porque a chefia do povo, que por direito de primogenitura pertencia à tribo de Rúben, estava em poder da tribo de Levi, representada nas pessoas de Moisés e Arão. Finalmente, Coré e seus companheiros, e na ausência de Datã e Abirão, reuniram-se contra Moisés e Arão e publicamente os acusaram de usurpadores do governo sobre todas as tribos, alegando que todo o povo era povo de santos, e que eles tinham se elevado sobre eles, Nm 16.3. Moisés respondeu que Deus mesmo havia de decidir a questão, e ordenou a Coré e aos seus associados que tomassem os seus incensários e se preparassem para o dia seguinte a fim de oferecerem o incenso, v. 6-11. Moisés avisou igualmente a Datã e Abirão para se apresentarem, porém eles desobedeceram, v. 12-15. Coré foi de novo intimidado por Moisés nos seguintes termos: "Tu e toda a tua tropa estai amanhã, de uma parte, diante do Senhor, e Arão estará noutra parte. Tomai os incensários, e ponde-lhes em cima o incenso, oferecendo ao Senhor duzentos e cinqüenta incensários, e Arão tenha também o seu, 16.17. O que tendo eles feito diante de Moisés e de Arão, reuniram-se à entrada do tabernáculo, v. 18. Coré reuniu toda a multidão contra Moisés e Arão, v. 19. Por ordem de Deus, Moisés os separou da multidão a fim de serem destruídos, porém Moisés intercedeu pelo povo, v. 20-22. Ainda por ordem divina, mandou que o povo se separasse das tendas de Coré, de Datã e Abirão, v. 24. Deve ser lembrado que a parte dos levitas a que Coré pertencia ficava costumeiramente ao sul do Tabernáculo e na proximidade imediata da tribo de Rúben, e, portanto, seguida pelos anciãos de Israel, e certamente também por Coré. Levantando-se Moisés, foi às tendas de Datã e Abirão, acompanhado dos anciãos de Israel, e disse à turba: "Apartai-vos das tendas desses homens ímpios e não toqueis cousa que lhes pertença". O povo

269

CORÉ

obedeceu. Datã e Abirão saíram, e estavam em pé à porta de seus pavilhões, com suas mulheres e filhos, e com toda a sua tropa, v. 27. A terra abriu-se e os engoliu com tudo o que lhes pertencia, v. 32,33 e cap. 26.10. Perecendo Coré, não pereceram seus filhos, v. 11. Depois do terremoto que engoliu Coré, um fogo do Senhor devorou 250 homens que ofereciam incenso. **5** Nome de um levita, filho de Ebiasafe, pai de Salum, porteiro do Tabernáculo, 1 Cr 9.19. **6** Nome de um levita, filho de Imna, encarregado de receber as ofertas, no tempo de Ezequias, 2 Cr 31.14.

CORES – as cores são patentes aos nossos órgãos visuais, Et 1.6, e bem cedo foram imitadas pela arte humana. Na Babilônia, se empregavam várias espécies de argilas para produzirem o colorido do laranja, do vermelho e do amarelo nos tijolos. A cor azul dos tijolos era produzida pela vitrificação. Os antigos egípcios preparavam as cores por meio de substâncias metálicas e argilosas. Os hebreus tingiam peles de várias cores, Êx 25.5. A cor púrpura, Êx 27.16; 1 Mac 4.23; At 16.23, era obtida pela secreção produzida por uma espécie de marisco, *Murex truculus*, que se encontra no Mediterrâneo. O azul, Nm 4.7; Ez 23.6, de outro marisco, *Helix ianthina*. O escarlate era tirado de um inseto, Êx 25.4; Is 1.18. Empregavam o vermelhão para colorir as paredes, as vigas, os ídolos e outras cousas semelhantes, Jr 22.14; Ez 23.14; Sab. 13.14. Em aditamento a esses coloridos artificiais, a Bíblia alude à cor branca, Gn 49.12; Is 1.18, à cor preta, inclusive o pardo, Gn 30.32; Ct 1.6; Mq 3.6, ao vermelho, Gn 25.25,30; 2 Rs 3.22; Pv 23.31, ao avermelhado, Lv 13.19, e malhado, Zc 1.8. O simbolismo tinha relação com as cores. O templo das sete luzes em Borsipa, do império da Babilônia, consistia de sete compartimentos, cada um dos quais era pintado com uma tinta apropriada ao planeta que representava. Começando com

o compartimento inferior, a sucessão das cores era: preta, laranja, vermelha cor de sangue, amarela cor de ouro, amarela pálida, azul, e cor prata, representando as cores dos sete planetas, Saturno, Júpiter, Marte, o Sol, Vênus, Mercúrio e a Lua. Nas Escrituras, o branco é símbolo da pureza, Mc 16.5; Ap 19.11,14, alegria, Ec 9.8. Cavalo branco é símbolo da vitória em Ap 6.2. Cavalo preto é símbolo da fome e da morte, v. 5,6. O vermelho simboliza sangue, que é a vida, ou guerras e carnificina, v. 4. O azul é a cor que nos dá idéia do céu, ou firmamento. A cor púrpura era distintiva dos príncipes e das pessoas abastadas, Jz 8.26; Et 8.15; Lc 16.19.

CORÍNTIOS, EPÍSTOLAS AOS CORÍNTIOS – **1** A Primeira Epístola: A primeira epístola de Paulo aos Coríntios foi escrita em Éfeso, 16.8,9,19; At 19, no ano 57. O estado da igreja daquela cidade que ele havia fundado alguns anos antes, lhe inspirava grande cuidado. Os membros dessa igreja haviam escrito uma carta, pedindo instruções ao apóstolo sobre o casamento e a pureza da conduta social, a que ele responde no cap. 5.9. Essa carta não foi conservada. Parece que a igreja mandou uma embaixada ao apóstolo, 16.17, relatando, entre outras, as divisões que tinham ocorrido ali, 1.11. Previamente, já Timóteo havia lá estado, indo de Macedônia, 4.17; 16.10, porém, as notícias recentes levaramno a escrever essa epístola sem demora. Pensam alguns que o apóstolo visitou a igreja, partindo de Éfeso, com o intuito de exercer disciplina. Essa suposição é deduzida da segunda epístola, 12.14; 13.1, onde ele fala de fazer-lhe mais uma visita pela terceira vez, apesar de que no livro de Atos dos Apóstolos somente se relata uma visita prévia. Pensam ainda alguns que essa visita, não mencionada, teve lugar antes que a primeira epístola fosse escrita; mas, não tendo ela acontecido, devemos pensar que

CORÍNTIOS, EPÍSTOLAS AOS CORÍNTIOS

ocorreu entre a primeira e a segunda. Na primeira epístola, ele responde em ordem e mui cuidadosamente aos pontos sobre que havia sido consultado, combinando a discussão doutrinária com os problemas morais e eclesiásticos. A epístola reflete claramente as condições das igrejas primitivas entre os gentios de que resulta a sua grande importância histórica. Os assuntos discutidos, depois das saudações e introdução, dos versículos 1-9 do cap. 1, são os seguintes: 1) As divisões na igreja (cap. 1.10 até o cap. 4.21). As facções se originaram nas preferências por alguns dos dirigentes, notáveis pelas suas tendências teológicas. Havia os partidários de Paulo, de Apolo, de Cefas, e os de Cristo. Combatendo essas divisões, o apóstolo aponta para Cristo crucificado de quem todos os crentes dependem, e em cujo nome e divina autoridade eles primeiro ouviram o Evangelho. O caráter subordinado de cada um que administra o Evangelho, mesmo que seja de um apóstolo, depende de Cristo, e somente dele, de modo que ninguém deve se constituir chefe ou cabeça de partido religioso. Só a Deus é devida toda a honra e toda a glória. 2) O dever de honrar e ministrar a disciplina (caps. 5 e 6). Especialmente em casos de impureza sexual, existia um caso vergonhoso de fornicação na igreja que não fora tratado, 5.1. 3) Direções sobre o problema do casamento e do divórcio (cap. 7). 4) Direção a respeito da questão prática, originária do relacionamento com a sociedade pagã (caps. 8 e 9). Especialmente sobre a participação nos banquetes em que havia carnes sacrificadas a ídolos; em tais casos, deveriam os crentes restringir a sua liberdade, cap. 8, do que ele dava exemplo em sua vida, cap. 9. Não era preciso os crentes indagar da procedência das iguarias, que compravam ou de que participavam, porém deviam delas abster-se logo que tivessem conhecimento do ídolo, cap. 10. 5) Admoestações sobre certos abusos introduzidos no culto público, 11.2-24, no tocante ao exercício de funções religiosas na igreja, e o modo de celebrar a Santa Ceia do Senhor. 6) Direções sobre o modo de regular o exercício dos dons miraculosos (caps. 12 a 14). 7) Instruções sobre a doutrina da ressurreição dos mortos da igreja (cap. 15). 8) Direções a respeito das coletas em benefício dos santos da Judéia, concluindo com instruções sobre deveres religiosos e assuntos de caráter pessoal (cap. 16). **2** A Segunda Epístola: A segunda epístola aos Coríntios foi escrita na Macedônia, 2.13; 7.5; 9.2,4, logo depois que o apóstolo saiu de Éfeso, At 20.1, isto é, no verão, ou no princípio do outono do ano 57. Nessa ocasião, Timóteo estava novamente em companhia do apóstolo, 1.1. Tito havia sido enviado de Éfeso a Corinto 2.13; 7.6,7,13,14,15; 12.18, com instruções para corrigir os abusos ali existentes, e provavelmente para tratar de um caso de incesto, mencionado na primeira carta, cap. 5.1, caso este que havia interessado a autoridade do apóstolo e que comprometia a estabilidade daquela igreja. Tito devia encontrar-se com Paulo em Trôade, porém, falhando esse plano, seguiu o apóstolo para Macedônia bastante entristecido por esse desencontro. Afinal, Tito deu-lhe as boas novas de que a igreja de Corinto havia disciplinado o ofensor que humildemente reconheceu o seu pecado. Em conseqüência disto, foi escrita essa epístola, de que foi portador Tito, acompanhado por mais dois irmãos, 8.16-24. Pela sua leitura se depreende a intensa ansiedade do apóstolo pela deslealdade para com ele e pelo perigo que ameaçava a espiritualidade da igreja. Essa carta é a menos metódica e a que trata mais particularmente da sua pessoa. Contempla três assuntos principais: a) Dos caps. 1 a 7, em que, depois de mencionar o seu reconhecimento a Deus, ele se defende da acusação de ser vacilante, 1.1-14,15; a 2.4, ordena que não sejam por demais severos

CORÍNTIOS, EPÍSTOLAS AOS CORÍNTIOS

contra o delinqüente, 2.5-11, descreve os caracteres do ministério da reconciliação que lhe havia sido confiado falando da espiritualidade, cap. 3, da sinceridade, 4.1-6, dos sofrimentos, 4.7-18, das esperanças, 5.1-9, da solenidade da doutrina, 5.10,11, dos motivos que o impeliam para exercer o ministério da reconciliação, 5.18-21, que lhe havia sido confiado, 5.18 até o cap. 6.2. Com essas credenciais, ele se impõe à consideração da igreja, 6.3-10, e se alegra pelo que espera receber dela, v. 7. b) Nessa parte das coletas para os santos da Judéia, exorta os crentes a serem liberais, caps. 8 e 9 c) Nessa última parte, cap. 10 até o 12, apresenta em termos patéticos o testemunho de seu ofício apostólico e de sua autoridade na Igreja. Termina essa parte, renovando as admoestações sobre os males que ameaçavam a pureza da Igreja e declara que usará de sua autoridade para disciplinar os recalcitrantes, quando de novo visitar a igreja. A seção final da epístola, caps. 10 a 13 pensam alguns estudantes do Novo Testamento que seja uma epístola separada, ou fragmentos dela, escrita pelo apóstolo, logo após a sua volta a Éfeso, depois de uma suposta visita a Corinto, de que não há menção (veja notas anteriores à introdução da primeira epístola). O espírito do apóstolo não estava tranqüilo com aquela visita, e por isso foi levado a escrever a carta, carta de lágrimas e de angústia de coração, que transparecem nas alusões e fatos observados por ocasião de sua não mencionada visita, 2 Co 2.4; 7.8-12. A parte compreendida entre os caps. 10 até o 13 da segunda epístola tão repassada de tristeza, pode bem ser a tal epístola. Notícias animadoras vindas de Corinto e trazidas por Tito, dissiparam os temores de Paulo. O delinqüente havia sido disciplinado; a hostilidade da minoria contra ele, tinha cessado e reinado de novo a lealdade e o afeto em seu favor. E por isso, o apóstolo escreveu a epístola contida nos caps. 1 até

o cap. 9 tão cheia de animação e alegria. Essa teoria é interessante sob o ponto de vista literário, *cf*. Mc 16.9-20. Não envolve questão vital alguma que interesse a legitimidade, nem a sua inspiração, no todo ou em parte. Se os últimos quatro capítulos existiram formando uma carta separada das outras, é digno de reparo que não haja referência a ela na história dos textos do Novo Testamento.

CORINTO – nome de uma cidade da Grécia, situada no istmo que liga o Peloponeso ao continente. Em tempos remotos, essa cidade nasceu na extremidade sul dessa ponta de terra e numa planície ao sopé do Acrocorinto. O Acrocorinto é uma montanha de 566 metros de altura, em cuja extremidade havia uma cidadela e um templo. O tráfego terrestre entre a península e o continente era feito pelo centro da cidade, e a maior parte do comércio entre a Ásia e o ocidente entrava pelos seus portos por causa da vantagem de navegação pelo golfo de Salônia, a oriente do istmo, e o golfo de Corinto a oeste. A cidade atraía os negociantes fenícios que ali iam buscar material com que fabricavam a cor púrpura, que eles tiravam dos peixes que povoavam os seus mares, introduziram a manufatura de panos, de cerâmica e de armas de guerra; e juntamente estabeleceram o culto impuro das divindades fenícias. Posteriormente, emigrantes da Ática dominaram a região. Pelo ano 1074 a.C., a supremacia política passou para os dórios, porém o caráter da população permaneceu o mesmo: eram comerciantes, inimigos da guerra, dados à luxúria e à licenciosidade. A sua vida imoral deu motivo à formação de um verbo expressivo dessas qualidades condenáveis, o verbo corintizar. Exceto durante os anos 243-222 a.C., os macedônios conservaram a cidadela desde 335-197 a.C., quando em 196 a.C., a Grécia foi declarada independente pelos romanos. Em 1946 a.C, em conseqüência de sua rebelião contra Roma, o cônsul Mumius queimou a cidade, reduzindo-a a cinzas. Esse incidente fundiu diversos metais durante a conflagração, produzindo uma mistura a que deram o nome de bronze de Corinto. A cidade foi reconstruída por Júlio César, pouco antes de sua morte, no ano 44 a.C., e elevada à categoria de capital de Acaia, província romana e governada por um procônsul. O apóstolo Paulo chegou a Corinto no ano 52 da nossa era. Ali trabalhou durante um ano e meio, hospedado em casa de Áqüila e Priscila; pregava e fazia tendas, ofício do qual tirava o seu sustento. A princípio, ensinava na sinagoga e depois em casa de Justo. Finalmente, foi ele levado ao tribunal do procônsul Gálio, que não quis tomar conhecimento das acusações que lhe foram feitas, At 18.1-18. Depois da retirada do apóstolo, Apolo continuou a obra evangelizadora, 18.24-28. Em mais três ocasiões o apóstolo enviou cartas à igreja de Corinto, 1 Co 5.9. A comunidade cristã continuou a crescer. No segundo século, o bispo dessa igreja exerceu grande influência na igreja em geral. A tomada de Constantinopla pelos venezianos e pelos cruzados, em 1204, foi acompanhada pela rendição de Corinto. Em 1446, os turcos a tomaram e em 1687, foi retomada pelos venezianos, sendo tomada novamente pelos turcos em 1715. A grande rebelião de 1823 desligou-a do jugo otomano. Em fevereiro de 1858, foi quase destruída por um terremoto, sendo posteriormente restaurada.

CORNÉLIO – nome de um centurião da corte romana, chamada italiana. Morava em Cesaréia, e era homem piedoso, de muita caridade e temente a Deus, mas à moda gentílica. Tendo sido instruído por meio de uma visão, em comum com o apóstolo Pedro, recebeu o conhecimento do Evangelho, sendo batizado, ele, e toda a sua casa. Esse acontecimento sancionado pela descida do Espírito Santo, assinalou o princípio da vocação dos gentios e revelou que o Espírito é dado aos crentes qualquer que seja a sua origem, At 10.1-48.

CORNO/CHIFRE – a parte sul da Palestina era especialmente apropriada à criação de rebanhos e de gado *vacum*. Os chifres dos animais empregavam-se em vários usos. Serviam de trombetas, Js 6.13, e de vasilhas para carregar óleo, 1 Sm 16.1-13; 1 Rs 1.39. O corno simboliza o poder e a prosperidade com que Deus abençoa um indivíduo, 1 Sm 2.10; Sl 89.24. Representa o orgulho e a vaidade, Sl 75.5,6. Serve de tipo aos poderes políticos, Sl 132.17; Jr 48.25. Em linguagem profética, significa reino, Dn 7.8,11,21; Zc 1.18,19, e também representa reis, Ap 17.12,16. Os "cornos do altar" eram projeções colocadas nos ângulos, semelhantes a cornos (Guerras, 5.5,6). Sobre eles se espargia o sangue das vítimas, Êx 29.12; Lv 4.7. Serviam de refúgio aos criminosos que escapavam, e seguravam nos cornos do altar, 1 Rs 2.28.

COROA – 1 Ornamento usado na cabeça em sinal de autoridade ou de dignidade social. Nota-se: a) A coroa real, geralmente constava de um círculo de ouro, Sl 21.3, ornado de pedras preciosas, 2 Sm 12.30; Zc 9.16. Alguns desses ornamentos eram compostos de várias coroas ligadas entre si, 6.11; 1 Mac 11.13. A coroa que Davi tomou do rei dos amonitas, com certeza pertencia ao deus Milcom, 2 Sm 12.30, pesava um talento de ouro e era ornada de pedras preciosas. O adorno frontal do rei dos persas, Et 1.11; 6.8, consistia de um barrete duro feito de feltro ou de lã cintado de uma banda azul ou branca, que era o diadema propriamente dito. A coroa real da Assíria era um barrete de forma cônica, rematando em curva composta, porém costumeiramente com a forma de um barrete como é usado pelos turcos

COROA

modernos, somente um pouco mais alto e terminando em ponta redonda. Era adornado com cintas guarnecidas de ouro e pedras preciosas. O rei estava sempre representado com um simples filete em volta da cabeça. A coroa real era reservada para as grandes solenidades oficiais. Os reis do Egito usavam duas espécies de coroas. Os do alto Egito tinham uma em forma de barrete branco e arredondado, terminando em ponta rombuda; os do baixo Egito usavam a coroa em forma de barrete de cor vermelha, achatado em cima com a parte posterior muito elevada, com uma projeção em diagonal para a frente terminando em ponta enrolada. Quando os dois reinos se uniram em um só, sob um único soberano, este usava as duas coroas combinadas em uma só ficando a do baixo Egito sobreposta à do alto Egito. O rei egípcio era também representado com um diadema. O adorno distintivo da cabeça dos reis, qualquer que fosse a sua forma, era quase sempre circundado pelo Uraeus – serpente sagrada dos egípcios, simbolizando o domínio sobre a vida e sobre a morte (*veja FARAÓ*). O diadema radiado era a forma de coroa muito usada pelos gregos e romanos e pelas nações sob o seu domínio. A coroa de planta espinhosa colocada na cabeça de Jesus pelos soldados romanos tinha o duplo efeito de torturá-lo e de zombar de seus direitos à realeza, Mt 27.29. b) A coroa do sumo sacerdote consistia de uma lâmina de ouro, Lv 8.9, com uma inscrição que dizia Santidade ao Senhor, gravada sobre ela, atada com uma fita de jacinto sobre a tiara, Êx 28.6,37; 29.6. c) A coroa da vitória, 2 Tm 2.5; 4.5; Hb 2.9 era composta de folhas de louro entrelaçadas, naturais ou feitas de metal. **2** Qualquer ornamento que tenha o feitio de coroa, como as molduras que circundavam a arca, a mesa dos pães da proposição e o altar dos perfumes, Êx 25.11; 24.25; 30.3,4.

COROA, TURBANTE, MITRA, DIADEMA, GRINALDA – tradução da palavra hebraica *Peer*, que significa ornamento. Designava um adorno da cabeça dos homens, traduzido por turbante em Ez 24.17,23. Arão, como sacerdote, usava mitra de linho fino, Êx 39.26. Em Is 3.20, a tradução é diadema usado pelas mulheres e, em Is 61.10, diz-se atavios ou grinaldas, e na mesma passagem, Figueiredo emprega a palavra coroa.

COROAS DA CASA DE JOABE – nome de uma aldeia da tribo de Judá, Atarote-Bete-Joabe, 1 Cr 2.54.

CORREIA – tira de couro que servia para amarrar as sandálias aos pés, Is 5.27; Mc 1.7; Gn 14.23.

CORREIO – portador de cartas, Et 3.13, Jó 9.25.

CORTINA – nome de uma importante cidade da parte meridional da ilha de Creta, 1 Mac 15.23.

CORUJA – tradução da palavra hebraica *Tamush* que significa violento, nome de uma ave considerada imunda pela lei cerimonial, Lv 11.16; Dt 14.15. Há dúvidas quanto à espécie de animal por ela representado. As versões dos Setenta e da Vulgata deram-lhe o nome de coruja, mas parece que é a *Caprimulgus europeus*, ou outra da mesma família.

CORVO (*no hebraico Oreb*) **–** ave de cor negra, Ct 5.11, onívoro, que se alimenta até de carniça, Pv 30.17, é por isso considerado imundo pela lei cerimonial, Lv 11.15. Noé soltou um corvo da arca que não voltou a ela, naturalmente por ter achado nos cadáveres alimento conveniente à sua nutrição, Gn 8.7. Freqüenta os vales, Pv 30.17 e busca aninhar-se em lugares solitários, Is 34.11.

A Providência serviu-se dos corvos para alimentar com pão e carne duas vezes ao dia, o profeta Elias, quando se achava à beira do ribeiro de Carite, e a fome e a seca assolavam as terras de Israel, 1 Rs 17.2-7. As consoantes empregadas nas palavras árabe e corvo são iguais na língua hebraica. Quando o texto é escrito sem vogais, como era a princípio, não se podia saber se significava árabe ou corvo, se o contexto não favorecesse o sentido. O termo hebraico deriva-se de uma palavra que significa "negro". Tanto a Vulgata quanto a LXX entenderam sem discrepância que o escritor hebreu queria dizer que o profeta foi alimentado pelos corvos. O pássaro a que a Escritura se refere é o corvo comum (*Corvus corax*) que se encontra em toda a Palestina. É preto com tonalidades de azul e púrpura do íris. Tem cerca de 65 cm de comprimento. O nome é bem conhecido e compreende também outra espécie de corvo (*Corvus umbrinus*), que se encontra ao sul da Palestina e no vale do Jordão.

CORVO MARINHO (*veja GAIVOTA*).

CÓS – nome de uma ilha que atualmente se chama Stanko, ou Stanchi no arquipélago distante da costa da Cária na Ásia Menor, dentro de um golfo, entre Cnidos e Halicarnassos. Dista de Rodes, cerca de um dia de viagem à vela, At 21.1; 1 Mac 15.23. Tem cerca de 32 km de comprimento por 11 de largura. Por vezes, a cidade principal dessa ilha era seriamente prejudicada por freqüentes terremotos. É famosa por suas vinhas, óleos e pelas suas púrpuras.

COSÃ – nome de um descendente de Davi, e antecessor de Zorobabel e de Cristo, Lc 3.28.

COUCEIRA, DOBRADIÇA – nos antigos tempos do oriente, as portas de grande peso descansavam sobre couceiras colocadas nos ângulos laterais das entradas, 1 Rs 7.50; Pv 26.14.

Coruja (veja p. 274) — Christian Computer Art

COURAÇA

COURAÇA – 1 Nome de uma cota de malhas, fabricada de finas chapas de metal, ligadas entre si para a proteção do soldado na guerra, Jr 46.4; 51.3. **2** Cota de malha para a defesa do peito e do pescoço, 2 Cr 26.14; Ne 4.16. Couraça ou cota de malha, também serve de tradução a uma palavra hebraica diferente, e de significação incerta, empregada em Êx 28.32; 39.33 da V. B.

COVA (*veja SEPULTURA*).

CÔVADO (*do latim cubitum, "cotovelo"*) – nome de certa medida de comprimento baseada no antebraço. O cúbito babilônico era equivalente a 20,65 ou 21,26 polegadas inglesas, igual a 0,56 e 0,58 cm respectivamente. O cúbito real babilônio era mais comprido do que o cúbito comum, a largura de três dedos (Heród. 1.178). O cúbito egípcio era igual ao comprimento de seis mãos abertas, ou palmos, 2.149. O cúbito real era um palmo mais comprido do que o ordinário, igual a 20,64 polegadas ou 0,56 cm conforme se observa pelas medidas encontradas nos seus túmulos. Os hebreus também usavam cúbito de dois tamanhos, o cúbito antigo utilizado geralmente, Dt 3.11; 2 Cr 3.3, e o cúbito que era mais comprido um palmo, Ez 40.5; 43.13. A tábua das medidas lineares era como segue: quatro dedos, igual à largura da mão; três destas, igual a um palmo; dois palmos igual a um cúbito, Êx 25.10; Antig. 3.6, 5; Mishna Chelim, 17.9. É provável que o cúbito real do Egito e o de Ezequiel fossem iguais em teoria ao da Babilônia; de modo que, o cúbito dos hebreus tinha 17,70 ou 18,22 polegadas, se for três dedos menos do que o cúbito maior, teria então 18,36 ou 18,9 polegadas.

COZBI (*do acádico Kuzbu, "volúpia", "mentiroso", ou "enganador"*) – nome de uma filha de Zur, príncipe de Midiã. Os israelitas foram seduzidos pelas práticas idólatras dos midianitas a render culto a Baal-Peor. Essa mulher atraiu a si um príncipe da tribo de Simeão chamado Zinri, que ostensivamente entrou em sua casa à vista de Moisés e de seus irmãos. Ambos foram mortos por Finéias, filho do sumo sacerdote Eleazar. Pouco depois, foi também morto o pai de Cozbi, Nm 25.6-8,14,15,18; 31.8.

COZEBA (*no hebraico, "falsidade", "engano"*) – nome de uma aldeia de Judá, povoada pelos filhos de Sela, 1 Cr 4.22. Acredita-se, geralmente, ser a mesma Aczibe e Quezibe. Conder a localiza na atual Kueiziba, situada dez quilômetros a noroeste de Hebrom e nas cabeceiras do aqueduto de Pilatos. Há quem a identifique com a moderna Khirbet ed-Dilb.

CRAVOS (*veja PREGO*).

CRESCENTE – nome de um cristão que esteve em Roma enquanto Paulo jazia na prisão, e que mais tarde partiu para a Galácia ou Gália, 2 Tm 4.10.

CRETA – nome de uma grande ilha do Mediterrâneo situada a sudoeste da Grécia, e que atualmente tem o nome de Cândia. Os turcos conservam o antigo nome na forma modificada de Kiridi. Tem cerca de 296 km de comprimento e entre 11 km a 65 km de largura. É cortada de este a oeste por uma cadeia de montanhas, cujo ponto culminante é o monte Ida, no deserto da cordilheira, com 2.661 metros de altura. Homero se refere a essa ilha (Ilíada 2. 649; Odis. 19.174), enaltecendo a beleza da sua terra, falando da sua inumerável população de raças diferentes e da sua centena de cidades. O quase mítico legislador Minos viveu em Creta. A lenda presume que o fabuloso Minotauro tenha habitado ali. Creta foi conquistada pelos romanos, 68-66 a.C. Mui-

Creta — Christian Computer Art

tos judeus se estabeleceram nela, At 2.11; *cf.* 1 Mac 15.19-23. O cristianismo entrou ali logo no princípio. Tito foi encarregado de pôr em ordem os negócios das igrejas, e combater as doutrinas dos judaizantes, Tt 1.5,10-14. Paulo viajou pela costa sul dessa ilha, indo para Roma, At 27.7,12,13,21. Os cretenses tinham fama de bons arqueiros, e péssimos de caráter. O apóstolo Paulo, citando um dos seus profetas, diz que os de Creta são sempre mentirosos, feras terríveis, ventres preguiçosos, Tt 1.12. No ano 823 da era cristã, foi conquistada pelos sarracenos, os quais construíram nela uma fortaleza a que deram o nome de Khandax, a Grande Fortaleza, nome este convertido em Cândia, seu nome atual, que também é o da capital. O imperador grego tomou a ilha aos sarracenos, em 961. Desde 1204 a 1665, esteve em poder dos venezianos, passando novamente para os turcos. Desde 1897 conquistou a sua independência.

CRIAÇÃO – o ato pelo qual Deus chamou à existência tudo que hoje vemos. O verbo "criar", no hebraico (*bara*), só se refere à ação original de Deus. Deus criou os céus e a terra, Gn 1.1, a vida aquática e aérea, v. 21, o homem, v. 27, as estrelas, Is 40.26, os ventos, Am 4.13. Deus cria o coração puro, Sl 51.10. Ele disse e foram feitas todas as coisas, ele mandou, e elas foram criadas, os céus com as suas maravilhas, os anjos, o sol, a lua, as estrelas, as águas, tudo é obra de sua mão, Sl 148.5. Da sua poderosa mão dependem todas as criaturas, todos esperam nele para receber o sustento a seu tempo: se ele apartar o seu rosto, eles se perturbam; o espírito desaparece e tudo volta ao pó, Sl 104.27-30. No princípio, era o Verbo e o Verbo estava com Deus e o Verbo era Deus. "Todas as cousas foram feitas por intermédio dele, e, sem ele, nada do que foi feito se fez", Jo 1.3; Ef 3.9; Cl 1.16; Hb 1.2. A palavra criação emprega-se especialmente em referência à formação original do universo. É o Gênesis que relata essa criação no cap. 1 até o cap. 2.3. Segue-se a formação do homem e de tudo que o cerca, 2.4-25. A narração geral fala de seis atos sucessivos, logicamente relacionados em grupos correspondentes a outros tantos

CRIAÇÃO

dias. Todos os fatos parecem indicar que entre os seis dias sucessivos entrevieram longos períodos. A falta do artigo definido antes de cada dia enumerado como está na V. B. favorece essa suposição. A tradição paralela, como se encontra nos documentos babilônios, refere-se claramente a intervalos nos atos sucessivos da criação e lhes dá longa e demorada existência. A mais remota forma que existe dessa narrativa encontra-se na história mística do conflito entre Marduk, deus sol, e Tiamat, o abismo das águas, representado por um dragão que tentava reduzir o universo a um caos. A instalação babilônia remonta a 650 a.C., mas a história refere-se a fatos mui remotos, e diz assim: "No tempo em que nas alturas não havia céu, a terra embaixo não tinha nome". Isto é, quando os céus e a terra não existiam. Então o primeiro oceano que os gerou, (e) Mumu Tiamate (o abismo das águas) que tudo produziu. Ajuntou as suas águas em um só: Quando ainda não havia campos, nem verduras. Em um tempo em que nenhum dos deuses existia. Quando nenhuma palavra havia sido proferida, e o destino nada havia determinado. Então foram criados os deuses... Os deuses *Lahmu* e *Lahamu* apareceram. E cresceram... *Anshar* (a hoste dos céus) e *Kishar* (a hoste da terra) foram criados. Muitos dias se passaram... Deus Anu (firmamento)... É o que continha no tijolo quebrado nessa parte da narrativa assim interpretada por Damáscio. Diz ele: "Os babilônios admitiam dois princípios no universo, *Tauthe* e *Apason*, (i.é., *Tiamat* o abismo aquoso e, *Apsu*, o oceano primitivo). *Apason* era esposo de *Tauthe*, chamada a mãe dos deuses. Estes dois geraram o seu unigênito filho *Moymis*. Dos mesmos deuses procedeu uma nova geração. *Lache* e *Lachos*. Depois do mesmo par (do par original) veio uma terceira geração, *Kissare* e *Assoros* da qual procederam *Anos* (o céu), *Ilinos*, a superfície da terra (com a atmosfera) e *Aos* (as águas da terra) e de *Aos* e *Dauke Belos*,

(o sol da primavera) nasceu o fabricante do mundo". Nestas narrações da criação, os babilônios negam glória a Deus. Porém, à parte este defeito radical, essas suas tradições conservam fundamentalmente a mesma narração desenvolvida da criação do mundo como se encontra na Bíblia. Eliminada a fraseologia politeísta da tradição babilônia, ela ensina que a feição primitiva do universo era um caos aquoso, *cf.* Gn 1.2. Dessa massa caótica, surgiram *Moymis*, *Lache* e *Lachos*, ou *Lahamu*, que são indubitavelmente objetos naturais ou forças ainda não identificadas, mas também por uma série de gerações, para servir-nos das figuras de Damáscio, surgiram os céus (*cf.* Gn 2.4) e a terra, com tudo o que neles se contém, 1.6-8. Depois, veio o firmamento, a terra e o mar, 1.9,10, e a seguir o sol, 1.14. Como é que esses objetos naturais se converteram em deuses será explicado no parágrafo dedicado à religião dos assírios e babilônios, quando falarmos da Assíria. Antes da Reforma, os doutores não interpretavam o dia do Gênesis como sendo um período de 24 horas (Agostinho, de Civ. Dei. 11.6). Somente nestes últimos 400 anos é que se tem pensado que Deus criou o universo em uma semana de sete dias, de 24 horas cada um. Afinal, a geologia e a astronomia começaram a se pronunciar contra esta intervenção. Os mestres dessas duas ciências estão convencidos de que miríades de anos foram precisos para produzir o sistema solar, e dar à terra a feição atual através de muitas transformações. Quando se tornou claro que as doutrinas geológicas tinham bases substanciais, o Dr. Thomas Chalmers adotou as suas conclusões, e declarou publicamente, em 1804, que "os escritos de Moisés não fixavam a antiguidade do globo". Mais tarde, nas suas *Evidências do Cristianismo*, publicadas em 1813, explicou que muitos anos haviam decorrido entre o primeiro ato da criação descrito no Gn 1.1, e muitos outros, a começar com o

CRISTÃO

v. 2. E na obra dos seis dias, não estará encerrado longo período de anos? Em 1857, Hugo Miller, na sua obra, *O Testemunho das Rochas*, interpreta os seis dias como Cuvier o havia feito em 1798, no discurso preliminar ao seu livro *Ossements Fossiles*, dando aos seis dias da criação a significação de seis períodos geológicos, traçando a correspondência entre os graus sucessivos da criação, como estão no Gênesis, de conformidade com o que se lê nas rochas. Deste modo, a geologia, falando da idade carbonífera, da idade dos peixes, da idade dos mamíferos, classifica as feições dominantes dessas épocas, sem negar-lhes uma origem primária em tempos incalculáveis. A narração hebraica é notável pela simetria e pelo agrupamento das coisas criadas, que pode ser explicado como arranjo intencional. A ordem cronológica foi observada pelo menos em conjunto, porém resta conhecer os pormenores. Como quer que seja, a obra dos seis dias foi maior do que seis atos de operação. Deus falou, para usar o termo bíblico, oito vezes, v. 3,6,9,11,14,20,24,26, e no terceiro dia, ao mando divino, apareceu a terra com as suas produções; no quinto dia, foram criados os peixes e as aves, e no sexto, as bestas e o homem. Ainda mais, os seis dias da criação foram dois grupos de três dias que se correspondem: no primeiro dia apareceu a luz, e no quarto dia, que é o primeiro do segundo grupo, apareceram os luminares; no segundo dia deu-se a divisão das águas, e apareceu o firmamento, e no segundo dia, do outro grupo, foram criados os peixes e as aves segundo o seu gênero; no terceiro dia, foi criada a terra com todos os seus produtos, e no dia correspondente do segundo grupo, foi criado o homem e os animais, para cujo sustento a terra produzia a erva e os frutos. As diversas obras da criação têm sido logicamente distribuídas em seis grupos. O *fiat* do Onipotente que deu existência à terra árida, também a vestiu de verdura. Deus contemplou a terra, assim ornada. Os dois atos do Criador têm um único propósito, ainda que a vida vegetal não corresponda devidamente ao decreto divino, até que o sol apareça. Todavia, a vegetação existia de alguma forma, antes que o planeta Mercúrio saísse do torvelinho, e o sol, como hoje o vemos, tivesse sido formado.

CRISÓPRASO – uma das variedades da Calcedônia, cor de verde maçã, produzida pela presença do óxido de níquel. Encontra-se na Silécia. Constitui o décimo fundamento do muro da Nova Jerusalém, Ap 21.20.

CRISPO (*no grego Krispos, "crespo no cabelo"; que deriva do latim crispus, "encaracolado"*) – nome do chefe da sinagoga em Corinto, que foi convertido através da pregação do apóstolo Paulo. Ele e toda a sua família creram em Jesus Cristo, At 18.8. Foi um dos poucos a quem o apóstolo batizou, 1 Co 1.14.

CRISTAL – **1** Tradução da palavra hebraica *Zekukyth*, em Jó 28.17. O vocábulo siríaco correspondente ao hebraico; emprega-se em lugar de vidro, no Ap 4.6. **2** Tradução do hebraico *Gabish*, pérola e cristal, Jó 28.18. **3** Tradução da palavra *Kerah* em Ez 1.22; *cf.* Êx 24.10. **4** Tradução do grego *Krysiallos*, em Ap 4.6 e 22.1, que vem a ser gelo, ou cristal de rocha, quartzo transparente e incolor quando puro.

CRISTÃO – nome que se dá ao seguidor de Cristo. Esse nome surgiu em Antioquia, pelo ano 43 d.C. e foi dado aos discípulos de Cristo pelos seus inimigos em sinal de desprezo, At 11.26. Atualmente é nome universalmente conhecido, porém enraizou-se mui lentamente, pois só é encontrado duas vezes no Novo Testamento: uma vez na boca de Agripa II, quando Paulo pregava sobre o arrependimento e sobre a remissão

CRISTÃO

dos pecados por meio de Jesus Cristo, e dava testemunho de sua ressurreição, At 26.18,23,28, e a outra vez em uma carta do apóstolo Pedro para confortar os fiéis que sofriam perseguições, 1 Pe 4.16.

CRISTO (*no grego Christós, "ungido"*) – o Ungido, nome correspondente ao hebraico, Messias. Quando se falava do rei de Israel, dizia-se: "O Ungido"; assim se denominou Saul, e depois dele o rei Davi. O termo foi empregado na versão dos Setenta, Sl 2.2; Dn 9.25. Quando empregado pelos escritores do Novo Testamento, tem o artigo determinativo e quer dizer o Messias do Antigo Testamento, Mt 16.20; 26.63; Mc 8.29; Lc 3.15; Jo 1.41. Às vezes o determinativo o é omitido, Mt 26.68; Jo 4.25. A palavra Cristo, ainda que empregada no sentido primitivo, é constantemente associada à palavra Jesus, nome aplicado à pessoa do Filho do homem, que lhe foi dado desde o berço e que ficou como parte integrante do seu nome.

CRÔNICAS – dois livros históricos do Antigo Testamento têm esse nome. São evidentemente escritos por um só autor, devido à unidade de seu plano e pelo fim a que se destinava. O assunto fica incompleto sem o conteúdo de ambos. Os dois livros formam um só volume no cânon do Antigo Testamento hebraico. A LXX dividiu em dois, e esta divisão foi aceita em todas as edições. O nome hebraico dos livros é "Atos dos Dias", i.é, dos Tempos. A LXX denominou-os *Paraleipomena*, ou coisas esquecidas. Esse título não é exato, pois quer dizer que foram escritos para suplementar o assunto de outros livros, o que não é verdade, pois eles tratam de assuntos independentemente de qualquer outro livro. A palavra Crônicas deriva-se de *Chronicon*, com que Jerônimo nomeou esses escritos que ele descreveu como sendo a "Crônica de toda a história sagrada".

A obra se divide naturalmente em duas partes: 1) As genealogias, especialmente de Judá, Benjamim e Levi, desde a Criação até a volta do cativeiro da Babilônia, 1 Cr caps. 1–8, com o registro daqueles que, antes do cativeiro, moravam em Jerusalém, 9.1-34. A transição para o segundo livro se faz por meio da genealogia e morte de Saul e de Jônatas, 9.35 até o cap. 10.14. 2) A história dos israelitas, mais especialmente de Judá, desde a ascensão de Davi ao trono até a volta do cativeiro da Babilônia, cap. 11 – 2 Cr 36. A conclusão abrupta da obra, e a identidade dos versículos do último capítulo com os primeiros versículos do livro de Esdras, parecem indicar que as Crônicas, e o livro de Esdras, eram uma história em continuação. Esses versículos contidos nas Crônicas e em Esdras foram apanhados no mesmo registro público, ou mais provavelmente, que um livro foi cópia do outro. Esses livros nunca formaram uma só obra. São inteiramente diferentes em seu plano; nem a tradição antiga os deu como tal. Todavia, são obras do mesmo autor. Os primeiros elementos de informação quanto a determinar o autor dos livros encontram-se nas genealogias. A linha genealógica de Davi é a que apresenta uma data mais adiantada. Os netos de Zorobabel são mencionados em 1 Cr 3.19-21; por conseqüência, a obra não podia ser feita muito antes de Esdras. Dizem alguns que os livros registram a descendência de Zorobabel até a sexta geração depois da sua morte, v. 21-24. Não existe prova que nos diga que as famílias enumeradas no v. 21, última parte, sejam os descendentes de Ananias, filho de Zorobabel. Os seus descendentes, bem como os de Secanias, cuja posteridade é mencionada com bastante minudência, v. 21-24, não aparecem ali. Com freqüência se dá o caso de famílias que não aparecem nas tábuas genealógicas. Quando o texto não tem lacuna, quer dizer que as famílias omitidas nos catálogos pertenciam à tribo em que estão registradas, apesar de não aparecer a sua ligação. As quatro famílias enumeradas no v. 21 pertencem à linhagem de Davi em linha colateral com a família real descendente de Hananias, filho de Zorobabel. Todas as demais indicações referem-se igualmente ao tempo de Esdras. As contribuições e ofertas para a construção do Templo mencionadas em 1 Cr 29.7 constam de moedas persas, o que dá a entender que o império grego não havia suplantado o domínio persa, quando a obra foi iniciada. O nome *Birah*, castelo ou palácio, empregado em lugar de templo, 1 Cr 29.1,19, indica uma época que não vai além dos tempos de Neemias, porque depois do seu tempo a palavra *Birah* servia para designar uma habitação particular, Ne 2.8; 7.2, muito diferente de templo ou castelo. Opiniões mui remotas dão Esdras como autor das Crônicas, porém essa tradição carece de provas. As objeções contra ela também não são de grande valor, pois existe muita semelhança entre a linguagem de Crônicas e Esdras. Esse fato tem levado a grande maioria dos críticos modernos, apesar de conhecerem a interpretação duvidosa da genealogia registrada no cap. 3.19-24, a dar aos citados livros data mais antiga, não obstante afirmarem que ambos os livros em sua forma atual são obra do mesmo autor. Os livros de Crônicas estão incluídos na seção Hagiógrafo, a terceira e última divisão do cânon hebraico e não entre os livros proféticos, o que prova que o autor não era profeta (*veja CÂNON*). Os Massoretas que os manuscritos espanhóis imitaram, colocaram Crônicas em ordem entre o Hagiógrafo e imediatamente antes dos Salmos. Nas edições impressas da Bíblia hebraica, e nos manuscritos alemães e franceses, foram colocados em seguida a Esdras e Neemias, sendo o último livro da divisão. Parece que era esta a posição dos livros no tempo de Cristo, porquanto, Za-

carias é citado como o último dos profetas que sofreram morte violenta, Mt 23.35; Lc 11.51; *cf.* 2 Cr 24.20-22.

CRONISTA – nome de um oficial de elevada categoria no governo desde o tempo de Davi em diante. Em hebraico, chamava-se *mazkir*, que significa pessoa que toma nota de fatos, porque era de seu ofício registrar os acontecimentos importantes e dar notícia deles ao rei. O seu lugar na corte era de grande destaque. O cronista fazia parte dos oficiais de alta consideração nos reinados de Davi e Salomão, 2 Sm 8.16; 1 Rs 4.3. O mordomo-mor, o secretário de Estado e o cronista-mor, representavam o rei Ezequias nos negócios do reino, 2 Rs 18.17,37. Por ordem do rei Josias, os oficiais que serviam na corte, Safã secretário, o governador da cidade e o cronista-mor, tomaram a si a reparação da casa do Senhor, 2 Cr 34.8.

CRONOLOGIA – as nações da antigüidade não possuíam um sistema uniforme de contar o tempo; não tinham as mesmas noções, nem sentiam a mesma necessidade de um método cronológico como as nações modernas. Os assírios e os babilônios merecem algum crédito no modo de registrar os acontecimentos de sua história na mais remota antigüidade. Porém, até onde se conhece, não houve uma época que servisse de ponto fixo de referência a que se ligassem os fatos posteriores. Cada ano era designado segundo o registro oficial de que se guardava uma lista dos epônimos anuais. Um acontecimento tendo sido datado pela eponimia em que ele se deu, a sua data prontamente é verificada recorrendo à lista dos epônimos. Na Babilônia, na Assíria, na Palestina e no Egito, as datas dos documentos tinham referência ao ano em que começava o reinado de um monarca. Infelizmente os escribas nem sempre se mantinham uniformemente nos registros das datas. No reinado do mesmo monarca,

CRONOLOGIA

uns tomavam a data da sua ascensão ao trono e outros começavam a contar o ano civil, 12 meses depois da subida do rei ao trono. Ainda mais, um filho associava-se no trono com seu pai em tempos diferentes, e alguns escribas tomavam o primeiro ano da associação com o pai e outros tomavam o primeiro ano do governo do pai como o primeiro ano do reinante. A deficiência da cronologia, segundo a concepção moderna, é palpável, Josefo determina a duração do reino de Israel, somando os anos de cada reinado sem considerar a diferença decorrente entre a morte de um e a subida de outro ao trono. Quando no mesmo ano se dava a morte e a ascensão do novo rei, era possível que o mesmo ano fosse contado nos dois reinados. Seguindo este método, ele dá ao reino de Israel uma duração de 240 anos, sete meses e sete dias, Antig. 9.14,1, ao passo que outras computações feitas por ele, baseadas nos reinados de Judá, apresentam 263 anos, Antig. 10.8,5; 8.7,8; 10.9,7. A mesma falta de exatidão cronológica verifica-se no modo que Josefo avalia o número de anos decorridos desde o êxodo até à fundação do templo. Dá 592 anos em Antig. 8.3,1 e outras vezes dá 612 (no cap. 10.10) e Contra Apiom 2.2; ao passo que o escrito hebraico do terceiro livro dos Reis no cap. 6 v. 1, dá 480, e o apóstolo Paulo, 574, At 13.18-21; 1 Rs 2.11; 6.1. Estas divergências poderão parecer contraditórias ao leitor moderno a quem falta o senso histórico e que não possa separar-se das modernas concepções cronológicas; porém, essa aparência de contradição desaparece considerando que os cálculos foram feitos de acordo com as intenções de seus autores e conforme eles os compreenderam. As eras, como se entendem na cronologia atual, entraram em uso em tempos relativamente modernos. A saída do Egito serviu aos hebreus por breve tempo, de ponto de partida para a contagem dos anos, Êx 16.1; Nm 9.1;

10.11; 33.38. Os romanos datavam todos os documentos com o nome do cônsul em exercício, e mais tarde acrescentavam o ano do reinado imperial. Os historiadores romanos faziam sempre referência à data da fundação de Roma, A. U. C., como o princípio dos anos de sua história, isto alguns séculos depois. A data da fundação da cidade, segundo Varro, é 753 a.C., aceita geralmente como princípio da nova era. Os gregos calculavam em período de quatro anos a que chamavam Olimpíadas. A primeira começou em 776 a.C., ano em que Corebo saiu vitorioso nos jogos olímpicos. Os sírios usavam a era dos selêucidas, começando a contar o tempo no mês de outubro nos tempos dos Macabeus, 1 Mac 1.10. A era dos maometanos começava no ano 622 a.C., data da fuga de Maomé de Meca. Os judeus usavam a data universal da criação do mundo que eles referiam a 3760 a 3761 a.C. As nações cristãs adotaram a data do nascimento de Cristo como o princípio dos anos da nova era. No princípio do sexto século, o abade romano Dionísio, nas suas tábuas da Páscoa, contava os anos a começar com a encarnação do Senhor. O abade errou nos cálculos sobre a data do nascimento de Cristo, mas os cálculos que ele fez baseando-se na data 754 A. U. C. (Fundação de Roma) foram aceitos como base para o início da era cristã. A era cristã começa com o primeiro ano. Os eventos que ocorridos no ano civil, em que nasceu Cristo, são datados do primeiro ano da era cristã. As edições da Bíblia começaram a trazer datas cronológicas marginais em 1701, segundo o sistema do arcebispo Usher que ele publicou nos seus *Annales Veteris et Novi Testamenti* em 1650-54. Este trabalho prestou serviços úteis durante dois séculos e meio. Atualmente é considerado obsoleto pela sua inexatidão. Fornece apenas um dos vários arranjos possíveis. Baseava-se em pontos que se entrecruzavam com as interpretações particulares, sobre passagens controvertidas em algumas das quais cometeu erros palpáveis, evidentemente provados. O seu sistema foi elaborado sob o ponto de vista das concepções da cronologia moderna e nega justiça às diferentes noções prevalecentes na antiguidade, e foi construído sem o valioso concurso dos elementos que as modernas investigações têm dado à luz. O sistema de Usher é obsoleto, não há dúvida, mas não pode ser ainda abandonado, até que apareça outro sistema de indiscutível veracidade. Algumas datas são fixas e alguns períodos determinados com absoluta certeza cronológica. Outras datas estão ainda sob investigações, e outras aguardam os resultados de investigações que pendem de antigas descobertas. Há muito que pesquisar para se obter um resultado definitivo. **1** Desde a Criação do Mundo até o Nascimento de Abraão. Os dados para esse período derivam dos registros da história hebraica em Gn 5.1-32; 7.11; 11.10-26. Há vários métodos possíveis de interpretá-los, entre os quais, mencionaremos os seguintes: 1) A genealogia foi elaborada pelos escritores antigos do mesmo modo que o seria pelos autores modernos:

Adão	tendo vivido	130 anos	gerou a
Sete	que viveu	105 anos	gerou a
Enos	que viveu	90 anos	gerou a
Cainã	tendo vivido	70 anos	gerou a
Maalalel	tendo vivido	65 anos	gerou a
Jarede	tendo vivido	162 anos	gerou a
Enoque	tendo vivido	65 anos	gerou a
Matusalém	tendo vivido	187 anos	gerou a
Lameque	tendo vivido	182 anos	gerou a
Noé	tendo vivido	600 anos	veio o Dilúvio
Desde a criação do dilúvio = 1656 anos.			
Noé	tendo vivido	500 anos	gerou a
Sem	tendo vivido	100 anos	gerou a
Arfaxade	tendo vivido	35 anos	gerou a
Selá	tendo vivido	30 anos	gerou a
Heber	tendo vivido	34 anos	gerou a
Pelegue	tendo vivido	30 anos	gerou a

Reú	tendo vivido	32 anos	gerou a
Seruque	tendo vivido	30 anos	gerou a
Naor	tendo vivido	29 anos	gerou a
Terá	tendo vivido	70 anos	gerou a
Abrão			
	890 anos	Depois do nascimento de Noé	
	290 anos	Depois do Dilúvio	
	1946 anos	Depois da criação do mundo.	

Os dois anos mencionados em Gn 11.10 são adicionados a esse resultado, pelo arcebispo Usher, segundo o qual Terá gerou os seus filhos quando o mundo contava 1948 anos de existência. Por esta interpretação, Sem não podia ser o filho mais velho de Noé, como geralmente se acredita, nascido quando o idoso pai tinha 500 anos de idade, Gn 5.32. Porém o capítulo 11.10, tem outra explicação. Interpretando a data da genealogia como já foi dito, Noé tendo vivido 500 anos, gerou a Sem, que tendo vivido 100 anos, gerou a Arfaxade; portanto, este nasceu no ano 601 da vida de Noé, isto é, no segundo ano civil, depois do ano diluvial, que se deu no ano 600 da vida de Noé, 7.6,11, que durou cinco meses daquele ano. Noé viveu 350 anos completos, 9.28. Quando começou o dilúvio, tinha 599 anos e alguns meses. Como vivesse 350 anos mais, veio a morrer, quando tinha 949 anos e alguns meses, isto é, no ano 950 de sua idade, 9.29. Há discrepância entre o Pentateuco hebraico, o samaritano e a LXX. O texto hebraico é evidentemente o mais exato no que diz respeito a datas. A LXX, provavelmente, baseando-se na longevidade dos antediluvianos, e que antes de 150 anos não tinham o seu primeiro filho, tomaram a liberdade de acrescentar um século à data dos hebreus, o que eles fizeram, como se diz, no caso de Adão, Sete, Enos, Cainã, Maalalel e Enoque. As variações menores são as que se referem a Lameque. O texto alexandrino e o luciano dão 188 + 565 = 753 anos, e Luciano divide a idade de Matusalém em 167 + 802 = 969 anos. O Pentateuco samaritano, sob a hipótese de que um antediluviano não poderia gerar

CRONOLOGIA

filhos senão depois de 150 anos de idade, e vendo que Jarede somente os teve aos 162 e Matusalém, aos 187, (e segundo Luciano aos 167) e Lameque aos 182, reduziu os algarismos a 62, 67 e 53. Deste modo, encurtou o total das existências, enquanto que a LXX balanceou cuidadosamente as suas adições à primeira parte das vidas com as subtrações correspondentes da última parte, de modo que o total de cada existência era igual nessa versão, bem como no original hebraico, exceto no caso de Lameque. O mesmo se deu em referência aos patriarcas pós-diluvianos, anteriores a Abraão. A LXX hesita em dar-lhes menos de 100 anos para o nascimento de seu primeiro filho, acrescenta 100 anos às idades em que foram gerados os filhos de Arfaxade, de Selá, de Heber, de Pelegue, de Reú, de Serugue, e mais 50, à vida de Naor quando gerou Terá. Segundo os manuscritos de Alexandria e de Luciano, depois de Arfaxade, insere Cainã e diz que este gerou a Selá quando tinha 130 anos de idade. O Pentateuco samaritano concede que eles gerassem filhos depois de 50 anos, no caso Arfaxade, Selá, Heber, Pelegue, Reú e Serugue, acrescenta 100 anos à idade que o texto hebraico dá e mais 50 anos no caso de Naor. 2) Admite-se que algumas, ou muitas linhas genealógicas tenham sido omitidas. Como se dá em outras genealogias dos hebreus, cada membro conta ser quem gerou o seu sucessor, ainda que este seja seu neto, ou ainda descendente mais remoto; como se dá com a genealogia real do Evangelho de Mateus, onde desaparecem os nomes de três reis, Acazias, Joás e Amazias, e em que se diz que Jorão gerou a Uzias, que era seu bisneto. Observa-se, pois, que somente são mencionados os membros proeminentes da linha genealógica; ou ainda dão número determinado, habilmente escolhido para auxílio da memória. Assim, pois, na genealogia em Mateus, dão-se grupos de duas vezes sete,

e em Gênesis os grupos são de dez. Viveu Adão 130 anos e gerou a Sete, que tendo 105 anos gerou a Enos, que na idade de 90 anos gerou a Cainã, que tendo 70 anos, gerou a Maalalel. Segundo essa teoria, os registros hebraicos não oferecem base segura para organizar uma cronologia exata, desde Adão até Abraão. Supõe ainda que a idade atribuída aos patriarcas é a de uma existência normal. Adão viveu 930 anos. Essa longevidade extraordinária explica-se pelo fato de que o pecado, cujos efeitos físicos produzem as enfermidades e ocasionam a morte, tinham apenas iniciado a sua maligna influência sobre a raça humana, cuja intensidade aumentou com o desenvolvimento das gerações seguintes. O balanço entre a existência do homem em seu estado de inocência e o homem na condição de ente decaído ainda não se tinha obtido. 3) Pode-se admitir ainda que os nomes de indivíduos representam famílias, e sejam tomados no sentido coletivo, como a palavra Israel que representa o patriarca e seus descendentes; como Davi, representando a casa real, 1 Rs 12.16. Outras vezes a família recebe o nome de seu progenitor, ou de outro membro proeminente da tribo; outras vezes, ainda, o nome da tribo, ou do lugar de seu nascimento ou de sua residência, aplica-se à pessoa de seu representante, como acontece atualmente com alguns indivíduos, que são designados pelo nome da família de onde procedem; e com os titulares, que são tratados pelo nome do lugar de que se origina o seu título. Em Gênesis 10, os nomes das genealogias são, às vezes, de indivíduos, de povo, de cidade e de países. Na geração de Abraão, mencionada neste capítulo, Arfaxade filho de Sem, 10.22, é também o nome de uma região povoada pelos descendentes de Sem, onde nasceu Selá. A longevidade é o período durante o qual uma família teve o predomínio sobre os seus contemporâneos.

CRONOLOGIA

Adão – Ano 1 a 930

Origem da família de Sete, quando Adão tinha 130 anos, 5.3.
A linha de Adão exerceu a direção dos negócios familiares durante 930 anos, v. 5, e depois foi substituída pela família de Sete

Família de Sete – Ano 930 a 1035

105 anos depois que essa família se formou, surgiu a família de Enos, v. 6. Depois de 912 anos, v. 8, a família de Sete foi substituída pela família de Enos

Família de Enos – Ano 1035 a 1932

90 anos depois de Enos assumir a direção da família, derivou dela a família de Cainã, v. 9. 815 anos depois, v. 10, Enos deu lugar à família de Cainã

Família de Cainã – Ano 1932 a 2747

Família de Lameque – Ano 2747 a 7030

Família que tomou esse nome, com origem em Noé. Lameque tem como sucessor a família de Noé

Família de Noé – Ano 7030 a 8575

Sem, Cão e Jafé, nascem cerca de 8125.

Dilúvio – Ano 8225

Arfaxade, sua origem – ano 8227

Raça de Sem

distinta de outros descendentes de Noé, torna-se preeminente, ano 8575.

Conclui-se que os anos, desde a criação de Adão até o Dilúvio, foram 8225, e desde Adão até a morte de Terá, poderia ser 11571. Este esboço mostra uma das aplicações da teoria; convindo lembrar que vários pontos da genealogia estão sujeitos a interpretações diversas, subordinadas a preferências individuais, até que novas investigações venham esclarecer definitivamente o assunto. **2** Desde o Nascimento de Abraão até o Êxodo – Quanto tempo depois do Dilúvio nasceu Abraão é o que não se pode saber pela narração bíblica, nem mesmo pelo primeiro método enumerado anteriormente, e empregado por Usher na interpretação da genealogia desde Adão até Abraão, uma vez que a Bíblia não diz a idade de Terá, quando Abraão nasceu. Segundo Usher, Abraão nasceu em 1996

a.C. O período desde o nascimento de Abraão e a descida para o Egito pode ser calculado assim:

Nascimento de Abraão até o	
Nascimento de Isaque	100 anos – Gn 21.5.
Nascimento de Jacó	60 anos – Gn 25.26.
Idade de Jacó quando desceu ao Egito	130 anos – Gn 47.9:
Total	290 anos.

A peregrinação dos filhos de Israel no Egito durou 430 anos, Êx 12.40,41. O cálculo desse período deve ser feito sobre a data inicial? ou sobre a data do pacto com Abraão, quando ele tinha 75 ou 85 anos, 12.4; 16.3 ou como acredita Usher e outros, sobre a época da descida para o Egito? Provavelmente é sobre esta época. Geralmente se crê que Ramsés II foi o Faraó da opressão, e que o seu sucessor Meneptá foi o Faraó do êxodo. A data de Ramsés II pode ser aproximadamente determinada, pelo fato de Amenofis IV, rei do Egito, ser contemporâneo de Asurubalite, rei da Assíria. Tuculti-Adar, quinto descendente de Asurubalite reinou, segundo um registro de Senaqueribe, 1300 a.C. O quinto ou sexto rei do trono do Egito depois de Amenofis IV, foi Ramsés II, indício seguro de que este rei governou no ano 1300 a.C. A data do reinado de Meneptá foi determinada da seguinte forma: Menofres, que parece ser o mesmo Meneptá, é o rei em cujo domínio começou o período Sótico de 1460 anos. Segundo o astrônomo Theon, o período Sótico terminou em 139 a.C., portanto deveria ter começado em 1321, de modo que o período do reinado de Meneptá foi incluído no ano 1321. Na base desse cálculo, para determinar o reinado de Ramsés II e de Meneptá, o êxodo pode ser provavelmente fixado no ano 1320. Esta data ainda pode ser reduzida a menos 40 anos, se o Dr. Mahler, astrônomo de Viena provar que a sua opinião, baseada em cálculos astronômicos, é verdadeira, que Ramsés II reinou desde 1348 a 1281 a.C. **3** Desde o Êxodo até a Fundação do Templo de Salomão

CRONOLOGIA

– Este intervalo foi calculado em 12 períodos de 40 anos cada um, 1 Rs 6.1, dos quais o primeiro se estende pela peregrinação no deserto, Êx 16.35; Nm 14.33, e mais seis ou oito, desde o tempo dos juízes propriamente dito, o tempo de opressão e de paz, com freqüência incluído nos cálculos, Jz 3.11,30, mais o duplo período de paz e opressão mencionado em Jz 5.31; 8.28; 13.1, e provavelmente, 10.1-4; 12.7-14; e o período sacerdotal de Eli, 1 Sm 4.18, o reinado de Saul forma outro período, At 13.21. E finalmente o reinado de Davi completa o grupo de 12 períodos, 1 Rs 2.11. Esses períodos de 40 anos são contados em números redondos. Os períodos enumerados eram algumas vezes, no todo ou em parte, contemporâneos (*veja JUÍZES*). Jefté se refere à ocupação feita pelos israelitas durante 300 anos no país de Hesbom, Jz 11.26, que vem a ser em números redondos, sete períodos de 40 anos. Josefo calcula de modo diferente, avaliando o tempo decorrido desde o Êxodo até a fundação do Templo em 542 ou 612 anos (Antig. 8.3,1; 20.10), enquanto que o apóstolo Paulo, seguindo o texto *receptus*, refere-se ao período dos juízes dando-lhes 450 anos, At 3.20. Como já observado, esses resultados, embora não concordes, não se contradizem. As variações resultam dos diversos métodos empregados na computação dos tempos. Não se deve supor que a soma representa exatamente a duração do período como se fosse uma demonstração cronológica pelos processos modernos. A extensão dos períodos não pode ser dada em termos precisos até que surjam novos elementos de cálculo. **4** Desde a Fundação do Templo ao Cativeiro e até a Volta do Exílio – A construção do templo foi iniciada no quarto ano do reinado de Salomão, 1 Rs 6.1, que reinou 40 anos. Depois dele, reinou Reoboão, quando se revoltaram as dez tribos, constituindo-se em reino independente sob a designação de reino de Israel. Os dados fornecidos para o propósito desta parte da cronologia, vem-

nos de duas fontes: dos hebreus e de origens estranhas, conforme a tabela a seguir. Davi, incapacitado pela idade para continuar no governo, e em perigo de ver o seu trono usurpado, fez que Salomão cingisse a coroa, 1 Rs 1. Quando Azarias foi atacado de lepra e obrigado a separar-se do governo, Joatão assumiu o cargo da realeza. A tabela também demonstra que entre os hebreus, como entre os outros povos vizinhos, não existia regra fixa para determinar o ano em que um rei subia ao trono, ou se o ano civil subseqüente devia ser contado como o primeiro ano do reinado. Os registros diferem, seguindo um ou outro método. Há muitos exemplos dos quais daremos só um: No cânon 604 de Ptolomeu, o ano civil que seguiu à ascensão de Nabucodonosor ao trono, é contado como sendo o primeiro ano de seu reinado, e assim fizeram Josefo, Daniel e os escribas da Babilônia, de cujos registros se serviu Jeremias, conforme o cap. 52.28-30. Porém, o próprio Jeremias e outros escritores da Palestina daquele tempo, contam o ano da ascensão de Nabucodonosor como sendo o seu primeiro ano relatam em sincronismo, 4 para o rei Jeoiaquim e 1 para Nabucodonosor; 11 para Zedequias e 19 para Nabucodonosor. Pode se observar finalmente, que dois eventos, o assassinato de Acazias, rei de Judá, e de Jorão, rei de Israel, por Jeú, e a queda de Samaria, dividem a história dos dois reinos em três períodos, cada um deles completo em si mesmo. As datas desses dois eventos estão bem estabelecidas. A cronologia, portanto, de cada um desses períodos, pode ser fixada por si mesma. As dificuldades que surgem em matéria de comparação, interessam somente o seu próprio período e não os outros. A tabela não oferece resultado completo em todos os pormenores. Pequenas diferenças no arranjo das datas hão de aparecer em vários pontos, por exemplo, no caso da usurpação de Atalia. Outras leves modificações não alteram a cronologia no seu todo.

CRONOLOGIA

1 Rs14.21	**ROBOÃO**	1	931	1	**JOROBOÃO** 1 Rs 14.20
		2		2	
2 Cr 11.17	**Três** bons anos	3		3	
		4		4	
1 Rs 14.25	**Invasão** de Sesaque	5		5	
		6		6	
		17	1915	17	
1 Rs 15.1, 2	**ABIÃO**	1	....	18	
2 Cr 13.1, 2		2		19	
		3			
1Rs 15.9, 10	**ASA** sobe ao trono Primeiro ano de seu reinado	....	20		
		1		21	
2 Cr 14.1	**Paz** por dez anos	2	....	1-22	**NADABE** 1 Rs 15.25
		3	....	2-1	**BAASA** 1 Rs 15.28-33
		4	908	2	
		10		8	
		11		9	
2 Cr 14.9-15	**Guerra** de 3 anos	12	900	10	
		13		11	
		14		12	
2 Cr 15.10	**Reforma**	15		13	
15.19					
16.1, 2	*****Benadade** e Baasa	16		14	
		25	887	23	
		26		1-24	**ELA** 1 Rs 16.8
		27		2	**ZAMBRI**, 7 dias 1Rs 16.10, 15 1 Rs 16.15, 16

*(*) As datas 35 e 36, no hebraico, são consideradas como pertencendo ao princípio do reino de Judá. Os modernos comentadores consideram o texto hebraico errado e dizem 15 ou 25 e 16 ou 26 em lugar de 35 e 36 respectivamente. Tem muita razão, porque o texto de Crônicas não foi transmitido com cuidado que devia ter, e a frase <<ano de Asa>>, ou de outro rei, sempre se refere ao ano de seu reinado, e Baasa tinha morrido antes do ano 35 e 36 de Asa.

CRONOLOGIA

		1		
		28	2	
		29	3	
		30	4	
		31 5		**ANRI** prevalece 1 Rs 16.22, 23
		36 876	10	
LXX 1Rs16.28	JOSAFÁ associado	1 11		LXX 1 Rs 16.29
		2-38	12-1	**ACABE** Hb 16.29
2 Cr 16.12	MORTE da Asa	3-39	2	
		4-40	3	
1 Rs 22.41,42	**JOSAFÁ**	5-41 4		
	Prim. Ano rein.	1	5	
		2	6	
		3	7	
2 Rs 8.25,26	CASAMENTO de Jorão	4	8	
2 Cr 22.1	e a filha de Acabe	5	9	
		15 856	19	
		16	20	
	JORÃO associado	17 1-21		**OCOZIAS** 1 Rs 22.51
				DERROTA de Acabe por Salmanazar
		2-18.....2-1-22		**JORÃO** 2 Rs 1.17; 3.1
		3-19	2	GUERRA de Moabe 2 Rs 3.4
		4-20	3	
		5-21 850	4	GUERRA com Bernadade e Salmanazar idem idem
2 Rs 8.16, 17	**JORÃO** único rei	1	5	
				SÍTIO de Samaria 2 Rs 6.24
		4 5	8 9	SALMANAZAR e Benadade em guerra
2 Cr 21.18,19	JORÃO doente	6	10	BENADADE assassinado
2 Rs 9.29	OCOZIAS regente	7 11		HAZAEL no governo 845-3

CRONOLOGIA

C

2 Rs 8.25, 26	**OCOZIAS**, rei, é morto por Jeú	8 12		Jorão morto por Jeú
			842	**JEÚ** sobe ao trono
				Jeú e Hazel pagam tributos a Salmanazar 1 Rs 5 n6. 40-65
2 Rs 11.1-3	**JOÁS**, legítimo rei, 6 anos de reclusão por Atalia	840	1 2	
			3	**Salmanazar** em guerra com Hazael Obelisco 102
			4	
			5	
			6	
2 Rs 11.4; 12.1	**Joás** no trono **Morte** de atalia	7 7		**Por causa** da incapacidade de Jeú para a guerra
		21 21-1		**JOACAZ** associado, Ant. 9:8, 5 2 Rs 13.10, correg. v. 1
		22 820	2	
2 Rs 12.6	**Reparos** no Templo	23	3	**Hazael** contra Israel, 2 Rs 10.32
		28	(28) 8	**Joacaz** rei 2 Rs 10.36
2 Rs 12.17	**Hazael** contra Gete e Jerusalém			
2 Cr 24.25	**Joás** enfêrmo	37 1-17		**JOÁS** 2 Rs 13.10
2 Rs 14.1	**AMAZIAS** governa	1 2		
		2 803	3	**Bin-Nadu-Mari**, rei de Damasco cerca Ramom-Nirari
	Morte de Joás e Amazias reis (4 0)	3	4	
				Os moabitas invadem Israel Joás vitorioso, 2 Rs 13.20, 25
Ant. 9. 9,3	**Derrotado** e a capital tomada por Joás	14 791	15	
		15 16		**JEROBOÃO** 2 Rs 14.23 Primeiro ano de reinado
		16	1	

(*) Usher e com êle outros cronologistas são de parecer que a anarquia durou por alguns anos, entre a morte de Facéia e de seu sucessor Osée. Tanto os registros hebraicos como os assírios, todavia, indicam claramente que não houve interregno algum. Dizem êles que Osée matou Facéia e o sucedeu no trono. Sôbre os vinte anos do reinado de Facéia, vide Facéia.

CRONOLOGIA

		17		2	
2 Rs 14.19	CONSPIRAÇÃO	18		3	
2 Rs 14.21	**AZARIAS** aciamado	1		4	
		2		5	
2 Rs 14.17	AMAZIAS sobrevive 15 anos a Joás				
2 Rs 14.19	MORTE de Amazias (29)	11 14			Ant. 9. 10. 3
	AZARIAS rei	12	775	15	
2 Rs 14.22	EDIFICOU Elate				
2 Rs 15.1	AZARIAS reina	27			
		25		28	
		36		39	
2 Rs 15.5	AZARIAS leproso.	37	750	40	TERREMOTO
2 Rs 15.32,33	**JOATÃO** governa	1-38 41			CONTEMPORÂNEO de Joatão 1 Cr 5.17
					ZACARIAS 2 Rs 15.8
		2(39)			**SELUM** 2 Rs 15.13
		3		1	**MANAÉM,** 2 Rs 15.17
		4		2	
		5	745	3	PUL, i. É, Tiglate-Pileser, sobe ao trono da Assíria. Azriau da terra de Yauda, i. É, Judá, mencionada por Tiglate-Pileser neste tempo.
	ACAZ associado	9		7	
		10	740	8	
		11		9	
		12		10	MANAÉM paga tributos a Pul 2 Rs 15.19
		13(50) 1			**FACÉIA** 2 Rs 15.23
		14		2	
	MORTE de Azarias	15(52)		1	**FACÉIA** 2 Rs 15.27(*)
2 Rs 15.32	JOATÃO reina	16			
2 Rs 16.1, 2	ACAZ	8 2			TIGLATE-PILESER toma Gaza
		9	733	3	TIGLATE-PILESER contra Damasco
		10			IDEM recebe tributos de Acaz
		11			

CRONOLOGIA

		12(20)	730	1	**OSÉE** 2 Rs 15.30
					2 Rs 17.1
		13		2	
2 Rs 18.1, 2	**EZEQUIAS** reina	14 3			
Ant. 9. 13. 1	**ANO 1** do reinado	15 1 4			TIGLATE-PILESER e Salmanazar
	MORTE de Acaz	16 2		5	
2 Rs 18 9	**EZEQUIAS** reina só	3		6	
Ant. 9. 14,1		4 7			OSÉE pede aliança a Suá, rei do Egi-to, 2 Rs 17. 4
		5		8	
2 Rs 18.10		6	722	9	QUEDA de Samaria
		7		721	PRIMEIRO ano do governo de Sargom que subiu ao trono da Assíria no mês 10 do ano anterior
		720 13		715	DERROTA de Suá, rei do Egito Tropas assírias em Samaria e na Arábia. O Egito tributário
2 Rs 18.13 2 Cr 32.1-8 Isaías 36.1	**SENAQUERIBE** invade o reino de Judá	14		714	AS TROPAS assírias aubjugam Judá, talvez sob o comando de Sena-queribe, no princípio de 714 ou fins de 715. Nimr. Tab.
2 Rs 20.1-6	**EZEQUIAS** enfermo				
2 Rs 20.12 Isaías 39.1	**EMBAIXADA** de Merodaque Baladã	14		713	
		16		712	JUDÁ tributário da Assíria (Octg. Cil, 32-35). Meroda que-Baladã incita as nações vizinhas contra a Assíria
Isaías 20.1	**SARGON** contra Azoto	17		711	SARGOM contra Azoto
		18		710	SARGOM destrona Merodaque
		23		705	**SENAQUERIBE** no trono da Assíria
2 Rs 18.14	**CERCO** de Senaqueribe	27		701	CONTRA Ezequias e Jerusalém
		28		700	
		29		699	
2 Rs 21.1	**PRIMEIRO** ano do reina-do de manassés	698			
2 Rs 19.37		1		697	
		2		696	
		18		680	**ASARADOM** recebe tributos de Manassés de Judá
		30		668	**ASSURBANIPAL**

CRONOLOGIA

		49	649	GUARNIÇÃO assíria em Gezer
2 Cr 33.11	MANASSÉS levado preso para Babilônia	50 / 55	648-7 / 643	ASSUBANIPAL torna Babilônia depõe o rei que havia incita do os povos do Elã e do Mediterrâneo para se revol tarem contra Assíria; recebe tributos de Manassés de Judá (647 Schrader).
2 Rs 21.19	AMOM sobe ao trono. Primeiro ano	642		
		1	641	
		2	640	
2 Rs 22.1	JOSIAS	1	639	
		2	638	
2 Cr 34.3	JOSIAS busca Jeová	8	632	
2 Cr 34.3	COMEÇO de reforma	12	628	
Jr 1.1,2	MISSÃO de Jeremias	13	627	
		14	626	
		15	625	NABOPOLASSAR
Jr 25.1-3	13 DE JOSIAS a 4 de Joaquim inclusive, 23 anos			
		30	610	NECAU, rei do Egito
		31	609	
2 Rs 23.29	MORTE de Josias			
2 Rs 23.31	JOACAZ		608	
2 Rs 23.36	JOAQUIM	1		
		2	607	
		3	606	
Jr 25.1; 46.2		4	605	NABUCODONOSOR
Ant. 10.6,1 Jr 36.9	ELE E NECO, vencidos por nabucodonosor Público jejum, o livro do profeta queimado			
		5	604	Ano 1 ou 2
Ant. 10.10,3 Dn 2.1	DOIS ANOS depois da destruição do Egito. Soho de Nabucodonosor	6	603	Ano 2 ou 3
2 Rs 24.1	JOAQUIM paga tributos	7	602	Ano 4

CRONOLOGIA

C

2 Rs 24.8-12 2 Cr 36.10	**JOAQUIM**, três meses, vai cativo para Babilônia		598	Ano 8 ou 7
2 Rs 24.18	**SEDECIAS**	1	597	
Jr. 51.59	Vai a Babilônia	4	594	**PSAMÉTICO** II do Egito
2 Rs 25.1	**JERUSALÉM** sitiada.	9	589	**APRIES**, rei do Egito
Jr 32.1		10	588	**ANO 18** ou 17 de Nabucodonosor
2 Rs 25.8,9 Ant. 10.8,5 C. Aplom, 1.21	**O TEMPLO** incendiado no quinto mês	11	587	**ANO 19** ou 18 de Nabucodonosor
Ez 33.21	**EZEQUIEL** recebe notícias do Templo.			
Jr 44.30 Ant. 10.9,7	**CATIVOS** levados para Babilônia no 5o ano depois da destruição da cidade = 23o de Nabucodonosor		582 568	**23o** de Nabucodonosor **NABUCODONOSOR** invade o Egito no 37o ano de seu reinado
2 Rs 25.27	**37 ANOS** depois do cativeiro do rei Joaquim		562 561	**EVILMERODAQUE** 1o ano de seu reinado
2 Cr 36.22,23	**CIRO** manda reconstruir o Templo		539 538	**CIRO** toma Babilônia 1o ano de seu reinado
Esdras 3.8	**COMEÇA** a reconstrução no 2o mês, depois de 50 anos (49 anos e 9 meses) da tomada de Jr		537	**2º ANO** de Ciro

V. DESDE A VOLTA DO CATIVEIRO ATÉ AO NASCIMENTO DE CRISTO		
A JUDÉIA SOB O DOMÍNIO PERSA	539	**CIRO** no trono de Babilônia
ZOROBABEL conduz 42.222 Judeus para Jerusalém	538	
FUNDAÇÃO do Templo, trabalho interrompido	537	
	529	**CAMBISES DÁRIO HISTASPES**
	521	
AGEU e Zacarias exortam o povo a reencetar os trabalhos do Templo	520	
A RECONSTRUÇÃO do Templo, concluída no 12o mês do 6o ano, princípio da primavera	515	
	490	**MARATONA**
	486	**XERXES**, chamado Assuero
	480	**VITÓRIA** dos persas nas Termópilas e derrotados em Salamina

CRONOLOGIA

	479	A DERROTA emPlatéia.
	465	**ARTAXERXES LONGÍMANO**
ESDRAS conduz 1.755 Judeus para Jerusalém	458-7	
ARTAXERXES envia Neemias para Jerusalém no Mê de Nisã	445-4	
COMEÇA o conserto do muro da cidade no 3o dia do 5o mês, terminado a 25 de Elul, no 6o mês		
NEEMIAS regressa à Pérsia	433-2	
	424	**DARIO NOTUS**
	359	**OCUS**
	338	**ARSES** ou Arogus
	336	**DARIO CODOMANO** ALEXANDRE no trono da Macedônia
	334	VITÓRIA de Alexandre no Granico
	333	VITÓRIA do mesmo em Issus
ALEXANDRE, o grande, visita Jerusalém, onde é recebido pelo pontífice Jadua	332	
	331	ALEXANDRE derrota Dario em Arbela
	330	ASSASSINATO de Dario
	323	MORTE de Alexandre
A JUDÉIA ANEXADA AO EGITO, por Ptolomeu Soter	320	
TOMADA de Jerusalém pelo mesmo		
COLONIZAÇÃO de Alexandria e de Cirene	312	**SELEUCO** funda o reino dos Selêucidas
	223	**ANTÍOCO**, O GRANDE
DEPOIS da batalha de Rafia, 217 A.C., Ptolomeu Filopáter sacrifica em Jerusalém. Impedido de penetrar no Santo dos Santos, tenta destruir os judeus em Alexandria		
ANTÍOCO toma Jerusalém	203	
SCOPAS recobra a Judéia	199	
A JUDÉIA ANEXADA À SIRIA, e retomada por Antíoco na batalha de Panéias	198	
	190	DERROTADO pelos Romanos em magnésia
	175	**ANTÍOCO EPIFANES**

CRONOLOGIA

O PONTÍFICE Onias deposto, em seu lugar vai o pontífice Jasom do partido grego	174	
TOMADA de Jerusalém por Antíoco, matança de seus habitantes e profanação do Templo	170	
ANTÍOCO manda erigir um altar idólatra no Templo para oferecer sacrifícios pagãos	168	
O SACERDOTE matatias ergue o estandarte da revolta		
OS MACABEUS. Judas toma o comando	166	
Derrota de Gorgias		
Derrota de Lísias. No 25 de Chisleu, faz se a nova dedicação do Templo	165	
	164	MORTE do Antíoco, subindo ao trono Antíoco Eupator
	162	**DEMÉTRIO I**
MORTE de Judas em combate; Jônatas toma o comando	160	
	150	**ALEXANDER** BALAS
	146	**ANTÍOCO** VI sobe ao trono auxiliado pelo general Trifom. Demétrio II seu rival.
JÔNATAS Macabeu é assassinado por Trifom. Simão Macabeu toma o seu lugar	148	
PRIMEIRO ano da livertação de Jerusalém, Simão feito sacerdote e capitão	142	ANTÍOCO é assassinado
	138	**ANTÍOCO VII** regente até 128
SIMÃO é assassinado. João Hircano sucessor	135	
POMPEU toma Jerusalém	63	
Júlio César nomeia Antipater, procurador da Judéia	47	
	44	ASSASSINATO de Júlio César
ASSASSINATO de Antipater	43	
OS PARTAS tomam Jerusalém e colocam Antígono macabeu no trono. O Senador Romano, porém, nomeou Herodes rei da Judéia	40	
HERODES toma Jerusalém, mata a Antígono, o último dos reis Macabeus, e apodera-se do trono	37 31	**AUGUSTO**, imperador romano
COMEÇA a reconstrução do Templo	19	
NASCIMENTO de JESUS CRISTO, fim de ou princípio de	5 4	

CRONOLOGIA

Morte de Herodes e divisão do reino entre os três filhos, ficando Arquelau com a Judéia		

VI. DESDE A MORTE DE HERODES ATÉ A DESTRUIÇÃO DE JERUSALÉM

A cronologia da vida de Cristo e a de S. Paulo é tratada no lugar competente. A cronologia da vida de S. Paulo começa com a data da nomeação de Festo para procurados.

	A.C.	
Por ocasião da morte de Herodes, o Grande, reino foi dividido entre os seus três filhos, ficando Arquelau com a Judéia, Herodes Antipas como Temarca de Galiléia e Peréia, e Filipe, como Tetrarca da Ituréia e da Traconitis	4	
	A.D.	
Deposição de Arquelau; a Judéia e a Samaria são encorporadas à província da Síria e governadas por procuradores. Copônio e Marcos Ambívio.	6 10	
	12 ou 13	Tibério associado com Augusto recebem do Senado imperium proconsulare em tôdas as províncias
Valério Gratus, quarto procurador	14	Augusto morre a 19 de agosto e TIBÉBIO, único imperador.
Pôncio Pilatos, procurador da Judéia Jesus começa seu ministério público, Lc 3.1-23; comp. Jo 2.20	26 27	
Morte do Tetrarca Filipe; a sua tetrarquia é anexada à Síria	33	
Pôncio Pilatos deposto por Vitélio, governador da Síria e enviado para Roma	36	
Herodes Antipas assiste à Páscoa em Jerusalém. Calígula nomeia Herodes Agripa para rei das tetrarquias de Filipe e Lisanias, e manda Murilo como procurador	37	Tibério morre às mãos dos seus guardas em 26 de março; em seu lugar governa Calígula
Herodes Antipas banido para a Gália e a sua tetrarquia é dada ao rei Herodes Agripa.		
Cláudio eleva Herodes Agripa a rei da	39	
Judéia e de Samaria	41	CALÍGULA é assassinado a 24 de janeiro. CLÁUDIO imperador
Morte de Herodes Agripa. A Judéia de novo governada por procuradores		
Cúspio Fadus nomeado procurador	44	

CRONOLOGIA

Tibério Alexandre, judeu renegado de Alexandria, é nomeado procurador	46	
Ventídio Cumanus, procurador, junto com Félix	48	
Antônio Félix, procurador	52	**Cláudio** expulsa de Roma os judeus, os feiticeiros e os astrólogos
	54	**Cláudio** morre envenenado, 13 de outubro. NERO, imperador
Pórcio Festus sucede a Félix; porém, se reconhecermos o governo de Félix, desde o ano 48, poderemos datar a nomeação de Festo do ano 55 ou 56	59 ou 60	
Albino, procurador	62	
Géssio Flórus, procurador	64	**Começam** as perseguições aos cristãos sob Nero
Rebenta a guerra da Judéia	66	
	68	**Suicídio** de Nero. Galba e Oto governam sucessivamente e sofrem morte violenta
	69	**VITÉLIO** obtém o império e é morto.
		VESPASIANO, imperador
Destruição de Jerusalém	70	

CRUCIFICAÇÃO – ato ou operação, pelo qual uma vítima condenada à morte era fixada na cruz, atando-lhe as mãos e os pés ou cravando-os com pregos, para dar-lhe morte mais cruel. Este processo de castigo era praticado por muitas nações da antiguidade. Alexandre, o Grande, mandou crucificar mil tírios. Ciro, diz o historiador Josefo, quando publicou o decreto concedendo a volta dos judeus para Jerusalém, ameaçou de morte pela crucificação a todo aquele que embaraçasse a execução de suas ordens (Antig. 11.1,3; 4.6). Dario, persa, ameaçou de morte a todos que recusassem obedecer a seus decretos, Ed 6.11. Antíoco Epifanes crucificou a muitos dos judeus que recusaram abandonar a sua religião, em contrário às suas ordens (Antig. 12.5,4). Alexandre Janeus (Guer. 1.4,6.) e os fariseus crucificavam os seus inimigos (Guer. 1.5,3). Entre os romanos, a crucifixão era pena infligida somente aos escravos ou aos libertos que haviam cometido crimes hediondos. Os cidadãos romanos estavam isentos dessa pena em virtude de leis especiais. Eram muito comuns as crueldades que precediam o ato da crucificação: açoitavam o condenado, e depois de lacerado o corpo, obrigavam-no a carregar a cruz, Mt 27.28; Mc 15.15; Jo 19.1. O procurador romano Floro e o general Tito (Guer. 2.14,9) mandavam açoitar os condenados antes de serem crucificados. Se a vítima tinha de ser atada à cruz, a morte era mais lenta; este caso se dava pela fome e pela sede uns três dias depois, e em alguns casos acontecia o mesmo com os que eram pregados. Quando era necessário apressar a morte do condenado, quebravam-lhe as pernas. Assim fizeram aos dois ladrões que foram crucificados com Jesus, Jo 19.31-33. Tito mandou crucificar muitos judeus após a tomada de Jerusalém. Constantino aboliu esse gênero de morte em todo o império romano.

CRUZ – esta palavra não se encontra no Antigo Testamento, apesar de que a crucificação era praticada por vários povos da antigüidade (*veja CRUCIFICAÇÃO*). A palavra cruz é empregada por Jesus em sentido figurado, Mt 10.38; 16.24. Pela narrativa do Evangelho, observa-se que a cruz era de madeira pesada, Cl 2.14, mas não tanto que não pudesse ser carregada por um homem forte, Mt 27.32; Mc 15.21; Lc 23.26; Jo 19.17. Erguiam-na do chão antes ou depois que o condenado fosse a ela pregado. As cruzes eram de três feitios: a de S. André tinha a forma de um X, outra, a forma de um T, e a terceira assemelhava-se a uma espada romana. A cruz de Cristo era talvez, como os artistas a têm imaginado, a do terceiro tipo, que mais facilmente se prestava a receber a inscrição que Pilatos mandou colocar sobre a cabeça de Jesus, Mt 27.37; Mc 15.26; Lc 23.38; Jo 19.19. Naquele tempo e mesmo depois, a cruz era evidentemente a pena mais ignominiosa e que inspirava maior angústia, como entre nós era a forca em outros tempos, Jo 19.31; 1 Co 1.23; Gl 3.13; Fp 2.8; Hb 12.2; 13.13, de modo que, ser condenado à cruz era incorrer no escárnio e na maior desonra pública. Passada que foi a morte de Cristo, os mais zelosos de seus seguidores consideraram a cruz de modo inteiramente diferente. O apóstolo Paulo gloriava-se na cruz de Cristo, Gl 6.14, significando, por esse modo, a expiação resultante da sua morte no Calvário, Ef 2.16; Cl 1.20. Antes da era cristã, a cruz, em qualquer das suas formas, foi usada como símbolo sagrado pelos caldeus, fenícios e egípcios e por outras nações orientais. Os espanhóis, no século 16, a encontraram entre os índios do México e do Peru, porém, com uma significação inteiramente diversa da que atualmente tem. No quarto século, Rufino, escrevendo 50 anos depois do acontecimento que vamos narrar, relata que Helena, mãe do imperador Constantino, teve uma visão em que foi instruída a restaurar Jerusalém, e procurar o sepulcro de Cristo. Estando ali, no ano 325, achou três cruzes. Certa mulher enferma que se achava ali, avistando uma delas, sentiu-

se curada (Hist. Ecl. 1.7). Por este suposto milagre julgaram identificada a cruz do Salvador. Helena fez presente de uma parte dessa cruz à cidade de Jerusalém, e mandou a outra parte ao imperador, seu filho, que a colocou em sua estátua como o paládio do império. O historiador Eusébio que floresceu no quarto século, e era contemporâneo de Helena e em relações íntimas com a família, nada diz a respeito dessa história, que não encontra acolhimento nos escritores modernos. Prevalece contra essa lenda, a prática de queimar as cruzes dos condenados em vez de as enterrar.

CUBE – nome de um povo mencionado em conjunto com a Etiópia em Ezequiel, 30.5.

CÚBITO (*veja CÔVADO*).

CURRAIS (*veja APRISCO*).

CURTIDOR – pessoa que prepara os couros, removendo deles o pêlo, At 9.43, submetendo-os a uma solução de cal ou outro agente, como a infusão de casca de carvalho a fim de saturá-los do suco ácido da planta, dar-lhes consistência, maleabilidade e resistência. O apóstolo Pedro hospedou-se em Jope, na casa de um curtidor de peles, At 10.6.

CUSÃ (*veja ETIÓPIA*).

CUSAÍ (*veja CUSI*).

CUSAÍAS (*no hebraico, "arco de Jeová"*) – nome de um levita da família de Merari e da casa de Musi, 1 Cr 15.17; 4.21.

CUSÃ-RISATAIM – nome de um rei da Mesopotâmia que teve os israelitas oito anos em sujeição. Foi Otniel, filho de Quenaz, irmão mais moço de Calebe, quem os libertou, Jz 3.5-11.

CUSI (*no hebraico, "negro"*). **1** Nome de um descendente de Jeudi, que viveu nos dias de Jeremias, Jr 36.14. Algumas versões dizem Cusai. **2** Nome do pai do profeta Sofonias, Sf 1.1. **3** Nome de um mensageiro que foi dar notícia a Davi da derrota de Absalão, 2 Sm 18.21-23,31,32. **4** Nome de um lugar na proximidade de Ácraba, mencionado apenas no livro apócrifo de Judite, 1.17.

CUSITA – nome da mulher de Moisés que ele tomou dentre as mulheres da Etiópia, Nm 12.1.

CUTA – nome de uma cidade da Babilônia, várias vezes mencionada com Borsipa, e cuja divindade tutelar era Nergal. A província de Samaria foi colonizada por habitantes dessa cidade, depois da deportação das dez tribos, 2 Rs 17.24,30. O lugar de sua antiga existência é assinalado no outeiro Tell Ibraim, cerca de 30 km a noroeste da Babilônia. Escavações arqueológicas encontraram ali um templo construído para o deus Nergal e um santuário em memória de Ibrahim, ou Abraão.

CUTELO – os hebreus usavam um instrumento que eles chamavam *meakeleth*, servindo para separar as refeições, ou para cortar os animais destinados aos sacrifícios, ou esquartejar cadáveres, Gn 22.6; Jz 19.29; *cf.* Lv 8.20; 9.13. Outra palavra hebraica, *hereb*, que significa espada, servia para representar uma faca que os antigos sabiam preparar, servindo-se da pederneira, Js 5.2. Com essas facas faziam a barba, Ez 5.1. Os egípcios, quando embalsamavam os cadáveres, serviam-se de facas agudas e bem afiadas, para fazerem as incisões no corpo (Heród. 2.86). Os escribas judeus apontavam os estilos com uma pequena faca, Jr 36.23. Herodes, o Grande, servia-se de uma faca para comer frutas e com ela tentou suicidar-se (Antig. 17.7-1).

CUXE (*em hebraico Kush, no antigo egípcio Kash e em etíope Kish*). **1** Nome de um dos filhos de Cão, de onde procederam cinco povos principais descendentes de Sebá, Havilá, Sabtá, Raamá, e Sabtecá, que se estabeleceram na Arábia central, Gn 10.6-8; 1 Cr 1.8-10. **2** Nome do território, onde os filhos de Cão se estabeleceram por algum tempo. Em Gn 2.13, fala-se do país da Etiópia, que é a grande bacia do Tibre e do Eufrates. Na maior parte de outras passagens, designa a Etiópia da África, 2 Rs 10.9; Et 1.1; Ez 29.10. Heródoto fala dos etíopes asiáticos, existentes no exército de Xerxes, que eram diferentes dos etíopes africanos (7.70) (*veja ETIÓPIA*). **3** Nome de um dos filhos de Jemini, inimigo de Davi. Título do Sl 7.

CUZA – nome do procurador de Herodes, tetrarca, cuja esposa, com outras piedosas mulheres, assistiam com suas posses, as necessidades de Jesus, Lc 8.3.

DÃ (*no hebraico, "juiz"*) **1** Dã, o filho de Jacó. Nome de um dos filhos de Jacó, com sua concubina Bila, Gn 30.5,6. Teve só um filho chamado Husim, Gn 46.23, ou Sunã, Nm 26.42. O destino de seus descendentes foi profetizado por Jacó, da seguinte maneira: "Dã julgará o seu povo, bem como qualquer das outras tribos de Israel. Venha a ser Dã como uma cobra no caminho, como uma víbora na vereda que morde as unhas do cavalo, para que caia para trás o seu cavaleiro", Gn 49.16,17, querendo isto significar que a sua tribo havia de pelejar contra os inimigos de Israel, com ardor e com astúcia como nenhuma das outras tribos. Falando do mesmo assunto, Moisés comparou Dã a um filhote de leão estendendo-se desde Basã, Dt 33.22. **2** Nome da tribo originária de Dã, e do território de Canaã que lhe foi distribuído, Nm 1.12,38,39. Esse território continha, entre outras, as seguintes cidades: Sara, Aijalom, Ecrom, Elteque, terminando em frente a Jope, Js 19.40-46; 21.5,23; *cf.* Jz 5.17 Os danitas não dominaram todo o território que lhes fora assinalado por causa dos amorreus que os mantiveram na parte montanhosa, impedindo a sua entrada nas planícies, Jz 1.34,35. Sentindo falta de espaço, enviaram espias ao extremo norte da Palestina em busca de melhores posições, encontrando o que desejavam na cidade de Lesém, ocupada por estrangeiros. Os danitas enviaram uma expedição, tomaram o lugar, mataram os seus habitantes e reconstruíram a cidade, dando-lhe o nome de Dã, 19.47; Jz 18.1-31. Aoliabe e Sansão pertenciam à tribo de Dã; Êx 31.6; Jz 13.2, 24. **3** Nome de uma cidade ao extremo norte da Palestina. A frase "desde Dã até Berseba" e vice-versa, dá a entender a extensão do país de norte a sul, Jz 20.1; 1 Cr 21.2. A cidade era a princípio denominada Laís ou Lesém, "lugar de leões". Depois de conquistada, recebeu o nome de Dã, Js 19.47; Jz 18. Abraão perseguiu Quedorlaomer até Dã, Gn 14.14, que alguns pensam ser Dã-jaã que pode bem ser Laís, isto é Dã. Se assim for o nome familiar, Dã, suplantou a designação anterior mencionada

DÃ

Porta de Dã — Christian Computer Art

em Gênesis (*cf.* Dt 34.1). Em Dã, Jeroboão levantou um de seus bezerros de ouro, 1 Rs 12.29,30; 2 Rs 10.29; Am 8.14. Bene-Hadade destruiu a cidade e outros lugares vizinhos, 1 Rs 15.20; 2 Cr 16.4, porém foi reconstruída mais tarde, Ez 27.19. Estava situada em um vale fertilíssimo, perto de Reobe, Jz 18.9,28, nas vizinhanças do Líbano, cabeceira do pequeno Jordão (Antig. 5.3,1; 8.4), junto aos pântanos de Merom (Guerras 4.1,1), distante, cerca de quatro milhas romanas, aproximadamente seis quilômetros a oeste de Pâneas *Tell el-Kadi*, que significa *Outeiro do Juiz*, é o lugar assinalado da antiga Dã, que acidentalmente recorda o sentido do seu nome. Nas bases desse outeiro, existem duas nascentes que se ligam formando o rio Ledã, de pequeno curso, porém o mais volumoso dos três que após alguns quilômetros formam o Jordão.

DABERATE (*no hebraico, "pasto"*) – nome de uma cidade no território de Issacar, doada aos levitas, filhos de Gérson, Js 19.12; 21.28; 1 Cr 6.72. Em seu lugar existe a aldeia de Deburié, na base do monte Tabor, do lado noroeste.

DABESETE (*no hebraico, "corcova de camelo"*) – nome de uma cidade nos limites de Zebulom e Issacar, Js 19.11. Alguns estudiosos assinalam a sua antiga existência em *Dabsheb*, 22 km a N.E., do Acre.

DABRIA – nome de um dos cinco homens solicitados para escrever a visão apocalíptica de Esdras, 2 Esdras 14.24.

DÁDIVAS, PRESENTES – os pais fazem presentes aos filhos, Gn 25.6, e às filhas, por ocasião de seu casamento, Gn 34.12, como uma espécie de dote. Os convidados para assistirem a um casamento, levavam presentes à noiva, Sl 45.13. Serviam para manifestar íntimo regozijo, Et 9.22, ou para obter favores, Pv 18.16. A antiga lei mosaica proibia fazer donativos aos juízes com a finalidade de suborná-los, Êx 23.8; Dt 14.16; Pv 29.4. Os monarcas costumavam recompensar com dádivas, os serviços prestados pelos seus servidores, Dn 2.48, ou como uma demonstração de público regozijo, Et 2.18. Os presentes serviam também como tributos que os súditos pagavam aos reis, 2 Sm 8.2,6; 2 Cr 26.8; Sl 45.12; 72.10; Mt 2.11, e para fins religiosos, Mt 5.23,24; 8.4; Lc 21.5. O costume de fazer presentes ainda é muito comum no Oriente. O dom de Deus é a vida eterna por Jesus Cristo, Jo 4.10; Rm 6.23. Cristo recebeu dons para os homens, Ef 4.8; e não somente abriu-lhes um caminho para Deus, como ainda alcançou para eles o dom do Espírito Santo, Jo 14.16; 16.7; At 2.38, e todas as manifestações do Espírito no coração e na vida dos crentes: o arrependimento, At 5.31, a fé, Ef 2.8, o amor, Rm 5.5, a alegria, a paz, a paciência, a benignidade, a bondade, a longanimidade etc., Gl 5.22. Todas as virtudes cristãs são dádivas com que Deus capacita homens para exercer as diversas funções no seu reino, Rm 12.6; 1 Co 7.7; 12.4,9; Ef 4.7-16 (veja *MILAGRES, LÍNGUA*).

DAFNE – nome de um lugar com jardins e templos, onde os deuses do Olimpo grego eram adorados (somente mencionado em 2 Mac 4.33). Como o culto a muitos desses deuses consistia em orgias sem proporções, o lugar tornou-se um antro para viciados carnais, ganhando notoriedade negativa. Em sua obra *Declínio e Queda do Império Romano*, Gibbon descreve esse lugar e o associa à decadência que contribuiu para o declínio e ruína do império (II, cap. 23, p. 395,396).

DAGÃ – embora muitos associem esse nome a Dagom, trata-se de uma antiga divindade masculina da Babilônia, ligada a Anu e a Ninibe, essa divindade é identificada com Bel (veja *BEL*).

DAGOM (*em hebraico dãghãn, "cereal"; sua derivação é dãgh que significa "peixe"*)

– seu nome sugere ter sido um deus da fertilidade e da agricultura. Sendo um antigo deus da Mesopotâmia, era a principal divindade dos filisteus adorado em Gaza, Bete-Dagom e especialmente em Azoto, onde tinha um templo, Jz 16.21,23; 1 Sm 5.1-7; 1 Cr 10.10. Jônatas Macabeu, tendo derrotado os filisteus, encerrou-os no templo de Dagom de Azoto e lançou fogo à cidade e ao templo, 1 Mac 10.84; 11.4. Dagom foi adorado na Fenícia e na Assíria, representado com a cabeça e os braços de homem e a parte inferior do corpo por um peixe, 1 Sm 5.4. Deodoro Sículo (2.4) descreveu um ídolo chamado Dercetus com formas semelhantes, que existia em Ascalom, outra cidade dos filisteus.

DAIMON (*transliteração da palavra grega daimon, "divindade secundária"*) – no Novo Testamento o termo se refere a poderes malignos, demônios (veja *DEMONÍACO e DEMÔNIO*).

DÃ-JAÃ ou **DANJAÃ** (*no hebraico, "Dã toca o órgão"*) – nome de um lugar entre Gileade e Sidom, 2 Sm 24.6. As ruínas de Dã-Jaã na costa, entre Acre e Tiro, assinalam a sua existência. Dizem alguns não ser exata essa localização, porque os cobradores de impostos quando saíam de Dã-Jaã não chegavam a Tiro sem ter antes tocado em Sidom. Pode bem ser identificado com Dã, extremo norte convencional do país; *cf.* a ligação de cada uma destas com Sidom, Jz 18.28. Antigas versões apresentam Dã-Jaã como corrupção de Dã-Jaar, e que Dã estava situada na floresta.

DÁLETE – nome da quarta letra do alfabeto hebraico. Serve para marcar a quarta secção do salmo 119, cujas linhas de cada v. começam pela mesma letra. É dessa palavra hebraica que provém o termo grego *delta*, quarta letra do alfabeto grego, e a nossa letra "d". As duas letras hebraicas

DÁLETE

daleth e *resh*, ("d" e "r"), são semelhantes e em certo grau de seu desenvolvimento se diferenciavam prestando muita atenção ao escrevê-las e examiná-las.

DALFOM (*do hebraico, "pendente"*) – nome do segundo dos dez filhos de Hamã. Foi morto pelos judeus no dia 13 de Adar na fortaleza de Susã, Et 9.1-7.

DALILA (*no hebraico, "sensual"*) – nome de uma mulher dos filisteus que habitava no vale de Soreque, em torno de 1060 a.C. Dalila, comprada pelos filisteus por 1.100 ciclos de prata, Jz 16.5, atraiu e dominou Sansão, juiz em Israel, fazendo-o revelar o segredo da sua grande força. Foi dessa maneira que os filisteus conseguiram dominar e prender Sansão, Jz 16.4-18.

DALMÁCIA – nome de uma região na praia oriental do Adriático, com pequenas, mas numerosas ilhas adjacentes. É atravessada pelos Alpes Julianos, continuação dos Alpes Dináricos, que vêm a ser uma parte da gigantesca cordilheira que separa a Itália da França, e a Suíça da Alemanha. As tribos que ali habitavam foram subjugadas pelos romanos no ano nono da nossa era, por Augusto César e Tibério, que foi imperador; constituindo a província da Dalmácia. Fazia parte do Ilírico, limite das viagens missionárias de Paulo naquela direção, Rm 15.19. Tito, o discípulo do grande apóstolo, depois de estar por algum tempo com o seu mestre na capital italiana, partiu para a Dalmácia, talvez para implantar o Evangelho entre os selvagens e seus habitantes, 2 Tm 4.10.

DALMANUTA – nome de uma aldeia situada nas praias ocidentais do mar da Galiléia, nas vizinhanças de Magdala, (Mc 8.10; Mt 15.39). Depois da multiplicação dos pães e dos peixes para quatro mil homens, Jesus foi até esse lugar com seus discípulos. Embora seja incerta sua localização, ela tem sido identificada com as ruínas da praia ocidental do lago, próxima à antiga Magdala, atualmente Mejdel, ao norte de Tiberíades.

Damasco — Christian Computer Art

DALMÁTICA – nome de uma espécie de sobretúnica bordada que os diáconos e bispos usavam como sinal de honra.

DÂMARIS (*do grego, "esposa"*) – nome de uma mulher que se converteu pela pregação de Paulo em Atenas, At 17.34.

DAMASCO – nome de uma cidade da Síria situada no planalto, regado pelos rios Abana e Farfar, 2 Rs 5.12. O planalto encontra-se cerca de 720 metros acima do nível do mar e na base oriental, da cadeia do Antilíbano, com a superfície de 926 km². Nos lugares regados pelos canais resultantes de rios, o terreno é de grande fertilidade, de modo que a cidade está cercada de pomares, hortas e jardins, em contraste com a aridez do deserto vizinho. Três grandes estradas de comércio se dirigem para Damasco, uma vem do sudoeste do Mediterrâneo e do Egito, outra vem do sul da Arábia e a terceira atravessa o deserto de Bagdá. É cidade antiqüíssima, mencionada já nos tempos de Abraão, Gn 14.15. Nos dias de Davi, Damasco era um dos pequenos Estados da Síria meridional e foi tomada e guarnecida por Davi, 2 Rs 8.5,6; 1 Cr 18.5,6. Depois que ele destruiu o reino sírio de Zobá, certo homem chamado Rezom, antigo súdito de Zobá, reuniu um bando de homens, tomou Damasco e fundou o reino da Síria, que tantas perturbações trouxe a Israel, 1 Rs 11.23,24. Damasco foi a capital, onde residiram Heziom, Tabrimom e os Bene-Hadade, 1 Rs 15.18,20; 20.34; 2 Rs 8.7; Azael, 1 Rs 19.17; 2 Rs 8.8-15, Rezim, 16.5. Tabrimom e o primeiro Bene-Hadade foram aliados do rei de Israel, 1 Rs 15.18; 2 Cr 16.2. Acabe renovou a aliança, obtendo os direitos de estabelecer ruas de bazares em Damasco, 1 Rs 20.34. Nesse período, Damasco representou um papel saliente entre as nações ocidentais, pela resistência que opôs aos povos da Assíria. Na aliança com os reis da costa e com Acabe rei de Israel, saiu de encontro a Salmaneser em Carcar no ano 854 a.C., sendo derrotado em 841, o seu rei Azael foi também derrotado por Salmaneser. Em Damasco residia Naamã, general dos exércitos no tempo do segundo

Porta de Damasco — Christian Computer Art

DAMASCO

Bene-Hadade, 2 Rs 5.1,12. Quando Rezim de Damasco e Pecá de Israel planejaram tomar Jerusalém, Acaz de Judá chamou Tiglate-Pileser, rei da Assíria, que tomou Damasco, tornou cativos os seus habitantes e matou Rezim, 2 Rs 16.5-9; Is cap. 7.1 a cap. 8.6; 10.9, fato este citado por Am 1.3-5. Breve readquiriu a sua antiga prosperidade, Ez 27.18. Da mão dos assírios, Damasco passou para a dos babilônios, e destes para a dos persas e depois para a dos macedônios e gregos. Foi uma das cidades que formaram Decápolis. O general romano Metelo a tomou no ano 63 a.C., constituindo com ela uma província romana. Muitos judeus habitavam nessas cidades e fundaram ali várias sinagogas, At 9.2; Guerras, 2.20,2. Perto dessa cidade, Saulo de Tarso converteu-se ao cristianismo, quando perseguia os cristãos ali residentes, foi surpreendido por uma luz brilhante e o som de uma voz vinda do céu, At 9.2,3,10; 22.6,10,11,12; 26.12. De cima de seus muros, desceu o apóstolo em uma alcofa para escapar da fúria dos inimigos, At 9.24, 25; *cf.* 26.20; Gl 1.17. A tradicional rua Direita tem cerca de quatro quilômetros de comprimento e passa pelo centro da cidade na direção nordeste para sudoeste. Atualmente é rua pobre, mas no tempo do apóstolo Paulo foi uma avenida suntuosa, adornada de colunas coríntias de cada lado. Na extremidade oriental está a porta de entrada com esse nome, porta larga, com 12,5 m de altura e 6,60 m de largura, e duas portas menores abertas ao lado, foram obra dos romanos, talvez do tempo de Paulo. Tanto essa porta quanto as outras foram construídas em arco com pedras lavradas. Somente a porta do lado do norte ficava aberta. No tempo de Paulo, a cidade estava em poder do rei Aretas da Arábia Pétrea, que logo voltou para os romanos, 2 Co 11.32. No ano 634, os árabes investiram contra ela, e no ano seguinte a tomaram. Em 1300, foi saqueada pelos tártaros e em 1400, por Timur. Desde 1516 está em poder dos turcos.

Em julho de 1860, foram massacrados ali seis mil cristãos pelos maometanos, drusos e beduínos, ajudados por soldados turcos. Damasco é uma das mais antigas cidades do mundo, atualmente, faz parte dos domínios árabes.

DANÁ (*no hebraico, "murmuração"*) – nome de uma cidade na parte montanhosa de Judá mencionada em Js 15.49. Embora a localização exata seja desconhecida, o local é mencionado ao lado da antiga Debir, atualmente, Kirjath-Sepher, ao sul do Hebrom.

DANÇA – desde tempos remotos que alegrias domésticas ou nacionais, provocadas por vários acontecimentos, se traduziam em expansões públicas ou particulares. A dança e a música são meios de externar as nossas alegrias. As mulheres hebréias festejavam com dança a volta dos guerreiros vitoriosos, Jz 11.34; 1 Sm 18.6,7; 29.5; *cf.* Jr 31.4,13. As crianças de ambos os sexos associavam-se em danças, Jó 21.11; Mt 11.17; Lc 7.32. Há passagens na Escritura que dão a entender que os hebreus, estando ainda no Egito, celebravam com danças certas solenidades, Sl 30.12; Lm 5.15; Ec 3.4; Lc 15.25. O Evangelho relata sobre uma princesa judia que dançou em um banquete à moda gentílica, exibindo sua graça natural, Mt 14.6; Mc 6.22. A dança, como parte da cerimônia religiosa, ou ato de adoração, era comum entre os hebreus, principalmente pelas mulheres, Êx 15.20; Jz 21.21,23, e ocasionalmente pelos homens, como no caso de Davi, que dançou diante da arca, 2 Sm 6.14-23; 1 Cr 15.29. Nas Escrituras, a dança é muito associada à celebração religiosa e à adoração, o que a distingue dos movimentos das danças atuais, mas não a invalida como expressão de adoração e louvor. As danças diante das imagens eram comuns entre os pagãos, Êx 32.19; 1 Rs 18.26.

DANIEL (*no hebraico, "Deus é meu juiz"*) **1** Nome de um dos filhos de Davi e de Abigail, nascido em Hebrom, 1 Cr 3.1, que em 2 Sm 3.3 tem o nome de Queleabe. **2** Nome de um sacerdote que assinou o pacto nos dias de Neemias, Ed 8.2; Ne 10.6, cronologicamente é o terceiro desse nome mencionado no Antigo Testamento. **3** *Daniel, o Profeta.* Nome do célebre profeta judeu da corte da Babilônia. Descendia da família real de Judá, Dn 13-7. Ainda jovem, foi levado cativo por Nabucodonosor no primeiro cerco de Jerusalém que se deu no reinado de Jeoiaquim, 605 a.C., Dn 1.1; Jr 25.1. Na Babilônia, ele e mais outros jovens cativos de linhagem real e de gentil presença foram separados para exercerem funções de Estado. Ele e mais três companheiros conseguiram que o eunuco mor substituísse os alimentos a eles destinados pelo rei, por outros mais simples e que não contrariavam as leis de Moisés, Dn 1.8. Os quatros jovens cativos fizeram-se notáveis pelo seu saber, enquanto a graça de Deus os preparava para enfrentarem a morte na defesa das leis divinas, o período tutelar terminou no terceiro ano, quando entraram para o serviço da corte. Daniel permaneceu assim até o ano 538 a.C., primeiro ano do reinado de Ciro, 1.21. No segundo ano de Nabucodonosor, 603 a.C., *cf.* 5.18, Daniel interpretou os sonhos que o rei tivera, revelando-lhe o que havia visto e qual era o significado da grande estátua, 2.1-46. Em conseqüência de tão sábia explicação, Daniel foi elevado à categoria de príncipe dos sábios, governador de todas as províncias da Babilônia, e prefeito dos magistrados, v. 46-49. Depois, interpretou a visão que revelava a loucura seguinte do rei (cap. 4). Ezequiel citou o nome de Daniel como exemplo de notável retidão e sabedoria, Ez 14.14; 28.3. No primeiro ano de Belsazar, Daniel teve um sonho no qual viu, na figura de animais, quatro impérios sucessivos que chegavam até o tempo quando o Ancião de Dias se assentará para Juízo e um semelhante ao Filho do homem vindo sobre as nuvens do céu para estabelecer um reino espiritual sobre a terra que durará para sempre, cap. 7. A cena da visão que ele teve no terceiro ano de Belsazar foi em Susã, 8.2, capital do Elão e residência do já celebrado Ciro, rei dos persas, 8.20. Na visão, Daniel levantou os olhos e viu um carneiro que tinha dois chifres em luta contra um bode de cuja cabeça saía um chifre notável entre os seus dois olhos. O bode quebrou os chifres do carneiro, pois este não tinha força para resistir-lhe, o bode se engrandeceu sobremaneira; e na sua força, quebrou-se o grande chifre e em seu lugar saíram quatro outros chifres, de um dos quais brotou um pedaço pequeno que se elevou contra a terra gloriosa e contra seu santuário; símbolo dos impérios medo-persa e macedônio, a divisão deste último em quatro reinos e o aparecimento de um rei cruel que haveria de profanar o santuário, cap. 8. Quando se deu a queda do império da Babilônia, Dario constituiu 120 sátrapas com intendência sobre todo o reino; e colocou sobre eles os três príncipes, dos quais um deles foi Daniel, cap. 6.1,2. A inveja provocada pela sua eminência e saber deu origem a uma conspiração que o lançou na cova dos leões, 3-23; 1 Mac 2.60. No primeiro ano do rei Dario, Daniel concluiu pela lição dos livros, Jr 25.11,12; 29.10, que o cativeiro chegava a seu termo, Dn 9.1,2; humilhou-se, confessou os pecados do seu povo e orou e, por conseguinte, foi-lhe revelada a profecia das Setenta Semanas, 9.24. No terceiro ano de Ciro, rei dos persas, teve ele outra visão do conflito último entre os poderes do mundo e o reino de Deus, caps. 9–12. Como esse profeta exerceu o seu ministério durante a dinastia de Nabucodonosor e dos reinados de Dario, o medo, e de Ciro, o persa, 6.28, deveria ter atingido uma idade muito avançada. Nada se sabe de quanto viveu, nem como se deu

DANIEL

a sua morte. Encontram-se referências a esse profeta nos seguintes livros e passagens da Bíblia: Ez 14.14; 28.3; Ne 12.11; 1 Mac 2.60; Mt 24.15; Mc 13.14; Hb 11.33.

DANIEL, O LIVRO DE – o livro de Daniel faz parte do Antigo Testamento e aparece na versão da LXX e nas versões em português, logo depois de Ezequiel. O cânon hebraico, porém, o colocou na terceira divisão dos livros. Não fez parte dos profetas porque o seu autor, apesar de ser chamado profeta, Mt 24.15; Josefo, Antig. 10.15,4,6, e um dos maiores, Josefo, Antig. 10.11,7, e maravilhosamente capacitado com espírito de profeta, não foi oficialmente profeta, possuía o *donum propheticum*, mas não o *munus propheticum*, o dom profético, mas não o cargo profético. Era estadista e como tal se ocupou em toda a sua vida. Nunca empregou em seus escritos a fórmula profética: "Assim diz o Senhor" e nunca dirigiu exortações a seus contemporâneos, como costumavam fazer os profetas. A maior parte de seu livro foi escrita em hebraico. Uma parte referente ao viver dos judeus em terra estrangeira, aos feitos dos reis gentílicos e às profecias acerca dos impérios, começando com a metade do versículo 4 do cap. 2, até o cap. 7.28, foi escrita em aramaico que era a língua empregada na diplomacia e nas relações comerciais da época. *Cf.* o mesmo fato nos livros de Esdras e de Neemias. O livro de Daniel apresenta três divisões: Introdução: Preparo de Daniel e de seus três companheiros, cap. 1. Manifestação divina a favor dos quatro jovens hebreus; demonstração da onipotência e onisciência divina; governando os negócios do mundo em suas relações com o Reino de Deus, caps. 2–7. Esta parte foi escrita em aramaico, e compreende o sonho de Nabucodonosor em que lhe foi mostrada a estátua construída de quatro metais diversos e a sua completa destruição, cap. 2, a conspiração contra a vida de Daniel e de seus companheiros, e o seu livramento da fornalha ardente, cap. 3; o sonho da árvore que foi cortada, cap. 4; a escritura misteriosa na parede do palácio durante o banquete de Baltazar, cap. 5; a conspiração contra Daniel e o seu livramento da cova dos leões, cap. 6; a visão dos quatro animais e de um semelhante ao Filho do homem, cap. 7 (esta última está fora da ordem cronológica, com o fim de servir de transição à divisão seguinte). Visões suplementares de Daniel em que ele vê os destinos reservados por Deus a seu povo, caps. 8–12. As visões referidas são três: 1) Acerca da cessação do sacrifício perpétuo, da desolação do santuário e da oposição ao príncipe dos príncipes, cap. 8, *cf.* v. 13-25. 2) Em razão de aproximar-se o fim do cativeiro, Daniel se prepara para a confissão dos pecados nacionais e para suplicar perdão. Pelas profecias já expostas, se poderia supor que o reino do Messias seria estabelecido logo depois de terminado o cativeiro; porém, em uma delas, ele aprende que 70 semanas haveriam de passar depois de decretada a reconstrução de Jerusalém, de consumada a prevaricação e introduzida a justiça eterna, Dn cap. 9.3. E informado ainda por uma visão, no terceiro ano do fundador do império persa, de que esse império seria destruído, que o povo de Deus sofreria perseguição, e que, finalmente, seria libertado, e se daria a ressurreição para a glória, caps. 10–12. A profecia, sobre a estátua, composta de quatro metais, destruída pela pedra, 2.31-45, e a das quatro alimárias e a do aparecimento de um semelhante ao Filho do homem, cap. 7, representavam as quatro potências da terra e o aparecimento do Reino de Deus. O quarto império é claramente o império romano, porque o segundo império, que é o medopersa, não poderia ser considerado como duas unidades políticas, visto que o reino medo, quando separado, jamais foi de muita importância. Historicamente, a Média e

DANIEL, O LIVRO DE

a Pérsia formavam uma só potência nos dias da supremacia da Média. Deu-se mudança na dinastia, porque um príncipe persa alcançou o trono da Média, começando então o engrandecimento do império medo-persa pelas suas grandes conquistas. Em segundo lugar, o profeta fala desse império como sendo um só, 5.28; 6.8; 8.20. Em terceiro lugar, se dividirmos o império medo-persa em dois, será preciso, então, considerar o leopardo representando a Pérsia e não a Grécia. Ora, o leopardo tem quatro cabeças, 7.6, e a Pérsia não foi dividida em quatro partes, e sim o império macedônio, 8.21,22; 11.2-4. Ainda mais, em quarto lugar devemos considerar que o império romano foi compreendido na visão profética. Segundo interpretação geralmente aceita, o cap. 31.30, refere-se claramente ao império romano. Antíoco, o Grande, citado no cap. 11.10-20, foi derrotado pelos romanos em Magnésia no ano 190 a.C. Pode-se acrescentar ainda que a visão de um chifre representa um rei e um reinado, 7.7,24, que pode ser a Média, a Pérsia ou a Macedônia, 8.20-22, e que o pequeno chifre anuncia o surgimento de um novo rei, ou de uma nova potência, que poderemos descobrir entre os sucessores de Alexandre, 8.9,23, ou entre os imperadores romanos, 7.8,24. O chifre nem sempre representa um e o mesmo rei, e portanto, o pequeno chifre não pode representar o mesmo indivíduo. A profecia das Setenta Semanas diz respeito aos sofrimentos do reino de Deus, 9.24-27. A era profética representada pelas Setenta Semanas é decretada por Deus ou por um rei, para Jerusalém ser reconstruída, v. 25. O Cristo Capitão e o Cristo, citado nos v. 25 e 26, representam, com mais ou menos certeza, uma ou duas entidades históricas, podendo ser o rei Ciro, ou o sumo sacerdote, ou Cristo. As Sete Semanas, e mais 62 semanas e mais uma semana, somando setenta semanas, v. 24-27, são distribuídas de diferentes mo-

dos. Tomados esses números sucessivamente, representam um período de 490 anos, que é o produto, de sete multiplicado por sete, dando a cada dia da semana o valor de um ano, tomados esses números em separado, as 62 semanas cobrem um período de 434 anos somente, e tomados na ordem inversa, como diz o v. 25, segue-se um período de sete semanas igual às 62 semanas e mais sete e mais uma. Há duas teorias que atribuem a Deus a origem do decreto sobre as Setenta Semanas. Apresentam como ponto de partida, para a contagem do tempo, o princípio do cativeiro em 605 a.C., *cf.*, Jr 25.11, ou a destruição de Jerusalém, 587 a.C., *Cf.* 29.10, escrito logo depois do cativeiro do rei Jeoiaquim 30.2,18; 31.38. É preciso acrescentar que o ano 450 a.C. também tem sido dado como ponto de partida, sob o fundamento de que os setenta anos do cativeiro foram contados em dobro, Jr 16.18; Is 40:2, e que um decreto divino a favor de Sião tem reduzido o tempo. Há quatro teorias que relatam como ponto de partida os decretos dos monarcas do tempo: primeira, o edito de Ciro, 538 a.C., Ed 1.2-4; 6.3,5; *cf.* Is 44.28; 45.1-13, quando se começou a reconstrução do Templo, Ed 6.14,15; Ag 1.14,15; segunda, o edito de Dario, Ed 6.6-12; terceira, o edito de Artaxerxes 457 a.C., Ed 7.11-27, que concedia aos judeus absoluta autoridade em negócios civis e religiosos, v. 25 e 26, e a prossecução dos trabalhos da reconstrução dos muros da cidade, 4.12. Os trabalhos interromperam-se temporariamente em virtude de um novo decreto, 4.21; quarta, o edito do rei Artaxerxes, ano 444 a.C., que incluía a permissão para restaurar e fortificar a cidade, Ne 2.3,5,8,17,18. Esse problema, portanto, contém três fatores, e cada um deles sujeito a várias interpretações. Os três fatores são: o decreto, o ungido e as semanas; e todos eles são suscetíveis de diversas combinações. De todas elas, tomando cada uma em separado como ponto

DANIEL, O LIVRO DE

de partida e, contando daí em diante, 62 ou 69 semanas de sete anos cada uma, até o tempo de Antíoco Epifanes, ou de Cristo, somente uma combinação dá resultado satisfatório. Os demais envolvem fantasia histórica, ou artifício cronológico, ou terminam em misterioso enigma, com resultado disparatado. A única combinação que coincide com todos os dados históricos é a que apresenta como ponto de partida o decreto de Artaxerxes, no ano 17 de seu reinado, 457 a.C. O período de sete semanas, ou 49 anos, termina no ano 408 a.C. A reforma levada a efeito por Esdras e Neemias foi realizada nesse período de tempo. Não se sabe até quando durou a feição dominante dessa reforma; porém, o sucessor de Neemias, que era persa e naturalmente pouco interessado no cumprimento das leis de Jeová, ainda governava no ano 411 a.C., antes de terminar a sétima semana. Seguem-se as 62 semanas, ou 434 anos que nos conduzem até o ano 26 a.C., ano em que Jesus começou o seu ministério público, entrando pelo princípio do ano 27. Depois dessas 62 semanas, Cristo foi morto, Dn 9.26, quando a prevaricação se consumou e o pecado teve o seu fim como se encontra no v. 24. E no meio da semana faltou a vítima e o sacrifício; porque o sacrifício do Calvário tornou inúteis todos os mais sacrifícios. Contudo, não obstante a coincidência da profecia com acontecimentos conhecidos da História do Reino de Deus e a significação dessa correspondência, ainda assim as Setenta Semanas e as sete separadas delas a princípio, e a outra semana separada delas, são computações simbólicas determinando grandes períodos da história do Reino de Deus sobre a terra. No livro de Daniel ainda há outros números. O simbolismo do número quatro e do número dez, mesmo quando correspondam a pessoas ou a acontecimentos históricos, provavelmente determinavam muitas vezes o particular número de exemplos que deviam ser citados,

e era isto, sem dúvida, o que estava na mente do profeta quando interpretou o sonho e contemplava as visões. A largueza das previsões e o alcance das profecias de Daniel somente se podem conhecer à luz das referências que a este livro fazem as personagens bíblicas, conforme vamos observar. Nosso Senhor deu-se o título de Filho do homem, título este que se encontra em Dn 7.13,14; desse modo outorgando à sua missão e ao seu reino um aspecto muito expressivo de simpatia para com a humanidade (veja *FILHO DO HOMEM*). Cristo citou Daniel quando disse: "Quando vós virdes que a abominação da desolação, que foi predita pelo profeta Daniel está no lugar santo", Mt 24.15; Mc 13.14; Dn 11.31; 12.11, e 9.27; *cf.* 2 Ts 2.1-12. Evidentemente, na explicação que Jesus dá, o cumprimento da profecia não terminou quando Antíoco Epifanes levantou o altar idólatra no templo de Jerusalém, 1 Mac 1.54. Em alguns casos, se não em todos, a profecia relaciona-se com um evento diferente. A frase "abominação da desolação" é uma concepção incorporando uma idéia que terá de se manifestar concretamente, quando a idéia se apresenta como um princípio potente da História. Os apóstolos entenderam que o pequeno chifre da quarta alimária, Dn 7.24, é o rei que falará insolentemente contra o Deus dos deuses, 11.36, refere-se a acontecimentos futuros ainda não revelados, 2 Ts 2.4; Ap 13.5,6. As feições características do conflito entre o mundo e o reino de Deus estão delineadas nas cruéis perseguições dos tempos de Antíoco Epifanes, porém não limitadas a elas. Cristo e os seus apóstolos viram nessas profecias de Daniel o apocalipse do futuro. As revelações não se limitaram aos acontecimentos históricos do tempo de Antíoco; terão completa significação nos últimos dias do Reino de Deus. A besta que o apóstolo João viu levantar-se do mar, Ap 13.1, é uma pintura ampliada das quatro grandes

DANIEL, O LIVRO DE

alimárias que Daniel viu subindo do mar, Dn 7.3-7. Ele viu uma leoa com asas de águia, um urso, um leopardo com quatro cabeças e quatro asas, e finalmente outra alimária em uma só, a besta que João viu era semelhante a um leopardo, porém com os pés de urso e boca de leão, tendo dez chifres e sete cabeças. Daniel descreve quatro reinos deste mundo, que se levantam sucessivamente, e que são tão cruéis quanto se fossem bravias alimárias em sua oposição ao Reino de Deus. O apóstolo João não viu isso individualmente, mas viu todos os reinos deste mundo coletivamente; ele os contempla em conjunto apesar de suas diferentes feições externas. Olha o dragão, a serpente antiga do Éden, Ap 12.3,9, semelhante em aparência à besta; porque o dragão representa o espírito que anima e dá feição ao poder mundano. Esse poder não se apresenta a Daniel nem a João em seu aspecto político, e sim como representações mundanas em antagonismo ao Reino de Deus. O objetivo principal da profecia não contempla os interesses das nações e sim a sua relação com o Reino de Deus. Esse fato é de grande importância e fornece a chave para as revelações dos caps. 9 e 12 do livro de Daniel. Ensinam que as suas narrações não visam desenvolver a sua história política e sim esboçar o grande movimento mundial em suas relações com o Reino de Deus. Os inimigos de Sião vieram, e continuam a vir, do Norte e do Sul. Desenvolvendo aquela circunstância histórica sob o ponto de vista profético; a visão desenha uma luta entre as forças contendoras do mundo, guerra de resultados variáveis; em que o rei do Norte por sua vez, triunfa, sendo vencido em duelo de morte pelo Reino de Deus. Esse panorama é um complemento às visões dos caps. 38 e 39 de Ezequiel. Daniel fala do "tempo que tem o seu fim", isto é, do último dia da maldição, Dn 8.19; *cf*. 11.36, quando Deus executará o seu juízo sobre os reinos do mundo e quando o seu reino será estabelecido (*cf*. 10.14), seguindo-se a consumação, 12.1-3. É o período final do conflito entre as forças do mundo e o Reino de Deus que terminará com a completa vitória desse reino, cap. 11.40 até o cap. 12.4. Os apóstolos também falam desse período que classificam de última hora, últimos tempos, Dia do Senhor e últimos dias, e não terminado até que apareça o anticristo, 2 Ts 2.2-4; 2 Tm 3.1; 1 Jo 2.18; Jd 18. Esses homens do Novo Testamento viam claramente o escopo e o sentido das profecias de Daniel acerca dos últimos dias. A unidade é raramente disputada. Há uma teoria defendida por alguns críticos dos dias atuais, que a secção do livro de Daniel escrita em aramaico, pelo menos a compreendida nos caps. 2 a 4, é composição independente, escrita um, dois ou três séculos antes do tempo dos Macabeus. Porém, a integridade essencial não sofre contestações, e bem assim a unidade de sua autoria. Nos primeiros sete capítulos, o nome de Daniel é empregado na terceira pessoa do singular e algumas vezes em termos encomiásticos, 1.19,20; 2.14; 5.11,12; 6.3; *cf*. Paulo, falando de si mesmo em 2 Co 2.15; 10.8; 11.5,23. Nos caps. subseqüentes, emprega a primeira pessoa. Muitos críticos negam que o livro tenha sido composto por Daniel, compreendendo mesmo aquelas partes, em que se emprega a primeira pessoa. Julgam que foi publicado pelos anos 168 ou 167 a.C., no tempo dos Macabeus, com o fim de alimentar a confiança desses patriotas que sofriam as cruéis perseguições de Antíoco Epifanes. Os principais argumentos contra a autoria de Daniel são: Que o seu nome não figura entre os notáveis, mencionados pelo filho de Siraque no livro do Eclesiástico, cap. 49, pelo ano 200 a.C., ao passo que fala de Ezequiel, de Neemias e dos profetas menores; que o emprego de palavras gregas indica que ele viveu no período helênico; que há faltas de exatidão

DANIEL, O LIVRO DE

histórica, provando que não foi testemunha ocular dos fatos por ele narrados, e que, portanto, viveu em um tempo mais remoto; que as profecias entram em minúcias da história, somente até a morte de Antíoco Epifanes. Esses argumentos têm as seguintes respostas: É verdade que o filho de Siraque não menciona o nome de Daniel, mas também é igualmente verdade que não cita os nomes de Esdras e de outras notabilidades, como Gideão, Sansão e Jeosafá; que as palavras gregas empregadas no livro são nomes de instrumentos musicais e somente estão registradas no capítulo 3.5. A origem grega, pelo menos de dois desses nomes, é perfeitamente justificada, que vem a ser *psantrin*, do grego *psalterio* e *symphonea*, do grego *symphonia*. Poderá isto provar que o livro não foi composto por Daniel na Babilônia, no ano 530 a.C.? De modo algum; porque os instrumentos relatados foram usados nos vales do Tigre e do Eufrates no tempo de Daniel. Ainda mais, ninguém pode negar que naquela época e naquela região a música era essencial em todas as procissões triunfais e nas festas da corte. Os escravos de países distantes eram empregados como músicos, tocando os seus próprios instrumentos. Assurbanipal empregou os elamitas nesse ofício. Senaqueribe levou de Judá, cantores, homens e mulheres. Junto aos rios da Babilônia, os cativos da Judéia choraram, lembrando-se de Sião. E ali os que levaram cativos pediam que lhes cantassem um hino dos cânticos de Sião, Sl 137.1-3. Havia bastante relacionamento entre os impérios do Tigre e os povos ocidentais; e não é estranho o uso de instrumentos musicais, com os nomes de sua origem. Os reis assírios, a começar por Sargom, 722 a.C., e daí em diante, para não falar de outros que os precederam, conduziam para as regiões orientais, os prisioneiros do ocidente e recebiam tributos de Chipre, da Jônia, da Cilícia e de outras regiões da Grécia. Nabucodonosor guerreou com as cidades do Mediterrâneo e de acordo com os costumes do tempo, introduziu na sua corte os instrumentos musicais utilizados pelos gregos. Finalmente, a linguagem em questão é a aramaica e não a babilônia. Os aramaicos estiveram em contato com os povos do ocidente durante séculos antes, e a sua linguagem era empregada nas relações diplomáticas e comerciais, 2 Rs 18.26, e foram os intermediários do comércio entre o oriente e o ocidente. Em conseqüência disto, a linguagem de ambas as regiões sofreram alterações em seu vocabulário. O escritor do livro de Daniel utiliza nomes de hábito comum entre os aramaicos, para determinar os instrumentos de música em uso. Resta aos que negam a autoria do livro a Daniel provar que os termos usados não eram correntes antes do sexto século antes de Cristo. A falta de exatidão atribuída ao livro de Daniel não é argumento que prevaleça. Nada há que possa ser desmentido pela História. Existem registros em Daniel que são difíceis de harmonizar com as escassas narrações dos historiadores antigos. Nada se tem provado que justifique a existência de contradições entre Daniel e a história antiga. As acusações feitas enfraquecem cada vez mais, diante das recentes descobertas que esclarecem os tempos de Ciro. A existência histórica do rei Belsazar foi colocada em dúvida, mas os registros contemporâneos à tomada da Babilônia confirmam a sua existência, explicam por que é que ele elevou Daniel ao terceiro lugar de seu reino, em vez de segundo, pois ele e seu pai ocupavam os dois primeiros lugares; também fica claro por que ele e não Nabonido é mencionado como rei da Babilônia na noite em que a cidade foi tomada (veja *BELSAZAR*). Ainda não estão confirmadas as referências feitas a Dario o medo, ao receber o reino, mas observa-se claramente que a nomeação de um regente para Babilônia por Ciro está em perfeita harmonia com a política do tempo. As alusões a Belsazar como descendente de Nabucodonosor estão de acordo com os costumes daquela época, em face do que se lê nas inscrições históricas no livro de Daniel. Finalmente, em quarto lugar, as profecias de Daniel contêm pormenores históricos somente até a morte de Antíoco Epifanes, cap. 8. Porém, as profecias referentes ao tempo posterior a Antíoco, não são elas bem claras? O quarto reino descrito nos caps. 2 e 7 não pode ser outro senão o império romano que sucedeu o império universal no tempo subseqüente a Antíoco, e cujo desenvolvimento é descrito com muita minúcia no livro de Daniel, segundo o testemunho de recentes descobertas, é o aramaico corrente no princípio do século quinto, antes de Cristo, pelo menos no ocidente. A profecia de Daniel é citada por Jesus Cristo como genuína e como certos os seus vaticínios, nelas contidos, Mt 24.15. Josefo acreditava que as profecias de Daniel já existiam antes de Alexandre, o Grande, 330 a.C., (Antig. 11.8,5), e até mesmo no tempo de Artaxerxes (Contra Apiom 1.8). O primeiro livro dos Macabeus, 2.59,60, faz referência ao livramento de Sadraque, Mesaque e Abede-Nego, da fornalha ardente e ao de Daniel na cova dos leões (*cf*. 1 Mac 1.54; e Dn 9.27; 11.31).

DANITAS (*derivação do hebraico, "juiz" ou "julgar"*) – nome dos descendentes de Dã e de uma tribo de Israel, Jz 13.2; Jz 18.1,11; 1 Cr 12.15 (veja *DÃ*).

DARCOM (*hebraico, "espalhador"*) – nome do fundador de uma família que fazia parte dos filhos dos servos de Salomão. Retornaram com Zorobabel do exílio babilônico, Ed 2.56; Ne 7.58.

DARDA (*hebraico, "pérola do conhecimento"*) – nome de um filho de Maol da família de Zera, da tribo de Judá. Darda, com três outros irmãos, é citado como notável pelo seu saber, mas ultrapassado em conhecimento por Salomão, 1 Rs 4.31. Em 1 Cr 2.6, aparece com o nome de Dara e filho de Zera, porque era costume hebreu chamar de pai um antepassado genealógico distante.

DARDO – uma arma de arremesso que envolve quatro palavras no hebraico e uma no grego: **1** *Shebet*, no hebraico, "cana". Aparece várias vezes no sentido próprio de cana, ou vara, Lv 27.32; 2 Sm 7.14, e especialmente no sentido de dardo em 2 Sm 18.14, quando descreve a morte de Absalão, traspassado por dardos no coração. **2** *Chets*, no hebraico, "flecha", "dardo". Aparece em várias traduções como seta, flecha ou dardo, Nm 24.8; Dt 32.23; 2 Sm 20:20; 2 Rs 13.15-18; 2 Cr 26.15; Pv 10.13; Is 9.4; Zc 9.14. **3** *Massa*, no hebraico, "míssil", "dardo"; vem da raiz hebraica enviar. Aparece apenas uma vez em Jó 41.26. **4** *Shelach*, no hebraico, "lança", "dardo". O termo hebraico é usado três vezes nesse sentido, 2 Cr 23.10; 2 Cr 32.5; Ne 4.7. **5** *Bélos*, no grego, "míssil", "flecha". Termo utilizado em Ef 6.16, quando enfoca "os dardos inflamados do inimigo".

DARICO (*no hebraico, darkon ou darkemon*) – esse termo deriva-se do nome do rei persa, Dario. Talvez, porque tenha sido ele quem generalizou o uso de moedas, introduzidas no império persa pelo rei Ciro, o Grande. Quando os judeus regressaram do cativeiro babilônico, o darico de ouro era moeda que circulava na Palestina. As palavras hebraicas para darico, são: *adarkonim*, os "daricos", 1 Cr 29.7; Ed 8.27, e *darkemonim*, "daricos", Ed 2.69; Ne 7.70-72. Era uma moeda de ouro, que de um lado apresentava um rei com arco e flecha e do outro, um desenho quadrado. O cronista calcula o valor do ouro contribuído pelos príncipes no reinado de Davi para o templo

DARICO

em daricos, 1 Cr 29.7, porque era a moeda corrente mais comum entre eles. O darico corria na Pérsia no tempo de Esdras, Ed 2.69; 8.27; Ne 7.70,71,72. A primeira distribuição dessa moeda é atribuída a Dario Histaspes, *cf.* Herod. 4.166, porém o darico pode vir do babilônico *daricu*, nome de um peso ou medida, que, à semelhança da libra inglesa, sendo a princípio o nome de um peso, passou a ser nome de moeda. O darico figura em um contrato do ano 12 de Nabonido, cinco anos antes da conquista da Babilônia por Ciro, e muito antes que Dario fosse elevado ao trono (Sayce, Esdras etc. p. 38). Também havia daricos de prata que valiam um *shekel* (veja *DINHEIRO, MOEDAS*).

DARIO (*do zenda, dara, "rei"*) **1** Dario, o medo. Nome de um rei, filho de Assuero, rei dos medos, Dn 5.31; 9.1. Quando tinha 62 anos, subiu ao trono da Caldéia depois da tomada de Babilônia por Ciro, e reinou cerca de um ano, 5.31, antes de Ciro, 6.28. Nomeou 120 sátrapas para governar o reino, 6.1, que eram subordinados a três presidentes, dos quais Daniel foi um deles, 6.2. Os presidentes e os sátrapas faziam parte da corte de Dario, 6.6, e tinham autoridade para escrever a todos os povos, nações e línguas que habitavam em toda a terra, 6.25. Dario proclamou um decreto mencionado em Dn 6.1-27, por cuja violação Daniel foi lançado na cova dos leões. No primeiro ano de seu reinado, Daniel teve a visão das Setenta Semanas, 9.1-27. Provavelmente, exercia a soberania do império *ad ínterim*, enquanto Ciro concluía suas conquistas para assumir as rédeas do governo. Diz Josefo, que era filho de Astíages, mais conhecido dos gregos por outro nome (Antig. 10.11,4). Talvez fosse ele o Ciaxares, filho e sucessor de Antíages e sogro e tio de Ciro (Xenof. Ciropede 1.5; 8.7, ou Ugbaru, governador de Gutium, província que parece ser da Média ocidental, ou suas vizinhanças, que conduziu as tropas de Ciro para a tomada da Babilônia, na qual se deteve cerca de quatro meses até a chegada de Ciro). Uma inscrição cuneiforme menciona esse nome como sendo governador por ordem de Ciro. **2** Dario, o Grande (*Histaspes*). Nome de um rei da Pérsia, sucessor de Ciro, Ed 4.5. Quando subiu ao trono, havia sido interrompida a construção do templo, por causa das queixas das tribos vizinhas; porém, Dario mandou proceder investigações em Acmeta, capital da Média e lá encontraram o edito de Ciro que autorizava a construção

Dario — Christian Computer Art

Dario — Christian Computer Art

interrompida, Ed 6.1-12. A obra recomeçou no segundo ano, sexto mês no dia 24, Ed 4.24; Ag 1.15; 2.18, e foi concluída no terceiro dia do 12º. mês do sexto ano de seu reinado, Ed 6.15. Os profetas Ageu e Zacarias vaticinaram durante o reinado desse monarca, que é sem dúvida o Dario Histaspes dos escritores clássicos. Dara Gustaspe, dos escritores do Zenda, era filho de Histaspes, que os escritores latinos, usando o caso genitivo escrevem Histaspis. Pelo lado paterno, pertencia à família dos Achemênides, já representada no trono por Ciro e Cambises, mas não estava na linha de sucessão. Os eventos culminantes de sua vida estão em pormenores em uma inscrição feita pelo próprio Dario, sobre uma rocha de *Behistum*, 111 km a sudoeste de Hamadã, redigida em três línguas, persa, babilônica, e amárdia ou elamita. Segundo ela, oito de seus antecessores foram reis. Cambises, filho de Ciro matou seu irmão Bardes, chamado por Heródoto, Esmérdis e algum tempo depois se suicidou. Então, um mago, chamado Gomates ou Gaumata, levantou-se pretendendo ser o Bardes, que segundo ele dizia, não havia sido assassinado. Conforme Heródoto (3.67-69), cujos escritos concordam fielmente as minudências das inscrições, tornou-se evidente a fraude, formando-se então uma conspiração contra Gomates, na qual entraram sete personagens distintas, entre elas figurava Dario Histaspes. Em 521 a.C., mataram o mago e proclamaram rei a Dario. Elão se levantou contra o novo rei, mas foi subjugado. A Babilônia continuou sob a chefia de Nidintabel sofrendo um sítio de dois anos (520-519 a.C.). Quando souberam que Dario estava detido na Babilônia, um general revoltoso tomou a direção do movimento revolucionário, e o império se esfacelou. A inscrição de Dario diz assim: "Enquanto eu estava na Babilônia, se rebelaram contra mim as províncias: Pérsia, Susiana, Média, Assíria, Armênia, Pártia, Margiana, Satagidia e a Saciana". Mas, ele e seus generais subjugaram todas, e empalaram o general rebelde. Babilônia, em 514 a.C., se revoltou novamente sob a chefia de um armênio chamado Arabu ou Araco. A revolta foi dominada e o rebelde empalado. Nessa ocasião, os muros da cidade foram derrubados, grande passo para a total destruição anunciada pelo profeta. Dario dominava um vasto império que se estendia, para o oriente, até a Índia, e para o ocidente, até o arquipélago grego. Sua administração foi sábia. Após uma infeliz campanha contra os citas, perto do rio Dom, na Rússia atual, e uma luta com a Grécia em que seus generais, Dátis e Artafernes foram derrotados em Maratona, Dario morreu com a idade de 73 anos, em 486 a.C., depois de 36 anos de reinado. **3** Dario II (*Oxo*). Embora muito confundido com Dario III, o chamado Codomano, Dario II foi o sétimo governante do império persa. Para também distingui-lo de Dario, o medo, foi chamado de Notus ou Dario, o Persa (Ne 12.22). Dario II morreu em 404 a.C., deixando dois filhos, Artaxerxes II e Ciro, o Moço. Foi sepultado na câmara escavada na rocha, perto de Persépolis. **4** Dario III (*Codomano*). Nome do último rei da Pérsia que governou entre 336 e 330 a.C. Seu verdadeiro nome era

DARIO

Codomano. Foi derrotado por Alexandre, o Grande, 1 Mac 1.1; Antig. 11.8,3, primeiro em Issus, no ano 333, quando fugiu para a Pérsia, e a segunda vez em Arbela em 331. Morreu quatro meses depois, nas mãos de seus servos, que deixaram seu cadáver para ser achado por Alexandre, pondo fim à perseguição e ao império persa.

DATÃ (*hebraico, "fonte", "manancial"*) – nome de um chefe rubenita, filho de Eliabe, que com Abirão, seu irmão, e Hom da mesma tribo, tomaram parte saliente na rebelião de Coré. Esses se queixavam de que a chefia devia pertencer à sua tribo, porque Rúben era o filho mais velho de Jacó. Queixavam-se também de que Moisés os havia tirado de uma terra onde manava leite e mel, para fazê-los mover-se num deserto, Nm 16.1-35; *cf.* 13, 14; 26.7-11; Dt 11.6; Sl 106.17.

DATEMA – nome de uma fortaleza em Gileade, para onde se refugiaram os israelitas fiéis, a fim de se livrarem das pressões sírias na época de Judas Macabeu, 1 Mac 5.9. Foram socorridos por Judas Macabeu e seu irmão Jônatas. O lugar da fortaleza até hoje não tem localização exata.

DAVI (*no hebraico, "amado"*) – foi o segundo rei de Israel, depois do fracassado reinado de Saul, se tornando o maior rei dessa nação. Hábil guerreiro e político, destacou-se como poeta e profeta sendo o escritor de quase todos os Salmos. Viveu em data aproximada de 1016 a 976 a.C. Sua história está escrita nos livros de Samuel e de 1 Reis. Sua vida se divide em períodos distintos: **1** Sua mocidade foi passada em Belém de Judá. Era o mais moço dos oito filhos de Jessé, 1 Sm 16.10,11; 17.12-14. No registro da tribo de Judá, 1 Cr 2.13-15, somente consta o nome de sete desses filhos por ter morrido um deles, antes de ser registrado. A mãe de Davi se notabilizou

pela sua ternura e piedade, Sl 86.16; 116.16. A história de seus antepassados é colorida de cenas pitorescas dignas de imitação e merecedoras de louvor, ainda que, às vezes, manchada pelo pecado, Gn 37.26,27; 38.13-29; 43.8,9; 44.18-34; Nm 1.7; Js 2.1-21; Rt 4.17-22. Ele era ruivo e formoso de rosto e de gentil presença, 1 Sm 16.12. Na idade juvenil, e o mais moço de seus irmãos, tomava conta das ovelhas de seu pai; mostrava a sua fidelidade e coragem na defesa dos rebanhos, matou um leão e um urso, 1 Sm 16.11; 17.34,36. Tinha grande aptidão para a música, tocava maravilhosamente a harpa, seu instrumento predileto; e compôs salmos. Quando o rei Saul foi rejeitado, Deus enviou o profeta Samuel a Belém para ungir Davi, rei em lugar de Saul, para ser o seu sucessor. O ato não foi publicamente conhecido para não provocar hostilidades de Saul. Quando muito, foi presenciado pelos anciãos da cidade, e quanto parece, ninguém soube para que fim havia ele sido ungido, 16.4,5,13, a não ser o próprio Davi e seu pai. O Espírito do Senhor veio sobre ele, todavia continuou no seu posto de pastor. **2** Davi na presença de Saul. Este rei, abandonado por Deus, foi atormentado por um espírito maligno, sofrendo de melancolia e de insanidade; aconselhado por seus servidores, mandou vir um músico harpista para amenizar seus sofrimentos. Alguém lhe indicou o jovem Davi, como hábil músico, moço de valor, corajoso, pronto para a guerra, apesar de ainda não ser experimentado na guerra em razão de sua idade; discreto, airoso e cheio de piedade, 16.14-18. Saul o reteve em seu palácio, agradou-se da sua música e do seu caráter; pediu a Jessé que o deixasse em sua companhia e o nomeou seu escudeiro, 19.23; *cf.* 2 Sm 18.15. A nova posição serviu de boa escola para o jovem Davi; aprendeu a arte da guerra e do governo; cultivou relacionamentos com altas personagens e conheceu a vida palaciana em todos os

DAVI

seus aspectos. Davi não esteve continuamente com Saul. As condições do rei melhoraram, e de quando em quando, Davi ia a Belém para olhar as ovelhas de seu pai, 1 Sm 17.5. Em uma dessas visitas, os filisteus invadiram a tribo de Judá e acamparam 28 km a oeste de Belém. Saul mobilizou as forças militares para encontrar as forças do inimigo. Três dos irmãos de Davi estavam na linha do exército havia já seis semanas. O pai mandou Davi para saber do estado de seus irmãos. O desafio de Golias, às forças de Israel, produziu em Davi profunda indignação. Sentiu em si que Deus, por meio dele, havia de desafrontar o seu povo, e perguntou quem era aquele incircunciso que assim afrontava o exército do Deus vivo. As palavras de Davi foram levadas ao ouvido do rei. Aproveitando-se das disposições ardorosas do jovem pastor que se dispunha a um combate singular com Golias, cobriu-o com a sua armadura de guerra. Golias dificilmente se movia sob a carga de sua armadura e o peso da grande espada. Todo ele era uma fortaleza, somente o rosto estava sem proteção, mas pela altura, fora do alcance das armas de Davi. Este, livre da armadura do rei, que lhe embaraçava os movimentos, armado de uma funda que muito bem sabia manejar, e com cinco pedras no seu boldrié, não temeu o encontro com o poderoso inimigo, certo ele estava de combater por uma causa justa, e de ter o auxílio de Deus. Os insultos trocados entre contendores eram nota característica dos combates singulares dos tempos antigos. Golias caiu. abatido por uma pedra que lhe cravou na fronte, impelida pela funda de Davi. Após o combate, Davi seguiu para a corte de Saul, levando consigo a cabeça de Golias que foi exposta à vista dos inimigos com a sua armadura, 1 Sm 17.54. A espada foi colocada no Tabernáculo, 21.19. Quando Saul viu Davi partir contra os filisteus, disse para Abner, general de seu exército: "De quem é filho este rapaz?". E quando Davi voltou triunfante, fez-lhe a mesma pergunta, a que ele respondeu: "Eu sou filho de teu servo Jessé, o belemita. A resposta encerra a substância da entrevista, 17.55, e 18.1. Os pais do pequeno herói não possuíam tradições guerreiras. A pergunta do rei visava descobrir a procedência e as condições materiais da família daquele a quem ia dar a mão de sua filha, 17.25; 18.18. Soube logo que não havia incompatibilidade que impedisse o consórcio. A vitória alcançada sobre os filisteus criou nova situação para Davi. O valor, a modéstia e a piedade que tinha revelado, conquistaram o amor desinteressado e constante de Jônatas, 18.1. Não pôde mais repetir as visitas aos rebanhos de seu pai; teve de permanecer na corte de Saul, 18.2. As ovações que recebeu depois de sua vitória produziram em Saul um sentimento de profunda inveja, que dali em diante se tornou rancoroso inimigo do jovem guerreiro, 18.6-9. Informado que Samuel havia profetizado a transferência de sua coroa para um melhor do que ele, 15.17-29, e que Davi seria o escolhido, empregou todos os meios para que tal vaticínio não se realizasse. Uma vez tentou atravessar Davi com a sua lança, 18.10,11. Falhando essa tentativa, mandou Davi para a frente do exército comandando mil homens, 18.13. A mulher que havia prometido a ele, a deu a outro v. 17-19, e pretendeu servir-se de sua filha Mical para arruinar Davi, v. 20-27. À proporção que ele crescia no conceito e que seu nome se tornava célebre, mais aumentavam os temores do rei e mais disposto ele se mostrava a lhe tirar a vida, 19.1. Os planos de Saul nunca surtiram efeito, e sempre foram contrariados por uma parte dos seus cortesãos, 19.9; Sl 8. Acalmou-se por um período breve, depois reviveu o seu ódio e mais uma vez tentou atravessar Davi com a sua lança, 1 Sm 19.4,9. Outra vez mandou prendê-lo para ser morto na sua presença, o que foi

DAVI

evitado mediante o artifício de sua esposa, Mical, 19.10-17. Por essa ocasião, Davi fugiu para Samuel, em Ramá, onde Saul mandou prendê-lo, 19.18-24, e de lá procurou auxílio junto a Jônatas, cap. 20. **3** O herói fugitivo – faltando-lhe confiança em Deus e humilhado pelas constantes perseguições, Davi fugiu de perto de Saul para Nobe. Desamparado de fé, recorreu à mentira, 21.1-9, foi para Gate para se refugiar na corte do rei Aquis, inimigo de Saul. Os oficiais filisteus se opuseram à sua estada ali, alegaram a afronta lançada sobre eles pela morte de Golias, 21.11-14; Sl 56. Davi fingiu-se de louco, e o rei Aquis mandou que ele saísse de sua presença, Sl 34. Readquirindo a fé em Jeová, Davi voltou para Judá e foi acolher-se na cova de Adulão, 1 Sm 22.1, deixando seus pais aos cuidados do rei de Moabe, 21.3.4. Uma companhia de homens desocupados e oprimidos de dívidas em número de 400, que em pouco tempo aumentou para 600, se reuniu a ele. Entre esses estava o sacerdote Abiatar, o sobrevivente de Nobe, que trouxe consigo o Éfode, juntamente veio também o profeta Gade, que Davi havia encontrado em Ramá, 5.20; 23.6. Com esses elementos, melhorou grandemente a sua situação. Da cova de Adulão saiu ele para socorrer a cidade de Queila que os filisteus estavam despojando, 23.1-5. Saul dispunha-se ir a Queila em busca de Davi que se retirou para o deserto de Judá, 14; Sl 63. Ali o perseguiu o rei a instâncias do povo de Zife. Noticiada nova incursão dos filisteus, deixou Saul de perseguir Davi, 1 Sm 23.14-29. Conjurado o perigo, voltou a persegui-lo pelo deserto de En-Gedi, e nesse lugar, pela bondade de Davi, que teve Saul em suas mãos, mas lhe poupou a vida, cap. 24; Sl 5 e 14. Davi com seu bando armado defendeu as propriedades dos israelitas ameaçadas pelos filisteus, 1 Sm 23.1; 25.16,21; 27.8, e fazia presa nas cidades dos amalequitas, não lançava imposto, nem exigia contribuições regulares. Chegando ao Carmelo, mandou seus criados à casa de Nabal à procura de provisões, que lhe foram negadas em termos grosseiros. Dominado por grande indignação, dispunha-se a tomar tremenda desforra, quando Abigail, mulher de Nabal, lhe saiu ao encontro, evitando assim os intentos sanguinários de Davi. Depois da morte de Nabal, Davi a desposou, cap. 25. Davi voltou às vizinhanças de Zife, onde novamente foi perseguido por Saul. Ainda dessa vez, poupou-lhe a vida. Passando ao acampamento de Saul, o encontrou dormindo na sua tenda, Davi levou de perto da cama de Saul sua lança e seu copo, cap. 26. Não julgando possível escapar a tão tenaz perseguição, pediu acolhimento ao rei Aquis para residir na cidade de Ziclague, fronteira ao deserto pelo lado do sul. Ali esteve um ano e quatro meses, protegendo os filisteus contra as tribos do deserto, cap. 27. Quando os filisteus vieram a Gilboa para guerrear contra Saul, os príncipes dos filisteus não consentiram que Davi os acompanhasse na guerra, cap. 28.1,2 e cap. 29. Retrocedendo, encontrou Davi a cidade de Ziclague devastada; perseguiu os invasores em retirada e recobrou todos os despojos, cap. 30. Na batalha de Gilboa pereceram Saul e Jônatas, 2 Sm 31. **4** Davi rei de Judá – pela morte de Saul a tribo de Judá, que Davi pertencia, o elegeu rei, que fixou residência oficial em Hebrom, 2 Sm 2.1-10, tendo 30 anos de idade, 5.4. As outras tribos dirigidas por Abner elegeram rei Isbosete, filho de Saul, resultando dali uma guerra civil que durou dois anos, terminando pelo assassinato de Abner e de Isbosete, 2.12, até o cap. 4.12. O reinado de Davi em Hebrom continuou durante sete anos e meio, e ali nasceram das diversas mulheres entre outros filhos, Amom, Absalão e Adonias, 2.11; 3.1-5; 5.5. **5** Davi, rei de todo o Israel – morto Isbosete, foi eleito Davi rei de todo o Israel. Imediatamente procurou consolidar o reino, 2 Sm 5.1-5.

DAVI

Várias cidades do território de Israel estavam ainda guarnecidas por forças dos filisteus e outras em poder dos cananeus. Davi começou a sitiar Jerusalém que era o grande baluarte dos jebuseus, e fez dela a capital do reino, onde edificou um palácio auxiliado por artífices vindos de Tiro. A nova capital ficava na linha divisória de Judá e Israel, lugar estratégico, que ligava os extremos do país. A expulsão dos cananeus abria o caminho entre Judá e o Norte, facilitando as comunicações e preparando a futura consolidação do reino. Os filisteus por duas vezes invadiram o país e em ambas foram repelidos perto de Jerusalém, 2 Sm 5.17-25; 1 Cr 14.8-17. Rebentou de novo a guerra contra os filisteus, que foram de tal modo derrotados, que cessaram de perturbar Israel por alguns séculos, 2 Sm 21.15-22. Estabelecido o reino, Davi voltou seus planos para os negócios do culto; trouxe a arca com grande cerimonial desde Quiriate-Jearim, Js 15.9; 2 Cr 1.4, e a colocou no Tabernáculo que havia levantado na cidade de Davi, 2 Sm 6.1-23; 1 Cr 13.1-14; 15.1-3. Em seguida, organizou o serviço cultural com grande magnificência, 1 Cr 15 e 16, e planejou a construção de um templo majestoso, 2 Sm 7.1-29; 1 Cr 17.1-27; 22.7-10. Com o favor divino, o reino progredia. Para prevenir a contaminação pela idolatria e vingar as afrontas cometidas pelas nações vizinhas, entrou em guerra contra elas e subjugou os moabitas, os aramitas de Zobá e Damasco, os amonitas, os edomitas e os amalequitas, 2 Sm 8.1-18; 10.1-19; 12.26-31, estendendo o reino até os limites antes prometidos a Abraão, Gn 15.18. Foi durante a guerra contra os amonitas que Davi cometeu um grande pecado com a mulher de Urias, o heteu, pelo qual foi repreendido pelo profeta Natã, por cuja causa nunca mais a espada se apartaria de sua casa, 2 Sm 11.1 até o cap. 12.23. Davi sinceramente se arrependeu, Sl 51, mas não escapou às conseqüências naturais do seu pecado. O filho, fruto de seu amor impuro, morreu, 2 Sm 12.19. Os mesmos atos de luxúria e de vingança apareceram em sua própria casa, cap. 13, acompanhado da ambição de um filho perverso que disputava a posse do reino, lançando em todo o país a guerra civil, caps. 14 a 19. O espírito de revolta fomentado por Absalão irrompeu mais uma vez com a sedição de Seba, cap. 20. Davi solenemente satisfez à justiça, segundo a cobrança feita pelos homens de Gibeão, vingou as violações sanguinárias de Saul contra os gibeonitas, cap. 21. Cometeu o pecado de ordenar a contagem do povo de Israel, sendo punido com a peste que assolou o povo, cap. 24; 1 Cr 21. Preocupou-se muito com a organização dos negócios internos e com os preparativos para a construção do templo. Terminou o seu governo assegurando a Salomão a posse do trono, 1 Rs 1, e providenciando para que não escapassem ao castigo devido, todos quantos estavam sob a ação da justiça, 2.1-11. Morreu aos 71 anos de idade, tendo reinado 40 anos e meio, sendo sete e meio em Hebrom e 33 em Jerusalém, 2 Sm 2.11; 5.4, 5; 1 Cr 29.27. Davi recebeu a distinta classificação de excelente cantor de Israel, 2 Sm 23.1. A antiga tradição hebraica corrente em seu tempo e confirmada depois atribui-lhe a composição dos salmos direta ou indiretamente. O seu gosto pela música é mencionado nos livros históricos, tocava harpa com maestria, 1 Sm 16.19-23; 2 Sm 6.5, organizou o serviço de canto para o santuário, 1 Cr 6.31; 16.7,41,42; 25.1, compôs uma elegia sobre a morte de Saul e de Jônatas e sobre Abner e bem assim as suas últimas palavras, 2 Sm 1.17-27; 3.33,34; 23.1-7. À sua atividade musical, referem-se diversos escritores sagrados como, Am 6.5, Ed 3.10, Ne 12.24,36,45,46, e o filho de Siraque, Ecclus, 47.8,9. Essa qualidade artística do grande rei desenvolveu-se sob as influências da época; a poesia e a música foram muito cultivadas pelos hebreus, pelos egípcios e babilônios, Nm 21.14; Jz 5. Setenta e três salmos têm o nome de Davi no texto hebraico e em muitos casos, em que o nome dele não aparece, nem por isso perdem o colorido de sua imaginação privilegiada (*cf.* salmos 3; 7; 34.51 etc.). O salmo 59 e 7 pertencem ao mesmo tempo em que ele morava no palácio de Saul; os salmos 35; 52; 54; 56; 57; 63 e 142, são de um período de angústia em sua vida sob a perseguição de Saul, e os salmos 3; 17; 30; 51 e 60 pertencem ao período de suas várias experiências como rei. Apesar dos lamentáveis desvios, conseqüências inevitáveis àquele período sombrio da história que ele viveu, e de que legou eloqüentes provas de arrependimento, constitui brilhante defesa a sua fidelidade a Jeová, que lhe granjeou o título de "homem segundo o meu coração", 1 Sm 13.14. De modo geral, ele fez o que era reto aos olhos do Senhor, exceto no caso de Urias, o heteu, 1 Rs 15.5. Serviu no seu tempo, conforme a vontade de Deus, e morreu, At 13.36. Os efeitos de sua influência na humanidade são incalculáveis. Ele, mais que Saul, foi o fundador da monarquia judia. Os salmos que ele compôs são cantados por toda a cristandade, séculos após séculos, alimentando e revivendo a espiritualidade; e formou um dos elos da cadeia dos ascendentes daquele que se chama o Filho de Davi, Mt 22.41-45.

DAVI, CIDADE DE – 1 Nome dado à fortaleza de Sião, antes em poder dos jebuseus, tomada por Davi, à qual deu o nome de cidade de Davi, porque ali estabeleceu ele a capital de seu reino, 2 Sm 5.6-9; 1 Cr 11.5,7, ocupando a parte superior da colina sul, onde foi levantado o Templo. Crescendo a população, os limites da cidade se ampliaram. Davi transportou para ali a Arca, onde permaneceu até à construção do templo, 2 Sm 6.12, 16; 1 Rs 8.1; 1 Cr 15.1-29; 2 Cr 5.2. Nesse lugar descansam os ossos de Davi, 1 Rs 2.10. Serviu de residência à filha de Faraó, esposa de Salomão, 1 Rs 3.1 e onde o rei sábio erigiu um suntuoso palácio, para sua morada oficial, 7.1;

Torre de Davi — Christian Computer Art

DÉBORA

9.24; 2 Cr 8.11. Ali descansam as cinzas de Salomão, 1 Rs 11.43; 2 Cr 9.31, e de muitos outros reis, 1 Rs 15.8-24; 22.50; 2 Rs 8.24; 9.28; 12.21; 14.20; 15.7-38; 16.20; 2 Cr 14.1; 16.14; 21.1,20; 24.16,25; 27.9. O sumo pontífice Joiada descansa ali com os reis, 2 Cr 24.16. Ezequias tapou a fonte de cima das águas de Girom e as fez correr por baixo da terra, para o poente da cidade de Davi, 2 Cr 32.30; *cf*. 33.14. A fortaleza de Melo elevava-se nos limites da cidade de Davi, 2 Cr 35.5, que se comunicava com a piscina de Siloé por meio de uma escadaria que foi refeita por Salum, Ne 3.15,16; 12.37. Os sírios e os gregos a fortificaram e guarneceram durante as guerras dos macabeus, 1 Mac 1.33; 2.31; 7.32; 14.36,37 (veja *JERUSALÉM*). **2** Nome dado à cidade de Belém, por ser pátria de Davi e lugar de sua residência primitiva, Lc 2.4.

DEAVITAS – nome de uma das tribos vindas da Assíria para Samaria, a fim de ocupar o lugar dos cativos levados para Babilônia, mencionada apenas em Ed 4.9. Talvez seja uma tribo nômade de origem ariana, citada por Heródoto, denominada Dai ou Daí (Heród 1.125). Existem outras suposições quanto aos Deavitas como a que associa a tribo àqueles que foram transferidos por Salmaneser para Samaria, habitando ao leste do mar Cáspio, ou uma tribo persa que com outras tribos e os elamitas foram trazidos para Samaria por Assurbanipal, rei da Assíria.

DEBELAIM (*bolos gêmeos*) – nome da mãe de Gômer, sogra de Oséias, por uma união real ou típica, Os 1.3.

DEBERATE (*no hebraico, "pasto"*) (veja *DABERATE*).

DEBESETE (*no hebraico, "corcova de camelo"*) (veja *DABESETE*).

DEBIR (*no hebraico, "santuário", "lugar de um oráculo"*) **1** Nome de um rei de Eglom, aliado de Adoni-Zedeque, derrotado e morto por Josué, Js 10.3,27. **2** Nome de uma cidade situada na parte montanhosa de Judá. Foi também conhecida pelo nome de Quiriate-Sefer, isto é, "Cidade das Letras", por seus habitantes serem dados a elas; também tinha outro nome, Quiriate-Sana, "Cidade da Palmeira", Js 15.15,49. No tempo de Josué, era habitada pelos anaquins, cujo rei, com o seu povo, foi morto por Josué, Js 10.38,39; 11.21; 12.13. Os fugitivos da guerra, voltaram, e a retomaram. Otoniel a tomou de novo, Js 15.15-17; Jz 1.11,12, e entrou na partilha dos sacerdotes, Js 21.13,15; 1 Cr 6.57,58. O lugar de sua antiga existência é a atual *Dhaberyeh*, 20 km a sudoeste de Hebrom, situada sobre um tabuleiro dos montes de Judá, tendo a seu lado as cidades de Socó, Anabe e Estemo, Js 15.48-50. Não tem águas correntes, sendo abastecida pelas cisternas. As águas referidas em Jz 1.15, deveriam estar nas proximidades de Hebrom. **3** Nome de uma cidade nos limites da tribo de Judá, perto do vale de Acor, Js 15.7. Esse nome parece representado por Adumim, na estrada entre Jerusalém e Jericó. **4** Nome de um lugar ao oriente do Jordão, perto de Maanaim, Js 13.26.

DÉBORA (*no hebraico, "abelha"*) **1** Nome da criada de Rebeca, que a acompanhou desde a Mesopotâmia e que permaneceu na companhia de Jacó até que este voltou de Padã-Arã. De certo ela foi novamente para casa de seus parentes em Harã, depois da morte de Rebeca, e acompanhou Jacó para Canaã ou foi com ele, quando peregrinou, em Siquém. Ela esteve com ele em Betel, onde morreu, tendo 155 anos de idade, pois não deveria ter menos idade do que a de Isaque. Sepultaram-na ao sopé da montanha sobre a qual estava edificada a cidade, e à sombra de um carvalho, que foi chama-

DÉBORA

do Alom-Bacute, ou "Carvalho do Choro", Gn 24.59; 35.8. **2** Nome de uma profetisa e juíza de Israel, mulher de Lapidote, que se assentava sob uma palmeira, que tinha o seu nome, entre Ramá e Betel, no monte de Efraim e ali julgava o povo. Mandou chamar a Baraque, filho de Abinoão, para ir de encontro a Sísera, general de Jabim. Baraque reuniu um exército de dez mil homens de Zebulom e Naftali, mas fez questão que Débora o acompanhasse 'a guerra'. Deus deu vitória a Baraque sobre Jabim e a grande celebração dessa vitória está no cântico que Débora compôs, registrado em Jz 5.1-31, Jz 4.4-14; 5.1-31; *cf.* v. 7.

DEBULHAR (veja *JOEIRAR*).

DECÁLOGO (*do grego deka, "dez" e logos, "palavra"; "dez palavras"*) **–** nome usado para indicar os Dez Mandamentos dados por Deus a Moisés no monte Sinai (veja *DEZ MANDAMENTOS*).

DECÁPOLIS (*no grego, "dez cidades"*) **–** nome de um distrito que começava na planície de Esdraelom, que se abre para o vale do Jordão e que se expande para o lado do oriente. Continha dez cidades povoadas por gente da Grécia após a conquista de Alexandre, e cujos nomes são: Citópolis, ou Betseã, Hispos, Damasco, Gadara, Refana, Canata, Pela, Diom, Gesara e Filadélfia, ou Rabá-Amom, (Plínio, *Hist. Natur.* 5.16). A esse grupo de cidades, foram adicionadas outras, até o número de 18, mencionadas por Ptolomeu. Três estradas ligavam a planície de Esdraelom com a grande via comercial entre Damasco e a Arábia, margeando o deserto. As dez cidades ficavam ao alcance de todas essas vias de comunicações. Plínio denominava essa região Decapolita Régio. No princípio do ministério de Jesus, multidões vindas de Decápolis o seguiam, Mt 4.25. O endemoninhado gadareno, logo que se viu curado, foi a Decápolis e começou ali a publicar o milagre que Jesus havia feito, Mc 5.20. Jesus passou por essa região, quando caminhava de Tiro a Sidônia para o mar da Galiléia, pelo lado oriental, Mc 7.31.

DECISÃO, VALE DA – essa expressão está em Joel 3.14, aplicada ao vale de Jeosafá. Pode tratar-se de um nome simbólico e não de um espaço geográfico, embora alguns associem sua localização ao vale que entra na colina do templo e o monte das Oliveiras, fazendo conjecturas escatológicas ao texto de Joel 3.14-16 com Zacarias 14.4.

DECRETO (*do grego, dogma*) **–** essa palavra pode ter o sinônimo de lei ou decreto. No Antigo Testamento, três palavras são usadas indicando esse significado: O aramaico *esar*, "laço", Dn 6.7-9,12,13,15; O aramaico *gzerah*, "coisa decidida", Dn 4.17,24; O hebraico *dath*, "lei", Et 2.8; 3.15; Dn 2.9,13,15. No Novo Testamento o grego empregado é *dogma*, "decreto", do verbo *dogmatízomai*, "decretar", Lc 2.1; At 16.4; Ef 2.15; Cl 2.14; e, especialmente em Colossenses 2.20, o verbo decretar.

DEDÃ (*no hebraico, "baixo"*) **1** Nome de um povo descendente de Cuxe, Gn 10.7. Outra referência a ele e sua descendência está em 1 Cr 1.9. **2** Nome de um descendente de Abraão e Quetura, filho de Jocsã, Gn 25.3 e 1 Cr 1.32. Foi fundador de tribos árabes, embora não haja comprovação específica, as referências bíblicas a Dedã, devem se referir aos seus descendentes árabes. Eram comerciantes, Ez 27.15,20; 38.13, demoravam, na Arábia, Is 21.13, nas vizinhanças de Edom, Jr 25.23; 49.8, Ez 25.13, para onde convergiam as estradas do sul, do oriente e da Arábia central. O nome desse povo estende-se até Daidã, que fica a oeste de Taíma e a sudeste de Aila. Em tempos remotos, era composto de duas tribos; uma de origem semítica, que habitava perto de Edom, e outra de origem

DEÍSMO

cusita, que habitava perto de Ramá, Gn 10.7, que se julgava situada na costa do Golfo Pérsico, mas que mais propriamente deve ter sido localizada a sudoeste da Arábia. Assim sendo, os dedanitas formavam um povo centralizado perto de Taíma, vizinhando com os edomitas e os habitantes de Ramá.

DEDICAÇÃO, FESTA DA – nome de uma festa anual, instituída por Judas Macabeu no ano 165 a.C., para comemorar a purificação e a renovação do Templo, três anos depois que havia sido profanado pela idolatria grega, introduzida por Antíoco Epifanes, 1 Mac 4.52-59; *cf.* 1.54,59. Também foi chamada festa das luzes, Antig. 12.7,7, celebrada de modo muito semelhante à festa dos tabernáculos, 2 Mac 10.6,7; durava oito dias, começando no dia 25 de Quisleu, dezembro, e, portanto, no inverno. Jesus compareceu a essa solenidade pelo menos uma vez, quando pronunciou um discurso ao povo que concorria a Jerusalém, Jo 10.22. Os judeus ainda celebram a festa da dedicação.

DEDICAR (*no hebraico, chanak, "dedicar", "pressionar"*) – termo que é traduzido várias vezes por "consagrar" ou no sentido de consagração, Dt 20.5; 1 Rs 8.63; 2 Cr 7.5; Pv 22.6. Outro termo hebraico que aparece no Antigo Testamento enfocando o mesmo sentido, é a palavra *qadesh*, "separar", "santificar", Jz 17.3; 2 Sm 8.11; 2 Rs 12.18; 1 Cr 26.26-28; 2 Cr 2.4. No Novo Testamento a palavra grega usada é *egkainízo*, "renovar"; encontrada somente em Hb 9.18 e 10.20.

DEDO (*no grego, dáktulos*) – tanto a palavra grega *dáktulos*, quanto a palavra hebraica *etsba*, referem-se a um dedo da mão ou do pé, pois não havia termo para distinção desses membros. O uso de *etsba*, pode ser conferido em: Êx 8.19; Lv 4.6,17,25; Nm 19.4; Sl 8.3; Pv 6.13; Is 2.8 etc. No Novo Testamento, o termo grego *dáktulos*, é usado nos seguintes textos: Mt 23.4; Mc 7.33; Lc 11.20,46; Lc 16.24; Jo 8.6,8; Jo 20.25,27. Essa mesma palavra também indicava medida de comprimento entre os gregos; a menor medida de comprimento era a "largura de um dedo".

DEGRAUS, GRADUAL (*no hebraico, maalah, "subida"*). **1** Palavra que se encontra no título de 15 salmos, 120 a 134 inclusive, chamados salmos dos degraus ou graduais, tradução de *maalah*, que quer dizer "subida", Ed 7.9 e degraus, Êx 20.26; 1 Rs 10.19. Diz uma tradição judia que os 15 cânticos graduais, ou de degraus, eram entoados quando subiam a escada de 15 degraus, passando do átrio das mulheres para o dos homens, tradição esta de pouca aceitação. Gesênius e Delitzch são de parecer que o título se origina na composição literária dos salmos em que as palavras finais de uma sentença servem para começar a sentença seguinte, exemplo: "Elevo os meus olhos para os montes, de onde me virá o socorro? O meu socorro vem do Senhor, que fez o céu e a terra" – Sl 121. Porém essa repetição é antes exceção do que regra geral nesses salmos. A opinião mais comum é que esses salmos eram entoados pelos peregrinos quando subiam para Jerusalém, costume ainda hoje em uso. **2** No Novo Testamento o termo grego *bathmós*, "degrau", "subida", aparece somente em 1 Tm 3.13, traduzida como posição, no sentido de reputação.

DEÍSMO – doutrina que rejeita toda revelação divina, acreditando que conhecimentos religiosos vêm através da razão. Acreditam em um deus, considerado a força infinita que rege todos os fenômenos universais, mas deixando a criação entregue ao controle das leis naturais. É oposto ao teísmo, que tem como doutrina a existência de um

DEÍSMO

Deus criador e sustentador do universo, que se revela ao homem, intervém na história e mantém relacionamento com a criatura, agindo Ele próprio para fazer julgamento e justiça e não deixando isso por conta de leis naturais, como define a doutrina deísta.

DELAÍAS (*no hebraico, "liberto por Jeová"*) **1** Nome de um dos descendentes de Arão. Sua família formou uma das casas de Israel no tempo de Davi e foi a 23ª. classe da família sacerdotal, 1 Cr 24.18. **2** Nome de um príncipe, filho de Semaías e um dos que se opuseram para que o rei Jeoiaquim não queimasse o livro das profecias de Jeremias, Jr 36.12,25. Talvez seja ele um de seus netos mencionados em Ne 6.10. **3** Nome de um dos netinins, fundador de uma família, Ed 2.60; Ne 7.62. **4** Nome de um dos filhos de Elioenai, 1 Cr 3.24.

DELEÃ (*no hebraico, "campo de pepinos"*) – nome de uma cidade na região baixa de Judá, Jo 15.38. Lugar desconhecido.

DELOS – nome de uma pequena ilha do mar Egeu, notável por ter sido pátria de Apolo e de Diana. No passado teve outros nomes, como Asteria, Cinto e Ortígia. Palco de disputas entre vários povos, principalmente gregos e espartanos, já esteve sob o domínio dos ptolemáidas e depois dos romanos. Debaixo do governo ptolemáida era respeitada como um lugar religioso devido à existência dos santuários a Apolo e a Ártemis. Já sob o domínio romano foi um grande centro comercial. Após a invasão e o massacre de 20 mil italianos pelo general Arquelau, de Mitrídates do Ponto, a ilha perdeu sua importância e seu abandono a tornou um lugar desprezado até os dias atuais. Não há menção alguma no Novo Testamento a esse lugar, se não no período interbíblico quando o cônsul Lúcio escreve Delos a respeito de um pacto de amizade estabelecido entre os romanos e os judeus, 1 Mac 15.23.

DEMAS (*derivação do grego, Demeter, que significa "terra mãe"*) – nome de um dos companheiros de Paulo que de Roma enviou saudações à Igreja de Colossos e a Filemom, Cl 4.14; Fm 24. Mais tarde, desamparou o apóstolo, amando este século, e foi para Tessalônica, 2 Tm 4.9.

DEMÉTRIO (*significa "pertencente a Demeter"*) – a palavra grega *Demeter* se refere a uma deusa pagã da agricultura e da vida rural, cujo significado é "Terra-mãe". **1** Demétrio I, cognominado Soter, rei da Síria, 162-150 a.C., sobrinho de Antíoco Epifanes. Foi retido como refém em Roma; sabendo, porém, da morte de seu tio, escapou de Roma e chegou a salvo a Antioquia, tomou posse do reino e mandou matar a Lísias e ao jovem Eupator, 1 Mac 7.1-4. Na guerra contra ele, pereceu Judas Macabeu, 9.1-19. No ano 152 a.C., Alexandre Balas, com o consentimento do senado romano, pretende o trono. Os dois rivais encontraram-se em batalha decisiva no ano de 150 a.C., na qual Demétrio foi derrotado e morto, 10.48-50; Antig. 13.2,4. **2.** Demétrio II, cognominado Nicator, filho de Demétrio I. No ano 148-147 a.C., levantou o estandarte da revolta contra Alexandre Balas, e com o auxílio de Ptolomeu VI, o derrotou. Alexandre fugiu para a Arábia, onde foi morto e Demétrio fez-se rei da Síria, 1 Mac 11.15-19. Porém, o general Trifom do exército de Alexandre, imediatamente proclamou rei a Antíoco, jovem filho de Alexandre, 1 Mac 11.39,40. A luta durou até o ano 138 a.C., quando Demétrio ficou prisioneiro do rei Arsaces, em uma expedição à Pérsia, onde esteve por dez anos. Antes de empreender essa expedição, proclamou a independência dos judeus. Apesar de terem outra vez caído sob o poder dos sírios, conservaram a data de sua independência como sendo de grande importância nacional, 1 Mac 13.36-42; Antig. 13.4,9. Demétrio conseguiu a liberdade e a posse do trono no ano 128

DEMÔNIO

a.C. Um pretendente egípcio, sustentado por Ptolomeu VII, pôs-se em campo contra ele. Demétrio foi derrotado perto de Damasco, fugiu para Ptolemaída, embarcou em um navio para Tiro, onde o assassinaram quando desembarcava (Antig. 13.9,3). **3** Nome de um ourives de Éfeso que fazia nichos de Diana. Temendo que o ofício viesse a perecer por causa das doutrinas do cristianismo, moveu perseguição contra Paulo e publicamente, a multidão amotinada, gritou por duas horas "viva a grande Diana dos Efésios", At 19.24-41. **4** Nome de um discípulo recomendado pelo apóstolo, João, 3 Jo 12.

DEMONÍACO (*do grego, daimonízomai, "estar endemoninhado" ou "possuído pelo demônio"*) – pessoa que tinha o espírito do demônio ou que era por ele dominada, Mt 4.24. As criaturas assim possuídas sofriam fisicamente, vítimas de enfermidades e loucuras. Havia um moço, surdo e mudo, intermitentemente atacado de sintomas mórbidos semelhantes à epilepsia, Mc 9.14-29; *cf.* Mt 17.15,18; Lc 9.37-42. Disso procede a opinião de muitos, que a possessão era simples hipótese dos judeus para explicar as desordens físicas e as doenças mentais. Essas teorias perdem o seu valor considerando que os demônios falam, Mc 1.23,24; 3.11; 5.7, que revelam conhecimentos que excedem as faculdades humanas, por exemplo, denunciando a divindade de Cristo, Mc 1.24; que eles reconheciam a sua individualidade distinta e independente de Jesus e da pessoa em que habitavam, Mt 8.31; que certa manada de porcos a distância correu furiosamente a lançar-se no mar, quando Jesus os lançou fora do endemoninhado gadareno, Mt 8.30; que os reconheceu como extinto e sobre que instruiu a seus discípulos, dizendo-lhes: "Esta casta de demônios não se lança fora senão à custa de jejum e oração", Mc 9.28. Mais tarde, quando os discípulos

relataram que até os mesmos demônios se lhes submetiam em virtude do nome de Jesus, este lhe disse: "Eu vi cair do céu a Satanás como um relâmpago; contudo o sujeitarem-se-vos os espíritos não é o de que vos deveis alegrar, mas sim deveis alegrar-vos de que os vossos nomes estão escritos nos céus", Lc 10.17-20. O homem é responsável por esse hediondo visitador. Quando uma pessoa se degrada e se enfraquece pelo pecado, pessoal ou transmitido, pode tornar-se um dos cativos do demônio, 1 Sm 16.14; *cf.* 13.8-14; 15.10-31.

DEMÔNICO (*vem do grego daimon, "divindade secundária"*) – em português, *daimon*, ganhou a tradução de demônio. No Novo Testamento se refere a forças espirituais negativas, que exercem algum tipo de influência sobre os homens (veja *DEMÔNIO*).

DEMÔNIO – entre os gregos tinha várias significações: Era um deus, ou uma divindade no sentido geral; o gênio ou a fortuna; a alma de alguém que pertenceu à idade de ouro e que então se transformou em divindade tutelar; um deus de categoria inferior. O termo, *Théos*, "Deus", tanto era usado para designar um deus bom quanto um deus ruim. Esse nome pertence especialmente aos deuses dos pagãos, Dt 32.17; Sl 106.37; 1 Co 10.20; *cf.* Ap 9.20, e se emprega também aos espíritos inferiores sujeitos ao diabo, Mt 12.24-27; Lc 4.33; Tg 2.19; Ap 16.14. Os judeus tinham várias noções sobre o assunto; que os demônios eram as almas dos maus, Guerras 7.6,3; e poderiam ser exorcismados por meio de raízes e do nome de Salomão, Antig. 8.2,5, ou expedidos pela fumaça do coração ou do fígado de peixes queimados, Tobias 6.7,16,17. Em o Novo Testamento, demônio, é o nome que se dá ao espírito maligno, sem em nenhum momento referir-se a um espírito bom, Lc 8.29; 10.17-20. Descreve também

DEMÔNIO

a ação desses espíritos maus nos homens provocando doenças físicas e mentais, Mc 1.21; controlando a vontade dos homens, Mt 5.1-21; afastando o homem de Deus colocando a idolatria, a imoralidade e a perversidade em sua vida, 1 Co 10.20,21; Ap 9.20,21; são agentes para governar e destruir nações, mantendo uma organização hierárquica na esfera espiritual, Ef 6.12; Dn 10.1-13. Usam falsos mestres nas igrejas para promover discórdia e afastamento das verdades divinas, Jo 4.1,2; falam por intermédio da boca do homem, Mt 8; Mc 3.11; estão sob a autoridade de Jesus que já os derrotou, Mt 8.29; Lc 9.1; Lc 10.17s. (veja DEMONÍACO/DIABO/SATANÁS).

DENÁRIO (*do grego, denarion*) – tradução da palavra grega *denarion*, nome de uma moeda de prata usada pelos romanos, Mt 22.19-21,28 (veja DINHEIRO). Essa moeda tinha o valor do salário de um dia de um trabalhador do campo, Mt 20.2,9. O bom samaritano deu duas dessas moedas ao estalajadeiro a quem confiou o tratamento do homem que os ladrões despojaram e feriram no caminho de Jericó, Lc 10.35. Os apóstolos calcularam que seria preciso 200 dinheiros para comprar o pão necessário a cinco mil pessoas famintas, Mc 6.37, ou um denário para cada 25 pessoas, dois terços de um cêntimo de dólar para cada pessoa. Um denário é o preço estipulado em Ap 6.6, para meia oitava de trigo e para três oitavas de cevada, em tempos de fome.

Denários de Tibério — Christian Computer Art

DENTE (*no hebraico, shen, "dente", "marfim", "afiado"; no grego, odoús, "dente"*) – no Antigo Testamento, a palavra *methalleoth* foi usada para indicar dentes de grandes animais, Jó 29.17; Pv 30.14; Jl 1.6. Outro termo era usado para referir-se a uma queixada de animal ou a um maxilar humano, *lechi*, Sl 3.7; Jz 15.15-17; Jó 41.14. Mas é o termo *shen* que aparece para referir-se a dente, Gn 49.12; Êx 21.24,27; Lv 24.20; I Sm 2.13; Jó 4.10; Sl 35.16; Pv 10.26; Jr 31.29,30 etc.

DEPUTADO – pessoa investida de poderes para exercer atos de outrem, que ordinariamente é de categoria superior à sua, como se dá com o regente que governa em lugar do rei, 1 Rs 22.47, oficial investido com poderes de cônsul romano, At 13.7; 18.12; 19.38 (veja PROCÔNSUL).

DERBE – nome de uma cidade a sudeste da Licaônia na Ásia Menor. Paulo foi apedrejado e deixado por morto em Listra quando fez a sua primeira viagem missionária. Voltando a si, foi para Derbe, At 16.6,20. Na segunda viagem tornou a passar por ali, onde conheceu Timóteo, At 16.1. Gaio era natural de Derbe, At 20.4. As ruínas de uma cidade à beira do lago *Ak Gul* perto de *Divle*, supõe-se que assinalaram o lugar da antiga Derbe; porém há quem diga que o local mais próprio é Zosta, a 86 km a sudeste de Icônio, na estrada que vai da Cilícia Traquéia por Laranda em direção a Icônio.

Denários — Christian Computer Art

DESERTO

DESCANSO (*no grego pode ser anápausis ou katápausis, "descanso", "lugar de descanso"*) **–** a idéia de descanso nas Escrituras vem do Antigo Testamento, quando no evento da criação, Deus o instituiu, descansando no sétimo dia, Gn 2.2,3. Isso constituiu um exemplo para a criatura, pois o homem haveria de descansar a cada sete dias por determinação divina, Êx 23.12; 31.15. O próprio ciclo dia-noite demonstra essa necessidade humana de descanso, o corpo humano foi criado para o trabalho (dia) e para o descanso (noite). A própria terra arada para plantações também ganhou um cuidado especial do Criador. O ano sabático foi instituído para que a terra descansasse um ano a cada sete de trabalho, Êx 23.10; Lv 25.1-7. No Novo Testamento, o céu é prometido como lugar de descanso para a alma àqueles que são salvos em Cristo, ao passo que os incrédulos não obterão descanso para suas almas, Mt 11.28-29; Ap 14.14-16; Hb 4.3,9.

DESCASCAR **–** tirar a casca do tronco das varas de uma árvore, Gn 30.37.

DESDE DÃ ATÉ BERSEBA **–** a expressão tornou-se um provérbio para indicar a extensão da Terra Prometida. A razão do provérbio estava na localização das cidades. Dã estava localizada no extremo norte do antigo Israel e Berseba situava-se no extremo sul, Jz 20.1; 1 Sm 3.20; 2 Sm 17.11. É como dizer "de norte a sul" ou vice-versa.

DESEJAR **–** várias palavras aludem ao verbo desejar nas Escrituras, que pode ter dimensões carnais ou espirituais, pode ser bom ou ruim, ter influência negativa ou positiva. Pois o desejo de servir a Deus pode provocar uma vida de santificação, o desejo de possuir o que é de outro pode levar a transgredir algum/ns dos Dez Mandamentos. O desejo de ter muito dinheiro pode tornar-se ganância, assim como uma lâmina de dois gumes o desejo só trará benefício se for direcionado pela vontade de Deus, a vontade do homem é sempre inclinada às paixões carnais. Alguns termos hebraicos e gregos são usados nas Escrituras, são eles: a) O hebraico *chamad*, "desejar", "ter prazer", Êx 34.24; Dt 5.21; 7.25; Jó 20:20; Sl 68.16; Pv 12.12; Is 1.29; 53.2. b) O hebraico *avah*, "desejar", 1 Sm 2.16; 2 Sm 3.21; 1 Rs 11.37; Jó 23.13; Sl 132.13,14; Pv 21.10; Is 26.9; Mq 7.1. c) O hebraico *chapets*, "desejar", "ter prazer em", Ne 1.11; Jó 13.3; 21.14; 33.32; Sl 34.12; 51.6,16; 73.25; Jr 42.22; Os 6.6. d) O hebraico *chashaq*, "deleitar-se em", "apegar-se a", 1 Rs 9.19; 2 Cr 8.6; Dt 7.7; Sl 91.14. e) O verbo grego mais usado em todo o Novo Testamento, *thélo*, "desejar", "querer", Mt 1.19; Ap 22.7. f) O verbo grego, *epipothéo*, "desejar muito", Rm 1.1; 2 Co 5.2; Fp 1.8; 2.26; 1 Ts 3.6; 2 Tm 1.4; Tg 4.5; 1 Pe 2.2. g) O verbo grego *epithuméo*, "desejar apaixonadamente", Mt 5.28; Lc 15.16; 17.22; At 20:33; Rm 7.7; 1 Co 10.6; Gl 5.17; 1 Tm 3.1; Hb 6.11; Tg 4.2.

DESEJO (*no grego epithumia, "cupidez"*) **–** no grego o vocábulo é neutro na forma negativa ou positiva da palavra. Quando na sua forma negativa, a palavra, expressa perversão e exagero. É traduzida algumas vezes por 'cobiça', *cf.* Romanos 7.7,8. O termo mais freqüentemente usado no Novo Testamento é *epithumia*, 38 vezes, Mc 4.19; Lc 22.15; Jo 8.44; Rm 1.24; Gl 5.16,24; Ef 2.3; Ef 4.22; Fp 1.23 etc. Outro termo grego é *epithuméo*, que aparece 16 vezes, Mt 5.28; 13.17; Lc 15.16; 16.21; 17.22; 22.15; At 20.33; Rm 7.7; Rm 13.9; 1 Co 10:6; Gl 5.17; 1 Tm 3.1; Hb 6.11; Tg 4.2; 1 Pe 1.21; Ap 9.6.

DESERTO (*lugar desolado e estéril descrito por vários termos hebraicos e um termo grego*). **1** Tradução da palavra hebraica

DESERTO

Deserto na Judéia — Christian Computer Art

Midbar, "pasto", "lugar aberto", planície inculta, onde imperam os animais ferozes, Jó 24.5, lugar horroroso, Dt 32.10; Is 21.1, e todavia capaz de oferecer pastagem, Êx 3.1. Lugar ermo, vazio, Gn 16.7; 21.20; 1 Sm 17.28; 25.21. Essa palavra é usada 257 vezes no Antigo Testamento sempre com o sentido de pasto/pastagem ou deserto.

2 Tradução do vocábulo hebraico *Arabah*, "esterilidade", região árida, Is 35.1,6; 51.3. Quando utilizada com o artigo definido, a mesma palavra refere-se à planície do Jordão e do mar Morto, Ez 47.8; 2 Sm 2.29. O termo é usado 57 vezes no Antigo Testamento sempre nos sentidos citados, Is 25.1-6; Is 40.3; Is 51.3; Jr 2.6; Jr 50.12;

Deserto do Sinai — Christian Computer Art

DESFAZER

Deserto do Negev — Christian Computer Art

Ez 47.8. **3** Tradução do vocábulo hebraico *Yeshimon*, "lugar vasto e desolado", Sl 78.40; 106.14; Is 43.19,20. O termo é somente usado sete vezes no Antigo Testamento, mas quando prefixado pelo artigo definido, é nome próprio. Em Nm 21.20, aparece dessa forma, designando um local específico. **4** Tradução da palavra *Chorbah*, "desolação", um lugar devastado, Is 48.21; Sl 102.6; Ez 13.4. O termo é usado 30 vezes no Antigo Testamento quase sempre traduzido como deserto, exceto em alguns textos, em que descreve uma desolação como conseqüência humana ou intempérie climática, Ed 9.9; Sl 109.10; Dn 9.12. **5** Tradução da palavra grega *eremía*, e *éremos*, ambas com os mesmos significados, "deserto" ou "lugar seco". *Eremía* é usada quatro vezes no Novo testamento e *éremos* 48 vezes. A forma verbal *eremoo* significa "despovoar", "assolar", Mt 15.33; Mt 3.1,3; Mt 4.1; Mt 11.7; Mt 14.13,15; Mc 8.4; Jo 1.23; Lc 1.80; Lc 3.2-4; At 1.20; 2 Co 11.26; Hb 11.38.

DESESPERO (*no hebraico, yaash, "desesperar"*) – o termo hebraico *yaash*, traduz comumente a perda de esperança, 1 Sm 27.1; Ec 2.20; Jó 6.26; Is 57.10; Jr 2.25; 18.12. É a condição daquele que perdeu a fé e a esperança para uma situação, esse é o sentido da palavra grega *eksaporéomai*, no Novo Testamento, 2 Co 1.8; 4.8, e, contrasta com a firmeza da verdadeira fé cristã, 2 Co 4.8.

DESFAVORECIDA (*no hebraico, lõ' ruhãmâh, "de quem não se compadeceu"*) – nome simbólico dado por Deus à filha do profeta Oséias e de sua mulher Gômer, para ilustrar o castigo que estava por vir sobre Israel, Os 1.6,8.

DESFAZER (*no hebraico, machah, "apagar"*) – o sentido da palavra é sempre usado no sentido de "destruir", "desfazer", Êx 32.32,33; Nm 5.23; Dt 9.14 etc., e aparece também como remover, Êx 32.32; Dt 29.20; Sl 69.28.

DESMAMAR

DESMAMAR – o período de amamentação de uma criança era cerca de três anos de idade no tempo do Antigo Testamento. Geralmente, o desmame era celebrado com festa, Gn 21.8; 2 Sm 1.21-24.

DESPENSA (veja *CELEIRO*).

DESPENSEIRO (*do termo grego, oikónomos, "gerente da casa"*) – termo designado para aquele que gerenciava um negócio, casa ou propriedade, Lc 12.42; 16.1,3,8; Rm 16.23; 1 Co 4.1,2; Gl 4.2; Tt 1.7; 1 Pe 4.10. O Novo Testamento também usa o termo *epítropos*, "encarregado", por três vezes, Mt 20.8; Lc 8.3; Gl 4.2. O Antigo Testamento utiliza algumas expressões com o mesmo sentido, geralmente, traduzidas como "mordomo": a) *Ha-ish asher al*, Gn 43.19; b) *Asher al bayit*, Gn 44.4; c) *Ben mesheq*, Gn 15.2.

DESPOJO – era qualquer bem ou objeto que se poderia levar de um inimigo derrotado em guerra. Muitos despojos relacionados na Bíblia consistiam de bens materiais, animais e pessoas; como homens, mulheres e crianças que eram cativos para serem vendidos como escravos. Nas guerras de Israel os despojos foram sempre divididos entre aqueles que estavam na guerra e os que haviam ficado para tomar conta do acampamento, e uma porcentagem desses despojos era designada aos sacerdotes e levitas, Nm 31.27-47; 1 Sm 30.24,25; 2 Sm 8.10-18; 1 Cr 26.27.

DESPOSADA (*no hebraico, beulah*) – nome dado a Israel como noiva prometida, aquela que tem um contrato de casamento, com Deus, que desfruta sua bênção e restauração, Is 62.4; Jr 27.22; Dn 9.25. O termo no Novo Testamento se refere também a comprometimento para casamento, como no caso de José, que estava desposado com Maria quando ela concebeu, Mt 1.18; Lc 1.27.

DESTERRO (*do grego, metoikesía, "mudança de habitação"*) – o desterro poderia ser voluntário ou impulsionado por situações de guerra, sendo prisioneiro, ou ato criminoso que provocasse uma deportação. Assim era, por exemplo, na lei romana, quando havia um crime sério o agressor sofria a punição chamada *disportatio*, termo de onde vem a palavra em português "deportação". No Antigo Testamento temos vários tipos de desterro: Adão e Eva foram expulsos do Éden, Gn 3.22-24; Jacó fugiu para Harã, Gn 27.43; Hagar foi mandada embora para o deserto, Gn 16.6s.; a lei mosaica determinava o desterro por alguns atos considerados criminosos, Gn 17.14; Lv 17.10; Nm 15.31.

DESTINO – nome de um deus que os idólatras hebreus adoravam, Is 65.11.

DESTRUIDOR (*no hebraico, mashchith*) – no Antigo Testamento a palavra está relacionada ao evento pascal no Egito, quando o Senhor cumpriu a última praga matando todo primogênito egípcio. Associado a isso está o fato da existência de um anjo que causa vingança e destruição, 2 Sm 24.16; 2 Rs 19.35; Ez 9.5-7. O termo hebraico *mashchith*, ocorre somente oito vezes no Antigo Testamento, Êx 12.13; 2 Cr 20.23; Pv 28.24; Ez 21.31; 25.15. No Novo Testamento o termo grego, *holothreutés*, "destruidor", é usado em 1 Co 10.10 e o verbo "destruir", *holothréuo*, em Hb 11.28. Satanás, é descrito como aquele que veio "destruir", 1 Pe 5.8, e no Apocalipse o príncipe do abismo é chamado no hebraico, *Abaddon*, e no grego, *Apollyon*, os dois termos significam "destruidor", Ap 9.11.

DEUEL (*no hebraico, "invocação de Deus"*) – nome de um gadita, pai de Eliasafe, Nm 1.14; 7.42; 10.20. Em Nm 2.14 tem o nome de Reuel (V B) que quer dizer *amigo de Deus*. Não há certeza sobre qual das duas

DEUS

formas é a mais correta. O texto samaritano emprega sempre Deuel e os tradutores siríacos e a LXX apresentam Reuel.

DEUS – nome da Suprema Divindade que os homens invocam e adoram. A palavra grega que no Novo Testamento traduz o objeto de adoração é Espírito. A palavra hebraica do Antigo Testamento que, por sua vez, representa essa idéia, leva-nos a pensar na força geradora de todas as coisas. Nos lábios cristãos, portanto a palavra *Deus* designa fundamentalmente o Espírito poderoso que é adorado, e cujo auxílio invocamos. A idéia primária a respeito de Deus em que se resume a palavra deísmo, é o produto da revelação que Deus fez de si mesmo à humanidade no plano da natureza. As verdades que essa revelação envolve, são continuamente reiteradas nas Escrituras, enriquecidas e aprofundadas nelas; porém essas verdades não pressupõem a revelação fundamental de que se ocupam as Escrituras, a grande revelação da graça de Deus para com os pecadores. Os planos da natureza nos ensinam somente o que Deus necessariamente é, e o que, em virtude de seus atributos essenciais, ele pode fazer. Somente uma revelação especial poderia assegurar-nos o seu infinito amor, libertando-nos da culpa, tirando-nos da miséria e abençoando-nos com a dulcíssima comunhão com ele. E, para que a revelação plena da sua graça, na redenção dos pecadores, se manifestasse, necessário era que se desvendasse mais positivamente o modo de sua existência pelo qual ele ultimamente se manifestou, incluindo na unidade de seu ser, uma distinção de pessoas. Nelas existe o mesmo Deus, de quem procedem todas as coisas, por quem todas existem e subsistem. Nessa unidade *triúna*, a redenção da humanidade é provida pelo Pai, completada pelo Filho e aplicada pelo Espírito Santo. É somente pela manifestação do ministério supernal da Trindade que se completa a revelação da Essência Divina. O fato de não existir traço algum do mistério da Trindade na revelação geral do plano da natureza, é que esse plano nada tinha a fazer com a redenção que somente as profundezas da natureza divina, poderiam desvendar. E o Novo Testamento é que explicitamente nos revela essa redenção, porque o tempo havia chegado para se realizar o plano traçado em todo o Antigo Testamento. Finalmente o tão inefável mistério aparece à mente obscurecida da humanidade, quando o exigiam as necessidades do próprio plano da redenção que se prendia à distinção das três pessoas da Divindade, e que somente se compreenderia nas bases da Trindade na Unidade. A natureza de Deus, portanto tem-se manifestado em três graus correspondentes aos três planos da revelação. Desse modo chegamos naturalmente a conhecer a Deus; primeiro como Espírito Infinito, ou o Deus da natureza; depois como o Redentor dos pecadores, ou o Deus da graça; e finalmente como o Pai, o Filho e o Espírito Santo, ou o Deus-Triúno. **1** Deus, Espírito Infinito – a convicção da existência de Deus, tem em si mesma as provas de uma verdade intuitiva. É crença universal que nasce no momento em que o homem concebe a idéia do Eu, como entidade dependente e responsável, e que ao mesmo tempo implica a existência de um ser de quem depende, e a quem dará conta de seus atos. Essa percepção imediata é confirmada por uma série de argumentos, chamados *provas teístas* e do mesmo modo, tudo quanto está compreendido na idéia de Deus. Esses argumentos baseiam-se na necessidade que sentimos de crer na existência real de um Ser, infinitamente perfeito, causa eficiente do universo, autor inteligente da ordem e das relações multíplices, observadas em toda a natureza e de um legislador e juiz dos seres morais capacitados com o sentimento do dever e de indelével sentimento de responsabilidade

DEUS

consciente das contradições morais da humanidade, para as quais deseja uma solução e vivendo sob a influência de uma percepção intuitiva de uma justiça que não vê realizada. A evidência dessas provas é reconhecida nas Escrituras, tendo em seu auxílio as manifestações sobrenaturais que Deus faz no processo da redenção, acompanhadas em todas as fases pela confirmação dos milagres. Por elas aprendemos não somente que Deus existe, mas também, sob o princípio de uma causa suficiente que muito aprendemos acerca da natureza de Deus que elas provam existir. Essa idéia desenvolve-se ainda mais, interpretando de acordo com as nossas faculdades superiores e com o que a ele instintivamente atribuímos em grau elevado, todos os atos morais que atestam a nossa dignidade e excelência. Desse modo chegamos a conhecer a Deus como espírito pessoal, infinito e eterno em seu ser, em sua inteligência, sensibilidade e vontade que a ele pertencem. Os atributos que nele reconhecemos, inclusive a sua existência própria, a sua independência, a sua unidade pessoal, imutabilidade, onipresença, infinita sabedoria e conhecimento, infinita liberdade e absoluto poder, infinita verdade, retidão, santidade e bondade, não somente a Escritura os reconhece, como brilhantemente os ilustra, pondo sobre eles o selo de uma revelação especial e em todos os seus pormenores, imprime a idéia de Deus. **2 Deus, Redentor dos Pecadores** – conquanto reiterando os ensinos referentes à natureza como demonstração da existência e do caráter pessoal do Criador e Senhor de todas as coisas, as Escrituras dão especial relevo à graça ou ilimitado amor de Deus, manifestado em suas relações com as criaturas pecaminosas e dignas da condenação eterna. O atributo divino de amor consumado tem pequeno avanço na revelação, em proveito de outros atributos morais da Divindade. Para lhe dar relevo, foi necessário desenhá-lo em um fundo escuro formado pelos atributos da justiça e santidade, com os quais se harmoniza. Deus não é representado nas Escrituras como perdoando o pecado, por tê-lo em pouco; nem ainda porque ele seja exclusivamente o Deus de amor, de maneira que todos os outros atributos se enfraquecem diante de sua ilimitada benevolência, ao contrário, a Escritura o representa movido a livrar o pecador da sua culpa e da sua miséria, porque se apiedou das criaturas que fez com tão intensa veemência, quanto é o seu aborrecimento ao pecado, e a justa determinação de castigá-lo com intolerável retribuição. Desse modo, dá completa satisfação à sua infinita justiça e ao seu ilimitado amor. A representação bíblica do Deus da graça inclui assim, o desdobramento de todos os seus atributos morais; de modo que o Deus da Bíblia é apresentado de acordo com essa idéia, superior a tudo quanto se possa imaginar. Isto, e o mais que se possa dizer, lhe atribuiu um senso moral, tão sensível e verdadeiro que dá a conhecer com absoluta exatidão o caráter moral de cada pessoa presente à sua contemplação com o grau preciso de satisfação ou reprovação. A infinitude de seu amor nos é apresentada, precisamente, em que, sendo nós ainda pecadores, ele nos amou, ainda que, com toda a força de sua infinita natureza, reage contra o nosso pecado com ilimitado aborrecimento e indignação. O mistério da graça reside justamente no impulso de um Deus que odeia o pecado e mostra misericórdia para com os miseráveis pecadores. A suprema revelação de Deus, como Deus de puro amor, é feita revelando o modo de seu proceder a respeito da redenção, na qual ele permanece justo, enquanto justifica o ímpio. Nesse processo está envolvido o grande paradoxo, o Juiz infinitamente justo, substituindo o criminoso perante a sua própria lei, e o infinitamente bendito Deus, recebendo na sua própria pessoa, o castigo que o pecador merece. **3 Deus Pai, Filho e Espírito Santo** –

DEUS

os elementos do plano de salvação se radicam na natureza misteriosa da Divindade, em que coexiste a distinção trinal de pessoa com absoluta unidade de essência; e a revelação da Trindade foi, por conseqüência incidental, para a execução desse plano em que o Pai envia o Filho para ser a propiciação pelo pecado; e o Filho voltando para a glória que tinha com o Pai, antes da criação do mundo, enviou o Espírito para aplicar a sua redenção aos homens. A manifestação desse fato fundamental da divina natureza, deteve-se até o tempo em que se operou a redenção que havia sido tanto tempo prometida: não em palavras, mas de fato pelo aparecimento do Filho de Deus sobre a terra e a subseqüente descida do Espírito Santo, enviado como seu representante. Logo no início do ministério de Cristo, as três pessoas se exibem à nossa vista, por ocasião do batismo. Apesar de não existir na Escritura uma simples passagem em que todos os pormenores desse grande mistério sejam compendiados e expostos, não faltam passagens em que as três pessoas apareçam juntas, de modo a comprovar, ao mesmo tempo, a sua unidade e a sua distinção. A mais proeminente dessas passagens é a fórmula do batismo em nome do Deus trino, colocada nos lábios dos apóstolos pelo Senhor ressuscitado, Mt 28.19, e a bênção apostólica em que as três pessoas são mencionadas para graças diferentes, 2 Co 13.13. Os elementos essenciais que entram nessa grande revelação do Deus Trino e que a completam, são geralmente considerados separadamente. O principal deles são os três fatos constitutivos: Que existe apenas um Deus, Dt 6.4; Is 44.6; 1 Co 8.4; Tg 2.19; que o Pai é Deus, Mt 11.25; Jo 6.27; 8.41; Rm 15.6; 1 Co 8.6; Gl 1.1,3,4; Ef 4.6; 6.23; 1 Ts 1.1; Tg 1.27; 3.9; 1 Pe 1.2; Jd 1; que o Filho é Deus, Jo 1.1,18; 20.28; At 20.28; Rm 9.5; Hb 1.8; Cl 2.9; Fp 2.6; 2 Pe 1.1, e que o Espírito Santo é Deus, At 5.3,4; 1 Co 2.10,11; Ef 2.22; que o Pai, o Filho e o Espírito Santo são pessoalmente distintos um do outro, por meio de pronomes pessoais capazes de mandar e ser mandados entre si, de se amar e honrar mutuamente e assim por diante, Jo 15.26; 16.13,14; 17.8,18,23; 16.14; 17.1. A doutrina da Trindade é apenas a síntese desses fatos e não lhes ajuntando nada mais, simplesmente reconhecem, na unidade de Deus, uma Trindade de pessoas associadas na obra da redenção. Na prossecução dessa obra estão implicadas certas relações de subordinação nos modos de operar, sendo que o Pai manda o Filho e o Filho envia o Espírito Santo; mas as três pessoas são uniformemente representadas nas Escrituras, iguais em sua natureza essencial, cada um igual a Deus que é bendito por todos os séculos, Rm 9.5. Devemos portanto conceber essas subordinações sob o ponto de vista econômico, i.é., relativo às funções de cada pessoa na obra da redenção e não como envolvendo diferenças de natureza. *Nomes de Deus* Os nomes de Deus são parte de sua revelação ao homem, mas também refletem suas atividades e qualidades. Por isso, um respeito muito grande havia pelo nome de Deus na cultura hebréia, embora outros povos da antiguidade fizessem o mesmo com o nome de seus deuses, acreditando no poder mágico sobre a pronúncia deles. Mais que qualquer outro povo da antigüidade, os hebreus, respeitavam o nome de Deus e não o pronunciavam por qualquer motivo. No período da deportação de Israel para Babilônia a falta do serviço sacerdotal e de culto, fez com que a pronúncia correta do nome de Deus, YHWH, se perdesse. A falta de uso de vogais no hebraico tornou impossível descobrir a verdadeira pronúncia do tetragrama YHWH. *El* – o termo pode indicar Deus ou um deus, Gn 31.13; 35.2. O plural é Elohim, pode referir-se a deuses ou enobrecer o conceito de um deus poderoso. *El Elyon* – Deus Altíssimo, Nm 24.16; Sl 7.17; Dn 7.22,25. *Eloah* – o termo é uma forma singular de

DEUS

Elohim. *El 'Olam* – Deus da Eternidade, Gn 21.33. *'El-Elohe-Israel* – Deus é o Deus de Israel, Gn 32.20. *El Roi* – o Poderoso que vê, Gn 16.13. *El Shadai* – Deus Todo-poderoso, Gn 17.1-20. *Ieshua* – Jesus, o Senhor é Salvação, Mt 16.13-16; Jo 1.41; 20.31; At 2.36. *Jeová* – é a combinação do tetragrama YHWH com as vogais de Adonai. Uma maneira de o judeu tornar o nome de Deus pronunciável sem incorrer em algum juízo. O nome próprio de Deus passou a ser considerado muito sagrado para ser pronunciado. No original hebraico esse termo não existe. Adonai, esse nome era pronunciado toda vez que o termo YHWH aparecia. *Yahweh* – o uso do termo aparece em todo o Antigo Testamento. Era o nome predominante de Deus, Gn 12.8; Êx 3.13-15; 6.14; 13.14,15 (veja *JEOVÁ*) – *Yahweh Jireh* – Senhor que provê, Gn 22.8-14. *Yahweh Nissi* – o Senhor é minha bandeira, Êx 17.5. *Yahweh Shalom* – o Senhor é paz, Jz 6.24. *Yahweh Sabaoth* – Senhor dos Exércitos. Nome que mais aparece no Antigo Testamento embora não apareça no Pentateuco, 1 Sm 1.3; 17.45. *Yahweh Macadeshém* – o Senhor é vosso santificador, Êx 31.13. *Yahweh Raah* – o Senhor é meu pastor, Sl 23.1. *Yahweh Tsidquenu* – o Senhor é nossa justiça, Jr 23.6; 33.16. *Yahweh El Gemolah* – o Senhor é o Deus da retribuição, Jr 51.56. *Yahweh Naqueh* – o Senhor que fere, Ez 7.9. *Yahweh Shamá* – o Senhor que está presente, Ez 48.35. *Yahweh Rafá* – o Senhor que sara, Êx 15.26. *Yahweh Elohim* – Senhor, o poderoso, Jz 5.3; Is 17.6. *Adonai* – Senhor, Mestre. O nome de Deus usado em lugar de YHWH, "Yahweh", Êx 4.10-12; Js 7.8-11 (veja *JEOVÁ*). *Abir Yisrael* – o Poderoso de Israel, Is 1.4. *Nesah Yisrael* – a Força de Israel, 1 Sm 15.29. *'Attiq Yomin* – o Antigo de Dias. Expressão que aparece em Dn 7.9,13,22. *'Illya, 'Elyonin* – o Altíssimo. Expressão aramaica que aparece em Dn 7.18,22,25,26.

DEUSES FALSOS – as Escrituras nos apresentam um Deus único e suficiente, que não divide glória e poder com ninguém. Apesar disso, muitos povos na antigüidade deixaram uma cultura que permeia atualmente e muitos são os deuses criados pelos homens. Adoração de animais – a) *o boi* era adorado no Egito. Na Índia atual o culto ao mamífero continua; b) *muitos povos antigos* adoravam a serpente; hoje povos modernos continuam a adorá-la. Ela continua viva em alguns rituais de culto, em desenhos e tatuagens nos homens e mulheres; c) *vários tipos de aves* eram adoradas por povos antigos, como a águia, cegonha, coruja etc. d) *o porco* era o deus dos cretenses, mas em povos antigos outros animais recebiam honra como divindades. O rato chegou a ser adorado em Trôade, o crocodilo e o leão em diversos povos. Adoração de corpos celestes – a) *o sol* encontra adoradores em quase todos os povos da antiguidade e na atualidade entre muitos povos e seguidores de contos místicos; b) *a lua* pela sua beleza e influência no planeta até nos dias atuais ganha culto e atenção daqueles que seguem uma vida mística, seja pela crença de sua influência sobre os cristais, mares seja outras alterações baseadas no seu surgimento; c) *estrelas e planetas* são

deuses egípcios — Christian Computer Art

DEUSES FALSOS

vistos como deuses ou habitação de deuses desde tempos remotos, as especulações hoje quanto a vida em outros planetas e a existência de uma "raça" superior os envolve em um misto de superstição e ciência. Adoração de elementos da natureza – a) *os mares* sempre foram vistos como deuses ou moradas de deuses, que supostamente os controlavam; b) *os rios* eram vistos como objeto de manifestação de alguns deuses, em alguns povos tornaram-se objetos de adoração; c) *meteoros e cometas* eram vistos como manifestações de deuses, por isso, acabaram recebendo, em alguns povos, adoração e respeito; d) *a chuva* também era atribuída a um deus que se manifestava; no mesmo caso se encaixam os trovões e relâmpagos; e) *os minerais* ganharam adoradores desde tempos antigos. Os citas adoravam o ferro; outros povos veneravam qualquer tipo de minério diferenciado. O ouro, assim como a prata, metal nobre e precioso, é sem dúvida o objeto de adoração que ainda controla o coração de muitos homens; f) *as pedras preciosas*, que se diferenciam por sua variedade de cores e dureza, ganhou lugar de adoração com pedras comuns, como na Finlândia, onde toda variedade era reverenciada; g) *árvores e plantas* também eram adoradas desde tempos antigos. Muitas árvores receberam homenagens como deuses e muitas plantas com poder medicinal foram reverenciadas e respeitado seu poder de cura como ação de um deus. Adoração de homens – a) *em algumas culturas antigas* o monarca ou líder ganhava a posição de 'deus', como faraó, no Egito e Cesar no império romano. Ainda atualmente essa deificação continua em muitas seitas em que o líder é reverenciado como um 'deus'. Deuses relacionados na Bíblia **1** *Adrameleque,* "o deus Adar é rei". Nome do deus dos sefarvitas introduzido na Samaria, 2 Rs 17.31; as pessoas sacrificavam seus filhos no culto a Adrameleque; **2** *Anameleque,* "o deus Anu é rei". Nome de um dos deuses da Babilônia, seu culto incluía sacrifício de crianças, 2 Rs 17.31,36; **3** *Asima*. Nome de um deus que Hamate introduziu em Samaria, 2 Rs 17.30; **4** *Aserá*. Uma deusa da Síria e de Canaã, 1 Rs 15.13; 2 Rs 21.7; **5** *Astarote*. Deusa da fertilidade, do amor e da guerra, entre os cananeus e os fenícios, Baal era o deus masculino de Asterote. O culto prestado era regado com licenciosidade, Jz 10.6; 1 Sm 7.4; 12.10; **6** *Baal* – no hebraico, "Senhor". Nome do maior deus dos cananeus, correspondente de Bel, senhor, dos babilônios. Foi considerado o deus do sol, e também responsável pela fecundidade da terra, germinação e crescimento do seu fruto, fecundidade dos rebanhos e das famílias. As secas e pestes eram consideradas manifestações de ira de Baal, aplacada em culto em que o sacrifício do primogênito era oferecido, sendo queimado vivo, 2 Rs 16.3; 21.6; Jr 9.5. Baalins é a forma plural de Baal; cada lugar tinha o seu Baal, senhor divino, e cada deus local representava alguma qualidade específica de Baal, mediante combinações de nomes, como Baal-Semaim, senhor do céu; Baal-Berite, senhor do pacto etc. (veja *BAAL*); **7** *Bel*. Divindade dos babilônios, correspondente a Baal dos cananeus, Is 46.1; Jr 51.44; **8** *Camos*. Nome da divindade mais importante dos moabitas, adorado com o sacrifício de crianças, 1 Rs 11.7; 2 Rs 23.13; Jr 48.7. Os moabitas eram chamados de "filhos de Camós", ou "povo de Quemós" (Nm 21.29); **9** *Quium*. Nome de uma divindade pagã mencionada apenas em Amós 5.26, traduzida como 'imagens' nas traduções em português; **10** *Dagom*. O deus dos filisteus, Js 15.41; Jz 16.21-30; 1 Sm 5.1-5 (veja *DAGOM*); **11** *Diana*. O nome latino da deusa grega, Ártemis. O templo de Diana estava em Éfeso, na Ásia Menor, foi considerado uma das sete maravilhas do mundo, At 19.35 (veja *DIANA e ARTEMIS*); **12** *Gade*. No hebraico, "boa fortuna". Nome de um deus cananeu da "boa

DEUSES FALSOS

sorte", traduzido em Isaías 65.11 como "Fortuna"; **13** *Júpiter*. O nome latino do deus grego Zeus, At 14.12-13; **14** *Malcã*. No hebraico, "reinante". Nome do deus nacional dos amonitas, também chamado de Milcom, Moleque ou Moloque. O culto consistia na imolação de crianças e foi praticado por longo tempo e em períodos diferentes em Israel, 1 Rs 11.5,6,33; 2 Rs 23.13; Salomão chegou a erigir um templo a Moloque, e, embora abolido o culto no tempo do rei Josias, foi revivido no período do rei Jeoaquim; sempre advertido severamente pelos profetas, Jr 7.29-34; Ez 16.20-22; 23.27-29; Am 5.26; **15** *Meni*. No hebraico, "destino". Divindade pagã adorada por Israel em tempos de apostasia. Aparece relacionado ao deus cananeu, Gade, Is 65.11; **16** *Mercúrio*. O deus do comércio dos romanos e o deus da eloqüência da mitologia romana, identificado com o deus grego Hermes, filho de Zeus. O termo latino Mercúrios, se deriva de *merx*, "comércio". Em Listra, Paulo foi chamado de Mercúrio, porque era o principal portador da palavra, At 14.12; **17** *Merodaque*. No hebraico, "morte". Forma hebraica do acádio, Marduque. Divindade principal da Babilônia, adorada por Nabucodonosor, por Ciro e pelos assírios, Jr 50.2; 51.44; Is 39.1; 46.1; 2 Rs 25.27; **18** *Milcom* (veja *MALCÃ*). **19** *Moleque ou Moloque* (veja *MALCÃ*). **20** *Nebo*. Um deus da Babilônia da sabedoria e da literatura, mencionado em Isaías 46.1. O termo hebraico deriva-se do acádio, Nabu; **21** *Neustã*. No hebraico, "pedaço de bronze". Refere-se a serpente de bronze que Moisés fez no deserto e que o povo começou a adorar queimando incenso, 2 Rs 18.4; **22** *Nergal*. O nome do deus do sol, da guerra, da peste e da morte, na Babilônia, 2 Rs 17.24-30; **23** *Nibaz*. Um deus dos aveus levado a Samaria por colonizadores após Israel ir cativo para a Assíria, 2 Rs 17.31; **24** *Nisroque*. Um deus da Assíria adorado por Senaqueribe. Em Nínive havia um templo erigido em sua honra, 2 Rs 19.37; 37.38; **25** *Refã*. Uma divindade adorada por Israel no deserto, parece estar associada a algum corpo celeste, At 7.43; **26** *Rimon*. Nome de uma divindade da Síria adorada por Naamã. Em Damasco fora erigido um santuário em sua honra, 2 Rs 5.18; **27** *Sucote-Benote*. Nome de uma deusa que os colonos babilônicos levaram para Samaria depois de Israel ser levado cativo para Assíria, 2 Rs 17.30. Alguns acham que esse nome é um dos títulos do deus Marduque; **28** *Talmuz*. Nome de um ídolo babilônio, considerado meio-irmão de Aserá, era deus das pastagens e dos rebanhos, das águas subterrâneas e da vegetação. Chamado pelos babilônios de Dumuzi, existia sob o mito de morrer no outono e ser ressuscitado por Istar na primavera. Então, em seu aparecimento as plantas começavam a reverdecer sob sua bênção e proteção, Ez 8.14; **29** *Tartaque*. Um ídolo dos aveus, levado por eles a Samaria quando foram ocupar a terra deixada por Israel na época do cativeiro assírio, 2 Rs 17.31.

DEUTERONÔMIO (*o nome hebraico é 'Elleh haddevarim, "Estas são as palavras", ou abreviado para Devarim, "Palavras". A tradição judia chama o livro de Mishneh Tora, "cópia da lei", com base na tradução de Dt 17.18*) ▬ é esse o nome que deram ao quinto livro do Pentateuco os tradutores de Alexandria; é a forma grega da expressão traslado *desta lei*, como se encontra em Dt 17.18, porém o livro não contém somente a cópia da lei já promulgada, também dá conta das circunstâncias peculiares em que foi recebida e o propósito especial a que se destinava. No Êxodo, Levítico e Números a lei é decretada para ser imediatamente observada; os tempos e as ocasiões em que tais leis foram ditadas são claramente registrados, e cada um dos códigos emanados diretamente de Deus. Em Deuteronômio, porém, a lei aparece não como decretada, e

DEUTERONÔMIO

sim como reproduzida e exposta. Trinta e oito anos havia passado desde que a maior parte da velha legislação tinha sido decretada. A nova geração, em vésperas de entrar na posse de Canaã, precisava ser instruída nas leis que regulariam sua existência como povo livre, e no modo de aplicá-las de acordo com as novas circunstâncias que os aguardavam, de maneira que houvesse compreensão de sua espiritualidade e para renovarem de modo inteligente o pacto feito com os seus antepassados. Em vez de ser Deus, quem fala é Moisés, por ordem de Deus, 1.1-4; 5.1; 29.1. Esse livro contém primeiramente, um discurso dividido em três partes, escrito em um livro e solenemente ratificado como pacto (caps. 1 a 30). A primeira parte, contida no cap. 1.6, até o cap. 4.40, com instruções suplementares, v. 41-49; recapitulação da história do povo, desde o pacto feito com a geração extinta, como incentivo para que o povo obedecesse às leis de Jeová. Quem fala é Moisés, 1.1,3,5,9,15,16,19 etc., no primeiro dia do 11º. mês do ano 40, depois de haver derrotado a Seom, rei dos amorreus e a Ogue, rei de Basã, relembra o extermínio dos adoradores de Baal-Peor, 1.3, 4; 4.3; fala à vista da terra aquém do Jordão, no país de Moabe, 1.5, *cf*. Nm 33.48; 35.1; na planície do deserto, 1.1, *cf*. Nm 23.28; 24.1. A frase "aquém do Jordão" e "sobre o Jordão" é ambígua e requer definição precisa. A frase "além do Jordão", no sentido usado por Abraão e pelos cananeus, significa o país ao oriente do rio, neste mesmo sentido a empregam os israelitas. Tinham chegado ali, mas ainda diziam, "o outro lado do Jordão", justamente como quando se referiam às escarpas de Abarim, que eles chamavam "as montanhas do outro lado". E o povo tinha a impressão de que estava do outro lado do Jordão, fora da Terra Prometida. Mas, como o rio ficava fronteiro, a frase tornava-se ambígua, e daí a elucidação, várias vezes repetida: "na terra de Moabe". A segunda parte compreendida nos caps. 5 até o 26, contém a repetição das leis referentes ao povo, colocando em relevo a sua espiritualidade e a urgência de sua observância. Essas leis são geralmente reguladoras dos direitos e deveres, leis que por uma disposição natural da humanidade, os homens são levados a ignorar, e que devem ser cumpridas por motivos religiosos, como asilo para os homicidas involuntários, banimento da idolatria e proteção para as classes menos favorecidas da comunidade. É Moisés quem fala no final do ano 40, nas vésperas da passagem do Jordão, depois das profecias de Balaão, 5.1,5,22; 8.2; 9.1; 11.31; 23.4. A terceira e última parte está compreendida nos caps. 27 e 28, e termina o assunto precedente, dando instruções para que as leis sejam escritas sobre pedras, alisadas com cal, e que deveriam ser levantadas no monte Ebal; pronunciando as bênçãos e as maldições anexas aos atos de obediência, ou desobediência, seguida de breve discurso (caps., 29 e 30), sobre a ratificação do pacto, como foi proclamado, 29.1; 30.1. Esse pacto, à semelhança do primeiro, feito em Horebe, foi escrito em um livro, 29.20; 21.27; 30.10; *cf*. Êx 24.4-8. O lugar e a data dessa terceira parte são citados em Dt 29.1,5,7,8. Depois de ter concluído o seu discurso incorporado no livro de Deuteronômio, Moisés designou Josué para ser o seu sucessor diante de todo o povo de Israel, 31.1-8, e entregou a lei escrita aos sacerdotes, obrigando-os a lerem-na diante de todo o Israel, v. 9-13. Ele e Josué recolheram-se ao Tabernáculo, onde o Senhor deu as instruções devidas ao novo condutor do povo e ordenou que se escrevesse um cântico para ser entoado em testemunho entre os filhos de Israel, v. 14-23, encarregou os levitas que carregavam a Arca, a que colocassem o livro ao lado da Arca do concerto para servir de testemunho, v. 24-29, e convocou uma assembléia para ouvir e aprender as

DEUTERONÔMIO

palavras do cântico e repeti-lo publicamente, v. 30 até o cap. 32.47. Despedida e morte de Moisés, v. 48, cap. 33.29, e cap. 34. A feição característica de Deuteronômio e a evidente preparação do povo para o seu estabelecimento em Canaã. 1). Vem modificar o seu vocabulário, por exemplo, vai agora o povo possuir habitações fixas. O campo onde imperava a primitiva legislação desaparece de Deuteronômio, exceto no que se refere ao acampamento de Sitim, onde se encontram. Fala-se de casas, cidade, portas, etc. 2).Vem modificar as leis existentes, para adaptá-las ao novo modo de vida, por exemplo, a lei que exigia que os animais mortos para o consumo fossem levados à porta do Tabernáculo, concede, então, ao povo a matança desses animais na sua própria cidade onde reside, Dt 12.15,21; Lv 17.3,4. Pela mesma razão, os primogênitos dos animais, já não é obrigatório oferecê-los a Deus no oitavo dia. O sacrifício podia ser adiado até que o dono da vítima, vindo de longe, chegasse ao santuário por ocasião das festas anuais, Dt 15.20; *cf.* Êx 22.30. No caso de um escravo hebreu abrir mão de sua liberdade, desejando permanecer na casa de seu senhor, bastava a cerimônia de furar a orelha de encontro à porta de sua casa, Dt 15.17 *cf.* Êx 21.6. 3). Veio amparar os interesses das classes dependentes, como os levitas, as viúvas, os órfãos, os estrangeiros, protegendo-os contra os males que evidentemente os ameaçavam no futuro, em vista do egoísmo e indiferença para com as necessidades alheias que o povo havia manifestado durante a viagem pelo deserto. 4) Veio estabelecer um centro de adoração, onde Jeová revelasse o seu nome. Esse centro de culto tinha por fim, enfraquecer ou eliminar as tendências do povo à idolatria, desviando-o dos numerosos santuários locais que os cananeus haviam estabelecido. O culto a Jeová devia revestir-se de grande pompa e esplendor que empanassem o bri-

lho do culto pagão, exibindo o número e a riqueza do povo hebreu e fortalecendo o sentimento nacional. O espírito ciumento entre indivíduos e entre tribos, as inclinações populares à idolatria, as tendências separatistas de algumas famílias para se localizarem em regiões mais amplas, atraídas pelas riquezas pastoris, já começavam a se manifestar. A antiga instituição de um altar é lei que deve subsistir nas novas circunstâncias. Era essencial à unidade da nação e à continuação do regime teocrático (veja *ALTAR*). Tem-se dito que não existe diferença alguma em Deuteronômio entre sacerdotes e levitas, como há nos livros de Levítico e Números. Os sacerdotes são com freqüência chamados levitas. Pela leitura do cap. 18.1-8 se depreende, que qualquer levita pode ser sacerdote. Observe, porém, o seguinte: a) À tribo de Levi foram conferidas funções sacerdotais, 9.6; 18.1-8; 33.8,9, e, por isso, sua coletividade podia ter parte no santo serviço, e especialmente no serviço sacerdotal. Mesmo que houvesse distinção estabelecida entre sacerdotes e a classe inferior dos levitas, a tribo tem as honras de tribo sacerdotal, 1 Rs 12.31; Ml 2.1-4; 3.3, *cf.* Hb 7.13. b) A expressão, sacerdotes e levitas, ocorre nos escritos posteriores à legislação do Levítico, e todos admitem que estava em pleno vigor, como se vê em Ez 43.19; 44.15, e também em 2 Cr 23.18; e 30.27; confirmada plenamente em Jr 33.18, 21. c) Deuteronômio se baseia na legislação já estabelecida sobre o sacerdócio, porque pressupõe a existência das leis técnicas do ritual. Mui claramente refere-se a leis anteriores sobre o assunto de que trata, e essas leis são conhecidas somente pelos livros de Levítico e de Números, Dt 18.1,2; *cf.* Nm 18.20; Dt 24.8, 9, com Lv caps. 13 e 14; Nm cap. 12, ou faz alusões que implicam a sua existência, Dt 12.15, *cf.* Lv 17.3s. d) A passagem de Dt 18.1-8, pode ser facilmente interpretada, considerando que as leis levíticas estavam

DEZ MANDAMENTOS

em força. A tribo não possuía herança em Israel, e em compensação desfrutava certos privilégios, Lv 6.17,18; Nm 18.20,21,24,26. Deuteronômio confirma essa Lei. Os sacerdotes, os levitas, a tribo inteira de Levi, não tem herança, porque comeriam dos sacrifícios do Senhor e das oblações que fossem feitas. Os nomes de "sacerdotes" separados do epíteto "levita" vão ser tratados em seguida como matéria de urgência. O povo não devia defraudar os sacerdotes, Dt 8.3,4, *cf.* Êx 29.27,28; Lv 7.34; Nm 18.11,12, com leves alterações. Finalmente, os direitos dos levitas ao santuário são perfeitamente estabelecidos. "Se um levita sair de alguma das tuas cidades de todo o Israel, onde ele habita, e quiser, por devoção, ir morar no lugar que o Senhor tiver escolhido, executará o seu ministério em nome do Senhor seu Deus, assim como todos os levitas seus irmãos que nesse tempo assistirem diante do Senhor", Dt 18.6-8. A espécie de serviço a seu cargo pouco importa saber. A linguagem referente a seu ministério, compreende as funções, tanto sacerdotais, quanto o serviço a cargo da ordem menor dos levitas, Dt 18.5; 17.12; e 1 Sm 2.11,18; 3.1; 2 Cr 23.6; 29.4,5,11. Torna-se claro, pois, que todos os levitas eram reconhecidos no santuário e respeitadas as suas prerrogativas. Segue-se, sem mais discussão, que se o levita fosse sacerdote, serviria no santuário com iguais direitos aos de seus irmãos, os sacerdotes, e, senão, desfrutaria apenas privilégios inerentes aos que eram somente levitas e não sacerdotes. Àqueles que estavam no exercício de suas funções, não o deviam privar de suas prerrogativas, por ser desconhecido e vir de uma terra distante.

DEVEDOR – aquele que deve dinheiro a outrem. Com o fim de cultivar o espírito de fraternidade, e promover o auxílio mútuo, a lei mosaica ordenava que o credor cancelasse a dívida no ano da remissão, que era de sete em sete anos, Dt 15.1-4. Dentro desse período, era permitido ao credor escravizar a mulher e os filhos de um devedor, 2 Rs 4.1; Ne 5.5,8; Is 1.1; Mt 18.25. No tempo de Cristo e de conformidade com a lei do império romano, o devedor relapso, poderia sofrer a pena de prisão, Mt 5.25; 28.30; Lc 12.58.

DEVOÇÃO, DEVOTAR – no Antigo Testamento o termo *cherem* era usado no sentido de "algo que era santificado" ou "consagrado". O que era consagrado à divindade jamais deveria ser tocado, Lv 27.21,28,29; Nm 18.14. Em um sentido negativo, uma coisa devotada era maldita e também nunca deveria ser tocada; inclui-se aqui o conceito de anátema, Js 6 e 7; 1 Sm 15, e o costume do Corbã, Mc 7.11. No Novo Testamento o termo grego *sébasma*, é usado no sentido de "objeto de adoração", At 17.23; 2 Ts 2.4.

DEVOTO – termo que se aplica àqueles que foram transformados por Jesus e que demonstram em suas vidas atitudes e piedade dignas de um verdadeiro cristão. A devoção é característica de quem é comprometido com a vida religiosa e seus preceitos. No Novo Testamento essa característica está presente na vida de vários seguidores de Jesus, a ponto de distingui-los dos demais, Lc 2.25; At 10:2,7; 13.43,50; 17.14,17; 22.12.

DEZ MANDAMENTOS (*no hebraico, haddebarim asereth, "dez palavras"*) **–** lei fundamental da nação hebréia (veja *TEOCRACIA*). Os hebreus denominavam as dez palavras, Êx 34.28; Dt 4.13; 10.4. Os Dez Mandamentos foram decretados por Deus no monte Sinai e por ele escritos em duas tábuas de pedras. Encontra-se em duas formas, a original está contida no cap. 20 de Êxodo e uma citação livre das palavras de Moisés, em Dt 5.6-21. A diferença principal

DEZ MANDAMENTOS

consiste em que o preceito sobre o sábado baseia-se na lei original, em que Deus nesse dia descansou da obra da criação; enquanto que, na citação que Moisés faz desse mesmo preceito, apresenta como razão o livramento do cativeiro do Egito. Outra diferença, sobre a qual se tem feito indevida pressão, é que, repetindo o décimo mandamento, emprega a palavra "cobiçar" em referência à casa e ao campo do vizinho em vez do vocábulo "desejar". Essas diferenças não são contraditórias, mas apenas características do livro de Deuteronômio (veja *SÁBADO*). Os Dez Mandamentos não estão numericamente indicados na Bíblia. Os judeus, posteriormente a Moisés, consideravam as palavras: Eu sou o Senhor teu Deus, que te tirei da terra do Egito, da casa da servidão, Êx 20.2, como sendo o primeiro mandamento. Mas, as palavras referidas não têm a forma de mandamento, são, apenas um prefácio da lei. Omitindo esse prefácio, existem dois métodos de enumeração: Segundo os ensinos da Igreja Romana, e da Igrejas Luteranas baseados na autoridade de Agostinho, a primeira tábua contém três mandamentos, e a segunda, sete. Agostinho adotou essa enumeração, porque ela se compõe de números simbólicos: três, sete e dez, e também porque representam uma diferença real na natureza dos mandamentos, três dos quais se referem à honra de Deus e sete aos deveres do homem para com ele. A primeira divisão compreende o preceito sobre a guarda do sábado. Para a formação dos três em uma só tábua, Agostinho reuniu em um só as palavras: "Não terás deuses estrangeiros, diante de mim" e o mandamento contra o fabrico de imagens; e para completar, o número sete da segunda tábua, dividiu o mandamento sobre a cobiça em dois. Serviu-se ele do texto de Deuteronômio, deu como nono, o mandamento que proíbe desejar a mulher do próximo, e como décimo, o não cobiçar a propriedade alheia. A Igreja Católica serve-se do texto de Êxodo,

incluindo no décimo mandamento, o desejar a mulher do próximo e cobiçar as coisas alheias. A grande objeção a esse modo de enumerar, consiste em não distinguir entre o politeísmo e a idolatria, e em introduzir uma distinção arbitrária entre as duas espécies de cobiça e desejo. O segundo modo de enumerar os mandamentos conta como primeiro, o mandamento sobre o politeísmo, e o segundo, o que proíbe o fabrico e a adoração de imagens; no décimo inclui, não só o objeto da cobiça, como o do desejo. É esta a mais antiga que se conhece, reconhecida por Josefo (Antig. 3, 5, 5), por Filo (Dec. 1), por Orígenes e adotada pelas igrejas reformadas. Ha dois métodos de fazer a distribuição dos mandamentos pelas duas tábuas: 1) Agrupam na primeira tábua os quatro preceitos referentes aos deveres do homem para com Deus e na segunda, os deveres do homem para com os seus semelhantes. Essa divisão é bem simples e eticamente correta, porém, com falta de simetria. 2) O segundo método dá cinco para cada tábua (Antig. 5.8). Essa divisão conserva o agrupamento das leis em décadas, subdividido em grupos de cinco que torna a legislação muito característica. Sob o ponto de vista judeu, essa divisão é eticamente correta, porque a primeira tábua contém todos os deveres de piedade, que não envolve direitos a eles correspondentes; ao passo que a segunda tábua compreende deveres de justiça, que envolvem direitos. O dever de honrar os pais estende-se à sua manutenção no caso de precisarem dela, e é considerado um dever absoluto e incondicional, Mc 7.10-13. Era um dever piedoso, pleno de piedade, e por isso mesmo incluído na primeira tábua. Cita-se muitas vezes o apóstolo Paulo como endossante desse modo de classificação, segundo se depreende da súmula de deveres para com os nossos semelhantes, que ele faz compreender nos últimos mandamentos do decálogo, excluindo o que trata

DIA DA EXPIAÇÃO

de honrar pai e mãe, Rm 13.9. Porém, a enumeração de Paulo não é completa; ele omite o nono mandamento, Jesus coloca o quinto mandamento no mesmo grupo dos cinco últimos.

DIA (*no hebraico, Yom, "dia", termo usado no Antigo Testamento; no grego Eméra, "dia", termo usado no Novo Testamento*). **1** O intervalo de tempo, compreendendo o período entre dois nascimentos sucessivos do sol, Gn 7.24; Jó 3.6. O dia dos hebreus era de uma tarde até outra, Lv 23.32; Êx 12.18; Guerr. 4.9,12. Esse modo de medir o tempo baseava-se no costume de calcular os meses pelo aparecimento da lua nova. A designação exata do dia civil compreendia a tarde e a manhã, ou noite e dia, Dn 8.14; 2 Co 11.25. Posto que a tarde servia de entrada para um novo dia, também fazia parte do dia natural, que restritamente falando, o completava. A tarde que dava início ao dia 15 de Nisã é designada pela expressão "desde o dia catorze do primeiro mês à tarde, comereis pães asmos, até à tarde do dia vinte", Êx 12.18; *cf*. 2 Cr 35.1; Lv 23.32. Os dias da semana não tinham nome; eram designados por números, excetuando o dia sétimo que tinha o nome de sábado. **2** Nome dado ao espaço de tempo entre a luz e as trevas, Gn 1.5; 8.22, e dividido em manhã, meio-dia e tarde, salmo 55.17; *cf*. Dn 6.10, ou a sua duração era indicada com referência ao amanhecer, ao calor do dia, à baixa de temperatura e ao pôr-do-sol etc. Depois do exílio, tornou-se comum contar o dia pelas horas. O dia entre o nascer do sol e o seu ocaso, dividia-se em 12 horas, Mt 20.1-12; Jo 11.9. A sexta hora correspondia ao meio-dia, Jo 4.6; At 10.9; Antig. 14.4,3. A nona hora, três da tarde, era a hora de oração, At 3.1. **3** Dava-se o nome de dia a um período de atividade, ou a um modo de ser, Zc 12.3s., como dia de tribulação, Sl 20.1, dia de ira, Jó 20.28, dia do Senhor, Is 2.12; 13.6-9 e em o Novo

Testamento, o segundo advento de Cristo chama-se, Dia do Senhor, 1 Co 5.5; 1 Ts 5.2; 2 Pe 3.10. O mesmo sentido tem a frase "e naquele dia" equivalente a "quando", Gn 2.4, 17; Lv 14.2-20; 14.57; Nm 6.13; 1 Sm 20.19; Sl 20.9.

DIA DA EXPIAÇÃO (*no hebraico, "dia do perdão"*) **–** foi o dia instituído por Moisés para a expiação pelo pecado de todo o Israel. Sua observação tinha início no décimo dia do mês de Tisri (setembro-outubro). O início da celebração começava do pôr-do-sol do dia anterior e prosseguia até o pôr-do-sol do dia seguinte (Lv 16.1-34; Nm 29.7-11). Era nesse dia que o sumo sacerdote entrava no Santo dos Santos, a cerimônia requeria sua entrada por várias vezes no Lugar Santíssimo, mas era somente nesse dia, e assim deve ser entendido o texto aos Hebreus 9.7, quando relata que o sumo sacerdote adentrava ao Santo dos Santos uma vez ao ano. A preparação do sumo sacerdote começava sete dias antes com cerimônia de purificação própria, no dia da expiação entrava no Santo dos Santos pela primeira vez levando o incensário de ouro e o vaso cheio de incenso que colocava sobre brasas acesas. Sua saída do local era de costas, pois não podia virar as costas ao Santo dos Santos. Outra vez entrava no Santo dos Santos trazendo o sangue do animal para expiação de seus próprios pecados e dos demais sacerdotes e depois novamente, para com o sangue do cordeiro fazer expiação pelos pecados da nação. Somente depois de toda a cerimônia realizada no Santo dos Santos é que o sumo sacerdote lavava as mãos para realizar outras cerimônias do dia. O dia da expiação servia para lembrar que todos os sacrifícios diários, semanais e mensais, não eram suficientes para fazer expiação pelos pecados da nação, e aponta para a obra expiatória de Cristo, em que Ele como sumo sacerdote derramou seu próprio sangue para fazer expiação pela humanidade (Ef 1.17; Cl 1.20; Hb 7.27;

DIA DA EXPIAÇÃO

Hb 9 e 10; 1 Pe 2.22). Atualmente o dia da expiação é o *Yom Kippur* dos judeus; o último dos dez dias de penitência que começa com o dia do Ano Novo, *Rosh hashanah*.

DIA DA PREPARAÇÃO (*no grego, paraskeue, "preparação"*) – devido à seriedade que o sábado era observado, a sexta-feira era o dia de fazer todos os preparativos, a fim de não se trabalhar no sábado, Êx 16.22-24. No Novo Testamento, o termo grego *paraskeue*, indica o dia anterior ao sábado e no grego moderno continua a indicar a sexta-feira, Mt 27.62; Mc 15.42; Lc 23.54; Jo 19.14,31.

DIA DO SENHOR – frase associada à pessoa de nosso Senhor Jesus Cristo, empregada só uma vez no Novo Testamento, em que o apóstolo João diz: "Achei-me no Espírito, no dia do Senhor", Ap 1.10. Várias são as interpretações dadas a essa passagem, como vamos observar: **1** Alguns dizem que o apóstolo se refere ao sábado, ou sétimo dia da semana, que Deus mesmo denomina "meu santo dia" Is 58.13. Mas, se o apóstolo tinha em mente o sétimo dia, parece estranho que não empregasse a designação usual. **2** Dizem outros que o apóstolo se referia ao dia do nascimento de Cristo. Esse dia, porém, foi ignorado e não era costume comemorá-lo na Igreja Primitiva. **3** Afirmam outros que a expressão "Dia do Senhor" tem o mesmo significado de igual frase empregada pelo apóstolo Pedro, 2 Pe 3.10, que indubitavelmente se refere à segunda vinda. Sendo assim, era o mesmo que dizer que João se achou no Espírito no dia do Juízo, o que é absurdo. Ele registra o dia e o lugar em que teve a visão: foi quando estava em uma ilha chamada Patmos, por causa da palavra de Deus e pelo testemunho de Jesus; que ele se achou no Espírito no dia do Senhor, determinando o dia em que teve a visão. Deve-se notar ainda que ele não fala do dia do Senhor,

designação constante da segunda vinda de Cristo, mas emprega o adjetivo *kuriaké*, distinção feita para diferençar a frase, "Dia do Senhor", determinando o primeiro dia da semana, em que Jesus ressuscitou dos mortos e "Dia do Senhor" referindo-se à segunda vinda de Cristo. **4** Julga-se possível que o apóstolo se referia ao aniversário da ressurreição. Porém, nenhum dos Pais da Igreja pode ser citado a favor dessa interpretação e do sentido dado à frase "Dia do Senhor", como sendo data aniversariante. **5** Para dizer que o apóstolo queria falar da sexta-feira em que Jesus foi crucificado, não parece razoável que esse dia merecesse honra especial por parte dos apóstolos. **6** Deveria reservar-se para o domingo, ou dia da ressurreição. Nesse dia, o Senhor apareceu a seus discípulos, Lc 24.13-49; Jo 20.1-25, oito dias depois, que em sentido comum quer dizer uma semana, Jesus honrou pela segunda vez o primeiro dia da semana, Jo 20.26. Uma vez que o dia de Pentecostes ocorria 50 dias depois do segundo dia dos pães asmos, Lv 23.11,15 (veja *SEMANAS, FESTAS DAS*), provavelmente caiu no primeiro dia da semana no ano em que Jesus foi crucificado, e por isso, o derramamento do Espírito Santo se deu naquele dia, At 2.1. Os cristãos de Trôade no tempo de Paulo parece que haviam considerado esse dia como destinado as suas reuniões e ao partir do pão, At 20. **7** No primeiro dia da semana deviam reunir-se e separar o que bem lhes parecesse para fins caridosos, 1 Co 16.2. Essas passagens, auxiliadas por considerações de ordem geral, levaram a grande maioria dos cristãos a considerar o dia do Senhor como sendo o dia consagrado, pelo exemplo de nosso Senhor e de seus apóstolos, ao descanso semanal, relacionado com o Sábado dos Dez Mandamentos. Pode-se ainda acrescentar que alguns dos membros da igreja primitiva não faziam distinção entre dias, incluindo mesmo as festas e os sábados judaicos, e

DIÁCONO

provavelmente, o primeiro dia da semana, considerando-os, com razão ou sem ela, igualmente santos. Não deveriam, por isso, ser julgados com dureza, Rm 14.5. Alguns dos judeus convertidos continuavam a guardar o sétimo dia e as festas judias; e tinham liberdade para assim fazer, Cl 2.16, uma vez que não considerassem isso necessário para a salvação, Gl 4.10.

DIABO (*do grego diabolos, "caluniador"*). **1** Nome do mau espírito, Mc 1.34; Lc 4.33; 8.29. A distinção feita no original grego entre demônio e diabo é que os demônios se apoderam dos homens maus que são subordinados ao diabo, Mt 4.24; 12.24. **2** Nome que se dá ao maligno Satanás, o maior de todos os anjos caídos, Ap 12.9; Mt 4.8-11; 13.38,39; 25.41, *cf.* Jd 6. O pecado que originou a sua queda foi o orgulho, 1 Tm 3.6. É o maior inimigo de Deus e do homem, 1 Pe 5.8; 1 Jo 3.8; foi ele que tentou a Cristo e incita os homens a pecar, Mt 4.1; Jo 13.2; Ef 4.27, é a antiga serpente que tentou Eva, *cf.* Sab. 2.23,24; 2 Co 11.3; Ap 12.9; 20.2, e por isso, é chamado homicida, mentiroso e pai da mentira, Jo 8.44, *cf.* 1 Jo 3.8. Quando a boa semente é lançada sobre a terra, o diabo a arrebata, Lc 8.12, ou semeia entre ela, o joio, Mt 13.38. Sem cessar anda à roda das criaturas como leão rugidor, buscando a quem possa tragar, 1 Pe 5.8. Arma ciladas contra os filhos de Deus, Ef 6.11; 2 Tm 2.26, e pela sua astúcia os engana, 2 Co 11.3. Aqueles que são tentados devem resistir às suas tentações para que ele fuja, Ef 4.27; Tg 4.7. Ele tem poder para se apoderar das criaturas, At 10.38, e instiga a perseguição dos mártires, Ap 2.10. Finalmente ele será lançado no fogo eterno, preparado para o diabo e seus anjos, Mt 25.41; *cf.* Jd 6. **3** O indivíduo que calunia e espalha maledicência para prejudicar a outrem, 1 Tm 3.1; 2 Tm 3.3; Tt 2.3. Os pecadores habituais, os injustos, os mentirosos e assassinos, são figuradamente

chamados filhos do diabo, Jo 8.44; 1 Jo 3.8,10. Jesus disse que Judas Iscariotes era o diabo, Jo 13.27, cujas obras veio destruir, 1 Jo 3.8. O apóstolo Judas alude a uma disputa entre o arcanjo Miguel e o diabo sobre o corpo de Moisés, Jd 9; *cf.* Ap 12.7. Não se sabe de onde o apóstolo tirou essa ilustração. Talvez tenha sua origem em ensinos correntes na igreja judia, ou seja, uma interpretação familiar do cap. 3 de Zacarias, segundo o qual o sumo sacerdote representa o mosaísmo, ou se baseia em alguma história moral que tinha curso entre os judeus (veja *DEMONÍACO e DEMÔNIO*).

DIACONISA (*derivação do grego diaconato, ofício do diákonos, "servo"*) — nome do ofício de diácono exercido por mulher. Febe foi diaconisa na igreja de Cencréia, Rm 16.1. A ela se refere o apóstolo Paulo em 1 Tm 3.11. Já existiam diaconisas nas igrejas da Bitínia desde o ano 100, porque Plínio, em sua célebre carta ao imperador Trajano, a respeito dos cristãos, diz que examinou duas anciãs da comunidade cristã que eram chamadas ministros.

DIÁCONO (*do grego, diakonos, "servo"*) — os escritores clássicos empregam essa palavra para designar "servo", "camareiro", "portador", "servente". Neste sentido encontra-se no evangelho segundo Mateus 20.26, diferindo da palavra *doulos*, escravos (*cf.* Mt 23.11; Mc 9.35; 10.43; Jo 2.5,9). Emprega-se essa palavra para designar um oficial da Igreja, cujos qualificativos são descritos em 1 Tm 3.8. "honestos; de uma só palavra; não dados a muito vinho e não cobiçosos de torpe ganância". Os sete discípulos eleitos para auxiliarem os apóstolos, encarregaram-se de todos os negócios seculares da comunidade, cuidaram das viúvas e dos pobres da Igreja Primitiva, receberam o nome de diáconos, At 6.1-6. Esse ofício não os privava dos privilégios de pregar em público o evangelho de Cristo, porque dois

DIÁCONO

deles, Estêvão e Filipe, foram pregadores e evangelistas. Fizeram isto, impulsionados por um dom pessoal. Havia na igreja de Filipos, uma pluralidade de diáconos, que partilhavam com os bispos as obrigações da comunidade, Fp 1.1.

DIADEMA – adorno usado por homens e mulheres, Jó 29.14, símbolo de realeza, Is 3.23, e também utilizado como distintivo do sumo sacerdote com o nome de tiara ou mitra, Zc 3.5. Vários termos hebraicos e gregos são usados nas Escrituras. **1** Tradução do vocábulo hebraico *Mitsnepheth*, "mitra". Especialmente aplicado à mitra ou tiara do sumo sacerdote judeu, Ez 21.26; Êx 28.4,37,39; Lv 8.9 e 16.4. **2** Tradução do vocábulo hebraico *Tsaniph*, "diadema". Termo usado cinco vezes, Is 3.23; Is 62.3; Zc 3.5; Jó 29.14. **3** O vocábulo *Tsephirah*, "diadema", "tiara"; palavra usada uma só vez nesse sentido em Is 28.5, embora traduzida igualmente por coroa, grinalda e diadema. **4** No grego o vocábulo *Stéphanos*, aparece 18 vezes no Novo Testamento, abordando ornamento vegetal, como "coroa de louros"; Mt 27.29; Mc 15.17; Jo 19.2,5; 1 Co 9.25; Fp 4.1; 1 Ts 2.19; 2 Ts 2.19; 2 Tm 4.8; Tg 1.12; 1 Pe 5.4; Ap 2.10; Ap 3.11; Ap 4.4,10; Ap 6.2; Ap 9.7; Ap 12.1; Ap 14.14. **5** No grego o vocábulo *Diadema*, é usado como "coroa"; Ap 12.3; Ap 13.1; Ap 19.12.

DIALÉTICA (*do grego, diálektos, "discurso", "debate"*) – método desenvolvido por Zeno, Sócrates e Platão que visa contrapor os argumentos, debater argumentos contrários e conciliar contradições, a fim de encontrar a verdade ou a melhor resposta para uma pergunta.

DIÁLOGO (*do grego, diálogos, discurso*) – o sentido real do termo é "através da troca de palavras", ou seja, uma conversa entre duas pessoas ou mais.

DIAMANTE – mineral de incomparável resistência, extremamente duro e insolúvel em qualquer agente químico, possuindo lustres, transparência e quando lapidado, produz cintilações maravilhosas. Risca todos os outros minerais e só pode ser polido com o seu próprio pó, tomando então um aspecto fascinante pelo que, e pela sua raridade, tem alto valor como objeto de adorno. É simples carbono cristalizado pela química da natureza, que a arte humana ainda não pode imitar. É usado como ponta de brocas ou de cinzel, desde os tempos antigos. Há muito que são conhecidos na Índia, e em Bornéo. **1** A palavra diamante é tradução do vocábulo hebraico *Yahalom*, pedra preciosa, mencionado em Ez 28.13, que ornava o éfode do sumo sacerdote, Êx 28.18. **2** Tradução da palavra hebraica *Shamir*, pedra dura, que servia para afiar os instrumentos destinados à gravura, também chamada diamante. No hebraico era muito freqüente o emprego desta expressão (*Shamir*) para significar coração empedernido e cruel, Ez 3.9; Zc 7.12; Jr 17.1. 3. No grego, *Adamas*, traduz o significado de "duríssimo", "indomável". Embora, de fato, não haja comprovação de que todas essas traduções sejam referência ao verdadeiro diamante, mas sim a mineral duro de alguma semelhança.

DIANA (*nome latino da deusa grega, veja ARTEMIS*) – nome de uma deusa do império romano, representando a lua, os campos e os bosques, manifestação de todas as formas de vida e atividade que se julgava serem influenciadas pela lua. Correspondia à deusa Artemis, dos gregos, irmã gêmea de Apolo, filha favorita de Zeus, ou Júpiter. Simbolizava a castidade e a pureza virginal, representada por uma jovem alta e bela com uma aljava ao ombro e um arco na mão direita, em atitude de caçar veados. A Artemis da Ásia, a Diana dos efésios, era a união da Artemis grega com a sensual deusa semítica, Astarte. A sua imagem, segundo a crença do povo, havia caído do céu, originária de um meteoro, At 19.35. Antigas autoridades, porém, afirmam que era de madeira, sem dizerem, com certeza, de que qualidade. Conhece-se a sua forma pelas moedas antigas que têm o seu cunho, como sendo a figura rude de uma mulher, cingida por uma coroa e revestida de muitos seios, cujos braços estendidos estão sustentados por dois bastões. Começou a ser adorada em um altar perto do mar, na embocadura do Caíster, que mais tarde se converteu em um famoso templo (veja *ÉFESO*). O ourives Demétrio fabricava nichos de prata representando Diana.

Diana de Éfeso — Christian Computer Art

DIADEMAS – tradução da palavra hebraica *Kishsur*, cercar, Is 3.20. Objeto usado pelas mulheres para adorno, Jr 2.32 (veja *DIADEMA*).

DIÁSPORA (*no grego, "dispersão"*) – o termo refere-se aos judeus que se estabeleceram em outras partes do mundo, por motivo econômico, deportação ou qualquer outra circunstância. Colônias de judeus são conhecidas na história, como no Egito, Ásia Menor e Roma. Isto não aconteceu por motivo de deportação, mas por uma opção pacífica. No Novo Testamento, o termo é usado referindo-se às deportações sofridas por Israel entre as nações, Jo 7.35; Tg 1.1; 1 Pe 1.1.

DIBLA (*no hebraico, "massa esférica", "bolo"*) – nome de um lugar da Palestina nas vizinhanças do deserto, Ez 6.14; *cf.* Nm 33.46; Jr 48.22.

DIBLAIM (*no hebraico, "duas bocadas" ou "dois montículos"*) – nome do sogro de Oséias, e pai de Gômer, a esposa infiel, Os 1.3.

DIBLATAIM (veja *BETE-DIBLATAIM*).

DIBOM (*caminho devastado*). **1** Nome de uma cidade, situada ao norte do Armom, tomada aos moabitas pelos amorreus e conquistada pelos israelitas, Nm 21.30; 32.3, reconstruída pelos gaditas, 32.34, de onde lhe veio o nome de Dibom-Gade, 33.45,46, e partilhada à tribo de Rúben, Js 13.9,17. Reverteu depois ao poder dos moabitas (Pedra Moabita, 21.28; Is 15.2; Jr 48.18,22). Existe ainda atualmente em um montão de ruínas conservando o velho nome Dibã, a 4,5 km ao norte do Armom. Tristram a descreve como sendo uma cidade gêmea, que se estende sobre as cumiadas e se desdobra sobre os desfiladeiros de duas colinas adjacentes, e cingida de muros.

DIBOM

Encontram-se cavernas, cisternas, grandes armazéns subterrâneos, arcarias semicirculares e construções ciclópicas de basalto, semelhantes às de Basã. Foi nas suas ruínas que em 1868 Mr. Klein descobriu a famosa Pedra Moabita. **2** Nome de uma cidade do território de Judá, Ne 11.25. Talvez a mesma *Dimona*, mencionada em Js 15.22. O lugar é identificado com o moderno *Tell ed Dheib*.

DIBOM-GADE (veja *DIBOM*).

DIBRI – nome de um danita, pai de uma mulher chamada Selomite, cujo filho foi morto nos dias de Moisés por ter blasfemado e amaldiçoado o nome do Senhor, Lv 24.11-14.

DICLÁ (*no hebraico, "palmeira"*) – nome de um povo descendente de Joctã, Gn 10.27; 1 Cr 1.21, que, sem dúvida, habitou na Arábia, numa região abundante em palmeiras, como se depreende de seu nome.

DIDACHE (*no grego, "ensinamento"*) – trata-se de um manual com informações da vida eclesiástica, que também abrange questões morais e crenças dos antigos cristãos, escrito em data aproximada do ano 150. O manual não é uma obra de cunho apostólico, foi origem de muita controvérsia e denominado obra espúria. Seu valor histórico é apreciado por conter informações sobre o pensamento da Igreja, dentre outros fatos históricos. O termo *didache* também se refere aos ensinamentos de Cristo, transmitidos pelos apóstolos.

DÍDIMO (*no grego, didumos, "gêmeos"*) – o apelido é aplicado a Tomé e só aparece no Evangelho de João, Jo 11.16, 20.24 e 21.22. O apóstolo era chamado de "Dídimo", ou "o Gêmeo", uma transliteração do termo grego original. A tradição afirma que o apóstolo tinha uma irmã gêmea, chamada Lísia.

DIDRACMA – uma moeda de prata que correspondia a uma dracma dupla, duas dracmas áticas, ou meio siclo judeu, Êx 30.13, Mt 17.24 (veja *DINHEIRO, MOEDAS*).

DILEÃ (*no hebraico, colocíntida*) – nome de uma cidade pertencente a Judá, Js 15.38. Embora alguns queiram identificar o lugar com o moderno Tel en-Najileh, sua localização é desconhecida.

DILÚVIO – corrente de água que se espraia, Jó 14.11; 28.11, como as inundações do Nilo, Jr 46.7; Am 8.8, do Eufrates, Js 24.2, do Jordão, Sl 66.6. Dá-se esse nome às massas de águas, crescendo sobre a terra e cobrindo a sua superfície, Dn 9.26; Na 1.8; Mt 7.25; Lc 6.48. Nome que também se dá às grandes águas dos mares e dos rios e suas correntezas, Sl 24.2; Jn 3.3. Mais particularmente se aplica essa palavra à grande inundação do tempo de Noé, cobrindo a terra de águas, como demonstração do juízo de Deus contra a maldade dos homens, Gn 6.5-13. Deus empregou causas secundárias para esse fim, como: o rompimento de todas as fontes do grande abismo e a abertura das cataratas do céu. Desse modo, parte das águas veio do oceano, e a outra caiu das nuvens, durante 40 dias e outras tantas noites, Gn 7.11,12. As águas do Dilúvio cobriram as mais altas montanhas, elevando-se a 15 côvados sobre elas, toda a carne, homens, aves, animais, feras, répteis, ficando apenas Noé e os que estavam com ele na arca, 7.19-23 (veja *ARCA*). As águas demoraram 150 dias sobre a terra. A arca parou sobre os montes da Armênia com a diminuição das águas. Dois meses e meio depois, apareceram os cumes das montanhas, 8.3-5. Tendo passado 40 dias, abriu Noé a janela da arca, e soltou as aves, primeiro um corvo e depois uma pomba, que voltou com o ramo de oliveira no bico, como, um símbolo de paz, sobre a terra. E Noé removeu o teto da arca e viu que toda

DILÚVIO

a superfície da terra estava seca. Oito semanas ainda, permaneceu na arca, saindo dela por ordem de Deus, 8.13-15. Os meses são avaliados em trinta dias, cada mes. O número de dias que mede um intervalo de tempo é a diferença das datas obtidas por simples subtração, 7.11, *cf.* 8.3,4. Por esse modo de calcular, e tomando o dia da entrada na arca como o primeiro dia, é interessante notar os dias e as semanas: capítulo 7.4-10 – embarque dos animais – 2º. mês dia 10; capítulo 7.11 – entrada na arca, à tarde, segundo a tradição babilônica, no começo da tormenta – 2º. mês dia 17; capítulo 7.12 – quarenta dias de chuva, que terminou à tarde – 3º. mês dia 27; capítulo 7.24 – as águas cobriam a terra, (8.3) durante 150 dias, (8.4) e a arca parou sobre o monte – 7º. mês dia 17; capítulo 8.5 – as águas baixaram continuamente, até aparecerem os cumes dos montes – 10º. mês, primeiro dia; capítulo 8.6 – Noé espera ainda 40 dias, número correspondente aos 40 dias de chuva; e solta o corvo – 11º. mês, dia 12; capítulo 8.8 – Noé solta a pomba – 11º. mês, dia 18; capítulo 8.10 – novamente solta a pomba – 11º. mês, dia 26; capítulo 8.12 – última saída da pomba – 12º. mês, dia 3. Não obstante todas as indicações favoráveis, Noé permanecia na arca, ele esperava a ordem de Deus. Depois de quase um mês, no dia do Ano Novo, capítulo 8.13 – Noé tirou a cobertura da arca e viu que as águas tinham baixado e que a terra estava seca –1º. mês dia 1, porém continuou à espera da ordem divina; capítulo 8.14,15 – oito semanas depois, recebeu ordem para sair da arca – 2º. mês, dia 27. O 42º. dia, depois dos 40 dias e 40 noites de chuvas, foi o primeiro dia belo e alegre, um verdadeiro sétimo dia, muito próprio para relembrar o descanso do Senhor e a sua graça para com as criaturas. A Terra aparecia como no primeiro dia da criação, um mundo novo, onde habitava a justiça. Noé soltou as aves a intervalos de seis dias ou seja em seis dias sucessivos, ou no fim de cada sete dias. No dia do Novo Ano, tirou a cobertura da arca; era o sétimo dia da velha contagem e ao mesmo tempo um novo sétimo dia. Oito semanas depois, e no sétimo dia decorrente, Deus tirou Noé da arca. Essa descrição é feita de acordo com o depoimento de uma testemunha ocular. A sua linguagem deve ser entendida no sentido em que a falaram seus autores, e daqueles que a promulgaram, séculos antes da vida de Moisés. A extensão do Dilúvio não se pode saber pela simples leitura do Gênesis. O Dilúvio pode ter sido universal, inundando toda a superfície do globo, ou limitado a uma localidade de maior ou menor extensão. Todas as montanhas que há sob o céu ficaram cobertas; pode-se entender, dentro do horizonte dos habitantes da arca. Linguagem semelhante encontra-se em Cl 1.23. O Dilúvio teve por fim destruir a raça humana corrompida, Gn 6.7,13,17; 7.4, e com ela morreram todos os animais viventes sobre a terra. Assim o observaram aqueles que foram salvos na arca, 7.21-23, confirmados por seus descendentes que novamente se espalharam sobre a face da terra; não encontraram alma vivente. Noé recebeu instruções para recolher na arca animais macho e fêmea de cada espécie e para fazer provisão do alimento para todos eles, 6.20,21. A ordem divina deveria ser entendida de acordo com o sentido que a ela davam os homens daquele tempo. Noé, sem dúvida, recolheu espécies de animais que lhe eram conhecidas e também o alimento apropriado para cada um deles (*cf.* Dn 6.25). Não há motivo para crer que Deus ordenou a reunião de espécies desconhecidas, a menos que todos os animais por um impulso sobrenatural, tenham se encaminhado para a arca, como alguns interpretam o cap. 7.8,9 e que sob a mesma influência, Noé fizesse provisões para todos os animais de diferentes espécies e de climas diversos. A tradição do Dilúvio corria entre

DILÚVIO

os indivíduos que originaram o povo hebreu. Na casa ancestral de Abraão, o Dilúvio era relembrado como uma grande crise na história da humanidade. Um escriba assírio, que registrou os nomes de antigos reis, observa: "existiram depois do Dilúvio"; Assurbanipal refere-se a inscrições do "tempo antes do Dilúvio"; Beroso, sacerdote babilônico, dedicou o segundo volume de sua história aos dez reis antediluvianos da Caldéia, considerando que o Dilúvio assinalou o final do primeiro período da história da humanidade. A tradição do Dilúvio, corrente na Babilônia e na Assíria, diferia em alguns pormenores da tradição hebraica. Os hebreus, os assírios e os babilônios, que outrora habitavam juntos na Babilônia, conservavam uma tradição uniforme; mas, no correr do tempo, a tradição, passando de geração a geração, sofreu pequenas alterações e recebeu adições desnecessárias. Quando os semitas da Babilônia se desdobraram em três nações, instalando-se em regiões distintas, e adotando religiões diferentes, a tradição do Dilúvio que eles conservaram, recebeu o cunho peculiar à sua nacionalidade. A narração hebraica era monoteísta, a dos assírios e babilônios, politeísta. O leitor atento terá ocasião de observar que a narrativa hebraica, não só no todo como em suas minudências, merece crédito, refletindo as condições de uma época primitiva. O mesmo não se pode dizer das tradições dos assírios e babilônios. Eles mesmos divergiam entre si. A história do Dilúvio corrente na Babilônia no tempo de Alexandre, o Grande, foi registrada por Beroso (Antig. 1.3,6; contra Apiom, 1.19), e é citada completa na história eclesiástica de Eusébio. Forma muito antiga e que de fato é a mais antiga e a mais bem conservada, apesar das variações de seu texto, é a que está incorporada na composição épica, celebrando os feitos de Izdubar ou Gilgamesh, rei de Ereque. Izdubar ficou doente e resolveu consultar o seu antecessor Sitnapistim que

os deuses arrebataram; ele habitava "na boca dos rios" e conhecia os segredos da vida e da morte. Ao fim de longa jornada cheia de dificuldades, de muitos perigos, Izdubar encontra-se com Sitnapistim, cheio do vigor da mocidade, não obstante pertencer a épocas muito remotas. Izdubar exclamou, cheio de espanto: "Como foi, Sitnapistim, que tu chegaste a ter vida entre os deuses?" "Vou contar-te, lzdubar", respondeu Sitnapistim, "a história secreta, e descobrir-te o oráculo dos deuses (com referência à cura da tua enfermidade). Tu conheces a cidade de Suripaque que está no Eufrates. Aquela cidade já era antiga, quando os deuses que habitavam nela, resolveram mandar uma tempestade diluviana. O deus Anu estava lá com os outros, e Bel e Ninibe. O deus Ea, contudo, deliberou com eles, e me revelou em sonhos o propósito dos deuses (1.177). Mã de Suripaque filho de Urabatutu, disse ele, demoliu a casa, construiu um navio, abandonou todas as suas riquezas e procurou salvar a vida. Levou para o navio a semente da vida de toda a espécie. Prestei muita atenção, e disse ao deus Ea: Ó meu senhor, tudo quanto tens ordenado, isso farei. "No dia seguinte começaram as preparações. No quinto, comecei a armar o vigamento – 140 côvados de alto, 140 côvados de comprimento; fiz as divisões internas, arranjei um leme. Pelo lado de fora estendi três medidas (*sars*) de betume e também pelo lado de dentro. Quando o navio ficou pronto, meti-lhe dentro tudo quanto possuía – com prata e ouro e a semente da vida de toda a espécie. Recolhi a bordo todos os meus servos e servas, o gado, os animais do campo e os operários. O deus sol marcou o tempo. Quando o que manda a chuva fez cair com violência a chuva, de tarde, entrei no navio e fechei a porta. O tempo marcado chegou. Aquele que manda a chuva violenta derramou-a de tarde. Temi o cair da tarde e tremi ao contemplar a manhã. Entrei no navio, fechei a porta por dentro e confiei a

DILÚVIO

enorme construção com a sua carga aos cuidados de Puzur-bel, meu piloto. "Ao alvorecer, uma nuvem escura apareceu no horizonte. No meio dela, o deus-tempestade fazia rolar o trovão. Os deuses Nebo e Marduque marchavam à frente, como guias, por montes e vales; o poderoso deus-peste soltou o navio; o deus Ninibe fez extravasar as correntes das águas para fora de seu leito. Os anumaqui, espíritos das regiões subterrâneas, ergueram as tochas e iluminaram a terra. O deus-tempestade empolou as ondas que chegavam até o céu. A luz converteu-se em trevas. Ninguém podia ver quem estava perto, nem os que estavam no céu podiam ver os entes humanos cá embaixo na terra. Os próprios deuses se atemorizaram com o aspecto da tormenta do dilúvio; apavorados, buscaram refúgio subindo ao céu, e se encolheram junto ao muro, como os cães na sua casinhola. Depois, a deusa Istar, semelhante a uma mulher, prestes a dar à luz, exclamou, ela com a sua voz encantadora, chamou: Humanidade, que existias e que te convertes em lama, este é o mal que predisse em presença dos deuses, tal qual profetizei. "Eu disse que uma tempestade haveria de *aniquilar* as minhas criaturas. Gerei homens, mas para que fim? Semelhantes a *cardumes* encheram o mar. Os deuses que governam os espíritos habitadores das regiões subterrâneas, choram com ela, encurvados e banhados em lágrimas, cobrem os lábios. Durante seis dias e seis noites* o vento, a tempestade de águas e as chuvas não cessaram; no sétimo dia, a chuva diminuiu; o dilúvio, que se torcia semelhante a uma parturiente, repousou; o mar recolheu-se ao seu leito, e o furacão violento, com a tormenta das águas cessaram. Olhei para o mar, e ao mesmo tempo batendo as mãos; mas todos os homens não eram mais que lama. Abri uma janela; quando a luz me iluminou a face, encurvei-me e caí para trás chorando; as lágrimas corriam-me pelo rosto. Olhei

em todas as direções – e tudo era mar." "Contudo, um pedacinho de terra, erguia-se à altura de 12 medidas. O navio movia-se em direção à terra de Nisir. Sobre uma montanha daquele país, o navio foi detido e não caminhou mais. No primeiro dia, e no segundo dia, o monte Nisir segurou o navio, no terceiro dia e no quarto dia igualmente, e também no quinto e sexto dia. Quando chegou o dia sétimo, soltei uma pomba. A pomba voou de um lado para outro, sem encontrar pouso, voltou. Em seguida, soltei uma andorinha. A andorinha também voou de uma parte para outra, sem ter onde pousar, e voltou. Depois soltei um corvo. O corvo voou longe, e quando viu que as águas tinham abaixado, aproximou-se descendo, mas não voltou".** "Então soltei todos os animais aos quatro ventos. Derramei uma libação e ofereci um sacrifício no cume da montanha. Coloquei os vasos em número de sete e sob eles espalhei cana doce, cedro e ervas. Os deuses aspiraram os odores, e se agruparam em torno do ofertante, como moscas." "Quando a deusa Istar chegou, ela levantou o grande ornamento que o deus do firmamento tinha feito a seu pedido. Nunca esquecerei o ornamento do meu pescoço; sempre me lembrarei desses dias, e não os olvidarei pela eternidade. Os deuses todos vinham ao sacrifício, exceto Bel, porque ele, inconsideradamente, foi o causador do dilúvio, e entregou o meu povo ao julgamento, porém também veio; e quando ele viu o navio, irou-se contra os deuses dos espíritos celestiais." "Qual foi a alma que escapou?" exclamou ele; "nenhum escapará ao julgamento". Então o deus Ninibe abriu a boca e falou ao valoroso Bel: "Quem senão a deusa Ea faria isto?" Ea conhece certamente todos os exorcismos: "Ea também abriu a boca e disse ao valoroso Bel": – *Tu*, valoroso chefe dos deuses, foste o causador do dilúvio, agindo sem reflexão. Sobre o pecador cairá o seu pecado; e sobre

DILÚVIO

o que pratica o mal cairão os seus próprios feitos. Abandona (a ira) para que não seja exterminado: sê gracioso também. Em lugar de um dilúvio tormentoso, manda o leão e a hiena, a fome e a pestilência, e deixa que eles diminuam os homens. Quanto a mim, eu não revelei o propósito dos grandes deuses; enviei Atraasis,*** o sonho, e foi ele que percebeu o propósito dos deuses. "Então Bel se tornou mais razoável, subiu ao navio, tomou-me pela mão, fez-me subir; fez subir também a minha mulher e mandou que nos ajoelhássemos a seu lado. Depois voltando-se para nós, e pondo-se entre nós dois e nos abençoando, disse: Daqui em diante, Sitnapistim era (simples) homem; agora ele e sua mulher sejam exaltados, à igualdade dos deuses e habitem bem longe das bocas dos rios." Logo depois levou-me para fora e me colocou muito longe das bocas dos rios.**** A narração do Dilúvio existia desta forma, entre os assírios e os babilônios, antes do sétimo século a.C., porquanto o colofão afixado à tabla em que ela se encontra, diz que esse documento pertence a Assurbanipal que reinou na Assíria, desde 668 a 626 a.C., e que seu conteúdo foi copiado de uma tabla mais antiga. Existia do mesmo modo séculos depois, porque se encontraram fragmentos dele, que escritos em tempos de Amizaduga, quarto sucessor de Hamurabi, rei da Babilônia, que se julga ter sido, com bons fundamentos, contemporâneo de Abraão. No reinado de Setímio Severo, imperador romano, 193-211 d.C., foi cunhada uma moeda em Apaméia, na Frígia contendo uma representação do Dilúvio. Um bote com o nome Noé, vagando sobre as ondas; dentro dele um homem e uma mulher; um pássaro pousado sobre ele, e outro pássaro voando sobre o barco, trazendo um ramo entre as unhas. Pode se observar fora da arca, em pé, em terra, os seus antigos ocupantes. Apaméia, antes chamava Quibotos, que quer dizer Arca. As moedas das antigas cidades, com freqüência traziam gravado algum fato notável da sua história, ou de tradições locais.

*Contudo as noites e os dias do mesmo modo que o faz a narrativa hebraica, neste ponto, Delitzsch lê "seis dias e seis noites". Desse modo, o seu texto contém uma fórmula que se encontra muitas vezes em outros lugares, que vem a ser I. 188. A maioria dos assiriologistas que examinaram o ladrilho diz não haver dúvida quanto à enumeração de seis dias e seis noites, e não sete noites.

** Ou o corvo voou para longe e viu que as águas haviam baixado (sobre as quais pousa e alimenta-se), sobe ou levanta o vôo vagarosamente e não volta.

***Na narrativa que Berosus escreveu em grego emprega o nome Xisutrus, transpondo as partes que a constituem que vem a ser outro nome para designar Sitnapistim.

****Tal é, na sua essência, a história contada pelos cuneiformes. Reproduzimo-la levemente resumida, principalmente algumas linhas mutiladas e a sentença cujo sentido não está ainda bem determinado.

DIMNA (*no hebraico, "esterco"*) – nome de uma cidade dos levitas no território de Zebulom, Js 21.35. Alguns a identificam com a cidade de Rimono, 1 Cr 6.77, devido à inexistência de seu nome na lista de Js 19.10-16.

DIMOM (*no hebraico, "leito de rio"*) – nome de um lugar em Moabe, Is 15.9, talvez Dibom, por causa de uma permuta comum das labiais. Muitos a identificam com a Dibom de Is 15.2 e Jr 48.22. Jerônimo afirma que no tempo, esses nomes eram comuns ao mesmo local. A forma da palavra com *m* é preferida pelo profeta, por sua consonância com *dam*, sangue, empregada no mesmo versículo. As águas de Dibom são mais bem reputadas que as do Arnom, quanto às do Megido são às do Quisom, Jz 5.19.

DINHEIRO, MOEDAS

DIMONA – nome de uma cidade situada na parte sul de Judá perto de Edom, Js 15.22, provavelmente a mesma Dibom, Ne 1.25. É possível que ao longo da história, Dibom, Dimom e Dimona tenham sido nomes diferentes aplicados a um mesmo lugar.

DINA ou **DINÁ** (*no hebraico, "julgada"*) – nome de uma filha de Jacó e de sua mulher Lia, Gn 30.21. Tendo saído para ver as mulheres cananéias daquele país, Siquém, filho de Hamor, heveu, príncipe daquela terra, raptou-a. O jovem príncipe desejava legalizar a sua união com ela, no que acordaram Jacó e seus filhos. Estes, porém, o fizeram dolosamente e sob a condição de que os heveus deviam circuncidar-se, o que foi aceito. Ao terceiro dia, quando a dor das feridas estava mais intensa, Simeão e Levi, irmãos de Dina, empunhando as espadas entraram impetuosamente na cidade e mataram todos os varões, inclusive Hamor e Siquém, 34.1-29. Jacó reprovou tão cruel ato, praticado traiçoeiramente, v. 30, confirmando as suas palavras no leito de morte, 49.5-7. Por esse motivo, a terra conquistada não foi partilhada aos dois irmãos, e acrescentada ao patrimônio de José, 48.22.

DINABÁ (*no hebraico, "covil de ladrões"*) – nome de uma cidade de Bela, rei de Edom, Gn 36.32; 1 Cr 1.43. Existem diversas cidades com igual nome, fora dos limites desse reino. Jerônimo a identifica com Danaia, cidade de seu tempo, situada em Moabe, um pouco ao sul do Arnom.

DINAÍTAS – nome de uma das tribos estrangeiras, que foram transportadas a Samaria, para ocupar o lugar vago pelo cativeiro das dez tribos de Israel, Ed 4.9. Opuseram-se à reconstrução do templo de Jerusalém. É provável que seja composta de gente da Armênia, que os assírios denominavam Dayani.

DINHEIRO, MOEDAS – as primeiras moedas de curso nas transações comerciais, foram lançadas pelos gregos e por outros povos da Ásia Menor, dentro da esfera da influência grega. Os estáteres feitos de uma liga de ouro com prata, chamada eléctron, foram cunhados na Lídia da Ásia Menor, e as moedas de prata, na Egina em 700 a 650 a.C. Na parte restante da Ásia ocidental e no Egito, não havia moedas de cunho oficial. Dava-se ouro ou prata em barras, arrecadadas e outros objetos de uso, do mesmo metal, talvez com valor estipulado nas permutas comerciais, Js 7.21. Nessas transações, o que valia não era tanto o que se achava marcado, mas sim o peso do objeto e a qualidade do metal, Gn 23.16; 43.21. Para a verificação dos valores, recorria-se a uma avaliação. O *shekel* dos tempos antigos não era moeda que tivesse cunho oficial estampado, consistia de certo peso (*shekel*) de prata. Os pesos formavam série na denominação do talento, *maneh*, *shekel*, *gerah* e *beka* ou meio *shekel* (veja *PESOS*). Dario Histaspes, 521-486 a.C., atribui a si mesmo a introdução das moedas cunhadas, na Pérsia (Heród. 4.166), por meio das quais os judeus se familiarizaram com as moedas. Os daricos ou soldos, Ed 2.69, eram moedas de ouro maciço, tendo, de um lado, a figura do rei ajoelhado, segurando um arco e uma flecha, no reverso via-se um quadrado irregular, que parecia representar a fôrma de metal que servia para a cunhagem. Depois da queda do império persa, o sistema monetário da Grécia foi adotado na Palestina e o dinheiro passou a ser representado pelos talentos e pelas dracmas, 1 Mac 11.28; 2 Mac 4.19. No ano 141-140 a.C., Simão Macabeu conseguiu o privilégio de cunhar moedas com a sua efígie, 1 Mac 15.6 e pôs em circulação *shekels* e meios *shekels* de prata e talvez subdivisões dessa moeda em meios, quartos e sexto de cobre. As moedas de prata tinham uma taça no obverso com a data por cima e a legenda: *shekel* ou "meio

DINHEIRO, MOEDAS

Moeda de pérgamo — Christian Computer Art

Moeda de Pôncio Pilatos — Christian Computer Art

Moeda Romana — Christian Computer Art

Moeda Romana — Christian Computer Art

Moeda Syria Agripa — Christian Computer Art

Moeda de 90dc — Christian Computer Art

shekel" de Israel, e no reverso um ramo com flores e em torno as palavras "Jerusalém, a Santa". A pequena moeda de cobre de João Hircano tem no obverso, dentro de uma cercadura de oliveira, a inscrição: "Jeoanã sumo sacerdote, chefe e amigo dos judeus" e no reverso, um símbolo grego: duas cornucópias unidas pela base e entre elas uma romã. Herodes, o Grande, e seus sucessores até Herodes Agripa II, emitiram moedas de cobre somente com as legendas em grego. Contudo, as moedas gregas continuaram a circular com as judias. Essas moedas consistiam de dracmas e tetradracmas. A dracma de prata, Lc 15.8, no tempo de Herodes, o Grande, e dos procuradores do império, equivalia a um denário romano e valia cerca de 16 cêntimos de um dólar; o estáter de

DINHEIRO, MOEDAS

prata, ou tetradracma, Mt 17.27, cunhados pelas cidades gregas da Síria e da Fenícia. O *lépton* (em Lc 12.59 centavo), pequena moeda de cobre diferente, do sistema grego, era a moeda de menor valor em circulação; valia 1\8 de cent. e era a metade de um quadrante, Mc 12.42. O nome tem o sentido de pequeno. Por ser moeda judia, só ela podia ser colocada na caixa das esmolas do templo. Parece que era a moeda de cobre que João Hircano ou outro dos príncipes Macabeus havia posto em circulação. O didracma que corresponde à metade de um *shekel*, Mt 17.23, não estava em circulação, ou era pouco usado na Palestina. O talento, corrente entre os judeus, 1 Mac 11.28; Mt 18.24, era o talento da Ática que Alexandre havia estabelecido como padrão monetário em todo o império, conservando sempre a mesma supremacia. Não era moeda cunhada, e sim dinheiro de contado, dividido em 60 minas, ou seis mil dracmas, 1 Mac 14.24; Lc 19.13-25. Essa moeda sofreu grande depreciação, quando a dracma baixou de 67,5 grãos para 55, ou 16 cents, no princípio do governo dos Césares. Com o advento do governo romano na Palestina, o dinheiro romano começou também a circular ali. O denário, Mt 18.28, que Fig. traduz dinheiros, era moeda de prata. No tempo do império, trazia invariavelmente no obverso o busto do soberano reinante ou de algum membro da família imperial. Desde o tempo de Augusto até Nero, o denário padrão pesava 60 grãos, equivalente a 17 cents. Era o tributo que os judeus pagavam em dinheiro ao tesouro do império, Mt 22.19. O *assarion, asse* em Mt 10.29; Lc 12.6, nome grego vindo do latim *as*, era pequena moeda de cobre, cujo valor foi reduzido a 1/6 do denário, cerca de um cent. no ano 217 a.C., o quadrante, traduzido centavo, Mt 5.26; Mc 12.42, era a quarta parte de um asse, ou ¼ de cent. Os procuradores romanos da Judéia também se acostumaram a cunhar moedas. Empregavam para isso, o cobre em nome da família imperial e com a legenda em caracteres gregos. Na moeda de cobre do tempo dos procuradores romanos vê-se o nome *TI*. Claudius Cesar Germanicus escritos em grego à margem, tendo no centro dois ramos de palmeira entrecruzados com a

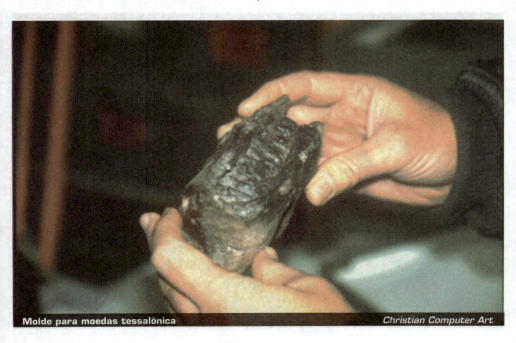

Molde para moedas tessalônica — Christian Computer Art

DINHEIRO, MOEDAS

data "Ano 14" entre elas. O reverso contém o nome da mulher do imperador, Julia Agripina. Essa moeda é do tempo do procurador Félix, 54 d.C. A moeda de ouro, corrente na Palestina, durante o período do Novo Testamento foi o *denarius áureo*, geralmente denominado *aureus* (Antig. 14.8,5), que valia 25 denários de prata. A cunhagem nacional de Israel reviveu, no tempo de Eleazar, sacerdote, e do príncipe Simão, durante a primeira revolta (66-70 a.C.). Os *shekels* de prata e os quartos de *shekel* e as moedas de cobre de vários padrões com antigas inscrições hebraicas entraram em circulação. O *shekel* de Simão tinha no obverso uma palmeira com a legenda "Simão, príncipe de Israel" e no reverso, uma videira com a inscrição: "Ano um da redenção de Israel". Quando se deu a sufocação da revolta e a tomada de Jerusalém, o governo romano mandou cunhar moedas com a imagem e o nome do imperador Vespasiano no obverso, e uma mulher cativa sob uma palmeira com a inscrição "Judéia cativa" no reverso. Herodes Agripa II, rei de parte da Galiléia e da região oriental, continuou a circulação de moedas de cobre depois da queda de Jerusalém, tendo o busto do imperador com o seu nome e seus títulos no obverso, e no reverso, um anjo, representando a vitória, erguendo uma coroa e sustentando um ramo de palmeira, com a legenda "Ano 26 do rei Agripa". Durante a segunda revolta, chefiada por Barcochebas, 32-135 d.C., continuou a circulação de *shekels* e os quartos de *shekel* de prata e de cobre com as antigas inscrições hebraicas, contendo no obverso um templo com quatro ordens de colunas, talvez uma representação convencional da porta especiosa do templo de Jerusalém, tendo ao lado a palavra Simão, e por cima uma estrela, alusão ao sobrenome do chefe Barcochebas, filho da estrela. A fim de se obterem quartos de *shekel*, cunharam-se de novo os *denarius* romanos, que por esse tempo tinham valor muito aproximado ao quarto de *shekel*, a fim de substituí-los sem grande inconveniência.

DIONÍSIO, O AREOPAGITA (*"pertencente a Dionusus"*) – nome de um dos membros da corte suprema de Atenas, chamada

Dionísio — Christian Computer Art

DISCÍPULO AMADO

Areópago, convertido pela pregação do apóstolo Paulo, At 17.34. Tudo indica que Dionísio foi um homem importante em Atenas, pois para ser um dos 12 homens da corte suprema, além de desfrutar boa reputação, era necessário ter sido governador principal da cidade (veja *DIONÍSIO, O DEUS*).

DIONÍSIO, O DEUS (do grego *Dionusus, deus da fertilidade e da vegetação na mitologia grega*) – seu nome romano era Baco, embora fosse o deus da fertilidade e da vegetação sua adoração estava ligada à produção e uso de vinhos. Na mitologia, era filho do deus Zeus com a mulher Semele. Sua mãe foi fulminada quando teve a visão da glória de Zeus, esse foi o erro que lhe custou a vida, mas Dionísio fora arrebatado de seu ventre e gerado no colo de Zeus até nascer. Quando adulto, Dionísio, saiu pelo mundo ensinando a viticultura e propagando seu culto, que consistia de muitas danças selvagens, orgias sexuais e todo tipo de excessos.

DIÓSCURO (no grego, *"filhos de Zeus"*) – o navio que Paulo viajou tinha como insígnia "Castor e Pólux", isto é "os gêmeos", filhos lendários de Zeus e Leda, At 28.11. O emblema ou insígnia que o navio usava caracterizava a descrição da embarcação. Geralmente imagens de deuses ou de animais eram esculpidas ou pintadas na proa dos barcos. Castor e Pólux, os dióscuros, eram considerados protetores dos navegantes e marinheiros.

DIÓTREFES (do grego, *"Nutrido por Zeus"*) – nome de um membro da Igreja a que pertencia Gaio. Esse nome vem na terceira epístola de João, v. 9,10. Diótrefes, que tinha a primazia na Igreja, negava entrada ao apóstolo e aos evangelistas itinerantes enviados em seu nome, e excomungava a todos que contrariavam suas proibições, 28.30.

DIPTYCHS (*termo grego que significa "par de tabletes"*) – eram tabletes fabricados com vários tipos de materiais, conjugados uns aos outros, tendo no lado interno uma camada de cera, em que os textos eram escritos. O uso era corrente no tempo greco-romano, com o passar do tempo o termo veio indicar lista de pessoas, vivas ou mortas, a quem eram oferecidas orações, nos cultos eucarísticos da antiga Igreja e que perdura em algumas liturgias.

DISÃ (*vem da palavra hebraica dishon, "antílope" ou "cabra montês"*) – nome de um filho do horeu Seir. Foi um príncipe, líder de uma tribo dos horeus, Gn 36.21,28,30; 1 Cr 1.38,42.

DISCÍPULO (*do grego mathetés, "discípulo", "aprendiz"*) – a palavra em português vem do latim *discípulos*, "aluno", "aprendiz". No Novo Testamento, o termo é usado por mais de 250 vezes. É o nome que se dá ao que recebe ensinos do mestre, Mt 10.24; especialmente daqueles mestres que exercem funções públicas, como João Batista, 6.14. O Senhor outorga esse nome àqueles que aprendem dele, Is 8.16. Também se dá esse nome a todos, que em qualquer tempo, recebem os ensinos do Mestre divino, e dos seus apóstolos, Mt 10.42; Lc 14.26,27,33; Jo 4.1; 6.66; Mt 5.1; 8.25; 10.1; 12.1 etc. A grande característica da palavra no Novo Testamento é sua aplicação àqueles que obedecem a Cristo e procuram imitá-lo, At 6.1-7; 9.1; 11.26; 18.23; 19.1; 21.4 etc.

DISCÍPULO AMADO – uma expressão que aparece somente no Evangelho de João, e tudo indica que se trata do próprio apóstolo, Jo 13.23; 19.26,27; Jo 20.2; Jo 21.7,20,24. Além dos textos citados e a própria proximidade que havia entre Jesus e João, Lc 22.8; Jo 18.15; Jo 19.26,27, a Igreja Primitiva acreditava firmemente que

DISCÍPULO AMADO

tal discípulo amado era, de fato, o apóstolo João, Eusébio, Hist. 3.31; 5.24.

DISENTERIA (*do grego dusenteria, que indica um fluxo do organismo*) – nome de uma enfermidade caracterizada por inflamação e ulceração da região inferior dos intestinos, acompanhada de hemorragia, e de febre: Públio, príncipe da ilha de Malta, tinha seu pai doente de disenteria. O apóstolo Paulo foi visitá-lo, e, orando, curou-o milagrosamente, At 28.7,8.

DISMAS (*no grego "dusmas"*) – nome que, segundo a tradição, pertence ao ladrão que foi crucificado à direita de Cristo, e que alcançou misericórdia. No entanto, outros escritos antigos trazem nomes diferentes, de modo que não se pode fazer qualquer afirmação concreta.

DISOM (*transliteração do termo hebraico dishom, "antílope" ou "cabra montês"*) **1** Nome de um dos filhos de Seir, líder da tribo dos horeus, cujas terras foram tomadas por Esaú e seus descendentes (Gn 36.21,28,30; 1 Cr 1.38,41). **2** Nome de um filho de Aná, neto de Seir e irmão de Aolibama, esposa de Esaú (Gn 36.25; 1 Cr 1.41,42).

DISPERSÃO – nome que se dá na Escritura ao corpo de israelitas espalhado em terras estrangeiras, Jr 25.34; Jo 7.35; Tg 1.1. Os israelitas foram ameaçados com a dispersão, caso se apartassem das leis de Moisés, Lv 26.33-37; Dt 4.27,28; 28.64-68. O cativeiro das dez tribos e parte de duas outras confirmaram o cumprimento dessa profecia, porquanto a maior parte dos cativos das dez tribos nunca mais voltou à sua pátria; e das outras duas tribos, grande número deles ficou nas regiões estrangeiras, de onde jamais voltou. Grande parte do povo emigrou para as cidades do império de Alexandre, o Grande, e para os reinos do Egito, da Síria etc. E mais tarde, quando o

império romano estendeu seu poder sobre estas e outras regiões, os judeus colonizaram as mais importantes cidades do império. Agripa, em uma carta a Calígula, conservada por Plínio, diz assim: "Jerusalém é a capital não só da Judéia, mas também de outros países, em virtude das colônias judias nela estabelecidas. Essas colônias buscaram abrigo em terras estranhas por causa das circunstâncias especiais, no Egito, na Fenícia, na Síria, na Panfília, na Cilícia, na maior parte da Ásia, na Bitínia e nos lugares mais distantes do Ponto. Do mesmo modo ocuparam a Europa, indo para a Tessália, Beócia, Macedônia, Eólia, Argos, Corinto e para os lugares mais belos do Peloponeso. E não somente o continente que está cheio de israelitas, é também a maior parte das ilhas importantes, como a Eubéia, Chipre, Creta, sem falar dos países além do Eufrates, todos eles com poucas exceções, inclusive a Babilônia e as satrapias, onde existem regiões férteis, são ocupadas pelos judeus". Por isso é que em todo o mundo conhecido se encontram os judeus da dispersão com as suas sinagogas e com o seu culto, At 2.5-11; 1 Pe 1.1; Guerras, 2.16; 7.3,3.

DIVÓRCIO, CARTA DE – anulação dos laços matrimoniais. Sob o domínio das leis mosaicas, o marido podia divorciar-se de sua mulher no caso de encontrar nela algum defeito. Neste caso, a mulher divorciada podia contrair novo casamento. Se, o segundo marido, quisesse divórcio, o primeiro não devia possuí-la de novo como esposa. O processo de divórcio era muito simples. O marido entregava-lhe um escrito de repúdio, carta de divórcio, e a despedia de casa, Dt 24.1-4; *cf.* Is 1.1; Jr 3.8. Nosso Senhor explicou que essa faculdade era devido à dureza de seus corações. Acrescentou que a lei justa e original do casamento era a lei natural, isto é, que o homem que se liga à sua mulher forma um

DÍZIMOS

só corpo com ela, e que são dois em uma só carne, sendo indissolúvel essa união, salvo em caso de adultério. Se um homem abandona a sua mulher e casa com outra, a não ser pelo motivo legal, comete adultério, e aquele que casar com a mulher divorciada ilegalmente, também comete o mesmo pecado, Mt 5.31,32; 19.3-9; Mc 10.2-12; Lc 16.18; *cf.* 1 Co 7.10-17. Os protestantes, quase universalmente, ensinam que o divórcio voluntário de ambas as partes anula o casamento e que as duas partes podem novamente contrair outro casamento (*cf.* 1 Co 7.15).

DI-ZAABE (*no hebraico, "abundante em ouro", "dourado"*) **–** nome de um lugar, citado apenas para indicar a localidade e as circunstâncias relacionadas com a despedida de Moisés, Dt 1.1. Daabe, situada na praia ocidental do golfo de Acaba, 41 km ao sul de Eziom-Geber, não pode assinalar a sua antiga posição; tem apenas semelhança de nome a seu favor, e nada mais; está muito fora do caminho seguido pelos israelitas. É provável que este nome, Di-Zaabe, seja de um distrito de Edom, semelhante a Mezaabe.

DÍZIMOS – vários termos aparecem nas Escrituras nesse sentido: Antigo Testamento: *Asar* – significa "a décima parte", "dez". Sete vezes é usado no sentido de dízimo, Gn 28.22; Dt 14.22; 26.12; 1 Sm 8.15,17; Ne 10.37,38. *Maaser* – significa "a décima parte". Termo usado 32 vezes, Gn 14.20; Lv 27.30-32; Nm 18.24,26; Dt 12.6,11,17; 2 Cr 31.5,6,12; Nm 10:37-38; Am 4.4; Ml 3.8,10. Novo Testamento: *Dekatóo*, "dizimar". Termo usado por duas vezes, Hb 7.6,9. *Apodekatóo*, "dar uma décima parte", "dizimar". Termo empregado três vezes, Mt 23.23; Lc 11.42; Hb 7.5. *Dekáte*, "décimo". Vocábulo usado quatro vezes, Hb 7.2,4,8,9. O dízimo é a décima parte das rendas consagradas ao Senhor. Várias nações da anti-

güidade separavam para os deuses certa proporção dos produtos de indústrias, ou dos despojos da guerra. Os lídios ofereciam a décima parte das presas (Heród. 1.89). Os fenícios e os cartagineses enviavam anualmente a Hércules, a décima parte de suas rendas. Esses dízimos eram regulares ou ocasionais, voluntários, ou ordenados por lei. Os egípcios deviam contribuir com a quinta parte das colheitas, para o Faraó, Gn 47.24. Antes do governo de José no Egito, e mesmo antes da existência dos faraós, Abraão, ao regressar da vitória alcançada sobre os reis confederados, deu a Melquisedeque, rei de Salém e sacerdote de Deus, o dízimo de tudo que possuía dos despojos da vitória, Gn 14.20. Jacó prometeu oferecer ao Senhor o dízimo de todas as coisas que lhe concedesse, 28.22. A lei mosaica mandava separar o dízimo dos frutos e dos gados para o Senhor, Lv 27.30,32. Não era obrigatório pagar em espécie o dízimo dos grãos ou dos frutos. Poderiam ser remidos, pagando mais um quinto do seu valor no mercado (v. 31). Mas os dízimos do gado e dos rebanhos não podiam ser remidos. Todos os dízimos de vacas, ovelhas e cabras, que passavam sob o cajado do pastor, seriam consagrados ao Senhor. Não se escolhia bom nem mau, nem se trocava por outro, nem se podia remir, 32.33. O dízimo dos grãos contava-se depois de limpos na cira; os dízimos das vinhas contavam-se depois de espremidas no lagar, e dos olivais depois de convertidos em azeite, Nm 18.27. Todos esses dízimos deveriam ser entregues nas mãos dos levitas, v. 21,24, em posse do ministério que serviam no tabernáculo do concerto, v. 21, e como recompensa por não terem parte na herança da terra. Ordenava a lei que os levitas dessem ao Senhor o dízimo dos dízimos recebidos do povo de Israel, v. 26,27, podendo livremente utilizar o que restava, como preço do serviço que faziam no Tabernáculo, v. 31. Nas vésperas de

DÍZIMOS

entrarem na terra de Canaã, onde os israelitas se estabeleceriam em lugares distantes do santuário, era preciso insistir para que o povo trouxesse tudo que a lei prescrevia sobre sacrifícios, ofertas voluntárias e dízimos, Dt 12.5,6,11. Não poderiam comer em suas casas o dízimo do trigo, do vinho e do azeite, nem o primogênito das vacas, nem de cousa que tivesse feito voto, senão, diante do Senhor, v. 17,18. Deveriam dizimar o trigo, o vinho, o azeite, os primogênitos das vacas e das ovelhas e comer tudo na presença do Senhor. Se, porém, a distância não lhes permitisse chegar até o santuário, poderiam vender tudo, reduzindo-o a dinheiro para ser levado ao lugar que o Senhor escolhesse, e com esse mesmo dinheiro comprar tudo que fosse de seu gosto, e comê-lo diante do Senhor, 14.23-27. De três em três anos, deveriam separar outro dízimo que seria conservado em casa para benefício do levita, do estrangeiro, da viúva e do órfão que estivessem dentro de suas portas, v. 28,29. Depois de ter dado o dízimo de todos os frutos, no terceiro ano, todo israelita deveria dar o dízimo ao levita, ao estrangeiro, ao órfão, e à viúva para que eles comessem dentro de suas portas, 26.12. Havia dois dízimos de três em três anos, antes do ano sabático, em que não tinha dízimos a pagar. Não existia inconsistência entre essas leis, como dizem alguns intérpretes. Os israelitas levavam os dízimos para o santuário, não só durante a peregrinação pelo deserto como depois de se estabelecerem na terra de Canaã, Nm 18.24; Dt 12.6. Uma parte era comida pelo ofertante e pelos levitas em banquete eucarístico, e o restante pertencia exclusivamente aos levitas. Essa lei foi levemente modificada antes da entrada e estabelecimento na Terra Prometida, de acordo com as distâncias em que se estabeleciam os levitas e os lavradores das terras. De três em três anos, deveriam armazenar os dízimos nas cidades onde moravam, ficavam dispensados do banquete eucarístico, colocavam os dízimos à disposição dos levitas e de outras pessoas a que se destinavam e faziam solenes protestos diante do Senhor de não haverem olvidado seus preceitos, Dt 26.12-15. Tais protestos, na presença do Senhor, poderiam ser feitos na cidade ou no santuário, por ocasião de assistirem a alguma das festas anuais. Dizem alguns críticos que Deuteronômio apresenta duas feições que lhe são peculiares: ordena os dízimos só para os vegetais que deveriam ser comidos diante do altar em companhia dos levitas. Se Deuteronômio difere da lei levítica, e do livro de Números nesses pontos, é por causa da modificação ocorrida 40 anos depois das primeiras promulgações, em circunstâncias diferentes. Posteriormente, mesmo no tempo em que a legislação levítica estava em pleno vigor, o dízimo dos vegetais é muitas vezes mencionado independente de outros, Ne 10.37; 12.44; 13.12. Tornou-se mais proeminente, quando a agricultura e a horticultura constituíram a indústria principal do povo. Todavia, o dízimo sobre o gado consta de 2 Cr 31.6. Seria muito natural, mesmo no caso de ainda não haver banquete eucarístico, que Moisés só o instituísse por ocasião dos dízimos e das primícias, porque o ofertante, com freqüência, vinha de lugares distantes, e naturalmente exigia que ao menos tivesse uma refeição no santuário antes de voltar para sua casa. Ainda mais: a omissão de tudo isto no livro de Levítico e de Números pode ter explicação em que a festa era considerada como existente, desde tempos imemoriais em relação com certos sacrifícios e oferendas; e que o dízimo sobre produtos de agricultura e de horticultura só os menciona o livro de Deuteronômio, porque, entre os dízimos que havia entre eles, só um é que era comido no santuário, e a lei a que nos referimos trata de banquete eucarístico. Outra interpretação das leis do dízimo requer detido exame.

Não poucos doutores são de opinião que a contribuição de um quinto para o Faraó, que os israelitas pagavam no Egito, se perpetuou na lei mosaica com o tributo a ser pago a Jeová. Esse quinto foi elevado a dois quintos. O primeiro destinado aos levitas e o segundo, para o santuário (Antig. 4.8,8). Mas no terceiro ano, seria para os levitas, em adição aos dízimos que lhes eram destinados. Alguns intérpretes são de parecer que havia três dízimos: consideravam o dízimo do terceiro ano como adicional aos outros dois. Esta opinião vem desde os tempos de Josefo, 8, 22, mas é desnecessária, visto que foi essa a intenção da lei original, cumprida com a contribuição de um só dízimo. Em tempos de enfraquecimento religioso, o povo negligenciou a lei do dízimo. Ezequias julgou necessário fazê-la efetiva, 2 Cr 31.4-12, e o profeta Malaquias viu-se obrigado a repreender o povo, acusando-o de roubar a Deus, nos dízimos e nas primícias, Ml 3.7-12. A resposta do povo aos apelos do rei Ezequias foi tão ampla e cordial, que ele teve de mandar fazer armazéns para recolher as ofertas do povo, 2 Cr 31.11. O segundo templo também tinha quartos destinados a guardar os dízimos, Ne 13.10-14; Ml 3.10. Os levitas, sob a direção de um sacerdote, recolhiam os dízimos nas cidades e os mandavam para o santuário, Nm 10.37,38. O pagamento dos dízimos continuou, Ecclus 35.8; 1 Mac 3.49; Lc 11.42; 18.12, porém, no tempo de Cristo havia sofrido algumas alterações. O dízimo era enviado aos sacerdotes, Antig. 11.5,8; cont. Apiom 1.22; cf. Hb 7.5, e por eles coletado (Vida 12, 15). Posteriormente, os sacerdotes foram prejudicados pela cobiça dos sumos sacerdotes, que à força se apoderavam dos dízimos (Antig. 20.8,8; 9.2). No Novo Testamento, não há uma obrigatoriedade para o dízimo, no entanto o resultado dessa fidelidade humana é sempre respondida pela fidelidade divina, cf. Ml 3.10,11 com 2 Co 9.6,7. Outro fato importante é que a Igreja constitui o novo Israel de Deus, e todo princípio de bênção para o Israel nação tem alcance, dentro do propósito de Deus, para o Israel espiritual.

DOBRADIÇA, GONZO – o tipo de dobradiça citado nas Escrituras é o gonzo. Os dois termos hebraicos são: *Tsir*, "forma", "gonzo" , Pv 26.14; e *Poth*, "gonzo", 1 Rs 7.50. A dobradiça funcionava à semelhança dos gonzos atuais, encaixadas na lateral da porta e no seu batente. Os batentes eram de madeira bruta, denominada couceiras.

DOCUS (veja *DOQUE*).

DODAI (vide *DODÔ*).

DODANIM, RODANIM – nome de uma tribo originária do quarto filho de Javã, Gn 10.4. A identificação dessa tribo com os troianos é questionável, mas eles podem ser os mesmos dardani que habitavam na Ilíria e em Tróia. Se a palavra Rodanim for a tradução correta do texto original, pode-se entender que se refere aos habitantes da ilha de Rodes e das ilhas vizinhas do mar Egeu, pois a LXX e a versão samaritana, em Gn 10.4, e o texto hebraico em 1 Cr 1.7, dizem Rodanim. Dodanim pode ser um erro escribal devido à grande semelhança que as letras "d" e "r" representam no hebraico.

DODAVA (*no hebraico, "amado por Jeová"*) **–** nome de um homem de Maresa, pai do profeta Eliezer, que profetizou a destruição das naus de Jeosafá e condenou sua aliança com Israel, 2 Cr 20.37.

DODÔ, DODAI (*no hebraico, "amante"*). **1** Nome de um homem de Issacar, antecessor do juiz Tola, Jz 10.1. **2** Nome de um aoíta e pai de Eleazar, um dos três homens fortes de Davi, 2 Sm 23.9, onde tem o nome de Dodai, seguindo o texto hebraico, 1 Cr 11.12. Davi o nomeou comandante para

DODÔ, DODAI

servir no segundo mês, 1 Cr 27.4. **3** Nome de um homem de Belém, pai de Elanã, um dos homens fortes de Davi, 2 Sm 23.24; 1 Cr 11.26.

DOEGUE (*no hebraico, "tímido", "temeroso"*) **–** nome de um edomita, chefe dos pastores de Saul. Esteve retido no Tabernáculo em Nobe, por causa de um voto, ou por motivo de manifestações de lepra, Lv 14.4,11,21, ou ainda por causa de algum crime (*cf.* l Rs 1.50). Davi, fugindo da corte de Saul. chegou a Nobe e recebeu de Abimeleque pão e a espada de Golias, 1 Sm 21.7; Sl 50. Doegue, presenciando este fato, o denunciou a Saul que mandou prender Abimeleque para explicações. Não satisfeito com a defesa, Saul mandou matar Abimeleque e com ele os demais sacerdotes. Os da sua guarda não quiseram obedecer à ordem do rei. Estando presente Doegue, o rei ordenou-lhe a matança. Ele, lançando-se sobre os sacerdotes, matou naquele dia, 85 homens, e passou ao fio da espada homens, mulheres, crianças, e meninos de mama, habitantes de Nobe, cidade sacerdotal, com bois, ovelhas e jumentos, 1 Sm 22.7-23.

DOENÇAS – as doenças, ou enfermidades, originam-se na violação de leis físicas ou mentais. A observância dessas leis é ato moral e a sua violação chama-se pecado, Pv 2.17-22; 23.29-32. Em muitos casos, a doença é a punição imposta pelo Criador àqueles que pecam. Deus, algumas vezes, manda enfermidades, cujas causas naturais são inteiramente ignoradas, Êx 9.8s.; Nm 11.33; 12.9-11; Dt 28.21,22,35,60; 2 Sm 21.1; 24.15; 2 Rs 5.27. A relação entre o pecado e várias doenças, muitas vezes é atribuída a Satanás, que seduz a raça humana a cair em pecado, pois ele é o grande tentador das criaturas, Lc 13.16. Contudo, não se pode atribuir a Satanás, ou ao pecado cometido, a causa imediata de nossas enfermidades, Jó caps. 3 a 42; Jo 9.1-3. As principais doenças humanas, mencionadas na Bíblia, são as febres, Dt 28.22; Mt 8.14; Jo 4.52; Antig. 13.15,16, as moléstias da pele, Lv 13.6-8,30,39, a disenteria, 2 Cr 21.15,18; At 28.8, a oftalmia, Ap 3.18; Tobias 2.10; 6.8; 9.13, os furúnculos, Êx 9.9; 1 Sm 5.6, e a paralisia, 1 Mac 9.55; Mt 8.6; 9.2; At 9.33.

DOFCA (*no hebraico, "batida" ou "tanger o gado"*) **–** nome de uma estação no caminho para o Sinai, entre o mar Vermelho e Refidim, Nm 33.12,13.

DOM – uma dádiva ou presente alcançado pelo favor divino. Esse é o conceito que envolve algumas palavras no Novo Testamento que significam *dom*. A mais importante delas é *charisma*, usada para indicar os dons do Espírito, 1 Co 12.4,9,28,30,31, e para indicar a salvação, um dom da graça de Deus, Rm 5.15,16. Outro termo grego é *cháris*, significa 'graça', e está associado ao dom gratuito de Deus, como em 2 Co 8.4 e Ef 2.7,8. Os outros termos utilizados no Novo Testamento são: *Dósis*, "dom", "presente", usado em Tg 1.17 e em Fp 4.15, sendo a tradução mais comum em Fp 4.15, "dar"; *Dídomi*, "dar", o termo mais empregado no Novo Testamento, tem sentido mais extenso que as outras palavras, pois varia seu significado dependendo do contexto que for inserido, Mt 4.9; 5.31; Mc 2.26; Lc 1.32; Jo 1.12; Rm 4.20; 1 Co 1.4; Ef 1.17; Tg 1.5 etc; *Anáthema*, "devotado a Deus", traduzido nas versões em português como 'dádivas' em Lc 21.5; *Dorea*, "dom", "dádiva", "presente", Jo 4.10; At 8.20; Rm 5.15,17; Hb 6.4; *Doma*, "presente", Mt 7.11; Lc 11.13; Ef 4.8; Fp 4.17; *Dorema*, "dom", "presente", usado em Rm 5.16 e Tg 1.17. Embora o Antigo Testamento não apresente a mesma idéia de dom associada a um favor divino, como é o caso de alguns termos gregos no Novo Testamento, os termos hebraicos relacionados são: *Minchah*, "oferta", "presente", e algumas vezes traduzidos por "dom". É o termo hebraico mais usado no AT, 2 Sm 8.2,6; 1 Rs 4.21; 1 Cr 18.2,6; 2 Cr 26.8; 32.23; Sl 45.12; Is 39.1 etc; *Mattan*, "dádiva", "presente", "dons", Gn 34.12; Nm 18.11; Pv 19.6; 21.14. Tanto o termo quanto seus derivados podem ter outros significados, Gn 25.6; 2 Cr 21.3; Pv 15.27; 18.11; Ez 46.16,17 etc; *Maseth*, "dom", "presente", "sustento", termo usado nesse sentido em Et 2.18; Jr 40.5; *Nisseth*, "dom", "presente", empregado somente em 2 Sm 19.42; *Shochad*, "suborno", "recompensa". Algumas vezes tem a tradução de "presentes", mas com sentido de "suborno", Êx 23.8; Dt 16.19; 2 Cr 19.7; Pv 6.35; 17.23; Is 1.23; Ez 22.12.

DOMÍNIO PRÓPRIO – é a contenção dos
impulsos interiores, provocados por fatores externos ou desejos internos no homem. É ser equilibrado quanto aos seus impulsos naturais. Outra palavra é temperança, que tem uso comum nas versões de Almeida, Pv 25.28; At 24.25; 1 Co 7.9; 9.25; Gl 5.22; Tt 1.8; 2 Pe 1.6. Essa qualidade é própria de quem tem a vida controlada pelo Espírito, Gl 5.22,23 e sua ausência traz à tona na vida cristã as obras da carne contrárias a ela, a saber, Gl 5.19-21.

DONINHA (*hb., choled, "rasteiro"*)
– tradução da palavra hebraica *Choled*, "rasteiro", aplicada a um quadrúpede considerado imundo, Lv 11.29. A palavra correspondente em árabe e em siríaco quer dizer "toupeira", mas o vocábulo hebraico significa "doninha". No Talmude, a palavra *huledah* refere-se a um animal caçador de pássaros e de répteis à semelhança dos ratos, carrega a sua presa na boca e bebe água com a língua. Finalmente, a toupeira do gênero *Talpa*, não se encontra na Palestina, ao passo que a doninha (*Putorius vulgaris*) se encontra em todo o país.

DONS ESPIRITUAIS – é uma capacitação espiritual manifestada na vida do
crente, e assim na Igreja, com a finalidade de dinamizá-la, no que diz respeito à sua adoração, (culto), evangelização, (cumprimento missiológico), e vida comum (unidade e testemunho), proporcionando crescimento espiritual, 1 Co 12. Basicamente os dons espirituais encontram-se distribuídos em três referências principais no Novo Testamento: **1** Romanos 12, sendo os dons relacionados, a) profecia; b) serviço ou ministério; c) ensino; d) exortação; e) contribuição; f) liderança; g) misericórdia. **2** 1 Coríntios 12, consta os dons mencionados anteriormente, e mais, a) sabedoria; b) conhecimento; c) fé; d) cura; e) milagres (operação de maravilhas); f) discernimento de espíritos; g) línguas; h) interpretação de línguas; i) apóstolo; j) socorros; l) governos (administrar, liderar, presidir). **3** Efésios 4, todos os dons relacionados, e mais: a) evangelistas; b) pastores. A seguir, citamos todos os dons apresentados nessas três referências: **1** *Profecia*, Rm 12.6 – é a capacitação que o Espírito Santo dá, para que alguns crentes possam transmitir, na íntegra, uma mensagem recebida de Deus. **2** *Serviço ou Ministério*, Rm 12.7 – é a capacitação que o Espírito Santo dá aos crentes, a fim de que tenham prontidão e amor para enxergar e executar as necessidades do Reino de Deus, desenvolvendo todos os projetos e alvos para consecução dessa tarefa. **3** *Ensino*, Rm 12.7 – o dom de ensino caracteriza aquele que é *mestre*. É a capacitação dada pelo Espírito Santo para a comunicação do ensino. A doutrina, que torna a Igreja sadia é facilmente aprendida quando aquele que ministra tem o dom de ensino. **4** *Exortação*, Rm 12.8 – uma capacitação que o Espírito Santo outorga a alguns na Igreja, a fim de que sejam capazes de instruir outros com palavras de conselho, produzindo consolo, encorajamento e cura. **5** *Contribuição*, Ef 12.8 – é a capacitação

DONS ESPIRITUAIS

que o Espírito Santo dá a alguns crentes de contribuir com seus recursos materiais, com liberalidade, amor e alegria na sua obra. Não enfoca somente o repartir, mas a liberalidade como a contribuição é feita. Não é só o valor, mas o amor contido na oferta. **6** *Liderança*, Rm 12.8 – trata-se de uma capacidade especial que o Espírito Santo dá, a fim de que em unidade voluntária os homens trabalhem, atingindo alvos para o crescimento do Reino de Deus. **7** *Misericórdia*, Rm 12.8 – é uma capacitação especial que o Espírito Santo dá a alguns, tornando-os cheios de compaixão pelo próximo, capacitando-os para darem assistência, produzindo conforto e demonstrando o amor de Deus. **8** *Sabedoria*, 1 Co 12.8 – é a capacitação espiritual outorgada pelo Espírito Santo, que torna o crente capaz de discernir, movido pelo próprio Espírito, e ensinar, atingindo as necessidades da igreja ou de outrem. Às vezes, a própria sabedoria está em usar o conhecimento comum de maneira precisa em situações extremas. A palavra de sabedoria é o conhecimento certo aplicado na hora precisa. **9** *Conhecimento*, 1 Co 12.8 – trata-se de uma capacitação que o Espírito Santo dá a alguns, tornando-os aptos para reter, analisar e transmitir conhecimentos que produzem crescimento na Igreja de Cristo. **10** *Fé*, 1 Co 12.9 – a capacidade especial que o Espírito Santo dá a alguns crentes, a fim de que com confiança seja discernida a vontade de Deus e seus propósitos em qualquer situação, sempre apontando para o futuro, Hb 11.1. A fé quando em ação é capaz de decidir, fazer acontecer, resolver todas as coisas. **11** *Cura*, 1 Co 12.9,28 – é a capacitação que o Espírito Santo dá a alguns crentes, a fim de manifestar o poder de Deus promovendo cura sobre enfermidades de modo sobrenatural. **12** *Milagres* (*operação de maravilhas*), 1 Co 12.10,28 – é a capacitação especial que o Espírito Santo dá aos crentes, a fim de realizar atos

poderosos e sobrenaturais, promovendo edificação da igreja e crescimento do Reino de Deus. **13** *Discernimento de espíritos*, 1 Co 12.10 – é a capacitação dada pelo Espírito Santo, a fim de que alguém possa identificar com certeza plena o espírito que está por trás de determinado comportamento. Esse dom é muito eficaz na igreja, poucos são possuidores de tal dom, e dependem de coragem para exercê-lo. **14** *Línguas*, 1 Co 12.10 – uma capacidade que o Espírito Santo outorga a alguns crentes, para falar a Deus em uma língua que jamais aprendeu ou proclamar uma mensagem de Deus em um idioma que nunca aprendeu. **15** *Interpretação de línguas*, 1 Co 12.10 – é a capacitação dada pelo Espírito Santo a alguns crentes para entender uma mensagem de Deus em um idioma que não aprenderam, a fim de poderem transmitir essa mensagem, promovendo a edificação da igreja. **16** *Apóstolo*, 1 Co 12.28 – é a capacidade que o Espírito Santo dá a alguns, para exercer liderança sobre um grupo de igrejas. Essa liderança caracteriza-se pela autoridade espiritual na forma do seu exercício, o que traz unidade para as igrejas. **17** *Socorros*, 1 Co 12.28 – é a capacitação dada pelo Espírito Santo a alguns crentes, para que com amor, invistam recursos e promovam ajuda para a vida, ou ministério de outros, para crescimento do Reino de Deus. **18** *Governos* (administrar, liderar, presidir), 1 Co 12.28 – é a capacitação dada pelo Espírito Santo a alguns crentes, que produz uma visão aberta, a fim de que novos alvos e metas sejam com eficácia alcançados. Uma boa visão de quem administra faz com que ande sempre na frente dos problemas que hão de vir. **19** *Evangelistas*, Ef 4.11 – é a capacidade que o Espírito Santo dá a alguns, a fim de que o evangelho seja compartilhado com facilidade, fazendo de incrédulos verdadeiros discípulos de Cristo. **20** *Pastores*, Ef 4.11 – é uma capacidade especial, dada pelo Espírito Santo a alguns, fazendo com que uma pessoa tenha habilidade, sabedoria, responsabilidade e amor para tratar da saúde ou bem-estar espiritual de pessoas. Não devemos confundir o dom de pastor com o ofício de pastor. Há muitos crentes que não ocupam o ofício de pastor, mas exercem o dom ao cuidar de um grupo de pessoas na igreja de Cristo. Ainda há menção a outros dons, mesmo que de maneira mais sucinta, no Novo Testamento, fora dessas listas principais mencionadas. Destacamos a seguir esses dons: **1** Celibato – 1 Co 7.7,8; Mt 19.10-12. **2** Intercessão – Tg 5.14-16; Lc 22.41-44; At 12.12; Cl 1.9-12; 4.12,13; 1 Tm 2.1,2.

DOQUE, DOCUS (*no grego, dok, "vigia"*) – pequena fortificação perto de Jericó, construída por Ptolomeu, 1 Mac 16.15, neto de Simão Macabeu, 11.12. Nesse castelo, recebeu ele a Simão e a dois filhos deste, aos quais matou traiçoeiramente (16). Esse crime foi vingado por João Hircano, terceiro filho de Simão, que cercou Doque, fugindo Ptolomeu para além do Jordão (Antig. 13.7,4,8,1). Esse nome se perpetuou em Aim Duque, nome de uma copiosa nascente oito quilômetros a noroeste de Jericó, perto da estrada que do vale do Jordão se dirige para a região serrana. Acima dessa nascente existem vestígios de antigas fortificações.

DOR – (*hb, "habitação" ou "círculo"*) – nome de uma cidade no ocidente da Palestina, Js 11.2, na costa do mar, 1 Mac 15.11, nove milhas romanas ao norte de Cesaréia, cerca de 14 km. Estava situada na tribo de Aser, mas veio a pertencer à tribo de Manassés, Js 17.11; *cf.* 19.26; 1 Cr 7.29, que deixou de expulsar os cananeus seus habitantes, Jz 1.27. Foi nessa cidade que Salomão instalou uma das repartições fiscais, 1 Rs 4.11. No tempo dos Macabeus, chamava-se Dora. Em 217 a.C. foi sitiada, sem êxito, por Antíoco III, o Grande, e no ano 138 a.C. por Antíoco VII, 1 Mac 15.11-14. Subseqüentemente, foi tomada por certo Zoilo e, por morte deste, caiu nas mãos de Alexandre Janeu. Em 64 a.C., o general Pompeu protegeu a sua autonomia. No ano 56 a.C., foi reconstruída por Gabínio (Antig. 16.5,3). No princípio da era cristã, começou a decair. Existem restos perto de Khurbet Tantura, na costa a uns 14 km ao norte de Cesaréia. A velha cidade elevava-se sobre uma cordilheira baixa. As ruínas compõem-se de um outeiro com uma torre, cujas fundações antedatam os tempos das cruzadas, um porto com entrada por uma rocha, várias construções, túmulos abertos em rocha, um tanque e uma estrada.

DORCAS (*do aramaico taby^etha, "gazela"*) – nome de uma mulher, que em aramaico é *Tabita*, residente em Jope. Fazia roupas que dava aos pobres. Tendo morrido, mandaram chamar o apóstolo Pedro. Feita a oração, ordenou o apóstolo que ela se levantasse, e, abrindo os olhos e vendo Pedro, se levantou. A fama deste milagre converteu muitos, At 9.36-43. Há muitas sociedades de senhoras com o nome de Dorcas.

DOTÃ (*no hebraico, "duas fontes", "dois poços", ou "dupla festa"*) – nome de uma cidade perto de Siquém e Samaria, de difícil acesso para as caravanas, Gn 37.14,17,25; 1 Rs 6.13, perto da planície de Esdraelom e no caminho para a região serrana de Judá, Judite 3.10; 4.6,7. José, filho de Jacó, foi lançado em uma cisterna perto desse lugar, e dali retirado e vendido a uns midianitas, Gn 37.17-28. O profeta Eliseu esteve cercado ali pelos sírios, mas os soldados, de que se compunha o grande exército, foram milagrosamente feridos de cegueira. Depois os levou a Samaria onde recobraram a visão, e os deixou voltar para sua terra em paz, 2 Rs 6.8-23. Seu antigo local é assinalado nas ruínas Tell Ditã, perto de um poço, 17,5 km a oriente de Samaria.

DOTE

DOTE (*no hebraico, mohar*) – era costume entre os israelitas e as nações vizinhas que o pretendente à mão de uma jovem, ele, ou seu pai, desse ao pai da futura esposa uma prova material de sua pretensão ao casamento, Gn 29.15-20; 34.12; Êx 22.17; 1 Sm 18.25. A menor quantia para o dote de uma donzela era de 50 siclos, Dt 22.29; Êx 22.15,16. Em certos casos, o pai da noiva lhe dava um presente de núpcias, Js 15.19; 1 Rs 9.16. Em Gn 30.20, encontramos a palavra hebraica *Zebed*, que traduz dote no sentido de dádiva. Esse termo só aparece uma vez na Bíblia.

DOUTOR DA LEI – homem versado no conhecimento da lei de Moisés, da qual era intérprete profissional e também escriba, *cf.* Mt 22.35, com Mc 12.28 (veja *ESCRIBA*). Os doutores da lei uniram-se aos fariseus para rejeitarem a pregação de João Batista, Lc 7.30; julgavam-se superiores a Jesus e por isso dispensavam a sua instrução; quando um deles condescendeu em comunicar-se com Jesus, foi somente para tentá-lo, propondo-lhe uma questão difícil, Mt 22.35; Lc 10.25; *cf.* 14.3. Jesus os denunciou em linguagem veemente, porque atavam cargas pesadas e incomportáveis aos ombros dos homens e lhes fechavam a porta do reino dos céus, Lc 11.45-52.

DOUTRINA – trata-se de um conjunto de ensinos ou um ensino específico. O termo é derivação de um verbo latino, *docere*, que significa, "ensinar". Apesar de referir-se aos ensinos de Cristo e outros ensinos religiosos, o termo pode ser usado para definir qualquer tipo de ensino fora dos parâmetros religiosos. Jesus falou contra os fariseus que ensinavam doutrinas que eram preceitos de homens, Mt 15.9. As pessoas ficavam maravilhadas com a doutrina de Jesus, Mt 7.28. Jesus condenou a doutrina dos fariseus, Mt 16.12. Paulo exortou os crentes contra os ventos de doutrinas, Ef 4.14. E escreveu a Timóteo pedindo que tivesse cuidado com a sã doutrina, 1 Tm 4.16.

DRACMA – trata-se de uma medida de peso padrão para a prata na Grécia antiga. A dracma pesava 4,37 gramas e a moeda do mesmo nome tinha o peso equivalente a quatro dracmas. Sendo assim, dracma era tanto uma unidade de peso quanto monetária. Esses padrões valiam na Grécia, mas variavam em outros locais. Cem dracmas equivaliam a uma "mina" de prata, e 60 "minas" de prata era um "talento" (veja *DINHEIRO, MOEDAS*).

DRAGÃO (*do grego, drakon*) – no Antigo Testamento, a palavra dragão emprega-se traduzindo o vocábulo *Tannim*, animal comprido, como a serpente, Êx 7.9; *cf.* 4.3,4; Sl 91.13; Dt 32.33; os grandes animais marinhos, Gn 1.21; Sl 74.13; 148.7, e o crocodilo dos rios do Egito, Ez 29.3. Este último que é descrito por Ezequiel como um dragão nos mares, que feria os rios, turbava as águas com os pés, e sujava os rios, 29.3; 32.2, serve para simbolizar o poder do Egito, Is 51.9; 27.1. Os tradutores da Bíblia são de parecer que a palavra *Tan*, em Jó, 30.29; Is 13.22; 34.13; 35.7; 43.20; Jr 9.11; 10.22; 14.6; 49.33; 51.37; Mq 1.3,8; Lm 4.3, deve ser traduzida em todas estas passagens, chacal. O dragão do Novo Testamento é a imagem da velha serpente, diabo e satanás, Ap 12.9; 20.2, representado simbolicamente com a cor vermelha, tendo sete cabeças e dez chifres, e uma cauda enorme, boca de onde saía água como um rio, Ap 12.3,4,15; 16.13. Foi precipitado do céu à terra, onde perseguiu a Igreja, sendo afinal lançado no abismo, 12.7-17; 20.2,3. Em certos casos, o dragão assemelha-se à besta descrita no cap. 13, que vem a ser um conjunto dos quatro animais de que fala a profecia de Daniel, representando a coligação dos poderes da terra contra o reino de Deus, Dn 7. A pintura do dragão se conforma com a besta;

porque o dragão, que é a antiga serpente, é o espírito que anima e dá corpo ao poder das trevas, delineado no cap. 12. As feições características do reino deste mundo de que fala Daniel combinam-se perfeitamente com a descrição da serpente de que fala o cap. 3 de Gênesis (veja *COBRA*).

DROMEDÁRIO (*do latim dromedarius, "camelo corredor"*) **1** Tradução da palavra hebraica *Rekesh*, "coisa que corre muito", em 1 Rs 4.28, porém em Mq 1.13, "animais ligeiros" e em Et 8.10, postilhões, "correios a cavalo". **2** Tradução da palavra hebraica *Rammak,* em Et 8.10. **3** Tradução da palavra hebraica *Beker*, espécie de camelo ligeiro, próprio para o transporte de cargas, Is 60.6; Jr 2.23. No árabe, denota camelo novo, capaz de ser montado e de conduzir peso. O dromedário é variedade de camelo que tem só uma corcova (*Camelus dromedarius*), criado para as viagens rápidas e condicionado para a resistência; pode viajar 231 km por dia. O camelo de duas corcovas (*Camelus bactrianus*) também pode servir de dromedário (veja *CAMELO*).

DRUSILA (*diminutivo de Drusa*) – nome da filha mais nova de Herodes I com sua mulher Cipros. Antes da morte de seu pai, no ano 44 da era cristã, e quando ainda não tinha seis anos de idade, foi prometida em casamento a certo Epifânio, filho de Antíoco (não o perseguidor de igual nome), sob a condição de aceitar o judaísmo. Porém refletindo no caso, recusou a aliança proposta. Azizuz, rei de Emesa, propôs-se ao consórcio, aceitando as condições anteriores, e Drusila tornou-se sua esposa. Era ela possuidora de rara beleza, e por isso caiu no desagrado de sua irmã Berenice, que a perseguiu. Félix, procurador da Judéia, concebeu uma paixão criminosa por Drusila, a que ela correspondeu facilmente. Desprezando a lei judia, abandonou seu legítimo esposo e se casou com o pro-

curador Félix, apesar de ser estrangeiro e pagão idólatra. Tiveram um filho a quem deram o nome Agripa que, depois de adulto e casado, pereceu em uma erupção do Vesúvio (Antig. 18.5,4; 20.7,1,2). Pode-se bem compreender a razão por que Félix e Drusila, tremeram na presença do apóstolo Paulo quando este compareceu diante deles, falando da justiça, da castidade e do juízo futuro, At 24.24,25.

DUMÁ (*no hebraico, "silêncio"*) **1** Nome de uma tribo descendente de Ismael, Gn 25.14; 1 Cr 1.30. Ocupava território na região, que Ptolomeu denominava Domaíta e Plínio, Dómata, nos confins da Síria e dos desertos da Arábia. Existe ali uma cidade chamada Dumat al Gandal, quer dizer "Dumá das pedras", situada no distrito al-Jauf, a noroeste da península arábica. **2** Nome simbólico designando Edom, por causa da consonância de nome, e em alusão às ameaças profetizadas, Is 21.11. **3** Nome de uma cidade, situada na região serrana de Judá, Js 15.52, cujos restos se encontram nas ruínas de Ed-Domeh, 18 km a sudoeste de Hebrom.

DURA (*derivação do acádio duru, "círculo"*) – nome de uma planície nas províncias da Babilônia, onde o rei Nabucodonosor levantou a estátua de ouro, Dn 3.1. Diversas localidades do império babilônico têm esse nome, que significa muro ou fortificação.

DURA CERVIZ (*no hebraico, qesheh oreph, "duro de pescoço"*) – essa expressão ocorre em dois livros do Pentateuco, Êx 32.9; 33.3,5; 34.9 e Dt 9.6,13. A expressão é usada para se referir às atitudes rebeldes da nação de Israel, quando peregrinavam no deserto depois da saída do Egito. No Novo Testamento, a expressão *sklerotráchelos*, "pescoço duro", é utilizada somente uma vez, At 7.51, por Estêvão, que comparou seus contemporâneos, duros de cerviz, a seus antepassados.

EBAL 1 Nome de um filho de Sobal descendente do horita Seir, Gn 36.23; 1 Cr 1.40. **2** O mesmo que Obal, *cf.* 1 Cr 1.22, com Gn 10.28. Foi o nome de um filho de Joctã.

EBAL, MONTE (no hebraico, *'ebal*, "despido", ou "pedra" – em relação ao monte denota sua característica escarpada e rochosa) – nome de uma montanha, separada do monte Gerizim por um estreito vale, Dt 27.12-14, a oeste do caminho ocidental e perto dos carvalhos de Moré, que estavam localizados perto de Siquém, Gn 12.6; 35.4. Quando os israelitas atravessaram o Jordão, levantaram umas grandes pedras alisadas com Cal, para nelas ser escrita a lei. Também foi construído um altar, Dt 27.1-8. Os representantes de seis tribos, os de Rúben, Gade, Aser, Zebulom, Dã e Naftali deveriam estar no monte Ebal e pronunciar as maldições sobre aqueles que fossem culpados de crimes hediondos. Os representantes das outras seis tribos, no monte Gerizim, deviam pronunciar as bênçãos sobre os fiéis a Deus, Dt 11.29; 27.9-26. Essas instruções foram confiadas a Josué, que as leu perante o povo, Js 8.30,35. O monte Ebal está situado na parte setentrional de Nablus, antiga Siquém, o monte Gerizim na parte meridional, Antig. 4.8,44. Esses montes estão a oeste do caminho que, do sul segue para o norte, e por meio deles passa a estrada que liga Samaria e Enganim. O Ebal se eleva cerca de 950 metros acima do nível do mar, é escarpado, rochoso e estéril. Em alguns lugares, encontram-se oliveiras fanadas; no mais é destituído de vegetação. Atualmente, tem o nome de *Jebel es Sitt es Slâmiyeh*.

EBEDE (no hebraico, *'ebed*, "servo", "escravo"). **1** Nome do pai de Gaal, Jz 9.28,30. **2** Nome de um chefe da casa de Adim, que regressou da Babilônia com 50 homens, Ed 8.6.

EBEDE-MELEQUE (no hebraico, *'ebed melek*, "servo do rei") – nome de um etíope,

EBEDE-MELEQUE

eunuco do palácio do rei Zedequias, que, sabendo que o profeta Jeremias estava na prisão, onde fatalmente sofreria fome e sede, e havendo obtido licença do rei, o tirou dela por meio de umas cordas, Jr 38.7-13. O profeta foi autorizado a dizer a Ebede-Meleque que, por causa dos serviços que lhe havia prestado, não seria entregue nas mãos dos inimigos, quando a cidade fosse tomada, 39.15-18.

EBENÉZER (*no hebraico, 'eben há 'ezer, "pedra de ajuda"*) – pedra comemorativa levantada por Samuel entre Mizpá e Sem, no lugar em que o Senhor desbaratou os filisteus, 1 Sm 7.10,12. O mesmo nome é usado para designar um acampamento de Israel antes de serem derrotados pelos filisteus, nas proximidades de Afeque. Pode tratar-se de outro lugar onde 20 anos antes os israelitas haviam sido derrotados nesse mesmo lugar, pelos filisteus e perdido a arca 1 Sm 4.1.

EBER (*no hebraico, 'eber, "aquele que atravessa", ou "aquele que passa por cima", no grego se traduz o nome por Heber"*). **1** Nome do filho de Selá e bisneto de Sem, Gn 10.21,24; 1 Cr 1.19. Esse homem foi pai de Pelegue e também de Joctã, Gn 10.21,25; 11.16. Seu nome hebraico está relacionado a *ibri*, que pode ser o mesmo *habiru*, um termo usado nos escritos cuneiformes para designar as tribos semíticas seminômades que estavam em constantes peregrinações. É provável que assim fosse também chamado o povo de Israel quando vagava no deserto. Somasse a isso o fato de haver certa concórdia entre muitos estudiosos, quanto a ser Eber o patriarca dos hebreus. **2** Nome de um homem da tribo de Benjamim, filho de Elpaal e talvez um dos fundadores de Ono e Lode, 1 Cr 8.12. **3** Nome de um homem da tribo de Gade e chefe de uma família de Gileade, em Basã, 1 Cr 5.13. **4** Nome de um homem da tribo de Benjamim, filho de Sasa-

que, 1 Cr 8.22,25. **5** Nome de um sacerdote representante da família de Amoque, no período de Joiaquim, Ne 12.12,20.

EBES (*hb, "brancura"*) – nome de uma cidade de Issacar, estava localizada na planície de Esdrelom Js 19.20. A LXX diz Rebes, e algumas versões Abez. O local ainda não foi identificado.

EBIASAFE (*hb, "pai de ajuntamento"*) – nome de um dos descendentes da tribo de Levi da família de Coré, 1 Cr 6.23; 9.19.

EBROM (*hb. "riacho", ou "companhia"*) – nome de uma cidade situada na linha divisória da tribo de Aser, Js 19.28. Algumas traduções preferem Heber. Há estudiosos que consideram a palavra uma corrupção no texto massorético do termo Abdom (veja *HEBROM*).

EBSÃ (veja *IBZÃ*).

ECLESIASTES (*no grego ekklesiastes, que significa "aquele que convoca a assembléia – ekklesia – ou "membro da assembléia". No hebraico é Kohelet*) – nome esse emprestado da tradução da LXX e aplicado ao livro do Antigo Testamento, chamado em hebraico *koheleth*, cujo sentido não está ainda fixado, é provável que seja "pregador da assembléia", ou "aquele que convoca a assembléia". Etimologicamente se relaciona com a palavra que tem o sentido de congregação. O *Eclesiastes*, "pregador", como diz a V. B., é claramente de Salomão, "filho de Davi, rei de Jerusalém", 1.1, que excedeu em sabedoria e riqueza a todos quantos o precederam, 1.16; 2.7,9. Esse livro pode ser recebido como obra original de Salomão, escrita por ele próprio nos anos avançados de sua idade, ou por alguém que, com a máxima fidelidade compendiou os ensinos do grande rei, exprimindo os sentimentos que o animavam, fazendo o retrospecto de sua

ECLESIÁSTICO

vida. O sentido do cap. 1.12,13, segundo o ensino gramatical hebraico, é o seguinte: "Quanto a mim, durante o meu reinado (que ainda continua) apliquei o coração em busca da sabedoria, achei que tudo era vaidade". Ou este outro: "Quando eu era rei (porque agora já não sou) apliquei o coração em busca da sabedoria, achei que tudo era vaidade". Esta última forma é a mais correta por ser a que mais se conforma com o vocabulário e com a construção gramatical usada nas Escrituras depois do exílio, e com o aramaico, empregado nos livros de Daniel e de Esdras. O livro registra os sentimentos, as experiências e as observações feitas por um sábio, nas circunstâncias do rei Salomão. O estudo diz respeito, ou tem como objetivo, a atual vida sobre a terra, propondo a seguinte questão: "Que tira mais o homem de todo o seu trabalho, com que se afadiga debaixo do sol?" 1.3. O método de investigação, ele o expõe no v. 13. Pela observação e pela experiência, o pregador descobre que o homem tem em si mesmo uma fonte de satisfação no exercício normal e salutar de suas faculdades do corpo e do espírito, em harmonia com as leis físicas e morais do universo, onde ele se encontra, 2.24; 3.12,13,22; 5.18; 9.7-10. A sabedoria e o prazer são coisas vãs, 1.12-18; 2.1-11; ainda assim têm seu valor, comparadas com a estultícia, 2.12-23. Conclui que o melhor de tudo é desfrutar as recompensas do seu trabalho, 2.24; *cf*. 5.12. Esta conclusão é reforçada considerando que as atividades do homem se ligam aos graus de seu desenvolvimento. Existe um período de tempo fixo e inalterável para o exercício de cada uma das faculdades do corpo e do espírito, e tudo parece bem em seu próprio tempo, 3.1-11. A injustiça e a opressão tornam impossível qualquer alegria, cap. 3.16; até o cap. 4.3. O formalismo e a desonestidade são coisas estultas; a riqueza é muitas vezes perigo menos desejável que a morte, 5.1 até o cap. 6.9. O pregador fala do valor de um bom nome, ensina os meios de o alcançar, 7.1-10; bem assim, o preço que a sabedoria tem como elemento de defesa e proteção, 7.11-22; dá instruções sobre o modo de nos portarmos diante dos reis, 8.1-9, declara serem bem-sucedidos os tementes a Deus, que respeitam a sua face, 8.10-15. A morte atinge a todos igualmente; o homem deve comprazer-se, comendo o seu pão com alegria, sua porção aqui na terra, 9.2-10. Depois de várias outras observações judiciosas, o pregador volta ao seu assunto principal: exorta o jovem a regozijar-se na sua mocidade, a viver alegre no seu coração, porém, sujeito às leis da sabedoria; exorta o moço a que se lembre do seu Criador nos dias da sua mocidade, termina com esta sábia e piedosa sentença: Teme a Deus e observa os seus mandamentos; porque isto é o tudo do homem. Porque Deus fará dar conta no juízo de tudo quanto se comete, seja boa ou má essa coisa, qualquer que for, 11.9 até o cap. 12.14. Em seu argumento, o escritor apela para o relacionamento do homem com o seu Deus, até onde o permite o conhecimento que dele tem pela natureza e pela experiência. As referências que ele faz a Deus estão em harmonia com os métodos da escola filosófica a que pertencia (veja *SABEDORIA*), indispensáveis a uma discussão completa dos meios de nos ajustarmos às condições que aprendemos pela experiência, as quais nos são impostas e sobre cujo poder vivemos. As feições impressionantes de alguns conceitos contidos no livro de Eclesiastes levaram alguns judeus a colocar em dúvida os direitos que lhe assistiram a ter lugar entre os livros inspirados. Finalmente, a despeito de tais objeções, o livro faz parte do Cânon por unânime consenso das autoridades eclesiásticas. O Novo Testamento não contém alusão direta ou indireta alguma a esse livro.

ECLESIÁSTICO (veja *APÓCRIFO*).

ECROM

ECROM (*no hebraico, "extirpação", "extermínio"*) — nome de uma das cinco cidades principais dos filisteus, Js 13.3; 1 Sm 6.16,17, que foi partilhada à tribo de Judá, Js 15.45,46, depois à tribo de Dã, 19.43. Porém, a linha divisória com Judá passava por detrás dela, 15.11, pelo que os homens dessa tribo a tomaram para si, Jz 1.18. Mais tarde, os filisteus a retomaram. Quando os habitantes de Azoto e depois os de Gate temeram reter a arca de Deus, eles a enviaram para Ecrom, dali a levaram para Israel, 1 Sm 5.10. Ecrom foi tomada pelos israelitas no tempo de Samuel, que passou outra vez para os filisteus, 7.14; 17.52. O seu deus tutelar era Baal-Zebude, que Acabe, rei de Israel, mandou consultar, 2 Rs 1.2-16. Os vários profetas de Israel anunciaram juízos contra ela e contra outras mais cidades dos filisteus, Jr 25.20; Am 1.8; Sf 2.4; Zc 9.5,7. Alexandre Balas, rei da Síria, deu Ecrom a Jônatas Macabeu, 1 Mac 10.89. Ainda existia no tempo das cruzadas. Acredita-se que o seu antigo lugar é representado pela aldeia de Aquir, situada no meio de belos jardins, 11 km a oeste de Gezer e 22 km a nordeste de Azoto. Não se tem encontrado nenhuma das relíquias do seu tempo; mas um xeque maometano, morador na aldeia, afirmou ao Dr. Robinson que, cavando em algumas velhas cisternas, encontrou umas pedras de moinho daquela época.

EDE (*no hebraico, "testemunho"*) — Essa palavra se encontra intercalada na V. B. em Js 22.34. Ela, ou outra que com ela se parece, é oriunda do hebraico; está em alguns manuscritos e em várias versões. Julga-se necessária para completar o sentido da passagem em que aparece, explicando porque as duas tribos e meia estabelecidas ao oriente do Jordão levantaram um altar, em testemunho de serem elas descendentes da mesma raça, e participantes da mesma religião, como as outras tribos estabelecidas ao ocidente do mesmo rio. Estas julgaram que o altar era uma demonstração de apostasia e preparavam-se para guerrear contra elas. Após convincentes e satisfatórias explicações, desistiram de seu intento, Js 22.1-34.

EDEMA (veja *ADAMA*).

ÉDEN (*no hebraico, "deleite"*) **1** Nome de uma região da Mesopotâmia mencionada em conexão com Gozã, Harã, Rezefe, Telassar, 2 Rs 19.12; Is 37.12 com Harã e Quene, Ez 27.23,24. Essa região está registrada em documentos assírios com o nome de *Bit-Adini* nas duas margens do Eufrates ao norte do rio Belique. **2** Nome de um levita gersonita, filho de Joá, 2 Cr 29.12; 31.15.

ÉDEN, JARDIM DO (*no hebraico, gan-'eden, significa "jardim de delícias", mas se o nome provém do sumeriano edin ou do acadiano edinu, significa "jardim da planície"*) — nome de um lugar em que Deus plantou árvores, convertendo-o em um jardim, que, pela sua posição, foi chamado Éden. Desse lugar de delícias saía um rio que regava o paraíso, o qual dali se dividia em quatro canais, chamados, Pisom, Giom, Tigre e Eufrates. Destes quatro rios, o Eufrates é o mais conhecido. O Pisom torneava todo o país de Havilá onde nasce ouro, e Giom, que circunda todo o país da Etiópia. As principais teorias que procuram determinar a posição exata do Éden podem ser classificadas em dois grupos: **1** O grupo dos que identificam os quatro rios ainda existentes, mas não encontram a localização geográfica de um rio que se divide em quatro. O local investigado é a Armênia. As nascentes do Tigre e do Eufrates estão ali. O Pisom ou é o Fasis, na Pérsia atual, ou o Hur, grande tributário dos Araxes. O Giom dizem ser o Araxes, cujo nome árabe, é *Gaihum er-Ras*. As objeções a esta teoria são: a) a dificuldade de descobrir o rio de

ÉDEN, JARDIM DO

onde provêm os quatro; b) ausência de provas de que a terra da Etiópia ou Cuxe se estendia até aquela região; c) o Havilá, locado pelo escritor sagrado, não está na Armênia. Segundo outros, o jardim deveria estar situado entre o Nilo e a Índia, ou entre a Índia e o Oxus. O país de Havilá identificado em local indiano, onde existe ouro, a Etiópia ou Cuxe, no planalto central da Ásia. O Giom, o rio da Etiópia ou de Cuxe, é, pois, ou o Nilo, chamado pelos etíopes *Gewon* ou *Geyon*, ou o Oxus. A mesma objeção, *mutatis mutandis*, é feita à segunda teoria. Pode-se acrescentar ainda que a identificação de Giom com o Nilo vem dos tempos de Josefo. Neste caso, a teoria baseia-se em uma noção errada. A única terra de Cuxe, conhecida geograficamente pelos israelitas, era a Etiópia; segundo Josefo entendia, o Nilo era o Giom, porque é o grande rio da terra de Cuxe. **2** As teorias que procuram determinar a exata posição geográfica, contrária à descrição bíblica a identificar, não só os quatro rios, como o outro rio de onde eles procedem. Calvino observa que o Tigre e o Eufrates corriam juntos, formando um só rio, durante pequeno curso, que depois se abria, entrando no golfo Pérsico, por duas embocaduras: que o território banhado pelas duas correntes unidas, era o lugar do Éden. Há razões para acreditar que esse ponto era antigamente o leito do golfo Pérsico. O aspecto geral desse local tem muito a favor de ser ele onde existiu o jardim de delícias. Frederich Delitzch pensa que o rio do Éden é o Eufrates. Percorrendo em plano superior ao Tigre, a superabundância de suas águas corria pelas planícies estratificadas do norte da Babilônia, abrindo caminho para lançar-se no Tigre. Essa região tão abundantemente regada devia ser fertilíssima. Sabia-se que os antigos babilônios consideravam essa região como sendo o jardim do deus Duniás. É ali que se deve procurar o Éden. O vocábulo *edinu* em assírio quer dizer planície. O leito dos dois rios da Mesopotâmia meridional, a parte baixa de aluvião, forma uma planície que se denominava *edinu*. Um dos descendentes de Cuxe, pai de Ninrode, governou nas planícies da Babilônia, Gn 10.8-10. Os cuxitas, que eram relacionados com os elamitas, desceram para a Babilônia, onde temporariamente exerceram hegemonia política. Deste modo, a terra de Cuxe pode ser satisfatoriamente considerada como emprestando o seu nome à Babilônia e a todo o seu território meridional. Havilá estava situado a noroeste do golfo Pérsico, conforme diz a Escritura, bem se pode conjeturar que se tenha estendido até o Eufrates, atingindo os limites da Babilônia. Nessas condições, o rio Fisom pode razoavelmente ser identificado com o canal *Pallakopas*, que havia sido antes um rio; o Giom, com um grande canal que formava um braço do Eufrates ao oriente da Babilônia, onde existiam as duas cidades cuxitas de Nerode, Babilônia, Ereque. É provável também que esse rio seja o canal perto da Babilônia, cujo nome era *Kahana* ou *Guhana*, correspondente a Giom. Esta erudita teoria, apesar disso, carece de provas. O ponto fraco é a abundância de hipóteses, pela dificuldade de demonstrar que os limites de Havilá se estendiam até às margens do Eufrates, e não eram separados do rio pela terra de Mesa, estabelecendo a conjetura que o país perto da Babilônia para o oriente era designado terra de Cuxe. Glaser oferece uma explicação natural da linguagem empregada nessa descrição. Considera os quatro rios como sendo tributários do rio do Éden. Esses quatro afluentes uniam-se em algum ponto abaixo do jardim, ou para melhor dizer, dentro do próprio jardim. O nome Pisom ele o encontra ainda na Idade Média, na vertente Faisã ao norte da Arábia central que se escoa no golfo Pérsico. Essa região que produz ouro corresponde ao local de Havilá, como é indicado pelos escritores bíblicos. Ele acredita também ter

ÉDEN, JARDIM DO

encontrado o nome Giom aplicado ao rio *er-Kumma* que recebe as vertentes da região para os lados de Jebel Samar e os leva para o Eufrates, e tira daí a conclusão que os cuxitas ocuparam essa região durante sua emigração do oriente da África, e por isso, aquele lugar foi conhecido pela terra de Cuxe durante muito tempo. Não obstante, ele erra, acreditando ter descoberto que o rio *er-Kumma* seja o Giom. Os poetas árabes, por ele citados, se referem a um rio da Cilícia. O local do jardim do Éden deve ser procurado nas cabeceiras do golfo Pérsico. Essa localidade fica ao oriente da Palestina, como se depreende, lendo-se Gn 2.8. O Tigre e o Eufrates ali estão. Havilá era um distrito ao norte da Arábia central. A terra de Cuxe corresponde aproximadamente a Elão, onde os nomes *Kashshu* e *Cosseano*, ali, por muito tempo, se difundiram. A planície da Babilônia podia ser, e evidentemente foi, chamada *edinu*, como Delitzsch já demonstrou. Como o golfo Pérsico tenha sido em algum tempo chamado rio, talvez que traga uma solução para o problema. Ao jardim do Éden fazem referências as seguintes passagens das Escrituras: Is 51.3; Ez 28.13; 31.9; 31.16-18; 36.35; Jl 2.3; *cf.* Gn 13.10.

EDER (*no hebraico, 'edher, "rebanho"*) **1** Nome de uma torre, além da qual Jacó armou a sua tenda, Gn 35.21. Situação geográfica ignorada. **2** Nome de uma cidade no extremo sul da Judéia, Js 15.21. Localização desconhecida. **3** Nome de um benjamita, filho de Baria, 1 Cr 8.15. **4** Nome de um levita, filho de Musi, da família de Merari, 1 Cr 23.23; 24.30.

EDOM (*no hebraico, 'edôm, "vermelho"*) **1** Um dos nomes de Esaú em lembrança de haver vendido o seu direito de primogenitura por um prato de lentilhas, Gn 25.30; 36.1,8,19. **2** Edomitas, nome coletivo, derivado de Edom, Nm 20.18,20,21; Am 1.6,11;

9.12; Ml 1.4. **3** Nome da região ocupada pelos descendentes de Edom ou Esaú. Antes chamava-se monte Seir, Gn 32.3; 36.20,21,30; Nm 24.18. No tempo da 16ª. ou 17ª. dinastia, até mesmo já na duodécima dinastia dos faraós, esse povo era conhecido no Egito pelo nome de Edima. No espírito dos israelitas, o nome de Edom e o nome de seu país tinham o mesmo significado. A região ocupada pelos edomitas era montanhosa e extremamente acidentada. Possuía cerca de 185 km de comprimento, estendendo-se para o sul, a começar em Moabe, por ambos os lados do Arabá, grande depressão de terreno ligava a parte sul do mar Morto ao golfo de Acaba, Gn 14.6; Dt 2.1,12; Js 15.1; Jz 11.17,18; 1 Rs 9.26. A altura do monte Seir eleva-se a 1.155 m, sobre a região deserta do Arabá. A parte inferior das montanhas é formada de pedra arenosa e vermelha da Núbia, com substratos de granito vermelho e porfiro; os sumidades cobrem-se de substâncias calcárias e de gredas, naturalmente do período cretáceo. Edom não é tão fértil quanto a Palestina (*cf.* Ml 1.2-4, mas no tempo de Moisés possuía campos, vinhas, poços e estradas, Nm 20.17,19). A capital edomita dos tempos da monarquia hebraica era Sela, que se julga ser a que mais tarde se chamou Petra. As outras cidades principais eram Bozra e Temã. No período da dominação grega, chamava-se Iduméia. O deserto de Edom era o Arabá, na extremidade sul do mar Morto, 2 Rs 3.8-20.

EDOMITAS – descendentes de Edom, ou de Esaú, Gn 36.1-69, justamente com outros que a eles se agruparam. Logo no tempo em que Jacó voltou da Mesopotâmia, Esaú havia ocupado a terra de Edom, Gn 32.3; 36.6-8; Dt 2.4,5; Js 24.4, depois de ter expulsado os horitas, e seus aborígines (*cf.* Gn 14.6; 36.20-30; Dt 2.12,22). Os edomitas parece que eram governados por chefes de tribo, chamados duques, espécie de xeques árabes, Gn 36.15-19,40,43; 1 Cr 1.51-54. Antes do estabelecimento da monarquia israelita, estavam sob o regime monárquico, Gn 36.31-39; 1 Cr 1.43-51. Quando os israelitas se aproximaram de Canaã, pediram licença ao rei de Edom para atravessar o seu território sob a promessa de não lhe causarem dano algum. A licença foi negada e além disso ainda ele se preparou para combate, caso tentassem a passagem. Os edomitas eram descendentes de Abraão, por isso os israelitas foram proibidos de lhes fazer guerra, então circundaram o país de Edom, Nm 20.14-21. Apesar de sua hostilidade, a lei mosaica conferia direitos de irmandade aos edomitas até a terceira geração, Dt 23.7,8, direito este negado aos moabitas, aos amonitas e seus descendentes até a décima geração, Dt 23.3-6. Saul combateu os edomitas, 1 Sm 14.47, Davi ocupou militarmente o país depois de conquistá-lo, 1 Cr 18.13; título do Sl 69; 2 Sm 8.13,14, em que o vocábulo sírio é erro do copista que confundiu a letra *daleth* com *resh*. A conquista foi anunciada por Balaão, Nm 24.18, Joabe, general-chefe das forças de Davi, permaneceu seis meses em Edom, durante cujo tempo foram mortos todos os varões edomitas, 1 Rs 11.15,16. Nesse tempo, Hadade, um dos príncipes amonitas, escapou com alguns de seus servos, refugiou-se no Egito, vindo a ser um dos mais encarniçados inimigos de Salomão, 1 Rs 11.25. Depois da morte de Acabe, rei de Israel, e durante o reinado de Jeosafá, rei de Judá, os edomitas uniram-se aos amonitas, aos moabitas e invadiram o reino de Judá. Por um erro de observação, tomando-se por inimigos, mataram-se uns aos outros, 2 Cr 20.22-30. Jeosafá reduziu o país às condições anteriores de sujeição, 1 Rs 22.47. Depois disto, os edomitas auxiliaram os reis de Israel e de Judá na guerra contra Mesa, rei de Moabe, 2 Rs 3.4-27. No reinado de Jorão, rei de Judá, e do filho e sucessor de Jeosafá, os edomitas revoltaram-se. Jorão os derrotou em campo aberto, mas não conseguiu subjugá-los, 2 Rs 8.20-22; 2 Cr 21.8-10. O rei Amazias foi mais bem-sucedido; matou dez edomitas no vale das Salinas, tomou a capital Sela e matou outros dez mil, lançando-os de cima de um rochedo, 2 Rs 14.7; 2 Cr 25.11,12. No reinado de Acaz, quando o país foi atacado per Pecá e Rezim, os edomitas invadiram Judá, fazendo cativos, 2 Cr 28.17, bateram palmas quando Nabucodonosor destruiu Jerusalém, Sl 137.7. Os profetas predisseram as calamidades que haveriam de vir sobre Edom, por causa de sua inimizade contra Israel, Ez 35.5,6, anunciando, ao mesmo tempo, a sua incorporação ao Reino de Deus, Jr 49.7-22; Lm 4.21,22; Ez 25.12-14; 35.15; Jl 3.19; Am 9.12; Ob 1-21. O cativeiro das duas tribos despovoou o território de Judá; os edomitas aproveitaram-se dessa circunstância para invadir o reino, indo até Hebrom, sendo suplantados no monte Seir pelos árabes nabateus. Judas Macabeu retomou Hebrom e as demais cidades que os edomitas haviam ocupado, 1 Mac 5.65; Antig. 12.8,6. João Hircano obrigou os edomitas a se circuncidarem e os incorporou ao povo judeu, Antig. 13.9,1. Os Herodes eram idumeus, isto é, edomitas. Muitos dos zelotes que tomaram parte na defesa de Jerusalém contra os romanos, que foram tão perigosos quanto os próprios inimigos, pertenciam ao povo idumeu. Posteriormente, o nome desse povo poucas vezes aparece na História.

EDREI (*no hebraico, "forte"*) **1** Nome da cidade, capital de Basã, Dt 3.10; Js 12.4; 13.12,31. Deu-se ali a grande batalha, contra Ogue, em que ele perdeu a vida e o reino, Nm 21.33-35; Dt 1.4; 3.1,10. Edrei é identificada com a moderna aldeia de Der'a, situada 50 km a oriente de Gadara. **2** Nome de cidade fortificada de Naftali, Js 19.37.

EFA (*no hebraico, ephah, "medida"*) – derivado do egípcio *oiphi*, nome de uma medida. Nome de uma medida de capacidade, igual a dez ômeres, Êx 16.36, empregada

EFA

na medição de farinha, Jz 6.19, ou de cevada, Rt 2.17. Era equivalente a um bato, ou a décima parte de um coro, Ez 45.11,14, continha uma metreta ou 72 sextários, (Antig. 8.2,9; 9.4,5; 15.9,2). Essa medida possuía a capacidade de 1952,17 polegadas cúbicas. Negociantes desonestos empregavam medidas de inferior capacidade em prejuízo dos compradores, Am 8.5 (veja *PESOS e MEDIDAS*).

EFÁ (*no hebraico, "trevas"*) **1** Ramo da tribo dos midianitas, Gn 25.4; 1 Cr 1.33, notável por suas riquezas em camelos e dromedários, Is 60.6. Habitavam a parte setentrional da Arábia. **2** Nome de uma mulher da tribo de Judá, concubina de Calebe, 1 Cr 2.46. **3** Nome de um homem de Judá, filho de Jadai, provavelmente descendente de Calebe e sua concubina Efá, 1 Cr 2.46,47.

EFAI (*no hebraico, "fatigado"*) – nome de um netofatita, cujos filhos foram pedir proteção ao governador babilônico na Judéia, depois da queda de Jerusalém, Jr 40.8. Estes, com outros, foram massacrados por Ismael, Jr 41.3.

EFATÁ (*palavra de origem aramaica transliterada para o grego*) – Jesus fez uso dessa palavra para curar um surdo. O termo foi usado de forma imperativa e quer dizer – abre-te, Mc 7.34.

EFER (*no hebraico, "bezerro", ou "corça nova", "veado"*) **1** Nome de um ramo da tribo dos midianitas, Gn 25.4; 1 Cr 1.33, cuja localização é ignorada. **2** Nome de um homem de Judá descendente de Esdras, 1 Cr 4.17. **3** Nome de um príncipe da meia tribo de Manassés, a oriente do Jordão, 1 Cr 5.24. **4** Um dos filhos de Midiã, 1 Cr 1.33.

EFES-DAMIM (*no hebraico, "termo" ou "costa de Damim"*) – nome de um lugar do território de Judá, entre Socó e Azeca, 1 Sm 17.1, chamado *Pas-Damin*, em 1 Cr 11.13, talvez por causa das alterações do texto. Identificado com as ruínas de Damum, sete quilômetros e meio a nordeste de Socó.

EFÉSIOS, EPÍSTOLA AOS – a epístola aos Efésios foi escrita pelo apóstolo Paulo quando prisioneiro em Roma, no ano 62 (3.1; 4.1; 6.20) ou segundo outros, quando esteve preso em Cesaréia, At 24.27, dirigida aos santos que estavam em Éfeso e aos fiéis em Cristo. Algumas antigas autoridades não mencionam as palavras "em Éfeso". Os dois principais manuscritos, o Sinaítico e o Vaticano, também os omitem. Desde muito que existiam opiniões diferentes a esse respeito, porém a tradição da Igreja adotou-os. A explicação mais razoável é que a epístola foi uma carta circular dirigida a todas as igrejas da província da Ásia, e, sendo Éfeso uma das principais, a epístola foi considerada como dirigida a ela. Talvez o endereço estivesse em branco e então diversas cópias tenham sido deixadas em cada cidade. O caráter de carta circular parece confirmado pela ausência de alusões locais. É carta doutrinal, uma espécie de tratado de ética em forma epistolar. Semelhante à que foi dirigida aos colossenses, Tíquico era o portador dela, 6.21. Pela semelhança de linguagem das doutrinas expendidas, parece que ambas foram escritas ao mesmo tempo. Veja, por exemplo, as seguintes passagens: Ef 1.1,2 *cf.* Cl 1.1,2; Ef 1.3,20; 2.6; 3.10; 6.12 *cf.* Cl 1.5; 3.1-3; Ef 1.6 *cf.* Cl 1.14; Ef 1.9; 3.9; 6.19 *cf.* Cl 1.26; 2.2; 4.3; Ef 1.10 *cf.* Cl 1.20,25; Ef 1.11 *cf.* Cl 1.12; Ef 1.17 *cf.* Cl 1.10; Ef 1.19,20 *cf.* Cl 2.12; Ef 1.20 *cf.* Cl 3.1; Ef 1.22 *cf.* Cl 1.18; Ef 1.23 *cf.* 2.9. São estes, apenas alguns exemplos, e que o leitor da Bíblia poderá acrescentar outros. As duas epístolas foram evidentemente produzidas pelo apóstolo, sob as mesmas circunstâncias e impressões espirituais. A epístola aos Colossenses deve ter sido a primeira, depois a escrita aos Efésios, na qual a linha de pensamento se desdobra. O tema da epístola aos Colossenses é a preeminência de Cristo e sua obra; e o da epístola aos Efésios é o estabelecimento da Igreja, considerada como sendo o corpo inteiro dos remidos. De fato, a epístola aos Efésios encerra todos os ensinos referentes no propósito divino à missão de Cristo que foi a redenção de seu povo escolhido, manifestando a todo o universo as riquezas de sua graça. Dando como provada a salvação pela fé, a divindade de Cristo e a vocação dos gentios; vai adiante até completar uma verdadeira teodicéia. No capítulo 1, temos o que bem se pode chamar o lado divino da história da Igreja, que é originada na soberania de Deus e no seu eterno propósito, v. 3-6, foi realizada na obra de Cristo, v. 7-12, assegurada pela operação do Espírito Santo, v. 13, 14. Ele ora para que compreendam a esperança da vocação celestial de que o Salvador ressuscitado é as primícias, v. 15-23. No capítulo 2, dá-nos o lado humano da história, ensinando que os eleitos escapam à morte e à condenação por uma graça que não merecem, v. 1-10, que, judeus e gentios, por meio de Cristo, formam um corpo, ou um templo espiritual, v. 11-22. No capítulo 3, o apóstolo mostra a sua posição como despenseiro do mistério divino, v. 1-13, e deseja que os crentes realizem e desfrutem tudo quanto Deus tem preparado para eles, v. 14-21. Os capítulos 4 a 6 contêm longa exortação para que andem conforme a alta vocação em que têm sido chamados e em todas as relações da vida presente. A epístola aos Romanos expunha um plano completo do caminho da salvação. A epístola aos Efésios contém a exposição completa de todo o propósito divino em referência à história humana. Pode bem dizer-se que é o apogeu de sua instrução teológica. Antes de ter escrito a epístola aos Efésios, o apóstolo Paulo havia conhecido uma nova comunidade espiritual que se levantava no mundo, composta de pessoas de diferentes raças; já ensinara que essa comunidade, a Igreja, é o corpo de Cristo, Rm 12.5; 1 Co 12.27; Cl 1.18; 2.19, que importava haver harmonia em seus membros, Rm 12.4-8, 1 Co 12.12-30. Escrevendo nesse tempo às igrejas nas províncias da Ásia, cujos membros pertenciam aos elementos mais variados da raça humana, entre os quais predominavam teorias às quais pretendiam subordinar Cristo, era natural que o apóstolo desse preeminência à concepção de Cristo como cabeça do corpo da Igreja, Ef 1.22,23, do qual todo ele coligado e unido, por todas as juntas por onde se lhe subministra o alimento, agindo à proporção de cada membro, toma aumento de um corpo perfeito para se edificar em caridade, 4.16; *cf.* 2.11-22. E não somente era natural preeminência deste pensamento, nesse tempo, em carta de Paulo aos cristãos da província da Ásia, como era natural que tais expressões de um pensamento amadurecido no conhecimento de Cristo fossem manifestadas por um, cujo profundo interesse no assunto é comprovado nas suas epístolas anteriores.

ÉFESO – nome de uma cidade da Lídia, na costa ocidental da Ásia Menor, na embocadura do rio Caister, entre Mileto ao sul e Esmirna ao norte. Situada na junção das estradas comerciais e possuindo o templo da famosa Diana, que os gregos identificavam com a deusa Artemis, tinha garantida sua grande prosperidade e desenvolvimento. No século 11 a.C., foi tomada pelos jônios, ramo da raça grega. Éfeso ficou sendo uma das 12 cidades da confederação e a capital da Jônia. Pelo ano 555 a.C. submeteu-se a Creso, rei da Lídia cuja capital era Sárdis, mas em pouco tempo caiu sob o domínio persa. Quando as vitórias de Alexandre, o Grande, absorveram o império persa, a cidade de Éfeso ficou sob o domínio greco-

ÉFESO

macedônio. Até essa época, a sua área era limitada a uma planície, sujeita a inundações. Pelo ano 286 a.C., Lisímaco a estendeu a uma eminência adjacente onde a água não podia chegar. Com essa mudança, o templo de Artemis ficou fora dos muros da cidade. No ano 190 a.C., os romanos, depois da derrota de Antíoco, o Grande, em Magnésia, tomaram a cidade e a deram a Eugênio II, rei de Pérgamo. Com a morte de Átalo III, rei de Pérgamo em 133 a.C. voltou novamente ao seu poder e eventualmente ficou sendo capital da província romana da Ásia. No ano 29 da era cristã, foi muito danificada por um terremoto e reconstruída por Tibério, imperador romano. Residiam nela muitos judeus e cidadãos romanos que mantinham uma sinagoga (Antig. 14.10,11,13; At 18.19; 19.17). Em sua viagem a Jerusalém, já no fim de sua jornada missionária, o apóstolo Paulo fez uma breve visita a Éfeso, pregou na sinagoga e deixou Áquila e Priscila nessa cidade para continuarem a obra, At 18.19,21. Na terceira jornada missionária, trabalhou em Éfeso pelo menos dois anos e três meses, saindo dela por ocasião do tumulto levantado por Demétrio, fabricante de nichos de Diana, por ver-se prejudicado na sua indústria de ourives pela pregação do apóstolo, At 19.1-41 *cf.* 1 Co 15.32; 16.8; 2 Tm 1.18. Paulo deixou Timóteo em seu lugar para impedir que a igreja fosse prejudicada por falsas doutrinas, 1 Tm 1.3. De maneira subseqüente, voltando da Europa e não podendo chegar a Éfeso, convocou os presbíteros da igreja de Mileto, At 20.16,17. Depois mandou ali Tíquico, levando a epístola que havia escrito à igreja, Ef 1.1; 6.21; 2 Tm 4.12. A igreja de Éfeso era uma das sete igrejas da Ásia, referidas no livro do Apocalipse, Ap 1.11; 2.1-7. Segundo uma antiga tradição, o apóstolo João passou os últimos dias de sua vida nessa cidade. O terceiro concílio geral da Igreja ocorreu em Éfeso no ano 431 d.C. e definiu o dogma sobre a pessoa de Cristo, afirmando que tinha duas naturezas em uma só pessoa. Outro concílio na mesma cidade, no ano 449, restaurou Êutico.* O porto de Éfeso

Éfeso Ruínas — Christian Computer Art

perdeu sua importância pela obstrução causada pelo rio Caister, daí a decadência da cidade. Entre as suas ruínas, contam-se o muro e a porta da cidade, o estádio, o teatro, os banhos romanos e uma biblioteca. O lugar onde existia o grande templo é um brejão. O templo da grande Diana, previamente existente, foi destruído por um incêndio ateado por Heróstrato no ano 356 a.C. e reconstruído posteriormente. O novo templo foi contado entre as sete maravilhas do mundo pela sua magnificência e grandeza; era quatro vezes maior que o Partenom de Atenas; erguia-se sobre uma plataforma com cerca de 140 m de comprimento e 79 de largura desde o primeiro degrau inferior. Por uma escada de dez degraus se subia para uma plataforma, e mais três degraus davam acesso ao templo, que tinha 113 m de comprimento e 54 de largura. Consistia de duas ordens de oito colunas cada uma, na frente e nos fundos, e de duas outras ordens de cada lado com 20 colunas cada uma. Todas estas, mais duas em cada entrada do santuário, montavam as 100 colunas ao todo. Cada uma delas era formada de um monólito de mármore de 18,15 m de altura; 18 metros em cada extremidade foram artisticamente esculturados. O teto ou coberta constava de grandes lajes de mármore branco. A parte interna, cingida pelas colunas, media 23 m de largura e 34,65 de comprimento. A ornamentação interior excedia a tudo quanto se pode imaginar, em obras de arte dos famosos pintores, Fídias e Praxíteles, Escopas, Parrásio e Apeles (veja *DIANA*). Os godos o destruíram no ano 260 d.C. Entre os grandes teatros da antigüidade, contava-se o de Éfeso. O anfiteatro era semicircular e possuía um diâmetro de cerca de 163 m e a orquestra, 36,5 metros. O palco, 7,22 metros de largura. Tinha 61 fileiras de assentos em forma de degraus e acomodava 24.500 espectadores.

* Êutico negava a natureza humana de Jesus. Ele fundou um sistema de doutrinas que tem o seu nome. Desde moço, adotou o regime claustral; durante 30 anos exerceu as funções de arquimandrita em um convento próximo a Constantinopla. Aos 70 anos de idade não possuía outros títulos recomendáveis, senão a falta de cultura intelectual aliada a um fanatismo exagerado. No sínodo que ocorreu em Constantinopla, em 448, foi acusado por Eusébio, bispo de Dorileuo, propondo-se que fosse convocado a comparecer. Depois de várias escusas, obedeceu à terceira intimação. Em longo discurso, sustentou suas idéias que foram julgadas heréticas. Em virtude disso, foi deposto do cargo de arquimandrita e excomungado. Com os bons ofícios de um seu amigo, conseguiu que o imperador mandasse fazer a revisão do processo por um novo concílio geral, convocado para a cidade de Éfeso, sob a presidência de Dióscuro em 1449. O concílio funcionou no meio de tumultos e de cenas de violência nunca vistas. Os bispos foram compelidos a restaurar Êutico à comunhão da Igreja e recolocá-lo no seu antigo lugar, condenando ao mesmo tempo os cristãos mais proeminentes da escola de Antioquia. Por este motivo, o citado concílio passou a denominar-se Concílio de Salteadores. O imperador sancionou prontamente as decisões do concílio; a eutiquiana estava a ponto de dominar toda a igreja do Oriente, quando a morte do imperador Teodósio, em 450, deu nova feição à controvérsia (veja artigo Eutyches na Enciclopédia de Strong.) [N.T.].

EFLAL (*no hebraico, "judicioso", "juiz"*) – nome de um homem de Judá, pertencente à família de Jerameel e filho de Zabade, 1 Cr 2.37.

ÉFODE (*no hebraico, 'ephod, "cobertura"*) **1** Nome da vestimenta externa usada pelo sumo sacerdote judeu. Quando se paramentava para dirigir a adoração a Deus, usava seis vestimentas sagradas, das quais o éfode era uma delas, Êx 28.4, feito de ouro,

ÉFODE

de jacinto, de púrpura, de escarlata tinto duas vezes, de linho retorcido, obra de várias cores, com duas aberturas em cima, uma de cada lado, as quais se tornavam a unir, cobrindo a frente e as costas. Havia uma abertura em cima, naturalmente para enfiar a cabeça, e uma orla tecida ao redor como se costuma fazer na orla dos vestidos, Êx 28.8,32. De um e de outro lado do éfode havia duas pedras cornelinas, tendo gravados os nomes dos filhos de Israel, seis em cada uma, Êx 28.9; 39.6,7. O éfode ligava-se ao racional por duas argolas de ouro por baixo dos lados, pela parte dianteira, unidas por uma fita de Jacinto, 28.25,27,28; 39.19-21. Desejando Davi consultar o Senhor, mandou o sacerdote Abiatar que trouxesse o éfode, 1 Sm 23.9-12; 30.7,8, porque nele se achava o Urim e o Tumim (*Justiça e Verdade*, Figueiredo), Êx 28.30. Um éfode poderia facilmente converter-se em objeto de adoração, ou associar-se à adoração de um ídolo, Jz 8.27; 17.5. A túnica do éfode era toda de cor de jacinto, sem mangas, tendo na parte inferior uma guarnição de campainhas de romãs, de jacinto, de púrpura e de escarlata tinto duas vezes, de modo que havia uma campainha de ouro e uma romã, e logo outra campainha de ouro e outra romã, Êx 28.31-35; 29.5; 39.22-26. Um éfode de linho, provavelmente sem ornamentações, foi usado pelos sacerdotes. Os 85 sacerdotes que Doegue matou usavam éfode de linho, 1 Sm 22.18. Samuel, quando menino, sob os cuidados do sacerdote Eli, usava um éfode de linho, 1 Sm 2.18. Assim também Davi, quando conduziam a Arca do Senhor para Jerusalém, 2 Sm 6.14; 1 Cr 15.27. **2** Nome do pai de Daniel, príncipe de Manassés no tempo de Moisés, Nm 34.23.

EFRAIM (*no hebraico, 'ephrayyim, "dupla fertilidade", ou "fértil"*) – nome de um dos filhos de José e Asenate, filha de Potífera, sacerdote de Om. Nasceu Efraim quando seu pai ocupava o lugar de primeiro-ministro de Faraó, Gn 41.45-52. Quando os dois filhos de José, Efraim e Manassés, foram à presença de seu avô Jacó, no leito de sua enfermidade para serem abençoados, intencionalmente pôs a sua mão direita sobre a cabeça de Efraim, o mais moço dos dois netos, e a esquerda sobre a cabeça de Manassés, que era o mais velho, e portanto, o herdeiro. Sendo reparada por José a troca de mãos, o velho Jacó explicou, então, que ambos formariam um povo, porém Efraim será maior do que ele, e a sua descendência cresceria entre as nações, Gn 48.8-20. Os filhos de José foram tratados por seu avô como se fossem seus próprios filhos, e os seus descendentes formaram duas tribos em vez de uma. Efraim sofreu o golpe doloroso de perder dois de seus filhos, que foram roubar gado na terra dos filisteus e por estes foram assassinados, 1 Cr 7.20-22.

EFRAIM, CIDADE DE – nome de uma cidade perto de Baal-Hazor, 2 Sm 13.23, talvez a mesma Efraim vizinha do deserto, referida em João 11.54; ou Aferema que em outro tempo pertenceu a Samaria, 1 Mac 11.34. O general romano Vespasiano tomou Efraim e Betel de passagem para Jerusalém (Guerra 6.9.9). Robinson a identifica com Ofra de Benjamim, situando-a na moderna aldeia de *Taiyibeh*, localizada sobre um outeiro de forma cônica, 7,5 km a nordeste de Betel. Esta opinião é geralmente aceita.

EFRAIM, TRIBO DE – **1** Nome da tribo que Efraim, filho de José, foi progenitor, Js 16.4,10; Jz 5.14. O desenvolvimento da tribo retardou-se por um pouco, por causa da morte de alguns de seus filhos que os filisteus mataram, 1 Cr 7.21-23. Quando se fez o primeiro recenseamento no deserto, a tribo de Efraim contava 40.500 homens, número inferior ao das outras tribos, exceção da de Manassés e Benjamim, Nm 1.33. Esse número decresceu durante a viagem;

EFRAIM, TRIBO DE

o segundo recenseamento apontava apenas 32.500, o menor número de todas as tribos, menos a de Simeão. Ainda assim, as duas meias tribos, Manassés e Efraim, representantes da tribo de José, contavam uma população superior a todas as outras, sendo de 82.200 homens além das mulheres e crianças, Nm 1.34,37; *cf.* Dt 33.17. Logo depois que Josué tomou a chefia do povo de Israel, a tribo cresceu rapidamente em reputação, porquanto o próprio Josué a elas pertencia, Js 19.50; 24.30. Na divisão da terra, tocou-lhe a parte oriental do Jordão. A linha divisória ao sul corria de Jericó no Jordão até Betel, de Betel a Lusa, e passa os termos de Arqui para a banda de Atarote e deste para o poente porto dos confins de Jafleti, até os termos de Bete-Horom a baixa e de Gezer e o seu território termina no mar grande, Js 16.1-3. E foi o termo dos filhos de Efraim pelas suas famílias; e a sua possessão para o nascente. Atarote-Adar até Bete-Horom a alta, v. 5. A linha norte corria por Micmetá perto de Siquém, fronteira às nascentes em Taanate-Siló, Janoa, Atarote e Naarate, ia a Jericó e termina no Jordão, v. 6,7, de Tapua passa para a banda do mar ao vale do Canavial e termina no mar salgado, e foram separadas cidades para os filhos de Efraim no meio da herança dos filhos de Manassés, e também suas aldeias, v. 9. *cf.* cap. 17.7. A oeste do Jordão ficava o território da meia tribo de Manassés, que era o seu limite ao norte, e o território de Benjamim, ao sul, atingindo o Mediterrâneo, ao ocidente, e o Jordão ao oriente. Siquém ficava dentro de seus limites, Js 21.20,21; 1 Rs 12.25; 1 Cr 6.67. Mas os filhos de Efraim não exterminaram os cananeus que habitavam em Gezer; porém, eles, ou em companhia dos filhos de Manassés, tomaram Betel, Jz 1.22-26,29. Operaram patrioticamente na peleja contra Amaleque, merecendo lugar de honra no cântico de Débora, 5.14. Queixaram-se de Gideão não os haver chamado para pelejar contra os midianitas, 8.1-3. Revoltaram-se contra Jefté por não os haver chamado para combater contra os filhos de Amom, resultando daí morrer 42 mil homens em peleja contra Jefté, 12.1-6. Micas era homem do monte de Efraim, 17.1, também, o levita cuja mulher foi ultrajada, do qual resultou grave hostilidade contra Benjamim, 19.1. Jeroboão era natural de Efraim, quando chegou a ser rei, reconstruiu Siquém no monte de Efraim para ser a capital do novo reino, 1 Rs 12.25. A terra montanhosa de Efraim, ou monte de Efraim, como lhe chamam, fazia parte da cordilheira central da Palestina, quando foi ocupada pela tribo de Efraim, não incluía as cidades de Taque, Megido, Bete-Seã, Abel-Meolá, no norte ao oriente, 1 Rs 4.8,12, nem Quiriate-Jearim, Gaaba ou o território de Benjamim ao sul, Jz 18.12,13; 19.16; 1 Sm 9.4; 1 Rs 4.8; 2 Cr 15.8. Incluiu-se, também, o território ao norte de Siquém, 1 Cr 6.66,68 *cf.* 1 Rs 4.12, então era limitada por três lados, pela planície sul de Esdraelom, pelo vale do Jordão e pelo território de Benjamim, sem designar qualquer parte ocupada desse território. O que vem citado em Jz 4.5 e 2 Sm 20.1,21, não autoriza dar maior latitude à significação desse termo. Mas, depois do estabelecimento do reino do Norte com sua fronteira incerta ao sul, os limites de Efraim nunca mais foram claramente definidos. O bosque de Efraim, onde se deu a batalha das forças de Davi com os do rebelde Absalão, 2 Sm 18.6, *cf.* 17.22,24,26,27, estava situado ao oriente do Jordão, perto de Maanaim, porém, é inteiramente ignorada a localização exata. É provável que tenha recebido esse nome por causa da derrota dos efraimitas no tempo de Jefté, Jz 12.1, ou por ter sido fronteiro ao território de Efraim. **2** O nome de Efraim emprega-se no sentido coletivo, representando as dez tribos de que a tribo de Efraim fazia parte preeminente, Is 7.2,5,9,17; 9.9; 17.3; 28.3; Os 4.17; 9.3-17.

EFRAIMITA

EFRAIMITA – membro da tribo de Efraim, Jz 12.5. No original, diz-se Efratita.

EFRATA (*no hebraico, 'ephãth, "frutuo-so"*) **1** Nome primitivo de Belém de Judá, Gn 33.19; 48.7; Rt 4.11. Algumas vezes a denominam Belém Efrata, Mq 5.2. **2** Nome da mulher de Calebe, filho de Hesrom e mãe de Hur, 1 Cr 2.19,50; 4.4. **3** Nome do território de Efraim, Sl 132.6, ou antes Quiriate-Jearim, que pertenceu a Calebe efrateu, 1 Cr 2.50,51, onde a arca esteve guardada por longo tempo.

EFRATEU – **1** Natural de Efrata ou habitante dela, i.é., Belém, 1 Sm 17.12; Rt 1.2. **2** Nome de qualquer membro da tribo de Efraim, 1 Sm 1.1; 1 Rs 11.26.

EFROM (*no hebraico, 'ephrôn. O significado é incerto, talvez "pertencente ao corço", ou "forte"*) **1** Nome de um hitita, residente em Hebrom e possuidor de um campo, que vendeu a Abraão para sepultar sua mulher Sara, Gn 23.8; 25.9. **2** Nome de uma cidade que Abia tomou a Jeroboão, 2 Cr 13.19. **3** Nome de uma cidade ao oriente do Jordão, no território de Manassés, em um desfiladeiro que sai na estrada entre Carnaim e Betsã, capturada por Judas Macabeu, 1 Mac 5.46-52; 2 Mac 12.27-29; Antig. 12.8,5. **4** Cordilheira entre Neftoa e Quiriate-Jearim nos limites de Judá e Benjamim, Js 15.9.

EGITO – por conveniência de exposição, os fatos referentes ao Egito vão ser tratados em três grupos: o país, o povo o cativeiro dos israelitas. I. O País. **1** Designações históricas. Os gregos, desde o tempo de Homero, designavam o Egito pelo nome de *Aigyptos*. Os próprios egípcios da antiguidade chamavam a sua terra natal com o nome de *Kam-t*, que quer dizer negro, por ser esta a cor do solo. Para os cananeus, era a terra *Misru*, a terra, fortificada ou fechada por causa das fortificações levantadas na frente

asiática do istmo de Suez, ou simplesmente, o nome dado ao país, sem referência alguma aos seus meios de defesa. Esse nome Misru também foi empregado pelos hebreus, porém, na forma dual Misraim, ou dois Egitos, que vem a ser o alto Egito, ou meridional e o baixo Egito, ou setentrional, do modo por que os mesmos naturais o dividiam. **2** O território e suas divisões. Nos tempos primitivos, o Egito compreendia somente a zona banhada pelo Nilo, desde o Mediterrâneo até as primeiras cataratas, inclusive uma série de oásis na parte ocidental do deserto, também o território compreendido entre o braço oriental do Nilo e o rio *el-Arish*, denominado rio do Egito. O país é dividido naturalmente em duas regiões – um estreito vale, que se estende de norte a sul por meio do deserto, e a continuação desse vale até o delta. As divisões geográficas também se prestam a servir de limites às divisões políticas. O alto Egito compreendido pelo vale do deserto, o Baixo Egito, pelo vale do delta. A extensão da terra do Nilo, desde o mar até a primeira catarata, é de 1.018,600 km; a sua largura, desde o delta até a mesma catarata, varia entre 26 km e 43 km. A área dessa região regula ser de 21.000 km². No tempo da ocupação francesa, cerca de 13.000 km eram cultiváveis. O antigo Egito era um país pequeno, mas em relação à sua área, era o mais extenso do mundo. A distância entre Mênfis e a primeira catarata, é quase o dobro da distância de Mênfis a Jerusalém, 852 km; maior do que a distância entre Mênfis e Damasco, que é apenas de 760 km. O longo estreito vale do Nilo, desde a primeira catarata, era o estuário do mar. Heródoto chegou a essa conclusão que a geologia confirma (Heród. 2.10). "O lodo do Nilo", diz o geógrafo Fraás, "descansa sobre um leito de areia marítima. Todo o país, desde a primeira catarata até o Mediterrâneo, foi antigamente um estreito estuário". Restritamente falando, o Egito, no

EGITO

dizer dos gregos, "um presente do Nilo" (veja *NILO*). **3** Região adjacente. O antigo Egito era limitado por ambos os lados, pelo deserto. O árido território emerge gradualmente do Saara, do ocidente para o oriente, termina em uma cadeia de montanhas que guarnece o mar Vermelho. A parte do deserto, ao oriente do Nilo, estendia-se para esse mar, e formava uma parte da Arábia, com uma área cerca de 80.000 km², Heród. 2.8,9, pela semelhança característica da península, ainda que separada pelo mar Vermelho. Politicamente, não pertencia a ninguém, virtualmente desabitada e cujos escassos recursos foram explorados pelos egípcios. As montanhas, a uma altitude de 2.178 m, formam um cordão de rochas cristalinas que se estendem em linha paralela à costa do mar Vermelho, com numerosas ramificações que penetram o interior do país. Era nessa cadeia de montanhas, em Hamamate, por cima da estrada das caravanas entre Hoser e Tebas, que os antigos egípcios cortavam as duras pedras de cor escura que empregavam no fabrico de sarcófagos e de esfinges. Em *Jebel Dukha*, fronteira à extremidade da península do Sinai, o cobre, e as esmeraldas eram explorados. Extensas massas de calcários espalham-se desde as montanhas do Nilo, produzindo o alabastro com que os antigos egípcios embelezavam os seus edifícios. O deserto a oeste do Nilo pertencia à Líbia, tem aspecto muito diferente da outra região ao oriente do rio. É formada por imenso planalto de base granítica, monótono, sem montanhas nem vales, nem mesmo pequenos outeiros isolados de qualquer elevação, sem formações vulcânicas e sem tragos cristalinos. A altitude desse planalto varia entre 214 a 330 m acima do nível do Nilo, e é todo privado de águas; consiste de calcários com alguns montículos de areia espalhados e de um muro de pedra arenosa que nele penetra, vindo da Etiópia. A completa desolação dessa parte adjacente ao Egito é amenizada em cinco pontos, isto só dentro do território do Egito, que vêm a ser os oásis, verdadeiras manchas de verde no deserto, distanciados uns dos outros por cerca de três a cinco dias de jornada, de três a 16 dias do Nilo. Atribui-se sua fertilidade a veios de água subterrâneos, ligados ao Nilo da Núbia ou do Sudão. O conjunto da sua população atinge 35 mil habitantes. Observa-se, pois, que o antigo Egito foi um país isolado, tendo o mar ao norte, o deserto, o mar ao oriente, o vale do Nilo, que cortava o deserto ao Sul, e o deserto silencioso e interminável a oeste. II. População. **1** Sua origem. Segundo a Bíblia, Mizraim era filho de Cão, irmão de Canaã, Pute e Cuxe, Gn 10.6. Esta descrição dá aos egípcios uma origem asiática; se eram descendentes de Cão ou a ele incorporados, ainda não está devidamente elucidado. As suas tradições dão-nos como provindo de emigrações do sul da Arábia. O tipo do antigo egípcio é caucásico; porém, ao mesmo tempo, traços anatômicos, o caráter, e a linguagem, diferenciam-se dos povos semíticos e indo-europeus. De outro lado, os utensílios domésticos, usados pelos antigos egípcios, tanto quanto muitos dos seus costumes, muito se parecem com os dos habitantes das margens do Zambeze do Níger, são inteiramente diversos dos habitantes das margens do Indo e do Eufrates. É muito provável que procedam de emigrantes vindos da Ásia, raça aborígene estabelecida nas margens do Nilo. **2** Aparência. O egípcio é de baixa estatura e de constituição frágil. A cabeça é grande em proporção ao corpo, e coberta de macios cabelos pretos ou castanhos. A testa quadrada e oblíqua, olhos rasgados, boca larga, faces protuberantes e lábios cheios. As mulheres, que não se expunham ao sol, eram de compleição delicadas. A cor é escura, sem ser preta. **3** Linguagem. É difícil classificar a linguagem dos egípcios. O vocabulário filia-se às línguas turanianas e a

EGITO

gramática é das línguas semíticas. O idioma atual que dela descende é o *copta*, que continuou a ser falado no baixo Egito até o século 17. É língua morta, não obstante existirem traduções da Bíblia para ela. Antigamente, usavam uma espécie de escrita, denominada hieroglífica, ou escrita sagrada, em que as palavras eram expressas por figuras ou símbolos, consistiam principalmente em representações de objetos da natureza e arte, como pássaros, animais, plantas, utensílios, com símbolos matemáticos. Esses delineamentos foram em parte ideografias, isto é, pinturas representando a palavra ou a idéia; do mesmo modo representavam o som que, quando combinado produzia uma palavra. Durou muito esse sistema de escrita. Mais tarde, os escribas abandonaram certas minúcias da pintura a fim de facilitar mais o trabalho de escrever, e desse modo, originou-se a nova escrita, chamada hierática ou sacerdotal. Pelo oitavo século antes de Cristo, entrou em voga a escrita demótica ou popular. Era usada em relações comerciais e na vida social. Consistia em uma forma cursiva do velho hieroglífico. Quando a atenção do mundo moderno foi despertada para a antiga literatura egípcia, não a podiam interpretar, e por muito tempo ficou indecifrável. Porém, em 1801, os ingleses tomaram Alexandria e às suas mãos foi ter uma lápide de basalto negro, chamada Pedra Roseta, encontrada pelos franceses perto de Roseta, localizada em um dos braços do Nilo. Encontra-se, atualmente, no Museu Britânico. Nela está gravado um decreto de Ptolomeu V, datado de 193 a.C., em três línguas e em três formas de caracteres demóticos, hieroglíficos e gregos. Outra inscrição em duas línguas, grega e hieroglífica, foi encontrada em um obelisco na ilha de File, perto da primeira catarata. O grego do texto foi facilmente legível por ser idioma conhecido por meio dele, e por um processo de comparação, foram decifrados os hieroglíficos. **4** População. A população

do Egito era maior na antiguidade do que nos tempos modernos. Diodoro Sículo, contemporâneo de Júlio César e Augusto, baseado na autoridade de antigos documentos egípcios, diz que existiam no grande império dos faraós mais de 18 mil cidades e aldeias com uma população de cerca de sete milhões de habitantes em todo o país. No tempo de Nero, a população foi calculada em 7.500.000 habitantes, servindo de base ao imposto de capitação, excluindo os habitantes de Alexandria (Guerras 2.16,4). Esse número é muito razoável, visto que o país comporta de oito a nove milhões. Segundo o censo de 1882, a população atual do Egito, é de 6.811.448 ou 600 habitantes por milha quadrada, mais densa do que a da maior parte dos países europeus. **5** História. Quando e Egito passou dos tempos pré-históricos para os tempos históricos, parece que existia, composto de um número de pequenos reinos, que depois se uniram formando o império de Menés, o primeiro rei mencionado na História. Os que estudam as coisas do Egito assinam diferentes datas ao princípio do reinado de Menés. Essas datas variam entre 5700 a 2700 a.C. Maneto, sacerdote de Sebenitos, no reinado de Ptolomeu Filadelfo, dá conta de 30 dinastias desde Menés até a conquista persa no ano 345 a.C. Essas dinastias estão agrupadas em três períodos: o do velho império, do médio e o do novo. Ao velho império se dão as primeiras sete ou dez dinastias. Foi no tempo dessas dinastias que se construíram as pirâmides. O médio império é assinalado pela conquista do baixo Egito pelos hicsos, ou reis pastores, vindos do nordeste. Julga-se que pertenciam à raça semítica, que podem ser os hititas. Parece que foi no seu tempo que Abraão visitou o Egito e que José exerceu as funções de primeiro-ministro. Nesse período, ocorreu no Egito grande mudança econômica. No velho império, a nobreza e os governadores dos nomos foram donos de

EGITO

E

grandes porções de terreno. No novo império, os funcionários reais ocupavam o lugar da antiga aristocracia, e a coroa e os grandes templos possuíam os bens de raiz. O novo império começou com a 18ª. dinastia. O primeiro acontecimento notável foi a expulsão dos hicsos, depois de terem governado, segundo uns, 511 anos, segundo outros, 625 anos. Posteriormente, sob o governo de monarcas nativos, o Egito atingiu o maior grau de prosperidade, iniciou uma época de conquista e de domínio na parte ocidental da Ásia, em que salientaram como guerreiros, Totmés III e Ramessés II. Este último foi provavelmente o Faraó que oprimiu os israelitas, com seu filho Meneftá, o Faraó do Êxodo. Outros nomes de faraós são mencionados no Antigo Testamento: Sesaque, Sua, Taraca, Neco, Hofra (veja *FARAÓ*). Taraca interrompeu o avanço de Senaqueribe sobre o Egito, mas foi derrotado por Asaradão seu sucessor. Os assírios dividiram o Egito em 20 distritos para os quais nomearam governadores. Taraca surgiu novamente no Egito, levantou o estandarte da revolta, mas foi derrotado por Assurbanipal, que reconquistou o país, saqueou e destruiu Tebas no ano 664 a.C., Na 3.8-10. Psamético, um dos pequenos régulos, revoltou-se, auxiliado pelos gregos da Ásia, restaurou o Egito e fundou a 26ª. dinastia. Em 525 a.C., o Egito foi conquistado por Cambises que o constituiu satrapia da Pérsia. Cerca de dois séculos depois, Nefrites sacudiu o jugo persa e fundou a 29ª. dinastia, mas no ano 345 a.C. o Egito se rendeu a Artaxerxes, e passou, outra vez, a ser satrapia persa. Em 332 a.C. vieram os macedônios e os gregos, sob o comando de Alexandre, o Grande, que foram recebidos como os salvadores da pátria contra o domínio persa. Depois da morte de Alexandre, o Egito foi governado pelos Ptolomeus. No ano 30 a.C., passou a ser província do império romano, governado por prefeitos até o ano 362 da era cristã. José e Maria, pais de Jesus, refugiaram-se ali quando Arquelau governava a Judéia. No ano 619 d.C., Cosroés II, rei da Pérsia, conquistou o Egito de cujo domínio foi despojado em 628. Entre 638 e 640, passou ao domínio sarraceno. Entre 1163 e 1196, para o domínio dos turcos. **6** Religião. A religião dos egípcios consistia na espiritualização da natureza, adoravam o sol e o rio Nilo como as duas fontes conservadoras da vida. Além desses dois centros de veneração e de culto, possuíam numerosas divindades que também adoravam, como expressões das forças e dos fenômenos da natureza. O deus supremo ou chefe dos deuses era Ptá, que aparece na formação do nome Meneptá; representava a força organizadora e as causas fenomenais derivadas da umidade. Os nomes de outros deuses encontram-se no Antigo Testamento, como, Ra, o deus do sol, iluminador do mundo, Ramsés, o despertador da vida; Tum, o sol da tarde, que possuía a força criadora e o despenseiro das brisas das tardes; (em Pithom) Baste, personificação das paixões amorosas; (em Pi-be-seth) Amom, deus que anima a natureza. Cada nomo e cada distrito tinha a sua divindade local que era o seu deus tutelar ao qual tributavam honras especiais. Alguns dentre eles eram henoteístas, ou adoradores de um deus, que consideravam superior a todos os demais deuses, merecedores de um culto supremo, talvez muitos deles tenham sido monoteístas. Desde tempos remotos, os egípcios possuíam conhecimento muito claro das verdades religiosas e da ética, a verdade a respeito da conduta humana, a noção do pecado, a necessidade da justificação, a imortalidade da alma, e não obstante o culto prestado à natureza, tinham idéias muito exatas sobre o culto devido a Deus. III. Viagem dos Israelitas para o Egito. **1** A descida. Grande "fome" assolou o mundo todo, conhecido naquele tempo, ou pelo menos a maior parte da região situada ao oriente, a sudeste do Mediterrâneo,

EGITO

ocupada por uma complexidade de povos socialmente separados, que tiravam recursos de sua subsistência com muita economia, das montanhas da Ásia Menor e dos ricos vales do Eufrates e do Tigre, Gn 41.54; 47.13. Por ocasião dessa crise, José, que então era o governador do Egito, o segundo abaixo do rei, mandou vir seu pai e seus irmãos que moravam em Canaã, para temporariamente residirem no Egito, 45.9-11; 47.4,29,30; 48.21; 50.24. Por este motivo, Jacó e a sua tribo emigraram para o Egito. A tribo se compunha do patriarca Jacó, seis filhos de sua mulher Lia, 25 netos; mais dois filhos da escrava de Lia com 13 netos e uma neta; seus dois filhos de sua mulher Raquel com 12 netos; mais os dois filhos da escrava de Raquel, com cinco netos, 46.8-25. Todas as pessoas que entraram com Jacó no Egito, que tinham saído de sua coxa, não contando as mulheres de seus filhos, foram ao todo 66, Gn 46.26; *cf.* Hb 7.9,10. Ajuntando a esse número o cabeça da tribo José com os dois filhos que lhe nasceram no Egito, eleva-se a 70 o total das almas da casa de Jacó (v. 27). Esse é o mesmo número que se encontra em Êx 1.5; Gn 46.15, Dt 10.22. A LXX e Estêvão que relatam 75, At 7.14, esse resultado é devido a adicionarem ao número 70, citado em Gn 46.20, mais os três netos e dois bisnetos de José, cujos nomes contam em Nm 26.29,35s. As correspondências numéricas do registro, dando um total de 70 pessoas, e o fato de ser o número dos filhos de cada escrava a metade dos filhos das mulheres legítimas, parece obedecer a um desígnio, e não a um acontecimento acidental (Lia 32 e Zilpa 16; Raquel 14 e Bila 7). Comparando este cálculo com o cap. 26 do livro de Números, chega-se à conclusão que havia um plano de incluir os descendentes dos filhos do patriarca na futura organização nacional. A tribo de Israel estabeleceu-se na terra de Gósen, região fértil do Egito, ali ficou até sair em demanda de Canaã, Gn

47.6,11; Êx 8.22; 9.26; 12.37. **2** Estada no Egito. As recordações históricas, referentes à descida de Jacó para o Egito, o aumento de sua prole, a escravidão que suportaram os seus filhos, os sofrimentos de sua partida e peregrinação pelo deserto, tudo se perpetuou na consciência nacional e foi registrado nos documentos mais antigos de sua história, Gn 46.4,28-34; 47.27; Êx 1.9,11,15-22; 2.11; 12.31-37; 13.21. A festa da Páscoa, em certo aspecto a festa dos tabernáculos, foram testemunhos dos acontecimentos do passado e tinham por fim conservar viva a sua memória entre o povo. Os salmistas celebraram em cânticos e hinos os feitos de Jeová em favor de seu povo, neles se inspiraram os profetas. A escravidão do povo de Israel no Egito, o poder e a misericórdia de Deus que o livrou da fornalha da aflição são os tipos permanentes das condições da Igreja e do favor constante que Deus lhe dispensa. As tradições não se referem somente a uma tribo, como fração do povo hebreu que havia sofrido o cativeiro, mas sim a toda a coletividade. Os profetas que exerceram o seu ministério em ambos os reinos assim o dão a entender: – Isaías, Miquéias e Jeremias entre as montanhas da Judéia, Is 9.16; Mq 6.4,7,15; Jr 2.6; 7.22, e Oséias e Amós no reino de Samaria, Os 2.15; 8.13; 9.3; 11.1; 12.9,13; Am 2.10; 3.1; 9.7. A história não se refere somente à parte da nação que esteve no Egito, é a história de um povo não de uma tribo. **3** Duração de sua estada no Egito. Os dados citados na Bíblia são registrados da seguinte forma: "Deus disse a Abraão: a tua posteridade será peregrina em uma terra estrangeira e será reduzida à escravidão e aflita por quatrocentos anos... mas na quarta geração tornarão a vir para aqui os teus descendentes", Gn 15.13-16. A permanência dos filhos de Israel no Egito foi de 430 anos, Êx 12.40. Segundo a LXX e o Pentateuco Samaritano, a morada no Egito na terra de Canaã foi de 430 anos.

EGITO

Deus falou a Abraão "que a sua descendência seria habitadora em terra estranha e que a reduziriam à servidão e a maltratariam pelo espaço de quatrocentos anos", At 7.6. A lei foi dada 430 anos depois do pacto, Gl 3.17. Essas diferenças de anos explicam-se da seguinte forma: a) Os filhos de Israel habitaram no Egito durante 215 anos. A LXX, ou com o intuito de evitar ambigüidade, ou porque os originais utilizados diferissem dos atuais manuscritos hebraicos, acrescentou ao versículo 40 do cap. 12 do livro de Êxodo, as palavras "na terra de Canaã". Desde a data do pacto com Abraão, logo depois da sua chegada a Canaã, até a ida de sua família para o Egito, decorreram 215 anos, Gn 12.4; 21.5; 25.26; 47.9, deixando os outros 215 anos para a morada no Egito. É desse modo que também o historiador Josefo faz a sua narrativa, dizendo: "Os hebreus saíram do Egito 430 anos depois que nosso pai Abraão veio para Canaã, mas somente 215 anos depois que Jacó foi de mudança para o Egito" (Antig. 2.15,2). Deste modo, ele acompanha a versão da LXX, porém nulifica o que afirma adiante, dizendo:, "quatrocentos anos estiveram eles sofrendo duros trabalhos" (Antig. 2.9,1; Guerras, 5.9,4), o que é manifestamente errôneo, porque os israelitas não estiveram 400 anos em opressão. Se o historiador Josefo vacila no seu cálculo, o apóstolo Paulo afirma que a lei foi feita 430 anos depois do pacto com Abraão, as genealogias dão quatro gerações entre Jacó e o Êxodo que pode cobrir os 215 anos, porém dentro de 400 (Êx 6.16-20). b) Os filhos de Israel estiveram 430 anos no Egito, segundo relatos bíblicos. Vejamos agora qual é a interpretação natural de Gn 15.13-16 que registra 400 anos. Primeiro, a narrativa não diz que os israelitas foram afligidos por 400 anos, mas que o período inteiro de sua peregrinação como estrangeiro em terra estranha, na qual sofreriam um, cativeiro eventual, seria de 400 anos.

Em segundo lugar, esse fato não se deu senão depois da morte de Abraão, v. 15. Terceiro, as quatro gerações equivalem aos 400 anos já mencionados. Nessa passagem, a palavra geração não quer dizer a sucessão de pessoas procedentes de um só tronco, como diz o cap. 20.5 do Êxodo e o cap. 43.16 de Jó, mas sim a idade, ou período de um corpo de contemporâneos, em desacordo com o nosso modo de computar a existência além da idade infantil; a geração tem o sentido de um período de atividade, determinado pelo padrão da vida. A geração dura enquanto existe algum de seus membros, Êx 1.6; Nm 32.13; Jz 2.10; Ec 1.4. O período de atividade de uma geração pode ser avaliado pela duração da vida de Isaque, 180 anos; de Jacó, 147; de Levi, 137; de Coate, 133; de Anrão, 123; de Moisés, 120, Gn 35.28; 47.28; Êx 6.16,18,20; Nm 33.39; Dt 34.7, ou o período de atividade de uma geração pode ser avaliado pelo registro de três gerações, entre o nascimento de Abraão e a sua ida para o Egito, quando Jacó ainda exercia a sua atividade, compreendendo um período de 290 anos. Mas não são justamente registradas quatro gerações: Levi e Coate, que vieram para o Egito com Jacó e Anrão, Moisés e seus filhos? Admite-se a existência de uma genealogia consecutiva em Levi, Coate e Anrão. Porém, seria Moisés filho de Anrão e de Jacobede? Êx 16.20; 1 Cr 6.1-3. Surge uma dificuldade, se a passagem for interpretada deste modo: a) Anrão e seus irmãos deram nome aos anramitas, izaaritas, hebronitas a uzielitas, e todos esses, um ano depois do êxodo, perfaziam um total de 8.600 homens; quer isto dizer que o sogro de Moisés tinha 8.600 descendentes do sexo masculino, dos quais 2.750 tinham a idade de 30 e 50 anos, Nm 3.27; Nm 4.36. b) Na genealogia paralela dos contemporâneos de Moisés, Bezeleel é o sétimo procedente de Jacó, Josué parece ser o 11º., 1 Cr 2.18-20; 7.23-27. A linguagem de Êx 6.20 não autoriza

EGITO

Horus — Christian Computer Art

pensar que Anrão e Jacobede foram parentes imediatos de Moisés e de Arão. Em Gn 46.18, os bisnetos de Zilpa são mencionados com outros, como filhos que ela deu a Jacó. A genealogia do evangelho segundo Mt 1.8 diz que Jorão gerou a Uzias, que era seu tataraneto. Segundo a linguagem do Gn 10.15-18, Canaã gerou diversas nações. A narração do nascimento de Moisés, feita com minúcia no cap. 2 de Êxodo, não diz que ele era filho de Anrão e de Jacobede. A razão por que a genealogia de Moisés e de outros apenas registra quatro nomes, Êx 6.16-22, porque os primeiros três nomes são nomes oficiais que designam a tribo, a família e o chefe da casa a que Moisés e Arão pertenciam. Os três nomes classificam propriamente Moisés e Arão. 2) O período de 430 anos de habitação no Egito é também referido em Êx 12.40. Nesse número não está incluído o tempo da habitação do patriarca na terra de Canaã, porque: a) Abraão e Isaque não eram filhos de Israel, b) porque o texto hebraico, bem como o caldeu etc., exceto a versão da LXX e o texto samaritano, não fazem referência a Canaã. 3) A estada de 430 anos no Egito fornece elemento para se calcular o número de israelitas existentes por ocasião do êxodo. 4) A interpretação feita sobre este número 430 da habitação dos israelitas no Egito mencionada pelo apóstolo Paulo na epístola aos Gálatas precisa ser explicada. Não era seu intuito dar um número exato do tempo decorrido entre o pacto e a promulgação da lei. Seu argumento tinha como objetivo provar que a lei foi dada muito depois do pacto, que não o fez nulo para ab-rogar a promessa. E prova isto citando o bem conhecido período de tempo que intervém entre os dois acontecimentos; ele não diz que a lei foi dada exatamente 430 anos depois do pacto, mas sim que ele veio, como todos sabem, 430 anos depois do pacto. É indiferente saber se ele tinha em mente o texto hebraico ou o grego, ou a qual dos dois se refere a passagem da epístola aos Gálatas. **4** Aumento da população do Egito. a) Se, como diz Keil, das 70 almas que entraram no Egito, deduzirmos o patriarca Jacó os seus 12 filhos, Dina e Sara, filhas de Aser, também os três filhos de Levi, os quatro netos de Judá e de Aser, os netos de Jacó que provavelmente morreram sem deixar filhos do sexo masculino, não falando nos

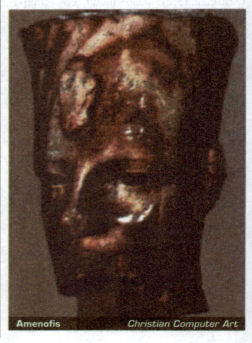
Amenofis — Christian Computer Art

EGITO

seus descendentes cujos nomes não constam nas famílias de Israel (veja Nm 26), deveria ter ficado 41 netos de Jacó (além dos levitas), que fundaram famílias; se calcularmos somente dez gerações durante os 430 anos, os 41 deveriam gerar 478.224 filhos machos, dando a cada família a média de três filhos e três filhas, durante as seis primeiras gerações e, dois filhos e duas filhas, durante as últimas quatro gerações. Estes, com os sobreviventes da nona geração, deveriam elevar-se a 600 mil homens acima de 20 anos de idade. b) É errado pensar que da casa de Jacó eram excluídos os numerosos servos, circuncidados, Gn 30.43; 32.5; 45.10, no benefício de todos os privilégios religiosos relacionados com a família do patriarca por ligações matrimoniais, Gn 12.13; Êx 12.44,48,49 etc. Gn 14.1,2; 30.4,9; Nm 12.2; 1 Cr 2,34,35. **5** Alterações de trabalho. Quando os israelitas se estabeleceram em Gósen, eram uma pequena tribo, independente, composta de pastores. Morto José e os homens de seu tempo, levantou-se um novo rei que não conhecia José, Êx 1.6-8. Ele observou o aumento do povo israelita, e receando que mais tarde se aliassem aos inimigos do Egito, lançou mão de medidas de coerção à sua liberdade e impediu o desenvolvimento de sua natalidade. Obrigou o povo a rudes trabalhos sob a vigilância de feitores cruéis. Tinham de cultivar os campos, fabricar tijolos, trabalhar nas construções, Êx 1.11,14; 5.6-8, e, ao mesmo tempo, cuidar de sua própria sobrevivência, 9.4,6; 10.9,24; 12.38. **6** Os milagres de Moisés. A opressão dos israelitas durou 80 anos, ou mais, Êx 7.7; *cf.* 2.2s.; finalmente, os seus clamores chegaram à presença de Deus, que enviou Moisés para libertá-los, 2.23s. O humilde delegado de Jeová foi capacitado com o poder de operar milagres, que lhe serviu de credencial para acreditá-lo diante de seu povo: eram sinais e maravilhas, segundo a linguagem do salmo 78.12,13; manifestações maravilhosas, portentosas, descomunais que o recomendavam como enviado de Deus aos israelitas e a Faraó, Êx 4.8,9,30,31; 6.7; 4.21; 7.3-5; 8.22,23. Os milagres de Moisés não eram fenômenos naturais, e sim faculdades especiais extraordinárias que Deus lhe havia conferido. Os fenômenos naturais são operações cegas da natureza; ao passo que os milagres de Moisés revelam desígnio, e constituem uma série de fatos dispostos em ordem; cada um deles relacionado logicamente com o que se lhe seguia, mas em lhe servir de causa, oferecendo a Faraó evidência suficiente em favor da autoridade divina, de que se achava investido o libertador dos hebreus, sem molestar os egípcios. Quando Faraó se opunha à saída dos hebreus, as provas iam sendo mais fortes e pesavam energicamente no seu coração obdurado, até que afinal se rendeu. Outra característica dos milagres de Moisés que os distingue dos fenômenos naturais é que eles faziam seleção entre o povo hebreu e os egípcios, 8.22,23; 9.4,25,56;

Tutankamon — Christian Computer Art

EGITO

10.22,23; 9.5-7; *cf.* 9.11; 10.6. Ainda mais, a pestilência poderia ter matado grande número de egípcios em uma noite, porém a décima praga exerceu uma ação destruidora metódica, sobre os primogênitos de cada família egípcia. Esses sinais, maravilhas e poderes, pertencem ao primeiro grupo de milagres mencionados na Bíblia (veja *MILAGRES*). **7** Organização do povo. Fim do cativeiro. Os antecessores dos filhos de Israel entraram no Egito no caráter de uma família de 12 pessoas e foram habitar em Gósen. É muito natural que conservassem ali, na terra do cativeiro, a sua organização primitiva. Não se amalgamaram com a raça opressora; permaneceram uma raça distinta e conservaram as linhas divisórias entre as 12 grandes famílias. Ao findar o período de 430 anos, os famílias dos 12 filhos de Jacó constituíram-se em 12 tribos, e os filhos de seus filhos, em alguns casos, os filhos dos descendentes mais remotos, haviam crescido de modo a formar amplos relacionamentos. Por conseguinte, na ocasião do êxodo, já formavam um povo, o povo de Israel, dividido em 12 tribos; cada tribo subdividida em famílias, cujos nomes se ligavam em grande parte, aos netos de Jacó, Êx 6.14; Gn 46.9, Nm 26 *cf.* Gn 46. Por ocasião da segunda enumeração das famílias, em Nm cap. 1.2,18,20, contam-se 57 famílias, exceto a de Levi, cada uma ligada ao nome de seu chefe. Começa então a constituir-se o corpo dirigente, a organização administrativa e judicial formada de diversas categorias: príncipes de nascimento, Êx 16.22; príncipes das tribos, Nm 1.4,16; os anciãos de Israel, que provavelmente eram os chefes das tribos, os cabeças das famílias, Êx 4.29; 12.21; 17.5,6; os sacerdotes, Êx 19.22,24, *cf.* 24.5. Estes deveriam ser escolhidos de várias tribos, os quais exerciam o sacerdócio entre o povo, como Abraão, Isaque Jacó, que, como chefes da família ofereciam sacrifícios. Os egípcios também haviam nomeado exatores e prefeitos das obras, Êx 5.6,10,19, tirados dentre os próprios israelitas, segundo suas aptidões, Êx 5.15,16. Por intermédio dessas autoridades, Faraó e Moisés se comunicavam com o povo, que se acostumou a obedecer, não como uma horda selvagem de difícil governo, mas como um exército organizado, dirigido por sábia disciplina. Por este motivo, era chamado o exército do Senhor, deixando a terra do Egito, Êx 21.41. **8** O Faraó do cativeiro do êxodo. Ramsés II é

Tutankamon

EGITO

Ramsés — Christian Computer Art

o Faraó que oprimiu os israelitas, e Meneptá é o Faraó do Êxodo. Este asserto é baseado nas seguintes considerações: 1) Os israelitas não tinham ainda entrado na Palestina, nos dias de Amenofis III e IV, porque todo o país, naquela época, conforme o que se lê nos tijolos encontrados em Tell-el-Amarna, estava fracionado em pequenos reinos, sob a suserania do Egito. Ramsés II e Ramsés III, que guerrearam a Palestina, não fazem menção da existência dos israelitas ali residentes; e os registros dos hebreus nada dizem sobre a invasão do país por esses monarcas egípcios. 2) Diz o livro de Êxodo, cap. 1.11, que os israelitas edificaram para o Faraó as cidades Fitom e Ramessés. A localização da primeira cidade já foi identificada e descobertos os antigos celeiros. Não existem descobertas de datas anteriores ao reinado de Ramsés II, cujo nome se encontra inscrito em algumas pedras. Parece que Fitom foi construída no reinado desse soberano. Foi ele também quem erigiu uma nova cidade, com templos e simulacros, adjacente à velha fortaleza de Tânis, e por este motivo, o lugar foi chamado Pa-Ramsés, cidade de Ramsés. Estas correspondências com os registros hebraicos dão a entender que Ramsés II foi o Faraó da opressão. 3) Meneptá, filho e sucessor de Ramsés II, em uma inscrição em que ele menciona a sua resistência à invasão dos líbios, no quinto ano de seu reinado, termina descrevendo certas conseqüências dessa vitória. Menciona a devastação feita em Pa-Kanana ao sul da Palestina, a tomada de

EGITO

Ascalom e de Gezer na Filístia, a rendição de uma cidade perto de Tiro, a pilhagem do povo de Israel e a desolação da Car, i.é., do sul da Palestina. A referência ao povo de Israel tem sido explicada com exatidão, notando um ataque aos hebreus, quando estavam em viagem pelo deserto na parte meridional da Palestina (veja FARAÓ). Como já foi dito, Ramsés III, sucessor de Meneplá, guerreou na Palestina, mas não faz referência alguma à existência dos israelitas no país. É para se crer que os israelitas deixaram o Egito no princípio do reinado de Meneptá, mas não haviam passado os 40 anos no deserto e chegado a Canaã no reinado de Ramsés III (veja CRONOLOGIA, data do êxodo).*

*Em vista de várias referências encontradas nos tabletes de Tell-el-Amarna, feitas aos Habiri, guerreando contra os habitantes do ocidente da Palestina nos dias de Amenofis IV, e pela semelhança desse nome com a palavra hebraica e a concordância essencial dessa data com a data do êxodo que o bispo Usher determinou por um estudo de fatos da Bíblia, certos escritores da atualidade inclinam-se a pensar que o Amea-hotep II, ou o Totmés IV, foi o faraó do êxodo. As fortes objeções a essa teoria são: 1 Habiri não é a tradução natural do hebraico Ibiri, palavra que começa com ain sem ponto e um i breve. Habiri está ligado etimologicamente às palavras hebraicas Heber e Haber, e, portanto, considerada pelos filólogos, como significando mais propriamente aliados. 2 Ramsés é um termo geográfico, Êx 1.11; 12.37, e a teoria em questão é incapaz de explicar como podia ser isso nos dias de Amen-hotep II, ou Totmés IV, anos antes dos primeiros Ramsés subirem ao trono do Egito.

EGLÁ (*no hebraico, "vitela", "novilha", "bezerra"*) – nome de uma das mulheres de Davi, mãe de Itreão, 2 Sm 3.5; 1 Cr 3.3.

EGLAIM (*no hebraico, "fonte dupla", ou "dois tanques"*) – nome de uma cidade moabita, Is 15.8. Eusébio parece se referir a ela, falando da aldeia Aigaleim, situada oito milhas romanas, 11.856 metros, ao sul de Areópolis; *cf.*, também a cidade Agala, Antig. 14.1,4. Não se confunde com En-Eglaim. O assunto é controvertido entre os historiadores e não há certeza quanto à sua localização.

EGLOM (*no hebraico, "semelhante à vitela", "vitelo"*) 1 Nome de um rei de Moabe, que tomou Jericó e que a teve em seu poder durante 18 anos, lançando tributos sobre Israel; foi assassinado por Eude, que lhe cravou a espada no ventre, Jz 3.12-30. 2 Nome de uma cidade, situada na planície de Judá e partilhada a essa tribo, Js 15.39. O rei de Eglom foi um dos cinco aliados que guerrearam em Gibeão contra Josué, e por este foi derrotado e morto, Jo 10.3-23,34-37; 12.12. É identificada com *Ajlan*, situada cerca de 30 km a nordeste de Gaza.

EÍ (*no hebraico, "unidade"*) – nome de um benjamita chefe de uma família, Gn 46.21. Em Nm 26.38, seu nome aparece na forma de *Airã*, talvez, Eí seja uma forma abreviada desse nome. Outras formas do nome pode-se observar em 1 Cr 7.12 *Aer*; em 1 Cr 8.1, *Aará*; em 1 Cr 8.6 *Eúde*; e, em 1 Cr 8.7 *Aias*.

EIRA (*no hebraico, goren, "eira"*) – lugar preparado para trilhar o cereal e separar o grão da palha. Podia ser feito em um local aberto, em chão bem batido ou em cima de uma grande pedra plana, Gn 50.10; Nm 15.20; Jz 6.37; Rt 3.2; 1 Sm 23.1; 2 Sm 6.6; 1 Cr 13.9. A trilhagem era feita com os pés ou com instrumento próprio, dependendo do grão uma simples batida o separava do fruto a que estava preso, Is 28.27. Animais puxando objetos pesados sobre os grãos também eram usados para fazer o serviço.

O trabalho de trilhar e limpar os grãos era difícil, a eira deveria ser protegida, principalmente em tempos de guerra, para não ser saqueada. A eira com o lagar eram de grande importância na cultura hebréia, pois a base de sua alimentação, o cereal, o vinho e o azeite, passava por esses lugares. Por isso, algumas eiras possuíam nomes próprios, como a eira de Atade ou do espinhal, em Gn 50.10; Nacom em 2 Sm 6.6; Araúna em 2 Sm 24.18; Quidom em 1 Cr 13.9.

EL (veja *DEUS*).

ELÁ (*no hebraico, 'elah, "carvalho", ou "terebinto"*) **1** nome do pai de Simei, que foi nomeado pelo rei Salomão governador sobre a tribo de Benjamim para administrar as provisões para a sua corte, 1 Rs 4.18. **2** Nome do pai de Oséias, o último rei de Israel, 2 Rs 15.30; 17.1; 18.1,9. **3** Nome de um dos filhos de Calebe, e filho de Jefoné, 1 Cr 4.15. **4** Nome de um príncipe de Edom, Gn 36.41. **5** Nome do filho e sucessor de Baasa no trono de Israel. Reinou dois anos. Quando se achava bebendo e embriagado em casa de Arza, governador de Tirza, caiu Zinri sobre ele e o matou e a toda a sua casa. Deste modo se cumpriu a profecia de Jeú, filho de Hanani, porém esse ato cruel não se justifica, 1 Rs 16.6,8-10. **6** Nome de um dos filhos de Uzi, benjamita e cabeça de uma família que foi cativa para a Babilônia, 1 Cr 9.8.

ELÁ, O VALE DE – nome de um vale perto de Socó, onde Saul e os israelitas se acamparam para enfrentar os filisteus, antes do combate entre Davi e Golias, 1 Sm 17.2,19; 21.9. Esse vale é o atual *Wady es-Sunt*, formado pela junção de três outros vales, e situado cerca de 27 km a sudoeste de Belém. É muito fértil e banhado por uma torrente. Wady es-Sunt quer dizer "vale das acácias", *Acácia vera*, das quais ali existem vários exemplares.

ELADA (*no hebraico, "Deus adornou"*) **–** nome de um dos descendentes de Efraim, 1 Cr 7.20.

ELADE (*no hebraico, "Deus continua"*) **–** nome de um descendente provável de Efraim. Ele e seus irmãos foram mortos pelo povo de Gate por terem ido roubar as suas terras. Efraim chorou por muitos dias a perda de seus filhos, 1 Cr 7.20-22.

ELANÃ/EL-HANÃ (*no hebraico 'elhanan, "Deus tem sido gracioso"*) **1** Nome de um filho de Jaaré-oregim, que tecia panos de cores em Belém e que matou o irmão de Golias de Gate, *cf.* 2 Sm 21.19, com 1 Cr 20.5. No segundo texto, o nome do pai de Elanã é Jair, é provável que seja uma corrupção, uma vez que *oregim* é um termo hebraico que significa "fiandeiros". Quanto à expressão "o belemita, feriu Golias", em 1 Sm 21.19, que difere de 1 Cr 20.5 que diz, "feriu a Lami, irmão de Golias", o texto de uma dessas passagens, senão de ambas, está alterado. As letras da frase *Beth-lehemita Goliath* com a partícula *eth*, entre si, que está junto no texto hebraico de 2 Sm, muito se parecem com a frase *Lahmi*, o irmão de Golias. **2** Nome de um belemita, filho de Dodo, um dos 30 heróis de Davi, 2 Sm 23.24; 1 Cr 11.26.

ELÃO (*do acádio elamtu, "terra alta", "povo alto"*) **1** Nome de um dos filhos de Sem, e também dos habitantes de Elão, da raça semítica, ou que a ela foram incorporados pela conquista, Gn 10.22; 1 Cr 1.17. Elão era uma região além do Tigre, ao oriente da Babilônia, limitada ao norte pela Síria e pela Média; ao sul, pelo golfo Pérsico, ao Oriente e a sudeste, pela Pérsia. Esse nome se perpetua no vocábulo grego *Elymais* e no latino *Elymais*. Susa era a sua capital, nome esse que deu origem ao vocábulo Susiana; visto que algumas vezes os nomes Elimais e Susiana dão-se a regiões

ELÃO

adjacentes. Elão foi sede de um antigo império. No tempo de Abraão, Quedorlaomer, rei dos elamitas, foi reconhecido como tal pelos Estados babilônicos e fez pesar seus tributos sobre a região do Jordão, Gn 14.1-11. No oitavo e sétimo séculos antes de Cristo, quando a Assíria era poder dominante na Ásia ocidental, Elão era seu esforçado oponente; mas foi subjugado, depois de repetidas campanhas com os assírios, sob Sargom, Senaqueribe e Assurbanipal. Susa foi finalmente tomada no ano 645 a.C. Os elamitas prestaram serviços militares aos assírios, depois que eles invadiram o reino de Judá, Is 22.6. Mas, antes de terminar o século, Elão foi libertado do jugo dos assírios, quando os babilônios tomaram Nínive, pondo termo ao império assírio. Ezequiel profetizou a invasão do Egito por Nabucodonosor, e mencionou que antes teria de haver uma mortandade nos elamitas, talvez por Nabucodonosor, Ez 32.24. Porém, Elão, unindo-se com a Média, foi à conquista da Babilônia, Is 21.2, *cf.* 9. A essa conquista e restauração de Elão, parece que se referem as profecias seguintes; Jr 49.34-39; Ez 32.24,25. Elão foi província com a sua capital Susa, que fazia parte do império persa, Dn 8.2; Heród, 3.91; 4.83; 5.49. Quando os judeus voltaram do cativeiro da Babilônia, elamitas que haviam se estabelecido em Samaria, unidos a outros povos, tentaram impedir a reconstrução do templo e da cidade de Jerusalém, Ed 4.9. Representantes desse povo estavam presentes no dia de Pentecostes, quando o Espírito Santo desceu sobre os apóstolos, At 2.9. Elão ou Susiana tem agora o nome de *Khuzistan* e é uma das províncias da Pérsia atual. **2** Nome do quinto filho de Meselemias, levita, no reinado de Davi, 1 Cr 26.3. **3** Nome de um benjamita, filho de Sasaque, 1 Cr 8.24. **4** Nome de um chefe de família cujos membros em número de 1.254, voltaram do cativeiro da Babilônia com Zorobabel, Ed 2.7; Ne 7.12, mais 71

vieram com Esdras, Ed 8.7. Os representantes dessa família assinaram o pacto no tempo de Neemias, Ne 10.14. **5** Nome de outro Elão cujos descendentes, tantos quantos se mencionam sob nº. 4, voltaram do cativeiro, Ed 2.31; Ne 7.34. **6** Nome de um sacerdote que tomou parte na dedicação do muro de Jerusalém, Ne 12.42.

ELASA (*no hebraico, "Deus fez"*) **1** Nome de um filho de Safã que, com Gemarias, foi portador de uma carta de Jeremias para os exilados de Babilônia, Jr 29.3. **2** Nome de um filho de Pasur que se divorciou de sua mulher estrangeira, Ed 10.22. **3** Nome de um lugar onde acampou Judas Macabeu com seu exército, quando Baquides avançava contra ele, 1 Mac 9.5, e cujas ruínas, com o nome de Ilasa, se encontram a meio caminho das duas cidades Bete-Horons.

ELASAR – nome de uma cidade no território da antiga Babilônia, cujo rei chamava Arioque. É mencionada em dois textos das Escrituras, no livro de Gênesis, Gn 14.1,9 (veja *SINAR*).

ELATE (*no hebraico, "bosque de palmeiras"*) – nome de uma cidade do golfo Acaba, Dt 2.8; 1 Rs 9.26, situada na parte oriental do deserto de Parã, Gn 14.6. As caravanas que transitavam entre o sul da Arábia, Egito e Fenícia, passavam por ela. A posição dessa cidade era de grande importância para os exatores de tributos. Foi tomada por Quedorlaomer aos horitas, Gn 14.6. Foi residência de um capitão de Edom, 36.41, e ficava no limite sul de Edom, Dt 2.8. Caiu nas mãos de Davi, 2 Sm 8.14; *cf.* 1 Rs 9.26; 2 Cr 8.17, passando novamente ao poder dos edomitas. O rei Uzias a reconstruiu e a entregou a Judá, 2 Rs 14.22; 2 Cr 26.2. Os sírios a tomaram mais tarde, e por muito tempo esteve em seu poder, 2 Rs 16.6. Elate, que se chamava Aila e Lana no tempo da dominação grega e romana, deu nome

ELEADA

ao golfo de Acaba que passou a chamar-se golfo Elamítico, por estar situada no extremo nordeste. Por muito tempo serviu de estação militar para uma legião romana. Sediou um bispado cristão. No tempo das cruzadas, foi várias vezes tomada e retomada. Atualmente é um montão de ruínas, com o nome de *Ailah* e *Akaba*.

EL-BERITE (*no hebraico, "Deus do pacto"*) – nome de uma divindade de Siquém mencionada no livro de Juízes, Jz 8.33; 9.46.

EL-BETEL (*no hebraico, "Deus de Betel"; que é "Deus da Casa de Deus"*) – nome que Jacó deu a um altar que levantou em Betel, depois que voltou da Mesopotâmia, comemorando o aparecimento que Deus lhe fez em sonhos, quando fugia de Esaú, seu irmão, Gn 35.7, *cf.* 38.10s.

ELCANA (*no hebraico 'elkanah, "Deus produziu", ou "Deus criou"*) **1** Nome de um levita da família de Coate dos coreus, casa de Izar, divisão de Coré, irmão de Assir e Abiasafe, Êx 6.24; 1 Cr 6.23-25. **2** Nome de um levita filho de Joel, da família de Coate, 1 Cr 6.36. **3** Nome de um levita filho de Maate, também era da família de Coré, 1 Cr 6.35. **4** Nome de um levita filho de Jeroboão, também da família de Coate, 1 Sm 1.1. Este residia em Ramataim, região montanhosa de Efraim, era casado com Ana e Penina e pai de Samuel, 1 Sm 1.1; 2.20. **5** Nome de outro corita que morou em Benjamim, por causa talvez de serem os coritas porteiros do Tabernáculo, 1 Cr 9.19, o qual se reuniu a Davi em Ziclague, 1 Cr 12.6. **6** Nome de um porteiro, durante o reinado de Davi, 1 Cr 15.23. **7** Nome de um dignitário da corte de Acaz, o segundo abaixo dele, 2 Cr 28.7. **8** Nome de um levita que morou na aldeia de Netofati, 1 Cr 9.16.

ELCÓS/ELCOSITA – nome de um cidadão de Elcos, ou Elcese, Na 1.1. É muito antiga a tradição a respeito de ser *Akush*, que fica a dois dias de viagem para o norte de Nínive, o lugar onde nasceu e foi enterrado o profeta Naum, tradição esta inteiramente ignorada pelos antigos escritores árabes e sírios, que não pode ser reforçada, pelo que se lê no seu livro. A opinião mais aceitável, porém, não suficientemente provada, é que a cidade Elcese, ou Helcesei, na Galiléia, foi indicada a Jerônimo como sendo o local de sua antiga existência. Segundo outra tradição, conservada por Epifânio, Elcos estava situada ao sul de Begabar, que em siríaco se diz *Bêt Gabré*, isto é, *Beit Jibrin*, nas baixadas de Judá.

ELDA (*no hebraico, "aquele que Deus chamou"*) – nome de um filho, ou de uma tribo, que descende de Midiã, filho de Abraão e Quetura, Gn 25.4; 1 Cr 1.33.

ELDADE/MEDADE – nome dos anciãos, que estavam entre os 70, que foram escolhidos para assistir Moisés no governo de Israel. Eldade e Medade, por algumas razões, não se apresentaram com os outros seus companheiros no Tabernáculo, não obstante, ainda que ausentes no campo, participaram igualmente com os outros do Espírito Divino, que opera, quando e como quer. Josué, tomado de zelo pela honra de Moisés, pediu-lhe que mandasse proibir a Eldade e a Medade as suas funções proféticas, a que ele respondeu: "Que zelos são estes que mostras por mim? Quem dera que todo o povo profetizasse e que o Senhor lhe desse o seu Espírito", Nm 11.26-29. Os nomes respectivamente significam "Deus amou", e "amor".

ELEADA (*no hebraico, talvez, "Deus é testemunha"*) – nome de um descendente de Efraim. Era filho de Taate, e deu ao seu filho esse mesmo nome, talvez como homenagem ao avô, 1 Cr 7.20.

ELEADE (*no hebraico, talvez "Deus é testemunha", ou "Deus é defensor"*) – nome de um filho de Efraim que foi morto com outros homens, quando tentava furtar gado na terra de Gate, 1 Cr 7.23. O episódio trouxe grande tristeza para Efraim, ele deu o nome de Berias a um filho que lhe nasceu posteriormente, por lembrança do ocorrido (veja *BERIAS*).

ELEALE (*no hebraico, "Deus é exato"*) – nome de uma cidade reconstruída pelos rubenitas, Nm 32.3,37, que mais tarde caiu em poder dos moabitas, Is 15.4; 16.9; Jr 38.34. As suas ruínas têm o nome de *el-Al*, situadas no cimo de um outeiro, por onde passa a estrada romana, a quatro quilômetros de Hesebom, e constam de alguns montões de pedras uma simples coluna em pé, segundo Tristram.

ELEASÁ/ ELEASA (*no hebraico, "Deus fez"*) **1** Nome de um descendente de Saul e Jônatas, 1 Cr 8.37; 9.43. **2** Nome de um descendente de Judá por Jerameel com sangue egípcio nas veias, 1 Cr 2.39-40 (veja *ELASA*).

ELEAZAR (*no hebraico, 'el 'azar, "Deus ajudou". No grego é eleazar*) **1** Nome do terceiro filho de Arão, Êx 6.23; Nm 3.2, e pai de Finéias, Êx 6.25. Ele, seus irmãos e o pai foram consagrados sacerdotes, Êx 28.1; Nm 3.4; 14.37-40; 19.3. Não lhes foi permitido chorar a morte de seus irmãos mais velhos, Nadabe e Abiú, castigados por haverem oferecido fogo estranho, Lv 10.6-20. Chegou a ser chefe dos levitas, e o segundo depois de Arão em autoridade sacerdotal, Nm 3.32. Antes da morte de Arão no monte Hor, Eleazar que tinha subido com ele, foi investido no mesmo ofício de sumo sacerdote, e recebeu as vestes sagradas, 20.25-28; Dt 10.6. Continuou no exercício sacerdotal até o fim da vida de Moisés e da chefia de Josué; tomou parte na repartição das terras de Canaã, Js 14.1. Foi sepultado em Gibeá, pertencente a seu filho Finéias, no monte de Efraim, Js 24.33. Finéias foi seu sucessor no sacerdócio, Jz 20.28; 1 Cr 6.4,50. **2** Nome de um levita da família de Merari, casa de Mali. Morrendo sem filhos, as suas filhas casaram-se com os primos, 1 Cr 23.21,22; 24.28, *cf.* Nm 36.6-9. **3** Nome de um filho de Abinadabe, consagrado pelos de Quiriate-Jearim para guardar a arca do Senhor, que eles haviam acolhido, vinda de Bete-Semes, 1 Sm 7.1. **4** Nome de um dos homens fortes de Davi, filho de Dodo aoíta, 2 Sm 23.9; 1 Cr 11.12; *cf.* 17.4. **5** Nome de um sacerdote, filho de Finéias, assistente do sumo sacerdote no tempo de Esdras, Ed 8.33. **6** Nome de um filho de Parós, que foi induzido por Esdras a lançar fora sua mulher estrangeira, Ed 10.25. **7** Nome de um sacerdote que tomou parte como músico na dedicação do muro de Jerusalém, no tempo de Neemias, Ne 12.42. **8** Eleazar, cognominado Auarã, de origem sacerdotal, descendente de um filho de Matias e irmão de Judas Macabeu, 1 Mac 2.5. No combate entre Judas e os sírios em Bete-Zacarias, corajosamente avançou para as linhas inimigas, engatinhou por baixo de um elefante, cujos arreios indicavam que era montado por uma pessoa real, feriu-o no ventre, mas foi esmagado pela queda do animal, 6.43-46. **9** Nome de um antecessor, talvez bisavô de José, esposo de Maria, Mt 1.15.

ELEFANTE – gênero de animal com duas espécies: O *Elephas indicus*, da Índia, o *Elephas africanus*, da África, com diversas outras já extintas. Os seus dentes fornecem o marfim, 1 Rs 10.22. O termo usado é *shenhabbïm*, provável referência ao dente do elefante. Esse animal era usado na guerra, 1 Mac 1.17; 3.34, conduzido por um indiano e sobre as costas levava uma torre com três ou quatro guerreiros, 1 Mac 6.37. Lívio fala de 32, o que é claramente um erro, Lívio, 37.40. Os elefantes que entravam em combate, obedeciam a direção de um chefe. Para animá-los na batalha, davam-lhes vinho para beber, 1 Mac 6.34.

ELEFE (*no hebraico, talvez signifique "união", ou, "boi"*) – nome de uma aldeia da tribo de Benjamim, Js 18.28. Pode tratar-se de um lugar de pastoreio, própria para a criação de gado. Os estudiosos a identificam com *Neby Samvil*, próximo a Jerusalém. Outros preferem identificá-la com *Salah*, também perto de Jerusalém.

EL-ELOE-ISRAEL (*no hebraico, "Deus, o Deus de Israel"*) – nome que Jacó deu a um altar, que levantou perto de Siquém, Gn 33.20.

EL-ELYON (veja *DEUS, NOMES DE*).

ELEUTÉRIO (*nome grego que significa "livre"*) – nome de um rio, 1 Mac 11.7; Antig. 13.4,5, que nasce no Líbano e se lança no Mediterrâneo ao norte de Trípoli, Plínio, Hist. Nat. 5.17, e, que servia de limite entre a Palestina e a Síria, 1 Mac 12.30; Antig. 15.4,1; Estrabão, 16.2,12. O nome atual é *Nahr el-Kebir*.

ELI (*no hebraico, 'elî, "meu Deus"*) **1** Uma das sete palavras proferidas na cruz por Jesus Cristo, *Eli, Eli lamma sabchthani*, quer dizer: Deus meu, Deus meu, por que me desamparaste? Mt 27.46; *cf.* Sl 22.2. Em Mc 15.34, lê-se Eloí, que em aramaico é sinônimo de Eli. **2** Nome de um sacerdote da família de Itamar, 1 Sm 1.9; 1 Rs 2.27, *cf.* 1 Cr 24.3,6, o primeiro dessa família que exerceu tais funções, Antig. 5.11,5; 8.1,3. Foi juiz de Israel, homem piedoso com aptidões especiais para seus elevados cargos. Havia, porém, grave defeito na sua vida, é que não soube corrigir o mau procedimento de seus filhos, Hofni e Finéias, sacerdotes, que desonraram o seu ministério com atos escandalosos, 1 Sm 2.23-25,29; 3.13, pelo que o juízo divino contra a sua casa foi denunciado por um profeta. Eli veria o mal cair sobre o santuário, seus descendentes morreriam na flor da idade, os seus dois filhos morreriam no mesmo dia; um sacerdote fiel o substituiria, todo o que restasse da sua casa, viria para que se rogasse por ele, a fim de ter um bocado de pão para comer, 2.27-36. Esta mensagem foi confirmada por uma revelação semelhante ao pequeno Samuel, a qual Eli recebeu com profunda resignação, 3.11-18. Em pouco tempo, os dois filhos de Eli, Hofni e Finéias, acompanhando a arca do Senhor na guerra contra os filisteus, foram mortos e caiu a arca em poder dos inimigos. Ouvindo que a arca do Senhor havia sido tomada e que seus dois filhos morreram em combate, o sacerdote Eli, que nessa época estava com 98 anos de idade, caiu para trás da cadeira em que se assentava e morreu, 4.1-18. Exerceu o cargo de juiz por 40 anos. Aitube foi o sucessor de Eli no cargo sacerdotal, 14.3, porém esse ofício perdeu a sua importância durante algum tempo, por estar a área em cativeiro, e o Tabernáculo sem as manifestações da presença de Deus. O profeta Samuel veio a ser o juiz do povo. O juízo contra a posteridade de Eli foi executado quando Salomão depôs o sacerdote Abiatar, que era descendente de Eli, do cargo sacerdotal, e o substituiu por Zadoque, 1 Rs 2.35.

ELIÃ (*no hebraico, "Deus é aparentado", "Deus é nosso parente"*) – nome do pai de Bate-Seba, 2 Sm 11.3, que em virtude das partes constituintes desse nome é chamado Amiel em 1 Cr 3.5. Parece que esse é o mesmo Eliã, filho de Aitofel, um dos homens fortes de Davi, 2 Sm 23.34.

ELIABA (*no hebraico, "aquele a quem Deus escondeu"*) – nome de um dos homens fortes de Davi, natural de Saalaboni, 2 Sm 23.32; 1 Cr 11.33.

ELIABE (*no hebraico, "Deus é pai"*) **1** Nome de um dos filhos de Helom e chefe da tribo de Zebulom no deserto, Nm 1.9; 2.7; 7.24, 29; 10.16. **2** Nome de um rubenita filho de Palú e pai de Datã e Abirão, Nm 16.1,12; 26.8,9. **3** Nome de um levita, antecessor de Samuel, 1 Cr 6.27,28 (veja *ELIÚ*). **4** Nome do irmão mais velho de Davi, homem alto e de gentil presença. Quando Samuel o viu, exclamou: "Porventura está diante do Senhor o seu ungido? E disse o Senhor a Samuel: Não olhes para o seu vulto; eu não julgo pela aparência, mas pelo que está no coração", 1 Sm 16.6,7; 17.13. Seu principal defeito era desconhecer a grande alma de seu irmão Davi, v. 28,29. Sua filha Abiail casou com um filho de Davi, 2 Cr 11.18. **5** Nome de um gadita daqueles que se reuniram a Davi em Ziclague, 1 Cr 12.9. **6** Nome de um levita músico do santuário no tempo de Davi, 1 Cr 15.20.

ELIADA (*no hebraico, "Deus sabe", "Deus conhece"*) **1** Nome de um dos filhos de Davi que nasceu em Jerusalém, 2 Sm 5.16; 1 Cr 3.8. Em 1 Cr 14.7 ele é chamado de Beeliada. **2** Nome do pai de Rezom, de Zobá, 1 Rs 11.23. **3** Nome de um benjamita, um dos capitães de Jeosafá, 2 Cr 17.17.

ELIALIS – nome de um filho de Bani que depois do cativeiro babilônico divorciou-se de sua mulher estrangeira, 1 Ed 9.34. Seu nome não consta na lista paralela de Ed 10.38.

ELIAQUIM (*no hebraico, 'elyaqîm, "Deus erguerá", "Deus está levantando"*) **1** Nome de um dos filhos de Josias e de sua mulher Zebida, 2 Rs 23.34-36. Por ocasião da morte de seu pai, o povo proclamou rei a Jeoacaz, terceiro filho de Josias, quanto à idade. Três meses depois, Faraó-Neco o prendeu e o levou para o Egito, elevando ao trono seu irmão mais velho, Eliaquim, que lhe mudou o nome para Jeoiaquim, que co-meçou a reinar pelo ano 608 a.C., quando estava com 25 anos de idade. Foi obrigado a lançar pesados tributos sobre o povo para dá-los a Faraó. Apartou-se de Jeová a quem seu pai havia servido, tornou-se idólatra; Jeremias escreveu um rolo de livro em que ameaçava o juízo de Deus contra ele, se não se arrependesse, porém, Jeoiaquim desprezou as palavras do profeta; ouvindo a leitura de umas três ou quatro folhas do livro, cortou o rolo com o seu canivete e o lançou ao fogo, Jr cap. 36. Babilônia era nesse tempo a grande potência asiática. No quarto ano do reinado de Jeoiaquim, Nabucodonosor, filho do rei da Babilônia, derrotou Faraó-Neco em Carquemis, dirigindo-se em seguida contra Jerusalém. Jeoiaquim ficou sendo seu servo durante três anos, 2 Rs 24.1; Jr 46.2; Dn 1.1,2, depois se rebelou contra ele. Outras perturbações caíram sobre o reino. Os sírios, os moabitas e os amonitas fizeram incursões em várias partes do reino, bem assim bandos de caldeus que Nabucodonosor tinha despachado ao saber da revolta do Jeoiaquim, 2 Rs 24.2. O próprio rei da Babilônia entrou em Jerusalém, prendeu o rei Jeoiaquim para conduzi-lo à Babilônia, carregado de ferros, 2 Cr 36.6, em uma gaiola, Ez 19.5-9, foi levado à presença do rei que estava no campo em Jerusalém. O propósito de enviá-lo para a Babilônia foi abandonado. Ele morreu ou foi assassinado, e o seu corpo teve a sepultura do asno, lançado fora das portas de Jerusalém, Jr 22.19; 36.30; Antig. 10.6,3. Reinou 11 anos. Teve como sucessor seu filho Joaquim, 2 Rs 23.36; 24.6. **2** Nome de um dos antecessores de Cristo que viveu antes do cativeiro, descendente de Davi, Lc 3.30, 31. **3** Nome de um dos filhos de Hilquias, mordomo mor da casa do rei Ezequias. Foi ele um dos três que saíram a conferenciar com Rabsaqué em nome do rei, 2 Rs 18.18,26,37; Is 36.3,11,22. Esses três foram enviados ao profeta Isaías para levarem a resposta de Rabsaqué, para que ele pedisse a intervenção divina nessa grande crise, 2 Rs 19.2; Is 37.2. De tal modo o profeta Isaías falou de Eliaquim que pode bem servir de um tipo de Messias, Is 22.20-25. **4** Nome de um dos filhos de Josias a quem Faraó-Neco fez rei, mudando-lhe o nome Jeoiaquim, 2 Rs 23.34; 2 Cr 36.4. **5** Nome de um dos sacerdotes que oficiaram na dedicação do muro de Jerusalém, Ne 12.41. **6** Nome de um dos descendentes de Zorobabel, antecessor de Cristo, Mt 1.13.

ELIAS (*no hebraico, 'elyyah, ou 'elyyahu, "meu Deus é Yahweh"*) **1** Nome de um dos maiores profetas do Antigo Testamento; supõe-se ter nascido em Tisbete da Galiléia, cognominado tesbita, não obstante ser dos habitantes de Gileade, 1 Rs 17.1. Era homem peludo, que andava cingido sobre os rins com uma cinta de couro, 2 Rs 1.8; 1 Rs 19.13. Quando Acabe, influenciado por sua mulher Jezabel, natural de Tiro, deu-se à idolatria, adorando a Baal, Elias apareceu repentinamente em cena; apresentou-se diante de Acabe e predisse grande seca que iria assolar indefinidamente o seu reino em castigo da sua apostasia. Em conseqüência da fome, o Senhor o mandou para a banda do oriente a esconder-se ao pé da torrente de Carite, onde foi sustentado pelos corvos. Quando a torrente secou, foi ele para Sarepta na costa do Mediterrâneo ao norte de Tiro. Uma pobre viúva repartiu com ele o seu último pão. Em recompensa, o Senhor fez durar até o fim da fome a farinha que nunca se esgotou e o azeite da almotolia, que não acabou. Ainda mais: quando o filho da pobre viúva morreu, o profeta restaurou-lhe a vida, orando a Deus, 1 Rs 17.1-24; Lc 4.24-26. Muito tempo depois, no terceiro ano, 1 Rs 18.1; Lc 4.25; Tg 5.17. Elias se apresentou a Acabe, por ordem do Senhor. Seguiu-se a cena do monte Carmelo. Os profetas de Baal tentaram em vão demonstrar a divindade do seu deus. Elias reuniu o povo em torno do altar que havia

refeito, pegou 12 pedras, simbolizando o número das tribos como reprovação divina à divisão do reino, pôs sobre ele a vítima, para afastar qualquer idéia de fraude, mandou despejar água em volta do altar. Depois clamou ao Senhor. Caiu fogo do céu que consumiu o sacrifício e destruiu o altar. Deste modo, Jeová atestou a sua existência e o seu poder. Os profetas de Baal foram levados à torrente de Quisom e ali foram mortos, por ordem de Elias, 1 Rs 18.1-40; *cf.* Dt 17.2-5; 13.13-16. O povo reconheceu a Jeová e obedeceu ao seu servo Elias. O favor divino se manifestou na pequena nuvem que se levantou do mar, precursora de grande chuva. E a mão do Senhor foi sobre Elias, tendo cingido os rins, corria adiante de Acabe até chegar a Jezreel, 1 Rs 18.41-46. Jezabel, enfurecida pela matança dos profetas de Baal, decretou a morte de Elias, que se escondeu no monte Horebe. Ali, como Moisés, foi miraculosamente sustentado por 40 dias e 40 noites, 24.18; 34.28; Dt 9.9-18; 1 Rs 19.8, sombra de igual incidente da vida de Jesus, Mt 4.2; Lc 4.2. Ali o Senhor o repreendeu pelo seu desânimo e o mandou voltar e ungir Hazael rei da Síria e a Jeú rei de Israel, para serem ambos os instrumentos de sua justiça. Elias lançou a sua capa sobre Eliseu que o substituiu no ofício de profeta, 1 Rs 19.1-21. Jezabel promoveu judicialmente a morte de Nabote para se apoderar da sua vinha. Elias foi ao encontro de Acabe, quando este ia tomar posse da vinha e disse-lhe "Eis-aqui o que diz o Senhor: no lugar em que os cães lamberam o sangue de Nabote, lamberão eles também o teu sangue", 21.1-29. A morte de Acabe na batalha de Ramote de Gileade foi o princípio do juízo que Elias havia proferido contra a casa do rei, 22.1-40. Depois da morte de Acabe, Acazias, seu filho e sucessor, caiu pelas grades de um quarto alto que tinha em Samaria e adoeceu gravemente; em conseqüência disto, mandou mensageiros para

ELIAS

consultar a Beelzebu, deus de Ecrom se podia convalescer da sua moléstia. Elias saiu ao encontro dos mensageiros do rei e lhes perguntou: "Acaso não há Deus em Israel para vós irdes consultar a Beelzebu, deus de Ecrom?", e fê-los voltar do caminho. O rei por duas vezes mandou uma força de 50 homens para levar Elias preso, que foram consumidos por um fogo do céu. O terceiro capitão com 50 homens foi poupado, e Elias o acompanhou à presença do rei, 2 Rs 1.1-16. Finalmente, o profeta alcançou uma honra igual à que antes foi concedida a Enoque, Gn 5.24, de ser trasladado ao céu sem ver a morte. Um carro e cavalos de fogo apareceram-lhe quando ia com Eliseu para o oriente do Jordão e, separando um do outro, tomou a Elias e o levou para o céu em um redemoinho, 2 Rs 2.1-12. Este fato ocorreu pouco antes de Jorão, rei de Israel, subir ao trono, 2 Rs 2.1-12; *cf.* 1.18 e 3.1 e, no reinado de Jeosafá rei de Judá, 3.11. Elias escreveu uma carta a Jorão, quando ainda era co-regente com Jeosafá, denunciando o juízo de Deus, não só pelos pecados cometidos durante a vida de Jeosafá, mas também pelo assassínio que ele fez depois da morte de Jeosafá, 2 Cr 21.12; *cf.* 13,14. Se a trasladação de Elias ocorreu no tempo indicado, foi durante a sua vida que ele profetizou sobre os atos futuros de Jorão, justamente como havia feito acerca dos atos de Hazael e Jeú, 1 Rs 19.15-17. Menos de acordo com a linguagem do cap. 3.11 é a explicação que se pretende dar, dizendo que a trasladação está no lugar em que deve estar, 2 Reis, simplesmente para completar a narrativa de sua atividade pública, que Elias ainda vivia quando Eliseu estava com o exército de Jeosafá na parte sul de Judá, e quando Jorão era o único rei. Os últimos dois versículos do Antigo Testamento predizem que Deus mandará o profeta Elias antes que venha o grande e horrível dia do Senhor, Ml 4.5,6. O Novo Testamento explica que a referência é feita a João Batista que, semelhante ao tesbita, foi humilde e despretensioso, Mt 3.4; Mc 1.6, e fiel à sua missão, segundo o testemunho do próprio Jesus, Mt 11.11-14; 17.10-12; Mc 9.11-13; Lc 1.17. Há outros que são de parecer, que, conquanto João Batista se pareça em espírito e em poder ao profeta Elias, este ainda virá pessoalmente antes da segunda vinda de Cristo. Elias apareceu no monte da Transfiguração como representante dos profetas do Antigo Testamento para prestar honras a Jesus, à sua doutrina e profetizar a sua ascensão que se havia de cumprir em Jerusalém, Mt 17.4; Mc 9.4; Lc 9.30. Este fato não tem analogia alguma com a história de João Batista. Os milagres feitos durante o ministério do profeta Elias pertencem ao segundo período dos quatro períodos de milagres da história da redenção, período de vida e morte, de lutas entre a religião de Jeová e o culto a Baal, quando o povo do norte de Israel voltou à fé de seus pais e todas as outras questões de menor importância foram colocadas de lado. **2** Nome de um benjamita, filho de Jeroão, residente em Jerusalém, 1 Cr 8.27. **3** Nome de um sacerdote, filho de Harim, que concordou em lançar fora sua mulher gentia, Ed 10.21. **4** Nome de um israelita que se divorciou de sua mulher gentia, por ordem de Esdras, Ed 10.26.

ELIASAFE (*no hebraico, "Deus acrescentou"*) **1** Nome de um príncipe da tribo de Gade no deserto, Nm 1.14; 2.14; 7.42. **2** Nome de um levita, filho de Lael, príncipe dos gersonitas no deserto, Nm 3.24.

ELIASIBE (*no hebraico, "Deus restaura"*) **1** Nome do antecessor de que a 11ª. classe sacerdotal tomou o nome, 1 Cr 24.12. **2** Nome de um levita, o cantor, a quem Esdras induziu a lançar fora a sua mulher estrangeira, Ed 10.24. **3** e **4** Nome de dois homens, um filho de Zatu, outro filho de Vânia, a quem igualmente, Esdras induziu a lançarem fora suas mulheres estrangeiras, Ed 10.27, 36. **5** Nome do sumo sacerdote, o segundo sucessor de Josué, Ne 12.10. Viveu no tempo de Neemias e, com os sacerdotes, reconstruiu a Porta das Ovelhas de Jerusalém, 3.1,20,21. Na qualidade de sumo sacerdote, é quem distribuía as câmaras do templo, como entendia, 3.1,21. Foi aliado pelo casamento com Tobias amonita, seu neto era genro de Sambalate, Ne 13.4,28. Pouco escrupuloso quanto à separação dos gentios, ele designou um quarto no templo para habitação de Tobias v. 5. **6** Nome de um filho de Elioenai descendente de Zorobabel, 1 Cr 3.24.

ELIASIS – nome de um filho de Bani. Divorciou-se de sua mulher estrangeira quando voltou do cativeiro babilônico para Jerusalém, 1 Ed 9.28. Seu nome não consta na lista paralela de Ed 10.36,37.

ELIATA (*no hebraico, "Deus veio"*) – nome de um dos filhos de Hemã, e músico no reinado de Davi, 1 Cr 25.4.

ELICA – nome de um dos homens fortes de Davi, natural de Harodi, 2 Sm 23.25.

ELIDADE (*no hebraico, "Deus amou"*) – nome de um príncipe da tribo de Benjamim, no tempo em que os israelitas estavam acampados em Sitim, às vésperas de entrarem na Terra Prometida. Fez parte da comissão encarregada de dividir a terra pelas tribos, Nm 34.21.

ELIEL (*no hebraico, "Deus dos deuses"*) **1** Nome de um levita, filho de Coate, um dos antecessores do profeta Samuel, 1 Cr 6.34. **2** Nome de um dos homens fortes de Davi, natural de Maumi, 1 Cr 11.46. **3** Nome de outro dos heróis de Davi, v. 47. **4** Nome de um dos gaditas que foram reunir-se a Davi em Ziclague, 1 Cr 12.11. **5** Nome de um levita, filho de Hebrom que viveu no tempo de Davi,1 Cr 15.9,11. **6** Nome de um benjamita, filho de Simei, 1 Cr 8.20. **7** Nome de outro benjamita filho de Sasaque, 1 Cr 8.22. **8** Nome de um príncipe da meia tribo de Manassés, 1 Cr 5.24. **9** Nome de um dos superintendentes dos celeiros, em que se recolhiam os dízimos e as primícias no reinado de Ezequias, 2 Cr 31.13.

ELIENAI (*no hebraico, "meus olhos estão em Jeová"*) – nome de um benjamita, filho de Simei, contração do nome Elionai, 1 Cr 8.20.

ELIEZER (*no hebraico, 'elî 'ezer, "Deus é auxílio", "Deus é ajuda"*) **1** Nome de um homem de Damasco, mordomo de Abraão, Gn 15.2; *cf*. 24.2. **2** Nome do filho mais novo de Moisés, Êx 18.4; 1 Cr 23.15,17. **3** Nome de um benjamita da família de Bequer, 1 Cr 7.8. **4** Nome de um filho de Zicri, comandante dos rubenitas no reinado de Davi, 1 Cr 27.16. **5** Nome de um sacerdote que tocou a trombeta diante da arca no reinado de Davi, 1 Cr 15.24. **6** Nome de um profeta, filho de Dodava, de Maressa, que profetizou o naufrágio das naus de Jeosafá, por ele se ter aliado com Acazias, 2 Cr 20.37. **7** Nome de um dos homens que Esdras enviou à procura de levitas entre os que voltaram do cativeiro, tendo encontrado apenas alguns poucos, Ed 8.16. **8**, **9** e **10** Nome de três homens, um sacerdote, outro levita e outro filho de Herém, aos quais Esdras induziu a lançar fora as suas mulheres estrangeiras com quem tinham casado, Ed 10.18,23,31. **11** Nome de um antecessor de Cristo, que viveu entre o tempo de Davi e o cativeiro, Lc 3.29.

ELIFAL (*no hebraico, "Deus julgou"*) – nome de um dos homens fortes de Davi, filho de Ur, 1 Cr 11.35. Parece ser o mesmo Elifelete, filho de Aasbai, 2 Sm 23.34.

ELIFAZ (*no hebraico 'elifaz, "Deus é forte", "Deus é sua força"*) **1** Nome de um

ELIFAZ

dos filhos de Esaú, e de sua mulher Ada, Gn 36.4. **2** Nome de um dos amigos de Jó, natural de Temã, Jó 2.11; 4.1; 15.1; 22.1; 42.7,9, talvez filho de Elifaz nº. 1, que teve um filho com esse nome, Gn 36.11.

ELIFELETE (*no hebraico, "Deus é livramento"*) **1** Nome de um filho de Davi, nascido em Jerusalém, 1 Cr 3.6, 14.5. **2** Nome de outro filho de Davi, nascido também em Jerusalém, talvez depois da morte do primeiro do mesmo nome, 2 Sm 5.16; 1 Cr 3.8; 14.7. **3** Nome de um filho de Aasbai e um dos homens fortes de Davi, 2 Sm 23.24. Tem o nome de Elifal em 1 Cr 11.35. **4** Nome de um dos descendentes de Jônatas e de Saul, 1 Cr 8.39. **5** Nome de um filho de Adonicão. Voltou do cativeiro em companhia de Esdras, 8.13. **6** Nome de um filho de Hasum, induzido por Esdras a deixar sua mulher estrangeira, Ed 10.33.

ELIFELEU (*no hebraico, talvez signifique, "Deus é excelente", ou "separado por Deus"*) – nome de um levita, cantor, harpista e também porteiro, quando Davi levou a arca da casa de Obede-Edom, 1 Cr 15.18,21.

ELIM (*no hebraico, "terebinto", "carvalho", "árvores"*) – nome do segundo acampamento dos israelitas, depois da passagem do mar Vermelho. Ficava entre Mara e o deserto de Sim, e tinha 12 fontes de água e 70 palmeiras, Êx 15.27; 16.1; Nm 33.9,10. Dois vales, o *Gurundel* e o *Useit*, ou *Waseit*, disputam a honra de representar a antiga Elim. O primeiro desses vales tem mais águas, e por isso, tem mais direitos à sua pretensão. Ambos são adornados de variada vegetação, em contraste com o deserto vizinho, constando de palmeiras, tamareiras e acácias.

ELIMAS (*no grego, elúmas, "feiticeiro", "bruxo". Deriva-se do arábe Alim, "sábio"*) – nome de um impostor judeu também chamado Barjesus, que significa filho de Jesus ou de Josué, que pretendia predizer o futuro por meio de feitiçaria. O apóstolo Paulo encontrou-se com ele em Pafos, cidade da ilha de Chipre, quando fazia sua primeira viagem missionária. Esse Elimas pretendia apartar da fé a Sérgio Paulo, procônsul da ilha, que parecia disposto a aceitar as doutrinas de Cristo. O apóstolo o repreendeu severamente e o feriu de cegueira. Com este milagre o procônsul rendeu-se à fé, At 13.6-12.

ELIMELEQUE (*no hebraico 'elîmelek, "meu Deus é rei"*) – nome de um homem de Belém de Judá, marido de Noemi. Migrou para Moabe por causa de uma terrível fome, e ali morreu, Rt 1.1s.

ELIOENAI (*no hebraico, "meus olhos estão colocados em Jeová"*) – forma hebraica de uma legítima variante de Elieoenai. **1** Nome de um descendente de Simeão, 1 Cr 4.36. **2** Nome de um benjamita da família de Bequer, 1 Cr 7.8. **3** Nome de um levita, neto de Coré e filho de Meselemias, 1 Cr 26.3,17. **4** e **5** Nome de dois hebreus cada um dos quais se divorciou de sua mulher gentia, Ed 10.22,27. **6** Nome de um homem de Judá, descendente de Secanias, 1 Cr 3.23,24. **7** Nome de um filho de Zeraías, que com 200 homens acompanhou Esdras da Babilônia para Jerusalém, Ed 8.4.

ELIOREFE (*no hebraico, "Deus é uma recompensa", ou talvez, "Deus do outono"*) – nome de um dos secretários mais importantes de Salomão, 1 Rs 4.3.

ELISÁ (*no hebraico, 'elishâ, "Deus é salvação"*) – nome dos descendentes de Javã, tomados coletivamente, que habitavam o país de Elisá, Gn 10.4. Era uma região marítima que exportava linho fino, jacinto e púrpura, Ez 27.7. Várias são as explicações para elucidar essa designação como sendo Helas, Elis, Eolis, Itália e Cartago. Objeções filológicas pesam contra as quatro primeiras palavras, além de que não se pode provar que Cartago, em qualquer tempo, tivesse o nome de Elisá, além de que, essa cidade estava situada na África, Alisiía, cujo rei trocou correspondência com os faraós da 18ª. dinastia egípcia, parece a muitos ser o lugar da antiga Elisá, país mui vizinho da Cilícia, identificação esta muito recomendável.

ELISAFÃ/ELIZAFÃ/ELZAFÃ (*no hebraico, "Deus protegeu", "Deus é protetor", ou "Deus escondeu"*) **1** Nome de um filho de Uziel e príncipe dos coatitas no deserto, Êx 6.18,22; 3.30. Ajudou a remover os corpos de Nadabe e Abiúde para fora dos campos, Lv 10.4. **2** Nome de um filho de Parnaque e príncipe da tribo de Zebulom no deserto, Nm 34.25.

ELISAFATE (*no hebraico, "Deus é juiz", "Deus julgou"*) – nome de um dos capitães que auxiliaram Jeoiada na revolta contra Atalia, 2 Cr 23.1.

ELISAMA (*no hebraico, "Deus ouviu"*) **1** nome de um filho de Amiúde, príncipe em Efraim, quando se iniciou a viagem pelo deserto, Nm 1.10; 2.18, antecessor de Josué, 1 Cr 7.26. **2** Nome de um homem de Judá, descendente de Jerameel e de Sesã, 1 Cr 2.34,41. **3** Nome de um dos filhos de Davi, nascido em Jerusalém, 1 Cr 3.6. **4** Nome de outro filho de Davi, 2 Sm 5.16; 1 Cr 3.8. **5** Nome de um sacerdote a quem o rei Jeosafá enviou em comissão para instruir as cidades de Judá, 2 Cr 17.8. **6** Nome de um príncipe e escriba no reinado de Jeoiaquim. Ele estava entre aqueles que ouviram a leitura do livro da lei feita por Baruque, no tempo do profeta Jeremias, Jr 36.12,20,21. **7** Nome do avô de Ismael, de sangue real, que matou Gedalias, governador da Judéia no tempo do domínio babilônico, 2 Rs 25.25; Jr 41.1, talvez seja o mesmo mencionado anteriormente.

ELISEBA (*no hebraico, "Deus é juramento"*) – nome de uma filha de Aminadabe e irmã de Naassom. Veio a ser mulher de Arão e mãe de Nadabe, Abiú, Eleazar e Itamar, Êx 6.23.

ELISEU (*no hebraico, 'ᵉlîsha', "Deus é salvação", no grego do Novo Testamento é Elisáios*) – nome de um dos dois grandes profetas do período mais antigo da história dos israelitas, que exerceram o seu ministério ao norte do reino. Era filho de Safate, habitava em Abel-Meolá do vale do Jordão e pertencia a uma família plebéia. Estava conduzindo um dos arados nas lavouras de seu pai com 12 juntas de bois quando Elias o encontrou e lançou sobre ele a sua capa, 1 Rs 19.6,19. Eliseu compreendeu bem a significação deste ato; foi à sua casa despedir-se dos seus, seguiu o profeta, v. 19-21. Quando Elias passou além do Jordão para ser trasladado ao céu, conservou Eliseu perto de si, e lhe disse: "Pede-me o que queres que eu te faça, antes que seja tomado de ti. Disse Eliseu: Peço-te que me toque por herança porção dobrada do teu espírito". Eliseu viu o carro de fogo que o separou de seu mestre e tomando a capa que havia caído dos ombros de Elias, a lançou sobre as águas do Jordão, as quais se dividiram, dando passagem a Eliseu para a margem ocidental do rio, 2 Rs 2.1-18. A vida desse profeta foi assinalada por uma série de milagres que revelavam sabedoria e poder, operados em nome do Senhor. Seus milagres pertencem ao segundo grupo dos milagres da história da redenção; ocorreram em um tempo em que a religião de Jeová estava em luta renhida contra o culto a Baal. O efeito de tais milagres tinha por fim acreditar o profeta, provar que Jeová era o Deus vivo. O poder miraculoso de

ELISEU

Eliseu era exercido em ampla escala, com o Cristo, sempre em benefício dos que sofriam. Em nome do Senhor, curou as águas amargas de Jericó, v. 19-22. Ainda em nome de Jeová, amaldiçoou uns meninos que caçoavam dele, dos quais 42 foram despedaçados por uns ursos que saíram de um bosque, v. 23-25. Predisse o resultado de uma expedição contra Moabe, 3.11-27; fez multiplicar o azeite na casa de uma viúva, 4.1-7, predisse à sulamita o nascimento de um filho e por meio de oração restaurou a vida a esse mesmo menino, ferido pela morte, v. 8-37. Por sua intervenção miraculosa, foi sanado o perigo que ameaçava a vida de muita gente que ia se alimentar com um cozinhado venenoso, v. 38-41. Com 20 pães de cevada e trigo novo, alimentou 100 homens, v. 42-44; mandou que Naamã se banhasse no Jordão para curar-se da lepra, 5.1-19, doença que se transferiu para Geazi, seu criado, como castigo à cobiça deste, v. 20-27; fez flutuar um machado que havia caído no rio, 6.1-7; revelou ao rei de Israel os movimentos e intenções dos sírios que ameaçavam a pátria, v. 8-12. Fazendo oração, o Senhor abriu os olhos de seu criado para ver os cavalos e carros de fogo que o defendiam contra o inimigo, v. 13-17. Feriu de cegueira os sírios que haviam sido enviados para prendê-lo, v. 17-23. Denunciou que um mensageiro, vindo da parte do rei de Israel estava à porta para tirar-lhe a vida, 6.32,33. Profetizou que a fome de Samaria havia de ser sanada com abundância imediata de provisões a preço diminuto, 7.1-20. Avisou a Bene-Hadade rei da Síria que a sua morte se avizinhava, 8.7-15. Profetizou o aniquilamento da casa de Acabe e enviou um jovem profeta para ungir como rei a Jeú para exercer os juízos denunciados contra a casa de Acabe (cap. 9 até o cap. 10.28). Predisse as três vitórias contra os sírios, 13.14-19. Finalmente, depois de morto, um cadáver lançado na sua sepultura, logo que tocou os ossos do profeta, ressuscitou e se levantou sobre os pés, v. 20,21.

ELISUA (*no hebraico, "Deus é salvação"*) – nome de um dos filhos de Davi, nascido em Jerusalém, 2 Sm 5.15; 1 Cr 14.5. Elisama aparece em posição correspondente, na terceira lista dos filhos de Davi, 1 Cr 3.6. Pela leitura de outros catálogos, uma vez que o nome Elisama também figura entre os netos de Davi, mencionados em outras três listas, é razoável acreditar que o nome Elisama em 1 Cr 3.6, é o mesmo Elisua. Nome de um príncipe dos rubenitas no deserto, Nm 1.5; 2.10.

ELISUR (veja *ELIZUR*).

ELIÚ (*no hebraico, 'elîhu, "ele é Deus"*) **1** Nome de um efraimita, filho de Toú, antecessor do profeta Samuel, 1 Sm 1.1, chamado também Eliabe e Eliel em 1 Cr 27.34. **2** Nome do irmão mais velho de Davi, também chamado Eliabe, *cf.* 1 Sm 16.6 com 1 Cr 27.18. **3** Nome de um membro da tribo de Manassés, que, com outros, se uniu a Davi em Ziclague, 1 Cr 12.20. **4** Nome de um dos porteiros no reinado de Davi, da família de Obede-Edom, 1 Cr 26.7. **5** Nome de um dos amigos de Jó, filho de Baraquel de Buz, Jó caps. 32 a 37.

ELIÚDE – nome talvez derivado do hebraico *Eliyehud*, "Deus de Judá" ou "Deus dos judeus", e que não se encontra no Antigo Testamento. Filho de Eliaquim e pai de Eleazar, na linha genealógica de Jesus Cristo, Mt 1.14,15.

ELIZUR (*no hebraico, "Deus é uma rocha"*) – nome de um príncipe dos rubenitas no deserto, Nm 1.5; 2.10.

ELMADÃ (*no grego é Elmodám, ou Elmadám*) – nome do pai de Cosã, da linhagem de Davi, que aparece na genealogia de Cristo, Lc 3.28.

ELMO – um tipo de capacete, Jr 46.4. O termo é usado em algumas versões (veja *CAPACETE/ARMADURA*).

ELNAÃO (*no hebraico, "Deus é agradável"*) – nome do pai de dois grandes valentes de Davi, Jeribai e Josavias. Existe controvérsia envolvendo esses nomes. Na LXX, Josavias é citado como filho de Jeribai, e Elnaão como um dos valentes de Davi, 1 Cr 11.46.

ELNATÃ (*no hebraico, "Deus tem dado", "Deus é doador"*) **1** Nome do pai de Neústa, mãe do rei Jeoiaquim, 2 Rs 24.8. Morava em Jerusalém, podendo ser o mesmo Elnatã, filho de Acbor, citado em Jr 26.22; 36.12,25. **2**, **3** e **4** Nomes de três levitas; os dois primeiros foram chefes e o terceiro era pessoa de entendimento, que Esdras enviou ao afluente do rio Aava, Ed 8.16.

ELPAAL (*no hebraico, "Deus é uma recompensa"*) – nome de um homem de Benjamim, filho de Mebusim e chefe de uma família, 1 Cr 8.11,12,18.

ELOHIM (veja *DEUS*).

ELOM (*no hebraico, 'êlôn, "carvalho", "terebinto", ou "forte"*) **1** Nome de um heteu, cuja filha se casou com Esaú, Gn 26.34; 36.2. **2** Nome de um filho de Zebulom e fundador de uma família tribal, Gn 46.14; Nm 26.26. **3** Nome de um zebulonita que julgou Israel por dez anos, sendo sepultado em Zebulom, Jz 12.11,12 (nesta passagem algumas versões dizem *Aijalom*). **4** Nome de uma cidade, entre Ítala e Timna, que pertencia à tribo de Dã, Js 19.43. O lugar tem sido identificado com a aldeia do Wadi 'Alin, local próximo a Bete-Semes, ou 'Ain-Semes.

EL-PARÃ (*no hebraico, "carvalho das cavernas"*) – nome de um lugar ermo em Seir onde habitavam os horeus. Estava localizado ao sul de Canaã e a oeste de Edom. Com essa forma só aparece em Gn 14.6, em outros textos é também identificado como "Parã" e "monte Parã", Nm 10.12; 12.16; 13.3,26; Dt 1.1; 33.2; 1 Sm 25.1; 1 Rs 11.18; Hb 3.3.

EL-RÓI (*no hebraico, "Deus que vê", ou "Deus da visão"*) – expressão usada por Hagar quando expulsa de casa, ela encontrou a proteção de Deus, Gn 16.13,14.

ELTECOM (*no hebraico, "Deus é firmeza", "Deus é reto"*) – nome de uma aldeia na região serrana de Judá, Js 15.59. Alguns estudiosos identificam o lugar com a moderna Khirbet ed-Deir, localizada cerca de sete quilômetros a oeste de Belém.

ELTEQUE (*no hebraico, 'elt ᵉkeh, "Deus é um terror"*) – nome de uma cidade de Dã, destinada aos levitas, Js 19.44; 21.23, mencionada nos registros de Senaqueribe, com Timna e Ecrom. No ano 701 a.C., Senaqueribe destruiu essa cidade e nas suas vizinhanças ocorreu a batalha decisiva entre assírios e egípcios. Alguns estudiosos a identificam com a moderna Khirbet el-muqenna, localizada 40 km a oeste de Jerusalém.

ELTOLADE (*no hebraico, "raça", ou "Deus é gerador"*) – nome de uma cidade no extremo sul de Judá, Js 15.30, partilhada à tribo de Simeão, 19.4. Em 1 Cr 4.29 é chamada simplesmente Tolade, pela omissão do El, que é o artigo arábe. O local fica em algum ponto entre Arará e Berseba, por ser mencionado com Hormá, atual Tell es-sab', e com Azém que é a moderna Abu 'izam.

ELUL (*no hebraico, ᵉlûl, o significado é incerto*) – nome do sexto mês do ano no

ELUL

calendário religioso dos judeus, correspondente ao nosso mês de setembro, Ne 6.15; 1 Mac 14.27.

ELUZAI (*no hebraico, "Deus é a minha força"*) – nome de um dos valentes de Davi que a ele se uniram em Ziclague, quando Davi fugia de Saul. Era perito no uso da funda, 1 Cr 12.5.

ELZABADE (*no hebraico, "Dado por Deus", "Deus deu"*) **1** Nome de um dos valentes gaditas que se reuniram a Davi, 1 Cr 12.12. **2** Nome de um levita filho de Semaías, da família de Obede-Edom, porteiro da casa do Senhor, 1 Cr 26.7.

EMANUEL (*no hebraico, 'imanû'el, "Deus conosco"*) – filho de uma virgem, Is 7.14. Antes de nascer ou por ocasião de seu nascimento, houve acontecimentos históricos que justificam o nome "Deus conosco". Quando chegava à idade de dois anos, a terra do norte de Israel e Damasco seria desamparada da presença de seus reis, e um castigo sem igual viria sobre Judá, Is 7.16,17. Nos anos seguintes, ele, Emanuel, comeria os produtos da terra que havia sido devastada pelas nações, v. 15,18s. Isaías tinha em mente aquele Filho de Davi, sobre o qual as profecias se concentravam: **1** Anuncia o nascimento de um filho, não simplesmente o nascimento de um menino. **2** Nessa profecia, se refere a casa de Davi, visto Deus ter rejeitado o sucessor de Davi, que então ocupava o trono. **3** Baseado na interpretação natural do cap. 8.8, que previamente anuncia o nome Emanuel, pelo qual seria chamado o filho, justifica o emprego do pronome da segunda pessoa da cláusula precedente, e oferece uma transição fácil para o versículo seguinte. Emanuel é nome de uma pessoa, natural da terra de Judá, suficientemente grande para ser destacado como representante daquela terra de que se falava como sendo a terra de Emanuel, personagem de grande poder, vencedor dos povos das terras de longe, v. 9. **4** Esse nome não se apaga na mente do profeta, como se observa no cap. 9.6,7 e cap. 11.1, cujas palavras combinam perfeitamente com as do cap. 7. A idéia messiânica desperta nesse período da história. **5** O emprego do artigo em conexão com o nome da virgem explica-se mui naturalmente. Isaías o emprega para designar uma donzela, que não era conhecida por nenhum nome, mas que era anunciada para ser a mãe do Messias, *cf.* Mq 5.3. **6** Um olhar retrospectivo nos revela que esta era a mente do Espírito Santo, Mt 1.22,23. O profeta está pensando em um filho de Davi que havia de se manifestar algum dia. Não se referia ao nascimento de Ezequias, nem que este seria o Messias, porque: 1) Ezequias já era nascido. A profecia tem a data de 734 a.C. e Ezequias já ocupava o trono em 727. 2) Após o lapso de um ano, quando ainda Ezequias era moço, o profeta continua ainda a olhar para o futuro, falando da raiz de Jessé, que brotaria da terra. 3) Ezequias não se alimentaria de manteiga e mel; os processos que se seguiriam à espoliação da terra só começaram no tempo de Ezequias. Se os versículos 18-25, do cap. 7 fazem parte da profecia, "a mosca do Egito" não viria sobre Judá nos tempos de Ezequias. A linguagem do v. 17 indica uma época de futuro remoto; dias como não se encontram no tempo de Acaz. Emanuel era um sinal. Acaz não viveu o tempo suficiente para ver a idade madura de um infante nascido naquela época, porque esse rei morreu antes da queda de Samaria em 722. Não chegou a ver a "terra desamparada" de que fala o v. 16. Emanuel não foi um sinal para nos obrigar a acreditar em Acaz, como sendo o Messias. Semelhante a muitos outros sinais do Antigo Testamento, reclamava a confiança na realização futura dos acontecimentos anunciados, Êx 3.12. O nascimento, a infância e a mocidade do

Messias são descritos como atualmente passando pela imaginação do profeta. Não se pode concluir que ele concebesse os fatos como realizados no seu tempo, porque não tendo o Messias aparecido dentro de um ano, o profeta não manifesta surpresa alguma, não perde a fé no cumprimento das promessas anunciadas, continua em sua atividade, faz novas revelações acerca de Emanuel e continua a merecer a confiança dos seus compatriotas. Isaías teria ainda de indagar quando e de que modo se cumpririam as profecias ditadas pelo Espírito que nele habitava. A promessa do livramento imediato, anunciados nos versículos 3-11 do cap. 7, é confirmada por um apelo, para um acontecimento que poderia ocorrer mais dia menos dia. Porém, se haveria de ser breve ou em época remota, não se poderia determinar, porque dependeria do livramento prometido a Acaz. A promessa de Deus já feita, 2 Sm 7.11-17, que o Messias viria da casa de Davi, era um sinal que incluía a casa de Acaz e, que os planos de Rezim e de Pecá para destituir o reino, instituir o novo governo, falhariam por completo, Is 7.13,14. Quanto mais longe estivesse o nascimento do Messias, mais certa a garantia para a continuação do reino de Judá na família de Davi. O nascimento e a infância de Emanuel serviam de medida para avaliar a realização dos acontecimentos preditos. Contemplava o seu nascimento, no qual tinha a garantia da existência contínua de Judá e de seu livramento como se já o visse muito próximo. Não conhecia tempo nem momentos, porém, isto lhe fora revelado para servir de sinal ao povo, que se realizaria, em um tempo de breve futuro. "Porque antes que o menino saiba rejeitar ou escolher o bem, a terra que tu detestas será desamparada. No período da existência em que as faculdades morais de um indivíduo se amadurecem, ele, o rebento da Casa real de Judá, habitará em uma terra devastada." Qualquer criança poderia

servir de medida de tempo, mas o menino escolhido para isso seria o Messias, porque a profecia de livramento se baseava nas promessas centralizadas nele. Meçamos o tempo. **1** Antes de Jesus atingir a idade, quando as faculdades morais amadurecem, o reino de Israel seria desolado. De fato, antes que um menino que nascesse no ano em que se deu o encontro de Isaías com Acaz, pudesse chegar a conhecer o bem e o mal, a terra do norte estaria desolada. O encontro ocorreu em 734 a.C. Em 722, Damasco e o distrito governado por ele tinham sido devastados pelos assírios; as duas tribos e meia de Israel, situadas ao oriente do Jordão, haviam sido levadas para o cativeiro; Samaria estava em mãos do inimigo e a maior parte de seus habitantes foi deportada. Acaz viu o princípio, mas não chegou a ver o fim. A casa de Davi, porém, foi até lá; os acontecimentos tiveram o seu curso. Dentro de 65 anos, Efraim perdera sua existência política. E quando Cristo apareceu, as dez tribos não mais ocupavam a terra de seus pais. **2** No tempo em que as faculdades morais chegassem à maturidade, Acaz tinha ido para Damasco prestar homenagens ao rei dos assírios, reconhecendo que Judá era tributário daquele país. Dali em diante, exceto pequenos intervalos, tornou-se sujeito ao domínio estrangeiro dos grandes impérios, Judá lutava pela sua independência, mas sempre visitado pelo jugo estrangeiro das grandes potências. A sua nacionalidade não desapareceu e a família real não foi esquecida; mas, geralmente falando, não tinha autonomia. Quando Cristo apareceu, Judá ainda estava sob o jugo estrangeiro. Em outras palavras, todos os processos vaticinados por Isaías começaram a cumprir-se no tempo de Acaz, completando-se com o aparecimento de Cristo.

EMAÚS (*no grego*, *"fontes"*, *"termas"*). **1** Nome de uma aldeia situada a 60 estádios

EMAÚS

de Jerusalém (11 km aproximadamente), distância esta que facilmente poderia ser vencida, caminhando entre a hora do jantar e a refeição da tarde, Lc 24.13,29,33; *cf.* Mc 16.14; Jo 20.19. "Vespasiano aquartelou 800 veteranos em Emaús, distante 60 estádios de Jerusalém" (Guerras, 7.6,6). *Kubeibeh*, que significa pequena casa, situada 12 km a noroeste de Jerusalém, pela estrada romana, foi mostrada aos cruzados como sendo o antigo lugar de Emaús. Nas suas vizinhanças havia uma cidade chamada Moza. O Talmude afirma que Amosa é a mesma colônia, Js 18.26. Cinco quilômetros de *Kubeibeh* está a cidade de *Kulonieh* (Colônia) que dista de Jerusalém cerca de sete quilômetros, conforme a estrada que for tomada. Provavelmente o lugar da antiga Emaús deve ser em *Kubeibeh* ou em *Kulonieh*, ou entre as duas. A tradição, desde os tempos dos cruzados, é em favor da primeira dessas cidades. A colônia romana dada para Emaús deve ter emprestado o seu nome a uma aldeia localizada na parte sul de seus domínios. Conder registra as ruínas de *Khamaseh*, 15 km a sudoeste de Jerusalém como sendo o local da antiga aldeia judia. A distância poderá lhe convir, mas o nome não se conforma. Raras vezes a aspiração branda que aparece na forma grega da palavra Emaús representa a pronúncia fortemente gutural do idioma árabe. **2** Nome de uma cidade murada, distante 160 estádios, cerca de 30 km, a oeste de Jerusalém, por uma estrada circular dos romanos, 1 Mac 3.40; 6.50; Guerras, 2.20,4. Atualmente tem o nome de *Amwas*.

EMBALSAMAR – processo empregado para conservar os cadáveres por meio de especiarias odoríferas. Os hebreus algumas vezes embalsamavam os cadáveres, Gn 50.2,26; *cf.* 2 Cr 16.14; Jo 19.30. A arte de embalsamar era praticada pelos egípcios desde tempos muito remotos. Os embalsa-

madores formavam numerosa corporação que ocupava as vizinhanças dos cemitérios. Eles se dividiam em três classes: a primeira fazia incisão no corpo, a segunda preparava drogas e a terceira dirigia a cerimônia religiosa, quando colocavam o cadáver no túmulo. No tempo da 18ª. dinastia, pouco antes de Moisés, executavam esse processo com grande perfeição. Retiravam a massa cerebral pelas fossas nasais por meio de um gancho de ferro, e a substituíam pelas drogas. Retiravam as vísceras e submetiam a cavidade abdominal a uma lavagem de vinho de palmeira e em seguida a enchiam de mirra, cássia, cinamomo e outras especiarias, tudo reduzido a pó. Depois mergulhavam o corpo em *natrum*, ou mais exatamente, em subcarbonato de soda, ali o deixavam durante 70 dias. Findo esse período, enfaixavam o corpo com tiras de linho de três ou quatro polegadas de largura e de um comprimento extraordinário, 650 a 900 m, umedecidas em uma solução de goma arábica. Depositavam o cadáver, assim mumificado, em uma caixa de madeira ou de papelão grosso com a forma do corpo do defunto cujas feições esculpiam ou pintavam no lado externo. Às vezes colocavam a múmia em outro caixão, ou em um sarcófago de pedra. Havia outro processo mais econômico, eliminando as incisões: dissolviam os intestinos com uma injeção de óleo de cedro. Sendo o defunto pobre, apenas limpavam o abdome, introduzindo uma solução de *natrum*, Heród. 2.85-88. Essa descrição é confirmada pelas descobertas recentes e antigas. Segundo o historiador Deodoro, o preparo de um corpo de pessoa rica deveria custar cerca de 1.200 dólares, o segundo processo de embalsamamento ficaria em 400 dólares e menos ainda, tratando-se de gente pobre. Esse processo cessou no ano 700 d.C. Os grandes museus contêm muitas dessas múmias. Quando expostas ao ar, fragmentam-se facilmente.

EMEQUE-QUEZIZ (*no hebraico, "terreno baixo", ou "vale de Queziz"*) **–** nome de uma cidade de Benjamim, situada em um vale perto de Jericó e Bete-Hogla, Js 18.21.

EMINS (*no hebraico, 'emim, "terrores"*) **–** nome dos habitantes pré-históricos do território ocupado pelos moabitas, homens de grande estatura como os enaquins, constituindo um povo numeroso e forte, Dt 2.9-11. O rei Quedorlaomer os desbaratou nas planícies de Quiriataim, próxima ao mar Morto, Gn 14.5.

EMISSÁRIOS, SERVOS, GUARDAS – classe de soldados de que se formava o corpo da guarda do rei, 1 Sm 22.17. Faziam sentinela à porta do palácio real em Jerusalém, 1 Rs 17.27; 2 Rs 11.19. Tinham um lugar reservado na casa das armas, 1 Rs 14.28, escoltavam o rei quando ia ao templo, v. 28, executavam as ordens do soberano, 1 Sm 22.17; 2 Rs 10.25.

EMPRÉSTIMO – objeto que se recebe em confiança para ser restituído a seu dono. Seria este o caso com os israelitas, quando impelidos a deixar o Egito? Os vasos de ouro e de prata e os vestidos que as mulheres hebréias pediram às egípcias foram por empréstimo ou donativos? A palavra original em Êx 3.22; 11.2; 12.35, significa simplesmente pedir, quer o objeto tenha de ser restituído, quer não, 2 Rs 6.5; Jz 5.25; 8.24. A palavra traduzida em Êx 12.36, empréstimo, é uma forma do mesmo verbo e quer dizer satisfazer a um pedido, ou dar a alguém o que pede, 1 Sm 1.28. Ato pelo qual confiamos à guarda de alguém objetos e principalmente dinheiro, para socorrê-lo em ocasião de necessidade. Nos tempos primitivos da nação hebraica, os empréstimos não visavam aos lucros. Os israelitas tinham o dever de abrir as mãos para socorrer o pobre, emprestando-lhe o suficiente, reclamado para acudir às suas necessidades, Dt 15.7-11. Não podiam receber mais do que o que haviam emprestado, Êx 22.25; Lv 25.35-37. Do estrangeiro poderiam cobrar juros, Dt 23.20. Se um israelita era vendido por motivo de pobreza, não deveria ser tratado como escravo, Lv 25.39; 2 Rs 4.1. Se o pobre desse em penhor a sua capa, devia-lhe ser restituída antes do sol se pôr; por ser o vestido com o qual se cobria, Êx 22.26,27. Não era permitido receber em penhor, nem a mó de cima nem a mó debaixo do moinho, Dt 24.6, bem assim o vestido da viúva, v. 17. Finalmente, quando chegava ao sétimo ano, que era o ano da remissão, todas as dívidas ficavam extintas, 15.1-17. Infelizmente, o empréstimo garantido por fiadores entrou em voga, Pv 6.1. Em tempos conseqüentes, a usura se tornou comum, apesar das proibições legais e da condenação dos profetas, Jr 15.10; Ez 18.13. Os regulamentos a favor dos pobres necessitados caíram em esquecimento depois do cativeiro. Foi preciso toda a energia de Neemias para corrigir a tirania da usura. O direito romano contrastava em severidade com a lei mosaica. A lei das 12 tábuas facultava ao credor colocar na cadeia o devedor insolvente. Foi sem dúvida em alusão a essa lei que Jesus descreveu as condições de um devedor, cuja mulher e filhas iam ser vendidos para saldar a dívida, Mt 18.25, também daquele servo que, não compadecido do seu devedor, mandou que o prendessem até pagar a dívida toda, v. 34. No tempo de Jesus, a instituição bancária já estava em vigor, Mt 25.27; Lc 19.23. Em Jerusalém, havia um edifício público onde se arquivavam os documentos relativos aos empréstimos sob penhores (Guerras, 2.17,6) (veja *BANCO, BANQUEIRO*).

ENÃ (*no hebraico de significado incerto, talvez "duas fontes", "par de olhos"*) **1** Nome de uma aldeia na parte baixa de Judá, Js 15.34. **2** Nome do pai de um príncipe da tribo de Naftali, nos dias de Moisés, Nm 1.15.

ENAIM (*no hebraico, "dois olhos", ou "duas fontes"*) – nome de uma cidade na estrada que vai de Adulã a Timna, Gn 38.14,21.

ENAQUE (veja *ANAQUE*).

ENAQUINS (veja *ANAQUIM*).

ENCANTADORES – tradução da palavra aramaica *Aahshaphim*, que se aplicava aos que praticavam atos de exorcismos, que exerciam atos de esconjuro com o propósito de serem assistidos do espírito maligno, ou de livrar os que deles estavam possuídos, Dn 2.2 (veja *MÁGICO*).

ENCANTAMENTOS (veja *AGOURO*).

ENDEMONINHADO (veja *DEMONÍACO*).

EN-DOR (*no hebraico, 'ên dor, "fonte da habitação"*) – nome de uma cidade pertencente à tribo de Manassés, Js 17.11. A LXX não faz referência a essa cidade. Nas suas vizinhanças pereceram Sísera e seu rei Jabim, derrotados por Débora e Baraque, Sl 83.9,10. Residia nessa cidade a pitonisa que o rei Saul foi consultar, 1 Sm 28.7. Identificada na aldeia de Endor ou Endur, sobre o braço setentrional do pequeno Hermom, 11 km a sudeste de Nazaré.

EN-EGLAIM (*no hebraico, 'ên-'eghlaym, "fonte das duas novilhas"*) – nome de um lugar às margens do mar Morto, Ez 47.10. O local exato desse lugar é ignorado, embora haja referência à sua localização ao sul de Eglaim e às margens do mar Morto.

EN-GANIM (*no hebraico, 'ên-ganîm, "fontes dos jardins"*) **1** Nome de uma aldeia na parte baixa de Judá, Js 15.34. Lugar não identificado. **2** Nome de uma cidade, situada na linha divisória da tribo de Issacar, Js 19.21, partilhada aos levitas de Gérson, 21.29. Parece que Josefo a menciona com o nome de Gínea (Antig. 20.6,1; Guerras, 3.3,4). Em seu lugar existe atualmente uma pequena vila de três mil habitantes, na margem sul da planície de Jezreel, nove quilômetros a nordeste de Dotã e 12 a sudoeste de Gilboa.

EN-GEDI (*no hebraico, 'en-g^edî, "fonte do cabrito"*) – nome de uma fonte e de uma cidade, conhecida antes pelo nome de Hazazom-Tamar, 2 Cr 20.2, no deserto da praia ocidental do mar Morto, na tribo de Judá, Js 15.62. Passava por ali uma estrada tortuosa de difícil trânsito para as caravanas, cortando as montanhas. Nos tempos de Abraão, era ocupada pelos amorreus, ali batidos por Quedorlaomer, Gn 14.7. Davi se refugiou nos lugares seguros de sua vizinhança, 1 Sm 23.29. Em uma das cavernas onde Davi se escondeu, cortou ele a orla da capa de Saul, 24.1-22. Ainda existe a fonte térmica, *Ain Jidy*, de abundante água quente, brotando a uns 130 metros acima da base de grande penhasco que se eleva entre a desembocadura do Jordão e o ponto sul do mar Morto, Ez 47.10. A água quente deu origem a um oásis exuberante de vegetação semitropical, notável pelas suas palmeiras, vinhas e plantas balsâmicas, Ct 1.14; Antig. 9.1,2.

EN-HACORÉ (*no hebraico, 'en-haqqôre', "fonte do que clama"*) – nome de uma fonte em Leí, que rebentou quando Sansão clamou ao Senhor pedindo água, após ter massacrado os filisteus com uma queixada de jumento, Jz 15.18,19.

EN-HADÁ (*no hebraico, "fonte rápida", "fonte afiada", "fonte aguda"*) – nome de uma aldeia fronteira a Issacar, Js 19.21. Não identificada, apesar de a julgarem perto de En-Ganim.

EN-HAZOR (*no hebraico, "fonte da aldeia"*) – nome de uma cidade fortificada da tribo de Naftali, Js 19.37, mencionada na lista como existente entre Cades e Irom. Lugar incerto.

EN-MISPATE (*no hebraico, "fonte do julgamento"*) – lugar onde Quedorlaomer e seus aliados estiveram após romper o deserto de Parã. O lugar é chamado de Cades, Gn 14.7 (veja *CADES-BARNÉIA*).

EN-RIMOM (*no hebraico, 'ên-rimôn, "fonte de Rimom", ou "fonte da romeira"*) – nome de uma cidade de Judá, Ne 11.29, ocupada depois do cativeiro, formada por duas aldeias vizinhas, Aim e Rimom.

EN-ROGEL (veja *FONTE DE ROGEL*).

EN-SEMES (*no hebraico, 'ên-shemesh, "fonte do sol"*) – nome de uma fonte e de uma cidade na linha divisória entre Judá e Benjamim, Js 15.7; 18.17. É comumente identificada com *Ain Haud*, ao oriente de Betânia, na estrada entre Jerusalém e Jericó. A última nascente fica no vale do Jordão.

EN-TAPUA (*no hebraico, "fonte de Tapua"*) – nome de uma fonte perto da cidade de Tapua, provavelmente na fronteira de Manassés. Sua única referência nas Escrituras está em Js 17.7. Tem sido identificada com Tell Sheikh Abu Zarad, 13 km de Siquém.

ENDRO – nome de uma planta de sementes aromáticas. Foi mencionada por Jesus quando pregava sobre a falta de escrúpulos dos fariseus que pagavam o dízimo dessa planta, mas deixavam de fazê-lo com valores mais elevados, Mt 23.23 (veja *ANIS*).

ENÉIAS (*no grego, aineas, "louvor"*) – paralítico havia oito anos, curado miraculosamente pelo poder de Jesus, por intermédio de Pedro. Esse milagre contribuiu para dar grande impulso à igreja estabelecida em Lida e em Sarona, At 9.32,35.

ENIGMAS (*no hebraico, hîdah, no grego é ainigma*) – em sentido bíblico, quer dizer expressão obscura, que só pode ser esclarecida à custa de muito esforço mental, Nm 12.8; Pv 1.6. Também pode ser uma parábola, Sl 49.4; 78.2, com o fim de atrair a atenção e despertar interesse e dar corpo a uma verdade, tornando-a mais expressiva. Quem propõe uma parábola, geralmente oferece em seguida a sua explicação, Ez 17.2-24. Sansão propôs um enigma aos homens de Timna para que eles o decifrassem, Jz 14.12-19. Josefo também fala dos enigmas de Salomão e de Hirã (Antig. 8.5,3). O enigma de Sansão foi elaborado em verso. No rigor da expressão, não era propriamente um enigma, porque a sua decifração escapava à capacidade dos filisteus, pois lhes eram desconhecidos os elementos de que ele se compunha. Os gregos e os romanos gostavam muito de propor enigmas. Um dos mais célebres é o que colocaram na boca do monstro chamado esfinge que tinha sido enviado para devastar o território de Tebas. Perguntava ele: "Qual é o animal que pela manhã anda de quatro pés, ao meio-dia anda com dois, e à tarde anda com três? "Ninguém conseguia decifrá-lo. Edipo respondeu que esse animal era o homem, que na meninice engatinha, na mocidade e idade madura, nos dois pés, e na velhice, serve-se de um bordão. Ao ouvir isto, a esfinge atirou-se ao solo e desapareceu.

ENOM (*no grego é ainon, de origem aramaica, quer dizer "fontes"*) – nome de uma vila, ou simplesmente de uma localidade de fontes perenes, perto de Salim, onde João batizava por haver ali muitas águas, Jo 3.23. Lugar não identificado. Segundo Je-

ENOM

rônimo, Enom e Salim estavam situadas no vale do Jordão, 13 km ao sul de Citópolis. Esses nomes desapareceram. Por investigações locais, parece que o lugar atualmente tem o nome *ed-Deir*, em cujas vizinhanças existem sete fontes e extensas ruínas, ou o lugar denominado *Um el-Amdan*, muito mais a leste, ou ainda as ruínas e as fontes ao sopé de *Tell Ridghah*, distante cerca de 11 km de Citópolis, indicam a situação provável de Enom. Os mapas modernos assinalam duas vilas com os nomes de *Ainun* e *Salim*. Uma cidade com esse último nome está situada seis 6,5 km a leste de Siquém sobre um extenso platô ao sul de Fará. *Ainun* é uma ruína a leste do desfiladeiro Tubas, cerca de 18 km a noroeste de Siquém e 7,5 km ao norte do vale de Fará. A dificuldade em identificar *Ainun* com a Enom, mencionada no evangelho, é que *Ainun* não é perto de Salim. Essas duas vilas distam uma da outra, cerca de 15 km, com o grande vau de Fará entre ambas. *Ainun* fica mais longe da importante cidade de Siquém do que de Salim, está mais em contato com Siquém por causa da estrada de comunicação. Colocando *Ainun* à parte, voltamo-nos para as abundantes fontes do vale de Fará, a quatro quilômetros de Salim, ou para as duas fontes que a abastecem. Porém, o lugar que tem fontes, perto de Salim, deve ser Samaria e, não é muito provável que João Batista ministrasse entre os samaritanos (*cf*. Mt 3.5; 10.5 e Lc 3.3). O único lugar que oferece alguma probabilidade é Silim, ao extremo sul de Judá, perto de Aim, Js 15.32.

ENOQUE (*no hebraico, hanôk, o significado é incerto, talvez "iniciado"*) **1** Nome de um filho de Caim e da cidade que ele fundou, Gn 4.17, 18. **2** Nome de um descendente de Jarede, progenitor de Matusalém. Viveu 365 anos e andou com Deus. É o único da sua geração que não viu a morte, porque Deus o tomou, Gn 5.18-24. Foi transladado gloriosamente, Ecclus 44.16; 49.14; Hb 11.5. Na epístola de Judas há referência a uma profecia de Enoque em que declara o juízo de Deus contra toda impiedade. As palavras dessa profecia encontram-se no pseudolivro de Enoque, que é uma produção extravagante, ampliando a história antediluviana de um modo inacreditável. O apóstolo Judas serviu-se naturalmente de alguma antiga tradição, ou mesmo referiu-se ao livro citado. Não é de estranhar que assim fosse, porque há escritores do Novo Testamento que diversas vezes mencionaram autores não inspirados, e até mesmo escritores pagãos. **3** Nome de um filho de Midiã e descendente de Abraão e de sua mulher Quetura, Gn 25.4; 2 Cr 1.33. Esse nome se perpetua em Hanacuia, localidade situada três dias de viagem ao norte de Medina. **4** Nome de um dos filhos de Rúben, fundador de uma família tribal, Gn 46.9; Êx 6.14; Nm 26.5; 1 Cr 5.3.

ENOS (*no hebraico, "mortal", ou "homem", ou "humanidade"*) nome de um filho de Sete e pai de Cainã, Gn 4.26; 5.6-11; 1 Cr 1.1; Lc 3.38.

ENTERRO – ato de confiar à terra, ou depositar em lugar conveniente os restos mortais de um corpo. Quando se dava um caso de morte, os amigos, particularmente as mulheres, corriam à casa do defunto e faziam ruidosas lamentações, Mc 5.38. Era costume alugar carpideiras para chorar junto do cadáver, Jr 9.17. Lavavam o cadáver, At 9.37, e o enrolavam em panos, atando-lhe as mãos, Mt 27.59; Jo 11.44. As pessoas ricas eram ungidas com perfumes, Jo 12.7; 19.39, queimavam também plantas odoríferos, Jr 34.5. Conduziam o corpo em esquife para ser sepultado, 2 Sm 3.31; Lc 7.14. O sepultamento se fazia ou em uma caverna ou em um sepulcro cavado horizontalmente na rocha, Gn 25.9, 10; Mt 27.60 (veja *SEPULCRO*).

EPÍSTOLA

ENXOFRE (*no hebraico, gophrîth*) — elemento sólido de cor amarela e cristalino que se inflama com facilidade quando em contato com o ar, talvez, por isso esteja associado à idéia de fogo ou inferno nas Escrituras, Gn 19.24; Sl 11.6; Lc 17.29; Ap 9.17-18; 14.10; 19.20; 20.10; 21.8. No vale do mar Morto, o enxofre era encontrado com certa facilidade.

EPAFRAS (*no grego epaphras, forma abreviada do grego epaphroditos, "altamente desejável", "encantador", "belo"*) — nome de um cristão que, indo a Roma, foi ter com o apóstolo Paulo que estava preso, dando-lhe elogiosas informações a respeito da igreja de Colossos, a que estava ligado, talvez na relação de seu ministro. Associa-se ao apóstolo, enviando saudações à sua igreja, Cl 1.7,8; 4.12. Permaneceu algum tempo em Roma, e foi, de certo modo, companheiro de Paulo nas suas prisões por Cristo, Fm 23.

EPAFRODITO (*no grego, epaphroditos, "altamente desejável", "encantador", "belo"*) — nome de um cristão, enviado pela igreja de Filipos, levando consigo socorro ao apóstolo Paulo que estava preso em Roma, onde ficou gravemente enfermo. A notícia de sua doença chegou aos ouvidos da igreja de Filipos que se encheu de profunda tristeza. Por este motivo, o apóstolo apressou-se em enviá-lo logo que o seu estado de saúde permitiu, Fp 2.25-30; 4.18. Voltando a Filipos, levou consigo a carta que o apóstolo endereçou à igreja. Dizem que Epafras e Epafrodito são a mesma pessoa. Há certa relutância em aceitar essa interpretação, porque cada um deles pertencia a igrejas diferentes, um à de Colossos e outros à de Filipos.

EPÊNETO (*no grego, "louvado"*) — nome de um convertido da Acaia, primícias de Cristo nessa região. O apóstolo Paulo, referindo-se a ele, diz: "meu querido Epêneto", Rm 16.5.

EPICUREUS — nome de uma seita filosófica que predominava na Grécia e em Roma. Tirava o seu nome de Epicuro, grande filósofo da antigüidade. Nasceu em 341 a.C., na ilha de Samos, de pais atenienses, foi em Atenas que desenvolveu sua poderosa mentalidade. Ali fundou uma escola que funcionava em um edifício rodeado de formoso jardim, onde ensinou durante 36 anos, até a sua morte, no ano 270 a.C. Dizem que escreveu cerca de 300 obras filosóficas, a maior parte das quais não chegou até nós. Em física, como Demócrito, atribui todos os seus fenômenos à mudança dos átomos, eternos em si mesmos. Não reconhece um Criador; mas, com rara inconsistência, dá lugar, em seu sistema filosófico, a uma infinidade de deuses, supremamente felizes em si mesmos, mas não intervindo nos negócios da humanidade. A sua ética não era compreendida, nem operava na moral social. Ensinava que devíamos buscar os prazeres e evitar os sofrimentos. Os prazeres de que ele fala não são como alguns erroneamente entendem, a gratificação somente das paixões sensuais: incluem, também, os prazeres derivados das funções intelectuais e das faculdades morais. Pessoalmente era tão puro que até o julgavam destituído de todas as paixões. Os epicureus, ou epicuristas, foram, geralmente, homens de temperamento brando, em contraste com os estóicos, vazados em moldes de aço. Essas escolas filosóficas rejeitaram as doutrinas de Paulo em Atenas, mas mostraram ser tolerantes, levando o apóstolo ao Areópago para ouvi-lo e examinar as suas doutrinas em vez de persegui-lo como outros haviam feito, quando pregava o evangelho de Cristo, At 17.18-20.

EPÍSTOLA (*no grego epistole, trata-se de qualquer comunicação escrita*) — nome que

EPÍSTOLA

foi dado a 21 livros do Novo Testamento. Os mais antigos desses livros antedatam os evangelhos. As epístolas aos tessalonicenses foram escritas pelo apóstolo Paulo, no ano 52. Todas elas foram produzidas pelos apóstolos, ou mereceram a sanção apostólica, enviadas às igrejas particulares, tratando de assuntos doutrinários, de questões práticas e de assuntos pessoais, contendo, além disso, matéria de grande importância para toda a cristandade. Com exceção da epístola aos Hebreus, e a primeira de João, todas as demais começam, segundo o costume do tempo, pelo nome ou título do escritor, pelo da pessoa ou igreja a que foi destinada, seguida de uma saudação. As epístolas são classificadas em três grupos, porém esses três grupos não são exaustivos, nem mutuamente se excluem. Primeiro grupo: *epístolas paulinas*. Treze deste grupo começam afirmando que a carta é enviada por Paulo, ou por ele com outros obreiros cristãos, como Sóstenes, 1 Co 1.1; 1 Tm 1.1; 2 Co 1.1; Fp 1.1; Cl 1.1; Fm 1, ou Silvano e Timóteo juntos, 1 Ts 1.1; 2 Ts 1.1. Geralmente o apóstolo Paulo empregava um amanuense para escrever as cartas que ele ditava, Rm 16.22, acrescentando as saudações de seu próprio punho, que ele diz ser o sinal em todas as cartas que escreveu, 1 Co 16.21; Cl 4.18; 2 Ts 3.17. Na epístola aos Gálatas, afasta-se desta regra e escreve a carta inteira por sua própria mão, Gl 6.11. Segundo grupo: *epístolas pastorais*. Neste grupo, contam-se apenas três, a saber: duas a Timóteo, e uma a Tito. Todas elas trazem o nome das pessoas a quem são enviadas, contêm direções sobre disciplina e governo das igrejas, sobre o modo de tratar as diversas classes de pessoas. Terceiro grupo: *epístolas católicas*. Neste grupo, contam-se cinco epístolas, que vêm a ser, uma de Tiago, duas de Pedro, uma de João, uma de Judas. A Igreja Primitiva, não obstante, contava sete epístolas católicas, inclusive a segunda e a terceira de João (Eusébio, Hist.

Ecles. 2.23). Porém, essas duas epístolas são cartas pessoais, dirigidas a pessoas. A palavra católica empregava-se no sentido de geral ou universal, para designar uma encíclica, ou carta circular para a Igreja em geral. A senhora eleita e o caríssimo Gaio, a quem João dirigiu as duas últimas epístolas, pode-se considerá-los representando a Igreja universal. A forma epistolar não era um capricho literário, empregado especialmente para assuntos doutrinários. Usava-se esse gênero de literatura na correspondência comum. O assunto de uma carta era ditado por motivos pessoais e por iniciativa de seu autor, como no caso da epístola a Filemom, e as duas de João, já referidas, ou respondiam a cartas recebidas, pedindo informações sobre assuntos que interessavam às igrejas em particular, 1 Co 1.11; 2 Co 7.5-7; 1 Ts 3.5, 6. Essas cartas, porém, se adaptam a todas as pessoas em iguais circunstâncias. O apóstolo pedia em algumas de suas cartas que elas fossem lidas por outras igrejas além daquela a que se dirigia, Cl 4.16, e essas cartas eram recebidas como palavra de Deus, igual a qualquer outra parte das Escrituras, 1 Ts 2.13; 1 Pe 1.12. O apóstolo Pedro, no ano 69, fala das cartas de Paulo como fazendo parte das Escrituras, 2 Pe 3.15,16. Policarpo, no ano 115, citou o livro dos salmos em paralelo com a epístola aos efésios (veja *CÂNON*). Os títulos das epístolas não fazem parte da composição original, foram prefixados posteriormente; não se encontram nos manuscritos, por isso não fazem parte das Escrituras inspiradas. A maior parte dos títulos baseia-se no primeiro versículo. O título da epístola aos Hebreus é de origem incerta. Os finais das epístolas mencionam o lugar onde foram escritas e dão certas notícias, também não estão nas composições originais.

EQUER – estrangeiro que se estabelece em outro lugar. Nome de um homem de

Judá, filho de Rão, da casa de Jerameel, 1 Cr 2.27.

ER (*no hebraico, "vigia"*) **1** Nome de um filho de Judá, que morreu em Canaã, castigado por causa de sua maldade, Gn 38.1-7; 46.12; 1 Cr 2.3. **2** Nome de um descendente de Judá, da família de Sela, 1 Cr 4.21. **3** Nome de um dos antecessores de Cristo na linha genealógica entre Davi e Zorobabel, Lc 3.28.

ERÃ (*no hebraico, "vigilante"*) – nome de um dos descendentes de Efraim, filho de Sutela, fundador de uma família tribal, Nm 26.36.

ERASTO (*no grego erastos, "amado"*) – nome de um cristão que, com Timóteo, ministrava ao apóstolo Paulo. Eles foram enviados à Macedônia, antes do tumulto em Éfeso, At 19.22. É, provavelmente, o mesmo de que fala a segunda epístola a Timóteo, 4.20, que se deixou ficar em Corinto, talvez por ser o tesoureiro da cidade, que, com Paulo, enviou saudações aos irmãos em Roma, Rm 16.23.

EREQUE (*no assírio Uruk e Arkur. Ereque é nome hebraico que significa "extensão", "tamanho"*) – nome de uma cidade na terra de Sinar, da baixa Babilônia, uma das cidades pertencentes ao reino de Ninrode, Gn 10.10. Os sumérios a chamavam de *Unug*. As suas ruínas se encontram nas planícies de *Warka*, muito ao sul da Babilônia, sobre uma região pantanosa ao oriente do Eufrates. A grande antiguidade dessa cidade é atestada pelas inscrições babilônicas. Asenafar transportou para Samaria, entre outros povos, os ercueus, ou habitantes de Ereque, Ed 4.9.

ERI (*no hebraico, "vigia"*) – nome de um dos filhos de Gade e fundador de uma família tribal, Gn 46.16; Nm 26.16.

ERVA (*no hebraico, os termos são: haçîr; deshe'; yereq; 'esebh, no grego, o termo é chortos*) – planta pertencente à ordem endógena das gramináceas, que tem seus representantes nas ervas comuns dos campos e nos cereais cultivados. Esse termo estende-se a outras plantas endógenas e até as várias exógenas, em particular às que possuem folhas lineares. Materialmente não diferem do sentido da palavra ervas, mencionada em Gn cap. 1.11,12, em que o reino vegetal se divide em três grandes classes: ervas, ervas que dão sementes e árvores. A palavra erva emprega-se em sentido limitado simbolizando a curta existência do homem sobre a terra, cujos dias são como o feno, assim se murchará como a flor do campo, Sl 103.15; *cf.* 26.2; 90.5; 91.7; 102.11; Is 40.6,7; Mt 6.30; Lc 12.28.

ERVAS AMARGOSAS (*no hebraico, m^{e}rôrîm*) – ervas que foram usadas como salada na noite em que o cordeiro pascal foi comido quando da saída de Israel do Egito, Êx 12.6-10; Nm 9.11. Passou a fazer parte das ordenanças de Israel para lembrar a pressa com que partiram do Egito. Sendo ervas amargosas designação de várias ervas, é provável que entre elas estivessem a chicória, a alface, o agrião, a salsa, e outras ervas conhecidas.

ESÃ (*no hebraico, "proteção", ou "inclinação", ou ainda "apoio"*) – nome de uma aldeia das montanhas de Judá, agrupada a Dumá e Hebrom, Js 15.52. A LXX diz Soma e pode ser identificada com as ruínas *es-Símia*, perto de Duma, cerca de 16 km a sudoeste de Hebrom.

ESAR-HADOM (*no assírio ashur-ahiddin, "Asur deu um irmão"*) – nome de um dos filhos de Senaqueribe, rei da Assíria, muito querido de seu pai e mais moço que os outros irmãos. A parcialidade com que foi tratado pelo rei, de tal modo enraiveceu

ESAR-HADOM

os outros dois irmãos, Adrameleque e Sarezer, que o assassinaram e fugiram para a Armênia, 2 Rs 19.36,37; 2 Cr 32.21; Is 37.37,38. Esar-Hadom estava em campanha para as bandas do noroeste, talvez na Armênia, quando soube da morte do pai; partiu imediatamente com o exército para Nínive, no caminho encontrou-se com as forças rebeldes, que foram por ele derrotadas; subindo ao trono da Assíria no dia 8 de Nisã do ano 680 a.C. A preferência que seu pai tinha por ele não era infundada. De fato, o novo rei salientou-se eminentemente como general e como político. No primeiro ano de seu reinado, derrotou Merodaque-Baladã, ao sul da Babilônia. Mais tarde, deu princípio à restauração da capital do império, que Senaqueribe, provocado pelas constantes revoltas contra o domínio assírio, havia entregado ao saque. Esar-Hadom moveu guerra contra os bárbaros da Ciméria, que haviam descido do Caucaso sobre a parte civilizada do sul da Babilônia; contra os montanheses da Cilícia e contra os filhos de Éden que estavam em Telassar, *cf.* Is 37.12. No quarto ano, tomou e saqueou Sidom, deportou os seus habitantes, arrasou a cidade e levantou nova cidade sobre as ruínas antigas. O rei fugiu pelo mar; perseguido, foi capturado e morto. A mesma sorte tiveram os seus aliados. Mais 12 tribos do continente e dez da ilha de Chipre submeteram-se ao domínio dos assírios. Entre outros, contam-se Manassés, rei de Judá, e os reis de Edom, de Moabe, de Amom, de Gaza, de Ascalom, de Ecrom e de Azoto. Empreendeu, com o maior êxito, duas grandes campanhas militares de difícil execução: o avanço no deserto da Arábia e nos extremos da Média. Depois, voltou seus planos para uma aventura ainda mais arriscada – a conquista do Egito. Por algum tempo, se deteve na execução desse plano, por ter de guerrear com uma tribo situada na cabeceira do golfo Pérsico, perto de Hur. Afinal, no décimo ano de seu reinado, deu

início à grande expedição contra o Egito. Deixando a cidade de Tiro sitiada, marchou sobre o Egito, tomou Mênfis, subjugou os pequenos reinos, e dividiu o vale do Nilo, desde Tebas até o Mediterrâneo, em 20 satrapias, nomeou governadores nativos para as províncias de menor importância, como medida conciliatória, e sobre os de maior importância colocou governadores assírios. Morreu no ano 669 ou 668 a.C. Deixou o trono a Assurbanipal, seu filho mais velho que por algum tempo havia se associado ao governo do grande império.

ESAÚ (*no hebraico, 'esaw, "peludo", "cabeludo"*) – filho de Isaque e de Rebeca. Veio-lhe o nome de Esaú por haver nascido com o corpo coberto de pêlos como se fosse a pele, Gn 25.21-26. Foi hábil caçador e trazia para casa as carnes dos animais mortos para seu pai Isaque. Depois de uma de suas caçadas, chegou com muita fome e pediu a seu irmão Jacó que lhe desse do cozinhado vermelho que havia preparado para si. Jacó lhe pediu em troca o direito de primogenitura. Esaú, menosprezando o privilégio de seu nascimento, cedeu facilmente à proposta de Jacó. Do cozinhado vermelho, preço da venda, tomou o nome de Edom, que quer dizer, vermelho, 27.34; Hb 12.16, 17. Aos 40 anos, casou-se com duas mulheres, Judite e Basemate, as duas do país dos heteus, Gn 26.34,35; 36.1,2. Tomou ainda outra mulher por nome Maelete, filha de Ismael, Gn 28.9; 36.3. Isaque envelheceu e ficou quase cego; chamou, então, seu filho Esaú para lhe conferir as bênçãos do pacto. Jacó, porém, era o filho predileto de Rebeca, que o induziu a disfarçar-se na pessoa de seu irmão e fraudulentamente obter a bênção destinada a Esaú. Este, vendo-se despojado, resolveu matar Jacó, aguardando para isso a morte de seu pai, 27.1-41. Jacó, receando a ira de Esaú, fugiu para a Mesopotâmia, onde esteve 20 anos exilado, 27.42 até o cap. 31.55. Voltando da Mesopotâmia, tomou precauções para o encontro com seu irmão Esaú, que, dominando o desejo de vingança, deu fraternal acolhimento a Jacó, 32.3 até o cap. 33.15. Esaú morava no monte Seir, para onde se retirou depois do encontro com Jacó, v. 16. A reconciliação dos dois irmãos durou para sempre; eles se encontraram de novo no enterro de seu pai, 35.29. Os descendentes de Esaú aumentaram grandemente, deixando o monte Seir, formaram o povo edomita, Dt 2.4,12,13,22. O monte Seir passou a chamar-se monte de Esaú, Ob 8,9,19,21. Sobre a eleição de Jacó para ser o filho da promessa, e a rejeição de Esaú, veja Gn 25.23; Ml 1.2,3; Rm 9.12,13.

ESBÃ (*no hebraico, "razão", "inteligência", ou "sábio"*) – nome de um filho de Disom descendente de Seir horita. Vivia nas vizinhanças do monte Seir, Gn 36.26; 1 Cr 1.41.

ESBAAL/ES-BAAL (*no hebraico, "homem de Baal"*) – nome de um filho do rei Saul, 1 Cr 8.33; 9.39. Algumas versões dizem *Is-Bosete*, nesses textos. Em outras passagens, é esse o nome que encontramos, 2 Sm 2.8-15. Talvez a mudança seja devido à repugnância por Baal, nome de deus pagão muito presente em nomes compostos na Mesopotâmia, uma vez que *bosheth* significa "vergonha".

ESCARLATA – nome de uma cor brilhante de carmesim vivo, diferente do escarlate de nossos dias. A matéria colorante tirava-se de um inseto, *Coccus ilicis*, chamado *kermes* pelos árabes, de onde vem o nosso vocábulo carmesim. Esse inseto era muito abundante na Palestina sobre os olmeiros e carvalhos. Somente a fêmea, *Querqus coccifera*, produzia a matéria colorante. Tinha a forma e o tamanho de uma ervilha. A cor se assemelha à violeta escura coberta de pó esbranquiçado. O inseto é desprovido de asas. A fêmea cheia de ovos, onde se encontra a matéria vermelha, adere às folhas e aos rebentos do carvalho para lhe sugar o suco. Por causa da semelhança que ela tem com as amoras, os gregos lhe deram o nome de *kokkos*, amora. Relaciona-se com a *cochinilha*, inseto mexicano, *Coccus cacti*, porém menos valiosa é a sua cor, por isso tem sido suplantada comercialmente pela sua congênere do México. Os hebreus a denominavam *shani*, brilho, carmesim; *sheni tolaath*, brilho do verme, verme carmesim, *tolaath shani*, verme do brilho, verme carmesim, *tola* em grego *kokkinos*, pertencente ao *cocus*. A cor, e o processo de a obter, já eram conhecidos desde muito, Gn 38.28,30. Empregava-se nas cortinas do Tabernáculo, nas vestimentas do sumo sacerdote, na cerimônia da purificação dos leprosos e no preparo da água da separação, Lv 14.4; Nm 19.6; Hb 9.19.

ESCOL (*no hebraico, "cacho de uvas"*) **1** Nome de um dos três irmãos amoritas, residentes, perto de Hebrom e confederados de Abrão, Gn 14.13,24. **2** Nome de um vale perto de Hebrom, Nm 13.22,23; Dt 1.24. A região em torno de Hebrom celebrizou-se pela exuberância de vinhedos, produtores de dulcíssimos cachos. Ignora-se se esse nome já era conhecido antes dos tempos de Moisés. Hebrom relembrava aos israelitas o local onde os espias enviados por Moisés para reconhecer a terra cortaram o famoso cacho, *'eshkõl*, de uvas, que dois deles trouxeram enfiado em uma vara, Nm 13.24.

ESCOLAS – os antigos hebreus não tinham escolas para crianças, mas nem por isso havia falta de instrução. Os pais instruíam os filhos no conhecimento da religião, Gn 18.19; Dt 6.7; Susana, 3; 2 Tm 3.15. Os adultos recebiam conhecimento mais completo da boca dos sacerdotes e dos levitas, no santuário e nas cidades destinadas para tal fim, que eram visitadas pelos levitas

ESCOLAS

itinerantes, nomeados para ensinarem ao povo as leis de Deus, Lv 10.11; 2 Cr 17.7-10; Ag 2.11. De sete em sete anos, por ocasião da festa dos tabernáculos, lia-se a lei em público diante da assembléia do povo de Israel, Dt 31.10-13. As grandes festividades, bem como os poemas escritos para essas ocasiões, v. 19,30; 32.1-43, serviam para conservar na memória a lembrança dos acontecimentos que foram a base de sua organização política e que levavam o povo a servir e obedecer a Jeová, seu libertador, misericordioso e bom. Os profetas, por meio de suas pregações, espalhavam os conhecimentos religiosos e despertavam a vida espiritual. As transações comerciais e os processos legais eram feitos ao ar livre, ministrando, assim, conhecimentos práticos a quantos a eles assistiam. A leitura e a escrita eram praticadas pela mocidade judia em certo grau, Jz 8.14; Is 10.19. No período greco-romano, dava-se muita atenção ao ensino da mocidade (contra Apiom, 1.12; 2.19). Existiam escolas elementares junto às sinagogas, onde as crianças aprendiam a ler as Escrituras Sagradas, a escrever e fazer contas. Pelo ano 75 a.C., o ensino primário era obrigatório. No tempo de Gamaliel, as crianças entravam para a escola aos seis anos de idade. As pessoas ricas empregavam os escravos e outras pessoas instruídas como preceptores de seus filhos, (Antig. 16.8,3). Os escribas ministravam a instrução superior, principalmente na interpretação da lei. Os compartimentos existentes no átrio exterior do templo, fora da cidade, nos departamentos das sinagogas, serviam de gabinetes de leitura, Lc 2.46. A instrução era gratuita, porém, no governo de Herodes, o Grande, pagava-se entrada na escola. Além da instrução, ministrada diretamente aos alunos nessas escolas, havia conferências públicas e discussões perante grandes auditórios.

ESCOLTA – companhia de quatro soldados; At 12.4. O apóstolo Pedro foi colocado no cárcere e guardado por quatro escoltas, cada uma de quatro soldados. que ficavam de sentinela durante três horas. À noite, dois soldados dormiam com o prisioneiro, um de cada lado, enquanto outros dois permaneciam em frente à porta.

ESCORPIÃO – nome de pequeno animal, armado de uma cauda com ferrão, que produz dores atrozes quando fere o homem, Ap 9.5,10. Os hebreus o denominavam *aqrab*, e os gregos, *skorpios*. Havia muitos na Palestina e no deserto ao sul de Judá, Dt 8.15. Roboão prometeu açoitar os seus súditos, não com correias como fez Salomão, mas sim com escorpiões, 1 Rs 12.11; 2 Cr 10.14. Dizem alguns intérpretes que esses escorpiões eram açoites armados de pontas com o fim de produzir dor mais intensa. O escorpião é pequeno animal invertebrado da ordem dos *Arachnidae*. Está intimamente ligado às aranhas venenosas por ter igual número de pernas; mas não se parece com elas na forma. A bolsa de veneno não está localizada perto das mandíbulas e sim na extremidade da cauda. Possui um par de tenazes como a lagosta; cauda comprida com articulações que facilitam dobrar-se em roscas sobre o costado. A última articulação contém a glande venenosa com um ferrão perfurado por onde segrega o líquido venenoso. Os escorpiões se alimentam de escaravelhos e de gafanhotos que eles seguram com os tenazes e matam com o ferrão. Existem na Palestina oito ou mais espécies desse animal. Os maiores deles têm cerca de oito polegadas de comprimento e são de cor preta (veja *AZORRAGUE*).

ESCRAVO – a palavra de origem suméria para escravos significa literalmente "estrangeiro". É termo que nunca foi encontrado em línguas de outros povos do Oriente Médio. Parece que a aquisição de escravos em tempos remotos foi produto de guerras e de seus reféns, e depois de

ESCRAVO

Escorpião (veja p. 416) Christian Computer Art

várias outras maneiras, veja: Adquiriam-se escravos: 1) Pela captura, principalmente na guerra, Nm 31.9; 2 Rs 5.2; Guerras, 3.4,1; 6.9,2. 2) Pela compra aos vendedores, ou negociantes de escravos, Gn 17.27; 37.28,36; Ez 27.13; Jl 3.6,8. 3) Pelo nascimento de filhos dos escravos, Gn 17.12. 4) Em pagamento de dívidas; mesmo no caso em que a dívida resultasse de um furto, era permitido, contra a lei mosaica, escravizar o devedor, ou seus filhos, Êx 22.3; 2 Rs 4.1; Ne 5.5,8; Am 2.6; Mt 18.25. 5) Por ato voluntário de uma pessoa oprimida pela necessidade que se vendia a si mesma, ou uma de suas filhas, Êx 21.2,7; Lv 25.39,47. O preço de um escravo variava de acordo com as circunstâncias. Em casos judiciais, os hebreus avaliavam em 30 siclos de prata, Êx 21.32. Os escravos judeus eram vendidos em Alexandria, no terceiro século a.C., por 120 dracmas cada um (Antig. 12.2,3). José, moço de 17 anos, foi vendido por 20 dinheiros de prata, Gn 37.28. As condições legais do escravo hebreu entre os hebreus eram muito diferentes das do escravo estrangeiro: era manumitido depois de seis anos de serviço, se ele a quisesse; não podia ser tratado com dureza, nem despedido com as mãos vazias; se fosse comprado por um estrangeiro domiciliado no país, tinha direito de resgatar-se pelo valor estabelecido por lei, Êx 21.2-6; Lv 25.43,47-55; Jr 34.8-16. Existia uma lei especial regulando a escravidão das filhas vendidas por seu pai, Êx 21.7-11. Todos os escravos hebreus, tanto os que se sujeitavam voluntariamente ao cativeiro perpétuo, depois de servirem seis anos, quanto os que ainda não tinham completado o seu tempo, ficavam livres no ano do jubileu, Lv 25.40. Essa provisão era aplicável mesmo nos casos em que os bens alienados voltavam à posse do primitivo dono, no ano da remissão. O escravo que voluntariamente preferisse voltar para casa de seu senhor, antes ou depois do jubileu, tornava-se novamente sujeito. O escravo estrangeiro possuía direitos garantidos por lei, não poderia sofrer castigo que o deformasse, ou que lhe causasse a morte, Êx 21.20,21,26,27; Lv 24.17,22. No caso em que uma escrava fosse tomada para esposa, adquiria novos direitos na família,

ESCRAVO

Dt 21.10,14. Todos os escravos não hebreus eram tidos como membros da comunidade de Israel, Gn 17.10-14; iguais perante Deus, participantes das festas religiosas e dos sacrifícios, Êx 12.44; Lv 22.11; Dt 12.12,18; 16.11,14, desfrutando benefícios do sábado do Senhor, Êx 20.10; 23.12. Outra feição humanitária da lei mosaica consistia em dar asilo na terra de Canaã a todos os escravos que fugissem de terras estrangeiras: não poderiam ser entregues a seu senhor e tinham direito de habitar na terra, no lugar que mais lhe agradasse, Dt 23.15,16. Ficava sujeito à pena de morte todo aquele que escravizasse um homem e o vendesse, Êx 21.16; Dt 24.7. Não consta que houvesse mercado de escravos na terra de Israel. A lei mosaica contrastava muito favoravelmente com as leis contemporâneas dos países pagãos, em referência ao modo de tratar os escravos. As relações entre o senhor e o escravo eram, às vezes, muito cordiais, Gn cap. 24; Rt 2.4. O escravo usufruía todos os favores da lei, Jó 31.13-15, e, em certos casos, ficava herdeiro de seu senhor, Gn 15.2,3, chegando mesmo a ser admitido no seio da família até como genro, 1 Cr 2.34,35. O cristianismo evitou conflitos com as leis estabelecidas acerca da escravidão, 1 Co 7.21, recomendava ao escravo que fosse obediente a seu senhor, Ef 6.5-8; Cl 3.22-25; 1 Tm 6.1, 2; 1 Pe 2.18-21, fazia voltar à casa do senhor o escravo fugido, Fm 10-15. O cristianismo também promulgou princípios que suavizavam as condições dos escravos em Roma. Reconhecia a igualdade de direitos do escravo, e do senhor perante Deus, 1 Co 7.21,22; Gl 3.28; Cl 3.11, exortava os senhores para que tratassem humanamente seus escravos, lembrando-lhes que também eles tinham Senhor no céu, Ef 6.9; Cl 4.1.

ESCRIBA – **1** Notário público, Ez 9.2, empregado como amanuense para escrever o que lhe ditavam, Jr 36.4,18,32, lavrar

Escriba — Christian Computer Art

documentos públicos, 32.12. **2** Secretário do governo para correspondência oficial e registro dos dinheiros público, 2 Rs 12.10; Ed 4.8. Os levitas serviam de escribas para tomar conta dos negócios com a reparação do templo, 2 Cr 34.13. **3** Homem encarregado de fazer cópias do livro da lei e de outras partes das Escrituras, Jr 8.8. O mais notável dos escribas foi o sacerdote Esdras, doutor muito hábil na lei de Moisés e que tinha preparado o seu coração para buscar a lei do Senhor e para cumprir e ensinar em Israel os seus preceitos e as ordenanças, Ed 7.6,10. A este respeito é ele o protótipo dos escribas dos últimos tempos, e que era ao mesmo tempo intérprete oficial da lei. No Novo Testamento, tem ele o nome de *grammateis*, ou mais exatamente, *nomikoi*, doutores da lei, *nomodidaskaloi*, que ensinam leis. Empregam-se: a) No estudo e interpretação da lei, tanto civil quanto religiosa, e nos pormenores de sua aplicação na vida prática. As decisões dos grandes escribas constituíam a lei oral, ou tradição. b) Dedicavam-se ao estudo das Escrituras em geral sobre assuntos históricos e doutrinais. c) Ocupavam as cadeiras de ensino que ministravam a um grupo de discípulos

ESCRITA

(veja ESCOLAS). A profissão de escriba recebeu grande impulso, depois que os judeus voltaram do cativeiro, quando havia cessado a profecia, restando apenas o estudo das Escrituras para servir de alicerce à vida nacional. O número dos escribas cresceu muito no tempo dos Macabeus, 1 Mac 7.12. No tempo de Cristo, exerciam grande influência entre o povo. Muitos deles faziam parte do sinédrio, Mt 16.21; 26.3. Ainda que alguns entre eles aceitassem os ensinos de Cristo, 8.19, a maior parte os desprezava. Sempre murmuravam quando pensavam descobrir alguma falta na vida e proceder dos discípulos, 21.15, tomaram parte bem ativa na condenação de Jesus. Associaram-se aos principais e aos anciãos na perseguição contra Pedro e João, At 4.5 etc., e em tudo que se relacionava com a morte de Estêvão, 6.12. Quando se agitou a questão sobre a ressurreição dos mortos, eles se aliaram aos fariseus a favor de Paulo, 23.9.

ESCRITA – os hebreus, ou para melhor dizer, alguns deles, sabiam escrever, Êx 17.14; 24.4; Nm 33.2. Séculos antes da saída de Abraão da Caldéia, já os babilônios usavam a escrita. Muitos séculos antes da peregrinação dos israelitas no Egito a arte de escrever estava em uso, também nas cidades de Canaã antes da conquista feita

Escrita Sinaítica   *Christian Computer Art*

Escrita Cuneiforme   *Christian Computer Art*

ESCRITA

Cylindro — Christian Computer Art

pelos hebreus. Sabe-se que os israelitas, por ocasião do êxodo, escreveram documentos históricos, Nm 33.2; Dt 31.24, escreveram a lei sobre pedras, alisadas com cal, 27.4,8; Js 8.32, escreveram sobre pedras preciosas e sobre lâminas de metal, Êx 39.14,30. As antigas inscrições da Babilônia foram impressas em barro mole, levado em seguida ao forno, e também gravadas em pedras ou ladrilhos; nos pedestais das estátuas, sobre os metais e sobre as pedras dos anéis que serviam de sinetes. As cartas enviadas de Canaã ao Faraó, antes do êxodo, eram escritas em ladrilhos de barro. Os egípcios, muito antes da entrada dos israelitas, faziam inscrições sobre pedras e escreviam em papiros (veja LIVRO, TINTEIRO, PERGAMINHO).

ESCRITURA – escrito, narrativa ou qualquer outro assunto registrado com pena e tinta, Dn 10.21. Dá-se esse nome particularmente aos escritos dos hebreus no seu todo ou em partes, e até mesmo a passagens isoladas, ou citações, Mc 12.10; 15.28; Lc 4.21; Jo 19.37. Quando o todo dos documentos sagrados é mencionado como um só volume, emprega-se a palavra no singular, a Escritura, Jo 7.42; 10.35; 17.12; 19.28; Gl 3.22. Quando se tem em mente os diferentes documentos dos vários autores que formam o Antigo Testamento, usa-se o plural, as Escrituras, Mt 21.42; Lc 24.27; Jo 5.39; Rm 1.2. As epístolas do apóstolo Paulo entraram logo a fazer parte das Escrituras como escritos autorizados, 2 Pe 3.16 (veja CÂNON, INSPIRAÇÃO).

ESCRIVÃO – oficial com o título de *grammateus*, ou escriba, At 19.35. Os deveres, ou obrigações de um *grammateus*, consistiam em registrar as leis e comunicá-las ao público. No decorrer dos tempos, acumulava outras funções. Pelas moedas dos tempos antigos, observa-se que em várias cidades da Ásia Menor o escrivão da cidade presidia às assembléias populares e até virtualmente era o presidente do governo municipal.

ESCULTURA – arte de esculpir letras, imagens, desenhos ornamentais, em madeira, pedra, marfim, ou outros materiais. Beseleel, homem de Judá e Ooliabe da tribo de Dã, foram capacitados pelo Espírito de Deus de sabedoria, de inteligência e de ciência para toda casta de obras de escultura para o Tabernáculo, Êx 31.1-7; 35.30-35. Havia obra de talha no Templo de Salomão, como, flores, palmeiras e querubins, 2 Sm 6.18,29, também no templo de Zorobabel, nas casas de luxo das famílias orientais, Pv 7.16.

ESDRAS, O LIVRO DE I

ESDRAS (*no hebraico, ezra, abreviação de Azarias, significa "ajuda", "auxílio"*) – nome de um sacerdote descendente de Zadoque e de Finéias, Ed 7.1-6, escriba perito na lei de Moisés que estava sempre na sua mão, v. 14, sempre pronto para cumprir e ensinar a lei do Senhor a Israel, v. 10,11. No sétimo ano de Artaxerxes Longímano, rei da Pérsia, de 465 a 425 a.C., foi comissionado pelo rei para ir a Jerusalém tomar conhecimento das condições civis e religiosas da comunidade judia, de conformidade com a lei de seu Deus, v. 14. Recebeu ordens para que as autoridades e tesoureiros do erário público, que estavam além do rio, lhe dessem o dinheiro e todos os mantimentos, trigo, vinho e azeite, tudo que pertencesse ao culto do seu Deus, libertando todos os sacerdotes e levitas de talhas e tributos, v. 21-24. Foi autorizado também a levar consigo uma nova companhia de judeus exilados para a Palestina, em adição, aos que já haviam ido com Zorobabel, e o sumo sacerdote Josué, 80 anos antes. Reunindo todos que se dispuseram a voltar, passando-os em revista, não encontrou levitas da ordem inferior; mas, chamando o seu chefe, conseguiu que alguns se ajuntassem ao grupo. Depois de jejuarem e de pedirem auxílio e direção divina para a sua viagem de regresso, colocaram-se a caminho em número de 1.700 homens no dia 12 do primeiro mês, do sétimo ano de Artaxerxes, 458-457 a.C., Ed 8.1-23,31. Chegados que foram a Jerusalém, quatro meses depois, no primeiro dia do quinto mês, 7.8, Esdras entregou os vasos que tinha recebido para o templo, ofereceu sacrifícios e apresentou as ordens do rei aos governadores da vizinhança, 8.33-36. Ficou muito triste quando soube que alguns judeus da Palestina, inclusive sacerdotes contrários à lei de Moisés, haviam desposado mulheres pagãs, mas conseguiu que a maior parte deles se divorciasse de suas mulheres estrangeiras (caps. 9 e 10). Treze anos depois que Neemias chegou a Jerusalém e reparou os seus muros, Esdras tomou a direção do serviço religioso, lendo a lei de Moisés ao povo, Ne cap. 8. Segundo Josefo, Esdras morreu no tempo em que Eliasibe assumiu as funções de sumo sacerdote (Antig. 11.5,5). Com certeza foi contemporâneo desse sacerdote, Ne 3.1; 8.8,9. Esdras é o ponto de transição dos profetas para os escribas (sobre as suas relações com a lei e os livros do Antigo Testamento, veja *CÂNON*).

ESDRAS, O LIVRO DE I. Composição – o livro de Esdras se compõe de duas partes, a saber: **1** Narrativa da volta dos judeus, vindos da Babilônia com Zorobabel, no ano 538 a.C., restabelecimento do culto divino e reconstrução do templo, em face da oposição samaritana, caps. 1–6. **2** Narração da volta de um segundo corpo de retirantes, sob a direção de Esdras no ano 458-457 a.C., e das medidas que tomou, enérgicas e de bons resultados, a fim de impedir que os judeus continuassem a tomar para si mulheres estrangeiras, caps. 7–10. O livro de Esdras contém abundante cópia de registros públicos e de documentos oficiais. Os documentos e a história provincial foram escritos em aramaico, caps. 4.8 até o cap. 6.18; 7.12-20, como, cópias de cartas, enviadas aos reis da Pérsia pelos oficiais da província. Além do rio, 4.8-16; 5.7-17; 6.6-12, respostas a essas cartas e decretos impondo obrigações a esses oficiais, 4.17-22; 6.3-5; 7.12-26; *cf.* 7.21-24, e o liame histórico referente aos anteriores negócios da província, 4.23 até 5.5; 6.1,2,13-18. O aramaico foi, durante alguns séculos, a linguagem usada nas relações comerciais, e na diplomacia internacional. O restante do livro contém a história interna de Judá, escrita em hebraico, compreendendo o edito real expedido em favor dos judeus, 1.2-4; cópias dos registros públicos, contendo os nomes dos retirantes da Babilônia, 2.1-67; cap. 8 e cap. 10.18-44, e bem assim a ligação

ESDRAS, O LIVRO DE I

histórica com o primeiro grupo de retirantes havia 80 anos passados. Supõe-se que a parte do livro em aramaico foi escrita por um contemporâneo de Zorobabel e testemunha ocular dos acontecimentos que ele contém, porquanto no cap. 5.4 emprega o pronome nós; porém, desde que os documentos do tempo de Artaxerxes estão incluídos nele, 4.9-16,17-23, a narrativa não poderia ser escrita em tempo anterior a Esdras; o pronome *nós*, naturalmente, refere-se à geração passada com a qual se identificava o escritor, como se observa no cap. 9.6-15, e em Ne 9.29,33. Alguns críticos assinalam data mais recente. Pelo menos uma parte do livro foi escrita por Esdras, começando com o cap. 7.27, em que se usa o pronome da primeira pessoa do singular; foi ele, pois, quem escreveu a história, e que a compilou no livro cujo nome tem, e que termina ainda em sua vida. Mas, por que, dirá alguém, se foi Esdras quem compilou o livro, nele se encontram duas passagens em que sobressai o seu nome, a saber: os dez primeiros versículos que abrem o capítulo 7 e o último capítulo do livro, que é inseparável do capítulo 9, nas quais não se emprega a primeira pessoa do singular? A isto diremos: os dez versículos introdutórios do capítulo 7 tratam de filiações genealógicas; é, pois, muito natural que se empregue o pronome da terceira pessoa. Começando a introdução com esse pronome, com ele deve terminar. Mudanças de igual natureza ocorrem no livro de Daniel, cuja autoria não se contesta. Quanto ao último capítulo de Esdras, poderá dizer-se que a história de Esdras terminou no capítulo 9, que foi concluída por outra pessoa contemporânea de Esdras e que a escreveu sob suas vistas. Essa pessoa poderia ser o escriba que tirou do registro oficial os nomes dos que haviam tomado o compromisso de repudiar as suas esposas de origem estrangeira, 10.18-44. Pensam alguns que essas duas seções do livro em que não aparece o pronome eu foram insertas por outro

editor cuja mão se descobre no segundo livro de Esdras ou Neemias, e também nos dois livros de Crônicas. Muitos críticos supõem que a data de inserções seja 330 a.C. O argumento se baseia finalmente no fato que os livros de Esdras e de Neemias formavam um só volume no cânon hebraico, que as genealogias registradas no livro de Neemias vão até o tempo de Alexandre, o Grande; portanto, os dois livros citados devem ter sido editados no período grego. É possível, ainda que não necessário acreditar, que os dois livros de Esdras e Neemias tenham sido combinados e suplementados por um editor. Na parte da possível implicação das genealogias, não há motivos para supor que esse editor hipotético pertencesse a uma geração posterior a Esdras e Neemias. As supostas adições tratam de assuntos em que ambos participaram, e os fatos relatados são o depoimento de testemunha presencial. Concedendo que os dois livros não foram editados, e que são inteiramente distintos entre si, que tiveram autores diversos, há motivos, não obstante, para considerá-los como um só livro. A razão disto está em que os livros do Antigo Testamento correspondem em número às letras do alfabeto hebraico, que são 22, ou, por um cômputo especial, 24. A razão principal por que os dois livros, Esdras e Neemias, são tidos como um só livro, é pelo fato de mencionarem a história contínua do exílio em suas relações com a obra correlata dos grandes chefes da comunidade judia, Esdras, o sacerdote, Neemias, o governador civil. Os dois livros são atribuídos a autores distintos, Ne 1.1, mas considerados como um só livro, assim como os 12 profetas menores formavam um só volume, ainda que escritos por 12 autores diferentes.

ESEQUE (*no hebraico, "luta", "contenda"*). **1** Nome de um benjamita descendente de Saul, 1 Cr 8.39. **2** Nome de um poço cavado pelos servos de Isaque em Gerar. Foi alvo de contenda entre seus pastores e os de Abimeleque, Gn 26.20.

ESER (veja *EZER*).

ESLI – nome de um antepassado de Jesus por parte de seu pai José. Foi filho de Nagaí e pai de Naum, Lc 3.25. Talvez seja o mesmo Elioenai de 1 Cr 3.23,24.

ESMERALDA – **1** Tradução do vocábulo hebraico *Nopek*. A esmeralda ocupava o primeiro lugar da segunda ordem das pedras preciosas que adornavam o Racional do Juízo, Êx 28.18; 39.11. Os sírios importavam pedras preciosas dessa qualidade para Tiro, Ez 27.16, e os tírios se adornavam com elas, 28.13. Há dúvidas quanto à qualidade da pedra a que se refere esse nome; talvez seja o carbúnculo, conforme a versão revista da Bíblia inglesa (nota à margem), *cf.* com a LXX. **2** Tradução do vocábulo grego *Smaragdos*, que significa pedra preciosa de cor levemente esverdeada. Esse nome se aplica a qualquer mineral verde cristalizado. Empregava-se para fazer sinetes, *Ecclus*. 32.6. O íris, que cercava o trono descrito no Apocalipse, assemelhava-se à cor da esmeralda, Ap 4.3. O quarto fundamento do muro da Nova Jerusalém, Ap 21.19, era de esmeralda, *cf.* Tobias, 13.16. A esmeralda é uma espécie de berilo que se distingue dele pela sua cor verde brilhante; ao passo que a cor verde do berilo é pálida tirante a um azul desmaiado, esbranquiçado, amarelado ou branco. O berilo é colorido pelo ferro e a esmeralda pelo crômio. Encontrava-se em Chipre, no Egito, e nas montanhas da Etiópia (veja *CARBÚNCULO*).

ESMIRNA (*no latim, mirra*) – nome de uma cidade muito antiga, situada na costa ocidental da Ásia Menor. Esteve em poder dos gregos de Eólia, finalmente, os iônios gregos a incluíram na sua confederação. Alíates, rei da Lídia, a destruiu e ficou assim durante 200 anos, até que Alexandre, o Grande, concebeu o plano de a reconstruir, levado a efeito por seus imediatos sucessores. Chegou a ser cidade

Esmirna (Habor) — Christian Computer Art

ESMIRNA

grande e florescente, com forte movimento comercial, cuja importância durou até o domínio dos romanos. Fez parte da província da Ásia, organizada depois do ano 133 a.C. Havia ali uma igreja, a segunda das sete mencionadas no Apocalipse. Não teve censuras, mas foi exortada a não temer as perseguições e a se manter firme, Ap 1.11; 2.8-11. O bispo Policarpo sofreu o martírio pelo fogo, perto do *stadium* no ano 169 d.C. No ano 178, foi destruída por um terremoto e rapidamente reconstruída. Está situada ao fundo de uma bela baía, na esteira da grande linha de navegação. Mesmo sob o domínio turco, continuou a ser cidade muito florescente, a maior e a mais importante da Ásia Menor. Foi incendiada recentemente pelos turcos, sendo a população grega deportada em massa.

ESPADA – instrumento ou arma de guerra com a qual se feria ou matava o adversário, 1 Sm 17.51; 31.4; 2 Sm 2.16; Mt 26.51; constava de uma folha de metal, afiada, segura em um pegador que se chama *copos*, colocada, dentro de uma bainha, Jz 3.22; 1 Sm 17.51; Jr 47.6, cingida à cinta, Êx 32.27; 2 Sm 20.8, para o lado esquerdo, Jz 3.16; cap. 15 e 21. O punho da espada costumava ser ricamente cinzelado, pelo menos entre os egípcios e assírios. A folha era habitualmente de ferro, Is 2.14, ou de bronze, principalmente no Egito. As espadas eram direitas ou levemente curvas, compridas ou curtas, Jz 3.16, afiadas de um lado ou de ambos, tendo com freqüência um cúbito de comprimento, Sl 149.6. No período romano, os judeus assassinos (*sicarii*) traziam sob a capa uma espada curta e levemente curva (Antig. 20.8,10; Guerras, 2.13,3). A infantaria romana portava a espada do lado esquerdo e um punhal do lado direito; a cavalaria, porém, costumava trazê-la do lado direito, 3.5,5 (veja *ARMAS, ARMADURA, ADAGA*).

ESPANHA (*no grego Spanía*) – nome do conhecido país situado a sudoeste da Europa. Possuía ricas minas de ouro e prata, 1 Mac 8.3. O apóstolo Paulo mostrou desejos de visitar essa parte do velho mundo, Rm 15.24,28, provavelmente foi até lá, porque Clemente de Roma, escrevendo da Itália pelo ano 96, diz que Paulo havia chegado, aos limites do extremo ocidente, o fragmento Muratório, escrito no ano 170, afirma que ele havia ido à Espanha. A sua visita deve ter sido depois de estar preso em Roma, conforme o livro de Atos (veja *TÁRSIS*).

ESPARTANOS – nome dos habitantes de Esparta, famosa cidade da Grécia, também conhecida pelo nome de Lacedemônia. Jônatas Macabeu refere-se a uma antiga amizade que existiu entre espartanos e judeus nos dias do rei Ario e do pontífice Onias, pelo ano 300 a.C., 1 Mac 12.7,19-23, aos quais enviou cartas, por meio de uma embaixada que foi a Roma, para renovar as relações de amizade entre espartanos e judeus, 2, 5. Jônatas morreu antes de saber do resultado, porém Simão Macabeu recebeu dele cartas muito afetuosas e cordiais, 14.16,20-23.

ESPECIARIAS – **1** Tradução da palavra hebraica *Bosem*, cujo plural é *Besamim*, usada genericamente para designar matérias odoríferas, especiarias etc., Êx 25.6; *cf.* 30.23,24; 1 Rs 10.10; Ct 4.10,14. A especiaria é uma substância vegetal de qualidades aromáticas e pungentes, Ct 4.16. As principais especiarias eram a mirra, o cinamomo, o cálamo e a cássia, Êx 30.23,24. A Arábia meridional produzia especiarias em grande escala, 1 Rs 10.2; Ez 27.22. *Bosem* em Ct 5.13; 6.2 e *Basam* no cap. 5.1, provavelmente aplicam-se em particular ao bálsamo de Gileade. **2** *Nekoth*, Gn 37.25; 43.11, é termo específico para designar o tragacanto. Uma forma dessa palavra encontra-se em 2 Rs 20.13; Is 39.2, referindo-se genericamente a especiarias. **3** *Sammim,* suave fragrância, substâncias empregadas na preparação do incenso, Êx 30.7, das quais se destacam o estoraque, o onique e o gálbano, v. 34. **4** Tradução da palavra grega *Aroma,* termo genérico, Mc 16.1, inclusive mirra e aloés, Jo 19.40 (veja *INCENSO*).

ESPELHO – tradução da palavra hebraica *kekukith,* Jó 28.17, e *gillayon,* Is 3.23. No grego, é tradução de *Ualos* e seus adjetivos, Ap 4.6; 15.2; 21.18,21, e de *ésoptron* em 1 Co 13.12 e Tg 1.23. Nome que se dá a um objeto de superfície polida, destinada a refletir o rosto, Êx 38.8; Jó 37.18; Sab. 7.26; 1 Co 13.12; 2 Co 3.18; Tg 1.23. Os espelhos antigos eram fabricados de cobre fundido, ou de outras ligas metálicas com o cobre, Êx 38.8; Jó 37.18, tinham formas diversas: redondas, ovais e quadradas, providas de um cabo. Quando danificados pela ferrugem, eram novamente polidos, Ec 12.11. Não possuíam a perfeição dos espelhos modernos, feitos de vidro ou de cristal. A imagem por eles refletida não era perfeita, 1 Co 13.12. As opiniões se dividem quanto ao texto de Is 3.23, se a palavra espelhos refere-se realmente a eles, ou se fala de roupas transparentes. No ocidente, começaram a empregar o estanho para o fabrico dos espelhos. Praxíteles, nos tempos de Pompeu, foi o primeiro que os fez de prata, e mais tarde também empregavam o ouro. O vidro era conhecido dos gregos desde os tempos de Heródoto, e dos egípcios, muito antes do êxodo.

ESPELTA (*no hebraico, kussemeth*) – palavra hebraica empregada apenas nos textos de Êx 9.32; Is 28.25 e Ez 4.9. A versão em português traduz o termo respectivamente, por "centeio", "espelta" e "lentilhas", ou variavelmente nesse último caso, por "cevada", "trigo", ou "favas". Trata-se de uma espécie inferior de trigo, um trigo selvagem, talvez o *Triticum monococcum* ou o trigo vindo do Egito, o *Triticm aestivum spelta,* que era usado no fabrico do pão após a estiagem da cevada na colheita egípcia, Herod. ii.36.

ESPINHAL, EIRA DO (*planta Rhammus paliurus, ou "espinho de Cristo"*) – o grande cortejo que acompanhou o corpo de Jacó, do Egito para Hebrom, tendo feito amplo circuito para se desviar dos filisteus e edomitas, parou na eira do Espinhal, que está situada além do Jordão, onde celebrou, durante sete dias, as exéquias pelo morto, com grande pranto, Gn 50.9-13. O que vendo os habitantes de Canaã disseram: "Grande pranto é este dos egípcios". E por isso se ficou chamando aquele lugar de o pranto do Egito, depois conduziram o corpo para a terra de Canaã.

ESPINHEIRO – tradução do hebraico *Atab* em Jz 9.14,15. É assim chamada por causa da sua firmeza. É uma variedade do *Rhamnus.* O espinheiro é muito comum nas partes mais quentes da Palestina, especialmente nas vizinhanças do mar Morto *cf.* Gn 1.10, no vale do Jordão e no mar da Galiléia. Também se encontra em Jerusalém. O *Rhamnus* ainda é conhecido entre os árabes pelo nome de *Atad* ou *Nabk,* nome que se aplica não só aos espinhos da coroa de Cristo (*Zizyphus spina Christi*), que a tradição dá como tecido com as varas dessa árvore, e também ao *Rhamnus paliurus* (veja *ABROLHOS*).

ESPINHOS – na maior parte das passagens da Escritura essas palavras têm sentido genérico. A cizânia, os espinheiros e pequenos arbustos de várias espécies, são muito abundantes na Palestina. Entre eles, mencionamos os seguintes: a pimpinela (*Poterium spinosum*), que serve de combustível em fornos e fogões; a alcaparra (*Capparis*

ESPINHOS

spinosa), que se observa por toda parte, pendente das rochas e dos muros; a cizânia de Jamestown (*Datura stramonium*), que se encontra à beira dos caminhos e em lugares não cultivados; o cardo Maria (*Cynara cyriaca*) nas terras altas, os acantos com as suas brancas flores. A pereira espinhosa (*Opuntia ficus indica*), cactos de flores amarelas, usada para cercar quintais, muito utilizada na Síria moderna, foi ali introduzida vinda da América. Para cercar terrenos, também empregam o buxo (*Lycium eoropaeum*) e o espinheiro ou sarça (*Rubusdiscolor*). Existem vários espinheiros, o *Crataegus azarolus*, o *C. momoggna*, e ao oriente do Jordão, o *C. orientalis*. Numerosos cardos silvestres cobrem os campos e lugares sem culturas, como: a *Cirsium acarna,* com as suas folhas lanceoladas com longos espinhos de cor amarela; o *Carthamus lanatus*, de florzinhas amarelas; o *C. glaucus*, de cor purpúrea; o *C. caeruleus*, de cor azul; e o *C. tinctorius*, de florzinhas vermelhas empregadas na tinturaria; o *Carduus, pycnocephalus e argentalus*, o *Echinos viscosus*; o grande *Notobasis syriaca*, de flores vermelhas e fortes espinhos; o *Onopordon illiricum*, o *cynarocephalum*, o *Silybum marianum*, o *Sonchus oleraceus* e *glaucescens*, a *Centaurea calcitrapa* e o *veratum*, o primeiro com flores purpúreas e o segundo com flores amarelas. O *Xanthium* e o *Dipsacus sylvestris* são muito comuns. Espinhos e abrolhos são palavras que, às vezes, determinam plantas especiais, por exemplo: **1** A palavra hebraica *dardar*, em grego *tribolos*, planta que cresce nos campos, Gn 3.18; Os 10.8; Mt 7.16; Hb 6.8, é talvez uma espécie de *Tribolos*, o *T. terrestris*, uma das plantas, denominada abrolho. Cresce nos campos e ao lado dos caminhos. Os frutos se compõem de células duras cobertas de espinhos. Não pertencem às *Compositae*, como cardos. A coroa de espinhos colocada por escárnio na cabeça de Jesus, Mt 27.29, parece que foi tecida com *Zizyphus spina Christi*, espécie de anafege,

ou loto, que tem galhos cilíndricos e macios com folhas semelhantes às da hera, que serviam para as coroas dos imperadores e dos generais. O espinho da carne se refere a alguma dor ou enfermidade, enviado como mensageiro de Satanás para esbofetear o apóstolo Paulo, e conservá-lo humilde no meio de seus triunfos espirituais, 2 Co 12.7 (veja *ABROLHOS*). **2** Tradução da palavra hebraica *Harul*, planta que queima e que inflama a pele. Homens oprimidos pelas necessidades abrigavam-se debaixo dela, Jó 30.7. Os espinhos e as urtigas cobrem o campo do preguiçoso, Pv 24.31. De fato, tal vegetação se apodera da terra não cultivada, Sf 2.9. Essa planta ainda não foi identificada. **3** Tradução da palavra hebraica *Kimmosh* em Is 34.13 e em Os 9.6. Os rabinos acham que é a urtiga (*Urtica pilulifera*) que se encontra por toda a Palestina. A palavra hebraica, provavelmente, tem significação mais geral, compreendendo grande classe de plantas ruins.

ESPÍRITO FAMILIAR –

espírito de pessoa morta que os médiuns invocam para consultas, Dt 18.11, que parecem falar desde a terra, Is 29.4, ou encarnar-se no médium, homem ou mulher, Lv 20.27. O médium é aquele que tem o espírito, 1 Sm 28.7, revelava o futuro, Is 8.19. Poderia ser um espírito especialmente invocado, que se acreditava responder às perguntas que o médium lhe fazia, ou eram outros espíritos que se manifestavam à vontade do médium. O cap. 28.8 de 1 Sm presta-se a qualquer uma dessas interpretações. Saul dizia: "adivinha-me pelo espírito de Píton e faze-me aparecer a quem eu te disser". A consulta aos espíritos familiares era pecado de apostasia contra Deus, Lv 19.31; Is 18.19. A lei mosaica punia com a morte todo aquele que pretendia possuir o poder de consultar os espíritos familiares, Lv 19.31; 20.6,27; Dt 18.11. Saul condenou essas práticas, mas quando se viu abandonado por Deus e

ESPÍRITO SANTO

perturbado com a incerteza de seu futuro, foi ter com a mulher de En-Dor, que tinha um espírito familiar, e pediu que chamasse a Samuel, 1 Sm 28.3,5-25. O rei Manassés instituiu pitões e multiplicou os arúspices, 2 Rs 21.6; 2 Cr 33.6, mas seu neto Josias colocou em prática as leis de Moisés contra tais abominações, 2 Rs 23.24. Provavelmente condenava também os ventríloquos e a voz dos espíritos que pareciam vir da terra, do ar, que era produzida pelo próprio operador.

ESPÍRITO SANTO – o Espírito de Deus, o Santo Espírito. Essa frase exprime a idéia com mais correção do que a palavra alma, que tem sentido mais limitado, representando um espírito desencarnado. A frase Espírito Santo encontra-se três vezes no Antigo Testamento, Sl 51.11; Is 63.10,11, mas contém muitas referências à sua obra. O Espírito de Deus é um princípio ativo, operando no mundo, executando a vontade de Deus. O Espírito é Deus quem o dá, Sl 104.29,30; Nm 11.29; Is 42.1,5. O Espírito se movia no princípio sobre a massa caótica do universo e está presente em toda parte, Gn 1.2; Sl 139.7. É imanente na energia que move os mundos, Jó 26.13; Is 59.19; é a fonte da vida física, intelectual e moral, Gn 6.3; Jó 32.8; 33.4; 34.14; Sl 26.3; 104.30; com Is 42.5; com a faculdade de produzir efeitos sobrenaturais, 1 Rs 18.12; 2 Rs 2.16. Ele habita com o povo de Deus, Is 53.11; Ag 2.5, confere poderes vários, força, Jz 3.10; 6.34; 11.29; 13.25; 14.6,19; 15.14; 1 Sm 11.6; 16.13; 1 Cr 12.18; perícia, Êx 31.3; sabedoria, Nm 11.17,25; 27.18, finalmente tudo quanto é necessário à obra do seu Reino, Is 11.2; Zc 4.6. Ele instrui o povo de Deus, Ne 9.20, inspirando os profetas, Nm 24.2; 1 Sm 10.6; Os 9.7; Mq 3.8; Zc 7.12. Atua no coração de cada um dos filhos de Deus. Foi profetizado que a sua obra seria especialmente edificante e grandemente manifestada no período messiânico, quando o Espírito seria derramado sobre o povo de Deus, Is 44.3, dando-lhe um novo coração e um novo espírito, Ez 36.26, produzindo-lhe tristeza pelo pecado, e ainda mais, que esse Espírito seria derramado sobre toda a carne, Jl 2.28. O Espírito se entristece quando o pecador resiste à sua operação santificadora, Is 63.10; *cf*. Sl 106.33. Jesus prometeu que após sua partida, viria o Espírito habitar em cada um dos seus discípulos, para fortalecê-los, guiá-los, instruí-los, habilitar a igreja e testemunhar de Cristo, e glorificá-lo; convencer o mundo do pecado, da justiça e do juízo, Lc 24.49; Jo 7.37-39; 14.25,26; 15.26; 16.7-14; At 1.8. O Novo Testamento se ocupa do reino do Messias e da dispensação do Espírito; por conseqüência, o Novo Testamento menciona esse nome com mais freqüência do que o Antigo. Todos os atributos do Espírito revelados no Antigo Testamento aparecem em atividade no Novo Testamento. A doutrina sobre o Espírito Santo salienta-se nessa segunda parte da Bíblia, em falar mais particularmente da sua personalidade. A palavra espírito é do gênero neutro em grego, e do gênero feminino em hebraico, não obstante, é representada pelo pronome masculino, Ef 1.13,14; *cf*. Jo 16.13. O Espírito fala de si na primeira pessoa, empregando o pronome eu e me, At 10.19,20; 13.2, associa-se ao Pai e ao Filho na fórmula do batismo e na bênção apostólica, Mt 28.19; 2 Co 13.14; pode entristecer-se e se extinguir na criatura, Ef 4.30; *cf*. Rm 8.26. Os atos memoráveis do Espírito Santo, no princípio da dispensação cristã, manifestam-se na concepção miraculosa de Jesus, Mt 1.18-20, na descida sobre Jesus, por ocasião de seu batismo, em forma visível de pomba, Mt 3.16; Mc 1.10; Jo 1.32, na efusão ou descida sobre os apóstolos no dia de Pentecostes, em línguas de fogo, no dom de línguas, conferido aos mesmos apóstolos, At 2.4 (veja *CONSOLADOR, DEUS, AJUDADOR, INSPIRAÇÃO, PENTECOSTES*).

ESSÊNIOS

ESSÊNIOS – nome de uma ordem religiosa, existente no tempo de Cristo, composta de cerca de quatro homens que se dedicavam a uma vida ascética. Com o intuito de observar religiosamente a lei cerimonial, formaram colônias em várias cidades da Judéia e no deserto de En-Gedi. Cada uma dessas colônias possuía a sua própria sinagoga, consistindo em um grande salão que servia igualmente para as refeições, para as assembléias e para guardar os objetos indispensáveis aos banhos diários em águas correntes. Qualquer pessoa que desejasse fazer parte da ordem obrigava-se a abrir mão de tudo que possuía a favor dela. Liam a lei de Moisés dia e noite, e se esforçavam a regular-se por ela nos menores pontos. Adotavam hábitos muito simples, no vestuário e na alimentação. Passavam o dia cultivando as hortas e se aplicando a diversas atividades. Não precisavam muito de dinheiro, produzindo pelas próprias mãos o que lhes era mais necessário para viver. Em viagem, achavam sempre abrigo e alimento gratuito com seus irmãos, condenavam a escravidão e não reconheciam distinções entre os homens, senão entre puros e impuros. Aprovavam o casamento, mas se abstinham dele, exceto uma das suas colônias. Observavam inexcedível moralidade; prometiam: honrar a Deus, ser justos para com todos os homens, não praticar o mal contra ninguém, odiar o mal, promover o bem, ser fiéis uns para com os outros, e principalmente para com as autoridades, amar a verdade, desmascarar os mentirosos, guardar as mãos contra os furtos e conservar a consciência livre de negócios ilícitos, Antig. 18.1,5; Guerras 2.8,2-13.

ESTACA (*no hebraico, yathed, "estaca", "cavilha"*) – objeto feito a princípio de madeira e posteriormente de bronze, ferro ou prata. Era usada fincada ao chão com a finalidade de segurar e firmar uma tenda, ou outra coisa qualquer, Êx 27.19; Jz 4.21-22; Is 33.20; 54.2 (veja *PREGO*).

ESTÁDIO (*do grego Stadium*) – o estádio era igual a um oitavo da milha romana, ou 185 m, Lc 24.13; Jo 6.19; 11.18; Ap 14.20 (veja *PESOS e MEDIDAS*).

ESTALAGEM (*no grego, katalyma, "estalagem"*) – lugar onde os viajantes paravam para descansar ou pernoitar. Era um pátio murado que não oferecia conforto algum, salvo ao longo dos muros internos em que o teto servia, às vezes, para a proteção contra o sol e a chuva, Lc 2.7.

ESTANHO – nome de um metal, que em hebraico se chama *bedil*, que significa separado e também liga. Purificava-se por meio da fusão. Às vezes se encontrava na mistura com a prata em bruto, da qual se separava pela fusão, Ez 22.20. Estava em uso na Palestina e nos países vizinhos antes do êxodo, Nm 31.22, no Egito, pelo menos já na sexta dinastia. Empregava-se principalmente no fabrico de bronze, que se obtém pela mistura do cobre e estanho. Os tírios o buscavam em Társis, Ez 27.12. A Espanha também o fornecia, mas a maior parte dele vinha das ilhas do oceano ocidental (Plínio, Hist. Nat. 34-47; Heród. 3.115). Não é difícil acreditar que se trata da Inglaterra, falando das ilhas do ocidente, porquanto as minas da Britânia constituíam a fonte principal de onde se abastecia o mundo antigo. Para lá se dirigiam os marinheiros fenícios, fazendo viagens diretas desde Cades na Espanha até Cornwall em busca de metais, Estrabo, 3.175. Posteriormente, o estanho passava por intermédio da França para a foz do Reno, decorrendo trinta dias de viagem (Diodoro Sículo 5.21,22). A mesma palavra significa o metal inferior que se encontra em combinação com a prata bruta, Is 1.25, e se supõe representar também a escória que sai do chumbo, quando se refina a prata.

ESTER

ESTAOL (*no hebraico 'eshta'ōl, derivado de shã'al, "petição", "pedir"*) – nome de uma cidade na parte baixa de Judá, Js 15.33, eventualmente partilhada aos danitas, 19.41. Fala-se dela em conexão com Zorá, Jz 13.25; 16.31; 18.2,8,11; 1 Cr 2.53. Foi identificada com a aldeia de Esuá, cerca de três quilômetros ao oriente de Zorá, e 24 km a ocidente de Jerusalém.

ESTAOLEU – nome de um natural ou habitante de Estaol, 1 Cr 2.53.

ESTÁQUIS (*no grego stáchus, "grão de cereal", "espiga"*) – nome de um cristão de Roma a quem o apóstolo Paulo enviou saudações, Rm 16.9.

ESTÉFANAS (*no grego stephanás, "coroa"*) – nome de um cristão convertido em Corinto. Ele e sua casa foram os primeiros frutos do trabalho evangélico de Paulo na província de Acaia. Foi ele quem batizou a família de Estéfanas, cujos membros se consagraram ao serviço dos santos. Estéfanas em companhia de Fortunato, levou-lhe auxílio e esteve em sua companhia quando escreveu a primeira epístola aos coríntios, 1 Co 1.16; 16.15,17.

ESTEMOA (*no hebraico, "obediência"*) **1** Nome de uma cidade na parte serrana de Judá, partilhada com os seus subúrbios aos sacerdotes, Js 15.50; 21.14; 1 Cr 6.57. Davi enviou a essa cidade alguns dos despojos de Ziclague, 1 Sm 30.28. As suas ruínas encontram-se em Semua, aldeia importante, situada 17 km ao sul de Hebrom, onde se vêem as fundações de antigos muros, revelando a existência de uma grande cidade. **2** Nome de um homem de Macati, filho de Hodias, 1 Cr 4.19.

ESTER (*nome de procedência duvidosa, talvez seja de origem persa antigo, stareh,* "estrela", *ou no acádico ishtar. Istar era nome de uma das principais divindades babilônicas, o que pode de fato vincular Ester a esse nome*) – nome de uma linda donzela hebréia, filha de Abiail, da tribo de Benjamim, Et 2.15; *cf.* o v. 5 com o v. 7. O nome hebraico era *Hadassah*, que quer dizer "murta". Muito jovem ainda, ficou órfã de pai e mãe; cresceu na cidade de Susa, capital da Pérsia, foi educada ali por Mardoqueu, seu primo, que a adotou como filha. Assuero, rei da Pérsia, por unânime consenso identificado com Xerxes, no calor do vinho, mandou vir à sua presença a rainha Vasti, com o seu diadema na cabeça, para que todos admirassem a sua beleza. Ela recusou obedecer à intimação do rei. Este, indignado contra a rainha, seguiu o conselho de seus cortesãos, que decretaram a sua reclusão e a perda da realeza, escolhendo-se entre as mais formosas donzelas, uma que a substituísse. No sétimo ano do reinado de Assuero, foi a donzela Ester escolhida e instalada no palácio como rainha. Nessa ocasião, ninguém sabia da sua origem judia. A situação em que ela se achava era muito melindrosa. O ministro favorito de Assuero era Hamã. Cinco anos depois de haver Ester subido ao trono, Et 2.16; 3.7, Hamã, irritado pela conduta de Mardoqueu em não prestar-lhe obediência, planejou uma vingança cruel, consistindo na morte não somente de Mardoqueu, mas na matança de toda a população judia espalhada pelo império persa. Conseguiu ele a licença do rei, mediante uma peita de dez mil talentos, alegando ao mesmo tempo em que o povo judeu praticava novas leis e que desprezava as ordenações do rei. Procurou insuflar o ânimo da plebe para executar a matança, Et 2.5, até o cap. 3.15. Mardoqueu animou Ester a interferir junto ao rei a favor de sua raça. O medo se apoderou dela. A insistência de Mardoqueu a levou a colocar em prática recursos de grande valor. Recorreu ao jejum e à oração e arriscou

ESTER

a sua vida, comparecendo à presença do rei sem prévia licença. Com grande prudência e fino tato, Ester fez ver ao rei que a conspiração contra os judeus atingia também o palácio do rei, e que ela mesma seria uma das vítimas, se o edito da matança não pudesse ser revogado em tempo de evitá-la; e pediu ao rei que se permitisse aos judeus defender suas vidas e se proteger contra seus inimigos, e tudo foi conseguido. Não se sabe quando e de que modo morreu a rainha Ester. Se Assuero é o mesmo Xerxes, como todos acreditam, Ester era uma das suas mulheres (*cf.* as mulheres do pai de Xerxes, Heródoto. 3.88; 7.2; e também 2 Sm 3.2,5; 11.26,27; 1 Rs 1.11; 7.8; 11.3; Dn 5.2,10), entre as quais uma se chamava Amestris, filha ou neta de Otanes, mulher de Xerxes no ano 470 a.C., 17º. ou 18º. ano de seu reinado (Heród. 9.109; *cf.* 7.61; Ctésias, Exc. Pers. 20). A rainha Vasti foi esposa de Xerxes no terceiro ano de seu reinado, Et 1.3,9, ano em que ele convocou uma grande assembléia para consultá-la sobre a conveniência de guerra contra os gregos (Heród. 7.7,8). Ester já era rainha no décimo mês do sétimo ano, Et 2.16,17, ainda era rainha no 12º. ano, 3.7; 5.3.

ESTER, O LIVRO DE – o livro de Ester é o último dos livros históricos do Antigo Testamento. No cânon hebraico, ocupa lugar no hagiógrafa; primitivamente, segundo o Talmude entre Daniel e Esdras, agora, está logo depois do Eclesiastes e antes de Daniel. A razão disso é que o livro de Ester estava com outros quatro rolos usados em cinco aniversários solenes. O último deles era a festa do Purim, daí veio encontrar-se o livro no quinto lugar. Muito tempo depois de se encerrar o cânon, os judeus impugnaram a sua inclusão entre os livros sagrados, talvez com o intuito de oferecer ocasião a exibições eruditas em sua defesa. Atualmente o livro é objeto de especial veneração do povo judeu. Os cristãos não são contestes em suas opiniões sobre o assunto. Melitão de Sardes e Gregório Nizianzeno o cancelaram das suas listas de livros canônicos; Atanásio o colocou no rol dos livros não canônicos e Lutero o denunciou. A oposição feita a esse livro baseia-se no fato de não se encontrar nele, nem uma só vez, o nome de Deus; mas o cap. 4.11 implicitamente reconhece a Providência; o v. 16 do mesmo capítulo reconhece o jejum como prática religiosa, o capítulo 9.31, além do jejum, registra os clamores da oração. Conclui-se, pois, que a grande lição que o livro nos oferece é a crença da intervenção divina na vida dos povos. Os investigadores da história, que procuram descobrir na mitologia e na lenda a origem das narrativas do Antigo Testamento, dizem que o livro de Ester não tem outras fontes históricas, senão a lenda. A teoria mais em voga é que a história de Ester é de origem babilônica. Baseia-se a teoria em que o nome de Ester é a antiga forma do nome da deusa babilônica Istar, o outro nome Edissa ou Hadassa, dado a Ester, é a palavra babilônica *hadashatu*, noiva, que antes se traduzia por mirto, era o atributo da referida deusa Istar. Mardoqueu representa o deus Marduque, patrono da Babilônia. Sendo Mardoqueu primo de Ester, Marduque relaciona-se com Istar. Hamã, inimigo de Mardoqueu, representa Humã ou Hamã, deus principal dos elamitas, em cuja capital, Susa, ocorrem as cenas descritas; Zarés ou Zerés, esposa de Amã ou Hamã, pode bem ser a mesma *Kirisha*, deusa dos elamitas, consorte presumível de Humã. Vasti é igualmente uma deusa elamita. A vitoriosa resistência de Mardoqueu a Ester e Hamã, Zerés e Vasti, nada mais é que o conflito dos deuses da Babilônia com os deuses de Elã, em outros termos, é a luta entre a Babilônia e Elã disputando a supremacia política, luta que durou mil anos, terminando pela vitória da Babilônia (Jensen, Wiener Zeischrift f. d. Kunde des Morgenlandes, 6.47s., 209s.;

ESTER, O LIVRO DE

Gunkel, *Schopfung und Chaos*, 310-314, que admite a falta de base para essa história, enquanto a palavra *Pur* não for explicada). Se essas idéias forem confirmadas, segue-se que os judeus da dispersão, alimentando as suas esperanças nas profecias de seu livramento, instituíram uma festa de triunfo e se serviram das lutas de Marduque e Istar com Humba e Vasti, para ilustrar ou tipificar a vitória certa sobre seus inimigos. Antes que essa teoria ganhe foros de cidade, convém entrar no exame crítico de seus fundamentos: I. DIVINDADES ELAMITAS. **1** Identificação de Hamã, grande inimigo dos judeus, com o grande deus dos elamitas. a) O nome dessa divindade se escrevia habitualmente entre os assírios, Humba, mas em certas ligações fonéticas escreviam Umã, com o final *nun*. Esta forma poderia ser representada em hebraico, pela palavra Humã, ou Hamã, mas, b) o livro de Ester diz mais alguma coisa a respeito de Hamã, além do seu nome; relata a sua filiação, era filho de Hamedata, da linha de Agague, 3.1,10; 8.5; 9.24, diz que era pai de dez filhos, cujos nomes menciona, 9.7-10. A teoria elamita não se refere a esses nomes. **2** Em referência a Zerés, esposa de Hamã, que se pretende identificar com a deusa elamita, deve observar: a) o argumento a favor da deusa, *Kirisha*, da seguinte forma: A deusa *Kirisha* é aparentemente idêntica à divindade *Kiririsha*, que pode ter sido uma deusa. Dedicaram um templo a Humba e a *Kiririsha*; e, pois, *Kiririsha ou Kirisha* pode ter sido a mulher de Humba (WZKM, 6.63). Neste argumento, não há prova. b) Alguns textos de Josefo dão a inicial do nome da mulher de Hamã como sendo *G*. (Antig. 11.6,10; edição de Niese); e lendo-se *Geresh*, em vez de *Zeresh*, o som aproxima-se ao som de *Kirisha,* nome da divindade elamita que talvez seja uma deusa. Porém, outros exemplares das obras de Josefo combinam com os grandes manuscritos da LXX (A. B. e Luciano). Esses textos típicos favorecem a forma hebraica desse nome, no caso em questão, dando a sibilante *zain*, *Z*, e não *G*, para ser a primeira letra do nome da mulher de Hamã. Há pouca semelhança com o nome *Kirisha*. **3** O nome Masti da deusa elamita (não Bar-ti como escreve o professor Sayce, empregando o som alternado do primeiro sinal) pode ser, por conveniência fonética, pronunciado Vasti, e deste modo corresponder a Vasti, nome da rainha mencionada nos dois primeiros capítulos do livro de Ester. Vasti foi "provavelmente uma deusa" (WZKM, 6.51). Evidentemente, muito do que é essencial à teoria carece de provas. Mesmo que fosse bem determinado o sexo dessa divindade, seria ainda necessário indagar se o nome Vasti não seria abreviatura de um nome composto, inclusive o nome dessa divindade (veja *BENE-HADADE*). Mas, finalmente, Vasti pode ser um bom nome persa, que dizia bem a mulher do rei Assuero (veja *VASTI*). II. HEBREUS QUE FIGURAM NA HISTÓRIA DE ESTER. Em referência a este assunto, diremos: **1** É possível que os pais de Ester, ou os que depois cuidaram dela, dessem à bela criança o nome de estrela da manhã, Is 14.12; Ap 22.16, (veja *LEBANA*). Mas, a) há casos que oferecem fatos etimológicos que se opõem à identificação do nome de Ester com Istar, deusa-estrelar. A letra inicial de Ester é *Aleph*, ao passo que a de Istar é *ain*. Todos os dialetos semíticos, do oriente e do ocidente, em que ocorre o nome da deusa, conservam, sem exceção, a mesma forma e a mantiveram por alguns séculos após o livro de Ester ter sido escrito, mesmo depois que a festa do Purim se tornou universalmente celebrada pelos judeus em todo o mundo. É verdade que alguns afirmam que o plural de Istar é escrito com *aleph*, não com *ain*, em alguns tijolos encontrados na Babilônia cuja antiguidade se ignora. Porém, se eles são contemporâneos, ou não, de Ester, a forma do nome Istar é anormal e lamentavelmente degenerada. A citação

ESTER, O LIVRO DE

do nome nada vem provar, porque o vocabulário do livro de Ester não degenerou. Não há necessidade, portanto, de pensar mais em Istar, uma vez que o nome Ester, vocábulo persa, tem a suave significação Stella-estrela. b). É certo que o vocábulo *hadashatu* quer dizer, noiva, mas não se pode provar se tal palavra tinha o sentido de mirto, nem que fosse, empregada como epíteto característico de uma deusa. A comparação do nome de Istar com o nome hebraico de Ester, Edissa ou Hadassa, é muito infeliz, sob o ponto de vista etimológico; porque a palavra assíria correspondente a Hadassa é *adassatu* e não *hadashatu*. c). Finalmente, Ester é conhecida no livro que tem o seu nome, como filha de Abiail e esposa do rei Assuero, e a teoria oposta à sua identidade histórica, não explica essas relações. **2** Mardoqueu quer dizer que pertence a Marduque ou é diminutivo dessa palavra. a) O nome Marduque e seu diminutivo marduca eram vocábulos muito usados na Babilônia. b) A forma da palavra no livro de Ester se refere a um homem e não a um deus. c) Nomes como esses eram com freqüência empregados pelos hebreus piedosos (veja *APOLO, HENADADE, SENAZAR*). Mardoqueu procede do nome de outro judeu, além do primo de Ester, Ed 2.2. d) O livro de Ester apresenta a genealogia de Mardoqueu, por intermédio de várias gerações até chegar à tribo de Benjamim, Et 2.5. Colocando de lado as hipóteses que formam a abundância das evidências a favor da teoria em questão, concedamos mesmo que Ester seja uma forma de Istar e que Mardoqueu se deriva de Marduque, que Hamã e Vasti representem divindades elamitas. Concedendo tudo isto a favor da teoria, diremos: **1** Nenhuma base substancial veio provar que os nomes das pessoas referidas no livro de Ester sejam nomes de divindades. Não há referência alguma aos ascendentes dos atores principais nos acontecimentos descritos, nem explica por que aparece em cena o nome do rei Assuero. **2** A teoria, de evidente origem pagã, tem contra si o fato de aceitar a narrativa como eventos históricos, e a celebração universal da festa do Purim no primeiro século pelo povo judeu (Antig. 11.6,13; 2 Mac 15.36). **3** Os principais eventos da narrativa estão expressamente registrados nas crônicas oficiais da Pérsia, Et 2.23; 6.1,2; 10.2. **4** Finalmente, atribuindo-se à festa do Purim uma origem pagã, é de admirar que até os dias atuais não se tenha descoberto, entre os pagãos, tal solenidade nos dias 14 e 15 do mês de Adar, que é o último mês do ano. A linguagem do livro de Ester é hebraica como a do livro de Esdras e de Neemias, porém com maior número de vocábulos persas. Pela leitura do capítulo 10.2, parece que o livro foi escrito depois da morte de Xerxes, no ano 425 a.C., 40 anos depois de ser assassinado, ou pelo menos no reinado de Artaxerxes, 465-425 a.C., não havendo motivos para dar-lhe mais recente data. Não há referências a esse livro no Novo Testamento, nem alusões a ele. Na versão da LXX, aparecem alguns complementos que Jerônimo separou e que atualmente se encontram nos livros apócrifos.

ESTERCO – empregado para nutrir as plantas, Lc 13.8; Sl 83.10. No Oriente, se emprega o esterco seco das vacas para servir de combustível, Ez 4.12,15. Símbolo das posições humildes. O Senhor levanta do pó o necessitado, e do esterco eleva o pobre, 1 Sm 2.8; Lm 4.5. Em sinal de castigo, o rei da Babilônia ameaçou converter as casas dos adivinhos e mágicos em um monturo, Dn 2.5; o rei Jeú mandou destruir o templo de Baal e em seu lugar construiu latrinas, 2 Rs 10.27. O Senhor ameaçou destruir a casa de Jeroboão como se costuma varrer o esterco até não ficar rastro, 1 Rs 14.10. O apóstolo Paulo compara as grandezas do mundo ao esterco, Fp 3.8.

ESTERCO DE POMBAS – nome que se deu a uma substância que serviu para matar a fome do povo durante o cerco de Samaria pelo exército de Bene-Hadade, rei da Síria, também no cerco de Jerusalém, 2 Rs 6.25; Guerras 5.13,7. É, provável que esse nome seja de alguma erva, porque os árabes dão o nome de esterco de pardal a uma planta saboeira.

ESTÊVÃO (*no grego stephanos, "coroa"*) – nome do primeiro mártir cristão. Seu nome figura em primeiro lugar na lista de sete diáconos escolhidos pela igreja de Jerusalém, por sugestão dos apóstolos, para presidirem o serviço dos pobres, At 4.5. A eleição desses sete forma o primeiro grupo de diáconos e se originou nas queixas e murmurações dos gregos contra os hebreus, pelo motivo de que as suas viúvas eram desprezadas no serviço de cada dia. Estêvão tinha nome grego. A perseguição que se ergueu contra ele foi movida pelos judeus que falavam o grego, por isso presume-se que também ele era um dos helenistas judeus que tivesse chegado recentemente. Foi homem notável; cheio de fé e do Espírito Santo, v. 5, depois de sua eleição, revelou-se grande pregador, capacitado com o poder de operar milagres, v. 8. A sua atividade provocou a primeira perseguição à igreja de Jerusalém. Essa perseguição veio das sinagogas dos judeus estrangeiros estabelecidos na cidade. Irrompeu na sinagoga dos libertinos, com os que eram da sinagoga dos cirenenses, dos alexandrinos, dos que eram da Cilícia e da Ásia, v. 9. Acusaram Estêvão de blasfemar contra Moisés e contra Deus, por dizer que Jesus havia de destruir o templo e mudar as tradições que Moisés deixou, 11.14. Diz Lucas que apresentaram falsas testemunhas contra ele, como tinham feito contra Cristo. Com certeza, Estêvão disse alguma coisa semelhante que os inimigos perverteram. Levaram-no ao sinédrio, onde produziu a sua defesa, como se encontra no cap. 7.2-53 de Atos dos Apóstolos. Ele começou a defesa recordando a escolha que Deus fizera dos patriarcas e o modo que os guiou, v. 2-22, colocou em relevo o propósito divino na direção do povo de Israel para um fim em vista; depois, continuando a história, mostrou que os hebreus, repetidas vezes, resistiram à vontade de Deus, tanto nos dias de Moisés quanto depois deles, v. 23-43, e que, por isso, foram privados de contemplar o caráter típico, tanto do Tabernáculo quanto do templo, v. 44-50. Interrompendo o seu argumento, acusou-os de resistirem, como fizeram seus pais, ao Espírito Santo; acusou-os de traição e homicídio. Ao ouvirem essas palavras, enraiveceram-se em seus corações e rangiam com os dentes contra ele, v. 51-54. Nesse ponto, Estêvão, olhando para o céu, viu o Filho do homem em pé, à direita de Deus, pronto para recebê-lo. Ao declarar essa visão, lançaram-se contra ele furiosamente, lançaram-no para fora da cidade e o apedrejaram. Não era lícito matar alguém sem permissão do governador romano; por isso, o martírio de Estêvão foi o resultado de explosão irreprimível. O discurso e o martírio de Estêvão assinalam o ponto de transição em que o cristianismo deixa a forma primitiva que o limitava aos judeus, para alargar-se às regiões do gentilismo. Pedro prega o cristianismo em harmonia com as profecias; Estêvão pregou o mesmo cristianismo como o objetivo de toda a história judia. Conquanto Estêvão declarasse que o cristianismo não poderia ser limitado ao judaísmo, ele não proclamou, como Paulo fez depois, que tinha de pregar aos gentios, anunciando-lhes a salvação pela fé somente, sem as obras da lei. Portanto, é ele quem marca a passagem do cristianismo judeu para o cristianismo gentílico. Além de que, a perseguição que se seguiu à morte de Estêvão, os cristãos a se dispersarem pelas províncias da Judéia e

ESTÊVÃO

de Samaria, e por esse modo, o evangelho foi levado aos samaritanos e deles passou aos gentios. O caráter pessoal de Estêvão foi de encantadora beleza. Como homem, era "cheio de fé e do Espírito Santo", 6.5, como pregador foi "cheio de graça e de fortaleza", v. 8, perante o conselho, "viram o seu rosto como o rosto de um anjo", v. 15. Suas últimas palavras fora,: "Senhor, não lhes imputes este pecado" 7.59. A inspiração de Estêvão em referência ao seu discurso é assunto controvertido. A narração diz que ele estava "cheio do Espírito Santo", 7.55, mas algumas de suas afirmações históricas, muitos acham que estão em desacordo com o Antigo Testamento. Dizem outros o contrário, que elas podem ser harmonizadas se tivermos conhecimento de todos os fatos. Qualquer das opiniões pode ajustar-se à doutrina da inspiração, uma vez que a frase "cheio do Espírito Santo" não tenha o sentido de inspiração no sentido técnico da palavra, At 6.3; Ef 5.18, e desde que a inspiração de Lucas garantia simplesmente a correção do discurso de Estêvão e não a exatidão de suas palavras.

ESTÓICOS (*do grego stoicos, "que pertencem ao pórtico"*) – nome de uma seita de filósofos, alguns dos quais disputaram com o apóstolo Paulo em Atenas, At 17.18. A seita teve como fundador certo Zenom de Citium, na ilha de Chipre, que não se deve confundir com outro Zeno, filósofo de Eléia, na Itália. Cipriano Zenom nasceu, segundo se acredita, entre os anos 357 a 352 a.C., e morreu entre 263 e 259, tendo vivido quase um século. Estabeleceu-se em Atenas e ensinou ali as suas doutrinas durante 58 anos. O lugar onde prelecionava era o pórtico do mercado público, em grego *stoa*. A sua doutrina foi essencialmente panteísta. Os estóicos faziam distinção entre matéria e força e as apresentavam como sendo o princípio das coisas, no universo. A matéria era o elemento passivo, a força, um elemento

ativo. A força operava em toda parte e a denominavam razão, providência ou Deus, e reconheciam nela consciência e pensamento, dependente e impessoal, emanação de um fogo que forma, que permeia e vivifica todas as coisas, e que de acordo com a necessidade inexorável, dá existência aos mundos a às criaturas que por ela também são destruídas, de modo que no fim de um período cósmico o universo será absorvido por uma combustão espontânea, que a evolução do mundo começará de novo, assim por diante, sem fim. A alma humana, emanação da alma do mundo, participa da sua natureza ígnea, de novo confunde-se com ela. Sobrevive ao corpo, mas vive somente durante um período cósmico, é afinal reabsorvida pela fonte que a produziu. Os estóicos diziam-se discípulos de Sócrates e se pareciam com ele quanto à teoria da vida. Separavam com muita rigidez, o bem moral do agradável. Declaravam que um ato é bom ou mau em si mesmo, que o prazer nunca deve ser o motivo de nossos atos. O bem supremo é a virtude. A virtude é a vida de conformidade com a natureza, ou a harmonia da conduta humana com a vontade divina; é especialmente a resignação com a sorte. As virtudes cardeais são a sabedoria prática, em referência ao bem e ao mal; a coragem, a prudência ou o domínio sobre si, a justiça. Zenom aconselhava seus discípulos a dominar os seus sentimentos, de modo que resistissem o quanto possível a todas as influências externas. O estoicismo criou caracteres mui nobres. Exerceu influência poderosa durante 400 anos. Os mais eminentes de seus professores foram Epicteto, o filósofo Sêneca e o imperador Marco Aurélio.

ESTOM – nome de um descendente de Calebe, figurando na genealogia de Judá, 1 Cr 4.12.

ESTORAQUE – tradução da palavra hebraica *Nataph*, gota, pingo. Dava-se

ESTRANGEIRO

esse nome a uma planta aromática, cujo produto se aplica no fabrico de incenso, Êx 30.34; *cf.* Ecclus 24.15. A LXX traduziu a palavra *nataph* pelo nome grego *stakte*, que tem o mesmo significado de gota, ou pingo, e que se empregava em vez do óleo que sai da mirra ou cinamomo. Acredita-se geralmente que o *nataph* é a resina do estoraque ou do opobálsamo. O estoraque (*Styrax officinalis*) é substância resinosa produzida por um arbusto de dez a 20 pés de altura, produzindo flores semelhantes às da laranjeira na cor, no tamanho e na fragrância, em grupos de quatro ou cinco. A árvore é muito vistosa quando em flor. É natural da Ásia Menor e da Síria e abundante na província da Galiléia. O estoraque das farmácias provém do sumo espesso da casca e se emprega como expectorante e na perfumaria. O estoraque líquido, usado no comércio, é produzido por uma árvore inteiramente diferente. O apo bálsamo é produto resinoso, denominado bálsamo de Gileade.

ESTRANGEIRO – 1 Gentio. Pessoa pertencente a outro povo, que não o de Israel, que não obedece às suas leis, nem ao seu Deus, Dt 29.22,24, como os egípcios, Êx 2.22, os jebuseus, Jz 19.12, os moabitas, os edomitas, os amonitas, os sidônios e os heteus, 1 Rs 11.1. Tecnicamente, a palavra estrangeiro, não compreende: 1) O escravo comprado, ou feito prisioneiro de guerra, por estar em poder de seu senhor, sujeito às leis de Israel, Gn 17.12; Êx 21.20,21. 2) Os prosélitos que vinham professar a religião e participavam dos seus privilégios, Gn 34.14-17; Is 56.6-8; At 2.10. 3) Os estrangeiros em trânsito, que ocupavam temporariamente o país. Israel era povo peculiar de Jeová, Dt 14.1,2, e, por isso, os idólatras cananeus principalmente, não podiam entrar em relacionamentos pactuais de qualquer natureza com ele, Êx 23.32. Nenhum estrangeiro devia participar da Páscoa, Êx 12.43; entrar no santuário, Ez 44.9; At 21.28; *cf.* Dt 23.3,7,8, e subir ao trono de Israel, Dt 17.15. A lei mosaica proibia o casamento do povo de Israel com os estrangeiros, Êx 34.16; Dt 7.3; Js 23.12; principalmente com os cananeus; *cf.* Gn 24.3,4; 26.34,35; 28.1; 34.14-17; Jz 14.3; Ed 10.2; Ne 13.26,27; Tobias 6.12. A carne dos animais que morriam e que os israelitas não deviam comer, podia ser vendida aos estrangeiros, Dt 14.21. Os israelitas podiam emprestar dinheiro a juros ao estrangeiro, 23.20; *cf.* Êx 22.25, e obrigá-lo ao pagamento, mesmo no ano do jubileu em que as dívidas dos israelitas prescreviam, Dt 15.3. Posteriormente, os judeus escrupulosos se abstinham de comer com os gentios, At 11.3; Gl 2.12. Todavia, a entrada dos gentios no judaísmo era franca, Gn 17.27; 34.14-17; Mt 23.15, e seu enxerto no reino era a esperança de Israel. **2** Peregrino. O estrangeiro que segundo a definição da lei mosaica era o indivíduo de procedência estranha à família judia e que residia entre os israelitas; peregrino era o estrangeiro que visitava temporariamente o país, Êx 20.10; Lv 16.29; 17.8; 2 Sm 1.13; Ez 14.7. O estrangeiro, não sendo natural do país, tinha, apesar disso, direitos e deveres. Estava sob a proteção divina e era tratado benignamente pelos israelitas, Lv 19.33,34; Dt 10.18,19. A lei respeitava seus direitos, Êx 22.21; 23.9. Caindo em pobreza, desfrutava os mesmos privilégios que o hebreu pobre, Dt 24.19,20. As mesmas proibições que pesavam sobre os israelitas também caíam sobre ele, Êx 12.19; 20.10; Lv 16.29; 17.10; 18.26; 20.2; 24.16, e 17.15, mais tarde modificado em Dt 14.21, mas não era obrigado a cumprir todos os deveres religiosos dos israelitas. Para ele, era facultativo o rito da circuncisão, não sendo escravo, e não podia participar da Páscoa, Êx 12.43-46. Os israelitas deviam convidar o estrangeiro para seus banquetes religiosos, Dt 16.11,14. O estrangeiro podia

ESTRANGEIRO

oferecer holocaustos e participar dos sacrifícios pelo pecado da congregação e pelos pecados de ignorância. Em caso de necessidade, as cidades de refúgio ofereciam-lhe asilo seguro, Lv 17.8; Nm 15.14,26,29; 35.15. Nos casos de contaminação por contato, deveria sujeitar-se aos processos da purificação, Lv 17.15; Nm 19.10. Se aceitasse a circuncisão para si e para todos os seus varões, poderia participar da Páscoa, Êx 12.48,49. A principal desvantagem do estrangeiro é que, no caso de ser escravo, não poderia aproveitar-se dos privilégios do ano do jubileu, ele e seus filhos, que passavam por herança aos descendentes do comprador, Lv 25.45,46. Os amonitas e os moabitas formavam uma classe excepcional de estrangeiros. Não poderiam entrar na comunidade israelita, nem mesmo pela circuncisão, Dt 23.3, mas o filho de um israelita e de mãe moabita poderia entrar; (veja *JESSÉ e REOBOÃO*). Foram terminantemente proibidos os casamentos com os idólatras cananeus que ocupavam a terra por ocasião da conquista, 7.3. Os que ficaram na terra depois da conquista, em grande parte passaram a ser prosélitos. No tempo de Salomão, havia 153.600 prosélitos no reino de Israel, 2 Cr 2.17. No Novo Testamento, a palavra estrangeiro não tem a mesma significação técnica, designa pessoa desconhecida, Jo 10.5, pertencente a outra terra, Lc 17.16,18, afastada do lar em terra distante, 24.18; At 2.10, e um israelita da dispersão, 1 Pe 1.1.

ESTRELA – o número infinito de estrelas, as constelações, ou grupos de estrelas, desde logo, atraíram a atenção do homem, Gn 22.17; Is 13.10, Jó menciona os nomes da Ursa, do Oriom e das Híades ou Plêiades, e fala da revolução do Arturo, Jó 9.9; 38.31,32. O rei Josias aboliu o culto oferecido a Baal, ao Sol, à lua e aos 12 signos do zodíaco, 2 Rs 23.5 (veja *BABILÔNIA, QUIUM, LÚCIFER*). Pode bem ser que na epístola de

Judas, 13, haja uma referência aos meteoros e cometas. A observação de certas estrelas servia para determinar posições, Antig. 13.8,2. No Egito, o curso normal de 36 constelações determinava igual número de períodos de dez dias do ano (veja *SEMANA*). Os israelitas consideravam as estrelas como obra das mãos de Deus, sujeitas a seu governo e direção, Gn 1.16; Sl 8.3; Is 13.10; Jr 31.35. Os pagãos e os israelitas degenerados converteram os astros em objetos de adoração, Dt 4.19; 2 Rs 17.16, erguendo-lhes altares e lhes queimando incenso, 21.5; 23.5. Acreditavam que os astros exerciam influência sobre a economia comum da natureza (*cf*. Jó 38.31), bem como nos negócios da vida humana. Essa crença era muito vulgarizada entre os pagãos. Débora usa uma frase muito empregada nos discursos de seu tempo, em que reminiscências de noções da imaginação pagã aparecem, quando descreve poeticamente o concurso das estrelas na peleja contra Sísara, Jz 5.20. Bertheau parece ter razão, pensando que a linguagem de Débora se refere à assistência divina, 4.15, representada pelos astros, como se o céu, ou, para servir-nos de suas próprias expressões, como se as estrelas, saindo das suas órbitas, viessem pelejar contra Sísera (*cf*. Sl 18.10). Em suas palavras encontra-se uma referência àquela tempestade providencial que destroçou os cananeus. O v. 21 e as palavras de Josefo (Antig. 5.5,4) parecem confirmar essa opinião. Mas o escritor judeu, provavelmente, tira essa conclusão comparando Js 10.10 com 1 Sm 7.10. Supunham os pagãos que as estrelas anunciavam acontecimentos futuros e, por isso, os observavam com esse intuito, Is 47.13 (veja *ASTRÓLOGOS*). O Novo Testamento menciona várias estrelas que merecem estudo especial. **1** Estrela Dalva, 2 Pe 1.19. Luzeiro, talvez descrição figurada dos sinais que precederão a segunda vinda. Dizem outros que representa a iluminação do Espírito Santo nos corações dos crentes. **2** Estrela resplandecente e da manhã, Ap 2.28; 22.16, designando talvez a pessoa de Cristo como o arauto de seu povo no dia eterno. **3** A estrela dos magos. A idéia geralmente aceita é que o aparecimento da estrela aos magos do oriente foi um fenômeno puramente sobrenatural, um corpo luminoso semelhante a uma estrela. Foram levados a crer que o rei dos judeus era nascido. Não se duvida que eles tivessem conhecimento da profecia de Balaão, Nm 24.17, ou de outras predições acerca do nascimento do rei dos judeus. A estrela tornou a ser vista no caminho que os levava de Jerusalém para as montanhas da Judéia e que os guiou até a casa em que se achava o menino na vila de Belém. Julgam outros, que a estrela foi um fenômeno providencial para guiar os magos. Em dezembro de 1603, o astrônomo Kepler observou uma conjunção de Júpiter com Saturno no mês de março; outra em 1604 com o planeta Marte, e em outubro do mesmo ano, outra conjunção com uma estrela brilhante, que gradualmente desapareceu em fevereiro de 1606. Kepler calculou que o planeta Júpiter esteve em conjunção no ano 7 e 6 a.C. Supondo que a nova estrela tivesse conjunção como em 1604, era caso para dizer que essa seria a estrela dos magos com a conjunção planetária já referida. Os astrônomos Ideler, Pritchard e Encke corrigiram os cálculos de Kepler, de acordo com conhecimentos atuais, de onde resulta que no ano 7 a.C. ocorreram três conjunções de Júpiter com Saturno em maio, setembro e dezembro. Supõe-se, portanto, que os magos viram a estrela em maio. Ligaram esse fenômeno com o nascimento do rei dos judeus, de conformidade com os conhecimentos astrológicos e as profecias dos hebreus e a expectação das gentes. Projetaram viagem a Jerusalém e no caminho para Belém, observaram de novo a conjunção dos dois planetas que brilhavam sobre suas cabeças. É difícil compreender que uma estrela se pareça com a conjunção de dois planetas. Essa presunção dá a entender que o nascimento de Cristo teve lugar mais cedo do que a época assinalada. Se pudermos acreditar na teoria de Kepler, sobre a estrela em conjunção com o planeta Júpiter, como ele supõe, chegaremos a um resultado mais razoável. Baseado em vários raciocínios, é mais provável acreditarmos que se trata de um fenômeno puramente natural. Os magos, com certeza eram astrólogos e muito dedicados ao estudo das posições e mudanças das estrelas. A estrela não foi adiante deles para a Judéia; ela reapareceu somente depois, quando iam no caminho para o lugar indicado. De outro lado, muitos pensam que a passagem do Evangelho Segundo Mateus, 2.9, não pode ser interpretada senão como um fenômeno sobrenatural. Os cálculos astronômicos mencionados não podem explicar com segurança, se com efeito, a estrela dos magos foi um fenômeno astronômico, ou um caso sobrenatural.

ESTULTÍCIA (veja *LOUCURA*).

ETÃ (*no hebraico, êtan, o significado é incerto*) **1** Nome de uma aldeia situada no limite sul do país, que passou de Judá para Simeão, 1 Cr 4.32; *cf.* Js 15.32,42. Na cova de um rochedo, perto da aldeia, morou Sansão por algum tempo, Jz 15.8,11. Aitum, 20 km a oeste sul de Hebrom, parece que é o lugar, onde existia. Porém, o rochedo devia estar mais perto da casa de Sansão, por isso, Conder acredita que o lugar mais certo seja o rochedo de Beite Atabe, nove quilômetros a sudeste da Saréia. Schick é de parecer que o verdadeiro local seja Araque-Ismaim, cerca de cinco quilômetros distante da mesma Saréia. **2** Nome de uma cidade nas vizinhanças de Belém, que Reoboão fortificou para defesa de Judá, depois da revolta das dez tribos, 1 Cr 4.3; 2 Cr 11.6.

ETÃ

Segundo o Talmude, o templo de Jerusalém era suprido de água vinda de Etã, por um aqueduto de 13 km de extensão, desde o outeiro do templo, passando por detrás de Belém até as três represas, uma das quais é alimentada por uma nascente chamada Aim-Atã, situada ao sul. Relata o historiador Josefo que o rei Salomão gostava de fazer passeio matinal a cavalo a Etã, que distava de Jerusalém cerca de 13 km, onde havia belo aspecto de jardins e correntes de água (Antig. 8.7,8; Ec 2.5,6). Em Aim-Atã, perto da aldeia de Urias, cerca de quatro quilômetros a sudoeste de Belém, era o lugar de Etã. Os peregrinos descobriram recentemente os três reservatórios a que deram o nome de tanques de Salomão. O aqueduto é muito antigo; antedata a era cristã e o período do domínio romano. Pôncio Pilatos usou uma parte deles para abastecer a cidade, trazendo água de uma distância de 200 estádios, ou 43 km (Antig. 18.3,2); ou 400 estádios, 86 km (Guerras 2.9,4). Outra seção do aqueduto vai dos três reservatórios a *el-Arrube*, perto de Hebrom, uma terceira chega até *el-Biar*, que fica alguns quilômetros ao sul das nascentes. **3** Nome de um descendente de Judá, pertencente à família tribal de Zerá, 1 Cr 2.6. Parece ser o mesmo homem com esse nome, notável pelo seu saber, 1 Rs 4.31; Título do salmo 89. **4** Nome de um levita da família de Gérson, casa de Libni, 1 Cr 6.42,43; *cf.* 20; e Nm 26.58. **5** Nome de um levita da família de Merari, casa de Musi; era filho de Quisi, foi escolhido para cantor no tempo do reinado de Davi, 1 Cr 6.44,47; 15.17, 19. Parece que lhe mudaram o nome para Iditum (que canta louvores), depois que foi designado para o serviço do Tabernáculo em Gibeão, 1 Cr 16.38-41; *cf.* 15.17,19; 25.1. **6** Nome do primeiro acampamento dos israelitas depois de saírem de Sucote, deixando o Egito. Ficava no extremo do deserto, Êx 13.20; Nm 33.6. Não era o caminho direto para a terra dos filisteus, Êx 13.17. Esse nome se estendia a uma porção do deserto de Sur, que foi atravessado pelos israelitas para chegarem a Mara, decorrendo três dias de viagem, Nm 33.8; *cf.* Êx 15.22. Lugar ainda não identificado. **7** Nome de um grande sábio no tempo do rei Salomão, 1 Rs 4.31; Sl 89.

ETANIM (*no hebraico, 'etanîm, "constante", "permanente"*) – nome do sétimo mês, 1 Rs 8.2, também chamado Tisri; correspondia ao nosso mês de outubro. Era nesse mês que se celebrava a festa das trombetas, o grande dia da expiação e a festa dos tabernáculos.

ETBAAL (*no hebraico, 'etba'al, "com Baal", ou "homem de Baal"*) – nome de um dos reis de Tiro e dos sidônios e pai de Jezabel, 1 Rs 16.31; Antig. 8.13.1,2; 9.6. Foi sacerdote de Astarté; matou seu irmão, para se apoderar do trono (Contra Apiom, 1.18).

ETE-CAZIM – nome de um lugar nos limites de Zebulom, mencionado apenas em Js 19.13. Seu local atual permanece desconhecido.

ETER (*no hebraico, "abundância"*) – nome de uma aldeia da região inferior de Judá, Js 15.42, partilhada à tribo de Simeão, 19.7. Tem o nome de Toquém em 1 Cr 4.32. O lugar provável de sua localização é a arruinada aldeia de Atr, cerca de dois quilômetros a noroeste de Beite-Jebrim.

ETÍOPES (*segundo entendiam os hebreus, povo nômade, morando em cabanas*) – nome de um dos povos que forneceram soldados a Sesaque, rei do Egito, para invadir a Palestina. Com certeza era de raça africana, 2 Cr 12.3.

ETIÓPIA (*no grego Aithiopia, nome que na antiguidade era interpretado como "face queimada". O termo é derivado do egípcio* *htk, 'pth, a mesma expressão de onde deriva o termo aigyptos, "Egito". No hebraico, é kush, que tem o mesmo significado).* **1** Nome de um país, que na língua hebraica se chamava Cus ou Cuxe, mencionado em parceria com o nome do Egito, Sl 68.31; Is 20.3-5; Ez 30.4, 5; Na 3.9, e, às vezes, com a nome de Líbia e dos líbios, 2 Cr 16.8; Ez 30.5; Dn 11.43; Na 3.9, situado na África oriental. A começar em Sevené, descambava para a parte sul do Egito, Ez 29.10; *cf.* Judite 1.10. Compreendia a região do alto Nilo, o Sudão, a Núbia, com o Cordofão, o Sinar e a Abissínia do norte; região deserta em grande parte com alguns lugares férteis. Os egípcios conheciam toda essa região, a que davam o nome de *Kes.* Os rios da Etiópia eram: o Branco, Is 18.1; Sf 3.10; o Nilo azul, o Atbara ou Tacazo. Eram famosos os topázios da Etiópia, Jó 28.19. Os seus habitantes eram de alta estatura, Is 45.14, de cor escura, Jr 13.23, dados ao comércio, exportando para o estrangeiro os produtos da sua terra, Is 44.14, possuidores de grandes riquezas, 43.3. Zera, com um exército de um milhão de homens, invadiu o reino de Judá, foi derrotado pelo rei Asa, 2 Cr 14.9-15; 16.8. A 25ª. dinastia da Etiópia estabeleceu-se no Egito. A essa dinastia pertencia o rei Tiraca que enfrentou o rei Senaqueribe em batalha, 2 Rs 19.9; Is 37.9, Is 20.1-6, Sf 2.12, vaticinou contra a Etiópia; e o salmista anunciou que a Etiópia se adiantaria para levantar as suas mãos a Deus, Sl 67.32; *cf.* 86.4. Essa profecia se cumpriu na conversão do eunuco, valido de Candace, rainha da Etiópia, At 8.16-40, e na introdução do evangelho na Abissínia, que até os dias atuais se conserva reino cristão. **2** Existem dois nomes iguais, um na Ásia e outro na África (veja *CUXE*). **3** Nome de país ou de habitantes, mencionados em conexão com Madiã, talvez o nome da Arábia, enquanto esteve ocupada pelos filhos de Cão, Hc 3.7.

ETNÃ (*no hebraico, "dom", "salário", "presente"*) – nome de um homem descendente de Judá, da família de Hesrom, 1 Cr 4.7; *cf.* 5; 2.24.

ETNARCA (*no grego é ethnárches, junção de dois termos: éthnos, "nação", e archein, "governar"*) – um título traduzido em nossa versão por "governador". No único texto em que o termo aparece, trata-se de um oficial sob as ordens do rei Aretas, que mantinha uma guarnição sob seu comando na cidade de Damasco, 2 Co 11.32. Pelo uso que o historiador Josefo faz do termo, parece que foi um governante subordinado destinado a cuidar de áreas estrangeiras dominadas, Josefo, Antig. 14.7.2.

ETNI (*no hebraico, "liberal"*) – nome de um levita gersonita, 1 Cr 6.41. No v. 21, tem o nome de Jetrai. A principal diferença está na última consoante. Parece que algum escriba confundiu as letras *num* e *resh*.

ÊUBULO (*no grego eubulos, "bem conselhado", "prudente"*) – nome de um cristão da cidade de Roma que enviou saudações a Timóteo, 2 Tm 4.21.

EÚDE (*no hebraico, "forte"*) **1** Nome de um benjamita descendente de Jadael, e neto de Jacó, 1 Cr 7.10; 8.6. **2** Nome de um canhoto descendente de Gera, foi juiz em Israel. Matou Eglom, rei de Moabe, opressor de Israel em Jericó. Fugindo para os montes de Efraim, chamou os israelitas, ao som da trombeta, pôs-se à testa deles, desceu ao vale do Jordão, tomou o vau do rio e matou dez mil moabitas que tentavam atravessá-lo. Foi juiz de Israel durante o resto de sua vida, e conservou o povo fiel a Jeová, Jz 3.15 até o cap. 4.1. **3** Nome de um descendente de Benjamim, 1 Cr 8.6. Talvez o mesmo Airã mencionado em Números, Nm 26.38.

EUFRATES

EUFRATES (*no grego é euphrates, uma modificação da palavra hebraica perath, diversamente explicada, significando "doce", "largo", ou "com bons vaus". No acádico é purattu*) – nome de um dos grandes rios da Ásia ocidental e do mundo. Forma-se pela junção de dois tributários: o Murado, que nasce na Armênia, entre o lago Vã e o monte Ararate, o Frate ou Cara, que nasce 74 km a nordeste de Erzerum. Às vezes, o nome Frate, semelhante ao nome hebraico *Prath*, aplica-se a esses dois rios. Correm em direção ocidental para a latitude de 30° norte e 39° de longitude este. Depois do que, as duas correntes combinadas dirigem-se para o sul, atravessam a cadeia do Tauros em vários lugares, distam apenas 93 km do Mediterrâneo. Depois, o rio volta-se para o sudeste, formando a linha divisória ocidental da Mesopotâmia. Na latitude de 31° N, e na latitude 47° E, o Tigre se une com o Eufrates para formar o que agora se chama o *Shat el-Arab*, o qual, depois de um curso de 167 km, lança-se no golfo Pérsico. O curso total do Eufrates é de 3.093,600 km. O Eufrates era um dos rios do Paraíso, Gn 2.14. Os hebreus denominavam-no "o grande rio", ou simplesmente "o rio". Formava o limite nordeste do domínio hebreu na sua maior glória e da maior extensão de seu território, 15.18; *cf.* 2 Sm 8.3; 1 Cr 18.3; 1 Rs 4.21,24. Constituía limite natural entre o oriente e o ocidente; entre o Egito e o império assírio-babilônico, cada um dos quais aspirava a possuir o território compreendido entre o rio do Egito e o Eufrates. No período do domínio persa, também servia de linha divisória entre o oriente e o ocidente, Ed 4.10,11; 5.3; 6.6; Ne 2.7. Era o limite do reino dos selêucidas, 1 Mac 3.32; 7.8, e linha divisória do império romano. A maior cidade que dominava as suas margens foi a Babilônia. A outra também importante cidade, era Carquemis (Carcamis), teatro de diversas batalhas, especialmente de uma, entre os egípcios e os babilônios, sendo aqueles comandados por Faraó-Neco, Jr 46.2. No livro do Apocalipse descrevem-se certos anjos atados ao grande rio Eufrates, Ap 9.14, sobre o qual o sexto anjo derrama o seu cálice, 16.12.

EUMENES (*no grego, "bem disposto"*) – nome de um rei de Pérgamo, 197-159 a.C. Quando os romanos derrotaram Antíoco, o Grande, em Magnésia, em 190 a.C., deram a maior parte das possessões do rei vencido, existentes ao norte das montanhas, do Taurus, a Eumênides em recompensa dos serviços que lhes havia prestado, 1 Mac 8.6-8; Lívio 37.44, ainda a Lícia e a Caria.

EUNICE (*no grego eunike, "boa vitória", "vitorioso"*) – nome de uma piedosa judia, mãe de Timóteo, At 16.1; 2 Tm 1.5.

EUNUCO (*no grego eunuchos, "que tem o aposento", "custódio do leito"*) – nome de certos camareiros. No oriente, os indivíduos incapazes para as funções matrimoniais, se empregavam no ofício de guardas dos aposentos íntimos, Is 56.3; Mt 19.12. Não é muito certo que esse nome tenha o mesmo significado em todas as passagens da Escritura. Houve, como ainda atualmente há, eunucos que eram casados, Gn 39.1. Os eunucos obtinham altas posições e eram investidos de grande autoridade. O capitão das guardas de Faraó, bem como o seu copeiro-mor e o seu padeiro, foram eunucos, Gn 37.36, 40.2,7. Homens dessa natureza ministravam na corte da Babilônia, Dn 1.3. Serviam na presença do rei dos persas e ao mesmo tempo exerciam as funções de porteiros, Et 1.10; 2.21. Um desses oficiais governava o harém, 2.13,14, outro atendia às ordens da rainha Ester, 4.5. Serviam na corte de Acabe e de seu filho Jorão. Atendiam às ordens de Jezabel, 1 Rs 22.9; 2 Rs 8.6; 9.32. Até mesmo em Judá, onde os eunucos eram excluídos da congregação do Senhor, Dt 23.1, ocupavam empregos na corte de Davi, 1 Cr 28.1, nos últimos dias da monarquia, ainda existiam na degenerada corte dos sucessores de Josias, 2 Rs 24.15; *cf.* Jr 29.2; 2 Rs 25.19. Os eunucos, que havia no reino de Judá, eram, pela maior parte, senão na sua totalidade, estrangeiros, Jr 38.7. O copeiro-mor de Herodes, o Grande, o oficial que o servia à mesa e o seu camareiro, todos eles pertenciam a essa classe. Mariana mulher favorita de Herodes, tinha um eunuco ao seu serviço particular, Antig. 15.7,4; 16.8,1. Candace, rainha da Etiópia, tinha um eunuco como superintendente de todos os seus tesouros, o qual se converteu ao cristianismo.

EUPOLEMO (*no grego, "bom na guerra"*) – nome daquele João que conseguiu de Antíoco, o Grande, privilégios especiais para os judeus, 1 Mac 8.17; 2 Mac 4.11. Eupolemo foi um dos dois embaixadores enviados por Judas Macabeu a Roma, para fazer um tratado com o governo do império. Pensam alguns que esse indivíduo é o mesmo Eupolemo, historiador judeu, que Alexandre Polistor cita com freqüência.

EUROAQUILÃO (*no grego euroklydon, "onda do Oriente"*) – vento tempestuoso que sopra sobre o Mediterrâneo, At 27.14, geralmente no princípio da primavera: é o mais violento de quantos sopram sobre aquele mar. Às vezes, recebe o nome de levante. Atualmente o denominam Gregali.

ÊUTICO (*no grego eutychos, "afortunado"*) – nome de um moço que adormeceu durante a pregação do apóstolo Paulo, e que caiu de um terceiro andar. Foi levantado morto. O grande apóstolo restaurou-lhe a vida, At 20.9,10.

EVA (*no hebraico hawwah, o significado mais sugerido para essa etimologia é "doador da vida", ou "vida"*) – nome que Adão colocou na primeira mulher, por ser ela a mãe de toda a criatura humana, Gn 3.20. Após a sua criação, Deus a trouxe a Adão para lhe servir de companheira, Gn 3.21,22. Este fato é diversamente interpretado, como se observará a seguir. **1** A mulher se originou da costela de Adão, quando em profundo sono, sem sentir dor alguma. **2** A mulher não procedeu da costela de Adão. Por meio de uma visão conheceu que ele e sua mulher formavam um só corpo; participavam da mesma natureza e desfrutavam iguais direitos e privilégios. **3** A relação entre o homem e a mulher representa uma alegoria. Sob o ponto de vista literário, a terceira explicação torna-se inverossímil, pois não se pode crer que o escritor sagrado tivesse intenção de inserir uma alegoria no meio de uma narrativa histórica, dando conta da criação do mundo, da criação do homem e do Dilúvio. Os dois entes humanos ocuparam um lugar de honra no jardim do Éden. Com o fim de experimentar a sua obediência, Deus lhes proibiu tocar ou comer o fruto de certa árvore do Paraíso. A serpente, sob a influência de Satanás, induziu Eva a pôr em dúvida a ordem divina, a desconfiar de sua bondade, comendo do fruto proibido. Em seguida, persuadiu Adão a comer também do mesmo fruto, fazendo-o participante do mesmo ato de desobediência. Resultou daí a Queda do homem, Gn 3.1-24; 2 Co 11.3; 1 Tm 2.13. Depois de expulsos do Paraíso, Eva gerou sucessivamente a Caim, Abel e Sete, com outros filhos e filhas, Gn 4.1,2,25,26; 5.1-5.

EVANGELHO – esta palavra, como se emprega atualmente, significa a mensagem anunciada pelo cristianismo e os livros em que se registra a história da vida e dos ensinos de Cristo. Tinha o mesmo sentido na língua grega, cujo vocábulo *euaggelion* serviu de origem à palavra latina *evangelium*, de onde veio até nós. No Novo Testamento, nunca se emprega no sentido de

EVANGELHO

livro, e sim, designando a mensagem de Cristo, confiada a seus apóstolos. Assim, pois, essa mensagem tem as seguintes classificações: Evangelho de Deus, Rm 1.1; 2 Ts 2.9; 1 Tm 1.11; Evangelho de Cristo, Mc 1.1; Rm 1.16; 15.9; 1 Co 9.12,18; Gl 1.7; Evangelho da graça de Deus, At 20.24; Evangelho da paz, Ef 6.15; Evangelho da vossa salvação, Ef 1.13 e glorioso Evangelho, 2 Co 4.4. Esse Evangelho foi pregado por nosso Senhor, Mt 4.23; 11.5; Mc 1.14; Lc 4.18; 7.22; pelos apóstolos, At 16.10; Rm 1.15; 2.16; 1 Co 9.16 etc., por evangelistas, At 8.25. Nos tempos pós-apostólicos, o termo foi também aplicado aos escritos apostólicos que mencionavam o testemunho de Jesus. Cada um deles recebeu o nome de Evangelho, e os quatro juntos formaram um volume com o mesmo nome. *Os Quatro Evangelhos.* – A evidência histórica demonstra que os nossos quatro evangelhos, desde os tempos mais remotos do cristianismo, são reconhecidos como obra de seus autores, Mateus, Marcos, Lucas e João, que desde o princípio da era pós-apostólica, a Igreja os recebeu como documentos autorizados do testemunho apostólico, sobre a vida e os ensinos de Cristo. No segundo século, os escritores sagrados os citaram em suas obras, e sobre eles escreveram luminosos comentários, de modo a estabelecer e confirmar a sua autenticidade. Um exame, ainda que perfunctório das epístolas do Novo Testamento, também mostra que os nossos evangelhos descrevem a pessoa de Jesus, do mesmo modo que o fazem as epístolas aludidas, repetindo a mesma história, descrevendo a mesma pessoa e falando das suas obras prodigiosas. São, portanto, relatórios merecedores de toda a confiança e dignos de inteira fé. Os primeiros três evangelhos têm muita coisa em comum e geralmente descrevem a vida de Cristo, sob o mesmo ponto de vista, por isso são denominados evangelhos sinópticos (grego, *synopsis*). Em certos por-

menores, diferem totalmente do Evangelho de João. Os Evangelhos Sinópticos tratam objetivamente do ministério de Cristo na Galiléia; o quarto evangelho dá relevo aos trabalhos de Cristo na Judéia. Em todos os quatro, porém, consta a traição de Judas, a prisão de Jesus, o seu julgamento, a crucificção e a ressurreição. Em todos eles, também, se menciona o milagre da multiplicação dos pães para os cinco mil. Os evangelhos sinópticos pouco dizem, comparativamente, sobre a divindade de Cristo; o de João, porém, salienta a natureza divina do Homem-Deus. Os três primeiros evangelhos narram, principalmente, os ensinos de Cristo sobre o Reino de Deus, as suas parábolas, as instruções que ele ministrava ao povo; enquanto que o quarto evangelho relata, principalmente o ensino de Jesus acerca de sua pessoa, em longos discursos. Ao mesmo tempo, esse evangelho, implicitamente, confirma o conteúdo dos outros três e em certos casos lhes serve de comentário. Assim, o cap. 1.15 de João subentende o fato narrado em Mateus 3.11 etc., do mesmo modo o que diz o cap. 3.24, é confirmado em Mt 4.12. O cap. 6.2,15 de João contém a história sumariada do ministério de Jesus na Galiléia. Assim, por seu turno, a recepção de Jesus na Galiléia, a disposição de Pedro, Tiago, André e João para largarem tudo e seguirem a Jesus, encontram plena elucidação nos caps. 1 e 2 do quarto evangelho. A controvérsia que se levantou sobre a guarda do sábado, relatada nos evangelhos sinópticos, Mc 2.23 etc., tem clara explicação nos acontecimentos narrados no cap. 5 de João. Ainda mais, enquanto que os primeiros três evangelistas têm o mesmo ponto de vista geral, cada um deles reflete as características individuais determinadas pelo propósito de cada escritor, e de acordo com as pessoas a quem se dirigia. Mateus, escrevendo sob o ponto de vista judeu, apresenta Jesus como o Messias rei. Constantemente menciona as

EVANGELHO

profecias do Antigo Testamento, e se interessa em relatar os ensinos de Cristo referentes ao Reino de Deus, em contraste com as idéias errôneas, corrente entre os judeus. Marcos evidentemente, escreveu para os gentios, e em particular para os romanos, por isso representa o Cristo com poder para salvar, confirmado pelos seus milagres. Lucas, companheiro de Paulo, apresenta Cristo como o gracioso Salvador, e gosta muito de ilustrar essa feição de Jesus com a história dos grandes pecadores perdoados e arrependidos. João tem o seu ponto de vista especial, tratando de Jesus como o Verbo de Deus encarnado, revelando o Pai àqueles que o querem aceitar. Nenhum dos evangelistas pretende fazer a biografia completa de Jesus; colecionam apenas os atos e as palavras, no intuito de ministrarem instrução prática e doutrinal. Aos que estudam a vida de Jesus, compete colher os materiais que os evangelhos fornecem para obterem um resultado completo. Levanta-se agora a questão: Quais as fontes de informação que serviram para a elaboração dos evangelhos? Mateus e João foram apóstolos, e, portanto, tiveram conhecimento pessoal dos fatos que mencionam, ou estavam em contato com elementos valiosos de informação. Marcos foi companheiro de Paulo e de Pedro. Segundo opiniões autorizadas daqueles tempos, ele incorporou no seu evangelho as pregações de Pedro, a respeito de Jesus. Lucas relata-nos que o seu evangelho era a narração das coisas que cumpriram, como disseram os que, desde o princípio, viram os fatos com os seus próprios olhos e que foram ministros da Palavra, Lc 1.1-4. Deste modo, os evangelhos dão o testemunho dos apóstolos. A coincidência de linguagem nos evangelhos sinópticos o confirma. Se um orador itinerante, ou mesmo um pregador, em férias, referir em diversos lugares, incidentes de sua experiência, gradualmente coordena os fatos de modo a repeti-los com exatidão e da mesma forma, acrescentando

ou diminuindo, aqui e ali, incidentes que julga dispensáveis ou não. É provável que os apóstolos e os primeiros evangelistas procedessem da mesma maneira, de modo que as suas narrativas ficaram amplamente estereotipadas. Algumas partes dessas narrativas foram reduzidas a escrito para uso das igrejas que se iam formando. Deste modo, tiveram curso as narrativas do evangelho, ainda que diferindo no seu conteúdo, em diversos lugares continham matéria suficiente em comum. As coincidências verbais dos evangelhos sinópticos, pois, atestam que eles nos transmitem o testemunho apostólico acerca de Jesus. O quarto evangelho, de outro lado, contém material que a princípio não era exigido pelas condições gerais da Igreja, mas que o apóstolo, finalmente, julgou necessário escrever em ocasião oportuna. As coincidências observadas nos evangelhos sinópticos levaram a supor que uns copiaram dos outros. Essa questão formulou o problema chamado sinópticos. Os elementos para resolvê-lo são muito variados e complexos. É certo que os três evangelhos contêm muita coisa em comum; todavia, Mateus e Lucas possuem muitos assuntos que não se encontram em Marcos e cada um deles menciona fatos que não estão nos outros evangelhos. O próprio livro de Marcos contém material que é só dele. Nas seções comuns aos evangelhos, a linguagem de um difere notavelmente do outro, ao passo que em outros pontos ela se combina. Na Igreja antiga, dizia-se que Marcos compendiou Mateus e Lucas. Muitos escritores modernos pensam, de outro lado, que Mateus e Lucas compendiaram Marcos em suas narrativas históricas, servindo-se da sua linguagem para alicerce das narrações e, arranjando os materiais de modo que servissem ao propósito de seus escritos, e acrescentando elementos colhidos de informações orais e escritas. É muito comum combinar, com essa explicação, a teoria que uma coleção dos ditos de Jesus,

EVANGELHO

possivelmente escrita pelo apóstolo Mateus, existente antes, serviu aos dois evangelistas Mateus e Lucas para compor os seus escritos. Mas parece mais provável que todos os três agiram independentemente, empregando a linguagem corrente nas igrejas, ao mesmo tempo em que tomavam a liberdade de servir-se de sua própria linguagem para narrar os fatos de seu próprio conhecimento. Na tentativa de traçar a história literária dos evangelhos sinópticos, não devemos esquecer a promessa feita por Cristo aos apóstolos, e virtualmente a todos que se empregassem na proclamação do evangelho: "Mas o Consolador, que é o Espírito Santo, a quem o Pai enviará em meu nome, ele vos ensinará todas as coisas e vos fará lembrar de tudo que vos tenho dito", Jo 14.26. Para obtermos uma idéia clara da vida de Cristo, é necessário construir uma harmonia dos evangelhos. Isto será feito fielmente de acordo com as indicações cronológicas, ainda que poucas, contidas nos evangelhos. Também se deve tomar em conta que as indicações de tempo e de relações são muito resumidas e algumas vezes duvidosas, que, por conseqüência, muitos pontos da harmonia não podem exprimir absoluta exatidão. O método de Mateus é principalmente tópico, e, portanto, raras vezes oferece base para uma harmonia. Marcos observa mais de perto a ordem de tempo que nos serve de guia; muita coisa, porém, ele deixa em branco. Lucas, na primeira metade da sua obra, segue muito de perto a ordem cronológica de Marcos, posto com notáveis diferenças, e em muitos casos, acompanham o método tópico de Mateus. Mas o Evangelho de João, narrando as festas sucessivas que Jesus compareceu, fornece a estrutura geral e que se pode aplicar a outro material. É nessa base que foi elaborado o esboço e harmonia que vai em seguida: Cremos que a festa mencionada no cap. 5.1, de João, foi uma festa de Páscoa, que durante o ministério de Cristo assistiu a quatro dessas páscoas, Jo 2.13; 5.1; 6.4; 13.1, sendo essa última, na véspera de sua morte. O ministério de Jesus deveria, pois, ter durado cerca de três anos e três meses, de conformidade com o que se lê no cap. 1 de João, dizendo que o batismo de Jesus se deu alguns meses antes da primeira Páscoa. Alguns negam que a festa referida no cap. 5.1, seja uma festa de Páscoa, e dão ao ministério de Jesus o período de dois anos e três meses. Nesse caso e em muitos outros semelhantes, é impossível ter absoluta certeza. Sabe-se que a morte de Herodes, o Grande, se deu no dia 1º de abril do ano 4 a.C. Sendo assim, o nascimento de Cristo se verificou no mês de dezembro do ano cinco a.C. ou janeiro do ano quatro. Concebemos que seja o dia 25 do ano cinco, apesar de que não existir prova alguma quanto ao dia do mês. Se pois, Jesus tinha cerca de 30 anos quando foi batizado, Lc 3.23, isto deveria ser na última parte do ano 26, ou princípio de 27 d.C. Se o seu ministério ocorreu dentro do período de quatro páscoas, a sua morte se deu na Páscoa do ano 30. Muitos cálculos complexos tendem a confirmar essas datas, apesar de imperfeita demonstração. Supomos que "décimo quinto ano de Tibério César", Lc 3.1, deve ser contado desde o tempo em que Tibério era co-regente com Augusto no império romano, d.C. 11-12. Era ele, então, praticamente, o governador das províncias. É bem sabido que o calendário data o nascimento de Cristo muito depois de haver nascido. A harmonia que segue quase combina com a de Robinson; somente fizemos algumas alterações no seu arranjo.

EVANGELHO SEGUNDO JOÃO (veja *JOÃO, III*).

EVANGELISTA (*do grego euaggelistés, "mensageiro de boas novas"*) – nome de

EVANGELHO

HARMONIA DOS QUATRO EVANGELHOS

	INCIDENTES	TEMPO	LUGAR	MATEUS	MARCOS	LUCAS	JOÃO
1	Introdução					1.1-4	
2	Prólogo aos quatro Evangelhos						1.1-18
3	Genealogia de Cristo			1.1-7		3.23-38	
4	Anunciação a Zacarias	A.C. 6	Templo			1.5-25	
5	Anunciação à Virgem Maria.	A.C. 5	Narazé			1.26-38	
6	Maria visita a Isabel	A.C. 5	Cidade de Judá			1.39-56	
7	Nascimento de João Batista	A.C. 5				1.57,58	
8	Circuncisão de João Batista	A.C. 5				1.59-79	
9	Anunciação do nascimento de Jesus a José	A.C. 5	Narazé	1.18-23			
10	Nascimento de Jesus	A.C. 5	Belém	1.24,25		2.1-7	
11	Anunciação aos pastores	A.C. 5	Perto de Belém			2.8-14	
12	Visita dos pastores	A.C. 5	Belém			2.15-20	
13	Circuncisão de Jesus	A.C. 4	Belém			2.21	
14	Jesus é apresentado no templo	A.C. 4	Jerusalém			2.22-38	
15	A visita dos magos	A.C. 4	Belém	2.1-12			
16	Fuga para o Egito	A.C. 4	Belém-Egito	2.13-15			
17	Matança dos inocentes	A.C. 4	Belém	2.16-18			
18	Volta do Egito para Nazaré	A.C. 4	Egito-Nazaré	2.19-23		2.39	
19	Vida de Jesus em Nazaré, por 30 anos, e sua visita a Jerusalém aos doze anos. João Batista. Retira-se para o deserto	A.C. 4 - A.D. 26 A.D. 9	Nararé			2.40-52 1.80	
20	Ministério público de João Batista	A.D. 26	No Jordão	3.1-12	1.1-8	3.1-18	1.19-28
21	Batismo de Jesus. Testemunho de João	A.D. 27	No Jordão	3.13-17	1.9-11	3.21-23	1.29-34
22	A tentação no deserto	A.D. 27	No deserto	4.1-11	1.12,13	4.1-13	
23	João, André e Pedro encontram a Jesus	A.D. 27	Perto do Jordão				1.35-42
24	Chamada de Filipe e Natanael	A.D. 27	Galiléia				1.43-51
25	O primeiro milagre de água em vinho	A.D. 27	Caná de Galiléia				2.1-11
26	Cristo vai para Cafarnaum	A.D. 27	Cafarnaum				2.12

EVANGELHO

Primeira fase do ministério de Jesus na Judéia

	INCIDENTES	TEMPO	LUGAR	MATEUS	MARCOS	LUCAS	JOÃO
27	Primeira Páscoa Expulsão dos cambiadores	A.D. 27	Jerusalém				2.13-25
28	Entrevista com Nicodemos	A.D. 27	Jerusalém				3.1-21
29	Jesus prega na Judéia	A.D. 27	Judéia				3.22
30	Testemunho de João a Jesus	A.D. 27	Judéia				3.23-36
31	Jesus parte para Galiléia	A.D. 27	Judéia a Galiléia				4.1-3
32	Entrevista com a Samaritana	A.D. 27	Perto de Sicar				4.4-42
33	Cura do filho do régulo	A.D. 27 ou 28	Caná				4.42-54
34	Prisão de João Batista		F. de Maquerus	14.3-5	6.17-20	3.19,20	
35	Princípio do ministério de Jesus em Galiléia	A.D. 28	Galiléia	4.12-17	1.14,15	4.14,15	
36	Jesus rejeitado pela primeira vez em Galiléia	A.D. 28	Nazaré			4.16-30	
37	Chamada de Simão, André, Tiago e João	A.D. 28	Perto de Cafar.	4.18-22	1.16-20	5.1-11	
38	Cura de um endemoninhado na sinagoga	A.D. 28	Cafarnaum		1.21-28	4.31-37	
39	Cura da sogra de Pedro	A.D. 28	Cafarnaum	8.14-15	1.29-31	4.38,39	
40	Muitas curas em uma tarde	A.D. 28	Cafarnaum	8.16,17	1.32-34	4.40,41	
41	Circuito pela Galiléia	A.D. 28	Galiléia	4.23-25	1.35-39	4.42-44	
42	Cura de um leproso	A.D. 28	Cidade de Gal.	8.2-4	1.40-45	5.12-16	
43	Cura de um paralítico	A.D. 28	Cafarnaum	9.1-8	2.1-12	5.17-26	
44	Chamado de Mateus (Levi), banquete em sua casa	A.D. 28		9.13	2.13-17	5.27-32	
45	A segunda Páscoa Cura de um enfermo no poço de Betesda. Discussão com os judeus	A.D. 28 Abril	Jerusalém				5.1-47
46	A colheita de espigas dá lugar a uma discussão sobre o Sábado	A.D. 28	Para Galiléia	12.1-8	2.23-28	6.1-15	
47	A cura da mão ressecada	A.D. 28	Cafarnaum	12.9-13	3.1-6	6.6-11	
48	Conspiração contra Jesus; grande entusiasmo no povo; muitos o acompanham	A.D. 28	Perto de Cafar.	12.14-21	3.7-12	6.17-19	
49	Escolha dos doze apóstolos	A.D. 28	Perto de Cafar.	10.2-4	3.13-19	6.12-16	

EVANGELHO

	INCIDENTES	TEMPO	LUGAR	MATEUS	MARCOS	LUCAS	JOÃO
50	O Sermão do monte	A.D. 28	Perto de Cafar.	5.1 a 8.1		6.20-49	
51	Cura do servo do centurião	A.D. 28	Cafarnaum	8.5-13		7.1-10	
52	Circuito pela Galiléia	A.D. 28	Galiléia	11.1			
53	Ressurreição do filho da viúva	A.D. 28	Naim			7.11-17	
54	João Batista manda consultar a Jesus	A.D. 28	Galiléia	11.2-19		7.18-35	
55	Jesus ungido pela mulher pecadora	A.D. 28	Galiléia			7.36-50	
56	Novo circuito pela Galiléia com os discípulos	A.D. 28	Galiléia			8.1-3	
57	Começa o dia das parábolas (vide 63); cura de um endemoninhado, os fariseus blasfemam	A.D. 28	Cafarnaum	12.22-37	3.20-30	11.14,15,	
58	Os fariseus pedem um sinal	A.D. 28	Cafarnaum	12.38-45		11,16,24-26, 29-36	
59	A mãe e os irmãos de Jesus querem vê-lo	A.D. 28	Cafarnaum	12.46-50	3.31-35	11,.27,28-8.19-21	
60	Ais contra os fariseus	A.D. 28	Cafarnaum			11.37-54	
61	Discursos sobre a vaidade das riquezas	A.D. 28	Cafarnaum			12.1-59	
62	Obervações sobre a matança dos galileus	A.D. 28	Cafarnaum			13.1-5	
63	Parábola do semeador, da cizânia etc.	A.D. 28	Cafarnaum	13.1-53	4.1-34	8.4-18.	
64	As perguntas de três inquiridores	A.D. 28	Perto do mar	8.18-22		9.57-62	
65	A tempestade acalmada	A.D. 28	Mar de Galiléia	8.23-27	4.35-41	8.22-25	
66	Os endemoninhados do país dos gerasenos	A.D. 28	Praia oriental do Mar de Galiléia	8.28-34	5.1-20	8.26-40	
67	Perguntas sobre o jejum pelos discípulos de João Batista	A.D. 28	Cafarnaum	9.14-17	2.18-22	5.33-39	
68	Cura da filha de Jairo e de uma mulher que padecia fluxo de sangue	A.D. 28	Cafarnaum	9.18-26	5.21-43	8.41-556	
69	Cura de dois cegos	A.D. 28	Idem?	9.27-31			
70	Cura de um endemoninhado e mudo	A.D. 28	Idem?	9.32-34			
71	Jesus outra vez rejeitado em Galiléia	A.D. 28	Nazaré	13.54-58	6.1-6		
72	Missão dos doze discípulos	A.D. 28	Galiléia	9.35	6.6-13	9.1-6	
73	Perguntas de Herodes a respeito de Jesus que julgava ser João Batista ressuscitado	A.D. 29	Galiléia	10.1 10.5 11.1 14.1,2,6-12	6.14-16	9.7-9	

E

EVANGELHO

	INCIDENTES	TEMPO	LUGAR	MATEUS	MARCOS	LUCAS	JOÃO
74	Volta dos discípulos, Jesus atravessa o mar com eles e dá de comer a 5.000 pessoas	A.D. 29	N. E. Do Mar	14.13-21	6.30-44	9.15-17	6.1-14
75	Jesus andando sobre de Galiléia o mar	A.D. 29	Mar de Galiléia	14.23-33	6.45-52		6.15-21
76	Marcha triunfal pela terra de Genesaré	A.D. 29	Genesaré ou Genesar	14.34-36	6.53-56		
77	Terceira Páscoa Discurso sobre o pão da vida.	A.D. 29	Cafarnaum				6.22-71
78	Jesus reprova as tradições dos fariseus	A.D. 29	Cafarnaum	15.1-20	7.1-23		
Outro ministério na Galiléia							
79	Cura da filha da mulher siro-fenícia	A.D. 29	Região de Tiro	15.21-28	7.24-30		
80	Curas de mudos e de outros enfermos	A.D. 29	Decápolis	15.29-31	7.31-37		7.1
81	Jesus alimenta 4.000 pessoas	A.D. 29	Decápolis	15.32-38	8.1-9		
82	Os fariseus e os saduceus pedem milagres	A.D. 29	Perto de Magedão, Dalmanuta	15,39 16.4	8.10-12		
83	Jesus previne os discípulos contra o fermento dos fariseus	A.D. 29	Mar de Galiléia	16.5-12	8.13-21		
84	Cura de um cego	A.D. 29	Betsaida		8.22-26		
85	A confissão de S. Pedro	A.D. 29	Cesaréia-Filipos	16.13-20	8.27-30	9.18-21	
86	Jesus prediz a sua morte e ressureição	A.D. 29	Cesaréia-Filipos	16.21-28	8.31	9.22-27	
87	A transfiguração	A.D. 29	Cesaréia-Filipos	17.1-13	9.1	9.28-36	
88	Cura de um moço endemoninhado	A.D. 29	Cesaréia-Filipos	17.14-21	9.14-29	9.37-43	
89	Nova predição de Jesus sobre sua morte	A.D. 29	Galiléia	17.22,23	9.30-32	9.43-45	
90	Jesus paga tributo	A.D. 29	Cafarnaum	17.24-27			
91	Instruções sobre a humildade, etc.	A.D. 29	Cafarnaum	18.1-35	9.33-50	9.46-50	
92	Retirada final de Galiléia; rejeição em Samaria	A.D. 29	Galiléia-Judéia	19.1	10.1	9.51-56	
93	Missão dos setenta discípulos	A.D. 29	Galiléia-Judéia	11.20-24		10.1-16	
94	Cristo comparece à festa dos tabernáculos	Outs v	Jerusalém			7.2-52	
95	A mulher apanhada em adultério	A.D. 29	Jerusalém				7.53, 8.11
96	Discussões com Jesus durante a desta	A.D. 29	Jerusalém				8.12-59
97	Jesus parece retirar-se de Jerusalém; a volta dos setenta discípulos	A.D. 29	Judéia	11.25-30		10.17-24	

EVANGELHO

	INCIDENTES	TEMPO	LUGAR	MATEUS	MARCOS	LUCAS	JOÃO
98	Instruções a um doutor; parábola do bom samaritano	A.D. 29	Judéia			10.25-27	
99	Jesus em casa de Marta e Maria	A.D. 29	Betânia			10.38-42	
100	Jesus ensina os discípulos a orar	A.D. 29	Judéia			11.1-13	
101	A festa da dedicação; cura de um cego; parábola do pastor; Jesus vai para Peréia	Dez. 29	Jerusalém				9.1; 10.38
102	Ministério em Peréia	A.D. 30	Peréia	19.1,2	10.1		9.39-42
103	Parábola da figueira infrutífera	A.D. 30	Peréia			13.6-9	
104	Cura de uma doente no dia de Sábado	A.D. 30	Peréia			13.10-17	
105	Jornada para Jerusalém. Prevenções contra Herodes	A.D. 30	Peréia			13.22-35	
106	Jesus janta com um fariseu; cura de um hidrópico; parábola do banquete de núpcias	A.D. 30	Peréia			14.1-24	
107	Requisitos para se verdadeiro discípulo	A.D. 30	Peréia			14.25-35	
108	Parábola da ovelha perdida e do pródigo	A.D. 30	Peréia			15.1-32	
109	Parábola do feitor iníquo	A.D. 30	Peréia			16.1-13	
110	Os fariseus reprovados; o rico e Lázaro	A.D. 30	Peréia			16.14-31	
111	Instruções sobre o perdão, fé e humildade	A.D. 30	Peréia			17.1-10	
112	Os dez leprosos	A.D. 30	Samaria e Galiléia			17.11-19	
113	A vinda de Jesus inesperada	A.D. 30	Peréia			17.20-37	
114	Parábola da viúva importuna	A.D. 30	Peréia			18.1-8	
115	Parábola do fariseu e do publicano	A.D. 30	Peréia			18.9-14	
116	Ressureição de Lázaro	A.D. 30	Betânia				11.1-46
117	Palavras sentenciosas de Caifás	A.D. 30	Jerusalém				11.47-54
118	Preceitos sobre o divórcio	A.D. 30	Peréia?	19.3-12	10.3-12		
119	Jesus abençoa as crianças	A.D. 30	Peréia	19.13-15	10.13-16	18.15-17	
120	O moço que era muito rico	A.D. 30	Peréia	19.16-30	10.17-31	18.18-30	
121	Parábola dos trabalhadores da vinha	A.D. 30	Peréia	20.1-16			

EVANGELHO

	INCIDENTES	TEMPO	LUGAR	MATEUS	MARCOS	LUCAS	JOÃO
122	Terceira vez Jesus fala de sua morte, etc.	A.D. 30	Peréia	20.17-19	10.32-34	18.31-34	
123	Subida para Jerusalém; pedido de Tiago e de João	A.D. 30	Peréia	20.20-28	10.35-45		
124	Cura de dois cegos perto de Jericó	A.D. 30	Jericó	20.29-34	10.46-52	18.35-43	
125	Conversão de Zaqueu	A.D. 30	Jericó			19.1-10	
126	Parábolas das minas de prata	A.D. 30	Jericó			19.11-28	
127	Jesus chega a Betânia, seis dias antes da páscoa	A.D. 30	Betânia				11.55 a 12.1
A última semana							
128	A cela em Betânia, Jesus ungido por Maria. Hostilidades contra Jesus	Sab. ab. 1 A.D. 30	Betânia	26.6-13	14.3-9		12.2-11
129	Entrada triunfal em Jerusalém. Uma noite em Betânia	Dom. ab. 2	M. Oliv. Jerus. e Betânia	21.1-11	11.1-11	19.29-44	12.12-19
130	A figueira amaldiçoada. Purificação do templo; louvores das crianças; milagres	Seg. ab. 3	Jerusalém	21.12-19	11.12-19	21.37,38	
131	A lição da figueira	Terça 4	Indo a Jerusalém	21.20-22	11.20-25		
132	O sinédrio pergunta pela autoridade de Jesus; sua resposta; parábola dos filhos; parábola dos lavradores e das bodas do filhos do rei	Terça 4	Jerusalém	21.23-33 21.33-46	11.27-33 12.1-12	20.1-8 20.9-19	
133	O tributo a César. Os saduceus e a ressurreição; o doutor da lei e o grande mandamento; interrogação sobre Davi	Terça 4	Jerusalém	22.1-14 22.15-22 22.23-33 22.31-46	12.13-17 12.18-27 12.28-37	20.20-26 20.27-40 20.41-44	
134	Instruções contra escribas e farizeus	Terça 4	Jerusalém	23.1-39	12.38-40	20.45-47	
135	O cetil da viúva	Terça 4	Jerusalém		12.41-44	21.1-4	
136	Gentios que desejavam ver a Jesus. Últimos ensinos de Jesus	Terça 4	Jerusalém				12.20-50
137	Vaticínios sobre Jerusalém; o futuro da igreja; o segundo advento de Jesus	Terça 4	Mte. Oliveiras	24.1-31	13.1-27	21.5-28	
138	A vigilância. Parábolas das dez virgens e dos talentos; o juízo final	Terça 4	Mte. Oliveiras	24.32a 25.46	13.28-37	21.29-36	
139	A conspiração contra Jesus. Traição de Judas	Quarta, 5 de abril	Jerusalém	26.1-5 26.14-16	14.1,2 14.10,11	22.1-6	

EVANGELHO

	INCIDENTES	TEMPO	LUGAR	MATEUS	MARCOS	LUCAS	JOÃO
140	Preparação da páscoa	Quarta, 6 de abril	Betânia e Jer.	26.17-19	14.12-16	22.7-13	
141	A última páscoa. Contenda entre os Jerusalém no discípulos	Quinta 6	Jerusalém no quarto alto	26.20	14.17	22.14,18 24-30	
142	Jesus lava os pés aos discípulos	Quinta 6	Jerusalém no quarto alto				13.1-20
143	Judas denunciado; sua partida	Quinta 6	Jerusalém no quarto alto	26.21-25	14.18-21	22.21-23	13.21-35
144	A instituição da ceia do Senhor	Quinta 6	Jerusalém no quarto alto	26.26-29	14.22-25	22.19,20	
145	Jesus prediz a queda de Pedro	Quinta de tarde 6 de abril	Jerusalém no quarto alto			22.31,38	13.36-38
146	Últimos discursos; a oração de Jesus	Quinta de tarde 6 de abril	Jerusalém no quarto alto				14.1 até 17.26
147	Jesus fala outra vez sobre a queda de Pedro e de ser abandonado por todos	Quinta de tarde 6 de abril	Em caminho para Getsêmani	26.30-35	14.28-31		
148	A agonia no Getsêmani	Quinta de tarde 6 de abril	No Getsêmani	26.36-46	14.32-42	22.39-46	18.1
149	A prisão de Jesus; dispersão dos discípulos	Quinta de noite, ab. 7	No Getsêmani	26.47-56	14.43-52	22.47-53	18.2-12
150	Inquérito preliminar	Quinta de noite, ab. 7	Palácio do sumo sacerdote				18.13,14 19-24
151	Inquérito perante o Sanedrim, escárnios	Quinta de noite, ab. 7	Palácio do sumo sacerdote				
152	Negação de S. Pedro	Quinta de noite, ab. 7	Palácio do sumo sacerdote	26.57,59 a 68 26.58,69-75	14.53,55 a 65 14.66-72	22.63-65 22.54-62	18.15-18 25-27
153	Condenação de Jesus pelo Sinédrio	Sexta de manhã 7	Palácio do sumo sacerdote	27.1	15.1	22.66-71	
154	Jesus perante Pilatos, que procura soltá-lo	Sexta de manhã 7	Casa de Pilatos	27.2,11 a 14	15.1-15	23.1-15	18.28-38
155	Jesus perante Herodes	Sexta de manhã 7	Casa de Herodes			23.6-12	

E

EVANGELHO

	INCIDENTES	TEMPO	LUGAR	MATEUS	MARCOS	LUCAS	JOÃO
156	Pilatos, mais uma vez, procura salvar a Jesus; os judeus pedem a Barrabás	Sexta de manhã 7	Casa de Pilatos	27.15-26	15.6-15	23.13-25	18.39,40
157	Jesus é açoitado e condenado à morte	Sexta de manhã 7	Casa de Pilatos	27.26-30	15.15-19		19.1-3
158	Pilatos quer ainda salvar a Jesus	Sexta de manhã 7	Casa de Pilatos				19.4-16
159	Remorso e suicídio de Judas	Sexta de manhã 7	Jerusalém	27.3-10			
160	Jesus conduzido para o Calvário	Sexta de manhã 7	Jerusalém	27.31-34	15.20-23	23.26-33	19.16,17
161	A crucificação	Sexta de manhã 7	Jerusalém	27.35-38	15.24-28	23.33,34	19.18-24
162	Incidentes no Calvário	Sexta de manhã 7	No Calvário	27.39-49	15.29-36	e 38 23.35-37 39-45	19.25-29
163	A morte de Jesus	às 15 horas 7	No Calvário	27.50	15.37	23.46	19.30
164	Incidentes depois da sua morte	às 15 horas 7	Jerusalém	27.51-56	15.38-41	23.45-47	
165	A descida da cruz e sepultamento	às 15 horas 7	Jerusalém	27.57-61	15.42-47	a 49 23.50-56	19.31-42
166	O sepulcro sob vigilância	às 15 horas 7	Jerusalém	27.62-66			
167	Visita das mulheres	Dom. 9 de abril	Jerusalém e vizinhanças	28.1-10	16.1-8	24.1-11	
168	Visita de Pedro e João; Maria Madalena volta ao sepulcro e Jesus lhe aparece	Dom. 9 de abril	Jerusalém e vizinhanças		16.9-11	24.12	20.1-18
169	Os guardas dão aviso aos sacerdotes	Dom. 9 de abril	Jerusalém e vizinhanças	28.11-15			
170	Dois discípulos no caminho para Emaús	Dom. 9 de abril	Jerusalém e vizinhanças		16.12,13	24.13-35	
171	Jesus aparece a dez discípulos. Tomé ausente	Dom. 9 de abril	Jerusalém		16.14	24.36-49	20.19-24
172	Uma semana depois, Cristo aparece aos onze. Tomé presente	Abril 16	Jerusalém				20.25-29
173	Aparece a sete discípulos. Restauração de Pedro etc.	A.D. 30	Mar de Galiléia				21.1-23
174	A grande comissão Ver 1 Co 15.6	A.D. 30	Mar de Galiléia	28.16-20	16.15-18		
175	A ascensão. Ver Atos 1.1-11	Maio 18 A.D. 30	Mt. das Oliveiras		16.19-20	24.50-53	
176	Palavras finais de S. João					G. T. P.	21.24-25

EVANGELHO

Índice para achar qualquer passagem na Harmonia MATEUS					
Capítulo e Versículo	Seção	Capítulo e Versículo	Seção	Capítulo e Versículo	Seção
i.	1-17	3	xii.	14-21	48	xxi.	20-22	131
	18-23	9		22-37	57		23-xxii. 14	132
	24-25	10		38-45	58	xxii.	15-46	133
ii.	1-12	15		46-50	59	xxiii.	1-39	134
	13-15	16	xiii.	1-53	63	xxiv.	1-31	137
	16-18	17	xiv.	1,2	71		32-xxv.46	138
	19-23	18		1,2	73	xxvi.	1-5	139
iii.	1-12	20		3-5	34		6-13	128
	13-17	21		6-12	73		14-16	139
iv.	1-11	22		13-21	74		17-19	140
	12-17	35		22-33	75		20	141
	18-22	37		34-36	76		21-25	143
	23-25	41	xv.	1-20	78		26-29	144
v.	1-viii. 1	50		21-28	79		30-35	147
viii.	2-4	42		29-31	80		36-46	148
	5-13	51		32-38	81		47-56	149
	14,15	39		39-xvi. 4	82		57	151
	16,17	40	xvi.	5-12	83		58	152
	18-22	64		13-20	85		59-68	151
	23-27	65		21-28	86		69-75	152
	28-34	66	xvii.	1-13	87	xxvii.	1	153
ix.	1-8	43		14-21	88		2	154
	9-13	44		22,23	89		3-10	159
	14-17	67		24-27	90		11-14	154
	18-26	68	xviii.	1-35	91		15-26a	156
	27-31	69	xix.	1a	92		26b-30	157
	23-34	70		1b,2	102		31-34	160
	35-x. 1	72		3-12	118		35-38	161
x.	2-4	49		13-15	119		39-49	162
	5-xi. 1	72		16-30	120		50	163
	1	52	xx.	1-16	121		51-56	164
	2-19	54		17-19	122		57-61	165
	20-24	93		20-28	123		62-66	166
	25-30	97		29-34	124	xxviii.	1-10	167
xii.	1-8	46	xxi.	1-11	129		11-15	169
	9-13	47		12-19	130		16-20	174

EVANGELHO

MARCOS

Capítulo e Versículo		Seção	Capítulo e Versículo		Seção	Capítulo e Versículo		Seção
i.	1-8	20	vii.	1-23	78	xiv.	1,2	139
	9-11	21		24-30	79		3-9	128
	12,13	22		31-37	80		10,11	139
	14,15	35	viii.	1-9	81		12-16	140
	16-20	37		10-12	82		17	141
	21-28	38		13-21	83		18-21	143
i.	29-31	39		22-26	84	xiv.	22-25	144
	32-34	40		27-30	85		26-31	147
	35-39	41		31-ix. 1	86		32-42	148
	40-45	42	ix.	2-13	87		43-52	149
ii.	1-12	43		14-29	88		53	151
	13-17	44		30-32	89		54	152
ii.	18-22	67	ix.	33-50	91		55-65	151
	23-28	46	x.	1a	92		66-72	152
iii.	1-6	47		1b.	102	xv.	1a	153
	7-12	48		2-12	118		1b.-5	154
	13-19	49		13-16	119		6-15a	156
	20-30	57		17-31	120		15b-19	157
iii.	31-35	59		32-34	122		20-23	160
iv.	1-34	63		35-45	123		24-28	161
	35-41	65		46-52	124		29-36	162
v.	1-20	66	xi.	1-11	129		37	163
	21-43	68		12-19	130		38-41	164
vi.	1-6a	71		20-25(26)	131		42-47	165
	6b-13	72		27.xii. 12	132	xvi.	1-8	167
	14-16	73	xii.	13-37	133		9-11	168
	17-20	34		38-40	134		12.13	170
	21-19	73		41-44	135		14	171
	30-44	74	xiii.	1-27	137		15-18	174
	45-52	75		28-37	138		19,20	175
	53-56	76						

LUCAS

Capítulo e Versículo		Seção	Capítulo e Versículo		Seção	Capítulo e Versículo		Seção
i.	1-4	1	viii.	26-40	66	xviii.	31-34	122
	5-25	4		41-56	68		35-43	124
	26-38	5	ix.	1-6	72	xix.	1-10	125
	39-56	6		7-9	73		11-28	126

	57,58	7		10-17	74		29-44	129
	59,79	8		18-21	85		45-48	130
	80	19		22-27	86	xx.	1-19	132
ii.	1-7	10		28-36	87		20-44	133
	8-14	11		37-43a	88		45-47	134
	15-20	12		43b-45	89	xxi.	1-4	135
	21	13		46-50	91		5-28	137
	22-38	14		51-56	92		29-36	138
	39	18		57-62	64		37,38	1130
	40-52	19	x.	1-16	93	xxii.	1-6	139
iii.	1-18	20		17-24	97		7-13	140
	19,20	34		25-37	98		14-18	141
	21-23a	21		38-42	99		19,20	144
	23b-38	3	xi.	1-13	100		21-23	143
iv.	1-13	22		14,15	57		24-30	141
	14,15	35		16	58		31-38	145
	16-30	36		17-23	57		39-46	148
	31-37	38		24-26	58		47-53	149
	38,39	39		27,28	59		54-62	152
	40,41	40		29-36	58		63-65	151
	42-44	41		37-54	60		66-71	153
v.	1-11	37	xii.	1-59	61	xxiii.	1-5	154
	12-16	42	xiii.	1-5	62		6-12	155
	17-26	43		6-9	103		13-25	156
	27-32	44		10-17	104		26-33a	160
	33-39	67		18-21	63		33b-34	161
vi.	1-5	46		22-35	105		35-37	162
	6-11	47	xiv.	1-24	106		38	161
	12-16	49		25-35	107		39-45a	162
	17-19	48	xv.	1-32	108		45b	164
	20-49	50	xvi.	1-13	109		46	163
vii.	1-10	51		14-31	110		47-49	164
	11-17	53	xvii.	1-10	111		50-56	165
	18-35	54		11-19	112	xxiv.	1-11	167
	36-50	55		20-37	113		12	168
viii.	1-3	56	xviii.	1-8	114		13-35	170
	4-18	63		.9-14	115		36-49	171
	19-21	59		15-17	119		50-53	175
	22-25	65		18-30	120			

EVANGELHO

JOÃO

Capítulo e Versículo		Seção	Capítulo e Versículo		Seção	Capítulo e Versículo		Seção
i.	1-18	2	vii.	2-52	94	xviii.	15-18	152
	19-28	20		53-vii. 11	95		19-24	150
	29-34	21	viii.	12-59	96		25-27	152
	35-42	23	ix.	1-x. 38	101		28-38	154
	43-51	24	x.	39-42	102		39,40	156
ii.	1-11	25	xi	1-46	116	xix.	1-3	157
	12	26		47-54	117		4-16a	158
	13-25	27		55-xii. 1	127		16b,17	160
iii.	1-21	28	xii.	2-11	128		18-24	161
	22	29		12-19	129		25-29	162
	23-36	30		20-50	136		30	163
iv.	1-3	31	xiii.	1-20	142		31-42	165
	4-42	32		21-35	143	xx.	1-18	168
	43-54	33		36-38	145		19-24	171
v.	1-47	45	xiv.	1-xii. 26	146		25-19	172
vi.	1-14	74	xviii.	1	148		30,31	176
	15-21	75		2-12	149	xxi.	1-23	173
	22-71	77		13,14	150		24,25	176
vii.	1	80						

uma ordem de homens da Igreja primitiva, distinta dos apóstolos, profetas, pastores e doutores, Ef 4.11. Conforme indica o seu nome, exerciam função especial que era anunciar as boas novas; como não fossem pastores de igrejas locais, estavam em condições de ir, de lugar em lugar, pregando a todos que ainda ignoravam a salvação por Cristo. Filipe serviu de instrumento para a conversão e batismo do eunuco etíope, era evangelista, At 21.8, como tal o encontramos sucessivamente em Jerusalém, 6.5, em Samaria, 8.5, na estrada entre Jerusalém e Gaza, 8.26, nas cidades ao norte de Azoto, 8.40 e, finalmente, em Cesaréia, 8.40; 21.8. O apóstolo Paulo ordenou a Timóteo que fizesse a obra de evangelista, 2 Tm 4.5. Posteriormente, deram esse nome aos escritores dos quatro evangelhos.

EVI – nome de um dos cinco reis de Midiã aliados ou vassalos de Senom, morto na guerra movida por Moisés contra os midianitas, por terem estes induzido os israelitas a cair em licenciosa idolatria, Nm 31.8; Js 13.21.

EVIL-MERODAQUE (*no hebraico é 'ewill merodak, do acádio Amel marduk, "homem de Marduque"*) – filho e sucessor de Nabucodonosor. Subiu ao trono no sétimo mês do ano 562 a.C. e reinou apenas dois anos. No primeiro ano de seu reinado, tirou da prisão o rei Jeoiaquim, que havia sido colocado em cativeiro e o elevou acima dos tronos dos reis que estavam na Babilônia; mudou-lhe os vestidos de que tinha usado no cárcere, e comia o pão sempre à sua vista, todos os dias da sua vida, 2 Rs 25.27-

30; Jr 52.31-34. Formou-se contra ele uma conspiração capitaneada por seu cunhado, Neriglissar, ou Nergalassarusur; sendo morto, sob a acusação de desobediência às leis de intemperança 560 a.C. Neriglissar, chefe da conspiração subiu ao trono sucedendo a Evil-Merodaque (Antig. 10.11,2; contra Apiom 1.20).

EVÓDIA (*no grego, "fragrância", "cheirosa"*) **–** nome de uma cristã nomeada com Síntique em uma carta do apóstolo Paulo, Fp 4.2.

EXÉRCITO (*no hebraico, çaba', seu plural é çᵉba'ôt*) **–** nome de uma multidão de soldados, principalmente quando organizada militarmente, Gn 21.22; Jz 4.2, ou a divisão de um exército, Êx 7.4; 12.41; Nm 2.3; 1 Rs 2.5. Os anjos formavam um exército celestial, 1 Rs 22.19; Sl 148.2; Lc 2.13, as estrelas, Dt 4.19; 2 Rs 23.5. Os semitas, falando dos céus e de todos os seus poderes e entes, bem como do céu e de tudo que nele se contém, usavam da expressão "exércitos do céu", na frase "exércitos da terra" incluíam a terra e tudo que ela contém, o vento, o relâmpago, o calor e o frio, as coisas animadas e as inanimadas, Gn 2.1; Sl 33.6. A expressão "Senhor dos Exércitos" tem sido explicada, querendo dizer que Jeová é o Deus dos exércitos de Israel. Em prova disto, citam-se as palavras de Davi a Golias: "Tu vens a mim com espada, e lança, e escudo: eu, porém, venho a ti em nome do Senhor dos Exércitos, do Deus das tropas de Israel", 1 Sm 17.45, e também as palavras de Is 31.4. "O Senhor dos Exércitos descerá para pelejar sobre o monte Sião e sobre o seu outeiro." Essa generalização é muito estreita. Jeová pelejou pelo seu povo: ele é na verdade "o Deus forte e poderoso, forte na batalha". Porém o Senhor dos Exércitos era mais do que o Deus da guerra de Israel. Os gregos, tradutores das Escrituras, deram-lhe uma significação verdadeira na palavra *Pantokrator*, o Todo-poderoso. A palavra exército, associada ao nome de Deus refere-se às hostes do universo no seu aspecto material e espiritual, formando um vasto exército, composto de diversas divisões, composto de vários corpos, bem municiados sob o comando de Jeová. Uma das divisões é formada pelos anjos. Foi o Senhor, o Deus dos Exércitos, que apareceu a Jacó em Betel, quando viu a escada e os anjos de Deus subindo e descendo, Gn 28.12,13; Os 12.4,5. "Porque nas nuvens, quem se igualará com o Senhor: quem entre os filhos de Deus será semelhante a Deus? Deus que é glorificado na congregação dos Santos: grande e terrível sobre todos que estão em roda dele. Senhor das virtudes, quem é semelhante a ti? Poderoso és Senhor, e a tua verdade está sempre à roda de ti. Tu dominas sobre o poder do mar, tu amansas o movimento das suas ondas", Sl 89.7-9. O outro exército é formado pelas estrelas, em ordem e cheio de magnificência: Jeová é o seu comandante. Isaías manda a todos que desejam conhecer a Deus, "que saiam e levantem os olhos ao alto". "Vêde", diz ele, "quem criou esses corpos celestes? quem fez marchar em ordem o exército das estrelas e as chama a todas pelos seus nomes? Eu é que fiz a terra. As minhas mãos estenderam os céus e, a toda a milícia deles, dei as minhas ordens", Is 40.26; 45.12. O outro exército é composto de todas as forças da natureza; elas estão às ordens de Jeová, adorando-o e servindo-o, Ne 9.6; Sl 103.21. O Senhor dos Exércitos envia espada, fome e peste, Jr 29.17. O Senhor é quem dá o sol para a luz do dia, a ordem da lua e das estrelas para a luz da noite; e que turba o mar, logo que soam as suas ondas, o Senhor dos Exércitos é o seu nome, Jr 31.35. Os gregos, contemplando os céus acima de suas cabeças, e mirando o horizonte em roda, chamavam a isso cosmos, isto é, a beleza de harmonia. Os romanos, descobrindo a mesma harmonia

EXÉRCITO

de relações e movimentos, deram ao conjunto da criação o nome de universal, que quer dizer: tudo combinado em um. A imaginação poética dos hebreus, conhecendo a onipotência do Deus que tudo governa, a regularidade e a ordem que se observam em toda a criação, conceberam a idéia de um exército numeroso, composto de variadas divisões, operando sob as ordens de um só comando. O Senhor dos Exércitos é o rei que tudo ordena por si. O exército de Israel consistia originalmente de infantaria, Nm 11.21; 1 Sm 4.10; 15.4, composta de lanceiros, fundibulários e besteiros. Os cidadãos fortes e validos, de 20 anos e daí para cima, em condições de pegar em armas eram alistados para o serviço militar, Nm 1.2; 2 Sm 24.9, exceto os levitas, salvo em ocasiões especiais em que eram chamados a pegar em armas, Nm 1.48-50; 1 Cr 12.26-28. O número de homens, relatado em várias batalhas, é suficientemente grande para incluir a maior parte dos cidadãos de uma região. Para as operações militares de menor importância, cada tribo dava a sua quota de guerreiros, Nm 31.4; Js 7.3; Jz 20.10. Nas rápidas incursões de inimigos, foram estes enfrentados por todos os varões animosos, que tomavam armas para defender os seus lares. Em ocasiões de perigos que ameaçavam a pátria, eram enviados mensageiros a todas as praças de Israel a chamar às armas, pelo toque das trombetas, pelas proclamações, ou por atos simbólicos, os cidadãos para a salvação comum, Jz 6.34,35; 19.29; 1 Sm 11.7. O exército de Israel era organizado na base de sua divisão política. As unidades, tanto políticas quanto militares, eram formadas de mil indivíduos, em reciprocidade com as casas de Israel, Êx 12.37; Nm 1.2; 10.3, 16.46; Jz 6.15; 1 Sm 19.21; 17.18. O chefe do exército de Judá era muitas vezes um *alluph* ou quiliarco, Zc 9.7; 12.5, do mesmo modo que eram chefes de Edom, Gn 36; Êx 15.15. Para fins políticos e militares, as unidades de mil eram subdivididas em centos, Êx 18.25; Nm 31.14,48; 2 Sm 18.1; 2 Cr 25.5, em grupos de 50, Êx 18.25; 1 Sm 8.12; 2 Rs 1.9; *cf.* Nm 1.25, em grupos de dez, Êx 18.25; *cf.* Nm 26.7. O número de mil de que se compunha uma família variava, como é fácil de ver, segundo as leis naturais; e é muito provável que os "milhares" fossem usualmente muito menores do que o nome técnico indica (veja *LEGIÃO*). Cada uma dessas divisões tinha o seu oficial, Nm 31.14; Jz 20.10; 1 Sm 8.12; 2 Rs 1.9; 11.4; 2 Cr 25.5. O general-chefe e os oficiais formavam um conselho de guerra, 1 Cr 13.1; *cf.* 2 Rs 9.5,13. Os primeiros traços da existência de um exército permanente em Israel, encontram-se no reinado de Saul. Conservou 300 mil homens de todo o Israel para enfrentar os filisteus, 1 Sm 13.2, e agarrava a si, todo homem de valor que encontrava, 14.52. Davi aumentou o exército e o organizou em 12 divisões de 24 mil homens cada uma, 1 Cr 27, e Salomão acrescentou ainda grande número de carroças e de esquadrões da cavalaria que distribuiu por todas as cidades do reino, 1 Rs 9.19; 10.20; *cf.* 4.26; 2 Cr 9.25. Os sucessores desses três reis de todo o Israel continuaram a prestar muito cuidado à organização e equipamento das hostes guerreiras, como Jeosafá, 2 Cr 17.13-19, Amazias, 25.5,6, Uzias, 26.11-15; Judas Macabeu, 1 Mac 3.55 (veja *GUERRA*).

ÊXODO (*no grego exodus, "saída"*) 1 Partida dos israelitas, depois de terem sido devidamente libertados do cativeiro do Egito. Há muita dificuldade em determinar exatamente o caminho que tomaram. Os milagres operados por Moisés se verificaram no campo de Zoã, Sl 78.12. Ramessés era um subúrbio da capital. Dali saíram os israelitas para Sucote, Êx 12.37, lugar esse assinalado em *Tell el-Maskhutah*, no *wady Tumilat* 59 km a sudeste de Zoa, e 20 km a oeste de Ismaília. Não seguiram a linha reta

EXPIAÇÃO, DIA DA

para a Palestina, que os conduzia pelo território dos filisteus, mas tomaram o caminho do deserto margeando o mar Vermelho, Êx 13.17,18. Primeiro acamparam em Etã, cujo lugar não foi ainda identificado, mas que ficava no extremo deserto, Êx 13.20. Dali voltaram, acampando diante de Pi-Hairote, entre Magdal e o mar, defronte de Baal-Zefom, Êx 14.2; Nm 33.7, a oeste do mar Vermelho. Deste lugar, marcharam sobre o mar que atravessaram, entrando no deserto de Sur, Êx 15.4,22; Nm 33.8, caminhando ao longo do mar, em demanda do monte Sinai, Êx 16.1; Nm 32.10,15. Sobre a data do êxodo, (veja *CRONOLOGIA*). **2** Êxodo, nome do segundo livro do Pentateuco. Nas Escrituras hebraicas, o livro começa com as primeiras palavras: "Estes são os nomes". O título de Êxodo foi apropriadamente dado pelos tradutores gregos, por ter como objeto a narrativa da saída do Egito, eixo de toda a história de Israel. O livro contém uma narrativa continuada que se pode dividir em três secções. 1) No Egito, capítulos 1 a 12 até o v. 36, cobrindo um período de alguns séculos que se seguiram após a entrada de Jacó no Egito, registrando-se apenas o crescimento do povo depois da morte de José, 1.7, opressão dos israelitas, 8 e seguintes, nascimento de Moisés, seus primeiros anos e sua chamada, caps. 2 a 4, contendas com faraó e as primeiras pragas e a instituição da Páscoa em conexão com a última praga, caps. 5 a 12 até o v. 36.2. Do Egito ao Sinai, caps. 12.37 até o cap. 19.2. Partida de Ramessés, 12.37-42, regulamentação suplementar para a celebração da Páscoa, estabelecendo as condições em que um estrangeiro poderia participar dela, v. 43-51, consagração dos primogênitos, 13.1,2, observância de uma festa de sete dias, em conexão com a Páscoa, v. 3-16; passagem do mar Vermelho, cap. 14, cântico, de Moisés ou do Livramento, 15.1-19, as águas de Mara, o maná e as codornizes, v. 20, até o cap. 16. Em Refidim: Água brotando da rocha em Horebe, vitória sobre os amalequitas, a visita de Jetro, caps. 17 e 18.3. No Sinai, cap. 19.3 até cap. 40.38, continuando até Nm 10.10. Estabelecimento da teocracia: Concerto teocrático proposto por Deus sob condição de obediência, 19.3-6, aprovação pelos anciãos do povo, v. 7,8, promulgação dos Dez Mandamentos e leis subsidiárias, escritas no livro do pacto, caps. 20 até 23; 24.4 (para análise e forma dessas leis veja *TEOCRACIA, ANRAFEL*), *cf.* ratificação do pacto pela nação, 24.1-8, banquete em regozijo, v. 9-11. Moisés no monte: especificações para a construção do Tabernáculo e sua ornamentação, as tábuas de pedra, 12 até o cap. 31 (para análise, veja *TABERNÁCULO*). O bezerro de ouro, caps. 32 e 33. Segunda ida de Moisés ao monte de onde trouxe a súmula da repetição das leis do pacto, cap. 34. Construção e levantamento do Tabernáculo caps. 35 a 40 (veja *PENTATEUCO*).

EXORCISTA (*em grego, "o que administra um juramento"; "expelir por desconjuro"*) — nome que se dá aos que pretendem expelir as influências malignas, por meio de palavras e cerimônias. Certos impostores dessa natureza estiveram em contato com o apóstolo Paulo, At 19.13-19 (veja *DEMONÍACO, DEMÔNIO*).

EXPIAÇÃO (*do hebraico kapper, que etimologicamente significa, "cobrir", "ocultar", a ofensa para promover a reconciliação dos que eram adversários*) **1** Reconciliação entre pessoas que estavam em inimizades, Rm 5.11. **2** Nome daquilo que produz a reconciliação, especialmente um sacrifício, destinado àquele fim, Êx 30.16; Lv 4.20,26,31,35. É esse o sentido em que a palavra ordinariamente se emprega (veja *CRISTO, JESUS*).

EXPIAÇÃO, DIA DA (*no hebraico, yom hakkipurîm*) — dia anual de humilhação e

EXPIAÇÃO, DIA DA

expiação dos pecados nacionais, quando o sumo sacerdote oferecia os sacrifícios como expiação pelo santuário, pelos sacerdotes e pelo povo, Lv 16; 23.26-32; Nm 29.7-11. Era observado no décimo dia do sétimo mês, com abstinência de trabalhos e pelo jejum. Era esse o único jejum ordenado por lei, citado no livro de Atos 17.9; 14.4, 3. Naquele dia, o sumo sacerdote despia-se de suas insígnias oficiais, vestia-se de linho branco, e sacrificava um bezerro como oferta pelo pecado por si e pelos sacerdotes. Tomando o incensório com brasas vivas do altar, entrava ele no Santo dos Santos e queimava incenso, para que o fumo cobrisse o propiciatório que escondia a lei. Depois, tomava o sangue do bezerro e espargia com ele o propiciatório e o pavimento. Com essa cerimônia terminava a expiação pelos sacerdotes. Tomava então os dois bodes oferecidos pelo povo e lançava sortes sobre eles. Um deles era morto, como oferta pelo pecado do povo, e levando para dentro do véu o sangue, o aspergia como dantes, para fazer expiação do santuário. Com semelhante rito, ele fazia expiação pelo lugar santo e pelo altar dos sacrifícios, depois tomava o outro bode, colocava as mãos sobre a cabeça dele, confessava os pecados do povo. Tipicamente, os pecados do povo eram lançados sobre a cabeça do bode, que se tornava o substituto do povo, levando os seus pecados e os carregando para o deserto. O sumo sacerdote tomava outra vez as suas vestes oficiais, queimava sobre o altar as banhas que eram oferecidas pelos pecados. As carnes do bezerro e do bode eram levadas para o campo e queimadas. A epístola aos Hebreus ensina que essa entrada do sumo sacerdote no Santo dos Santos, uma vez no ano, e nunca sem sangue, prefigurava a entrada de Jesus, o grande sumo sacerdote, uma vez por todas, nos céus, tendo feito a purificação dos pecados e adquirido para nós a salvação eterna, Hb 9.1-12,24-28.

ÊXTASE (*no grego significa "estar fora de si mesmo"*) – estado em que as funções dos sentidos ficam suspensas e a alma parece fora do corpo, durante o tempo em que contempla algum objeto extraordinário. Os apóstolos Pedro e Paulo em certas ocasiões, experimentaram esses transes, At 11.5; 22.17.

EZBAI (veja *HEZRAI*) – nome do pai de um dos homens fortes de Davi, 1 Cr 11.37. Talvez uma variante do nome em 2 Sm 23.35.

EZEL (*no hebraico, "separação", "partida"*) – nome do lugar onde Davi se escondeu, até que Jônatas lhe pudesse informar das disposições de Saul para com ele, 1 Sm 20.19.

EZÉM/EZÉN (*no hebraico, "osso"*) – nome de uma aldeia perto dos limites de Edom, no território partilhado à tribo de Judá, e depois dada à tribo de Simeão, Js 15.29; 19.3; 1 Cr 4.29. Lugar desconhecido.

EZEQUE (*no hebraico, "violência", "briga", "opressão"*) – nome de um benjamita, descendente de Saul, que originou uma família de arqueiros, 1 Cr 8.39.

EZEQUIAS (*no hebraico, hizkîyahû, "Yahweh me fortalece", ou "Yahweh é força"*) **1** Nome do filho de Acaz, rei de Judá. Em 728 a.C. estava associado com seu pai no governo do país. Acaz não foi colocado no sepulcro dos reis, e, por isso, julgam alguns que ele havia sido vítima de alguma enfermidade, que representava um juízo de Deus, sobre seus pecados. Incapacitado para o governo, Ezequias mostrou-se hábil na direção dos negócios do reino. Parece haver engano quanto à idade em que começou a reinar. Não deve ter sido aos 25 anos. Mostrou-se um grande servo de Deus. Começou o seu reinado, reparando

EZEQUIAS

o templo e reorganizando o serviço religioso, e as funções sacerdotais. Celebrou uma grande Páscoa, para a qual convidou todas as tribos de Judá e Israel, 2 Cr 29 até 30.13. Destruiu os lugares altos, derrubou as estátuas, mandou quebrar a serpente de metal que Moisés tinha feito, e que se havia convertido em objeto de adoração. Teve vitória sobre os filisteus, e em tudo prosperou e se fez grande. No quarto ano de seu reinado, 724 a.C., Salmaneser começou o sítio de Samaria que Senaqueribe completou em 722, levando cativas as dez tribos de Israel, 2 Rs 18.9,10. No ano 714 a.C., segundo o método dos analistas hebreus, teve princípio a série de invasões dos assírios, que deram uma feição notável ao reinado de Ezequias, e que terminou com uma desastrosa derrota para os invasores. A narração bíblica desses acontecimentos compreende três secções, a saber: o princípio das invasões pelo ano 714, 2 Rs 18.13; Is 36.1; 2 Cr 32.1-8; *cf.* invasão da Filístia em 711, Is 20.1, a campanha principal de 701, 2 Rs 18.14-16, na sua primeira e última fase, 2 Rs 18.17 até 19.35; 2 Cr 32.9-21; Is 36.2 até 37.36; ao final das invasões em 681, 2 Rs 19.36,37. Sargom ainda estava no trono da Assíria, em 714, mas tinha colocado seu filho Senaqueribe à testa das forças militares, antes daquela data, em 720 ou 715 e princípio de 714. Pelas narrações assírias, Judá foi subjugada, quando os assírios guerreavam ao norte e a oeste de seu país. Parece que logo ao princípio dessas invasões, em 714, o rei Ezequias ficou doente, e perto da morte proveniente talvez de um carbúnculo; Deus prolongou-lhe a vida por mais 15 anos, 2 Rs 20.1-11; Is 38. Nesse tempo, Merodaque Baladã, rei da Babilônia, enviou uma carta e presentes a Ezequias, porque tinha sabido que Ezequias havia estado doente. Porém, o fim principal dessa embaixada era persuadir o rei de Judá a fazer parte de uma grande confederação que se formava secretamente contra o poder dos assírios. Ezequias se alegrou muito com as cortesias do rei da Babilônia, então mostrou ao embaixador tudo o que possuía no seu palácio, todos os seus tesouros. Nessa ocasião, o profeta Isaías declarou a Ezequias que seria transportado para Babilônia tudo que havia em sua casa, e que o povo de Judá seria levado cativo, 2 Rs 20.12-19; 2 Cr 32.31; Is 39.1-8. Ezequias entrou na confederação. Sargom, que era um hábil general, rompeu com os aliados, antes de pôr em execução os seus planos. Fez uma expedição contra Asdode, dirigida por Tartã, em 711, Is 20.1, e lançou tributos sobre a Filístia, Judá, Edom e Moabe. Em 710, destronou Merodaque Baladã, e fez-se rei da Babilônia. Em 705, Sargom foi assassinado, e seu filho Senaqueribe subiu ao trono. A mudança de governo deu origem a novos acontecimentos. Para abafar a revolta do ocidente, Senaqueribe avançou até a terra dos filisteus em 701, conquistou a Fenícia e recebeu deputados de Asdode, Amom, Moabe e Edom, pedindo paz. Muitas cidades resistiam ainda, Senaqueribe investiu contra Jope, Bete-Dagom, Ascalom e outros lugares. Voltando-se para o oriente, tomou Laquis, acampou nas suas planícies e recebeu tributos do apavorado Ezequias; recebeu 300 talentos de prata e 30 talentos de ouro. Os cronistas assírios dizem que foram 800 os talentos de prata que recebeu de Ezequias, além de pedras preciosas, ricas madeiras, artefatos de marfim etc. Levou ainda as filhas de Ezequias, as damas do palácio, e muitas outras donzelas. Para satisfazer à cobiça do rei invasor, Ezequias despedaçou as duas meias-portas do templo do Senhor, as chapas de ouro que ele mesmo tinha forrado. Estando Senaqueribe em Laquis, chegaram-lhe notícias de que as cidades dos filisteus haviam feito aliança com o Egito e com a Etiópia, 2 Rs 18.21,24. Não querendo deixar atrás de si tão grande fortaleza quanto era Jerusalém enviou uma deputação às guarnições da cidade.

EZEQUIAS

Ezequias já tinha notícias do avanço da divisão do sul, e da resistência da cidade de Ecrom aos assírios. A sua fé em Jeová reviveu com as exortações de Isaías e, por isso, se recusou a dar entrada às tropas do inimigo, na cidade. Nesse meio tempo, o rei assírio deixou de sitiar Laquis, passou a sitiar Libna, 2 Rs 19.8. Ouvindo falar da nova atitude de Ezequias, que estava disposto a resistir, despachou mensageiros com cartas ameaçadoras de futuras vinganças. Receando atacar os egípcios e os etíopes, deixando atrás de si Ecrom e Jerusalém, recolheu-se a Elteque, onde se deu a batalha. Os egípcios foram batidos, porém os despojos insignificantes. Senaqueribe então voltou-se para as cidades vizinhas. Havia já traçado o plano de ataque a Jerusalém, quando uma doença misteriosa atacou de noite seu acampamento, matando 185 mil homens, 2 Rs 19.35,36 (veja *SENAQUERIBE*). Foram profetas contemporâneos de Ezequias, Isaías, Oséias e Miquéias, Os 1.1; Mq 1.1. O rei de Judá morreu no ano 698, deixando no trono seu filho Manassés, 2 Rs 20.21; 2 Cr 32.33. **2** Nome de um antecessor do profeta Sofonias, Sf 1.1. **3** Nome de um filho de Nearia, aparentado com a família real de Judá, 1 Cr 3.23. **4** Nome de um homem da descendência de Ater, que voltou do cativeiro com Zorobabel, Ed 2.16; Ne 7.21. Como representante de sua família, assinou o pacto de servir a Jeová, Ne 10.17.

EZEQUIEL (*no hebraico, yᵉhezke'l, "Deus fortalece"*) – nome de um dos maiores profetas judeus, filho de Buzi, da família sacerdotal, Ez 1.3. Passou a sua mocidade perto de Jerusalém durante o ministério do profeta Jeremias. Partilhou as agruras do cativeiro com o rei Jeoiaquim, oito anos depois do exílio de Daniel, 38.21; 40.1; *cf.* 2 Rs 24.11-16. Diz o historiador Josefo que Ezequiel era ainda jovem naquela ocasião (Antig. 10.6,3); mas já estava na idade em que os levitas assumiam suas obrigações oficiais, em que atingiam a sua maioridade. Esteve com os exilados da Judéia nas margens do rio Quebar na Babilônia, provavelmente em *Tel-Abibe*, Ez 1.1,3; 3.15. Casou-se no sexto ou nono ano depois do exílio e teve sua casa na Babilônia 8.1; 24.1,18. Começou o ministério profético no quinto ano do cativeiro de Jeoiaquim, sete anos antes da destruição do templo de Jerusalém, quando morava em Quebar, 1.1,2. Estava então com 30 anos de idade, 1.1, tempo em que os levitas entravam em serviço, Nm 4.3. Há quem diga que os 30 anos não se referem à idade do profeta, e sim ao tempo em que Nabopolasar, pai de Nabucodonosor, subiu ao trono, ou à data da reforma feita pelo rei Josias; essa afirmação cai, perante as afirmações em Jr 25.1,3; 2 Rs 23.36; 25.2-6; Ez 1.2. Mesmo no exílio, Ezequiel tinha liberdade de proferir as suas profecias. À sua casa concorriam os anciãos do povo para ouvi-lo, 8.1; 14.1; 20.1, mas não faziam nada do que lhes dizia, 33.30-33. Evidencia-se pela afinidade de idéias e de linguagem que ele se familiarizou com os ensinos de Jeremias. Freqüentava o santuário, ouvia as pregações do profeta no templo, e a leitura que se fazia em público, das suas profecias, Jr 7.2; 19.14; 26.2; 28.5; 36.8. Mesmo no exílio, teria ele uma coleção desses discursos, 29.1; 36.22; Dn 9.2. Aparecem no seu livro, doutrinas, alegorias e pequenos discursos de Jeremias, que ele amplia, dando-lhes um colorido literário, como no caso da panela ao fogo, Jr 1.13-15; Ez 11.2-11; 24.3-14; das duas irmãs, Jr 3.6-11; Ez 23.1-49; o perdão para os condenados que se arrependem, seja a coletividade nacional, como os indivíduos, Jr 18.5-12; Ez 18.21-32; seja os maus pastores, Jr 23.1-6; Ez 34.1-24; o provérbio das uvas em agraço, Jr 31.29,30; Ez 18.2-31; a nova natureza espiritual, Jr 31.33, 34; Ez 11.19, 20; 36.25-29; os desterrados e não os judeus de Jerusalém, são as esperanças do futuro, Jr 24.1-10; Ez 11.15-21;

EZEQUIEL, O LIVRO DE

37.1-14. A atividade profética de Ezequiel estende-se por um período de cerca de 22 anos, 1.2; 29.17. Não se conhece o tempo, nem o modo de sua morte. Diz a tradição que ele foi morto por um príncipe, por falar contra a idolatria.

EZEQUIEL, O LIVRO DE – o livro de Ezequiel encontra-se na Bíblia entre Jeremias e Daniel. Como esses dois livros fizessem parte da hagiógrafa no cânon hebraico, o lugar de Ezequiel deveria ser entre Jeremias e Oséias. As profecias seguem, quase sempre, certa ordem cronológica, acompanhando os anos do cativeiro do rei Jeoiaquim, tempo em que os proferiu. Dividemse em três partes, a saber: **1** Profecias antes da tomada de Jerusalém, predizendo a sua queda. No quinto ano de suas funções sacerdotais foi chamado para o ofício profético e preparado para exercê-lo por meio de uma visão, caps. 1 a 3 até o v. 21, sendo instruído a relatar em linguagem simbólica, a destruição da cidade, 3.22 até o cap. 7. No sexto ano, aparecem as denúncias contra Judá por causa da idolatria, cap. 8. Jeová abandona simbolicamente o templo, devido à sua profanação, caps. 9–11, até o v. 13, os exilados são ainda o povo de Deus, para os quais Ele será um santuário, v. 16; eles voltarão para a terra de Israel, v. 17, e Deus dará novo coração a todos que restaurarem suas vidas, v. 18-21. A descrença e a adesão aos falsos profetas motivaram o abandono e as desgraças de Jerusalém, caps. 12–14; que fatalmente cairiam sobre ela se não se arrependesse, caps. 15–18, termina com as lamentações sobre os príncipes de Israel, cap. 19. No sétimo ano, porque o nome de Jeová havia sido profanado diante dos gentios, Deus castiga o povo que seria mais tarde restaurado por amor de seu nome, 20.1-44. O castigo calamitoso virá certamente, as iniqüidades subiram até a presença de Deus, cap. 20.45, até o cap. 23. No nono ano, vêm o sítio de Jerusalém e a dispersão do povo, simbolizados por uma marmita cheia de carnes, cap. 24. **2** Profecias sobre o juízo de Deus contra as nações; e no nono ano, contra Amom, Moabe e Filístia, cap. 25. Tiro e Sidom, no 12º. ano, caps. 26–28. E finalmente, no décimo, no 11º. e no 27º. ano, contra o Egito, caps. 29–32. **3** Profecias concernentes à restauração e livramento do povo depois da tomada de Jerusalém por Nabucodonosor. No 12º. ano, antes de chegar aos ouvidos do profeta a notícia da destruição de Jerusalém, recebeu ele nova chamada para a continuação de seu ofício profético, caps. 33.1-22, para dizer ao povo que, depois do cativeiro, se voltaria para Deus e teria um novo profeta, um único pastor, o servo de Deus, Davi, que o apascentaria, cap. 34; que os seus atuais inimigos seriam severamente punidos, cap. 35, que o povo, depois de santificado, seria restituído à sua pátria, cap. 36, que as 12 tribos se reuniriam novamente como um povo ressuscitado dos mortos, cap. 37, e que, finalmente, os inimigos da pátria seriam aniquilados, caps. 38 e 39. No 25º. ano, Deus anuncia o restabelecimento da Igreja na visão do ampliamento do templo, completamente santificado, fala de um povo renovado e aceito per Jeová, caps. 40–43; dos solenes atos de culto, caps. 44–46; das águas que corriam do templo para as bandas do oriente comunicando nova vida ao deserto, cap. 47, da distribuição da terra pelas tribos e de uma cidade, centro de todas as tribos, onde Jeová habita, cap. 48. Nessa visão, o templo que Ezequiel conheceu na sua mocidade aparece-lhe agora completamente mudado. Em vez do pequeno outeiro de Sião, vê uma alta montanha, coberta pelas construções de um santuário novo de grandiosas proporções; à porta desse santuário, um anjo com vara e cordel; o novo templo modelado pelo antigo, em suas linhas gerais, porém, de tal modo locado com referência às habitações dos homens, e os seus

EZEQUIEL, O LIVRO DE

átrios e câmaras dispostos de tal maneira, que sirva de amparo à santidade de Jeová que irá habitar ali, dentro em pouco, imprimindo no seu povo o selo de sua santidade e o separando de toda a impureza moral e de todas as cerimônias vãs. Muitos anos antes, o profeta viu o Senhor abandonando o antigo templo profanado, 10.18,19; 11.22-24, então, contempla Jeová entrando nele, pela mesma porta, vê a glória do Senhor enchendo a casa e ouve uma voz, vinda de dentro dela, dizendo: "Este é o lugar do meu trono onde eu habito para sempre no meio dos filhos de Israel", que não profanarão mais para o futuro o meu Santo Nome, 43.1-7. No átrio interno, Ezequiel vê o altar dos sacrifícios preparado para o novo Israel e ouve a voz do Senhor que diz: "e eu me reconciliarei convosco", diz o Senhor, v. 43.13-27. Vem em seguida no cap. 44 a descrição do culto oferecido ao Senhor pelo novo Israel. Na nova teocracia, a realidade corresponderá aos ideais divinos. O incircunciso de coração não entrará no santuário. As famílias levíticas que se mostraram infiéis no antigo templo não poderão mais oficiar no altar, contudo terão um lugar humilde no templo. Os sacerdotes, filhos de Zadoque, cujo nome significa retidão, que permaneceram fiéis, só eles exercerão o alto ofício de sacerdotes diante do Senhor, cap. 44. Uma parte da terra dividida pelas 12 tribos pertenceria ao Senhor para manter o culto e o ministério do santuário, 45.1-6. Os príncipes teriam também uma parte considerável do terreno que os habilitasse a manter o serviço público, a fim de evitar que eles oprimissem o povo e usurpassem as prerrogativas dos sacerdotes, 45.7-12; 46.2,16-18. O povo ocuparia o seu lugar no templo por ocasião do culto, v. 9. Todos os membros da teocracia, oficiais e leigos cumprirão os deveres referentes aos holocaustos e oblações que pertencem a eles, em seus lugares e relações. Em seguida, o profeta vê um rio, saindo do templo, avolumando-se a ponto de formar larga torrente, levando consigo a vida às regiões estéreis e mortas, 47.1-12. No cap. 47.13-20, vêm descritos os limites da terra que vai ser ocupada pela nova comunidade, 47.13-20, e, a locação de cada tribo, 47.21 até o cap. 48.29. As primícias do terreno dividido seriam partilhadas pelos levitas, pelos príncipes, pelos sacerdotes e pela cidade, 48.8-22. A cidade pertence a todo o Israel em comum, v. 15-20,30-34; *cf.* com o v. 19 e o cap. 45.6, cujo nome será Jeová-samá, isto é, o Senhor nele mesmo, 48.35, simbolizando o ponto central de toda a profecia. Quais foram as contribuições de Ezequiel para a mentalidade hebraica? Os críticos da escola de Welhausen consideram Ezequiel como o pai do último formalismo judeu. Dizem que a descrição da Nova Jerusalém nos caps. 40 a 48 é um programa e originou os regulamentos sacerdotais contidos nos livros de Levítico e Números. Essa teoria é rejeitada pelos críticos da escola de Ewald e por todos os teólogos que aceitam o ponto de vista bíblico sobre a origem das instituições judaicas; provam que a legislação característica contida em Levítico antedata Ezequiel, também que o profeta não teve a intenção de fazer programa algum. Além disso as descrições feitas no seu livro, não têm por fim lançar nenhum programa. As descrições que ele faz não são ideais que espera ver realizados literalmente, mas são puramente simbólicas, porque de outro modo não se pode compreender a grande montanha da nova Sião, as medidas da partilha das terras, que são medidas geométricas, e não geográficas, as águas vivificadoras, saindo do santuário que se converteram em grande rio, as árvores que produzem os seus frutos em cada mês do ano e cujas folhas servem para a saúde das gentes. A riqueza mental para Israel, contida no livro de Ezequiel, está no ensino espiritual. Entre outras coisas contribuiu: 1)

Para pensar em Deus. Enquanto outros falam de Jeová como sendo o sustentáculo de seu povo, Gn 48.15; Sl 23, aquele que ajunta as relíquias de Israel, Jr 23.3; 21.10, e os toma no seu seio, Is 40.11. Ezequiel representa Jeová buscando as ovelhas perdidas, 34.11-16; *cf.* Mt 18.12-14; Lc 19.10. 2) Para ter uma visão da nova Jerusalém, temos: a alta montanha, Ez 40.2; Ap 21.10, a cidade Santa, o Tabernáculo de Deus com os homens, Ez 37.27; Ap 21.3, a glória de Deus nela, Ez 43.2-5; Ap 21.11, a cidade de medidas iguais por todos os quatro lados, Ez 48.16,30; Ap 21.16, tendo 12 portas, Ez 48.30-34; Ap 21.12,13, o rio da Vida, Ez 47.1; Ap 22.1, as árvores plantadas de um e de outro lado do rio, cujos frutos servem de alimento, Ez 47.7,12; Ap 22.2. Tanto em Ezequiel quanto em Apocalipse de João, a visão é simbólica. 3) Além de tudo, Ezequiel contribuiu para uma concepção espiritual da Jerusalém do futuro. Ezequiel, e, com ele, seus predecessores, falam da fertilidade da terra em uma nova era, Ez 36.29,30, mas esse aspecto não desperta entusiasmo. Tomando o ensino de Jeremias como base de interpretação, vê-se que ele fala da natureza renovada do povo e da santidade do reino, como a sua coroa de glória no futuro, 11.19,20; 36.24-29. A Sião espiritual regenerada está, definitivamente, no pensamento do povo de Deus: é uma nobre idéia e uma grande esperança.

EZER (*no hebraico, "ajuda"*) **1** Nome de um descendente de Efraim, morto pelos homens de Gate quando tentava furtar-lhes o gado, 1 Cr 7.21. **2** Nome de um homem de Judá, descendente de Hur e pai de Husá, 1 Cr 4.4. **3** Nome de um homem chefe da tribo de Gade que se juntou a Davi em Ziclague, 1 Cr 12.9. **4** Nome de um filho de Jesua, que tomou parte na reconstrução do muro, Ne 3.19. **5** Nome de um sacerdote que era cantor e músico e que participou da cerimônia da dedicação do muro, Ne 12.41. **6** Nome de um homem, filho de Seir, o horeu, que habitava na terra de Edom. Seu nome aparece como *Eser* em alguns textos, Gn 36.21,30; 1 Cr 1.38.

EZIOM-GEBER (*no hebraico, "espinha dorsal de gigante", ou "espinha dorsal do homem"*) **–** nome de uma cidade do mar Vermelho, na parte setentrional do golfo de Acaba, perto de Elate, nos confins de Edom, Dt 2.8; 1 Rs 9.26; 22.48; 2 Cr 8.17. Os israelitas acamparam perto dessa cidade em sua peregrinação pelo deserto, Nm 33.35. Robinson diz que esse nome se estende até *Ghudyan*, pequeno vale com águas salobras, abrindo-se em direção ao Arabá, vindo da montanha ocidental, pouco distante da fortaleza de Acaba, lugar aproximado da antiga Elate. As letras que formam essa palavra, Eziom-Geber, correspondem-se, tanto no hebraico quanto no árabe (veja *ELATE*).

EZRA (*no hebraico, "auxílio"*) **1** Nome de um homem, que foi incluído no registro de Judá, 1 Cr 4.17. **2** Nome de um sacerdote que voltou da Babilônia com Zorobabel, aparece como Esdras em algumas versões, Ne 12.1,7. Um chefe de família tem o mesmo nome na geração seguinte, v. 13.

EZRAÍTA – é a forma alterada de *Zarita*. O nome designa um descendente de Zerá, pertencente à tribo de Judá, como Etã, 1 Rs 4.31; título do salmo 89, *cf.* 1 Cr 2.6 e Hemã. Título do salmo 88; *cf.* 1 Cr 2.6.

EZRI (*no hebraico, "Deus é meu auxílio"*) **–** nome de um filho de Quelube, e superintendente da agricultura e dos lavradores no reinado de Davi, 1 Cr 27.26.

FAIA/CIPRESTE – a) Tradução da palavra hebraica *berosh* e da aramaica *beroth*, 2 Sm 6.5; Ct 1.17. Essa árvore cresce com os cedros do Líbano, 1 Rs 5.8,10; Is 14.8; 37.24; 60.13; Zc 11.2. Empregou-se com o cedro na construção do templo de Salomão, 1 Rs 5.8,10; 6.15,34; 2 Cr 2.8; 3.5, na cobertura dos navios, Ez 27.5, e na fabricação de instrumentos musicais, 2 Sm 6.5. Em seus ramos, as aves construíam ninhos, Sl 104.17. A Vulgata traduz o vocábulo hebraico uma vez por cipreste em Ct 1.17, e em outros lugares por *abies*, faia, exceto em 2 Sm 6.5; 2 Cr 2.8; Na 2.3. A LXX traduz quase sempre por cipreste, pinho e junípero. Todas essas árvores pertencem à família das Coníferas. A verdadeira faia da região do Líbano é a *Abies cilica*, que ali cresce, como também nas montanhas do norte dessa região, atingindo a altura de 10 a 25 metros. O cipreste (*Cupresus sempervirens*) é árvore que se eleva à altura de 20 a 24 metros. A madeira é de um amarelo avermelhado muito agradável de cheiro e de grande durabilidade. Empregava-se em obras de marcenaria, e plantava-se em profusão nos cemitérios do oriente, por causa de sua forma piramidal e delicadeza de suas folhas. O pinheiro de Alego (*Pinus halepensis*) encontra-se nas montanhas a oeste da Palestina, sendo uma das árvores características do baixo Líbano. É inferior em tamanho à faia e ao cipreste. O *Pinus marítima* desenvolve nas costas e nas planícies arenosas e não é muito comum. Em Gileade, há extensas florestas de *Pinus carica* que povoam as mais altas montanhas acima da linha dos carvalhos. Os altos e odoríferos juníperos crescem abundantes no Líbano. b) Tradução da palavra hebraica *té ashshur*, Is 41.19; 60.13. Do mesmo modo é traduzida a palavra hebraica *berosh*. O cipreste, *cupressus sempervirens*, é o tipo da subordem *Cupresseae*, da ordem das *Pinaceae* (Coníferas). São conhecidas dez espécies do gênero *Cupressus*. O cipreste comum é árvore sempre verde de que existem duas variedades. Uma que cresce até a altura de 20 metros e outra mais baixa, de ramos estendidos. O cipreste é natural da Pérsia e do Levante. Serve de ornamento nos cemitérios do ocidente para onde foi transplantado. c) Tradução, em algumas versões, da palavra hebraica *tidhar*, nome de uma árvore do Líbano, Is 41.19; 60.13. d) Tradução da palavra hebraica *Es shemen*, ramos de oliveira, oliveira silvestre, Ne 8.15. e) Tradução, em algumas versões, do hebraico *teash-shur*, árvore direita, de que se fabricava os bancos das embarcações e as tabuinhas de escrever, Ez 27.6; Lc 1.63. A faia fazia parte das árvores que formavam a glória do Líbano, Is 60.13.

FAIXA – tira de pano em que envolviam as crianças recém-nascidas, Jó 39.9; Ez 16.4; Lc 2.7,12. Deitavam a criança sobre um pano quadrado, cujas pontas dobravam sobre o corpo, e depois, por meio de uma faixa, o apertavam.

FALCÃO – o termo traduzido é *ayyah*, a maioria dos estudiosos concorda em tratar-se de ave de rapina, como em Lv 11.14; Dt 14.13 e Jó 28.7. Embora a tradução em português seja *nets*, em Jó 39.26 e em outros textos é traduzida por "falcão" e não "gavião", que seria mais acertado. Trata-se de uma ave declarada imunda pela lei cerimonial, Lv 11.14; com outras aves de rapina de menor vulto. Compreendia o gavião-fêmea (*Accipiter nisus*), e o francelho, *Falco tinunculus*. O primeiro é muito comum no Líbano e na região montanhosa de Gileade, durante o verão; na Judéia e em Arabá durante o inverno. O francelho, que é genuíno falcão, abunda na Palestina em todas as estações do ano.

FALDAS DE PISGA – trata-se de uma região em Moabe, relacionada ao monte Pisga. O nome hebraico, "fontes de Pisga", sugere a existência de algumas nascentes no monte, Dt 3.17; 4.49; Js 12.3; 13.20.

Falcão — Christian Computer Art

FAMÍLIA DOS MACABEUS, Matatias

FANUEL (*no hebraico, "a face de Deus"*) – nome de um aserita, pai da profetisa Ana, Lc 2.36. É provável que Fanuel seja derivado de Peniel, Gn 32.30. Ana foi a profetisa que conheceu o menino Jesus, quando por José e Maria foi apresentado no templo, Lc 2.36s.

FARAÓ (*do egípcio, "casa grande"*) – designação geral pela qual eram conhecidos os soberanos do Egito, afixo ou não a seu nome individual. Os faraós mencionados na Bíblia do tempo de Abraão e José não podem ser identificados com absoluta certeza, os mais conhecidos são: **1** O Faraó da Opressão. Julga-se em geral que era Ramsés II, terceiro rei da 19ª. dinastia, e filho de Seti I (veja *EGITO III*, 8). Ambos pertenceram ao Novo Império. Ramsés, desde bem moço, associou-se ao governo de Seti e reinou 67 anos, de 1348 a 1281 a.C., segundo cálculo feito pelo Dr. Mahler. Foi grande guerreiro; penetrou na Ásia muito além dos limites atingidos por Tutmés III, avançando até a Ásia Menor e às vizinhanças do Tigre. Os líbios e os insulares do Mediterrâneo guerrearam com os egípcios, mas Ramsés os derrotou. A sua grande ex-

FARAÓ

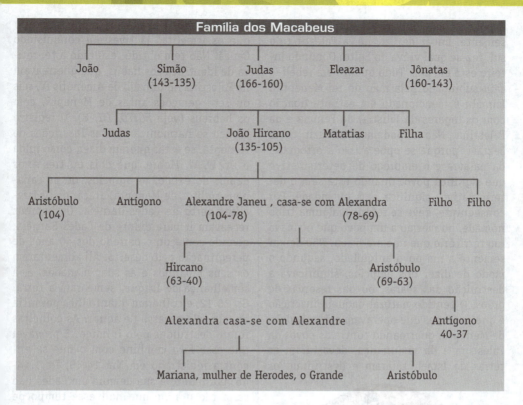

pedição foi contra os heteus e seus aliados, no que empreendeu muitas campanhas. O mais notável de seus feitos se verificou durante uma expedição a Cades, sobre o Orontes, capital do reino dos heteus, em que foi guiado por traidores beduínos que ali lhe prepararam uma emboscada, da qual escapou pela sua valentia pessoal; contudo não pôde tomar a cidade nem derrotar os heteus de modo a terminar a guerra. Deu fim à luta por meio de um tratado de paz e de amizade selado pelo casamento com a filha do rei heteu. No período de paz que sucedeu, Ramsés dirigiu sua atenção para as construções grandiosas que embelezaram o Egito, para enriquecer as bibliotecas e estabelecer escolas. No Delta, principalmente, levantou grandes construções, entre as quais se contam *Pa-Ramesses* e em parte, Piton. A múmia desse rei está no museu de Bulaque. **2** O Faraó do Êxodo.

Segundo se acredita, chamava-se Meneptá II, 13º. filho de Ramsés II. Por ocasião de subir ao trono, ratificou o tratado de paz que seu pai havia feito com os heteus. No quinto ano de seu reinado, o baixo Egito sofreu a invasão dos líbios com os seus aliados. Os mercenários do império, mais que o próprio rei, tiveram vitória completa sobre os invasores. Compuseram, por esse motivo, um hino para celebrar essa vitória e outros sucessos mais. Em alguns pontos, a tradução é duvidosa, porém, na essência, é como segue: "Os chefes se curvam fazendo saudações de paz. Nenhum dos povos inimigos ousou erguer a cabeça. A terra dos líbios está vencida. Está em paz a terra dos heteus. O luar de Pa-Canana, ao sul da Palestina, foi devastado com grande violência. O lugar de Ascalom foi levado para longe. Aniquilado está o lugar de Gazer. O lugar de Inuã, perto de Tiro foi reduzido a nada.

FARAÓ

O povo isiraalu foi aniquilado, sem deixar semente. Lugar de Car, i.é, a Palestina do sul, fez-se qual viúva do Egito. O mundo inteiro está em paz. Tudo quanto era rebelião caiu subjugado pela mão do rei Meneptá". Isiraalu é mencionado em estreita ligação com os lugares da Filístia, da Fenícia e da Palestina. Não o podemos traduzir como Jezrael, porque se opõe a isso a ortografia da palavra e o emprego do determinativo que significa povo. Quando está sem o determinativo, significa país ou cidade. Por conseguinte, deve se referir a alguma tribo nômade, ou mesmo a um povo que ocupava um território que não era o seu. Não deixar semente a um povo aniquilado, segundo o modo de dizer dos egípcios, significava a destruição das searas, ou das reservas de grãos. O sentido natural daquela inscrição é que as tropas que operavam sob as ordens de Meneptá, guerreando contra os povos da Palestina e da vizinhança, devastaram as terras de Israel, talaram e destruíram os seus celeiros. Mas não se pode acreditar que os israelitas já tivessem conquistado Canaã. Não tem obtido resultado a tentativa de identificar os habiri, que guerreavam na Palestina no reinado de Amenofis IV, seis ou sete gerações antes de Meneptá, com os hebreus (veja EGITO, III, 8). O registro bíblico se harmoniza com as Inscrições de Meneptá, se estas querem dizer, como julga o Dr. W. W. Moore, que dois ou três anos depois do êxodo, os egípcios, ou os cananeus súditos de Meneptá, atacaram os israelitas perto de Cades-Barnéia. Os hebreus receavam ir para diante de Cades-Barnéia, quando começou o período dos 40 anos de peregrinação pelo deserto. Ali alimentaram os seus rebanhos e as suas manadas, e, à semelhança de Isaque, semearam a terra, Gn 26.12, e colheram quanto lhes permitia aquele solo escasso de águas. As colheitas foram destruídas pelo inimigo. É provável que esse fato combine com o que se encontra registrado em Nm 14.45; Dt 1.44-46, porquanto a sua demora em Cades não seria tão grande que houvesse tempo de fazer a colheita dos trigos semeados. Esta interpretação não dá lugar a se dizer que o Faraó do êxodo sucumbiu como o seu exército no mar Vermelho, nem é esse o sentido da narração bíblica. Não é necessário crer que ele fez pessoalmente tudo quanto se lhe atribui, nem que participou da sorte de seus emissários que perseguiam o povo de Israel. **3** Sisaque, que os monumentos denominam Sesenque, e que Maneto diz Sesonquis, primeiro monarca da 22ª. dinastia. Segundo uma inscrição encontrada em Abidos, Sisaque era filho de um conquistador assírio chamado Nemrete. Os nomes de seus sucessores são mais de origem assíria do que egípcia. Uma narração referente à sua expedição à Palestina, 1 Rs 14.25,26; 2 Cr 12.2-9, acompanhada dos costumeiros exageros orientais, pode observar-se na parede do templo de Carnaque, da banda do sul. Lá

Tutankamon — Christian Computer Art

FARAÓ

estão os nomes das cidades conquistadas por essa expedição, em que vem o nome Judá-Maleque, que pode bem ser o nome da cidade real de Judá. Parece ter sido um hábil estadista, como se mostrou ser, evitando conflitos com o rei Salomão, quando conservou em seu poder, como refugiado, a Jeroboão, inimigo do rei, 1 Rs 11.40. Maliciosamente tirou partido da situação precária dos negócios da Palestina depois da divisão do reino, para invadi-la em circunstâncias em que a resistência a um exército inimigo era impossível por causa das perturbações internas. Ele também manteve em equilíbrio as forças a seu favor no Egito, conferindo prerrogativas aos sacerdotes do deus Ápis em Mênfis, que eram rivais dos sacerdotes de Tebas. Jeroboão se refugiou na corte de Sisaque, algum tempo depois do 25º. ano da idade de Salomão, 1 Rs 6.38; 7.1; 9.10,24; 11.27, e a invasão de Judá ocorreu no quinto ano de Roboão, de acordo com o tempo mais longo, exigido pela narração bíblica para o reinado de Sisaque, que é de 21 anos, e que poderia até ser menor. Dá-se esse tempo para confrontar a narração dos monumentos egípcios que falam do 39º. ano do seu reinado. **4** ZARA ETÍOPE, que empreendeu invadir o reino de Judá, no reinado de Asa, com um exército formidável composto de etíopes e líbios, os quais suplementavam o exército egípcio, formando ao todo, um milhão de homens, com 300 carroças de guerra e que foi derrotado em Maressa, 2 Cr 14.9-15; 16.8. Os monumentos não fazem referências a essa expedição militar, como era de costume fazer, naturalmente por lhe ser desfavorável. Esse Zera é identificado com Osorom I ou II, sucessor de Sisaque, na 22ª. dinastia. O escritor sagrado denomina-o etíope, ou porque havia sido coroado por ocasião de dirigir a expedição contra Judá, por ser portador desse título, ou porque era realmente etíope de nascimento. Osorom II era genro e não filho do monarca precedente. **5** Sô, contemporâneo de Oséias, rei de Israel, 2 Rs 17.4. **6** TARACA, terceiro e último rei da 25ª. dinastia, ou dinastia etíope. Tanto ele quanto o nome são etíopes (Steindorff). Quando Senaqueribe, rei da Assíria, atravessava a Filístia em direção ao Egito no ano 701 a.C., soube que Taraca, rei da Etiópia, vinha ao seu encontro, 2 Rs 19.9. Senaqueribe, narrando esse acontecimento, sem dizer os nomes das pessoas, relata que os reis do Egito e os archeiros, os carros e os cavalos do rei da Etiópia lhe saíram ao encontro em Elteque (Cilindro, 2.73-81). A Etiópia e o Egito, que estavam provavelmente sob o poder de Sabataca, ou já sob governo do jovem e vigoroso Taraca, desposado com a viúva de Sabataca, e tutor de seu filho ainda jovem, eram governados por monarcas subordinados. Esar-Hadom dirigiu várias campanhas contra o Egito e em 671 a.C. penetrou até o centro do país; derrotou Taraca, que ele chamou de rei da Etiópia, tomou Mênfis, cativou o filho de Taraca e assumiu o título de rei do Egito, de Patros e da Etiópia. Taraca se refugiou na Etiópia, e depois da morte de Esar-Hadom, em 669 ou 668, regressou ao Egito. Assurbanipal enviou contra ele um exército, derrotou suas tropas em Carabanite, perto da foz do Canópico, uma embocadura do Nilo. Taraca se retirou para Tebas. Ainda poderia contar com o auxílio de outros pequenos reis do Egito, entre os quais estava Neco. Assurbanipal foi até ali e tomou a cidade. Os registros do rei assírio relatam sobre a morte de Taraca. Isto aconteceu no ano 664 a.C. A história do Egito registra que seu reinado durou pelo menos 26 anos. **7** NECO, filho de Psamético I, foi o segundo soberano da 26ª. dinastia, e reinou 16 anos, desde 610 a 594 a.C. Empreendeu a abertura de um canal ligando o Nilo ao mar Vermelho, e mandou fazer uma viagem de circunavegação nas costas da África, Heród. 2.158; 4.42. Matou o rei Josias em Megido por se opor à sua

FARAÓ

marcha contra a Assíria. Diz Heródoto que Faraó-Neco derrotou os sírios em Magdolus (Megido), depois tomou Caditus, uma das maiores cidades da Assíria (2.159), identificada com Gaza e mais propriamente com Cades, cidade dos heteus, nas margens do Orontes. Por ocasião da morte de Josias, o povo aclamou seu filho Jeoacaz que o Faraó destronou, levando-o para o Egito, e colocando em seu lugar seu irmão mais velho, Jeoiaquim, 2 Rs 23.30-34. Parece que Neco deixou o exército acampado em Carquemis, enquanto regressava ao Egito. No ano 605, juntou-se novamente ao exército com o fim de atacar o império assírio em decadência. Infelizmente para ele, chegou tarde. Saiu a encontrar-se com ele, Nabucodonosor, conquistador babilônio da Assíria, que o derrotou completamente com a perda de todas as suas possessões asiáticas, 2 Rs 24.7. **8** FARAÓ HOFRA, *o Uah-ab-ra* dos monumentos egípcios, o Ouafris de Maneto e o Apries de Heródoto. Foi o segundo sucessor de Neco, depois do curto reinado de Psamético II. Reinou 19 anos, desde 589 a 570 a.C. Conservou-se no trono, quando Jeremias e seus companheiros de exílio ainda viviam. Esse profeta anunciou por ordem do Senhor que Faraó Hofra seria entregue nas mãos de seus inimigos, do mesmo modo que havia sido Sedecias, rei de Judá, nas mãos de Nabucodonosor, Jr 44.30. Foi grande cabo de guerra, parece ter sido ele quem aprisionou as frotas combinadas de Chipre e Sidom em combate naval. Finalmente, foi malsucedido em um ataque à colônia grega de Cirene. Em conseqüência disso, se revoltou contra ele o exército, que o prendeu e o matou.

FARFAR (*no hebraico, "rápido"*) – nome de um dos rios de Damasco, que Naamã mencionou em segundo lugar, talvez por ser inferior em tamanho a Abana, 2 Rs 5.12. Segundo uma tradição local, que surgiu no século 16, este Farfar é o Taura, nome de um dos sete canais em que se divide o Barada à medida que se aproxima de Damasco. Além dessa tradição local, identificam o Farfar com o *Awaj*, única corrente solitária, além do Barada, dentro do território de Damasco, distante da cidade cerca de três horas a cavalo. Esse rio se forma pela confluência de várias correntes que descem do monte Hermom, segue um curso tortuoso pela planície em direção ao sul da cidade, entrando finalmente em um dos três lagos, ali existentes, o que fica mais para o sul. Na estação da seca, as águas diminuem a tal ponto que se evaporam antes de chegarem ao lago.

FARISEU (*no hebraico, "separado"*) – nome de uma das três principais seitas judias, com os saduceus e os essênios. Era a seita mais segura da religião judia, At 26.5. Com certeza, a seita dos fariseus foi criada no período anterior à guerra dos Macabeus, com o fim de oferecer resistência ao espírito helênico que se havia manifestado entre os judeus, tendente a adotar os costumes da Grécia. Todos quantos aborreciam a prática desses costumes pagãos, já tão espalhados entre o povo, foram levados a desenvolver forte reação para observar estritamente as leis de Moisés. A feroz perseguição de Antíoco Epifanes contra eles, 175-164 a.C., os levou a se organizarem em partido. Antíoco queria que os judeus abandonassem a sua religião em troca da fé idólatra da Grécia, tentou destruir as Santas Escrituras, e mandou castigar com a morte quantos fossem encontrados com o Livro da Lei, 1 Mac 1.56,57 os hasidianos que foram homens valentes de Israel, com todos que se consagravam voluntariamente à defesa da lei, 2.42; *cf.* 1.62,63, entraram na revolta dos Macabeus como um partido distinto. Parece que esse partido era o mesmo dos fariseus. Quando terminou a guerra em defesa de sua liberdade religiosa, passaram a disputar a supremacia política; foi então que os hasidianos se retraíram. Não se fala deles durante o tempo em que Jônatas e Simão

FASIRON

dirigiam os negócios públicos dos judeus, 160-135 a.C. Os fariseus aparecem com esse nome nos dias de João Hircano, 135-105. Esse João Hircano pertencia à seita dos fariseus, da qual se separou para se tornar adepto das doutrinas dos saduceus, Antig. 13.10,5,6. Seu filho e sucessor Alexandre Janeu tentou exterminá-los à espada, porém, sua esposa Alexandra, que o sucedeu no governo no ano 78, reconhecendo que a força física era ineficaz para combater as convicções religiosas, favoreceu a seita dos fariseus, 15.5.16,1. Daí em diante, a sua influência dominava a vida religiosa do povo judeu. Os fariseus sustentavam a doutrina da predestinação, que consideravam em harmonia com o livre-arbítrio. Acreditavam na imortalidade da alma, na ressurreição do corpo e na existência do espírito, nas recompensas e castigos na vida futura, de acordo com o modo de viver neste mundo; que as almas dos ímpios eram lançadas em prisão eterna, enquanto que as dos justos reviveriam, At 23.8, Antig. 18.1,3; Guerras, 2.8,14. Por essas doutrinas se distinguiam eles dos saduceus, mas não constituíam a essência do farisaísmo, que é o resultado final e necessário daquela concepção religiosa, que faz consistir a religião em viver de conformidade com a lei, prometendo a graça divina somente àqueles que fazem o que a lei manda. Deste modo, a religião consistia na prática de atos externos, em prejuízo das disposições do coração. A interpretação da lei e a sua aplicação nos pormenores da vida comum, veio a ser um trabalho de graves conseqüências; os doutores cresciam em importância para explicar a lei, e suas decisões eram irrevogáveis. Josefo, que também foi fariseu, diz que eles não somente aceitavam a lei de Moisés, interpretando-a com muita perícia, mas também ensinavam ao povo muitas práticas de seus antecessores, que não estavam escritas na lei de Moisés, Antig. 13.10,6, e que eram as interpretações tradicionais dos antigos, que nosso Senhor considerou de importância secundária, Mt 15.2,3,6. A princípio, quando era muito arriscado pertencer à seita dos fariseus; eles eram pessoas de grande valor religioso e constituíam a parte melhor da nação judia. Subseqüentemente, tornou-se uma crença hereditária, professada por homens de caráter muito inferior que a ela se filiavam. Com o passar do tempo, os elementos essencialmente viciosos dessa seita desenvolveram-se muito, a ponto de fazerem dos fariseus objeto de geral reprovação. João Batista, dirigindo-se a eles e aos saduceus, os chamou de raça de víboras. É muito conhecida a linguagem de Jesus, pela qual denunciou severamente essas seitas pela sua hipocrisia e orgulho, pelo modo por que desprezavam as coisas essenciais da lei para darem atenção a minúcias das práticas externas, Mt 5.20; 16.6,11,12; 23.1-39. Formavam uma corporação de intrigantes, Antig. 17.2,4. Tomaram parte notável na conspiração contra a vida de Jesus, Mc 3.6; Jo 11.47-57. Apesar disso, contavam-se em seu meio homens de alto valor, sinceros e retos, como foi Paulo, quando a ela pertencia e dela se orgulhava, em defesa de sua pessoa, At 23.6; 26.5-7; Fp 3.5. Seu mestre Gamaliel também era da mesma seita.

FARPAR (veja *FARFAR*).

FASELIS – nome de uma cidade da Lícia, no golfo da Panfília, onde existem três portos excelentes, empório de grande comércio dos tempos antigos, Heród. 2.178. Era cidade independente, 1 Mac 15.23 até a guerra de 78-75 a.C. quando os romanos a destruíram por se haver convertido em um ninho de piratas. Depois disso, foi reconstruída, mas nunca atingiu a antiga importância. As suas ruínas existem perto de Tecrova.

FASIRON – nome de um provável chefe beduíno, que com Odomar e seus irmãos, foi derrotado por Jônatas Macabeu, 1 Mac 9.66.

FAVAS

FAVAS – produto vegetal que se usa como alimento, 2 Sm 17.28. Nos dias de fome em Jerusalém, as favas trituradas com outros cereais serviam para o fabrico de pão, Ez 4.9. A fava comum, *Vicia faba*, ainda é conhecida na Palestina pelo antigo nome.

FÉ – existe diferença entre crença e fé. Crença é o assentimento ao testemunho; e a fé é o mesmo assentimento ao testemunho acompanhado de confiança. A fé é um princípio ativo; é um ato da inteligência e da vontade. A distinção entre crença e fé se avalia pela diferença entre as frases "crede-me e confiai em mim". O verbo crer convém a ambos os vocábulos, fé e crença. Na Bíblia, fé ou crença quer dizer confiança absoluta em tudo que Deus tem revelado, Gn 15.6; Dt 32.20; Mc 11.22; Rm 4.3-5. Por ela agiram os heróis da Escritura, Hb 11. Em sentido especial, a fé consiste na confiança que se tem no testemunho que Deus dá de Si mesmo, referente à missão de Nosso Senhor Jesus Cristo, Jo 5.24, e no testemunho de Jesus a respeito de Si mesmo, *cf.* Jo 3.18; At 3.16; 20.21. A fé no Redentor pela qual o pecador confia nele só, é essencial à salvação, Jo 3.15,16,18; 2.8s. A crença em sua existência histórica, e na verdade de suas doutrinas, pode ser produzida pela evidência, mas a fé em Cristo e a confiança nele para a salvação não se pode conseguir do mesmo modo. É dom de Deus, Ef 2.8. O Espírito aplica a verdade à alma. Os meios humanos entram como elemento de cooperação com o Espírito, para produzir a fé, Rm 10.17. A fé pode existir em diversos graus de intensidade, Rm 4.19,20; 14.1. Os apóstolos, quando sentiram fraqueza da fé, pediram a Jesus que ela lhes fosse aumentada, Lc 17.5. A fé opera pelo amor, Gl 5.6, e vence o mundo, 1 Jo 5.4. Apesar de sua grande importância, não é a maior das graças cristãs, a maior de todas elas é o amor, 1 Co 13.13. O sistema de doutrina revelada por Deus para a salvação chama-se fé, At 6.7; 24.24; Rm 1.5 etc.

FEBE (*no grego, "puro", "brilhante"*) – nome de uma serva, ou diaconisa da igreja de Cencréia, porto oriental de Corinto. Quando ela se mudou para Roma, o apóstolo Paulo cordialmente a recomendou aos crentes daquela cidade; porque ela havia assistido a muitos, isto quer dizer que ela socorrera muitos estrangeiros em suas necessidades, Rm 16.1,2. É provável que ela tenha sido a portadora da Carta de Paulo aos Romanos.

FEBRE (*no hebraico, haddabath, "calor"*) – moléstia, ou antes, gênero de doença, acompanhada de secura e calor do corpo, sede, pulso alterado e outros sintomas. A febre se classifica em três tipos principais: intermitente, remetente e contínua. As febres de vários tipos como atualmente se conhecem, existiam na antiga Palestina, mas não se podem identificar com certeza. Febre é a tradução da palavra hebraica *haddabath*, "calor", Lv 26.16, e febre, Dt 28.22. Nesta última passagem, a febre está associada ao calor e secura e à infecção pelo ar. Em grego, é *puretos de pur*, "fogo", Mt 8.15; Lc 4.38; Jo 4.52; At 28.8. Galeno e os médicos gregos classificavam as febres em altas e baixas. Lucas, na passagem citada, assim se exprime, como médico que era. A febre acompanha uniformemente certas doenças, mencionadas com a "febre e a disenteria". Quando na Bíblia se relata sobre espada, fome e pestilência, ordem sucessiva, é provavelmente a febre tífica.

FECHADURA (veja *FERROLHO*).

FEITICEIRO – pessoa possuidora de conhecimentos sobrenaturais sob a forma de feitiçaria a que se refere a Bíblia, baseados em pretensas comunicações com os espíritos dos mortos, Is 8.19. O feiticeiro murmurava palavras, de modo a parecer que era a voz dos espíritos, cap. 29.4. Nunca se faz menção do feiticeiro senão em conexão aos espíritos

FÉLIX

familiares, porque pertence à mesma classe dos que invocam os espíritos dos mortos. Os cananeus consultavam os feiticeiros, Dt 18.9-12, bem assim os egípcios, Is 19.3, mas os hebreus se desonravam indo a tais oráculos, e cometiam o pecado de apostasia, Lv 19.31; 20.6; Is 8.19. O pecado de feitiçaria era punido com a morte, Lv 20.27. Saul, e depois dele o rei Josias, cumpriram essa lei, 1 Sm 28.3,9; 2 Rs 23.24, porém Manassés a violou vergonhosamente, 2 Rs 21.6 (veja *MÁGICO*).

FEL (*derivação remota do grego chole, "bílis"*) **1** Secreção amarga do fígado, bílis, Jó 16.13; 20.25. No hebraico, a palavra é *Mererah* e *Merorah*, que significa fluido ou amargo. O veneno das áspides vinha da sua bílis, segundo a crença antiga, Jó 20.14. Aos sentimentos ruins contra o que é bom, o apóstolo chama fel de amargura, At 8.23. **2** Erva amarga e venenosa, Dt 29.18; 32.32,33; Sl 69.22, em hebraico, *Rosh* e em grego, *Chole*; brota espontaneamente nos valados do campo, Os 10.4. Vem associada ao absinto, em estilo literário, em Dt 29.18. Água de fel é sinônimo de castigo pungente, Jr 8.14; 9.15; 23.15. Como recurso misericordioso, davam aos pacientes crucificados uma mistura de vinagre com fel, para diminuir-lhes os sofrimentos, Mt 27.34. Os efeitos característicos dessa mistura não se parecem com os produzidos pela dormideira e pela cicuta, que não são ervas amargas; são mais semelhantes aos da coloquíntida.

FÉLIX (*no latim, "feliz"*) – nome de um ex-escravo liberto do imperador Cláudio, nomeado para governador da Judéia, em data incerta. Cumanus foi o sucessor de Tibério Alexandre no ano 49 d.C. (Antig. 20.5,2). Segundo Tácito, Cumanus governava a Galiléia, e Félix Samaria, em parte, até a deposição de Cumanus, sendo depois nomeado governador de toda a província, por Quadratus, governador da Síria. Josefo,

que era ainda rapaz em Jerusalém no ano 48 d.C. e mais tarde historiador dos judeus, diz que Cumanus foi procurador da Judéia e que Félix foi nomeado seu sucessor pelo imperador Cláudio, para administrar os negócios da Judéia, no ano 52, Antig. 20.7,1; Guerras 2.12,8. É possível que eles tenham exercido o governo por algum tempo. Dá-se como causa da sua nomeação a influência de seu irmão Palas, pessoa de grande intimidade e prestígio na corte do imperador Cláudio. Nero, sucessor de Cláudio, transferiu o governo de quatro cidades da Galiléia de Félix para Agripa. Félix era cruel e tirano, e no exercício do poder mostrava as disposições de um escravo, Tácito, Hist. 5.9; Anais, 12.54. O sumo sacerdote Jônatas favoreceu a nomeação de Félix para o cargo de governador, mas não lhe foi agradável a fidelidade com que defendia a causa de seus patrícios. Jônatas foi morto pelos ladrões denominados assassinos, segundo diz Josefo, por instigações de Félix. A impunidade desse grande crime os animou a novas barbaridades; tornaram-se o terror da Judéia. Félix tentou aniquilá-los; prendeu a muitos deles que mandou crucificar, e mandou o seu chefe Eleazar para Roma, Antig. 20.8,5; Guerras 2.13,2. Depois, levantaram-se falsos profetas e conduziram o povo em massa para o deserto, onde, segundo diziam, Deus ia mostrar sinais de liberdade. Félix, acreditando que esse movimento fosse um princípio de revolta, fez grande matança no povo, Guerras 2.13,4. Não tardou que um egípcio se levantasse, como profeta, reunindo grande massa de povo no monte das Oliveiras, para assistir à queda dos muros de Jerusalém, abrindo-lhe caminho para entrar na cidade. Félix os abateu com as suas tropas, matou cerca de 400 e aprisionou 200. O egípcio escapou. Isto foi no ano 55. Cinco ano mais tarde, deu-se a conspiração contra o apóstolo Paulo. O comandante das forças romanas de Jerusalém suspeitou que o apóstolo fosse o egípcio que voltava a fazer

FÉLIX

novos distúrbios, At 21.38; Antig. 20.8,6. Paulo foi preso sob o falso pretexto de profanar o templo, e enviado à Cesaréia, como medida de prudência para livrá-lo das mãos dos judeus. Cesaréia era então o centro do governo romano da Judéia, At 23.26. O processo e julgamento estavam agora perante Félix, 24.1-23. Drusila, judia, mulher de Félix que ele havia seduzido para abandonar o seu legítimo esposo, Antig. 20.7,12, estava presente a uma entrevista de Paulo com Félix, em que se tratou com certo calor da temperança e do juízo futuro, da justiça e da castidade; todo atemorizado disse-lhe: "Por ora, basta"; e não se arrependeu. Por diversas vezes se entreteve em conversas com o apóstolo, esperando que ele lhe desse dinheiro para comprar a sua liberdade, At 24.24-26. Terminando o tempo de seu ofício, foi ele substituído por Pórcio Festo e deixou o apóstolo na prisão para ser agradável aos judeus v. 27. Isso não impediu que fosse acusado pelos judeus logo que voltou para Roma, no ano 60. Acusaram-no de proceder irregularmente nos últimos conflitos entre judeus e sírios em Cesaréia. Devido ainda à grande influência de seu irmão Palas, que era favorito da corte, é que ele não foi punido por Nero, Antig. 20.8,9; *cf.* 8.7; Guerras 2.3,7. Pórcio Festo tomou o seu lugar de governador da Judéia.

FENICE (*no grego, "terra das palmeiras"*) – nome de um porto da ilha de Creta, At 27.12, ancoradouro seguro, graças à sua posição, cuja entrada se fazia pelo nordeste e sudeste. Chama-se atualmente Lutro, único porto da ilha que oferece abrigo seguro em qualquer estação do ano.

FENÍCIA (*no grego, "terra das tamareiras", "da púrpura", ou "da gente de pele escura"*) – nome de uma faixa de terreno situado entre o mar Mediterrâneo a oeste, a cordilheira do Líbano ao oriente e as montanhas que se destacam para o sul. É limitada ao nor-

te pelo Arvade. Depois do estabelecimento dos hebreus na costa, a Fenícia terminava na Escada de Tiro, cerca de 22 km ao sul, se bem que habitavam fenícios igualmente em Aczibe e Aco, Jz 1.31. No tempo de Cristo, a Fenícia estendia-se para o sul até Dor, cerca de 26 km ao sul do Carmelo. A distância desde o Arvade até a escada de Tiro regulava 201 km. Cidades principais, Tiro e Sidom; dessas, a mais importante era Sidom. Os antigos hebreus davam o nome de Canaã à Fenícia, Is 23.11, e seus habitantes chamavam-se cananeus, classificados com os povos camitas, Gn 10.15. Essa classificação não quer dizer que eles partilharam do sangue de Cão. Dizem as suas tradições que haviam emigrado do mar Eritreu, vindos da Síria para a costa de Canaã, Heród. 1.1; 7.89. Segundo os autores árabes, os fenícios vieram pelo deserto setentrional da Arábia. A sua origem prende-se ao território vizinho ao golfo Pérsico, lugar habitado primitivamente pela raça de Cão. Tempos depois, adotaram a linguagem semítica. A costa da Fenícia era protegida por bons portos naturais. O monte Líbano fornecia-lhes madeiras para a construção de navios. Foram famosos navegadores, conhecidos como tais na antiguidade. Negociavam com países distantes, acessíveis pelo Mediterrâneo, e além disso estabeleceram colônias que favoreciam o seu comércio, algumas das quais cresceram grandemente. A maior delas era Cartago, na costa africana, perto da moderna Túnis, que por muito tempo foi rival de Roma, que afinal a destruiu. Os chefes cartagineses que figuravam nas guerras púnicas, alguns senão todos, tinham nomes puramente fenícios e quase hebreus. Aníbal, quer dizer: *graça de Baal*; Asdrubal, significava: *Baal é auxílio*. Quando o Senhor Jesus visitou as costas de Tiro e Sidom, estava ele no território da Fenícia, Mt 15.21; Mc 7.24,31. Vários cristãos dos que haviam sido espalhados pela perseguição que se seguiu ao martírio de Estêvão refugiaram-se na Fenícia, At 11.19.

Fenícios — Christian Computer Art

Paulo e Barnabé passaram por ela, indo de Antioquia para Jerusalém, 15.3. Quando o apóstolo fez a sua última viagem para Jerusalém, embarcou em um navio fenício, que o conduziu a Tiro, 21.2,3 (veja *TIRO, BAAL, JEZABEL, HIRÃO*).

FERAS (veja *BESTA*).

FEREZEUS (veja *PERIZEUS*).

FERMENTO – substância que se empregava para produzir a fermentação da massa e fazê-la crescer, Êx 12.15,19; 13.7. Nos tempos das Escrituras, fazia-se o fermento com um pouco de massa velha altamente fermentada. O pão fermentado por este processo tinha sabor desagradável e cheiro ruim. Para evitar isso, empregaram a levedura. Toda oferta que se fazia ao Senhor não deveria ter fermento, Lv 2.11, mas na oferta consumida pelo ofertante, poderia ser utilizado, 7.13; 23.17. O motivo principal da proibição baseava-se em que o fermento é uma decomposição incipiente, e representava a corrupção moral. Também simbolizava as doutrinas falsas, Mt 16.11; Mc 8.15, e a perversidade do coração, 1 Co 5.6-8. As influências boas ou más comparam-se aos efeitos do fermento. O reino dos céus é comparado ao fermento que certa mulher esconde em três medidas de farinha até que toda a massa fique levedada, Mt 13.33. A lei cerimonial proibia o uso de pão levedado e

FERMENTO

que se guardasse em casa durante a festa da Páscoa. A ausência do fermento simbolizava a santidade de vida que se requer no serviço de Deus; relembrava a pressa com que abandonaram a terra do Egito, a farinha que trouxeram amassada sem tempo para colocar-lhe o fermento e a insipidez do pão, Êx 12.39; Dt 16.3; 1 Co 5.7,8.

FERREIRO – artífice que fabrica instrumentos e armas de ferro e de bronze, 1 Sm 13.19; Is 44.12; 54.16, como Tubalcaim, Gn 4.22, ou que funde e molda metais preciosos, chamado, ourives, Is 40.19. Os ferreiros e ourives usam de uma fornalha de carvão, empregam foles para assoprar, tenazes para segurar as peças incandescentes, bigornas e martelos, Ecclus. 38.28.

FERRO – nome de um metal duro e sem maleabilidade, em hebraico *barzel*, em grego *sideros*. Tubalcaim trabalhava em obras de cobres e de ferro, Gn 4.22. No tempo de Moisés, já se faziam instrumentos de ferro, machados etc., Nm 35.16; Dt 19.5. A cama de Ogue, rei de Basã, foi feita de ferro, Dt 3.11. Na cidade de Jericó devia haver vasos de ferro, Js 6.19,24. As carroças de guerra dos cananeus eram armadas com esse metal, Js 17.16. Na época dos juízes, e daí em diante, o ferro servia para o fabrico de vários utensílios, Jz 1.19; 4.3,13. As armas de guerra, tanto de defesa quanto de ataque: as lanças, as couraças etc., 1 Sm 17.7; Ap 9.9; os instrumentos de lavoura, arados e trituradores, 2 Sm 12.31; Am 1.3; as ferramentas dos artistas, martelos, machados, pregos, 1 Rs 6.7; 1 Cr 22.3; ponteiros para gravadores, Jó 19.24; Jr 17.1; os arpões, as fisgas, Jó 41.7; as portas, as trancas, os ferrolhos, os grilhões, Sl 105.18; 107.10,16; 149.8; Is 44.2; At 12.10; os ídolos, Dn 5.4; tudo isso se fabricava de ferro. Esse metal vinha de Társis, da Grécia e do norte, sem dúvida das vizinhanças do mar Negro, Jr 15.12; Ez 27.12,19. A Palestina possuía

jazidas de ferro nas montanhas do Líbano, Dt 8.9. O minério derretia-se em forjas, Dt 4.20; 1 Rs 8.51, que, a julgar pelas que funcionam no Líbano, eram construídas de pedra, com cerca de três metros de altura, por um de diâmetro. Empregavam o carvão para derreter o ferro. Esse processo envolvia enorme dispêndio de forças e de dinheiro (veja *FERREIRO*).

FERROLHO, FECHADURA – aparelho que servia para segurar a porta, Jz 3.23. Tanto no tempo antigo quanto ainda no moderno, o ferrolho era formado de uma pequena pega de madeira, que se movia dentro de outra, colocada perpendicularmente por dentro da porta, e que entrava em um encaixe aberto no batente. Por cima da pega perpendicular, existiam pequenos pinos de madeira ou de ferro. Logo que a língua do ferrolho entrava no encaixe do batente, os pinos caíam em orifícios correspondentes, abertos no ferrolho para firmá-lo. A chave era guarnecida com igual número de projeções, e quando introduzida em um dos orifícios por baixo dos pinos, os fazia erguer, dando lugar ao recuo do ferrolho. Quando o fecho se fazia pelo lado de dentro, introduzia-se a mão por um buraco aberto na porta e com a chave soltava-se o ferrolho, Ct 5.5.

FERRUGEM – secreção corrosiva, que os gregos chamam *ios*, referindo-se à que se forma na superfície do ferro; é o verdete do cobre e o óxido do ouro e da prata que lhe tira o brilho, Tg 5.3. A palavra grega *brosis*, corrosivo, encontra-se em Mt 6.19,20.

FESTA – o termo hebraico traduzido por festa é *hag*, que significa "fazer um círculo"; também pode significar "procissão", uma caminhada até o santuário (Sl 42.5; 118.27) **1** Pode ser uma refeição suntuosa, acompanhada de alegres expansões, também chamada banquete, como em Dn 5.1. **2** Tempo marcado pelas regras eclesiásticas, destinado a festividades religiosas, Lv 23.2, inclusive o sábado semanal, a festa do primeiro dia do sétimo mês e o dia da expiação, Lv 23.3,24,27. Além destas, a lei mosaica instituiu três festas anuais: a celebração da Páscoa, na tarde do 14º. dia do primeiro mês, com a festa dos pães asmos, que começava no dia 15, e durava sete dias, Lv 23.5-8, a festa das semanas, também chamada das colheitas, Êx 23.16; 34.22; Nm 28.26, que posteriormente se denominou Pentecostes, pois era celebrada 50 dias depois da Páscoa, At 2.1; e a festa dos tabernáculos, que começava no 15º. dia do sétimo mês e continuava durante sete ou oito dias, Lv 23.34-44. Tinham tal importância as três festas anuais, que exigiam o comparecimento de todos os homens saudáveis, não incapacitados por doença ou enfermidade, Êx 23.17; Dt 16.16; Jesus que se mostrou sempre cumpridor da lei, provavelmente comparecia anualmente às três festas tradicionais, Jo 2.23; 7.2-37 etc.; Mt 26.17; Mc 14.12; Lc 22.8; Jo 13.1. Os judeus celebravam mais duas festas, não ordenadas por Moisés, a festa do Purim, instituída para comemorar a vitória dos judeus sobre as maquinações de Hamã, celebrada anualmente nos dias 14 e 15 do mês de Adar, Et 9.21-28, e a festa da dedicação do templo, instituída por Judas Macabeu, que durava oito dias, a começar no dia 25 de Chisleve. A nova dedicação do templo era feita em virtude das profanações praticadas nele pelos agentes de Antíoco Epifanes, 1 Mac 4.41-59; Jo 10.22. A Ceia do Senhor instituída por Cristo também se chama festa, 1 Co 5.8.

FESTO (*no latim "festivo", "alegre"*) – Pórcio Festo, sucessor de Félix, como procurador da Judéia no reinado de Nero, quando ainda Palas era favorito da corte, e ainda em vida de Burrus, Antig. 20.8,9. Palas foi morto no ano 62, e Burrus morreu em fevereiro do mesmo ano. Dois anos antes da chegada de Festo, o apóstolo Paulo podia dizer que Félix fora juiz dessa nação havia muito anos, At 24.10,27. Se Félix foi reconhecido procurador da Judéia desde o ano 48, já devia por muitos anos ter exercido o seu ofício na Palestina até o ano 54 ou 55, e Festo devia tê-lo substituído no ano 55 ou 56, no segundo ou terceiro ano de Nero. Estas datas têm o apoio das autoridades, resultando daí que as datas de importantes acontecimentos da vida de Paulo, inclusive outras de suas prisões, ficam quatro ou cinco anos, antes dos tempos geralmente adotados por investigadores de nota, que registram o ano 52 para a ascensão de Félix e o ano 60 para a nomeação de Festo. Calamitosos foram os tempos de seu governo. Os assassinos se entregavam à pilhagem e ao morticínio. Um impostor conduziu uma multidão de fanáticos ao deserto onde as tropas de Festo os desbarataram com grande mortandade. O rei Agripa mandou fazer uma sala de jantar no seu palácio real de Jerusalém, cujas janelas estavam voltadas para o recinto do templo. Os judeus ficaram muito contrariados com isso, e levantaram um muro para impedir a vista. Esse muro também impedia a vigilância dos guardas romanos para dentro do templo, e por isso Festo ordenou a sua demolição. Apelando para Nero, este consentiu na sua permanência, Antig. 20.8,11. O caráter de Festo contrasta favoravelmente com o de Félix, Guerras 2.14,1. Examinou o processo do apóstolo Paulo e se convenceu de sua inocência; mas para satisfazer os judeus, consentiu que fosse ele julgado em Jerusalém. O apóstolo então apelou para César, At caps. 25 e 26 até o v. 32. Festo morreu no seu posto e foi substituído por Albino no ano 62, Antig. 20.9,1.

FEZES – sedimentos que o vinho deposita no fundo das vasilhas, Is 25.6; Jr 48.11. Os vinhos ou licores ficavam em depósito para que a sua cor se tornasse transparente. Repousar nas suas fezes, Jr 48.11; Sf 1.12, quer dizer: estar contente com as circunstâncias, sem receio de mal algum. Esgotar o vinho até as fezes, quer dizer: suportar o castigo mais rigoroso, Sl 75.8.

FIAÇÃO – a fiação era trabalho das mulheres, Êx 35.25. Naqueles tempos, não havia a roda de fiar, de modo que o processo de torcer o fio era feito à mão, com a roca e o fuso, Pv 31.19. O linho ou a lã enrolava-se na roca que a fiandeira segurava debaixo do braço ou que espetava no chão. Com a mão direita, segurava o fuso que se prendia à linha. O fuso era armado com um disco de madeira que a fazia girar em posição firme para torcer o fio (veja *TECELAGEM*).

FIADOR – pessoa que se faz responsável por obrigações alheias, Pv 22.26,27. Às vezes é necessário garantir de algum modo uma promessa feita, Gn 44.32. Também, nas transações comerciais, era muito comum oferecer-se garantias antes de receber crédito. As formalidades estabelecidas para esse fim consistiam em darem-se as mãos na presença de testemunhas, prometendo o fiador satisfazer a todas as obrigações do devedor, Pv 6.1,2; 17.18. Considerava-se falta de juízo ficar por fiador de um estranho, Pv 11.15; 17.18; 20.16. Em certos casos, porém, era um ato de camaradagem, Ecclus 8.13; 29.14,20. Corria-se grave risco quando o afiançado era reconhecidamente desonesto, 29.16-18.

FICOL (*no hebraico phîkol, o significado é incerto. Alguns pensam em "grande", ou "aquele que fala a todos". Outros pensam tratar-se de um título e não um nome*) – nome de um capitão do exército de Abimeleque, rei de Gerar, que esteve presente ao tratado feito entre Abimeleque e Abraão, e entre Abimeleque, ou seu sucessor de igual nome, e Isaque, Gn 21.22; 26.26.

FIGELO (*no grego phygelos*) – nome de um cristão da província da Ásia, que, em parceria com outros, abandonou o apóstolo Paulo na última parte de sua carreira, 2 Tm 1.15.

FIGUEIRA – nome da árvore que produz figos, Jz 9.10; Nm 13.24. A figueira e o figo

Figueira

têm igual nome no hebraico, *Tee'nah*, ao passo que no grego cada um possui nome diferente: figueira é *Syke* e figo é *sykon*. A figueira é árvore nativa na Ásia ocidental. A árvore nova precisa de cuidados para produzir frutos, Lc 13.6-9, e as velhas degeneram facilmente e morrem, se não forem devidamente cuidadas, Pv 27.18. Os frutos novos aparecem na primavera, antes das folhas se abrirem, Ct 2.13. Quando sacudida pelo vento, deixa cair os figos verdes, Ap 6.13. Se não aparecem os frutos antes das folhas se abrirem, a figueira não dá fruto algum nesse ano. O mês de junho era o mais favorável à sua maturação, Is 28.4; Guerras 3.10,8. As árvores novas davam figos maduros um pouco mais tarde, de agosto em diante. Costumavam conservá-los em pasta, depois de bem secos, e serviam de bom alimento, 1 Sm 25.28; 30.12. A figueira era muito apreciada, tanto quanto a vinha, Dt 8.8; Sl 105.33; Jr 5.17 ; Jl 1.12. Assentar-se alguém debaixo da sua parreira e debaixo da sua figueira era símbolo de prosperidade e de segurança, 1 Rs 4.25; Mq 4.4; Zc 3.10. A figueira infrutífera, mencionada na parábola por Nosso Senhor, representa a nação judia. Os figos também serviam de remédio empregados em pasta sobre as úlceras, 2 Rs 20.7. A figueira, *Ficus carica*, cresce de seis a dez metros. As folhas são tardias na primavera, e caem à chegada do inverno: a largura regula 22 a 25 cm; tem a forma de coração, com três ou quatro lóbulos. O figo tem uma construção muito fora do comum, de modo que os botânicos dão-lhe nome especial e lugar distinto entre as outras frutas. As flores muito minúsculas, desabrocham dentro de uma cavidade, onde se gera o fruto. A árvore cresce espontaneamente nas florestas do sul da Europa e do norte da África; é natural da Palestina, onde nasce nas fendas das rochas e dos muros, Dt 8.8.

FIGUEIRA BRAVA (veja *SICÔMORO*).

FILACTÉRIOS (*no grego phylakterion, "proteção"*) – a tradução do termo por "amuleto" não é correta, embora o objeto de "proteção" tenha esse significado. O termo hebraico é *tepillîm*, e tem sentido etimológico incerto. Tira em que se escreviam curtas sentenças do livro da lei de Moisés, usadas na fronte ou nos braços, Mt 23.5. Em geral, os filactérios tinham a forma de uma caixinha de pequenas dimensões, feita de pergaminho, ou de pele de foca. O filactério usado na fronte continha quatro compartimentos, em cada um dos quais se colocava uma tira de pergaminho com uma passagem da Escritura. As quatro passagens eram: Êx 13.2-10,11-17; Dt 6.49; 11.13-21. O filactério prendia-se à fronte, bem no centro e sobre os olhos, por meio de ataduras. A outra caixinha para o braço continha um só compartimento, com uma tira contendo as quatro passagens já citadas. As primeiras três serviam para regular o proceder. Todos os judeus traziam os filactérios durante as horas matinais de oração, exceto nos dias de sábado e nas festas. Esses dias, já em si, possuíam elementos que dispensavam o uso dos filactérios, *cf.* Êx 13.9.

FILADÉLFIA (*no grego philadelphia, "amor fraternal"*) **1** Nome de uma cidade da Lídia na Ásia Menor, situada 43 km a sudeste de Sardes, na planície de Hermus. Foi construída por Átalo Filadelfo, em uma parte do monte Tmolus. No ano 17 da era cristã, foi destruída por um terremoto e logo depois, restaurada. Foi sede de uma das sete igrejas da Ásia a que se dirige o livro do Apocalipse, 1.31; 3.7-13. Ao contrário de algumas das sete igrejas, recebeu conforto e animação sem censuras de qualquer natureza. A cidade tem atualmente o nome de *Allah Sher* e é habitada. Os muros da antiga cidade ainda em pé cercam vários outeiros, com as ruínas de um templo e de outras construções antigas. **2** Novo nome de cidade amonita Rabá (veja *RABÁ*).

FILEMOM

Filadélfia Ruínas — Christian Computer Art

FILEMOM (*no grego philemon, "amoroso", "amável"*) – nome de um convertido pelo apóstolo Paulo, Fm 19, que morava na mesma cidade com Arquipo, de onde Onésimo havia saído, cf. Fm 2 com Cl 4.17; Fp 4.10 com Cl 4.9. Existia uma igreja na casa desse homem, Fm 2. Paulo o chama de coadjutor seu, v. 1, fala de sua caridade para com os santos, v. 5-7. Como o apóstolo nunca esteve em Colossos, cf. Cl 2.1, é de supor que Filemom se converteu em Éfeso, durante o ministério de Paulo nessa cidade, cf. At 19.10. É provável que Arquipo fosse filho de Filemom e Ápia, sua mulher, Fm 2.

FILEMOM, EPÍSTOLA A – a epístola de Paulo a Filemom é breve e foi dirigida em nome de Paulo e de Timóteo a favor de Onésimo. Esse Onésimo havia fugido da casa de seu senhor, talvez levando consigo algum dinheiro furtado de seu senhor, Fm, 18,19, tomando o caminho de Roma. Converteu-se ali através do ministério do apóstolo Paulo, Fm 10. O apóstolo poderia retê-lo em sua companhia, mas não quis fazê-lo sem o consentimento de Filemom, Fm 13,14. Julgou necessário que Onésimo, que agora era cristão, deveria procurar o perdão de seu senhor, e ao mesmo tempo, esperava que Filemom o recebesse e perdoasse a falta de seu escravo. Por isso enviou Onésimo a seu senhor, pedindo-lhe que o recebesse, não como servo, mas como um irmão em Cristo muito amado, Fm 16, lembrando-lhe ao mesmo tempo a caridade que tinha usado com os irmãos e prometendo pagar-lhe o dano que poderia ter sofrido com a fuga de Onésimo, Fm 18,19. Essa carta revela a sensibilidade do apóstolo Paulo e o modo pelo qual respeitava o relacionamento com seus amigos. Ao mesmo tempo, ilustra o efeito do cristianismo sobre a convivência recíproca, promovendo o espírito de amor e os princípios de justiça destinados à reorganização social. Quando Onésimo levou essa carta a Filemom, foi acompanhado por Tíquico que, por sua vez, também foi portador de outra carta para a igreja de

FILHO DE DEUS

Colossos, Cl 4.7-9, e a epístola aos Efésios, Ef 6.21,22. As três epístolas foram escritas ao mesmo tempo em Roma, pelo ano 61 ou 62 d.C. Apesar de breve, a epístola a Filemom foi sempre reconhecida como legítima produção do apóstolo; encontra-se na versão siríaca e na antiga versão latina, nomeada no fragmento Muratori, aceita por Marcion, citada por Orígenes e incluída por Eusébio na lista dos livros autênticos e indisputáveis, servindo ao mesmo tempo de esteio para garantir a autoria das outras epístolas a ela associadas.

FILETO (*no grego philetos, "amado"*) – nome de um indivíduo associado a Himeneu na propagação de uma heresia, que a ressurreição já havia acontecido, enganando e pervertendo a muitos, 2 Tm 2.17,18.

FILHA – nome que se emprega em diversos sentidos como a palavra filho, ou como expressão de terna simpatia por uma mulher, Gn 30.21; Êx 2.1; Lc 13.16; Mt 9.22. Também se diz filha à mulher residente em um país ou em uma cidade, Gn 24.3; Jz 21.21. Filha de um deus estranho, a mulher adoradora de um deus, Ml 2.11; Is 43.6. Filha de uma cidade ou subúrbio dela, Nm 21.25. O corpo coletivo de uma cidade ou de um país, Sl 9.14, 137.8; Lm 4.21; Zc 2.10.

FILHO – **1** Pessoa do sexo masculino, descendente imediato de seus pais, Gn 27.1. Emprega-se essa palavra em outras acepções, como: **2** Designando uma paternidade remota, descendência, por exemplo, Jeú, filho de Ninsi, quando realmente era seu neto, porque havia nascido de Josafá, cujo pai se chamava Nansi, *cf*. 2 Rs 9.20, com o v. 2. Os israelitas chamavam-se filhos de Abraão e de Jacó, muitos séculos depois da morte desses patriarcas, Ml 3.6; Lc 1.16. **3** Dava-se o nome de filho aos indivíduos que entravam em um relacionamento familiar por adoção ou pelo casamento, Êx 2.10; *cf*. Et 2.7, aos que entravam a fazer parte de uma tribo pelos mesmos processos, Gn 17.9-14, e bem assim aos povos incorporados a outro povo, pela conquista. **4** Expressão afetuosa empregada por uma pessoa de idade, ou de posição superior, para com outra que lhe é subordinada, 1 Sm 3.6,16; 4.16; 2 Sm 18.22; *cf*. Jo 7.19. **5** Nome pelo qual são designados os membros de uma mesma classe profissional, como filho de um perfumador, Ne 3.8, filho dos cantores, 12.28, e também dos que adoram o mesmo deus, como os adoradores de Camos, Nm 21.29. **6** Pelo nome de filhos se designam os moradores de uma cidade ou de um país, como filhos de Sião, Lm 4.2, filhos de Belém, Ed 2.21, filhos da província, Ed 2.1 e filhos de Javã, Gn 10.4. **7** Nome que designa qualidades morais, como, filho de Belial, 1 Sm 25.17, filho valente, 14.52 e, filho de paz, Lc 10.6.

FILHO DE DEUS – nome que designa o Messias, Sl 2.7; Jo 1.49; *cf*. 2 Sm 7.14, no sentido mais profundo, expressivo da relação misteriosa existente entre o Eterno Pai e o Eterno Filho. No Antigo Testamento, esse título é aplicado a seres celestiais, Gn 6.2; Sl 29.1 etc., e também à nação de Israel para simbolizar a sua adoção por parte de Deus, Êx 4.22; Dt 14.1; 32.19 etc. No Novo Testamento, é aplicado a nosso Senhor Jesus, Mt 4.3,6; 16.16; 26.63; 27.43; Mc 1.1 etc. Em Jo 3.18, Jesus Cristo é chamado, unigênito filho de Deus, por causa de sua eterna geração, Hb 7.3, e do seu nascimento miraculoso pela operação do Espírito Santo, Lc 1.35. Como Filho de Deus, Cristo é Deus com todas as infinitas perfeições da divina essência, Jo 1.1-14; 10.30-38; Fp 2.6, igual a Deus, Jo 5.17-25. Jesus é subordinado ao Pai no modo de subsistir na sua obra; isto é, ele procede do Pai, foi enviado por ele e por meio dele se manifesta, Jo 3.16,17; 8.42; Gl 4.4; Hb 1.2. Portanto, a palavra Filho não designa o seu ofício, e sim a sua natureza. Tem ele a mesma natureza igual com seu

FILHO DE DEUS

Pai, que é Deus. Foi ele mesmo quem se chamou Filho de Deus, Lc 22.70; Jo 10.36; 11.4; 19.7, e que seus apóstolos proclamaram, At 9.20; Gl 2.20 etc.; 1 Jo 3.8; 5.5,10,13,20. Por se dizer Filho de Deus é que os judeus o condenaram à morte como blasfemo, Mt 26.63-66; Mc 14.61-64. E, todavia, esta verdade foi bem atestada por ocasião de seu batismo, quando o Espírito Santo desceu sobre ele, acompanhado pelas declarações audíveis do Pai celestial, Mt 3.16,17; Mc 1.10,11; Lc 3.22; Jo 1.32-34, que também se fez ouvir no monte da transfiguração, Mt 17.5; Mc 9.7; Lc 9.35; 2 Pe 1.17. O caráter e as obras de Cristo confirmam que ele era Filho de Deus, Jo 1.14; 10.36-38; Hb 1.3. Foi predestinado Filho de Deus com poder, segundo o Espírito de santificação, pela ressurreição dentre os mortos, Rm 1.4, e pela sua ascensão para junto do Pai, Hb 1.3. Existe uma passagem no Antigo Testamento em que se fala do Filho de Deus, Dn 3.25. Mas como essa expressão sai da boca de um idólatra babilônio, os revisores da Bíblia inglesa alteraram a frase para Filho dos deuses (veja *FILHOS DE DEUS*).

FILHO DO HOMEM – pessoa revestida de humanidade, distinta da natureza divina e da natureza bruta, Nm 23.19; Jó 25.6; Sl 8.4; Is 51.12. Quando Daniel caiu espavorido com o rosto em terra, diante de Gabriel, mensageiro celestial, este se dirigiu a ele chamando-o filho do homem, Dn 3.17. Ezequiel caiu com o rosto em terra ao contemplar a semelhança da glória do Senhor, e ouviu uma voz que lhe disse: "Filho do homem, põe-te sobre os teus pés" Ez 2.1. Dali em diante, continuou a ser chamado desse modo. Foi predito que, Dn 7.13,14, os poderes do mundo, representados por animais, haviam de sucumbir diante do Ancião de Dias, e que um, semelhante ao Filho do homem, vindo sobre as nuvens do Céu, receberia poder e exerceria domínio sobre um reino, e que todos os povos, todas as tribos e todas as línguas o serviriam; que o seu poder seria eterno que não lhe seria tirado, e que o seu reino jamais seria corrompido. Nessa visão aparece um ente humano em contraste com os animais, tipo dos reinos do mundo, simbolizando os santos de Deus incorporados a quem será entregue a grandeza e o poder do reino que será eterno, v. 14,27. Jesus adotou para Si o título de Filho do homem, referindo-se evidentemente a Dn 7.13,14,27; *cf*. Mt 24.30, Mc 14.62. Os evangelhos registram essa frase designando a pessoa de Jesus, 78 vezes. Estêvão, o protomártir do cristianismo, emprega a mesma expressão, referindo-se a Jesus, At 7.56; *cf*. Hb 2.6; Ap 1.13; 14.14, Cristo não quer dizer desse modo que tivesse comunhão de sentimentos com o homem, nem que era irmão de todos os homens, nem simples homem, porque, constantemente, proclama a sua divindade com todos os seus atributos, Lc 5.24. Tomou para si o título de Filho do homem, que se prestava a várias interpretações, antes que seus inimigos se servissem dele para negar-lhe a filiação divina. Ele próprio o definiu, e quer dizer: 1) Que ele se identifica com aquele Filho do homem que aparece na visão de Daniel, a quem pertence todo o domínio universal e eterno, Dn 7.14; *cf*. Mt 16.28; 28.18. 2) Que ele se identifica com os santos do Altíssimo, considerados no seu todo, como sendo um povo representado na visão de Daniel, por um varão incorporado nele, como seu representante diante de Deus, Dn 7.13,27; *cf*. Mt 25.31,40; Mc 10.45; Lc 12.8,9. 3) Que ele tomou para si os sofrimentos e a glória deles resultante, anunciados por Daniel para estabelecer o seu domínio e vencer o mundo, Dn 7.21,22,25; *cf*. Mt 17.22,23; Mc 10.45; Lc 9.26; 18.31-33. 4) Que ele virá sobre as nuvens do céu para tomar posse do reino, Dn 7.13; *cf*. Mt 24.30; 26.64. 5) Que ele se humaniza de modo a contrastar com os animais que representavam os reinos da terra na visão de Daniel, Dn 7.4-9,13; *cf*.

Mt 25.31, *cf.* 35 e 36; Mc 10.45, "para ministrar e dar a sua vida", Lc 19.10. As expressões Filho do homem e Filho de Deus unem-se na mesma pessoa. "Quem dizem os homens ser o Filho do homem? E Simão Pedro, respondendo, disse: Tu és o Cristo, o Filho de Deus vivo. E Jesus, respondendo, disse-lhe: Bem-aventurado és tu, Simão Barjonas, porque to não revelou a carne e o sangue, mas meu Pai, que está nos céus", Mt 16.13,16,17. O príncipe dos sacerdotes disse-lhe: "Conjuro-te pelo Deus vivo que nos digas se tu és o Cristo, o Filho de Deus. Disse-lhe Jesus: Tu o disseste; digo-vos, porém, que vereis em breve o Filho do homem assentado à direita do poder de Deus, e vindo sobre as nuvens do céu", Mt 26.63,64.

FILHOS DE DEUS – pessoas que adoram a Deus, a quem ele beneficia (veja *FILHO*, item 3). Tal era o sentido dessa expressão na língua semítica dos velhos tempos. Há razões fortes e abundantes para acreditar que seja esse o sentido das célebres passagens do princípio da Bíblia, em que se lê: "Como os homens tivessem começado a se multiplicar sobre a terra e tivessem gerado filhas, vendo os filhos de Deus que as filhas dos homens eram formosas, tomaram por suas mulheres as que dentre elas lhes agradaram mais", Gn 6.1,2. Existem três modos de entender essa expressão: 1) Os filhos de Deus são os grandes e nobres da terra e as filhas dos homens, as mulheres de classe inferior (Versão Samaritana; tradução grega de *Symmachus*, Targums de Onkelos e de Jônatas). 2) Os filhos de Deus são os anjos que deixaram o seu primeiro estado, e tomaram mulheres de entre os filhos dos homens (Livro de Enoque, Filo, Josefo, Justino Mártir, Clemente de Alexandria e Tertuliano). 3) Homens piedosos e servos de Deus, representados pelos filhos de Sete. Foram atraídos pela beleza das mulheres que não descendiam de família crente, com as quais se casaram, secularizando-se (Júlio Africano, João Crisós-tomo, Cirilo de Alexandria, Agostinho e Jerônimo). A primeira das interpretações não tem mais quem a defenda. A favor da segunda, há quem diga que a palavra filho quer dizer anjo, em todas as passagens do Antigo Testamento, Jó 1.6; 2.1; 38.7; *cf.* Sl 29.1; 39.6; menos em Dn 3.25, que a expressão se refere a anjos segundo a sua natureza, conquanto a palavra costumeiramente atribui-se a anjos (*mal'akim*, mensageiro), diz respeito às suas funções oficiais, interpretação esta, confirmada por Jd 6 e 2 Pe 2.4. Há falta de provas para se afirmar que o termo designa a natureza dos anjos; é mais natural que se refira a eles como adoradores da divindade. Quanto às passagens de Judas e de Pedro, já citadas, carecem elas de novo estudo, uma vez que os exegetas indicam outras referências, como Is 24.21-23. Na epístola de Jd 8, e em outras passagens, o demonstrativo "estes" não determina os anjos que não guardaram o seu principado, e sim certos homens ímpios, v. 4. A menos que o termo seja restringido de modo a lhe dar sentido diverso do que tem na passagem em discussão, não é certo que ele se refira a anjos em todas as passagens do Antigo Testamento em que aparece. Os adoradores do deus Camos são denominados povos de Camos com seus filhos e filhas, Nm 21.29; Jr 48.46. Quando os homens de Judá que adoravam a Jeová, tomaram para si mulheres pagãs, diz o profeta Malaquias que Judá se casou com uma filha de um deus estranho, Ml 2.11. Por ordem do Senhor, disse Moisés a Faraó: "Assim diz o Senhor: Israel é meu filho primogênito" ... deixa ir a meu filho, Êx 4.22,23. Em outros lugares, diz a Escritura: "Sede filhos do Senhor vosso Deus", Dt 14.1. "Pecaram contra ele, já não são seus filhos. É assim que tu mostras o teu agradecimento ao Senhor? Não é ele teu pai que te possuiu e te fez, e te criou? Viu isto o Senhor, e se acendeu em ira: porque o provocaram seus filhos e suas filhas", Dt 32.5,6-19. "E acontecerá que no lugar onde se lhes

FILHOS DE DEUS

disse: vós não sois já meu povo, se lhes dirá: Vós sois filhos do Deus vivente", Os 1.10. "Israel era menino, e eu o amei, e chamei do Egito a meu filho", Os 1.10. "Traze meus filhos de climas remotos, e minhas filhas das extremidades da Terra. Todo aquele que invocar o meu nome, eu para minha glória o criei", Is 43.6,7. Os homens piedosos constituem a nação dos filhos de Deus, Sl 73.15. "Efraim é para mim filho honrado", Jr 31.20. Tomando medidas mais amplas e examinando a literatura semítica, além da hebraica, observa-se o mesmo fato. Muitos dos babilônios apelidavam-se filhos dos deuses que adoravam e a quem confiavam os seus destinos. Ainda mais, dizer que a expressão filhos de Deus em Gn 6.2 significa anjos, não representa o pensamento moderno até onde sabemos. A interpretação mais geralmente aceita baseia-se no texto samaritano em que a frase filhos de Deus, refere-se a homens e não a anjos. Quando a teoria angélica surgiu, representava a opinião de uma escola particular existente no seio da comunidade judia, ao passo que o grupo de maior influência, em assuntos religiosos, ensinava que a passagem referida significa homens e não anjos. A teoria a favor dos anjos opõe-se à doutrina das Escrituras que nos ensina que tais entidades não entram em relacionamentos matrimoniais com humanos; e que tanto os caídos quanto os que se conservam fiéis a Deus possuem natureza espiritual e não são carnais. Não se pode conceber que a beleza das mulheres possa despertar amores sensuais nos anjos. A interpretação racional em harmonia com os textos das Escrituras e consistente com o contexto do cap. 6.2 de Gênesis é que a frase filhos de Deus designa o povo crente, os adoradores do verdadeiro Deus e mais especialmente os piedosos descendentes de Adão, da família de Sete, cuja genealogia se encontra no cap. 5. Os filhos de Deus contrastam com as filhas dos homens, isto é, dos outros homens, como o profeta Jeremias define, no cap. 32.20. "O

Senhor fez sinais e portentos na terra do Egito e em Israel e entre os homens." Assim o diz também o salmista, 73.5, que os iníquos não participam dos trabalhos dos homens nem como os homens são flagelados. Em harmonia com essas citações, os versículos 1 e 2 do cap. 6 de Gênesis, podem ser lidos assim: "Como os homens tivessem começado a se multiplicar sobre a terra, e tivessem gerado filhas, vendo os filhos de Deus que as filhas dos outros homens eram formosas, tomaram por suas mulheres as que dentre elas lhes agradaram mais". Estava na mente do escritor a seguinte idéia: Que começando a crescer o número dos homens, os adoradores do verdadeiro Deus, na escolha de mulheres para suas esposas, levaram-se mais pela beleza física do que pelas qualidades morais. Os descendentes de tais consórcios eram homens de elevada estatura, fortes e afamados no século, v. 4. A mistura de raças pelo casamento, muitas vezes produz gerações fortes, mas a falta de religião dos pais gera filhos infiéis e descrentes. Essas uniões desagradavam a Deus que contra elas se pronunciou, v. 3. A penalidade não atingia os anjos e sim unicamente os homens; somente estes haviam pecado e não os anjos. Filhos de Deus, segundo a lição de toda a Escritura, desde os mais remotos tempos, são aqueles que lhe rendem culto e por ele são abençoados entre os mortais como entre as criaturas celestes. Nem sempre, porém, foi entendido assim. Essa idéia foi crescendo à medida que as riquezas divinas se tornaram mais bem conhecidas. Começou a se desenvolver, por exemplo, quando os israelitas estavam em vésperas de seu livramento do cativeiro do Egito. Deus disse: "Eu vi a aflição do meu povo no Egito", Êx 3.7. E outra vez: "Dize a faraó, Israel é meu filho primogênito", 4.22,23. "Eu vos tomarei por meu povo, e serei vosso Deus", 6.7, Dali para cá, o título de filhos de Deus exprime os relacionamentos filiais dos homens com Deus, seu

FILIPE

protetor, e estabelece as leis de reverência e sujeição à sua vontade. Pela sua parte, Deus formalmente aceita as obrigações de que implicitamente participa. Jesus Cristo ampliou grandemente essa doutrina. Serviu-se de verdades já bem conhecidas, derramou mais luz sobre elas e as subordinou ao título já mencionado. Colocou em relevo a grande verdade de que Deus é realmente nosso Pai e de que o seu povo é certamente, seu filho, em virtude do novo nascimento, Jo 3.3,6,8; *cf.* Ap 11.11, nascidos de Deus, Jo 1.12,13; 5.21; Ef 2.5; Tg 1.18; 1 Pe 1.23, feitos participantes da natureza divina pela mediação do Espírito que habita neles, Jo 6.48-51; 15.4,5; 1 Jo 3.9, e possuindo um caráter semelhante ao de Deus, assemelhando-se a ele em santidade, amor e elevação acima das coisas terrenas, 1 Jo 3.9; 4.7; 5.4, ainda que em grau inferior, enquanto estamos nesta vida. São eles adotados filhos de Deus, Gl 4.5, dirigidos pelo Espírito a dizer: Aba Pai, Gl 4.6; Rm 8.15, e guiados por ele, v. 14.

FILHOS DO ORIENTE/HOMENS ou o **POVO DO ORIENTE** – designação geral das tribos que ocupam a parte oriental da Palestina, nas regiões vizinhas a Amom ou Moabe, Ez 25.4,10, estendendo-se para o norte até onde o povo de Hará pastoreava os seus rebanhos, Gn 29.1,4, e para o sul até a Arábia.

FILIPE (*no grego philippos, "apreciador de cavalos"*) **1** Filipe, pai de Alexandre, o Grande. Nome do pai de Alexandre, o Grande, 1 Mac 1.1, e filho de Amintas II da Macedônia. Tomou posse do governo no ano 360 a.C. como guardião do real infante. Em virtude de negociações muito hábeis e de campanhas militares de bom êxito, libertou o país dos perigos que o ameaçavam pelas hostilidades dos peônios, ilíricos e atenienses. Subiu ao trono, que parece ter usurpado; entrou em ações guerreiras, tomando Anfípolis que anexou aos seus domínios no ano 388; atravessou o rio Estrimom, apoderou-se do território da Trácia e fundou a cidade de Filipos em 356, iniciando, dessa maneira, sua carreira de conquistas na Grécia, pelas quais tirou a Macedônia da obscuridade, elevando-a à categoria de primeira potência, dominadora dos negócios da Grécia. Filipe foi assassinado no ano 336 a.C. Alexandre, o Grande, subiu ao trono em seu lugar. **2** Filipe, um Rei Macedônio. Nome de outro rei da Macedônia, terceiro de igual nome. Aliou-se com Aníbal contra os romanos no ano 215 a.C., porém estes o detiveram com o auxílio dos eólios. Sete anos depois, conseguiu fazer paz separada. No ano 200, os romanos invadiram seu reino. A esta invasão resistiu dois anos, no fim dos quais foi completamente derrotado, 197 a.C., 1 Mac 8.5, pelo general romano Flamino, em Cinoscéfalas da Tessália, aceitando uma paz humilhante. Morreu no ano 179. **3** Filipe, um Irmão de Antíoco. Nome de um irmão colaço de Antíoco Epifanes, 2 Mac 9.29, e um de seus amigos privilegiados, 1 Mac 6.14. Estando prestes a morrer, nomeou Filipe regente do império, durante a menoridade do jovem Antíoco, v. 15. Lísias, que estava na Síria, usurpou o poder, v. 17. Filipe regressou apressadamente, apoderando-se de Antioquia capital do império, v. 55,63, Lísias, porém, retomou a cidade. Segundo Josefo, Filipe foi executado, Antig. 12.9,7, ou talvez tivesse fugido para o Egito antes de ser tomada a cidade, 2 Mac 9.29. Tem-se pensado, ainda que sem base muito segura, que esse Filipe é o mesmo Frígio que Antíoco nomeou governador da Judéia, 2 Mac 5.22, e que dirigia o ataque dos elefantes, na batalha de Magnésia, Lívio 37.41. **4** Filipe, um Filho de Herodes, o Grande. Nome de um dos filhos de Herodes, o Grande, e primeiro esposo de Herodias e irmão de Herodes Antipas, Mt 14.3; Lc 3.19. Não tem o nome de tetrarca, e por isso há motivo para se pensar que é um Filipe diferente do tetrarca, meio-irmão de Herodes Antipas. Apresentando a genealogia parcial

FILIPE

da família de Herodes, o Grande, diz Josefo que Herodias se casou com Herodes, filho de Herodes, o Grande, e de sua mulher Mariana, filha do sumo sacerdote Simão, que ela deixou o seu esposo para viver em companhia de Antipas, seu cunhado; e que sua filha Salomé se casou com Filipe tetrarca, filho de Herodes, o Grande, e de sua mulher Cleópatra, de Jerusalém, que, depois da morte de Filipe, tomou outro marido, Antig. 18.5,4. Deste modo, o primeiro marido de Herodias não foi Filipe, o tetrarca. Os escritores do Novo Testamento concordam com Josefo, dizendo que o primeiro marido de Herodias era irmão de Herodes Antipas, o tetrarca, e não o identificam com o tetrarca Filipe, também deles conhecido, Lc 3.1. Diferem apenas quanto ao nome. Acredita-se geralmente que essas autoridades têm razão, e portanto o primeiro marido de Herodias é muitas vezes designado pelo nome de Herodes Filipe; porque entre os filhos de Herodes, o Grande, dois haviam nascido de mães distintas e tinham o nome de Antipas ou Antipater, pai de Herodes. Três dos filhos de Herodes, o Grande, nasceram de três diferentes mulheres e tinham o nome de Herodes; um dos quais acrescentou o nome de Antipas, indiferentemente conhecido por um ou por outro desses nomes, Antig. 17.1,3; 18.5,1, 6. 2. Um dos filhos que lhe nasceu de Cleópatra de Jerusalém chamava-se Filipe. É provável que o filho de Mariana, que Josefo chama de Herodes, também chamasse Filipe. Depois que foram executados seus irmãos, Alexandre e Aristóbulo, Herodes Filipe era o segundo depois de Antipater, na ordem de nascimento, primogênito de Herodes, o Grande, e por algum tempo reconhecido como seu sucessor, Antig. 17.3,2, porém destituído no testamento de Herodes. **5** Filipe, o Tetrarca. Nome de um dos dois filhos de Herodes, o Grande, com sua mulher Cleópatra de Jerusalém, educado em Roma com seus irmãos Arquelau e Antipas, Antig. 17.1,3; Guerras 1.28,4. No ano quatro

da era cristã, defendeu as pretensões de Arquelau ao trono de seu pai. O imperador Augusto o nomeou para governar a Bactânea, a Traconitis, a Auranitis e certas partes da casa de Zenos, Guerras 2.6,13; *cf.* Antig. 17.11,4. Também foi tetrarca da região da Ituréia e da Traconitis no 15º. ano de Tibério César, quando João Batista começou a sua missão pública, Lc 3.1. Casou-se com Salomé, filha de Herodes, filho de Mariana, e com Herodias, Antig. 18.5,4. Aumentou a cidade de Panéias, nas cabeceiras do Jordão, e lhe deu o nome de Cesaréia, que mais tarde se chamou Cesaréia de Filipos, Mt 16.13, para distingui-la da Cesaréia da costa do mar. Também elevou à categoria de cidade a aldeia de Betsaida, acrescentando-lhe o nome Júlias, em honra de Julia, filha de Augusto, e mulher de Tibério, Antig. 18.2,1; Guerras 2.9,1. Reinou 37 anos, desde o ano quatro a.C. até o ano 33, e morreu no ano 20 de Tibério César. Seu caráter foi bom e governou com brandura e justiça, Antig. 18.4,6. Seus domínios passaram a fazer parte da província da Síria, porém no ano 37 foram incorporados ao reino de Herodes Agripa I. As moedas de seu tempo traziam a sua imagem com o título, Tetrarcos. **6** Filipe, o Apóstolo. Nome de um dos 12 apóstolos de Jesus Cristo, Mt 10.3, natural de Betsaida do mar da Galiléia, de onde também eram André e Pedro. Jesus o encontrou em Betânia, além do Jordão, onde João batizava, ali foi convertido e chamado por Jesus para ser discípulo. Encontrou Natanael e o levou a Jesus, convencido de que, em conversa com o Mestre, se convenceria de que ele era o Messias. A sua confiança não falhou, Jo 1.43-48. Um ano depois, Jesus o incorporou ao apostolado. Quando nosso Senhor estava a ponto de operar o milagre de multiplicar os pães para os cinco mil, Jesus procurou dar a Filipe uma concepção da magnitude do milagre, perguntando-lhe: "Onde compraremos pão para estes comerem?", Jo 6.5,6. No dia da entrada triunfal em Jerusalém, certos gre-

FILIPENSES, EPÍSTOLA AOS

gos desejaram ver Jesus e pediram a Filipe que os apresentasse a ele, Jo 12.20-23. Em seu relacionamento com Cristo, os discípulos estavam em contato com o Pai, mas quando Jesus disse: "Quem me vê a mim vê também o Pai", Filipe parece não ter compreendido, e, por isso, replicou: "Senhor, mostra-nos o Pai e isso nos basta", Jo 14.8-12. O seu nome aparece entre os que se achavam reunidos no quarto alto, depois da ressurreição, At 1.13. É a última notícia autêntica que temos a seu respeito. A tradição fala de sua vida apostólica de um modo mui confuso e contraditório. **7** FILIPE, O EVANGELISTA. Nome de um dos sete varões de boa reputação, cheios do Espírito e de sabedoria, escolhidos para o cargo de diáconos, a fim de atenderem às necessidades das viúvas dos gregos e provavelmente dos pobres em geral, que havia na igreja de Jerusalém. O nome dele figura logo em seguida ao de Estêvão, o protomártir do cristianismo, At 6.5. À morte de Estêvão seguiu-se a perseguição, e os cristãos foram espalhados por toda a parte. Filipe tornou-se evangelista, visitou Samaria, pregando o evangelho, operou milagres e converteu muitos, At 8.4-8; 21. **8** ENTRE OS CONVERTIDOS estava o feiticeiro Simão, conhecido por Simão Mago, 8.9-25. Dirigido por um anjo, Filipe seguiu pela estrada de Jerusalém, em direção a Gaza, encontrando-se com o eunuco etíope, a quem anunciou o evangelho e batizou, At 8.26-39. Depois visitou Azoto; e continuou a pregar até que chegou a Cesaréia, At 8.40. Ainda estava nessa cidade alguns anos depois, quando Paulo ali passou de caminho para Jerusalém. É interessante notar que esse Filipe tinha quatro filhas virgens, que profetizavam, At 21.8,9.

FILIPENSES, EPÍSTOLA AOS – nome

dos naturais, ou dos habitantes de Filipos, Fp 4.15. A epístola do apóstolo Paulo aos Filipenses é a sexta das epístolas do Novo Testamento. Foi escrita pelo apóstolo, associado ao nome de Timóteo e dirigida a todos os santos em Jesus Cristo que se achavam em Filipos, com os bispos e diáconos, 1.1, foi uma das primeiras igrejas que o apóstolo fundou na Europa; escreveu-a estando na prisão, 1.7,13,14,16. Em que prisão estaria ele? Em Cesaréia ou em Roma? Parece que estava sob os cuidados da guarda pretoriana, 1.13; envia saudações de todos os santos e com muita especialidade dos que eram da família de César, 4.22. Muitos dos que o cercavam interessavam-se na propagação do cristianismo, 1.14-18. Estas referências bem como a linguagem que ele emprega, indicam claramente que essa carta foi escrita em Roma durante o primeiro encarceramento. A data provável deve ser o fim do ano 62 ou 63, de acordo com os seguintes fatos: 1) Ele havia estado por algum tempo em Roma, 1.12; 2) Estava à espera de ser colocado em liberdade, 1.25; 2.23,24; 3) Os filipenses tinham lhe enviado recursos, 4.10, por mão de Epafrodito. Este havia adoecido em Roma, notícia que muito entristeceu os filipenses, do que Epafrodito teve conhecimento, 2.26. Depreende-se disso, que já havia decorrido um espaço de tempo considerável desde a chegada do apóstolo à capital do império. A epístola foi escrita primeiramente para agradecer a oferta que a igreja de Filipos lhe enviara; mais de uma vez havia recebido socorro dessa igreja, 4.15. Aproveitou a oportunidade para também prevenir os irmãos contra os erros de doutrina em que poderiam cair: é carta de um pastor dirigida a seu rebanho. Não visava a corrigir abusos, nem acudir a alguma crise moral da igreja, e sim ministrar conselhos necessários à vida prática dos cristãos. Ao mesmo tempo, a epístola ilumina a situação de Paulo em Roma. Foi Epafras quem a levou, 2.25,30, o qual tendo-se restabelecido da sua enfermidade, estava a ponto de voltar a Filipos. A epístola pode dividir-se nas seguintes seções: 1) Introdução, 1.1,2.

FILIPENSES, EPÍSTOLA AOS

– 2) Gratidão aos irmãos pela sua fidelidade, manifestações de amor para com eles e votos pela sua santificação, 1.3-11. – 3) Narra o modo pelo qual Deus o havia tratado, que apesar de preso, podia anunciar o evangelho; fala da oposição sofrida por parte de alguns; congratula-se pela difusão da doutrina de Cristo; revela seu desejo de morrer e de estar com os irmãos, e faz exortações para que permaneçam firmes na fé, 1.12-30. – 4) Exorta-os a manter a unidade espiritual, com espírito abnegado, segundo o exemplo de Cristo que devem ter sempre diante de si, 2.1-18. – 5) Promete lhes enviar Timóteo, esperando ao mesmo tempo em que ele próprio iria ter com eles, enviando em primeiro lugar a Epafrodito, 2.19-30. – 6) Ordena-lhes que se alegrem no Senhor, buscando as recompensas que Cristo oferece, e condena aqueles que mal empregam a liberdade do evangelho entregando-se aos apetites carnais, *cf*. 3. – 7) Conclui exortando a cada um e a todos, a se alegrarem no Senhor, a viverem contentes na santidade do Senhor. Termina reconhecendo as dádivas recebidas e manifesta seu amor e alegria, enviando diversas saudações, 10.23. Tem-se colocado em dúvida a unidade da epístola. Policarpo, que foi discípulo do apóstolo João, em carta aos filipenses, escrita entre o ano 110 a 115, alude casualmente ao apóstolo Paulo, como tendo escrito cartas a eles dirigidas, Polic. 3.2, e, por conseguinte, afirma a existência de duas cartas juntas em uma só epístola como agora existe. A primeira compreendia os capítulos 2 a 3.1, e a segunda, desde o capítulo 3.2, até o capítulo 4.23. A legitimidade de cada uma das duas cartas hipotéticas nada sofre com essa teoria. As palavras de Policarpo parece que foram mal interpretadas, porque ele conheceu a epístola do mesmo modo que também a conhecemos atualmente. Falando no plural em referência à carta de Paulo, segundo o costume do tempo, era um modo de dar mais força à expressão. O esforço que se tem feito para provar a existência de duas cartas em uma só, não tem encontrado o apoio desejado. A epístola, em si, presta-se a uma análise muito satisfatória. Transições abruptas de assuntos pessoais para outros de ordem geral, ou a introdução de novo pensamento, quando o autor parece estar já no fim, como se dá no capítulo 3, são muito comuns em cartas de correspondência pessoal, como o são as epístolas do Novo Testamento.

FILIPOS (*pertencente a Filipe*) – nome de uma cidade da Macedônia, no golfo de Neápolis. Era chamada antigamente de Crênides, aliás Filipos foi fundada em cima do sítio arqueológico dessa cidade. Estava situada dentro dos limites da antiga Trácia. Em 356 a.C., Filipe II, da Macedônia, anexou o país até o rio Nestus incluindo a cidade, que ele ampliou e fortaleceu, dando-lhe o seu nome. Em suas vizinhanças existiam ricas minas de ouro e de prata, que muito ajudaram Filipe a realizar seus planos ambiciosos. No ano 168 a.C., o cônsul romano Paulo Emílio infligiu sanguinolenta e decisiva derrota sobre Perseu, último dos reis macedônios: Filipos com todo o território caiu em poder dos vencedores. No ano 42 a.C., ocorreram duas batalhas decisivas nas vizinhanças de Filipos, entre Bruto e Cásio, dois dos assassinos de César, e Otávio e Antônio que procuravam vingar a sua morte. Otávio tendo chegado a ser Augusto César, interessou-se pelo lugar onde havia obtido vitória, e mandou para lá uma colônia de romanos. Não é só Lucas que a ela se refere como colônia romana, At 16.12, mas também as moedas existentes com a inscrição: *Colônia Augusta, Jul. Filipensis*. Foi uma das principais cidades do distrito, além da capital Anfípolis. Pelo ano 52, o apóstolo Paulo visitou essa cidade, fazendo várias conversões, entre as quais se contam Lídia e a moça que tinha um espírito de adivinhação e o carcereiro da cidade, At 16.12-40. A conversão da jovem possuída de espírito mau deu causa a uma violenta perseguição, sendo presos dois evangelistas, Paulo e Silas. Deste modo, puderam eles anunciar o evangelho ao carcereiro, 1 Ts 2.2. Nessa ocasião, Paulo teve de abandonar a cidade abruptamente, voltando mais tarde pela segunda vez, partindo dali para a Síria, At 20.6. Filipos dista cerca de 13 km do porto de Neápolis. É separada por uma cordilheira, que se atravessa, cerca de 530 metros de altura do nível do mar. A princípio a cidade limitava-se a um pequeno outeiro, que se erguia no meio de uma planície. No domínio romano, já se havia estendido pela planície. As ruínas de Filipos constam de um teatro, algumas colunas etc. e ocupam grande área. A mais importante é uma porta por onde se supõe que o apóstolo saiu para a margem do rio, onde fazia oração. Ninguém mais habita nesse lugar. Nas imediações próximas existe uma aldeia turca que se chama *Bereketli*.

FILISTEUS – nome de uma tribo ou nação mencionada pela primeira vez no capítulo 10.14 do livro de Gênesis, como descendente de Mesraim, em outras palavras, como pertencente ao Egito. Vieram de Casluim,

Filisteo — Christian Computer Art

relíquias da ilha de Caftor, ou Capadócia, Jr 47.4; Am 9.7. O país perto de Gaza foi habitado a princípio pelos Aveus, porém emigrantes vindos de Caftor destruíram esses aborígenes e se estabeleceram em seu lugar, Dt 2.23. Os filisteus ocupavam a região de Gerar e de Berseba no tempo de Abraão, Gn 20.1,2; 21.32,34; 26.1. Quando os israelitas deixaram o Egito em demanda de Canaã, o caminho mais curto era pela terra dos filisteus, mas os escravos emancipados não eram suficientemente lutadores para abrir caminho por meio de um povo guerreiro, como ele era, por isso, tomaram outra direção, Êx 13.17,18. Josué não tomou iniciativa alguma para conquistar os filisteus já na posse de cinco cidades fortificadas; Gaza, Azoto, Ascalom, Gate e Ecrom, cada uma com o seu príncipe, Js 13.2; Jz 3.3. Sangar matou 600 deles com a relha de um arado, v. 31. Pouco depois disso, Israel, por causa das suas idolatrias, caiu nas mãos dos filisteus, 10.6,7. Livre desse domínio, v. 11, mas, pecando outra vez, sofreu o peso dominador dos mesmos filisteus, durante 40 anos. Foi Sansão quem os livrou, mas breve caiu de novo nas mãos de seus inimigos que lhe cavaram a ruína, caps. 14–16. Nos dias de Samuel, desbarataram os israelitas, e mataram, entre outros, a Ofni e Finéias, filhos do sacerdote Eli; tomaram a arca de Deus, que ficou sete meses em seu poder. Em razão das calamidades que sofreram, durante o tempo em que estiveram com a arca, eles a devolveram aos israelitas, 1 Sm caps. 4–6. Vinte anos depois, Samuel derrotou os filisteus em combate no mesmo lugar que ele denominou Ebenezer ou *Pedra de Socorro*, porque Jeová ali o havia socorrido, 7.3-12. Foi uma derrota aniquiladora que humilhou permanentemente os inimigos que não mais passaram nos limites de Israel. Os seus exércitos por vezes passavam pelas fronteiras, e tomavam posições estratégicas, exercendo sobre os israelitas constantes ameaças. Estes, porém, conservaram suas linhas desde

FILISTEUS

Ecrom até Gate e seus termos, de que não mais foram despojados, 7.13,14. O poder dos filisteus nunca foi tão formidável quanto no reinado de Saul, 10.5; 12.9. Ele, com seu filho Jônatas, os derrotou em Gibeá; em Micmás e em outros lugares, 13.1-23; 14.47,52; 23.27,28; 24.1. Não tardaram a fazer novas investidas. Golias, que Davi matou, era filisteu e campeão, que saía armado para o território de Judá a desafiar as tropas de Israel, 17.1-58; 18.6; 19.5; 21.9; 22.10. Em outras ocasiões, Davi mais de uma vez saiu ao encontro deles, 18.17-21,25,27,30; 19.8; 23.1-5, mas afinal, temendo cair nas mãos de Saul, por duas vezes refugiou-se entre eles, 21.10-15; 27 até o cap. 29, título do salmo 56. Em outra ocasião, alcançou posse feudatária da cidade de Ziclague, que até então estava sob a autoridade dos filisteus, 1 Sm 27.6. Um lance de vista ao mapa mostra que os filisteus haviam penetrado até o coração de Canaã, quando derrotaram os israelitas, matando Saul e seus filhos no monte de Gilboa, 28.4; 29.11; 31.1-13; 1 Cr 10.1-14. Davi teve melhor sorte do que seu antecessor, repelindo as invasões dos filisteus em diversas batalhas, 2 Sm 3.18; 5.17-25; 8.1,12; 19.9; 21.15-22; 23.9-17; 1 Cr 11.12-19; 14.8-17; 18.1,11; 20.4,5. Depois da morte de Davi, pouco se fala desses inimigos, parecendo que o seu poder decaía. Durante o curto governo de Nadabe, filho de Jeroboão I, e de outros reis, os israelitas sitiaram Gibetom, cidade dos filisteus, 1 Rs 15.27; 16.15. Apesar de terem feito a Josafá donativos e tributos de prata, 2 Cr 27.11, invadiram os filisteus o reino de Judá no tempo de Jeorão, seu sucessor, 21.16, e também nos dias de Acaz, 28.18,19. Uzias e Ezequias invadiram sucessivamente a Filístia, 2 Rs 18.8; 2 Cr 26.6,7. Os profetas pronunciaram freqüentes juízos contra ela, Is 11.14; Jr 25.20; 47.1-7; Ez 25.15-17; Am 1.6-8; Ob 19; Sf 2.4,5; Zc 9.5-7. Muitos dos filisteus acompanharam Gorgias, general sírio de Antíoco Epifanes, quando invadiu o reino de Judá, 1 Mac 3.41. Judas Macabeu tomou Azoto e outras cidades da Filístia, 5.68. Por sua vez, Jônatas Macabeu a incendiou com o templo de Dagom e bem assim a cidade de Ascalom, 10.83-89, e os subúrbios de Gaza somente porque essa cidade se rendeu às suas intimações, 11.60,61. O Novo Testamento não fala em filisteus, o que parece indicar que eles se fundiram com a nação judia. Em tempos idos, o Mediterrâneo tinha o nome de mar dos Filisteus, Êx 23.31.

FILÍSTIA/FILISTÉIA (*terra de estrangeiros*) − palavra que se encontra na Escritura, no Antigo Testamento, Sl 60.8; 87.4, e Is 14.29, para determinar a terra dos filisteus. Estava situada na parte sudoeste de Canaã, e limitada ao norte pela planície do Sarom, ao sul pelo deserto de Sur, ao oriente pela baixada de Judá a ao ocidente pelo Mediterrâneo. Excluídas algumas estreitas faixas além desses limites, o comprimento avalia-se em 80 km, e a largura em 24 km. A maior parte desse território consiste em uma baixa planície, insalubre na estação outonal, porém muito fértil, produzindo abundantes colheitas de cereais, bem como laranjas, figos, azeitonas e outros frutos. A costa marítima se compõe de uma linha de dunas, as quais invadem continuamente as terras cultivadas. Das cinco cidades importantes da antigüidade, somente Gaza existe com alguma importância. Ecrom e Azoto são pequenas aldeias; Ascalom jaz em ruínas à beira-mar. Gate desapareceu há muito, é desconhecida sua localização.

FILÓLOGO (*no grego philologo, "amigo das letras"*) − nome de um cristão residente em Roma a quem o apóstolo Paulo enviou saudações e que parece ter sido cabeça de uma comunidade de crentes, Rm 16.15.

FILOSOFIA (*no grego, philos, "amor", e sofhia, "ciência"*) − o espírito da filosofia

FILOSOFIA

pura, que procura penetrar na essência das coisas, é estranho à mente dos orientais. A grande distinção histórica entre a filosofia oriental e a ocidental consiste em que os filósofos orientais não se apartaram da esfera religiosa e nunca se divorciaram dos axiomas religiosos, enquanto que as investigações dos ocidentais, mesmo as que eram feitas por espíritos profundamente religiosos, iam muito além, operando em esfera mais ampla, sem o concurso dos postulados da religião. A filosofia moral caracterizava o espírito oriental, como a metafísica, a do ocidente. Para o estudante da Bíblia, é de grande importância o contraste entre o pensamento grego e o hebreu, seu desenvolvimento separado, seu contato eventual e sua mútua influência. Em face do mundo, a mente hebraica refletia a luz que lhe vinha da revelação. O saber lhe vinha das experiências das gerações passadas, transmitido pelos antepassados, como resultante na observação da vida humana e da conduta dos indivíduos, bem como das leis da adaptação da natureza aos vários fins. Por esse modo adquiriu os verdadeiros princípios para dirigir e governar a sua conduta e descobrir até que ponto a verdade religiosa se harmonizava com as investigações humanas. Entrou em conflito com os paradoxos do governo moral pelo qual Deus governa os atos do homem, principalmente no que diz respeito aos sofrimentos dos justos e à prosperidade dos ímpios. Dessas diversas fontes das muitas investigações feitas, o sábio hebreu chegou à conclusão de que o temor de Deus é o princípio da sabedoria. A filosofia hebraica, ou a sabedoria como a Bíblia diz, recebeu grande impulso, devido aos estudos de Salomão, o qual, colhendo as máximas de outros sábios, fazendo observações e tirando luzes da sua experiência individual, deu origem a novos provérbios. Esses provérbios de Salomão regulam grandemente as obrigações e os deveres do homem para consigo, para com os outros homens e para

com Deus, em referência à castidade, à temperança na comida, na bebida, no domínio sobre si, à honestidade, à sua honra pessoal e à sua conduta para com os superiores. Procedendo desses princípios, o pensamento hebreu entrou a considerar as questões morais em maior escala. Partindo de aparentes exceções para as suas conclusões, enfrentava os assuntos morais e considerava os acontecimentos, não em seus resultados pessoais e imediatos, e sim à luz de seus efeitos sobre a posteridade, e das retribuições futuras que Deus tem prometido dar. A filosofia hebraica também estuda a natureza e vê que existem objetivos providenciais em toda parte, Sl 104.24. Em tudo se descobre o dedo de Deus. A criação do universo e o modo pelo qual se conserva, revelam sabedoria, Pv 3.19, que é um dos atributos da divindade, revelados em toda a natureza; existente antes da criação. Salomão personifica a sabedoria, Pv 1.20-23; 8.12, e lhe dá uma existência eterna, gerada *ad eterno*, presente com Deus, quando estendia os céus e firmava a terra e regulava todas as coisas no universo em geral, 8.22-31; Jó 28.12-27. A sabedoria não representa pessoa; tem como objetivo o próprio Deus, refletindo o plano divino na criação do mundo, "princípio nele existente para criar o mundo". Essa idéia foi desdobrada por escritores de tempos posteriores, que davam a sabedoria como existente e separada da divindade, Sab. 7.22 até o cap. 8.5; 9.4,9 (veja *SABEDORIA*). A filosofia grega, dizem geralmente, começou com Tales, pelo ano 640 a.C., assinalada por três períodos principais e distintos: 1) O período das escolas pré-socráticas que surgiu nas colônias gregas da Ásia Menor, cujo objetivo consistia na indagação da origem do universo e do modo por que foi constituído. Sustentara que a água é o princípio gerador de todas as coisas e tudo deve resolver-se em água. Deus não tem começo nem fim. Foi com água que ele formou, não criou, o mundo.

F

FILOSOFIA

Ensinava ainda que o princípio não era senão um intermediário da água, da terra e do ar, uma espécie de fluido, ou éter, que o ar era o elemento gerador de tudo, infinito, sempre em movimento e penetrando todas as coisas. 2) O período das escolas socráticas representadas em Sócrates, Platão e Aristóteles, 469-322 a.C. Atenas foi o centro das idéias filosóficas, em que se faziam investigações acerca da forma e da essência das coisas. Não era metafísica estéril que eles cultivavam, inculcavam alta moralidade. Sócrates empregava o método indutivo em seus raciocínios pelos quais procurava descobrir o elemento permanente que subjaz às formas mudáveis das aparências e das opiniões. As verdades que ele descobria por esse processo tentava fixá-las por meio de definições. Aristóteles concedia absoluta autoridade somente ao raciocínio; nada aceitava que não fosse provado pela lógica. As escolas pós-socráticas culminaram em Aristóteles, cujas discussões reverteram à ética baseada na metafísica. Epicuro, 342-270 a.C., ensinava que o caráter das ações é determinado pelos seus resultados, e que a permanência dos prazeres é o sumo bem. Zeno, o estóico, 308 a.C., ensinava que o caráter moral reside no próprio ato, independente de seus resultados, e inculcava a obrigação de absoluta obediência aos preceitos do dever. Os cépticos ensinavam que a certeza não pode ser atingida pelo conhecimento humano. Os primitivos membros dessa escola diziam que, quando nós nos convencemos de que nada podemos saber, então deixamos de ter cuidados e desse modo conseguimos a felicidade. Alexandre, o Grande, morreu no ano 323 a.C. e Aristóteles no ano 322. A filosofia havia chegado ao seu ponto culminante; a cultura grega começou a penetrar na Palestina e a difundir-se entre os judeus da dispersão. O epicurismo e o estoicismo desenvolveram-se na Grécia durante o período do primeiro contato dos gregos com os hebreus, porém bem pouca influência exercia no pensamento hebreu em comparação com aquela que exerciam Platão e Aristóteles. A influência das escolas socráticas podia ser vista talvez na seita dos saduceus, os quais, semelhantes a Aristóteles, rejeitavam tudo que a razão simples não podia aconselhar, apesar de se dizerem governados por um princípio diferente. A influência das escolas socráticas, via-se na escola alexandrina dos pensadores judeus, cujo representante principal foi Filo, contemporâneo de Jesus Cristo. Sustentavam as doutrinas de Moisés e ao mesmo tempo, aceitavam o que mais lhes agradava da filosofia grega, sobre tudo o que havia ensinado Platão, que eles pretendiam provar como já existente no Antigo Testamento. Combinavam as doutrinas do sábio grego com as de Moisés em um novo sistema, procurando remover as inconsistências, interpretando as Escrituras por um processo de alegorias que não poupava a própria geografia. A influência da filosofia grega sente-se nos processos do raciocínio. O apóstolo Paulo a aplicou em seu argumento formal no discurso que ele proferiu no areópago de Atenas e no princípio da sua epístola aos Romanos, At 17.30, Rm 1.19,20. A influência da filosofia grega aparece nas idéias que ela emprestou sobre a preexistência da alma, Sab. 8.19,20; em novas palavras e em nova significação de palavras, como no emprego da palavra "forma", no sentido aristotélico, significando essência, ou soma total dos atributos, Fp 2.6, e em belas discriminações de pensamentos e rigores de definições. As especulações gnósticas vieram do Oriente, e de lá também vieram as tentativas de combinar o gnosticismo com o cristianismo, o que levou Paulo a combatê-las, exibindo a verdadeira relação entre Cristo e Deus, o Pai, e para com o mundo na epístola aos Colossenses.

FLAUTA, PÍFARO

FÍMBRIA (veja *ORLA*).

FINÉIAS (*no hebraico pînᵉ has, o significado é incerto, talvez seja a palavra egípcia pannehsi, "o negro"*) **1** Nome de um dos filhos de Eleazar e neto de Arão, Êx 6.25. Por zelo, matou com uma lança um israelita e certa mulher midianita envolvidos em relações sexuais no rito de Baal-Peor, terminando deste modo a praga que dizimava o povo por causa de suas impurezas e idolatrias com as mulheres midianitas. A ele e a seus descendentes concederam-se as funções de sacerdócio perpétuo, Nm 25.1-18; Sl 106.30; 1 Mac 2.54. Com breve interrupção, quando a casa de Eli, da linhagem de Itamar, oficiava como sumo sacerdote, Finéias e seus filhos exerceram esse ofício, até o tempo em que cessou o sacrifício, quando Jerusalém foi tomada, e destruído o templo pelos romanos no ano 70 da nossa era. Finéias acompanhou o exército na expedição contra os midianitas, Nm 31.6, e com dez príncipes de Israel fez uma demonstração de guerra às tribos que ocupavam o oriente do Jordão, por haverem levantado um altar que supunham, erroneamente, ser um ato de rebeldia, Js 22.13. Recebeu como parte de seu dote na terra da promessa um outeiro no monte de Efraim, 24.33. Por meio dele, os israelitas consultaram o Senhor, para saberem se deviam ou não atacar os benjamitas por causa do pecado dos habitantes de Gibeá, Jz 20.28. **2** Nome do filho mais novo de Eli, morto na batalha contra os filisteus, em que a arca de Deus ficou retida. Quando essa notícia chegou, a mulher de Finéias, que estava grávida, curvou-se, deu à luz e morreu. Antes, porém, chamou o seu filho de *Icabô*, dizendo que a glória de Israel fora levada por causa da arca de Deus que fora capturada pelos filisteus 1 Sm 1.3; 2.34; 4.11,19-22. **3** Nome do pai de certo Eleazar, Ed 8.33.

FIRMAMENTO (*do latim Firmamentum, "fundamento firme". O termo grego é stereoma, "objeto duro"*) **–** o céu, Gn 1.8, espaço infindo estendido por cima, usando a figura empregada no hebraico, *cf*. Ez 1.22, que separava, no princípio, uma água das outras águas, Gn 1.6, de modo que uma parte das águas estava por cima dele e a outra parte, por baixo dele, Gn 1.7; Sl 148.4. As estrelas e os planetas nele apareceram e se movem sem cessar, Gn 1.14,17, e debaixo dele voam as aves, v. 20. O céu ou o firmamento estende-se como uma tenda sobre a terra, Sl 104.2; Is 40.22, e pela sua força é comparado à firmeza do metal, Jó 37.18. Ele tem portas e janelas por onde derrama as chuvas e descem as bênçãos de Deus, Gn 7.11; 2 Rs 7.2; Sl 78.23; 104.13. Essa concepção era corrente no antigo pensamento semítico. A doutrina sobre a divisão do caos primitivo não deixa de ser aceita pela ciência moderna; outras feições da narrativa da criação não lhe merecem o mesmo crédito. As Escrituras não as ensinam como fatos; conservam-se no discurso e na poesia como herança tradicional, Gn 9.14, Jó 26.8; 36.27-29; 37.11; 38.34; Sl 77.17; 135.7; Is 5.6; Jr 10.13.

FIVELAS, COLCHETES – pega de metal destinada a unir as presilhas das cobertas do Tabernáculo, Êx 26.6,11. Muitas vezes eram ornadas, tornando-se em verdadeira jóia. Essas presilhas consistiam de um alfinete utilizado com uma mola que se prendia a um tipo de gancho.

FLAUTA, PÍFARO – 1 Instrumento músico usado na Babilônia, Dn 3.5. A palavra em aramaico é *Mashrokita*, assobio, gaita. Havia flautas com um, dois ou mais tubos. Segundo a Septuaginta, era semelhante às flautas de Pã, formada de vários tubos unidos em séries uns aos outros, diminuindo gradualmente em tamanho. A flauta, ou gaita, em grego *Aulos*, era tocada em ocasião de morte, Mt 9.23 ou em festas de regozijo, Ap 18.22. **2** Instrumento de sopro, chamado em hebraico *halil*, que quer dizer, instrumento

495

FLAUTA, PÍFARO

furado e em grego *aulós*. Existiam de várias formas. A flauta simples consistia de um tubo, ou de uma cana, assoprada verticalmente por meio de um bocal na extremidade superior. Havia outra semelhante à nossa flauta, sem o bocal e assoprada por um furo maior, aberto na mesma linha dos outros furos. A flauta dupla se compunha de dois tubos, um à direita e outro à esquerda, assoprados ao mesmo tempo e cada um deles tocado pela mão correspondente. Os furos das flautas eram em número de dois, três e quatro. A flauta entrava no acompanhamento das orquestras e servia para dirigir o canto festivo, 1 Sm 10.5; 1 Rs 1.40, as canções religiosas e os cantos fúnebres, Is 5.12; 30.29; Mt 9.23; 11.17 (veja *MÚSICA*). **3** Instrumento de sopro de origem remota, chamado *ugab*, Gn 4.21, que servia em ocasiões festivas, Jó 21.12; 30.31, e para louvar ao Senhor, Sl 150.4. Segundo a descrição do Targum, era feito de um tubo. A Vulgata, no salmo 150, e a Septuaginta dizem ser instrumento de sopro, *organon*. É incerto o sentido que se dá à palavra *nekebe*, Ez 28.13, que denota um instrumento perfurado ou uma jóia igualmente perfurada.

Flauta — Christian Computer Art

FLEGONTE (*do grego phlegon*, "*ardente*", "*brilhante*") – nome de um cristão residente em Roma, a quem o apóstolo Paulo enviou saudações, Rm 16.14.

FLOR, **NARCISO**, **ROSA** – tradução do vocábulo hebraico *Habasseleth*, Ct 2.1; Is 35.1, na Versão Brasileira e por diversos doutores judeus da Idade Média. As opiniões dos intérpretes modernos são divididas. Uns, como Tristram, seguindo o Targum, entendem que seja o perfumado narciso (*Narcissus tazzeta*), abundante nas planícies do Sarom, durante a primavera. Outros, baseados no sentido de uma palavra siríaca muito semelhante à hebraica, que se emprega para designar o cólquico e o açafrão, muito parecidos entre si, e que na estação chuvosa convertem os campos em matizados tapetes, dizem que é o açafrão (*Colchicum autumnale*) com as suas flores liláceas. Uma terceira opinião baseia-se na semelhança ainda maior de um vocábulo assírio com o hebraico, designando umas plantas dos brejos, *Cyperus syriacus*, também denominada *Cyperus papyrus*, que se encontram no *Nahr el-Aujah* das planícies do Sarom e em outros lugares alagadiços da Palestina. Florescem no fim do outono. Nas passagens mencionadas, a versão de Almeida diz rosa. A legítima rosa é natural da Média e da Pérsia, de onde foi transplantada para as terras do Mediterrâneo; adapta-se muito bem nas montanhas da Palestina. A moça que reconheceu a voz de Pedro quando ele bateu à porta chamava-se Rode, que quer dizer rosa, At 12.13; a verdadeira rosa referida provavelmente em Sabedoria 2.8; Ecclus 24.14; 34.13; 1.8, onde se emprega a palavra grega. Tristram, apesar disso, julga que nessas passagens, fala-se do oleandro, chamado no Brasil espirradeira, que floresce em Jericó à beira das águas.

FLUXO – enfermidade que afeta os homens, talvez seja blenorréia ou gonorréia,

Lv 15.2-15; *cf.* Guerras, 5.5,6; 6.9,3. O corrimento sangüíneo é próprio das mulheres, Lv 15.25-30; Mt 9.20. Era doença impura diante da lei judia que obrigava à uma vida separada da sociedade e da religião.

FOGO – elemento necessário à vida, Ec 39.26. Torna-se indispensável: nas artes, Gn 4.22, no preparo do alimento, Êx 16.23; Is 44.16, no conforto do lar, Jr 36.22; João, 18.18; At 28.2, e na oferta dos holocaustos ao Senhor, Gn 8.20. O fogo, por assim dizer, servia de veículo para levar a Deus o sacrifício com o qual se deliciava, como com um perfume de suave cheiro, 8.21. O ofertante é quem acendia o fogo, Gn 22.6, Moisés ofereceu sacrifícios sobre o altar que havia levantado, Êx 40.29. Por ocasião de serem consagrados Arão e seus filhos para o sacerdócio, irrompeu fogo do Senhor e devorou o holocausto, Lv 9.24. O fogo do altar nunca se extinguia, 6.9-13. Também desceu fogo do céu que consumiu o holocausto, quando se fez a dedicação do templo e do altar, 2 Cr 7.1. Em outras ocasiões, por igual modo, Deus se manifestou favorável às suas criaturas, Jz 6.21; 1 Rs 18.23,24; 1 Cr 21.26; cf. Gn 19.24; Êx 9.23; 2 Rs 1.12. Os adoradores de Moloque e alguns outros idólatras queimavam seus filhos no fogo, como ato religioso, 2 Rs 16.3; 21.6; Jr 7.31; Ez 16.20,21. No Antigo Testamento, o fogo representava: a) A presença da divindade, Gn 15.17; Êx 13.21; 14.24; Lv 6.9-13, Nm 11.1; 2 Rs 1.10-14; b) A manifestação de Deus, Êx 3.2; 19.18s; Ez 1.4; c) Era elemento e símbolo de purificação, Is 6.6; d) Santificação, Êx 29.30; Lv 4.12; e) Castigo e juízo, Gn 19.24; 38.24; Lv 10.2; 20.14; Dt 4.24; Js 7.15. f) Aprovação, Lv 9.24; Jz 6.21; 1 Rs 18.38. No Novo Testamento, o fogo também tem muitos significados, e pode representar: a) Castigo e juízo de Deus, Mt 3.10; 7.19; 13.14; Lc 3.9,17; 17.29; Jo 15.6; Ap 9.17; 11.5; 20.10; b) Presença da glória de Deus, Ap 1.14; 2.18; 19.21 etc.; c) Elemento de purificação e santificação, 1 Co 3.12-15 cf. 1 Pe 1.7.

FOLE – instrumento destinado a soprar o fogo de uma forja, Jr 6.29; Ilíada, 18. 470. Os egípcios faziam os foles com duas câmaras de couro pregadas a uma armação de madeira, tendo cada uma um tubo por onde saía o ar. Esses foles eram colocados de modo a assoprarem o fogo da forja, ou fornalha. O operador ficava em pé sobre eles, e com a mão puxava um cordel para suspender o fole esvaziado e com o pé o comprimia, em movimento alternado.

FOLHA – 1 Parte da planta que guarnece o talo, formando ramos, Gn 3.7; 8.11. **2** Peça de madeira que servia para fechar a entrada das habitações e das cidades, formada de uma ou duas folhas que giravam sobre gonzos, 1 Rs 6.34; Ez 41.24. Em hebraico, tinha o nome de *daleth*, porque se movia sobre gonzos ou pivôs. A primeira passagem citada refere-se à porta do lugar santo, do templo de Salomão. Para a entrada do templo, fez Salomão ombreiras que constituíam a quarta parte da parede, e de madeira de cipreste fez duas portas, cujas folhas se fechavam uma sobre a outra, 1 Rs 6.34; deveriam ser oblongas, semelhantes à forma do muro, medindo cinco cúbitos de largura e 7½ de altura, 2,54 x 3,80 m. Essas dimensões, com certeza, incluem também os batentes e a lumeeira deixando uma abertura livre de, pelo menos, quatro por sete cúbitos (2,032 por 3,556 m). Essa abertura se fechava por duas portas, cada uma das quais se dividia perpendicular e horizontalmente em duas metades. Se fosse horizontalmente pelo meio, a folha teria dois cúbitos por 3½ (1,016 por 1,778 m), dando ingresso e egresso aos sacerdotes para os seus deveres oficiais de cada dia, sem haver necessidade de abrir a porta inteira. **3** Nome que se dava à página ou à coluna de um livro antigo em forma de rolo, Jr 36.23.

FOME

FOME (*no hebraico, ra´ab*) – falta de alimento, produzida, ou pela ausência de chuvas necessárias à produção dos frutos, ou pela proibição da entrada de mantimentos em uma cidade sitiada. FOMES NO ANTIGO TESTAMENTO: Houve uma terrível fome que impeliu Abraão a deixar Canaã, indo para o Egito, Gn 12.10. Foi a primeira de uma série de fomes, relacionada com a história do patriarca e de seus descendentes e que levou os hebreus a abandonar temporariamente a Palestina, 26.1; 41.27-56; 47.13. Outras calamidades ocorreram no tempo dos juízes que levaram Elimeleque a mudar-se para Moabe, Rt 1.1. Conta-se ainda de uma fome no tempo de Davi, 2 Sm 21.1, a do tempo de Elias, 1 Rs 17.1 até o cap. 17.46, e a do tempo de Eliseu, 2 Rs 4.38; 8.1. No período do *Novo Testamento*, quando a Igreja surgia com força e determinação, houve no tempo de Cláudio, 41-54 d.C., uma terrível fome que provocou sucessivas migrações da Judéia para a Grécia e para a Itália em um período de 11 anos, At 11.28; Antig. 20.2,5; 5, 2; Anais de Tácito 12.43. As principais calamidades de fome, produzidas pela guerra, impedindo a entrada de mantimentos nas cidades sitiadas, são: a de Samaria, sitiada por Bene-Hadade, 2 Rs 6.24 até o cap. 7.20, a de Jerusalém no tempo de Nabucodonosor e a de Tito, 2 Rs 25.1-3; Jr 52.1-6; Guerras 5.10,2,3.

FONTE (*no hebraico 'ên*) – nascente de água, brotando de uma rocha, de uma ribanceira ou rebentando à flor da terra, Dt 8.7. Na geografia da Palestina, deve-se fazer cuidadosa distinção entre poços, tanques e cisternas. As fontes desse país são numerosas e dão origem permanente aos rios, contribuindo para comunicar vida e fertilidade ao solo. Os nomes de algumas cidades recebem, na sua composição, o prefixo *En*, "fonte", como Endor e outras. Figuradamente, esse nome simboliza a origem permanente e inesgotável das bênçãos espirituais, Sl 36.9;

Jr 2.13; Ap 7.17; 21.6. Os filhos também são comparados a fontes procedentes de seus pais, Dt 33.28; Sl 68.26.

FONTE DE ROGEL (*no hebraico 'ên-rogel, "fonte do espião", ou "fonte do pisoeiro"*) – nome de uma fonte junto à cidade de Jerusalém e perto do vale de Hinom, na linha divisória entre Judá e Benjamim, Js 15.7; 18.16. Segundo o historiador Josefo, a fonte de Rogel ficava dentro do jardim do rei, Antig. 7.14,4. Durante a revolta de Absalão, Jônatas e Aimaás fizeram ali ponto de observação, a fim de poderem avisar Davi dos perigos que a ameaçavam. Perto, ficava a pedra de Zoelete, em que Adonias imolou vítimas quando conspirava para tomar conta do reino de seu pai, 1 Rs 1.9. É quase universalmente aceito que o local da fonte é o atual *Bir Ayyub*, o poço de Jó, logo abaixo da junção do vale de Hinom com o vale de Cedrom, ao sul de Jerusalém. Esse poço tem 41,25 metros de profundidade; a parte superior é revestida de muro até o meio, e daí para baixo, aberto em rocha viva. Não é propriamente uma fonte, e por isso apresenta sérias objeções quanto a ser o local da antiga Rogel, *cf.* Gn 17.7 com o v. 14. A razão de pensarem que o poço é o local da antiga fonte é porque em certas épocas do ano abrem-se ali vários olhos de água.

FONTE DO DRAGÃO – nome de um poço, entre a porta do Vale e a porta do Monturo, Ne 2.13; *cf.* 3.13,14.

FORCA – instrumento de castigo em que, depois de o criminoso ser condenado à morte, o seu corpo é pendurado pelo pescoço em um poste, ou em uma árvore, costume muito em voga no Egito, Gn 40.19,22; e entre os israelitas, Dt 21.22; Js 10.26; 2 Sm 4.12, e também entre os persas, Heród. 3.125; 9.78. Era um processo que tinha por fim intensificar a desgraça. Os israelitas expunham o cadáver assim pendurado para

FRÍGIA

servir de testemunho de como Deus aborrece o pecado. Enquanto permanecia exposto, proclamava que em Israel se havia cometido pecado. O cadáver devia ser retirado do patíbulo ao entardecer, Dt 21.23; Js 8.29; *cf.* Gl 3.13. Alguns suicidas usavam a forca, 2 Sm 17.23; Mt 27.5.

FORMIGA (*o termo hebraico significa "rastejante"*) – inseto himenóptero da família *Formicidae*. São insetos que vivem em comunidades, como as abelhas e as vespas, às quais são remotamente filiadas. As espécies desses insetos são muito variadas, principalmente nas regiões tropicais. As formigas servem de modelo à indústria e são exemplos de previdência, sabedoria e operosidade. Fazem o seu provimento no estio e ajuntam no tempo da ceifa de que se sustentar, Pv 6.6-8; 30.24,25. No livro de Provérbios não se diz que elas fazem provisões para se alimentarem no inverno, porém, este fato é claramente afirmado em máximas árabes. O Dr. Thomson diz que as formigas da Palestina roubam os grilos das colheitas. Sykes, em 1929, encontrou formigas na Índia que armazenavam grãos e que as denominou *Atta providens*. Moggridge observou igual fato no sul da Europa, e MacCook, no Texas.

FORNALHA, FORNO – **1** Um grande forno para derreter metais, e remover deles a escória, Dt 4.20; 1 Rs 8.51. Fornalhas de grande porte também eram usadas para cozer tijolos. Os babilônios possuíam grandes fornalhas, que não só serviam para os metais e o barro, mas também para cremar seus mortos que era um costume do povo. Parece que uma dessas fornalhas serviu para a punição de Mesaque, Sadraque e Abednego, Dn 3.22,23. O fato do rei poder ver dentro da fornalha não só exemplifica sua grandeza, mas indica que possuía uma grande abertura superior e uma porta rente ao chão, Dn 3.23-26 (veja FERRO). **2** Cadinho para refinar o ouro, e a prata, e para derreter e fundir metais, Pv 17.3; Ez 22.20. **3** Forno para assar pão. Objeto artesanal que toda família possuía, Êx 8.3. Seu formato era como de um vaso expandido na base e afunilado no alto, após seu rápido aquecimento à lenha, a massa era espalhada em sua superfície até assar, Ne 3.11; Is 31.9. Fornos maiores poderiam servir a vários grupos em um povoado ou região (veja PÃO). **4** Forno para fazer tijolos. Uma caixa abobadada, destinada a receber os tijolos que vão ser queimados, 2 Sm 12.31; Na 3.14.

FORTALEZA – construção destinada para a proteção e a resistência aos ataques inimigos. Em Pv 18.19, tem o nome de cidade forte. Davi tomou a fortaleza de Siló aos jebuseus e habitou nela, pelo que chamou a Cidade de Davi, 1 Cr 11.5,7. Josafá edificou fortalezas em forma de torres nas cidades de Judá, 2 Cr 17.12, e Jotão fez o mesmo nos montes e bosques de Judá, 27.4. A fortaleza que Neemias construiu, presume-se que veio a ser a Torre Antônia, em que o apóstolo Paulo foi recolhido preso em Jerusalém.

FORTUNATO (*no latim fortunatus, "afortunado"*) – um dos três mensageiros comissionados pela igreja de Corinto para levar socorros materiais ao apóstolo Paulo em Éfeso, 1 Co 16.15-17. Possivelmente foram eles os portadores de uma carta do apóstolo aos coríntios, cuja resposta é a primeira epístola aos Coríntios.

FRASCO, VASOS – **1** Vasilha para conter líquidos, em hebraico, *Nebel*, Is 22.24. **2** Tradução do hebraico *ashishah*, nome de alguma coisa amassada, torta de pão etc., 2 Sm 6.19; 1 Cr 16.3.

FRÍGIA – nome de uma grande e importante província da Ásia Menor, cujos limites antigos foram alterados pelo desmembramento da Galácia; era limitada ao norte pela

FRÍGIA

Bitínia; ao sul pela Lícia, Psídia e Isáuria; a este, pela Licaônia e Galácia, e a oeste, pela Cária, Lídia e Mísia. Achava-se situada em um alto tabuleiro entre a cadeia do Tauro ao sul, o Olimpo ao norte; e o Temnus a oeste. O Novo Testamento relata sobre quatro de suas cidades: Laodicéia, Hierápolis, Colossos e Antioquia da Psídia, que Estrabão dizia pertencer à Frígia. Nesse ponto da história, a Frígia já não era província, o nome tinha aplicação toda local. Antíoco, o Grande, estabeleceu duas mil famílias judias vindas da Babilônia, da Mesopotâmia, na Frígia e na Lídia, Antig. 12.3,4. Alguns dos judeus da Frígia se achavam em Jerusalém no dia de Pentecostes por ocasião da descida do Espírito Santo, At 2.10. O apóstolo Paulo atravessou a Frígia quando fez a segunda e a terceira viagens missionárias, At 16.6; 18.23.

FUNDA – simples arma de ataque consistindo, em geral, de um pedaço de couro, em que se colocava uma pedra, com uma corda em cada extremidade. Dava-se uma ou duas voltas com a funda, para cima da cabeça, e soltava-se uma das cordas. A pedra saía violentamente impelida em direção ao ponto alvejado. Nos campos de batalha, o guerreiro conduzia as pedras em um boldrié, ou as tinha amontoadas a seus pés, 1 Sm 17.40. Parece que vinha sendo usada desde remota antiguidade, pelos egípcios e pelos assírios, 1 Mac 6.51; 9.11, pelos sírios e pelos persas, Anab. 3.3,18, e no extremo ocidental, pelos sicilianos e pelos soldados mercenários do império, Heród. 7.158. Entre os hebreus, os benjamitas foram hábeis atiradores de funda, que sabiam manejar até com a mão esquerda, Jz 20.16; 1 Cr 12.2. Davi matou o gigante Golias com uma pedra, atirada com a funda, 1 Sm 17.48-50. Os exércitos de Jorão, de Josafá e de Uzias, pelejavam com fundas, 2 Rs 3.25; 2 Cr 26.14. Os fundibulários hebreus foram eficientes até na guerra contra os romanos, Guerras 2.17,5; 4.1,3.

GAÃ/GAÃO (no hebraico, "queimar") – nome de um dos filhos de Naor e de sua concubina Reumá, Gn 22.24.

GAAL (no hebraico, "nojo", "escaravelho", "aborto") – nome de um filho de Ebede, que, com um punhado de companheiros, chegou à cidade de Siquém, conquistou a confiança de seus habitantes com o propósito de menosprezar a autoridade e provocar uma revolta contra o rei Abimeleque, que se achava ausente. Zebul, governador da cidade, mandou avisar Abimeleque do que estava acontecendo, aconselhou-o a passar a noite no seu esconderijo e sair pela madrugada para combater os revoltosos. Na peleja, Gaal foi derrotado e posto em fuga, Jz 9.26-41.

GAAR (no hebraico, "lugar de esconder") – chefe de uma família junto aos netinins que retornaram do cativeiro babilônico com Zorobabel, Ed 2.47; Ne 7.49.

GAÁS (no hebraico, "terremoto", "tremor") – nome de um monte do território de Efraim, ao sul de Timnate-Sera, onde estava o túmulo de Josué, Js 24.30; Jz 2.9; 2 Sm 23.30; 1 Cr 11.32. Localização geográfica desconhecida.

GABA (no hebraico, "outeiro") – nome de uma cidade dentro dos limites de Benjamim, Js 18.24, que foi partilhada aos sacerdotes, 21.17. Não se deve confundir com Gibeá de Saul, Is 10.29, Gabee, ou Geba, localizava-se no extremo norte do reino de Judá, 2 Rs 23.8; Zc 14.10. Uma aldeia com o mesmo nome assinala o local da antiga cidade, 11 km a nordeste de Jerusalém, e uns quatro km a sudoeste de Micmás.

GABAI (*no hebraico, "coletor de impostos"*) – nome de um dos chefes benjamitas que se ofereceram para ficar em Jerusalém depois do cativeiro, Ne 11.8.

GÁBATA (*no hebraico, "pavimento"*) – nome equivalente em aramaico à palavra grega *Lithóstroton*, que quer dizer, "pavimento de mosaicos", Jo 19.13. Nesse

GÁBATA

lugar ficava o tribunal público, em que Pôncio Pilatos proferia as suas sentenças. Era, talvez, um espaço aberto, fronteiro ao palácio de Herodes, calçado com pedras em obra de mosaico (*cf.* Guerras 2.14-8). Não há motivos para se acreditar que Pilatos, do mesmo modo que César, em suas campanhas, levasse um estrado sobre o qual assentasse o seu tribunal.

GABRIEL (*no hebraico, "homem de Deus"*) **-** nome de um anjo de alta categoria, enviado para interpretar a visão ao profeta Daniel, Dn 8.16-27. Esse mesmo anjo foi comissionado para visitar de novo o profeta, a fim de revelar-lhe a profecia das 70 semanas e lhe dar entendimento de seu significado, Dn 9.16-27. Em um período mui distante, posterior a esse tempo, foi enviado a Jerusalém, para anunciar a Zacarias o nascimento de João Batista, Lc 1.11-22, e a Nazaré para saudar Maria como eleita ao alto privilégio de ser a mãe do Messias, v. 26-31. Esse anjo assiste sempre na presença de Deus, v. 19 (veja *ANJO*).

GADARA (veja *GERASENOS*).

GADARENOS (veja *GERASENOS*).

GADE (*no hebraico, "boa fortuna"*) **1** Nome de um filho de Jacó e de Zilpa, serva de Lia, sua mulher. Ao dar à luz o seu filho, disse Zilpa: "Em boa hora", e por isso lhe colocou o nome de Gade, Gn 30.10,11. A tradição judia pôs na boca de Zilpa outras palavras, fazendo-a dizer: "Exército armado vem". Jacó profetizou: "Gade, exército armado, pelejará contra ele", Gn 49.19. Moisés bendisse a Deus por ter abençoado a Gade na vastidão de sua partilha e louvou a sua fidelidade para com Deus, Dt 38.16,20,21. Gade teve sete filhos, Gn 46.16, cada um dos quais fundou uma família tribal, Nm 26.15-18. **2** Nome da tribo que tem o mesmo nome e a que deu origem, Nm 1.14; Ez 48.27,28,34.

Por ocasião do primeiro recenseamento no deserto, os gaditas contavam 45.650 homens de guerra, Nm 1.24,25, e no segundo, só havia 40.500, Nm 26.15-18. Homens mui valentes e ótimos soldados, armados de escudos e de lança, da tribo de Gade, se ajuntaram a Davi em Ziclague, 1 Cr 12.18. O território ocupado por essa tribo ficava ao oriente do Jordão, partilhada pelo próprio Moisés sob condição de marcharem à frente de seus irmãos na conquista da terra e lhes dar auxílio, Nm 32.21-32. O território dos gaditas estava situado entre o de Rúben ao sul e o de Manassés ao norte, incluía a parte meridional do monte de Gileade, desde o sul de Jaboque até Hesbom, e desde as vizinhanças de Rabá a oeste, até o vale do Jordão. Neste vale, tomava todo o lado oriental, desde Bete-Arã e Bete-Ninra perto do extremo norte do mar Morto, até o lado de Genesaré, Js 13.24-28; Dt 3.12-16,17. O território era muito próprio para pastagens, Nm 32.1-4, Ramote de Gileade estava no território de Gade, e foi designado para servir de cidade de refúgio, Js 20.8. O que se lê em 2 Sm 24.5 pode significar que os que contavam o povo passaram do Arnom por Gade para Jazer. **3** Nome de um profeta que aconselhou Davi a abandonar a caverna de Adulão onde se achava escondido, e a procurar refúgio em outro lugar, 1 Sm 22.5, e que mais tarde foi, por ordem divina, levar-lhe a escolha do castigo que deveria sofrer, por causa de haver feito a contagem do povo, 2 Sm 24.11-14. Colaborou no arranjo do coral do santuário, 2 Cr 29.25, e também escreveu o histórico do reinado de Davi, 1 Cr 29.29. **4** Parece que existia uma divindade pagã, conhecida pelo nome de Gade, porque Isaías se refere à mesa da Fortuna, em hebraico Gade, com a qual os israelitas entretinham práticas de idolatria, derramando libações sobre ela, Is 65.11 (veja *BAAL-GADE*).

GADI (*do hebraico, fortuna, "afortunado"*) **1** Nome de um dos espias, pertencentes à

GAFANHOTO

tribo de Manassés, que tomaram parte na exploração de Canaã, Nm 13.11. **2** Nome do pai do rei Menaém, 2 Rs 15.14.

GADIEL (*no hebraico, "Deus afortunou"*) – nome de um dos espias, representante da tribo de Zebulom, explorador da terra de Canaã, Nm 13.10.

GADO – o termo empregado no Antigo Testamento era de significação coletiva. Designava os animais domésticos, grandes e pequenos, para consumo ou não, e os animais para o trabalho agrícola, camelos, cavalos, ovelhas, bodes, bois, burros etc., Gn 13.2; 26.13,14; 30.32; 31.8,9,38,41; 47.16-18.

GAETÃ (*no hebraico, "insignificante", "doentio"*) – nome de um descendente de Elifaz, Gn 36.11; 1 Cr 1.36. Era neto de Esaú e chefe de uma tribo, Gn 36.16.

GAFANHOTO – O inseto citado é evidentemente o gafanhoto errante, ou nômade (Edipoda migratoria) ou, em certos casos, talvez um dos seus aliados (Edipoda cinerescens, Acridium peregrinum), ou outras espécies. O gafanhoto tem o comprimento que regula ser de duas polegadas ou mais. É inseto voador. À semelhança dos outros da ordem dos Orthoptera, tem quatro asas. As duas anteriores são estreitas e as posteriores são mais avantajadas, sobrepostas e transparentes. Tem seis pernas; quatro utilizam para andar, enquanto que as traseiras, mais longas que as outras, iguais ao comprimento do corpo, que os fazem saltar, Lv 11.21,22. A boca é fornecida de mandíbulas que lhe servem para cortar as folhas das árvores e a grama. A lei cerimonial classificava-o como inseto limpo, Lv 11.21-22. João Batista se alimentava de gafanhotos à semelhança de muitos dos orientais que ainda atualmente os comem, Mt 3.4, levemente torrados no fogo ou secos ao sol e salgados. Para este fim, tiravam-lhe a cabeça, as asas, as pernas e os intestinos. O gafanhoto é devorador das plantas. Uma das pragas que vieram sobre o Egito no tempo de Moisés foi a dos gafanhotos que devoraram a erva da terra e tudo o que havia de frutos nas árvores, Êx 10.4,5,12,15,19. O gafanhoto é designado por diversos termos, conforme o grau de desenvolvimento, Lv 11.22; Jl 1.4. Esses insetos fazem a desova nos meses de abril em covas cilíndricas, que eles abrem no chão. No mês de junho saem do ovo em forma de larva sem asas, que passa ao estado de ninfa com asas rudimentares encerradas em uma tênue película. Nesse estado de desenvolvimento, é exclusivamente voraz. No mês seguinte, despoja-se inteiramente de seu invólucro, transformando-se no perfeito gafanhoto. **1** Tradução da palavra hebraica *Arbeh*. Gafanhoto migratório, mencionado em Êx 10.4; e Jl 1.4. Que anda em bandos e que se estende sobre a terra, Jz 6.5; 7.12; Jó 39.20; Jr 46.23. **2** Tradução da palavra hebraica *Hagab* em Lv 11.22; Nm 13.33; Ec 12.5; Is 40.22. É pequeno e devorador, Nm 13.33; 2 Cr 7.13. Parece que o nome no original indica animal que forma nuvens espessas que escurecem o sol e cobrem a terra. A família dos gafanhotos, chamada *Acridiiae*, compõe-se de insetos ortópteros puladores, com tarsos de quatro juntas, com os élitros em descanso à semelhança das abas de uma coberta e longas antenas pontiagudas; a que serve de tipo o nosso grande gafanhoto (*Locusta viridissima*). **3** Tradução da palavra hebraica *Gob* e *Gobay*, insetos que saem da terra, Na 3.17, e que devoram a erva, Am 7.2. Com certeza, um inseto da família dos gafanhotos e de espécie desconhecida. **4** Tradução do hebraico *yelek*, o gafanhoto devorador. O termo aparece nove vezes no Antigo Testamento, Jl 1.4; 2.25; Na 3.15-16; Sl 105.34; Jr 51.14,27. Trata-se de um

G

GAFANHOTO

inseto alado, algumas versões traduzem "pulgões", são altamente prejudiciais às plantas novas. Entende-se pela leitura de Jl 1.4 e Na 3.15, que é companheiro do gafanhoto, e com este aparece em grande quantidade. Provavelmente é uma espécie de gafanhoto, ou o mesmo gafanhoto em estado de crescimento, que vem a ser o que se conhece como saltão (veja *LAGARTA e LAGARTIXA*).

GAIO (*do latim Gaius, "estou alegre"*) – nome muito usado entre os romanos, que algumas vezes se escreve Caio. **1** Nome de um macedônio, companheiro do apóstolo Paulo, arrebatado para o anfiteatro, no tumulto que ocorreu em Éfeso, At 19.29. **2** Nome de certo homem de Derbe, que acompanhou o apóstolo Paulo na sua última viagem para a Ásia, At 20.4. **3** Nome de um cristão de Corinto, batizado pelo apóstolo Paulo. Mantinha em sua casa uma congregação e era notável pela hospitalidade que dispensava a seus irmãos na fé, Rm 16.23; 1 Co 1.14. É provável que seja a mesma pessoa a quem o apóstolo João dirigiu a sua terceira epístola, 3 Jo 1. **4** Nome de um crente fiel, a quem o apóstolo João escreve sua terceira epístola, 3 Jo 1. Tem sido identificado com o Gaio de Corinto, 1 Co 1.14, mas nada se pode afirmar de concreto a não ser o que tem citado em 3 Jo.

GAIOLA (*no hebraico, Kelub, pode designar "gaiola" ou "cesto"*) – armação de madeira, com grades em forma de caixa, destinada a prender pássaros e a atraí-los, Jr 5.27; Ecclus. 11.30. Senaqueribe se jactava de ter encerrado o rei Ezequias em Jerusalém, como pássaro em gaiola.

GAIVOTA – **1** Tradução da palavra hebraica *Shalak*, mergulhador, ave cerimonialmente considerada imunda, Lv 11.17; Dt 14.17. Parece ser o nosso corvo marinho, ou a nossa gaivota, *Phalacrocorax carbo*, ave aquática da família dos pelicanos, porém, diferente deles pela ausência da bolsa embaixo da mandíbula inferior. O corvo marinho habita em várias regiões. Na Palestina, encontramos essa ave nas costas do Mediterrâneo e do mar da Galiléia; é proverbial a sua voracidade. Tristram a descreve oculta na copa das árvores, na confluência do Jordão com o mar Morto, apanhando os peixes que são levados para as águas salobras do Asfaltite. Outra espécie, o *Phalacrocorax pigmeus*, encontra-se nas torrentes que descem da Palestina para o Mediterrâneo. **2** Tradução da palavra *Kaáth* em Is 34.11 (corvo – ARC); Sf 2. 14 (pelicano – ARC) (veja *PELICANO*). **3** Tradução da palavra hebraica *Shahaph* em Lv 11.16 e Dt 14.15, ave considerada imunda pela lei cerimonial. A Septuaginta e a Vulgata traduziram por esse nome o vocábulo original; porém, ele tem um sentido mais geral, para ser limitado à gaivota. Compreende a gaivota, a andorinha do mar e o tentilhão, muito abundantes nos lagos da Palestina. Se a palavra se refere a alguma dessas aves em particular, deve ser ao *Sterna fluvialis*, a andorinha marítima, ave de pequeno vulto, como o quer dizer o vocábulo *shahaph*, que pode bem figurar na classe das gaivotas, porque os *Sterninae*, e andorinhas pertencem a uma subfamília das *Laridae*, ou gaivota. São muito abundantes nas praias da Palestina. **4** Tradução do vocábulo hebraico *shahaph*. O cuco (*Cuculus canorus*) é pássaro muito conhecido, que vem do sul na primavera, por ocasião de sua migração anual, permanece até as proximidades do fim do ano; ouve-se o seu canto, mas raras vezes é visto. A versão inglesa revista, seguindo a tradução da LXX, traduz o vocábulo *Shahaph*, dizendo gaivota em vez de cuco.

GALÁCIA – nome de um distrito da Ásia Menor, limitado ao norte pela Bití-

GÁLATAS, EPÍSTOLA AOS

nia, Paflagônia e o Ponto, a leste, pelo Ponto e Capadócia, ao sul pela Capadócia e Licaônia e a oeste, pela Frígia e pela Bitínia. Certas tribos gálicas invadiram a Macedônia e a Grécia no ano 280 a.C. e dali emigraram para a Ásia Menor. Nicomedes, rei da Babilônia, deu-lhes o território ocupado, em recompensa por serviços que lhe haviam prestado na guerra. Daí vem o nome de Galácia. Outras tribos gálicas transpuseram a Europa central e se estabeleceram na Gália, i.é, na França. Os gregos davam o nome de *Gallatai* aos gauleses. As cidades principais da Galácia eram *Pessinus, Ancira* e *Tavium*. O território variava em tamanho, conforme as eventualidades da guerra. No ano 180 a.C., os gálatas foram subjugados pelos romanos, conservando a direção de seu governo, favorecidos pelos seus conquistadores por serem valiosos aliados do império. Sob o reinado de Amintas, aumentou para o sul, incluindo parte da Frígia, Pisídia, Licaônia e Isáuria. Depois da morte de Amintas, 25 a.C., a Galácia passou a ser província do império com o mesmo nome. Sete anos antes da era cristã, a Paflagônia e parte do Ponto entraram nos limites do norte, e no ano 63 da era cristã ocorreram novas alterações territoriais. No tempo das viagens do apóstolo Paulo, o termo Galácia designava não só o primeiro reino, como também toda a província romana. Neste sentido se deve entender o texto de At 16.6, onde diz: "E atravessando a Frígia e a província da Galácia". Em At 18.23, dá-se a mesma diferença, bem como a expressão na epístola de Paulo "às igrejas da Galácia". Se esse nome quer dizer a província romana da Galácia, então o apóstolo a evangelizou logo na sua primeira viagem missionária, At caps. 13 e 14, em companhia de Barnabé. Se, porém, o nome se refere apenas ao território da Galácia, somente na segunda viagem é que o Evangelho lá

entrou, At 16.6. Na primeira epístola aos Coríntios, 16.1, há referência às igrejas da Galácia. Na segunda a Timóteo, 4.10, lê-se que Crescente foi para a Galácia, que alguns pensam ser a Gália (França atual). O apóstolo Pedro, na sua primeira epístola 1.1, dirige-se aos estrangeiros dispersos pelo Ponto, Galácia etc. claramente indicando a província romana. Há contudo, sérias dificuldades em dar o mesmo sentido às passagens em Atos e na epístola aos Gálatas.

GALAL (*no hebraico, "que rola", "roliço"*) **1** Nome de um levita, filho de Asafe, 1 Cr 9.15. **2** Nome de outro levita filho de Jedutum. O avô de Obadias que retornou do cativeiro babilônio, 1 Cr 9.16; Ne 11.17.

GÁLATAS, EPÍSTOLA AOS – carta dirigida às igrejas da Galácia, 1.2, dando a entender que existia certo número delas em diferentes partes daquele território. Quais foram elas, depende do sentido que se empregar ao termo Galácia. A data da epístola também depende dessa solução. Se a Galácia é a província romana e se as igrejas referidas na epístola se originaram na primeira viagem missionária do apóstolo, Atos caps. 13 e 14, segue-se que foi escrita no final da segunda viagem, uma vez que, segundo Gálatas 4.13, ele visitou duas vezes a Galácia. Por esses cálculos, a data da epístola deve ser posterior à data em que foram escritas as epístolas aos tessalonicenses, por não conterem alusão alguma aos ataques do judaísmo. Se porém, o termo se refere à própria Galácia, e se foi evangelizada na segunda viagem, At 16.6, então a epístola não poderia ter sido escrita antes da estada em Éfeso, uma vez que, em At 18.23, se menciona a sua segunda viagem à Galácia. De conformidade com esse raciocínio, conclui-se que o apóstolo se dirige a seus leitores como se ele fosse o seu único

GÁLATAS, EPÍSTOLA AOS

pai espiritual, Gl 4.13-20; 5.1, apesar de ter sido acompanhado por Barnabé em sua primeira viagem. Ainda mais: diz o apóstolo Paulo que os gálatas o receberam como a um anjo de Deus, 4.14, declaração esta dificilmente combinada com as experiências conhecidas da sua primeira viagem. A maior parte dos teólogos é dessa última opinião, e conclui que a Galácia foi evangelizada na segunda viagem, e que a epístola deve datar dos anos 55 ou 56. Outros, porém, opinam por uma data mais recente por lhes parecer existir muita semelhança com a epístola aos romanos, que foi escrita antes, isto é, no inverno de 57 ou 58. Sejam quais forem os leitores da epístola, e qual a data em que foi escrita, os motivos que lhe deram origem foram as influências de certos judaizantes que se intrometeram nas igrejas, atacando a autoridade apostólica de Paulo, e ensinando ser necessário observar as leis mosaicas. Diziam que Paulo não era apóstolo como os outros foram; que ele havia recebido as doutrinas pela boca de outros. Parece que também o acusavam de ser inconsistente em referência à sua doutrina sobre a liberdade dos gentios em não observarem a lei. Atacavam-no desse modo e persuadiam os conversos a observarem as leis judias. Sendo o próprio Evangelho o objeto da sua oposição, Paulo escreve a epístola com grande intensidade de sentimentos e com argumentos vigorosos. A epístola aos Gálatas é a carta magna da liberdade cristã. Depois da introdução, 1.1-10, em que ele profliga a facilidade com que deram ouvidos a outro evangelho, pregado por falsos mestres, e afirma com veemência a origem divina do evangelho por ele pregado, passa a defender a sua autoridade apostólica, que lhe foi outorgada por Cristo, sem dependência de homem algum, 1.11 até o cap. 2.21. Evoca em seu auxílio a igreja de Jerusalém e o apoio dos demais apóstolos, em favor de sua autoridade,

2.1-10, e que, 2.11-21, nunca alterou o seu ensino, mesmo quando o apóstolo Pedro, pela sua conduta, parecia opor-se a ele. No cap. 3, defende a doutrina da justificação pela fé somente, apelando, em prova disto, para a experiência que haviam recebido, 3.1-5; para o ensino das Escrituras, acerca do caminho da salvação pela fé primitiva do patriarca Abraão, 3.6-9; e para certos fatos, integralmente ensinados na Escritura, a respeito da lei, que exige obediência perfeita para ser salvo, resultando daí a maldição sobre todos os que procuram justificar-se por meio dela, 3.10-12; que Cristo nos remiu da maldição da lei, tendo sido feito ele mesmo maldição por nós, 3.13-14; que Deus ratificou o pacto da salvação pela fé com Abraão e a sua posteridade; portanto, a lei que foi dada muito tempo depois, não o faz nulo, 3.15-18; antes veio a servir de disciplina temporária, ensinando que o pecado é a transgressão dos mandamentos da lei de Deus, 3.19,20; e que, portanto, a lei servia de pedagogo para conduzir-nos a Cristo, 3.21.24. No cap. 4, o apóstolo aduz mais três razões que deveriam induzi-los a ser fiéis ao Evangelho, a saber: a analogia com os direitos dos filhos garantidos pela lei civil, 4.1-11; o afeto, que lhe mostraram, recebendo-o como a um Deus, 4.12-20; e a ilustração que a narrativa de Gênesis fornece no caso de Hagar e Sara com seus filhos, 4.21-31. Nos caps. 5 e 6 até o v. 10, faz aplicação da lei da liberdade, porém adverte-os para que não abusassem dela, usando-a com candura e com boa consciência. Os versículos finais, cap. 6.11-18, escritos de próprio punho, compendiam a substância de suas instruções. A epístola aos Gálatas é de imenso valor: 1) É importante pelas minúcias que fornece, referentes à vida do apóstolo. A harmonia dessa carta com a história contida em Atos dos Apóstolos, referente ao relacionamento de Paulo com a Igreja, tem sofrido sérias

GALILÉIA

contestações, mas nem por isso deixa de ter a seu favor abundantes provas, (veja *PAULO* e as notas cronológicas no artigo a respeito da primeira visita de Paulo a Jerusalém depois de convertido) Gl 1.18,19; At 9.26-29, e sobre o concílio de Jerusalém, Gl 2.2-10, e At cap. 15. 2) A epístola vem provar também que os outros apóstolos estavam de pleno acordo, apesar de lhe ser dada a evangelização dos gentios. 3) Apresenta-nos um esboço mais resumido, e com especial aplicação do mesmo plano de salvação e a mesma idéia da dispensação hebraica, mais detidamente elaborada na epístola aos Romanos. Estando todos os homens sob a lei e condenados por ela, a salvação torna-se impossível. Cristo somente pode salvar, uma vez que, pela sua morte, se tornou obediente à lei em lugar do pecador. A lei nunca foi colocada para salvar alguém, mas para ser um pedagogo para nos guiar a Cristo. Abraão foi salvo pela fé, e somente pela fé, como filhos de Abraão, é que podemos ser salvos e participar das bênçãos e das promessas a ele feitas. O judaísmo, como método de salvação, é falsa interpretação do próprio Antigo Testamento; a distinção odiosa entre judeus e gentios desapareceu. A declaração dessas verdades fez do cristianismo uma religião universal, em vez de ser uma seita judia. A epístola aos Gálatas serviu de constante estudo aos primitivos escritores cristãos, notadamente Policarpo, na epístola a Diogneto, e por Justino Mártir, durante a primeira metade do segundo século, e a Melito, na segunda metade, e no fim do mesmo século, a Ireneu, Clemente de Alexandria e a Tertuliano. Encontra-se na antiga versão latina e na lista do fragmento Muratori.

GÁLBANO – nome de uma especiaria odorífera, Êx 30.34; Ecclus. 24.15, em hebraico *Helbenah*, em grego *Chalbane*. O gálbano usado pelos gregos e romanos era uma resina trazida da Páscoa, e produzida por duas plantas umbeladas (*Ferula galbaniflua*, e *F. rubricaulis*). O gálbano do Levante, utilizado no comércio europeu, é produto de uma planta diferente, e imperfeitamente conhecida.

GALÉ – barco antigo, impelido por uma ou duas filas de remos, eram também chamados de navios a remo, Is 33.21; 2 Mac 4.20.

GALERIAS – corredor comprido de um edifício, Ez 41.15,16; 43.3-5.

GÁLGALA – nome de um lugar citado em 1 Mac 9.2.

GALILÉIA (*no hebraico, galil, "círculo", "anel"*) **–** nome primitivo de um distrito, situado na região montanhosa de Naftali, 2 Rs 15.29; 1 Cr 6.76. Quedes era uma das suas cidades, Js 20.7. As 20 cidades que Salomão deu a Hirão estavam situadas na Galiléia, 1 Rs 9.11. Nessa região residiam muitos cananeus, Jz 1.30-33; 4.2. A expressão "Galiléia dos Gentios" queria dizer que a região assim chamada, era habitada em grande parte por elementos estrangeiros, Is 9.1; *cf.* 1 Mac 5.15; Mt 4.15. Esse nome estendeu-se gradualmente até chegar à planície de Esdraelom para o sul, 1 Mac 5.55; 10.30; 12.47,49. Muitos de seus habitantes haviam sido deportados especialmente durante as guerras dos assírios, 2 Rs 15.29; 1 Rs 15.20. Os poucos judeus ali existentes foram conduzidos para a Judéia, por Simão Macabeu, pelo ano 164 a.C., 1 Mac 5.23. Breve, porém, a Galiléia, foi novamente povoada por judeus. Fez parte do reino de Herodes, o Grande, e por sua morte passou a pertencer a Herodes tetrarca. É a província mais setentrional das três províncias a oeste do Jordão, em que a Palestina foi dividida no tempo dos romanos, não falando na Fenícia. No período da guerra judia, ano 70 da nossa era, foi

GALILÉIA

dividida em alta e baixa Galiléia, limitada ao norte pelo território dos tírios, ao sul, pela linha divisória de Samaria e Citópolis até o Jordão, a oriente, por Hipene, Gadara, Gaulonitis e o reino de Agripa, isto é, pelo Jordão e seus lagos, e a oeste, pela Fenícia. A baixa Galiléia estava ao sul da alta Galiléia e se estendia desde Tiberíades até perto de Ptolemaida, que agora se chama Acre, no Mediterrâneo, Guerras 3.3,1; Vida 13,14 *cf.* Jud. 1.8. Nessa época, tinha uma população muito densa. Contribuiu com um exército de 100 mil homens, Guerras 2.20-6. Dentro dos limites das duas Galiléias, havia 240 cidades e aldeias, Vida 45. A menor delas tinha uma população de 15 mil habitantes, Guerras 3.3,2. A maior das cidades chamava-se Séforis e a maior das aldeias Jafa. A mistura da raça contribuiu para formar um novo dialeto, Mc 14.70; Lc 22.59; *cf.* At 2.7. Dessa região não consta ter vindo profeta, Jo 7.41,42. E, todavia, quase todos os apóstolos de Jesus eram galileus, ele mesmo foi ali educado, e fez da Galiléia o cenário principal de seu ministério; trabalhando na região oriental à beira do mar da Galiléia e dentro de sua área, em Corazim, Betsaida, Cafarnaum, Naim, Caná e Nazaré. A Galiléia tem cerca de 111 km de comprimento e 46 de largura. É montanhosa, encerra vales férteis e oferece um cenário pitoresco. A baixa Galiléia divide-se da alta por uma linha imaginária, correndo do extremo norte do Lago até o Acre. É região fértil em cereais. As montanhas são de pequena elevação, inferior à da alta Galiléia, não tendo altitude acima de 600 metros. A alta Galiléia possui altitudes de 700 e 1.400 metros, e suas montanhas conservam extensos olivais.

GALILÉIA, MAR DA – lago de água doce, formado pelo Jordão. A princípio chamava-se mar de Quinerete, Nm 34.11, mais tarde lago de Genesaré, Lc 5.1; Antig. 18.2,1; *cf.* 13.5,7; 1 Mac 11.67, e ainda mar da Galiléia e Tiberíades, Jo 6.1; 21.1. O último nome de Tiberíades, permanece sob a forma árabe *Bahr Tabariya*. É cercado de montanhas, exceto nos lugares por onde entra e sai o Jordão. As montanhas do lado do

Mar da Galiléia — Christian Computer Art

nascente sobem à altura de 350 metros; as do poente, em direção ao sul do lago, têm o mesmo aspecto, porém as que se estendem para noroeste são menos elevadas e menos escarpadas. Por causa da sua considerável extensão, deram-lhe o nome de mar, não obstante serem doces as suas águas. Mede 23.613 metros de comprimento, desde a entrada do Jordão até a sua saída; a maior largura, em frente de Magdala, é de 13.890 metros. A costa oriental é quase em linha reta, e a ocidental apresenta uma extensa curva, que vai de *Tel Hum* até Tiberíades. O nível das águas está a 225 metros abaixo do Mediterrâneo. Apesar de seu nível inferior, a temperatura é semitropical. O Hermom está nas suas vizinhanças coroado de neves eternas, onde se originam violentas e repentinas tempestades, que se desencadeiam pelos desfiladeiros das montanhas até penetrar nas águas do lago. Tristram enumera 22 espécies de peixes, que o enriquecem: Duas de *Blenniidae*; sete de *Chromidae*; uma de *Siluridae*; e 12 de *Cyprinidae*. Algumas dessas espécies têm nomes de personagens bíblicos: *Chromis Andrei, C. Simonis* e *C. Magdalenae*. O peixe melhor de todos para a mesa, presentemente, é o *Clarias Magdalenae* e o *Barbus Longiceps*, que os ingleses chamam respectivamente *sheatfish* e *barbel*. O *sheatfish* que o historiador Josefo chama *Coracinus* (Guerras 3.10,8), pertence à mesma família do lobo-marinho, que chega a ter um metro de comprimento. O peixe mais abundante é o *Cromis tiberiades*. Tristram observou grande cardume desses peixes estendidos sobre um baixio de cerca de dois hectares e meio, tão unidos uns aos outros, que parecia impossível mover-se. As barbatanas dorsais, vistas fora d'água a distância, têm a aparência de grande chuva caindo em um ponto do lago, ferindo o espelho das águas. Os pescadores empregam a rede que estendem desde as praias, ou de bordo de suas barcas, para tirar os peixes. As mesmas

espécies de peixes encontram-se no Jordão e nos seus tributários (veja *CAFARNAUM, GENESARÉ, MAGDALA*).

GALILEU – natural ou habitante da Galiléia, podendo ser gentio ou judeu, Mc 14.70; Lc 13.1.

GALIM (*no hebraico, "montões"*) **1** Nome de uma aldeia, perto de Geba de Saul e Anatote, Is 10.29,30, não longe de Baurim, 1 Sm 25.44; 2 Sm 3.13-16. **2** Nome de uma cidade de Judá, chamada Galim, mencionada pela LXX com Tecoa, Belém, Etã e especialmente em conexão com as cidades do sudoeste de Jerusalém, referidas em Js 15, em número de 59 ou 60.

GÁLIO – procônsul romano da Acaia, no tempo da primeira viagem do apóstolo Paulo a Corinto. Antes de chamar-se Gálio, tinha o nome de Marcus Annacus Novatus, e sendo adotado pela família de Lúcio Júnior Gálio, tomou o nome de Júnior Annacus Gálio; era irmão do filósofo Sêneca, ambos condenados à morte pelo imperador Nero. Quando os judeus, enfurecidos contra o apóstolo Paulo em Corinto, o levaram ao tribunal proconsular, Gálio recusou tomar conhecimento de assuntos religiosos e resolveu sumariamente o caso. Ficou indiferente, mesmo quando a multidão arrebatou Sóstenes, príncipe da sinagoga e o maltratou diante do tribunal, At 18.12-16 (veja *SÓSTENES*).

GALO – nome do macho da galinha, a bem conhecida ave, *Gallus domesticus*, que figurava nos antigos monumentos egípcios. É mencionada no Novo Testamento, Mt 26.37,74,75. O cantar do galo é o espaço de tempo entre a segunda e a terceira vigília da noite.

GAMADITAS (*no hebraico, "valentes"*) – povo valente que guarneceu as torres de

GAMADITAS

Tiro, Ez 27.11. A LXX usa o grego *phulakés*, "sentinelas" ou "guardas". Talvez o nome possa designar a função daquele que vigia a torre de Tiro.

GAMALIEL (*no hebraico, "recompensa de Deus"*) **1** Nome de um filho de Pedazur, príncipe da tribo de Manassés no deserto, Nm 1.10; 2.20; 7.54-59. **2** Nome de um dos membros do sinédrio, da seita dos fariseus e doutor da lei, tido em grande reputação pelos judeus. Aconselhou os judeus a não continuarem na perseguição contra os apóstolos, dizendo que se a obra era dos homens, por si mesma acabaria, mas se era de Deus, seria inútil ir de encontro a ela, At 5.34-39. Gamaliel foi mestre do apóstolo Paulo no ensino das leis, At 22.3. Segundo o Talmude, Gamaliel foi filho de Simeão e neto do célebre rabino Hilel. Não prevalece a idéia de que Gamaliel presidisse por muito tempo o sinédrio, porque, nessa ocasião, o sumo sacerdote era quem o presidia. Morreu cerca de 50 d.C.

GAMO – tradução da palavra hebraica *zemer*, que significa pulador. Um animal ruminante, somente mencionado em Dt 14.5. Alguns estudiosos preferem pensar tratar-se da cabra montês, pois era animal comum nas proximidades do Sinai no tempo bíblico. Já o gamo é natural das montanhas da Europa, desde os Pireneus até o Cáucaso, e não se encontra na Palestina.

GAMUL (*no hebraico, "recompensado"*) – nome de descendente de Arão, cuja família, no reinado de Davi, fez parte da 22ª. sorte sacerdotal, 1 Cr 24.17. No reinado de Davi, as tarefas sacerdotais eram decididas por sorte.

GANCHOS, COLCHETES – os hebreus e seus contemporâneos usavam ganchos de vários formatos: **1** Os ganchos para pendurar cortinas empregados no Tabernáculo, feitos de ouro e de prata, Êx 36.32,37; 27.10. **2** Espécies de garfo para tirar a carne da panela, Êx 27.3; 1 Sm 2.13,14, e também para pendurar as carnes de animais mortos, Ez 40.43. **3** Ganchos parecidos com chifres empregados na pesca, anzóis, Am 4.2; Jó 41.1; Hc 1.15. **4** Anzol de grande formato, preso a uma corda, pela qual arrastavam os grandes peixes e outros animais aquáticos, Jó 41.2; Ez 29.4. Usavam um instrumento semelhante para conduzir leões e outros animais ferozes, 2 Rs 19.28; Ez 19.4; *cf.* 38.4, e para igual fim o introduziam nos lábios dos cativos, 2 Cr 33.11. **5** Espécie de foice podadeira, empregada nas vindimas, Is 2.4; 18.5.

GARÇA – tradução da palavra hebraica *anaphah*, Lv 11.19, talvez o termo refira-se a uma família, por ser acompanhada da frase, "segundo o seu gênero". A família das garças (*Ardedae*) pertence aos *Grallatores*; é uma ave corpulenta, bico longo, pernas compridas e nuas, próprias para andar nas lagoas e banhados, asas largas, porém, de vôo lento. Alimenta-se de peixes e répteis. A família se compõe de garças etc. A cegonha de costas amarelas, *Ardea bubulcus*, muitas vezes denominada íbis branca, é a mais abundante. Andam em grandes bandos, nos banhados do lago Hulé. Associam-se com o gado nas pastagens, acompanhadas costumeiramente de íbis vermelhas. A garça comum, *Ardea cinerea*, encontra-se no Jordão e nos lagos adjacentes e nas costas da Palestina, com a garça purpúrea, *Ardea purpurea*, e diversas outras garças menores.

GAREBE (*no hebraico, "áspero", "escama"*) **1** Nome de itrita, descendente de Jetro e um dos 30 homens fortes de Davi, 2 Sm 23.38; 1 Cr 11.40. **2** Nome de um outeiro, perto de Jerusalém a oeste, Jr 31.39; *cf.* v. 38,40. Localização incerta.

GAZA

GARMITA (*no hebraico, talvez, "que pertence a Gerem", ou "ossudo"*) — nome apelativo, um apelido sem muito significado do pai de Queila, 1 Cr 4.19.

GATE (*no hebraico, "lagar"*) — nome de uma das cinco grandes cidades dos filisteus, Js 13.3; Jz 3.3; 1 Sm 6.17; 7.14; 17.52, notável por ter sido residência de um remanescente da raça dos anaquins, homens de grande estatura, Js 11.22; cf. Nm 13.33; Dt 2.10,11. Golias e outros dos grandes guerreiros pertenciam a essa raça de gigantes, 1 Sm 17.4; 2 Sm 21.15-22; 1 Cr 20.4-8. Seus habitantes eram chamados "geteus", 2 Sm 6.10-11; 15.18. A cidade foi tomada por Davi, 1 Cr 18.1. Durante o reinado de Salomão, foi governada por um rei, sujeito ao rei de Israel, 1 Rs 2.39-42. Roboão mandou fortificá-la, 2 Cr 11.8, porém breve reverteu ao poder dos filisteus. Hazael, rei da Síria, capturou-a, 2 Rs 12.17. O rei Uzias a tomou e derrubou seus muros, 2 Cr 26.6, fazendo-a desaparecer da história. O profeta Miquéias a ela se refere, porém empregando apenas uma antiga forma de dizer, 1.10, *cf.* 2 Sm 1.20. Posteriormente, na enumeração das cidades filistéias, não aparece mais o nome de Gate, Jr 25.20; Sf 2.4; Zc 9.5, nem nos livros dos Macabeus, nem nas obras de Josefo, quando relata os acontecimentos subseqüentes ao ano 750 a.C. Correm numerosas teorias quanto ao lugar de sua antiga existência. Uns a colocam perto do mar, em *Yeb-nah*, como diziam os cruzados; outros, em *Beit Jibrim*, nas proximidades de *Shephelah*, ou em *Deir Dubban*, oito km ao norte de *Beit Jibrim*; ou em *Kefr Dikkerin*, sete km a noroeste de *Beit Jibrim*; ou, seguindo a mesma estrada, mais sete km em *Tell es-Sáfiyeh* por cima do vale de Elá, na junção do *Shephelah* com a planície marítima ou ainda em *Tell Zakariya*, nove quilômetros a oriente do vale de Elá. O que é verdade, porém, é que Gate estava situada no interior do país, nos limites das terras dos hebreus, entre Azoto e Asquelom, a sudoeste dessa cidade e mais perto da região serrana, 1 Sm 5.8; 7.14; 17.52.

GATE-HEFER (*no hebraico, "lagar do poço"*) — nome de uma cidade nos limites de Zebulom e Naftali, Js 19.13, onde nasceu o profeta Jonas, 2 Rs 14.25. No tempo de Jerônimo, era uma pequena aldeia, duas milhas romanas a nascente de Seforis, lugar correspondente à aldeia de *el-Meshed*, ou *Meshad*, cinco km a nordeste de Nazaré, onde está o túmulo de Jonas. Mas existe outro túmulo que se encontra ao lado da antiga Nínive. Essa questão torna incerto o lugar do sepultamento do profeta.

GATE-RIMOM (*no hebraico, "lagar das romãs"*) **1** Nome de uma cidade da tribo de Dã. Situava-se na planície da Filístia, próximo a Jope, Js 19.45; 21.24,25, designada ao patrimônio dos levitas da família de Coate. Localização desconhecida. **2** Nome de uma cidade de Manassés, a oeste do Jordão, destinada também aos levitas da família de Coate, Js 21.25; 1 Cr 6.69.

GAVIÃO (veja *FALCÃO*).

GAZA (*no hebraico, "forte"*) — nome de uma das cinco cidades fortes dos filisteus, no extremo sul, Js 13.3; 1 Sm 6.17; Jr 25.20, trata-se de uma cidade muito antiga, Gn 10.19, situada na estrada principal da Mesopotâmia para o Egito, à beira do deserto e na junção de uma estrada de comércio que vinha do sul da Arábia. Na divisão da terra de Canaã, esse território ficou com a tribo de Judá, Js 15.47, e por ela foi conquistada, Jz 1.18, revertendo mais tarde aos filisteus (cf. Jz 6.4). Sansão carregou as portas dessa cidade, Jz 16.1-3. Aprisionado e cego, foi colocado em uma prisão de Gaza, onde se ocupava a virar a mó de um moinho, 20.21. O deus tutelar

GAZA

dessa cidade era Dagom. O derradeiro ato da vida de Sansão consistiu em deslocar as duas colunas centrais do templo de Dagom, destruindo-o, 23.31. Gaza demarcava o limite extremo do reino de Salomão para sudoeste, 1 Rs 4.24. Ezequias bateu os filisteus até as portas de Gaza, 2 Rs 18.8, e Faraó apoderou-se dela, Jr 47.1. Os profetas de Israel vaticinaram contra ela, e contra outras cidades dos filisteus, Jr 25.20; 47.1,5; Sf 2.4; Zc 9.5. Um dos crimes denunciados contra ela foi a venda de escravos hebreus capturados na guerra contra os edomitas, Am 1.6. Resistiu durante cinco meses às forças de Alexandre, o Grande, que a tomou, matando os seus habitantes. Jonatas Macabeus não pôde entrar em Gaza, e em represália lançou fogo aos seus subúrbios, e oportunamente entrou em relacionamento pacífico, sem mais hostilidades, Mac 11.61,62. Porém, Simão Macabeu, irmão de Jônatas, apoderou-se mais tarde da cidade, 13.43-48; Antig. 13.5-5. Pelo ano 96 a.C. Alexandre Janeu a devastou depois de um ano de sítio, Antig. 13.13,3. No ano 6 a.C., Pompeu submeteu-a à jurisdição da Síria, 14.4.4. Gabinius, governador da Síria, em nome do império romano, edificou a cidade em outro lugar, e a velha cidade passou a ser conhecida pelo nome de Gaza Deserta, 14.5,3; Estrabão 16.2,30; cf. At 8.26. Pelo ano 65 da era cristã, os judeus a destruíram, porém ela reapareceu, segundo se depreende das moedas ali cunhadas em honra de dois imperadores, Tito e Adriano. Posteriormente, veio a servir de sede a um bispado cristão. No ano 634, os árabes a tomaram, e, excetuando uns curtos intervalos em que esteve em poder dos cruzados, continuou em mãos dos maometanos. Os árabes lhe deram o nome de Ghuzzeh. Dista do Mediterrâneo cerca de quatro km, é separada dele por

Gaza — Christian Computer Art

Gazela — Christian Computer Art

uma planície arenosa e devastada. Eleva-se a uns 20 m acima da planície e estende-se para os lados do norte do nascente. Ao norte, existem imensos bosques de oliveiras, as melhores de toda a Palestina. A grande indústria local é o fabrico de sabão com o azeite das oliveiras. A cidade de Ghuzzeh não tem fortificações; há, porém, vestígios de antigas muralhas e de ruínas perto dela.

GAZÃO (*no hebraico, "devorador"*) – nome do fundador de uma família dos netinins, Ed 2.48; Ne 7.51, que voltou do cativeiro com Zorobabel.

GAZELA – pequeno antílope, que em hebraico se chama *Tsebi*, animal declarado limpo pelas leis cerimoniais, Dt 12.22; 14.5, e caçado nas matas, Pv 6.5; Is 13.14; veloz na carreira, 2 Sm 2.18; 1 Cr 12.8. Pela sua beleza e graça, serve de ilustração no livro de Cântico dos Cânticos, 2.9-17 e 8.14, em que Figueiredo lhe dá o nome de veadinho. Tem cerca de 1,20 m de comprimento e 60 cm de altura. As aspas do macho são mais abertas do que as da fêmea; a forma dos dois é muito graciosa; o pêlo da cabeça tem a cor típica das gazelas; o resto do corpo tem a cor fulva. Encontra-se na Síria, na Arábia em pequenos grupos, ou solitários; é animal tímido, fugindo a grandes pulos diante de quem o persegue. Tristram descreve duas espécies de corças: a *Gazella dorcas* e a *Gazela arábe*, sendo essa última de maiores proporções e habitando a oriente do Jordão (veja CABRA MONTESA).

GAZEZ (*no hebraico, "tosquiador"*) – nome de um filho de Calebe com sua concubina Efá, 1 Cr 2.46. Nome de um filho de Harã e neto de Calebe, 1 Cr 2.46.

GAZITA – nativo ou habitante de Gaza, Js 13.3; Jz 16.2.

GEAZI (*no hebraico, "vale da visão"*) – nome do criado de Eliseu. Contou a seu

GEAZI

senhor qual era o desejo de sua hospedeira de ter um filho, desejo esse que lhe foi satisfeito. Quando o menino já era grande, morreu. A mãe aflita lançou-se aos pés de Eliseu, e chegando Geazi para retirá-la, o homem de Deus lhe disse: "Deixa-a", 2 Rs 4.14,27. Para ensinar a seu servo que não era a mágica que valia, mas a fé e a oração, Eliseu enviou Geazi a colocar o seu bordão sobre o cadáver do menino para ressuscitá-lo, de fato, nada aconteceu até a interferência da oração de Eliseu, v. 29-37. Quando Naamã da Síria seguiu as instruções de Eliseu, e foi curado da lepra ao banhar-se sete vezes no Jordão, desejou recompensar o profeta, este rejeitou o prêmio; porém, Geazi, seduzido pelos presentes de Naamã, correu atrás dele para dizer-lhe que seu amo lhe mandava pedir um talento de prata e dois vestidos. Em castigo por sua avareza e mentira, e por trazer opróbrio sobre o ofício do profeta, a lepra de Naamã veio sobre ele, 2 Rs 5.20-27. Mais outros ditos e feitos são relatados em seguida referentes ao servo de Eliseu, que devem pertencer ao sucessor de Geazi.

GEBAL (*no hebraico, "linha", "confim"*) – o termo parece indicar uma divisão ou fronteira. Aparece como dois lugares distintos no Antigo Testamento: **1** Nome de uma antiga cidade do Mediterrâneo, cerca de 40 km ao norte de Beirute, Ez 27.9 *cf.* Js 13.5; 1 Rs 5.18. Sede do culto sensual do deus Adônis. **2** Parte das montanhas de Edom ao norte, perto da cidade de Petra (Antig. 2.1,2; 9.9,1; Sl 83.7), conhecida também pelo nome de Temã.

GEBALITAS (veja *GIBLEUS*).

GEBER (*no hebraico, "guerreiro", "forte" ou "herói"*) – nome de um dos governadores de Salomão na província de Gileade, 1 Rs 4.19, e, provavelmente, pai do governador do norte de Gileade e do país de Argobe, 1 Rs 4.13. Alguns acreditam tratar-se de dois

personagens distintos, talvez um o pai e o outro o filho.

GEBIM (*no hebraico, "fontes", "cisternas"*) – nome de uma aldeia do território de Benjamim, localizada ao norte de Jerusalém, entre Mademena e Nobe, Is 10.31. Localização ignorada.

GECO (veja *LAGARTIXA*).

GEDALIAS (*no hebraico, "Jeová é grande"*) **1** Nome de um harpista, filho de Jedutum, 1 Cr 25.3, e chefe da segunda das 24 companhias de 12 músicos, nomeadas por Davi para o serviço do santuário, 25.9. **2** Nome de um filho de Amarias e avô do profeta Sofonias, Sf 1.1. **3** Nome de um dos filhos de Pasur e opositor do profeta Jeremias, Jr 38.1. **4** Nome de um homem de Judá, de alto nascimento, filho de Aicão e neto de Safã. Foi nomeado por Nabucodonosor, governador de Judá, depois do cativeiro de Jerusalém. Fixou residência em Mispa, onde foi traiçoeiramente assassinado por Ismael, 2 Rs 25.22-26; Jr 39.14; 40.5 até o cap. 41.18. **5** Nome de um sacerdote a quem Esdras induziu a abandonar a sua mulher estrangeira, Ed 10.18.

GEDER (*no hebraico, "murada", "muro"*) – nome de uma cidade do extremo sul de Judá, conquistada por Josuá, Is 12.13. Era uma cidade real dos cananeus. Localização incerta. Pode ser Bete Geder ou Gedor.

GEDERA (*no hebraico, "muro", "aprisco", "curral de ovelhas"*) **1** Nome de uma cidade da parte baixa de Judá, Js 15.36. Era um dos locais das colinas baixas, Sefelá, Js 15.33-36. Alguns pensam tratar de Jidiré, cerca de oito km, respectivamente, ao norte e a oeste de Zorá e Estaol, v. 33.

GEDERITA – homem de Geder ou de Gedera. Assim foi chamado Baal-Hanã,

GENEALOGIA

um administrador de Davi, 1 Cr 27.28 *cf.* Js 15.36.

GEDEROTAIM (*no hebraico, "dois apriscos", "dois currais de ovelhas"*) – nome de uma cidade dentro do território de Judá. Não há outra notícia. A LXX registra esse nome como sendo comum e o traduz – *aprisco de gado*, Js 15.36. Essa tradução como nome comum é favorecida pelo fato de só haver 14 nomes de cidades na lista referida. Ainda assim, não se deve eliminar de vez esse vocábulo.

GEDEROTE (*no hebraico significa, "aprisco", "curral de ovelhas"*) – nome de uma cidade na parte baixa de Judá, Js 15.41. No reinado de Acaz, foi tomada pelos filisteus, 2 Cr 28.18. A sua localização, bem como a de Gedera, é dada em Qatra que em 1 Mac 15.39 se chama Cedrom, na planície marítima 7,5 km a sudeste de Ecrom.

GEDOR (*no hebraico, "muralha"*) – nome de algumas cidades e de um homem no Antigo Testamento: **1** Nome de um benjamita filho de Jeiel, e irmão de Ner. Foi morador de Gibeão e um antecessor de Saul, 1 Cr 8.30,31; 9.35-37. **2** Nome de uma cidade da parte serrana de Judá, Js 15.58; 1 Cr 4.4-18. O seu antigo local é ocupado pelas ruínas de Khirbet Gedur, 14 km a noroeste de Hebrom. **3** Nome de uma cidade do território de Simeão, não distante do limite sudoeste da Palestina. Foi ocupada no passado pelos amalequitas, 1 Cr 4.39. **4** Nome de uma aldeia da tribo de Benjamim, 1 Cr 12.7.

GELILOTE (*no hebraico, "círculos"*) – parece ser o mesmo lugar que tem o nome Gilgal, fronteira à subida do Adumim, *cf.* Js 15.7; e 18.17,18. Uma vez que Gilgal significa "círculo", é possível que seja referência a determinado lugar marcado com um círculo feito de pedras, talvez uma fronteira. Acreditamos que Gelilote seja também uma referência a uma área e não a uma cidade.

GEMALI (*no hebraico, "que possui ou monta camelos"*) – nome do pai de Amiel, um dos espias enviados por Moisés a Canaã, e príncipe de Dã, Nm 13.12.

GEMARIAS (*no hebraico, "Jeová completou", ou "Jeová aperfeiçoou"*) **1** Nome de um filho de Hilquias, um dos dois mensageiros enviados por Zedequias a Nabucodonosor. Jeremias aproveitou a oportunidade para mandar por eles uma carta aos cativos da Babilônia, Jr 29.3. **2** Nome de um príncipe, filho de Safã, escriba, e irmão de Aicão. Ocupava um aposento no templo. Foi um dos que aconselharam o rei Jeoaquim a não queimar o livro de Jeremias, Jr 36.10,12,25.

GENEALOGIA – processo que consiste em traçar a linha genealógica dos antecessores de uma família ou de um indivíduo. Os regulamentos da comunidade israelita a esse respeito abrangiam ampla esfera e compreendiam: a genealogia da realeza, da família sacerdotal, dos chefes das tribos, das famílias tribais e dos chefes das casas. Havia um conhecimento geral desse assunto desde o período mais remoto da história de Israel. A genealogia desenhava-se naturalmente desde a constituição das tribos, que se dividiam, nas linhas de seu desenvolvimento, em grandes famílias, e estas, por sua vez, em famílias menores, com o nome de casas. Os que nasciam e uma das casas de Israel entravam em relação social com diversas divisões da tribo, tão distintamente quanto o lugar do nascimento de uma pessoa, determina a classificação do indivíduo, de acordo com as divisões e subdivisões geográficas de um país. Existem, desde o princípio da nação judia, registros precisos e definidos, Nm 1.2,18; 1 Cr 5.7,17. No tempo de Esdras,

GENEALOGIA

alguns dos filhos dos sacerdotes procuraram os seus títulos nos registros genealógicos, porém não os acharam, e foram excluídos do sacerdócio, Ed 2.61; Ne 7.63,64. As genealogias intermináveis, contra as quais o apóstolo adverte Timóteo e Tito, parece que são as genealogias dos eões (um sistema gnóstico) e de outras divindades imaginárias que os gnósticos discutiam na igreja, ou pode ser referência às interpretações alegóricas do Antigo Testamento, 1 Tm 1.4; Tt 3.9. GENEALOGIA NOS EVANGELHOS – os evangelhos contêm duas genealogias de Cristo, uma em Mateus e outra em Lucas. Mateus apresenta a genealogia na ordem direta, ou descendente, a começar em Abraão, Mt 1.1-16, e Lucas, na ordem ascendente ou inversa, Lc 3.23-38. A primeira tem como objetivo provar os direitos legais que Jesus tinha ao trono de Davi, e a participação no pacto de Abraão, Mt 1.1. Lucas começa com o segundo Adão, o eterno e unigênito filho de Deus, e ascende ao primeiro Adão, o filho de Deus, por ele criado, Lc 3.38. Parece que para auxiliar a memória, ou o evangelista Mateus, ou o oficial do registro que lhe serviu de original, dividiu a genealogia em 42 gerações, 3x14 = 42, para o período decorrido entre Abraão e Jesus, a saber: 14 gerações de Abraão a Davi; 14 gerações, desde Davi até o cativeiro da Babilônia, e 14 gerações mais, desde o cativeiro da Babilônia, até Jesus Cristo. Para operar essa divisão artificial, omitiram-se os nomes de Acazias, Joás e Amasias, entre os nomes de Jorão e Azarias, na segunda geração. Encontram-se omissões semelhantes na terceira geração. Em Lucas, há 41 nomes na linha descendente de Davi até Jesus, contra 28, ou 31, com os três nomes que faltam em Mateus. Se Salatiel e Zorobabel mencionados nesse evangelho forem os nomes de Lucas, a dificuldade aumenta, porque em Mateus, Salatiel é filho de Jeconias e em Lucas é filho de Neri. Realmente, as duas linhas genealógicas de Davi a Jesus diferem nos dois evangelistas: uma linha passa por Salomão e outra por seu irmão Natã. Colocando em paralelo as duas linhas, na ordem direta, de Davi a Jesus, pode-se bem notar diferenças, como segue:

Mateus	Lucas
Davi	Davi
Salomão	Natã
	Matatá
Roboão	Mená
Abias	Meleá
Asa	Eliaquim
	Jonã
Josafá	José
Jorão	Judá
	Simeão
	Levi
	Matã
Uzias	Jorim
Jotão	Eliézer
Acaz	Josué
Ezequias	Er
Manassés	Elmadã
Amom	Cosã
Josias	Adi
Jeconias	Melqui
	Neri
Salatiel	Salatiel
Zorobabel	Zorobabel
	Resá
	Joanã
Abiúde	Jodá
	José
	Semei
Eliaquim	Matatias
	Máate
Azor	Nagaí

GENEALOGIA

Mateus	Lucas
	Esli
Sadoque	Naum
	Amós
Aquim	Matatias
	José
Eliúde	Janai
	Melqui
Eleazar	Levi
Matã	Matã
Jacó	Heli
José, esposo de Maria	José, esposo de Maria

É possível oferecer duas explicações a essas divergências: **1** A Igreja primitiva explicava as duas tabelas com referências à genealogia de José. Júlio Africano (220), primeiro investigador do assunto, adotou a teoria que os avós de José nessas genealogias, Melqui e Mata, se casaram sucessivamente com a mesma mulher, e por conseguinte, Heli e Jacó eram meio-irmãos, filhos da mesma mãe e de pais diferentes, Heli se casou e morreu sem deixar filhos; e Jacó, de acordo com a lei do levirato, Dt 25.6, tomou a viúva de seu irmão e lhe deu sucessor na pessoa de José. Por isso, Mateus diz: Matã gerou a Jacó, e Jacó gerou a José; e Lucas diz: José, filho de Heli, filho de Matã. A solução mais pronta do problema sobre as linhas genealógicas dessa teoria é que a tabela de Mateus contém os nomes dos sucessores legais ao trono de Davi, enquanto que a de Lucas registra os nomes dos antecessores paternos de José. A linha de Salomão extinguiu-se em Jeconias, conhecido pelo nome de Jeoiaquim; de modo que a sucessão passou sobre a linha colateral de Davi que vai aparecer em Natã, seu filho. O representante dessa linha é Salatiel. Por breve espaço, a linha natural da descendência de José, da casa de Davi, é paralela nos

dois evangelhos, porém, em Zorobabel, elas se afastam. A família do filho mais velho, com direito ao trono, extinguiu-se, e os descendentes do mais moço herdaram esse direito. Supõe-se que teve dois filhos, Jacó e Heli, Jacó, o mais velho, não teve filhos, mas provavelmente, teve uma filha, que foi a virgem Maria. Heli, o mais moço, foi pai de José; este, uma vez que seu tio Jacó não teve descendente masculino, tornou-se herdeiro do tio, e, portanto, com direito ao trono. A ampla terminologia genealógica autoriza Mateus a dizer: Jacó gerou a José; e a Lucas, a escrever: José filho de Heli. **2** Desde os tempos da Reforma que uma nova concepção das duas genealogias ganhou terreno e que, provavelmente, é a mais correta. Segundo ela, a genealogia de José, em Mateus, acompanha a linha da descendência real com direito ao trono de Davi, ao passo que Lucas relata a genealogia da virgem Maria, para provar que Jesus é mesmo filho de Davi. Com a expressa declaração de Lucas de que Jesus não teve pai de origem humana, segundo o emprego habitual da palavra filho, entre os hebreus, com referência a ascendentes remotos, e sob a autoridade do texto grego, os que defendem essa teoria traduzem o v. 23 do capítulo 3 de Lucas, do seguinte modo: "E o mesmo Jesus começava a ser quase de trinta anos, filho, como se julgava, de José que o foi de Heli...". Segundo Lucas, Jesus foi neto de Heli, pai da virgem Maria, e, portanto, descendente linear do rei Davi. Existe ainda uma dificuldade peculiar a essa teoria, e que também há na teoria anterior, e vem a ser que Mateus diz que Salatiel foi gerado por Jeconias, e Lucas o registra como filho de Neri. Talvez a solução mais simples seja a seguinte: Jeconias que esteve alguns anos no cativeiro, parece ter sido o rei sobrevivente de Judá, no ano 562, 25 anos depois da queda de Jerusalém, 2 Rs 25.27, e não tinha filhos, quando foi para o cativeiro, no ano 598 a.C. Era

GENEALOGIA

relativamente moço, e não se faz menção de filhos seus na enumeração de família, 2 Rs 24.8,12,15. Jeremias vaticinou que nenhum dos filhos de Jeconias ocupava o trono, Jr 22.30; cf. com o que se diz de seu pai no cap. 36.30. Na genealogia de Mateus, diz ele: Depois da transmigração da Babilônia, Jeconias gerou a Salatiel. Todas as referências das Escrituras se harmonizam, e as duas genealogias concordam também, se tomarmos em conta a extensão dos termos empregados, referentes aos hebreus do trono de Davi. Pela morte de Jeconias, os direitos passaram para Salatiel, que era descendente em linha reta de Davi. É provável existir linhagem real entre Jeconias e Salatiel. Se Jeconias não teve filho que o sucedesse, e somente uma filha, a herança passaria para seus filhos segundo a lei, Nm 27.8-11. A fraseologia genealógica explica-se, admitindo que Neri se casou com a filha de Jeconias e gerou a Salatiel. A linhagem deste Salatiel foi computada, segundo o uso, pelos ascendentes de seu pai até Natã e Davi; porém, os seus direitos ao trono, se computavam pela linha do avô materno, que era Jeconias, até Salomão e Davi. Em 1 Cr 3.17, constam os nomes de Assir, Salatiel, Malquirão etc., como filhos de Jeconias. O epíteto filho, ou "seu filho" é peculiar a Salatiel e necessário para designar um indivíduo que pertencia a um grupo já conhecido pelo nome de filhos de Jeconias. O nome filho, aplicado a Salatiel, vinha a ser o título que o habilitava à posse do trono. Podia ser chamado seu filho, ou seu neto, como ocorreu com Abiezer, filho da irmã de Gileade, filho de Manassés, que é contado entre os filhos de Manassés e entre os filhos de Gileade, 1 Cr 7.14-18. As tábuas genealógicas dos hebreus diferem dos modernos métodos, em princípios de construção. 1) Os hebreus davam preferência, em muitos casos, simetria de nomes, em prejuízo de uma linha ininterrupta de pai a filho. Resulta daí a omissão de nomes,

deixando incompleta a linha genealógica. Na genealogia de Adão até Noé há falta de dez nomes, e o mesmo se dá entre Sem e Abrão. Faltam os nomes dos 70 filhos de Noé e das 70 almas da casa de Jacó que entraram no Egito, Gn 46.27 (veja EGITO). 2) As listas genealógicas podem referir-se à tribo e não a indivíduos, de modo que a palavra filho, pode designar o habitante de um país, Gn 10.2-4,6,7,22, um povo, ou uma tribo, Gn 10.4,13,16-18. As palavras terminadas em im nessas passagens são adjetivos de origem gentílica usadas no plural, ou mesmo os habitantes de uma cidade, Gn 10.15, e raras vezes se empregam designando filiação pessoal. Iguais fenômenos se observam em outros lugares, Gn 25.2-4; 1 Cr 2.50-55 (veja *FILHO*). 3) As palavras nascer ou gerar, bem como a palavra pai, empregam-se com certa largueza de sentido, em Gn 46.12,15,18,25, referindo-se a netos, bisnetos e tataranetos, e também à origem de países, Gn 25.2,3.

GENERAL, CAPITÃES – nome de posto militar, tradução da palavra hebraica *sar*, no Antigo Testamento. Designa um oficial que tem o comando geral de um exército, Jz 4.2; 1 Sm 14.50; 2 Sm 10.16, ou o comando de uma divisão, 2 Sm 8.2,5; ou parte de uma divisão, 1 Rs 16.9, ou de um oficial sobre 1000, 100 ou 50 homens, Nm 31.14,48; 1 Sm 8.12; 17.18; 18.13; 22.7; 2 Sm 18.1; 2 Rs 1.9; Is 3.3, ou o comandante da guarda do rei, Gn 37.36; 2 Rs 25.8; Dn 2.14, onde a palavra original é *rab*; ou oficial de um posto de sentinelas, um capitão, como em Jr 37.13, em hebraico *baal*. A palavra príncipe no cap. 2 de Nm é a tradução do vocábulo *nasi*, e se refere a um príncipe da tribo. *Kasin* é traduzido em algumas versões também por príncipe ou cabeça, Js 10.24; Jz 11.6,11, refere-se ao comandante do exército e designa, em geral, os governadores civis, inclusive funções judiciárias, Is 1.10; 3.6,7; Mq 3.1,9; Pv 6.7 ; 25.15. No Novo

GENTIOS

Testamento, a palavra *tribuno* era o nome dos *quiliarcos*, termo que originariamente se dava ao comandante de mil homens, e que se estendia ao comando de uma guarnição, equivalente ao tribuno do exército romano, Jo 18.12; comandava uma legião e era superior a um centurião, At 21.31,32; 22.25. O capitão das guardas em Roma, At 28.16, era *stratopedarcho*, ou comandante de uma legião, nesse particular, o chefe da legião ou da guarda pretoriana. O capitão do templo não era oficial militar, e sim um sacerdote, comandante dos levitas que vigiavam o templo, At 4.1; 5.24,26; Antig. 20.6,2; Guer. 2.12,6; 6.5,3. Esse oficial tinha autoridade sobre outros das diversas divisões das guardas, Lc 22.4,52.

GENESARÉ (*no hebraico, "jardim das riquezas", ou "jardim de Hazor"*) – a primeira menção a esse nome está em 1 Mac 11.67. Seu nome é derivação do antigo nome *Quinerete*, Dt 3.17; Js 19.35. Na Bíblia, o nome pode designar: **1** Região adjacente ao lago de Genesaré, do lado ocidental, Mt 14.34; Mc 6.53, planície fértil, descrita por Josefo, medindo 30 estádios de comprimento por 20 de largura (6.000 x 4.000 m), regada por uma fonte chamada Cafarnaum, e produzindo nozes, palmeiras, figueiras, oliveiras e uvas, Guerras 3.8,10. É quase certo que essa planície é a que atualmente se chama *el-Ghuweir*, compreendida entre a praia e o norte de Magdala. Lago de Genesaré, Lc 5.1; Antig. 5.1,22; 18.2,1,3, ou Genesar (Guerras 2.20,6), ou água de Genesaré ou Genesar, 1 Mac 11.67; Antig. 11.5,7, eram nomes comuns ao mar da Galiléia. **2** O mar ou lago da Galiléia, Lc 5.1 (veja *GALILÉIA, MAR DA*). **3** Nome de uma antiga cidade, Js 19.35.

GÊNESIS, O LIVRO DE (*no hebraico Bereshîth, "no princípio", no grego é Gênesis, "origem"*) – nome que a LXX deu ao primeiro livro do Antigo Testamento, que os hebreus chamavam *Bereshîth*, que significa "no princípio", palavras iniciais do livro. Divide-se naturalmente em três secções: 1ª.) História do universo em seu relacionamento com a divindade, e introdução à história da humanidade, caps. 1 e 2 até a v. 3. 2ª.) Esboço da história da humanidade, antes de Abraão, expondo o relacionamento entre Deus e a raça humana, e a introdução à história do povo escolhido, cap. 2.4 até o cap. 11.26. 3ª.) A história do povo escolhido até a sua entrada no Egito, 11.27, até o cap. 50. A segunda secção inclui a criação do homem e a sua condição original, 2.4-25; a Queda, cap. 3; progresso do mal, 4.1-15; a raça humana, v. 16-24; a raça dos fiéis, v. 25 ao cap. 5.32; aumento da perversidade, 6.13; o Dilúvio, 6.9 até o cap. 9.17; novo povoamento da terra, 9.18 até o cap. 10.32; construção da torre de Babel, 11.1-9; e a genealogia da raça semítica, 11.10-26. A terceira secção compreende a história primitiva de Abraão, sua vocação e estada em Canaã, 19.27 até o cap. 25.10; a vida de Isaque desde a morte de seu pai, até a partida de Jacó para a Mesopotâmia, 25.11 até o cap. 27.40; vida de Jacó, desde a sua partida para a Mesopotâmia até a morte de Isaque, 27.41 até o cap. 35.29; a descendência de Esaú, cap. 36; história primitiva de José até ser vendido para o Egito, cap. 37; o pecado e vergonha, de Judá, cap. 38. José no Egito, caps. 39–45; entrada de Jacó no Egito com toda a sua família, caps. 46–49, e morte de José, cap. 50. O autor do livro dividiu a sua obra em dez secções, começando cada uma pela fórmula: "Estas são as gerações de..." ou palavras equivalentes, 2.4; 5.1; 6.9; 10.1; 11.27; 25.12,19; 36.1; 37.2 (veja *PENTATEUCO*).

GENTIOS – nome que designava todas as nações, exceto a nação judia, Is 49.6; Rm 2.14; 3.29. Os judeus, o povo escolhido por Deus, tinham uma religião sublime,

GENTIOS

cuja verdade contrastava com as falsidades das religiões dos gentios; leis sábias que impediam a corrupção dos costumes e a alteração das práticas religiosas, em contato com o paganismo. Tudo isto levou o povo judeu a desprezar injustamente os gentios. A sua escolha tinha um fim, que era servir de luz para os gentios, Is 49.1-6. Os gentios também estavam incluídos na promessa, Is 2.2-4; Am 9.12; Zc 9.7. A atitude dos hebreus faz lembrar a conduta dos brâmanes indianos que não queriam comer com os seus patrícios de classe inferior na sociedade, e ainda muito menos com aqueles que eram desclassificados, ou com os estrangeiros. O apóstolo Pedro, instruído pela visão de Jope, rompeu essas restrições, foi visitar Cornélio que era gentio e comeu com ele, o que deu motivo a que os cristãos convertidos do judaísmo se escandalizassem, At 10.28; 11.3 e quando o apóstolo Paulo, em pé nos degraus da Torre Antônia, declarou que Deus o havia comissionado para pregar aos gentios, os judeus, ao ouvirem essas palavras, levantaram então a sua voz, dizendo: "Tira do mundo a tal homem porque não é justo que ele viva", 22.21,22. As igrejas primitivas compunham-se em grande parte de gentios. O primeiro concílio de Jerusalém resolveu não lhes impor a observância dos ritos judeus, At 15.1-29.

GENUBATE (*no hebraico, "ladrão" ou "furto"*) – nome de um filho do príncipe idumeu Hadade, e de uma princesa egípcia, irmã de Táfnes, a mulher de Faraó, 1 Rs 11.20.

GERA (*no hebraico, "grão", "cereal"*) **1** Nome de um dos filhos de Bela e neto de Benjamim, Gn 46.21; 1 Cr 8.3. **2** Nome de outros descendentes de Bela, 1 Cr 8.3. **3** Nome de um benjamita, pai do juiz Eúde, Jz 3.15. **4** Nome de outro benjamita, pai daquele Simei que amaldiçoou a Davi, 2

Sm 16.5. Estes dois últimos representam os fundadores da família a que pertenciam Eúde e Simei, e são identificados como netos de Benjamim.

GERAÇÃO – **1** Nome que se dá a uma pessoa ou coisa, gerada ou produzida, Gn 2.4; 5.1; 6.9; 10.1. Em hebraico *Toledoth*, palavra que não tem singular. **2** Nome de cada uma das sucessões de pessoas, procedentes de um trono comum, Gn 11.23; Êx 20.5; Dt 23.2. Em hebraico, o nome é representado por uma modificação numeral correspondente, ou pela palavra *Dor*, com um número ordinal. **3** Duração de uma coletividade contemporânea, não na acepção moderna da palavra, significando o período da existência de todos que sobrevivem ao período infantil; e sim, o período médio da existência de qualquer coletividade contemporânea determinado pelo curso normal da vida. As gerações duram enquanto vive um de seus membros, Êx 1.6; Nm 32.13; Jz 2.10; Ec 1.4.

GERAR (*no hebraico, "cântaro"*) – nome de uma antiga cidade ao sul da Palestina, perto de Gaza, Gn 10.19; 2 Cr 14.13,14. Abimeleque era rei de Gerar quando, por causa da mentira de Abrão que negou ser marido de Sara, quis tomá-la por mulher, Gn 20.2,3. Seu domínio ia de Cades a Sur, estendendo-se entre os dois desertos, Gn 20.1-9, *cf.* 26.1,6,17,18. Costumam identificá-la com *Tell Abu Hureirah*, 10 km ao sul de Gaza, sobre o *wady Ghuzzeh*. Outro local, 92 km para o sul, nas vizinhanças imediatas de Cades, também é apontado como tal, com menor probabilidade, é o *wady Jerur*, ramo do *wady esh-Sheraif* que se escoa no *wady el-Arish*. Desse modo se pode avaliar a extensão do terreno subordinado a Gerar. Segundo estudos arqueológicos, o local era rota de caravanas e comércio, sendo uma região rica e próspera.

GERASENOS, GADARENOS – **1** Nome dos naturais, ou habitantes de Ga-

GIBEÃ

dara, que Josefo diz ser a metrópole de Peréia, cidade grega, opulenta e rica, Guerras 4.7,3; Antig. 17.11,4. Eusébio diz que ela estava situada a oriente do Jordão, quase defronte de Tiberíades e de Citópolis. Foi identificada com *Um-Keis*, sobre o escarpado promontório que fica 10 km a sudeste, desde o lado sul do mar da Galiléia, bem à vista desse mar, entre o rio *Yarmuk*, que lhe é fronteiro. As ruínas mais imponentes são as de dois teatros. As termas de Gadara ficam ao norte do rio, e *Um-Keis* ao sul. Gadarenos é o vocábulo preferido pelos críticos em Mt 8.28, *cf.* Mc 5.1; Lc 8.26,37. Havia um distrito político, a oriente do Jordão, com esse nome, cuja capital era Gadara, estendendo-se até as praias sul do mar da Galiléia, Guerras 3.10,10. A referência que faz o evangelista Mateus ao país dos gerasenos tem um sentido mais lato, compreendendo todo o território além da capital. **2** Povo de Gerasa, Mc 5.1; Lc 8.26,37. Os manuscritos variam, registrando diversos nomes: gerasenos, gadarenos, e gergesenos. Gerasa parece perpetuar-se nas ruínas de *Kersa*, situada na praia ocidental do mar da Galiléia, defronte de Magdala, distante oito quilômetros da foz do Jordão no Lago. A curta distância, ao sul desse lugar, está o único lugar da costa onde os outeiros alcantilados mergulham nas águas, descendo a pique sobre elas, Lc 8.32. Uma das cidades com o nome Gersa, atualmente *Jarash*, situada na região de Decápolis, não se deve confundir com as ruínas de *Kersa*, por não condizerem às condições de sua localização topográfica, que é 70 km a sudeste do mar da Galiléia e 59 a sudeste de Gadara.

GEZER (*no hebraico, "lugar separado"*) – nome de uma antiga cidade dos cananeus, na estrada de Jope a Jerusalém, perto de Laquis e do baixo Bete-Horom, Js 10.33, situada nos limites de Efraim, 16.3; cf. 1 Cr 7.28, e que foi destinada, com os seus subúrbios aos levitas, filhos de Coate, Js 22.21; 1 Cr 6.67. Os filhos de Efraim não exterminaram dela os cananeus, e por algum tempo conviveram com eles na mesma cidade, Js 16.10; Jz 1.29. Mais de uma batalha se travou no tempo de Davi, perto dessa cidade, 2 Sm 5.25; 1 Cr 14.16; 20.4. Um dos faraós tomou Gezer aos cananeus, que a incendiou, e deu em dote a sua filha por ocasião do casamento com Salomão. A cidade foi prontamente reconstruída, e representou importante papel no tempo das guerras com os Macabeus, 1 Mac 9.52. Baquides reforçou suas fortificações. Simão Macabeu a sitiou e se apoderou dela, convertendo-a em praça ainda mais forte que antes, 1 Mac 9.48,53; 14.34. M. Clermont Ganneau, de acordo com antigas inscrições, determinou sua existência em 1870. Uma dessas inscrições é do tempo dos Herodes, e registra os limites da cidade e o nome dela em letras hebraicas. Atualmente tem o nome de *Tell Jezer*, situada 33 km a noroeste de Jerusalém e nove quilômetros a oriente de Ecrom.

GIA (*no hebraico, "fonte"*) – nome de uma aldeia situada entre Gibeão e um vau do Jordão, perto de Jaboque, 2 Sm 2.24. O lugar é mencionado em conexão com a colina de Amá.

GIBAR (*no hebraico, "herói", "valente", ou "poderoso"*) – nome de um homem, cujos filhos voltaram do cativeiro da Babilônia. Também pode ser nome de lugar e dos habitantes dele que voltaram com Zorobabel, Ed 2.20. Na passagem de Ne 7.25, diz-se filhos de Gibeom em vez de Gibar.

GIBEÃ (*no hebraico, "colina", "outeiro"*) – o nome servia para designar um lugar, e geralmente um lugar montanhoso. **1** Nome de um homem descendente de Calebe, 1 Cr 2.49. **2** Nome de uma aldeia, situada na parte montanhosa de Judá, Js 15.57. Tem

GIBEÃ

sido identificada com a moderna *el Jab'ah*, localizada cerca de 17 km a noroeste de Beit Immar. É provável que seja a cidade da mãe do rei Abias, Micaía, 2 Cr 13.2. Eusébio e Jerônimo a situam cerca de 18 km de Eleuterópolis, onde dizem ter vivido o profeta Habacuque. **3** Nome de uma cidade de Benjamim, perto de Ramá, Jz 19.13,14, também denominada Geba, masculino da mesma palavra. É conhecida por Gibeá, onde esteve Saul, 1 Sm 11.4; 2 Sm 21.6. Os habitantes dessa cidade, por causa de um ato de revoltante maldade, atraíram sobre si e sobre toda a tribo um tremendo castigo, Jz caps. 19 e 20. Era residência de Saul, quando escolhido rei, 1 Sm 10.26, e ali continuou a residir, fazendo dela a capital de seu reino, 15.34; 22.6; 23.19. Ainda existia nos tempos de Isaías e de Oséias, Is 10.29; Os 9.9; 10.9. Estava situada entre Jerusalém e Ramá, Jz 19.13; Antig. 5.2,8; *cf.* 8.12,3; Guerras 5.2,1. Tem sido identificada com *Tell el-Ful*, "colina dos feijões", quatro quilômetros ao norte de Jerusalém, apesar de não se descobrirem ruínas antigas que atestem a sua existência nesse lugar, a não ser os escombros de uma torre de vigia. **4** Nome de um monte, ou de uma cidade, existente na parte montanhosa da tribo de Efraim, pertencente a Finéias, onde o sumo sacerdote Eleazar, filho de Arão, foi sepultado, Js 24.33; Antig. 5.1,29. O local assinalado é o wady *el-Jib*, uns 13 km a sudeste de Seilum (Silo) e uns cinco quilômetros a oriente de Tibné. A tradição samaritana diz que o túmulo de Eleazar se encontra em *Awertah*, uns sete km ao sul de Siquém. **5** Gábaa, ou Gibeá, *Outeiro de Deus*, 1 Sm 10.5. É a mesma cidade de Saul, lugar de sua morada, v. 11,14. A razão desse nome está expressa no v. 5. Julga-se que *Ram Allah*, "altura de Deus", situada 6,5 km ao norte de Ramá seja o seu antigo local, isto, porém, depende da identificação do túmulo de Raquel, *cf.* v. 2-5, cap. 13.3. **6** Nome de uma cidade de Benjamim,

mencionada em imediata conexão com Jerusalém, Is 18.28. Esse nome é uma simples variante de Gábaa.

GIBEÃO (veja *GIBEOM*).

GIBEATITA – natural ou habitante de Gibeá. Assim foi chamado Semaá, pai dos benjamitas que serviram a Saul e posteriormente ao rei Davi, 1 Cr 12.3.

GIBEOM (*no hebraico, "que pertence a um monte"*) **–** cidade principal dos heveus, povo de Canaã, Js 11.19, compreendido na designação geral de amorreus, 2 Sm 21.2. Possuíam, além desta, as cidades de Cefira, Beerote e Quiriate-Jearim, Js 9.17. Tentaram, por meios insidiosos, entrar em relacionamento pacífico com Josué, o que, sendo descoberto, redundou em se tornarem escravos dos hebreus, cap. 9.1-27. Estes respeitaram o tratado de aliança que eles haviam pedido, e os ajudaram na guerra contra os reis amorreus, que foram completamente derrotados, cap. 10. Alguns séculos depois, Saul hostilizou os gibeonitas, e como satisfação à justiça, pediram a Davi a entrega de sete dos filhos de Saul que foram por eles crucificados, 2 Sm 21.1-9. A cidade de Gibeom ficava dentro dos limites da tribo de Benjamim, Js 18.25, que, com os seus subúrbios, ficou pertencendo às famílias de Arão, 21.17. Os antecessores de Saul residiram por algum tempo nessa cidade, onde exerceram grande influência, 1 Cr 8.29; 9.35. Deu-se ali um combate entre as forças de Davi e as de Isbosete, 2 Sm 2.8-17,24; 3.30, e no mesmo lugar, Davi teve vitória sobre os filisteus, 1 Cr 14.16; 2 Sm 5.25. Nas vizinhanças dessa cidade, Joabe assassinou Amasa, 2 Sm 20.8. No tempo do reinado de Davi, até o princípio do reinado de Salomão, lá estiveram a arca e o altar dos sacrifícios. Ali também, Salomão ofereceu sacrifícios ao Senhor e recebeu dele uma mensagem, 1 Rs 3.4-15; 1

GIBETOM

Gibeon — Christian Computer Art

Cr 16.39,40; 21.29; 2 Cr 1.3,6,13. Noventa e cinco dos filhos de Gibeom voltaram do exílio e auxiliaram a reconstrução dos muros de Jerusalém, Ne 7.25; 3.7. Segundo Josefo, a cidade de Gibeão distava, dessa cidade, cerca de 40 ou 50 estádios (8 a 10 km), Antig. 7.11,7; Guerras 2. 19-1. Estava localizada onde atualmente se encontra a aldeia *el-Jib* cerca de 10 km a noroeste de Jerusalém. Observa-se ali um monte de forma oblonga, no centro de uma bacia formada pela junção de diversos vales, em que há grandes plantações. O monte é alcantilado, e formado por linhas horizontais de sedimentos calcários. A aldeia está situada em grande planalto, ao lado norte da montanha, formada por umas 40 ou 50 casas de construção antiga. Ao sul da aldeia, e ao sopé da montanha, existe belíssima fonte que despeja em um reservatório subterrâneo cortado na rocha. Não muito distante, no meio de um bosque de oliveira, encontra-se outro reservatório descoberto, com a superfície de 20 por 12 m, destinado a receber o excesso das águas do primeiro reservatório. Ao ocidente outro tanque, cortado na rocha de 3,63 m por 2,31 m, chamado *el-Birkeh*, o poço. Na planície, forma-se, durante a estação invernosa, um lindo tanque, com a superfície de 15 a 18 hectares, citado em 2 Sm 2.13 e Jr 41.12. O deserto mencionado em 2 Sm 2.24 é sem dúvida a parte não cultivada, entre Gibeom e Ramá, porque o deserto propriamente dito ficava muito distante dessa cidade, 2 Sm 2.24.

GIBEONITAS – nome dos habitantes de Gibeom, 2 Sm 21.1-4, 9. É possível que o termo também se refira aos habitantes das cidades vizinhas de Quiriate-Jearim, Quefira e Beerote, Js 9.17.

GIBETOM (*no hebraico, "altura"*) – nome de uma cidade de Dã, Js 19.44, destinada aos levitas da família de Coate, 21.20-23. Os filisteus se apoderaram dela. Nadabe foi ali assassinado por Baasa quando a sitiava, 1 Rs 15.27. A cidade foi novamente sitiada por Zinri antes de subir ao trono de Israel, 16.15,17.

GIBLEUS – nome do povo da cidade e do reino de Gebal, Js 13.5; 1 Rs 5.18, também chamados *gebalitas*.

GIDALTI (*no hebraico, "eu engrandeci", "magnifiquei"*) **–** nome de um dos cantores, filho de Hemã, 1 Cr 25.4,6,7 chefe da 22ª. companhia de 12 músicos, das 24, designadas por Davi para o santuário, v. 29.

GIDEÃO (*no hebraico, "lenhador", "cortador", ou "guerreiro"*) **–** nome de um dos filhos de Joás, da família de Ezri, da tribo de Manassés, que habitava em Ofra, Jz 6.11, divinamente designado para libertar os israelitas da tirania dos midianitas, invasores do país. Estando ele sacudindo e limpando trigo para escondê-lo dos midianitas, apareceu-lhe um anjo do Senhor, que o saudou, encarregando-o da libertação de seu povo. O primeiro ato consistiu em derribar o altar de Baal em casa de seu pai e cortar o bosque que havia em torno dele. Irritados, os adoradores de Baal pediram a morte de Gideão. Joás respondeu-lhes: "Se (Baal) é deus, por si mesmo contenda, pois derribaram seu altar". A multidão apaziguou-se. Gideão passou a ser chamado de Jerubaal, que quer dizer "Baal que se vingue!". Gideão enviou mensageiros por toda a tribo de Manassés, de Aser, de Zebulom e de Naftali para combaterem contra Midiã, Jz 6.35. Hesitante sobre o resultado de sua investida, pediu a Deus a confirmação de ser ele o salvador de Israel, o que Deus fez pelo milagre do velo, v. 36-40. Quando saiu para a campanha, Deus foi reduzindo o seu exército de 32 mil para 300 homens, isso para deixar claro que a vitória viria pelo seu poder e não pela força dos homens. Atacou o campo dos midianitas durante a noite, acampavam no vale de Jezreel ao lado do monte More, com tochas acesas, cântaros e buzinas. Na confusão da refrega, os midianitas mataram-se uns aos outros. Gideão enviou mensageiros a todo o monte de Efraim, para que saíssem a encontrar-se com Midiã nos passos do Jordão e perseguissem os fugitivos que procurassem atravessar o rio, Jz 7.1,23. Na fuga, aprisionaram a Orebe e Zeebe, cujas cabeças levaram a Gideão. Essa vitória foi celebrada pelo nome de "dia dos midianitas" e de "matança de Midiã na rocha de Orebe", Is 9.4; 10.26; Sl 8.11. Libertada que foi a parte norte de Israel, pacificou os efraimitas, indignados por se julgarem desprezados por Gideão. Em seguida a essas vitórias, todos os filhos de Israel disseram a Gideão: "Sê nosso príncipe, tu e teu filho e o filho de teu filho", honras que ele recusou, voltando para casa, Jz 8.22,29. Por um ato irrefletido pediu para si as arrecadas da presa, das quais mandou fazer um éfode. Se foi modelado pelo do sumo sacerdote, deve ter sido muito rico, pois era feito de ouro com pedras preciosas engastadas em ouro. Gideão colocou-o na sua própria cidade, onde o anjo do Senhor lhe havia aparecido, e ali erigiu um altar e ofereceu um sacrifício, 6.21-28; *cf.* Êx 20.24,25. Esses altos privilégios o induziam a pensar que o ofício de sacerdote lhe era destinado, e por isso mandou fazer o éfode, provavelmente com o Urim e o Tumim, a fim de usá-lo em suas consultas ao Senhor. Tudo isto serviu de ruína para Gideão, para sua família e para o próprio povo de Israel, Jz 8.24-27. Casou-se com várias mulheres e teve 70 filhos, além de Abimeleque, filho de uma concubina, o qual se fez rei depois da morte do pai. Gideão morreu em ditosa velhice, caps. 6 até o 8; Hb 11.32.

GIDEL (*no hebraico, "ele engrandeceu", "grande"*) **1** Nome de um chefe da família dos netinins, Ed 2.47; Ne 7.46. **2** Nome do chefe de uma família dos servos de Salomão, que retornou do cativeiro da Babilônia com Zorobabel, Ed 2.56; Ne 7.58.

GIDEONI (*no hebraico, "cortado"*) **–** nome do pai de Abidã, um príncipe da tribo de Benjamim nos tempos de Moisés. Estava com os homens que fizeram o recenseamento do povo de Israel na península do Sinai, Nm 1.11.

GIDOM (*no hebraico, "desolação", "derrubada"*) – nome de uma aldeia perto do rochedo de Rimom, Jz 20.45. Para esse lugar fugiram os guerreiros de Benjamim na guerra contra as outras tribos de Israel devido ao assassinato horrendo da concubina de um levita, Jz 20.

GIGANTE – homem de extraordinária estatura, como Ogue, rei de Basã, cujo sarcófago media nove côvados de comprimento por quatro de largo, Dt 3.11. Golias de Gate, que tinha seis côvados e um palmo de altura, 1 Sm 17.4, e o egípcio que Banaias matou, também de cinco côvados de estatura, 1 Cr 11.23. Uma raça de homens dessa natureza fazia parte dos habitantes de Canaã, como os anaquins, os emis, os zanzumins (zuzins) e outros povos do oriente do Jordão, Dt 1.28; 2.10,11,20,21; 9.2. Quando os hebreus tomaram Hebrom, os anaquins que dali escaparam, refugiaram-se nas cidades dos filisteus, 1 Sm 17.4; 2 Sm 17.4; 2 Sm 21.15-22. Golias de Gate e Jesbibenobe, e outros filisteus de desmesurada altura, é possível que pertencessem à raça dos anaquins refugiados. O vale dos Refains, ou dos Gigantes perto de Jerusalém, relembrava a raça dos gigantes que outrora ali habitavam, Js 15.8; 18.16. O significado exato da palavra hebraica *nephilim*, que em Gn 6.4 e Nm 13.33, se traduz por gigantes, é incerto, e tanto pode referir-se à estatura dos homens, quanto à sua ferocidade; à degradação de seu caráter, quanto à ilegitimidade de seu nascimento. Na última passagem citada, se descrevem os anaquins como homens de estatura extraordinária; e na primeira de Gn 6.4, fala-se de homens fortes e afamados, tradução da palavra hebraica *Nephilim*. Do mesmo modo que se descrevem os homens valentes de Davi, em 1 Cr 11.10,24.

GILALAI (*no hebraico, "pesado"*) – nome de um levita, músico, que tomou parte na dedicação do muro de Jerusalém, reconstruído por Neemias, Ne 12.36. Esse nome não aparece na LXX.

GILBOA, MONTE (*no hebraico, "fonte rumorosa"*) – a montanha em que Saul enfrentou os filisteus e onde encontrou a morte, 1 Sm 28.4; 31.1,8; 2 Sm 1.6,21; 21.12; 1 Cr 10.1,8. Estava situada no território pertencente a Issacar, 2 Sm 1.21. É o contraforte oriental dos montes de Efraim, que verte para o vale do Jordão. O dorso da montanha estende-se na direção oeste-noroeste e este-sudeste, tendo quase 13 km de comprimento e 5 a 8 km de largura, dividido em vários tabuleiros por meio de ravinas. O ponto mais elevado é chamado *Xeque Burqan*, em *Jebel Abu Madwar*, a 517 m de altitude acima do nível do mar e 400 acima da planície de Esdraelom ou vale de Jezreel. Os desfiladeiros da parte oriental são suaves, mas os da parte norte são íngremes e escabrosos e em muitos lugares, verdadeiros precipícios. As encostas do nascente, que vertem para o vale do Jordão, também são alcantiladas, e em muitos lugares, verdadeiros abismos. Nos tabuleiros e nas encostas suaves da parte ocidental, encontram-se plantações de trigo, de cevada, de oliveiras, e de figos, e bem assim algumas pastagens. O resto é rocha nua com algumas manchas de ervas nativas. A aldeia Jelbom conserva a memória do nome Gilboa.

GILEADE (*no hebraico, "escabroso", "íngreme"*) – o nome Gileade representa lugares e pessoas nas Escrituras, é provável que esse nome venha do árabe, jalaad, que tem o significado dado ao termo no hebraico mencionado anteriormente. **1** FILHO DE MAQUIR – nome de um dos filhos de Maquir e

GILEADE

Gileade — Christian Computer Art

neto de Manassés fundador de uma família tribal, Nm 26.29,30; Js 17.1. **2** Pai de Jefté – nome do pai do juiz Jefté, Jz 11.1. **3** Um Gadita – nome de um descendente de Gade, de que descenderam os gaditas de Basã, 1 Cr 5.14. **4** Um País – nome do país montanhoso do oriente do Jordão, que se estende desde o tabuleiro de Moabe ao norte até *Yarmuk*, Dt 3.16,17; 1 Sm 31.11, e talvez até mais longe, uma vez que a aspereza do terreno continua inalterável até o norte desse rio. Divide-se em duas partes pelo Jaboque, Is 12.2. A parte sul caiu em partilha à tribo de Gade, e a do norte foi incluída na parte pertencente à meia tribo de Manassés, Dt 3.12,13; Js 13.24-31. Esse nome ainda se perpetua em uma montanha ao sul do Jaboque com a designação Jebel Jilade. A última entrevista de Labão e Jacó deu-se no monte de Gileade, Gn 31.21. Era lugar muito próprio para criação de gado, 1 Cr 5.9,10; Ct cap. 4. A vista de Gileade e a terra de Jazer (*cf.* 1 Cr 26.31) levou os rubenitas e os gaditas, possuidores de grande manadas e rebanhos, a pedir a Moisés que se estabelecessem permanentemente na parte oriental do Jordão, ao que ele anuiu, mediante certas condições, Nm 32.1-42; Js 13.8-11. Nas terras de Gileade, encontrava-se o famoso bálsamo, citado em Jr 8.22 *cf.* Gn 37.25. Em sentido mais lato, a palavra Gileade incluía toda a região a oriente do Jordão, Dt 34.1; Js 22.9; Jz 20.1; 2 Sm 2.9; 1 Mac 5.17,24-27; Antig. 12.8,3; 9.8,1. **5** Montanha – nome de uma montanha atestando com o vale de Jezreel, Jz 7.3; *cf.* o v. 1 e cap. 6.33. O nome Gileade pode ser tomado por Gilboé. Convém observar, porém, que a fonte que melhor corresponde à posição daquela em que beberam os homens de Gideão, e a montanha, de onde ela brota, e o rio para onde correram os midianitas em fuga, são chamados, respectivamente, a fonte, a montanha e o rio Jalude, que em árabe é tradução de Golias. Assim, pois, o nome Gileade se eterniza na fonte, na montanha e no rio, sob a forma corrupta de Jalude. Há, porém, mais forte evidência do que a que nos fornece esse nome. Gileade fazia parte de Naftali, 2 Rs 15.29. Pode ser que o território dessa

GINÁSIO

tribo passasse para o oriente atravessando o Jordão, mas é de todo possível que Gileade tenha sido o nome de um distrito escabroso de Naftali, a oeste do Jordão se assim for, está plenamente confirmada a exatidão do texto em Jz 7.3. **6** CIDADE – nome de uma cidade na região de Gileade, Os 6.8; *cf.* 12.11. Alguns entendem que a referência do profeta Oséias é comparativa e não literal, pois não há outra referência a uma cidade com esse nome.

GILGAL (*no hebraico, "círculo"*) **1** TERRA DO ACAMPAMENTO ISRAELITA – nome do primeiro acampamento dos israelitas, depois de atravessarem o Jordão, e seu quartel-general enquanto durou a conquista de Canaã, Js 4.19-24. A associação especial que eles tinham com esse nome consistiu em se livrarem da acusação que sobre eles pesava de haverem negligenciado a ordenança da circuncisão, durante a viagem pelo deserto, Js 4.7-9. O campo estendia-se entre o Jordão e Jericó. A seu lado erguia-se uma cidade, situada no limite norte de Judá, 15.7, em cujas vizinhanças havia pedreiras, Jz 3.19. Baseadas nessas duas passagens, algumas autoridades acreditam na existência de outra Gilgal, situada ao pé das montanhas. Não há certeza se essa cidade, ou outro lugar de nome semelhante, existia no circuito administrativo e judicial de Samuel, 1 Sm 7.16, e onde Saul foi aclamado rei, terminada que foi a oposição feita à sua candidatura. Seja como for, foi em Gilgal do vale do Jordão que se fez a revista do povo, que tinha de formar o exército libertador. Saul, encontrando dificuldades em conservar unidas e fortes as forças de seu exército, até a chegada de Samuel para oferecer o sacrifício, ele mesmo se apressou a fazê-lo, 1 Sm 13.4,7,8; *cf.* 12.15. Por causa desse ato de desobediência, Samuel anunciou-lhe a perda do reino, v. 13,14. Segunda vez o rei Saul incorreu em outro ato de desobediência, poupando a vida de Agague, 15.12,21,33,34. Os representantes da tribo de Judá foram até Gilgal para receber o rei Davi e para o acompanharem na passagem do Jordão, depois da morte de Absalão, 2 Sm 19.15-40. Como aconteceu a outros lugares sagrados, Gilgal veio a ser um foco de idolatria no tempo dos sucessores de Jeroboão, por cuja causa os profetas pronunciaram sentenças contra ela, Os 4.15; 9.15; 12.11; Am 4.4; 5.5. É provável que a Gilgal referida em Ne 12.29 seja a mesma do vale do Jordão, identificada com *Jiljulieb*, ruínas quatro quilômetros a oriente de Jericó. **2** UMA ALDEIA – nome de uma aldeia de onde Elias e Eliseu saíram em demanda de Betel, Dt 11.30; 2 Rs 2.1-4; 4.38. Acredita-se que seja a atual aldeia de *Jilmiliah*, situada no cimo de um alto monte, 13 km a oeste de Betel. **3** UMA CIDADE – nome de uma cidade associado com Dor e Tirza em Js 12.23,24; nesse texto a LXX diz, "Galiléia". É provável que sua localização seja na parte norte de Samaria, entre o mar Mediterrâneo e a Galiléia. Uma cidade chamada *Jiljulieh*, um pouco ao norte do ribeiro de Caná e nove quilômetros a nordeste de Antipatris, já foi identificada com o lugar.

GILO (*no hebraico, "exílio"*) – nome de uma aldeia da parte montanhosa de Judá, enumerada com outras povoações situadas ao sul de Hebrom, Js 15.51.

GILONITA – nativo ou habitante de Gilo, como foi Aitofel, 2 Sm 15.12; 23.34.

GINÁSIO (*vem do termo grego gúmnos, que significa "nu"*) – local onde os gregos praticavam esportes e exercícios físicos. Há na história relatos de competições gregas em que os atletas, tanto homens quanto mulheres, participavam nus ou pouco vestidos. Sendo o ginásio um centro de treinamento onde a beleza física sempre ganhou espaço, primeiro pelo esporte e

GINÁSIO

posteriormente pela cultura, é de imaginar que poucas eram as roupas usadas nesse lugar, como demonstra o termo gúmnos. Em Jerusalém, era um lugar público para exercícios atléticos e para exposições, situado abaixo do claustro ocidental do templo, Guerras 4.9,12; 6.3,2; 6.2. Havia ainda outro abaixo do palácio dos reis asmoneus, Antig. 20.8,11; Guerras 2.16,3, e mais outro, abaixo da cidade, ou acrópole, 2 Mac 4.12,18, que não se deve confundir com a fortaleza siríaca chamada Acra, construída mais tarde, 1 Mac 1.33. Esse último ginásio estava situado ao pé da casa do concílio, ao lado do primeiro muro, e no final de uma ponte que dava passagem do templo para o vale do Tiropeom, Guerras 5.4,2; cf. 6.6,2. Foi construída por judeus helenistas, sob a direção de Jasão e com licença de Antíoco Epifanes, 1 Mac 1.10,14; 2 Mac 4.7s. As feições essenciais a um ginásio eram: **1** Um átrio aberto para o jogo de soco, para lutas, para o jogo de conca e para atirar o dardo, 2 Mac 4.14, palestras, discos. **2** Estádio ou círculo para corridas a pé. **3** Uma coluna para recreio e para exercícios atléticos no inverno (Antig. e Guerras, *passim xistos*). **4** Tanque para banhos. O ginásio de Jerusalém foi condenado por judeus escrupulosos, porque dava lugar à prática de costumes pagãos, induzia a mocidade a usar o capacete de Hermes, a exercícios a corpo nu em público e a envergonhar-se do sinal sacramental da sua região. Os próprios sacerdotes negligenciavam seus deveres oficiais, 1 Mac 1.14,15; 2 Mac 4.13,17. O ginásio de Jerusalém ainda existia no tempo em que a cidade foi destruída por Tito; nunca mais serviu para jogos atléticos. Ocasionalmente, serviu para assembléias populares, Guerras 2.16,3.

GINATE – nome do pai de Tibni, 1 Rs 16.22.

GINETOM (*no hebraico, "jardineiro"*) **1** Nome do chefe dos sacerdotes que voltaram do cativeiro com Zorobabel, Ne 12.4. Na seguinte geração o chefe de uma família entre os sacerdotes e que ocupava o mesmo lugar no catálogo correspondente, tem o mesmo nome, Ne 12.16. **2** Nome de um chefe de família sacerdotal, pai de Mesulão. Viveu nos dias do sumo sacerdote Joiaquim, Ne 12.16. **3** Nome de um sacerdote que assinou o pacto de servir Jeová, Ne 10.6.

GINZO (*no hebraico, "abundante em sicômoros"*) – nome de uma cidade com suas aldeias, situada no território sul da tribo de Judá. Foi tomada pelos filisteus no reinado de Acaz, 2 Cr 28.18. O local é identificado com o moderno *Jimzu*, sobre uma eminência, 5,5 km a este sul de Lida.

GIOM (*no hebraico, "rio", "corrente"*) **1** Nome de um dos quatro rios do Paraíso, Gn 2.13 (veja *ÉDEN*). **2** Nome de uma fonte, fora dos muros de Jerusalém, de onde tiraram boa parte da água que abastecia a cidade, 2 Cr 32.30; 33.14; Antig. 7.14,5. Não estava à vista da Pedra de Zoelete perto de En-Rogel; porém, o som da trombeta e o rumor das aclamações de Giom, se ouviram em En-Rogel, 1 Rs 1.40-45. Presume-se que havia duas fontes com esse nome, no tempo de Ezequias, 2 Cr 32.30, a fonte alta e a fonte baixa. A alta Giom é identificada com Birquete Mamila, e a baixa, com Birquete es-Sultã. A primeira dessas fontes está a menos de um quilômetro para o ocidente, e a segunda, a menos de 700 metros para o sul da Porta de Jafa. Essas fontes, agora, não são de águas vivas. Ainda há grandes questionamentos se Giom não pode ser identificada com a Fonte da Virgem, na escarpa oriental de Ofel, distante uns 400 metros do tanque de Siloé a que está ligada por um velho túnel.

GIRGASEU (*no hebraico, "que ocupa terreno argiloso"*) – nome de uma das sete principais tribos que habitavam Canaã, e

GOGUE

que foram expulsas por Israel, Gn 10.15,16; 15.21; Dt 7.1; Js 3.10; 24.11; Ne 9.8. Não se sabe que parte do país eles ocupavam. Não se deve confundi-los com os gerasenos.

GISPA (*no hebraico, "carícia"*) – nome de um dos intendentes da família dos netinins, no tempo de Neemias, Ne 11.21.

GITAIM (*no hebraico, "dois lugares"*) – nome de uma aldeia de Benjamim, Ne 11.31,33, para onde se refugiaram os berotitas, talvez para escaparem às perseguições de Saul, 2 Sm 4.3, *cf.* 21.1,2. Lugar não identificado.

GITITE – termo musical empregado no título dos salmos 8.81 e 84. A versão de Figueiredo emprega a expressão: "Para o fim, para os lugares". É a forma feminina do adjetivo hebraico empregado para gitita, e pode denotar: 1) Um instrumento musical, usado em Gate. 2) Uma canção das vindimas para a melodia em que o salmo devia ser cantado, Ne 13.15. O vocábulo pode estar relacionado à palavra hebraica que significa *lagar*. 3) A marcha da guarda dos giteus, 2 Sm 15.18.

GIZONITA – designação de Hasém, um dos valentes de Davi, 1 Cr 11.34, indicando, ou a sua paternidade, ou o lugar de seu nascimento. Porém, nenhum nome semelhante a Gizom se encontra na Bíblia, referente a pessoa ou a lugar. Talvez que o adjetivo gizonita seja corrupção da palavra gunita que se encontra em Nm 26.48, ou trata-se de uma derivação de um nome referente a um lugar de origem gentílica.

GOA (*no hebraico, "mugido"*) – nome de um lugar perto de Jerusalém, Jr 31.39.

GOBE (*no hebraico, "cisterna", "poço"*) – nome de um lugar, onde aconteceram dois confrontos das tropas de Davi contra os filisteus, 2 Sm 21.18,19. Lugar não identificado. Em 1 Cr 20.4, em vez de Gobe diz-se Gezer.

GOFER – nome da madeira que foi construída a arca de Noé, Gn 6.14. A tradução de Figueiredo diz no mesmo lugar, madeiras aplainadas. Gesenius diz que a palavra hebraica – *gopher* é alteração do nome *Kopher*, "pez", e se refere às árvores da família dos pinheiros, e em particular aos ciprestes. As três primeiras consoantes estão na palavra grega *Kyparissos*, que se compõe da mesma raiz que o vocábulo *gopher*.

GOGUE – **1** Nome de um rubenita, neto de Joel, 1 Cr 5.4. **2** Nome de um príncipe e chefe de Meseque e de Tubal, Ez 38.2, profeticamente descrito, invadindo a terra de Israel nos últimos tempos e sendo desbaratado nas montanhas com grande mortandade, Ez caps. 38 e 39. Ele, com seu povo e com os seus aliados, simbolizam o paganismo, combatendo contra os filhos de Deus. O nome é tirado de Giges, chefe de uma família principesca da Lídia, denominada Mermnadai. Fazia parte da guarda real e era pessoa de confiança do rei. Cerca de 700 a.C., assassinou o seu soberano, rival da casa dos heráclidos e se apoderou do trono da Lídia. Possuía grandes riquezas e fez valiosos donativos ao templo de Apolo em Delfos. Guerreou com as cidades gregas da Ásia Menor, Heród. 1.7-14. Em anos avançados de sua idade, foi o país invadido pelos cimérios, que derrotou, aprisionando vários de seus chefes. Receando novas incursões enviou presentes a Assurbanipal, rei da Assíria. Por muito tempo não havia nesse país quem entendesse a linguagem falada pelos embaixadores da Lídia. Afinal apareceu um que os entendia e que serviu de intérprete. Conhecidas as pretensões de Giges, foram recebidos os seus presentes e aceita a sua amizade. Não demorou muito que o rei Giges desse auxílio ao Egito na revolta contra a Assíria. Em retaliação, o rei assírio acirrou os cimérios contra Giges que invadiram a Lídia, mataram o rei e deixaram seu filho Ardis no trono (veja *GÔMER e MAGOGUE*). **3** Nome de um personagem ou nação, muito semelhante no caráter ao Gogue de Ezequiel, que deveria aparecer imediatamente antes de terminar a presente dispensação, Ap 20.8-15.

GOLÃ (*no hebraico, "cativo", "exílio"*) – nome de uma cidade de Basã, dentro do território da meia tribo de Manassés, a oriente do Jordão, destinada aos levitas da casa de Gérson, Js 21.27; 1 Cr 6.17, e uma das cidades de refúgio, Dt 4.43; Js 20.8; 21.27. Alexandre Janeu sofreu tremenda derrota perto dessa cidade, que em outra campanha, ele destruiu, Guerras 1.4,4,8. O nome dessa cidade serviu para designar a pequena província Gaulonitis, Antig. 8.2,3. Essa região estava situada entre o Hermom e o *Yarmuk*, e se estendia desde as vizinhanças do Jordão para o lado do nascente, cujo limite não foi determinado.

O distrito pode dividir-se em duas secções, uma ao sul, capaz de ser cultivada, e a outra na parte norte, difícil de ser arada por causa das muitas pedras. Foi medida por Schumacher, que, com outras autoridades, considera que a cidade existiu em *Saem ej-Jaukan*, cerca de 30 km a leste do mar da Galiléia, onde existem extensas ruínas. É planície banhada por torrentes que descem do Hermom, e com as mais ricas pastagens da Síria; todavia, está deserta.

GÓLGOTA – nome grego derivado do aramaico *gulgalta*, e do hebraico, *gulgoleth*, caveira (veja *CALVÁRIO*).

GOLIAS (*no hebraico, "exílio"*) – é provável que esse nome venha de um termo árabe similar, podendo significar "forte" ou "vigoroso". Era o nome de um gigante, e guerreiro, da cidade de Gate, morto por Davi, 1 Sm 17.1-58; 21.9,10; 22.10; *cf.* Js 11.22; Nm 13.33. Provavelmente pertencia à raça dos anaquins. Talvez outro gigante de Gate tivesse o mesmo nome de Golias, 2 Sm 21.19.

Colinas de Golã — Christian Computer Art

GÔMER (*no hebraico, "perfeição", "término", "completo"*) **1** Nome de uma filha de Diblaim, e prostituta que se tornou mulher de Oséias, Os 1.3. **2** Nome de um povo, descendente de Jafé, que habitava ao norte, Gn 10.2,3; 1 Cr 1.5,6; Ez 38.6. Veio das regiões, além do Cáucaso, para a Ásia. Era, provavelmente o povo cimeriano, da história clássica, mencionado por Homero, como sendo do extremo norte (Odis. 11.14). Estabeleceu-se na Capadócia e ameaçou o império assírio, porém foi derrotado por Esar-Hadom. Voltando-se para a Ásia Menor, travou mais de uma batalha com Giges, rei da Lídia, cujo nome parece ser o Gogue da Escritura. O rei Giges foi morto, e o povo expulso da Lídia por Aliates (Heród. 1.16; 4.11,12). Parece que esse povo é o mesmo povo címbrio, dos tempos de Roma, o mesmo Cimrio do país de Gales. A Câmbria, e até o *Cumberland*, guardam lembranças desse nome.

GOMORRA (*no hebraico, "acúmulo"*) – nome de uma das cidades da planície, Gn 10.19; 13.10. O rei dessa cidade foi derrotado por Quedorlaomer, 14.2,8,10,11, e a cidade destruída pelo fogo do céu, por causa da perversidade de seus habitantes, Gn 17.20; 19.24-28; Dt 29.23; Is 1.9; 13.19; Jr 23.14; 49.18; Am 4.11; Sf 2.9; Mt 10.15. Toda essa região estava localizada no vale de Sidim, Gn 14.3. Mas, atualmente, essa região está coberta por um lençol de água, no extremo sul do mar Morto. Conder fala da existência de um grande cômoro, chamado *Tubk Amriyeh*, perto de um *wady*, com o nome de *Wady Amriyeh*, cujas águas correm para o mar Morto, uns 14 km abaixo da foz do Jordão (16 km). Parece que é o lugar da antiga Gomorra, onde existiam grandes plantações de vinhas, Dt 32.32.

GORDURA (*no hebraico é Cheleb, "gordura", "tutano"*) – Abel ofereceu ao Senhor as gorduras do seu rebanho, Gn 4.4; *cf.* Nm 18.17. A lei mosaica estabeleceu que as gorduras dos animais sacrificados pertencem ao Senhor, Lv 3.16; 7.23,25. Isso não significa que o povo de Israel estava proibido de comer gordura, a ordem era somente em relação aos animais sacrificados, Êx 29.13,22; Lv 3.3; 4.8-9; *cf.* Dt 12.15,16,21-24. Alguns estudiosos acreditam que a proibição de comer a gordura era para todo o animal liberado pela lei para alimento, todavia em vista do estabelecimento do povo em Canaã e do afastamento da maioria do povo para longe do altar, essas disposições foram praticamente abolidas, em referência aos animais que serviam para a alimentação, Dt 12.15,16, *cf.* v. 21-24. Os animais dos rebanhos e das manadas destinadas a usos domésticos não pertenciam à classe dos sacrifícios.

GÓRGIAS – nome de um general sírio, do reinado de Antíoco IV. No ano 166 a.C., comandou um destacamento de tropas, acampadas em Emaús, para atacar, durante a noite, Judas Macabeu. Judas, porém, teve notícia desse plano, preparou as suas forças e caiu sobre o campo de Górgias, alcançando estrondosa vitória. Górgias, regressando ao acampamento com a sua gente, encontrou-o incendiado; os soldados que o acompanhavam fugiram amedrontados, 1 Mac 3.38 até 4.25. Pouco mais de um ano depois, Górgias derrotou José e Azarias em Jamnia, para onde se dirigia a fim de tomar a cidade, na ausência de Judas, 1 Mac 5.55-62.

GÓSEN 1 GÓSEN NO EGITO – nome de um distrito do Egito, muito próprio para a criação de rebanhos, situado no delta do Nilo, alguns quilômetros a nordeste de Om, pertencente ao nomo Arábia, Gn 34, e que fazia parte da terra de Ramessés, Gn 46.34; 47.11-27. Dali saiu José para encontrar com seu pai, que vinha de Canaã, 46.28,29. Naquele distrito se estabeleceram os hebreus por 430 anos,

GÓSEN

Gósen — Christian Computer Art

40.10; 46.28; 47.6; 50.8; 56.37, onde ficaram até o dia de sua libertação, Êx 8.22; 9.6.
2 GÓSEN EM CANAÃ – nome de uma região ao sul de Judá, localizada entre Gaza e Gibeão, Js 10.41; 11.16. Localização desconhecida.
3 GÓSEN EM JUDÁ – nome de uma cidade da região serrana de Judá, Js 15.51. Tem sido identificada com o *Tell el Dhaririyeb*, cerca de 19 km de Hebrom, embora essa opinião não seja unânime.

GOTAS DE SANGUE (veja *SUOR*).

GOVERNADOR – nome que se dá àquele que governa um país, investido de autoridade suprema, como representante de um soberano. José, quando primeiro-ministro de Faraó, chamava-se governador, Gn 42.6; 45.26. Quando Nabucodonosor, depois de tomar Jerusalém, voltou para Babilônia, deixou Gedalias como governador do povo conquistado, Jr 40.5; 41.2 etc. Depois do cativeiro, os israelitas foram governados por delegados persas; Zorobabel, Neemias e outros judeus de nascimento exerceram esse cargo, como oficiais do rei dos persas, Ne 5.14,17; Ageu, 1.14. Pôncio Pilatos foi governador da Judéia, quando crucificaram o Senhor Jesus. Foi assim chamado, em Mt 28.14; seu nome específico era procurador do império romano (veja *TIRSATA*).

GOZÃ (*no hebraico, "alimento", "comida"*) – nome de uma cidade e de um distrito da Mesopotâmia, nas margens do rio Habor, 2 Rs 17.6; 18.11; 19.12; 1 Cr 5.26; Is 37.12. Estava situada a leste de Harã, e a noroeste da cidade de Nínive, capital da Assíria. Em uma inscrição assíria, a cidade de Gozã está associada com Nisibis. Gozã talvez seja a Gauzanitis de Ptolomeu e a Migdônia (de Estrabão), província da Mesopotâmia, situada na parte superior do rio Kabur, o mesmo Habor no Antigo Testamento, e na parte sul dos desfiladeiros do monte Másio. Atualmente, o local é identificado com o moderno *Tell Halaf*. Baseados em 1 Cr 5.26, alguns pensavam tratar-se de um rio, mas, definitivamente, Gozã, foi uma cidade, 2 Rs 19.12; Is 37.12. Ptolomeu menciona a existência de uma cidade da Média, com o nome de Gauzânia, nas suas vizinhanças.

GRADE – tecido feito com tabuinhas estreitas e delgadas, dispostas em diagonal ou cruzadas, que serviam para velar as janelas das habitações, Jz 5.28; Pv 7.6; 2 Rs 1.2; Ct 2. 9 (veja *JANELA*).

GRADUAL (veja *DEGRAUS*).

GRAL, **ALMOFARIZ** – vaso em que os israelitas trituravam o maná que colhiam no deserto, Nm 11.8; Pv 27.22. Os árabes usam de almofarizes ou pilões feitos de pedra para moer o trigo de que eles fazem o *Kibby*, seu principal alimento. Pode-se ouvir a qualquer hora do dia, por toda a cidade, o som do gral.

GRÃOS (*no grego é kokkos, "grão" ou "semente"*) – nome genérico das diversas plantas de cereais cultivadas na Palestina. Pão e vinho representam, ou simbolizam, a fertilidade da terra na multiplicidade de suas produções, como: o trigo, a cevada, o milho e a aveia, Gn 27.28; Dt 7.13; 8.8; Is 28.25; Ez 4.9. Literalmente o termo aparece em alguns textos do Novo Testamento, Mt 13.31; 17.20; Mc 4.31; Lc 13.19; 17.6; Jo 12.24; 1 Co 15.47.

GRÃOS TORRADOS, **TOSTADOS** – alimento que servia para sustento do corpo, Lv 23.14; Rt 2.14; 1 Sm 17.17. Thomson descreve um processo de prepará-lo. Colhem um punhado de boas espigas, que não estejam maduras demais; amarram-nas em molhos e as penduram. Depois acendem por baixo um fogo de espinhos ou palha seca para queimar as cascas e torrar os grãos. Outro processo é torrar no forno à lenha ou sobre qualquer chapa de ferro ao fogo.

GRÉCIA (*derivado de Graicoi*) **1** Nome de uma tribo do Epiro e dos gregos em geral. Saiu de uso, sendo substituído pela designação de helenistas, mas empregado

Olimpia Ruínas — Christian Computer Art

novamente por Sófocles, que o reviveu. **2** Nome de um país pequeno situado a sudeste da Europa, famoso na história dos povos antigos, limitado ao norte pelas montanhas do Olimpo; ao sul, pelo Mediterrâneo; a leste, pelo mar Egeu, e a oeste, pelo mar Jônio, que atualmente faz parte do Mediterrâneo, e pelo mar Adriático, ou golfo de Veneza. A sua posição geográfica deu-lhe grandes vantagens, no tempo em que o Mediterrâneo era a estrada real da civilização. A história autêntica, a começar com os primeiros monumentos escritos, data da primeira Olimpíada no ano 776 a.C. Antes dessa época, inclusive o período dos tempos heróicos, a história da Grécia está de tal modo misturada com a lenda, que é difícil separar a verdade do mito. Todavia, parece certo que os gregos descendiam de quatro tribos, cada uma das quais pretendia proceder de uma fonte comum, o seu antecessor Heleno. Dessas quatro tribos, os eólios e os aqueus representaram papel saliente nos tempos heróicos. Homero, algumas vezes, empregava a palavra aqueus, falando do povo grego. As outras duas tribos, os dóricos e os iônicos, aparecem mais em evidência nos tempos históricos. Deles descendiam respectivamente os atenienses e os espartanos. O período

GRÉCIA

histórico mais remoto, desde 776 a 500 a.C., pode considerar-se como o período do desenvolvimento de cada um dos Estados de que se formou a nação. Os Estados eram teoricamente independentes entre si, porém unidos pela linguagem, pela literatura, pelos jogos e pelo desenvolvimento nacional. Ocorreram freqüentes alianças políticas. Durante esse período, lançaram-se os fundamentos da arquitetura, da arte, da literatura e da filosofia. Em tempos mui remotos já tinha sua designação geográfica entre os hebreus, sob o nome de Javã, isto é, Jonia, Gn 10.4, porém mencionada como um país dos limites da terra em Is 66.19; Ez 27.13; Joel 3.6. Cerca de 500 a.C., a Grécia aparece na tela da história, enfrentando o grande poder da Pérsia, primeira potência do mundo. No ano 546, já o rei Ciro havia tomado Sárdis, capital da Lídia, início da sujeição das cidades gregas da Ásia ao jugo persa. No reinado de Dario, os exércitos persas atravessaram o Helesponto e submeteram a Macedônia em 510 a.C. As cidades gregas da Ásia revoltaram-se contra os seus conquistadores nos anos 500 a 495 a.C. Os gregos da Europa desbarataram os persas na grande batalha de Maratona em 490, e depois de lhes infligirem reveses das Termópilas, foram além com as vitórias de Salamina em 480, de Platéia e Mícale em 479. As lutas com a Pérsia deram em resultado que a Grécia ficou sob a suserania de um Estado. O primeiro Estado que assumiu a supremacia sobre todo o país, foi Atenas, que a conservou durante 70 anos. Todas as energias da nação nos últimos 28 anos empregaram-se na guerra do Peloponeso, começada por umas pequenas contendas entre Corinto e as suas colônias, e se generalizou de tal modo que envolveu todas as forças de terra e mar, em luta entre Esparta

Panteon — Christian Computer Art

GREGO

Zeus — Christian Computer Art

e Atenas, do que resultou a queda do poder ateniense. Seguiu-se depois o período da supremacia de Esparta, passando por sua vez a Tebas, que durou até o ano 338 a.C., quando toda a Grécia caiu em poder de Filipe da Macedônia e foi incorporada ao seu império. No tempo das conquistas de Alexandre, o Grande, a Grécia entrou pela primeira vez em contato com a Judéia. Em sua passagem para a Pérsia, Alexandre entrou na Palestina que se lhe submeteu sem resistência (veja *ALEXANDRE*). Desde esse tempo, a influência da Grécia espalhou-se rapidamente e tomou pé firme nos países situados ao lado oriente do mar Mediterrâneo. Até mesmo depois das conquistas do império romano, a influência da Grécia, pela sua língua, pela sua cultura e pela sua filosofia, dominou até o ponto de entrar na própria religião judia. No tempo de Cristo, a língua grega era falada em todo o mundo civilizado. Após a morte de Alexandre, o Grande, o império macedônio passou às mãos de seus generais que o dividiram entre si. A princípio, a própria Grécia ficou sendo patrimônio de um dos filhos de Alexandre, mas, breve, este, bem como todos os filhos do grande imperador, foram mortos e o império se tornou presa do mais forte, até que finalmente caiu em poder dos romanos. A última guerra contra Roma resultou a batalha de Leucópetra, 146 a.C., em que a Grécia passou a ser província do império romano. A divisão do império, em império do Oriente e império do Ocidente, reviveu a influência grega por algum tempo. O império do Oriente sobreviveu ao império do Ocidente, porém, afinal, com a tomada de Constantinopla pelos turcos em 1453 a.C., teve o seu fim. Alguns dos trabalhos mais ardorosos do apóstolo Paulo se realizaram na Grécia e notadamente em Atenas e Corinto, não falando nas viagens pela Acaia, que naquele tempo representava a antiga Grécia.

GREGO – **1** Nome que designa uma pessoa natural da Grécia, ou pertencente à raça grega, At 16.1; 17.4. No contraste do nome grego com o termo judeu no Novo Testamento, o nome grego emprega-se como sinônimo de estrangeiro em geral, porém designa também o tipo mais elevado do elemento gentílico, Rm 1.14,16; 10.12. **2** Posteriormente à conquista do oriente pela Macedônia e ao estabelecimento dos reinos da Síria e do Egito, o nome grego servia para designar todos os que falavam a língua grega nas relações comuns, e que fruíam os privilégios dos que se estabeleceram no reino de Alexandre e seus sucessores. Os gregos que desejaram ver Jesus, Jo 12.20, eram estrangeiros, mas não se sabe se eram da raça grega. **3** Linguagem falada pelos antigos e da qual se derivou o atual idioma, Jo 19.20; At 21.37; Ap 9.11. Pertenciam à família ariana de línguas, com afinidades com o sânscrito, latim, e quase todas as línguas do ocidente da Europa, às quais excede na expressão preciosa. O Antigo Testamento foi traduzido para essa língua antes da vinda de Cristo. **2** Povo

GREGO

que habitava a Grécia, Jl 3.6. **3** Nome que se dava aos judeus que falavam o grego, para distingui-los dos outros que falavam o aramaico, chamado hebreus, At 6.1; 9.29; 11.20 (veja *HELENISTAS*).

GRINALDA (veja *COROA*).

GROU (*no hebraico, Agur*) – trata-se de uma ave migratória de canto estridente, Is 38.14; Jr 8.7. O grou é o tipo de uma família dos pernaltas, seu bico é forte e aguçado e suas patas são grandes; é ave corpulenta, chegando a 2,5 m de envergadura e mais de um metro de altura, que se encontra ao norte da Europa e da Ásia. À chegada do inverno, emigra para o sul, em bandos que assumem a forma de cunha, ou de longas filas.

GUARDA – nos países orientais, em que geralmente os reis são déspotas e cruéis, a sua conduta provoca hostilidade contra a sua pessoa. Segue-se daí a necessidade de manter perto de si, continuamente, uma guarda, ou companhia de soldados para garantia de sua pessoa. Essa organização militar torna-se tanto mais necessária, quanto a segurança da pessoa do rei depende da fidelidade dela. Segue-se que as funções de uma guarda eram sobremodo honrosas e o seu capitão altamente dignificado. Potifar era capitão da guarda de Faraó, Gn 37.36; 41.12. Benaia era um dos guardas valentes de Davi, 2 Sm 23.22, 23; 1 Cr 18.17. Nebuzaradã era também guarda do rei da Babilônia, e igualmente Arioque guardava a pessoa do rei Nabucodonosor, 2 Rs 25.8; Jr 39.9,10; Dn 2.14. O capitão das guardas, às vezes, empregava a sua gente na aplicação das penas capitais. Em Marcos 6.27, a palavra grega é *spekoulator*, "executor", "verdugo", mas que no latim significa "espia", "explorador", "especulador". Esses espias formavam uma divisão em cada uma das legiões romanas. No tempo do império, serviam de guarda a um general e exerciam as funções de mensageiros e de policiais para a captura de criminosos, ou sentenciados à morte.

GUARNIÇÃO – posto militar; corpo de tropas aquartelado em uma fortaleza, no hebraico, *matstsab*, "posto", "guarnição", 1 Sm 14.1,15; 2 Sm 23.14-16; o grego *phrouréo*, "montar guarda", é usado em 2 Co 11.32. É uma palavra diferente das que se empregam nas passagens seguintes do Antigo Testamento, o hebraico *netsib*, "posto", "guarnição", que a Vulgata traduz do mesmo modo, i.é., guarnição, 1 Sm 10.5; 13.3. A palavra significa antes um "pilar", "estátua", em Gn 19.26, e um oficial destacado em 1 Rs 4.19. Que significação tem em 1 Sm 10.5 e 13.3?

Tropa — Christian Computer Art

GUERRA

Nenhuma das boas autoridades recomenda tal tradução, a não ser que a palavra guarnição se preste a dar uma forma agradável às duas passagens e a outras semelhantes. O autor dos dois primeiros livros de Samuel emprega uma palavra diferente para guarnição. Na primeira das citações, caberia melhor a palavra pilar. Se essa for a verdadeira tradução, deve-se entender que os filisteus haviam levantado colunas comemorativas na terra de Israel, em sinal de suas vitórias, ou de seu domínio, como fizeram os hebreus em Mizpá, 1 Sm 7.12, e como costumavam fazer os conquistadores nos países conquistados. Os reis do Egito e da Assíria esculpiram o registro de suas conquistas nas paredes das rochas em *Naar el-Kelb*, perto de Beirute, que nunca se apagaram, nem mesmo depois que os fenícios reconquistaram a sua independência; ainda atualmente se podem ler. O crítico Driver entende que a palavra significa pilar no cap. 13.3, e cita Am 9.1 para provar que Jônatas poderia ter ferido o pilar e não batido a guarnição dos filisteus. Mas como a mesma palavra também significa *oficial* tem bom sentido, não somente em 1 Sm 10.5 e 13.3, como também em 2 Sm 8.6,14; e como evidentemente se emprega uma palavra diferente para guarnição, é melhor acreditar que o autor dos dois livros citados lhe dá o sentido de oficial. Ferir um oficial filisteu, como fez Jônatas, era motivo justo para uma guerra; e assim o pensaram os filisteus. Derrubar um pilar seria um simples ato de violência, a menos que o estivesse guardando um corpo de guerreiros, o que não era costume ocorrer.

GUEL (*no hebraico, "majestade de Deus"*) – nome de um dos espias, filho de Maquir, representante da tribo de Gade, que fez parte dos 12 espias enviados para explorar a terra de Canaã, Nm 13.15.

GUERRA – os israelitas, antes de empreenderem uma ação agressiva, consultavam a vontade de Deus, Jz 20.23,27,28; 1 Sm 14.37; 23.2; 1 Rs 22.6. Tratando-se de resistência a forças inimigas, invocavam o auxílio divino, por meio de orações ou sacrifícios, 1 Sm 7.8,9; 13.12; 2 Cr 20.6-12; 1 Mac 3.47-54. Os pagãos recorriam às adivinhações para o mesmo fim, Ez 21.21. Com freqüência, antes de penetrarem nas terras do inimigo, ou mesmo antes de começar o ataque, destacavam espiões para examinar a posição e as forças do inimigo, Nm 13.17; Js 2.1; Jz 7.10; 1 Sm 26.4. Quando faziam prisioneiros, procuravam obter deles as informações precisas à sua defesa, Jz 8.14; 1 Sm 30.11. Quando se aproximava o momento de combate, o sacerdote, ou mesmo o comandante das tropas animava os soldados, falando-lhes da presença de Deus e do poderoso auxílio. Despediam das fileiras os covardes e os de fraco ânimo, os que haviam construído uma casa nova, que ainda não tinham habitado, os que haviam plantado uma vinha e não comido de seus frutos e os que haviam contratado casamento, Dt 20.2-9; 2 Cr 20.14-20; 1 Mac 3.56; 4.8-11. Vários estratagemas se usavam, como a surpresa de ataque, a emboscada; a fuga simulada e o cerco, Gn 14.15; Js 8.2,5; Jz 7.16; 2 Sm 5.23. Em certas ocasiões, quando os exércitos se enfrentavam para o combate, cada um dos combatentes escolhia um campeão para lutar sozinho e decidir a contenda, 1 Sm cap. 27. De outro modo, os exércitos entravam em combate, ao som das trombetas, Nm 10.9; Js 6.5; Jz 7.20; 2 Cr 13.12; 1 Mac 4.13; 5.33. Os exércitos se aproximavam, soltando altos gritos, Js 6.5; 1 Sm 17.52, Jr 50.42; Ez 21.22; Am 1.14, e entravam em luta sangrenta, corpo a corpo. À semelhança de outros povos daqueles tempos, os israelitas vitoriosos, saqueavam o campo inimigo, despojavam os mortos, Jz 8.24-26; 1 Sm 31.9; 2 Cr 20.25; 1 Mac 4.17-23, e algumas vezes, matavam ou multiplicavam os prisioneiros, Js 8.23,29; 10.22-27; Jz 1.6; 8.21; 2 Sm 8.2, costumeiramente os submetiam ao cativeiro. Quando

GUERRA

sitiavam uma cidade, engrossavam as suas fileiras, Guerras 5.2,3, e quando possível, cortavam os suprimentos de água, que abasteciam a cidade sitiada, Judite 7.7. A fim de aproximarem o mais possível as suas máquinas de guerra, os sitiantes levantavam trincheiras em direção à cidade, 2 Sm 20.15; Ez 4.2. As trincheiras subiam gradualmente até atingirem a metade da altura dos muros, em plano inclinado. Os aríetes tomavam posição em frente às muralhas. Do alto das torres, onde funcionavam os aríetes, e no alto das trincheiras, os arqueiros despediam suas flechas, e os fundibulários manejavam as fundas. Do alto das trincheiras, levantavam escadas para alcançarem as ameias. Outras vezes, lançavam fogo às portas da cidade para facilitar a entrada, Jz 9.52. Em muitos casos, os que defendiam os muros eram atacados por arqueiros postados na base das muralhas. Os sitiados tomavam suas precauções: muniam-se de água, reparavam e aumentavam as fortificações, 2 Cr 32.3-5, atacavam o inimigo por meio de surtidas, repeliam os ataques e detinham o inimigo em suas agressivas operações, atirando-lhe dardos e pedras de cima dos muros; destruíam ou tentavam destruir as máquinas de guerra, atirando sobre elas tochas ardentes, e abrindo caminhos subterrâneos em direção às trincheiras, onde se erguiam os aríetes, 2 Sm 11.21,24; 2 Cr 26.15; 1 Mac 6.31; Guer. 5.2,2,4; 6.4; 11.4. As cidades vencidas eram quase sempre destruídas e os habitantes trucidados sem respeitar sexo nem idade, Js 6.21-24; 8.24-29; 10.22-27; 2 Rs 15.16. Celebravam as vitórias com danças, música e cânticos, Êx 15.1-18; Jz 5; 1 Sm 18.6; 2 Cr 20.26-28; 1 Mac 4.24.

GUÍMEL – nome da terceira letra do alfabeto hebraico. A letra *gama* do alfabeto grego e o nosso "g" têm a mesma origem. Guímel enumera a terceira secção do salmo 119, em algumas versões, porque cada linha do versículo começa pela mesma letra, no original.

GUNI (*no hebraico, "pintado de várias cores"*) 1 Nome de um filho de Naftali e fundador da família dos gunitas, Gn 46.24; Nm 26.48; 1 Cr 7.13. Tornaram-se parte da tribo de Gade e herdaram Gileade. 2 Nome do pai de Abdiel. Foi um líder entre os gaditas, 1 Cr 5.15.

GUR (*no hebraico, "leãozinho", "filhote", ou "residência"*) **–** nome de uma subida ao pé de Jibleão, onde Azarias foi morto por ordem de Jeú, 2 Rs 9.27. A localização exata é desconhecida.

GURBAAL (*no hebraico, "morada de Baal", ou "filhote de Baal"*) **–** nome de um lugar no deserto, em Neguebe, a sudeste de Judá, habitado pelos árabes, que foi atacado por Uzias, 2 Cr 26.7.

HÃ – nome de um lugar entre Asterote-Carnaim e o país dos moabitas, onde Quedorlaomer derrotou os refains e os zuzins, Gn 14.5; *cf.* Dt 2.10. Pela ordem dos nomes, parece provável que Hã localizava-se ao norte de Quiriataim e do Arnom; porém Schwartz, e com ele Tristram, identificam-no com as ruínas denominadas Hamá, Animá ou Hameitá, ao lado oriental da estrada romana, e 4,5 km ao norte de Rabate Moabe.

HAASTARI – nome de um dos filhos de Naara, 1 Cr 4.6; *cf.* 2.24.

HABACUQUE (*no hebraico, habakkuk. O significado é incerto, pode ser, "abraço", ou talvez derive do acádio, habbaququ, "planta", ou "árvore frutífera"*) – profeta de Judá. Infere-se pela leitura da sua oração no cap. 3, e pelo conteúdo do v. 19, que pertencia à tribo de Levi, e que era um dos cantores do templo. **1** O livro de Habacuque é o oitavo dos profetas menores. Contém: a) Queixas sobre os trabalhos e iniqüidades dos ímpios a que Deus não havia prestado atenção, 1.2-4. Deus respondeu dizendo: "eis que suscito os caldeus, nação amarga e impetuosa", v. 5-10, que, por sua vez, também será punida, v. 11. b) Uma segunda queixa: O reino de Deus, na verdade, não perecerá, e os caldeus serão visitados pela justiça divina, v. 12, porém subsiste ainda um problema moral: Deus consente que os caldeus devastem e destruam os que são mais retos do que eles, v. 13-17. Deus responde: Os caldeus são altivos e injustos, mas o justo vive pela fé, Hc 2.1-4. Bem compreendida essa verdade, resolve o problema. A confiança que temos em que Deus castigará a iniqüidade dos ímpios habilita o profeta a pronunciar os cinco ais contra as grandes potências do mundo, pelas cinco formas de suas maldades, v. 5-20. c) Oração de Louvor, 3.1-19, em que, depois de uma invocação e de uma petição para que Deus, na sua ira, se lembre de sua misericórdia, o profeta descreve o aparecimento de Deus

HABACUQUE

em glória e majestade, enchendo de confusão seus inimigos, v. 3-15, e manifesta a sua inteira confiança em Deus, v. 16-19. O livro não tem data, porém, evidentemente, foi escrito no período do domínio caldeu. **2** O templo ainda existia, 2.20, e nele o exercício do coro musical, 3.19. **3** O aparecimento do poder dos caldeus entre as nações ocorre na geração do seu tempo, 1.5,6 e o aniquilamento da nação judia, por aquele povo, já estava iniciado, 1.6,17. O povo caldeu já era conhecido, desde muito, dos hebreus. Chamaram sobre si a atenção do mundo pela revolta contra o poder dos assírios em 625 a.C. prosseguindo, daí em diante, a sua carreira de conquistas, que lhes deu lugar saliente entre os povos antigos, com a tomada de Nínive em 607 a.C., e pelas vitórias alcançadas sobre os egípcios em Carquemis em 605. A maioria dos críticos, por conseqüência, opina que o livro deve ter sido escrito no princípio do reinado de Jeoiaquim, quando ocorreu a batalha de Carquemis. Poderia, contudo, antedatar a queda de Nínive, porque, não somente os caldeus começavam a mover-se em 625; mas também os acontecimentos, anteriores à queda de Nínive em 607, indicam a aproximação da futura grande potência do mundo. A submissão desse povo ao reino de Judá, havia sido vaticinada pelos profetas hebreus, Mq 4.10; Is 11.11; 39.6,7. Os caldeus eram notáveis em todo o mundo pela sua ferocidade, pelo seu caráter aguerrido, pela sua habitual crueldade, pelas devastações que praticavam e pelos processos e métodos de guerra, perfeitamente descritos no cap. 1.4-10. Se a profecia teve lugar antes da vitória de Carquemis, o profeta, no cap. 1.2-4, lamenta o carnaval de iniqüidade de que era testemunha em Israel, ou no mundo em geral.

HABAÍAS (*no hebraico, "Jeová ocultou"*) – pai de certo judeu que voltou do cativeiro com Zorobabel. Foi impedido de servir como sacerdote porque o seu nome não se encontrava nos registros públicos, Ed 2.61; Ne 7.63.

HABAZINIAS (*etimologia incerta, talvez no hebraico signifique, "lâmpada de Jeová"*) – nome de um recabita, avô de Jazanias, que viveu muito antes do profeta Jeremias, Jr 35.3.

HABOR (*no hebraico habôr, etimologia incerta, talvez, "junto a", ou "reunião"*) – nome de um rio da Mesopotâmia, para cujas margens foram conduzidos os prisioneiros cativos das dez tribos de Israel, 2 Rs 17.6; 18.11; 1 Cr 5.26. Dizem ser o atual Khabur que corre para os lados do sul, atravessando a Mesopotâmia, lançando-se no Eufrates, depois de um curso de cerca de 350 km. Alguns tentam identificar Habor como um lugar, mas uma análise mais atenta do texto de 1 Cr 5.26 nos deixa claro que a menção é, de fato, ao rio.

HACALIAS (*no hebraico, "Jeová obscurece", ou "trevas de Jeová"*) – nome do pai de Neemias, Ne 1.1.

HACMONI (*no hebraico, "sábio"*) – nome do fundador da família hacmonita, cujos membros eram denominados filhos de Hacmoni, ou simplesmente hacmonitas, 1 Cr 11.11; 27.32; *cf.* 2 Sm 23.8.

HACUFA (*no hebraico, "curvado"*) – nome do fundador de uma família dos netinins, Ed 2.51; Ne 7.53.

HADADE (*no hebraico, "inclemência", ou "trovão"*) **1** Nome de um dos filhos de Ismael, Gn 25.15; 1 Cr 1.30. **2** Nome de uma divindade, adorada pelos arameus. Esse nome entra na formação de nomes próprios, como Ben-Hadade etc. Os assírios identificavam Hadade com o seu deus Ramom ou, no hebraico, Rimom, deus das tormentas.

3 Nome de uma divindade síria, equivalia ao deus Baal dos amorreus, chamado o deus das tempestades. Parece que também era equivalente ao deus Hadas, um deus assírio babilônio que controlava as tempestades, os ventos, as chuvas, os relâmpagos e o trovão. **4** Nome de um rei de Edom, filho de Bedade, natural da cidade de Avite. Derrotou Midiã no campo de Moabe, Gn 36.35,36; 1 Cr 1.46,47. **5** Nome de um rei de Edom, cuja cidade era Paí, 1 Cr 1.50; Gn 36.39. **6** Nome de um príncipe edomita que fugiu da sua terra, quando Joabe, à frente do exército israelita, se ocupou durante seis meses, na cruel empresa, de exterminar todos os varões de Edom. Hadade era ainda muito jovem e foi conduzido para o Egito, cujo rei o acolheu com benevolência dando-lhe casa, terra e sustento. Caindo-lhe em graça, deu-lhe em casamento a irmã da rainha. Depois da morte de Davi e de Joabe, os dois grandes inimigos da sua raça, voltou para Edom, vindo a ser adversário de Salomão, 1 Rs 11.14-22.

HADADEZER/HADADE-EZER (*no hebraico, "Hadade é auxílio"*) – nome de um dos filhos de Reobe, rei de Zobá na Assíria, 2 Sm 8.3. Quando se encaminhavam para o rio Eufrates, saiu-lhe ao encontro o rei Davi que o derrotou. Os sírios de Damasco, que vieram em seu auxílio, participaram da sua derrota. De Betá e Berotai, cidades de Hadade-Ezer, Davi trouxe muito bronze ou cobre. Toú, rei de Hamate, provavelmente da raça dos heteus, havia estado em guerra com Hadade-Ezer e se congratulou com Davi pelas vitórias que havia alcançado, 2 Sm 8.3-13; 1 Cr 18.3-10. Hadade-Ezer renovou a guerra com Davi aliado com os amonitas, cujos exércitos, sob o comando do general Sobaque, tentaram vencer o inimigo comum. Davi foi vitorioso. Entre os mortos encontrou-se o cadáver do general Sobaque. Os reis dependentes de Hadade-Ezer fizeram paz com Davi. Jamais se ouviu falar de Hadade-Ezer, 2 Sm 10.6-19; 1 Cr 19.16-19.

HADADRIMOM/HADADE-RIMOM (*Hadade e Rimom, nomes de duas divindades assírias*) – nome de uma cidade da planície de Jezreel, perto de Megido, Zc 12.11. Jerônimo diz que no seu tempo tinha o nome de Maximianópolis. Atualmente chama-se Rummaneh, situada cerca de 2 km a noroeste de Taanaque. O nome pode ser uma referência a um estado de lamentação associado à morte do rei Josias, feita na planície de Esdraelom, 2 Rs 23.29; 2 Cr 35.23, sem estar, necessariamente, conectado a um lugar.

HADASA (*no hebraico, "novo"*) – nome de uma aldeia no território de Judá, Js 15.37. Localização desconhecida.

HADASSA (*no hebraico, "murta"*) – nome original, judaico, da rainha Ester, *Hadassah*, Et 2.7. Esse nome assemelha-se, no som, ao de Atossa, mãe de Xerxes (Heród. 7.2), mas não se refere à mesma pessoa.

HADES (veja *INFERNO*).

HADIDE (*no hebraico, "aguçado"*) – nome de uma cidade de Benjamim, mencionada em comum com Lode, i.é., Lida, Ed 2.33; Ne 1 1.34. Talvez seja a mesma Huditi, a que se refere Totmés III (*Lista de Karnak*), identificada com Adida, cidade situada sobre um outeiro de *Shephelah*, dominando a planície, 1 Mac 12.38; 13.13; Antig. 13.6,5.

HADLAI (*no hebraico, "descansando"*) – nome de um homem de Efraim, pai de Amasa, 2 Cr 28.12.

HADORÃO (*no hebraico, "Hadar é exaltado"*) **1** Nome de uma tribo árabe descendente de Joctã, Gn 10.29; 1 Cr 1.21.

HADORÃO

2 Nome de um filho do rei de Hamate, 1 Cr 18.10 (veja *JORÃO*). **3** Nome de um oficial, superintendente dos tributos de Reoboão, que foi apedrejado até a morte pelo povo das dez tribos, 2 Cr 10.18.

HADRAQUE (*no hebraico, hadrak, etimologia incerta*) – nome de um país, mencionado em conexão com Damasco e Hamate, Zc 9.1, e nas inscrições assírias, também com o nome Zobá. Localização não identificada.

HAFARAIM (*no hebraico, "duas covas" ou "dois poços"*) – nome de uma cidade fronteira a Issacar, Js 19.19. Jerônimo a identifica com Afarea, cerca de 9 km ao norte de Legio. Outros estudiosos a identificam com a moderna Khirbet el-Farrihye, localizada cerca de 10 km de Lejum, enquanto que cerca de 11 km a noroeste de Lejum está a aldeia *el-Afuleh*, apontada por outros como o lugar verdadeiro.

HAGABA (*no hebraico, "gafanhoto"*) – nome do fundador de uma família de netinis que retornou do exílio com Zorobabel e servia no templo, distinta da de Hagabe, Ed 2.45; Ne 7.48.

HAGABE (*no hebraico, "gafanhoto", ou, talvez, "torto"*) – nome de um dos fundadores da família dos netinins que voltou do exílio com Zorobabel, Ed 2.46.

HAGAR (*no hebraico, "fuga"*) – nome de uma escrava de Sara, que talvez tivesse comprado no Egito, Gn 16.1; *cf.* 12.10. Depois de Abraão habitar em Canaã 12 anos, sem lhe nascer o filho prometido, Sara que estava com 76 anos de idade, desacreditou de participar da promessa, lançou mão de meios humanos, a fim de dar a Abrão um filho e desse modo alcançar o nome de mãe. De acordo com o costume daquele tempo, ela deu a Abrão sua escrava para por intermédio dela obter um filho. A escrava, sentindo-se mãe, desprezou a sua senhora, e, sendo por ela tratada duramente, fugiu para o deserto. Ali, um anjo do Senhor a encontrou em uma fonte, entre Cades e Barade, e lhe revelou o futuro de seu filho ordenando-lhe que voltasse para sua senhora e se sujeitasse ao seu domínio. Hagar "invocou o nome do Senhor, que lhe falava: Tu és Deus que vê; pois disse ela: Não olhei eu neste lugar para aquele que me vê?", Gn 16.1-16. Tendo voltado para a casa de sua senhora, no devido tempo deu à luz a Ismael. Quando este chegou à idade de 15 anos, brincava ele com Isaque. Sara vendo que o filho de Hagar caçoava de Isaque disse a Abraão para rejeitar a escrava e seu filho, pelo que a escrava foi expulsa de casa levando aos ombros um odre de água; e, conduzindo seu filho Ismael, dirigiu-se para o deserto de Berseba, *cf.* 21.9-21. Andaram pelo deserto até que se lhes acabou a água. O pequeno Ismael estava exausto pela sede. Sua mãe o tomou e foi deitá-lo à sombra de uma árvore, e pôs-se a um lado, à espera de que ele morresse. De novo apareceu-lhe o anjo do Senhor que lhe indicou um poço, e a fez recordar a promessa feita a respeito de seu filho. Mais adiante se diz que Hagar tomou para seu filho uma mulher dentre as egípcias, da terra de seu nascimento, 21.1-21 (veja *ISMAEL*).

HAGARENOS – povo nômade que habitava toda a parte oriental de Gileade, possuidor de grandes riquezas em camelos, ovelhas e bestas. No reinado de Saul, foram vencidos, e em grande parte destruídos pelas tribos de Israel estabelecidas ao oriente do Jordão, 1 Cr 5.10,18-22. Um desses agaritas era intendente dos rebanhos de Davi, 1 Cr 27.31. São eles os *agraoi* dos geógrafos gregos. Não há certeza se esse nome tem relação com a cidade de Hejer ou Hejera, situada no deserto da Arábia perto do golfo Pérsico.

HAGI (*no hebraico, "festivo"*) – nome do neto de Jacó. Foi o segundo filho de Gade e fundador de uma família tribal, Gn 46.16; Nm 26.15.

HAGIAS (*no hebraico, "festival de Jeová"*) – nome de um levita descendente de Merari, 1 Cr 6.30.

HAGITE (*nome derivado do hebraico, hag, "festa". Talvez signifique, "festivo"*) – nome de uma das mulheres de Davi, e mãe de Adonias, 2 Sm 3.4; 1 Rs 1.5.

HAGRI (*no hebraico, "perambulador"*) – nome do pai de Mibar, um dos 30 valentes do rei Davi, 1 Cr 11.38.

HALA – nome de um distrito do império assírio para onde foram transportados os cativos das dez tribos, 2 Rs 17.6; 18.1; 1 Cr 5.26. É quase certo que esse distrito recebeu o nome de Calcitis, situado na Mesopotâmia, perto de Gozã, na bacia do Habor e do Saocoras (Ptolm. 5.18,4). Aqueles que identificam o Habor com o tributário oriental do Tigre, que tem o mesmo nome, opinam que o distrito de Hala é a província de Calaquene (Estrado 1 1.8,4; Ptolm. 6.1) na parte oriental do Tigre, e nas vizinhanças de Adiabene, que fica ao norte de Nínive e nos limites da Armênia.

HALAQUE (*no hebraico, "nu", "desnudo"*) – nome de um monte sem vegetação, ao sul da Palestina, que sobe para a banda de Seir, e que marcou o limite sul das conquistas de Josué, Js 11.17; 12.7. O monte tem sido identificado com o Jebel Halaq, a noroeste do wadi Marra, e a oeste de Acrabim.

HALI (*no hebraico, "colar", ou "jóia"*) – nome de uma cidade fenícia que pertenceu por herança à tribo de Aser, Js 19.25. Guérin assinala a aldeia *Kurbet Alia*, situada 19 km a nordeste do Acre, como sendo o local da antiga Hali.

HALICARNASSUS – nome de uma antiga cidade da Cária, notável por ter sido o berço de Heródoto, e onde Artemísia erigiu um mausoléu, contado entre as sete maravilhas do mundo. Alexandre, o Grande, tomou essa cidade no ano 334 a.C. e quase a destruiu. Continuou a existir, porém sem progressos. Nela permanecia uma colônia de judeus, 1 Mac 15.23; Antig. 14.10,23.

HALOÉS (*no hebraico, "sussurrador", "encantador"*) – nome do pai de certo Salum, Ne 3.12. Com Neemias, ele ou representante de sua família, assinou o pacto de servir a Jeová, 10.24.

HALUL (*no hebraico, "abertura"*) – nome de uma aldeia na parte montanhosa de Judá, Js 15.58. Os árabes conservam o nome Hulul ou Halul. Está cerca de 6 km ao norte de Hebrom. É lugar de peregrinação por ser considerado como berço do profeta Gade.

HAMÃ (*no hebraico, "célebre", "magnificente"*) – o nome é persa, *umana*, "bem disposto"; mas pode ser nome de uma divindade, "Humba", "Hummã" (veja *ESTER*). Nome do filho de Hamedata, Et 3.1. O pai de Hamã tinha nome persa, mas o filho Hamã trazia nome que denunciava a sua filiação com a linhagem de Agague, 3.1; 9.24, que, se não for nome de alguma família desconhecida da localidade, deve ser um dos descendentes da família real dos amalequitas, inimiga e adversária dos judeus. Esse Hamã foi elevado à alta posição oficial pelo rei dos persas, recebendo homenagens de todos os súditos do rei, que estavam à porta do palácio. Mardoqueu deliberadamente negou essas homenagens a Hamã. Ofendido por essa recusa, Hamã planejou o extermínio de Mardoqueu e de toda a raça

HAMÃ

judia, espalhada por todo o império. Graças à influência da formosa rainha Ester, o plano de Hamã fracassou; sua maldade caiu sobre ele e toda sua casa, que morreram de forma trágica, 7.10; 9.7-10 (veja *ESTER*).

HAMATE (*no hebraico, "fortaleza"*) **1** Nome de uma cidade à beira do Orontes, ao norte do Hermom, Js 19.35, e distante cerca de 200 km de Damasco. Em tempos remotos, foi um grande centro dos cananeus, Gn 10.18, cujo rei Toí se congratulou com Davi, pela vitória alcançada sobre os exércitos de Hadade-Ezer, 2 Sm 8.9,10; 1 Cr 18.3,9,10. Salomão tomou essa cidade com os seus distritos e edificou outras cidades fortes, 2 Cr 8.3,4. Logo depois, voltou à posse dos antigos donos. Jeroboão II, rei de Israel, tomou Damasco e Hamate, e antes de morrer a restituiu a Judá, 2 Rs 14.28. Por esse tempo, o profeta Amós a denominou a grande Hamate, Am 6.2. Por algum tempo voltou a ser livre, dependendo de Judá para sua segurança; sendo, porém, conquistada pelos assírios, 2 Rs 18.34; 19.13. Depois da tomada de Samaria pelos assírios, ligou-se com o resto dos habitantes daquela cidade em revolta contra os dominadores, no ano 720 a.C. A revolta foi prontamente sufocada por Sargom. Os assírios colocaram em Samaria colonos trazidos de Hamate, que levaram consigo o deus Asima, 2 Rs 17.24,30, ao passo que alguns dos exilados de Israel foram levados para Hamate, Is 11.11. A história desta passou a fazer parte da história da Assíria, subordinada a Damasco, Jr 49.23. Ezequiel profetizou que a terra restaurada de Israel ainda se estenderia para o norte de Hamate, Ez 47.16,17,20; 48.1, conhecida pelo nome de Epifania enquanto durou o período da supremacia grega, Antig. 1.6,2. Atualmente se chama Hama. **2** Nome do distrito governado por Hamate, Mac 12.25. Uma das suas cidades era Ribla, 2 Rs 23.33. A entrada de Hamate, vizinhanças de Hamate e outras expressões semelhantes, são consideradas como os limites do norte de Israel, Nm 13.21; 34.8; 1 Rs 8.65. Ao povo que habitava a parte sul, esse nome tinha um sentido especial, denotando o longo vale de Coelesiria, entre o Líbano e o Antilíbano, por onde passava a estrada que ia ter a Hamate. Porter julga ser a passagem entre o Líbano e as montanhas Nusairiyel, 90 km ao norte de Beirute, ligando o interior da Síria às costas do Mediterrâneo. **3** Nome de uma cidade fortificada da tribo de Naftali, Js 19.35, talvez uma das cidades que, com Hamote-Dor e Hamom, foi destinada aos levitas, 2 1.32; 1 Cr 6.76, e que pode ser identificada com Emaús, aldeia que possui termas, à pequena distância de Tiberíades (Antig. 18.2,3; Guerras, 4.1,3). Atualmente é conhecida pelo nome de Humman Ibrahim Basha, na costa ocidental do mar da Galiléia, cerca de 2 km ao sul de Tiberíades. As águas são sulfurosas e medicinais. **4** Nome do fundador da casa de Recabe, família dos quineus, 1 Cr 2.55.

HAMATEU – povo que vivia no extremo norte da Palestina, que também envolve os habitantes de Hamate, Gn 10.18; 1 Cr 1.16.

HAMATE-ZOBA – nome dos reinos vizinhos de Hamate e Zoba, ou de algum lugar, chamado Hamate, pertencente ao reino da Síria com o nome de Zoba. O lugar foi conquistado por Salomão, 2 Cr 8.3.

HAMEDATA (*no hebraico, "dado por Hom"*) **–** nome do pai de Hamã, o agagita, um alto funcionário do rei da Pérsia, Et 3.1,10; 8.5; 9.10,24. Agague foi um título real entre os amalequitas, é provável que a citação de Hamã como "agagita", seja para demonstrar sua origem nobre.

HAMELEQUE (*no hebraico, "o rei"*) **–** nome do pai Jerameel, Jr 36.26. O nome

HANANI

de Jerameel dá a entender que descendia de sangue real.

HAMOLEQUETE (*no hebraico, "a rainha"*) – nome da irmã de Gileade de quem descenderam diversas famílias tribais de Manassés, 1 Cr 7.18. Os Targuns dizem "que reinou", descartando a idéia de ser "Hamolequete" um nome próprio, e significando que o irmão de Gileade, cujo nome passa a ser desconhecido, reinou.

HAMOM (*no hebraico, "no hebraico, "quente"*) **1** Nome de uma aldeia da tribo de Aser, Js 19.28, situada 15,5 km distante da costa do Mediterrâneo. **2** Nome de uma cidade levita da tribo de Naftali, dada aos gersonitas, 1 Cr 6.70; tem sido identificada com a Hamate de Js 19.35, e também associada a Hamate-Dor, de Js 21.32.

HAMOM-GOGUE (*no hebraico, "multidão de Gogue"*) – nome dado a certo vale onde as hostes, que estavam com Gogue, encontram a morte e o sepulcro, Ez 39.11,12. Localização desconhecida.

HAMONÁ (*no hebraico, "multidão"*) – nome simbólico da cidade onde Gogue seria derrotado, Ez 39.16.

HAMOR (*no hebraico, "asno"*) – nome de um príncipe de Siquém, Gn 34.18; Js 24.32; Jz 9.28, heveu, ramo dos amorreus e príncipe daquela tribo, pelo menos na Palestina Central, Gn 34.2; 48.22. Seu filho Siquém estuprou a virgem Diná, cuja ofensa seus irmãos, Simão e Levi, vingaram, matando o ofensor e seu pai, 34.1-31.

HAMUEL (*no hebraico, "calor de Deus"*) – nome de um homem da tribo de Simeão, filho de Misma, da família de Saul, 1 Cr 4.26.

HAMUL (*no hebraico, "lastimável", "débil"*) – nome do filho mais novo de Perez,

fundador de uma família tribal de Judá, Gn 46.12; Nm 26.21; 1 Cr 2.5.

HAMUTAL (*no hebraico, "parente do orvalho", ou "refrescante como o orvalho"*) – nome da filha de Jeremias, de Libna, mulher de Josias e mãe do rei Jeoacaz e de Sedecias, 2 Rs 23.31; 24.18, Jr 52.1.

HANÃ (*no hebraico, "gracioso", "misericordioso"*) **1** Nome de um homem que estava entre os 30 valentes do rei Davi, 1 Cr 1 1.43. **2** Nome de um chefe benjamita, filho de Sisaque, 1 Cr 8.23. **3** Nome de um dos filhos de Azel, e descendente do rei Saul, 1 Cr 8.38; 9.44. **4** Nome de um profeta, filho de Jigdalias, cujos filhos tinham um quarto no templo, Jr 35.4. **5** Nome do fundador de uma família dos netinins, alguns membros dessa família voltaram da Babilônia com Zorobabel, Ed 2.46; Ne 7.49. **6** Nome de um homem, talvez levita, que Esdras empregou com outros, para ensinar a lei ao povo, Ne 8.7. Parece que também foi um dos signatários do pacto, 10.10. **7** Nome de um chefe do povo que também assinou o pacto, Ne 10.22. **8** Nome de outro chefe que também assinou o pacto com Neemias, Ne 10.26. **9** Nome de um dos filhos de Zacur, nomeado intendente dos celeiros, por Neemias, Ne 13.13.

HANAMEEL (*no hebraico, "Deus se apiedou"*) – nome de um dos filhos de Salum, e primo do profeta Jeremias, Jr 32.7-15.

HANANEEL (*no hebraico, "Deus é misericordioso"*) – nome de uma torre construída sobre a muralha de Jerusalém. Tem o nome do homem que a edificou, Jr 31.38; Zc 14.10, Ne 3.1; 12.39 (veja *JERUSALÉM*).

HANANI (*no hebraico, "gracioso"*) **1** Nome de um filho de Hemã e chefe da 18ª. sorte de músicos, das 24 nomeadas por Davi para o santuário, 1 Cr 25.4,25. **2** Nome do pai do profeta Jeú, 1 Rs 16.1,

HANANI

que também foi vidente; repreendeu o rei Asa que mandou colocá-lo no cárcere, 2 Cr 16.7. **3** Nome de um irmão de Neemias, portador de notícias a respeito de Jerusalém, Ne 1.2. Ele e o governador do castelo foram mais tarde guardas da cidade, 7.2. **4** Nome de um sacerdote, filho de Imer, que Esdras induziu a separar-se de sua mulher estrangeira, Ed 10.20. **5** Nome de um levita que tocou instrumento músico, por ocasião de serem dedicados os muros de Jerusalém por Neemias, Ne 12.36.

HANANIAS (*no hebraico, "Jeová tem sido gracioso"*) **1** Nome de um benjamita, filho de Sasaque, 1 Cr 8.24. **2** Nome de um filho de Hemã e chefe da 16ª. classe dos músicos, das 24 nomeadas por Davi, para o serviço do santuário, 1 Cr 25.4,23. **3** Nome de um dos capitães do rei Uzias, 2 Cr 26.11. **4** Nome do pai de Zedequias, contemporâneo de Jeremias, Jr 36.12. **5** Nome de um filho de Azur de Gibeão. No quarto ano do reinado de Zedequias, profetizou a volta dos cativos, depois de dois anos de cativeiro. Jeremias havia feito diversas revelações. Em conseqüência disto, o falso profeta foi condenado à morte e justiçado dois meses depois, Jr 28.1-17. **6** Nome do avô, ou parente mais remoto de Jerias; prendeu e colocou no cárcere o profeta Jeremias, sob acusação de querer desertar para os caldeus, Jr 37.13-15. **7** Nome de um dos cativos hebreus, a quem os caldeus deram o nome de Sadraque, Dn 1.6,7; 1 Mac 2.59. **8** Nome de um dos filhos de Zorobabel e pai de Pedaías e Jesaías, 1 Cr 3.19,21, talvez um dos antecessores de Cristo, denominado por transposição de sílabas, Joanã, Lc 3.27. **9** Nome de um dos filhos de Bebai, induzido por Esdras, a separar-se de sua mulher estrangeira, Ed 10.28. **10** Nome de um perfumista que auxiliou a reconstrução do muro de Jerusalém sob a liderança de Neemias, Ne 3.8. **11** Nome de um sacerdote que tocou

a trombeta por ocasião da dedicação do muro, Ne 12.41. **12** Nome de um chefe do povo que assinou o pacto com Neemias, Ne 10.23. **13** Nome do governador do castelo e companheiro de Hanani, irmão de Neemias, no governo da cidade de Jerusalém, Ne 7.2. **14** Nome de um sacerdote chefe da casa de Jeremias no tempo do sumo sacerdote Joiaquim, Ne 12.12.

HANATOM (*no hebraico, "olhando com favor", "favorecida"*) – nome de uma cidade na fronteira do lado norte de Zebulom, Js 19.14. O lugar é mencionado nos anais de Tiglate-Pileser III, data de 747-727 a.C., e nos tabletes de Tell el-Amarna, século 14 a.C. Sua localização é desconhecida.

HANES (*hieroglífico, Su-Chenen ou Chenensun; no cóptico, Hnes*) – nome de uma cidade do Egito, Is 30.4, situada cerca de 80 km ao sul de Mênfis e ainda existente com o nome de Anas. No período greco-romano, era conhecida pelo nome de Heracleópolis Magna. Alguns a identificam com Heracleópolis Parva, no lado oriental do delta do Nilo. E ainda outros preferem acreditar tratar-se de outro nome que tinha Tapanes (Tafnes), cidade fortificada na fronteira oriental do Egito.

HANIEL (*no hebraico, "graça de Deus"*) **1** Nome de um príncipe de Manassés, nomeado em comissão para fazer a partilha da terra de Canaã, Nm 34.23. **2** Nome de um aserita, filho de Ula, 1 Cr 7.39.

HANUM (*etimologia incerta, talvez "favorecido"*) **1** Nome de um rei dos amonitas, filho e sucessor de Naás, amigo de Davi. O rei hebreu enviou emissários para apresentar-lhes condolências pela morte de seu pai e ao mesmo tempo felicitá-lo pelo seu acesso ao trono. Maus conselheiros convenceram o rei de que o fim principal dos mensageiros de Davi era estudar os pontos

HARADE/ARADE

fracos do país, a fim de facilitar a sua conquista. Hanum, convencido disso, mandou rapar metade da barba e cortar a metade de seus vestidos até o alto das coxas e os despediu. Certo de que esse ultraje seria vingado, preparou-se para a guerra com o auxílio de aliados da Síria: porém foi derrotado, 2 Sm, caps. 10.1 até o 11.1; 1 Cr 19.1 até o cap. 20.3. **2** Nome de certo homem que reparou a Porta do Vale, nas muralhas de Jerusalém, no tempo de Neemias, Ne 3.13. **3** Nome de um homem que reparou parte dos muros de Jerusalém. Era filho de Zalafe, Ne 3.30. Alguns pensam tratar-se do mesmo Hanum de Ne 3.13.

HAPIZEZ (*no hebraico, "dispersão"*) – nome de um descendente de Arão, cuja família fez parte da 18ª. divisão de sacerdotes, das 24 classes que Davi nomeou para o serviço do santuário, 1 Cr 24.15.

HAQUILÁ (*no hebraico, "escuro", ou "trevas"*) – nome de um outeiro do deserto de Zife, 1 Sm 26.1-3, a sudeste de Hebrom e ao sul do deserto e pouco distante de Maom, 23.19,24-26. Davi escondeu-se nesse lugar quando fugia de Saul, e no mesmo lugar acampou Saul, quando andava perseguindo Davi.

HARA (*no hebraico, "região montanhosa", no caldaico, "montanha"*) – nome de um lugar da Assíria, para onde foram levados os cativeiros das dez tribos, 1 Cr 5.26. Localização desconhecida. Alguns pensam que seja a designação da Média montanhosa, ou "montanhas da Média". O nome é omitido na LXX.

HARÃ (*no hebraico, "ressecado"*) **1** Nome do filho de Terá e irmão de Abraão; morreu em Ur dos caldeus, lugar de seu nascimento. Deixou um filho, Ló e duas filhas, Milca e Iscá, Gn 1 1.27-31. **2** Nome de um levita, filho de Simei, 1 Cr 23.9. **3** Nome de um filho de Calebe e de sua concubina, Efá, da família de Hezrom, 1 Cr 2.46. **4** Nome de uma cidade da Mesopotâmia 444 km a oeste de Nínive e 518,5 km a nordeste de Damasco; foi grande centro comercial, e semelhante a Ur dos caldeus, adorava o deus-lua como seu patrono. Terá e Abraão residiram temporariamente ali onde Terá morreu, Gn 1.31,32; 12.4,5. A família de Naor estabeleceu-se em Harã, onde por algum tempo também residiu Jacó, 24.24; 28.10; 29.5. Os assírios se avizinharam dela pelo ano 1100 a.C. e ali exerceram domínio por muito tempo. O livro 2 Reis 19.12, registra a tomada dessa cidade pelos assírios. Os gregos a denominaram *Karrhai* e os romanos *Carrai*. No ano 53 a.C., o triúnviro Crassus, colega de Pompeu e Júlio César temerariamente avançou até lá, sendo derrotado por Surena, general dos partas e assassinado barbaramente. Atualmente é pequena aldeia árabe, conservando ainda o antigo nome, sob a forma Harrã, situada na alta Mesopotâmia, nas margens do rio Belique, tributário do Eufrates 444,5 km a oeste de Nínive e 152 km a este do golfo de Scanderun.

HARADA (*no hebraico, "terror"*) – acampamento dos israelitas no deserto depois de haverem retrocedido de Ritma, Nm 33.24. Palmer e Drake identificaram esse acampamento com a atual Jebel Arade, na península do Sinai, cerca de 74 km a sudoeste de Elate. A essa identificação opõe-se a etimologia da palavra e a situação indicada.

HARADE/ARADE (*no hebraico, "asno montês"*) **1** Nome de uma cidade no limite sul do país e do deserto de Judá, Nm 21.1; Js 12.14; Jz 1.16. O lugar dessa antiga cidade, é determinado pelo nome de *Tel-Arade*, sobre uma eminência cerca de 30 km, ao sul de Hebrom. O rei de Arade pelejou contra os israelitas, quando eles estavam no

HARADE/ARADE

monte Hor, aprisionando alguns deles. Os israelitas, porém, animados por uma nova confiança em Deus, devastaram o território do rei, que foi vencido por Josué. **2** Nome de um benjamita descendente de Baria, 1 Cr 8.15.

HARAÍAS (*no hebraico, "Jeová protege"*) – nome do pai de Uziel, ourives, Ne 3.8.

HARARITA (*nome derivado do hebraico Har, "montanha". Pode significar, "morador da montanha", "montanhês", "serrano"*) – nome do lugar onde residiam Samá, o filho de Agé, 2 Sm 23.11; e Aião, o filho de Sarar, 2 Sm 23.33; 1 Cr 11.33-35.

HARÁS (*no hebraico, "pobreza"*) – nome de um antecessor de Salum, marido da profetisa Hulda, 2 Rs 22.14. Em 2 Cr 34.22, os dois nomes são Hasra e Olda em Figueiredo.

HARBONA (*nome persa que significa condutor de animais de tiro. No hebraico significa "guia de asnos", ou "o que guia um asno"*) – nome de um dos camaristas do rei Assuero. Foi ele quem deu a sugestão para que o inimigo dos judeus, Hamã, fosse enforcado na forca que preparara para Mardoqueu, Et 1.10; 7.9.

HAREFE (*no hebraico, "arrebatar"*) – nome de um dos filhos de Calebe e pai dos habitantes de Bete-Gader, 1 Cr 2.51.

HARGOL – tradução do vocábulo hebraico *Hargol*, inseto pertencente ao gênero dos gafanhotos e das locustas, Lv 11.22. Os principais desses insetos pertencem a três famílias dos *Orthoptera*, e vêm a ser: o gafanhoto, a locusta e o grilo. O hargol pertence a uma das três famílias, mas não se sabe a qual delas. Os grilos têm as antenas longas como os gafanhotos, diferindo apenas o lugar das asas. Entre as poucas espécies conhecidas pode-se mencionar o grilo caseiro (*Gryllus domesticus*), e o grilo campestre (*Gryllus campestris*).

HARIM (*no hebraico, "consagrado"*) **1** Nome de um dos descendentes de Arão, cuja família era uma das principais no tempo de Davi e formava o terceiro curso, quando Davi distribuiu os sacerdotes em classes, 1 Cr 24.1,6,8. É provável que alguns membros dessa família fizessem parte dos cativos que regressaram da Babilônia, Ed 2.39; Ne 7.42. Um dos chefes, das famílias dos sacerdotes da geração seguinte, tinha o mesmo nome, Ne 12.15. Posteriormente, depois do exílio, alguns dos membros dessa família casaram com mulheres estrangeiras, Ed 10.21. Um sacerdote que tem o mesmo nome, provável chefe de uma família, assinou o pacto de observar a lei de Deus e impedir os consórcios com as mulheres pagãs, Ne 10.5. **2** Nome do fundador de uma família, da qual alguns membros voltaram da Babilônia com Zorobabel, Ed 2.32; 10.31; Ne 3.11; 7.35.

HARNEFER (*no hebraico, "palpitação"*) – nome de um dos filhos de Zofa, da tribo de Aser, 1 Cr 7.36.

HARODE (*no hebraico, "terror", ou "tremor"*) **1** Nome de uma fonte a que Gideão chegou quando os midianitas acamparam no vale de um outeiro eminente, Jz 7.1. **2** Nome do lugar de origem de dois homens que estavam entre os 30 valentes de Davi, eram eles, Samá e Elica, 2 Sm 23.25.

HARODITA – habitante da cidade de Harodi, 2 Sm 23.25.

HAROSETE (*no hebraico, "escultor"*) – nome de uma cidade denominada Harosete dos gentios, onde morou Sísera, Jz 4.2,13,16. É provável que tenha sido uma cidade Cananéia pelo fato de ser designada como uma cidade "dos gentios". Apesar de muitas suposições existirem quanto à sua localização, continua sendo desconhecida. Atualmente, harosete, é um prato servido na refeição da Páscoa, composto de maças, amêndoas e figos cozidos no vinho.

HARPA (*tradução da palavra hebraica Kinnor, que emite um som trêmulo; e versão da palavra grega do Novo Testamento Kithara, "lira", "alaúde"*) – era um instrumento musical da mesma categoria da harpa, suficientemente pequeno para se poder carregar, Is 23.16. O formato original era bem diferente da nossa harpa, pois tinha forma triangular e parecia um violão ou guitarra. Aliás, guitarra deriva do vocábulo grego *Kithara*. Tocava-se com os dedos, 1 Sm 16.23, ou com o plectro, Antig. 7.12,3. O antediluviano Jubal, da raça de Caim, tocava cítara, Gn 4.21. Labão também se dava aos encantos desse instrumento, 31.27. Ao som da harpa, Davi acalmava os acessos de loucura do rei Saul, 1 Sm 16.16. Os profetas e outros servos de Jeová empregavam a harpa para auxiliar o canto no culto divino, 1 Sm 10.5; Sl 43.4; 49.4. A harpa entrava como instrumento orquestral nas solenidades do templo, 1 Cr 25.1,3; servia para as festividades domésticas, Jó 21.12, até as meretrizes a levavam consigo, Is 23.15,16; os cativos da Babilônia as penduravam nos salgueiros, Sl 137.2. Havia duas espécies de harpas no Egito: uma da altura de um homem e outra menor facilmente transportável. Os hebreus conheciam esse instrumento, mas não é bem certo se a palavra *Kinnor* serve para o representar. A LXX julgou ser a lira ou alaúde, e por isso traduziram a palavra hebraica por *Kithara*.

HARPISTA/TANGEDOR – **1** Tradução da palavra hebraica *Menaggen*, empregada em 2 Rs 3.15, que significa tocador de um instrumento de corda como a harpa ou a lira. Os hebreus usavam a música para acalmar as crises nervosas. Quando Saul se sentia perturbado pela influência de um espírito maligno, a harpa de Davi acalmava seu furor, 1 Sm 16.14-23. A música serviu também para os exercícios religiosos dos profetas, 1 Sm 10.4-10. Eliseu chamou um harpista para tocar diante dele enquanto esperava que Deus lhe falasse, 2 Rs 3.15. A música acalmava o espírito do profeta,

Harpa Suméria — Christian Computer Art

Harpista — Christian Computer Art

HARPISTA/TANGEDOR

auxiliava-o a concentrar-se e alegrava seu espírito. "A profecia", diz Maimônides, "não habita onde há melancolia, nem onde existe apatia, e sim onde reina a alegria".

HARSA (*no hebraico, "encantador"*) – nome do fundador de uma família dos netinins, alguns dos quais voltaram do cativeiro da Babilônia com Zorobabel, Ed 2.52; Ne 7.54.

HARUFITA – designação de Sefatias, benjamita que se ajuntou a Davi em Ziclague, 1 Cr 12.5. O nome tradicional hebraico é harifita, membro da família de Harife, *cf.* Ne 7.24-32, em que Harife é contado entre os benjamitas.

HARUM (*no hebraico, "exaltado"*) – nome de um homem de Judá, pai de Aarel, 1 Cr 4.8.

HARUMAFE (*no hebraico, "chato do nariz", ou "nariz rachado"*) – nome do pai de certo Jedaías. Quando os israelitas voltaram do exílio babilônico, ele foi um dos que trabalharam na reparação do muro, Ne 3.10.

HARUR (*no hebraico, "inflamação", "febre"*) – nome do fundador de uma família dos netinins alguns dos quais voltaram da Babilônia com Zorobabel, Ed 2.51; Ne 7.53.

HARUZ (*no hebraico, "industrioso"*) – nome do pai da esposa do rei Manassés, e, por conseguinte, avô de Amom, rei de Judá, 2 Rs 21.19.

HASABIAS (*no hebraico, "Jeová o estimou"*) 1 Nome de um levita descendente de Merari por via de Amazias e antecessor de Jedutum, 1 Cr 6.45. Talvez seja um dos descendentes de Buni, mencionado como antecessor de Semaías, 9.14; Ne 11,15. 2 Nome de um levita da família de Merari,

filho de Jedutum e chefe da 12ª. companhia dos músicos designados por Davi para o serviço do santuário, 1 Cr 25.3,19. 3 Nome de um levita da família de Hebrom, governador do oeste do Jordão, 1 Cr 26.30; *cf.* 23.12. 4 Nome de um levita, filho de Quemuel, príncipe da tribo de Levi, no reinado de Davi, 1 Cr 27.17. 5 Nome de um dos chefes dos levitas, no reinado de Josias, 2 Cr 35.9. 6 Nome de um levita da família de Merari que se ajuntou a Esdras no rio Aava parecendo que era um dos 12 a quem foi confiado o tesouro que devia ser conduzido para Jerusalém, Ed 8.19,24; 1 Ed 18.54. Também parece que foi um dos que assinaram o pacto, no tempo de Esdras, Ne 10.11, um dos chefes dos levitas e um dos músicos do templo, Ne 12.24. 7 Nome de um capitão do bairro de Queila, no tempo de Neemias, que reparou uma parte do muro de Jerusalém, Ne 3.17. 8 Nome de um levita, descendente de Asafe, Ne 11.22. 9 Nome de um sacerdote chefe da família de Hilquias no tempo de Jeoiaquim, sumo sacerdote, Ne 12.21. Esse nome aparece como Malquias em Ed 10.25, mas a LXX diz "Asabia", como em 1 Ed 9.26.

HASABNÁ – nome de um dos que, com Neemias, assinaram o pacto de servir Jeová, Ne 10.25. Talvez uma forma variante de Hasabias.

HASABNÉIAS (*no hebraico, "pensamento de Jeová", ou "Jeová considera"*) 1 Nome do pai de certo Hatus, que trabalhou na reparação dos muros de Jerusalém, após o cativeiro babilônico, Ne 3.10. 2 Nome de um dos levitas que, por suas exortações, prepararam o espírito dos exilados a assinar o pacto de obediência a Jeová, Ne 9.5.

HASADIAS (*no hebraico, "Jeová mostrou-se benigno", ou "Jeová ama"*) – nome de um descendente da linha real de Judá, e um dos filhos de Zorobabel, 1 Cr 3.20.

HASBADANA (*no hebraico, "inteligência para julgar"*) – nome de um dos que se achavam ao lado de Esdras, quando falava aos exilados da Babilônia, Ne 8.4.

HASÉM (*no hebraico, "admirado"*) – nome de um gizonita, mencionado entre os homens valentes do rei Davi, 1 Cr 11.34.

HASIDEANOS (*do grego Asidaioi e do hebraico Hasidim, o piedoso*) – nome de um partido formado de judeus que guardavam com rigor a antiga fé, 1 Mac 2.42. Os hasideanos se uniram a Matatias e mais tarde cooperaram com Judas Macabeu na maior parte de seus planos, 2.42; 2 Mac 14.6. Contrário à opinião de Judas, eles se reconciliaram com os sírios, 1 Mac 7.13.

HASMONA (*no hebraico, "lugar fértil"*) – nome do lugar de acampamento dos israelitas no deserto, quando peregrinavam, após a saída do Egito, Nm 33.29,30. O lugar é chamado de Moserá em Dt 10.6.

HASSENUA (*sem o artigo, SENUA, que no hebraico significa, "espinhoso"*) **1** Nome de um benjamita, pai de Hodavias, 1 Cr 9.7. **2** Nome do pai de certo Judá, Ne 1 1.9.

HASSUBE (*no hebraico, "pensativo", "atencioso"*) **1** Nome do filho de Paate-Moabe, que reparou uma parte do muro de Jerusalém, Ne 3.11. **2** Nome de um judeu que reparou parte do muro de Jerusalém, defronte de sua casa, Ne 3.23. Ele, ou, o mencionado anteriormente, assinou o pacto de obediência às leis de Jeová, 10.23. **3** Nome de um levita da família de Merari, pai de Semaías, 1 Cr 9.14; Ne 1 1.15.

HASUBÁ (*no hebraico, "estimado"*) – nome de um dos filhos de Zorobabel, 1 Cr 3.20.

HASUFA (*no hebraico, "nu", "despido"*) – nome do fundador de uma família de ne-

tinins, da qual alguns membros voltaram do cativeiro com Zorobabel, Ed 2.43; Ne 7.46.

HASUM (*no hebraico, "rico", "distinto", "opulento"*) – nome do fundador de uma família, cujos descendentes retornaram, em número de 223, do cativeiro a Jerusalém com Zorobabel, Ed 2.19; 10.33; e Ne 7.22. Um representante dessa família ou pessoa de nome igual, estava ao lado de Esdras, quando falava ao povo, Ne 8.4, e quando assinaram o pacto de obediência ao Senhor, 10.18.

HATAQUE (*algumas versões dizem "Hatá", no hebraico, "verdade"*) – nome de um eunuco do rei Assuero, designado para o serviço da rainha Ester, Et 4.5,10.

HATATE (*no hebraico, "terror"*) – nome de um homem da tribo de Judá. Era um dos filhos de Otniel, e neto de Quenaz, 1 Cr 4.13.

HATIFA (*no hebraico, "cativo"*) – nome de um fundador da família dos netinins, alguns desse clã retornaram do cativeiro babilônico com Zorobabel, Ed 2.54; Ne 7.56.

HATIL (*no hebraico, "vacilante"*) – nome de um dos servos de Salomão, que fundou uma família, da qual alguns membros voltaram da Babilônia com Zorobabel, Ed 2.57; Ne 7.59.

HATITA (*no hebraico, "gravador"*) – nome do filho de um dos porteiros que fundaram uma família, da qual, alguns membros voltaram da Babilônia com Zorobabel, Ed 2.42; Ne 7.45.

HATUS (*no hebraico, "congregado"*) **1** Nome de um homem de Judá, filho de Semaías, da família de Secanias, 1 Cr 3.22. **2** Nome de um chefe dos sacerdotes, que voltou da Babilônia com Zorobabel, Ne

HATUS

12.2,7. **3** Nome de um chefe da família de Davi que voltou com Esdras para Jerusalém, Ed 8.2. Talvez seja o primeiro mencionado. **4** Nome de um dos filhos de Hasabnéias, que reparou parte do muro de Jerusalém, Ne 3.10. **5** Nome de um sacerdote, que com Neemias, assinou o pacto de obediência a Jeová, Ne 10.4.

HAURÃ (*no hebraico, "terra cavernosa"*) – nome de uma região ao sul de Damasco nos limites de Gileade, Ez 47.16,18. No período greco-romano, esse nome designava um distrito menor, conhecido então, pelo nome de Auranitis, sendo uma das quatro províncias, com a Traconitis ao norte, e a Gaulonitis e Batânea, a noroeste, Antig. 17.11,4; 18.4,6; Guerras, 1.20,4; 2.6.3,17,4; 3.3.5. Consistia da planície entre Gaulonitis e a atual Jebel Haurã, talvez inclusive esta. Pelo ano 23 a.C., a Auranitis com a Traconitis e Batânea, foram conferidas a Herodes, o Grande, pelo imperador Augusto. Dividido que foi o reino de Herodes, esses distritos passaram a fazer parte da tetrarquia de Filipe, Lc 3.1; Antig. 17.11,4. A superfície é plana com algumas saliências de origem vulcânica. O solo é tão fértil, que se tornou o celeiro de toda a região ao redor. Existem dentro de seus limites muitas cidades e aldeias, a maior parte deserta, entre elas, as gigantes cidades de Basã, edificadas de basalto e com portas do mesmo material.

HAVILÁ (*no hebraico, "arenoso"*) **1** Nome de um bisneto de Noé, filho de Cuxe, Gn 10.7; 1 Cr 1.9,23. **2** Nome de descendente de Sem, filho de Joctã, Gn 10.29. Certamente, esse nome veio a indicar mais tarde um território de origem de sua habitação. **3** Nome de um distrito da Arábia, povoado em parte por cusitas e em parte por jatanitas, povo de raça semítica, Gn 10.7,29; 1 Cr 1.9,23. A associação desse nome com Azarmote e outros lugares dá a entender que esse distrito ficava no centro da Arábia. A

Havilá pertencia o rio Pisom; a região era rica em ouro, resinas aromáticas e pedras preciosas, Gn 2.11,12. Essas produções evidentemente indicam o distrito montanhoso ao norte do Iemema, e é nas suas vizinhanças que se deve procurar Havilá. Ignora-se até onde se estendem os limites de Havilá. Pelo registro do relacionamento de Saul com os amalequitas, pode inferir-se que o deserto da Arábia, por algumas centenas de quilômetros ao norte das montanhas, tinha o nome de Havilá, 1 Sm 15.7; *cf.* Gn 25.18. As emigrações dos povos dessa região levaram consigo o nome para localidades longínquas como, talvez, a costa da África, perto do estreito de Bab-el-Mandebe, onde existe um golfo com o nome de Analites e um povo chamado Abalitai.

HAVOTE-JAIR (*no hebraico, "aldeias de Jair, ou "cabanas de Jair"*) – cidades abertas, situadas na parte noroeste de Basã, no país Argobe, no lugar em que se aproxima do país dos gessuritas e maacatitas, e onde os limites, entre a terra acidentada de Gileade e a terra arenosa de Basã, insensivelmente se fundem, Dt 3.4,14. Foram conquistadas por Jair, da tribo de Manassés. O número dessas cidades estava sujeito a flutuações, por se acharem em uma terra disputada e por outros motivos, 1 Cr 2.23. Não se deve confundir com as 60 cidades muradas no centro de Basã, nem com Argobe, Dt 3.4,5; 1 Rs 4.13. Uma vez que os limites entre Gileade e Basã não foram claramente determinados, pela própria natureza, nem por meios convencionais, os lugares mencionados nessa região referem-se a Gileade ou a Basã, conforme o ponto de vista do historiador. A conquista de Basã pelos israelitas compreendia as cidades abertas de Argobe, situadas nesses limites incertos. A narração da tomada dessas cidades por Jair inclui também a conquista do reino de Ogue iniciada em Edrei, ponto de partida, com a cidade de Havote-Jair, no reino de Basã, Dt 3.14; Js 13.30. Quando, pois, o oriente do país, está diante das vistas do observador no vale do Jordão, ou em Canaã, a oeste do rio, naturalmente se refere, em primeiro lugar, a Gileade, e algumas vezes mesmo emprega essa designação em sentido mais lato, referindo-se a todo o território do oriente do rio, e pode falar de uma conquista de Gileade, cujos limites não eram bem assinalados. Assim sendo, o historiador pode referir-se a cidades situadas nos limites indeterminados de Gileade e Basã, como existentes em Gileade, 1 Cr 2.21-23; Nm 32.40; 1 Rs 4.13. As Havote-Jair espalhavam-se por esse território ilimitado de Argobe; e, portanto, de conformidade com o ponto de vista do observador, ele cita Gileade ou Basã. Algumas dessas povoações, evidentemente, estavam na parte cultivada do país, e outras na região acidentada.

HAZAEL (*no hebraico, El vê, ou seja, "Deus vê"*) – nome de um cortesão da Síria, a quem Elias foi enviado por Jeová, para ungi-lo rei da Síria, 1 Rs 19.15-17. Alguns anos depois, entre 845 e 843 a.C. Ben-Hadade II, que então ali reinava, cuja capital era Damasco, sabendo que o profeta Eliseu estava na cidade, mandou Hazael consultá-lo para saber se sararia da enfermidade que o atormentava. Eliseu lhe respondeu que o seu senhor não se restabeleceria e que ele, Hazael iria ser rei da Síria e que havia de exercer grandes crueldades sobre o povo de Israel. "Quem sou eu, teu servo, senão um cão para fazer tão grandes cousas?", disse Hazael. Voltando para seu amo, informou-o falsamente de que o profeta garantira a sua cura. No dia seguinte, assassinou o rei e tomou posse do reino, 2 Rs 8.7-15. Em 842, Salmaneser, rei da Assíria, guerreou contra Hazael e lhe impôs tributos. No ano 839, Salmaneser entrou outra vez em guerra com Hazael. Pelo fim do reinado de

Jeú sobre Israel, 820 a.C., Hazael bateu a terra dos hebreus, pelo lado do oriente do Jordão, 10.32, e durante os reinados posteriores, atravessou o rio, oprimiu fortemente os israelitas, 13.4-7, invadiu o país dos filisteus, tomou Gate, e poupou a cidade de Jerusalém em troca dos ricos presentes que Joás lhe fez dos tesouros do templo, 12.17,18. Veio a morrer logo depois. Damasco é chamada casa de Hazael pelo profeta, Am 1.4.

HAZAÍAS (*no hebraico, "Jeová tem visto", ou "Jeová vê"*) – nome de um homem de Judá da família de Selá, Ne 11.5.

HAZAR-ADAR (*no hebraico, "aldeia de Adar"*) – nome de um lugar na divisa sul de Judá, entre Cades-Barnéia e Amom, Nm 34.4. Alguns a identificam com Hezrom e outros com Adar, ambas mencionadas em Js 15.14. A moderna Khirbet el-Qudeirat, provavelmente corresponda ao antigo local.

HAZAR-ENÃ (*no hebraico, "aldeia das fontes"*) – nome de uma aldeia situada ao norte da Palestina e perto de Damasco, Nm 34.9; Ez 47.17; 48.1. Alguns estudiosos a identificam com a moderna Hard, ao pé do Hermom. Outros preferem identificá-la com a Kiryatein, no caminho de Palmira, nordeste de Damasco.

HAZAR-ENOM (veja *HAZAR-ENÃ*).

HAZAR-GADA (*no hebraico, "aldeia da fortuna"*) – nome de uma cidade situada no extremo sul de Judá, entre Moladá e Hesmom, Js 15.27.

HAZARMAVÉ (*no hebraico, "aldeia da morte"*) – grupo de filhos de Joctã que povoaram um distrito da Arábia, Gn 10.26; 1 Cr 1.20. Existe ainda atualmente uma região na Arábia Félix, ao sul da península, que os árabes denominam Hadramaute,

HAZARMAVÉ

cujo nome corresponde, etimologicamente, a Hazarmave. Esse lugar é mencionado nas inscrições dos antigos sabeus, habitantes de Saba.

HAZAR-SUAL (*no hebraico, "aldeia da raposa", ou "aldeia do chacal"*) – nome de uma cidade, situada no extremo sul de Judá, dada em posse à tribo de Simeão, localizada entre Hazar-Gada e Berseba, Js 15.28; 19.3; 1 Cr 4.28. Foi ocupada depois do cativeiro, Ne 1 1.27. Talvez o lugar dessa cidade seja nas ruínas de *eth-Thali*, palavra equivalente a Sual.

HAZAR-SUSA (*no hebraico, "aldeia de cavalos"*) – nome de uma aldeia pertencente à tribo de Simeão, Js 19.5; 1 Cr 4.31. Tristram a coloca nas ruínas de Susim, 18 km ao sul de Gaza, à beira da estrada das caravanas do Egito.

HAZELELPONI (*no hebraico, "dá sombra, tu que te voltas para mim"*) – nome de uma mulher de Judá, irmã de Jezreel, pertencente à posteridade de Etã, 1 Cr 4.3.

HAZER-HATICOM (*no hebraico, "aldeia do meio"*) – nome de uma cidade nos confins de Haurã, Ez 47.16. Lugar desconhecido.

HAZERIM (*no hebraico, "aldeias"*) – nome das habitações dos heveus, Dt 2.23.

HAZEROTE (*no hebraico, "acampamento"*) – terreno onde acamparam os israelitas no deserto, além dos Sepulcros da Concupiscência, Nm 11.35, e do lado de cá de Parã, 12.16; 33.17, Dt 1.1. Foi ali que Miriã e Arão murmuraram contra Moisés, Nm 11.35, até 12.16. O local desse acampamento é indicado por Burckhardt, pelo explorador Robinson e por outros cientistas, como sendo *Ain el-Hudera*, situada 66 km a nordeste do monte Sinai. Esta identificação baseia-se apenas na semelhança de nomes. Palmer encontrou nesse lugar muitos discos de pedra, que assinalam o pouso de um povo de pastores.

HAZIEL (*no hebraico, "visão de Deus"*) – nome de um dos descendentes de Gérson, levita, filho de Simei, 1 Cr 23.9.

HAZO (*no hebraico, "visão", ou "vidente"*) – nome de um filho de Naor e de Milca, Gn 22.22. Parece que esse nome se perpetua na região montanhosa de Hazu, atravessada por Esar-Hadom perto de Haurã.

HAZOR (*no hebraico, "cercado"*) **1** Capital do reino dos cananeus, situado ao norte da Palestina, governado, no tempo de Josué, por Jabim. Segundo Josefo, estava localizada acima das águas de Merom, Antig. 5.5,1. Essa cidade foi tomada por Josué e reduzida a cinzas, Js 11.1-13; 12.19. Depois de reconstruída, foi dada à tribo de Naftali, Js 19.36. No tempo de Débora e Baraque, foi governada por outro Jabim. Depois da morte do general Sísera, Jabim tentou continuar a guerra contra os israelitas, sendo vencido e morto, Jz 4.1-24; 1 Sm 12.9. Não há certeza se esta, ou outra Hazor, era a cidade fortificada de Salomão, 1 Rs 9.15. É certo, porém, que foi desse lugar que Tiglate-Pileser levou cativos para Babilônia os seus habitantes. Nas proximidades de Hazor, Jônatas Macabeu derrotou Demétrio, 1 Mac 11.67; Antig. 13.5,7. Robinson a identifica com *Tell Khureibeh*, 5,5 km a oeste das águas de Merom; e Conder, em Jabel Hadiré, 3.700 metros mais para oeste. **2** Nome de uma cidade no extremo sul de Judá, chamada também Queriote-Hezrom, Js 15.25. Ignora-se sua localização. Robinson diz que ela deve ter sido situada no lugar onde atualmente existe *Kureitein*, 22 km ao sul de Hebrom. No versículo 23, menciona-se outra Hazor, da tribo de Judá, perto de Cades. **3** Nome de uma aldeia da

HEBREU

tribo de Benjamim, Ne 11.33. Conder a identifica com as ruínas de Hazzur, 7,5 km a noroeste de Jerusalém, e a oeste de *Beite-Hanina*, que talvez seja a Ananias do versículo 32. **4** Nome de uma região da Arábia Deserta, para os lados do Oriente da Palestina. Jeremias vaticinou que seria tomada por Nabucodonosor, Jr 49.28-33. Beroso confirma essa profecia, contra Apiom, 1.19. Esse nome, provavelmente, seja coletivo e se refere à vida permanente da comunidade em contraste com a vida nômade. Localização desconhecida.

HAZOR-HADATA (*no hebraico, "aldeia nova"*) – nome de uma cidade do extremo sul de Judá perto de Hazor, Js 15.25. Localização desconhecida.

HE – quinta letra do alfabeto hebraico. A quinta letra do nosso alfabeto tem origem comum, porém, é vogal. Nas palavras em que ela se emprega como consoante na composição das palavras hebraicas, é representada por um – h – como em Abrahão (1). A reforma ortográfica a aboliu no meio e no fim das palavras. Emprega-se na quinta divisão do salmo 119. Cada versículo desse salmo sob a letra He, começa pela mesma letra, original.

HÉBER (*no hebraico, "união", "sociedade", "companhia"*) **1** Nome de um dos filhos de Berias, e neto de Aser, fundador de uma família tribal, Gn 46.17; Nm 26.45. **2** Nome de um queneu, descendente de Hobabe, filho de Jetro e irmão da mulher de Moisés. Sua mulher, Jael, foi quem matou Sísera, Jz 4.11-24. **3** Nome de certo homem, descendente de Esdras, registrado com os filhos de Judá, e antecessor dos homens de Socó, 1 Cr 4.18. **4** Nome de um benjamita, descendente de Saaraim, filho de Elpaal, 1 Cr 8.17.

HEBREU (*no hebraico, "que é do outro lado", ou "que pertence a Eber"*) **1** Se-

gundo a história bíblica, os hebreus eram homens que vieram do outro lado do Eufrates, Gn 14.13; *cf.* 12.5; Js 24.2,3, nome patronímico de Eber, aplicado a todos os seus descendentes, inclusive os israelitas, Gn 10.21, que mais tarde passou a designar toda a nação, Gn 40.15; 1 Sm 4.6; 13.3; 2 Co 11.22. No período do Novo Testamento, a palavra hebreu ou hebreus aplicava-se aos judeus que falavam o hebraico, ou o aramaico, para distingui-los dos seus conterrâneos que falavam o grego, ou judeus helenistas, At 6.1. Um judeu, filho de pai e mãe hebreus, era sempre um hebreu, Fp 3.5. **2** O idioma falado pelos hebreus chamava-se hebraico (judaico), 2 Rs 18.26,28; Is 36.11,13, e linguagem de Canaã, em estilo poético, Is 19.18. Há razões para se crer que Abraão encontrou esse idioma em Canaã, em vez de tê-lo trazido da Caldéia. As tabelas encontradas em *Tell el-Amarna* e a Pedra Moabita demonstram que, pelo menos, os cananeus e os moabitas, e talvez as tribos adjacentes, falavam uma linguagem pouco diferente da hebraica. O hebraico pertence ao grupo das línguas semíticas. Semelhante à maior parte delas, é lida da direita para a esquerda. O alfabeto compõe-se de 22 consoantes, cujos nomes se encontram no salmo 119 dividido em grupos de oito versículos. Cada um deles começa com a consoante que assinala cada grupo. Originariamente, as vogais não eram assinaladas por meio de pontos que só foram introduzidos no sexto século da era cristã, ou talvez mais tarde, pelos sábios Massoretas, cuja escola foi em Tiberíades. Exceto alguns trechos dos livros de Daniel e de Esdras, e alguns versículos espalhados pelo Antigo Testamento, escrito em aramaico, tudo o mais do Antigo Testamento foi escrito em hebraico. Todas as línguas têm o seu período de desenvolvimento, de perfeição relativa e depois decaem. A língua hebraica tem duas épocas bem distintas de seu desenvolvimento, conhecidas geralmente pela idade de ouro e idade de prata. A

HEBREU

primeira vem desde o princípio da nação até o cativeiro da Babilônia, e a segunda, desde o cativeiro até que a língua deixou de ser falada. Durante a idade de ouro em que a nação conservou sua independência, a língua conservou-se comparativamente pura. Durante a idade de prata, corrompeu-se pelo influxo constante do aramaico a ponto de ser absorvida por este. No tempo de Nosso Senhor, o aramaico havia tomado o lugar do hebraico puro no uso comum ou familiar, Mc 5.41, e lhe tinha usurpado o nome, como se observa em Jo 5.2; 19.13,17,20; At 21.40; 22.2; 26.14; Ap 9.11.

HEBREUS, EPÍSTOLA AOS – A 14ª.

das epístolas do Novo Testamento, segundo o arranjo de nossas Bíblias. *Propósito*. Pelo seu conteúdo, observa-se que foi endereçada aos judeus que haviam abraçado o cristianismo. A ninguém mais se adaptam os seus argumentos. Eles estavam em risco de voltar ao judaísmo, pelas influências externas e pela oposição social, 2.1; 3.12; 4.1,11; 5.12; 6.6; 10.23-25,29. Tinham se convertido recentemente, 5.12, pela pregação dos primeiros missionários, 2.3. Sofreram grandes perseguições, 10.32-34, e haviam socorrido as necessidades dos santos, 6.10; 10.34. Não há referência a cristãos vindos do gentilismo. O perigo para a Igreja estava na volta às obras da lei e ao ritualismo judeu. Essas alusões só aos cristãos vindos do judaísmo podiam convir, e a eles, sem dúvida, como a alguns outros judeus do oriente, é que a epístola foi dirigida. *Autoria*. O seu autor tem sido muito questionado. Mesmo na igreja antiga, as opiniões eram divididas, embora nunca houvesse dúvida quanto à sua canonicidade e inspiração. A primitiva igreja do oriente a recebeu como sendo do apóstolo Paulo, a despeito de não ter muita semelhança com as outras cartas do mesmo apóstolo, e cujas diferenças pretendiam explicar. Clemente de Alexandria acreditava que Lucas a havia

traduzido do original hebraico. Nas igrejas ocidentais, logo no princípio, foi negada a autoria de Paulo. Tertuliano a atribuiu a Barnabé. Na igreja do ocidente, a sua história continua a ser obscura, até onde chega o nosso conhecimento. Finalmente, a opinião da igreja do oriente foi aceita: a epístola é anônima. Todavia, o cap. 2.3 parece dizer que o autor não era apóstolo; mas o seu conteúdo diz que, se o autor não tinha sido apóstolo, era pelo menos um dos que receberam o evangelho por meio de outros, o que não se deu com o apóstolo Paulo (*cf*. Gl 1.11-24). Pelo que se lê no cap. 13.18,19, conclui-se que o escritor conhecia muito bem os seus leitores, mas que infelizmente estava longe deles. No cap. 13.23, há uma referência a Timóteo, insuficiente para provar que o apóstolo Paulo seja o seu autor, nem tampouco a frase "os nossos irmãos da Itália vos saúdam", no cap. 13.24, prova que o autor estivesse na Itália. O conteúdo da epístola e o estilo impressionam de modos divergentes. Com certeza, não é tradução do hebraico. A doutrina tem muito em comum com as idéias do apóstolo Paulo, se bem que a verdade é apresentada de maneira um pouco diferente. A linguagem contém grande elemento clássico, e o estilo parece, a muitos críticos, mais doce, mais elegante e menos impetuoso do que o do apóstolo. A falta de endereço de que a epístola se ressente não se encontra em qualquer das epístolas de Paulo. O autor dessa epístola usa em suas citações do Antigo Testamento a tradução grega, ao passo que o apóstolo se mostra mais familiarizado com o texto hebraico. Há, contudo, lugar para opinião distinta sobre o autor. Várias sugestões se têm feito por aqueles que negam ao apóstolo Paulo a autoria da epístola. Lutero pensa que foi escrita por Apolo. Se não é mais provável que tenha sido Barnabé que tem a seu favor alguns testemunhos da antigüidade, e que em Atos dos Apóstolos aparece como mediador entre os judeus cristãos e Paulo; e essa epístola procura equilibrar, na mente do leitor, a doutrina amplamente difundida nas epístolas paulinas. *Conteúdo*. A análise seguinte mostra o pensamento da epístola: **1** O autor começa estabelecendo a superioridade do cristianismo a toda a revelação prévia e possível, devida à dignidade de Cristo, superior a todos os órgãos de revelação anterior, cap. 1, fato este que nos vem advertir que não se deve desprezar o evangelho, cap. 2.1,4. A humilhação de Cristo não constitui dificuldade, pois, por isso mesmo, ele se fez o nosso Salvador e sumo sacerdote, cap. 2. Ele, pois, é superior em dignidade ao próprio Moisés, 3.1-6; as admoestações contra a incredulidade, existentes na velha revelação, feitas a Israel, são aplicáveis contra a incredulidade, a respeito da nova revelação, 3.7 até o cap. 4.13. **2** Em seguida, a epístola mostra o valor do sacerdócio de Jesus Cristo, 4.14-16, explicando a sua natureza e mostrando o que Cristo fez; e que estava predito o seu ofício sacerdotal, cap. 5; depois, em termos delicados, ainda que enérgicos, os reprende por se haverem subtraído à plena verdade do evangelho, cap. 6, mostrando a superioridade de Cristo como sacerdote, tipificado em Melquisedeque, em confronto com a instrução levítica, ab-rogada com todos os seus rituais, pela excelência do sacerdote da nova dispensação, cap. 7. **3** A seguir, uma exposição do sacerdócio de Jesus Cristo, cujas funções exerce no céu, que, por serem invisíveis, nem por isso deixam de ser eficientes. Em seu ministério, Jesus realiza os tipos, confirma as promessas e supre as imperfeições do ritual antigo, cap. 8.1 até o cap. 10.18. **4** A quarta secção que vai do cap. 10.19 até o 12.29, os exorta a viver de conformidade com essas verdades sem desfalecimento na sua fé, e a renovarem a sua confiança em Cristo; a conservarem a sua associação cristã, 10.19-25; descreve o perigo da descrença conseqüente à apostasia, 10.26-31; os incita a recobrar o seu antigo zelo, 10.32-39; lhes patenteia os exemplos dos heróis da fé, cap. 11, e o próprio Jesus, 12.1-3, ordenando-lhes que considerem as atuais provações como processos divinos, preparatórios a uma gloriosa salvação, 12.4-29. **5** No capítulo 13, acrescenta algumas exortações especiais. *Conclusão*. Essa epístola é a única em que o título de sacerdote é aplicado a Cristo; porém a substância dessa doutrina encontra-se difundida em todos os outros escritos do Novo Testamento; representa o cristianismo como o complemento e o objetivo da velha dispensação; anuncia claramente o caminho da salvação, previamente ensinado pelos tipos e rituais antigos. Fornece, portanto, o argumento mais conclusivo para firmar a fé daqueles hebreus vacilantes. Sem essa epístola, os ensinos do Novo Testamento seriam incompletos. Parece que foi escrita na Itália e fora da cidade de Roma, o que se infere do capítulo 13.24; era conhecida por Clemente de Roma no ano 96, e provavelmente foi escrita entre 65 e 68, quando ainda o templo de Jerusalém estava em pé, 13.10-14.

HEBROM (*no hebraico, "união", "aliança"*) **1** Nome de um levita, filho de Coate, e fundador de uma família tribal, Êx 6.18; 1 Cr 6.2. Era irmão de Anrão, o pai de Moisés e Arão, Êx 6.18-20. **2** Nome do terceiro filho de Maressa, e neto de Calebe, 1 Cr 2.42-43. **3** Nome de uma cidade, situada na região serrana de Judá, Js 15.48,54, chamada originalmente Quiriate-Arba, que quer dizer, "cidade dos quatro", por ser construída por quatro bairros diferentes, ou "cidade da humilhação", Gn 23.2; Js 20.7. Foi construída sete anos antes de Zoã, cidade do Egito, Nm 13.22, e existia, pelo menos, nos dias de Abraão, que por algum tempo morou nas suas vizinhanças, à sombra dos carvalhos, ou terebintos do vale de Manre, Gn 13.18; 35.27. Ali morreu Sara, mulher

HEBROM

do patriarca, que a sepultou na caverna dos dois côvados, comprada aos filhos de Hete, que então ocupavam a cidade, Gn 23.2-20. Isaque e Jacó por algum tempo residiram em Hebrom, Gn 35.27; 37.14. Foi visitada pelos espias que encontraram nela os anaquins, fazendo parte da população, Nm 13.22. Hoão, rei de Hebrom, foi um dos quatro reis, que se aliaram com Adoni-Zedeque, rei de Jerusalém, para irem de encontro a Josué; este os venceu e matou, Js 10.1-27. A própria Hebrom foi tomada mais tarde, e mortos os seus habitantes, Js 10.36-39. Esta narrativa é suplementada pelo capítulo 11.21,22, onde se diz que Josué tirou a vida aos anaquins das montanhas de Hebrom de Debir e de Anabe e de todas as montanhas de Judá e de Israel, arrasando as suas cidades. Depois desta campanha geral, os sobreviventes das antigas populações saíram gradualmente de seus esconderijos e no decurso de alguns anos, reconstruíram muitas das povoações arrasadas. Entre os retirantes, contavam-se os vestígios de três famílias dos anaquins que tinham habitado em Hebrom, e que foram encontrados de novo estabelecidos depois da conquista de Canaã, Js 14.10,12. Calebe disputou a posse desse distrito. Quando a tribo de Judá tomou posse dele, depois da morte de Josué, retomou Hebrom, Jz 1.10-15, parece que antecipadamente, Js 15.13-19. Hebrom tinha aldeias que lhe eram dependentes, Js 15.54, e foi destinada aos sacerdotes vindo a ser uma das cidades de refúgio, Js 20.7; 2 1.10-13; 1 Cr 6.54-57. Davi mandou para essa cidade uma parte dos despojos de Ziclague, 1 Sm 30.26,31, e depois reinou ali durante sete anos e meio, 2 Sm 2.1,3,11,32; 5.1-5,13; 1 Rs 2.11; 1 Cr 29.27, onde nasceram alguns de seus filhos, 2 Sm 3.2-5; 1 Cr 3.1-4; 1 1.1-3; 12.23-38. Ali foi enterrado Abner, 2 Sm 3.32, e na mesma sepultura depositaram a cabeça de Isbosete, 4.1-12. Foi em Hebrom que Absalão levantou o estandarte da revolta contra seu pai Davi, 15.7-10. Reoboão a fortificou, 2 Cr 11.10. Quando, durante o cativeiro, os edomitas ocuparam o sul de Judá, a cidade de Hebrom, com outros lugares, caiu em suas mãos. Judas Macabeu a retomou, que então se achava fortificada, e que era a cidade dominante de outras cidades vizinhas, 1 Mac 5.65. Não existem referências a ela no Novo Testamento. Hebrom ainda existe com o nome de *el-Kahalil er-Rahman*. É uma das mais antigas cidades do mundo, que ainda conserva habitantes, em vez de ser assinalada por montões de ruínas somente; está situada em um vale e sobre uma encosta adjacente, cerca de mil metros acima do nível do oceano. Está distante de Jerusalém, aproximadamente, 35 km para sudoeste e 25 km de Belém, na mesma direção. A cidade não é murada, mas ainda conserva as antigas portas. As casas são de pedra, e bem construídas, com as coberturas chatas e cupuladas no centro. Antigamente era dividida em três quarteirões. Sua população é composta na maior parte de maometanos e judeus. No centro e na parte inferior da cidade, existem dois grandes reservatórios, destinados a recolher as águas pluviais que descem das montanhas vizinhas, 2 Sm 4.12. Há ali uma famosa mesquita, cujos precintos têm o nome de Harã. No recinto, existe uma caverna que se julga ser Macpela. O carvalho ou terebinto de Abraão é apontado em dois lugares dos quais há um exemplar genuíno: (*Quercus pseudococcifera*). Vinte e cinco fontes de água e dez grandes reservatórios situam-se perto da cidade, há, também, vinhas e olivedos.

HEBRONITAS – descendentes de Hebrom, coatita, Nm 3.27; 1 Cr 26.30,31.

HEFER (*no hebraico, "poço"*) **1** Nome de uma cidade situada a oeste do Jordão, Js 12.17. Esse nome pertencia também a um distrito perto de Socó, 1 Rs 4.10. **2** Nome de um dos filhos de Gileade, fundador de uma família tribal de Manassés, Nm 26.32; 27.1; Js 17.2. **3** Nome de um homem de Judá, filho de Asur, pai de Tecoa, 1 Cr 4.6. **4** Homem de Mequerate, e um dos grandes de Davi, 1 Cr 11.36.

HEFZIBÁ (*no hebraico, "a minha delícia está nela"*) **1** Nome da esposa do rei Ezequias e mãe do rei Manassés, **2** Rs 2 1.1. 2 Nome simbólico dado profeticamente a Sião, Is 62.4.

HEGAI (*no hebraico, "eunuco"*) – nome de um dos eunucos do rei Assuero, que tinha sob sua guarda a casa das mulheres do rei, Et 2.3,8,15.

HELÁ (*no hebraico, "escuma", "ferrugem"*) – nome de uma das duas mulheres de Asur, antecessor dos homens de Tecoa, que eram da tribo de Judá, 1 Cr 4.5,7.

HELÃ (no hebraico, "abundante") – nome de um lugar ao oriente do Jordão onde Davi derrotou a Hadade-Ezer, 2 Sm 10.16-19. Estudiosos a identificaram com a antiga Alema, cidade mencionada em 1 Mac 5.26, atualmente a moderna '*Alma*.

HELBA (*no hebraico, "fartura", ou "gordura"*) – nome de uma cidade dentro do território de Aser que conservou os seus antigos habitantes cananeus, Jz 1.31. Estudiosos a têm identificado com Alabe ou com Helbade, esta em Khirbet el-Mahalib, na costa do mar Mediterrâneo, ao norte de Tiro.

HELBOM (*no hebraico, "fértil", "gorda"*) – nome de uma cidade da Síria, famosa pelos seus vinhos generosos, Ez 27.18. Identificam-na com Halbum, 21 km ao norte de Damasco. Localiza-se em um vale estreito, cercado de escarpas e ribanceiras nuas de 700 m a 900 m de altura. O fundo do vale é coberto de pomares e no alto das monta-

nhas, vêem-se opulentos vinhedos. Tanto os altos das montanhas quanto o fundo do vale, estão cobertos de extensas ruínas. Os vinhos de Halbom eram afamados na Assíria, na Babilônia e na Pérsia, Estrabão 17.735; Nabucodonosor, 1 Rs 65.32.

HELCAI (*é a forma abreviada de Helquias, "Jeová é a minha porção", talvez signifique, "liso", ou "nomeado"*) – nome de um sacerdote, chefe de uma família denominada Meraiote, contemporâneo do sumo sacerdote Jeoiaquim, que voltou do cativeiro babilônico com Zorobabel, Ne 12.15.

HELCATE (*no hebraico, "lisura", "suavidade"*) – nome de uma cidade nos limites de Aser, Js 19.25, destinada com os seus subúrbios aos levitas gersonitas, 21.31, denominada Hucoque em 1 Cr 6.75, por causa talvez da corrupção do texto. Alguns estudiosos a identificam com a moderna *Khirbet el-Harbaj*, localizada ao sul de Aco.

HELCATE-HAZURIM (*no hebraico, "campo das facas aguçadas"*) – nome dado à cena de combate na Piscina de Gibeão, entre 12 benjamitas do partido de Isbosete e 12 do partido de Davi que se abateram, 2 Sm 2.16.

HELDAI (*no hebraico, "sonho durável"*) **1** Nome de um homem natural de Netofate, descendente de Otniel, capitão de 24 mil homens, que servia na turma do 12º. mês, 1 Cr 27.15. Parece que é a mesma personagem mencionada no cap. 11.30. **2** Nome de um exilado que voltou da Babilônia trazendo prata e ouro para ajudar outros que haviam voltado do mesmo exílio para Jerusalém, Zc 6.10, também chamado Helem no v. 14, o que pode ser um erro ou menção a um apelido.

HELEBE (*no hebraico, "gordura"*) – nome dado a Helede, em 2 Sm 23.29. É possível

HELEBE

que seja esse o nome original alterado por algum erro de cópia, o que é muito comum.

HELEDE (*no hebraico, "sofrimento", "vida transitória"*) – nome de um filho de Baaná, netofatita, e um dos homens fortes de Davi, 1 Cr 11.30 (veja *HELDAI*).

HELEFE (*no hebraico, "mudança", "permuta"*) – nome de uma cidade fronteira a Naftali, Js 19.33. A localização atual é *Khirbet 'Arbathah*.

HELÉM (*no hebraico, "golpe", "pancada", "força"*) – nome de um asserita irmão de Semer ou Samer, 1 Cr 7.35, talvez o mesmo Hotão do v. 32.

HELENISTAS – palavra que designava, em particular, os judeus espalhados pelo mundo antigo e que falavam a língua grega, At 6.1; 9.29, para distingui-los dos que habitavam a Judéia e que só falavam o hebraico (veja *GREGO*).

HELEQUE (*no hebraico, "porção"*) – nome de um filho de Gileade, e fundador de uma família tribal de Manassés, Nm 26.30; Js 17.2.

HELEZ (*no hebraico, "forte", "força", ou "vigilância"*) **1** Nome de um homem pelonita capitão de Davi, que tinha de servir no sétimo mês com os seus 24 mil comandados, 1 Cr 27.10. **2** Nome de um homem de Judá, descendente de Hesrom, 1 Cr 2.39.

HELI (*a forma grega de Eli, "elevação"*) – nome do pai da virgem Maria, mãe de Jesus. Esta opinião baseia-se no texto grego que representa Jesus, como sendo filho, como se julgava de José, que o foi de Heli, Lc 3.23. Algumas versões dizem, Eli.

HELIÓPOLE/ÁVEN (*Heliópolis no grego é "cidade do sol"*) **1** Nome de uma cidade do Egito, *Om*, chamada pelo gregos Heliópolis, Ez 30.17. As consoantes hebraicas de Om e Áven são as mesmas, somente as vogais diferem. A pronúncia foi intencionalmente modificada pelo profeta para exprimir seu desprezo pela idolatria da cidade (veja *HELIÓPOLE – OM*). **2** Nome aplicado por Oséias a Betel, como não sendo mais a casa de Deus, e sim casa de idolatria, Os 10.8. **3** Nome de uma cidade que também serve para designar um vale do reino de Damasco, Am 1.5; provavelmente é a Heliópolis que agora se chama Baalbeque, que semelhante à cidade de Om do Egito, foi centro de culto ao sol.

HELIÓPOLE – OM (*Om em egípcio é An, significa, "luz"*) – nome de uma antiga e famosa cidade do baixo Egito, situada ao oriente do Nilo, no delta, e alguns quilômetros distantes dele, 35 km ao norte de Mênfis. Foi o centro principal de adoração ao sol, e que, por esta razão, os gregos atribuíam o nome de Heliópolis (*cf.* Êx 1.11, LXX) e Jeremias a denominou Bete-Semes, *Casa do Sol*, Jr 43.13. Isaías tinha em mente essa cidade cujo nome por uma pequena alteração da primeira letra transformou em cidade de destruição, profetizando a completa destruição da idolatria, Is 19.18. Junto ao templo do sol, funcionava uma escola de sacerdotes e uma academia de medicina, ambas muito visitadas pelos filósofos gregos que iam lá estudar. No tempo de Heródoto, os sacerdotes de Heliópolis eram muito considerados pelos seus profundos conhecimentos da história, 2.3. Faraó deu por mulher a José, a filha de Potífera, sacerdote de Om, Gn 41.45-50; 46.20.

HELOM (*no hebraico, "forte"*) – nome do pai de Eliabe, príncipe de Zebulom, Nm 1.9; 2.7; 7.24,29; 10.16.

HEM (*no hebraico, "graça", "favor", "bondade"*) – nome de um filho de Sofonias, Zc 6.14.

HEMÃ (*no hebraico, "fiel"*) **1** Nome de um sábio cuja reputação era muito famosa no tempo de Salomão, 1 Rs 4.31. Pertencia à tribo de Judá, 1 Cr 2.6. Compôs um salmo, o 88, conforme o título original, conservado na nossa tradução. **2** Nome de um cantor do tempo de Davi, filho de Joel, neto do profeta Samuel, de uma família levítica, 1 Cr 6.33; 15.17. Em adição ao canto, foi também designado para tocar timbale de metal, v. 19. Ocupou lugar de destaque entre os músicos do tempo de Davi, 16.41,42.

HEMORRÓIDAS – moléstia consistindo na formação de tumores na região anal interna ou externa, pela dilatação dos vasos sangüíneos, Dt 28.27. Com essa enfermidade, o Senhor castigou os habitantes de Azoto para compeli-los a devolver a arca do Senhor que haviam capturado, 1 Sm 5.6; 6.11.

HENA (*no hebraico, "terra baixa"*) **1** Nome de uma cidade, capturada pelos assírios, 2 Rs 18.34; 19.13; Is 37.13. É mencionada com Sefarvaim. Estava localizada na Mesopotâmia e foi capturada com Hamate e Arpade por Senaqueribe, 2 Rs 18.34; 19.13. Hena é identificada com a antiga cidade de *Aná*, em um vau perto do Eufrates, cerca de 296 km a noroeste de Bagdá. Existem ali extensas ruínas. Os dois nomes são radicalmente diferentes. Outra conjectura apresenta esta cidade situada em uma ilha do Eufrates, onde as inscrições assírias assinalam certa *Aná*. **2** Nome de uma espécie vegetal (veja *CÂNFORA*).

HENADADE (*no hebraico, "favor de Hadade"*) – nome do fundador de uma família levítica, cujos filhos sustentaram Zorobabel por ocasião de serem lançados os alicerces do templo, Ed 3.9, e que assistiram à reconstrução dos muros de Jerusalém, Ne 3.18.

HENDÃ (*no hebraico, "desejável"*) – nome de horita, filho mais velho de Disã, Gn 36.26. Na passagem paralela de 1 Cr 1.41, lê-se Hanrão. As duas palavras hebraicas diferem somente na terceira consoante. A diferença é devida a um escriba que confundiu a consoante *resh* com *daleth*. Se a forma original era Hendã ou Hanrão, é difícil fazer qualquer afirmação.

HERDEIRO – a herança desde os primeiros tempos do mundo, tornou-se um costume social. Já no tempo de Abraão era conhecida, Gn 15.3,4. Somente os filhos de esposa legítima tinham direito à herança. Ismael, filho da escrava, não podia ser herdeiro com o filho da livre, 21.10; e, por isso, Abraão distribuiu dádivas aos filhos de suas concubinas e os separou de Isaque seu filho, 25.5,6. Assim, todos os filhos de Jacó tinham iguais direitos por comum acordo. As filhas, às vezes, também podiam herdar, Jó 42.15. Segundo a lei mosaica, os bens de um casal, por morte dos pais, dividiam-se entre os filhos, recebendo o mais velho o dobro do que recebia cada um dos mais moços, Dt 21.15-17. Quando não havia filhos, os bens pertenciam às filhas, Nm 27.1-8, as quais não poderiam casar com varões fora de sua tribo, e família, Nm 36.1-12. Se por circunstâncias especiais acontecia que um varão de outra família tribal casasse com a única herdeira, os filhos de tal consórcio tomavam o nome do avô materno, 1 Cr 2.34-41. Não havendo prole, a herança passava ao irmão do pai, e depois dele ao parente mais próximo, Nm 27.9-11. As leis gregas e romanas introduziram novos costumes e criaram os testamentos e os testadores segundo as leis estabelecidas em seus códigos, Hb 9.16,17. Em sentido figurado, os crentes são herdeiros de Deus e co-herdeiros com Cristo, Rm 8.17.

HERES (*no hebraico, "sol"*) **1** Nome de um monte no distrito de Aijalom, Jz 1.35.

HERES

O sentido e a comparação dessa palavra com Js 19.41 fortalecem a opinião provável de que o monte Heres é essencialmente idêntico à cidade *Ir-Semes*, isto é, *Bete-Semes*. **2** Nome de uma passagem do Jordão. Lugar de onde retornou Gideão, depois que derrotou os reis de Zobá e Zalmuna, Jz 8.13. **3** Nome de uma cidade do Egito (veja *HELIÓPOLIS – OM*). **4** Nome de um levita que voltou do cativeiro babilônico com Zorobabel e tinha como função cuidar do Tabernáculo, 1 Cr 9.15.

HERESIA (*do grego, airesis, "tomar para si mesmo", "escolha"*) **1** Doutrina ou seita originada pelo abandono da verdade religiosa, 2 Pe 2.1. Mas, pode ser a deturpação de uma verdade, uma mentira religiosa. **2** Facção, seita, ou partido, espírito de partido, mesmo quando não seja motivado pelo afastamento da sã doutrina, 1 Co 11.19; Gl 5.20.

HERMAS – nome de um cristão de Roma a quem o apóstolo Paulo enviou saudações, Rm 16.14. Apesar de Orígenes acreditar ser este Hermas o autor do apócrifo Pastor de Hermas, não há nada que ateste essa opinião como verdadeira.

HERMES (*no grego, "Mercúrio"*) **1** Nome grego que corresponde à divindade pagã Mercúrio, At 14.12. **2** Nome de um cristão de Roma a quem o apóstolo Paulo enviou saudações, Rm 16.14.

HERMÓGENES (*no grego, "gerado por Hermes"*) – nome de um habitante da província romana da Ásia que, com outros, se apartou do apóstolo Paulo. Não é claro se ele abandonou o apóstolo por questões de convicção doutrinária, ou abandonou a fé cristã, ou se esse abandono foi por questões de iminentes perseguições e dificuldades enfrentadas pelo apóstolo. O fato é que a atitude de Hermógenes contrasta com a do fiel Onesíforo, 2 Tm 1.15.

HERMOM (*no hebraico, "pico de montanha", ou "montanha sagrada"*) – nome de um monte que os sidônios chamavam Siriom, e os amorreus, Senir, Dt 3.8,9. Este último nome pertencia mais particularmente a uma parte dele. Outro nome era

Monte Hermom — Christian Computer Art

Siom, que significa elevado, 4.48. Era ele o limite natural da parte do Norte, até onde chegaram as conquistas dos hebreus, sob a direção de Moisés e Josué, Dt 3.8,9; Js 11.3,17; 12.1,5; 13.5,11; 1 Cr 5.23. Figura na poesia hebraica, com o Tabor, Sl 89.12, com Sião, Sl 133.3, e com o Líbano, Ct 4.8, cuja altitude é superior a todos estes. Fica no extremo sul do Antilíbano, com cerca de três mil metros acima do nível do mar, e pode ser visto de muitas partes da Palestina. Das planícies de Tiro, o pico do norte, parece mais alto do que o do sul. Por causa dessas duas culminâncias, o nome assume a forma do plural no Sl 42.6. É coroado pelas neves eternas que se espalham em longas fitas pelas suas encostas. Nele estão as nascentes do Jordão. Em alguns dos seus recessos solitários é que ocorreu a cena da transfiguração de Cristo. O Hermom chama-se atualmente *Jebel Esh-Sheikh*, "monte do chefe".

HERODES – nome de vários governadores da Palestina e regiões vizinhas, ou partes delas. Há três Herodes mencionados no Novo Testamento e mais um com o nome de Agripa. **1** Herodes, o Grande. Segundo filho de Antipas Idumeu, ou Antipater e de sua esposa Cipros, perttencente à mesma raça, Antig. 14.1,3,7,3. Verifica-se que o rei Herodes por nenhum dos lados, descendia da raça judia. Os idumeus haviam sido conquistados por João Hircano no ano 125 a.C. e compelidos a serem circuncidados e a adotar o judaísmo, e, por isso eram nominalmente judeus. Antipater foi nomeado governador da Judéia por César, no ano 47 a.C., Antig. 14.8,3,5. Tinha cinco filhos, Fasael, Herodes, José, Feroras, e a filha Salomé, Antig. 14.1,3. Fasael, o mais velho, foi governador de Jerusalém e de suas vizinhanças, nomeados por seu pai; e Herodes Filho, passou a governar a Galiléia, tendo apenas 25 anos de idade, 14.9,2. Depois do assassinato de Antipater, em 43 a.C. Marco

Antônio visitou a Síria e nomeou tetrarcas os outros dois irmãos a quem entregou a direção dos negócios públicos da Judéia, 14.13,1. Mais tarde, foram duramente hostilizados por Antígono, último rei da família dos Macabeus, e pelos partas. Fasael caiu nas mãos de ambos, e se suicidou. Os romanos foram induzidos por Antônio a esposar a causa de Herodes, seguindo-se a guerra com Antígono e os partas, em que José foi morto em combate, 14.15,10. Jerusalém foi tomada, e Herodes ficou sendo rei da Judéia no ano 37 a.C. Os sobreviventes da família de Antipater eram agora Herodes, Feroras e Salomé, casada com seu tio José, Antig. 15.3,5; Guerras, 1.22,4. Depois da morte de José por causa de adultério, no ano 34 a.C., Salomé casou com Costubarus, idumeu de boa família, que Herodes fez governador da Iduméia e de Gaza, Antig. 15.7,9; Guerras 1.24,6. Divorciou-se dele, Antig. 15.7,10, e foi compelida a desposar Alexas, amigo de Herodes, Guerras 1,28,6. Durante o reinado de Herodes, ela tramou contra a família de Herodes, porém conservou-se fiel a ele. Herodes legou-lhe Jamnia, Azoto e Fasaelis perto de Jericó, Antig. 17.6,1,8,1,11,5. Salomé acompanhou Arquelau, filho de Herodes, a Roma, quando este foi ali para obter o praz-me imperial para subir ao trono, com o plano aparente de auxiliar a sua pretensão; mas, o verdadeiro plano era justamente o contrário, Guerras 2.2,1-4. Salomé morreu no ano 10 da era cristã, quando Marcus Ambívio era procurador, Antig. 18.2,2. Feroras, filho mais moço de Antipater, Antig. 14.15,4, viveu quase tanto quanto Herodes; era sócio no governo, com o título de tetrarca, e recebia as rendas do país a este do Jordão, Guerras 1.24,5. Por mais de uma vez, foi acusado de conspirar contra a vida de Herodes, fato que estava em prova, quando Herodes morreu. A morte de Feroras impediu que fosse julgado, Antig. 17.3,3. Herodes, o Grande, teve dez

HERODES

mulheres, Antig. 17.1,3; Guerras 1.27,4. A primeira mulher foi Dóris, de uma família desconhecida de Jerusalém da qual teve um filho por nome Antipater, que tomou parte ativa nos acontecimentos do reinado de Herodes, conspirando contra a vida de outros filhos de Herodes para assegurar para si a posse do trono. Pouco antes da tomada de Jerusalém, quando Herodes se fez rei, esposou a segunda mulher, a bela e casta Mariana, neta de Hircano, que lhe deu três filhos, Alexandre, Aristóbulo e o mais moço, que morreu sem deixar prole, e duas filhas, Cipros e Salâmpsio. Mariana foi morta no ano 29 a.C., Antig. 15.1,4. Cinco anos depois, casou com Mariana, filha de Simão, a quem ele elevou às funções de sumo sacerdote, 15.9,3; 18.5,4. Herodes teve mais duas mulheres, suas sobrinhas, cujos nomes se ignoram, e que morreram sem deixar filhos. Além delas, esposou Maltace, samaritana, Cleópatra, de Jerusalém, Palas, Faedra e Elpis. A história não faz referência nem às duas sobrinhas, nem às últimas cinco mulheres de Herodes. Os filhos das outras mulheres ocupam lugares de destaque na História. Mariana, filha do sacerdote Simão, teve Herodes. Maltace foi mãe de Arquelau, Herodes Antipas e de uma filha de nome Olímpias; Cleópatra teve dois filhos, Herodes e Filipe. Começaram cedo as perturbações domésticas do reinado de Herodes, pelo ódio que ele provocou contra si, por parte da amável Mariana, e que culminaram, na última década de seu reinado, quando seus filhos atingiram à maioridade. A história doméstica gira eventualmente em torno dos oito filhos: Antipater, filho de Dóris; Alexandre e Aristóbulo, filhos de Mariana; Herodes, filho de Mariana, filha do sacerdote Simão; Arquelau e Antipas, filhos de Maltace; e Herodes e Filipe, filhos de Cleópatra. Alexandre se casou com Glifira, filha de Arquelau, rei da Capadócia. Tiveram dois filhos, cuja história é vazia de interesse, Antig. 16.1,2;

Guerras 1.24,2. Aristóbulo se casou com sua prima Berenice, filha de Salomé, irmã de Herodes, e foi pai de cinco filhos, alguns dos quais representaram importante papel na História. Desses dois filhos da saudosa Mariana, Antipater, o primogênito de Herodes, era muito desconfiado. A sua desconfiança explodiu em ódio contra seus irmãos paternos pela evidente intenção de seu pai, em postergar os seus direitos de primogênito, Guerras 1.22,1. Tanto fez com o círculo de seus cortesãos, para envenenar o espírito de Herodes, que este os mandou matar no ano 7 ou 6 a.C. e nomeou Antipater seu herdeiro; e a Herodes, filho de Mariana, filha de Simão, sucessor dos direitos de Antipater, Antig. 16.11,7; 17.3,2; Guerras 1.29,2. A ordem dessas nomeações obedecia às idades de cada um; sendo que Arquelau e Antipas, Herodes e Filipe eram mais moços que Herodes, filho de Mariana. Em seguida, Antipater acusou Salomé, irmã de Herodes, e a seus filhos, Arquelau e Filipe, que estavam sendo educados em Roma, de conspirarem contra a vida de Herodes. A denúncia desse crime veio atingir o próprio Antipater, que com seu tio Feroras, irmão de Herodes, foram acusados de tentar contra a vida do rei. Feroras morreu, porém Antipater foi encarcerado. O rei Herodes, então, suspeitou que as acusações contra Alexandre e Aristóbulo, que ele havia mandado executar, fossem falsas, pelo que alterou as suas disposições testamentárias, nomeando Antipas seu sucessor, deixando de lado Arquelau, irmão mais velho, e Filipe sobre os quais pesavam ainda suspeitas, Guerras 1.32,7. Logo depois, mandou matar Antipater, e alterou de novo as suas disposições, dando o reino a Arquelau, e fazendo Antipas tetrarca da Galiléia e de Peréia, e Filipe, tetrarca de Batanéia, Traconitis e Auranitis; e dando algumas cidades a sua irmã Salomé, Antig. 17.8,1; Guerras 1.33,7. Pela morte de Herodes, foram respeitadas as suas disposições, exceto em referência a

HERODES

Arquelau, que foi, afinal, confirmado pelo imperador Augusto, não como rei, mas sim como etnarca da Judéia, Antig. 17.11,4,5. Herodes, filho de Mariana, filha de Simão, tinha se casado com Herodias, filha de seu irmão paterno Aristóbulo, morto por Herodes. Ela, porém, o abandonou e casou com Herodes tetrarca, seu cunhado. O nome do primeiro marido desapareceu da História. O mesmo aconteceu a Herodes, filho de Cleópatra, e irmão do tetrarca Filipe, em quem nunca mais se falou (veja *HERODIAS e FILIPE*). Aristóbulo, como já foi dito, se casou com sua prima Berenice, filha de Salomé, de quem teve cinco filhos, Guerras 1.28,1. Herodes, Agripa, Aristóbulo, Herodias e Mariana. Herodes se casou com Mariana, filha de Olímpias, filha de Herodes, o Grande, com a samaritana Maltace; Agripa se casou com Cipros, filha de Salâmpsio e Fasael, o mais moço, filho de Fasael, irmão de Herodes, o Grande; Aristóbulo se casou com Jotape, filha de um rei de Emesa; Herodias se casou sucessivamente com dois tios, como já se disse; e Mariana se casou com Antipater, filho de Dóris, Antig. 18.5,4; Guerras 1.28,5; *cf.* 4. Três desses filhos de Aristóbulo são digno de nota, a saber: Herodes, Agripa e Herodias. Essa Herodias foi a mulher que coroou as suas infâmias, pedindo que sua filha exigisse a cabeça de João Batista que estava na prisão. Herodes que havia sido feito rei de Calcis, depois da morte de sua mulher tomou sua prima Berenice, filha de Agripa para esposa. Agripa veio a ser o rei Agripa I; casou-se e teve um filho e três filhas. Três destes são mencionados na Escritura; Agripa II e as duas famosas Berenice e Drusila. À parte a história doméstica que guindou ao poder a família de Herodes, e as intrigas entre os seus componentes, trataremos da história política do reinado de Herodes. Logo após haver sido nomeado governador da Galiléia, no ano 47 ou 46 a.C. entrou em conflito com o sinédrio por ter

mandado executar sumariamente alguns salteadores, sem permissão formal desse concílio. Por este motivo, foi citado para julgamento, comparecendo acompanhado de um corpo de guardas para intimidar o concílio. Foi absolvido por falta de provas. A bem de seus interesses, procurou estar em paz com os sucessivos representantes das facções que disputavam entre si a direção do império romano. Obteve o generalato que lhe foi conferido por Sexto César, presidente da Síria, aparentado com o grande Júlio César; depois de algum tempo, ganhou o favor de Cássio, o mais perverso dos assassinos do grande ditador. Depois lançou a sua sorte com Marco Antônio, um dos principais vingadores da morte de Júlio César. Não foi ainda a última vez das suas manobras. Pelo ano 41 a.C., Herodes passou a tetrarca da Galiléia por nomeação do imperador Antônio, e tendo ido a Roma, após novas vicissitudes, no ano 40 a.C., mais como fugitivo do que como visitante, o seu patrono induziu o senado romano a lhe conferir o título de rei dos judeus. Foi no ano 37 a.C., que ele, com o auxílio de Socius, general de Antônio, conseguiu tomar Jerusalém e começar o seu reinado. Pelo seu casamento com Mariana, neta de Hircano, e filha de Alexandre, filho de Aristóbulo, conseguiu se aliar à família dos hasmoneus. Então, julgava ele consolidar a sua posição, afastando possíveis competidores. Ele mandou matar os principais membros da família de Antígono, em número de 45. Logo depois, Aristóbulo, irmão de Mariana, rapaz de 17 anos, que Herodes havia elevado às funções de sumo sacerdote, foi asfixiado em um banheiro, por ordem do mesmo Herodes, um ano depois de assumir o pontificado. No ano 31 a.C. teve a mesma sorte o avô de Mariana, ancião de 80 anos, Antig. 15.1,2; 3.3; 6.2. A atenção de Herodes desviou-se dessas atrocidades para a nova crise que se acentuava. O seu patrono Antônio havia sido totalmente derrotado

HERODES

por Otávio na batalha de Actio, no dia 2 de setembro do ano 31 a.C. A situação tornava-se crítica para Herodes. Porém, ele fez um eloqüente e judicioso discurso ao vencedor Otávio, que lhe valeu o perdão por haver sido partidário de Antônio. Entregou-se cordialmente ao homem que tinha ofendido, dedicando-lhe afeto que durou o resto da vida, recebendo em troca, certo aumento nos seus domínios, Antig. 15.6,5-7; 10,3. O assassinato do irmão de Mariana e do avô alterou sensivelmente os sentimentos do casal. Dia a dia se tornaram mais tensas as relações conjugais, até que afinal por uma acusação falsa, ela foi condenada à morte. Seguiu-se o remorso que lhe alterou as faculdades mentais, quase até a loucura, Antig. 15.7,7; 17.6,5; Guerras 1.22,5; 33,5. Em parte para afastar de si idéias sinistras, em parte para agradar a Otávio, então imperador Augusto, construiu teatros, estabeleceu jogos, ambos inconsistentes com o judaísmo. Também reconstruiu, ampliou e encheu de belezas, um lugar chamado Torre de Estrato, dando-lhe o nome de Cesaréia em honra de seu patrono, que mais tarde passou a ser a capital da província romana da Palestina, Antig. 15.8,5; 9,6; *cf*. At 23.23,24. Para agradar os judeus, reconstruiu e embelezou o templo, entre os anos 19 e 11, ou 9 a.C. O nascimento de Cristo ocorreu no fim da vida de Herodes, quando já havia eliminado quantos julgava seus rivais, e as perturbações domésticas haviam chegado ao seu apogeu. Tinha matado os seus dois filhos, Alexandre e Aristóbulo, e recentemente Antipater, por terem conspirado contra a sua vida. É quando lhe vieram dizer que um menino da linhagem de Davi havia nascido para ser rei dos judeus. A fim de enfrentar o novo perigo, mandou matar todos os meninos que havia em Belém e em todo o seu termo, que tivessem dois anos e daí para baixo, Mt 2.1-19. Foi esta uma das últimas atrocidades de Herodes. Finalmen-

te, uma enfermidade repugnante e mortal o subjugou. Foi buscar alívio nas águas sulfurosas de Calirói, nas fontes de Zerca, que derramam para as bandas do mar Morto. Essas águas ficaram denominadas por alguns: *os banhos de Herodes*. Pouco resultado houve, Antig. 17.6,5. Sentia que a morte se avizinhava e que muitos se alegrariam. Então, pediu a sua irmã Salomé e a Alexas, seu marido, que encerrassem no circo de Jericó os principais dentre os judeus, e que lhes dessem a morte, logo que ele expirasse, a fim de que houvesse lágrimas pela sua morte. Ocorreu sua morte no ano 4 a.C., quando estava com 70 anos de idade, e o 34º. ano de seu reinado, contados desde o tempo em que foi nomeado rei. Quando a notícia da sua morte se espalhou, colocaram em liberdade os prisioneiros do circo e a morte do tirano causou vivas demonstrações de regozijo em vez de ser acompanhada de lágrimas e lamentações. **2** HERODES TETRARCA. Filho de Herodes, o Grande, e de sua mulher Maltace, a samaritana. Tinha sangue idumeu e algumas gotas de sangue judeu. Era conhecido por Antipas, ou simplesmente Herodes, Antig. 17.1,3; 18.5,1; 6.2; Guerras 2.9,1, para distinguilo do outro Herodes da família, Herodes Antipas. Foi irmão de Arquelau e mais moço do que ele, Antig. 17.6,1; Guerras 1.32,7,33,7. Ele e seu irmão paterno Filipe, receberam educação em Roma, Antig. 17.1,3. Pelo segundo testamento de seu pai, o reino lhe pertencia, 6.1, porém pelas últimas disposições testamentárias, foi nomeado tetrarca da Galiléia, e o reino passou a Arquelau, 8, 1. Apesar disso, entrou em competência com o irmão para obter a posse do reino, sem resultado, Antig. 17.11,4; Lc 3.1. Levantou muros em Séforis que veio a ser a capital do reino. Também cercou de muros a cidade de Betaranfta na Peréia e nela edificou um palácio. Essa cidade recebeu o nome de Júlias, em honra da filha de Augusto, Antig. 18.2,1

HERODES

(veja *BETE-HARÃ*). Tiberíades também foi por ele edificada, 3. Casou-se com uma filha de Aretas, rei dos árabes nabateanos, cuja capital foi Petra. Depois, estando em Roma com seu irmão Filipe, se apaixonou pela mulher desse seu irmão, divorciou-se da filha de Aretas, sua legítima esposa, e se casou com Herodias. Esta imoralíssima transação produziu seus resultados naturais. Herodias tinha um espírito másculo e Herodes era um fraco. Ela veio a ser o seu gênio mau; fez dele instrumento do mesmo modo que Jezabel havia feito de Acabe. Aretas, ressentindo pela ofensa contra sua filha, declarou guerra a Herodes que levou a termo com bons resultados, 5, 1. Herodias causou o assassinato de João Batista, Mt 14.1-13; Antig. 18.5,2. Por causa de sua malícia, nosso Senhor o chamou de raposa, Lc 13.31,32. Esse Herodes tinha seus imitadores porque o Evangelho se refere ao fermento de Herodes, Mc 8.15 (veja *HERODIANOS*). Quando a fama de Jesus se estendeu por toda parte, a consciência atribulada de Herodes fê-lo recear que João Batista houvesse ressuscitado dentre os mortos, Mt 14.1,2. Estava em Jerusalém por ocasião da morte de Jesus. Pilatos enviou o Divino Mestre à presença de Herodes; este julgou oportuno observar a prática de um milagre que não lhe foi concedido, pelo que, ele e seus homens o desprezaram. Nesse dia ficaram amigos Herodes e Pilatos, porque antes eram inimigos, Lc 23.7-12,15; At 4.27. A elevação de Agripa, irmão de Herodias, ao trono, enquanto seu marido continuava como tetrarca, despertou a inveja dessa mulher orgulhosa, que induziu Herodes a ir a Roma em sua companhia, pedir uma coroa para si. Porém Agripa enviou, às escondidas, cartas a Roma ao imperador Calígula, acusando Herodes de estar em pacto secreto com os partas, pelo que foi banido para Lião na Gália, 39 d.C, onde morreu, Antig. 18.7,1,2; Guerras 2.9,6. **3** Herodes, o Rei. Josefo o denominou simplesmente Agripa.

Ambos os nomes se combinam, passando a ser conhecido por Herodes Agripa I, para distingui-lo de Herodes Agripa II, perante o qual o apóstolo Paulo compareceu. Agripa I era filho de Aristóbulo, filho de Herodes, o Grande, e de Mariana, neta de João Hircano. Educado em Roma com Drusus, filho do imperador Tibério, e Cláudio, Antig. 18.6,1,4. A morte de Drusus e a falta de recursos levaram-no a interromper os estudos e a voltar para a Judéia, 2. No ano 37, fez outra viagem a Roma, levando novas acusações contra Herodes tetrarca, Antig. 18.5,3; Guerras 2.9,5. Não regressou à Judéia quando concluiu os seus negócios, mas permaneceu em Roma, cultivando relacionamentos que poderiam lhe servir no futuro. Entre eles, conseguiu a amizade de Caio, filho de Germânico, que, logo depois veio a ser o imperador Calígula, Antig. 18.6,4; Guerras 2.9,5. Por causa de expressões veementes em favor de Caio, Tibério mandou prendê-lo. Seis meses depois, Caio era imperador, e o nomeou rei da tetrarquia, governada por seu falecido tio, Filipe, e também da tetrarquia de Lisânias, Antig. 18.6,10. No ano 39, o imperador baniu Herodes tetrarca, e ajuntou a sua tetrarquia ao reino de Agripa, 7, 2. Agripa se ausentou do reino por algum tempo e foi residir em Roma, 8, 7. Durante a sua estada em Roma, conseguiu que o imperador desistisse do plano de erguer sua estátua no templo de Jerusalém, 8, 7, 8. Depois do assassinato de Calígula, colocaram Cláudio em seu lugar. Agripa ainda estava em Roma e agiu como intermediário entre o senado e o novo imperador, para que assumisse o cargo, visto relutar em aceitá-lo. Em recompensa, deram-lhe a Judéia e Samaria para aumento de seus domínios, que então eram iguais aos de Herodes, o Grande, Antig. 19.3-5; Guerras 2.11,1-5. Começou então a construir um muro na parte norte da cidade com o fim de recolher um dos subúrbios, o que lhe foi proibido continuar,

HERODES

Antig. 19.7,2. Mandou matar à espada o apóstolo Tiago, irmão do apóstolo João, At 12.1,2, e prender o apóstolo Pedro, At 12.3-19. Em Cesaréia, em dia assinalado, vestido em trajes reais, assentou-se no seu tribunal, e fazia um discurso ao povo que o aclamava, tributando-lhe honras divinas. Subitamente, porém, o anjo do Senhor o feriu, e comido de bichos, expirou, At 12.20-23; Antig. 19.8,2, no ano 44, com 54 anos de idade, deixando quatro filhos, três dos quais são mencionados na Escritura. Agripa, Berenice e Drusila, Guer. 2.11, 6. **4** Agripa ou Herodes Agripa II. Era filho de Herodes Agripa I, e, como tal, bisneto de Herodes, o Grande, e irmão das famosas Berenice e Drusila, Guerras 2.11,6. Por ocasião da morte de seu pai, no ano 44, tinha ele 17 anos de idade, e residia em Roma, onde foi educado na residência imperial, Antig. 19.9,1,2. O imperador Cláudio foi induzido a não nomeá-lo para o trono de seu pai em vista da sua pouca idade, ficando a Judéia aos cuidados de um procurador. Agripa continuou em Roma. Sucessivamente secundou os esforços dos embaixadores da Judéia para obter a permissão de conservar as vestimentas oficiais do sumo sacerdote, sob a sua direção 20.1,1. Quando seu tio Herodes, rei de Calcis, morreu, pelo ano 48, Cláudio lhe deu o pequeno reino do Antilíbano, 5.2; Guerras 2.12,1; 14.4; cf. 1.9,12, de modo que veio a ser o rei Agripa II. Assumiu a causa dos comissários que tinham ido a Roma para se oporem ao procurador Cumanus e aos samaritanos, conseguindo que o imperador lhes desse audiência, Antig. 20.6,3; Guerras 2.12,7. No ano 52, Cláudio o transferiu do reino de Calcis para um domínio mais vasto, formado pela tetrarquia, composta de Batanéia, Traconitis e Gaulonites, a tetrarquia de Lisânias e a província de Abilene, Antig. 20.7,1; Guerras 2.12,8. A constante convivência com sua irmã Berenice deu ocasião a escândalo, Antig. 20.7,3. No ano 54 ou 55, Nero au-

mentou os seus domínios com as cidades de Tiberíades e Tariquéia na Galiléia, e Júlias na Peréia, 8, 4. Quando Festo substituiu Félix na procuradoria da Judéia, Agripa foi a Cesaréia para saudá-lo, acompanhado de Berenice. Nessa ocasião, o apóstolo Paulo estava na prisão. Festo levou o caso ao conhecimento de Agripa, e na manhã seguinte o apóstolo compareceu diante do procurador, do rei e de Berenice, para defender-se, no que foi bem-sucedido, At 25.13 até 26.32. Logo depois, Agripa aumentou as dependências do palácio dos hasmoneus em Jerusalém, Antig. 20.8,11, alargou e enriqueceu de belezas Cesaréia de Filipos e estabeleceu exibições teatrais em Beritus, 9, 4. Quando começaram as perturbações que ocasionaram a guerra contra a Judéia, tentou persuadir os judeus a não resistirem ao governador Fadus, e ao governo romano, Guerras 2.16,2-5,17; 18,9; 19,3. Quando rebentou a guerra, bandeou-se para o lado de Vespasiano, sendo ferido no sítio de Gamala, 3.9,7,8,10,10; 4.1,3. Depois da tomada de Jerusalém, transferiu-se com Berenice para Roma, onde foi investido na dignidade de pretor. Morreu no ano 100.

HERODES, PALÁCIO DE – palácio-fortaleza, construído por Herodes, o Grande, no ano 24 ou 23 a.C., Antig. 15.9,1,3, no ângulo noroeste da cidade alta, junto às torres de Hípico, Fasael e Mariana, com as quais formava tão resistente baluarte que estimulou a admiração dos próprios romanos, Guerras 5.4,4; 5.8; 6.8,1; 9.1. O seu lugar está atualmente ocupado por uma cidadela moderna, ao lado da porta de Jafa. As três torres foram construídas de pedras brancas. A torre Hípico era quadrada, cujos lados mediam 25 cúbitos de comprimento, ou 13 metros. Até a altura de 30 cúbitos, ou 15,24 m, tinha sido construída de sólida alvenaria; sobre essa elevação existia um reservatório com a profundidade de 20 cúbitos, ou 10,16 m, e ainda sobre ele, erguia-se uma casa de dois pavimentos, com 25 cúbitos de altura, ou 12,7 m, encimada com ameias de dois cúbitos de altura, ou 1,1 m, guarnecidas de torreões de 1,52 m de altura. O total da elevação era de 80 cúbitos ou 40,64 m. A. torre Fasael era mais larga do que as outras. Formava um cubo de sólida alvenaria, medindo 40 cúbitos em cada direção (20,32 m), encimada com um claustro com a altura total de cerca de 46 m. A construção terminou pelo ano 10 a.C., Antig. 16.5,2. A torre Mariana tinha metade das dimensões desta, menos na altura que media cerca de 26 m. Herodes a adornou magnificamente como convinha, em honra de sua esposa Mariana. O palácio, propriamente dito, estava situado na parte sul das torres, circundado de muralhas, defendidas por torreões levantados a igual distância uns dos outros. No centro, havia áreas descobertas, plantadas de bosque, ladeadas de numerosos apartamentos, entre os quais, se distinguiam dois pelo seu tamanho e beleza, denominados Cesareum e Agrippium, em honra de seus amigos, Antig. 15.9,3; 10.3; Guerras 1.21,1; 5.4,4. Esse palácio foi ocupado por Sabinus, procurador da Síria, Antig. 17.10,2,3; Guerras 2.3,2,3. Pilatos o adornou interiormente de broquéis de ouro em honra do imperador Tibério; deu-se-lhe o nome de casa dos procuradores (Philo, de legat. ad Caium, 38 e 39). O procurador Florus acomodava-se nesse palácio, onde havia seu tribunal e no qual ordenava a execução das penas de açoites e crucificação, Guerras 2.14,8 e 9. No princípio da luta contra os romanos, os judeus sediciosos lançaram-lhe fogo. As três poderosas torres resistiram às chamas e foram conservadas como testemunha da espécie da cidade que haviam destruído, Guerras 2.17,8; 7.1,1.

HERODIANOS – nome de um partido político do tempo de Cristo que evidentemente defendia a família de Herodes. Esses Herodes não pertenciam propriamente à geração judia, mas suplantaram a família real e até a linhagem sacerdotal. Mantinham-se apoiados pelos seus amigos de Roma. Se os herodianos defendiam a posição da família de Herodes no exercício das funções reais e sacerdotais, colocavam-se em completo antagonismo contra os fariseus, com os quais, no entanto, se uniram em Jerusalém para comprometer Jesus na questão de pagar ou não o tributo a César, Mt 22.16; Mc 12.13. Na Galiléia, ligaram-se outra vez para conspirarem contra a vida de Jesus, Mc 3.6, *cf*. 8.15. Se esse partido apoiava a família de Herodes, por ser representante dos interesses nacionais contra o governo estrangeiro, neste caso, a ligação com os fariseus justifica-se perfeitamente.

HERODIÃO – nome de um cristão de Roma, parente do apóstolo Paulo, mencionado no cap. 16.11 da epístola aos Romanos.

HERODIAS – nome da filha de Aristóbulo e irmã paterna de Herodes Agripa I. Casou-se com Herodes, filho de Herodes, o Grande, e de sua mulher Mariana, filha do sacerdote Simão. O marido de Herodias tem o nome de Filipe em o Novo Testamento, não o tetrarca, Mt 14.3; Mc 6.17. É outro Filipe distinto do tetrarca, conhecido por Herodes Filipe (veja *FILIPE*). Seu irmão paterno, Herodes tetrarca, apaixonou-se por ela e com ela se casou, depois de divorciar-se de sua mulher, filha do rei Aretas da Arábia. Por sua vez, ela havia abandonado seu esposo, Antig. 18.5,1,4; 6.2; 7.2; Guerras 9, 6. João Batista condenou esse consórcio ilegal, pelo que, Herodias planejou a sua morte. Em um dia, em que sua filha Salomé dançava perante Herodes, e na presença dos dignitários da corte, de tal modo caiu nas graças do rei que ele prometeu dar-lhe tudo o que ela pedisse. Herodias aproveitou o ensejo para induzir sua filha a pedir a cabeça de

HERODIAS

João Batista. O rei se entristeceu, mas devido ao juramento e pelos que estavam à mesa, mandou trazer-lhe, Mt 14.3-12; Mc 6.17-29; Lc 3.19,20; *cf.* Pv 6.26. Quando Herodes tetrarca foi exilado, Herodias o acompanhou, Antig. 18.7,2; Guerras 2.9,6. Salomé, filha de Herodias, casou-se com o tetrarca Filipe, filho de Herodes, o Grande. Ficando viúva, casou-se de novo com seu primo Aristóbulo, filho de Herodes, irmão do rei Agripa e bisneto de Herodes, o Grande, Antig. 18.5,4.

HESBOM (*no hebraico, "inteligência", "razão"*) – nome de uma cidade, que pertencia a Siom, rei dos amorreus, e que parece ter sido tomada dos moabitas, Nm 21.25-30,34. Moisés a designou ao patrimônio da tribo de Rúben, que, depois da conquista, os rubenitas a reconstruíram, Nm 32.37; Js 13.17. Estava situada nas divisas de Gade, Js 13.26, e depois passou a pertencer a essa tribo, e transferida, com mais uma cidade da mesma tribo de Gade, aos levitas, Js 21.39; 1 Cr 6.81. Os moabitas tinham-na em seu poder nos dias de Isaías e de Jeremias, Is 15.4; 16.8,9; Jr 48.2,33,34. Posteriormente, esteve em poder de Alexandre Janeu e de Herodes, o Grande, Antig. 13.15,4; 15.8,5. Ainda nos dias atuais é conhecida pelo nome de Hesbã, cidade arruinada, localizada sobre um outeiro isolado, conservando ainda os vestígios de um muro, um arco e um templo. Aos lados do vale vêem-se cavernas e sepulcros. Um pouco ao oriente das ruínas de Hesbom, existe um grande reservatório que parece ser um dos tanques que havia fora dos muros da cidade, Cânticos 7.4.

HESMOM (*no hebraico, "solo fértil"*) – nome de uma cidade no extremo sul de Judá, Js 15.27.

HETE (*oitava letra do alfabeto hebraico*) **1** Encontra-se no princípio da oitava secção do salmo 119, cujos versículos começam pela mesma letra. **2** No hebraico, "medo", "terror". Nome de um neto de Cão e bisneto de Noé, Gn 10.15 (veja *HETEUS*).

HETEUS – nome de um povo conhecido também pela designação de filhos de Hete, ligados pelo sangue, ou pela conquista com os povos de Canaã, Gn 10.15; 23.3. Ocuparam durante alguns séculos, a região que se estende desde o norte da Palestina até o Eufrates. Entre as suas cidades, contava-se Cades, sobre o Orontes, Hamate e Carquemis, Js 1.4; 1 Rs 10.29. Já nos tempos de Abraão, grupos de heteus tinham se localizado na própria Canaã, e parece que haviam adotado a língua do país. Abraão os encontrou em Hebrom e deles comprou a caverna de Macpela, Gn 23.1-20; 35.9. Esaú casou com duas mulheres da raça dos heteus, 26.34,35; 36.2. Os espias que Moisés enviou a reconhecer a terra, encontraram os heteus ocupando as montanhas de Canaã, Nm 13.29. Tomaram parte na guerra contra os conquistadores hebreus, capitaneados por Josué, Js 9.1,2. Também foram encontrados entre as tribos que auxiliaram Jabim, rei de Hazor, na grande batalha em que foi desbaratado por Josué nas águas de Merom, 11.3. O homem que traiu a cidade de Luz, ou Betel, edificou uma segunda Luz na terra dos heteus, Jz 1.26. Depois da conquista de Canaã por Josué, os heteus ainda permaneceram no país, e estreitaram laços de relacionamento com os israelitas, 3.5,6. Aimeleque, um dos companheiros de Davi, era heteu, 1 Sm 26.6. Urias, contra o qual Davi pecou tão torpemente, pertencia à mesma raça, 2 Sm 11.3,17,21. Salomão lançou tributos sobre os heteus, com outras tribos que haviam ficado no país, 1 Rs 9.20,21; 2 Cr 8.7,8. Esse rei possuía mulheres hetéias no seu harém, 1 Rs 11.1. Os *kheta*, ou *khita*, dos monumentos egípcios, os *hatti* das inscrições assírias e os *keteioi* de Homero, Odisséia, 11.521, eram os mesmos heteus da Bíblia. Sabe-se, pelos monumentos do Egípcio e da Assíria, e pelas ruínas dos heteus, que o poder desse povo se estendia desde o Arquipélago até o Eufrates, com duas cidades capitais, Carquemis ao norte e Cades ao sul sobre o Orontes. Durante cerca de 500 anos, estiveram em luta contra os egípcios, salvo algumas tréguas de paz, travando grandes batalhas com Tutmés III, 16 séculos antes de Cristo e com Seti I e Ramsés II. O sítio de Cades pelo último monarca egípcio foi celebrado em um poema épico pelo poeta Pentaur. Durante 400 anos, a começar em 1100, a.C., lutaram contra os assírios, resistindo até o ano 717 a.C., quando Sargom, rei dos assírios, tomou Carquemis, e pôs termo ao império heteu. Esculturas dos heteus com hieroglíficos pouco legíveis, têm sido encontradas em Carquemis, em Hamate, e em grande extensão da Ásia Menor. Os heteus constituíram uma raça forte; raspavam a barba, usavam chapéus de forma cônica e túnicas largas; sapatos de bico arrebitados, presos com tiras ao redor dos artelhos. Esse tipo de calçado ainda é utilizado pelos camponeses da Ásia menor, muito cômodo para proteger os pés no tempo da neve. Os heteus também usavam luvas, com um compartimento para o polegar e outro para os quatro dedos, com as quais cobriam o antebraço. Talvez, estes, sejam vestígios dos tempos em que os heteus habitavam nas montanhas da Armênia e nas cordilheiras do Tauro, cobertas de neves eternas.

HETLOM (*no hebraico, "esconderijo", "fortificada"*) – nome de um lugar ao norte da Palestina, sobre o qual Ezequiel profetizou, perto da entrada de Hamate, Ez 47.15; 48.1; *cf.* Nm 34.8. Localização não identificada.

HEVEUS – nome de uma das raças residentes em Canaã, antes da conquista da terra pelos hebreus, Gn 10.17; Êx 3.17; Js 9.1. Formavam diversas comunidades. Uma delas ocupava Siquém no tempo de Jacó, Gn 33.18; *cf.* 34.2, e seus descendentes ainda exerciam influência naquela cidade muito tempo depois da conquista, Jz 9.28. Outro grupo habitou em Gibeão e suas vizinhanças. Alcançaram por meio de um estratagema, um tratado de paz com Josué. Descoberta a fraude, foi-lhes poupada a vida, mas Josué os empregou a serrar madeira e a carregar água, Js cap. 9. Possuíam grande estabelecimento, talvez o principal, nas raízes do Líbano, desde o monte Hermom até a entrada de Hamate, Js 11.3; Jz 3.3. Nessa região, tinham aldeias ainda nos dias de Davi, 2 Sm 24.7. Salomão exigiu deles e dos demais que permanecessem em Canaã depois da conquista, que prestassem serviços como operários nas grandes obras que o rei executava, 1 Rs 9.20-22.

HEZIOM (*no hebraico, "visão"*) – nome do pai de Tabrimom e avô de Bene-Hadade, rei da Síria, 1 Rs 15.18. Talvez seja o mesmo Rezom, filho de Eliada, dada a semelhança dos dois nomes no hebraico, 1 Rs 11.23.

HEZIR (*no hebraico, "porco", "leitão"*) **1** Nome de um descendente de Arão, cujos membros formaram uma das famílias principescas no tempo de Davi, enumerada entre as famílias sacerdotais, 1 Cr 24.15. **2** Nome do chefe de um povo que assinou o pacto com Neemias, Ne 10.20.

HEZRAI (*no hebraico, "fechado"*) – nome de um carmelita alistado entre os valentes de Davi, 2 Sm 23.35. Em 1 Cr 11.37, é chamado Hezro, diferença que se pode atribuir a erro do escriba, trocando a letra *Jod* por *vau*.

HEZROM (*no hebraico, "preso", "sitiado", "cercado"*) **1** Nome de um lugar no limite sul de Judá, pouco distante de Sina e Cades-Barnéia, Js 15.3. Escrito Hezrom,

HEZROM

tanto na Versão Brasileira quanto em Figueiredo, nesta passagem. Talvez seja a mesma Hazor, mencionada no v. 23. Situada perto de Adar, com a qual forma um só nome em Nm 34.4. Em Js 15.25, aparece sob a palavra composta Queriote-Hezrom. **2** Nome de um dos filhos de Rúben, e fundador da família heronita, Gn 46.9; Êx 6.14; Nm 26.6; 1 Cr 5.3. **3** Nome de um dos filhos de Perez, da tribo de Judá, fundador de uma família tribal, Gn 46.12; Nm 26.21; Rt 4.18; 1 Cr 2.5.

HIDAI (*no hebraico o significado é incerto, talvez, "alegre", ou "poderoso"*) **–** nome de um homem da torrente de Gaás, um dos heróis de Davi, 2 Sm 23.30. Em 1 Cr 11.32, chama-se Hurai.

HIDÉQUEL (no hebraico *hiddeqel*, em assírio *idiklat*; no antigo persa, *tigra* e no grego *tigris*) **–** nome do rio Tigre que vai em direção à Assíria, Gn 2.14; Dn 10.4. Os povos que habitam as suas margens ainda o conhecem por esse nome. As cabeceiras desse rio encontram-se na Armênia, nas vertentes sul do Antitauro; corre para oeste, passando por Diarbequer, depois de um percurso sinuoso de cerca de 278 km. Dois tributários, oriundos do lago Zã, têm os nomes de Bitlis, Chai e Botã-Chai, que a ele se juntam, depois de um curso de 185 km. Enriquecido por esses tributários, o Hidéquel, ou Tigre, continua sua marcha para sudeste, passando pelo Curdistão, onde recebe vários afluentes, especialmente os dois Zabe, o Diialá, que vem do oriente, e mais outros menores, que vêm do ocidente, e finalmente entram no Eufrates. Em outros tempos, desaguava no golfo Pérsico. No seu curso, atravessava as ruínas de Nínive, que ficam à esquerda, quase fronteiras, a Mosul, na margem direita. Mais para baixo, separa as ruínas de Bagdá em duas metades, banha as ruínas de Ctesifom, capital da Pártia, depois, as ruínas de Selêucia, que em outros tempos, sob o domínio dos gregos, foi rival da Babilônia. O curso total do Tigre até a sua junção com o Eufrates é cerca de 2.122 km.

HIDROPISIA – nome de uma enfermidade notável pelo acúmulo de líquidos nas cavidades do corpo ou nos seus tecidos, Lc 14.2.

HIEL (*no hebraico, "Deus vive", ou "vida de Deus"*) **–** nome de um homem natural de Betel, que no tempo do reinado de Acabe, fortificou Jericó, atraindo sobre si as imprecações de Josué. Quando lhe lançava os alicerces, morreu seu filho primogênito Abirão, e quando lhe pôs as portas, morreu o seu último filho, 1 Rs 16.34; Js 6.26.

HIENA (*no hebraico, iyym*) **–** animal que se alimenta de cadáveres ou de carniças atiradas aos cães (Ecclus 13.18). A hiena rajada (*Hyaena Striata*) é muito comum em toda parte da Palestina, vivendo nas cavernas e nos túmulos, de onde sai ao escurecer para revolver as sepulturas, e os monturos em busca de alimentos. O vale Zeboim, mencionado em 1 Sm 13.18, quer dizer vale das hienas.

HIERÁPOLIS (*no grego, "cidade sagrada"*) **–** nome de uma cidade da Ásia Menor, situada no vale do rio Lico, perto da confluência do rio Meandro. Pouco distante, estavam as cidades de Colossos e de Laodicéia, Cl 4.13. Adorava-se ali a deusa Atargatis, dos sírios; suas águas termais deram-lhe renome. Atualmente chama-se *Pambûk-Kalaksi*.

HIGAIOM (*no hebraico, "som profundo", "meditação"*) **–** termo musical que se encontra no salmo 9.16, e também empregado em outros lugares, no sentido de meditação ou som solene, Sl 19.14; 92.3; Lm 3.63.

HILEL (*no hebraico, "ele tem louvado", ou "louvou a Deus"*) **–** nome do pai de Abdom, juiz de Israel, Jz 12.13.

HINOM, VALE DE

HILQUIAS (*no hebraico, "porção de Jeová", ou "Jeová é minha porção"*) **1** Nome de um levita filho de Amazias, descendente de Merari, 1 Cr 6.45,46. **2** Nome de outro levita filho de Hosa, descendente de Merari, 1 Cr 26.11. **3** Nome do pai de Eliaquim, mordomo-mor da casa do rei Ezequias, 2 Rs 18.18,26; Is 22.20; 36.3. **4.** Nome de um sacerdote pai de Jeremias, Jr 1.1. **5** Nome do pai de Gemarias, contemporâneo de Jeremias, Jr 29.3. **6** Nome do sumo sacerdote do tempo de Josias, que auxiliou o rei na reforma religiosa e que achou o livro da lei, 2 Rs 22.4-14; 23.4; 1 Cr 6.13; 2 Cr 3 4.9-22. **7** Nome de um dos sacerdotes que voltaram da Babilônia com Zorobabel, e que foi chefe de uma casa na geração seguinte, que tem o seu nome, Ne 12.7,21. **8** Nome de um dos varões que estavam ao lado de Esdras quando lia no livro da lei, diante do povo, Ne 8.4. **9** Nome de um antepassado de Baruque, e servo de Jeremias, Bar 1.1,7.

HIM – nome de uma medida para líquidos, equivalente a um galão e três pintas, medida americana, para vinho, igual a 6 litros e 2 dl, Êx 29.40; Antig. 3.8,3 (veja *MEDIDAS*).

HIMENEU (*no grego, "pertencente a hímen", deus do casamento*) – nome de um cristão que naufragou na fé, blasfemador, que o apóstolo Paulo disse ter "entregue a Satanás", 1 Tm 1.20. Ensinava que a ressurreição já ocorrera, com isso, pervertia alguns que deixavam de ter fé e esperança na ressurreição futura. Fileto se associou a ele no erro, 2 Tm 2.16-18.

HINO – meditação espiritual, destinada a ser cantada no culto de adoração a Deus. O livro de Salmos é a coleção de hinos mais antiga que se conhece. Outras odes magníficas são os cânticos de Moisés, Êx 15.1-19; Dt 32.1-43; o canto de Débora, Jz cap. 5; o cântico de Ana, 1 Sm 2.1-10; o cântico de Maria, Lc 1.46-55; e o cântico de Zacarias, Lc 1.67-80. Estes dois últimos são conhecidos pelos nomes *Magnificat* e *Benedictus*, respectivamente, tirados da tradução latina. Os salmos hebraicos eram cantados com acompanhamento de instrumentos musicais, 2 Cr 29.27,28. No Novo Testamento, empregam-se três termos para designar os cânticos cristãos: salmos, hinos e cânticos espirituais, ou odes, Ef 5.19; Cl 3.16. Josefo emprega duas dessas palavras, hino e odes, em referência aos Salmos de Davi, Antig. 7.12,3. O hino que Jesus cantou com os seus discípulos depois da ceia na noite em que foi traído, Mt 26.30, era parte do salmo 115.18, que os judeus costumavam cantar na noite da Páscoa depois da ceia. Os cristãos primitivos cantavam hinos no culto público e particular como meio de adorar a Deus, e de edificação e conforto, At 16.25; Ef 5.19; Cl 3.16. Existem fragmentos de hinos dos primeiros cristãos, conhecidos assim por causa da metrificação grega em 1 Tm 3.16; Ef 5.14; *cf.* Ap 15.3,4. No princípio do segundo século, no reinado de Trajano, os cristãos da Bitínia, segundo o testemunho de Plínio, cantavam hinos a Cristo como Deus (Epíst. 10.96).

HINOM, VALE DE – vale de Hinom, conhecido também como "vale do filho de Hinom". Nome de um vale de Jerusalém, chegado à porta das olarias, Jr 19.2. A linha divisória entre Judá e Benjamim passava pelo vale do filho de Hinom em direção ao sul de Jerusalém, e dali subia para o cume da montanha que o fronteava, pelo lado do ocidente, na extremidade do vale dos refains, Js 15.8; 18.16. Se a expressão "lado dos Jebuseus" (que é o mesmo como Jerusalém) inclui também o monte a oeste do vale Tiropeom, e não simplesmente o outeiro do templo, em outros termos, se a expressão "lado dos jebuseus" se refere à planície que se projeta para o sul, entre os grandes Wadis que a cercam e que não

HINOM, VALE DE

Vale de Hinom — Christian Computer Art

somente era coroada pela cidadela dos jebuseus, também ocupada pelas suas habitações extramuros e pelas suas campinas, então, a descrição feita no livro de Josué identifica o vale de Hinom, pelo menos na parte inferior do vale que cerca Jerusalém ao sul, conhecido atualmente pelo nome de *Wady er-Rababeh,* perto de sua junção com a ravina do Cedrom. No alto de Tofete do vale de Hinom, os pais faziam passar seus filhos pelo fogo em sacrifício ao deus Moloque. Acaz e Manassés praticavam essas abominações, 2 Cr 28.3; 33.6. Jeremias profetizou a visita do Senhor para castigar o povo com a destruição e a morte, de modo que esse vale se tornou conhecido pelo vale da matança, Jr 7.31-34; 19.2-6; 32.35. Josias profanou esse lugar para que ninguém sacrificasse seu filho ou filha pelo fogo a Moloque, 2 Rs 23.10. Por causa do fogo que ali ardia, da profanação de Josias e das imundícias da cidade que eram consumidas pelo fogo, esse vale passou a servir de emblema do pecado e da maldição. A palavra *Ge-hinom*, convertida em *Geena*, veio a designar o lugar dos castigos eternos.

HIRA (*no hebraico, "nobreza", "esplendor"*) — nome de um adulamita, ovelheiro de rebanhos e "amigo" de Judá, Gn 38.1,12. A LXX diz "pastor" em vez de "amigo", porque as palavras hebraicas envolvidas podem ter os dois sentidos.

HIRÃO (*no hebraico, "consagração"*) **1** Nome do rei de Tiro. Segundo a citação que Josefo faz do historiador fenício Diom, e dos anais de Tiro, traduzido por Menandro, Hirão sucedeu a seu pai Abibaal, reinou 34 anos, e morreu aos 53 anos de idade, Antig. 8.5,3; cont. Apiom, 1.17,18. Ampliou a cidade de Tiro, construindo um dique no lado oriental, fez um passadiço, ligando a cidade à ilha, onde estava o templo de Júpiter, ou Ball-Samém, ergueu uma coluna de ouro nesse templo, reconstruiu os velhos santuários, cobrindo-os de cedro do Líbano, erigiu templos a Hércules e a Astarte. Teve relacionamento de íntima amizade com Davi e Salomão, 1 Rs 5.1; 2 Cr 2.3. Algum tempo depois que Davi tomou a fortaleza de Sião, o rei de Tiro enviou-lhe uma embaixada; e quando Davi planejou a construção de seu palácio, Hirão lhe forneceu as madeiras de cedro, pedreiros e carpinteiros, 2 Sm 5.11. Isto ocorreu evidentemente antes do nascimento de Salomão, 2 Sm 7.2,12; 11.2. Quando este subiu ao trono, Hirão enviou-lhe congratulações. Para a construção do templo, forneceu-lhe cedros e faias, pedras e servos, 1 Rs 5.1-12; 2 Cr 2.3-16, com 120 talentos de ouro, 1 Rs 9.14. Quando Salomão equipou a sua frota em demanda de Ofir, para trazer ouro, Hirão forneceu os homens entendidos em náutica, 1 Rs 9.26,28; 2 Cr 9.21. Em pagamento parcial, Salomão ofereceu-lhe 20 cidades na Galiléia, que o rei de Tiro recusou, 1 Rs 9.10-12; 2 Cr 8.1,2 (veja *CABUL*). Os dados cronológicos de Josefo nem sempre se reconciliam com os da Bíblia. Diz o historiador judeu que o templo foi começado no 11º. ano do reinado de Hirão, Antig. 8.3,1 ou o 12º., cont. Apiom, 1.18, o que não pode ser tomado na devida consideração. Parece que ele calculou esse tempo, sem referência aos arquivos. Ou os 34 anos do reinado de Hirão não estão bem contados, ou então o texto em 1 Rs 9.9-12 está errado. A passagem do livro de Reis é paralela à de 2 Cr 8.1, e esta última não dá a entender que Hirão vivesse até o fim dos 20 anos, quando o templo e o palácio real foram construídos. **2** Nome de um artífice, filho de uma mulher viúva, da tribo de Naftali, cujo pai era de Tiro, 1 Rs 7.13,14; 2 Cr 2.14. Executava trabalhos em bronze e cobre na construção do templo, como pilares, no mar de bronze, nas bacias, caldeirões etc., 1 Rs 7.13-46; 2 Cr 2.13,14.

HISSOPO – nome de uma planta do Egito e da Palestina, Êx 12.22, em hebraico *Ezob*, em grego, *hyssopos*, planta que brota nas frestas dos muros, de pequeno tamanho,

contrastando com a grandeza dos cedros do Líbano, 1 Rs 4.33. Tinha cheiro aromático e era amplamente empregada, de acordo com a lei cerimonial, em ramos com o cedro e com a lã para servir nas purificações cerimoniais, Lv 14.4,6,49,51,52; Nm 19.6,18; Sl 51.7; Hb 9.19. Uma esponja embebida em vinagre sobre um hissopo, foi levada aos lábios de Jesus, quando se achava pendurado na cruz, Jo 19.29. O hissopo comum, *hyssopus officinalis*, é planta aromática pertencente à ordem das *Labiatae*, pequena planta que se desenvolve à altura de 30 a 40 cm, de folhas lanceoladas. Tristram diz que ela cresce ao sul da Europa nas províncias do Danúbio e na Sibéria. Dois dos evangelistas contam que a esponja de vinagre foi levada aos lábios de Jesus na ponta de uma cana, Mt 27.48; Mc 15.36. Como o hissopo não produz canas, *Kalamos*, alguns intérpretes dizem que se trata de outra planta, talvez, a alcaparra, *eapparis spinosa*, algumas vezes denominada *asuf* pelos árabes. É muito comum na Palestina e nas regiões adjacentes; nasce nas fendas dos muros e pode fornecer varas de metro e meio de comprimento, que serviam muito bem para levar uma esponja ao alto da cruz. A tradição rabínica identifica o *ezob* dos judeus com o *satar* dos árabes, que afirmam ser o *origanum marjoryi*, planta comum na Palestina, que brota nos muros e nas rochas; e é planta de folhas e galhos felpudos e muito própria para reter os líquidos que se queiram espargir. Essa planta é pequena e não fornece galhos. Mas os ramos do hissopo empregados nas aspersões eram colocados em varas de cedro, meio pelo qual se poderia levar aos lábios de Jesus a esponja com o vinagre.

HISTÓRIA – a história bíblica é a narração dos fatos que servem de base à religião da Bíblia, cf. Mc 10.2-9; Rm 15.4; 1 Co 10.11. Divide-se em quatro períodos distintos: I. A criação do universo mostrando a

HISTÓRIA

relação do mundo com Deus; introdução à história do homem; II. Esboço da história da humanidade com a introdução à história do povo escolhido; III. História do povo escolhido em seu relacionamento com Deus, e preparação para a vinda de Cristo; IV. História do estabelecimento da Igreja entre as nações. I. Criação do Universo mostrando a relação do mundo com Deus e a introdução à história do homem, Gn 1.1 até 2.3 (veja *CRIAÇÃO e SÁBADO*). A grande doutrina consiste em mostrar que Deus é o Criador e o Senhor de todas as coisas. Nega o materialismo e o ateísmo. Ensina que Deus é ente pessoal e onipotente, cuja manifestação na história humana é incontestável. II. Esboço da História do Homem mostrando a relação da raça humana com Deus, e a introdução à história do povo escolhido, Gn 2.4 até 11.26. Os acontecimentos desse período são objeto de observação, transmitidos pelo testemunho humano. Divide-se em duas partes, marcadas pelo Dilúvio. A narrativa é simétrica: dez gerações antes do Dilúvio, desde Adão até Noé, inclusive; e dez gerações, depois do Dilúvio, desde Sem até Abraão, inclusive, cap. 5; 11.10-26. O período pós-diluviano divide-se em duas partes começando com Pelegue, em cujos dias se fez a divisão da terra. Desde Sem até Pelegue, inclusive, há cinco gerações; e desde Réu até Abraão, inclusive, cinco gerações. No período antediluviano, temos o pacto com Adão, quebrado pela desobediência; o curso da maldade humana, o castigo pelo Dilúvio e o livramento de Noé. No período pós-diluviano, temos o pacto incondicional feito com o patriarca Noé, os novos preceitos dados por Deus ao homem, o aumento da população, a crescente independência ou afastamento dos preceitos divinos, o castigo pela confusão das línguas e a dispersão dos povos. A genealogia, desde Sete até Abraão, está devidamente registrada, junto à origem comum com as outras famílias da terra. A bacia, do Tigre e do Eufrates, foi o local dos acontecimentos desse período, pelo menos, todas as minudências históricas e geográficas se referem a essa região, 2.14; 8.4; 10.10; 11.2,28. Desse centro saíram os povos em todas as direções, especialmente para o ocidente e para o sul, sem que as altas montanhas impedissem a sua marcha, cap. 10. No fim desse período, o mundo habitado, até onde relata a História, estendia-se desde o mar Cáspio, montanhas do Elã e o golfo Pérsico ao oriente e parte ocidental, até as ilhas gregas e as praias fronteiras da África; e desde as vizinhanças do mar Negro, ao norte, até o mar Arábico, ao sul. O período de tempo, decorrido entre Adão e Abraão, é calculado em 1946 anos, mas deve ser mais longo (veja *CRONOLOGIA*). Esse período que é mais extenso do que o tempo decorrido desde o nascimento de Cristo até os dias atuais, é notável pela escassez de milagres, no sentido em que a Escritura emprega esse termo (veja *MILAGRES*). Com a história pessoal do homem começam as teofanias, raras na verdade, mas que ocupam lugar importante na história da revelação, Gn 3.8s. Durante esse período, o homem progrediu em civilização. Havia sido criado com aptidões, e recebeu poderes para dominar a natureza. Avançou, passando desde o estado de nudez, ao uso de folhas das árvores para se cobrir e desde o uso das peles, Gn 2.25; 3.7,21, às roupas feitas de tecidos; do alimento das frutas nativas passou à alimentação obtida pelo trabalho rural e à carne dos rebanhos, Gn 1.29; 4.2. As habitações primitivas eram incertas e foram substituídas pelas tendas portáveis; depois vieram as habitações fixas, 4.17, e as grandes cidades construídas de tijolos, 11.3,4; da família passou à tribo e da tribo ao estabelecimento de nações, 10.10. Do tempo em que não existiam meios de fabricar instrumentos de trabalho até o tempo em que faziam instrumentos musicais, 4.21,22. Nesse período, também a linguagem simples desdobrou-se em dialetos e idiomas, 10.5; 11.1,6,9. O homem reconheceu o dever de andar na presença de Deus em santidade de vida, 3.2,3,10; 4.7; 5.22; 6.9; fez distinção entre animais puros e impuros, 7.2; 8.20; levantou altares e adorou a Deus com sacrifícios e dons, 4.3,4; 8.20, e lhe dirigiu preces, 4.26. A religião sofreu decadência, 6.2,5, e a idolatria progrediu, Js 24.2 (veja *GÊNESIS, ÉDEN, ADÃO, SATANÁS, ABEL, CAIM, ENOQUE, DILÚVIO, NOÉ, BABEL*). III. História do Povo Escolhido em que se observam a relação entre ele e Deus, e os preparativos para a vinda de Cristo. Esse período difere do precedente em que o local para os acontecimentos passa, do vale do Tigre e do Eufrates, para a Palestina. Canaã é o centro. A duração desse período, começando com o nascimento de Abraão, diz Usher, que é de 1996 anos. Com certeza, há erros nesse cálculo, mas se ambos os períodos são iguais ou se o total é de alguns centos de anos a mais ou a menos é coisa que não se pode verificar, nem pelos dados da Bíblia nem por outros estranhos a ela. No princípio desse período e em outras ocasiões posteriores, além dos vários modos pelos quais Deus se revelava aos homens, apareceu também em teofanias. Nesse período se compreendem três das quatro grandes épocas de milagres, que são o livramento do cativeiro do Egito e o seu estabelecimento na terra de Canaã sob o comando de Moisés e Josué; a luta de morte entre os adoradores de Jeová e de Baal, nos dias de Elias e de Eliseu e durante o cativeiro da Babilônia. Essas épocas de milagres estão separadas entre si por espaços seculares, nos quais raramente ocorriam milagres. Esse período, por amor à clareza, pode dividir-se em secções acompanhando os graus sucessivos do desenvolvimento do povo de Deus como segue: 1) Tribo independente em Canaã sob o governo de Abraão, Isaque e Jacó. O patriarca era o sacerdote, e o responsável pelo governo da tribo(veja a história dessa secção nos artigos *ABRAÃO, SONHO, VISÕES, TEOFONIA, MELQUISEDEQUE, ISAQUE e JACÓ*. 2) O povo das 12 tribos em escravidão no Egito por muito tempo (veja *EGITO, JOSÉ, FARAÓ, MILAGRES, ÊXODO, MARA, MANÁ, CODORNIZES, REFIDIM*). 3) Nação independente constituída no Sinai. Chegando ao Sinai, o povo constituiu-se em nação, aceitando o pacto que Deus lhe propôs, contido nos Dez Mandamentos, que ao mesmo tempo era a sua carta constitucional. Jeová é o rei que habita no Tabernáculo que está no meio de seu povo, revela-se aos profetas e aos sacerdotes, e exerce as funções de poder legislativo, judicial e executivo por meio das leis que decreta, pelos juízes que pronuncia e pelos oficiais que ele constitui. A nação era: 3.1) Uma irmandade de 12 tribos sob uma constituição religiosa e com um santuário comum, Êx cap. 19; 1 Sm 7. O sumo sacerdote era o chefe representativo, auxiliado pelos profetas, e ocasionalmente pelos chefes, como Moisés (veja *SINAI, TEOCRACIA, TENDA, TABERNÁCULO, LEVÍTICO, CAMPO*). Deixando o Sinai, os israelitas dirigem-se para Cades. Pela fraqueza de sua fé, tiveram de regressar ao deserto, onde peregrinaram durante 38 anos (veja *NÚMEROS, DESERTO, CORÉ*). Finalmente, rodearam o país de Edom e acharam saída pelas cabeceiras do Arnom. Seguiu-se a conquista do país pelo lado do oriente do Jordão (veja SEOM e OGUE). O centro de operações localizou-se no vale desse rio (veja *SITIM, BALAÃO, BAAL-PEOR, MIDIÃ, DEUTERONÔMIO*). Por ocasião da morte de Moisés atravessaram o Jordão, conquistaram e possuíram a terra de Canaã (veja *JOSUÉ, CANAÃ, SILÓ*). Depois de se estabelecerem na terra conquistada, ocorreu a morte de Josué, que foi substituído, a intervalos, por outros indivíduos de capacidade e influência em número de 15, que conduziram o povo na guerra contra os inimigos e que exerciam as funções governamentais (veja *JUÍZES,*

HISTÓRIA

SAMUEL). Forças unidas operaram nos tempos dos juízes, demonstrando seu grande poder. Infelizmente, obstáculos de ordem natural, pequenas divergências e interesses locais, por vezes os separaram. Existem brilhantes exemplos de piedade e de amor filial e, ao mesmo tempo, o espetáculo humilhante de um povo seduzido pela idolatria (veja *JUÍZES*). Durante esse período, manifestou-se a fraqueza e se descobriram os defeitos do coração humano, referentes ao pacto com Deus. Logo no princípio mostraram falta de fé em Deus, como se observa nos acontecimentos de Cades; nos ciúmes entre as tribos que provocaram a rebelião de Coré e de seus companheiros contra o sacerdócio de Arão e contra a supremacia política de Moisés e a facilidade com que o povo se entregava à idolatria, demonstrava na adoração do bezerro de ouro e nas seduções do culto de Baal-Peor. Os grandes erros políticos da época foram o pacto que Josué fez com os gibeonitas e o descuido da tomada de Jerusalém – erros e defeitos que tiveram conseqüências desastrosas na história do povo de Israel. 3.2) A monarquia das 12 tribos. O povo havia se descuidado de consolidar a centralização nacional que tinha sido contemplada nos planos religiosos, deixou-se dominar por sentimentos de bairrismo e acostumou-se a deixar o Senhor e se entregar a ídolos. A atitude ameaçadora das nações vizinhas produziu nos israelitas a necessidade de organizar um governo forte e de eleger um chefe militar. Samuel estava velho. Esqueceram-se das sábias provisões que Deus tinha feito e pediram um rei. Ao lado do sumo sacerdote e do profeta estava agora um governador permanente, investido de poder supremo, em lugar dos juízes que Deus havia instituído. Saul foi o primeiro rei, que não fundou dinastia, por desconhecer as funções privilegiadas do sumo sacerdote e profeta; finalmente, o modo pelo qual

desobedeceu às ordens explícitas de Deus, foi causa de ser rejeitado e escolhido Davi para receber a coroa (veja os livros de Reis, Samuel, Saul, Davi). No tempo de Davi, as 12 tribos se unificaram depois de uma guerra civil que durou sete anos. Jerusalém foi tomada dos jebuseus e constituída capital civil e religiosa do reino. Os limites se estenderam, pela conquista, para além do norte de Damasco, sendo feitos tributários os povos vencidos. Edom foi colocado sob governo de procuradores de Davi (veja *JERUSALÉM*). A Davi sucedeu Salomão que erigiu o templo de Jerusalém, embelezou a cidade, levantou fortificações; a fama de Israel estendeu-se grandemente. Porém, o peso de tributos afligiu o povo. Depois da morte de Salomão, seu filho deixou de atender às reclamações populares que pediam diminuição de impostos, o que provocou a revolta das dez tribos contra a casa de Davi (veja *SALOMÃO, REOBOÃO, ISRAEL*). 3.3) A monarquia reduzida à tribo de Judá. Dez tribos se revoltaram, formando um novo reino cismático e apóstata. As causas que provocaram a revolta eram várias e remotas (veja *ISRAEL*). O reino de Judá tinha maior força, força natural, pela posição em que se encontrava, por ter a capital, o governo organizado, por ser o centro religioso, onde o povo se acostumou a ter força moral, consistindo na adesão à linha dos reis legítimos, que sempre foi grande elemento histórico, em ter a verdadeira religião que exercia grande influência, na consistência de ser fiel a Jeová e, finalmente, em possuir reis mais piedosos. Era objeto de cuidados providenciais da parte de Deus que ali mantinha o conhecimento e a adoração de si mesmo entre os homens, preparando o advento do Messias. A história religiosa de Judá nesse período foi assinalada por sensível declínio nos dias de Reoboão, 1 Rs 14.22, e outra vez, nos dias de seu filho Abião, 15.1-3, e ainda nos dias de Jorão e

HISTÓRIA

Acazias, 2 Rs 8.27. A causa desse declínio religioso é atribuída a Salomão que introduziu no reino a idolatria, para ser agradável às mulheres estrangeiras com as quais havia se casado. A mãe de Reoboão era amonita, para quem Salomão construiu um lugar alto em honra a Moloque, a quem havia sacrificado. Jorão era genro de Acabe e de Jezabel. Cada um desses períodos de decadência religiosa foi seguido de um movimento reformador. Um destes foi no tempo do rei Asa, e outro no tempo de Joás; este mesmo, mais tarde, se apartou do Senhor, dando ocasião a outra reforma religiosa, que ainda foi seguida pelo domínio da idolatria sob a perniciosa influência do rei Acabe. Começou, nesse período a invasão dos assírios. A nação enfraquecida pela separação das tribos e degenerada pela idolatria, não podia oferecer resistência aos inimigos. Estes avançaram até chegar à conquista do Reino do Norte, o reino de Israel (veja *ISRAEL, SAMARIA, SARGOM*). 3.4) A monarquia de Judá isolada. O Reino do Sul estava então exposto aos ataques dos assírios, e mais tarde, aos dos seus sucessores os babilônios (veja *EZEQUIAS, SENAQUERIBE, MANASSÉS, NABUCODONOSOR*). As condições religiosas do povo não eram boas, apesar dos grandes esforços dos profetas Isaías, Jeremias e Miquéias, que trabalhavam para adiantar a verdade religiosa. Os seus reis, com exceção de Ezequias e Josias, não foram muito fiéis a Jeová. Havia um partido idólatra na corte, que se tornou triunfante nos dias de Acaz. A idolatria obteve fundas raízes no povo; as reformas encetadas pelos reis atingiam mui superficialmente a nação. O país estava invadido por idólatras estrangeiros, e caminhava para o seu fim. O exército de Nabucodonosor visitou Jerusalém em curtos intervalos, durante duas décadas, e de cada vez fazia prisioneiros que transportava para a Babilônia, e afinal, em 587 a.C., tomou a cidade e a incendiou. O povo hebreu não pôde conservar os elementos de sua força nacional, não habitou à sombra do Altíssimo, e, por isso sucumbiu (veja *JUDÁ*). 4) Judá. 4.1) Um povo cativo. 4.2) Judá exilado na Babilônia (veja *CATIVEIRO*). 4.3) Judá na Palestina. No primeiro ano de seu reinado na Babilônia, 538 a.C., Ciro publicou um decreto permitindo aos judeus voltar à Palestina e reconstruir o templo. Quarenta e três mil exilados aproveitaram essa oportunidade e voltaram à pátria com Zorobabel. Essa colônia era: a) Província do império persa subordinada à província Além do Rio. Permaneceu assim por 200 anos. Duas vezes foi governada por autoridades de seu próprio país, nomeadas pelo rei da Pérsia (veja *ZOROBABEL e NEEMIAS*). A maior parte do tempo de sua servidão, os negócios civis estavam sob a jurisdição de um sátrapa de Além do Rio. Competia-lhe nomear delegados para Judá e pedir homens e dinheiro. O governo local, porém, era exercido pelo sumo sacerdote, que passou a ser considerado chefe político e religioso da nação. Logo que chegaram os exilados da Babilônia, deu-se início às fundações do templo. A obra foi progredindo sob as exortações dos profetas Ageu e Zacarias, apesar das interrupções e da oposição sofrida, terminando no ano 515 a.C. Os muros foram levantados sob a direção de Neemias, autorizado pelo rei Artaxerxes, em 445 a.C. (veja *JERUSALÉM*). Nessa ocasião, também o sacerdote Esdras estava na cidade, zelando pela guarda da lei de Deus, e trabalhando em prol da pureza religiosa (veja *ESDRAS e CÂNON*). Pelo ano de 365 a.C., travou-se uma disputa entre dois irmãos acerca do sacerdócio, terminando pelo assassinato de um deles dentro do próprio templo. Esse fato deu lugar a que Bagoses, general do exército de Artaxerxes Mnemom, entrasse no templo (Antig. 11.7,1). Em março ou abril de 334 a.C., Alexandre da Macedônia atravessou o Helesponto, derrotou os persas, e, continuando a sua marcha,

HISTÓRIA

no ano seguinte teve vitória sobre Dario Codomano em Isso, desfiladeiro perto do ângulo nordeste do Mediterrâneo, submeteu a Síria e entrou em Jerusalém. Depois de uma jornada de constantes vitórias, volta-se para o oriente até Punjabe, e morre na Babilônia, no mês de junho de 323 a.C. (veja *ALEXANDRE*). b) A Judéia sujeita ao Egito. Ptolomeu Soter disputou a posse da Palestina que fazia parte da Síria depois da morte de Alexandre, apoderando-se dela, em 320 a.C., conservando-a sob seu domínio, com pequenas interrupções até 198 a.C., quando as crueldades de Ptolomeu Filopáter levaram os judeus a pedir proteção de Antíoco, o Grande (veja *PTOLOMEU*). Durante esses 122 anos foram governados pelos seus sumos sacerdotes, sujeitos ao rei do Egito. Nesse tempo as Escrituras hebraicas foram trasladadas para a língua grega em Alexandria, no Egito (veja *VERSÕES*). c) A Judéia sujeita à Síria. Antíoco, o Grande, arrebatou a Palestina do Egito em 198 a.C., pela vitória alcançada sobre Ptolomeu Filopáter em Panéias. Os sírios protegeram o partido grego que pretendia helenizar a nação, e também tentaram, pela força, impor aos judeus o culto idólatra. A tirania sacrílega dos sírios tornou-se intolerável à parte religiosa do povo de modo a provocar revolta dos Macabeus, em 166 a.C. (veja *GINÁSIO, JASOM, ANTÍOCO*). Seguiu-se um período de independência sob o governo dos reis-sacerdotes Macabeus, que durou desde o ano 166, até a tomada de Jerusalém pelo general Pompeu, em 63 a.C., porém os Macabeus continuaram na posse do trono até o ano 40 a.C., quando Herodes, o Grande, foi nomeado rei da Judéia pelo senado de Roma. Herodes começou o seu reinado pela tomada de Jerusalém no ano 37 a.C. Durante esse período, os saduceus e os fariseus eram reconhecidos como partidos dominantes, exercendo grande influência política e religiosa (veja *FARISEU, SADUCEUS, CONCÍLIO*). d) A Judéia sob o domínio romano. Durante esse período, os negócios da Judéia foram administrados por delegados do império romano. O primeiro foi Herodes, o Grande, depois Arquelau e mais tarde por governadores, exceto entre 41 e 44 d.C., quando Herodes Agripa I exerceu as funções de rei (veja *JUDÉIA, HERODES, PROCURADOR*). A má administração desses procuradores exasperou o povo que se lançou na revolta. Uma guerra obstinada e furiosa ensangüentou a Judéia desde o ano 66 até a queda de Jerusalém no ano 70. O restante do povo judeu que ficou na Palestina não pôde mais entrar em Jerusalém, e desapareceu a existência nacional. No tempo ainda em que a Judéia era nação e nos dias do rei Herodes, nasceu Jesus de Nazaré, começando, então, novo período da história bíblica. IV. História do Estabelecimento da Igreja, Que Deveria Alcançar todas as Nações. a) Jesus Cristo prepara o estabelecimento da sua Igreja, pelo exemplo, pelo ensino e pela redenção (veja *JESUS, EVANGELHO, APÓSTOLO*). b) A Igreja entre os judeus. A Igreja foi estabelecida por Jesus ressuscitado. Dez dias mais tarde, no Pentecostes, o Espírito Santo prometido manifestou-se e a obra da Igreja foi iniciada com o sermão do apóstolo Pedro, com as primeiras conversões e pelos primeiros batismos (veja *PENTECOSTES, ESPÍRITO SANTO, LÍNGUA, BATISMO, IGREJA*). Alguns anos depois, talvez durante uns seis anos, a Igreja sofreu as dificuldades, naturalmente originadas pelas imperfeições dos crentes e pela perseguição; mas, foi crescendo em pureza e em número (veja *ANANIAS, DIÁCONOS, ESTÊVÃO*). A perseguição que irrompeu por ocasião da morte de Estêvão, espalhou os irmãos para fora de Jerusalém, começando, então, a ser evangelizados os judeus da Palestina e da Síria. O Evangelho entrou em Samaria e nas cidades costeiras, desde Gaza até Cesaréia (veja *FILIPE*). Com o intuito de perseguir os crentes, que se achavam nas colônias judias de Damasco, Saulo encaminhou-se para lá, e, no caminho, ouviu a voz de Jesus que o chamava, destinando-o a ser o apóstolo dos gentios. A visão do apóstolo Pedro em Jope, com o seu complemento, na conversão de Cornélio, e com o derramamento do Espírito Santo, abriu os olhos da Igreja para ver a verdade, já conhecida teoricamente que o Espírito Santo seria dado indistintamente a judeus e a gentios (veja *CORNÉLIO*). Em Antioquia, os judeus crentes, oriundos do ocidente e que haviam sido impelidos pela perseguição, conseqüente à morte de Estêvão, começaram a pregar, também aos gregos, a doutrina de Jesus, At 11.20, passando os crentes a ser chamados de cristãos, não mais identificados com os judeus. A Igreja estava então aparelhada para empreender a evangelização dos gentios. Estava praticamente conhecida a verdade acerca da comunhão espiritual de judeus e gentios na dispensação cristã. c) A igreja entre os judeus e os gentios. Paulo e Barnabé, chamados pelo Espírito Santo, começaram a evangelização dos judeus e dos gentios na Ásia Menor. Surgiu, então, a questão sobre a obrigatoriedade da circuncisão dos gentios convertidos. O concílio de Jerusalém resolveu o caso com firmeza, recusando submetê-los ao rito da circuncisão e à observância da lei de Moisés, insistindo somente na prática de obrigações morais e de expedientes necessários a satisfazer a opinião pública. Estavam, pois, garantidos os direitos dos gentios convertidos. Na segunda viagem missionária, o apóstolo Paulo, sob a direção do Espírito Santo, foi a Trôade e, em visão, foi instruído a estender os seus trabalhos à Europa, trabalho esse iniciado em Filipos e concluído em Roma (veja *PAULO, JOÃO, PEDRO*).

HIZQUI (*no hebraico, "Jeová é minha força", "Jeová é força"*) – nome de um descendente de Benjamim e um dos filhos de Elpaal, 1 Cr 8.17.

HOÃO (*no hebraico, "incitado por Jeová"*) – nome do rei de Hebrom que fez pacto com outros reis contra Josué, e por ele foi vencido e morto, Js 10.1-27.

HOBÁ (*no hebraico, "esconderijo", ou "oculta"*) – nome de uma cidade situada ao norte de Damasco. Hobá é o ponto extremo até onde Abraão perseguiu os reis do oriente por ele derrotados, Gn 14.15. O lugar tem sido identificado com a moderna Hoba, cerca de 80 km de Damasco.

HOBABE (*no hebraico, "amante", ou "amado"*) – nome do sogro de Moisés, segundo os tradicionais pontos do texto hebraico, Jz 4.11. Porém, o sogro de Moisés era Reuel, ou, para dar-lhe o nome honorífico pelo qual se apelidava, Jetro, que quer dizer: *sua excelência*. Hobabe foi filho de Reuel, Nm 10.29, e, se a tradicional vocalização for incerta, e prestarmos reverências ao texto hebraico somente, as palavras hebraicas podem ser traduzidas pela frase: Hobabe cunhado de Moisés, Jz 1.16; 4.11. O sogro de Moisés (Reuel ou Jetro) visitou seu gênro no acampamento de Refidim e voltou para sua casa, Êx 18.1,5,27. Um ano depois, quando os israelitas estavam em retirada do Sinai, Moisés instou com Hobabe, filho de Reuel, para acompanhar o povo e auxiliá-lo na sua viagem pelo deserto, no que Hobabe consentiu, Nm 10.29; Jz 1.16; 4.11. Depois da conquista de Canaã, a sua família se estabeleceu na tribo de Judá ao sul de Arade, e ainda ali existia nos tempos de Saul e de Davi, Jz 1.16; 1 Sm 15.6; 27.10; 30.29. Hobabe pertencia aos queneus, família midianita, Jz 1.16.

HODAVIAS (*no hebraico, "Jeová é o seu louvor", ou "louvor de Jeová"*) **1** Nome de um filho de Elioenai, descendente de Davi, 1 Cr 3.24. **2** Nome de um dos chefes da meia tribo de Manassés, ao oriente do Jordão, 1 Cr 5.24. **3** Nome de um benjamita, filho de

HODAVIAS

Hassenua, 1 Cr 9.7. 4 Nome de um levita, fundador de uma família. Alguns membros dessa numerosa família voltaram da Babilônia com Zorobabel, Ed 2.40. Também se chama Judá no cap. 3.9, virtualmente sinônimo de Hodavias e por uma leve corrupção do texto hebraico, Hodevá ou segundo leitura tradicional, Hodeiá, Ne 7.44.

HODE (*no hebraico, "majestade", "esplendor"*) – nome de um descendente de Aser, filho de Zofa, 1 Cr 7.37.

HODES (*no hebraico, "lua nova"*) – nome de uma mulher benjamita, foi uma das esposas de Saaraim, 1 Cr 8.9.

HODIAS (*no hebraico, "esplendor de Jeová"*) 1 Nome de um homem que foi reconhecido como pertencente à tribo de Judá, talvez por causa de seu casamento com a irmã de Naã, 1 Cr 4.19. 2 Nome de um dos levitas empregados por Esdras para explicar a lei ao povo, Ne 8.7, e assistir no dia da penitência e da oração, 9.5. É quase certo que era um dos dois levitas Hodias que selaram o pacto, 10.10,13. 3 Nome de um homem que assinou o pacto com Neemias, Ne 10.18. Alguns pensam tratar-se da mesma personagem mencionada anteriormente.

HOFNI (*no hebraico, "pertencente ao punho", "pugilista", "lutador"*) – o nome vem do egípcio *hfnr*, "girino". Nome de um dos filhos do sacerdote Eli. Ele e seu irmão Finéias exerceram as funções sacerdotais na velhice de seu pai Eli, mas foram indignos de tal ofício por causa de sua conduta escandalosa. Eli demonstrou ser fraco em corrigir as faltas de seus filhos, pelo que os juízos de Deus se pronunciaram contra a sua casa. Quando se resolveu que a arca de Deus fosse levada ao campo de batalha, Hofni e Finéias a acompanharam. Os dois foram mortos na desastrada peleja que se seguiu, 1 Sm 2.22 até o cap. 4.22.

HOGLA (*no hebraico, "perdiz"*) – nome de uma filha de Zelofeade, Nm 26.33. Essa mulher influenciou mudança na lei de Moisés, que permitiu à filha herdar a herança do pai, caso não tivesse irmão, Nm 23.33; 27.1; 36.11; Js 17.3.

HOLOM (*no hebraico, "arenoso"*) 1 Nome de uma cidade na região serrana de Judá, Js 15.51, dada aos sacerdotes, com seus subúrbios, 21.15. Chama-se Hilém em 1 Cr 6.58. Tem sido identificada com Khirbet 'Alin, próxima de Hebrom. 2 Nome de uma cidade moabita, Jr 48.21. Apesar de ser mencionada em conexão com as cidades de Dibom e Jaaza, ignora-se sua localização.

HOMÃ (*no hebraico, "destruidor", "destruição"*) – nome de um filho de Lotã e neto de Seir, 1 Cr 1.39. Esse nome aparece em Gn 36.22, com a forma Hemã. A diferença no hebraico é muito insignificante, devido sem dúvida a uma troca de letras. O último nome tem *jod* e o primeiro tem *vau*.

HOR (*no hebraico, "a montanha", "monte"*) 1 Nome de um monte, no limite do país de Edom, onde Arão morreu e foi enterrado, Nm 20.22-29; 33.37-39,41; Dt 32.50. Diz Josefo que era uma das montanhas que circundavam a região de Petra, Antig. 4.4,7. A tradição a localiza em *Jebel Nebi Harun*, que quer dizer, Montanha de Arão, formando dois picos de rochas arenosas com 1.584 m de altitude, situada na parte oriental do Arabá, entre a extremidade sul do mar Morto, e o norte do golfo de Acaba. É o ponto mais elevado e mais selvagem de toda a cordilheira de Edom. Petra está mais para o oeste; porém, as ruínas dessa cidade não são visíveis dali. Em cima da montanha existe um túmulo que dizem ser o de Arão, mas a parte superior dele tem a aparência de grande mesquita de construção moderna. A tradição, pois, dá lugar a sérias contestações. Parece errônea a identificação de Cades com Petra. Jebel Nebi Harun está no meio de Edom, e não nos limites como estava o monte Hor. Se o país de Edom se estendia até o golfo de Acaba, Dt 2.8, os israelitas nunca poderiam chegar à tradicional montanha sem atravessar o Edom, que lhes era defeso por expressa proibição. Jebel Madara, 28 km a nordeste de Cades, é outro ponto de identificação, mas não satisfaz às condições exigidas. Ainda mais: se a palavra Madara é realmente escrita em árabe com a letra *dal*, como diz Seetzen, é para duvidar que o nome dê o som Moserá, Nm 33.37; Dt 10.16. **2** Nome de certa montanha no limite norte da Palestina, entre o Mediterrâneo e a entrada de Hamate, Nm 34.7,8. Provavelmente era um dos picos proeminentes do Líbano.

HORÃO (*no hebraico, "elevação", "exaltação"*) – nome de um rei de Gezer, que foi derrotado e morto por Josué, Js 10.33.

HOREBE (*no hebraico, "seco", "deserto"*) – o monte de Deus na península do Sinai, Êx 3.1; 18.5, onde a lei foi entregue a Israel, Dt 4.10-15; 5.2; 1 Rs 8.9; 19.8. Os nomes Horebe e Sinai aparecem designando o mesmo monte em diversos lugares, por exemplo: Horebe em Êx 17.6; Dt 1.6; 1 Rs 8.9; 19.8; Sinai em Êx 19.11; 24.16; 31.18; Lv 7.38; 25.1; Dt 33.2; Jz 5.5. Esse fenômeno tem sido explicado por diversos modos. Dizem que os dois termos não se referem exatamente ao mesmo lugar. Horebe é o nome da cordilheira, e Sinai, um dos pontos salientes (Hengstenberg e Robinson). Segundo a opinião de Gesenius, Horebe é o nome da parte inferior ou do pico do monte Sinai, ou a parte do Norte e mais abaixo da cordilheira, enquanto que o Sinai ficava mais para o sul, era o ponto mais elevado. De outro lado, os dois termos empregam-se para representar o mesmo objeto. Ewald pensa que o nome Sinai era o antigo e que Horebe era o nome moderno da mesma montanha (*cf*. Jz 5.5). Veja Êx 19.1; e o contexto, 18.13 até 19.6; e 19.11, no contexto v. 9-13.

HORÉM (*no hebraico, "consagrado", "sagrado", "devoto"*) – nome de uma cidade

Monte Horebe — Christian Computer Art

HORÉM

fortificada de Naftali, Js 19.38. Sua localização estava ao norte da Galiléia, mas o local atualmente não é identificado.

HOREUS – que habitavam em cavernas, aborígines do monte Seir e, por isso, chamados filhos de Seir, Gn 36.20. Foram derrotados por Quedorlaomer e seus aliados, Gn 14.6. Os seus governadores chamavam-se capitães, 36.29, subseqüentemente derrotados pelos descendentes de Esaú, Dt 2.12,22.

HOR-GIDGADE (*no hebraico, "montanha ou caverna de Gileade"*) **–** acampamento dos israelitas no deserto, Nm 33.32. É o mesmo Gudgodá mencionado em Dt 10.6,7; *cf*. 33.31-33. Não se pode identificar com Gudagide, que é de etimologia inteiramente diferente.

HORI (*no hebraico, "habitante das cavernas"*) **1** Nome de um horita, descendente de Lotã, e denominado pelo tronco familiar de onde procedia, Gn 36.22. **2** Nome do pai de Safate, representou a tribo de Simeão entre os 12 espias enviados à terra de Canaã, Nm 13.5.

HORMÁ (*no hebraico, "lugar condenado", ou "lugar devastado"*) **1** Nome de uma região ao sul de Canaã em Seir ao norte de Cades e do monte Hor. Quando os israelitas, depois de sua falta de fé, presumiram avançar de Cades para Canaã, os amalequitas e os cananeus desceram do monte, onde habitavam, e os bateram e rechaçaram, perseguindo-os até Hormá, ou desolação, nome que lhe foi dado 38 anos mais tarde, Nm 14.45; Dt 1.44. Por ocasião da segunda partida dos israelitas de Cades, depois de um lapso de 38 anos, enquanto estavam acampados no monte Hor, os cananeus, sob o comando do rei Arade, atacaram outra vez os israelitas e fizeram alguns prisioneiros. Os israelitas deram em cima deles e,

com o auxílio de Jeová, devastaram as suas cidades e chamaram àquele lugar de Hormá, isto é, desolação, Nm 21.1-3. **2** Nome que deram à cidade de Sefaate, depois de ser devastada. Ficava ao sul do país para os lados de Edom, perto de Ziclague, a qual foi dada a Judá, e mais tarde transferida a Simeão, Js 15.30; 19.4. Depois da morte de Josué, Judá auxiliou Simeão a tomar a cidade. Era habitada pelos cananeus. Essa cidade, ou havia escapado quando a região foi devastada em cumprimento de um voto, Nm 21.21-22, ou foi novamente reconstruída pelos fugitivos que a ela regressaram. A cidade foi destinada à destruição e seus habitantes foram passados à espada, e ficou chamando Hormá, Jz 1.17. Josué já havia derrotado seu rei, antecipadamente chamado rei de Hormá. É possível que esse rei estivesse fora da cidade, auxiliando sua gente em Hebrom, por ocasião de ser tomada, como aconteceu ao rei de Jerusalém e ao rei de Gezer, que estavam ausentes de suas cidades, quando Josué os derrotou, Js 12.14; *cf*. Js 10.10,33. Depois de destruída, os simeonitas a ocuparam, 1 Cr 4.30. Serviu de abrigo a Davi quando fugitivo. Aos seus amigos dessa cidade, enviou ele alguns despojos da cidade de Ziclague, 1 Sm 30.30.

HORONAIM (*no hebraico, "cidade de duas cavernas"*) **–** nome de uma cidade ao sul de Moabe, não longe de Zoar, Is 15.5; Jr 48.3,5,34; Pedra Moabita, 31. Sem dúvida, é a cidade *Oronae* que Alexandre Janeu tomou dos árabes e que seu filho restituiu a Aretas, Antig. 13.15,4; 14.1,4. Localização atual desconhecida.

HORONITA – nome de um homem natural de Horonaim, ou mais provável de Bete-Horom, Ne 2.10,19.

HORTELÃ – nome de uma erva do gênero *Menta*, de que existem várias espécies;

HOTÃO

chama-se em grego *edyosmon*, doce cheiro, Mt 23.23. A hortelã brava, *Mentha sylvestris*, é muito comum na Síria e cresce espontaneamente nas suas montanhas. Não se conhece bem qual era a qualidade da hortelã, cultivada pelos israelitas. Dentre as muitas finalidades da erva, certamente o uso culinário foi o de maior destaque.

HOSA (*no hebraico, "procurando refúgio", ou "esperançoso"*) **1** Nome de um homem merarita, era um dos porteiros do tempo de Davi. Antes, esse homem foi porteiro da tenda da Arca da Aliança, 1 Cr 16.38; 26.10. **2** Nome de uma aldeia da tribo de Aser ao sul de Tiro, Js 19.29. Tem sido identificada com a aldeia de El Ghazieh. Mas nada se pode afirmar com certeza, os nomes são completamente diversos.

HOSAÍAS (*no hebraico, "Jeová salvou"*) **1** Nome do pai de Jezanias, Jr 42.1; 43.2. **2** Nome de um príncipe de Judá que acompanhava o coro dos que davam graças por ocasião da dedicação do segundo templo, Ne 12.32.

HOSAMA (*no hebraico, "Jeová ouve"*) – nome de um dos descendentes do rei Jeconias, o penúltimo rei de Judá, 1 Cr 3.18.

HOSANA (*no hebraico é hoshî 'ah na'. O termo, hoshî significa, "salvar", e na', significa "rogar", "orar". A expressão pode significar, "salva-nos", ou "salve, nós pedimos"*) – breve oração dirigida a Jeová, pedindo socorro, extraída do salmo 118.25. Aclamação do povo, marchando em torno do altar na festa dos tabernáculos. A maior parte das orações pronunciadas nessa solenidade começava pelo hosana. A multidão dos discípulos que acompanharam Jesus na sua entrada em Jerusalém, aclamava-o, dizendo: Hosana ao Filho de Davi, *cf.* Mt 21.9,15, com o Sl 118.25,26.

HOSPEDARIA – a hospedaria oriental em nada se parece com o hotel do ocidente. Nos antigos tempos, pouco se precisava de hotel. Os viajantes encontravam boa hospitalidade nas habitações particulares, Êx 2.20; Jz 19.15-21; 2 Rs 4.8; At 28.7; Hb 13.2. As hospedarias públicas serviam apenas de abrigo para homens e animais. Semelhante aos modernos *khans*, consistiam em um pátio quadrangular, com um poço no centro e quartos aos lados, armazéns para guardar mercadorias e estrebarias para animais. Os quartos não tinham mobília. Os viajantes estendiam capachos no chão, e na falta de capachos, estendiam as mantas que serviam ao mesmo tempo de cobertas. Pessoas ricas mandavam fazer hospedarias em benefício dos viajantes, Jr 41.17. Raras vezes se poderia comprar alimentos em uma hospedaria, Lc 10.34,35.

HÓSPEDE – pessoa que temporariamente se demora em casa de outrem, ainda que seja por algumas horas somente, 1 Rs 1.41; Sf 1.7; Mt 22.10,11. Pessoas inteiramente estranhas eram recebidas como hóspedes, com provas de muita consideração, Gn 18.1-8; 19.3, Êx 2.20; Jz 13.15; 19.20-24; Jó 31.32. As casas abastadas tinham um aposento reservado para os hóspedes, Mc 14.14; Lc 22.11, *cf.* 2 Rs 4.10. Em Jerusalém, os judeus que visitavam a cidade encontravam à sua disposição quartos que podiam ocupar livremente enquanto duravam as festas (Abote. 34). A hospitalidade fazia parte do proceder cristão, recomendado na epístola aos Hebreus 13.2, *cf.* Mt 25.43. Os preceitos da moralidade impedem que nos hospedemos em casas de honorabilidade suspeita. Os fariseus iam muito além, e aplicavam esse princípio indiscriminadamente, abstendo-se de aceitar a hospitalidade em casa dos publicanos, Lc 5.27-32; 19.7.

HOTÃO (*no hebraico, "selo", "sinete", "anel de selar"*) **1** Nome de um aserita, filho

HOTÃO

de Héber, da família de Berias, 1 Cr 7.32. Talvez seja o homem de nome Helem em 1 Cr 7.35. **2** Nome de um homem natural de Aroer, cujos dois filhos estiveram entre os valentes de Davi, 1 Cr 11.44.

HOTIR – nome de um levita, filho de Hemã, vidente do rei Davi e cantor. Estava entre os cantores encarregados da 21ª. divisão, 1 Cr 25.4,28.

HOZAI (*no hebraico, "vidente"*) – nome de um escritor que descreveu os feitos de Manassés, rei de Judá, 2 Cr 33.19. Seguindo a versão da LXX, a palavra hebraica *Hozay* tem sido traduzida como se fosse nome comum, e o livro citado parece ser uma coleção de ditos sentenciosos dos videntes. Esse modo de traduzir parece indicar que a palavra hebraica perdeu a letra inicial, ou, pelo menos, a última.

HUCOQUE (*no hebraico, "decretado", "nomeado"*) – nome de uma cidade nos limites de Naftali, perto do monte Tabor, Js 19.34. *Yakuk*; 11 km ao norte de *Tell Hum*, conserva a raiz árabe correspondente a esse nome.

HUFÃ (*no hebraico, "homem da costa" i.,e., marítima*) – nome de um filho ou descendente remoto de Benjamim e fundador de uma família tribal, Nm 26.39. Tem o nome Hupim em Gn 46.21, *cf.* 1 Cr 7.12,15, e Hurão em 1 Cr 8.5. Este último parece descender de Bela ou de Gera. O nome de Hupim não se encontra nos registros de Bela, Bequer ou Jediael em 1 Cr 7.12, e a menos que descenda de Bela por via de Ir ou Iri, v. 7.

HUL (*no hebraico, "círculo"*) – nome do segundo filho de Arão, Gn 10.23; 1 Cr 1.17. Parece que a região de Hulé, ao norte das águas de Meron, conserva esse nome.

HULDA (*no hebraico, "doninha"*) – nome de uma profetisa que habitava na cidade baixa de Jerusalém, 2 Rs 22.14. Era esposa de Salum, guarda-roupa, e tida em grande estima. Essa mulher viveu no tempo de Josias e anunciou a destruição de Jerusalém, mas, em face da piedade do rei, Deus determinou o cumprimento da profecia após a sua morte, 2 Rs 22.12-20; 34.20-28.

HUNTA (*no hebraico, "lugar dos lagartos", ou "fortaleza"*) – nome de uma cidade na parte montanhosa de Judá, Js 15.54. (Localização geográfica completamente desconhecida).

HUPÁ (*no hebraico, "cobertura"*) – nome de um dos descendentes de Arão, pertencente ao 13º. curso dos sacerdotes que serviam no templo em Jerusalém, 1 Cr 24.13.

HUR (*no hebraico, "esplendor"*) **1** Nome de um homem de Judá da família de Hezrom, da casa de Calebe, que com Arão, sustentou os braços de Moisés durante a batalha contra os amalequitas, Êx 17.10-20. Associou-se com Arão no governo dos israelitas, enquanto Moisés esteve ausente no monte Sinai, 24.14. **2** Nome do avô de Bezaleel, e pai de Uri. Josefo, escrevendo muitos séculos depois, diz que Hur era esposo de Miriã, irmã de Moisés, Antig. 3.2,4; Êx 31.2; 25.30; 38.22; 2 Cr 1.5. O Antigo Testamento não confirma a narração de Josefo. **3** Nome de um dos cinco reis de Midiã que Moisés matou, Nm 31.8; Js 13.21. **4** Nome do pai de um dos oficiais de Salomão destacados para o distrito do monte de Efraim, 1 Rs 4.8. Em várias das nossas versões, o nome nessa passagem é Ben-Hur. **5** Nome do pai de certo Refaías, um maioral de Jerusalém, Ne 3.9.

HURAI (*no hebraico, "tecelão"*) – nome de um dos valentes de Davi da torrente de Gaás, 1 Cr 11.32, chamado Hidai, em 2 Sm 23.30.

HUZABE

HURÃO (*no hebraico, "nobre", "ingênuo"*) – nome de um benjamita, talvez filho de Bela, 1 Cr 8.5.

HURI (*no hebraico, "trabalhador em linho", talvez, "tecelão"*) – nome de um gadita, pai de Abiail, 1 Cr 5.14.

HUSÁ (*no hebraico, "emoção"*) – nome de uma cidade de Judá, 1 Cr 27.11.

HUSAI (*no hebraico, "apressado"*) – nome de um homem de Araque e um dos dois conselheiros de Davi, que permaneceu fiel a seu soberano enquanto durou a rebelião de Absalão e que anulou os conselhos de Aitofel, 2 Sm 15.32-37; 17.5-16.

HUSÃO (*no hebraico, "colérico", ou "apressadamente"*) – nome de um homem temanita que sucedeu a Jobabe no trono de Edom, Gn 36.34,35; 1 Cr 1.45,46.

HUSATITA – nome de um habitante de Husati, chamado Sibecai, 2 Sm 21.18; 23.27.

HUSIM (*no hebraico, "rico de filhos"*) **1** Nome de um filho de Dã, Gn 46.23, chamado Suão ou Suã em Nm 26.42. A diferença provém da transposição de consoantes. **2** Nome de uma família benjamita, dos filhos de Aer, 1 Cr 7.12. **3** Nome de uma das mulheres do benjamita Saaraim, 1 Cr 8.8,11.

HUZABE (*no hebraico, talvez, "cidade-rainha"*) – parece ser um termo poético empregado em lugar de Nínive, Na 2.7. O Targum o emprega como sinônimo de rainha. Faz parte do verbo *yasab* do idioma hebraico, que significa colocar, ou estabelecer.

IBAR *(no hebraico, "Deus escolhe")* – nome de um dos filhos de Davi, nascido em Jerusalém, 2 Sm 5.15; 1Cr 3.6; 14.5.

ÍBIS – tradução da palavra hebraica *Tinshemeth*, que significa respiração, inflação. Assim era chamada uma ave da família dos *longirrostros*, considerada ave imunda segundo a lei cerimonial, Lv 11.17,18; Dt 14.16. A mesma palavra aplica-se para réptil da classe dos lagartos ou camaleões, Lv 11.30. Tristram avalia que esse pássaro talvez seja a *galínula purpúrea, Porphyrio caeruleus*, ou a brilhante íbis, *Ibis falcinellus*.

IBLEÃO/IBLEÃ *(no hebraico, "o povo falha")* – nome de uma das cidades dentro do território de Issacar que pertenceu à tribo de Manassés. Os membros dessa tribo não expulsaram os cananeus da cidade, Js 17.11,12; Jz 1.27. Foi próximo a essa cidade que Acazias, rei de Judá, saiu mortalmente ferido pelos partidários de Jeú, 2 Rs 9.27. Geralmente consideram que a cidade de Ibleã seja o antigo local de Bileã que pertenceu a Manassés, mas que foi doada aos levitas, 1 Cr 6.70. O lugar está em Khirbet Bill 'ameh, localizado ao norte de Siquém, cerca de 16 km de Megido.

IBNÉIAS *(no hebraico, "Jeová edifica")* – nome de um benjamita, filho de Jeroboão. Voltou do cativeiro babilônico para Jerusalém e foi chefe de uma família, 1Cr 9.8.

IBNIJAS *(no hebraico, "Jeová edifica", ou "edificação de Jeová")* – nome de um benjamita, pai de Reuel. Residiu em Jerusalém após o cativeiro babilônico, 1 Cr 9.8.

IBRI *(no hebraico, "hebreu")* – nome de um levita, descendente de Merari e de Jaazias, que serviu nos turnos criados por Davi para as funções sacerdotais, 1Cr 24.27.

IBSÃO *(no hebraico, "flagrante")* – nome de um homem da tribo de Issacar, da família de Tola, 1 Cr 7.2.

IBZÃ/IBSÃ

IBZÃ/IBSÃ (*no hebraico, "ilustre", "brilhante"*) – nome do décimo juiz de Israel. Ele julgou Israel por sete anos, e era famoso por possuir 30 filhas e 30 filhos. Era natural de Belém, quando morreu foi sepultado nessa cidade, Jz 12.8-10.

ICABODE (*no hebraico, "a glória se foi", ou "onde está a glória?"*) – nome de um dos filhos de Finéias e neto do sumo sacerdote Eli. Esse nome lhe foi dado na ocasião do seu nascimento por sua mãe quando soube da captura da arca da aliança pelos filisteus, e também da morte de seu marido. Em meio às dores de parto, seu sogro, o sacerdote Eli, também chocado com a notícia, sofreu uma queda e morreu, 1 Sm 4.19-22.

ICÔNIO – nome de uma cidade da Ásia Menor, atualmente Turquia, descrita por Xenofonte como a última cidade da Frigia, indo para o oriente, Anábase, 1.2,19. Sob o domínio do império grego e do romano, a cidade de Icônio serviu de capital da Licaônia. Situada em lugar fértil, nas planícies da Licaônia. Barnabé e Paulo a visitaram na primeira viagem missionária, tanto na ida quanto na volta, At 13.51,52; 14.1-6,19-22; *cf.* 16.2; 2 Tm 3.11. Sua história não tem solução de continuidade. É conhecida pelo nome de *Konya* e serve de capital à província de *Karaman*; é grande cidade, cercada de muros construídos com materiais de antigas ruínas.

IDADE – **1** Tempo computado pelos anos, meses e dias que alguém vive neste mundo. Idades de avanço extraordinário se contam nos registros de Gênesis, caps. 5 e 11, decaindo à proporção que as genealogias se tornam mais particulares e se aproximam de Abraão (veja *CRONOLOGIA*). Abraão morreu com 175 anos de idade, Gn 25.7, e sua mulher Sara, aos 127 anos, Gn 23.1; Isaque aos 180, Gn 35.28; Jacó aos 147, Gn 47.28; Moisés aos 120, Dt 34.7; e Josué aos 110, Js 24.29. A duração da vida humana é calculada em 70 anos, ou quando muito, 80, conforme a robustez física, como diz a oração de Moisés no Sl 90.10. Davi morreu com 70 anos, 2 Sm 5.4; 1 Rs 2.11. A Bíblia manda venerar os velhos, Lv 19.32; Pv 20.29. A idade avançada é tida como bênção, Êx 20.12; Dt 5.16. **2** A freqüente tradução da palavra grega *aion* e a sua correspondente em latim *aeon* têm em o Novo Testamento as seguintes significações: a) Certo e determinado período da história do mundo, passado ou futuro, 1 Co 10.11; Efésios 2.7; 3.9; Hb 6.5. Com mais freqüência, determina um período longo de tempo, a eternidade passada ou futura, Lc 1.33; todos os séculos, em Rm 1.25; 9.5; 11.36; Hb 13.8; 2 Co 11.31; séculos, Ef 3.21; Gl 1.5; 4.20; Ap 1.18. b) Mundo na sua acepção literal, Hb 1.2 ou figuradamente, Mt 13.22; Lc 16.8; 20.34; Rm 12.2; 1 Co 1.20; 2.6,7,8; 2 Co 4.4; Gl 1.4; 2 Tm 4.10; Tt 2.12. A harmonia entre os tópicos *a* e *b* consiste em tomar a palavra mundo no sentido de duração atual, Mt 12.32; 13.40; 24.3, e no sentido de duração eterna, Mc 10.30; Lc 18.30; Hb 2.5. c) Curso da vida humana, Ef 2.2.

IDALA – nome de uma cidade da tribo de Zebulom, mencionada com Belém, Js 19.15. Alguns a identificam com a moderna Khirbet el-Hawarah, próxima a Belém.

IDBAS (*no hebraico, "doce como mel"*) – nome de um homem de Judá, 1 Cr 4.3. Talvez o pai de Etã ou descendente desse lugar.

IDO (*no hebraico, "adornado"*) **1** Nome de um levita, descendente de Gérson, 1 Cr 6.21. **2** Nome do pai de Abinadabe, governador nomeado por Salomão para a província de Maanaim, 1 Rs 4.14. **3** Nome de um vidente que escreveu o livro das visões a

IDOLATRIA

respeito de Jeroboão, e os acontecimentos referentes ao reinado de Salomão, 2 Cr 9.29. Também escreveu um livro sobre as genealogias, onde se acham registrados os feitos de Reoboão, 12.15. É mais uma história das ações de Abia, rei de Judá, 13.22. **4** Nome do avô do profeta Zacarias, Zc 1.1,7; *cf.* Ed 5.1; 6.14. Não se pode sensatamente acreditar que seja o mesmo Ido, sacerdote, que voltou do cativeiro com Zorobabel para Jerusalém, chefe de uma família na geração seguinte. O chefe da família antes mencionada era um sacerdote chamado Zacarias, Ne 12.4-16. A diferença de nome nesses dois versículos, no hebraico, explica-se pela troca das letras *jode* e *vau*. **5** Nome cuja raiz hebraica aponta para o significado de "feliz". Foi um chefe em Casifia, de que Esdras obteve o contingente de levitas e de netinins que lhe faltava para o serviço do templo, quando conduzia os exilados da Babilônia para Jerusalém, Ed 8.17-20. **6** Nome cuja raiz hebraica aponta para o significado de "amável". Era um filho de Zacarias, chefe da meia tribo de Manassés no oriente do Jordão, no reinado de Davi, 1 Cr 27.21.

IDOLATRIA – a idolatria começou a ser praticada em um período muito remoto da história do homem. Os antecessores imediatos de Abraão adoravam deuses estranhos com Jeová, Js 24.2, por meio de ídolos. Labão tinha imagens que Raquel furtou e escondeu, Gn 31.30,32-35. Os egípcios fabricavam figuras de deuses para serem adoradas. Nos lugares mais sagrados de seus templos, colocavam o símbolo de um deus e um animal sagrado, Heród. 2.63,138. Os cananeus adoravam ídolos que os israelitas, conquistadores da terra, deviam destruir por ordem de Jeová, Êx 23.24; 34.13; Lv 19.4; Nm 33.52; Dt 7.5; 29.17. O segundo mandamento da lei de Deus condena positivamente a idolatria, Êx 20.4,5; Dt 5.8,9, proibindo prostrar-se

a criatura diante de imagens, esculturas, estátuas e pinturas. Os mestres de Israel, em obediência a esse preceito, mostraram ao povo a ridícula importância dos ídolos, Sl 115; Is 2.8,18,20,21; 40.19,20; 44.9-20; Jr 10.3-5. A incapacidade dos ídolos ficou patente quando a arca do Senhor esteve no templo de Dagom, 1 Sm 5.3-5. O livro apócrifo de Bel e de Dagom trata das práticas artificiosas dos sacerdotes nos templos dos ídolos. Das nações com as quais os israelitas estiveram em contato, durante o tempo das Escrituras, só os persas não adoravam ídolos. As imagens que adoravam não eram representações de Jeová. Quando os israelitas começaram a imitar as práticas idólatras das nações estrangeiras, mostraram dois graus de progressão no erro. A princípio, tentaram adorar Jeová, por meio de figuras. Depois se apartaram inteiramente, e passaram a representar outras divindades (veja *BAAL*). Foi devido à idolatria que a nação de Israel sofreu as maiores derrotas de sua história, como fome, peste e exílio. A bênção de Deus à nação estava condicionada a sua obediência, Dt 18.9-14; 27.14; 28.1-68; 2 Rs 21.1-15 etc. No tempo do Novo Testamento, os membros da Igreja, que viviam em contato com o paganismo, tinham de precaver-se para evitar compromissos com a idolatria. O concílio de Jerusalém ordenou que os crentes deviam abster-se das carnes de animais sacrificados aos ídolos, At 15.29. O apóstolo Paulo deu as mesmas instruções explicando, porém, que a abstinência, no caso das pessoas descrentes dos ídolos tinha por fim evitar ser escândalo para irmãos fracos de conhecimento, 1 Co 8.4-13. Quando convidados para algum banquete em que houvesse carne sobre a mesa, talvez sacrificada a ídolos, o cristão não deveria indagar nada a esse respeito, mas se alguém dissesse que era sacrificada aos ídolos, não poderia comer. As mesmas instruções o apóstolo deu em referência às carnes vendidas no mercado,

IDOLATRIA

10.18-33. Cerca do ano 300 da era cristã, colocaram imagens em algumas igrejas cristãs, somente como meio de instruir e adornar. No ano 736, Leão, imperador do oriente, publicou um decreto, condenando essas práticas. Em 780, a imperatriz Irene introduziu a adoração das imagens na Igreja do Oriente; e em 787, o segundo concílio de Nicéia deu-lhe sanção.

ÍDOLO – chama-se assim a imagem de escultura, ou outra representação de pessoas ou coisa, destinada a ser adorada como deus, Êx 20.4,5,23; Jz 17.3; 1 Sm 5.3,4; Rm 1.23, feita de prata, de ouro, Sl 115.4; 135.15, ou de qualquer outro material, Is 44.13-17. Quando fabricadas de metal, este é derretido e lançado em um molde; neste caso, chama-se imagem fundida; ou feita de madeira e coberta com chapas de metal; neste outro caso, chama-se imagem esculpida; quando feita de madeira ou pedra por meio de instrumentos, também se chama imagem de escultura. O processo de fabricar imagens é descrito por Isaías e Jeremias, Is 40.19,20; 44.9-20; Jr 10.9. Faziam-nas de vários tamanhos; umas pequenas destinadas a proteger as habitações, terafins, Gn 31.34; 35.1-4, outras eram colossais, como a que Nabucodonosor mandou levantar no campo de Dura, Dn 2.1. Os iluminados servos de Jeová representam os ídolos por diversos nomes, em sinal de desprezo. O mais expressivo deles é a palavra vaidade. No Novo Testamento, encontramos fortes exortações contra os ídolos. O apóstolo Paulo afirma que eles têm por trás de si uma figura demoníaca, e que toda reverência e sacrifício prestados a imagens são direcionados a demônios, 1 Co 10.19-21. Infelizmente, a Igreja, que nasceu tão pura em Cristo, foi corrompida através da história pelo desejo carnal do homem e caiu no mesmo precipício de desobediência de Israel descrito no Antigo Testamento. Eis uma coisa terrível que cada crente fiel a Jesus precisa entender: todo vínculo com imagens atrai toda espécie de maldições descritas no Antigo Testamento, pois o diabo furta do coração do homem a adoração que somente a Deus é devida, escondendo-se atrás de um ídolo (veja *IDOLATRIA*).

IDUMÉIA (*no grego, Idoumaia, "pertence a Edom"*) – nome usado pelos gregos e romanos para representar o país de Edom, Mc 3.8; Is 34.5,6; Ez 35.15; 36.5. Na verdade, o termo vem de "Esaú", "Edom", que significa, "vermelho". Nome que lhe foi dado no nascimento por ter nascido avermelhado, Gn 25.25-30. Posteriormente, o termo veio a designar os descendentes de Esaú, edomitas. Depois da queda de Jerusalém, em 587 a.C., os edomitas começaram a forçar a conquista do norte do país, Ez 36.5. Foram repelidos de Petra pelos nabataneus, cerca de 300 a.C. Pelo ano 200 a.C., ocupavam o sul da Judéia, inclusive Hebrom, e a parte norte até Betzur, 1 Mac 4.29; 5.65. Judas Macabeu guerreou contra eles, e João Hircano, no ano 126 a.C., subjugou-os e colocou sobre eles um governador judeu, Antig. 13.9,1.

IFDÉIA (*no hebraico, "Jeová livra", ou "Jeová redime"*). Nome de um benjamita, filho de Sasaque, 1 Cr 8.25.

IFTÁ (*no hebraico, "Ele abre", "Ele liberta"*) – nome de uma cidade de Judá, Js 15.43. Lugar não identificado.

IFTAEL (*no hebraico, "Deus abre", ou "Deus liberta"*) – nome de um vale nos limites norte de Zebulom e Aser, Js 19.14,27. Esse nome talvez seja o mesmo de Jotapata, a moderna *Tell Jefat*, 16 km a noroeste de Nazaré.

IGAL (*no hebraico, "Ele vingará"*) **1** Nome de um dos espias, filho de José, tirado da tribo de Issacar para examinar a terra de Canaã, Nm 13.7. **2** Nome de um dos valentes de Davi, filho de Natã, 2 Sm 23.36. Ocupava o mesmo lugar no catálogo como fez Joel em 1 Cr 11.38, sendo facilmente identificados. Mas a relação das duas listas, neste ponto, é difícil determinar; e como Igal e Joel são descritos diversamente, pode bem ser que sejam pessoas distintas, talvez tio e sobrinho. **3** Nome de um filho de Semaías, descendente do rei Jeconias, 1 Cr 3.22.

IGREJA – tradução do grego *ekklesia*, que nos Estados da Grécia significava a reunião dos cidadãos convocados às assembléias legislativas, ou para outros fins, At 19.32,41. Os escritores sagrados empregam essa palavra para designar uma comunidade que reconhece o Senhor Jesus Cristo como supremo legislador, e que congregam para a adoração religiosa, Mt 16.18; 18.17; At 2.47; 5.11; Ef 5.23,25. Como os discípulos de Jesus se multiplicassem por diversas cidades, o plural igrejas começou a ser empregado, considerando como uma igreja a comunidade cristã de cada localidade, At 9.31; 15.41; Rm 16.4; 1 Co 7.17; 1 Ts 2.14. A palavra também se emprega para a casa ou templo onde se reúne uma igreja particular. A doutrina protestante, a este respeito, é que a igreja pode existir independente de ter uma forma visível, porque ela tanto é visível quanto invisível. A igreja invisível se compõe de todos que estão realmente unidos a Cristo, 1 Co 1.2; 12.12,13,27,28; Cl 1.24; 1 Pe 2.9,10. Não é uma organização externa. Os seus membros são conhecidos de Deus, ainda que não possam ser identificados com exatidão pela vista humana; muitos deles estão no céu, ou ainda por nascer. A igreja visível consiste de todos que professam estar unido a Cristo. Os apóstolos ocupavam uma posição especial de autoridade, At 5.2; 6.6; 1 Co 12.28; Ef 2.20; 2 Pe 3.2, porém, eles não eram os únicos no governo da igreja: os anciãos, os bispos, também exerciam funções governativas, At 15.2,4,6,22,23; 1 Tm 4.14; 5.17; 1 Pe 5.1. Os oficiais da igreja local eram os anciãos ou bispos e os diáconos, At 6.3; 14.23; 20.17; 1 Tm 3.1,8; Tt 1.5-9. Os apóstolos, às vezes, nomeavam comissões para serviços especiais, 1 Tm 1.3; Tt 1.5. O culto público da igreja era modelado pelo culto da sinagoga; consistia de pregação, Mt 28.20; At 20.7; 1 Co 14.19,20-36, leitura da Escritura, Tg 1.22; 1 Ts 5.27; *cf.* At 13.15, oração 1 Co 14.14,16, cânticos, Ef 5.19; e hinos, Ef 5.14; 1 Tm 3.16; administração do batismo e da Ceia do Senhor, Mt 28.19; At 2.41; 1 Co 11.18-34, e ofertas, 1Co 16.1,2. Quando os dons espirituais se manifestavam, também havia profecia e dom de línguas.

IIM (*no hebraico, "ruínas", "montões"*) – nome de uma cidade no extremo sul de Judá, Js 15.29. Localização geográfica desconhecida.

IJÉ-ABARIM (*no hebraico, "ruínas no distrito de Abarim"*) – nome de um lugar ao oriente do Jordão, defronte de Moabe, onde se acamparam os israelitas, Nm 33.45. Originalmente, a forma abreviada desse lugar, Nm 33.45, é *IiM*. Nome de um lugar, onde os israelitas armaram as suas tendas, quando partiram de Obote, no deserto fronteiro a Moabe, Nm 21.11; 33.44.

IJOM (*no hebraico, "ruína"*) – nome de uma cidade fortificada de Naftali tomada por Bene-Hadade, rei da Síria a conselho do rei Asa, 1 Rs 15.20; 2 Cr 16.4. A cidade se localizava no vale de Hulé, cerca de 15 km de Abel-Bete-Maaca. Os habitantes dessa cidade foram subseqüentemente levados para o cativeiro por Tiglate-Pileser, rei dos assírios, 2 Rs 15.29. Alguns estudiosos assinalam *Tell Dibbin*, outeiro de uns 36 m de altitude, a oriente de *Merj Ayun*, como

IJOM

sendo o local da antiga Ijom, por conservar alguns traços do nome antigo. Situa-se uns 36 km de Banias, para noroeste.

ILAI (*no hebraico, "supremo"*) – nome de um dos 30 valentes de Davi, chamado Zalmom em 2 Sm 23.28; 1 Cr 11.29.

ILHA – tradução da palavra hebraica *I*, que significa: **1** Terra habitada, em oposição a mar, ou água, Is 42.15. **2** Nome de ilha no sentido simples do termo, Jr 47.4. **3** Terra marítima, mesmo que seja parte do continente, como a costa da Palestina e da Fenícia, Is 20.6; *cf.* 23.2,6, e a costa e ilhas da Ásia Menor e da Grécia, Gn 10.5. **4** As regiões remotas do globo e seus habitantes, Is 41.5; Sf 2.11. O emprego desse termo, do modo que acabamos de ver, pode ser devido a uma figura de retórica, denominando, por sinédoque, as ilhas do Mediterrâneo, que eram longínquas e pouco conhecidas, e também por causa da opinião corrente que considerava o mundo cercado de água de modo que a região mais distante era a costa do mundo.

ILÍRICO – nome de um país, limitado ao norte pela Panônia, ao sul, pelo Epiro; ao oriente, pela Macedônia, e, quando compreendia a Dalmácia, a oeste, pelo Adriático. É atravessado de noroeste a sudeste pelas cadeias de montanhas da Nórica e da Cárnia e pelos Alpes Julianos que formam a parte mais importante da cadeia alpina. Ao longo da costa, existem excelentes portos e numerosas ilhas. A raça ilírica, que habitava essa região, era formada de selvagens montanheses, vizinhos bem incômodos dos macedônios. Quando desceram das montanhas para as costas do mar, entregaram-se à pirataria, de modo a entrarem em conflitos com os romanos, que no ano 229 a.C. deram começo à sua conquista, anexando-a ao império, com o nome de Ilíria. O apóstolo Paulo pregou o Evangelho desde Jerusalém e terras comarcãs, até o Ilírio, Rm 15.19. Nos últimos anos do império romano, o nome Ilírico tinha um significado mais amplo, compreendendo a Bósnia, a Herzegovina e o Montenegro.

IMAGENS ESCULPIDAS – imagens cortadas na madeira, na pedra ou em metal por meio de um instrumento perfurocortante, processo este diferente das imagens fundidas, feitas em moldes, Is 30.22; 44.16,17; 45.20; *cf.* Hc 2.18,19. Em alguns casos, a imagem fundida era aperfeiçoada pelo gravador, Is 40.19; 44.10. Os cananeus e os babilônios usavam de imagens esculpidas muito antes da entrada dos israelitas em Canaã, Dt 7.5; 12.3; Jr 50.38; 51.47,52. O segundo mandamento proíbe expressamente o fabrico de imagens. Êx 20.4; Dt 5.8; *cf.* Lv 26.1; Dt 27.15; Is 44.9; Jr 10.14; 51.17 (veja *ÍDOLO*).

IMER (*no hebraico, "loquaz", "falador"*) **1** Nome de um dos descendentes de Arão, cuja família ocupava lugar proeminente no tempo de Davi, e que formou a 16ª. classe dos sacerdotes, 1 Cr 24.1,6,14. Após o retorno do cativeiro babilônio, essa família era a segunda de maior número em Israel, Ed 2.37; Ne 7.40. O prefeito da casa do Senhor no tempo de Jeremias, e um dos opositores ao profeta, pertencia a essa casa, Jr 20.1. Membros dessa família voltaram do cativeiro da Babilônia com Zorobabel, Ed 2.37; Ne 11.13. Dois sacerdotes dessa casa casaram-se com mulheres estrangeiras, e tiveram de se divorciar delas, Ed 10.20. Um dos filhos de Imer tomou parte na honrosa tarefa da reconstrução dos muros de Jerusalém, Ne 3.29. **2** Nome de um homem que voltou da Babilônia, mas cujo nome não foi encontrado na genealogia das famílias de Israel, Ed 2.59; Ne 7.61.

IMNA (*no hebraico, "Ele restringe"*) **1** Nome de um aserita, filho de Helém. Foi um dos líderes da tribo, 1 Cr 7.35. **2** Nome de um filho de Aser, Nm 26.44; 1Cr 7.30; Gn 46.17. **3** Nome de um levita, pai de Coré. Ele estava encarregado do portão oriental do templo e da administração das coletas no tempo do rei Ezequias, 2 Cr 31.14.

IMPOSIÇÃO DAS MÃOS – atos simbólico, pelo qual se faz a consagração de uma pessoa, ou animal, para um fim especial. Os israelitas colocavam as mãos sobre a cabeça dos levitas, consagrando-os ao serviço do Senhor, em lugar dos primogênitos de todas as tribos. O ato de pôr as mãos sobre a cabeça dos levitas com a intenção de significar, por este ato, com a permissão divina, que as suas obrigações para o serviço de Deus eram transferidas aos levitas, Nm 8.5-20. Quando traziam um animal para o altar dos sacrifícios, punham as mãos sobre a cabeça da vítima e a consagravam a Deus, como representante e substituto do pecador, Lv 1.4; 16.21. O velho Jacó pôs as mãos sobre a cabeça dos filhos de José, dando-lhes lugar entre os seus filhos e lhes conferindo as bênçãos do pacto e as transferindo a eles, do modo que fizeram seus antepassados, Gn 48.5-20. O presbitério impôs as mãos sobre a cabeça de Timóteo, consagrando-o oficialmente ao trabalho do Evangelho e conferindo-lhe graças, 1 Tm 4.14. A imposição das mãos do presbitério significava que o ordenando recebia ordens e ficava devidamente autorizado para exercer o ministério da graça; ou, quando menos, significava uma recomendação oficial do candidato a Deus, como recipiente da graça divina.

IMPOSTOS (veja *TAXAS* e *TRIBUTO*).

IMPUREZA – a lei fazia distinção entre o puro e o impuro, Lv 10.10; por exemplo, os animais eram puros ou impuros, não santos e profanos. A impureza, quando não resultava de ato voluntário, não tinha ca-

ráter moral; excluía o homem do santuário, 7.20,21, e da comunhão de Israel, mas não interrompia a comunhão com Deus pela oração. Ao mesmo tempo que definiam a impureza, em alguns casos era reforçada pelo mandamento: "Sede santos porque eu sou santo" (11.44,45). Conservar-se puro queria significar que a pessoa estava separava para fins sagrados e que, como pertencente a Deus, era santa para o Senhor e não devia tocar o que era imundo. Além disso, a impureza era símbolo do pecado. A pureza física era diferente da pureza cerimonial: não eram sinônimas, visto que elas, às vezes, coincidiam. O conforto e as exigências sociais reclamam limpeza corporal. Os hebreus se purificavam diversas vezes durante o dia, sem que a lei cerimonial o exigisse. A lei do bom senso, que governa os homens em seus recíprocos relacionamentos, foi instintivamente observada pelas pessoas religiosas, quando se aproximavam de Deus, expressas em mandamentos e instituições, Êx 19.12,14; 30.18-21; Js 3.5. A impureza cerimonial, para a qual havia meios de sanar, ocorria de modo especial, e se limitava a certos atos e vários processos: **1** Com o cadáver de um homem, Nm 19.11,22, era de caráter mais grave, porque o efeito do pecado se manifesta com mais evidência na morte do corpo e na dissolução da carne. A impureza ocasionada desse modo durava sete dias e só desapareceria pela água da aspersão. As cinzas da vaca vermelha, oferecida pelo pecado, eram deitadas fora do campo, em um lugar limpo. Aquele que levava as cinzas, depois de ter lavado os seus vestidos, ficava imundo até a tarde, v. 7-12,22. **2** A lepra no indivíduo, nas vestes, ou na habitação, Lv caps. 13 e 14. O leproso era excluído da sociedade humana, 13.46, e para sua purificação, a lei exigia ablução e sacrifícios especiais. **3** As secreções naturais e mórbidas dos órgãos genitais, cap. 15, inclusive a impureza puerperal, cap. 12. A concepção

IMPUREZA

e a parturiente, em si, não eram pecado, porque foram ordenadas pelo Criador, Gn 1.27,28; contudo, as suas conseqüências, no homem ou na mulher, quer voluntárias, quer não, constituíam impurezas. As leis de reprodução são comuns ao homem e aos animais inferiores. Por mais legítimas que sejam essas leis, lá no céu nem os homens terão mulheres, nem as mulheres homens. É bem provável que a sentença pronunciada contra Eva, por causa do pecado, se reproduz em conexão com o parto. **4** A impureza provinha também de participar das carnes de animal imundo, ou de ter contacto com o seu caráter, ou com o de um animal limpo, sujeito à decomposição pela morte, Lv 11 (veja *ANIMAIS IMUNDOS e PURIFICAÇÃO*).

INCENSÁRIO – nome de um vaso destinado a queimar o incenso, Nm 16.6,7,39. Os incensários do Tabernáculo eram de bronze, Lv 16.12, *cf.* Êx 27.3. Os incensários do Templo eram de ouro, 1 Rs 7.50; 2 Cr 4.22; Hb 9.4. De ouro são também os do Apocalipse mencionados no cap. 8.3,5.

INCENSO – são vários os termos traduzidos por incenso na versão em português. O nosso termo *incenso* vem do latim, *incensus*, que é particípio passado de *incendere*, que significa "acender". No Antigo Testamento, encontramos dois termos hebraicos que são traduzidos por incenso: 1) *Quetoreth*, "incenso", "perfume", Êx 25.6; 39.38; Lv 10.1; 16.12-13; Nm 14.16 etc. O termo nem sempre traduz o produto a ser queimado, mas o cheiro que provém da queima, e outras vezes é aplicado somente ao perfume dos sacrifícios agradáveis a Deus. 2) *Lebonah*, "olíbano"; a raiz desta palavra significa "branco". Trata-se de uma goma extraída de alguma madeira odorífera usada na fabricação de incenso, ou a própria queima que produzia odor perfumado, que muitas vezes ganhou o sentido de incenso, Êx 30.34; Lv 2.1,15,16; Nm 5.15; 1 Cr 9.29; Ct 3.6 etc. No Novo Testamento, temos dois termos gregos: 3) *Thumíama*, "incenso", Lc 1.10,11; Ap 5.8; 8.3-4 e 18.13. 4) *Libanos*, "olíbano"; aparece por duas vezes, sendo uma designando um dos presentes recebidos pelo menino Jesus, Mt 2.11; e outra em Ap 18.13. **1** Resina aromática extraída de uma árvore, Ecclus. 1.8; Ct 3.6, é de cor branca como indica o seu nome hebraico *Lebonah*. Entrava na composição do óleo sagrado das unções sacerdotais, Êx 30.34, e se ajuntava ao azeite das oblações, Lv 2.1,2,15,16, que depois eram queimados, 6.15. Sobre os pães da proposição, derramava-se incenso puro, Lv 24.7; *cf.* 1 Cr 9.29; Ne 13.5. Os dromedários de Midiã, de Efa e de Sabá o transportavam da Arábia para a Palestina, Is 60.6; Jr 6.20. O outeiro do incenso, citado em Cânticos 4.6, era talvez lugar reservado, nos jardins do palácio, cercado de árvores aromáticas, *cf.* Ec 2.5; Antig. 8.6,6; 9.1,2. O incenso da antigüidade, o *alibanum* ou incenso macho do comércio europeu, é produzido pela *Boswellia floribunda*, uma das *Amyridaceas*, natural da Índia, ou de outra espécie do gênero *B. Cartei, B. Frereana* e *B. serrata* de que há duas variedades, a *B. serrata*, propriamente dita, e a.*B thurifera de Roxburgh*; e variedade *B. glabra*. A primeira e a quarta espécie vêm da Índia; a segunda e a terceira, da Somália e da Arábia. O incenso é uma gomosa em forma de lágrimas, de cheiro balsâmico, quando queimado é de cor branca. **2** Substância aromática destinada a servir em atos de culto. Incenso aromático empregava-se em grande escala como elemento de ritual israelita, Êx 25.6; 35.8,28; 37.29. Os ingredientes que entravam na composição dos perfumes eram: estoraque, onique, gálbano de bom cheiro e incenso, todos em partes de igual peso. Não se permitia que igual composição se destinasse a usos particulares, Êx 30.34-38; Lv 10.1-7. O altar, onde se queimava o

INFERNO/SHEOL/HADES

incenso, era construído de cedro e coberto de chapas de ouro puro, e colocado no oráculo, 1 Rs 6.22, defronte do véu, que pende ante a Arca do Testemunho, diante do propiciatório. Pela manhã, o sumo sacerdote, trajando suas vestes, queimava o incenso sobre ele, Êx 30.1-9; Lc 1.10. Uma vez no ano, no grande dia da expiação, levava o incenso para dentro do véu e o queimava no fogo, cujo fumo e vapor cobriam o oráculo, Lv 16.12. Na dedicação do altar, cada um dos capitães trazia um gralzinho de ouro, de peso de dez siclos, cheio de incenso, Nm 7.14.20 etc. Nos lugares onde se ofereciam sacrifícios de animais, tanto nos átrios quanto no Tabernáculo, quanto no templo, o mau cheiro do sangue inundava o ambiente. Para desodorizar, queimava-se o incenso. Este processo tinha significação simbólica: servia para representar a expiação pelas ofensas, Nm 16.46,47, e a eficácia das funções sacerdotais intercedendo pelos pecados. O salmista pedia a Deus que a sua oração subisse à sua presença como o incenso, Sl 141.2. Enquanto todo o povo orava da parte de fora do templo, o sacerdote Zacarias oferecia incenso dentro de seus muros, Lc 1.10. Nas visões do Apocalipse, aparece um anjo com um turíbulo de ouro na mão, e lhe são dados muitos perfumes, das orações dos santos que estavam diante do trono de Deus. E sobe o fumo dos perfumes das orações dos santos da mão do anjo, Ap 8.3-5. Os adoradores dos deuses falsos, à imitação dos que adoram o verdadeiro Deus, também ofereciam incensos, 2 Cr 34.25; Jr 48.35.

ÍNDIA (*em hebraico Hodu do vocábulo persa Hidhu, derivado de Hundu, "rio Indo"*) – nome de um distrito situado na parte inferior do Indo, conquistado por Dario, o Grande, e incorporado ao império persa, Heród. 3.94; 4.44, servindo-lhe de limite oriental, Et 1.1; 8.9; *cf.* Heród. 4.40. Alexandre, o Grande, atravessou o Indo, quan-

do empreendeu suas conquistas. A menção do nome Índia em 1 Mac 8.8, não merece inteiro crédito. Lutero mudou esse nome para Jonia. Parece que Judas Macabeu foi mal informado, quando lhe disseram que os romanos haviam arrebatado a Índia das mãos de Antíoco.

INFANTE (*"homens de pé"*) **1** Soldado que combate a pé, diferente do que peleja a cavalo. Nm 11.21; 2 Rs 13.7; 1 Cr 18.4. **2** Soldado que pertencia à guarda do rei, 1 Sm 22.17.

INFERNO/SHEOL/HADES – **1** Lugar dos mortos. É uma das traduções da palavra hebraica *Sheol* e da grega *Aides*, Sl 16.10; At 2.27. A versão revista da Bíblia inglesa do Antigo Testamento, tanto no texto quanto na margem, usa a palavra *Sheol*; nos livros proféticos, emprega-se a palavra *Sheol* nas margens e a palavra inferno no texto, e em Dt 32.22; Sl 55.15; 86.13, utiliza *Sheol* nas margens e abismo no texto. No Novo Testamento usa a palavra Hades, no texto. Ambos os vocábulos também se traduzem por sepultura, Gn 37.35; Is 38.10,18; Os 13.14. A versão revista inglesa traduz *Sheol* por morte em 1 Co 15.55. Não há certeza quanto à etimologia da palavra. *Sheol* tem o sentido de insaciável em Pv 27.20 e 30.15,16. Hades pronunciado sem aspiração, significa invisível. Tanto um quanto outro termo denotam o lugar dos mortos. Não existe evidência quanto ao verdadeiro sentido, pode afirmar-se, porém, que durante alguns séculos, os hebreus partilharam a idéia semítica a respeito de *Sheol*. Era uma concepção vaga e indefinida, e, portanto, abria caminho para a imaginação, que inventava pormenores fantásticos para descrever o *Sheol*. É preciso ter cuidado para não confundir os frutos da imaginação com a fé. Os antigos hebreus, semelhantes a outras raças semíticas, imaginavam o *Sheol* embaixo da terra, Nm 16.30,33; Ez 31.17;

INFERNO/SHEOL/HADES

Am 9.2. Pintavam-no como tendo portas, Is 38.10, região tenebrosa e melancólica, onde se passa uma existência consciente, porém triste e inativa, 2 Sm 22.6; Sl 6.6; Ec 9.10. Imaginavam o *Sheol* como sendo o lugar para onde vão as almas de todos os homens, sem distinção alguma, Gn 37.35; Sl 31.17; Is 38.10, onde os ímpios sofrem e os justos usufruem. Pensavam também que havia possibilidade de virem à terra, 1 Sm 28.8-19; Hb 11.19. É importante observar que a doutrina autorizada dos hebreus sobre *Sheol* dizia que só Deus era conhecido, e que estava na sua presença, Pv 15.11; Jó 26.6; que Deus estava presente a ele, Sl 139.8; e que os espíritos de seu povo e as suas condições naquela habitação estavam sob a vigilância de seu olhar. Essa doutrina inclui a grande bênção de Deus para com o seu povo depois da morte, desfrutando sua presença e seu constante amor, e, ao mesmo tempo, a miséria dos ímpios. Dois lugares de habitação para os mortos: um para os justos com Deus, e outro para os ímpios, banidos para sempre da sua presença. Essa doutrina subjaz a doutrina da ressurreição eventual do corpo para a vida eterna. A doutrina a respeito da glória futura e da ressurreição do corpo já era confortadora aos crentes do Antigo Testamento, Jó 19.25-27; Sl 16.8-10; 17.15; 49.14,15; 73.24; Dn 12.2,3. Uma base para essa doutrina encontra-se no exemplo de Enoque e de Elias que foram arrebatados, e também na crença dos egípcios com que se relacionaram, durante séculos, os hebreus. Havia entre ambos os povos idéias paralelas a respeito da vida futura e da relação de moralidade da vida presente com o bemestar futuro, além da sepultura. Porém, só Jesus Cristo poderia derramar luz plena sobre a imortalidade, revelando as bênçãos para as almas salvas, habitando na presença de Deus, depois da morte, livres de todos os males da presente vida, Lc 23.43; Jo 14.1-3; 2Co 5.6-8; Fp 1.23 (veja *PARAÍ-SO*). **2** Lugar de tormentos e miséria. Neste sentido é que se traduz a palavra grega *Gehenna*, em Mt 5.22,29,30; 10.28; 18.9; 23.15,33; Mc 9.47; Lc 12.5; e Tg 3.6. É a forma grega do hebraico *Gehinnom*, vale de Hinom, onde queimavam crianças vivas em honra de Moloque. Por causa desses horríveis pecados que se cometiam ali, devido às suas imundícias, e talvez por servir de depósito ao lixo da cidade, veio a servir de emblema do pecado e da miséria, e o nome passou a designar o lugar do castigo eterno, Mt 18.8,9; Mc 9.43. Das cenas que se observam ali, a imaginação tirou as cores para pintar a Geena dos perdidos, Mt 5.22; *cf*. 13.42; Mc 9.48. Na 2 Pe 2.4, em que se lê: "...precipitando-os no inferno", é a tradução do verbo *tartaroô*, significando, "lançar no Tártaro". O *Tartarus* dos romanos, o *Tartaros* dos gregos, era o lugar por eles imaginado, para onde iam as almas, situado abaixo do Hades, quando o Hades estava abaixo do céu. Ainda que a etimologia seja diferente, Geena e Tártaro incluem essencialmente a mesma idéia – lugar de punição para os perdidos.

INLÁ (*no hebraico, "Deus enche", ou "plenitude"*) **–** nome do pai do profeta Micaías, 1 Rs 22.8,9; 2 Cr 18.7,8.

INRA (*no hebraico, "teimoso"*) **–** nome de um aserita, filho de Zofá, 1 Cr 7.36.

INRI (*no hebraico, "eloqüente"*) **1** Nome de um homem de Judá, filho de Bani, e descendente de Perez, 1 Cr 9.4, estava entre os que voltaram do exílio babilônico para Jerusalém. **2** Nome do pai de Zacur, que tomou parte na reconstrução do muro de Jerusalém, no período de Neemias, Ne 3.2.

INSENSATEZ – ausência de sabedoria, desrespeito pela verdadeira natureza das coisas em seu relacionamento com Deus e os homens, em que resultam atos imprudentes e perversos, Pv 15.21; Ec 1.17; 2 Co 11.1; Gn 34.7; Dt 22.21; Js 7.15; Jz 19.23; 20.6.

INSENSATO (veja *NÉSCIO*).

INSPIRAÇÃO – os termos inspiração e inspirado empregam-se em sentido muito lato nas Escrituras. Encontram-se apenas duas vezes em nossa Bíblia em sentido religioso: em Jó 32.8 e 2 Tm 3.16. Na primeira passagem, para dar expressão ao fato que os homens não são independentes de Deus como entes intelectuais, mas que, grandes e pequenos, velhos e moços, a todos igualmente, "a inspiração do Todo-poderoso dá a inteligência". Na segunda passagem, o termo inspirado tem um sentido mais próprio e específico, como predicado direto das Escrituras, afirmando que elas são divinas e que contêm a virtude de serem proveitosas para os grandes fins a que se destinam. O apóstolo se refere às Escrituras do Antigo Testamento em particular, que eram os livros sagrados dos judeus. Não quer isto dizer, porém, que os outros escritos, que atualmente compõem o todo das Escrituras, não mereçam o mesmo valor. Essa qualidade constitui a característica fundamental das Escrituras e é expressa no original grego por uma palavra composta: inspirado-por-Deus, *theopneusta*, para determinar a origem da inspiração. Acrescenta o apóstolo, como base do valor das Escrituras, que todas elas são dadas por inspiração divina, e, portanto, úteis para a salvação. A inspiração, segundo ele diz, é, pois, a qualidade fundamental das Escrituras, em virtude da qual, são a Palavra de Deus, e se revestem de todos os predicados que lhe são devidos. De acordo com o ensino dessa passagem clássica, todas as Escrituras são uniformemente reconhecidas como a própria Palavra de Deus, contendo todas as qualidades inerentes à sua origem

divina. Por isso, elas possuem os títulos exclusivos de Escrituras, as Escrituras, os Oráculos de Deus, Rm 3.2, palavras de vida, At 7.38. Oráculos de vida endossados pela fórmula *Está escrito*, com freqüência empregada para indicar a fonte autorizada de onde procedem. Comprova-se ainda pelas constantes referências a Deus como seu autor, At 13.34; 1 Co 6.16; Mt 1.22; 2.15; Rm 1.2, e mais especialmente ao Espírito Santo, Hb 3.7; 9.8; 10.15; At 1.16; 4.25; 28.25. Mesmo quando, nas passagens originais, essas palavras não sejam atribuídas a Deus, devem ser a ele atribuídas por fazerem parte das Escrituras, At 4.24,25; 13.34,35; Mt 19.5; Hb 1.6,7,8,10; 4.4,7; 7.21; 10.30. De outro lado, os escritores da Bíblia, falando por boca do Espírito Santo, Mc 12.36; Mt 22.43, são considerados como intermediários pelos quais Deus falava aos homens, Mt 1.22; 2.15; At 1.16; 4.25; 28.25; Rm 1.2. Por conseguinte, todas as palavras das Escrituras são autorizadas, nenhum de seus mandamentos deve ser violado, Mt 22.43; Jo 10.34,35; Gl 3.16, todas as suas profecias terão de ser cumpridas, 2 Pe 1.20; Jo 19.36,37; 20.9; At 1.16; *cf.* Ed 1.1; Dn 9.2, e todo o seu conteúdo, quer histórico, quer doutrinário, quer ético, não somente merece fé, como também deve ser considerado como elemento valioso ao proveito espiritual das criaturas em todos os tempos, 2 Tm 3.16; Rm 15.4; 1 Co 10.11; Rm 4.23; 9.17; 1 Co 9.10; Gl 3.8,22; 4.30; 1 Pe 2.6; *cf.* 2 Cr 17.9; Ne 8.1. Os livros do Novo Testamento têm o mesmo direito à inspiração como os do Antigo e participam com eles de todos os predicados que lhe são inerentes, como se prova pelas referências a eles feitas, 1 Co 7.40; 14.37; 2 Ts 3.4,14; Gl 1.8, pela igual classificação de seus autores como órgãos do Espírito Santo, 1 Ts 2.13; 4.2; 1 Co 2.13,16; 7.40, e pela inclusão dos livros do Novo Testamento sob o mesmo título sagrado de Escrituras, 2 Pe 3.16; 1 Tm 5.18.

INSTÂNCIA

INSTÂNCIA – emprega-se no sentido obsoleto de ardente, perseverantemente, Lc 7.4; 2 Tm 4.2.

IOD (veja *JODE*).

IQUES (*no hebraico, "perverso"*) – nome do pai de Ira, capitão, e um dos valentes de Davi, 2 Sm 23.26; 1 Cr 11.28.

IRA (*no hebraico, "vigilante"*) **1** Nome de um homem de Jair, foi sacerdote de Davi, 2 Sm 20.26. O sacerdócio de Israel pertencia aos da tribo de Levi, levitas. A pessoa em questão era da tribo de Manassés, logo, não poderia exercer o sacerdócio em Israel. É possível que fosse um conselheiro especial em assuntos religiosos do rei Davi. **2** Nome de um homem filho de Iques. Ira era um dos 30 valentes de Davi e comandante de suas tropas, 2 Sm 23.26; 1 Cr 11.28. **3** Nome de um homem itrita que também era um dos 30 valentes do rei Davi, 2 Sm 23.38; 1 Cr 11.40.

IRÃ (*no hebraico, "cidadão", ou "vigilante"*) – nome de um capitão de Edom, Gn 36.43; 1 Cr 1.54.

IRADE (*no hebraico, "fugitivo"*) – nome de um dos descendentes de Caim, Gn 4.18.

ÍRI (*no hebraico, "cidadão", ou "vigilante"*) – nome de um benjamita, filho de Bela, 1 Cr 7.7.

IRMÃO – **1** Filho do mesmo pai e da mesma mãe, Gn 17.6, ou pelo menos, filho do mesmo pai, ou da mesma mãe, Gn 28.2; Jz 8.19. **2** Pessoa procedente de parente próximo, como sobrinho, Gn 14.16, ou da mesma raça, ou da mesma nação, Dt 23.7; Ne 5.7; Jr 34.9. **3** Nome que se dá a um aliado, Am 1.9, ou a um correligionário, At 9.17; 1 Co 6.6; 2 Co 2.13. Muitas vezes, no plural, se aplica aos discípulos de Cristo, Mt 23.8; Rm 1.13. **4** Nome que se dá a um grande amigo, como Davi a Jônatas, ou de um político a outro, como Acabe a Bene-Hadade, 2 Sm 1.26; 1 Rs 20.32. **5** Qualquer indivíduo que tem a mesma nacionalidade, ou que pertence à mesma raça, Gn 11.5; Mt 5.22; 18.35.

IRMÃOS DO SENHOR – relação de parentesco atribuída a Tiago, José, Simão e Judas, Mt 13.55, Mc 6.3, que aparecem em companhia de Maria, Mt 12.47-50; Mc 3.31-35; Lc 8.19-21, foram juntos para Cafarnaum no princípio da vida pública de Jesus, Jo 2.12, mas não creram nele senão no fim da sua carreira, Jo 7.4,5. Depois da ressurreição, eles estavam em companhia dos discípulos, At 1.14, e mais tarde os seus nomes aparecem na lista dos obreiros cristãos, 1 Co 9.5. Tiago, um deles, salientou-se como líder na igreja de Jerusalém, At 12.17; 15.13; Gl 1.19; 2.9, e foi autor da epístola que traz o seu nome. Em que sentido eram eles irmãos de Jesus? Tem sido assunto de muitas discussões. Nos tempos antigos, julgava-se que eram filhos de José, do primeiro matrimônio. O seu nome não aparece mais na história do Evangelho. Sendo José mais velho que Maria, é provável que tivesse morrido logo e que tivesse casado antes. Esta opinião é razoável, mas em face das narrativas de Mt 1.25; e Lc 2.7, não é provável. No quarto século, Jerônimo deu outra explicação, dizendo que eram primos de Cristo, pelo lado materno, filhos de Alfeu ou Cléofas com Maria, irmã da mãe de Jesus. Esta explicação se infere, comparando Mc 14.40 com Jo 14.25, e a identidade dos nomes Alfeu e Cléofas. Segundo essa hipótese, Tiago, filho de Alfeu, e talvez Simão e Judas, contados entre os apóstolos, fossem irmãos de Jesus. Porém, os apóstolos, distinguem dos irmãos, estes, nem ao menos, acreditavam nele, e não é provável que duas irmãs tivessem o mesmo nome. Outra idéia muito

ISAÍAS

antiga é que eles eram primos de Jesus pelo lado paterno e outros ainda supõem que eram os filhos da viúva do irmão de José, Dt 25.5-10. Todas essas opiniões ou teorias parecem ter por fim sustentar a perpétua virgindade de Maria. O que é provável e mais natural é que eles eram filhos de Maria depois de nascido Jesus. Que esta teve mais filhos é claramente deduzido de Mt 1.25; e Lc 2.7 que explica a constante associação dos irmãos do Senhor com Maria.

IR-NAÁS (*no hebraico, "cidade de Naás", ou "cidade de uma serpente"*) **–** nome de uma cidade, cujos habitantes descendiam de Teína, 1 Cr 4.12. Parece que o cronista se refere à cidade onde morava o pai de Abigail do Carmelo, 2 Sm 17.25.

IROM (*no hebraico, "timidez", "reverência"*) **–** nome de uma cidade fortificada na região montanhosa da tribo de Naftali, Js 19.38, a provável cidade de *Yarun*, situada cerca de 18 km ao ocidente das águas de Merom.

IRPEEL (*no hebraico, "Deus cura"*) **–** nome de uma cidade de Benjamim, mencionada entre Requém e Tarala, Js 18.27. Conder e outros estudiosos pensam que seja a atual Rafate, cerca de 12 km a noroeste de Jerusalém, porque tanto o nome antigo quanto o atual têm o mesmo significado.

IR-SEMES (*no hebraico, "Cidade do Sol"*) **–** nome de uma cidade da tribo de Dã, Js 19.41, provavelmente a mesma Bete-Sames, onde foi construído um templo para adoração ao sol, 1 Rs 4.9.

IRU (*no hebraico, "cidadão"*) **–** nome de um dos filhos do famoso Calebe, filho de Jefoné, 1Cr 4.15.

ISABEL (*no hebraico, Elisheba, "Deus é um pacto" i.é., "que faz pacto"*) **–** nome de uma piedosa mulher, filha da casa de Arão, chamada Isabel, nome da esposa de Arão, Êx 6.23. Casou com o sacerdote Zacarias e foi mãe de João Batista. Concebeu em idade avançada. O nascimento e a missão do Batista foram previamente anunciados a seu pai por um anjo. Apesar de serem de tribos diferentes, Isabel e Maria de Nazaré eram aparentadas. Maria visitou Isabel que residia em uma aldeia na região serrana da Judéia. Isabel, inspirada pelo Espírito Santo, saudou a Maria como a mãe do Senhor, Lc 1.5-45.

ISAÍAS (*no hebraico, "Jeová salvou"*) **–** nome de um dos profetas de Judá, nos reinados de Uzias, Jotão, Acaz e Ezequias, Is 1.1; *cf.* 6.1; 7.3; 14.28; 20.1,2 e caps. 36 a 39. Era filho de Amós, nome este que não se deve confundir com o profeta, pastor de Tecoa. Residia em Jerusalém, e profetizou sobre Judá e sobre a sua metrópole. O que ele disse, referente a Samaria, Damasco, Filístia e outras nações, subordina-se às profecias sobre Jerusalém, em virtude das estreitas relações entre Sião e o povo de Deus. É fato discutível, se a visão que ele teve, no ano em que o rei Uzias morreu, cap. 6, assinala a data de sua chamada para o ofício profético, ou se tem por fim determinar a época de sua intensidade profética. Outros, além dele, experimentaram semelhante período de intensificação espiritual. A vocação inaugural de Ezequiel foi iniciada por uma visão; posteriormente, quando já era notável no seu ministério, foi confirmado nesse ofício, e, semelhante a Isaías, instruído sobre a indiferença com que o povo recebia as suas mensagens, Ez 33.21-33. O apóstolo Pedro, depois de alguns anos de trabalho na causa de Cristo, teve novas revelações que lhe apontavam uma esfera de ação mais ampla, Atos cap. 10. O apóstolo Paulo, muito depois de trabalhar entre os gentios, foi encarregado por meio de uma visão, para operar em

ISAÍAS

novo campo – a Europa, Atos 16.9,10. Pode ser também que o Senhor Deus tivesse o propósito de confirmar a vida espiritual de Isaías, por meio de uma nova visão. Pelo ano 734 a.C., esse profeta já era casado Is 8.3, e tinha um filho chamado *Sear-Jasube*, que quer dizer, "os restos voltarão", 7.3. Nasceu-lhe outro filho que se chamou, segundo indicação divina, *Maersalal-hasbas*, que quer dizer: "Apressa-te a tirar os despojos". "Faze velozmente a presa". Esses nomes dos filhos do profeta eram nomes de profecias a se cumprir. A esposa de Isaías também era denominada profetisa, simplesmente por ser mulher dele, 8.3. Isaías falou muito sobre os relacionamentos de Israel, tanto políticos quanto religiosos, com os outros povos. Com referências às relações políticas, insistia com o rei e com o povo a colocar sua confiança em Deus e evitar alianças com os outros povos, 8.12-14. No ano 734 a.C., quando a Síria e Israel se coligaram para tomar Jerusalém e pôr no trono de Judá um rei de sua confiança, o profeta declarou em nome de Jeová que tal plano haveria de falhar. Porém, foi sem resultado que o profeta tentou convencer o rei Acaz a confiar só em Deus, e a não descansar no apoio dos príncipes pagãos. Acaz imprudentemente rejeitou esses conselhos, e chamou em seu auxílio a Tiglate-Pileser fazendo-se seu vassalo, 2 Rs 16.7,8,10. No reinado de Ezequias, os conselhos do profeta tiveram melhor acolhimento. Os assírios invadiram a Judéia no ano 714 a.C., 2 Rs 18.13; Is 36.1. Logo depois, no mesmo ano, Ezequias caiu doente; o profeta anunciou o restabelecimento de sua saúde, 2 Rs 20.1-11. Seguiu-se a embaixada de Merodaque, Baladã, 712 a.C., Is cap. 39, a conquista de Azoto pelo exército de Sargom; 711 a.C. cap. 20, e a expedição contra Jerusalém por Senaqueribe, em 701 a.C., 2 Rs 18.14. Durante essas últimas crises, as profecias de Isaías animaram o governo a recusar as propostas dos assírios. A data da morte do profeta e as circunstâncias em que ela se deu não se conhecem com certeza. O rei

Rolo de Isaías — Christian Computer Art

ISAÍAS

Ezequias morreu no ano 698 ou 697 a.C. O assassinato de Senaqueribe e a ascensão de Esar-Hadom ao trono da Assíria, que se deu no ano 681-680, ainda são mencionados no cap. 37.38. Tradições judias de pouco crédito dizem que Isaías foi martirizado por Manassés que o mandou serrar pelo meio, pensando alguns que a isto se refere o cap. 11.37 da epístola aos Hebreus. A data referida parece certa, porque o profeta começou o seu ministério depois do ano 740 a.C. nos reinados dos quatro reis, Uzias, Jotão, Acaz e Ezequias; sobreviveu a este último rei, cujos atos registrou, 2 Cr 32.32, teve conhecimento do assassinato de Senaqueribe. O seu martírio deve ter sido pelo ano 18 do reinado de Manassés, mais ou menos, quando o profeta atingia a idade de 80 anos. Seja como for, quando ele escreveu a história do rei Uzias, 2 Cr 26.22, serviu-se das fontes históricas autorizadas, referentes à primeira parte do reinado. O livro do profeta Isaías divide-se da seguinte forma: I. INTRODUÇÃO, cap. 1. II. PROFECIAS CONTRA JERUSALÉM, caps. 2–4, em conjunto com outras profecias a ela relacionadas, cap. 5. A profecia sobre Jerusalém, contida no cap. 4, tem o seu ponto culminante nos efeitos que se haviam de manifestar, e também na descrição gloriosa dos tempos messiânicos. Essa profecia pode ter sido proferida durante os prósperos tempos dos reinados de Uzias e de Jotão. III. A VISÃO contida no cap. 6, que, segundo todos pensam, está em íntima relação com o Livro de Emanuel, caps. 7 a 12. IV. OS DEZ PESOS SOBRE AS NAÇÕES, caps. 13 a 22, separados pelo cap. 20, que é de importância internacional, em duas séries de cinco pesos cada uma e culminando com o juízo anunciado sobre o mundo inteiro, cap. 24, seguido pela vitória de Judá, caps. 25 a 27. V. UM GRUPO DE PROFECIAS, referentes exclusivamente a Judá e a Samaria, caps. 28 a 33, culminando, como antes, com os juízos sobre todas as nações, e vaticínios sobre as futuras glórias de Sião, caps. 34 e 35. VI. SEÇÃO HISTÓRICA, caps. 36 e 39, descrevendo as operações de guerra dos assiro-babilônios sobre Judá, introdução ao livro das Consolações que serviu de lenitivo às dolorosas denunciações contra Judá, caps. 40 a 66. Esse livro das Consolações trata do relacionamento da igreja judia com Jeová, caps. 40–48, e com as nações pagãs, caps. 49 a 57, das diferenças que separavam o espírito nacional e do futuro glorioso da Igreja, caps. 58 a 66. A personagem fundamental nesses capítulos é o servo do Senhor (veja *SERVO DO SENHOR*). Koppe, em 1797, colocou em dúvida a autenticidade do cap. 50. Logo depois, Döderlein afirmou que a composição dos 27 capítulos finais pertenciam ao período do exílio. Essa opinião que se tornou extensiva aos capítulos 13 e 14 até o v. 23; ao capítulo, 21, v. 1-10; aos capítulos 24 a 27, e 34 e 35, teve numerosos defensores. Ainda outras passagens foram adicionadas a estas, à proporção que apareciam necessidades de ajustamento, como o capítulo 11 v. 10, até o capítulo 12 v. 6. A mesma unanimidade de opiniões não existia, quanto a colocar em dúvida sua autenticidade. Os argumentos em favor da teoria principal são em número de três: 1 Antigüidade da linguagem e peculiaridades de estilo. 2 Alusões à condição dos judeus e dos gentios, revelando o tempo do exílio. 3 As narrativas acerca das condições do povo combinam com os fatos históricos; porém, as que se referem a acontecimentos futuros não tiveram confirmação. A esses argumentos, têm-se dado as seguintes respostas: 1) Não há uma simples palavra de época remota, nem um simples elemento de origem estrangeira, que não fossem correntes em Jerusalém, nos tempos de Isaías. Todas as palavras, frases e modos de dizer, estão na literatura antiga dos hebreus, ou podem ser explicados pela história dos tempos. Quanto ao estilo, pode dizer-se que as suas peculiaridades

ISAÍAS

são consistentes com ser o livro de Isaías obra de um só autor. O estilo de Shakespeare também variou. A sua atividade literária durou cerca de 25 anos. Nesse período, contam-se quatro períodos distintos de suas produções assinaladas pelas diferenças de estilo. A atividade literária de Isaías estendeu-se, pelo menos, até 40 ou 60 anos. Pode-se argumentar com as peculiaridades de estilo? Aqueles que negam que Isaías seja o autor das passagens citadas, devem explicar em que consiste a semelhança de estilo. Augusti defende-as dizendo que "elas são elaboradas inteiramente em harmonia com o espírito e com a forma peculiar de Isaías". Gesenius e De Wette atribuem a semelhança de estilo ao espírito de imitação ou a uma autoria estranha que procurou cingir-se à linguagem de Isaías. Umbreit denomina o autor das passagens em discussão "Isaías ressuscitado" dentre os mortos. 2) Aos argumentos sobre as alusões contidas nesses capítulos ao estado dos judeus e gentios, como sendo referentes ao tempo do exílio, respondem: a) Os profetas transportam-se com freqüência ao futuro e descrevem as suas predições como realizadas em tempos passados, por exemplo, as tribos de Zebulom e de Naftali haviam sido devastadas e os seus habitantes conduzidos ao cativeiro. O profeta Isaías, referindo-se a ela, diz: "Este povo que andava em trevas viu uma grande luz" (Is 9.2). b) São poucas as alusões feitas à Babilônia, ao exílio e à restauração. O profeta Isaías e outros seus contemporâneos já existiam antes do exílio para a Babilônia. Existe apenas um evento em conexão com o exílio citado pelo autor, mas que era perfeitamente conhecido dos israelitas nos dias de Isaías. Os profetas dessa época vaticinaram a destruição de Jerusalém e do templo, Am 2.5; Mq 3.12; Is 3.8; 6.11; a desolação da terra de Judá, Os 8.14; Am 9.11,14; Is 3.25,26; 6.11,12; 32.13; o cativeiro do povo de Judá, Is 11.12; Mq

1.14-16; que esse cativeiro seria na Babilônia, Is 39.6,7; *cf.* 11.11; Mq 4.10; que os cativos voltariam do exílio, Jl 3.1; Is 11.11; que Jerusalém e o templo seriam reedificados, Mq 4.2; não obstante a profecia sobre a destruição da cidade, 3.12; *cf.* Jl 3.16,17,20, e que muitas gentes viriam a Jerusalém para adorar o Senhor, Is 2.2-4; 11.10; 18.7; Mq 4.1-3. c) As condições espirituais do povo, mencionadas nesses capítulos, pertencem ao tempo de Isaías: a idolatria debaixo das árvores frondosas, Is 57.5 e 1.29; 2 Rs 16.4, e no meio dos carvalhos, 57.5, e 1.29; Os 4.13 e nos jardins, 65.3; 66.17, e 1.29, no sacrifício de seus tenros filhos, 57.5 e 2 Cr 28.3; 33.6; 2 Rs 23.10, oferecendo sacrifícios nos altos, 57.7 e 2 Cr 28.4; Os 4.13; *cf.* Ez 6.13; a hipocrisia, 58.2-4; 29.13; a violação do sábado 58.13; Am 8.5; Jr 17.19-27; o derramamento de sangue e a violência, 59.3,7 e 1.15; Mq 7.2, a falsidade, a injustiça e a opressão, 59.4,6,7,9; 5.7,23; 10.1,2; Mq 2.1,2; 7.3; abandono da casa de Deus, 43.23,24; 2 Cr 28.24; 29.27; 2 Rs 15.4; 2 Cr 27.2; 2 Rs 15.35; 2 Cr 33.10. Os sacrifícios sobre ladrilhos, 65.3, era imitação das práticas do paganismo no Egito, na Assíria ou na Babilônia, que os israelitas imitavam em Jerusalém antes do cativeiro, 2 Rs 23.12; Jr 19.13. Ofereciam carne de porco e comiam dela, 65.4, em companhia dos egípcios e dos babilônios nas festas de Selene e de Dionísio (Heród. 2.47,48). 3) Ao argumento que as afirmações a respeito da condição do povo combinam com os fatos históricos, ao passo que as que se referem a acontecimentos futuros não tiveram confirmação, responde-se que essas afirmações se aplicam com igual força aos escritos de Isaías reconhecidos como tais. Ele prediz a destruição das cidades, a completa desolação do país e o exílio de seus habitantes para uma terra longínqua, v. 6, 11,12. Tudo isto se cumpriu ao pé da letra. Porém, ele também profetizou que a raiz de Jessé que está colocada por estandarte dos povos, a ela

ISAQUE

mesma virão fazer-lhe suas rogativas as nações, e será glorioso o seu sepulcro; anunciou a volta do povo de Deus de todas as partes do mundo, secando as correntes que possam impedir a sua marcha, abrindo um caminho largo desde a Assíria para as relíquias de seu povo, e fazendo que o lobo e o cordeiro habitem juntos em paz, 11.6-8,10,12,15,16; *cf* Am 9.11-15; Mq 5.4; 7.12. Essas predições são semelhantes às que na última parte do livro são denominadas de expressões extravagantes de um entusiasta, e que ficaram sem cumprimento. A não ser que essas numerosas passagens sejam eliminadas, o profeta Isaías, e com ele os seus contemporâneos, que viveram dois séculos antes da queda da Babilônia, escreveram muitas vezes, nos mesmos termos precisamente como o autor da última *secção* já referida. Um dos pontos em que se apóia a negação da autenticidade dos últimos 27 capítulos é a menção do nome de Ciro, 44.45. 1) Josias também foi nominalmente profetizado, 1 Rs 13.2. Se é possível a profecia, se ela foi proferida por homens santos ensinados pelo Espírito Santo, então o nome do rei Ciro foi escrito pelo profeta Isaías. De outro modo, as palavras como estão em seu livro não foram proferidas senão 200 anos depois da vida do profeta. A Igreja sempre acreditou nas profecias de Isaías e na sua inspiração.

ISAQUE (*no hebraico, "riso"*) **–** nome do filho de Abraão e Sara, nascido ao sul do país talvez em Berseba, Gn 21.14-31, quando Abraão tinha 100 anos e Sara 90, Gn 17.17; 21.5. Deus lhe havia prometido esse filho, e ele riu duvidando, 17.17-19. Logo depois, quando a mesma promessa foi anunciada a Sara, ela também riu, em sinal de incredulidade, 18.9-15. Quando, porém, deu à luz o filho, confessou com júbilo: "Deus preparou riso para mim; todo aquele que o ouvir, se rirá comigo",

21.1-12. Para manifestar a fé que Abraão possuía, Deus lhe ordenou o sacrifício de seu filho Isaque que na ocasião tinha cerca de 25 anos, como diz o historiador Josefo. Isaque obedientemente aquiesceu aos desejos de seu pai. Quando Abraão o colocou sobre o altar, pronto a lhe lançar o golpe de morte, oferecendo a Deus tudo quanto possuía, o anjo do Senhor impediu o sacrifício, cuja vítima foi substituída por um cordeiro em sinal de protesto contra os sacrifícios de crianças, praticados pelos cananeus e por outros povos idólatras, ensinando a todos os homens que o Senhor abomina os sacrifícios humanos, Gn 22.1-18. Isaque habitou ao sul do país no lugar *Beer-laai-Roi*, que quer dizer: "Do que Vive e do que Vê", 24.62. Tinha disposições contemplativas e afetuosas que o levaram a sentir profundamente a morte de sua mãe, 24.63-67. Casou-se aos 40 anos; os primeiros dois filhos nasceram-lhe 20 anos depois, 25.20,26. Por causa de uma grande fome, mudou-se para Gerar, isto é, cerca de 92 km ao norte, 26.1,6. Ali apareceu Jeová para dizer-lhe que não fosse para o Egito, e reafirmou o pacto com seu pai Abraão, 26.2-5. A política de seu pai, quando estava em terra estrangeira, fazendo passar sua mulher por sua irmã, 20.13, foi imitada por Isaque em Gerar, no que foi malsucedido, 26.6-11. Partindo de Gerar, levantou as suas tendas na torrente de Gerar, 26.17, e abriu segunda vez outros poços, os quais haviam feito os servos de seu pai Abraão. Dali partiu para Berseba, onde habitou por muito tempo, 26.23; 28.10. Jeová lhe apareceu durante a noite e o animou. Nesse lugar erigiu um altar, como seu pai havia feito, 26.24,25. Abimeleque, rei de Gerar, o visitou e fez com ele um tratado de paz, 26.26-31. Esse juramento mútuo de paz, *sheba*, deu lugar a se perpetuar a memória de um juramento com o nome do lugar, *Berseba* ou *Beer-seba*, 26.33; *cf*. 21.31. Esaú, o mais velho dos dois filhos

ISAQUE

de Isaque, o seu favorito, não obstante o Senhor ter dito que o mais velho serviria o mais moço, e Jacó era o predileto de sua mãe Rebeca, 25.28. Quando Isaque já passava dos 100 anos, 21.1; *cf.* 25.26; 26.34, Rebeca e Jacó, prevalecendo-se da idade da fraqueza de seus sentidos, enganaram-no fazendo com que Jacó se fingisse de Esaú, e deste modo usurpasse a bênção destinada ao filho mais velho. Feito isto, Jacó, estimulado por Rebeca, que desejava salvar-lhe a vida contra a ira assassina de Esaú, fugiu para Labão em Padã-Arã, a pretexto de buscar uma mulher, 27.46 até cap. 28.5. Uns 20 anos mais, Isaque residiu em Hebrom, onde tinha passado os últimos anos da vida de seu pai, 35.27; *cf.* 23.2. Ali ele morreu na idade de 180 anos, 35.28, sendo enterrado por seus dois filhos, Esaú e Jacó, ao lado de seus pais e de sua mulher, na cova dos dois repartimentos, 49.30,31. O Novo Testamento alude Isaque como o filho da promessa, Gl 4.22,23, e cita o exemplo de sua habitação em cabanas e as bênçãos sobre Esaú e Jacó, como evidência de sua fé, Hb 11.9,20.

ISBÁ (*no hebraico, "ele louva"*) – nome de um homem de Judá, pai dos habitantes de Estemoa, 1 Cr 4.17. Sua mãe era Bitia, filha de Faraó.

ISBI-BENOBE (*no hebraico, "a minha habitação está em Nobe", ou "a minha habitação é nas alturas"*) – nome de um gigante filisteu que esteve a ponto de matar Davi, e que foi morto por Abisai, 2 Sm 21.16,17.

IS-BOSETE (*no hebraico, "homem de vergonha"*) – nome de um dos filhos mais moços de Saul, que antes se chamava *Esbaal*, "homem do Senhor", que lhe foi mudado para *Is-Bosete*, "homem da vergonha". Essa mudança de nome foi devido, talvez, a ter desaparecido a glória da casa de Saul, ou

porque o nome Baal havia caído em desprezo por causa da associação de idéias com o culto nefando dessa divindade, 2 Sm 2.8; 1 Cr 8.33; 9.39. Is-Bosete não assistiu à batalha desastrosa de Gilboa, ou se lá estava, fugiu em tempo, para salvar a vida. Pela morte de Saul, Davi assumiu a soberania sobre Judá somente porque as outras tribos recusaram obediência ao novo rei, proclamando o nome de Is-Bosete para seu rei, por ser legítimo sucessor de Saul. Tinha Is-Bosete 40 anos, e reinou apenas dois anos, em meio a constantes perturbações, 2 Sm 2.8-10. A capital do reino era Maanaim, situada ao oriente do Jordão, 2 Sm 2.8,12. Foi infeliz na guerra com Davi para alcançar o governo sobre as 12 tribos, 2 Sm 2.12 até o cap. 3.1. Tendo feito grave acusação contra Abner, seu poderoso auxiliar na guerra contra Davi, este, em represália, declarou-se partidário de Davi a quem ofereceu os seus serviços. Como condição de ser aceito, Davi exigiu que lhe trouxesse sua mulher Mical, que se achava em poder de Paltiel, 2 Sm 3.6-21. Quando Abner foi morto em Hebrom, Is-Bosete perdeu o ânimo, 2 Sm 3.27; 4.1. Tendo sido assassinado, levaram a cabeça a Davi em triunfo. Por ordem de Davi, sepultaram a cabeça de Is-Bosete com grandes honras no sepulcro de Abner em Hebrom, e os assassinos foram castigados com a morte, 2 Sm 4.5-12. Extinguindo-se a dinastia de Saul, restou apenas um de seus netos, 2 Sm 4.4.

ISCÁ (*no hebraico, talvez, "discernimento", ou "vigilante"*) – nome de uma das filhas de Harã e irmã de Milca, Gn 11.29, e, portanto, irmã de Ló, v. 27. Iscá, dizem alguns ser um dos nomes de Sarai, mulher de Abraão, Antig. 1.6,5; Targum, Jonatã, porém, neste caso, seria também prima do patriarca e não sua irmã paterna, Gn 20.12.

ISCARIOTES (*no hebraico, "homem de Queriote"*) – designação de Judá, o traidor,

Mt 10.4; Lc 6.16, filho de Simão, Jo 6.71. O emprego desse epíteto serve para distingui-lo do outro apóstolo chamado Judas, Lc 6.16; At 1.13,16. Parece que Judas era natural de Queriote, ao sul de Judá, Js 15.25, ou talvez de Coreai, do limite nordeste da Judéia (Antig. 14.3,4; Guerras 1.6.5). No códice Beza, essa palavra é escrita *apo Karyotou* em todos os lugares do quarto evangelho, e do mesmo modo no códice Sinaítico, no cap. 6.71 do mesmo evangelho. Segue-se, pois, que Judas era natural da Judéia; todos os outros apóstolos foram naturais da Galiléia.

IS-HODE (*no hebraico, "homem de esplendor"*) – nome de um varão da tribo de Manassés, filho de sua mãe Maalá, 1 Cr 7.18.

ISI (*no hebraico, "salutar"*) **1** Nome de um homem de Judá, filho de Apaim, da casa de Jerameel, 1 Cr 2.31. **2** Nome de um homem da tribo de Judá, pai de Zoete e Bene-Zoete, 1 Cr 4.20. **3** Nome de um simeonita, cujos filhos conduziram uma tropa de 500 homens que destroçaram os amalequitas no monte Seir, e se apoderaram de suas posições, 1 Cr 4.42. **4** Nome de um bravo príncipe da meia tribo de Manassés, situada ao oriente do Jordão, 1 Cr 5.24.

ISLI (*no hebraico, Esli, "ao meu lado está Deus"*) – nome de um dos antecessores de Cristo, que viveu depois do cativeiro, Lc 3.25.

ISMA (*no hebraico, "desolação", ou "distinção"*) – nome de um homem de Judá descendente de Hur. Talvez o filho do fundador de Etã, 1 Cr 4.3,4.

ISMAEL (*no hebraico, "Deus ouve"*) **1** Nome de um dos filhos de Abraão com sua escrava egípcia, Hagar, que lhe nasceu, quando tinha 86 anos de idade, depois de habitar dez anos em Canaã, Gn 16.3,15; *cf.* 12.4. Ismael representava o pensamento de Sara em oposição à promessa de Deus. Seus pais julgaram impossível a realização da promessa em face da idade avançada de Sara, e por isso lançaram mão de meios humanos para o cumprimento da promessa que Deus lhe havia feito. Instituído que foi o rito da circuncisão, para a família de Abraão, o pequeno Ismael já estava com 13 anos de idade e foi também circuncidado, Gn 17.25. No ano seguinte, nasceu Isaque, quando sua mãe já havia passado da idade própria para conceber; era ele o filho da promessa, testemunho vivo contra a incredulidade de seus pais, Gn 21.5. No dia em que o menino foi desmamado, deu Abraão grande banquete. Sara, vendo seu filho brincando com Ismael, filho da escrava, encolerizou-se. Foi a primeira vez, na família de Abraão, que os nascidos segundo a carne entraram em conflito com os filhos da promessa, incidente que o apóstolo Paulo se serviu para alegoria, a fim de representar os dois testamentos, Gl 4.22-31. O procedimento de Ismael causou a expulsão dele e de sua mãe, da casa de Abraão. Ambos peregrinaram no deserto de Berseba, onde quase morreram de sede. O anjo do Senhor encaminhou Hagar a um poço de água e, desse modo, não morreram. Ismael cresceu no deserto de Parã, ao sul de Canaã, tornando-se hábil flecheiro, e sua mãe o casou com mulher egípcia, Gn 21.3-21. Segundo a promessa que Deus fez, Ismael chegou a ser o progenitor de 12 príncipes e chefe de grande povo, Gn 17.20; 25.12-16. Teve também uma filha que se casou com Esaú, Gn 28.9; 36.10. Tomou parte com Isaque no enterro de Abraão, Gn 25.9, e morreu quando tinha 137 anos de idade, 25.17 (veja *ISMAELITAS*). **2** Nome de um dos descendentes de Jônatas, 1 Cr 8.38; 9.44. **3** Nome de um homem de Judá, pai de Zabadias, chefe da tribo de Judá no reinado de Jeosafá, 2 Cr 19.11. **4** Nome de

ISMAEL

um dos filhos de Joanã, capitão de 100 homens, que tomou parte na conspiração contra a rainha Atalia, 2 Cr 23.1. **5** Nome de um dos filhos de Netanias que pertencia à linhagem real de Judá. Quando Nabucodonosor partiu da Palestina, após a tomada de Jerusalém, deixou como governador de Judá certo judeu chamado Gedalias, que induziu o povo a se submeter ao governo do rei da Babilônia. Ismael, e com ele outros, vieram, instigados pelo rei dos amonitas assassinar Gedalias e trucidaram ao mesmo tempo o povo que estava com ele. Depois de mais assassinatos, inclusive o das filhas do rei, tomou o caminho para o país dos amonitas. Joanã, filho de Careá, e amigo de Gedalias, com outros, saiu-lhe ao encontro em Gibeão e o derrotou. Os seus cativos voltaram para Joanã, e ele escapou com oito homens apenas, indo para o rei dos amonitas que o havia instigado, 2 Rs 25.25; Jr 40.7-16; 41.1-18. **6** Nome de um dos filhos de Pasur, induzido por Esdras a se divorciar de sua mulher estrangeira, Ed 10.22.

ISMAELITAS – nome dos descendentes de Ismael, povo que participava de sangue egípcio e de sangue israelita. Doze príncipes, ou capitães, descenderam de Ismael, Gn 17.20; 25.12-16. Possivelmente teve outros filhos, além dos 12 capitães. Este número conservou-se como correspondendo às 12 tribos de Israel e também ao número dos reis heteus confederados. Os ismaelitas, constituídos em 12 principados, habitavam no deserto ao norte da Arábia, na região entre Havilá, Egito e o Eufrates, Gn 25.18; Antig. 1.12,4, sem moradas fixas. Ocasionalmente, uma das suas tribos fixou residência permanente e civilizou-se, tomando o nome de nabateus. A maior parte dos membros dessa tribo, porém, conservou os instintos de seus antecessores, Gn 16.12. Semelhante a Ismael, eram hábeis no manejo do arco, Is 21.17. Aos ismaelitas

que trafegavam entre Gileade e o Egito, ou mais particularmente, a uns mercadores midianitas, é que José foi vendido por seus irmãos, Gn 37.25-28. No salmo 82.7, os ismaelitas são mencionados com os moabitas, edomitas e agarenos. Geralmente consideram as tribos nômades do norte da Arábia como pertencendo ao povo ismaelita, ou por ser mais numeroso entre elas, cujo nome se empregava como sinônimo de qualquer tribo nômade daquela região, ou talvez porque uma confederação ismaelita se havia formado, inclusive tribos de outras procedências, Jz 8.24; cap. 7.25; 8.22,26; Judite 2.23. Todos os árabes, seguindo o exemplo de Maomé, pretendem descender de Ismael.

ISMAÍAS (*no hebraico, "Jeová ouve"*) **1** Nome de um dos que se foram ajuntar com Davi em Ziclague, quando fugia de Saul, 1 Cr 12.4. **2** Nome de um dos filhos de Obadias, e príncipe da tribo de Zebulom, no reinado de Davi, 1 Cr 7.19.

ISMAQUIAS (*no hebraico, "Jeová sustenta"*) – nome de um dos superintendentes dos celeiros da casa do Senhor, nomeado pelo rei Ezequias, 2 Cr 31.13.

ISMERAI (*no hebraico, "Jeová nos guarda", ou "Jeová preserva"*) – nome de um descendente de Benjamim e filho de Elpaal, 1 Cr 8.18.

ISPA (*no hebraico, talvez, "calvo", ou "robusto"*) – nome de um benjamita filho de Berias, 1 Cr 8.16.

ISPÃ (*no hebraico, talvez, "calvo", ou "robusto"*) – nome de um benjamita, filho de Sasaque e chefe de sua tribo, 1 Cr 8.22.

ISRAEL (*no hebraico, "Que luta com Deus"*) **1** Nome que o Senhor colocou em Jacó, quando voltou da Mesopotâmia, e

ISRAEL

havia passado o vau do Jaboque, onde esperava encontrar-se com Esaú seu irmão, Gn 32.22-32 (veja *JACÓ*). **2** Nome pelo qual eram designados os descendentes de Jacó. O emprego dessa palavra começou mesmo em vida do patriarca, Gn 34.7, prolongando-se durante a peregrinação pelo deserto, Êx 32.4; Dt 4.1; 27.9. Nesse período, e nos tempos subseqüentes, empregava-se mais vezes a frase – filhos de Israel. Até a morte de Saul, as expressões, Israel e filhos de Israel, usadas no sentido nacional, compreendiam os hebreus em geral, sem distinção de tribos. Posteriormente, certas causas de natureza geográfica e de ordem política, que provocaram a separação da tribo de Judá das outras tribos de Israel, originando-se daí a distinção entre os dois reinos, 1 Sm 11.8; 17.52; 18.16 (veja *JUDÁ*). As mesmas expressões estiveram em uso no tempo da monarquia unitária, 1 Rs 11.42. No paralelismo da poesia hebraica, o nome de Israel corresponde, muitas vezes, na segunda linha da copla, ao nome de Jacó, da primeira, Nm 23.7,10,21; 24.5; Sl 13.7. Depois do exílio, a palavra Israel emprega-se com freqüência para designar o povo das várias tribos, que regressou a Jerusalém, Ed 9.1; 10.5; Ne 9.2; 11.3. **3** Israel passou a designar as tribos que se separaram de Judá, formando um dos dois reinos após a morte de Saul. As tribos do norte e do oriente reconheceram Is-Bosete, filho de Saul, como o herdeiro do trono, e a tribo de Judá seguiu Davi. Dali em diante, a palavra Israel dá-se ao reino das dez tribos. Isbosete reinou dois anos, e foi assassinado; mas, apesar disso, decorreram ainda sete anos, antes que Davi fosse ungido rei sobre todo o Israel, 2 Sm 2.10,11. O germe da revolta permaneceu latente, e, por ocasião da morte de Salomão, irrompeu novamente. As dez tribos reconheceram Reoboão como seu rei, e o restante aderiu à casa de Davi. As dez tribos, que romperam com a casa de Davi, foram Rúben, Gade, e a meia tribo de

Manassés ao oriente do Jordão; e a oeste, a outra metade da tribo de Manassés, Efraim, Issacar, Zebulom, Naftali, Aser, Dã, e por último, Benjamim, que em parte ficou pertencendo ao reino setentrional, em vista de encerrar em seus limites os grandes centros da tribo, como Betel, Gilgal e Jericó. As causas que determinaram o cisma foram: 1) O isolamento de Judá, por causas naturais, e agravado pela indiscrição de Josué. 2) A velha inimizade entre as duas poderosas tribos de Efraim e Judá. Isto provocou o rompimento temporário do reino, depois da morte de Saul. Os antigos ódios irromperam de novo com a derrota de Absalão, porque foi a tribo de Judá a primeira a saudar a volta de Davi à posse do reino, 2 Sm 19.15,40-43. Novos acontecimentos acenderam os ódios. O faustoso adorno de Jerusalém e as extraordinárias pompas do reinado de Salomão não eram vistos com bons olhos, de modo que, por ocasião da morte desse rei, aconteceu de vez o rompimento. 3) O luxo da monarquia salomônica pesou demais sobre o povo. O amor às riquezas e o gosto pelos esplendores da corte forçaram o aumento dos impostos para sustento da casa real, e para realizar a conclusão das grandes obras necessárias ao embelezamento da capital, 1 Rs 4.22,23,26; 5.13-16. O pedido que o povo fez para ser aliviado dos impostos foi imprudentemente rejeitado pelo herdeiro do trono de Salomão. 4) A idolatria alimentada pelas imprudentes ligações com as mulheres estrangeiras, 1 Rs 11.1-11. Uma insidiosa corrupção se infiltrou em todas as camadas sociais, por causa do acolhimento dado às falsas religiões e ao relaxamento do culto de Jeová, que conjuntamente enfraqueceram a unidade do reino, e sua força. 5) A imprudente recusa de Reoboão deixando de atender às reclamações do povo, para ser aliviado, um pouco dos impostos lançados por Salomão, precipitou os acontecimentos, que deram causa

ISRAEL

à separação das tribos revoltadas, 1 Rs 12.3-5,12-16. Comparado com o reino de Judá, o Reino do Norte era formado de dez tribos, tinha o dobro da população, e quase três vezes mais a extensão territorial. Mas, pela sua posição geográfica, estava mais exposto às invasões estrangeiras e em maiores dificuldades defensivas do que o reino de Judá. Era nação apóstata, e, portanto, enfraquecida. A falta do favor divino comprometia sua estabilidade nacional. Possuía religião inferior à de Judá, de tom moral muito enfraquecido, e que muitos mentes desenvolvidas abandonaram. Os sacerdotes e os levitas, que havia em todo o Israel, vieram para Judá, porque Jeroboão e seus filhos os tinham lançado fora para não exercerem o sacerdócio do Senhor, 2 Cr 11.13,14. A princípio, a capital do Reino do Norte era Siquém, que logo depois foi transferida para Tirsa, e desta cidade, para Samaria fundada por Onri, onde assentou o seu governo, 1 Rs 12.25; 14.17; 15.21; 16.23,24. Jeroboão, primeiro rei de Israel, receando que o seu povo, visitando Jerusalém, para as adorações anuais, viesse desenvolver simpatias pela aliança com o reino de Judá, mandou erguer dois altares, um em Dã, outro em Betel, extremos norte e sul do seu reino. Em cada um desses lugares, levantou um bezerro de ouro para ser adorado como representação de Jeová. Por causa de tão revoltante apostasia, os profetas vaticinaram contra ele e contra a sua casa. Dois anos depois do reinado de seu filho Nadabe, extinguiu-se a dinastia. Foram ao todo 19 reis que se assentaram no trono de Israel. A duração dos dois reinos unidos foi cerca de 210 anos. Sete dos seus reis estiveram no trono apenas dois anos ou menos; oito foram assassinados, ou deram-se à morte e o trono transferido à nova dinastia. Há somente dois exemplos de que quatro membros da mesma família ocuparam o governo sucessivamente. Nenhum dos reis teve coragem para abolir a adora-ção dos bezerros de ouro, levantados em Dã e Betel. No tempo do rei Acabe, a apostasia tocou o seu termo, por causa da influência de Jezabel, mulher pagã, com quem se havia casado o rei, estabelecendo a adoração de Baal. Deus mandou, porém, profetas que ousadamente denunciaram a idolatria e defenderam o culto de Jeová. O mais notável desses foi o profeta Elias. Seu sucessor foi Eliseu. Depois de abolido o culto de Baal, outros profetas, especialmente Oséias e Amós, trabalharam em prol da reforma moral da nação. O Reino do Norte esteve quase sempre em guerra contra Judá. Esses dois reinos somente se aliaram no tempo de Onri, porque as famílias dos dois monarcas tinham relacionamentos por via de casamentos recíprocos. Quando o reino sírio de Damasco cresceu em poder, naturalmente interessou à política dos reinos adjacentes, principalmente do reino de Israel. Com freqüência os dois reinos estiveram em guerra. Ocasionalmente, porém, se aliaram para enfrentar os assírios, nos dias de Acabe. Cento e vinte anos mais tarde, de novo se aliaram com o fim principal de tomarem Jerusalém. Foi para conjurar esse perigo que Acaz, rei de Judá, sem fé em Jeová, e agindo contrário às exortações do profeta Isaías, pediu o auxílio de Tiglate-Pileser, rei da Assíria, à custa da sua independência, fazendo-se dele tributário e lhe prestando homenagens em Damasco, 2 Rs 16.8-10. Tiglate-Pileser socorreu a Judá contra os invasores, assolou o norte de Israel, combateu os filisteus, sitiou Damasco, que mais tarde foi tomada, matou Rasim, deportou os israelitas, situados a oeste do Jordão e foi cúmplice da morte de Peca, ou mesmo culpado direto, e colocou no trono Oséias, pelo ano 730 a.C. Oséias rebelou-se contra os assírios depois da morte de Tiglate-Pileser. Os exércitos assírios renovaram suas incursões e capturaram Samaria no ano 722, levando cativos grande número de seus habitantes para a

ISSACAR

Assíria (veja *CATIVEIRO e SARGOM*). O lugar deixado pelos cativos foi ocupado por elementos vindos dos cinco distritos do império vencedor, que se amalgamaram com a população que havia ficado na Palestina Central, lançaram os fundamentos do que mais tarde constituiu a nação samaritana. O cativeiro de Israel foi a punição devida a seus pecados por haver abandonado o Senhor seu Deus e seguido deuses estranhos, andando segundo os costumes das gentes que o Senhor havia exterminado da terra, 2 Rs 17.7,8. Apostataram de uma vez, quebraram o pacto, 2 Rs 17.15; *cf.* Êx caps. 20 a 22; Os 6.7; 8.1, rejeitando os estatutos do Senhor. A sua apostasia havia se manifestado em duas direções: em seguir os caminhos das nações que o Senhor havia expulsado, 2 Rs 17.8,15,17; *cf.* Os 2.13; 4.2,11,15; Am 2.6-9, e nos caminhos dos reis de Israel, especialmente na adoração dos bezerros, em assistir às cerimônias e praticar as ordenanças do culto idólatra, 2 Rs 17.8,16; Os 8.4-6; 10.5-8; 13.2-4. Tinham pecado a despeito das repetidas denunciações dos profetas do Senhor, 2 Rs 17.13; Os 12.10; Am 2.9-11; 4.6-13. O seu pecado originou a separação, e preparou o caminho para um tremendo castigo. Separados de Judá, os israelitas se enfraqueceram e não puderam impedir o seu aniquilamento. A idolatria, a embriaguez e a licenciosidade destruíram o vigor dos mancebos, aniquilaram a sua fortaleza, de modo que os seus guerreiros não foram superiores em caráter aos egípcios, assírios e babilônios.

ISRAELITAS – descendente de Israel, i.e., de Jacó, Êx 9.7, e por inferência possuidor do verdadeiro conhecimento religioso, servo fiel de Jeová e herdeiro das promessas, Jo 1.47; Rm 9.4; 11.1; 2 Co 11.22.

ISSACAR (*no hebraico, yissakar, "há uma recompensa", ou "salário"*) **1** Nome do nono filho de Jacó, o quinto que ele teve de sua mulher Lia, Gn 30.17,18; 35.23. Os filhos de Issacar foram os seguintes: Tola, Pua, Jó e Sinrom, Gn 46.13; Nm 26.23,24; 1 Cr 7.1. Com estes desceu para o Egito, com seu pai Jacó, Gn 46.13; Êx 1.3. Pouco antes de morrer, o patriarca, em visão profética, anunciou que seu filho Issacar estaria, qual asno forte, deitado entre seus limites, Gn 49.14,15. Os descendentes dos cinco filhos de Issacar formaram uma tribo, oriunda de duas grandes famílias tribais, Nm 26.23,24. Um dos primeiros príncipes da tribo foi Natanael, filho de Zuar, Nm 1.8; 2.5; 7.18; 10.15, e mais adiante, Paltiel, filho de Azã, Nm 34.26. Quando se fez o primeiro arrolamento do povo no deserto, a tribo de Issacar tinha 54.400 homens de guerra, Nm 1.28,29; no segundo arrolamento era de 64.300 o número de combatentes, Nm 26.25; e no tempo de Davi, atingiu a 87 mil, 1 Cr 7.58. Por ocasião do reconhecimento da terra de Canaã, pelos espias escolhidos de cada tribo, Igal, filho de José, representava a tribo de Issacar, Nm 13.7. Homens de Issacar estavam no monte Gerizim, com outros para abençoarem o povo de Israel, Dt 27.12. Moisés, profetizando o futuro das tribos, disse que Issacar seria alegre nas suas tendas, Dt 33.18. Tola, um dos juízes de Israel, pertencia a essa tribo, Jz 10.1, e igualmente o rei Baasa, 1 Rs 15.27. Os príncipes de Issacar tinham visão política para discernir o momento exato em que deveriam abandonar a casa de Saul e reconhecer Davi como rei de todo o Israel, 1 Cr 12.32. Nessa ocasião, Onri, filho de Micael, era príncipe da tribo, 1 Cr 27.18. Muitos dos seus homens, apesar de pertencerem ao Reino do Norte, compareceram às solenidades da Páscoa celebradas por Ezequias em Jerusalém, 2 Cr 30.18. Na visão do Apocalipse, aparecem 12 mil assinalados, pertencentes também à mesma tribo, Ap 7.7. Por ocasião de se fazer a partilha da terra de Canaã, a quarta sorte coube à tri-

ISSACAR

bo de Issacar. O território era limitado ao norte pelas tribos de Zebulom e de Naftali, ao oriente pelo Jordão, ao sul e a oeste, pelas tribos de Manassés e, provavelmente, pela de Aser. Dentro desses limites ficavam Jezreel e Suném, ao passo que, Quesulote e o monte Tabor situavam-se no limite norte e En-Ganim, perto da linha sul, Js 19.17-23. As cidades, porém, contidas dentro de seu território, pertenceriam a Manassés, Js 17.10,11, e aos gersonitas levitas, Js 21.6,28,29; 1 Cr 6.62-72. A tribo de Issacar ocupava a maior parte da planície de Jezreel, ou Esdraelom, construindo a parte baixa e fértil do Quisom. As condições territoriais combinadas com os traços característicos do povo explicam por que, de acordo com a profecia de Jacó, tão facilmente se submetiam à servidão. Tinham muito a perder, e viviam em uma terra muito apropriada à ação dos carros de guerra dos exércitos invasores, enquanto que as outras tribos, localizadas na região montanhosa, não podiam ser atingidas do mesmo modo. Não se deve concluir que o povo de Issacar sofresse de covardia. Os capitães de Issacar estavam com Débora e seguiram as pisadas de Baraque, Jz 5.15. **2** Nome de um levita, nomeado porteiro no reinado de Davi, 1 Cr 26.5.

ISSIAS (*no hebraico, "Jeová abandona"*) **1** Nome de um homem da tribo de Issacar, e da família de Tola, 1 Cr 7.3. **2** Nome de um dos que foram ao encontro de Davi em Ziclague, 1 Cr 12.6. **3** Nome de um levita, descendente de Moisés, chefe da casa de Reabias, 1 Cr 24.21, *cf.* 23.14,17 que aparece com o nome de Issijá. **4** Nome de um levita, da família de Coate e da casa de Uziel, 1 Cr 23.20. **5** Nome de um israelita que retornou do cativeiro babilônico e se divorciou de sua mulher estrangeira, por obediência ao pacto de servir a Jeová, Ed 10.31.

ISVÁ (*no hebraico, "plano", ou "igualdade"*) **– 1** Nome do segundo filho de Aser,

Gn 46.17; 1 Cr 7.30. Parece que não deixou filhos; se os teve, não formaram grupo familiar na tribo, Nm 26.44.

ISVI (*no hebraico, "igual"*) **1** Nome do terceiro filho de Aser, e fundador de uma família tribal, Gn 46.17; Nm 26.44; 1 Cr 7.30. **2** Nome de um dos filhos de Saul, 1 Sm 14.49.

ITAI (*no hebraico, "arador"*) **1** Nome de um dos filhos de Ribai, natural de Gibeá de Benjamim, e um dos valentes de Davi, 2 Sm 23.29. **2** Nome de um dos habitantes de Gate, capitão de 600 homens que acompanharam Davi, quando saiu daquela cidade dos filisteus. Conservou-se fiel a Davi durante o período de suas vicissitudes, e conduziu a terceira parte do exército real à batalha que resultou a morte de Absalão, 2 Sm 15.18-22; 18.2,5.

ITÁLIA – nome geográfico que, no quinto século a.C., se dava a um pequeno distrito do extremo sul da península italiana, mas que, gradualmente, se estendeu a toda a região. Já no primeiro século da nossa era, tinha o mesmo significado que agora tem. Nos tempos apostólicos, a Itália, com a maior parte do mundo civilizado, estava sob o governo de Roma. Uma corte chamada italiana achava-se destacada na Síria, At 10.1. Áquila e Priscila, descendentes de judeus, residiram por algum tempo na Itália, At 18.2. O apelo que o apóstolo Paulo fez para o tribunal de César o obrigou a embarcar para a Itália, At 27.1-6. O navio em que ia navegou toda a costa da Itália, desde Régio até Putéoli, At 28.13-16. Na epístola aos Hebreus, diz-se: "Os nossos irmãos da Itália vos saúdam", Hb 13.24, dando a entender que ali existiam cristãos, além dos que habitavam em Roma, *cf.* At 28.14. No tempo da Roma imperial, o estado do país, em comparação com a capital, era miserável.

ITAMAR (*no hebraico, "costa das palmeiras", ou "ilha das palmeiras"*) – nome do filho mais novo de Arão, Êx 6.23; 1 Cr 6.3; 24.1. Com seu pai e com três irmãos mais velhos, foi consagrado ao sacerdócio, Êx 28.1; 1 Cr 24.2, e incumbido de enumerar e ter sob sua guarda os materiais destinados à construção do Tabernáculo, Êx 38.21. Os gersonitas e os meraritas, trabalhavam sob sua inspeção, Nm 4.21-33. Construiu uma família sacerdotal, 1 Cr 24.4,5,6, que permaneceu até depois do cativeiro, Ed 8.2. A essa família pertenciam Eli e seus descendentes, que se conservaram nesse ofício durante algumas gerações.

ITIEL (*no hebraico, "Deus está comigo"*) **1** Nome de uma das duas pessoas a quem Agur dirige suas profecias, Pv 30.1. **2** Nome de um benjamita, filho de Isaías, que habitava em Jerusalém no tempo de Neemias, Ne 11.7.

ITLA (*no hebraico, "lugar alto", "suspenso", "exaltado"*) – nome de uma cidade de Dã, localizada entre Aijalom e Elom, Js 19.42.

ITMA (*no hebraico, "privação"*) – nome de um moabita, que fez parte dos valentes do exército de Davi, 1 Cr 11.46.

ITNÃ (*no hebraico, "perene", ou "extensa"*) – nome de uma cidade do extremo sul de Judá, localizada entre Hazor e Zife, Js 15.23. Localização geográfica atual desconhecida.

ITRA (*no hebraico, "abundância"*) – nome de um israelita, ou antes, de um ismaelita, que se casou com Abigail, irmã de Davi, e veio a ser pai de Amasa, 2 Sm 17.25; 1 Rs 2.5,32; 1 Cr 2.17. Nas três últimas passagens tem o nome de Jeter, que é a forma hebraica do mesmo nome.

ITRÃ (*no hebraico, "excelência"*) **1** Nome de um horita, filho de Disom e neto de Seir, Gn 36.26; 1 Cr 1.41. **2** Nome de um aserita, filho de Zofa, 1 Cr 7.37. Parece ser o mesmo Jeter do v. 38.

ITREÃO (*no hebraico, "fartura de gente"*) – nome do sexto filho de Davi que lhe nasceu em Hebrom com sua mulher Egla, 2 Sm 3.5; 1 Cr 3.3.

ITREUS, ITRITAS – nome de uma família que habitou em Quiriate-Jearim, 1 Cr 2.53. Dois dos valentes de Davi eram itritas ou jiteus, 2 Sm 23.38; 1 Cr 11.40. Essa palavra deriva de Jeter, ou se abandonarmos a vocalização em uso, deriva de Jatir.

ITURÉIA (*no hebraico, "que pertence a Jetur", "terra de Jetur"*) – nome de uma região ocupada por um povo denominado Jetur, descendente de Ismael, Gn 25.15; 1 Cr 1.31. A tribo de Jetur esteve em guerra com as tribos israelitas situadas ao oriente do Jordão, 5.19. No tempo dos asmoneus, Aristóbulo conquistou uma parte da Ituréia, e a anexou à Judéia, obrigando os seus habitantes a receber o rito da circuncisão (Antig. 13.11,3). Era um país montanhoso, incluindo parte do Antilíbano. O príncipe dessa região chamava-se Ptolomeu, filho de Meneu, e possuía território na Coelesíria e a fortaleza de Cálcis; foi mau vizinho para Damasco, Estrabão, 16.20; Antig. 13.16,3. No ano 66 a.C., comprou de Pompeu certas imunidades e obrigações, Antig. 14.3,2. Seu filho Lisânias foi condenado à morte pelo imperador Antônio, Antig. 15.4,1. Zenodoro arrendou a Ituréia que dela tomou posse, Antig. 15.2,3. Parte da Ituréia e de Traconite formou a tetrarquia de Filipe, Lc 3.1. Josefo enumera de forma diferente as partes mostrando muito cuidado no modo de fazer isto, Antig. 17.8,1; 11.4, onde

ITURÉIA

parte da casa de Zenodoro está incluída (18.4,6; Guerras 2.6,3). Ituréia ou Jetur é radicalmente diferente de Jedur, nome atual de um distrito a sudoeste de Damasco.

IVA – esta cidade é mencionada por três vezes no Antigo Testamento, mas pouco se sabe a seu respeito se não o que os emissários de Senaqueribe disseram; ela havia sido destruída pelos exércitos assírios, 2 Rs 18.34; 19.13; Is 37.13. O significado do seu nome é incerto, alguns pensam em "esconderijo", mas nada se pode afirmar. Talvez a cidade de Ava, mencionada em 2 Rs 17.24, seja a mesma Iva (veja *AVA*).

IZAR (*no hebraico, "brilho", "azeite", ou "ungüento"*) **1** Nome de um levita, filho de Coate, e fundador de uma família tribal, Êx 6.18,19; Nm 3.19,27; 1 Cr 6.18,38. Desse Izar descende Coré, cabeça revoltoso no deserto, Nm 16.1. **2** Nome de um homem da tribo de Judá, da família de Hezrom, filho de Assur, 1 Cr 4.5-7.

IZIAS (*no hebraico, "Jeová exulta"*) – nome de um dos filhos de Parós, induzido por Esdras a abandonar sua mulher estrangeira, Ed 10.25.

IZLIAS (*no hebraico, "livramento", "preservado", ou "retirado"*) – nome de um benjamita, filho de Elpaal, 1 Cr 8.18.

IZRAÍAS (*no hebraico, "Jeová se eleva", ou "Jeová produzirá"*) – nome de um homem de Issacar, da família de Tola e filho único de Uzi, 1 Cr 7.3. Seu nome aparece como Jezraías em Neemias 12.42.

IZRI (*no hebraico, "criativo"*) – nome de um levita, filho de Jedutum chefe da quarta turma de músicos que serviam no santuário, 1 Cr 25.11. No v. 3 tem o nome de Zeri.

JÁ (*no hebraico, "Senhor", "Jeová"*) – já é uma das formas do nome de Jeová que se encontra na poesia, Sl 68.4; 89.8. Em vários outros lugares, *Jah*, ou *Yah* no hebraico, traduz-se por Senhor. No original, *Jah* e Jeová concorrem para representar a mesma idéia, Is 12.2; 26.4.

JAACOBÁ (*no hebraico, "suplantador"*) – nome de um príncipe da tribo de Simeão, 1 Cr 4.36.

JAALÁ (*no hebraico, "corça"*) – nome do fundador de uma família, contado entre os filhos dos servos de Salomão, Ed 2.56; Ne 7.58.

JAARÉ-OREGIM (*no hebraico, "tecelões da floresta"*) – nome de um valente chamado Elanã. Há muita discussão acerca desse Elanã. Alguns dizem ser o homem que feriu um valente chamado Golias, outros, porém, preferem acreditar tratar-se do irmão de Golias, 2 Sm 21.19 (veja *ELANÃ*).

JAARESIAS (*no hebraico, "Jeová nutre"*) – nome de um benjamita, filho de Jeroão, 1 Cr 8.27.

JAASAI (*no hebraico, "Jeová faz"*) – nome de um dos filhos de Bani, que abandonou sua mulher estrangeira, induzido por Esdras, Ed 10.37.

JAASIEL (*no hebraico, "Deus faz"*) **1** Nome de um dos valentes de Davi, 1 Cr 11.47. **2** Nome de um dos filhos de Abner, 1 Cr 27.21.

JAATE (*no hebraico, "ávido"*) **1** Nome de um homem de Judá, pertencente à família de Hezrom, e descendente de Sobal, 1 Cr 4.2; *cf.* 2.19,50. **2** Nome de um dos filhos de Libni, levita, pertencente a Gérson, 1 Cr 6.20. **3** Nome de um levita da família de Gérson, e chefe de uma subdivisão da casa de Simei, 1 Cr 23.10. **4** Nome de um levita izarita da família de Coate, 1 Cr 24.22. **5** Nome de um levita de Merari, superintendente dos

JAATE

serviços de reparação do Templo durante o reinado de Josias, 2 Cr 34.12.

JAAZIAS (*no hebraico, "Jeová consola"*) – nome de um levita registrado como chefe de uma família com a casa de Merari, 1 Cr 24.26,27, e talvez chamado seu filho, ou descendente (Beno). Não há indícios de que Merari tivesse o terceiro filho. Será que Oziau (Jaazias), representa a casa do extinto Eleazar, v. 28, *cf.* 23.22, ou será que a passagem dos versículos 26 e 27 foi demandando explicações?

JAAZIEL (*no hebraico, "Deus vê"*) **1** Nome de um levita, da família de Coate e da casa de Hebrom, 1 Cr 23.19. **2** Nome de um dos guerreiros de Benjamim, que se reuniram a Davi em Ziclague, 1 Cr 12.4. **3** Nome de um sacerdote do tempo de Davi, encarregado de tocar a trombeta no santuário, 1 Cr 6.6. **4** Nome de um levita, filho de Zacarias, da família de Asafe, que profetizou no tempo de Jeosafá, 2 Cr 20.14. **5** Nome do pai de um chefe do povo que voltou da Babilônia, Ed 8.5.

JABAL (*no hebraico é yabal, "rio", "torrente"*) – nome de um dos filhos de Lameque e de sua mulher Ada. Foi pai dos que habitam em tendas e dos pastores, Gn 4.20.

JABES (*no hebraico, "seco"*) – nome do pai do rei Salum, 2 Rs 15.10.

JABES-GILEADE (*no hebraico, yabesh gil'ad*) – nome de uma cidade de Gileade. Supõe-se que estava situada cerca de 20 km a sudeste de Betsã, do outro lado do rio e perto de *ed-Deir*, que fica no *wady el-Yabis*. Ainda conserva o nome de Jabés. Na guerra contra a tribo de Benjamim, que aconteceu nos dias dos juízes, por causa da mulher do levita que havia sido ultrajada e morta, nenhum dos homens de Jabes-Gileade tomou parte. Por causa dessa indiferença a um pecado nacional, foram condenados a uma total destruição. Pouparam a vida a 400 donzelas que entregaram a outros tantos mancebos de Benjamim que haviam escapado à matança, Jz 21.8-15, para evitar o desaparecimento da tribo. Pouco depois da escolha de Saul para rei, Naás, rei dos amonitas, sitiou a cidade de Jabes-Gileade, e ameaçou os habitantes da cidade de arrancar-lhes o olho direito, quando a cidade se rendesse. Esse insulto atingia a dignidade de toda a nação israelita, pelo que, Saul derrotou o exército sitiante, colocando em fuga o inimigo, 1 Sm 1.1-11. Os habitantes da cidade conservaram gratas recordações do seu libertador. Quando os corpos decapitados de Saul e seus filhos foram expostos sobre os muros de Bete-Seã, depois da batalha de Gilboa, foram retirados e queimados, e enterraram os ossos nas vizinhanças de Jabes, 31.11,13; 1 Cr 10.11,12, de onde foram trasladados para o jazigo de Quis seu pai, com os ossos de Jônatas, 2 Sm 21.12-14. Davi mandou mensageiros a Jabes de Gileade, para agradecerem aos homens da cidade as honras prestadas aos restos mortais de Saul, 2 Sm 2.4-7.

JABEZ (*no hebraico, ya'beç, "aquele que entristece"*) **1** Nome de um homem da tribo de Judá que sua mãe lhe pôs em lembrança dos sofrimentos que teve quando o deu à luz. Foi mais ilustre do que seus irmãos; invocou o Deus de Israel para que ampliasse seus limites e o abençoasse. E Deus lhe concedeu o que havia pedido, 1 Cr 4.9,10. **2** Nome de um lugar na tribo de Judá, onde foram habitar as famílias dos escribas, 1 Cr 2.55.

JABIM (*no hebraico, yābhîm, "inteligente"*) **1** Nome de um rei cananeu de Hazor, chefe da confederação dos reis do Norte e do centro de Canaã, que Josué derrotou junto às águas de Merom. Depois da batalha, os israelitas capturaram Hazor e a reduziram a cinzas, Js 11.1-14. **2** Nome de outro rei de Hazor talvez descendente do primeiro, Jz 4.2, também aliado a outros reis para combater contra Israel, 5.19. Durante 20 anos manteve hostilidade contra o povo de Deus, sendo afinal desbaratado por Baraque, junto à torrente de Quisom, onde foi morto o general Sísera. Jabim continuou a guerra, sendo aniquilado, 4.2-24.

JABNEEL (*no hebraico é yabhn^e'el, "El [Deus] edificará"*) **1** Nome de uma cidade, situada no limite norte de Judá, Js 15.5,11. Nesse mesmo lugar havia a cidade de Jabnia; pertencente aos filisteus, cujos muros o rei Uzias derrubou, 2 Cr 26.6. No tempo dos Macabeus, era conhecida pelo nome de Jânia, 1 Mac 4.15; 5.58; 2 Mac 12.8,9. É representada atualmente pela aldeia de *Yebnah*, situada cerca de 8 km distante do Mediterrâneo e 16 a noroeste de Azoto. **2** Nome de uma cidade, fronteira a Naftali, Js 19.33. Conder a identifica com as ruínas de Yemma, que se encontram cerca de 13 km a sudeste de Tiberíades. Mais comumente é identificada com a aldeia de Jânia ou Janite da Galiléia superior, edificada sobre uma eminência rochosa, e fortificada por Josefo, Vida, 37; Guerras 2.20,6, cujo sítio se procura nas vizinhanças da planície de Hulé e Banias, Guerras 2.6,3.

JABOQUE (*no hebraico é yabboq, etimologia discutível, talvez signifique "efusão"*) − nome de um rio, tributário do Jordão. Jacó o atravessou quando regressava da Mesopotâmia, Gn 32.22. Nasce perto de Rabá-Amom, dirige-se para o nordeste, em um curso de 22 km e toma a direção para noroeste. Depois de cerca de 28 km, dirige-se para o ocidente e entra no vale que divide o monte Gileade. Imergindo no vale do Jordão, torce para sudoeste e entra no Jordão, cerca de 80 km ao sul do mar da Galiléia e cerca de 42 km ao norte do mar Morto. É conhecido atualmente pelo nome de *Nahr-ez-Zerka*

ou rio Azul; o vale por onde corre, chama-se *wady ez-Zerka*. O Jaboque construiu uma linha natural divisória entre os amonitas e o reino de Seom amorreu, e mais tarde serviu de linha divisória da tribo de Gade. Dividia o monte Gileade em duas partes, das quais a parte sul pertencia a Seom, antes da conquista de Israel, e depois passou à tribo de Gade, enquanto que a parte norte pertencia a Ogue, passando depois à meia tribo de Manassés, Nm 21.24; Dt 2.36,37; 3.12,13,16; Js 12.2-6.

JACÃ (*no hebraico, "turbulento"*) − nome de um gadita, chefe de uma família 1 Cr 5.13.

JACINTO − tradução da palavra hebraica *leshem*, pedra preciosa, nome da primeira pedra da terceira ordem de pedras que ornava o Racional do Juízo, usado pelo sumo sacerdote judeu, Êx 28.19, e que figura no 11º. fundamento da nova Jerusalém, Ap 21.20. Esse nome serve atualmente para designar o mineral zircão (silicato de zircônio).

JACÓ (*no hebraico é ya^aqob, esta é a etimologia de Gn 25.26 por ter ele nascido segurando o calcanhar, 'aqeb, do seu irmão gêmeo, daí a idéia de "suplantador". Mas é provável que seu nome seja uma abreviatura de um nome como Jacob-el ou Jacob-har, "que Deus proteja"*) − nome de um dos filhos de Isaque e de Rebeca, e irmão gêmeo de Esaú, porém nascido depois deste, e por isso mais novo do que ele, Gn 25.21-26. Nasceu quando seu pai tinha 60 anos de idade, v. 26. Depois de crescido, tornou-se varão simples e habitava em tendas, v. 27. Foi o predileto de sua mãe Rebeca, ao passo que Esaú o era de seu pai Isaque, v. 28. Voltando Esaú de uma caçada, muito fatigado e faminto, pediu a seu irmão Jacó que lhe desse de um cozinhado de lentilhas que havia feito. Em troca dá-me, disse Jacó, o teu direito de primogenitura, v. 29-34. Quando

JACÓ

Isaque já havia atingido a idade de 137 anos, e, quase cego, Rebeca induziu Jacó a disfarçar-se com as roupas de Esaú, e a cobrir as mãos e os braços com peles, e desse modo alcançou a bênção destinada a Esaú, como filho primogênito. Irritado por se ver espoliado pela segunda vez, resolveu matar seu irmão logo após a morte do velho pai, Gn 27.1-41. Rebeca, conhecedora das intenções criminosas de Esaú, aconselhou Jacó a procurar refúgio em Harã, onde havia membros de sua família, a pretexto de arranjar casamento. Em viagem, Jacó, teve uma visão de noite. Uma escada colocada sobre a terra, cuja extremidade tocava o céu, com os anjos de Deus subindo e descendo por ela. O Senhor, firmado no topo da escada, renovou a promessa das bênçãos do pacto feito com Abraão, Gn 27.42-46; 28.1-22. Jacó esteve em Padã-Harã pelo menos 20 anos, em casa de Labão, sendo 14 em troca de suas filhas Lia e Raquel e mais seis pelos rebanhos. Durante a estada em Harã, nasceram-lhe 11 filhos, seis de Lia, a saber: Rúben, Simeão, Levi, Judá, Issacar e Zebulom, e uma filha, chamada Diná; e Bila serva de Raquel, teve mais dois filhos, Dã e Naftali; de Zilpa, escrava de Lia, teve mais dois, Gade e Aser; finalmente, Raquel deu à luz a José, Gn caps. 29 e 30. Este último nasceu quando Jacó, tinha 90 ou 91 anos de idade, *cf.* 47.9 com 41.46,47,54; 45.11. Seis anos depois, percebendo que Labão e seus filhos invejavam-lhe a prosperidade, e se tornavam seus adversários, temendo, mandou buscar suas mulheres, atravessou o Eufrates, fugiu com a sua família levando tudo que possuía, em direção a Canaã, Gn 30.36; 31.22. Três dias depois, Labão teve notícia da fuga do genro; ele estava fazendo a tosquia das ovelhas; reuniu os servos e saiu em perseguição de Jacó. Após seis dias de jornada, a marcha forçada, o alcançou no monte Gileade, entre o Jarmuque e o Jaboque, uns 550 km aquém do Eufrates, no que deveria ter se passado, pelo menos, dez dias de viagem, ou mais,

depois da partida de Jacó; porque Labão estava ocupado na tosquia, quando soube da saída de Jacó, e não estava preparado para a viagem. Deus protegeu Jacó. Do encontro, resultou a reconciliação entre as partes adversas. Jacó tomou uma pedra e a erigiu por coluna. E disse a seus irmãos: Ajuntai pedras. E tomaram pedras e fizeram um montão, ao lado do qual comeram, cap. 31, em testemunho dessa aliança. Jacó teve manifestações do favor divino em Maanaim e no Jaboque, onde um varão lutou contra ele de noite até o romper do dia, o qual vendo que não podia com Jacó tocou-lhe na articulação da coxa que se deslocou, mas o abençoou antes de partir, dizendo. "Já não te chamarás Jacó e sim Israel, pois como príncipe lutaste com Deus e com os homens e prevaleceste. Tornou Jacó: Dize, rogo-te, como te chamas? Respondeu ele: Por que perguntas pelo meu nome? E o abençoou ali. Àquele lugar chamou Jacó Peniel, pois disse: Vi a Deus face a face e a minha alma foi salva", Gn 32.22-32; *cf.* 33.20; Os 12.4. Este acontecimento ministrou bela lição ao patriarca. Ele confiava na sua própria força e sagacidade para o bom êxito de seus negócios, então, ficou sabendo que a sua força de nada valia para lutar com Deus, e que ele deveria recorrer à oração para alcançar as bênçãos divinas, sem as quais nada poderia conseguir. Dali em diante, passou a recorrer sempre à oração. Antes de atravessar o Jordão, encontra-se com Esaú e alcança o perdão dos males que lhe havia causado e que determinaram o seu longo exílio. Os dois irmãos reconciliados partem; Esaú regressa ao monte Seir, e Jacó segue para Canaã, Gn 33.1-18. Habitou em Salém, cidade dos siquemitas, e comprou parte do campo, onde armara as tendas, aos filhos de Hamor, pai de Siquém, e erigiu aí um altar, e invocou sobre ele o Deus fortíssimo de Israel, Gn 33.18-20. Diná, filha de Lia saiu para ver as mulheres do país, vendo-a Siquém, filho de Hamor, príncipe daquela terra, enamorou-se

JACÓ

dela e a raptou. Dois dos filhos de Jacó, Simeão e Levi, exerceram cruel vingança sobre a cidade, matando seus habitantes e a despojando. Jacó temeu as conseqüências desse ato imprudente; porém, uma vez que seus filhos haviam capturado a cidade, matado os varões, apoderando-se de suas riquezas e cativando mulheres e crianças, deu como conquistada a cidade e dela se apoderou, Gn 48.22; *cf.* 37.12. De Siquém, Jacó partiu para Betel, onde morreu Débora, ama de Rebeca, e ali a sepultaram, Gn 35.6-8. Deus apareceu, pela segunda vez, a Jacó, vindo ele de Padã-Arã (35.9; 28.10-22), dizendo-lhe: "Já não te chamarás Jacó, porém Israel será o teu nome!" e confirmou as bênçãos prometidas a Abraão. Ao aproximar-se de Belém, indo para Hebrom, nasceu-lhe o último filho, Benjamim, morrendo em seguida sua amada Raquel e sendo sepultada na estrada que vai para Belém, 35.9-20. Afinal, chegou à casa de seu pai Isaque em Manre, v. 27. Isaque morreu 23 anos depois e foi sepultado por seus filhos, Esaú e Jacó, v. 28,29. Parece que Jacó habitou em Manre durante os 33 anos seguintes, porque esteve em Hebrom cerca de dez anos depois de seu regresso, 37.14, e ali permaneceu até o tempo de ir para o Egito, 46.1. Tinha 130 anos quando desceu para a terra de Faraó, 47.9, e lá esteve 17 anos. Antes de morrer, pronunciou as bênçãos especiais, primeiro aos filhos de José, depois, a seus próprios filhos; tinha 147 anos, 47.28 e caps. 48 e 49. Embalsamaram-lhe o corpo e o levaram para Canaã, acompanhado de grande pompa, sendo sepultado em uma cova de dois compartimentos, que Abraão tinha comprado a Efrom, heteu, com o campo que olha para Manre, 50.1-14. Jacó manifestou evidente falta de caráter, e por isso, sofreu bastante. No final de sua vida, sentiu profundamente a falta do filho José, e tacitamente reconheceu-se grato a Deus pelas bênçãos recebidas, 48.15,16, e crente na fidelidade das promessas divinas, v. 21; Hb 11.21. A nação hebraica, descendente de Jacó, é designada na Escritura pela frase Filhos de Israel, Êx 14.16,29; 15.1 etc. Os profetas empregam os nomes de Jacó e Israel em paralelo em suas composições poéticas, Dt 33.10; Is 43.1,22; 44.1 (veja *ISRAEL*). O poço de Jacó, em cuja borda Jesus se encostou, quando dialogava com a mulher samaritana, estava em Sicar, junto à herdade que Jacó dera a seu filho José. A samaritana disse a Jesus. "Foi Jacó que nos deu este poço, do qual ele mesmo bebeu, e seus filhos e seu gado", Jo 4.5,6,12; *cf.* Gn 33.18-20; 37.12. Uma tradição corrente entre os peregrinos de Bordeaux, ano 333 de Cristo, aceita pelos judeus, pelos samaritanos, pelos cristãos e pelos maometanos, identifica o poço de Jacó com o *Bir Yakub*, situado à entrada oriental do vale, entre o monte Ebal, ao norte, e o monte Gerizim ao sul, 3,5 km a sudeste do Nablus, que é a moderna Siquém, e cerca de 900 m a sudoeste de Ascar, que muitos acreditam ser a antiga Sicar. Maundrell, que é muito exato em suas investigações, diz que o poço, tem 2,97 m de diâmetro e 34,65 m de profundidade. O Dr. John Wilson, medindo uma linha de sonda lançada, dentro do poço, com uma lanterna, em 1843, achou que a profundidade é de 24,75 m. Conder relata que a profundidade do poço, medida em 1875, é exatamente de 24,75 m. Atualmente deve ter diminuído em virtude da queda de terra de suas paredes. A água é boa, mas difícil de tirá-la, Jo 4.11. A parte superior é revestida de alvenaria de pedra, e daí, para baixo, é cortada em rocha calcária muito mole. Sobre a boca do poço, construíram uma abóbada baixa e subterrânea de 6,60 m de comprimento na direção este, oeste, e 3,30 m de largura que serviu de cripta a uma antiga igreja, e cuja entrada está reduzida e vedada por uma, ou mais, grandes pedras. Um pouco a oeste, existe uma linda fonte, e outras espalhadas pelo vale. O poço foi aberto, talvez, porque as fontes eram

JACÓ

de propriedade particular. Desde o quarto século julga-se que nas vizinhanças desse poço deve existir o túmulo de José.

JADA (*no hebraico, "sábio", "conhecedor"*) – nome de um dos filhos de Onã, da tribo de Judá da família de Hezrom e da casa de Jerameel, 1 Cr 2.28,32.

JADAI (*no hebraico, "diretivo", alguns preferem "já guia", ou "judeu"*) **1** Nome de um homem de Judá, que se encontra entre a posteridade de Calebe, 1 Cr 2.47. **2** Nome de um homem a quem Esdras induziu a separar-se de sua mulher estrangeira, Ed 10.43. Algumas traduções dizem *Jadau*, e seu significado no hebraico é "amado", pois difere do Jadai anterior.

JADAÍAS (veja *JEDAÍAS*).

JADIEL (*no hebraico, "Deus alegra"*) – nome de um dos chefes da meia tribo de Manassés, situada a oriente do Jordão, 1 Cr 5.24.

JADO (*no hebraico, "união"*) – nome de um gadita, filho de Buz, 1 Cr 5.14.

JADOM (*no hebraico, "juiz", "governador", ou "habitante"*) – nome de um meronotita, que trabalhou na reconstrução do muro de Jerusalém depois do cativeiro de Judá, Ne 3.7.

JADUA (*no hebraico, "conhecido", "conhecedor"*) **1** Nome de um dos chefes do povo, que assinaram o pacto de servir ao Senhor, Ne 10.21. **2** Nome de um dos principais dentre os sacerdotes, filho de Jônatas, e o quinto descendente do sumo sacerdote Jesua, que voltou com Zorobabel da Babilônia, Ne 12.11,22. Com certeza, era ainda muito jovem no reinado de Dario Noto, e sobreviveu a Dario Codomano, soberano da

Pérsia, derrotado por Alexandre, o Grande, em Arbela, em 331 a.C.

JAEL (*no hebraico, ya'el, "cabra montês"*) **1** Nome da mulher de Héber, queneu, Jz 4.17. Sísera, general dos exércitos de Jabim, confiado na paz existente entre o seu soberano e Héber, procurou refúgio na tenda de Jael, depois de ser derrotado por Baraque. Quando se aproximava, Jael saiu a recebê-lo, e o convidou a entrar na sua tenda, e lhe deu a beber leite para matar a sede que o consumia. Porém, quando ele dormia, ela pegou uma estaca na tenda, e lançou mão de um martelo, e entrando mansamente, cravou a estaca na fonte de Sísera, atravessando-a de modo a penetrar na terra, e, assim, ele morreu. Ao mesmo tempo chegou Baraque perseguindo a Sísera, e Jael lhe saiu ao encontro e lhe disse: "Vem, e mostrar-te-ei o homem que procuras", Jz 4.11-22. Débora bendisse o feito de Jael, apesar de traiçoeiro e cruel, 5.24-27, sinal característico dos costumes rudes e da dureza de coração de que há freqüentes exemplos na história dos tempos primitivos. **2** No cap. 5.6, consta um juiz chamado Jael, que não se encontra em outro lugar da história dos juízes.

JAERÁ (*no hebraico, "mel"*) – nome de um descendente do rei Saul, 1 Cr 9.42, chamado Jeoada no cap. 8.36.

JAFÉ (*no hebraico yepheth. A etimologia é incerta, se estiver relacionado ao verbo phatar, "ser dilatado", pode significar "dilatado" ou "engrandecido por Deus"*) – nome de um dos filhos de Noé, um dos dois mais velhos, Gn 10.21; *cf.* 9.24, nascido quando seu pai tinha 500 anos de idade, 5.32; 6.10. Por ocasião do Dilúvio, já era casado, mas não tinha filhos, 7.7; 1 Pe 3.20. Jafé cumpriu um dever filial, protegendo o velho Noé contra o escárnio de seu irmão Cão. Em recompensa dessa bonita ação, recebeu uma bênção, consistindo principalmente na ampliação de seus domínios, Gn 9.20-27. "A linguagem do NT traduz a bênção pronunciada a favor de Jafé, que entrando nas tendas de Sem, representa as bênçãos do Evangelho, transportando-se da raça semítica para os descendentes de Jafé. Os convertidos do paganismo são em grande parte pertencentes à raça de Jafé, habitando nas tendas de Sem" (Delitzsch). De Jafé descendem Gomer, Magogue, Madai, Java, Tubal, Meseque e Tiras, Gn 10.2. Estes povos habitavam o elevado planalto do sul, que se estendia para o ocidente do mar Cáspio, sobre a região montanhosa do sul do mar Negro até as ilhas e costas do Mediterrâneo oriental, com estabelecimentos no extremo ocidente.

JAFIA (*no hebraico, "brilhando"*) **1** Nome de um dos reis de Laquis, que Josué derrotou, o aprisionando e lhe dando a morte, Js 10.3-27. **2** Nome de um dos filhos de Davi, nascido em Jerusalém, 2 Sm 5.15. **3** Nome de uma cidade nos limites de Zebulom, Js 19.12. Muitos a identificam com Iafaa, pouco mais de 2 km a sudoeste de Nazaré.

JAFLETE (*no hebraico, "que o livre", ou "aquele a quem Deus livra"*) — nome de um aserita, da família de Héber, 1 Cr 7.32.

JAFLETI – descendente de certo Jofleti, diferente do aserita que tem o mesmo nome. Habitavam os limites de Efraim, perto de Bete-Horom, Js 16.3.

JAGUR (*no hebraico, "alojamento", "estalagem", "hospedaria"*) — nome de uma cidade do extremo sul da tribo de Judá, Js 15.21. Localização desconhecida.

JAIR (*no hebraico ya'îr, "Ele [o deus] ilumine"*) **1** Nome de um dos filhos de Segube e neto de Hesrom, da tribo de Judá, cuja mulher pertencia à família de Maquir da tribo de Manassés, 1 Cr 2.21,22. Seu nome foi contado entre os membros da tribo de Manassés, 5.23; Nm 32.41; Dt 3.14. Por ocasião da conquista da parte oriental do Jordão, em vida de Moisés, esse Jair tomou aldeias em Argobe, nos limites de Basã e de Gileade a que deu o nome de Havote-Jair, isto é, aldeias de Jair. **2** Nome de um homem de Gileade que julgou Israel 22 anos, depois do juiz Tola. Tinha 30 filhos que montavam em 30 potros de jumentas e eram príncipes de 30 cidades na terra de Gileade, chamada Havote-Jair. Parece que ele pertencia à família do outro Jair, mencionado anteriormente ou talvez houvesse adquirido prerrogativas que lhe deram a posse das cidades citadas, ou que, por sua influência pessoal, conseguisse para seus filhos o domínio das ditas cidades, Jz 10.3-5. **3** Nome de um benjamita, pai de mardoqueu, ou antecessor remoto, Et 2.5. **4** Pai de El-Hanã, 1 Cr 20.5. Em 2 Sm 21.19, aparece esse vocábulo sob a forma Jaaré-Oregim, sendo que o vocábulo *oregim*, no texto hebraico, foi transposto da linha inferior, mediante erro de cópia.

JAIRITA – no hebraico, é uma forma de dizer "de Jair", ou seja, um descendente de Jair. O termo foi aplicado ao sacerdote Ira, 2 Sm 20.26.

JAIRO (*no grego é iairos, forma grega da palavra "Jair"*) — nome de um príncipe da sinagoga de Cafarnaum, Mc 5.22; Lc 8.41, cuja filha estava nas últimas, e que foi ter com Jesus, rogando-lhe que a fosse curar. No caminho para a casa, o príncipe da sinagoga teve notícia que sua filha estava morta, Mc 5.23,24,35; Lc 8.42,49; porém o pai, tendo confiança em Jesus, insistiu que ele fosse impor a mão sobre o cadáver, que voltaria à vida, Mt 9.18. Jesus lhe disse. "Não temas, crê somente", Mc 5.36; Lc 8.50. Entrando na casa com Pedro, Tiago e João, Mc 5.37; Lc 8.51, *cf.* Mt 9.19, viu os tocadores de flautas e uma multidão de gente que fazia reboliço. Retirai-vos, disse ele, porque a menina não

JAIRO

está morta, mas dorme, Mt 9.24; Mc 5.39; Lc 8.52. Jesus empregou a palavra dorme como no caso de Lázaro, Jo 11.11-14. Tomando consigo os três discípulos e o pai e a mãe da menina, Jesus entrou no quarto, onde jazia o cadáver, Mc 5.40; Mt 9.25, tomou-a pela mão, e disse na linguagem do povo: *Talita Cumi*, que quer dizer: Menina, levanta-te, Mc 5.41; *cf*. Mt 9.25; Lc 8.54. Ela obedeceu. Feito isto, ordenou Jesus que a ninguém dissessem o acontecido, Mc 5.43; Lc 8.56. Porém, milagre dessa natureza não podia ficar oculto, Mt 9.26.

JALÃO (*no hebraico, "escondido"*) – nome de um filho de Esaú com sua mulher Olibama que veio a ser um dos príncipes de Edom, Gn 36.5,18; 1 Cr 14.35.

JALEEL (*no hebraico, "Deus aflige"*) – nome de um dos filhos de Zebulom e fundador de uma família tribal, Gn 46.14; Nm 26.26.

JALOM (*no hebraico, "obstinado", ou "residente"*) – nome de um dos filhos de Ezra, registrado na tribo de Judá, 1 Cr 4.17.

JAMAI (*no hebraico, "robusto"*) – nome de um dos príncipes de Issacar da família de Tola, 1 Cr 7.2.

JAMBRES (*no hebraico, "oponente"*) – nome de um dos mágicos do Egito que tentaram contrastar os milagres de Moisés, 2 Tm 3.8.

JAMBRI – nome do fundador de uma família que habitou em Medeba, 1 Mac 9.36, 37; Antig. 13.1,2. A ortografia é incerta. Talvez seja uma representação do nome hebraico Omri ou Imri.

JAMIM (*no hebraico, "mão direita", "prosperidade"*) 1 Nome de um filho de Simeão e fundador de uma família tribal, Gn 46.10;

Êx 6.15; Nm 26.12. **2** Nome de um homem da tribo de Judá, da família de Jerameel, 1 Cr 2.27. **3** Nome de um dos levitas que, sob a direção de Esdras, lia e explicava a lei de Deus ao povo, Ne 8.7,8.

JANAI (*no hebraico, "responsivo"*) **1** Nome de um dos chefes da tribo de Gade, 1 Cr 5.12. **2** Nome do pai de Melqui, da genealogia de Cristo, Lc 3.24.

JANELA – **1** Abertura feita especialmente nas paredes das casas, Gn 26.8; 1 Rs 6.4; Jr 22.14, que se abria e fechava por meio de uma portinhola móvel, Gn 8.6; 2 Rs 13.17; Dn 6.10, ou de um gelosia, Jz 5.28; 2 Rs 1.2; Pv 7.6; Ct 2.9. Havia também janelas no andar térreo das casas com vista para a rua, em altura conveniente, e protegidas fortemente por meio de trancas. Nas casas de luxo, a maior parte das janelas abria-se para o claustro. As casas que ficavam à beira dos muros da cidade geralmente tinham janelas voltadas para fora deles, Js 2.15; 2 Co 11.33. **2** Caixilho que se move preso aos gonzos ou dobradiças, ou parte de uma janela que se abre no centro, ficando o resto fechado, Pv 7.6; Jz 5.28. A versão inglesa diz gelosia.

JANES – nome de um dos dois mágicos egípcios que tentaram contrastar os milagres de Moisés, em companhia de Jambres, 2 Tm 3.8. Esses nomes referem-se às ocorrências que se deram no Egito, mencionadas em Êx 7.11,12,22; 8.7,18,19; 9.11, em que não se diz o nome nem o número dos mágicos. Isto só era conhecido pela tradição judia e constava do Targum do pseudo Jônatas. O Targum faz menção de Joana e Mambre. Mambres, ou Jambres, dizem ser uma forma grega da palavra *Jamreh*, que significa oponente. Mambre, que se deriva da mesma raiz grega, emprega-se no Talmude para designar uma pessoa que se opõe às decisões do sinédrio. Janes talvez seja corrupção de Joanaã, porém eufonicamente faz lembrar o vocábulo hebraico *Yani*, ele impede ou dissuade.

JANIM (*no hebraico, "sono"*) – nome de uma aldeia situada na parte serrana da tribo de Judá, Js 15.53, a oeste ou a sudeste de Hebrom.

JANLEQUE (*no hebraico, "que eleja rei"*) – nome de um príncipe da tribo de Simeão, 1 Cr 4.34.

JANOA (*no hebraico é yanôah, "descanso"*) **1** Nome de uma cidade de Naftali, tomada por Tiglate-Pileser, 2 Rs 15.29. Não identificada. **2** Nome de uma cidade situada na linha divisória de Efraim, Js 16.6,7. Localização atual em *Yanum*, 3 km a sudeste de Siquém.

JAQUE (*no hebraico, "piedoso"*) – nome do pai daquele Agur, cujas palavras se encontram no cap. 30 de Provérbios. Na língua hebraica, o seu nome é seguido pelas palavras *Ham-massa*, oráculo, ou profecia. A versão inglesa revista traduz Jaque de Massá, e se refere a Gn cap. 25.14, em que Massá aparece como pertencente a um dos filhos de Ismael.

JAQUIM (*no hebraico é yakhîn, "Jeová estabelecerá"*) **1** Nome de um descendente de Arão. A sua família veio a ser uma das principais da tribo e entrou na 12ª. sorte dos sacerdotes, das 24 em que repartiu o corpo eclesiástico, 1 Cr 24.12. **2** Nome de um benjamita, 1 Cr 8.19. **3** Nome de um dos filhos de Simeão, e fundador de uma família tribal, Gn 46.10; Êx 6.15; Nm 26.12. Em 1 Cr 4.24, tem o nome de Jamim, talvez por causa de algum erro de cópia. **4** Nome de um dos descendentes de Arão. No tempo de Davi, a família desse homem formou a 21ª. classe em que se dividia a corporação sacerdotal, 1 Cr 24.17. Residia em Jerusalém, segundo se depreende da leitura do cap. 9.10. Não se pode afirmar com certeza que o sacerdote Jeoiaquim, que morou em Jerusalém depois do cativeiro, pertencesse à mesma família, Ne 11.10. **5** Nome da coluna que ficava ao lado direito no pórtico de Salomão, no templo de Jerusalém, como símbolo provável de firmeza, 1 Rs 7.15-22 (veja *BOAZ*).

JARÁ (*nome egípcio de significado incerto*) – nome de um escravo egiptano, pertencente a um homem de Judá, chamado Sesã, a quem deu sua filha em casamento, 1 Cr 2.34,35.

JARDIM – o primeiro jardim ou parque, mencionado na Escritura, foi o Éden que Deus preparou para o homem no seu estado de inocência, Gn 2.8 até o cap. 3.24; Ez 28.13; 31.8,9. Os jardins do Egito dependiam de regas, Dt 11.10, com águas tiradas do Nilo, ou dos poços e conduzidas por meio de canais, ou levadas. Abrindo ou fechando a entrada ou saída desses canais, as águas derivavam para o lugar desejado. Os terrenos de cultura precisavam de irrigação na Palestina, Ec 2.6; Is 58.11; Jr 31.12. Cultivavam-se as ervas nos jardins ou nas hortas, 1 Rs 21.2, bem como os lírios e outras flores, Ct 5.1; 6.2, e também árvores frutíferas, Jr 29.5,28; Am 9.14. O jardim do Getsêmani, conforme seu nome indica, tinha um bosque de oliveira e uma prensa para extrair o óleo das azeitonas. Em Jerusalém havia o jardim do rei, 2 Rs 25.4, outro em Etã, perto de Belém, Antig. 8.7,3; *cf.* Ct 6.11; Ec 2.5; outro no palácio de Susã, Et 1.5. A fim de protegê-los contra os danos, cercavam-nos de muros, ou de sebes, Ct 4.12; Is 5.2,5, e construíam uma pequena choupana para abrigo de um vigia, Is 1.8. Os jardins serviam de retiro nos dias calorosos, Hist. Suzana 1.7, onde havia piscinas para banhos, v. 15, também serviam para banquetes, Et 1.5. Prestavam-se muito bem para atos devocionais, Mt 26.36, e práticas de idolatria, Is 1.29; 65.3; 66.17; *cf.* 2 Rs 16.4; e ocasionalmente enterravam-se

JARDIM

Jardim do Éden — Christian Computer Art

neles os restos mortais de pessoas íntimas, Jo 19.41 (veja *PARAÍSO*).

JAREBE (*no hebraico, "contencioso"*) – nome de um rei da Assíria, cujo nome não tem sido identificado, Os 5.13; 10.6. Esse nome é antes descritivo do que mesmo um nome próprio, e tem o significado que lhe dá a tradução de Figueiredo, de – Rei Vingador.

JAREDE (*no hebraico é yered, talvez do acádio wardu, "escravo"*) **1** Nome do filho de Malaleel e pai de Enoque, Gn 5.16-20; 1 Cr 1.2; Lc 3.37. **2** Nome de um homem de Judá, e pai dos habitantes de Gedor, 1 Cr 4.18. Algumas versões grafam seu nome com a forma de *Jerede*.

JARIBE (*no hebraico, "adversário", ou "contendor"*) **1** Nome do filho de Simeão, 1 Cr 4.24. **2** Nome de um chefe que, com Esdras, esteve junto ao rio que corre para Aava, Ed 8.16. **3** Nome de um sacerdote que foi induzido por Esdras a desquitar-se de sua mulher estrangeira, Ed 10.18.

JARMUTE (*no hebraico é yarmût, "altura"*) **1** Nome de uma cidade situada na parte baixa de Canaã, cujo rei Farã foi aprisionado por Josué que lhe deu a morte, Js 10.3-27; 12.11. Na partilha da terra, ficou em poder da tribo de Judá, 15.35 e foi novamente ocupada depois do cativeiro, Ne 11.29. O historiador Eusébio a identifica com a aldeia que no seu tempo se chamava Jermocos, e em latim, *Jermucha*, situada 15 km de Eleuterópolis, na estrada que vai a Jerusalém. O seu lugar é assinalado pelas ruínas de *Yarmuk*. **2** Nome de uma cidade de Issacar, partilhada aos levitas de Gérson, Js 21.28,29. Tem o nome de Ramote em 1 Cr 6.73, e remete em Js 19.21, sinônimo de Jerimote. Ainda não foi identificada.

JATIR

JAROA (*no hebraico, "lua nova"*) – nome de um chefe da tribo de Gade, descendente de Buz, 1 Cr 5.14.

JARRETAR (*do hebraico 'aqar, "desenraizar"*) – o termo é usado no sentido de inutilizar as pernas dos cavalos inimigos pelo corte dos nervos ou tendão do jarrete, tendão-de-aquiles, Js 11.6-9; 2 Sm 8.4; 1 Cr 18.4.

JARRO – nome de um pequeno recipiente usado para colocar água, azeite, ou perfume. Tinham várias formas e tamanhos diversificados, 1 Rs 14.3.

JÁSEM (veja *HASÉM*).

JASOBEÃO (*no hebraico, "que o povo se volte para Deus"*) **1** Nome de um homem da família de Hacmoni e chefe dos valentes de Davi, 1 Cr 11.11. É o mesmo Jasobeão filho de Zabdiel da casa de Perez, e, portanto, da tribo de Judá, o primeiro entre todos os príncipes comandantes do exército do primeiro mês, 1 Cr 27.2,3. Em 2 Sm 23.8, tem o nome de Josabe-Bassebete. **2** Nome de um benjamita, que se reuniu a Davi em Ziclague, pertencente à família de Coré e que guardava as portas do Tabernáculo, 1 Cr 12.1,2,6.

JASOM (*no hebraico, "saudável"*) **1** Nome de um dos dois mensageiros, enviados a Roma por Judas Macabeus para pedir auxílio contra os sírios, 1 Mac 8.17. Parece que um dos filhos desse Macabeu renovou essa aliança, 12.16. **2** Nome de um sumo sacerdote, filho de Simão II, que exerceu essa função desde 174-171, a.C., e que usou sua influência para helenizar os judeus, 2 Mac 4.7-26. **3** Nome de um homem de Cirene e autor de uma história da guerra judia para conquistar a sua liberdade, 175-160 a.C., 2 Mac 2.23. **4** Nome de um cristão parente do apóstolo Paulo, Rm 16.21. Era de certo

aquele Jasom que morava em Tessalônica e que hospedou Paulo e Silas, quando eles visitaram a cidade. Por ocasião do tumulto que se deu ali, Jasom foi arrastado para fora de sua casa conduzido à presença dos magistrados da cidade, sendo solto mediante caução, At 17.5-9.

JASPE – tradução da palavra hebraica *Yashepheh* (*cf.* o vocábulo árabe *Yasb*) e da grega *Iaspis*, pedra preciosa, Êx 28.20; Ez 38.13; Ap 4.3. O jaspe é variedade do quartzo e de coloração variada, vermelho, pardo, amarelo, verde e branco escuro, sem brilho. Entre os antigos, essa palavra tinha sentido mais lato. Segundo Plínio, compreendia uma variedade de pedras de um verde transparente ou transluzente, *cf.* Ap 21.11, que se denominavam calcedônia ou ágata. A versão da LXX traduziu a palavra hebraica por ônix (veja *ÔNIX*).

JASUBE (*no hebraico, "ele volta", ou "aquele que volta"*) **1** Nome de um dos filhos de Issacar e fundador de uma família tribal, Nm 26.24; 1 Cr 7.1. Em Gn 46.13, tem o nome de Jó, talvez por causa de um erro de cópia em que foi omitida a letra hebraica *sh*. **2** Nome de um filho de Bani, induzido por Esdras a despedir sua mulher estrangeira, Ed 10.29.

JASUBI-LEÉM (*no hebraico, "devorador de pão"*) – é provável que seja nome de homem e não de lugar, e membro da família de Selá, da tribo de Judá, 1 Cr 4.22.

JATÃO – nome do filho de Semaías e parente de Tobias, Tob. 5.13. Em algumas versões o nome é grafado com a forma variante *Jônatas*.

JATIR (*no hebraico, "excelência"*) – nome de uma cidade situada na parte montanhosa de Judá, dada aos sacerdotes, Js 15.48; 21.14; 1 Sm 30.27; 1 Cr 6.57. Robinson a

JATIR

identifica com as ruínas de Atir, que se encontram sobre um monte, 24 km a sudeste de Hebrom. Os dois nomes, todavia, são radicalmente diferentes.

JATNIEL (*no hebraico, "Deus confere", ou "Deus concede"*) – nome de um corita, filho de Meselemia, e porteiro, 1 Cr 26.2.

JAVÃ (*no hebraico yawan, no grego é ion*) **1** Nome de uma região onde se estabeleceram os filhos de Jafé, Gn 10.2. Etimologicamente, esse nome corresponde à palavra *Jônia*, dada aos gregos e por sinonímia representa as regiões do extremo ocidente, onde o nome de Jeová ainda não tinha sido pronunciado, Is 19. Desde tempos remotos que essa região mantinha relações comerciais com a Fenícia, Ez 27.13; Jl 3.6. **2** Nome de uma cidade ou de um povo do Yemen na Arábia, de onde vinha a cássia e o cálamo, Ez 27.19.

JAVALI – tradução da palavra hebraica *H^azir*, quando se refere a porco montês, Sl 80.13. Para determinar o animal doméstico, emprega-se a palavra porco. O javali regula ter um metro de comprimento sem contar a cauda. Os dentes caninos projetam-se para fora do lábio superior, constituindo armas formidáveis de defesa contra o inimigo. A fêmea é menor do que o macho, e tem garras também menores. Esse animal ainda se encontra na Palestina, principalmente nas ravinas ao oriente do Jordão, no vale perto de Jericó, nos pantanais do Merom, no Tabor, no Líbano, no Carmelo e nas planícies do Sarom.

JAVÉ (veja *DEUS, Nomes de*)

JAZA (*no hebraico, "lugar aberto", ou, se diz respeito a alguma eira, "repisada"*) – nome de um lugar, na planície de Moabe, Jr 48.21, onde Seom, rei dos amorreus, foi derrotado pelos israelitas, Nm 21.23; Dt 2.32; Jz 11.20. Fez parte do território de Rúben, Js 13.18, e separado para os levitas da casa de Merari, Js 21.36; 1 Cr 6.78. O rei Mesa de Moabe tomou esse lugar dos israelitas (Pedra Moabita, 18-20), e esteve em poder dos moabitas, nos dias de Isaías e de Jeremias, Is 15.4; Jr 48.21,34. Localização desconhecida.

JAZANIAS (*no hebraico é ya^azanyah, "Jeová escuta"*) **1** Nome de um filho de Maacati, 2 Rs 25.23 (veja *JEZANIAS*). **2** Nome de um recabita, filho de certo Jeremias, sem ser o profeta, Jr 35.3. **3** Nome de um dos filhos de Safã, diretor do culto idólatra no tempo de Ezequiel, Ez 8.11. **4** Nome de um dos filhos de Azur e príncipe na tribo de Judá, visto pelo profeta Ezequiel em uma visão, Ez 11.1; *cf.* 8.1-3; 11.24.

JAZEEL (*no hebraico, "Deus distribui", ou "Deus confere"*) – nome de um dos filhos de Naftali e fundador de uma família tribal, Gn 46.24; Nm 26.48; 1 Cr 7.13.

JAZEÍAS (*no hebraico é yahz^eyâ, "Jeová vê"*) – nome de um filho de Ticva que se opôs ao divórcio das mulheres estrangeiras, Ed 10.15.

JAZER (*no hebraico, "serviçal"*) – nome de uma cidade ao oriente do Jordão, em Gileade, 2 Sm 24.5; 1 Cr 26.31. Os israelitas a tomaram e lançaram fora os seus habitantes, Nm 21.32. Estava situada em uma região muito apropriada para sustento de animais, 32.1,3. Tocou em partilha à tribo de Gade, Js 13.25, que a reconstruiu, Nm 32.34,35; 2 Sm 24.5; foi destinada à residência dos levitas meraritas, Js 21.39; 1 Cr 6.81. Caiu nas mãos dos moabitas, Is 16.8,9; Jr 48.32; foi tomada pelos Macabeus, 1 Mac 5.8. Segundo Eusébio, Jazer estava situada 15 km a oeste de Rabate-Amom e 15 km de Hesebom. Um dos consideráveis tributários do Jordão, tinha sua nascente perto dessa cidade. Jerônimo faz menção de uma aldeia chamada

Azor, 12 km a oeste de Rabate-Amom. Esses vários lugares são costumeiramente identificados com o *wady Sir*, ramo superior do *wady Kefren*, e as ruínas Sir e Sar, que se encontram em lados opostos do vale. A distância é mais ou menos exata, mas Jazer e Azor são radicalmente diferentes. Conder dá preferência a *Beit Zerah*.

JAZERA (*no hebraico, "Ele pode reconduzir", ou "guiado de volta por Deus"*) **–** nome de um sacerdote descendente de Imer, filho de Mesulão, 1 Cr 9.12.

JAZIEL (veja *JAZEEL*).

JAZIZ – nome de um homem encarregado de administrar o gado do rei Davi, 1 Cr 27.31.

JEALELEL (*no hebraico, "ele louva a Deus"*) **1** Nome de um homem registrado na tribo de Judá e chefe de uma família, 1 Cr 4.16. **2** Nome de um levita da família de Merari, 2 Cr 29.12.

JEARIM (*no hebraico, "florestas"*) **–** nome de um monte, atravessado pela linha divisória da tribo de Judá, Js 15.10, e que, a julgar pela sua posição em referência a Queslom, devia distar cerca de 14 ou 15 km de Bete-Semes.

JEATERAI (*no hebraico, "guiado por Jeová"*) **–** nome de um levita da família de Gerson e antepassado de Asafe, 1 Cr 6.21.

JEBEREQUIAS (*no hebraico, "Jeová abençoa"*) **–** nome do pai de Zacarias, contemporâneo do profeta Isaías, Is 8.2.

JEBNEEL (veja *JABNEEL*).

JEBUS (*no hebraico é yᵉbhûs, "lugar que é pisado"*) **–** nome dado à cidade de Jerusalém, quando em poder dos jebuseus, Js 15.63; Jz

19.10; 1 Cr 11.4. A área em que estava era pequena, em comparação com as dimensões de Jerusalém, no tempo de Salomão. A sua cidadela foi convertida na fortaleza de Sião, 2 Sm 5.7; 1 Cr 11.5.

JEBUSEU (*no hebraico é yᵉbhûsî*) **–** nome de uma das tribos de Canaã, antes da conquista do país pelos hebreus, Gn 10.16; 15.21; Êx 3.8. Estava situada na região montanhosa, Nm 13.29; Js 11.3. Jebus ou Jerusalém era o lugar de sua habitação. Josué matou o seu rei, Js 10.23-26. O território jebuseu entrou na partilha de Benjamim, 18.28. Mais tarde, a cidade foi capturada pelos homens de Judá em cujos limites ficava; incendiaram-na e mataram os seus habitantes, Jz 1.8; Js 15.8. Mas os jebuseus parece que conservaram a cidadela, Antig. 5.2,2, ou a reconquistaram no todo ou em parte. Habitaram como estrangeiros nas tribos de Judá e de Benjamim, Js 15.63; Jz 1.21; 19.11. Ainda conservavam a fortaleza de Sião no princípio do reinado de Davi, 2 Sm 5.6,7, e mesmo depois de a haver tomado, os antigos habitantes não tinham sido totalmente aniquilados, porque Araúna, possuidor de uma eira no lugar onde mais tarde foi construído o templo de Salomão, era jebuseu, 2 Sm 24.16; 2 Cr 3.1. As relíquias desse povo tornaram-se tributárias do rei Salomão, 1 Rs 9.20,21.

JECABZEEL – nome de uma cidade da tribo de Judá, Ne 11.25.

JECAMEÃO (*no hebraico, "reunião de gente"*) **–** nome de um levita da família de Coate e da casa de Hebrom, 1 Cr 23.19; 24.23.

JECAMIAS (*no hebraico, "Jeová congrega", ou "Jeová estabeleça"*) **1** Nome de um homem de Judá, descendente de Sesã, linhagem de Jerameel, 1 Cr 2.41. **2** Nome de um dos filhos de Jeconias, 1Cr 3.18.

JECOLIAS

JECOLIAS (*no hebraico, "Jeová prevaleceu"*) – nome da mãe de Uzias, rei de Judá, 2 Rs 15.2; 2 Cr 26.3.

JECONIAS (*no hebraico, "Jeová estabelece"*) – variante do nome de Jeoiaquim, rei de Judá, 1 Cr 3.16 (veja *JEOIAQUIM*).

JECUTIEL (*no hebraico, "Deus sustentará". O termo está relacionado ao árabe gata, que significa "sustentar"*) – nome de um homem de Judá, pai dos habitantes de Zanoa, 1 Cr 4.18.

JEDAÍAS (*no hebraico, "louvado por Jeová"*) **1** Nome de um sacerdote, cujos filhos, em número de 973, voltaram do cativeiro da Babilônia, Ed 2.36; Ne 7.39. **2** Nome de um chefe do segundo turno de sacerdotes quando Davi os dividiu em 24 turnos, 1 Cr 24.7. Talvez seja ele um antepassado do mencionado anteriormente. **3** Nome de um sacerdote que exerceu seu ofício no tempo do sumo sacerdote Josué, 1 Cr 9.10; Ne 11.10. Talvez o mesmo citado anteriormente. Também é provável que seja um dos principais sacerdotes que voltaram da Babilônia com Zorobabel, Ne 12.6 *cf.* Zc 6.10,14. **4** Nome de um simeonita, pai de Sinri e antepassado de Ziza, 1 Cr 4.37. **5** Nome do filho de Harumafe, um dos homens que trabalharam na edificação das muralhas de Jerusalém, Ne 3.10.

JEDIAEL (*no hebraico, "conhecido de Deus"*) **1** Nome de um filho de Benjamim, chefe de uma família, 1 Cr 7.6,10,11. Os antigos intérpretes entendem que esse Jediael é o mesmo Asbel mencionado em Nm 26.38. **2** Nome de um homem de Manassés, que se uniu a Davi em Ziclague, 1 Cr 12.20. **3** Nome de um dos homens de Davi, filho de Sanri, 1 Cr 11.45. **4** Nome de um dos porteiros do reinado de Davi, 1 Cr 26.1,2.

JEDIAS (*no hebraico, "Jeová se alegre"*) **1** Nome de um homem de Meronate, que

curava os jumentos de Davi, 1 Cr 27.30. **2** Nome de um levita da família de Coate e da casa de Anrão, 1 Cr 24.20.

JEDIDA (*no hebraico, "amada"*) – nome da mulher de Amom e mãe do rei Josias, 2 Rs 22.1.

JEDIDIAS (*no hebraico é yᵉdîdyah, "amado de Jeová"*) – nome que o profeta Natã deu a Salomão, por inspiração divina, 2 Sm 12.25.

JEDUTUM (*no hebraico é yᵉdhûthûn, "louvor"*) **1** Nome de um levita que era um dos três principais cantores, ou músicos, nomeados no tempo de Davi, e chefe de uma família de cantores oficiais, 1 Cr 16.41; 25.1,6; 2Cr 5.12; 35.15; Ne 11.17. Ele ou a sua família é mencionado no título de três salmos, 39,62,77. Em 1 Cr 6.44, tem o nome de Etã. **2** Nome do pai de Obede-Edom, e porteiro, pertencente à família de Coré, divisão da família dos coatitas, 1 Cr 16.38, *cf.* 26.1,4,8,12,15. Alguns intérpretes são de opinião que é o mesmo Jedutum da família de Merari.

JEEZQUEL (*no hebraico, "Deus fortalecerá"*) – nome de um descendente de Arão cuja família fez parte da 20ª. classe dos sacerdotes, 1 Cr 24.16.

JEFONÉ (*no hebraico, "será preparado"*) **1** Nome do pai de Calebe e um dos espias representante da tribo de Judá, Nm 13.6. **2** Nome de um dos homens da tribo de Aser e descendente de Jeter, 1 Cr 7.38.

JEFTÉ (*no hebraico é yaphtah. Uma provável abreviação de Yiphtah-'el, que significa "que ele [o deus] abra [o seio?]"*) – nome de um homem de Gileade e também filho de um homem chamado Gileade. Era filho ilegítimo e por isso foi expulso do lar paterno por seus irmãos de legítimo consórcio.

JEIEL

Sentiu muito a injustiça que lhe fizeram. Anos depois, responsabilizou os príncipes de Gileade, com seus irmãos pela afronta recebida. Refugiou-se no país de Tobe, na terra de Haurã, onde se desfrutava liberdade e havia facilidade de subsistência. Graças à sua altivez e valentia, alguns homens miseráveis e que viviam de latrocínios se agregaram a ele e o seguiam como seu capitão. Contudo, não se deve considerá-lo como um salteador vulgar e homem sem lei, porque obedecia à sua consciência. Sempre que empreendia qualquer empresa, buscava razões que a justificassem. Ensinou sua filha a temer a Deus a quem tributava veneração e respeito. Logo depois de ser expulso do lar paterno, os amonitas invadiram as terras de Israel pelo oriente do Jordão, e sujeitaram os seus habitantes durante 18 anos. Vendo-se em apertos, os príncipes de Gileade que haviam expulsado Jefté, viram-se na contingência de implorar o seu auxílio, dizendo:. "Vem, e sê o nosso príncipe para combateres contra os filhos de Amom." Tomando o bastão do mando, Jefté deu notícia à tribo de Efraim dos apertos que estavam seus irmãos de Gileade, e a exortou a vir em seu auxílio, porém ela se recusou. Dirigiu-se ao rei de Amom para saber dos motivos de sua hostilidade contra Israel, e justificou a atitude dos israelitas, em pegar armas para sua defesa. No decorrer da peleja, o êxito parecia indeciso. Jefté fez um voto a Deus, dizendo. "Se tu me entregares nas mãos os filhos de Amom, a primeira pessoa, seja qual for, que sair da porta da minha casa, a se encontrar comigo, quando eu voltar vitorioso dos filhos de Amom, eu a oferecerei em sacrifício." À sua volta, depois de derrotar os amonitas, a primeira pessoa que saiu de casa a recebê-lo foi sua própria e única filha. Foi grande a sua angústia quando a viu, rasgou os seus vestidos, e disse. "Ah! filha minha, tu me prostras por completo; tu passaste a ser a causa da minha calamidade, porquanto fiz voto ao Senhor, e não tornarei atrás." E ela lhe disse: "Pai meu, fizeste voto ao Senhor, faze, pois, de mim, segundo o teu voto". Jz 11.35,36; *cf.* Lv 27.1-8. As mulheres de Israel choravam a sua triste sorte, quatro vezes por ano. Os de Efraim acusaram falsamente Jetfé de os ter privado de participar da vitória contra os amonitas, o que deu motivo ao rompimento de hostilidades, de que resultou a derrota dos efraimitas em combate. Jetfé julgou Israel seis anos, Jz 10.6 até o cap. 12.7. O profeta Samuel citou o seu nome como um dos heróis fiéis a Deus, libertador de seu povo nos dias do cativeiro, 1 Sm 12.11, e na epístola aos Hebreus o seu nome figura entre os grandes exemplos de fé em Deus, Hb 11.32.

JEGAR-SAADUTA (*em aramaico, "monte do testemunho"*) – nome que Labão deu a um montão de pedras, Gn 31.48,49, quando se encontrou com Jacó, dizendo: "Seja hoje este montão por testemunha entre mim e ti... Vigie o Senhor entre mim e ti e nos julgue quando estivermos separados um do outro".

JEÍAS (*no hebraico, "Jeová vive"*) – nome de um dos porteiros que guardavam a arca, no reinado de Davi, 1 Cr 15.24.

JEIEL (*no hebraico, "El [Deus] vive"*) **1** Nome de um dos levitas da segunda ordem e um dos músicos que tocavam o saltério, quando se transportou a arca da casa de Obede-Edom, continuando nesse ofício em Jerusalém, 1 Cr 15.18,20; 16.5. **2** Nome do pai dos habitantes de Gibeão e antecessor do rei Saul, 1 Cr 9.35,36,39. **3** Nome de um dos filhos de Hotão de Arori, no tempo de Davi, 1 Cr 11.44. Parece ter sido chefe da tribo de Rúben, 5.7,8. **4** Nome de um levita, filho de Asafe, 2 Cr 20.14. **5** Nome de um escriba que enumerou os soldados do exército de Uzias, 2 Cr 26.11. **6** Nome de um hebreu que foi induzido por Esdras a separar-se de sua mulher estrangeira, Ed 10.43. **7** Nome

JEIEL

de um levita da família de Gérson e chefe da casa de Ladã, no reinado de Davi, 1 Cr 23.8. **8** Nome de um filho de Hacmoni que estava com os filhos do rei Davi, 1 Cr 27.32. **9** Nome de um dos filhos de Josafá, que foi colocado por seu pai no governo de uma das cidades fortificadas de Judá, e morto, com outros seus irmãos, por Jorão, 2 Cr 21.2-4. **10** Nome de um levita, da família de Coate e da casa de Hemã, o cantor, 2 Cr 29.14. Auxiliou o rei Ezequias na reforma religiosa do reino. Parece que é o mesmo que sucedeu a Simei na superintendência dos celeiros do rei, 2 Cr 31.13. **11** Nome de um dos príncipes que participaram na reforma religiosa no tempo de Josias, 2 Cr 35.8. **12** Nome do pai de Obadias, contemporâneo de Esdras, Ed 8.9. **13** Nome de um dos filhos de Elão, Ed 10.2, e um dos que repudiaram as suas mulheres estrangeiras, induzidos por Esdras, 10.26. **14** Nome de um dos sacerdotes da casa de Harim, que também se desquitaram de suas mulheres estrangeiras a conselho de Esdras, 10.21.

JEIZQUIAS (*no hebraico, Jeová fortalece*) – nome de um dos filhos de Salum, e um dos príncipes da tribo de Efraim no reinado de Pecá que ajudou a libertar os cativos de Judá, 2 Cr 28.12.

JEJUM – abstinência de alimentação ou o espaço de tempo em que se dá o jejum. Há duas espécies de jejum, o voluntário e o involuntário. **1** Jejum involuntário, ocasionado por acontecimentos que nos tiram o apetite. Desta natureza, foi, provavelmente, o jejum de Moisés durante os 40 dias que esteve no Sinai, Êx 34.28; Dt 9.9, o de Elias, quando caminhava para Horebe, 1 Rs 19.8, o de Jesus durante a tentação no deserto, Mt 4.2; Mc 1.13; Lc 4.2, e o de Paulo, 2 Co 6.5. **2** Jejum voluntário, por motivos religiosos. Neste sentido é, muitas vezes, observado em períodos de tempo marcados pela lei. É para observar-se a ausência, na lei de Moisés, de

preceitos sobre o jejum. Não se encontra, o verbo jejuar, ou o substantivo jejum, em todo o Pentateuco. Se há prescrições a seu respeito, elas vêm em linguagem ambígua, como esta: "Afligireis as vossas almas", Lv 16.29; Nm 29.7. A primeira vez que se fala em jejum voluntário é no caso de Davi que recusou alimentar-se quando suplicava a Deus pela vida de seu filho, fruto de seu amor criminoso com a mulher de Urias, 2 Sm 12.22. Outros exemplos de abstinência voluntária se encontram nos últimos livros do Antigo Testamento, Ed 8.21; Ne 9.1; Et 4.3; Sl 35.13; 69.10; 109.24; Dn 6.18; 9.3. Em certos casos de públicas calamidades, proclamavam-se jejuns, Jr 36.9; Jl 1.14, com o fim de humilhar a alma, Sl 35.13; 69.10, de atrair a misericórdia divina, Is 58.3,4. O jejum público significava que peso de culpas repousava sobre o povo e que ele precisava humilhar-se diante de Deus, 1 Sm 7.6; 1 Rs 21.9,12. O jejum verdadeiro é aquele que envolve a abstinência da iniquidade e dos prazeres ilícitos, Is 58. Em tempo do profeta Zacarias, foram ordenados jejuns, no quarto, quinto, sétimo e décimo mês, Zc 8.19, para comemorar o princípio das calamidades com o sítio de Jerusalém, no décimo mês, 2 Rs 25.1; o cativeiro, no quarto mês, 2 Rs 25.3; Jr 52.6,7; a destruição do templo no quinto mês, 2 Rs 25.8,9, e o assassinato de Gedalias e dos judeus que estavam com ele, no sétimo mês, 2 Rs 25.25. Ana servia a Deus de dia e de noite, em jejuns e orações, Lc 2.37. O fariseu jejuava duas vezes por semana, Lc 18.12. Quando os formalistas religiosos jejuavam, desfiguravam os rostos; esta prática Jesus denunciou no Sermão do Monte, Mt 16.16,17. Os discípulos de João Batista jejuavam, mas os de Jesus não faziam o mesmo, enquanto estavam em sua companhia, Mt 9.14,15; Mc 2.18,19; Lc 5.33-35. Depois da morte e ressurreição de Cristo, eles jejuavam; At 13.3; 14.23. Não há preceitos que obriguem os cristãos a jejuar, tampouco que digam que sua prática não seja necessária.

JEMIMA (*no hebraico, "pomba"*) – nome da primeira das três filhas que nasceram a Jó depois da sua grande provação, Jó 42.14.

JEMUEL (*no hebraico, "que deseja a Deus", ou "Deus é luz"*) – nome de um dos filhos de Simeão, Gn 46.10; Êx 6.15. Em Nm 26.12 e 1 Cr 4.24, tem o nome de Nemuel. Fundou uma família tribal.

JEOADA (*no hebraico, "Jeová embelezou"*) – nome de um dos filhos de Acaz e descendente de Jônatas, filho de Saul, 1 Cr 8.36. Em 9.42, tem o nome de Jaerá.

JEOADÃ (*no hebraico, "Jeová agradou"*) – nome da mãe do rei Amasias, natural de Jerusalém, 2 Rs 14.2; 2 Cr 25.1.

JEOAQUIM/JEOIAQUIM (veja *ELIAQUIM*).

JEOÁS (veja *JOÁS*).

JEOIARIBE (*no hebraico, "Jeová contente", ou "Jeová defende"*) – nome de um dos descendentes de Arão, chefe de uma das famílias sacerdotais do tempo de Davi. Fazia parte da primeira turma quando Davi distribuiu os sacerdotes em várias divisões, 1 Cr 24.1,6,7.

JEORÃO (veja *JORÃO*).

JEOSAFÁ (*no hebraico é y^ehôshaphat, "Jeová é juiz"*) **1** Nome de um dos filhos de Ailude e cronista-mor de Davi e Salomão, 2 Sm 8.16; 10.24, 1 Rs 4.3. **2** Nome de um dos sacerdotes designados para tocar a trombeta diante da arca, quando foi levada da casa de Obede-Edom para a cidade de Davi, 1 Cr 15.24. **3** Nome de um dos filhos de Parua e governador de Issacar por ordem de Salomão, 1 Rs 4.17. **4** Nome de um filho do rei Asa e seu sucessor no trono de Judá. Parece que

esteve associado com seu pai no governo, no fim de seu reinado, e também no 11º. ano do reinado de Onri, 1 Rs 16.28,29, ficando sozinho no governo depois da morte de Asa, pelo ano de 871 a.C., 22.41,42. Reinou 25 anos, inclusive o tempo em que governou com seu pai. Tinha 35 anos quando subiu ao trono. Sua mãe se chamava Azuba, filha de Salai, 1 Rs 22.41,42; 1 Cr 17.1. Foi bom rei; serviu a Jeová e não colocou sua confiança nos ídolos, 1 Rs 22.43; 2 Cr 17.3, apesar de não ter destruído os altos, porque o povo ainda sacrificava neles e queimava incenso, 1 Rs 22.43. Recebeu grandes bênçãos de Deus. No terceiro ano de seu reinado, enviou príncipes e levitas da sua corte para ensinarem a lei nas cidades de Judá, levando consigo o Livro da Lei do Senhor, 2 Cr 17.7-9. Deste modo se espalhou o terror do Senhor por todos os reinos, e não se atreviam a pegar armas contra Jeosafá. Os filisteus e os árabes pagaram-lhe tributos, v. 10 e 11, edificou em Judá fortaleza em forma de torres, e cidades muradas, 12-19; pôs termo às divergências entre Israel e Judá, desde os tempos de Reoboão; fez paz com Israel. Casou um filho com a princesa Atalia, filha de Acabe, 1 Rs 22.44; 2 Rs 8.18-26. Quando percebeu que Jeová o protegia, tomou coragem e derrubou os altos e os bosques, 2 Cr 17.5,6. Extirpou também da terra o restante dos efeminados que tinham ficado desde o tempo de seu pai Asa, 1 Rs 22.46. Pelo ano 853 a.C., visitou o rei de Israel, e este o persuadiu a juntar as suas forças armadas às suas, com o fim de retomar aos sírios Ramote de Gileade. Vestindo a armadura real de Acabe, entrou na batalha. Acabe foi mortalmente ferido, e Jeosafá escapou, não obstante as suas insígnias reais, 1 Rs 22.1-38; 2 Cr 18.1-34. Regressando à pátria, foi repreendido pelo profeta Jeú, filho de Hanani, por se haver fraternizado com tal homem como era Acabe, 2 Cr 19.1,2. Continuou a sua obra reformadora na Igreja e no Estado, promovendo a adoração de Jeová,

JEOSAFÁ

e nomeando juízes nas cidades fortificadas de Judá e estabelecendo tribunais formados de levitas, sacerdotes e leigos, da mais alta sociedade de Jerusalém, 2 Cr 19.4-11. Logo que começou essa reforma, os amonitas, os moabitas e os edomitas confederados invadiram o reino de Judá pelo lado do sudeste, acampando em En-Gadi ao lado ocidental do mar Morto. Jeosafá invocou as promessas de livramento pedidas por Salomão, 2 Cr 6.24-30; 20.9. Jaaziel profetizou a vitória e Jeosafá saiu de encontro ao inimigo, levando à sua frente os cantores que louvaram ao Senhor Deus de Israel em altas vozes. A vitória foi alcançada sem combate. Os exércitos confederados lutaram entre si e se deram a morte, 20.1-30. Depois disto, travou Jeosafá amizade com Acazias, rei de Israel, e conveio com ele que equipassem navios que fossem a Társis e construíram navios em Eziom-Geber. Porém, Eliezer, filho de Dodá de Meresa, profetizou a Jeosafá, dizendo: Pois que tu fizeste aliança com Acazias, destruiu o Senhor as tuas obras e despedaçaram-se as tuas naus e não puderam ir a Társis. Acazias tentou partilhar com Jeosafá novas aventuras que foram repelidas, 2 Cr 20.35-37; 1 Rs 22.48, 49. Em 852 a.C., ou mais tarde, Jorão, rei de Israel, pensou em tornar tributário a si o reino de Moabe, e, para consegui-lo, pediu auxílio a seu cunhado Jeosafá. Jorão dera mostras de piedade, operando uma reforma em seu reino, 2 Rs 3.2, pelo que Jeosafá não se negou a auxiliá-lo, alcançando parciais resultados, 2 Rs 3.4-27. Jeosafá morreu aos 60 anos de idade no ano 850 a.C., e foi sepultado na cidade de Davi, deixando seu filho Jorão no trono, 1 Rs 22.50. **5** Nome de um filho de Ninsi e pai de Jeú, rei de Israel, 2 Rs 9.2,14. **6** Nome de um homem de Matani e um dos valentes de Davi, 1 Cr 11.43. **7** Nome de um sacerdote que tocou a trombeta diante da arca, quando a conduziram para Jerusalém, 1 Cr 15.24.

JEOSEBA (*no hebraico, "Jeová, juramento dela"*) – nome da filha do rei Jorão e irmã de Acazias, reis de Judá, e mulher do sumo sacerdote Joiada. Por ocasião da morte de Acazias, e da matança da linhagem real, Jeoseba, pegando em Joás, filho de Acazias, o tirou do meio dos filhos do rei quando os estavam matando, e o escondeu da presença de Atalia, no Templo, até que pudesse ser proclamado rei, 2 Rs 11.2; 2 Cr 22.11.

JEOVÁ – pronúncia comum do tetragrama hebraico *YHVH*, um dos nomes de Deus, Êx 17.15. O nome original era ocasionalmente empregado pelos escritores mais distanciados da época mosaica como Neemias (1.5; 5.13; 8.1). De fato, uma forma dessa palavra construía a última parte do seu nome, *Nehemiah*. Porém o nome Jeová, não era o preferido para representar a divindade. Os tradutores do Antigo Testamento para o grego substituíram-no pela palavra Senhor. Era costume entre os hebreus, quando liam, pronunciar a palavra *adonay*, Senhor, em lugar de Jeová, ou quando era acompanhada da palavra *adonay*, pronunciar *elohim*, Deus, Gn 15.2, como quando dizemos, por exemplo, em vez de, a saber. Desde o tempo em que os sinais massoréticos vieram ajuntar-se às consoantes do texto hebraico, as vogais das palavras *adonay* e *elohim* foram ajuntadas ao tetragrama *YHVH*. A pontuação das vogais deu lugar à pronúncia Jeová, que se tornou corrente desde os dias de Petrus Galatinus, confessor de Leão X, no ano 1515. A substituição da palavra Senhor pelas duas palavras hebraicas e pelos tradutores da *Septuaginta*, promoveu igual substituição na tradução inglesa em que a palavra Senhor é impressa em pequenas maiúsculas. Acredita-se, geralmente, que o tetragrama *YHVH* era pronunciado *Yahveh*, porque o nome sagrado *Jah*, Sl 89.8, e as formas *Yeho*, *Yo*, *Yah* e *Yahu* que ocorrem constantemente na formação de nomes próprios, como *Jehosaphat*, *Joshaphat*, *Shephatiah*,

JEREMIAS

podem ser derivados de *Yahweh* de acordo com as leis da filologia. *Yahweh* é forma arcaica, e provavelmente representa o *Qal*, tempo imperativo do verbo *hawah* que posteriormente tomou a forma *hayah*, ser ou fazer-se. Se assim for, o verbo *hayah* quer dizer: "Aquele que existe absolutamente e que manifesta a sua existência e o seu caráter", Êx 3.13,15. O Criador, o que sustenta todas as coisas e que governa o universo, é *Elohim*, Deus, que fez o pacto com Abraão, Isaque e Jacó. O Deus da sua fortaleza e das suas esperanças futuras e da sua existência eterna, é o *El Shadday*, Deus Onipotente; porém, o Deus da revelação e da graça, que habita com o seu povo, que o guia e que o defende contra seus inimigos e que recebe a sua adoração, chama-se Jeová. Não se sabe se o nome Jeová era conhecido dos outros povos antes de generalizar-se entre os hebreus. Desde os dias de Enos que se começou a invocar o nome do Senhor, Gn 4.26. Não se pode, contudo, inferir que empregassem o nome Jeová. Invocava-se o Deus da revelação e da graça qualquer que fosse o nome para designar a idéia de Deus. Ocorre pela primeira vez na formação de nomes próprios na palavra *Jacobede*, que era o nome da mãe de Moisés e de Arão, Êx 6.20. Aparece também na formação da palavra *Moriah*. Evidencia-se que o emprego da palavra *Jeová* encontra aplicações muito antes da palavra *Shadday* para exprimir a mesma idéia, Nm 1.6,12. Nas gerações posteriores ao êxodo, aparece na palavra Josué, Nm 13.16, tornando-se freqüentes daí em diante, 1 Cr 6.6,7,36. Para conhecer que Deus é Jeová e ter conhecimento da mesma palavra, não quer dizer que exista um reconhecimento exterior da mesma palavra, sim o conhecimento experimental da manifestação da graça e do amor de Deus para com o seu povo, 1 Rs 8.43; Sl 9.10; 89.14; Is 52.6; Jr 16.21. Em Êx 6.2-8, Deus promete que os filhos de Israel seriam libertados da escravidão pela graciosa interferência divina de que os seus pais não tiveram conhecimento (veja *DEUS, Nomes de*).

JEOZABADE (*no hebraico, "Jeová doador"*) **1** Nome de um dos filhos de Obede-Edom, que exercia as funções de porteiro, 1 Cr 26.4. **2** Nome de um dos servos de Joás que tomou parte no assassinato do rei, seu amo, 2 Rs 12.21; 2 Cr 24.26. Por causa de seu crime, Amasias, sucessor de Joás, mandou matá-lo, 2 Cr 25.3. **3** Nome de um benjamita, capitão sobre 180 mil soldados de tropas ligeiras no tempo de Jeosafá, 2 Cr 17.18.

JEOZADAQUE (veja *JOZADAQUE*).

JERÁ (*no hebraico, "lua", "mês"*) – nome de uma tribo árabe descendente de Joctã, Gn 10.26; 1 Cr 1.20.

JERAMEEL (*no hebraico é y*^e*rahm*^e*'el, "que Deus tenha compaixão"*) **1** Nome de um dos descendentes de Judá, filho de Hesrom, 1 Cr 2.9; *cf.* 4,5. Os v. 25-41 mencionam os nomes de duas mulheres de Hesrom que lhe deram numerosa progênie. **2** Nome do filho de um levita chamado Quis (não o pai de Saul), 1 Cr 24.29. **3** Nome de um dos oficiais que o rei Jeoiaquim enviou para prender o profeta Jeremias e ao seu amanuense Baruque, Jr 36.26.

JEREDE (veja *JAREDE*) **1** Nome do filho de Malaleel e pai de Enoque, Gn 5.16-20; 1 Cr 1.2; Lc 3.37. **2** Nome de um homem de Judá, e pai dos habitantes de Gedor, 1 Cr 4.18.

JEREMAI (*no hebraico, "alto", ou "habitante das alturas"*) – nome de um hebreu que foi induzido por Esdras a separar-se de sua mulher estrangeira, Ed 10.33.

JEREMIAS (*no hebraico é yirm*^e*yahû, ou yirm*^e*yah. Tem sido interpretado como "Jeová*

JEREMIAS

estabelece", ou "Jeová derruba") **1** Nome do grande profeta, filho de Hilquias, sacerdote de Anatote, na terra de Benjamim, Jr 1.1. Foi chamado para o ministério profético por meio de uma visão. Era ainda jovem e se julgava sem a experiência precisa para falar aos homens em nome de Deus. Porém sobre ele estendeu Deus a sua mão e tocou os seus lábios, pondo neles as suas palavras para que se dirigisse às gentes e aos reinos, para arrancar e destruir, para arruinar e dissipar, e para edificar e plantar. Também lhe foi anunciado que ele encontraria grande oposição da parte dos príncipes, dos sacerdotes e do povo, porém, que não prevaleceriam contra ele, 1.4-10. Começou a profetizar no ano 13º. do reinado de Josias, e continuou sua obra até a tomada de Jerusalém, no quinto mês do 11º. ano do reinado de Zedequias, v. 2,3. Desse modo, a sua vida pública se estendeu pelos últimos 18 anos do reinado de Josias, pelos três meses que Joacaz reinou, pelos 11 anos de reinado de Jeoiaquim, pelos três meses do outro rei Jeoiaquim e pelos 11 anos e cinco meses do reinado de Zedequias, ao todo 41 anos, sem interrupções, caps. 42–44. Os conterrâneos de Anatote foram os primeiros a se lhe oporem, ameaçando-o de morte se não desistisse de suas funções proféticas. Continuou sua missão a despeito das perseguições. Sentiu profundamente que o povo escolhido por Deus se opusesse tão tenazmente à obra de seu Deus, o que o levou a suplicar justiça, Jr 11.18-21; 12.3. As hostilidades que começaram em Anatote generalizaram-se, e novamente pede o castigo para seus inimigos, 18.18-23; 20.12. Permaneceu fiel no cumprimento de seus deveres, a despeito da oposição em torno de si. No quarto ano do reinado de Jeoiaquim, ditou as profecias que havia proferido durante os 20 anos anteriores e que o escriba Baruque registrou em um rolo de livro. Sentindo-se impedido, por algum motivo, de ir à casa de Deus, o profeta mandou Baruque tomar o rolo e que o levasse para o santuário para ser lido diante do povo que tinha chegado ao templo por ocasião de um jejum. Esse rolo chegou às mãos do rei, que, depois de ler algumas colunas, o cortou em pedaços e os lançou ao fogo, 36.1-26. Sob a direção divina, o profeta imediatamente preparou novo rolo, semelhante ao primeiro com alguns aditamentos, v. 27-32. Um de seus inimigos, Pasur, sacerdote e prefeito da casa do Senhor, o colocou no cepo sendo solto no dia seguinte, 20.1-3. Durante o sítio de Jerusalém, as autoridades judias olhavam as profecias de Jeremias acerca do êxito dos caldeus e do subseqüente cativeiro de Judá sob o ponto de vista político ou militar, em vez de as considerarem sob o ponto de vista religioso. Diziam que tais profecias enfraqueciam o ânimo dos defensores da cidade. Quando os caldeus temporariamente levantaram o cerco para irem ao encontro dos egípcios, Jeremias aproveitou o momento para ir a Anatote a negócios particulares. Quando chegou às portas de Benjamim, foi preso sob o pretexto de querer desertar para os caldeus e por isso foi lançado na prisão, 37.1-15. Muitos dias depois, o rei Zedequias mandou tirá-lo da prisão, transferindo-o para o vestíbulo do cárcere, v. 16-21. Mas os príncipes conseguiram que ele fosse novamente posto no cárcere para morrer, 38.1-6. Um eunuco etíope compadeceu-se dele, intercedeu por ele junto ao rei para que fosse retirado do lago, a que o rei acedeu, mandando que o colocassem no vestíbulo dos guardas, v. 7-28. Os caldeus, sabendo que Jeremias havia sofrido tão graves injustiças por sua causa, por ordem de Nabucodonosor o soltaram e o entregaram a Gedalias, para que ele habitasse em sua casa e vivesse entre o povo. Foi-lhe também concedida a faculdade de ir para a Babilônia, ou ficar na Judéia cercado de todos os favores e garantias. Preferiu ficar na pátria. Nebuzaradã, general dos exércitos, deu-lhe presentes e o confiou à proteção de Gedalias, que Nabucodonosor havia feito governador de Judá,

JEREMIAS, O LIVRO DE

39.11-14; 41.1-6. Por ocasião do assassinato de Gedalias, Jeremias aconselhou os judeus a não fugirem para o Egito, mas foi em vão, não somente foram para lá como até compeliram o profeta a acompanhá-los na sua jornada, 41.1 até o cap. 43.7. Proferiu as suas últimas predições em Tafnis no Egito, 43.8 até o cap. 44.30. Não se sabe como, nem em que tempo morreu. Além das profecias e de Lamentações que trazem o seu nome, parece que escreveu alguns dos salmos cujo estilo muito se parece com o seu, v. 2-4. **2-4** Nome de um benjamita e de dois gaditas que se reuniram a Davi em Ziclague, 1 Cr 12.4,10,13. **5** Nome de um dos príncipes de uma das casas da meia tribo de Manassés, 1 Cr 5.24. **6** Nome de um cidadão de Lobna e pai de Amital, esposa do rei Josias e mãe de Joacaz, 2 Rs 23.30,31. **7** Nome de um recabita filho de Habsanias e pai de Jezanias, Jr 35.3. **8** Nome de um dos sacerdotes que voltaram da Babilônia com Zorobabel, Ne 12.1. **9** Nome de um sacerdote chefe de família que assinou o pacto de separar-se de sua mulher estrangeira e de guardar a lei de Deus, Ne 10.2.

JEREMIAS, O LIVRO DE – a par das profecias, o livro de Jeremias revela a vida espiritual de seu autor. Por causa de haver denunciado os juízos de Deus contra seu povo, caiu sobre ele o ódio de seus conterrâneos, com tal violência que chegou a lastimar-se de haver nascido, 15.10; 20.14-18. Porém, permaneceu fiel à sua missão. Era sozinho, mal compreendido, malignamente acusado, perseguido, vendo nulificados todos os seus esforços para elevar o moral do povo, privado do conforto do lar e das alegrias da família, 16.1-9. Muitas vezes esteve privado de sua liberdade, achando-se só com Deus, em quem buscava conforto e consolação. Nessa intimidade, aprendeu a confiar só nele e a sentir a sua responsabilidade pessoal para com ele, 17.9; 31.29,30. Deu em resultado essa lição da experiência,

que em Jeremias se encontrou o modelo da perfeita comunhão com Deus. Religião no coração e na vida é a nota das pregações de Jeremias. Foi chamado para o exercício dessas funções cinco anos antes da descoberta eventual do Livro da Lei dentro do templo, quando se procedia aos consertos do edifício. Estava ele no meio de seu trabalho profético quando o rei Josias, dominado pela profunda impressão que lhe havia produzido a leitura do livro, iniciou a cruzada contra a idolatria, provocando um renascimento religioso em todo o país. Jeremias, por sua vez, exortou o povo a dar ouvidos às palavras do pacto divino ratificado no monte Sinai, com as ameaças de castigo pela sua violação, acompanhado de preciosas bênçãos no caso de ser observado, 11.1-8. O profeta exortava o povo contra o perigo de uma reforma apenas de costumes; indicava o coração e a vida íntima como o centro de operações espirituais. Nessa obra didática, inspirava-se nos métodos dos antigos profetas, empregando provérbios familiares, e se firmando nos preceitos da lei moral, 1 Sm 15.22; Is 1.11-17; Am 5.21-24; Mq 6.6-8; Pv 15.8; Dt 10.12. Fazia constante uso das negações para dar ênfase às antíteses, Dt 5.3. Negava o valor dos sacrifícios e insistia na eficácia da obediência. Deus, realmente, ordena os sacrifícios, Êx 20.24; 23.14-19; Dt 12.6, mas não falava de sacrifícios, este não era o seu tema; Deus falava da conduta moral, Jr 7.21-28; *cf.* 6.20; 14.12. O sacrifício da obediência é o que agrada a Deus, 17.24-26; 27.19-22; 33.10,11,18. Os sacrifícios e os jejuns daqueles que se apartam de Deus não lhe são agradáveis, nem ele os aceita, 14.10-12. Confiar que Jeová está no meio de Israel, que ele está no templo é confiança vã, como é vã a posse da lei de Jeová. A obediência, e só ela tem valor, 7.4-7; 8.7-9. Eventualmente nem mesmo a própria arca era lembrada, 3.16. Deus olha o coração, 11.20; 17.10; 20.12. Para servir a Deus, é preciso remover as paixões carnais, 4.4; *cf.* Dt 10.16, lavar

JEREMIAS, O LIVRO DE

o coração, 4.14, e voltar-se para Deus 3.10; 17.5. Oportunamente, o profeta anuncia a existência de novo pacto, quando o povo receberá novo coração, no qual Deus escreverá as suas leis, 24.7; 31.33; 32.39,40. As suas visões descobrem a glória futura do reino de Israel. Daqui em diante, esta verdade toma assento no coração e se fixa na mente do povo de Deus. Jeremias escreveu algumas das suas profecias no reinado de Jeoiaquim, mas o rolo do livro foi destruído por esse rei, 36.1- 23. Rapidamente foi reproduzido com muitas adições, v. 32. O atual livro de Jeremias está enriquecido com o aumento das últimas profecias, e foi preparado no fim de seu ministério. As profecias de períodos distintos foram colecionadas em conjunto e outras de um só período se encontram distribuídas pelas várias partes do livro. O volume de Jeremias consta do seguinte: INTRODUÇÃO – narrando a chamada do profeta, cap. 1; três secções contendo profecias que se prendem aos acontecimentos sociais que lhe serviam de motivo, caps. 2–51, e um apêndice histórico adicionado talvez por outro escritor, 52, *cf.* 51.64. As três secções proféticas são: I. ANUNCIANDO A APROXIMAÇÃO DOS JUÍZOS DE DEUS SOBRE JUDÁ E A PROMESSA DE SER ESTE RESGATADO DO EXÍLIO, caps. 2 até 33, incluindo denunciações gerais sobre Judá, caps. 2–20, sobre os chefes religiosos e civis, 21–23, descrição dos julgamentos divinos e de seus desígnios e duração, 24–29, e as profecias anunciando as bênçãos conseqüentes aos juízos de Deus, 30–33. II. HISTÓRIA DESCREVENDO O MODO POR QUE SERIAM EXECUTADOS OS JUÍZOS DE DEUS, 34–44, inclusive o estado de corrupção em que se achava o país, por ocasião de ser destruída a cidade, 34–38; narrativa da destruição de Jerusalém, cap. 39; e das miseráveis condições em que ficou o restante do povo, e bem assim o que Deus anunciava a seu respeito, caps. 40–44. III. PROFECIAS ACERCA DAS NAÇÕES ESTRANGEIRAS, 46–51 com uma introdução dirigida a Baruque, cap. 45. Os caps. 23.5-8; 30.4-11 e 33.14-26 falam

do Messias, e os caps. 31.31-40; 32.36-44 e cap. 33 tratam da nova aliança que Jeová havia de fazer com a casa de Israel. O texto da LXX difere consideravelmente do hebraico: os caps. 46–51 estão dispostos em ordem diversa entre si, mas a secção inteira colocada depois do cap. 25.14-26; 39.4-13 e o cap. 52.28-30, não se encontram no grego; em muitos outros lugares a versão grega é mais breve que o texto original; exemplo: 2.1,2; 7.1-3. A brevidade do texto é muitas vezes originada na ausência de palavras sem importância, como a omissão do vocábulo profeta; quando se fala de Jeremias; exemplo: 28.5,11,15, da palavra rei quando se menciona o nome próprio; exemplo: caps. 36.32; 37.17, e vice-versa, caps. 26.22,23; 37.18,21, a expressão *dos exércitos* depois da palavra Jeová, 6.6,9: "Senhor dos exércitos, o Deus de Israel", em que se emprega apenas o nome Senhor, 7.21; 19.15, e a expressão "assim diz o Senhor", 2.9; 3.10; 7.13. A ordem cronológica das profecias e das narrações, de acordo com as datas que elas contêm, é como segue: NO REINADO DE JOSIAS QUE FOI, 31 ANOS, AOS 13 ANOS DE SEU REINADO, cap. 1 – Entre o ano 13 até o ano 31 caps. 2–6 (*cf.* 3.6) e talvez os caps. 7–12 e 14–20. NO REINADO DE JOACAZ, QUE DUROU TRÊS MESES: Nada. NOS 11 ANOS DO REINADO DE JEOIAQUIM: No princípio caps. 26 e talvez 22.1-19 (*cf.* 10, 18, 19). No quarto ano, caps. 25; 36; 45; 46.1-12. Depois do quarto ano cap. 35 (*cf.* 1, 11). NOS TRÊS MESES DO REINADO DE JEOIAQUIM, provavelmente, 22.20-30 e talvez o cap. 13 (*cf.* 18 com 22.26 e 2 Rs 24.12). NOS 11 ANOS DO REINADO DE ZEDEQUIAS: No princípio caps. 24; 49.34-39. No quarto ano caps. 27 (*cf.* 3; 12; cap. 28.1); 28; 51.59-64. Durante a primeira parte do sítio, quando Jeremias ainda estava solto cap. 34. Durante a interrupção do sítio, cap. 37 (*cf.* 4, 5). Depois da continuação do sítio, quando Jeremias estava preso cap. 32 (no décimo ano) *cf.* 33; 38; 39.15-18. NA JUDÉIA, DEPOIS DA QUEDA DE JERUSALÉM: caps. 39.1-14; 40.1 até 43.7. NO EGITO, 43.8-13; e

44, sem data e, às vezes, com indicação de tempo caps. 23; 30; 31; 45; 46.13 até *cf.* 48 e 49 a 51.58. APÊNDICE, cap. 52.

JEREMOTE (*no hebraico, "alto"*) **1** Nome de um dos filhos de Bani, induzido por Esdras a separar-se de sua mulher estrangeira, Ed 10.29. **2** Nome de um homem de Benjamim, 1 Cr 8.14, talvez o mesmo que traz o nome de Jeroão no v. 27. **3** Nome de um levita da família de Merari da casa de Musi, 1 Cr 23.23,30. Ele é chamado de Jerimote, em 1 Cr 24.30. **4** Nome de um dos descendentes de Hemã e chefe da 15ª. sorte dos músicos no reinado de Davi, 1 Cr 25.22. No quarto versículo desse capítulo ele é chamado de *Jerimote*. **5** Nome de um dos filhos de Azriel e príncipe em Naftali no reinado de Davi, 1 Cr 27.19. É chamado de *Jerimote* no texto massorético. **6** Nome de dois descendentes de Elão, Ed 10.26, 27, e um filho de Bani, Ed 10.29. Ambos consentiram em separar-se de suas mulheres estrangeiras.

JERIAS (*no hebraico, "Jeová vê", ou "temor de Jeová"*) **1** Nome de um capitão que guardava a porta de Benjamim. Durante a retirada temporária dos caldeus que sitiavam Jerusalém, esse capitão prendeu o profeta Jeremias, quando este saía para ir à terra de Benjamim repartir uma possessão, acusando-o falsamente de ir ter com o inimigo, Jr 37.13. **2** Nome de um levita da família de Coate, da casa de Hebrom, 1 Cr 23.19; 24.23; 26.31.

JERIBAI (*no hebraico, "contencioso"*) – nome de um dos filhos de Elnaão, e um dos valentes de Davi, 1 Cr 11.46.

JERICÓ (*no hebraico é y^{e}rîhô, talvez yarîh, "a lua". O significado do termo é incerto, mas devido à raiz da palavra, é provável estar relacionado ao deus-lua dos semitas orientais. Alguns preferem "lugar de suave odor", ou "lugar perfumado"*) – nome de

Jericó Antigas Escavações   *Christian Computer Art*

uma cidade importante situada no vale do Jordão, Dt 34.1,3, no lado ocidental, perto do mar Morto e ao sopé das montanhas que dão acesso à planície de Judá. Era conhecida pelo nome de Cidade das Palmeiras, Jz 3.13. A primeira menção que dela se faz nas Escrituras é quando os israelitas se acomodaram nas planícies de Moabe, do outro lado do Jordão, Nm 22.1; 26.3. Era uma cidade bem fortificada e dominava o vale do Jordão e as passagens para as montanhas do oeste, e, portanto, a sua conquista se tornava essencial ao avanço dos filhos de Jacó. Josué enviou um corpo de espias para examinar a terra, Js 2.1-24, ficando os israelitas acampados em frente da cidade. Por ordem divina, os homens de guerra rodearam a cidade uma vez por dia, durante seis dias consecutivos, levando consigo a arca do concerto. Sete sacerdotes tocavam as trombetas adiante da arca. Ao sétimo dia, deram sete voltas em torno dos muros, quando a um som mais agudo das trombetas, o povo

JERICÓ

Jericó Hoje — Christian Computer Art

gritou, e os muros caíram, dando entrada a todo o povo. A cidade foi anatematizada e seus habitantes votados à morte, exceto a prostituta Raabe, que havia defendido os espias, bem como a família de seu pai. O ouro e a prata e outros objetos de valor foram levados para a casa do Senhor. Finalmente, Josué declarou que seria maldito do Senhor o homem que reedificasse a cidade, que lhe morreria o seu filho primogênito, quando lhe lançasse os fundamentos, e que perderia o seu último filho quando lhe colocasse as portas, Js 5.13 até o cap. 6.26. O local foi atribuído à tribo de Benjamim. Estava situado nos limites entre Benjamim e a tribo de Efraim, 16.1-7; 18.12,21. Era residência real de Eglom, rei de Moabe, quando oprimia os israelitas, Jz 3.13. Os embaixadores que o rei Davi havia enviado ao rei Hanom, rei amonita que os tinha insultado rapando-lhe a metade da barba, ficaram em Jericó até que de novo crescesse, 2 Sm 10.5; 1Cr 19.5. No reinado de Acabe, Hiel de Betel fortificou a cidade, porém perdeu os seus dois filhos, conforme o que dissera Josué, 1 Rs 16.34. No tempo de Elias existia ali uma comunidade de profetas, 2 Rs 2.5. Pouco antes de Elias ser trasladado ao céu, passou por ela com Eliseu, que ali voltou depois de separar-se de Elias, 2 Rs 2.4,15,18. Os cativos de Judá que os israelitas aprisionaram no reinado de Pecá, foram postos em liberdade em Jericó, 2 Cr 28.15. Nas suas vizinhanças, o rei Zedequias foi aprisionado pelos perseguidores babilônios, 2 Rs 25.5; Jr 39.5; 52.8. Trezentos e quarenta e cinco dos primeiros cativos, com seus descendentes, voltaram do cativeiro com Zorobabel, Ed 2.34; Ne 7.36. Alguns dos novos habitantes da cidade ajudaram na reconstrução do muro, 3.2. Baquides, general sírio, reparou as fortificações de Jericó, durante o período dos Macabeus, 1 Mac 9.50. Nos primeiros anos do reinado de Herodes, o Grande, os romanos saquearam Jericó, Antig. 14.15,3. Subseqüentemente Herodes a embelezou, construiu um palácio real, e por detrás do outeiro que existia ao fundo da cidade levantou uma cidadela que denominou Ciprus, Antig. 16.5,2; 17.13,1;

Guerras 1.21,4,9. Havia também um hipódromo ainda existente por ocasião da morte de Herodes, Antig. 17.6,5; Guerras 1.33,6,8. A estrada de Jerusalém a Jericó foi o teatro da cena descrita por Jesus na parábola do bom samaritano, Lc 10.30. Na cidade de Jericó, Jesus restaurou a visão a dois cegos, sendo um deles chamado Bartimeu, Mt 20.29; Lc 18.35. Foi ali também que Zaqueu encontrou a salvação de sua alma, recebendo em sua casa Jesus, 19.1,2. Jericó estava situada 772 m abaixo do nível do Mediterrâneo, todavia desfrutava clima tropical. Produzia palmeiras, árvores balsâmicas, sicômoros e a hera odorífera, Ct 1.14; Lc 19.2,4; Guerras 4.8,31. As rosas de Jericó tornaram-se famosas pela sua beleza, Eclus 22.14. A antiga Jericó tinha perto de si uma rica e abundante fonte de águas, *Ain es-Sultan*, que parece ser a mesma cujas águas Eliseu saneou, Guerras 4.8,3. Escavações ali feitas revelaram a existência de uma cidade amonita que parece ter sido destruída antes que a influência dos israelitas alterasse a sua existência. A aldeia atual com o nome de Eria, que é o nome hebraico *Yeriho*, levemente alterado, está 9 km a ocidente do Jordão e cerca de 3 km a sudeste da referida fonte. É pequena povoação de aspecto miserável.

JERIEL (*no hebraico, "achado por Deus"*) – nome de um dos descendentes de Tola, da tribo de Issacar, 1 Cr 7.2.

JERIMOTE (*no hebraico, "alturas", "elevações"*) **1** Nome de um homem de Benjamim, filho de Bequer 1 Cr 7.8. **2** Nome de um Benjamita, filho de Bela, 1 Cr 7.7. **3** Nome de um Benjamita que se reuniu a Davi em Ziclague, 1 Cr 12.5. **4** Nome de um dos filhos de Davi e pai de Maalate, mulher de Reoboão, 2 Cr 11.18. **5** Nome de um levita superintendente dos celeiros da casa do Senhor, no reinado de Ezequias, 2 Cr 31.13 (veja *JEREMOTE*).

JERIOTE (*no hebraico, "cortinas"*) – nome de uma das mulheres de Calebe, filho de Hezrom, 1 Cr 2.18.

JEROÃO (= *alcançou misericórdia*) **1** Nome de um levita, antecessor do profeta Samuel, 1 Sm 1.1; 1 Cr 6.27,34. **2** Nome de um benjamita, cujos filhos eram patriarcas e chefes em Jerusalém, 1 Cr 8.27. **3** Nome de um benjamita, pai de Ibnéias, que morava em Jerusalém, 1 Cr 9.8. **4** Nome de um sacerdote da casa de Malquias. Era filho de Pasur e descendente de Arão, 1 Cr 9.12; Ne 11.12. **5** Nome de um benjamita de Gedor, cujos filhos foram se reunir a Davi em Ziclague, 1 Cr 12.7. **6** Nome do pai de Azareel, um chefe da tribo de Dã no reinado de Davi, 1 Cr 27.22. **7** Nome do pai de Azarias, um dos capitães que ajudaram Joiada a colocar no trono de Judá o rei Joaz, derrubando a rainha Atalia, 2 Cr 23.1.

JEROBOÃO (*no hebraico é yarob'am. É provável que o nome seja derivado de yarbeh 'am, "que ele /o deus/ aumente o povo"*) **1** Nome de um efraimita que fundou o reino das dez tribos. Seu pai era oficial do exército de Salomão, chamava-se Nebate, da aldeia de Zereda, do vale do Jordão; sua mãe chamava-se Sarva, e era viúva quando o deu à luz, 1 Rs 11.26. Desde tenros anos que se revelou industrioso e hábil. Salomão, conhecedor de suas aptidões, fê-lo intendente dos tributos de toda a casa de José, v. 27,28. Aconteceu naquele tempo que Jeroboão saiu de Jerusalém e que Aías silonita, profeta, coberto com uma capa nova, encontrou Jeroboão no caminho, e estavam a sós os dois no campo. E Aías, tomando a sua capa nova de que vinha coberto, a rasgou em 12 partes, e disse a Jeroboão: Toma dez pedaços. porque isto é o que diz o Senhor Deus de Israel. Eis-aqui, eu rasgarei o reino das mãos de Salomão, e dar-te-ei dez tribos. Esta notícia chegou aos ouvidos de Salomão que intentou matar Jeroboão.

JEROBOÃO

Para salvar a vida, Jeroboão refugiou-se no Egito, cujo rei, Sisaque, o recebeu cordialmente, v. 29-40. Após a morte de Salomão, reuniu-se um congresso das tribos em Siquém para levantar a candidatura de Reoboão, filho de Salomão. Jeroboão veio para tomar parte nesse congresso. Colocou-se à frente do povo para obter em seu benefício uma redução nos impostos. Reoboão opôs-se a isso em termos muito irritantes. Dez das tribos revoltaram-se e se desligaram da casa de Davi, proclamando Jeroboão seu rei. A profecia de Aías teve o seu cumprimento. O profeta exortou Jeroboão a permanecer fiel ao Senhor, com garantia de se firmar o reino em sua casa, v. 37,38. Jeroboão receou que o povo debandasse para a casa de Davi, indo a Jerusalém para adotar o Senhor, e que, sendo rejeitado, lhe dessem a morte. Para evitar esse fracasso, resolveu estabelecer centros de adoração em cada um dos extremos de seu reino, um em Dã e outro em Betel. A despeito do mandamento de Deus proibindo adorar por meio de imagens, levantou um bezerro de ouro em cada um dos dois lugares, 12.26-30; 2 Cr 13.8, e recomendou sua adoração como fez Arão no deserto, Êx 32.4. Parece que o seu intuito era adorar Jeová, sob a forma dos dois bezerros. Levantou templos nos altos e pôs por sacerdotes os ínfimos do povo que não eram dos filhos de Levi, visto que nenhum dos sacerdotes legais se prestava a servir em um culto idólatra e cismático, 1 Rs 12.31; 2 Cr 11.13-15; 13.9. Também determinou que a festa das colheitas, celebrada em Judá no dia 15 do sétimo mês, se efetuasse ali no Reino do Norte, no dia 15 do oitavo mês, 1 Rs 12.32,33. A massa do povo concordou nisto. Deste modo, Jeroboão fez Israel pecar. O culto abominável dos bezerros continuou até a queda do reino. Todos os reis que o sucederam continuaram na observância do culto idólatra, com exceção de Oséias. Todos os mais andaram nos caminhos de Jeroboão, filho de Nebate, que induziu o povo a pecar,

1 Rs 15.26,34; 16.19,31; 22.52; 2 Rs 3.3; 10.29; 13.2,11; 14.24; 15.9,18,24,28. A idolatria que Jeroboão estabeleceu foi uma das coisas que levaram as dez tribos ao cativeiro da Assíria, 2 Rs 17.16, enfraquecidas pela divisão. A degradação do culto elevado de Jeová deu em resultado o abaixamento do nível espiritual dos israelitas do norte. Jeroboão foi repreendido pela sua apostasia, primeiramente por um profeta anônimo de Judá, e depois pelo próprio Aías silonita, que lhe havia anunciado a posse do reino. Apesar disso, continuou impenitente, 1 Rs 13.1 até o cap. 14.18. Reedificou Siquém e Penuel, lugares sagrados. Fixou residência em Siquém e mais tarde transferiu-se para Tirza, 1 Rs 12.25; 14.17; Ct 6.4. Por divergências entre Jeroboão e Reoboão, rebentou a guerra entre ambos, resultando daí uma grande batalha na qual o exército de Israel foi desbaratado com enorme mortalidade, perdendo a posse de Betel, que ficava 18 km de Jerusalém, 1 Rs 15.6,7; 2 Cr 13.1-20. Jeroboão subiu ao trono no ano 931 a.C. e reinou 22 anos, 1 Rs 14.20. Um de seus filhos morreu na infância e o de nome Nadabe subiu ao trono, 2 Sm 14.1-17,20. **2** Nome de um dos filhos de Joaz, rei de Israel, que o sucedeu no trono das dez tribos. Pertencia à dinastia de Jeú, terceiro de seus descendentes. Foi rei em Samaria pelo ano 790 a.C., e reinou 41 anos. Encontrou o reino em condições miseráveis, porém ele o reergueu de novo, o elevando a um alto grau de prosperidade; tomou Damasco, capital da Síria, e Hamate, uma das cidades dos heteus e restaurou para Israel o território desde Amate até o mar Morto, como havia profetizado Jonas, filho de Amati, que era de Gate, 2 Rs 14.23-28; *cf.* Dt 3.17. Amós também profetizou em tempos de Jeroboão (2), Am 1.1. Delineou um quadro melancólico do estado moral e religioso de Israel naquele tempo e anunciou o juízo divino contra ele, Am 2.6 até o cap. 5.27; 8.4-6; 7.1-9; 8.7-10. Por causa dessas profecias, os sacerdotes de

Betel fizeram contra ele grandes queixas a Jeroboão, que não produziram o resultado desejado, 7.10-17. Oséias também começou a sua missão profética ao norte do reino, durante a vida de Jeroboão. Os três primeiros capítulos pertencem a esse período. Com a morte de Jeroboão, subiu ao trono seu filho Zacarias, 2 Rs 14.29.

JERUBAAL (*no hebraico, "Baal que se vingue", ou "que Baal por si mesmo contenda"*) – nome que foi dado a Gideão depois que ele destruiu o altar de Baal, Jz 6.32 (veja *GIDEÃO*).

JERUBESETE (*no hebraico, "que a vergonha combata"*) – nome dado a Gideão por aqueles que não queriam proferir a palavra *baal* em *Jerubaal*, 2 Sm 11.21.

JERUEL (*no hebraico y^{e}ru'el, "achada por Deus"*) – a LXX grafa *Jeriel*. Nome de um deserto da Judéia, adjacente à encosta de Ziz, nas vizinhanças de En-Gedi, 2 Cr 20.16.

JERUSA (*no hebraico, "possessão", "possuída", ou "tomada em casamento"*) – nome da filha de Zadoque e mulher de Uzias, rei de Judá, e mãe de seu sucessor Jotão, 2 Rs 15.32; 2 Cr 27.1.

JERUSALÉM (*no hebraico é y^{e}rûshalem, "lugar de paz", "cidade de paz"*) – nome da cidade sagrada, a bem conhecida capital de Judá, da Judéia, da Palestina e dos judeus espalhados por todo o mundo. Por motivos de clareza e para facilitar a exposição deste tópico, dividamo-lo da seguinte forma. I. Nome. II. A Cidade em si Mesma, Incluindo. 1) descrição do local; 2) reservatórios de água; 3) defesas artificiais; 4) edifícios notáveis no tempo de Cristo. III. História da Cidade. 1) no tempo dos cananeus; 2) no tempo dos hebreus; 3) desde os tempos de Tito. IV. Escavações Modernas. I *Nome da cidade*. 1 O nome mais antigo que se conhece é Urusalim (*y^{e}rûshalayim*), i.é., Jerusalém. Era assim conhecida 16 séculos antes de Cristo, muito antes da conquista de Canaã pelos hebreus, sob a direção de Josué, nome esse que se encontra em cartas do seu príncipe dirigidas a Amenófis IV, rei do Egito, seu senhor. Salém, de que Melquisedeque era rei, é abreviação natural da palavra Jerusalém, mencionada como tal na história das conquistas de Canaã, onde, às vezes, também se denomina Jebus. De fato, este último nome foi muito freqüente logo após a conquista, enquanto os jebuseus a ocuparam; porém, quando Davi a capturou e fez dela a sede de seu governo, o antigo nome Jerusalém ou Salém, por abreviatura, não mais foi alterado, Sl 76.2. A pronúncia da sílaba final tem sido modificada pelos judeus dos tempos subseqüentes, de modo a parecer uma cidade dual. **II.** *A cidade em si mesma*. 1) Descrição do local. Jerusalém está situada sobre um tabuleiro no cume da cordilheira central da Palestina em um dos pontos mais culminantes. Está na mesma latitude da

Muro das Lamentações — Christian Computer Art

JERUSALÉM

parte setentrional do mar Morto. A porção do tabuleiro ocupada pela cidade acha-se isolada do resto desse tabuleiro, exceto pelo lado do norte. Os outros lados da cidade são circundados de profundas ravinas. Esse promontório é cortado por um vale que, subindo desde a sua entrada no canto sudeste do promontório, na junção das ravinas de sul e de este, abre-se como um arco de círculo por quase 2 km para o lado do norte, e do seu meio destaca-se um ramo desse vale para o lado do ocidente. Tal era, pelo menos, a configuração primitiva do local da cidade. Com o decorrer dos tempos, graças a melhoramentos municipais e às devastações das guerras, certas elevações desapareceram e alguns de seus vales têm sido nivelados. As ramificações do terreno apresentam três montes principais; um ao oriente, outro ao sul e outro a noroeste. O monte oriental tem um espinhaço que se prolonga por mais de 900 m na direção de Norte-Sul, elevando-se à altura de cerca de 90 m acima dos vales que o circundavam, e formando um ângulo obtuso na extremidade sul. A extremidade norte é quase separada (em referência à antiga topografia) do tabuleiro por um ramo da ravina oriental. A cordilheira tem a altitude de cerca de 800 m acima do nível do mar. Observa-se leve depressão em uma zona de cerca de 33 m de largo com cerca de 4 m de profundidade que atravessa a cordilheira na extremidade sul, partindo da chamada Fonte da Virgem em direção ao vale Tiropeom. O monte a sudeste é o mais largo dos três. Tem a forma oblonga, com um prolongamento para os lados do nordeste da cordilheira, erguendo-se abruptamente sobre os vales que o circundam. A parte plana da sua superfície começa na altitude de cerca de 800 m acima do nível do mar, alterando-se mais uns 50 m para o lado do oeste. O terceiro monte é mais uma projeção do tabuleiro do que mesmo um cabeço; está ao norte do segundo monte já descrito. A atual elevação da parte incluída na cidade, anterior ao período cristão, é de cerca de 800 m. A tríade de colinas, com as suas profundas ravinas, oferece forte proteção para uma cidade que, além dos vales que a circundam,

Jerusalém área do templo — Christian Computer Art

JERUSALÉM

Jerusalém Domo da rocha — Christian Computer Art

tem ainda uma cinta de altas montanhas. A ravina oriental está no vale de Cedrom. O monte que fica a oriente, defronte à cidade e as montanhas que a cercam, é o monte das Oliveiras. A longa crista, que vai de norte a sul, é a colina do templo, chamada monte Moriá, pelo menos a parte onde estava edificado o santuário. A parte sul tinha o nome de Ofel. O tanque de Siloé fica no ponto extremo do vale ao sul. Ao norte do templo, encontra-se o tanque de Betesda, ou Betsaida. Qual era a altura do monte Sião? A esta pergunta respondem: *1)* O monte Sião ficava a sudeste, segundo opiniões autorizadas desde o quarto século. a) Sião era a cidade de Davi, 2 Sm 5.7-9. Josefo afirma que a cidade alta, que é sem dúvida a colina sudeste, tinha o nome de cidadela de Davi, Guerras 5.4-1. É de estranhar, porém, que não lhe dessem o nome de Sião. b) Miquéias fez distinção entre Sião e o monte do Senhor, 4.2. c) Em Ne cap. 3, registram-se muitas construções na cidade de Jerusalém, e pela qual descrição, entende-se que Sião fazia parte do monte da casa do Senhor. A santidade de Sião explica-se pelo fato de ter sido, por muitos anos, o local onde se recolhia a arca, sendo assim considerado pelo rei Davi, 2 Sm 6.12,18; 1 Rs 8.1-4; Sl 2.6. O nome Sião passou a designar a própria cidade de Jerusalém na qualidade de cidade santa, Sl 48.87,133. Segundo o dizer de Warren, o monte Sião ficava a nordeste. Esse monte é identificado com o quarteirão da cidade, chamado por Josefo, Acra, que em grego quer dizer, monte alto ou cidadela. Ele a denominava cidade baixa, de acordo com o costume de seu tempo, mas, a princípio, não era assim. Foi Simão Macabeu que a demoliu por se achar a cavaleiro do templo que lhe servia de quartel, Antig. 13.6,7. Os judeus serviram-se dessa posição como ponto fortificado para sua defesa. *2)* O monte Sião, dizem outros, era uma parte do monte do Senhor, isto é, uma parte do monte onde se erguia o templo. Em favor desta opinião aparecem os seguintes argumentos: a) O monte do templo é o local mais adaptado pela natureza para uma fortificação. b) a subida para o templo

JERUSALÉM

fazia-se saindo da Porta da Fonte, subindo pelas escadas da cidade de Davi, na elevação do muro, por cima da casa de Davi até a porta das águas, Ne 12.37. As escadas referidas talvez sejam as mesmas que foram descobertas, pelas quais se chegava à extremidade sul do tanque. c) A palavra Sião emprega-se na acepção de lugar santo em termos tais, que nunca designam a cidade de Jerusalém, mas que se tornam claros, se considerarmos que o vocábulo Sião se refere ao monte onde existia o Templo. Sião designa o monte santo, o monte do Senhor, o lugar de sua habitação, Sl 2.6; 9.11; 24.3; 132.13. d) No primeiro livro dos Macabeus, dá-se o nome de Sião ao monte do templo, 1.33-38. A invariável distinção feita entre a cidade de Davi, o monte Sião e o Santuário, parece indicar que esses termos sofreram alterações de sentido desde os tempos de Davi, como se depreende de 2 Sm 5.7. A explicação mais simples é que o monte Sião era parte do monte onde estava o templo, e por sinédoque, muitas vezes se aplicava o termo a todo o monte do mesmo modo que a expressão cidade de Davi se dava à municipalidade de Jerusalém, 2 Sm 5.7; Antig. 7.3,2, era extensivo com o aumento da população, aos limites do monte Sião, compreendendo os novos subúrbios formados nas colinas que ficavam para fora da proteção dos muros da cidade. Portanto, a expressão cidade de Davi, umas vezes inclui o santuário e outras vezes não. Os sírios construíram uma fortaleza na cidade de Davi, mas Judas Macabeu veio e tomou posse do santuário que estava no monte de Sião, 1 Mac 1.33s.; 4.46s. Seguindo essa informação, a fortaleza que Davi tomou, ocupava o norte da crista em que o templo foi edificado mais tarde (Ferguson) ou, como os que defendem essa teoria, a parte sul, o sul do templo e também o sul da ravina transversal (Klaiber, Guthe, Sayce). 2) Reservatórios. Jerusalém foi muitas vezes sitiada, sofrendo as angústias da fome por

falta de alimentos que lhe vinham de fora, mas não consta que tivesse sentido falta de água. Eram os sitiantes e não os sitiados que a sentiam. Não se encontram nascentes de água nos muros da cidade, exceto a En-Rogel. Até hoje não se encontrou a nascente que alimentava o tanque de Mamila e o tanque do Sultão. Em Neemias se menciona a fonte do Dragão que igualmente não se tem encontrado, Ne 2.13. O monte do templo é farto de águas, Tácito, Hist. 5.12. As fontes conhecidas e seus reservatórios são a Fonte da Virgem no lado oriental com água abundante que dali é levada por um canal subterrâneo para o poço ou tanque de Siloé; a fonte de Siloé, na extremidade sul do monte, onde são procurados, apesar de difícil identificação o aqueduto do rei e o tanque de Salomão, Ne 2.14; 3.16; Guerras 5.4,1. No lado ocidental da crista, em direção ao templo, achavam-se as águas virtuosas de *Hamã esh-Shifa*, e ao norte da mesma crista, o tanque de Betsaida. As fontes de águas eram suplementadas por cisternas. As torres levantadas sobre os muros da cidade continham enormes reservatórios para recolher as águas das chuvas, Guerras 5.4,3. Em toda parte da cidade se encontravam numerosas cisternas das quais ainda atualmente há algumas, Tácito, Hist. 5.12. Além das fontes das cisternas, ainda traziam águas de lugares distantes. O tanque de Mamila, que ficava a oeste da cidade, é provavelmente o aqueduto das piscinas de cima, no caminho do campo do lavandeiro de que fala Isaías no cap. 7.3, Guerras 5.3,2. Existia também um aqueduto que trazia água dessa piscina para o tanque que ficava ao oriente da porta de Jafa, conhecido por tradição pelo nome de tanque de Ezequias, e que provavelmente é o tanque Amigdalom, i.é., o tanque da amêndoa, ou da torre mencionado por Josefo, Guerras 5.11,4. Desse tanque sai um condutor subterrâneo na direção do oriente. Em tempos anteriores, construíram um reservatório ao norte da área do templo, no

JERUSALÉM

lugar em que o pequeno vale se desvia do Cedrom para o lado ocidental, e que era alimentado por águas vindas do oeste. É conhecido atualmente pelo nome de tanque de Israel, e provavelmente é o mesmo *Strouthios* (tanque do pardal ou da sabedoria, onde se alvejava a lã), que havia no tempo que Jerusalém foi sitiada por Tito, defronte da torre Antônia, Guerras 35.11,4. O aqueduto mais extenso era o que conduzia água para Jerusalém vindo para lá da vila de Belém. Parece antedatar a era cristã. 3) Defesas artificiais. Imediatamente após a tomada de Jerusalém, Davi tomou medidas para cingir de muros a cidade. A velha fortaleza de Jebus passou a chamar-se cidade de Davi, que habitou nela, levantou edifícios ao redor de Milo e no interior, 2 Sm 5.9; 1 Cr 11.8. Salomão construiu Milo e o muro de Jerusalém da cidade de Davi, seu pai, 1 Rs 9.15,24; 11.27. Outros reis que o sucederam fizeram reparos e acréscimos até que o muro atingiu a porta de Jafa a oeste, 2 Cr 26.9; abeirou-se do vale dos filhos de Hinom, ao sul, Jr 19.2, e do tanque de Siloé, 2 Rs 25.4, inclusive Ofel, 2 Cr 27.3; 33.14, e ao norte passou além dos subúrbios que se formaram sobre o monte ocidental, 2 Rs 14.13; 2 Cr 33.14; Jr 31.38. Esse muro foi derrubado por Nabucodonosor, 2 Rs 25.10. Neemias o reconstruiu com os velhos materiais esparsos, Ne 2.13-15; 4.2,7; 6.15, começando na porta das ovelhas, perto do tanque de Betsaida, 3.1; Jo 5.2. Esse tanque foi descoberto nas vizinhanças da igreja de Sant'Ana, uns 90 m distantes da porta de Santo Estêvão, sobre o lado setentrional do vale de Cedrom que se interpunha entre o outeiro do templo e o tabuleiro principal. A porta das ovelhas estava, portanto, no rumo do vale, ou na encosta do tabuleiro que olhava para o norte, ou para o noroeste. Perto da Porta das Ovelhas na direção do templo, estavam a Torre de Cem e a de Hananel, Ne 3.1; 12.39. Depois vinha a Porta dos Peixes, que ficava no quarteirão novo da cidade, 3.12; Sf 1.10, e

em seguida, a Porta Velha, Ne 3.6; 12.39. A alguma distância desse último ponto estava o muro da rua larga, 3.8; 12.38, e mais adiante a Torre dos Fornos, 3.11; 12.38. Sucedia a esta, a Porta do Vale, designação técnica do vale que ficava a oeste da cidade, 3.13; *cf.* 2.13-15, mais adiante, a Porta do Monturo, 3.14, depois a Porta da Fonte e o muro da piscina de Siloé, ao longo do jardim do rei, e até os degraus que descem da cidade de Davi, 3.15. Para o lado do oriente deste ponto estava a Porta das Águas, com largo terreiro na sua frente, 8.1-3; 12.37. Seguia-se o muro que passava por detrás dos sepulcros de Davi e até a casa dos heróis, 3.16. Subindo para o ângulo fortíssimo, outro tanto espaço era rodeado de muro, 3.19, e desde esse ângulo até a casa do sumo pontífice Eliasibe, 3.20, depois vários e até o ângulo do muro, 3.24. Edificaram também o muro defronte da volta da torre que se levanta acima da alta casa do rei no átrio do cárcere, 3.25. Os netinins habitavam no bairro de Ofel até defronte da porta das águas para o oriente, e até a torre que estava sobranceira, 3.26; *cf.* 11.21. Outro tanto espaço edificaram os de Tecoa, desde a torre até o muro do templo, 3.27. Os sacerdotes edificaram desde a porta dos cavalos até a casa de cada um deles, 3.28. A porta dos cavalos ficava ao oriente, olhando para o vale de Cedrom, Jr 31.40. Ao pé da casa dos sacerdotes edificou Zadoque, defronte de sua casa, e depois dele, edificou Semaías, filho de Secanias guarda da porta do oriente, 3.29. Outro tanto espaço edificaram Hananias e Hanum, e junto dele edificou Mesulão, filho de Baraquias, o muro defronte do seu gazofilácio. E ao pé dele edificou Malquias, filho do ourives, até a casa dos netinins, e dos adelos, defronte da porta judiciária, até a casa do ângulo; e finalmente, entre a câmara do ângulo na porta do rebanho, edificaram os ourives e os negociantes, 3.29-31. Duas importantes portas do primeiro muro não são mencionadas, não

JERUSALÉM

obstante a existência de ao menos, uma delas, a porta do ângulo, 2 Rs 14.13; 2 Cr 26.9; *cf.* Zc 14.10, e a porta de Efraim, Ne 8.16; 12.39. A porta do ângulo parece ter sido o ponto extremo do noroeste da cidade, Jr 31.38, distante cerca de 200 m da porta de Efraim, 2 Rs 14.13. Esta última porta dava passagem à estrada que ia para a tribo de Efraim. Presume-se, portanto, que se abria no muro setentrional da cidade, e, assim sendo, estava ao oriente da porta do ângulo, e ao ocidente da porta velha, Ne 12.39. Começando pela porta dos rebanhos, e acompanhando o muro setentrional para o ocidente, a ordem das portas e das torres, é: Porta dos Rebanhos, Torres de Cem e Hananel, Porta dos Peixes, Porta Velha, Porta de Efraim e Porta do Ângulo. É difícil determinar se a torre da rua larga e a dos fornos estavam além da porta do ângulo. Convém observar que a porta do ângulo e a de Efraim se achava em uma parte do muro que foi deixada pelos edificadores, 3.8, o que nos leva a acreditar que não havia necessidade de reparos. Havia também outra porta com o nome de Benjamim, por onde passava a estrada para a tribo do mesmo nome, Jr 38.7; Zc 14.10. Parece, no entanto, que tenha sido outro nome dado à porta de Efraim. Depois da queda de Samaria e do virtual desaparecimento de Efraim, da carta geográfica, a porta que tinha esse nome passou a denominar-se de Benjamim. Concluída que foi a reparação dos muros da cidade, pela volta do exílio, passou a chamar-se indiferentemente porta de Benjamim, de Efraim e eventualmente porta de Damasco. No período do tempo decorrido entre Neemias e Jesus Cristo, as fortificações de Jerusalém passavam por muitas vicissitudes. Uns 150 anos depois que Neemias reconstruiu o muro, o sumo sacerdote Simão, o Justo, julgou prudente fortificar o templo e a cidade de modo a poderem resistir a um demorado sítio, Ecclus, 1.1-4, *cf.* Antig. 12.1,1. No ano 168 a.C., Antíoco Epifanes

mandou derribar os muros de Jerusalém. Levantou, então, uma fortaleza e um largo muro com suas poderosas torres que se erguiam na cidade de Davi, designação esta que parece referir-se à cidade, não incluindo o templo, 1 Mac 1.31; 33,39; 2 Mac 5.24-26. Essa fortaleza se celebrizou como a de Acra. Estava a cavaleiro do templo, Antig. 13.6,7, constituindo durante 25 anos uma ameaça aos judeus. Cerca de dois anos depois de serem demolidos os muros da cidade, Judas Macabeus os restaurou em parte e reforçou o muro externo do templo, 1 Mac 4.60; 6.18-27,62. Jônatas, seu irmão e sucessor, continuou a obra, acrescentando fortificações adicionais, reconstruindo e reparando os muros, especialmente os que cercavam o templo, 1 Mac 10.10; 12.36,37; Antig. 13.5,11. Seu irmão levou a termo a conclusão das obras, 1 Mac 13.10; 14.37; Antig. 13.6,4. Esse grande sacerdote e rei não somente completou as fortificações da cidade, mas também obrigou a retirada da guarnição estrangeira, evacuando a fortaleza de Acra, no ano 142 a.C., 1 Mac 13.49-51. Posteriormente demoliram a fortaleza e arrasaram o outeiro em que se erguia até o nível do templo, 1 Mac 14.36; 15.28; Antig. 13.6,7. Simão passou a residir na fortaleza Baris que servia de defesa à parte norte do templo, 1 Mac 13.52; *cf.* Ne 2.8. No governo de João Hircano, Antíoco Sidetes desmantelou parte das fortificações da cidade, cujas ruínas o próprio João reparou, Antig. 13.8,3; 1 Mac 16.23, remodelando a fortaleza Baris, e a preparando para mais forte resistência, Antig. 18.4,3; *cf.* 15.11,4. O general romano Pompeu encontrou a cidade fortemente defendida, quando a tomou finalmente no ano 63 a.C., demolindo seus muros, Tácito, Hist. 5.9, com as referências seguintes. César consentiu que de novo fossem reconstruídos, Antig. 14.8,5; Guerras 10.3,4. A parte do norte era protegida por duas muralhas que Herodes e seus aliados, os romanos, tomaram em 37 a.C., mas não destruíram,

JERUSALÉM

Antig. 14.6,2,4; *cf.* 15.1,2. No tempo de Cristo ainda existiam as duas muralhas reforçadas com mais uma terceira. Josefo relata que a primeira muralha que ficava mais para dentro havia sido construída por Davi, por Salomão e seus sucessores. Descreve-a, com referência aos pontos de seus limites, prolongando-se desde a torre de Hípico, que estava imediatamente ao sul da moderna porta de Jafa, até o ângulo noroeste do muro da velha cidade, para o lado oriental do templo; e desde a torre de Hípico ao sul e ao oriente pelo lado do tanque de Siloé e de Ofel, até o claustro oriental do templo, Guerras 5.4,2, cingindo os montes de este e oeste. A segunda muralha fechada, o quarteirão comercial da cidade pelo lado do norte, Guerras 5.4,2; Antig. 14.13,3. Começava na porta Genate ou porta do jardim, que assim se interpreta o nome, pertencente ao primeiro muro que estava pouco distante da torre Hípico, Guerras 5.4,2,3,2, e terminava na torre Antônia, que antes se chamava Baris, ao norte do templo, Guerras 5.4,2. Herodes Agripa I, que reinou na Judéia desde 41 a 44 d.C., empreendeu a construção de um terceiro muro, a fim de encerrar o subúrbio de Bezeta, que se havia estendido para fora das fortificações. Tendo lançado os fundamentos, teve de parar com a obra por ordem do imperador Cláudio; os judeus completaram-na depois. Começou a construção da torre Hípico, que se estendia para o norte até a torre Psefinus, que ficava no ângulo noroeste da cidade, Guerras 5.3,5; 4.3; dali tomava a direção das torres das mulheres que estavam ao ocidente da estrada setentrional perto dos monumentos de Helena, rainha de Adiabene, 5.4,2; Antig. 20.4,3, incluindo o tradicional campo dos assírios, Guerras 5.7,3; passava pelas adegas dos reis; dobrava-se para o sul na torre do ângulo, perto do momento do pisoeiro, e terminava no muro velho que ficava no vale de Cedrom 5.4,2. A circunferência dos muros era de 33 estádios (cerca de 7.400 m), 5.4,3.

As defesas da cidade cresceram com a construção da fortaleza Antônia no templo, e com a edificação do palácio de Herodes com as suas torres sobre a parte ocidental do muro adjacente. Tudo isto foi arrastado pelos exércitos de Tito quando tomou a cidade no ano 70 d.C. Deixou apenas o grupo das três torres Hípico, Faselus e Mariana e a porção do muro que cercava a cidade pelo lado do ocidente. O muro servia de abrigo às guarnições romanas e as fortalezas serviam para atestar a espécie de fortificações que o valor dos soldados romanos haviam destruído, Guerras 7.1,1. 4) Edifícios notáveis no tempo de Cristo. Além dos muros e das fortalezas de que já se falou, existiam muitas outras construções que despertavam gratas, e ao mesmo tempo, tristes recordações ao israelita piedoso e patriota. O primeiro dos edifícios importantes era o templo. Perto dele, ao norte e dentro de sua área, erguia-se a fortaleza Antônia, ocupada pela guarnição romana; ao ocidente, ficava a casa do concílio, onde se reunia o sinédrio; um pouco mais além, na extremidade da ponte que saía do claustro do templo e galgava o vale Tiropeom, estava o ginásio, ou xistos, lugar detestável por causa da influência desmoralizadora do elemento pagão; em plano superior, dominando o vale e o santuário, erguia-se o palácio dos asmoneus como monumento de valor heróico dos Macabeus. Estendendo-se o panorama ao norte do templo para além da fortaleza Antônia, estava o tanque de Betsaida com as suas águas miraculosas; mais para o ocidente ao lado fronteiro da cidade, erguia-se o palácio magnífico de Herodes, com as suas torres inexpugnáveis, que servia também de residência aos procuradores romanos; para o sul, encontrava-se o tanque de Siloé, e não muito distante dele, estavam os sepulcros dos reis. Nas vizinhanças desses sepulcros existia o grande anfiteatro que Herodes, o Grande, mandou construir na planície, Antig. 15.8,1. Talvez seja o mesmo hipódromo,

JERUSALÉM

que havia ao sul do templo para corridas de carroça, luta de animais ferozes e combate de gladiadores, Guerras 2.3,1; Antig. 15.8,1. Também servia de prisão, 17.9,5; Guerras 1.33,6. Outros edifícios se observavam na cidade, como: a casa do sumo pontífice, Mt 26.3; Lc 22.54; Guerras 2.17; a casa dos arquivos perto do templo, Guerras 2.17,6; a casa da rainha Helena de Adiabene etc. **III.** *História da cidade.* **1** A cidade no tempo dos cananeus. Se a Salém de Melquisedeque for a Jerusalém como é provável, essa cidade emerge na história desde os tempos de Abraão, já governada por um rei da raça semítica, que era, ao mesmo tempo, sacerdote do Altíssimo. Mâneton, sacerdote egípcio e historiador do terceiro século antes de Cristo, transmite-nos uma tradição que pode encerrar importante verdade e que cronologicamente cabe muito bem aqui, para o efeito de provar que a nação governada pelos reis pastores, em número de 240 mil, foi expulsa do Egito por Toumosis (ou Amosis, i.é., Aames, Eus. Crôn. 15-17) e fugiu para a Síria; temendo, porém, os assírios que dominavam a Ásia, edificaram uma cidade no país, atualmente denominado Judéia, com espaço suficiente para conter o povo, chamando-a Jerusalém (cont. Apiom, 1.14,15). A expulsão dos pastores, segundo Mâneton, que se deu alguns séculos antes do êxodo dos filhos de Israel, não deve ser confundida com esse acontecimento, que se deu 1.600 anos antes de Cristo. A notícia mais remota dessa cidade encontrou-se em um documento datado de 1500 a.C., quando ainda era governada por um rei semita, sujeito a Amenófis IV, rei do Egito. Isto foi antes do êxodo. Quando os israelitas entraram em Canaã, Jerusalém era governada por um rei da raça semítica e ocupada pelos amorreus, ou mais propriamente pelos jebuseus. Josué derrotou o seu rei com os demais reis confederados em Gibeão, carregou sobre eles até Bete-Morom a baixa e ali os matou, Js 10. Dessa vez, porém, não se esforçaram para entrar na cidade. Os jebuseus continuaram a habitar nela. Por ocasião de se dividir a terra conquistada, entrou na parte de Benjamim, porém como estivesse situada nos limites das duas tribos, Judá e Benjamim, o seu castelo dominava uma grande extensão de território de ambas, Js 15.8; 18.28. Na guerra movida pelas diversas tribos contra os cananeus, depois da morte de Josué, Judá pelejou contra Jerusalém, tomou-a e lançou-lhe fogo, Jz 1.8. Nem Judá nem Benjamim conseguiram apoderar-se da cidadela, v. 21. Reconstruída que foi a cidade, continuou em poder dos jebuseus em companhia dos filhos de Judá e de Benjamim, Js 15.63; Jz 1.21; 19.11,12. Tal era o estado das coisas quando Davi começou a sua carreira, matando o gigante Golias e trazendo a sua cabeça, a colocou defronte da cidade de modo a ser vista pelos filisteus. Era o símbolo da sorte que a esperava, 1 Sm 17.54. Logo que Davi se fez rei de todo o Israel, unida toda a nação no mesmo espírito de obediência ao novo rei, as tribos de Judá e Benjamim aliaram-se sob o comando de Davi, em face do escárnio dos habitantes de Jerusalém que julgavam inexpugnáveis os seus muros, e dela se apoderaram. Dali em diante, e por muitos séculos, Jerusalém foi a cidade dos hebreus. **2** Jerusalém, cidade dos hebreus. Davi fez de Jerusalém a capital de seu reino e o centro religioso do país. A arca, que até então não tinha lugar fixo, desde o tempo em que Jeová permitiu que ela fosse aprisionada em Siló, foi trazida para Jerusalém e colocada em um tabernáculo apropriado, começando-se fazer provisões para a construção do templo. A cidade prosperou grandemente no reinado de Salomão, alargaram-se os muros, levantou-se o templo com grande magnificência cingindo-o de um forte muro, que lhe deu a aparência de uma formidável fortaleza; edificou também um palácio real, de um esplendor que rivalizava com o templo. No reinado seguinte, porém, os exércitos de Sisaque, rei

JERUSALÉM

do Egito, entraram na cidade, saquearam o templo e o palácio, apoderando-se de todos os seus tesouros, 1 Rs 14.25s. Oitenta anos depois, os filisteus e os árabes que confinam com os etíopes, entraram na terra de Judá e a assolaram e saquearam tudo o que acharam no templo e no palácio do rei, 2 Cr 21.16,17. No entanto, a população da cidade foi crescendo, formando novos quarteirões, 2 Rs 20.4; 22.14. Antes do princípio do oitavo século, já se havia formado um subúrbio no monte noroeste que foi protegido por um novo prolongamento do muro da cidade. Essa parte da cidade formava o centro mercantil que sempre foi, mesmo depois do exílio, e até a destruição da cidade por Tito, Guerras 5.8,1. Nessa parte da cidade, abriam-se as portas das ovelhas e dos peixes. O quarteirão era cercado pelo vale dos que vendiam queijos, ou mercado de queijos. No reinado de Amazias, uma parte do muro da cidade foi derribada, desde a porta de Efraim até a porta do ângulo, e o templo, despojado de todos os seus vasos de ouro e prata que lá foram encontrados, e dos tesouros do rei, por Joaz, rei de Israel, 2Rs 14.13,14. Uzias e Jotão repararam as ruínas, consertaram os muros, levantaram novas torres para a defesa, 2 Cr 26.9; 27.3. Porém, preparavam-se novas ruínas, além das que a guerra havia feito, porque no reinado de Uzias a cidade foi visitada por um formidável terremoto, Am 1.1; Zc 14.5; Antig. 9.10,4. No reinado de Acaz, Rezim, rei da Síria, aliado a Pecá, rei de Israel, sitiou a cidade sem o poder vencer, 2 Rs 16.5, e logo depois, por causa das inclinações que o rei manifestou pelo paganismo, o templo foi despojado, todos os vasos da casa do Senhor foram feitos em pedaços, as portas do templo fechadas e abolido o sacrifício perpétuo, 2 Rs 16.14; 2 Cr 28.24; 29.7. Ezequias reabriu o templo, restaurou o culto, mas, à vista das ameaças do rei dos assírios, viu-se obrigado a despojar a casa do Senhor e o palácio real de todos os seus tesouros, a

despedaçar as duas meias portas do templo e as chapas de ouro de que ele mesmo as tinha forrado. Estas medidas produziram um resultado temporário, porque o rei dos assírios mandou postar diante da cidade forte e poderoso exército com o fim de a tomar, 2 Cr 19.3; 2 Rs 18.15s. Uma intervenção divina veio em socorro da cidade ameaçada: o Anjo do Senhor matou no campo dos assírios 185 mil homens, Senaqueribe, tendo-se levantado ao amanhecer, viu todos esses corpos mortos, e se foi, 2 Rs 19.35. Quando Manassés voltou do cativeiro, levantou os muros da cidade, consertou as fortificações e colocou oficiais em todas as cidades fortes, 2 Cr 33.14. Durante os reinados dos filhos e netos de Josias, a cidade sofreu grandes calamidades. Nabucodonosor a sitiou nos dias de Jeoiaquim e transportou para Babilônia os vasos do Senhor e os pôs no seu templo, 2 Rs 24.1; 2 Cr 36.6; Dn 1.1. Outra vez voltou Nabucodonosor contra Jerusalém e levou dali todos os tesouros da casa do Senhor e da casa do rei, e despedaçou todos os vasos de ouro que Salomão tinha feito, e transferiu toda a Jerusalém, todos os príncipes e todos os valentes do exército, dez mil cativos e todos os artífices e lapidários; transferiu também para Babilônia a Jeoiaquim e a mãe do rei e os seus eunucos e deportou os mais úteis cidadãos, 2 Rs 24.10s. Nove anos mais tarde, no reinado de Zedequias, cercou a cidade pela terceira vez. O cerco durou dois anos. A miséria dentro dos muros era extrema. Finalmente, abriram brecha no muro, tomaram a cidade, queimaram o templo e os principais edifícios, derribaram o muro e deportaram toda a população válida, deixando apenas os pobres, 2 Rs 25. A cidade ficou assim durante 50 anos. Zorobabel e seus 50 mil companheiros voltaram para Jerusalém no ano 538 a.C., e no princípio do ano seguinte, iniciaram os fundamentos do templo, Ed 2.64,65; 3.8. Os muros da cidade foram reconstruídos sob a direção de Neemias

JERUSALÉM

pelo ano 445 a.C. O poder supremo da Babilônia descansava nas mãos dos persas, de onde passou para Alexandre, o Grande, rei da Macedônia. A cidade veio a cair em poder de Antíoco, o Grande, no ano 203 a.C.; foi de novo tomada pelos egípcios em 199 e abriu as suas portas a Antíoco que dela se aproximou amistosamente. No ano 170 a.C., Antíoco Epifanes tomou Jerusalém e profanou o templo. Os Macabeus, porém, revoltaram-se no ano 165 a.C., retomaram a cidade e purificaram o templo. Os reis asmoneus construíram perto do templo uma cidadela chamada Baris, ou a torre. Pompeu, general romano, tomou Jerusalém, no ano 653 a.C., derribando uma parte do muro. Crasso, no ano 54, despojou o templo e os partas saquearam a cidade no ano 40 a.C. Jerusalém foi de novo tomada no ano 37 a.C., por Herodes, o Grande, que reparou os muros, a embelezou com vários edifícios, e reconstruiu o templo com tal magnificência que deixou a perder de vista o comparativamente modesto templo de Zorobabel. Esta obra foi começada 19 ou 20 anos antes da nossa era e ainda não estava completamente terminada, quando nosso Senhor esteve na terra. Herodes também fortificou a torre Baris que passou a ser torre Antônia. Quando Herodes morreu, a cidade tinha dois muros, que no todo ou em parte cercavam a cidade, que só tinha um, no tempo de Salomão. Herodes Agripa, pelo ano 42 ou 43, isto é, 12 anos depois da morte de Cristo, começou a construir um terceiro muro. No ano 70, o exército romano, comandado por Tito, tomou Jerusalém, queimou o templo e a maior parte dos edifícios da cidade, quase toda a cidade ficou destruída durante o sítio. Derrubou todos os muros, exceto a parte ocidental e as torres Hípico, Faselus e Mariana, que ele deixou para mostrar aos pósteros a natureza das fortificações que o valor de suas tropas havia conquistado, (Guerras 7.1,1). **3** A cidade desde o tempo de

Tito. No governo do imperador Adriano, os romanos deram princípio às fortificações de Jerusalém, como cidade gentílica e a conservando sob seu governo, graças sem dúvida à revolta de Barcochebas no ano 132 a 135. Depois de sufocada, continuaram as obras de defesa as quais foram concluídas. O nome antigo desapareceu e passou a ser colônia *Aelia Capitolina, Colônia*, para saber-se que era colônia romana, Aelia em honra de Adriano, cujo pronome era Aelius e Capitolina, porque havia sido dedicada a Júpiter Capitolino. No lugar do antigo templo de Salomão, levantaram um templo a essa divindade pagã. Os judeus não podiam passar para dentro dos muros sob pena de morte. Os cristãos já eram bem diferenciados dos judeus e por isso a eles não se estendia a proibição. O nome Aelia continuou por muitos anos. O imperador Constantino, aos poucos, foi removendo a proibição. No ano 326, Helena, sua mãe, mandou construir duas igrejas, uma em Belém e outra no monte das Oliveiras. No ano 336, o próprio imperador erigiu a primeira igreja do Santo Sepulcro. Em junho de 613, Jerusalém foi violentamente tomada pelos persas sob o comando de Cósroe II, milhares de seus habitantes foram trucidados, e centenas levados prisioneiros para a Pérsia; a igreja do Santo Sepulcro foi reduzida a cinzas. Em 623, por ocasião da morte de Cósroe, Jerusalém caiu de novo em poder dos romanos, sob o comando do imperador Heráclio. No ano 637, rendeu-se condicionalmente aos árabes sob o comando de Omar. Em seguida, o conquistador erigiu o Zimbório da Rocha, que os europeus denominaram Mesquita de Omar, levantada justamente no sítio onde existia o templo de Salomão. Enquanto Jerusalém esteve sob o domínio dos sarracenos, variava muito o tratamento que eles davam aos peregrinos cristãos que iam visitar os lugares santos. Uma vez a igreja do Santo Sepulcro foi incendiada por um chefe fatimita, em outras

JESAÍAS

ocasiões havia tolerância para com eles. As condições mudaram, quando os sarracenos foram despojados pelos turcos no ano 1077. Os insultos e as opressões praticados por aqueles semi-selvagens, então de posse da cidade, despertaram na Europa inteira, tal indignação, que deu origem às famosas cruzadas. Na primeira dessas expedições religiosas, Jerusalém foi tomada com o auxílio de uma tempestade, a 15 de julho de 1099, ficando sob o governo de um rei cristão. Esse novo regime durou 80 anos. Durante o período de ocupação cristã, julgaram descobrir muitos lugares novos. As edificações relacionadas com o Santo Sepulcro foram ampliadas; e edificaram novas construções na cidade. Em 1187, teve de render-se a Saladino, sultão do Egito e da Síria. Com exceção de dois curtos períodos em que esteve em poder dos cristãos, tem permanecido nas mãos dos maometanos. A população da cidade aumentou muito. Em 1863, estava avaliada em cinco mil maometanos, 3.606 cristãos e 7.100 judeus, total 15.706 (Keith Johnston). Em 1892, o Dr. Selah Merrill, cônsul dos Estados Unidos, em Jerusalém, diz em relatório ao seu governo, que só a população judia subia a 25.322. Nesse mesmo ano terminaram os trabalhos da construção de uma estrada de ferro de Jafa a Jerusalém. Dez anos depois, a população elevava-se a 40 mil. **IV.** *Escavações modernas*. "Uma inscrição em árabe, por cima da porta *Yafa*, i.é., Jafa", diz o professor Robinson, "bem como várias outras em diversos lugares, dão a entender que os atuais muros de Jerusalém foram reconstruídos por ordem do sultão Suleiman, no ano das Héjira 948, que corresponde a 1542 da nossa era. Parece que foram construídos no mesmo local dos antigos muros que tantas vezes os demoliram e outras tantas os tornaram a construir durante as cruzadas. Observa-se apenas uma leve alteração no ângulo de noroeste e nos dois outros ângulos de norte e de oeste. Os materiais empregados nas reconstruções foram os mesmos dos muros derrubados, e em grande parte, parecendo muito velhos", Bibliot. Res. 1.384. Os alicerces em grande parte descansam sobre grandes lajes que, sem dúvida serviam nos antigos muros. Pode-se perguntar: Não teriam escapado à destruição os fragmentos dos velhos muros, mesmo nos lugares em que não coincidem com os muros atuais? A resposta deve ser afirmativa. O professor Robinson, em 1838, encontrou, perto da porta de Damasco, antigas pedras em esquadrias, que nunca haviam sido movidas de sua primitiva posição. Pensou ele que pertenciam à casa dos guardas que defendiam a porta em dias anteriores a Herodes, Bib. Res. 1. 463. Robinson também acreditava que ele e Mr. Whiting descobriram traços de parte dos alicerces do muro de Agripa, 465, cuja observação foi confirmada por Hanauer antes de serem cobertos pelas novas construções, *Palestine Explor. Fund Quarterly Statement*, out. 1892, p. 295. Sir Charles Warren, sob os auspícios da *The Palestina Exploration Fund*, fez extensas escavações em Jerusalém, desde fevereiro de 1867 até abril de 1870, sondando os *débris* que em algum lugar iam a mais de 41 m de profundidade. Verificou, marcando por uma distância considerável, o muro de Ofel, Wilson and Warren, *Recovery of Jerusalém*, 286-289. Desde então, Henry Maudsley, C. E., traçou o curso do primeiro muro, guiando-se pelos vestígios existentes no monte Sião, *Twenty-one Years*, 59. Quando em 1885 se procedia a escavações para lançar os alicerces do *Grand New Hotel*, um pouco ao norte do Hípico, descobriu-se uma parte do segundo muro, na extensão de 40 m. *O Exploration Fund* continuou as escavações, sob a direção do Dr. F. J. Bliss, descobrindo os vestígios desse muro até o vale de Hinom.

JESAÍAS (*no hebraico, "Jeová salvou"*) **1** Nome de um dos filhos de Jedutum, e músico no tempo de Davi, 1 Cr 25.3. **2** Nome

JESAÍAS

de um levita, filho de Reabias, no tempo de Davi, 1 Cr 26.25. **3** Nome de um dos filhos de Hananias e descendente de Zorobabel, 1 Cr 3.21. **4** Nome de um dos filhos de Atalia e chefe da casa de Elão, que regressou da Babilônia com Esdras, trazendo consigo 70 homens, Ed 8.7. **5** Nome de um levita, filho de Merari que voltou do cativeiro com Esdras, Ed 8.19. **6** Nome de um benjamita, pai de Itiel, Ne 11.7.

JESANA (*no hebraico, "velha", "antiga"*) – nome de uma cidade na parte montanhosa da terra de Efraim, tomada por Abias ao reino de Israel, 2 Cr 13.19; *cf.* 20.8. Acredita-se que seja a aldeia chamada Isanas, onde Herodes, o Grande, derrotou o general de Antígono, Antig. 14.15,15. Clermont-Ganneau a identificou com a moderna aldeia de *Ain Sinia*, situada cerca de 6 km ao norte de Betel.

JESEBEABE (*no hebraico, "habitação paternal", ou "assento do pai"*) – nome de um dos descendentes de Arão. A sua família fazia parte da 14ª. divisão dos sacerdotes, 1 Cr 24.13.

JESER (*no hebraico, "retidão"*) – nome de um dos filhos de Calebe com sua esposa Azuba, 1 Cr 2.18.

JESIMIEL (*no hebraico, "Deus ergue", ou "Deus estabelece"*) – nome de um príncipe da tribo de Simeão, que se mudou para o vale de Gedor à procura de melhores pastos para o seu gado, 1 Cr 4.36.

JESIMOM (*no hebraico é y^eshîmon, "deserto"*) – a palavra *Jesimom* nessas passagens não é nome próprio; sua tradução é "deserto". Quando usada, porém, com o artigo definido, especificava um lugar definido, como mostram as passagens abaixo. **1** Nome de um deserto a nordeste do mar Morto, não longe do Pisga, em Moabe, Nm 21.20; 23.28; 1 Sm 26.1,3. **2** Nome de um deserto ao norte do monte Haquila e Maom, 1 Sm 23.19,24; 26.1,3.

JESISAI (*no hebraico, "pertencente a um velho", ou "idoso"*) – nome de um gadita, filho de Jacó e pai de Micael. Suscitou uma tribo que ganhou o seu nome e habitava em Gileade, 1 Cr 5.14.

JESOAÍAS (*no hebraico, "Jeová humilha", ou "Jeová perturba"*) – nome de um simeonita príncipe da sua tribo, 1 Cr 4.36.

JESSÉ (*no hebraico é yishai, talvez uma abreviação de Abisai*) – nome do filho de Obede, da família de Peres, descendente de Naassom, chefe da tribo de Judá nos dias de Moisés e de Rute, a moabita, Rt 4.18-22. Teve oito filhos, o mais moço dos quais chamava-se Davi, 1 Sm 17.12-14. A julgar pelo que se lê em 1 Cr 2.15, um deles morreu sem deixar filhos, pois o seu nome desaparece da lista dos filhos de Jessé na passagem citada, a não ser que tenha escapado ao registro o nome de Eliú, mencionado no cap. 27.18, Jessé teve duas filhas de outra mulher, que não a mãe de Davi, 2.16; *cf.* 2 Sm 17.25. Jessé morava em Belém, e ali, por ordem de Deus, foi enviado Samuel para ungir um rei, dentre seus filhos. Sete desses filhos haviam desfilado perante o profeta, na ordem de suas idades. Davi, o mais moço deles, estava vigiando as ovelhas de seu pai; chegado que foi à presença de Samuel, este o ungiu para ser rei, 1 Sm 16.1-13. Irritado Saul pela inveja que tinha de Davi, tratava-o de filho de Jessé, 20.31; 22.7; 25.10, a fim de pôr em relevo a origem humilde de Davi. Saul devia saber que seu pai não tinha posição superior à do pai de Davi. Davi se retirou para a cova de Adulão, o que tendo ouvido seus irmãos e toda a casa de seu pai, foram lá ter com ele, consentindo assim em participar dos perigos de sua situação. Dali foi ele para Mispa, na terra de Moabe, e disse ao rei: "Deixa estar

JESUS CRISTO

meu pai e minha mãe convosco, até que eu saiba o que Deus há de fazer de mim", 22.1-4. Ignora-se quando ocorreu a morte de Jessé. Apesar de proceder de uma família de bom nome, e de ser ele homem de raras aptidões, ocupava humilde posição social. A essa humilde posição aludem as seguintes passagens: Is 11.10; *cf.* Mq 5.2; Rm 15.12. O nome de Jessé foi também mencionado com desprezo pelos revoltosos que não queriam ser governados pela casa de Davi, 2 Sm 20.1; 12.16; 2 Cr 10.16.

JESUA (*no hebraico, "Jeová é salvação"*) **1** Nome de um dos descendentes de Arão, chefe de uma família no tempo de Davi, que formou a nona classe das 24 em que Davi dividiu os sacerdotes, 1 Cr 24.1-11. **2** Nome de um dos levitas do reinado de Ezequiel, nomeado inspetor das ofertas voluntárias ao Senhor e das primícias consagradas ao Santo dos Santos, 2 Cr 31.15. **3** Nome de um dos sacerdotes que vieram com Zorobabel de volta da Babilônia, Ed 2.2; 7.7. Era filho de Josedeque. Tomou parte na edificação do altar do Deus de Israel, e animou os trabalhadores empregados na reconstrução do templo, Ed 3.2-9. Nas profecias de Zacarias, tem o nome de Josué, representando a classe sacerdotal vinda do cativeiro, Zc 3.1-10; 6.11-13. **4** Nome de um homem da casa de Paate-Moabe, contado entre os que voltaram do cativeiro com Zorobabel, Ed 2.6; Ne 7.11. **5** Nome de um levita, chefe de uma família levítica que, com outros membros da mesma família, voltou do cativeiro com Zorobabel, Ed 2.40; Ne 7.43; 12.8. Auxiliou eficazmente o sumo sacerdote Josué, estimulando os operários empregados da casa que têm o seu nome, assinou o pacto de obediência a Deus, Ne 10.9. Nesta última passagem se diz que Jesua era filho de Azanias. Em Ne 12.24, a palavra *ben*, filho de, depois de Jesua, é provavelmente corrupção da palavra *Bani*, cap. 9.4,5. Não se deu o mesmo com o levita Jesua, que foi pai de Azer, capitão de Masfa. Esse Azer trabalhou na reconstrução do muro, Ne 3.19. **6** Nome de um levita que ajudou Esdras a explicar a lei ao povo, Ne 8.7, ensinando-o a adorar a Jeová, 9.4.5. **7** Nome de uma cidade ao sul de Judá, Ne 11.26. Pode tratar-se da mesma cidade chamada *Sema*, Js 15.26, ou *Seba*, em Js 19.2. Alguns a identificam com *Tell Es-As'weh*. **8** Nome do pai de Ezer, capitão de Mizpá. Esse Ezer trabalhou na reconstrução do muro, Ne 3.19. **9** Nome do pai do levita Jozabade. Foi nomeado por Esdras para cuidar das ofertas para o culto, Ed 8.33.

JESURUM (*no hebraico é y^{e}shurûn. O nome deve vir de yashar, "reto", "amado"*) **–** nome terno, usado em poesia e aplicado a Israel com referência ao caráter moral que ele devia manifestar, Dt 32.15; 33.5,26; Is 44.2.

JESUS (*no grego é iesus, que corresponde ao hebraico e aramaico yeshû'a, forma tardia do hebraico y^{e}hoshû'a, "Josué", que significa "Jeová é salvação"*) **1** Josué, condutor militar do povo hebreu, nas guerras da conquista de Canaã, At 7.45; Hb 4.8. **2** Jesus, nome de um antecessor de Cristo, que viveu 400 anos depois de Davi, Lc 3.29. **3** O nome ocorre muitas vezes nos livros apócrifos. É o nome que se dá ao autor do Eclesiástico, em cujo livro 12 vezes se menciona, aplicados a pessoas diferentes, além das que se fazem a Josué e a Jesus Cristo. Esse nome era muito comum entre os judeus do período grego. **4** Nome de um judeu convertido, apelidado Justo, companheiro de Paulo, no trabalho do reino de Deus, Cl 4.11. **5** Nome de nosso Senhor Jesus Cristo.

JESUS CRISTO **–** Nosso Senhor foi denominado Jesus, de acordo com as indicações do anjo a José, Mt 1.21, e a Maria, Lc 1.31. Quando aplicado a qualquer criança, esse nome simplesmente significava a fé que seus pais tinham em

JESUS CRISTO

Deus, como salvador de seu povo, ou a fé na futura salvação de Israel. Em referência ao filho de Maria, designava a missão especial que ele vinha cumprir. "E lhe chamarás por nome Jesus, porque ele salvará o seu povo dos pecados deles", Mt 1.21. A palavra Cristo vem do grego *Christos*, e quer dizer ungido, correspondente à palavra hebraica *mashî ah*, que tem o mesmo sentido. Jesus, pois, foi o nome da pessoa de nosso Senhor, e Cristo designava o título da sua pessoa (o Cristo), nome este que ficou servindo de nome próprio, isolado da palavra Jesus, ou junto dela. O objeto do presente artigo é esboçar a vida do Senhor sobre a terra, colocando em ordem os eventos principais relacionados entre si. *Cronologia*. As datas referentes ao seu nascimento e à sua morte não podem ser determinadas com absoluta exatidão. A maior parte dos teólogos concorda entre si dentro de estreitos limites. O nosso calendário atual teve origem em Dionísio Exiguus, abade romano, morto em 556. Tomou como ponto de partida o ano da encarnação. Deu o nascimento de Jesus no ano da fundação de Roma, 754, começando nele o ano 1 da nova era. Porém, o historiador Josefo demonstra com clareza que Herodes, o Grande, morreu pouco depois do nascimento de Jesus, Mt 2.19-22, e alguns anos antes de 754 da era da fundação de Roma. A morte dele ocorreu 37 anos depois da sua nomeação pelo senado romano para ser rei da Judéia, A. U. C. 714. Isto deve ter sido no ano 751 ou 750 a.C., quer contasse a fração pelo ano inteiro, quer não. O ano 750 é o mais provável, porque por uma narração de Josefo, contando que pouco antes da morte de Herodes foram executados por sua ordem dois rabinos judeus, e que na noite dessa execução, se deu um eclipse lunar. Os cálculos astronômicos dão esse fenômeno no ano 750 em que houve um eclipse parcial da lua na noite de 12 ou 13 de março, e em 751 não se deu eclipse algum. Narra também Josefo que Herodes morreu pouco antes da Páscoa, que no ano 750 foi em 12 de abril. Pode-se, com toda certeza, asseverar que a morte de Herodes se deu a 1°. de abril do ano de Roma 750, ou quatro anos antes da era cristã. Podemos colocar os acontecimentos narrados nos evangelhos, antes dessa data, no tempo entre o nascimento de Cristo e a morte de Herodes que naturalmente seria uns dois ou três meses. O nascimento de Cristo, portanto, ocorreu no final do ano 5 ou princípios do ano 4, antes de Cristo. A data de 25 de dezembro, como o natalício de Jesus, começou no quarto século, sem autoridade que a justifique. Pode, contudo ser aceita, como abeirando a verdade, se a colocarmos em 25 de dezembro do ano 5 a.C., isto é, cinco anos antes do calendário de Dionísio que o dá a 25 de dezembro do ano 1, d.C. A data em que principiou o ministério público de Nosso Senhor pode ser determinada principalmente pelo cap. 3 do Evangelho Segundo Lucas, v. 23, em que se diz que o batismo de Jesus aconteceu quando ele estava com quase 30 anos. Esta declaração é muito precisa. Se ele nasceu em 25 de dezembro do ano 5 a.C., deveria estar com 30 anos em 25 de dezembro do ano 26. *A data tradicional do batismo de Jesus é 6 de janeiro*, e supondo-se que tenha ocorrido no princípio do ano 27, a narração de Lucas, dizendo que ele começava a ser de quase 30 anos, é correta. Esta data é confirmada também pelas afirmações dos judeus, registradas no cap. 2.20 do Evangelho Segundo João, quando disseram. "Em quarenta e seis anos foi edificado este santuário, e tu, em três dias, o levantarás?" A reconstrução do templo por Herodes, como se pode provar, foi 19 ou 20 anos antes da nossa era, de modo que os 46 anos, supondo que se tivessem decorrido

JESUS CRISTO

quando os judeus fizeram essa declaração, nos transportam outra vez ao ano 27 da era cristã. Finalmente, se o "15º. ano do império de Tibério César", Lc 3.1, quando João Batista deu início a seu ministério for aceito, como não pode deixar de ser, como a época em que Tibério estava associado com Augusto no governo do império, d.C. 11 a 12, coincide com o d.C. 26 e confirma os cálculos já feitos. É certo que todos esses pontos podem sofrer contestações, mas as datas que temos apresentado são as mais prováveis e se confirmam mutuamente. A duração do ministério de Cristo, e o conseqüente ano de sua morte são determinados pelo número das páscoas de que fala o Evangelho Segundo João. Se tivéssemos apenas os evangelhos sinóticos, poderíamos inferir que o seu ministério durou apenas um ano, opinião aceita por muitos nos antigos tempos. O Evangelho Segundo João, porém, menciona pelo menos três páscoas, 2.13; 6.4; 13.1. É muito provável que a festa referida no cap. 5.1 de João seja também uma Páscoa. Se assim for, no ministério de Cristo houve quatro páscoas, na última das quais ele morreu. Se ele foi batizado logo no princípio do ano 27, a primeira Páscoa foi em abril daquele ano, e ele morreu no ano 30, quando a festa da Páscoa se realizou em 7 de abril. Aqueles que pensam que a festa mencionada no cap. 5.1 de João não é a festa pascal, relatam a morte de Cristo no ano 29. Concluímos, pois, como mais provável, *que as datas principais da vida de Cristo, são: nascimento*, 25 (?) de dezembro do ano 5 a.C.; *batismo, e o princípio de seu ministério*, 27 de janeiro (?) *do ano d.C. e sua morte*, 7 de abril do ano 30. *Condições políticas dos judeus*. Quando Jesus nasceu, Herodes, o Grande, era rei dos judeus. O seu reino incluía a Judéia, a Samaria e a Galiléia. Pertencia à raça iduméia, mas professava a religião judia. Seu pai Antipater havia sido nomeado governador da Judéia por Júlio César, e depois de alguns caprichos da sorte, Herodes foi declarado rei dos judeus, pelos romanos, no ano 40 a.C. Apesar de independente em muitos respeitos, Herodes se mantinha no poder pelo favor dos romanos e na dependência deles, que praticamente regiam o mundo. Por ocasião de sua morte, quatro anos antes da era cristã, o reino foi dividido entre os seus filhos. Arquelau recebeu a Judéia e a Samaria; Herodes Antipas, a Galiléia e a Peréia, e Herodes Filipe recebeu o território a nordeste do mar da Galiléia, Lc 3.1. No décimo ano de seu reinado, porém, Arquelau foi deposto por Augusto César, e daí então a Judéia e a Samaria passaram a ser governadas por procuradores até a destruição de Jerusalém, excetuando apenas os anos 41-44, quando Agripa I foi investido nas funções reais, At 12.1. Durante o ministério de Cristo, portanto, a Galiléia e a Peréia, onde passou a maior parte de seu ministério, eram governadas por Herodes Antipas, Mt 14.3; Mc 6.14; Lc 3.1,19; 9.7; 13.31; 23.8-12, enquanto que Samaria e Judéia eram governadas diretamente pelos romanos por meio de seu procurador, que nesse tempo foi Pôncio Pilatos. O governo romano, quer fosse direto quer indireto, irritava sobremodo o povo judeu. No tempo de Cristo, a Palestina fermentava politicamente falando. Os romanos procuravam dar à nação a maior autonomia possível, de modo que o sinédrio que era a corte suprema, exercia jurisdição sobre grande número de casos. Os romanos também garantiam muitos privilégios aos judeus, especialmente no que tocava às suas práticas religiosas. Apesar de tudo isto, a nação odiava o jugo estrangeiro, que sempre se fazia sentir, quando era preciso, e que de modo algum, permitia a conquista de sua antiga liberdade. A aristocracia judia, inclusive a maior parte dos saduceus, simpatizava com os romanos. Os fariseus, que formavam a parte mais devotada às observâncias religiosas, geralmente

JESUS CRISTO

evitavam complicações políticas, apesar de seu espírito conservador e intolerante. Os herodianos, que registra a história, favoreciam as pretensões da família de Herodes ao trono da Judéia. Havia, porém, segundo narra o historiador Josefo, um elemento libertador, formado de patriotas, que fazia constantes tentativas para sacudir o jugo estrangeiro. Nestas condições, quem tivesse a pretensão de ser o Messias, não poderia evitar a influência política. Veremos como Jesus evitou cuidadosamente e com bom êxito, esse perigo, a fim de proclamar o verdadeiro espírito do Reino de Deus. *Condições religiosas do povo judeu*. A religião sofria grandemente com o Estado político. As classes superiores da sociedade haviam quase esquecido as esperanças religiosas dos seus antepassados, e a massa do povo sonhava com um reino temporal, perdendo de vista a feição espiritual do reino do Messias. O Evangelho relata sobre duas seitas dominantes na sociedade judia: a dos fariseus e a dos saduceus. A primeira zelava pela pureza da religião, mas colocava em primeiro lugar as tradições teológicas, as cerimônias e as sutilezas da casuística, deixando à parte a Palavra de Deus. A religião de Moisés e dos profetas havia tomado uma forma bem diferente em suas mãos. Os fariseus se opunham muito naturalmente à religião que Jesus ensinava, toda espiritual e despida de formalismo, apelando para as lições das Escrituras com desprestígio das tradições. Os saduceus, de outro lado, formavam a aristocracia social, a que pertenciam as famílias dos príncipes sacerdotes, gente saturada pela cultura do paganismo, rejeitando as tradições farisaicas, e mais interessada em negócios políticos do que na religião. O motivo da sua oposição a Cristo é que os seus triunfos no meio do povo perturbavam as relações políticas existentes, Jo 11.48. Entretanto, as cerimônias do culto divino realizavam-se com toda a magnificência no templo de Jerusalém. O povo atendia fielmente, e em grandes massas, às festas religiosas. Havia muito zelo pela religião e pelas tradições. De vez em quando, porém, uma explosão de patriotismo, misturado com fanatismo, assoprava as cinzas quentes das esperanças do povo, convertendo-as em viva chama. Eram poucos os que ainda conservavam o espírito da pura religião e a fé viva em Deus. Esses elementos vivos encontravam-se, principalmente, nas classes humildes da sociedade, nas quais não se havia extingüido a esperança de um Salvador, e foi do centro de um desses círculos de piedade que Jesus Cristo veio. Pode-se dizer, pois, que o povo judeu, do tempo de Cristo, ainda era povo religioso; conhecia o Antigo Testamento, que se lia nas sinagogas e que as crianças aprendiam na escola. A nação mostrava a sua liberdade política. Tudo isto vem explicar o motivo da empolgação popular, quando João Batista começou a pregar no deserto da Judéia, e a exaltação do espírito público que a doutrina de Jesus havia produzido. As classes dirigentes da sociedade eram contrárias a esses estranhos profetas de Israel. O método que Jesus adotava na pregação do seu evangelho era eficiente; seus resultados, mesmo considerados pelo lado humano, eram inevitáveis. *A vida de Jesus*. As circunstâncias do nascimento de Cristo, mencionadas nos evangelhos, condiziam com a sua dignidade, e se harmonizavam com as profecias a ele referentes, mesmo aquelas que falavam da sua humilde aparência sobre a terra. Malaquias anunciou, 3.1; 4.5,6, que um arauto com o espírito e com o poder de Elias havia de preceder o Senhor, quando viesse o seu tempo. Lucas começa o seu evangelho falando do nascimento de João Batista, precursor de Cristo. Um piedoso sacerdote, chamado Zacarias, que não tinha filhos, de idade avançada, estava desempenhando as suas funções no templo, na ordem da sua turma, para oferecer o

JESUS CRISTO

incenso sobre o altar no lugar santo. Apareceu-lhe o anjo Gabriel e lhe anunciou que seria o pai do precursor do Messias. Devia ser isto em outubro do ano 6 a.C. Terminado que foi o tempo de seu ministério, ele e sua mulher Isabel se retiraram para sua casa nas montanhas da Judéia, Lc 1.39, aguardando o cumprimento da promessa. Dois meses depois, o anjo apareceu a Maria, donzela da linhagem de Davi, residente em Nazaré e desposada com José, que também descendia de Davi, o grande rei de Israel, Mt 1.1-10; Lc 1.27. José exercia o ofício de carpinteiro, homem de humilde classe, ainda que de alta linhagem e de elevado sentimento religioso. O anjo anunciou a Maria que ela ia ser mãe do Messias, Lc 1.28-38, em virtude do Espírito Santo, e que o menino que se chamaria Jesus possuiria o trono de seu pai Davi. Ao mesmo tempo, anunciou-lhe que Isabel, sua parenta, também havia concebido na sua velhice, estando já no sexto mês. Levantando-se Maria, foi às pressas à casa de Zacarias. Quando se encontrou com Isabel, o espírito de profecia entrou nelas. Enquanto Isabel a saudava, como sendo a mãe de seu Senhor, Maria, semelhante à velha Ana do tempo de Eli, 1 Sm 2.1-10, produziu um cântico de louvor pela salvação de Israel e pela honra que lhe havia sido conferida. É claro que estes acontecimentos, tão extraordinários, às piedosas mulheres, possuídas de profundo espírito de fé e dominadas por uma santa exaltação, significariam o cumprimento das esperanças de Israel. Chegado que foi o tempo de Isabel dar à luz, Maria voltou para Nazaré. A defesa de sua honra, Deus a faria em tempo oportuno. José, conhecendo o estado de sua desposada, resolveu deixá-la secretamente evitando assim um escândalo público. O plano caridoso de José deixou de ser executado porque um anjo revelou-lhe em sonhos que o que se achava no ventre de Maria era obra do Espírito Santo e que o menino que ia nascer se chamaria Jesus, porque salvaria o seu povo dos pecados dele, para se cumprir o que falou o profeta Isaías, dizendo que este Jesus nasceria de uma virgem. Com fé igual à de Maria, José creu na mensagem, e recebeu legalmente como sua esposa aquela que não queria infamar. Estava assim assegurado que o filho de Maria nasceria sem um pai reconhecido pela lei e que sua mãe era protegida pelo amor e pelo respeito de um esposo. Não há a menor dúvida que todos esses fatos chegaram ao conhecimento de Maria em tempo próprio. Pelo fato de, nem Cristo nem os seus apóstolos aludirem à concepção miraculosa de Jesus, como prova de seu ofício messiânico, de modo algum se enfraquece o valor da narrativa. O fato não constitui prova de caráter bíblico. A história do nascimento de Cristo harmoniza-se muito bem com o que hoje sabemos da sua dignidade e da importância da sua missão na terra. O Messias devia ser a bela flor da vida espiritual de Israel, e, por isso, Jesus nasce no seio de um piedoso círculo familiar, em que a pura religião do Antigo Testamento dominava os corações pela fé e pelo amor. O Messias tinha de aparecer sem aparência do que era, e daí ter nascido no lar do carpinteiro de Nazaré; o Messias teria de ser filho de Davi, e, por isso, José, seu pai legal e certo, e provavelmente a virgem Maria sua mãe, segundo a carne, eram descendentes do grande rei. O Messias devia ser a encarnação divina, unindo-se à natureza humana, e por isso, nasceu miraculosamente de uma mulher que concebeu por obra do Espírito Santo. Depois de relatar o nascimento de João Batista e o cântico profético que proferiram os lábios cheios de unção do velho Zacarias, Lc 1.57-69, sobre o advento do precursor do Messias, o evangelista Lucas explica como foi que Jesus veio a nascer em Belém de Judá. O imperador Augusto ordenara um alistamento geral de todos os

JESUS CRISTO

súditos de seu império, e, apesar de a Palestina ser governada pelo rei Herodes, os seus habitantes foram compreendidos no decreto imperial. O alistamento dos judeus, evidentemente, teria de ser feito pelos seus métodos, pelos quais o pai de família tinha de ser alistado no lugar de seus antepassados, e não no da sua residência atual. Portanto, José precisava ir a Belém, lugar primitivo da casa de Davi. Maria foi com ele. A hospedaria, ou *khan*, onde os estrangeiros poderiam repousar, já estava inteiramente ocupada, quando lá chegaram, e só encontraram abrigo em um estábulo, que, segundo uma antiga tradição, existia em uma caverna perto da cidade. As cavernas serviam muitas vezes para esse fim. O Evangelho não diz que existisse gado lá dentro, sendo provável que estivesse inteiramente desocupada. Naquele tempo, naquele país e entre aquele povo, o estábulo não era lugar tão desprezível para um alojamento, quanto entre nós; não obstante, era por demais humilde para servir de berço ao Messias. Tal berço estava destinado para o nascimento do filho de Maria, que o colocou em uma manjedoura, Lc 2.7. Tendo nascido em tão humilde local, nem por isso passou sem notável aviso. Naquela noite, os pastores que guardavam os rebanhos na campina próxima tiveram notícia, por uma numerosa milícia celestial, de que na cidade de Davi havia nascido o Salvador, o Cristo Senhor. E cantavam: "Glória a Deus nas alturas e paz na terra aos homens a quem quer bem", Lc 2.14. Os pastores apressaram-se a ir a Belém, viram o menino e relataram o que tinham visto e ouvido, e depois voltaram aos seus rebanhos. Todos esses fatos se harmonizavam perfeitamente com tudo quanto vinha sendo dito em referência à missão de Jesus. Observe que este fato ocorreu em um círculo de humildes pastores, sem repercussão no grande mundo. José e Maria demoraram um pouco ali em

Belém. No oitavo dia, o menino foi circuncidado, Lc 2.21, e lhe deram o nome de Jesus, conforme tinha sido anunciado. Quarenta dias depois de seu nascimento, Lv 12, seus pais o tomaram, segundo ordenava a lei, e o levaram ao templo oferecendo Maria ao Senhor o que era ordenado pela sua purificação e consagraram o menino ao Senhor. O primogênito dos hebreus devia ser resgatado por cinco siclos de prata do peso do santuário, Nm 18.16, quando fosse apresentado ao Senhor. A mãe também tinha de oferecer em sacrifício o que a lei mandava, e Maria ofereceu um par de rolas ou dois pombinhos que era a oferta dos pobres. As condições precárias dessa humilde família confirmam-se mais uma vez. Todavia, o menino Jesus não deixaria a casa de seu pai sem um atestado de sua grandeza. O velho Simeão chegou ao templo, e sobre ele veio o Espírito do Senhor logo que avistou o menino. Deus lhe havia dito que veria o Messias antes de morrer. Tomando o menino em seus braços, deu graças e profetizou a glória e os sofrimentos de sua vida, Lc 2.25-35. Havia também uma profetisa chamada Ana, avançada em anos, e que não se apartava do templo, a qual deu testemunho, falando dele a todos como a esperança de Israel, Lc 2.36-38. O mais eloqüente testamento de sua grandeza, porém, é o que segue: Logo que José e Maria regressaram a Belém, uns magos do Oriente chegaram a Jerusalém, declarando que tinham visto a estrela do Messias nos céus, e que vieram adorá-lo. Os judeus, espalhados pelo Oriente, teriam levado consigo as tradições proféticas referentes ao nascimento do Messias, rei de Israel e grande libertador dos homens. Seria com eles que os magos aprenderam a lição? Com certeza estudavam os fenômenos celestes, e Deus serviu-se de suas noções supersticiosas para fazê-los testemunhas, perante o mundo gentílico, e que também esperava à meia-luz da

JESUS CRISTO

religião natural a vinda do Salvador desejado, mas cujo caráter real não podiam bem compreender. Viram no oriente uma estrela, que por algumas razões consideravam ser indicação de haver nascido o rei dos judeus. Vindo a Jerusalém, indagaram do lugar do seu nascimento. Essa notícia alarmou o supersticioso Herodes, que convocou uma reunião dos escribas para saber deles onde havia de nascer o Cristo. Quando disseram que nasceria em Belém, Herodes os mandou lá, fazendo que prometessem voltar a Jerusalém, para dar notícia do menino. De caminho para Belém, viram de novo a estrela sobre Belém e encontraram o menino, a quem ofereceram ouro, incenso e mirra. Podemos imaginar o novo espanto que José e Maria tiveram ao contemplarem a estranha visita dos magos. Era mais um sinal dos altos destinos do menino que havia nascido. Avisados por Deus, os magos voltaram para a sua terra por outro caminho, visto que a intenção de Herodes era achar o menino para o matar. José também foi avisado em sonhos do perigo que ameaçava a vida do menino, recebendo ordem divina para retirar-se para o Egito. E não era cedo demais, porque o cruel Herodes, que nem poupava a vida de seus próprios filhos, segundo diz Josefo, enviou soldados a Belém para matar todos os meninos que tivessem menos de três anos de idade. Contava por este modo realizar o desejo de que tinha sido privado pela falta dos magos. Belém era lugar pequeno e não deveria ser muito grande o número das crianças mortas, mas nem por isso diminui a crueldade do ato. Jesus havia escapado. Não se sabe quanto tempo ficou no Egito. Alguns meses talvez. No Egito, havia muitos judeus, entre os quais, o piedoso José encontraria bom acolhimento. Em tempo oportuno, o anjo anunciou a José que Herodes estava morto, e que poderia regressar à pátria. Era seu propósito ficar em Belém, cidade de Davi, mas Arquelau, filho de Herodes, reinava na Judéia, o que o fez hesitar. Recebeu novas instruções, em virtude das quais buscaram abrigo na sua velha morada, Nazaré. Em conseqüência disto, Jesus apareceu entre o povo, no começo de sua vida pública, como profeta de Nazaré. Tais são alguns dos incidentes registrados nos evangelhos sobre o nascimento e a infância de Jesus. Maravilhosos como nos parecem, não deram na vista do mundo de então. São poucas as pessoas que os testemunharam, ou os esqueceram ou os guardaram para si. Porém, se fundou a Igreja, é lícito supor que Maria os revelou aos discípulos. Mateus e Lucas os escreveram cada um a seu modo, o primeiro ilustrando a realeza de Jesus e o cumprimento da profecia, e o segundo explicando a origem de Jesus e a história de seus primeiros anos. Depois de voltar a Nazaré, nada mais se nos diz a respeito da vida de Jesus a não ser o incidente de sua visita a Jerusalém na companhia de seus pais, que o encontraram no templo a discutir com os doutores da lei, quando tinha apenas 12 anos, Lc 2.41-51. Este incidente é instrutivo. Mostra que José e Maria continuavam a ser piedosos e fiéis na educação religiosa do menino e também como se desenvolveu o espírito religioso de Jesus, visto já estar tão interessado nas questões religiosas em que os rabinos instruíam as crianças. Não se deve pensar que o menino de 12 anos estivesse a dar lições aos doutores da lei; devemos antes imaginar que era um dos discípulos que estavam na escola do templo, e que pelas suas perguntas e pelo alcance de sua inteligência provocou a admiração de todos. Esse incidente também ilustra a vida humana que Jesus levava. Ele crescia em sabedoria, em idade e em graça diante de Deus e dos homens, Lc 2.52. As maravilhas da sua infância foram conservadas em secreto por seus pais. A seus companheiros e aos membros da família, Jesus não pareceria um ente sobrenatural, mas simplesmen-

JESUS CRISTO

te um tipo notável pela sua mentalidade e pela pureza de seu caráter. Considerando em conjunto outros fatos incidentalmente mencionados nos evangelhos, podemos formar alguma idéia das circunstâncias em que a infância de Jesus se desenvolveu. Ele era membro de uma família; tinha quatro irmãos e algumas irmãs, Mc 6.3 etc. Pensam alguns que esses irmãos eram filhos de José de um primeiro matrimônio; outros opinam que eram primos de Jesus. Parece mais natural e mais de conformidade com a Escritura acreditar que eram filhos de José e Maria depois do nascimento de Jesus. Jesus cresceu em família, desfrutando seus prazeres e obedecendo à sua disciplina. Como seu pai, exercia o ofício de carpinteiro, v. 3, de modo que estava acostumado ao trabalho manual. Não lhe faltava disciplina mental. As crianças dos hebreus eram bem instruídas nas Escrituras, o que se evidencia nos ensinos de Jesus. As parábolas revelam um espírito aberto aos ensinos da natureza, tão fecundos para comprovar a sabedoria de Deus nas obras de sua mão. Nazaré, ainda que um pouco oculta, estava na orla da parte mais laboriosa do mundo judeu, e perto das mais famosas cenas da história de Israel. Das alturas que lhe indicavam na face posterior, descortinavam-se a olho nu muitos dos lugares associados a grandes eventos. Não muito distante, via-se o mar da Galiléia, em cujo horizonte se agrupavam todos os elementos da vida mundial, em miniatura. Era também um período de grande atividade política, em que os lares da família se agitavam com as notícias de acontecimentos sensacionais. Não há razão para supor que Jesus tivesse vida de isolamento. Devemos antes imaginar que ele acompanhava com interesse os acontecimentos progressivos da sua pátria. Quanto à linguagem por ele falada, devia ser o aramaico, idioma este que havia substituído o velho hebraico. A língua grega não lhe seria desconhecida por ser fala-

da geralmente na Judéia. Todo esse período de sua vida, os evangelhos não relatam. Os seus escritos não tinham por objeto descrever a vida íntima de Jesus, e sim relatar o seu ministério público. Podemos, no entanto, ver o suficiente para provar a naturalidade da vida de Jesus, a adaptação do meio em que vivia e no qual se preparava para sua obra futura, e a beleza de seu caráter; e deste modo, apreciar o desenvolvimento gradual de sua humanidade, até chegar o momento de oferecer-se a seu povo como o enviado de Deus. Aproximava-se a hora, quando, talvez no verão do ano 26, João, filho de Zacarias, que até então havia passado vida de devoção ascética no deserto, Lc 1.80, recebeu de Deus a comissão de convidar o povo a arrepender-se de seus pecados e preparar-se para a vinda do Messias. João andava em volta do vale do Jordão, administrando o rito do batismo a todos que acreditavam na sua mensagem. Chamava o povo e os indivíduos ao arrependimento em tom dos antigos profetas, especialmente do profeta Elias, anunciando que o Messias estava a chegar, para purificar a Israel e fazer expiação pelos pecados do mundo, Mt 3; Mc 1.1-8; Lc 3.1-18; Jo 1.19-36. O efeito do seu ministério foi longe. Desde a Galiléia, o povo acudia a ouvi-lo. O sinédrio enviou deputados para saber da autoridade de sua missão, Jo 1.19-28. Enquanto as classes dirigentes da sociedade se mostravam indiferentes à sua pregação, Mt 21.25, o vulgo despertava. O caráter puramente religioso da sua mensagem levou muita gente a crer que as esperanças de Israel se cumpririam. O ministério de João Batista durava seis meses ou mais, quando Jesus aparece no meio das multidões, chegando-se a João para ser batizado. Instintivamente, o Batista reconheceu aquele que não precisava de arrependimento para ser batizado; viu nele o Messias e disse. "Eu é que preciso ser batizado por ti, e tu vens a mim?" Mt 3.14. Não se deve

JESUS CRISTO

pensar que Jesus ignorasse ser ele verdadeiramente o Messias. Pela sua resposta, observa-se o contrário. "Deixa por enquanto, porque assim nos convém cumprir toda a justiça". O batismo significava para ele, em parte, dedicação pessoal à obra anunciada por João, e também queria dizer que ele ia tomar sobre si o pecado do povo que ele veio salvar. Logo que saiu da água, Mc 1.10; Jo 1.33,34, João viu os céus abertos e o Espírito de Deus que descia em forma de pomba e pousava sobre ele; e ouviu-se uma voz que dizia. "Este é o meu Filho amado em quem eu me comprazo", Mt 3.17. Consumou-se plenamente o consórcio da natureza humana de nosso Senhor com o poder espiritual para o seu ministério. Verdadeiramente homem e verdadeiro Deus, que ele era, o provou a tentação que imediatamente se seguiu. Não devia iniciar a sua obra sem ter preparo mental adequado. Para evidenciar a sua vocação, foi levado pelo espírito ao deserto. Ali, o grande tentador o foi encontrar procurando perverter os seus propósitos, aplicando-os a fins mundanos e egoísticos. Jesus deve ter relatado a seus discípulos essa provação. Conquanto não possamos duvidar da realidade material do tentador e das feições físicas da cena como a descrevem os evangelistas, Mt 4.1-11; Lc 4.1-13, não se pode ignorar que a força da tentação consistia na sutileza com que o mundo foi apresentado a Jesus, em um aspecto muito mais atraente do que a vida de obediência a Deus com seu epílogo. Jesus voltou dali para o Jordão, inteiramente dedicado à sorte que lhe estava destinada para cumprir a vontade de Deus. Sem altas e retumbantes proclamações de seu advento, deu princípio à sua obra. O batismo o apontou a alguns de seus discípulos, como o cordeiro de Deus que tira o pecado do mundo, Jo 1.29,36. Dois deles, João e André, seguiram o novo profeta. Logo depois veio Simão, 35-42. Um dia mais tarde, Filipe e Natanael receberam

o convite, v. 43-51. Com esse pequeno grupo, Jesus regressou à Galiléia, e em Caná operou o seu primeiro milagre em que os discípulos testemunharam os primeiros lampejos da sua futura glória, 2.1-11. É caso para estranhar que Jesus não fizesse esse milagre mais publicamente. O novo movimento começou com uns poucos simples galileus. A narrativa de João deixa bem claro que Jesus tinha perfeito conhecimento de si e da missão que o trouxe ao mundo. Esperava apenas o momento favorável para se apresentar a Israel como o seu Messias e deveria ser por ocasião da festa da Páscoa, abril de 27. De Cafarnaum para onde tinha ido com sua família e com os discípulos, v. 12, subiu a Jerusalém e ali procedeu à purificação do templo, lançando fora os que o profanavam, ato digno de um profeta, reformando o culto de Deus. As palavras de Jesus. "Tirai isto daqui e não façais da casa de meu Pai, casa de negociações", v. 16, indicam que pretendia ser mais do que um profeta. Havia de fato um apelo para todo o Israel para acompanhá-lo na obra de reformar a religião. Foi somente depois de rejeitado que ele procedeu à organização da nova igreja do futuro. Bem sabia ele que não o haviam de acompanhar, como bem o provou o diálogo com Nicodemos, predizendo, ainda que em linguagem velada, a sua morte às mãos dos judeus, v. 19, enquanto que, na conversa com Nicodemos, mostra a necessidade de um novo nascimento e a conveniência de seus sofrimentos, 3.1-21, a fim de que os pecadores pudessem entrar no reino que o amor de Deus lhe havia mandado estabelecer na terra. Devemos ao evangelista João, 2.13; até o cap. 4.3, a notícia do primeiro ministério de Jesus na Judéia, que durou cerca de nove meses. Depois da Páscoa, Jesus se retirou da cidade, e começou a pregar a necessidade do arrependimento, como o Batista ainda estava fazendo. Por um pouco, os dois operavam em linhas paralelas.

JESUS CRISTO

Somente depois que João acabou a sua missão, é que Jesus começou a trabalhar sozinho. Finalmente, "o Senhor veio a saber que os fariseus tinham ouvido dizer que ele, Jesus, fazia e batizava mais discípulos que João, (se bem que Jesus mesmo não batizava, e sim os seus discípulos)", Jo 4.1-3. Retirou-se Jesus novamente para a Galiléia. Passando por Samaria, ocorreu a notável entrevista com a mulher samaritana, à beira do poço de Jacó, 4-42. Dali seguiu apressadamente para noroeste. Na Galiléia, observou que o precedia a fama de seu nome, v. 43-45. Um régulo, cujo filho, estava doente em Cafarnaum, foi ter com Jesus em Caná da Galiléia, rogando-lhe que fosse à sua casa curar a seu filho que estava a morrer, v. 46-54. Era perfeitamente claro que a Galiléia devia ser o centro de suas operações, porque os campos em roda estavam branquejando próximos à ceifa, v. 35. Este fato parecia indicar que chegara a hora de começar sua obra. João Batista havia sido encarcerado por ordem de Herodes Antipas. A obra do precursor estava terminada. A velha igreja judia recebeu formal convite para arrepender-se e reformar os seus costumes. Esse convite ela desprezou. Jesus, daí por diante, começou a pregar o Reino de Deus na Galiléia, anunciando os princípios geradores da nova dispensação, e formando o núcleo da futura Igreja. O grande trabalho ministerial de Jesus na Galiléia durou 16 meses. Centralizou-os em Cafarnaum, empório comercial da província. A população predominante era a judaica e aquela região estava escoimada de autoridades eclesiásticas. Evidentemente, Jesus tinha em vista manifestar o verdadeiro Reino de Deus, e, por meio de suas maravilhosas obras, tornar evidente a sua autoridade e o caráter do reino espiritual que vinha estabelecer. Queria que cressem nele; manifestou o seu caráter divino e ensinou aos homens as obrigações que tinham para com o seu Deus. Não se apelidou de Messias para evitar a má compreensão por parte dos espíritos prejudicados pelas noções falsas a respeito desse nome. Geralmente, falava de si como sendo Filho do homem. A princípio não aludiu à sua morte. Não era tempo ainda para ser compreendido sobre esse assunto. Ensinou os princípios da verdadeira religião, com a autoridade de sua própria pessoa. Suas obras maravilhosas produziam grandes entusiasmos no povo. As atenções para a sua pessoa generalizaram-se de tal modo em todo o país, de maneira que toda a gente desejava vê-lo e ouvi-lo. Como era de prever, os resultados finais não correspondiam aos seus esforços: o povo não compreendia as coisas espirituais. Somente um pequeno grupo lhe era fiel. Todavia, pelos seus ensinos, estabeleceu verdades que o grupo de seus discípulos teria de levar a todo o mundo, depois de sua morte. Em relação à ordem dos acontecimentos durante o ministério da Galiléia, (veja *EVANGELHO*). Aqui, apenas mencionamos os fatos culminantes da história. O primeiro deles foi o ato inaugural de sua obra, consistindo em milagres, em apelos para crer no Evangelho e no despertamento de entusiástico interesse dos galileus pela pessoa de Jesus. Esse ato inaugural compreende também os eventos mencionados na Harmonia dos Evangelhos, começando com o primeiro ato de rejeição em Nazaré, e terminando com o banquete na casa de Levi. O encerramento dessa fase de sua obra, que durou cerca de quatro meses, resultou a formação de um centro de geral interesse na Galiléia, e congregar em torno de sua pessoa um pequeno grupo de fiéis e dedicados discípulos. Pouco se diz ainda sobre a doutrina, mas desse pouco e dos milagres que operou, como, a cura do endemoninhado, Mc 1.23-27, a cura do leproso, v. 40-45, a cura do paralítico, 2.1-12, a pesca miraculosa, Lc 5.1-12, é claro que a substância de sua mensagem estava compreendida na leitura que ele fez na sinagoga em Nazaré, 4.18-21. "O

JESUS CRISTO

Espírito do Senhor está sobre mim, pelo que me ungiu para evangelizar os pobres; enviou-me para proclamar libertação aos cativos e restauração da vista aos cegos, para pôr em liberdade os oprimidos, e apregoar o ano aceitável do Senhor... Hoje, se cumpriu a Escritura que acabais de ouvir". O aspecto do trabalho breve mostrou nova feição, graças à resistência dos fariseus. Começa aqui a segunda fase do ministério de Jesus na Galiléia. Agora ele visita Jerusalém, Jo 5.1, cura um paralítico em dia de sábado, por cujo motivo explode contra ele o ódio dos rabinos e dos sacerdotes. Este conflito parece que Jesus o provocou muito de propósito, com o fim de mostrar as diferenças entre o espírito de sua doutrina e os ensinos do judaísmo. Observa-se nele verdadeiro intérprete do Antigo Testamento, dando o sentido real das doutrinas, com expresso apelo à sua autoridade como Filho de Deus, divinamente destinado para instruir os homens. Essa nova fase compreende, além do que se contém no cap. 5 de João, mais os incidentes da colheita das espigas e da cura de um homem que tinha a mão ressequida. O conflito com os fariseus e o interesse crescente que o povo mostrava por Jesus deram origem à terceira fase dessa parte de seu ministério, com a organização de seus discípulos em um corpo; nomeia os 12 apóstolos, no famoso sermão do Monte descreve o caráter e a vida dos verdadeiros membros do Reino de Deus, sublime exibição de uma existência genuinamente religiosa, em evidente harmonia com o Pai celestial, consagrada ao seu serviço, na salvação do mundo, real cumprimento da antiga lei, ainda que em oposição ao formalismo e à superfluidade dos fariseus, ideal de confiança e de comunhão com seu Deus. No sermão do Monte, Jesus não ensinava o caminho da salvação, nem sintetizava as doutrinas de seu evangelho. Nesse sermão, em que atacava o farisaísmo e a ignorância popular, ensinava, ao mesmo tempo, que a vida espiritual é a manifestação do Reino de Deus, no qual se entra pela fé em Jesus. Feito, como foi, o esboço da nova organização, chegamos à quarta fase, que se caracteriza por uma sucessão de milagres e de viagens pela baixa Galiléia, em companhia de seus apóstolos, com o fim de estender a sua influência. Essa fase se desenvolve harmonicamente, desde o final de seu sermão do Monte, até o tempo em que Herodes indagou quem era o novo profeta. Durante esses meses, cresceu o interesse popular acerca de Cristo, e na mesma proporção, cresceu também a oposição dos fariseus. O mais notável ponto dessa história é o dia das parábolas. A parábola era uma forma de instrução em que Jesus não tinha rival. Era um meio de ministrar a verdade às mentes receptivas, e ao mesmo tempo evitar o emprego de expressões que servissem de arma na mão de seus inimigos. O ensino, por meio de parábolas, nesse período, revela a crescente gravidade da situação, que exigia prudentes reservas da parte de Cristo. É digna de grande admiração a incomparável perícia com que ele incorpora nessas simples histórias as mais profundas verdades, a respeito da origem e desenvolvimento do seu reino espiritual que estava fundando neste mundo, bem como dos perigos e dos destinos a ele inerentes. Afinal, sobreveio uma crise à sua obra na Galiléia. Herodes Antipas começou a indagar acerca de Jesus, fato este que podia originar complicações, como já havia acontecido com João Batista, que o levaram à prisão e que originaram a sua morte. Contudo, a nova situação dava ao povo boa oportunidade de experimentar seu relacionamento com a verdade. Nesta ocasião, ocorreu um fato que veio resolver a crise. Jesus havia se retirado com os doze a um lugar deserto. As multidões o acompanharam e acamparam a nordeste do mar da Galiléia. Compadecido de suas necessidades, Jesus as alimentou, milagrosamente, sustentando-as

JESUS CRISTO

com cinco pães e dois peixes. Eram cinco mil os que comeram, e todos ficaram fartos. Subiu de tal modo o entusiasmo dos galileus, que o queriam arrebatar para o fazerem rei, Jo 6.15. Este fato veio provar quão longe estavam eles de compreender a sua missão. Ia chegando o tempo de concluir sua obra. Desde o princípio que ele dava a entender que veio a este mundo para ser entregue à morte, e que somente pela morte poderia salvar o mundo, Jo 3.14,15. Era tempo de se preparar para o sacrifício. No dia que se seguiu ao milagre dos cinco pães, Jesus proferiu em Cafarnaum o discurso recordado no cap. 6.22-71, falando de si como sendo o pão da vida, e da necessidade que todos tinham de comer a sua carne e de beber o seu sangue para terem vida. Depois de algumas objeções dos fariseus sobre práticas cerimoniais da religião, Mc 7.1-23, foi com seus discípulos para os confins de Tiro e de Sidom. O período seguinte da vida de Cristo é o último do seu ministério na Galiléia e, durou seis meses. Foi a única vez que Jesus entrou em território de gentios, i.,é., em Tiro e Sidom. Tendo passado para o lado sul ao longo do Jordão superior, e do mar da Galiléia, encontramo-lo na região de Decápolis. Voltou de novo para a parte setentrional da Galiléia e, finalmente, entrou em Cafarnaum. Nesse período, dedicou-se principalmente a preparar o espírito de seus discípulos para a morte que se avizinhava e lhes falava sobre a extensão de seu reino, entre todos os povos. Pregou pouco, e isso, de preferência aos gentios, ou às populações mistas do oriente e do sul do mar da Galiléia. Finalmente, perto da Galiléia de Filipos, na raiz do monte Hermom, provocou a confissão de seus discípulos, declarando-se eles quanto ao caráter de sua pessoa, e, em seguida, disse-lhes claramente que ia a Jerusalém para ser morto e ressuscitar ao terceiro dia. E disse-lhes mais. "Se alguém

quer vir após mim, negue-se a si mesmo, e tome a sua cruz, e siga-me". Pouco depois, deu-se a transfiguração, em que três de seus apóstolos testemunharam a sua glória e em que, com sublime exaltação de espírito, se consagrou ao sacrifício que a lei e os profetas anunciaram, e que Moisés e Elias relembraram. Continuou a repetir a predição de sua morte. Chegando a Cafarnaum, instruiu seus discípulos, Mt 18, sobre o serviço de Deus, para o qual deviam ser abnegados, humildes e amorosos, de que ele era exemplo permanente. Estamos agora no princípio do outono do ano 29. Jesus sai de Cafarnaum pela última vez e se dirige para Jerusalém, Lc 9.51. O período seguinte de seu ministério é a última jornada que ele faz para essa cidade. É impossível acompanhar com exatidão a ordem das viagens que Jesus fez, porque Lucas, que nos serve de base neste estudo, não é muito exato no seu método de narrações cronológicas. As feições ilustres desse período são suficientemente claras. Jesus procura atrair a atenção pública de todo o país, inclusive a Judéia. Enviou 70 discípulos para anunciarem a sua vinda; visitou Jerusalém na festa dos tabernáculos, Jo 7, e outra vez, na festa da dedicação, 10.22, e nas duas vezes, mostrou-se ao povo, chamando-se a luz do mundo, o bom pastor do rebanho divino, valorosamente disputando com os doutores que se opunham à sua doutrina. Andou pela Judéia e Peréia, explicando em discursos e com a maior beleza de ilustrações de que nunca antes o fizera, a verdadeira vida religiosa, a noção real da idéia de Deus e da natureza de seu serviço. Aqui entram as parábolas do samaritano, do banquete de núpcias, da ovelha perdida, da dracma, do filho pródigo, do servo infiel, do rico e Lázaro, da viúva importuna, do fariseu e do publicano. Assim, ao mesmo tempo em que a oposição dos inimigos se mostrava mais violenta e feroz, culminando em um fato de mais

JESUS CRISTO

intenso valor. Vieram contar a Jesus que o seu amigo Lázaro de Betânia estava doente. Indo vê-lo, soube que havia quatro dias tinha sido sepultado. Jesus o chamou à vida, operando um milagre que deixava a perder de vista quantos havia feito antes, 11.1-46, tão estupendo, e operado tão perto de Jerusalém, que produziu ali grande sensação, não só entre o povo da capital quanto do sinédrio, que tinha como presidente o pontífice Caifás. Reunido o conselho dos pontífices e dos fariseus, decidiram que a influência de Jesus só poderia ser aniquilada pela morte, v. 47-53. Dali em diante, Jesus esquivava-se do povo, v. 54, evidentemente determinado a não se entregar antes da Páscoa. Logo que se avizinhou o dia da festa, chegou à cidade, vindo de Peréia, Mt 19 e 20; Mc 10; Lc 18.15 até o cap. 19.28. À medida que se aproximava, ia profetizando, até que chegou novamente a Betânia, seis dias antes da festa, Jo 12.1. Em Betânia, Maria, irmã de Lázaro, ungiu-lhe os pés e a cabeça, quando Jesus ceava, fato este que silenciosamente anunciava a morte do Senhor. No dia seguinte, deu-se a entrada triunfal em Jerusalém, com grande desafio à inveja e ao ódio dos príncipes dos sacerdotes. Entrou montado em um asninho, simbolizando o espírito pacífico do reino que veio fundar na terra. De volta, mais uma vez a Jerusalém, e pelo caminho encontrou uma figueira coberta de folhas, porém sem fruto algum, a qual ele amaldiçoou, emblema da igreja judaica, tão pretensiosa, porém, vazia de frutos. Então, como havia feito três anos antes, purificou o templo, lançando fora os cambistas que profanavam os átrios, tácito convite à nação para acompanhá-lo na purificação de Israel. Os peregrinos, que tinham vindo para a festa que o haviam aclamado na sua entrada triunfal, agrupavam-se em torno de Jesus, plenos de entusiasmo. Apesar disso, os inimigos conservavam

intenso ódio. No dia seguinte, terça-feira, Jesus chega de novo à cidade, e entra no templo. O sinédrio enviou ao seu encontro uma missão especial para saber dele com que autoridade fazia todas essas coisas. Recusou responder como desejavam, uma vez que estavam resolvidos a lhe dar a morte. Por meio das parábolas dos dois filhos, do feitor iníquo e das bodas do filho do rei, colocou em relevo a desobediência às leis de Deus, a falta de fidelidade para com Ele e as funestas conseqüências que viriam sobre a cidade e a igreja. Com o intuito de encontrar motivos para acusações e enfraquecer a sua autoridade, vários grupos o assediaram com perguntas. Os fariseus e os herodianos foram perguntar-lhe se era lícito dar tributo a César; os saduceus o interrogavam sobre a ressurreição; um doutor da lei queria saber qual era o grande mandamento da lei. Pelas suas respostas reduziu ao silêncio cada um dos adversários, e os confundiu, citando as palavras de Davi, dirigidas ao Messias como seu Senhor, porquanto, a linguagem do salmista bem mostrava que Jesus não blasfemava, quando se dizia Filho de Deus. Esse foi um dia de grande conflito. Jesus denunciou com veemência a indignidade dos condutores de Israel, Mt 23.1-38. Quando alguns gregos mostraram desejo de vê-lo, Jesus descobriu nisso a futura rejeição dos judeus, e que os gentios o receberiam. Estava prestes a realização dessas palavras, Jo 12.20-50. Ao sair do templo, disse com tristeza a seus discípulos que brevemente aquele esplêndido edifício seria destruído. No mesmo dia, à tarde, revelou a quatro de seus discípulos a destruição da cidade. Anunciou-lhes que o seu Evangelho seria espalhado em todo o mundo, que os crentes sofreriam grandes perseguições. Profetizou a sua volta ao mundo, mostrando-nos que no meio da tempestade levantada pelas hostilidades judias, o Mestre divino conservava a visão clara do

JESUS CRISTO

seu futuro e caminhava ao encontro do sacrifício com certeza na vitória final. Talvez que na noite daquele dia ficasse decretada a morte de Jesus. Judas, um dos doze, segundo se crê, há muito tinha abandonado a idéia de ser fiel ao Mestre. A declaração que Jesus fez sobre a espiritualidade do seu reino havia de tê-lo ofendido, porque, segundo escreve o apóstolo João, era ele homem avarento. Na ceia em Betânia, ficou perfeitamente demonstrada a falta de simpatia que ele tinha por Jesus. Cresciam mais e mais as desilusões de proventos materiais; agora Jesus falava de sua morte, e, por isso, resolveu tirar algum proveito, entregando-o aos sacerdotes, mediante preço ajustado. O plano concebido devia ser executado depois da festa, quando a cidade seria evacuada pelos forasteiros. Na falta de provas reais contra Jesus, acharam de bom aviso aproveitaram-se da proposta de Judas. O dia de quarta-feira Jesus o passou em recolhimento talvez em Betânia. Na quinta-feira, à tarde, devia ser morto o cordeiro pascal e depois do pôr-do-sol era conveniente a ceia, começando então o sétimo dia da festa em que se comiam os pães asmos. Nesse dia, Jesus enviou Pedro e João à cidade a fim de prepararem o que era necessário para ele comer a Páscoa com seus discípulos. Enviou-os à casa de um discípulo ou de um amigo, Mt 26.18,19, e para ajudá-los na pesquisa, falou-lhes: "Ide à cidade ter com certo homem e dizei-lhe: O Mestre manda dizer: O meu tempo está próximo; em tua casa celebrarei a Páscoa com os meus discípulos. E eles fizeram como Jesus lhes ordenou e prepararam a Páscoa". Para seguir a ordem dos fatos durante a tarde, (veja *Harmonia* no artigo *EVANGELHO*). Alguns pensam, baseados no Evangelho Segundo João, 13.1,29; 18.28; 19.31, que Jesus foi crucificado no dia 14 do mês de Nisã, dia em que se matava o cordeiro pascal, e portanto, que ele

não celebrou a Páscoa no tempo regular, porém, que adiantou um dia. Esta opinião não encontra apoio na linguagem de Mt 26.17-19; de Mc 14.12-16; e de Lc 22.7-13,15. A expressão citada no Evangelho Segundo João e que serve de fundamento à opinião referida, pode ser explicada, por hipótese a seguir*. Deve-se observar que, provavelmente, Judas se retirou da celebração da Páscoa, e que Jesus predisse por duas vezes a negação de Pedro, uma no quarto alto, e outra, no caminho para o Getsêmani. O evangelista João não relata a celebração da Páscoa, porém, menciona sobre os discípulos entristecidos pela idéia da separação. Nesses discursos, ele revelou a união indissolúvel do relacionamento espiritual que os ligariam ao Mestre, e a missão do Espírito Santo para confortá-los. Recorda também a oração sacerdotal sublime nas expressões de amor e ternura, cap. 17. Ao caminhar para o Jardim das Oliveiras, Jesus lhes declarou que em breve seriam espalhados, e os convocou para uma reunião na Galiléia logo depois de ressuscitar. A agonia no Getsêmani foi a última rendição de sua pessoa ao sacrifício, interrompida pela chegada de Judas, acompanhado de soldados, tirados da guarnição que ficava perto do templo, sob pretexto de prender uma pessoa sediciosa, Jo 18.3,12. Em companhia dos soldados vieram também as guardas dos levitas e os servos do sumo sacerdote. Judas sabia que o Mestre descansava ali. Supõem alguns que ele tinha primeiro subido ao quarto alto, e sabendo que Jesus havia ido para o monte das Oliveiras, em cuja base estava o Jardim, o seguiu de longe. Depois de ligeiras perguntas, Jesus se entregou à prisão. Nesse momento, os discípulos o abandonaram e fugiram. A escolta o levou primeiramente à casa de Anás, v. 13, sogro de Caifás, onde sofreu o primeiro interrogatório, enquanto se reunia o sinédrio, versículos 13,14,19-24. É provável que Anás e Caifás

JESUS CRISTO

morassem no mesmo palácio, porque a negação de Pedro ocorreu no átrio do palácio, quando do primeiro interrogatório perante Anás, e também quando se procedia ao segundo, na presença do sinédrio. No primeiro exame, Jesus se negou a responder, e, por isso, procuraram testemunhas que viessem depor contra ele. Manietado, o conduziram à presença de Caifás, onde o sinédrio se reuniu apressadamente. Não puderam colher provas contestes para acusá-lo de blasfêmia, crime este que desejavam evidenciar, pelo que, o sumo sacerdote se viu forçado a conjurá-lo para que dissesse se ele era o Messias. Jesus respondeu da maneira mais explícita. Acendeu-se a ira do tribunal, que imediatamente o declarou digno de morte pelo crime de blasfêmia. A decisão injusta do tribunal provocou o escárnio da multidão. Segundo a lei, as decisões do sinédrio só tinham efeito jurídico, quando tomadas de dia. Por isso, bem cedo, o tribunal reuniu-se de novo, observando as mesmas formalidades anteriores, Lc 22.66-71. A execução das penas contra delinqüentes só poderia efetuar-se com a permissão do governador, e para isso apressaram-se levar Jesus à presença de Pôncio Pilatos. Este açodamento tinha por fim evitar que algum movimento popular viesse prejudicar o julgamento. Pilatos ocupava o palácio de Herodes no monte Sião. A distância desde a casa do sumo sacerdote não era muito grande. Era ainda muito cedo, quando o governador foi chamado para atender ao requerimento dos sacerdotes. Queriam que assinasse a sentença de morte sem tomar conhecimento das causas. Ele se recusou a isso, Jo 18.29-32. Acusavam Jesus de perverter a nação, e vedar o tributo a César e de se fazer rei, Lc 23.2. Pilatos perguntou-lhe. "Tu és rei?" a que ele respondeu. "Tu o dizes", v. 3. De novo o governador o interrogou em particular, Jo 18.33-38, descobrindo que nenhuma culpa ele tinha. Daí em diante procurava inocentá-lo, dizendo ao povo. "Eu não acho nele crime algum". O governador receava contrariar os desejos de seus súditos que pediam insistentemente a condenação de Jesus à morte pela crucificação. Ele, então, lançou mão de vários expedientes para afastar de si a responsabilidade. Sabendo que Jesus era da província da Galiléia, mandou que o levassem a Herodes Antipas, Lc 23.7-11, que nesse tempo se achava em Jerusalém. Este, por sua vez, recusou exercer jurisdição. O grito popular crescia mais e mais. Pilatos propôs a soltura de Jesus pela Páscoa segundo lhe era facultado. Esperava que a popularidade de Jesus o havia de arrebatar da mão dos sacerdotes. Triste engano: o povo pediu que soltasse Barrabás. O pedido que sua mulher lhe fez aumentou a sua ansiedade para soltar a Jesus. Apesar de todos os seus esforços, a multidão mostrava-se sedenta de sangue. Pilatos temia ir de encontro às suas convicções, mas a sua fraqueza consentiu no crime. Previamente, o condenado era açoitado. Tentando ainda mais um esforço, e desejando ao mesmo tempo agradar os judeus, veio fora e disse ao povo. "Eis aqui vo-lo trago para que saibas que eu não acho nele crime algum. Saiu, pois, Jesus, trazendo uma coroa de espinhos e uma veste de púrpura e Pilatos disse: 'Eis aqui o homem'. Então os príncipes dos sacerdotes e os seus oficiais, tendo-o visto, gritaram dizendo. 'Crucifica-o. Nós temos uma lei, e ele deve morrer segundo a lei, pois se fez filho de Deus'", Jo 19.1-7. Pilatos pois, como ouviu estas palavras, temeu ainda mais, e entrou outra vez no pretório, e disse a Jesus. "Donde és tu?" Jesus não deu resposta alguma. Procurando ainda algum meio de o livrar, os judeus gritaram: 'Se tu livras a este, não és amigo de César, porque todo que se faz rei, contradiz a César'", v. 8-12. Ouvindo estas palavras, Pilatos trouxe para fora a Jesus, e

JESUS CRISTO

assentou-se no seu tribunal para dar a sentença. Jesus ia ser crucificado. Não era a execução de uma sentença, e, sim, um assassinato jurídico. A sentença era confiada a quatro soldados, Jo 19.23, sob o comando de um centurião. Mais dois condenados seriam executados: eram dois ladrões. Geralmente, as vítimas carregavam a sua cruz inteira, ou somente a parte transversal. Jesus parece que a carregou inteira, porque caiu desfalecido, sob o seu peso. O lugar do sacrifício estava a curta distância da cidade (veja *GÓLGOTA*). A vítima costumava ser pregada à cruz antes de a erguerem, que era firmada ao chão em um buraco previamente aberto. A causa da condenação era colocada sobre a cabeça do condenado e escrita em uma tábua. A de Jesus estava escrita em hebraico, grego e latim e dizia: *Jesus Nazareno, Rei dos Judeus*, 19.19. Marcos relata que o ato da crucificação consumou-se à terceira hora (nove da manhã). Sabendo-se que o processo começou logo ao amanhecer, Lc 22.66, não é para estranhar que tudo estivesse pronto às nove horas, de acordo com a precipitação dos judeus, desde o princípio, empenhados na condenação de Jesus. Deixaremos de mencionar os incidentes relatados nos evangelhos, ocorridos durante a crucificação. Os condenados muitas vezes permaneciam alguns dias vivos; o corpo enfraquecido de Jesus não podia suportar tão longa agonia. À nona hora (três da tarde), expirou, dando grande grito. As palavras que proferiu na cruz indicam que ele conservou a lucidez de espírito até o fim, e que tinha pleno conhecimento de tudo que se passava e do valor e importância de seu sacrifício. Por ocasião de sua morte, parece que havia poucas pessoas presentes. A multidão que acompanhava os condenados ao Calvário havia se retirado para a cidade. Os sacerdotes que o escarneceram também tinham saído. Só alguns dos discípulos e os soldados ficaram

até o fim. Os inimigos não estavam certos de sua morte. Não querendo que os corpos ficassem na cruz durante o dia de sábado, foram a Pilatos e lhe pediram que mandasse quebrar as pernas dos condenados. Os soldados executaram a ordem, quanto aos dois ladrões, deixando de o fazer na pessoa de Jesus, por o haverem encontrado morto. Um dos soldados lhe feriu o lado com uma lança para certificar-se de sua morte. O apóstolo João, que ali estava, viu que da ferida aberta saiu sangue e água, v. 19-34. Jesus parece ter morrido, literalmente quebrantado de coração. Logo depois, José de Arimatéia, discípulo secreto de Jesus, homem rico e membro do sinédrio e que não havia consentido na condenação de Jesus, Lc 23.51, quando soube da sua morte, pediu o corpo e o sepultou em um sepulcro aberto em rocha, onde ainda ninguém havia sido colocado. É claro que os discípulos estavam inteiramente desconcertados e profundamente abatidos pela inesperada prisão e morte de seu Senhor. Apesar de terem sido previamente avisados da morte e conseqüente ressurreição de Jesus, ao terceiro dia, as esperanças se enfraqueceram sensivelmente; pois, tendo Jesus ordenado que o esperassem na Galiléia, eles permaneciam em Jerusalém. Não é de estranhar que assim procedessem, levando em conta os efeitos produzidos em seu espírito pela tristeza e pelo desapontamento. Jesus lhes apareceu em Jerusalém e suas vizinhanças. Os evangelistas não visam dar notícias completas dos acontecimentos, nem pretendem pôr em ordem as evidências em favor da ressurreição. As provas deste fato existem no testemunho pessoal dos apóstolos aos quais se manifestou repetidas vezes, 1 Co 15.3-8. Encontra-se nos evangelhos grandes números de incidentes, cuja importância consiste, ou no seu valor intrínseco, ou no merecimento da instrução espiritual que eles fornecem aos crentes. A ordem dos fatos

JESUS CRISTO

referentes à ressurreição de Jesus é mais ou menos a seguinte: No primeiro dia da semana, logo ao amanhecer, umas piedosas mulheres da Galiléia foram ao sepulcro para o sepultamento definitivo. A primeira visita foi de Maria Madalena, Maria mãe de Tiago e Salomé, Mc 16.1. O outro grupo de visitantes compunha-se dessas mesmas mulheres, mais Joana e outras mulheres que estavam com ela, Lc 24.10. As primeiras mulheres viram que a pedra estava revolvida do sepulcro, que o corpo havia desaparecido e foram dar notícias a Pedro e a João, Jo 20.1,2. As suas companheiras entraram no sepulcro e souberam por boca do anjo que Jesus havia ressuscitado, de que deram notícias aos discípulos, Mt 18.1-7; Mc 16.1-7. Quando se retiravam apressadas, supõe-se que encontraram outras mulheres em demanda do sepulcro e que todas elas voltaram a ele, recebendo de dois anjos a confirmação do milagre, Lc 24.1-8. As mulheres, voltando do sepulcro, contaram todas essas coisas aos onze e a todos os demais. No caminho, Jesus lhes saiu ao encontro, Mt 28.9,10. Maria Madalena havia contado a Pedro e a João que o sepulcro estava vazio; eles, saindo, foram ao sepulcro, e verificaram a verdade, Jo 20.3-10. Maria os acompanhou até lá. Voltando eles para casa, ficou só, e a ela só, Jesus apareceu, 11-18. Todas elas, voltando a ter com os discípulos, contaram-lhes tudo o que tinham visto. Não era unicamente no testemunho das mulheres que repousavam a fé na ressurreição de Cristo. Naquele mesmo dia apareceu a Pedro, Lc 24.34; 1 Co 15.5, logo em seguida a dois discípulos que iam para Emaús, Lc 24.13-35, e na tarde do mesmo dia a todos os discípulos, exceto Tomé, 36.43; Jo 20.19-23. Nessa ocasião, comeu diante deles, provando a realidade física de sua ressurreição. Tomé, contudo, não deu crédito. Os discípulos continuavam em Jerusalém. No domingo seguinte, Jesus apareceu outra vez a todos e provou ao discípulo a realidade da sua pessoa, Jo 20.24-29. Parece que os apóstolos foram para Galiléia. O evangelista João conta que Jesus apareceu a sete discípulos que pescavam no mar da Galiléia, cap. 21. Sobre um monte da Galiléia, onde Jesus lhes havia ordenado que estivessem, ele lhes apareceu e lhes deu a grande comissão de "ensinar todas as gentes" com o auxílio de sua presença constante Mt 28.16-20. Pode ser que esta fosse a ocasião em que se achavam reunidos mais de 500 irmãos, 1 Co 15.6. Logo em seguida, apareceu também a Tiago, v. 7, mas não sabemos em que lugar. Finalmente, vieram outra vez a Jerusalém e Jesus os levou até Betânia, e levantando as mãos os abençoou, Lc 24.50,51. E aconteceu que, enquanto os abençoava, se ausentou deles e uma nuvem o recebeu e o ocultou a seus olhos, At 1.9-12. Temos pois, recordado em o Novo Testamento o aparecimento de Jesus em dez ocasiões diferentes depois de haver ressuscitado, além daquela vez em que se encontrou com Saulo de Tarso no caminho de Damasco, 1 Co 15.8. É possível que tenham ocorrido outras aparições que não foram registradas. Diz Lucas, At 1.3, "que ele se mostrou a si mesmo vivo, com muitas provas, depois da sua paixão, aparecendo-lhes por quarenta dias". Não estava sempre com eles como fazia antes: aparecia-lhes ocasionalmente, Jo 21.1. Os 40 dias decorridos entre a sua ressurreição e a ascensão, formaram um período de transição, em que os discípulos se preparavam para a sua obra futura. Era preciso que eles tivessem provas amplas, repetidas e variadas acerca da ressurreição, como já temos visto; era necessário que eles estivessem plenamente convencidos de que a morte de Cristo se impunha, e que tivessem conhecimento dos caracteres do reino que ia ser estabelecido por meio deles. No cumprimento das Escrituras, que falavam da morte e ressurreição de Cristo, teriam eles a prova

JESUS CRISTO

de que a nova dispensação era o prolongamento da antiga. O conhecimento dessas coisas não o podiam obter senão depois da morte de Jesus, e durante esses 40 dias, Lc 24.44-48; Jo 20.21-23; 21.15-22; At 1.3-8. Finalmente as experiências recebidas nesse período, prepararam os discípulos a pensar em seu Mestre como ausente, mas vivo; como invisível, mas sempre junto deles; como ressuscitado para nova vida e retendo a antiga natureza e o antigo corpo, agora glorificado, que tanto amavam; como exaltado, mas ainda o mesmo. Desse modo, poderiam eles ir mundo afora proclamar Jesus como o Filho de Deus glorificado, cingindo a coroa dos reis de Israel, e ao mesmo tempo, sendo o homem de Nazaré e o cordeiro de Deus que tira o pecado do mundo. Entretanto, era divulgado entre os judeus que os discípulos haviam furtado o corpo. E foi para evitar isto que pediram guardas a Pilatos para junto do sepulcro. Quando se deu a ressurreição, confirmada por um anjo que havia descido e tirado a pedra do sepulcro, os soldados foram dominados por grande susto, fugindo. Pagãos e supersticiosos como eram, sem dúvida não se impressionaram menos pelo que tinham visto, do que as pessoas ignorantes, quando pensam almas do outro mundo. Os príncipes dos sacerdotes, julgando, provavelmente, que se tratava de alguma manobra dos discípulos, deram aos soldados grande soma para dizerem que os discípulos levaram o corpo enquanto eles dormiam, Mt 28.11-15. No dia de Pentecostes, começaram a dar testemunho da ressurreição de Jesus, e o número dos crentes aumentou rapidamente, At 2. Não aduzindo provas em contrário, os sacerdotes lançaram mão da violência para os fazer calar, At 4. Não foi nosso intuito, neste verbete, expor os ensinos de Jesus, e, sim, dar um esboço histórico da sua vida. Observa-se, pelo que se colhe dos evangelhos, que ele fez a revelação gradual de sua pessoa e da sua obra,

o que constitui uma das evidências mais fortes das verdades em que se baseia o nosso conhecimento. A sua natureza humana faz com que ele apareça na história como sendo verdadeiramente homem, vivendo sob a influência do meio, com objetivo seguro. Era personagem genuinamente humana e, portanto, servindo de assunto para estudo histórico. Ao mesmo tempo, declarou ser mais do que simples homem, Mt 11.27; Jo 5.17-38; 10.30; 17.5 etc. À medida que ia se revelando, os discípulos conheciam melhor o seu caráter divino, Mt 16.16; Jo 20.28. As experiências finais, corroboradas pelo testemunho do Espírito Santo, fixaram, de uma vez para sempre a crença na divindade de Jesus. O último dos apóstolos sobrevivente, que escreveu o quarto evangelho, se ocupou especialmente em descrever a carreira de Jesus neste mundo, tratando de colocar em evidência a sua natureza divina, o Verbo que se fez carne, sem, contudo, esconder a sua natureza humana. A respeito de sua pessoa, diz ele: "No princípio era o Verbo e o Verbo estava com Deus, e o Verbo era Deus", Jo 1.1. "E o Verbo se fez carne e habitou entre nós, e nós vimos a sua glória, glória como a do Filho Unigênito de Deus, cheio de graça e de verdade", v. 14. "Estas cousas foram escritas", conclui ele, "para que vós creias que Jesus é o Cristo, Filho de Deus, e de que, crendo-o assim, tenhais a vida em seu nome", v. 20-31.

*As palavras do cap. 13.1, do Evangelho Segundo João, significam que tudo que está no cap. 13 ocorreu "antes da Festa da Páscoa", é, antes, uma nota introdutória, descrevendo o espírito meigo com que Jesus ia celebrar aquela fatal solenidade. As palavras do v. 29, "Compra o que precisamos para a festa", podem referir-se às coisas necessárias para o dia seguinte, dia em que o povo fazia as suas ofertas. Às palavras do cap. 18.28 "poderem comer a Páscoa" podem simplesmente significar "para esperarem a

Páscoa". Também as palavras do cap. 19.31 "a preparação" não querem referir-se à preparação da Páscoa, mas à preparação para o sábado.

JETER (*no hebraico, "abundância", "excesso", "excelência"*) **1** Nome de um descendente de Judá, geração de Jerameel, que morreu sem filhos, 1 Cr 2.32; *cf.* 26.28. **2** Nome de um homem, registrado entre os descendentes de Judá, cuja linhagem não se conhece além de seu pai, 1 Cr 4.17. **3** Nome de um aserita, filho de Zofa, 1 Cr 7.37,38. **4** Forma da palavra *Jetro*, nome do sogro de Moisés, Êx 4.18 (veja *JETRO*). **5** Nome do primogênito de Gideão a quem ordenou que matasse Zebá e Zalmuna, que se recusou a isso por ser muito moço, sendo mortos pelo próprio Gideão, Jz 8.20,21. **6** Nome do pai de Amasa, oficial do exército de Absalão, 1 Rs 2.5.

JETETE – nome de um dos capitães edomitas, Gn 36.40; 1 Cr 1.51.

JETRO (*no hebraico, "excelência", "superioridade"*) – nome de um dos sacerdotes de Midiã e sogro de Moisés, Êx 3.1. No cap. 2.18, tem o nome de *Reuel* (Antig. 2.12,1). Reuel significa "amigo de Deus", que parece ser o nome próprio, e Jetro, nome de um título honorífico. Tinha sete filhas que guardavam os rebanhos. Moisés, que havia fugido do Egito, prestava serviços a Jetro, vindo afinal a casar-se com sua filha Zípora. Durante 40 anos, Moisés ocupou-se da guarda dos rebanhos de seu sogro, Êx 3.1,2; At 7.30. Quando Deus o chamou para ir ao Egito tratar da emancipação dos hebreus, ele pediu a seu sogro para levar consigo a mulher e os dois filhos, Êx 4.18-20, e mais tarde os mandou temporariamente para a casa de Jetro, 24-26; 18.2. Depois da passagem do mar Vermelho, que aproximou os israelitas das terras de Jetro, trouxe a Moisés a mulher e os dois filhos, 18.1-7, e lhos

entregou; regozijou-se pelo livramento dos israelitas, ofereceu sacrifícios a Jeová e deu instruções a Moisés para nomear juízes que julgassem os casos mais comuns, reservando para si os mais difíceis, v. 8-27.

JETUR (*no hebraico, "nômade"*) – nome de um povo, descendente de Ismael, Gn 25.15; 1 Cr 1.31; 5.19. Habitavam ao norte do Jordão e são identificados como os itureanos. O território chamado Ituréia é mencionado no Novo Testamento, Lc 3.1 (veja *ITURÉIA*).

JEÚ (*no hebraico é yehû'. Talvez uma abreviação de yᵉhôhû, "Jeová, é ele"*) **1** Nome de um homem de Anatoti que se reuniu a Davi em Ziclague, 1 Cr 12.3. **2** Nome de um profeta, filho de Hanani, que anunciou os juízos de Deus contra Baasa e a sua casa, por não ser apartado dos caminhos maus de Jeroboão (2), 1 Rs 16.1-4,7. Condenou o proceder de Josafá por dar auxílio ao ímpio Acabe, 2 Cr 19.2, e escreveu as crônicas dos reis de Judá, 20.34. **3** Nome do fundador da quarta dinastia do reino de Israel. Era um dos filhos de Jeosafá e neto de Ninsi. É, muitas vezes, chamado filho de Ninsi, 1 Rs 19.16; 2 Rs 9.2. Pouco antes do ano 854, a.C., foi soldado a serviço do rei Acabe, 2 Rs 9.25. Quando este rei encheu o cálice das iniqüidades para matança dos servos de Deus, e estabeleceu o culto de Baal ao norte do reino, Elias recebeu ordem de Deus para ungir Jeú rei sobre Israel, 1 Rs 19.16,17. Essa incumbência foi executada por Eliseu, sucessor de Elias, que para esse fim enviou um jovem profeta a Ramote de Gileade, que os israelitas estavam sitiando. Encontrou Jeú assentado com outros oficiais, convidou-o a entrar em casa para comunicar-lhe a mensagem que trazia e o ungiu rei sobre Israel, encarregando-o de exterminar a casa de Acabe, e depois fugiu do campo. Jeú contou a seus companheiros a missão que lhe fora confiada, os quais prometeram auxiliá-lo. Dirigiram-se para Jezreel, onde se achava

JEÚ

Jeú — Christian Computer Art

Jorão de Acabe. A sentinela que estava no alto da torre de Jezreel viu a tropa de Jeú. Acazias, rei de Judá, tinha vindo visitar Jorão que estava doente. Os dois reis, cada um no seu carro, saíram ao encontro de Jeú. Encontraram-se na vinha que Acabe havia arrebatado a Nabote por meio de um processo iníquo que o condenou à morte. A conferência foi rápida. Jorão foi morto por uma flecha do arco de Jeú e o seu corpo lançado no campo de Nabote. Acazias também, cuja mãe era filha de Acabe, foi morto por ordem de Jeú. Por sua ordem, também Jezabel, a rainha mãe, o gênio mau do rei Acabe, foi lançada da janela, e Jeú a atropelou, 2 Rs 9.1-37. Depois disto, os que guardavam os 70 filhos de Acabe, foram induzidos a dar cabo deles, cujas cabeças formaram dois montes às portas de Jezreel. Mataram igualmente os seus grandes homens, com 42 filhos de Acazias. Finalmente, todos os profetas de Baal foram encerrados no templo desse deus pagão e ali trucidados. Apesar de Jeú ter executado os juízos pronunciados contra a casa de Acabe e matado os sacerdotes de Baal, ele próprio não cuidou em andar na lei do Senhor, continuando nos pecados de Jeroboão que tinha feito pecar Israel com a adoração dos bezerros, 2 Rs 10.29,31. Subiu ao trono no ano 842 a.C. Nesse ano, segundo registram as crônicas assírias, pagou tributo a Salmaneser, rei da Assíria, que chegou às suas vizinhanças para guerrear contra Hazael. Reinou 28 anos. Pelo ano 821 a.C., em virtude de sua idade avançada, perdeu a energia e a perícia militar, pelo que seu filho Joacaz se associou à queda de seu reino. Hazael deu de rijo sobre Israel, e o derrotou em todos os encontros, 2 Rs 10.32. Deus tinha prometido que havia de conservar no trono seus filhos até a quarta geração, por haver cumprido cuidadosamente o que era justo e agradável a seus olhos, e assim fez. A linha de seus descendentes passa por Joacaz, Joaz, Jeroboão (2) e Zacarias, 2 Rs 10.30; 15.8-12. **4** Nome de um homem de Judá da família de Jerameel, 1 Cr 2.38. **5** Nome de um simeonita, 1 Cr 4.35.

JEUBÁ (*no hebraico, "escondido", ou "Jeová esconderá"*) — nome de um aserita descendente de Berias e filho de Semer, 1 Cr 7.34.

JEÚDE (*no hebraico, "louvor", ou "Judá"*) — nome de uma cidade, no primitivo território

JEZANIAS

de Dã, Js 19.45. Robinson a identifica com a aldeia de *el-Yehudiyeh*, 15 km a sudeste de Jafa, opinião esta aceita geralmente.

JEUDI (*no hebraico é y^{e}hûdhî, "homem de Judá", "um judeu"*) **1** É traduzido de forma literal, "um judeu", em Zc 8.23. **2** Nome de um mensageiro enviado pelo rei Jeoaquim a perguntar a Baruque onde estava o livro que o profeta Jeremias havia escrito. Ordenou a leitura do livro. Enraivecido ao ouvir as palavras nele contidas, cortou-o em pedaços e o lançou ao fogo, Jr 36.14,21,23.

JEUEL (*no hebraico = tesouro de Deus*) **1** Nome de um homem de Judá, da família de Zara. Morou algum tempo em Jerusalém com 690 de seus irmãos, 1 Cr 9.6. **2** Nome de um levita, descendente de Elisafã, que tomou parte na reforma religiosa promovida pelo rei Ezequias, 2 Cr 29.13. **3** Nome de um dos contemporâneos de Esdras que, com outros membros da família, voltou da Babilônia com o escriba, Ed 8.13.

JEÚS (*no hebraico, "apressado"*) **1** Nome de um dos filhos de Esaú com sua mulher Aolibama, Gn 36.5, capitão de Edom, v. 18. **2** Nome de um benjamita, filho de Bilã, 1 Cr 7.10. **3** Nome de um levita, da família de Gérson, e filho de Simei, 1 Cr 23.10,11. **4.** Nome de um dos descendentes de Jônatas, 1 Cr 8.39. **5** Nome de um dos filhos de Reoboão com sua segunda esposa Abiail, 2 Cr 11.19.

JEUZ (*no hebraico, "conselheiro"*) **–** nome de um benjamita, filho de Saaraim e de sua mulher Hodes, 1 Cr 8.10.

JEZABEL (*no hebraico é 'îzebel, "casta"*) **1** Nome de uma das filhas de Etbaal, rei dos sidônios, que antes havia sido sacerdote de Astarte, 1 Rs 16.31; cont. Apiom 1.18. Casou-se com Acabe, rei de Israel. Possuía temperamento masculino, e exercia grande

império sobre o marido. Adorava fervorosamente a Baal; e era muito intolerante. Para ser-lhe agradável, Acabe mandou erigir um templo a Baal em Samaria e plantou um bosque, 1 Rs 16.32,33. Como esposa do rei, não tinha parte no governo do país, assim mesmo mandou matar todos os profetas de Jeová que lhe caíram nas mãos, 18.4-13. Planejou a morte de Elias, 19.1,2, e mais tarde realizou o assassinato judicial de Nabote, sem audiência do rei, que sancionou o ato, 21.16-22. Por causa desses assassinatos e de outras violações da lei moral, o profeta anunciou a Acabe que os cães comeriam as carnes de Jezabel no lugar onde lamberam o sangue de Nabote, 23. A profecia se cumpriu logo depois. Onze anos após a morte de Acabe, Jeú exerceu implacável vingança na casa de Acabe. Jeú veio a Jezreel. Sabendo Jezabel da sua chegada, pintou os olhos com antimônio, adornou a cabeça, e olhou pela janela para Jeú que entrava pela porta, e disse. Que paz se pode esperar de quem, como Zinri, matou a seu amo? Jeú levantou o rosto para a janela e disse. Quem é esta? Dois ou três eunucos lhe fizeram profunda reverência. Mas Jeú lhes disse. Precipitai-a daí abaixo; e eles a precipitaram, e a parede ficou salpicada de sangue, e as patas dos cavalos a pisaram. Depois, lembrando-se que era filha de um rei, deu ordem para que fosse enterrada. Tendo ido para a enterrar, não encontraram senão a caveira, os pés e as extremidades das mãos. E se cumpriu o que disse o profeta: No campo de Jezreel, comerão os cães a carne de Jezabel, 2 Rs 9.7,10,30-37. **2** Nome de uma mulher de Tiatira, que se fazia profetisa e que seduziu alguns membros da Igreja para imoralidades e comerem das coisas sacrificadas aos ídolos. Talvez esse nome seja simbólico. Caso seja, foi empregado pela semelhança com a ímpia Jezabel, mulher de Acabe, Ap 2.20,23.

JEZANIAS (*no hebraico é y^{e}zanyahû, "Jeová escuta"*) **–** nome de um dos oficiais

JEZANIAS

das forças que tinham ficado em Jerusalém sob o comando de Gedalias, filho de Maacati, 2 Rs 25.23; Jr 40.7,8; 42.1. Veio com a sua gente para prestar obediência a Gedalias, que Nabucodonosor havia nomeado governador da Judéia, depois da tomada de Jerusalém. Esse Jezanias não teve cumplicidade no assassinato de Gedalias, e parece que tomou parte distinta na captura dos criminosos. Foi um dos que recorreram a Jeremias para consultar o Senhor sobre a conveniência de emigrarem para o Egito os israelitas que ficaram na Judéia, cap. 42. Era irmão de Azarias, cujo nome parece corrupção de Jezanias, 43.2.

JEZER (*no hebraico, "formação"*) – nome de um dos filhos de Naftali e fundador da família dos jezeritas, Gn 46.24; Nm 26.49; 1 Cr 7.13.

JEZERITAS – nome usado uma única vez para designar os descendentes de Jezer, Nm 26.49 (veja *JEZER*).

JEZIAS (veja *IZIAS*).

JEZIEL (*no hebraico, "assembléia de Deus"*) – nome de um guerreiro benjamita, filho de Azmavete, que se reuniu a Davi em Ziclague, 1 Cr 12.3.

JEZRAÍAS (*no hebraico, "Jeová ilumina"*) – nome do superintendente dos cantores no tempo de Neemias, Ne 12.42. Participou dos cânticos na dedicação das muralhas de Jerusalém, reconstruídas após o retorno do cativeiro babilônico.

JEZREEL (*no hebraico é yiz^e'e'el, "Deus semeia"*) **1** Nome de uma cidade fortificada, 1 Rs 21.23, cercada de muros, com torre, 2 Rs 9.17, e porta, 10.7,8, situada no território de Issacar, Js 19.17,18, pouco distante do monte de Gilboa, 1 Sm 31.1-5; *cf.* 29.1-3 e 2 Sm 4.4. Os israelitas acamparam ao pé de uma fonte nas suas vizinhanças, antes da batalha de Gilboa, 1 Sm 29.1; *cf.* 2 Sm 4.4. Os filisteus lhes saíram ao encontro no

Vale de Jezreel — Christian Computer Art

mesmo local, 1 Sm 29.11. Is-Bosete governou como rei sobre Jezreel e sobre outros lugares próximos, 2 Sm 2.9. Serviu de capital no reinado de Acabe e de seu filho Jorão, 1 Rs 18.45; 2 Rs 8.29. Nabote era natural de Jezreel, cuja vinha ficava próxima ao palácio de Acabe. A execução da pena que o condenou à morte se efetuou fora da cidade, 1 Rs 21.1,13. Ali mesmo, Jezabel sofreu morte violenta, 1 Rs 21.23; 2 Rs 9.10,30-35. Acabe tinha 70 filhos que foram mortos por ordem de Jeú e cujas cabeças mandou empilhar à porta da cidade, 2 Rs 10.1-11. A carnificina praticada por Jeú, que Oséias denomina "o sangue de Jezreel", seria visitada sobre a casa desse rei, Os 1.4. Os cruzados identificaram Jezreel com o *Parvum Gerintum*, que é a atual aldeia *Zerin*. A descoberta caiu no esquecimento até 1814. Agora é definitivamente reconhecida. Não obstante estar em uma planície, o lugar se prestava admiravelmente para uma cidade fortificada, porque ficava à beira de uma escarpa rochosa de cerca de 30 m, voltada para o norte, com esplêndida vista para o Jordão. Abaixo da aldeia existe uma bela fonte de abundante água, que se chama *Ain el-Meiyiteh*. Outra fonte, ainda mais abundante, *Ain Jalud*, está a pequena distância. É provável que os antigos vinhedos existiam ao oriente da cidade, onde se encontram lagares abertos na rocha. O vale de Jezreel parece que é a grande planície que divide a Palestina próximo ao norte do Carmelo, ou antes, a parte do vale, adjacente a Jezreel, que desce para o lado do Jordão, Js 17.16; Os 1.5. Nos dias de Gideão, os midianitas e os amalequitas acamparam nos seus limites, Jz 6.33. Toda a planície central, atualmente, chamava-se planície de Esdraelom, leve modificação da palavra Jezreel, *cf.* Judite 1.8; 4.6; 7.3. Desde tempos remotos, foi sempre o campo de batalha das nações. **2.** Nome de uma cidade situada na parte montanhosa de Judá, Js 15.56. Uma das mulheres de Davi que ele levou para Gate com Abigail, era de Jezreel, 1

Sm 25.43; 27.3. Localização desconhecida. **3** Nome de um homem de Judá, descendente de Hur, 1Cr 4.3. **4** Nome de um dos filhos do profeta Oséias, assim chamado porque Jeová havia declarado que ele vingaria o sangue de Jezreel na casa de Jeú, Os 1.4,5.

JEZREELITA/JIZREELITA – nome dado aos habitantes de Jezreel, 1 Rs 21.1-16 etc.

JIBLEÃO (veja *IBLEÃ*).

JIDLAFE (*no hebraico, "ele chora", "chorão"*) – nome de um dos filhos de Naor, irmão de Abraão, e de Milca, Gn 22.22. É desconhecido onde residia.

JIGDALIAS (*no hebraico, "Jeová é grande"*) – nome do pai do profeta Hanã, Jr 35.4.

JIGEAL (veja *IGAL*).

JISBAQUE (*no hebraico, "abandonado"*) – nome de uma tribo árabe, descendente de Abraão e Quetura, Gn 25.2.

JIZAR (veja *IZAR*).

JÓ (*no hebraico é 'iyyôbh. O significado etimológico é incerto. Alguns estudiosos dizem significar "voltando sempre para Deus", associando o sentido do nome com "retorno"*) **1** Nome de um dos filhos de Issacar, Gn 46.13. **2** Nome de um santo do Antigo Testamento, que habitava na terra de Ur, Jó 1.1, mencionado a primeira vez por Ezequiel, 14.14,16,20. Vivia a vida patriarcal em algum distrito ao oriente da Palestina, nas vizinhanças do deserto, em um tempo em que os caldeus infestavam o ocidente, 1.17. Não há razão para colocar em dúvida sua existência histórica, e que sofreu as provações descritas no seu livro, apesar das

JÓ

licenças poéticas que nele se encontram. Os sofrimentos de Jó levam a se perguntar: Por que é que Deus permite que homem tão reto seja provado tão rudemente, e forneça material para um poema filosófico de tanta magnificência?

JÓ, O LIVRO DE – o livro de Jó faz parte dos livros poéticos da Bíblia, e menciona os sofrimentos de Jó, bem assim os diálogos entre ele e seus três amigos, referentes aos motivos de seus grandes males e dos remédios a eles atinentes. Não se sabe se o poema foi escrito durante a sua vida, ou mais tarde. O prólogo, cap. 1 a 3.2, as introduções a vários discursos e em particular os discursos de Eliú, 32.1-5 e o epílogo, narrando a prosperidade de Jó nos últimos dias, as bênçãos de Jeová, foram escritos em prosa, 42.7-17. O princípio do livro representa Jó como um varão de vida próspera, possuidor de muitos rebanhos e manadas, grande número de servos e numerosa família. Satanás consegue permissão para provar a fé do grande servo de Deus; primeiro, despojando-o de todas as suas riquezas, e eliminando toda a sua prole. Falhando essa primeira tentativa, consegue ainda permissão para ocasionar-lhe cruéis padecimentos físicos. A fé triunfa em Jó, que sofre resignado todos os padecimentos; e recebe em recompensa uma prosperidade que excede a tudo quanto de primeiro possuía. Esse livro, desde o primeiro até o último capítulo, pode dividir-se em três partes principais, e cada uma delas pode ser dividida também em três partes menores. A introdução descreve a prosperidade de Jó e as condições felizes de sua existência. Na primeira parte, primeiro subtítulo, encontra-se descrita a primeira aflição de Jó, com a perda de suas propriedades e da sua família. No segundo título, vem a segunda de suas provocações: o ataque à pessoa de Jó. O terceiro título relata a visita dos três amigos que vieram consolá-lo. A segunda parte contém os argumentos produzidos por

Jó e pelos seus três amigos. Cada um dos dois visitantes falava três vezes; o terceiro falou só duas vezes. Jó respondeu a cada um deles. É esta a parte principal do livro. Os três amigos pensam que a aflição tem sempre como origem a existência do pecado. Jó aceita essa doutrina como princípio geral, mas nega que lhe deva ser aplicada. Resultam daí discrepâncias e desacordos de opiniões que deixam o problema insolúvel. O primeiro dos amigos de Jó, Elifaz de Temã, começa o seu argumento, tendo como base a iniqüidade do homem e dando a entender que o estado em que estava seu amigo Jó encontraria explicações em alguma falta oculta. Jó lhe respondeu, protestando pela sua inocência. O segundo amigo de Jó, Bildade, o suíta, continua a expor as mesmas idéias do primeiro, afirmando que Deus não pode ser injusto, e que o mal está no próprio homem. Jó continua afirmando a sua inocência, e roga a Deus que alivie o peso de sua miséria. O terceiro amigo de Jó, Zofar de Naamate, segue a mesma linha de considerações de seus companheiros, acusando mais diretamente a Jó de haver cometido alguma ofensa contra Deus. Começa então a segunda série de discursos contidos nos capítulos 12 a 20. Os três amigos de Jó insistem na mesma argumentação anterior, e se irritam com o que eles julgam ser uma obstinação de Jó em não querer confessar o seu pecado. Na terceira série, que compreende os capítulos 21 e 31, Elifaz acusa abertamente Jó de haver cometido algum pecado. Jó reafirma a sua inocência com muita veemência. Bildade toma de novo a sua posição anterior, renovando as acusações, enquanto que Zofar permanece em silêncio. Em todo o decurso dessas argumentações, Jó se conserva profundamente consciente de sua justiça e inocência, e sem poder explicar por que Deus o trata com tanta severidade. As lutas de seu espírito crescem na proporção da intensidade dos sofrimentos corporais; e ele permanece firme na determinação de

JOABE

confiar em Deus, ainda que maiores males o tenham de assaltar. Espera que Deus algum dia fará manifestar a sua inocência, se não nesta vida, certamente o será na eternidade. Acreditava na existência futura, declarando. "Porque eu sei que o meu Redentor vive e por fim de levantará sobre a terra. Depois, revestido este meu corpo da minha pele, em minha carne verei a Deus. Vê-lo-ei por mim mesmo, os meus olhos o verão, e não outros; de saudade me desfalece o coração dentro em mim", 19.25-27. Na terceira parte do livro, Eliú, até então em silêncio, propõe-se a tratar o assunto de modo diverso. Em lugar de considerar as aflições humanas como resultado de desobediência, declara que elas são, em muitos casos, processos eficientes para santificar os filhos de Deus; e que , portanto, não devemos considerá-las como manifestações da ira implacável de Deus, mas antes como castigos de um pai amoroso. As palavras de Eliú são de um mensageiro de Deus, preparando o caminho para a sua vida, e oferecendo um argumento que Jó poderia aceitar ou não. Jó concorda com a opinião de Eliú, caps. 32 a 37. Fala Jeová e mostra a Jó que o homem pouco sabe para justificar-se e para explicar satisfatoriamente os mistérios de Deus. Jó se humilha na presença de Deus, caps. 38 a 42.6. Finalmente, Jó recebe em dobro tudo quanto havia perdido, em bens e em membros de sua família, 42.7-16. O desenvolvimento das idéias, e narrativas desse livro, oferecem argumentos sólidos em favor de sua unidade literária. Não há motivos para supor que houve interpolações, ou que se tenha suplementado o livro, como alguns pensam, referindo-se aos caps. 32 a 37 e 38 a 42. Mesmo que assim fosse, seriam eles o produto de um poeta de grande inspiração a quem Deus falou, e que, com vistas seguras, removeu os erros que dominavam o espírito popular acerca das questões morais e das verdades primeiras que Jó havia descoberto, acrescentou novas revelações sobre a verdade, caps. 32–37, e dirigiu sua atenção para a posição humilde que a humanidade deve assumir diante de Deus e dos mistérios que se encerram no governo divino, caps. 38 a 41. Além do visível está o invisível, como se percebe nos dois capítulos de introdução, 1.6-12; 2.1-6. Os contestadores falaram sem ter conhecimento algum dos motivos que determinavam os atos divinos, e na ignorância completa das compensações que Deus reserva para os que sofrem, reveladas no final do capítulo 42. De fato, esse argumento, contido nos caps. 38 a 42.6, deveria estar na mente do autor, quando escreveu a introdução desse poema, em que entra Satanás, conspirando contra o homem com a permissão divina, fatos estes que escapam ao conhecimento da criatura.

JOÁ (*no hebraico, "Jeová revive", "Jeová é irmão"*) **1** Nome de um benjamita, filho de Berias, 1 Cr 8.16. **2** Nome de um homem tizita que fazia parte dos valentes de Davi, 1 Cr 11.45. **3** Nome de um dos filhos de Obe-de-Edom. Foi designado pelo rei Davi para guardar o portão sul do templo e a casa de Asupim, 1 Cr 26.4,15. **4** Nome de um levita, filho de Zima, e descendente de Gérson, 1 Cr 6.21. Parece que é o mesmo levita, filho de Zima, e descendente de Gérson, que auxiliou o rei Ezequias na reforma religiosa de Judá, 2 Cr 29.12. **5** Nome de um dos filhos de Asafe, cronista do rei Ezequias, 2 Rs 18.18-26; Is 36.3,11,22. **6** Nome de um dos filhos de Joacaz, que foi cronista no tempo do rei Josias, 2 Cr 34.8.

JOABE (*no hebraico é yô'ab, "Jeová é pai"*) **1** Nome de um dos filhos de Seraías, e descendente de Quenaz, reconhecido como pertencente à tribo de Judá. Foi pai dos habitantes do vale dos Artífices, 1 Cr 4.13,14. **2** Nome de um dos filhos de Zeruia, 2 Sm 8.16, irmão de Davi, 1 Cr 2.16; *cf.* 2 Sm 17.25. Joabe, pois, era sobrinho do rei Davi, sendo o segundo dos três irmãos, Abisai, Joabe e Asael, todos homens de tipo heróico.

JOABE

O primeiro deles aparece na vida pública, à frente dos soldados de Davi na guerra contra Is-Bosete. Comandava o exército que duelava em Gibeão com Abner, sendo vitorioso, 2 Sm 2.12-32. Abner, comandante-chefe de Is-Bosete, depois de uma contenda com seu real senhor conferenciou com Davi. Joabe reprovou a conduta de Davi por deixar ir livre a Abner, denunciando como espião; e de acordo com Abisai, 3.30,39; *cf.* 2.24, assassinou-o traiçoeiramente, vingando, desse modo, a morte de Asael, seu irmão mais moço, na batalha de Gibeão, 3.30, não obstante tê-lo em defesa de sua vida. Entrou nessa vingança, talvez, o receio de que Abner viesse a ocupar o comando do exército. Davi se sentiu fraco demais para castigar esse crime, mas nunca o perdoou, 2 Sm 3.6-39. No assalto à fortaleza dos jebuseus no monte Sião, Joabe foi o primeiro que lá entrou e, em recompensa, Davi o nomeou comandante-chefe dos exércitos de Israel, 2 Sm 4.8; *cf.* com 1 Cr 11.6. Logo depois, reparou uma parte da cidade, v. 8. Acabada que foi a conquista dos edomitas pelo rei Davi, 2 Sm 8.13,14; 1 Cr 18.12, Joabe permaneceu em Edom durante seis meses com o seu exército, enquanto matava todos os varões da Iduméia, 1 Rs 11.14-17. Comandou as forças que operavam contra os exércitos confederados dos sírios e amonitas, 2 Sm 10.1-14; 1 Cr 19.1-19, apertou o sítio a Rabá com tão bom êxito que a poderia capturar; porém, queria dar essa honra a Davi a quem mandou chamar para efetuar em seu nome a conquista, 2 Sm 11.1; 12.26-29; *cf.* 1 Cr 20.1-3. Obedecendo às ordens de Davi, designou Urias para o lugar mais perigoso do assalto para que fosse morto, 2 Sm 11.6-27. Joabe mandou a Davi uma mulher sábia de Tecoa para induzi-lo a perdoar Absalão, 14.1-27. Não desejando Joabe interferir por mais tempo nesse caso, Absalão mandou lançar fogo ao campo de cevada de Joabe que estava junto ao seu, v. 28-33. Quando Absalão se revoltou contra seu pai,

Joabe conservou-se fiel a Davi, e comandou uma das três divisões do exército real que derrotaram os rebeldes, 18.1,2. A despeito da ordem do rei, Joabe atravessou o coração de Absalão com três dardos, matando-o, v. 9-17. O rei Davi chorou copiosamente quando soube da morte do príncipe rebelde, pelo que Joabe lhe dirigiu imprudentes palavras de censura, 19.1-8, sendo por isso demitido do comando das tropas e substituído por Amasa, v. 13. Rebentou nova rebelião contra Davi capitaneada por Seba; Amasa foi encarregado de reprimi-la. Joabe, dominado de intenso ódio, assassinou Amasa, como havia feito a Abner em iguais circunstâncias. Joabe e Abisai dominaram a rebelião, 20.1-22, e Joabe é de novo investido nas funções de general-chefe (v. 23, *cf.* 1 Rs 2.34,35). Davi resolve fazer o arrolamento do povo de Israel a que se opõe Joabe, sem contudo impedir o intento do rei, 2 Sm 24.1-9; 1 Cr 21.1-6. Quando Adonias se propôs a ser rei para substituir Davi e Joabe tomou seu partido, 1 Rs 1.7; sabendo, porém, que Salomão havia sido proclamado rei, ele e seus companheiros, temendo, fugiram, 28-49. No leito de morte, Davi manifestou a sua vontade, i.é., que Joabe fosse punido pelo assassinato de Abner e de Amasa. Salomão teria de executar a vontade de seu pai, Joabe fugiu para o Tabernáculo e pegou a ponta do altar. Salomão mandou Benaia, filho de Joiada, dizendo. "Vai, e mata-o". Partiu, pois, Benaia, e arremetendo a Joabe o matou e foi sepultado em sua casa no deserto, 1 Rs 2.5,6,28-34. **3** Nome do fundador de uma família, em que membros voltaram do cativeiro, Ed 2.6; 8.9; Ne 7.11.

JOACAZ (*no hebraico é yᵉhô'ahaz, "Jeová se apoderou", ou "Jeová tem segurado"*) **1** Forma variante do nome de Acazias, filho mais novo de Jeorão, rei de Judá, 2 Cr 21.17; *cf.* 22.1, para transposição das partes de que se compõe. **2** Nome do filho de Jeú e seu sucessor no trono de Israel. Começou a reinar no ano 821 a.C., como associado de seu pai, e reinou 17 anos, 2 Rs 10.35; 13.1. No seu governo, continuou a adoração do bezerro estabelecida por Jeroboão. A sua apostasia foi severamente punida pela invasão dos sírios sob o comando de Hazael e Bene-Hadade que, em sucessivas campanhas, capturou as suas cidades, restando-lhe apenas 50 cavaleiros, dez coches e dez mil homens a pé. Na sua angústia, orou ele ao Senhor, e o Senhor o ouviu e deu-lhe um salvador que apareceu depois de uma morte, na pessoa de dois de seus sucessores, Joás e Jeroboão. O primeiro destes retomou todas as cidades que os sírios haviam tomado a seu pai, e o segundo restabeleceu os antigos limites de Israel. É provável que Joás tivesse auxílio do rei da Assíria que, atacando os sírios pela retaguarda, impediu que eles invadissem o reino de Israel, voltando a defender seu próprio país. Joás foi o seu sucessor, 2 Rs 13.2-9,22-25. **3** Nome do filho mais novo de Josias que, por ocasião da morte de seu pai, foi aclamado pelo povo de Judá para ser rei. Tinha então 23 anos, e reinou três meses, durante os quais manifestou más disposições. O Faraó-Neco o prendeu em Ribla para que não reinasse em Jerusalém, e mais tarde o conduziu para o Egito. Neco constituiu rei a Eliaquim, filho de Josias, para reinar em lugar de seu pai, e lhe mudou o nome em Jeoaquim, 2 Rs 23.30-34; 2 Cr 36.1-4. Joacaz é também denominado Salum em 1 Cr 3.15; Jr 22.10-12, e é o primeiro dos leõezinhos mencionados em Ez 19.1-9. Quanto à idade, é o terceiro dos filhos de Josias, e o primeiro que ocupou o trono. Em 1 Cr 3.15, figura em quarto lugar, talvez por uma degradação intencional. **4** Nome do pai do cronista do rei Josias, 2 Cr 34.8.

JOANA (*no grego é ioana, forma feminina do hebraico yᵉhôhanan, "Jeová tem sido gracioso"*) – nome da mulher de Cuza, procurador de Herodes tetrarca. Fazia parte do grupo de mulheres que assistiam Jesus com as suas posses, Lc 8.3, e uma das que acompanharam Maria Madalena ao sepulcro de Jesus, 24.10.

JOANÃ (*no hebraico é yᵉhôhanan. Também grafado como yôhanan, "Jeová tem sido gracioso"*) **1** Nome de um benjamita que se reuniu a Davi em Ziclague, 1 Cr 12.4. **2** Nome do oitavo gadita que se juntou a Davi em Ziclague e que foi capitão do exército de Davi, 1 Cr 12.12,14. **3** Nome de um dos pontífices, que viveu cerca de 800 a.C., 1 Cr 6.10. **4** Nome de um efraimita, 2 Cr 28.12. **5** Nome do filho mais velho do rei Josias, 1 Cr 3.15. Parece que morreu moço. **6** Nome de um capitão, filho de Careá, que com os seus homens, prestou obediência a Gedalias, a quem Nabucodonosor havia nomeado governador de Judá, 2 Rs 25.22,23; Jr 40.9. Sabendo que se conspirava contra a vida do governador, ele o avisou do perigo v. 13,14. Gedalias não deu crédito ao aviso e foi assassinado. Joanã com a sua gente perseguiu os criminosos para vingar a morte do governador, 41.11-15. Depois disto, conduziu para o Egito o resto do povo, contra as advertências de Jeremias, 41.16 até o cap. 43.13. **7** Nome de um dos filhos de Elioenai, 1 Cr 3.24. **8** Nome de um dos filhos de Hacatã da família de Azgade. Com 110 homens, voltou da Babilônia em companhia de Esdras, Ed 8.12. **9** Nome de um dos filhos de Eliasibe. Esdras entrou em casa de Joanã, e não comeu pão, nem bebeu água, porque chorava o pecado daqueles que tinham voltado do cativeiro, por se terem casado com mulheres estrangeiras, Ed 10.6. **10** Nome do filho de Tobias, amonita, que se casou com uma mulher da Judéia nos dias de Neemias, Ne 6.18. **11** Nome de um sumo sacerdote, Ne 12.22, neto de Eliasibe, v. 23; *cf.* v. 11. Os judeus que moravam em Elefantina, defronte de Siene, no Egito, tiveram o seu templo destruído, em 411 a.C., por ordem oficial, e instigações dos sacerdotes egípcios. Imediatamente deram

JOANÃ

notícia a Joanã, na esperança de obterem uma reparação, *Elephantine Papyri*. Josefo dá a esse Joanã o nome de João, que é mais correto, e diz que ele matou seu irmão Jesus, no templo, por desconfiar que ele queria suplantá-lo no cargo de sumo sacerdote. Esse crime foi cometido no reinado de Artaxerxes Mnemom, entre 405 a 362 a.C. Antig. 11.7,1; *cf.* 5.4. **12** Nome de um porteiro que ocupava o sexto lugar, no reinado de Davi, 1 Cr 26.3. **13** Nome de um dos capitães de Jeosafá que tinha 280 mil homens sob seu comando, 2 Cr 17.15. **14** Nome do pai de Ismael, e um dos que tomaram parte na revolta contra Atalia, 2 Cr 23.1. **15** Nome de um dos sacerdotes, chefe da família de Amaria, no tempo do sumo sacerdote Joiaquim, Ne 12.13. **16** Nome de um dos filhos de Eliasibe, Ed 10.6. **17** Nome de um dos filhos de Bebai, induzido por Esdras a abandonar a sua mulher estrangeira, Ed 10.28. **18** Nome de um filho de Tobias, amonita, Ne 6.18. **19** Nome de um dos sacerdotes que oficiaram na direção do muro de Jerusalém, Ne 12.42. **20** Nome de um dos antecessores de Cristo que viveu cerca de 500 anos a.C., Lc 3.27.

JOÃO (*no hebraico, é y^{e}hôhanan, "Jeová tem sido gracioso". No grego, é ioannes*) **1** Nome do pai de Matatias, que instigou os Macabeus à revolta, 1 Mac 2.1. **2** Nome do filho mais velho de Matatias, 1 Mac 2.2. Foi cognominado Gadis, palavra de significado ignorado. Os filhos de Jambri o mataram, no ano 100 a.C., 9.36,38,42; e 2 Mac 8.22, em que é erroneamente chamado José. **3** Nome de um homem que alcançou privilégios especiais de Antíoco, o Grande, em favor dos judeus, 2 Mac 4.11. Era filho de Acos e pai de Eupolemus, 1 Mac 8.17. **4** Nome de um filho de Simão Macabeu, 1 Mac 13.53; 16.1. Foi conhecido na história pelo nome de João Hircano. No ano 142, a.C., assumiu o cargo de comandante do exército, por nomeação de seu pai, 13.53. Saiu ao encontro de Cen-

debaeus, a quem derrotou perto da Jâmnia, 16.1-10. No ano 135 a.C., seu pai e mais dois de seus irmãos foram assassinados. Ele próprio estava destinado à mesma sorte. Conseguiu tomar a ofensiva contra o inimigo e expulsá-lo da Judéia, Antig 13.8,1. Exerceu o cargo de sumo sacerdote e de governador civil desde 135 a 105 a.C. Antíoco Sidetes, rei da Síria, invadiu a Judéia, ao findar o ano 134 a.C., e sitiou Jerusalém. Após um ano, a cidade caiu em seu poder; desmantelou as suas fortificações, 13.8,2,3. A morte de Antíoco abriu caminho a João Hircano para estender os seus domínios até Samaria e Iduméia. Renovou também aliança com os romanos, pela qual conseguiu a restituição de Jope e de outras cidades à autoridade dos judeus; e reparou os muros de Jerusalém, 1 Mac 16.23. A Guerra Civil que rebentou na Síria, no ano 125 a.C., e a sucessão de seus reis dos quais nada tinha a recear, garantiram a João Hircano a sua independência sem dificuldades. A princípio, ele favorecia os fariseus; estes, porém, pediram sua exoneração do sumo sacerdócio, pelo que passou a favorecer os saduceus. Morreu no ano 105, e o poder dos Macabeus e com ele o de Israel, declinou rapidamente. **5** Nome do pai do apóstolo Pedro, Jo 1.42; 21.15-17. Em Mt 16.17, tem o nome de Jonas. **6** João, que tem por sobrenome Marcos, filho de Maria a cuja casa se dirigiu o apóstolo Pedro, ao sair da prisão, At 12.12-25. **7** Nome de um judeu, alto dignitário, que tomou parte, com Anás, Caifás, Alexandre e outros da linhagem sacerdotal, na intimação de Pedro e João para dizerem com que poder e em nome de quem faziam aquelas coisas, At 6.6.

JOÃO BATISTA – filho de Zacarias e Isabel. Foi o precursor de Jesus, enviado para preparar-lhe o caminho, João descendia de pais crentes e piedosos e pertencia a uma geração sacerdotal, tanto por Isabel quanto por Zacarias, ambos descendentes de Arão, Lc 1.5. Ao mesmo tempo, Isabel

JOÃO BATISTA

era prima da virgem Maria que pertencia à tribo de Judá, v. 36. Os pais de João Batista moravam em uma cidade, situada na região serrana de Judá, v. 39, talvez em Juta, que era a cidade sacerdotal de Hebrom. Quando Zacarias, no exercício das suas funções sacerdotais, oferecia o incenso no templo de Jerusalém, o anjo Gabriel lhe apareceu e anunciou que ele seria pai de um filho que se chamaria João, que seria nazareno como Sansão e Samuel, que seria cheio do Espírito Santo, desde o ventre de sua mãe e que viria preparar o povo para o Senhor, Lc 1.8-17. João Batista nasceu no ano 5 a.C. Passou os primeiros anos no deserto, perto de sua casa, a ocidente do mar Morto, v. 80. No ano 28 d.C., apareceu a pregar no deserto do Jordão. Acredita-se que exerceu o seu ministério durante um ano sabático, 3.1,2, em que o povo descansava dos trabalhos rurais, e, portanto, em condições de atender às pregações do Batista. Começou anunciando uma nova dispensação, proclamando a vinda de um novo reino, o Reino de Deus e o batismo do Espírito Santo, Mt 3.2,11, a fim de preparar o povo, para receber Cristo, v. 3,8, apresentá-lo na pessoa de Jesus, Jo 1.15, e mostrar nele a união entre as duas dispensações como sendo o cordeiro de Deus, v. 29,30. Falava com clareza e grande fervor à enorme multidão que, de toda parte, afluía a ouvi-lo. Insistia sobre a necessidade de pronto arrependimento, porque o Reino de Deus estava próximo. Os penitentes, depois de confessar seus pecados, eram por ele batizados no Jordão, e, por isso, passou a chamar-se João Batista, para distingui-lo de outros de igual nome. O batismo que ele realizava, simbolizava a purificação do pecado. Ele, porém, não o considerava suficiente e falava de outro profeta que viria após de si, que batizaria com o Espírito Santo e com fogo, maior do que ele, e ao qual não era digno de desatar a correia das sandálias, Mt 3.5-12. Não obstante confessar-se inferior a Jesus, nosso Senhor foi a ele para rece-

ber de suas mãos o batismo. João relutou, para dar provas de que sabia que Jesus era o Messias, e somente o batizou em obediência à sua palavra, v. 13-17. Seus pais o haviam instruído sobre a pessoa de Jesus. As instruções recebidas eram agora confirmadas pela descida do Espírito Santo em forma de pomba, repousando sobre Jesus por ocasião de seu batismo. Por esse sinal, ficava autorizado a declarar que Jesus era o Cristo, Jo 1.32,33. O profeta Malaquias anunciou a vinda de Elias, antes do grande e terrível dia do Senhor, para converter o coração dos filhos a seus pais, e o coração dos pais a seus filhos. João negou que fosse Elias em pessoa, Jo 1.21; definiu a sua missão e as suas características, citando simplesmente Is 40.3. Ele veio, porém, no espírito e poder de Elias, Ml 4.5, 6; cf. Lc 1.17, foi o mensageiro enviado para aplainar o caminho do Senhor diante de Cristo, Ml 3.1, *cf.* com Mc 1.2. Jesus aplicou essas predições a João, Mt 11.10,14; 17.12,13. Havia semelhanças entre os dois homens até no modo de vestir, que pela simplicidade e rudeza simbolizava o desprezo ao mundo com os seus refinamentos; as maneiras e os hábitos de vida eram próprios a homens que viviam nos desertos e não nos palácios dos reis, 2 Rs 1.8; Mt 3.4; 11.8; Mc 1.6. Convém que ele cresça e que eu diminua, disse João, falando de Jesus, Jo 3.25-30. O ministério de João foi curto, mas o efeito enorme. Afinal, pelos fins do ano 27, ou princípios de 28 d.C., foi encarcerado por haver denunciado a ilegitimidade das relações de Herodes tetrarca com a mulher de seu irmão Filipe, Lc 3.19,20. Quando estava detido, teve dúvidas sobre o valor dos métodos de Jesus para o adiantamento de sua obra, e talvez, sentindo-se abandonado e esquecido, enviou dois de seus discípulos a Jesus para saber se era ou não o Messias prometido. Em resposta, Jesus apelou para o testemunho de suas obras. Retirando-se eles, Jesus aproveitou a ocasião para fazer o panegírico de João, Mt 11.2-15, João foi o

JOÃO BATISTA

maior de todos os profetas, por ter o privilégio de preparar o povo para o aparecimento de Cristo e apresentá-lo como o Cordeiro de Deus que tira o pecado do mundo. O ódio da adúltera Herodias foi causa da morte de João. Ela persuadiu sua filha que agradara a Herodes, dançando em sua presença e da sua corte, a pedir a cabeça de João Batista, a qual lhe foi dada. O corpo decapitado de João Batista foi em seguida tomado pelos seus discípulos, que o sepultaram. Morto que foi o mestre, recordaram-se de suas palavras, referentes ao Cordeiro de Deus, e passaram a ser discípulos de Jesus, Mt 14.3-12; Mc 6.16-29; Lc 2.19,20. Josefo atribui a morte de João Batista ao ciúme de Herodes, devido à sua grande influência entre o povo. Diz também o escritor judeu, que a derrota do exército de Herodes na guerra contra o rei Aretas, que ocorreu logo depois, foi considerada como castigo divino por causa da morte de João. Diz ainda o historiador Josefo que o lugar onde esteve preso o Batista e onde foi decapitado é a fortaleza Maquereus que agora se nomeia por Makaur (Antig. 18.5,2). Essa fortaleza situa-se nas montanhas da parte oriental do mar Morto, 10 km ao norte do Arnom, e sobre um cabeço de forma cônica de 1.300 m acima do referido mar. Ainda se podem ver as ruínas das muralhas que circundavam a antiga fortaleza, dentro da qual existem profunda cisterna e duas prisões. Uma delas teria sido a que foi preso e morto João Batista.

JOÃO, EPÍSTOLAS DE – 1 João – A primeira epístola de João é evidentemente escrita pelo autor do quarto evangelho. Encontra-se nela a mesma fraseologia característica em ambos os livros e a mesma construção das sentenças. A epístola destinava-se a quem já tinha conhecimento do evangelho do mesmo autor. Os dois escritos foram dirigidos às mesmas igrejas, e segundo a opinião de muitos, a epístola era um suplemento do evangelho. As primeiras palavras fazem lembrar o prólogo do evangelho. Nas duas se encontram passagens paralelas em quase todos os versículos. A epístola considera o mundo como inimigo da Igreja, e campo de suas operações, 2.2,15-17; 4.3-5; 5.4,5,19. Adverte os crentes contra as heresias opostas à integridade da pessoa de Cristo, 2.18-26; 4.1-3; 5.6-10. Essas feições da epístola se harmonizam com a data e os objetivos do evangelho. As duas produções são da mesma origem e da mesma época. A epístola aplica à vida cristã a verdade, cuja revelação histórica está no evangelho. A epístola, bem como o evangelho, foram elaborados por um apóstolo, um daqueles que estiveram em contato pessoal com Cristo, 1.1-3,5; 4.14, e escreve com autoridade, como apóstolo que era, 1.4; 2.1; 4.6-14. Para perceber o quanto ele se identificou com os ensaios de seu Senhor, basta observar a semelhança que existe entre a epístola e os discursos de Cristo no Evangelho. A autenticidade dessa epístola é comprovada pelo testemunho de Ireneu e do Fragmento Muratori. As citações que dela fazem Policarpo, Papias e outros, provam que já no princípio do segundo século, estava em uso na Igreja. A linha de pensamento pode ser esboçada da seguinte forma: depois da introdução, 1.1-4, em que o apóstolo expõe o objeto do seu ministério, que não é outro senão declarar aos homens as manifestações do Verbo da Vida, a fim de que possam ter comunhão com os apóstolos, ele ensina que o caráter divino, conforme Cristo o revelou, deve determinar o caráter da vida interior e exterior dos crentes, 1.5, até o cap. 2.6, exorta-os a se amarem uns aos outros, adverte-os contra as influências mundanas e contra as doutrinas heréticas, 2.7-27. Em seguida, insiste sobre a necessidade de fazerem sempre o que é justo e permanecerem no amor de Deus, para terem confiança no dia do Juízo. Com a Segunda Vinda de Cristo se manifestará a nossa filiação com ele, expressa pela obediência e pelo amor, cap. 4. Faz lembrar a seus leitores que

JOÃO, EVANGELHO DE

o modo de se provar a existência do Espírito de Deus conosco consiste na verdadeira confissão de ser Jesus Cristo a encarnação do Filho de Deus, e que o que tem o Filho tem a vida e o que não tem o Filho não tem a vida, 5.12. Concluindo, 5.13-21, resume, em termos muito delicados, as doutrinas ensinadas na epístola para o fim de confirmá-las na fé e na comunhão com Deus, aludindo solenemente aos fatos históricos e espirituais em que se devem basear para a firmeza de sua fé. – 2 João – Em completa harmonia com as reservas que o apóstolo guarda na primeira epístola, quanto ao nome de seu autor, na segunda epístola ele se denomina *O Presbítero*, à semelhança do apóstolo Pedro, 1 Pe 5.1, nome que Papias dá a todos os apóstolos. Nessa segunda carta, dirige-se à Senhora Eleita e a seus filhos, manifestando a sua alegria por ter achado que alguns deles andavam na verdade, e adverte-a contra os perigos de doutrinas heréticas. A epístola tem apenas 13 versículos e por isso não é de estranhar que se encontrassem poucas referências a ela nos escritores primitivos. Todavia, as provas externas de sua autenticidade são mais evidentes do que era para se esperar. Os mais antigos testemunhos históricos dão ao apóstolo João a sua autoria. Clemente de Alexandria mostra-se muito conhecedor, ao menos com uma das pequenas epístolas de João, e Ireneu cita as palavras dos versículos 10,11, como pertencentes a João, o discípulo do Senhor. A autenticidade dessa epístola prova-se exuberantemente pelas notáveis coincidências de linguagem e de pensamento com a primeira epístola, eliminando toda a idéia de falsificação. Pensam alguns que a Senhora Eleita representa a Igreja, supõem outros que seja uma pessoa que tinha o nome de *Kyria*, que em grego quer dizer senhora. – 3 João – Outra epístola com apenas 14 versículos, dirigida pelo presbítero ao caríssimo Gaio, elogiando-o pela hospitalidade que havia dispensado aos irmãos, particularmente aos peregrinos, estimulando-o a imitar tudo que é bom. Há uma referência a certo Diótrefes, que a ele se opôs; e outra, a Demétrio, de quem todos davam bom testemunho. Não se pode identificar outro nome igual, mencionado em o Novo Testamento. Parece ter sido pessoa proeminente em uma das igrejas da Ásia, sem contudo exercer funções eclesiásticas. Essa epístola, como as precedentes, é notável pelo estilo e pelos pensamentos, de modo que não se pode negar pertencer ao mesmo autor. Todas as epístolas de João, bem como a de Tiago, as de Pedro e a de Judas, são denominadas epístolas "católicas" ou gerais, por não serem dirigidas a igrejas particulares, nem à individualidade, mas às congregações em geral. A primeira epístola de João foi dirigida, sem dúvida, às igrejas da Ásia, às quais havia sido igualmente dirigido o quarto Evangelho. As duas últimas epístolas de João não se ajustam muito bem à designação de católicos por serem dirigidas a pessoas específicas. Foram assim classificadas por causa da sua brevidade, e de estarem juntas à primeira das cartas.

JOÃO, EVANGELHO DE – o título prefixado ao quarto evangelho de acordo com a crença universal da Igreja Primitiva, dá a entender que o livro foi escrito pelo apóstolo João. Como os outros evangelhos, não contém o nome de seu autor. Porém, as considerações sobre sua evidência interna, e externa, confirmam a crença tradicional de ser autêntico. I. Evidência Interior. 1) O escritor era um dos apóstolos, conforme se deduz pelo emprego da primeira pessoa do plural, 1.14, e talvez 21.24, e de pequenas passagens descritivas, a respeito da impressão que os discípulos receberam pelos acontecimentos da vida de Cristo, 1.37; 2.11,17; 4.27,54; 9.2; 11.8-16; 12.4-6,21,22; 13.23-26; 18.15; 19.26,27,35; 20.8 e as categóricas declarações do capítulo 21.24. O autor fala "do discípulo a quem Jesus amava", 13.23; 19.26.20.2; 21.7,20,21, que no cap. 21.24,

JOÃO, EVANGELHO DE

diz ser o próprio autor. Todos os apóstolos são mencionados nominalmente nesse livro, exceto Mateus, Tiago, filho de Alfeu, Simão Zelador e os filhos de Zebedeu. Os três primeiros não pertencem ao pequeno círculo dos discípulos íntimos. Somente a um deles, conviria esse título, e Tiago, filho de Zebedeu, que foi morto logo no princípio dos trabalhos apostólicos, At 12.2, João era o único sobrevivente, v. 3. Prova-se que o escritor desse evangelho pertencia à raça judia pelo hebraísmo de seu estilo, escrevendo em grego, v. 4. Demonstra conhecimento muito íntimo da geografia, da história e dos costumes dos judeus durante o ministério de Cristo, 1.21,28,46; 2.6; 3.23; 4.5,27; 5.2,3; 7.40-52; 9.7; 10.22,23; 11.18; 18.28; 19.31, e dá mais pormenores pessoais do que qualquer outro dos evangelistas. A evidência interior harmoniza-se perfeitamente com a pessoa do discípulo amado. Não se podem exigir provas mais evidentes, em falta de informações mais explícitas. Contudo, o cap. 21.24 quase supre esta falta, porque de acordo com o testemunho unânime da história primitiva do cristianismo, João foi o apóstolo que viveu mais, firmando a crença de que chegaria até a Segunda Vinda de Cristo. O capítulo 21 é evidentemente um aditamento que ele fez ao seu evangelho, que a princípio concluía com o cap. 20. Tudo prova que João foi o autor de todo o livro. II. EVIDÊNCIA EXTERIOR. O testemunho de Ireneu (nascido entre 115 e 125, e que foi bispo de Lyon na última parte do segundo século), discípulo de Policarpo, que por sua vez o foi de João, é explícito, afirmando que o apóstolo João escreveu seu evangelho em Éfeso, quando já existiam os outros três. Esse testemunho é em si mesmo conclusivo, confirmado por uma série de outros testemunhos, muito próximos à idade apostólica. Não resta dúvida de que a primeira epístola pertence ao autor do evangelho, cuja autoridade apostólica se confirma pelo uso que Policarpo fazia dela no ano 110, e Papias no

ano 130-140. As cartas de Inácio, ano 100, provam que o Evangelho Segundo João corria entre as igrejas da Ásia Menor, no princípio do segundo século, como livro inspirado e de autoridade espiritual, Justino Mártir, d.C. 150, utilizava-o livremente e o menciona como fazendo parte das "memórias dos apóstolos", que, diz ele, se chamavam evangelhos, escritos pelos apóstolos e seus companheiros. O "Ensino dos apóstolos" contém grande cópia de passagens que só poderiam ter origem no quarto evangelho. Quando fosse possível duvidar disto, a recente descoberta do evangelho apócrifo de Pedro mostra que o quarto evangelho, com os outros três, fazia parte da narrativa em que se baseava o pseudo Pedro para escrever o seu livro. O Diatessaron de Tatiano não era outra coisa mais que uma harmonia dos evangelhos usada nas igrejas em que os quatro se combinam. O manuscrito dos evangelhos siríacos, recentemente descoberto por Mrs. Lewis, prova que no segundo século os nossos quatro evangelhos foram aceitos pelas igrejas da Síria. Finalmente, prova-se que até os heréticos gnósticos do segundo século aceitavam o quarto evangelho como apostólico. Por esse modo cabalmente se confirma a crença de que esse livro havia sido escrito pelo apóstolo João e recebido nas igrejas como tal, desde a idade pós-apostólica. Diz ainda a tradição que foi escrito na Ásia Menor, talvez em Éfeso, nos fins do primeiro século. Os adversários de Jesus ele denomina simplesmente "os judeus", 1.19; 2.18; 5.10; 7.15 etc., explica as festas dos judeus, 6.4; 7.2; 11.55; 19.31, denomina o mar da Galiléia, segundo o modo pagão de mar de Tiberíades, 6.1. No prólogo de seu evangelho, representa Cristo como o Verbo de Deus, aludindo a um período da História em que o cristianismo confrontava com as tendências filosóficas dominantes da Ásia Menor, o que vem explicar o fim para que o livro foi elaborado: dar testemunho de Cristo como sendo o Filho de Deus encarnado para

JOÃO, O APÓSTOLO

Salvador do mundo, 20.30,31. Dá a entender que conhecia os outros evangelhos, cujas narrações suplementava. Omite os grandes discursos de Jesus, respondendo aos ataques dos judeus contra a sua divindade, e explicando aos discípulos os mistérios referentes à sua pessoa e às suas relações espirituais. Testemunha pessoalmente acerca de Jesus em oposição às heresias da época que negavam a ressurreição de Cristo e alguns aspectos de sua pessoa. Desse modo, combinava também, muito naturalmente, várias reminiscências pessoais resultando daí um retrato completo da pessoa de Cristo sob o ponto de vista da sua natureza divina e humana. O Evangelho Segundo João abre com um prólogo, 1.1-18, no qual o apóstolo resume a grande verdade que se manifestaria na vida de Cristo: a existência de uma segunda pessoa divina, cujo ofício seria revelar a pessoa de Deus que ele denomina o "Verbo", que além de ser a origem da vida universal e a luz da criação, fez-se carne em Jesus Cristo, que revela Deus a todos aqueles que crêem, comunicando-lhes a salvação. Em seguida relata: **1** O testemunho de João Batista e do próprio Jesus, aos primeiros discípulos, 1.19 até o cap. 2.11. **2** A revelação que Cristo faz de si mesmo por uma série de atos e de discursos, dirigidos a seus inquiridores ou aos seus adversários, 2.12 até o cap. 12.50, inclusive: a) o testemunho que ele deu na primeira Páscoa, 2.12-25, e o colóquio com Nicodemos, 3.1-21, com o novo testemunho de João Batista, v. 22-36; b) a conversa com a mulher samaritana, 4.1-42; c) o segundo milagre na Galiléia, v. 43-54; d) defesa de sua autoridade divina e dignidade de sua pessoa, cap. 5; e) falando de si como sendo o Pão da Vida, cap. 6; f) nova defesa de sua autoridade e de sua dignidade na festa dos tabernáculos, caps. 7 e 8; g) a cura do cego e a parábola do bom pastor, 9.1 até o cap. 10.21; h) testemunho final aos judeus, v. 22-24; i) ressurreição de Lázaro e suas conseqüências, cap. 11; j) seu testemunho em

Betânia, quando ali entrou triunfante, e a visita dos gregos que desejavam vê-lo, cap. 12.3. Revelação que Cristo faz de si mesmo em conexão com a sua morte e ressurreição cap. 13.1 até o 21.25, inclusive *a)* Seus discursos finais em companhia dos discípulos, caps. 13 a 17; *b)* sua prisão, julgamento e morte no Calvário, em que dá testemunho particularmente diante de Pilatos, referente à sua pessoa e à sua obra, caps. 18 e 19; *c)* a ressurreição e certos testemunhos a ela referentes, caps. 20 e 21. Tudo isto servia para confirmar que na natureza humana de Jesus, existia ao mesmo tempo a natureza divina do Filho de Deus, que pela sua pessoa, pelos seus ensinos e pela sua obra redentora revelou o Pai e alcançou a vida eterna para todos os que o recebem. Assim, pois, João representava a missão de Jesus como o apogeu da revelação divina a fim de que os crentes possam alcançar aquela luz que consiste em conhecer a suprema verdade, e possuir a vida que consiste na união espiritual com Deus, resultando daí o perfeito bem e a salvação eterna. Estes sinais, diz ele, "foram escritos para que creiais que Jesus é o Cristo, o Filho de Deus, e para que, crendo, tenhais vida em seu nome", Jo 20.31.

JOÃO, O APÓSTOLO – era filho de Zebedeu e irmão de Tiago, que foi morto no reinado de Herodes Agripa I, Mt 4.21; At 12.1,2, pelo nome de Jesus. Era mais novo que Tiago, e filho de Salomé, irmã da mãe de Jesus. Seu Pai era pescador no mar da Galiléia, com seus dois filhos, seus auxiliares, Mc 1.19,20. João assistiu à pregação do Batista no Jordão, e foi, evidentemente, um dos discípulos, que com André, viram o Cordeiro de Deus que o Batista lhes apontava, Jo 1.35-40. Sem dúvida, acompanhou Jesus até a Galiléia e assistiu ao casamento em Caná, 2.1-11. Ainda não havia sido chamado para o apostolado, limitando a sua atividade às lides do mar, em companhia de Pedro e

JOÃO, O APÓSTOLO

do pai, Lc 5.10. Desta ocupação Jesus os foi tirar para o seguirem, Mt 4.21,22; Mc 1.19,20, e depois foram chamados apóstolos, Mt 10.2. Jesus denominou-os *boanerges*, "filhos do trovão", talvez por causa do seu temperamento forte, Mc 3.17. A impetuosidade desses homens, ainda não dominados pela graça, manifestou-se quando João repreendeu a um que expelia demônios em nome de Cristo e não os acompanhava, Lc 9.49, e, vendo seu mestre rejeitado pelos samaritanos, desejavam que fogo do céu os consumisse, 52-56. Mostraram-se egoístas quando se uniram a sua mãe que solicitava lugares de honra para seus dois filhos ao lado de Jesus no futuro reino. Ao mesmo tempo, revelaram grande zelo pelo Mestre, declarando-se prontos a dar a vida por ele, Mt 20.20-24; Mc 10.35-41. Os defeitos naturais da sua natureza foram vencidos pela graça, convertendo-os em elementos de força e de glória. João era homem de profundo conhecimento espiritual e dotado de disposições efetivas, que o levaram a ser o discípulo que Jesus particularmente amava. Foi um dos três que Jesus escolheu para estar com ele e assistir ao milagre da ressurreição da filha de Jairo, Mc 5.37; Lc 8.51, para ser testemunhas de sua transfiguração, Mt 17.1; Mc 9.2; Lc 9.28, e para presenciar a agonia, no Getsêmani, Mt 26.37; Mc 14.33. Na última ceia, estava ao lado de Jesus, sentado à mesa, Jo 13.23. Acompanhou o seu Mestre desde o Jardim até o palácio do sumo pontífice, deste era conhecido, dali foi para o Calvário. Estando na cruz, prestes a expirar, Nosso Senhor recomendou sua mãe aos cuidados amorosos do discípulo amado que a tomou para sua casa, 18.15; 19.27. Quando soube que o sepulcro de Jesus estava vazio, correu em companhia de Pedro para certificar-se da verdade que o Salvador havia ressuscitado, 20.1-10. Em companhia de outro discípulo, ele viu o Senhor vivo, na tarde de um dia, e uma semana depois, tornou a vê-lo, Lc 24.33-43; Jo 20.19-30;

1 Co 15.5. Em companhia dos demais, foi ele para a Galiléia, como Jesus havia ordenado, e outra vez viu o Senhor, Mt 26.32; 28.10-16; Jo 21.1-7. Quando estavam ali em conseqüência de uma errônea compreensão, correu entre os discípulos a notícia de que João não morreria, Jo 21.22. Depois da ascensão, esse apóstolo residiu por algum tempo com os dez em um quarto alto de Jerusalém, At 1.13, e depois do Pentecostes, foi companheiro de Pedro em trabalho missionário, 3.1. Ambos sofreram prisão por ordem das autoridades judias, 4.19. Os dois foram em comissão a Samaria auxiliar o trabalho que Felipe havia começado, 8.14. João foi um dos que permaneceram em Jerusalém durante a perseguição que assaltou a igreja nascente, e ali ainda se achava, quando Paulo visitou a cidade, depois da sua primeira viagem missionária, 15.6; Gl 2.9. Cinco dos livros do Novo Testamento trazem o seu nome: o quarto evangelho, três epístolas e o Apocalipse. Diz a tradição que foi em Éfeso que terminou o seu ministério. É possível que as sete igrejas da Ásia estivessem algum tempo sob seus cuidados, Ap 1.11. Escreveu o Apocalipse, talvez no ano 95; quando estava degredado na ilha de Patmos, por causa da Palavra de Deus e do testemunho de Jesus, Ap 1.9. Quando Nerva assumiu o governo do império, deu-lhe a liberdade e ele regressou a Éfeso. Policarpo, Papias e Inácio foram seus discípulos. Ireneu, que foi discípulo de Policarpo, relata que ele continuou a residir em Éfeso até a sua morte, no reinado de Trajano.

JOÁS (*no hebraico é yô'ash, "Jeová é forte", ou "Jeová tem dado"*) **1** Nome de um homem de Judá, da família de Sela, 1 Cr 4.22. **2** Nome de um homem de Manassés, pai da família de Ezri, e pai de Gideão, Jz 6.11-15. Morava em Ofra e parecia ser homem abastado. Havia erguido um altar a Baal e plantado um bosque. Gideão derrubou o altar de Baal e cortou o bosque. Os idólatras,

JOÁS

sabendo disto, pediram a Joás a entrega de seu filho para ser morto. A isto respondeu Joás: "Acaso sois vós os vingadores de Baal, para combaterdes por ele? Se ele é Deus, vingue-se de quem destruiu o seu altar", Jz 6.11-32. **3** Nome de um benjamita de Gibeá, que reuniu-se a Davi em Ziclague, 1 Cr 12.3. **4** Nome de um dos filhos de Hameleque, 1 Rs 22.26; 2 Cr 18.25. **5** Nome de um dos filhos de Acazias, rei de Judá. Quando Atalia, sua mãe, soube que haviam matado seu filho, encheu-se de ira e ordenou a matança de toda a descendência real. Escapou apenas o infante Joás, que Josabá, filha do rei Jorão, escondeu da presença de Atalia, colocando-o no templo em companhia de sua ama, onde permaneceu durante seis anos. No sétimo ano, Joiada, sumo sacerdote, tomando os centuriões e os soldados, os introduziu no templo do Senhor e fez com eles um tratado, e, ajuramentando-os na casa do Senhor, lhes mostrou o filho do rei. Eis aqui o que haveis de fazer: uma terça parte de vós entrará no sábado, e fará guarda à casa do rei. A outra terça parte ficará à porta de Sur, que está por detrás do quartel dos escudeiros e fareis a guarda à casa de Mesa; e duas partes de vós estarão de sentinela na casa do Senhor junto ao rei, 2 Rs 11.5-7, e o rodeareis, tendo as armas nas vossas mãos; e se alguém entrar no templo seja morto, e estareis com o rei, quando entrar e quando sair. Os capitães executaram tudo o que o pontífice Joiada lhes havia ordenado, e tomando cada um a sua gente, vieram ter com o pontífice Joiada, o qual lhes deu as lanças e as armas do rei Davi, que estavam na casa do Senhor. Em um dia de sábado, esses cinco corpos tomaram posição em frente do altar, e Joiada lhes apresentou o filho do rei e lhe colocou na cabeça o diadema e o livro da Lei, e eles o constituíram rei e o ungiram; e batendo com as mãos, gritaram: "Viva o rei". Atalia, ouvindo o clamor do povo, correu ao templo. Joiada ordenou que a levassem para fora do recinto do templo onde a mataram.

Joás ficou livre da sua rival. Joiada, pois fez uma aliança entre o Senhor, entre o rei e entre o povo, para que o jovem rei e seu povo servissem ao Senhor, e que tanto o rei quanto o povo mutuamente se auxiliassem. Depois, todo o povo da terra entrou no templo de Baal e derrubou os seus altares e fez as suas imagens em mil pedaços e matou o sacerdote Matã, 2 Rs 11.1-20; 2 Cr 23.10-21. Joás subiu ao trono no ano 825 a.C., mas foi o único rei legítimo desde 842 a.C. Seu reinado foi contado desde 841, que é o primeiro ano de governo. Joás tinha sete anos de idade quando foi coroado e reinou 40 anos. Enquanto menino, o caráter de seu governo dependia inteiramente de seus ministros. Felizmente, esteve sob a direção do pontífice Joiada enquanto ele viveu. Joás pôs em prática medidas importantes, sendo uma delas os reparos do templo, ainda que o povo continuasse a sacrificar nos altos, 2 Rs 12.1-16. Depois da morte de Joiada, tanto o rei quanto o povo abandonaram Jeová, adorando Aserim e outros deuses. Zacarias, filho de Joiada, denunciou a justiça de Deus sobre os desobedientes, e, por isso, Joás ordenou que o matassem. A multidão irrompeu furiosa e o matou no átrio da casa do Senhor, 2 Cr 24.15-22; Mt 23.35. Logo depois, Hazael rei da Síria, tomando a cidade de Gate aos filisteus, ameaçou Jerusalém, que foi poupada à custa dos tesouros do templo. Após a saída dos invasores, Joás foi acometido de grave enfermidade. Amazias, seu filho, é quem dirigia os negócios públicos. No fim de três anos, segundo parece, os servos de Joás o mataram no seu leito, vingando a morte de Zacarias, 2 Rs 12.20; 2 Cr 24.25. Sepultaram-no na cidade de Davi, mas não no sepulcro dos reis, Joás era infante em 842 a.C., e tinha sete anos em 835, 2 Rs 11.21, e seu filho Amazias tinha 25 anos em 804, 14.2. Portanto, esse filho havia nascido em 828, no 14°. ou 15°. ano de vida de Joás. Na vida oriental, isto é fisicamente possível e tem seus paralelos. Joás casou muito

JOÁS

cedo por causa das instâncias de Joiada, visto Joás ser o único sobrevivente da casa de Davi. Na sua prole existia a única esperança de ver perpetuada a geração de Davi. **6** Nome de um dos filhos de Joacaz, rei de Israel. Começou a reinar no ano 805 a.C., e reinou 16 anos. Continuou a adorar os dois bezerros de Dã e de Betel. Contudo, mostrava grande veneração por Eliseu, cuja morte sentiu profundamente. Quando foi visitar o profeta enfermo, este o mandou abrir a janela do lado do oriente e atirar uma flecha. Feito isso, disse ainda o profeta. Fere a terra com a "flecha", e três vezes feriu a terra com a flecha. As flechas simbolizavam as vitórias que ele alcançaria sobre os sírios; se ele tivesse ferido a terra seis vezes em lugar de três, ganharia igual número de vitórias, 2 Rs 13.14-25. Depois disso, forneceu 100 mil mercenários a Amazias; rei de Judá, para uma campanha contra os edomitas. Um profeta veio impedir essa marcha e fez voltar os soldados para a sua terra. Na volta, espalharam-se por todas as cidades de Judá, mataram três mil homens e fizeram grande presa, 2 Cr 25.6-10,13. Talvez, por causa disto, Amazias desafiou Joás para um encontro. Joás tentou evitar a guerra; Amazias, porém, insistiu. Encontraram-se os dois exércitos em Bete-Semes, cidade de Judá, e Joás foi vitorioso. Em seguida a esse sucesso, derribou uma parte do muro de Jerusalém e despojou o templo e o palácio do rei, levando todos os tesouros e conduzindo reféns em garantia de futuras perturbações. Com a morte de Joás, reinou seu filho Jeroboão II, 2 Rs 14.8-16; 2 Cr 25.17-24. **7** Nome de um benjamita da família de Bequer, 1 Cr 7.8. **8** Nome de um oficial que tomava conta dos armazéns de azeite, no tempo de Davi, 1 Cr 27.28.

JOBABE (*no hebraico*, *"aclamar"*, *"tocar trombeta"*, *"rugir"*, *ou " deserto"*) **1** Nome de uma tribo árabe, oriunda de Joctã, Gn 10.29; 1 Cr 1.23. Ignora-se onde se havia localizado. **2** Nome de um rei de Edom, filho de Zerá de Bosra, Gn 36.33; 1 Cr 1.44, 45. **3** Nome de um rei de Madom, que entrou na guerra contra Josué, em companhia dos reis do setentrião, e que foi derrotado junto às águas de Meron, Js 11.1; 12.19. **4** Nome de um benjamita, filho de Seraim e de Hodes, 1 Cr 8.9. **5** Nome de um benjamita, filho de Elpaal, que habitava em Jerusalém, 1 Cr 8.18.

JOCDEÃO (*no hebraico*, *"possuído pelo povo"*) – nome de uma cidade nas montanhas de Judá, Js 15.16.

JOCMEÃO (*no hebraico*, *"o povo vem junto"*) – nome de uma cidade de Efraim, 1 Cr 6.68, nas vizinhanças de Abel-Meolá, 1 Rs 4.12. Os levitas da família de Coate residiram nela, 1 Cr 6.66,68. Em Js 21.22, em vez dessa cidade, há outra com o nome de Quibzaim, que parece ser Jocmeão (veja *JOCNEÃO*).

JOCNEÃO (*no hebraico*, *"o povo que possua"*) **1** Nome de uma cidade, situada perto do monte Carmelo, Js 12.22. A linha divisória da tribo de Zebulom ia até o rio que passa diante de Jocneão, 19.11. Deram-na em posse com os seus subúrbios aos levitas, filhos de Merari, 21.34. A identificação dada por estudiosos com o moderno *Tell keimun*, a Ciamom, mencionada em Judite 7.3, é geralmente aceita. Ciamom situava-se na parte sul da planície do Esdraelom, nos desfiladeiros do Carmelo, um pouco ao sul de Quisom, e cerca de 25 km a noroeste de Jezreel. Domina a principal passagem do Esdraelom para o sul da planície. **2** Nome de um lugar mencionado em 1 Rs 4.12.

JOCSÃ (*no hebraico*, *"caçador"*, *"armador de ciladas"*, *"passarinheiro"*) – nome de uma tribo e de seu progenitor, descendente de Abraão e de Quetura, Gn 25.1,2. De Jocsã também procederam Seba e Dedã, Gn 25.3.

Alguns estudiosos acreditam tratar-se de Joctã de Gn 10.25,26 (veja *JOCTÃ*).

JOCTÃ (*do hebraico Yoktan, "pequeno"*) – nome de uma pessoa, ou antes de uma tribo, descendente de Sem, de onde procederam 13 tribos árabes, Gn 10.25,29; 1 Cr 1.19-23. Corretamente ou não, os muçulmanos dizem Catã em vez de Joctã.

JOCTEEL (*no hebraico, "sujeito a Deus"*) **1** Nome de uma aldeia situada na parte baixa de Judá, Js 15.33,38. **2** Nome que o rei Amazias deu à fortaleza que ele tomou no vale das salinas, 2 Rs 14.7.

JODÁ – nome de um dos antecessores de Cristo que viveu em tempo próximo ao exílio, Lc 3.26.

JODE – décima letra do alfabeto hebraico, de onde se originou o *I* e o *J* do nosso alfabeto. Essas letras se empregam como iniciais de nomes hebraicos traduzidos para a nossa língua, como Jeconias e outros. Alguns leitores confundem o *Jod* com o *Vau*.

JOEDE (*no hebraico, "Jeová é testemunha"*) – nome de um benjamita, descendente de Jesaías, que habitava em Jerusalém no tempo de Neemias após o retorno do cativeiro babilônico, Ne 11.7.

JOEIRA, PÁ, CIRANDA – instrumento formado de uma forquilha ou garfo, com seis dentes, empregado na limpeza dos grãos depois de pisados, para separá-los da palha. Também se empregava uma pá. A limpeza se fazia atirando os grãos para o ar, fazendo voar a palha ou moinha, que também se chama grança. É tradução da palavra hebraica *Mizreh*, denominada *Midhra* pelos árabes, Is 30.24; Jr 15.7.

JOEIRAR, SACUDIR, MALHAR – processo de separar os grãos da casca que os

envolve. As pequenas quantidades de grãos espalhavam-se na eira, eram malhados com uma vara ou mangoal, Jz 6.11; Rt 2.7. Desse modo debulhavam a nigela e os cominhos, Is 28.27. Quando, porém, se tratava de grandes quantidades, estendiam-se os grãos no eirado e sobre ele passavam as rodas dos carros, ou trilho armado de dentes. O clima da Palestina permitia que esse serviço fosse feito ao ar livre, Jz 6.37. Geralmente em todas as aldeias havia uma eira pública, que servia para todos os lavradores; alguns deles tinham a sua eira de uso particular, 2 Sm 24.16. Sempre que era possível, os eirados ocupavam uma superfície sobre os rochedos em lugares altos, expostos ao vento que se encarregava de levar as cascas, ou a palha. Na falta de uma eira natural, faziam-na à beira dos caminhos preparando o terreno em círculo, cujo diâmetro chegava a 50 pés. O solo se endurecia pelo constante pisar do gado que servia na debulha. Desatavam os molhos e os colocavam em roda da eira. No caso de ser preciso guardar a palha, separavam as espigas da haste e as espalhavam pelo chão. Os bois que trilhavam na eira ficavam livres do açamo, Dt 25.4; pisavam os grãos caminhando em roda da eira tantas vezes quantas fossem necessárias, e quando preciso, puxavam uma espécie de trenó, ou mesmo um carro, cujo peso aumentavam colocando nele grande pedra para facilitar a operação da debulha. O trenó constava de duas peças de madeira pesada, curvas na frente, com as pontas erguidas, e ligadas entre si. Pelo lado de baixo, colocavam pedras agudas, presas em buracos abertos na madeira. Os carros, pelo menos os que usavam no Egito, consistiam em uma armação contendo três cilindros de madeira, armados de facas bem afiadas. No caso de haver vento, atiravam ao ar os grãos trilhados, com uma pá, ou com um forcado, a fim de separar a palha do grão, Is 30.24; Mt 3.12; Ilíada, 13.588. Na ausência de vento, utilizavam um enorme abano que agitavam enquanto

JOEIRAR, SACUDIR, MALHAR

as pás levantavam os grãos. Poucas vezes o empregavam a não ser para afastar o pó fino que ficava no solo. O padejamento se fazia, geralmente à tarde, por causa da viração. Para prevenir os furtos, o dono da eira ficava de guarda durante a noite, Rt 3.2. Terminada a debulha, passavam os grãos pelo crivo a fim de eliminar algum corpo estranho, antes de entrarem no moinho.

JOEL (*no hebraico é yô'el, literalmente, "Jeová é El", i.e., "Jeová é Deus"*) **1** Nome de um levita, filho de Azarias, da família de Coate e antecessor do profeta Samuel, 1 Cr 6.36, *cf*. com v. 34-38. **2** Nome do filho mais velho do profeta Samuel, e pai do cantor Hemã, 1 Sm 8.2; 1 Cr 6.33; 15.17; 6.28. **3** Nome de um levita gersonita, que em companhia de 130 de seus irmãos, por ele chefiados, auxiliou o transporte da arca da casa de Obede-Edom para a cidade de Davi, 1 Cr 1.1; 5.7,11,12. Era filho de Ledã, 1 Cr 23.8, e guarda dos tesouros da casa de Deus, 26.21,22. **4** Nome de um homem de Issacar, chefe dessa tribo e descendente de Uzi, 1 Cr 7.3. **5** Nome de um dos valentes de Davi, irmão de Natã, 1 Cr 11.38. **6** Nome de um dos filhos de Pedaías, e governador na tribo de Manassés no tempo de Davi, 1 Cr 27.20. **7** Nome de um chefe dos gaditas em Basã, anterior aos reinados de Jotão, rei de Judá e Jeroboão II, rei de Israel, 1 Cr 5.12; *cf*. 17. **8** Nome de um rubenita, possuidor de gado em Gileade, 1 Cr 5.4,8,9. **9** Nome de um levita coatita, filho de Azarias, que auxiliou a purificação do templo durante o reinado de Ezequias, 2 Cr 29.12. **10** Nome de um dos príncipes da tribo de Simeão que se apoderou de Gedor em busca de pastos para seus rebanhos, 1 Cr 4.35-43. **11** Nome de um dos filhos de Nebo, induzido por Esdras para deixar a sua mulher estrangeira, Ed 10.43. **12** Nome de um benjamita, filho de Zicri, superintendente em Jerusalém, no tempo de Neemias, Ne 11.9. **13** Nome de um dos filhos de Petuel e autor do segundo livro dos profetas menores, Jr 1.1, cuja biografia se ignora. O seu livro abre-se com uma descrição dos estragos causados pelos gafanhotos, agravada pela praga da lagarta e do brugo, 1.4-12, 17-20; *cf*. Am 7.1,2,4. Os gafanhotos simbolizavam exércitos invasores, Ap 9.3-11. Os antigos intérpretes das profecias empregam esse nome como símbolo dos inimigos de Israel. Parece, no entanto, que os gafanhotos mencionados no capítulo já citado, e no capítulo dois, fazem parte de uma praga tremenda que devastou as terras de Israel, semelhante a um exército invasor. A Palestina era visitada ocasionalmente por nuvens de gafanhotos, vindas do nordeste, em direção ao mar, onde pereciam, 2.20. Se o país estava realmente coberto de gafanhotos, isto serviu ao profeta para simbolizar o terrível dia do Senhor e, ao mesmo tempo, oferecia ocasião para dar corpo à sua mensagem.

JOEL, O LIVRO DE – o livro de Joel é sublime mensagem, na qual se encontra, em primeiro lugar, dupla história sobre os juízos de Deus, acompanhada de convites ao arrependimento e à oração, 1.2 até o cap 2.17; e em segundo lugar, um anúncio das bênçãos, próximas e remotas, tanto espirituais quanto materiais que viriam sobre Israel, mediante o seu arrependimento, 2.18 até o cap. 3.21, divide-se em quatro partes, a saber: **1** O profeta desenha as desgraças pendentes sobre o país e convida os habitantes a chorar, a se arrepender e a invocar o Senhor, 1.2-12,13,14. **2** O profeta explica como se darão os fatos dizendo: "O dia do Senhor está perto e virá como uma assolação da parte do Todo-poderoso", v. 15. Será um dia de grande aflição: um povo grande e forte, semelhante a um exército invencível, executará a vontade de Jeová, 2.1-11. Ainda assim, o arrependimento evitará o castigo, 12-17. **3** Resultados do arrependimento: Jeová, zeloso de sua terra, promete destruir os invasores, dar a seu povo abundantes

JOEL, O LIVRO DE

colheitas, que compensarão os prejuízos causados pelo gafanhoto, pelo brugo e pela ferrugem, e que jamais cairiam em confusão, v. 18-27. **4** O livramento anunciado a Israel naquele momento serve para anunciar também as bênçãos futuras. Tendo derramado a chuva sobre a terra para produzir os frutos, Jeová também derramará o seu espírito sobre toda a carne. O sol e a lua se cobrirão de trevas, como símbolo da ira de Deus, antes que venha o dia terrível de Jeová, como descreve o cap. 3.14-17. Todo aquele, porém, que invocar o nome do Senhor, será salvo: porque a salvação será encontrada, como o Senhor disse, no monte Sião e em Jerusalém, 2.28-32. Naqueles dias, quando Jeová levantar o cativeiro de Judá todos os seus inimigos serão chamados a julgamento. Como em um quadro, Joel desenha os Juízos que Deus executará sobre as nações e o julgamento final do universo, culminando com o estabelecimento de Sião para sempre, 3.1-21 no texto hebraico é 4.1-21. Qual é a data dessa profecia? 1) Joel se refere a uma profecia anterior no cap. 2.32, cujas palavras se encontram literalmente em Ob 17. Quem sabe se ele tinha em mente a passagem de Is 4.2,3, onde ocorrem as mesmas palavras e a mesma idéia! 2) O livro de Joel anuncia a dispersão do povo de Israel entre todos os povos, 3.2, isto não só em referência às dez tribos em particular, mas a todos os filhos de Abraão, de Isaque e de Jacó, povo e herança de Deus. Menciona também o cativeiro de Judá e de Jerusalém, 3.1, porém no espírito profético do Dt cap. 28, de Os 6.11, ou de Mq 3.12; 4.10. Porque enquanto o profeta e o povo estiverem em Judá, Sião existe, Jl 2.1,15, e enquanto lá estiver o templo, 1.14; 2.17, e houver nele o culto e os sacrifícios apesar de faltarem as oblações, porque a terra estava devastada, 1.9-13; 2.14. 3) As referências aos acontecimentos passados começam na última cláusula do capítulo 3.2 (texto hebraico 4.2), conforme parecia indicar a construção

gramatical. As nações inimigas haviam partilhado entre si a terra de Jeová, lançando sobre este os cativos, despojado o templo de seus tesouros de ouro e prata, vendido os filhos de Judá aos gregos e derramado sangue inocente, 2-6,19. As alusões feitas não se referem ao período depois do exílio, nem ao tempo decorrido entre a primeira deportação dos judeus e a queda de Jerusalém, nem ao período anterior, quando os assírios invadiram o país, porque os juízos não são pronunciados a) contra a Síria ou Babilônia, e sim contra os inimigos de Judá, que eram Tiro e Sidom, Edom e Egito, 3.4,19. Tiro e Sidom haviam rompido a aliança que tinham com seus irmãos, 3.4; Am 1.9 e comprado aos filisteus cativos da Judéia, vendendo-os depois aos gregos. A Filístia e Edom não tinham cometido violência contra Judá, Jl 3.4,19; 2 Cr 21.16,17; 28.17. b) Não fazem referência a Assíria que apenas hostilizou o reino de Judá antes do governo de Acaz, 2 Rs 12.17. Durante o reino de Acaz e mesmo depois dele, os profetas de Judá se referem com freqüência à Síria como potência inimiga, Is 7.8; 8.4,17; Jr 49.23-27; Zc 9.1. c) Não existem alusões à Assíria, que só entrou em conflito com a Judéia depois do reinado de Acaz, e que durante o meio século que precedeu esse monarca, não exercia grande atividade na Ásia ocidental. d) Não se faz referência aos gregos, que não entraram na Palestina nem empregaram violência contra Judá. O que se diz deles é como simples nação afastada à qual os fenícios e os filisteus haviam feito vendas de escravos, filhos da Judéia, e em contraste com os homens de Sabá, povo que habitava outro ponto extremo, a quem Judá vendia cativos da Filístia e da Fenícia, Jl 3.1-8. Os estudiosos em geral são de opinião que as profecias de Joel são anteriores ao reinado de Acaz. O lugar que esse livro ocupa na ordem dos profetas menores indica a opinião corrente entre os que formaram o cânon, e que Joel começou a profetizar depois que Oséias iniciou

JOEL, O LIVRO DE

a sua missão profética e antes de Amós ter começado a sua, isto é, durante o reinado de Uzias, rei de Judá, e enquanto Jeroboão ocupava o trono de Israel, Os 1.1; 7.10.

JOELA (*no hebraico, "ajude-se"*) **–** nome de um dos filhos de Jeroão de Gedor, que foi ter com Davi em Ziclague, 1 Cr 12.7.

JOEZER (*no hebraico, "Jeová é auxílio"*) **–** nome de um homem coreíta que se reuniu a Davi em Ziclague, 1 Cr 12.6.

JOGBEÁ (*no hebraico é yoghb^ehâ, "elevado", "altura"*) **–** nome de uma cidade da tribo de Gade, Nm 32.35; Jz 8.11. Seu nome ainda perdura sob a forma *Jubeihát*, nome de uma aldeia situada 11 km a noroeste de Rabá Amom, no caminho que vai de *es-Salt* para o Jordão.

JOGLI (*no hebraico, "levado ao cativeiro"*) **–** nome do pai de Buqui, um príncipe da tribo de Dã, Nm 34.22.

JOGOS – no Novo Testamento existem numerosas alusões, mais ou menos claras, aos antigos jogos gregos. Entre eles havia quatro, que eram os mais importantes: o Olímpico, em Olímpia, no distrito da Élida do Peloponeso; os jogos pítios, em Delfos, na Fócida; os jogos Nemos, em Argos, na Argólida do Peloponeso, os jogos ístmicos, no istmo de Corinto. Esses jogos consistiam em corridas de carros, de cavalos, corridas a pé; em atirar a malha ou conca, à balisa, no boxe, ou soco; em lutas corporais e em atirar o dardo. Os candidatos se submetiam a longos e penosos exercícios. Grandes multidões assistiam a esses espetáculos. Os prêmios alcançados pelos vencedores pouco valiam, mas as honras que recebiam do público eram grandiosas. Os judeus helênicos do reinado de Antíoco Epifanes, introduziram jogos semelhantes na Judéia, prestigiados pelo rei Herodes, o Grande, 1 Mac 1.10,14; Antig.

15.8,1 (veja *GINÁSIO*). Os jogos ístmicos realizavam-se nas vizinhanças de Corinto, e os outros três, não muito distante dali. É natural, que o apóstolo Paulo, nas duas epístolas aos Coríntios, usasse de metáforas ou comparações tiradas dos jogos gregos. Na primeira epístola, 9.24-27, existe uma alusão à disciplina a que se submetiam os corredores no estágio para alcançarem o prêmio. Outras referências de igual natureza se encontram em diversas epístolas, Gl 2.2; 5.7; Fp 2.16; 3.14; 2 Tm 2.5. Na epístola aos Hebreus, 12.1,2, existe notável alusão ao preparo daqueles que tinham de correr no estádio. A grande multidão de homens e mulheres que têm dado testemunho de sua fé em Deus assemelha-se ao imenso concurso dos que assistem a uma corrida a pé. O competidor lança fora de si tudo quanto pode para diminuir o peso, inclusive a túnica que envolve o corpo. Exige paciência e perseverança que se obtém olhando com firmeza para o juiz colocado na extremidade do corso, para conferir o prêmio ao primeiro que chega. Cada um desses pormenores tem distinta aplicação espiritual que impressionaria vivamente todo leitor da epístola que tivesse assistido a algum desses jogos gregos.

JOIADA (*no hebraico é y^ehôiadah', "Jeová sabe"*) **1** Nome de um dos filhos de Paséia, que tomou parte, na edificação da porta velha de Jerusalém, Ne 3.6. **2** Nome de um dos principais dos sacerdotes, neto de Josué, Ne 12.10. Um dos seus filhos casou-se com a filha de Sambalate, governador de Samaria, profanando desse modo as funções sacerdotais. Por causa disto, foi expulso de Jerusalém, Ne 13.28. **3** Nome do pai daquele Benaia que fez parte do exército de Davi nos últimos tempos de seu reinado e no reinado de Salomão, 2 Sm 23.22; 1 Rs 4.4, Joiada parece ter sido sacerdote, 1 Cr 27.5, e o chefe dos aronitas que levou 3.700 homens a Davi, quando este se achava em Ziclague,

JONÃ

12.27. **4** Nome de um dos filhos de Benaia e conselheiro de Davi depois de Aquitofel, 1 Cr 27.34. A maior parte dos comentadores é de parecer que alguns dos copistas acidentalmente escreveram Joiada, filho de Benaia, em vez de Benaia, filho de Joiada. Não há motivo para esta suposição, visto que um neto de Joiada tinha igual nome, e não ocupava lugar ilustre nesse período. **5** Nome de um sumo sacerdote durante a usurpação de Atalia. A mulher desse sacerdote escondeu no templo o jovem príncipe Joás, o único sobrevivente representante direto da linhagem real. Joiada levou a efeito a revolta em que morreu a rainha Atalia, sendo Joás proclamado rei. A mulher de Joiada era filha do rei Jorão, e irmã de Acazias. O sumo sacerdote, portanto, era tio do jovem monarca que ele havia protegido e colocado no trono. Durante a sua vida, serviu de instrumento para conservar o rei fiel ao culto de Jeová, 2 Rs 11.1 até o cap. 12.16; 2 Cr 22.10 até o cap. 24.14. Morreu quando tinha 130 anos de idade. Foi sepultado na cidade de Davi, entre o sepulcro dos reis, como tributo de reconhecimento aos eminentes serviços prestados à Igreja e ao Estado, v. 15 e 16. Depois que morreu, Joás se apartou do Senhor, e cruel e ingratamente mandou matar o filho de Joiada por declamar contra os pecados do povo, v. 17-22. **6** Nome de um sacerdote que, no tempo de Jeremias, foi substituído por Sofonias no cargo de segundo sacerdote e guarda do templo, Jr 29.26. **7** Nome de um dos filhos de Paséia; tomou parte na reparação da porta de Jerusalém, Ne 3.6.

JOIAQUIM (*no hebraico é y^{e}hoyakhîn, também grafado como yôyakhîn, "Jeová estabelecerá"*) **1** Nome do filho de Jeoiaquim, que sucedeu a seu pai no trono de Judá, no ano 598 ou 597 a.C., na idade de 18 anos, de acordo com 2 Rs 24.8; e 2 Cr 36.9, tinha apenas oito anos. Esta discrepância de números encontra-se na versão da LXX e também no texto hebraico. Não se sabe qual dos dois números é o verdadeiro. Fez o mal na presença do Senhor, conforme tudo o que seu pai tinha feito. Governou apenas três meses e dez dias. Durante esse curto período, Nabucodonosor, rei da Babilônia, mandou os seus generais sitiar Jerusalém, que se rendeu no oitavo ano do reinado de Nabucodonosor, *cf.* 2 Rs 24.12; Jr 52.28. O rei Joiaquim, suas mulheres, sua mãe e os criados do palácio, os príncipes e os eunucos, os valentes do exército e todos os artífices e lapidários, foram levados cativos para Babilônia, 2 Rs 24.8-16; 2 Cr 36.9,10. Esteve na prisão por muito tempo, mas, 37 anos depois de seu exílio, 562 a.C., Evilmerodaque subiu ao trono da Babilônia, libertou-o da prisão e concedeu alimentos perpétuos, que diariamente lhe dava o rei, durante a sua vida, 2 Rs 25.27-30; Jr 52.31-34. **2** Nome de um sumo sacerdote, filho de Josué, Ne 12.10,12,21-26, no reinado de Artaxerxes, Antig. 11.5,1.

JOIARIBE (*no hebraico, "Jeová defende"*) **1** Nome de um dos descendentes de Arão, 1 Cr 24.7. **2** Nome de um dos chefes dos sacerdotes que voltaram da Babilônia com Zorobabel, Ne 12.6,7. Na seguinte geração, tomou o mesmo nome um dos chefes de família, v. 19, cap. 1 Mac 2.1. **3** Nome de um sábio que voltou da Babilônia com Esdras e que foi enviado com outros, desde o rio Aava, a buscar no acampamento, homens dos filhos de Levi, para o serviço do templo, Ed 8.16,17. **4** Nome de um homem de Judá, descendente de certo Zacarias, Ne 11.5.

JÓIAS (veja *PINGENTES*).

JOIO (veja *CIZÂNIA*).

JONÃ (*talvez seja modificação da palavra hebraica yôhanan, "Jeová tem sido gracioso"*) – nome de um dos antecessores de Cristo e que viveu cerca de 200 anos depois de Davi, Lc 3.30.

JONADABE

JONADABE (*no hebraico é yᵉhônadhabh, "Jeová é liberal", "Jeová é generoso"*) **1** Nome de um dos filhos de Siméia, irmão de Davi. Era homem astucioso que teve participação no trágico episódio entre Amom e Tamar, 2 Sm 13.3-5. **2** Nome de um dos filhos de Recabe, o queneu, Jr 35.6; *cf.* 1 Cr 2.55. Foi chefe de uma tribo, notável pelos seus costumes austeros. Os queneus viviam em tendas, abstinham-se da agricultura e não bebiam vinho, a fim de conservarem a simplicidade de seus costumes primitivos. Jeú, achando que Jonadabe simpatizava com a sua obra reformadora, abolindo a adoração de Baal, o levou para Samaria, onde auxiliou Jeú a lançar fora do templo de Baal todos os sacerdotes que não eram desse deus, a fim de que os sacerdotes de Baal fossem mortos, sem escapar um só, 2 Rs 10.15-23.

JONAS (*no hebraico é yônah, "pomba"*) – nome de um dos profetas de Israel, filho de Amitai, natural de Gate. Antes de findar o reinado de Jeroboão II, profetizou que Israel recobraria os antigos limites desde a entrada de Hamate até o mar do deserto, 2 Rs 14.25; Jn 1.1.

JONAS, O LIVRO DE – o livro de Jonas é o quinto na ordem dos profetas menores. Na LXX, ocupa o sexto lugar. Pode-se dividi-lo em três secções: **I.** Desobediência de Jonas, cap. 1. Deus lhe ordenou que fosse pregar a Nínive, anunciando-lhe a sua próxima destruição. Jonas, porém desejava que essa cidade fosse castigada, abatendo assim um dos grandes inimigos de Israel. Receava que a sua pregação produzisse efeitos contrários a seus desejos, que o povo se arrependesse e que Jeová suspendesse a execução de sua justiça. Por isso, desceu a Jope e encontrando ali um navio que ia para Társis, embarcou nele. Pavorosa tempestade se levantou, ameaçando o navio. Os marujos lançaram sortes para descobrir o causador de tão forte calamidade. A sorte caiu sobre Jonas. Então ele lhes contou que era servo do Deus do céu, que fez o mar e a terra, e que se o lançassem às ondas, cessaria a tempestade. Com relutância, obedeceram. A tempestade se acalmou logo, e o profeta que havia desaparecido no abismo, foi tragado por um grande peixe que Deus preparara. **II.** A Oração de Jonas, cap. 2. Surpreendido por estar vivo no seio das águas, o profeta deu graças a Deus por tê-lo livrado da morte e manifestou desejo de salvar-se. Finalmente o peixe o vomitou na praia. **III.** A Mensagem de Jonas e seus Resultados, caps. 3 e 4. Encarregado pela segunda vez para ir a Nínive, obedeceu e deu cumprimento à sua missão. Os ninivitas fizeram público arrependimento e Deus poupou a cidade. Jonas se mostrou descontente com o resultado da sua missão, não por causa do arrependimento que os salvou, 3.9; 4.2, mas porque ele sentia que a sorte de sua pátria corria sério perigo. Pela hera que o Senhor havia feito murchar, ensinou-lhe Jeová uma lição da misericórdia divina para com os homens. O motivo que levou Jonas a fugir foi sem dúvida o conceito limitado de seu patriotismo. Receava que Nínive se arrependesse e que Deus na sua misericórdia salvasse a cidade. Jonas desejava antes a sua destruição, 4.2,4,11, por ser ela um dos grandes inimigos de Israel. Se não fosse destruída, a sua pátria correria sério perigo. O objetivo desse livro é mostrar que a graça de Deus não se limitava a beneficiar os filhos de Abraão e que os gentios, conquanto ainda fora do alcance da lei, também poderiam participar dos favores divinos. Além dessa grande lição, o livro de Jonas oferece ilustrações de grande valor espiritual. **1** Nínive se arrependeu ao ouvir a pregação de Jonas, enquanto Israel permanecia surdo à pregação dos profetas que lhe eram enviados, *cf.* Mt 12.41. É um tipo de verdade que seria demonstrado futuramente na pronta conversão dos gentios em contraste com a incredulidade de Israel. Os gentios se submeteriam à lei

JONAS, O LIVRO DE

moral e aceitariam a revelação divina no seu todo, conforme o método de salvação esboçado por Oséias e Isaías, Oséias cap. 14; *cf.* Is 2.2-5. **2** Jonas na qualidade de israelita e de servo de Deus, foi enviado a pregar aos gentios, provando desse modo que é da vontade de Deus que o seu povo seja quem guie os gentios ao seu reino e os conduza ao arrependimento. Jonas não foi o único dos israelitas em que essa verdade se exemplificou. Elias foi enviado a uma viúva de Sarepta, 1 Rs 17. Eliseu curou da lepra a Naamã da Síria, 2 Rs 5. Cristo conversou com a mulher samaritana acerca das coisas de Deus e curou a filha de uma mulher sirofenícia, Mc 7; Jo 4.3. Jonas, israelita e servo de Deus, fugindo ao cumprimento de um dever, é lançado ao mar, de onde Deus o tirou para obedecer ao mandado divino. Isto ilustra a doutrina profética, que os filhos de Israel, deixando de fazer os deveres a eles impostos, seriam expulsos de sua terra. As relíquias, porém, principalmente as de Judá, seriam salvas para executarem a missão de Israel para o mundo, Is 42.1-4; 49.1-13; *cf.* 2.1-4; 2.2-4; 11.10. **3** Jonas, servo de Deus, precipitado no abismo, e tirado de lá vivo, Jn 2.2,6, ilustra e talvez prediz a morte e sepultamento do Messias e a sua ressurreição, ele que era o verdadeiro israelita e perfeito servo de Deus, Mt 12.40. Alguém tem posto em dúvida que o livro de Jonas tenha sido escrito por ele. O título, 1.1, é semelhante ao de Os, Jl, Sf, Mq, Ag e Zc cuja autoria não sofre contestações. Dizem mais que o livro foi escrito muito tempo depois da morte de Jonas, porque: 1) Na oração a ele atribuída encontram-se citações de salmos, por exemplo: O cap. 2.3 contém palavras do salmo 4.6 o v. 5 do mesmo cap. recorda as palavras do salmo 69.2; o v. 9 do mesmo capítulo encerra o pensamento do Sl 50.14. Porém os salmos podem igualmente conter citações de Jonas. 2) A linguagem do livro

de Jonas contém elementos aramaicos e construções gramaticais que se encontram em livros de épocas posteriores. Mas o profeta Jonas pertencia ao Reino do Norte, isto é, ao reino de Israel, e as feições lingüísticas do livro assemelham-se à literatura do norte, como: O canto de Débora, as narrações de Elias e de Eliseu e as profecias de Oséias. A palavra *taam*, de significação aramaica, é vocábulo assírio que significa uma ordem do rei, e é a mesma palavra que se encontra no livro de Jonas, empregada pelo rei assírio. 3) Falta o nome do rei assírio que governava Nínive, o que parece indicar que o autor do livro o ignorava. A referência, porém, é feita simplesmente ao monarca como tal, justamente como se lê em Jz 11.12,13 em que Jefté enviou mensageiros ao rei dos filhos de Amom, sem dar o nome do rei. O mesmo modo de dizer se encontra em referência ao rei de Moabe, em 1 Sm 22.3; e assim por diante, falando do rei de Edom 2 Rs 3.12, do rei da Assíria, 23.29; 2 Cr 33.11, do rei de Damasco, 2 Cr 24.23, apesar de serem nomes muito conhecidos aos escritores dos respectivos livros, mas que não julgaram necessário mencioná-los. Geralmente os hebreus falavam dos reis de Nínive, dizendo: Rei da Assíria, e no livro de Jonas diz-se, rei de Nínive. Do mesmo modo se diz de Seom, rei dos amorreus, Nm 21.21,29; Dt 1.4; 3.2; 4.46, também denominado rei de Hesbom, Dt 2.26; Js 2.5; 13.27, lugar de sua residência oficial. A Bene-Hadade o chamava rei da Síria, 1 Rs 20.1, e também rei de Damasco, 2 Cr 24.23. Acabe era rei de Israel e também o denominavam rei de Samaria, 1 Rs 21.1. A data da profecia de Jonas pode ser antes do reinado de Jeroboão II, ou pouco depois dele, 2 Rs 14.25. Cronologicamente talvez pertença à época posterior a Amós, Am 1.1, antes do reinado de Tiglate-Pileser, rei da Assíria, que começou a governar no ano 745 a.C. Alguns consideram o livro de Jonas como mito, lenda, parábola ou conto. Os principais intérpretes são de opinião que

JONAS, O LIVRO DE

este livro é: *1)*. Uma alegoria, ou narração parabólica, opinião muito em voga, removendo a idéia de milagre, ou se não houve milagre na salvação de Jonas, é extraordinária a natureza do acontecimento. Dizem que Jonas era o tipo de Israel, fugindo às obrigações que lhe eram impostas de dar testemunho da vontade de Deus ao mundo. O mar representa com freqüência as nações enfurecidas; o sono de Jonas, simbolizava a frouxidão de Israel em cumprir os seus deveres para com os gentios, e por esse motivo foi entregue ao cativeiro, mas conservado vivo; tendo sofrido as lições do cativeiro, porém, ainda preparado para empreender o cumprimento de sua missão, e ainda assim na estreita compreensão da grande misericórdia de Deus para com as suas criaturas. Em apoio a essa teoria, citam o profeta Jeremias que representa Nabucodonosor sob a imagem de um dragão engolindo Israel, mas ao mesmo tempo vomitando a sua presa, v. 51.34. Mencionam ainda Oséias que representa o exílio de Israel durante apenas três dias, Os 6.2. Mas se o livro de Jonas contém imagens tiradas de Jeremias, o mesmo se pode dizer de Jeremias, ter emprestado as suas imagens de Jonas. Oséias foi contemporâneo do profeta Jonas no reino de Israel, e poderia inspirar-se nas lições de Jonas se houvesse dependência recíproca, entre Os 6.2 e Jn 1.17. *2)*. Alegoria histórica. O elemento miraculoso aumenta ou diminui segundo o juízo e o conhecimento individual. A concepção da narrativa como verdade histórica tem a seu favor o seguinte: I A forma do livro é histórica e todos que o lêem recebem esta impressão. II Jonas é sem contestação uma personagem histórica. III Conquanto se possa dizer que as palavras de Cristo a respeito de Jonas estar no ventre da baleia não significam que o fato seja realmente histórico e que Jesus acreditasse na sua realidade, é não obstante muito provável que os judeus pensassem de modo diferente e que Jonas fosse tido

como personagem real, Mt 12.39; Lc 11.29,30. IV O conteúdo desse livro foi sempre considerado pelos judeus como narração histórica, Antig. 9.10,2. V O arrependimento dos ninivitas é fato digno de fé. Os ninivitas, como todos os outros povos, eram supersticiosos; as misérias do povo e a condição lastimável do império predispunham para escutar a voz dos deuses. O aparecimento de um profeta, vindo de terra estrangeira da qual haviam sabido coisas maravilhosas, devia ter produzido um efeito extraordinário: o Espírito de Deus opera quando e onde quer. Contra o caráter histórico do livro, há os seguintes argumentos: a) Que a conversão permanente dos ninivitas não ocorreu. De certo que não se diz isso em qualquer parte do livro: o que se diz é que o povo daquela geração se arrependeu sob a ação do rei. Assim aconteceu com os homens de Judá no reinado de Ezequias e de Josias, que se santificou à ordem de seus reis. b) Outro argumento contra o caráter histórico do livro é a descrição que ele faz sobre as dimensões da cidade, 3.3; 4.11 (veja *NÍNIVE*). c) Outro argumento coloca em dúvida o rápido crescimento da planta que protegeu a cabeça de Jonas contra o ardor do sol, 4.10. Mas esse crescimento foi miraculoso ou extraordinário? O Targum traduz o v. 10 desta forma; "Que em uma noite cresceu e em outra murchou". Provavelmente essa linguagem representa o caráter efêmero da planta, pela própria narrativa dos v. 6-8 não se pode concluir que o crescimento tenha sido miraculoso, *cf.* Sl 90.6; Mt 6.30. d) Diz-se ainda que o livro teve foros de histórico quando se classificava o cânon hebraico, colocando-o entre os livros históricos e não entre os proféticos. Os fatos nele contidos, porém, são típicos e proféticos, como os que se encontram em Zc 6.9-15. E o que é mais, o Cânon Hebraico não faz distinção entre livros históricos e livros proféticos. Os escritos em prosa dos profetas oficiais estão agrupados por si

JÔNATAS

mesmos. Excetuo o livro de Rute, todos os demais livros, desde Josué até 2 Reis, inclusive, pertencem à classe dos livros proféticos. Esta coleção forma uma história contínua, seguida imediatamente por um segundo grupo, denominado profético, que compreende todos os demais livros restantes que têm o nome oficial do profeta. É aqui o lugar a que pertence o livro de Jonas, e aqui foi ele colocado (veja *CÂNON*).

JÔNATAS (*no hebraico é yônathan, "Jeová deu um filho"*) **1** Nome de um dos filhos de Uzias, nomeados por Davi, intendente dos tesouros espalhados em várias localidades fora de Jerusalém, 1 Cr 27.25. **2** Nome de um dos levitas que Jeosafá enviou para ensinar a lei de Deus ao povo das cidades de Judá, 2 Cr 17.8. **3** Nome de um sacerdote, chefe da família de Semaías, nos dias do sumo sacerdote Joiaquim, Ne 12.18. **4** Nome de um levita, filho ou descendente remoto de Gérson, filho de Moisés, Jz 18.30. Parece que esse levita é o mesmo que andava por Belém de Judá, e que deixou essa cidade para estabelecer-se em melhor lugar. Passou pelo monte de Efraim e se alojou em casa de Micas para oficiar como sacerdote, perante uma imagem de Jeová, 17.7-13. Quando os danitas saíram em busca de novos estabelecimentos ao norte da Palestina, roubaram os ídolos de Micas e persuadiram o levita a acompanhá-los, prometendo-lhe o lugar de sacerdote da tribo em vez de o ser em uma casa particular. Cumpriram os danitas o que haviam prometido ao levita. Jônatas ficou sendo o primeiro de uma linhagem sacerdotal, adorando no altar do ídolo roubado, todo o tempo em que a casa de Deus esteve em Siló até o dia de seu cativeiro, Jz 18.3-6,14-31. Para evitar a desonra de se contar um idólatra entre os descendentes de Moisés, inseriram a letra *num*, na palavra hebraica Moisés, transformando-a em Manassés, como se lê no v. 30, do cap. 18. Esta letra *num* não foi incorporada ao texto, e

sim colocada um pouco acima da linha. **5** Nome do filho mais velho de Saul, primeiro rei de Israel, 1 Sm 14.49; *cf.* 20.31. Depois que seu pai subiu ao trono, Jônatas comandava uma coluna de mil homens, e Saul outra de dois mil. Jônatas bateu a guarnição dos filisteus que estava em Geba, 1 Sm 13.3. Pouco depois, o jovem príncipe, acompanhado apenas do seu escudeiro, apoiados no chão com as mãos e joelhos entraram no campo dos inimigos, e caíram sobre eles, que tomados de espanto, fugiram em todas as direções, ficando o campo coberto de cadáveres, 14.1-23. Nesse mesmo dia, Saul quase deu a morte a seu heróico filho por ter comido mel em um bosque, pois Jônatas ignorava a ordem do rei que proibia que alguém comesse pão antes da tarde. O povo, porém, interferiu, não permitindo que Saul sacrificasse seu filho, v. 24-26. Quando Davi, que então era ainda muito jovem, e quase desconhecido, obteve vitória sobre Golias, Jônatas, capacitado de grande coração, concebeu amizade sincera pelo herói, 18.1, e se ligou tão estreitamente a ele que nunca mais o abandonou, nem mesmo quando Saul lhe declarou que o seu amigo poderia um dia disputar o trono. Durante o tempo em que Saul perseguiu a Davi, Jônatas comunicava-se sempre com ele, informando-o dos planos de Saul e lhe dando instruções precisas para garantia de sua vida. Saul desconfiando que a conduta de Jônatas era desleal, tentou atravessá-lo com uma lança como por várias vezes havia feito para matar Davi, caps. 18 a 20. Dessa vez, Jônatas tentou reconciliar Saul com Davi. Este aguardava o resultado da mediação de Jônatas, escondido no campo. Os inimigos previram a dificuldade que Jônatas encontraria em dar aviso a Davi, especialmente no caso de fracassarem os seus esforços em conseguir a pacificação. Todos sabiam que Jônatas defendia a causa de Davi, e por isso o vigiavam de perto, para evitar comunicação entre ambos. Com o fim de afastar

JÔNATAS

suspeitas, Jônatas simulou uma caçada, e por meio de uma seta atirada de seu arco, avisou a seu amigo do perigo que o ameaçava, despachou para trás o seu criado, e teve um encontro com Davi. Os dois amigos viram-se de novo na brenha de Zife, 1 Sm 23.16-18. Jônatas, dois de seus irmãos e seu pai Saul, foram mortos na batalha do monte de Gilboa. Os filisteus penduraram os seus cadáveres nos muros de Bete-Seã. Os habitantes de Jabes Gileade, sabendo de tudo que os filisteus haviam feito a Saul, saíram os mais valentes deles e marcharam toda a noite e tiraram o cadáver de Saul e de seus filhos do muro de Bete-Seã, voltando para Jabes Gileade e ali os sepultaram, 31.1,11-13; 1 Cr 10.2,8-12. Davi chorou a morte de Saul e de seus filhos, 2 Sm 1.17-27. Jônatas deixou um filho, chamado Mefibosete, aleijado dos pés, 2 Sm 4.4. Davi o tratou benignamente em atenção a Jônatas seu pai, cuja linha genealógica passou a várias gerações, aumentando sempre como se todos os perigos de sua extinção houvessem desaparecido, 2 Sm 9.1-13; 1 Cr 8.33-40; 9.39-44. **6** Nome de um tio de Davi, homem prudente e letrado, conselheiro do rei, 1 Cr 27.32. Alguns expositores pensam que nessa passagem, a palavra hebraica tio é empregada em sentido geral, significando parente, e dizem que esse conselheiro é um Jônatas sobrinho de Davi. **7** Nome de um dos filhos do pontífice Abiatar, e um dos dois moços que se esconderam em En-Rogel, perto de Jerusalém, enquanto durou a rebelião, para dar notícia a Davi do que se passava na cidade, 2 Sm 15.36; 17.15-22. Quando Adonias tentou usurpar o trono, e enquanto se banqueteava, Jônatas trouxe a notícia de que Salomão havia sido proclamado rei. À vista do que todos os convivas trataram de fugir, 1 Rs 1.41-49. **8** Nome de um dos filhos de Simei, irmão de Davi, que se notabilizou por haver matado um dos gigantes de Gate, 2 Sm 21.21,22. **9** Nome de um dos valentes de Davi, e filho de Sama,

hararita, 1 Cr 11.34; *cf.* 2 Sm 23.11. **10** Nome de um dos oficiais de Davi, 1 Cr 27.25. **11** Nome de um dos filhos de Careá; depois da tomada de Jerusalém por Nabucodonosor, acolheu-se à proteção de Gedalias, Jr 40.8. Esse nome não se encontra na passagem correspondente em 2 Rs 25.23, talvez por omissão acidental. **12** Nome de um escriba cuja casa serviu de prisão ao profeta Jeremias, Jr 37.15,20. **13** Nome de um dos filhos de Jada, 1 Cr 2.32. **14** Nome de um dos descendentes de Adim, Ed 8.6. **15** Nome de um dos oponentes à proposta de Esdras para o abandono das mulheres estrangeiras, Ed 10.15. **16** Nome de um levita da linhagem de Asafe, Ne 12.35; *cf.* 11.15,17. **17** Nome de um sacerdote, chefe de família, nos dias do sumo sacerdote Joiaquim, Ne 12.14. **18** Nome de um sacerdote, filho de Joiada, Ne 12.11. **19** Nome do filho mais moço do sacerdote Matatias, 1 Mac 2.5. Quando seu irmão, Judas Macabeu, foi morto na batalha, ano 160 a.C., Jônatas tomou o seu lugar, 9.23-31. As forças militares de que dispunham eram insuficientes para operações ofensivas contra os sírios e, por isso retirou-se para o deserto de Tecoa, v. 33. Tinha o sobrenome de Afus, 2.15, que quer dizer *Dissimulador*, nome que lhe foi dado por ocasião de sua primeira façanha em que, por meio de uma emboscada, matou os filhos de Jambri, que haviam assassinado seu irmão João, 9.37-41. Em um dia de sábado do ano 157 a.C., repeliu um ataque dos sírios, comandados por Baquides, na margem oriental do Jordão; mas, depois da vitória, ele e seus companheiros entraram no rio e nadaram para o lado oposto, 9.43-38, onde se demoraram, v. 58, frustrando as tentativas dos inimigos para assassinarem o seu chefe, v. 60,61. Jônatas e Simão fortificaram-se em Betbasi no deserto, provavelmente em Tecoa. Quando Baquides colocou cerco à fortaleza, Jônatas encarregou Simão de defender a posição, enquanto ele devastava o país vizinho, v. 62,66. Baquides percebeu-se em tais apertos que se sentiu obrigado a propor a paz com Jônatas e a abandonar a Judéia, v. 67-72. Jônatas fixou residência em Micmás e ali julgava o povo, v. 73. Quando Alexandre Balas se revoltou contra Demétrio, rei da Síria, este correu à procura de aliança com Jônatas, autorizando-o a reunir tropas. Os sírios, que ainda estavam entrincheirados na Judéia, fugiram e Jônatas entrou em Jerusalém no ano 152 a.C., 10.1-14. Alexandre, desejando igualmente o auxílio de Jônatas, o nomeou sumo sacerdote dos judeus e amigo do rei. Jônatas vestiu as insígnias pontifícias na festa dos tabernáculos no ano 152 a.C., v. 15-21. Demétrio, logo que soube desse fato, apressou-se a fazer maiores vantagens aos judeus, v. 22-45. Jônatas desprezou as promessas de Demétrio. Alexandre, logo que tomou posse do trono da Síria no ano 150 a.C., o nomeou governador da Judéia, 46.59-66. No ano 148-147 a.C., Demétrio II ergueu o estandarte da revolta contra Alexandre, no que foi auxiliado por Apolônio que enviou uma ameaçadora mensagem a Jônatas. Este tomou Jopa e derrotou Apolônio na planície vizinha, v. 67-87. Quando Ptolomeu, sogro de Alexandre, interveio na guerra, Jônatas se mostrou muito grato e o acompanhou até os limites da Síria, 11.1-7. Ptolomeu, atraiçoando Alexandre, deu o trono a Demétrio. Jônatas conseguiu a amizade do novo rei, e lhe prestou grandes serviços, fornecendo-lhe um contingente de três mil soldados, que sufocaram uma insurreição contra Demétrio em Antioquia. Demétrio usou de falsidade, e Jônatas tomou o partido do jovem Antíoco, travando lutas proveitosas com as tropas de Demétrio perto de Cades, na Galiléia. Jônatas, então, pede o auxílio dos romanos e dos espartanos, 12.1,2. Empreendeu operações agressivas contra Demétrio, cujas tropas derrotou nas vizinhanças de Hamate, v. 24-35. Trifom, porém, que havia desposado a causa do jovem Antíoco, ergue-se contra seu senhor e tenta a ruína de Jônatas. Persuadiu o chefe judeu a acompanhá-lo com uma pequena escolta até Ptole-

maida. Quando Jônatas entrou na cidade, fecharam as portas, os soldados de Jônatas foram passados à espada, ficando ele na prisão por algum tempo, e finalmente assassinado em Gileade no ano 143 a.C., v. 39-48; 13.12-23. Os restos mortais de Jônatas vieram para Modim, onde os depositaram no sepulcro da família. **20** Nome de um general filho de Absalão que, sob o comando de Simão Macabeu, se apoderou de Jopa, 1 Mc 13.11. **21** Nome do pai de Simão Pedro, Mt 16.17; Jo 1.42; 21.15.

JOPE (*no hebraico é yaphô, "beleza", no grego é ioppe*) – nome de uma cidade da Palestina que entrou na partilha de Dã, Js 19.46. Era o porto de mar de Jerusalém, onde iam ter as jangadas com as madeiras cortadas no Líbano e dali transportadas para a construção do templo de Salomão, 2 Cr 2.16. Jonas embarcou nesse porto em demanda de Társis, quando tentava escapar de Jeová, Jn 1.3. Por ocasião de reconstruir o templo depois da volta do cativeiro da Babilônia, os tírios e os sidônios traziam madeiras de cedro do Líbano ao mar de Jope, segundo a ordem que Ciro, rei dos persas, tinha dado, Ed 3.7. Em Jope morava uma discípula por nome Tabita, cheia de boas obras e esmolas que fazia, a qual, tendo morrido, o apóstolo Pedro a ressuscitou dos mortos, At 9.36-42. Deste milagre resultaram muitas conversões ao cristianismo naquele lugar. O apóstolo ficou ali por algum tempo, hospedado em casa de certo Simão curtidor de peles, 9.43; 10.5,6. A esta cidade foram enviados os servos de Cornélio para levarem Pedro a Cesaréia, v. 7-48. Jope ainda floresce. Os árabes a denominam *Yâfa* e os ingleses *Jafa*. Uma linha de arrecifes prende-se ao promontório onde estão as edificações, formando um porto, que, apesar de pequeno e muito perigoso, é o único da costa, cercado de rochas, com duas entradas: a do norte é perigosa por causa dos bancos de areia, e a do sul por ser muito estreita e perto dos rochedos. Poucos navios, e estes de pequeno tamanho, podem ancorar nele. A cidade está sobre um outeiro de granito de forma oblonga sobre diversas plataformas sucessivas formadas em camadas sobrepostas. Nas vizinhanças da cidade há lindos jardins bem regados e pomares de laranjeiras, limoeiros, damasqueiros, marmeleiros e outras árvores frutíferas. Contém fábricas de sabão e curtumes. É porto de mar da Palestina e ponto terminal de uma estrada de ferro que vem de Jerusalém.

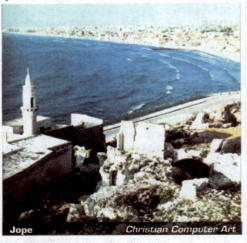

JOQUEBEDE (*no hebraico é yôkhebhedh, "Jeová é grande"*) – nome de uma das filhas de Levi que se casou com seu primo Anrão, de quem procedem Maria, Arão e Moisés, Êx 6.20; Nm 26.59.

JOQUIM (no hebraico, "Jeová estabelece") – nome de um homem de Judá da família de Sela e neto de Judá, 1 Cr 4.22. É uma forma contraída de Jeoiaquim (veja *JEOIAQUIM*).

JORA (*no hebraico, "aspersão"*) – nome dado aos descendentes de Jora, também chamado de Harife. Esses descendentes voltaram do cativeiro babilônico na companhia de Zorobabel, Ed 2.18; 1 Ed 5.16; Ne 7.24.

JORAI (*no hebraico, "aspersão"*) – nome de um gadita, 1 Cr 5.13.

JORÃO (*no hebraico é y^{e}hôram, "Jeová é exaltado"*) **1** Nome de um dos filhos de Acabe, rei de Israel, 2 Rs 3.1. **2** Nome de um sacerdote, enviado por Jeosafá para instruir o povo, 2 Cr 17.8. **3** Nome de um dos filhos de Jeosafá e rei de Judá, 2 Rs 8.16. **4** Nome de um dos filhos de Toí, rei de Hamate, enviado por seu pai a congratular-se com Davi por haver alcançado vitória sobre Hadadezer, 2 Sm 8.10. Em 1 Cr 18.10, é chamado Adorão, que significa "O deus Adu". **5** Nome de um levita, descendente de Moisés, 1 Cr 26.25; *cf.* 23.15,17. **6** Nome de um filho de Acabe, rei de Israel. Por ocasião da morte de seu irmão mais velho, Acazias, subiu ao trono, 853 a.C., e reinou até 842. Derrubou a imagem de Baal que seu pai tinha feito, mas conservou os bezerros que Jeroboão havia levantado. Por ocasião da morte de Acabe, Mesa, rei de Moabe, rebelou-se e deixou de pagar os tributos. Para recobrar o domínio sobre Moabe, Jorão conseguiu o auxílio do rei Jeosafá e de um governador edomita. Quando esses confederados rodeavam a parte sul do mar Morto, quase morreram de sede. A conselho de Eliseu, cavaram umas poças que ao dia seguinte se encheram de água. Os raios do sol matutino tingiram de vermelho as águas das poças. Levantando-se ao romper da manhã, viram os moabitas defronte de si as águas vermelhas como sangue e disseram. "É sangue derramado pela espada: os reis pelejaram entre si e de parte a parte se mataram. Marcharam sobre o campo dos israelitas para se apoderarem da presa. Jorão e seus aliados bateram os moabitas e os mataram, 2 Rs 3.1-27 (veja *PEDRA MOABITA*). O rei da Síria enviou uma carta ao rei de Israel, que outro não podia ser senão Jorão, para que o seu servo Naamã fosse curado da lepra que padecia, 5.1-27. Eliseu também enviou uma mensagem a Jorão, avisando-o do perigo que o esperava em certo lugar, 6.8-23. Durante o cerco de Samaria, por Bene-Hadade, rei da Síria, o povo sofreu os rigores da fome, a tal ponto que o rei de Israel decretou a morte de Eliseu, v. 24-31. Este o denominou filho do homicida, v. 24. O fim desse rei foi trágico. Estando em Jezreel, tratando das feridas que recebeu em Ramote de Gileade, deram-lhe aviso de que Jeú vinha de encontro a ele. Tomando o seu carro, e acompanhado por seu sobrinho, o rei de Judá em outro carro, os dois reis saíram de encontro a Jeú. Chegados que foram ao campo em que a mãe de Jorão havia derramado o sangue de Nabote para se apoderar da sua vinha, Jeú feriu a Jorão por entre as espáduas, e a flecha lhe saiu pelo coração, e caiu morto no seu coche, 9.14-26, com a morte de Jorão cessou a dinastia de Onri e começou a de Jeú. **7** Nome de um dos sacerdotes que Jeosafá enviou a instruir o povo, 2 Cr 17.8. **8** Nome de um dos filhos de Jeosafá. No ano 854 a.C., associou-se com seu pai no governo, e no ano 849, cinco anos depois, passou a governar sozinho, 2 Rs 8.16; *cf.* 1.17; 3.1. Logo que se viu seguro no trono, Jorão mandou matar à espada todos os seus irmãos e alguns dos grandes de Israel, 2 Cr 21.1-4. Tinha se casado com uma das filhas de Acabe, que o levou às práticas grosseiras do paganismo, assim como fizera Jezabel com Acabe, 2 Rs 8.18; 2 Cr 21.6-11. Como sempre, a sua apostasia produziu-lhe grandes males. Os edomitas se revoltaram, e apesar de os haver vencido, eles conquistaram a sua independência. Lobna também se revoltou para não estar debaixo de sua obediência, 2 Rs 8.20-22; 2 Cr 21.8-10. Suscitou o Senhor contra Jorão o espírito dos filisteus e dos árabes, que confinavam com os etíopes, os quais entraram na terra de Judá, assolaram-na e saquearam tudo o que acharam no palácio do rei; além disso, seus filhos e mulheres, de modo que não lhe ficou filho algum, se não Joacaz que era o mais moço; e, além disso, o feriu o Senhor com uma doença incurável nas entranhas, 2 Cr 21.16,17; 22.1. Enquanto durou a sua enfermidade, Acazias agia como regente, 2 Rs 9.29; *cf.* com 8.25,26. Ninguém sentiu a sua morte. Reinou oito anos, vindo a morrer no ano 842 a.C., quando seu filho Acazias subiu ao trono, 2 Rs 8.24; 2 Cr 21.12 até 22.1.

JORDÃO (*no hebraico é yarden, mas sempre é acompanhado do artigo, hayyarden, "aquele que desce"*) **–** nome do rio mais importante da Palestina, formado por várias nascentes. A nascente oriental está em Banias, que é a antiga Cesaréia de Filipos, cujas águas correm abundantemente de uma caverna aberta em um penhasco elevado. A nascente central, a maior delas, está em *Tell el-Kâdi*, que parece ser a antiga Dã, onde nasce o Ledã, formado por duas fontes volumosas. A terceira, que fica mais ao norte, é a fonte abaixo de Hesbelia, por onde corre o rio Hasbani. Thomsom diz que o Hasbani é mais longo que o Ledã, é o mais largo, e que o Banias é o mais belo dos três rios. Desde a nascente do rio, em Banias até o lago de Hulé, a distância é cerca de 22 km. A junção do Banias e do Ledã faz-se na distância média entre esses dois pontos, e a confluência com o Hasbani ocorre a menos de uma milha, mais abaixo. O lago tem cerca de 8 km de comprimento. Saindo o Jordão desse lago, encaminha-se para o sul e entra no mar da Galiléia depois de um curso de perto de 20 km, que por sua vez tem 23 km de comprimento. Atravessando esse mar, vai serpeando até entrar no mar Morto, na distância em linha reta de 120 km, desde o mar da Galiléia. Incluindo os dois lagos, o rio mede cerca de 193 km desprezando as curvas. Entre os demais rios do mundo, o Jordão é o único que se acha inferior ao nível do mar. A nascente de Banias está a 330 m acima do Mediterrâneo. Quando entra no lago Hulé, desce a 2,30 m; no mar da Galiléia, já está a 426 m abaixo do Mediterrâneo. Foi-lhe bem colocado o nome de Jordão, que quer dizer: o que desce. O curso é muito sinuoso. O tenente Lynch, da armada americana, em 1848, chefiou uma expedição vinda dos Estados Unidos e navegou

JORDÃO

Rio Jordão — Christian Computer Art

desde o mar da Galiléia até o mar Morto. Diz ele: "Em um espaço de 96 km de latitude e 6,5 km de longitude, o Jordão percorre, pelo menos, 322 km. Passamos por 27 grandes corredeiras ameaçadoras, além de muitas outras de menor importância". As narrações bíblicas referentes a esse rio relacionam-se principalmente com a parte compreendida entre o mar da Galiléia e o mar Morto. As suas margens são bordadas de árvores frondosas e arbustos, em que abundam as tamareiras, os loendros e os salgueiros, entre os quais se abrigam os leões, Jr 49.19; Zc 11.3. A parte sul do vale do Jordão, onde o nível é mais baixo, assemelha-se muito a uma zona tropical, e no tempo das chuvas produz vegetação luxuriante, Guer. 4.8,3. Por causa dessa fertilidade, é que Ló, desprezando certas considerações morais, escolheu esse lugar para sua residência, Gn 13.8-13. O rio não tinha pontes até o tempo do domínio romano; a travessia fazia-se pelos vaus, que ofereciam fácil transporte na parte superior, até a foz do Jaboque, por onde passou Jacó, 32.10; 33.18. Para baixo desse porto, o rio é raramente atravessado, e isso mesmo em certas épocas do ano. A correnteza do rio é tão forte perto de Jericó que os numerosos peregrinos que vão tomar banhos ali correm sério perigo de serem levados pela corrente. Para que os israelitas o atravessassem em qualquer estação, e principalmente quando transbordava, foi preciso a intervenção divina para reter as águas, Js 3.1-17; 4.1-24; Sl 114.3,5. A enchente do Jordão, que se dá no mês de março ou abril, é produzida pelas chuvas abundantes e pelo derretimento das neves do Hermom, Js 3.15. A fuga dos midianitas, quando perseguidos por Gideão, fez-se pelos vaus, acima da foz do Jaboque, Jz 7.24; 8.4,5. Davi, quando fugia de Absalão e ao voltar para Jerusalém, atravessou duas vezes o Jordão em algum lugar, entre Jericó e o Jaboque, 2 Sm 17.22,24; 19.15-18. Elias e Eliseu, no meio dos maravilhosos eventos de sua vida, atravessaram o Jordão em Jericó, 2 Rs 2.5-8; 13-15. Naamã da Síria, por ordem do profeta, lavou-se sete vezes no Jordão, em algum lugar das passagens do norte, ou do sul do mar da Galiléia, para curar-se da lepra, 2 Rs 5.14. João Batista administrava o rito que lhe deu o nome no rio Jordão, onde também nosso Senhor foi batizado, Mt 3.6, 13-17.

JORIM – nome de um dos antecessores de Cristo que viveu no ano 350, depois de Davi, Lc 3.29. O nome é a forma grega do hebraico *Jorão*, embora alguns estudiosos prefiram acreditar tratar-se de uma variante do nome próprio Joiarim (veja *JORÃO*).

JORQUEÃO (*no hebraico, "expansão"*) – nome de um descendente de Hebrom de Judá, 1 Cr 2.44.

JOSA (*no hebraico, "retidão"*) – nome de um simeonita, filho de Amasias, 1 Cr 4.34.

JOSABE-BASSEBETE – corrupção do texto de 2 Sm 23.8, que deve ser Isbaal, que quer dizer, "existe um Senhor". O vocábulo Baal foi alterado para *bosheth*, que significa "vergonha". Essas alterações ocorriam sempre que a ele se associavam elementos pagãos. E em lugar de *bosheth*, i.é., b-sh-th, foi alterado para b-sh-b-th com que termina o versículo precedente. A identidade desse nome com Jasobeão está plenamente confirmada, comparando esse versículo com 1 Cr 11.11, e os v. 8, 9 com 1 Cr 27.2,4. Esta última forma é talvez outro modo de evitar o nome de Baal.

JOSAFÁ (veja *JEOSAFÁ*).

JOSAFÁ, VALE DE – nome do vale onde todas as nações se reunirão por ordem de Jeová para o Julgamento, Jl 3.2,12. Pelo menos no tempo de Eusébio, no quarto século da era cristã, o vale de Jeosafá era identificado com o vale de Cedrom, onde os católicos romanos e os maometanos dizem ser o lugar do juízo final. Isto é, porém, apenas uma simples conjetura, baseada na passagem citada de Joel e no cap. 14 de Zacarias. Até onde podemos julgar, nenhum dos vales atuais tem esse nome. Joel sem dúvida, escolheu essa designação que significa "Deus tem julgado" para simbolizar o grande dia final.

JOSAVIAS (*no hebraico, "Jeová faz justiça"*) – nome de um dos valentes de Davi, 1 Cr 11.46.

JOSBECASA (*no hebraico, "lugar de firmeza"*) **1** nome de um dos cantores, filho de Hemã, 1 Cr 25.4, e chefe da 17ª. classe dos cantores, v. 24. **2** Nome de um dos antecessores de Cristo, que provavelmente viveu depois do exílio, Lc 3.26.

JOSÉ (*no hebraico é yôseph, "que ele [o deus] acrescente", talvez a forma original fosse y'ôseph, "que ele reúna"*) **1** Nome do 11º. filho de Jacó e o mais velho de Raquel, a qual, quando o deu à luz, disse. "O Senhor me dê ainda outro filho", e por isso lhe pôs o nome de José, Gn 30.22-24. Nasceu em Padã-Harã, seis anos antes de Jacó voltar para Canaã, 25; *cf.* 31.41, quando Jacó tinha 90 ou 91 anos de idade. Era o favorito de seu pai, por ser o filho de sua velhice e por ser filho de Raquel; fez-lhe uma túnica de várias cores, semelhante à que usavam os jovens da boa sociedade, 37.3. Por ser o filho predileto de Jacó, suscitou a inveja de seus irmãos, sentimento esse que se tornou mais intenso por causa dos dois sonhos que ele teve, nos quais previa o tempo em que seu pai e sua mãe e seus irmãos se curvariam na sua presença. Chegando à idade de 17 anos, 37.2, foi a Siquém, onde seus irmãos apascentavam os rebanhos, para saber como passavam. Chegando ali, soube que haviam partido para Dotaim, e para lá se dirigiu. Quando os irmãos o viram, resolveram tirar-lhe a vida e dizer ao velho Jacó que uma fera o devorou. Rúben opôs-se a isso, propondo que o lançassem vivo em uma cisterna, pensando

JOSÉ

depois em tirá-lo de lá e levá-lo ao pai. Na ausência de Rúben, passava uma caravana de ismaelitas que descia para o Egito. Uns negociantes midianitas que iam junto à caravana o compraram. Tomaram então os irmãos a sua túnica e a tingiram no sangue de um cabrito que mataram, enviando homens que a levassem a Jacó e lhe dissessem. "Nós achamos esta túnica, vê se acaso é a túnica de teu filho, ou não." Jacó concluiu que José havia sido devorado por alguma fera e desatou a chorar, Gn 37.1-35. No entanto, os midianitas levaram José para o Egito e o venderam para Potifar, oficial de Faraó e general de seus exércitos. Os grandes dotes morais do jovem escravo não podiam por muito tempo ficar ocultos. Potifar o colocou no governo de sua casa. Por causa de falsas acusações de sua mulher, foi colocado na prisão, onde esteve por alguns anos. Ali mesmo ganhou a confiança do carcereiro que lhe confiou a guarda dos presos. Deus lhe concedeu a graça de interpretar os sonhos proféticos do padeiro-mor e do copeiro-mor de Faraó, que estavam com ele na prisão. A interpretação realizou-se em todos os seus pormenores. Dois anos depois, Faraó também teve dois sonhos proféticos que ninguém era capaz de interpretar. O copeiro-mor, que havia reassumido as suas funções, lembrou-se de José, e contou o que se tinha passado com ele na prisão. Faraó mandou buscar depressa José que interpretou ambos os sonhos de Faraó que tinham o mesmo sentido. Haveria sete anos de grande abundância, que seriam seguidos por outros sete anos de grande fome. José aconselhou o rei a que nomeasse pessoa competente para armazenar os excessos produzidos nos sete anos para servirem aos sete anos de penúria. Faraó aprovou o plano, e convencido da sabedoria de José, 41.9-13; 25-36, o nomeou superintendente de todo o Egito, o segundo abaixo de Faraó, 41.39-44, José tinha 30 anos de idade, 41.46, de sofrimentos e provações. Faraó lhe

deu Asenete, filha do sacerdote de Om por esposa. Antes de começarem os sete anos de fome, nasceram-lhe dois filhos, Manassés e Efraim, 41.50-52. A fome chegou como havia sido profetizada, estendendo-se a todo o mundo conhecido, especialmente na parte ocidental em torno do Mediterrâneo, 41.54,56,57. No Egito havia provisões armazenadas. Os irmãos de José foram lá comprar trigo. Não reconheceram seu irmão José, mas foram reconhecidos por ele. À proporção que eles o veneravam e lhe obedeciam, conheceu ter chegado o tempo em que se realizariam os sonhos que tanto o haviam feito sofrer. Tendo experimentado o seu caráter por diversas maneiras, quando fizeram a segunda viagem ao Egito, descobriu-se a eles e lhes perdoou o mal que lhe haviam feito, e os convidou a virem habitar no Egito com seu velho pai. Faraó os recebeu muito cordialmente. Segundo o historiador Eusébio, esse Faraó deve ter sido Apepi II, ou Apofis. Qualquer que tenha sido, pertencia a dinastia dos hicsos ou reis pastores, oriundos da raça semítica, o que naturalmente contribuiu para a boa recepção da família de Jacó. José morreu com 110 anos. Embalsamaram seu corpo e o sepultaram no Egito, sob promessa de ser transportado para Canaã logo que se desse o êxodo, Gn caps. 42 a 50; Hb 11.21. A sua vontade foi religiosamente cumprida. Os restos de José descansam em Siquém, bem no centro da Terra Prometida, Êx 13.19, Js 24.32. Os pormenores da vida de José, que se relacionam com os costumes dos egípcios, são conhecidos pelos monumentos e pelos papiros. Sabe-se, pelo que se contém na Pedra Roseta, que os reis costumavam dar liberdade aos prisioneiros por ocasião de seu natalício ou grandes festas nacionais. Dava-se muita importância às artes mágicas e de adivinhação e principalmente aos sonhos, como mensagens divinas. Quando mandaram buscar José na prisão, apesar da urgência, ele se barbeou e se

JOSÉ

vestiu com roupas limpas, Gn 41.14. A tosquia era particularmente feita entre os sacerdotes como ato religioso. O termo "Senhor de toda a terra", encontra-se só uma vez em um monumento depositado no museu de Turim, mas a investidura de um oficial de alta patente encontra-se sempre descrita, combinando com a narração do Gênesis, como o anel, a opa de linho fino e o colar de ouro à roda do pescoço. A frase "Sem o teu mando (boca) não moverá ninguém, mão ou pé em toda a terra do Egito", representada na escrita hieroglífica por uma boca, símbolo do mando. A situação econômica do país transformou-se inteiramente. Em conseqüência das medidas de salvação pública colocadas em prática por José, a terra passou a ser propriedade do rei e dos sacerdotes até pouco antes do estabelecimento do novo império (veja *EGITO*, **II, 5**). Gênesis se refere à distinção de classe estabelecida pela pragmática dos egípcios. José foi servido à parte e seus irmãos também à parte, e bem assim os egípcios que comiam com ele, porque não era permitido entre os egípcios comer com os hebreus, Gn 43.32. José comia sozinho por ser pessoa de alta categoria social e membro da classe sacerdotal, que se apartava do povo leigo. Os egípcios comiam à parte para não se misturarem com os estrangeiros, e os sacerdotes não comiam nem bebiam coisas que viessem de fora do país, Porfírio 4. 7. O povo considerava abominável fazer uso de objetos gregos no serviço de copa, Heródoto 2.41. Os egípcios detestavam todos os pastores de ovelhas, criadores de porcos e possuidores de gado, porque tais ocupações eram consideradas incompatíveis com a civilização e com a pureza de costumes exigida pelos padrões de bom senso social, Gn 46.34; Heród. 2.47; *cf*. v. 164. Foi esse o motivo por que o filho de Jacó localizou seu povo na terra de Gósen, onde podia evitar o contacto com os naturais do país. Existiam na Palestina alguns lugares com os nomes de *Joseph-el* e *Jacob-el*, dados pelo conquistador Totmés II, muito depois da entrada de Jacó e de seus filhos no Egito e um século antes do êxodo. Não há certeza se esses nomes tinham alguma relação com o patriarca Jacó e seu filho José. São denominações semelhantes a *Jiphthah-el*, ou *Iphtah-el* nome de um vale no território de Zebulom, Js 19.14. Esses nomes têm a significação de "Deus suplanta e Deus tira", e era costume na Babilônia usá-los como nomes próprios individuais. Uma lenda egípcia, conhecida como a *História dos Dois Irmãos*, narra as tentações sofridas por um jovem, em casa de seu irmão mais velho, muito parecida com a de José em casa de Potifar, Gn 39. O pobre moço escapou às iras de seu irmão, graças à intervenção do deus sol que lançou entre ambos, um rio cheio de crocodilos como barreira defensiva. Posteriores aventuras dos dois irmãos, finalmente, operaram a reconciliação recíproca. Esse final da lenda é igualmente fabuloso, e foi copiado no reinado de Seti II, da 19ª. dinastia, séculos depois da vida de José. Ignora-se quando e por quem foi elaborada. Coisas como essas encontram-se com freqüência nos contos da antigüidade, Homero, Ilíada 6.155s. As duas tribos de Manassés e Efraim descendem dos dois filhos de José. As bênçãos que Jacó pronunciou sobre José no leito de morte estenderam-se às duas tribos, Gn 48.8-22; 49.22-26. No salmo 80.1-3, há uma designação poética referente às tribos de Manassés e Efraim, representando a pessoa de José. **2** Nome do pai do espião, representante da tribo de Issacar que tomou parte na exploração da terra de Canaã, Nm 13.7. **3** Nome de um dos filhos de Asafe, um dos principais músicos no reinado de Davi, 1 Cr 25,2,9. **4** Nome de um dos antecessores de Cristo, que viveu no período entre o reinado de Davi e o exílio, Lc 3.30. **5** Nome de um dos filhos de Bani, induzido por Esdras a se desquitar de sua mulher estrangeira, Ed 10.42. **6** Nome de um sacerdote, chefe da família de Sebanias, no tempo do pontífice

JOSÉ

Joiaquim, Ne 12.14. **7** Nome de um dos antecessores de Cristo, que viveu depois do exílio, Lc 3.26. **8** Nome de um dos filhos de Matatias da linha genealógica de Cristo, Lc 3.24,26. **9** Nome de um dos filhos de Zacarias. Quando Judas Macabeus enviou Simão para auxiliar os judeus da Galiléia, enquanto pelejava em Gileade, deixou José e Azarias no comando das forças da Judéia. Eles, desobedecendo às ordens de Judas, entraram em combate, sendo derrotados, 1 Mac 5.18, 55-12. **10** Nome do marido de Maria, mãe de Jesus, Mt 1.16; Lc 3.23. Por ocasião da gravidez da virgem, quando ainda desposada com José, pensou este em abandoná-la secretamente, por ser homem justo e não querer infamá-la. "Andando ele com isto no pensamento, apareceu-lhe em sonhos um anjo do Senhor, dizendo: Não temas receber Maria tua mulher, porque o que nela se gerou é obra do Espírito Santo, José fez como o anjo lhe mandou e recebeu sua mulher", Mt 1.18-25. Como pertencia à linha da geração de Davi, precisava ir a Belém, velho solar de seus avoengos, para dar ali o seu nome no alistamento ordenado por César Augusto, com o de sua mulher. E ali nasceu Jesus, Lc 2.4,16. Estava junto de sua esposa, quando levaram o menino ao templo. Simeão e Ana produziram seus discursos proféticos, em referência ao menino, v. 33. Avisado por um anjo em sonhos, José soube que Herodes procurava o menino para o matar, e ainda por aviso do anjo, fugiu para o Egito, Mt 2.13,19. Após a morte de Herodes, voltou para Nazaré, 22.23. José e Maria iam anualmente a Jerusalém para assistirem à festa da Páscoa, e levaram consigo Jesus, quando já tinha 12 anos, Lc 2.43. Voltando a Nazaré, ali continuou Jesus sob a autoridade paterna, v. 51. José se ocupava no ofício de carpinteiro, Mt 13.55, auxiliado por seu filho Jesus, Mc 6.3. Parece que José ainda vivia, quando Jesus começou o seu ministério público, Mt 13.55. É provável que sua morte ocorreu antes da crucificação de Jesus, pois não se ouve falar dele em companhia das mulheres que estavam junto à cruz no Calvário; também Jesus não teria recomendado sua mãe aos cuidados do apóstolo João, se José ainda vivesse, Jo 19.26, 27. **11** Nome de um dos irmãos do Senhor, Mt 13.55. **12** Nome de um judeu, natural de Arimatéia, membro do sinédrio, homem de honrosa posição e que esperava o reino de Deus, Mc 15.43. Esse homem não teve parte na condenação de Jesus porque era seu discípulo, ainda que secretamente como Nicodemos, que por medo não o confessava publicamente. Ambos se tornaram mais corajosos depois da morte de Jesus. José de Arimatéia reclamou o corpo de Jesus e o depositou em um sepulcro novo que tinha aberto na rocha, Mt 27.57-60; Lc 23.50-53; Jo 19.38. **13** Nome de um cristão, chamado Barsabás, ou filho de Sabás e, que tinha por sobrenome o Justo. Este havia acompanhado a Jesus desde o batismo de João e era um dos dois discípulos indicados para preencher o lugar vago pela prevaricação de Judas. A sorte, porém, caiu sobre Matias, At 1.21,26. Parece que era irmão de Judas, chamado Barsabás, At 15.22. **14** Nome próprio de Barnabé, At 4.36.

JOSIAS (*no hebraico é y'ôshiyyah, y'ôshiyyahu, "que Jeová conceda"*) **1** Nome do filho e sucessor de Amom, rei de Judá. Subiu ao trono quando apenas contava oito anos de idade, 639 a.C. Enquanto jovem, teve como seu conselheiro o pontífice Hilquias, a quem ele ouvia atentamente. Passados que foram oito anos de seu reinado, procurou andar de acordo com as leis de Jeová e por elas governar o procedimento de sua corte. Com 12 anos de reinado, começou a combater a idolatria nas suas várias formas, trabalho este que se prolongou anos adiante, tanto em Judá e Jerusalém quanto também em Israel, 2 Rs 22.1,2; 2 Cr 34.1-7. Aos 18 anos, tomou medidas

JOSIAS

energéticas para a reparação e adorno do templo; os operários trabalharam com entusiasmo, desempenhando fielmente a execução do plano, empregando com zelo o dinheiro recebido para esse fim. Enquanto se procedia aos consertos do templo, o pontífice Hilquias encontrou o livro da lei na casa do Senhor, e o deu ao escriba Safã para que o lesse diante do rei. Este, ouvindo a leitura, sentiu-se profundamente impressionado pelas ameaças contra o povo no caso de se apartar das leis de Jeová; rasgou as suas vestiduras e se humilhou na presença de Deus que foi servido mostrar-se gracioso para com ele, transferindo para depois de seu reinado, a execução de suas ameaças, 2 Rs 22.8-20; 2 Cr 34.15-28. As palavras que mais atingiram o espírito de Josias foram as de Deuteronômio caps. 28 a 30, e muito particularmente as do cap. 29.25-28. O livro encontrado pelo pontífice Hilquias deveria, pelo menos, conter o Deuteronômio, no caso de não ser o Pentateuco completo. Os livros sagrados haviam sido, em geral, destruídos e colocados longe das vistas, durante a apostasia e a perseguição que celebrizaram o longo reinado do ímpio Manassés, 2 Rs 21.16; 2 Cr 33.9. O livro encontrado pelo pontífice teria sido algum exemplar da lei para uso do templo, e que havia sido escondido, ou talvez atirado para algum canto, quando se deu a profanação do santuário, Dt 31.9,26; ou, quem sabe, algum exemplar da lei que se costumava guardar na parede quando o templo foi construído, conforme uso dos antigos tempos. Não se pode duvidar de que esse livro da lei não seja o antigo Deuteronômio, porquanto reflete as condições de Israel nos tempos primitivos, muito diferentes das do reinado de Josias; ordena a extermínio dos cananeus e dos amalequitas, 20.16-18; 25.17-19, que não tinha razão de ser no reinado de Josias; contempla a conquista de terras pelos israelitas, 20.10-15, que havia quase um século estavam em poder deles;

os negócios difíceis e escabrosos deveriam ser encaminhados aos sacerdotes e ao juiz como representantes de Jeová, chegará um tempo em que o povo de Israel há de pedir um rei, 17.8-20; 19.17; ora, no tempo de Josias, o sistema monárquico já estava estabelecido havia séculos. O Deuteronômio nega a entrada na congregação do Senhor aos amonitas e aos moabitas, e a faculta aos filhos dos idumeus, 23.3-8; porém nos dias de Josias, e muito tempo antes, o Egito representava o inimigo do povo de Deus, Is 63.6; 3.19; e Obadias. Jeremias promete a restauração futura de Moabe e Amom e a nega a Edom, 48.47; 49.6,17,18. A legislação de Deuteronômio estava em força muito antes do tempo de Josias; foi observada na coroação de Joás em 835 a.C., 2 Cr 11.12, e também por Amazias filho e sucessor de Joás, 14.6; Dt 24.16. A leitura do livro perante o povo realizou-se na existência de um rei. Foi tão grande a impressão que ela produziu, que deu início a um segundo assalto contra a idolatria e, dessa vez mais forte do que o primeiro. Depois que o rei e os súditos se comprometeram a servir somente a Jeová, passaram a tomar os vasos de Baal e de Astarote e de toda a milícia do céu, e os queimaram fora de Jerusalém no vale de Cedrom. Queimou igualmente o bosque da casa do Senhor, derrubou mais as casas dos efeminados; destruiu os altos, não somente em todo o reino de Judá, mas também a parte do território das tribos do norte que agora se achava desfalcado da população israelita. Corrompeu também o lugar de Tofete que é no vale dos filhos de Hinom para que ninguém sacrificasse seu filho, ou filha pelo fogo a Moloque, e efetuou outras reformas purificadoras. Quando esteve em Betel, Josias mandou tirar os ossos dos sacerdotes idólatras das suas sepulturas e os queimou sobre o altar, segundo a palavra do Senhor que o homem de Deus havia pronunciado nos dias de Jeroboão, 1 Rs 13.2, e matou todos os sacerdotes dos altos que neles

JOSIAS

curavam dos altares. Feito isto, ordenou a celebração da Páscoa em honra do Senhor, com tal solenidade, como não se tinha visto desde os tempos de Samuel, 2 Rs 23.1-25; 2 Cr 34.29 até 35.19. Treze anos depois, Faraó-Neco, rei do Egito, marchou contra o rei dos assírios para a banda do Eufrates, onde tentou seus esforços contra o grande poder da Assíria. Situado como estava o comparativamente fraco reino de Judá, entre os grandes impérios da Assíria e do Egito em luta, era difícil manter neutralidade. Josias se considerava vassalo do rei da Assíria, e moralmente obrigado a lhe dar auxílio militar em casos de guerra, e, por isso, saiu de encontro a Faraó-Neco em Megido, onde uma flecha o feriu mortalmente, sendo conduzido para Jerusalém. Ali chegado, morreu e foi sepultado no seu jazigo. Todo Judá e Jerusalém o prantearam; e muito particularmente Jeremias cujas lamentações foram cantadas pelos músicos, homens e mulheres e pelo povo em geral. Foi uma perda irreparável para o reino. As reformas religiosas por ele iniciadas, paralisaram-se, e perdida foi a independência que o país desfrutou durante o seu reinado, que durou 31 anos, tendo apenas 30, quando morreu, 608 a.C., 2 Rs 22.1; 23.29,30; 2 Cr 35.20-27; *cf.* Zc 12.11. Jeremias e Zacarias profetizaram durante a última parte de seu reinado, Jr 1.2; 3.6; Sf 1.1. **2** Nome de um dos filhos de Sofonias, que viveu no tempo do profeta Zacarias, Zc 6.10. Talvez seja o mesmo Hem do v. 14.

JOSIBIAS (*no hebraico, "Jeová concede abrigo"*) – nome de um simeonita da família de Asiel, 1 Cr 4.35.

JOSIFIAS (*no hebraico, "Jeová dará aumento"*) – chefe de Selomite que voltou do exílio babilônico com Esdras, Ed 8.10.

JOSUÉ (*no hebraico é y^ehôshu'a, "Jeová é salvação"*) **1** Nome de um homem de Efraim, filho de Num, Nm 13.8,16, que dirigiu o ataque dos israelitas contra os amalequitas em Refidim, Êx 17.8-16. Esteve com Moisés no monte Sinai, quando cá em baixo se fabricava o bezerro de ouro. Ouvindo o tumulto do povo, disse para Moisés. "Um alarido de peleja se está ouvindo no campo"; mas o que ele ouvia eram os cantos e as danças com que celebravam o culto ao bezerro, Êx 24.13; 32.17,18. Oficiava como ministro de Moisés, quando se estabeleceu o primeiro Tabernáculo no deserto 33.11. Como príncipe de Efraim, fez parte da comissão dos 12 enviados a reconhecer a terra de Canaã, e que com Calebe, sustentou a possibilidade de se poder tomar de assalto o país, Nm 13.8; 14.6-9. Por causa de suas opiniões, escaparam de ser apedrejados, v. 10; Deus recompensou a sua fidelidade e confiança em Jeová, conservando-lhes a vida até entrarem na Terra Prometida, v. 30,38. No fim dos 40 anos de peregrinação pelo deserto, Moisés, por ordem de Jeová, o apresentou diante do sacerdote Eleazar e de toda a multidão dos filhos de Israel, nomeando-o seu sucessor no comando do povo, Nm 27.18-23; Dt 1.38. Pouco antes da morte de Moisés, este o levou ao Tabernáculo para receber as ordens do Senhor, Dt 31.14,23. Com a morte de Moisés, Josué se preparou imediatamente para atravessar o Jordão. Mandou avisar o povo que se preparasse durante três dias, com os mantimentos necessários, para daí a três dias passarem o Jordão, Js 1.10,11. Disse aos da tribo de Rúben, e aos da tribo de Gade e à meia tribo de Manassés: "Lembrai-vos do que vos ordenou Moisés. Vós todos os que sois valentes passai armados na frente de vossos irmãos e pelejai por eles", v. 12-18. Enviou também Josué, filho de Num, secretamente desde Sitim, dois espias para reconhecerem a terra e a cidade de Jericó, 2.1. O povo se colocou em marcha em direção ao rio, bem orientado quanto à ordem de marcha, 3.1-6. O sucessor de Moisés demonstrou grande perícia militar no

JOSUÉ, O LIVRO DE

plano geral da campanha para a conquista de Canaã. Estabeleceu um acampamento central, estrategicamente situado; tomou as cidades próximas a seu quartel-general; estendendo suas armas vitoriosas pelo país a dentro (veja CANAÃ). Errou, porém fazendo tratados com os gibeonitas e em não ter guarnecido a cidadela dos jebuseus. Por esses dois erros, a tribo de Judá, até certo ponto, se isolou das tribos do norte. Segundo havia ordenado Moisés, o povo foi convocado para reunir-se sobre o monte Hebal e sobre o Gerizim, a fim de ouvir as bênçãos e as maldições e tudo o mais que estava escrito no livro da Lei, 8.30-35. O poder dos cananeus foi enfraquecido, mas não exterminado. O plano de campanha ainda não estava de todo executado; urgia, porém, traçar desde cedo, o futuro plano administrativo da nova terra. Auxiliado pelo sumo sacerdote e por uma comissão especial, Josué presidiu à repartição do país, começando esse trabalho, quando o acampamento estava em Gálgala, 14.6 até o cap. 17, e o concluindo em Siló, depois que o Tabernáculo se estabeleceu ali, sendo ao mesmo tempo separadas as cidades de refúgio e as cidades destinadas aos levitas, caps. 18 a 21. Josué pediu para si a cidade Timnate-Sera sobre o monte de Efraim, onde ficou morando, 19.50. Sendo Josué de idade muito avançada, convocou uma assembléia do povo em Siquém, por ter sido ali que Abraão levantou o primeiro altar ao Senhor quando entrou na terra de Canaã e onde também as tribos haviam pedido sobre si as bênçãos e as maldições do Senhor. Nesse mesmo lugar, Josué exortou o povo a não se apartar de Jeová, 24.1-28. Pouco tempo depois, morreu com 110 anos de idade, e foi sepultado no lugar que havia escolhido para sua morada, v. 29,30. **2** Nome de um betsamita, dono de um campo, para onde se dirigiram as vacas que puxavam o carro condutor da arca que os filisteus haviam devolvido a Israel, 1 Sm

6.14. **3** Nome de um governador de Jerusalém, durante o reinado de Josias, 2 Rs 23.8. **4** Nome do sumo sacerdote que oficiava em Jerusalém durante o governo de Zorobabel, Ag 1.1,12,14; 2.2-4; Zc 2.1-9. **5** Nome do condutor militar do povo de Israel na terra de Canaã, Ne 8.17.

JOSUÉ, O LIVRO DE – o livro de Josué está colocado logo depois do Deuteronômio nas Escrituras hebraicas, porque é a continuação da história depois da morte de Moisés, último acontecimento relatado nesse livro. Relaciona-se mais intimamente com o Pentateuco do que com os livros que o seguem. Observa-se nele a continuação do espírito de Moisés, animando as suas narrativas, e a continuação de Gênesis, no que diz respeito à promessa feita a Abraão sobre a posse da Terra Prometida. Não obstante essas afinidades, o livro de Josué não faz parte do Pentateuco por não ser escrito por Moisés. Com esse livro começa a segunda divisão dos livros do Antigo Testamento, compreendendo todos os livros entre Josué e 2 Reis, inclusive, exceto o livro de Rute. Pode dividir-se em três partes. **I.** Conquista de Canaã, caps. 1–12; inclusive os trabalhos preparatórios à passagem do Jordão, caps. 1 a 4.18; o estabelecimento do campo e a celebração da Páscoa, 4.19 até o cap. 5.12; a tomada de Jericó, e de Ai, a confirmação do pacto no monte Hebal e o tratado com os gibeonitas, 5.13 até o cap. 9, as campanhas ao norte e ao sul, caps. 12. **II.** Distribuição da Terra de Canaã, caps. 13 a 22, inclusive uma descrição das terras ainda não repartidas, v. 13; distribuição das cidades de refúgio e das cidades destinadas aos levitas, caps. 24 a 31; noção errônea a respeito dos intuitos com que foi levantado o altar junto ao Jordão pelos filhos de Rúben, de Gade e da meia tribo de Manassés. Os israelitas julgaram ser ameaça de divisão do reino. Este engano foi prontamente desfeito, v. 22. **III.** Josué Faz sua Despedida e Morre, v. 23, 24. Não há dúvida

JOSUÉ, O LIVRO DE

quanto a ter sido esse livro escrito pelo próprio Josué, pelo menos até o ponto em que menciona as deliberações tomadas em Siquém em referência à lei de Deus, caps. 23; 24.25,26. Os versículos finais do livro 24.29-33 foram escritos depois da morte de Josué, de Eleazar e dos homens daquela geração. Facilmente se compreende que a conquista de Hebrom, Debir e Anabe, levada a efeito por Calebe, somente poderia ser realizada depois da morte de Josué, registrada por antecipação no capítulo 15.13-20 (veja *HEBROM*). Igualmente a cidade de Zefate chama-se Hormá, no cap. 12.14, e que esse versículo reflete um acontecimento que se efetuou depois da morte de Josué, Jz 1.17 (veja *HORMÁ*). Também o cap. 19.47, recorda a migração dos danitas que se deu no tempo dos juízes. Pode-se razoavelmente concluir, de acordo com o caráter geral dos documentos, e com as narrações ocasionais que neles se encontram, que algumas das maiores porções do livro foram escritas no tempo de Josué. Essas porções tiveram uma redação final enquanto a cidade de Ai ainda estava em ruínas, 8.28, antes do reinado de Salomão e no tempo em que os cananeus ocupavam Gezer, 16.10, *cf.* com 1 Rs 9.16, e anterior ao reinado de Davi, e antes que os jebuseus fossem expulsos de Jerusalém, 15.63.

JOTA – translação da palavra grega *iota*, Mt 5.18, nome da letra do alfabeto grego correspondente ao *jod* hebraico, que a ele etimologicamente corresponde. O discurso de Jesus em que entra o v. 18 mencionado anteriormente, foi proferido em língua hebraica segundo se presume; a alusão que nele se faz à lei, claramente se refere à literatura hebraica. A palavra *jota*, portanto, deve representar o *jod* hebraico. No princípio do século primeiro, essa letra nem sempre se diferenciava das outras letras do alfabeto hebraico pelo tamanho, apesar de que algumas vezes a escreviam como sendo uma das menores; o ponto de comparação não está na sua pequenez. Em muitas palavras hebraicas, o emprego do *jod* é matéria de relativa indiferença e, em tais casos, a letra pode ser empregada, ou dispensada à vontade de quem escreve; vindo a significar, figuradamente, um assunto de pouca importância.

JOTÃO (*no hebraico é yôtham, "Jeová é reto"*) **1** Nome do filho mais moço de Gideão que escapou da matança de seus 70 irmãos por ordem de Abimeleque, que se constituiu rei em Siquém. A essa usurpação opôs-se por meio de uma parábola que ele proferiu sobre o monte Gerizim, ouvindo-a os siquemitas que estavam embaixo no vale, Jz 9.1-21. **2** Nome de um rei de Judá que governou como regente em lugar de seu pai Azarias, que havia ficado leproso, 2 Rs 15.5. Começou a regência quando Jeroboão II era rei de Israel, 1 Cr 5.17. Evidencia-se que a regência de Jotão ocorreu quando Jeroboão reinava; se o terremoto, de que fala o profeta Amós, se deu no reinado de Uzias e Jeroboão, Am 1.1; Zc 14.5. Após a morte de seu pai, Jotão passou a governar como rei, 734 a.C. Seguiu a Jeová, mas não derrubou os altos, onde o povo adorava outros deuses. Edificou a porta alta do templo e continuou a obra do muro sobre o monte de Ofel. Levantou cidades nas terras altas de Judá, e construiu torres e castelos nas florestas. Alcançou vitória sobre os amonitas e os fez seus tributários. Durante o seu reinado de 16 anos, profetizaram Isaías e Oséias, Is 1.1; Os 1.1. No final desse reinado, os israelitas, aliados com os sírios, deram princípio à invasão de Judá. Morreu aos 41 anos de idade, um ano após a morte de Uzias. Acaz, seu filho, o sucedeu no trono, 2 Rs 15.32-38; 2 Cr 27.1-9. Por um estranho sincronismo, o nome de Jotão está ligado ao nome de Oséias na seguinte passagem de 2 Rs 15.30: "Mas Oséias, filho de Ela fez uma conspiração e armou

JUBILEU, ANO DE

emboscada contra Pecá, filho de Romélia, e o feriu e o matou e reinou em seu lugar, no vigésimo ano de Jotão, filho de Uzias". Explicam alguns que esse vigésimo ano é aquele em que Jotão começou a reinar, a que se refere o versículo 5, sendo omitida a duração do seu governo e bem assim a notícia de sua morte. Qualquer que seja a verdadeira explicação, o sincronismo estabelece harmonia entre a data dos hebreus e a cronologia dos assírios. **3** Nome de um dos filhos de Jadai, 1 Cr 2.47. **4** Nome do filho de Uzias, conforme o relato em Mt 1.9.

JOTBÁ *(no hebraico, "bondade")* – nome da cidade onde nasceu o avô de Amom, rei de Judá, 2 Rs 21.19. O lugar tem sido identificado com a moderna Khirbeth Jefat, a antiga Jotapata, localizada cerca de 11 km de Seforis.

JOTBATA *(no hebraico, "bondade")* – nome de uma das estações dos israelitas, na sua viagem pelo deserto nas vizinhanças de Eziom-Geber, Nm 33.33, local abundante em águas correntes, Dt 10.7. O lugar tem sido identificado com a moderna 'Ain Tabah, cerca de 35 km ao norte de Eziom-Geber.

JOZABADE *(no hebraico, "Jeová doador")* **1** Nome de um homem que se reuniu a Davi em Ziclague, quando ele fugia do rei Saul, 1 Cr 12.4. **2** Nome de dois homens chefes de milhares da tribo de Manassés que se uniram a Davi em Ziclague, 1 Cr 12.20. **3** Nome de um superintendente dos levitas, 2 Cr 31.13. **4** Nome de um levita no tempo de Esdras, Ed 8.33. **5** Nome de um sacerdote que casou com mulher estrangeira, Ed 10.22 (veja *JEOZABADE*).

JOZACAR *(no hebraico é yôzakhar, "Jeová se lembrou")* – nome de um filho de Simeate, amonita, e um dos dois assassinos do rei Joás, 2 Rs 12.21, erroneamente chamado Zabade em 2 Cr 24.26 (veja *BETE e DÁLETE*).

JOZADAQUE *(no hebraico é uma contração de Jeozadaque, "Jeová é justo")* – nome do pai de Josué, sumo sacerdote, Ed 3.2, 8, levado para o cativeiro da Babilônia por Nabucodonosor, 1 Cr 6.15.

JUBAL *(no hebraico é yûbal, "riacho", "torrente". É provável que sua origem esteja no termo yôbel, "trombeta")* – nome do filho mais novo de Lameque e de sua mulher Ada, pai dos que tocam cítara e órgão, Gn 4.21.

JUBILEU, ANO DE – qüinquagésimo ano, depois de sete vezes sete anos contados desde a instituição da festa, ou desde o último jubileu, Lv 25.8-10. Deriva o seu nome do costume de ser proclamado por um toque de trombeta. Cada sétimo ano tinha o seu ano sabático. No fim de sete semanas de anos, que fazem ao todo 49 anos e ao sétimo mês em o dia décimo do mês no tempo da expiação, soavam a trombeta em toda a terra para anunciar o jubileu a todos os seus habitantes. Nesse ano, voltavam todos à posse de seus bens; os escravos de Israel adquiriam sua liberdade, os que haviam alienado suas propriedades por motivo de pobreza, entravam de novo na posse delas. A própria terra descansava de ser lavrada, mesmo que o ano do jubileu fosse precedido de um ano sabático. Para evitar injustiça para com aqueles que tinham comprado um campo e pudesse conservá-lo somente até o ano do jubileu, a prática, de acordo com os princípios de economia política, consistia em pagar somente o valor da propriedade, correspondente ao tempo de sua ocupação até o ano do jubileu. O que tivesse vendido uma casa, dentro dos muros da cidade, teria liberdade de a remir dentro de um ano. Se não a remisse, o comprador e seus descendentes a possuiriam para sempre, e não poderia mais haver remissão nem ainda no jubileu. Mas se a casa fosse em uma herdade sem muros, seria vendida como se vendem os campos; se não fosse

JUBILEU, ANO DE

remida antes, tornaria no jubileu para seu dono do mesmo modo que as casas dos levitas, qualquer que fosse sua localização, Lv 25.8-55; 27.17,18; Nm 36.4. Parece que as seguintes passagens aludem ao jubileu: Is 61.1-3; Ez 46.17; *cf.* Ne 5.1-13.

JUCAL (*no hebraico, "capaz"*) − nome de um dos filhos de Selemias e príncipe de Judá. O rei Zedequias o enviou, com os outros, a pedir as orações de Jeremias, quando os babilônios sitiavam Jerusalém, Jr 37.3. Logo depois, esse Jucal suplicou ao rei que mandasse matar Jeremias sob pretexto de que as suas palavras sobre a tomada de Jerusalém desanimavam os defensores da cidade, 38.1-6.

JUDÁ (*no hebraico é yᵉhudâh, "louvor"*) **1** Nome do quarto filho de Jacó e de sua mulher Lia. Não tomou parte com seus irmãos Simeão e Levi na vingança traiçoeira sobre Hamor e Siquém por causa do ultraje feito a sua irmã Diná, Gn 34. Casou-se com uma das mulheres de Canaã, filha de Sua, da qual teve dois filhos, Her e Onã, os quais sofreram a morte por causa de seus delitos, Gn 38.1-10. Teve mais um terceiro filho, a quem chamou Selá. Depois, teve mais dois filhos gêmeos de Tamar, viúva de seu filho Her, os quais tiveram o nome de Perez e Zerá, v. 11-30; 46.12; Nm 26.19. Pela linha genealógica de Perez, Judá passou a ser antecessor de Davi, Rt 4.18-22, e, finalmente, no cumprimento dos tempos, também veio a ser de Cristo, Mt 1.3-16. Judá salvou a vida de José, propondo a sua venda em vez de ser assassinado, Gn 37.26-28. Quando José, ainda desconhecido a seus irmãos, propôs que Benjamim ficasse detido no Egito, Judá intercedeu a em seu favor, oferecendo-se para ficar na prisão, contanto que o menino voltasse para seu pai, 44.33,34. O eloquente e emocionante discurso de Judá surtiu grande efeito. José, sem se deter, revelou-se a seus irmãos, 45.1. Em marcha para o Egito, o velho Jacó escolheu Judá para ir adiante de si a fim de guiá-lo até a terra de Gósen, 46.28. Os crimes de Rúben, Simeão e Levi os privaram dessa honra, e os privilégios da primogenitura ficaram para Judá, 49.3-10. **2** Judá foi pai de uma tribo que teve o seu nome, dividida em cinco famílias tribais, procedentes de seus três filhos e de dois netos, Nm 26.19-21; 1 Cr 2.3-6. O príncipe da tribo de Judá no período primitivo das peregrinações foi Naassom, filho de Aminadabe, Nm 1.7; 2.3; 7.12-17; 10.14. Outro príncipe foi Calebe, filho de Jefoné 13.6; 34.19. Quando se fez o primeiro arrolamento no deserto, o número dos filhos dessa tribo era de 74.600, Nm 1.26,27, e no segundo feito em Sitim nas vésperas de entrar em Canaã era 76.500, 26.22. Foi uma das tribos que estiveram no monte Gerizim para abençoar o povo, Dt 27.12. Acã, causador de perturbações em todo o Israel por causa de sua ambição, pertencia à tribo de Judá, Js 7.1,17,18. Depois da morte de Josué, a tribo de Judá foi a primeira encarregada de tomar posse do território que lhe foi partilhado; seus homens de guerra, com os simeonitas, tomaram as cidades ocupadas pelos cananeus e expulsaram os povos que ocupavam a região serrana, Jz 1.1-20 (veja *CANAÃ*, **2**). A tribo de Judá ocupava a maior parte da Palestina meridional. Os limites que lhe foram traçados por Josué começavam no extremo sul do mar Morto e desde a língua que ele forma, olhando para o Austro, estende-se para a subida do Escorpião e passa até Zim, e sobe para Cades-Barnéia, e vem até Hezrom, subindo para Adar, e dando volta a Carca e, passando dali para a banda de Azmom, chega até a torrente do Egito, e os seus limites serão o mar Grande. São estes os limites pelo lado do sul. Mas pela banda do nascente, começavam pelo mar salgadíssimo até a extremidade do Jordão e, pela banda do norte desde a língua que forma o mar até o mesmo rio Jordão. À sua fronteira subia a Bete-Hogla e passava do norte a

JUDÁ

Bete-Arabá, subindo à pedra de Boã, filho de Rúben, e se estendendo até os confins de Debir desde o vale de Acor ao norte, olhando para Gilgal, que está defronte da subida de Adumim, pela parte austral da torrente; e passa às águas de En-Semes e vem a acabar na fonte de En-Rogel; e sobe pelo vale dos filhos de Hinom, pela banda meridional dos jebuseus, onde está Jerusalém: e dali, subindo até o cume do monte que está fronteiro ao vale Hinom, para o poente, na extremidade do vale dos Refains para o norte; e passa desde o cume do monte até a fonte de Neftoa, e chega até as aldeias do monte Efrom e baixa depois a Baalá, que é em Quiriate-Jearim; de Baalá dá volta para o poente até o monte Seir, e costeia o monte Jearim ao norte para a banda de Quesalom, e desce a Bete-Semes e passa até Timna e chega até o lado setentrional de Ecrom e baixa por Sicrom, e passa o monte Baalá; e se estende até Jabneel, e termina enfim na banda do poente no mar Grande, uma parte esteve quase sempre em mãos dos filisteus, Js 15.1-12; *cf.* 13-63; 18.11-20. O comprimento do território da tribo de Judá, de norte a sul, era de cerca de 80 km, a parte bem povoada, porém de 153 km, contando de Jerusalém a Cades-Barnéia. A largura, desde o Jordão até a planície dos filisteus, era de cerca de 72 km. Quanto às suas feições físicas, divide-se naturalmente em três regiões: a região serrana, Js 15.48; Lc 1.39, a parte baixa, Js 15.33, e a planície próxima ao Mediterrâneo. O país nas vizinhanças de Berseba tinha o nome de Negebe. Grande parte do território de Judá é formado de rochas estéreis, o resto presta-se admiravelmente para o cultivo das vinhas e criação de gado, *cf.* Gn 49.11,12. A região ao sul do Arade era deserta, Jz 1.16, e bem assim a que ficava ao ocidente do mar Morto (título do salmo 63). Depois de haverem conquistado Canaã, os israelitas sofreram a opressão do rei da Mesopotâmia, de quem foram libertados por Otniel

da tribo de Judá, Jz 3.8-11. Nos tempos calamitosos que vieram sobre os israelitas, por se terem esquecido do seu Deus, e também por causa das desconfianças entre si e por terem conservado elementos pagãos na terra conquistada, as tribos de Judá, Dã e Simeão, formaram um grupo, separado das demais tribos, ao norte por uma faixa de terra de alguns quilômetros de largura, difícil de ser transposta por se achar povoada pelos cananeus, amorreus, gibeonitas e jebuseus, e também por causa da sua natural aspereza selvática, cortada de profundos vales entre Jerusalém e Jericó. Judá estava separada de Gade e Rúben pela abertura do Jordão e do mar Morto; e cercada pelos filisteus, Jz 3.31; 10.7; 13.1. Pouca ação tomou com as demais tribos nas guerras contra os opressores. Boaz e Rute habitavam por esse tempo em Belém. Judá uniu-se às outras tribos para castigar a tribo de Benjamim, 20.1,8. No tempo de Eli e Samuel, quando os filisteus oprimiam Judá e Benjamim, as relações com as tribos do norte tornaram-se mais estreitas, e a tribo de Judá entrou a fazer parte do reino de Saul. Depois da morte desse rei, os homens de Judá sustentaram a candidatura de Davi ao trono e por ela se bateram durante 17 anos, vencendo afinal. Jerusalém passou a ser a capital de todo o reino de Israel. Deus havia prometido a Davi que a sua posteridade ocuparia o trono para sempre, 2 Sm 7.13-16; 1 Cr 17.12,14,23, sob condição de não se apartar dos caminhos do Senhor. A promessa de Deus não excluía a ciência de governar, da qual se apartou Reoboão, dando lugar a que a casa de Davi perdesse as dez tribos que formaram um reino separado (veja *ISRAEL*). A tribo de Judá e grande parte da de Benjamim permaneceram fiéis a Davi e constituíram o principal elemento de estabilidade para o reino de Judá, que permaneceu como tal desde o ano 931 a 587 a.C., terminando com a queda de Jerusalém. Durante esse período, governaram

JUDÁ

19 reis da casa de Davi, exceção feita pela usurpação de Atalia (veja *CRONOLOGIA*). O território quase coincidia com o das tribos de Judá e Benjamim, exceto na linha do norte, em que Betel, às vezes, entrava nos limites de Judá, principalmente depois da queda de Samaria. O acontecimento que exerceu grande influência na sorte final do reino de Israel foi a elevação dos dois bezerros de ouro por ordem do rei Jeroboão, como objetos de adoração, com o fim de evitar que o povo fosse a Jerusalém assistir às festas anuais. Um dos efeitos desse plano foi que os que eram fiéis a Jeová emigraram para o reino de Judá levando consigo elementos de força espiritual e política, 1 Rs 12.26-33; 13.33; 2 Cr 10.16,17. As primeiras relações entre os dois reinos foram naturalmente de mútua hostilidade. Os reinos vizinhos aproveitaram-se dessa anormalidade para interferir na vida política dos judeus. No quinto ano do reinado de Reoboão, Sisaque, rei do Egito veio a Jerusalém e levou os tesouros da casa do Senhor e os tesouros do rei e roubou tudo, até mesmo os escudos de ouro que Salomão fizera, 1 Rs 14.25-28; 2 Cr 12.1-12. A guerra entre os dois reinos separados durou cerca de 60 anos, 1 Rs 14.30; 15.7,16; 2 Cr 12.15; 13.2-20. Nos reinados de Acabe e Jeosafá, havia paz entre ambos os reinos, e até uma aliança política e familiar entre as duas casas reinantes. Em conseqüência disso, entrou no reino de Judá o culto de Baal que veio a ser forte elemento de destruição para o reino. Formaram-se dois grandes partidos, um que defendia o culto de Jeová, e outro que era favorável ao culto de Baal, e de outros deuses estrangeiros. Em anos subseqüentes, esses dois partidos estiveram em constante conflito, vencendo, ora um, ora outro, conforme o proceder do monarca, a favor de Jeová ou de Baal. Em outros períodos do governo teocrático em que se mantinha fidelidade a Jeová, crescia a prosperidade espiritual e temporal ao passo que a apostasia acarretava desgraças e misérias. Entre os bons reis contam-se: Asa, Jeosafá, Ezequias e Josias; mas Acabe, Manassés e alguns outros ficaram célebres pela impiedade. O reino de Judá manteve relações importantes com as potências estrangeiras. O reino do Egito vizinhava-se com ele e com freqüência se envolvia nos negócios de Judá. Sisaque, Zerá e, depois de longo intervalo, Neco, guerrearam contra Judá. De outro lado, o Egito, por vezes, se tornou poderoso aliado contra os grandes impérios do Tigre e do Eufrates. O golpe desferido por Tiraca sobre os assírios no reinado de Ezequias contribuiu para a salvação de Judá, e o avanço dos egípcios, entrando na Judéia, obrigou Nabucodonosor a levantar o cerco de Jerusalém (veja *FARAÓ*). Quando os babilônios tomaram essa cidade, grande massa de judeus se refugiou nas terras do Nilo. Durante esses anos, a influência variada da cultura e da religião do Egito exerceu grande poder sobre Judá. Em referência às grandes potências do Tigre e do Eufrates, estas igualmente tiveram o seu domínio sobre Judá. No ano 734 a.C., Acabe impetrou o auxílio de Tiglate-Pileser contra os aliados de Israel e da Síria, e depois teve de render-lhe vassalagem em Damasco. Dez anos depois, os assírios conquistaram o Reino do Norte, e Judá ficou exposto por quase 125 anos à cobiça furiosa dos assírios, até que os babilônios se apoderaram de Nínive. Sargom, Senaqueribe, Esar-Hadom e Assurbanipal, quatro dos reis que governaram sucessivamente a Assíria, mencionam suas conquistas, mais ou menos extensivas, sobre o reino de Judá. Três desses quatro reis têm os seus nomes nos registros dos hebreus, Is 20.1; 36.1; 37.38, e talvez também o quarto (veja *ASNAPAR*). O período do domínio babilônio começou em 605 a.C., quando o rei Jeoiaquim foi subjugado por Nabucodonosor. Em menos de 20 anos, Jerusalém era um montão de ruínas e o povo de Judá havia sido deportado para Babilônia. A promessa divina feita a Davi não impediu a

JUDAS

perda temporária do trono a seus descendentes. As causas concorrentes à queda de Jerusalém e o auxílio de seus habitantes foram. **1** A separação do reino de Israel e a queda de Samaria que deixou Judá desamparado. **2** A negligência dos preceitos de Deus, referentes ao extermínio dos cananeus. Os israelitas não puderam, ou, para melhor dizer, não quiseram exterminar aqueles povos e, por isso, conservaram o fermento da corrupção em seu seio. **3** As alianças políticas e as relações de família com os povos idólatras. **4** A perda de força moral por causa da apostasia, e o enfraquecimento de entusiasmo pela grande causa do estabelecimento do reino de Deus sobre a terra. **5** Recusa de arrependimento pregado pelos profetas. **6** Quando estas causas haviam operado a ruína da nação, quando era chegado o tempo de se render sob a força das circunstâncias, a resistência às forças dominantes, com o auxílio de fracas alianças, foi uma política muito estreita, e um grande erro de apreciação a respeito das forças imperiais que se aproximavam. O pequeno Judá não queria submeter-se à Assíria, mas afinal tinha de render-se a Babilônia. Tais eram as exortações de Jeremias. Desde os primeiros dias de sua existência nacional, o povo hebreu precisava poupar todos os seus recursos físicos e políticos, morais e espirituais, uma vez que tinha de ocupar posição entre os impérios do mundo. Quando o povo voltou do exílio, Zorobabel, que era descendente de Davi, exercia as funções de governador civil, porém, sob o domínio persa. Seguiu-se logo depois o governo de Neemias, também pertencente à tribo de Judá. Exceto durante a administração desses dois homens o governador da província da Pérsia de Além-do-Rio; de que fazia parte o reino de Judá, era o principal responsável. Depois da conquista de Alexandre, o Grande, a Judéia passou a pertencer ao Egito e à Síria. A revolta vencedora dos Macabeus contra os sírios deu origem ao estabelecimento de uma dinastia de sacerdotes-reis, oriundos da tribo de Levi, que ocuparam o trono de Davi (veja *MACABEUS*). A essa dinastia sucedeu a dos idumeus, começando com Herodes o Grande, que governou sob a autoridade dos romanos (veja *HERODES, HISTÓRIA, JERUSALÉM*). Quando o cetro reverteu à casa de Davi, o reino passou a ser espiritual; e o seu soberano já não era um potentado terreno, e sim o Filho de Deus. A julgar pelo contexto, a palavra Judá pertence também ao território tribal mencionado em Js 19.34. Esta passagem não tem tido interpretação satisfatória. A palavra Judá não se encontra na versão da LXX, e talvez seja alteração do texto. **7** Nome de um levita, entre cujos descendentes se conta Cadmiel, Ed 3.9. **8** Nome de um levita que voltou do cativeiro com Zorobabel, Ne 12.8. **9** Nome de um levita que foi induzido por Esdras a se separar de sua mulher estrangeira, Ed 10.23. **10** Nome de um benjamita, filho de Senua, o segundo no comando da cidade de Jerusalém, Ne 11.9. **11** Nome de um dos que tomaram parte na dedicação do muro. Parece ter sido príncipe de Judá, Ne 12.34.

JUDAS (*no grego é ioudas, do hebraico yᵉhûdah, "Judá"*) **1** Nome de um dos antecessores de Jesus, que viveu antes do exílio, Lc 3.30. **2** Judas Macabeu, o terceiro dos cinco filhos do sacerdote Matatias, 1 Mac 2.1-5. Seu pai, profundamente entristecido pela determinação de Antíoco Epifanes de introduzir a idolatria entre o povo judeu, começou a lutar pela liberdade religiosa. Com a morte de Matatias, em 166 a.C., Judas, para cumprir os desejos de seu pai, assumiu a direção militar, 2.66; 3.1, e alcançou logo uma série de vitórias. Um exército de sírios e samaritanos, sob o comando de Apolônio, saiu-lhe ao encontro; ele o derrotou e lhe tomou a espada, v. 10,11. Judas serviu-se dessa espada em todas as campanhas até o fim de sua vida,

JUDAS

v. 12. Derrotou outro exército sírio, comandado por Serom, perto de Bete-Horom, v. 13-24; e talvez ainda em 166 a.C., alcançou uma batalha decisiva contra Gorgias, nas vizinhanças de Emaús, v. 27 até o cap. 4.25. No ano seguinte, Antíoco enviou um grande exército à Judéia, sob o comando de Lísias, que Judas derrotou em Bete-Zur, 4.26-34. Em conseqüência desses sucessos, os judeus tomaram conta do templo, o purificaram e novamente o consagraram, v. 36-53. Este fato foi celebrado anualmente por uma grande festa, chamada da dedicação, Jo 10.22. Em continuação a essas guerras com a Síria, entraram em outras operações de guerra ofensiva contra as nações vizinhas, dirigidas por Judas e Simão seu irmão, 1 Mac 5.9-54. Antíoco Eupator sucedeu a seu pai Antíoco Epifanes no trono da Síria, e reinou desde 164-162 a.C. Dirigido por Lísias, renovou a guerra com os judeus Lísias derrotou Judas em Betzacarias, 6.28-47, e deu sítio a Jerusalém, v. 48-54, mas por causa de complicações internas, concluiu paz com Judas e retrocedeu para Antioquia. Os judeus reconheceram a suserania da Síria, com o livre exercício de sua religião, v. 55-61. Demétrio Soter, que reinou desde 162-150 a.C., favoreceu o partido helênico existente entre os judeus e elevou Alcimus ao posto de sumo sacerdote, 7.1-20. Judas resistiu aos esforços desse sacerdote, 23.24. Demétrio enviou um exército para proteger Alcimus, comandado por Nicanor, que foi derrotado em Cafarsalama e mais uma vez em Adasa, perto de Bete-Horom, v. 26-50. Seguiu-se uma paz de pouca duração. Então Judas entrou em negociação com os romanos para obter deles provas de amizade e auxílio, cap. 8. Antes de chegar a resposta do senado romano, Demétrio enviou novo exército, comandado por Baquides, no ano 160 a.C. Judas ofereceu vigorosa resistência ao invasor em Elasa, porém as suas tropas foram rechaçadas e ele perdeu a vida. Seus irmãos recolheram o cadáver e o sepultaram no jazigo da família em Modim, v. 19. A derrota do exército e a morte do chefe causaram profundo abatimento, porém o partido patriótico tomou ânimo e ofereceu o comando das forças a Jônatas, irmão de Judas, v. 23-31. **3** Judas, filho de Calfi, e um dos dois capitães que permaneceram junto de Jônatas Macabeu em Hazor, quando todos o abandonaram, e o habilitaram a reparar as perdas, 1 Mac 11.70. **4** Judas, filho de Simão Macabeu, 1 Mac 16.2. Por ordem de seu pai, tomou o comando do exército com seu irmão João para combater Cendebaeus. Os dois irmãos tiveram grande vitória sobre o general sírio perto de Cedrom e não distante de Azoto, v. 2-10, mas Judas sofreu graves ferimentos, v. 9. No ano 135 a.C., três anos depois da batalha, ele e seu irmão Matatias foram assassinados no castelo de Doque, por um membro da família em um banquete, ao mesmo tempo em que seu pai era igualmente morto, v. 14-17, Antig. 13.8,1. **5** Judas da Galiléia, por ocasião do alistamento, chefiou uma revolta na qual pereceu e todos que o acompanhavam, At 5.37. Josefo o denominou várias vezes galileu e só uma vez lhe deu o nome de gaulonita, da cidade de Gamala, querendo dizer que era de Gaulonitis, situada a oriente do Jordão. Parece que, com o auxílio de um fariseu de nome Saduque, Judas levou alguns a pensar que o alistamento feito por Quirino, era o princípio do movimento de servidão a que o governo os queria reduzir. Fundou uma seita filosófica cujo fim era reconhecer somente a Deus como o único governador, Antig. 18.1,1,6; Guerras 2.8,1. Josefo afirma que Judas teve êxito em levantar a revolta, e dá a entender que ele pereceu nesse movimento; e diz claramente que também os seus dois filhos morreram, Antig. 20.5,2. A conseqüência indireta dessa tentativa foi a criação de um partido denominado dos zeladores, que muito concorreu para fomentar as perturbações internas,

JUDAS

e que provocou a tremenda guerra judaica entre 66-70 da era cristã. **6** Judas Iscariotes, era filho de Simão Iscariotes, Jo 6.71, e um dos apóstolos do Senhor, que entregou Jesus aos quadrilheiros, dando-lhe um ósculo. Denomina-se Iscariotes para distingui-lo de outro apóstolo de igual nome, Lc 6.16; Jo 14.22. O sobrenome parece indicar que era natural de Queriote, não sendo, portanto, da Galiléia. A julgar pelo seu caráter, acompanhava Jesus, dominado pelo interesse que ele tinha sonhado no reino de Cristo. Jesus, sem declinar nome algum, havia anunciado que dentre os doze um o entregaria, Jo 6.70. Judas exercia o cargo de tesoureiro e era o que trazia a bolsa. Quando Maria de Betânia, quebrou a redoma de alabastro e derramou o precioso bálsamo sobre a cabeça de Jesus, Judas, em seu nome e de seus companheiros, denunciou esse ato como sendo um desperdício, pois poderia vender-se o bálsamo, aplicando o produto ao sustento dos pobres, Jo 12.5,6. Jesus o repreendeu carinhosamente, mas provocou nele um profundo ressentimento; e ele se levantando foi encontrar com os príncipes dos sacerdotes, oferecendo-se para entregar o seu Mestre. O preço ajustado foi de 30 moedas de prata, cerca de 19,50 dólares, preço de um escravo, naquele tempo. Daí por diante procurava oportunidade para entregar Jesus, Mt 26.14-16; Mc 14.10-11; Êx 21.32; Zc 11,12,13. Na ceia pascal, Jesus manifestou o seu desígnio de ser crucificado, por ocasião da festa denunciou o traidor. O diabo já tinha colocado no coração de Judas a determinação de o entregar, Jo 13.2. Quando Jesus declarou solenemente "Um de vós me há de entregar", cada um dos discípulos perguntava: "Porventura sou eu, Senhor?". Simão Pedro fez sinal a João para saber de Jesus quem era o de que ele falava. Jesus respondeu enigmaticamente, dizendo: "O que mete comigo a mão no prato esse é o que me há de entregar", Mt 26.23; Mc 14.20; Jo 13.26; em termos mais familiares. O que come pão comigo, levantará contra mim o seu calcanhar, 18; Sl 41.9. Parece que Jesus e Judas colocaram a mão no prato ao mesmo tempo, e Jesus pegando no pedaço de pão o deu a Judas, Jo 13.16. Atrás do bocado entrou nele Satanás, v. 27. Ele também perguntou: "Sou eu Mestre?". E Jesus respondeu: "Tu o disseste", o que equivale a dizer: "És tu mesmo", Mt 26.21-35. Os demais discípulos não entenderam o que Jesus queria dizer. Quando o Mestre disse: "O que fazes, faze-o depressa", entenderam que falava de dar alguma coisa aos pobres, ou comprar as coisas que precisavam para o dia da festa. O traidor saiu logo a encontrar-se com os príncipes dos sacerdotes. É muito provável que Judas não estivesse presente à instituição da Santa Ceia. Esteve na ceia e participou dela com os demais, Mt 26.20, porém saiu logo depois de receber o bocado, Jo 13.30, e a eucaristia se deu após a ceia, Mt 26.26-29; Mc 14.22-25; Lc 22.19, 20. Lucas, descrevendo a solenidade da ceia, inverte a ordem dos fatos colocando em contraste o espírito de Jesus e o de seus discípulos, 22.15-24. Depois que Judas abandonou a sala, a conversa de Jesus mudou de tom. Terminada a ceia, Jesus conduziu os 11 para o jardim de Getsêmani. Para lá se dirigiu Judas, acompanhado de uma multidão, armada de espada e de varapaus que eram os ministros, enviados pelos príncipes dos sacerdotes e pelos anciãos do povo. De acordo com um sinal previamente combinado, a fim de indicar aos soldados a pessoa de Jesus, Judas se adiantou e saudou o Mestre, beijando-o na face, e prenderam logo a Jesus, Mt 26.47-50. No dia seguinte, quando Judas se acalmou, soube da condenação de Jesus e que ia ser crucificado. Despertou nele o sentimento de sua enorme culpa e foi ter com os príncipes dos sacerdotes para dizer-lhes. "Pequei, entregando o sangue inocente", e lançou diante deles as 30 moedas de prata. A sua consciência não estava tão cauterizada quanto a dos príncipes dos sacerdotes, que

JUDAS

tendo seduzido o infeliz apóstolo, agora arrependido, viraram-lhe as costas, dizendo. "Que nos importa? Isso é contigo", Mt 27.3-5. Saindo dali, Judas foi pendurar-se de um laço, rebentando pelo meio e derramando todas as suas entranhas, At 1.18. O salmo 109 fala de inimigos que perseguiram Davi em termos tais que encontram paralelo no proceder de Judas, Sl 109.8; At 1.20. Nenhum ato de coerção da parte de Deus levou ao seu destino aquele que era filho da perdição, a cumprir o seu destino, Jo 17.12. Não suplicou misericórdia, tacitamente a recusou. **7** Judas, nome de um dos doze apóstolos, distinto de Judas Iscariotes, Jo 14.22. Era filho ou talvez irmão de Tiago, Lc 6.16; At 1.13, também chamado Tadeu, Mt 10.3; Mc 3.18. Em outras versões encontra-se o nome Lebeu. Ambos os sobrenomes têm o mesmo sentido. Lebeu vem do hebreu e do aramaico *leb*, coração, e Tadeu se deriva do aramaico *thad*, que quer dizer seio de mãe, significando, ambos, filho amado. **8** Judas, irmão de Jesus, nome de um dos quatro irmãos do Senhor, Mt 13.55; Mc 6.3, provável escritor da epístola que tem nome igual. **9** Judas de Damasco, nome de um homem que morava em Damasco, na rua Direita, onde se alojou Paulo, depois de sua conversão, At 9.11. **10** Judas, cognominado Barsabás, nome de um homem de destaque na igreja de Jerusalém, escolhido com Silas para acompanharem Barnabé e Paulo a Antioquia, levando a carta do concílio de Jerusalém às igrejas da Síria e da Cilícia. Possuía dons proféticos. Nada se conhece de sua história subseqüente, At 15.22,27,32. Tem o mesmo sobrenome que o discípulo José, proposto para apostolado. Talvez fosse irmão dele, At 1.23.

JUDAS, EPÍSTOLA DE – escritor da

epístola que tem o seu nome. Fala de si como sendo "irmão de Tiago", parecendo indicar o autor da epístola de Tiago, o mesmo que fazia parte ilustre da igreja de

Jerusalém. Sendo assim, era irmão do Senhor e não apóstolo. Esta conclusão tem apoio na lista dos nomes dos irmãos do Senhor, Mt 13.55; Mc 6.3, e pelas aparentes indicações do v. 17 dessa epístola em que o seu autor dá a entender que não era apóstolo. Aqueles que identificam os irmãos do Senhor com os filhos de Alfeu, não obstante identificam Judas. Afora o simples nome, nada mais podemos saber, além das inferências que se podem tirar a respeito dos irmãos do Senhor, que não creram nele enquanto viveu sobre a terra, Jo 7.5, mas que depois da ressurreição se fizeram seus discípulos, At 1.14. Hegésipo, escritor eclesiástico, conta uma história interessante, conservada por Eusébio, Hist. Ec 3.20, que vem confirmar a possível inferência baseada na 1 Co 9.5, de que ele era casado e que havia morrido antes do ano 80 d.C. A epístola católica de Judas é muito curta. Seu autor denomina-se servo de Jesus Cristo e irmão de Tiago, v. 1. É quase certo que esse Judas é irmão do Senhor, Mt 13.55; Mc 6.3. Dirige-se àqueles que são amados em Deus Pai e conservados e chamados pela graça de Jesus Cristo, v. 1. Conduto, de acordo com o caráter da epístola que parece ter sido escrita para uma ocasião especial e está cheia de alusões que somente seriam entendidas pelo povo judeu, parece que foi endereçada igualmente a uma corporação cristã que pelas necessidades do momento deixou de ser mencionada. É mais natural admitir que a epístola foi destinada aos cristãos vindos do judaísmo e que habitavam a Palestina. A epístola reflete-se bastante em 2 Pedro cap. 2 e deve ter sido escrita pouco tempo antes dela, cerca do ano 66. Os defensores da autenticidade da epístola 2 Pedro e que discutem a sua prioridade à de Judas, dizem que foi escrita entre o tempo da morte de Pedro no ano 68 e a subida de Domiciano ao trono do império romano, no ano 81. A razão de fixar a data de 81 como

JUGO

o limite desse período baseia-se em uma tradição citada por Eusébio sob a autoridade de Hegésipo, que escreveu nos princípios do ano 170, pela qual se observa que Judas, irmão do Senhor, morreu antes do reinado de Domiciano, ou logo no princípio dele. A epístola teve por fim combater uma heresia nascente com tendências imorais, talvez semelhantes ao gnosticismo, condenadas nas epístolas pastorais e no Apocalipse, versículos 3,4,10,15,16,18, e destinadas a salvar as igrejas de sua influência perniciosa, v. 1, 2, assinala o motivo de a escrever, v. 3, 4, anuncia a condenação reservada para os falsos mestres, v. 5-16, mostra qual é o dever dos cristãos em tais circunstâncias, v. 17-23, terminando com uma rica e apropriada doxologia, v. 24,25. Sem dúvida por causa de sua brevidade, essa epístola não é claramente citada pelos Pais da Igreja. Na última parte do segundo século, contudo, sabe-se que era muito lida nas igrejas gregas e latinas; foi incluída na velha versão latina introduzida na lista do fragmento Muratori, citada e referida por Clemente de Alexandria e por Tertuliano e mais tarde por Orígenes e desde o princípio fez parte do Cânon cristão.

JUDÉIA (*nome latino derivado do grego ioudaia, "terra dos judeus", por sua vez, vindo do hebraico y^ehûdah*) **–** termo geográfico que se encontra pela primeira vez na Bíblia, em Ed 5.8, para designar uma das províncias do império persa; tradução do aramaico *Yehud*. A terra da Judéia é mencionada nos tempos dos Macabeus, depois que os persas cederam lugar ao domínio greco-macedônio, 1 Mac 5.45; 7.10. Por ocasião do banimento de Arquelau, a Judéia foi anexada à província romana da Síria, mas era governada por procuradores, nomeados pelo imperador romano. A sucessão de procuradores foi interrompida por breve período, pelo reinado de Herodes Agripa I, d.C., 41-44. O procurador residia em Cesaréia. Seu superior imediato

foi o procônsul, ou presidente, cuja autoridade se estendia até Antioquia, Lc 3.1; Antig. 17.13,5; 18.1,1. Tal era a Judéia quando Nosso Senhor exercia o seu ministério na terra. Esse nome se lê em vários lugares do Novo Testamento, Lc 23.5-7; Jo 4.3; 7.3; At 1.8. O limite ao norte pode ser considerado de Jope no Mediterrâneo até certo ponto do rio Jordão, 20 km ao norte do mar Morto. O limite sul pode ser traçado desde o *wady Ghuzzeh*, que fica 13 km a sudoeste de Gaza, passando por Berseba até o sul do mar Morto. O comprimento de norte a sul é de 88,5 km, e igual largura de este a oeste (veja *HISTÓRIA*).

JUDEU (*do latim, iudaeus, do grego ioudaios, e do hebraico yehudi*) **–** nome que designava os filhos de Judá, tribo ou reino, 2 Rs 16.6; 25.25. Esse nome tornou-se extensivo aos indivíduos da raça hebréia que voltaram do cativeiro e, atualmente, designa qualquer indivíduo dessa raça, espalhada no mundo, Et 2.5; Mt 2.2. O atual Estado desse povo é a confirmação das profecias, Lv 26.33,39; Dt 4.27; 28.25,36,37,64-68, que anunciavam o seu desterro para todas as nações da terra, e que nunca mais, nem dentro nem fora da Palestina, teriam governo próprio. A língua falada pelos judeus era o hebraico, 2 Rs 18.26; Ne 13.24.

JUDIA – 1 Nome de uma mulher da tribo de Judá, mãe de Jerede, 1 Cr 4.18. **2** Nome que designava as mulheres nascidas na Judéia ou que pertencia à raça hebréia, At 16.1; 24.24.

JUDITE (*digno de louvor*) **1** Nome da mulher de Esaú, filha de Beeri, heteu, Gn 26.34. **2** Nome da heroína do livro de Judite (veja *APÓCRIFO*).

JUGO – pequena barra de madeira com duas curvaturas na parte inferior destinadas a receber os pescoços dos bois, empregados

J

JUGO

em puxar os carros ou os arados no campo, Nm 19.2. Dois bois, jungidos à mesma canga, fazem uma junta, 1 Rs 19.19. Por analogia, chamam-se jugo às obrigações pesadas impostas sobre alguém, 1 Rs 12.4; Mt 11.30; At 15.10.

JUIZ – 1 Magistrado civil, Êx 21.22; Dt 16.18. A conselho de seu sogro e a fim de aliviar-se de pesado trabalho, Moisés organizou uma corporação judiciária para julgar os negócios menos graves, reservando para si os negócios de maior importância, Êx 18.13-26. Em todas as subdivisões das tribos já existiam os chefes ou príncipes e os anciãos investidos de autoridade civil e religiosa. O sistema judicial organizado por Moisés inclui esses oficiais que retinham no novo regulamento as suas funções hereditárias de juízes, Dt 1.15-17; *cf.* 21.2. Antes de morrer, instruiu os israelitas que iam estabelecer-se na terra de Canaã para designarem juízes e oficiais em todas as suas cidades com autoridade para julgar as questões menos difíceis e levar as mais graves ao conhecimento dos sacerdotes, 16.18-20; 17.2-13; 19.15-20; *cf.* Js 8.33; 23.2; 24.1; 1 Sm 8.1. Com o estabelecimento da monarquia, o rei assumiu as funções supremas para julgar as questões civis, 2 Sm 15.2; 1 Rs 3.9,28; 7.7; *cf.* 1 Sm 8.5. Davi nomeou os levitas para o cargo de juízes e nomeou mais de seis mil juízes e oficiais de justiça, 1 Cr 23.4; 26.29. Jeosafá organizou o poder judiciário em Judá e estabeleceu juízes nas cidades fortificadas, e uma suprema corte em Jerusalém, composta de levitas, sacerdotes, chefes de famílias, sob a presidência do sumo sacerdote para decidirem sobre assuntos religiosos e um tribunal de príncipes de Judá, para decidirem sobre questões de ordem civil, 2 Cr 19.5-8. **2** Homens que Deus destinava para dirigirem os movimentos libertadores e que tendo libertado a nação e provado a sua investidura, eram considerados pelo povo como salvadores da pátria, como Moisés.

Contam-se 12 desses juízes, não incluindo Abimeleque que foi pseudolibertador sem autoridade divina, cap. 9. Foram eles: Otniel de Judá, que livrou Israel do rei da Mesopotâmia; Aode, que expeliu os amonitas e os moabitas; Sangar, que matou 600 filisteus e que salvou Israel; Débora, associada a Baraque, guiando Naftali e Zebulom à vitória contra os cananeus do norte; Gideão, que expulsou os midianitas do território de Israel; Tola e Jadir; Jefté, que subjugou os amonitas; Abesã, Aijalom, Abdom e Sansão, grande perseguidor dos filisteus. Eli e Samuel também julgaram a Israel, 1 Sm 4.18; 7.15, mas o primeiro agia como sumo sacerdote e o último como profeta de Jeová. Esses juízes não formavam linha ininterrupta, antes apareciam esporadicamente. Muitas vezes eram juízes locais, exercendo suas funções em distritos limitados e cuja autoridade se limitava a resolver questões de ordem particular. Não podiam fazer declarações de guerra nem mobilizar tropas. Algumas das opressões e não poucas eram evidentemente contemporâneas e envolventes. Sangar, por exemplo, foi contemporâneo de Aode, cujas façanhas estão misturadas com as de Eúde, Jz 3.31, uma opressão de filisteus sobre Judá, era coeva com a dominação amonita ao oriente do Jordão e com o ataque às tribos de Judá, Benjamim e Efraim, 10.7 (veja *CRONOLOGIA, III*). Esses fatos derramam luz sobre as perturbações que agitavam a vida de Israel durante o governo dos juízes. Os distritos políticos eram separados pelo Jordão e pelos limites com os países vizinhos entre Judá e o Norte. O cântico de Débora e a história de Jefté mostram claramente a frouxidão dos laços que uniam as tribos e quais estavam ligadas em forças para a defesa comum. Entre as tribos isoladas, nota-se a de Judá. Havia, porém, energias centralizadas em operação. Existia o sentimento nacional. A guerra de extermínio, contra a tribo de Benjamim, revela quanto a nação inteira partilhou a grave ofensa e

JUÍZES, LIVRO DE

sentiu a sua responsabilidade. Existia uma só arca para todas as tribos no Tabernáculo nacional de Siló, Js 18.1; Jz 21.19; *cf.* Êx 23.14-17. A arca foi transferida para Betel, onde se reuniam as tribos para a batalha e ali adoravam Jeová e o consultavam, Jz 20.18-29. As grandes opressões entrelaçavam o povo na comunidade da miséria para resistência ao inimigo comum; os grandes libertadores uniam os corações do povo pelo sentimento de lealdade ao seu chefe e às grandes vitórias alcançadas por uma ação comum, congraçavam as tribos no sentimento da glória nacional. O período dos juízes tem sido chamado "a idade de ferro de Israel". O povo, com freqüência, se voltava para a idolatria. A adoração no santuário se tornava difícil pelas condições excepcionais do país. A aspereza de costumes observa-se no modo por que Jael matou Sísara; no sacrifício da filha de Jefté; no modo pelo qual Gideão tratou os moradores de Sucote, e no pecado dos homens de Gibeá. Em contraste com essas cruezas, destaca-se a fidelidade da filha de Jefté, de Rute para com Noemi e o caráter íntegro e puro de Boaz.

JUÍZES, LIVRO DE – livro histórico do Antigo Testamento, colocado depois do livro de Josué, consiste de três partes: INTRODUÇÃO: saída das tribos para se apossarem das terras que lhes haviam sido partilhadas por sorte, Js caps. 15–21; e uma lista das cidades ainda em poder dos cananeus, Jz caps. 1 a 2.5. GUERRAS DE CONQUISTA sem extermínio completo das populações aborígines. HISTÓRIA DOS JUÍZES, salvadores de Israel, desde a morte de Josué até Sansão, 2.6 até 3.6. Essa segunda parte tem uma introdução em estilo profético, compendiando os acontecimentos desse período histórico e tirando dele lições religiosas, acompanhadas de notícias minuciosas da vida de seis juízes e breve menção à vida de outros seis. A pretensão de Abimeleque, filho de Gideão, de ser rei, está registrada

como parte integral da história; ele foi, antes, um pequeno rei do que um juiz, salvador de Israel. Dois apêndices contendo a história do culto da imagem em casa de Micas e o seu estabelecimento entre os danitas ao norte, caps. 17 e 18, e o pecado horrendo dos homens de Gibeá castigado por tremenda guerra, caps. 19 a 21. Não se pode determinar com certeza a data da composição do livro. Os fatos que se seguem de algum modo satisfarão a curiosidade do leitor. Todas as escolas de crítica atuais reconhecem a grande antiguidade do cântico de Débora, pertencente à mesma época dos acontecimentos nele celebrados. A primeira parte, a segunda e a maior porção do livro, não poderiam ter sido escrita senão depois da morte de Sansão, 16.30,31. Nos apêndices, encontram-se as expressões. "Naqueles dias não havia rei em Israel" que parecem indicar que a composição desses capítulos ocorreu depois do estabelecimento da monarquia. O Tabernáculo já não estava em Siló, quando o livro foi escrito 18.31. A menção acerca do cativeiro da terra, no cap. 18.30, tem sido interpretada como referindo-se à invasão de Tiglate-Pileser ao norte, 2 Rs 15.29, ou à deportação das dez tribos em seguida à queda de Samaria. Esta explicação entra em conflito com a narração paralela. "Todo o tempo que a casa de Deus esteve em Silo", 18.31. Ainda mais: as circunstâncias históricas dos reinados de Davi, Salomão e Jeroboão, 1 Rs caps. 5 a 7; 12.28-31, não favorecem a idéia de que a imagem da casa de Micas continuasse a ser adorada até o tempo de Tiglate-Pileser, ou o auxílio da Assíria. Portanto, desde Davi Kimchi, que muitos intérpretes opinam que a expressão "cativeiro da terra" se refere à tomada da arca pelos filisteus quando Jeová abandonou Siló. Muitos expositores adotam a doutrina de Houbigant de que a última palavra da frase "cativeiro da terra" está errada; que o

JUÍZES, LIVRO DE

texto hebraico original tinha a letra *nun* em vez de *tzade*, e então a leitura seria esta: "cativeiro da arca" em vez de "cativeiro da terra". O crítico Keil julga que se refere à conquista da terra dos danitas do norte e ao cativeiro de seus habitantes pelos sírios das vizinhanças de Damasco. Qualquer dessas hipóteses é mais aceitável do que se supor que o ídolo da casa de Micas continuou a ser adorado até a queda de Samaria. A expressão "desde Dã até Berseba", 20.1, usava-se no tempo dos juízes e era oriunda da época, 10.11-13; *cf.* 1.31,32,34; 3.13-31; 6.3,9,10,33. As indicações de tempo que se encontram nos apêndices referem-se ao período anterior ao reinado de Davi sobre todo o Israel. A introdução geral do livro foi escrita enquanto os jebuseus ainda ocupavam a praça forte de Jerusalém, 1.21. Todas essas indicações de tempo favorecem fortemente a inferência de que o livro, no seu todo, foi escrito no tempo de Samuel e talvez pelo próprio Samuel, como diziam os velhos rabinos. Os críticos, que negam a Moisés a autoria do livro de Deuteronômio, dizem que um revisor antigo operou sobre os elementos existentes, porque o livro dos Juízes reflete as mesmas concepções religiosas que o livro de Deuteronômio. Como bem o diz a análise da obra, os fatos foram colhidos e colocados na ordem em que estão com o fim de exibir o seu ensino religioso e trazer lições às idades futuras. A significação religiosa dos acontecimentos que o compilador desejava demonstrar não era ignorada aos próprios autores. O cântico de Débora, e a indignação contra o crime de Gibeá, revelam que a consciência nacional se empenhava ardentemente em defender os negócios sagrados de Israel. Os juízes de Israel e as dificuldades que enfrentaram:

1 – Otniel – Jz 3.7-11 – opressão da Síria e outros povos da Mesopotâmia

2 – Eúde – Jz 3.12-31 – opressão de Moabe

3 – Sangar – Jz 3.31 – opressão dos filisteus

4 – Débora – Jz 4 e 5 – opressão de Jabim

5 – Gideão – Jz 6.1–8.32 – opressão dos midianitas

6 – Abimeleque – Jz 9 – opressões internas

7 – Tola – Jz 10.1-5 – período de relativa paz

8 – Jair – Jz 10.3-5 – período de relativa paz

9 – Jefté – Jz 10.6–12.7 – opressão dos amonitas

10 – Ibsã – Jz 12.8-10 – período de relativa paz

11 – Elom – Jz 12.11,12 – período de relativa paz

12 – Abdom – Jz 12.13-15 – período de relativa paz

13 – Sansão – Jz 13–16 – opressão dos filisteus

14 – Eli – 1 Sm 1–4 – opressão dos filisteus

15 – Samuel – 1 Sm 7–12 – opressão de povos filisteus

JÚLIA (*forma feminina de Julius em latim, em português é Julio*) – nome de certa mulher cristã residente em Roma, Rm 16.15, talvez a esposa de Filólogo.

JÚLIO – nome de um centurião da corte Augusta, encarregado de conduzir o apóstolo Paulo a Roma, com os outros prisioneiros, At 27.1. Usando de humanidade, consentiu que Paulo fosse ver seus amigos e se prover necessário, facultando-lhe desembarque em Sidom, v. 3. Quando chegaram à ilha de Creta, Júlio não acreditou no que Paulo dizia em referência à tempestade que se aproximava, mas deu crédito ao piloto e ao dono do navio, v. 11. Apanhada que foi a nau pelo tufão, Júlio se deixou guiar pelas instruções de Paulo, impedindo o desembarque da tripulação, v. 31. Dado o naufrágio do navio, os soldados quiseram matar os prisioneiros por temerem que fugissem alguns deles, salvando-se a nado.

JURAMENTO

Mas, o centurião, querendo salvar Paulo, os impediu, v. 42,43.

JUMENTO (veja *MULA*).

JUNCO – **1** Tradução da palavra *Gome*, no hebraico, planta que cresce em terrenos alagados, Jó 8.11; Is 35.7, de que fizeram o cestinho em que Moisés foi lançado ao Nilo, Êx 2.3, e que servia também para embarcações de certo vulto, Is 18.2. A planta referida é a cana que servia de papel, chamada papiro, *Papyrus antiquorum*. Mas o papiro não é uma espécie de relva ou cana como a palavra original parece dizer. É um caniço gigante com uma haste triangular de oito a dez pés de altura, 2,64 m e 3,30 m, coroada por um ramalhete de flores. Cresce nas planícies do Sarom perto do mar da Galiléia e nas águas do Hulé, ou Merom. Antigamente florescia no Nilo, de onde desapareceu. Empregava-se de vários modos, Ne 15.2; 3 Mac 4.20. Os egípcios fabricavam com ele, sapatos, cestos, botes e outros artigos; e também faziam umas folhas que utilizavam para escrever, consistindo em tiras feitas com o miolo. Foi nessa espécie de papel que o apóstolo João escreveu a sua segunda epístola, 2 Jo 12. **2** Tradução da palavra hebraica *Ahu*, em Jó 8.11, planta aquática, que se encontra nas margens do Nilo. Era uma das muitas plantas que enchiam as águas daquele rio: juncos, bardanas, lírios roxos. **3** Tradução da palavra hebraica *Suph*, em Êx 2.3, 5; e Is 19.6, planta que também cresce nas margens do Nilo e em águas salgadas. O mar Vermelho no hebraico é mar de *Suph*. É claro que se trata do junco que só cresce em água doce; esse nome se refere a uma vegetação aquática, como algas, juncos lírios roxos etc. **4** Tradução da palavra hebraica *Agmon*, que sugere a idéia de banhado, planta que cresce nos brejos, Is 9.14; 19.15, cuja extremidade se curva, Is 58.5 e dos filamentos se faziam cordas, Jó 41.1.

JÚNIAS – nome de uma cristã, residente em Roma parenta de Paulo e sua companheira nas prisões por Cristo e que foi cristã primeiro do que ele, Rm 16.7.

JÚPITER – nome do deus supremo dos romanos, o Zeus dos gregos. Esse nome é mencionado uma só vez no Novo Testamento, At 14.12,13. O texto grego emprega a palavra *Zeus*. Júpiter possuía um magnífico templo em Olímpia, herod. 2.7, de onde se derivou a designação de Olímpico. Antíoco Epifanes erigiu-lhe um templo em Atenas e dedicou o templo de Jerusalém a Júpiter Olímpico. A pedido dos samaritanos, diz Josefo, deram ao santuário de Gerizim o nome de Júpiter, protetor dos estrangeiros, 2 Mac 6.2; Antig. 12.5,5. O culto tributado a Júpiter, que Paulo e Barnabé encontraram em Listra, era praticado em todo o império romano e em toda a Grécia. Tinha sacerdotes, templos e sacrifícios.

JURAMENTO – apelo feito para Deus como prova da verdade de um depoimento, ou para reforçar o caráter de uma promessa, Gn 21.23; 31.53; Gl 1.20; Hb 6.16. Violar um juramento assim feito é ofender a Deus, 2 Cr 36.13; Ez 17.13,18. Às vezes, o apelo é feito para o soberano ou para objetos sagrados, Gn 42.15; 2 Sm 11.11; Mt 5.33; 23.16-22. Jeová condescende na confirmação de sua promessa ao patriarca, jurando por si mesmo, Gn 22.16; Hb 6.13-20. O juramento era pronunciado levantando as mãos para o céu, Gn 14.22; Ez 20.5,6; Ap 10.5; Homero, Ilíada, 19.254, outras vezes a pessoa que jurava colocava a mão sob a coxa da pessoa a quem fazia a promessa, Gn 24.2; 47.29, provavelmente como invocação à posteridade que havia de sair de seus lombos para cumprir o prometido e vingar a sua violação. Geralmente prestava-se juramento diante do altar, 1 Rs 8.31. Abraão deu a Abimeleque sete cordeiras como testemunhas de seu juramento, sacrificando

JURAMENTO

um animal, dividindo-o em duas partes e passando entre elas, 15.8-18. Cada uma das partes que entravam nesse pacto invocava sobre si a sorte da vítima, se o juramento fosse violado. Pela lei mosaica em certas investigações judiciais, a pessoa acusada seria julgada inocente se jurasse diante dos juízes, Êx 22.11; Nm 5.19-22. Qualquer pessoa prestando juramento ou fazendo uma promessa a Deus, ficava obrigada a cumpri-la; no caso em que uma mulher ainda moça e em casa de seu pai fizesse qualquer voto ou juramento e se o pai sabendo do voto e do juramento não dissesse nada, era ela obrigada a cumprir o seu voto. Da mesma sorte com a mulher casada no caso em que o marido a não contradissesse, ficava obrigada a cumprir o que jurou fazer. A viúva e a repudiada deveriam cumprir todos os votos que fizessem, Nm cap. 30. Se alguém jurasse falsamente em nome do verdadeiro Deus, profanava o seu nome, Lv 6.3; 19.12; *cf.* Is 48.1; Jr 12.16; Ml 3.5; em caso algum se permitia jurar pelos deuses falsos, Js 23.7. O que jura em seu próprio dano não é desobrigado do que prometeu, Sl 15.4. Nosso Senhor condenou o uso dos juramentos, mesmo feito na melhor intenção, dizendo que o que for além do Sim, Sim e Não, Não, procede do mal, Mt 5.33-37. No Sermão do Monte, corrigiu várias das alterações que perversamente haviam feito à lei, os escribas e os fariseus; e entre indivíduos em seus relacionamentos costumeiros. O juramento judicial, porém, é permitido e legal, Êx 22.11. O próprio Cristo não hesitou em responder quando sob juramento pelo Deus vivo, se ele era ou não o Cristo, Mt 26.63. Os apóstolos também reconheceram a legalidade do juramento quando deram testemunho em nome de Deus, em defesa de suas palavras, 2 Co 11.31; Gl 1.20. O perigo de um juramento precipitado e desnecessário é bem ilustrado no caso de Herodes, tetrarca, que contra a sua vontade teve de mandar cortar a cabeça de João Batista, Mt 14.3-12.

JUSABE-HESEDE (*no hebraico, "regresso da bondade", "voltou a bondade", ou "devolvedor da bondade"*) — nome de um dos filhos de Zorobabel, 1 Cr 3.20.

JUSTO – **1** Sobrenome de José, um dos que foram propostos para ocupar o lugar de Judas no apostolado, At 1.23. **2** Nome de um homem piedoso, residente em Corinto e cuja casa vizinhava com a sinagoga em que se hospedou o apóstolo Paulo, At 18.7. **3** Sobrenome de um judeu chamado Jesus que se associou a Paulo nas saudações enviadas à igreja dos Colossenses, Cl 4.11.

JUTÁ (*no hebraico, "extenso", "inclinado", ou como preferem alguns estudiosos "fechada"*) — nome de uma cidade situada na região montanhosa de Judá, mencionada com Maom, Carmelo e Zife, como cidades vizinhas, Js 15.55. Com os seus subúrbios tocou em partilha aos sacerdotes, 21.16. Atualmente é conhecida pelo nome de *Yuttah* e está situada sobre uma pequena elevação a sudoeste de Hebrom. Supõe-se, e com bons fundamentos, que seja a cidade de Judá nas montanhas onde Maria foi visitar a sua parenta Isabel, Lc 1.39. É crença mais comum que Isabel era da cidade de Hebrom.

LAADE (*no hebraico, "opressão"*) – nome de um dos filhos de Jaate, descendente de Judá, 1 Cr 4.2.

LAAMÁS (*no hebraico, "parecido com alimento"*) – nome de uma aldeia da tribo de Judá, na planície da Judéia, nas cercanias de Laquis, Js 15.40. Tem sido identificada com a moderna Khirbet el-Lahm, que se encontra cerca de 4 km ao sul de Beit Jibrin.

LABÃO (*no hebraico, "branco"*) **1** Nome de um dos filhos de Betuel e neto de Naor. Residia em Harã, Gn 24.10-15; 28.5,10; 29.5; 31.53. Era irmão de Rebeca. Quando viu os valiosos presentes que o servo de Abraão tinha dado a Rebeca, prontamente consentiu que ela fosse à terra de Canaã para casar-se com Isaque, Gn 24.1-67. Quando Jacó fugiu às iras de seu irmão Esaú, abrigou-se na casa de Labão seu tio, que era chefe de uma casa, 30.35,36; 31.1, pai de diversos filhos e pelo menos de duas filhas, 29.16, possuía escravos e grande rebanho de ovelhas e gados, 29.9; 30.30; 31.8. Jacó esteve na casa de Labão, pelo menos 20 anos, sendo sete para obter a mão de sua filha Raquel, e outros sete com o mesmo intuito, visto ter sido enganado por seu sogro, que lhe deu primeiro sua filha Lia, e mais seis anos pela criação de gado. No final dos 20 anos, Jacó percebendo que sua prosperidade havia estimulado a inveja de Labão e de seus filhos, fugiu com suas mulheres, filhos e rebanhos em direção a Canaã. Labão correu a persegui-lo e o alcançou no monte de Gileade. Avisado por Deus para não molestar Jacó, fez com ele um pacto de amizade depois do que se separaram para sempre, Gn caps. 29 a 31. Labão adorava o Deus de seus pais, o Deus de Naor, 31.53, Jeová, 24.50, e ao mesmo tempo adorava ídolos, fazendo uso dos deuses familiares, os terafins, 31.30, e praticava a adivinhação, 30.27. **2** Nome de um lugar, ainda não identificado, existente na península do Sinai, Dt 1.1, associado ao

LABÃO

nome de Hazerote. Alguém pensa que pode ser Libna, também associado ao nome de Hazerote em Nm 33.20.

LAÇO (*nó corredio, ou armadilha colocada no chão, para caçar pássaros, animais e até homens, Jó 18.9; Am 3.5*) **–** tradução de duas palavras hebraicas *Mokesh* e *Pah*. Em linguagem figurada a idolatria é um laço, Jz 2.3; 8.27; Sl 103.16; também a morte, Sl 18.4; Pv 13.14; a tentação do diabo, 1 Tm 3.7; 2 Tm 2.26; a mulher adúltera; Pv 7.21-23; as palavras do tolo, Pv 18.7 etc. (veja *ARMADILHAS*).

LACUM (*no hebraico, "obstrução", ou "defesa"*) **–** nome de uma cidade da tribo de Naftali, próxima da extremidade sul do lago Merom, Js 19.33. Localização desconhecida.

LADA (*no hebraico, "ordem"*) **–** nome de um homem de Judá, filho de Selá, e pai dos habitantes de Maressa, 1 Cr 4.21.

LADÃ (*no hebraico, "bem ordenado"*) **1** Nome de um homem da tribo de Efraim e antecessor de Josué, 1 Cr 7.26. **2** Nome de um gersonita, descendente de Levi, que deu origem a várias famílias, 1 Cr 23.7-9; 26.21.

LADRÃO – em sentido geral é o nome que se dá a todo aquele que apodera do que não lhe pertence, Jo 12.6, quer o faça em particular, quer nas vias públicas, Lc 10.30; Mt 6.20. Os ladrões de estrada convertiam-se às vezes em fomentadores de revolta contra as leis romanas, como fez Barrabás, Mc 15.7, que, compelido pelas circunstâncias, e pelo desejo de roubar, se libertou das mãos da polícia, para viver como salteador. A lei mosaica decretava que o ladrão era obrigado a restituir em dobro o que havia furtado e no caso de impossibilidade, seria vendido pelo tempo necessário até pagar todo o roubo. Se um ladrão fosse achado arrombando uma casa e ferido morresse, aquele que o feriu não seria culpado de sua morte. Se, porém, matasse o ladrão já de dia, seria culpado de morte, Êx 22.1-4. Os ladrões que foram crucificados com Jesus, com certeza eram mais que ladrões, segundo o termo grego que lhes foi aplicado, e pelo gênero de castigo a que foram condenados, Guerras 2.13-2; mesmo porque um deles reconheceu a justiça de sua condenação, Lc 23.41. Ambos improperavam a Jesus, v. 44; um deles, porém, sentiu-se tocado pela mansidão de espírito e pelas palavras do Salvador que pedia perdão para seus inimigos, e dominado por um profundo arrependimento e temor de Deus em seu coração, e reconhecendo que Jesus era inocente e que seria rei após a morte, rogou-lhe: "Senhor lembra-te de mim quando entrares no teu reino", Lc 23.30-43.

LADRILHOS, **TIJOLOS –** placa de barro cozido no forno. Na Babilônia, empregavam-se os ladrilhos para servirem de registros e até para desenhos, Ez 4.1. Escreviam ou desenhavam sobre eles enquanto o barro estava mole; depois colocavam os ladrilhos no forno. Deste modo, as inscrições ficavam indeléveis. Empregavam-se os ladrilhos na cobertura das casas, Lc 5.19. Na Palestina, era pouco usado este modo de cobertura. O evangelista Lucas estava habituado ao sistema dos telhados usados na Grécia e por isso empregou a expressão "subiram ao telhado e levantaram as telhas" sem referir-se à qualidade do material de que eram feitas. É conveniente observar que, neste caso particular, a casa tinha uma abertura na coberta que dava saída aos moradores da casa para tomarem ar fresco na estação quente, fechando-a hermeticamente com uma porta de ladrilhos, no tempo de inverno.

LAEL (*no hebraico, "consagrado a Deus"*) **–** nome de um príncipe gersonita, pai de Eliasafe, Nm 3.24.

LAGARTA – são vários os termos usados no Antigo Testamento que denotam espécies diferentes do animal, como: a) Gazam, "locusta", tradução da palavra Gazam, no hebraico "devorador", nome de um inseto devorador das vinhas, das figueiras, das oliveiras e dos produtos dos jardins e dos campos em geral, Jl 1.4; 2.25; Am 4.9. Talvez seja uma espécie de gafanhoto em estado de desenvolvimento ou um inseto cabeludo, sem morada fixa que se move de um lugar para outro, como lagarta. b) Hasil, "devorador", algumas versões dizem, "pulgão". Anda como o gafanhoto e destrói as plantas; 2 Cr 6.28; Sl 78.46; Is 33.4; Jl 1.4; 2.25. Provavelmente é uma espécie de gafanhoto em estado de evolução (veja salmo 105.34; Jr 51.27. c) Tsab, "cágado", "tartaruga". Assim é o termo traduzido em algumas versões, outras traduzem por "lagarto", Lv 11.29.

LAGARTIXA/LAGARTO – vários termos envolvem a tradução dessas palavras, a saber: a) Nome de um pequeno réptil da família dos lagartos, chamados em hebraico letaah, considerado imundo pela lei cerimonial, Lv 11.30. Os outros quatro animais mencionados com o lagarto: o ouriço caixeiro, a lagartixa, a lesma e a toupeira, são nomes de significação incerta, porém representam quatro espécies de lagartixas muito abundantes na Palestina e países adjacentes, com grande variedade de espécies. As lagartixas verdes que se encontram nas matas e nos terrenos cultivados, principalmente a Lacerta viridis e a Lacerta laevis, são as mais bonitas. Pertencem à mesma família (Lacertidae), mas de gênero diferente (Zootica); são as lagartixas das paredes que aparecem em grande número na estação quente, deslizando sobre os muros, sobre as rochas e terrenos pedregosos. Outras famílias dessa espécie têm seus representantes na Palestina, como: as Scincidae, as Zonuridae, as Agamidae e as Monitoridae. À primeira dessas famílias pertence a lagartixa ou camaleão, Lv 11.30. Encontra-se de preferência nos lugares isolados, é de pequenas dimensões e tem a cor amarela do deserto, é tão comum quanto a lagartixa azul, mas não sobe em obstáculos; esconde-se nas fendas das pedras, ou mergulha rapidamente no solo. A família das Zonuridae é representada pela Pseudopus pallasi, cujas pernas traseiras são rudimentares, de modo a parecer-se com uma cobra. É de cor preta e tem o comprimento de 66 cm a 82 cm, inclusive a cauda que regula ter dois terços do comprimento total. Em íntima relação com essa família, encontram-se os Agamidae a que pertencem os Uromastix spinipes. Esse réptil habita os desertos arenosos da África e da Arábia, e é muito comum no deserto da Judéia. Tem o comprimento de 66 cm; é de cor verde com malhas escuras; possui formidável cauda, composta de anéis armados de poderosos espinhos que lhe servem de arma defensiva. O nome hebraico era sab, traduzido crocodilo e lagarto nas versões em português em Lv 11.29. Os árabes lhe dão o nome de dabb. A família dos Monitoridae ou Varanidae, a que pertencem os monitores que Almeida traduz lagarto, em Lv 11.29,30; o Waran el-ard dos árabes, Psammossaurus scincus, encontra-se no sul da Judéia, na península do Sinai e nas partes arenosas do Egito. Atinge o comprimento de 1,5 m. Tem focinho longo, dentes afiados e cauda com a qual se defende. O monitor das águas, Waran el-bahr (Hydrossaurus niloticus), é um pouco maior que o seu congênere da terra, do qual facilmente se distingue pela alta serrilha que se estende ao longo da cauda. Esses répteis são notavelmente ligeiros, possuem força prodigiosa, justificando desse modo o nome hebraico koab, "força". Alimentam-se de pequeninas lagartixas, de uma espécie de pequenos ratos, e devoram com avidez os ovos dos crocodilos e as crias destes. Por

LAGARTIXA/LAGARTO

sua vez, servem de alimento aos naturais da terra. b) Tradução da palavra hebraica *homet*, animal que se arrasta sobre a terra, Lv 11.30. Algumas versões dizem "lesma", ou "caracol", e ainda "lagartixa". c) Tradução de outra palavra hebraica, *Shabelul*, "úmido", "gomoso", a "lesma", Sl 58.8, em particular a que pertence à família das lesmas sem casca, *Limacidae*. d) Tradução da palavra hebraica *anakah*, "furão". Nome de um animal declarado impuro pela lei cerimonial, classificado com os répteis, Lv 11.30. A lagartixa tem a forma de um lagarto e anda pelos muros das casas; tem pintas esbranquiçadas pelo dorso e emite um silvo tristonho, do qual lhe vem o nome hebraico. A lagartixa comum, que tem a pata em forma de leque, *Ptyodactylus gecko*, é freqüente na Palestina. É encontrada nas casas, anda pelos muros e pelos celeiros. Pode correr assim em virtude da formação peculiar de seus dedos, providos de bolsas que se dilatam, quando anda, e que lhe permitem fácil aderência. e) Nome de um réptil pertencente à mesma ordem dos lagartos, porém segundo a classificação atual, não é do mesmo grupo. Esse nome encontra-se em Lv 11.30. É tradução da palavra hebraica *Tinshemeth*, "respiração", "inflação". Tem sido traduzido por "camaleão", ou "toupeira". Os pulmões do camaleão são dilatados e, quando se enchem, tornam o animal semitransparente. Os globos oculares são protuberantes e funcionam independentes um do outro, de modo que o animalzinho pode olhar em duas direções ao mesmo tempo; muda de cor, refletindo as cores dos objetos que o cercam, ou por motivo de qualquer excitação nervosa. Esta faculdade é devido à existência de células transparentes de pele que se dilatam ou contraem, obedecendo às operações do sistema nervoso. Mora nas árvores. As patas dianteiras e traseiras são de molde a facilitar a subida aos mais altos galhos das árvores, com o auxílio da cauda.

Alimenta-se de insetos por meio da língua, cuja extremidade contém uma substância viscosa.

LAÍS (*no hebraico, "leão"*) **1** Nome de um homem de Galim, e pai de Palti, 1 Sm 25.44. **2** Nome de uma cidade dos cananeus, situada ao norte da Palestina, no país de Reobe, às margens do Jordão. Os danitas tomaram a cidade e a reconstruíram e lhe mudaram o nome para Dã, Jz 18.7-29. Outro nome que a cidade possuiu foi Lesem, Js 19.47; Jz 18.7,19; Jr 8.16. O lugar tem sido identificado com o Tell el-Kady, ao norte das águas de Merom, Js 11.5. **3** Nome de uma aldeia de Benjamim, Is 10.30. O local tem sido identificado com a moderna el-Isawiyeh, próximo a Jerusalém.

LÂMEDE (*no hebraico, "aguilhão"*) – nome da 12ª. letra do alfabeto hebraico. É correspondente à letra grega *lambda* e ao nosso "L".

LAMENTAÇÕES – composição, ou discurso de sentimentos tristes, elegias, como as que produziu Davi sobre Saul e Jônatas, 2 Sm 1.17-27. O livro de Lamentações de Jeremias ocupa no Antigo Testamento lugar entre o de Jeremias e o de Ezequiel. Nas Escrituras dos hebreus, estava incorporado na divisão dos Livros Sagrados, ou Hagiógrafo, entre o livro de Rute e o Eclesiastes. É conveniente chamar a atenção do leitor para o seguinte: dos cinco capítulos de Lamentações, os capítulos 1; 2; 4 e 5, cada um deles tem, 22 versículos, e o capítulo 3 tem 22 x 3 = 66. O alfabeto hebraico compõe-se de 22 letras distintas. Nos caps. 1; 2 e 4, os versículos estão dispostos em ordem alfabética. O versículo 1 começa com a letra *álef*; o versículo 2, com a letra *bêt*; o versículo 3, com a letra *guímel* e o versículo 4 com a letra *dálet* e assim por diante até o fim. Convém, todavia, observar que nos caps. 2–4 a ordem das letras *áin* e *pê* não é a mesma do cap. 1 e do salmo 119; está invertida, de modo que o *pê* precede o *áin*. O capítulo 5 não tem arranjo alfabético. O tema de todas as cinco elegias ou lamentações é a destruição da capital judaica e os terríveis sofrimentos de seus defensores, pela fome, pela espada e pelos ultrajes de toda natureza, devido ao pecado do povo, sem omitir os pecados dos profetas e dos sacerdotes. Em vários lugares de Lamentações, a condição miserável do país, é personificada em um indivíduo que lamenta a sua triste sorte, 1.9,11,12-22; 2.18-22, ou em um profeta representando a nação, falando na primeira pessoa, 2.11; 3.1-51 e 52-66. Esse livro é anônimo na língua hebraica, conhecido apenas pela primeira palavra "como" do cap. 1, e fazia parte do Hagiógrafo. Apesar disso, os críticos, mesmo os de tendências racionalistas, atribuem os quatro primeiros capítulos a Jeremias. O quinto capítulo, dizem eles, é possível que seja de outro autor. Na LXX, encontra-se a seguinte declaração, prefixa ao livro: "Depois que Israel foi levado para o cativeiro, e que Jerusalém foi devastada, aconteceu que Jeremias se assentou a chorar sobre Jerusalém, e escreveu a seguinte lamentação, e disse...". Vem, pois, de longa data a presunção de ser livro da autoria de Jeremias, no que acordam com algumas exceções, todos os escritores sagrados e profanos tanto antigos quanto modernos. No segundo livro de Crônicas, cap. 35.24,25, fala-se da morte de Josias, dizendo: "Judá toda e Jerusalém o prantearam e, muito particularmente Jeremias, cujas lamentações sobre Josias se cantam até este tempo por todos os músicos". Se essas lamentações foram escritas, com certeza perderam-se, porque não constam do presente livro.

LAMEQUE (*no hebraico, lemek, talvez, "moço forte*) **1** Nome de um dos filhos de Matusael, da raça de Caim. Teve duas mulheres, Ada e Zila. Da primeira, nasceram Jabal e Jubal; e da segunda, teve Tubalcaim e uma filha de nome Noema. As palavras por ele dirigidas às suas mulheres são belo espécime da poesia hebraica, e se encontram em Gn 4.18-24, há duas interpretações: Primeira, Lameque confessa ter matado um homem, e ter morto um rapaz com uma pancada que lhe deu. Essas palavras traduzem o remorso de sua consciência. As frases: porque, me feriu, porque me pisou, parecem querer atenuar a sua culpa, alegando que matou em defesa própria. Segunda, a outra interpretação diz: Lameque profere ameaça: "Matarei todo aquele que me ferir" exultando, por esse modo, com a invenção de seu filho Tubalcaim, oficial de martelo e artífice em toda qualidade de obras de cobre e ferro. Com os instrumentos por ele fabricados, poderia Lameque tirar pronta desforra contra quem ousasse agredi-lo. Desse modo, procuram explicar o sentido do poema de Lameque como exprimindo a determinação de empregar os novos instrumentos em defesa de sua pessoa. Os comentaristas são acordes em dizer que Lameque exalta a si próprio, dizendo: Se Caim, que matou um homem, está sobre proteção divina, que vingaria sete vezes quem ousasse tirar-lhe a vida, certamente que Lameque, tendo a seu dispor novas armas para sua defesa, será vingado setenta vezes sete, Gn 4.18-24. **2** Nome de um patriarca antediluviano da raça de sete, e filho de Matusalém e pai de Noé. Temia a Deus e confiava nas promessas da salvação concretizadas na pessoa de seu filho Noé, dizendo "Este nos consolará em nossos trabalhos, e nas obras das nossas mãos na terra que o Senhor amaldiçoou", Gn 5.25,28-31.

LAMI (*no hebraico, "belemita*") **–** nome de um irmão do gigante Golias, que foi morto por Elanã, filho de Jair, 1 Cr 20.5. A palavra Lami corresponde à última parte da palavra

LAMI

hebraica *Bethlemita*, por isso talvez o nome tenha esse significado.

LÂMIA – tradução do hebraico *Lilith*, "ser noturno", "monstro", "fantasma". O termo aparece em algumas versões descrevendo os seres noturnos, Is 34.14, que freqüentam as ruínas das cidades. Tristram julga ser a coruja parda, *Syrnium aluco*, que se encontra em Gileade, Basã, Líbano e no vale do Jordão quebrando o silêncio da noite com seus gemidos (veja *SÁTIRO*).

LÂMPADA – vasilha destinada a conter um líquido inflamável, para iluminação, com um pavio que serve de condutor do líquido para alimentar a chama, Heród. 2.62. As sete lâmpadas do candeeiro de ouro que iluminava o Tabernáculo e o templo eram de ouro, Êx 37.23; 1 Rs 7.49, e continham azeite, Êx 27.20. Empregavam-se espevitadores para cortar os morrões das torcidas ou pavios, e caldeirinhas para apagar o morrão, Êx 25.38. As lâmpadas comuns para uso doméstico eram feitas de barro e continham uma tampa móvel ou fixa. No centro da tampa havia um orifício no qual se introduzia o azeite, e outro ao lado de onde saía a torcida. A palavra hebraica é *Ner*, "luz", "lâmpada", traduzida assim em 2 Sm 21.17; em Jr 25.10, por luz do candeeiro. A palavra hebraica *Lappid*, também se traduz por "lanterna"; em Jz 7.16,20 e em Is 62.1, "tocha" e em Dn 10.6; por "tochas" ou "tições"; em Jz 15.4, por "facho", em Zc 12.6, tocha, e em Êx 20.18, "relâmpagos". A palavra grega *lampás*, traduzida por lâmpadas em Mt 25.1; Ap 15.5; At 20.8, também se traduz por "luzes" ou "lanternas" em Jo 18.3. A extinção de uma candeia significa, em sentido figurado, a destruição de uma família, Pv 13.9. Em Gazer, costumavam envolver uma lâmpada dentro de uma vasilha dupla para representar uma criança que com freqüência sepultavam nos lugares altos, durante a ocupação dos amorreus, em sacrifício aos deuses (veja *LANTERNA*).

LANÇA – este termo trata de modo genérico vários tipos de armas de guerra de ponta aguda e haste comprida, a saber: a) *Kîdôn*, é termo traduzido por "lança" em Js 8.18,26; Jó 39.23; Jr 6.23; 50.42, por "escudo" em 1 Sm 17.6,45. Parece tratar-se do dardo, que possuía cerca de 1,20 m de comprimento na haste. Era levado na mão, mas uma provisão poderia ser amarrada às costas, 1 Sm 17.6. Era arma mortal e poderia ser usada a longa distância. b) *Hanîth*, o termo parece indicar mais propriamente a "lança", embora inclua também o "dardo" A lança consistia de uma peça de metal fixada à ponta de uma vara, 1 Sm 13.19; 17.7; Is 2.4. Os soldados a conduziam na mão e fincavam no solo quando estavam em descanso. Era comprida a ponto de um homem se apoiar nela, 2 Sm 1.6. Algumas lanças na antigüidade eram tão grandes e pesadas que somente guerreiros bem preparados podiam arremessá-las. A lança era levada pelo guerreiro ao campo de batalha e no acampamento era fincada no chão pela haste para marcar o alojamento do rei, 1 Sm 26.7. Destinava-se a servir de arma de ataque, de dois modos: ou investindo contra o inimigo ou atirando-a de longe como se fosse um dardo, 1 Sm 18.10; 26.7,8; 2 Sm 2.23; Jo 19.34. As lanças compridas, que os árabes denominavam *rumh*, eram usadas nos tempos antigos, Jz 5.8; 1 Cr 12.8,24; Ne 4.13; Jr 46.4. Os hebreus lhe davam o nome de *romah*, Nm 25.7,8. Tinham cerca de 2 m de comprimento e não se prestavam a ser atiradas como dardos (veja *ARMADURA*).

LANCEIROS – tradução da palavra grega *Dexiolabos* ou como diz o manuscrito Alexandrino, *Dexiobolos*, em At 23.23, designando um corpo de soldados distinto dos legionários e da cavalaria. Evidentemente, eram soldados pedestres levando sua arma na mão direita.

LANTERNA (*no grego, phános*) – este é o termo que encontramos em João 18.3. Primitivamente, consistia apenas em um pedaço de madeira resinosa, ou em um molho de qualquer substância absorvente embebida em óleo, e colocada na ponta de uma vara, dentro de uma vasilha de barro, de forma cônica. Essas simples tochas evoluíram e se tornaram "lanternas". Os soldados romanos, que foram prender Jesus, levaram consigo "lanternas", Jo 18.3, que eles faziam com películas transparentes ou lâminas de chifre. Algumas cidades antigas do Oriente Médio já possuíam lampiões, que pendurados, alumiavam as ruas escuras (veja *LÂMPADA*).

LAODICÉIA (*no grego, laodkeia, "que pertence a Laodice"*) – nome de uma cidade que antes se chamava Dióspolis, cidade de Zeus, melhorada e ampliada por Antíoco II, que lhe colocou o nome de Laodicéia em honra de sua mulher Laodice. Era cidade principal da Frigia Pacatiana da Ásia Menor, e estava situada um pouco ao sul de Colossos e Hierápolis, sobre o rio Licos, tributário do Meandro. Possuía fábrica de panos e vestuários de lã escura, produto de ovelhas criadas nas suas vizinhanças. Tinha uma escola de medicina onde se preparava um pó aplicado à cura de moléstia dos olhos. Continha grande número de judeus ali residentes, Antig. 14.10,20. Epafras trabalhou nela como evangelista e fundou uma igreja, Cl 4.12,13. O apóstolo Paulo mostrou grande interesse pelo progresso da igreja em Colossos, bem como pelos irmãos que estavam na Laodicéia, Cl 2.1. Enviou-lhes saudações e escreveu-lhes uma carta de que talvez só um exemplar foi deixado em Laodicéia, Cl 4.15,16. Alguns acreditam que a epístola referida é a carta aos Efésios. Uma das sete igrejas mencionadas no Apocalipse

chamava-se Laodicéia. A carta que lhe foi dirigida continha amargas repreensões, Ap 1.11; 3.14-22, e nela se alude às riquezas que a tornaram famosa. Pelo ano 65 da era cristã, Laodicéia, Colossos e Hierápolis foram destruídas por um terremoto. Os habitantes de Laodicéia reconstruíram a cidade à sua custa, sem auxílio algum do governo romano. As ruínas de Laodicéia podem ser vistas no lugar chamado *Eski Hissar*, perto de Deniziu, a uns 93 km a sudeste de Esmirna, atualmente Izmir, na Turquia.

LAPIDOTE (*no hebraico, "tochas", "archotes"*) – nome do marido da profetisa Débora, Jz 4.4.

LAQUIS (*no hebraico, lakîsh, talvez, "difícil de tomar", ou "tenaz"*) – nome de uma cidade fortificada nas campinas de Judá, Js 15.33,39. No tempo da conquista da Palestina, o rei de Laquis foi derrotado e morto por Josué, Js 10.3-35; 12.11. Reoboão fortificou a cidade, 2 Cr 11.9. Amazias, rei de Judá, perseguido pelos conspiradores, refugiou-se em Laquis, onde o mataram, 2 Rs 14.19; 2 Cr 25.27. Laquis foi sitiada por Senaqueribe, rei da Assíria. Do campo fronteiro a essa cidade, saiu Rabsaqué para intimar a rendição de Jerusalém, 2 Rs 18.14, 17; *cf.* 19.8; 2 Cr 32.9; Is 36.2; 37.8. Laquis é acusada de ser a causadora do pecado da filha de Sião, porque nela se encontraram as maldades de Israel, Mq 1.13. Nabucodonosor tornou a sitiar Laquis e outras cidades de Judá, Jr 34.7. Depois da volta do cativeiro, foi novamente habitada pelos israelitas, Ne 11.30. Seu antigo lugar é assinalado em *Tell el-Hesy*, a uns 30 km a nordeste de Gaza e a uns 20 km de *Beit Jibrim*. Escavações recentes têm colocado a descoberto a muralha da antiga cidade e algumas construções, pertencentes ao tempo de Reoboão, Asa, Jeosafá, Uzias, Jotão e Manassés. Parece que dez cidades têm ocupado sucessivamente o local da antiga

LAQUIS

Laquis. Uma delas chamava-se Amorita, que tinha cerca de 500 m², edificada sobre uma rocha alcantilada, a uns 7 m acima do córrego que vinha do oriente e uns 13 m acima da planície do norte; e defendida pelo lado sul e pelo lado oeste, por uma ravina. A muralha do norte localizava-se no sopé da rocha e tinha 2,60 m de espessura, com uma grande torre no ângulo setentrional, ocupando uma área de 18,48 m por 9,24 m, com aposentos de cerca de 11 m², protegidos por muralhas de 2 m a 3 m de espessura. Outros muros, pelo menos com o dobro de espessura, foram levantados antes da conquista de Canaã pelos hebreus. Nas escavações tem-se encontrado pederneiras, cobre, bronze e utensílios de ferro, armas de bronze e grande quantidade de artigos de barro. Descobriram-se duas inscrições, uma em caracteres do hebraico antigo, e outra em caracteres cuneiformes. Esta última deve datar de 15 séculos antes de Cristo, e contém o nome de um rei de Laquis chamado Zinrida.

LASA (*no hebraico, "fenda"*) – nome de um lugar mencionado com as cidades da planície, Gn 10.19. Jerônimo diz que esse lugar ocupava uma ravina ao oriente do mar Morto, notável pelas suas águas termais que Herodes visitou por ocasião de sua última enfermidade. A garganta de onde brotam essas águas é tão estreita que bem merece o nome de fenda. Não tem espaço suficiente para uma aldeia, por menor que seja. A torrente que dali vem chama-se agora wady Zerka Ma'in e deságua no lado oriental do mar Morto, a uns 20 km em linha reta da embocadura do Jordão depois de uns 5 km de curso.

LASAROM (*no hebraico, "pertencente a Sarom" ou "pertencente a planície"*) – nome de uma cidade cujo rei foi morto por Josué, Js 12.18. O texto hebraico pode ser lido da seguinte forma: "Rei sobre Sarom". O que se depreende pela LXX é que o texto original diz: "Rei de Afeque (que pertence) a Sarom". Sendo assim, o termo não se refere a cidade alguma, mas é simplesmente parte da frase que alude ao rei de Afeque.

LASÉIA – nome de uma cidade portuária na ilha de Creta, vizinha do lugar denominado Bons-Portos, onde abordou o navio que conduzia o apóstolo Paulo a Roma, At 27.8. Em 1856, o Rev. G. Brown descobriu umas ruínas que supôs serem as de Laséia, situada a uns 9 km a oriente de Bons Portos. Alguns acreditam tratar-se da cidade de Lasos, mencionada por Plínio, o Velho, 4.12,59. Porém, tanto o significado de seu nome quanto sua localização precisa são desconhecidos.

LÁSTENES (*no hebraico, "fortíssimo"*) – nome de um cretense que levantou um exército de mercenários para auxiliar a Demétrio II; em virtude do qual, pôde este desembarcar na Cilícia e erguer ali o estandarte da revolta contra Alexandre Balas, Antig. 13.4,3. Lástenes teve como recompensa o governo da Coelesíria. Demétrio o chamava de pai, primo etc., 1 Mac 11.31,32. O nome pai parece indicar que era pessoa de idade avançada. Os outros nomes parecem significar que realmente pertencia à família de Demétrio, ou que ocupava posição elevada na corte. Por meio de uma carta, recebeu informações sobre os termos da paz celebrada entre Demétrio e Jônatas Macabeu e das concessões feitas aos judeus, 32-37.

LATIM (*termo que vem de latinus, "do Lácio". Esse país estava localizado na parte central da Península Italiana*) – latim era o idioma falado pelos romanos. Visto que o jugo romano pesava sobre a Palestina desde um século antes de Cristo, até centenas de anos depois, a língua latina não tomou raízes no país. Somente alguns vocábulos se incorporaram à língua hebraica, como, *praetorium* e *centurio*, que foram escritos em caracteres gregos no Evangelho segundo Marcos 15.16,39,45. Como a língua latina era oficial na Palestina, o título colocado sobre a cruz de Cristo foi escrito em latim, em grego e em aramaico, Jo 19.20.

LAVANDEIRO – pessoa que limpa as roupas brancas, removendo delas as manchas produzidas pelo uso, as nódoas de gorduras etc, Mc 9.3. As roupas eram mergulhadas em água de sabão e esfregadas, Ml 3.2. Fora da cidade de Jerusalém havia um campo com o nome de Campo do Lavandeiro, ligado por um caminho amplo, e servido por um aqueduto que levava água a uma piscina, Is 7.3; 36.2, era próximo aos muros que os embaixadores assírios, falando dali, podiam ser ouvidos pelo povo, 2 Rs 18.17. Existe um canal que conduz água do Birket Mamilla, fonte das cabeceiras do vale de Enom, para cidade, que parece ser o antigo aqueduto do Campo do Lavandeiro. Se esse canal se identifica com o túnel que liga a fonte da Virgem ao tanque de Siloé, o Campo do Lavandeiro deveria estar localizado no vale de Cedrom.

LAVRADOS – tradução da palavra hebraica *Pekaim*, 1 Rs 6.18; 7.24, nome de ornamentações esculturais abertas em cedro, associadas a flores que adornavam o templo de Salomão. A tradução brasileira diz que os lavrados eram de botões. A palavra tem a terminação feminina, representando uma espécie de cabaça, como se a ornamentação tivesse com ela alguma semelhança.

LÁZARO (*no hebraico Eleazar, "Deus tem ajudado"*) **1** Nome de um mendigo que

Túmulo de Lázaro em Betânia — Christian Computer Art

LÁZARO

aparece na parábola do rico e Lázaro e que jazia à porta do rico, desejando fartar-se das migalhas que caíam de sua mesa. Além da fome, sofria as dores produzidas pelas chagas que lhe cobriam o corpo, lambidas pelos cães. Nada se diz quanto ao caráter de ambos. Quando os dois morreram, Lázaro foi levado pelos anjos ao seio de Abraão, e o rico foi sepultado no inferno. Parece à primeira vista que um foi galardoado simplesmente por ser pobre, e que o outro foi punido, por ser rico. O caso, porém, é outro. O rico vivia naturalmente como os outros cinco irmãos, que não acreditavam em Moisés, nem nos profetas, precisando de arrependimento, vindo isto significar que neste caso entrava um elemento moral, e que o proceder e não a posição social é que decidiu o destino final, Lc 16.19-31. **2** Nome de certo membro de uma família de Betânia, e irmão de Marta e Maria. Foi objeto de profunda simpatia, não somente de suas irmãs, como também de Jesus que o chamava "nosso amigo". Teve a honra de ser levantado dentre os mortos. Tomado de grave enfermidade, as irmãs mandaram contar a Jesus que estava doente aquele que ele amava. Jesus estava além do Jordão e lá se deixou ficar, sem acudir ao chamado. Dois dias depois, quando Lázaro, já estava morto, Jesus caminhou para Betânia. Marta foi encontrá-lo fora da aldeia, tendo com ele uma importante conversa, na qual o divino Mestre procurou animar-lhe a crença na ressurreição e no seu poder sobre a morte. Chegada que foi Maria, irmã de Marta, Jesus, em companhia delas e dos amigos de Lázaro, se encaminhou para o sepulcro, que segundo o costume entre os judeus. era aberto em rocha. Depois de removida a pedra que fechava a entrada do sepulcro, Jesus orou a seu Pai. Fez assim por causa do povo que o rodeava, a fim de que o milagre, que ia ser realizado, provasse a todos os que o presenciavam, que Jesus era enviado de Deus, o Pai. Então disse Jesus em voz alta: "Lázaro vem para fora", Jo 11.1-44. O efeito produzido foi profundo e foi causa da entusiástica recepção que Jesus teve em Jerusalém. O sinédrio reuniu-se e decretou a morte de Jesus, porque o povo o saudava como rei; se realmente ele fosse aceito como tal, também as suas doutrinas acerca de um reino espiritual disfarçado, todas as esperanças de resistências ao poder dos romanos, e as tentativas de restaurar o governo teocrático, se perderiam. Resolveram, pois, que um só homem perecesse, culpado ou não, antes que toda a nação viesse a sofrer, 11.45-53; 12.9-19. Lázaro esteve presente a uma ceia que Simeão o leproso de Betânia deu em honra de Jesus, seis dias antes da Páscoa, 12.1,2. O efeito produzido pela ressurreição de Lázaro, levou muitos a crer em Jesus o que muito irritou os judeus que decidiram matá-lo, v. 10,11. É esta a última vez que se fala de Lázaro na Escritura. A conspiração contra a sua vida parece que não foi levada a efeito. Com certeza ele veio a morrer segunda vez, mas não se sabe quando, em que lugar e em que circunstâncias.

LEABIM (*no hebraico, talvez, "chamejantes" ou "fogosos"*) – nome de uma tribo originária dos egípcios ou a eles incorporada, Gn 10.13; 1 Cr 1.11. Alguns estudiosos supõem tratar-se dos líbios, um dos mais antigos povos da África.

LEÃO (*o Felis leo dos naturalistas*) – esse animal domina os sertões africanos e parte da Ásia meridional até o oriente da província de Guzerate na Índia. Em tempos idos, encontrava-se na Grécia; atualmente, nem lá, nem em qualquer outro país da Europa; não existe no estado selvagem. Nos tempos bíblicos, era muito comum na Palestina. Os hebreus não tinham menos de seis palavras para designar esse animal nos diversos estados de sua existência, a saber: a) Aryel e Ari, "que despedaça", Nm 23.24;

Leão — Christian Computer Art

2 Sm 17.10. São as palavras mais comuns, ocorrem 80 vezes no Antigo Testamento. Alude-se à força do leão em 2 Sm 1.23; Pv 30.30; à sua coragem em Jl 1.6; a se agachar antes de se lançar sobre a vítima e às suas tendências para assaltar os rebanhos de ovelhas, vacas e outros animais, em 1 Sm 17.34; Is 11.6,7, e até mesmo sobre o homem em 1 Rs 13.24; Jr 2.30. b) Schachal, no hebraico, rugidor, Jó 4.10; Pv 26.13; Os 5.13. c) Layish, no hebraico, forte, Jó 4.11; Pv 30.30; Is 30.6. d) Labiah, no hebraico, rugidora, uma referência à leoa, Jó 4.11. e) Gor, no hebraico, mamador, uma referência ao leãozinho, bem jovem, Gn 49.9; Dt 33.20; Jr 51.38. f) Kephir, "felpudo", uma referência ao leão novo, porém já adulto, Ez 19.2-3; Sl 19.13; Pv 19.12. g) Léon, no grego, "leão", 2 Tm 4.17; Hb 11.33; 1 Pe 5.8; Ap 4.7; 5.5; 9.8,17; 10.3; 13.2. O leão podia esconder-se nas espessuras, Jr 4.7, nas florestas, 5.6; e em outros lugares das matas, 25.38. Havia caçadas de leões nas selvas que bordavam as margens do Jordão, 49.19, mas também o apanhavam em covas com armadilhas e redes, Ez 19.4,8,9. Atacavam os rebanhos e, às vezes, também o homem, 1 Rs 13.24-28. Eram numerosos em territórios desertos, principalmente em locais devastados pelas guerras, 2 Rs 17.25; Is 15.9; Jr 25.38. Na visão de Ezequiel, aparece um dos quatro animais com rosto de leão, Ez 1.10; 10.14. A primeira das quatro alimárias vista pelo apóstolo João era semelhante a um leão, Ap 4.7. O Senhor Jesus é chamado de "Leão da tribo de Judá", Ap 5.5; *cf.* Gn 49.9.

LEBANA (*no hebraico, "branca", uma designação poética da lua*) – nome do fundador de uma família, alguns de cujos membros voltaram do cativeiro, Ed 2.45; Ne 7.48.

LEBAOTE (*no hebraico, "leoa"*) – nome de uma cidade do extremo sul de Judá, Js 15.32.

LEBE-CAMAI – nome artificial, Jr 51.1, no qual, trocadas as consoantes, segundo o sistema denominado *Ath-bash*, forma a palavra *Kasdim*, isto é, caldeu.

LEBEU – nome que ganhou o apóstolo Tadeu em alguns manuscritos, Mt 10.3 (veja *TADEU*).

LEBONA (*no hebraico, "incenso"*) – nome de uma cidade ao norte de Siló, Jz 21.19. Há muito foi identificada como a moderna Lubban, na estrada que vai de Siquém a Jerusalém, 3,5 km ao norte de Siló. Foi dessa região que os benjamitas tomaram 400 mulheres das filhas de Siló para repovoar a tribo, uma vez que Benjamim foi quase exterminada em uma guerra contra as outras tribos de Israel, cap. 21.

LEBRE (*no hebraico, 'arnebeth*) – nome de um animal que remói, mas que não tem a unha fendida, e, por isso, foi considerado animal imundo, Lv 11.6; Dt 14.7. A opinião dos hebreus era que o animal que remói se distinguia por um movimento peculiar das mandíbulas. Fisiologicamente, a lebre não é ruminante, mas animal rodente, assim classificado pelos naturalistas. A lebre comum da Palestina, *Lepus syriacus*, é menor no comprimento do que a lebre européia, cerca de 6 cm, e as orelhas, também são um pouco menores. Habita as matas e os lugares cultivados. A lebre comum do sul da Judéia e do vale do Jordão (*L. judeae*, de Gray) tem as orelhas muito compridas e o pêlo ligeiramente pardo. Tristram enumera três outras espécies, existentes na fronteira meridional: *L. aegyptiacus*, a lebre do Egito, na parte sul da Judéia, *L. isabilinus*, nos desertos arenosos do sul da Palestina, e a *L. sinaticus* com o pêlo avermelhado.

LECA (*no hebraico, "jornada"*) – nome de uma aldeia de Judá, 1 Cr 4.21, a julgar pelo contexto. Se não, um lugar fundado por Er.

LEGIÃO – nome da divisão principal do exército romano, Guerras 3.4,2. Compunha-se de três mil soldados da infantaria com um contingente de cavalaria. Desde o ano 100 a.C., até a queda do império, o número dos soldados que formava uma legião, variava entre cinco mil e 6.200 enquanto que, desde o governo de Augusto até Adriano, o número regular era de seis mil sem o contingente de cavalaria. Nessa época, a legião compunha-se de dez coortes, cada coorte, de dez manípulos, e cada manípulo, de duas centúrias, *cf.* Mt 27.27, sob o comando de tribunos ou centuriões, Guerras 3.5,3; At 21.31,32; 23.23, em número de dez e 60 respectivamente. A palavra legião emprega-se na Escritura no sentido de multidão, Mt 26.53; Mc 5.9. O estandarte militar dos romanos consistia a princípio em um molho de palha amarrado à ponta de uma vara, que mais tarde foi substituído por uma águia e quatro animais; depois do ano 104 a.C., ficou limitado a uma águia, Plínio, Hist. Nat. 10.4. O estandarte ficava sob a guarda do centurião. Além da águia, ajuntaram depois a imagem do imperador. Pôncio Pilatos introduziu em Jerusalém essas imagens dando origem a uma insurreição dos judeus, Antig. 18.3,1; Guerras 2.9,2. O estandarte da águia só era usado pelas legiões. As coortes e as centúrias tinham estandartes com insígnias menores e de várias formas.

Legionários Romanos — Christian Computer Art

LEGUMES – plantas leguminosas, ou sementes delas, como ervilhas e feijões de grande nutrição. Com esses legumes se alimentaram Daniel e seus companheiros, Dn 1.12,16. Em 2 Sm 17.28, fala-se em grãos fritos, mas a palavra grão foi talvez introduzida pelos tradutores, porque não se encontra no original.

LEI – esta palavra emprega-se em várias acepções, porém, na Escritura, tem dois sentidos especiais. **1** Força que opera uniformemente, determinando a seqüência regular dos acontecimentos; e que regula os atos da vontade, Rm 7.23. **2** Regra de proceder formulada por uma autoridade competente, e, quando preciso, colocada em prática com o auxílio de leis penais. Esta é a principal significação que a Escritura dá à palavra lei. Muitas leis têm sua origem nas relações entre os membros da mesma sociedade, que, pela sua continuação e estabilidade, se convertem em lei. A lei subentende a existência de um governador divino ou humano. A palavra lei é tradução do hebraico *Torah*, "instrução"; do aramaico *Dath*, que significa "estabelecido", e do grego *Nomos*, "costumes", "lei"; é uma regra autorizada para governar o proceder dos homens, quer revelada dentro do homem, quer fora dele. A lei pode ser imposta por autoridades constituídas do Estado, que são ordenadas por Deus, Ed 7.26; Et 1.19; Dn 6.8, ou emanada diretamente de Deus, revelada de modo sobrenatural e audível, como foi no Sinai, ou por meio do Espírito, aos profetas, Zc 7.12, ou, ainda revelada na constituição de nossa própria natureza, Rm 2.14,15. São sábios aqueles que temem a Deus e guardam os seus mandamentos; a sabedoria piedosa, assim adquirida, pelo estudo da lei escrita,

Torah — Christian Computer Art

LEI

A lei — Christian Computer Art

pela observação do coração humano, e por uma vida de santidade, quando manifestada, é fonte de vida, Pv 13.14, e quando comunicada pelos pais a seus filhos, e que estes a recebem, converte-se em adorno de sua cabeça e colar de seu pescoço, Pv 1.9. O termo lei, precedido de artigo definido e sem outro adjunto que lhe modifique o sentido, refere-se a todo o Antigo Testamento em geral, Jo 12.34; 1 Co 14.21; *cf.* Jo 10.34; 15.25, porém, emprega-se com mais freqüência para designar o Pentateuco, Js 1.8; Ne 8.2,3,14; Mt 5.17; 7.12; Lc 16.16; Jo 1.17. A Lei Moral foi dada por Deus a Moisés, Êx 20.9-22; Mt 15.4; Jo 1.17, e é a lei de Deus, Js 24.24; 2 Cr 31.3. Foi escrita em livro, Js 1.7,8, incluindo toda a legislação contida no Êxodo, em Levítico, Números e Deuteronômio, Mc 12.26, com Êx 3.6; Mc 7.10, com Êx 20.12; 21.17; Lc 2.22 e Jo 7.22, 23, com Lv 12.2, 3; Mt 8.4 com Lv 14.3; Mt 19.8 e 22.24 com Dt 24.1 e 25.5, e chamava-se Pentateuco, formando a primeira divisão do cânon, Lc 24.44 (veja *PENTATEUCO*). A parte legal consiste dos Dez Mandamentos que formam a lei fundamental da teocracia e dos estatutos que nela se baseiam. Foi dada no Sinai. A lei fundamental, proferida em voz alta, soou aos ouvidos de toda a congregação de Israel. Os estatutos regiam a forma geral do culto, protegiam os direitos humanos, regulavam o proceder pessoal e determinavam os tempos consagrados às festas e aos sacrifícios. Esses estatutos se tornaram conhecidos do povo por meio de Moisés (veja *TEOCRACIA*). Quando se levantou o Tabernáculo, Deus promulgou as leis regulando o modo de se aproximarem dele (veja *LEVÍTICO*). Trinta e oito anos depois, Moisés fez ouvir de novo a lei publicamente, perante a nova geração, acentuando com empenho as passagens que a experiência de um terço de século lhe ensinaram a compreender melhor, e

A lei — Christian Computer Art

introduzindo modificações reclamadas pelas condições especiais que o povo estava (veja *DEUTERONÔMIO*). Acredita-se geralmente que, desprezando tudo quanto os estatutos continham, referentes às condições do lugar e do tempo, tudo o mais permaneceu como parte essencial à futura dispensação cristã e judaica, regulando a vida religiosa, *cf.* Êx 20.12; Dt 5.6; com Ef 6.2,3. Os Dez Mandamentos sendo a lei fundamental e sumária de toda a moral, permanecem firmes; baseiam-se na imutável natureza de Deus e nas relações permanentes do homem sobre a terra. A respeito do quarto mandamento, disse Jesus: "O sábado foi feito para o homem"; segue-se, pois, que a lei permanece em toda a sua força enquanto o homem existir sobre a terra. A respeito do quinto mandamento, o apóstolo Paulo, evidentemente considera em vigor, tanto o preceito quanto a promessa, a terra de Canaã desaparece, mas "a terra" toma o seu lugar, Ef 6.2,3. A lei cerimonial a que se refere a carta aos Hebreus, 8.7, como primeiro pacto, ela a declara como antiquada e prestes a perecer, v. 13 *cf.* os caps. 8 a 10. O apóstolo não julgou necessário obrigar a ela os gentios, At 15.23-29. Tinha função transitória, apontando para Cristo, nosso sumo pontífice por meio de seu sacerdócio, de seus sacrifícios, de suas cerimônias e de seus símbolos. Chegado que foi o antítipo, cessaram de uma vez os tipos, sem contudo perder de vista a importância que eles têm em todas as idades futuras. As disposições legais que formavam o código civil e criminal dos israelitas eram admiravelmente adaptadas ao estado de civilização a que o povo havia chegado. Essas leis, porém, foram livremente modificadas à medida que as circunstâncias se alteraram. Moisés foi o primeiro que as reformou; Davi e outros reis as aumentaram.

LEÍ (*no hebraico, "queixada", "maxilar"*) – nome de um lugar da tribo de Judá, Jz 15.9, onde os filisteus acamparam para prender Sansão, e em que seu exército foi desbaratado. Deram-lhe esse nome por ser um espinhaço de rocha dentada semelhante a uma queixada, ou por causa da façanha de Sansão que, com a queixada de jumento, matou mil filisteus. Esse lugar, onde Sansão bateu os filisteus, lançando a queixada da mão, foi chamado *Ramá-Leí*, que quer dizer, "Elevação da Queixada", v. 17. Guérin dá o local de Leí, em *Ain el-Lehi*, a noroeste de Belém, cerca de 3,5 km a sudoeste de *Malhah*, e, portanto, não muito distante de Etão, em uma planície elevada. Essa localização, porém, não satisfaz; não está no mapa. Além disso, Leí deve ser procurada perto de outro Etão, porque Sansão desceu de Timnata para ir à rocha de Etão.

LEITE (*no hebraico, halab e no grego é gala*) – importante alimento, principalmente no oriente. Até agora se emprega como tal, o leite das vacas, 2 Sm 17.29, das cabras, Pv 27.27, das ovelhas, Dt 32.14, e das camelas, Gn 32.15. O leite das camelas é excelente, rico e forte, porém, pouco doce. Utiliza-se no seu estado natural, coalhado ou feito em queijo, Dt 32.14; Jz 5.25; 2 Sm 17.29. Guardavam em odres, Jz 4.19; 5.25.

LEMUEL (*no hebraico, "dedicado a Deus", "devotado a Deus"*) – nome do rei que escreveu o cap. 31 do livro de Provérbios, reproduzindo as palavras com que sua mãe o instruiu, v. 1.

LENÇO (*no grego, soudarian, "pano suado"*) – pedaço de tecido, usado pelos romanos para limpar as mãos e o rosto. Os judeus começaram a utilizá-lo no período da dominação romana. Servia para envolver o rosto dos mortos, Jo 11.44; 20.7. Em Éfeso, os lenços que haviam tocado no corpo do apóstolo Paulo eram aplicados nos enfermos com grande proveito, At 19.12. O marco de prata, mina, que o homem de grande nascimento entregou a seu servo para negociar com ele, foi embrulhado em um lenço, Lc 19.20.

LENTILHAS – nome de uma planta, 2 Sm 23.11, que cozinhavam e serviam de sopa, Gn 25.29,34, e que em tempos de penúrias substituía o pão. O nome que os modernos árabes lhe dão é semelhante ao hebraico, *iadashim*. A lentilha, *Ervum lens*, é planta papilionácea, aliada às ervilhas; tem folhas compostas com cinco a seis pares de folíolos oblongos, flores brancas, estriadas de raios violeta e pequenas sementes chatas. O cozinhado que delas se faz é de cor vermelha. Foi esse o guisado pelo qual Esaú vendeu o direito de primogenitura e de que, talvez, lhe veio o nome de Edom. Essa planta é silvestre em Moabe e cultiva-se em toda parte da Palestina. As sementes constituem alimento muito saudável. É dela que se fabrica a *Revalenta arábica*, muito usada nos restaurantes vegetarianos e em muitas casas particulares.

LEOPARDO – animal feroz: em hebraico, *Namer*, animal malhado; em grego, *Pardalis*. Era, como bem o diz o seu nome, animal mosqueado, Jr 13.23, muito ágil, Hc 1.8, procurando entre os rebanhos a sua alimentação predileta, Is 11.6. Às vezes, também atacava o homem, Os 13.7,8, ocultando-se para esse fim nas vizinhanças das povoações, Jr 5.6. Sua morada habitual era nas montanhas, Ct 4.8. O leopardo, *Felix pardus*, diziam os antigos, que era um produto híbrido do leão com a pantera, com que concordam alguns cientistas modernos, de onde lhe vem o nome de *leo* e *pardus*, leão e pantera. Julga-se, no entanto, que seja variedade da mesma espécie. O leopardo ou pantera é natural da África e do

Leopardo — Christian Computer Art

sul da Ásia. Aparecia na região oriental do Jordão, isto nos tempos bíblicos. Em Daniel 7.6, simboliza uma nação feroz com o seu rei, sem dúvida, a Grécia, 8.21. A besta de que fala Apocalipse 13.2, com sete cabeças e dez cornos, que se combina com as quatro alimárias de Daniel, representando forças unidas dos poderes da terra, tem o corpo de leopardo.

LEPRA (*no hebraico, çara 'at, no grego é lepra*) **1** Moléstia terrível, que em hebraico se chamava *Saraath*, que quer dizer açoite, cujos sintomas se descrevem em Levítico 13.1-46, e que poderia confundir-se com outras moléstias de pele. A enfermidade tinha profundas raízes. Começava por uma pústula, ou alguma coisa luzente com tendência a se expandir embranquecendo a pele, penetrando na carne, *cf.* Lv 13.2,3,7,8,10,24,25,27,35,36, e abrindo chaga vermelha semelhante à queimadura de fogo, Lv 10.14-16, 24. Entre as partes do corpo, atacadas pela lepra, notava-se especialmente a cabeça, e a barba, Lv 13.24,29,30,42. O leproso devia separar-se por determinação do sacerdote e morar fora do campo, e clamar que era imundo e sujo, v. 45,46, também se apresentar com freqüência ao sacerdote que se pronunciava sobre o caráter da moléstia, Lv 13.1-44, e logo que fosse declarado limpo, passava a um processo de purificação acompanhado de sacrifícios, Lv 14.1-32. A descrição da moléstia como relatada Levítico 13 não menciona o rápido aparecimento de cor branca como a neve, que se manifestou em Miriã, Nm 12.10, em Geazi, 2 Rs 5.27, e em Moisés, Êx 4.6. A lepra não atacava somente as pessoas das classes inferiores. Naamã, general-chefe dos exércitos da Síria, 2 Rs 5.1-14, e o rei Uzias durante os últimos anos de seu reinado, ficaram leprosos, 2 Rs 15.5; 2 Cr 26.21. As regras referentes à exclusão dos leprosos encontram-se nas seguintes passagens: Nm 5.1-14; 12.10,15;

2 Rs 7.3,8; 15.5; 2 Cr 26.21; *cf.* Lc 17.12. Parece que apesar de todas essas restrições, a lepra, sendo tão repugnante, não era contagiosa, porquanto o rei da Síria se encostava ao braço de Naamã, mesmo quando estava enfermo e o mesmo Naamã vivia no seio de sua família e era acompanhado de seus servos, 2 Rs 5.18. A enfermidade a que se dá atualmente o nome de lepra é uma doença formidável, tecnicamente denominada *Elephantiasis Grecorum*, que se manifesta sob duas formas: a lepra ou tuberosa, que é a mais comum e que ataca principalmente a pele e a membrana mucosa; e a lepra branca ou anestésica que ataca os nervos e produz torpor. Os sintomas de ambas as formas são muito semelhantes e com freqüência se confundem. O princípio da moléstia consiste em uma lassidão que dura, às vezes, meses e até anos. Aparecem depois umas manchas de forma irregular que se estendem na fronte, nos lábios e em todo o corpo. Depois de algum tempo, ficam brancas e as partes adjacentes perdem a sensibilidade. Nos casos mais graves, as juntas dos dedos dos pés e das mãos caem, uma a uma, produzindo deformidades em outras partes do corpo. Diz Thomson: "As úlceras vêm gradualmente nas diferentes partes do corpo; o cabelo da cabeça cai, as sobrancelhas desaparecem, as unhas despregam-se, amolecem e caem; as juntas dos dedos, tanto dos pés quanto das mãos, encolhem-se e caem lentamente. As gengivas se contraem e os dentes desaparecem. Os olhos, o nariz, a língua e o paladar, pouco a pouco, se consomem". Diz ainda o mesmo autor que, ao chegar à porta de Jafa, em Jerusalém, deparou-se-lhe um grupo enorme de mendigos, sem olhos, sem nariz e sem cabelos, erguendo braços sem mãos, e emitindo sons inarticulados, saídos das gargantas carcomidas pelas úlceras. Essa doença tão repugnante e fatal é idêntica à lepra descrita no livro de Levítico e em outros livros da Bíblia, *cf.* Nm 12.12. Porém, a

LEPRA

lepra descrita na Bíblia parece ser curável, Lv 14.3, ao passo que a *Elephantiasis Grecorum* é incurável, exceto em casos muito incipientes. Se não é a *Elephantiasis*, o que é então? Sir Risdon Bennett (*Diseases of the Bible*, 15-52) e, com ele, muitos outros acreditam que, provavelmente a *Lepra vulgaris* é agora representada pelo gênero *Psoriasis vulgaris*, impigem seca. Não é contagiosa, manifesta-se por meio de escamas nos cotovelos e nos joelhos, de forma arredondada, muito brancas, que aumentam até o tamanho de uma pequena moeda, depois do que, as escamas desagregam-se, deixando um sinal rubro, em torno do qual se formam novas manchas. Depois passam para o abdome, para o pescoço e para as costas e, em alguns casos, vão até a cabeça, rosto e mãos. Não perturbam o sistema geral e a doença é curável, mas, às vezes, reaparece. É simples doença de pele, sem perigo de vida. A lepra branca do Antigo Testamento pode bem ser a *Psoriasis guttata*, na qual as manchas parecem salpicos de lama. Talvez que a palavra hebraica *Saraath* seja termo genérico, e a *Elephantiase psoriasis*, uma de suas espécies, sendo quase certo que diferentes variedades dessa moléstia tenham existido em tempos diversos. Se a lepra do Antigo Testamento e a do Novo forem idênticas, ficará provado que a lepra antiga era a *psoriasis*, porque Lucas, que era médico, empregava a palavra grega, lepra, usada tecnicamente para a *psoriasis*, Lc 5.12,13. Com isto concorda a descrição que Josefo faz, definindo o leproso como sendo um homem que tem a desgraça de ter a sua pele manchada sem aludir a mais grave sintomas. Diz também que entre os gentios, os leprosos não eram excluídos da sociedade e até exerciam cargos de importância na política. **2** A mesma palavra *saraath* aplicava-se a certas manifestações de lepra que consistiam de manchas brancas ou vermelhas que aparecem no vestido de lã ou de linho, e também nas paredes das casas, Lv 13.47-59; 14.33-37. Essas manchas poderiam originar-se de minúsculos criptógamos, cogumelos ou quaisquer outras formações que se operam nas paredes ou nos vestidos expostos à umidade da estação hibernal.

LEPROSO – pessoa atacada pela doença da lepra, 2 Rs 7.8; Mt 10.8. O leproso não podia relacionar-se com pessoas sãs, nem entrar no santuário; e deveria gritar de longe: "imundo, sujo", sempre que alguém se aproximasse dele, Lv 13.45; Lc 17.12,13. Era considerado como morto, Nm 12.12. Se a lepra aparecesse mais escura e não tivesse crescido sobre a cútis, o sacerdote o declarava limpo, Lv 13.6,12,13. Entendem alguns expositores que, quando a moléstia apresentava sintomas de estar ativa, a lei declarava o enfermo poluto; e quando declinava com tendências à cura, perdia o caráter de maldição divina de que era expoente. Outros entendem que o leproso atacado pela moléstia em todo o corpo, como tipo do pecado, podia ser admitido aos privilégios da expiação. Outros intérpretes acreditam que a rápida manifestação da lepra em todo o corpo era sintoma de que a crise havia passado, e de que a cura se aproximava (veja *LEPRA*).

LESÉM – é uma forma alternativa de Laís, que aparece somente em Js 19.47. Quando a cidade foi conquistada pelos danitas, eles lhe mudaram o nome para Dã, Jz 18.7-29 (veja *LAÍS*).

LESMA (*lagartixa, letusim, no hebraico, talvez, "afiados"*) – nome de uma tribo, descendente de Deda, neto de Abraão e Quetura, estabelecida na Arábia, Gn 25.3.

LETUSIM/LEUMIM (*no hebraico, "povos", "nações"*) – nome de uma tribo descendente de Dedã, estabelecida na Arábia, Gn 25.3.

LEVITAS

LEVI (*nome de origem incerta, talvez, "adesão", "associado", mas, se o nome estiver ligado ao nome Lia, pode significar, "vaca salvagem", se vir do árabe law1'a, pode significar, "sacerdote"*) **1** Nome do terceiro filho de Jacó e de Lia, Gn 29.34. Tomou parte na trucidação de Hamor e de Siquém e dos demais habitantes da cidade, vingando o estupro de sua irmã Diná, Gn 34.25-31. O velho Jacó, no seu leito de morte, manifestou-se contra esses atos de carnificina. Referindo-se a Simeão e a Levi, disse: "Maldito o seu furor, pois era forte, e a sua ira, pois era dura; eu os dividirei em Jacó e os espalharei em Israel", Gn 49.7. Levi teve três filhos: Gérson, Coate e Merari, Gn 46.11, e morreu no Egito aos 137 anos de idade, Êx 6.16. **2** Nome de um antecessor de Cristo, filho de Simeão e pai de Matá, Lc 3.29,30. **3** Um dos nomes de Mateus, apóstolo de Jesus, *cf.* Mt 9.9-13; Mc 2.14-17; Lc 5.27-32. **4** Nome de um filho de Melqui e pai de outro Matã, Lc 3.24.

LEVIATÃ (*no hebraico, "ferida em espiral", ou talvez, "feito de dobras"*) **–** grande animal aquático, citado somente em passagens poéticas da Bíblia, formado por Deus para zombar dos mares, Sl 104.26. Tem lábios, cabeça, pescoço, olhos, nariz, patas, boca, dentes e língua, Jó 41.1,2,7,12,14,18,19,22, coberto de escamas e de uma couraça impenetrável, v. 7,15-17,26-29. Faz ferver o fundo do mar como uma panela, v. 22. É grande demais para ser tirado com o anzol, 40.20, de terrível aspeto, 41.11, de proporções enormes e de força irresistível, v. 24, poeticamente descrito como respirando fogo e expelindo fumo, v. 9-11, do modo mesmo que se fala de Deus no Sl 18.8, e dos cavalos descritos no Ap 9.17. Quando Deus operou a salvação de seu povo, dividindo o mar, moeu as cabeças dos dragões nas águas que habitavam e deu as suas carnes por comida aos povos da Etiópia, Sl 74.13,14. Assim como o mar serve de tipo para representar os povos irrequietos, do mesmo modo o leviatã que nele habita, serpente como uma alavanca, serpente cheia de roscas e o dragão, representam as grandes potências que têm afligido o povo de Deus e que Deus destruirá, Is 27.1. O leviatã também se assemelha ao crocodilo, por efeito de imaginação. O Egito que é o lugar de sua habitação, o tipo opressor do reino de Deus que foi destruído quando o Senhor dividiu o mar Vermelho para livrar o seu povo. Leviatã pode bem ser uma criação da fantasia popular, um monstro marinho imaginário de que os poetas e os profetas inspirados de Israel se serviam para ilustrações da verdade. O nome de Leviatã aparece originalmente em Jó 3.8, pode referir-se a um dragão fabuloso, que escureceu a terra, engolindo o sol e a lua. Nessa passagem, o leviatã, talvez seja o resistente crocodilo que desafia a maior perícia para a sua captura.

LEVITAS – 1 Nome dos descendentes de Levi, filho de Jacó. Teve três filhos: Gérson, Coate e Merari, cada um dos quais fundou uma família tribal, Gn 46.11; Êx 6.16; Nm 3.17; 1 Cr 6.16-48. Moisés e Arão eram levitas da casa de Anrão e da família de Coate, Êx 6.16,18,20,26. **2** Homens da tribo de Levi que tomavam conta do santuário. Arão e seus filhos foram separados para o sacerdócio que se perpetuou na sua família, mas o Tabernáculo e o culto nele celebrado sofreram alterações que exigiam grandes cuidados. O zelo, o transporte do rico santuário, o preparo dos materiais necessários ao culto, reclamavam serviços que excediam as forças de um homem ou de uma família. Precisava-se de auxiliares. O cuidado pelo Tabernáculo era cargo muito honroso. Quem o poderia desempenhar? O primogênito pertencia ao Senhor, de acordo com as circunstâncias em que ocorreu o livramento do cativeiro da terra do Egito. No momento em que aconteceu a mortandade dos primogênitos dos egípcios, as casas dos

LEVITAS

hebreus que tinham o sangue espargido nas ombreiras de suas portas foram poupadas; nem um dos primogênitos dos hebreus foi morto, e, por isso, pertenciam ao Senhor, Êx 13.11-16, porém, em lugar dos primogênitos de todas as tribos, foram escolhidos os levitas para o serviço que se relacionava com o Tabernáculo. A razão dessa preferência está no fato seguinte: Quando o povo quebrou o pacto de obediência a Jeová, fabricando o bezerro de ouro, somente os levitas permaneceram fiéis à sua aliança com Deus, 32.26-29; Nm 3.9,11-13,40,41,45s.; 8.16-19. O número dos primogênitos do sexo masculino, excluindo os dois levitas, era de 22.273, quando se fez o censo do Sinai, Nm 3.43,46. Havia 22 mil levitas, v. 39. Os cálculos mencionados nos versículos 22,28 e 34 registram 22.300. Atribui-se esse aumento a erro de cópia, ou a número dos primogênitos dos levitas que não podiam servir de substituto dos primogênitos das outras tribos. Os 22 mil foram substituídos. Os 273 primogênitos que excediam o número dos levitas foram remidos pelo pagamento de cinco siclos cada um, Nm 3.46-51. Competia aos levitas transportar o Tabernáculo e os seus utensílios, sempre que se mudava o acampamento; e quando se estabelecia um novo local, eram eles que outra vez o levantavam e assistiam aos sacerdotes nas suas várias funções, Nm 1.50-53; 3.6-9; 25-37; 4.1-33; 1 Sm 6.15; 2 Sm 15.24. Como os filhos de Arão fossem sacerdotes e ao mesmo tempo levitas, com freqüência os seus nomes são incluídos nessa designação, Dt 33.8-10; Js 14.3; 21.1-4; Ml 3.3. Também como oficiais de altas funções ou como levitas, poderiam a seu critério, e quando julgassem necessário, desempenhar quaisquer serviços desse cargo. A idade legal para entrar no serviço do Tabernáculo era de 30 anos, Nm 4.3; 1 Cr 23.3-5, de 25, Nm 8.24, e de 20 anos, 1 Cr 23.24-27. A prática divergente em diferentes períodos da história explica, em parte,

a razão dos números. Parece que houve uma redução na idade, para a entrada no ofício e um aumento para término do prazo do mesmo ofício, alterações que Moisés fez, durante o período dos 40 anos de viagem pelo deserto, e outras que fez Davi. Deve observar-se que, tanto no livro de Números quanto no livro de Crônicas, a idade de 30 anos é imediatamente seguida por outra menor. Também em Nm cap. 4, o serviço dos levitas de 30 anos de idade é definido por uma cláusula explicativa: "Desde os trinta anos, e daí para cima, até os cinqüenta em que estavam empregados no ministério do tabernáculo e em levar as cargas", v. 47,49. E de fato, o serviço particular é especialmente definido em todo o capítulo. Não é, pois, para duvidar de que aos 30 anos de idade, os levitas eram elegíveis para todo o serviço no santuário, inclusive a alta função de carregar o Tabernáculo e todos os seus utensílios em procissão pública, e mais tarde para exercerem os cargos de prepostos e juízes, Nm 4.1-33; 1 Cr 23.3-5. Os levitas entravam no ministério geral aos 25 anos, quando começavam os vários serviços pertencentes a seu cargo com exceção dos já notados, Nm 8.24-26; 1 Cr 23.25-32. Davi julgou que devia fazer uma redução na idade, quando os mais simples deveres lhe poderiam ser confiados; e ordenou que os levitas deveriam entrar para o serviço na mesma idade em que os outros israelitas entravam para o serviço militar, isto é, aos 20 anos, 1 Cr 23.24,27. Não havendo mais necessidade de transportar a arca, v. 25,26, e estando regularizado o cerimonial do santuário, fez-se sentir a necessidade de certo preparo regular para exercer os deveres eclesiásticos. Dali em diante, a idade legal para os levitas passou a ser 20 anos, 2 Cr 31.17; Ed 3.8. Nessa idade começavam como assistentes dos sacerdotes e dos principais levitas, 1 Cr 23.28-31; *cf.* 2 Cr 29-34; 35.11, parece, porém, que só depois de chegarem aos 30 anos, é que

LEVÍTICO

eram considerados elegíveis para os altos cargos de porteiros, membros da orquestra do templo, administradores ou juízes, 1 Cr 23.3-5. Aos 50 anos, retiravam-se do serviço ativo, mas poderiam assistir aos levitas que os sucediam no serviço do santuário, Nm 8.25,26. Os levitas não se distinguiam por meio de vestimentas especiais; somente nas grandes solenidades vestiam túnicas de linho, 1 Cr 15.27; 2 Cr 5.12. Foi inovação quando os cantores levíticos, do primeiro século da era cristã, conseguiram licença do rei Agripa, sancionada pelo Sinédrio, para trazerem sempre roupas de linho à semelhança dos sacerdotes, Antig. 20.9,6. Os levitas não eram obrigados a servir a vida inteira no santuário, nem a ficar perto dele. Na distribuição das terras de Canaã, tomaram parte em várias cidades, Js 21.20-40. Fora as cidades que foram dadas aos levitas que eram sacerdotes, as quais estavam situadas nas tribos de Judá, Simeão e Benjamim, havia ainda 35 cidades espalhadas pelas outras tribos do norte e do leste, Js 21.5-7. Uma vez que os levitas eram consagrados ao Senhor em benefício dos filhos de Israel e destinados ao serviço do Tabernáculo, era natural que, nos distritos do norte, onde não havia sacerdotes levitas, a ordem inferior dos levitas fosse chamada pelo idólatra, Mica, e depois dela pelos danitas a fim de fornecer-lhes um homem que lhes servisse de sacerdote, Jz 17.8-13; 18.18-20,30,31. No reinado de Davi, os levitas foram divididos em quatro classes: 1) Assistentes dos sacerdotes na obra do santuário; 2) Juízes e escribas; 3) Porteiros; 4) Músicos. Cada uma dessas classes, com a possível exceção da segunda, era subdividida em 24 turmas ou famílias, para servirem alternadamente, 1 Cr caps. 24 a 26; *cf*. 15.16-24; 2 Cr 19.8-11; 30.16,17; Ed 6.18; Ne 13.5. Quando ocorreu a divisão do reino, muitos levitas e sacerdotes deixaram o Reino do Norte e vieram para Judá e Jerusalém, 2 Cr 11.13-15.

LEVÍTICO (*referente aos levitas*) – nome do terceiro livro do Pentateuco. Logo que se ergueu o Tabernáculo e se nomeou um sacerdote para servir no altar, seguiu-se a regulamentação do culto divino. É isto que se encontra no livro de Levítico. Sem sacerdotes e sem sacrifícios, ninguém poderia se aproximar de Jeová. O relacionamento com Deus exigia condições de pureza e santidade, tanto morais quanto cerimoniais. Para se conseguir isto, prepararam-se vários manuais que vieram formar o livro de Levítico: 1) Diretório sobre o modo do pecador chegar-se a Deus, e pelo qual o sacerdote deveria oferecer os vários sacrifícios, Lv 1.1 até o cap. 6.7, e o livro sobre a maneira de dispor os sacrifícios, 6.8 até 7.36. Esse diretório foi promulgado no Sinai, depois de levantado o Tabernáculo. O livro que regulava o cerimonial dos sacrifícios foi escrito no mesmo tempo, quando ele ordenou aos filhos de Israel que oferecessem oblações a Jeová, 1.1; cap. 7.38 *cf.* 1.2. 2) Direção sobre o modo de ordenar a Arão e a seus filhos para o ofício sacerdotal, caps. 8 e 9, ato oficial ditado a Moisés durante a sua primeira subida ao Sinai, Êx 29, criando o sacerdócio. A essas leis, segue-se a narração da morte de Nadabe e Abiú, filhos de Arão, por haverem oferecido a Deus um fogo estranho e mais uma legislação destinada a suprir as deficiências das leis anteriores, Lv cap. 10. 3) Direções sobre a pureza cerimonial, caps. 11–16, contendo leis a respeito dos alimentos sobre enfermidades e sobre as purificações de ordem pública já mencionadas em Êx 30.10. Essa legislação é atribuída a Moisés, como representante de Jeová, Lv 11.1 etc., quando Israel estava no deserto, 14.34; 16.21. 4) Lei sobre a santidade caps. 17–26, estatutos sobre a santidade da vida, dados por Moisés, 17.1; no Sinai, 25.1; 26.46; *cf.* 24.10. As diversas coleções de leis são acompanhadas de um apêndice sobre votos, dízimos e coisas consagradas, cap. 27. Ocasionalmente,

LEVÍTICO

algumas leis se repetem em referência a casos diversos e diferentes fins. Às vezes as leis se interrompem para darem lugar a uma narrativa de acontecimentos que originavam novas leis, Lv 10.1-7, 12-20; 21.24; 24.10-23. É possível que algumas leis elaboradas depois da saída do Sinai, fossem inseridas por amor à conveniência no seu próprio lugar, sobre o mesmo assunto. Em todo o livro trata-se de um só santuário, de um só altar para todo o Israel e de um só sacerdócio da casa de Arão, 19.21; 1.3; 8.3; 17.8, 9; 1.5. Os levitas são mencionados incidentalmente, 25.32,33. As variações de leis que se encontram em Levítico e Deuteronômio explicam-se facilmente quando nos lembramos de que: 1) Levítico é um manual para os sacerdotes, com o fim de guiá-los na técnica do ritual, ao passo que Deuteronômio não é propriamente uma legislação, mas antes, um livro destinado a instruir o povo sobre o cumprimento dos seus deveres, exortando-o a ser fiel. Deuteronômio omite certos pormenores referentes ao sacerdócio. 2) As leis do livro de Levítico são datadas do Sinai, uma geração antes do Deuteronômio, promulgado em Sitim, portanto, a legislação levítica pressupõe-se existir em Deuteronômio. É este o ponto de vista da Bíblia. Os efeitos da legislação levítica refletem-se na história desde o reconhecimento do sacerdócio de Arão. Até onde chega a evidência dos fatos, esse sacerdócio compunha-se exclusivamente de filhos de Arão, Dt 10.6; Js 14.1; 21.4,18; 1 Rs 2.26; Jz 20.27,28; 1 Sm 1.3; 2.27,28; 14.3; 21.6, *cf.* 1 Cr 24.3; 1 Sm 22.10,11,20; 23.6; 2 Sm 8.17 com Ed 7.3 e 1 Cr 24.3. Os levitas eram itinerantes e subordinados, Jz 17.7-9; 19.1; 1 Sm 6.15; 2 Sm 15.24. Compare com a casa de Deus, Jz 18.31; 19.18; 1 Sm 1.7,24; 3.3; 4.3, com a festa do Senhor no Tabernáculo visitado por todo o Israel, Jz 21.19; 1 Sm 1.3; 2.14,22,29 (veja *SACERDOTE, SUMO SACERDOTE, LEVITAS, ALTAR, DEUTERONÔMIO*).

LIA, LÉIA (*no hebraico, le'ah, "vaca brava", ou "vaca selvagem"*) — nome da filha mais velha de Labão. Era menos atraente que sua irmã mais moça, Raquel, além de sofrer de uma enfermidade de olhos. Com fraude, Labão a introduziu na câmara nupcial de Jacó como se fosse Raquel por quem este o havia servido sete anos. Lia foi mãe de Rúben, Simeão, Levi, Judá, Issacar, Zebulom e sua irmã Diná, Gn 29.16-35; 30.17-21.

LÍBANO (*no hebraico, "branco"*) — cadeia de montanhas cobertas de neve, Jr 18.14, amparada por contrafortes que se irradiam em todas as direções, Os 14.5. As correntes que descem para os vales comunicam-lhes espantosa fertilidade. As suas encostas cobrem-se de vinhedos, v. 6,7, e as montanhas encerram gigantescos cedros e abundantes faias, 1 Rs 6.6-10; e 2 Rs 19.23; Is 40.16; 60.13; Zc 11.1. Os leões e os leopardos habitam nas suas matas, 2 Rs 14.9; Ct 4.8. Derrubavam as grandes árvores e tiravam dali as madeiras para a construção de palácios e templos, também os mastros para os navios fenícios, Ed 3.7; Ez 27.5. O Líbano situava-se no limite setentrional da Terra Prometida, Dt 1.7; 11.24; Js 1.4; 11.17; 12.7; 13.5. A cordilheira é de formação calcária, composta de duas séries de montanhas, na direção norte-sul separadas pelo vale do Litna e do Orontes. No período da dominação grega, a palavra Líbano, designava apenas a série de montanhas que ficava a oeste, a outra que estava ao oriente chamava-se Antilíbano. Essa distinção ainda existe. O vale que as separa chama-se atualmente Coelesíria, isto é, Síria inferior. A cordilheira começa a uns 28 km a sudoeste de Sidom, e corre uns 22 km em direção a Trípoli, dando um desenvolvimento total de 180 km. O ponto culminante do Líbano é ao norte; e o do Antilíbano é o monte Hermom, que fica ao sul. Em um curso de 18 km ao norte da cordilheira do Líbano, a altitude é de 3.300 m acima do nível do mar, e em outros 18 km, a elevação oscila entre 2.475 e 2.640. Em mais outro percurso de 37 km, a média de altitude é de 2.141 e 2.310; depois sobe a 2.805 m, no grande cone truncado de Jebel Sunim. Entre o Sunim e o Quenisé desce a 1.980 m. O pico mais elevado de Quenisé tem quase 2.310 m de altitude. Vem depois o passo da estrada de Damasco em Caã Muzir, a 1.657 m; as cordilheiras do Jebel Baruque e Jebel, a 2.145 m, em uma extensão de 74 km, terminando no pitoresco Tomá Nia. Finalmente, chegamos a Jebel Riã que desce mansamente até nivelar-se com a planície, *Meri Ayun*. Jebel Quenisé e Jebel Sunim, no centro da cadeia, não são os mais elevados, mas por estarem isolados, são de aspecto imponente (Post. Quart. State. Exped. Fund. 1892). Os picos mais elevados são o *Jebel Macmal* e *Kurnat es-Sauda*, cada um dos quais se eleva a 3.365 m. Há belas cidades nas plataformas dos montes ou nas suas encostas.

LÍBIA, LÍBIOS – tradução da palavra *Put*, em Jr 46.9; Ez 30.5; 38.5, e *Lubim*, Dn 11.43, país situado na parte ocidental do baixo Egito. Os habitantes da Líbia eram conhecidos pelo nome de *Tehenu*, como os egípcios o chamavam; posteriormente foram denominados *Pit*, *Phaiait*, palavra equivalente ao hebraico *Put*, conhecidos também pelo nome de *Rebu* ou *Lebut* que é o *Lubim* dos hebreus e de outros povos. A Líbia dos romanos era um imenso território, vagamente determinado que se estendia desde o delta do Nilo até o fim do continente africano, compreendendo todo o norte da África a oeste do Egito, exceto o pequeno estabelecimento grego de Cirene e Barca, e as colônias fenícias de Cartago, Utica e Hipo. Era um areal estéril e deserto onde se encontravam alguns oásis povoados de palmeiras. As tribos que habitavam a Líbia não inspiravam temor, por estarem distanciadas entre si e sem coesão política. Os romanos

dividiram a região africana que margeava o Mediterrâneo até a grande Sirte, país localizado entre o Egito e a província da África, em Líbia Marmarica, ao oriente, e Líbia Cirenaica ou Pentápolis ao ocidente. No ano 67 a.C., constituiu-se em província romana com a ilha de Creta. A capital era Cirene. No dia de Pentecostes, estavam em Jerusalém alguns dos representantes dessa província, At 2.10; Antig. 16.6,1.

LIBERTINOS (*libertos*) – secção da comunidade judia que tinha uma sinagoga em Jerusalém, e que estavam entre os inimigos do protomártir Estêvão, At 6.9. Provavelmente eram judeus que haviam sido aprisionados por Pompeu e por outros generais romanos; e levados para Roma, foram ali colocados em liberdade.

LÍBIOS – povo africano incorporado ao exército de Sisaque, rei do Egito, na invasão da Palestina, 2 Cr 12.3; 16.8; *cf.* Dn 11.43; Na 3.9 (veja *LÍBIA e LEABIM*).

LIBNA (*no hebraico, "brancura", "alvura"*) **1** Nome de um dos acampamentos dos israelitas no deserto, Nm 33.20. Localização desconhecida. **2** Nome de uma cidade situada entre Maceda e Laquis, Js 10.29-31, capturada por Josué, v. 30,39; 12.15, no território de Judá 15.42, e subseqüentemente dada aos descendentes de Arão, 21.13; 1 Cr 6.57. No reinado de Jorão, filho de Jeosafá, Libna se revoltou contra Judá, 2 Rs 8.22; 2 Cr 21.10. Senaqueribe, rei da Assíria, guerreou contra ela, 2 Rs 19.8; Is 37.8. O pai de Hamutal, a mãe de Jeoacaz e Zedequias eram naturais de Libna, 2 Rs 23.31; 24.18; Jr 52.1. Lugar não identificado.

LIBNI (*no hebraico, "branco", "puro"*) **1** Nome de um dos filhos de Gérson e neto de Levi, fundador de uma família tribal, Êx 6.17; Nm 3.18, 21; 26.58. **2** Nome de um levita da família de Merari, da casa de Mali, 1 Cr 6.29.

LICAÔNIA

LICAÔNIA (*no grego, "que pertence ao rei Licaom"*) – nome de uma região localizada no centro da Ásia Menor, uma elevação com cerca de 900 m de altitude, situada ao norte pela Galácia, ao sul pela Cecília e pela Isáuria, ao oriente pela Capadócia e a oeste pela Frígia, própria para pastagens. Seu dialeto peculiar, talvez uma mistura de grego com siríaco, ainda se falava, quando o apóstolo Paulo a visitou, pregando o evangelho nas três das suas principais cidades: Icônio, Derbe e Listra, At 13.51 até o cap. 14.23.

LÍCIA (*no grego, "pertencente a Licus", filho de Pandíon, Heród. 1.173*) – nome de uma província da Ásia Menor, projetando-se ao sul no Mediterrâneo e limitada ao norte pela Cária, Frígia, Pisídia e Panfília. O apóstolo Paulo, na sua última viagem a Jerusalém, foi na direção de Cós e no dia seguinte a Rodes, ilha situada na costa ocidental e desembarcou em Pátara, que ficava dentro de seus limites, onde embarcou para a Fenícia, At 21.1,2. Na sua viagem para Roma, desembarcou em Mirra, nome de outra cidade da Lícia, de onde se fez a vela para a Itália em um navio de Alexandria, At 27.5,6.

LIDA (*nome grego de Lode*) – povoação de tamanho considerável, perto de Jope, At 9.38; Antig. 20.6,2, provavelmente a cidade que no Antigo Testamento se chamava Lode. O evangelho lançou ali raízes, At 9.32. Pouco antes do ano 153, essa cidade, com o território ao redor, formou um governo distinto em conexão com Samaria, porém, no ano 145, foi transferida para a Judéia, 1 Mac 11.34; *cf.* 28; 10.30,38. O apóstolo Pedro a visitou e curou o paralítico Enéias em nome de Jesus, dando lugar à conversão de muita gente, At 9.33-35. Foi incendiada por Cestius no tempo de Nero, e mais tarde reconstruída, Guerras 2.19,1 (veja *LODE*).

LÍDIA (*derivado de Lúdos, seu fundador, Heród. 1.7. Alguns pensam na derivação de Lude, um filho de Sem, Gn 10.22*) **1** Nome de uma região da costa ocidental da Ásia Menor, cuja capital era Sárdis. Nela localizavam-se as cidades de Tiatira e Filadélfia; era densamente populosa, com clima ameno e possuindo terreno muito fértil. Os costumes de seus habitantes eram semíticos e a religião consistia em uma amálgama de ritos da Síria e da Frígia. Pelo ano 689 a.C., no tempo de Giges, subjugadas as tribos da Ásia Menor e os gregos que habitavam a costa, Lídia elevou-se à altura de uma potência. No ano 549, Creso, o último dos seus reis, foi derrotado por Ciro, passando a ser província do império persa. Jamais conquistou a sua independência. Antíoco III, da Síria, foi constrangido a cedê-la aos romanos, *cf.* 1 Mac 8.8. Parte considerável de sua população compunha-se de judeus, Antig. 12.3,4. Pelo que se lê no Ap 1.11, sabe-se que em Lídia fundaram várias igrejas. **2** Nome de uma mulher de Tiatira, cidade da Lídia, nome que parece ter se originado no local de seu nascimento. Tiatira notabilizou-se pelos seus processos de tinturaria. Lídia empregava-se no comércio de tecidos de púrpura, ou na venda de tinta para tecidos, quando se mudou para Filipos. Era mulher crente em Deus quando o apóstolo Paulo chegou a essa cidade. Ouviu o evangelho e creu nele. Tendo nascido na Ásia, foi, não obstante, o primeiro fruto do trabalho de Paulo na Macedônia e na Europa. Insistentemente convidou o apóstolo e seus companheiros para se hospedarem em sua casa. Quando Paulo e Silas saíram da prisão, onde estavam recolhidos depois do grande tumulto havido na cidade, voltaram novamente à casa de Lídia, At 16.14,15,40.

LÍNGUA – **1** Nome de um dos membros do corpo, Êx 11.7; Tg 3.6, situado na cavidade bucal, Jó 29.10, e de grande utilidade no

LÍNGUA

uso da palavra, Sl 39.1; 71.24; Mc 7.35. Em Josué 7.21,24, encontra-se a expressão "cunha de ouro", cujo sentido é língua de ouro. Os babilônios chamavam língua de ouro a uma barra desse metal, cuja forma se assemelha a uma língua. Uma delas foi encontrada nas ruínas de Gezer. Em sentido figurado dá-se o nome de língua ao idioma ou linguagem falada ou escrita, Gn 10.5; At 2.8,11. Os descendentes de Noé, por muito tempo, depois do Dilúvio, falavam uma só linguagem, Gn 11.1. Por efeito de um juízo de Deus sobre os que edificavam a torre de Babel, ocorreu diferenças no modo de falar, resultando a dispersão das gentes pelo mundo então conhecido, Gn 11.2-9 (veja *BABEL*). Esse acontecimento histórico, conhecido pela frase "confusão das línguas", podia ter-se limitado à família semítica, depois que se fundou a família de Héber, Gn 10.25. No decorrer do tempo, os descendentes de Noé vieram a falar línguas distintas e muitos dialetos. Os filhos de Jafé falavam as línguas denominadas indo-germânicas, 10.2-5, inclusive os idiomas falados na Média e na Jonia, v. 2. Os povos semíticos geralmente falavam vários dialetos do grupo semítico v. 21-23, compreendendo o assírio, o aramaico, v. 22, o árabe v. 26-29, e o hebraico. Os elamitas usavam uma linguagem aglutinada muito semelhante à que falavam os fineses, v. 22. Muitos dos descendentes de Cão também falavam o semítico, por exemplo, Cus na Assíria, v. 11, na Arábia, v. 6,7, e na África, e em Canaã, na Palestina e na Fenícia, v. 15; mas os antigos habitantes de Mizraim, v. 6,13, melhor conhecido pelo nome de Egito, falavam uma linguagem composta de palavras aglutinadas que muitos egiptólogos de nomeada, dizem ser um ramo da família semítica. É bom lembrar que as tribos que emigravam para uma nova terra adotavam com freqüência a língua do povo que ali habitava. No dia de Pentecostes, logo depois da festa da Páscoa em que

Jesus foi condenado, Deus conferiu o dom de línguas. Estando os discípulos reunidos, repentinamente veio do céu um estrondo como de vento que assoprava com ímpeto, e lhes apareceram repartidas umas como línguas de fogo que repousava sobre cada um deles, e foram todos cheios do Espírito Santo, At 2.1-4. Por esse modo a Igreja estava habilitada e simbolicamente comissionada pelo Espírito Santo a anunciar o evangelho a todas as nações da terra. Existem duas teorias quanto à natureza desse dom: 1) O dom de línguas manifestou-se em momento de êxtase, At. 10.46, sem que os recipientes tivessem ciência. A língua era órgão do Espírito Santo e não da pessoa que havia recebido o dom: as palavras proferidas eram de natureza devocional e não se destinavam à instrução da Igreja. Em favor dessa teoria, oferecem os seguintes argumentos: a) Paulo não menciona a existência de línguas estranhas na igreja de Corinto e aquelas a que ele se refere em 1 Coríntios 14, e somente aqui, não dão a entender que se fala de línguas estrangeiras. b) Paulo ensina que o que fala uma língua desconhecida não fala a homens porque nenhum o entende, 1 Cr 1.2. c) No dia de Pentecostes, as multidões não entendiam o que se falava a ponto de dizerem que estavam embriagados. Foi preciso que o apóstolo Pedro lhes explicasse o que aquilo significava, At 2.13-17. Se os discípulos falavam línguas estranhas no dia de Pentecostes, isso foi devido a um fenômeno ocasional que não se reproduziu. 2 O dom de línguas manifestou-se em um discurso que todos compreenderam, proferido em línguas antes desconhecidas. a) A narrativa de Lucas é bem clara nesse ponto, At 2.6-12. b) Qualquer pessoa histérica pode proferir palavras ininteligíveis; somente quando a pessoa que fala emprega palavras que antes ignorava; neste caso é forçoso reconhecer que o dom de línguas é miraculoso. c) O argumento de

LÍNGUA

Paulo na passagem citada dá a entender que o dom de línguas consistia em falar uma língua estrangeira. Discursar ou fazer oração em língua estranha sem haver quem a interprete, não edifica a igreja, 12.10,30; 14.13-16,27,28. Os cristãos que têm o dom de línguas devem utilizá-lo no trabalho missionário e não fazer exibição dele entre pessoas que o não entendem, a menos que alguém os interprete. O dom de línguas era um dos sinais que acompanhavam aqueles que acreditavam, Mc 16.17. Era um sinal visível da assistência do Espírito Santo àqueles que pregavam o Evangelho e que concediam o Espírito pela imposição das mãos, At 10.44-46; 19.1-7; *cf.* 8.14-24. O dom de línguas era um fenômeno da idade apostólica que foi desaparecendo gradualmente. No século segundo, talvez uns 50 ou 60 anos depois da morte do último dos apóstolos, refere Ireneu ter ouvido "falar de muitos irmãos, possuidores de dons proféticos e de falarem toda casta de línguas pela operação do Espírito Santo" (adv. Haer. 5.6,1). Em 1830, algumas pessoas da Escócia, e em 1831, outras de Londres, principalmente mulheres de temperamento vivo, acreditavam haver recebido o dom de línguas. O Rev. Edward Irving deixou-se convencer por essa gente, mas ele mesmo não conseguiu converter a nenhum de seus colegas de ministério. Esse movimento deu origem à criação da Igreja Católica e Apostólica. Outros movimentos denominados pentecostais também surgiram quando irmãos tiveram experiências profundas com o Espírito Santo, e disseram ter recebido o dom de línguas. Atualmente, as denominações pentecostais atingem todo o mundo, e quase sempre são maiorias. Ainda há muita controvérsia sobre o assunto, porém é inegável a ação do Espírito Santo no avanço da Igreja de Cristo, com a distribuição de dons espirituais, 1 Co 14 (veja *DONS ESPIRITUAIS*).

LINHO – **1** Tradução do hebraico *Pishtch* e *Pishtah* e do grego, *Linon*, Is 42.3; Mt 12.20, planta cultivada no Egito e em outros lugares. Nessas duas citações, a palavra é cana. Espalhavam os talos dessa planta nos telhados para secar ao calor do sol, Js 2.6. Produzia fibras muito finas que se prestavam à fiação como a lã, Is 19.9; Pv 31.13; *cf.* Os 2.5. É sem dúvida o nosso linho *Linun usitatissimum*, tipo da ordem botânica *Linace*. É planta de pouca altura com estames solitários e eretos com cinco pétalas, cinco sépalas e cinco estames rudimentares. Fazem-se grandes plantações de linho, cujas fibras servem para fiação e tecelagem. As sementes produzem o valioso óleo de linhaça, de grande consumo no comércio de tintas. **2** Linho fino é tradução da palavra hebraica *Shesh,* "branco", nome que se dá a um tecido de que se fazem as vestimentas. José foi vestido de uma opa de linho fino por ordem de Faraó, Gn 41.42. Do mesmo tecido se fizeram as cortinas, o véu e os reposteiros do Tabernáculo, Êx 26.1,31,36, para a porta do átrio e para o próprio átrio, 27.9,16,18. As vestimentas características do sumo sacerdote consistiam em um éfode, o racional do juízo, a túnica do éfode, a chapa de ouro sobre a mitra; dessas o éfode e o racional do juízo eram feitos de linho fino, Êx 28.6,15. Outros vestuários oficiais eram comuns aos sacerdotes: as túnicas de linho, os cíngulos, os calções e as tiaras, Êx 28.40-42; 39.27-29; *cf.* Lv 16.4. A tiara do sumo sacerdote era uma mitra ou turbante, enquanto que os outros sacerdotes usavam apenas uma simples mitra. Desses quatro artigos das vestes sacerdotais, o cíngulo era de linho bordado, Êx 39.28. As outras três peças eram feitas exclusivamente de linho branco 28.39; 39.27,28. A versão inglesa revista tem à margem a palavra algodão em vez de linho, em Gn 41.42; e Êx 25.4. Na margem de Êx 28.39, da mesma versão, referindo-se à mitra do sumo sacerdote e à túnica, está seda em lugar de linho. A mesma palavra hebraica em Et 1.6 é traduzida por mármore, também em Ct 5.15; e por seda em Pv 31.22. **3** Tradução da palavra hebraica *Bad*, "separação", sinônimo de *Shesh*, mas emprega-se mais geralmente em referência a linho, Êx 28.42; *cf.* 39.28. O material de que se faziam as vestes dos sacerdotes encontra-se descrito com tanta minudência que não vale a pena repeti-lo aqui, Lv 6.10; 16.4. O pequeno Samuel se vestia de um Éfode de linho, bem assim os sacerdotes de Nobe, e o rei Davi, por ocasião de remover a arca, 1 Sm 2.18; 22.8; 2 Sm 6.14. Na visão de Ezequiel aparece um homem vestido de linho e do mesmo modo aparece a Daniel, Ez 9.2; Dn 10.5. **4** Tradução da palavra hebraica *Pishteh*, "linho", material de que se fazem os tecidos, Jr 13.1. Emprega-se em contraste com as roupas de lã, Lv 13.47; Dt 22.11, e descreve o material de que eram feitos os calções, os cintos etc., Ez 44.17,18. **5** Tradução da palavra hebraica *Buts* que aparece nos últimos livros do Antigo Testamento, e do vocábulo grego *Bússos*. Desse material é que se fez a túnica que Davi vestia quando removeu a arca, 1 Cr 15.27, e a parte do véu do templo, sendo os demais tecidos, jacinto, púrpura, e escarlata, 2 Cr 3.14, as vestimentas dos levitas que eram músicos na dedicação do templo, 5.12, as cordas que seguravam os pavilhões do palácio do rei Assuero, Et 1.6; as vestes oficiais de Mardoqueu, 8.15; as vestimentas do homem rico, a cuja porta se assentava o pobre Lázaro, Lc 16.19; a cobertura da grande cidade da Babilônia, Ap 18.16, e os vestidos da esposa do Cordeiro, 19.8, *Shesh* é vocábulo de origem egípcia, derivado de outro vocábulo do antigo Egito, *shenti*. *Buts* vem do aramaico, *cf.* Targ. Onk., Gn 41.42. *Bússos* é etimologicamente igual a *Buts*. É interessante observar que Ezequiel emprega a palavra *shesh*, falando dos tecidos importados do Egito, e *buts*, para os que vinham da Síria. Se as palavras se referem a tecido de linho ou de algodão ou compreende ambos, é assunto amplamente debatido. Empregava-se o linho e o algodão em tempos remotos para envolver as múmias. **6** Tradução da palavra hebraica *Etun*, derivada de *atan*, "ligar", Pv 7.16, tecido importado do Egito, onde naquele tempo existiam os mais hábeis fabricantes. Era usado na confecção de adornos e tapetes. **7** Fio de linho. É assim que a antiga versão inglesa traduziu a palavra hebraica *Mikveh* de 1 Rs 10.28; 2 Cr 1.16. A versão revista traduz "multidão". A LXX e a Vulgata consideram a palavra original como palavra composta e a traduzem da seguinte forma "de Coa", lugar perto do Egito, segundo Eusébio. **8** Tradução da palavra grega *Sindon*, tecido fino da Índia, musselina, linho fino, de que se podia fazer uma túnica ou um lençol, Mc 14.51, como aquele em que envolveram o corpo de Jesus, para ser sepultado, Mt 27.59. É sinônimo de *othonioi*, posto que de sentido mais particular, Lc 23.53, com 24.12; Jo 19.40; 20.5,7. Nos clássicos gregos, quer dizer: linho genuíno, ou pano para velas de navio. **9** Versão da palavra grega, *Linon*, "linho" em Mt 12.20 e Ap 15.6.

LINO – nome de um cristão de Roma que se associou ao apóstolo Paulo nas saudações enviadas a Timóteo, 2 Tm 4.21. Segundo o testemunho de Ireneu e Eusébio, foi o primeiro bispo de Roma. Não quer isto significar que ele exercesse funções eclesiásticas hierárquicas, porque seu nome está associado sem distinção alguma a dois outros membros da igreja de Roma.

LIQUI (*no hebraico, "notável pelo saber", "erudito"*) **–** nome de um homem da tribo de Manassés, da família de Semida, 1 Cr 7.19.

LISÂNIAS (*no grego, "tristeza que termina", ou "livre de tristeza"*) **–** nome do tetrarca de Abilene, no 15º. ano do império de Tibério César, Lc 3.1. Alguns críticos são

LISÂNIAS

de opinião que esse Lisânias era filho de Ptolomeu, e que governou Cálcis da Coelesíria entre 40 e 34 a.C., Antig. 14.13,3; 15.4,1, que foi quem deu o nome a essa tetrarquia e que, portanto, Lucas está em erro, porém, as mais elevadas autoridades nesse assunto explicam o fato de modo diferente. O Lisânias que governou em Cálcis nunca teve o nome de tetrarca, e Ábila jamais esteve em seus domínios. Observa-se, lendo Antigüidades em 15.10,1-13, que a casa ou território de Lisânias foi alugada por Zenodoro, no ano 25 a.C., e ficou sendo conhecida pelo nome de terra de Zenodoro, situada entre a Traconitis e a Galiléia, principalmente nas proximidades de Panéias e Ulata, e, portanto, não compreendia a Cálcis da Coelesíria; restritamente falando, era inteiramente distinta da Batanéia, da Traconitis e da Auranitis. Esses distritos concedidos a Herodes, o Grande, passaram a seu filho Filipe tetrarca, e Augusto o confirmou na posse de Batanéia, Traconitis, Auranitis e parte da casa de Zenodoro, 17.11,4, que incluía Panéias, 8.1. No ano 37 da era cristã, o imperador Calígula fez rei a Herodes Agripa para governar a tetrarquia de Filipe, e acrescentou a ela a tetrarquia de Lisânias, 18.6,10. A primeira tinha a capital em Ábila, que ficava a uns 23 km a noroeste de Damasco, distinta do reino de Cálcis, 19.5,1; 20.7,1; Guerras 2.11,5. No reinado do imperador Tibério, a região em torno de Ábila era governada por um tetrarca chamado Lisânias, em exata harmonia com a narração de Lucas. Ainda que muito para o norte, poderia ser a parte restante do país de Zenodoro que, depois de sua morte e da divisão de sua terra, como já foi dito, tinha se tornado uma tetrarquia, ou em um reino, sob o governo de um Lisânias mais moço, talvez da mesma linha do anterior Lisânias, que reinou em Cálcis.

LÍSIAS – 1 Nome de um general do exército da Síria, no reinado de Antíoco Epifânio e de Antíoco Eupator. Quando o primeiro desses soberanos foi para a Pérsia, pelo ano 165 a.C., nomeou a Lísias, que era de sangue real, vice-rei, durante a sua ausência, incumbindo-o de sufocar a insurreição judia capitaneada pelos Macabeus, 1 Mac 3.32-37. Tendo operado por meio de vários generais, Lísias julgou necessário tomar o comando das forças sendo derrotado com grandes perdas por Judas Macabeu, 38-40; 4.1-22,28-35. Chegada que foi a notícia da morte de Antíoco, no ano 163 a.C., Lísias tomou as rédeas do governo em nome do jovem Antíoco, apesar de haver o rei morto nomeado Filipe regente durante a minoridade do herdeiro do trono, 6.14-17. Na capacidade de regente, Lísias empreendeu nova campanha contra os judeus e pôs em sítio a cidade de Jerusalém, depois de haver alcançado uma vitória sobre Judas Macabeu. Sabendo, porém, que Filipe vinha da Pérsia para reclamar a regência, tratou de entrar em negociações de paz com os judeus e voltou para Antioquia, 6.28-63. Conseguiu opor-se com vantagem a Filipe, porém foi morto no ano 162 a.C., por Demétrio I, 7.1-4. **2** Nome de um tribuno de Jerusalém que salvou o apóstolo Paulo das mãos dos judeus que queriam matá-lo, At 22.24 (veja *CLÁUDIO LÍSIAS*).

LISTRA – nome de uma cidade da Licaônia e colônia romana, onde o apóstolo Paulo curou um homem leso dos pés, coxo desde o ventre de sua mãe, e onde teria sido adorado como Deus se a isso não se tivesse recusado. Nessa cidade, ele foi apedrejado e dado como morto, At 14.6-21; 2 Tm 3.11. Em Listra ou em Derbe, encontrou-se a primeira vez com Timóteo, At 16.1,2. No lugar da antiga Listra localiza-se, atualmente, Zoldera, cerca de 2 km ao norte de *Khatyn Serai* e 4 km a sudoeste de Icônio.

LIVRO DOS HERÓIS ou **LIVRO DO RETO –** o "Livro dos Heróis" é citado em Js 10.13; 2 Sm 1.18, e em 1 Rs 8.53, na LXX. Diante dessas citações conclui-se que o livro deve ter sido uma coleção de poemas precedidos de uma introdução e terminando com um apêndice de notas explanatórias, como se pode observar nos salmos 17 e 50; ou semelhante ao livro de Jó nos caps. 1 a 3.1 e as conclusões do cap. 42.7-17. Em 1751, apareceu na Inglaterra uma publicação que pretendia ser uma tradução do "Livro dos Heróis", que foi reconhecida como grosseiro embuste.

LIVROS/LIVRO (no hebraico é *sefer*; no grego é *bíblos*) – registravam-se os antigos documentos em argila ou gravavam-se em pedras. Posteriormente a esse sistema, empregaram-se peles, ou pergaminhos, e o papiro (veja *PERGAMINHO*). As peles, em que se escreviam os longos documentos, assumiam a forma de rolos, escritos de um só lado ou de ambos (veja *ROLO*). A palavra latina *volumen* representa esse tipo de livro Sl 40.7; Jr 36.2; Ez 2.9. A primeira vez que se menciona livros escritos pelos hebreus, depois da sua estada no Egito, onde já existia uma literatura secular, é em Êx 17.14. Os 39 livros do Antigo Testamento, e os 27 do Novo, que constituem o Cânon das Escrituras, não representam toda a literatura hebraica na época de sua inteira atividade, durante a formação do cânon. Temos, por exemplo, os livros apócrifos e mais tarde as memórias de Jesus, Lc 1.1. No período do Antigo Testamento, havia, pelo menos, dois livros poéticos, o livro das Guerras do Senhor e o livro dos Heróis, Nm 21.14; Js 10.13. Os acontecimentos dos reinados de Davi e Salomão foram registrados na história de Samuel, o vidente, na história do profeta Natã, na história de Gade, 1 Cr 29.29; 2 Cr 9.29, e também nas Crônicas do rei Davi, que parecem assinalar a época em que se iniciou o costume de conservar os anais do Estado, 1 Cr 27.24. Os fatos referentes aos reinados de Salomão e de Jeroboão estão registrados nas Visões de Ido, 2 Cr 9.29, e

os do reinado de Reoboão, assim os primeiros como os últimos relatados nos livros do profeta Semaías e de Ido, o vidente, 12.15. As Crônicas dos reis de Judá, e as dos reis de Israel, contêm a história dos dois reinos, desde os tempos de Reoboão e Jeroboão, até o reinado de Jeoiaquim, 1 Rs 14.19, 20; 2 Rs 24.5; 2 Cr 36.8 (veja *REIS, LIVRO DOS*). Em adição a essas obras, existia uma completa biblioteca no tempo em que foram escritos os livros de Crônicas ou Paralipômenos, consistindo principalmente de monografias, cujos títulos são mencionados em grande parte, 2 Cr 9.29; 13.22; 20.34; 24.27; 26.22; 32.32; 33.18, 19; 35.25, *cf.* também Pv 25.1; 1 Rs 4.32,33.

LIVROS APÓCRIFOS (veja *APÓCRIFO*).

LÓ (*no hebraico, lôt, talvez signifique "mirra"*) – filho de Harã, irmão de Abraão, e por conseguinte sobrinho do patriarca que o acompanhou desde a Mesopotâmia até Canaã, Gn 11.31; 12.5, e dali para o Egito, de onde saiu para Betel 13.1. À semelhança de seu tio, adquiriu muito gado. Os seus pastores guerrearam com os de Abraão por causa da escassez do terreno onde guardavam os rebanhos. Abraão propôs a separação como meio de evitar futuras contendas, e generosamente convidou Ló para fazer a sua escolha. Ló, tendo levantado os olhos, contemplou todo o país ao redor do Jordão, regado de águas como o paraíso do Senhor e como o Egito, e fez seu assento em Sodoma. Não levou em conta o caráter de seus habitantes e o efeito provável de seus maus exemplos sobre a sua família. Sabe-se que ele conservava a integridade de seu caráter e que era atormentado todos os dias pelas obras detestáveis dos habitantes de Sodoma, 2 Pe 2.8. Por ocasião das invasões de Quedorlaomer e de seus confederados, Ló ficou prisioneiro, devendo a sua libertação à coragem e perícia de seu tio Abraão, Gn 13.2 até o cap. 14.16. Os dois anjos que

LÓ

Deus enviou para tirar dali a Ló e a sua família, o proceder tumultuoso e agressivo do povo, provaram sobejamente que aquela cidade merecia destruição imediata. Ló foi salvo da grande conflagração, porém sua mulher, tendo olhado para trás, sofreu a morte, ficando convertida em uma estátua de sal. Os futuros genros de Ló, 19.14, permaneceram na cidade e morreram no desastre, 19.1-29; Sab 10.6-9. Depois, sob a influência do vinho, Ló inconscientemente participou de atos indignos, que procediam os moabitas e os amonitas, v. 30-38.

LO-AMI (*no hebraico, "não meu povo"*) – assim foi chamado o terceiro filho da prostituta Gômer e de seu marido Oséias, Os 1.9. O nome indica a prostituição idólatra que envolvia Israel e a insatisfação de seu marido fiel e protetor, Jeová. Ao casal nasceu também uma filha chamada Lo-Ruama, "não compadecida", isso indicava o juízo de Jeová sobre a nação infiel, que seria castigada por sua infidelidade espiritual. Esse juízo caiu sobre a nação, como predito pelos profetas, com o cativeiro assírio.

LOBO – tradução do hebraico, *zeeb*, "lobo", e, às vezes, "chacal" ou *lyyim*, "animal que uiva", Is 13.22; 34.14; Jr 50.39. No grego, é *lúkos*, "lobo". O lobo pertence ao mesmo gênero do cão, mas não late. É um animal carnívoro, feroz, Is 11.6; Hc 1.8, caçador de ovelha, Ecclus, 13.17; Jo 10.12, que se esconde durante o dia e que sai à noite em busca de presa, Sf 3.3. Benjamim foi comparado ao lobo arrebatador, Gn 49.9,27. A comparação de uma pessoa com o lobo nem sempre era honrosa. Os príncipes que exerciam violências sobre os indefesos são comparados a lobos arrebatadores, Ez 22.27, e bem assim os falsos mestres, Mt 7.15; At 20.29, inimigos do rebanho de Deus, Mt 10.16. O lobo da Palestina é uma variedade do lobo europeu (*Canis lupus*), espalhado por todo o país. À vista da facilidade com que se alimentam e da amenidade do clima, não atacam em grupos como nos países frios do norte.

LODE – nome de uma cidade da tribo de Benjamim, edificada por um cidadão dessa tribo, de nome Elpaal, 1 Cr 8.12, geralmente mencionada em conexão com Ono, Ne 11.35. Os hebreus habitaram-na depois do cativeiro da Babilônia, Ed 2.33; Ne 7.37. Parece ser a mesma Lida do período da dominação grega, 1 Mac 11.34 (veja *LIDA*). Existe ainda com o nome de Lude, a uns 20 km a sudeste de Jope. Encontram-se ali as ruínas da igreja de S. Jorge, mártir do cristianismo em Nicomédia e tido como patrono da Inglaterra desde o século 14, a título de haver nascido nesse país.

LO-DEBAR (*no hebraico, "sem pastos"*) – nome de um lugar de Gileade, 2 Sm 9.4, 5; 17.27, e talvez a mesma Debir, mencionada em Js 13.26 (veja *DEBIR*).

LÓIDE (*no grego é Loís, o significado do nome é desconhecido*) – nome da avó de Timóteo, dotada de fé não fingida, 2 Tm 1.5. Essa é a única alusão a essa tão ilustre mulher em todo o Novo Testamento.

LO-RUAMA (veja *LO-AMI*).

LOTÃ – nome de uma das tribos dos horeus, que ocupava o monte Seir, governada por um capitão, Gn 36.20,29.

LOUCURA – 1 Fraqueza ou desequilíbrio mental que priva o uso normal das faculdades, Dt 28.28. O rei Davi quando se fingiu louco, demudou o seu rosto e se deixava cair e dava com a cabeça pelos postigos das portas, e lhe corria a saliva pela barba, 1 Sm 21.13,14. Nessas passagens empregam-se dois dos principais sinônimos. A loucura pode também manifestar-se por alucinações, At 12.15; ou por delírio, 1 Co 14.23, e até por atos de violência, atirando flechadas e lançadas para matar, Pv 26.28. Há também a loucura temporária produzida pelo álcool, Jr 25.16; 51.7. **2** Estado de emoção irresistível como o orgulho, ou a ira, Sl 103.9; Lc 6.11; At 26.11. **3** O mesmo que insensatez, 2 Sm 15.31; Pv 22.15.

LUA – nome do principal luminar que preside à noite, Gn 1.16; Sl 136.9, para se contar o tempo, os meses e regularmente o dia da Páscoa, e desse modo determinar as festas anuais, Gn 1.14; Sl 104.19; Ecclus. 43.6,7; Antig. 3.10,5. Quase todos os povos que se relacionaram com os hebreus adoravam a lua. Em Ur dos caldeus, de onde emigrou Abraão, e em Harã onde se estabeleceu por algum tempo e Jacó morou 20 anos, adorava-se a lua. Quando Abraão voltou novamente para Canaã, foi ter como vizinho os povos que praticavam o mesmo culto. Os egípcios sacrificavam leitões por ocasião da lua cheia, Heród. 2.47. Quando os assírios e os babilônios invadiram a Palestina, os hebreus entraram de novo em contato com gente que tinha a lua em conta de grande deus. Foi então que esse astro, com outros que adornam o firmamento, entraram como objetos de culto na religião de Jeová, 2 Rs 21.3; 23.4,5; Jr 7.18; 8.2; uma das formas de adoração consistia em beijar a mão, Jó 31.26,27, e outra em queimar-lhe incenso, 2 Rs 23.5. Nos templos pagãos, a lua representava-se pelo crescente como expressão simbólica, e por ser imagem de forma humana. Tais práticas do paganismo encontravam plena reprovação nas sublimes doutrinas de Jeová. O sol e a lua foram criados pelo Deus de Israel, com o fim de darem luz e prestarem serviços ao homem na contagem do tempo. Diferente da adoração da lua, existia a infantil concepção de que as diversas fases da lua, variando de uma noite para outra, bem assim as modificações do seu

tamanho, passando pelo firmamento, desde o nascente até o seu ocaso, em virtude das condições atmosféricas e astronômicas, pressagiavam ocorrências políticas. O aspecto da lua pode anunciar alterações de tempo, mas nunca servir de critério para avaliar os acontecimentos políticos, Is 47.13. Os hebreus parece que participaram da crença espalhada em grande escala pelas histórias dos viajantes que transitavam pelas regiões equatoriais, afirmando que a lua pode influir no bem-estar da saúde, em certas circunstâncias produzir maus efeitos nos músculos e nos nervos. Mas os filhos de Deus podem descansar com segurança em Jeová que vela por nós de dia e de noite, Sl 121.6. Nos meses lunares, o princípio de cada mês começava na lua nova, início natural de uma divisão de tempo e por isso observado como dia santo. Parece que não havia ordenação especial para essa observância, em todo caso ofereciam sacrifícios adicionais, Nm 28.11-14, tocavam trombetas, Nm 10.10; Sl 81.3; suspendiam os trabalhos, Am 8.5, e abria-se grande oportunidade para a instrução religiosa, 2 Rs 4.23; Ez 46.1,3. O dia da lua nova era guardado com alegria e com muitas festas, 1 Sm 20.5; Judite 8.6. A lua nova do sétimo mês marcava o princípio de uma sétima repetição de tempo, e, por conseqüência, caía sob a lei do sábado e era observado como tal em aditamento ao serviço religioso do dia da lua nova, Lv 23.24, 25; Nm 29.1-6. Depois do exílio, essa celebração assumiu o caráter de festividade de ano novo. A chegada da lua nova foi objeto de cálculo desde muito tempo, 1 Sm 20.5,18. Os astrólogos da Babilônia faziam observações à tarde do dia em que era esperada, a fim de anotar seu aparecimento. Segundo o Talmude, o Sinédrio se reunia sete vezes no ano pela manhã cedo no dia 13 do mês. Distribuíam-se vigias em torno da cidade para observarem das alturas o aparecimento da lua nova e dar aviso imediatamente.

LUA

Feito isto, o sinédrio pronunciava a palavra *Mekuddash*, que quer dizer "consagrado" e aquele dia vinha a ser o primeiro dia do novo mês, deixando 29 dias para o outro mês. Se a neblina ou as nuvens impediam a observação do aparecimento da lua, o dia era contado como o último do mês e o dia da lua nova começava no dia seguinte. Fazia-se o anúncio da lua nova por meio de uma grande fogueira sobre o monte das Oliveiras, sinal esse que se repetia na extremidade de todos os outros montes. Dizem que os samaritanos prejudicavam esse plano, acendendo fogos antes do tempo. Por este motivo, aboliram o sistema de fogueiras e mandavam fazer o anúncio por meio de mensageiros.

LUCAS (grego *Loukas*, provável abreviatura do nome latino Lucanus ou Lucilius) – nome de um dos amigos e companheiros do apóstolo Paulo que a ele se associou nas saudações enviadas de Roma à igreja dos colossenses, e a Filemom, Cl 4.14, Fm 24. Na primeira dessas citações, é ele o muito amado Lucas, médico, e na segunda é um dos coadjutores de Paulo. Esteve em Roma com o grande apóstolo dos gentios, quando foi escrita a segunda epístola de Timóteo. Em 2 Tm 4.11, ele aparece como único companheiro de Paulo em Roma, como tocante tributo à sua fidelidade. São as únicas passagens do Novo Testamento em que o seu nome é citado, por que não deve ser identificado com o Lúcio de Atos dos Apóstolos 13.1, nem com outro citado em Rm 16.21 (veja *LÚCIO*). No segundo século existia uma tradição de que Lucas era o autor do terceiro evangelho e de Atos dos Apóstolos, ambos os escritos procedentes do mesmo autor, At 1.1. Em Atos encontramos notícias mais freqüentes acerca do relacionamento com o apóstolo Paulo, no qual se observa que ele o acompanhou na sua última viagem, em cujas narrações emprega o pronome nós e conosco, At 16.10-

17; 20.5 até o cap. 21.18; 27.1 e o cap. 28.16. Observa-se, pelas passagens mencionadas, que Lucas acompanhou Paulo na sua segunda viagem missionária a Trôade, e foi com ele a Filipos. Na terceira viagem, reuniu-se novamente ao apóstolo em Filipos e foi com ele até Jerusalém. Parece que permaneceu na Palestina durante dois anos, tempo que Paulo esteve detido na prisão de Cesaréia, porque desta cidade ele partiu para Roma, em sua companhia. Em Cl 4.14, faz-se distinção entre os judeus que acompanhavam Paulo, o que dá a entender que Lucas era gentio, *cf.* v. 11. Antigas tradições dizem que era natural de Antioquia da Síria, o que é muito provável. Certo ou não, ele teve grande interesse pela igreja dessa cidade e com ela se familiarizou, At 6.5; 11.19-27; 13.1-3; 14.26-28; 15.1,2,30-40; 18.22,23. Ramsay o considera natural de Filipos (*St. Paul the Traveller*, p. 202). Nada se sabe sobre a data de seu nascimento e de sua morte.

LUCAS, O EVANGELHO SEGUNDO

– o evangelho que tem o seu nome, é o terceiro na ordem dos livros do Novo Testamento, dirigido a certo Teófilo, provavelmente a um cristão gentílico. Neste livro afirma ele que as suas narrações foram cuidadosamente colhidas no testemunho apostólico, com o fim de dar conhecimento claro e completo da verdade em que havia sido instruído. Todo o material de seu evangelho foi colhido em documentos primitivos e nas informações obtidas daqueles que haviam sido testemunhas de Jesus. A narrativa desse evangelho pode dividir-se da seguinte maneira: **1** Versículos que servem de introdução, 1.1-4. **2** Preparação para o aparecimento de Jesus, compreendendo os anúncios sobre o nascimento de João Batista e de Jesus, com alguns acontecimentos que se referem à sua infância e à sua mocidade, 1.5 até o cap. 2.52. **3** Inauguração do ministério de Cristo, inclusive a) o ministério de João Batista,

LUCAS, O EVANGELHO SEGUNDO

b) o batismo de Jesus acompanhado de sua genealogia e c) a tentação, cap. 3 até 4 o v. 13. **4** O ministério de nosso Senhor na Galiléia, 4.14 até o cap. 9.50. Nesta parte do seu evangelho, muitas vezes acompanha a mesma ordem de Marcos. Também introduz mais dos ensinos de Jesus do que Marcos, e nisto se assemelha mais a Mateus. Contudo, mostra-se independente de ambos, mesmo quando trata do mesmo assunto. Muitos dos que estudam esse evangelho, conquanto sejam acordes em que o seu autor não se serviu do evangelho de Mateus, e que ambos se serviram independentemente da mesma fonte de informações, sobre os ensinos de Jesus, crêem, todavia que Lucas utilizou o evangelho de Marcos ou de outra narrativa que se tinha inspirado nele, e relata os fatos do ministério de Jesus, seguindo a mesma ordem dos incidentes, visto que ocasionalmente se afasta dela. Lucas introduz em seu evangelho elementos que lhe são peculiares. A seguinte análise mostra o curso de sua narrativa: a) Descrição introdutória, 4.14, 15. b) Início da obra de Cristo na Galiléia, inclusive a primeira visita a Nazaré, os milagres em Cafarnaum e a viagem pela Galiléia, a chamada dos primeiros quatro discípulos e a cura do leproso, 4.16 até o cap. 5.16. c) Manifestações de hostilidade que Jesus combateu pelos seus ensinos, pela cura do paralítico, pela chamada de Levi e conseqüente banquete em sua casa, pelo seu discurso acerca da controvérsia sobre o jejum e sobre a guarda do Sábado, 5.17 até cap. 6.12. d) Organização dos discípulos, inclusive a formação do corpo apostólico e o discurso sobre as características do verdadeiro discípulo (Sermão do Monte), 6.13-49. e) Incidentes que ilustram o gracioso ministério de Jesus, a cura do servo do centurião, a ressurreição do filho da viúva de Naim, a mensagem de João Batista, a resposta de Cristo a essa mensagem, Jesus ungido pela mulher pecadora, 7.1-50. f) A extensão da obra de Cristo, e as suas viagens por toda a Galiléia, acompanhado pelos discípulos, os seus ensinos por meio de parábolas, a visita de sua mãe e de seus irmãos, os quatro grandes milagres, a tempestade acalmada, a cura do endemoninhado gadareno, da mulher que padecia fluxo de sangue, a ressurreição da filha de Jairo; segue-se a mensagem dos apóstolos, o desejo de Herodes para ver Jesus e a conseqüente retirada para o deserto, onde alimentou cinco mil pessoas, 8.1 até o cap. 9.17. g) Instruções de Jesus a seus discípulos em face do encerramento de seu ministério na Galiléia, da sua futura morte, inclusive a confissão de Pedro, a predição de Jesus sobre a sua morte e ressurreição, a transfiguração e a cura do endemoninhado, e admoestações contra o orgulho, 9.18-50. **5** As jornadas de Jesus para Jerusalém, 9.51 até o cap. 19.48. Essa parte do Evangelho Segundo Lucas contém material que lhe é muito próprio, às vezes um pouco fora da ordem cronológica, mas disposto de acordo com certos tópicos. Algum material que ele registra aqui pertence ao ministério da Galiléia, 9.57-60; 13.18-21; provavelmente 11.14 até o cap. 13.5. Porém essa secção descreve principalmente uma série de viagens para Jerusalém, terminando com a última subida a essa cidade e com os discursos apropriados à situação. Pode ser subdividida da seguinte forma: a) Partida da Galiléia e instruções sobre o verdadeiro espírito cristão, a rejeição feita por uma cidade samaritana, respostas a três inquiridores, a missão dos 70 e a volta destes, a consulta do doutor da lei e a parábola do bom samaritano, Cristo na casa de Marta e Maria, instruções acerca da oração, 9.51 até o cap. 11.13. b) Denunciações contra os fariseus e conselhos a respeito do dever de confessar o seu nome, instruções sobre a avareza e o dever de vigiar etc., 11.14 até o cap. 13.5. c) Discursos ilustrativos do verdadeiro Israel e do culto; o primeiro deles incluindo a

LUCAS, O EVANGELHO SEGUNDO

parábola da figueira infrutífera, a história de certa mulher enferma pelo espírito maligno, as parábolas da semente de mostarda e do fermento, admoestações acerca de falsos juízos pessoais e lamentações sobre Jerusalém; o último discurso inclui a cura de um homem hidrópico e as belas parábolas da festa de núpcias, da grande ceia, da ovelha perdida, da dracma perdida, do filho pródigo, do feitor infiel, do rico e Lázaro, da viúva importuna, entremeadas de incidentes e de lições sobre assuntos gerais, 13.6 até 18.30. d) A última subida para Jerusalém, incluindo a repetição da notícia sobre a sua morte e ressurreição, a cura do cego Bartimeu, a conversão de Zaqueu, a parábola dos marcos de prata e a sua entrada triunfal em Jerusalém, 18.31 até 19.48. **6** A última semana em Jerusalém, incluindo os últimos ensinos de Jesus no templo ao povo e a seus discípulos, sua prisão, seus julgamentos e conseqüente crucificação e sepultamento, cap. 20 a 23.56. **7** Narração do aparecimento de Jesus depois de ressuscitado, discursos e instruções a seus discípulos para pregarem o Evangelho, e a separação final subindo ao céu, cap. 24. Lucas declara, 1.3, que a sua narrativa é escrita "em ordem". O emprego desta frase em outros lugares do Novo Testamento, At 11.4; 18.23 e o texto grego de Lc 8.1 e At 3.24, mostram que não significa necessariamente ordem exata de cronologia. Ao mesmo tempo em que o esboço geral obedece à ordem cronológica, o arranjo dos fatos é com freqüência tópico. Esse livro, semelhante ao de Atos dos Apóstolos, contém uma descrição sistemática da vida do fundador do cristianismo. Lucas não se apresenta como convivendo pessoalmente com Jesus, e fundamenta a sua obra no testemunho dos apóstolos, cujos ensinos estudou cuidadosamente. O seu evangelho é fundamentalmente histórico como se observa pela narração da origem genealógica de João Batista e de Jesus,

no modo de referir-se aos acontecimentos seculares, referentes ao nascimento de Jesus e ao aparecimento de João Batista, 2.1,2; 3.1,2, no modo pelo qual descreve o ministério de Cristo, colocando em destaque as suas idéias religiosas fundamentais, os seus triunfos sobre a oposição e os fundamentos históricos do cristianismo (veja a análise mencionada anteriormente). O escritor também manifesta a sua predileção por esses aspectos dos ensinos do Senhor e pela sua obra, nos quais se revela como divino salvador dos homens. Descreve o Evangelho de Cristo exercendo missão universal, 2.32; 3.6; 4.24-27 etc; evangelho para os perdidos, para os pobres e aflitos, 6.20-26; e para os humildes, 7.36-50; 15; 19.1-9 etc, mensagem de salvação, 7.11-18; 9.56; 12.32 etc. Traça as linhas graciosas do caráter pessoal de Cristo: a sua piedade, a sua compaixão, a sua caridade, seu espírito de oração, a sua santidade, a sua ternura. Descrevendo os ditos sentenciosos sobre as riquezas, Lucas emprega linguagem mais franca do que os outros evangelistas, 1.52,53; 6.24,25; 16.25 etc., deixando ver claramente que Jesus não condena os ricos por o serem, mas aqueles que confiam nas riquezas e não são ricos para com Deus, 12.21. No que se refere ao bom samaritano, 10.33; 17.16, sem dúvida também quer ilustrar o poder do Evangelho para destruir os prejuízos nacionais. Finalmente, esse evangelho apresenta Cristo estabelecendo a religião que eleva e salva a humanidade sofredora. O emprego de um vocabulário técnico, que ocasionalmente aparece nas descrições, faz-nos entender que o autor do livro foi mesmo o Lucas médico, o cap. 4.35 diz: "o demônio o lançou por terra"; e no cap. 4.38: "estava enferma com muita febre"; e no cap. 5.18, "um homem que estava paralítico"; e no cap. 6.19. "e curava a todos", e no cap. 8.44. "e logo estancou o fluxo do seu sangue"; e no cap. 10.34. "lhe atou as feridas,

LÚCIO

lançando nelas azeite e vinho" (*Medical language of St. Lucas*, Hobart). A data da composição desse evangelho depende da data de Atos dos Apóstolos. Na primeira epístola a Timóteo, 5.18, parece existir uma citação de Lucas. Se assim for, com certeza deve ter sido escrita antes do ano 66 d.C. Seja como for, o evangelho por ele escrito registra a destruição de Jerusalém, predita por Cristo, mas isto não prova, como alguns pretendem, que esse evangelho tenha sido escrito antes desse acontecimento, visto como a linguagem de Lucas é apenas uma interpretação das palavras de Cristo, destinada à instrução dos gentios que a lessem, Lc 21.20; *cf.* Mt 24.15; Mc 13.14, visto que os cristãos, firmados na profecia de Cristo, olhavam para a futura destruição da cidade como se prova pela leitura de Marcos e por outras evidências. Pode ser que tenha sido descrito durante os dois anos em que Lucas esteve detido na Palestina, esperando o apóstolo Paulo que estava na prisão de Cesaréia, Mc 13.58-60, a não ser que ele colhesse os elementos para sua obra mais tarde em Roma, onde teria escrito o seu livro. Parece que teve em vista a princípio a composição de uma série de tratados sobre a origem do cristianismo, como se depreende pela leitura do cap. 1.1,2 e pela brevidade da narrativa que ele faz das instruções finais que Jesus dá insertas no último capítulo, parecendo que tinha a intenção de as reproduzir como se encontram no primeiro capítulo de Atos. Sabe-se com bons fundamentos que esse livro era lido nas igrejas do segundo século e tido como autoridade em matéria de fé. Mutilaram-no depois. O gnóstico Marcion o considerava o único evangelho verdadeiro, isto em meados do século segundo, o que prova que já era tido como tal, antes desse tempo. A primeira vez que se fala de Lucas como seu autor, de conformidade com a literatura eclesiástica, é pelo ano 170 no fragmento Muratório. A tradição há muito que havia reconhecido o seu autor sob bases mui seguras.

LÚCIFER (*no latim é lucifer, "portador da luz". O termo hebraico é helel, "brilho", "resplendor", traduzido por Lúcifer". A LXX usa o grego heósphoros, "portador da luz"*) – nome do planeta Vênus, estrela da manhã. Exceto o Sol e a Lua, Vênus é o corpo celeste de maior brilho no firmamento. Aparece de manhã ou à tarde, conforme sua posição a oeste ou ao oriente do sol, voltando à mesma posição de 19 em 19 meses. Semelhante à primitiva Vênus, é precursora da aurora. O profeta Isaías comparou o esplendor do rei da Babilônia a Lúcifer, filho da manhã, Is 14.12-14. O rei da Babilônia foi chamado "estrela da manhã", pois em sua pompa e arrogância se colocava entre os deuses. Jesus chama-se a estrela resplandecente e da manhã, Ap 22.16; *cf.* 2 Pe 1.19. A aplicação desse nome Lúcifer a Satanás tem-se feito desde o terceiro século especialmente entre os poetas, por causa de uma interpretação errônea de que a passagem de Lc 10.18 é uma explicação de Is 14.12.

LÚCIO – **1** Nome de um oficial romano que no ano 174 da era dos selêucidas, 139-8 a.C., expediu cartas a favor dos judeus a vários reis sujeitos a Roma, 1 Mac 15.16. Atribuem-lhe o título de cônsul que de algum modo o identifica com Lúcio Calpurinus Piso, um dos cônsules que serviram no ano 139 a.C. É possível também que seja o pretor Lúcio Valério que dirigia os trabalhos do senado romano, quando decretou tratados de amizade com os judeus, que foi motivo de expedir as cartas já mencionadas e que nos dias de Hircano II promoveu uma ação favorável aos judeus, Antig. 14.8,5. **2** Nome de um cristão natural de Cirene que ensinava na igreja de Antioquia, At 13.1. Supõe-se que seja o parente do apóstolo Paulo que se associou a ele em Corinto enviando saudações aos irmãos em Roma, Rm 16.21.

LUDE

LUDE – 1 Nome de um povo classificado na raça semítica, Gn 10.22, que se supõe ser o mesmo povo da Lídia, Antig. 1.6,4, que ocupava um território mais extenso do que a própria Lídia na parte ocidental da Ásia Menor. Não se sabe como é que os lídios foram incluídos entre os semíticos, se pela ligação de raça, ou pela conquista. Segundo Heródoto, 1.7, o primeiro rei dos lídios foi um dos filhos de Nino e neto de Belo, que é o mesmo que dizer que era descendente dos assírios. **2** Nome de um povo relacionado com os egípcios, Gn 10.13, *Ludim*, e também o nome do país por ele ocupado. Figuravam nos exércitos do Egito e de Tiro como bons atiradores, Jr 46.9; Ez 27.10; 30.5. Esse povo deveria ocupar a África setentrional a oeste do Nilo.

LUDIM – nome dos descendentes de Mizraim, Gn 10.13 (veja *LUDE*).

LUÍTE (*no hebraico, "feito de pranchões"*) – nome de uma cidade moabita, situada sobre um outeiro, Is 15.5; Jr 48.5. Segundo Eusébio e Jerônimo, é a mesma Loueita, entre Areópolis, Rabata Moabe, e Zoar.

LUNÁTICO (*loucura com intervalos lúcidos*) – pessoa atacada de epilepsia, moléstia caracterizada por ataques contínuos, perda dos sentidos com espasmos prolongados, Mt 17.15; Mc 9.18. Os casos mencionados nos evangelhos são atribuídos a possessões demoníacas. A palavra grega deriva-se de *selene*, lua, do mesmo modo que o nosso vocábulo se deriva do latim *luna*, lua. Acreditava-se que essa enfermidade se relacionava com os raios da lua, ou com as mudanças periódicas desse astro. Os lunáticos distinguem-se dos que eram endemoninhados, Mt 4.24, porque se atribuíam outras causas à manifestação dessa enfermidade. Contudo, as possessões demoníacas eram também causa da loucura dos lunáticos, Mt 17.15 e Mc 9.17. O estudo dessas duas passagens tem dado origem à opinião de que a palavra grega quer dizer epilepsia.

LUZ (*no hebraico, "amendoeira"*) **1** Nome de uma cidade dos cananeus que mais tarde se chamou Betel, Gn 28.19; 35.6; 48.3; Js 18.13; Jz 1.23. Em Js 16.2, ela se distingue da Betel, e é tida por localizada ao ocidente. **2** Nome de uma cidade dos heteus, edificada por um habitante de Luz, no monte de Efraim, que a entregou traiçoeiramente aos israelitas, sendo-lhe poupada a vida a ele e à sua família, quando os benjamitas a destruíram, Jz 1.22-26. Situação geográfica desconhecida.

MAACA (*no hebraico, "compressão", "opressão"*) **1** Nome de um lugar da Síria, 2 Sm 10.6,8, algumas vezes chamado Arã-Maaca, ou Síria-Maaca, 1 Cr 19.6,7, cujos habitantes descendiam de Naor, Gn 22.24. **2** Nome da esposa de Maquir, filho de Manassés, 1 Cr 7.15,16. **3** Nome de uma concubina de Calebe, filho de Hesrom, 1 Cr 2.48. **4** Nome da esposa de Jeiel, antecessora do rei Saul, 1 Cr 8.29; 9.35. **5** Nome da filha de Talmai, rei de Gesur. Veio a ser uma das mulheres de Davi, e Mãe de Absalão, 2 Sm 3.3. **6** Nome do pai de Hanã, um dos homens valentes de Davi, 1 Cr 11.43. **7** Nome do pai de um dos príncipes da tribo de Simeão, 1 Cr 27.16. **8** Nome de um dos filhos do rei de Gate, contemporâneo do rei Davi, 1 Rs 2.39. **9** Nome da esposa de Jeroboão e filha de Absalão, e em vista do que se lê em 2 Cr 13.2, talvez seja neta de Absalão, 1 Rs 15.2; 2 Cr 11.20-22, e mãe do rei Abias. Depois da morte deste, tomou posse do governo; mas seu neto Asa a destronou por ela ter levantado num bosque o ídolo de Príapo, 2 Cr 15.16. Em 2 Cr 13.2, tem o nome de Micaía, o que parece ser erro de cópia, porque em sete lugares diferentes tem sempre o nome de Maaca.

MAACATITA/MAACATEUS – nome do descendente de uma pessoa chamada Macate, natural ou morador no reino sírio de Maacate, ou natural da cidade de Bete-Maaca, da tribo de Naftali, Js 12.5; 2 Sm 23.34.

MAADAI (*no hebraico, "inconstante"*) – nome de um dos filhos de Bani que Esdras induziu a se separar de sua mulher estrangeira, Ed 10.34.

MAADIAS (*no hebraico, "ornamento de Jeová"*) – nome de um dos principais dentre os sacerdotes que voltaram do cativeiro da Babilônia, Ne 12.5,7. Na geração seguinte veio a ser um dos chefes das famílias sacerdotais, e ocupa a mesma posição no catálogo correspondente com o nome

MAADIAS

de Moadias, v. 17. Não existe explicação para essa mudança gráfica, a não ser que seja explicada pelo modo de pronunciar a palavra.

MAAI (*no hebraico, "compassivo"*) – nome de um dos sacerdotes que tocaram as trombetas na cerimônia da dedicação do segundo templo, Ne 12.36.

MAALÁ (*no hebraico, "enfermidade", "doença"*) nome de uma das filhas de Zelofeade, Nm 26.33; 27.1. Foi possuidora de uma porção da terra, pois seu pai tinha somente descendentes do sexo masculino.

MAALALEL (*no hebraico, "louvor de Deus"*) **1** Nome de um dos patriarcas antediluvianos da linha de Sete, Gn 5.12-17; Lc 3.37. Algumas versões trazem Maleleel. **2** Nome de um homem da tribo de Judá, da família de Perez, que veio morar em Jerusalém depois da volta do cativeiro, Ne 11.4.

MAALATE (*no hebraico, "doença", "ansiedade"*) **1** Termo de música que se encontra nos títulos dos salmos 53 a 88, que, a julgar pela etimologia hebraica, se refere à tristeza. As palavras *almahalath leannoth* no título do salmo 88 significam "cantar tristemente". **2** Nome da filha de Ismael e mulher de Esaú, Gn 28.9. Também se chama Basemate, em Gn 36.3. **3** Nome de uma das filhas de Jerimote, que foi esposa de Reoboão, 2 Cr 11.18.

MAANAIM (*no hebraico, "acampamento duplo"*) – nome que Jacó deu a um lugar situado ao oriente do Jordão, onde o foram encontrar os anjos de Deus, logo que Labão se apartou dele e antes de passar o Jaboque, Gn 32.2. Deu-se o encontro na linha divisória das tribos de Gade e Manassés, Js 13.26,30. Esse local tocou na parte assinalada aos levitas de Merari, 21.38; 1 Cr 6.80. Depois de ser lugar sagrado, veio

a ser cidade fortificada em que Is-Bosete estabeleceu a sede de seu governo, 2 Sm 2.8,12,29. Davi retirou-se para essa cidade, enquanto durou a revolta de Absalão, que se havia apoderado de Jerusalém, 2 Sm 17.24,27; 18.24, 33; 19.32; 1 Rs 2.8. Ainadabe, filho de Ido, foi governador em Maanaim, por ordem de Salomão, 1 Rs 4.14. Localização desconhecida. Robson e muito antes dele, Moisés hap-Parchi, viajante judeu, pelo ano 1315, apontou Mané, situada cerca de 7 km ao oriente de *ed-Deir*. Tristram prefere que seja *Birket Mahneh*, cerca de 32 km a sudoeste de Gadara e a 34 km de Edrei.

MAANÉ-DÃ (*no hebraico, "acampamento de Dã"*) – nome de um lugar situado por detrás de Quiriate-Jearim, Jz 18.12, entre Sarás e Estaol, 13.25, nome que lhe foi colocado quando o espião danita acampou ali.

MAARAI (*no hebraico, "impetuoso", "rápido", ou "apressado"*) – nome de um homem de Netofate, um dos valentes de Davi, 2 Sm 23.28; 1 Cr 11.30. Serviu de chefe na décima turma do exército de Davi, 27.15.

MAARATE (*no hebraico, "desolação", ou lugar sem árvore"*) – nome de uma cidade na parte montanhosa de Judá, situada ao norte de Hebrom e perto de Halul, Js 15.59.

MAASAI (veja *MASAI*).

MAASÉIAS (*no hebraico, "realização de Jeová", ou "obra de Jeová"*) **1** Nome de um levita da segunda ordem que serviu de porteiro no reinado de Davi e que cantava ao som de alaúdes, 1 Cr 15.18,20. **2** Nome de um dos centuriões que cooperaram com o sumo sacerdote Joiada na deposição da rainha Atalia para elevar ao trono de Judá a Joaz, 2 Cr 23.1. **3** Nome de um oficial que parece ter auxiliado o levita Jeiel no

MACABEUS

preparo da lista dos homens de guerra no reinado de Uzias, 2 Cr 26.11. **4** Nome de um príncipe da casa real, filho de Jotão e não de Acabe, uma vez que esse rei não tinha idade para ser pai de filhos de idade avançada. Maaséias foi morto por ocasião de Pecá invadir o reino de Judá, 2 Cr 28.7. **5** Nome do governador de Jerusalém no reinado de Josias, 2 Cr 34.8. **6** Nome de um dos sacerdotes de Baruque e de Saraías, Jr 32.12; 51.59. **7** Nome do pai do falso profeta Zedequias, Jr 29.21. **8** Nome de um sacerdote, pai de Sofonias, oficial do rei Zedequias, Jr 21.1; 29.25. **9** Nome de um dos filhos de Salum e porteiro do templo, Jr 35.4. Provavelmente pertencia à classe dos levitas, 1 Cr 26.1. **10** Nome de um homem de Judá, pertencente à família de um silonita, que habitou em Jerusalém depois que voltou do cativeiro, Ne 11.5. **11** Nome de um benjamita cujos descendentes se estabeleceram em Jerusalém na volta do cativeiro, Ne 11.7. **12-15** Nome de um homem da casa de Paate-Moabe e mais três sacerdotes, um pertencente à casa do sumo sacerdote Josué, outro pertencente à casa de Pasur, cada um dos quais se separou de sua mulher estrangeira, Ed 10.18,21,22,30. **16** Nome do pai de Azarias que reparou o muro fronteiro à sua casa, Ne 3.23. **17** Nome de um chefe do povo que assinou o pacto com Neemias, Ne 10.25. **18** Nome de um sacerdote que tomou parte na cerimônia da dedicação do muro de Jerusalém e talvez um dos seis que estiveram junto a Esdras quando este lia a lei diante do povo, Ne 12.41; 8.4. **19** Nome de um levita que provavelmente tomou parte na festa da dedicação do muro, e talvez um dos 13 que explicavam a lei quando se lia diante do povo, Ne 12.42; 8.7.

MAATE (*no hebraico, "presa", "os instrumentos de presa"*) **1** Nome de um levita descendente de Coate pela linha de Sofonias, Tate e Abiasafe, 1 Cr 6.35. Foi antecessor de Samuel, 33. **2** Nome de outro levita, que fiscalizava os dízimos e as ofertas no reinado de Ezequias, 2 Cr 31.13. Provavelmente era filho de Amasai e descendente de Coate, 29.12. **3** Nome de um dos antepassados de Cristo, que viveu em tempo posterior a Zorobabel, Lc 3.26.

MAAVITA – nome de significação desconhecida que serve de adjunto ao nome de Eliel, um dos valentes de Davi, 1 Cr 11.46. Parece haver erro nessa passagem, porque a palavra tem a terminação do plural e o nome é singular.

MAAZ (*no hebraico, "ira"*) – nome de um dos descendentes de Judá e de sua mulher Jerameel, 1 Cr 2.27.

MAAZIAS (*no hebraico, "consolação de Jeová"*) **1** Nome de um descendente de Arão, que veio a ser chefe de família no tempo de Davi e a quem coube a 24ª. sorte da divisão sacerdotal, 1 Cr 24.1,6,18. **2** Nome de um sacerdote que assinou o concerto nos dias de Neemias, Ne 10.8.

MAAZIOTE (*no hebraico, "visões"*) – nome de um levita descendente de Hemã, 1 Cr 25.4; 30, que fez parte do corpo de cantores na 23ª. sorte.

MAÇA (*no hebraico, mephits*) – o vocábulo aparece em Pv 25.18, também chamado de "machado de guerra", é usado desde 3500 a.C., a cabeça podia ser feita de pedra ou metal, com uma perfuração em que se colocava o cabo, era símbolo de autoridade e poder, aparece com o conceito de vara de ferro, Sl 2.9, o cajado do pastor servia como maça, 1 Sm 17.40-43; Sl 23.4. No Novo Testamento é citada quanto ao uso que delas faziam, Mt 26.41-55; Mc 14.43; Lc 22.52.

MACABEUS – nome de uma família também denominada dos asmoneus que

MACABEUS

governou a Judéia desde o ano 166 até 37 a.C. (veja *ASMONEUS*). O nome Macabeu pertencia em primeiro lugar a Judas, terceiro filho de Matatias, 1 Mac 2.4, que passou a designar toda a família e a outros indivíduos que participaram dos mesmos acontecimentos. A origem e o significado do termo tem sido objeto de longas pesquisas. Deriva-se do vocábulo *Mak-kabah*, martelo em alusão talvez aos duros golpes desferidos por Judas e seus companheiros aos inimigos, ou porque ele usava um capacete encimado por um emblema com a forma de martelo. Alguns explicam que o nome se compõe das iniciais hebraicas na sentença: "Quem há semelhante a ti ó Jeová entre os deuses?" ou ainda de outra sentença: "Quem há que seja semelhante a meu pai?" Outros dizem que tem sua origem na palavra hebraica *makbi*, que significa destruidor. Todas essas explicações não passam de conjeturas. O primeiro dos membros dessa família, cujo nome se menciona, é Matatias; velho sacerdote profundamente indignado pelos ultrajes de Antíoco Epifanes, levantou a revolta contra ele e se retirou para as montanhas, acompanhado por quantos zelavam a fé de Israel, Matatias morreu dois anos depois, mas a revolta continuou sob a direção de seus cinco filhos, Judas, o terceiro deles, foi o primeiro dos chefes militares, 166 a.C. Para evitar batalhas campais, e a fim de cansar os sírios com vigorosas e destruidoras guerrilhas, ele com o seu bando destroçou quantos destacamentos os sírios lhe enviavam. Retomou Jerusalém, purificou o Templo, restaurou o sacrifício diário, instituiu uma festa para celebrar a grande conquista que se repetiu anualmente. Era esta a festa do inverno, a festa da dedicação a que alude João 10.22. No ano 160 a.C., morreu em combate. Seu irmão mais moço, o sacerdote Jônatas, assumiu o comando do exército. Por esse tempo, seu irmão João foi aprisionado e morto pelos filhos de Jambri, 1 Mac 11.36, pouco antes, outro irmão de nome Eleazar, pereceu esmagado sob o peso de um elefante, que ele mesmo havia ferido em combate. Durante a direção de Jônatas, os sírios se ocupavam com a sua guerra civil, de modo que, não somente a Judéia desfrutava paz, como também os judeus tinham sido favorecidos de modo a manter a sua posição. Jônatas fez um tratado com os romanos e com os espartanos. No ano 143 a.C., foi traiçoeiramente assassinado, por Trifom, general assírio. Pela sua morte, Simão, o único que restava dos filhos de Matatias, tomou a direção da guerra. A maior conquista por ele conseguida foi a independência da Judéia, garantida por Demétrio II, rei da Síria. Cunharam-se moedas com o nome de Simão e os documentos públicos tinham a data do "primeiro ano de Simão, sumo sacerdote e governador". Simão e dois de seus filhos foram traiçoeiramente mortos por seu genro Ptolomeu, em Doque perto de Jericó, no ano 135 a.C. O único dos filhos que escapou, chamado João, tomou conta do governo, sendo conhecido na história pelo nome de João Hircano, que se mostrou sagaz e vigoroso, ampliando a esfera de seu governo e os limites de seu reino. Conquistou os edomitas e os distribuiu pela população judia. Após longo e próspero reinado teve morte natural, sucedendo-lhe seu filho Aristóbulo, homem cruel, que chegou a matar a própria mãe e um irmão. Mudou o governo teocrático em realeza e deu-se o título de rei, sendo ao mesmo tempo sumo sacerdote. Um ano depois, o substituiu no governo seu irmão Alexandre Janeu que teve o país perturbado por discordâncias rancorosas entre fariseus e saduceus. Seu reinado de 27 anos foi muito atribulado. Com sua morte, a viúva Alexandra governou durante nove anos e deixou dois filhos, Hircano e Aristóbulo, que entre si disputaram a posse do reino, Hircano tomou para si o sumo sacerdócio,

MACEDÔNIA

e Aristóbulo o governo civil. Não demorou a rebentar a guerra civil. Os romanos intervieram; a princípio sustentaram o governo de Aristóbulo, a quem depuseram mais tarde, conduzindo-o para Roma. Nomearam rei a Hircano, mas o verdadeiro rei era Antipas ou Antípater, idumeu que havia sido nomeado procurador da Judéia pelos romanos. Seguia-se um período de contendas e divergências entre os membros da família reinante de que se aproveitou Antípater para aumentar sua influência e poder junto ao império romano, até que, finalmente os Macabeus caíram no desagrado do imperador romano que deu a coroa da Judéia a Herodes, filho de Antípater (veja os livros 1, 2, 3, 4 de *MACABEUS* no artigo *APÓCRIFO* e *FAMÍLIA DOS MACABEUS*).

MACACO – animal quadrúmano. Tradução da palavra hebraica *Koph*, termo genérico e inclui tanto os macacos que não têm cauda quanto os *monos* que a possuem. O termo grego *Kepos* denota um mono da Etiópia. O malabar e o sânscrito *Kapi* significa mono. Nem na Índia, nem em Malabar se encontram os macacos genuínos. Se os animais trazidos para Palestina pelos navios que iam buscar ouro em Ofir, 1 Rs 10.22; 2 Cr 9.21, vinham da Índia, eram macacos de cauda ou monos, os *Hanumam* (*Semnopitecus entellus*), comuns em toda a Índia, onde são adorados como deuses.

MAÇANETA – tradução da palavra hebraica *Kaphtor*, em Êx 25.33-36; 37.17-22, nome de uma das peças que adornavam o candeeiro de ouro que servia no Tabernáculo. Em outras passagens, a mesma palavra dava-se ao capitel de uma coluna, Am 9.1; Sf 2.4. Parece que essas maçanetas serviam de suporte aos braços do candeeiro, ou a corolas das flores que o ornamentavam. Josefo diz que representavam romãs, em termos que não são muito claros, Antig. 3.6,7.

MACAZ (*no hebraico, "fim"*) – nome de uma cidade de onde os governadores da mesa de Salomão tiravam as provisões, 1 Rs 4.9. Localização desconhecida.

MACBANAI (*no hebraico, "grosso", "gordo", ou "coberto com capote"*) – nome de um dos gaditas que se reuniram a Davi em Ziclague, 1 Cr 12.13.

MACBENA (*no hebraico, "outeirinho", "montão", ou "capote"*) – nome de uma cidade de Judá, a julgar pelo contexto, 1 Cr 2.49.

MACEDÔNIA – nome de um país situado ao norte da Grécia. Pouco se conhece de sua história antes do ano 566 a.C., e ainda 200 anos depois não despertava interesse especial, porém, sob o domínio de Filipe da Macedônia, 359-336, a.C., e ainda mais, sob o governo de seu filho, o célebre Alexandre, o grande, 336-323, cresceu de tal modo que se tornou potência de alto renome em todo o mundo (veja *FILIPE 1 e ALEXANDRE 1*). No governo de seus sucessores, o império dividiu-se e sua influência declinou. No ano 168 a.C., os romanos a conquistaram e no ano 142 ficou sendo província do império. O Antigo Testamento não menciona esse nome, porém a esse império se refere o profeta Daniel no cap. 2.39; 7.6; 8.5,8. A Quitim mencionada em 1 Mac 1.1 é a Macedônia. O apóstolo Paulo, solicitado em uma visão por um macedônio, quando fazia a sua segunda viagem, passou da Ásia para a Europa e pregou o Evangelho pela primeira vez na Macedônia, passando por Neápolis, Filipos, Anfípolis, Apolônia, Tessalônica e Beréia, At 16.9 até 17.14. Depois da partida do apóstolo Paulo, Silas e Timóteo continuaram a obra evangelizadora, 17.14,15; 18.5. De novo Paulo visitou essa região, 19.21,22; 20.1-3; *cf.* 2 Co 2.13; 7.5; 1 Tm 1.3. Gaio e Aristarco, macedônios, foram companheiros de

MACEDÔNIA

Paulo, e com ele arriscaram a vida, quando ocorreu o tumulto em Éfeso, At 19.29. Secundo também era macedônio e um dos que estiveram à espera de Paulo em Trôade, quando ali foi pela última vez, deixando Filipos em demanda de Jerusalém, 20.4. Os crentes da Macedônia fizeram uma coleta para os irmãos pobres da capital judia, Rm 15.26, e também socorreram o apóstolo, 2 Co 8.1-5, notando-se em particular a grande generosidade dos filipenses, na obra da caridade, Fp 4.15.

MACHADO – havia diversos tipos de machados, e eram chamados por diferentes nomes em hebraico, de acordo com as suas funções: a) *Grarzim*. Usado para derrubar árvores, cortar lenha e pedras, Dt 19.5; 20.19; 1 Rs 6.7. b) *Mahatsawd*. Era mais leve que o primeiro, possivelmente utilizado para entalhe de madeira. c) *Kardone*. Era volumoso e pesado, Jz 9.48; Sl 74.5; 1 Sm 13.20-21. d) *Barzel*. Um machado com lâmina de ferro, distinto dos outros que tinham lâmina de bronze, 2 Rs 6.5. e) *Magzayraw*. Embora algumas versões mencionem machados, em 2 Sm 12.31; 1 Cr 20.3 faz-se alusão a serras. f) *Kheheb*. Talvez uma picareta, em Ez 26.9 refere-se a ferro. É citado metaforicamente para expressar o juízo divino, Is 10.15; Jr 50.21. No Novo Testamento, é usado como castigo àqueles que não se arrependerem, Mt 3.10.

MACIEIRA, **MAÇÃ** – nomes da árvore e do fruto, Ct 2.3; 8.5; Pv 25.11. É assim que se traduz a palavra hebraica *Tappuah*, muito chegada ao vocábulo arábico *tuffah*, que quer dizer maçã. A outra palavra do hebraico encontra-se no Antigo Testamento, traduzida por macieira, a *Pyrus malus* que Tomson encontrou em crescimento fantástico em Ascalom na Filístia. Esse nome também pode representar o marmelo. Tristram pensa que é o abricó. No livro do profeta Joel, menciona-se a macieira com outras plantas frutíferas, como: a vide, a figueira, a romeira e a palmeira. Estas são entre outras as principais cultivadas na Palestina, Jl 1.1,12. Consta a existência de diversas cidades com o nome de *Tappuach*, nas planícies de Hebrom, Js 15.34, e nos limites entre Efraim e Manassés, 17.8, o que dá a entender que ali havia muitas macieiras. A palavra *Tappuah* é traduzida por Figueiredo, Tafua.

MACLA (veja *MAALÁ*).

MACNADBAI (*no hebraico, "presente do nobre"*) – nome de um dos filhos de Bani, que Esdras induziu a separar-se de sua mulher estrangeira, Ed 10.40.

MACPELA (*no hebraico, "caverna dupla", "duplicação"*) – nome de um lugar diante de Manre, onde havia um campo arborizado e uma caverna pertencente a Efrom, heteu, Gn 23.9,17,19, que Abraão comprou por 400 siclos de prata, a fim de sepultar Sara sua mulher. Nessa mesma caverna, Isaque e Israel sepultaram o velho patriarca, 25.9, 10, e talvez Lia e Jacó, bem como Isaque e Rebeca, e talvez alguns mais de que não há registro, 35.29; 47.28-31; 49.29-33; 50.12,13. No tempo de Cristo ainda existiam esses monumentos patriarcais em Hebrom (Guerras, 4.9,7). A caverna parece bem identificada com uma existente sob a grande mesquita em Hebrom. Os cristãos têm sido privados de entrar na mesquita e de entrar na caverna, porém o príncipe de Gales em 7 de abril de 1862, e o príncipe herdeiro da Prússia, em novembro de 1869, e os dois filhos do príncipe de Gales um dos quais veio a ser o rei Jorge, em 5 de abril de 1882, conseguiram examiná-la imperfeitamente. Na encosta do outeiro que olha para o ocidente está o Harã, recinto sagrado fechado em forma oblonga, situado na direção noroeste e sudeste, circundado de muros de alvenaria semelhante à que

MAGADÃ

cercava a área do templo de Jerusalém dos primeiros tempos, medindo pela parte externa aproximadamente 65 m de comprimento por 37 m de largura. A antiga igreja, que enchia completamente a extremidade meridional desse recinto, foi convertida em mesquita. Na mesquita junto ao muro de noroeste, cerca de 33 m a sudoeste da entrada principal, há uma abertura circular com quase 40 cm de diâmetro por onde se entrava no pavimento da mesquita. Por essa abertura, pode-se ver uma pequena área mais ou menos de 4 m² e 4,95 m de profundidade, com uma porta ao lado do sudeste. Parece que essa área é uma espécie de vestíbulo, ou ante-sala, que dá acesso à caverna de Macpela, situada imediatamente a sudeste, por baixo do pavimento da mesquita. Encontram-se ali duas entradas bem assinaladas, mas, que não podem ser abertas sem levantar o pavimento. A sua posição parece indicar que dão acesso à caverna. O pavimento da mesquita e o vestíbulo que lhe fica em frente, estão cinco metros acima da rua que cerca o Harã pelo lado do sudoeste. No lado noroeste, existe uma catacumba onde, dizem, repousam os ossos de José. A história, porém diz que ele foi sepultado em Siquém, Js 24.32.

MACTÉS (*no hebraico, "gral", "celha", "cavidade"*) – nome de uma localidade, um bairro, em Jerusalém, Sf 1.11. O Targum a identifica com o vale de Cedrom; outra versão diz que era o vale que separava a cidade do templo.

MADAI – nome de um povo descendente de Jafete, Gn 10.2; 1 Cr 1.5, e que, sem dúvida, habitou na Medéia.

MADALENA (*no hebraico, "natural de Magdala"*) – nome pelo qual se distinguia uma das Marias, para designar o local de seu nascimento ou de sua procedência que era Magdala, situada provalvemente no local da moderna *el-Mejdel*, aldeia miserável, na praia ocidental do mar da Galiléia, cerca de 6 km de Tiberíades. A palavra Madalena não encerra imputação moral alguma contra o caráter de Maria, no sentido em que atualmente se emprega a mesma palavra (veja *MARIA*).

MADMANA (*no hebraico, "monturo"*) – nome de uma cidade do extremo sul de Judá, Js 15.31; 1 Cr 2.49, que alguns identificam com Betemarcabote.

MADMÉM (*no hebraico, "colina do monturo", ou "monturo"*) – nome de uma cidade de Moabe, ameaçada pelos babilônios, quando invadiram Israel, Jr 48.2. Alguns pensam ser equivalente a *Dimmon*, uma possível tradução de *Dibon*, tem sido identificada como Kibert Dimneh, 4 km a noroeste de Rabá.

MADMENA (*no hebraico, "monturo"*) – nome de uma cidade de Benjamim, perto de Jerusalém para o lado do norte, Is 10.31. Alguns pensam tratar-se da cidade de Miniay, ao sul de Gaza, outros, porém, acham ser Khirbet umm Deinneh, 19 km a nordeste de Berseba, Js 15.31.

MADOM (*no hebraico, "contenda", "luta"*) – nome de uma cidade situada ao norte de Canaã, cujo rei tomou parte na confederação de Jabim, rei de Hazor, Js 11.1-12; 12.19. Localização desconhecida. Nos mapas aparece com um ponto de interrogação, assinalada 10 km a noroeste de Tiberias, com o nome Madim.

MAGADÃ – nome de uma localidade a cujos limites Jesus chegou, depois de haver atravessado o mar da Galiléia, Mt 15.39. Parece que estava situada na praia ocidental do lago, e que incluía também a cidade de Magdala, *cf*. Mc 8.10. Algumas versões traduzem *Magdala*, talvez a cidade natal de Maria Madalena (veja *MADALENA*).

M

MAGBIS (*no hebraico, "congregação"*) – nome de pessoa ou de cidade, Ed 2.30. Se for nome de cidade, ignora-se o seu local. Mas é provável tratar-se do nome de um homem cujos descendentes em número de 156 voltaram do cativeiro babilônio com Zorobabel.

MAGDALA (*nome grego e, provavelmente, derivado do hebraico migdol, "torre"*) – nome de uma cidade que, segundo o Talmude, localizava-se na margem ocidental do mar da Galiléia, perto de Tiberíades e de Hamate, a menos de uma jornada de sábado, distante da praia. Ainda existe com o nome de *el-Mejdel*, aldeia miserável, 6 km ao norte de Tiberíades. Seguindo os melhores manuscritos, Magdala, traduz-se por Magdã (veja *MADALENA e MAGADÃ*).

MAGDIEL (*no hebraico, "Deus é famoso", ou "honra divina"*) – nome de um capitão descendente de Esaú, Gn 36.43; 1 Cr 1.54.

MÁGICO (*derivado do grego Magoi*) **1** Nome de pessoa que pretende possuir dons sobrenaturais, alcançados pelo conhecimento de ciências ocultas ou que exerce a prática da magia negra em comunicação com os espíritos maus, *cf.* At 19.19 (veja *FEITICEIRO*). A palavra mágico, empregada na Bíblia, é a tradução do hebraico *Hartom*, pessoa que pertence à classe dos escribas sagrados, peritos em escrever e adquirir grandes conhecimentos, Dn 1.20, e que muitas vezes pretendiam possuir conhecimentos ocultos, praticavam a mágica, Êx 7.11, e se aventuravam a interpretar sonhos, Gn 41.8; Dn 2.10. Os mágicos do Egito que se opuseram a Moisés eram dois, que se chamavam Janes e Jambres, 2 Tm 3.8. **2** Nome de pessoa que pratica a feitiçaria ou a mágica, servindo-se de poções, cuja eficácia depende de palavras mágicas e que pretende estar investido de forças sobrenaturais, adquiridas principalmente por meio de relacionamentos com os maus espíritos, Êx 7.11; Antig. 17.4,1; Vida 31. Eles existiam no Egito, Êx 7.11, na Síria, Na 3.4, na Babilônia, Is 47.9; Dn 2.2, em outros países pagãos, Dt 18.10. A lei mosaica não tolerava os feiticeiros em Israel, Êx 22.18; Dt 18.10, havia admoestações contra as suas práticas ilusórias, Jr 27.9, e fortes ameaças contra eles, Mq 5.12; Ml 3.5; Ap 21.8. Simão, o mágico, ou mago, e Barjesus foram célebres mágicos na história apostólica, At 8.9,11; 13.6,8. Os feiticeiros, mágicos e adivinhos de ambos os sexos não tinham guarida na congregação de Israel, e deviam ser punidos com a morte, Êx 22.18; Lv 22.27; Dt 18.10-12. Deus mandava destruir tanto os feiticeiros adivinhos e mágicos quanto aqueles que os iam consultar, Lv 20.6,23; Dt 18.12; Sab 12.4-6.

MAGISTRADO (*no hebraico, shaphet' e no grego, strategós, "líder de grupo"*) – esse termo era usado para designar "chefe" do templo, um oficial, cuja autoridade só era menor que a do sumo sacerdote, em Ed 8.25 refere-se a príncipes, já os trechos de At 16.20 atribuem a um oficial, um comandante civil, um prefeito. No Novo Testamento, o termo *archón* é traduzido por "magistrado", Lc 12.58, dando a entender que é uma autoridade, indicando um rei, governador ou juiz.

MAGOGUE (*no hebraico, magôg, "a terra de Gog"*) – nome de um povo, descendente de Jafé, Gn 10.2, que em determinado tempo ocupou um país do norte, Ez 38.2,15. Josefo o identifica com os citas, Antig. 1.6,1, com bons fundamentos. A luta final do paganismo com o reino de Deus é profeticamente representada por Ezequiel a uma invasão da terra de Israel pelas bordas do rei de Magogue, que serão destruídas. O apóstolo João refere-se à descrição feita por Ezequiel e utiliza sua imaginação profética no Ap 20.8,9 (veja *GOGUE*).

MAGOR-MISSABIBE (*no hebraico, "terror por todos os lados"*) – foi o nome dado por Jeremias a Pasur, filho de Imer, por tê-lo açoitado e colocado no tronco, Jr 20.3.

MAGOS (*em grego Magoi, plural de Magos; na inscrição Behistun lê-se Magushu*) – casta religiosa a que pertenciam, como o indica o seu nome, os sábios que vieram do oriente para adorar o infante Jesus. Ao que tudo indica, eles, eram conhecedores de astrologia, Mt 2.1-12. Os magos eram uma classe numerosa bastante para formar uma das seis tribos da Média, Heród. 1.101. Quando os persas conquistaram a Média, os magos conservaram sua influência no novo império. Tentaram uma vez apoderar-se do governo, com o sacrifício inútil de muitas vidas, o que os dizimou. Apesar disso, o seu poder reviveu, 3.79. Adoravam os quatro elementos: o fogo, o ar, a terra e a água, especialmente o fogo. Os únicos templos que eles tinham eram dedicados ao fogo, construídos em geral sobre as casas, nas quais conservavam o sagrado elemento sempre ardendo dia e noite. Quanto ao destino que davam aos cadáveres era uma questão que envolvia muita perplexidade da parte deles. Os corpos não deviam ser queimados, nem enterrados, nem lançados às águas, nem expostos ao ar até se consumirem. Para não profanarem nenhum dos elementos sagrados, ficavam expostos para serem devorados pelos abutres ou pelas feras, Heród. 1.140. A fim de tornarem este processo menos desumano, construíram umas torres que denominavam torres do silêncio, guarnecidas de varões transversais na parte superior, onde pousavam os corvos e os abutres, a fim de exercerem sua melancólica missão. Os magos usavam vestimentas sacerdotais, consistindo em uma túnica branca, chapéu alto de feltro, com abas para cobrir os lados do rosto. Pretendiam ser mediadores entre Deus e os homens, intervindo em todos os sacrifícios, Heród. 1.132; 7.43. Interpretavam os sonhos e os agouros e diziam possuir o dom de profecia, 1.107,120; 7.19,37,113. Tinham muito cuidado em eliminar todo animal que consideravam pertencer a uma criação ruim, 1.140. Os estrangeiros davam menos importância às doutrinas religiosas e às funções sacerdotais dos magos, do que aos seus encantamentos. No decorrer do tempo, os gregos davam o epíteto de mago a todos os feiticeiros que empregavam os métodos e os processos do oriente. No tempo do Novo Testamento, chamavam de "magos" a todo o tipo de curandeiro que praticava a adivinhação, e mágicas. O judeu Barjesus era mago, At 13.6, assim como Simão, que exercia a mágica enganando o povo samaritano, 8.9.

MAGPIAS (*no hebraico, "matador de mariposas"*) – nome de um dos chefes do povo que assinaram o concerto, Ne 10.20.

MAL – a origem do mal é problema que tem lançado em perplexidade o espírito de muitos sábios, de todos os tempos e de todos os países. Deus não é autor do pecado, mas o permite, porque a revelação de suas infinitas perfeições nos dá conta do grande atributo de sua divindade, o bem supremo, como causa final de todas as suas obras. Não poderia haver tais manifestações de seus atributos, se não existisse o pecado. Se não houvesse miséria, não se conheceria a misericórdia divina; não haveria revelação de sua graça e de sua justiça, se não existisse o pecado, Rm 9.22,23. Existe o pecado para que seja conhecida a justiça divina, punindo-o; e para que se manifeste a sua misericórdia, perdoando-o. A santidade e o pecado podem encontrar um termo de comparação aqui na terra; porém no Universo, o pecado está em proporção muito menor, comparado com a santidade: o número de homens e de anjos perdidos é

MAL

sem dúvida muito menor, em comparação com o total das criaturas racionais que Deus criou.

MALAQUIAS (*no hebraico, "meu mensageiro", ou "mensageiro de Jeová"*) – nome de um profeta escritor do último livro do Antigo Testamento, Ml 1.1. Nada se conhece a seu respeito além do que se lê no seu livro. De acordo com o significado do nome, 3.1. Alguns supõem que este nome de Malaquias não é o próprio nome do escritor, e sim a designação de um profeta, que talvez seja Esdras, porém como todos os 11 profetas menores que o precedem, tenham os seus nomes prefixados à suas traduções, é de supor que assim seja com a profecia de Malaquias. Esse livro pode dividir-se da seguinte forma: 1) O amor de Deus para com Israel, escolhendo Jacó em lugar de Esaú, 1.2-5, não foi devidamente reconhecido: a) Os sacerdotes e o povo desonraram a Deus, oferecendo-lhe pão imundo e hóstias cegas e reses mancas e doentes, versículos 6-14. Ameaças por se haverem apartado das normas por Deus estabelecidas para as funções sacerdotais, 2.1-9. b) O povo contaminou a santificação do Senhor e se casou com a filha de um deus estranho, v. 11, desprezando a mulher da sua mocidade, versículos 14 e 16, e praticando atos de violência, 2.10-17. 2) Juízo iminente. O anjo de Deus vai preparar o caminho do Senhor, que virá a seu tempo, o mensageiro do pacto virá para purificar a Levi e visitar os que praticam o mal, 3.1-6; *cf.* Êx 23.20-23; Mt 11.10. 3) Chamar ao arrependimento; porque o Senhor virá com bênçãos e juízos, reduzindo os que não fazem distinção entre o bem e o mal. Os que se voltarem de seus caminhos da maldade para Deus serão o seu pecúlio; porém, os maus serão feitos como cinza debaixo dos pés, 3.7 até o cap. 4.3. Exortações para observarem as leis de Moisés; anúncio sobre a vinda de Elias para preparar o caminho do Senhor, antes da sua vinda, 4.4-6; Mt 17.10-13; Lc 1.17. No tempo dessa profecia, o povo judeu não tinha rei, era regido por um governador, Ml 1.8, talvez um persa, nomeado pelo imperador, Ne 5.14. O templo que Zorobabel havia levantado estava em pé, e também o altar; ofereciam-se sacrifícios como antes, 1.7-10, concluindo, pois, que Malaquias foi posterior a Ageu e Zacarias, porém as manifestações da nova vida religiosa, que irrompeu logo depois da volta do cativeiro da Babilônia, de que tinha resultado a reconstrução do templo e das fortificações da cidade, tiveram tempo suficiente para se expandir. Sacerdotes e levitas tinham se corrompido. A data desse livro, segundo Vitringa, é 420 e segundo Davidson, 460-450 a.C.

MALAQUITA – minério de cobre, encontrado em várias cores e usado para fins ornamentais em Et 1.6. Na versão em português lê-se "pórfiro", algumas versões dizem malaquita, nos montes Urais, perto de Nizhni-Taglish, em Arabá havia importantes depósitos desse minério, Dt 8.9.

MALASAR (*no hebraico, ham-malzar, "despenseiro", ou "camareiro"*) – nome do homem que o eunuco mor nomeou para tomar conta de Daniel e de seus companheiros, Dn 1.11,16. Almeida traduz por despenseiro nos versículos citados.

MALCÃ (*no hebraico, "reinante"*) **1** Nome de um benjamita, filho de Saaraim e de Hodes sua mulher, 1 Cr 8.9. **2** Nome da divindade, principalmente dos amoritas, Jr 49.1,3; Sf 1.5. Em Am 1.15, diz-se: Malcã irá para o cativeiro e juntamente os seus príncipes, falando dessa divindade como se fosse um rei.

MALCO (*no grego é malchos, de maliku, "rei"*) – nome do servo do sumo sacerdote a quem Pedro cortou uma orelha na noite em que Jesus foi traído por Judas e preso, Jo 18.10.

MALDIÇÃO – palavras duras proferidas com o intuito de prejudicar, geralmente com a idéia que forças extraterrenas, demoníacas ou divinas são invocadas para tornar a maldição efetiva, no hebraico *Alah*, "juramento" aparece em Nm 5.21-23-27; Dt 29.19-21; Jo 31.30, algumas vezes a maldição era usada com uma promessa, Gn 24.41, Noé amaldiçoou seu neto Canaã, Gn 9.41, amaldiçoar os pais era proibido, Êx 21.17, Deus amaldiçoou a serpente, Gn 3.14, e Caim, Gn 4.11, a palavra de Jesus era poderosa para curar, Mt 8.8-16, mas também envolvia maldição poderosa como no caso da figueira, Mc 11.14-20, Cristo nos redime da maldição da lei por ter sido feito maldição em nosso lugar, Gl 3.13; Rm 8.1.

MALELEEL (veja *MAALALEL*).

MALI (*no hebraico, "fraco"*) **1** Nome de um levita, filho de Merari e irmão de Musi, fundador de uma família tribal, Êx 6.19; Nm 3.20; 26.58. Os netos de Mali casaram-se com suas primas, 1 Cr 23.21,22. **2** Nome de um levita da família de Merari e da casa de Musi, 1 Cr 6.47; 23.23; 24.30.

MALOM (*no hebraico, "doentio", "adoentado", ou "doença"*) – nome do filho mais velho de Elimeleque e de Noemi, com quem Rute se casou a primeira vez, Rt 1.2; 4.10.

MALOTI – nome de um dos filhos de Hemã, 1 Cr 25.4. A sorte lhe concedeu a posição de ser o mestre dos cantores do 19º. curso, v. 26.

MALQUIAS (*no hebraico, "Jeová é rei", ou "meu rei é Yah", o Senhor*) **1** Nome de um levita da família de Gesrom e da casa de Siméia, 1 Cr 6.40. **2** Nome de um descendente de Arão, cuja família veio a ser uma das principais, e a quinta do curso, quando Davi distribuiu os sacerdotes escolhidos para o ministério, 1 Cr 24.1,6,9. Parece que alguns membros da subdivisão dessa família, isto é, a casa de Pasur, voltaram do cativeiro com Zorobabel, Ed 2.38 e que também a ele se referem as passagens de 1 Cr 9.12 e Ne 11.12, em que uma linha sacerdotal aparece traçada a um indivíduo do mesmo nome, passando por Pasur. O príncipe real Malquias, do cap. 38.6 de Jeremias, e provavelmente do versículo 1, não é a mesma pessoa. **3** Nome de um príncipe real, que possuía um calabouço, onde lançaram o profeta Jeremias, Jr 38.6; 38.1; 21.1. **4, 5** Nome de dois dos filhos de Parós, induzidos por Esdras a se desquitarem de suas mulheres estrangeiras, Ed 10.25. **6** Nome de um dos filhos de Harim, induzido por Esdras a separar-se de sua mulher estrangeira, Ed 10.31. Esse homem associou-se com outro hebreu para reparar uma parte do muro de Jerusalém e a torre dos fornos, Ne 3.11. **7** Nome de um dos filhos de Recabe, que também tomou parte na reconstrução do muro de Jerusalém, Ne 3.14. **8** Nome de um ourives que participou da reparação do muro de Jerusalém, Ne 3.31. **9** Nome de um sacerdote que, com outros, oficiou na festa da dedicação do muro de Jerusalém, Ne 12.42, e talvez um dos que ajudaram Esdras, quando explicava a lei ao povo, Ne 8.4. **10** Nome de um sacerdote que assinou o pacto com Neemias, Ne 10.3.

MALQUIEL (*no hebraico, "Deus é rei"*) – nome de um filho de Beria e neto de Aser, fundador de uma família tribal, Gn 46.17; Nm 26.45.

MALQUIRÃO (*no hebraico, "meu rei é exaltado"*) – nome de um dos filhos do rei Jeoiaquim, 1 Cr 3.18.

MALQUISUA (*no hebraico, "meu rei salva"*) – nome de um dos filhos do rei Saul, 1

MALQUISUA

Sm 14.49; 1 Cr 8.33; 9.39, que foi morto na batalha do monte Gilboa, 1 Sm 31.2.

MALTA – nome da ilha, onde naufragou o apóstolo Paulo, At 28.1. Duas ilhas da antigüidade tinham igual nome. Uma delas chama-se Melita, está no mar Adriático, nas costas da Dalmatia, e a outra é a ilha de Malta. Acredita-se que seja esta, onde naufragou o apóstolo, opinião fortemente endossada pelo testemunho de Mr. Smith de Jordanhill, que fazia passeios em seu iate pelo Mediterrâneo. Investigou primeiramente a direção do vento Euroclidom, ou Euroaquilão; em seguida, o curso que o navio devia tomar e a média de sua derrota, enquanto as velas sofriam a impetuosidade do vento; concluiu, pois, que chegaria à ilha de Malta, justamente à mesma hora a que se refere a narração de Atos dos Apóstolos, 27.27. O lugar do naufrágio que a tradição aponta é a baía de São Paulo a noroeste da ilha. Os bárbaros, seus habitantes, não eram gregos, nem romanos, por isso é que lhes deram essa qualificação.

MALUQUE (*no hebraico, "dirigente", "conselheiro"*) **1** Nome de um levita da família de Merari, da casa de Musi, 1 Cr 6.44. **2** Nome de um dos sacerdotes que voltaram da Babilônia com Zorobabel, Ne 12.2,7, que deu o nome a uma família na geração seguinte, v. 14. Nesta última passagem, a forma *Malluchi* é talvez devido a erro de ditado. A letra final da palavra é a inicial da palavra seguinte, e não aparece na versão da LXX. As consoantes da palavra *Malluchi* estão no texto hebraico; liam-se Melicu. **3, 4** Nome de um dos filhos de Bani e de um filho de Harim, induzidos por Esdras a abandonarem suas mulheres estrangeiras, Ed 10.29,32. **5** Nome de um sacerdote e chefe do povo que assinou o pacto com Neemias, Ne 10.4,27.

MALVAS – tradução do vocábulo hebraico *Malluah*, planta salina, Jó 30.4, que servia de alimento a gente muito pobre. Existem dois gêneros de plantas conhecidas por esse nome: a *Salicornia* e a *Salsola*, nenhuma delas, porém, era utilizada para comer. Provavelmente refere-se a algum quenopódio, como o espinafre, ou, ainda melhor, à salgadeira (*Atriplex halimus*). Esta última é arbusto que cresce abundantemente nos pântanos salgados das margens do Mediterrâneo e nas praias do mar Morto. Em casos de extrema necessidade, as suas folhas ácidas e túmidas oferecem alimento sem valor.

MAMOM (*palavra grega, do aramaico mamom, mamona, "riquezas"*) – o termo só aparece no Novo Testamento, Mt 6.24; Lc 16.9,11,13, para a personificação das riquezas. Não indica somente o dinheiro, mas todo o tipo de bens materiais. Em Mt 6.24, é declarado que ninguém pode servir a dois senhores: Deus e Mamom, em Lc 16.9-11-13 aparece a expressão riquezas iníquas, apesar das riquezas usadas para o bem, elas são um empecilho à espiritualidade, Tg 5.2. Jesus sabia da dificuldade da salvação para os ricos. No grego, a palavra tem uma conexão com o servir de um escravo, ou seja, uma fidelidade total ao seu senhor. O verdadeiro serviço requer amor do servo, a inclinação às riquezas e prazeres da carne denota falta de amor, e falta de amor dá a entender a presença de dois senhores, 1 Cr 13.1-3. O uso do termo encontra-se nos escritos rabínicos, e é sempre usado de forma pejorativa.

MANÁ (*Que é isto! ou antes é maná, nome de um artigo chamado mannu, conhecido no Egito e importado da península do Sinai*) – nome de uma substância que serviu de alimento aos israelitas durante a sua peregrinação de 40 anos pelo deserto. Foi-lhes ministrado a primeira vez no deserto de Sim, na segunda metade do segundo mês, quando o povo se queixou da deficiência de

MANAATITAS

sustento. O maná descia do céu em forma de chuva, Êx 16.1-4, 12; Sl 78.24; 105.40. Pela manhã, logo que desaparecia o orvalho, ficava o chão coberto de pequenas granulações, semelhantes à geada que cai sobre a terra. Quando os filhos de Israel viram isto, disseram uns para os outros, "Que é isto?", porque ignoravam inteiramente o que fosse. Moisés disse-lhes: "Este é o pão que o Senhor vos deu para comer", Êx 16.13-15; Nm 11.9. Era de cor branca, semelhante à semente de coentro e de sabor semelhante à farinha com mel; parecia resina. O povo ia ao redor do campo, e, colhendo-o moía-o com mó, ou pisava-o em geral, e, cozendo-o em panela fazia dele tortas de sabor como de pão amassado com azeite, Nm 11.8. O povo precisava colher um omer, 2.937, por dia, para cada pessoa de uma casa ou família, sem fazer reserva para o dia seguinte. Os que violavam essas ordens viam o maná podre e cheio de bichos. No sexto dia da semana, deveriam colher dois ômeros para cada pessoa, porque no sábado não caía o maná, Êx 16.22-30. Arão, por ordem de Moisés, guardou em um vaso o maná que poderia caber em um ômer para ser conservado em reserva diante do Senhor, para todas as gerações futuras, para que soubessem qual foi o manjar com que o Senhor os sustentou no deserto, v. 32-34. Um ano depois que apareceu o maná, e na mesma estação do ano, temos notícias de que ainda caía do céu, e bem assim se faz menção dele no final da viagem dos 40 anos. Essas referências são por causa das murmurações que o povo fez contra esse gênero de sustento, Nm 11.4-9; 21.5. Mas o benefício que ele tão mal reconhecia não deixou de cair do céu, durante o tempo de sua peregrinação de 40 anos pelo deserto, Êx 16.35; Dt 8.3,16; Ne 9.20; Sl 78.24, e somente parou no dia em que atravessaram o Jordão e acamparam em Gilgal, quando começaram a se alimentar dos frutos de Canaã, Js 5.10-12. O maná foi uma substância criada especialmente para o povo no deserto, ou seria ele um produto natural, miraculosamente multiplicado? Há várias plantas que produzem uma substância semelhante ao maná, emanação espontânea da planta, ou resultante de uma operação realizada por um inseto. Essa planta é conhecida tecnicamente por *Tamarix mannifera*, variedade de *Tamarix gallica*, que se encontra na península do Sinai, e entre uma substância amarela que passa a ser branca, quando cai sobre as pedras e que derrete ao calor do sol. A sua produção é de seis a dez semanas durante a metade do ano, sendo o mês de junho o de maior colheita. *Alhagi maurorum* e *A. desertorum* são duas espécies de espinhos de camelo que também fornecem uma substância parecida com o maná, e assim diversas outras plantas. Os árabes usam os produtos da planta maná em lugar de manteiga e de mel. Atualmente, a colheita anual em toda a península é menos de meia tonelada nos melhores anos. Nunca utilizam esse maná em lugar de pão. Tomado em dose um pouco elevada, tem efeito purgativo. Mesmo que fosse abundante, seria difícil identificá-lo com o maná das Escrituras.

MANAATE (*no hebraico, "lugar do descanso"*) **1** Nome de um dos filhos de Sobal, Gn 36.23, e talvez o nome de um lugar habitado por um ramo da tribo de Sobal, 1 Cr 1.40. **2** Nome de um lugar para onde foram transportados os benjamitas por seus irmãos de outras tribos, 1 Cr 8.6. Os descendentes de Salma da família de Calebe da tribo de Judá formaram provavelmente metade da população desse ou de outro lugar com o mesmo nome, 2.54.

MANAATITAS – nome dos habitantes de Manaate, ou dos descendentes de um homem que tem igual nome. A julgar pelo contexto, parece tratar-se de um lugar, 1 Cr 2.54.

MANAÉM

MANAÉM (*forma grega do hebraico Menahém, "consolador", "confortador". Manaém é outra forma grega de nome hebraico*) – nome de um cristão que era profeta ou mestre na igreja de Antioquia, que havia sido educado em companhia de Herodes Tetrarca e seu companheiro, At 13.1, ou seu irmão de leite por ser aleitado no mesmo seio materno. Descendia ou pelo menos era aparentado com Manaém, o essênio, que profetizou a Herodes, o Grande, quando ainda menino de escola, que ele governaria um reino. Cumprida que foi a profecia, Herodes o teve junto de si e lhe consagrava grande estima, Antig. 15.10,5.

MANASSÉS (*no hebraico, menashsheh, talvez signifique, "quem faz esquecer"*) **1** Nome do filho mais velho de José e de sua mulher Asenate, filha de Potífera, sacerdote de Heliópolis, que lhe nasceu no Egito. Pelo nascimento participa, como seu irmão Efraim, da raça hebréia e da egípcia, Gn 41.50,51. Quando o velho Jacó estava para abençoar os dois netos, José tomou Efraim com a mão direita e o colocou à esquerda de Jacó, e Manassés, tomado com a esquerda, ficou à direita do patriarca enfermo. Este, porém, cruzando os braços pôs a mão direita sobre a cabeça de Efraim e a esquerda sobre a de Manassés, dando a entender profeticamente que ambos seriam chefes de grandes gerações, mas que Efraim teria a primazia, 48.8-21. **2** Nome da tribo descendente de Manassés, que consistia de sete famílias tribais; uma delas, fundada por seu filho Maquir, e as outras seis, procedentes de Gileade, Gn 50.23; Nm 26.28-34; Js 17.1,2. Quando se fez o primeiro arrolamento no deserto, a tribo contava 32.200 homens de guerras, Nm 1.34,35; e no segundo que foi feito 38 anos depois, contava 52.700 (26.34). Moisés, tendo derrotado a Seom, rei de Hesbom, e a Ogue, rei de Basã, metade da tribo de Manassés uniu-se às tribos de Rúben e de Gade a pedido destas que desejavam estabelecer-se ao oriente do Jordão, o que lhes foi permitido, sob condição de irem armados adiante de seus irmãos que ainda não tinham terras conquistadas e ajudá-los na guerra ao ocidente do Jordão, 32.33-42; *cf*. 32.1-32; 34.14,15; Dt 3.12,13; 29.8; Js 12.4-6; 18.7. As duas tribos observaram as condições propostas, Js 1.12-18; 4.12. Terminada que foi a guerra, entraram na posse da terra que haviam solicitado. Chegados aos cabeços do Jordão, edificaram junto ao rio um altar de imensa altura. Este fato teve significado errôneo e quase deu origem a lamentáveis conseqüências, evitadas por meio de explicações amistosas, 22.1-34. A região que tocou à meia tribo de Manassés, ao oriente do Jordão, compreendia parte de Gileade e todo o Basã, Dt 3.13-15, e Manaim que ficava na linha divisória, Js 13.29-33. Tinha 120 km na sua maior largura, de este a oeste, 74 km de comprimento de norte a sul, e estava situada em uma planura de 825 m de altitude. Era uma das mais ricas partes da Palestina e até os dias atuais é o celeiro de grande parte da Síria. Está coberta de cidades arruinadas. A outra metade da tribo atravessou o Jordão e se estabeleceu na parte central da Palestina, ao ocidente do Jordão; é limitada ao sul pela tribo de Efraim, a noroeste, pela de Aser, e a nordeste pela de Issacar. Ao sul, ficavam Janoé e Tanateselo, perto de Siquém, e as margens setentrionais do Cauá até a sua entrada no Mediterrâneo, Js 17.5-10, porém, os filhos de Efraim possuíam cidades no meio da herança dos filhos de Manassés, 16.9; de outro lado, a tribo de Manassés tinha diversas cidades, como Bete-Seã, Ibleã, Dor, En-Dor, Taanaque e Megido, dentro dos territórios de Issacar e de Aser, 17.11; *cf*. 1 Cr 7.29. Os filhos de Manassés não expulsaram os habitantes dessas cidades, e os fizeram seus tributários, Js 17.12, 13; Jz 1.27,28. As cidades levíticas foram tiradas da tribo de Manassés e de outras tribos, inclusive Golã

MANDRÁGORA

de Basã, na região oriental do Jordão e uma das seis cidades de refúgio, Js 20.8; 21.27. O heróico Gideão que também foi juiz de Israel, pertencia à tribo de Manassés, e um dos mais notáveis de seus filhos, Jz 6.15; *cf.* 3.5; 7.23. Alguns dessa tribo se uniram a Davi em Ziclague, 1 Cr 12.19, 20. Nada menos de 18 mil homens da tribo de Manassés ofereceram os seus serviços durante o reinado de Davi em Hebrom, v. 31,37. A parte oriental da tribo, conjugada com as duas tribos, Gade e Rúben tiveram guerra com os agarenos e lhes tomaram as terras. Por haverem deixado o Deus de seus pais e por se prostituírem aos deuses dos povos da terra, foram transportados para o exílio por Tiglate-Pileser, rei de Assur, 5.18-26. Vendo que o Senhor favorecia o rei Asa, muitos dos homens dessa tribo lhe deram apoio, 2 Cr 15.9. No reinado de Ezequias, muitos deles foram assistir à grande festa da Páscoa em Jerusalém, e o mesmo ocorreu no reinado de Josias, 30.1,10,11,18; 31.1; 34.6,9. **3** Encontra-se esse nome Manassés em Jz 18.30, em lugar de Moisés, alteração feita intencionalmente (veja *JÔNATAS*, 1). **4** Nome do filho e sucessor do bom rei Ezequias, que subiu ao trono pelo ano 698 a.C., tendo apenas 12 anos de idade. Não continuou a obra reformadora de seu pai; estabeleceu os altos, levantou altares a Baal, plantou bosques, adorou todos os astros do céu, dedicou altares nos dois átrios do templo e fez passar seu filho pelo fogo. Os profetas o avisaram, porém, ele não lhes deu ouvidos, antes fez derramar muito sangue inocente em toda a Jerusalém. As vítimas em geral pertenciam à classe daqueles que se conservavam fiéis a Jeová, e que se opunham ao proceder reacionário do rei, 2 Rs 21.1-10. A tradição registra Isaías como uma das suas vítimas, porém sem confirmação absoluta. Em recompensa às crueldades desse rei, Deus fez vir sobre ele e sobre o seu povo os príncipes do exército do rei dos assírios que aprisionaram Manassés e o levaram para Babilônia, preso com cadeia e em grilhões, 2 Cr 33.11. O rei assírio, por ordem de quem foi levado para o cativeiro, deveria ser Assurbanipal, que havia dominado a rebelião de seu irmão *Shamash-shumukim*, rei da Babilônia, pelo ano 647 a.C., apoderando-se da coroa. Manassés se arrependeu e algum tempo depois foi reposto no trono. Lançou fora os ídolos que o tinham arruinado, restaurou o culto de Jeová e ampliou a defesa de Jerusalém, 2 Cr 33.12-19. Tendo reinado 55 anos, o mais longo dos reinados dos monarcas de Judá, morreu no ano 642 a.C. Em seu lugar, reinou Amom, 2 Rs 21.17,18; 2 Cr 33.20. **5** e **6.** Nome de um filho de Paate-Moabe e de um filho de Hasom que se desquitaram de suas mulheres estrangeiras, induzidos por Esdras, Ed 10.30,33.

MANASSEUS – forma apócrifa de Manassés em 1 Ed 9.31.

MANDAI – o nome não se encontra no cânon palestino do Antigo Testamento, mas aparece em 1 Esdras 9.34, referindo-se a um daqueles que se divorciaram de suas esposas estrangeiras, com quem tinham se casado durante o cativeiro na Babilônia.

MANDAMENTO – nas Escrituras essa palavra é usada com freqüência para expressar autoridade divina ou humana, na Bíblia, várias palavras gregas e hebraicas são utilizadas para descrever o termo, a primeira ocorrência é em Gn 2.16 quando Deus proíbe o homem de comer do fruto da árvore do conhecimento, os Dez Mandamentos, Êx 20.1-17. No Novo Testamento, encontram-se vocábulos gregos como *entalma*, "preceitos", Mt 15.9; Mc 7.7; Cl 2.22; *epitage*, "injunção", Rm 16.26; 1 Co 7.6-25; *entole*, "mandamento", Mt 5.19; 15.3; 19.17; Mc 7.8-9;10.5-19.

MANDRÁGORA – tradução da palavra hebraica *Dudaim*, planta de efeitos eróticos.

MANDRÁGORA

Atribuíam-lhe qualidades particulares comunicativas de filtros amorosos, Gn 30.14-16. É planta odorífera, Ct 7.13. A mandrágora, *Mandragora officinalis*, é uma bela planta da ordem das Solanáceas, tem folhas onduladas e produz flores de cor violeta clara e azul carregado ou desmaiado. Os frutos são pequenos e amarelos. As duas raízes bifurcadas têm alguma semelhança com o corpo humano. Encontra-se no vale do Jordão e nas margens dos rios que lhe são tributários, nas planícies de Moabe, em Gileade e na Galiléia.

MANJEDOURA – lugar onde se alimenta o gado, selha, comedouro, em grego, *Phatne*, Lc 2.7,12; no cap. 13.15, o vocábulo grego é traduzido por estrebaria; *cf.* Is 1.3. Homero e Heródoto fazem menção dela em suas obras, Ilíada, 10.158; 24.280; Heród. 9.70. Na Palestina, os estábulos ficavam dentro das casas, instalado a um canto, onde se colocavam as manjedouras, feitas de pedra com argamassa de cal em forma de pia.

MANOÁ (*no hebraico, "descanso"*) – nome de um homem da tribo de Dã, natural de Zorá e pai de Sansão, Jz 13.1-25. Manoá teve o privilégio de conversar com o anjo sobre o nascimento de seu filho, Manoá era um homem obediente e sensato, pois não aprovou o casamento de seu filho Sansão com uma mulher que não era israelita, Jz 14.3.

MANRE (*no hebraico, "gordura", "força"*) **1** Nome de uma cidade, ou para melhor dizer, de um distrito de Hebrom, Gn 23.19; 35.27, a oeste de Macpela, 23.17, onde existia a cova dos dois covatos, perto de Hebrom, lugar em que Abraão ergueu por várias vezes a sua tenda, 13.18; 14.13; 18.1 etc. No tempo do historiador Josefo havia ali um velho terebinto, que denominavam a árvore de Abraão que ficava a três estádios de Hebrom, 1.234 m, Guerras 4.9,7. No quarto século havia outro terebinto em *Ramet el Khulil*, 3 km ao norte de Hebrom, também tido como a árvore

Manre — Christian Computer Art

MANTOS

de Abraão, que o imperador Constantino mandou cercar com o muro de uma basílica. Os restos dessa construção chamam-se casa de Abraão. A árvore que atualmente reclama para si a honra de ser o carvalho de Abraão e tida como tal, desde o século 16, é um genuíno carvalho, *Quercus pseudococcifera*. O tronco mede 8,58 m de circunferência junto ao solo e os ramos cobrem uma área de 30,69 m de diâmetro (Thomson). Está a pouco mais de 2 km a noroeste de Hebrom, perto das cabeceiras do *wady Sebta*. **2** Nome de um chefe amorreu que morava em Manre, e que com seus irmãos Escol e Aner auxiliou Abraão a reaver os cativos que o rei Quedorlaomer havia tomado, Gn 14.13,24. Parece que era designado pelo nome do distrito em que habitava e por ele regido.

MANSÃO – nas versões inglesas, é a tradução do termo grego *mone*, e na versão em português diz-se moradas, João 14.2, normalmente o NT refere-se aos "céus", o que indica que há muitas moradas ou esferas diferentes.

MANSIDÃO – no hebraico, usam-se três termos: *anaw*, "estar inclinado", aparece no Antigo Testamento em Sl 22.26; 37.11; Am 2.7; Sf 2.3; Nm 12.3, com o sentido de "manso", "humilde" e "pobre", na última referência é citado Moisés como homem "manso". *Anavah*, "gentileza", humilde, Sf 2.3; Pv 15.33; 18.12; 22.4. *Anvah*, "mansidão", "suavidade", "brandura", Sl 45.4; 18.35. No Novo Testamento, encontra-se a palavra *parus*, "manso", em Mt 5.5; 11.29; 21.5, o substantivo *prautes*, em 1 Co 4.21; 2 Co 10.1; Gl 5.23; 6.1; Ef 4.2; 2 Tm 2.25.

MANTEIGA – o Dr. Thomson informa que nem os antigos nem os modernos orientais preparam a manteiga conforme o nosso modo. Na verdade, o termo hebraico *hem'ah* tem sido modernamente traduzido por manteiga, mas trata-se da "coalhada", feita do leite de cabra ou de vaca. A manteiga que Jael deu a Sísara era leite azedo, que os árabes chamam *leben*. A manteiga de que fala Pv 30.33 é produzida da seguinte forma: enche-se de leite a pele de um pequeno búfalo, previamente preparada para servir de vasilha ou odre, que as mulheres agitam até que o leite se converta em manteiga. Depois, tira-se o conteúdo que vai ao fogo para cozinhar ou derreter, e que novamente se recolhe em outras vasilhas, feitas de pele de cabrito. No inverno tem a aparência de mel cristalizado, e no verão parece óleo. Almeida traduz manteiga nas seguintes passagens: Gn 18.8, leite azedo; Dt 32.14, coalhada; e em Is 7.15,22, manteiga.

MANTO – larga vestimenta externa, sem mangas ou como se traduz do vocábulo hebraico *meil*, uma vestimenta que se usa ocasionalmente entre a túnica e a capa, Dt 24.13; Rt 3.15; 1 Sm 24.4; 1 Rs 19.19; Mt 27.28. Essa palavra sugere no sentido amplo "vestes" ou "roupas", aparece no Antigo Testamento, em Gn 25.53; 27.15-27; Lv 11.32; Nm 31.10; Dt 24.17; Jz 8.26; 2 Rs 5.5. Moisés prescreveu o uso do manto para os sacerdotes, Êx 28.4-34. Os sacerdotes e escribas usavam manto nos dias de Jesus, Mc 12.38. Os anjos usavam manto no interior do sepulcro, Mc 16.5. O termo grego *imation* é utilizado para designar "manto púrpura", usado pelos reis e generais Jo 19.2. Em Mt 27.28; 27.31, o termo *chamis* significava "manto escarlate", esses mantos no Antigo Testamento davam um sentido de nobreza e dignidade, como a túnica que Jacó deu a seu filho Gn 37.3, e a roupa que o filho pródigo ganhou de seu pai, Lc 15.22.

MANTOS – as mulheres hebréias usavam um xale ou charpa de seda ou de linho, que lhes servia para cobrir o pescoço, o queixo e os lados do rosto, Is 3.22. É tradução do

MANTOS

vocábulo hebraico *Maataphoth*. São utilizados diversos termos para traduzir peças de vestimenta como manta, capa e vestido. O termo hebraico *semikah* é usado em referência a um tipo de pano que Jael usou para cobrir Sísera, talvez uma espécie de coberta, ou tapete, Jz 4.18. Outro termo é *meil*, que pode significar "capas" ou "mantas", 1 Sm 15.27; 28.14; Ed 9.3-5; Jó 1.20; 2.12. *Addereth* denota um tipo de "capa" ou "manta", uma faixa de pele ou couro de animal, 1 Rs 19.13-19; 2 Rs 2.8,13-14. Os sacerdotes levíticos usavam mantos ornamentados, assim como os reis e também profetas, 1 Rs 19.13; 2 Rs 2.8-13, eram feitas de peles de animais. No Novo Testamento, a palavra grega *imation* indica "manta", em um sentido mais amplo indica vestimenta em geral, Mt 9.20; 24.18; em Lc 8.44; 22.36, está em foco a manta. Nas visões e sonhos significa calor, proteção, ou quando vestida, significa nova vida, 2 Co 5.4.

MANUSCRITOS
– a palavra origina do latim *manus* "mão" e *scriptus* "escrita", documento escrito a mão, eram feitos de vários materiais como argila, placas de metal, cera, couro, pedaços de cerâmica, diversos tipos de pano, papiro, os judeus usavam rolos de pergaminhos como material para escrita, de todos os documentos do mundo antigo o Novo Testamento é o que tem o maior número de manuscritos.

MANUSCRITOS DO MAR MORTO
– coleção de manuscritos contendo trechos do Antigo Testamento original, retirados de cavernas na margem ocidental do mar Morto, e da área contígua da Jordânia, a maior parte é de natureza bíblica, mas também há textos religiosos e seculares, seus achados ocorreram por volta de 1947, nas colinas de Qumram.

MÃO
– as mãos eram usadas com vários sentidos tanto cerimonial quanto metafo-

ricamente. Beijar as mãos de alguém era um ato de adoração, Jo 31.26,27, dar as mãos significava paz, amizade, segurança, 2 Rs 10.15, a mão é símbolo de todo tipo de atos, mãos puras indicam pessoas retas, mãos sangrentas indicam aqueles que matam, Sl 90.17; Jo 9.30; Is 1.15. Lavar as mãos é sinal de inocência, Dt 21.6-7; Sl 26.6, a mão representa autoridade e poder, Êx 15.6; Is 10.13, a imposição de mãos é feita na consagração e ordenação de ministros e sacerdotes, Nm 8.10; At 6.6; 13.3.

MAOL
(*no hebraico, "dança", "alegria"*) – nome do pai de Etã, Hemã e Calcol, três homens notáveis pelo seu saber, somente inferiores ao rei Salomão em sabedoria, 1 Rs 4.31.

MAOM
(*no hebraico, "habitação"*) **1** Nome de uma cidade na parte montanhosa de Judá, Js 15.55, onde morou Nabal, 1 Sm 25.2. Atualmente tem o nome de Maim, situada quase 3 km ao sul do Carmelo de Judá e cerca de 16 km ao sul de Hebrom. Nas vizinhanças de Maom, Davi e seus se homens se refugiaram, quando perseguidos por Saul, 1 Sm 23.24. **2** Nome de um dos filhos de Samai, da tribo de Judá, e antecessor dos habitantes de Bete-Zur, 1 Cr 2.45. A palavra *Maom* pode ser aplicada aos habitantes da cidade deste nome, *cf.* Belém, no v. 54, e Maom é em seguida chamado pai de Bete-Zur, pode ser paralelo de 1 Cr 1.8,9,11,13. **3** Nome de um povo que oprimiu Israel, Jz 10.12. Fig. diz cananeus em vez de maonitas.

MAOQUE
(*no hebraico, "opressão"*) – nome do pai de Aquis e rei de Gate; 1 Sm 27.2.

MÃOS RESSEQUIDAS
– literalmente secas, impossibilitadas de serem usadas, essa incapacidade causava problemas para o exercício de algumas funções, Mt 12.10.

MAQUEDÁ (*no hebraico, "lugar de criadores de gado", ou "lugar de pastores"*) – nome de uma cidade dos cananeus que Josué tomou, Js 15.41, em cujas vizinhanças existia uma caverna, 10.16. Localização ainda desconhecida. Eusébio indica o antigo local 12 km ao oriente de Eleuterópolis. Mas como esse lugar fica nas montanhas, se o que Eusébio diz for exato, deve estar situada a nordeste ou a sudeste.

MAQUEDE – nome de uma cidade de Gileade na qual os pagãos encerraram os judeus, 1 Mac 5.26. Judas Macabeu a capturou, libertando os prisioneiros, 36. Hitzig a identifica com Macade, situada nas margens do Aurã, perto de Edrai.

MAQUEIRO (*no hebraico, "fortaleza da praia"*) – o lugar onde ficou preso e foi decapitado mais tarde o profeta João Batista, Mt 14.3-12; Mc 6.17-29; Lc 3.19, a arqueologia descobriu restos da fortaleza, do palácio de Herodes e de uma estrada que ligava as duas construções.

MAQUELOTE (*no hebraico, "assembléias"*) – nome do acampamento dos israelitas no deserto, Nm 33.25, 26. Localização desconhecida.

MAQUERATITA (veja *MAACATITA*).

MAQUERITAS – o termo se refere aos descendentes de Maquir, Nm 26.29. Em 1 Cr 7.1, há uma confusão com esse nome, pois são citados os descendentes de Maquir como sendo filhos de Gileade. No entanto, o fato é que, Gileade tornou-se nome dos clãs de seus descendentes, embora fosse ele descendente de Maquir, de onde descendem tanto gileaditas quanto maqueritas.

MAQUI (*no hebraico, "definhamento"*) – nome do pai de um dos 12 espias, pertence à tribo de Gade, Nm 13.15.

MÁQUINAS (*no hebraico, chishshebonoth, "invenções"*) – essa palavra é empregada para designar instrumentos de guerra em, 2 Cr 26.15, ela indica catapultas capazes de lançar dardos, Ez 26.9, aparece o aríete, que era usado pelos assírios, sendo de vários tipos, havia torres móveis que podiam derrubar muralhas em pouco tempo, a passagem de 2 Cr 26.15 descreve como o rei Uzias preparou máquinas para serem colocadas em torres e cantos das muralhas.

MAQUIR (*no hebraico, "vendido"*) **1** Nome do primogênito e único filho de Manassés, Gn 50.23; Js 17.1, e de uma síria, 1 Cr 7.14. Foi chefe da família dos maquiritas, única família da tribo de Manassés. À medida, porém, que aumentou a sua posteridade, novas famílias se destacaram da linha principal que se prendia ao primogênito que foi contado entre as famílias de Manassés, Nm 26.29. A família, coletivamente denominada Maquir, subjugou Gileade, cujo distrito lhe foi dado em herança, Nm 32.39, 40; Js 17.1, por Moisés. A palavra Maquir empregou-se uma vez em sentido poético, para designar a tribo de Manassés, Js 5.14. **2** Nome de um dos filhos de Amiel, residente em Lodabar, ao oriente do Jordão, 2 Sm 9.4,5, que trazia provisões a Davi enquanto durou a revolta de seu filho Absalão, 17.27.

MAR (*no hebraico, yam, "mar"*) **1** Oceano ou qualquer outra porção de água distinta da terra firme de que se compõe o globo, Gn 1.10; Sl 8.8; Ap 7.1-3; 21.1. **2** Porção mais ou menos considerável de água separada dos grandes oceanos, Gn 49.13; At 10.6, ou grandes lagos de água doce ou salgada cercados de terra, Nm 34.11, 12; Mt 4.18. Os mares principais, conhecidos pelos israelitas, eram o Mediterrâneo, o mar Vermelho, o mar Morto e o mar da Galiléia. Referindo-se ao Mediterrâneo,

MAR

diziam o mar, grande mar, e mar dos filistinos, ou mar posterior ou ocidental (veja *MAR MEDITERRÂNEO*). O mar Morto tinha diversos nomes como mar Salgado, mar oriental, mar de Arabe ou da planície (veja *MAR MORTO*). O mar da Galiléia também se denomina mar de Quinerete, Lago de Genesaré e mar de Tiberíades (veja *GALILÉIA*). **3** Grandes rios com a sua rede de canais e tributários como o Eufrates, Jr 51.36,42 e o Nilo, Na 3.8. **4** O grande tanque do templo de Salomão em que os sacerdotes lavavam as mãos e os pés, antes de irem para o altar e de entrarem no santuário, 1 Rs 7.30 (veja *MAR DE BRONZE*).

MARA (*no hebraico, "amargo", "amargoso"*) **1** Nome escolhido por Noemi para exprimir a sua desventura, Rt 1.20. **2** Nome de uma fonte de águas amargosas no deserto de Sur, caminho do Sinai, onde os israelitas fizeram alto três ou mais dias depois de passarem o mar Vermelho. O gosto ruim da água e talvez a solidão fizeram pensar nas agruras que os esperavam à frente, e começaram a murmurar. Moisés dirigido por Deus, lançou uma árvore sobre as águas e elas se tornaram doces, ou em virtude de alguma combinação química, ou propriedades medicinais que nela existiam, ou em virtude de um milagre, Êx 15.23-26; Nm 33.8,9. Desde os dias de Burckardt que o local de Mara é assinalado em *Ain Hawarah*, que fica 87 km de Suez e alguns quilômetros distante do mar Vermelho, separado deste por uma linha de outeiros. O poço tem uma boca de dez metros de diâmetro, que se alarga para o fundo, e a profundidade de cerca de oito metros. O terreno dessa região é abundante em soda, e por isso, a água do poço é salobra e amarga. Outro lugar se opõe a *Hawarah*, que é o *wady Ghurundel*, que, apesar disso, dizem ser a antiga Elim. A recente identificação de Pitom com *Tell-el-Maskhuta* faz pensar que Mara deva ser *Ayun Musa*, os poços de Moisés, grupo de fontes situadas

uns 14 km a sudoeste de Suez e uns 96 km a sudoeste de Pitom. As águas de algumas delas são potáveis; outras, porém, são amargas e detestáveis. Os árabes não deixam os seus camelos beber delas.

MAR DA GALILÉIA (veja *GALILÉIA*).

MAR DE BRONZE – bacia grande que Salomão mandou fazer com os bronzes que Davi havia tomado como presa de guerra, 1 Cr 18.8. Esse mar de bronze foi colocado na parte interior do templo, entre o altar dos incensos e o santuário, um pouco para a banda do sul, e se destinava à lavagem das mãos e dos pés dos sacerdotes antes de entrarem no santuário ou se aproximarem do altar, 1 Rs 7.39; 2 Cr 4.6; Antig. 8.3,6; *cf.* Êx 30.18-21. Era de forma circular, tinha 3,33 m de diâmetro e 1,65 m de altura, com a capacidade de 58.752 litros, 1 Rs 7.23, 26. Em 2 Cr 4.5, relata três mil metretas, ou 88.128 litros naturalmente por engano de cópia. A borda era como a de copo, ou como flor de lírios, 1 Rs 7.24,26. Não tinha a exatidão de um hemisfério, porque seus lados eram como a tulipa e como se pode avaliar pela sua capacidade e da sua comparação com o lírio; descansava sobre 12 bois de bronze divididos em quatro grupos de três bois cada um, olhando para os quatro pontos cardeais. O rei Acaz o retirou de cima dos bois, 2 Rs 16.17, e finalmente quando Nabucodonosor tomou Jerusalém, reduziu-o a pedaços, 25.13,16; Jr 27.19-22.

MAR DE QUINERETE (veja *GALILÉIA*).

MAR DE SUFE – nome de uma localidade, Dt 1.1, cuja situação se ignora. A LXX e a Vulgata supõem que a palavra *mar* foi omitida do texto e por isso concluem que o texto primitivo dizia *yam suph*, que significa mar Vermelho, referência que se faz àquela parte do mar a que se dá o nome de Acaba.

MAR MORTO

MAR DE TIBERÍADES (veja *GALILÉIA*).

MAR MEDITERRÂNEO – nome de um mar, existente entre a Europa e a África. A Escritura refere-se a ele pelo nome de Mar de acordo com a idéia geral dos hebreus, Nm 13.29,30; At 10.6. Também era denominado o mar grande, Nm 34.6; Js 15.47, o mar ocidental, Dt 11.24; Jl 2.20, ou o mar dos palestinos, Êx 23.31. Os gregos e os romanos referindo-se a ele, diziam: o nosso mar, e depois do período do Antigo Testamento, diziam: o mar que fica para dentro das colunas de Hércules (Aristóteles), ou o mar interior (Plínio). A designação de mar Mediterrâneo é moderna. Tem 3.218 km de comprimento; a parte mais estreita entre a Sicília e a África é de 112 km de largura. Desde os antigos tempos, os navegantes da Fenícia o haviam percorrido em todas as direções, desde a Síria até as colunas de Hércules, atualmente, estreito de Gibraltar.

MAR MORTO – nome pelo qual é conhecido o lençol de água a que a Bíblia chama de mar de Sal, Gn 14.3; Nm 34.12; Dt 3.17; Js 3.16, mar do Deserto, Dt 3.17; Js 3.16, mar Oriental, Ez 47.18; Jl 2.20; Zc 14.8. Josefo o denomina *Asphaltitis*, Antig. 1.9,1. Os gregos o denominaram mar Morto, desde a metade do segundo século da nossa era (Pausanias). Jaz na profunda depressão, situada onde desemboca o Jordão, despejando cerca de seis milhões de toneladas de água em cada 24 horas; está 426 m abaixo do nível do Mediterrâneo; tem a configuração de um longo retângulo com ângulos agudos, interrompido por uma projeção que se inclina para o lado do sudoeste, formando um grande promontório ou península, chamada Lisã ou Língua. O comprimento de norte a sul regula 75,5 km que varia um pouco no tempo da seca. A largura ao norte de En-Gadi é de 15,3 km. Os antigos vestígios do nível das águas indicam que a área era muito maior, Guerras 4.8,4. O Lisã tem cerca de 15 km de comprimento, de norte a sul, 14.481 m. As ribanceiras elevam-se de 13 m a 20 m de altura; e segundo Tristram, o ponto mais elevado é de 99 m. O tenente Lynch, que em 1848 chefiou uma expedição para

Mar Morto — Christian Computer Art

MAR MORTO

explorar o Jordão e o mar Morto, achou por meio de sondagens uma profundidade de 422 m na boca do Arnom. Outras sondagens mais para o norte acusaram 429 m. Ao sul do Lisã, a profundidade é quase nula, exceto o lado setentrional, onde entra o Jordão; o mar Morto é cercado quase inteiramente por grande muralha de rochedos escarpados, que em alguns lugares formam pequenas praias e em outros fazem a linha da costa. Esses penhascos sobem em terraços sucessivos que se estendem pelo Jordão acima. Ao lado do oeste, em En-Gadi, esses penhascos se elevam até 644 m de altura, e ainda mais para o norte, atingem a 832 m acima do mar Morto e 405 acima do Mediterrâneo, decrescendo gradualmente até 462. Na parte ocidental, existem depósitos de betume em estado líquido e sólido. Ao lado do oriente, erguem-se as montanhas de Moabe a 390 m acima das praias do mar. O mar Morto é um dos mais notáveis. Nenhum outro ocupa lugar mais profundo na superfície do globo. As águas são mais salgadas do que as dos oceanos, estas contêm seis libras de sal em cada 100 libras de água, ao passo que as do mar Morto, em igual quantidade de água, produzem 20 a 27,8 de sal. Em conseqüência disto, os ovos lançados nele flutuam. Os banhistas não afundam na água e quando chegam à praia sentem o corpo coberto de sal que muito os incomoda quando têm alguma esfoladura na pele. A grande quantidade de sal é devido à natureza do solo muito saturado de cloreto de sódio, magnésio e cálcio. Essas substâncias são conduzidas para o mar pelas correntes que nele deságuam. Não havendo saída, os sais permanecem e se acumulam ano após ano, ao passo que as águas que os trazem diminuem pela evaporação, aumentada pelo ar quente do deserto. O nome que a Escritura lhe dá de mar Salgado foi substituído pelo de mar Morto por causa da crença de que havia completa ausência de vida dentro das águas e em torno de suas praias. A vida orgânica é muito escassa, porém as suas margens são adornadas de exuberante vegetação devido às torrentes que nele entram. A vegetação é visitada por grande número de aves. Segundo Lartet, o peixe é pouco abundante ao sul de Lisã. O profeta Ezequiel compara a vida no reino de Deus às águas do mar Morto, plenas de peixe, rivalizando com o mar Grande, e que as suas praias seriam o enxugadouro das redes dos pescadores, Ez 47.6-12.

Mar Morto, estátua de sal — Christian Computer Art

MAR SALGADO – nome que se dá no Antigo Testamento ao que atualmente se denomina mar Morto, Gn 14.3; Nm 34.3,12; Dt 3.17; Js 15.2,5 (veja *MAR MORTO*).

MAR VERMELHO – é o nome do mar que os hebreus denominavam *Yam suph* ou mar dos lírios roxos. O termo grego *Erythra Tahlassa* cuja tradução literal é mar Vermelho, é assim expresso por Heródoto, 2.8, pela LXX, Êx 15.4,22, e por Josefo, Antig. 2.11,1; 15.1. Os gregos derivam esse nome de Eritras, rei fabuloso de um país adjacente, Estrabão, 16; Plínio, Hist. Nat. 6.23. Corresponde a Edom, ou se refere ao povo de pele vermelha de que faziam parte os edomitas, os himiaritas e os primitivos fenícios, por isso quer dizer, mar da terra vermelha, contrastando com a cor escura do solo egípcio (Ebers). "As rochas calcárias dos períodos eoceno e cretáceo assumem, pela ação do tempo, uns coloridos vermelho-escuros muito vivos, que sob a ação dos raios do sol, ao entardecer, se tingem de vermelho para o lado do oriente, o que igualmente se vê ao amanhecer para o lado do poente, contrastando com o verde-azul das águas. Em vista do que os primeiros viajantes lhe deram o nome de mar Vermelho" (*Egypt and Syria*, Dawson, 59). Os antigos davam o nome de mar Eritreu, não somente ao mar Vermelho, como atualmente o entendem os atuais geógrafos, mas também o oceano Índico e ultimamente até o golfo Pérsico. Em sentido restrito de acordo com a moderna geografia, o mar Vermelho tem cerca de 2.397 km de comprimento e de largura, a média de 241 km. Na parte setentrional, termina em dois golfos, o Suez e o Acaba, os quais encerram entre si a península do Sinai. O golfo de Acaba está a oriente e tem cerca de 161 km de comprimento por 24 km de largura. Na parte norte, estão as cidades de Elate e de Eziom-Geber. O golfo de Suez a oeste da península tem cerca de 289 km de comprimento por 32 km de largura; porém antigamente se estendia mais para o norte, compreendendo em tempos pré-históricos o lago Timsé e os Lagos Amargosos. As margens de ambos os lagos abundam em juncos, justificando o dizer dos hebreus, que lhe davam o nome de mar dos Juncos, ou dos lírios roxos. O termo hebraico *Yam suph* refere-se ao mar Vermelho da geografia moderna ou pelo menos à parte onde está a península do Sinai; ao oriente do Egito, Êx 10.19; nela se acamparam os israelitas, bem perto do Sinai, Nm 33.10,11. Para alcançarem o caminho *Yam suph*, os israelitas rodearam o país de Edom 21.4, e de Eziom-Geber, na terra de Edom, que é perto de Elate na praia do mar Vermelho,

1 Rs 9.26. Os israelitas atravessaram o *Yam suph*, onde os egípcios seus perseguidores morreram afogados, Êx 15.4, 22. Brugsch nega que os israelitas atravessaram o mar Vermelho e afirma que eles passaram por um atoleiro chamado Serboniano, que está separado do Mediterrâneo por um istmo. A opinião geral, porém, baseada no testemunho constante das Escrituras, é que os israelitas atravessaram o mar no ponto onde se encontra o golfo de Suez, provavelmente ao sul dos Lagos Amargosos. A navegação por esse mar é sempre um tanto perigosa, por causa das repentinas mudanças dos ventos e da impetuosidade de sua força. As viagens de um extremo a outro são geralmente morosas por causa dos ventos que sopram na parte norte em direção ao sul durante nove meses no ano; e na parte sul, sopram para o norte em igual período. Além disto, os navegantes têm de estar sempre alerta por causa dos arrecifes de coral e das pequenas ilhas que em vários lugares afloram à superfície das águas.

MARALÁ (*no hebraico, "tremor"*) – nome de uma aldeia de Zebulom, fronteira ao mar, Js 19.11. Localização desconhecida.

MARANATA – termo que foi usado pelo apóstolo Paulo no Novo Testamento, 1 Co 16.22. Significa "o Senhor vem". Sua origem é do aramaico, alguns estudiosos a dividem em *maran*, "nosso Senhor", e *tha*, "vem", aparece em outras expressões referindo-se à vinda de Jesus, Fp 4.15; 1 Ts 4.14; Tg 5.7; Ap 1.7; 22.20.

MARCOS (*do latim marcus, "martelo grande"*) – nome do evangelista a quem se atribuiu o segundo evangelho. Marcos é sobrenome, At 12.12,25; 15.37. O seu primeiro nome é João, pelo qual é designado em At 13.5,13. Sua mãe Maria parece ter sido senhora de grandes recursos; tinha casa em Jerusalém, onde se reuniam os cristãos, At

MARCOS

12.12-17 (veja *MARIA*). Há vários exemplos no Novo Testamento de judeus com sobrenomes latinos, At 1.23; 13.9, de modo que o aditamento do nome Marcos a João não quer dizer que ele tivesse pai ou mãe gentia. Marcos era primo de Barnabé, Cl 4.10; acompanhou Barnabé e Paulo, desde Jerusalém a Antioquia da Síria, At 12.25, e depois, foi com ele na sua segunda viagem missionária, 13.5, mas por motivos ignorados o deixou em Perge, v. 13, e voltou para Jerusalém. Qualquer que fosse o motivo, Paulo o desaprovou, recusando-se a tê-lo consigo, quando se projetou uma segunda viagem, 15.38. A divergência entre ambos deu em resultado que eles se separaram; Barnabé e Marcos navegaram para Chipre, continuando a sua obra de evangelização. Passado esse incidente, o nome de Marcos desaparece da história por cerca de dez anos. Depois o encontramos em Roma com o apóstolo Paulo, associando-se às saudações que ele enviava às igrejas, Cl 4.10; Filemom, 24. Nota-se, pois, que tinham desaparecido os motivos de sua separação. Mais tarde, Paulo refere-se a ele em termos muito elogiosos, dizendo: "Toma a Marcos e traze-o contigo, porque me é útil para o ministério", 2 Tm 4.11. Esta última referência dá a entender que Marcos havia estado no oriente, talvez na Ásia Menor, ou no extremo oriente. Com isto combina a passagem da segunda epístola de Pedro, 2 Pe 5.13, na qual se observa que ele esteve com Pedro na Babilônia, tomando esse nome em sentido literal. Esse apóstolo chama Marcos seu filho, termo este, que, se não exprimir afeto, deve significar que foi um dos seus convertidos. De fato, aquele Pedro, logo que foi libertado da prisão, dirigiu-se à casa da mãe de Marcos, 12.12, o que também dá a entender a sua intimidade naquela casa. A tradição não é acorde em dizer se Marcos havia sido companheiro de Jesus. Muitos pensam que o moço que esteve presente à prisão de Je-

sus, Mc 14.51,52, coberto com um lençol, era o próprio Marcos. Esse incidente não é mencionado por nenhum outro evangelista, e não existia outro motivo para referir-se a ele, senão o desejo de registrar uma experiência pessoal. Ignora-se o tempo, o lugar e o modo de sua morte. A tradição antiga diz que ele é o intérprete de Pedro. São desta opinião, entre outros, Papias de Hierápolis, que escreveu pelo ano 140; citando o "presbítero" como sua autoridade, diz: "Marcos, tendo-se feito intérprete de Pedro, escreveu com exatidão, se bem que sem respeitar a ordem dos fatos, quanto ele se lembrava das cousas que o Senhor disse e fez. Porque ele não acompanhou o Senhor, nem o ouviu falar, porém, mais tarde, como já disse, ele acompanhou a Pedro, que dava as suas instruções conforme o exigiam as circunstâncias e sem cogitar da ordem sistemática dos ensinos do Senhor. Por isso, Marcos não errou em dar por escrito a narração das cousas de que ele se lembrava. Uma cousa tinha ele em vista: era não deixar de escrever nenhuma das cousas que ele tinha ouvido e dizê-las com a maior exatidão" (Eusébio, hist. ecles. 3.39). Esta referência a Marcos, como sendo ele o intérprete de Pedro, deixa ver que foi seu companheiro nos últimos anos de sua vida apostólica, nas viagens missionárias, e que por sua autoridade falava nas audiências dos gentios, ou ainda pode apenas indicar que a obra de Marcos se limitou a escrever a pregação de Pedro, no evangelho que traz o seu nome. Não há certeza, se quando ele esteve em Roma com Paulo, ali esteve também o apóstolo Pedro. Diz também a tradição que ele fundou a igreja de Alexandria. Este testemunho não merece inteira fé. O ponto essencial que se deve observar é que tanto a história primitiva de sua vida religiosa quanto a companhia com o apóstolo Pedro o habilitaram a escrever um evangelho.

MARCOS, O EVANGELHO SEGUNDO

MARCOS, O EVANGELHO SEGUN-DO – este evangelho é o segundo dos quatro, mas não é o segundo na ordem da composição. É o mais curto dos quatro, que não se explica pela condensação do material. O que Marcos escreveu é muito minucioso e os fatos sucedem-se rapidamente com bastante força de imaginação, em uma série de cenas descritivas, em ordem mais cronológica do que Mateus e Lucas; ocupa-se mais em descrever as obras de Cristo, do que em registrar os seus discursos, somente menciona quatro das suas parábolas, ao passo que registra 18 milagres e apenas um dos seus longos discursos com alguma precisão, cap. 13. Fala de Jesus Cristo como sendo o singularmente amado em quem Deus havia colocado toda a sua complacência, o Filho do Deus altíssimo, 1.11; 5.7; 9.7; 14.61; também 8.38; 12.1-11; 13.32; 14.36, e o Salvador que vence. Esse evangelho menciona, principalmente, dois períodos da vida de Jesus: o ministério da Galiléia, 1.14 até 9.50, e a última semana em Jerusalém, 11.1 até 16.8. Entre esses dois períodos existem rápidas descrições no cap. 10 como pontos de transição de um período para o outro. Em seu conjunto, pode dividir-se do seguinte modo: **1** Princípio do evangelho de Jesus Cristo, compreendendo o ministério de João Batista, o batismo e a tentação de Jesus, 1.1-13. **2** Início do ministério na Galiléia, descrevendo os lugares em que Jesus pregava, a chamada dos primeiros discípulos, os milagres operados em Cafarnaum e na Galiléia, 1.14-45. **3** Os triunfos alcançados por Jesus sobre a nascente oposição, a cura de um paralítico, o banquete na casa de Levi, o discurso sobre o jejum e a controvérsia sobre o sábado, 2.1 até 3.6. **4** Extensão da obra de Cristo entre a oposição crescente, entusiasmo das multidões que o acompanhavam e a escolha dos 12 apóstolos; resposta aos fariseus; visita de sua mãe e de seus irmãos; as parábolas do semeador, do crescimento misterioso da semente; da semente de mostarda acompanhada de observações; o grande milagre de acalmar a tempestade; os endemoninhados gadarenos; a mulher que padecia fluxo de sangue e da ressurreição da filha de Jairo; segunda rejeição em Nazaré; a missão dos 12; investigações de Herodes sobre Jesus, com a descrição da morte de João Batista; o milagre da multiplicação dos pães para cinco mil pessoas; do passeio sobre as ondas; denúncia contra as tradições dos fariseus, 3.7 até 7.23. **5** Período em que exerceu o último ministério na Galiléia, incluindo a cura da filha da mulher sirofenícia nos limites de Tiro e de Sidom, um mudo em Decápolis; o milagre da multiplicação dos pães para quatro pessoas; a recusa de dar um sinal aos fariseus, advertência contra eles; a cura de um cego perto de Betsaida, seguido de incidentes próximo a Cesaréia de Filipos, incluindo as predições sobre a morte de Cristo, a confissão de Pedro etc. A transfiguração, a cura do endemoninhado, novas predições a respeito da morte de Cristo e, em retorno para Cafarnaum, instruções especiais a seus discípulos, 7.24 até 9.50. Este último período é muito completo no Evangelho Segundo Marcos. **6** Ministério final em Peréia, inclusive a discussão sobre o divórcio; a bênção das criancinhas, a conversa com o moço rico, explicações aos discípulos, subida para Jerusalém, incluindo mais uma predição sobre a sua morte, o pedido de Tiago e de João e a cura de Bartimeu, cap. 10.7. A última semana, compreendendo a entrada triunfal em Jerusalém; a maldição da figueira estéril; a segunda purificação do templo; os deputados enviados pelo sinédrio; a parábola dos lavradores da vinha; as perguntas dos fariseus, dos herodianos e dos saduceus e a do doutor da lei; a pergunta de Jesus sobre o filho de Davi; breve denunciação contra os fariseus e os escribas, *cf.* Mt 23, a esmola da viúva; os discursos no monte das Oliveiras; a traição de Judas; e a festa

MARCOS, O EVANGELHO SEGUNDO

em Betânia; narração da última tarde com os discípulos e a instituição da ceia do Senhor; a agonia no Getsêmani, a prisão; o julgamento a noite pelo sinédrio; a negação de Pedro; o julgamento diante de Pilatos; a crucificação, o sepultamento; o anúncio da ressurreição a certas mulheres por um anjo, assentado à beira do sepulcro vazio, 11.1 até o cap. 16.8. Os 12 versículos finais do Evangelho Segundo Marcos não fazem parte do último capítulo como se encontra no original, segundo o dizer da maior parte dos críticos. Esses versículos foram certamente acrescentados em tempos primitivos, talvez no princípio do segundo século. Em parte parece que foram tirados de outros evangelhos e descrevem com fidelidade as crenças das igrejas apostólicas. O cap. 16.8 termina abruptamente. Parece que os 12 versículos seguintes substituíram o final do capítulo, feitos pelo autor, que parece terem se perdido. Alguém tem pensado que Marcos foi impedido de concluir o seu livro. Os 12 versículos finais, já citados, considerados necessários para a conclusão, provam evidentemente a existência de outros evangelhos que circulavam nas igrejas e que o de Marcos havia sido aceito como genuíno e autêntico. Esse evangelho circulava nas igrejas nos meados do segundo século e foi incluído por Taciano no seu *Diatessaron*, ou Harmonia dos Evangelhos. Ireneu, escrevendo no fim do segundo século, o menciona com freqüência, bem como outros que o precederam como Papias, e declaram que Marcos havia sido discípulo de Pedro e seu intérprete. Desse modo, os antigos escritores, bem como a tradição, relatam O Evangelho Segundo Marcos como intimamente ligado à pregação que Pedro fazia acerca de Cristo. O relacionamento de Marcos com Pedro é confirmados por muitos pormenores bem apreciáveis que o livro contém, que parecem reproduzir as impressões recebidas em companhia do apóstolo, com a força de um testemunho

pessoal; é ele quem nos dá uma narração minudente da negação de Pedro, e como diz Eusébio, ocultando fatos favoráveis ao seu caráter, Mt 16.17-19; Lc 5.3-10. Não se deve pensar que Marcos reproduzisse exclusivamente o que aprendeu de Pedro, excluindo quaisquer outras fontes de informação. O evangelista teve abundantes oportunidades de saber muitas coisas de outras testemunhas oculares e de membros da primitiva comunidade cristã, como: seu parente Barnabé, Paulo e os discípulos que freqüentavam a casa de sua mãe em Jerusalém, At 17.12,17. Na igreja, pensavam alguns e entre eles Agostinho, que Marcos havia feito um resumo de Mateus. Essa afirmação cai diante do fato de que O Evangelho Segundo Marcos contém muitos pormenores que não se encontram no outro evangelho. Pensam outros que Mateus e Lucas é que foram buscar em Marcos os elementos para os seus escritos. A opinião corrente em nossos dias é que Marcos se mostra independente de qualquer outro evangelista. O mais provável é que todos eles escreveram independentemente uns dos outros. As semelhanças verbais raras vezes se estendem a um versículo inteiro e que podem facilmente explicar-se pelo fato de que todos os escritores empregavam linguagem em que eram narradas as palavras e as obras de Cristo, e que já circulavam entre as igrejas. Diz a tradição que Marcos escreveu o seu evangelho em Roma, pouco antes, ou pouco depois da morte de Pedro. Sendo assim, podemos dar-lhe a data 65-68. Baseados em outros fundamentos, alguns escritores modernos dizem que deve ter sido escrito pouco antes da tomada de Jerusalém. Esse evangelho, evidentemente, destinava-se aos gentios, como se depreende das explicações que seu autor dá dos lugares, dos costumes e dos termos da Palestina, 1.9; 3.17; 5.41; 7.3,4,11,34; 12.42; 14.12; 15.22,42 etc. Também emprega bom número de palavras latinas e gregas. Tudo isto parece indicar que o livro foi publicado em Roma, como diz a tradição. Ao contrário de Mateus, não se refere às relações de Cristo com a lei mosaica, faz algumas alusões ao cumprimento das profecias e se abstém totalmente de citações do Antigo Testamento.

MARDOQUEU (veja *MORDECAI*).

MARESSA (*no hebraico, "à cabeça", ou "na frente"*) **1** Nome de uma cidade na parte baixa da tribo de Judá, Js 15.44; *cf.* 1 Cr 4.21. Reoboão a fortificou, 2 Cr 11.8. Perto dela ocorreu a grande batalha entre o rei Asa e Zerá, etíope, 14.9,10. Na época do período grego, atingiu grande importância, era habitada pelos edomitas e conhecida pelo nome de Maressa, Antig. 13.9,1; 14.1,3,9. Judas Macabeu a saqueou, 1 Mac 5.66; 2 Mac 12.35; Antig. 12.8,6, e João Hircano plantou nela uma colônia judia, Antig. 13.9,1; 10.2; mas Pompeu, no ano 63, concedeu-lhe os foros de cidade livre, 14.4,4. Gabínio a fortificou, 14.5,3, e finalmente os partas a destruíram no ano 40 a.C., 14.13,9. Segundo o testemunho de Eusébio, as suas ruínas existem 3 km distante de Eleuterópolis. Robinson as localiza em um outeiro de *Merash*, cerca de dois km a sudoeste de *Beit Jibrin*. **2** Nome do pai de Ebrom, 1 Cr 2.42. A forma da expressão, à luz do contexto, dá a entender que Maressa foi o progenitor dos habitantes de Hebrom. O versículo seguinte relata sobre os filhos de Hebrom, parecendo provável que o nome se refira a um homem.

MARFIM – substância derivada dos dentes do elefante, do hipopótamo, das focas e de outros animais. No hebraico, tem o nome de *Shem*, dente ou *Shenhab-bim*, palavra composta em que a terminação, *habim*, denota provavelmente algum animal. A primeira vez que se fala nos dentes de elefantes, vindos de Társis é em 1 Rs 10.22,

e 2 Cr 9.21. O rei Salomão mandou fazer um grande trono de marfim, talvez trazido da Índia, 1 Rs 10.18. Nos tempos faustosos de Jerusalém, faziam-se leitos de marfim, Am 6.4 e até se construíam casas com esse precioso material, 1 Rs 22.39; Am 3.15; Sl 45.8. Os tírios faziam bancos de marfim para assento de seus remeiros, Ez 27.6. O mundo antigo comerciava em marfim com a Etiópia, Heród. 3.97,114.

MARIA (*o Novo Testamento grego diz Maria e Mariam derivado do hebraico Myriam, no latim é Maria*) – em o Novo Testamento há seis mulheres que têm esse nome. **1** Maria, mulher de Cleofas, assim chamada em Jo 19.25. A palavra "mulher", no sentido de esposa, segundo o método de dizer em grego, não se encontra no original. Os tradutores é que a empregaram. Cleofas parece que é o mesmo Alfeu, Mt 10.3; Mc 3.18; Lc 6.15. Os dois nomes são variantes do mesmo vocábulo em aramaico. Ele e Maria eram pais do apóstolo Tiago, o Menor, que tinha um irmão chamado José, Mt 27.56; Mc 15.40; Lc 24.10. Os que registram os "irmãos" do Senhor como sendo seus primos, pelo lado materno, supõem que essa Maria era irmã da Virgem, e que João menciona somente o nome de três Marias que estiveram junto à cruz, Maria, mãe de Jesus, Maria, mulher de Cleofas e Maria Madalena, 19.25. Não é provável que duas irmãs tivessem o mesmo nome; por essa razão e por outras considerações, a teoria de serem primos "os irmãos do Senhor" não parece razoável (veja *IRMÃOS DO SENHOR*). Na passagem citada, Jo 19.25, o apóstolo menciona quatro mulheres que ele viu junto à cruz; uma delas era Maria, mulher de Cleofas, mas além do fato que seu marido e seus filhos, com ela, eram discípulos de Jesus e que, provavelmente um de seus filhos era apóstolo, nada mais se diz a seu respeito. Além disto, estando junto à cruz, Maria foi uma das mulheres

MARIA

que acompanharam o corpo de Jesus à sepultura e a quem o Salvador ressuscitado apareceu, Mt 28.1; Mc 15.47; 16.1; Lc 24.10. (veja item 2 e os artigos *ALFEU e TIAGO*). **2** Maria, a virgem, mãe de Jesus. Todas as informações a seu respeito somente a Escritura é que no-las dá. Diz ela que no sexto mês após a concepção de João Batista foi enviado o anjo Gabriel a Nazaré, cidade ou aldeia da Galiléia, a uma virgem chamada Maria, que ali morava, desposada com um carpinteiro de nome José, Lc 1.26,27, reconhecido como descendente de Davi. Não se diz que a virgem também o fosse; muitos acreditam que também pertencia à mesma linhagem porque diz o anjo que o filho que ia nascer dela receberia o "trono de seu pai Davi", e que "foi feito da linhagem de Davi, segundo a carne", Rm 1.3; 2 Tm 2.8; *cf.* At 2.30. Além disso, a opinião de muitos doutores é que a genealogia de Cristo, como a registra Lucas, Lc 3.23-38, é pelo lado materno, vindo de Eli, que se supõe ser o pai dela. Como quer que seja, o anjo Gabriel saudou a Maria, dizendo: "Salve! agraciada; o Senhor é contigo", anunciando-lhe que ela teria um filho a quem deveria chamar Jesus. "Este será grande, será chamado Filho do Altíssimo; Deus o Senhor lhe dará o trono de Davi, seu pai, ele reinará para sempre sobre a casa de Jacó, e o seu reinado não terá fim", Lc 1.32,33. Quando Maria perguntou como se faria isso, visto não conhecer varão, o anjo lhe respondeu: "O Espírito Santo descerá sobre ti e a virtude do Altíssimo te cobrirá da sua sombra. E por isso mesmo o Santo que há de nascer de ti será chamado Filho de Deus", Lc 1.35. Estas declarações revelaram a Maria que ela havia sido escolhida para ser a mãe do Messias. Com humilde piedade, aceitou a honra que Deus misteriosamente lhe concedia. Para seu conforto, o anjo Gabriel a informou de que a sua parenta Isabel ia também ser mãe, pelo que

Maria se apressou a caminhar para as montanhas a uma cidade de Judá, onde moravam Zacarias e sua mulher Isabel. À sua entrada, Isabel cientificou-se da honra que ia receber e por uma inspiração de momento proferiu o cântico de louvor. Por sua vez, a Virgem Maria entoou o hino de graças denominado "A Magnífica", Lc 1.46-55. Isto nos dá a entender a profunda piedade e a solene alegria com que essas santas mulheres contemplaram o poder e a graça de Deus que por seu intermédio ia realizar as antigas promessas feitas a Israel, e trazer a salvação ao mundo. Maria permaneceu na casa de Isabel até pouco antes do nascimento de João Batista, e voltou para Nazaré. Revelada foi a origem de sua concepção a José por meio de um sonho, quando ele pensava em deixá-la secretamente, Mt 1.18-21. Deus ordenou-lhe que a recebesse por mulher, e que ela teria um filho que se chamaria Jesus, porque ele salvaria seu povo dos pecados deles, Mt 1.24,25, em virtude do que havia dito o Senhor pelo profeta Isaías que ele nasceria de uma virgem; José obedeceu reverentemente; recebeu-a por mulher, e não a conheceu enquanto não deu à luz ao seu primogênito, e lhe pôs por nome Jesus, Mt 1.24,25. Pelo casamento, a virgem ficou abrigada de más suspeitas e o filho que lhe nasceu foi tido como filho de José, segundo a lei, e como tal, herdeiro de Davi. O nascimento ocorreu em Belém. Um decreto de César Augusto ordenou que todo o mundo se alistasse, em virtude do qual José teve de ir à cidade de Davi, como seu descendente, acompanhado de sua esposa Maria. Não encontrando lugar na hospedaria, foram obrigados a abrigar-se em uma estrebaria. Ali nasceu Jesus; sua mãe o enfaixou e o deitou em uma manjedoura, Lc 2.7. Com reverente e confiante assombro, Maria ouviu a narração dos pastores, relatando a visão dos anjos e o cântico que tinham ouvido, anunciando paz

MARIA

ao mundo pelo nascimento do Salvador. Portanto, ela ainda não sabia que seu filho era Deus que se fez carne; apenas sabia que ele ia ser o Messias, e com verdadeira piedade esperava que Deus lhe desse luz sobre a missão de seu filho. No quadragésimo dia depois de nascido o menino, José e Maria o levaram a Jerusalém para o apresentarem diante do Senhor e oferecerem no templo o que a lei ordenava às mães, Lv 11.2,6,8. Os animais oferecidos deveriam ser um par de rolas, ou dois pombinhos, indicando as humildes condições da família. Ao apresentarem o menino no templo, encontraram o velho Simeão que se regozijou pelo nascimento do Messias, porém profetizou a sua mãe que ela teria grandes dores e tristeza pelo que a ele havia de acontecer, Lc 2.35. Parece que, depois disto, José e Maria voltaram para Belém, Mt 2.11. Ali foram ter os magos do oriente que vieram adorar a Jesus, Mt 2.1-11. Em seguida, o casal fugiu para o Egito levando o menino, regressando mais tarde para Nazaré em obediência a instruções divinas. Ali deveria ele dedicar-se à educação do filho da promessa que lhe tinha sido confiado e cujo futuro era objeto de constante cuidado. Um dos traços do caráter de Maria desenha-se quando o menino tinha 12 anos. Piedosamente em companhia de seu esposo, ia anualmente a Jerusalém por ocasião da festa da Páscoa, Lc 2.41, se bem que as mulheres não estavam sujeitas a essa obrigação, Êx 23.17. Com igual piedade, José e Maria levaram consigo o menino, logo que ele atingiu a idade, quando era costume que as crianças deveriam comparecer ao templo. A sua demora na casa de Deus e as suas palavras na discussão com os doutores foram motivo de causar maior espanto a seus pais. "E sua mãe conservava todas estas palavras no seu coração", Lc 2.51. Maria ainda não havia compreendido toda a grandeza real do seu filho, nem de que modo realizaria a sua missão.

Com reverência e cheia de confiança ia cumprindo o seu dever, educando o menino para o serviço de Deus, o que ela realmente fez enquanto ele esteve sob sua autoridade. Se os "irmãos do Senhor" eram, como é provável, filhos de José e de Maria, nascidos depois que Jesus apareceu, Maria deveria ter sido mãe de grande família. O evangelho também fala das irmãs de Jesus, Mc 6.3. Nada mais se diz a respeito de Maria até o princípio do ministério público de Jesus. Aparece então no casamento de Caná da Galiléia, Jo 2.1-10. Evidentemente, regozijou-se em ver que seu filho assumia as funções do ofício messiânico, e, sem reservas, creu nele. Imprudentemente, porém, ela pretendeu dirigir os seus atos, o que provocou da parte dele uma repreensão respeitosa. Maria precisava compreender que, na sua obra, ela participava apenas como sua companheira. Na qualidade de filho, prestava-lhe reverência, porém na qualidade de Messias e Salvador, ele só a poderia ter como discípula, precisando igualmente, com os demais, a salvação que ele veio trazer ao mundo. Verdade semelhante se repete em outra ocasião quando Maria aparece *cf.* Mt 12.46-50; Mc 3.31-35; Lc 8.19-21. No grande dia das parábolas, estando ele ensinando o povo, Maria e os irmãos de Jesus desejavam vê-lo, talvez com o intuito de afastá-lo dos perigos que a oposição lhe criava. Respondendo, fez notar que as relações espirituais entre ele e seus discípulos eram mais importantes do que os laços de família. "Porque, qualquer que fizer a vontade de meu Pai que está nos céus, este é meu irmão, e irmã e mãe", Mt 12.50. Enquanto Cristo prosseguia em seu ministério, sua mãe e seus irmãos parece que continuavam a morar em Nazaré. Como não se faz menção de José, dá lugar a se pensar que ele tenha morrido. No ato da crucificação, aparece Maria com outras mulheres, perto da cruz. Ao contrário dos irmãos de

789

MARIA

Jesus, Jo 7.5, ela sempre acreditou na missão salvadora de seu filho, e por isso não é de estranhar que o acompanhasse até a última e fatal jornada a Jerusalém. Dominada pelo amor de mãe, e pelos afetos de um discípulo, o contemplou pregado à cruz e nessa hora de suprema angústia, ele lhe dirigiu a palavra entregando-a aos cuidados do amado discípulo João, que desde essa hora a levou para sua casa, Jo 19.25-27. Depois da assunção de Jesus, ela se encontra na companhia dos apóstolos, no quarto alto de Jerusalém, At 1.14, e nada mais nos diz a Escritura a seu respeito. Não se sabe, quando e de que modo morreu. O seu túmulo vê-se no vale de Cedrom, mas não se pode crer na sua legitimidade, por falta de bons testemunhos. Há muitas lendas a respeito de Maria, nenhuma, porém digna de fé. A Escritura a apresenta como simples modelo de fé e de piedade. **3** Maria Madalena, modo por que os evangelhos designam essa Maria, Mt 27.56,61; 28.1; Mc 15.40,47; 16.1,9; Lc 8.2; 24.10; Jo 19.25; 20.1,18, determinando precisamente o lugar de seu nascimento que era a cidade de Magdala, situada na costa sudoeste do mar da Galiléia. Jesus havia expulsado dela sete demônios, Mc 16.9; Lc 8.2, e veio a ser a mais devotada de seus discípulos. A velha crença de que essa mulher havia sido de mau caráter e cujo nome tem servido para designar as mulheres mundanas baseava-se unicamente no fato de que a primeira vez que se fala nela, em Lc 8.2, e logo depois de se ter dito que uma mulher pecadora que havia na cidade tinha vindo ungir os pés de Jesus. Magdala era cidade da Galiléia, Lc 7.36-50. Essa prova não satisfaz. Ignora-se qual fosse a doença que sofria. Fez-se discípula de Jesus logo no princípio do seu ministério na Galiléia e foi uma das que se uniram ao pequeno bando dos imediatos seguidores e que lhe ministrava o necessário para o seu sustento, Lc 8.13. Esteve junto à cruz com as outras mulheres, Mt 27.56; Mc 15.40; Jo 19.25, e assistiu ao sepultamento do Senhor. Ao terceiro dia, logo de manhã ela com a outra Maria, mulher de Cleofas e Salomé foram ao sepulcro para ungir o corpo de Jesus, Mc 16.1. Vendo que a pedra havia sido removida do sepulcro, voltaram apressadamente à cidade e foram dizer a Pedro que tinham levado o corpo de Jesus, Jo 10.1,2. Em seguida, acompanhando os apóstolos, voltou ela ao sepulcro e ali ficou depois que se foram os companheiros. A ela apareceu Jesus em primeiro lugar, Mc 16.9; Jo 20.11-17, e foi ela quem levou a notícia aos outros discípulos. E aqui termina a sua história. **4** Maria de Betânia, nome de uma mulher que em companhia de Maria, sua irmã, morava em certa aldeia, Lc 10.38, que João diz chamar-se Betânia, Jo 11.1; 12.1, distante cerca de 2 km ao oriente do monte das Oliveiras. Na primeira vez que Jesus foi à casa delas, Lc 10.38-42, Maria mostrou grande interesse em receber as instruções de Jesus. Marta pediu a Jesus que a mandasse ajudar no serviço da casa; a que ele respondeu: "...pouco é necessário ou mesmo uma só cousa; Maria, pois, escolheu a boa parte, e esta não lhe será tirada", Lc 10.38-42. João relata que ela era irmã de Lázaro, a quem o Senhor havia ressuscitado. Quando Jesus ali chegou, já fazia quatro dias que tinha sido sepultado. Maria conservou-se quieta em casa, Jo 11.20, porém, Marta "...retirou-se e chamou Maria, sua irmã, e lhe disse em particular: o Mestre chegou e te chama", v. 28. À semelhança de Marta ela exclamou: "Senhor, se estiveras aqui, meu irmão não teria morrido", v. 32. A aflição das duas irmãs moveu o coração de Jesus. Seis dias antes da Páscoa, Jo 12.1, Jesus foi outra vez a Betânia e deram-lhe lá uma ceia em casa de Simão, o leproso, Mc 14.3. Durante a ceia, Maria trouxe uma redoma de alabastro, cheia de precioso bálsamo, feito de espigas de nardo e quebrada a redoma, lho derramou sobre a cabeça e lhe enxugou os pés com os seus cabelos, Jo 12.3. Foi este um ato de rara devoção, revelando ao mesmo tempo profunda gratidão e a alta dignidade daquele que desejava honrar. Judas e outros dois discípulos acharam que fora desperdício de bálsamo. Jesus, porém, aprovou o ato e declarou que onde quer que o Evangelho fosse pregado, que seria em todo o mundo, se publicaria também para memória sua, a ação que havia praticado, Mt 26.6-13; Mc 14.3-9. Considerou este ato como consagração, visto que intencional, de seu corpo para o sacrifício que se aproximava, Jo 12.7,8. **5** Maria, mãe de Marcos, em cuja casa estavam reunidos os discípulos, orando pelo livramento de Pedro, a quem Herodes Agripa havia feito prender e para onde o apóstolo se dirigiu depois de solto pelo anjo, At 12.12. Parece que essa Maria era pessoa de recursos pecuniários; a sua casa servia para reuniões dos irmãos em Jerusalém. Segundo a antiga versão inglesa de Cl 4.10, ela era irmã de Barnabé, porque Marcos era primo deste. Não se sabe bem se o parentesco de Marcos com Barnabé era pelo lado materno ou paterno. Sobre quem era o marido de Maria, nada sabemos. **6** Maria de Roma. Nome de uma crente da cidade de Roma, a quem o apóstolo Paulo enviou saudações, Rm 16.6, e que trabalhou muito entre os irmãos, Rm 16.6. Parece, pois, que exerceu grande atividade na causa de Cristo na cidade imperial. Além dessa referência, nada mais diz a Escritura, a seu respeito.

MARIDO – Adão é o primeiro marido mencionado nas Escrituras, representando a raça humana, ele e Eva, receberam a lei da união entre homem e mulher, Gn 22.3-6; 2.24-25. O Antigo Testamento não dita regras específicas quanto a deveres dos marido, Êx 21.10. É certo que ele deveria prover a esposa com alimento e vestuário e respeitar os direitos conjugais, segundo a lei, eram dez as obrigações, sendo três referidas ao Pentateuco, as outras eram o dote, o tratamento em caso de doenças, o resgate em caso de cativeiro, funeral, ser provida em casa do marido no caso de ficar viúva, o direito dos filhos de receberem a herança do pai e compartilhar o que para ela estava estabelecido, ao marido pertenciam todos os ganhos da mulher. No Novo Testamento, os deveres do marido estão mencionados em, 1 Co 7.3; Ef 5.25; Cl 3.19; 1 Pe 3.7 (veja *CASAMENTO, MATRIMÔNIO*).

MARINHEIRO (*no grego, nátues*) – o termo refere-se aos ofícios marítimos como: timoneiro, no grego, *euthúno*, em Tg 3.4, como o verbo guiar, em João 1.23; piloto, grego *kubernétes,* At 27.22; Ap 18.17. Israel não tinha tradição na arte de navegar, apesar de ter contato com ela, Salomão possuía uma frota de navios mercantes, 1 Rs 9.26, alguns discípulos eram pescadores, por conseguinte, pequenos marinheiros, Mt 4.21; Lc 5.3.

MÁRMORE – pedra calcária, especialmente em estado cristalino que se presta a polimento. Em hebraico chama-se *shayish* e *shesh*, por causa de seu brilho, e em grego, *marmaros*. Servia para fazer colunas e para os pavimentos das habitações ricas, Et 1.6; Ct 5.15. Salomão empregou mármore de Parós na construção do Templo, 1 Cr 29.2. Josefo, descrevendo as paredes desse edifício, diz que eram construídas de pedras brancas, mas não diz de que qualidade eram elas, Antig. 8.3,2. O Líbano fornecia mármore vermelho, branco e amarelo; o preferido era o da Arábia. No período greco-romano, o mármore branco e o vermelho tinham preferência nas construções da Palestina, dos dois lados do Jordão. As colunas do templo de Herodes eram monólitos de mármore branco de 25 cúbitos de altura, cerca de 14 m, Guerras, 5.2,5.

MAROTE

MAROTE (*no hebraico, "amargo", "amargura"*) – nome de uma cidade da tribo de Judá, Mq 1.12. Localização desconhecida.

MARROM (*no hebraico, chum, "escuro"*) – o termo envolve a idéia de algo queimado pelo sol. É aplicado a ovelhas, que têm a sua cor influenciada pelo sol, Gn 30.32, ou a pele humana enegrecida pela enfermidade ou pela tristeza, Jó 30.30.

MARSENA (*no hebraico, "digno"*) – nome de um dos sete príncipes da Pérsia aos quais era permitido ver a face do rei, Et 1.14. Talvez seja o célebre Mardônio, primo de Xerxes, e um de seus conselheiros nos princípios de seu reinado, Heród. 7.5,9. A terceira consoante da forma hebraica desse nome é *sâmeque*, que representa um som que nem sempre se distingue de um som dental.

MARTA (*no grego, "senhora"*) – nome da irmã de Maria e de Lázaro de Betânia, Jo 11.1,2. Os três amavam ternamente a Jesus. Marta mostrava certo afeto especial; fazia tudo para proporcionar-lhe conforto em sua casa. Maria deu provas evidentes de possuir sede ardente de ouvir de seus lábios a palavra da verdade. Quando Marta pediu a Jesus que ordenasse a Maria que a ajudasse no serviço da casa, necessário a dar ao Mestre provas externas de bom acolhimento, Jesus lhe ensinou que Ele apreciava mais o desejo ardente de seus discípulos pelas coisas espirituais, do que as honras exteriores, Lc 10.38-42. As duas eram crentes sinceras, Jo 11.21-32. A casa onde Jesus assistia chamava-se a casa de Marta, Lc 10.38. Tendo Jesus ido a Betânia deram-lhe, "pois, ali, uma ceia; Marta servia, sendo Lázaro um dos que estavam com ele à mesa. Então, Maria, tomando uma libra de bálsamo de nardo puro, mui precioso, ungiu os pés de Jesus e os enxugou com os seus cabelos", Jo 12.1-3. Isto foi em casa de Simão o leproso,

Mt 26.6; Mc 14.3. Esses fatos parecem dizer que Marta era provavelmente a mulher de Simão, ou viúva dele.

MARTELO – no hebraico aparecem cinco palavras para descrever o martelo: a) *maqqabah*, "martelo", aparece em, 1 Rs 6.7; Is 44.12; Jr 10.4. b) *Maqqebeth*, "martelo", em Jz 4.21. c) *Pattish*, "martelo", em Jr 23.29; 50.23. d) *Halmuth*, "maça", em Jz 5.26. e) *Kalappoth*, "cacetes", em Sl 74.6. Na versão em português traduz-se por martelo, eram usados para fixação de pregos, quebrar pedras, nesse caso utilizavam marretas. No Novo Testamento não são citados martelos, mas foram encontrados diversos tipos de martelos, marretas e maças, feitos de metal ou madeira, dependendo do trabalho a ser feito.

MÁRTIR (*no grego, mártus, "testemunha"*) – o termo foi empregado no Novo Testamento pelos primeiros líderes quanto à nova fé, At 1.6-8-22. O termo grego martúria, em Mt 18.16; Mc 14.63; Lc 11.48, tem o sentido diferente, referindo-se a alguém que é perseguido por causa do testemunho que dá sobre sua fé, alguém que foi morto, martirizado, por causa de sua fé. Esse termo era usa usado em referência às vítimas das perseguições romanas, tanto aos que sofreram quanto aos que morreram por causa de Cristo.

MÁS – nome de um dos ramos do povo aramaico, Gn 10.23, que em 1 Cr 1.17, tem o nome de Meseque, nome esse empregado em Gn 10.23, pela LXX. A razão da diferença parece existir em erro de cópia, confundindo um nome com outro mais familiar. Se realmente o nome Más existe no texto original, deve então referir-se a um povo estabelecido em Meseque, e formado de elementos da raça de Sem e de Jafé.

MASAI (*no hebraico, "obra de Jeová"*) – nome de um sacerdote da família de

Imer, 1 Cr 9.12. Esse nome pode bem ser uma abreviatura de Maaséia, ou talvez uma transposição acidental das letras da palavra Amasai.

MASAL (*no hebraico, "depressão"*) – nome de uma cidade do território de Aser herdada pelos levitas da família de Gérson, 1 Cr 6.74. É mencionada em Js 19.26, como Misal. Localização ainda não identificada.

MASÉIAS (*no hebraico, "Jeová é refúgio"*) – nome de um antecessor de Jeremias, e pai de Baruque e de Seraías, Jr 32.12; 51.59.

MASMORRA (*no hebraico, bor ou beth hab-bor, "cova", ou "casa da cova"*) – o termo aparece em Gn 40.15; 41.14; Jr 38.6-7-9-11-13. Refere-se a um aposento subterrâneo, um poço seco utilizado para confinar prisioneiros, José foi colocado em um lugar assim, Gn 40.15. Também é usado no sentido figurado em Is 42.7, em que a promessa de vitória do Messias livraria os cativos dos cárceres.

MASQUIL – palavra hebraica que se encontra servindo de título aos salmos, 32; 42; 44; 45; 52; 53; 54; 55; 74; 78; 89 e 142. Sem dúvida, significa um poema didático, *cf.* o salmo 32.8, que diz: "Instruir-te-ei e te ensinarei" que é a mesma palavra Masquil no original, ou mesmo um poema reflexivo.

MASRECA (*no hebraico, "vinhedo", "vinha"*) – nome de uma cidade edomita, Gn 36.36; 1 Cr 1.47. Localização desconhecida.

MASSÁ (*no hebraico, "provação"*) **1** Nome de uma tribo descendente de Ismael, Gn 25.14, 1 Cr 1.30; *cf.* Pv 31.1, geralmente identificada com a tribo Masani, estabelecida no deserto da Arábia, perto do golfo Pérsico, Ptol. 5.19,2, e a nordeste de Dumá. Nas inscrições assírias encontra-se o nome *Mas'u* com *Tem'u* e *Niba'átu*; *cf.* Gn 25.13,15. **2** Nome que Moisés deu a um lugar em Horebe, onde brotam as águas da rocha, ferida pela vara desse servo de Deus, porque os israelitas tentaram o Senhor, dizendo: Está o Senhor no meio de nós ou não? Êx 17.7; Sl 95.8,9 (veja também Dt 33.8, em que o pensamento tem outra forma, dizendo que Jeová provou a fidelidade dos levitas na pessoa de Moisés). Em Êx 17.7, esse lugar também se chama Meribá e em mais duas passagens já citadas, nas quais parece existir na mente do escritor, dois fatos diversos em dois lugares distintos. A palavra "tentação", *Massá*, empregada em Dt 6.16 e 9.22, está desacompanhada da palavra Meribá e se refere a um só fato, à rebelião de Israel contra Jeová logo depois que deixou o Egito, Dt 9.7, e antes de chegar a Horebe, 8; ao passo que o fato ocorrido em *Massá* é narrado com outros acontecimentos que ocorreram nas vizinhanças de Horebe, v. 22 (veja *MERIBÁ*).

MASSA – trata-se de várias misturas envolvendo matérias diferentes nas Escrituras, a saber: a) *Absteq*, no hebraico "massa", "tufada", Êx. 12.34-39; Jr 7.18; Os 7.4; b) *Arisha*, no hebraico "massa misturada", significa refeição, Nm 15.20-21; Ne 10.37; Ez 44.30. No Novo Testamento, o grego *phúrama*, do verbo *phuráo*, que significa "mistura", aparece em Rm 9.21; 11.16; 1 Co 5.6,7; Gl 5.9. Esse termo pode indicar tanto massa de pães quanto massa de barro para olaria. É usado metaforicamente em Rm 11.16, referindo-se à massa que era de uso dos sacerdotes; em 1 Co 5.6,7, onde diz que um pouco de fermento leveda toda a massa, nesse caso o fermento é o pecado. Nesse ensino, o apóstolo Paulo mostrava como o orgulho pode contaminar a Igreja.

MASTRO

MASTRO (*no hebraico, toren, "poste", "mastro"*) – aparece em Is 30.17; Ez 27.5, na primeira referência menciona um mastro colocado no alto de um monte, e na outra relata um mastro de navio, que poderia ser feito com o cedro do Líbano ou com outras madeiras resistentes.

MATÃ (*no hebraico, "presente", "dádiva"*) **1** Nome do antecessor próximo de José, da linha genealógica de Cristo, Mt 1.15. **2** Nome de um sacerdote de Baal, morto diante do altar desse ídolo, durante a revolução que destronou Atalia, e elevou ao trono de Judá o rei Josias, 2 Rs 11.18; 2 Cr 23.17. **3** Nome do pai de Sefatias, Jr 38.1. **4** Nome de dois antecessores de Cristo, um próximo e outro remoto, Lc 3.24,29.

MATANÁ (*no hebraico, "presente", "donativo"*) – nome de uma das estações dos israelitas nas vizinhanças da terra de Moabe, Nm 21.18,19. O texto grego difere do hebraico. É possível que a palavra *Matená* não estivesse no v. 19, originariamente, e que a mesma palavra que se observa no v. 18 seja nome comum e parte da última linha do cântico de Israel, assim: E da solidão veio um presente.

MATANIAS (*no hebraico, "presente de Jeová", ou "dom de Jeová"*) **1** Nome de um cantor, filho de Hemã, do tempo de Davi, 1 Cr 25.4,16. **2** Nome de um levita, dos filhos de Asafe e fundador de um dos ramos dessa família, 2 Cr 20.14, cujo nome aparece em 1 Cr 9.15 e Ne 13.13, e como representante de sua casa em Ne 12.8; *cf.* Ed 2.41, Ne 11.17,22; 12.25. **3** Nome de um levita descendente de Asafe e fundador de um dos ramos dessa família, 2 Cr 20.14, e cujo nome aparece em 1 Cr 9.15, e Ne 12.8; *cf.* Ed 2.41; Ne 11.17,22; 12.25. **4** Nome de um dos filhos do rei Josias, colocado no trono de Judá por Nabucodonosor, rei da Babilônia, que lhe mudou o nome para Zedequias, 2 Rs 24.17. **5 a 8** Nome de quatro hebreus, um filho de Elão, outro filho de Zatu, outro filho de Faate e outro, filho de Bani, que foram induzidos por Esdras a abandonar as suas mulheres estrangeiras, Ed 10.26,27,30,37.

MATATÁ (*no hebraico, "donativo"*) **1** Nome de um dos filhos de Natã e neto do rei Davi, Lc 3.31. **2** Nome de um dos filhos de Hasom, induzido por Esdras a desquitar-se de sua mulher estrangeira, Ed 10.33.

MATATIAS (*forma grega de Mattithiah, "dom de Jeová", ou "presente de Jeová"*) **1** e **2** Nome de dois antecessores de Cristo, separados entre si por cinco gerações que viveram depois dos dias de Zorobabel, Lc 3.25,26. **3** Nome de um sacerdote fundador da família dos Macabeus, 1 Mac 2.1-70. **4** Nome de um dos filhos de Absalão e capitão no exército de Jônatas Macabeu. Distinguiu-se na batalha de Hazor permanecendo ao lado de Jônatas, quando os outros capitães haviam fugido, 1 Mac 11.70. Talvez fosse irmão de Jônatas, filho de Absalão, 13.11. **5** Nome de um dos filhos de Simão Macabeu que, com seu pai e seu irmão, foram traiçoeiramente assassinados por seu cunhado no castelo de Doque, 1 Mac 16.14.

MATENAI (*no hebraico, "liberal"*) **1** Nome de um sacerdote chefe da casa de Joiaribe, no tempo do rei Jeoiaquim, Ne 12.19. **2** e **3** Nome de dois hebreus, um filho de Hasom e outro, filho de Bani, cada um dos quais foi induzido por Esdras a abandonar sua mulher estrangeira, Ed 10.33,37.

MATEUS (*o Novo Testamento grego diz Maththaios ou Mattithyah, "dom de Jeová"*) – nome de um publicano, ou cobrador de impostos ao serviço do governo romano ou do rei Herodes, estabelecido em Cafarnaum. Estando assentado no telônio, Jesus

MATEUS, O EVANGELHO SEGUNDO

o chamou para segui-lo como discípulo. Ele levantando-se, o seguiu, Mt 9.9; Mc 2.14; Lc 5.27. Mais tarde, foi contado entre os 12 apóstolos, Mt 10.3; Mc 3.18; Lc 6.15. Nesses dois últimos evangelhos é denominado Levi, filho de Alfeu. Era comum entre os judeus usarem dois nomes, por isso, é provável que ele se chamasse a princípio pelos dois nomes ou que o nome de Mateus lhe tenha sido dado depois da sua conversão, como aconteceu com Simão que foi chamado Pedro. Nas listas dos apóstolos figura sempre com o nome de Mateus, pelo qual também é conhecido o primeiro evangelho. O fato de Jesus receber em sua companhia um publicano evidentemente animou outros das classes muito pobres a segui-lo e com isso aumentou o ódio dos fariseus contra Jesus. Observa-se isto por ocasião do banquete que Mateus ofereceu a Jesus, logo após a sua conversão, quando muitos publicanos e pecadores ali compareceram, provocando a crítica dos fariseus aos quais Jesus deu famosa resposta: "Não vim chamar justos, e sim pecadores ao arrependimento", Mt 9.10-13; Mc 2.15-17; Lc 5.29-32. Mateus não diz que o banquete foi em sua casa, Mt 9.10, porém, Marcos 2.15 e Lucas 5.29, o dizem. Este último ainda acrescenta: "...lhe ofereceu Levi um grande banquete em sua casa". Alguns identificam Alfeu, pai de Mateus, com o pai de Tiago Menor, porém os nomes de Mateus e de Tiago não apareceram juntos nas listas apostólicas, como os outros pares de irmãos. Essa identificação deve ser rejeitada. Mateus, finalmente, aparece entre os apóstolos depois da ressurreição de Cristo, At 1.13. Nada mais o Novo Testamento diz a seu respeito. Afirma a tradição que ele pregou o evangelho aos judeus, o que parece provável em vista da feição peculiar de seu evangelho.

MATEUS, O EVANGELHO SEGUN-DO – Mateus é o primeiro dos quatro

evangelhos. Desde o princípio da idade pós-apostólica é reconhecido como tal. O seu conteúdo pode ser dividido da seguinte forma: **1** GENEALOGIA, NASCIMENTO E INFÂNCIA DO REI MESSIAS, caps. 1 e 2. O objeto especial desta secção é demonstrar que Jesus é o filho de Davi e o Cristo das profecias. **2** INTRODUÇÃO AO MINISTÉRIO PÚBLICO DE CRISTO, 3.1 até o cap. 4.17, relatando a obra preparatória do Batista, o batismo e a tentação de Jesus e sua residência em Cafarnaum em cumprimento ao que havia dito o profeta Isaías. **3** MINISTÉRIO DE CRISTO NA GALILÉIA, 4.18 até o cap. 9.35. Esta importante secção começa com a chamada dos quatro primeiros discípulos, 4.18-22, descrição sumária de suas doutrinas e das suas curas e da sua fama por toda a Palestina, 4.19-25. Depois, segue-se como exemplo de seus ensinos, o Sermão do Monte, caps. 5 a 7, acompanhado de uma série de incidentes, na maior parte milagres, ilustrando os seus discursos, 8.1 até 9.34. **4** A MISSÃO DOS APÓSTOLOS, 9.36 até 10.42, começando por uma narração em que Jesus se compadece do povo parecido a um rebanho sem pastor, a organização do corpo apostólico com as introduções inerentes a seu ofício. **5** CRISTO ENTRA EM CONFLITO COM A OPOSIÇÃO SEMPRE CRESCENTE, 11.1 até 15.20, mensagem de João Batista e o elogio que Jesus lhe faz, com outras observações provocadas pela incredulidade do povo; oposição dos fariseus, começando pela controvérsia sobre o sábado, terminando pela acusação feita a Jesus de estar ligado a Belzebu e a resposta que ele deu, com a recusa de dar-lhes um sinal; visita de sua mãe e irmãos; grupo de parábolas de Jesus; segunda vez rejeitado em Nazaré; indagações de Herodes e a morte de João Batista; Jesus alimenta cinco mil pessoas e anda sobre as águas; último conflito com os fariseus na Galiléia, em que Jesus condena o formalismo. **6** CRISTO SE RETIRA DE CAFARNAUM E DÁ INSTRUÇÕES A SEUS DISCÍPULOS, 15.21 até 18.35, cura da filha de uma mulher de

MATEUS, O EVANGELHO SEGUNDO

Canaã; sustento miraculoso de quatro mil pessoas; Jesus recusa dar um sinal; advertência contra o fermento dos fariseus e dos saduceus; a confissão de Pedro seguida de forte censura; Jesus faz a primeira predição de sua morte; a transfiguração e a cura do moço endemoninhado. Jesus volta a Cafarnaum; meios para pagar o tributo; instruções aos discípulos sobre a humildade, a abnegação, o amor e o espírito que devem ter os verdadeiros discípulos. **7** FIM DO MINISTÉRIO DE CRISTO EM PERÉIA E NA JUDÉIA, caps. 19 e 20, compreendendo instruções sobre o divórcio; a bênção das criancinhas; a história do jovem que tinha muitas riquezas; a parábola dos trabalhadores da vinha; a subida para Jerusalém; nova predição sobre a sua morte; o pedido de Tiago e João e a cura do cego Bartimeu em Jericó. **8** A DERRADEIRA SEMANA DO MINISTÉRIO DE CRISTO, caps. 21 a 28, compreendendo a entrada triunfal em Jerusalém; a purificação do templo; a história da figueira estéril; a deputação do Sinédrio; a parábola dos dois filhos; dos arrendadores da vinha e do casamento do filho do rei; perguntas dos fariseus e dos saduceus; investigação de um doutor da lei, com a resposta de Cristo concernente ao filho de Davi; maldições contra os escribas e os fariseus; discursos escatológicos no monte das Oliveiras, seguido das parábolas das virgens e dos talentos com uma descrição do juízo final. Segue-se depois a traição de Judas; a última Páscoa; a agonia no Getsêmani; a prisão de Jesus e o seu julgamento perante o Sinédrio; a negação de Pedro; o remorso de Judas; o julgamento no tribunal de Pilatos; a crucificação e o sepultamento. O último capítulo relata o aparecimento de Jesus às mulheres; o relatório dos soldados romanos e a reunião de Cristo com os discípulos sobre um monte da Galiléia, quando os comissionou para anunciarem o Evangelho a todo o mundo, prometendo estar sempre com eles. O assunto desse evangelho é exposto em ordem cronológica em geral. Contudo, na segunda metade a começar com o cap. 14.6, segue com raros desvios a verdadeira ordem dos acontecimentos, obedecendo naturalmente ao fim que ele tinha em vista. Em primeiro lugar agrupava os fatos de acordo com os assuntos. Desejava particularmente apresentar o ensino de Cristo acerca da natureza do reino dos céus e do caráter de seus discípulos, os milagres que ilustravam os ensinos e revelavam a sua autoridade e os esforços inúteis de seus inimigos que representavam o pensamento nacional. Isto explica o grande espaço que ele dá aos ensinos de Jesus, e a razão por que ele agrupa as instruções referentes a certos assuntos e incidentes que ilustram as suas doutrinas, por exemplo: O Sermão do Monte, 5.1 até 7.29, é acolitado por uma série de narrações de maravilhosas curas operadas em vários lugares e em tempos diversos, 8.1 até 9.34. Às parábolas do capítulo 13 segue-se a narração de primorosos feitos, 14.1-36, e o discurso condenando as tradições dos fariseus, 15.1-20, é acompanhado pela descrição de uma visita à região dos gentios, em que espalhou, a mãos largas, os benefícios de seu coração misericordioso, v. 21-39. Apresenta o Divino Mestre como sendo o rei Messias que veio cumprir a lei e as profecias e que estabeleceu na Igreja, pela sua obra redentora e pelo ensino espiritual, o verdadeiro Reino de Deus, que se estenderá por todas as nações da terra. Dá especial destaque ao cumprimento das profecias, 1.22,23; 2.5,6,15,17,18,23; 3.3; 4.14-16; 8.17; 11.10; 12.17-21; 13.14,15,35; 21.4,5; 26.24,31,56; 27.9,35, e se refere a 100 passagens, mais ou menos completas do Antigo Testamento. Conquanto o evangelista escrevesse a sua história sob o ponto de vista judeu, mostra que o evangelho se destina a todas as gentes, 8.10-12; 10.18; 21.43; 22.9; 24.14; 28.19, não oculta a tenaz oposição do judaísmo a Cristo, 5.20-48; 6.5-18; 9.10-17;

MATEUS, O EVANGELHO SEGUNDO

12.1-13, 34; 15.1-20; 16.1-12; 19.3-9; 21.12-16; 23 etc., e mostra, explicando os termos, 1.23; 27.33, os lugares, 2.23; 4.13, as crenças judias, 22.23, e os costumes, 27.15; 28.15, de modo a ser compreendido por todos os crentes. O autor desse evangelho é realmente o apóstolo Mateus, segundo o atesta a tradição unânime da Igreja antiga, confirmada: I. Pela evidência que nos fornece todo o seu conteúdo, mostrando que o escritor era judeu convertido ao cristianismo e emancipado do judaísmo. II. Que um livro tão importante quanto é esse evangelho tenha sido atribuído a tão humilde apóstolo sem ponderosas razões. III. Pela semelhança com os processos empregados pelos publicanos no registro de sua profissão. IV Pelo modo reservado que ele descreve o banquete que ofereceram a Jesus na casa de Mateus, 9.10; *cf.* Lc 5.29. Afirmam antigas tradições que Mateus escreveu o seu evangelho em hebraico. Papias, bispo de Hierápolis, na Frígia, escrevendo no ano 140, diz: "Mateus compôs a *logia* no dialeto hebraico, e cada um o interpretava como podia", Eusébio, hist. ecl. 3.39,16. Papias provavelmente queria dizer que a princípio antes de seus dias, cada leitor interpretava a *logia* aramaica o melhor que conseguia. Pode-se também deduzir das palavras de Papias que ele tinha esse evangelho em grego; e não existem provas de que ele possuísse jamais um exemplar em aramaico. Alguns doutores contestam que o livro tenha sido escrito em hebraico; supõem outros que o grego é uma tradução ou que Mateus escreveu dois evangelhos, um em hebraico ou aramaico, e outro em grego, muitos dos modernos teólogos pensam que Mateus escreveu em hebraico, apenas uma coleção das palavras de Jesus, que foi incorporada ao nosso evangelho em grego, com os elementos históricos tirados de Marcos. Segundo essa teoria, O Evangelho Segundo Mateus, formado pela combinação de discursos e inci-

dentes que alguém combinou, contém uma história de primeira ordem, uma vez que entraram nela os discursos de Jesus, coletados por um dos assistentes e a narração dos atos de Jesus, presenciados por uma testemunha ocular. Essa teoria entra em confronto com os seguintes fatos: 1) Pelo testemunho antigo, afirmando que Mateus é autor do nosso evangelho em grego; 2) pelo emprego do termo *logia* em o Novo Testamento, de que fazem uso Filo e muitos dos Pais da Igreja, At 7.38; 1 Pe 4.11; e pelas constantes aplicações de que dele se fazem aos livros inspirados quer em parte, quer no todo, Rm 3.2; Hb 5.12; 3) pelo fato de que a dependência de Mateus no preparo de seu livro, baseado no Evangelho Segundo Marcos, é uma hipótese sem fundamento (veja *MARCOS e MARCOS, O EVANGELHO SEGUNDO*); 4) ainda mais por ser contrário à razão, que um evangelho fosse elaborado apenas com os discursos de Jesus, excluindo todos os elementos históricos, palavras e não atos, especialmente aqueles que se referiam à paixão de Cristo. Qualquer que seja o valor da tradição a este respeito, isto é, que Mateus escreveu em hebraico, o evangelho em grego que possuímos é dele; era muito competente para escrevê-lo, uma vez que a maior parte dos discursos de Jesus e de seus milagres foi por ele testemunhada. A data da composição, provavelmente foi entre 60 e 70. A fórmula batismal, registrada no cap. 28.19, que alguns dizem pertencer a uma data posterior, tem a seu favor a fórmula da bênção apostólica em 2 Co 13.14; e a palavra *igreja*, no sentido de corporação organizada, Mt 18.17, foi primeiramente empregada por Estêvão, Paulo e Tiago, At 7.38; 20.28; Tg 5.14. Parece que Mateus escreveu o seu evangelho antes da queda de Jerusalém, Mt 5.35; 24.16. Pela tradição mais antiga segundo o testemunho de Ireneu, d.C. 175, a tomada de Jerusalém ocorreu no tempo em que Pedro e Paulo pregavam o evangelho em Roma, Heród. 3.1,1.

MATEUS, O EVANGELHO SEGUNDO

Ignora-se em que lugar foi escrito. O conhecimento que dele tinham os escritores pós-apostólicos, em toda a área evangelizada, prova que teve ampla circulação logo que foi publicado.

MATIAS (*uma variante de Matatias, no grego é Mateus, "dom de Jeová"*) – nome de um dos discípulos que andaram com o apóstolo em companhia de Cristo, desde seu batismo até a sua ressurreição, de que também foi testemunha. De acordo com essas qualidades, tinham direito ao apostolado. Havia outro em iguais condições chamado José, para preencher a vaga aberta no apostolado pela traição e suicídio de Judas. A dificuldade da escolha foi resolvida por meio da sorte, saindo eleito Matias, que foi contado entre os 12, At 1.21-26. Nada mais se sabe a seu respeito.

MATITIAS (*no hebraico, "presente do Senhor", ou "dom de Jeová"*) **1** Nome de um levita filho do cantor Jedutum, 1 Cr 25.3, e um dos músicos do santuário que tocava harpa, 15.18, 21. Mais tarde, chefiou o 14º. dos grupos organizados por Davi, 25.21. **2** Nome de um levita dos filhos de Coré e da família de Coate. Era o filho mais velho de Salum, intendente sobre o que se fazia em sertãs, 1 Cr 9.31. **3**. Nome de um dos filhos de Nebo, induzido por Esdras a abandonar sua mulher estrangeira, Ed 10.43. **4** Nome de um sacerdote ou levita que esteve ao pé de Esdras, quando ele lia a lei ao povo, que havia voltado do exílio, Ne 8.4.

MATREDE (*no hebraico, "puxar para a frente", "impulsionadora"*) – nome da mãe de Meetabel, a mulher de Hadar, rei de Edom, Gn 36.39; 1 Cr 1.50.

MATRI (*no hebraico, "chuvoso", ou "chuva de Jeová"*) – nome de uma família de Benjamim, de onde procede Quis e seu filho Saul, 1 Sm 10.21.

MATRIMÔNIO – no sentido natural, indica uma união entre homem e mulher com o intuito de duração indeterminada, a fim de procriarem, a instituição teve origem divina com a criação do primeiro casal Adão e Eva, Gn 2.18-25. A poligamia era aceita assim como o casamento entre meio-irmão, como no caso de Abraão e Sara, entre os egípcios eram comuns os casamentos entre irmãos, mas entre os hebreus era proibido. Pela lei de Israel, um noivado era quase tão indissolúvel quanto o próprio matrimônio, sendo o noivo chamado de esposo, Jl 1.8; Mt 1.19, e a noiva chamada de esposa, Dt 22.23, 24; Mt 1.18-20 (veja *CASAMENTO*).

MATUSALÉM (*no hebraico, "homem armado"*) – nome do filho de Enoque e pai de Lameque, Gn 5.21-27. Se o número de anos que lhe são atribuídos refere-se à sua vida individual, é ele o homem mais notável por ter a existência não igualada por nenhum outro homem (veja *CRONOLOGIA*).

MEARA (*no hebraico, "caverna"*) – nome de um lugar perto de Sidom, Js 13.4, francamente identificado com um distrito cavernoso, existente no cimo do monte Líbano, ao oriente de Sidom, conhecido pelo nome de *Mugar Jezim* ou cavernas de Jezim. Conder opina a favor de *Mogheiriyeh*, 11 km a nordeste de Sidom.

MEBUNAI (*no hebraico, "construído"*) – nome de um dos valentes de Davi, natural de Usati, 2 Sm 23.27. De acordo com o cap. 21.18 e 1 Cr 11.29; 27.1, deve ler-se Sibecai.

MECONÁ (*no hebraico, "fundação", "base", "alicerce"*) – nome de uma cidade do território de Judá, Ne 11.28, mencionada com Ziclague e outras cidades do extremo sul. Localização desconhecida.

MÉDIA

MEDÃ (*no hebraico, "contenção"*) – nome de uma tribo descendente de Abraão e Quetura, mencionada em conexão com Midiã, Gn 25.2; 1 Cr 1.32, Wetzstein observa que o geógrafo árabe *Yakut* faz menção de um *wady* Medã perto das ruínas da cidade de Dedã, *cf.* Gn 25.3.

MEDADE (*no hebraico, "amor"*) – nome de um homem que recebeu o Espírito do Senhor, não estando no Tabernáculo, quando foi derramado sobre os anciãos de Israel, Nm 11.26,29.

MEDEBA (*no hebraico, "água tranqüila"*) – nome de uma velha cidade moabita, mencionada com Hesbom e Dibom em Nm 21.30. Tocou na partilha da terra à tribo de Rúben, Js 13.9,16. Durante o reinado de Davi, esteve por algum tempo em poder dos amonitas, que com os seus aliados, foram derrotados por Joabe, 1 Cr 19.7. A cidade voltou novamente ao poder dos moabitas (Pedra Moabita 30; Is 15.2). João Macabeu nela foi assassinado pelos filhos de Jambri ou Ambri, poderosa família residente naquela cidade. Esta morte foi vingada por seus irmãos Jônatas e Simão, 1 Mac 9.36-42; Antig. 13.1,2,4. João Hircano tomou a cidade após um sítio de seis meses, 9,1. As ruínas ainda nos dias atuais conservam o nome de Madeba, e se localizam cerca de 25 km a oriente da foz do Jordão e uns 13 km ao sul de Hesbom, situadas sobre uma eminência de onde se estendem para o lado da planície em direção do nascente. Observam-se ali os restos do muro da cidade e as ruínas dos templos e de outros edifícios com inscrições gregas, romanas e fenícias. No ângulo sudeste da cidade existe um belo tanque, ou reservatório com 109 m² e nas suas vizinhanças, um grande número de cavernas que serviram para depósito de águas.

MÉDIA – nome de um país da Ásia, situado ao oriente das montanhas de Zagros, ao sul do mar Cáspio, a oeste de Pártia e ao norte de Elã. Tinha cerca de 1.111 km de comprimento e 462 de largura com uma área de 277.800 m². Quando o império medo atingiu o maior grau de glória, os limites se ampliaram principalmente para os lados do noroeste. Grande parte da Média propriamente dita ocupava uma planura de quase mil metros de elevação. O restante consistia de sete cadeias de montanhas paralelas, correndo de noroeste para sudoeste, formando vales bem regados e de abundante fertilidade. Era dotada de ricas pastagens, onde se criavam famosos cavalos. Os primitivos habitantes dessa região parece que não procediam da raça ariana nem da semítica. Essas duas raças haviam sido conquistadas por arianos, que é o Madai, mencionado em Gn 10.2, *cf.* Heród. 7.62. A história da Média começou a ser conhecida no século nono antes de Cristo. Berosus diz que os medos conquistaram a Babilônia no ano 2458 a.C., e estabeleceu ali uma monarquia que durou 224 anos. Não se sabe, porém, em que autoridade se baseia para tal afirmação. Pelo ano 835, o país foi invadido por Salmaneser, rei da Assíria, e mais tarde por seu filho Shamshi-Ramman que reinou entre 823 e 810, e também por outro guerreiro de nome Ramanirari que governou desde 810 a 781, resultando daí ficarem os medos tributários da Assíria. Tiglate-Pileser conquistou a Média e a anexou ao seu império. Quando Sargom tomou Samaria, 729 a.C., colocou israelitas nas cidades da Média, 2 Rs 17.6; 18.11. Pelo ano 710, os medos foram mais completamente conquistados por Sargom que lhes impôs um tributo de seus famosos cavalos. Senaqueribe também se gaba de receber tributos da Média, e Esar-Hadom colocou sobre ela governadores seus. Em tudo isso, não se encontram traços que nos levem a acreditar que os medos constituíssem uma nação unida sob o governo de um rei, em desabono ao que afirma Heródoto,

MÉDIA

1.96 e seguintes. Sob o governo da Faortes, 655-633 a.C., a Média chegou a ser uma potência formidável. No ano 625, seu filho Ciaxares aliou-se com Nabopolassar da Babilônia, tomou Nínive, dando fim ao grande império assírio, *cf.* Antig. 10.5,1. Os vencedores dividiram o império entre si. Ciaxares ficou com a própria Assíria e com os países que dela dependiam, situados ao norte e a noroeste. O casamento de Nabucodonosor, filho de Nabopolassar, com Amíites, ou Amitis, filha de Ciaxares, alicerçou a aliança da Babilônia com a Média, fortalecendo grandemente as duas monarquias. Com a morte de Ciaxares, em 593, seu filho Astíages subiu ao trono. Pelo ano 550, quando Astíages já era avançado em anos, os persas, cujo país ficava ao sul e a sudeste da Média, revoltaram-se sob a direção de Ciro, que se fez rei da Média e da Pérsia. Os conquistadores e os conquistados perteciam à mesma raça ariana, e constituíram o reino Medo-Persa. No ano 330, a Média passou para o império de Alexandre. Depois da morte deste conquistador, uniuse à Síria, 1 Mac 6.56, e mais tarde se incorporou ao império Parta. Nas Escrituras dos hebreus, os medos aparecem como uma das nacionalidades que participaram da tomada da Babilônia, Is 13.17,18; *cf.* Jr 51.11,28. O Elão e a Média figuram como sendo os países de onde viriam os seus conquistadores, Is 21.2,9. Quando ocorreu a queda da grande cidade, efetuada por Ciro em 539 a.C., Dario, o medo, tomou o reino da Babilônia, Dn 5.31; *cf.* 28. O império Medo-Persa é o segundo reino, Dn 2.39, a alimária semelhante a um urso, 7.5, e o carneiro que tinha dois chifres levantados, 8.3-7,20. Um dos chifres era mais alto do que o outro, crescendo pouco a pouco, v. 3; em outras palavras, o poder da Média veio primeiro, mas a Pérsia, vindo depois, o excedeu.

MEDIADOR – esse termo não aparece com freqüência nas Escrituras. No Antigo Testamento, é termo atribuído a Moisés, que foi o mediador da lei entre Deus e os homens. Em Jó 9.32-34, o escritor fala sobre a necessidade de um mediador entre Jó e seus inimigos. A palavra hebraica usada é *yakch*, "juiz", Jó precisava de alguém que ouvisse os argumentos de ambos os lados, para então tomar conclusão. No Novo Testamento, a palavra grega *mésites*, "mediador", é usada para dar ênfase ao poder daquele que é o mediador da Nova Aliança, firmada no sangue de Cristo, Hb 8.6; 9.15;12.24. O apóstolo Paulo quando escreveu a Timóteo disse: só há um mediador entre Deus e os homens, 1 Tm 2.5. Por fim, nas Escrituras, Jesus Cristo é chamado de "mediador", pois só Ele, pelo sacrifício e ressurreição, pode nos reconciliar com Deus (veja *MESSIAS*).

MEDICINA – o Egito, em tempos remotos, já possuía médicos de nomeada. Ciro, rei dos persas, mandou buscar um médico oculista no Egito e Dario tinha médicos dessa nação em Susa, Heród. 3.1,129. Cada moléstia tinha o seu especialista, Heród. 2.84. Embalsamavam cadáveres, Gn 50.2, tratavam de moléstia dos olhos e dos pés, Heród. 3.1,129, e as mulheres eram excelentes parteiras, Êx 1.15. O Egito fabricava medicamentos, Jr 46.11. A palavra química se deriva, talvez, de *Kam-i*, nome antigo do Egito. Na Grécia, os médicos de Crotona desfrutavam a mais alta reputação: em segundo lugar, estavam os de Cirene, Heród. 3.131. Médicos e farmacêuticos aparecem na história dos hebreus desde tempos remotos, a começar com o êxodo do Egito, Êx 15.26; 2 Cr 16.12; Jr 8.22; Mt 9.12; Mc 5.26; Guerras 2.8,6; e Êx 30.35; Ne 3.8; Ec 10.1; Ecclus 38.8. Os meios e os remédios empregados para realizar as curas consistiam em ataduras, Is 1.6, aplicações de azeite, de azeite e vinho, unções com óleo, *cf.* Is 1.6; Lc 10.34; Tg 5.14; Guerras 1.33,5, pastas de figos e resinas, *cf.* 2 Rs 20.7; Jr 8.22, frutos e folhas, Ez 47.12; Guerras 2.8,6 e vinho, 1 Tm 5.23. "O Senhor criou na terra os remédios; o homem prudente não se desagradará deles", Ecclus. 38.4.

MEDIDAS (veja *PESOS e MEDIDAS*).

MEDO – nome de pessoa natural da Média ou habitante dela, 2 Rs 17.6; Et 1.19; Is 13.17; Dn 5.28,31.

MEETABEL (*no hebraico, "Deus abençoa", ou "acossada por Deus"*) **1** Nome da mulher de Adar, rei de Edom, Gn 36.39; 1 Cr 1.50. **2** Nome do pai de certo Delaías, Ne 6.10.

MEFAATE (*no hebraico, "beleza"*) – nome de uma cidade da tribo de Rúben, Js 13.18, que foi dada aos levitas da família de Merari, 21.37; 1 Cr 6.79. No tempo de Jeremias, esteve em poder dos moabitas. Localização desconhecida.

MEFIBOSETE (*etimologia incerta, no hebraico, talvez, "vergonha destruidora", ou "aquele que espalha a vergonha"*) **1** Nome de um dos filhos do rei Saul e de sua mulher Rispa, filha de Aiá, que foi executado à instância do gibeonitas, 2 Sm 21.8,9. **2** Nome de um dos filhos de Jônatas. Tinha cinco anos quando seu pai e seu avô encontraram a morte no monte de Gilboa. Tomada de pânico, a sua ama o levou nos braços e fugiu com ele; na sua corrida o deixou cair, ficando aleijado dos dois pés, 2 Sm 4.4. Por muito tempo viveu em Lodabar, ao oriente do Jordão, de onde o foi tirar o rei Davi, para tê-lo na sua corte, mostrando-se para com ele de muita benignidade por ser filho de Jônatas; restituiu-lhe todos os campos de Saul e lhe deu lugar à sua mesa, 9.1-13. Durante a revolta de Absalão permaneceu em Jerusalém e foi acusado pelo seu criado Siba de ser desleal para com o rei. Davi acreditou na denúncia

e deu a Siba o que pertencia a Mefibosete. Depois do regresso de Davi, mandou dar-lhe a metade dos bens de que o havia privado, mas ele não desejava receber coisa alguma e só queria que o deixassem ir em paz para sua casa, 16.1-4; 19.24-30. Mefibosete tinha um filho chamado Mica, 9.12, em que se perpetuou a raça de Jônatas. Em 1 Cr 8.34 e 9.40, chama-se Meribe-Baal, que quer dizer, o Senhor se opõe; ou talvez, se opõe contra Baal. É provável que o seu nome primitivo seja *bosheth*, vergonha, que foi substituído por Baal, senhor, por escritores mais recentes, quando a palavra Baal havia perdido a significação odiosa da idolatria.

MEGIDO (*no hebraico megiddô, "lugar de tropas"*) – nome de uma cidade importante da Palestina, tomada por Totmés III, rei do Egito, no segundo ano de seu governo. Quando os israelitas entraram em Canaã, a cidade tinha um rei que foi morto por Josué, Js 12.21. Ficava dentro dos limites da tribo de Issacar, mas foi distribuída à tribo de Manassés, que, no entanto, deixou de expulsar os cananeus seus habitantes, 17.11; Jz 1.27; 1 Cr 7.29. Possuía águas nas suas vizinhanças, Jz 5.19, e não distava muito de Tanaque e de Bete-Seã, 1.27; 1 Rs 4.12. Salomão a fortificou com outras cidades, 9.15, Acazias, rei de Judá ferido pelos partidários de Jeú, se refugiou em Megido e ali morreu, 2 Rs 9.27. Nas planícies, perto da cidade, travou-se a batalha entre Faraó-Neco e Josias, em que este perdeu a vida, 23.29; 2 Cr 35.22. A morte do bom rei Josias foi muito sentida, 2 Cr 35.25; Zc 12.11. O nome de Magedo entra na composição da palavra Armagedom. Robinson e, 500 anos antes dele, Moisés hap-Parchi registravam a existência de Megido em *el-Lejjum*, situada sobre o principal tributário do Quisom, 16 km a oeste de Jezreel. Thomsom acredita que o local deve ser em *Tell el-Mutaselim*, menos de 2 km ao norte de *el-Lejjum*.

MEGIDO

Megido e Jezreel — Christian Computer Art

Revelam as recentes escavações que a cidadela coroava a eminência assinalada por *Tell el-Mutaselim*, enquanto que o campo da legião que os romanos haviam destacado para Megido estava cinco minutos a pé distante da aldeiola conhecida pelo nome de *el-Lejjum*, que conserva o nome latino, e onde se encontram tabletes contendo o

Megido no tempo de Salomão — Christian Computer Art

MELÃO

carimbo da sexta legião. Esse lugar tinha muita importância estratégica, visto que dominava a passagem para as montanhas entre as planícies do Sarom e de Esdraelom.

MEGILOTE (*no hebraico, "rolos"*) – nome dado aos cinco livros: Cântico dos Cânticos de Salomão, Rute, Lamentações, Eclesiastes, Ester. Na Bíblia hebraica são chamados hagiógrafos, são lidos nas sinagogas por sua ordem nas festas da Páscoa, Pentecostes, no dia nove do mês de Ab, na festa dos Tabernáculos e Purim.

MEIA TRIBO DE MANASSÉS – parte da tribo de Manassés que se estabeleceu em Gileade e Basã, a leste do Jordão, com os homens da tribo de Rúben e Gade, foi requisitada para ajudar os israelitas na conquista da Palestina, Js 1.12-18. A meia tribo incluía gileaditas descendentes de Maquir, chamados maquiritas, Nm 26.29; Js17.1; Jz 11.1. Outros gileaditas habitaram na parte ocidental, sendo designados filhos de Manassés, Nm 26.28-34; Js 17.1,2.

MEÍDA (*no hebraico, "união", "junção"*) – nome do fundador de uma família de netinins da qual alguns membros voltaram do cativeiro, Ed 2.43,52.

MEIO-DIA (*no hebraico sohar hom, "dupla luz", e mahasith, "metade do dia"*) – os termos aparecem em 1 Rs 18.29; Ne 8.3, para caracterizarem a metade do dia claro. No Novo Testamento, o grego *mésos*, "meio do dia", é usado no mesmo sentido, At 26.13.

MEIR (*no hebraico, "preço"*) – nome de um homem de Judá, 1 Cr 4.11.

ME-JARCOM (*no hebraico, "águas amarelentas"*) – nome de um lugar da terra de Dã, perto de Jope, Js 19.46. Kiepert e Conder dizem que ficava onde atualmente está

o rio Aujá. Esse rio nasce em um banhado e corre por entre canaviais, salgueiros, juncos e pauis, e depois entra em um canal profundo, de cujas margens se desprendem detritos vegetais em quantidade tal que tingem de amarelo as águas. Dali lhe vem o nome de Me-Jarcom. A corrente nunca seca, e na estação do inverno não dá passagem, lança-se no Mediterrâneo cerca de 6 km ao norte de Jope.

MEL – fluido espesso de gosto agradável, doçura peculiar, colhido pelas abelhas, nas flores e nos frutos e depositado em favos de que se formam as colméias, Jz 14.8; Sl 19.10. Três palavras são usadas para tradução de mel no Antigo Testamento: a) *yaar*, "colméia", refere-se ao mel de abelhas, Ct 5.1; b) *nopheth*, "mel", indica o mel que escorre da colméia, Sl 19.10, Pv 5.3; 24.13; 27.7; Ct 4.11. c) *debash*, "mel", Gn 43.11; Êx 3.8-17; Lv 2.11; Nm 13.27; 16.13,14. No Novo Testamento, o grego *melission kerion*, é utilizado em Lc 24.42. O termo grego *meli*, "mel", aparece em Mt 3.4; Mc 1.6; Ap 10.9,10. Nas Escrituras, a terra de Canaã é descrita como terra onde correm arroios de mel e de leite, Êx 3.8,17. O mel era muito apreciado pelas suas qualidades nutritivas, Gn 43.11; 2 Sm 17.29, comido no estado em que se encontra nas colméias ou preparado de vários modos, Êx 16.31; 1 Sm 14.26. O mel silvestre era depositado pelas abelhas nas fendas das rochas, no oco das árvores e em outros lugares, Dt 32.13; Jz 14.8; 1 Sm 14.25; Mt 3.4. Por causa de ser sujeito a fermentar, não se podia utilizá-lo nos sacrifícios do Senhor queimados sobre o altar, Lv 2.11. Os hebreus faziam mel artificial, preparado com tâmaras, Guerras 4.8-3.

MELÃO – nome de uma planta suculenta que produz frutos saborosos. A palavra original é *abattiah*. Os hebreus, durante a sua estada no Egito, apreciavam essa fruta,

MELÃO

Nm 11.5. Os egípcios cultivavam toda variedade de melões, que ainda atualmente se adaptam muito bem ao solo africano.

MELATIAS (*no hebraico, "Jeová libertou"*) – nome de um gibeonita que ajudou a reconstruir uma parte do muro de Jerusalém, Ne 3.7.

MELEÁ – nome de um dos antecessores de Cristo, que viveu logo depois de Davi, Lc 3.31.

MELEQUE (*no hebraico, "rei"*) – nome de um dos filhos de Mica, descendente de Saul e de Jônatas, 1 Cr 8.35; 9.41.

MELQUI (*no hebraico, "meu rei"*) – nome de dois antecessores de Cristo, que existiram, um antes, e outro depois de Zorobabel, Lc 3.24,28.

MELQUISEDEQUE (*no hebraico, malkî-çedek, "rei de justiça", "o meu rei é justiça"*) – nome de um rei de Salém e sacerdote do Altíssimo, Gn 14.18s. Salém é o antigo nome de Jerusalém e quer dizer: **1** Que a cidade já existia e era governada por um rei, antes da conquista de Canaã pelos israelitas. **2** Que o nome Jerusalém significa cidade, ou segundo o modo hebraico de entender, fundamento de paz, ou segurança, de que Salém é uma abreviação. **3** Que Salém se emprega como sinônimo de Jerusalém no Sl 76.2. **4** Que a comparação do Senhor de Davi com Melquisedeque no Sl 110.4 é a mais apropriada, visto que Melquisedeque foi rei da mesma cidade em que Davi também o foi. **5** Que Jerusalém se acha no caminho de Hobá e Damasco para Hebrom, lugar para onde se dirigia o patriarca Abraão. Melquisedeque, como é descrito na epístola aos Hebreus 5.10; 6.20; e cap. 7, não tinha pai nem mãe, nem genealogia. Isto quer dizer que a sua ascendência era desconhecida, *cf.* Ed 2.59,62. Esse modo de dizer era muito familiar aos escribas assírios e também usado pelos rabinos da Judéia e conhecido dos escritores gregos e latinos. Diz-se mais que não teve princípio de dias, nem fim de vida, permanece eternamente. Emerge repentinamente do desconhecido e do mesmo modo desaparece: não se sabe de onde veio e para onde vai, ignora-se o seu nascimento e a sua morte: é o tipo do sacerdócio eterno. Melquisedeque era sacerdote do Deus Altíssimo. *Elelyon* é palavra na teogonia dos fenícios representando Saturno, criador dos céus e da terra (*Sanchoniathon*, citado por Eusébio, Praep. 1.10). Se esse *Elelyon* não representa a concepção que Melquisedeque tinha do Deus único, deve referir-se ao Deus supremo, o Deus dos deuses, idéia muito elevada, ainda que não seja de puro monoteísmo. Melquisedeque saiu de sua cidade real para encontrar-se com Abraão quando voltava da matança dos reis e o abençoou. O patriarca reconheceu nele um sacerdote do verdadeiro Deus, e publicamente deu testemunho de ser participante da mesma fé, ao qual deu o dízimo de todas as coisas, como representante do Deus Altíssimo, que atribuía a vitória alcançada por Abraão ao Criador dos céus e da terra, *cf.* At 10.35. O autor da epístola aos Hebreus mostra quão grande personagem foi Melquisedeque a quem o próprio Abraão, e por meio dele, virtualmente, o mesmo Levi pagou dízimos, confessando por esse modo que lhe era submisso. Quando, pois, assumiu as funções de sumo sacerdote, segundo a ordem de Melquisedeque, excedeu a dignidade do sacerdócio aarônico.

MELZAR – nome hebraico de origem persa, que significa "copeiro", "despenseiro". Título de certo oficial encarregado de cuidar de Daniel e dos outros jovens hebreus quando cativos na Babilônia, no tempo de Nabucodonosor, Dn 1.11-16.

MÊNFIS

MEM – nome da 13ª. letra do alfabeto hebraico. O *m* do nosso alfabeto tem a mesma origem. A 13ª. secção do salmo 119 é assinalada por essa letra. Cada secção desse salmo é precedida por uma letra do alfabeto hebraico. Existem letras nesse alfabeto que têm formas que se confundem com o *Mem*, ocasionando sérios embaraços aos copistas (veja *BETE*, para exemplo, *beth*).

MEMUCÃ – nome de um dos sete príncipes da Pérsia e da Média assistentes na corte de Assuero e que viam a face do rei. Ele foi um dos conselheiros adversos à rainha Vasti, Et 1.14,15,21.

MENÁ – nome de um dos antecessores de Cristo, e que viveru pouco depois do tempo de Davi, Lc 3.31.

MENAÉM (*no hebraico, "consolador"*) – nome de um dos filhos de Gadi, que veio de Tirza a Samaria e investiu contra Salum, filho de Jabés, e o matou, reinando em seu lugar, 2 Rs 15.14. A cidade de Tapsa recusou dar-lhe entrada e, por isso, ele a tomou, exercendo as maiores crueldades contra os seus habitantes, v. 16, Pul, melhor conhecido pelo nome de Tiglate-Pileser, invadiu o país. O trono de Manaém vacilava, custando-lhe a soma de mil talentos de prata, quase dois milhões de dólares, para não ter as suas terras devastadas e perder o trono. O dinheiro para o grande resgate foi levantado entre as pessoas ricas que tiveram de pagar um imposto *per capita* de 50 ciclos, cerca de 32.50 dólares. Quer isto dizer que seriam necessários mais de 60 mil judeus em condições de pagar tão pesado imposto. Segundo as inscrições das esculturas assírias, Tiglate-Pileser tinha Minümum (Manaém de Samaria) como um dos seus tributários. Em religiões, seguia a adoração do bezerro que seus antecessores haviam estabelecido. Reinou dez anos, 747-38, e Pecaías, seu filho, subiu ao trono, 2 Rs 15.17,22.

MENE (*no aramaico, "numerado", "pesado"*) – primeira palavra da inscrição feita por uns dedos como de mão de homem que escrevia defronte do candeeiro, na superfície da parede da sala do rei Belsazar, quando se banqueteava com os grandes da sua corte. *Mene, Tequel* e *Farsim*, Dn 5.25, palavras do aramaico, cuja tradução é a seguinte: Contados, contados, pesado, dividido. *Farsim* é o plural do nome *peres*; *Mene* e o particípio passivo do seu verbo; *Tequel* é igualmente considerado como um particípio passivo, com a vocalização tradicionalmente dada a ele pela mudança de *tekil* para *Tekel*, para conformar-se com o som de *mene*. Essas letras não foram vocalizadas conforme a inscrição da parede, podiam ser pronunciadas de vários modos. Mesmo que um dos sábios fosse capaz de apresentar uma pronúncia correta, como é possível, ainda assim, teria de estabelecer entre elas uma ligação de sentido que as interpretasse. Daniel explicou o enigma, v. 25-28. Para se ver quão difícil seria determinar a verdadeira pronúncia das palavras, basta considerar o que alguns teólogos têm dito em referência a *Mene* como a expressão absoluta do nome *manya, maneh*, devendo ler-se: "Um *maneh*, um *maneh*, um *shekel* e meio *manehs* ou: "Contados têm sido um *maneh*, um *shekel* e meios *manehs*". As palavras lidas deste modo dão algumas vezes a entender que simbolizam sob a figura de pesos, que uma pessoa de alta dignidade (Nabucodonosor, o fundador virtual do império) havia tido na pessoa de Belsazar um representante inferior a si, e que o império ia ser dividido em dois.

MÊNFIS (*em egípcio, Men-nefer, "lugar do bem"*) – nome de uma importante cidade do Egito que Heródoto diz ter sido edificada por Menes, primeiro rei do Egito mencionado na história, cujo solo ele reclamou do Nilo. Estava na planície que ficava ao lado ocidental do grande rio, a

M

MÊNFIS

uns 18 km acima do ápice do delta. Foi metrópole e capital do baixo Egito. Maneto considerou menfíticas as dinastias terceira, quarta, quinta, sétima e oitava. A divindade, especialmente adorada na cidade, era Ftás. Mênfis continuou a florescer mesmo depois de ser transferida a capital para Tebas, e não perdeu a sua importância senão depois da fundação de Alexandria. Os hebreus conheciam Mênfis pelo nome de Nofe do demótico *Men-nofi*, e também pelo nome Mofe de *Menf*, Is 19.13; texto de Os 9.6; *cf.* Mimpi assírio. Depois da queda de Jerusalém e do assassinato de Gedalias, os judeus que ficaram no país fugiram para o Egito e se estabeleceram em Mênfis, Jr 44.1. Jeremias e Ezequiel profetizaram contra ela, 46.19; *cf.* 2.16 e 46.14; Ez 30.13,16 *cf.* também Is 19.13; Os 9.6. Na Idade Média ainda existia parte considerável dessa cidade, que foi desaparecendo aos poucos, à medida que os materiais da velha metrópole eram transportados para as construções no Cairo. Extinguiu-se para sempre e em seu lugar, vêem-se duas pequenas aldeias. As 20 pirâmides da antiga necrópole e a célebre esfinge ainda demonstram sua antiga grandeza.

MENORAH – no hebraico, indica o candeeiro com sete braços, usado no Tabernáculo e posteriormente no templo em Jerusalém, Êx 25.31-40; 37.17-24; Zc 4.2-14. Segundo a tradição popular, a luz divina da *menorah* simbolizava a presença de Deus, e que essa luz jamais se apagaria até que a glória do Senhor se afastasse de Jerusalém, quando o templo tivesse sido destruído.

MENSAGEIRO (*no aramaico karoz, "mensageiro", "arauto"*) – era o representante do governo, aquele que levava suas mensagens oficiais, como em Dn 3.4. No Antigo Testamento, apesar de não serem chamados, os profetas foram os arautos de Deus. Sião era anunciadora das boas coisas, Is 40.9; Gn 41.43; Et 6.9, sua função pode ser vista por alguém que corria na frente da carruagem real anunciando alguma mensagem para o povo. No Novo Testamento, a palavra grega *keruso*, "pregar", dá a idéia de pregador, usada para identificar os evangelistas, os pregadores, e mestres cristãos (veja *ARAUTO*).

MENTE (*no grego, nous, "mente"*) – trata-se da capacidade humana de compreender e raciocinar, Lc 24.45; Rm 1.28; 7.23-25; 11.34; Ap 13.18. A mente é o intelecto do homem, Rm 7.23; servimos a Deus com essa mente ou intelecto e precisamos dedicá-la às realidades espirituais, mas isso só poderá acontecer pela iluminação e direção do espírito de Deus, Rm 12.1,2.

Menorah — Christian Computer Art

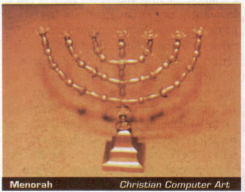
Menorah — Christian Computer Art

MENTIRA – dizer falsidades, Sl 5.6.

MEOLATITA – nome de um indivíduo natural de Meola, ou ali residente, 1 Sm 18.19. Talvez seja a Abelmeola, onde nasceu Elias.

MEONENIM, CARVALHO DE (*no hebraico, agoures, que deriva de caman, "agir encobertamente"*) – Meonenim deve referir-se às artes mágicas, algo feito encobertamente. Alguns estudiosos pensam estar ligado ao carvalho de Moré, Gn 12.6; associados à vida de Abraão, Isaque e Jacó, Gn 35.4; Josué, Js 24.26, e Abimeleque, Jz 9.5. Este último foi feito rei perto do carvalho em Siquém. O carvalho era um marco geográfico, e passou a ser usado como lugar onde eram feitas adivinhações. O carvalho dos adivinhadores ficava perto de Siquém, Jz 9.37 (veja *CARVALHO*).

MEONOTAI (*no hebraico, "minhas habitações", "minhas moradas"*) – nome de um homem de Judá, e pai dos habitantes de Ofra, 1 Cr 4.14.

MEQUERATITA – nome de pessoa residente em Mequerá, ou relacionada com família de igual nome, 1 Cr 11.36. Não se conhece pessoa nem lugar que tenha esse nome, *cf.* essa passagem com 2 Sm 23.34.

MERABE (*no hebraico, "aumento"*) – nome da filha mais velha de Saul, 1 Sm 14.49, que seu pai havia prometido dar por esposa a Davi. Quebrando a palavra, ele a deu a Adriel meolatita, 18.17-19. Cinco filhos dessa mulher foram entregues aos gibeonitas que os mataram por causa do pecado de Saul, 2 Sm 21.8.

MERAÍAS (*no hebraico, "contumácia", "obstinação", ou "rebelião"*) – nome de um sacerdote chefe da família de Zeraías, nos dias de Joiaquim, na geração que se seguiu ao exílio, Ne 12.12.

MERAIOTE (*no hebraico, "rebeliões", ou "rebelde"*) **1** Nome de um sacerdote, filho de Zeraías, 1 Cr 6.6,7,52, que viveu no tempo em que Eli esteve de serviço no Tabernáculo, 1 Cr 6.6,7,52. **2** Nome de um sacerdote, filho de Aitube e pai de Zadoque, da linha sacerdotal, 1 Cr 9.11; Ne 11.11. Parece que viveu 50 anos antes do exílio. **3** Nome de um chefe de família, e um dos príncipes entre os sacerdotes nos dias de Joiaquim, Ne 12.15.

MERARI (*no hebraico, "amargoso", "triste", "infeliz"*) – nome de um dos filhos de Levi, e fundador de uma das três famílias levíticas, Gn 46.11; Êx 6.16; Nm 26.57.

MERARITAS – nome de uma das três grandes famílias da tribo de Levi, descendentes de Merari, que acamparam no deserto, na parte setentrional do Tabernáculo, Nm 3.35, e que tinha a seu cargo a guarda das tábuas, dos varais, das colunas e suas bases, das colunas que cercam o átrio com as suas bases e as estacas com as suas cordas, tudo pertencente ao Tabernáculo, sob a direção de Itamar, filho mais moço de Arão, 3.36; 4.19-33. Para facilitar o transporte de todo o material, deram-lhes quatro carros e oito bois, 7.8. Esses materiais subdividiram-se em malitas e musitas, 3.20,33. Quando se fez o primeiro recenseamento no deserto, o número de varões de um mês e daí para cima era de 6.200 (33,34), número menor que das outras famílias de Levi. Destes, 3.200 eram de 30 a 60 anos de idade, 4.42-45, número proporcionalmente maior do que o das outras famílias. Foram-lhes dadas 12 cidades, quatro na tribo de Zebulom, quatro na tribo de Rúben e quatro na tribo de Gade, uma das quais, a de Ramote de Gileade, servia de cidade de refúgio, Js 21.34-40; 1 Cr 6.63,77-81. Esses filhos de

MERARITAS

Levi foram reorganizados por Davi, 1 Cr 23.6,21-23. Tinham a sua parte com os demais levitas no coro musical do santuário, exercendo seis dos 24 ofícios, 1 Cr 6.31,44; 25.3. Alguns dos membros dessa família encontram-se entre os reformadores que ajudaram Ezequias a purificar o templo, 2 Cr 29.12, e uma notável companhia, ainda que pequena, voltou do exílio com Esdras, para Jerusalém, Ed 8.18,19.

MERATAIM (*no hebraico, "duplicada rebelião", ou "duplamente rebelde"*) – nome simbólico da Babilônia, Jr 50.21.

MERCADO DE OVELHAS (veja *JERUSALÉM*).

MERCÚRIO – divindade adorada pelos romanos e pelos gregos sob o nome de Hermes. Era o arauto dos deuses, e especial assistente de Júpiter. Bom orador e muito lépido, atribuíam-lhe a invenção das letras e da música e de outras artes. O povo da cidade de Listra pensava que Paulo e Barnabé eram deuses que haviam baixado à terra, quando efetuaram a cura do paralítico. E como Paulo era o que tinha a palavra, julgaram que fosse Mercúrio, e que Barnabé seu companheiro fosse o deus Júpiter, At 14.12 (veja *HERMES*).

MEREDE (*no hebraico, "rebelião"*) – nome de um dos filhos de Ezra, que foi reconhecido como pertencente à tribo de Judá. Casou com Bitia, filha de Faraó, 1 Cr 4.17,18.

MEREMOTE (*no hebraico, "elevações", "alturas"*) **1** Nome de um dos sacerdotes que voltaram da Babilônia com Zorobabel, Ne 12.3,7. Na geração seguinte, aparece o nome Meraiote, como chefe de uma família de sacerdotes, enumerado na posição correspondente ao catálogo, v. 15. Um dos dois nomes com certeza está errado, pela confusão do *mem* com o *jod*. **2** Nome de um sacerdote, filho de Urias, encarregado de pesar a prata e o ouro trazidos da Babilônia por Esdras, Ed 8.33. Reparou uma parte do muro de Jerusalém, Ne 3.4-21. Talvez seja o mesmo que assinou o concerto com Neemias, 10.5. **3** Nome de um dos filhos de Bani, induzido por Esdras a desquitar-se de sua mulher estrangeira, Ed 10.36.

MERES (*no hebraico, "digno", "valoroso"*) – nome de um dos sete príncipes da Pérsia, que podia ver a face do rei no tempo de Assuero, Et 1.14.

MERETRIZ, PROSTITUTA – Gn 38.15; Lv 21.7; Dt 23.18; Js 2.1; Jz 16.1. Entregar-se a uma meretriz, ou acompanhar uma prostituta, quer dizer em sentido bíblico, ir atrás de uma amante. Figuradamente se aplica àqueles que se apartam de Jeová, entregando-se ao culto de outros deuses, Jr 2.20; 3.1; Ez 16.15; 23.5.

MERIBÁ (*no hebraico, meríbâ'al, "contenção", ou "controvérsia"*) **1** Meribá é nome comum, usado uma vez e talvez muitas mais, no final da palavra Massá, designando certo lugar do Horebe, perto de Refidim, onde o povo se levantou contra Moisés, por não ter água para beber, e onde o Senhor lhe deu a beber água da rocha, Êx 17.1-7. Esse nome Meribá não se encontra na Vulgata, mas está registrado em outras versões antigas. **2** Nome de uma segunda localidade, em Cadesbarnéia, no deserto de Zim, onde também o povo se levantou contra Moisés e contra Jeová, pedindo água, que lhe foi dada miraculosamente brotando da rocha, Nm 20.3,13,24; 27.14; Dt 32.51. As águas dessa Meribá, que a versão de Figueiredo chama Água da Contradição, encontram-se referidas no Sl 106.32, em Ez 47.19 e 48.28. Há outra referência a esse local no Sl 81.7, onde se diz que

Deus fez prova de seu povo junto à água da contradição, e em Dt 33.8, onde Deus prova a Levi. Nesse lugar, a palavra Meribá é acompanhada da palavra Massá, no original, como igualmente no Sl 95.8. Deve observar-se que não existe nada de extraordinário atendendo às circunstâncias em que ocorreram as queixas do povo pela falta de água, que se fez sentir uma, duas ou três vezes, em diferentes lugares completamente distanciados entre si, e em tempos diferentes. O proceder de Moisés difere muito nas duas ocasiões.

MERODAQUE (*em assírio e babilônico, Marduk. No hebraico, "morte"*) – divindade padroeira da Babilônia, Jr 50.2 (veja *BEL*).

MEROM (*no hebraico, merôm, "altura", "lugar alto"*) – junto às águas de Merom, Josué derrotou os reis do norte de Canaã e os seus aliados, Js 11.5-7, que, segundo a tradição, acamparam perto de Berote, na alta Galiléia, pouco distante de Cades, Antig. 5.1-17. Essas águas têm sido identificadas com um lago perto do Jordão, 20 km ao norte do mar da Galiléia, ou com as correntes que dele derivam. Esse lago tem cerca de 8 km de comprimento por cerca de 6 km de largura; a sua superfície está a 227 m acima do mar da Galiléia. É quase certo que seja o corpo de águas que Josefo denomina lago Semeconitis, Antig. 5.5,1; Guerras 4.1,1. Ocupa a parte meridional de uma bacia alagada que tem cerca de 28 km de comprimento por 10 km de largura. Essa bacia tem atualmente o nome de Hulé, e o lago chama-se *Baeiré el-Hulé*, ou lago de Hulé. Esse nome é árabe e designa também a planície ao sul de Hamate, que talvez seja um eco do nome do distrito de Ulata, situado entre a Traconitis e a Galiléia, Antig. 15.10,3.

MERONOTITA – habitante de Meronote, 1 Cr 27.30; Ne 3.7. Não identificada.

MEROZ (*no hebraico, merôz, "lugar de refúgio"*) – nome de uma cidade que não auxiliou os israelitas no combate contra Sísera, Jz 5.23. Dois lugares parecem indicar, onde existiu, *el-Murussus*, nome das ruínas existentes 8 km a noroeste de Bete-Seã ou *Kefr Mis*, na encosta meridional do monte Tabor, 11 km a noroeste de *el-Murussus*.

MÊS – no Egito, os israelitas se familiarizaram com o ano de 12 meses de 30 dias cada um, com mais cinco dias adicionais para se conformarem com o ano solar de 365 dias, Heród. 2.4. Esse modo de contar é confirmado pela narração do Dilúvio, Gn 7.11-24; 8.3,4. Posteriormente, parece que os hebreus adotaram o mês lunar, como se depreende do sentido das duas palavras de que se forma a palavra mês, que denotam, respectivamente, lua nova e lunação, indicando o modo primitivo de contar o tempo; depreende-se igualmente de passagens como Gn 1.14; Sl 104.19; Ecclus. 43.6-8; da observância dos dias da lua nova por meio de ofertas especiais a Jeová, Nm 10.10; 28.11-14; 2 Cr 2.4, e da coincidência entre a Páscoa, celebrada sempre na tarde do 14º. dia do mês, e a lua cheia, Sl 81.1-5; Antig. 3.10,3,5; 4.4,6. A lunação exige um pouco mais de vinte nove dias e meio. Os meses, portanto, têm a média de 29 e 30 dias alternadamente. Porém, quando se fala em meses, entende-se sempre o período de 30 dias, *cf*. 20.29, Dt 34.8 com 21.13. Os meses distinguiam-se por meio de números. Os nomes dos primeiros quatro meses hebraicos encontram-se nas narrações do cativeiro. O primeiro mês chamava-se Abibe, Êx 13.4 etc.; o segundo mês, Zite, 1 Rs 6.37; o sétimo, Etanim, 8.2, e o oitavo, Bul, 6.38. Depois do cativeiro, designavam os meses pelos nomes em uso comum entre os babilônios e outros povos semíticos.

MESA (*no hebraico, mêsha', "retiro", ou "salvação"*) **1** Nome de um homem de Judá,

MESA

da família de Hesrom da casa de Calebe, pai dos habitantes de Zife, 1 Cr 2.42. **2** Nome de um rei de Moabe, que pagava ao rei Acabe um tributo de 100 mil cordeiros e 100 mil carneiros com os seus velos, 2 Rs 3.4. O rei de Israel foi morto na batalha de Ramote de Gileade, 854 a.C., provavelmente no princípio do inverno, "no tempo em que os reis saíram para a guerra", e Azarias subiu ao trono. A derrota de Judá e de Israel em Ramote de Gileade e a morte de Acabe deram ocasião a Mesa para recusar-se a pagar tributos no segundo ano do reinado de Azarias, Antig. 9.2,1; 2 Rs 1.1. Jeosafá, rei de Judá, voltando de Ramote de Gileade para Jerusalém deu começo à reforma religiosa da nação, 2 Cr 19. Em seguida, os amonitas e os moabitas aliados aos edomitas, invadiram o reino de Judá. Jeosafá derrotou os aliados e sujeitou Edom, seguindo-se uma época de paz, v. 30. O rei Azarias morreu no fim desse ano, em dezembro, ou em janeiro do ano seguinte, subindo ao trono de seu irmão Jorão, 2 Rs 1.17. No ano 852, Jorão quis sujeitar Moabe a pagar tributos e pediu auxílio a Jeosafá 3.7. Este último queria castigar os moabitas ainda mais, por terem invadido o seu reino, e, portanto, apesar de haver sido repreendido por se ter aliado com o ímpio Acabe e Azarias, aceitou o pedido, por ter Jorão dado sinais de piedade, executando considerável reforma, v. 2, Jorão avançou com os seus confederados. Jeosafá, com um rei de Edom, rodou a parte sul do mar Morto. Os exércitos aliados morriam de sede, mas Eliseu mandou que abrissem trincheiras para receberem águas. Logo pela manhã as águas correram e encheram o vale. Os raios do sol nascente iluminaram as águas de vermelho. Os moabitas, julgando que eram tintas de sangue derramado em luta entre os próprios aliados, marcharam sobre o campo de Israel; mas os israelitas, levantando-se, bateram os moabitas, que fugiram à sua vista, destruíram as cidades e encheram de pedras os mais férteis campos, v. 24,25,26. Vendo o rei de Moabe que os inimigos prevaleciam, tomou consigo 700 homens de guerra, que investissem contra o rei de Edom, mas eles não puderam. O rei Mesa, pegando seu filho primogênito que havia de reinar depois dele, o ofereceu em holocausto sobre o muro. Os israelitas ficaram em extrema indignação e logo se retiraram, julgando-se responsáveis por aquele sacrifício humano e que haviam incorrido na ira de Deus; voltaram para sua terra, sem subjugar Moabe, v. 25-27. A Pedra Moabita registra esse fato histórico, comemorando a revolta e os resultados que dela decorreram (veja *PEDRA MOABITA*). **3** Assim também é traduzido o nome de um benjamita, filho de Saaraim e de sua mulher Hodes, 1 Cr 8.8,9.

MESALOTE (*derivado de mesillot, palavra hebraica, que significa "subidas", "escadas"*) – nome de um lugar do distrito de Arbela, 1 Mac 9.2. Pensa o historiador Josefo que esse lugar era uma região de cavernas fortificadas, existentes em Arbela, na Galiléia, acessível por meio de escadas, Antig. 12.11,1.

MESAQUE – nome que o eunuco mor da Babilônia deu a um dos três fiéis judeus que mais tarde foram lançados na fornalha ardente, de onde saíram ilesos, Dn 1.7; 2.49; 3.13-30.

MESELEMIAS (*no hebraico, "Jeová recompensa", ou "Jeová vinga-se"*) – nome de um levita, da família de Coate da casa de Isaar e de Coré. Ele e seus filhos exerceram o cargo de porteiro do santuário, 1 Cr 9.21; 26.1. No cap. 26.14, tem o nome de Selemias.

MESEQUE (*no hebraico, "alto", "prolongamento"*) – nome de um povo, descendente de Jafé, Gn 10.2, que negociava escravos e vasos de metal, nos mercados de

Tiro, Ez 27.13. Era aliado de Tubal, e aliado ou sujeito a Gogue, príncipe de Meseque e de Tubal, Ez 32.26; 38.2,3; 39.1. Os nomes de Meseque e de Tubal encontram-se associados nas inscrições assírias como se acham na Bíblia. Nos dias de Tiglate-Pileser, 1120 a.C., e nos dias de Salmaneser, 859-825, a terra de Muscu, que é Meseque, estava situada nas montanhas ao norte da Assíria e nos limites de Tabal, que é Tubal, a oeste. Gradualmente lançava-se para o norte, avizinhando-se do mar Negro. Heródoto denomina as duas raças, Moscói e Tibarenói, como estabelecidas a sudeste do mar Negro, Heród. 3.94; 7.78. Os Moscói habitavam entre as cabeceiras do Fásis e do Círus, Plínio, 6.4.

MESEZABEL (*no hebraico, "Deus liberta"*) **1** Nome do pai de certo Baraquias, Ne 3.4. **2** Nome de um dos que assinaram o pacto com Neemias, Ne 10.21. **3** Nome de um homem de Judá da família de Zera, Ne 11.24.

MESILEMOTE (*no hebraico, "recompensa"*) **1** Nome de um homem de Efraim, pai de Beraquias, que falou a favor da liberdade dos cativos que o exército de Peca trouxe de Judá, 2 Cr 28.12. **2** Nome de um sacerdote descendente de Imer, Ne 11.13. Em 1 Cr 9.12; tem o nome de Mesilemite.

MESOBABE (*no hebraico, "restaurado", ou "regressado"*) – nome de um dos príncipes da tribo de Simeão que saíram para se apoderar de Gador, até o oriente do vale em busca de pastos para os seus gados, 1 Cr 4.34-41.

MESOPOTÂMIA (*no grego, mesopotamia, "a terra entre os rios"*) – tradução empregada na LXX para os hebreus em troca da palavra *Aramnaharaim* (veja *ARÃ*). É nome grego que aparece depois do reinado de Alexandre, o Grande. Os geógrafos gregos e romanos designavam por esse termo toda a região entre o Eufrates e o Tigre, excluindo as regiões montanhosas, onde se acham as cabeceiras de ambos os rios e em geral, também as planícies inferiores da Babilônia em outra direção. Por esses limites observa-se que a parte superior é montanhosa e fértil, e a inferior, especialmente para as bandas do Tigre, é um deserto salgado. A Mesopotâmia tem atualmente o nome de Jeziré que os árabes lhe deram, e quer dizer ilha. Alguns dos habitantes da Mesopotâmia assistiram, no dia de Pentecostes, à descida do Espírito Santo, At 2.9. Em seu discurso, Estêvão inclui Ur dos Caldeus na Mesopotâmia, 7.2.

MESSA – nome do limite, em uma direção, do território ocupado pelos descendentes de Joctã, Gn 10.30. Local não identificado. Pensam alguns ser os seguintes lugares: Mouza na costa oriental do mar Vermelho, distante 185 km do estreito de Babel Mandebe; Bisca no Iêmen setentrional; o distrito Mesene na extremidade ocidental do Golfo Pérsico e do Massá, *cf.* LXX em Gn 25.14.

MESSIAS (*no hebraico, mashîah, "ungido"*) – palavra hebraica, correspondente à palavra grega *Christos*, aplicável a qualquer pessoa que era ungida com óleo santo, como o foi o sumo sacerdote, Lv 4.3,5,16; 1 Sm 12.3,5 ou o rei, 2 Sm 1.14,16. Esse título aplica-se aos patriarcas Abraão e Isaque, e a Ciro, rei dos persas, escolhidos para administrarem o reino de Deus, Sl 105.15; Is 45.1. Quando Deus prometeu a Davi que o trono e o cetro permaneceriam na sua família para sempre, 2 Sm 7.13, a palavra ungido adquiriu uma referência especial aos representantes da linha real de Davi, Sl 2.2; 18.50; 84.9; 89.38,51; 132.10-17; Lm 4.20; Hc 3.13. Quando as profecias começaram a anunciar a vinda de um rei procedente da linhagem de Davi, que havia de ser

MESSIAS

o grande libertador de seu povo, Js 23.5,6, cuja geração é desde o princípio, desde a eternidade, Mq 5.2-5, que se assentará sobre o trono de Davi para sempre, Is 9.6,7, a esse pertence *par excellence* o título de Messias, Dn 9.25,26; *Targum Onkelos*, Nm 24.17-19. Ultimamente a palavra Messias é muito comum em referência a Cristo, como expressão de Davi, Jo 1.41; 4.25. A locução "profecia messiânica" compreende todas as profecias que tratam da pessoa de Cristo, da sua obra e de seu reino, quer mencionem o nome de Cristo, quer se refiram à salvação futura, à glória e consumação do reino de Deus, sem mesmo fazer menção do mediador. A expressão tempos messiânicos não se refere exclusivamente ao período em que Cristo viveu na terra; compreende geralmente a dispensação que Ele inaugurou e que dirige como rei e mediador, quer a consideremos no seu todo, quer em algum de seus aspectos.

MESTRE DO NAVIO (*no grego, naúkleros*) – há uma divergência quanto ao seu significado, sugerindo ser referente ao proprietário, e ao contramestre. Em At 27.11, refere-se a alguém que fazia parte da embarcação onde o apóstolo Paulo estava, a caminho de seu julgamento em Roma. Nas versões em português, traduz-se por mestre do navio, que corresponde ao contramestre do navio.

MESTRE-SALA (*no grego, architúklinos, "chefe da sala de jantar"*) – o termo foi usado por Jesus no casamento em Caná da Galiléia, após ter transformado água em vinho, Jesus disse: "Tirai agora e levai ao mestre-sala", Jo 2.8,9. Este era escolhido dentre os convidados mais distintos, para indicar o lugar dos convidados, observar a etiqueta, e zelar pelo bom andamento da festa.

MESULÃO (*no hebraico, "amigo"*) **1** Nome de um benjamita, filho de Elpaal,

1 Cr 8.17. **2** Nome de um governador entre os gaditas no reinado de Jotão, 1 Cr 5.13,17. **3** Nome de um dos antecessores de Safã, escriba, 2 Rs 22.3. **4** Nome de um sacerdote, filho de Zadoque, e pai do sumo sacerdote Hilquias, que viveu no reinado de Josias, 1 Cr 9.11; Ne 11.11. **5** Nome de um levita da família de Coate, que em companhia de outros, dirigiu os trabalhadores empregados na restauração do templo, no tempo de Josias, 2 Cr 34.12. **6** Nome de um sacerdote, filho de Mesilemite, da casa de Imer, 1 Cr 9.12. **7** Nome de um dos filhos de Zorobabel, 1 Cr 3.19. **8** Nome de um benjamita, pai de Salu, 1 Cr 9.7; Ne 9.7. **9** Nome de outro benjamita, filho de Sefatias, 1 Cr 9.8. **10** Nome de um dos enviados por Esdras ao rio Aava, para trazer de lá levitas que viessem para Jerusalém, Ed 8.16. **11** Nome de um daqueles que foram nomeados para promover a separação das mulheres estrangeiras que se haviam casado com israelitas, Ed 10.15. **12** Nome de um dos filhos de Bani, induzido por Esdras a desquitar-se de sua mulher estrangeira, Ed 10.29. **13** Nome de um dos filhos de Baraquias que ajudou a reparar duas porções do muro de Jerusalém, na segunda das quais tinha defronte o seu gazofilácio, Ne 3.4-30. Uma das suas filhas casou-se com Joanã, filho de Tobias, amonita, 6.18. **14** Nome de um dos filhos de Besodias, que, com Joiada, ao voltarem do exílio, edificaram a porta velha do muro de Jerusalém, Ne 3.6. **15** Nome de um dos que estiveram à esquerda de Esdras, enquanto ele lia e explicava a lei ao povo, Ne 8.4. **16** Nome de um sacerdote que tomou parte na assinatura do pacto como representante de sua família, Ne 10.7. **17** Nome de um dos chefes do povo que assinaram o pacto com Neemias, Ne 10.20. **18** Nome de um dos príncipes de Judá que tomaram parte no préstito da dedicação do muro de Jerusalém, Ne 12.33. **19** Nome de um sacerdote, chefe

da família de Esdras, nos dias do sumo sacerdote Joiaquim, Ne 12.13. **20** Nome de outro sacerdote que no mesmo tempo foi chefe da família de Ginetom, Ne 12.16. 21 Nome de um porteiro que serviu no tempo do sumo sacerdote Joiaquim, Ne 12.25.

MESULEMETE (*no hebraico, "amiga"*) – nome da mulher do rei Manassés e mãe do príncipe Amom, 2 Rs 21.19.

METAIS – os metais usados nos antigos tempos eram o ouro, a prata, o cobre, o ferro, o chumbo e o estanho, Nm 31.2 (veja o artigo de cada um). Ao que parece, empregava-se o antimônio para colorir as pálpebras e as sobrancelhas.

METEGAMÁ (*no hebraico, Metheg-Ammah, "rédeas da metrópole", ou "rédeas da mãe"*) – nome de uma cidade tomada por Davi aos filisteus, 2 Sm 8.1. Parece referir-se a Gate e aos seus subúrbios, 1 Cr 18.1.

METRETAS (veja *PESOS e MEDIDAS*).

METUSAEL (*no hebraico, "homem de Deus"*) – nome de um dos filhos de Meujael, e pai de Lameque, Gn 4.18, da raça de Caim.

MEUJAEL (*no hebraico, "ferido por Deus"*) – nome de um dos filhos de Irade, pai de Metusael, da raça de Caim, Gn 4.18.

MEUMÃ (*no hebraico, "fiel"; se for do aramaico, deriva de mehaiman*) – nome de um dos sete eunucos que serviam na presença do rei Assuero, Et 1.10.

MEU MARIDO – nome pelo qual os israelitas chamavam Jeová quando voltaram a servi-lo, em substituição ao nome Baal, meu senhor, porque o nome Baal estava associado ao culto idólatra dos gentios, Os 2.16,17.

MEUNIM – forma plural do adjetivo *meuni* de *maon*, o significado é incerto, aparecem como meunitas em 1 Cr 4.41; 2 Cr 26.7; como filhos de Amom, com outros amonitas, em 2 Cr 20.1; como filhos de Meunim, referindo-se ao lugar chamado Maan, na fronteira leste de Edom, Ne 7.52 (veja *MEUNITAS*).

MEUNITAS (*plural de um adjetivo gentílico, derivado de Maom, denotando o povo desse lugar*) – nome de um povo cuja capital era provavelmente a cidade de Maã, situada 23 km a sudeste de Petra. Habitavam o monte Seir, 2 Cr 20.1. Uma parte desses homens foi batida pelos simeonitas, perto de Gador, onde eles habitavam como estrangeiros, 1 Cr 4.39-41. O nome desse povo encontra-se com o dos filisteus e árabes, 2 Cr 26.7. Alguns deles, talvez cativos de guerra, e seus descendentes, serviam no templo em Jerusalém, Ed 2.50; Ne 7.52. O texto hebraico registra esse nome em Jz 10.12, em que a LXX emprega a palavra Midiã. Os meunins são identificados pela Septuaginta com os mineanos. Se for correta essa identificação, eles vêm a ser apenas uma colônia desse povo.

MEU POVO – tradução da palavra hebraica *Ami*, que quer dizer meu povo, Os 2.1 (veja *LO AMI*).

ME-ZAABE (*no hebraico, "águas de ouro"*) – nome de uma antecessora da mulher de Adar, rei de Edom, Gn 36.39; 1 Cr 1.50, ou talvez seja o nome de um distrito, onde nasceu Matrede, sua filha.

MIAMIM (*no hebraico, "a mão direita"*) **1** Nome de um dos descendentes de Arão, cuja família existia no tempo de Davi, vindo a ser a sexta das 24 classes em que foram distribuídos os sacerdotes, 1 Cr 24.6,9. **2** Nome de um dos sacerdotes que voltaram com Zorobabel da Babilônia, Ne 12.5,7. Na

MIAMIM

geração seguinte aparece uma família com o nome de Miamim, v. 17. A diferença desses dois não é essencial, consiste apenas em que um tem a forma da letra *nun* assimilada, e outro não. **3** Nome de um dos filhos de Parós, induzido por Esdras a desquitar-se de sua mulher estrangeira, Ed 10.25. **4** Nome de um sacerdote que assinou o pacto com Neemias, na qualidade de chefe de família, Ne 10.7. Parece que tomou parte como trombeteiro na festa da dedicação do muro da cidade de Jerusalém, 12.41.

MIBAR (*no hebraico, "escolha", ou "elite"*) – nome de um dos valentes de Davi e filho de Hagri, 1 Cr 11.38 (veja *BANI*).

MIBSÃO (*no hebraico, "doce aroma", "fragrância", "bálsamo"*) **1** Nome de uma tribo descendente de Ismael, Gn 25.13; 1 Cr 1.29. **2** Nome de um simeonita, 1 Cr 4.25.

MIBZAR (*no hebraico, "fortificação"*) – nome de um capitão edomita, Gn 36.42; 1 Cr 1.53.

MICA (*no hebraico, "quem é como YAHU"; uma abreviatura de Miquéias, que quer dizer: Quem é semelhante a Jeová?*) **1** Nome de um filho de Mefibosete, 2 Sm 9.12. A mesma forma de nome aparece em 1 Cr 8.34,35; 9.40,41. **2** Nome de um levita que selou o pacto com Neemias, Ne 10.11. **3** Nome de um levita descendente de Asafe, 1 Cr 9.15; Ne 11.17-22; e 12.35, onde aparece a mesma palavra. **4** Nome de um levita da família de Coate, da casa de Uziel, 1 Cr 23.20; 24.24,25. **5** Nome de um homem de Efraim que furtou 1.100 moedas de prata (cerca de 725 dólares) de sua mãe, e que mais tarde as devolveu. A mãe de Mica destinou 200 moedas de prata ao Senhor a fim de fazer delas uma imagem de escultura e de fundição e colocá-la dentro de uma capelinha em sua casa. Mica consagrou um de seus filhos ao sacerdócio. Aconteceu passar

por ali um levita e Mica aproveitou a oportunidade para fazer dele ministro no seu santuário. Um levita, ainda que não fosse sacerdote, sempre seria melhor do que um leigo. Esse levita prestou-se a ministrar diante de Jeová em uma casa de ídolos, em oposição ao segundo mandamento. Algum tempo depois, passaram por ali uns danitas que seduziram o levita a acompanhá-los e levaram consigo as imagens de Mica, Jz caps. 17 e 18. **6** Nome de um filho de Meribaal, 1 Cr 8.34,35; 9.40,41. **7** Nome de um rubenita que viveu algumas gerações antes de 730 a.C., 1 Cr 5.5. **8** Nome do pai de Abdom, nasceu antes do reinado de Josias, 2 Cr 34.20; 2 Rs 22.12. **9** Nome de um descendente de Asafe, 1 Cr 9.15.

MICAEL (*no hebraico, "quem é como El" (Deus)*) **1** Nome de um homem da tribo de Aser, pai do representante dessa tribo na comissão encarregada de reconhecer a terra de Canaã, Nm 13.13. **2** Nome de um homem da tribo de Gade, descendente de Buz e chefe de uma família em Gileade, 1 Cr 5.13; *cf.* 11,14,16. **3** Nome de outro gadita, antecessor do precedente, 1 Cr 5.14. **4** Nome de um levita da família de Gérson e antecessor de Asafe, 1 Cr 6.40. **5** Nome de um príncipe da tribo de Issacar, da família de Tola, da casa de Uzi, 1 Cr 7.3. **6** Nome de um benjamita da família de Bari, 1 Cr 8.16. **7** Nome de um homem de Manassés que se reuniu a Davi em Ziclague, 1 Cr 12.20. **8** Nome do pai de Anri, que governou a tribo de Issacar no reinado de Davi, 1 Cr 27.18. **9** Nome de um dos filhos do rei Jeosafá, 2 Cr 21.2. **10** Nome do pai de Zebadias, dos filhos de Sefatias, Ed 8.8. 11 Nome de um arcanjo, Jd 9, que veio em auxílio do homem vestido de linho branco que lutava contra o ente espiritual, o príncipe do reino dos persas, Dn 10.13, e que contendia a favor de Israel, Dn 10.21; 12.1. Miguel com os seus anjos luta vitoriosamente contra os inimigos do povo de

MICLOTE

Deus, Ap 12.7. Quando a doutrina sobre os anjos foi elaborada pelos judeus, depois do exílio, deram a Miguel lugar entre os sete arcanjos, Tob. 12.15; Gabriel também foi incluído, Dn 8.16; 9.21, neste número e mais cinco outros, completando o número de sete, a saber: Rafael, Tob. 3.17; Uriel, Ne 4.1; Camuel, Jofiel e Zadquiel. Era crença comum que o arcanjo Miguel disputou com Satanás, sobre o corpo de Moisés, a que se refere Judas e sobre que baseia uma lição, Jd 9; *cf.* 2 Pe 2.11, crença esta que se reflete no Targum de Jônatas sobre Deuteronômio 34.6, que atribui o sepultamento de Moisés a Miguel e a outros anjos. As expressões em Zc 3.1,2; e Jd 9 podem ter-se derivado dessa crença. Provavelmente as palavras de Zacarias é que deram lugar a ela.

MICAÍA (*no hebraico, "quem é semelhante a Jeová?"*) **1** Nome de uma das filhas de Uriel de Gibeá, e mulher de Reoboão e mãe do rei Abias, 2 Cr 13.2. Segundo a narração do cap. 11.20, a mãe de Abias era Maaca, filha de Absalão. Micaía é provavelmente uma corruptela da palavra Maaca, e por esse nome é conhecida em outros lugares da Escritura, é quase certo ser ela neta de Absalão e filha de Uriel e de sua mulher Tamar, filha de Absalão (veja *MAACA*, item 9). **2** Nome de um descendente de Asafe, Ne 12.35.

MICAÍAS (*no hebraico, "quem é semelhante a Jeová?"*) **1** Nome de um profeta, filho de Inlá, a quem Acabe mandou buscar para saber se devia, ou não, marchar contra Ramote de Gileade. A resposta combinou com a de todos os profetas de Baal que auguravam o bom êxito da guerra, mas o fez ironicamente. O rei o conjurou para que dissesse a verdade. Em nome de Jeová, declarou ele que Acabe morreria na batalha. O rei imediatamente deu ordem para que Micaías fosse colocado na prisão e ali mantido até que voltasse vencedor, para provar a falsidade de seu vaticínio, 1 Rs 22.8-28; 2 Cr 18.6-27. **2** Nome de um dos maiores da corte de Jeosafá, enviado por esse rei a ensinar as leis do Senhor nas cidades de Judá, 2 Cr 17.7. **3** Nome de um dos filhos de Gemarias, que referiu aos príncipes de Judá, no reinado de Jeoiaquim, as palavras contidas no livro de Jeremias, como foram lidas por Baruque, Jr 36.11-13. **4** Nome de um dos sacerdotes que tocaram as trombetas na festa da dedicação do muro de Jerusalém, por Neemias, Ne 12.40.

MICAL (*no hebraico, mîkal, "ribeiro"*) – nome da filha mais moça de Saul, 1 Sm 14.49. Tendo faltado à promessa feita a Davi para dar-lhe sua filha mais velha em casamento, viu com prazer que a mais moça se inclinava para o jovem herói, cujo afeto lhe oferecia ocasião azada para expô-lo ao risco da morte. O rei Saul ofereceu Mical a Davi, sob condição de matar 100 filisteus. Davi satisfez a condição estipulada e recebeu a Mical por sua esposa, 1 Sm 18.27,28. Esta, uma vez, salvou seu marido das ciladas de Saul. Durante a ausência de Davi, que andava foragido, Saul deu Mical em casamento a outro homem, 25.44. Quando Abner, general de Is-Bosete, entrou em negociações com Davi este exigiu que, antes de tudo, lhe restituísse sua mulher Mical, o que foi feito imediatamente, 2 Sm 3.15. Mas quando Davi acompanhava a arca para Jerusalém, na intensidade de seu zelo religioso, dançou diante do Senhor. Mical pensou que um herói e rei estava fazendo um papel impróprio de sua posição, repreendeu-o e lá no seu coração o teve em pouca conta. Por causa disto, Mical não teve filhos até o dia de sua morte, 2 Sm 6.14-23.

MICLOTE (*no hebraico, "varas"*) **1** Nome de um dos oficiais do exército de Davi que, em companhia de outro, fazia guarda no segundo mês, 1 Cr 27.4. **2** Nome de um

MICLOTE

benjamita, da família de Jeiel de Gibeão, 1 Cr 8.32; 9.37,38.

MICMÁS (*no hebraico, "escondido longe"*) – nome de uma cidade perto do monte de Betel, 1 Sm 13.2, ao oriente de Bete-Áven, v. 5, e ao norte de Gibeá, 14.5; Is 10.28,29. Nessa cidade acampou o exército dos filisteus na guerra contra Saul. O valor heróico de Jônatas e de seu escudeiro, que subiram por entre uns rochedos escarpados, ao campo dos inimigos, os encheu de pavor de modo que fugiram e se mataram reciprocamente, sendo em seguida desbaratados pelos exércitos de Israel, 1 Sm 13.5-7,15s., 14.1-23. Alguns dos exilados de Micmás voltaram do cativeiro, Ed 2.27; Ne 7.31, e pertenciam à tribo de Benjamim, 11.31. Jônatas Macabeu instalou-se em Micmás exerceu ali a sua regência, 1 Mac 9.73; Antig. 13.1-6. O desfiladeiro de Micmás ainda conserva o nome de *Mukhmas* e está cerca de 14 km a nordeste de Jerusalém e 2½ km a nordeste de Geba e 7 km a sudeste de Betel. A aldeia de *Mukhmas* tem aspecto muito humilde; o desfiladeiro, como bem diz Robinson, é o *wady es-Suweinit*. Os dois rochedos de Bozez e Sené que flanqueiam o desfiladeiro, 1 Sm 14.4, ele os descreve de forma cônica e esférica.

MICMETÁ (*no hebraico, "esconderijo"*) – nome de uma cidade nos limites de Efraim e Manassés em frente de Siquém, Js 16.6; 17.7. Localização incerta.

MICNÉIAS (*no hebraico, "possessão de Jeová"*) – nome de um levita do segundo grau, porteiro na segunda ordem, e que tocava instrumento no reinado de Davi, 1 Cr 15.18-21.

MICRI (*no hebraico, "valioso"*) – nome de um benjamita, 1 Cr 9.8.

MICTÃO (*no hebraico, "inscrição"*) – palavra que se encontra nos títulos dos salmos 16; 56 e 60, que significam: **1** Escondido, secreto, mistério, ou composição até agora ignorada. **2** Salmo áureo. **3** Epigrama, poema planejado, semelhante a uma inscrição para registrar pensamentos memoráveis, e muitas vezes com estribilhos. Esta última opinião é a mais aceitável.

MIDIÃ (*no hebraico, "contenda"*) **1** Nome de um filho de Abraão com sua mulher Quetura, que ele despediu para o deserto. Os midianitas têm laços com Abraão por intermédio de Midiã, *cf.* Gn 25.1-6. **2** Nome de uma região situada no deserto da Arábia, e nas proximidades do golfo de Elã, ocupada pelos midianitas, Gn 25.6, nas divisas de Edom, que lhe ficava a noroeste. Os limites dessa região nunca foram bem determinados, por causa de grandes alterações em vários períodos de sua história. Segundo o que se lê no Antigo Testamento, ocupava uma área que media 324 km de norte a sul. Por ocasião do êxodo, dominavam os midianitas as pastagens que ficavam ao oriente do Horebe na península do Sinai, Êx 3.1. Estabeleceram-se por algum tempo em um distrito adjacente a Moabe, nas proximidades do reino amorreu, e cuja capital se chamava Hesbom, Gn 36.35; Nm 2.4; 25.1,6; Js 13.21. Parece que também ocupavam o território ao oriente de Edom, na direção do mar Vermelho. Os midianitas que haviam sido derrotados no vale de Jezreel fugiram nessa direção; perseguidos por Gideão, passaram além de Sucote e da cidade gadita de Jogbeá, Jz 8.5,10,11; *cf.* Gn 37.25,28. No país de Midiã, refugiou-se o rei Hadade, saído de Edom para salvar a vida, antes de seguir para o Egito, 1 Rs 11.17,18. O centro populoso dos midianitas ficava ao oriente do golfo elanítico do mar Vermelho, onde se perpetuou o nome desse povo e cujas ruínas conservam o nome de Midiã.

MIDIANITAS – povo do deserto, Gn 25.2,6; Nm 10.29-31; Is 60.6; He 3.7; Judite 2.26, de onde procederam cinco famílias, Gn 25.4. Dessas cinco famílias destaca-se o nome de Efa, identificado com muita probabilidade com um nome encontrado nas inscrições assírias do oitavo século antes de Cristo, referente a uma tribo do norte da Arábia. Negociantes midianitas que vinham de Gileade e faziam parte de uma caravana de ismaelitas tiraram José da cisterna em que o haviam lançado seus irmãos e venderam aos ismaelitas, que o levaram para o Egito, Gn 37.25,28. O sogro de Moisés era midianita, Êx 3.1. Os midianitas associaram-se aos moabitas para alugarem o profeta Balaão a fim de amaldiçoar a Israel. Falhando este plano, usaram de sedução, levando o povo à idolatria e à licenciosidade, Nm 22.4,6; e cap. 25. Os israelitas foram obrigados a guerrear contra eles. Assim, pois, mataram cinco de seus reis com toda a população masculina daquela região e todas as mulheres casadas, *cf.* v. 31. Esses cinco reis eram aliados de Seom, rei dos amorreus, Js 13.21. No período do governo dos juízes, os midianitas com os amalequitas e outros filhos do oriente entraram em Canaã, trazendo gados e rebanhos em tão grande número que cobriram a terra como gafanhotos, apoderaram-se das culturas, enchendo de pavor os pobres agricultores. Depois de sete anos de opressão, Deus levantou Jerubaal ou Gideão para libertar o povo. O combate decisivo ocorreu nas planícies de Jezreel, em que foram derrotados os dominadores estrangeiros. Gideão matou os dois príncipes, Orebe e Zeebe, e os dois reis de Midiã, Zeba e Salmuna. A terra esteve em paz durante 40 anos, Jz caps. 6 a 8; 9.17; Sl 83.9-12; Is 9.4; 10.26.

MIDIM (*no hebraico, "extensão"*) – nome de uma aldeia situada no deserto de Judá, Js 15.61. Localização desconhecida.

MIGDAL-EL (*no hebraico, "torre de Deus"*) – nome de uma cidade fortificada da tribo de Naftali, Js 19.38. A identificação que dela se faz com *el-Mejdel*, isto é, Magdala, sobre o mar da Galiléia, não obedece à ordem da enumeração feita em Josué. O local mais aceitável é *Mujeidil*, 23 km a noroeste de Cades a uns 20 km de *Yarun*.

MIGDAL-GADE (*no hebraico, "torre de Gade", ou "torre da fortuna"*) – nome de uma cidade, situada na parte baixa de Judá, Js 15.37. Talvez que *el-Mejdel* seja o local de sua antiga existência, a pouca distância de Ascalom, no país dos filisteus.

MIGDOL (*do egípcio, makthal, "torre"*) – nome de um acampamento dos israelitas quando deixaram o Egito. Segundo Êx 15.4,22 e Dt 11.4, ficava perto do mar Vermelho, diante de Pi-Hairote e fronteiro a Baal-Zefom, Êx 14.2; Nm 33.7. Depois da tomada de Jerusalém por Nabucodosor, os judeus fugiram para o Egito e tomaram posição em um lugar chamado Migdol, Jr 44.1; 46.14; que deveria estar no extremo norte do Egito. Alguns dos autores antigos fazem menção de um Migdol, ou Magdolom, a distância de 22 km de Pelusium, na fronteira setentrional do Egito. *Makthal*, que aparece nos monumentos do Egito, localizava-se perto do Mediterrâneo (Ebers). Brugsch identifica esse lugar com *Tell es-Samut*, que julga ser o local onde os israelitas acamparam. Mas essa situação não se harmoniza com o local perto do mar Vermelho. Havia outro lugar na fronteira com igual nome (Ebers). Naville é de opinião que Migdol estava no lugar que atualmente chama Sarapeum, entre o lago Timsá e os Amargos, e pelo dizer de Ebers seria no extremo sul dos lagos Amargos, perto do monumento persa. Ali o golfo de Suez era muito estreito e baixo, no tempo do êxodo. Também estava sujeito aos ventos de este que afastavam as águas e davam caminho a seco.

MIGROM

MIGROM (*no hebraico, "precipício"*) – nome de uma aldeia de Benjamim, situada ao sul de Ai e ao norte de Micmás, Is 10.28, onde se encontram atualmente as ruínas de Macrum. Saul acampou nas suas vizinhanças e na extremidade de Gibeá, 1 Sm 14.2. Se o local de Gibeá era a atual *Tell el-Ful*, como geralmente se acredita, ou talvez Geba, como outros pensam, e se o texto de 1 Sm 14.2 não estiver alterado como parece, deveria então existir duas Migrons, uma ao norte e outra ao sul de Micmás.

MIL – número de soldados que cada uma das tribos tinha de fornecer para dar combate aos midianitas, Nm 31.5; Js 22.14, e também para fins judiciais, Êx 18.21-25; Nm 31.14; 1 Sm 8.12; 22.7; 2 Sm 18.1. Esse número tem aplicação prática na subdivisão das tribos, tecnicamente conhecido pela frase, casa de um pai, Nm 1.2,4,16; Jz 6.15; 1 Sm 10.19-21. Mateus cap. 5.41 é a única passagem da Bíblia em que se encontra a expressão mil passos, i.é, milha (Fig. e Br). A milha romana era equivalente a mil passos de cinco pés romanos cada um igual a 4851 (p), 53 ingleses, ou 1474 (m), 83, 12/13 da milha.

MILAGRES – os milagres são maravilhas, tipos, forças, obras de Deus, Dt 11.3; 29.3; Sl 78.7,11,12,43; 95.9; Mc 9.39; Lc 23.8; Jo 2.11,23; At 2.22; 6.8; 8.13. Não são apenas manifestações maravilhosas, mas também sinais, tipos, forças e obras de Deus; não são apenas acontecimentos sobrenaturais, como a criação do mundo porque Deus não é representado nesse ato como exibindo prova da verdade; nem são simplesmente providências extraordinárias, que os homens, às vezes, chamam milagres da providência e que são operados por meios secundários e não constituem sinais; como a tempestade que destroçou a Armada Invencível espanhola; "...sobre a terra do Egito... o Senhor trouxe... um vento oriental... quando amanheceu o vento oriental tinha trazido os gafanhotos..." e igualmente foram expulsos "...o Senhor fez soprar fortíssimo vento ocidental, o qual levantou os gafanhotos e os lançou no mar Vermelho", Êx 10.13-19; nem as codornizes que caíram sobre o acampamento dos israelitas durante uma tarde, 16.13; são providências extraordinárias, mas realizadas por meio de elementos adicionais, e foram anunciadas como sinais. A praga dos gafanhotos foi um dos sinais e maravilhas operados no campo de Tanis, Sl 78.43-46, e as codornizes serviram para que o povo conhecesse Jeová como seu Deus, Êx 16.12. No sentido estritamente bíblico, os milagres são acontecimentos do mundo externo, operados pelo poder de Deus, com o fim de servir de sinal ou testemunho. A possibilidade dos milagres baseia-se no fato indiscutível que Deus é onipotente, que Ele governa e dirige todas as coisas como ente pessoal que é. Talvez a maneira de operar esses milagres nos domínios da natureza física possa ser ilustrada pelo poder da vontade humana. A vontade e a força muscular do homem podem governar e dirigir as leis da natureza, como quando levanta uma pedra, contrariando as leis da gravidade dos corpos. Os milagres não devem ser aceitos credulamente sem exame. As provas a que se devem submeter, são: **1** Se eles revelam o caráter de Deus e se têm por fim ensinar verdades a ele referentes. **2** Se estão em harmonia com as verdades religiosas já estabelecidas, Dt 13.1-3. Se qualquer fato maravilhoso contradiz as doutrinas da Bíblia, vem a ser um prodígio mentiroso, 2 Ts 2.9; Ap 16.14. **3** Há sempre uma ocasião adequada para o milagre. Deus não opera milagres senão em benefício de uma grande causa e para fins religiosos; eles se relacionam com a história da redenção. Nenhum milagre deve merecer este nome e ser considerado genuíno, sem ter sido operado em momento para ele ocasionado e sem ter lugar na revelação da obra redentora. **4** Os milagres confirmam-se, não pelo número das testemunhas que os presenciam, mas pelo seu caráter e pelas suas qualidades. Os milagres da Bíblia limitam-se, quase exclusivamente, a quatro períodos, separados entre si por alguns séculos. 1) O período em que Deus operou o livramento de seu povo do cativeiro do Egito e seu estabelecimento na terra de Canaã sob o comando de Moisés e de Josué. 2) Os milagres operados durante as lutas de morte entre o paganismo e a religião verdadeira no tempo dos profetas Elias e Eliseu. 3) A intervenção divina no modo pelo qual se manifestou o poder de Jeová sobre os deuses do paganismo, mesmo na terra do exílio, como se deu com Daniel e seus companheiros. 4) O estabelecimento do cristianismo acompanhado dos milagres que atestavam a divindade da pessoa de Cristo e da sua doutrina. Além desses períodos, os milagres são muito raros, Gn 5.24; são quase inteiramente desconhecidos durante muitos séculos depois da criação até o êxodo. A operação de milagres na idade apostólica, visto que não limitada aos apóstolos, era credencial que os acreditava como enviados de Deus, At 6.8; 8.5-7; 2 Co 12.12; Hb 2.4; *cf.* At 2.43; Gl 3.5.

MILALAI (*no hebraico, "eloqüente"*) – nome de um dos levitas que tocavam instrumentos na festa da dedicação do muro de Jerusalém, Ne 12.36.

MILCA (*no hebraico, "conselho"*) **1** Nome da filha de Arã e irmã de Ló, casada com Naor, e mãe de Uz, Buz, Quemuel, Quisede, Azo, Pildas e Betuel, Gn 11.29; 22.20-23, e avó de Rebeca, 22.23; 24.15-24. **2** Nome da filha de Zelofeade, Nm 26.33.

MILCÃ (veja *MOLOQUE*).

MILETO – porto de mar a que chegou o apóstolo Paulo um dia após de *Trogylium*, At 20.15. Reuniu ali os anciãos da igreja de Éfeso, aos quais deu instruções e se despediu deles, v. 17-38. Nesse lugar ficou detido Trófimo por causa de enfermidade,

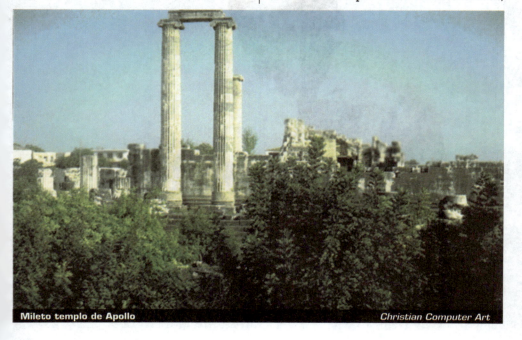

Mileto templo de Apollo — Christian Computer Art

MILETO

2 Tm 4.20. A cidade de Mileto ficava nas costas de Jonia, 66 km e meio ao sul de Éfeso, quase nos limites da Cária. Possuía belo templo consagrado a Apolo e foi pátria de Tales de Anaximandro e talvez de Demócrito, notáveis filósofos gregos. Poucas relíquias restam dessa cidade.

MILHANO – **1** Ave de rapina, pertencente à família dos falcões, munida de asas longas e pontiagudas e de cauda bipartida. Milhano ou milhafre é a tradução da palavra hebraica *Daah* e *Dayyah*, Lv 11.14; Dt 14.13; Is 14.15. Tanto o milhano quanto o falcão eram pássaros cerimoniosamente impuros. Nome hebraico para o milhano, correspondia ao arábico *haddayyeh*. Havia diversas espécies, Dt 14.13; o milhano preto (*Milvus nigrans*) que se encontra no centro e no sul da Europa, no norte da África e no ocidente da Ásia. Aparece na Palestina no mês de março, deslizando silenciosamente pelo ar, em busca de alimento, que consiste de restos de comida ou cereais. Por ser ave tímida, não assalta os galinheiros. Cria-se nos galhos das árvores, e constrói os ninhos com farrapos de várias cores. O milhano de asas negras (*Elanus caeruleus*) também aparece na Palestina, porém, raras vezes. **2** É o milhano comum, Dt 14.13, corredor. Tradução da palavra hebraica *Raah*, que de fato é erro de copista, pois a palavra correta é *Daah*. Outro escriba colocou à margem *Dayyah* para corrigir o erro, que mais tarde entrou no texto, porque tal palavra não se encontra na lista correspondente em Levítico capítulo 11.

MILHO MIÚDO – cereal (*Panicum miliaceum*), em hebraico *dohan*, em árabe, *duhn*. O Senhor ordenou a Ezequiel que empregasse esse cereal no fabrico do pão que havia de comer, Ez 4.9. O milho miúdo tinha grande consumo nos países do oci-

Medidor de Milho — Christian Computer Art

dente e do sul da Ásia, do sul da Europa e do norte da África. As hásteas serviam de alimento para o gado, enquanto que os grãos alimentavam as aves e proporcionavam saboroso e nutriente pábulo para o homem. Talvez a palavra hebraica *dohan* servisse para designar outras espécies de cereais, inclusive o *Sorghum vulgare*, que é o milho miúdo da Índia, muito cultivado ali e no sul da Ásia, a que os naturais denominam *doura*.

MILO (*no hebraico, "terraço", ou "terrapleno"*) **1** Nome de uma casa, que provavelmente servia de fortaleza, existente em Siquém, Jz 9.6-20. **2** Nome de um bastião existente em Jerusalém, no tempo de Davi, reconstruído por Salomão e reforçado por Ezequias para resistir à invasão dos assírios, 2 Sm 5.9; 1 Rs 9.15-24; 11.27; 2 Cr 32.5. Localização desconhecida. Erguia-se dentro ou fora da cidade de Davi com o intuito de proteger a velha fortaleza dos jebuseus, 2 Cr 32.5. Conjecturas gerais levam a pensar que se localizava sobre o outeiro de sudeste e no ângulo nordeste, saliência sobrepujante ao vale Tiropeom que olha para o templo.

MINDOS – nome de uma cidade da Cária, situada à beira-mar, Heród. 5.33. Não muito distante de Halicarnasso, porque Alexandre conduziu um destacamento de soldados entre esses dois lugares, em uma noite apenas. No tempo de Simão Macabeu estava sujeita a Roma, 1 Mac 15.23. Parece que existiu no pequeno porto de abrigo que se chama Gumislu.

MINERAÇÃO – processo pelo qual se extraem da terra os metais: o ouro, a prata, o ferro, o cobre e as pedras preciosas, graficamente descrito em Jó 28.1-11. Os egípcios de longa data faziam operações dessa natureza. Logo no tempo da quarta dinastia, descobriram minas de cobre no *wady Magharah*, península do Sinai, dando logo início às explorações e conseqüente fundição que continuaram por muitos anos, ficando suspensos esses trabalhos durante a dominação dos hicsos. Totmés III continuou as explorações bem como Ramsés II, reconhecido como sendo o Faraó que oprimiu os hebreus. Empregavam na extração dos minérios os criminosos, os prisioneiros de guerra e os escravos que trabalhavam sob o azorrague dos feitores e algumas vezes carregados de ferros. As minas se alargavam no subsolo. O poço descia à profundidade considerável. O teto das minas era sustentado por pilares de granito e por esteios de acácia. A Espanha se celebrizou pelas suas minas de ouro e de prata, 1 Mac 8.3. Diziam aos israelitas que esperavam a posse de Canaã, que a terra que iam buscar era abundante em todas as coisas, cujas pedras eram ferro e de cujos montes se tiravam os metais de cobre, Dt 8.9. Não consta, porém, que se fizesse minerações na Palestina. Os hebreus sabiam muito bem abrir poços, como se pode ver pelo túnel que fizeram para ligar a fonte da Virgem ao tanque de Siloé. Atualmente existem minas de ferro no monte Líbano.

MINI – nome de um povo da Armênia, Antig. 1.3,6, que habitava o distrito perto do lago Vã, provavelmente entre esse lago e o lago Urumiá, adjacente ao reino de Ararate no Araxes. Em 830 a.C., Salmaneser, rei da Assíria, devastou a terra de Mini. Em 716, o rei Mini revoltou-se contra a Assíria, mas em 714, foi novamente subjugado. Esse povo continuou a insurgir-se, especialmente durante o reinado de Assurbanipal, rei da Assíria, 668-626, até que, finalmente, pelo ano 606, em ação com os medos, com os cimerianos e outras nacionalidades, tomou Nínive e colocou termo ao império da Assíria. Em Jr 51.27, fala-se na união dos reinos de Ararate, Mini e Asquenaz para destruir a Babilônia.

MINIAMIM

MINIAMIM (*no hebraico, "ao lado da mão direita"*) **1** Nome de um chefe de família entre os sacerdotes nos dias do sumo sacerdote Jeoiaquim, Ne 12.17. **2** Nome de um dos sacerdotes que tocavam as trombetas por ocasião de dedicar-se o muro de Jerusalém, Ne 12.41. **3** Nome de um dos homens, que, sob a direção do levita Coré, tinha a seu cuidado a guarda das ofertas voluntárias, das primícias e das coisas consagradas ao Santo dos Santos para serem distribuídas aos levitas, seus irmãos, durante o reinado de Ezequias, 2 Cr 31.15.

MINISTRO – **1** Título que se dava a um assistente, ou auxiliar, "não de serviço doméstico", em hebraico *meshareth*, em grego, *hyp'eretes*. O escravo José, elevado à posição honrosa e de confiança na casa de seu senhor, passou a ser o encarregado de todas as coisas, Gn 39.4. A jovem Abisague, escolhida para o serviço do rei Davi, ministrava-lhe o que exigia o seu estado de saúde, 1 Rs 1.4,15. Josué assistia Moisés como seu ministro no Tabernáculo e foi o seu sucessor no comando do povo, Êx 24.13; 33.11; Js 1.1. Eliseu serviu de ministro a Alias, dava-lhe água para as mãos e o sucedeu no ofício de profeta, 1 Rs 19.21; 2 Rs 3.11. O assistente da sinagoga auxiliava o leitor da lei, dando e recebendo o livro e se chamava ministro, Lc 4.20. Os discípulos que assistiam a Jesus e que eram suas testemunhas chamam-se ministros da palavra, Lc 1.2; At 26.16. Marcos e Barnabé assistiam ao apóstolo Paulo na sua primeira viagem missionária, 13.5. **2** Título que se dava a um funcionário público a serviço do Estado, ou a serviço de Deus; em hebraico, *meshareth*, em grego, *leitourgos*, como eram os sacerdotes e os levitas, exercendo as suas funções no santuário, Êx 28.43; Nm 3.31; Dt 18.5; Is 61.6; *cf.* LXX; Lc 1.23; Hb 9.21, como era Jesus Cristo, exercendo as funções de sumo sacerdote no verdadeiro Tabernáculo, Hb 8.2; como Paulo, minis-

trando o evangelho aos gentios, Rm 15.16. Esse epíteto dava-se ao magistrado civil, 13.6, e designava um *attaché* da corte, 1 Rs 10.5, que muitas vezes era pessoa de alta categoria social, 2 Cr 22.8; Et 1.10; e até servia para designar funcionários celestes, Sl 103.21; 104.4. **3** Nome de alguém encarregado de exercer obrigações em lugar de outra pessoa, agindo como servo que executa ordens de seu senhor contra terceiros; em grego, *diakonos*. Por exemplo: magistrado; que exerce a justiça de Deus sobre os que trabalham mal, Rm 13.4. Emprega-se especialmente para designar os ministros de Deus no evangelho de seu Filho, como Timóteo, 1 Ts 3.2, Paulo e Apolo, 1 Co 3.5, Tíquico, Ef 6.21, Epafras, Cl 1.7. A palavra *diakonos* também se empregava, em sentido restrito, para designar o diácono, oficial eclesiástico, diferente do bispo.

MINITE (*no hebraico, "distribuição"*) – nome de uma cidade dos amonitas, Jz 11.33, que exportava trigo para Tiro, Ez 27.17. Segundo Eusébio, existia uma aldeia chamada Manite, uns 5 km de Hesbom para os lados de Filadélfia.

MIQUÉIAS (*no hebraico, mikah, uma abreviação de mikayahu, "Quem é como Jeová"*) – nome de um profeta natural de Morasti, cidade que parece ter pertencido a Judá, não distante de Gate, e que por algum tempo serviu de dependência dos filisteus. Miquéias profetizou nos reinados de Jotão, de Acaz e de Ezequias, reis de Judá, Mq 1.1; Jr 26.18. Começou, portanto, a sua carreira, pouco depois do seu contemporâneo Oséias e também depois de Isaías, *cf.* 1.1 com Is 1.1 e Oséias, 1.1. Falou sobre os mesmos grandes temas como Isaías e em termos tão semelhantes que Calvino o denominou colega de Isaías. O estilo de Miquéias é simples e elegante. Repreende sem rebuço o pecado, 1.5; 2.1,2; 6.10-12. As transições de pensamento são às vezes

MIQUÉIAS, O LIVRO DE

abruptas, que nem sempre se descobre a sua ligação lógica. Gosta muito de fazer interrogações, 1.5; 2.7; 4.9; 6.3,6,7,10,11, é irônico, 2.11; emprega metáforas, 1.6; 3.2,3,6; 4.6-8,13; 6.10,11,14,15, compraz-se em paranomasias que ele emprega amplamente no primeiro capítulo, e talvez servindo-se delas para determinar o parágrafo final de seu livro, em que ele fala em louvor de Jeová, baseado em uma pergunta: "Ó Deus, quem é semelhante a ti?" O profeta encerra a sua predição, declarando que as suas palavras têm fundamento naquele que não conhece outro igual a si, repetindo assim o significado de seu nome, Miquéias. Em seu relacionamento com Israel e em sua experiência individual, Miquéias baseia a sua confiança e a sua força no caráter de Deus, revelado nos Dez Mandamentos 2.7; 6.3-5; 7.15. Deus faz justiça e ama a misericórdia e quer que o seu povo seja justo e misericordioso. As promessas de Deus serviam também de baluarte ao profeta e lhe comunicaram doce energia; sabia que a segurança de Israel dependia dos propósitos divinos para salvar o seu povo, segundo as promessas feitas a Abraão, 7.20, e centralizadas no filho de Davi, 5.2-6; *cf.* Lc 1.72-75. Os inimigos desse reino não podem prevalecer contra ele. O cap. 5 baseia-se na mesma verdade, expressa no salmo 2, e do mesmo modo, a mensagem de perdão e restauração, 7.8-20, tem seus fundamentos na Palavra de Deus.

MIQUÉIAS, O LIVRO DE – o livro de Miquéias é o sexto dos profetas menores. Seu autor profetizou nos reinados de Jotão, de Acaz e de Ezequias, 1.1. O seu conteúdo mostra que foi escrito depois dos reinados de Onri e de Acabe, 6.16, no tempo em que a Assíria era potência temida pelos israelitas, 5.5,6, e pelo menos, em parte, quando Samaria e o Reino do Norte ainda existiam, 1.6-14; porém, não se pode dizer quanto tempo antes da queda de Samaria, foram proferidas as palavras contidas no cap. 1.5-7; porque, desde os dias de Uzias e de Jotão, os profetas ainda estavam anunciando a queda de Samaria, Os 1.6; 3.4; 5.9; Am 2.6; 3.12; 5.1-3,27; 6.1,7-11,14; Is 7.8,9; 8.4, e a desolação de Judá, Os 5.10; Am 2.4; Is 6.1,11-13; 7.17-25. A alusão à queda de Basã e Gileade pode indicar um período mais distante do que 733-732 a.C., quando Tiglate-Pileser invadiu esse território e levou cativos os seus habitantes, Mq 7.14, onde a expressão "dias antigos" se refere à ocupação da região de Israel, desde o tempo da conquista e daí para diante, *cf.* os versículos 14 e 20. A profecia do cap. 3.12 foi anunciada durante o reinado de Ezequias, Jr 26.18, se bem que Miquéias poderia ter tratado do mesmo assunto algum tempo antes. As profecias de Miquéias referem-se especialmente a Judá, e são dirigidas ao povo do Reino do Sul, mas, nem por isso, deixam de compreender todo o Israel, 1.1,5-7,9-16. As transições abruptas indicam que o livro é antes um sumário dos ensinos dos profetas, do que uma série continuada de discursos distintos. A expressão "ouvi todos vós" repetida três vezes, serve para marcar o princípio de cada uma das três divisões, que terminam também com uma mensagem de esperança. I. Juízo sobre Samaria por causa das suas disposições incuráveis para a idolatria, 1.1-8, e sobre Judá, dominado por iguais disposições, v. 9-16. Maldições contra os opressores do povo, e profecias anunciando a ruína e o cativeiro da nação 2.4,5, como punição dos seus representantes injustos e iníquos 2.1-11, salvando-se apenas algumas relíquias, 2.12,13. II. Denunciações Acompanhadas de Promessas de Salvação. Exprobrações às autoridades civis e religiosas pela indiferença covarde para com a verdade e a justiça e pelo caráter mercenário de suas doutrinas e governo, 3.1-11; por conseguinte abandono de Sião por Jeová às forças inimigas, v. 12, e a exaltação final do Reino

MIQUÉIAS, O LIVRO DE

de Deus pela sua influência moral entre os homens, promovendo a paz, a prosperidade e a força, 4.1-8, porém, atualmente, é só tristeza, desesperança e cativeiro, 9.10, seguido de vitória sobre seus inimigos por se haverem oposto a Jeová, v. 11-13. Presentemente, Sião será devastada, 5.1, até o tempo em que se há de manifestar aquele que governará Israel, e cuja geração é desde o princípio, desde os dias da eternidade, v. 2-4. Essa predestinação divina acerca do Messias assegura o livramento de Sião das mãos dos assírios, v. 5,6; *cf.* Is 7.4-16, e serve de penhor e de garantia à sobrevivência do povo de Deus através dos séculos e ao seu triunfo sobre todos os inimigos e à realização de todos os ideais divinos, 5.7-15. III. Controvérsia de Jeová com o Povo Como Unidade Social, não com os ricos e com as classes dirigentes somente, 6.1-5, explicando os requisitos da verdadeira religião, v. 6-8; *cf.* também Is 1.11-17, e grandemente que se tenha apartado deles, 6.9 até o cap. 7.6, terminando pela manifestação de sua própria confiança em um futuro glorioso, devido à graça misericordiosa de Jeová e à fidelidade de suas promessas a Abraão, v. 7-20. O capítulo 4.1-3 é quase idêntico a Is 2.2-4, porém o assunto é mais intimamente ligado do que a passagem correspondente de Isaías com os versículos que imediatamente a seguem. O profeta Joel exprime idéia semelhante, 3.10. Isaías com certeza citou as suas palavras, como prova a frase que lhe serve de introdução: "E acontecerá isto que", a qual poderia ter citado de Miquéias, porém, as variações verbais entre Isaías e Miquéias e entre esses dois e Joel podem explicar-se, supondo que todos eles adotaram uma predição tradicional muito vulgar em seu tempo. De qualquer modo, o povo de Deus desse tempo foi instruído por profecias autorizadas, nas quais depositavam sua confiança, e que citavam da mesma maneira que atualmente fazem os cristãos. A integridade do texto de Miquéias tem sofrido contestações por parte de alguns. Os argumentos a favor dessa opinião consistem, principalmente, nos seguintes fatos reforçados com freqüência pela afirmação de que o estilo não é de Miquéias: I. Ele pressupõe a existência de um cativeiro, 2.12,13; 7.7-20, Wellhausen. Certamente que Miquéias não poderia deixar de ver o futuro exílio de seu povo, porque: 1) Baseado nas lições de Moisés registradas em Deuteronômio, era natural que Miquéias poderia saber de cor, Is 39.6,7, futuramente. De harmonia com os princípios morais da lei, a desobediência quer dizer enfraquecimento e ruínas. Em tais condições, e naquela época remota, as conseqüências resultantes dos pecados nacionais seriam o domínio estrangeiro sobre a nação, o exílio e o cativeiro, Dt 28.31-37,47-53; *cf.* Is 1.19,20. 2) O cativeiro de Judá, ou quando menos, o exílio das classes superiores, são passagens genuínas em Miquéias, e o exílio da nação como povo é claramente anunciado por Isaías, Mq 1.15,16; 2.3-5,10; Is 5.13; 6.11-13; 7.3; e bem assim a volta das relíquias de Jacó à pátria, 10.21. Uma visão antecipada cabe muito bem na profecia de Miquéias. Os críticos dessa força, que aceitam como genuíno o contexto, rejeitam ao mesmo tempo a cláusula do cap. 4.10, em que se menciona Babilônia como o lugar do exílio. É uma circunstância que pode ser omitida sem prejuízo de sentido. Segue-se que *a*) muitas cláusulas genuínas podem ser omitidas, sem prejuízo de suas ligações; *b*) Isaías fala da Babilônia como lugar do exílio, em uma profecia que Miquéias poderia saber com fundamento, 39.6,7. Ainda mais, Isaías tendo em mente a dispersão dos filhos de Israel por todo o mundo habitado, menciona Sinear, isto é, Babilônia, como sendo uma das terras do exílio, 11.11. A porção desse capítulo como a cláusula de Miquéias é impugnada por se referir ao exílio para a Babilônia. II. Elementos messiânicos, como: a

MIQUÉIAS, O LIVRO DE

reunião do povo de Israel, a sua entrada triunfante, tendo à sua frente o seu rei, Mq 2.13, a paz e a prosperidade de Sião no período messiânico e a entrada dos gentios, 4.1-8, e a pessoa do Messias, 5.2-8, porém essas idéias corriam dominantes do pensamento contemporâneo de Miquéias, Os 11.8-11; Is 2.2-4; 4.2-6; 9.1-7; Hb 8.23 até o cap. 9.6; Is 10.20-22; 11. 1-10; Am 9. 11-15. III. A universalidade do relacionamento de Jeová com o mundo gentílico. A resposta a essa objeção é a seguinte: 1) Não falta pressuposição na mente de Miquéias, que não sejam o reflexo de outras passagens reconhecidamente genuínas, 1.2. 2) Uma concepção de universidade aparece em Amós, anunciando os castigos de Jeová sobre as nações que hostilizaram de Deus, Am caps. 1 e 2, atitude de Jeová contra Damasco, o Egito e a Assíria proclamada por Isaías, e nos escritos atribuídos a Jeremias e a Ezequiel em que se faz menção ao governo moral que Deus exerce no mundo, Gn caps. 2 a 11; 18.25 etc. IV. As idéias escatológicas de um fracassado ataque das nações contra Sião, em contraste com a profecia, anunciando a queda de Sião às mãos de seus inimigos, *cf*. Mq 4.11-13, com 3.12. As duas idéias, contudo, não são inconsistentes. Miquéias e os outros profetas de seu tempo, e outros depois deles, encaravam o conflito entre Judá e as forças do mundo sob dois pontos de vista: Um deles é que Jeová entregaria seu povo à espada e ao cativeiro por causa de seus pecados; e o outro é o que considera as hostilidades do mundo contra Sião, como sendo feitas contra Jeová, de que resulta a sua destruição, Is 1.19,20; 8.5-8,9,10; 10.5-7,12-16, *cf*. Is 3.8,24-26; 5.13,26-30. Nenhuma espada que se levante contra Sião sairá vencedora. As investidas da Assíria contra Judá, por Senaqueribe, nos dias de Isaías, e talvez de Miquéias e o seu fracasso, oferecem bela ilustração dos dois princípios, aqui proclamados como verdade válida em todos os tempos, 2 Rs 18.13 até o cap. 19.37, *cf*. 18.11,12; 19.4-7 (Vos. Presb. e Refd. Rev. 10.305). V. A condenação dos simulacros e dos altares de que se servia o povo em suas práticas idólatras, e que ocorreu depois que os profetas começaram a falar contra os altos, isto é, depois da reforma promovida pelo Deuteronômio. Deve-se observar, porém, que as proibições contidas no livro de Deuteronômio não são originalmente mosaicas; e que a atitude de Miquéias é a mesma de seu predecessor Oséias. A própria construção de simulacros é reprovada por esse profeta, 10.1,2, que condenando todos os ídolos, deveria compreender também os simulacros, *cf*. 2.5,13; 4.12-17; 8.4-6; e Mq 1.7. Além disso, a passagem inteira de Mq 5.9-14 é semelhante à de Is 2.6-8. VI. As transições abruptas de ameaças para promessas, Mq 2.12,13; 4.1-8; 7.7-20. Essa seqüência é muito freqüente entre os profetas. Uniformemente, depois de anunciar as maldições e os castigos, eles iluminavam a escuridão da ira de Deus, com os raios fulgurantes das promessas divinas, animando os homens piedosos a permanecer firmes, a lutar e a ter esperança. É costume desses críticos que se ocupam a formular as objeções já mencionadas separar essas passagens, a fim de prepararem o terreno para fundamentar as suas teorias. Várias considerações se oferecem para defender a legitimidade dos caps. 6 e 7. O pensamento do profeta acerca dos exílios, Mq 7.12, não nos deve surpreender em um contemporâneo de Isaías; a esperança de ver os muros de Jerusalém reconstruídos 7.11, é muito natural, depois de haver falado de Sião, pisada como se pisa a lama das ruas, v. 10. Contra a afirmação de Ewald, dizendo que os caps. 6 e 7 pertencem à época de Manassés (se bem que não esteja fora do tempo de Miquéias) podemos opor a opinião de Cornill que afirma que todo o conteúdo dos caps. mencionado se aplica perfeitamente à época de Acaz. A antecipação do exílio,

MIQUÉIAS, O LIVRO DE

7.7-20, e a devastação do reino pelos inimigos, 6.13-16, e a submissão destes, 7.16,17, e as transições das ameaças para as promessas, caracterizam os caps. 1 até 5, da mesma maneira que os caps. 6,7. Esses capítulos formam natural seqüência dos capítulos 1 a 3, que contêm as denunciações de Jeová contra os representantes oficiais da nação, para os caps. 6 e 7 em que se encontram as controvérsias com o povo. A representação de Jeová em controvérsia com Israel era familiar aos profetas desse período, Os 4.1; 12.2; *cf.* Is 1.2-24. Era também prática muito comum dos profetas Miquéias, Oséias e Isaías, referirem-se aos fatos da primitiva história como se observa em Is 6.4,5; 7.15,20; Mq 1.15. Do mesmo modo que as profecias dos capítulos 1 até 5 se parecem com as produções de Isaías, assim também se parece o cap. 6 com o primeiro capítulo do mesmo profeta.

MIRIÃ (*no hebraico, "obstinação", "rebelião"; no grego é Maria*) **1** Nome da irmã de Arão e de Moisés, Êx 15.20; Nm 26.59. Deve ter sido Miriã quem vigiava o cestinho que encerrava o corpo do menino Moisés, boiando nas águas do Nilo, *cf.* Êx 2.4-8. Depois da passagem do mar Vermelho, saiu Miriã tocando adufe e, depois dela, vinham as mulheres também com os adufes e com danças, Miriã ia adiante delas e entoava dizendo: Cantemos ao Senhor, porquanto ele gloriosamente, submergiu no mar o cavalo e o cavaleiro, 15.20,21. Era profetisa e Deus a escolheu com seus irmãos para serem os guias do povo hebreu, 4.15,29,30; Mq 6.4. Arão e Miriã falaram contra Moisés por causa de sua mulher etíope, com a qual, pensavam eles, não se deveria ter casado, em descrédito de sua posição e da sua influência. Porventura falou o Senhor só por Moisés? Não nos falou também a nós? disseram Miriã e Arão. Por causa dessa insubordinação à vontade de Deus, ela ficou branca de lepra como a neve, de que

foi curada pela intervenção de Moisés, Nm 12.16; Dt 24.9. Morreu Miriã e foi sepultada em Cades, Nm 20.1. **2** Nome de um homem de Judá descendente de Esdras, 1 Cr 4.17.

MIRMA (*no hebraico, "engano", "logro"*) – nome de um benjamita filho de Saaraim e de sua mulher Hodes, 1 Cr 8.10.

MIRRA – **1** Nome de uma substância aromática, que em hebraico chama *mor*, e em grego *smyrna*. Esse aroma se misturava ao óleo com que se ungiu Arão e seus sucessores, Êx 30.23; servia também para perfumar as vestes e os leitos, Sl 45.8; Pv 7.17; Ct 3.6. Com óleo de mirra se purificavam as damas na Pérsia, Et 2.12. Os magos, vindos do oriente, ofereceram mirra ao infante Jesus, Mt 2.11. Quando Jesus pendia da cruz no Calvário, ofereceram vinho misturado com mirra com o fim de lhe amortecer as dores do sacrifício, Mc 15.23. A mirra entrou na composição das especiarias destinadas a ungir o corpo de Jesus, João 19.39. Também utilizava-na para embalsamar os mortos, Heród. 2.86. A árvore que a produz, cresce na Arábia, 3.107; Plínio 12.16, e se denomina *Balsamodendron myrrha*, é árvore baixa, de casca e madeira aromática; tem galhos curtos e espinhosos, e folhas trifoliadas; produz umas frutas semelhantes à ameixa. Cresce na Arábia Félix, aonde a vão buscar os negociantes. **2** Tradução da palavra hebraica *Lot*, Gn 37.25; 43.11. A tradução não é muito feliz. Seria melhor dizer *ladanum*, que os gregos chamam *ledon* e *ladanon*, cognato com o hebraico *lot*, resina aromática, contendo um óleo volátil produzido pelo *Cistus creticus* e por outras espécies de estevas. Cresce na Síria. **3** Nome de uma cidade da Lídia, onde o apóstolo Paulo mudou de navio, indo prisioneiro para Roma, At 27.5,6. Mirra era uma das principais cidades da Lícia. Estava situada uns 3 km da costa, sobre um outeiro à entrada da garganta que dá acesso ao interior da região montanhosa. Atualmente tem o nome de Dembra.

MISÃ (*no hebraico, "prontidão", ou "purificação"*) – nome de um benjamita, filho de Elpaal, que em companhia de seus irmãos fundaram as cidades de Ono e Lode, 1 Cr 8.12.

MISAEL (*no hebraico, "quem é como Deus?"*) **1** Nome de um dos três companheiros de Daniel, que lhe foi dado pelos babilônios, Dn 1.6,7,11,19; 11.17; 1 Mac 2.59. **2** Nome de um dos que estavam ao lado de Esdras, quando ele doutrinava o povo, Ne 8.4. **3** Nome de um levita da família de Coate, e casa de Uziel, Êx 6.22; Lv 10.4.

MISAL – nome de uma cidade da tribo de Aser, Js 19.26, que foi dada, com os seus subúrbios, aos levitas da família de Gérson, 21.30. Chama-se Masal em 1 Cr 6.74. Localização desconhecida.

MÍSIA – nome de uma província, situada no extremo noroeste da Ásia Menor, limitada ao norte pelo Propôntis que atualmente tem o nome de mar de Mármora, ao sul pela Lídia, ao oriente, pela Bitínia e a oeste, pelo Helesponto. Trôade estava localizada nessa província. Paulo e Silas chegaram à cidade de Trôade, atravessando essa região, At 16.7,8, chegando até Assôs, onde o foram encontrar os seus companheiros. Em Pérgamo, terceira cidade depois de Assôs, havia uma das igrejas mencionadas no Ap 1.11; 2.12-17.

MISMA (*no hebraico, "audição", ou "relatório"*) **1** Nome de uma tribo, descendente de Ismael, Gn 25.14; 1 Cr 1.30. Esse nome acha-se representado em Jebel Misma, entre Damasco e Jaufe, ou na outra Jebel Misma, situada 278 km ao oriente de Taima. **2** Nome de um descendente de Simeão, 1 Cr 4.25.

MISMANA (*no hebraico, "força", "gordura", "vigor"*) – nome de um dos gaditas, que foi ao encontro de Davi em Ziclague, 1 Cr 12.10.

MISPA (*no hebraico, "torre de vigia"*) **1** Nome de uma cidade de Benjamim, Js 18.26, pouco distante de Ramá, e acima de Jerusalém, 1 Mac 3.46. **2** Nome de uma aldeia perto da planície de Judá, Js 15.38, geralmente identificada com *Tell es-Safi*, 13 km a noroeste de *Beit Jibrin*. Eusébio a localiza ao norte de Eleuterópolis, que é *Beit Jibrin*, na direção de Jerusalém. **3** Nome de uma cidade de Gileade, situada ao oriente do Jordão, Jz 10.17; 11.11, provavelmente a mesma Masfa de Gileade do cap. 11.29, e Masfe, de Josué 13.26, outrora Ramote em Gileade, e Ramote de Gileade, Dt 4.43; 1 Rs 4.13; 2 Rs 8.28,29. Estava localizada no território de Gade, Js 13.26 e nos limites determinados para os levitas, 21.28 e destinada a ser cidade de refúgio, Dt 4.43; Js 20.8. Serviu de residência a Jefté, Jz 11.34, e residência de um dos 12 recebedores dos

Mispa — Christian Computer Art

MISPA

tributos que o rei Salomão havia colocado em todo o reino, 1 Rs 4.13. Custou muitas batalhas para assegurar a sua posse entre os israelitas e os sírios, 1 Rs 22.3 etc.; 2 Rs 8.28. Judas Macabeu a tomou e a reduziu a cinzas, 1 Mac 5.35. Segundo o testemunho de Eusébio, estava 22 km a oeste de Filadélfia sobre o Jaboque. Geralmente a identificam com *es-Salt* 20 km ao oriente da foz do Jaboque e a passagem do Jordão em Damié; porém, as ruínas da cidade de Jalude 11 km ao norte de *es-Salt* têm mais direito à identificação. **4** Nome da cidade para onde foram chamadas as tribos de Israel, por várias vezes a fim de conferenciarem sobre os interesses comuns, 1 Sm 7.5-7; 10.17; Jz 20.1-3; 21.1,5,8. O rei Asa a fortificou para defender-se das tribos do norte, 1 Rs 15.22; 2 Cr 16.6. Depois da destruição de Jerusalém, o governador da Babilônia fixou a sua residência em Mispa, 2 Rs 25.23-25; Jr 40.6-11,12-16; 41.1-16. Depois do cativeiro, os exilados estabeleceram-se outra vez em Mispa, Ne 3.7,15,19. Robinson acredita que essa cidade devia estar onde existe atualmente *Neby Samwil*, que quer dizer profeta Samuel, ou em *Tell el-Ful*, eminência ao norte de Jerusalém, se bem que ele dá preferência ao primeiro desses lugares. Essa identificação recebeu cordial acolhimento. Esse local está cerca de mil metros acima do nível do mar e distante de Jerusalém aproximadamente 8 km para os lados do noroeste de onde ela é vista distintamente. **5** Nome de um lugar na terra de Moabe, ainda não identificado, 1 Sm 22.3. **6** Nome de um lugar nas raízes do monte Hermom, Js 11.3. Não identificado. O vale de Mispa mencionado no v. 8 talvez seja o mesmo local.

MISPÁ (*no hebraico, "torre de vigia"*) – nome que se deu a um monte de pedras levantado ao norte do Jaboque, chamado Gileade, ou montão do testemunho para indicar que Deus era testemunha entre as partes contratantes do modo por que cumpriam o prometido, Gn 31.44-49.

MISPAR (*no hebraico, "escrita", "narrativa", número"*) – nome de um dos exilados que voltaram com Zorobabel, Ed 2.2. Em Ne 7.7 esse nome vem com a forma feminina Misperete.

MISRAEUS – nome de uma família que se relaciona com os de Quiriate-Jearim, 1 Cr 2.53.

MISRAIM (*forma dual da palavra misru, que significa "defesa", ou "terra defendida"*) – nome que se dava ao Egito. A forma dual parece designar as duas regiões, a do alto e a do baixo Egito, ocupadas pelos descendentes de Cão, Gn 10.6.

MISREFOTE-MAIM (*no hebraico, "incêndio", "fogo", ou "elevação das águas"*) – nome de um lugar até onde Josué perseguiu os reis que havia derrotado nas Águas de Merom, Js 11.8, nas fronteiras do país dos sidônios, 13.6, identificado atualmente com as ruínas e a fonte de *el-Museirifé*, 20 km ao norte do Acre e a menos de um quilômetro do mar nas raízes do *Ras en-Nacurá*.

MISTÉRIO – vocábulo oriundo da religião pagã em que o mistério significava doutrina secreta e peculiar, que distinguia uma religião de outra, concretizada nos ritos, cerimônias e purificações privativas dos iniciados. A palavra mistério não inclui a idéia de doutrina incompreensível. Em o Novo Testamento, significa um segredo escondido desde os tempos eternos, Rm 16.25, até que o homem fosse preparado pelo Espírito de Deus para recebê-lo e apreciá-lo, Mc 4.11. É grande o mistério da piedade, com que Deus se manifestou em carne, foi justificado pelo Espírito, foi visto dos anjos, tem sido pregado aos gentios, crido no mundo, e recebido na glória, 1 Tm 3.16.

MITENITA – nome de um habitante de uma cidade denominada Metém, 1 Cr 11.43.

MITCA (*no hebraico, "doçura"*) – nome de um acampamento dos israelitas no deserto, Nm 33.28.

MITILENE – nome de uma cidade, entre Assôs e Quios, que o apóstolo Paulo visitou, At 20.13-15. Era capital da ilha de Lesbos, do Arquipélago Grego, notável por haver sido o berço do poeta Alceu, do estadista Pítaco e da poetisa Safo. Ainda conserva o mesmo nome.

MITRA – cobertura para a cabeça, chamada em hebraico *misnepheth*, usada pelo sumo sacerdote, feita de linho fino, adornada com uma chapa de puro ouro, tendo gravadas as palavras: Santidade ao Senhor. Essa lâmina atava-se à mitra com uma fita de jacinto, Êx 28.4,36-39; Lv 16.4; Ez 21.26.

MITREDATE (*dado por Mitra, "espírito animador do fogo"*) **1** Nome de um tesoureiro de Ciro, rei dos persas, que por ordem do rei entregou os vasos do templo do Senhor aos judeus, Ed 1.8. **2** Nome de um dos que, no reinado de Artaxerxes Longímano, se queixaram de que os judeus estavam reconstruindo os muros de Jerusalém, Ed 4.7.

MIZÁ (*no hebraico, "temor", "receio"*) – nome do chefe de uma tribo da terra de Edom, descendente de Esaú e também de Ismael, Gn 36.3,4,13,17; 1 Cr 1.37.

MNASOM (*no grego mnason*) – nome de um discípulo antigo, natural de Chipre, em cuja casa se ia hospedar o apóstolo Paulo, At 21.16.

MOABE (*no hebraico, mo'ab, talvez, "desejo", ou "família de um pai"*) **1** Nome de um filho de Ló, produto de um ajuntamento incestuoso com sua filha mais velha, Gn 19.37. **2** Nome dos descendentes de Moabe, filho de Ló, intimamente ligados aos amonitas, Gn 19.37,38. Ramsés II conquistou os moabitas, segundo se lê na inscrição da base da estátua em Luxor. Formavam um povo numeroso antes que os israelitas passassem o mar Vermelho, Êx 15.15. Ocupavam o país desde as planícies de Hesbom até o *wady Kurahi*, que emerge no extremo sul do mar Morto e formava na linha divisória entre Edom e Moabe. Essas duas tribos absorveram e destruíram a raça forte dos emins, primeiros habitantes do país, ao oriente do Jordão, Dt 2.10,11,19-21; *cf.* Gn 15.5. Pouco antes da entrada dos israelitas em Canaã, Seom, rei dos amorreus, tomou aos moabitas as pastagens e as terras ao norte do Arnom. O país continuou a ser denominado terra de Moabe, confinando por algum tempo com as terras ao norte do Arnom, Nm 21.13-15,26-30. Os moabitas mostravam muita camaradagem com os emigrados israelitas por interesses comerciais, Dt 2.28,29, mas negaram permissão para atravessarem o seu território, Jz 11.17; *cf.* Dt 23.4. Em virtude do parentesco dos moabitas com os israelitas, Jeová ordenou a Moisés que os não guerreassem, Dt 2.9; *cf.* 19. Não obstante, o rei de Moabe se alarmou quando os israelitas acamparam nas suas vizinhanças e contratou o profeta Balaão para os amaldiçoar, Nm caps. 22 a 24; Js 24.9. Por causa dessas hostilidades, ordenou o Senhor que não lhes fosse permitida a entrada na congregação ainda depois da décima geração, e bem assim que não fizessem paz com eles por todos os dias de sua existência, Dt 23.3-6; Ne 13.1. O último acampamento dos israelitas antes de passarem o Jordão foi em Sitim, nas planícies que ficavam dentro dos antigos limites de Moabe, Nm 22.1 até Js 3.1.

MOABE

Moabe — Christian Computer Art

Enquanto estiveram ali acampados, as mulheres moabitas e edomitas os seduziram para as práticas idólatras e licenciosas do paganismo, Nm cap. 25; Os 9.10. Logo no princípio do governo dos juízes, Eglom, rei de Moabe, invadiu Canaã, assentou o seu governo em Jericó e oprimiu os israelitas que habitavam a região montanhosa adjacente, durante 18 anos até ser assassinado por Aode, Jz 3.12-30; 1 Sm 12.9. Elimeleque marido de Noemi e seus dois filhos saíram para habitar na terra de Moabe e peregrinaram ali, Elimeleque morreu e Noemi ficou com seus filhos que se casaram com Orfa e Rute, moabitas. Malom e Quiliom morreram também e voltou Noemi para a terra de Judá. Noemi disse para suas noras retornarem para a casa de seus pais e Orfa com um beijo despediu-se de sua sogra, mas Rute não deixou Noemi. Elas chegaram em Belém no princípio da sega do trigo. Rute veio a casar-se com Boaz, parente de Elimeleque, e foi antecessora do rei Davi, cf. Rt 1.22; 4.3,4,5,10,13-17; Mt 1.5-16. Saul guerreou contra os moabitas, 1 Sm 14.47 e Davi, quando perseguido por Saul, colocou seu pai e sua mãe sob a guarda do rei de Moabe, 22.2,4. Quando Davi chegou a ser rei, subjugou os moabitas, impôs-lhes tributos e condenou grande parte deles à morte, 2 Sm 8.2,12; 1 Cr 18.2,11.

Os moabitas também estiveram sujeitos a Onri e a seu filho; porém, após a morte de Acabe, revoltaram-se, e não puderam ser dominados, nem pelos netos de Onri, nem por Acazias, incapacitado por causa de uma queda, nem por Jeosafá que era rei de Judá nesse tempo. Os moabitas confederaram-se com os amonitas, com os edomitas e com outros povos vizinhos para invadirem o reino de Judá. Esses aliados, porém, guerrearam entre si e se deram a morte, de modo que o rei de Judá não teve necessidade de desferir um só golpe para se livrar deles, 2 Cr 20.1-30, cf. Sl 60.8; 83.6; 108.9. No ano em que morreu o profeta Eliseu, bandos de moabitas invadiram o reino de Israel, 2 Rs 13.20. Pagaram tributos a Tiglate-Pileser e a Senaqueribe, reis da Assíria. Entraram no reino de Judá no tempo de Jeoiaquim, 2 Rs 24.2. Muitas das cidades do norte do Arnom voltaram ao poder dos moabitas, cf. Is 15. Os profetas denunciaram os moabitas muitas vezes como sendo os tipos de todos os inimigos do Reino de Deus, Is caps. 15.16,25; Jr 9.26; 25.21; 27.3 e cap. 48; Ez 25.8-11; Am 2.1,2; Sf 2.8-11. Alguns dos judeus que fugiram de Jerusalém, quando Nabucodonosor invadiu o reino de Judá, refugiaram-se em Moabe, e de lá voltaram, quando Gedalias foi nomeado governador, Jr 40.11. Nabucodonosor subjugou os moabitas, Antig. 10.9,7. Dali em diante desapareceram da história das nações, Ed 9.1; Ne 13.1,23; Antig. 1.11,5. Alexandre Janeu lhes impôs tributos, Antig. 13.13,5. 3 O país ocupado pelos moabitas tinha o nome de Moabe. Era limitado ao ocidente pelo mar Morto, e separado de Edom, ao sul, pelo *wady Kurahi*, conhecido pelo nome de *wady el-Ashy*, na parte superior de seu curso; ao oriente é limitado pelo deserto, Nm 21.11. O limite setentrional, reconhecido pelos amorreus e pelos israelitas, era o Arnom, Nm 21.13; Dt 2.36; 3.12; Js 12.1; Jz 11.18; porém, os moabitas em tempos remotos, Nm 21.26, ocupavam como seu um distrito considerável ao norte do rio, Is cap. 15; Pedra Moabita, 8-30. Moabe está situado sobre um planalto ondulado, cerca de 800 m de altitude, muito próprio para alimentar o gado. O limite ocidental desce abruptamente para o mar Morto, cortado por vales profundos. A praia do mar Morto é comparativamente fértil, graças à profusão das nascentes de água que para ali correm. O campo de Moabe fazia parte de seu território, Gn 36.35; Nm 21.20. As planícies de Moabe compreendiam a parte do vale do Jordão que em outros tempos estava dentro de seus limites, ao oriente do rio, defronte de Jericó e ao longo da praia oriental do mar Morto, Nm 22.1; 33.48,49.

MOADIAS (*no hebraico, "exército de Jeová"*) – nome do chefe da família entre os sacerdotes no tempo do sumo pontífice Joiaquim, Ne 12.17.

MOCHO – **1** Tradução da palavra hebraica *Bath hay-yaianah*, Lv 11.16. **2** Tradução da palavra hebraica *Kos*, mocho, ave considerada imunda pela lei cerimonial, Lv 11.17; Dt 14.16, que habita lugares devastados, Sl 102.6. Provavelmente é a pequena coruja, *Athene glaux*, muito abundante na Palestina onde vivem nos olivedos, nos cerrados, nos túmulos e nas ruínas. **3** Tradução da palavra hebraica *Yanshupf*, íbis, em Lv 11.17, Dt 14.16, e que habitava em lugares desertos, Is 34.11. A Vulgata e a LXX registram íbis e os Targuns e a versão siríaca coruja. Tristram acredita que a coruja seja a águia dos egípcios (*Bubo ascalaphus*) que habita em cavernas e entre as ruínas, muito comum em Petra e em Berseba. **4** Tradução da palavra hebraica *Tinshemeth*, cisne, Lv 11.18. A LXX traduz por garça e a Vulgata, cisne. **5** Tradução da palavra hebraica *Lilith*, espectro noturno, Is 34.14, que também vive nas ruínas da Palestina. **6** Tradução da palavra hebraica *Kippos*, serpente, Is 34.15, em árabe *Kiffaza*.

MODIM (*no hebraico, "adivinhos"*) – nome de uma cidade dos Macabeus, 1 Mac 2.1, onde se achava o túmulo da família desse nome, e onde Matatias e dois de seus filhos, Judas e Jônatas, foram sepultados, 2.70; 9.19; 13.25. Estava situada na orla da planície da Filístia, 14.4,5, e do mar se avistava o túmulo mencionado, 13.29. Essa cidade ainda existia no tempo de Eusébio e de Jerônimo, situada nas vizinhanças de Dióspolis, que é Lida. O Talmude calcula a sua distância de Jerusalém em 22 km. Há divergências quanto à sua localização. Hitzig diz que era em *el-Burj* 4 km ao sul de Midié; e Robinson, acompanhando os dizeres dos peregrinos medievais, afirma que é Latrum. A opinião mais recente é a de Forner, e a mais aceitável, em favor de Midié, à beira da estrada que vai a Jerusalém, via Bete-Orom, 11 km distante de Lida e 33 km da cidade santa. A uns 900 m ao norte da arruinada cidade de Midié e a igual distância para oeste da moderna povoação, eleva-se um outeiro de cujo cimo se podem avistar os navios que passam pela costa e onde se encontraram os fundamentos de um majestoso túmulo.

MOEDA DE PRATA – tradução da palavra hebraica *Keseph*, prata, em Is 7.23, que em outros lugares se traduz por sequel e moedas de prata.

Moeda de Prata — Christian Computer Art

MOINHOS – na Palestina e nos países circunvizinhos, o moinho era uma simples máquina, formada de duas pedras redondas sobrepostas, Dt 24.6. Atualmente as pedras de moinho são feitas de basalto,

MOINHOS

com 0,50 cm de diâmetro e 0,^{m}0508 a 0,^{m}1016 de espessura. A pedra inferior era ligeiramente convexa e armada com um pino no centro que serve de eixo à pedra de cima que sobre ele gira. A pedra que fica em cima é ligeiramente côncava pelo lado de baixo formando caixa com a pedra inferior e tem uma abertura circular no centro por onde se despejam os grãos, e em que entra o pino da pedra que fica por baixo. Perto da circunferência levanta-se uma manivela que serve para fazê-la girar com a mão. A farinha sai pela circunferência da pedra inferior e cai sobre um pano estendido por baixo, ou em uma vasilha apropriada. O trabalho da moagem é fatigante, geralmente feito pelas mulheres, Ec 12.3; Mt 24.41, pelas escravas, Êx 11.5; Is 47.2, e pelos prisioneiros, Jz 16.21. Nas casas das famílias judias, não era serviço humilhante virar o moinho todos os dias pela manhã para os gastos do dia, serviço esse que, no inverno, se fazia antes de amanhecer. No caso de ser penhorada a pedra do moinho, a família ficava sem farinha até que fosse resgatada a pedra, e por esse motivo, a lei mosaica proibia receber em caução a mó de cima ou a de baixo, porque era receber a própria vida do devedor, Dt 24.6. O silêncio dos moinhos era sinal de grande desolação, Jr 25.10; Ap 18.22. Além dos pequenos moinhos, havia outros de grandes dimensões movidos por um animal, Mt 18.6.

MOISÉS (*no hebraico é mosheh, que popularmente foi associado a mshh, "tirar", porém o nome é derivado do egípcio meshu, ou mesu, que pode significar, "filho", ou "nasceu"*) – nome de um grande legislador hebreu, pertencente à tribo de Levi, da família de Coate e da casa de Anrão, Êx 6.18-20, filho de Jacobede, sua mãe, v. 20. Essa expressão deve ser entendida no sentido de antecessora. Anrão e Jacobede foram os fundadores da casa tribal em que Moisés

nasceu (veja *EGITO*). O edito que mandava matar todos os meninos que nascessem das mulheres hebréias colocou em grande risco a vida do infante Moisés. Sua mãe, vendo-o tão perfeito, o escondeu durante três meses em sua casa. Não podendo ocultar por mais tempo, tomou um cestinho de junco, barrou-o com betume e pez, colocou dentro o menino e o levou para um carriçal à beira do rio. Ao longe ficou sua irmã, a observar o que sucederia. Ao mesmo tempo, eis que descia a filha de Faraó para se banhar no rio. Segundo Josefo, chamava-se Termútis, a princesa egípcia, Antig. 2.9,5. Eusébio diz que o nome dela era Merris, que soa como Meri, uma das filhas mais novas de Ramsés II. Os rabinos a identificam com Bitia, filha de Faraó, 1 Cr 4.17. Vendo ela o cestinho no carriçal, mandou uma das suas criadas a trazer-lho. Abrindo-o, e vendo nele um menino que chorava, compadecida dele, disse: Este é algum dos meninos dos hebreus. A irmã de Moisés adiantou-se e disse à filha de Faraó: Queres que vá e que te chame uma mulher hebréia que possa criar este menino? A princesa consentiu e o menino foi criado pela própria mãe. Sendo já adulto, entregou-o à filha de Faraó que o adotou por seu filho e lhe colocou o nome de Moisés, dizendo: "Porque das águas o tirei", Êx 2.1-10. O filho adotivo de uma princesa deveria ter educação principesca e, por isso, foi ele instruído em toda a literatura dos egípcios, *cf.* At 7.22, que nesse tempo excediam em civilização a qualquer outro povo do mundo. Desse modo Moisés se preparou para exercer missão mais elevada do que a de ser herdeiro do trono dos Faraós. Deus o estava preparando para servir de condutor dos hebreus. Ele possuía grandes dotes naturais, aperfeiçoados por uma cultura especial, que o preparava para exercer a grande missão destinada para ele. Familiarizou-se com a vida na corte, privou com os príncipes, contemplou a grandeza, as pompas e os rituais do culto; entrou no conhecimento do simbolismo convencional, fez-se tal quanto o permitiam as idéias do tempo. Presidiu à administração da Justiça e familiarizou-se com as artes em uso na vida civilizada daquela época. Contudo, não perdeu de vista a sua origem, acreditava nas promessas reservadas ao povo hebreu. Antes mesmo de terminar a sua estada no Egito, já tinha descoberto que Deus o chamara para ser juiz e libertador dos israelitas, seus irmãos. Viu que certo egípcio espancava um hebreu, e o matou, e escondeu o cadáver na areia. Tendo saído ao outro dia, viu dois hebreus brigando, e disse ao que fazia a injúria: "Por que espancas o teu próximo? O qual respondeu: Quem te pôs por príncipe e juiz sobre nós? Pensas matar-me, como mataste ontem o egípcio?" Faraó informado desse caso, procurou matar Moisés; mas este, fugindo da sua presença, retirou-se para a terra de Midiã. Não quis ser chamado filho da filha de Faraó e lançou a sua sorte com o povo de Deus, assumindo as funções de salvador e juiz sobre ele, cf. Êx 2.11-15; At 7.24-28; Hb 11.24,25. Tinha ele a idade de 40 anos, At 7.23. Chegado que foi a Midiã, ajudou as filhas de Jetro a dar água aos rebanhos. Por este ato, foi ele apresentado ao pai das moças que era sacerdote e o casou com uma das filhas. Desse casamento teve dois filhos, Gérson e Eliezer, Êx 2.22; 4.20; 18.3,4. Demorou-se em Midiã, cerca de 40 anos, At 7.30, associado intimamente com o povo que era descendente de Abraão e que talvez adorasse ao Deus de Abraão, cf. Êx 18.10-12. Esse lapso de tempo serviu-lhe de escola preparatória, convivendo com homem que exercia funções entre os midianitas, homem de bom senso e sacerdote, Êx cap. 18. Nesse meio, Moisés ampliou seus conhecimentos religiosos e se familiarizou com as formas de culto, ficou

Rocha de Moisés — Christian Computer Art

MOISÉS

conhecendo os caminhos do deserto, os recursos que ali havia, estudou o clima e os costumes do povo. No meio da grandeza solene do deserto e de sua profunda solidão, teve tempo para meditar e refletir. Ao terminar esse período, "Apareceu-lhe o Anjo do Senhor numa chama de fogo no meio duma sarça; Moisés olhou, e eis que a sarça ardia no fogo e a sarça não se consumia". Aproximando-se para observar o fenômeno, o Senhor o chamou no meio da sarça para ir libertar o seu povo. Moisés apresentou a Ele sua incapacidade para tal empresa, *cf.* Êx 3.2-11. "Disse Moisés a Deus: Eis que, quando eu vier aos filhos de Israel e lhes disser: O Deus de vossos pais me enviou a vós outros; e eles me perguntarem: Qual é o seu nome? Que lhes direi?", v. 13. "...não crerão, nem acudirão à minha voz", 4.1. Alegou também Moisés a falta de eloqüência para persuadir, *cf.* v. 10. Todas essas dificuldades foram removidas, e Moisés teve de ceder ainda que contrariado. Deus se desagradou e lhe prometeu o auxílio de Arão, *cf.* v. 14. Moisés tomou sua mulher Zípora, com os dois filhos, e voltou para o Egito, *cf.* v. 20. Um dos filhos, o mais moço, não havia sido circuncidado ainda, porque Zípora considerava esse rito muito bárbaro. Cedendo à resistência de sua mulher, Moisés revelou incapacidade, não só para governar a sua casa, como para desempenhar-se de tão elevada missão junto de seu povo. Deus se desgostou de Moisés por haver negligenciado o sinal do pacto. E quando Moisés ia no caminho, o Senhor se lhe pôs diante na pousada e queria matá-lo. Zípora percebendo a causa, tomou logo uma pedra agudíssima e circuncidou o prepúcio de seu filho, e disse a Moisés: "Esposo sanguinário, por causa da circuncisão", *cf.* Êx 4.24-26. Chegando ao Egito, Moisés e Arão repetidamente compareceram à presença de Faraó, como enviados por Deus para conduzirem ao deserto o povo hebreu. A resistência de Faraó atraiu sobre si e sobre o povo egípcio sucessivos castigos com o nome de as dez pragas do Egito, caps. 5 a 13.16. Quando chegou a hora da partida, Moisés tomou o comando do povo. No Sinai, foi ele admitido a profundo relacionamento com Deus, cuja voz se fez ouvir no acampamento articuladamente, e Moisés viu a Deus que falava com ele, frente a frente, como um homem fala com o seu amigo, *cf.* Êx 24.9-11; 33.11,17-23; 34.5-29 e lhe revelou a Sua vontade para instruir o povo, do modo pelo qual o fez mais tarde por meio de seus profetas. Em comunhão com Deus, obteve dele os estatutos, baseados nos Dez Mandamentos. Logo depois de uma permanência de 40 dias sobre o monte, recebeu instruções para a construção do Tabernáculo e o modo de ser adornado, e bem assim as tábuas do Testemunho. Durante a longa ausência de Moisés, o povo fez para si um bezerro de ouro. "Então, disse o Senhor a Moisés: Vai, desce; porque o teu povo... se corrompeu", v. 7. "Logo que se aproximou do arraial, viu ele o bezerro e as danças; então, acendendo-se-lhe a ira, arrojou das mãos as tábuas e as quebrou ao pé do monte" v. 19. O pacto feito com Jeová, expresso nas dez palavras da lei, havia sido anulado pelo pecado do povo, que teve de sofrer pesados castigos. Moisés "pôs-se em pé à entrada do arraial e disse: Quem é do Senhor venha até mim. Então, se ajuntaram a ele todos os filhos de Levi, aos quais disse: Assim diz o Senhor, o Deus de Israel: cada um cinja a espada sobre o lado, passai e tornai a passar... mate cada um a seu irmão, cada um, a seu amigo, e cada um, a seu vizinho... E fizeram os filhos de Levi segundo a palavra de Moisés", 32.26-28. Tendo agido simbólica e judicialmente, Moisés passou a agir como mediador, intercedendo pelo seu povo. Depois do que, Deus prometeu enviar o seu anjo para servir-lhe de precursor. O Senhor chamou outra vez Moisés ao monte, onde recebeu

MOISÉS

novas instruções sobre o culto e as ordenanças, tão grosseiramente violadas, e recebeu também outras duas tábuas de pedra iguais às primeiras que Moisés havia quebrado, *cf.* caps. 19; 20; 32 até 34. Em uma dessas ocasiões, jejuou 40 dias e 40 noites, Êx 24.18; Dt 9.9-18, como Elias fez mais tarde, 1 Rs 19.8, ambos prefigurando o jejum de Nosso Senhor, Mt 4.2. O nome de Moisés está para sempre associado às leis promulgadas no Sinai e à peregrinação pelo deserto (veja *LEVÍTICO e NÚMEROS, LIVRO DE*). Quando Moisés desceu do Sinai, depois de lá estar 40 dias pela segunda vez, trazendo consigo as tábuas da lei, "...resplandecia a pele do seu rosto; e temeram achegar-se a ele", Êx 34.29. Chamados por ele, vieram os filhos de Israel aos quais expôs todas as ordens que tinha recebido do Senhor no monte Sinai e cobria o rosto com um véu todas as vezes que lhes falava, porém quando Moisés entrava perante o Senhor, tirava o véu até sair, *cf.* v. 33,34. A nova versão inglesa, seguindo a LXX e a Vulgata e traduzindo corretamente o texto hebraico, diz o contrário: "E quando Moisés tinha acabado de falar com eles, punha um véu sobre o rosto". Ele não usava o véu, nem quando falava com o povo, nem com o Senhor. Ele cobria o rosto, não para esconder o seu esplendor, e sim para ocultar a ação deslumbrante do seu brilho e só o retirava quando entrava de novo à presença do Senhor, e nessa ocasião o brilho se tornava mais intenso. Moisés colocava um véu sobre o rosto para que os filhos de Israel não fixassem a vista no seu semblante, cuja glória havia de perecer, 2 Co 3.13. No segundo ano da viagem pelo deserto, desposou uma mulher cusita, Nm 12.1. É quase certo que Zípora havia morrido no ano anterior, apesar do silêncio da história, *cf.* Êx 18.2. Corria entre os judeus, em tempos posteriores, que a segunda esposa de Moisés era uma princesa etíope, chamada Tarbis, que se havia enamorado dele por

ocasião de comandar um exército egípcio para a Etiópia, quando ainda fazia parte da casa de Faraó, Antig. 2.10,2. Evidentemente não passa de uma lenda. O segundo casamento ocorreu no deserto, quando Miriã e Arão se mostraram invejosos da superioridade de Moisés na direção dos negócios públicos. Ambos dirigiram as hostes, tomavam parte nos negócios públicos e eram profetas como Moisés, e por esse motivo se julgavam com direito a fazer oposição ao casamento de Moisés com mulher estrangeira, que talvez fizesse parte da multidão mista que acompanhou os israelitas, quando saíram do Egito, Êx 12.38. Logo depois de deixarem Cades, Coré e outros príncipes se revoltaram contra a autoridade de Moisés e Arão, pelo que foram severamente punidos por Deus, Nm 16 (veja *CORÉ*). No segundo acampamento, em Cades, Moisés e Arão pecaram contra Deus, *cf.* Nm 20. Quando Deus ordenou a Moisés que ferisse a rocha, congregou o povo diante da pedra e disse: "Ouvi, agora, rebeldes: porventura, faremos sair água desta rocha para vós outros?" v. 10. Os dois irmãos perderam de vista a sua posição dependente e subordinada a Deus. Julgaram-se únicos guias do povo, de quem dependia tudo o que lhes era necessário; esqueceram-se de que foi Deus quem tirou o povo do cativeiro do Egito e que o sustentou durante 40 anos no deserto. Tomaram para si a honra que só a Deus pertencia. Deus os chamou para uma missão e eles empregaram sua autoridade para se engrandecerem, por isso Deus os privou de entrar na Terra Prometida. Esse duro castigo não alterou a fidelidade de Moisés ao seu Deus. Depois da sentença condenatória, Moisés continuou a ser fiel como antes. Recomeçando a sua marcha para Canaã, levou Arão ao monte Hor, perante os olhos de toda congregação e despiu a Arão de suas vestes e vestiu com elas a Eleazar, seu filho. Morreu ali Arão sobre o cume do monte. Depois "...partiram do

MOISÉS

monte Hor... e o povo falou contra Deus e Moisés... o Senhor mandou entre o povo serpentes abrasadoras, que mordiam o povo; e morreram muitos do povo de Israel". Moisés "...orou pelo povo. Disse o Senhor a Moisés: Faze uma serpente abrasadora, põe-na sobre uma haste, e será que todo que a mirar viverá... Fez Moisés uma serpente de bronze e a pôs sobre uma haste; sendo alguém mordido por alguma serpente, se olhava para a de bronze, sarava", Nm 21.4-9. Moisés conduziu as tropas de Israel ao território de Seom e de Ogue e o conquistou para Israel. Quando acamparam em um vale entre as montanhas de Abarim e avistaram a Terra Prometida a Abraão, a Isaque e a Jacó, as emoções da alma de Moisés, contidas até então, irromperam como em outras ocasiões desde que havia pecado, encontraram alívio na oração: "Ó Senhor Deus! Passaste a mostrar ao teu servo a tua grandeza e a tua mão poderosa... Rogo-te que me deixes passar, para que eu veja esta boa terra que está dalém do Jordão, esta boa região montanhosa e o Líbano". A isto o Senhor respondeu: "Basta! Não me fales mais nisto... porque não passarás este Jordão", Dt 3.24-27. Levantou-se o acampamento para o vale de Sitim, e Moisés colocou em ordem sua casa e, preparando-se para morrer, despediu-se de seu povo (veja *DEUTERONÔMIO*). Moisés levou Josué destinado pelo Senhor para seu sucessor e o apresentou ao sumo sacerdote na presença da congregação, e lhe impôs as mãos e o investiu no cargo que ele havia exercido durante 40 anos, com tanta distinção e eficiência, *cf*. Dt 34. Depois o levou à porta do Tabernáculo para receber de Deus a investidura de seu cargo. Ensinou ao povo um cântico para que ele conservasse na memória palavras de sabedoria religiosa e as tivesse prontas na língua; era o cântico de despedida em que ele registrava as bênçãos para cada uma das tribos. E subindo ao monte Nebo, ali morreu com a

idade de 120 anos. Nunca a vista se lhe diminuiu, nem os dentes se lhe abalaram. O Senhor o sepultou no vale da terra de Moabe, defronte de Bete-Peor, *cf*. Dt 34. Durante os 40 anos, que passou no deserto, é que ele produziu as suas obras literárias. Registrou o nome dos vários acampamentos, *cf*. Nm 33, a batalha com Amaleque, *cf*. Êx 17.14, mandou escrever as leis baseadas no pacto, Êx 24.4-7, conservou uma cópia de sua última despedida, *cf*. Dt 31.24. Possuía também imaginação fértil, pensamentos profundos, idéias claras, para escrever naquele idioma hebraico de estrutura tão simples, e ao mesmo tempo tão apropriado a servir de veículo a ardente impressões. O mais espontâneo de seus poemas, escrito sob a emoção do momento, foi o cântico que serviu para celebrar a derrota de Faraó no mar Vermelho, *cf*. Êx 15.1-18, no qual atribui a Jeová, a glória do feito, v. 1-3, descreve o espantoso acontecimento, v. 4-12, antecipa os seus efeitos sobre os inimigos de Israel, v. 13-15, e prevê as garantias asseguradas para Israel na Terra Prometida, v. 16-18. Esse cântico foi composto em alguns momentos, ao passo que o salmo 90, representa o produto de reflexão e tranqüilidade de espírito, em que estão incorporadas as lições dos 40 anos que o precederam; é um poema didático destinado a ser gravado na memória do povo de Deus, *cf*. Dt 32, e 31.19-22. As bênçãos por ele pronunciadas por ocasião de seu último adeus assemelham-se às palavras de Jacó ao despedir-se de seus filhos, e têm a forma poética, *cf*. Dt 33. Moisés possuía cabedal literário; nas suas várias produções descobrem-se os traços de seus predecessores egípcios e que ele possuía as mesmas idéias literárias operando nele, de parceria com os exemplos da história daquele povo extraordinário, aliadas ao despertamento da vida nacional dos hebreus e os acontecimentos emocionantes que se desenrolaram a seus olhos, para guiá-lo na organização da história de seu

MOISÉS

povo, tão bem concatenada quanto se observa no Pentateuco. Como organizador de um povo, Moisés, guiado por Deus, dotou a Israel com instituições civis e religiosas de primeira ordem. Essas instituições tinham oportunidade, visto que eram consideradas pelos povos daquele tempo como essenciais a qualquer povo normalmente constituído, cujos caracteres correspondiam aos ideais da época, expressões da mais elevada moral e das verdades religiosas que a humanidade jamais possuiu. As leis, no seu todo, não eram novas. O pacto fundamental foram os Dez Mandamentos. Havia muito que os israelitas sabiam que a idolatria condenada pelo segundo mandamento, era ofensiva a Jeová, *cf.* Gn 35.2. É evidente que a observância do sábado já existia muito antes que o quarto mandamento fosse promulgado no Sinal. Desde muito, que o povo de Israel sabia que o assassinato, o adultério, o roubo e o falso testemunho constituíam crimes condenados e punidos pelos homens. O valor da constituição judia consistia no reconhecimento das obrigações morais que serviam de lei fundamental do reino, e que a ação dos Dez Mandamentos que caracterizavam os atos externos penetrava no interior do homem, apontando o coração como o centro de todos os maus desejos que dão origem ao pecado. A parte principal do Livro da Aliança consiste de leis oriundas do Decálogo, Êx 21.1 até o cap. 23.19. Em certos casos pelo menos, as antigas leis eram reafirmadas e os costumes velhos convertiam-se em leis do reino. O código de Hammurabi (veja *ANRAFEL*) habilita-nos a traçar grande parte das ordenanças a um período mais remoto, do que Moisés seria capaz de fazer, e prova que a idéia de codificação, tão saliente no Livro da Aliança, século antes de Moisés, já havia tido execução. A legislação eclesiástica de Moisés tinha sua oportunidade; preparando um santuário, subordinado a um plano fundamental, semelhante ao tipo predomi-

nante dos templos do Egito, edifício permanente, simétrico em suas proporções, empregando um simbolismo de acordo com o estilo da época, conforme os fins a que se destinavam, e organizando um ritual com uma corporação sacerdotal, cujas funções se assemelhavam, em geral, às que se usavam nos povos contemporâneos. Era uma casa santa, um culto que representava o bem, segundo o pensamento e a prática do mundo civilizado, acessível à inteligência, tanto dos israelitas quanto dos gentios, que professavam o monoteísmo e o espiritualismo, patenteando o modo pelo qual o pecador podia aproximar-se de Deus. Moisés era homem inspirado, mas um código de leis e uma forma de culto inteiramente ignorados desde a criação do mundo, não lhe foram revelados. Moisés foi profeta e recebeu inspirações como os outros profetas. Sob as influências do Espírito Santo constituiu-se veículo da mente e da vontade divina para com as suas criaturas. Despendeu soma de dias em comunhão com Deus, que lhe iluminou o entendimento para conhecê-lo e a natureza de seu reino, que o guiou no modo de discernir as leis apropriadas às condições do povo e adaptadas a discipliná-lo no espírito das instituições divinas. Em comunhão com Deus, habilitou a organizar leis e a fundar instituições com elementos antigos e velhos modelos, porém muito diferentes das analogias que eles tinham nos povos contemporâneos. Distinguiam-se deles pelo modo de exibir a natureza espiritual e a santidade de Deus, pelo modo de desembaraçar o proceder do homem das relações civis e trazê-las também em contato com Deus, e pelo poder de adaptar a vida secular ao serviço de Deus. Moisés possuía dotes de estadista, facilmente descobriu à oposição que lhe faziam os membros de sua própria família, *cf.* Nm 12; notou o ciúme de outras tribos e mesmo da sua, por causa da posição elevada que ele e Arão tinham; as considerações

MOISÉS

mundanas que influíam sobre a vida do povo, *cf.* cap. 32, a sua falta de fé em Jeová nos momentos críticos e a facilidade com que se fazia idólatra. Meditou muito sobre essas fraquezas, que ameaçavam a existência nacional. Por isso, ao preparar o seu discurso de despedida, insistiu muito sobre a existência de um só altar e sobre a espiritualidade da religião como sendo os grandes meios de eliminar esses defeitos, impregnando a vida moral, de um lado, e de outro, conservando a pureza do culto e da doutrina, unificando o povo em um só corpo, e fazendo com que a religião manifestasse a grandeza de suas instituições em confronto com os altares do paganismo (veja *ALTAR* e *DEUTERONÔMIO*). Depois de sua morte, a estatura grandiosa de Moisés veio a ser reconhecida universalmente e a sua reputação cresceu século após século. Teve ainda a distinta honra de lhe ser permitido reaparecer como representante do Antigo Testamento com Elias, para conversar com Jesus à sua saída deste mundo, no Monte da Transfiguração, *cf.* Mt 17.3,4.

MOLADA (*no hebraico, "nascimento", "origem"*) – nome de uma cidade no extremo sul de Judá, Js 15.26, que tocou na partilha da terra à tribo de Simeão, 19.2; 1 Cr 4.28, e ocupada pelos israelitas vindos do cativeiro, Ne 11.26. É sem dúvida a mesma conhecida no período grego pelo nome de Malata, na Iduméia, para onde se retirou Herodes Agripa I, o período menos próspero de sua vida para refazer-se de seu abatimento de espírito, Antig. 18.6,2. O Onamásticon assinala a cidade de Malata 6 km distante de Arade, na estrada que vai de Hebrom para Aila, que é Elate. Geralmente a opinião de Robinson é a mais seguida, que a identifica com Mil, situada na estrada romana, 14 km a sudeste de Arade, onde se encontram vestígios de uma cidade extensa com importantes reservatórios: está situada 16 km ao sul de Berseba e 41 km a sudeste de Hebrom.

MOLIDE (*no hebraico, "gerador"*) – nome de um homem da tribo de Judá, da família de Hesrom e da casa de Jerameel, 1 Cr 2.29.

MOLOQUE (*no hebraico, "o que reina", "o rei"*) – nome de uma divindade adorada pelos filhos de Amom, 1 Rs 11.7. Na língua hebraica, esse nome tem o artigo definido prefixado, o que dá a entender que é substantivo comum, ou apelativo e não nome próprio, retendo a significação de "aquele que reina". Em outros lugares da Escritura, é designado pelo nome de Milcom, 1 Rs 11.5,33, e Malã, Jr 49.1,3; Sf 1.5; 1 Cr 20.2; nome próprio, formado com as determinações *om* e *ã*. Tinha o aspecto de Baal, Jr 32.35, cujo nome também é comum, e quer dizer: Senhor. Adoravam a Baal com sacrifícios humanos em Tiro, sob a denominação de Melcarte, rei da cidade; prestavam-lhe culto detestável, sacrificando-lhe crianças vivas queimadas no fogo, prática muito antiga, entre eles. Quando os israelitas estavam perto do Sinai e prestes a vizinhar com os amonitas, foilhes proibido consagrar seus filhos ao ídolo de Moloque, sob pena de morte, Lv 18.21; 20.15. Não obstante, Salomão, no fim de sua vida, ergueu altares a Moloque, seduzido pelas mulheres amonitas a quem amou loucamente. Nos séculos seguintes, os israelitas ofereciam seus filhos a Moloque, queimando-os no vale dos filhos de Hinom e nos altos de Tofete, Sl 106.38; Jr 7.31; 19.4,5; Ez 16.21; 23.37,39; *cf.* Is 30.33. O rei Acaz fez passar seus filhos pelo fogo, segundo o costume das nações, 2 Cr 28.3, e o mesmo fez Manassés, que ao menos um dos seus filhos ele fez passar pelo fogo, 2 Rs 21.6. Os israelitas do norte também participaram desse crime hediondo, 2 Rs 17.17; Ez 23.37. Josias destruiu os altares que Salomão havia levantado no monte da Corrupção e contaminou o lugar de Tofete, 2 Rs 23.10,13.

MONTE DA CONGREGAÇÃO

Montanha da Tentação — Christian Computer Art

MONTANHA – das que existem dentro e fora da Palestina, a mais elevada é o monte Hermom. Segue-se a cordilheira do Líbano. Comparados pela sua altitude, o monte Sião, o Carmelo, o Tabor etc., são muito inferiores, Dt 3.25. A montanha é uma imagem natural para representar duração continuada, Dt 33.15; Hc 3.6, a estabilidade, Is 54.10, as dificuldades e os perigos, os caminhos perigosos da vida, Jr 13.16, e os obstáculos intransponíveis, Zc 4.7; Mt 21.21.

MONTÃO – montão de pedras levantado por Jacó no monte Gileade ao norte de Jaboque. Desconhece-se o verdadeiro local, que era situado entre as respectivas habitações de Labão e Jacó. O montão ou cabeço tinha por fim servir de memorial do pacto feito entre si, naquele lugar a fim de que nenhum deles passasse por aquele monumento com o intento de se fazerem mal, Gn 31.45-54.

MONTE – 1 Montanha. A palavra monte emprega-se quase exclusivamente na poesia, ou como parte de um nome composto, como: monte Carmelo, monte Tabor, monte Sião, monte das Oliveiras, 1 Rs 18.19; Sl 48.2; Zc 14.4. **2** Elevação natural de terra. Aplica-se geralmente a uma eminência, mais ou menos saliente, menor do que a montanha, e maior do que um outeiro. Esses nomes têm valor relativo; a mesma elevação é designada por ambos, Is 31.4. Em alguns lugares chama-se monte e em outros, montanha, Ap 17.9. Monte é a tradução do hebraico *Gibah*, e do grego *Bounos*, Sl 2.6; 3.4; 15.1; 24.3; 42.6; Mt 5.14; Lc 6.29. A palavra hebraica *Har* e a grega *Oros* traduzem-se por montanha.

MONTE DA CONGREGAÇÃO – montanha do extremo norte, Is 14.13, referindo-se provavelmente a uma concepção comum da antiga mitologia e corrente entre os babilônios de que os deuses se reuniam em certa montanha do norte. Segundo a expressão do rei da Babilônia no versículo mencionado, devia ser mesmo a montanha do testamento ao lado do Aquilão.

MONTE DAS OLIVEIRAS e OLIVETE

Monte da Galiléia — Christian Computer Art

MONTE DAS OLIVEIRAS e OLIVETE (*forma latina tirada da Vulgata. Lugar onde existem muitas oliveiras*) – nome de um monte fronteiro a Jerusalém, Zc 14. 4, e separado dela pelo vale de Cedrom, 2 Sm 15.14; 23.30. A distância desde a cidade até o cume marcava a viagem de um sábado, At 1.12, ou, segundo Josefo, era de cinco ou seis estádios, Antig. 20.8,6; Guerras 5.2,3. Davi, descalço e com a cabeça coberta, percorreu esse espaço quando fugia de Absalão e na extremidade do monte adorou o Senhor, 2 Sm 15.32. A glória do Senhor apareceu ali em visão a Ezequiel, Ez 11.23. O profeta Zacarias, em sua visão, representa a Jeová em pé sobre o monte para defender o seu povo, Zc 14.4. Para esse lugar Jesus se dirigiu muitas vezes, Lc 21.37; Jo 8.1. Quando ele descia esse monte, todos os seus discípulos, jubilosos, começaram a louvar a Deus em alta voz e o aclamaram com hosanas, até a cidade, Lc 19.37,38. Quando chegou perto, ao ver a cidade, chorou sobre ela, por causa da sorte que lhe estava destinada, *cf*. v. 41-44. Uma vez, assentado sobre o monte das Oliveiras, os seus discípulos se chegaram a ele e lhe pediram que lhes dissesse quando sucederiam os sinais de Sua vinda e consumação do século, *cf*. Mt 24.3; Mc 13.3. Depois da última Páscoa, retirou-se para o monte das Oliveiras, Mt 26.30; Mc 14.26. O jardim de Getsêmani ficava ao ocidente do monte, na sua base ou à curta distância da encosta. Betânia e Betfagé ficavam ao lado oriental, Mt 21.1; Mc 11.1; Lc 19.29. Foi perto da primeira localidade que nosso Senhor subiu ao céu, 24.50. O monte das Oliveiras é, sem a menor dúvida, a eminência que os árabes chamam atualmente *Jebel el-Tor*, ao oriente de Jerusalém. Provavelmente, é uma cadeia de montes com três ou quatro elevações, e dois contrafortes laterais. Um desses lança-se para o ocidente, partindo da curva de Cedrom, cerca de 2 km ao norte da cidade com uma elevação aproximada de 900 m sobre o nível do mar. O contraforte setentrional é geralmente identificado com o monte *Scopus*, assim designado por Josefo, e quer dizer Atalaia, Guerras 2.19,4.

MONTE DAS OLIVEIRAS e OLIVETE

Monte das Oliveiras — Christian Computer Art

Outro contraforte separa-se da cadeia central pelo Cedrom e também se estende para o ocidente em frente da cidade pelo lado do sul, e chama-se o monte do Mau Conselho, por causa de uma antiga tradição, não digna de crédito, de que o pontífice Caifás possuía um retiro na extremidade desse monte e que foi ali que se reuniram em conselho os sacerdotes para decretarem a morte de Jesus, Jo 11.47-53. Tem cerca de 842 m acima do nível do mar. Das quatro elevações que surgem da cordilheira, a que fica mais ao norte chama-se *Karem es-Seiyad* e é a de maior altitude; tem 898 m acima do nível do mar. Em tempos idos chamava-se Galiléia, ou porque os galileus se acampavam ali quando iam a Jerusalém, para assistirem às festas, ou porque, como se acreditava no século 14, foi o lugar da ascensão do Senhor, em que os anjos se dirigiram aos discípulos como varões galileus. O segundo pico chama-se da Ascensão. Desde o ano 315 foi considerado como o lugar de onde Jesus subiu para o céu, e nele, o imperador Constantino construiu uma rotunda e uma basílica, que tem sido substituída por uma sucessão de igrejas da Ascensão. Esse é o monte das Oliveiras propriamente dito, e fica bem defronte da porta oriental de Jerusalém, com uma elevação de 872 m acima do mar, 122 acima do leito do Cedrom e cerca de 69 sobre o planalto do templo. A terceira elevação chama-se o monte dos Profetas, e, por isso, os túmulos ali existentes têm o nome de túmulos dos profetas. A quarta elevação chama-se o monte da Ofensa, na suposição de que ali o rei Salomão levantou os altares dos deuses de suas mulheres pagãs. O monte da Ascensão e o dos Profetas são tão unidos, que alguns escritores reduzem os quatro montes a três. Na base do monte das Oliveiras, propriamente dito, no sítio tradicional do Getsêmani, a estrada bifurca-se deixando o jardim para dentro. Uma das estradas dirige-se para o sul, sobe gradualmente, circula o lado sul da montanha e segue para Jericó e Betânia. Foi aberta no sétimo século pelo califa *Abd-el-Melek*. A outra estrada dirige-se para o oriente, e

MONTE DAS OLIVEIRAS e OLIVETE

na distância de cerca de uns 500 m, divide-se em três caminhos. O do meio, escarpado e áspero, sobe a montanha, passa para o outro lado perto do cume, e continua por detrás da pedra de Betfagé em direção a Betânia. No quarto século, os cristãos de Jerusalém, quando celebravam a entrada triunfal de Jesus na cidade, costumavam passar por essa estrada em procissão. Os outros dois caminhos, ao lado do central, também subiam ao topo da montanha, porém gradualmente. Acima do vale de Cedrom uma estrada romana dirigia-se para o Jordão, subia a encosta ocidental da cordilheira perto de *Ain es-Suwan,* atravessava a crista a uns 900 m ao norte do cimo do Olivete, na depressão norte de *Karem es-Seiyad,* descia para o *wady* que atravessava perto das ruínas de *Bukeidan,* e deixando o *wady Ruabeh* um pouco ao norte, continuava até chegar ao Jordão.

MORASTITA – nome de pessoa natural de Morasti ou morador nela, como foi o profeta Miquéias, Mq 1.1; Jr 26.18.

MORCEGO – é a tradução da palavra hebraica *talleph.* Entre os animais impuros especificados na lei cerimonial, contava-se o morcego, Lv 11.13-19; Dt 14.11; 12.18. É um animalzinho que se oculta em lugares escuros, Is 2. 20. Tristram enumera 17 espécies existentes na Palestina. O morcego é quadrúpede, coberto de pêlo em vez de penas, tendo dentes em lugar de bico. Não põe ovos; amamenta as crias. As asas de que se serve para voar são formadas por uma membrana despida de penas, ligando entre si as quatro pernas.

MORDECAI (*talvez seja um nome persa, significando "homem pequeno", ou um diminutivo da palavra Merodaque*) **1** Nome de um benjamita, filho ou descendente de Jair, filho de Simei, filho de Quis, Ester 2.5. A cláusula relativa que segue no v. 6

em continuação pode referir-se ao último nome da série genealógica, *cf.* 2 Cr 22.9, afirmando que Quis havia sido levado para o exílio com Jeconias no ano 598 a.C., ou pode referir-se a outro nome anterior da série, por exemplo, Jair, *cf.* Gn 24.47, e, neste caso, Mordecai descendia de Jair, benjamita que havia ido com Jeconias para o cativeiro da Babilônia. Levou consigo a Hadassa ou Ester, filha de seu tio, que ele a tomou por filha, por ser órfã de pai e mãe. Ela se orientou sempre pela direção de Mordecai, na série de acontecimentos que se desdobraram, e que terminaram pela sua elevação ao trono da Pérsia, pelo casamento com o rei Assuero, *cf.* Et 2.7-20. Esse Assuero é o Xerxes da história, que reinou entre 466 a.C. Por intermédio de Ester, Mordecai informou o rei de que se conspirava contra sua vida. Feitas as averiguações confirmando a denúncia, dois conspiradores foram executados, *cf.* v. 21-23. No tempo em que Hamã era o favorito do rei, todos os servos que estavam à porta do palácio dobravam os joelhos diante de Hamã, menos Mordecai que sempre se recusou a prestar essa homenagem, ou por ser Hamã homem de mau caráter, ou descendente do rei Agague. Vendo-se assim desacatado por Mordecai, determinou vingar-se dele e de toda a raça judia, e o rei concedeu-lhe permissão, *cf.* 3.1-11. O rei Assuero passeou uma noite, sem poder conciliar o sono, e para diminuir o tédio, mandou vir à sua presença o livro das crônicas do império para ser lido pelos seus ministros. Chegado ao ponto em que se falava da conspiração contra sua vida e o modo que fora poupado pela denúncia de Mordecai, lembrou-se de que nenhuma recompensa tinha dado ao seu salvador. Na manhã seguinte, veio Hamã, para pedir ao rei que se enforcasse Mordecai, *cf.* 6.1-4. O rei perguntou a Hamã: "Que se fará ao homem a quem o rei deseja honrar?..." Hamã respondeu ao rei: "tragam-se as vestes reais, que o rei costuma usar, e o cavalo em que o rei costuma andar montado, e tenha na cabeça a coroa real... e diante dele apregoem: Assim se faz ao homem a quem o rei deseja honrar, *cf.* v. 5-14, pensando Hamã ser esse homem. Então, disse o rei a Hamã para se apressar e fazer assim para com o judeu Mordecai e que Hamã o conduzisse pelas ruas de Susã. Foi assim que começou a queda de Hamã, que terminou pela sua morte e de seus filhos. Mordecai passou a ocupar o segundo lugar no império, abaixo do rei, *cf.* Ester cap. 6 a 9. Alguns escritores identificam Mordecai com o eunuco Matacas ou Natacas, que, segundo Ctésias, era o favorito principal de Xerxes. **2** Nome de um judeu da Babilônia com Zorobabel, Ed 2.2; Ne 7.7.

MORÉ (*no hebraico, "arqueiro", "primeira chuva", ou "mestre"*) **1** Nome de um terebinto, ou carvalho, perto de Siquém, Gn 12.6; Dt 11.29,30, que provavelmente tirou esse nome de um arqueiro que habitou ali. Abraão acampou perto dele, quando chegou a Canaã, vindo da Mesopotâmia, e erigiu um altar ao Senhor que lhe havia aparecido. É quase certo que seja a mesma árvore sob a qual Jacó enterrou os amuletos e os ídolos que sua família havia trazido de Harã, e onde Josué levantou a pedra comemorativa do pacto que o povo renovou com Jeová, Gn 35.4; Js 24.26. Nessas duas passagens, empregam-se palavras ligeiramente diferentes das que se encontram em Gn 12.6, e Jz 9.6. A identificação dessa árvore com o carvalho ou terebinto dos augures perto de Siquém não é muito clara, Jz 9.37. **2** Nome de um outeiro no vale de Jezreel ao norte das fontes de Harode, Jz 7.1. Local desconhecido. Pensam alguns que seja o *Jebel Duhy*, ou Pequeno Hermom, 14 km a noroeste do monte Gilboa e 2 km ao sul de Naim.

MORESETE-GATE (*no hebraico, "possessão de Gate", ou "propriedade de Gate"*) – nome de uma cidade mencionada em conexão com os nomes de outros lugares da tribo de Judá, e, portanto, situada na mesma região, Mq 1.14. Jerônimo diz que situava-se nas vizinhanças de Eleuterópolis. O nome Gate parece referir-se à cidade dos filisteus e que Maresa lhe ficava perto. Talvez seja o lugar onde nasceu o profeta Miquéias, 1.1.

MORIÁ (*no hebraico é moriyyah; significado etimológico incerto*) – ignora-se que sentido tenha. O artigo definido que lhe anda prefixo prova que não é substantivo próprio, e que não exprime o divino nome de Jeová. A sua ortografia prova ainda que a palavra não tem o sentido de "aparecimento ou provisão de Jeová". **1** Nome de um distrito sobre um de cujos montes Abraão se preparou para sacrificar Isaque. Esse nome parece que designava também a região circunvizinha a esse monte, sobre o qual foi edificado o templo, Gn 22.2; Antig. 1.13,1,2. Os samaritanos da época e alguns dos cientistas modernos, como Bleek, Tuch, Stanley, localizam Moriá perto de Siquém, e que Gerizim foi onde Abraão ofereceu o sacrifício. A identificação que os samaritanos fazem baseia-se sem dúvida no fato de Abraão ter edificado um altar em Moré (V. B.), e Vale Ilustre (Fig.), naturalmente dominados pelo desejo de ganhar as honras para si. A etimologia dos dois nomes Moré e Moriá é diferente. **2** Nome do monte em que se achava a eira de Araúna Jebuseu. Davi comprou ali um terreno e edificou nele um altar; foi nesse mesmo lugar que Salomão construiu o templo, 2 Sm 24.18-25; 2 Cr 3.1. A feição original desse monte acha-se sensivelmente alterada artificialmente; parte das encostas se escondem sob aterros e taludes, mas o contorno geral permanece. O monte Moriá estava entre os vales de Cedrom e do Tiropeom, cuja extremidade apontava diretamente para o lado oposto da entrada da ravina que forma

MORIÁ

o braço ocidental desse vale. Pelo lado do norte separava-o uma pequena depressão de língua de terra que o ligava ao tabuleiro principal. É difícil determinar-lhe as exatas dimensões, contudo, não ficaremos muito longe da verdade se dissermos que media de norte a sul, 198 m e 99 m de este a oeste. O ponto mais alto, segundo Warren, eleva-se a 807 m sobre o nível do mar. Outras altitudes marcam 801 e 798. Os lados de leste e oeste caem rapidamente sobre os vales.

MOSCA – 1 Inseto voador munido com duas asas, pertencente à ordem dos *Diptera*, principalmente a mosca doméstica, *Musca domestica*. As moscas são muito incômodas em certos países quentes. Os acaronitas sentiam-se mortificados por elas a ponto de se apegarem a Belzebu, deus das moscas, a quem atribuíam o poder de afugentá-las, Is 7.18; Ec 10.1; 2 Rs 1.2. 2 Tradução da palavra hebraica *Arob*, inseto voraz, cujas picadas afligiam os egípcios, Êx 8.21; Sl 105.31, que devoravam e destruíam, corrompendo a terra, Sl 78.45; Êx 8.24. O nome desse inseto, segundo a LXX, é mosca ou inseto canino.

MOSERÁ (*no hebraico, "prisão", "laço"*) – nome de um acampamento dos israelitas no deserto, perto de Jacã, Dt 10.6. Em Nm 33.30, vem a palavra Moserote, que é o plural de Mosera. Localização desconhecida, mas deve ter sido perto do monte Hor, nos limites, de Edom, *cf*. Nm 20.23; 33.37; com Dt 10.6, e na terra dos horitas, *cf*. 36.20-27 com 1 Cr 1.42. Jebel Madara soa muito semelhante a Moserá mas, se é verdadeira a pronúncia árabe de que usam os viajantes, as duas palavras não são equivalentes (veja *HOR*).

MOSEROTE (*no hebraico, "correção"*) – nome de um lugar onde Israel acampou quando peregrinava no deserto, Nm 33.30.

MOSQUITO – tradução da palavra grega *Konops*, pequeno inseto, Mt 23.24, abundante nos banhados e muito incômodos por causa das suas picadas. Os egípcios protegiam-se durante a noite contra os mosquitos, cobrindo-se com redes finas, Herod. 2.95. O mosquito é o representante de algumas espécies de *Culex*, gênero conhecido pelas seguintes características: antenas peludas, nos machos, tromba enrolada, corpo esguio, duas asas transparentes, pernas compridas, muito inclinados a chupar sangue. "Coar mosquito e engolir camelos", é uso particular daqueles que são muito escrupulosos em pontos insignificantes de proceder e deveres, e ao mesmo tempo cometem graves violações da lei moral.

MOSTARDA – planta cultivada nas hortas, Lc 13.19, que, em comparação com outras ervas, se tornam grandes árvores, Mt 13.32; Mc 4.32, em cujos ramos os pássaros fazem os seus ninhos a fim de se alimentarem com as sementes que ela produz, que, por hipérbole, são menores que todas as outras sementes, Mt 13.32. A grandeza da planta produzida por semente assim pequena, serve para ilustrar o aumento do Reino de Deus, e a sua origem tão humilde. Semente de mostarda era frase que os judeus empregavam proverbialmente, como Jesus o fez, *cf*. Mt 17.20; Lc 17.6, para representar coisa muito pequena. A mostarda comum da Palestina é a *Sinapis nigra*, ou mostarda negra. Cresce espontaneamente, elevando-se à altura de um homem a cavalo, segundo dizem os viajantes. Também a cultivam nas hortas, por causa das sementes empregadas como condimento. Os que procuram dar-lhe outra identificação, geralmente consideram a mostarda de que fala a Escritura, como sendo a *Salvadora pérsica*, tipo da ordem natural, *Salvadoracex*. Royle, que é dessa opinião, afirma que produz fruto suculento, parecido no gosto com o do mastruço. Dá-se em pequena quantidade no vale inferior do Jordão.

MOZA (*no hebraico, "prole", "descendência"*) **1** Nome de uma cidade de Benjamim, Js 18.26. Não identificada. Esse nome é etimologicamente diferente de *Beit Mizza*, aldeia em ruínas 9 km a noroeste de Jerusalém. **2** Nome de um homem da tribo de Judá, da família de Hesrom e da casa de Calebe, 1 Cr 2.46. **3** Nome de um dos descendentes de Jônatas, 1 Cr 8.36,37.

MULA-MULO – animal herbívoro, que em hebraico se chama *pered*, 1 Rs 18.5, produto híbrido do cavalo com mula. No Sl 32.9, aparece o nome cavalo com o mulo. Prestava muito serviço ao homem no transporte de cargas e como de sela ou montaria, 2 Sm 13.29; 2 Rs 5.17; 1 Cr 12.40. Antes do tempo de Davi não se faz menção desse animal. Os tírios iam buscá-los na Armênia, Ez 27.14. Em Gn 36.24, encontra-se no hebraico a palavra *Yemim* traduzida jumentos, que melhor tradução tem na expressão águas termais, caldas.

Em Et 8.10,14 a palavra hebraica *rekesh* é traduzida por postilhões (Fig.) e por ginetes (V.B.) e em 1 Rs 4.28, por bestas de carga (Fig.) e por ginetes (V.B.); Almeida diz igualmente ginetes em outro caso.

MULHER – companheira do homem, que Deus lhe deu para servir-lhe de auxílio; sua igual em todas as condições sociais, Gn 2.21-24. Deus instituiu o casamento de um homem com uma só mulher, que se denomina monogamia. As mulheres moças de uma casa, principalmente nos antigos tempos e entre as tribos nômades, conduziam os rebanhos, Gn 29.6; Êx 2.16, iam para as searas e tomavam parte nas colheitas, Rt 2.3-8; mas as principais obrigações das mulheres eram dentro de casa. Iam buscar água nas fontes, Gn 24.13; Jo 4.7, moíam o trigo para o uso diário, Mt 24.41, preparavam a comida, Gn 18.6; 2 Sm 13.8; Lc 10.40, fiavam a lã e teciam o pano, 1 Sm 2.19; Pv 31.13,19; At 9.36-39, instruíam as crianças nas doutrinas religiosas, Pv 1.8; 31.1; *cf.* 2 Tm 3.15, e presidiam os serviços domésticos, Pv 31.27; 1 Tm 5.14.

Mulheres carregando água — Christian Computer Art

MULHER

Mulher Cananéia — Christian Computer Art

A lei mosaica e a opinião pública entre os judeus asseguravam à mulher usufruir muitos direitos (veja *CONCUBINA, CASAMENTO, DIVÓRCIO, CARTA DE*). O casamento era considerado sagrado em sua relação de marido e mulher, Ml 2.14-16. A mulher devia ser tratada com honra e distinção, Pv 5.18; 18.22; 31.10-12; Ec 9.9. A mãe era digna de honra e suas palavras tinham força de lei, Êx 20.12, Pv 1.8. A mulher forte é altamente louvada, 31.10-31, cujos edificantes exemplos acharam entrada nos escritos sagrados. O espírito do Novo Testamento é igualmente hostil à degradação da mulher. Ensina que o homem e a mulher devem ocupar suas respectivas esferas como são indicadas pelo Criador, respeitando-se reciprocamente e reconhecendo sua mútua dependência, Mc 10.6-9; Ef 5.31; 1 Tm 2.12-15. A santidade e a estabilidade do relacionamento matrimonial eram condições essenciais ao casamento. O divórcio somente era permitido em casos extremos, Mt 19.8,9; 1 Co 7.15; Ef 5.22,23. A mulher participa das mesmas graças que o homem e é herdeira das mesmas promessas, Gl 3.28, ocupa lugar de honra na Igreja, a que presta serviços apreciáveis e devidamente reconhecidos, Rm 16.1-4,6,12. Os preceitos que as epístolas contêm, quer dirigidos aos santos em geral, quer às mulheres em particular, tinham por fim pôr em evidência as nobres qualidades de ambos e exercitá-los no serviço de Cristo, 1 Tm 2.9,10; 3.11.

MUNDO – o mundo conhecido na época mosaica era de proporções muito limitadas, Gn 10. Ao sul estendia-se desde as montanhas ao oriente do Golfo Pérsico até o rio Nilo; e ao norte, desde o mar Cáspio até as ilhas gregas; em outras palavras, media 2.413 km de leste a oeste e 1.448 km de norte a sul, ou 2.413 km incluindo a Arábia do sul, com uma superfície de 3.620.000 km². Grande parte dessa superfície era ocupada pelo mar, de modo que a terra representava apenas dois terços da superfície atual do Brasil. A história dos acontecimentos de que a Bíblia nos dá conta, inclusive os que se referem à fundação dos grandes impérios, limita-se a uma área igual a um terço da superfície da república americana. Durante os tempos do Antigo Testamento, esses limites se conservaram estacionários, apesar de que os horizontes geográficos se tinham ampliado um pouco mais. A Média e a Pérsia cresceram em importância antes de encerrar-se esse período, fazendo-se conhecidos como nunca antes, e tomando o primeiro lugar entre as demais nações. O centro de seu governo estendia-se desde a Índia até a Etiópia, sobre 127 províncias, *cf.* Et 1.1. Já era conhecida a existência de Terra do Meio-Dia, ou Sinim, Is 49.12. No reinado de Faraó-Neco fez-se a circunavegação da África, sem resultados para os conhecimentos geográficos. Os navegadores não realizaram o que desejavam; passaram mais de dois anos na viagem. O fenômeno mais notável que eles registraram foi que o sol que se erguia ao lado da mão esquerda quando viajavam para o sul do Egito nascia-lhes agora pelo lado direito à sua volta, Heród. 4.42,43. Na Itália e na costa da África que lhe ficava fronteira, as populações e a civilização cresciam lentamente, sem que os habitantes do oriente dessem por isso, a não ser por informações dos comerciantes. Quase ao terminar o período do Antigo Testamento, a Grécia emergia da sua obscuridade pela resistência heróica e vigorosa que ofereceu aos exércitos persas. Alexandre, o Grande, conquistou o mundo; ampliou os seus limites em direção ao oriente e enriqueceu os conhecimentos geográficos, levando suas armas através do Oxus até o moderno Turquistão, e para além dos limites do Afeganistão, e para o sul, até o norte da Índia. Os romanos seguiram-lhe o exemplo. No tempo de Cristo, o mundo estendia-se desde a Espanha e da Bretanha até o planalto do Irã e da Índia, e desde o deserto do Saara ao sul até as florestas da Germânia e as estepes da Rússia e da Sibéria ao norte. Sabia-se alguma coisa mais além desses limites, cujos habitantes tinham pouco contato com o restante do mundo, que pouca atenção lhes dava. As noções sobre geografia eram muito confusas. A palavra mundo emprega-se com freqüência para designar os seus habitantes, *cf*. Sl 9.8; Is 13.11; Jo 3.16; 7.7; Rm 3.19. Em o Novo Testamento, a palavra mundo designa tudo quanto pertence à terra e às suas condições atuais, 1 Co 7.31; Gl 6.14; Ef 2.2; Tg 1.27; 4.4; 1 Jo 2.15.

MUPIM – nome de um dos filhos de Benjamim, Gn 46.21.

MURTA – árvore que em hebraico chama *hadas*; cresce nas montanhas perto de Jerusalém. Com ramos de outras árvores, os hebreus traziam ramos de murta para a festa dos tabernáculos, Ne 8.15. Encontra-se esse nome em Is 41.19; 55.13; Zc 1.8,10,11. Com certeza essa árvore é o mirto comum, *Myrtus communis*, que cresce na Palestina.

MUSARANHO, GECO, OURIÇO – tradução da palavra hebraica *anakah*, animal declarado impuro pela lei cerimonial, e classificado entre os répteis pelos hebreus, Lv 11.30 (veja também *LAGARTIXA*).

MUSI (*no hebraico, "sensível"*) – nome de um levita, filho de Merari e fundador de uma família tribal, Êx 6.19; Nm 3.20; 26.58; 1 Cr 6.19-47; 23.21-23; 24.26-30.

MÚSICA – o uso da música vem de tempos muito remotos, Gn 14.21. Depois da passagem do mar Vermelho, a profetisa Miriã, irmã de Arão, tomou um tamborim e saíram em coros todas as mulheres após ela com tamborins, e diante delas, entoava: "Cantai ao Senhor, porque gloriosamente triunfou e precipitou no mar o cavalo e o seu cavaleiro" Êx 15.20,21. O povo de Israel dançava e cantava diante do bezerro de ouro que haviam fabricado no deserto, Êx 32.6-18. Nas festas de família, bem como nas solenidades religiosas, cantava-se ao som de instrumentos musicais, *cf*. Jr 25.10; 1 Mac 9.39; Lc 15.25. Os cortejos nupciais,

Dulcimer — Christian Computer Art

MÚSICA

em trânsito pelas ruas, eram acompanhados de música e de cânticos, *cf.* Jr 7.34. Ao voltarem da guerra, os soldados vitoriosos, as mulheres e as donzelas davam-lhes as boas-vindas ao som de músicas e de cânticos acompanhados de danças, *cf.* Jz 11.34; 1 Sm 18.6. Os reis tinham músicos nas suas cortes, 2 Cr 35.25; Ec 2.8. A posse do rei, os seus casamentos e todas as festas no seu palácio celebravam-se ao som da música, 2 Sm 19.35; 1 Rs 1.40; Sl 44.8. Os pastores tinham suas harpas, 1 Sm 16.18. A música servia para afugentar as tristezas e acalmar o espírito, 1 Sm 10.5; 16.16; 2 Rs 3.15. As canções religiosas entoavam-se ao som das harpas, Sl 92.1-3; 137.2; *cf.* Am 6.5. Os instrumentos músicos dos hebreus constavam de três classes: instrumentos de cordas, instrumentos de sopro e instrumentos de percussão. Os instrumentos de corda compunham-se de uma peça de madeira fornecida com cordas de tripa que as faziam vibrar com os dedos de uma, ou de ambas as mãos, ou que eram feridas por um plectro de madeira, de marfim ou de metal, tais eram a harpa e o saltério. A harpa servia tanto para as festas religiosas quanto profanas; mas o saltério só se usava nas solenidades religiosas. O saltério era afinado pela voz do soprano, e a harpa, uma oitava abaixo, 1 Cr 15.20,21. Os instrumentos de sopro, em geral, eram a flauta e os cornos. As flautas tocavam com outros instrumentos, 1 Sm 10.5; 1 Rs 1.40; Is 5.12; 30.29; Ecclus 40.21, para acompanhamento das danças, Mt 11.17, nas festas de núpcias, 1 Mac 3.45; Ap 18.22, e especialmente em casos de profunda tristeza, em que havia lamentações, Jr 48.36; Mt 9.23; Guerras 3.9,5. A Bíblia não relata que esse instrumento servisse para uso religioso no templo, mas nem por isso deixava de fazer parte da música sagrada, 1 Sm 10.5, e entrava no corpo musical que acompanhava a procissão em marcha para a casa de Deus, Is 30.2. No segundo templo tinha lugar ilustre por ocasião da Páscoa e da festa dos tabernáculos. A buzina, ou coisa semelhante, servia para aumentar o som dos outros instrumentos, 1 Cr 15.28; 2 Cr 15.14; Sl 98.6. As trombetas de metal e as cornetas tinham seu emprego principal

Instrumentos musicais epípcios — Christian Computer Art

MÚSICA

Dançarinos — Christian Computer Art

nas bandas militares e para fazer proclamações. Os sacerdotes judeus tocavam umas trombetas para anunciar os dias de festa, para reunir o povo e para incitar os combatentes na guerra, Nm 10.1-10. Esse instrumento chamava-se em hebraico *hesoserah*, tinha cerca de um cúbito de comprimento e era feito de prata. Raras vezes os leigos o tocavam, Os 5.8; 2 Rs 11.14; 2 Cr 23.13. Dos instrumentos de percussão, o pandeiro era o mais popular, geralmente tocado pelas mulheres, e usado em certas ocasiões para marcar o compasso das danças e dos cantores, Gn 31.27; Êx 15.20; Jz 11.34; Sl 81.2. Os timbales de metal eram utilizados no serviço do templo, 1 Cr 15.19. Uma espécie de orquestra acompanhava, às vezes, os profetas, 1 Sm 10.5, composta de vários instrumentos, como saltérios, tambores, flautas e cítaras, que parece não pertencerem a princípio ao serviço do Tabernáculo. Davi os introduziu no santuário, e Salomão continuou a usá-los, 2 Sm 6.5,14; 1 Rs 10.12; 1 Cr cap. 15 e 16. Ezequias e Josias restauraram cuidadosamente essa parte do culto, 2 Cr 29.25; 35.15. Davi teve como assistentes na organização da música e do canto três grandes mestres: Asafe, Hemã e Jedutum. Um corpo de cantores e de músicos regido por Asafe ficava diante da arca no Tabernáculo em Sião, enquanto que Hemã e Jedutum com os seus cantores e músicos assistiam no antigo Tabernáculo de Gibeão, 1 Cr 16.4-6,39-42. Mais tarde, esses três coros ajuntaram-se no templo. No reinado de Davi, o número de cantores e de músicos era de quatro mil, 1 Cr 23.5, dos quais 288 eram músicos amestrados, que se encarregavam de dirigir os menos práticos desse serviço, 1 Cr 25.7,8. Foram divididos em 24 grupos, tendo cada um deles 12 mestres. Desses 24 grupos, quatro pertenciam à família de Asafe, seis, à família de Jedutum e 14, à de Hemã. A orquestra que acompanhava o canto compunha-se de instrumentos de corda. Também empregavam os címbalos, tangidos pelos mestres cantores para marcar o compasso, 1 Cr 15.19-21. Observa-se por essas passagens que o número de saltérios e das harpas estava na proporção de oito para seis. No templo de Herodes havia habitualmente dois saltérios, nove harpas e um címbalo; em certos dias ajuntavam também as flautas. A participação dos sacerdotes com as trombetas na orquestra dos instrumentos de corda era

M

MÚSICA

excepcional, 2 Cr 5.12,13; 7.6. No segundo templo, quando soavam as trombetas, em harmonia com a orquestra regular, somente se ouviam nas pausas, ou como música responsiva, Ed 3.10,11. Os músicos tomavam posição na parte oriental do grande altar, 2 Cr 5.12. No templo de Herodes ocupavam grande escadaria que ligava o átrio de Israel ao átrio dos sacerdotes; um coro de meninos que ficava embaixo da escada emprestava suas vozes ao canto dos levitas. Pouco se conhece a respeito do caráter da música daquele tempo. Os hebreus tinham uma escala de oito notas. Provavelmente o coro cantava com uma só voz a mesma melodia simples, dividida em duas partes, sendo uma em oitava superior à outra, representando as vozes masculinas e femininas, acompanhadas pelos instrumentos nos mesmos tons, 1 Cr 15.20,21. Os nomes das melodias encontram-se nos títulos dos salmos 9,22,45,55,56 e outros. Os cânticos da antífona e os responsivos, Êx 15.21; Ne 12.31-43, faziam-se ouvir no templo, Ed 3.10,11; Jr 33.11. Para este fim arranjaram diversos salmos como o 24.7-10 e o 136. Às vezes, a congregação associava-se aos cânticos, isto no culto do primeiro templo; depois, apenas diziam *amém*, quando terminava o canto, 1 Cr 16.7-36. No tempo de Herodes, o povo, algumas vezes, participava dessa parte do serviço religioso entoando responsos (veja *SALTÉRIO*).

MUTE-LÁBEN (*no hebraico, "morte pelo filho"*) – vocábulo de significação duvidosa no título do salmo 9. É provável que se refira a uma melodia familiar.

NAÃ (*no hebraico, "solidão", "consolação"*) **1** Nome do irmão da mulher de Hodias. Foi o pai de Abiqueila e de Estemoa, 1 Cr 4.19. **2** Nome de um dos filhos do famoso Calebe, filho de Jefoné, da tribo de Judá, 1 Cr 4.15.

NAALAL (*no hebraico, "pasto", "pastagem"*) – nome de uma aldeia da tribo de Zebulom, Js 19.15, cujos habitantes cananeus não foram dela expulsos, Jz 1.30. Tocou em partilha aos levitas da casa de Merari, Js 21.35. O Talmude de Jerusalém diz que mais tarde foi chamada de Malul. Schwarz e Van de Velde a identificam com a aldeia de Malul, situada 6 km a oeste de Nazaré.

NAALIEL (*no hebraico, "vale", ou "torrente de Deus"*) – nome de um acampamento dos israelitas entre Beer, no deserto, ao oriente de Moabe e Bamote, que está entre Dibom e Baal-Meom, Nm 21.19, e por isso à margem de um dos tributários do Arnom ao norte. Local não identificado, apesar de que esse nome pareça perpetuado no vale de *Encheileh*, que começa em Balua ao oriente da embocadura do *Seil Saideh*.

NAAMÁ (*no hebraico, "doçura", "agradável", ou "deleite"*) **1** Nome de uma amonita, mulher de Salomão e mãe do rei Reoboão, 1 Rs 14.21,31; 2 Cr 12.13. **2** Nome de uma cidade da tribo de Judá. Apesar de não se poder assinalar seu local com precisão, ficava localizada entre Bete-Dagom e Maquedá, Js 15.41. A LXX grafa de várias formas o nome dessa cidade, como Maacham, Maama, Naana, Nooma e Naama. **3** Nome de uma filha de Lameque e Zilá, e irmã de Tubal-caim, Gn 4.22. É a única filha mencionada nas linhagens de Abel e Caim.

NAAMÃ (*no hebraico, "deleite", "delícia", ou "prazer"*) **1** Nome de um neto de Benjamim e filho de Bela, fundador de uma família, Gn 46.21; Nm 26.40. **2** Nome de um

NAAMÃ

Tradicional casa de Naamã o leproso — Christian Computer Art

general do exército do rei da Síria, homem poderoso e de grande amizade junto a seu amo, porque por ele salvou o Senhor a Síria, mas leproso. Essa moléstia não excluía o enfermo do convívio social, segundo o costume do país, como ocorria em Israel. Uns ladrões que haviam saído da Síria e penetrado nas terras de Israel, levaram cativa uma menina que foi servir de escrava à mulher de Naamã, e disse à sua senhora: "Oxalá o meu senhor estivesse diante do profeta que está em Samaria; ele o restauraria da sua lepra". Dito isto a Naamã, resolveu procurar remédio com Eliseu. O rei da Síria escreveu uma carta ao rei de Israel apresentando-lhe Naamã para que ele o curasse. Tendo o rei de Israel lido a carta pensou logo que o rei da Síria buscava um pretexto para romper com ele. O profeta o tranqüilizou e disse: "Deixa-o vir a mim, e saberá que há profeta em Israel". Chegou Naamã com os seus cavalos à porta da casa de Eliseu que, para abater o seu orgulho e para ensiná-lo que sua cura era obra de Deus, nem sequer lhe apareceu, e mandou um criado falar-lhe que fosse mergulhar sete vezes no Jordão. Naamã, irritado, retirou-se, dizendo: "Não são porventura Abana e Farfar, rios de Damasco, melhores do que todas as águas de Israel? Não poderia eu lavar-me neles, e ficar limpo?". Seus servos o acalmaram e o aconselharam a seguir a ordem do profeta para ir lavar-se no Jordão. Ele assim o fez e ficou são. Cheio de gratidão, quis presentear a Eliseu, o que ele rejeitou para mostrar-lhe o modo gracioso do seu Deus. O criado Geazi pensou de outro modo, e recebeu presentes que lhe foram fatais. Naamã renunciou à idolatria e fez-se adorador de Jeová. Levou dois mulos carregados de terra e com ela levantou um altar ao Deus de Israel. Vivendo em uma sociedade pagã, não podia fugir à participação dos atos externos do paganismo. O rei adorava o deus Rimom, e Naamã tinha de levá-lo pelo braço ao templo desse deus, e se curvar diante dele. O profeta consentiu que ele continuasse a exercer os seus deveres seculares, mesmo que, assim fazendo, se prestasse a participar de um ato de culto pagão, 2 Rs 5.1-19.

NAAMANI (*no hebraico, "compassivo"*) – nome de um dos que voltaram com Zorobabel do cativeiro da Babilônia, Ne 7.7.

NAAMANITAS – são os descendentes de Naamã, filho de Bela. Pertencem à linhagem de Benjamim, Nm 26.40, 1 Cr 8.4.

NAAMATITA – nome do lugar onde morava Zofar, um dos amigos de Jó, que o vieram consolar na sua aflição, Jó 2.11; 11.1; 20.1; 42.9. Esse lugar, provavelmente, era na Arábia.

NAARÁ (*no hebraico, "moça", "menina"*) – nome da mulher de Asur, antecessor dos habitantes de Tecoa, 1 Cr 4.5,6.

NAARAI (*no hebraico, "rouquidão"*) **1** Nome de um filho de Ezbai que estava entre os valentes do rei Davi, 1 Cr 11.37. Talvez esse nome seja uma correção, ou uma variante da palavra Farai (Fig.), e Paarai (V. B.), em 2 Sm 23.35. **2** Nome de um homem, beerotita, escudeiro de Joabe, 2 Sm 23.37; 1 Cr 11.39.

NAARATE – nome de uma cidade nos limites de Efraim, a oriente de Betel, perto de Jericó, Js 16.7. É a mesma Naarã mencionada em 1 Cr 7.28. Arquelau desviou a metade das águas dos reservatórios de Naarã, para irrigar as palmeiras de seu palácio em Jericó, Antig. 17.3,1. Eusébio faz menção de uma aldeia com o nome de Noorate, 7,5 km distante de Jericó. É mais plausível que o local da antiga cidade tenha sido perto de *Nahr el-Aujah* com suas águas abundantes nas ruínas de *el-Alujah*.

NAÁS (*no hebraico, "serpente"*) **1** Nome do pai de Abigail e Sarvia, irmãs de Davi, 2 Sm 17.25; *cf.* com 1 Cr 2.16. É provável que a viúva de Naás, mãe de Abigail e de Zeruia, tivesse se casado com Jessé e se fizesse mãe de Davi. Essa explicação serve melhor que supor que o nome Naás tenha sido o da mulher de Jessé. Os intérpretes judeus modernos dizem que Naás era outro nome de Jessé. **2** Nome de um rei amonita que sitiou Jabes de Gileade, cujos habitantes quiseram fazer aliança com ele e ser-lhe sujeitos. Essa proposta seria aceita se cada um deles se sujeitasse a perder o olho direito, com o fim de fazer deles o opróbrio de Israel. Foi-lhes concedido o prazo de sete dias para esperarem auxílio. Antes de expirar esse prazo, Saul que vinha de ser ungido rei, chegou com um reforço de tropas e derrotou os amonitas, salvando Jabes de Gileade e os seus defensores, 1 Sm 11.1-11. Esse Naás, ou outro de igual nome, tratou a Davi benignamente, talvez em virtude de não estar em bom relacionamento com Saul, 2 Sm 10.2. **3** Nome de um homem de Rabá dos amonitas, 2 Sm 17.27. Pode bem ser o já mencionado rei, ou algum israelita que se estabeleceu ali depois que a cidade foi tomada por Davi.

NAASSOM (*no hebraico, "oráculo", ou "encantador"*) – nome de um príncipe da tribo de Judá, no período em que começou a peregrinação pelo deserto, Nm 1.7; 2.3; 7.12; 10.14. Sua irmã casou com Arão que era da tribo de Levi, Êx 6.23. Naassom foi parente remoto de Boaz, marido de Rute e o quinto ascendente da genealogia de Davi, Rt 4.20-22; 1 Cr 2.10-12. Assim, pois, entra na linha genealógica de nosso Senhor, Mt 1.4; Lc 3.32,33.

NAATE (*no hebraico, "descanso", "quietude"*) **1** Nome de um descendente de Esaú e de Ismael, capitão em Edom, Gn 36.13,17; 1 Cr 1.37. **2** Nome de um levita da família de Coate, 1 Cr 6.26, talvez o Toá, mencionado em 1 Sm 1.1; 1 Cr 6.34. **3** Nome de um levita encarregado com outros de receber os dízimos e as primícias no tempo de Ezequias, 2 Cr 31.13.

NABAL (*no hebraico, "insensato", "sem juízo"*) – nome de um homem que havia no deserto de Maom que tinha as suas propriedades no Carmelo, muito rico, possuindo três mil ovelhas e mil cabras. Sua mulher chamava-se Abigail. Davi com sua gente acampou por algum tempo nas vizinhanças de Nabal e defendia as propriedades de seus vizinhos contra os bandos de ladrões que tinha ali. Quando Nabal procedia à tosquia das ovelhas, Davi enviou dez mancebos pedindo mantimentos para si e para a sua gente. Nabal respondeu de modo agressivo, e Davi, irritado, cingiu a espada e com sua gente, saiu disposto a acabar com Nabal e toda a sua casa. Abigail, mulher inteligente e de bons planos, sabendo do caso, preparou presentes para Davi, que ela mesma foi levar, reprovando a conduta de seu marido, e dessa maneira impediu que se desencadeasse a tempestade que ameaçava desabar sobre a sua casa. De regresso ao lar, encontrou Nabal banqueteando-se e tomado de vinho. No dia seguinte de manhã, contou-lhe como havia escapado à vingança de Davi; o coração de Nabal ficou como morto interiormente. Depois de dez dias, o Senhor o feriu, vindo ele a morrer. Mais tarde, Abigail fez parte das mulheres de Davi, 1 Sm 25.1-42.

NABI (*no hebraico, talvez, "escondido", "oculto", ou "Yah é proteção"*) – nome de um dos espias, representante da tribo de Naftali, Nm 13.14.

NABOTE – nome de um homem israelita da cidade de Jezreel, possuidor de uma vinha que vizinhava com um dos palácios de Acabe, rei de Israel, que desejava muito comprá-la. Nabote recusou vendê-la porque era patrimônio de família. Às instâncias de Jezabel, Nabote foi condenado à morte, por causa de um processo iníquo em que falsas testemunhas depuseram contra ele. Nabote e seus filhos foram apedrejados e, os corpos deixados insepultos para serem devorados pelos cães, e Acabe entrou na posse da vinha. Tão revoltante crime, provocou o juízo de Deus sobre o rei e sua mulher, 1 Rs 21.1-24; 22.34-39; 2 Rs 9.30-37.

NABUCODONOSOR (*do acádio, Nabukudurri-usur, significa "Nebo defensor dos limites"*) – nome do filho de Nebopolassar e rei da Babilônia, que capitaneou uma bem-sucedida revolta dos babilônios contra os assírios e que fundou o grande império, em 625 a.C. Faraó-Neco que subiu ao trono do Egito em 610 a.C., conhecendo que o poder da Assíria havia se enfraquecido, invadiu o norte da Síria pelo ano 608, e marchou contra o rei dos assírios para a banda do Eufrates, 2 Rs 23.29; 2 Cr 35.20, porém, Nínive, capital da Assíria, foi tomada pelos exércitos aliados da Média e da Babilônia no ano 606 a.C. Os egípcios tinham então de haver-se com os novos triunfadores. Nebopolassar mandou que seu filho Nabucodonosor lhes fosse de encontro. Esse príncipe derrotou os egípcios com grande mortandade na batalha de Carquemis e fê-los retroceder para o seu país e subjugou as regiões intermediárias, desde o regato do Egito até o rio Eufrates, 2 Rs 24.7; Jr 46.2.

Nabucodonosor — Christian Computer Art

NADABE

Tendo recebido notícia da morte de seu pai, entregou os negócios do ocidente aos seus generais e regressou apressadamente para A Babilônia para tomar posse do trono, 605 a.C. (cont. Apiom 1.19). As informações acerca desse reinado relatam os escritores sagrados, principalmente os que foram contemporâneos de Nabucodonosor, como, Jeremias, Ezequiel e Daniel, suplementadas pelas inscrições em tijolos e pelos escritores de Berosos, historiador babilônio, que viveu 250 anos depois de Nabucodonosor. Após as suas conquistas, o reino de Judá se tornou tributário de Nabucodonosor durante três anos, quando se revoltou, 2 Rs 24.1. Esse rei regressou à Palestina, sufocou a revolta, colocou a ferros o rei e o enviou cativo para Babilônia, e pôs outro rei no trono, 2 Cr 36.6,10 (veja *JEOIAQUIM e ZEDEQUIAS*). Zedequias se manteve fiel durante aproximadamente oito anos, findos os quais tentou a sua independência, auxiliado por forças do Egito, Jr 37.5. Resultou dessa tentativa que Jerusalém foi sitiada no ano 587 a.C., o templo reduzido a cinzas e os principais de seus habitantes levados para o cativeiro, 2 Rs caps. 24 e 25; 2 Cr 36.5-21; Jeremias caps. 39 e 52. Por esse tempo, talvez pelo sétimo ano do reinado de Itobalos, rei de Tiro, Nabucodonosor começou o cerco de Tiro, que durou 13 anos, Ez 29.18; cont. Apiom, 1.21; Antig. 10.11,1. No 23º. ano de seu reinado, 582 a.C., guerreou contra Coelesíria, Moabe e Amom e deportou algumas centenas de judeus, Jr 52.30; Antig. 10.9,7. Voltou-se em seguida contra o Egito para castigá-lo pela parte que havia tomado na guerra judia. Pelo ano 572 a.C., invadiu esse país, Êx 29.19, e no ano 37 de seu reinado, 569 ou 568 a.C., de novo dirigiu suas armas contra ele. É quase certo ter ele feito outras campanhas militares cujas notícias se perderam. Era seu costume transportar os habitantes dos países conquistados para diversas partes do império, tendo assim ao seu dispor um elemento servil para auxiliá-lo a realizar obras de construção muito valiosas; construiu o grande muro da Babilônia, erigiu magnífico palácio para sua residência, reparou o grande templo de Merodaque e o templo de Nebo em Borsipa, e muitos outros santuários do paganismo. Dizem que foi ele quem construiu os jardins suspensos, para que sua esposa Amuía tivesse recordações das verdejantes colinas de Midiã, sua terra natal (con. Apiom 1.19; Antig. 10.11,1) e, ainda, que foi ele quem mandou construir o enorme reservatório perto de Sipara, destinado a irrigações, o qual tinha 277.800 m de circunferência e 59,40 m de profundidade, além de muitos canais que cortavam o país; edificou cais e quebra-mar no Golfo Pérsico. A forma de loucura que ele veio sofrer, quando o seu orgulho lhe perturbou a razão, é aquela doença denominada licantropia, em que o paciente se julga um animal inferior e como tal, o rei da Babilônia julgou ser boi, e passou a comer feno, Dn cap. 4. Reinou mais de 43 anos, e morreu depois de ligeira enfermidade no ano 562, deixando no trono seu filho Evil-Merodaque.

NACOM (*no hebraico, "preparado", "pronto"*) – nome de uma eira, onde Uzá colocou a mão na arca do Senhor, sendo punido com a morte, 2 Sm 6.6; e por isso aquele lugar foi chamado "O Castigo de Uzá", *Perez-Uzzah*.

NADABATE – nome de um lugar, talvez de uma aldeia, na terra de Moabe ou perto dela, envolvido em uma trama pelos irmãos Macabeus, 1 Mac 9.37. Esse local talvez seja Nebo, chamado por Josefo de *Nabatha*, Antig. 13.1-4.

NADABE (*no hebraico, "liberal", "bem disposto"*) **1** Nome do filho mais velho dos quatro filhos de Arão, Êx 6.23; Nm 3.2; 26.60; 1 Cr 6.3; 24.1. Com Abiú, seu

NADABE

irmão, teve o privilégio de se aproximar do Senhor com Moisés no Sinai, Êx 24.1, e subseqüentemente nomeados sacerdotes, 28.1. Por haverem oferecido ao Senhor um fogo estranho, foram consumidos pelo fogo, Lv 10.1-7; Nm 26.61. Tendo sido vedado a Arão o uso de vinho, quando entrasse no Tabernáculo, presume-se que Nadabe e Abiú tivessem violado esse preceito, e entrassem na presença de Deus sob a ação do álcool, sofrendo a morte. Ambos morreram sem deixar filhos, Nm 3.4; 1 Cr 24.2. **2** Nome de um homem da tribo de Judá, pertencente à família de Hezrom da casa de Jerameel, 1 Cr 2.28-30. **3** Nome de um benjamita, filho de Gibeom e de sua mulher Maaca, 1 Cr 8.30; 9.36. **4** Nome de um filho de Jeroboão I e seu sucessor no trono de Israel. Começou a reinar no ano 910 a.C. Seguiu os maus exemplos de seu pai adorando o bezerro. Com suas armas, partiu para sitiar Gibetom e foi ali assassinado com toda a sua casa por Baasa, que tomou conta do trono. Esse morticínio cumpriu as ameaças de Deus contra Jeroboão e sua casa. Nadabe não chegou a reinar dois anos, 1 Rs 14.10,11,20; 15.25-30.

NAFIS (*no hebraico, "respiração", ou, talvez, "refrigeração"*) – nome de um dos filhos de Ismael, Gn 25.15; 1 Cr 1.31, fundador de uma casa com a qual as tribos do oriente do Jordão entraram em conflito, 1 Cr 5.18-22.

NAFTALI (*no hebraico, "a minha luta", "luta", "contenda"*) **1** Nome do sexto filho de Jacó e o segundo que lhe deu sua escrava Bila. Raquel lhe deu esse nome porque havia pelejado com Deus em oração para alcançar filhos, Gn 30.8. **2** Nome da tribo oriunda de Naftali, subdividida em grandes famílias de que foram chefes seus quatro filhos, Gn 46.24; Nm 26.48,49. O príncipe da tribo no deserto foi Aira, filho de Enã, Nm 1.15; 2.29; 7.78-83; 10.27, posteriormente

foi Pedael, filho de Amiúde, 34.28. A tribo teve como seu representante na comissão dos espias, Nabi, filho de Vofsi, 13.14. Quando se fez o primeiro censo no deserto foram contados 53.400 homens de guerra, 2.29,30; no segundo, 45.400, Nm 26.50. Acampou ao norte do Tabernáculo, atrás das tribos de Dã e Aser, 2.29. Chegados a Canaã, era ela uma das seis que estavam no monte Ebal para pronunciar as maldições contra os transgressores da lei, Dt 27.13; *cf.* Js 8.33. O território, a ela destinado ficava ao norte da Palestina, era limitado ao oriente pelo Jordão, e o mar da Galiléia, ao sul pela tribo de Issacar e de Zebulom e a oeste, por Zebulom e Aser, Js 19.34. Consistia em uma estreita faixa com cerca de 93 km de comprimento de norte a sul e variando entre 18 km e 28 km de largura, de este a oeste, terreno a maior parte montanhoso, Js 20.7, e muito fértil. A sua linha divisória corria pelo monte Tabor, 19.34; contava cidades fortificadas, entre outras: Hasor, Quedes, Irom e Bete-Anate, Js 19.36-38. Os levitas da casa de Gérson possuíam três cidades dentro de seus limites: Quedes, Hamote-Dor e Cartã. A primeira dessas era cidade de refúgio, Js 20.7; 21.6-32; 1 Cr 6.62,76. Ainda sob o governo dos juízes, os da tribo de Naftali não haviam conseguido expulsar os cananeus das cidades de Bete-Semes e Betanate, conseguindo porém fazê-los tributários. Os de Naftali tomaram parte saliente na campanha dirigida por Débora e Baraque os quais, com os da tribo de Dã, expuseram suas vidas na terra de Merom, Jz 4.6; 5.18. Também responderam à chamada às armas que Gideão fez, 6.35; 7.23. Mil capitães, com 34 mil homens de guerra, armados de escudos e lanças, chegaram-se para Davi em Hebrom para auxiliá-lo na campanha contra Isbosete, 1 Cr 12.34; *cf.* v. 40. Tempos depois, teve como seu príncipe a Jerimote, filho de Azriel, 27.19. Aimaás exerceu as funções de governador em Naftali por ordem de

Salomão, 1 Rs 4.15. Hirão (não o rei de Tiro), filho de certa mulher viúva da tribo de Naftali, era hábil artista em trabalhos de bronze, 7.14. A terra de Naftali foi assolada por Bene-Hadade, rei da Síria, 1 Rs 15.20; 2 Cr 16.4; e muitos de seus habitantes sofreram o cativeiro quando Tiglate-Pileser, rei dos assírios, invadiu o país, 2 Rs 15.29. A essas grandes calamidades alude o profeta Isaías, confortando o povo aflito, anunciando em nome do Senhor que o território, então assolado, seria abençoado com privilégios especiais e que uma grande luz brilharia sobre a gente que habitava na região da sombra da morte, Is 9.1-7. Cumpriu-se essa profecia, quando nosso Senhor escolheu essa região assolada pelas invasões, para ser o centro especial de seu ministério, Mt 4.12-16. Corazim, Cafarnaum e Tiberíades ocupavam o território que outrora pertencia à tribo de Naftali.

NAFTUIM (*de origem egípcia e significado desconhecido, exceto que é plural de naphituhi. Talvez uma alusão ao moradores do norte do Egito, às margens do Nilo*) – nome de uma tribo de origem egípcia mencionada entre os líbios do baixo Egito e os patrusins do alto Egito, Gn 10.13; 1 Cr 1.11. Ebers deriva esse nome da palavra egípcia *naptah*, povo de Ptá, ou habitantes do médio Egito, no distrito de Mênfis, centro do culto prestado a Ptá. Napata, antiga capital da Etiópia, às margens do Nilo, perto da quarta catarata, também é indicada como origem da palavra Naftuim.

NAGAÍ – nome na forma grega de um antecessor de Cristo, Lc 3.25. O nome na forma hebraica, *No'gah*, aparece em 1 Cr 3.7; 14.16, e significa "brilhante".

NAIM (*no hebraico, "deleite", "beleza"*) – nome de uma cidade onde Jesus ressuscitou o filho único de uma viúva, Lc 7.11,17.

Ainda conserva o mesmo nome; situa-se a noroeste de uma eminência chamada *Jebel Duhy*, ou "Pequeno Hermom", 3 km a sudoeste de En-Dor, e 9 km, a sudeste de Nazaré. Era uma pequena aldeola, pouco maior que um montão de ruínas, onde se encontram antigas sepulturas em cavernas principalmente na parte oriental. Atualmente é composta de um povoado islâmico.

NAIOTE (*no hebraico, "residência"*) – em algumas traduções, naiote de Ramá, na versão em português casa dos profetas em Ramá. O lugar onde Samuel e Davi se refugiaram quando fugiram de Saul, 1 Sm 19.18. Saul os perseguiu até ali, mas o Espírito do Senhor veio sobre ele, e foi caminhando e profetizando até Ramá. Samuel residia próximo desse local com seus discípulos, 1 Sm 19.18,19,22,23; 20.1. Os estudiosos pensam que Ramá tenha sido o nome de uma colina e que Naiote era um ponto dessa colina e não uma aldeia. Ramá tem sido identificada como *er-Ramam*, cerca de 13 km ao norte de Jerusalém. Sobre Naiote nada se sabe fora das Escrituras.

NÃO FAVORECIDA – nome simbólico dado pelo profeta Oseías a uma de suas filhas, como significado que Deus julgava seu povo sem qualquer piedade, por causa dos seus pecados, Os 1.6 (veja *LO-RUAMA*).

NÃO-MEU-POVO – nome simbólico do segundo filho do profeta Oseías e de sua mulher Gômer, Os 1.8,9 (veja *LO-AMI*).

NAOR (*no hebraico, "soprador", "respiração pesada"*) **1** Nome de um dos filhos de Serugue, e avô de Abraão, Gn 11.24,25. **2** Nome de um dos filhos de Terá e irmão de Abraão. Casou-se com sua prima Milca, filha de Arã e irmã de Ló, v. 29. Não consta que tivesse emigrado de Ur dos caldeus com Terá, Abraão e Ló. Mais tarde, ainda o encontramos na Mesopotâmia em Harã,

NAOR

24.10; 27.43. Nasceram-lhe oito filhos de Milca sua mulher. Esses oito filhos deram origem às tribos aramaicas. Teve mais quatro filhos de uma concubina por nome Reumá, 22.21-24, e Betuel, filho de Milca, que foi pai de Rebeca e de Labão, 24.15-29.

NARCISO – nome de um romano cuja família estava no Senhor, a quem o apóstolo Paulo enviou saudações na sua carta à igreja de Roma, Rm 16.11 (veja *FLOR*).

NARDO – planta aromática, que em hebraico chama *nerd*, e aparece por três vezes nas Escrituras, todas no livro de Cântico dos Cânticos, Ct 4.13,14, da qual se extrai um bálsamo precioso, que os gregos denominam nardo, Mc 14.3. Parece que é o *Nardostachys jatamansi*, planta da família das *Valerianas,* que tem raízes odoríferas e que se encontra nas montanhas do Himalaia, entre 11 mil e 17 mil pés de altitude. Os hindus serviam-se dela na medicina e também em preparações de perfumaria, vindo a ser um importante artigo de comércio em tempos remotos. Por causa da longa distância, havia demora considerável em transportar o nardo da Índia para a Palestina, e por isso era mais precioso. A redoma de alabastro cheia de bálsamo feito de espigas de nardo, derramado sobre a cabeça de Jesus, valia 300 denários, Mc 14.3-5. Segundo diz Plínio, o preço do bálsamo variava entre 25 a 300 e até 400 denários conforme a qualidade, (Hist. nat. 12.26; 13.2-4). Em Mc 14.3 e Jo 12.3, a palavra nardo é acompanhada por um adjetivo grego, *pistikos*, variante de pistos, líquido. Dizem alguns críticos que o adjetivo *pistikos* refere-se ao lugar de sua procedência.

NARIZ/VENTAS (*hebraico aph, sua forma é appayyim, "por onde se respira"*) – o termo aparece com o sentido de "nariz" em Gn 2.7; 7.22; Êx 15.8; Nm 11.20;

2 Sm 22.9-16; Pv 30.33. Essa mesma palavra indica "ira" em, Pv 22.24. No sentido metafórico, indica o hálito da vida. Os judeus não possuíam o entendimento sobre o sistema respiratório, por isso associavam o nariz como sendo o órgão que contém a respiração que dá a vida, e não os pulmões, Gn 2.7,7.22. No Novo Testamento não existe a palavra "nariz".

NASCER DE NOVO.

NASCIMENTO – no Antigo Testamento, três palavras são usadas para descrever o termo: a) *Yalad*, "produzir", "dar à luz", aparece em Gn 4.1; 46.25; Êx 2.2; 1 Cr 1.32. b) *Mashber*, "rompimento", 2 Rs 19.3; Is 37.3; Os 13.13. c) *Mekurah*, "nascimento", Ez 16.3; 24.30. No Novo Testamento, temos duas palavras gregas: a. *Geneté*, "rompimento", Jo 9.1. b. *Gênesis*, "começo", "geração", Mt 1.118; Lc 1.4; Tg 1.23; 8.6. O nascer é o símbolo do começo de uma vida ou alguma coisa, pode, metaforicamente, significar uma regeneração espiritual.

NATÃ (*no hebraico, "Ele deu", ou "presente", "dom"*) **1** Nome de um dos filhos de Atai e pai de Zabade, pertencente à casa de Jerameel, da família de Hezrom da tribo de Judá, 1 Cr 2.36. **2** Nome de um distinto profeta que viveu nos reinados de Davi e Salomão. O rei Davi submeteu à sua aprovação o plano da construção do templo. A princípio, foi ele favorável ao profeta, mas depois, em virtude de uma mensagem do Senhor, disse que outro, e não Davi, teria a honra de o edificar, 2 Sm 7.1-17; 1 Cr 17.1-15. Esse profeta teve de apresentar a Davi a denúncia de seu grande crime contra Urias, o heteu, sob a forma de parábola, 2 Sm 12.1-15; *cf.* salmo 51, título. Na capacidade oficial de profeta do Senhor, deu o nome de Jedidias ao filho de Davi, o jovem Salomão, *cf.* 2 Sm 12.25. Com o profeta Natã, auxiliado pelo também profeta Gade, ou a instâncias de ambos, Davi organizou o serviço musical para o santuário, 2 Cr 29.25. Quando Adonias aspirou ao trono em lugar de Salomão, não manifestou suas intenções ao profeta Natã prevendo, naturalmente, que ele seria fiel a Davi, para aceitar aliança consigo, 1 Rs 1.8-10. Natã mostrou a Bate-Seba a conveniência de, sem demora, contar a Davi o que estava se passando, a fim de que ele providenciasse a sucessão ao trono. O plano deu resultado. Davi ordenou a Zadoque, sacerdote, ao profeta Natã e a Benaia, capitão de suas guardas, que proclamassem Salomão, rei de Israel, v. 11-45. Natã escreveu um livro descrevendo o reinado de Davi e parte do de Salomão, 1 Cr 29.29; 2 Cr 9.29. **3** Nome do pai de Igal de Zobá, e do irmão de Joel, ambos faziam parte dos mais valentes de Davi, 2 Sm 23.36; 1 Cr 11.38. **4** Nome de um dos três filhos de Davi que lhe nasceram em Jerusalém, 2 Sm 5.14. Este ou o profeta do mesmo nome, foi pai de Azarias e de Zabude, oficiais do exército de Salomão, 1 Rs 4.5. A família de Natã é mencionada no livro de Zc 12.12. A este nome rende-se a linha genealógica de Davi e de Jesus Cristo, Lc 3.31, enquanto que, pela linha do rei Salomão é que vem a genealogia de José, esposo da virgem Maria, que faz descender de Davi, Mt 1.6. **5** Nome de um dos chefes, que esteve com Esdras no rio Aava, enviado a Casifia para trazer ministros para o templo, Ed 8.16,17. **6** Nome de um dos filhos de Bani que Esdras induziu a abandonar sua mulher estrangeira, Ed 10.39.

NATALÍCIO – o nascimento de um filho era motivo de grande contentamento e celebrado com ruidosas festas, Jr 20.15; Antig. 12.4,7. Os egípcios e os persas festejavam os seus aniversários, Gn 40.20; Heród. 1.133. Herodes celebrava o seu natalício quando mandou decapitar João, Mt 14.6.

NATÃ-MELEQUE (*no hebraico, "o rei deu", ou "presente do rei"*) – nome de um dos eunucos do tempo de Josias, rei de Judá, que habitava no recinto do templo, 2 Rs 23.11.

NATANAEL (*no hebraico, "presente de Deus", "dom de Deus", ou "Deus tem dado"*) **1** Nome do quarto filho de Jessé e irmão do rei Davi, 1 Cr 2.14. **2** Nome de um sacerdote. Foi ele quem tocou a trombeta quando a Arca da Aliança voltava para Jerusalém no tempo do rei Davi, 1 Cr 15.24. **3** Nome de um levita, pai do escriba Semaías, 1 Cr 24.6. **4** Nome de um filho de Obede-Edom. Ele foi porteiro do templo em Jerusalém no tempo do rei Davi, 1 Cr 24.6. **5** Nome de um dos príncipes enviados por Jeosafá às cidades de Judá, com o propósito de ensinar o povo sobre a lei e o culto religioso, 2 Cr 17.7. **6** Nome de um chefe levita, no tempo do rei Josias, 2 Cr 35.9. **7** Nome de um dos filhos de Pasur induzido por Esdras a separar-se de sua mulher estrangeira, Ed 10.22. **8** Nome de um homem, natural de Caná da Galiléia, a quem Jesus declarou ser um israelita verdadeiro e sem dolo. Filipe o convidou a ir ter com aquele de quem Moisés havia falado na Lei, Jesus de Nazaré, filho de José, e de quem escreveram os profetas, porém, esse nome não se encontra nas profecias do Antigo Testamento, e, além disso, Nazaré não tinha grande reputação, pelo que, Natanael teve dificuldade em aceitar as pretensões messiânicas procedentes desse lugar. Imediatamente, porém, se rendeu à evidência do conhecimento super-humano que Jesus havia manifestado, João 1.45-51. Quando se operou o milagre da pesca no mar da Galiléia, Natanael estava no barco com Simão Pedro, 21.2. O seu nome não consta da lista dos apóstolos que estão nos três primeiros evangelhos, mas parece provável que lá esteja com o nome de Bartolomeu. No Antigo Testamento, encontram-se outras pessoas com o mesmo nome,

NATANAEL

porém, na forma hebraica. **9** Nome de um dos sacerdotes que tocavam a trombeta na dedicação do muro de Jerusalém, Ne 12.36. **10** Nome do príncipe da tribo de Issacar que serviu na peregrinação pelo deserto, Nm 1.8; 2.5; 7.18-23; 10.15.

NAUM (*no hebraico, "compassivo"*) – nome do profeta que escreveu o sétimo livro na lista dos 12 profetas menores, embora cronologicamente seja o sexto. Segundo o historiador Jerônimo, era natural de Elcós, aldeia da Galiléia, que provavelmente é Cafarnaum, que significa, "cidade de Naum". Profetizou durante o reinado de Ezequias para a tribo de Judá, 1.15, e não para as dez que estavam no cativeiro.

NAUM, LIVRO DE – o lugar que esse livro ocupa na ordem dos profetas menores, depois de Miquéias e antes de Habacuque e Sofonias, dá a entender que foi escrito entre o princípio do reinado de Ezequias e o final do reinado de Josias, Mq 1.1; Sf 1.1, porque esse profeta faz referências à destruição de Nô-Amom (Tebas, Egito), 3.8-10, tomada pelos assírios em 664 a.C., e prediz a queda de Nínive, v. 7, que ocorreu pelo ano 600. Tudo isto marca os limites do tempo em que o livro foi elaborado, que vem a ser nos 58 anos decorridos entre os dois acontecimentos citados, quando o povo se encontrava consternado pelas persistentes invasões dos assírios e pelo cativeiro de seu rei. O tema da profecia é o peso de Nínive, 1.1. Insiste em declarar que Jeová é Deus zeloso e vingador, que se arma de furor contra seus adversários e ao mesmo tempo serve de baluarte para os que nele confiam, v. 2-8; acusa o povo de se mostrar indiferente para com aqueles que falam contra o Senhor e que o aconselham a abandonar o seu serviço, 9.11; declara firme o propósito que Deus tinha de livrar o seu povo, v. 12-14; e o exorta a permanecer fiel ao Senhor e às suas ordenanças, v. 15. Nessas bases, o profeta passa a descrever a destruição das nações que estavam em oposição ao reino de Deus; descreve o sítio da cidade, 2.1-10, e aproveita a ocasião para mostrar o seu estado lastimável, semelhante a uma caverna de leões, v. 11-13. Voltando a descrever o sítio, atribui as desgraças que ela sofre à multidão de seus crimes, 3.1-4. Aludindo a eles, o profeta faz uma comparação entre ela e uma prostituta, castigada com vergonha e opróbrio, v. 5-7. Chama a atenção para Nô-Amom, Tebas, cujos habitantes sofreram o cativeiro, sendo superior a Nínive, v. 8-10, e anuncia que essa cidade seria igualmente destruída, v. 11-19. Em Naum 3.8-10, a versão de Figueiredo traz Alexandria, o que é um grosseiro anacronismo, em que se lê Nô-Amom, i.é., Tebas do Egito na V. B. e em Almeida. A profecia começa com uma introdução poética em ordem alfabética, 1.2-15, sem a feição de um salmo cujos versículos começam por uma letra como se observa no salmo 119. O autor do livro faz mais: serve-se dos sons consecutivos das letras para assinalar os tópicos e não os versículos, e para acompanhar cada um dos tópicos simples ou em grupos, no curso de sua majestosa oração. Aguça o ouvido para entender certos sons e ouvi-los com prazer. Assim, pois: I. O profeta enuncia uma doutrina referente a Jeová, Deus de Israel (soando o *aleph* na primeira palavra *el*, Deus), doutrina que serve de fundamento à verdade em que assenta a sua profecia, a saber, que Jeová, visto que tardio em irar-se, toma vingança sobre seus adversários, v. 2,3; em que o *aleph* inicia as palavras mais importantes. Depois, passa a descrever a majestade e o poder de Jeová, servindo-se da natureza, dizendo: O Senhor anda entre a tempestade e o torvelinho, e debaixo de seus pés se levantam nuvens de poeira (a letra *beth* soa três vezes nessa parte do v. 3); ameaça o mar, e ele o seca, e muda todos os rios em um deserto. Basã e o Carmelo perderam a força e a flor do Líbano amorteceu (o v. 4

NAUM, LIVRO DE

começa com *gimel*); os montes foram por ele abalados e os outeiros ficaram desolados e a terra e o orbe e todos que nela habitavam, tremeram diante dele, v. 5; nesse versículo o *gimel* aparece quatro vezes em palavras proeminentes, e quatro vezes também se emprega a conjunção *vav*; diante da face da sua indignação, quem é que poderá subsistir? e quem resistirá contra a ira do seu furor? v. 6; as palavras de mais forte expressão começam, uma vez com *zayin* e duas vezes com *hheth*, em sua própria ordem. A verdade assim exposta, compreende, de um lado, a bondade de Deus para com o seu povo e o conhecimento que ele tem de cada um dos que esperam nele, v. 7; as palavras começam com *teth* e *yodh*; e de outro, a destruição completa do mal, v. 8; a palavra principal sendo *kalah*, retém os dois sons *kaph* e *lamedh,* acompanhadas duas vezes pelo som *mem* na palavra "lugar". Chega-se ao apogeu da doutrina. II. Abre-se uma nova secção do excelso discurso, em que o profeta fundamenta as suas predições nas verdades já expostas. Insiste na improficuidade da oposição a Jeová: primeiro em forma interrogativa, v. 9; cuja parte principal começa com outro *mem* e termina com *nun*; em seguida faz uma declaração, repetindo as conclusões da secção doutrinal, em que se repete a seqüência dos sons *kaph*, uma vez e *lamedh*, duas vezes, nas duas palavras que dominam o pensamento, *kalah* e *lo*, seguidas imediatamente pela repetição de *mem* três vezes. Em seguida, o profeta prediz a destruição dos inimigos de Deus, v. 10-13; nesses versículos a letra *samekh* entra quatro vezes no princípio de quatro palavras consecutivas, sibilando pelo v. 10, enquanto que *ayin* arrasta-se quatro vezes em palavras consecutivas do v. 11, e outras vezes na segunda metade do v. 12 e na primeira palavra do v. 13. Segue-se a predição acerca do livramento do povo de Deus, v. 14;

nesse versículo, a letra *tsadhe* está no princípio do versículo e *goph* é a letra inicial das duas palavras finais. Finalmente, em vista das verdades expostas, o profeta exorta o povo a continuar firme e sem desfalecimento no seu serviço e nos atos de seu culto, v. 15. Nesse versículo, as letras *resh*, *sin* e *shin* soam repetidamente na primeira metade do versículo e a letra *tav* é a última do versículo e o som final da profecia que começa com *aleph*. O último versículo, pelo sentido e pelo ritmo, forma a transição para o capítulo 2. As letras *daleth* e *pe* não se encontram nessa enumeração; mas quando se disser toda a história dos sons, as encontraremos lá. O ouvido ficará satisfeito, com tudo que desejar ouvir. O discurso exaltado do profeta começa com a letra *aleph* no v. 2, ouvindo-se também o *beth*, enquanto que no final do versículo as duas letras soam juntas; *aleph* ouve-se duas vezes no princípio do v. 3, seguida de *gimel* e de *daleth* juntas; depois, *beth* aparece duas vezes seguida de *daleth*, *aleph* e *beth* aparecem de novo na palavra característica do encerramento, seguidas de uma palavra que tem *gimel*; o v. 4 começa com *gimel* e deixa ouvir repetida a letra *beth*, e o *aleph* faz-se ouvir no princípio e no fim da última cláusula. Nesses versículos, o *aleph* aparece dez vezes como letra radical; *beth*, sete vezes também como radical, *gimel* e *daleth* duas vezes cada uma, *Tau* não aparece nos primeiros dois versículos e a letra *sin* não soa até o v. 3. O grupo de letras, desde *he* até *yodh*, é empregado com certa parcimônia. A letra *he* começa e termina o v. 5, está repetida nele várias vezes; e a letra *vav* vê-se no princípio ou no fim de quase todas as palavras. O pensamento do v. 6 está incorporado em uma palavra que começa com *zayin* repetida duas vezes em sinônimos que começam com *hheth*. *Teth* principia o v. 7, a palavra enfática de introdução à última cláusula começa com *yodh*. A primeira parte do poema exibe

NAUM, LIVRO DE

uma exultante conclusão, anunciando que a iniqüidade será destruída; e a segunda parte repete essa mesma verdade, como base profética e fundamento para as suas exortações, v. 8, 9. Entre essas duas partes, e como transição da primeira para a segunda, existe uma pergunta, mostrando quão louca é a resistência contra Jeová. Em cada passagem o poeta emprega os sons consecutivos *kaph*, *lamedh* e *mem*; o essencial do assunto começa por *mem* e termina por *nun*. Nos versículos 9-11, os sons de *men*, *nun*, *samekh*, *ayin* e *tsadhe* são muito freqüentes e dominantes. A letra *pe* também se vê, porém, em completa subordinação, e talvez sem emprego intencional da parte do profeta; todavia a sua ocorrência agrada ao ouvido. Nos v. 13 e 14, as letras *goph*, *resh*, *shin* e *tav* têm proeminência muito legítima: *tav*, *shin*, e *resh*, no final das sílabas consecutivas do princípio do v. 13, e *shin*, *goph*, *resh* e *tav* no princípio das sílabas das últimas quatro palavras do v. 14. No v. 15, a letra *resh* aparece em três palavras consecutivas seguidas de *sin* e *shin* nas mesmas palavras, e terminando com a radical *tau*. **2** Nome de um antecessor de Cristo, nascido cerca de três séculos antes dele, Lc 3.25.

NAVALHA – instrumento cortante empregado para fazer a barba ou rapar o cabelo. Há dois termos hebraicos a serem considerados; a) *ta'ar* – Is 7.20; Nm 6.5; 8.7; Ez 5.1; Sl 52.4; b) *môrah* – Jz 13.5; 16.17; 1 Sm 1.1. Os dois termos indicam diferentes tipos de navalhas, mas de difícil identificação. No entanto, sabemos que se tratava de instrumento antigo usado para aparar, ou rapar barba e cabelos, do qual se originam as navalhas atuais. Esse instrumento já era comum no Egito e em toda a Suméria em tempos remotos.

NAVIO – pequena embarcação que utilizavam os moradores do alto Eufrates para descerem até a Babilônia, Heród. 1.194. Tinha a forma circular; o cavername era de faia forrado de couro. Dois timoneiros governavam alternadamente, o barco era impelido por uma vela grande. Cada um dos maiores navios carregava cinco mil talentos. Os barcos, que navegavam pelo Nilo eram construídos de acácia, Heród. 2.96. Nos tempos do Antigo Testamento, com certeza havia barcos no mar da Galiléia, se bem que nada se relata. No período romano, esse mar continha muitos barcos de pesca, Lc 5.2; Jo 6.22,23; Guerras 2.21,8; 3.10,9; Vida, 33, movidos a remos e a vela, Mc 4.38; *cf.* Lc 8.23, sob a direção de um piloto. As âncoras tornavam-se indispensáveis para segurar o barco no termo da viagem,

Navio egípcio — Christian Computer Art

NAVIO

Navio egípcio — Christian Computer Art

ou quando abrigado dos temporais, Vida 33. Os israelitas não se lançavam ao mar, apesar do exemplo das nações vizinhas. Os egípcios e os fenícios possuíam grandes estaleiros onde construíam suas embarcações, já antes do êxodo. Em todo o tempo de sua história, os hebreus tinham diante dos olhos o espetáculo grandioso das navegações pelo Mediterrâneo. Salomão empreendeu grandes empresas comercias e marítimas que Jeosafá procurou imitar, porém, somente em circunstâncias excepcionais, servindo-se de marinheiros fenícios. As madeiras de cedro e de faia destinadas à construção do templo iam para Jope conduzidas por marinheiros de Tiro, 1 Rs 5.9; 2 Cr 2.16. As madeiras para o segundo templo foram igualmente levadas para Jope pelos fenícios, Ed 3.7. A tripulação do navio em que ia o profeta Jonas compunha-se de estrangeiros, Jn 1.5. Consta haver, no período romano, expedições de piratas hebreus, que infestavam o mar. Antig. 14.3,2; Guerras 3.9,2,3. O Mediterrâneo era cruzado em todas as direções por navios mercantes e de guerra, Nm 24.24; Dn 11.30; Jn 1.3; 1 Mac 11.1. Em tempo de guerra, utilizavam navios para o transporte de soldados, 15.3,4; 2 Mac 14.1, e para combates navais, 1 Mac 8.23-32; Antig. 9.14,2; *cf.* Guerras 3.10,1. Alguns deles navegavam só a vela, outros a vela e a remos. Os navios mercantes de Tiro eram fabricados de faia de Senir e de cedros do Líbano, Ez 27.5-9, com mastros, velas de linho e cordas, 7; Is 33.23, assentos de marfim e câmaras de madeiras das ilhas da Itália, remos de carvalho, Ez 27.6. Os marinheiros trabalhavam nos navios sob a direção de um piloto, v. 8,27. Em navios de luxo, as velas eram de tecido fino do Egito com bordaduras e os pavilhões eram feitos de jacinto e de púrpura das ilhas de Elisa, v. 7. As viagens marítimas iam até Társis, Jn 1.3,5,6,13, e tocavam o Oceano Atlântico desde a Espanha até a Inglaterra. O navio de Alexandre em que o apóstolo Paulo viajava tinha capacidade para conduzir, além da equipagem, mais 276 passageiros e um

NAVIO

carregamento de trigo, At 27.37,38. O navio que naufragou com Josefo levava 600 pessoas a bordo, Vida 3. O cargueiro que transportava trigo de Alexandria, descrito por Luciano, e que deu à costa no porto de Atenas, tinha 120 cúbitos, ou 180 pés de comprimento, inclusive, sem dúvida, as projeções de ambas as extremidades, e 45 pés de largura chamando por isso a atenção de todos. Carregava de 1.200 a 1.300 toneladas. A galera de Ptolomeu Filopáter media, segundo diz Ateneu, 420 pés de comprimento e 57 de largura. O navio em que viajava o apóstolo Paulo estava a cargo do próprio dono e de um piloto, At 27.11, e manobrado por marinheiros, v. 30, e fabricado de pranchas de madeira, v. 44. O velame compunha-se de uma cevada que podia ser levantada ou abaixada, v. 40, e por conseguinte com um mastro de traquete, um mastro grande, e governado por dois lemes, v. 40. Possuía quatro âncoras, duas à ré, e duas à proa, v. 29,30, e um pequeno bote suspenso à popa, por meio de cordas, v. 16,17,30,32. Os navegantes costumavam levar a bordo uma sonda para avaliar a profundidade do mar, v. 28. Era costume pintar ou esculpir um olho de cada lado do talha-mar. O navio mencionado não podia resistir ao vento, v. 15. Uma pintura encontrada nas ruínas de Pompéia mostra a feição dos navios no tempo do apóstolo Paulo: um mastro de proa inclinado à maneira de um gurupés, destinado a sustentar uma vela quadrada, mais um mastro grande com uma vela também quadrada, presa a uma verga comprida. A verga compõe-se de dois mastaréus ligados entre si, fazendo centro na ponta do mastro. A vela é protegida por meio de cordas costuradas em sentido horizontal e perpendicular, de modo que, dando-se um rasgão, este fica limitado ao quadrado em que ele se deu. A vela cingia-se à verga por meio de cordas que a suspendiam enrolando. O convés é protegido por uma cinta. A popa, e em muitos casos a proa também, levantam-se em curva. Era costume terminar a proa em forma da cabeça de uma ave marinha. Pintava-se o nome do navio ou era esculpido em cada lado da proa, At 28.11. Governava-se o navio por meio de dois remos em forma de pás, que se moviam através de um orifício. As âncoras daquele tempo pareciam muito com as atuais, exceto em não ter unhas. Para impedir que o navio sofresse abertura nas juntas, costumavam cingi-lo com cordas, ou correntes.

NAZARÉ (*no hebraico, naçret, no grego é nazareth. O significado é incerto, talvez "verdejante", ou "rebento", "renovo"*) – nome de uma cidade da Galiléia, Mt 2.23, onde residiam José e Maria, Lc 2.39, e em que Jesus cresceu, 4.16, e passou a maior parte de sua existência de 30 anos, 3.23, por isso lhe chamavam Jesus de Nazaré, Mt 21.11; Mc 1.24. Ali crescia "Jesus em sabedoria, estatura e graça, diante de Deus e dos homens", Lc 2.52; 4.16, mas depois que iniciou sua carreira pública, foi rejeitado duas vezes pelos seus conterrâneos, 4.23-31; *cf.* Mt 4.13; 13.54-58; Mc 6.1-6. Nazaré situava-se sobre um monte, Lc 4.29, era pequena e sem importância, ou de origem muito recente, porque o seu nome não se encontra no Antigo Testamento, nem nos livros apócrifos, nem nas obras de Josefo. Atualmente, chama-se *en-Nasirah*, e está situada em um vale apertado da baixa Galiléia, um pouco ao norte da planície de Esdraelom, cerca de 27 km a sudeste de Tiberíades e 37 km a sudeste de Tell-Hum, lugar onde se julga ter existido a cidade de Cafarnaum, e a 35 km a sudeste do Acre. O vale tem cerca de 2 km de este a oeste e a média de 500 m de norte a sul. Pelo lado do noroeste, o monte se eleva cerca de 165 m sobre o vale cercado de ravinas pela encosta oriental, onde se localiza Nazaré. As casas são mais bem edificadas do que em

NAZARÉ

Nazaré moderna — Christian Computer Art

outras povoações da Palestina, construídas de pedras calcárias que se encontram nos outeiros vizinhos, e entre plantações de figueiras, oliveiras e alguns ciprestes. No vale, existem jardins cercados de árvores espinhosas. No centro desses jardins está a Fonte da Virgem, de onde vai a água que abastece a cidade, e em que, provavelmente, a virgem Maria ia buscar água para a sua habitação. Nazaré contém atualmente cerca de quatro mil habitantes, cuja maioria professa o culto grego; a quinta parte compõe-se de maometanos, e há também número considerável de protestantes e pequena parte de católicos romanos. Os frades franciscanos possuem ali um convento e relatam sobre muitos lugares santos na cidade, o único, porém, de maior evidência é a Fonte da Virgem. O ponto culminante de onde queriam precipitar Jesus talvez seja perto da igreja maronita no qual há duas ou três escarpas nuas, de seis a 17 m de altura. O nome de Nazaré está escrito de várias formas nos manuscritos do Novo Testamento. As mais aceitáveis são: *Nazaret* e *Nazareth*. O texto alexandrino diz *Narareth*, o texto sinaítico e o Vaticano dizem *Nazara*, em Mt 4.13 e Lc 4.16. Essas formas distintas representam provavelmente os diversos modos de falar entre o povo da Palestina. A cidade de Nazaré em aramaico chamava-se *Nasera*, retendo a terminação feminina *t* (*th*) como era muito freqüente com os nomes de cidades (*Zarephath, Daberath, Bozkath, Timnath*) e sob a influência hebraica se pronunciava *Názereth* (cf. *iggera e iggereth* que em aramaico quer dizer letra). Segundo essa explicação, a palavra é um particípio feminino. É raro que na língua semítica o som *s* seja representado pelo *z* grego, como o exige essa explicação do nome Nazaré; contudo, tem seus paralelos (cf. *Zilpah*, em hebraico *Silpah* e em grego *Zelpah*). O siríaco conserva o *s* usando a forma *Naserath*. Os árabes, conquistadores do país, ouvindo a sibilante enfática, conservaram o nome na forma *en-Nasirah*. O sentido que tem em árabe é auxiliador ou vencedor. Procura-se a derivação do nome original na raiz hebraica *nasar*, vigiar, pro-

NAZARÉ

teger, guardar; de modo que Nazaré quer dizer: protetor ou guardião, porém essa raiz no aramaico, inclusive o siríaco, é *netar*. O nome Nazaré deriva de uma raiz que em hebraico tem a forma *neser* e em aramaico, *nisra*, grelo; portanto, Nazaré quer dizer; lugar verdejante.

NAZARENO – **1** Nome de pessoa nascida, ou residente em Nazaré, Mt 2.23; Mc 16.6. Em Is 11.1, diz-se que sairia uma vara do tronco de Jessé, e que uma flor brotaria de sua raiz; um rebento da real família, é verdade, mas daquela família despojada da sua glória, e reduzida à sua humilde condição primitiva. Em vários lugares da profecia, o Messias é anunciado como um germe da casa de Davi, Jr 23. 5; 33. 15; Zc 3.8. Interpretando o versículo 23 do cap. 2 do Evangelho de Mateus, pode dizer-se que o evangelista via o cumprimento da profecia de Isaías no fato providencial que levou os pais de Jesus a ter outra vez residência permanente em Nazaré, dando a Jesus a designação de nazareno. Se a palavra Nazaré significa protetor ou guardião, Mateus acha o cumprimento da profecia simplesmente na semelhança do nome e no baixo conceito em que era tida a cidade e os seus habitantes; porém se o nome deriva da mesma raiz *neser* (veja *NAZARÉ*), então o evangelista encontra o cumprimento na significação do nome, Mt 26.71; Mc 16.6. **2** Nome que se dava por desprezo aos aderentes da religião fundada por Jesus, At 24.5.

NAZIREADO – o voto de nazireu (veja *NAZIREU*).

NAZIREU (*no hebraico, nazîr, "separado", "consagrado a Deus"*) – pessoa, homem ou mulher, que se consagrava especialmente a Deus. Desde muito que existia essa espécie de consagrado, cujos votos foram regulamentados pela lei do Sinai. Os nazireus prometiam consagrar-se ao Senhor por certo espaço de tempo. Não eram eremitas; continuavam a viver em contato com a sociedade humana; nem tinham vida ascética. A lei determinava que se abstivessem do vinho e de outras bebidas fortes, não comessem dos frutos da vide enquanto durasse o tempo de seu voto. Desde os tempos patriarcais, a vinha simbolizava a habitação fixa e a vida culta, muito lícitas em si mesmas, porém, que não se compadeciam com a simplicidade da vida e dos costumes antigos (veja *JONADABE*). Os nazireus não deviam rapar a cabeça. Os longos cabelos denunciavam a sua consagração a Deus; o cabelo era a glória da cabeça e o produto do corpo santificado para o Senhor; cortar o cabelo que Deus fez crescer era considerado pelo povo como não tendo voto, *cf.* Êx 20.25; Nm 19.2; Dt 15.19. Finalmente, o nazireu não era considerado limpo pela lei cerimonial, se tivesse tocado um cadáver, mesmo que fosse de um parente muito próximo. Quando se aproximava o término de sua consagração, devia comparecer diante do sacerdote, para cumprir as prescrições legais, quanto às oferendas, rapar a cabeça e queimar os cabelos, depois do que, poderia outra vez beber vinho, Nm 6.1-21. Qualquer pessoa podia fazer voto perpétuo em lugar de tempo limitado, e mesmo poderia ser consagrado perpetuamente desde o ventre de sua mãe. Foi este o caso com Sansão, Jz 13.4,5 e com Samuel, 1 Sm 1.11,28. Sansão, todavia, afastou-se dessas leis e ainda dos antigos costumes da velha civilização. No tempo de Amós, gente profana tentou induzir os nazireus a violar os seus votos de abstinência, oferecendo-lhes brindes, Am 2.11,12. Depois do exílio, o número dos nazireus aumentou, 1 Mac 3.49; Guerras 2.15,1. João Batista foi consagrado nazireu desde o ventre de sua mãe, Lc 1.15. É bem possível que a profetisa Ana tivesse voto de nazireado, 2.36,37. Parece que foi o voto de nazireado que os amigos do apóstolo Paulo o induziram a tomar para acalmar a tempestade que se armava contra ele, na sua última visita a Jerusalém, At 21.20-26. As pessoas ricas costumavam fazer o voto para favorecer os que eram pobres, Antig. 19.6,1 (veja *VOTO*).

NEÁ (*no hebraico, "emoção", "abalo", ou "instalação"*) – nome de um lugar na fronteira de Zebulom, Js 19.13.

NEÁPOLIS (*no grego, "cidade nova"*) – porto de mar em Filipos, e o primeiro lugar da Europa a que chegou o apóstolo Paulo, At 16.11, compreendido no cap. 20.6. Estava situado no golfo Estrimônio, 16 km a este-sudeste de Filipos. Seu nome atual é Cavala, cidade turca, cercada de ruínas.

NEARIAS (*no hebraico, "servo de Jeová", ou "Jeová sacudiu"*) **1** Nome de um simeonita que tomou parte na guerra contra os amalequitas, perto do monte Seir, durante o reinado de Ezequias, 1 Cr 4.42. **2** Nome de um dos descendentes de Secanias, 1 Cr 3.22,23.

NEBAIOTE (*no hebraico, "frutificação", "fertilidade"*) – nome de uma tribo descendente de Ismael, Gn 25.13,16; 28.9; 36.3; 1 Cr 1.29, cuja riqueza consistia em rebanhos, Is 60.7. Setecentos anos antes de Cristo, os assírios relataram a existência dessa tribo na Arábia, em harmonia com o Antigo Testamento, em conexão com Quedar. Podem ser os mesmos nabateus árabes que quatro séculos antes de Cristo se apossaram do monte Seir, e dele se espalharam para nordeste até a região além do rio, 1 Mac 5.25; 9.35, atingindo Haurã e Damasco, Antig. 13.5,2. Todo o país, desde o Eufrates até o golfo Elanítico no mar Vermelho, pertencia aos nabateus (Antig. 1.12,4). Foram conquistados por Pompeu no ano 62 a.C., e no ano 105 da era cristã passou a ser província do império romano.

A antiga Sela ficou sendo capital com o nome de Petra. Aretas foi um dos seus reis, mencionado em 2 Co 11.32.

NEBALATE (*no hebraico, "duro", "firme", ou "iniqüidade"*) – nome de uma cidade da tribo de Benjamim, ocupada pelos israelitas depois do cativeiro, Ne 11.34. Atualmente, chama-se *Beit Nabala*, situada 7 km a nordeste de Lídia e 3 km, ao norte de *el-Haditeh* ou *Hadide* e a noroeste de Betel.

NEBATE (*no hebraico, "consideração", ou "aspecto", "aparência"*) – nome de um efraimita que foi pai do primeiro rei das 12 tribos de Israel, Jeroboão, quando houve a divisão do reino, 1 Rs 11.26.

NEBO (*no hebraico, "elevação"*) – sendo nome de uma divindade, deriva da palavra semítico-babilônica *Nabu*, anunciador; sendo nome geográfico, pode representar o lugar onde se adorava o deus Nebo e, neste caso, deriva do árabe *Naba*, que significa "elevação". **1** Nome de um deus da Babilônia, Is 46.1, que presidia às ciências e à literatura, venerado na cidade de Borsipa, perto da Babilônia, cujas imagens eram objeto de adoração no tempo de Isaías, Is 46.1. **2** Ponto culminante das montanhas de Abarim, defronte de Jericó, Nm 33.47; Dt 32.49, que parece ser o Pisga, Dt 34.1, e encontra-se em Jebel Neba cerca de 15 km a oriente da foz do Jordão. Dessa extremidade, e em particular do pico denominado *Ras Singhah*, vê-se através da atmosfera límpida da primavera, o monte Hermom, em cuja base situa-se Dã; descortinam-se as montanhas de Naftali e a região serrana de Efraim e de Judá; o Carmelo e o mar que lhe ficam atrás; as depressões características da região meridional; o mar Morto e o vale do Jordão. **3** Nome de uma cidade moabita, perto de Nebo, Nm 32.3. Foi reconstruída pelos rubenitas, 32.37,38;

NEBO

33.47; *cf.* 1 Cr 5.8, caindo depois nas mãos dos moabitas, Pedra Moabita 14; Is 15.2; Jr 48.1-22. Acredita-se que seja assinalada pelas ruínas conhecidas pelo nome de *Nebbeh*, 17,5 km a sudoeste de Hesbom. **4** Nome de uma cidade mencionada depois de Betel e Ai, Ed 2.29; Ne 7.33. Não identificada. Nem *Beit Nuba*, 24 km a sudoeste de Betel, nem Nuba, 12 km de Hebrom, se aproximam etimologicamente de Nebo.

NEBUSAZBÃ (*no acádio, Nabu-shizibanni, significa, "Nebo, salva-me"*) – nome de um dos principais oficiais do exército babilônio que ofereceu ajuda a Jeremias quando Nabucodonosor conquistou Jerusalém, Jr 39.13.

NEBUZARADÃ (*no acádio, Nabu-zir-iddina, "Nebo deu geração"*) – nome de um general do exército de Nabucodonosor que capturou Jerusalém, completou a destruição da cidade e lançou fogo ao templo, 2 Rs 25.8-11,18-21; Jr 39.9,10; 52.12-30; *cf.* 41.10; 43.6. Mostrou a mais cordial simpatia para com Jeremias, recomendada pelo rei, porque o profeta havia aconselhado a seus compatriotas que se submetessem aos babilônios, Jr 39.11-14; 40.1-5. Cinco anos depois, deportou um grupo de 745 judeus, 52.30.

NECAU, NECO, NECOM (do egípcio, *Neku, Nekau, Nekhao* (veja *FARAÓ*).

NECO (veja *FARAÓ*).

NECODA (*no hebraico, "pastor", "criador de gado", ou "distinguido", ou "sarapintado"*) – nome do fundador de uma família de netinins, Ed 2.48,60.

NECROMANCIA (*do grego nákros, "morto" – mantéia, "adivinhação". No hebraico é doresh 'el- hammethim, "aquele que indaga dos mortos"*) – a necromancia é a tentativa de comunicação com os mortos com o intuito de adivinhar, conseguir ajuda, de prever o futuro e obter conselhos. Nas Escrituras, está associada à feitiçaria, magia e adivinhação, e tais práticas foram condenadas pelo Senhor, que proibiu os hebreus de fazerem uso delas, Lv 19.31; 20.6; Dt 18. 9,14.

NEDABIAS (*no hebraico, "Jeová é liberal"*) – nome de um dos filhos do rei Jeconias, 1 Cr 3.18.

NEELAMITA (*no hebraico, "residente em Neelã"*) – palavra referente ao falso profeta Semaías, opositor de Jeremias, Jr 29.24. Algumas traduções dizem, "de Neelã". Não se sabe se essa palavra designa o lugar onde ele nasceu, ou se é nome de algum de seus antecessores.

NEEMIAS (*no hebraico, "Jeová consolou"*) **1** Nome de um dos principais homens que voltaram da Babilônia em companhia de Zorobabel, Ed 2.2; Ne 7.7. **2** Nome de um dos filhos de Azbuque, que edificou parte do muro de Jerusalém, Ne 3.16. **3** Nome de um judeu do cativeiro, filho de Hacalias, Ne 1.1, que exercia as funções de copeiro junto do rei Artaxerxes Longímano, rei dos persas. Um dia em que o semblante de Neemias se mostrou abatido, o rei perguntou-lhe qual era a causa do seu pesar. Respondeu-lhe francamente que era o estado de ruínas em que estava Jerusalém, onde existiam em abandono os sepulcros de seus antecessores e lhe pediu licença para ir reconstruir os muros da cidade. O rei lhe forneceu uma escolta de cavalaria para acompanhá-lo na viagem e lhe deu cartas de apresentação, recomendando-o a vários governadores persas, e o nomeou governador da Judéia como Zorobabel havia sido, Ne 1.1 até o cap. 2.9; 5.14. Chegou a Jerusalém no 20º. ano de Artaxerxes, 445 a.C. O sacerdote Esdras estava então na capital judia onde

NEEMIAS, O LIVRO DE

havia chegado 13 anos antes. Entrando na cidade, Neemias deu volta de noite em torno dela e contemplou com tristeza as ruínas do muro. Apresentou-se ao povo, aos sacerdotes e aos magnatas, descobrindo-lhes quais eram as suas intenções, e os convidou a prestar auxílio eficiente na reparação dos muros. De boa mente acudiram ao seu apelo: todos os homens notáveis se dispuseram à obra, Neemias 3. As tribos gentílicas da vizinhança, sabendo que Jerusalém reconstruía os muros, ficaram em extremo iradas. Seus representantes, Sambalá, horonita, Tobias amonita, intentaram fazer parar a obra e para isso empregaram os mais ingentes esforços. Não conseguiram, porém, iludir nem intimidar Neemias que resolutamente continuou o trabalho. Os operários preveniram-se contra qualquer ataque inesperado, e trabalhavam, tendo em uma das mãos a trolha e na outra a espada, 2.10; caps. 4 a 6; Ecclus. 49.13. O conserto do muro demorou 52 dias, 4.15, e terminou no ano 445 a.C., 75 anos depois que o templo havia sido completado. A atenção de Neemias voltou-se, então, para a instrução religiosa do povo, resultando daí um despertamento geral em favor do serviço de Deus, que levou os representantes das famílias, os sacerdotes, os levitas e o povo a assinarem um pacto, prometendo servir a Jeová, caps. 9 e 10. Depois de uma demora de 12 anos como governador de Judá, Neemias voltou para Susã no ano 433 a.C. Pediu nova licença para voltar a Jerusalém, 13.6,7, onde permaneceu até o fim de sua vida, como governador, exortando o povo a permanecer na lei de Moisés, da qual se haviam apartado, *cf*. 13.8-31. Josefo afirma que Neemias morreu em idade muito avançada, Antig. 11.5-8. Diz o papiro de Elefantine que o sucessor de Neemias foi certo Bagoí, no ano 411 (veja *CÂNON*).

NEEMIAS, O LIVRO DE – o livro de Neemias faz parte do Hagiógrafo, ou terceira divisão das Escrituras hebraicas, em seguida ao livro de Esdras e antes de Crônicas. Na contagem dos livros da Escritura, davam Esdras e Neemias como um só livro (veja *ESDRAS*). Neemias informa as condições aflitivas de Jerusalém, cap. 1; consegue licença do rei da Pérsia para assistir à cidade temporariamente, como comissário do rei, *cf*. cap. 2 e 6, estimula o povo a consertar os muros, v. 17, enumera os trabalhadores da obra, cap. 3, acha necessário que todos eles se armem para resistir a qualquer ataque inesperado dos samaritanos, cap. 4. Enquanto prosseguia a obra da reconstrução, corrigia os abusos do povo, v. 5. O muro, afinal, ficou concluído, não obstante todas as tentativas de Sambalá e Tobias para amedrontar Neemias, e os subornos com que tinha induzido alguns nobres de Judá para o aconselhamento para desistir do seu intento, cap. 6. A cidade era grande e a população escassa, e por isso Neemias queria aumentá-la, 7.4. Para esse fim, reúne os nobres, os príncipes e o povo, a fim de conhecer e avaliar e seu número pelas listas genealógicas, e chamar os ausentes para virem habitar ali. Primeiro fez-se o arrolamento dos que tinham vindo com Zorobabel, 7.6-73, também mencionados em Ed 2.1-70. Antes de se terminar o registro, chegou o sétimo mês, em que o povo vinha para a festa. Nessa ocasião, leu-se o livro de Moisés. Essa leitura deu resultado, em primeiro lugar, a construção de tendas para se abrigarem durante a festa, cap. 8, e em segundo lugar, o arrependimento de seus pecados e da culpa de se haverem casado com mulheres estrangeiras, cap. 9. Assinaram um pacto de obediência à lei de Deus e de evitar casamentos com os pagãos. O cap. 10 contém a lista dos que assinaram. Esses atos de culto religioso auxiliaram em grande parte a realização do plano de Neemias para aumentar a população da cidade. Deitaram sortes para tirarem uma parte de dez que habitaria em Jerusalém,

NEEMIAS, O LIVRO DE

em aditamento aos que já ali existiam, 11.1,2. Do versículo 3 até o 24, vem a lista das famílias que habitavam em Jerusalém; o cap. 12.1-9 relata os sacerdotes e levitas que voltaram com Zorobabel; os versículos 10 e 11 registram os nomes dos sumos sacerdotes, desde Josué até Jadua. Vêm em seguida, os nomes dos sacerdotes que foram chefes das famílias, v. 12-21, e a lista dos levitas, também chefes das famílias, v. 22-26. Os versículos 27 em diante descrevem a festa da dedicação do muro. No interregno da ausência de Neemias na Pérsia ocorreram lastimáveis abusos: não tinham dado aos levitas os quinhões que lhes pertenciam, 13.10, a lei do sábado havia sido violada, v. 15, e voltaram os casamentos com estrangeiros, v. 23, abusos esses que Neemias corrigiu. O título do livro registra o nome de Neemias como seu autor, 1.1, e em todo o livro ele fala na primeira pessoa do singular, exceto quando menciona as listas e documentos, 10.1; 12.26, quando incidentalmente, no meio das narrações da obra religiosa de Esdras, se menciona a presença de Neemias, como governador civil e de outras pessoas de destaque, 8.9, e ainda quando se faz menção aos dias de Neemias, depois de aludir aos dias de Davi, de Asafe e de Zorobabel, 12.45. Nesta última passagem, a terceira pessoa do singular caberia melhor do que a primeira pessoa; e além disso a passagem citada contém uma narração retrospectiva, recebida depois da volta de Neemias, e refere os acontecimentos que ocorreram durante os 12 anos de sua primeira administração. Acredita-se, geralmente, que Neemias foi quem escreveu a maior parte do livro. E a oração mencionada no cap. 9.6-38, que na versão da LXX é precedida pelas palavras "E Esdras disse", e que de fato bem se vê que é produção sua, *cf.* v. 10 com Ed 9.7-15; o v. 30 com Ed 9.1,2,11; e os versículos 8,36 com Ed 9.9-15, poderiam ter entrado sem alterar a fraseologia de Neemias na sua

narração histórica. Mas a narrativa contida no cap. 8.9 e 10.1 dá a Neemias o título de Atersata, que é sem dúvida o nome persa para *pehah*, que equivale a governador, Ed 2.63, *cf.* com Ageu 1.1. O emprego da terceira pessoa, nesta e em outras passagens, é compatível com a teoria que aceita o livro como produção de Neemias; porém, o título de Atersata que se lhe dá não tem explicação tão pronta, supondo que foi o próprio Neemias quem escreveu as passagens, porque ele se chama *pehah*, 5.14-18; 12.26. A maior parte dos críticos modernos é de opinião que no livro de Neemias há traços de outra mão. O emprego da primeira pessoa do plural no cap. 10.30,32,34 e uma parte da secção compreendida entre os capítulos 8 a 10 parecem indicar que foram escritas por uma testemunha ocular. Se outro, além de Neemias, trabalhou na compilação da obra, se esse colaborador era contemporâneo de Neemias, ou se lhe foi posterior, depende principalmente de saber se as genealogias mencionadas no cap. 12.10,11,12,22 atingem o reinado de Dario Codomano, rei da Pérsia, de 336 a 330 a.C., até o sumo sacerdote Jadua, que oficiava em Jerusalém, quando Alexandre, o Grande, visitou essa cidade, Antig. 11.8,4. Se as genealogias referidas chegam até essa data, então, nem Neemias nem outro de seus contemporâneos poderiam ter escrito as palavras; porém se as referências ao pontífice Jadua simplesmente são quando ainda jovem, e por ser herdeiro do ofício do sumo sacerdote, as passagens cabem muito bem na época de Neemias e no reinado de Dario Noto, rei da Pérsia, 424-405 a.C. Deve-se observar que a enumeração das famílias pertence ao tempo de Jeoiaquim, filho de Josué e bisneto de Jadua, 12.12-26, e que os últimos eventos recordados ocorreram na geração que precedeu o sacerdócio de Jadua, 12.23; 13.28. Os dois livros de Esdras eram tidos como um só livro.

NEFEGUE (*no hebraico, "renovo", "rebento"*) **1** Nome de um levita, da família de Coate, da casa de Izar, Êx 6.21. **2** Nome de um dos filhos de Davi que lhe nasceu em Jerusalém, 2 Sm 5.15; 1 Cr 3.7; 16.6.

NEFILINS (veja *GIGANTE*).

NEFTOA (*no hebraico, "abertura", "aberto"*) – nome de uma fonte nas fronteiras de Judá e Benjamim, a oeste de Jerusalém, Is 15.9; 18.15. Registram-na como situada em *Ain Lifta*, 3,5 km a noroeste de Jerusalém. O Dr. Porter dá preferência a *Ain YaloI*, "Fonte das Virgens", 5 km a sudeste de Jerusalém. Conder relata que o Talmude de Jerusalém a identifica com *En Etã* que ele acredita ser Atan, 3,5 km a sudoeste de Belém, opinião esta pouco favorecida.

NEFUSIM (*no hebraico, "dilatados"*) – nome de uma família de nefuseus, Ed 2.50; Ne 7.52, talvez composta de cativos da tribo dos Nafis, Ed 2.50; 1 Ed 5.31.

NEGAÇÃO – são três as palavras hebraicas usadas para descrever o termo: a) *Kachash*, "mentir", "fingir", aparece em Gn 18.15; Js 24.27; Jó 8.18. b) *Mana*, "reter", "negar", como em 1 Rs 20.7; Pv 30.7; Gn 30.2; 1 Sm 25.26. c) *Shub panim*, "virar o rosto", expressão hebraica que aparece em 1 Rs 2.16. No grego, temos dois termos a considerar: a) *Antílogo*, "falar contra", como em Lc 2.34; 20.27; Jo 19.12; At 13.45; 28.19-22. b) *Arnéomai* "negar", Mt 10.53; 26.70-72; Mc 14.68-70; Lc 8.45; 9.23; Jo 1.20;13.38.

NEGINOTE (*plural de Neginá, "instrumento de corda"*) – termo musical que vem no título de muitos salmos, para indicar o instrumento que deve ser tocado. Em alguns lugares, quer dizer cântico ou música.

NEGOCIANTE – o que compra ou vende, bufarinheiro, 2 Cr 9.14.

NEGOCIANTES – tradução da palavra hebraica *Rockel*, em 1 Rs 10.15.

NEGRO – no hebraico, temos três palavras que descrevem o termo, são elas: a) *Ishom*, "meio", referindo-se ao meio do olho, porque a maioria dos israelitas possuía olhos negros, aparece em Pv 7.9; Dt 32.10; Sl 17.8. b) *Shachor*, "moreno", "trigueiro", Lv 13.31-37; Ct 1.5; 5.11; Zc 6.2-6. c) *Shecharchoreth*, "queimado", "marrom", Ct 1.6. No grego, temos a palavra *melas*, "negro", como em 2 Cr 3.3; 2 Jo 12; 3 Jo 13; Ap 6.5-12. Nas Escrituras, a cor negra indica trevas, Hb 12.18. Simbolicamente, as vestes dos santos são brancas em contraste com o pecado.

NEGUEBE (*no hebraico, negeb. Termo traduzido comumente por "sul", mas literalmente significa, "região seca", "terra árida"*) – região pastoril situada alguns quilômetros ao sul de Hebrom, Gn 18.1; 20.1; Nm 13.22. Quanto à sua feição física, contrastava com a parte montanhosa de Judá e a terra baixa das campinas, Js 10.40; 12.8. A parte setentrional foi partilhada entre as tribos de Judá e Simeão, 15.21-32; 19.1-9. Os lugares mais notáveis dessa região vêm a ser: Cades, Gn 20.1, Laai-Roi, 24.62, Berseba, Js 15.28, Ziclague, 15.31, e Arade, Nm 21.1.

NEIEL (*no hebraico, "habitação de Deus"*) – nome de uma vila fronteira à tribo de Aser, Js 19.27. O local é desconhecido, embora alguns estudiosos, atualmente, acreditem ser a moderna Khirbet Ya'nin.

NEMUEL 1 Nome de um rubenita, irmão de Datã e Abirão, Nm 26.9. **2** Nome de um filho de Simeão, Nm 26.12.

NEÓFITO (*no grego "recém-plantado"*) – na versão em português, traduz-se por novo convertido, 1 Tm 3.6.

NEQUEBE

NEQUEBE (*no hebraico, "buraco", "caverna", "fosso"*) – nome de uma vila na fronteira da tribo de Naftali, Js 19.33. O Talmude de Jerusalém diz *Nequebe Siadata*. Conder acha que esse nome é o mesmo que *Seiyadeh*, nome de umas ruínas que se encontram uns 6 km a noroeste da saída do Jordão do mar da Galiléia.

NER (*no hebraico, "lâmpada", "luz"*) **1** Nome de um benjamita, filho de Abiel, 1 Sm 14.51. Esse Ner ou Abner foi tio de Saul, v. 50. Se era Abner, o tio de Saul, então Ner foi avô dele, e vem a ser o que segue. **2** Nome de um benjamita, filho de Jeiel, e pai ou antecessor mais remoto do pai de Saul, que chamava Cis, 1 Cr 8.33; 9.35,36.

NEREU – **1** Nome de uma divindade oceânica, que sob o governo de Posidon ou Netuno, reinava no Mediterrâneo. **2** Nome de um cristão a quem o apóstolo Paulo enviou saudações, Rm 16.15. É bem possível que seja filho de Filólogo.

NERGAL – divindade pagã adorada pelos babilônios, 2 Rs 17.30. Os antigos sumérios a designavam de *U-gur*. O centro do seu culto era em Cuta; governava o mundo inferior, servia de defensor contra a guerra e contra a peste; representavam-na sob a forma de colossal leão alado com rosto de homem.

NERGAL-SAREZER (*em babilônio, Nergul-sharusur, que quer dizer, "Nergal protege o rei"*) – nome de um dos príncipes de Nabucodonosor, Jr 39.3,13. Supõe-se que seja o mesmo *Nergal-sarusur*, conhecido dos gregos pelo nome de Neriglissar, ou Nerigasolassar, que se casou com uma filha de Nabucodonosor, e que assassinou a seu cunhado Evil-Merodaque, subindo ao trono, Apiom, 1.20. Reinou de 559 a 556 a.C.

NERI – nome de um dos antecessores de Cristo e genealogicamente pai de Salatiel, Lc 3.27.

NERIAS (*no hebraico, "lâmpada de Jeová", ou "Jeová é a luz"*) – nome de um dos filhos de Maaséias e pai de Baruque e de Seraías, Jr 32.12; 36.4; 51.59.

NÉSCIO, INSENSATO, TOLO – pessoa destituída de entendimento, ou sabedoria, 2 Co 11.16, especialmente sendo perverso. O sinal mais evidente da ausência de compreensão é a perversidade. Quanto maiores forem os talentos conferidos ao homem, maior será a sua responsabilidade; e, por conseguinte, a má aplicação desses talentos produz maus resultados, 1 Sm 26.21; 2 Sm 3.33; 13.13; Sl 13.1,2,3; Pv 26.10; Mt 5.22 (veja *INSENSATEZ, SABEDORIA*).

NETAIM (*no hebraico, "plantações"*) – nome de um lugar na tribo de Judá, onde se faziam as plantações do rei, 1 Cr 4.23.

NETANIAS (*no hebraico, "Jeová concede", ou Jeová tem dado"*) **1** Nome de um dos filhos de Asafe, chefe do quinto grupo dos cantores, 1 Cr 25.2,12. **2** Nome de um levita que, em companhia de outros, foi enviado por Jeosafá a ensinar nas cidades de Judá, 2 Cr 17.8. **3** Nome do pai de Jeudi, Jr 36.14. **4** Nome do pai daquele Ismael que assassinou Gedalias, 2 Rs 25.23,25.

NETININS (*no hebraico, "dedicados"*) – nome dos servos ou escravos que Davi e os príncipes deram para serviço dos levitas, Ed 8.20. Antes deles, essas funções eram exercidas pelos midianitas, que Moisés deu aos levitas que velavam pela guarda do Tabernáculo, Nm 31.47. Depois destes, eram os gibeonitas obrigados por Josué a cortar lenha e a carregar água para a casa de Deus, Js 9.23. Parece que, apesar do aumento de pessoal, o número dos neti-

NEVE

nins era insuficiente para os serviços do templo instituído pelo filho de Davi e pelos seus sucessores, porque está no livro de Esdras 2.55-58, e no de Neemias 7.57-60, que os servos dos filhos de Salomão eram contados com os netinins. Esse corpo de serventes, visto que organizado por Davi, o foi sob outra denominação, porque a palavra netinim aparece somente nos livros de Esdras e de Neemias, e em uma única passagem do primeiro livro de Crônicas, 9.2. Esse pessoal desempenhava o serviço mais humilde do templo. O número de netinins e dos servos dos filhos de Salomão que voltaram do cativeiro com Zorobabel era de 392, *cf.* Ed 2.58; Ne 7.60, e mais 220 com Esdras, Ed 8.17-20. Esses netinins parece que foram estrangeiros naturalizados e não descendentes dos israelitas, *cf.* 1 Cr 9.2; Ed 2.59; Ne 7.61, porque os nomes constantes da lista de seus chefes não são de origem hebraica, Ed 2.43-54; Ne 7.46-56. Provavelmente descendiam dos midianitas e dos gibeonitas, já mencionados, e de vários bandos de cativos aprisionados na guerra, e continuaram a ser conhecidos pelo nome do príncipe ou da tribo de onde tinham vindo, como: os filhos de Rezim, de Sísera, de Munim, de Nefusim, Ed 2.48,50,53; *cf.* 1 Cr 5.19-21; 2 Cr 26.7. Os filhos de Tabaote e de Queros, e dos servos de Salomão e de Soferete, Ed 2.43,44,55, que significavam: filhos dos anéis dos pentes de tecelão e do escriba, isso parece dizer que eram serventes dos homens que desempenhavam essas funções no templo. Outros nomes ainda pertencem aos progenitores; outros aos lugares do nascimento dos cativos, como Necoda, Harur e Harsa, *cf.* v. 48,51,52. Alguns deles moravam no bairro de Ofel, defronte da porta das águas para o oriente, que era um prolongamento do outeiro do templo, Ne 3.26,31; 11.3,21; outros, nas aldeias em torno da cidade de Jerusalém, Ed 2.70; Ne 7.73. Como exercessem cargos de posição oficial, ainda que de caráter servil, estavam isentos de impostos, Ed 7.24. Parece que adotaram com certa cordialidade o pacto feito a instâncias de Neemias para adorarem a Jeová, *cf.* Ne 10.28,29.

NETOFA (*no hebraico, "gotejante"*) – nome de uma cidade de Judá, perto de Belém, 1 Cr 2.54; Ed 2.21,22; Ne 7.26. Nesse lugar nasceram dois dos valentes de Davi, 2 Sm 23.28,29. Os netofatitas, com Seraías à sua frente, fizeram parte daqueles homens que prestaram apoio a Gedalias, que Nabucodonosor nomeou governador de Judá por ocasião da tomada de Jerusalém, 2 Rs 25.23; Jr 40.8s. Cinqüenta e seis dos habitantes dessa cidade voltaram do exílio, Ed 2.22. Não foi dada primitivamente aos levitas, mas depois do cativeiro, as aldeias que a cercavam foram ocupadas por alguns deles, inclusive cantores, 1 Cr 9.16; Ne 12.28. No mapa, esse lugar aparece com ponto de interrogação, assinalado no local onde estão as ruínas *Umm Tôba*, a *Om Tuba de Tobler*, e a *Autubeh de Van de Velde*, situadas 4 km a nordeste de Belém. Alguns indicam *Beit Nettif* que está situada em uma crista de rochedos 22 km a oeste de Belém. Nem *Umm Tôba*, nem *Beit Net* dá uma idéia etimológica de Netofa.

NETOFATITA – nome que designa os habitantes de Netofa, 2 Sm 23.28.

NEUM (*no hebraico, "consolado", "consolação"*) – nome de um dos que voltaram do cativeiro da Babilônia, Ne 7.7, chamado Reum em Esdras 2.2.

NEUSTA (*no hebraico, "bronze"*) – nome de uma filha de Elnatã, de Jerusalém, que era mãe de Jeoiaquim, 2 Rs 24.8.

NEVE (*no hebraico é sheleq, e no grego é chión*) – a neve encontra-se na região serrana da Palestina, em Séforis na Galiléia, em Nazaré, Jerusalém, Hebrom, 1 Mac

NEVE

13.22; Guerras 1.16,2; 4.8,3, nos meses de janeiro ou fevereiro. Nem sempre, na estação do inverno, há neve. Algumas vezes forma uma camada de um pé de altura, que quase sempre dura o dia inteiro. No Líbano, conserva-se sem derreter até a entrada do verão e no monte Hermom o ano todo. A Santa Escritura emprega a palavra neve como símbolo da pureza, *cf.* Sl 51.7; Is 1.18; Lm 4.7; Mt 28.3; a descreve poeticamente existindo nos tesouros de Deus, Jó 38.22, descendo sobre a terra por seu mandado, 37.6; Sl 147.16, como lã, os pássaros ou como enxame de gafanhotos, Ecclus 43.17. A neve é um elemento valioso na fertilidade da terra, Is 55.10. Serve para refrescar as bebidas na estação do verão, *cf.* Pv 25.13. Empregava-se a água da neve nas mais delicadas purificações, Jó 9.30.

NÉVOA (*no hebraico, 'ed, "névoa"*) – a névoa se forma com os vapores de água que ficam retidos na atmosfera. Na Palestina e Síria, são constantes as névoas entre os montes e vales, forma-se à noite e desaparece pela manhã. É termo usado em Gênesis 2.6, para caracterizar a atmosfera anterior ao Dilúvio. No Novo Testamento, encontramos dois termos gregos: a) *achlus*, "névoa". Termo utilizado de maneira metafórica, referindo-se à cegueira de Elimas, o encantador, *cf.* At 13.11. b) *omchilai*, "névoa". Termo que é usado para caracterizar os falsos profetas, que embaraçam os homens, impedindo-os de pensar de maneira correta, *cf.* 2 Pe 2.17.

NEZIÁ (*no hebraico, "ilustre", "preeminente", "puro", "brilhante"*) – nome do fundador de uma família da tribo dos netinins. Alguns dos membros dessa família voltaram do cativeiro com Zorobabel, *cf.* Ed 2.54; Ne 7.56.

NEZIBE (*no hebraico, "estátua", "ídolo"*) – nome de uma cidade na planície de Judá,

Js 15.43. *Beit Nusib* 17 km a noroeste de Hebrom dificilmente terá direito a ser representante da antiga Nezibe, por situar-se na região das serras.

NIBAZ – nome de um dos dois ídolos adorados pelos aveus, tribo trazida, com outras, do império da Assíria, para colonizar Samaria, depois do cativeiro das dez tribos, 2 Rs 17.31. Os rabinos derivam esse nome da raiz semítica *nabah*, latir, e davam a esse deus a forma de um cão, sem razão plausível.

NIBSÃ (*no hebraico, "brando", "leve", "solo plano"*) – nome de uma cidade no deserto de Judá, localizada entre Secacá e a Cidade do Sal, *cf.* Js 15.62. Talvez seja a moderna Khirbet el-Magari, a sudoeste de Jericó.

NICANOR (*no grego, "conquistador"*) **1** Nome de um dos filhos de Pátroclo, e um dos amigos do rei, a quem Lísias, regente na Síria ocidental, durante a ausência de Antíoco Epifanes, 166 a.C., escolheu para comandar o exército que tinha de sufocar a revolta dos judeus, 1 Mac 3.38; 2 Mac 8.9. Os sírios foram derrotados. Nicanor conquistou as graças de Demétrio I, que o nomeou governador da Judéia, 1 Mac 7.26; 2 Mac 14.12. Mostrou-se muito amigo de Judas Macabeus, mas este não se deixou enganar. Nicanor travou luta com Judas em Cafarsalama e morreu, perto de Bete-Orom, 160 a.C., 1 Mac 7.27-49; 2 Mac 15.1-36. **2** Nome de um dos sete escolhidos pela igreja de Jerusalém para se encarregarem do cuidado das viúvas dos gregos que se queixavam de ser desprezadas no serviço de cada dia, e dos pobres em geral, *cf.* At 6.5.

NICHOS (*no grego, naós, "santuário"*) – aparece desde Mt 23.16 a Ap 21.22, mas somente em Atos é registrada a tradução de nichos, referindo-se aos trabalhos que os ourives de Éfeso realizavam, At 19.24. Demetrius e seus artífices fabricavam figuras da deusa Diana, e não queriam perder seus lucrativos negócios, por isso se opôs à pregação do evangelho, instigando o povo a se revoltar contra o apóstolo Paulo, *cf.* At 19.23-40.

NICODEMOS (*no grego, "conquistador do povo"*) – nome de um fariseu e membro do sinédrio. Convencido pelos milagres que Jesus realizava, de que o mestre de Nazaré tinha vindo de Deus, procurou uma entrevista com ele, porém fê-la à noite para escapar à observação de seus companheiros, ou talvez por ser mais conveniente. Jesus lhe explicou a natureza do novo nascimento e o amor com que Deus amou ao mundo, dando-lhe seu Filho Unigênito para que todo aquele que cresse nele tivesse a vida eterna, *cf.* Jo 3.1-21. Em uma reunião do sinédrio, em que Jesus foi denunciado como impostor, Nicodemos perguntou: "Acaso a nossa lei julga um homem, sem primeiro ouvi-lo e saber o que ele fez?", 7.50-52. Depois da morte de Cristo, Nicodemos levou consigo uma composição de quase 100 libras de mirra e de aloés e ajudou a preparar o corpo para ser sepultado, 19.39.

NICOLAÍTAS (*no grego, "dominadores do povo"*) – nome de uma facção da igreja de Éfeso e de Pérgamo, cuja prática e doutrina são severamente censuradas. Os partidários dessa seita seguiam as doutrinas de Balaão que ensinava Balaque a colocar tropeços diante dos filhos de Israel, e que dizia que os cristãos podiam comer até coisas sacrificadas aos ídolos e praticar os excessos do paganismo, *cf.* Ap 2.6,14,15. Presume-se que esses nicolaítas eram seguidores de um heresiarca chamado Nicolau. Não existem provas que façam supor que ele seja o mesmo homem eleito para exercer as funções de diácono. Diz uma tradição que esse homem se desviou da pureza cristã e se fez chefe de uma seita imoral. Dizem outros que ele empregava uma linguagem que, sendo em si mesma inocente, adaptava-se a maus fins, e desse modo deu origem a uma seita imoral que ele próprio reprovava. Havia uma seita de nicolaítas incorporada aos gnósticos que poderia bem ser o germe de corrupção da idade apostólica.

NICOLAU (*no grego, "vitorioso sobre o povo"*) – nome de um prosélito de Antioquia e um dos sete eleitos a instâncias dos apóstolos para tomaram a si o cargo de zelar pelos direitos das viúvas dos gregos, que faziam parte dos pobres da igreja, *cf.* At 6.5.

NICÓPOLIS (*no grego, "cidade da vitória"*) – lugar em que o apóstolo Paulo esperava passar o inverno, quando escreveu a epístola a Tito, Tt 3.12. A nota, apenas à epístola, parece dar a entender que ela foi enviada de Nicópolis da Macedônia. Não há base para assim pensar. O lugar citado no *post-scriptum* situava-se nas duas margens do rio Nestus, que servia de limite entre a Trácia e a Macedônia, e que atualmente tem o nome de Nikopi. Toda probabilidade é que a Nicópolis em que o apóstolo ia invernar era cidade do Epiro, distante cerca de 7 km de Actium, que Augusto fundou no ano 30 a.C., para comemorar a sua vitória. Herodes, o Grande, levantou ali grande número de edifícios públicos, Antig. 16.5,3. As suas ruínas encontram-se em Prevesa.

NIGELA – planta forraginosa, Is 28.25,27, muito cultivada na Palestina, cujo nome hebraico é *Kesah*; era semeada a mãos cheias. Colhida quando madura, malhavam-na com varas para separar os grãos. Pertence à ordem dos ranúnculos (*Ranunculácea*); cresce 50 cm de altura, dá flores amarelas, e às vezes azuis, com muitos estames e vários lóculos ovarianos, com numerosas sementes aromáticas de cor preta e gosto picante, muito usadas no oriente como tempero e carminativo. É planta silvestre nas regiões do Mediterrâneo e cultivada na Palestina por causa das suas sementes.

NÍGER (*no latim, "negro"*) – nome latino dado a Simeão, que foi profeta e mestre na igreja de Antioquia, *cf.* Atos 13.1. Esse homem provavelmente tinha raízes com a África, por isso a distinção com o termo Níger, uma vez que o nome Simão era comum na época.

NILO – nome do grande rio do Egito, Is 23.3, em hebraico *Shifor*, escuro, túrbido, e *Yeor*, torrente. As águas desse rio cobrem tão grande superfície de terreno, principalmente durante as inundações, que algumas vezes, lhe dão o nome de mar, *cf.* Naum 3.8. As mais remotas cabeceiras vêm das nascentes do Vitória Nianza na África equatorial, porém, o Nilo propriamente dito, em sentido restrito, de acordo com as peculiaridades que o tornaram famoso, forma-se pela confluência do Nilo Branco e do Nilo Azul em *Khartum*, correndo em direção das suas bocas principais, Damieta e Roseta, com um percurso de 3.333 km, atravessando uma região árida e estéril, e recebendo apenas um tributário, que é o Atbara, que tem a sua foz 333 km abaixo de Khartum. Em alguns pontos do seu curso, as margens sobem dezenas de metros, chegando em alguns lugares a 330 m, assemelhando-se aos paredões dos grandes canais. As ribas acompanham todo o vale até o Cairo onde se abrem abruptamente na direção oriental e para noroeste, onde enfrenta o delta. A curta distância acima de Assuã, a antiga Siene, estende-se uma cadeia granítica, de leste para oeste, de 333 km de comprimento, que atravessa o rio cortando-lhe a corrente, que se despenha com tremendo fragor e entra na região do antigo Egito. Acima das cataratas estava

Rio Nilo — *Christian Computer Art*

a Etiópia, e para baixo delas, o Egito. O granito da cordilheira que atravessa o rio é colorido. É muito conhecido por sua cor escuro-clara de que esculturavam as belas estátuas polidas dos faraós. Abaixo do Cairo, o rio divide-se e se lança no mar por diversos grandes canais. Atualmente tem duas bocas: a de Damieta e a de Roseta; antigamente, porém, eram sete, das quais, as mais importantes foram a oriental, ou Pelusium, a ocidental, ou Canópica, e a média, ou Sebenítica, Heród. 2.17. O Nilo tem um curso tortuoso, passando por terras secas; grande parte de suas águas evapora-se e se infiltra no solo e passa para os grandes canais que servem para irrigação do território. A perda de seu volume, no tempo da inundação dentro do Egito, regula um terço. A inundação periódica desse rio é uma das suas famosas tradições. Este fato que se observava na estação da seca causava espanto aos antigos, que o julgavam misterioso (Heród. 2.19-25), e tem explicação no fato de que todas as nascentes estão na região de abundantes chuvas periódicas, torrenciais nas cabeceiras do Nilo Branco, nos equinócios, e na Abissínia, um pouco mais tarde. As chuvas dessa última região, caindo mais perto da foz, ocasionam a primeira inundação que chega ao Egito nos meados de junho. Cerca de um mês depois, ocorre a repentina subida das águas, devido ao crescimento do Nilo Branco, pela inundação que começa na última parte do mês de agosto. As águas começam a diminuir nos fins de setembro, conservando ainda certa elevação, durante 15 dias; depois torna a subir nos meados de outubro atingindo o nível mais elevado. As inundações chegam, às vezes, à altura de 13,20 m em Assuã, e de 7,59 m e 7,81 m no Cairo. Pelos fins de novembro, os campos ficam secos, e cobertos de uma camada de limo escuro, muito rico para as culturas. É nesse tempo que começam as lavouras. Ocorre, às vezes, não haver inundações. Há

uma tradição baseada em inscrições encontradas nas rochas de uma ilha denominada Sael, na primeira catarata, que no reinado de Toser, ou Toser-Sa, um dos faraós da terceira dinastia, houve uma seca de sete anos de que resultou tremenda fome. Esta ocorreu no tempo de José, *cf.* Gênesis 41.54, e também por igual tempo, no reinado do califa el-Mustansir, d.C. 1070, do que resultou uma fome devastadora. No tempo dos faraós, o ano agrícola dividia-se em três partes iguais: o período das inundações, desde o fim de junho ao fim de outubro; o das culturas, desde o fim de outubro, ao fim de fevereiro, e o das colheitas, que ia de fevereiro a junho.

NINFA (*no grego, "dada pelas ninfas", nome sagrado das musas*) – nome de uma mulher cristã de Laodicéia, ou de Colossos, a quem o apóstolo Paulo enviou saudações, Cl 4.15.

NÍNIVE – capital do império da Assíria. Os hebreus compunham toda a população que rodeava a cidade e ocupavam o distrito na confluência do Tigre, e o Alto Zabe, sob a denominação de Nínive, a grande cidade, Gn 10.11,12; Jn 1.2; 3.3; Judite, 1.1. Nínive, na acepção mais restrita, estava situada na margem oriental do Tigre, na foz do pequeno tributário, atualmente conhecido pelo nome de Khosr, 50 km acima da confluência do Zabe. Foi construída por gente de origem babilônica, Gn 10.11. Tinha como divindade tutelar a deusa Istar, e desde tempos remotos possuía um templo. Esse santuário chamou a atenção de Sansiramã no ano 1800 a.C., e tendo caído em decadência, foi reconstruído com grande esplendor, por Asurubali, no ano 1400 a.C. Assur, situada 111 km ao sul de Nínive, na margem fronteira do rio, tinha serviço de sede do governo, mas Salmaneser, construiu um palácio em Nínive pelo ano 1300 a.C., e fez dela a capital do império. Asurnasirpal e o seu sucessor Salmaneser, cujos dois

NÍNIVE

Nínive — Christian Computer Art

reinados se estendiam desde 885 a 825, tinham palácios tanto em Nínive quanto em Calá, onde residiam alternadamente. Seus sucessores habitavam em Nínive, tomada no sentido mais lato, mas nem sempre era na capital propriamente dita; erigiam palácios nos subúrbios, como em Calá, em Dur-sarruquim ou em Tarbisu. Os assírios eram grandes guerreiros e levavam para a capital os despojos das nações vencidas para lhes servir de adorno. Também era centro de alguma atividade literária. Pelo ano 650 a.C., Assurbanipal instalou uma grande biblioteca, formada de documentos inscritos em ladrilhos, registrando fatos da história, formas do ritual, tratados de encantamento, de astronomia, de matemática etc. Compunha-se a biblioteca de obras antigas que haviam trazido da Babilônia. O profeta Naum chama essa cidade de sanguinária, cf. 3.1, não só por causa das guerras que havia tido com as nações vizinhas durante alguns séculos, mas também pelas crueldades praticadas contra os povos vencidos. Asurnasirpal, por exemplo, estava acostumado, depois da vitória, a cortar as mãos e os pés, os narizes e as orelhas, a tirar os olhos aos cativos e a fazer pirâmides com as cabeças humanas. Em 625, quando começou a declinar o poder dos assírios, Nabopolassar, governador da Babilônia, declarou-se independente. Pelo ano 606 a.C., os *umman-manda*, povos cruéis que habitavam as terras do extremo setentrional, aliados a Nabopolassar, desceram às planícies e por si mesmo tomaram e destruíram Nínive. Essa vitória teve como bom auxiliar a cheia repentina do Tigre, que descobriu grande parte do muro da cidade, tornando impossível a sua defesa. Foi tão completa a sua desolação, que nos tempos clássicos a extinta Nínive se tornou um mito. Até os dias atuais, a maior parte da cidade jaz sepultada sob montões de escombros. Rich, cidadão inglês, residente em Bagdá, inspecionou um dos montões chamado *Kouyunjik*, na margem oriental do Tigre, em 1820, e se convenceu de que ali existiam as ruínas de Nínive. Em 1843, o cônsul francês residente em Mossul, na margem ocidental, começou a fazer ali escavações, mas foi distraído para *Khorsabad*, distante uns 19 km de *Dur-sarruquim*. Entre 1845 e 1850, Layard começou a operar

NINRODE

em *Ninrud*, 33 km ao sul de *Kouyunjik*; depois fez escavações nesse último lugar, certificando-se de ser realmente esse o local da antiga cidade. George Smith continuou as escavações nesse mesmo lugar, de 1873 a 1876. Depois de sua morte, o trabalho continuou. Estendeu-se a outros montões o trabalho do arqueólogo Rassam. Conseguiram esses exploradores traçar a linha dos muros que acusaram uma extensão de 5.556 m por 2.778 de largura, com área de 1.800 jeiras inglesas. Como já dissemos, os hebreus e talvez outros estrangeiros davam o nome de Nínive ao conjunto das cidades além da capital, como: Calá, 33 km de distância para o sul, Resén entre Calá e Nínive e Reobote-Ir, grandes subúrbios da cidade, que talvez se possa identificar com Rebite Nina, situada a nordeste de Nínive, como subúrbio dessa cidade. Estes são os quatro lugares enumerados em Gênesis 10.11,12, de que se compunha a grande metrópole. Não eram as únicas cidades que bordavam as redondezas de Nínive. Iarinja, na margem do rio, ao sul, assinala um antigo lugar, e perto do Tigre, 6 km acima, estava Tarbisu, com um palácio real, onde começava a linha das habitações e das cidades muradas que se estendiam ao longo do rio em direção ao sul até Cale ou Calá. Atrás do rio, a nordeste de Nínive, e além de Rebite Nina, ao sopé das montanhas orientais, localizava-se Dur-sarruquim, ou o burgo de Sargom, cidade tão grande quanto Calá, construída 707 anos antes de Cristo, contendo um grande palácio. Doze quilômetros a sudeste, e também nas raízes das montanhas, situava-se outra cidade, pouco inferior em tamanho, Calá. Ignorase qual tenha sido o seu nome primitivo, mas ficava perto de Baaseiá, e pertencia à série de cidades que se estendiam até Calá. Birtelé, 11 km ao sul, assinala o local de uma antiga cidade, e Querenlis, 3,5 km mais para diante, parece indicar a mesma coisa. Ingurbel, com os seus palácios e com o templo que Asurnasirpal adornou, estava 11 km ao sul deste último lugar e 16 km de Calá. Outras cidades e aldeias semeadas pela planície, compreendidas nos limites já descritos, assinalam a existência de antigas povoações. Diodoro Sículo, escritor do primeiro século, antes de Cristo, relata sobre uma antiga tradição, dizendo que a cidade de Nínive formava um quadrângulo de 150 estádios por 90, ou 480 em circuito, cerca de 96,5 km. Alguns anos depois, Estrabão dizia que a cidade era maior que Babilônia.

NINRA (*no hebraico, "água límpida"*) – nome de uma das cidades muradas de Gade. Abreviação da palavra Bete-Nimra, *cf.* Números 32.3,36; Js 13.27.

NINRIM, ÁGUAS DE (*no hebraico, "águas límpidas"*) – talvez seja plural de Ninra, águas límpidas, ou o plural anormal de leopardos. Nome de uma localidade de Moabe, notável pelas suas águas, Is 15.6; Jr 48.34. Estão divididas as opiniões, quanto à sua identificação, entre Betnimra, no vale do Jordão e o *wady em-Nemeirah*, nas vizinhanças do extremo sul do mar Morto, onde existem as ruínas de uma cidade antiga de nome Neimerah, que quer dizer leopardo. Tristram pensa que deve ser mais para cima, onde se diz haver uma velha cidade moabita com o nome de Fontes de Nemeirah, com jardins bem regados e boas culturas.

NINRODE – filho de Cuxe e homem valente, caçador e poderoso na terra, cujo reino compreendia a Babilônia, capital, Araque, Acade e Calné, na terra de Sinar, *cf.* Gn 10.8-10; Mq 5.6. O único rei antigo da Babilônia que se pode comparar a esse, celebrado pela tradição e cantado em versos, foi Izdubar, que segundo boas razões se pronuncia Gilgames. Libertou Babilônia do poder dos elamitas e se fez

NINRODE

rei de Araque. Era valente caçador de feras, e, como tal, serviu de assunto a um poema, em que ao mesmo tempo se cantavam os seus feitos na guerra. A gravura e a escultura perpetuaram sua memória. A vida desse rei embelezou-se pela lenda que o transformou em divindade, a quem as gerações futuras dirigiam súplicas. Apesar de todos os atributos sobre ele acumulados, não deixou de ser um simples mortal. Não há motivos para afirmar que Ninrode e Gilgames sejam a mesma pessoa e, bem assim, que os dois nomes tenham relação entre si.

NINSI (*no hebraico, "salvo", "vivaz"*) – nome de um antecessor de Jeú, 1 Rs 19.16; 2 Rs 9.2, que era geralmente denominado filho de Ninsi.

NISÃ (*em assírio Nisannum, "princípio", "abertura"*) – nome que deram depois do cativeiro ao primeiro mês do ano no calendário dos hebreus, que antes chamava Abibe, *cf.* Neemias 2.1; Ester 3.7. Corresponde ao nosso mês de março.

NISROQUE – nome de um deus, adorado por Senaqueribe, em cujo templo foi assassinado, pelos seus dois filhos quando prestava culto, 2 Rs 19.37; Is 37.38. A pronúncia hebraica desse nome é *nisroch*, faz-nos pensar que seja um nome composto com o deus assírio *Nusko*, ou com o nome do deus Assur.

NOA (*no hebraico, "lisonja", ou "movimento", "andante"*) – nome de uma filha de Zelofeade, da tribo de Manassés. Seu pai morreu sem deixar filhos, Noa e suas quatro irmãs conseguiram autorização de Moisés para ficar com a herança de seu pai. A fim de que essa herança não caísse na mão de outra tribo, Moisés determinou que elas se casassem com homens da mesma tribo. Essa abertura na regra social dos hebreus foi mantida mais tarde por Josué, Nm 26.33; 27.1; 36.11; Js 17.3-6.

NOÁ (*no hebraico, "descanso"*) – nome do quarto filho de Benjamim, *cf.* 1 Crônicas 8.2, que não deu origem a uma família tribal. Seu nome não aparece entre os que acompanharam Jacó ao Egito, provavelmente por haver nascido depois de lá entrar. Keil dá outra explicação: supõe ele que esse Noá é o mesmo Sufã, *cf.* Números 26.39, ou um famoso chefe, descendente de Sufã e cujo nome o suplantou como designação de família.

NOADIAS (*no hebraico, "encontro com Jeová"*) **1** Nome de um filho do levita Benoi, e um dos que tomaram parte na guarda do ouro e da prata que Esdras trouxe da Babilônia, Ed 8.33. **2** Nome de uma profetisa que tentou amedrontar Neemias, Ne 6.14.

NÔ-AMOM (*em egípcio nu-áa, "cidade grande"; ou nu-amen, "cidade de Amom"*) – nome da antiga Tebas, cidade do Egito, assim conhecida pelas inscrições dos monumentos da antigüidade. Heródoto calculou a distância a percorrer para lá chegar em nove dias de viagem, rio acima, 2.9. Depois da expulsão, dos hicsos, Aames I, fundador da 18ª. dinastia, lançou suas vistas para a reorganização e para os melhoramentos do reino. Entre outras grandes obras, embelezou Tebas, que repentinamente assumiu grande importância, como capital do novo império, crescendo em tamanho, em esplendor e em população. Homero a denomina a cidade das cem portas, Ilíada 9.381. A divindade tutelar de Tebas era o deus Amom, cujo sacerdote foi o segundo em autoridade abaixo do rei. Permaneceu como centro da civilização e do poder egiptano, até a conquista feita por Esar-Hadom, rei da Assíria em 672 a.C. e depois, por Assurbanipal, seu filho, que subjugou todo o país e saqueou a cidade em 664,

Naum 3.8. Mesmo assim, Tebas continuou a ser lugar de grande importância, Jr 46.25; Ez 30.14-16; Heród. 2.3; 3.10. Finalmente, os romanos a destruíram, pela ação militar do prefeito Cornélio Galo, por haver tomado parte na revolta do alto Egito, em 30-29 a.C., contra os impostos lançados sobre ela. Há esplêndidas ruínas da sua antiga grandeza, como: templos, obeliscos, esfinges etc., descobertos em Luxor, e em Carnaque, na margem oriental do rio, em Curna e *Mediné-habu*, na margem ocidental. Ao lado do oeste, onde existia a antiga cidade, vê-se uma abertura feita na rocha, em que estão os túmulos dos antigos reis de Tebas.

NOBÁ (*no hebraico, "latido"*) **1** Nome de um homem da tribo de Manassés, que tomou a cidade de Caná, situada na encosta do Jebel Haurã, e que lhe deu o próprio nome, Nm 32.42. Parece que lhe restituíram o nome primitivo. **2** Nome de uma cidade, mencionada com Jogbeá. Perto dela passava um caminho que conduzia aos que habitavam em tendas na banda oriental da cidade, Jz 8.11. O lugar dessa cidade pode ser encontrado entre Gade e o deserto árabe.

NOBAI (*no hebraico, "frutífero"*) – nome de um dos chefes do povo, que assinaram o pacto com Neemias, Ne 10.19.

NOBE (*no hebraico talvez signifique, "elevação"*) – nome de uma cidade sacerdotal, 1 Sm 22.19, no território da tribo de Benjamim, Ne 11.32, situada ao norte à vista de Jerusalém, Is 10.32. Depois da tomada da arca, o Tabernáculo foi levantado em Nobe, onde Aimeleque foi sumo sacerdote, que ignorava as divergências entre Davi e Saul. Quando Davi chegou a Nobe, consentiu em que ele levasse a espada de Golias e que comesse os pães da proposição. Sabedor disto, o rei Saul ordenou a prisão e morte de todos os sacerdotes, e mandou matar os habitantes de Nobe, homens, mulheres e crianças. O pontífice Abiatar escapou, e relatou a Davi o que havia acontecido, *cf.* 1 Sm caps. 21 e 22. Esse lugar foi novamente habitado depois do exílio, Ne 11.32. O local dessa cidade nunca foi identificado. Robinson contenta-se em dizer que "o local dessa cidade era em algum ponto da cordilheira do monte das Oliveiras, a nordeste de Jerusalém".

NODABE (*no hebraico, "nobreza"*) – nome de uma tribo árabe do deserto da Síria que, aliada aos agarenos, guerreou contra os rubenitas, os gaditas e a meia tribo de Manassés, e foi derrotada, 1 Cr 5.19.

NODE (*no hebraico, "exílio", "vagueação"*) – nome de um distrito situado ao oriente do Éden, onde se refugiou Caim, depois que matou Abel, Gn 4.16. Local não identificado.

NOÉ (*no hebraico, "repouso", "consolo"*) – nome do filho de Lameque, descendente de Sete, Gn 5.28,29. A razão desse nome afirma-se nas palavras que têm alguma semelhança de som. "E ele lhe pôs o nome de Noé, dizendo: Este nos consolará em nossos trabalhos, *yenahame hamenu*, e nas obras das nossas mãos na terra que o Senhor amaldiçoou." Esse método é um dos muitos que os escritores hebreus empregavam. A referência aos anos da vida de Noé sofre várias explicações de conformidade com os antigos métodos de organizar e construir os registros genealógicos (veja *CRONOLOGIA*). A aplicação dos primeiros dois desses métodos, referentes à idade de Noé, não necessita explicação. O terceiro método é mais intrincado, porém igualmente aplicável. Segundo ele, na família de Lameque, 182 anos depois que assumiu posição proeminente entre

NOÉ

os filhos de Sete e constituiu a família de que descende a Igreja, nasceu um filho a quem seu pai chamou Noé, dizendo: "Este nos consolará". Muito depois, entre os descendentes desse filho de esperança, denominado coletivamente pelo nome de Noé, justamente como os descendentes de Israel eram conhecidos por esse nome, apareceu um em quem se realizaram as esperanças e que provou ser realmente o portador desse conforto, cuja conduta religiosa Deus recompensou, prometendo não mais amaldiçoar a terra por causa da maldade humana, nem ferir mais vivente algum; que construiu a arca, que foi o chefe da família e seu representante. A este se refere o nome tribal. Seu filho mais velho tinha 100 anos de idade, quando aconteceu o Dilúvio. Ocorreu esse grande evento no ano 600 de Noé, isto é, 600 anos depois que a família denominada Noé havia assumido as funções do patriarcado. Se o terceiro método for o verdadeiro, este será o modo de explicar o caso a respeito de Noé. Esse patriarca era homem justo e, como Enoque, andou com Deus, Gn 6.9. Foi um tempo de apostasia universal, de completa indiferença religiosa, em que até os filhos de Deus tomavam para si mulheres dos filhos dos homens, por causa da sua formosura, 6.2, e os homens em geral, vivendo para o mundo, casavam-se e davam-se em casamento, comiam e bebiam até o dia em que Noé entrou na arca, Mt 24.38. Era também um tempo em que a terra estava corrompida diante de Deus e cheia de iniqüidade, em que a imaginação e os pensamentos do coração humano eram aplicados para o mal, *cf*. Gn 6.5,11. Era tal a corrupção, que Deus resolveu destruir a humanidade, concedendo-lhe um prazo de 120 anos, v. 3. Noé, pela sua vida exemplar, foi pregoeiro de justiça, 2 Pe 2.5. A ele, o Deus criador e juiz de toda a terra revelou o plano de destruir a raça humana, e lhe ordenou a construção de uma arca para seu livramento e de sua família e conservar a vida de várias espécies de animais, porquanto um dilúvio de águas ia cobrir a terra. E Noé assim o fez. Terminada que foi a construção da arca, Jeová, o Deus redentor, ordenou a Noé que entrasse na arca com sua família, prevenindo-se com os animais necessários aos sacrifícios e à sua alimentação. Aquele que havia criado, os animais e os pássaros, ordenou que entrasse na arca um casal de cada um para perpetuar as espécies. Esse Deus redentor fechou a arca em que Noé entrou. Depois veio o Dilúvio (veja *DILÚVIO*). Quando, afinal, se cumpriu o juízo proposto pelo Criador e governador do universo, lembrou-se de Noé, e fez diminuir as águas. Quando apareceram os primeiros vestígios de terra seca, esperou ainda outros tantos dias, quantos havia durado o Dilúvio, e soltou aves para saber se as águas haviam desaparecido de cima da terra. Certo disto, esperou ainda que Deus lhe desse ordem para sair da arca. No dia do novo ano, removeu a cobertura da arca e viu que a terra havia secado, mas isto ocorreu oito semanas depois da ordem que Deus lhe tinha dado. Saindo da arca, Noé edificou um altar ao Senhor e tomando de todas as reses e de todas as aves limpas, as ofereceu ao Deus da sua redenção, que aceitou as suas oferendas e os propósitos de seu coração, e resolveu não mais amaldiçoar de novo a terra, nem ferir de morte as criaturas viventes por causa da maldade dos homens. Deus continuou a revelar esse seu propósito. Do mesmo modo que depois de criado Adão, Ele o abençoou, ordenando-lhe que crescesse e se multiplicasse sobre a terra, assim também deu preceitos à nova raça. Dos sete preceitos de Noé, como assim se chamam, e que os judeus diziam anteceder a lei a cujas observâncias se obrigavam os prosélitos, somente três são expressamente mencionados aqui: Não comer carne com sangue, não matar, e reconhecer a autoridade civil, *cf*. Gênesis 9.4-6. Os outros quatro preceitos,

NOITE

proibindo a idolatria, o incesto, a blasfêmia e o roubo, faziam parte da consciência humana em geral. Deus ainda, revelando os seus propósitos de não mais amaldiçoar a terra por causa do homem, comprometeu-se a não destruir a carne por meio das águas do Dilúvio e deu como sinal desse pacto o aparecimento do arco-íris sobre as nuvens, v. 8-17. Noé se dedicou, naturalmente, à agricultura e plantou uma vinha, bebeu do vinho que fabricou e se embriagou. Seu filho Cão escarneceu dele vendo-o descomposto; os outros dois filhos o defenderam, cobrindo-lhe a nudez. Despertando Noé, e sabedor do que se tinha passado e conhecendo intimamente o caráter humano, e iluminado pelo conhecimento das ordenações divinas anteriores ao Dilúvio de que as propensões más dos pais passam aos filhos e que Deus abençoa os justos até mil gerações, Êx 20.5,6, profetizou a degradação da raça de Cão, e por algumas razões, separando somente um dos filhos de Cão, profetizou que ele seria escravo dos escravos de seus irmãos, pronunciou bênçãos para as famílias de Sem e Jafé, e anunciou que ambos seriam fiéis ao Deus de Sem, *cf.* Gênesis 9.20-27 (veja *CANAÃ, JAFÉ, SEM*). Noé viveu ainda 350 anos depois do Dilúvio, ele ou os seus descendentes com o mesmo nome, *cf.* Gn 9.28. Os semitas, distintos dos outros descendentes de Noé, vieram a ser a geração dirigente e predominante na linha de que descende a igreja. O salmo 29.10 contém a palavra hebraica *mabbul,* especialmente com o sentido de dilúvio, Is 54.9; Ez 14.14, ambos fazem alusões a Noé. Nosso Senhor compara os dias de Noé aos que hão de preceder a sua Segunda Vinda, Mt 24.37; Lc 17.26. A fé do patriarca Noé é louvada na carta aos Hb 11.7, e o apóstolo Pedro alude duas vezes ao oitavo pregoeiro da justiça divina trazendo o Dilúvio sobre um mundo do ímpios, castigando-os com uma total ruína, 1 Pe 3.20; 2 Pe 2.5. Os gregos e os romanos tinham uma história a respeito de um dilúvio em que somente duas pessoas foram salvas: Deucalião e sua mulher, Pirra. Esse Deucalião pode ser Noé com nome diferente. Seja como for, os babilônios conservaram uma tradição semelhante à dos hebreus sobre o Dilúvio, cujo herói denominavam Sitnapistim e Atraasis (veja *DILÚVIO*).

NOEMI (*no hebraico, "formosa"*) – nome da mulher de Elimeleque, que em companhia de seus filhos foi morar em Moabe, porque a fome assolava as terras de Judá. Os dois filhos casaram-se com mulheres moabitas. O pai e os filhos morreram; e Noemi, acompanhada por sua nora Rute, voltou para Belém, *cf.* Rute capítulos 1–4.

NOFÁ (*no hebraico, "rajada de vento", ou "brisa"*) – nome de uma cidade moabita, somente mencionada em Nm 21.30. Talvez seja a cidade chamada de Noba, em Jz 8.11. Caso seja assim, era cidade próximo a Jogbeá, nas proximidades do deserto oriental da Palestina. Alguns a identificam com as ruínas *Nowakis*, a noroeste da cidade de Amã, mas tudo isso é suposição.

NOGÁ (*no hebraico, "esplendor", "brilhantismo"*) – nome de um dos filhos de Davi que nasceram em Jerusalém, cujo nome da mãe não aparece nos relatos correspondentes, 1 Cr 3.7; 14.6.

NOGUEIRA – tradução da palavra hebraica *egoz*, nogueira, Ct 6.11. A nogueira, *Juglans regia*, como se conhece na Europa, é natural do Cáucaso, de onde foi para as montanhas da Índia setentrional, e é cultivada nas encostas do Líbano e do Hermom.

NOITE (*no hebraico lahyil; no grego é núks*) – período das trevas, Gn 1.5, dividido em três vigílias: do pôr-do-sol à meia-noite – 18h às 22h – da meia-noite ao

NOITE

cantar do galo – 22h às 2h, e do cantar do galo, ao amanhecer – 2h às 6h, Lm 2.19; Jz 7.19; Êx 14.24. A divisão grega e romana repartia a noite em quatro vigílias, sistema este em vigor no tempo de Cristo, Lc 12.38; Mc 6.48. O período da noite constava de 12 horas, desde o entardecer até o romper da aurora, ou seja: das 18h às 21h, às 24h e às 3h, Mt 14.25; Mc 6.48; 13.35; Lc 12.38; At 23.23.

NOIVA/NOIVO – no hebraico aparecem as palavras *kallah* para descrever "noiva" e *chathan* para "noivo". A palavra *kallah* surge com um significado de "completa", "perfeita" em Is 49.18; 61.0; 62.5; Jr 2.32; Jl 2.16. *Chathan* significa "contratador de afinidade", e aparece em alguns casos com o significado de "genro", Sl 19.5; Is 61.0; Jr 7.34; 33.11; Jl 2.16. No grego, a palavra usada para noiva é *núnfe*, aparece em Mt 10.35; 25.1; Lc 12.53; Jo 3.29; Ap 18.23. O termo para noivo é *numfos*, usado em Mt 9.15; 25.1,5,6-10; Mc 2.19-20; Lc 5.34-35; Jo 2.9; 8.29; Ap 18.23. No tempo dos patriarcas, as noivas eram escolhidas pelos pais e amigos, sem a consulta ao noivo. Abraão enviou um amigo para encontrar a noiva de Isaque, Gn 24.4. O mesmo aconteceu com Jacó e Tamar, Gn 28.2; 38.6. No Antigo Testamento, vemos no sentido figurado Israel descrita como noiva e esposa de Yahweh, Is 54.5; 62.6. No Novo Testamento, aparece a figura simbólica de Cristo como o noivo e a sua Igreja como noiva em 2 Co 11.2 (veja *CASAMENTO*).

NOME – os nomes de pessoas entre nós, como Tiago, Roberto, Ana etc., têm significado, só conhecido pelos que estudam a etimologia das palavras. Entre os hebreus, o caso era diferente; não somente tinham significação, como era esta imediatamente conhecida por todos que os ouviam pronunciar: Sara, Jacó, Maria, Jeosafá, Marta, Rode, Dorcas etc. Ao oitavo dia depois de nascida, a criança recebia o nome, segundo o costume dos hebreus, Gn 17.12; 21.3-4; Lc 1.59; 2.21, que seria de um objeto natural, como Taré, cabra montesa; Lia, vaca brava; Jonas, pomba; Tamar, palmeira; Tabita, gazela etc., de uma feição física, por exemplo: Séfora, esplendor; ou que exprimissem os desejos ou esperanças dos pais: Noé, consolo, Gn 5.29. Alguns nomes tinham significação profética, como o de Jesus, que segundo Mateus queria dizer: "... porque ele salvará o seu povo dos pecados deles", Mt 1.21. Muitos nomes, também, exprimiam a piedade ou a gratidão, como Simeão, Gn 29.33, porque o Senhor viu que eu era tratada com desprezo; ou Natanias, Jeová deu; ou Elizur, Deus é rochedo. Outros nomes comemoravam acontecimentos nacionais como Icabode, cf. 1 Samuel 4.21, ou ainda, representavam nomes de famílias, Lc 1.50-61; *cf.* 3.23-29. Quando se desenvolvia o caráter da pessoa, davam-lhe às vezes outro nome novo, expressivo de suas novas qualidades, como Israel e Cefas. No último período da história dos hebreus, quando falavam diversas línguas na Palestina, o nome primitivo era traduzido para outra língua, e a pessoa era conhecida por dois nomes, Cefas, segundo o aramaico, e Pedro, segundo o grego; Tomás e Dídimo, nomes que têm o sentido de gêmeos; Messias e Cristo, que querem dizer ungido. Nesse período da história, os nomes também sofriam transformações: o hebreu Jeonã passou a ser Joanes em grego; *Joseph*, hebraico, converteu-se em José. Os nomes próprios de pessoas não tinham sobrenomes. Para distinguir um nome de outro, acrescentavam-lhe o lugar de seu nascimento, como Jesus de Nazaré, José de Arimatéia, Maria Madalena, Naum de Elcese; ou também a origem genealógica, como Simão filho de Jonas; e também pela ocupação profissional, ou por outras características, como Simão Pedro, Natã o profeta, José o carpinteiro,

NOVO TESTAMENTO

Mateus o publicano, Simão, chamado Zelote, Lc 6.15, e Dionísio o areopagita. Os romanos costumavam usar três nomes; o *prenomen*, que era o nome pessoal e vinha em primeiro lugar; o *nome*, que era o de sua *gens* ou nome da sua casa, e vinha em segundo lugar e o *cognomen*, ou sobrenome, que era o de sua família e vinha em último lugar. M. Antonius Félix explicava-se assim: Marcus, da casa Antônia e da família Félix. Em geral utilizavam apenas os dois últimos nomes, com omissão do nome pessoal, como Júlio César, Pôncio Pilatos, Cláudio Lísias etc. Em muitos casos, no hebraico, alguns nomes traduziam qualidades essenciais, como no caso em que Deus jura pelo seu grande nome, Jr 44.26, querendo dizer que ele jura pela força de seu nome como garantia do cumprimento de sua Palavra. O nome de Deus que é excelente em toda a terra, Sl 8.1, é expressão de um ser que se revela nas obras criadas e no plano da redenção. O nome do Deus de Jacó que envia socorro desde o alto, Sl 20.2, é frase que manifesta o poder do Deus de Israel. O nome de Deus encontra-se no anjo que guiava a Israel pelo deserto, Êx 23.21, como expressão do poder e da majestade inerente à natureza divina. O nome de Deus habita no seu santuário, 2 Sm 7.13, no lugar em que ele se manifesta e onde dá testemunho. Conhecer o nome de Deus é dar testemunho da manifestação de seus atributos e compreender o caráter expresso por esses nomes, Êx 6.3; 1 Rs 8.43; Sl 91.14; Is 52.6; 64.2; Jr 16.21.

NORA (*no hebraico kallah*) – termo que aparece no Antigo Testamento, em Gn 11.31; 38.11,16,24; Lv 18.15; 1 Sm 4.15. No grego, o termo é *numphé*, que significa "noiva", era usado para indicar a noiva do filho de quem fala, aparece no Novo Testamento nos seguintes textos, Mt 10.35; 25.1; Lc 12.53; Jo 3.29; Ap 18.23; 21.2-9; 22.17.

NORTE (*do hebraico Saphon, "ocultar-se"*) – os hebreus consideravam os pontos cardeais em relação ao Oriente. Para se orientarem, tinham como referência o nascer do Sol, que ficava à esquerda, Gn 14.14; Jó 23.9 (veja *ORIENTE*). Na Palestina, as terras em direção norte são elevadas, por isso vemos a expressão "subir", quando se ia nessa direção, Gn 45.25; Os 8.9; At 18.22. Outra associação ao norte era a idéia de coisa obscura, oculta, pretas e misteriosas. Os inimigos de Israel vinham do norte, Is 41.25; Jr 1.4-15; Ez 26.7. No Novo Testamento, encontramos a palavra grega *barras*, que indica "norte", aparece apenas em Lc 13.29 e Ap 21.13.

NOVILHA/BEZERRA – vaca nova, Gn 15.9; Dt 21.3; 1 Sm 16.2 (veja *VACA/PURIFICAÇÃO*).

NOVILHO, TOURO, BEZERRO – touro novo. A palavra hebraica designa um animal de sete anos, Jz 6.25. Empregavam-se esses animais no serviço de tração, Jr 31.18, e eram sacrificados em grande número, Êx 29.1; 1 Cr 29.21.

NOVO TESTAMENTO – a segunda das duas partes em que a Bíblia se divide. A palavra testamento vem do latim *testamentum* e serve para traduzir o vocábulo grego *diatheke*, que quer dizer pacto, 2 Co 3.14. O Novo Testamento incorpora o novo pacto de que é mediador Jesus Cristo, Hb 9.15; *cf.* 10.16,17; Jr 31.31-34. O primeiro pacto era o pacto de sangue, Hb 9.19,20, mas não era um testamento propriamente dito; o segundo, conquanto seja um pacto, é também um testamento, isto é, não somente foi selado com sangue, mas também exigiu a morte do testador para dar-lhe força: não seria eficaz se Jesus, que foi o mediador, não tivesse morte expiatória. Com a possível exceção de O Evangelho Segundo Mateus, todos os livros do Novo Testamento

N

885

NOVO TESTAMENTO

foram escritos em grego. Esse idioma havia lançado fundas raízes na Palestina, durante mais de três séculos decorridos entre a conquista da Terra Santa por Alexandre, o Grande. O valor desse idioma e o da literatura grega tinham concorrido para que lhe fosse dada ampla circulação entre as classes cultas da Grécia e de Roma, não obstante ter a Grécia perdido grande parte de sua independência política. Os manuscritos originais do Novo Testamento e as cópias que dele se fizeram, durante os três primeiros séculos, desapareceram completamente. O papiro empregado na escrita das cartas, 2 João 12, rapidamente se estragava. Também no tempo de Dioclesiano, d.C. 360, os perseguidores dos cristãos destruíam quantas cópias encontravam das Escrituras. Ainda não se conhecia a arte de imprimir, e por isso o trabalho de multiplicar cópias era por demais laborioso. Os quatro evangelhos foram transcritos com mais freqüência, e depois deles, as epístolas do apóstolo Paulo. O Apocalipse é o livro menos copiado. Há no mínimo 3.791 manuscritos antigos do Novo Testamento no todo, ou em partes, contrastando o pequeno número dos escritos clássicos que chegaram até os dias atuais. As corrupções do texto aumentaram rapidamente. Os copistas eram falíveis, descuidados e, em muitos casos, pouco entendidos na língua grega. Os homens da idade patrística e os que os sucederam não se dirigiram pelas leis científicas da crítica moderna, e por isso usavam os textos com lastimável licença. Tentaram melhorar a gramática e o estilo para corrigir supostos erros de história e de geografia, para combinar as citações do Antigo Testamento com o grego da LXX em harmonia com os evangelhos. Incorporaram notas marginais, e acrescentaram aos evangelhos narrativas incidentais obtidas de fontes autorizadas, como as que se encontram em Jo 7.53 até o cap. 8.1, e Mc 16.9-20. Desse modo se originaram

numerosíssimas variantes, que chegaram a 150 mil. Dezenove vigésimos dessas variantes não têm importância genuínas; apenas a pequena fração restante, portanto, genuína; somente a pequena fração restante tem alguma importância, porque altera o sentido. O mesmo número dessas variações, e o fato de serem feitas em diferentes partes do mundo e originárias de grande diversidade de manuscritos, habilitam os estudantes da literatura bíblica a descobrir os erros e a se aproximarem cada vez mais do texto original. Esse trabalho tedioso, porém necessário, tem-se adiantado com infatigável firmeza pelos críticos. É possível que indiretamente se aproximem aos textos perdidos por meio das versões do Novo Testamento em várias línguas, como a siríaca e a latina e das muitas citações que se encontram nos escritos dos primitivos cristãos, especialmente de Clemente de Alexandria e de Orígenes. Em muitos casos, essas versões e citações, foram tiradas de manuscritos que já não existem, mas a tradução prova que o original existiu. Os manuscritos do Novo Testamento, quanto aos caracteres, são de duas categorias: escritos em maiúsculas gregas, a princípio sem aspirações nem acentos, e sem espaço algum entre as palavras, exceto ocasionalmente para indicar o princípio de um novo parágrafo. As linhas também tinham pequeno espaço entre si. A outra categoria constava de caracteres cursivos manuscritos com divisão das palavras e separação de linhas. A mudança de uma para outra ocorreu no século décimo. Somente cinco manuscritos do Novo Testamento, quase completos, precedem a data referida. O primeiro deles é designado pela letra A: é o manuscrito alexandrino. Foi levado para a Inglaterra por Cirilo Lucar, patriarca de Constantinopla, que o deu de presente a Carlos I. Foi escrito em Alexandria em meados do quinto século, e daí lhe vem o nome que tem. Em adiantamento a

NOVO TESTAMENTO

uma grande parte do Antigo Testamento e à primeira epístola de Clemente e parte da segunda, contém o Novo Testamento inteiro, com exceção dos caps. 1 a 25 de Mateus, do cap. 6.50 até o cap. 8.52 de João e 2 Co 6.13 até o cap. 12.6. As páginas constam de duas colunas; o de Marcos dividido em 48 capítulos. O segundo manuscrito é o Vaticano, assinalado pela letra B e se encontra na biblioteca do Vaticano desde o ano de 1475, ou antes. Só em 1857 é que apareceu uma edição desse manuscrito, publicada pelo cardeal Mai, que não mereceu crítica e a que se deu pouca importância. Mas em 1889 a 90, apareceu um *facsímile* que o pôs em contato com os teólogos. Esse documento data dos meados do quarto século, senão antes. Além da maior parte do Antigo Testamento, contém o Novo Testamento, exceto Hb 9.14; 13.25; as epístolas de Timóteo a Tito, Filemom e o Apocalipse; tem três colunas em cada página e se divide em capítulos pequenos, dos quais Mateus conta 170. O terceiro manuscrito tem a letra C e chama-se Efraêmico, escrito em palimpsesto. No século 12, o escrito primitivo que enchia o pergaminho, foi lavado para dar espaço a certos tratados ascéticos do sírio Efraém. Os traços da antiga escritura tornaram-se visíveis por meio de uma aplicação de prussiato de potassa, reaparecendo o texto primitivo. Foi isto em 1834. Acredita-se que pertence ao quinto século, talvez anterior ao manuscrito A. Contém partes do Antigo Testamento e 58 capítulos do Novo. As linhas correm através das páginas. O quarto manuscrito tem a letra D, com o nome de Beza, a quem pertenceu logo que foi retirado da abadia de Santo Ireneu, quando ocorreu o saque da cidade de Lião, em 1562. Dão-lhe a data do sexto século. Contém parte do texto grego dos evangelhos e Atos, com uma tradução em latim. Na sua maior parte, é a única testemunha entre os manuscritos gregos, de um tipo textual, de grande circulação

desde o segundo século, representantes principais das velhas versões latinas. É escrito esticometricamente, i.é., em linhas contendo tantas palavras quantas poderiam ser pronunciadas de uma só vez, consistentes com o sentido. O quinto manuscrito é o sinaítico, designado pela primeira letra do alfabeto, *Álefe*. Devemos a descoberta desse códice, em 1844, ao professor Tischendorf, no convento de Santa Catarina do monte Sinai. Além da maior parte do Antigo Testamento, contém o Novo Testamento inteiro, com a epístola de Barnabé e grande parte do Pastor de Hermas. Faltam-lhes os últimos 12 versículos de O Evangelho Segundo Marcos, talvez, por causa, de se ter rasgado a página em que estavam escritos. Pertence ao quarto século. Tem quatro colunas em cada página. Os manuscritos em cursivo são muito numerosos, mas pertencem a época mais recente, e não têm o mesmo valor para os críticos, como os outros. A primeira edição impressa do Novo Testamento em grego saiu à luz em 1516, publicada por Erasmo, e reimpressa em 1518, aparecendo uma edição mais correta em 1519, uma terceira em 1522 e uma quarta em 1527. O cardeal Ximenes, primaz da Espanha, empreendeu por alguns anos uma edição em grego, que por vários motivos demorou a sair até 1521 ou 22. Por haver sido feita em Alcalá (*Complutum*), a denominaram *Complutênsia*, e por tal nome é conhecida essa edição. Entre edições do Novo Testamento no idioma grego, que a esta se seguiram, nenhuma se tornou mais célebre que as de Robert Stephen, de Paris, que vieram à luz, sucessivamente em 1546, 1549 e 1551. Aparece em cena, depois disso, o reformador Beza que publicou várias edições entre 1565 e 1604, baseadas na terceira edição de Stephen (1550), que por sua vez havia sido modelada sobre a quarta ou quinta edição de Erasmo. A de Stephen, de 1550, é o *textus receptus* na Inglaterra, mas no continente europeu

NOVO TESTAMENTO

esta qualificação e autoridade pertencem à primeira edição de Elzevir, impressa em Leyden, em 1624, cujo texto é quase o mesmo da edição de Stephen, de 1550, da qual difere em 278 lugares, em geral simplesmente alterações ortográficas. A edição de Beza de 1598 serviu de base à antiga versão da Bíblia inglesa. Atribui-se a atual divisão da Bíblia em capítulos ao cardeal Hugo, monge dominicano, morto em 1263, que a utilizou para a sua concordância com a Vulgata. As aplicações a essa concordância deram-lhe muito valor, e estabeleceram a prática de citar os capítulos em vez de referir-se ao livro, ou a alguns fatos proeminentes nele contidos, *cf.* Mc 2.26; 12.26; Rm 11.2. Há, contudo, razões para acreditar que essa divisão é anterior a Hugo e atribuída a Stephen Langton, arcebispo de Canterbury, morto em 1228. A divisão atual do Novo Testamento em versículos é obra de Robert Stephens, e aparece na sua edição grega de 1551. A primeira edição inglesa dividida em versículos foi a tradução de Whittinghan, publicada em Genebra, 1557, e a primeira Bíblia inglesa, igualmente dividida em versículos é a versão de 1560, publicada também em Genebra.

NU/NUDEZ – no Antigo Testamento, alguns termos são usados para descrever a nudez: a) *maarummim* "nus", aparece em 2 Cr 28.15. b) *Erom*, "nu", em Gn 3.7,10,11; Dt 28.48; Ez 16.7,22,39; 18.7,16; 23.29. c) *Arom*, "nu", em Gn 2.25; 1 Sm 19.24; Jó 1.21; 22.6; 24.7,10; 26.6 etc. d) *Eryah*, "nudez", em Mq 1.1; Ez 16.7,22,39. e) *Arah*, "desnudar-se", em Lm 4.21. f) *Maor*, "nudez", em Hb 2.15. No Novo Testamento, encontramos dois termos gregos: a) *Gumnós*, "nu". Um adjetivo grego, o mais usado no Novo Testamento, como em Mt 25.36,38,43,44; Mc 14.51-52; Jo 21.7; At 19.16. b) *Gumnótes*, "nudez". Um substantivo que aparece por três vezes, Rm 8.35; 2

Co 11.27; Ap 3.18. Todos esses termos são utilizados nas Escrituras em dois sentidos: o de nudez absoluta, como em Gn 3.7; Jó 1.21; Ec 5.15; Am 2.16, e no sentido de estar vestido inadequadamente Is 58.7; Mt 25.36; Tg 2.15; Jo 21.7.

NUM (*no hebraico, "peixe"*) **1** Nome do pai de Josué, condutor militar do povo, Êx 33.11; Js 1.1, descendente de Taã e talvez também de Berias de Efraim, 1 Cr 7. 27. **2** Nome da 14ª. letra do alfabeto hebraico. O nosso "N" tem a mesma origem. Essa letra marca a 14ª. seção do salmo 119, na qual a primeira linha de cada versículo, no original, começa por ela.

NUMÊNIO (*no hebraico, "pertencente à lua nova"*) – nome de um judeu, filho de Antíoco e membro do senado, Antig. 13.5-8, enviado como embaixador a Roma e Esparta no ano 144 a.C., por Jônatas Macabeu, e segunda vez enviado a Roma por Simeão no ano 140 a.C., 1 Mac 12.16; 14-24; 15.5.

NÚMERO, NUMERAIS – não há provas de que os hebreus empregassem algarismos para representar os números. Os que existem no atual texto das Escrituras Hebraicas, nas inscrições de Siloé, e na Pedra Moabita, todos são escritos por extenso. Os hebreus usavam as letras do alfabeto para representar os números, desde os tempos dos Macabeus. *Aleph*, primeira letra do alfabeto, era o número 1; *Beth* que era a segunda, era o número 2 e assim por diante. Esse costume aparece nas moedas de Simão Macabeu. Nas inscrições de Nabaiote, do primeiro século, os numerais são escritos por extenso, e ocasionalmente representados por sinais, consistindo em pequenas incisões perpendiculares para as unidades inferiores, um sinal semelhante a um ponto de interrogação, valia cinco etc. As inscrições aramaicas da mesma época,

NÚMEROS, LIVRO DE

existentes em Palmira, revelam o mesmo processo. Nas moedas denominadas pesos de leão, de que se serviam os negociantes aramaicos em Nínive, oito séculos antes de Cristo, eram indicados por meio de incisões perpendiculares; as incisões horizontais indicavam as dezenas. Em tempos mais remotos, os assírios e os babilônios utilizavam sinais cuneiformes para representar os números. Os números eram simbólicos e convencionais. O número três não era simbólico, mas servia para dar ênfase às expressões, como: "Templo do SENHOR, templo do SENHOR, templo do SENHOR é este", Jr 7.4; "Ó terra, terra, terra!", 22.29; "Ruína! Ruína! A ruínas a reduzirei...", Ez 21.27; "Santo, santo, santo é o SENHOR", Is 6.3, e as bênçãos, três vezes, repetidas em Números 6.24-26. O tríplice caráter da fórmula batismal e da bênção apostólica baseia-se na doutrina da Trindade, Mt 28.19. O número quatro não representa papel tão importante, serve para determinar os quatro pontos cardeais: norte, sul, leste, oeste, Is 11.12; os quatro ventos a eles correspondidos por Zc 6.1-5. Em tempos remotos, o número sete era sagrado entre os povos semitas, Gn 2.2; 4.24; 21.28. A importância desse número não procede de ser a soma dos números três e quatro; à sua formação presidem considerações de ordem religiosa (veja *SÁBADO*). O número dez considerava-se número completo e como tal era empregado constantemente. Havia dez mandamentos; dez patriarcas antediluvianos, e dez pós-diluvianos (veja *CRONOLOGIA*); e o livro de Gênesis dividia-se em cinco secções de dez capítulos, cada uma. O número 12 servia de base ao sistema duodecimal empregado pelos babilônios e era empregado para uso comum. Alguma coisa desse sistema aparece na história dos hebreus. Entre eles encontra-se o número das 12 tribos. O número 40 era redondo, muito em voga entre eles, *cf.* Êx 24.18; 1 Rs 19.8; Jn 3.4; Mt 4.2 (veja *CRONOLOGIA*, **3**).

NÚMEROS, LIVRO DE – dá-se esse nome ao quarto livro do Pentateuco. Nas Escrituras hebraicas, denomina-se "No deserto" porque começa por essa expressão, Nm 1.1. A designação atual da versão grega, que a adotou em virtude de conter as duas enumerações do povo: a primeira no Sinai, quando chegou o segundo ano da saída do Egito, e a segunda, à beira do Jordão no final dos 40 anos de peregrinação pelo deserto. O livro de Números pode dividir-se em três seções principais: **1** No deserto do Sinai, 1.1 até o cap. 10.11, e contém: o arrolamento do povo, com exclusão dos levitas, e a indicação dos lugares que as tribos deveriam ocupar no acampamento, caps. 1 e 2; alistamento dos levitas, sua localização no campo e deveres que cumprir, caps. 3 e 4; remoção dos leprosos do acampamento, 5.1-4; lei sobre a remissão dos pecados e sobre a restituição a fazer de valores retidos e o modo de efetuá-la em caso de morte, v. 5-10; disposições sobre os zelos e sobre os nazarenos e a fórmula para as bênçãos sacerdotais, 5.11 até o cap. 6; ofertas dos principais de Israel na dedicação do Tabernáculo, cap. 7; indicação do local para sete lâmpadas, 8.1-4; consagração dos levitas, v. 5-22; indicação do tempo em que deveriam entrar no serviço, v. 23-26 (veja *LEVITAS*); observância da festa pascal e outras solenidades suplementares, 9.1-14; narração da coluna de nuvem, v. 15-23, e indicação sobre o toque das trombetas, 10.1-10. **2** Em caminho do Sinai para o Jordão, 10.11 até o cap. 21.35, contendo: Ordem de marcha, 10.11-28; convite a Hobabe para acompanhar Israel, v. 29,32, acampamento e repouso, v. 33,34; palavras para serem pronunciadas quando a arca caminhava e parava, v. 35,36; murmurações contra o maná, 70 anciãos para assistirem a Moisés e a descida das codornizes, cap. 11; Miriã, irmã de Moisés, coberta de lepra, cap. 12; em Cades, os espias e seu relatório, falta de fé castigada com a morte

NÚMEROS, LIVRO DE

no deserto, caps. 13 e 14; especificações legais suplementares, cap. 15, rebelião de Datã, Coré e Abirão e acontecimentos a ela relacionados, caps. 16 e 17; afirmação dos deveres e privilégios dos sacerdotes e levitas, cap. 18; lei da purificação pelo contato com os cadáveres, cap. 19; volta do povo para Cades, morte de Miriã, o pecado de Moisés e de Arão, embaixada a Edom, 20.1-21; morte de Arão, jornada desde o monte Hor às planícies de Moabe, contornando Edom; as serpentes; conquista da terra ao oriente do Jordão, 20.22, até o cap. 35. **3** Em Sitim, defronte de Jericó, cap. 22.1 até o cap. 36.13, contendo: o pecado da consagração a Baal-Peor, cap. 25; o Senhor manda contar os filhos de Israel da nova geração, cap. 26; leis regulando a herança das filhas de Zelofeade, cap. 27.1-11; proclamação investindo Josué como sucessor de Moisés, v. 12-23; outras disposições, regulando as ofertas de cada dia e os votos, caps. 28 a 30; guerra contra Midiã, cap. 31; o país conquistado ao oriente do Jordão, distribuído às tribos de Rúben, Gade, à meia tribo de Manassés, cap. 32; itinerário do Egito a Sitim, cap. 33; limites da terra e partilha pelas tribos, cap. 34; leis sobre as cidades de refúgio, cap. 35; leis suplementares, regulando a herança das filhas de Zelofeade, cap. 36. Todas as escolas de crítica bíblica reconhecem que o livro de Números reflete as mesmas condições sociais expressas no livro de Levíticos e mostra perfeita harmonia com as suas leis.

NUVENS – como agentes em conexão com a chuva, as nuvens são as portadoras das umidades, *cf.* 2 Sm 22.12; Jó 26.8; 37.11; Ec 11.3, que descarregam sobre a terra, Jz 5.4; Sl 77.17. Uma nuvem ao ocidente era sinal de chuva, 1 Rs 18.44; Lc 12.54. A coluna de nuvens era uma nuvem miraculosa em forma de pilar que se movia em frente dos israelitas no deserto, para indicar-lhes o caminho que Deus queria que eles seguissem, Êx 13.21,22; Ne 9.19. Quando escurecia, de modo a esconder a nuvem, ela se iluminava, transformando-se em coluna de fogo. Quando o Senhor queria mostrar a sua presença aos israelitas, ele o fazia em coluna de nuvem, Nm 12.5; Dt 31.15, e quando queria perturbar os egípcios, parecia olhar do meio da nuvem para eles, Êx 14.24.

OADE (no hebraico, "unidade") – nome de um filho de Simeão, *cf*. Gn 46.10; Êx 6.15. Foi cabeça de um dos clãs de Israel. As listas paralelas contidas em Nm 26.12-14 e 1 Cr 4.24,25 não mencionam seu nome.

OBADIAS (*no hebraico, "adorador de Jeová"*) **1** Nome de um dos profetas de Judá, *cf*. Ob 1. Josefo é de opinião que esse profeta é o mesmo Obadias, temente a Deus, que servia no palácio de Acabe, porém, o autor da profecia que tem esse nome viveu, pelo menos, um século depois (veja OBADIAS, O LIVRO DE). **2** Nome do pai de um zebulonita do tempo de Davi, 1 Cr 27.19. **3** Nome do governador do palácio de Acabe, que durante a perseguição aos profetas de Jeová, pela rainha Jezabel, escondeu 100 deles em duas cavernas, 50 em cada uma, *cf*. 1 Rs 18.3-5 e que foi enviado pelo rei para procurar pastagens para salvar a vida dos animais, ameaçada pela grande seca. Encontrando-se com o profeta Elias este lhe ordenou que fosse anunciar a Acabe: "Eis que aí está Elias", 18.14. Da entrevista do profeta com o rei de Israel resultou o confronto entre Jeová e Baal no monte Carmelo, em que foram mortos os profetas do falso deus, *cf*. 18.20-40. **4** Nome de um levita que inspecionava as obras da reparação do templo no reinado de Josias, 2 Cr 34.12. **5** Nome de um homem de Judá, da família de Tola e da casa de Uzi, *cf*. 1 Cr 7.3. **6** Nome de um descendente de Jônatas, *cf*. 1 Cr 8.38; 9.44. **7** Nome do fundador de uma família, que se presume ser da linhagem de Davi, *cf*. 1 Cr 3.21. **8** Nome de um herói gadita que se reuniu a Davi em Ziclague, *cf*. 1 Cr 12.9. **9** Nome de um dos príncipes que Jeosafá enviou para ensinar nas cidades de Judá, *cf*. 2 Cr 17.7. **10** Nome de um sacerdote que, sem dúvida, a favor da casa de seu pai, assinou o pacto, no tempo de Neemias, *cf*. Ne 10.5. **11** Nome de um dos descendentes de Joabe, que veio da Babilônia com Esdras, *cf*. Ed 8.9. **12** Nome de um levita, que parece ter fundado uma família de porteiros, Ne 12.25, e talvez o

OBADIAS

mesmo Obadias, filho de Semaías, *cf.* 1 Cr 9.16, que aparece com o nome de Abda em *cf.* Ne 11.17.

OBADIAS, O LIVRO DE – o livro de Obadias é o quarto dos profetas menores, e contém apenas um capítulo em que prediz a destruição de Edom, v. 1-9, dando como causa a mortandade e o agravo feito a seu irmão Jacó, v. 10,11. Exorta Edom a não zombar mais dos filhos de Judá nos dias de sua perdição, v. 12-16, e anuncia o livramento e a expansão de Israel, v. 17-21. A profecia inteira deriva o seu vigor da grande verdade, claramente discernida por homens piedosos, de que o dia de Jeová estava perto sobre todas as pessoas, v. 15, para destruir a todos os inimigos, quer nacionais, quer estrangeiros, e para firmar sobre a terra o reino de Jeová, v. 21; *cf.* Is 2.12,17,20,21; 10.12-19; Jl 3.12-21; Am 5.18; 9.8-15; Mq 4.11-13. Existe muita incerteza quanto à data da profecia.
I) Acredita-se, geralmente, que pertence ao período caldeu, quando Jerusalém esteve ora em poder do rei do Egito ora do rei da Babilônia, e, finalmente, tomada por Nabucodonosor em 587 a.C., arrasada, e seus habitantes levados cativos para Babilônia. Essa opinião se baseia na descrição que ele faz do estado calamitoso de Judá, 10.15, e da acusação feita a Edom pelas suas simpatias para com a Babilônia, Sl 137.7, e das severas denúncias dos outros profetas da época contra Edom, Jr 49.7-22; Ez 25.12-14; cap. 35. II) A profecia pode ser muito anterior, pois: 1) Nenhuma alusão faz aos espantosos incidentes da tomada de Jerusalém, do incêndio do templo, da destruição dos muros da cidade e do cativeiro de seus habitantes. 2) A relação dos versículos 1-9 *cf.* com Jeremias 49.7-22. É, geralmente, reconhecido que a unidade, o movimento de espírito de Obadias e a semelhança entre as duas passagens, indicam que Jeremias dependia de Obadias. 3) A atitude hostil de Edom já vinha de muito longe, Ez 35.5, Obadias se manifestou contra ele da mesma maneira que Amós um século antes da invasão dos caldeus, *cf.* Am 1.6,9,11,12; 19.12; *cf.* Jl 3.19. 4) As condições históricas e particulares que o profeta pressupõe já existiam no reinado de Acaz. Jerusalém havia sido saqueada diversas vezes; invadida e devastada pelos árabes e filisteus no reinado de Jorão, 2 Cr 21.16,17; *cf.* Am 1.6, no reinado de Amazias, que matou a muitos edomitas. O rei de Israel entrou em Jerusalém, derrubou a parte do muro da cidade que olha para o norte, saqueou o templo e o palácio do rei e levou reféns, *cf.* 2 Rs 14.14,17; 2 Cr 25.11,12,23,24. Esses fatos serviram de motivo para amortecer o espírito de fraternidade, o que Obadias profligou. Neste caso, a profecia deve ser do ano 791 a.C., e antedata a Joel, *cf.* Ob 17 e Jl 2.32 (veja *JOEL*), porém, se assim for, a sua posição depois de Joel é um desvio notável da ordem cronológica dos profetas menores. III) O livro, todavia, pode ter data aproximada ao tempo de Acaz. Nessa época, grandes calamidades caíram sobre Judá: o rei de Damasco arrebatou os edomitas das mãos de Acaz; o rei de Israel levou suas armas até as portas de Jerusalém; os filisteus tomaram as cidades da planície de Judá; Acaz despojou o templo dos seus tesouros para alcançar auxílio do rei da Assíria, de quem se fez vassalo, os israelitas também foram levados cativos, Ob 20; Am 1.6,9; *cf.* 1 Cr 5.26. Depois, "...os edomitas... derrotaram Judá, e levaram presos em cativeiro", *cf.* 2 Cr 28.17; 2 Rs 16.6; Ob 10,11. O ano de 731 a.C., ou um pouco antes, no reinado de Acaz, quando Judá sofreu grande humilhação, foi um período muito apropriado para Obadias proferir as condenações contra Edom, repreendê-lo por negar apoio a Judá e por suas hostilidades passadas e presentes, e por se alegrar com a miséria que se encontrava seu irmão, porquanto o tempo de seu castigo se avizinhava.

OBAL (*no hebraico, "corpulência"*) – nome de um povo descendente de Joctã, Gn 10.29. Abil é o nome de uma das mais antigas tribos da Arábia (Delitzch) e de um distrito do *Yemen*. (Halévy) Bochart pensa que são os avalistas a que se refere Plínio, domiciliados na costa africana, perto do estreito de Babel-Mandebe. Em 1 Cr 1.22 está escrito Ebal, e se emprega o *jode* em vez do *vau*, que os copistas, com freqüência, confundem.

OBEDE (*no hebraico, "adorador", "servo"*) **1** Nome de um dos filhos de Eflal, da casa de Jerameel, da tribo de Judá, 1 Cr 2.37. **2** Nome de um filho de Boaz e de Rute, e avô de Davi, *cf.* Rt 4.17,21,22. **3** Nome de um dos valentes de Davi que se reuniram a ele em Ziclague, 1 Cr 11.47. **4** Nome de um levita que era porteiro, filho de Semaías, da casa de Obede-Edom, *cf.* 1 Cr 26.7. **5** Nome do pai de certo Azarias. Foi um dos capitães do exército de Israel, que ajudaram a depor Atalia, no tempo de Joiada, *cf.* 2 Cr 23.1.

OBEDE-EDOM (*no hebraico, "que serve a Edom"*) **1** Nome de um homem de Gate, talvez um dos soldados da guarda de Davi, ou um dos moradores da cidade levita, Gate-Rimom, da tribo de Dã. Esse homem residia entre Quiriataim e Jerusalém, perto do lugar onde Uzá pereceu por haver tocado a arca, quando ia para a casa de Obede-Edom, por ordem de Davi. A arca permaneceu ali durante três meses, e o Senhor abençoou Obede-Edom e a toda a sua família, *cf.* 2 Sm 6.10-12; 1 Cr 13.13,14; 15.25. Se esse homem era levita, talvez seja o mesmo Obede-Edom, filho de Coré, porteiro da arca de que fala o item **3** deste verbete. Filhos de Coré era uma divisão da família de Coate, à qual pertencia a cidade de Gate-Rimom. O texto diz que Deus o abençoou, *cf.* 1 Cr 26.5, parece referir-se a *cf.* 1 Cr 13.14, e 2 Sm 6.11. **2** Nome de um levita da segunda

ordem que serviu de porteiro da arca e que tocava harpa, acompanhou a arca para Jerusalém, onde foi investido das mesmas funções, *cf.* 1 Cr 15.18,21; 16.5. **3** Nome de um levita que marchou à frente da arca quando era levada para Jerusalém, *cf.* 1 Cr 15.24. Parece que é o mesmo Obede-Edom, filho de Jedutum, porteiro da arca em Jerusalém, *cf.* 16.38, e que se supõe ser a mesma pessoa mencionada na cláusula precedente do versículo, ainda que sem bases seguras. Esse Obede-Edom parece ser o mesmo filho de Coré, *cf.* 26.1-4; com v. 10 com cap. 16.38, cujos filhos e netos, com seus irmãos em número de 68, estavam entre os 62 que formavam grupos no reinado de Davi, *cf.* 26.8, e permaneciam na porta do sul, 26.8. Essa família ainda exercia o seu ofício no tempo de Amazias, *cf.* 2 Cr 25.24.

OBIL (*no hebraico, "guarda dos camelos", ou "cameleiro"*) – nome de um ismaelita que tinha a seu cargo a guarda dos camelos na coorte do rei Davi, *cf.* 1 Cr 27.30.

OBLAÇÃO (*do latim, oblatus, "algo oferecido"*) – designava a oferta oferecida ao Senhor, tanto o que era movido quanto o que era derramado no altar, Lv 2.4s.; Nm 15.7-10. Nas Escrituras, aparecem as palavras hebraicas: a) *gorban*, referindo-se à oferta apresentada, por exemplo, uma oferta de manjares, Lv 2.4; 7.9,10. b) *terumah*, "mover", refere-se a algo tirado de alguém para ser oferecido a Deus, para manutenção do santuário e dos ministros, Is 40.20; Ez 44.30; 45.1. c) *minhah*, "doação", um presente apresentado pelas ofertas, *cf.* Is 19.21; 66.3; Dn 9.21-27. d) *massekah*, "derramamento", uma libação, referindo-se ao azeite, ao leite, à água, ao mel e ao vinho, que eram derramados como ofertas. Os gregos e romanos praticavam muito este tipo de oferenda em seus rituais, os hebreus, não habitualmente, faziam usos

OBLAÇÃO

das libações, Dn 2.46; Êx 30.9; Nm 15.7-10 (veja *OFERTAS e SACRIFÍCIO*).

OBOTE (*no hebraico, odres*) – nome de uma estação no deserto que continha água, onde os israelitas pararam, antes de chegarem ao oriente do deserto de Moabe, Nm 21.10,11; 33.43,44. Apesar de alguns estudiosos sugerirem o local como o oásis *el-Weiba*, ao sul do mar Morto, sua localização geográfica é desconhecida.

OCRÃ (*no hebraico, "perturbado"*) – nome de um aserita, pai de Pagiel. Foi um dos líderes de sua tribo quando Israel vagava no deserto, *cf.* Nm 1.13; 2.27; 7.72-77.

ODEDE (*no hebraico, "Ele restaurou", "restauração", "reiteração"*) **1** Nome do pai do profeta Azarias, 2 Cr 15.1,8. **2** Nome de um profeta israelita, no reinado de Peca. Encontrando-se com o exército do Reino do Norte, que voltava da batalha, conduzindo muitos cativos de Judá, fez ver aos vencedores quão censurável era o seu procedimento, cativando a seus irmãos e, em nome de Jeová, os exortou a libertá-los. As palavras do profeta deram excelente resultado. Alguns dos chefes samaritanos, persuadidos por ele, proibiram a entrada dos prisioneiros na cidade. Eles, então, vestiram os nus, alimentaram os famintos, e fazendo montar os fracos e doentes, levaram-nos a Jericó, restituindo-os a seus irmãos, *cf.* 2 Cr 28.9-15.

ODOMERA/ODOMER – nome do chefe de uma tribo nômade, ou talvez de um oficial de Baquides, derrotado por Jônatas Macabeu, 1 Mac 9.66.

ODRE – nome de uma vasilha feita de couro, ou da pele de um animal, destinada a guardar líquidos, como vinho, azeite etc., *cf.* Jó 32.19; Mt 9.17. No geral, costurava-se o couro na proximidade do pé ou perna,

que servia para fazer o gargalo. Mais tarde, outros tipos de recipientes foram feitos com o mesmo propósito, eram de pedra, prata, ouro, ossos etc.

OEL (*no hebraico, "tenda"*) – nome do quinto filho de Zorobabel, da casa de Davi, *cf.* 1 Cr 3.20.

OFEL (*no hebraico, "elevação", "outeiro"*) **1** Nome de uma parte do outeiro sobre o qual foi edificado o templo de Jerusalém, abrangendo os muros da cidade. Ficava nas proximidades do tanque de Selá, i.é., Siloé, fronteiro à Porta da Fonte e à Porta dos Cavalos, *cf.* Ne 3.15-28, em face do tanque de Siloé, e do átrio oriental do templo e do vale de Cedrom, Guerras 5.4,1,2; 6.1. Jotão "...edificou a porta de cima da Casa do Senhor" e mandou fazer muitas obras sobre o muro de Ofel, *cf.* 2 Cr 27.3; 33.14. Depois do exílio, senão antes, os netinins habitaram em Ofel, até defronte da Porta das Águas para o oriente, por causa da conveniência do serviço do templo, *cf.* Ne 3.26; 11.21. Sir Charles Warren, quando fazia escavações nessa parte da colina, encontrou um muro que tinha mais de 23 m de altura, julgando ser a muralha de Manassés. **2** Nome de um local próximo a Samaria, e que aparece na tradução em português, como "outeiro", 2 Rs 5.24. Foi em uma casa nesse lugar que Geazi escondeu os presentes que obtivera, pela mentira, de Naamã, o general assírio que Eliseu havia curado da lepra.

OFERTAS e **SACRIFÍCIO** – as ofertas que faziam a Deus, eram de várias espécies desde o berço da humanidade. No Antigo Testamento, encontra-se relatos de serem ofertados frutos da terra, *cf.* Gn 4.3, das primícias dos rebanhos, 4.4, dos holocaustos, 8.20; Êx 10.25, dos manjares consagrados, das libações de vinho e de azeite, 35.14. As grandes nações da antigüidade tinham seus rituais bem elaborados, regulando os atos

OFERTAS e SACRIFÍCIO

sacrificais, notadamente os babilônios e os egípcios, muito tempo antes de Moisés. As diversas espécies de ofertas em honra de Jeová constituíram uma feição característica do culto israelita. Muita informação sobre esse assunto encontra-se nos primeiros sete capítulos do livro de Levítico e em outros lugares das Escrituras. Havia duas classes de ofertas, públicas e particulares, pela nação, ou pelas pessoas, consistiam de libações, vegetais e manjares, de animais ou sacrifícios. O derramamento de sangue deveria acompanhar todas as ofertas de acordo com a religião de Jeová. Sem isso, não haveria remissão de pecados. O sacrifício incruento era inaceitável a Deus. É certo que, em alguns casos, como a extrema pobreza, permitia-se ofertas sem efusão de sangue, aceitas somente em junção ao sangue do altar, Lv 2.2,8; 5.11-13. As libações só eram aceitáveis em conexão às comidas sacrificais, exceto o que a lei prescrevia em relação às parturientes, cf. Lv 12.6, e as ofertas pacíficas dos nazireus, as votivas ou espontâneas, cf. Nm 6.17; 15.1-12. Excluíam-se dessa categoria as ofertas pelo pecado e pelas transgressões. As ofertas de vegetais consistiam em flor de farinha, ou em pães asmos, filhoses, espigas torradas ao fogo, tudo temperado com sal, exceto as ofertas pelo pecado, cf. Lv 2.1,4,13,14; 5.11, temperadas com azeite. Poderia haver uma oferta independente do sacrifício; uma parte deveria ser colocada sobre o altar, e o restante pertenceria ao sacerdote, como no caso das ofertas voluntárias, cf. cap. 2. Eram aceitas como oferta pelo pecado dos extremamente pobres, cf. 5.11-13, e podiam ser totalmente consumidas sobre o altar. Neste caso, correspondia ao sacrifício do altar, e ocorria por ocasião de ser consagrado o sumo sacerdote; e na purificação de um leproso, cf. 6.19-23; 14.10,20. As ofertas de vegetais poderiam também ser subordinadas a um sacrifício. Era, pois, invariavelmente concomitante aos sacrifícios, exceto, talvez, nos casos especiais mencionados no cap. 12 de Levítico; e das

Ofertas egípcias — Christian Computer Art

OFERTAS e SACRIFÍCIO

ofertas pacíficas, exceto aquelas que eram obrigatórias na festa das semanas. Nesses casos, de acordo com a tradição, tudo se consumia sobre o altar. Em outros casos, uma parte colocava-se sobre o altar e o restante pertencia ao sacerdote, a saber: as tortas da consagração dos sacerdotes, 8.26-28; das ações de graças, 7.12-15; e as que se ofereciam ao terminar os dias de voto dos nazireus, Nm 6.13-20. Os sacrifícios ou ofertas de animais consistiam de bois, ovelhas e bodes de ambos os sexos, e pombas em casos especiais. Esses animais deveriam ser sem defeito e ter, ao menos, oito dias de idade. Havia três espécies de sacrifícios em que se derramava sangue para a expiação, Lv 1.4; 17.11: **1** Holocausto de um carneiro, de um cordeirinho ou de um bezerro. O caso citado no livro de Samuel, *cf.* 1 Sm 6.14, foi excepcional. O sangue da vítima era aspergido ao redor do altar, e o animal todo era queimado, representando a consagração pessoal do ofertante a Jeová. **2** A oferta pelo pecado consistia em um novilho, um bode, uma carneira, uma pomba ou um pombinho, Lv 4.4,23,28,32; 5.7, e a oferta pelas transgressões exigia um bode, ou um carneiro, como no caso dos nazireus e dos leprosos, 6.6; 14.12,21; Nm 6.12. O sangue era espalhado de diferentes modos. Na oferta pelo pecado do sacerdote, "...o sacerdote ungido tomará do sangue do novilho e o imolará perante o Senhor... e, molhando o dedo no sangue, aspergirá sete vezes perante o Senhor, diante do santuário... daquele sangue porá sobre os chifres do altar do incenso... e o restante... se derramará à base do altar do holocausto... à porta da tenda da congregação", *cf.* Lv 4.1-12. Quando se tratava de pecados de outras pessoas, uma parte colocava-se sobre o altar dos sacrifícios e o restante era derramado como já foi mencionado, *cf.* Lv 4.6,7,17,18,25,30,34. Nos sacrifícios pelas transgressões, todo o sangue da vítima

era espalhado sobre o altar, e a carne queimava-se fora no campo, enquanto que a carne das outras vítimas pertencia aos sacerdotes, Lv 6.26,30; 7.6,7; *cf.* Êx 29.14; Lv 4.3,21; 16.27; Hb 13.11,12. Nenhuma parte dessas ofertas podia ser comida pelo ofertante, como nas ofertas pacíficas, pois o ofertante vinha como sendo indigno da comunhão com Deus e tais ofertas eram expiatórias. A oferta pelo pecado fazia-se pelos pecados cujo efeito terminava primeiramente no pecador; a oferta pelas transgressões cujos efeitos terminavam primariamente sobre outro, e pelo qual, além do sacrifício, tinha de haver restituição que era depositada nas mãos do sacerdote, que a transmitia à pessoa prejudicada; e no caso de morte, passava às mãos dos herdeiros, e se não houvesse herdeiros, ficava com o sacerdote, Lv 5.16; 6.5; Nm 5.7,8. Os pecados cometidos deliberadamente e punidos com a morte não tinham remissão, Nm 15.30,31. Os pecados intencionais podiam ser remidos pela expiação, como os pecados que não eram punidos com a morte: o furto, em que havia punição e restituição, e os pecados que o criminoso confessava voluntariamente e fazia as devidas compensações quando possíveis. **3** Havia três espécies de ofertas pacíficas: a oferta de gratidão, em reconhecimento das bênçãos imerecidas e inesperadas; as ofertas votivas, cumprindo votos feitos, e as ofertas voluntárias, não como expressões de gratidão por motivo de algum favor especial, mas como fruto de um amor irreprimível para com Deus, Lv cap. 3. As ofertas pacíficas representam o desejo de renovar a paz e a comunhão com Deus, Jz 20.26; 21.4; 2 Sm 24.25. Nesses casos, poderia ofertar-se todo animal permitido em lei, menos as aves. O sangue deveria ser aspergido, as gorduras queimadas sobre o altar; e quando o ofertante era pessoa particular, o peito e as espáduas pertenciam ao sacerdote e o restante das carnes era comido pelo ofertante e pelos seus amigos diante do Senhor no lugar do santuário, *cf.* Lv caps. 3 e 7.11-21; *cf.* 22-27; Êx 29.20-28; Dt 12.7,18; 1 Sm 2.15-17. O banquete diante de Jeová era uma festa de consagração e comunhão, e significava que Ele estava presente como convidado. Eram cinco os atos sacrificais: **I.** Apresentação do sacrifício à porta do santuário pelo ofertante como ato pessoal. **II.** Imposição das mãos. O ofertante impunha as mãos sobre a cabeça da vítima, consagrando-a a Deus e fazendo dela o seu representante e substituto, *cf.* Lv 16.21. **III.** A morte do animal pelo próprio ofertante, que simbolicamente aceitava a punição devida a seu pecado. Mais tarde, era o sacerdote quem matava o animal. **IV.** Aplicação simbólica do sangue. O sacerdote aspergia o sangue ou tingia com ele o altar, e o derramava na sua base. Em casos especiais, uma porção era colocada sobre o ofertante, ou aspergida diante do véu do santuário, *cf.* Lv 4.6, ou levado para dentro do Tabernáculo do testemunho, 6.30, e até mesmo para dentro do véu, 16.14. **V.** A vítima era destruída pelo fogo, no seu todo ou em parte, sobre o altar, de onde o seu cheiro subia à presença de Deus.

OFIR (*no hebraico 'ôpîr, talvez signifique, "rico", ou "gordo"*) – nome de uma tribo descendente de Joctã, Gn 10.29; 1 Cr 1.23 e também do país que ela ocupou, famoso pela abundância de suas minas de ouro, 29.4; Jó 22.24; 28.16; Sl 45.9; Is 13.12. As frotas que saíram de Eziom-Geber, equipadas por Salomão e pelo rei de Tiro, trouxeram, de Ofir, o precioso metal, *cf.* 1 Rs 9.28. Com o ouro, a frota de Hirão trouxe de Ofir prodigiosa quantidade de paus odoríferos e pedras preciosas, *cf.* 10.11, prata, dentes de elefantes, bugios e pavões, 22; *cf.* 22.49. O rei Jeosafá tentou executar semelhantes empresas, mas a sua frota naufragou em Eziom-Geber, *cf.* 22.49.

Esse porto estava no golfo de Acabe, na rota para Ofir, que era pelo mar Vermelho. A viagem durava três anos entre ida e volta, 10.22; *cf.* 22.49. Há três opiniões sobre a localização de Ofir: uns dizem que Ofir estava situada em Sofala, na costa oriental da África, fronteira à ilha de Madagascar. Esta opinião tem a seu favor o fato de ser esse lugar, em época remota, um empório de ouro, porém, as madeiras odoríferas, como o sândalo, só poderiam vir da Índia, pois não havia nem na Arábia nem na África, bem como outros produtos de Ofir, que os navios conduziam, e que tinham nomes indianos, a menos que não fossem produtos resultantes de permutas; portanto, Ofir deveria estar situada nessa parte do mundo. A segunda opinião, sustentada por Josefo, é que a Terra do Ouro era na Índia, Antig. 8.6,4, talvez no rio Cofom, 1.6,4, em Abira, na foz do Indo; finalmente, dizem outros que as minas de Ofir estavam na Arábia, situadas entre Sabá e Evilá. Esta opinião deve ser a mais correta, porque a maioria dos jectanitas se estabeleceu na Arábia.

OFNI (*no hebraico, talvez signifique, "bolorenta"*) – nome de uma aldeia de Benjamim, Js 18.24, que Robinson e outros estudiosos identificam com Gofna ou Gofni, no caminho que vai de Jerusalém a Samaria, a um dia de marcha para o norte de Gibeá (Guerras 5.2,1), é a moderna Jufnah ou Jiffa, 5 km a noroeste de Betel. Esta identificação dá a entender que a fronteira de Benjamim tomava a direção norte, perto de Betel.

OFRA (*no hebraico, "corço"*) **1** Nome de uma aldeia a oeste do Jordão, ocupada pelos filhos de Abiezer da família de Manassés, Jz 6.11,15; *cf.* Js 17.1,2, pátria de Gideão, de onde foi chamado para exercer a sua missão salvadora, onde levantou um altar ao Senhor e onde foi enterrado, Jz caps. 6 a 8. Diz Conder que, de acordo com

OFRA

a *Samaritam Chronicle*, Ofra é o nome antigo de Ferata, situada 10 km a sudoeste de Siquém, e considerada como sendo a antiga Faratom. **2** Nome de um dos filhos de Meonotai da tribo de Judá, 1 Cr 4.14. **3** Nome de uma das cidades de Benjamim, Js 18.23, localizada ao norte de Micmás, 1 Sm 13.17. Segundo o *Onomasticon* do quarto século, era uma aldeia chamada, então Efraim, distante 9 km para o oriente de Betel, que Robinson identifica com *et-Taiyibeh* situada em um outeiro de forma cônica, 7 km a nordeste de Betel, de onde se tem um esplêndido panorama e que não poderia estar desocupado em tempos antigos. Esta opinião é geralmente aceita, se bem que o verdadeiro local parece ser mais para o norte.

OGUE (*no hebraico é 'ôg, o significado é desconhecido*) – nome do rei de Basã, *cf.* Dt 3.1,8, cujo domínio se estendia desde o Jaboque até o monte Hermom, *cf.* 8-10 com *cf.* Nm 21; 23; 24. Residia ora em Astarote e ora em Edrei, Js 12.1,5; 13.12. Era homem de grande estatura, o último dos refains, cujo leito de ferro se mostrava em Rabá, e tinha nove côvados de comprido e quatro de largo, pela medida de um côvado de mão de homem, *cf.* Dt 3.11. Depois da vitória sobre Seom, rei dos amorreus, os israelitas deixaram suas famílias e seus gados em segurança, no campo de Pisga, e marcharam contra Ogue, o qual derrotaram e mataram em Edrei, e tomaram posse de seu país, Nm 21.20,32-35; Dt 3.14, que foi dado à meia tribo de Manassés, *cf.* Dt 3.13.

OITAVA – termo musical, 1 Cr 15.21. Títulos dos salmos 6 e 12. Stainer passa em revista três opiniões a respeito dessa palavra: 1) Oitava acima da escala natural. 2) Nome de uma escala ou de uma harmonia. 3) Número de cordas do instrumento a ser tocado. Talvez em contraste com o alamote, quer dizer uma oitava abaixo, Gesenius, Delitzsch.

OLEIRO – artista que fabricava louça de barro com diversas finalidades. O termo hebraico é *yatsar*, que denota a idéia de "moldar". Amassavam o barro com os pés até ficar em pasta, Is 41.25; Sab. 15.7. Depois o depositavam sobre uma roda horizontal, em frente a qual tomava assento o oleiro, virando a roda com a mão, à medida que ia modelando a vasilha, ou conservando a roda em movimento com o auxílio do pé, enquanto trabalhava com a mão e com o braço. Terminada a obra, cobria-a de esmalte para ser levada ao forno, Jr 18.3,4; Ecclus. 38.29,30. A capacidade do oleiro para dar forma ao barro, e fazer aplicação da sua obra, como se lê em Is 45.9; Jr 18.5-12; Rm 9.20-25, serve para ilustrar a soberania de Deus sobre o homem. Deus, portanto, no exercício dessa soberania, age de conformidade com a Sua infinita perfeição de sabedoria, justiça, bondade e verdade.

ÓLEO – o óleo, usado entre os antigos hebreus era, em geral, fabricado dos frutos das oliveiras, que amadurecem no outono. Faz-se a colheita sacudindo a árvore ou batendo-a com varas, Dt 24.20; Is 17.6; 24.13. Extraíam o óleo das azeitonas, pisando-as com os pés, *cf.* Dt 33.24; Mq 6.15, muitas vezes em cavidades abertas na rocha, ou triturando-as em uma vasilha circular com um cilindro, recolhiam o óleo assim extraído, e, para aproveitá-lo, o quanto possível, espremiam o bagaço das frutas com uma prensa para esse fim elaborada. O azeite era depositado em vasilhas de pedra para depurar as impurezas. Ao azeite novo os hebreus davam o nome de *yishar*, *cf.* Jl 2.24, no hebraico. O azeite mais puro era espremido em um gral, *cf.* Êx 27.20; 29.40. Tiradas as folhas e os cabos das frutas, e todos os corpos estranhos, eram elas partidas e amassadas e colocadas em um cesto, resultando o azeite que corria naturalmente sem pressão. Era, por assim dizer, uma espécie de primícias recolhida antes de levarem a polpa para a prensa. O azeite constituía um dos principais produtos da Palestina, que, com o vinho, fazia parte da riqueza agrícola, *cf.* Nm 18.12; Ne 10.39; 13.5 etc. O azeite das oliveiras tinha vários usos: servia para alumiar, *cf.* Êx 25.6; para as lâmpadas, *cf.* Mt 25.3; "... para o candelabro, para que haja lâmpada acesa continuamente", *cf.* Êx 27.20; servia para alimento, *cf.* 1 Cr 12.40; Ez 16.13; empregava-se no fabrico de pão, *cf.* 1 Rs 17.12; derramava-se sobre "...a oferta... de flor de farinha... deitará azeite", *cf.* Lv 2.1,4-7; também o aplicavam no tratamento das feridas para alívio do enfermo, *cf.* Is 1.6; Mc 6.13. No caso do bom samaritano, o azeite misturado com vinho serviu de alívio às dores produzidas pelas contusões, *cf.* Lc 10.34. Herodes tomava banhos de azeite para aliviar-se das suas dores, Guerras 1.33,5. O azeite era usado como cosmético para ungir o corpo, *cf.* Sl 23.5; 104.15; 2 Sm 14.2 . Os reis eram ungidos com óleo, *cf.* 1 Sm 10.1; 1 Rs 1.39; 2 Rs 9.1,6, e quando empregado em atos religiosos, chamava-se óleo santo, *cf.* Sl 89.20. Os sumos sacerdotes eram consagrados com óleo associado a custosos perfumes, e bem assim o Tabernáculo, a arca, o tanque e as suas bases, o altar e o candeeiro, Êx 30.22-33 (veja *AZEITE*).

OLIMPAS/OLÍMPIA – nome de um cristão residente em Roma, a quem o apóstolo Paulo enviou saudações, *cf.* Rm 16.15.

OLIVEIRA – **1** Tradução literal das palavras hebraicas *Es shemen*, que em Is 41.19 se traduz por árvore de azeitona (Fig.), e oleastro (V. B.) em 1 Rs 6.23,26. A madeira da oliveira serviu para o fabrico dos dois querubins do oráculo de Salomão, cada um dos quais tinha dez côvados de altura, cerca de 5,5 m, 1 Rs 6.23,26, e também as portas do oráculo para a entrada do templo, v. 31-33. Dizem alguns que a oliveira era o oleastro, *Eleagnus hortensis*, que outros denominam oliveira silvestre, que, não obstante tem alguma semelhança com a verdadeira oliveira, mas não tem parentesco com ela. O oleastro é arbusto ou árvore que produz óleo muito inferior ao da oliveira. É abundante na Palestina, principalmente perto de Hebrom, em Samaria e no monte Tabor. Outros investigadores identificam-na com a *Balanites egyptiaca*, chamada *zakkum* pelos árabes, e da qual extraem certo óleo, porém, esta cresce no mar Morto e não no monte das Oliveiras, Ne 8.15. **2** Árvore muito cultivada na Palestina em grandes hortos, ou olivais, Êx 23.11; Js 24.13; Jz 15.5; 1 Sm 8.14, e também cultivada na Assíria, 2 Rs 18.32. Estrabão se refere a ela entre as árvores da Armênia, e supõe-se que era nativa da Índia Setentrional e em outras regiões temperadas da Ásia. A madeira servia para construções, 1 Rs 6.23,31-33. A oliveira produzia um óleo valioso, extraído de suas frutas, e de grande emprego (veja *ÓLEO*). As árvores que nasceram de sementes ou de enxertos feitos por baixo de galhos já enxertados, e dos brotos que saem em roda do tronco são de uma variedade de oliveiras bravas e precisam ser enxertadas. Uma oliveira, por melhor que seja, se não for bem cuidada, deteriora-se

Oliveira — Christian Computer Art

OLIVEIRA

e torna-se agreste. A oliveira silvestre é um arbusto, ou árvore baixa, cujos frutos são pequenos e de nenhum valor. Ao processo de enxertar uma oliveira brava em outra legítima, alude o apóstolo Paulo, na Epístola aos Romanos 11.17,24, para ilustrar as ligações dos gentios convertidos com a Igreja judia. Em referência ao cultivo da oliveira, o processo era diferente, e consistia em enxertar um gomo da legítima oliveira em um cepo da oliveira brava para melhorar a sua natureza. A pomba saída da arca voltou a ela levando no bico um ramo de oliveira que havia apanhado, quando as águas do Dilúvio tinham diminuído, Gn 8.11. O ramo de oliveira ficou sendo emblema da paz. A oliveira simboliza também a abundância, as bênçãos divinas, a beleza e a força, Sl 52.8; Jr 11.16; Os 14.6. As velhas oliveiras dão viçosos rebentos ao redor de seus troncos, Sl 128.3. As mulheres enfeitavam-se, às vezes, com grinaldas de oliveiras em ocasiões festivas, Judite 15.13. Nos jogos olímpicos da Grécia, a coroa dos vencedores era tecida com folhas de oliveira. A oliveira da Palestina é a comum *Olea europea*, cobre-se de folhas lanceoladas, sempre verdes, de forte resistência, com uma cor que parece coberta de pó. As flores têm uma só pétala. A planta que mais se parece com ela é a alfeneira. Ainda é cultivada em quase toda parte da Palestina.

OM (*no hebraico, "força", "fortaleza"*) **1** Nome de um homem da tribo de Rúben, que participou da rebelião de Coré em oposição a Moisés, Nm 16.1. **2** Nome de uma cidade onde o sogro de José, Potífera, exercia ofício sacerdotal, Gn 41.45,50; 46.20. Essa cidade era a capital da 13ª. província do baixo Egito, que distava cerca de 10 km do Cairo. Os gregos a denominaram Heliópolis. Na LXX, Heliópolis é acrescentado aos nomes de duas cidades construídas pelos israelitas, Pitom e Ramessés, Êx 1.11

OMAR (*no hebraico, "falador"*) – nome de um descendente de Esaú, filho de Elifaz, capitão de uma tribo do mesmo nome, *cf.* Gn 36.11,15.

OMBREIRA – peça de madeira que se coloca aos lados de uma porta, 1 Rs 6.33, que, às vezes, também se faz de pedra. O escravo hebreu que não desejava livrar-se do cativeiro, quando chegava o sétimo ano, e preferia permanecer na casa de seu senhor, chegava-se à ombreira da porta, e aí lhe furavam a orelha com uma sovela, permanecendo escravo para sempre, Êx 21.6; Dt 15.17.

ÔMEGA – nome da última letra do alfabeto grego, usada em sentido figurado para representar o último ou final, *cf.* Ap 1.8,11; 21.6; 22.13.

ÔMER – nome de uma medida de capacidade para secos e líquidos, igual a dez batos ou efas, igual a 100 ômeres (388 litros e 8 dec.), Ez 45.11,14; Êx 16.36 (veja *EFA e MEDIDAS*).

ONÃ (*no hebraico, "forte"*) **1** Nome de um dos filhos de Judá, casado com uma mulher cananéia, a quem Deus castigou por haver cometido uma ação detestável. Assumiu a viúva do seu irmão, conforme a lei do levirato, e não quis levantar descendentes dela, pelo que, no ato sexual, interrompia o coito e derramava o sêmen no chão. Desse ato de Onã se deriva a expressão "onanismo", ou "pecado de Onã", que é a masturbação. Por essa ofensa, Deus o matou e ele não deixou descendente, Gn 38.4-10; 46.12; Nm 26.19. **2** Nome de um horita, Gn 36.23; 1 Cr 1.40. **3** Nome de um homem de Judá, da casa de Jerameel, 1 Cr 2.26,28.

ONESÍFORO (*no grego, "portador de vantagem"*) – nome de um cristão residente em Éfeso, *cf.* 2 Tm 1.16. Quando esteve

ONRI

em Roma, consolou o apóstolo Paulo na sua prisão, *cf.* v. 16. A família de Onesíforo estava com Timóteo por quem lhe foram enviadas saudações, 4.19.

ONÉSIMO (*no grego, "útil", "proveitoso"*) – nome de um escravo de Filemom, convertido em Roma por ministração de Paulo, que o enviou a seu senhor, que era cristão, pedindo-lhe que o recebesse, já não como servo, mas em vez de servo, como irmão muito amado, *cf.* Fm v. 10,19. Era natural de Colossos, e com Tíquico levou para essa cidade as epístolas aos Colossenses e a de Filemom, Cl 4.7-9 (veja *FILEMOM*).

ONIAS/ONIARES – em 1 Mac 12.19, talvez *Coniá* em grego. A forma Oniares é uma antiga corrupção, em que os dois nomes Onias Arius se fundiram em um só, *cf.* Antig. 12.4,10. Nome de um sumo sacerdote dos judeus que oficiou desde 323 a 300 a.C., contemporâneo de Ário, rei de Esparta, que reinou de 309 a 265, 1 Mac 12.7; e também Dario, que é corrupção de Ário, 19.20. Onias foi sucessor de Jadua, pai e predecessor de Simão, o Justo, Antig. 11.8,7; 12.2,5. A ele se refere Ecclus. 1.1. Josefo cai em erro quando diz que Onias III, outro pontífice depois dele, recebeu uma carta de Ário.

ÔNICA – tradução da palavra hebraica *Shecheleth*, *cf.* Êx 30.34, nome de um dos ingredientes que entravam na composição dos perfumes para o serviço do Tabernáculo, que, segundo se acredita, era o opérculo da concha de um molusco chamado *strombe*, que, sendo queimado, produz certo perfume.

ÔNIX – tradução do hebraico *Shoham*, pedra preciosa, Jó 28.16; Ez 28.13, encontrada na terra de Havilá, Gn 2.12. Duas dessas pedras ornavam a estola sacerdotal em que estavam gravados os nomes dos filhos de Israel, seis nomes em cada uma, *cf.* Êx 28.9,12. Outra dessas pedras entrava na quarta ordem do peitoral do juízo, *cf.* 28.15,20. Davi ajuntou algumas delas para o serviço do futuro templo, 1 Cr 29.2. O ônix é uma variedade das criptocristalinas, ou uma subvariedade do quartzo. Encontra-se em camadas de várias cores que se alternam e tem semelhança com a cor branca e levemente encarnada que cerca as unhas. Os romanos chamavam alguns mármores, que consistiam de diversas camadas, de "mármore ônix". Muitos desses mármores eram usados em construções como também na fabricação de utensílios, como potes, jarras e garrafas, Mt 26.7; Mq 14.3.

ONO (*no hebraico, "forte"*) – nome de uma cidade de Benjamim, *cf.* Ne 11.35, localizada em um grande campo, 6.2, edificada, ou, para melhor dizer, reedificada por um benjamita de nome Semede, *cf.* 1 Cr 8.12. Alguns de seus habitantes regressaram do cativeiro da Babilônia, Ed 2.33; Ne 7.37. Julga-se que estava localizada no lugar que atualmente tem o nome de *Kefr Ana*, distante 12 km de Jope, para sudeste.

ONRI (*no hebraico, "grosseiro", "impetuoso"*) **1** Nome de um homem da tribo de Benjamim da família de Bequer, *cf.* 1 Cr 7.8. **2** Nome de um homem da tribo de Judá da família de Perez, *cf.* 1 Cr 9.4. **3.** Nome de um filho de Micael e príncipe da tribo de Issacar no reinado de Davi, *cf.* 1 Cr 27.18. **4** Nome de um dos reis de Israel. Antes de subir ao trono, exercia as funções de general das forças israelitas, no reinado de Elá e no de Baasa, que poderia subjugar Moabe nessa ocasião, *cf.* Pedra Moabita, 7.8. Onri estava acampado contra Gibetom, cidade dos filisteus, quando soube que Zinri havia assassinado o rei Elá e usurpado o trono. Imediatamente o exército aclamou Onri para ser rei de Israel. Aceitando tão honroso cargo, saiu com o seu exército e foi sitiar Tirza, cidade

ONRI

capital, onde residia Zinri. Vendo este que a cidade estava a ponto de ser tomada, entrou no palácio, queimou-se a si mesmo, lançou fogo ao palácio e morreu, *cf.* 1 Rs 16.15-20. Então o povo se dividiu em dois partidos: a metade do povo seguia a Tibni e a outra a Onri. Com a morte de Tibni, que ocorreu cinco anos depois, Onri reinou tranqüilamente sobre todo o Israel, *cf.* v. 21-23. Diz o versículo 23: "No trigésimo primeiro ano de Asa, rei de Judá, Onri começou a reinar sobre Israel"; refere-se não ao tempo em que foi proclamado rei pelas tropas (os 12 anos de reinado começaram com este ato) e, sim, ao tempo em que ele estendeu sobre todo o reino a sua ação régia (*cf.* versículos 15,29). Transferiu a sede do governo de Tirza para Samaria que ele edificou para esse fim, *cf.* v. 24, continuou com as idolatrias de Jeroboão, em alguns aspectos, fez pior do que ele e todos os demais que o precederam no trono das dez tribos, *cf.* v. 26; Mq 6.16. Morreu no ano 874 a.C., e foi sepultado em Samaria. Acabe, seu filho, o sucedeu no trono, *cf.* 1 Rs 16.28. Onri provocou admirações fora dos limites de Israel. Os moabitas não se esqueceram dele; porém, depois de sua morte e do extermínio de sua família, os assírios, por algum tempo ainda, uniam o nome Hunri ao do monarca reinante, e até mesmo à terra de Israel.

OOLÁ (*no hebraico, "sua tenda"*) – nome que personifica Samaria e o reino de Israel como meretrizes, pela sua infidelidade para com Jeová, *cf.* Ez 23.1-49.

OOLIBÁ (*no hebraico, "a minha tenda está nela"*) – nome este que personifica a cidade de Jerusalém e o reino de Judá, representando uma mulher de mau caráter, ainda que de posse da tenda de Jeová, *cf.* Ez 23.1-49 (veja *AOLIBÁ*).

ORAÇÃO – a oração consiste em manter comunhão com Deus. Quer isto dizer que Deus existe pessoalmente, que pode e quer ouvir-nos, que criou o universo, que preserva e governa todas as suas criaturas e dirige suas ações. Deus não se escraviza às leis que decreta; pode produzir resultados suspendendo as leis da natureza ou operando por meio delas, porque Ele é Deus; pode dirigir os corações e as mentes dos homens mais eficientemente do que nós somos capazes de fazer. Deus preordenou, tanto a oração quanto a sua resposta. Deus tem um plano traçado desde o princípio, que Ele executa, tanto no modo em que estabeleceu o universo e nas leis que o governam, quanto também pela sua constante presença no universo, mantendo-o e dirigindo-o. A oração é instintiva no homem, que em suas crises invoca a Deus. Ele exige que o homem ore; porém, para ter direito a esse privilégio, é preciso que esteja em legítima intimidade com Ele. A oração que Ele aceita, é a que lhe dirigem os retos. A oração dos ímpios é abominável a Ele, Pv 15.29; 28.9. Somente aqueles cujos pecados são perdoados têm o privilégio de se aproximar de Deus em oração. Todos quantos se revelam contra a autoridade divina não lhe são aceitos sem antes renunciarem a seus pecados e receberem o perdão. A oração é a comunhão dos filhos de Deus com o Pai que está nos céus, e consiste em adoração, em ação de graças, em confissão de pecados e em petições, *cf.* Ne 1.4-11; Dn 9.3-19; Fp 4.6. Desde o princípio, o povo de Deus se empenhou nesse santo exercício. A oração é a expressão natural dos sentimentos religiosos a que respondem as bênçãos divinas, *cf.* 1 Rs 9.3; Ez 36.37; Mt 7.7. Deus atende a toda oração que lhe é oferecida de conformidade com as regras por Ele estabelecidas; atende ao grito dos filhos do corvo, quando a Ele se dirigem pedindo alimento, e promete também responder às orações de seu povo, *cf.* Sl 65.2. O apóstolo Tiago, citando fatos, declara que a oração do justo, sendo fervorosa, pode muito, *cf.* Tg 5.16. Cristo, falando a seus discípulos, disse-lhes: "E tudo quando pedirdes em meu nome, isso farei, a fim de que o Pai seja glorificado no Filho", Jo 14.13. O povo de Deus lhe dirige as suas orações, deixando à sua vontade, o responder sim ou não; sabe que Deus responderá de acordo com o bem de suas criaturas, e com o adiantamento de seu reino, ou para honra de sua glória. O apóstolo João, escrevendo aos crentes, ensina a doutrina da oração, dizendo: "E esta é a confiança que temos para com ele: que, se pedirmos alguma cousa segundo a sua vontade, ele nos ouve", 1 Jo 5.14. A resposta virá, como nós desejarmos, se estivermos bem iluminados. Deus muitas vezes abençoa melhor a seus filhos, negando-se a atender ao que pedem. Assim também, os filhos de Deus deixam à vontade de seu Pai o resultado de suas petições e se encontram com Ele. Devemos orar em nome de Cristo, porque o pecador não pode aproximar-se de Deus em seu próprio nome; devemos reconhecer que não temos merecimentos inerentes à nossa natureza para irmos a sua presença, e que somente em nome daquele que nos lavou de nossos pecados em seu sangue que nos fez sacerdotes para com Deus. A oração é dirigida ao Deus Trino na sua plenitude. A bênção apostólica nos ensina também que a poderemos dirigir a cada uma das pessoas da Trindade: "A graça do Senhor Jesus Cristo, e o amor de Deus, e a comunhão do Espírito Santo sejam com todos vós", 2 Co 13.13. Dirigiam-se orações a Cristo ressuscitado. Os cristãos invocavam o seu nome, *cf.* 1 Co 1.1,2. Estêvão a Ele se dirigiu por ocasião de seu martírio; Paulo invocou o seu nome e lhe rendeu graças, atribuindo-lhe glória e domínio, *cf.* At 7.59, 60; 2 Co 12.8, 9; 1 Ts 3.11; 1 Tm 1.12; Ap 1.5, 6.

ORADOR – tradução da palavra grega *Rhetor*, pessoa que fala em público e em tribunais, *cf.* At 24.1, como Tértulo, advo-

gado que os judeus tomaram para fazer a acusação contra Paulo perante o procurador romano.

OREBE (*no hebraico, "corvo"*) **1** Nome de um dos dois príncipes midianitas que Gideão matou na penha de Orebe, *cf.* Jz 7.25; 8.3; Sl 83.11; Is 10.26. **2** Nome do rochedo onde foi morto por Gideão o príncipe midianita Orebe, Jz 7.25; Is 10.26. Localização desconhecida, que deveria ser a oeste do Jordão e perto desse rio, Jz 7.25; 8.4.

ORÉM (*no hebraico, "figueira"*) – nome de um homem de Judá, da casa de Jerameel, *cf.* 1 Cr 2.25.

ORFA (*no hebraico, 'orpah, seu significado é incerto, talvez, "pescoço", "juba"*) – nome da mulher de Quiliom e cunhada de Rute, que preferiu ficar na sua terra de Moabe, enquanto Rute, ligada por um grande afeto para com sua sogra Noemi, a acompanhou para a Palestina, *cf.* Rt 1.4, 14, 15; *cf.* 4.10.

ORIENTE – um dos pontos cardeais da terra para o lado onde nasce o sol, conforme o significado da palavra hebraica *mizrah*, "surgimento", e da palavra grega *anatole*, *surgimento*, usadas no Antigo e no Novo Testamento respectivamente, como em Nm 21.11; Js 11.3; 12.3; Jz 11.18 etc. Mt 2.1,2,9 etc. Os hebreus orientavam-se voltando-se para o nascente, como se depreende da palavra hebraica em Gênesis 2.8.

ÓRION – nome de uma constelação, Jó 9.6; 38.31; Am 5.8, em hebraico *Kesil*, que significa "homem sem juízo", "irreligioso", "tolo". As antigas versões são unânimes em dar-lhe esse sentido. Os Targuns e a versão siríaca traduzem por "gigante"; a Vulgata e a LXX dizem "Órion". Na mitologia clássica, representa-se o Órion na figura de um

ÓRION

homem de grande força, que trabalhava em ferro, e grande caçador. Tendo sido morto por Diana, foi transportado para o céu, *cf.* Jó 38.31, convertendo-se em uma constelação, que é visível em todas as latitudes. Disputa com a grande Ursa a distinção de ser a mais bela das constelações. Duas das suas estrelas, Betelgeuse, que fica na parte de cima do braço direito de quem observa, e Rigel, no pé que fica para cima, são de primeira grandeza. Cerca de 100 estrelas dessa constelação são visíveis a olho nu; mas duas mil só podem ser vistas pelo telescópio.

ÓRIX, ANTÍLOPE, BOI SILVESTRE – nome de um animal mencionado em Dt 14.5, e Is 51.20. Caçavam-no em redes; muito apreciado nas mesas. No Targum se traduz por boi silvestre, significando o *antílope bubalis*, do Egito e da Arábia. Nas versões gregas e na Vulgata, dá-se o nome de órix que se refere ao *Antílope leucoryx*. É animal de longos chifres, delgados, de forma cônica e anelados. É de cor branca, excetuando um longo penacho preto de cabelo, pendente por baixo do pescoço. Cresce no Senaar, no Alto Egito e na Arábia de onde é natural. Também se encontra na Síria (veja *ANTÍLOPE*).

ORLAS (*no hebraico, shul, "orla", "borda"*) – a parte inferior do vestido, ou da túnica, Êx 28.33,34; 39.24,25,26; Jr 13.22,26; Lm 1.9; Na 3.5; Is 6.1. No Novo Testamento o termo grego é *kráspedon*, "orla", beira", Mt 9.20; 14.36; 23.5; Mc 6.56; Lc 8.44. Os judeus consideravam a orla, ou fímbria dos vestidos, como tendo em si alguma coisa de sagrado. Baseavam isso em Êx 28.33,34. A observação quanto ao uso de ornamentos das orlas chegou a um ponto perigoso, os fariseus chegaram a criar regras para a sua confecção e seu uso, e associavam essas observações em pé de igualdade com a lei ou necessárias

para guardar a lei. Tornou-se símbolo de ostentação religiosa e hipocrisia.

ORNAMENTOS/ADORNOS – decoração com adições ornamentais, 2 Cr 3.6; Jó 26.13; Mt 12.44; 23.29; Lc 11.25; Ap 21.19. Os orientais adornavam-se com muito exagero de modo a chamar a atenção dos povos do ocidente. E assim continua a ser. Os hebreus, os midianitas, os sírios, homens e mulheres, gostavam muito de enfeites, Gn 24.22; Êx 3.22; 11.2; 32.2; Nm 31.50. As mulheres usavam colares, objetos de ouro, de prata, Ct 1.10,11; 1 Tm 2.9, arrecadas de ouro, braceletes, anéis, pulseiras, manilhas, lunetas, gargantilhas, garavins, cadeias de ouro, pingentes de pedras preciosas caindo sobre a fronte, espelhos de bronze etc, Gn 24.22; 35.4; Êx 35.22; Nm 31.50; Is 3.18-23. Os homens de todas as classes sociais, exceto os pobres, usavam anéis e braceletes, Gn 38.18. Os anéis com selo eram objetos de ornamento e serviam também para uso comercial. Saul, à semelhança dos reis assírios, usava braceletes, 2 Sm 1.10. Era costume nacional entre os ismaelitas colocar brincos nas orelhas, Jz 8.25,26, costume imitado por alguns hebreus, Êx 32.2. Os colares de ouro, usados pelos indivíduos de alta representação, serviam para recomendá-los ao respeito público, Gn 41.42; Dn 5.29. Em períodos de tristeza e calamidades, não se usavam adornos, Êx 33.4-6. As Escrituras não proíbem o uso de adornos ou ornamentos, exceto o uso exagerado, Is 3.18; 1 Tm 2.9; 1 Pe 3.4.

ORTOSIA – nome de uma cidade nas costas da Fenícia, entre Trípoli e o rio Eleutero, 1 Mac 15.37, Plínio, Hist. Nat. 5.17.

ORVALHO (*no hebraico, tal, "orvalho"*) – nome que se dá à umidade condensada, caindo da atmosfera sobre os corpos resfriados. A Escritura emprega esse vocábulo, em sentido figurado, para representar a ação

OSÉIAS, LIVRO DE

silenciosa e invisível das bênçãos divinas, sobre o coração humano, como a ação do orvalho se manifesta na vida vegetal, Dt 32.2; Sl 110.3; Pv 3.20; Mq 5.7; Ag 1.10; Zc 8.12.

O SENHOR É MINHA BANDEIRA

(*no hebraico, Yahweh Nissi*) – nome que Moisés deu ao altar que erigiu em Refidim, em lembrança da vitória alcançada sobre Amaleque, Êx 17.15,16 (veja *DEUS, Nomes de*).

O SENHOR É PAZ (*no hebraico, Yahweh Shalom*)

– nome do altar que Gideão levantou em Ofra para comemorar a visita do anjo de Jeová, que o havia comissionado para livrar Israel, quando Gideão esperava a morte por ter visto o Anjo do Senhor face a face, ouvindo então as palavras: "Paz seja contigo! Não temas! Não morrerás!", Jz 6.23 (veja *DEUS, Nomes de*).

O SENHOR PROVERÁ (*no hebraico, Yahweh Jireh*)

– nome que Abraão deu ao lugar onde viu o "carneiro preso pelos chifres", o qual Deus lhe mostrou para substituir o sacrifício de seu filho Isaque, *cf.* Gn 22.13,14. Localização desconhecida (veja *DEUS, Nomes de*).

OSÉIAS (*no hebraico, "salvo", ou "que Jeová salve"*)

1 Nome de Josué, filho de Num, a quem Moisés mudou o nome para Josué, *cf.* Nm 13.8,16. **2** Nome de um filho de Azazias e príncipe na tribo de Efraim no reinado de Davi, *cf.* 1 Cr 27.20. **3** Nome de um filho de Elá. Em conivência com Tiglate-Pileser, rei da Assíria, conspirou contra Peca, rei de Israel, matou-o e subiu ao trono, *cf.* 2 Rs 15.30. Reinou cerca de nove anos, 730 a 722 a.C. Fez o mal na presença do Senhor, porém ainda foi melhor do que a média dos reis precedentes. Salmaneser, rei da Assíria, dirigiu uma expedição contra ele. Não podendo repelir o invasor, Oséias lhe pagou tributos, *cf.* 17.3; mas, conhecendo que o poderoso monarca do Egito via com inveja a aproximação dos assírios, procurou logo a sua ajuda. Julgando que o auxílio viria sem demora, suspendeu o pagamento dos tributos que fazia anualmente aos assírios, *cf.* v. 4. Salmaneser de novo invadiu o território israelita, aprisionou o rei Oséias e sitiou Samaria que resistiu durante três anos, no fim dos quais Salmaneser morreu ou foi assassinado. Sargom o sucedeu no trono; a ele coube a honra de tomar Samaria; levou os principais de seus habitantes para o cativeiro, colocando-os em Halá e em Habor, perto do rio Gozã, *cf.* v. 5,6. Este acontecimento tem o nome de cativeiro das dez tribos. Não foi pelas iniqüidades de Oséias; o copo das iniqüidades de Israel vinha se enchendo havia séculos. Os pecados de Oséias foram a última gota que o fez transbordar. **4** Nome de um dos que assinaram o pacto no tempo de Neemias, *cf.* Ne 10.23. **5** Nome hebraico do profeta Oséias (veja *OSÉIAS, PROFETA*).

OSÉIAS, LIVRO DE

– o livro de Oséias é o primeiro dos profetas menores, não somente na ordem dos livros, como também na ordem do tempo. Consiste em duas porções, capítulos 1 a 3, e 4 a 14. A primeira parte pertence ao primeiro período do ministério do profeta. O primeiro capítulo, pelo menos, data do reinado do segundo Jeroboão, isto é, dentro dos últimos seis meses de seu reinado e antes da destruição da casa de Jeú, *cf.* 1.2-4. Os primeiros três capítulos fornecem a chave do livro todo, nos quais se observa a infidelidade de Israel para com Jeová durante o período da sua história, *cf.* 4.1 até 5.7; 6.4 até 7.16; a necessidade do castigo e o inquebrantável amor de Jeová pelo seu povo transviado, *cf.* 6.1-3; caps. 12–14. Nos caps. 1 a 3, a infidelidade de Israel e a paciência e longanimidade de Jeová são representadas pela analogia com uma

OSÉIAS, LIVRO DE

prostituta. Desde antigos tempos que as opiniões dos teólogos se dividem quanto à história do casamento do profeta com uma meretriz. É uma alegoria ou um fato? Dizem ser uma alegoria e não um fato verdadeiro, pelas seguintes razões: **1** É impossível que Deus tivesse ordenado a um profeta contrair tal aliança, que, naturalmente, enfraqueceria sua influência moral com a melhor parte do povo, vendo-o ligado a uma mulher de vida impura. **2** A lei de Moisés proibia aos sacerdotes o casamento com mulheres prostitutas e repudiadas, *cf.* Lv 21.7. Sendo a classe dos profetas consagrada ao Senhor, ainda que não do mesmo modo, pois eram os sacerdotes, não é crível que Deus tivesse ordenado tal união. **3** Se for real a cena do primeiro capítulo, exigiria alguns anos para se realizar, envolvendo, não só o casamento do profeta, como o nascimento dos diversos filhos, e, portanto, a lição simbólica ficaria prejudicada. De outro lado, a narrativa contém a história de uma tragédia doméstica representada na vida real. O mandamento contido no cap. 1.2, ordenando ao profeta que tome para si uma meretriz, para servir-lhe de esposa, é considerado referir-se a uma mulher honesta, e não a uma já manchada pelo vício. Depois de se casar com Oséias, revelou tendências para uma vida imoral, violou os votos de fidelidade conjugal, vindo a se divorciar, *cf.* cap. 2.2. Os filhos da meretriz, dizem ser, ou os próprios filhos do profeta que herdaram as más tendências de sua mãe, ou mesmo os filhos de uma união adúltera que o profeta reconheceu como seus. Eventualmente, por direção divina, o profeta toma uma mulher adúltera, *cf.* 3.1, deste modo representando Jeová a prontidão com que Ele restaura o favor ao povo de Israel, apóstata, idólatra e pecador. Há diversas opiniões contrárias a esta teoria: 1) As palavras "e lhe deu um filho", 1.3, são incompatíveis com a interpretação que dá este filho como bastardo;

2) As palavras do cap. 2.2 são dirigidas por Jeová aos israelitas, como adiante se observa, e não dirigidas pelo profeta a seus próprios filhos; 3) No cap. 3.1, alude-se a uma mulher e não à mulher; visto que a expressão é propriamente definida, referindo-se a uma mulher antes mencionada no cap. 1. Todas as dificuldades exegéticas ou morais desaparecem, considerando a linguagem como alegórica. Essas alegorias eram comuns nos ensinos poéticos, Jr 25.15-29; Zc 11.4-17. De qualquer modo, alegórica ou não, a mulher adúltera e seus filhos igualmente adulterinos simbolizam o povo de Israel com as suas tribos infiéis a Jeová, afeiçoando-se a deuses estranhos e fazendo alianças com outros povos, *cf.* Os 6.7. A segunda parte do livro de Oséias, caps. 4 a 14, não é uma série de discursos, nem mesmo um sermão continuado, mas sim um sumário de seus ensinos proféticos preparado por ele, no final de seu ministério. Esse resumo contém, pois, o ponto principal de suas pregações públicas. Ele podia ter usado notas, porém eram dispensáveis: bastava-lhe a memória. Os ditos agudos e vigorosos com que havia acerado as suas flechas e os seus símiles brilhantes, pelos quais ilustrava os pecados de seu povo, não podiam ser facilmente esquecidos por ele; também a freqüente repetição sobre os mesmos temas deu forma estereotipada aos materiais armazenados na mente do profeta, conservando o ritmo e o fervor com que ele falava ao povo. No fim da sua vida, confiou à escrita pequenas notas de seus discursos, que consistiam em descrições, advertências e conselhos de aplicação universal e eterna. As profecias dos capítulos, 4 a 14, foram pronunciadas quando a Assíria enchia os corações dos israelitas de espantoso terror. Não poucos acontecimentos de vulto ocorreram durante os anos do ministério de Oséias, que ele não menciona nem de leve a eles se refere, como: a glória do reinado de Jeroboão e a extensão dos

OSÉIAS, LIVRO DE

limites de Israel, 2 Rs 14.25,28; o assassinato de Zacarias por Salum e o deste por Menaém, 15.10,14; a invasão da Galiléia por Tiglate-Pileser, rei dos assírios, 15.10,14, além de outras indicações de datas referentes a acontecimentos particulares. Se o exemplo do rei dos assírios, que levou cativos os habitantes do país, as duas tribos e meia da região oriental do Jordão, *cf.* 1 Cr 5.26, a respeito de Gileade, cidade dos artífices de ídolos, toda inundada de sangue, então, as palavras do profeta foram primeiramente proferidas antes do ano 733 a.C., *cf.* Os 6.8; 12.11. Esta última passagem pode referir-se ao passado. A carnificina dos habitantes de Betel, relatada no cap. *cf.* 10.15, tem sido, muitas vezes, considerada como fato que ocorreu no reinado de Salmaneser, 727-722 a.C. Se o fato pertence à história desse rei, as palavras do profeta foram proferidas pelo ano de 725. As freqüentes referências que ele faz, ao socorro solicitado ao Egito e à Assíria, condizem muito bem com o estado político do país no reinado de Peca e de Oséias, *cf.* Os 5.13; 7.11; 8.9; 14.3; 12.1; com 2 Rs 17.3, 4. É provável, pois, que as repreensões do profeta sobre a política externa fossem proferidas no tempo dos dois últimos reis. Os parágrafos em que se encontram divididos os capítulos 4 a 14 formam unidades de pensamento completas em si mesmas: são grupos que se ligam entre si logicamente, às vezes com certa sutileza, sem formar, seqüência oratória. 1). Os capítulos 4.1 a 6.3: O pensamento que une as várias produções proféticas concentra-se no pecado e na necessidade de arrependimento. O povo estava imerso em profunda iniqüidade, *cf.* 4.1-19, tendo na dianteira, os príncipes e os sacerdotes, *cf.* 5.1-15. As repreensões do profeta são acompanhadas de uma bela exortação ao arrependimento com a promessa do favor para com eles, *cf.* 6.1-3. 2). Os capítulos 6.4 a 10.15: O pensamento predominante concentra-se no tremendo castigo que deve cair sobre a nação por causa da hediondez de seus pecados. Arrependimento transitório não satisfaz a Deus, *cf.* 6.4-11. A vida imoral e os excessos praticados pelos grandes do povo tinham chegado até o céu, 7.1-7. A insensatez e a loucura em buscar auxílio para sua defesa entre os pagãos, haviam desagradado a Deus. Por causa disto, seriam castigados, *cf.* 7.8-16. O inimigo invasor estava às portas para castigar a idolatria e o cisma de Israel, *cf.* 8.1-7. As transações com a Assíria, os abusos da religião e a confiança nos meios humanos provocavam a ira de Deus, *cf.* 8.8-14. O cap. 9.1-9 condena os desvios de Israel e anuncia o seu castigo, *cf.* 9.10-17. Israel cresceu como vigorosa vinha, somente para progredir nas práticas idólatras, porém o castigo brotará tão abundante quanto brotam os espinhos e os abrolhos, *cf.* 10.1-8. O pecado de Israel é comparado ao de Gibeá. Da sementeira do mal, colherá também o mal, *cf.* 10.12-15. 3). Os capítulos 11.1 a 13.16: O pensamento implícito oferece uma transição característica por lembranças do passado acompanhadas de queixas. O amor de Jeová para com Israel é semelhante ao amor de um pai para com seu filho, mesmo que este seja transviado, *cf.* 11.1-11. Jacó confiou em suas próprias forças e na sua astúcia, prevalecendo contra Deus. Foi exortado a deixar as alianças terrenas e a voltar-se para o seu Deus, *cf.* 11.12 a cap. 12.6, *cf.* Hb. 12.1-7. Efraim enriqueceu à custa de fraude, procurando desculpar seus pecados; porém Jeová o lança fora de sua casa. Aquele que salvou Israel do cativeiro do Egito é o mesmo que vai puni-lo, *cf.* 12.7-14. O capítulo 13 condena a idolatria de Efraim e anuncia as suas conseqüências. 4). Capítulo 14.1-9: Contém exortações ao arrependimento, à confissão de pecado e súplicas humildes. Jeová promete aceitar Israel e abençoá-lo abundantemente. Tem-se colocado em dúvida a autenticidade das referências a Judá,

OSÉIAS, LIVRO DE

contidas no livro de Oséias, particularmente *cf.* capítulos 1.7; 4.15; 5.10-14; 6.11; 11.12; Hb 12.1; a restauração de Israel ao favor de Deus e a sua volta à terra natal, *cf.* o cap. 1.10 até o cap. 2.1, Hb 2.1-3, e a única e exclusiva legitimidade da casa de Davi na posse do trono, *cf.* 1.4; 3.5; 8.4; 12.10,11. Nega-se geralmente a autenticidade dessas passagens, alegando a falta de ligação com o contexto e a variedade na forma. Não se deve esquecer, porém, que as transições abruptas caracterizam o estilo de Oséias, e que o ritmo, e não a forma, é geralmente a feição dominante das produções exaltadas dos profetas. Deve-se também observar que um autor tem a liberdade de escolher as variações de forma literária, preferindo-as à monotonia. Além disso, o livro de Oséias assemelha-se a um mosaico formado de pequenos extratos de muitos discursos. A respeito das três classes de passagens, cuja autenticidade se contesta, temos a acrescentar o seguinte: **1.** Em referência a Judá, diz Harper, sobre o cap. 5.5: "Um rápido lance de vista sobre Judá, tão intimamente ligado a Israel, não podia escapar ao profeta, vendo que as condições morais de Judá se assemelhavam às de Efraim". **2.** As referências concernentes à restauração de Israel ao favor de Deus e a volta à pátria. *1)* Não se pode negar uma referência à restauração do favor de Deus, referência essa exigida pela simetria, visto que cada seção dos caps. 1 a 3, 1.10 até os capítulos 2.14-23; 3.5, e outras seções maiores do livro, terminam sempre com promessas. *2)* É costume nos livros proféticos, após os vaticínios sobre os castigos e maldições, não deixar o povo sem uma esperança, derramando luz sobre as grandezas do futuro. *3)* Continuando a falar sobre a destruição de Israel, em combate, por causa de seus pecados, os versículos dos cap. 1.10 até o cap. 2.1 representam a vitória do reino unido de Judá e Israel sobre os seus inimigos. *4)* O pensamento volta-se

para a possibilidade do regresso do exílio em perspectiva, e também dos judeus que estavam, então, na Assíria, 2 Rs 15.29; 1 Cr 5.26; Is 9.1. **3** Referências à legitimidade da monarquia da casa de Davi e à ilegitimidade das dinastias do Reino do Norte. *1)* É necessário rejeitar a autenticidade, não só dessas profecias do livro de Oséias, como as predições sobre o domínio universal da dinastia de Davi, que foi anunciada no Reino do Norte por um profeta contemporâneo, natural da tribo de Judá, *cf.* Am 9.11. *2)* A todos que acreditam no governo moral do universo, a queda de uma dinastia, após outra, no Reino do Norte, durante os dois séculos precedentes, dá a entender, logicamente, que elas foram rejeitadas por Deus; e a dinastia da casa de Davi, continuadamente confirmada pela palavra dos profetas, em referência ao Reino do Sul, é prova concludente de que Deus havia escolhido a casa de Davi.

OSÉIAS, PROFETA – palavra idêntica a Oséias *cf.* Nm 13.8,16. Nome primitivo de Josué, e nome igual a Oséias, rei de Israel, *cf.* 2 Rs 15.30. Seu nome significa "libertador", ou "salvo", ou ainda "salvação", o que não se pode afirmar categoricamente. Oséias é o nome de um profeta, filho de Beeri, que exerceu ministério nos dias de Oséias, de Jotão, de Acaz, de Ezequias, reis de Judá, e de Jeroboão II, rei de Israel, *cf.* Os 1.1. Presumindo que Oséias profetizou durante 12 ou 13 anos do reinado de Jeroboão e que chegou a ver a queda de Samaria, no ano 722 a.C., o seu ministério estendeu-se por mais de 40 anos. Esse profeta deve ter sido do Reino do Norte, porque menciona do "nosso rei" e da "terra", referindo-se ao norte de Israel, sem o auxílio de um adjetivo restritivo, *cf.* 1.2; 7.5. Dirigiu-se ao povo daquele reino. Oséias e Isaías foram contemporâneos; este operava em Judá, *cf.* Os 1.1 com Is 1.1. Começou sua atividade profética no reinado do segundo Jeroboão, quando contemporâneo de Uzias, isto é, antes de 749 a.C. e alguns anos antes do aparecimento de Isaías, e terminou mais cedo que ele. Oséias também foi contemporâneo de Amós no Reino do Norte, e de Miquéias que profetizou em Judá.

OTNI (*no hebraico, "leão de Deus", ou "Deus é poderoso", é uma forma abreviada de Otniel*) – nome de um filho de Semaías que exercia o cargo de porteiro com os coraítas, *cf.* 1 Cr 26.7.

OTNIEL (*no hebraico, "Deus é poderoso", ou "leão de Deus"*) – nome de um dos filhos de Quenaz e irmão mais moço de Calebe, filho de Jefoné, queneu, *cf.* Js 15.17; 1 Cr 4.13. Calebe prometeu dar sua filha em casamento a um herói que tomasse a cidade de Debir, que antes chamava Quiriate-Sefer. E Otniel conquistou a cidade e recebeu Acsa em casamento, *cf.* Js 15.15-17; Jz 1.11-13. Subseqüentemente, Otniel libertou os israelitas do poder de Cusã-Risataim, rei da Mesopotâmia, e foi juiz de Israel. Seguiu-se um período de 40 anos de completa paz, *cf.* Jz 3.8-11.

OURIÇO – tradução da palavra hebraica *Kippod*, em Is 14.23; 34.11; Sf 2.14, nome de animal que se enrola. O termo correspondente em outros dialetos semíticos tanto a ouriço quanto a porco-espinho. O porco-espinho europeu, *Hystrix cristata*, é comum na Palestina, principalmente nas gargantas que dão saída para o vale do Jordão. Também se encontra ali o porco-espinho de cauda em forma de brocha, *Atherura hirsutirostris*, porém esse termo hebraico é de difícil compreensão, os hebreus não identificavam animais com termos científicos, daí serem designados vários animais pelo termo hebraico nas versões em português.

OURO – metal precioso abundante no país de Havilá, *cf.* Gn 2.11,12, Sabá, 1 Rs 10.2;

Sl 72.15, em Ofir, 1 Rs 22.48; 2 Cr 8.18; Jó 22.24; Sl 45.9, propriamente empregado no revestimento das peças ornamentais do templo e do Tabernáculo, Êx 25.18; 1 Rs 6.22,28, também para fazer ídolos, Êx 10.23; 32.31; Sl 115.4; Is 40.19; At 17.29, coroas, Sl 21.3, cadeias, Gn 41.42, anéis, Ct 5.14, arrecadas, Jz 8.26 e moedas, Ed 2.69; At 3.6; 20.33. O ouro simboliza objetos de grande valor e de particular estima, Lm 4.12; Ap 3.18.

OUTEIRO DE AMÁ (*mãe de alguma coisa em sentido figurado; princípio, fundação*) – nome de um outeiro no caminho deserto para Gibeom, *cf.* 2 Sm 2.24; compare com os versículos 16,29 do mesmo capítulo. É desconhecida a sua exata localização.

OUTEIRO DE MIZAR (*no hebraico, "monte Mizar", ou "pequeno monte"*) – nome do outeiro ao lado oriental do Jordão, que podia ser visto do cimo do Hermom, Sl 42.6. Localização desconhecida.

OVELHA – a ovelha é animal doméstico, Gn 4.2, de grande importância como fator da riqueza dos patriarcas e dos antigos povos orientais, Gn 12.16. Jacó e seus filhos foram criadores de ovelhas, tanto fora quanto dentro do Egito e na Palestina, quando lá se estabeleceram, *cf.* Êx 10.9; 12.32,33,38; 1 Cr 27.31, e continuaram com a sua criação até os últimos tempos, Lc 2.8. O deserto da Judéia como todo o sul do país e especialmente o planalto de Moabe, possuíam ricas pastagens, Nm 32.1; Jz 5.1,11; 25.2, do mesmo modo que os países vizinhos, a Mesopotâmia etc., *cf.* Gn 29.2, a terra de Uz e dos hagarenos, *cf.* Jó 1.3; 1 Cr 5.20, 21, Midiã, *cf.* Êx 2.16, Quedar e o país dos nabateus, *cf.* Is 60.7; Ez 27.21; *cf.* 1 Sm 15.7,9. Nessas regiões, por causa do calor e falta de águas correntes, os pastores tinham de conduzir as ovelhas para junto dos poços para dar-lhes de beber,

OVELHA

cf. Gn 29.8,9; Êx 2.16-19. As ovelhas eram animais limpos usados como alimento, tanto a carne quanto o leite, 1 Sm 14.32; 25.18; 2 Sm 17.29; 1 Rs 4.23; Dt 32.14; Is 7.21; 1 Co 9.7. As peles serviam para fazer roupas, Hb 11.37; *cf.* Zc 13.4; Mt 7.15, e, às vezes, também as convertiam em couros, Êx 26.14. Da lã faziam tecidos, *cf.* Lv 13.47; Jó 31.20; Pv 27.26; Ez 34.3. A lã era de grande utilidade até mesmo para o pagamento de tributos, 2 Rs 3.4; Is 16.1. O tempo da tosquia era celebrado com festas, *cf.* Gn 38.12; 1 Sm 25.4,11,36; 2 Sm 13.23. Os chifres das ovelhas serviam de frascos e de trombetas, Js 6.4; 1 Sm 16.1. Como a ovelha era animal limpo, servia para os sacrifícios, Êx 20.24; Jo 2.14; Nm 22.40, e para o holocausto, Lv 1.10, de vítima pelo pecado do povo, 4.32, para as ofertas pelo pecado e transgressões, 5.15; 6.6, e para sacrifício pacífico, *cf.* Lv 22.21. A ovelha é animal dócil, *cf.* 2 Sm 12.3, *cf.* Jo 10.3,4, meigo e submisso, Is 53.7; Jr 11.19, indefeso, Mq 5.8; Mt 10.16, e dependente, Nm 27.17; Ez 34.5; Mt 9.36; 26.31. As ovelhas da Palestina e países adjacentes são geralmente de cor branca, Sl 147.16; Is 1.18; Ez 27.18, às vezes de cor negra ou parda, e malhadas de branco e pardo, ou preto e branco, Gn 30.32. Há duas raças de ovelhas na Palestina; uma no distrito do norte, que tem pêlo curto; tanto os machos quanto as fêmeas têm chifres; outra raça mais generalizada tem a cauda muito dilatada, *Ovis laticaudata*, desde muito existe, *cf.* Êx 29.22; Lv 3.9; 7.3; 8.25. As caudas que vão para o mercado, às vezes pesam 10 a 15 libras, e quando o carneiro é bem gordo, a cauda assume proporções extraordinárias. Os árabes as apreciam muito em guisado, e as fritam aos pedaços.

OZÉM (*no hebraico, "força"*) **1** Nome de um dos filhos de Jessé, *cf.* 1 Cr 2.15. **2** Nome de um dos filhos de Jerameel, *cf.* 1 Cr 2.25.

OZIAS – algumas versões traduzem desta forma o nome de Uzias, o rei de Judá. O nome também aparece na genealogia de Jesus em Mt 1.8,9 (veja *UZIAS*).

OZIEL – nome de um dos antepassados de Judite, Jd 8.1

OZNI (*no hebraico, "cuidadoso", "atento", "atencioso"*) – nome de um filho de Gade e fundador de uma família tribal, *cf.* Nm 26.16. Em *cf.* Gn 46.16; tem o nome de Esbom. Talvez que pela morte de Esbom ele tomasse o seu nome e fundasse a família tribal, como fizeram Hezrom e Hamul na tribo de Judá, *cf.* Nm 26.19-21.

PÁ – alguns termos hebraicos são assim traduzidos, a saber: a) *yaim*, "pás", como em Êx 27.3; 38.2; Nm 4.14; 1 Rs 7.40,45 e Jr 52.8; b) *rachat*, "pá", usado somente em Is 30.24; c) *mizreh*, "abano", "forcado", a palavra que aparece em Is 30.24; Jr 15.7. No Novo Testamento, o termo usado é o grego *ptúon*, que provavelmente refere-se a um "forcado", como o hebraico, *mizreh*, Mt 3.12; Lc 3.17. Trata-se de um instrumento utilizado para lançar os cereais ao ar, fazendo com que o vento separe a palha do mesmo. As pás usadas na separação dos cereais eram de madeira e ainda são utilizadas em alguns lugares do Oriente Médio.

PAARAI (*no hebraico*, "*bocejo*") – nome de um dos valentes de Davi, 2 Sm 23.35. Em 1 Cr 11.37, tem o nome de Naarai.

PAATE-MOABE (*no hebraico*, "*governador de Moabe*") – nome do fundador de uma família, sendo que alguns membros voltaram do cativeiro da Babilônia, Ed 2.6; 8.4; Ne 7.11. Uns se casaram com mulheres gentias, das quais se separaram a conselho de Esdras, *cf*. Ed 10.30. O representante dessa família assinou o pacto de obediência aos preceitos de Jeová, Ne 10.14. Hassube, filho de Paate-Moabe tomou parte na edificação do muro de Jerusalém, 3.11.

PACTO – contrato entre duas ou mais pessoas. Diversos desses contratos, cujos efeitos findaram, são mencionados nas Escrituras, Gn 21.27,32; 1 Sm 18.3; 23.18; 1 Rs 20.34. Deus houve por bem tomar parte com o homem em um pacto. O pacto de Deus com o homem contém uma livre promessa de sua parte, baseada no cumprimento de várias condições a que o homem deve se subordinar. Prometeu vida e graça ao homem sob a condição de perfeita obediência, e ao mesmo tempo o ameaçou de morte no caso de desobediência, Gn 2.16,17. Fez pacto com o patriarca Noé, garantindo-lhe a vida, quando o antigo mundo foi destruído pelas águas, 6.18, e que não mais

PACTO

o seria desse modo, deu o arco-íris como sinal desse pacto, 9.12,15,16. Fez outro pacto, com Abraão e sua posteridade, prometendo ser o seu Deus e lhe dar a terra de Canaã como sua herança, instituindo o rito da circuncisão como sinal do pacto, 13.17; 15.18; 17.2,4,7,11,13,14,19; 2 Rs 13.23; 1 Cr 16.15-18; Sl 105. 9-11; At 7.8; Rm 4.13,17. Fez pacto com a nação israelita, prometendo continuar a ser o seu Deus, dispensando-lhe toda proteção, foi assinalado pelo descanso semanal ou sábado, Êx 31.16. A nação israelita precisava por sua vez guardar os Dez Mandamentos, Dt 4.13,23. Esse pacto foi feito em Horebe, Dt 5.2; 29.1, e renovado com a geração seguinte nas planícies de Moabe, Dt 29.1. Houve um pacto com os levitas, Ml 2.4,8 e um especial com Finéias, em que Deus prometeu dar-lhe, e a seus descendentes, um sacerdócio eterno, Nm 25.12,13. Outro pacto fez com Davi, em que Deus prometeu dar-lhe a posse do trono, e à sua posteridade, para sempre, Sl 89.20-28,34; *cf.* 2 Cr 7.1-29, e 1 Cr 17.1-27; 2 Cr 7.18; Jr 33.21. Em contraste com o pacto do Sinai, ia haver outro pacto, o novo pacto também com os israelitas, de uma feição mais espiritual do que os anteriores, Jr 31.31-34; Hb 8.8-11, administrado pelo Espírito, Jo 7.39; At 2.32; 2 Co 3.6-9, baseado na fé, Gl 4.21-31, e destinado a todas as nações, Mt 28.19,20; At 10.44-47. Jesus Cristo é o mediador desse pacto, Hb 8.6-13; 9.1; 10.15-17; 12.24. O Antigo e o Novo Testamento, sob esse ponto de vista, bem podiam ser denominados o Antigo e o Novo Pacto. As duas tábuas de pedra em que foram gravados os Dez Mandamentos, e que eram a lei fundamental do pacto divino com o povo de Israel, eram as tábuas do pacto; e a arca em que essas tábuas foram depositadas foi igualmente denominada arca do concerto, Dt 9.11; Nm 10.33. O livro da lei consistia dos Dez Mandamentos e as ordenanças que o acompanhavam, contidas em Êxodo caps.

20 até 23, e que foram escritas por Moisés em um livro, aceito formalmente pelos israelitas e ratificado como um pacto entre o Senhor e o seu povo, Êx 34.3-8 (veja *TEOCRACIA*). Posteriormente, esse termo é tido como sinônimo de Livro da Lei, incluindo o Deuteronômio, 2 Rs 23.2; *cf.* com 22.8,11; Dt 31.9,26; 2 Rs 14.6 *cf.* com Dt 24.16.

PADÃ (veja *ARÃ*).

PADOM (*no hebraico, "liberdade", "redenção"*) – nome do fundador de uma família de netinins, Ed 2.44; Ne 7.47. Alguns dos membros dessa família voltaram do cativeiro babilônico com Zorobabel.

PÃES ASMOS – eram pães preparados sem fermento. É associado à fuga de Israel do Egito na noite da Páscoa, quando comeram carne cozida com ervas amargas e pães asmos. O fermento, a ser juntado na massa nova de pão, consistia de um pouco de massa do dia anterior que junto à massa nova a levedava. Na rápida fuga do Egito, não houve tempo para esperar a levedura da massa, por isso os pães asmos serviam para lembrar Israel da tamanha pressa que foi a saída da terra da escravidão, posteriormente a Festa dos Pães Asmos tinha esse significado (veja *PÃO e FESTA*).

PÃES DA PROPOSIÇÃO – literalmente quer dizer "pão do rosto". Eram em número de 12, colocados em duas pilhas sobre a mesa, que ficava no lugar santo diante do Senhor continuamente, seis de um lado, e seis de outro. Cada sábado eram trocados por outros novos. Os pães velhos pertenciam aos sacerdotes que os comiam no lugar santo, Êx 25.30; Lv 24.5-9; 1 Sm 21.6; Mt 12.4. Esse pão também se denominava o pão perpétuo, isto é, o pão que estaria sempre sobre a mesa, Nm 4.7, expostos na presença do Senhor, 2 Cr 2.4, preparados sempre frescos em todos os sábados, 1 Cr

9.32. Diz Josefo que esses pães eram asmos, isto é, sem fermento, Antig. 3.6,6. Cada um deles continha dois décimos de um efa de flor de farinha, como se usava fazer para honrar os hóspedes de distinção e conforme o costume da mesa dos reis, Gn 18.6; 1 Rs 4.22, e serviam para vários fins cerimoniais, Lv 2.1; 5.11. Os 12 pães representavam as 12 tribos de Israel, Lv 24.7; *cf.* Êx 28.10-12; também 24.4; 28.21, e postos na presença de Jeová, provavelmente significavam a comunhão constante de seu povo com ele, naquelas coisas que a sua bondade lhe prodigalizava, as quais desfrutavam na sua presença, consagradas a seu serviço. Alguns dos filhos de Coate tinham a seu cargo os pães da proposição, 1 Cr 9.32. A mesa era feita "de madeira de acácia... o comprimento de dois côvados, a largura, de um côvado, e a altura, de um côvado e meio; de ouro puro... e... uma bordadura de ouro ao redor. Também... uma moldura ao redor, de largura de quatro dedos... Também... quatro argolas de ouro; e... argolas nos quatro cantos", Êx 25.23-29. (*cf.* maneira de transportar, Nm 4.5-8). A mesa ficava no lugar santo, à mão direita de quem entrava no Tabernáculo, Êx 40.22. No templo de Salomão, havia dez mesas para os pães da proposição, correspondentes aos dez candeeiros, dos quais somente um estava em uso ao mesmo tempo, 1 Cr 28.16; 2 Cr 4.8,19; 13.11; Antig. 8.3,7, como se observa em 1 Rs 7.48; 2 Cr 29.18. A mesa pertencente ao segundo templo levou-a Antíoco Epifanes, mas Judas Macabeu colocou outra em seu lugar, 1 Mac 1.22; 4.49. Esta última o general Tito levou para Roma.

PAFOS (*no grego é paphos, o significado é desconhecido*) **–** nome de uma cidade situada na extremidade sudoeste de Chipre perto do cabo Zeferiom. Chamava-se a Velha Pafos para distingui-la de outra cidade mercantil, mais recente, localizada alguns quilômetros a noroeste. Foi a capital da província romana de Chipre e residência de um procônsul. Nas vizinhanças, estava um célebre templo dedicado à deusa grega do amor, Afrodite (Vênus), Hom. Odisséia 8. 362. O apóstolo Paulo visitou essa cidade, At 13.6-13. Atualmente é a moderna cidade de *Konklia*.

PAGÃO (*no hebraico, "bárbaro", "gentílico"*) **–** essa palavra dá idéia de que o evangelho lançou raízes, primeiramente, nas cidades, cujos habitantes se fizeram cristãos, ao passo que os habitantes das aldeias continuaram a ser idólatras. A palavra pagão vem do latim *paganus*, que pertence a uma aldeia, homem rústico; passou a designar aqueles que não adoram o Deus da Bíblia, principalmente idólatras. É tradução da palavra hebraica *Goy*, em grego *Ethnos*, cada uma das quais designa nação ou povo, e se encontra somente no Antigo Testamento, quando se refere ao caráter das nações gentílicas, falando das suas abominações, 2 Rs 16.3; Ez 23.30, das suas corrupções, Ed 6.21, da sua ignorância e de sua oposição à verdadeira crença, bárbaros perseguidores do povo de Deus, expostos à justa indignação divina, Sl 79.1,6,10; Jr 10.25; Lm 1.3,10; Ez 34.28,29; 36.6,7,15.

PAGIEL (*no hebraico, "encontro com El [Deus]"*) **–** nome de um príncipe da tribo de Aser no deserto, Nm 1.13; 2.27; 7.72,77; 10.26.

PAI (*no hebraico é ab; no grego é pater*) **1** Progenitor imediato de uma pessoa, Gn 42.13, o avô, 28.13, ou ainda os mais remotos avoengos, 17.4. **2** Nome que se dá aos iniciadores de indústrias, ou comércio, Gn 4.20, e também àqueles que deram origem a populações, 1 Cr 2.51; 4.14-18. **3** Nome da pessoa que cuida de alguém com benignidade e prudência, Gn 45.8; Jz 17.10; 18.19. **4** Nome que também se dá, em sinal de respeito, àquele que ensina com autoridade, principalmente sendo pessoa de idade avançada, 1 Sm 10.12; 1 Rs 2.12, e aos conselheiros e ministros dos reis, Gn 45.8. **5** Nome pelo qual conhecemos a Deus, como criador da raça humana, Ml 2.10; Antig. 4.8,24; *cf.* At 17.28, ou como gerador e guardião de suas criaturas espirituais, Rm 8.15; Gl 4.6. O nome pai exprime as relações misteriosas de Jesus com Deus, Mt 11.26; Mc 14.36; Lc 22.42.

PAIS – o quinto mandamento ordena que os filhos honrem a seus pais para terem vida longa sobre a terra, Êx 20.12; Dt 5.16; Ef 6.1,2. Aos pais compete criar os filhos no temor do Senhor e não provocá-los à ira, Gn 18.19; Dt 6.7; Ef 6.4. Segundo a lei de Moisés, o filho que ferisse ou amaldiçoasse a seu pai ou a sua mãe era castigado com a morte, Êx 21.15,17; Lv 20.9; Dt 27.16. Ordenava também a lei que os pais levassem aos anciãos da cidade os filhos desobedientes e contumazes para serem castigados com a morte, Dt 21.18-21. Desse modo, a lei mosaica regulava os poderes dos pais sobre os filhos. Segundo a lei romana, expressa nas 12 tábuas, a vida e a liberdade dos filhos estavam nas mãos dos pais. A lei mosaica não facultava aos pais o direito de morte que só poderia ser exercido pelos tribunais. Os costumes antigos permitiam que um pai pobre vendesse uma filha; a lei, porém, regulava cuidadosamente os direitos da moça escravizada, Êx 21.7-11. Lei posterior facultava a um credor escravizar a mulher e os filhos de um devedor insolvável, 2 Rs 4.1; Ne 5.1; Is 50.1; Mt 18.25. Em casos muito graves, o castigo do ofensor atingia a toda a família, Js 7.24.

PALÁCIO – Davi ocupou uma residência real em Jerusalém, 2 Sm 5.9; 7.1,2, porém Salomão construiu para si um magnífico palácio na mesma cidade, famoso pela grandeza de suas proporções e pela riqueza de seus adornos, 1 Rs 7.1-12; nessa construção se passaram 13 antos, ao passo que o templo se fez em sete, 6.38; 7.1. Era construído pela casa da floresta do Líbano, v. 2-5, que recebeu esse nome por causa dos numerosos cedros empregados na sua construção; tinha 100 cúbitos de comprimento, 50 de largura e 30 de alto, 50.^{m} 800; 25.^{m} 400; 15.^{m} 240 respectivamente. As paredes eram de sólida alvenaria. Continha quatro

Palácio de Dario e Artaxerxes   *Christian Computer Art*

ordens de colunas de cedro, talvez, cada uma delas acompanhando as linhas do palácio, e formando um átrio retangular de 30 por 80 cúbitos; ou ainda, essas colunas estavam dispostas em duas ordens paralelas e duplas aos lados do palácio, cercando um átrio central. As colunas sustentavam vigas que se prendiam nas paredes da casa e sobre as quais havia três ordens de aposentos com janelas para o átrio interno. A casa do Líbano era ao mesmo tempo casa de armas e tesouro do rei, 10.17, 21; Is 22.8, e poderia ainda ser destinada a outros fins. Um pórtico de colunas servia para recepções e sala de espera, 1 Rs 7.6, com 50 cúbitos de comprimento e 30 de largura e um pórtico fronteiro, que não era a entrada principal do palácio. Em seguida, vinha a sala dos julgamentos, v. 7, aberta na frente, e fechada pelas três outras faces com portas de entrada. Esta era a sala do trono, porque era ali que estava o trono de marfim, guarnecido de ouro mui luzente, 10.18-20. As três construções davam entrada para um pátio retangular cujos lados eram: o pórtico da parte central do longo muro interno da casa da floresta do Líbano; as portas internas e o muro do átrio das colunas e a frente da sala do trono. Atrás da sala do trono estava o átrio interno que servia de residência ao rei. A entrada principal para esse átrio era, provavelmente, pela sala do trono, de modo que o rei proferia as suas sentenças, e recebia o povo, na porta do palácio. Esse átrio era adornado de flores e tinha fontes de águas no centro e claustro em volta. Em seguida, estava o palácio da filha de Faraó, mulher de Salomão, 7.8, que ficava por detrás da sala do trono, segundo afirma Josefo, Antig. 8.5,2. O palácio de Salomão obedecia aos mesmos planos das construções da Ásia ocidental, como se vêem nas ruínas das habitações reais descobertas na Assíria, Babilônia e Pérsia. Pode-se fazer idéia da elegância e beleza dessas faustosas residências pela descrição

do palácio do rei persa que se lê no livro de Ester 1.5,6,9; 2.3,14; 5.1,2; 7.7.

PALAL (*no hebraico, "juiz", "julgador", ou "Deus julga"*) **–** nome de um filho de Uzai, que ajudou a reconstruir o muro de Jerusalém, *cf*. Ne 3.25.

PALANQUIM – veículo coberto, feito de modo a ser conduzido por meio de dois varais, um de cada lado, apoiados aos ombros de dois, quatro ou seis homens, ou, como as liteiras, conduzido por dois camelos, cavalos ou mulas. As acomodações internas permitiam viajar assentado ou reclinado. O palanquim que o rei Salomão mandou fazer para a sua esposa era de cedro ornamentado com colunas de prata; o reclinatório de ouro, a subida de púrpura e ornado de tudo o que havia de mais precioso feito pelas filhas de Jerusalém, Ct 3.9.

PALESTINA – em o Antigo Testamento, esse nome refere-se à terra dos filisteus, *cf*. Heród. 7.89. Atualmente designa um país situado no ângulo sudoeste da Ásia, de que faz parte a Síria e que por muito tempo esteve em poder dos hebreus. À parte que fica a oeste do Jordão, os antigos hebreus chamavam Canaã, para distingui-la da terra de Gileade, ao oriente do mesmo rio. Depois da conquista, todo o país se tornou conhecido pelo nome de terra de Israel, 1 Sm 13.19; 1 Cr 22.2; Mt 2.20, porém, depois da divisão do reino, aplicava-se ao Reino do Norte. Na epístola aos Hebreus, 11.9, chama-se terra da Promessa. Logo após a era cristã, os escritores gregos e latinos a denominavam Palestina, e na Idade Média tornou-se conhecida pelo nome de Terra Santa, *cf*. Zc 2.12; 2 Mac 1.7. **1** LIMITES E EXTENSÃO DA PALESTINA. Os hebreus ocupavam a região compreendida entre Cades-Barnéia, o *wady el-Arish* ao sul, e o monte Hermom ao norte, e desde o Mediterrâneo, a oeste, até o deserto ao oriente exceto a planície

PALESTINA

dos filisteus e o país de Moabe. No tempo próspero dos poderosos monarcas, estendia-se além desses limites, compreendendo o Hamate e Damasco, ia para lá do Eufrates, e abraçava os reinos de Amom, Moabe e Edom. Os hebreus costumavam dizer que a sua terra ia desde Dã até Berseba, isto é, 278 km de comprimento. Era limitado ao sul pelo então *wady el-Fikreh* e pelo rio Arnom. Esses limites compreendiam a população mais densa do país. Tomando os limites mais reduzidos, excluindo a maior parte do território ocupado pela tribo de Simeão, e parte do que era ocupado pela tribo de Naftali, os limites formavam um paralelogramo, cujo comprimento, medido pela latitude de Dã, e pela extremidade sul do mar Morto, é de 268 km com uma base de 130 km, com uma área de 18.798 km², incluindo a Filístia, que tinha do Carmelo a Berseba, uma área de 3.269 km², deixando aos hebreus 15.529km². A medição dá à Palestina oriental desde o Hermom até o Arnom, cerca de 6.114 km², e à Palestina ocidental, desde Berseba ao sul, incluindo a Filístia, 9.718 km². **2** População da Palestina. Os hebreus possuíam uma população de 600 mil homens de 20 anos para baixo, que representava um total de 2.160 mil indivíduos por ocasião da conquista, ocupando uma área de 13.354 km² ou mais. Davi fez o recenseamento em uma extensa região, cuja população foi avaliada, no ano de 1920, em 600 mil habitantes. É evidente que primitivamente era mais numerosa, como bem o afirmam as narrações bíblicas e a história judia de Josefo, e também as numerosas ruínas das antigas cidades. São poucas as colinas e altos da serra em que não se encontram ruínas de uma aldeia ou de uma cidade. **3** Geologia da Palestina. Uma faixa de rocha arenosa como em Petra ou na Núbia estende-se ao longo da costa oriental do mar Morto, e a parte da muralha rochosa que flanqueia o vale do Jordão ao nascente, e que aparece no lado oposto

nos desfiladeiros do Líbano e do Antilíbano. Em geral, tem a cor de um vermelho escuro, ou preta. Sobre ela descansa a mais valiosa formação geológica da Palestina, a camada de pedra arenoso-cretácea que constitui a maior parte dos tabuleiros existentes de ambos os lados do rio Jordão. Em Jerusalém existem dois leitos de rocha calcária sobrepostos; o de cima é sólido, denominado pelos habitantes, *misseh*; o inferior é mais permeável e por isso lhe chamam *melekeh*. Os reservatórios, as sepulturas e os celeiros que cercam a cidade existentes no subsolo foram todos abertos na camada superior, a *melekeh*; as fundações dos edifícios descem à camada inferior, a *misseh*. As grandes pedreiras próximas à porta de Damasco são de *melekeh*, as quais forneceram o material para a construção do templo. Esses leitos de pedra arenosa sustentam uma camada de formação mais recente que, começando do monte Carmelo, corre para o sul, até chegar perto de Berseba, de onde se volta em curvatura para o sudoeste, seguindo em linha paralela ao Mediterrâneo. Além dessas linhas, há também a nordeste, a oriente e a sudoeste de Jerusalém e em torno de Siquém. Por haver nela grande abundância da pequena *foraminidera* chamada numulita, deram-lhe o nome de rocha numulítica. Essas camadas pertencem ao período eoceno terciário e, provavelmente, ao médio. Essa rocha está muito ligada à cretácea, de modo a constituir uma só formação denominada rocha cretáceo-numilítica. Ladeando a camada numilítica pelo oeste, uma extensa zona de rocha calcária se estende pela região filistina e surge em manchas esparsas no extremo norte, até perto do monte Carmelo. Sendo muito porosa, e de pouca densidade, facilmente se desagrega e corre sobre a camada mais densa e resistente, colocando-a a descoberto, e desse modo se explica a queda abrupta das altas planuras da Judéia e de Samaria para os vales profundos

PALESTINA

dessas regiões. Entre essa camada de rocha arenosa e o Mediterrâneo, surgem camadas que pertencem ao plioceno superior, isto é, tempo mais recente. Todas elas representam leitos de formação sedimentar. Existem, contudo, algumas rochas vulcânicas na Palestina. Uma delgada fila de rochas ígneas, que se destaca da grande massa granítica, do pórfiro, do diorito e da rocha felsítica que aparece no extremo sul, no Arabá e especialmente no Sinai, mistura-se com as rochas carboníferas. Ao lado oriental do Jordão, quase em toda a extensão, desde as raízes do monte Hermom até o sul do mar da Galiléia, a este e a oeste de Haurã, além dos limites da Palestina, toda a região está semeada de enorme massa de materiais vulcânicos, como, basaltos, dolerites, felsitos de épocas recentes, alguns dos quais parecem mais recentes que o plioceno terciário. Encontram-se porções das mesmas rochas vulcânicas na Palestina ocidental, a oeste e a noroeste do mar da Galiléia e em outros lugares. Ao longo da costa do Mediterrâneo, onde o terreno é baixo e plano, estende-se grande linha de dunas de areia, tendo algumas delas 200 pés de altura (66 m). Essas dunas, principalmente as que estão a sudoeste, pelo menos em parte, devem a sua existência às areias que os ventos trazem dos desertos do Egito e do Sinai. As que estão mais ao norte podem ter sido formadas pela erosão das rochas calcárias da Filístia, tendentes a usurpar os terrenos cultivados que lhe são próximos, impelidas pelos ventos que sopram do interior do país. A Palestina situa-se na linha dos movimentos sísmicos, nas quais se manifestam mais potentes, tanto agora quanto nos tempos antigos, e na qual certos lugares têm sido seriamente assolados. Em resumo, diremos que a estrutura geológica da Palestina consiste de um leito de grés vermelho que se estende sobre as rochas primitivas; depois vêm as rochas calcárias, que formam a massa geral do país, cobertas pelos terrenos de aluvião, e, finalmente, a nordeste surgem as massas colossais das rochas vulcânicas. **4** GEOGRAFIA FÍSICA DA PALESTINA. São em número de cinco as divisões físicas da Palestina: a planície marítima, a parte baixa ou Sefelá, a cordilheira central, o vale do Jordão e o planalto oriental. Essas regiões formam zonas paralelas e com algumas modificações, se estendem por todo o país, de norte a sul, interrompidas somente pela planície do Esdraelom que corta a linha das montanhas e liga a costa do mar com o vale do Jordão. 1) A planície marítima estende-se pela costa do Mediterrâneo em todo o comprimento do país, cortada apenas pelo monte Carmelo, onde se aperta pelo lado do norte. Ao sul do Carmelo, tem 9,5 km de largura, aumentando para a região meridional. A planície é ondulada e corre de 100 a 200 pés acima do nível do mar, é muito rica em produções agrícolas. Entre o Carmelo e o Aujá que desemboca no mar, ao norte de Jope, era conhecida pelo nome de planície do Sarom. Ao sul de Jope estavam os filisteus. 2) A terra baixa, ou Sefelá, é uma região formada por baixas ondulações, situada entre a planície marítima ao sul do Carmelo e a alta cordilheira central. Formava um terraço à altura de 500 pés (165 m), sobre o nível do mar. Esse nome de terra baixa aplica-se exclusivamente àquela parte do país, onde existem outeiros pouco elevados, que se estende desde a latitude de Jope, ao sul, até Berseba e que é separada da cadeia central por uma série de vales correndo de norte a sul. 3) A cordilheira central é uma continuação das montanhas do Líbano. Ao sul do rio Leontes, a alta cordilheira cai em um planalto que atinge a parte setentrional do mar da Galiléia e do Acre que é a alta Galiléia. Compõe-se de uma série de montanhas de dois mil a três mil pés de altura (660 a 990 m). Alguns deles, porém, sobem mais que o Jerbel Jermuque que tem 3.934 pés (1.298 m). A baixa Galiléia é triangular: o

PALESTINA

mar da Galiléia e o Jordão até Besã ficam no lado oriental e a planície de Esdraelom na banda do sudoeste. Consiste de uma série de baixas cordilheiras que se elevam entre o nascente e o poente com altitudes inferiores às da alta Galiléia, oscilando entre 400 e 600 pés (132 m e 198 m), e alguns um pouco mais altos a oeste do mar da Galiléia. A sudoeste do mar está o monte Tabor em 1.843 pés (608 m), e mais para o sul, o monte Gelboé com 1.648 pés (543,84 m). A parte Meridional da baixa Galiléia desce para a planície de Esdraelom, cujas altitudes não excedem de 200 a 300 pés (66 a 99 m). Ao sul da planície de Esdraelom, a cordilheira cinde-se em vários lugares por causa dos *wadys* que a atravessam; as montanhas formam grupos esparsos, cujos íntimos recessos são acessíveis pelos lados da planície marítima, do Esdraelom, e pelo vale do Jordão. O Carmelo lança-se para o noroeste como um esporão. A média das vertentes é de dois mil pés de altura (660 m), mas o monte Ebal tem 3.077 (1.015,41 m) e o seu companheiro o monte Gerizim 2.849 (940 m). De Betel a Hebrom, quase chegando a Berseba, a distância de 72,5 km, a cordilheira forma um todo compacto, com escarpas laterais de fundos precipícios pelo lado do oriente e do ocidente, com a média de 2.200 pés de altitude (726 m). Betel, contudo, tem uma elevação de 2.930 pés (967 m), acima do nível do mar, a parte mais alta de Jerusalém 2.598 (857,34 m); Belém, 2.550 (831,50 m) e Hebrom, 3.040 (1.003,20 m). Cerca de 24 km ao sul de Hebrom desce para o deserto da peregrinação. A extremidade da cordilheira é o estreito tabuleiro que ocupavam as tribos de Benjamim e de Judá. 4) O vale do Jordão é uma abertura enorme que começa na base do monte Hermom, a 1.700 pés (561 m) acima do nível do mar , cercado de altas montanhas, cuja profundidade desce rapidamente à medida que se aproxima do mar Morto, que está a 1.290 pés

(425,70 m) abaixo do nível do mar. Visto não ser uma barreira impossível de transpor, contudo dificulta o livre intercurso entre os povos do oriente e do sul do Jaboque, e das tribos de Judá e Benjamim ao ocidente. 5) O planalto oriental é grandemente fértil, quase todo a três mil pés (990 m) de altitude, estendendo-se desde os penhascos que cercam o vale do Jordão até o deserto da Síria. A garganta do Jaboque o divide em duas partes. Na parte setentrional, torna a sofrer nova divisão pelo Jarmuque ao sul do mar da Galiléia. **5** Estradas, Principais da Palestina. As feições físicas determinavam o curso dos caminhos. As grandes estradas comerciais e militares que ligavam o Egito aos impérios do oriente atravessavam a Palestina, passando pelo *wady el-Arish* perto de sua entrada, e acompanhando a costa até Gaza, onde se encontrava com a estrada que vinha de Elate e da Arábia, continuando pela planície dos filisteus até Azoto. Um pouco além, bifurcava-se; seguindo, uma, a costa de Jope e de Dor, evitando o monte Carmelo e acompanhando a praia que atravessa o promontório. Nesse lugar, a praia tem apenas 600 pés (198 m) de largura, cortada de rochedos. A outra estrada, que era a principal via, continuava desde Azoto, passando por Ecrom e Lode, atravessava as montanhas, passando à planície de Esdraelom por uma das três estradas. A estrada ocidental emergia em *Tell Keimun*, dirigindo-se para Acre, Tiro e Sidom em direção ao norte. A estrada central passava para *el-Leijum* (Megido), atravessava a planície de Esdraelom e a baixa Galiléia em direção a Genesaré, costeava o Jordão pelo lado setentrional e por um de seus ramos penetrava no vale do rio Litani, entre o Líbano e o Antilíbano, em direção a Hamate e dali para o norte. O outro ramo atravessava o Jordão, entre as águas de Merom e o mar da Galiléia, e seguia para Damasco. A outra via, que era a mais freqüentada, passava da planície marítima

PALESTINA

para Dotaim e Enganim, onde se dividia, passando um de seus ramos a juntar-se com a estrada que atravessava a baixa Galiléia, a que já nos referimos, e o outro ia a Betsã, onde novamente se dividia, e continuando em direção a Gileade, ou a Damasco. Por qualquer dessas estradas do norte, poderia chegar-se a Carcames junto ao Eufrates. Havia outra estrada, que saía da planície de Esdraelom e se dirigia para o Egito, atravessava a região montanhosa, passava por Samaria, Siquém, Betel, Jerusalém, Hebrom e Berseba. Nesse ponto, ramificava-se. A estrada principal, que ficava ao longo da costa, podia ser atingida indo-se para o ocidente ou continuando pela estrada de Reobote e de *Ain Muweileh*, e dali, seguindo para o Egito pelo deserto. Outra estrada que saía de Betsã para Edom também servia para quem se destinava à capital, dirigindo-se pelo vale do Jordão para Jericó, de onde teria de galgar a estrada alcantilada para chegar a Jerusalém. De Jericó, a estrada continuava, descia para o mar Morto costeando a praia ocidental em direção a En-Gedi, onde se unia à estrada que vinha de Jerusalém e de Belém, e dali continuava para Edom e Elate, na estrada do mar Vermelho, fundindo-se com os caminhos das caravanas que viajavam do Egito e de Gaza para o sul da Arábia (veja *DECÁPOLIS*). Passava ao oriente do Jordão um caminho por onde transitavam as caravanas, que ia até Damasco, abeirando o deserto, vindo do sul da Arábia. A esse caminho se juntavam outros que vinham de Betsã através de Gileade, e ainda outro, vindo de Siquém para o *wady Farah* e dali para o vau do Jordão, abaixo da foz do Jaboque, de onde passa para Rabá, e, finalmente, outro caminho que saía do vau em Jericó de passagem para Hesbom. Ao ocidente do Jordão, a Galiléia era cortada por uma estrada vinda do Acre que se juntava ao caminho de Damasco, perto do lugar onde vadeia o Jordão, a meio caminho das águas de Merom e o mar

da Galiléia. O planalto ocupado pelas tribos de Judá e Benjamim oferecia certas dificuldades de acesso a quem vinha da região marítima. Havia, porém, um caminho que subia da planície do Sarom e de *Narh el-Aujah* (Antipátride) para os lados de sudeste em direitura à região serrana que se unia em um ponto à estrada de Samaria e Jerusalém a 3.703 m, a sudoeste de Betel. Do porto de Jope, saía uma estrada para Jerusalém passando pelo vale de Aijalom e de Bete-Horom. De Azoto chegava-se mais rapidamente à capital, indo-se pelo *wady es-Surar* e por Bete-Semes. Outro meio de chegar a Jerusalém e também a Belém era tomar o *wady es-Sunt* por detrás de Sucote. O acesso para a região das serras nas vizinhanças de Hebrom fazia-se pelo *wady el-Afranj* passando por *Beit Jibrim* e pelo *wady el-Hesy* em Laquis. **6** METEOROLOGIA DA PALESTINA. Os grandes contrastes das feições físicas da Palestina deram-lhe variedade de clima desde as neves eternas do Hermom até os calores abrasadores do vale do Jordão em Jericó e En-Gedi. A temperatura média em Jerusalém no mês de janeiro, que é o mês mais frio do ano, é de cerca de 49,4° Farenheit, e o frio mais rigoroso é de 28° Farenheit. A temperatura média em agosto é de 79,3° e o maior calor é de 92° à sombra (veja *ANO*). **7** BOTÂNICA DA PALESTINA. Em virtude da grande variedade de climas, encontram-se ali as plantas de todas as latitudes. Tristram mostrou que das 3.002 plantas florescentes e fetos que se conhecem, grande número para tão pequeno país, 2.563 são Paleárticas, a maior parte das quais, pertence à secção do Mediterrâneo; 161 são da Etiópia, 27 são da Índia, e 251 do próprio país. Na região que liga as montanhas do Tauro e o ponto sul da península do Sinai, e na que medeia entre o Mediterrâneo e o deserto da Síria, o Dr. Post encontrou 850 gêneros e aproximadamente 3.500 espécies de plantas. **8** ZOOLOGIA DA PALESTINA. A distribuição das diversas espécies

P

PALESTINA

de animais regula essencialmente com as das plantas. Das 113 variedades de mamíferos que lá se encontram, Tristram diz que 55 pertencem à região Paleártica, a mesma à que pertencem as nossas espécies européias; 34 à Etiópia; 16 à Índia e 13 à própria Palestina. A mesma espécie, às vezes, é comum a duas regiões. Das 348 espécies de pássaros, 271 eram da Paleártica; 40 da Etiópia; 7 da Índia e 30 peculiares à Palestina. Dos 91 répteis e anfíbios, 49 eram da Paleártica; 27 da Etiópia; 4 da Índia e 11 próprios do país. Das 43 qualidades de peixe de água doce, 8 eram da Paleártica, 2 da Etiópia, 7 da Índia e 36 peculiares à Palestina. Tanto as plantas quanto os animais, dos tipos africanos e indianos, vieram, principalmente, da região em torno do mar Morto, e a parte menos numerosa, pertence ao vale do Jordão. **9** Etnologia da Palestina. Os aborígenes da Palestina eram indivíduos de uma raça robusta e de elevada estatura, de que faziam parte os enaquins, Js 11.21,22, os refains, Gn 14.5, os horeus, os emins, e os zanzumins, *cf.* Dt 2.10-23. Traços das primitivas raças continuaram a existir ainda nos tempos da monarquia, 2 Sm 21.16-22. Quando Abraão ali chegou, todo o país era ocupado, principalmente, pelos amorreus e por outras tribos menores de Canaã; mas os filisteus e os fenícios ocupavam as costas do Mediterrâneo, e os heteus habitavam a fronteira norte em Hebrom. Os heteus eram oriundos das montanhas do Tauro. Os filisteus tinham vindo do ocidente. Os cananeus, inclusive os fenícios, ou pertenciam à raça hamítica pelo sangue, ou a ela se incorporaram, Gn 10.6,15-20, e adotaram o idioma semítico. Esses vários povos foram conquistados, mas nunca inteiramente exterminados pelos hebreus, sob o comando de Moisés e de Josué. A entrada ocasional dos edomitas, dos amonitas e dos moabitas pela conquista e pela imigração não inoculou novo sangue, porquanto eram povos da mesma raça semítica, e, como os hebreus, descendentes de Abraão. A conquista das tribos aramaicas, como elemento estranho à república de Israel, veio aumentar a raça semítica. Depois da queda de Samaria, os assírios deportaram as tribos israelitas estabelecidas ao norte e a oeste e introduziram em seu lugar colonos vindos de Hamate, da Babilônia e de Elão, 2 Rs 17.24; Ed 4.9, na sua maioria semitas e arianos. Seguiu-se grande imigração de gregos por ocasião da conquista de Alexandre, o Grande, que colonizaram Ptolemaida, construíram as cidades gregas de Decápolis e introduziram a língua grega, alteraram os costumes e a cultura social. Mais tarde, os oficiais romanos e as tropas do império ocuparam o país e ultimamente estabeleceram colônias romanas. No segundo quartel do sétimo século da era cristã, o país foi subjugado pelos maometanos, que implantaram, nas cidades e vilas, colônias militares. No ano 1086, apareceram os turcos conquistadores na Ásia ocidental, e daí por diante a Palestina, com pequenas interrupções, sofreu o seu jugo, até que passou a ser um mandato da Sociedade das Nações. Esse elemento étnico, os turcos, é muito resumido no país. **10** História da Palestina. A história primitiva da Palestina, antes da chegada de Abraão, é muito obscura. A sucessão de raças que habitavam o país só pode ser conhecida pela história hebraica, como já se disse. Os reis da Babilônia logo iniciaram a invasão do ocidente. A campanha de Quedorlaomer na Palestina oriental no tempo de Abraão encontra-se descrita no capítulo 14 de Gênesis. Os babilônios introduziram ali a cultura, inclusive a sua escrita complicada e a sua linguagem como meio das comunicações internacionais. Depois da expulsão dos reis pastores que dominavam no país do Nilo, os grandes faraós da 18ª. dinastia estenderam o seu domínio no centro da Ásia. Totmés III conquistou Canaã e impôs tributos sobre todas

PALESTINA

as nações até além do Eufrates. Durante o reinado de Amenófis III e do IV, que o sucedeu após pequeno intervalo, a terra de Canaã esteve ocupada por forças egípcias e governada por delegados do mesmo país. Pouco a pouco, o poder faraônico decresceu. Os heteus ameaçavam as fronteiras do norte, ocupavam vários lugares do país; não havia garantias; os diversos Estados fomentavam a rebelião e várias tribos aumentavam os seus limites em prejuízo do domínio egípcio. Na dinastia seguinte, Seti I invadiu a Palestina e guerreou contra os heteus no Orontes. Ramsés II fez o mesmo, passando além. Os exércitos de Meneptá devastaram a região do sul, as costas da Filístia e destruíram as colheitas dos israelitas, ainda acampados no deserto perto de Cades-Barnéia (veja *EGITO e FARAÓ*). Ramsés III, da 20ª. dinastia, fez debandadas na Palestina antes da entrada dos israelitas. Reduzidas as forças do país por causa das guerras constantes, apareceram em cena os hebreus. Dirigidos por Moisés, conquistaram a região ao oriente de Jordão; e no ano seguinte, capitaneados por Josué, atravessaram o rio e, depois de repetidas campanhas, apoderaram-se de Canaã. Daí então, até a tomada de Jerusalém, no primeiro século da era cristã, a história da Palestina é, em geral, a história do povo hebreu (veja *HISTÓRIA*). **11** TOPOGRAFIA DA PALESTINA. Existiam 622 cidades situadas a oeste do Jordão, cujos nomes se encontram na Bíblia e nos Livros Apócrifos. Antigos documentos fazem referência nominal a muitas dessas cidades. Em 1874, Mariette Bey publicou listas geográficas tiradas das lâminas que ornavam o pescoço das figuras dos cativos representados no grande pórtico do templo de *Karnak*, pertencentes ao reinado de Totmés III. Há 118 nomes, dos quais, não menos de um terço, derramam luz sobre a topografia da Palestina e sobre o livro de Josué. Nas inscrições encontradas em *Tell el-Amarna*, lêem-se muitos nomes de cidades da Palestina dos tempos de Amenófis III e IV. Outras referências se encontram nos escritos contemporâneos da Assíria, especialmente em documentos que se referem às campanhas da Palestina. Eusébio, bispo de Cesaréia, na primeira metade do quarto século da era cristã, escreveu um tratado dos nomes e lugares da Terra Santa, contidos nas Santas Escrituras que foi traduzido e ampliado por Jerônimo, residente em Belém um século depois. Essa obra é conhecida geralmente pelo nome de Onomástico de Eusébio e Jerônimo. As notícias acerca da situação dos lugares antigos da Palestina, segundo as informações colhidas por autores eruditos, são muito valiosas e, às vezes, absurdas. As informações que Reland obteve e publicou, em 1714, e as viagens de Seetzen e de Burkhardt, especialmente ao oriente do Jordão, no princípio do século atual, abriram o caminho para as investigações sistemáticas e científicas dirigidas pelo Dr. Robinson. Este grande explorador visitou a Palestina em 1838, acompanhado pelo Reverendo Dr. Eli Smith, seu antigo discípulo, e missionário americano em Beirute, que muito contribuiu para o êxito da empresa, graças aos seus conhecimentos do árabe. Procurou saber dos naturais do país, com absoluta exatidão, os nomes de certas ruínas e de lugares desabitados, que conservaram, quase sempre, os mesmos nomes hebraicos, ainda que levemente modificados pela pronúncia dos lábios árabes. As descobertas por eles feitas na topografia da Palestina forneceram assunto para três volumes em oitavo que o Dr. Robinson publicou em 1841. De novo ele voltou à Palestina para continuar suas pesquisas acompanhado pelo Reverendo Dr. Eli Smith e outros, em 1852. Fizeram novas descobertas condensadas em seu novo livro: *Later Biblical Researches*, 1856. O Dr. Robinson publicou suas observações muito exatas com juízos muito sãos, enriquecidas de grande erudição. Algumas das

PALESTINA

suas conclusões que foram então contestadas, agora são geralmente aceitas. Em 22 de junho de 1865, organizou-se na Inglaterra uma associação com o nome de *The Palestine Exploration Fund*, para continuar os trabalhos de exploração, com intuitos puramente científicos, visando estudar a Terra Santa. Foi daí o início do levantamento de uma carta topográfica de grande parte da Palestina, e construiu soberbo mapa do país em 26 folhas, importante aquisição de resultados permanentes. A associação continuou com as escavações especialmente em Jerusalém e em Laquis. Resultou daí a identificação local de muitos lugares mencionados na Bíblia, com muita exatidão de alguns, e com muita probabilidade a de muitos outros.

PALHA – a palha do trigo e da cevada seca e cortada em pedaços e algumas vezes misturada com grãos e cevada servia de alimento para o gado, camelos, bestas e cavalos, Gn 24.25,32; Jz 19.19; 1 Rs 4.28; Is 11.7. Os egípcios misturavam palha com barro no fabrico de tijolos para dar-lhes maior consistência. Quando Faraó suspendeu aos escravos israelitas o fornecimento de palha, estes foram obrigados a ir buscá-la nos campos e a ajuntá-la para si, Êx 5.7,12,16. Parece que os antigos hebreus não usavam forrar os leitos com palha. Atualmente, na Palestina, emprega-se para esse fim o estrume seco do gado. Metaforicamente, a palha levada pelo vento ou queimada é usada para ilustrar a destruição repentina dos ímpios, Êx 15.7; Sl 1.4; 35.5; Jó 13.25; Is 5.24 etc.

PALMEIRA – nome de uma árvore que em hebraico se chama *tamar*, *timorah* e *tomer* e em grego, *phoeniks*, de elevada altura, Ct 7.7,8, ereta e desempenada, Jr 10.5, árvore frutífera, Jl 1.12 e de ornamentação, esculpida em várias partes do templo de Salomão e em outros santuários, 1 Rs 6.29,32,35; Herod. 2.169. As suas grandiosas folhas simbolizavam a vitória e a paz, 1 Mac 13.51; 2 Mac 10.7; Jo 12.13; Ap 7.9, e tem o nome de palmas, Lv 23.40; Ne 8.15; Jo 12.13, que não é botanicamente correto. As palmeiras não têm ramos. A tamareira, geralmente encontrada na Palestina, não é exceção a esta regra. As folhas são grandes, semelhantes somente nas suas formas, e têm o comprimento de 1.32 a 1.98 m. Facilmente acessível, servindo de apoio para a subida, os pequenos rebentos que cercam o tronco. As palmeiras florescem nas margens do Nilo. Em Elim, no deserto perto do mar Vermelho, os israelitas acamparam à sombra de 70 palmeiras, Êx 15.27. Cresciam em Edom, em várias partes da Judéia, no vale do Jordão em Jericó, em En-Gedi e nas costas do mar da Galiléia, Gn 14.7; Dt 34.3; Ecclus. 24.14; Antig. 9.1,2; Guerras 1.6,6; 3.10,8; ao sul de Judá, Js 15.31,49, com os nomes de *sensena*, e *cariatsena*, no monte de Efraim perto de Betel, Jz 4.5; 20.33, e próximo de Jerusalém, Ne 8.15; Jo 12.13. Encontravam-se também no deserto ao oriente de Damasco, na cidade que tinha o seu nome, que tal é a significação de Tadmor, Tamar e Palmira; floresciam no vale do Tigre e do Eufrates, Herod. 1.193. Os gregos e os romanos tinham a palmeira como a árvore característica da Palestina e das nações vizinhas. A Fenícia tirou o seu nome do grego com que se designava a tamareira. A medalha comemorativa que os romanos fizeram cunhar, quando tomaram Jerusalém, representava uma mulher, emblema do país, assentada e muito triste debaixo de uma palmeira (veja *JERUSALÉM e DINHEIRO*). Essa árvore, tão comum na Palestina, quase desapareceu dali, exceto na planície marítima da Filístia e das vizinhanças de Beirute. As palmeiras mencionadas nas Escrituras são em geral as tamareiras, *Phoeinix dactylifera*, que se erguem cerca de 20 m a 27 m de altura, com um tronco só muito direito e de grossura uniforme assinalado pelas cicatrizes das folhas caídas, coroado por uma coma de folhas de perene verdura. Avalia-se a duração de uma palmeira de 100 a 200 anos. O emprego dessa planta em usos domésticos é muito variado. As folhas servem para cobrir as casas, para fechar as paredes, para cercar terrenos, para tecer esteiras e fazer cestos. Quando se fere a espata, deixa sair um líquido doce e aromático, e pela evaporação, produz açúcar, e que também, depois de fermentado, ou submetido ao processo da destilação, dá um líquido fortemente alcoólico a que chamam *arrack*, Guerras 4.8,3; Herod. 1.193. Os frutos que ela produz anualmente em numerosos e abundantes cachos são muito valiosos como elemento substancial. As sementes duras, depois de trituradas, oferecem bom alimento para o camelo do deserto. Outras espécies de palmeiras eram familiares aos israelitas, por exemplo, a palmira que se dá em Tadmor do deserto, a *Borassus flabelliformis*, que quer dizer que as suas folhas se assemelham a leques.

PALMO – a largura da mão estendida, uma medida de comprimento com cerca de 22 cm, Êx 25.25. O salmista emprega essa medida como símbolo da brevidade da existência humana, Sl 39.5; medida da dimensão das bordas das mesas destinadas aos holocaustos em Ez 40.43 (veja *MEDIDAS*).

PALTI (*no hebraico, "libertado por Deus"*) **1** Nome de um dos espias, que representavam a tribo de Benjamim, Nm 13.9. **2** Nome de um homem benjamita, filho de Laís, com quem Saul casou sua filha Mical, mulher de Davi, sendo mais tarde arrebatada e entregue novamente a Davi, 1 Sm 25.44; 2 Sm 3.15.

PALTIEL (*no hebraico, "salvação de Deus", ou "Deus liberta"*) – nome de um príncipe

da tribo de Issacar e contemporâneo de Moisés, Nm 34.26.

PALTITA (*no hebraico, "nascido em Bete-Pelete"*) – nome dado aos habitantes de Bete-Pelete, um lugar da parte sul do território de Judá, Js 15.27; Ne 11.26.

PALU (*no hebraico, "notável"; "distinguido"*) – nome de um dos filhos de Rúben e fundador de uma família tribal, os paluítas, Gn 46.9; Êx 6.14; Nm 26.5.

PANAGUE – nome de um produto da Palestina que os tírios compravam, Ez 27.17. O Targum judeu dava esse nome a uma espécie de confecção. Já a tradição siríaca traduz a palavra hebraica por "painço". De fato, os eruditos acreditam tratar de algum tipo de massa, bolo, feito de cereal.

PANELA – tradução da palavra hebraica *sir*, muito usada para designar as vasilhas de vários tamanhos, 2 Rs 4.38, fabricadas de barro ou de metal, Êx 38.3, destinadas a diversos usos: cozinhar carnes, 16.3; 2 Cr 35.13; Jó 41.31; e Ez 24.3-5, para lavar, Sl 60.8, para refinar metais, Pv 27.21. O vocábulo *dud* também designa uma espécie de panela, Jó 41.20, em 1 Sm 2.14, marmita, e em Mq 3.3, caldeirão. Em Jó 41.22, também se diz panela. A água para uso doméstico era conservada em panelas de barro ou de pedra chamadas talhas, Jo 2.6.

PANFÍLIA (*no grego panphylia, os gregos representavam por esse nome a reunião de muitas tribos, "de toda a raça"*) – nome de uma faixa de terra que se estendia pela costa da Ásia Menor, limitada ao norte pela Pisídia, ao sul pelo golfo do Mediterrâneo, denominado mar da Panfília, por onde passou o apóstolo Paulo, At 27.5; ao oriente, pela Cilícia e a oeste pela Lícia e parte da Frígia. A Panfília continha comunidades judias, 2.10. Paulo visitou as cidades de

PANFÍLIA

Perge e Atalia situadas nesse território, quando fez a sua primeira viagem missionária, At 13.13; 14.25; 15.38.

PANO DE SACO (*no hebraico é saq; e no grego é sakkos, de onde deriva o termo português, "saco"*) – designava um tecido feito de pêlos, escuro e áspero. A versão em português também traduz por "silício". Era utilizado para guardar e transportar cereais e como vestes em diversas situações, por exemplo: a) Quando em situações de luto, era usado como símbolo de lamentação pelos mortos, Gn 37.34; 2 Sm 3.31; Jl 1.18; b) Quando em situação de desastre nacional, Is 15.3; 22.12; Jr 4.8; 6.26; 48.37; Ez 27.31; c) Quando em situação de contrição pelo pecado, 1 Rs 21.27; Ne 9.1; Is 22.12; Jn 3.5-8; Mt 11.21; Lc 10.13; d) Quando em sinal de humilhação e dependência da resposta de Deus na oração, 2 Rs 6.30; 19.1; Sl 35.13; 69.12; Jó 16.15; Is 37.1-2; 58.5; Ez 7.18; Dn 9.3. O uso do pano de saco como elemento simbólico está associado a outras ações simbólicas: a). Raspar a cabeça e a barba, Is 22.12; Jr 48.37; Ez 27.31; b). Colocar pó e cinza sobre a cabeça e o corpo, Is 58.5; Jr 6.26; Ez 27.31; Dn 9.3; Mt 11.21; Lc 10.13; c). Abstinência de alimentos, Sl 69.12; Is 58.5; Dn 9.3. Por ser um material de fácil confecção, durável e barato, os pastores usavam como vestimenta, e sua serventia estendia-se para outros afazeres, 2 Sm 21.10; Is 58.5. Algumas vezes era usado por baixo das roupas, colado à pele, como símbolo de humilhação a Jeová, 2 Rs 6.30.

PÃO – massa de farinha de cevada ou de trigo, 2 Rs 4.42; Jo 6.9; Lv 23.17; com Êx 34.22, para o fabrico de pães de forma arredondada, Êx 29.23; Jz 8.5, em hebraico *Kikkar*, feitos de tamanho conveniente para serem levados ao forno, e facilitar o seu transporte, 1 Sm 10.3; Mt 14.17; Jo 6. 9. **2** No hebraico, *lechem*. O pão que os israeli-

tas usavam tinha a forma de pequeno bolo, feito de farinha de trigo ou de cevada. Os grãos eram triturados em um moinho manual e o pão se fazia diariamente. Quando se precisava comer o pão no mesmo dia, não levava fermento, Gn 19.3; 1 Sm 28.24. O processo de levedar o pão não demandava tempo, Mt 13.33. O pão que devia durar uns oito dias tinha de ser fermentado. A farinha era amassada com água e poderia ser fermentada logo depois desse processo. Na primeira Páscoa, a massa já estava mexida nas masseiras, mas sem fermento até o momento em que foi dada a ordem de marcha, Êx 12.34. O forno em que se assava o pão era portátil e consistia em uma vasilha de barro, aquecida no fogo, cujos lados depositavam o pão amassado. Outro processo consistia em assar os bolos de farinha em uma vasilha côncava, parecida com uma das nossas frigideiras, caçarolas, ou sertãs, Lv 2.4. A terra e as pedras quentes também serviam para assar o pão em casos de urgência, 1 Rs 19.6; Gn 18.6. Os beduínos, ainda nos dias atuais, preparam o pão, colocando-o em uma cavidade feita no chão, previamente aquecida, que, depois de expurgada das cinzas e das brasas, cobrem cuidadosamente e assim fica durante a noite. Esse processo deve ter sido muito familiar aos israelitas. Geralmente, eram as mulheres as encarregadas desse serviço, Gn 18.6; 1 Sm 8.13; Lv 26.26; Jz 6.19, mas nas grandes casas, eram os escravos; nas cidades, o pão era vendido pelos padeiros, Jr 37.21; Os 7.4,6. No capítulo 2 do livro de Levítico encontra-se uma lista das diferentes espécies de pão aceitáveis para as oblações. O pão é o símbolo de tudo quanto serve para alimentar o corpo, Lc 11.3.

PARÁ (*no hebraico é pharah "vitela", "novilha"*) – nome de uma aldeia de Benjamim, Js 18.23, identificada com a moderna Khirbet el-Farah no *wadv Farat*, cerca de 10 km a nordeste de Jerusalém.

PARÁBOLA

PARÃ (*no hebraico, talvez, "região das cavernas"*) – nome de um deserto entre o Sinai, ou mais exatamente entre Haserote e Canaã, a alguns dias de marcha desde o Sinai, Nm 10.12; 12.16. Localizava-se ao sul de Judá, 1 Sm 25.1-5. Nesse meio situava-se Cades, Nm 13.26, e também Elate sob o mar Vermelho, Gn 14.6. Ficava no deserto de Berseba e de Sur, *cf.* Gn 21.14,21; *cf.* 25.9,12-18; 28.9. Incluía o deserto de Sim, ou fundia-se nele sem limites determinados, Nm 13.26; 20.1. Esses dados indicam o planalto ou terras montanhosas, Dt 33.2; Hb 3.3, situadas ao sul de Canaã, limitadas, por outros lados pelo deserto de Sur, pela curva da cordilheira chamada *Jebel et-Tih*, ou montes da peregrinação e pelo Arabá. É este o deserto que os israelitas peregrinaram 38 anos. A maior parte dele ficava 2.000, 2.500 pés (660 m, 825 m) acima do nível do mar. Existe um *wady* ou vale, na península do Sinai, chamado *wady Feiran*, que muito se parece com o nome Parã, ligeiramente alterado. Niebhur pensa que seja o local onde estiveram os hebreus, mas é muito difícil harmonizar essa opinião com a Escritura. Robinson e Stanley também a repudiam. O *wady Feiran* fica entre o monte Sinai e o mar Vermelho. O Parã é distante do Sinai alguns dias de marcha em direção oposta.

PARÁBOLA – método empregado no discurso, por meio do qual as verdades morais ou religiosas se ilustram pela analogia com fatos da vida comum. A comparação pode fazer-se por meio de palavras semelhantes, ou pela idéia contida na parábola. Os limites entre parábola, símile e metáfora não estão bem determinados. Muitas vezes observa-se pequena diferença: o símile e a metáfora são breves, ao passo que a parábola é comparativamente longa. "Vós sois a luz do mundo" é uma metáfora. "Como um cordeiro mudo diante daquele que o tosquia", é um símile. Mas "O reino dos céus é semelhante ao fermento que uma mulher tomou e escondeu em três medidas de farinha, até ficar tudo levedado", Mt 13.33, é uma parábola. A parábola tem certas vantagens. Uma delas é que esse meio de comunicar a verdade faz com que ela se fixe na memória mais fortemente do que o pode fazer uma lição didática bem elaborada. Por exemplo, nenhuma exposição didática seria capaz de pôr em evidência a boa vontade de Jesus para receber os pecadores, que produzisse o efeito da parábola do Filho Pródigo, Lc 15.11-32. Outra vantagem da parábola é servir de meio para repreender a alta personagem, que não havia de consentir acusações diretas à sua pessoa. É possível fazê-las por meio de uma parábola habilmente construída, para prender a sua atenção e condenar-se a si próprio pelo que a parábola descobre. Foi isto que fez o profeta Natã com muita perícia quando foi ter com o rei Davi para reprovar o grande crime praticado contra Urias, o heteu. As principais parábolas do Antigo Testamento são: A das árvores escolhendo um rei, Jz 9.8-20, a da ovelhinha, 2 Sm 12.1-14, a da viúva, um dos filhos da qual matou o outro, 2 Sm 14.4-20, a do soldado que deixou escapar o prisioneiro, 1 Rs 20.35-42, a do cardo do Líbano que pediu ao cedro que lhe desse a filha em casamento a seu filho, 2 Rs 14.9-11, a da vinha, Is 5.1-7, a das duas águias, *cf.* Ez 17.1-10, a dos leõezinhos e sua mãe, *cf.* Ez 19.1-9, a de Oolá e Oolibá, *cf.* Ez 23.1-49, e a da panela, *cf.* Ez 24.1-14. Uma importante parte dos ensinos de Jesus constou de parábolas. Quando se fala em parábolas da Escritura, logo vêm à imaginação as de Jesus. Ele usou esse meio de ensinar em todos os períodos de sua vida de ministério público, Mc 3.23; Lc 6.39; 7.40-50. Houve um período de sua vida em que Ele empregou em maior escala esse método de ensino, Mt 13.3; Mc 4.2. Há duas razões que explicam esse fato. Uma delas em Mateus, quando

PARÁBOLA

diz: "Porque assim foi dito pelo profeta", Mt 13.34,35; *cf.* Sl 49.4; 78.2,3. A outra é mencionada por nosso Senhor mesmo, explicando a primeira. "Por isso, lhes falo por parábolas; porque, vendo, não vêem; e, ouvindo, não ouvem, nem entendem", Mt 13.10-16. Usava de parábolas porque não era dado a ouvintes conhecer os mistérios do reino dos céus. Esse modo de explicar, tem sido interpretado como sendo um meio de vestir as verdades de modo a gravá-las mais indelevelmente na memória de seus ouvintes e torná-las mais inteligíveis. Isto é verdade em referência a certa classe de parábolas, cujo sentido em alguns casos explicava particularmente. Queria ele dizer que o seu auditório, em geral, não estava preparado para ouvir e crer as verdades espirituais de seu reino; e enquanto não chegasse o tempo em que as ensinaria a seus discípulos que teriam de continuar a sua obra depois de partir para o céu, Mc 4.33,34. As verdades ficavam por esse modo escondidas àqueles que as ouviam sem arrependimento, Ele as enunciava cautelosamente aos ouvidos de seus obdurados inimigos que andavam buscando alguma palavra que servisse de acusação contra Ele, velando-se ao mesmo tempo às multidões inconstantes, que recusariam ouvi-lo, se alcançassem o valor delas, Mc 4.11,12. Com apenas uma exceção, Mt 18.23-35, as parábolas contidas nos evangelhos e que deram feição proeminente aos ensinos de Jesus podem ser classificadas em três grupos. I – Oito ilustrando a natureza do reino do reino dos céus, Mt 13.1-50; Mc 4.26-29, seguidas por outra que lhes ampliava o sentido, Mt 13.51,52. Estas foram proferidas à beira do mar da Galiléia durante um dia, 13.1,53; e encerram cinco verdades fundamentais. 1) O semeador e a semente ilustrando os vários modos pelos quais o evangelho é recebido pelas diferentes classes de corações. 2) O joio e o trigo ilustrando a existência do mal entre o

bem. 3) A semente que brota secretamente, a semente de mostarda, o fermento mostrando o desenvolvimento da Igreja de um modo imperceptível, tanto interna quanto externamente. 4) O tesouro escondido e a pérola de grande preço, colocando em evidência o valor do reino dos céus e a necessidade de alcançá-lo à custa de sacrifícios. 5) A rede, colhendo toda casta de peixes, representando a existência da Igreja visível composta de vários elementos e assim continuando até o fim do mundo. II – Mais cerca de 19 parábolas ilustrando o reino dos céus na vida individual, Lc 10.25 até o cap. 19, exceto 13.18-21. A maior parte delas, Jesus as proferiu depois que saiu da Galiléia no espaço de seis meses entre a festa dos tabernáculos e a última Páscoa, inclusive a parábola do bom samaritano, a do amigo à meia-noite, a do homem rico com os seus celeiros, a dos servos esperando seu senhor, a da porta fechada, a do lugar de honra, a da grande ceia e dos que a ela se escusaram, a da ovelha perdida, a das dracmas perdidas, a do filho pródigo, a do servo infiel, a do rico e Lázaro, a dos deveres dos servos, da viúva importuna, a do fariseu e do publicano, e a dos marcos. III – Cinco ou seis, segundo Mt 24.32-35, proferidas durante a última semana em Jerusalém, falando do julgamento e da consumação do reino. A atitude dos que são chamados para o reino de Deus é ilustrada pelas parábolas dos dois filhos e dos que arrendaram a vinha, Mt 21.28-46, a necessidade das vestes nupciais, o dever da vigilância e da fidelidade é igualmente ilustrado na parábola das bodas do filho do rei, na das dez virgens e dos cinco talentos, Mt 22.1-14; 25.1-30. A interpretação das parábolas exige um estudo muito cuidadoso das circunstâncias em que foram proferidas e da doutrina, ou argumentos que elas tinham em vista. Feito isto, logo se descobre sua aplicação universal, adaptada em todas as circunstâncias análogas e em todos os tempos.

PARAÍSO – lugar de delícias, jardim que em hebraico se diz *pardes*, Ec 2.5; Ct 4.13, em Ne 2.8, também se diz bosque. Os jardins de Salomão em Etã e os jardins suspensos da Babilônia tinham o nome de paraísos no texto grego de Josefo; Antig. 8.7,3; contra Apiom 1.20. O jardim do Éden chama-se paraíso, paradeiros do Éden na Versão da LXX, Gn 2.8. O paraíso era a região de bênçãos que o homem perdeu, naturalmente serve para designar o lugar destinado para os justos depois da morte. Os judeus faziam distinção entre o paraíso superior e o paraíso inferior, o primeiro era uma parte do céu e o segundo uma visão do Hades destinado às almas dos justos. Em o Novo Testamento, a palavra paraíso quer dizer céu em dois lugares distintos, 2 Co 12.4; *cf*. com o v. 2; Ap 2.7; *cf*. 22.2 (veja *CÉU*). E por isso naturalmente é tomada na mesma acepção em Lc 23.43 (veja *JARDIM*).

PARALISIA – perda total ou parcial da sensibilidade, do movimento voluntário, ou de ambos em uma ou mais partes do corpo, Mc 2.3,9-12; At 9.33-35. É produzida por enfermidade do cérebro, da coluna vertebral, ou por afecção particular dos nervos. Sob essa denominação os antigos incluíam uma variedade de doenças que atacam os músculos.

PARBAR (*no hebraico, "colunata", alguns estudiosos preferem, "subúrbio"*) – recinto do templo, situado ao lado ocidental, no átrio externo, 1 Cr 26.18, em que estavam as celas dos oficiais e os estábulos para o gado, 2 Rs 23.11.

PARDAL (*tradução da palavra hebraica çippôr, pássaro, nos salmos 84.3; 102.7; Pv 26.2*) – assim a encontramos traduzida em sentido geral designando pássaro ou ave, Sl 8.8; 148.10; Ez 17.23. Pode também se referir à ave de rapina, Jr 12.9; Ez 39.17, como o corvo, apesar de alimentar-se de carniça; pode também se referir a algumas das aves consideradas limpas pela lei cerimonial e próprias para a alimentação, Lv 14.4; Ne 5.18, aves que vivem nas montanhas ou nas cidades, Sl 11.1; 84.3, constroem os ninhos nas árvores, no solo ou em torno das habitações humanas, Dt 22.6; Sl 84.3. O termo compreende rolas ou pombas, Gn 15.9,10. A etimologia da palavra indica, no primeiro exemplo, pássaros que gorjeiam, como o pardal e outros da mesma espécie. A palavra grega *Strouthioii*, empregada no Novo Testamento, refere-se a qualquer pássaro pequeno, especialmente ao pardal que servia para comer e era comprado no mercado, Mt 10.29; Lc 12.6,7. O pardal que se aninha nas casas, *Passer domesticus*, encontra-se em toda a Europa, ao norte da África e a oeste da Ásia, e é muito abundante nas cidades marítimas da Palestina. Há duas espécies de pardais ao sul da Europa, de relações muito íntimas: o pardal italiano, *Passer italiae*, e o pardal dos pântanos, *Passer hispaniolensis*. Este último encontra-se no vale do Jordão, onde se multiplicam abundantemente sobre as árvores. O pardal das árvores, *Passer montanus*, relaciona-se intimamente com o pardal das habitações; talvez que na Palestina não se fizesse distinção entre um e outro. Os pardais que freqüentavam o recinto do templo, muito comuns no monte das Oliveiras, os escritores autorizados davam-lhe o nome de pardais das árvores. Outra espécie de pardal, *Passer moabiticus*, encontra-se nas vizinhanças do mar Morto, porém é raro. O pardal das rochas, ou pardal bobo, *Petronia stulta*, encontra-se nas cordilheiras da Palestina, e nunca procura abrigar-se nas casas. Diz o Dr. Thomson que um pardal que perde o seu companheiro encontra-se muitas vezes pousado no cume de um telhado lamentando o seu isolamento, *cf*. Sl 102.7. Tristram julga que essa passagem se refere ao tordo

PARDAL

azul, *monticola cyanus*, pássaro que pousa solitário em cima das habitações, soltando pios monótonos e plangentes.

PARMASTA (*no persa, "o primeiro"*) – nome de origem persa do primeiro filho de Hamã, Et 9.9.

PÁRMENAS (*no grego, "fiel", ou "constante"*) – nome de um dos sete homens eleitos para acudirem às reclamações das viúvas dos gregos, sobre a distribuição dos socorros na igreja de Jerusalém, At 6.5.

PARNAQUE (*no hebraico, "dotado"*) – nome de um príncipe da tribo de Zebulom e pai de Elisafã, Nm 34.25.

PAROLEIRO (*no grego spermologos, "pegador de sementes"*) – o uso da palavra designava o passarinho que vivia catando grãos de sementes em lugares diferentes para se alimentar. Passou a ser aplicada ao indivíduo que colhia diversidades de novidades para ter o que falar. Queriam ser reputados por sábios, mas eram apenas repetidores de alguma coisa que ouviram falar. O termo foi aplicado ao apóstolo Paulo quando debatia com filósofos em Atenas, At 17.18. Algumas versões traduzem o termo por "tagarela".

PARÓS (*no hebraico, "pulga"*) – nome do fundador de uma família. Alguns de seus membros voltaram do cativeiro babilônico, Ed 2.3; 8.3. Pedaías pertencia a essa família, Ne 3.25. Outros membros casaram-se com mulheres estrangeiras das quais se separaram, induzidos por Esdras, Ed 10.25.

PARSIM (veja *MENE*).

PARRA – planta trepadeira, armada de varas delgadas que se estendem e se prendem por meio de gavinhas à maneira das aboboreiras, 2 Rs 4.39. A palavra parra aplica-se à bem conhecida videira, *Vitis vinifera*. É planta indígena da Ásia ocidental, ao sul do mar Cáspio, *cf.* Gn 9.20,21, e muito cultivada no Egito, 40.9-11; Sl 78.47. As esculturas egípcias do antigo império, anteriores a José, representam as vinhas, as latadas com uvas, os lagares e o modo de fabricar o vinho. O solo e o clima da Palestina favoreciam muito esse gênero de cultura, já existente em Canaã, Gn 14.18. Há referências a ela nas terras baixas da Filístia, em Jezreel e na planície de Genesaré, Jz 15.5; 1 Rs 21.1; Guerras 3.10,8, e especialmente nos distritos montanhosos, perto de Hebrom, de Siló e de Siquém, Nm 13.23; Jz 9.27; 21.20; Jr 31.5. Fazem-se referências especiais às vinhas do vale de Escol, vale do Cacho, na terra de Judá, Nm 13.23, de En-Gedi, Ct 1.13, no vale do mar Morto, de Hesbom, de Eleale e de Sibmia, além do Jordão, Is 16.8-10; Jr 48.32, e do Líbano, Os 14.7. Havia muita diferença de valor entre as vinhas escolhidas e as plantas degeneradas que só produziam labruscas, Is 5.2; Jr 2.21, Israel é comparado a uma vinha, Sl 80.8-16, e nosso Senhor a uma videira e os seus verdadeiros discípulos, às varas da videira, Jo 15.1-8. Usualmente as vinhas eram plantadas nos altos para esse fim preparados, Is 5.1; Jl 3.18. Cercavamnas com uma sebe, ou com um muro de pedras para defendê-las dos ladrões e dos animais daninhos, levantavam uma torre no centro para os vigias, e construíam lagares para pisar as uvas, que às vezes eram cavados na rocha, Is 1.8; 5.1-7; Mt 21.33-41. Alugavam servos para trabalhar nas vinhas, 20.1-16, porque era necessário podá-las, cavar em torno das plantas e livrá-las das ervas daninhas, Lv 25.3; Pv 24.30, 31; Is 5.6; Jo 15.2. As videiras estendiam-se pelo chão, sem apoio para o trono, somente as varas que davam frutos é que eram suspensas e amarradas a estacas, Is 16.8; Ez 17.6; Plínio, Hist. Nat. 17.35,15. Outras videiras eram suspensas às árvores, ou plantadas em

PARTAS/PARTOS

linha, com espaço de oito a dez pés entre si, amarradas em palanques, onde cresciam à altura de seis pés. As uvas eram geralmente vermelhas, Is 63.2; Ap 14.20. Atualmente cultivam mais a uva branca em Belém e em Hebrom. Os cachos começam a amadurecer no mês de agosto; em outros lugares mais favorecidos pelo clima, amadurecem antes. Comiam-nas frescas ou secas, Nm 6.3; Dt 23.24. As secas ou passadas conservavam-nas em cachos, ou prensadas, e serviam de alimento, 1 Sm 25.18; 1 Cr 16.3. O suco das uvas espremidas bebia-se fresco ou depois de fermentado (veja *VINHO*). A colheita começava nos meados de setembro e ia até fins de outubro. Era uma estação alegre e festiva: cantava-se nas vinhas, durante a colheita dos cachos; e nos lagares os pisadores entoavam alegres canções, Jz 9.27; Is 16.10; Jr 25.30; 48.33.

PARRA SILVESTRE – tradução da palavra hebraica *Pakkuoth*, que racha, que explode. É fruto de uma parreira brava que dá na Palestina e que floresce quando as outras plantas murcham por falta de umidade. Um dos filhos dos profetas saiu para apanhar umas ervas bravas, e achou uma como parra silvestre e colheu dela umas frutas de que encheu a sua capa, lançou-as em uma panela para cozinhar. Feito isto, deram-nas aos companheiros, que, provando-as, gritaram logo: "Morte na panela, ó homem de Deus!"; em outras palavras, os frutos colhidos são venenosos, 2 Rs 4.38-41. A planta era atraente; uma ou outra das duas espécies da ordem das aboboreiras, a coloquíntida, *Circulus colocyntis*, planta rasteira, como a abóbora, cresce ao sul da Espanha, ao norte e ao sul da África, na Arábia, na Índia etc. Na Palestina, é planta silvestre, e também na planície marítima e no vale do Jordão, onde a encontrou o filho do profeta. Quando as outras plantas murcham, castigadas pelo vento abrasador do verão, a parra silvestre resiste admiravelmente, ostentando a sua cor encantadora de um verde-esmeralda. Apanhando as trutas e cortando-as com canivete, o viajante sente o cheiro pronunciado do pepino, com o qual muito se parece. Porém, tocando-as com os lábios, tem a sensação do fogo. A coloquíntida exerce valiosa função na medicina, apesar de ser muito perigosa. Outra planta competidora com ela é a *Ecballium agreste*, antes denominada *Momordica elaterium*, também uma espécie de parra, com gavinhas, e frutos espinhosos. Quando amadurecidos, esses frutos arrebentam e emitem uma substância venenosa que dá origem à etimologia da palavra que a representa. Encontra-se nos lugares estéreis, e à beira dos caminhos, em toda a Palestina; não serve para comer, o que bem o prova a experiência do jovem companheiro de Eliseu.

PARSANDATA – nome de origem persa de um dos filhos de Hamã, *cf.* Et 9.7.

PARTAS/PARTOS – nome de um povo que ocupava uma região, correspondente à moderna província persa *Khorasan*, situada a considerável distância a sudeste do mar Cáspio. Tinha Pártia cerca de 485 km de comprimento e a largura de 160 km a 195 km com uma área de 53 mil km^2, um pouco mais que a da Escócia, e quase tanto quanto o Estado de Indiana. As primeiras referências aos partas encontram-se nas inscrições de Dario Histarpes. Em 521 a.C., revoltaram-se contra os persas, que facilmente os subjugaram. Do domínio persa passaram ao de Alexandre, o Grande, e depois para o dos selêucidas, seus sucessores. Pelo ano 256 a.C., a Báctria revoltou-se sucessivamente contra o domínio selêucida, cujo exemplo Pártia imitou sob a direção de Ársaces I. Essa dinastia é conhecida pelo nome de Arsácidas. Mitidrates I, que reinou 38 anos, desde 174 a 136 a.C., elevou o reino, fundado por Arsaces, à categoria

PARTAS/PARTOS

de império, estendendo-se 2.415 km, do oriente ao ocidente, com uma largura que variava entre 161 km, 482 km ou 644 km. O Eufrates servia-lhe de limite ocidental. A cidade principal era Ctesifonte, sobre o Tigre, na fronteira da Selêucia. Depois de se libertarem do jugo greco-macedônio, os partas entraram em freqüentes colisões com os romanos por causa da posse da Armênia. Desde o ano 64 d.C., até 225, os partas traçaram limites ao império romano no oriente. Entre os anos 40 e 37 a.C., os exércitos da Pártia percorreram a Ásia Menor e a Síria, saquearam Jerusalém e colocaram no trono da Judéia a Antígono, o último dos asmoneus, Antig. 14.13,3; Guerras 1.13,1. Alguns judeus, residentes na Pártia, estavam em Jerusalém no dia de Pentecostes, At 2.9, os quais teriam levado o Evangelho para aquele país. Depois de exercerem grande poder durante quase 500 anos, os partas enervaram-se pela luxúria; os persas revoltaram-se, sob o comando de Ardasir no ano 224 a.C., da família de Sassã, que pôs termo ao domínio parta, dando origem ao segundo império persa, ou sassânida.

PARUA (*no hebraico, "florescente"*) – nome de um dos governantes de Salomão na tribo de Issacar, 1 Rs 4.17.

PARVAIM – nome do lugar de onde vinha o ouro que serviu para a ornamentação do templo de Salomão, 2 Cr 3.6. Gesênio deriva esse nome do sânscrito *purva*, que quer dizer "em frente", "para o lado do oriente", e por isso deram-lhe o nome de ouro do oriente, porém, muitos investigadores são de parecer que o nome Parviam se refere a uma localidade de Ofir.

PASAQUE (*no hebraico, "partidor", ou "passado por cima"*) – nome de um aserita, filho de Jaflete, da família de Berias, *cf.* 1 Cr 7.33.

PÁSCOA (*no hebraico pesah, "passagem", "passar por cima"*) **1** Nome da primeira das três festas anuais a que deveriam comparecer todos os varões, Êx 12.43; Dt 16.1, conhecida também pelo nome de festa dos pães asmos, Êx 23.15; Dt 16.16. Foi instituída no Egito para comemorar o acontecimento culminante da redenção de Israel, Êx 12.1,14,42; 13.15; Dt 16.1,3. Aquela noite ia ser muito celebrada em honra do Senhor, porque foi nela que ele feriu os primogênitos dos egípcios, poupando as casas dos israelitas em cujas ombreiras havia o sangue do cordeiro. Todos deviam estar em pé, com os bordões nas mãos, cingidos os lombos, esperando a ordem de marcha. A festa começava no dia 14 do mês de abibe, à tarde, isto é, ao principiar o dia 15 com a solenidade dos pães asmos, *cf.* Lv 23.5. Deveriam matar o cordeiro aí pelas duas da tarde, isto é, ao entardecer, Êx 12.6; Dt 16.6, entre a noite e as 11 horas, Guerras 6.9,3. Seria assado inteiro e comido com pães asmos e alfaces bravas, Êx 12.8. O sangue derramado representava a expiação, as alfaces bravas significavam a amargura do cativeiro, os pães asmos eram o emblema da pureza, *cf.* Lv 2.11; 1 Co 5.7,8. Os israelitas defendidos pelo sangue que os fazia lembrar das aflições de que haviam sido libertados, e santificados para o serviço de Deus, passaram a ser o povo de Jeová em alegre e jubilosa comunhão com ele. A ceia pascal devia ser tomada pelos membros de cada família. Se esta fosse pequena, chamavam alguns vizinhos até que houvesse número suficiente para comer o cordeiro todo, Êx 12.4. O chefe da casa recitava a história da redenção. A princípio, os participantes comiam reclinados. Algumas outras feições suplementaram essa solenidade; empregavam quatro cálices de vinho misturado com água de que a lei não fala; cantavam os salmos 113 e 118, *cf.* Is 30.29; Sl 42.4; colocavam à mesa um prato de frutas desfeitas em vinagre, formando uma

PÁSCOA

pasta, como recordação da argamassa que empregavam nos trabalhos do cativeiro. A ceia pascal servia de introdução a toda solenidade que durava até o 21º. dia do mês, Êx 12.18; Lv 23.5,6; Dt 16.6,7. A duração de sete dias não foi comunicada ao povo senão depois da saída do Egito, 13.3-10. Essa tarde teria de ser solenizada perpetuamente, 12.21-25. O comparecimento dos peregrinos era obrigatório somente à ceia pascal. Poderiam retirar-se logo na manhã seguinte, Dt 16.7. O primeiro dia depois da Páscoa, que era o 15º., era santo e solene, e o dia sétimo era igualmente venerável. Nesses dias não se fazia trabalho algum, senão o que pertencia ao comer, Êx 12.16; Lv 23.7; Nm 28.18-25. Era o último, o mais solene, Êx 13.6; Dt 16.8. No outro dia depois da festa, levavam uns molhos de espigas de presente ao Senhor, Lv 23.10-14; cf. Js 5.10-12; Antig. 3.10,5 (veja *FESTA*). Essa era uma feição incidental: um meio de consagrar o início das colheitas, e ocupava lugar secundário. Esse segundo dia não era tido como santo. A relação da Páscoa com o ano das colheitas era menos notável do que a festa das semanas e a dos tabernáculos. Durante o dia da Páscoa e em dias seguidos, em aditamento aos sacrifícios regulares do santuário, ofereciam dois bezerros da manada, um carneiro, sete cordeiros de um ano e um bode pelo pecado, Lv 23.8; Nm 28.19-23. Nos sete dias só poderiam comer pães asmos. Na noite da Páscoa, não deviam ter fermento em suas casas; por conseqüência, a farinha que tomaram às pressas quando saíram do Egito não tinha fermento, Êx 12.8,34,39. Dali em diante, o pão asmo foi associado em suas mentes, não somente com a idéia de sinceridade e verdade, que era a essencial, mas também com a pressa que os impeliu a fugir do Egito, Dt 16.3. Há notícia de se haver celebrado a Páscoa no Sinai; Nm 9.1-14, à entrada de Canaã, Js 5.11, no reinado de Ezequias, 2 Cr 30.1-27, com referências a Salomão, 5,26, no reinado de Josias, 2 Rs 23.21-23; 2 Cr 35.1-19, nos dias de Esdras, Ed 6.19-22, cf. também Mt 26.17s.; Mc 14.12s.; Lc 22.7s; Jo 18.28; Antig. 17.9,3; 20.5,3; Guerras 6.9,3. **2** Nome que se dá ao cordeiro imolado para a festa da Páscoa, Êx 12.21; Dt 16.2; 2 Cr 30.17. Cristo é a nossa Páscoa, 1 Co 5.7. Semelhante ao cordeiro pascal, era sem defeito, Êx 12.5; cf. 1 Pe 1.18,19, não lhe quebraram osso algum, Êx 12.46, cf. com Jo 19.36, e o seu sangue era o penhor da salvação, Êx 12.13; Êx 12.18, cf. com 1 Co 5.8. **3** Festa da primavera originalmente consagrada à Eastra ou Ostra, divindade teutônica, deusa da luz e da primavera. Esse vocábulo veio a designar a festa cristã da ressurreição, desde o século oitavo, por via dos anglo-saxônios. Encontra-se uma vez em Atos 12.4, porém a tradução não é correta. A palavra original é *Paschoa*, vocábulo grego que significa Páscoa.

Páscoa — Christian Computer Art

Páscoa — Christian Computer Art

PASÉIA, PASEÁ

PASÉIA, PASEÁ – 1 Nome de um homem de Judá, descendente de Calebe, 1 Cr 4.12. 2 Nome do pai de certo Joiada que reparou a porta velha de Jerusalém, Ne 3.6. Nome de um chefe dos servidores do templo, fundador de uma família de netinins. Alguns da família voltaram do cativeiro, Ed 2.49; Ne 7.51. Seu nome em algumas versões é grafado como *Paseá*.

PASTOR (*no hebraico raah, no grego é poimen*) – pessoa encarregada de guardar rebanhos de ovelhas. Abel foi pastor, Gn 4.2. Nesse mister se ocupavam os patriarcas, desde Abraão até Jacó e seus filhos, 13.1-6. Havia pastores nômades possuidores de grandes rebanhos que moravam em tendas; mudavam-se de um lugar para outro à procura de pastagens e de abrigo seguro para suas manadas. Assim viviam Abraão, Jubal e os recabitas, 4.20; 13.2,3,18 *cf.* com 20.1; Jr 35.6-10. Havia também ricos pastores que habitavam em cidades e cujos rebanhos pastavam aos cuidados dos servos, 1 Sm 25.2,3,7,15,16; *cf.* Gn 37.12-17 e, também, pastores locais possuidores de apriscos, e que recolhiam os rebanhos à tarde, depois de passarem o dia nas pastagens distantes, Jo 10.1-4 (veja *APRISCO*), às vezes, os rebanhos ficavam sob os cuidados de um filho, Gn 37.2; 1 Sm 16.11,19,

Pastor — Christian Computer Art

de uma filha, Gn 29.9; Êx 2.16,17, ou de servos jornaleiros, Gn 30.32; Zc 11.12; Jo 10.12. Em geral, os servos eram responsáveis pelas perdas sofridas e extravio de ovelhas, Gn 31.39. A lei mosaica isentava dessa responsabilidade, sempre que ficasse provado que o prejuízo não fora motivado por negligência, Êx 22.10-13. O pastor se dirigia de manhã para o aprisco, onde ficavam recolhidos os vários rebanhos, e chamava as ovelhas. As ovelhas de cada pastor ouviam a sua voz e o seguiam. As ovelhas de outros rebanhos não davam atenção à voz do pastor estranho, Jo 10.2-5. O pastor levava o rebanho às pastagens, passava o dia inteiro com ele, e, às vezes, até a noite, Gn 31.40; Ct 1.7; Lc 2.8, defendia-o contra os assaltos das feras e dos ladrões, 1 Sm 17.34,35; Is 31.4, e impedia que as ovelhas entrassem nas searas, procurava as extraviadas e as recolhia ao aprisco, Ez 34.12; Lc 15.4; com grande desvelo dos cordeirinhos e das que eram fracas, Is 40.11; Ez 34.4,16; Zc 11.9. As ovelhas que ficavam mais perto do pastor tinham cada uma o seu nome e acudiam a ele, recebendo do pastor cuidados especiais. Até o presente, ainda é assim nessas regiões. Nas estações do ano em que as pastagens secavam ou ficavam cobertas de neve, os pastores tinham de fazer provisões para sustento do rebanho; cortavam ramos de árvores da floresta de que se alimentavam as ovelhas e os outros animais do rebanho. Os pastores levavam consigo cobertas que lhes serviam para se resguardarem do frio, uma bolsa com alimentos e armas de defesa, 1 Sm 17.40; Jr 43.12. Uma vara comprida, de ponta curva, como ainda se usa, servia para guiar as ovelhas, obrigá-las a se unirem, guiá-las e defendê-las, e também para castigar as desobedientes, Sl 23.4; Mq 7.14; Zc 11.7. Os cães auxiliavam os pastores na guarda dos rebanhos e davam sinal à aproximação de perigo, Jó 30.1. Jeová era o pastor de Israel e em particular da parte que lhe era fiel, Gn 49.24. Cristo é o bom pastor

PATRIARCA

que entra no aprisco pela porta e chama as ovelhas pelos seus nomes; elas confiam nele e o seguem, e não acodem à voz dos estranhos. O Bom Pastor dá a vida pelas suas ovelhas, Jo 10.1-18. Todos que tinham posições de responsabilidade na teocracia, os profetas, os sacerdotes e os reis, eram considerados pastores do povo israelita; e como tais, repreendidos por causa de suas negligências, Is 56.11. Na Igreja, os anciãos ou presbíteros, e pastores sob a direção do Príncipe dos pastores, que é Jesus Cristo, são exortados a terem cuidado do rebanho de Deus, 1 Pe 5.1-4.

PASUR (*no hebraico, "libertação"*) **1** Nome de um dos filhos de Malquias, e um dos oficiais que tinham influência sobre o rei Zedequias, e que mais furiosamente se opuseram ao profeta Jeremias, *cf*. Jr 21.1; 38.1,4; *cf*. 21.9, com 38.2. É justo supor que seu pai é o Malaquias mencionado no cap. 38.6, em cujo calabouço lançaram o profeta Jeremias. A sua identidade com o sacerdote Pasur, filho de Malquias, 1 Cr 9.12, é duvidosa, principalmente o título de sacerdote que pertencia a seu companheiro e não a ele, Jr 21.1. **2** Nome de um dos filhos do sacerdote Imer, que lançou Jeremias na prisão, por causa das predições desanimadoras que ele proferia contra Jerusalém, Jr 20.1-6. **3** Nome do pai de um dos que se opunham ao profeta Jeremias, chamado Gedalias, Jr 38.1. **4** Nome do fundador de uma família sacerdotal, alguns de cujos membros voltaram do cativeiro da Babilônia, Ed 2.38; Ne 7.41, e talvez 1 Cr 9.12. Alguns de seus descendentes casaram-se com mulheres estrangeiras, das quais se desquitaram, induzidos por Esdras, Ed 10.2. **5** Nome de um sacerdote, chefe de uma casa, que em companhia de outros assinou o pacto nos dias de Neemias, pelo qual todos se comprometeram a proibir os casamentos de seus filhos com mulheres estrangeiras, e guardar as leis de Deus, Ne 10.3.

PÁTARA – nome de uma cidade marítima a sudeste da Lícia. O apóstolo Paulo embarcou ali em demanda da Fenícia, quando se dirigia à Palestina, At 21.1. Existia ali o famoso oráculo de Apolo. As ruínas existentes conservam o mesmo nome antigo, e tendem a desaparecer sob as areias movediças das dunas de que está cercada.

PÁTIO, **PRETÓRIO** – lugar amplo, dentro de um edifício, destinado a receber o público. No palácio do sumo pontífice em Jerusalém, havia um pátio, onde, na noite da prisão de Jesus, esteve o apóstolo Pedro aquecendo-se ao fogo, com outros curiosos, Lc 22.55. Na residência oficial do governador provincial da Judéia, havia o pretório com o seu pátio para onde foi conduzido Jesus, depois de sair da casa do sumo sacerdote, Mc 15.16; Mt 27.27; Jo 18.28,33; 19.9; At 23.35.

PATMOS – nome de uma ilha para onde foi banido o apóstolo João por causa da palavra de Deus e pelo testemunho de Jesus Cristo, e onde teve a visão registrada no seu livro, Apocalipse ou Revelação, *cf*. Ap 1.9. É uma pequena ilha de formação vulcânica, que faz parte das espórades do arquipélago grego, e que agora se chama Patino. Está situada longe da costa meridional da Ásia Menor, cerca de 45 km a sudoeste de Samos. Tem cerca de 22 km de circunferência e nada produz.

PATRIARCA – nome que se dá ao chefe de uma raça. O Novo Testamento aplica esse termo aos fundadores da raça e da nação hebréia: a Abraão, Hb 7.4, aos 12 filhos de Jacó, At 7.8,9, e ao rei Davi, 2.29. Geralmente, dá-se esse nome aos piedosos chefes das famílias, mencionados no Antigo Testamento, anteriores a Moisés, como os patriarcas antediluvianos, cuja linhagem se encontra no livro de Gênesis cap. 5. No regime patriarcal, o governo da tribo era

PATRIARCA

a vontade individual do patriarca, como direito paternal, que residia a princípio no progenitor da tribo, passando dele para o primogênito, ou para o mais velho da linha genealógica. O chefe de cada família, que se formava pela expansão da tribo, exercia iguais funções dentro da sua esfera. A dispensação patriarcal vigorou antes do estabelecimento da teocracia no Sinai, quando todos os chefes de família e cada um deles eram sacerdotes de sua própria casa com quem Deus se comunicava.

PÁTROBAS (*nome grego e forma abreviada de Patróbio, "vida do pai"*) – nome de um cristão, residente em Roma, a quem o apóstolo Paulo enviou saudações, Rm 16.14.

PATROCLO – nome de um general sírio que guerreou contra os judeus, 1 Mac 3.38; 2 Mc 8.9.

PATROS (*no egípcio "terra ao sul"*) – nome de um país situado no alto Egito entre o Egito e Cus, Is 11.11, e conhecido nos textos egípcios pelo nome de Pa-toris, cuja capital era Tebas. Foi ali o berço dos egípcios, Ez 29.14. Menes, primeiro rei do Egito, recordado na história, residia no alto Egito, no tempo em que a região baixa ao norte do lago Moeris era um enorme pântano, Heród. 2.4,15,99. Isaías profetizou a dispersão de Israel para as mais remotas regiões e a sua volta eventual dentre outros muitos lugares, além de Patros, Is 11.11; *cf.* 7.18. Depois da tomada de Jerusalém por Nabucodonosor, judeus que dali escaparam refugiaram-se em Patros, onde ficaram residindo, Jr 44.1,2,15.

PATRUSIM (*no hebraico, "habitantes de Patros"*) – nome de um dos sete povos procedentes de Mesraim, e que habitavam em Patros, Gn 10.14; 1 Cr 1.12.

PAU (*no hebraico, "balido"*) – nome de uma cidade de Edom, cidade do rei Hadar, Gn 36.39. Localização desconhecida. Em 1 Cr 1.50, tem o nome de *Paí*, por causa, sem dúvida, da confusão da letra *vau* com a letra *jod*, do texto original.

PAUL, **CARRIÇAL**, **PRADO** – tradução da palavra egípcia *ahu*, que significa ervas de paul, carriçal, canavial do brejo, ou lugares de juncos, como se diz em Jó 8.11; Gn 41.2,18.

PAULO (*no grego Paulos, derivado do latim Paulus, que quer dizer "pequeno"*) – nome do grande apóstolo dos gentios. O nome judeu anterior era Saulo; no hebraico *Shaul*, no grego, *Saulos*; assim denominado em Atos dos Apóstolos, mesmo até depois da conversão de Sérgio Paulo, procônsul de Chipre, At 13.9. Daqui em diante, só tem o nome de Paulo, que ele a si mesmo dá em todas as suas cartas. Não é de estranhar que alguns pensem que tomou esse nome do procônsul Sérgio. Isto, porém, não é de modo algum aceitável, tendo em vista o modo gentil pelo qual o evangelista Lucas o apresenta, dando-lhe o nome de Paulo, quando começou a sua obra de apóstolo dos gentios. É mais provável que, acompanhando o costume de muitos judeus, At 1.23; 12.12; Cl 4.11, e principalmente os judeus da dispersão, o apóstolo usasse de ambos os nomes. Havia nascido em Tarso, cidade principal da Cilícia, At 9.11; 21.39; 22.3, e pertencia à tribo de Benjamim, Fp 3.5. Não se sabe como é que a sua família foi residir em Tarso. Uma antiga tradição afirma que ele havia sido levado de Giscala na Galiléia, pelos romanos, depois que tomaram este último lugar. É possível, pois, que a família de Saulo, em tempos anteriores, tivesse fixado residência em Tarso, com alguma das colônias que os reis da Síria estabeleceram ali (Ramsay, *St. Paul the Traveler*, p. 31) ou que tivesse imigrado

PAULO

voluntariamente, como faziam muitos judeus por motivos de ordem comercial. Parece que o apóstolo Paulo tinha relações familiares de alto valor e de grande influência. Em Romanos 16.7,11, manda saudar três pessoas, seus parentes, das quais Andrônico e Júnias, que se haviam assinalado entre os apóstolos e que foram cristãos primeiro que ele. Pela leitura de Atos 23.16, sabe-se que "um filho de sua irmã", que provavelmente morava em Jerusalém com sua mãe, deu informações ao tribuno sobre a conspiração tramada contra a vida do apóstolo Paulo. Dá isto a entender que esse moço pertencia a alguma das famílias importantes da cidade, o que parece confirmado pelo fato de Paulo haver presidido à morte de Estêvão. É provável que já fosse membro do concílio, At 26.10, pois que não tardou a receber comissão do sumo sacerdote para perseguir os cristãos, 9.1,2; 22.5. Os seus dizeres na epístola aos Filipenses 3.4-7 autorizam-nos a crer que ocupava posição de grande influência, que lhe dava margem para conseguir lucros e grandes honras. As suas relações de família não podiam ser obscuras. Apesar de receber uma educação subordinada às tradições e às doutrinas da fé hebraica, e de ter pai fariseu, At 23.6, ele era cidadão romano. Ignora-se por que meios havia alcançado esse privilégio; teria sido por serviços prestados ao Estado ou talvez por compra, e pode bem ser que o nome Paulo tenha alguma relação com o título de cidadão romano. De qualquer modo, dava-lhe grande importância na seqüência de seu trabalho cristão, e serviu mais de uma vez para salvar-lhe a vida. Tarso era centro intelectual do oriente, onde existia uma escola famosa e em que dominava a filosofia estóica. É possível que Paulo crescesse ali sob essas influências. Seus pais, fiéis à lei mosaica, o mandaram logo para Jerusalém para ser educado ali. À semelhança de outros rapazes da mesma raça, tinha de aprender um

ofício, que, no seu caso, foi o de fazedor de tendas, das que se usavam nas viagens, 18.3. Como ele mesmo diz, 22.3, foi educado em Jerusalém, para onde o enviaram, quando muito jovem. A educação consistia principalmente em fixar nele as tradições farisaicas. "Foi instruído conforme a verdade da lei de seus pais", *ibid*. Teve como preceptor um dos mais sábios e notáveis rabinos daquele tempo, o grande Gamaliel, neto do ainda mais famoso Hilel. Foi esse Gamaliel, cujo discurso se contém em Atos dos Apóstolos 5.34-39, que aconselhou o sinédrio a não tentar contra a vida dos apóstolos. Gamaliel possuía alguma coisa estranha ao espírito farisaico, a qual se avizinhava da cultura grega. O seu discurso já citado, demonstra que ele não possuía o espírito intolerante e perseguidor, característico da seita dos fariseus. Celebrizou-se por seus grandes conhecimentos rabínicos. A seus pés o jovem Saulo, vindo de Tarso, recebeu as lições sobre os ensinos do Antigo Testamento, porém já se observa, de acordo com as sutilezas e interpretações dos doutores que acenderam no espírito ardente do jovem discípulo, um zelo feroz para defender as tradições de seus antepassados. Assim, pois, o futuro apóstolo se tornou fariseu zeloso, disciplinado nas idéias religiosas e intelectuais de seu povo. Por esse modo, as suas qualidades pessoais, o seu preparo intelectual, e, talvez ainda, as relações de família, preparavam-lhe posição de destaque na sociedade judia. Aparece no cenário da história cristã, consentindo na execução de Estêvão, o protomártir do cristianismo, a cujos pés as testemunhas depuseram suas vestimentas, *cf*. At 7.58, quando ainda moço. A sua posição, nesse caso, não queria dizer que estivesse investido de funções oficiais. De acordo com os dizeres da passagem já referida, ele apenas consentiu na morte de Estêvão. Contudo, observa-se claramente que perseguia com ardor os primeiros cristãos. Sem

PAULO

dúvida, entrava no número daqueles helenistas ou judeus que falavam o grego, mencionados em Atos dos Apóstolos, 6.9, que promoveram a acusação contra Estêvão. Não erramos dizendo que o ódio de Paulo contra a nova seita já estava aceso; não só desprezava o crucificado Messias, como considerava os seus discípulos um elemento perigoso, tanto para a religião quanto para o Estado. Não é para admirar, pois, que fosse tão feroz o seu ódio a ponto de promover-lhes o extermínio pela morte. Logo após o martírio de Estêvão, tomou parte ativa, dirigindo o movimento de perseguição contra os cristãos, At 8.2,3; 22.4; 26.10,11; 1 Co 15.9; Gl 1.13; Fp 3.6; 1 Tm 1.13. Fazia tudo isso guiado por uma consciência mal informada. Era o tipo do inquisidor religioso. Não satisfeito com a perseguição devastadora que fazia em Jerusalém, pediu cartas ao príncipe dos sacerdotes para as sinagogas de Damasco com o fim de levar presos para Jerusalém quantos achasse dessa proftissão, At 9.1,2. Os romanos davam amplos poderes aos judeus para exercerem a sua administração interna. O governador de Damasco, que obedecia à direção do rei Aretas, era particularmente favorável aos judeus, 9.23,24; 2 Co 11.32, corroborando na perseguição de Paulo aos cristãos. Nota importante a observar, segundo o testemunho expresso de Lucas e do próprio apóstolo Paulo, é que respirava ameaças de morte contra os discípulos de Jesus até o momento da sua conversão, crendo que assim fazendo, prestava grande serviço a Deus. Não tinha dúvida quanto à justiça da sua empresa, nem sentia desfalecimento de coração para executá-la. Foi no caminho de Damasco que se deu a repentina conversão. Paulo e seus companheiros provavelmente iam a cavalo, como era costume nas viagens pelos caminhos desertos da Galiléia, para a antiga cidade. Estavam perto da cidade. Era meiodia, o sol ardente estava no seu zênite, cf.

At 26.13. Repentinamente, uma luz vinda do céu, mais brilhante que a luz do sol, caiu sobre eles, derrubando-os, cf. v. 14. Todos se ergueram, continuando Paulo prostrado por terra, cf. At 9.7. Ouviu-se então uma voz que dizia em língua hebraica: "Saulo, Saulo, por que me persegues? Dura cousa é recalcitrares contra os aguilhões", 26.14. Respondeu ele então: "Quem és tu, Senhor?" Ele respondeu: "Eu sou Jesus, a quem tu persegues", v. 15. "...mas levanta-te e entra na cidade, onde te dirão o que te convém fazer", 9.6; 22.10. Os companheiros que o seguiam ouviam a voz sem nada ver, 9.7, nem entender, 22.9. Paulo sentiu-se cego pelo intenso clarão da luz, e foi conduzido pela mão dos companheiros, entrou em Damasco, hospedou-se na casa de Judas, 9.11, onde permaneceu três dias sem ver, sem comer, nem beber, orando, 9.11, e meditando sobre a revelação que Deus lhe fizera. Ao terceiro dia, o Senhor mandou certo judeu convertido, chamado Ananias, que fosse ter com Paulo e lhe impusesse as mãos para que recobrasse a visão. O Senhor garantiu a Ananias, o qual tinha receio de se encontrar com o grande perseguidor, que este quando em oração, já o tinha visto aproximar-se dele, portanto, Ananias obedeceu. Paulo confessou sua fé em Jesus, recobrou a visão, e recebeu o batismo; e dali em diante, com a energia que o caracterizava, e com grande espanto dos judeus, começou a pregar nas sinagogas que Jesus era o Cristo, Filho de Deus vivo, 9.10-22. Tal é a narrativa da conversão de Saulo de Tarso. Há três narrativas deste fato em Atos; uma feita por Lucas, 9.3-22, outra pelo próprio Paulo, diante dos judeus, 22.1-16, e outra pelo mesmo Paulo, diante de Festo e Agripa, 26.1-20. Os três relatos combinam entre si, visto que nem todos os incidentes se encontram em cada um deles. Em todo caso, cada um foi escrito com referência ao fim que o narrador tinha em

PAULO

vista. Em suas epístolas, o apóstolo alude com freqüência à sua conversão, atribuindo-a à graça e poder de Deus, ainda que não a descreva em minúcias, 1 Co 9.1-16; 15.8-10; Gl 1.12-16; Ef 3.1-8 Fp 3.5-7; 1 Tm 1.12-16; 2 Tm 1.9-11. Esse fato, pois, é atestado pelo testemunho mais valoroso possível. É certo também que Jesus não somente falou a Paulo, mas também lhe apareceu, At 9.17,27; 22.14; 26.16; 1 Co 9.1. Não se diz de que forma; com certeza foi de modo tão glorioso, que o apóstolo conheceu logo no Jesus crucificado, o Cristo, Filho do Deus Vivo, que lhe falava; e ele chama a isto, "...visão celestial" At 26.19, ou um espetáculo, palavra essa empregada em Lc 1.22; 24.23, para descrever o aparecimento de entes celestiais. Não há lugar para dizer-se que seja ilusão de qualquer espécie. Contudo, o aparecimento de Cristo não foi a causa da conversão de Saulo, e, sim a obra do Espírito Santo no coração, habilitando-o a receber e aceitar a verdade que lhe havia sido revelada, Gl 1.15. Foi o mesmo Espírito que convenceu Ananias e que o levou a impor as mãos e a unir à Igreja nascente o novo convertido. Vários racionalistas pretendem explicar a conversão de Paulo, sem tomar em conta a intervenção sobrenatural; essas opiniões são destruídas pelo testemunho do mesmo Paulo; afirmando a sua atitude de perseguidor, obedecia a motivos de consciência e que a sua mudança era devido ao soberano exercício do poder de Deus e à sua graça infinita. A frase "Dura cousa é recalcitrares contra os aguilhões", não quer dizer que ele agia contra a sua vontade ou que já reconhecia a verdade do cristianismo, quer dizer antes que era insensatez resistir aos propósitos divinos. A sua vida anterior deve ser reconhecida como um período de iniciação inconsciente para a sua missão futura. Os foros de cidadão romano, a instrução recebida nas escolas, as suas qualidades pessoais, tudo isto serviu para fazer dele um instrumento especial para a obra missionária. Há motivos para crer que o seu espírito não tinha paz na prática do judaísmo, Rm 7.7-25. Se assim não fora, não chegaria a compreender claramente que a salvação somente se alcança por meio da graça de Deus em Cristo. A sua experiência religiosa também teve o efeito de prepará-lo para ser grande expositor da doutrina da justificação pelos méritos de Cristo, alcançados somente pela fé. Após a sua conversão, Paulo deu início à obra da evangelização; em parte graças à sua natural energia, e também por haver Deus revelado que ele ia ser vaso escolhido para levar o seu nome diante dos gentios, dos reis e dos filhos de Israel, isto é, missionário e apóstolo, At 9.15; 26.16-20; Gl 1.15,16. Começou a sua obra nas sinagogas de Damasco com muito bom êxito, provocando contra si a perseguição dos judeus locais, auxiliados pelo governador da cidade, 2 Co 11.32, de modo que foi preciso fugir. Os discípulos, de noite, o deslizaram pela muralha da cidade, colocando-o em um cesto, At 9.23-25; 2 Co 11.33. Em vez de regressar a Jerusalém, dirigiu-se para a Arábia e de lá voltou a Damasco, Gl 1.17. Não se sabe em que lugar da Arábia ele esteve, nem quanto tempo lá se demorou, nem o que foi fazer naquele lugar. Presume-se que meditasse sobre os grandes acontecimentos de sua vida religiosa e das revelações que Deus lhe tinha feito. Três anos depois da sua conversão, determinou sair de Damasco e ir outra vez a Jerusalém. Diz-nos ele que o principal objetivo dessa viagem foi visitar Pedro, Gl 1.18,19, permanecendo com ele 15 dias, não tendo visto mais nenhum dos apóstolos senão Tiago, irmão do Senhor. Lucas menciona mais alguns particulares, At 9.26-29. A igreja de Jerusalém teve medo dele, não acreditando que fosse discípulo de Cristo. Foi necessário que Barnabé o levasse consigo e o apresentasse aos apóstolos, contando como ele havia visto o

PAULO

Senhor e como depois em Damasco ele se portou com toda a liberdade em nome de Jesus. Diz ainda Lucas que Paulo pregava em Jerusalém com o mesmo desassombro que tinha feito em Damasco, empregando seus esforços para a conversão de seus velhos amigos e compatriotas, que falavam o grego, 9.28,29. Como em Damasco, estes também conspiraram contra ele. A situação ameaçadora e perigosa em que estava, fez com que os irmãos o conduzissem a Cesaréia e dali para Tarso, v. 29,30; Gl 1.21. Saiu mais depressa de Jerusalém, por haver tido uma visão no templo, na qual o Senhor lhe ordenou que sem demora se afastasse dali para ir às nações de longe, At 22.17-21. As duas notícias sobre essa visita a Jerusalém, que se encontram em Atos e na carta aos Gálatas, parecem inconsistentes, porém, harmonizam-se naturalmente. É muitíssimo provável que Paulo quisesse visitar Pedro a fim de que o trabalho que lhe estava destinado fosse feito em harmonia com os primitivos apóstolos, dos quais Pedro se destacava. É igualmente provável que os cristãos de Jerusalém, a princípio, tivessem medo dele, e que o proceder de Barnabé, que era como Paulo, helenista judeu, fosse recebido com algumas reservas. Além disso, 15 dias de estada na cidade, é tempo suficiente para os acontecimentos descritos em Atos. A ordem do Senhor para que Paulo deixasse logo a cidade, é de fato confirmada, 22.18. A notícia que Lucas relata, de que Barnabé apresentou Paulo aos apóstolos, não contradiz a afirmação de Paulo de que somente viu a Pedro e Tiago. A recepção feita ao novo converso pelo apóstolo Pedro, para não falar também de Tiago que ocupava posição quase apostólica, Gl 2.9, equivalia ao oficial do novo apóstolo, e é isto mesmo que Lucas queria significar. É ainda digno de nota que achava completamente confirmado, tanto por parte de Paulo quanto dos irmãos principais de Jerusalém, que o novo converso havia sido escolhido apóstolo, e que a sua missão iria ser entre os gentios. Nessa ocasião, cogitava-se das relações dos gentios convertidos para com a lei mosaica. Ninguém poderia ainda avaliar a importância e a extensão da obra de Paulo. Contudo, foi ele reconhecido como tal e enviado a Tarso para iniciar o seu trabalho. A demora dele nessa cidade é quase um enigma; parece que foi de seis ou sete anos (veja a cronologia a seguir), durante os quais se ocupou da evangelização e, provavelmente, fundou as igrejas da Cilícia, incidentalmente referidas em Atos 15.41. Se alguma vez sentiu a influência intelectual de Tarso, esta devia lhe ser muito propícia. Como já foi mencionado, Tarso era um dos centros da filosofia estóica. Em seu discurso em Atenas, Paulo faz apreciações sobre essa escola, suficientes a satisfazer nossa curiosidade. Ainda que em atividade, Paulo aguardava as indicações providenciais sobre o caminho que devia tomar no serviço do Mestre. Finalmente começaram a aparecer. Alguns dos judeus convertidos que falavam a língua grega, e que haviam saído de Jerusalém, fugindo da perseguição que se seguiu à morte de Estêvão, chegaram à grande cidade de Antioquia da Síria, situada às margens do Orontes, ao norte da cordilheira do Líbano. Tinha sido capital do reino e era naquele tempo a residência oficial do governador romano da província. Era contada entre as cidades principais do império, por causa de sua população mista e da extensão de seu comércio. Situada fora dos limites da Palestina, e às portas da Ásia Menor, ligada também pelo tráfego e pela política com todo o império, servia de base natural de operações, de onde a nova fé, separada do judaísmo, sairia à conquista do mundo. Nessa cidade, os cristãos refugiados começaram a pregar aos gentios, At 11.20. Há uma dificuldade no texto original para determinar com clareza se era mesmo aos gentios que eles

PAULO

pregavam; mas no contexto não há lugar para dúvidas. Muitos gentios se converteram ali de modo a formarem uma igreja gentílica na metrópole da Síria. Quando a notícia chegou a Jerusalém, enviaram para lá Barnabé para investigar o caso. Claramente descobriu a mão de Deus nesse movimento, não obstante serem os recém-convertidos incircuncisos. Parece que ele também percebeu que Deus estava abrindo a porta aos trabalhos de Paulo, porque dali foi buscá-lo em Tarso e o levou para Antioquia. Ambos trabalharam naquela cidade um ano inteiro. Muitos gentios se converteram, de modo que a nova igreja, sem vestígios do judaísmo, foi denominada de cristãos pelos habitantes gentios da cidade. Começou dessa maneira o relacionamento do apóstolo com Antioquia. Nas páginas da história, foi registrada a primeira igreja formada de elementos gentílicos, ponto de partida para a obra de Paulo no mundo pagão. Quando Paulo estava em Antioquia, um profeta de nome Ágabo, vindo da Judéia, predisse na assembléia dos cristãos que breve haveria uma grande fome na terra. Serviu esta profecia de motivo para que os irmãos manifestassem o seu extremado amor para com os cristãos da Judéia. Esse fato é prova notável do sentimento de obrigação desses gentios para com aqueles de quem tinham recebido a nova fé, e também para mostrar quão depressa haviam sido destruídos os muros de inimizade que separava as raças e as classes. Em Antioquia, fizeram-se logo contribuições para aliviar as necessidades dos irmãos da Judéia enviadas por mão de Barnabé e de Saulo, At 11.29,30. Essa visita do apóstolo Paulo a Jerusalém deve ter sido no ano 44, ou pouco antes, e a ela não se refere na sua epístola aos Gálatas, talvez por não ter visto nenhum dos apóstolos. Alguns escritores tentaram identificar essa visita com a que está mencionada em Gl 2.1-10; porém ela ocorreu depois de discutida a circuncisão

dos gentios, como se depreende de At 15.1. O propósito do apóstolo Paulo, na epístola aos Gálatas, foi o de contar de novo as oportunidades que ele havia tido, de obter a confirmação de seu evangelho pelos apóstolos mais velhos, e se nessa ocasião, como diz Lucas, ele encontrou somente os anciãos da igreja, a sua rápida visita era de simples caridade, o seu argumento na carta aos Gálatas não exigia menção dessa viagem. Barnabé e Paulo voltaram novamente a Antioquia, levando consigo a João Marcos, 12.25. Havia chegado o tempo de iniciar a história missionária da evangelização dos gentios, indicada pelo Espírito aos profetas pertencentes à igreja de Antioquia, At 13.1-3, os quais, por ordem divina separam a Barnabé e a Paulo essa obra a que Deus os tinha chamado. Obedecendo à direção divina e sob os auspícios da igreja de Antioquia, o apóstolo principiou a primeira viagem missionária, sem podermos determinar a data, que deveria ser entre 45 e 50, ou 46 e 48, e sem sabermos quanto tempo durou. Barnabé, que era o mais velho, dirigia o movimento, mas logo Paulo ocupou o primeiro lugar por causa de seus dotes oratórios. João Marcos entrou nessa comissão. Saíram de Antioquia para Selêucida, situada na foz do Orontes e dali para Chipre, pátria de Barnabé. Desembarcando em Salamina, na costa de Chipre, começaram a trabalhar, como de costume, nas sinagogas. Percorreram toda a ilha até chegarem a Pafos na costa sudoeste. Nesse lugar, despertaram a atenção de Sérgio Paulo, procônsul romano. Saiu-lhes ao encontro, com violenta oposição, um feiticeiro judeu, chamado Barjesus, também conhecido por Elimas, o mago que previamente havia conseguido a proteção do procônsul, At 13.6,7. Paulo resistiu-lhe indignado e o repreendeu severamente, e o feriu de cegueira. Resultou disto a conversão de Sérgio Paulo, v. 8-12. Partindo de Chipre, o grupo de missionários, de que Paulo era então o chefe, v. 13, navegou

PAULO

Lugar onde Paulo ficou prisioneiro — Christian Computer Art

para a Ásia Menor e chegou a Perge, na Panfília. Ali João Marcos, por motivos ignorados, deixou os seus companheiros e regressou a Jerusalém. Os dois, Paulo e Barnabé, não se detiveram em Perge, dirigiram-se para o norte, chegaram a Frígia e foram até Antioquia da Pisídia. Essa era a cidade principal da província romana da Galácia. Entraram na sinagoga judia, e a convite dos chefes da sinagoga proferiu o grande discurso, registrado, em At 13.16-41, primeiro exemplo de sua pregação de que há notícia. Depois de narrar a missão dos chefes de Israel, com vistas ao Messias que tinha de vir, falou do testemunho de João Batista e do modo que Jesus foi rejeitado pelos judeus; declarou que Deus o havia ressuscitado dentre os mortos, cumprindo na sua pessoa as promessas feitas a Israel pelos antigos e que, somente pela fé nele os homens podem ser justificados. Admoestou os judeus a não repetirem o crime cometido pelas autoridades de Jerusalém. Esse discurso fomentou o rancor dos judeus, mas impressionou a outros e ainda mais aos gentios que já estavam sob a influência da sinagoga e formavam o laço de união entre esta e o mundo gentílico para o trabalho de Paulo. No sábado seguinte, houve o rompimento entre a sinagoga e os missionários cristãos, de modo que estes passaram a dirigir-se aos gentios. O povo da cidade, exacerbado pelos judeus, levantou-se contra Paulo e Barnabé e os lançou fora, At 13.50. De Antioquia, passaram a Icônio, outra cidade da Frígia, onde uma grande multidão de judeus e de gregos se converteu à fé, v. 51. Aqui, também, encontraram forte resistência da parte dos judeus incrédulos, que irritavam os ânimos dos gentios contra seus irmãos. Depois, passaram para Listra e Derbe, cidades importantes da Licaônia, 14.1-6. Em Listra, o apóstolo Paulo curou um homem coxo desde o ventre materno. O povo, tendo visto o milagre, levantou a voz dizendo: "Os deuses, em forma de homens, baixaram até nós", v. 11, chamavam Barnabé, Júpiter e Paulo, Mercúrio. Esse fato ocasionou o segundo discurso feito por Paulo, registrado

PAULO

em Atos v. 15-18, no qual evidenciou a estultícia da idolatria. É quase certo que a conversão de Timóteo ocorreu em Listra, At 16.1; 2 Tm 1.2; 3.11. A popularidade de Paulo durou pouco. Irrompeu nova perseguição, instigada pelos judeus, At 14.19, apedrejando-o e o lançando fora da cidade como morto, At 14.19. Rodeando-o os discípulos, e levantando-se ele, entrou na cidade e no dia seguinte partiu com Barnabé para Derbe, limite provável da província da Galácia a sudeste, v. 20. Seria possível aos dois missionários atravessar a cordilheira indo à Cilícia e passando por Tarso, irem diretamente de regresso a Antioquia da Síria. Fizeram um novo círculo; não quiseram voltar antes de consolidar a existência das novas igrejas. Portanto, passaram de Derbe a Listra, de Listra a Icônio, de Icônio a Antioquia da Pisídia, de Antioquia a Perge, organizando igrejas e animando os discípulos. Nessa cidade, pregaram o Evangelho que parece não haviam feito na primeira visita; dirigiram-se ao porto de Atália e dali regressaram a Antioquia da Síria, At 14.21-26. E assim terminou a primeira viagem missionária do apóstolo. Essa viagem compreendia todas as regiões, para o lado do ocidente, já ocupadas pelo evangelho. O método de trabalho consistia em oferecer em primeiro lugar a salvação aos judeus e depois aos gentios. Encontrou o apóstolo grande número deles influenciados pelo judaísmo, e, portanto, em condições de receber a nova doutrina. O seu objetivo consistia em formar igrejas nas cidades principais. As boas estradas de rodagem abertas pelo governo romano, entre os postos militares, contribuíram muito para facilitar as viagens missionárias. A língua grega, por ser geralmente falada, serviu de veículo à pregação da verdade. A Providência havia por esse modo preparado o caminho para a difusão do evangelho no mundo. Sobre as viagens missionárias, podem os leitores consultar Conybeare e Howson que escreveram sobre a primeira viagem de Paulo, *Life and Epistles of St. Paul*; e especialmente, em referência à primeira viagem, a primeira parte da obra de Ramsay, *Church in the Roman Empire*. Os grandes resultados da obra do apóstolo Paulo entre os gentios provocaram sérias controvérsias dentro da igreja. Certo número de cristãos, vindos do judaísmo, foram de Jerusalém para Antioquia, ensinando ali que não poderiam ser salvos os gentios convertidos a menos que fossem primeiramente circuncidados, At 15.1. Alguns anos antes, Deus havia revelado à igreja por meio do apóstolo Pedro, que os gentios deviam ser recebidos na igreja sem a observância das leis de Moisés, At 10.1 até o cap. 11.18, porém, os fariseus restritos, convertidos ao cristianismo, 15.5, não se podiam conformar com essa doutrina vencedora na igreja de Antioquia, e de tal maneira perturbaram a consciência dos irmãos, que eles resolveram mandar Paulo e Barnabé, acompanhados de outros irmãos a Jerusalém, para consultarem os apóstolos e os anciãos sobre esse assunto. Essa viagem é a que vem descrita no cap. 15 de Atos e em Gl 2.1-10. Ambas essas descrições são inteiramente acordes, visto que feitas sob pontos de vista diferentes. Paulo diz que foi lá em conseqüência de uma revelação divina, Gl 2.2. A situação era delicada e muito crítica. O futuro da nova religião dependia de uma resolução sábia. Dela resultou a vitória da lealdade cristã e da caridade. Paulo e Barnabé mostraram à igreja mãe o que Deus havia feito por intermédio deles. Diante da oposição dos elementos judeus, reuniu-se um concílio dos apóstolos e dos anciãos, At 15.6-29, Pedro recordou o fato da conversão de Cornélio; Paulo e Barnabé relataram os fatos que ocorreram em sua viagem missionária; Tiago, irmão do Senhor, fez lembrar a profecia, anunciando a vocação dos gentios. Resolveram então aceitar como irmãos os conversos não circuncidados, exortando-os

PAULO

apenas a se absterem de certas práticas altamente ofensivas aos judeus. O apóstolo relata na carta aos Gálatas que ele advertiu a igreja de Jerusalém contra os falsos irmãos, e também que Tiago, Pedro e João o ajudaram dando-lhe as mãos em demonstração de apoio para que ele fosse aos gentios e eles aos judeus. Desse modo, o apóstolo relacionava-se com os outros apóstolos, continuando livremente o seu trabalho missionário para o qual havia sido divinamente destinado. O quanto essa controvérsia acirrou o ódio do judaísmo pode observar-se na subseqüente perseguição contra Paulo. A sua vitória nessa questão serviu para conservar a unidade da Igreja e garantir a liberdade dos gentios. Um sábio ajustamento de idéias, de resultados práticos, conciliou os prejuízos razoáveis dos judeus, ao mesmo tempo em que o caminho para a evangelização dos gentios em todas as direções ficou aberto e livre das cerimônias judias. Na carta aos Gálatas 2.11-21, existe rápida alusão a uma controvérsia sobre o assunto em Antioquia, de que não há registro. Pedro tinha estado ali, e, de pleno acordo com as idéias de Paulo, mantinha livre relacionamento com os gentios; mas, chegando ali alguns judeus de Jerusalém, Pedro e Barnabé, como que haviam cortado relações com os gentios. Essa maneira de proceder repreensível foi severamente condenada por Paulo, que ao mesmo tempo esboçou a doutrina da justificação pela fé sem as obras da lei, porque, dizia ele, eu estou morto à lei pela mesma lei, querendo com isso dizer que pela morte de Cristo ficaram prejudicadas todas as obrigações, impostas pela lei cerimonial. A única condição para se tornarem discípulos de Cristo era crer nele para a salvação. Observa-se, pois, que os direitos dos gentios na Igreja eram para o apóstolo, mais do que uma questão de unidade: envolvia um princípio essencial do evangelho. Na defesa desse princípio, tanto quanto pela sua obra

missionária, Paulo foi o principal agente para se estabelecer o cristianismo universal. O concílio de Jerusalém se efetuou no ano 50. Não muito depois, Paulo propôs a Barnabé uma segunda viagem missionária, At 15.36. Nessa ocasião, não quis que João Marcos fosse com eles, ficando desde aí separados os dois grandes missionários. Dessa vez Silas o acompanhou. Primeiro visitaram as igrejas da Síria e da Cilícia; depois passaram para os lados do norte, atravessaram as montanhas do Tauro e passaram às igrejas que Paulo havia fundado na sua primeira viagem. Foram a Derbe e a Listra. Nesta última cidade, determinou levar Timóteo, e o circuncidou por causa dos judeus que lá havia, impedindo por este modo que eles se escandalizassem, porque sua mãe era judia. Dessa maneira, mostrou ele desejo de conciliar os prejuízos judeus e ao mesmo tempo não cedendo uma linha em questão de princípios. De Listra passou para Icônio e para Antioquia da Pisídia. Nesse lugar, encontrou a oposição dos filósofos. Diz Ramsay, e com ele outros, que ele seguiu diretamente para o norte, quando deixou Antioquia da Pisídia, atravessando a província romana da Ásia, porém sem pregar ali, pois o Espírito Santo o proibira, At 16.6, e tendo chegado a Mísia, intentavam passar a Bitínia, v. 7, mas foram de novo proibidos de pregar ali. Passando depois a Mísia, voltaram-se para o ocidente, e foram para Trôade. A opinião mais comum é que eles, de Antioquia da Pisídia passaram para o nordeste e foram para a própria Galácia; nessa viagem, Paulo adoeceu, aproveitando essa oportunidade para pregar na Galácia e fundar igrejas, Gl 4.13-15; esse movimento ao nordeste foi por causa de terem sido proibidos de pregar na Ásia; que terminado que foi o trabalho na Galácia, tentaram entrar na Bitínia, sendo outra vez proibidos. E assim, adotando a primeira teoria, o apóstolo voltou para o ocidente para Trôade. Todo esse período é

PAULO

rapidamente descrito por Lucas. O Espírito estava dirigindo os missionários para a Europa. A narração de Atos dos Apóstolos assim o indica. Em Trôade, apareceu a visão do homem da Macedônia, At 16.9. Obedecendo a essa chamada, os missionários, com Lucas, dirigem-se para a Europa, desembarcando em Neápolis, seguem logo para a importante cidade de Filipos. Ali fundaram uma igreja, 16.1-40, que sempre foi cara ao coração de Paulo, cf. Fp 1.4-7; 4.1,15. Ali também, pela primeira vez, entrou em conflito com os magistrados romanos, servindo-se dos seus direitos de cidadão romano em favor de seu trabalho, At 16.20-24,37-39. De Filipos, onde Lucas ficou, Paulo, Silas e Timóteo foram para Tessalônica. A deficiência de informações sobre o trabalho, nesse lugar, At 17.1-9, é suprida pelas alusões que a ele fazem as duas epístolas àquela igreja. Alcançou grandes resultados entre os gentios e lançou com grande cuidado os alicerces da Igreja, servindo-lhe de exemplo de indústria e sobriedade, provendo, pelo trabalho manual, o seu sustento e o de seus companheiros enquanto ali esteve a serviço do evangelho, 1 Ts cap. 2 etc. Veio a perseguição instigada pelos judeus, e por isso os irmãos enviaram Paulo para a Beréia; desse lugar, após valiosos resultados, até mesmo dentro da sinagoga, seguiu para Atenas. Sua permanência nessa cidade foi sem resultados. O que de mais importante ocorreu, foi o brilhante discurso por ele proferido no Areópago, na presença dos filósofos gregos, At 17.22-31, no qual o apóstolo fez apreciações sobre as verdades que o Evangelho apresentava em comum com o estoicismo, e ao mesmo tempo proclamando a seu auditório os deveres que tinha para com Deus e o que deveriam crer a seu respeito. Em Corinto, onde se deteve 18 meses, ao contrário de Atenas, seus trabalhos surtiram efeito admirável. Travou relações com Áqüila e Priscila e se hospedou em sua casa, cf. 18.1-3. A princípio, pregava na sinagoga, depois, por causa da oposição dos judeus, passou a pregar em casa de certo Tito Justo, próximo à sinagoga, v. 5-7. Tanto no livro de Atos, 18.9,10, quanto em 1 Coríntios, 2.1-5, encontram-se alusões à grande ansiedade com que o apóstolo prosseguia na sua missão em Corinto, e o seu desejo ardente de proclamar o evangelho na Grécia e em outros lugares. Em 1 Coríntios, refere-se aos bons resultados de seus trabalhos e às muitas tentações a que a igreja de Corinto estava exposta e que desde o princípio ocasionou cuidados especiais da parte do apóstolo. As necessidades de outras igrejas também serviam de objeto a seus constantes cuidados. De Corinto escreveu as duas epístolas aos Tessalonicenses, com o propósito de advertir os irmãos contra certas doutrinas e práticas nocivas que ameaçavam a Igreja. As hostilidades dos judeus continuavam. Por ocasião da chegada a Corinto do procônsul Gálio, acusaram Paulo de violar a lei. O procônsul decidiu que a questão deveria ser resolvida pelo pessoal da sinagoga, que o apóstolo não havia violado lei alguma que exigisse sua intervenção. Nessa época, o império romano defendia os cristãos das violências dos judeus, identificando-os com eles e desse modo o apóstolo podia continuar o seu trabalho sem embaraço algum. A missão de Paulo em Corinto é uma das mais frutíferas que a história da Igreja Primitiva registra. Finalmente, o apóstolo volta-se outra vez para o oriente. De Corinto vai para Éfeso, onde não se demorou, e segue para Cesaréia, indo apressadamente para Jerusalém. Havendo saudado a igreja dessa cidade, voltou a Antioquia, de onde tinha partido, At 18.22. Assim terminou ele a segunda viagem missionária de que resultou o estabelecimento do cristianismo na Europa. A Macedônia e a Acaia estavam evangelizadas. O evangelho dera grande passo para a conquista do império romano.

PAULO

Depois de algum tempo em Antioquia, o apóstolo Paulo, talvez no ano 54, iniciou a sua terceira viagem. Primeiro atravessou a região da Galácia e da Frígia a fim de fortalecer os discípulos, v. 23, depois foi a Éfeso. Parece que a anterior proibição de pregar o evangelho na Ásia havia sido removida. Éfeso era a capital da Ásia e uma das cidades de maior influência no oriente. Permaneceu três anos estabelecendo ali o centro de operações, 19.8,9; 20.31. Durante três meses ensinou na sinagoga, 18.8, e dois anos na escola de certo Tirano, v. 9. O seu trabalho nessa cidade notabilizou-se pela riqueza de instrução, 20.18-31, pela operação de portentosos milagres, 19.11,12, pelos resultados obtidos, porque todos que habitavam na Ásia ouviram a palavra do Senhor, v. 10, e até mesmo alguns dos principais da Ásia eram seus amigos, v. 31, também pela constante e feroz perseguição, v. 23-41; 1 Co 4.9-13; 15.32, e finalmente pelo cuidado que tinha de todas as igrejas, 2 Co 11.28. Esse período da vida do apóstolo é rico em incidentes. Muitas coisas aconteceram que não se encontram em Atos. Em Corinto, o apóstolo soube dos ataques que lhe faziam e, à sua doutrina, os mestres judaizantes da Galácia, o que deu origem à epístola aos Gálatas, na qual defende a sua autoridade apostólica e os primeiros ensinos formais sobre a doutrina da graça. O estado da igreja de Corinto também lhe deu motivo a constantes aflições. Em resposta às perguntas que a igreja lhe fez, escreveu uma carta que se perdeu, a respeito das relações dos crentes com a sociedade pagã, 1 Co 5.9. Notícias posteriores dão a entender que tinham surgido dificuldades mais sérias. A Primeira Epístola aos Coríntios foi escrita de modo a mostrar a sabedoria prática do apóstolo; no modo de instruir e disciplinar as igrejas nascentes. Apesar disso, os elementos sediciosos da igreja de Corinto continuaram em ação. Pensam alguns que depois de haver enviado a carta, ele próprio foi a Corinto apressadamente para corrigir os crentes indisciplinados, *cf.* 2 Co 12.14; 13.1. É certo, porém, que antes de sair de Éfeso enviou Tito a Corinto, talvez levando instruções sobre o caso de um membro refratário da igreja. Tito deveria encontrar-se outra vez com o apóstolo em Trôade. Falhando esse encontro, Paulo passou para a Macedônia, muito ansioso, aonde haviam chegado Timóteo e Erasto, At 19.22. Finalmente, Tito chegou ao encontro desejado, 2 Co 2.12-14; 7.5-16, levando boas notícias: a igreja havia obedecido às instruções do apóstolo e permanecia fiel. Isto deu assunto para escrever a segunda epístola, a que contém as mais completas notas biográficas, e em que ele se regozija pela obediência dos irmãos, e instrui sobre o serviço das contribuições destinadas aos santos da Judéia; mais uma vez defende a sua autoridade apostólica. Da Macedônia seguiu para Corinto, onde foi passar o inverno do ano 57-58. Durante a sua estada, completou o serviço de organização e regulou a disciplina da igreja. Foi ainda memorável a visita que ele fez a Corinto, porque nessa ocasião é que ele escreveu a epístola aos Romanos, em que expõe com toda a clareza a doutrina referente à salvação da alma. Evidentemente, considerava a cidade de Roma como o ponto culminante de suas operações, mas não podia ir já, porque tinha necessidade de voltar a Jerusalém para levar as ofertas das igrejas dos gentios à igreja mãe. O trabalho cristão já tinha sido iniciado em Roma, e continuava a ser feito pelos amigos de Paulo, *cf.* Rm 16. Enviou a epístola escrita em Corinto para que os cristãos da capital tivessem instruções completas sobre o evangelho que ele pregava em todo o mundo. Então iniciou a sua última viagem a Jerusalém, acompanhado de amigos, representantes das várias igrejas dos gentios, At 20.4. O trabalho do apóstolo

PAULO

entre os gentios sofreu grande oposição da parte dos judeus e até mesmo de cristãos vindos do judaísmo que tentavam desprestigiá-lo. Resultou daí o plano de provar a lealdade das igrejas dos gentios, induzindo-as a enviar ofertas liberais aos pobres da Judéia. Foi para esse fim que ele e seus amigos saíram de Corinto com destino a Jerusalém. O seu primitivo plano era de navegar diretamente para a Síria, mas uma conspiração dos judeus o obrigou a voltar pela Macedônia, 20.3. Demorou-se em Filipos enquanto seus companheiros caminhavam para Trôade. Depois da festa da Páscoa, ele e Lucas foram para Trôade, v. 5, onde os companheiros o esperavam e onde permaneceram sete dias, v. 6. Havia ali uma igreja. Lucas relata interessante notícia do que se passou nas vésperas da partida do apóstolo, v. 7-12. De Trôade, caminhou Paulo para Assôs, que ficava distante cerca de 32 km, para onde haviam embarcado seus companheiros, v. 13. Desse porto, navegaram para Mitilene, que ficava na costa oriental da ilha de Lesbos, e costeando pela banda do sul, passaram entre a terra firme e a ilha de Quios; no dia seguinte, aportaram em Samos e no outro, chegaram a Mileto, 14.15. Essa cidade estava 58 km de Éfeso, e, como Paulo tivesse pressa, resolveu não ir lá, e, por isso, mandou chamar os presbíteros da igreja. Em Mileto, fez as suas despedidas de modo muito emocionante, como se lê em At 20.18-35. Não havia palavras capazes de exprimir mais vivamente a dedicação pela sua obra e o amor que votava a seus irmãos convertidos. Partindo de Mileto, o navio seguiu diretamente a Cós, At 21.1, nome de uma ilha situada 64 km para o sul; no dia seguinte, chegaram a Rodes, distante 80,5 km de Cós; de Rodes passaram a Pátara, nas costas da Lícia, At 21.1. Encontrando um navio que passava à Fenícia, entraram nele, e se fizeram a vela. Depois de estarem à vista de Chipre, deixando-a à esquerda, chegaram a Tiro, v. 3, onde estiveram sete dias. Inspirados pelo Espírito Santo, os discípulos instavam com Paulo para não ir a Jerusalém, v. 4. Depois de uma afetuosa despedida, partiram para Ptolemaida, que atualmente chama Acre, v. 5,6, e no dia seguinte chegaram a Cesaréia, v. 7,8, alojando-se na casa de Filipe, o evangelista. Aqui também o profeta Ágabo, que tempo antes havia profetizado a fome, 11.28, tomando a cinta de Paulo, e atando seus próprios pés e mãos, disse: "Assim os judeus, em Jerusalém, farão ao dono deste cinto e o entregarão nas mãos dos gentios", v. 11. A despeito dessas alarmantes predições e das lágrimas dos irmãos, ele seguiu viagem, *cf.* 21.11-14, acompanhado dos irmãos, e assim terminou a terceira viagem missionária. Em breve se cumpriram as palavras de Ágabo. A princípio foi bem recebido pelos irmãos. No dia seguinte à sua chegada, foi à casa de Tiago, irmão do Senhor, onde se haviam congregado os anciãos, aos quais contou todas as coisas que Deus tinha feito entre os gentios por seu ministério. Ouvindo isto, engrandeceram a Deus. Ao mesmo tempo, os irmãos lhe disseram que muitos dos judeus que estavam entre os gentios tinham dado más notícias a seu respeito, que colocavam em dúvida a sua fidelidade às leis de Moisés. Era necessário, pois, que ele exibisse provas visíveis que o justificassem. Aconselharam-no a que tomasse consigo a quatro varões que tinham voto sobre si, que os levasse ao templo, que se santificasse com eles e fizesse as despesas da cerimônia. A isto Paulo acedeu de bom grado, porque era seu desejo agradar aos judeus. A cerimônia era pouco mais do que a que havia feito em Corinto, 18.18. Conquanto o apóstolo insistisse em que os gentios não eram obrigados às cerimônias judias, e nenhum dos cristãos vindos do judaísmo não mais tinha a obrigação de observá-las, ele, contudo, reserva-se o direito de praticar, ou não, certas cerimônias de

PAULO

acordo com as circunstâncias. Esse ato, portanto, não era inconsistente com o seu proceder em outras ocasiões. Mas o expediente tomado não surtiu efeito. Certos judeus da Ásia o viram no templo e deram alarma. Acusaram-no de haver introduzido gentios no templo, amotinaram todo o povo dizendo que tinha profanado o lugar santo, 21.27-29. Seguiu-se um tumulto. O povo arrastou Paulo para fora do templo e o teria assassinado, se o tribuno Cláudio Lísias não tivesse corrido para o lugar do conflito, arrebatando Paulo das mãos do povo e fazendo-o atar de cadeias o colocou na prisão. Paulo, com permissão do tribuno, em pé, sobre os degraus, fez sinal ao povo com a mão, para falar. O tribuno pensou a princípio que ele era certo egípcio que tempo antes dera muito trabalho ao governo. Quando Paulo contou que era judeu de Tarso, consentiu que falasse ao povo, o que ele fez em língua hebraica, 22.2. Contou a história do seu nascimento, da sua vida e da sua conversão, até o ponto em que falou em nações de longe, quando romperam em gritos para que o matassem. Nesse ponto, o tribuno o mandou recolher à cidadela, e que o açoitassem e lhe dessem tormento. Tendo-o preso com umas correias, disse Paulo a um centurião: "Ser-vos-á, porventura, lícito açoitar um cidadão romano, sem estar condenado?", v. 25. Sabendo disto, Lísias, mandou desatá-lo, ordenando que o conselho dos sacerdotes tomasse conhecimento do caso. O comparecimento de Paulo perante o conselho provocou novo tumulto, At 23.1-10. O apóstolo estava, então, defendendo a vida, não podia esperar justiça. Se fosse condenado, o tribuno Lísias o entregaria para ser executado. Com muita habilidade, dividiu a opinião de seus inimigos, dizendo que professava ser fariseu, e queriam condená-lo por pregar a ressurreição dos mortos. Isto era verdade e, até certo ponto, prestava-se aos fins em vista. O ódio entre fariseus e saduceus era

mais forte do que os dois juntos contra Paulo. As duas seitas tomaram posições opostas. O tribuno, receando que Paulo fosse trucidado entre as duas facções, mandou que os soldados o arrebatassem das mãos da multidão e o colocassem na prisão. Nessa noite, o Senhor apareceu a Paulo em visão, dizendo-lhe: "Coragem! Pois do modo por que deste testemunho a meu respeito em Jerusalém, assim importa que também o faças em Roma", At 23.11. A morte de Paulo estava decretada, devendo efetuar-se de modo inesperado. Alguns dos judeus combinaram em pedir ao tribuno que mais uma vez mandasse vir o prisioneiro perante o concílio. Um filho da irmã de Paulo soube do plano e informou a seu tio que, por sua vez, mandou o pequeno dar notícia ao tribuno, v. 12-22. Por esse motivo, Lísias mandou aprontar forte contingente de tropas para conduzir Paulo a Cesaréia, com uma carta ao presidente Félix, para que ele resolvesse o caso. Quando Félix soube que o acusado era da Cilícia, determinou que se esperasse a vinda dos acusadores. Entretanto, conservou-o em segurança no palácio de Herodes, que servia de pretório, ou residência do procurador. Passaram-se dois anos de prisão em Cesaréia. Quando os judeus compareceram perante Félix, fizeram uma acusação em termos gerais, dizendo que Paulo era sedicioso, que havia profanado o templo, e queixaram-se da violência com que o tribuno Lísias o havia arrebatado das suas mãos, At 24.1-9. A isto, Paulo respondeu com formal negação apelando para o testemunho de seus acusadores, v. 10-21. Félix estava perfeitamente informado, e sabia que Paulo não cometera crime algum que merecesse a morte. Despediu os acusadores, adiando o julgamento para quando chegasse o tribuno Lísias. E mandou a um centurião que o tivesse em custódia sem tanto aperto e sem proibir que os seus o servissem. Passados alguns dias, vindo Félix com sua mulher Drusila, que

PAULO

era judia, mandou chamar Paulo e o esteve ouvindo falar da fé que há em Jesus Cristo, v. 24. O apóstolo parece ter exercido estranha fascinação sobre o procurador que tremeu na sua presença, prometendo ouvi-lo de novo quando tivesse tempo. Esperava também que Paulo lhe desse algum dinheiro em troca de sua liberdade, 25.26. O apóstolo não quis subornar o procurador, que adiou o julgamento. Dois anos depois, veio Pórcio Festo substituí-lo no governo, e Paulo ainda estava na prisão, v. 27. Os judeus esperavam que o novo governador lhes fosse mais favorável do que o tinha sido Félix. Festo recusou-se enviar Paulo a Jerusalém para ser julgado; que estando preso em Cesaréia partiria para lá dentro de poucos dias, a fim de tomar conhecimento das acusações, At 25.1-6. Ainda dessa vez, nada puderam provar. Paulo continuava afirmando a sua inocência, v. 7,8. Festo, desejando agradar aos judeus, perguntou a Paulo se queria ser julgado em Jerusalém. Sabendo que a sua vida corria perigo se fosse ali julgado, serviu-se de seus privilégios de cidadão romano e apelou para César, v. 9-11. Desse modo, o julgamento escapou das mãos do procurador, e o prisioneiro tinha de ser remetido para Roma. Antes da saída de Paulo, Agripa II e sua irmã Berenice vieram visitar Festo, talvez por motivo de sua nomeação. O novo procurador que não era muito versado em controvérsias judias, e como tinha de enviar ao imperador um relatório de informações sobre o caso, contou a Agripa o caso de Paulo. Por sua vez, o rei mostrou desejo de saber o que o prisioneiro dizia em defesa. Arranjaram-se as coisas de modo que Paulo comparecesse a uma assembléia dessas notáveis personagens. Agripa era versado em casos de doutrina e poderia servir para instruir o relatório que o procurador tinha de mandar para Roma, v. 12-27. A defesa de Paulo perante o rei Agripa é um dos seus mais notáveis discursos. Nele revela as qualidades de homem de elevada educação, a eloqüência de orador e firmeza de cristão. Passa revista ao seu passado a fim de provar que em todos os seus atos procurou sempre servir a Deus, e que a sua carreira como cristão não só obedecia a uma direção divina, como ao cumprimento das profecias, cf. Atos 26.1-23. Quando Festo o interrompeu, exclamando: "Estás louco, Paulo!", v. 24, apelou energicamente para Agripa, porém o rei estava disposto a ser simples observador e crítico do que ele julgava ser um novo fanatismo, e respondeu com uma frase de desprezo: "Por pouco me persuades a me fazer cristão", v. 28. Contudo, estava convencido de que Paulo não tinha crime e que poderia ser colocado em liberdade se não tivesse apelado para César, v. 31,32. No outono do mesmo ano 60, Paulo foi enviado para Roma, confiado com outros presos ao cuidado de um centurião chamado Júlio, da coorte Augusta. Lucas foi seu companheiro com Aristarco de Tessalônica, 27.1,2. Lucas é quem dá o relatório dessa viagem com minúcias muito particulares e admirável exatidão, veja *Voyage and Shipwreck of St. Paul*, James Smith. O apóstolo foi tratado com muita cortesia pelo centurião. Embarcando em um navio de Adrumete, chegaram a Sidom, de onde partiram para Mirra, na Lícia. E encontrando ali o centurião um navio de Alexandria, que fazia viagem para a Itália, embarcaram nele. Os ventos não eram favoráveis, e por isso foram obrigados a navegar lentamente e apenas puderam avistar Cnido na costa da Cária. Tomando o rumo sul, foram costeando a ilha de Creta, junto a Salmona com dificuldade ao longo da costa, abordaram um lugar a que chamam Bons Portos, *cf.* At 27.3-8. Havia passado o jejum do décimo dia do mês de Tisri, o dia da expiação v. 9, quando chegaram ao termo da viagem. O tempo continuava ameaçador.

PAULO

Paulo mostrou a inconveniência de continuar a viagem, mas o centurião deu mais crédito ao mestre e ao piloto do navio que eram contrário e desejavam chegar a Fênix e passar o inverno ali por ser porto de Creta, e bom ancoradouro, v. 9-12. Mas logo que deixaram Bons Portos, veio contra a ilha um tufão e vento, chamado Euroaquilão, que arrojou a nau para o sul, indo dar a uma pequena ilha chamada Cauda (a moderna Gozzo). Alijada que foi a carga, e os aparelhos do navio, passaram assim alguns dias à mercê dos ventos para os lados do ocidente. Paulo aconselhou bom ânimo aos companheiros, porque o Senhor lhe revelara em sonhos que nenhum deles haveria de perecer, *cf.* v. 13-26. Na 14ª. noite, lançaram eles o prumo, e perceberam que estavam perto de terra, e, lançando as quatro âncoras, oravam para que rompesse o dia. "Quando amanheceu, não reconheceram a terra, mas avistaram uma enseada, onde havia praia, então consultaram entre si se não podiam encalhar ali o navio. Levantando as âncoras, deixaram-no ir ao mar... e... dirigiram-se para a praia", v. 27-40. O navio deu "...num lugar onde duas correntes se encontravam, encalharam ali o navio; a proa encravou-se e ficou imóvel, mas a popa se abria pela violência do mar", v. 41. Todos se lançaram às ondas; e, como Paulo havia dito, nenhum deles pereceu, *cf.* v. 41-44. Nessa emocionante aventura, que Lucas descreve com tanta minúcia, o proceder de Paulo ilustra muito bem a coragem de um cristão e a influência que um homem de fé exerce sobre os outros indivíduos, em tempos de perigo. A terra a que tinham chegado era a ilha de Malta, situada 93 km ao sul da Sicília, cujos habitantes receberam os náufragos com muita cordialidade. O procedimento maravilhoso de Paulo resultou-lhe muita honra e simpatia, *cf.* At 28.1-10. Três meses depois, embarcaram em um navio de Alexandria que tinha

passado o inverno na ilha, seguiram para Siracusa, onde ficaram três dias. De lá, correndo a costa, foram a Régio, e dois dias depois, chegaram a Putéoli, a sudoeste da Itália. Ali, Paulo encontrou irmãos em cuja companhia ficou sete dias, v. 11-14. Entretanto a notícia chegou a Roma. Os irmãos vieram encontrá-lo na Praça de Ápio e Três Vendas, nomes de dois lugares distantes de Roma, 70 km e 53 km, respectivamente. O centurião entregou os prisioneiros ao capitão da guarda, que era o prefeito da guarda pretoriana, em 61 d.C. Mommsen e Ramsay pensam que os prisioneiros foram entregues ao capitão de outro corpo a que o centurião Júlio pertencia, cujo ofício consistia em superintender o transporte dos cereais para a capital e outros encargos policiais. Realmente não sabemos quem foi que tomou sobre si a guarda de Paulo. O que se pode dizer é que ele ficou sob a guarda de um soldado com licença de habitar onde quisesse, 28.16; Fp 1.7,13. As apelações para César foram atendidas com muita morosidade. Dois anos inteiros permaneceu Paulo em um aposento que alugara, onde recebia a todos que o queriam ver, 28.30. E assim termina a narrativa da primeira detenção de Paulo em Roma. O livro de Atos dos Apóstolos conclui dizendo que, passados três dias, convocou Paulo os principais dos judeus para informá-los dos motivos de sua prisão na capital, tendo-lhe aprazado dia para dar testemunho do Reino de Deus, convencendo-os a respeito de Jesus, pela lei de Moisés e pelos profetas, desde pela manhã até a tarde. Como não acreditassem nele, declarou mais uma vez que aos gentios era enviada a salvação. A prisão não o impedia de exercer a sua atividade missionária, 28.17-31. As epístolas que ele escreveu nesse período iluminam mais de perto essa fase de sua história: são as epístolas aos Colossenses, a Filemom, aos Efésios e aos Filipenses. As primeiras três epístolas

PAULO

foram, provavelmente, escritas no princípio desse período, e a última no fim. Por elas se observa que o apóstolo tinha muitos amigos fiéis em Roma trabalhando com ele, entre os quais menciona: Timóteo, *cf.* Cl 1.1; Fp 1.1; 2.19; Fm 1.1; Tíquico, *cf.* Ef 6.21; Cl 4.7; Aristarco, *cf.* Cl 4.7,10; Fm 24; *cf.* João Marcos Cl 4.10; Fm 24, e Lucas, *cf.* Cl 4.14; Fm 24. Esses amigos tinham livre acesso à sua pessoa e operavam como mensageiros para as igrejas e como cooperadores em Roma. Paulo na prisão era o centro de onde irradiava a luz do Evangelho para todo o império. As epístolas citadas colocam em relevo a atividade pessoal do eminente apóstolo. Com grande zelo e apreciáveis resultados, apesar das suas cadeias, pregava o evangelho: estando em cadeias fazia o ofício de embaixador, Ef 6.20. Pedia a seus amigos que orassem a Deus para que se abrisse a porta da palavra para anunciar o mistério de Cristo, Cl 4.3. Em Onésimo, escravo fugido, vemos um exemplo vivo do fruto de seu trabalho, Fm 10. À medida que o tempo passava, aumentava também o seu trabalho. Escreveu aos Filipenses, 1.12,13, que todas as coisas que lhe tinham acontecido haviam contribuído para proveito do evangelho, de maneira que as suas prisões se tinham feito notórias em Cristo por toda a corte do imperador e em todos os outros lugares. Enviou saudações dos que eram da família de César. Ao mesmo tempo, sofria oposição até mesmo de alguns dos crentes, provavelmente do tipo judeu, 1.15-18, e que ele enfrentava com ânimo sereno, esperando ser em breve livre das prisões, Fp 1.25; 2.17,24; Fm 22. A detenção de Paulo serviu nas mãos de Deus para habilitá-lo a exercer com mais precisão o ofício de embaixador de Cristo. Finalmente, as epístolas provam que o apóstolo superintendia todas as igrejas espalhadas pelo território do grande império. Na Ásia, surgiram novas heresias. Nas epístolas, que

escreveu na prisão, forneceu as mais preciosas instruções acerca da pessoa de Cristo e dos eternos propósitos de Deus revelados no Evangelho, e ao mesmo tempo as direções práticas que elas contêm descobrem a largura do círculo que exercia a sua atividade, e o fervor de sua vida cristã. O livro de Atos termina estando Paulo na prisão em Roma. Existem abundante provas que nos levam a crer que ao cabo de dois anos foi solto, continuando as suas viagens missionárias. As provas referidas podem ser condensadas da seguinte forma: 1) Os versículos finais de Atos acomodam-se melhor com essa idéia, do que pensando que a prisão do apóstolo terminou pela condenação e morte. Lucas dá relevo ao fato de que o apóstolo pregava o Reino de Deus e ensinava as coisas concernentes ao Senhor Jesus Cristo com toda a liberdade e sem proibição, dando-nos a entender que o fim de sua atividade não estava próximo. 2) Na epístola aos Filipenses, 1.25; 2.17,24, em Filemom 22, diz claramente que cedo ficaria livre. Essa esperança encontra apoio no tratamento que havia recebido dos oficiais romanos. Deve-se observar que as perseguições de Nero contra os cristãos ainda não tinham começado; que se o apóstolo fosse condenado, seria um ato sem precedentes nas relações do governo com os cristãos; que em face das leis do império, sendo os cristãos tidos como seita judia, eram garantidos no exercício de suas crenças. É provável também que na acusação contra Paulo entrasse algum crime contra as leis romanas. Contudo, o relatório enviado por Festo nada continha que o desabonasse, At 26.31, nem parece que os judeus tivessem mandado algum acusador a Roma, 28.21. 3) Afirma a tradição que Paulo foi solto e reassumiu a sua atividade missionária sendo mais tarde novamente preso. Clemente de Alexandria, 96 d.C., dá a entender claramente que o apóstolo chegou a ir à Espanha, quando diz que em suas

PAULO

viagens "chegou ao extremo ocidente". Esse fato é confirmado pelo Fragmento Muratório, 170 d.C. Com isto concorda a história de Eusébio, 324 d.C, em que se diz que, segundo a tradição comum, depois que Paulo saiu da prisão, tendo feito a sua defesa, se entregou de novo ao ministério da pregação, e mais uma vez foi a Roma, onde sofreu o martírio. É admissível que essa evidência tradicional não seja suficientemente forte para uma demonstração absolutamente exata; porém, pertence a uma época remota e é em si mesma bastante forte para confirmar a evidência contra a qual não se pode opor nenhuma outra. 4) Ninguém pode contestar que as epístolas a Timóteo e a Tito não sejam genuínas em razão da evidência interna e externa a seu favor. Ora, nenhuma delas é mencionada na história de Paulo, como a relata o livro de Atos dos Apóstolos. Logo, devem pertencer a uma época posterior, o que nos leva a aceitar a tradição referida por Eusébio. Devemos, pois, acreditar que o apelo feito do tribunal de Festo para o de César, resultou sua liberdade. Os trabalhos subseqüentes somente poderão ser avaliados pelas alusões que se encontram nas epístolas a Timóteo e a Tito e pelo testemunho da tradição. Podemos supor que depois de solto, seguiu para a Ásia e Macedônia como desejava, Fp 2.24; Fm 22. Pelo que se lê em 1 Tm 1.3, sabe-se que ele deixou Timóteo encarregado de cuidar das igrejas em Éfeso, indo para a Macedônia. Onde estava quando escreveu a sua primeira carta a Timóteo, não é fácil saber, mas ele esperava regressar brevemente a Éfeso, 1 Tm 3.14. Pela carta a Tito, sabe-se que havia confiado a ele o cuidado das igrejas de Creta e que esperava passar o inverno em Nicópolis, Tt 3.12. Havia três cidades com esse nome, a que se pode aplicar essa referência, uma na Trácia perto da Macedônia, outra na Cilícia e a terceira, no Epiro; de modo que não podemos dizer a qual delas se refere o apóstolo. É provável, porém, que fosse a do Epiro. Se aceitarmos o que diz a tradição sobre a ida de Paulo a Espanha, é lícito supor que só poderia ser depois de haver estado na Ásia e na Macedônia; e que, depois de regressar da Espanha, é que ele se demorou em Creta, onde deixou Tito, voltando para a Ásia, de onde, possivelmente, escreveu a carta a Tito. Sabe-se mais pela leitura da Segunda Epístola a Timóteo, 4.20, que ele passou pela cidade de Corinto e por Mileto, uma na Grécia e outra na Ásia. Ignora-se se realizou o intento de passar o inverno em Nicópolis. Muitos são de parecer que ele seguiu para Nicópolis do Epiro e que ali foi novamente preso e enviado para Roma. Apesar de serem muito incertos os movimentos do apóstolo durante o final de sua existência, as epístolas nesse período, dizem o bastante para sabermos que empregava a sua atividade evangelizando novas regiões e fundando igrejas nos moldes das já existentes, perfeitamente organizadas. Sabia que pouco lhe restava de vida e que as igrejas ficariam expostas a novos perigos, tanto internos quanto externos. Vêm então as epístolas pastorais, como são chamadas, que serviam de veículo para levar às igrejas as instruções apostólicas necessárias à consolidação de sua fé e equipando-as praticamente para a obra do futuro. O livramento de Paulo, quando foi preso a primeira vez, ocorreu pelo ano 63; a sua subseqüente atividade durou quatro anos. Segundo Eusébio, a morte de Paulo ocorreu no ano 67, e segundo Jerônimo, no ano 68. Qual foi o motivo de ser outra vez preso não se sabe. Na Segunda Epístola a Timóteo, escrita de Roma pouco antes de morrer, encontram-se alguns indícios. Devemos recordar que a perseguição de Nero aos cristãos explodiu no ano 64, seguida de outras em várias províncias do império, 1 Pe 4.33-19. Pode bem ser, como alguns presumem, que o apóstolo foi apontado como o chefe da

PAULO

nova seita pelo Alexandre por ele mencionado na carta a Timóteo, 2 Tm 4.14. Seja como for, foi preso e enviado para Roma a fim de ser julgado, ou por que tenha apelado para César, como fez antes, ou por ser acusado de algum crime cometido na Itália, talvez de cumplicidade no incêndio de Roma ou ainda por causa da oficiosidade de algum procurador provincial que desejava gratificar a vaidade do tirano, enviando-lhe tão preciosa presa. Somente o seu amigo Lucas estava com ele, quando escreveu a carta a Timóteo, 2 Tm 4.11. Alguns o haviam abandonado, 1.15; 4.10,16 e outros ausentaram-se para lugares distintos, 10.12. A primeira vez que compareceu ao tribunal, foi absolvido, v. 17, continuando na prisão por algum motivo diferente. Quem sabe se, tendo sido absolvido por algum crime, ficou na prisão por ser cristão. Fala de si como prisioneiro, 1.8, e em cadeias, v. 16, como malfeitor, 2.9, e estava a ponto de ser sacrificado, 4.6-8. É certo que afinal foi condenado à morte simplesmente por ser cristão, de acordo com a política de Nero, iniciada no ano 64. Diz a tradição que foi decapitado, sendo cidadão romano, na via Óstia. Dando o esboço biográfico do apóstolo, referimo-nos ao testemunho de Atos dos Apóstolos e das epístolas. Não devemos, contudo, ignorar que outros fatos ocorreram durante a sua carreira ativa e fecunda. A alguns desses fatos, encontram-se alusões em várias epístolas, Rm 15.18,19; 2 Co 11.24-33. Os fatos bem averiguados da sua vida, conforme o testemunho das epístolas, revelam claramente o caráter do grande apóstolo e o valor supremo de sua obra. É difícil esboçar todas as linhas de seu caráter versátil. Era por natureza intensamente religioso: a sua natureza obedecia inteiramente a essa influência quando fariseu, e muito mais depois da sua conversão. De elevado ânimo intelectual, apreendia todo o valor da verdade e logicamente obedecia a todas as suas injunções.

A verdade dominava seu coração e sua mente. As emoções que ele produzia eram tão ardentes quanto vigorosos os processos lógicos de seu raciocínio. Ao mesmo tempo, os aspectos práticos da verdade, ele os via com a mesma nitidez como o seu teórico. Se de um lado tirava conclusões lógicas das suas idéias doutrinais, por outro, aplicava o cristianismo à vida prática com a sabedoria e compreensão de um homem de negócios. Era intensamente afetivo e às vezes estático em suas experiências religiosas, sempre progressivo nas suas exposições da verdade, capaz de remontar-se às mais elevadas culminâncias do pensamento religioso e de vida e movimento à verdade que defendia. A flexibilidade de caráter, a intensidade de espírito, a pureza de sentimentos, a vida espiritual, o vigor mental, dotes esses governados pelo espírito de Deus, habilitaram o apóstolo para a obra que a Providência lhe havia destinado. Essa obra consistia em interpretar ao mundo gentílico por meio da palavra e escrita, e por atos sobrenaturais, a missão de Cristo e a mensagem de salvação que ele trouxe. O modo prático de realizar essa obra encontra-se bem descrito em Atos dos Apóstolos. Por meio de sua ação inteligente, estabeleceu-se no mundo a catolicidade do cristianismo, independente do ritualismo judeu e adaptável a todo o gênero humano, como bem o confirma a história. Outros obreiros colaboraram nesse mesmo trabalho, porém só ao apóstolo Paulo foi divinamente confiada essa missão especial; a ele, mais do que a qualquer outro se devem as conquistas do evangelho. É verdade que tudo isto se efetuou de acordo com os propósitos divinos. Mas os que estudam a história do cristianismo devem reconhecer na pessoa de Paulo o agente dessa grande obra. De outro lado, as epístolas de Paulo expõem de modo claro a palavra de Cristo, elas nos dão a interpretação doutrinal e ética das doutrinas e das obras por ele realizadas e

PAULO

que serviram ao grande apóstolo para auxiliá-lo no exercício de sua grande atividade; sem isto, o cristianismo não teria existência permanente nem exerceria tão profunda influência. É, pois, ao apóstolo aos gentios que devemos admirar como grande teólogo. A sua teologia reflete a experiência peculiar de sua conversão. Por meio da repentina transição que se operou na sua vida religiosa, chegou a conhecer que era impossível salvar-se por si mesmo, e que o pecador depende exclusivamente da graça soberana de Deus, e da obra redentora de Jesus, o Filho de Deus, por meio de sua morte e ressurreição. Segue-se daí que, somente pela união com Cristo por meio da fé, é que o pecador poderá ser salvo. A salvação consiste na justificação do pecador que só Deus faz, baseada na obediência de Cristo, participando de todos os benefícios espirituais, tanto internos quanto externos, no céu e na terra, adquiridos para ele. O Espírito Santo concedeu a Paulo intuição necessária para lançar como fundamento de todo o seu trabalho, a verdade e a pessoa de Cristo. Nas epístolas aos Gálatas e aos Romanos, o meio de salvação está plenamente elaborado, nas epístolas que escreveu nas prisões, encontram-se a exaltação da dignidade de Cristo e a inteira e completa demonstração dos fins e propósitos divinos em referências à Igreja de Cristo. Além desses assuntos fundamentais, ele traça as linhas características do dever e da verdade cristã. A sua teoria predileta é a que fala da graça, cujas profundezas ilumina; interpreta o Messias hebreu ao mundo gentílico; ergue-se para explicar a doutrina do Salvador, em quem Ele creu e a obra redentora por Ele realizada. Paulo teve a primazia como professor de teologia, e ao mesmo tempo salientou-se como o mais agressivo de todos os missionários. É impossível compreender o cristianismo sem os ensinos e as obras de Cristo e a interpretação fornecida pelo apóstolo Paulo. CRONOLOGIA DA VIDA DE PAULO. Conquanto a ordem dos acontecimentos da vida de Paulo e as datas relativas das suas epístolas sejam em grande parte bem claras, existem, contudo, algumas divergências quanto aos anos em que ocorreram os fatos e em que foram escritas as epístolas. Em Atos dos Apóstolos, há duas datas rigorosamente exatas, que são a data da ascensão de Cristo no ano 30, (visto que alguns dizem que é 29), e da morte de Herodes Agripa, Atos 12.23, que todos admitem ter sido no ano 44. No entanto, nenhuma delas serve para determinar com absoluta certeza a cronologia da vida de Paulo, que depende principalmente de assinalar a data da posse do procurador Festo no governo da Judéia. Segundo a opinião mais geralmente aceita, que é a mais provável, Festo tomou posse do governo no ano 60, 24.27. Josefo diz que quase todos os acontecimentos que se deram na Judéia durante o governo de Félix, se efetuaram no reinado de Nero, que começou em outubro do ano 54. Paulo, em sua defesa perante Félix, diz: "Sabendo que há muitos anos és juiz desta nação, sinto-me à vontade para me defender", 24.10. Em vista do que, a prisão de Paulo quando compareceu diante de Félix não podia ser antes do ano 58. Paulo esteve dois anos na cadeia de Cesaréia, e por isso a substituição de Félix deveria ter sido no ano 60 e não depois, porque no ano 62 o procurador Festo foi substituído por Albio, sendo certo, pois, que ele governou mais de um ano. Se Festo tomou posse do cargo no ano 60, Paulo deveria ter seguido para Roma no outono desse ano, chegando a Roma na primavera do ano seguinte depois de passar o inverno em viagem, portanto, a narrativa final de Atos e o provável livramento de Paulo, quando pela primeira vez esteve em Roma, devem ser datados do ano 63, *cf.* 28.30. Os acontecimentos da vida de Paulo, anteriores a essa data, precedem ao governo de Festo começado no ano 60. Sendo assim, a

PAULO

prisão de Paulo ocorreu no ano 58, dois anos antes, *cf.* Atos 24.27, isto é, no fim da terceira viagem missionária. O inverno que precedeu a sua prisão, ele o passou em Corinto, e o outono anterior, na Macedônia, e antes dessa época permaneceu três anos em Éfeso, *cf.* 20.31, para onde havia ido, quando deixou Antioquia, depois de uma rápida excursão pela Galácia e pela Frígia. Conclui-se, pois, que na terceira viagem decorreram quatro anos. Se ele foi preso em Jerusalém na primavera do ano 58, segue-se que essa viagem começou na primavera do ano 54. A terceira viagem foi iniciada pouco depois da segunda, *cf.* 18.23, talvez dois anos e meio, visto que ele permaneceu 18 meses em Corinto, *cf.* 18.11, e que os fatos precedentes teriam consumido mais um ano, 15.36 até o cap. 17.34. Portanto, se a segunda viagem terminou no outono de 53, provavelmente começou na primavera de 51. A segunda viagem iniciou alguns dias, 15.36, depois do concílio de Jerusalém que se efetuou no ano 50. A primeira viagem missionária não poderia realizar-se senão entre o ano 44, em que morreu Herodes, cap. 12, e o ano 50, em que se deu o concílio, cap. 15. Poderia, pois, dar-se o período de 46-48, não sendo provável que decorresse tanto tempo. Para determinar a data da conversão de Paulo, precisamos combinar os cálculos mencionados com o que diz a epístola aos Gálatas. Diz ele no cap. 2.1. "Catorze anos depois, subi outra vez a Jerusalém com Barnabé". Essa visita não pode ser outra senão a que ele fez para assistir ao concílio no ano 50. Mas desde quando ele começou a contar esses 14 anos? Segundo alguns comentaristas, devem ser calculados desde a data de sua conversão, mencionada em Gl 1.15, no ano 36 ou 37, segundo o modo de contar os 14 anos, incluindo ou excluindo o primeiro deles. É mais lógico datar os 14 anos, mencionados em Gálatas 2.1, desde o fim dos três anos prévios. Neste caso, de qualquer modo que se faça o cálculo, a conversão aconteceu no ano 33 ou 35. Está mais de acordo com o sistema hebraico de calcular e incluir o ano anterior, e por isso podemos dizer que a conversão ocorreu no ano 35 e que sua primeira visita à cidade de Jerusalém, *cf.* Gl 1.18, foi no ano 37, e que os 14 anos depois, 2.1, vão ao ano 50. Como já dissemos, todas essas datas são discutidas. Alguns registram o ano 55 para a posse de Festo, e, portanto, alteram todas as outras datas em cinco anos menos. Outros críticos divergem em certos pontos especiais, por exemplo, a respeito da morte do apóstolo, dizendo que foi no ano 64, supondo ter sido no primeiro ano da perseguição de Nero. Contudo, as datas que mencionamos, parecem aproximar-se muito da verdade e podem ser vistas assim:

Tábua Cronológica

Morte, ressurreição e ascensão de Cristo	30 d.C.
Conversão de Paulo	35d.C.?
Primeira visita subseqüente a Jerusalém, Gl 1.18	37 d.C.
Paulo em Tarso	37-43 d.C.
Visita a Jerusalém, levando ofertas de Antioquia, At 11.30	44 d.C.
Primeira viagem missionária	46-48 d.C.
Concílio de Jerusalém	50 d.C.
Segunda viagem missionária	51-53 d.C.
1 e 2 Tessalonicenses	52 d.C.
Terceira viagem missionária	54-58 d.C.
Gálatas	55 d.C.
1 Coríntios	56 ou 57 d.C.
2 Coríntios	57 d.C.
Romanos	57-58 d.C.

PAULO

Tábua Cronológica

Prisão de Paulo	58 d.C.
Encarceramento em Cesaréia	58-60 d.C.
Festo sobe ao poder	60 d.C.
Paulo chega a Roma	61 d.C.
Colossenses, Filemom, Efésios	61 ou 62 d.C.
Filipenses	d.C. 62 ou 63
Absolvido no primeiro julgamento	63 d.C.
1 Timóteo	64 ou 65 d.C.
Tito	65 ou 66 d.C.
Hebreus (se escrita por Paulo)	66 ou 67 d.C.
2 Timóteo	67 d.C.
Morte de Paulo	67 d.C.

PAU-PRETO – madeira de várias espécies do gênero *Diospyrus* que constitui o tipo das *Ebenaceas*. A parte interna, ou cerne, é de cor preta muito dura e pesada. Emprega-se em trabalhos de marcenaria ornamental e de torno. Os negociantes de Dedã a levavam aos mercados de Tiro, que, segundo parece, a traziam da Índia e do Ceilão, Ez 27.15. Os gregos reconheciam duas qualidades de pau-preto, um mosqueado, procedente da Índia e outro de cor preta, originário da Etiópia.

PAVÃO – tradução da palavra hebraica *Tukki*. A frota do rei Salomão ia por mar, com a frota de Hirão uma vez a cada três anos a Társis, trazer dali ouro e prata e dentes de elefantes, e bugios e pavões, *tukkiyym*, 1 Rs 10.22; 2 Cr 9.21. As palavras empregadas no original para dentes de elefantes e bugios, são de origem indiana. A palavra *tukki* encontra explicações no vocábulo *togei*, original do Malabar do

Antigo Tamil *tokei togei*, pavão. O pavão é originário da Índia, *Pavo cristatus*, vivendo nas matas, e fugindo ao mais leve rumor que dele se aproxima. Os naturais não deixam molestá-los. Às vezes chegam a entrar nos povoados.

PAVÊS – um escudo grande de guerra. O termo aparece em algumas traduções, outras grafam escudos, 2 Cr 23.9, Jo 15.26, Ct 4.4, Ez 38.4, 39.9.

PE – décima sétima letra do alfabeto hebraico, empregada na 17ª. divisão do salmo 199. Cada linha do texto original começa por essa letra. Os copistas, algumas vezes, acham difícil distingui-la da letra *beth*, com a qual muito se parece.

PECA (*no hebraico peqah, "abertura", "livramento"*) **–** nome do filho de Remalias, general dos exércitos de Peca, que conspirou contra seu rei, o matou e reinou em seu lugar. Prestou adoração ao bezerro que Jeroboão I adorava, 2 Rs 15.25,28. Avizinhando-se o fim do reinado de Jotão, rei de Judá, Peca entrou em aliança com Rezim, rei da Síria, contra o reino de Judá, com o fim de destronar o rei e dar a coroa a quem lhes conviesse. Os exércitos aliados deram começo à invasão de Judá, justamente quando o governo de Jotão passou para as mãos de Acaz. Os sírios avançaram pelo lado oriental do Jordão, dirigindo-se a Jerusalém, a fim de se juntarem ao exército de Israel. Peca dirigia-se para a capital, devastando pelos incêndios e pelo saque todas as povoações por onde passava. Os habitantes de Jerusalém estavam grandemente alarmados. O profeta Isaías animava o povo e, o rei, assegurando-lhe que o plano do inimigo seria frustrado, exortando-os a confiar em Jeová. Acaz desprezou esse conselho e preferiu socorrer-se do rei da Assíria. Os soldados de Tiglate-Pileser entraram pela Galiléia, 2 Rs 15.29, em di-

PEÇAS

reção à Filístia, no ano 734 a.C., obrigando os reis aliados a evacuarem o reino de Judá a fim de garantir os próprios domínios deles. Peca, na sua retirada, levou consigo uma grande multidão de cativos. O profeta Obede saiu ao encontro do exército que vinha para Samaria, que a seu conselho, vestiu e alimentou os prisioneiros, fazendo-os voltar em paz para a sua terra, 2 Rs 16.5-9; 2 Cr 28.5-15; Is 7.1-13. Nos dois anos seguintes, Tiglate-Pileser esteve, sem dúvida, dirigindo o exército no território de Israel, à medida que saía da Filístia. Os destacamentos do exército assírio saíram de Damasco e invadiram o país ao oriente do Jordão, levando cativos os israelitas, 1 Cr 5.26. No ano 730 a.C., Oséias assassinou Peca e subiu ao trono em seu lugar, 2 Rs 15.30. Esse feito, segundo relatam os escritos dos assírios, realizou-se com a conivência de Tiglate-Pileser. O atual texto hebraico registra 20 anos para o reinado de Peca, 2 Rs 15.27. Não é possível que ele tivesse ocupado o trono de Samaria todo esse tempo, porque Menaém, seu predecessor, estava no trono ainda pelo ano 738 a.C., quando reinava Tiglate-Pileser. Os críticos de todas as escolas são concordes em dizer que esse reinado de 20 anos é longo demais. É de supor que o escritor hebreu, quando fez o sumário histórico do reinado de Peca, dizendo que "No qüinquagésimo-segundo ano de Azarias, rei de Judá, começou a reinar Peca, filho de Remalias, e reinou sobre Israel, em Samaria, vinte anos", v. 27, não quer dizer que Peca tenha reinado durante esses 20 anos em Samaria. Peca associou-se aos gileaditas, 2 Rs 15.25, sendo possível que estabelecesse a sua autoridade ao norte de Gileade e na Galiléia em 749, enquanto durou a confusão que se seguiu à morte de Jeroboão II. É possível ainda que continuasse a manter essa autoridade durante a maior parte do reinado de Menaém por este sentir-se inseguro enquanto Tiglate-Pileser não invadiu o norte e estabeleceu a autoridade de Menaém sobre todo o país, 2 Rs 15.19. Depois disto, à semelhança de Abner, abandonou a oposição, fez voto de lealdade, sendo investido em alta posição militar ao serviço do rei a quem havia recusado obediência até então. Depois da morte de Menaém, e na ausência de Tiglate-Pileser, e talvez à sombra de Rezim, apoderou-se do trono no ano 52 do reinado de Azarias e de novo continuou a reinar.

PECADO (*no grego é hamartia, um verbo que significa "errar o alvo"*) − qualquer falta de conformidade com a lei de Deus, ou transgressão dessa lei, Rm 3.23; Jo 3.4; Gl 3.10-12. Pecado de omissão consiste em deixar de fazer o que a lei de Deus ordena; e pecado de comissão consiste em fazer o que a lei proíbe.

PECAÍAS (*no hebraico p^{e}qahya, "Jeová abriu" – seus olhos*) − nome do filho do rei de Israel, Menaém, a quem sucedeu depois de sua morte. Pecaías foi assassinado no segundo ano de seu reinado numa conspiração encaminhada por Peca. Em seu breve reinado, desobedeceu a Deus e promoveu a idolatria de forma afrontosa em Israel, 2 Rs 15.23-26. Seu sucessor foi Peca, que usurpou o trono com a ajuda dos homens de Gileade (veja *PECA*).

PEÇAS − quando se fala em peças, no Antigo Testamento, no sentido monetário, quer dizer certa quantidade de metal precioso, cunhado ou não, Gn 33.19; 1 Sm 2.36. Os tradutores empregaram essa palavra porque no original tem um sentido vago, cujo valor não podia ser determinado por nenhum dos numerais hebraicos. Os tradutores também empregavam a mesma palavra nos lugares onde o valor da unidade de peso ou de moeda não é indicado com precisão, e em que a unidade monetária é expressa *shekel*,

PEÇAS

Jz 17.2; 2 Sm 18.11; *cf.* Dt 22.19; 1 Rs 10.29. Em o Novo Testamento, a moeda de prata representa geralmente o *shekel* ou seu equivalente, Mt 26.15, com 27.9, e Zc 11.12, porém, em Lc 15.8, se encontra a palavra *dracma* que regula 16 centavos de dólar (veja *PESOS e MEDIDAS*).

PECODE – nome de uma localidade da Babilônia e também do povo que nela habita. Algumas versões grafam "terra de castigo", Jr 50.21; Ez 23.23. Parece ser o povo denominado *Pukudu* do império babilônio.

PEDAEL (*no hebraico, "Deus salvou"*) – nome de um príncipe da tribo de Naftali no deserto, Nm 34.28. Ele foi designado para, com Josué e Eleazar, distribuir a terra de Canaã conquistada a oeste do rio Jordão.

PEDAGOGO – tradução em Gl 3.24,25, do vocábulo grego *Paidagogos*, pessoa que dirige o ensino de crianças. As nossas versões dizem pais em 1 Co 4.15. O paidagogos ou pedagogo entre os gregos era um escravo de confiança ao qual se entregava a educação das crianças, Vida 76; Heród. 8.75, e que as acompanhava fora de casa. Era responsável pela sua segurança, guardava-as de más companhias, conduzia-as à escola e de lá as trazia para casa. A lei foi um pedagogo para nos conduzir a Cristo; preparou-nos para recebê-lo como nosso Redentor; manifestou a justiça de Deus, convenceu-nos do pecado; as suas ameaças obrigam-nos a buscar refúgio contra a ira e maldição divina. Tornou patente a impossibilidade de alcançarmos a salvação pelas obras da lei; exibiu o plano da salvação nos tipos e cerimônias, alimentando a fé no Salvador que havia de vir, *cf.* Gl 3.24; Rm 3.19-21; 4.15; 7.7-25.

PEDAÍAS (*no hebraico "Jeová redimiu", ou "Jeová comprou"*) **1** Nome do pai de Joel, príncipe de Manassés, 1 Cr 27.20. **2** Nome de um cidadão de Ruma, avô materno do rei Jeoiaquim, 2 Rs 23.36. **3** Nome de um irmão de Salatiel, ou talvez seu filho, 1 Cr 3.18,19. **4** Nome de um dos descendentes de Parós, que reconstruiu e reparou uma parte do muro de Jerusalém, Ne 3.25. **5** Nome de um dos que estiveram ao lado esquerdo de Esdras, quando este falava ao povo, Ne 8.4. **6** Nome de um benjamita da família de Jesaías, Ne 11.7. **7** Nome de um dos levitas nomeados por Neemias como superintendente dos celeiros, Ne 13.13.

PEDAZUR (*no hebraico, "a Rocha, i.é, Deus tem salvo"*) – nome do pai de um dos príncipes da tribo de Manassés no deserto, Nm 1.10; 2.20.

PEDERNEIRA – substância mineral extremamente dura a que se dá em diversas partes da Escritura o nome de pedra, Dt 8.15; 32.13; Sl 104.8. Pedra duríssima é símbolo de firmeza no cumprimento de deveres, Is 1.7; Ez 3.9. Através do sílex, vão os mineiros até as raízes das montanhas em busca do que há precioso, Jó 28.9,10. As lascas da pederneira serviam de canivete em casos especiais, Êx 4.25; Js 5.2.

PEDRA – a Palestina é um país de rochedos. Muitas vezes, antes de se cultivar um campo, era preciso aliviá-lo das pedras, Is 5.2. Um dos modos de hostilizar o inimigo consistia em entupir as fontes das águas e cobrir de pedras todos os campos, os mais férteis, 2 Rs 3.19,25. Empregavam-se as pedras em vários usos: **1** Para a construção de cais, Guerras 1.21,6, para levantar os muros das cidades, 1 Rs 15.22; Ne 4.3, para a edificação de casas, Lv 14.45; Am 5.11, palácios 1 Rs 7.1,9, fortalezas e templos, 6.7. De pedras se faziam os pavimentos dos vestíbulos e as colunas dos átrios dos templos e dos palácios, Et 1.6. No tempo de Herodes, senão antes, iniciou-se o calçamento das ruas com pedras de granito;

PEDRA

elas serviam para a construção dos aquedutos, dos reservatórios, das pontes, e dos muros que cercavam as vinhas e dos altares, Pv 24.30,31; Êx 20.25. Na construção dos altares, os israelitas empregavam pedras toscas, e bem assim no levantamento de monumentos para comemorar um fato qualquer, Gn 31.46, ou para assinalar o local onde estão os restos de um criminoso, Js 7.26; 8.29; 2 Sm 18.17, costume este ainda em voga na Síria e na Arábia, não limitado à sepultura dos criminosos. Algumas construções exigiam pedras serradas, 1 Rs 7.9,11. Empregavam-se pedras de enormes proporções nos muros do templo, v. 10, e nos molhes de Cesaréia, Guerras 1.21,6. **2** Outras pedras de tamanho regular serviam para tapar as bocas das cisternas e dos poços e a entrada dos sepulcros, Gn 29.2; Mt 27.60; Jo 11.38, para marcar os limites de territórios, Dt 19.14, e para marcos, Jr 31.21. No tempo dos romanos, as estradas tinham pedras de milha em milha, que assinalavam as distâncias, por exemplo, na estrada entre Tiro e Sidom, e entre Pela e Gerasa, onde ainda se vêem. Erguiam-se pedras comemorativas de pessoas e acontecimentos, Gn 31.45; 35.14,20; 2 Sm 18.18, que às vezes, se cobriam de inscrições descritivas de fatos, Heród. 2. 106 (veja *PEDRA MOABITA*). As pedras, tanto brutas quanto cinzeladas, serviam de objetos de adoração, Lv 26.1; Dt 29.17; 2 Rs 19.18, *cf.* Is 57.6. Certa quantidade de pequenas pedras que os gregos chamavam *baituloi* e *baitulia*, de origem meteórica, eram consideradas sagradas por haverem caído do céu e alimentavam a superstição dos gentios. Diziam eles que essas pedras falavam, moviam-se e guardavam a gente dos males. O nome grego, se for de origem semítica, como não é para se duvidar, é muito aparentado com *bethel* e pode indicar que a pedra servia de abrigo a alguma força sobrenatural de algum deus ou espírito. Os semitas não empregavam esse nome para designar as pedras brutas que eles erguiam em lugares de adoração, Dt 12.3. Em certos casos, os israelitas consagravam uma pedra em honra a Deus, Gn 28.18-22; 35.14; 1 Sm 7.12; Is 19.19, e davam um nome religioso ao lugar, Gn 28.19; 35.7, ou mesmo à pedra, 1 Sm 7.12, como faziam algumas vezes, chamando um altar pelo nome de Deus, Gn 33.20; Êx 17.15; *cf.* 35.7. Nesses casos, porém, não consideravam a pedra ou o altar como residência de um poder oculto, ou de alguma divindade, nem lhe prestavam honras divinas. O culto oferecido a Deus, em tais lugares, era separado da pedra memorial e do altar, Gn 31.54; 35.1,7; 1 Sm 7.9. **3** Serviam as pedras de armas de combate, atiradas por fundas e catapultas, Jz 20.16; 1 Sm 17.40; 2 Cr 26.15; Sab 5.22; 1 Mac 6.51, empregavam-se como instrumento de morte aos condenados a essa pena. A pederneira servia para acender o fogo, e, preparada de certo modo, também fazia as vezes de canivete, 2 Mac 10.3; Js 5.2. Os pesos para as balanças eram muitas vezes feitos de pedras talhadas, Dt 25.13. Lâminas de pedras serviam de livro para registrar documentos, Êx 24.12. Os egípcios e os judeus usavam vasilhas de pedra para depósitos de água, Êx 7.19; Jo 2.6. O profeta Ezequiel fala de mesas de pedra sobre as quais se imolavam os holocaustos, Ez 40.42. Um grande cilindro de pedra de cerca de 30 libras de peso movia-se rolando sobre os grãos até reduzi-los a farinha. Outras vezes, duas pedras, uma sobreposta à outra, serviam de moinho, Dt 24.6. A pedrinha branca, mencionada no Ap 2.17, tem recebido várias interpretações: 1) Uma das pedras, contendo o nome de uma pessoa, para ser tirado à sorte. 2) A pedra em que estava escrito o nome de um candidato às eleições na Grécia para ser tirado à sorte. 3) A pedra de absolvição usada nos tribunais da Grécia. 4) O sinal que recebia o que ganhava o prêmio nos jogos Olímpicos. 5) As instruções que os imperadores romanos conferiam aos vencedores na arena. E, finalmente. 6) Uma pequena pedra

P

PEDRA

branca que simbolizava o caráter celestial do crente vitorioso contendo o seu nome, como sinal e selo de sua glória futura. Em sentido figurado, a pedra simboliza a dureza ou insensibilidade, 1 Sm 25.37; Ez 36.26, e a firmeza, Jó 6.12; 41.24. Uma pedra viva é uma pedra no seu estado natural, compacta e inteiriça. Os discípulos de Cristo são pedras vivas, que formam o templo espiritual do qual Cristo é a pedra angular, *cf.* Ef 2.20-22; 1 Pe 2.4-8.

PEDRA ANGULAR – nome da pedra colocada no ângulo, onde se encontram dois muros. Esse nome dá-se a todas as pedras que ocupam esse lugar desde os alicerces até acima, Jó 38.6; Is 28.16; Sl 118.22; Zc 4.7. Em sentido figurado, Cristo é a principal pedra angular, e cabeça do ângulo, Rm 9.33; Ef 2.20; 1 Pe 2.6; Mt 21.42; 1 Pe 2.7.

PEDRA DE CAL – pedra destacada da rocha calcária, o que dá uma das feições da Palestina, Is 27.9.

PEDRA DE ESCAPE (*no hebraico sela-hamalecote, "rocha da separação ou fuga"*) – nome de um outeiro no deserto de Maom. Deram-lhe esse nome, porque, naquele lugar, Saul deixou de perseguir Davi, 1 Sm 23.28. Diz Conder que cerca de 13 km a este nordeste de Maom existe um outeiro sobre o *wady el-Malaki*, onde se vê um estreito, mas profundo abismo intransponível, a não ser por meio de um circuito de muitos quilômetros. Saul poderia ver Davi mui de perto sem conseguir, contudo, aproximar-se dele, a menos que fizesse uma grande volta.

PEDRA MOABITA – assim se denomina uma pedra coberta de inscrições, encontrada no território de Moabe, em que estão registrados fatos da sua história. A 19 de agosto de 1868, o Rev. F. Klein, a serviço da Sociedade Missionária, *Church Missionary Society*, estava acampado em Dhiban, nas ruínas de Dibom, antiga cidade moabita, quando um xeque o informou de que distante da sua tenda, uns dez minutos a pé, existia uma pedra contendo inscrições. Encaminhando-se para lá, encontrou de fato uma pedra de basalto negro no chão, de três pés e dez polegadas de altura, 1,^{m}0154, dois pés de largura, 0,^{m}66, e 1 pé e 2½ polegadas de grossura 0,^{m}3935, tendo a parte superior cortada em arco e a inferior quase em semicírculo. A inscrição se compunha de 34 linhas de caracteres desconhecidos, traçadas horizontalmente, conservando entre si o espaço de uma polegada e um quarto, 0^m,0317. Imediatamente entrou em negociações para transportá-la ao Museu de Berlim. Infelizmente M. Clermont-Ganneau, do consulado francês, pretendeu comprá-la para o Museu de Paris. O preço estipulado foi quase proibitivo. Os árabes contenderam entre si sobre o desejado valor. A contenda não deu resultado definitivo, pelo que colocaram fogo por baixo da pedra, e depois de bem quente, derramaram sobre ela água fria, reduzindo-a a pedaços, que distribuíram pelos vários celeiros para abençoar os grãos de trigo. Antes desse ato de vandalismo, um emissário de M. Clermont-Ganneau conseguiu fazer uma impressão das letras; mas teve de fugir precipitadamente a cavalo e nessa fuga apertou demais o papel ainda úmido, que se rasgou em sete pedaços, perdendo grande parte de seu valor. Mais tarde, um enviado de Sir Charles Warren e outro de M. Clermont-Ganneau conseguiram boas impressões de dois pedaços maiores da pedra quebrada, e finalmente grande número de fragmentos foram levados para Jerusalém e dali para Londres e Paris. Com o auxílio das impressões, conseguiu-se ordenar esses fragmentos. Verificou-se que das 1.100 letras que deveria conter a pedra, foram identificadas, ao todo 669, ou menos de dois terços, e que a linguagem assemelhava-se muito à hebraica. A inscrição como segue:

PEDRA MOABITA

1 Eu sou Mesa filho de Camósmeleque, rei de Moabe, o D

2 Ibonita. Meu pai reinou em Moabe durante 30 anos e eu reinei

3 Depois de meu pai. Consegui esta alta posição para Camós em *Krhhr*, por ter livrado Mesa,

4 Porque ele me salvou de todos os reis e porque me permitiu o prazer sobre todos que me odiavam

5 Onri era rei de Israel, e afligiu Moabe por muitos dias porque Camós estava irritado contra a sua terra.

6 E seu filho ficou em seu lugar, e também disse: "Vou afligir a Moabe". Foi nos meus dias que ele falou assim.

7 Mas vi o meu prazer sobre ele e sobre a sua casa, e Israel pereceu com eterna destruição. Atualmente Onri havia se apoderado de toda a terra de

8 Medeba e nela habitou durante a sua vida e a metade dos dias de seus filhos (ou seu filho) 40 anos;

9 mas restaurou-a Camós, nos meus dias, edifiquei Baalmeor e fiz nela o reservatório (?) e edifiquei

10 Quiriáten. E os homens de Gade tinham habitado a terra de Atarote, desde muito e construído para si tinha o rei de

11 Israel Atarote. Combati a cidade e a tomei, matando toda (o povo dela)

12 a cidade, glória para Camós e para Moabe. E eu trouxe de lá o altar, coração de Daudó (?) e o

13 arrastei para diante de Camós em Queriote. Estabeleci nela os homens de *Srn* e os homens de

14 *Mhrth*. E Camós disse-me: "Vai toma Nebo contra Israel". E eu

15 saí de noite e pelejei contra ele desde o amanhecer até o meio-dia, e tomei-a

16 e matei-os todos, sete mil homens e rapazes e mulheres, meninas e servas;

17 porque a havia consagrado a Astor-Camós: E trouxe dali as fornalhas do altar de Jeová

18 e as arrastei para diante de Camós: Presentemente o rei de Israel havia edificado

19 Jaaz; e ele habitou nela enquanto pelejava contra mim. Mas Camós o abateu perante mim.

20 E tomei 200 homens de Moabe, todos seus chefes e os lancei contra Jaaz e a tomei,

21 para ajuntá-la a Dibom: Edifiquei *Krhh*, o muro de madeiras e o muro do

22 baluarte. E construí as suas portas e levantei as suas torres. E

23 edifiquei o palácio do rei e fiz os fechos de (a... ... para) águas no meio da

24 cidade. E não havia cisterna no meio da cidade em *Krhh* e disse a todo o povo: "Fazei para

25 vós cada um uma cisterna em sua casa". E fiz a escavação para *Krhh* com o auxílio dos prisioneiros

PEDRA MOABITA

26 de Israel. Edifiquei Aroer e abri a estrada sobre o Arnom.

27 Edifiquei Bete-hamote porque estava em ruínas. Edifiquei Bezer, porque ruínas

28 ...Dibom 50, porque Dibom era obediente e eu reinei

29 sobre 100 cidades que eu aumentei ao país. E edifiquei

30 Medeba e Bete-dibláten e Bete-baalmeom e tomei dali os (pastores).

31 ...as ovelhas do país. E quanto a Horoném habitava nela o filho De(d)ã. E De(dã) disse

32 ... ...Camós disse-me: "Desce e peleja contra Horoném" e eu desci e ... ...

33 ... ...Camós a (restaurou) nos meus dias. E eu ... ...dali dez (?).

34 ....
....

As palavras de Mesa dão a entender que a pedra de Moabe era um monumento comemorativo da sua independência nacional e também de seu glorioso reinado, 1.4,31, levantada logo após a morte de Acabe, e da humilhação de sua casa, parecendo provável que também fosse depois que desapareceu a casa de Onri, quando começou a decadência de Israel 1,7. A história hebraica registra a data da revolta de Moabe depois da morte de Acabe, 2 Rs 1.1; 3.5, data que entra em conflito com o medo de interpretar a inscrição dando a revolta como tendo lugar nos meados do reinado de Acabe. Mas os dizeres da pedra facilmente se explicam de harmonia com a narração bíblica, de um ou dois modos: 1) As duas histórias se combinam. A tomada de Medeba foi levada a efeito por Mesa nos meados do reinado de Acabe, 1.8, porém o rei moabita não tentou sacudir o jugo hebreu senão depois da morte de Acabe. 2) Ou melhor, de acordo com o bem conhecido costume dos tempos, os descendentes reais de Onri, como de outros que fundaram monarquias dinásticas, eram designados simplesmente como seus filhos. Em vista da declaração sobre os 40 anos da ocupação de Medeba pelos israelitas, e em face da construção gramatical moabita, pela qual a coloração da palavra *beth nun* ele, na linha oito, se pode propriamente traduzir seus filhos; e em vista da probabilidade que nos fornecem as palavras do próprio Mesa de que ele teve conhecimento da destruição dos filhos de Onri, as linhas 7 e 8 da inscrição podem ser traduzidas do seguinte modo: "Presentemente Onri havia tomado posse de toda a terra de Medeba, e (Israel) habitou nela durante os seus dias e metade dos dias de seus filhos, 40 anos". É essa a mesma história narrada pelos escritores hebreus. A revolta de Moabe ocorreu no meio do reinado dos filhos de Onri, como se o reino estivesse dividido em dois e apresentando aos olhos dos moabitas um aspecto da última metade do seu governo muito diferente da primeira.

PEDRAS PRECIOSAS – todas as pedras preciosas mencionadas nas Escrituras canônicas estão enumeradas em Êx 28.17-20 e Ap 21.11,19-21, em Ez 3.9, cujos nomes são: Sárdio, topázio, esmeralda, carbúnculo, safira, jaspe, turquesa, ágata, ametista, crisólita, cornelina, berilo, calcedônia, sardônio, jacinto, crisopraso e diamante, ônix, pérola (margarita), rubi, lápis-lazúli, âmbar.

PEDREIROS – nome que se dá aos artistas hábeis em serrar pedras e lhes dar a forma conveniente para servirem às edificações de qualquer natureza, 2 Sm 5.11;

PEDRO

1 Rs 7.9; 1 Cr 22.2; 2 Cr 24.12. Entre os egípcios da antigüidade, a arte de pedreiro havia progredido bastante, como o provam as colossais edificações das pirâmides, construídas durante a quarta dinastia e os numerosos templos que se erguiam nas suas cidades. Os hebreus, ali escravizados, fabricavam tijolos para a construção das cidades, Êx 1.11; não se diz que fossem empregados no corte e facejamento das pedras. No reinado de Salomão, os fenícios possuíam artistas mais hábeis que os hebreus, nos trabalhos de cantaria. Não tinha ainda chegado o tempo das grandes construções de alvenaria de pedra, por isso, Salomão serviu-se dos canteiros fenícios para o templo e para o seu palácio. As pedras destinadas a esse fim tinham de oito a dez côvados de comprimento, com a altura e largura proporcionais, 1 Rs 7.10. Com certeza, foram artistas hebreus que mais tarde construíram os muros e as fortalezas, os aquedutos e os reservatórios, os arcos e as pontes, e cinzelaram as colunas, 2 Cr 23.14; Ed 3.10; Ct 5.15; Antig. 15.11,12.

PEDRO – forma grega da palavra aramaica *Cefas*, Jo 1.42; 1 Co 1.12; 3.22; 9.5; 15.5; Gl 1.18; 2.9,11,14, que quer dizer rocha, nome esse que Jesus deu a Simão, At 15.14; 2 Pe 1.1, quando este compareceu pela primeira vez à sua presença, Jo 1.42, e que depois explicou nas palavras proféticas, Mt 16.18 etc., Mc 3.16. Simão era filho de certo João, Jo 1.42; 21.15,16,17, ou Jonas, Mt 16.17, talvez síncope da palavra João, que, com seus filhos André e Pedro, exercia a profissão de pescador no mar da Galiléia, de parceria com Zebedeu e seus filhos, Mt 4.18; Mc 1.16; Lc 5.3s. Havia nascido em Betsaida, Jo 1.44, de onde se transferiu com sua família para Cafarnaum, Mt 8.14; Lc 4.38. Parece que Pedro tinha sido discípulo de João Batista, e foi levado a Jesus por seu irmão André, Jo 1.41,42, que era um dos discípulos favoritos de João que o havia dirigido a Jesus imediatamente depois que regressou da tentação no deserto, Jo 1.35s. Jesus lhe deu o sobrenome de Cefas ou Pedro, que quer dizer "Rocha",

Casa de Pedro em Cafarnaum — Christian Computer Art

PEDRO

cf. Jo 1.42. Em comum com os primeiros discípulos de Jesus, Pedro recebeu três chamadas distintas de seu Mestre, a primeira para ser discípulo, Jo 1.40s., *cf.* 2.2; a segunda, para acompanhá-lo em sua missão, Mt 4.19; Mc 1.17; Lc 5.10; e a terceira para ser apóstolo, Mt 10.2; Mc 3.14,16; Lc 6.13,14. O ardor de ânimo, o espírito de consagração, a coragem, o vigor físico e a impetuosidade de seu gênio deram-lhe desde logo, lugar distinto entre os demais discípulos de Jesus. O seu nome figura sempre em primeiro lugar na lista dos apóstolos, Mt 10.2; Mc 3.16; Lc 6.14; At 1.13. No círculo íntimo dos três discípulos mais favorecidos, o nome dele é sempre o primeiro, Mt 17.1; Mc 5.37; 9.2; 13.3; 14.33; Lc 8.51; 9.28. Era ele quem primeiro falava, o primeiro a confessar que Jesus era o Cristo Filho do Deus Vivo, Mt 16.16; Mc 8.29, mas também foi o primeiro a dissuadir o Mestre a não seguir o caminho dos sofrimentos, recebendo dele a mais formal repreensão, Mt 16.22; Mc 8.33. A vida do apóstolo Pedro apresenta três feições muito distintas. A primeira é o período de aprendizagem de que o evangelho nos dá conta. Durante os anos de convivência pessoal com Cristo, aprendeu a conhecer-se a si e a seu Mestre. Ele que havia afirmado fidelidade incondicional a Jesus, terminou por negá-lo três vezes, Mt 26.69s.; Mc 14.66s., Lc 22.54s.; Jo 18.15s. Nesse epílogo de suas experiências, parece terem desaparecido todos os conhecimentos adquiridos nos anos de sua aprendizagem, porém o Divino Mestre termina o curso de seus ensinos provando o coração de Pedro, restaurando-lhe a paz e a confiança, Jo 21.15s. A segunda feição é o período em que ele toma a dianteira aos demais apóstolos para regular os negócios da Igreja como se observa nos primeiros capítulos de Atos dos Apóstolos. A sua mão forte guiou-a em todos os seus passos. Foi ele quem propôs a eleição para o preenchimento do lugar vago pela morte de Judas, At 1.15; foi ele quem explicou às multidões o que significava a difusão do Espírito Santo no dia de Pentecostes, 2.14; foi ele quem tomou a dianteira na cura do homem paralítico, e que fez o discurso referente a esse milagre, 3.4,12; 4.8, foi pela sua palavra que Ananias e Safira foram repreendidos, 5.3,8, e finalmente, foi pelas suas mãos que se abriu a porta da salvação tanto para os judeus, no grande sermão de Pentecostes, 2.10,38, quanto para os gentios em casa de Cornélio, cap. 10. A terceira fase compreende o período de trabalho humilde no reino de Cristo revelado nas epístolas do Novo Testamento. Depois de lançados os fundamentos da Igreja, Pedro toma lugar humilde, entrega-se ao trabalho de ampliar os limites do reino de Deus, e desaparece das páginas da História. Na igreja de Jerusalém, é Tiago quem toma a direção dos trabalhos, *cf.* 12.17; 15.13; 21.18; Gl 2.9,12. Tendo sido aberta a porta aos gentios, Paulo passa a ser o apóstolo aos gentios, Gl 2.7. Como apóstolo da circuncisão, v. 8, Pedro prossegue a sua carreira menos nos brilhantes lugares onde havia judeus, e de bom grado deixou Jerusalém à direção de Tiago, e o mundo civilizado a Paulo. O livro de Atos encerra as notícias a seu respeito, por ocasião do concílio de Jerusalém, Atos 15, quando defendeu a causa dos gentios com geral aprovação. Depois sabe-se que esteve em Antioquia, Gl 2.11, talvez também em Corinto, 1 Co 1.12, e com certeza no extremo oriente na Babilônia, 1 Pe 5.13, prosseguindo na sua obra missionária em companhia de sua esposa, 1 Co 9.5. Sabe-se, finalmente, que ele glorificou a Deus, sofrendo o martírio, Jo 21.19. Nada mais a Escritura relata a seu respeito, se não o que se lê e suas cartas em que aparece revestido de uma encantadora humildade, despido de todas as pretensões no governo da Igreja, seguindo os ensinos de Paulo ou de Judas, e exortando os seus leitores a

PEDRO, EPÍSTOLAS DE

permanecerem na fé que lhes era comum. Nenhum caráter da história sagrada, e poderemos dizer de toda a literatura, aparece tão em relevo quanto o do apóstolo Pedro. Nos evangelhos, em Atos e nas epístolas, é sempre o mesmo homem com suas feições caracteristicamente dramáticas. Sempre veemente, ardoroso, impulsivo, é realmente o homem de ação no círculo apostólico, exibindo ao mesmo tempo os defeitos inerentes às suas boas qualidades, Mt 16.22; 26.69-75; Gl 2.11. As suas virtudes e as suas faltas tinham raízes comuns nas suas disposições entusiásticas. Devemos reconhecer, para honra de seu nome, que com a cizânia de sua ira e precipitação do gênio, cresceu mais fortemente o trigo, representado pelo seu amor e pronta recepção da verdade. Nosso Senhor o tratou com muita honra. Conferiu-lhe o poder de operar nada menos de três milagres nos primeiros dias da pregação do Evangelho; a ele concedeu manifestação especial depois da ressurreição, 1 Co 15.5. Jesus teve tempo, nos momentos de sua paixão e quando realizava a obra redentora da humanidade, de lançar sobre Pedro olhar de compaixão, para amparar seu coração quebrantado, portanto, a vida de Pedro é rica de instruções e de conforto para os cristãos. Os seus escritos penetram as profundezas da experiência cristã, e sobem às mais altas culminâncias da esperança. A história pouco acrescenta ao que já sabemos pelos evangelhos e pelas epístolas. De acordo com a profecia referente ao seu martírio, contida no capítulo 21.19 de João, diz a história que ele foi crucificado ao mesmo tempo em que o apóstolo Paulo, que foi decapitado, no ano 68, ao que parece na cidade de Roma. Desde o princípio que a lenda muito se ocupou com a vida do apóstolo Pedro. A tradição romanista afirma que ele foi bispo de Roma durante 25 anos, tendo como base uma história apócrifa, originada entre os ebionitas, e indigna de crédito, não só pela sua origem e manifesta inconsistência interna, como pela ausência de valor histórico.

PEDRO, EPÍSTOLAS DE – Primeira Epístola de Pedro **–** o autor anuncia-se como sendo o apóstolo Pedro, 1.1. Tem a seu favor, não só o caráter interno no seu todo, como numerosos atestados históricos. É endereçada aos estrangeiros dispersos pelo Ponto, Galácia, Capadócia, Ásia e Bitínia, 1.1, descrição um tanto metafórica de todo o corpo de cristãos que habitavam a região compreendida atualmente pela Ásia Menor. É claro que ele tinha em mente o elemento gentílico, como se depreende das seguintes passagens: 1.14; 2.9,10; 3.6; 4.3. Essas igrejas foram organizadas e nutridas em grande parte pelo apóstolo Paulo, que a elas se havia dirigido por meio de cartas como as que dirigiu aos gálatas, efésios e colossenses. Pedro escreve de tal modo, a dar a entender que a ele não deviam a sua conversão, 1.12,25, e ao mesmo tempo afirma que o evangelho que haviam recebido era o evangelho da graça de Deus, exortando-os a permanecer nele, 5.12. Desse modo, torna pública a sua inteira harmonia com as doutrinas de Paulo, escrevendo a que se chama epístola da esperança. A ordem em que os países a que ele se refere são enumerados, 1.1, começa do oriente para o ocidente, dando a entender que estava no oriente, como se observa pela saudação que ele envia da igreja da Babilônia, cf. 5.13. Pode-se determinar a data dessa epístola entre 63 e 67, talvez com certeza entre 64 e 65. A segunda epístola do mesmo apóstolo alude a esta no cap. 3.1, o que vem confirmar a sua autoria, cf. 1.1. É citada por Policarpo que foi discípulo do apóstolo João. O mesmo fazem Irineu e Tertuliano nas últimas décadas do segundo século. Desde o princípio, tinha o seu lugar na Bíblia dos cristãos em toda a parte do mundo e entrava em uso em todas as igrejas. O estilo da carta é simples e, ao mesmo tempo

PEDRO, EPÍSTOLAS DE

emocionante e enérgico, cheio de transições rápidas e abruptas. Reflete, admiravelmente, o caráter do escritor. O modo de tratar o assunto é especial e característico, visto que a doutrina por ele apresentada é exatamente igual à da epístola de Paulo, com referências predominantes à graça divina e às esperanças futuras. A epístola contém em alto grau as feições particulares das doutrinas de Paulo nas epístolas aos romanos e aos efésios, bem como as de Tiago em sua epístola, *cf*. 1 Pe 2.6,8 com Rm 9.32,33; 1 Pe 2.5; 3.8,9; 4.7-21 com Rm 12.1,16,17 e 3.6; 1 Pe 2.18; 3.1-7; com Ef 6.5 e 5.22,23; 1 Pe 1.1,6,7,23 e 5.6, com Tg 1.1,2,3,18, e 1 Pe 4.10. Em todas essas passagens se revelam os traços que desenham a pessoa do grande apóstolo, consorciando a profundeza da doutrina com a beleza dos ensinos cristãos. Após as saudações, 1.1,2, segue-se uma seção introdutória, 1.3-12, em que louva a Deus pelas bênçãos da salvação. O corpo da epístola, 1.13 até 5.11, consiste de uma série de exortações sobre o modo de colocar em prática os ensinos que os crentes haviam recebido, 1.13 até o cap. 2.10, e em segundo lugar um número considerável de instruções particulares sobre a vida prática, 2.11 até o cap. 4.6, terminando com algumas outras sobre as necessidades atuais de seus leitores, 4.7 até o cap. 5.11 e enviando saudações, 5.12-14. Segunda Epístola de Pedro — o autor denomina-se Simão Pedro, servo e apóstolo de Jesus Cristo, 1.1, testemunha presencial de sua grandeza no monte da transfiguração, 1.16, de quem recebeu aviso de sua próxima saída desse tabernáculo, 1.14; *cf*. Jo 21.19, e apresenta-se em linha paralela com o apóstolo Paulo, 3.15. A falta de simplicidade, de estilo, de liberdade de expressão, contrasta com a simplicidade da sua primeira epístola, motivo pelo qual já no tempo de Jerônimo se impugnava a sua autenticidade. Esse doutor da Igreja, porém, diz que tais diferenças foram devidas aos

vários comentaristas das suas cartas. Pode ser que assim seja, *cf*. Marcos. Seja como for, ele se denomina Simão Pedro apóstolo, que a própria carta confirma pelos traços característicos que nela se encontram, no modo de dizer muito semelhante ao que se encontra em Atos, em muitas expressões e palavras em comum e com a primeira epístola, e no costume que lhe era peculiar observado na primeira carta, dando o aspecto negativo e positivo de uma mesma idéia; por exemplo: 1 Pe 1.12,14,15,18,19; 2 Pe 1.16,21; 2.4,5; 3.9,17. Não existem muitas provas em favor do uso dessa epístola nos dias antigos da Igreja; porém Orígenes, no princípio do terceiro século, exprime-se de tal modo que dá a entender que era muito lida nas igrejas de seu tempo. Apesar de algumas dúvidas quanto à sua autenticidade, a evidência histórica em seu favor é por demais valiosa. O modo de endereçar a carta era o que geralmente se usava: "...aos que conosco obtiveram fé igualmente preciosa na justiça do nosso Deus e Salvador Jesus Cristo", 1.1. Mas o cap. 3.1 mostra que ele se dirigia aos mesmos leitores ou a algum grupo que estava entre eles. Ignora-se em que lugar foi escrita essa carta. Se for certo que as palavras do versículo 14 se referem ao seu próximo martírio, é de presumir que foi escrita em Roma. Nesse caso poderemos datá-la do ano 68. Com esta data concordam as referências que ele faz à natureza dos erros por ele profligados, como a referência à sua primeira carta. Tinha como objetivo, segundo ele declara no cap. 3.1,17,18, despertar o ânimo de seus leitores a se recordarem do que ele lhes havia ensinado, a fim de serem salvos dos erros então prevalecentes e para crescerem em graça e no conhecimento do Salvador Jesus Cristo. Em outras palavras, a epístola foi escrita com o fim de combater o gnosticismo que procurava entrada nas igrejas e consolidar nelas a verdadeira pureza e sabedoria cristã. O conteúdo da carta

PELES DE ANIMAIS MARINHOS

harmoniza-se muito com o fim em vista: Depois das saudações apostólicas do costume, 1.1,2, passa insensivelmente a exortar os crentes a crescerem na graça e conhecimento, v. 3-11, recordando as bases em que se deve fundamentar esse conhecimento, v. 12-21, e a denunciar os falsos mestres, 2.1-22. Recorda-lhes as doutrinas referentes à Segunda Vinda e ao fim do mundo, 3.1-13. Concluindo, exorta os leitores a fazer certa a sua vocação e eleição, recomenda-lhes que leiam as cartas de Paulo; fecha com uma doxologia, v. 14-18.

PEITORAL – 1 Ornamento sagrado usado pelo sumo sacerdote judeu, Êx 28.15-30 (veja *SUMO SACERDOTE*). **2** Couraça destinada a proteger o corpo dos guerreiros em combate, Ap 9.9. Em sentido figurado, significa justiça, retidão, fé e amor, Is 59.17; Ef 6.14; Sabed. 5.9; 1 Ts 5.8.

PELAÍAS (*no hebraico, "Jeová ilustre"*) **1** Nome de um dos levitas que, em companhia de Esdras, ensinava a lei ao povo e assinou o pacto, Ne 8.7; 10.10. **2** Nome de um homem de Judá, descendente de Davi e filho de Eleoenai, 1 Cr 3.24.

PELALIAS (*no hebraico, "Jeová julgou"*) – nome de um sacerdote descendente de Malquias, Ne 11.12.

PELATIAS (*no hebraico, "Jeová libertou"*) **1** Nome de um dos capitães simeonitas que tiveram parte na guerra entre a tribo de Simeão e os amalequitas, 1 Cr 4.42. **2** Nome de um príncipe de Israel, filho de Benaia, e que enganava o povo. Contra ele profetizou Ezequiel; morreu repentinamente, *cf.* Ez 11.1-13, cap. 8.1,3; 11.24. **3** Nome de um dos filhos de Hananias e neto de Zorobabel, 1 Cr 3.21. Parece ser a mesma pessoa com o nome de Feltia, príncipe do povo, e que, em companhia de Neemias, assinou o pacto, 10.22.

PELEGUE (*no hebraico é pelegh, "divisão" ou "canal" – de água*) – nome de um dos filhos de Héber ou de seus descendentes, Gn 10.25. Deram-lhe esse nome porque no seu tempo se fez a divisão da terra, ou a separação dos descendentes de Arfaxade dos de Joctã, *cf.* Gn 10.24-29. Também pode referir-se à dispersão dos descendentes de Noé, em conseqüência da confusão das línguas na torre de Babel.

PELES (*no hebraico é or, "pele"*) – os hebreus conheciam a arte de curtir as peles e lhes dar cores diferentes, Êx 25.5; At 9.43. As peles tinham ampla aplicação entre os hebreus e outras nações da antigüidade; serviam para roupa de uso, Lv 13.48; Nm 31.20, para cobertura das tendas, Êx 26.14, para odres, Judite 10.5. As peles que serviam para o fabrico de escudos eram lubrificadas com azeite para evitar o ressecamento e conservá-los macios e brilhantes, 2 Sm 1.12; Is 21.5. As peles de foca, ou de porco marinho, empregavam-se no fabrico de finas sandálias, Ez 16.10. Elias e João Batista vestiam-se com peles, 2 Rs 1.8; Mt 3.4.

PELES DE ANIMAIS MARINHOS – tradução do vocábulo hebraico *Tahash*, Êx 26.14; 35.7; Nm 4.25; Ez 16.10. Empregavam-se na cobertura do Tabernáculo, e serviam para o fabrico de sandálias. *Tahash* corresponde ao árabe, *tubas*, que se aplica às focas e em particular ao dugong, *Halicore hemprichii*, pertencente à ordem das Sirenia, próximos aliados dos mamíferos da ordem das baleias. Tinham geralmente 10 a 12 pés de comprimento, 3 m a 4 m, cabeça redonda, peitos para amamentar os filhos, cauda semelhante às dos peixes, pintados de escuro no lombo e de branco na parte inferior. Parece que é o mesmo animal que deu origem à lenda das sereias. Encontram-se nos bancos de coral do mar Vermelho que se estendem até as costas da Austrália.

PELETE

PELETE (*no hebraico, "libertação", "livramento"*) **1** Nome de um dos filhos de Jadai, da tribo de Judá, 1 Cr 2.47. **2** Nome de um benjamita, descendente de Azmavete, que se juntou a Davi em Ziclague, 1 Cr 12.3.

PELETE (*com grafia e significado diferente no hebraico, "velocidade" ou "fuga", dois outros personagens são assim grafados na versão em português*) **1** Nome de um rubenita, pai daquele Om que tomou parte na rebelião de Coré, Nm 16.1. **2** Nome de um homem de Judá da família de Hezrom da casa de Jerameel, 1 Cr 2.33.

PELETEUS – nome de certos homens incorporados à guarda de Davi: Parece que tinham vindo da terra dos filisteus, como eram também os quereteus e os geteus, seus camaradas de armas. Conservaram-se fiéis a Davi enquanto duraram as calamidades de seus últimos anos, e tiveram parte fundamental na guerra em que Absalão perdeu a vida, 2 Sm 15.18-22. Igualmente auxiliaram Davi na luta contra Seba, 20.7. O nome pelo qual são conhecidos é de origem gentílica, como o dos seus companheiros. Não se pensa que seja contração de *Pelishti*, como alguns supõem.

PELICANO – tradução da palavra hebraica *kaath* que parece dizer vomitador. Em Is 34.11, e Sf 2.14, a mesma palavra é traduzida por corvo. Ave imunda segundo a lei cerimonial, Lv 11.18; Dt 14.17, habita nos desertos, Sl 2.14. É provável que seja o pelicano comum, *Pelecanus onocrotalus*, que freqüenta os rios, os lagos e os pântanos e não ruínas, a menos que estas estejam em lugares pantanosos, ou o *Pelecanus crispus*. Essas duas espécies podem ser encontradas na Palestina. Os seus quatro dedos são ligados por largas membranas que os adaptam à vida aquática. Às vezes se encontram pousados nas árvores. Têm formidável bico canelado com grande bolsa na parte inferior, na qual carregam os peixes destinados à alimentação dos filhotes. Sendo uma das maiores aves do mundo, regula ter cerca de 1,50m de comprimento. Alguns deles se encontram nas margens do mar da Galiléia e em grande número, nos lagos do Egito e nas ribeiras do Nilo.

PELONITA – palavra correspondente em 1 Cr 11.27; 27.10, ao vocábulo paltita em 2 Sm 23.26 e em 1 Cr 11.36, a gilonita em 2 Sm 15.12; 23.34. Em 1 Cr 27.10, a pessoa designada por esse epíteto, mais adiante é dado como pertencente aos filhos de Efraim. Não se conhece lugar ou pessoa de que se possa derivar esse adjetivo. Com certeza não é derivado de Palu que era rubenita e cujos descendentes eram denominados paluítas, *cf.* Nm 26.5. Em vista dessas circunstâncias, a palavra falunita pode ser uma corrupção do texto, ou mesmo significar o que se costuma dizer, quando nos referimos, a alguém cujo nome ignoramos "certo, tal", como se lê em 1 Sm 21.2 "em tal e tal lugar". Talvez o escriba não acertando, ou não podendo ler a palavra original, a tenha substituído pelo vocábulo "fulano".

PENA – **1** Estilo ou instrumento feito de ferro, empregado pelos escritores para abrir letras na pedra, Jó 19.24; Sl 45.1; Jr 8.8; 17.1. Em hebraico, chama-se *et e heret*, Is 8.1. **2** Pena usada para escrever com tinta sobre o papiro, 3 Jo 13; *cf.* 2 Jo 12. A menção a um canivete em Jr 36.23, e de um rolo em que foram escritas as palavras do profeta, dão a entender que o uso das penas de escrever havia sido introduzido entre os israelitas no tempo de Jeoiaquim.

PENHA – rochas abundantes em toda a parte montanhosa da Palestina. Algumas delas tinham nomes característicos, como a penha de Orebe, Jz 7.25, e a rocha de Etã, 15.8.

PENTATEUCO

PENHOR (*no hebraico 'erabôn; no grego arrabôn*) – quantia de dinheiro, objeto, ou qualquer outro valor que se dá em garantia de um negócio a realizar em tempo determinado. O penhor serve como um contrato, uma garantia de que a dívida ou o negócio será efetuado. Blackstone diz que o pagamento antecipado por conta de maior valor, ainda que seja de um *penny*, tem o efeito de um contrato. O Espírito Santo no coração dos crentes é o penhor, a garantia que Deus dá de que não deixaremos de receber a herança eterna, 2 Co 1.22; 5.5; Ef 1.13,14.

PENIEL (veja *PENUEL*).

PENINA (*no hebraico, "rubi", ou "coral"*) – nome de uma das duas mulheres de Elcana, 1 Sm 1.2-6.

PENTATEUCO (*no grego pentateuchos, "livro de cinco volumes"*) – nome que se dá à coleção dos primeiros cinco livros do Antigo Testamento: Gênesis, Êxodo, Levítico, Números e Deuteronômio. Nos lugares da Escritura onde ocorria esse nome, os israelitas atribuíam aos cinco livros o nome de Lei, Js 1.7; Mt 5.17; Lei de Moisés, 1 Rs 2.3; Ed 7.6; Lc 2.22; a Lei do Senhor, 2 Cr 31.3; Lc 2.23; o Livro da Lei, Js 1.8; o Livro de Moisés, 2 Cr 25.3,4; o Livro da Lei de Moisés, Js 8.31; o Livro da Lei de Deus, Js 24.26; o Livro da Lei do Senhor, 2 Cr 17.9. Todas essas designações do Pentateuco dão a entender que os cinco livros eram tidos como um só volume, como ainda se observa nos manuscritos judeus, ainda que citados pelos vários nomes das palavras iniciais. A divisão em cinco livros distintos é mencionada por Josefo, cont. Apiom 1.8, e se originou com a tradução grega, ou já existia anteriormente. A LXX adotou a divisão da qual vieram os modernos títulos de Gênesis, Êxodo, Levítico, Números e Deuteronômio. A divisão da lei de Moisés em cinco livros, dizem, serve de modelo para a divisão do Saltério. Se assim foi, deveria ter sido em tempos muito antigos, porque já de muito que ele estava assim dividido em cinco livros. As provas encontram-se nas descobertas feitas nos próprios manuscritos, nos quais o livro de Salmos aparece de tal modo arranjado, que o salmo que abre cada livro corresponde ao respectivo livro do Pentateuco. O salmo primeiro, que compara o justo a uma árvore plantada junto às correntes das águas, faz lembrar o jardim do Éden, de que fala o primeiro livro do Pentateuco. O salmo 42 dá início ao segundo livro do Saltério, com um grito de quem se acha em tristeza, oprimido pelo inimigo, e julgando-se abandonado por Deus, mas que, ao mesmo tempo, antecipa o seu livramento. É uma recordação das aflições de Israel no Egito, como as descreve o livro de Êxodo. No salmo 73, que abre o terceiro livro, as dúvidas do salmista sobre a justiça de Deus para com os homens desaparecem, quando considera o fim destinado aos perversos. Esse salmo reflete a gratidão para com a bondade divina, dando a lei levítica como garantia de sua misericórdia. O salmo 90 abre-se com a oração de Moisés em que ele roga a Deus que lhe faça conhecer o número de seus dias. Este assunto corresponde ao livro de Números. O salmo 107, que dá princípio ao quinto livro, fala da bondade do Senhor nos dias de tribulação, e, como o Deuteronômio, faz uma recapitulação dos exemplos do divino para com Israel. É preciso reconhecer que essa correspondência é mais fantasiosa que real. Se alguém tivesse de fazer arranjo dessa natureza, com certeza o faria de modo apropriado. O salmo 8, com suas referências aos céus obra das mãos de Deus, à lua e às escritas que Ele estabeleceu, ao homem colocado sobre toda a criação, teria mais correspondência com Gênesis capítulo 1. O salmo 66, que fala das maravilhas que Deus operou, mudando o mar em terra para que

PENTATEUCO

o seu povo passasse a pé enxuto e colocando sobre os israelitas cadeias e tribulações e homens sobre as suas cabeças, e depois conduzindo-os a lugares de abundância e riqueza, deveria corresponder ao segundo livro do Pentateuco. Esse salmo contém clara referência ao livro de Êxodo que não se encontra no salmo 42. O salmo 76 ou 78 serviria muito bem para corresponder-se com o terceiro livro do Pentateuco e Levítico. A narração dos fatos, contidos no primeiro livro do Pentateuco, foi transmitida aos tempos de Moisés pela tradição oral e escrita. Os acontecimentos posteriores ocorreram no seu tempo e nos quais tomou parte pessoalmente. A arte de escrever era comum no Egito muito antes de Moisés; era conhecida na Arábia, onde havia ele estado algum tempo; em Canaã, onde seus antecessores peregrinaram e para onde estava guiando o povo. As várias formas de literatura representadas no Pentateuco mostram quais eram as concepções familiares naquela época. Visto que os cinco livros não sejam, no seu todo, atribuídos a Moisés, contudo, dão-no como seu autor. Duas passagens são de sua autoria: a vitória sobre Amaleque, Êx 17.14, e o itinerário dos israelitas desde o Egito às planícies de Moabe, fronteiras ao Jordão e a Jericó, Nm 33.2. O cântico comemorativo das obras do Altíssimo e do seu favor para com Israel foi escrito e composto por ele, Dt 31.19,22,30; 32.44. Moisés também escreveu e cantou o hino de louvor a propósito da destruição de Faraó e do seu exército, e da passagem do mar Vermelho, Êx 15.1-18,21. A parte que trata das leis compõe-se de três corpos distintos. O primeiro chama-se o livro do pacto, e compreende os Dez Mandamentos, lei fundamental da nação e os regimentos nela baseados, Êxodo capítulos 20–23. O segundo corpo de leis regula o serviço do santuário, Êxodo capítulos 25–31 e 35–40; o Levítico e a maior parte do livro de Números. Toda essa legislação Deus a revelou a Moisés, Êx 25.1s. O terceiro corpo de leis contém as proclamações que Moisés fez à nova geração dos hebreus nas vésperas de sua entrada em Canaã, recordando o modo por que Deus os conduziu e reproduz várias porções da lei com o fim especial de mostrar-lhes a sua espiritualidade e colocando em relevo as feições mais importantes da vida religiosa, nas circunstâncias especiais em que o povo ia entrar, e ao mesmo tempo modificando os pormenores referentes às novas exigências da vida na terra de Canaã. Moisés escreveu essa mensagem e mandou aos levitas que pusessem o livro ao lado da arca da Aliança do Senhor para lhes servir de testemunho, Dt 31.9,24-26. Segundo se lê nestes livros, as passagens espalhadas em todo o Pentateuco são de sua autoria. Todo o Antigo Testamento, quando fala da lei, sempre a menciona como obra de Moisés, escrita em um livro, Js 1.7,8; Ed 6.8; Ne 8.1,18. São muito freqüentes e explícitas as referências à lei de Moisés, Js 1.7,8; 8. 31-35; Jz 3.4; 1 Rs 2.3; 2 Rs 18.6,12; *cf.* Dt 24.16; 2 Rs 21.7,8; Dn 9.11,13; Ed 3.2; 6.18; 7.6; Ne 8.1,18; Ml 4.4. Uma das feições particulares dessa legislação, a lei de um só altar, esteve em desuso durante o cativeiro ou retenção da arca pelos filisteus depois que o Senhor abandonou a Siló, 1 Sm 4.11,21,22; 6.1; 7.2; Sl 78.60; Jr 7.12-15; 26.6. Enquanto durou esse período, o povo, sob a direção de Samuel, sacrificava onde podia, 1 Rs 3.2-4, como seus pais haviam feito nos tempos antigos, antes do pacto entre Jeová e os israelitas, de que a lei e a arca serviam de monumento. Mais uma vez esse regime esteve em vigor, quando os piedosos israelitas, que habitavam o Reino do Norte, se viram privados de subir a Jerusalém para adorar ao Senhor. Teriam de escolher entre abster-se inteiramente de sacrificar, ou adorar a Deus como o haviam feito Abraão, Isaque e Jacó. Fizeram a segunda opção. Todos os outros casos de sacrifícios, fora do santuário central,

PENTATEUCO

obedeciam à lei, que expressamente estabelecia que em qualquer lugar em que Jeová se manifestasse, aí se ofereceria o sacrifício, Êx 20.24; Jz 2.1,5; 6.19-24; 13.15-22. O Reino do Norte reconhecia a autoridade da lei de Moisés. Os profetas Oséias e Amós, que trabalhavam entre as dez tribos, apesar de não falarem em nome de Moisés, referiam-se constantemente às leis do Pentateuco e empregavam a sua linguagem. Algum tempo, o livro da lei guardado no templo caiu em desuso e foi colocado de lado, enquanto durou o reinado de Manassés. Por meio século, a religião de Jeová foi negligenciada. Quando, porém, se procedeu à reparação do templo, destinado a restaurar o culto a Jeová, descobriu-se o livro, pelo menos a parte em que se continha Deuteronômio, 2 Rs 22.8; 23.25, ou mais propriamente, o livro que o sumo sacerdote encontrou, devia ser um exemplar da lei de Deus, encerrada na parede do templo, em lembrança da construção do santuário. Daniel, Esdras e Neemias fazem alusões à lei de Moisés. Os judeus do tempo de Cristo confirmaram que Moisés foi o autor do Pentateuco, Mc 12.19; Jo 8.5; Antig. prefácio 4; contra Apiom, 1.8. Jesus e os evangelistas dão o nome de Moisés ao Pentateuco, Mc 12.26; Lc 16.29; 24.27,44, dizem que a lei foi dada a Moisés e por ele escrita, Mc 10.5; 12.19; Jo 1.17; 5.46,47; 7.19. Negam alguns que o Pentateuco seja obra de Moisés. As principais objeções consistem em que o livro contém fatos que ocorreram após a sua morte e que, portanto, não poderiam ser escritos por ele. **1** Lê-se em Gn 12.6: "Nesse tempo os cananeus habitavam essa terra", *cf.* 13.7. O sentido que dão a essa passagem é que os cananeus já não ocupam a terra em vida do escritor. Mas não é isso que ele diz; senão que o cananeu era habitante da terra, quando Abraão ali esteve e que a terra estava prometida a ele. **2** Gn 14.14 diz: "Ouvindo Abraão... e os perseguiu até Dã".

Dizem que no tempo do patriarca, esse lugar se chamava Laís e que o nome Dã só lhe foi dado no tempo dos juízes, Jz 18.29. Resta saber, porém, se Dã de Gênesis é a mesma Dã do livro de Juízes. Se for, então, devemos supor que o nome Dã, que era o mais familiar, substituiu o antigo, Laís, no curso de repetidas transcrições. O texto hebraico não existe em sua absoluta pureza. **3** Em Gn 36.31, diz-se: "...antes que houvesse rei sobre os filhos de Israel" como se a monarquia que principiou em Saul já existisse quando o autor escreveu o livro. Mas os reis de Edom citados nos versículos 32-43, reinaram antes de Moisés; este diz somente que os descendentes de Esaú já tinham reis, ao passo que os israelitas, aos quais se havia prometido rei, ainda não o tinham, Gn 17.6,16; 35.11. **4** Diz Deuteronômio 1.1. "São estas as palavras que Moisés falou a todo o Israel, dalém do Jordão", isto é, na parte oriental como se o escritor estivesse em Canaã. Mas a expressão mencionada não tem esse sentido. Abraão, Isaque e Jacó falaram dessa região como situada aquém do rio, que ficou sendo conhecida por esse modo. Ainda mais: essa região não era Canaã, a Terra Prometida. Moisés ainda estava aquém do rio. Qualquer que fosse o lado do rio em que o povo estivesse, designavam as montanhas Abarim ao oriente do mar Morto, como as montanhas daquém, e ultimamente denominavam o país entre o Jaboque e o Arno na Peréia, a região daquém. **5** Admite-se geralmente que os versículos 5-12 do cap. 34 de Dt, em que se fala da morte de Moisés e em que é comparado aos profetas que o precederam, v. 5,10, não foram escritos por sua mão. Isto, porém, de modo algum pode servir de argumento para negar-lhe a autoria do Pentateuco, no seu todo. Os teólogos ortodoxos e o comentarista Vitringa em 1707 opinavam pela credibilidade do livro de Gênesis, editado por Moisés com seus aditamentos,

PENTATEUCO

legado pelos patriarcas e conservado pelos israelitas. Em 1753, Jean Astruc, notável médico francês, porém libertino, tentou provar que o livro de Gênesis foi escrito por dois autores, de que se serviu Moisés, e que esses autores se distinguem respectivamente pelo emprego das palavras Eloim, isto é, Deus, e pela palavra Jeová. Além desses dois escritos, pensa ele ter descoberto mais dez documentos menores que se referem principalmente às nações estrangeiras, nos quais não se encontra o nome de Deus. Essa hipótese foi adotada por Eichhorn, que a defendeu com proficiência e candura. Insistiu firmemente que Moisés compilou o Gênesis e atribui a ele a autoria dos demais livros do Pentateuco. Descobriu-se logo que os princípios com que defendia sua opinião sobre Gênesis podiam aplicar-se com iguais resultados a todos os demais livros do Pentateuco. Sendo assim, esses documentos originais compreenderiam também a história do próprio Moisés, e dificilmente ele os poderia colecionar para fundir o seu Pentateuco. Os argumentos em prol dessa teoria da fragmentação de Gênesis baseiam-se em quatro pontos principais: 1) O emprego alternado dos nomes Deus e Jeová em sucessivos parágrafos ou seções; 2) Continuidade de cada um desses chamados documentos, quando tomados em separado; 3) A diversidade de estilo, de dicção e de idéias que se nota nos vários documentos; 4) As repartições, ou passagens muitas vezes contraditórias, iniciando a existência de documentos distintos. Esta hipótese, tomada na sua forma simples, sofre constantes modificações; quando cuidadosamente criticada, a fim de remover as dificuldades que a cercam. Segundo ela, existem quatro documentos originais de que o editor ou redator se serviu para compilar o Pentateuco: um Eloístico, no qual o nome divino é Eloim e que se encontra em cerca de metade do material do livro; outro Jeovístico e outro Eloístico que têm entre si notável semelhança e são intimamente unidos, e, finalmente, os documentos de Deuteronômio. O segundo e o terceiro documentos citados que designamos pelas iniciais J. E. são tidos como os mais antigos, pertencentes às datas de 100-800 a.C., maior parte do Deuteronômio, designada pela letra D, pertence ao ano 621 a.C., ou meio século menos, 2 Rs 22.8. O primeiro documento já mencionado o que chamam P, para indicar que o autor era sacerdote em inglês "Priest", é datado do fim do exílio. A cada uma dessas principais divisões corresponde um código de leis. Os capítulos 20 a 23 do Êxodo correspondem à letra J, e os caps. 12 a 26 de Deuteronômio correspondem à letra D, e à letra P correspondem a legislação sacerdotal e outras contidas no Êxodo, Levítico e Números. Convém observar que existem dois elementos distintos contidos na teoria moderna: a existência de documentos que serviram à composição do Pentateuco, e a data desses documentos. Wellhausen mantém as datas mencionadas e sustenta que as leis levíticas são posteriores às de Deuteronômio. 1). Essa opinião ou teoria envolve a negação da verdade histórica contida no Antigo Testamento, não somente no que diz respeito às pequenas imperfeições, como interessa todo o crédito que merecem as narrativas do antigo cânon. Welhausen não esconde este fato. 2). Ainda mais, dando a esses documentos uma data tão recente, é o mesmo que negar o desenvolvimento da doutrina. No Pentateuco, as concepções aceitas, e as doutrinas referentes ao estado futuro, à retribuição divina, ao caráter espiritual da verdadeira adoração, aos anjos e ao Messias, são todas rudimentares. Todas elas assumem formas mais desenvolvidas nos livros de Jó, Salmos e nos profetas. Isto serve para provar que o escritor do Pentateuco viveu em época remota e em meio

PENTATEUCO

intelectual muito diferente. Dilmann, ainda que aceitando os documentos citados por Welhausen, não concorda com o arranjo que ele fez; mostrando que a lógica da História exige a existência da legislação levítica antes de Deuteronômio, e que além disso está mais em harmonia com os ensinos da Escritura. 3) A existência das leis do Pentateuco e das instituições mosaicas aparece em largos traços nos escritos proféticos. Não faz muito tempo que se admite a legitimidade dessas passagens, mas se negava ao mesmo tempo em que fossem tiradas de Deuteronômio ou dos documentos sacerdotais. Agora todos reconhecem que essas leis e instituições vigoravam quando essas passagens foram escritas; porém o resultado lógico dessa concessão, isto é, que a lei do Pentateuco e as instituições levíticas estavam em pleno vigor oito séculos antes de Cristo, nulifica-se quando declaram que as referências aludidas foram interpeladas nos escritos dos profeta. Mas não oferecem provas que justifiquem as suas afirmações. A decisão desse assunto é magistral, proferida sem apelo. Os que acreditam nas leis de Deuteronômio e nas ordenanças levíticas como procedentes de Moisés, citam confiadamente essas passagens como parte integrante dos escritos proféticos, em razão de suas relações com o contexto e de sua inseparável conexão com o argumento original. 4). A teoria sobre a origem recente das instituições de Israel afirma como postulado fundamental que a lei e os rituais resultam de um desenvolvimento gradual. Como se dá na natureza, assim é na arte e na legislação: o simples precede o complexo; aos costumes rudes, segue-se o viver civilizado. Como princípio geral, a tese pode demonstrar-se com universal aceitação, sendo verdadeira no caso das leis civis e do ritual judeu. Há, porém, outra verdade, para não falar em outras, a saber: que o povo de Israel possuía a herança dos séculos. O aperfeiçoamento de

suas leis e de suas instituições religiosas vinha de longe. Os israelitas não começaram com o nada; possuíam algo mais que os fundadores das nações modernas, e os que elaboram as constituições dos povos. Não criaram *ex nihilo*. Sob a direção de Moisés, apropriaram-se dos frutos amadurecidos do labor humano e da experiência dos séculos. Entre as nações com as quais estiveram em contacto na era mosaica, entre os babilônios, de onde emigraram seus antepassados e entre os egípcios, onde residiram tantos anos, as formas de culto haviam amadurecido no meio de bem elaborada civilização. As idéias dos semitas sobre legislação haviam-se desenvolvido, de modo a perceberem a existência de unidade na multiplicidade e das leis, e adotarem o processo da codificação. Os estatutos organizados em código de leis e incorporadas ao livro do pacto, o santuário como o descreve o livro de Êxodo e o ritual esboçado em Levítico, não eram novidades ao povo reunido no Sinai, eram concepções de claro sentido, que apelavam para os princípios de justiça, que apreciavam os direitos das classes humildes desamparadas, princípios que os semitas já tinham muito antes de Moisés. Os tipos de arquitetura e ritos sagrados, aprovados pela mais refinada civilização contemporânea, incorporavam altas idéias possuídas em comum pelas religiões étnicas do tempo, empregando um simbolismo que era, por assim dizer, a linguagem universal dos homens aos daquela época, e dando expressões aos sentimentos inatos que nos dirigem no modo de render culto a Deus. Tudo isso foi vasado nos moldes da verdade e da crença em um Deus único, santo, gracioso e espiritual. A lei civil dos israelitas, o santuário, o sacerdócio e o ritual rico, apurado, bem elaborado, não eram coisas novas debaixo do céu. Moisés, que era estadista, e diretor espiritual, desfrutando intimidade com Jeová, dirigido e guiado por Ele, escolheu os materiais que melhor ser-

PENTATEUCO

vissem, tirados dos tesouros da legislação e dos rituais de seu tempo, e os organizou de modo a servirem de veículos às manifestações da vontade de Deus para animar, dirigir, disciplinar e guiar a consciência moral e religiosa de Israel e dar-lhe amostra dessas grandes verdades a respeito de Deus e do modo de representá-lo perante o mundo pagão. A lei e as normas para o culto divino, conforme se encontram na legislação do Sinai, por mais longo que seja o período em que se desenvolveram, foram oportunamente colocadas em inteira harmonia com as concepções da época mosaica (veja *MOISÉS, ALTAR, ANRAFEL, SACERDOTE, TABERNÁCULO, FESTA DOS, TEOCRACIA*). Voltando a considerar o aspecto literário da questão, perguntamos: Quais são as objeções à teoria chamada documental?. *1*) A impossibilidade de separar os documentos uns dos outros, tomando por base que certas palavras denunciam a existência de vários escritores. Serve de exemplo o emprego de diferentes nomes representando a divindade, que é o ponto de partida da hipótese. Jeová é geralmente traduzido por Senhor e pertence ao documento J, que segundo a teoria citada, não aparece no livro de Gênesis, nos documentos E e P. De fato, assim é, como se pode observar nas seguintes passagens: 5.29; 7.16; 14.22; 15.1,2; 17.1; 20.18; 21.1,33; 22.11,14,15,16; 28.21. Nem o nome Eloim aparece no documento J; contudo ele está presente em: 3.1-5; 4.25; 6.2,4; 7.9; 9.26,27; 33.5,11; 43.14 etc. Só em Gênesis há mais de 20 exemplos em referência a duas palavras características, em que naufragam esses princípios de crítica. Quando fatos dessa natureza se opõem à teoria em questão, devem ser desprezados. Dizem os críticos que o compilador introduziu arbitrariamente no texto palavras mal escolhidas ou oriundas de outros documentos; dizem ainda que o compilador empregou o nome de Deus discriminadamente no documento J, o que

virtualmente vai de encontro à teoria. Se for verdade que o escritor empregou o nome de Deus discriminadamente em alguns casos, poderia fazer isto em todos, como afirmam os que defendem o lado contrário. Os que defendem a teoria de que Moisés é o autor do Pentateuco, dizem que essas palavras estão no lugar próprio e são empregadas intencionalmente como é fácil ver. A palavra Deus representa o ser divino em suas relações com o universo em geral, que lhe deu origem, que o preserva e que, ao mesmo tempo, governa todas as suas criaturas e dirige os seus atos. A palavra Jeová representa Deus como Ele se revela ao homem, especialmente como o Deus da graça. *2*) Não é verdadeira a afirmação de que os documentos citados tenham unidade entre si, quando tomados em separado. As narrações do documento J terminam no capítulo 4.25,26 e continuam no capítulo 5.28,29; 6.1-4,5-8. Essas passagens não registram uma história seguida, são fragmentos desconexos, sem ligação entre si. A narrativa do documento J no Capítulo 6.5-8 continua no capítulo 7.1-5, é fragmentária e não contínua. De onde veio a arca em que Noé entrou por ordem divina? A história deste fato no documento J compreende o capítulo 10.21,25-30; 11.1-9,28-30; 12.1-4. Quem foi Terá?. Quem foram Arã e Abrão? Onde existem os laços que unem essas narrativas? A história da criação contida no documento P, capítulo 1 até capítulo 2, v. 4, termina com a declaração enfática: "Viu Deus tudo quanto fizera, e eis que era muito bom", Gn 1.31. Passando à genealogia de Adão, 5.1-28,30-32, pára de repente e diz: "A terra estava corrompida à vista de Deus e cheia de violência", 6.11, *cf.* 6.9-22. Como é que se corrompeu aquilo que Deus havia achado muito bom?. Ainda mais: A história do patriarca Abraão mal contada no documento P, encontra-se fracionada nas seguintes passagens do documento J, 11.27,31,32;

PENTATEUCO

12.4,5; 13.6,11,12; continua no capítulo 16.1,3,15,16 e capítulo 17. Essa narrativa extravagante, contida nos documentos hipotéticos, é tida pelos que acreditam que seja obra de Moisés, como sendo uma história uniforme, sem interrupções de pensamento, bem equilibrada em todas as suas partes e progressivamente desenvolvida (veja *GÊNESIS, O LIVRO DE*). *3*). A teoria que afirma a existência de passagens paralelas distintas entre si por estilos diferentes não merece fé, a menos que tenha a seu favor a evidência externa. Dizem ainda que na história do Dilúvio, a tempestade que deu causa a esse cataclismo é contada duas vezes em três versículos sucessivos: "No ano setecentos da vida de Noé, no dia dezessete do segundo mês do mesmo ano, se romperam todas as fontes do grande abismo e se abriram as cataratas do céu", 7.11 P. "Passados que foram os sete dias, derramaram-se sobre a terra as águas do dilúvio. E caiu a chuva sobre a terra, quarenta dias e quarenta noites", 7.10,12 J. Alegam que existem nesta descrição, dois estilos literários; o primeiro, exuberante, vívido e poético; o segundo, singelo, narrando os fatos em simples prosa. A narração do Dilúvio também nos foi transmitida pelos babilônios e pelos assírios. Comparando a narrativa assírio-babilônia com a que vem no Gênesis, encontram-se as mesmas repetições, a mesma diferença de estilo nos lugares correspondentes. O escritor descreve o rompimento das fontes do abismo e a abertura das cataratas do céu ainda com maior exuberância de linguagem do que o autor de Gênesis. Quando chega a dizer quantos dias durou a tempestade, naturalmente o faz em linguagem simples. Diz ele: "Seis dias e seis noites, assopraram os ventos e caíram as chuvas; ao sétimo dia, diminuiu a chuva, e a tempestade que se havia desencadeado rugidora como uma mulher com dores de parto, amainou; o mar recolheu-se ao seu leito, o vento e a chuva cessaram" (veja

DILÚVIO). Não há dificuldade em explicar a diferença de estilo na descrição atribuída a Moisés. Cada assunto requer seu modo especial de exposição. Para se falar de datas, de genealogias e de outras coisas semelhantes, não há necessidade de trabalhar com a imaginação; só os incidentes emocionantes e que exigem descrição pitoresca e viva. *4*). A teoria que afirma a existência de narrações paralelas do mesmo assunto, notáveis pela sua contradição, não resiste à prova da evidência externa. Alega-se que segundo o documento P, Deus avisou Noé que ia mandar as águas do dilúvio, mas não diz se esse dilúvio seria causado pelo degelo das neves, ou por meio de abundantes chuvas, ou ainda por efeito de alta maré. Desse modo, P contradiz J, dizendo que o Senhor ordenou a Noé que entrasse na arca porque, dentro, de sete dias, mandaria chover sobre a terra. Ainda nesse ponto, o registro dos assírios vem provar que a história dos hebreus não contém duas narrações divergentes, e sim uma só história de acontecimentos. De acordo com ambas as histórias, Noé teve aviso de que ia haver um dilúvio; e em seguida, Deus lhe ordenou que fizesse a arca. A destruição ia acontecer por meio de um dilúvio. Não lhe foi revelado como se daria esse fato, se por meio de abundantes chuvas, se por uma invasão do oceano. Chegado que foi o tempo assinalado, a profecia definiu-se: seria por meio de chuvas. A narrativa hebraica de conformidade com seus elementos e o modo que está disposta é essencialmente a antiga história, legada pelos nossos antepassados. A crítica que atribui a diversos autores a elaboração de Gênesis, alegando a existência de estilos diferentes, e de contradições em si mesma, tem a prova de sua incompetência. Para desenvolvimento desse assunto, *cf.* William Henry Green, *The Higher Criticism of the Pentateuch and the Unity of the Book of Gênesis.*

P

PENTATEUCO SAMARITANO

PENTATEUCO SAMARITANO – os samaritanos possuíam o Pentateuco em hebraico, citado por Jerônimo, por Eusébio e por outros dos pais antigos. No ano 1616 d.C., Pietro della Valle comprou um exemplar, existente nas mãos de samaritanos de Damasco, o qual foi colocado na biblioteca do Oratório de Paris, no ano 1623. No fim do século 18, chegaram à Europa mais 15 exemplares, mais ou menos completos. Morin, ou Morinus, que primeiramente estudou o Pentateuco Samaritano, declarou que o seu texto era superior ao dos massoretas. Daí resultou grande controvérsia, que se prolongou com alguns intervalos, por dois séculos, até que, em 1815, o grande sábio hebreu Gesenius, que o havia examinado cuidadosamente, provou que era muito inferior ao texto hebraico dos massoretas, e de pouco valor para a crítica. A maior parte dos rolos samaritanos, contendo o Pentateuco, ou parte dele, não vai além do décimo século da era cristã. Um ou dois deles, conservados sob a guarda dos samaritanos em Nablus, antiga Siquém, pertenciam a data mais antiga. Os vários rolos existentes estão escritos em caracteres samaritanos, iguais aos que se encontram nas moedas dos Macabeus, que são semelhantes aos dos hebreus, antes de serem adotados os caracteres quadrados. O texto samaritano difere com freqüência do texto hebraico dos massoretas. Em Dt 27.4, lê-se que Moisés dirigiu o povo na passagem do Jordão, com o fim de levantar no monte Ebal umas pedras que mandou rebocar e nas quais escreveu a lei. Nesse ponto, os samaritanos substituíram por Gerizim o nome Ebal, para dar maior incremento à veneração do seu monte sagrado. Existem ainda outras variações de menor importância (veja *CRONOLOGIA*), a maior parte delas é em razão da pressa dos escribas, ou alterações feitas de propósito. Em cerca de dois mil lugares, o texto concorda com o da versão da LXX, contra o que se lê no texto hebraico, o que dá a entender que os tradutores gregos se serviram de um texto hebraico muito semelhante ao que tinham os samaritanos. Em que data e como foi que os samaritanos conseguiram o Pentateuco? Segundo uma antiga opinião, geralmente aceita, é que eles fizeram transcrições do sagrado volume que existia entre eles, antes da divisão do reino no tempo de Reoboão, 931 a.C. Outra idéia é que o volume da lei circulava entre eles, quando o sacerdote ensinava os colonos estrangeiros vindos da Assíria, para povoar Samaria, depois que os seus habitantes primitivos foram levados para o cativeiro 722 a.C. Uma terceira opinião é que o Pentateuco samaritano foi levado de Jerusalém por um sacerdote renegado, por ocasião de ser levantado o templo no monte Gerizim. A forma das letras e a alteração já notada, do nome Ebal por Gerizim, no texto sagrado, oferecem base para essa terceira hipótese. Seja como for, a alteração se deu depois que Gerizim se converteu em lugar de adoração. Não se deve confundir o Pentateuco samaritano com a versão samaritana do Pentateuco, feita no dialeto do antigo samaritano, no princípio da era cristã. Há também uma tradução árabe feita no século 11 ou 12, um livro de Josué, baseado no livro canônico do mesmo nome, e escrito no século 13, e mais alguma literatura.

PENTECOSTES, FESTA DE (veja *SEMANAS, FESTA DAS*).

PENUEL (*no hebraico, "a face de Deus"*) **1** Nome dado por Jacó a um lugar às margens do ribeiro do Jaboque, a leste do rio Jordão, Gn 32.22-32. Foi nesse lugar que ele obteve tamanha graça do Senhor ao ter seu nome mudado para Israel e sair vivo, após ter vencido uma luta com o anjo. Como se pode observar em sua própria declaração, ver o anjo do Senhor podia significar ver o próprio Senhor, e foi por esta razão que

PEREGRINAÇÃO PELO DESERTO

ele chamou aquele lugar de Peniel, "a face de Deus", uma variação de Penuel, mas de mesmo significado, Gn 32.30. **2** Nome do neto de Judá, e pai de Gedor, 1 Cr 4.4. **3** Nome de um líder benjamita, filho de Sisaque, 1 Cr 8.25.

PEOR (*no hebraico, "abertura", "fenda"*) **1** Nome de uma montanha de Moabe que olha para o deserto, Nm 23.28. Dali se via o acampamento de Israel em Sitim, 24.2. No tempo de Eusébio e de Jerônimo, ainda existia um monte com esse nome, fronteiro a Jericó, na estrada que vai a Hesbom acima ou a este de Lívias, que agora se chama *Tell er-Rameh*, portanto, Peor era uma extremidade da cordilheira de Abarim, perto do *wady Hesbã*. **2** Nome de uma divindade moabita adorada no monte Peor, chamada também Baal-Peor.

PEPINO – tradução correta da palavra hebraica *risshu*, nome de um vegetal que os israelitas usavam no Egito e pelo qual suspiravam quando estavam no deserto, Nm 11.5. É o *Cucumis chate*, muito comum no Egito, diferente no sabor ao *Cucumir sativus*, por ser mais doce. Cultivava-se esse vegetal nos jardins da Palestina, Is 1.8; Baruque, 6.70. Ambas as espécies ainda se cultivam ali.

PERDIZ – nome de uma ave silvestre, em hebraico *kore*, pregoeiro, e em grego, que os caçadores apanhavam nas montanhas da Palestina, 1 Sm 26.20, servindo-se para esse fim, de uma perdiz engaiolada em uma armadilha, Ecclus 11.30. Jeremias compara os que enriquecem fraudulentamente às perdizes, que, segundo a crença dos israelitas do seu tempo, chocavam os ovos que não haviam posto, Jr 17.11. Encontram-se duas espécies de perdizes na Palestina: a perdiz do deserto, *Ammoperdix Leyi*, que é a única que se encontra em En-Gedi, onde estava Davi, quando se comparou a

uma perdiz perseguida; a outra espécie é a perdiz *chukar*, *Caccabis chukar*, muito abundante em toda parte montanhosa da Palestina; tem os flancos ricamente ornados de penas mosqueadas, as pernas e o bico coloridos de vermelho vivo e gorjal preto. É ave muito linda, contada entre a perdiz grega, *Caccabis saxatilis*, de maior vulto, que excede à perdiz da Índia.

PEREGRINAÇÃO PELO DESERTO –

1 LIMITES E EXTENSÃO DO DESERTO. A natureza traçou um grande triângulo invertido, cuja base estabelecia, na costa sudeste do Mediterrâneo, o limite sul da Palestina. Um dos lados desse triângulo ficava ao ocidente, na depressão em que está o golfo de Suez e os Lagos Amargosos. O outro lado contém a depressão ocupada pelo golfo de Acaba e pelos desfiladeiros do Arabá. A base desse triângulo media cerca de 322 km, com a área total de 35.500 km². Esse distrito pode bem ser chamado o deserto da peregrinação. Em árabe, porém, tem o nome de *Badiet et-Tih*, limitado à planície que fica ao norte do Sinai, região árida, imprópria para ser habitada. As grandes nações da antiguidade jamais a cobiçaram. Os israelitas fixaram sua linha divisória ao sul, a curta fronteira do Egito, onde começava a região das areias. **2** ASPECTO FÍSICO DO DESERTO. Eram quatro as principais feições do território: a região das areias, ao lado do norte e do noroeste; a região das rochas calcárias, no platô; a região das rochas arenosas, ou das baixas montanhas, e a região granítica, ou das altas montanhas. a) A região arenosa ocupa ampla zona desde a Filístia ao longo da costa do Mediterrâneo até a divisa com o Egito e ainda além dela, voltando-se para o sul, e continuando por uma faixa de 16 km de largura além do Suez até certo ponto, a um terço do caminho de onde desce para a costa. Essa região arenosa é mais ou menos coextensiva com o deserto de Sur citado por Delitzsch, Gn 16.7. b) A parte

PEREGRINAÇÃO PELO DESERTO

norte e central do triângulo é planalto estéril, de rocha calcária, a 2.000 ou 2.500 pés de altura, descendo para o norte até a região arenosa do Mediterrâneo, e subindo para nordeste até formar a parte montanhosa; é limitada pelos outros lados por um círculo de montanhas de quatro mil pés de altura, que atualmente se chama *Jebel et-Tih*. O centro desse deserto é ocupado por longa bacia central que verte para o Mediterrâneo pelo *wady el-Aris* e seus tributários. Essas águas secam durante a maior parte do ano, correndo de novo na estação das chuvas. Ao ocidente dessa bacia, correm outros wadis em direção ao mar. Ao oriente dessa mesma bacia central, entre ela e o Arabá, existe outra que lhe é paralela, estendendo-se desde o *Jebel et-Tih* perto do *Jebel Araif* até a região montanhosa do nordeste que sai pelo *wady el-Jerafeh*. O planalto propriamente dito, que se estendia até a linha de montanhas a nordeste e até a fenda do *wady el-Fikreh*, era o deserto de Farã, Nm 10.11-12; 13.26; 1 Sm 25.1,2, onde os israelitas jornadearam durante 38 anos. A parte compreendida entre o Horebe e o Cades era o que eles chamavam o "...grande e terrível deserto", Dt 1.19. Esse planalto é quase todo desprovido de vegetação e coberto de pedregulho. Nos wadis, sempre existe alguma vegetação, principalmente depois das chuvas, quando se cobrem de um tapete de fina verdura. São poucas as fontes que por ali há, e essas mesmas, de águas muito impuras. Na região de Cades e nas margens do Arabá, existe número considerável de fontes de águas vivas. Perto de Cades e mesmo em outros lugares, bem no coração do deserto, somente se obtém água, abrindo cisternas. c) A formação da rocha arenosa atravessa a península em larga zona, logo ao sul do *Jebel et-Tih* e se estende quase de uma praia a outra, separando o planalto da rocha arenosa das montanhas de granito. Essa parte é muito rica em minerais. Compõe-se de dois grupos de montanhas, ligados por um platô central, à altura de 1.500 pés. d) A região granítica compunha-se de grupos de montanhas em torno do monte Sinai. As vertentes são para os lados do norte e do sul e vão cair no *wady esh-Sheikh*. **3** Possibilidade de uma Viagem de Quarenta Anos no Deserto. Os israelitas eram em número de 600 mil homens de 20 anos para cima, segundo o testemunho conteste dos registros hebraicos. De acordo com as estatísticas da população que registram a média de quatro a cinco indivíduos entre os de 20 anos para baixo, e para cima, o total dos fugitivos deveria orçar em 2.100.000. A Bíblia, bem como as explorações feitas, ensinam que essa grande multidão não podia viver por tanto tempo no deserto, a não ser por meio da intervenção miraculosa de Deus. Moisés faz lembrar ao povo que no deserto ele tinha visto como o Senhor seu Deus o havia levado, como um pai costuma levar um tenro filhinho, *cf.* Dt 1.31. Os milagres que se conhecem são poucos. No deserto de Sim, logo no começo da viagem, o Senhor deu o maná aos filhos de Israel que eles continuaram a comer até o fim da viagem, Êx 16.1,4,14,15,35. Era essa uma provisão permanente para as suas necessidades. Ocasionalmente vieram outras, como as codornizes, 16.12,13, ao mesmo tempo em que o maná; o suprimento de águas saindo da rocha perto de Refidim, *cf.* 17.3-7; "Então, soprou um vento do Senhor, e trouxe codornizes do mar, e as espalhou pelo arraial, 11.31, *cf.* Nm 10.21; 11.6,31, e a água que saiu da rocha correu todo o tempo até a chegada a Canaã, 20.2-11. Diz ainda a Bíblia que, não obstante esses milagres, certos períodos da viagem foram de triste memória, Dt 1.19; 8.15; que apesar de nada faltar, 2.7, todavia sofreram duras provações. A água de Refidim já não chegava. Em Cades murmuraram outra vez contra Moisés, Êx 17.1; Nm 20.2. Três dias depois

PEREGRINAÇÃO PELO DESERTO

de deixarem o Sinai, o povo murmurou contra o Senhor, como de quem se queixava pela fadiga que padecia, 10.33; 11.1,35. Partindo do monte Hor, pela estrada que conduz ao mar Vermelho, começou o povo a enfastiar-se do caminho e do trabalho, 2.4,5, por esse grande e temeroso deserto, Dt 8.15. Observa-se pelas narrações bíblicas que o maná lhes serviu de alimento ainda que se enjoaram dele; que a água nunca lhes faltou, mesmo que a achassem escassa. Em referência a esse elemento, nessa região desoladora, há duas considerações importantes a fazer: a) O desânimo do povo para continuar viagem pelo deserto provinha da escassez de água. É grande a resistência dos homens e dos animais para suportarem a sede nessas regiões áridas. Os condutores de camelos, homens e rapazes, que saem do Egito para acompanhar os viajantes pelas areias ardentes e sob a ação dos raios solares, ficam o dia inteiro sem provar uma gota de água. Relata o Dr. Robinson que o seu guia árabe passou 15 dias na península do Sinai, perto do monte Serbal, dando pasto aos camelos, sem ter água, nem para si nem para eles. Bebia leite dos camelos; estes, à semelhança das ovelhas e das cabras, tendo pastagens verdes, podem passar três ou quatro meses sem beber, Researches, 1.150. Os israelitas, como fazem todos que viajam pelo deserto, sem dúvida, levaram água consigo, que renovavam oportunamente. Evidencia-se pela leitura de Êx 15.22, que, no princípio da viagem, levaram consigo provisões de água pelo menos para três dias. Além disso, encontravam subsídios que a natureza ocultava. Não raras vezes, quando o leito de um *wady* estava seco, ou quando uma planície aparecia ressecada, encontrava-se logo abaixo um lençol de água. Segundo diz o geólogo Fraas, os chamados poços de Moisés que se encontram no deserto a curta distância do Suez, são alimentados por mananciais subterrâneos que vêm das montanhas de *er-Bahab* que ficam 16 km ou

23 km de distância, *cf.* Baedeker, *Lower, Egypt*, 421. No *wady Churundel*, habitualmente identificado Elim, existe uma corrente subterrânea que os árabes abrem quando lhes falta água na superfície. Decorrem, às vezes, dois ou três anos sem cair chuva; apesar disso, pouco abaixo da superfície aparece água, *cf.* Robinson, *Researches* 1.69. Além do Tur, em *Mabuk*, em *Kubah* e em outros lugares, a água se armazena no subsolo e pode ser tirada com leve esforço, *cf.* Ritter, *Erdkund* 14.161,185; Robinson, *Researches* 1.167. Os hebreus sabiam muito bem disso, e aproveitaram essas reservas durante a viagem pelo deserto como se depreende do cântico do poço registrado em Nm 21.17,18. Se o modo de viajar era semelhante às migrações de outros grandes povos, os israelitas deveriam ter-se espalhado a fim de utilizarem os pastos e os mananciais para si e seus gados. Ainda mais, os israelitas economizavam as reservas de água. As chuvas eram abundantes, como se pode ver pelos vestígios deixados nos *wadis*. Os antigos monges cristãos que se estabeleceram nas montanhas do Sinai, e os primeiros habitantes e cultivadores do distrito em torno de Cades, faziam represas através das ravinas, ajuntando águas para si, para os seus gados e para a irrigação dos jardins e hortas. Abraão, Isaque e Jacó, pais desses israelitas do êxodo, abriam fossos nos vales e construíram reservatórios com iguais fins, e sem dúvida assim fizeram os israelitas durante a sua viagem de 38 anos pelo deserto. b) Outra consideração importante é que o país foi coberto por densas matas em tempos passados. Faziam carvão de madeiras de faia e de outras árvores, mas os imprevidentes árabes não cuidaram em replantar novas árvores que viessem substituir as que haviam destruído. Refere Bartlett que em 1874 viu, nos lugares onde os árabes tinham queimado as árvores, troncos de acácias que haviam sido despojados de seus galhos para alimentar os camelos, *From Egypt to Palestine*, p. 225,

PEREGRINAÇÃO PELO DESERTO

300, 301. Burckhardt, um dos antigos exploradores do Sinai, viajando nesse distrito em 1812, encontrou grandes covas de fazer carvão, *Erdkunde*, 14.183; e Ruppell, em 1822, refere-se à indústria do carvão destinado ao consumo do Egito, exercida desde muito, pelos beduínos, e atribui o despovoamento dos vales à negligência dos árabes em não replantar a terra que eles haviam desnudado, *Erdekunde*, 14. 274, 342. O Egito desde 1823 lançou um imposto sobre o carvão que era explorado no Sinai, porém, não foi somente o carvão o único elemento que roubou à península a riqueza de suas florestas: a mineração e a fundição de metais concorreram muito para isso. Os antigos egípcios trabalharam em minas de cobre nas montanhas do ocidente, desde tempos mui remotos e ainda exploravam esse metal em tempos posteriores ao êxodo. Serviam-se de troncos de acácia para segurar as paredes e os tetos das minas, Palmer, *Desert of Exodus*, 1.205, e para a fusão do metal que exigia grande quantidade de combustível, ibid. 26, 43, 231-235; *Erdekund*, 14. 786, 787. Faz-nos lembrar da extinção dos cedros do Líbano e das matas da América. É claro que a destruição das matas desde antes do Êxodo até o tempo presente havia de reduzir grandemente a existência das madeiras na região percorrida pelos israelitas. Esse fato tem relação direta com o abastecimento de água; porque havendo extensas e grandes matas, as chuvas caem regularmente, e as águas vão mansamente correr pelos *wadis*, sem afundar os sulcos e sem levar consigo a tenra vegetação; as nascentes de águas multiplicavam-se mais facilmente e as torrentes resistiam melhor à evaporação. Sob a direção de um guia competente e enérgico, conhecedor do deserto e de seus recursos, fazendo boas economias e ampliando as linhas do acampamento e formando grupos, destacados do acampamento central, e tendo o auxílio das chuvas anuais, é fácil perceber como tão enorme multidão poderia obter água suficiente, ainda que com certa escassez, para as necessidades dos homens e dos animais. **4** A Viagem dos Israelitas pelo Deserto. Alguns lugares em que estiveram têm sido encontrados: Sucote no Egito, logo no princípio da viagem; o rio Arnom, aonde chegaram ao fim de 40 anos, deixando atrás de si o deserto; os acampamentos além do Arnom mencionados em seu itinerário; Cades, onde atualmente se encontra Ritmá, onde acamparam duas vezes, e de onde os israelitas esperavam marchar diretamente para a Terra Prometida; e Eziom-Geber, onde acamparam antes da segunda marcha para Cades e perto da qual passaram mais tarde em direção ao Arnom. O monte Sinai no centro da península do mesmo nome. O acampamento em Mósera, onde Arão morreu, perto do monte Hor, nos limites de Edom; as fontes de Benejaacã e de Gadgade, também nos limites de Edom. Funom ficava ao oriente de Edom e a nordeste de Petra. Com a localização desses lugares, qualquer pessoa achará facilmente a rota dos itinerantes, consultando o mapa. Moisés traça toda a viagem desde Ramessés e Sucote até o acampamento fronteiro e Jericó em *cf*. Nm cap. 33. A viagem feita depois de saírem do Sinai assinala o movimento do Tabernáculo. O povo muitas vezes se dispersava pelo deserto, conduzindo seus rebanhos para onde encontrava água e pastagens. Quando incorporados no acampamento, ocupavam grande área de terreno, e quando estabelecidos em terra povoada, cobriam a distância entre várias cidades; por esse motivo é que um mesmo acampamento é descrito de vários modos, *cf*. Nm 33.49, e o cap. 25.1. Além do itinerário citado em Nm 33, temos a narrativa da jornada, Êx cap. 12 até Nm cap. 25, e também algumas alusões esparsas nos discursos de Moisés a diversos incidentes que ocorreram durante a viagem. É importante observar que cada uma dessas três narrações foi preparada para um fim especial. O itinerário registra os acampamentos principais e não menciona os lugares de repouso e onde passaram a noite, Êx 25.22; Nm 10.33. Parece que não omite nenhum dos lugares em que se ergueu o Tabernáculo. Ocupa-se apenas em narrar o nome dos acampamentos e mesmo alguns lugares de parada, onde se dava algum acontecimento notável, e passa em claro todos os demais. Nos discursos de Moisés, os eventos aparecem como ilustrações, ou para reforçar os argumentos e por isso são escolhidos a esmo, sem respeito à ordem cronológica e citados nas suas linhas gerais.

PERÉIA (*no hebraico, "terra de além"*) **–** nome de um distrito da Transjordânia que correspondia em termos gerais à antiga Gileade, região entre o Jaboque e o Arnom, além do rio Jordão, Guerras 3.3,3; *cf.* lugar e significado da palavra Abarim. Esse nome aplicava-se em sentido mais lato. Josefo atribuía o nome de Gadara a uma cidade situada nas margens do rio Jarmuque, que era a capital da Peréia, Guerras 4.7,3.

PEREZ (*no hebraico é pereç, "irromper", "separação"*) **1** Nome de um dos filhos de Judá, um dos dois gêmeos que Tamar deu à luz, Gn 38.24-30. Fundou uma família tribal com o seu nome e mais duas famílias procedentes de seus filhos, às quais deram os nomes, *cf.* Nm 26.20,21; 1 Cr 2.4,5. Foi antecessor de Davi, e por conseguinte de Jesus Cristo, Rt 4.2-18; Mt 1.3. **2** Nome de um homem da tribo de Manassés 1 Cr 7.16.

PEREZ-UZÁ (*no hebraico, "ferimento de Uzá"*) **–** nome que Davi deu ao lugar onde Uzá foi ferido de morte, por haver tocado a arca, 2 Sm 6.8; 1 Cr 13.11. Sabemos que o local estava entre Jerusalém e Quiriate-Jearim, mas sua localização geográfica não pode ser afirmada com exatidão.

PERFUMARIAS – nome que se dava às especiarias de várias qualidades: aloés, cássia, cinamomo, incenso, mirra, nardo, cultivadas no vale do Jordão, ou importadas da Arábia e de outros lugares, onde se fabricavam perfumarias, Ecclus. 24.15. Havia quatro processos para extrair os perfumes das diversas especiarias: atavam-nas em molhos, ou guardavam-nas em sacos, Ct 1.13; reduziam-nas a pó e queimavam-no como incenso, 3.6; a parte aromática separavam-na por meio da fervura de que faziam extratos, que guardavam em frascos para trazer à cinta, e também o misturavam com óleo para o cabelo e a barba, 1.3; Is 3.20; Jo 12.3. Geralmente ajuntavam diversas especiarias para fabricar os perfumes, Êx 30.23,24; Jo 19.39. As perfumarias serviam para uso pessoal, para as vestimentas, para aromatizar os móveis etc., Sl 45.8; Pv 7.17; Ct 4.11. No serviço religioso do templo, empregavam-se o incenso e os óleos aromáticos, Êx 30.22-38.

PERGAMINHO – peles de ovelhas ou de cabritos, preparadas com o fim de servirem de material para escrita, ou para outros fins. Em primeiro lugar, as peles eram mergulhadas em solução de cal, para remover os pêlos, depois limpavam-nas com faca, lavavam, secavam, estendiam-nas e as poliam. Relata Heródoto que os antigos iônios se serviam das peles das ovelhas e dos cabritos, pela escassez do papiro, Heród. 5.58. No seu tempo, o papiro era o material mais comum empregado na escrita. Os pergaminhos vinham, a princípio, de Pérgamo. Quando Ptolomeu proibiu a exportação do papiro, Eumenes II, rei de Pérgamo, adotou o pergaminho para os livros da sua grande biblioteca. As peles passaram a denominar-se *chartae pergamenae*, de onde se deriva a palavra pergaminho. Desde os tempos de Josefo que os judeus passaram a usar os pergaminhos para os manuscritos dos livros sagrados, Antig. 12.2,11, e o Talmude

PERGAMINHO

estabelecia que a lei deveria ser escrita em peles de animais limpos, mansos ou silvestres e também de pássaros igualmente limpos. O papiro era muito comum como material de escrita, 2 Jo 12. Paulo refere-se aos seus pergaminhos com especial solicitudes, 2 Tm 4.13.

PÉRGAMO (*no grego, "cidadela"*) – nome da mais importante das cidades da Mísia, situada nas margens do rio Caíco, distante cerca de 32 km do mar. Foi outrora capital de um riquíssimo reino, governado por uma dinastia de reis, alguns dos quais se chamavam Atalus. O primeiro desse nome subiu ao trono no ano 241 a.C. Derrotou os gauleses e os estabeleceu em um distrito que chamado Galatia. Seu filho Eumenes subiu ao trono no ano 197 a.C., adornou a cidade e criou uma biblioteca célebre que veio a ser a segunda abaixo da biblioteca de Alexandria. Atalo III, que morreu no ano 133 a.C., legou aos romanos todos os seus bens móveis. Os romanos fizeram-se desentendidos e tomaram conta do reino, convertendo-o em província da Ásia, de que Pérgamo era a capital. Seis anos antes de Cristo, a residência proconsular, que nos tempos imperiais agia como governador de províncias, foi transferida para Éfeso. Marco Antônio prometeu dar a Cleópatra a biblioteca para o Egito sendo adicionada à já opulenta biblioteca de Alexandria. A acrópole de Pérgamo coroava um alcantilado outeiro a 330 m acima da planície. Quase na extremidade, erguia-se um imenso altar dedicado a Zeus, que Eumenes II mandou erigir para comemorar a vitória alcançada por seu pai sobre os gauleses. À curta distância desse altar, havia um elegante templo dedicado a Atene. No período romano, construíram também um templo na acrópole, em honra do divino Augusto. Fora dos limites da cidade, existia um altar famoso, dedicado a Esculápio, deus da medicina, freqüentado pelas multidões de enfermos, que vinham de todas as partes à procura de saúde. Havia uma espécie de pergaminho, em latim e em grego *pergamene*, assim chamado porque foi ali de onde primeiramente veio. Havia uma igreja em Pérgamo, nomeada em terceiro lugar no

Pérgamo Acrópolis — Christian Computer Art

PÉRSIA

Apocalipse, entre as sete igrejas da Ásia, as quais, Jesus Cristo enviou mensagens. Na igreja de Pérgamo, existia a cadeira de Satanás, e onde Antipas se ostentou fiel testemunha de Jesus, sendo por isso morto. Deveria ter sido grande baluarte, Ap 1.11; 2.12-17. Ainda havia a antiga Pérgamo com o nome de Bérgama ou Bergma, amontoado de habitações de madeira que emergem das mais esplêndidas relíquias da antigüidade.

PERGE – nome de uma cidade da Panfília, capital da província no tempo dos romanos, situada à margem direita do rio Questros, cerca de 12 km acima da foz. Paulo e Barnabé visitaram-na em sua primeira viagem missionária, tanto na ida quanto na volta, At 13.13,14; 14.25. Existia na sua vizinhança um magnífico templo consagrado à deusa Artemis, do tipo asiático; a Diana dos efésios conhecida como rainha de Perge (veja *DIANA*).

PERIZEUS (*habitantes de aldeias sem muros*) – nome de uma importante seção dos povos cananeus, enumerada muitas vezes entre as tribos da Palestina, Gn 15.20; Êx 3.8; Js 9.1, e talvez como os refains, povo aborígine, de raça distinta dos cananeus, e que ocuparam o país antes deles, *cf.* Gn 13.7; Js 17.15. Já habitavam no país antes da chegada de Abraão e Ló, Gn 13.7. Nos dias de Josué, ocupavam a região serrana, Js 11.3, que mais tarde passou às tribos de Efraim, Manassés, 17.15, e Judá, Jz 1.4,5. Em contravenção às leis de Moisés, os israelitas não os extirparam, Dt 7.3, ao contrário, contraíram com eles relacionamento de família, o que os levou à idolatria, Js 3.5,6. Salomão os fez tributários, com outras tribos do país, 1 Rs 9.20,21; 2 Cr 8.7.

PÉROLA – precioso artigo de comércio, Mt 13.45,46; Ap 21.21; Jó 28.18, usado como objeto de adorno pelas damas, 1 Tm 2.9; Ap 17.4. As pérolas encontram-se dentro da concha de certos moluscos, formadas de carbonato de cal, com membranas animais interstratificadas e pelo depósito de substâncias nacaradas que se agregam a um corpo estranho, por elas envolvido como por um manto, um grão de areia, talvez, que sirva de núcleo. Essa substância é a mesma da madrepérola de que se reveste internamente a concha. As pérolas, de grande tamanho e de boa qualidade, encontram-se nas ostras da pérola, *Meleagrina margaritifera*, muito abundante nos mares das Índias, especialmente no golfo Pérsico e perto do Ceilão. Chega, às vezes, a ter 10 a 12 polegadas de comprimento. Sinônimo: margarita, *cf.* Ap 21.21.

PERSEU – nome do filho e sucessor de Filipe III e o último dos reis da Macedônia. Em 171 a.C., recomeçou a guerra com os romanos, que seu pai havia abandonado. Após três anos de combates inglórios e de alguns triunfos ocasionais, foi completamente derrotado, 1 Mac 8.5, por L. Emílio Paulo na batalha de Pidna, que pôs termo à monarquia macedônia. Perseu fugiu, mas os romanos o alcançaram, sendo preso e conduzido para Roma como ornamento triunfal do conquistador.

PÉRSIA – a Pérsia, propriamente dita, quando pela primeira vez foi conhecida dos povos do ocidente, como nação construída, estava situada a sudeste do Elã, que correspondia quase à província atual da Pérsia, chamada Fars, ou Farsistã, modificação do nome antigo Parsa. A Pérsia, em sentido restrito era limitada ao norte pela Grande Média (Média Magna), a sudeste pelo golfo Pérsico, ao oriente pela Carmania (agora Kerman), e a noroeste pela Susiana. Tinha o comprimento de 402 km, com uma largura média de 322 km. A superfície regulava 80.500 km². Em sentido mais lato, a Pérsia compreendia o planalto

PÉRSIA

do Irã, toda a região limitada pelo golfo Pérsico, os vales do Tigre e do Ciro, o mar Cáspio, o rio Oxus, o Jaxartes e o Indo, 1 Mac 6.1; 2 Mac 1.19. Quando, porém, o império persa atingiu o maior grau de sua grandeza, estendia-se desde o império da Índia ao oriente, até o arquipélago grego a oeste; e desde o Danúbio, ao mar Negro; e desde o monte Cáucaso e o mar Cáspio, ao norte, até os desertos da Arábia e da Núbia, ao sul, Et 1.1; 10.1. Tinha quase cinco mil quilômetros de comprimento e a largura que variava entre 80 km a 2.400 km, com uma superfície de 3.218.000 km², metade da superfície do continente europeu. A raça ariana intimamente unida à raça média é que habitava todo o império. Os persas não figuram na lista das nações mencionadas no capítulo 10 de Gênesis. Somente alguns séculos depois de Moisés é que eles surgiram. Pelo ano 700 a.C., o país de Parsu, Pérsia, aparece como aliado de Elã. Breve, porém, Teispes, chefe da tribo e membro da família dos Aquemenides, conquistou o Elã e se estabeleceu como rei no distrito de Ansã, ou Anzã, como às vezes se escreve. Os seus descendentes abriram-se em dois ramos, um que reinou em Ansã e outro que permaneceu na Pérsia. Seu neto, Ciro II, rei de Ansã, uniu os dois ramos, conquistou a Média pelo ano 550 a.C., a Lídia na Ásia Menor e Babilônia em 539. Foi ele quem deu liberdade aos hebreus exilados para voltarem à pátria (veja *CIRO*). Pela sua morte em 529, subiu ao trono seu filho Cambises. Ciro havia legado ao filho mais moço, chamado Esmérdis, uma parte dos seus vastos domínios. Cambises, dominado pelo ciúme, promoveu secretamente a morte do irmão. Em 525, conquistou o Egito. Ao regressar à Pérsia, teve notícia de que Esmérdis, que ele julgava morto, vivia (o que não era verdade) e havia assumido as rédeas do governo, auxiliado pelo exército. Angustiado por essas notícias, o monarca tirou a espada da bainha e se feriu de tal modo que em poucos dias morreu, 522 a.C. O falso Esmérdis era senhor do trono. Quando se descobriu que ele não era o Esmérdis legítimo, formou-se contra ele uma conspiração que lhe deu a morte. Dario, filho de Histastes, um dos chefes do movimento revolucionário, e um dos herdeiros mais próximos do trono, quando se extinguiu a família de Ciro, começou a reinar em 521; estava, então, com 28 anos de idade. A ascensão do jovem rei provocou revolta geral nas províncias. Ciro a reprimiu facilmente e organizou novo império, que se estendia da Índia ao arquipélago grego e ao Danúbio. Foi ele quem mandou fazer a reconstrução do templo de Jerusalém. Morreu no ano 486 (veja *DARIO*, **1**). Sucedeu-lhe seu filho,

Pérsas

PÉRSIA

Xerxes, que é o Assuero de que fala o livro de Ester e, provavelmente, também do livro de Esdras 4.6. Reconquistou o Egito e tentou invadir a Grécia, mas foi repelido com grandes perdas (veja *ASSUERO*, **2**). Depois de reinar 20 anos, foi assassinado no ano 465. Seu filho e sucessor, Artaxerxes Longímano, possuía caráter mais respeitável, porém inconstante e fraco. Era amigo dos judeus; consentiu que grande número deles voltasse para Jerusalém a fim de levantar os muros da cidade (veja *ARTAXERXES*). Reinou 40 anos, vindo a morrer no ano 425. Teve como sucessores a Xerxes II, 425; Dario Nótus, 424; Artaxerxes Minémon de boa memória, 404; Artaxerxes Oco, 359; Arses, 338; e Dario Codomano, 336. O último rei caiu nas mãos de Alexandre, o Grande, em 331 a.C., e com ele terminou o primeiro império dos persas (veja *DARIO*, **3**). Várias cidades serviram de residência aos imperadores persas: Persépolis, 2 Mac 9.2; Susã, *cf.* Ne 1.1; Et 1.2; Acmeta, *cf.* Ed 6.2; e Babilônia, *cf.* Ed 6.1. Quando Ciro deu consentimento aos judeus para voltarem à pátria, 538 a.C., não lhes garantiu independência política; colocou sobre eles governadores por ele nomeados, Ne 3.7. A Judéia fazia parte da Satrapia de além do rio, Ed 8.36, formada pela Síria, Palestina, Fenícia e Chipre, Heród. 3.91. Esses países estiveram sujeitos à Pérsia, durante 207 anos, desde 539, ano em que Ciro entrou na Babilônia, até 332, ano em que Alexandre, o Grande, concluiu a conquista da Palestina. Os persas professavam as doutrinas de Zoroastro, mas não as impunham aos povos conquistados. Era uma religião espiritual que reconhecia a distinção entre Deus e a natureza, entre o espírito e a matéria, e por conseqüência, adversa à representação da divindade por meio de imagens. O princípio fundamental da sua ética consistia na contradição essencial entre o bem e o mal, entre a luz e as trevas. Concebia duas regiões distintas em que dominavam os espíritos; uma onde existia hierarquia dos anjos e dos arcanjos, onde estava Auramazda, ou Ormazde, como se escreve no persa moderno, o senhor todo sábio, que é Deus, na extensão da palavra, presidindo em sete espíritos bons que não os seus ministros e a expressão de seus atributos, e sobre milhares de entes dignos; a outra região é a dos espíritos maus, em que impera Arimã, o grande inimigo espiritual. Esse sistema dualista, em que Arimã era considerado como tendo existência eterna, ensinava a combater o mal e a cultivar o bem; a buscar a santidade em pensamentos, palavras e obras, recompensada com a imortalidade nos céus. Prestava culto aos quatro elementos, fogo, ar, terra, água, como criações de Auramazda (veja *MAGOS*). O judaísmo conserva alguns traços da supremacia persa. O que outrora havia sido persa, passou, primeiramente, para os gregos macedônios e seus sucessores da mesma raça. Depois passou a fazer parte do império parta. No ano 211 da era cristã, Ardasir lançou os fundamentos da nova soberania persa, governada por uma dinastia que tinha o nome de sua família, a dos sassânidas. No ano 224, derrotou e matou o último rei da Pártia. A dinastia dos sassânidas ficou poderosa, a ponto de enfrentar os exércitos romanos e traçar limites ao império para os lados do oriente. No ano 636 e 641, Yezdejerd III, último rei dessa dinastia, foi derrotado pelos sarracenos, e a Pérsia caiu sob o domínio dos maometanos até os dias atuais. Alguns dos mais alentados espíritos recusaram submeter-se aos dominadores, fugindo para os desertos e para as montanhas. Finalmente, persas refugiados desembarcaram em Guzerate pelo ano 717, em busca de asilo na Índia, onde o encontraram. Os descendentes refugiados constituem uma fração importante da comunidade indiana. São denominados pársis; têm prosperado muito e são leais ao trono da Inglaterra.

PÉRSIDE

PÉRSIDE (*no grego, "persa"*) – nome de uma cristã residente em Roma que trabalhou muito no Senhor e a quem o apóstolo Paulo enviou saudações, Rm 16.12.

PERUDA (*no hebraico, "espalhado"*) – nome de uma subdivisão dos filhos dos servos de Salomão que voltaram do cativeiro, Ed 2.55; Ne 7.57.

PESCARIA – a pescaria fazia-se em grande escala no delta do Nilo, antes que suas embocaduras entrassem no Mediterrâneo, Is 19.8. Os israelitas, durante o cativeiro do Egito, comiam peixe abundantemente sem lhes custar nada, Nm 11.5. A pesca que se fazia nas costas do Mediterrâneo estava geralmente em mãos dos tírios e dos sidônios, ao norte, Ne 13.16, e em mão dos filisteus, ao sul. Aos israelitas ficava o mar da Galiléia, centro de suas operações. Tristam relata 22 espécies de peixes nas águas de Genesaré e no Jordão. Os peixes que desciam até o mar Morto morriam em suas águas salgadas. Em certos lugares da Palestina, havia aquários em que se criavam peixes, Ct 7.4. Em Jerusalém havia uma porta chamada dos peixes, talvez por ser lugar por onde entravam ou onde se vendiam, 2 Cr 23.14; Ne 13.16. Na pesca, empregavam-se linhas, anzóis, fisgas e redes, Jó 41.1,7; Is 19.8; Am 4.2; Mt 17.27, e Lc 5.4-7.

Pescador — Christian Computer Art

PESOS e MEDIDAS – I. Pesos – os hebreus usavam balanças e pesos, Lv 19.36; pesavam o dinheiro e outros artigos de comércio, Jr 32.10. Os pesos tinham os seguintes nomes: talento (círculo) – mané (parte) – chequel (peso) – gerá (grão) – beca (metade).

20 gerás – 1 chequel

60 chequéis – 1 mané

60 manés – 1 talento

É importante observar que a tabela para ouro e prata é diferente das de outros artigos, como segue:

20 gerás – 1 chequel

50 chequéis – 1 mané

60 manés – 1 talento

A palavra libra é tradução do hebraico *Maneh*, 1 Rs 10.17; do grego *Mna*, 1 Mac 14.24; 15.18, avaliado segundo se acredita pela base do talento ático e, portanto, pouco mais da metade do *mané* hebraico, e *Litra*, Jo 12.3; 19.39, equivalente à libra romana; duas libras e meia equivaliam a

PESOS e MEDIDAS

Peso Stater — Christian Computer Art

um mané hebraico de ouro. A libra, quantia de dinheiro, era igual a 100 dracmas e valia cerca de 16 dólares, Lc 19.13. Um chequel de peso valia 20 gerás e um mané era 20 + 25 + 15 = 60 chequéis, Ez 45.12. Esta interpretação é confirmada pela divisão que os assírios e babilônios faziam do mané em 60 partes. Em Nínive e Babilônia, descobriram-se pesos com o nome de mané, mostrando que usavam ali talentos leves e pesados; o primeiro era igual a 60, kg 6 e o segundo com a metade exata do peso, ou 30, kg 3. Os manés pesados e leves tinham 1, kg 010 e 505 gramas respectivamente, e os chequéis 16. 83 e 8. 41. Segundo Josefo, o mané de ouro hebraico, era igual a duas libras e meia romanas, Antig. 14.7,1, ou 818. 57 gramas e segundo Madden, 819.538. Observa-se, pois, que o mané judeu de ouro era calculado em 50 chequéis, que o chequel de ouro era pouco mais leve que o assírio, 16.37, segundo Madden 16. 39 gramas, e que o chequel de ouro e o chequel de peso eram iguais. A diferença entre esse chequel hebraico e o chequel assírio era apenas de sete grãos. Comparando 1 Rs 10.17 com 2 Cr 9.16, não havendo erro no texto, observa-se que um mané de ouro valia algumas vezes 100 chequéis leves em vez de 50 chequéis de peso normal. Três mil chequéis de prata valiam um talento, visto como 603.550 meio chequéis ou 301.775 chequéis do santuário equivaliam a 100 talentos, mais 1.775 chequéis, *cf*. Êx 38.25,26. Pode-se justamente concluir que o talento de prata valia 60 manés de 50 chequéis cada um. O chequel era igual a 20 gerás, *cf*. Êx 30.13. O chequel de prata, contudo, era mais leve que o de ouro. Segundo Madden, o de ouro pesava 14.5668 gramas, e o de prata, 14.5565.

TABELA DE PESOS (DA BABILÔNIA)

Talento = 30.3 quilogramas

Mané = .5 quilogramas

Chequel = 8.4 gramas

PESOS e MEDIDAS

Pestamista de Jerusalém — Christian Computer Art

Nota 1. Esta é a tabela publicada pelo Museu Britânico

Tabela do Peso de Ouro

Talento = 49114.20 gram.

Mané = 818.57 gram.

Chequel = 16.37 gram.

Nota 2. Segundo as indicações do historiador Josefo.

Tabela do Peso de Prata

Talento = 43669.5 gramas

Mané = 727.8250 gramas

Chequel = 14.5565 grama

Nota 3. Nas traduções em português da Bíblia, o vocábulo *siclo* corresponde a chequel, *cf.* Êx 30.23; Dt 22.19 etc.

II. Medidas — 1 Medidas de comprimento — unidade principal, cúbito ou côvado igual a 18 polegadas, ou 0,555 milím.

4 dedos = a largura da mão;

3 larguras da mão = 1 palmo;

2 palmos = 1 cúbito; ou côvado.

O dedo equivalia a ¾ de polegada.

No período greco-romano, as unidades para as grandes distâncias eram a milha e o estádio. Cinco mil pés formavam a milha romana = 1.478,7 m, igual a 4.851,43 pés ingleses. Oito *Stadia* [estádios], *cf.* Lc 24.13, correspondia a uma milha. Teoricamente o *stadion* era igual a 600 pés gregos, ou 625 romanos, que vinha a ser o comprimento da pista em Olímpia. **2** Medidas de superfície — Jeira é a tradução da palavra hebraica *Semed*, jugo e de *Maanah*, sulco, 1 Sm 14.14; Is 5.10. O *actus*, romano, tinha 120 pés romanos de comprimento, e o *iugerum*, jugo, era um trato de terra que tinha dois *actus* de comprimento por um de largura, menos de 2/3 de uma jeira. É possível que a jeira dos hebreus não fosse muito diferente da nossa, i.é., em medida decimal: ares 40.4671. **3** Medidas de capacidade — a unidade das medidas para secos era o *efa* e o *bato* para líquidos, ambas de igual capacidade, Ez 45.11, equivalentes a 29.376. **4** Medidas para líquidos:

12 sextários...: iguais a 1 him;

6 hins............: iguais a 1 bato;

10 batos.........: iguais a 1 ômer, ou coro, Ez 45.14.

A metreta dos gregos, *cf.* Jo 2.6, tinha a capacidade de 39, 39, em Atenas. **5** Medidas para secos:

6 cabos, iguais a 1 coro = 1 efa (Êx 16.36; Nm 15.4, Setenta).

3 coros, ou medidas = 1 efa (Êx 16.36;

Nm 15.4, Setenta).

10 ômeres = 1 efa (Êx 16.36; Nm 15.4, Setenta).

10 efas iguais a 1 ômer (Ez 45.11).

O cabo era equivalente a 1.632.

A palavra grega *choinix*, que Figueiredo traduz oitava e a V. B. *queniz*, era igual a 1.094 (Ap 6.6). O módio dos romanos, que Figueiredo diz alqueire, era igual a 864.

PESTILÊNCIA – moléstia contagiosa ou infecciosa, praga. Conquanto a pestilência seja mencionada na Escritura como enviada por Deus, Êx 9.15; Lv 26.25; Dt 28.21, muitas vezes ele emprega causas secundárias para manifestar-se. O castigo com que Deus ameaça os pecadores é representado pela espada, pela fome e pela pestilência, Ez 6.11. Há razão para conservar a ordem em que essas palavras vêm. A guerra irrompe. Os povos do país invadido não podem cultivar a terra, e se o fazem vêem suas plantações devastadas pelo inimigo. Os sitiantes investem contra as cidades, de propósito impedem a entrada de mantimentos para obrigar o inimigo a render-se. Segue-se a fome. A fome, a carnagem e as condições anti-higiênicas das povoações sitiadas, ocasionam a peste.

PETAÍAS (*no hebraico, "Jeová libertou"*) **1** Nome de um levita, induzido por Esdras a separar-se de sua mulher estrangeira, Ed 10.23. Parece que é o mesmo Petaías que auxiliou Esdras no serviço religioso, Ne 9.5. **2** Nome de um homem de Judá, da família de Zera, e oficial do rei persa para dirigir todos os negócios do povo, *cf.* Ne 11.24. **3** Nome de um descendente de Arão cuja família constituiu o 19º. curso dos sacerdotes, 1 Cr 24.16.

PETOR – nome de uma cidade, terra do profeta Balaão. Estava localizada perto da margem ocidental do Eufrates, e das montanhas de Arã, ou Mesopotâmia, Nm 22.5, 23.7; Dt 23.4. Enquanto durou o cativeiro do Egito, os heteus tomaram essa cidade, em cujo poder esteve até o nono século antes de Cristo, quando Salmaneser se apoderou dela, convertendo-a em colônia do império assírio. Estava situada no extremo norte da Palestina, na margem ocidental do Eufrates, perto do rio Sagura, atualmente Sajur, distante alguns quilômetros de Carquemis, capital do reino dos heteus.

PETUEL (*no hebraico, "nobre disposição de Deus", ou "engrandecido por Deus"*) **–** nome do pai do profeta Joel, Jl 1.1.

PEULETAI (*no hebraico, "laborioso", "trabalhador"*) **–** nome de um levita, filho de Obede-Edom, um dos porteiros do Tabernáculo, 1 Cr 26.5.

PI-BESETE (*no egípcio Pabast, "habitação da deusa Bast". No hebraico, "casa de Baste-te". Essa deusa era identificada com Artemis dos gregos*) **–** nome de uma cidade egípcia, Ez 30.17. A forma grega era *Bubastos*, ou Bubastis (Heród. 2.59,137). A LXX diz, *Boubastos*. Atualmente chama-se *Tell Basta*, situada no Delta, perto de Zagazigue, na parte ocidental do Pelusiae, nome de um dos braços do Nilo, cerca de 72 km a nordeste da moderna Cairo, e aproximadamente 48 km a sudoeste da antiga Tanis. Entre as ruínas dessa cidade encontram-se as de um magnífico templo de granito vermelho, dedicado à deusa protetora da cidade.

PIEDADE – piedade filial, dever familiar, 1 Tm 5.4.

PI-HAIROTE (*no egípcio, "casa ou lugar de juncos"*) **–** nome da última estação dos

PI-HAIROTE

Inscrição de Pôncio Pilatos *Christian Computer Art*

israelitas depois que deixaram o Egito, perto de Baal-Zefom entre Magdal e o mar, Êx 14.2,9; Nm 33.7,8. Há dúvidas quanto ao lugar certo. Brugsch considera esse nome de origem hebraica, com o sentido de entrada das cavernas; diz ele que é o atoleiro, ou pântano serboniano a que os gregos chamam, *Báratro*, no fundo do qual, diziam eles, jazia o monstro Tífon. Mas o nome é evidentemente de origem egípcia. Afirma Keil que o antigo nome é atualmente representado pela forma *Ajrud*, nome de um lugar situado na Estrada do Peregrino, 25,5 km a noroeste de Suez, porém os dois nomes têm apenas uma letra em comum. Naville identifica a estação Pi-Hairote com *Pikerehet ou Pikeheret*, fronteiro a Pitom. Nem ao menos existe semelhança de som; todavia Faraó possuía ali uma fazenda, e, por isso, os tradutores da Bíblia para o grego, em vez de dizerem, "defronte de Pi-Hairote", escreveram, "defronte da fazenda". Foi uma cidade muito importante, que disputava com Pitom a honra de ser a capital do oitavo nome, ou distrito do baixo Egito cuja divindade era Osíris. Naville acredita que era o mesmo lugar denominado Serápio ou Serapeum, único santuário de Osíris daquela região. Saem dela duas estradas, uma para Chusma e outra para Pelusium.

PILATOS (*no latim é Pilatus. O sentido do nome é incerto. Talvez "armado com um dardo", ou "trazendo o pilus", uma capa de feltro, que usavam os escravos manumitidos, como símbolo da liberdade*) – Pôncio Pilatos, quinto governador romano da Judéia, depois da deposição de Arquelau, ano 6 da era cristã. Graças à influência de Sejano, foi ele nomeado pelo imperador Tibério, no ano 26 como sucessor de Valério Grattus. Chegou à Judéia no mesmo ano, acompanhado de sua mulher, Mt 27.19. Por muito tempo, não se permitia a um governador romano levar a esposa para uma terra sujeita a perturbações internas; porém, do tempo de Augusto em diante foi-lhe isso concedido, Tácito, Am 3.33. Pilatos enviou um destacamento de soldados, que entrou de noite na cidade, levando as insígnias do novo governador, as quais até então, ficavam fora das portas. Constavam elas de águias de prata e pequenas imagens do imperador que muito escandalizaram os judeus. Enviaram deputados a Cesaréia, onde estava a residência oficial dos procuradores, pedindo a retirada das insígnias. Pilatos, depois de vãs ameaças para intimidar os delegados, foi obrigado, afinal, a atender ao que pediam, Antig. 18.3,1; Guerras 2.9,2,3. Algum tempo depois, empregava o dinheiro sagrado, chamado corbã, na construção de um aqueduto para trazer água a Jerusalém, tirada na parte sul da cidade. Os judeus consideravam que o emprego do dinheiro sagrado em fins seculares era uma profanação, e por ocasião de uma visita de Pilatos à capital, cercaram o tribunal com grande tumulto e vozerio. Pilatos, tendo sido previamente avisado, preveniu-se, e mandou alguns soldados disfarçados a paisana, armados de bastões e de adagas que eles levavam escondidas, para se misturarem entre a multidão. Quando o tumulto havia

PILATOS

atingido o seu auge, deu-lhes sinal para atacar os amotinados, o que eles fizeram com muita violência, e alguns deles foram mortos. A multidão debandou, tomada de pânico; muitos morreram atropelados pela fuga. Parece que não houve novo motim. O aqueduto foi concluído, porém a animosidade contra o governador cresceu, mais e mais, Antig. 18.3,2; Guerras 2.9,4. Pilatos tentou dedicar alguns escudos dourados em honra do imperador Tibério e colocá-los dentro do palácio de Herodes em Jerusalém, apenas com o nome sem efígie alguma. Ainda assim os judeus se ofenderam. O povo protestou em vão. Então, os homens mais influentes da cidade enviaram uma petição ao imperador que ordenou a Pilatos que mandasse os escudos para Cesaréia, *Philo, Lepat ad Caium* XXXVIII. Narrando esse fato, Filo, ou antes Agripa I, em uma carta, citada por Filo, descreveu Pilatos como homem de disposição inflexível, sem misericórdia e obstinado. Diz também que ele receava que o povo fosse contar ao imperador os atos de sua vida corrupta, a violência de seu gênio, os insultos dirigidos ao povo, a crueldade com que os castigava, sem julgamento e sem processo e as desumanidades sem número que cometia. Pilatos ainda era governador quando João Batista e nosso Senhor começaram o seu ministério, Lc 3.1. Era costume dos procuradores irem para Jerusalém, quando grandes multidões se congregavam ali por ocasião das grandes festas. Ocupavam o palácio de Herodes. Provavelmente foi em uma dessas festas que Pilatos fez matar os galileus cujo sangue misturou com os sacrifícios deles, Lc 13.1,2. Os galileus eram uma classe de gente muito turbulenta, sempre pronta a brigar quando vinham às festas, Antig. 17.102. Não é crível que Pilatos os tratasse tão duramente se eles não tivessem provocado algum motim. Talvez Herodes Antipas se desgostasse pelo modo sumário que foram mortos os seus súditos

nessa ocasião. Qualquer que seja o motivo pelo qual os dois se afastaram, eles se harmonizaram quando se tratou do processo de Jesus, no dia em que foi condenado à morte. O caráter de Pilatos, revelado nesses vários incidentes de sua vida, observa-se também no modo que tratou o caso de Jesus. Desejava fazer justiça, sempre que não afetasse seus interesses, e evitava praticar atos criminosos, que não lhe fossem pesados. Mas nada fazia à custa de sacrifícios. O motivo secreto de seus hábitos consistia não em perguntar: Qual é o meu dever? mas sim: Qual é o meu interesse? Reconhecia que nosso Senhor estava sem crime e desejava salvá-lo, segundo os princípios da justiça; mas ao mesmo tempo via a sua impopularidade crescer com a absolvição de Jesus, e para ser agradável ao povo judeu, mandou açoitar aquele que pouco antes declarara inocente. Permitiu que os soldados romanos infligissem novas torturas àquele cujo corpo já estava lacerado, e depois de muitos insultos e injúrias que Jesus sofria sem murmurar, atendeu ao desejo do povo, mandando crucificar o Filho de Deus, como eles pediam, Mt 27; Lc 23. O governo de Pilatos terminou abruptamente. Um impostor samaritano prometeu a seus compatriotas que, se eles quisessem subir com ele ao monte Gerizim, lhes mostraria o lugar onde Moisés havia escondido certo número de vasos de ouro, pertencentes ao Tabernáculo. Moisés nunca esteve nesse monte, jamais atravessou o Jordão, e, contudo, a multidão iludida reuniu-se em uma aldeia que ficava na raiz do monte a fim de subir. Infelizmente, carregavam armas. Pilatos mandou cercar todos os caminhos que conduziam ao monte Gerizim, por soldados de cavalaria e de infantaria, atacou a massa do povo que procurava a posse dos tesouros, matou a muitos, prendeu o restante e mandou executar. Os samaritanos fizeram queixa contra Pilatos e a enviaram a seu superior imediato, Vitélio, presidente da Síria. Este foi nomeado para o lugar de Pilatos que foi chamado a Roma para justificar sua conduta. Antes de chegar a Roma, Tibério morreu, 16 de março de 37, Antig. 18.4,1,2. Dizem que Pilatos foi banido para Viena sobre o Reno, ao sul da França, onde se suicidou. Várias *Acta Pilati*, Atos de Pilatos, existem; são considerados espúrios, e se observa falta de harmonia entre todos.

PILDAS (*no hebraico o significado é incerto, talvez, "chama"*) – nome de um sobrinho de Abraão, filho do seu irmão Naor com Milca, Gn 22.22.

PILHA (*no hebraico, "fatia"*) – nome de um homem que retornou a Jerusalém após o cativeiro babilônico e que, com outros, assinou o pacto com Neemias, Ne 10.24.

PILTAI (*no hebraico, "Jeová liberta"*) – nome de um sacerdote, chefe da casa sacerdotal de Moadias, nos dias do sumo sacerdote Jeoaquim, Ne 12.17.

PINÁCULO (*no grego é pteryon, "asinha"*) – parte do templo, cuja aresta ficava a grande altura, Mt 4.5. Não se pode fazer uma identificação exata. A palavra grega *pterygion*, semelhante a pináculo, empregada para traduzir o vocábulo hebraico, significa, literalmente, asa pequena, e representa a barbatana do peixe, a orla de um vestido, ou as ourelas do racional, Lv 11.9; Nm 15.38; Êx 28.26. Também pode expressar simplesmente a cumeeira do telhado. Lighfoot, cingindo-se ao sentido do vocábulo grego, diz que é o pórtico que se projetava à semelhança de asas aos lados do templo, Guerras 5.5,4. Pensam outros que seja o grande pórtico real que estava ligado ao templo e que subia 400 cúbitos acima do vale do Cedrom, Antig. 15.11,5; 20.9,7 e outros ainda que a palavra se refere às arestas de ouro que ornavam a cumeeira do templo para impedir o pouso das aves, uma vez que tinham a aparência de pequenos pináculos. Estes, porém, eram em grande número, e o evangelista fala só de um pináculo.

PINGENTES, JÓIAS, PENDENTES – adorno com pedras preciosas, geralmente preso por meio de um anel ao lado do nariz, Is 3.21, ou entre as fossas nasais, Gn 24.47; Ez 16.12.

Pingentes — Christian Computer Art

PINOM (*no hebraico, "perplexidade", ou "escuridão"*) – nome de um capitão edomita, Gn 36.41; 1 Cr 1.52, talvez assim denominado por haver nascido na cidade do mesmo nome, Gn 36.40 (veja *PUNOM*).

PINTURA – no antigo Egito e na Assíria, as mulheres tinham o costume de pintar de preto as pálpebras. Os hebreus parece que consideravam esse processo como arte empregada pelas meretrizes e imprópria de mulher de família, 2 Rs 9.30; Jr 4.30; Ez 23.40; Guerras 4.9,10. Pintavam com essa cor, a menina do olho, ao redor das pálpebras e as sobrancelhas. Com certeza empregavam alguma das tintas que serviam para tingir os tecidos. Empregavam também o antimônio carbonizado reduzido a pó (Setenta), e talvez o chumbo como se fazia na Pérsia. Ainda, atualmente, as mulheres do Egito usam o *kohl* que é um pó obtido pelas cascas de amêndoas carbonizadas, ou de resinas aromáticas, que elas guardam em pequenas vasilhas cobertas e aplicam em seco, ou umedecido com um pouco de óleo, por meio de um bastãozinho de madeira, prata ou marfim, com uma espécie de pincel na extremidade. Sobre pinturas em outras partes do corpo, veja *CACHO DE CHIPRE*, e acerca de pinturas de paredes, veja *CORES*.

PIOLHOS – tradução da palavra hebraica *Kinnam* ou *Kinnin*, Êx 8.16-18; Sl 105.31, referente a um inseto nocivo ao homem. Pensa o historiador Josefo que se trata de piolhos, Antig. 2.14,3. A LXX traduzia por *sknips*, lagarta, ou outro inseto roedor, ou que suga. A versão inglesa revista menciona, à margem, pulgas ou *sandflies*.

PIRÃO (*no hebraico, "asno montês", "selvagem"*) – nome de um cananeu, rei de Jerimote, derrotado por Josué em frente de Gibeão, Js 10.3.

PIRATOM (*no hebraico, "cume", "altura"*) – nome de uma cidade situada no monte de Amaleque, território de Efraim. O juiz Ábdon e o valente Benaia eram de Piratom, Jz 12.13-15; 2 Sm 23.30; 1 Cr 27.14. Baquides a fortificou, 1 Mac 9.50. Robinson a identifica com *Fer'ata*, localizada sobre uma colina, 11 km a sudoeste de Siquém. Conder quer que seja *Fer'om*, 26 km a noroeste de Siquém.

PIRRO (*no grego, "vermelho-fogo"*) – nome do pai de Sópatro de Beréia, At 20.4.

PISCINA – reservatório de água, alimentado pelas águas da chuva, ou por lacrimais, à semelhança do tanque de Siloé. Dessa piscina saíam canais para levar a água aos jardins dentro da cidade, 2 Rs 20.20; Ec 2.6; Ecclus. 24.30. Os tanques de Betsaida, de Siloé e de Giom estavam dentro de Jerusalém. Os reservatórios de Etão também forneciam água para as piscinas da cidade. Existiam piscinas em Hebrom, Gibeão, Samaria e Hesbom, 2 Sm 2.13; 4.12; 1 Rs 22.38; Ct 7.4.

PISGA (*no hebraico, "cume", "pico". A raiz hebraica significa "fender-se", "divisão"*) – nome de uma parte da cordilheira de Abarim, perto do extremo noroeste do mar Morto, *cf*. Dt 34.1, com 3.27 e 32.49, que lhe fica nas faldas, Dt 3.17. Do cimo de Pisga descortina-se o deserto, Nm 21.20. Ali esteve Balaão e Balaque, 23.14. De um dos pontos da cordilheira, chamado monte Nebo, com 806 m de altura, via-se uma grande parte da terra de Canaã para o ocidente do Jordão, de onde Moisés avistou a Terra Prometida, Dt 3.27; 34.1-4 (veja *NEBO*). Esse monte ficava no limite sul dos domínios de Seom, rei dos amorreus, Js 12.2,3. Já nos tempos de Eusébio, o país montanhoso adjacente ao monte Fogor tinha o nome de Fasgo, porém esse nome não pertencia mais às montanhas orientais, e se combinava com as montanhas rochosas, *Rasel-Feshkah*, ao lado oposto do mar.

PISÍDIA – nome de um distrito da Ásia Menor, limitado ao norte pela Frígia, ao sul pela Lícia e Panfília, ao oriente pela Licaônia e a oeste pela Cária. Fazia parte da província romana da Galácia. Por meio dele passava a cordilheira do Tauro. Os habitantes dessa região nunca foram inteiramente subjugados, quer pelos persas, quer pelos romanos. A cidade principal da Pisídia era Antioquia, que o apóstolo Paulo visitou, At 13.14.

PISOM (veja *ÉDEN*).

PISPA (*no hebraico, "dispersão"*) – nome de um aserita, filho de Jéter, 1 Cr 7.38.

PITOM (*o nome significa "mansão de Atom", vem do egípcio pa-tum, "casa de Atom", sol poente, adorado pelos egípcios*) **1** Nome de uma das cidades que os israelitas edificaram no Egito, para Faraó, no tempo do cativeiro, Êx 1.11. As escavações feitas sob os auspícios do *Egyptian Exploration Fund*, por Edouard Naville, em *Tell el-Maskhuta*, deram a conhecer a antiga Pitom. Está ao sul do canal de água doce, que vai do Cairo ao Suez, passando pelo *wady Tumilat*. Encontra-se ali assinalado o local onde existia o altar de Atom. As inscrições feitas indicam que a cidade e as suas fortificações datam do tempo de Ramsés II, o Faraó da opressão. Nenhum outro monumento, de tempos anteriores, foi encontrado no local. Ao nordeste do templo de Atom, existem longas construções subterrâneas. Os muros têm nove pés de espessura, construídos de tijolos crus, ligados com argamassa de cal e areia. É interessante observar que alguns tijolos foram amassados sem palha e outros não, *cf*. Êx 5.10-12. Os muros encerram número considerável de compartimentos retangulares sem comunicações entre si, cuja entrada se fazia pelo lado superior. Naville acredita que esses compartimentos serviam de celeiros em que se guardavam as provisões necessárias para o exército ou para as caravanas que tinham de atravessar o deserto em direção à Síria. No tempo da dinastia grega, a cidade de Pitom recebeu o nome de Heroópolis, cidade dos Heróis que os romanos abreviaram para Ero, como se prova pelas inscrições latinas ali encontradas. Saíce compara Ero com Fara, nome egípcio que significa depósito, ou celeiro. Foi ali o local da terra de Gósen, porque a LXX substituiu Heroópolis por esse nome, no capítulo 46.28 do livro de Gênesis. A versão cóptica feita sobre a LXX diz "perto de Pitom na terra de Ramsés". Em torno das construções sagradas de Pitom desdobrava-se a cidade civil de *Thuku*, que se julga ser a Sucote mencionada em Êx 12.37. **2** Nome de um descendente de Jônatas, 1 Cr 8.35; 9.41.

PLANÍCIES – palavra que em nossas Bíblias se traduz de vários modos: vale, vales, campinas, terras baixas etc., determinando a região compreendida entre as montanhas e as planuras da Filístia e a cadeia central da Palestina. O historiador Eusébio a descreve no seu *Onomasticon* sob o título *Sephela*, como sendo "toda a região plana em torno de *Eleutheropolis*, a moderna *Beit Jibrin*, na direção norte e oeste". Nos tempos da conquista da *shephlah*, ou terras baixas, designava a região inferior da parte acidentada, compreendida entre o oriente e o ponto sul. Os montes dessa região elevavam-se à altura de 160 m a 265 m, com alguns picos mais proeminentes, em cujas encostas vicejavam as oliveiras. Esse distrito era separado da cadeia central da Judéia por uma série de vales na direção norte-sul, desde Aijalom até as proximidades de Berseba, e cortado por diversos vales de grande fertilidade que desciam da cordilheira em direção ao mar. Tocou em partilha à tribo de Judá, de onde se destacou uma parte para a tribo de Dã, Js 15.33; 19.40s. Compreendia lugares muito notáveis como Adulã, Bete-Semes, Gezer, Eglom, Laquis, e parte dos vales de Aijalom, Soreque e Elá, ou vale do Terebinto, 1 Sm 17.1,2; 2 Cr 28.18.

PLÁTANO, CASTANHEIRO – tradução da palavra hebraica *Armon*, que quer dizer, nu, Gn 30.27; Ez 31.8. As antigas versões, menos a LXX, diziam pinheiro, nessa passagem de Ezequiel. O plátano do Oriente, *Platanus orientalis*, cresce até a altura de 70 a 90 pés. As folhas são espalmadas e lobuladas, semelhantes às do sicômoro,

POBRES

que por essa razão tem o nome específico de *pseudo-platanus*. O plátano do Oriente é indígena no sul da Europa e no ocidente da Ásia. Na Palestina é árvore silvestre; não obstante, cultivam-na em muitos lugares.

PÓ – partículas mui finas a que se reduz alguma substância por meio de trituração ou da moagem, Êx 32.20. Especiarias pulverizadas com o fim de serem queimadas para produzir fumaça odorífera, Ct 3.6.

POBRES – a desigualdade dos bens temporais não é o ideal divino. Deus entregou Canaã a seu povo, Êx 6.4-8, para que todo ele se tornasse proprietário. Conquanto a lei mosaica permitisse a transferência de propriedade pela venda, cada 50 anos, os bens alienados voltavam à posse de seus primitivos donos, Lv 3.23. Apesar de todas as garantias da lei em referência aos bens particulares, sempre havia pobres, alguns por causa de seus pecados, ou de seus antecessores; outros, porém, como resultante de atos providenciais que escapam às investigações humanas. A pobreza, proveniente da indolência ou do crime, era teoricamente excluída de Israel, o reino de Deus. Os pobres, especialmente as viúvas, os órfãos e os de vista teocrático, como infelizes e castigados, porém, filhos de Deus muito amados. Todos os pobres, especialmente as viúvas, os órfãos e os estrangeiros, não escapavam aos cuidados divinos e da gente piedosa, nem à proteção da lei. Os que tinham fome podiam entrar na vinha de seu próximo e tirar dela as uvas que quisessem para comer, sem levar nada consigo; igualmente poderiam entrar na seara do seu amigo e colher as espigas que quisessem, mas não segá-las com foice, Dt 23.24,25. Ordenava a lei que, por ocasião da sega, não se devia cortar rente ao chão, nem enfeixar as espigas que ficassem, a fim de que os pobres e forasteiros as pudessem colher para si. Poderiam também levar consigo as gavelas deixadas por esquecimento no campo. Dizia mais a lei: "Quando também segares a messe da tua terra, o canto do teu campo não segarás totalmente, nem as espigas caídas colherás da tua messe. Não rebuscarás a tua vinha, nem colherás os bagos caídos da tua vinha; deixá-los-ás ao pobre e ao necessitado", Lv 19.9,10; *cf.* 23.22; Dt 24.19-21. No fim de cada sete anos e de cada período de 50 anos, a terra não seria cultivada, e o que ela produzisse não deveria ser colhido, e sim deixado para sustento de todos, Lv 25.4-7,11,12. Se o pobre, constrangido pela necessidade, se vendesse por um termo de anos, voltaria, findo o prazo, para sua casa, v. 38-42. Se alguém caísse em pobreza e precisasse fazer um empréstimo, era dever atendê-lo ainda que fosse perto do ano da remissão, Dt 15.7-10. A taxa devida pelo resgate de sua alma, que todo israelita tinha de pagar, era igual para todos; mas nas ofertas que deveriam ser feitas no Tabernáculo, ou no templo se estabelecia uma forma eqüitativa para os mais pobres, Lv 12.8; 14.21; 27.8. Os ricos deveriam convidar os pobres para tomarem parte nas festas sacrificais e lembrar-se deles em outras ocasiões de regozijo, Dt 16.11-14. Existem muitos belos exemplos de simpatia para com os necessitados, *cf.* Jó 31.16-22. A lei mosaica contém solenes advertências contra a opressão dos pobres, Êx 22.21-27. Ao mesmo tempo não se deveria violar a justiça. O juiz não podia julgar a favor de um homem por ele ser pobre: o julgamento estava acima de quaisquer considerações, Êx 23.3; Lv 19.5. Essas disposições tão humanas, todavia, foram com freqüência violadas nos dias de abatimento religioso, de modo a receberem severas repreensões da parte dos profetas por causa das injustiças cometidas contra os pobres, Is 1.23; 10.2; Ez 22.7,29; Ml 3.5. Havia também abusos na observância de tão boas leis; cumprindo a letra, mas não atendendo ao espírito, davam esmolas com

POBRES

fim de serem vistos dos homens, Mt 6.1. Muitas promessas graciosas Deus reserva para os pobres que lhe são fiéis, manifestadas em atos de muito amor e bondade, 1 Sm 2.6; Jó 5.15; 34.28; 36.15; Sl 9.18; 10.14; 12.5; 34.6; 35.10. Deus promete abençoar aquele que cuida do necessitado e do pobre, Sl 41.1; Pv 14.21-31; 29.7 etc. Nosso Senhor, no curso de seu ministério, revelou grande cuidado pelos pobres, Mt 19.21; Lc 18.22; Jo 13.29 etc. Uma das principais características de seu ministério é que o Evangelho se anuncia aos pobres, Mt 11.5; Lc 14.21-23. A Igreja Primitiva considerava como um dos seus mais sagrados deveres o cuidado pelos pobres, ainda mesmo por aqueles que não pertenciam à comunhão cristã, At 2.45; 4.32; 6.1-6; 11.27-30; 24.17; 1 Co 16.1-3; Gl 2.10; 1 Ts 3.6. Os pobres de espírito são os humildes, quer sejam ricos quer pobres dos bens deste mundo, Mt 5.3.

POÇO – 1 Escavação que se faz no chão em sentido vertical ou horizontal até encontrar veios de águas, a que os hebreus davam o nome de *ber*, palavra esta que entra na composição de outras palavras, como Berseba etc. A água corria para uma depressão do terreno, onde se apanhava ou borbulhava; através da areia correndo para um nível inferior, ou jorrava em coluna do seio da terra, Gn 16.7,14; 24.11,13. Às vezes abriam poços na areia, onde se desconfiava existir água. Também os abriam no leito dos *wadis*, onde eram alimentados por veios subterrâneos mesmo quando o *wady* estava seco, como Berseba, e no vale de Gerará, Gn 21.30,31; 24.19. Havia poços abertos em toda a planície da Filístia, cujas águas formavam uma corrente perene que se ia lançar no mar. Nas montanhas, eram cavados nas rochas calcárias. Aparentemente não havia diferença entre um poço e uma cisterna. A entrada era protegida por uma cinta de pedras e coberta por uma laje para evitar a queda de animais ou gente que por ali passasse, Jo 4.6; Êx 21.33; 2 Sm 17.19; Antig. 4.8-37. Quando o poço era raso, cortavam escadas na rocha para descer até a superfície da água. Pias de madeira ou de pedra, colocadas perto, serviam para dar água ao gado, ou aos camelos, Gn 24.30. Tirava-se água mergulhando nela o cântaro, 16; e quando o poço era fundo, serviam-se de uma vasilha de barro ou de couro que faziam descer por meio de uma corda, Jo 4.11, que era tirada à mão, ou por meio de uma roda presa à boca do poço, às vezes puxada por um boi, ou por um jumento. No Egito, empregavam o *shaduf* para tirar água do Nilo, e na Palestina, utilizavam uma espécie de balde. Na planície da Filístia, empregavam a roda persa chamada naura. Consistia essa máquina em um eixo perpendicular de madeira, em cuja extremidade fixavam uma roda dentada em sentido horizontal, cujos dentes moviam outra roda vertical, cujos dentes moviam outra roda vertical colocada bem no centro da boca do poço, por onde passava cordas de vime torcido a que se prendiam vasilhas de madeira. As que subiam, cheias de água, se esvaziavam em um condutor que ia alimentar o reservatório. 2 Larga abertura feita no solo com profundidade variável, natural ou artificial, Gn 14.10; 37.20-24. Em

Poço — Christian Computer Art

sentido figurado, empregava-se em lugar de sepultura, ou morte, Jó 33.18,24. Três vezes serve para traduzir a palavra *sheol*, Nm 16.30,33; Jó 17.16 (veja *INFERNO e ABISMO*).

POÇO DAQUELE QUE ME VÊ (veja *BEER-LAAI-ROI*).

PÕE-LHE O NOME DE RÁPIDO-DES-POJO-PRESA-SEGURA – palavras que o profeta Isaías escreveu por ordem do Senhor em um livro grande na presença de duas testemunhas, nome que ele deu a seu filho que lhe nasceu daí a um ano. Essas palavras prediziam o enfraquecimento da fortaleza de Damasco e de Samaria pelo rei dos assírios, *cf.* Is 8.1-4, e serviam para chamar a atenção do público para um fato que o Senhor anunciava antecipadamente, para daí a um ano.

POESIA – a poesia é uma das mais antigas formas pela qual o gosto literário de um povo se manifesta. É rítmica e regular, semelhante aos movimentos das danças dos antigos tempos, Êx 15.20,21. Nasce das emoções e se manifesta em expansões de alegria ou de tristeza, tanto nos indivíduos quanto na coletividade. O poder da imaginação e o hábito de manifestar o pensamento por meio de linguagem figurada, servindo-se de imagens e comparações da natureza, são os elementos vitais da poesia desde a infância da humanidade. Os hebreus não foram exceção a essa regra. As palavras de Sara por ocasião do nascimento de seu filho têm harmonia poética, Gn 21.6,7. As bênçãos de Jacó distribuídas a seus filhos nas vésperas de sua morte eram expressas nas formas pitorescas da poesia semítica, cap. 49. O cântico que espontaneamente saiu dos lábios de Moisés, celebrando o desastre das forças de Faraó no mar Vermelho, e seus efeitos morais sobre as nações de Canaã, foi expressão de sentimentos e emoções profundas, vazada nos moldes simples da poesia hebraica. A antiga poesia semítica não tinha rimas. Tem-se encontrado poemas que mostram certa cesura, que não lhe é essencial. A assonância, a aliteração e a rima, tão comuns na poesia ocidental, só ocasionalmente ocorrem na poesia hebraica, feição esta que não é de sua essência e que lhe é extremamente rara. Não tem o emprego regular e alternado de sílabas breves e longas, porém, mostra fortes tendências para o ritmo, que inconscientemente produzia linhas com número de palavras, ou de grupos de palavras, quase iguais, ou para melhor dizer, com o mesmo número de acentos principais, incluindo, às vezes, mais um acento secundário. Além disso, não completava o sentido, exceto em casos mui raros, como no salmo 96.12. A feição essencial e, característica da poesia hebraica, é o paralelismo, que consiste, na repetição do sentimento poético na linha seguinte. Foi o bispo Lowth quem deu esse nome em 1753, depois de haver investigado esse fenômeno e prestado atenção ao paralelismo sinonímico; antitético e sintético (de Sacr. Poesi. Hebr. xix). O paralelismo é de várias espécies: **1** SINONÍMICO, quando o pensamento da primeira linha, se repete em outras palavras, na segunda linha, como em Gn 4.23.

"Ada e Zilá, ouvi-me; vós, mulheres de Lameque, escutai o que passo a dizer-vos":

E a copla:

"Matei um homem porque ele me feriu; e um rapaz porque me pisou".

Do mesmo modo que mostra o paralelismo sinonímico, exibe igualmente a sua importância exegética. De conformidade com o princípio de interpretação aplicável a esse caso. Lameque não fez duas mortes, apenas matou um homem. Esse princípio habilita o expositor da Escritura a interpretar palavras ambíguas, como as do salmo 22.20.

POESIA

"Livra a minha alma da espada, e, das presas do cão, a minha vida".

De acordo com o princípio, mencionado, a palavra predileta da segunda linha referese à vida, ou à alma do salmista, e não a pessoa que lhe era cara. **2** PARALELISMO PROGRESSIVO, no qual a segunda linha exprime uma idéia nova, mais ou menos, relacionada com a primeira, como em Jó 3.17.

"Ali os maus cessam de perturbar, e ali repousam os cansados."

3 PARALELISMO SINTÉTICO ou construtivo que consiste apenas na construção do versículo enquanto o pensamento de uma linha serve de alicerce para construir um pensamento novo, como no salmo 25.12 (Figueiredo).

"Ao homem que teme ao SENHOR, ele o instruirá no caminho que deve escolher",

ou Provérbios 26.4.

"Não respondas ao insensato segundo a sua estultícia, para que não te faças semelhante a ele."

ou o salmo 24.9 (V. B.):

"Levantai, ó portas, as vossas cabeças; levantai-vos, ó portais eternos, para que entre o Rei da glória".

4 PARALELISMO GRADUAL em que as palavras características se repetem, formando uma escada, pela qual o pensamento sobe até completar-se por meio de repetições enfáticas, como no salmo 29.5 (Fig).

"A voz do SENHOR quebra os cedros; sim, o SENHOR despedaça os cedros do Líbano"; e no salmo 121.3,4 (Fig.):

"Ele não permitirá que os teus pés vacilem; não dormitará aquele que te guarda. É certo que não dormita, nem dorme

o guarda de Israel".

5 PARALELISMO ANTITÉTICO, no qual o pensamento se esclarece por meio de contrastes, como em Mt 8.20.

"As raposas têm seus covis, e as aves do céu, ninhos; mas o Filho do homem não tem onde reclinar a cabeça."

6 PARALELISMO COMPARATIVO, em que o pensamento se esclarece pela comparação com objetos familiares, como no salmo 42.1 (Fig:):

"Como suspira a corça pelas correntes das águas, assim, por ti, ó Deus, suspira a minha alma".

O paralelismo em geral formava-se de dois versículos e, às vezes, também de três, como se observa nos exemplos já citados. Os quatro e cinco versículos encontram-se nos salmos 1.3; 17.4,9; 37.7,14,20,25,28,34,40 (V. B.). A estância não era essencial à poesia hebraica, contudo aparece nos salmos 42 e 43, formando um só poema, dividido em três partes iguais em versículos sucessivos. O salmo 46 (V. B.) se compõe de três grupos, cada um deles composto de três versículos, cada um dos quais assinalado pela palavra Selá, e os dois últimos terminam por um estribilho. Há também salmos alfabéticos nos quais predomina, mais ou menos, o princípio já mencionado, começando cada linha do versículo pela letra do alfabeto que marca a divisão do salmo na sua ordem, salmo 25; 34 e 37 (V. B.). O salmo 119 compõe-se de 22 grupos de oito versículos cada um, igual ao número das letras do alfabeto hebraico, e a letra inicial de cada versículo de um grupo. O livro de

Lamentações obedece a esse plano construtivo (veja *LAMENTAÇÕES*). A poesia se divide em épica, dramática, lírica e didática. A épica e a dramática não se encontram na Bíblia; todavia, o livro de Jó apresenta uma forma semidramática, porque nele se encontra a ação como base do drama, tanto no prólogo quanto no epílogo, e a alternação de diálogos em todo ele (veja *CÂNTICO DOS CÂNTICOS, DE SALOMÃO*). Os poemas líricos são os mais numerosos. No período histórico dos israelitas, logo depois do êxodo, são muito freqüentes, e consistem em odes triunfais, celebrando as maravilhas de Jeová, como o cântico de Moisés, pela passagem do mar Vermelho, o cântico de Débora; os salmos penitenciais, suplicando misericórdia e exprimindo a alegria nas misericórdias do Senhor, salmos 32 e 51, V. B. Os salmos do pobre e do necessitado clamando em tristezas, com fé, calma, ou pedindo socorro a Deus. Salmos 38; 3; 23; Hc 3, e 1 Sm 2.1-10; Is 38.10-20; Lc 1.46-55, salmos sobre a vinda do Redentor e de seu reino. Salmos 2; 45 e 72, V. B., e elegias, como os lamentos de Davi sobre Saul e Jônatas, os cânticos fúnebres sobre Judá e Lamentações, 2 Sm 1.17-27; salmos 44; 60 e 74, V. B.

POMBA (*no hebraico é yonah*) – nome de uma ave, Sl 55.6, com belos olhos, Ct 1.15; 5.12, voz gemente, Is 38.14, com disposições graciosas e gentis, Ct 2.14; 5.2; 6.9, dotada de simplicidade, Os 7.11. A pomba é ave tímida e treme quando lhe põem medo, Os 7.11. Em estado selvagem, freqüenta os vales, Ez 7.16, constrói os ninhos à entrada das grutas, Jr 48.28. Quando domesticada, refugia-se nos beirais das habitações, Is 60.8; *cf.* Gn 8.8-12. Jesus se refere às pombas como modelos de simplicidade, Mt 10.16. Compravam-se e vendiam-se pombas no átrio do Templo, Mt 21.12; Mc 11.15; Jo 2.14, pois eram usadas nos sacrifícios, Lc 2.24. A pomba é símbolo do Espírito Santo, Lc 3.22. Também tem o nome de rola, que

em sentido popular, se dá a uma espécie de menor tamanho, Gn 15.9; Lv 1.14; 5.7; 12.6,8; 14.22,30; 5.14, 29; Nm 6.10. As pombas formam uma família de pássaros, *Columbidae*, que Tristram enumera quatro espécies existentes na Palestina; a pomba torcaz, ou rola dos bosques, *Columba palumbus*; a *Columba aenas*, a *Columba Lívia* e a *Columba schiperi*. A pomba torcaz visita a Palestina em grandes bandos na primavera e no outono durante as suas migrações anuais. As outras espécies visitam o Jordão e seus vales, abrigando-se nas grutas e nas entradas das rochas, Jr 48.28.

PONTO (*no grego, "mar"*) – nome dado à metade da costa da Ásia Menor, sobre o *Pontus Euxinus*, ou mar Negro, de onde se deriva. Estendia-se desde o vale do Fasis na Colchida até o rio Halis, lançando-se para os lados do sul através das montanhas da Capadócia. Pelo ano 400 a.C., existia um reino independente com esse nome. Seis de seus monarcas sucessivos tinham o nome de Mitrídates. O último deles sustentou até a morte, no ano 63 a.C., forte luta com os romanos, que reduziram o reino à condição de província da Bitínia e do Ponto. Os judeus residentes no Ponto, 1 Pe 1.1, estiveram em Jerusalém por ocasião do Pentecostes, em que foi derramado o Espírito Santo sobre a Igreja, At 2.9. Áquila, mencionado em At 19.2, nasceu no Ponto.

POQUERETE-HAZEBAIM (*no hebraico, "caçador de gazelas"*) – nome de um dos filhos de Hamã, Et 9.8; alguns dos quais voltaram da Babilônia, Ed 2.57; Ne 7.59. A divisão desse nome em duas partes, como se encontra, dá a entender que a segunda parte é nome de um lugar como se dissesse *Poquerete de Zebaim*.

PORATA (*no hebraico, "que tem muitos carros", ou "liberal"*) – nome de um dos filhos de Hamã, Et 9.8.

PORCO

PORCO (*no hebraico é chazir e no grego choiros*) – animal que a lei cerimonial considerava imundo, Lv 11.7; Dt 14.8 Alimenta-se de sobras de comida, de carnes podres e de tudo mais que pode satisfazer à sua voracidade. Nos países quentes, dizem, o uso da carne de porco na alimentação produz moléstias cutâneas. Os árabes não criavam esse animal, Plínio, Hist. Nat. 8.78. Os egípcios, os fenícios e os etíopes o consideravam imundo. Apesar disso, no Egito sacrificava-se um leitão na festa anual, em honra do deus-lua e de Osíris (Baco); suas carnes serviam de manjar. Se um homem tocava acidentalmente em um porco, e aqueles que se ocupavam em guardar porcos, não deviam entrar no templo, e só poderiam se casar com mulher da mesma profissão, Heród. 2.47; cont. Apiom, 2.14. A carne de porco era abominável aos judeus, Is 65.4. O porco servia de emblema para representar a imundície e a indignidade, Pv 11.22; Mt 7.8; 2 Pe 2.22. A condição mais desprezível a que um judeu poderia chegar era de guardar porcos, Lc 15.15. No período em que as festas idólatras tiveram entrada na sociedade hebraica degenerada, a carne de porco achava-se nos seus banquetes, Is 65.4; 66.17. No reinado de Antíoco Epifanes, ordenou-se a um judeu que oferecesse carne de porco e que a comesse com o fim de saber se ele permanecia fiel à religião de seus pais, ou se estava querendo aceitar a religião dos conquistadores da pátria, 1 Mac 1.47,50; 2 Mac 6.18,21; 7.1,7. Muitos dos judeus procuravam imitar os costumes gregos. João Hircano julgou necessário proibir terminantemente a criação de porcos. No tempo de Cristo, uma grande manada de porcos pastava em Decápolis, Mc 5.11-13, região colonizada por gregos, que muito apreciavam a carne de porco. Não há razão para supor que os porcos sob a guarda do filho pródigo, em país distante, pertencessem a algum judeu, Lc 15.13.

PORROS – tradução da palavra hebraica *Hassir* que se encontra em Nm 11.5, e que habitualmente representa erva. Neste caso, porém, deve ser o *Alliun porrum*, por achar-se associado ao nome de outros vegetais que os israelitas comiam no Egito, como os pepinos, os melões, os alhos e as cebolas, e é assim que se emprega no Targum, de *Onkelos*, na LXX, na Vulgata e na versão siríaca. O aramaico emprega o vocábulo *hasir* no mesmo sentido.

PORTA – nas cidades muradas e nos palácios, as portas eram essenciais para o egresso e ingresso dos seus habitantes e serviam de proteção contra os inimigos. Acima das portas das cidades, edificavam torres, de onde os guerreiros poderiam defender a entrada, 2 Cr 26.9. Também eram fortalecidas por meio de trancas, a fim de oferecer maior resistência aos assaltos, At 3.5; 1 Rs 4.13; 2 Cr 8.5; 14.7. Às portas das cidades se reuniam negociantes e juízes para tratarem dos interesses sociais, 1 Rs 22.10; 2 Rs 7.1; Ez 11.1, onde faziam transações com a presença de testemunhas, Gn 23.10,18; Rt 4.1-11, e se pronunciavam sentenças, Dt 21.19; 22.15; 25.7-9; Jó 31.21; Am 5.15. Os muros que encerravam as mansões aristocráticas também tinham suas portas, Lc 16.20, por onde se exibia o fausto das riquezas humanas, Pv 17.19.

PORTA DA GUARDA (*tradução do hebraico Miphkad*) – nome de uma porta situada na parte nordeste das muralhas de Jerusalém. Não se sabe se era algum recinto utilizado para reunião, como o Sinédrio, ou se simplesmente era um recinto para outras solenidades. O lugar assume importância por aparecer como nome próprio em algumas traduções, Ne 3.31 (veja *JERUSALÉM*).

PORTA DAS OVELHAS (veja *JERUSALÉM*).

PORTAS (veja *JERUSALÉM*).

PORTEIRO (*no hebraico é shoer, e no grego é thuroós*) – o guarda da porta, 1 Cr 9.22,23; 16.38. Havia porteiros que ficavam na entrada da cidade, 2 Sm 18.26; 2 Rs 7.10; Mc 13.34; Jo 10.3; 18.16,17, na entrada do templo, 1 Cr 9.22, na entrada de habitações particulares etc. Quando Davi organizou os levitas para o serviço do Tabernáculo, também os encarregou em número de quatro de guardar as portas da entrada. Nem todos serviam ao mesmo tempo; estavam em grupos que se alternavam nesse serviço, 1 Cr 23.5; 26.1-9.

PÓRTICO – espaço coberto, ornado de colunas, em que descansa a cobertura, coluna-pórtico. Havia muitos pórticos no palácio real de Jerusalém e em outras habitações de pessoas ricas, 1 Rs 7.6,7. Um deles, porém, sobressaía a todos, era o pórtico da fronteira oriental do templo de Salomão, 6.3; Ez 8.16; Jl 2.17. Em alguns casos, também se faziam colunas nos pavimentos superiores, Jz 3.23. Os pórticos do tanque de Betesda e do palácio de Salomão, ligados ao segundo templo, eram também de colunatas, *cf.* Jo 5.2; 10.23, chamados em grego *stoá*. O pórtico onde ocorreu a segunda negação de Pedro, foi, sem dúvida, a passagem da rua para o átrio da casa, Mt 26.71, também chamado entrada do pátio, Mc 14.68.

PÓRTICO DE SALOMÃO (*no grego é Stoá to Solomôntos*) – nome de uma esplêndida colunata, cuja construção se atribui a Salomão; ficava para o lado do oriente do templo, sobre um alicerce artificial que se erguia do vale de Cedrom, Antig. 20.9,7; Guerras, 5.5,1. Jesus passeou uma vez no alpendre de Salomão, Jo 10.23, e os apóstolos ali estiveram por várias vezes, At 3.11; 5.12.

POSTE-ÍDOLO (*no hebraico é asherim*) – o termo hebraico original em questão tem sido traduzido de diversas formas. A LXX grafa bosque ou árvores, a versão em português traduz como poste-ídolo e associa o termo ao culto a deusa Aserá. Essa deusa cananéia é mencionada nos textos de Ras Shamra como deusa do mar e consorte de El. No Antigo Testamento, o seu culto está associado a Baal, Jz 3.7. A preferência da tradução em português por "poste-ídolo" ganha força na posição dos autores da *Mishna* que associam a palavra a uma árvore que era adorada. De fato, os textos do Antigo Testamento dão a idéia de que se tratava de ídolos de madeira que representavam a deusa Aserá, Êx 34.13; Js 6.26; 1 Rs 14.23, 15.13; 2 Rs 21.7; 2 Cr 17.6, 34.4; Mq 5.14.

POTIFAR (*forma contraída de Potífera, que no egípcio significa "aquele a quem Rá – o deus sol – deu", ou simplesmente "pertencente ao sol"*) – nome do capitão das guardas de Faraó de quem José foi escravo. Sua mulher tentou seduzir o jovem cativo para o afastar do caminho da virtude; vendo-se desprezada, induziu seu marido a prendê-lo, acusando-o falsamente de sedutor, Gn 39.1-20.

POTÍFERA (*no egípcio, "aquele a quem Rá – o deus sol – deu", ou simplesmente "pertencente ao sol"*) – nome do sacerdote de Heliópolis, cidade do sol e pai de Azenate, que Faraó deu por mulher a José, Gn 41.45-50; 46.20.

POUPA – nome de um pássaro, Lv 11.19, companheiro das garças e das cegonhas, venerado antigamente pelos egípcios. Tradução da palavra hebraica *Dukiphath* em Lv 11.19 e Dt 14.18. A poupa, *Vanellus cristatus*, é membro da subfamília, *Charadriinae*, encontra-se em bandos na Palestina, no inverno. Segundo a Vulgata e a LXX, essa ave e a *Upupa epops*, tipo das *Upupidae*, família das aves tem o bico em forma de

POUPA

esporão de navio profundamente fendido no centro. A poupa tem cerca de um pé de comprimento, cor cinzenta por cima, com asas pretas listadas de branco e grande topete. Encontra-se no centro e ao sul da Europa e da Ásia, e ao norte da África. Segundo Tristram, aparece na Palestina no mês de março em bandos que se espalham por todo o país. À entrada do inverno, emigram para o Egito e para o Saara.

PRAGA – castigo enviado por Deus, em retribuição do pecado. Na maioria dos casos, o castigo é mencionado na Bíblia e se manifesta por meio de epidemias ou de enfermidades, e outros modos de caráter diverso. A praga por meio de doenças não constitui propriamente acontecimento sobrenatural. A doença particular que Deus manda pela violação dessa ou daquela lei física ou mental pode chamar-se praga, se o ato tem qualidades morais. Até mesmo a moléstia que provém da ignorância das leis sanitárias, ou pela violação das leis da natureza, que não envolvem crime e que em si mesmas não têm significação moral, podem servir nas mãos de Deus como instrumentos para castigo dos que praticam o mal, predeterminando o tempo e o lugar segundo os fins em vista. A praga no sentido de epidemia, também denominada peste, é uma forma de tifo altamente maligna, originada na violação das leis sanitárias, que irrompe com freqüência no Cairo e no Egito, espalhando-se pela Síria, Ásia Menor e regiões adjacentes. E quem sabe se não tem servido de vara nas mãos de Deus para castigo dos pecadores. A primeira praga mencionada na Escritura veio sobre Faraó, contemporâneo de Abraão em defesa de Sara, mulher do patriarca, Gn 12.17. As outras pragas, na ordem do tempo, foram dez que vieram sobre o Egito. Não eram fenômenos ignorados pelos egípcios, porém, na maioria dos casos, senão em todos, angustiaram o país inteiro.

Não foram simples fenômenos naturais, agravados pela forma de se manifestarem, foram verdadeiros milagres (veja *EGITO III*, **6**). A primeira das dez pragas consistiu na mudança da água do rio em sangue, ou alguma coisa semelhante, Êx 7.14-25; a segunda, a enorme quantidade de rãs, 8.1-15; a terceira consistiu em converter o pó da terra, em mosquitos que se espalharam por toda a terra do Egito, v. 16-19, a quarta, em enxames de moscas, v. 20-32; a quinta, a morte de todos os animais dos egípcios, 9.1-7; a sexta, o aparecimento de úlceras e tumores sobre homens e animais, v. 8-12; a sétima, a chuva de pedras que destruiu todas as searas, v. 13-35, a oitava, as nuvens de gafanhotos, trazidas pelos ventos do oriente, 10.1-20, a nona, as densas trevas que envolveram toda a terra, v. 21-29, e, finalmente, a décima, que destruiu os primogênitos dos homens e dos animais, 11.1 até o cap. 12.30. Os israelitas sofreram terrível praga por terem feito e adorado o bezerro de ouro, Êx 32.35, e ainda outra por haverem murmurado contra Deus quando lhes mandou o maná, Nm 11.33,34. Outra praga caiu sobre os espias que deram más notícias sobre a Terra Prometida, 14.37, e ainda outra que veio castigar a murmuração feita contra Moisés, por causa do castigo infligido aos rebeldes Coré, Datã e Abirão, em que pereceram 14.700 vidas, Nm 16.46-50. De outra feita, morreram 24 mil por causa da idolatria e impureza no culto de Baal-Peor, 25.9; Js 22.17; Sl 106.29,30. Também foi praga, a doença que afligiu os filisteus na parte oculta entre as nádegas, 1 Sm 6.4. Uma grande peste veio sobre Israel em que morreram 70 mil pessoas, motivada pelo arrolamento do povo que Davi mandou fazer, 2 Sm 24.13-25; 1 Cr 21.12-30. O Senhor ameaçou a Jorão, rei de Judá, com uma terrível praga que viria sobre ele e sobre o seu povo, 2 Cr 21.14,15. Algumas vezes, a palavra praga emprega-se para designar doenças que não

PRESBITÉRIO

são epidêmicas, por exemplo, o fluxo de sangue mencionado em Mc 5.29,34, a lepra nos casos individuais, Lv 13.3,5,6, e até mesmo certas formas inferiores de vegetação que se estendem pelas paredes úmidas das casas, 14.35.

PRATA (*no hebraico é keseph, "prata", "dinheiro"*) **–** metal precioso, cujas veias se encontram no seio da terra, Jó 28.1. A prata se derrete na fornalha para ser purificada de corpos estranhos, Sl 12.6; Pv 17.3; 25.4; Ez 22.22. Vinha da Arábia, 2 Cr 9.14; *cf.* 1 Rs 10.22,27, de Társis, Jr 10.9; Ez 27.12, e da Espanha que a produziam em grande quantidade, 1 Mac 8.3. Desde remota antigüidade servia para realizar transações, Gn 23.16; 37.28. Como não existia ainda a prata em moeda, o seu valor se calculava pelo peso, Jó 28.15; Is 46.6. A prata amoedada só começou a vigorar entre os judeus muito depois da volta do cativeiro, 1 Mac 15.6 (veja *DINHEIRO*). Empregava-se como objeto de adorno pessoal, Gn 24.53; Êx 3.22; Ct 1.11, para manufaturar coroas, Zc 6.11, no fabrico de instrumentos musicais, trombetas etc., Nm 10.2, e utensílios de uso doméstico, das pessoas ricas, Gn 44.2. No Tabernáculo e no templo, empregava-se grande quantidade desse metal para as bases das tábuas do Tabernáculo, Êx 26.19, para os capitéis e entalhes das colunas, 27.10; 38.19, para os pratos de redomas, Nm 7.13; 1 Cr 28.17; Ed 1.9,10, para os copos, *cf.* 2 Rs 12. 13, castiçais e mesas, 1 Cr 28.15,16, servia também para o fabrico de ídolos e nichos, Sl 115.4; At 19.24.

PRATO (*no grego é pinaks, "prato raso"*) **–** nome que se dá, no Evangelho segundo Mateus, 14.8, ao vaso em que foi levada a cabeça de João Batista à presença do rei Herodes. Naassom fez presente de um prato para a dedicação do altar, que pesava 130 ciclos de prata, *cf.* Nm 7.13. No hebraico, *qearah*, também se emprega para designar os pratos de ouro que eram colocados sobre a mesa da proposição, *cf.* Nm 4.7.

PRECURSOR (*no grego é pródomos*) **1** Nome que se dava aos corredores, que precediam os oficiais de alta patente que iam a cavalo ou em carroças, a fim de desembaraçarem o caminho ou fazerem proclamações, Gn 41.43; 1 Sm 8.11; 2 Sm 15.1; 1 Rs 1.5; 18.46; Et 6.9. **2** Nome que designava os arautos, Heród. 1.60. **3** Guarda avançada de um exército, Sab. 12.8; Heród. 4.121,124; *cf.* 9.14. **4** Nome dos primeiros frutos precursores da colheita, Nm 13.20. Jesus, como nosso precursor entrou por nós no céu, o santo dos santos, à imediata presença de Deus, para interceder por nós, Hb 6.20.

PREGO, **ESTACA**, **CRAVOS –** espécie de cavilha, Jz 4.21, feita habitualmente de madeira de tamanho avantajado, que servia para segurar as tendas ou barracas. As escápulas empregadas no Tabernáculo eram de bronze, Êx 27.19. Os pregos, destinados a unir as peças de madeira ou de outro material, eram feitos de metal, ferro, ouro etc., 1 Cr 22.3; 2 Cr 3.9. Costumavam fixar pregos nas junturas das pedras dos muros ou das paredes, Ecclus. 27.2, e bem assim, para fixar ídolos, *cf.* Is 41.7; Jr 10.4. Os condenados à morte de cruz sofriam as dores cruciantes dos pregos que lhes atravessavam as mãos e os pés, Jo 20.25.

PREPARAÇÃO – o dia anterior ao sábado, Mc 15.42; Jo 19.31; Antig. 16.6,2; *cf.* Judite, 8.6. A preparação para o sábado da Páscoa era de importância especial, Jo 19.14,31.

PRESBITÉRIO – nome que se dava à coletividade dos anciãos, *presbyteroi*, da Igreja, 1 Tm 4.14 (veja *ANCIÃO e IMPOSIÇÃO DAS MÃOS*).

PRESENTES

PRESENTES (veja *DÁDIVAS*).

PRETORES – nome dos principais magistrados civis que exerciam funções judiciárias nas colônias romanas. Em grego tinham o nome de *strategos*, At 16.12,20,35. Geralmente, eram eleitos, anualmente, em número de dois, pelos habitantes da colônia; ocasionalmente, tinham o nome de cônsules, mas essa era uma patente superior. Cada pretor tinha dois lictores como auxiliares, encarregados de aplainar as dificuldades, sondar a opinião pública e executar as suas ordens, 35,38.

PRETÓRIO (*no grego designa o que "pertence ao pretor"*) **–** tenda de um general; residência oficial de um governador de província; palácio. No Novo Testamento, aplica-se este nome: **1** Ao palácio ocupado por Pôncio Pilatos em Jerusalém onde dava audiência e lavrava sentença, Mc 15.16; Mt 27.27; Jo 18.28,33; 19.9; *cf.* v. 13. Alguns entendem que esse palácio era o castelo de Antônia; porém, o palácio de Herodes é que servia de residência aos procuradores romanos (veja *HERODES, PALÁCIO DE*). **2** Ao palácio de Herodes em Cesaréia, onde esteve preso o apóstolo Paulo, At 33.35. **3** À guarda pretoriana de Roma, encarregada de guardar o palácio imperial e a vida do imperador que nele residia, Fp 1.13.

PRIMÍCIAS – **1** Nome que se dava à parte das coisas que os israelitas adquiriam para oferecer a Jeová, Lv 22.12; Nm 5.9; 18.8; 31.28,29. Compreende em geral: 1) A parte das coisas santas, toda a oblação e sacrifício, e tudo o que se oferece pelo pecado e pelo delito, não exigido para ser queimado no altar. Essas primícias pertenciam aos sacerdotes que as comiam no recinto do santuário, Nm 18.9,10; *cf.* Lv 6.16. **2** A parte dos dons, Nm 18.11-19, como: a) As primícias que os filhos de Israel votavam e ofereciam ao Senhor, pertenciam às famílias

dos sacerdotes por um direito perpétuo de que somente os que estavam cerimoniosamente limpos poderiam comer, v. 11. b) Os primeiros frutos do vinho, do azeite e do trigo, Nm 18.12; *cf.* 24.30; Dt 18.4; Ne 18.39. Um cesto desses primeiros frutos era levado à presença do Senhor pelo ofertante para se banquetear, com sua família, com o levita e com o estrangeiro, Dt 26.2,10,11; *cf.* 12.6, 7,11,12. Exceto os frutos desse cesto, tudo o mais pertencia às famílias sacerdotais, de que podiam comer somente os que estivessem limpos, segundo a lei, Nm 18.13; Dt 18.4. c) Tudo quanto por voto davam os filhos de Israel, pertencia aos sacerdotes, Nm 18.14. d) Tudo o que primeiro sai da matriz de toda a carne, pertencia por direito aos sacerdotes, Nm 18.15-18. **3** Os dízimos, v. 21-24, pertenciam aos levitas como sua posse. Os sacrifícios particulares consistiam: 1) Em pães levedados com a oferta de ação de graças, que igualmente pertenciam ao sacerdote, *cf.* Lv 7.13,14,32-34. 2) Do carneiro que se usava na consagração de Arão e seus filhos que seria a sua porção, Êx 29.27. Era um sacrifício pacífico e, por isso, pertencente ao sacerdote, *cf.* v. 28, porém, na consagração de Arão, o primeiro da linha sacerdotal, a oferta deveria ser queimada, Êx 22-25; Lv 8.25-28. 3) Também, depois de terem chegado à Terra Prometida, deveriam separar para o Senhor as primícias das eiras, Nm 15.20,21. **4** Os primeiros frutos colhidos, penhores das futuras messes. Esses primeiros frutos pertenciam ao Senhor: em favor da nação, levariam uns molhos de espigas, na festa dos pães asmos e dois pães na festa das semanas, Lv 23.10,17, em proveito individual, cada um levaria ao Senhor as primícias do fruto da sua terra, Êx 23.19; Dt 26.1-11. Esse termo, primícias, é empregado figuradamente em Rm 8.23; 11.16; 16.5; 1 Co 15.20,23; 16.15; Tg 1.18; Ap 14.4.

PRIMÍCIAS DAS SEARAS – o rito da festa das searas era regularmente celebra-

PRIMOGÊNITO

do em conexão com: **1** As ofertas pacíficas. Levantava-se a espádua direita da vítima e o peito da separação diante do Senhor e depois de consagrados, eram comidos pelo sacerdote. **2** No segundo dia da Páscoa, elevava-se um dos molhos de espigas colhido das searas diante do Senhor e a Ele era consagrado, Lv 23.10,11. **3** Os dois pães feitos com os grãos de trigos novos e os dois cordeiros eram oferecidos no Pentecostes, v. 50 dias depois de se haver levantado o feixe das espigas, na Páscoa, 15.20. **4** A oferta do leproso pela sua purificação, 14.12,21, pela qual o ofertante ali representado era novamente consagrado ao serviço de Deus. **5** O sacrifício dos zelos, Nm 5.25. Se o oferecimento das ofertas pacíficas era particular, a espádua direita e o peito pertenciam ao sacerdote e o restante era comido pelo ofertante e seus amigos na presença do Senhor, dentro do santuário, Lv 7.30-34; Nm 18.18. Dos sacrifícios pacíficos oferecidos pelo nazireu, a espádua do carneiro cozida pertencia ao sacerdote além do que a ele pertencia, *cf.* Nm 6.17-20. No Pentecostes, o todo dos dois cordeiros do holocausto pacífico e os pães pertenciam ao sacerdote, uma vez que o sacrifício se fazia em benefício da nação, Lv 23.20. Nessa cerimônia, o sacerdote colocava todas essas coisas nas mãos de Arão e de seus filhos e as elevava diante do Senhor, Êx 29.24,25; Nm 6.19,20. O movimento das mãos fazia-se horizontalmente, de trás para diante (Talmude), e da direita para a esquerda (Rabis), isto é, na direção dos quatro pontos cardeais.

PRIMOGÊNITO – Deus, doador de todas as coisas, tem direito às primícias dos homens e dos animais, Gn 4.4. Para os israelitas, existia ainda outra razão adicional, em favor desse direito: é que Jeová os resgatara do cativeiro do Egito. A décima e última praga que matou os primogênitos que lá havia, poupando os primogênitos dos israelitas, somente por terem colocado o sangue espargido nas ombreiras das portas, *cf.* Êx 12.12,13,29. Salvos desse modo, contraíram uma dívida de consagração para com Jeová. Todos os primogênitos dos homens e dos animais eram consagrados ao Senhor, Êx 13.2; 34.19, e não podiam ser destinados a outro fim, Lv 27.26, pertenciam ao santuário para o sacrifício. O primogênito do homem era remido, ou resgatado por dinheiro, Êx 13.13; 34.20; *cf.* 27.6. Nessa ocasião, traziam-no para o santuário e o apresentavam ao Senhor, Lc 2.22; *cf.* Nm 18.15. Os levitas foram mais tarde substituídos pelos primogênitos, Nm 3.12,41,46; 8.13-19; *cf.* Êx 32.26-29; Dt 33.9. Os primogênitos dos animais que participaram também da décima praga, eram da mesma sorte consagrados ao Senhor, com alguma distinção entre eles. Os primogênitos dos animais limpos deviam ser sacrificados; o primogênito do jumento era trocado por uma ovelha, e no caso de seu dono o não querer remir, seria morto, Êx 13.13,15; 22.30; 34.20. Quando se estabeleceu no Sinai a ordem sacerdotal, também foram dadas as especificações sobre esses animais. A gordura dos animais limpos era queimada e a carne pertencia ao sacerdote. O animal impuro devia ser remido ou vendido, Lv 27.27; Nm 18.15-18. Posteriormente, em face das novas circunstâncias do povo na terra da Palestina, pela razão das distâncias e das despesas de viagem para chegar ao santuário, foi concedido um prazo razoável para a apresentação dos primogênitos na casa de Deus. Os primogênitos dos animais poderiam estar presentes depois de oito dias prescritos, até o tempo da festa anual; e a carne em vez de ser dada ao sacerdote, era dada ao peregrino que tivesse trazido o animal e à sua família para comê-la no santuário, Dt 15.19,20. Os primogênitos defeituosos deviam ser comidos em casa, independente de cerimônia, religiosa, v. 21-23.

PRIMOGENITURA

PRIMOGENITURA – os primeiros filhos nascidos de um casal usufruíam certos direitos e privilégios que não eram partilhados pelos outros filhos mais moços. O filho mais velho, habitualmente, desfrutava os direitos de sucessão na família, de que se tornava chefe e representante. Herdava em dobro na herança paterna, direito garantido aos primogênitos, mesmo quando fosse filho da mulher menos amada, se o pai tivesse mais de uma, Dt 21.17; 2 Rs 2.9. Os direitos de primogenitura podiam ser vendidos a um irmão mais moço, como fez Esaú com Jacó, Gn 25.29,34, e também transferido no caso de faltas ou crimes praticados pelo primogênito, 2 Cr 5.1.

PRÍNCIPE/CHEFE – em sentido geral, é o nome que se dá a quem exerce autoridade. Mais particularmente: **1** Título de um oficial da sinagoga, Lc 8.41. **2** Membro do sinédrio, quer sacerdote quer leigo, Jo 3. 1; 7.26; At 4.5,8,15; 23.5. **3** Arconte, ou magistrado civil de uma cidade, At 16.19. Na Macedônia e nas regiões por ela governada, esses oficiais chamavam-se tecnicamente politarcas, ou governadores da cidade, 17.6,8. **4** Pessoa de alta hierarquia social ou que exerce autoridade, como o soberano que governa um povo, 1 Rs 14.7, o sátrapa governador de uma província, Dn 3.2, o chefe de uma tribo, Nm 1.16, ou de uma família tribal, 25.14, um xeque, Gn 23.6, o chefe dos eunucos, cf. Dn 1.7. A palavra príncipe é tradução de vários vocábulos hebraicos e gregos. Sete príncipes assistiam ao rei dos persas, que eram os primeiros e os mais próximos dele, que nunca o perdiam de vista, Et 7.14. No ano 521 a.C., aconteceu um fato que talvez explique a origem desses privilégios. Sete homens da alta sociedade persa, Heród. 3.77, tendo assassinado o falso Esmérdis, combinaram entre si qual dentre eles deveria ser o rei; feito isto, resolveram que todos eles teriam entrada livre no palácio e que o rei não deveria tomar por esposa nenhuma mulher fora dessas sete famílias, 84.

PRISÃO/CÁRCERE – lugar reservado pelos egípcios para reter os criminosos, que ficavam sob a guarda de um oficial militar e em sua própria casa, Gn 40.3,4; 42.16,17. Os filisteus também possuíam prisões, em uma das quais foi detido Sansão, cego, e preso com cadeias e obrigado a trabalhos forçados, Jz 16.21. Os hebreus tinham uma prisão em Samaria no reinado de Acabe, que estava a cargo do governador da cidade, 2 Rs 22.27. Posteriormente, temos notícia do recolhimento de presos em Jerusalém, no vestíbulo do cárcere, Jr 37.21, na cisterna de Malquias, onde não havia água, senão lama, cf. 38.6, e também em casas particulares, 37.15, onde davam pão e água aos presos, 1 Rs 22.27. No tempo do domínio romano, o palácio do procurador em Cesaréia, o castelo Antônia e até mesmo o palácio de Herodes tinham apartamentos reservados para os presos, At 23.10,35. A prisão em Jerusalém em que Herodes Agripa I mandou lançar o apóstolo Pedro era guarnecida com portas de ferro. Os presos de certa importância, ainda, eram acorrentados por guardas na própria cela, com sentinelas nas portas exteriores, 12.6,10. A prisão Marmetina em Roma, onde encerraram Jugurta até morrer de fome, segundo diz a tradição, foi a mesma em que prenderam o apóstolo Pedro. Ficava na encosta do monte Capitolino para as bandas do Fórum, e data de época muito remota. Consistia em duas celas sobrepostas. A inferior tinha dez pés de comprimento por 6½ de altura e ficava inteiramente no subsolo, coberta por uma abóbada formada pelas próprias paredes que se iam apertando à medida que subiam. A julgar pelo pendor das paredes, a altura primitiva deveria ser de dez pés, fechando em abóbada cônica em forma de arco. Entrava-se por uma abertura feita no teto por onde desciam os presos. O pavimento era de rocha nativa e gotejava água. Diz a lenda que foi Pedro quem fez brotar água ali dentro, para batizar os guardas da prisão.

PRISCILA (*no grego é diminutivo de Prisca, "velha", ou "velhinha"*) – mulher de Áqüila que o acompanhava nas suas peregrinações e que mostrava igual zelo com seu esposo no adiantamento da causa de Cristo. O apóstolo Paulo tinha os dois em grande estima, At 18.1-3,18,26; Rm 16.3; 2 Tm 4.19. Em três dos cinco versículos em que figura o seu nome, está antes do nome de Áqüila, seu esposo.

PROCÔNSUL (*no latim, pro consule, relativo àquele que exerce o ofício de cônsul, no grego é anthypatos*) – nome do governador de uma província romana, administrada pelo senado, At 13.7; 18.12; 19.38. Era nomeado por um ano, e exercia todos os poderes de um cônsul, assistidos por questores que arrecadavam as rendas para depois a entregarem ao tesouro.

PRÓCORO (*no grego é prochoros, "mestre do coro"*) – nome de um dos sete que foram eleitos para atender às reclamações das mulheres pobres em Jerusalém, At 6.5.

PROCURADOR (*no latim é procurator, "o que cuida dos interesses alheios". No grego é hegemon, "guia"*) – agente do imperador romano para dirigir os negócios das províncias do império (distintas das províncias senatoriais), cobrar impostos e remetê-los para o tesouro particular de César. O governador militar tinha o nome de propretor ou legado, e era o principal magistrado. Nas pequenas províncias imperiais, e algumas vezes até mesmo nas maiores, o ofício dos legados passava a ser exercido pelo procurador, que assumia as funções civis e militares. Esse foi o caso com a Judéia. Quando Arquelau foi deposto pelo imperador Augusto no ano 6 da nossa era, a Judéia, a Samaria e a Iduméia faziam parte de uma prefeitura da Síria, chamada província da Judéia, governada por procuradores, Antig. 17.11,4; 13.5; Tácito, Ana. 12.23; Hist. 5.9. Esses procuradores foram sucessivamente: Copônio, Antig. 18.1,1; 2.2; Guerras 2.8,1. Marcus Ambivius; Annius Rufus, em cujo tempo o imperador Augusto morreu; Valério Grato, que exerceu o cargo 11 anos, Antig. 18.2,2; Pôncio Pilatos, nomeado pelo imperador Tibério, depois disso, após dez anos de governo, tendo chegado a Roma logo depois da morte de Tibério que ocorreu em março do ano 37, Antig. 18.2,2; 4.2; 6.5; Guerras 2.9,2; Tácito, Anais, 15.44; Lc 3.1; Marullus, nomeado pelo imperador Caio, Antig. 18.6,11, após um intervalo que terminou no terceiro ano do reinado de Herodes Agripa na Judéia, At 12.1-23; Cuspio Fadus, nomeado pelo imperador Cláudio; Tibério Alexandre, Antig. 19.9,2; 20.1,2; 5,2; Guerras, 2.11,6; Cumanus, nomeado rei de Cálcis, depois da morte de Herodes e nomeado outra vez pelo imperador Cláudio, Antig. 20.5,2,6,2,3; Guerras 2.12; 1,6; Félix, nomeado pelo imperador Cláudio, Antig. 20.7,1; Guerras 2.12,8; Tácito, Hist. 5.9; Anais, 12; Pórcio Festo, nomeado por Nero, Antig. 20.8,9; Guerras 2.14,1; At 24.27; Albino nomeado depois da morte de Pórcio Festo, Antig. 20.9,1; Guerras 2.14,1 e, finalmente, Géssio Floro, nomeado por Nero, pouco antes do 12º. ano de seu reinado, Antig. 20.11,1; Guerras 2.14s.; Tácito, Hist. 5.10. Como se observa nas passagens citadas e, do seu contexto, esses procuradores estavam sob o governo do procurador da Síria; porém, na Judéia exerciam autoridade absoluta. A guarnição militar estabelecida ali, permanecia às suas ordens; todas as questões importantes dependiam de seu julgamento; suas sentenças eram executadas pelos soldados romanos, Guerras 2.8. Residiam,

PROCURADOR

habitualmente, em Cesaréia, na costa do Mediterrâneo. Por ocasião das festas e algumas vezes no inverno subiam para Jerusalém, Antig. 18.3,1, e visitavam, várias cidades dentro de seus domínios sempre que era necessário. Quando iam a Jerusalém ocupavam o palácio de Herodes (veja *PROVÍNCIA*).

PROFETA (*no hebraico é nabhî', no grego é prophetes*) — mestre infalível com autoridade para falar em nome de Deus. Estudando a ordem dos profetas no sentido de uma corporação, constituíam eles uma classe de homens que Deus chamava, para se dirigirem ao povo, dando-lhes palavras e lhes conferindo autoridade para falar em seu nome, Dt 18.18,19. Cada um dos profetas de Deus, e em particular o próprio Jesus Cristo, exerciam um cargo semelhante ao de Moisés, 18.18; At 3.22,23, no que diz respeito à doutrina, às relações com a lei e à sua obra didática. O profeta Zacarias refere-se claramente a esses atributos dos servos de Deus, quanto ao seu caráter e à sua autoridade. Deus concedia palavras aos seus profetas, enviados pelo seu Espírito, que ensinavam ao povo e que Deus confirmava, Zc 1.6; 7.12; Ne 9.30. Esses fatos referentes aos profetas são abundantemente ilustrados em casos individuais. Os profetas não herdavam o ofício nem eram levantados por autoridade humana, eram sim escolhidos por Deus, que os chamava e lhes conferia as qualidades necessárias, Êx 3.1 até o cap. 4.17; 1 Sm 3.1-20; Jr 1.4-10; Ez 1.1 até o cap. 3.15. A palavra de Deus vinha a eles de vários modos. Deus lhes ordenava que falassem e guardassem silêncio. A sua missão era confirmada por sinais extraordinários, pelo cumprimento de suas palavras e pelo valor de suas doutrinas, e cuja autoridade Deus mantinha, dando execução de suas ameaças sobre os ímpios e desobedientes. Havia também falsos profetas. Além dos que falavam em nome dos

ídolos, Dt 18.20; 1 Rs 18.19; Jr 2.8; 23.13, existiam também outros. Devemos classificar de dois modos os impostores conscientes, que se arrogavam possuir os dons que distinguiam os verdadeiros profetas, e que eram honrados por causa das suas doces palavras, 1 Rs 22.5-28; Ez 13.17-19; Mq 3.11; Zc 13.4, e os profetas que eram, sinceramente, homens piedosos, cujas doutrinas se firmavam na lei de Deus, porém, que se enganavam, pensando que tinham sido chamados por Deus para aquele ofício. Havia meios de distinguir os falsos dos verdadeiros profetas. Estes eram reconhecidos pelos prodígios que operavam, Êx 4.8; Is 7.11,14. Não bastavam os prodígios, que poderiam ser obra do acaso, ou produtos de artifícios, Dt 13.1,2; *cf.* Êx 7.11,22; 2 Ts 2.9. Outro meio de conhecer o verdadeiro profeta consistia no cumprimento de suas predições, Dt 18.21,22. O valor dessa credencial cresce à medida que o tempo passa e na proporção que cumprem os fatos anunciados por eles. Também se conhecem os verdadeiros profetas pela natureza de seus ensinos, Dt 13.1-5; Is 8.20. Se a doutrina ensinada por um profeta que se diz enviado por Deus desvia os homens para longe dos Dez Mandamentos, o tal profeta, com certeza, não é homem de Deus. O verdadeiro profeta deve ensinar de acordo com a lei que nos faz conhecer a Deus, a sua natureza, o seu caráter, que nos ensina o modo de adorá-lo e que nos fala a respeito da norma de proceder do homem. Não basta, porém, essa semelhança servil com a lei de Deus. Firmados nas doutrinas da lei, os profetas desenvolvem seus princípios, aplicando-os ao procedimento humano em suas relações com Deus. Entre os sábios que a história registra, os profetas de Israel se elevam sobre todos eles pela sua pureza, pelo seu valor moral, como pela oportunidade de seus ensinos. A profecia inclui o anúncio prévio de acontecimentos futuros, Is 5.11-13; 38.5,6; 39.6,7; Jr 20.6; 25.11;

PROFETA

28.16; Am 1.5; 7.9,17; Mq 4.10. As predições constituíam parte importante do trabalho profético e entravam na ordem das credenciais que acreditavam os profetas de Deus. Mais importante ainda é que o profeta tinha de tratar de acontecimentos atuais e passados, e ao mesmo tempo cuidar da instrução do povo nos caminhos de Deus, Is 41.26; 42.9; 46.9. A palavra, profeta deriva do grego *prophetes*, que quer dizer, pessoa que fala em lugar de outra como intérprete, ou proclamador, e também pessoa que prediz o futuro. Esse duplo sentido é devido à preposição *pro*, que tem o sentido de *por* e *antes*. O vocábulo hebraico *nabi*, profeta, significa pessoa que anuncia, tomado em sentido genérico. O particípio ativo emprega-se em outra língua semítica, o assírio, para significar anunciante. As Escrituras hebraicas chamam de profeta a Abraão, Gn 20.7. Havia entre ele e Deus, relacionamentos pessoais muito diretos; Deus lhe confiava seus propósitos, Gn 15.1-18; 18.17, desse modo, ele ficou capacitado a transmitir a seus descendentes o verdadeiro conhecimento de Deus, 18.19. Abraão era forte como intercessor junto de Deus, 23-32. Miriã, a quem o Senhor havia falado, era profetisa, Êx 15.20; Nm 12.2,6. Arão, falando em lugar de Moisés, era o seu profeta; Êx 7.1; *cf.* 4.16. Nabi, ou profeta, era uma pessoa que Deus qualificava para falar em seu nome aos homens. Essa é a idéia fundamental compreendida no vocábulo hebraico empregado em Deuteronômio 18.18. Uma das qualificações do profeta era a visão, 1 Sm 3.1. Sob esse aspecto, o profeta também era chamado de vidente, 1 Sm 9.9, em hebraico *roeh*; Is 30.10, em hebraico, *hozeh*. Constituindo-se esse o principal aspecto que o termo era considerado pelo povo, e sendo essas qualificações de grande valor na estima pública, o vidente desfrutava grande consideração. Esse foi o caso em um período considerável da história primitiva de Israel.

Os profetas Samuel, Gade e Ido eram designados por esse nome. Mas Samuel deixou de ser um simples vidente a quem o povo recorria, logo que precisou invocar o Senhor, para saber a sua vontade em referência a seus deveres, ou em referência aos negócios da república, ou para regular os interesses particulares e individuais. Samuel subiu na categoria social e foi tido como a maior autoridade enviada por Deus, sendo, portanto, proclamado profeta, 1 Sm 10.10-13; 19.20. A função didática, como se observa em Moisés, tornou-se proeminente outra vez; começou com Samuel e continuou com os seus sucessores, indo sempre com renovadas forças pelos séculos adiante, a presença do profeta tornou-se indispensável na vida nacional, como embaixador do céu junto ao reino de Israel, como pregador da justiça, como intérprete da história do passado e do presente, considerada pelo lado moral, como denunciador das conseqüências supervenientes ao proceder moral; como precursor do juízo de Deus contra o pecado, e como fiador do povo para com Jeová. Predizer o futuro, ou declarar o conselho secreto do Senhor, como fez o profeta Natã, quando proibiu a Davi a construção do templo, e anunciou o propósito divino de estabelecer eternamente o trono de Davi, continuaram a ser as funções do profeta, porém em uma esfera mais limitada, e somente como parte de sua antiga missão. Outras feições estavam mais constantemente em evidência, resultando daí que o emprego da palavra vidente em sentido mais restrito deu lugar a outro termo de sentido mais amplo, incluído no vocábulo profeta, 1 Sm 9.9. Samuel era vidente, no entender de seus contemporâneos, mas os seus notáveis sucessores, que Deus inspirou para ensinar a verdade ao povo tinham o nome de profetas, conforme diziam os homens de seu tempo. O nome vidente não caiu em desuso, mas o título de profeta, que não havia

PROFETA

sido abandonado inteiramente, Jz 4.4; 1 Sm 10.10-13; 19.20, assumiu de novo sua primitiva importância, 3.20. Amós teve visões proféticas, Am 1.1; 8.1; 9.1, e por isso os sacerdotes de Betel o chamavam de vidente, ou homem das visões, 7.12, sem contudo deixar de ser chamado para o exercício da profecia, como foi, 7.15. Referindo-se à investidura especial que os profetas recebiam do alto, eram chamados homens do Espírito, Os 9.7. O profeta, em comum com os outros ministros de Deus, quer oficiais, quer particulares, era tido como homem de Deus, servo de Deus, mensageiro do Senhor, pastor do povo de Deus, vigia e intérprete. O profeta deveria pertencer por nascimento ao povo de Israel; isto, porém, não impedia que o Senhor, sábio e onipotente, que tudo faz para o adiantamento de seu reino, não se manifestasse por meio de visões a um filisteu, a um egípcio, a um midianita, a um babilônio, a um romano etc., Gn 20.6; 41.1; Jz 7.13; Dn 2.1; Mt 27.19, até o próprio Balaão, que era feiticeiro e como tal, foi chamado pelo rei de Moabe para amaldiçoar o povo de Israel, Deus se serviu dele para profetizar. Esses profetas estrangeiros estiveram, por momentos, em contacto com o reino de Deus, aos quais foi concedida uma relativa visão do futuro, em favor dos interesses desse reino, nem por isso eram mais profetas do que Hagar e Manoá e sua mulher, a quem o anjo do Senhor apareceu para comunicar-lhes acontecimentos futuros. Não eram os homens do Espírito, nem íntimos do Senhor. Os verdadeiros profetas recebiam ensinos do Espírito de Deus, 1 Rs 22.24; 2 Cr 15.1; 24.20; Ne 9.30; Ez 11.5; Jl 2.28; Mq 3.8; Zc 7.12; Mt 22.43; 1 Pe 1.10,11. Deus operava nesses homens, segundo a psicologia de cada um, por meio de voz audível, ou de mensageiro angélico, Nm 7.89; 1 Cr 3.4; Dn 9.1, mas geralmente por meio de sonhos, de visões e de influências íntimas que eles bem reconheciam

como vindas de cima. Não estavam permanentemente sob a influência do Espírito. A palavra do Senhor vinha a eles, que esperavam revelações, Lv 24.2. Pelo seu discernimento natural percebiam o que neles era obra do Espírito Santo. Os pensamentos particulares de Samuel foram bem distintos dos pensamentos de Deus, 1 Sm 16.6,7. O profeta Natã achou bom que Davi construísse o templo do Senhor, porém, mais tarde foi dizer-lhe que o Senhor proibia tal construção, 2 Sm 7.3. Os profetas não possuíam a faculdade de falar em nome de Deus, senão em ocasiões especiais. Desde o tempo de Samuel que o ofício de profeta foi regularmente transmissível. São em pequeno número os profetas conhecidos pelo nome e há muitos outros anônimos, 1 Rs 18.4; 2 Rs 2.7-16. O período dos profetas continuou até a morte de Malaquias. Aproximando-se o advento de Cristo, o espírito profético reapareceu, Lc 1.67; 2.26-38. Na Igreja do Novo Testamento também havia profetas, 1 Co 12.28, mas não formavam uma classe regular de homens, igual à dos apóstolos e dos presbíteros. Homens e mulheres recebiam influências para exporem a revelação divina, At 21.9. Falavam, predizendo o futuro, sob o poder do Espírito, 11.27,28; 21.10,11, ensinavam proveitosamente, edificando grandemente a Igreja, 1 Co 14.3,4,24. Paulo, ironicamente, dá o título de profeta a um escritor pagão, que descreveu os maus costumes dos cretenses, como que a verdade falava pela sua boca, Tt 1.12. A vocação profética era Deus quem a concedia, Am 7.15. O profeta conhecia por intuição o momento de sua chamada; Moisés foi chamado quando estava defronte da sarça ardente, Êx 3.4 até o cap. 4.17; Samuel, quando ainda menino, recebeu uma revelação especial, 1 Sm 3.1-15, que foi o início de futuras revelações, 3.19 até o cap. 4.1. Elias conheceu o momento que foi chamado para o ofício de profeta, e também

PROFETA

quando recebeu as devidas qualificações, 1 Rs 19.19,20; 2 Rs 2.13,14. A visão que Isaías teve no dia em que o rei Uzias morreu, Is 6, supõem alguns que foi o início de sua carreira, mas também poderia ser uma experiência, necessária a prepará-lo para exercer uma função em mais ampla escala, como aconteceu com a visão que teve o apóstolo João, muito depois de ser chamado para o apostolado, Ap 1.10; como ocorreu com a visão do apóstolo Pedro em Jope, At 10; como a visão do apóstolo Paulo em Jerusalém, At 22.17. Ezequiel soube que havia sido chamado para o ofício de profeta, Ez 33.1-22, por uma visão que teve muitos anos antes, 1.1-4. Não se sabe, em que tempo foi chamado Elias, mas somente depois é que ele foi comissionado para uma obra especial, 1 Rs 19. Jeremias soube quando foi chamado e interpôs objeções, Jr 1.4-10. Oséias se refere ao tempo que Jeová falou por meio dele, Os 1.2. No caso da chamada de profetas por intermédio de instrumentos humanos, só conhecemos o de Eliseu, 1 Rs 19.19. Provas de que os profetas eram ungidos com óleo, por ocasião de sua investidura, só uma no salmo 105.15. Nessa passagem, porém, o salmista fala em nome de Deus, empregando uma linguagem em uso no seu tempo, referindo-se a eles como profetas (Alexander, Welhausen), ungidos pelo Espírito ou aos sacerdotes que eram ungidos e também profetas (Perowhe); ou ainda, aos reis que sendo ungidos, eram ao mesmo tempo profetas, Gn 20.7; 23.6 (Delitzsch Baethgen), chefes das tribos iguais em dignidade para ungir reis. Citam ainda o cap. 61.1 de Isaías em prova de que profetas eram ungidos, porém, nessa passagem, fala-se da unção do Espírito. Também apelam para o caso de Elias, *cf.* 1 Rs 19.13-16, a quem o Senhor ordenou que ungisse a Eliseu, profeta em seu lugar. Mas não se pode provar que o próprio Elias fosse ungido. Elias, ao ser arrebatado ao céu, lançou a sua capa sobre Eliseu, simbolizando com esse ato a unção do novo profeta, *cf.* 1 Rs 19.15, com 2 Rs 8.13, em que se observa que a ordem de ungir o rei da Síria se cumpre por uma expressão verbal. A capa de Elias simbolizava a sua vocação, 2 Rs 1.8; 2.9,13-15, a mesma capa lançada sobre Eliseu, era bastante para consagrá-lo ao ofício de profeta. Quanto ao modo de vida dos profetas, existem apenas alusões incidentais. Em diversos aspectos, era semelhante ao viver dos demais homens. O traje mais característico de seu ofício era uma coberta de peles, 2 Rs 1.8; Zc 13.4; *cf.* Mt 3.4, não como expressão de uma vida ascética, mas sim como um sinal de tristeza pelos pecados do povo, como se fosse uma vestimenta de saco, Is 20.2. As vestes grosseiras dos profetas não eram cingidas ao corpo como faziam os ascetas; consistiam em uma capa lançada sobre os ombros. Alimentavam-se de frutas silvestres, 2 Rs 4.39; Mt 3.4. Gente caridosa concorria com donativos para o seu sustento, 1 Sm 9.8; 1 Rs 14.2,3; 2 Rs 4.42, davam-lhes hospedagem e alimento, 1 Rs 17.9; 18.4; 2 Rs 4.8-10. Alguns dos profetas eram levitas, e, como tais, viviam de suas rendas; outros possuíam bens particulares, como Eliseu e Jeremias, 2 Rs 19.19,21; Jr 32.8-10; outros foram sustentados na corte como o profeta Gade, vidente do rei Davi, 2 Sm 24.11; 1 Cr 25.5; 2 Cr 35.15. Em geral, possuíam habitações como os demais homens, 1 Rs 7.17; 2 Sm 12.15; 2 Rs 14.4; 2 Rs 4.1,2; 5.9; 22.14; Ez 8.1 (veja *RANCHO DE PROFETAS*). Entre eles se encontram notáveis vocações literárias, como historiadores etc. Os fatos referentes aos reinados de Davi e Salomão estão registrados nas histórias de Samuel, o vidente; de Natã e de Gade na profecia de Aías, *cf.* 1 Cr 29.29; 2 Cr 9.29. Os acontecimentos do reinado de Roboão foram registrados nas histórias do profeta Semaías e de Ido, o vidente, *cf.* 2 Cr 12.15; os do reinado de Jeroboão, encontram-se na visão

PROFETA

do vidente Ido, *cf.* 9.29; o restante das ações de Abias relata-se com toda exatidão no livro do profeta do Ido, *cf.* 13.22; as ações de Jeosafá estão escritas na História de Jeú, filho de Hanani, *cf.* 20.34 com 19.2; o restante das ações de Uzias, assim as primeiras como as últimas, foi escrito pelo profeta Isaías, filho de Amoz *cf.* 2 Cr 26.22; 32.32. As quatro grandes obras históricas, os livros de Josué, de Juízes, de Samuel e dos Reis, que os judeus colocaram na classe dos primeiros profetas do seu Cânon, foram evidentemente escritas pelos profetas. No tempo de Isaías e de Oséias, os profetas foram grandes escritores no seu gênero. Reduziram a escrito as suas produções proféticas em resumo, ou em consideráveis pormenores, ou em profecias isoladas. Em sentido espiritual, os profetas estavam preparados para receber comunicações divinas; eram homens santos que se haviam entregado ao serviço de Deus, que viviam em comunhão com ele, homens de oração habitual (como Samuel, 1 Sm 7.5; 8.6; 12.2,3; 15.11), que se retiravam ocasionalmente para meditar, entregando-se a contemplações, à espera de que Deus lhes falasse, Is 21.8. Moisés esteve 40 dias recolhido no monte Sinai, em comunhão com Deus, e lhe foi mostrado o plano para a construção do Tabernáculo. Em tempos primitivos, empregava-se a música como estimulante para a devoção e para despertar o sentimento religioso, 1 Sm 10.5, para acalmar o espírito e preparar o coração, quando se buscava a vontade de Deus, 2 Rs 3.15. Não era por acaso que os profetas, algumas vezes, buscavam as margens dos rios, deleitando-se com o sussurro da corrente, ou com a placidez das águas, à espera que Deus lhes falasse, Ez 1.3; Dn 10.4. Samuel ouviu a voz do Senhor pela calada da noite, 1 Sm 3.2-10. Por esses vários modos a alma dos profetas se preparava para receber a ação do Espírito Santo. Deus, em sua comunicação com os homens, operava de acordo com as leis do espírito humano. Havia homens que não eram oficialmente profetas e que, no entanto, possuíam o dom da profecia. Davi era profeta, e, como tal, falou de Cristo, e não era profeta oficial; era rei, e os seus escritos não figuram entre os livros proféticos. Daniel possuía em alto grau o espírito profético, mas nunca se dedicou a exortar o povo, sendo apenas estadista e governador no reinado dos persas e babilônios. Os seus escritos, como os de Davi, faziam parte do Hagiógrafo, ou escritos sagrados (veja *CÂNON*). Os "Primeiros Profetas" e os "Últimos Profetas", conforme a classificação do Cânon hebraico vêm a ser, em primeiro lugar, os autores dos livros históricos de Josué, Juízes, os dois de Samuel, os dois de Reis, e dos livros restritamente proféticos, a começar com Isaías. Os autores desses livros foram profetas anônimos no caso dos "Primeiros Profetas", porém com o nome de seus autores, quando se trata de livros restritamente proféticos. A razão disto está em que a profecia exigia autenticidade. A classificação não obedece à ordem do tempo em que foram escritos, mas de acordo com os assuntos de que tratam. Os livros de Samuel e de Reis, por exemplo, foram escritos depois de Isaías e têm o seu lugar entre os "Primeiros Profetas". Existiram grandes profetas, como Elias e Eliseu que nada escreveram, e por isso os escritores modernos os denominam profetas orais. As produções literárias de outros profetas que registraram as suas palavras aparecem citadas e incorporadas nos livros dos "Primeiros Profetas", e em outras escrituras. Dos "Últimos Profetas", Oséias, Amós e Jonas, trabalharam no Reino do Norte; os outros operaram entre o povo de Judá e Benjamim, quer na Palestina, quer na terra do exílio. Colocados em uma ordem cronológica, e incluindo Daniel, são: **1** No período assírio, contando desde pouco antes da subida de Tiglate-Pileser ao trono em 745 a.C., até a queda do poder assírio, 625 a.C., vêm Oséias,

Amós e Jonas, no Reino do Norte, e Joel, Obadias, Isaías, Miquéias e Naum, no Reino de Judá. **2** Durante o período babilônico, no Reino de Judá, desde 625 até 587 a.C., Jeremias, Habacuque e Sofonias. **3** Durante o exílio na Babilônia, Ezequiel e Daniel. **4** Durante a restauração, Ageu, Zacarias e Malaquias.

PROFETISA – mulher chamada por Deus para exercer o ofício profético, como Débora, Jz 4.4, a quem os filhos de Israel recorriam em todas as suas diferenças e nos casos de calamidade pública, *cf.* v. 5,6,14. Hulda era profetisa e foi consultada pelo pontífice Hilquias por ordem do rei, sobre as palavras do livro de Deuteronômio, a fim de que ela declarasse o conselho do Senhor, 2 Rs 22.12-20. Filipe, o evangelista, era pai de quatro filhas virgens que profetizavam, At 21.9. O cap. 8.3 de Isaías alude a uma profetisa, à qual ele se chegou.

PROPICIATÓRIO – nome da cobertura da arca, em hebraico *kapporeth*, coberta (especialmente, senão exclusivamente, no sentido de expiação) em grego, *hislasté-rion*, propiciatório, Êx 26.34; Hb 9.35. Esse nome não significa somente uma tampa, tem a idéia de um lugar onde se operavam as expiações. Na tradução inglesa, tem o nome de *mercy-seat*, lugar das misericórdias, nome que Tyndale adotou de Lutero. Era feito de ouro puríssimo, tinha dois côvados e meio de comprimento (1,10m) e um côvado e meio de largura (70 cm), Êx 25.17-22; 30.6; Nm 7.89. Dois querubins feitos de ouro, trabalhados ao martelo, um de um lado e outro de outro do propiciatório, com as asas estendidas, cobriam o oráculo, cujas extremidades se tocavam. No meio desses querubins se manifestava a glória de Deus falando a seu povo, Êx 25.17-22; 30.6; Nm 7.89. Havia igual instalação de querubins no templo de Jerusalém, 1 Rs 6.23-28; 6.11; 1 Cr 28.11. Uma vez por

ano, no grande dia da expiação, o sumo sacerdote, depois de fazer oferecimento de uma vítima por si mesmo, entrava no santo dos santos e queimava o incenso, símbolo de ter sido aceito na presença de Deus, que por meio de uma nuvem, envolvia o propiciatório. Depois aspergia o sangue do sacrifício diante dele e sobre ele. Tendo sacrificado o bode, que era a oferta pelo pecado, levava o sangue para dentro do véu, para o santo dos santos e com ele borrifava o propiciatório; fazia expiação pelos seus pecados e os da nação na presença da lei, que estava escrita nas tábuas de pedra, colocadas dentro da arca, e na presença de Jeová que habitava entre os querubins, Lv 16.2,13-17.

PROSÉLITO (*no grego é proselutos, "alguém que se aproxima"*) **–** palavra que, no Novo Testamento, se aplica aos pagãos convertidos ao judaísmo. Os fariseus rodeavam o céu e a terra para fazer um prosélito, Mt 23.15. O poeta Horácio faz referência a esse fato como sendo um traço característico dos judeus, Sat. 1.4,142,143. No dia de Pentecostes, estavam em Jerusalém alguns desses prosélitos, At 2.10. Um dos homens escolhidos para o serviço dos pobres em Jerusalém, chamava-se Nicolau, prosélito de Antioquia, 6.5. Havia muitos deles nessa cidade, Guerras 7.3,3. Em Damasco existia grande número de mulheres convertidas ao judaísmo, 2.20,2. O eunuco, valido da rainha Candace, foi evidentemente convertido ao judaísmo, At 8.27, assim corno a família real de Adiabene ao oriente do Eufrates, Antig. 20.2-4. Em Antioquia da Pisídia, muitos dos prosélitos seguiam a Paulo e a Barnabé, At 13.43. Os rabinos reconheciam duas ordens de prosélitos. Uma era a dos prosélitos da retidão, que se circuncidavam, recebiam o batismo e ofereciam sacrifícios. Adotavam o judaísmo na sua íntegra. A outra era a dos prosélitos da porta, menos adiantados: adotavam os sete

PROSÉLITO

mandamentos de Noé e não se submetiam à circuncisão.

PROSTITUTA (veja *MERETRIZ*).

PROVÉRBIOS – livro poético, tratando da piedade prática. Encontra-se em nossas Bíblias depois do livro de Salmos e bem assim na coleção dos livros em hebraico, no grego e no latim. A palavra hebraica que nós traduzimos Provérbios, compreende mais do que uma coleção de máximas. Entra nela também a fábula, o enigma, a sátira e a parábola, Nm 23.7; Is 14.4; Ez 17.2. As diversas partes do livro são como seguem: **1** O Título, 1.1-6, descrevendo o livro inteiro, declarando o seu objetivo "para se aprender a sabedoria e a doutrina"... "para se entenderem as palavras da prudência e receber as instruções da doutrina". "Provérbios de Salomão, filho de Davi, o rei de Israel", Pv 1.1. Isto não quer dizer que o livro todo seja escrito por Salomão, *cf.* salmo 72.20; nem por isso todos os salmos citados no livro são atribuídos a Davi (*cf.* os títulos dos salmos 42 a 50). **2** Assuntos Principais: I. Louvor à sabedoria, 1.7 até o cap. 9.18; poema didático em forma de conselhos de um pai a seu filho, destinado principalmente a um jovem; II. Provérbios de Salomão, caps. 10 a 22.18; máximas em ordem irregular, e consistindo na maioria dos casos de duas sentenças em contraste; III. Sem inscrição formal, que pode ser encontrada no primeiro versículo, compara as palavras dos sábios, do cap. 22.17 até o cap. 24.22, com as do cap. 24.23. No meio delas existe um poema sobre a embriaguez, suplementado pelas palavras do sábio, contidas no cap. 24.23-34, inclusive uma ode sobre o preguiçoso; IV. Provérbios de Salomão, copiados pelos servos de Ezequias, rei de Judá, contidos nos caps. 25 a 29. Todos eles têm o cunho do provérbio popular, consistindo de ponderosas sentenças, formadas de duas até cinco cláusulas, paralelas cada uma, eles são acompanhados de três apêndices, a saber: a) Palavras de Agur, cap. 30, contendo ditos enigmáticos em que tomam parte muito saliente os adjetivos numerais. b) Palavras do rei Lemuel, cap. 31.1-9, que lhe foram dirigidas por sua mãe sobre assuntos da vida prática. c) Poema em louvor da mulher virtuosa, *cf.* 31.10-31, no qual 24 versículos começam por uma letra do alfabeto hebraico em ordem regular. Algumas partes do livro são atribuídas a Salomão, e outras, a pessoas ou autores diferentes, o que dá a perceber que o sábio rei não é autor de tudo que nele se contém. As palavras iniciais do cap. 25.1 dizem: "São também estes provérbios de Salomão, os quais transcreveram os homens de Ezequias, rei de Judá", evidenciando, que o livro de Provérbios não tinha a feição atual, antes do reinado de Ezequias. A breve introdução, contida no cap. 1.1-6, descreve com precisão o conteúdo de todo o livro. O poema em louvor da Sabedoria, contido desde o versículo 7 até o cap. 9.18, não é atribuído a Salomão, e serve de prefácio aos Provérbios de Salomão que seguem logo depois, ou mais provavelmente, a todas as máximas da sabedoria de que se compõe todo o livro restante. A introdução e o poema podem ser atribuídos com segurança a outra mão e a outro cérebro que não o de Salomão, escritos antes do reinado de Ezequias. A segunda e a quarta secções, compreendidas nos caps. 10 a 22.16 e caps. 25 a 29, isto é, quase dois terços de todo o livro, são atribuídas a Salomão. A ausência de polêmica contra a idolatria tem sido considerada como prova de que os provérbios contidos nessas seções foram colecionados depois que cessou a grande campanha dos profetas contra o paganismo. Com os mesmos argumentos se pode supor que as referidas seções antedatam a campanha. Se a ausência de polêmica prova alguma coisa, quer dizer que esses provérbios

PRUDENTE

foram colecionados, ou antes da divisão do reino e da vitória da idolatria, ou depois do exílio, quando a idolatria havia perdido todos os seus atrativos. Pela linguagem das referidas seções, por ser de puro hebraico, se depreende que elas foram escritas por Salomão. Não se encontra ortografia estranha nem modos de dizer alheios ao idioma hebraico, como ocorre com alguns livros, escritos imediatamente antes ou depois do exílio. Além de que, a literatura em forma de provérbios data de remota antiguidade. Aparece também entre os hebreus, como se observa nas seguintes passagens, 1 Sm 24.14; 2 Sm 12.1; Jz 9.7. Está bem averiguado que Salomão compôs e colecionou provérbios, Pv 25.1; 1 Rs 4.32; 10.1s.; Ecclus. 47.13-17. Segue-se, pois, que os títulos que atribuem as máximas contidas nessas duas seções do livro de Provérbios, podem, com segurança ser tidos como autênticos.

PROVÍNCIA – tradução da palavra hebraica *medinah*, "jurisdição", e do grego *eparchia*, "governo". Os criados, dos príncipes das províncias, que pelejaram contra Bene-Hadade, 1 Rs 20.14, não eram israelitas, v. 15. É mais provável que fossem os servos dos capitães que governavam os vários distritos em Gileade e no Haurã, que haviam feito causa comum com os israelitas contra a dominação dos sírios sobre o território ao sul de Damasco. As províncias da Babilônia e da Pérsia eram divisões administrativas dos respectivos impérios, Dn 2.49; 13.3. Dario, o grande, que foi rei da Pérsia, dominava desde a Índia até a Etiópia, Heród. 3.90-94. Esse vasto império era dividido em 20 províncias denominadas satrapias, 1.192; 3.89, (sátrapa), por sua vez, subdivididas em distritos menores, que os judeus denominavam províncias, Ed 8.36; Ne 2.7,9; *cf.* Heród. 3.120,128; 6.42, com 3.127; 5.11,27,30; *cf.* também Dario, *cf.* 1 Rs 20.2 Nos dias do rei Assuero, essas

províncias eram em número de 120, Et 1.1. Enquanto durou o período persa, a Judéia esteve a princípio sob a jurisdição de um governador da banda de além do rio, Ed 5.3,6, mas, por um decreto do rei, passou a ser província separada, governada por um dos seus, 2.63; 5.8. O império romano dividia as suas províncias em duas classes: províncias do império e províncias do senado. As do império ficavam sob a direção do imperador, e ocupavam as fronteiras, onde era preciso conservar exércitos de ocupação para manter a ordem. Essas províncias foram governadas por oficiais do exército que exerciam o cargo de legados por nomeação do imperador. As rendas eram cobradas pelos procuradores que eram agentes do império, e entregues ao tesouro particular do imperador. As províncias menores do império e as subdivisões das províncias maiores, como a subprovíncia da Judéia, foram governadas por um só procurador, sem a presença de legado. A Cilícia, *cf.* Atos 23.34, a Galácia e a Síria, de que fazia parte a Judéia, pertenciam à classe das províncias imperiais. As do senado eram por ele administradas e dispensavam a presença de guarnição militar permanente. O governador tinha o nome de procônsul, auxiliado por questores, que arrecadavam as rendas e as remetiam para o tesouro público sob a direção do senado. Chipre, *cf.* At 13.4,7 a Macedônia, 16.12, a Acaia, 18.12, e a Ásia, 19.10, pertenciam à classe das províncias senatoriais (veja *PROCURADOR e PROCÔNSUL*).

PRUDENTE – nome de um cristão residente em Roma, que se associou ao apóstolo Paulo, enviando saudações a Timóteo, *cf.* 2 Tm 4.21. Encontrou-se esse nome em uma inscrição na capital do império, e é, talvez, o mesmo que se diz servo de Tibério ou Cláudio. É fato que na carta a Timóteo existem os nomes de Prudente, Lino e Cláudia. O poeta Marcial que esteve em Roma,

PRUDENTE

no ano 66, e permaneceu ali três anos, faz menção de três pessoas com iguais nomes, que tem levado a supor que eram os três amigos de Paulo. Se assim for, Prudente era natural da Umbria, e, como centurião, exerceu funções militares em comissão, ao norte do império. Cláudia era sua esposa, talvez de origem britânica e filha do rei Tibério Cláudio Cogidubnus, cujo nome figura em uma inscrição latina, descoberta em Chichester no ano 1723 d.C. Com permissão do rei Tibério Cláudio Cogidubnus, certo homem chamado Prudente deu lugar em Chichester a um grupo de carpinteiros para edificarem um templo.

PTOLOMEU – nome que se dava a todos os governadores do Egito, da casa dos Lagos, a começar com Ptolomeu Soter, um dos generais de Alexandre, o Grande, e terminando na conquista dos romanos e morte de Cleópatra. Os primeiros três Ptolomeus, em particular, elevaram o Egito à altura de uma potência de grande importância política e militar, com muitas possessões no exterior, entre as quais se contavam a Fenícia, a Celesíria, Chipre e a Cirenaica, e até a Palestina, por algum tempo. Os Ptolomeus protegeram as artes, as letras e as ciências. Alexandria, que era a capital, possuía uma universidade, que se tornou o centro da cultura grega. Os judeus encontraram ali bom acolhimento, sendo animados a se estabelecerem nela com privilégios especiais, e ocupando cargos de destaque na ordem civil e militar. Os últimos Ptolomeus decaíram muito, tornaram-se fracos e perversos; entraram em freqüentes guerras com os países vizinhos, e sofreram revoltas internas: a vida doméstica dos reis perverteu-se com as relações incestuosas e assassinatos de parentes. Tudo isto e mais a perda de suas colônias assinalaram a queda dos monarcas Ptolomeus. A história dos Macabeus registra os nomes de três soberanos dessa dinastia, e mais os nomes de sete homens de humilde categoria social, que representaram papel saliente na antigüidade. **1** Ptolomeu IV, chamado Filopater, suspeito de causar a morte de seu pai. Os primeiros atos de seu governo foram o assassinato de sua mãe e de seu irmão mais novo. Todo o seu reinado consistiu em uma série de vícios e de crimes. Animado pela fraqueza e dissolução desse Ptolomeu, Antioco III, rei da Síria, declarou-lhe guerra, com o fim de arrebatar-lhe a Fenícia, porém, foi totalmente derrotado pelo exército egípcio na batalha de Rafia em 217 a.C., 3 Mac 1.1-5. Depois disto, Ptolomeu sacrificou no templo em Jerusalém, mas sendo impedido de entrar no Santo dos Santos, planejou a matança de todos os judeus, residentes em Alexandria, para vingar-se. O terceiro livro de Macabeus contém uma fantasiosa narração desse fato. Morreu no ano 205 a.C. **2** Ptolomeu VI, denominado Filometor, começou a reinar em 181 a.C., quando tinha apenas sete anos, sob a regência de sua mãe Cleópatra. Governou durante alguns anos sozinho e outros em conjunto com seu irmão Fiscom, que foi o Ptolomeu VII. Mais tarde dividiram entre si o reino: Fiscom reinava sobre Cirene e a Líbia, e Filometor sobre o Egito e Chipre. Os seus generais invadiram a Síria, e colocaram-se em contacto com Antioco Epifanes, pelo qual foram completamente derrotados em Peluzium no ano 171 a.C. Antioco tomou Chipre. Alexandria teria também caído em seu poder se não houvesse a intervenção dos romanos, que nesse tempo começaram a exercer um quase protetorado sobre o Egito. Filometor interferia com freqüência nos negócios da Síria, uma vez ao lado de Alexandre Balas, 1 Mac 10.51-57, e depois com Demétrio Nicator, rival de Alexandre, 11.1-18. Quando estava empenhado em uma batalha na Síria, caiu do cavalo, vindo a morrer em conseqüência disso, no 145 a.C. Ptolomeu mostrou-se muito amigo dos judeus. Com o seu consentimento, Onias construiu um templo em Leontópolis, segundo o modelo do templo de Jerusalém. **3** Ptolomeu VII, denominado Fiscom, também chamado Evérgeta, que primeiro governou como co-regente com seu irmão Filometor, 170-164 a.C., e que depois da morte deste reinou sozinho, 145-117 a.C. Também é reconhecido como sendo Ptolomeu VIII, seu sobrinho Eupator, filho de Filometor, que reinou por alguns dias após a morte de seu pai. A primeira parte de seu reinado consistiu em uma série de crimes contra sua própria família, e em vida tão depravada, que provocou várias revoltas de seu povo. À maneira de seus antecessores, interferiu nos negócios da Síria prestando apoio, primeiro a Zabinas e depois pondo-se contra ele. Esteve em correspondência com os romanos, 1 Mac 15.16, e é talvez a ele que se refere 1 Mac 1.18. **4** Ptolomeu, general de Antíoco Epifanes, 2 Mac 4.45; 6.8; 8.8. Tomou parte na expedição organizada por Lísias contra Judas Macabeu, 1 Mac 3.38. É possível que seja o mesmo Ptolomeu Macrom, 2 Mac 10.12, que primeiro esteve ao serviço de Ptolomeu Macrom em Chipre, e depois passou a servir Antioco Epifanes e Antioco Eupator. Caindo em desagrado desse último, suicidou-se, tomando veneno, 164 a.C. **5** Ptolomeu, genro do sumo sacerdote Simom. Matou o sogro e dois cunhados na fortaleza de Doque, perto de Jericó, 1 Mac 16.11s.

PUÁ (*no hebraico, "sopro", "declaração"*) **1** Nome de uma das parteiras dos hebreus, que desobedeceram às ordens do rei do Egito, que mandava matar todos os filhos varões dos hebreus ao nascerem, Êx 1.15. **2** Nome de um dos filhos de Issacar e fundador de uma família tribal, Gn 46.13; Nm 26.23; 1 Cr 7.1. A versão em português também grafa o nome como *Puva*. **3** Nome de um homem da tribo de Issacar, filho de Dodô e pai do juiz Tola, Jz 10.1. A versão em português também grafa o nome como *Puva*.

PUBLICANO – rendeiro dos impostos do governo romano, cobrador de tributos. Em vez de nomear oficiais para a cobrança do fisco, os romanos e seus prepostos, à semelhança de Herodes, colocavam em almoeda os privilégios para a arrecadação das rendas públicas, ou parte delas, nas diversas províncias, cidades, vilas e distritos. As pessoas que concorriam a esses cargos deveriam possuir fortes cabedais; porquanto elas se comprometiam a entrar para o tesouro, *in publicum*, com certa soma, e, para isso, tinham de oferecer garantias suficientes. Em alguns casos, os publicanos, por sua vez, vendiam os direitos de seu cargo, ou parte deles; e em outros casos, empregavam certo número de agentes subordinados a eles, publicanos, para os efeitos da cobrança. Geralmente esses coletores pertenciam à classe dos eqüestres romanos, enquanto que os seus subordinados eram de inferior dignidade. Esses subcoletores das taxas e dos impostos tinham o nome de publicanos, como os denomina o Novo Testamento. Ficava entendido que os cobradores deveriam receber, em benefício de seu trabalho e em recompensa aos riscos de sua profissão, mais uma fração além do que pagavam ao governo. Não havia lei para fixar o *quantum* dessa fração, que às vezes tomava largas proporções. Com raras exceções, os publicanos de qualquer categoria eram grandes extorquidores, cap. 3.12,13; 19.8. Por essa razão, todas as classes sociais os desprezavam, a não ser os governadores romanos, que às vezes participavam das extorsões, tornando-se coniventes na opressão exercida pelos publicanos sobre o povo. Algumas vezes os subcontratantes, e na maioria dos casos, os cobradores subordinados a esses, nos países conquistados, pertenciam ao povo do lugar. Assim, Zaqueu pertencia ao povo judeu, e parece ter sido um dos subcontratantes das rendas de Jericó, Lc 19.1,2, assim Mateus ou Levi, também judeu, parece

PUBLICANO

que foi coletor pago pelo empreiteiro das cobranças, em Cafarnaum, Mt 9.9; Mc 2.14; Lc 5.27. Esse ofício se tornava muito odioso àqueles de entre os judeus que aceitavam o encargo de agentes do governo romano. A sociedade os repelia, tanto em público quanto em particular. Uma das acusações contra Jesus Cristo é que Ele comia com publicanos e pecadores, Mt 9.10-13, e que era amigo de tal gente, 11.19. Jesus honrou essa classe de homens, chamando um para o apostolado, Mt 9.9; 10.3. Concordando com o sentimento popular com referência ao baixo moral da maior parte dos publicanos, 5.46,47; 18.17, contudo Ele os convidou, como fazia a todos, para entrarem no reino de Deus. A bondade de Jesus tocou o coração de muitos deles, e não poucos foram batizados, 21.31,32; Lc 3.12; 7.29; 15.1; 18.13,14. Em uma das suas parábolas, apresenta um penitente publicano em contraste com o orgulhoso fariseu, Lc 18.9-14.

PÚBLIO (*no grego é póplios e no latim é publius*) – nome de um príncipe possuidor de terra na ilha de Malta, quando o apóstolo Paulo lá esteve, e em cuja casa se hospedou durante três dias, com seus companheiros. Públio recebeu boa recompensa, porquanto tendo ficado doente seu velho pai, com disenteria e febre, Paulo foi vê-lo, e como fizesse oração e lhe impusesse as mãos, o curou, At 28.7,8. O nome parece indicar que era romano; e o título de príncipe que se encontra em inscrições referentes à ilha de Malta dá a entender que exercia elevadas funções como delegado do governo romano.

PUL (*no hebraico, "forte"*) **1** Nome de um país e um povo africano. O nome desse povo é associado ao nome de Társis e Lude, povos hábeis em atirar com flechas, Is 66.19. Há quem diga que Pul é a ilha de Filéia, situada no centro do Nilo, no alto Egito,

vizinhando com a Etiópia. Talvez seja erro de cópia (veja *PUTE*). **2** Nome de um rei da Assíria (veja *TIGLATE-PILESER*).

PULGA – inseto que em hebraico se chama *parosh*, "pulador", 1 Sm 24.14; 26.20. É muito comum na Palestina, a ponto de dizer-se que o rei das pulgas tem o seu trono em Tiberíades.

PUNIÇÃO – penalidade que merece o pecador para satisfação da Justiça. Deus puniu Adão, Eva e Caim. A punição não tem por fim beneficiar o delinqüente. A destruição dos homens de Sodoma por causa de sua maldade não lhes serviu de emenda. A execução de um assassino não serve para regenerá-lo. Somente o castigo poderá concorrer para reformar o ofensor. A punição, como era aplicada em tempos primitivos, não tinha em vista impedir a prática do crime, apesar de ser este um grande objetivo. A autoridade civil dá forças à lei, com a aplicação das penas a fim de garantir o Estado contra possíveis atentados, desde que as considerações de ordem moral não bastem para garantir os direitos sociais. As punições especificadas na lei mosaica tinham por fim impedir a prática do crime, mas não era neste princípio que ela se baseava, Dt 13.11; 17.13; 19.20; 21.21. Quando o principal objetivo era impedir a prática do pecado, então a justiça se convertia em benevolência para com a sociedade. Ainda mais, o objetivo principal da punição não consiste em impedir que o criminoso pratique novos crimes, nem que outros os cometam. O pecado deve ser punido, a despeito dos resultados que possa produzir em benefício da ordem social. A indignação que sentimos contra um criminoso, quando somos testemunhas de um ato de flagrante violação, como um assassinato, uma opressão ou uma crueldade, e o desejo que instintivamente sentimos para que tais crimes sejam punidos, mostram

PUNIÇÃO

que reconhecemos a culpa do ofensor, e não pensamos na necessidade de impedir que outros cometam os mesmos crimes. O delinqüente merece a punição. Sob o regime da lei mosaica, o Estado devia exercer justiça e punir o criminoso, sob pena de ser cúmplice com ele, Lv 20.4,5; Nm 25.4,11; Dt 21.8; Js 7.11-15. O povo devia purificar a terra de Jeová do sangue derramado. A execução do assassino servia para purificar a terra, Nm 35.33,34; Dt 21.8. A majestade da lei mantém-se somente quando as suas penas são aplicadas na proporção do crime, nem mais nem menos. A penalidade não precisa ser um equivalente exato à extensão do crime, como raras vezes acontece. A pena sobre o roubo não é a restituição do objeto roubado, nem a restituição de seu valor em dinheiro. A restituição forçada não absolve o ladrão. Violada a lei, o crime existe exigindo punição. As leis dos hebreus eram severas, mas a punição não era cruel. Em casos muito raros, a família do criminoso era extirpada por um ato direto de Deus, ou por ordem expressa dele, Nm 16.32,33; Js 7.24,25; 2 Rs 9.25,26. A aplicação dessa pena era muito limitada, não se aplicava a qualquer crime. A lei proibia que os pais fossem punidos em lugar dos filhos, Dt 24.16. Em casos especiais de impureza, cuja fidelidade era agravada com pessoa relacionada com o santuário de Deus, e por atos incestuosos, os delinqüentes sofriam a pena do fogo, Lv 20.14; 21.9; cf. Gn 38.24. Nisto não havia crueldade. Os culpados não eram queimados vivos: primeiro sofriam a lapidação, depois o fogo consumia-lhes os corpos, cf. Js 7.15-25; Dt 21.22,23. A mulher, que em socorro de seu marido, lançasse à parte vergonhosa do contendor, teria a mão cortada, Dt 25.11,12. Isto seria severidade demasiada? A lei dava direito à retaliação no caso de ofensas físicas, praticadas por livre vontade, e não ocasionadas pela luta, olho por olho, e dente por dente. Assim o permitiam as leis dos antigos gregos e a lei das 12 tábuas dos romanos. Leis posteriores adotadas pelos judeus, Antig. 4.8,35, e talvez mesmo em tempos anteriores estabeleciam indenizações em favor da pessoa ofendida. Baseava-se em Êxodo 21.29,30, pois se no caso de morte ocasionada por um boi, o mal poderia ser remido por dinheiro, em casos de menor importância poderia aplicar-se mais facilmente o mesmo processo. Sob o ponto de vista humanitário, a administração da justiça entre os hebreus compara-se favoravelmente com os processos romanos. Ao contrário da lei romana, o código penal dos hebreus não autorizava castigar um parricida com azorrague até escorrer sangue, e depois cozê-lo em um saco e deitá-lo ao mar para morrer afogado, nem sancionava os atos cruéis de obter depoimentos de testemunhas à custa de flagelações, At 22.24 (veja *DIACONISA*), nem o castigo de cruéis flagelações aplicadas aos condenados, Mt 27.26; At 16.24; Guerras 2.14,9, nem o escárnio lançado sobre os que iam ser executados, Mt 27.27-31, nem a crucificação, 26.32,44; Antig. 17.10, nem a condenação à morte em combate com gladiadores ou com as feras, 1 Co 15.32; Guerras 6.9,2; 7.2,1, nem pelos açoites e pela cremação, envolvendo o corpo da vítima em uma vestimenta untada de pez e lançando-lhe fogo. A lei hebraica não abolia rudemente usos estabelecidos, mesmo quando fugiam dos padrões que Deus havia levantado (veja *ESCRAVO, CONCUBINA, DIVÓRCIO, CARTA DE*); reconhecia a dureza do coração do povo, Mc 10.5; fazia dos costumes, lei; reprimia os excessos; reformava os abusos; dava a devida importância às concepções justas sobre o direito e a justiça em voga naquele tempo; prevenia a vingança, restringia os sentimentos de ódio, satisfazia o sentimento da justiça e por esse modo mantinha a augusta majestade da lei; erguia bem alto os seus padrões, caminhando para a perfeição. A forma de justiça punitiva era

PUNIÇÃO

ainda determinada pela idéia essencial da teocracia que exigia a punição, não só dos crimes contra o Estado e a sociedade, como também as violações das ordenanças religiosas. Da relação dos israelitas com seu divino Rei resultava que Deus punia o pecado, sempre que eles o cometiam, reservando para si o direito de punir certos pecados especificados, Lv 20.4-6,20,21. Ainda mais, a administração da justiça interessava toda a comunidade, e por conseqüência, o povo tomava parte na sua execução. Era o povo que apedrejava os condenados à morte. Os crimes mencionados na lei penal consistiam: **1** Na Violação dos Deveres Religiosos Estabelecidos no Pacto. Havia: I). pecados que os tribunais humanos puniam com a morte. Esses eram em número de cinco: sacrificar aos ídolos, Êx 22.20; Lv 20.2; Dt 13.6-17; 17.2-7; a feitiçaria; a invocação de espíritos e as adivinhações, Êx 22.18; Lv 20.27; a profanação do Sábado, Êx 31.14,15; 35.2; a blasfêmia, Lv 24.10-16; e as profecias falsas, quer proferidas a favor das divindades do paganismo, quer em nome de Jeová, Dt 13.1-5; 18–20. A pena de morte era executada pelo apedrejamento. Existem casos desses, registrados na história de pessoas que violaram essas leis, e que foram punidas com a morte: por sacrificar aos ídolos, 2 Rs 10.18-25; 11.18; 23.5,20, por evocar os mortos, 1 Sm 28.3,9, por violar o Sábado, Nm 15.32-36, por blasfemar, 1 Sm 21.13; por falsa profecia, 18.40; 20.27,28. II). Em ofensas, punidas pela exclusão do ofensor do meio da congregação de Israel. Essa punição aplicava-se a todos que desprezavam as instituições do pacto e as ordenanças fundamentais do culto, recusando-se ao rito da circuncisão, que era o sinal do pacto, Gn 17.14; desprezando a Páscoa, que era o sacrifício do concerto, deixando de participar dos pães asmos, Êx 12.15; Nm 9.13; entregando-se a obras servis, e se recusando ao jejum no dia da expiação, Lv 23.29,30; comendo das gorduras que se deviam queimar em oblação ao Senhor, 7.25-27; 17.14; deixando de fazer suas ofertas ao Senhor, à porta do Tabernáculo, 17.4; matando animais destinados ao sacrifício, sem primeiramente fazer as ofertas pacíficas, e comendo deles fora dos limites prescritos em lei; 7.18; 17.9; 19.8; empregando o óleo santo e queimando o incenso em proveito de si mesmo, Êx 30.33,38; desprezando as purificações, estando imundo, Lv 22.3; Nm 19.20; esse gênero de punição, em alguns casos, era seguido de pena de morte, ou de ameaças de cair sob o juízo divino. Quanto à exclusão, seguia-se a pena de morte, esta devia ser executada pela justiça humana. O juízo de Deus, somente Ele o aplicava. Tem havido muita discussão sobre se a punição que excluía o ofensor da comunhão de Israel, era acompanhada da pena de morte, mesmo nos casos omissos. Os escritores rabínicos interpretam a lei, dizendo que a frase "perecerá a sua alma do meio da congregação", significa excomunhão, ou perda dos direitos conferidos aos fiéis, em virtude do pacto, ou pena de morte em virtude de quebra do ritual, poderia ser comutada em pena de banimento ou privação dos direitos civis; ou a morte em todos os casos em que não havia remissão, e também nos casos em que a morte poderia ser evitada pelo arrependimento e pelas cerimônias de purificação e de sacrifícios propiciatórios. Provavelmente significa exclusão da comunhão de Israel, Êx 12.15,19; Nm 16.9; 19.13. Todos esses atos disciplinares incluem tácita ou expressamente, a intervenção divina, Gn 17.14; Êx 4.24; Lv 17.10; 20.3,5,6; 23.30. As faltas acidentais, ou atos de simples negligência, escapavam a tão cruéis penas. Perecia do meio do povo todo o que cometia algum pecado por soberba, ou fosse cidadão ou forasteiro, Nm 15.30,31. **2** Na Falta de Moralidade: I). Os atos de impureza que manchavam o povo e a nação eram punidos com a morte: o adultério, a sedução de uma

1018

PURIFICAÇÃO

virgem, Lv 20.10; Dt 22.21-27, crimes contra a natureza, a sodomia e a bestialidade, Êx 22.19; Lv 20.13,15,16, as relações incestuosas com a sogra ou cunhada, 11,12,14. A filha de um sacerdote, sendo apanhada em estupro, uma vez que desonrava o nome de seu pai, era entregue às chamas, depois de sofrer a morte, 21.9 II). Atos de impureza conjugal menos graves eram punidos pela expulsão ou pela esterilidade, Lv 20.17-21. III). Seria cortada a mão de uma mulher que, para defender seu marido, lançasse a mão à parte vergonhosa do contendor, Dt 25.11,12. IV). Atos de impureza, fora do adultério, de práticas contra a natureza e de relações incestuosas, como, a sedução de uma virgem ainda não desposada; o criminoso pagava tanto em dinheiro, quanto as donzelas costumam receber de dote, Êx 22.16,17. Se um homem estuprasse uma virgem, ainda não desposada, daria 50 siclos de prata a seu pai, e casaria com ela, e não a poderia repudiar enquanto vivesse, Dt 22.28,29. **3** Na Insubordinação Contra as Autoridades Constituídas, Eram Punidos com a Morte: I). Os que feriam a seu pai ou a sua mãe, ou os que os amaldiçoavam, Êx 21.15,17; Lv 20.9; os filhos contumazes e desobedientes, Dt 21.18-21; II). Os que inchados de soberba, recusavam obedecer ao mandado do sacerdote, 17.12; III). O crime de traição, não incluído na lei, porém, segundo dita a história, era punido com a morte e confisco de suas propriedades, 1 Sm 20.31; 22.16; 2 Sm 16.4; 19.29; 2 Rs 2.8,9; 21.13-15. **4** Nos Crimes Contra as Pessoas, o Caráter, a Vida e a Propriedade Alheia: I). O assassínio voluntário e o que furtava um homem para vender, Êx 21.12,16; Dt 24.7; II). Os que cometiam ofensas físicas intencionalmente, ou por descuido, eram punidos de acordo com as circunstâncias, pela compensação, ou pela retaliação, olho por olho e dente por dente, Êx 21.18-36; III). A testemunha falsa incorria na mesma pena em que tinha intento de condenar a

seu irmão, Dt 19.16,19, e a falsa acusação contra a honra de uma mulher era punida com açoites e com multa de 100 siclos. O falso acusador não a poderia repudiar, 22.13-19; IV). Os prejuízos contra a propriedade alheia, a lei exigia, de acordo com as circunstâncias, ou uma simples compensação ou o pagamento diversas vezes maior do que o valor do objeto furtado, 22.1-15. As punições admitidas pela lei de Moisés eram a pena de morte pelo apedrejamento e em casos extremos, pelo fogo, ou pela forca, o castigo pelos açoites que não devia exceder a 40 o número de golpes, Dt 25.3, a retaliação, a compensação e a indenização, a perda de direitos, e, em casos especiais, a perda de uma das mãos. Algumas vezes dava-se a morte por meio da espada, da lança ou da flecha, sem as formalidades da lei judia, e em casos extraordinários, Êx 19.13; 32.27; Nm 25.7; 1 Rs 2.25. A espada que o magistrado trazia não simbolizava a autoridade judicial dos hebreus. A prisão, as correntes, e os cepos, estavam em uso por autoridade dos sacerdotes e dos reis, mas não foram instituídos nos tempos antigos da nação judia, Ed 7.26; Jr 20.2; At 4.40.

PUNOM (*no hebraico, "neblina", "trevas"*) – nome de uma estação dos israelitas no deserto, pouco antes de chegarem a Moabe, Nm 33.42,43. Era local de fundição com grandes minas ricas em cobre. A moderna Feinan assinala o antigo local em cujo derredor ainda se encontram minas e fundições.

PURA (*no hebraico, "ramo", "folhagem"*) – nome de um servo de Gideão, talvez, seu escudeiro, Jz 7.10,11.

PURIFICAÇÃO – a lei mosaica estabelecia quatro espécies de purificações: **1** A purificação do indivíduo que havia tocado um cadáver, Nm 19; *cf.* 5.2,3. Para esse fim

PURIFICAÇÃO

recolhiam-se as cinzas de uma vaca, como no caso de um sacrifício pelo pecado a favor do povo. A vaca deveria ser vermelha, cor do sangue em que reside a vida, sem defeito e que ainda não tivesse levado o jugo. Deveria ser morta fora do campo e imolada diante de todos; e, molhando o dedo no sangue dela, o sacerdote aspergia sete vezes, voltado para a porta do Tabernáculo. Era queimada à vista de todos, em uma fogueira alimentada com paus de cedro, hissope e escarlata. Colhiam-se as cinzas da vaca e as deitavam fora do campo num lugar limpíssimo. A purificação de um nazireu, cuja consagração se interrompesse por haver tocado um cadáver, se fazia de conformidade com a lei cerimonial. Terminados os dias de sua purificação, ao sétimo dia, rapava de novo a sua cabeça, e no dia seguinte oferecia o sacerdote à entrada do concerto do testemunho, duas rolas e dois pombinhos, *cf.* Nm 6.9-12. Seguia-se a oferta de um cordeiro de um ano pelo pecado, v. 12, como ato necessário à sua restauração como nazireu. **2** A purificação de um homem que tivesse fluxo seminal, *cf* Lv 15; *cf.* Nm 5.2,3. Quando sarasse da sua moléstia, deveria contar sete dias depois da sua purificação, lavar os vestidos em água pura. Ao oitavo dia, deveria voltar ao santuário e oferecer duas rolas ou dois pombinhos, um pelo pecado e outro em holocausto. A purificação da impureza ocasionada pelo contato com pessoas, ou com algum objeto considerado imundo, se fazia lavando-se a pessoa contaminada em água, e seria imundo até a tarde, *cf.* Lv 15.5-11. **3** A purificação das parturientes. Depois dos dias da sua impureza, que eram sete para filho varão e 14 para menina, seguiam-se os dias da purificação, durante os quais não poderia tocar coisa alguma santa, nem entrar no Tabernáculo. O tempo dessa purificação era de 33 dias para o nascimento de um menino, e para o de uma menina, 66 dias. Findos estes, levava à porta do Tabernáculo do testemunho, para holocausto pelo pecado, um cordeiro de um ano e um pombinho ou uma rola. Em caso de pobreza, não podendo oferecer um cordeiro, tomava duas rolas ou dois pombinhos, um para ser oferecido em holocausto e outro pelo pecado, Lv 12.8; Lc 2.21-24. **4** A purificação dos leprosos, Lv 14. O candidato à purificação apresentava-se no dia apontado, à entrada do campo, e mais tarde, à entrada da cidade. O sacerdote determinava ao que se purificava, que oferecesse por si duas aves vivas, e mandava imolar uma das aves em um vaso de barro sobre águas vivas. Borrifava sete vezes com um ramo de hissopo, amarrado com um cordão de escarlate a um pau de cedro, aquele que estava para se limpar, a fim de que fosse legitimamente purificado; e depois disto soltava a ave viva que voava para o campo (veja *HAZAEL*). Grande parte desse ritual aplicava-se também à casa em que houvesse lepra. O candidato era então declarado limpo. Tendo lavado os vestidos, rapado todo o pêlo do corpo, e lavado em água, entrava no campo, ou na cidade, ficando ainda sete dias fora de sua morada. Ao sétimo dia, rapava novamente o corpo e a segunda vez lavava os vestidos e o corpo. Ao oitavo dia, tomava dois cordeiros sem defeito, e uma ovelha de um ano, sem defeito, e três dízimas de flor de farinha, borrifada com azeite, e, separadamente, um sextário de azeite. Então o sacerdote tomava um cordeiro e o oferecia pelo delito, e tomando do sangue da oferta, o colocava sobre a extremidade da orelha direita e sobre os dedos polegares da mão e do pé, e com o dedo direito fazia sete aspersões diante do Senhor. O restante do azeite era derramado sobre a cabeça do que se purificava, *cf.* Lv 14.1-57 (veja *IMPUREZA*).

PURIM (*do persa pur, "sorte", ou talvez do babilônio pur ou bur, "pedra"*) — festa judia, instituída para celebrar o livramento dos judeus exilados na Pérsia, de serem massacrados em massa por causa dos planos sanguinários de Hamã. Tinha ele lançado o *pur*, ou a sorte para saber em que dia seria executado o seu plano. A festa havia sido marcada para o dia 14 do mês de Adar, aproximadamente o mês de fevereiro, e duraria 15 dias, Et 9.26-28. Em 2 Mac 15.36, chama-se dia de Mardoqueu. Diz o historiador Josefo que no seu tempo, todos os judeus espalhados pelo mundo celebravam essa data festiva, Antig. 11.6,13. Pensam alguns que a festa mencionada no cap. 5.1 de O Evangelho Segundo João era a do Purim. A isto se opõe a circunstância referida na mesma passagem, que Jesus subiu a Jerusalém porque a festa do Purim celebrava-se em todo o país. Só havia três grandes festas anuais a que os judeus eram obrigados a assistir. Desde o tempo em que se instituiu, a festa do Purim desfrutou grande popularidade entre os judeus. O dia 13 do mês de Adar destinava-se ao jejum. Na tarde desse dia em que começava o dia 14, reuniam-se nas sinagogas. Feitas as orações da tarde, começava a leitura do livro de Ester. Quando chegavam ao nome de Hamã, toda a congregação gritava: "Apaga esse nome", ou "o nome do perverso apodreça", e a criançada rompia em assuada, batendo matracas. Os nomes dos filhos de Hamã eram lidos de um jato para indicar que haviam sido enforcados simultaneamente. Na manhã seguinte, o povo voltava à sinagoga para terminar os exercícios religiosos em que consistia a festa, passando o restante do dia em intenso regozijo na presença do Senhor. Os ricos davam muitos presentes aos pobres. A celebração da festa do Purim por gerações e gerações, serve de valioso argumento a favor do caráter histórico dos incidentes narrados no livro de Ester.

PÚRPURA – nome de uma cor, que de acordo com o emprego antigo e moderno que dela se faz, compõe-se da cor violácea e de todos os tons entre a violeta e o carmesim. Nos antigos tempos, incluía o carmesim e outras cores vermelhas, Plínio, Hist. Nat. 9.61,62; Mc 15.17; *cf.* Mt 27.28. As vestimentas de púrpura eram muito caras; só as pessoas ricas as podiam usar, e bem assim, as que ocupavam posições elevadas, Et 8.15; *cf.* Pv 31.22; Dn 5.7; 1 Mac 10.20,62,64; 2 Mac 4.38; *cf.* 31; Lc 16.19; Ap 17.4, e em particular pelos reis de Midiã, Jz 8.26. A púrpura servia para representar as dignidades reais, 1 Mac 8.14; Homero, Ilíada 4.144; colocaram-na sobre Jesus, por escárnio. Usavam ricos panos de púrpura para cobrir os palanquins principescos, Ct 3.10, para toldar o convés das embarcações de luxo, Ez 27.7, e vestir as imagens, Jr 10.9. As cortinas do Tabernáculo eram, em grande parte, feitas de púrpura, Êx 25.4; 26.1,31,36, e bem assim as vestes sacerdotais, 28.5,6,15,33; 39.29. Os judeus davam à cor da púrpura uma interpretação simbólica, Guerras 5.5,4. A tinta de púrpura obtinha-se de várias conchas marítimas, 1 Mac 4.23; Guerras 5.5,4, das quais se extraía um líquido a que dava o nome de flor, secretado das glândulas do peixe. A quantidade produzida em cada uma das conchas era muito pequena, e era trabalhoso obter grande quantidade de líquido, encarecendo por esse motivo o seu custo. As grandes conchas de púrpura eram quebradas na parte superior para se tirar a glândula sem estragá-la, mas as conchas pequenas iam à prensa, ou ao moinho, Plínio, Hist. Nat. 9.60. Os antigos tírios conheciam duas espécies de *Murex*, o *Murex trunculus* e o *Murex brandaris*, que produziam o carmesim. O *Murex* é abundante em toda a costa do Mediterrâneo, porém a cor varia conforme a latitude.

PUTE – 1 Nome do terceiro filho de Cão, Gn 10.6; 1 Cr 1.8. Embora não haja registro nas Escrituras de seus descendentes, o historiador Josefo relata que ele foi o pai dos líbios

PUTE

e que seus descendentes foram chamados, na antigüidade, de putitas, Antig. 1.6,2. **2** Nome de um povo relacionado com os egípcios, e do país por ele habitado, Gn 10.6. Há quem diga que seja a Lídia, no todo ou em parte. Anda associado com o Egito e com outros nomes de países africanos, especialmente com Lubim, Na 3.9, e Lude, Ez 27.10; e Is 66.19, na LXX, entre Guse e Lude, Jr 46.9; Ez 30.5, a LXX traduz líbios em Jeremias e Ezequiel e também Josefo o identifica com a Líbia, Antig. 1.6,2. A parte ocidental do baixo Egito chama-se em código, *Phaiat.* Ebers é Burgsch afirmam com veemência que Fute ou Pute, é Punte, que fica a sudeste de Cuse, identificada em geral com a Somália, país africano situado ao oriente do estreito de Babel-Mandebe, nas costas adjacentes da Ásia, perto de Áden, na Arábia.

PUTÉOLI (*no grego, "poços pequenos"*) – porto da Itália aonde chegou o navio que conduzia o apóstolo Paulo, um dia após a saída de Régio. Ali encontrou alguns cristãos que lhe deram bom acolhimento, At 28.13. Data do sexto século antes de Cristo a sua fundação com o nome de Dicaearquia, onde desembarcavam os passageiros em trânsito para a Itália, vindos do Egito e do Oriente, At 17.12 ; 18.7; Vida, 3. Estava situado na praia meridional da baía de Nápoles e perto do lugar onde se localiza essa cidade. O antigo nome era Potéoli, que foi levemente alterado para Pozzuoli. Toda a região que o rodeia é vulcânica. Atrás dele está a cratera do Solfatara.

PUTEUS – nome de uma família de Quiriate- Jearim, 1 Cr 2.53.

PUTIEL (*no hebraico, "afligido por Deus"*) – nome do sogro de Eleazar, filho de Arão, Êx 6.25.

QUADRANTE – moeda de pequeno valor que circulava no tempo de Jesus, Mc 12.42.

QUARENTA – é um número muito usado, especialmente no Antigo Testamento, que designava o tempo de uma geração e está associado a vários eventos importantes: a) *O Dilúvio* – foram 40 dias e 40 noites de chuva e mais 40 dias para as águas baixarem, Gn 7.4-17; 8.6. b) *Moisés* – tinha 40 anos de idade quando foi estar com os seus irmãos hebreus, At 7.23. – Passou 40 anos em Midiã anttes de assumir a liderança dos hebreus, At 7.29,30. – Esteve orando 40 dias no monte Sinai, época em que recebeu as leis, Êx 24.18. – Orou em favor de Israel por 40 dias, Dt 9.25. c) *Israel* – vagou no deserto devido à desobediência durante 40 anos, Nm 14.33; 32.12. d) *Davi* e *Salomão* – os reis mais importantes de Israel, reinaram um período de 40 anos, 2 Sm 5.4; 1 Rs 11.42. e) – o profeta caminhou por 40 dias e 40 noites quando sofria perseguição, 1 Rs 19.8. f) *Nínive* – essa cidade teve 40 dias para se arrepender, caso contrário seria destruída, Jn 3.4. g) *Jesus* – esteve no deserto para ser tentado e jejuou por 40 dias, Mt 4.2.

QUARTO – nome de um cristão residente em Corinto que se associou ao apóstolo Paulo nas saudações por ele enviadas à igreja de Roma, Rm 16.23.

QUEBAR (*no hebraico, "comprimento"*) – nome de um rio na terra dos caldeus, em cujas margens alguns dos judeus exilados, inclusive o profeta Ezequiel, se estabeleceram. Foi no mesmo lugar que o referido profeta teve várias revelações, Ez 1.1,3; 3.15,23; 10.15,20. Não é o mesmo rio que os gregos chamam Cáboras, que nasce perto de Nisibis, na alta Mesopotâmia, e entra no Eufrates em Circesium. O nome hebraico desse rio é Habor. O Quebar era grande canal a sudeste de Babilônia. A esses canais davam o nome de nár, rio.

QUEBRANTOSSO

QUEBRANTOSSO – tradução da palavra hebraica *Peres*, "quebrador", ave imunda, segundo a lei cerimonial, Lv 11.13; Dt 14.12. Presume-se que seja a águia barbada, *Gypaetus barbatus*. Os nomes de quebrantosso e *peres* se referem ao costume que ela tem de alimentar-se quebrando ossos, partindo serpentes e tartarugas. Isto ela faz, elevando-se a grande altura e os deixando cair sobre uma pedra. O quebrantosso mede 1,90 m de altura e quase três metros de envergadura com as asas abertas. As garras não são próprias para carregar a presa viva. Essa ave é rara na Palestina e tende a desaparecer. Habita as ravinas do Arnom, a oriente do mar Morto.

QUEDAR (*no hebraico, "poderoso"*) – nome de uma tribo descendente de Ismael, Gn 25.13, composta de filhos do oriente, que habitavam em tendas pretas, possuíam rebanhos, camelos, Ct 1.5; Is 60.7; Jr 49.28,29, e aldeias no deserto, Is 42.11. Eram tribos árabes, Is 21.13,15,16; Ez 27.21, governadas por príncipes e tinham fama de bons flecheiros, Is 21.16,17; habitavam entre a Arábia Pétrea e a Babilônia. Esse povo de Quedar é mencionado por Plínio com o nome de Cedrai, de onde procede o profeta Maomé.

QUEDEMÁ (*no hebraico, "para o oriente"*) – nome de uma tribo descendente de Ismael, Gn 25.15; 1 Cr 1.31.

QUEDEMOTE (*no hebraico, "regiões orientais", "lugares antigos", ou "princípios"*) – nome de uma cidade, situada ao oriente do Jordão, e perto do deserto, Dt 2.26, partilhada à tribo de Rúben, Js 13.18, e destinada à residência dos levitas da casa de Merari, 21.37; 1 Cr 6.79. Localização desconhecida.

QUEDES (*no hebraico, "lugar santo", "santuário"*) – nome de uma cidade, situada

no extremo sul de Judá, Js 15.23, provavelmente distinta de Cades-Barnéia (v. 3). **1** Kadus, cerca de 13 km ao norte de Jebel Madara, e perto do *wady el-Yemen*, parece que é o lugar de sua antiga existência. **2** Nome de uma cidade fortificada dos cananeus, cujo rei foi morto por Josué, Js 12. 22; 19.37. Foi partilhada à tribo de Naftali, e, por isso, tem, às vezes, o nome de Quedes de Naftali, Jz 4.6. Alguns estudiosos preferem pensar em outra Quedes, uma vez que o local da batalha ficava mais de 60 km da cidade referida em Jz 4.6-9. Foi dada aos levitas de Gérson para sua residência e destinada como cidade de refúgio, Js 20.7; 21.32; 1 Cr 6.76. Serviu de residência a Baraque, Jz 4.6. Os habitantes dessa cidade foram levados ao cativeiro por Tiglate-Pileser, 2 Rs 15.29. Demétrio fez dela ponto estratégico para a guerra contra os judeus, 1 Mac 11.63,73; Antig. 13.5,6. Recebeu aceitação geral a identificação que dela faz Robinson com a aldeia de Kades, situada na alta Galiléia, 9 km a noroeste das águas de Merom. **3** Nome de uma cidade da tribo de Issacar, destinada como residência dos levitas da casa de Gérson, 1 Cr 6.72. Em Js 21.28, tem o nome de Quisiom, talvez pela sua proximidade do rio que tem esse nome.

QUEDORLAOMER (*nome elamita, "servo do deus Lagamar"*) – designação do rei de Elão, que dominou sobre a Babilônia. Nos dias de Abraão, aliado com Anrafel, rei de Sinear, com Arioque, rei do Ponto e Tidal, rei de Goim, fez uma expedição ao ocidente e subjugou o país das imediações do mar Morto. O povo dessa região esteve sujeito a ele durante 12 anos, mas depois se revoltou. No ano seguinte, Quedorlaomer, com os seus aliados, invadiu a região a oriente do Jordão, desde Basã e terra de Edom, até as proximidades do mar Vermelho, região que foi habitada pelos amalequitas, e também as planícies que cercam o mar Morto. Essa conquista lhe deu o domínio das estradas por onde transitavam as caravanas vindas da Arábia, passando pelas cabeceiras do mar Vermelho em direção ao Egito, de Canaã e do norte da Palestina. Quedorlaomer apossou-se "também de Ló... que morava em Sodoma, e dos seus bens... Ouvindo Abrão que seu sobrinho estava preso, fez sair trezentos e dezoito homens... e os perseguiu até Dã... feriu-os e os perseguiu até Hobá... Trouxe de novo todos os bens, e também a Ló" com tudo o que lhe pertencia, *cf*. Gn 14.1-16. Não é estranho que naqueles tempos tão remotos, um monarca babilônico empreendesse uma expedição a regiões distantes sobre o Mediterrâneo. Muito antes do tempo de Abraão, grandes reis, como Lugal-zaggisi, Sargom e Gudéia, tinham conduzido suas conquistas até o mar ocidental. Kudurmabug, supremo governador da Babilônia, era elamita e pai de Eriacu, rei de Larsa. O nome Quedorlaomer era em sua forma primitiva, Kudurlagamar, e prova que era elamita; a sua associação com Arioque e seus companheiros dá bem a entender que pertencia a essa dinastia e era um dos sucessores de Kudurmabug.

QUEELATA (*no hebraico, "convocação", "assembléia"*) – nome de uma das estações dos israelitas no deserto, Nm 33.22,23. Localização desconhecida.

QUEFAR-AMONAI (*no hebraico, "vila dos amonitas"*) – nome de uma aldeia entre as cidades da tribo de Benjamim, *cf*. Js 18.24. Localização desconhecida.

QUEFIRA (veja *CEFIRA*).

QUEIJO – coalho do leite coagulado, separado do soro e amassado, esse é o significado do termo hebraico *gebinah*, "coalhada", que aparece em Jó 10.10. Outro termo hebraico, *shaphah*, que significa "queijo de vaca" é usado em 2 Sm 17.29. Um vale de Jerusalém tinha o nome de *tiropeom*, que em grego quer dizer "fabricante de queijos", Guerras, 5.4,1.

QUEILA (*no hebraico, "cercada"*) – nome de uma cidade na parte baixa de Judá, Js 15.44. Os filisteus guerrearam contra ela, porém Davi atacou os inimigos e salvou a cidade, contudo, não permaneceu na cidade, quando dela se aproximou Saul, para que os homens de Queila não o entregassem ao rei que o perseguia, 1 Sm 23.1-13. Essa cidade foi ocupada pelos exilados depois do cativeiro, Ne 3.17,18. Alguns a têm identificado com Quila, aldeia situada 14 km a noroeste de Hebrom. Quila, porém, situa-se na parte montanhosa, e Queila estava localizada na parte baixa de Judá.

QUELAÍAS (*no hebraico, "insignificante", "anão"*) – nome de um levita que se divorciou de sua mulher estrangeira, após a volta do cativeiro babilônio, Ed 10.23. É chamado de Quelita em 1 Ed 9.23.

QUELAL (*no hebraico, "perfeição", ou "consumação"*) – nome de um filho de Paate-Moabe, a quem Esdras induziu a se divorciar de sua mulher estrangeira, Ed 10.30.

QUELEANOS – nome de um povo desconhecido que habitava ao norte dos ismaelitas, somente relatado no livro de Judite 2.23. Há muita discussão sobre esse povo e há quem os identifique como os habitantes da cidade de Quelus, porém, tanto sua origem quanto a localização são desconhecidas.

QUELITA (*no hebraico, "insignificante", "anão"*) – nome de um levita, também chamado Quelaías, que foi induzido por Esdras a separar-se de sua mulher estrangeira, Ed 10.23. Ocupou-se em companhia de outros a ler e a explicar a Lei ao povo, Ne 8.7. Com Neemias, assinou o pacto de guardar a lei de Jeová, 10.10 (veja *QUELAÍAS*).

QUELUBE – (*no hebraico, "gaiola", ou "cesto"*). **1** Nome de um dos irmãos de Sua, de linhagem desconhecida, porém, registrado na tribo de Judá, 1 Cr 4.11. **2** Nome do pai de um dos oficiais de Davi, que tinha a direção dos trabalhos de agricultura, 1 Cr 27.26.

QUELUÍ – nome de um dos filhos de Bani a quem Esdras induziu a divorciar-se de sua mulher estrangeira, Ed 10.35.

QUELUS – nome de um lugar localizado além do Jordão, perto de Betânia e ao norte de Cades, de onde o rei da Babilônia, Nabucodonosor, convocou homens para a guerra, Judite 1.9. O local tem sido identificado com a moderna Khalasa, ao sul de Berseba.

QUEMARINS – nome dos sacerdotes que sacrificavam nos altos, 2 Rs 23.5, onde adoravam bezerros e prestavam culto a Baal, Os 10.5; Sf 1.4.

QUEMUEL (*no hebraico, "assembléia de Deus", ou "congregação de Deus"*). **1** Nome de um dos filhos de Naor e Milca, que foi pai dos sírios, Gn 22.21. **2** Nome de um príncipe da tribo de Efraim e membro da comissão que partilhou as terras de Canaã, Nm 34.24. **3** Nome de um levita, pai de Hasabias, 1 Cr 27.17.

QUENÃ (*no hebraico, "fixo", ou "adquirido", ou ainda "gerado"*) – nome do Pai de Enos, Gn 5.9; 1 Cr 1.2. Esse nome corresponde a Cainã, em Lc 3.36.

QUENAANÃ (*no hebraico é o feminino de Canaã*). **1** Nome de um benjamita da família de Jediael, 1 Cr 7.10. **2** Nome do pai do falso profeta Zedequias que enganou Acabe, 1 Rs 22.11; 2 Cr 18.19.

QUENANI (*no hebraico, "feito por Jeová"*) – nome de um levita que se pôs em pé com outros levitas para celebrar a purificação do povo, Ne 9.4.

QUENANIAS (*no hebraico, "Jeová é firme"; outros preferem "bondade de Jeová"*) – nome de um chefe dos levitas do reinado de Davi, da casa de Isaar, designado para superintender os negócios de fora, para instruí-los e julgá-los, 1 Cr 26.29.

QUENATE (*no hebraico, "possessão"*) – nome de uma cidade situada na encosta de Jebel Haurã, no limite do extremo nordeste do território israelita. Era a mais oriental das dez cidades de Decápolis (Plínio, Hist. Nat. 5.16), e vizinhava com Bostra (Jerônimo, Onom). Existem opulentas ruínas dessa cidade com o nome de *Kanawat*. Foi tomada por Nobe que lhe chamou Nobe, *cf.* Nm 32.42. O novo nome não suplantou por muito tempo o velho. A cidade passou outra vez às mãos dos gentios, 1 Cr 2.23. Os árabes derrotaram a Herodes nesse lugar, Guerras, 1.19,2.

QUENAZ (*no hebraico, "caçada", "caçador"*) **1** Nome de um dos descendentes de Esaú por seu filho Elifaz, *cf.* Gn 36.11. Foi chefe no monte Seir, v. 15. Provavelmente tomou esse título do clã que ele governava, v. 40-43. As referências a esse nome em Js 15.17; 1 Cr 4.13 pertencem também à tribo. **2** Nome de um dos descendentes de Calebe, filho de Jefoné, 1 Cr 4.15. **3** Nome de um dos irmãos mais novos de Calebe, pai do juiz de Israel chamado Otoniel, Js 1.13; 15.17; Jz 3.9.

QUENEU (*no hebraico, "possessão", "criatura", "fundidor"*) – nome de uma tribo da qual se deriva o adjetivo queneu, Nm 24.22; Jz 4.11.

QUENEUS (*no hebraico, "ferreiro", "trabalhador em metais"*) – nome de uma tribo que se dividiu em dois ramos, um deles

QUERETITAS/QUERETEUS

habitou em Canaã no tempo de Abraão, *cf.* Gn 15.19, o outro se estabeleceu em Midiã. No tempo de Moisés, os queneus se incorporaram aos midianitas, Jz 1.16; 4.11; *cf.* Nm 10.29. Os midianitas-queneus vêm a ser uma família tribal, procedente de um homem de Midiã chamado Caim, que não tinha nada em comum com os queneus que habitavam em Canaã. Estes últimos ocupavam os fortes rochedos perto de Amaleque, Nm 24.20-22. Esta informação nos habilita a acreditar que os queneus habitavam as rochas do território montanhoso, que fica a nordeste dos amalequitas e ao oriente de Hebrom, antes da conquista de Canaã. O midianita Hobabe, da família dos queneus, acompanhou os israelitas na sua marcha, desde o monte Sinai até Canaã, para ajudá-los a conhecer o caminho, Nm 10.29-32. Quando os israelitas atravessaram o Jordão, acamparam em Gilgal e tomaram Jericó, a família de Hobabe levantou suas tendas em Jericó e depois da conquista de Canaã lançou a sua sorte com a tribo de Judá, estabelecendo-se no deserto, ao sul do Arade e a sudeste de Hebrom, Jz 1.16. A escolha desse local indica que eles eram realmente um ramo daqueles velhos queneus de Canaã e buscavam aproximar-se de seus antepassados. Um desses queneus, porém, não quis habitar com seus irmãos no sul, indo habitar perto de Cades em Naftali, Jz 4.11. Os queneus que se estabeleceram ao sul de Judá ainda ali estavam em cordiais relações com os israelitas no tempo de Saul e de Davi, 1 Sm 15.6; 27.10; 30.29. Tinham os seus registros na tribo de Judá, 1 Cr 2.55.

QUENEZEU (*no hebraico, talvez, "salvo de uma vez"*) – nome de uma das tribos que se estabeleceram na terra de Canaã no tempo de Abraão, *cf.* Gn 15.19. Fundaram estabelecimentos no monte Seir, e ficaram sujeitos aos vitoriosos descendentes de Esaú. Quando estes tomaram posse do país, Dt 2.12, amalgamaram-se com os conquistadores e tomaram dentre eles um para seu chefe, conhecido pelo nome de Quenaz, Gn 36.11,15,40-42. Membros dessa tribo de outro lado ligaram-se aos filhos de Jacó. Jefoné foi um deles e desposou uma das mulheres da tribo de Judá, e Otoniel, outro quenezeu, que foi juiz de Israel depois da conquista (veja *CALEBE*).

QUERÃ (*no hebraico, "cítara", "alaúde"*) – nome de um horita, filho de Disã, Gn 36.26; 1 Cr 1.41.

QUERÉIAS – nome de um capitão amonita e irmão de Timóteo, 1 Mac 5.6. Foi opositor de Judas Macabeu e controlava a fortaleza de Gazara. Morreu, com seu irmão e seguidores, após ser derrotado por Judas Macabeu, 1 Mac 5.8; 2 Mac 10.32-38.

QUÉREN-HAPUQUE (*no hebraico, "chifre de pintura", ou seja, "caixa de pintura"*) – nome da filha mais nova de Jó que lhe nasceu depois da grande prova, Jó 42.14. Alguns estudiosos preferem traduzir o termo como "sombra para os olhos".

QUERETE – nome de uma floresta de Judá, onde se escondeu Davi, quando foi perseguido por Saul, 1 Sm 22.5.

QUERETITAS/QUERETEUS – nome de uma nação ou tribo que habitava o país dos filisteus, 1 Sm 30.14; Ez 25.16; Sf 2.5,6. Pode-se bem identificá-los com os filisteus que vieram de Caftor, ou emigrantes que vieram da ilha de Creta. Alguns desses faziam parte da guarda do rei Davi, 2 Sm 8.18; 23.23; 15.18. Em três lugares, o nome desses queretitas aparece ocupando posições de valor e confiança, 2 Sm 20.23; 2 Rs 11.4,19. Há quem pense que esse nome traz à memória o nome dos cárias, habitantes de Creta, a que aludem os escritores clássicos.

QUERIOTE

QUERIOTE (*no hebraico, "cidades", "aldeias"*). **1** Nome de uma cidade situada no extremo sul de Judá, mais propriamente Queriote-Hezrom, Js 15.25, o mesmo que Hazor. Parece ser onde nasceu Judas Iscariotes, como bem diz o final de seu nome que significa, "homem de Queriote". **2** Nome de uma cidade moabita, *cf.* Jr 48.24, cidade fortificada, adornada de palácios, *cf.* Amós 2.2. Quando a palavra Queriote desaparece, encontra-se em seu lugar a palavra Ar, na lista das cidades de Moabe, *cf.* Pedra Moabita, *cf.* Is 15; 16, *cf.* Js 13.16-21. Localização desconhecida.

QUERITE – este é o nome do ribeiro onde o profeta Elias foi esconder-se quando fugia da rainha Jezabel, 1 Rs 17.3-5. Situa-se na Transjordânia, repleto de ribeiros e cavernas, e é discutível sua localização exata.

QUEROGRILO – tradução do vocábulo hebraico *Shaphan*, designando por esse termo um animal de tamanho pequeno, que habita entre os rochedos, Sl 104.18; Pv 30.24,26, que remói, mas não tem a unha fendida, Lv 11.5; Dt 14.7. O nome correspondente no dialeto do sul da Arábia aplica-se ao *Hyrax-syriacus*, que é o querogrilo. O *hirax* se parece com o coelho, mas tem mais afinidade com o rinoceronte e com o tapir. A sua estrutura é tão anômala que lhe deram uma ordem especial com o nome *Hyracoidea*. Move de tal modo as queixadas que parece estar sempre remoendo, não sendo ele animal ruminante. A espécie, *syriacus*, encontra-se na península do Sinai, ao norte da Palestina e na região do mar Morto. O pêlo é de cor escura com uma pinta amarela no lombo. Anda pelas cristas das rochas e não cava ninhos no chão. Vive em grupo e destaca uma sentinela para dar aviso de algum perigo que se aproxime. Pouco se vê a não ser pela manhã e ao entardecer, quando sai em busca de alimento.

QUEROS (*no hebraico, "braço de tear", ou "dobrado"*) **–** nome do fundador de uma família que servia no templo. Alguns dos membros dessa família voltaram do cativeiro, Ed 2.44; Ne 7.47.

QUERUBE – nome de um lugar na Babilônia, de onde vieram alguns cativos que não puderam provar a sua identidade, Ed 2.59; Ne 7.61.

QUERUBIM (*no hebraico, kerûbîm, plural de kerûb, significado desconhecido*) **1** Nome do guardião que o Senhor colocou à entrada do Éden para impedir que nossos primeiros pais se aproximassem da árvore da Vida, depois de serem expulsos do Paraíso, Gn 3.24. Quando se construiu a arca para o Tabernáculo, foram trabalhados dois querubins, feitos de puro ouro, e colocados sobre a arca com as faces voltadas um para o outro, e a cobrindo com as asas estendidas, Êx 25.18-20; 37.7-9. Simbolizavam a presença de Jeová, cuja glória se manifestava entre eles, Lv 16.2, e que habitava no meio de seu povo, estando presente no Tabernáculo para receber a sua adoração, Êx 25.22; Lv 1.1. Há freqüentes referências à habitação de Jeová entre querubins, Nm 7.89; 1 Sm 4.4; 2 Sm 6.2; 2 Rs 19.15; Sl 80.1; 99.1; Is 37.16. As cortinas do Tabernáculo eram bordadas com as figuras de querubins, Êx 26.1. No oráculo do Templo foram colocados dois gigantescos querubins de quase seis metros de altura, cujas asas estendidas tinham o comprimento igual ao da altura. Eram feitos de madeira de oliveira e cobertos de ouro, *cf.* 1 Rs 6.23-28; 8.7; 2 Cr 3.10-13; 5.7,8; Hb 9.5. As paredes do Templo eram esculpidas em roda de entalhes e molduras, com querubins e palmas, 2 Rs 6.29. Em um poema, Davi representa Jeová montado sobre querubins e voando sobre as asas dos ventos, 2 Sm 22.11; Sl 18.10. Ezequiel teve uma visão de querubins perto do rio Quebar, cada um

QUEZIA

deles tinha quatro faces e quatro asas, Ez 10.1-22; *cf*. 9.3. Os quatro querubins parecem ser idênticos às criaturas que ele viu, cada uma com quatro faces com rosto de homem, rosto de leão, rosto de boi e rosto de águia, *cf*. 1.5-12; com 10.20,21. Esses querubins sustentavam o trono de Jeová, 1.26-28; 9.3. Finalmente, o apóstolo João descreve no Apocalipse quatro animais com rostos semelhantes aos já descritos, Ap 4.6-9. É possível que os assírios tivessem conhecimento dessa informação. Os touros alados com cabeça de homem têm aparência física dos querubins descritos nas Escrituras, desempenham as mesmas funções e eram colocados à entrada dos palácios e dos templos, onde residia a majestade. Não se pode ainda afirmar que os touros da Assíria tivessem o mesmo nome como os querubins dos hebreus. As diversas formas assumidas pelos querubins, na arte e na imaginação poética, mostram que eles eram símbolos, porém, símbolos de que? A espada flamejante, Gn 3.24, e a escuridão difundida debaixo daquele que montava os querubins e que voava sobre as asas dos ventos, salmo 18.10, têm sido citados em defesa da teoria que o querubim é, em última análise, a nuvem da tempestade. É verdade que ele pode representar, em certo grau, alguma ou todas as forças da natureza, como ministros de Jeová e guardas de sua habitação. Mas os escritores bíblicos representam os querubins, pelo menos, simbolicamente, como entes animados, com a inteligência de homem, com a força do boi, com a coragem do leão e com movimentos livres como a águia para dominar o espaço. Pelos fatos observados, esses querubins representam uma ordem de anjos.

QUESALOM (*no hebraico, "força", ou "fortaleza"*) – nome de uma cidade situada na linha divisória da tribo de Judá, sobre o monte Jearim, Js 15.10, identificada com a atual aldeia de *Kesla*, 11 km a oeste de Jerusalém.

QUÉSEDE (*talvez seja desse nome que se deriva o vocábulo caldeu Kasdim*) – nome de um dos filhos de Naor e Milca, *cf*. Gn 22.22.

QUESIL (*no hebraico, "tolo", ou "ímpia"*) – nome de uma aldeia do extremo sul de Judá, também conhecida pelo nome de Betul ou Betuel, Js 15.30.

QUESULOTE (*no hebraico, "confianças", ou "cintura", ou "lombos", ou "declives"*) – nome de uma cidade da linha divisória de Issacar, talvez a mesma Quislote-Tabor, Js 19.18.

QUETURA (*no hebraico, "incenso"*) – nome de uma mulher de Abraão, Gn 25.1; *cf*. 16.3. A história dessa união encontra-se no final da biografia de Abraão, por causa de considerações de ordem literária a que obedece a feitura do livro, sem acompanhar a ordem cronológica dos fatos. O autor do livro fornece breve notícia sobre a linha subordinada dos descendentes, imediatamente deixa-os para continuar com a história principal. Pelo que se observa, Abraão tomou outra mulher chamada Quetura, muito antes da morte de Sara, Quetura veio a ser a progenitora das tribos de Zinrã, Jocsã, Medã, Midiã, Jisbaque e Suá, Gn 25.1,2; 1 Cr 1.32. Os filhos dessa mulher não tiveram iguais direitos aos de Isaque, a quem Abraão deu tudo quanto possuía. Pelos filhos, porém, das concubinas, distribuiu dádivas e os separou de Isaque seu filho, ainda em vida, para as partes do oriente, Gn 25.6. As antigas genealogias árabes dão conta de uma tribo com o nome de *Ketura* estabelecida nas vizinhanças da cidade de Meca.

QUEZIA (*no hebraico, "cássia", ou "sinamomo"*) – nome da segunda filha que nasceu a Jó, depois de seu sofrimento, *cf*. Jó 42.14.

QUIBROTE-TAAVÁ

QUIBROTE-TAAVÁ (*no hebraico, "sepulcros do desejo", "sepulcros da concupiscência"*) – nome de um lugar da península do Sinal, entre o monte Sinai e Haserote, onde foram sepultados os israelitas mortos pela praga que os feriu, por haverem eles manifestado desejos de voltar para o Egito, *cf.* Nm 11.33-35; 33.16,17; Dt 9.22. Em 1870, o Dr. Palmer e seu companheiro Drake julgaram haver encontrado o sítio onde se deu tão lamentável incidente, no lugar denominado *Erweis el-Ebeirig*, a um dia de viagem de *Ain el-Hudera*, que é elevada planura muito própria para grande acampamento e com evidentes sinais que se estendem a muitas milhas, de ter servido para esse fim. Diz a tradição que nesse lugar acampou a grande caravana do poderoso *Hajj* que há muitos anos por ali passou e de quem nunca mais se ouviu falar.

QUIBZAIM (*no hebraico, "dois montões"*) – nome de uma cidade de Efraim, dada aos sacerdotes coatitas, Js 21.22. Tem sido identificada com a cidade de Jocmeão, mencionada em 1 Cr 6.68.

QUIDOM (*no hebraico, "lança", "dardo"*) – nome da eira em que Uzá caiu morto por ter estendido a mão para amparar a arca, 1 Cr 13.9. Em 2 Sm 6.6, o nome da eira é Nacom. A diferença do nome não alcançou ainda explicação satisfatória. Lugar desconhecido.

QUILEABE – nome do segundo filho de Davi, nascido em Hebrom, de Abigail do Carmelo. Em 1 Cr 3.1, tem o nome de Daniel, 2 Sm 3.3.

QUILIOM (*no hebraico, "fracasso", "definhamento"*) – nome do filho mais velho de Elimeleque e Noemi, Rt 1.2,5.

QUILMADE – nome de um lugar que mantinha relações comerciais com Tiro, mencionado com Sabá e Assur, Ez 27.23.

QUIMÃ (*no hebraico, "anelo"*) – nome de um filho de Barzilai de Gilgal. Quando o pai foi convidado por Davi para viver em companhia do rei, declinou desta honra por causa da sua idade avançada, indo em seu lugar o filho Quimã, 2 Sm 19.37,38. Parece que este foi residir nas proximidades de Belém, onde estabeleceu uma hospedaria, Jr 41.17.

QUINÁ (*no hebraico, "canção matinal"*) – nome de uma aldeia, situada no extremo sul de Judá, próxima à fronteira de Edom, *cf.* Js 15.22. Localização desconhecida.

QUINERETE (*no hebraico, "harpa", ou "com formato de harpa"*) **1** Nome de uma cidade fortificada da tribo de Naftali, Js 19.35; *cf.* Dt 3.17. **2** Nome da região ao redor de Quinerete, 1 Rs 15.20; *cf.* Js 11.2. Identificada com a planície de Genesaré, Mt 14.34. **3** Nome de um lençol de água adjacente a uma cidade fortificada na região de Quinerote, Nm 34.11; Js 12.3; 13.27; 1 Rs 15.20. Em tempos adiante, esse nome aparece com a forma Genesaré, mar da Galiléia ou Tiberíades, Lc 5.1; Jo 6.1.

QUIOS – **1** Nome de uma cidade e de um promontório na costa ocidental da Ásia Menor, fronteira à ilha de Samos. Ali esteve Paulo, quando se dirigia pela terceira vez a Jerusalém, At 20.15. Um dos ancoradouros do porto de Trôade tem o nome de Paulo. **2** Nome de uma ilha, que atualmente chama Cio ou Quio, no arquipélago grego, à entrada do golfo de Esmirna. Fica ao sul de Lesbos e ao norte de Samos. Mede 59 km de comprimento de norte a sul e 33 km de largura de este a oeste, com a área de 1.947 km². O apóstolo Paulo passou por ela na sua última viagem em demanda da Palestina, At 20.15.

QUIR (*no hebraico, "cidade forte", "muralha"*) – nome do lugar de onde emigraram sírios para Damasco, de onde voltaram depois da conquista dos assírios, 2 Rs 16.9; Am 1.5. Fala-se dos habitantes de Quir como associados com os elamitas para combaterem contra Judá, Is 22.6. Lugar desconhecido. Gesenius identifica Quir com a região *Kur*, entre o mar Negro e o Cáspio, sem base segura. Do mesmo modo faz Schrader, identificando-a com a Média (*cf.* Is 21.2; 22.6), pois não há razão para se crer que os armênios viessem da Média. Também carece de provas a identificação de Furrer com o distrito da Cirenaica, a noroeste de Antioquia.

QUIR DE MOABE – cidade fortificada ao sul de Moabe, Is 15.1, que resistiu aos exércitos combinados de Judá e Edom, 2 Rs 3.25. O nome atual, segundo o Targum, é Querá. Está situada 20 km a oriente da baía sul do mar Morto, ao sul de Lisã, e 33 km ao sul do rio Arnom. Ocupa a extremidade de um outeiro triangular, 1.217 m acima do Mediterrâneo, sobre uma plataforma rochosa, cuja extremidade a sudeste tem a altitude de 1.336 m. Exceto em um ou dois lugares, o outeiro encontra-se isolado das elevações vizinhas, por precipícios que descem a prumo até o fundo dos vales. O seu ponto fraco, para defesa militar, é que ela está cingida de outeiros adjacentes que se elevam à altura de 1.336 m. Querá forma um triângulo de 792 a 990 m de cada lado, e dá entrada por dois túneis abobadados, que parecem pertencer à época dos romanos, e nela existem vestígios dos tempos dos romanos e dos maometanos. Há um grande castelo construído pelo rei Fulco, no ano 1131, e que desde 1183 até 1188 desafiou os esforços de Saladino que tentou assaltá-lo. Ibraim Pacha, em 1841, tentou debalde capturá-la. Tem atualmente a população de cerca de oito mil habitantes, sendo mil cristãos.

QUIR-HARESETE – o mesmo que Quir de Moabe, 2 Rs 3.25. Sua forma no plural é Quir-Heres, Is 16.11.

QUIRIATAIM (*no hebraico, "cidades gêmeas"*) – nome de uma antiga cidade dos emins, Gn 14.5, reconstruída pelos rubenitas, Nm 32.37; Js 13.19, que depois caiu nas mãos dos moabitas, Pedra Moabita 10; Jr 48.1,23; Ez 25.9. Acredita-se que estava situada em *Kureiyar*, ao norte do Arnom e a sudeste de Atarote. As suas ruínas encontram-se sobre dois outeiros.

QUIRIATE (*no hebraico, "cidade"*) – nome de uma cidade da tribo de Benjamim, Js 18.28.

QUIRIATE-ARBA (*no hebraico, "cidade de Arba"*) – antigo nome da cidade de Hebrom, que parece ter sido fundada por Arba, pai de Anaque, Gn 23.2; Js 14.15; 15.13,54; 20.7; 21.11; Jz 1.10. Ainda existia com esse nome no tempo de Neemias, Ne 11.25 (veja *HEBROM*).

QUIRIATE-ARIM – nome contraído de Quiriate Jearim em Esdras 2.25 (veja *QUIRIATE-JEARIM*).

QUIRIATE-BAAL (*no hebraico, "cidade de Baal"*) – o nome mais antigo da cidade de Quiriate-Jearim, Js 15.60 (veja *QUIRIATE-JEARIM*).

QUIRIATE-HUZOTE (*no hebraico, "cidade de ruas", ou "cidades dos lugares exteriores"*) – cidade moabita perto de Ramote-Baal, onde Balaão e Balaque estiveram com o propósito de oferecer sacrifícios, Nm 22.39,41. Pode bem ser a mesma Quiriate-Jearim.

QUIRIATE-JEARIM (*no hebraico, "cidade das florestas", ou "cidade dos bosques"*) – nome de uma cidade que pertenceu aos gibeonitas, Js 9.17, situada na parte da linha divisória entre as tribos de Judá e Benjamim, Js 15.9; 18.14,15, mas pertencia a Judá, 15.48,60; Jz 18.12. Depois que

QUIRIATE-JEARIM

os filisteus devolveram a arca, permaneceu durante 20 anos nessa cidade, até a segunda batalha de Betcar, 1 Sm 6.19 até 7.2. Alguns dos habitantes de Quiriate-Jearim voltaram do cativeiro, Ne 7.29; Ed 2.25. Também é conhecida pelo nome de Quiriate-Baal, Js 15.60; 18.14, Baala, Js 15.9,11. Diz o historiador Eusébio que ficava nove ou dez milhas romanas distante de Jerusalém, na estrada que vai a Dióspolis, i.é., Lida, e de acordo com essa indicação tem sido identificada com *Kuriet el-Enab*, 13 km a noroeste de Jerusalém. Conder diz que as ruínas de Erma estão no lugar da antiga Quiriate-Jearim, e que se encontram 20 km a sudeste de Jerusalém, e 4,5 km de Quesla. A esta opinião opõe-se o texto sagrado de *cf.* Js 15.10. Erma e Jarim são radicalmente diferentes, e a sua posição muito distanciada dos estabelecimentos gibeonitas.

QUIRIATE-SEFER – este era um nome antigo de Debir (veja *DEBIR*).

QUIRINO/QUIRÍNIO/QUIRINIUS

(*Quirinius era a forma primitiva desse nome entre os latinos e, Cyrenius, o mesmo nome corrente entre os gregos*) – nome de um dos governadores romanos nomeados para a Síria, Antig. 18.11, e que por ordem de César Augusto mandou fazer o alistamento do povo na Judéia. Por esse motivo é que José e sua esposa Maria saíram de Nazaré para a cidade de Belém. Isto ocorreu no reinado de Herodes, o Grande, ao findar o quinto ano antes de Cristo ou no princípio do quarto. O alistamento devia ser feito em todo o império romano para a cobrança dos impostos. Houve esse primeiro alistamento quando Quirino era governador da Síria, Lc 2.1-5. Quirino foi enviado duas vezes como *Legatus Augusti*, i.é., como governador para a Síria. A primeira vez, entre 7 e 2 a.C., quando dirigiu a guerra contra os homonadenses da Cilícia, talvez partilhando das honras e do título de parceria com Varo, que

foi também governador da Síria entre 7 e 4 a.C. Varo dirigia os negócios civis, e Quirino conduzia os negócios militares. Quirino foi procônsul da Ásia entre 3 e 2 a.C., se as inscrições encontradas no Tivoli receberam a interpretação verdadeira que lhes deu o professor Ramsay; e foi *Legatus August*, na Síria, pela segunda vez, no ano 6 a 9 d.C. O primeiro alistamento fez-se à moda judaica por tribos e famílias; e o segundo, entre 6 e 7, quando a Judéia estava incorporada ao império romano em sinal de sujeição ao domínio estrangeiro, o ocasionou o levante efetuado por Judas Galileu, At 5.37; Antig. 17.13,5; Guerras 2.8,1. Lucas dá o primeiro alistamento como feito por Quirino sem mencionar o nome de Varo, porque, geralmente, se fazia menção deles, para distingui-lo do outro alistamento que deu origem aos tumultos. Tácito apresenta-nos breve biografia de Quirino (Antig. 3.48), nos seguintes termos: "Por este tempo, ele (o imperador Tibério) pediu ao senado que se fizessem públicas solenidades pela morte de Sulpício Quirinius (Ano 21 d.C.)". "Quirinius não pertencia à antiga família patrícia dos Sulpício, mas era natural de Lanuvium, cidade municipal. Em recompensa aos serviços prestados como militar e administrador, foi-lhe conferida a honra de cônsul no tempo do imperador Augusto (12 a.C.) e logo depois teve as honras de um triunfo por haver tomado as fortalezas dos homonadenses na Cilícia." Enquanto servia de chefe na ausência de Caio César, que estava na Armênia, também prestou serviços a Tibério quando este se achava em Rodes. Tibério menciona esse fato nessa carta em que ele o louva pelos bons ofícios, e acusa Marcos Lolius de ser o autor das depravações de Caio César, e da malvadeza de seu gênio. Para outra gente, porém, a memória de Quirinius não é tão grata, por causa do processo levado a efeito contra sua mulher Lepida (que ele acusou de adultério, de envenenamentos e de planos traiçoeiros, de que foi livre pela compaixão popular) e também pela avareza sórdida de seus últimos anos, apesar de seu grande poder.

QUIRIOTE (veja *QUERIOTE*).

QUIS (*no hebraico, "arco", ou 'flecha'*) **1** Nome de um benjamita, filho de Jeiel, 1 Cr 8.30; 9.35,36. **2** Nome de um benjamita, pai do rei Saul e filho de Abiel, 1 Sm 9.1, mas também registrado com o nome de filho de Ner, e descendente de Jeiel, 1 Cr 8.33; 9.36,39. Esta última genealogia pode simplesmente indicar que Quis foi descendente de Ner, sem afirmar que era filho direto dele, dando lugar à existência de Abiel e outros nomes, entre Quis e Ner, porém, é provável que somente um Quis e um Ner fossem descendentes de Jeiel. Sendo assim, conclui-se que os descendentes de Ner formaram duas casas tribais, a de Quis e a de Ner. A primeira, que era família real de Saul, dava o nome de Quis, filho de Ner, como seu fundador, mas era apenas um ramo procedente de outro mais antigo, menos distinto, que se prendia à linha genealógica de Ner. Ambas as famílias pertenciam à casa de Jeiel, e, portanto, Quis e Ner estão registrados, segundo princípios familiares, entre os filhos de Jeiel, 9.36. Quis, pai de Saul, e Ner, pai de Abner, aparecem também como filhos de Abiel, 1 Sm 9.1; 14.51; portanto, Ner ou Abner era tio de Saul, 14.50. Abiel segundo alguns expositores supõem, pode ser ou não, outro nome, ou a forma correta da palavra Jeiel. **3** Nome de um levita, do tempo de Davi, da família de Merari, da casa de Mooli, 1 Cr 23.21,22; 24.29. **4** Nome de um levita, da família de Merari e filho de Abdi que auxiliou o movimento religioso do tempo de Ezequias, 2 Cr 29.12. **5** Nome de um benjamita, antecessor de Mardoqueu, Et 2.5.

QUISI (*no hebraico, "arco de Jeová"*) – nome do filho de Etã, nomeado como cantor e músico, no tempo do rei Davi, *cf*. 1 Cr 6.44. É chamado de Cusaías em 1 Cr 15.17.

QUISIOM (*no hebraico, "dureza", ou "terra dura"*) – nome de uma cidade nos limites de Issacar, Js 19.20, dada aos levitas da família de Gérson, 21.28. Em 1 Cr 6.72 aparece com o nome de Quedes, talvez algum erro de cópia. Localização desconhecida.

QUISLEU – nome do nono mês do ano hebraico, Ne 1.1; Zc 7.1; 1 Mac 1.54.

QUISLOM (*no hebraico, "esperança"*) – nome do pai do príncipe de Benjamim no tempo de Moisés, Nm 34.21.

QUISLOTE-TABOR (*no hebraico, "os flancos do Tabor", ou "a confiança do Tabor"*) – nome de uma localidade perto do Tabor que servia de marco aos limites de Zebulom, *cf*. Js 19.12, talvez a mesma Quesulote mencionada no versículo 18. Os dois nomes são radicalmente idênticos, diferindo apenas na vocalização. Eusébio faz menção de uma aldeia com o nome de Casalus na planície do Tabor. Existe uma aldeia, e uma elevação rochosa, a oeste do Tabor, que tem o nome de *Iksal ou Ksal*, que parece indicar a antiga posição dessa localidade.

QUISOM (*no hebraico é qishôn, talvez signifique "meândrico", "sinuoso"*) – nome do rio mais importante da Palestina, depois do Jordão. "A torrente de Quisom arrastou os seus cadáveres", os cadáveres dos soldados de Sísera, quando em fuga, batidos pelos soldados de Israel, Jz 5.19-21; Sl 83.9. Os sacerdotes de Baal, depois da derrota no Carmelo, foram mortos na torrente de Quisom, 1 Rs 18.40. Esse rio tem atualmente o nome de *Nahr el-Mukuta*. Konder e Kitchener dizem que as suas nascentes encontram-se perto de *khurbet el-Mezrah*,

QUISOM

e de *el-Mujahiyah*. Desse ponto, que é pouco distante de Betsã, estende-se grande linha de tanques formando uma corrente contínua. Como o nome o indica, Quisom é rio sinuoso, com grandes curvas, passando pela planície de Esdraelom, vindo do noroeste. Parece corrente de pouca importância, tendo apenas quatro a seis metros de largura, mas tem perigosos bancos de um fundo de lama muito traiçoeiro. Quando os turcos e os árabes foram derrotados pelos franceses, na batalha do monte Tabor, a 16 de abril de 1790, os vencidos tiveram a sorte dos soldados de Sísera. Para os lados de Harosete dos gentios, cidade de Jabim, o Quisom passa por uma estreita garganta, no fundo dos penhascos que constituem o lado norte do monte Carmelo. Em certos lugares, passa inteiramente sem ser visto, sob uma abóbada de oleandros. Depois entra na planície do Acre. Dunas de areia, matizadas de grupos de palmeiras, opõem-se ao seu curso. Vencidos esses obstáculos pelo volume das águas, faz sua entrada triunfal no Mediterrâneo.

QUITIM – nome dos descendentes de Javã, filho de Jafé, que habitaram as costas do Mediterrâneo, Chipre e outras ilhas do mesmo mar, *cf.* Gn 10.4; 1 Cr 1.7; Is 1.12; Jr 2.10; Ez 27.6; Dn 11.30, onde se emprega a linguagem de Nm 24.24; Antig. 1.6,1. Esse nome tem sua relação com o nome Chipre e com Quitiom, cidade antiga dessa ilha, e ainda com a palavra *Kiti*, mencionada por *Tutmés III*, quando possuiu a ilha. Lê-se em 1 Mac 1.1, que Alexandre, o Grande, havia saído da terra de Quitim. No cap. 8.5 do mesmo livro, fala-se em Perseu como rei de Quitim, no sentido de Macedônia.

QUITLIS/QUITILIS – nome de uma aldeia, situada nas terras baixas de Judá, Js 15.40. Localização desconhecida.

QUITROM (*no hebraico, "figurada" ou "pequena"*) **–** nome de uma cidade, situada no território de Zebulom, na qual permaneceram os cananeus depois da conquista, Jz 1.30.

QUIUM – palavra que se encontra uma só vez na Bíblia hebraica, Am 5.26. Pode representar o planeta Saturno, conhecido dos sírios pelo nome de *Kaivan* ou *Keivan*.

RÃ (*no hebraico, çᵉphardea', no grego, é batrachos*) – animal anfíbio, Êx 8.3; *cf.* 16.13. A rã, do Antigo Testamento, *Rana punctata*, é naturalmente a rã pintada do Egito.

RAABE (*no hebraico rāhābh, o significado da raiz rhbh é "largo", o nome pode significar "arrogância", "tempestade", ou "largo"*) **1** Nome poético aplicado ao Egito, Sl 87.4; 89.10; Is 30.7; 51.9. Em Is 51.9, está em paralelo com dragão. Em Jó 9.13 e 26.12, alguns intérpretes são de parecer que se refere a um monstro marinho, e outros pensam que seja alusão a um semítico, uma espécie de monstro marinho, Tiamate, que tentou reduzir a ordem do universo a um caos, sendo subjugado por Marduque, deus sol. Esta interpretação pode ser verdadeira. Os poetas inspirados serviam-se de criações imaginárias para ilustrar a verdade (veja *LEVIATÃ*). **2** Nome de uma mulher prostituta que morava em Jericó e cuja habitação ficava sobre o muro da cidade. Ela recolheu em sua casa os espias enviados por Josué para explorar a cidade, escondeu-os, quando estavam em perigo de serem presos, e com uma corda os fez descer pelo muro, por onde saíram para o campo israelita, Js 2.1-24. Por ocasião da tomada de Jericó, Raabe e toda a sua família foram poupadas e incorporadas ao povo de Deus, 6.22-25; Hb 11.31; Tg 2.25. Foi ela, provavelmente, mulher de Salmom e mãe de Boaz e como tal, entrou na linha genealógica dos antecessores de Davi e de nosso Senhor, *cf.* Mt 1.5.

RAAMÁ (*no hebraico ra'mã, ou ra'mâ, "tremor"*) – nome coletivo de um povo descendente de Cuxe e associado com Sebá, *cf.* Gn 10.7; 1 Cr 1.9. Os vendedores das duas tribos levavam pedras preciosas e ouro para os mercados de Tiro, Ez 27.22. Encontra-se o nome de Raamá nas inscrições de Sabá, falando de sua localização a sudoeste da Arábia perto de Maim.

RAAMIAS

RAAMIAS – nome de um chefe que voltou com Zorobabel do cativeiro babilônio, *cf*. Ne 7.7.

RAÃO (*no hebraico, "misericórdia", "amor"*) – nome de um homem de Judá, da família de Hebrom da casa de Calebe, *cf*. 1 Cr 2.44.

RABÁ (*no hebraico rabbâh, "grande", "capital". Rabbat bᵉnê 'ammon, "Rabá dos filhos de Amom"*) **1** Nome de uma cidade, situada às margens de um dos tributários do Jaboque, 23 milhas a oriente do ponto mais vizinho ao Jordão. Era a cidade principal dos amonitas. Na guerra contra os filhos de Amom, vingando o ultraje feito aos embaixadores de Davi, Abisai derrotou os amonitas em Medeba, *cf*. 1 Cr 19.7-15. Na primavera do ano seguinte, Joabe sitiou Rabá. Durante uma peleja foi morto Urias, o heteu, *cf*. 2 Sm 11.6-25. A parte da cidade entre a cidadela e o rio, chamada cidade das águas, caiu em poder de Joabe, porém Davi estava em Jerusalém e por isso foi chamado para completar a conquista e dar seu nome à vitória. Assim ele o fez, tratando os habitantes da cidade com severidade cruel, *cf*. 2 Sm 11.1; 12.26-31; 1 Cr 20.1-3. Contra essa cidade, os profetas de Israel proferiram veementes denunciações, Jr 49. 2-6; Ez 21. 20. Ptolomeu Filadelfo a embelezou em 285-247, a.C., e em honra de seu nome a denominou Filadélfia, nome este que os naturais repeliram. Filadélfia ficava no limite extremo da Peréia, Guerras 3.3, e era a que ficava mais ao sul de Decápolis. A estrada comercial entre Damasco e a Arábia, que beirava o deserto, passava por ela, e dali partia outra estrada que passava por Gerar e Pela em direção a Citópolis. Foi outrora sede de um bispado. Entre suas ruínas encontram-se restos de uma igreja. Como em vários outros casos, o seu nome desapareceu, e em seu lugar existe o de Amã que é uma abreviatura do primitivo, Rabá Amom. **2** Nome de uma cidade com suas aldeias, situada na parte montanhosa de Judá, Js 15.60. Presume-se que fica nas ruínas de Ruba, cerca de 26 km a oeste-sul de Belém. Aparece em Figueiredo com o nome de Areba.

RABE-MAGUE – título de elevado ofício que usava Nergal-Sarezer, oficial do exército de Nabucodonosor, Jr 39.3. Existem quatro modos de explicar esse termo, porém nenhum deles tem base segura. **1** Denota o chefe dos magos. Segundo essa idéia, a casta religiosa dos medos e dos persas tinha grande influência na Babilônia no reinado de Nabucodonosor, o qual havia casado com uma das princesas da Média, e tinha um chefe medo à frente do exército. Os magos, que em grego se diz *Magoi*, singular *Magos*, na língua semítica é *Magushu* e não *mag*. **2** É modificação hebraica da palavra *rubu imga*, que significa príncipe exaltado, título assumido por Nabucodonosor. A palavra *imga* não tem sentido bem determinado. A vogal longa inicial serve de forte argumento contra a sua identidade com *mag*. **3** Representa *rab mahhu*, grande profeta, ou adivinho, que, segundo se lê em Jeremias, acompanhava o exército, como faziam os romanos com os seus adivinhos. **4** Uma vez que a palavra *mah* representa príncipe, do mesmo modo que a palavra *rab*, a combinação de ambas faz príncipe que é o título de uma alta patente militar, apenas empregada para designar a posição pessoal.

RABE-SARIS (*Rab-sha-reshu, "chefe que é cabeça", um título assírio dado ao eunuco a serviço do rei*) – o final desse nome foi modificado para adaptar-se ao ouvido dos hebreus. O *reshu* passou a ser *saris*, que quer dizer eunuco. Título oficial de um funcionário. Um desses *rabe-saris* acompanhou os exércitos de Senaqueribe e de Nabucodonosor, *cf*. 2

Rs 18.17; Jr 39.3. O oficial da corte de Nabucodonosor, denominado eunuco-mor, em hebraico é *rab sarisim*, parece que exercia as mesmas funções militares mencionadas, Dn 1.3.

RABI (*no aramaico rabh, "mestre"; rabbi, "meu mestre", Rabbônî e rabban são formas enfáticas de rabbi*) – doutor ou mestre, termo de distinção honrosa aplicado pelos judeus a seus instrutores espirituais, *cf.* Mt 23.7; Jo 1.38. Dizem que as escolas judias continham três graus de honra: *rab* (mestre), grau inferior, *rabbi* (meu mestre), grau médio; e *rabboni* (meu senhor, meu mestre), que era o mais elevado de todos. Quando o apóstolo João escreveu o seu evangelho, a terminação *oni*, "meu", havia perdido a sua significação especial de adjetivo possessivo, porque dá às palavras *rabbi* e *rabboni* o mesmo sentido de mestre, *cf.* Jo 1.38; 20.16.

RABITE (*no hebraico, "multidão"*) – nome de uma aldeia situada na fronteira de Issacar, Js 19.20. Conder a identifica com a atual povoação Raba, situada entre as montanhas oito milhas ao sul do monte Gelboé, e sete a sudeste de Jenim. Alguns estudiosos supõem tratar-se da cidade de Daberate, cidade levita no território de Issacar, Js 21.28; 1 Cr 6.72. A LXX, no texto de Js 19.20, diz "Daberote" e não Rabite.

RABÔNI (veja *RABI*).

RABSAQUÉ (*derivado do assírio rab, "chefe, e shaqe, "copeiro", mas o título em questão deve ser rab sha reshi, "chefe dos nobres", "chefe dos príncipes", ou "general"*) – esse título militar está associado ao nome *Tartã* e *Rabe-Saris* de Senaqueribe no comando de uma expedição contra Jerusalém, *cf.* 2 Rs 18.17. Nessa ocasião, foi ele quem dirigiu a conferência com os oficiais de Ezequias, *cf.* v. 19,26,27,37, e

que chefiou a expedição militar contra Judá, *cf.* 19.8.

RACA (*no aramaico é rêqâ', "estúpido", "tolo", ou "vazio"*) – termo que envolve insulto, negativo, e de desprezo mencionado por Jesus no Sermão do Monte, Mt 5.22. No Antigo Testamento, o termo hebraico *rêquîm* aparece algumas vezes com significado similar, Jz 11.13; 2 Sm 6.20.

RACAL (*no hebraico, "comércio"*) – nome de um lugar da tribo de Judá para onde Davi enviou alguns despojos tomados em Ziclague, 1 Sm 30.29. A LXX diz "carmelo" no mesmo texto, o que pode ser mais correto. Localização geográfica desconhecida.

RACATE (*no hebraico, "praia"*) – nome de uma cidade fortificada da tribo de Naftali. Pela formação desse nome, presume-se que estivesse situada na costa do mar da Galiléia, Js 19.35. Os rabinos a mencionam como existente no lugar que se encontra atualmente a cidade de Tiberíades.

RACOM (*no hebraico, "escassez", "praia"*) – nome de uma aldeia da tribo de Dã, Js 19.46. Conder diz que se localizava onde, atualmente, está *Tell er-Relkkeit*, duas milhas e meia ao norte da foz do *Aujah* e seis milhas ao norte de Jope.

RADAI (*no hebraico, "subjugando"*) – nome de um dos filhos de Jessé e irmão de Davi, 1 Cr 2.14.

RAFA – **1** Nome do quinto filho de Benjamim, 1 Cr 8.2. A forma hebraica é *Ráfe*, "Ele (Deus) curou". Ele não foi contado com os que acompanharam Jacó ao Egito, Gn 46.21, e, provavelmente, nasceu ali. Não fundou família tribal. Os seus descendentes, se é que os teve, entraram em outras famílias da tribo de Benjamim. **2** Nome de um descendente de Saul, 1 Cr 8.37. A

RAFA

forma hebraica é *Ráfaia*, "Ele (Deus) tirou", ou o mesmo significado já mencionado. É chamado *Refaías* em 9.43, que é nome sinônimo.

RAFAEL (*no hebraico é rᵉfa'el, "El cura"*) **1** Nome de um levita, filho de Semaías, da família de Obede-Edom, e porteiro do santuário, *cf.* 1 Cr 26.7. **2** Nome de um arcanjo mencionado nos escritos apócrifos, Tob. 12.14,15; Enoque 10.4.

RAFOM – nome de uma cidade de Gileade, sitiada pelos amonitas e libertada por Judas Macabeu, 1 Mac 5.37. Parece que distava pouco de Carnaim, 43. Pode ser identificada com Rafana, que era uma das cidades primitivas que formaram Decápolis, localizada ao sul do mar da Galiléia e ao oriente do Jordão.

RAFU (*no hebraico, "curado"*) – nome de um benjamita, pai de Palti, um dos enviados para espiar a terra de Canaã representando a tribo de Benjamim, *cf.* Nm 13.9.

RAGAÚ (*no hebraico, "amigo"*) – nome de um dos descendentes de Éber e antecessor de Abraão, *cf.* Lc 3.35. Gênesis 11.18-26 registra o nome de *Reú*.

RAINHA (*no hebraico, é malkâ; no grego, é basilissa*) – a consorte do rei ou mulher que governa em lugar do rei. Vasti e Ester foram rainhas consortes, *cf.* Et 1.9; 2.22. Mesmo depois da morte do rei, seu esposo, a rainha, especialmente sendo mãe do novo monarca, conservava o respeito e a influência inerente à sua posição, 2 Rs 10.13. A prática da poligamia tornava a posição, até mesmo de uma rainha, muito precária. Às vezes, o rei caprichosamente a colocava sob o domínio de uma das suas rivais. A rainha-mãe mantinha relações inalteráveis com o monarca, e em muitos casos, constituía-se poderosa personagem feminina da

corte. A Escritura faz menção a três rainhas que ocuparam tronos: Atalia, que depois de exterminar a descendência real, usurpou o trono de Judá; a rainha de Sabá, *cf.* 1 Rs 10.1-13; 2 Cr 9.1-12, e Candace, rainha da Etiópia, *cf.* At 8.27. Supõe-se que estas últimas ocupavam legitimamente o trono.

RAINHA DO CÉU – a rainha – *melekheth* – do céu era uma falsa divindade em honra da qual, os judeus, no tempo de Jeremias, ofereciam libações e incenso, Jr 7.18; 44.5-30. Parece que era a mesma deusa Astarote que os fenícios adoravam, personificada em parte na lua e em parte no planeta Vênus.

RAMÁ (*no hebraico, ramah, "altura"*) **1** Nome de uma cidade murada, da tribo de Naftali, Js 19.36, supõe-se ter existido no local ocupado atualmente por *Er-Rame*, cinco milhas a sudoeste de Safade e 17 ao oriente de Acre. **2** Nome de uma cidade, situada na linha divisória da tribo de Aser, Js 19.29. Se não for a mesma Ramá de Naftali, referida no v. 36, deve ter existido onde está a atual Ramé, 13 milhas a sudoeste de Tiro. **3** Nome de uma cidade da tribo de Benjamim, Js 18.25, perto de Gibeá e Betel, Jz 4.5; 19.13,14; Is 10.2. Baasa, rei de Israel, a fortificou para impedir que o povo de Judá fizesse incursões para o norte, 1 Rs 15.17,21,22; 2 Cr 16.1-6. Parece que foi dessa cidade que os cativos de Judá saíram para o cativeiro da Babilônia, Jr 40.1. De volta do cativeiro continuou a ser ocupada pelos judeus, Ed 2.26; Ne 11.33. Segundo informa Josefo, distava de Jerusalém cerca de 40 estádios, Antig. 8.12,3. Robinson supõe que estava situada onde existe atualmente *er-Ram*, cinco milhas ao norte de Jerusalém, opinião esta geralmente aceita. A povoação atual é de pouca importância. O solo é semeado de pedras lavradas, fragmentos de colunas, restos dos tempos remotos. **4** Nome da cidade onde residiam os pais de Samuel, 1 Sm 1.19, 2.11; *cf.* 1.1, e onde este nasceu, viveu, 7.17; 8.4; 15.34; 16.13; 19.18, 19, 22, 23; 20.1, e foi sepultado, 25.1; 28.3. Para distingui-la de outras cidades de nome igual, chamavam-na *Ramataim de Zofim, cf.* 1.1 com 19. Não se pode determinar com certeza onde se localizava. Alguns mencionam em Ramá de Benjamim. Segundo esse parecer, a descrição do local harmoniza-se bem com a região montanhosa de Efraim, 1 Sm 1.1 e distinta daquela outra cidade sem nome, existente na terra de Zufe, onde Saul encontrou pela primeira vez Samuel, 9.5s. Robinson acha duvidosa essa identificação, talvez com justiça, apesar de não ser apoiado por todas as autoridades. Dizem outros que Ramá ficava ao sul da tribo de Benjamim, pois: I). A passagem de 1 Sm 1.1 não diz claramente que estava na região montanhosa de Efraim: menciona o nome de um homem da família de Zufe que morava em Ramataim, cidade dos sofistas, que se ramificavam com os levitas da família de Coate denominados efraimitas, porque o lugar destinado para a sua residência era a região serrana de Efraim, de onde emigraram, *cf.* Js 21.5; 1 Cr 6.22-26,35,66s. II). Se essa interpretação for verdadeira, segue-se que a cidade cujo nome se ignora, e onde Saul se encontrou com Samuel, deve ser *Ramataim de Zofim*, na terra de Zufe. Esse distrito está para fora dos limites de Benjamim, 1 Sm 9.4-6, para o sul, isto é, em uma situação tal que, saindo-se de uma cidade que esteja dentro ou fora desse limite, em direção a Gibeá de Benjamim, chega-se ao sepulcro de Raquel nos termos dessa tribo, 10.2, entre Betel e Belém, Gn 35.16,19. III). Fica-se sabendo o motivo que Saul não conheceu à primeira vista o profeta Samuel, o que não teria acontecido se o profeta morasse em Ramá de Benjamim, que ficava duas milhas e meia distante da casa de Saul; *cf.* também 1 Sm 8.1,2. Pode-se ainda procurar-se outra localização para Ramataim no território de Efraim, Antig. 5.10,2, onde moravam os sofistas; mas não em Benjamim, nem naquela cidade cujo nome não aparece, referida em 1 Sm 9.5. Indicam alguns *Beit Rima*, 13 milhas a nordeste de Lida como o local da antiga Ramá. **5** Nome de uma aldeia da tribo de Simeão, Js 19.8. É, sem dúvida, a mesma Ramote do Neguebe, 1 Sm 30.27, também conhecida pelo nome de *Baalate-Ber*.

RAMATAIM (*no hebraico, "alturas gêmeas"*) **–** cidade que deu nome a um dos três distritos governamentais que foram destacados de Samaria e incorporados à Judéia, 1 Mac 11.34; *cf.* 10.30,38. Deveria estar situada nas proximidades da tribo de Efraim para os lados do sul.

RAMATAIM-ZOFIM (*no hebraico, "alturas gêmeas dos sofistas"*) **–** nome do lugar onde residia o pai de Samuel, 1 Sm 1.1.

RAMATITA – natural ou habitante de Ramá, 1 Cr 27.27. Como existem várias cidades com esse nome, não se sabe a qual delas se refere a passagem citada.

RAMEIRA (veja *MERETRIZ*).

RAMESSÉS (*em egípcio, Ra-mesu, "filho de Rá", ou "filho do sol", no hebraico é ra'm^{e}ses, ou ra'am^{e}ses*) **–** nome de uma cidade do Egito, situada na parte mais fértil do país, Gn 47.11, na terra de Gósen, v. 6. Por ordem de Faraó, José estabeleceu ali seu pai e seus irmãos. A cidade de Ramessés ou Ramsés, que os israelitas construíram para Faraó (talvez o Ramsés II), parece ser a mesma Ramessés de Êxodo 1.11. Por ocasião do êxodo, os israelitas saíram de Ramessés para Sucote, *cf.* Êx 12.37; Nm 33.3.

RAMIAS (*no hebraico, "Jeová é exaltado"*) **–** nome de um dos filhos de Parós, que Esdras induziu a separar-se de sua mulher estrangeira, Ed 10.25.

RAMOTE (*no hebraico, "alturas", nome grafado de várias formas na LXX*) **1** Nome de uma aldeia da tribo de Simeão, Js 19.8, conhecida pelo nome Ramote do Neguebe, ou do Sul, 1 Sm 30.27. **2** Nome de uma cidade da tribo de Issacar, destinada à residência dos levitas da casa de Gérson, 1 Cr 6.73. **3** Nome de uma cidade de Gileade (veja *RAMOTE-GILEADE*). **4** Nome de uma cidade do sul, 1 Sm 30.27.

RAMOTE-GILEADE (*no hebraico ramoth-gil'ad, "alturas de Gileade"*) **–** nome de uma cidade ao oriente da Palestina, na fronteira entre Israel e Síria, por esse motivo tornou-se importante posto militar, 2 Rs 8.28, *cf.* com v. 29 e 2 Cr 22.5,6, o rei Acabe foi morto nesse lugar, 1 Rs 22 e 1 Cr 18. Tem sido identificada com *Tell Ramit*, na fronteira da Jordânia com a Síria, cerca de 2 km ao sul de *Ramta*.

RANCHO DE PROFETAS – o primeiro livro de Samuel 10.5 fala de um rancho de profetas que desciam do Outeiro de Deus, morada de Saul. Não se sabe com certeza se eram profetas que iam de cidade em cidade, ou se formavam uma comunidade estabelecida em Gibeá. A designação Outeiro de Deus derivava, provavelmente, não por ser habitação dos profetas, e sim por ser ali um lugar em que se adorava a Deus. Samuel habitava em Ramá, 1 Sm 7.17; 28.3, onde existia um rancho de profetas por ele dirigido, 19.18-20. Mais precisamente, Samuel estava em Naiote de Ramá, nome de uma habitação, ou de uma localidade situada naquela cidade, onde existia uma comunidade de profetas (veja *CASA DOS PROFETAS*). A tradição judaica, segundo o Targum de Jônatas, diz que a palavra Naiote quer dizer casa de ensino, o que deu origem à frase "escola de profetas". Os profetas se agregavam, naturalmente, para empregar o tempo no estudo das coisas pertencentes a Deus. Não há motivos para se pensar que tenha sido uma escola onde entravam noviciados para o ofício de profeta. O que diz o texto, e o que dele se pode deduzir, é que em Ramá existia um grupo de homens dotados de espírito profético e de vigor, em cooperação com Deus, 1 Sm 10.10; 19.20-23, de que participavam os que estavam em contacto com eles. Esse rancho de profetas ocupava a casa onde residia Samuel, ou residiam em torno dela. Sob a direção de Samuel, empregavam o tempo em louvor a Deus, em expandir as suas emoções religiosas, 1 Sm 10.5; 1 Cr 25.1-3, e cumprindo outros deveres religiosos inerentes ao seu caráter oficial. Pode se observar a situação do seguinte modo: Siló, centro religioso de adoração do povo de Israel, havia sido abandonado por Deus. Os profetas agrupados em torno do grande representante de Deus e chefe espiritual naquele tempo procuravam cultivar sua vida espiritual, prestar culto a Deus em comum e louvá-lo, conforme o Espírito os ajudava, 1 Sm 19.20, unindo-se em oração a favor da pátria, 12.23; 15.11,35; 16.1. De um lado, procuravam fortalecer-se, cultivando a fraternidade, mantendo constante comunhão com Deus, cercados de um ambiente favorável para satisfazer às suas aspirações espirituais, como a se habilitarem a cumprir a missão inerente a seu cargo de falar em nome de Deus; e de outro, criar um centro de resistência contra a grande apostasia de Israel. Duzentos anos depois surgiram no Reino do Norte ranchos de profetas, ou comunidades deles, que logo desapareceram. É provável que fosse trabalho de Elias, baseado no modelo de Samuel, cujos membros eram conhecidos pela designação de filhos dos profetas. Isto quer dizer que pertenciam à ordem dos profetas, do mesmo modo que se apelidavam os que cultivavam a música, Ne 3.8,31; 12.28. Os membros da comunidade chamavam-se profetas e filhos dos profetas, aos quais Deus revelava a sua palavra, 1 Rs 20.35-38, 41; 2 Rs 2.3,5; 9.1.

As associações, por eles formadas, eram relativamente grandes, 2 Rs 2.7,16; 4.42,43; ocupavam uma habitação comum, ou grupo de habitações, 4.38; 6.1-4, em vários lugares, como Gilgal, Betel e Jericó, 2.3,5; 4.38. Betel era um centro de culto idólatra, bem como Jericó. O estabelecimento de uma sociedade organizada, e composta de profetas nesses centros, parece indicar que o seu fundador tinha em vista oferecer resistência ao paganismo, para reformar o país. Elias, e depois dele, Eliseu, foram chefes dessas comunidades, visitavam-nas alternadamente, 2.1,2,4; 4.38, e por elas eram tidos como seus mestres a quem muito respeitavam, 6.5. Elias recebia deles especial afeto; desejavam sua presença, assentavam-se diante dele, contavam-lhe os seus planos, apresentavam-lhe as suas dificuldades, e recebiam instruções para o exercício de seu trabalho, 4.38,40; 6.1-7; 9.1. Mesmo que não tivessem revelações, aprendiam a respeito da vontade de Deus com o maior dos profetas, do mesmo modo que Miriã e Arão aprendiam dos lábios de Moisés, 2.16-18. Assentar-se diante de um profeta equivalia a estar na presença de Deus para saber sua vontade, Ez 8.1; 14.1-7; 20.1. As condições espirituais, até mesmo de profeta, dependiam muito do auxílio dos meios de graça e da meditação na lei de Deus. Não há provas que nos levem a crer que essas associações continuassem a existir depois de Elias, Eliseu, Isaías e Amós, Is 8.16; Am 7.14. A profetisa Hulda não fazia parte dessas associações; ela habitava em Jerusalém, no segundo quarteirão da cidade, 2 Rs 22.14.

RÃO (*no hebraico, "exaltado", ou "alto"*) **1** Nome de um dos descendentes de Buz, fundador de uma família de buzitas. Era antecessor de Eliú, *cf.* Jó 32. Algumas vezes o identificam com o Arã de *cf.* Gn 22.21, mas este não descendia de Buz, além disso, Arã e Rão são nomes diferentes no original

(veja *ARÃ*). **2** Nome de um homem da tribo de Judá, da família de Hezrom e da casa de Jerameel, *cf.* 1 Cr 2.25,27. **3** Nome de um antecessor do rei Davi, Rt 4.19; 1 Cr 2.9.

RAPOSA (*no hebraico shu'al*) – animal que habita em covas, Mt 8.20, e nas ruínas solidárias, Lm 5.18, muito hábil e artificioso na defesa e segurança de sua vida, Lc 13.32; Ez 13.4. Tristram enumera duas espécies existentes na Palestina: a raposa do Egito, *Vulpes nilotica*, e a raposa trigueira, *Vulpes flavecens*. A primeira é muito numerosa na Palestina central e meridional e a leste do Jordão; a segunda, de corpo maior, talvez a única variedade da raposa comum, *Vulpes vulgaris*, domina a parte montanhosa do país. Sob esta designação geral, em hebraico *Shual*, os atuais habitantes da Palestina, à semelhança dos antigos, incluem também o chacal, que pertence à família dos cães. As 300 raposas que Sansão amarrou deveriam ser chacais, Jz 15.4, porque é justamente na parte baixa da Palestina que eles são mais numerosos; à noite andam em bandos, e durante o dia, se escondem em covas, o que facilita a sua caçada, ao passo que a raposa é animal solitário e difícil de se apanhar. O chacal se alimenta de carnes putrefatas, Sl 63.10, que a raposa repele; come frutas e carnes, e a raposa devasta as vinhas, Ct 2.15.

RAQUEL (*no hebraico rãhel, "ovelha"*) – nome da filha mais nova de Labão, de extraordinária beleza, da qual Jacó se enamorou no primeiro encontro à beira do poço em Harã, na Mesopotâmia, quando ela tirava água para os seus rebanhos. Como Jacó não possuía propriedades nem recursos para dar em dote de seu noivado, serviu a Labão durante sete anos para realizar seu consórcio. Tendo sido enganado por Labão, que lhe deu Lia em vez de Raquel, e não sendo esta a mulher de sua escolha, serviu mais outros sete anos para obter a mão de

RAQUEL

Raquel, com a qual veio a casar, Gn 29.1-30. Ela foi mãe de José e de Benjamim, morreu ao dar à luz a este último, *cf*. Gn 30.22-25; 35.16-18, e foi sepultada ao norte de Efrata, conhecida pelo nome de Belém. O jazigo estava situado em um lugar que o viajante que vinha de Betel encontrava antes de chegar a Belém. Jacó levantou uma coluna sobre a sepultura de Raquel, que ali permaneceu por muito tempo, *cf*. v. 19,20, situado nos termos de Benjamim, 1 Sm 10.2. A esse lugar famoso referiu-se Jerônimo, e, bem assim, os peregrinos de Bordeaux no quarto século. Judeus, cristãos e maometanos, todos são acordes em reconhecer esse local. O monumento levantado sobre a sepultura de Raquel tem o nome de *Kubbet Rahil*; sua forma é de uma pequena mesquita encimada por uma abóbada. Possui um aposento aberto para o lado do oriente e um pequeno recinto ao lado oeste. O monumento atual não é de grande antigüidade. O profeta Jeremias representa Raquel chorando por seus filhos, os descendentes de seu filho José, que formavam as tribos de Manassés e Efraim, ausentes no cativeiro, Jr 31.15; *cf*. 9.18. Em Ramá se fez ouvir a sua voz, não porque o profeta previu que os cativos de Judá e de Benjamim seriam reconduzidos a Ramá depois da queda de Jerusalém, antes de serem levados para o exílio, *cf*. Jr 40.1; pois Raquel não chora sobre o povo judeu, e sim sobre uma cidade chamada Ramá que talvez estivesse próxima ao sepulcro de Raquel, *cf*. 1 Sm 10.2, ou mais provavelmente porque Ramá fosse o nome de uma elevação do território que pertencia aos filhos restantes de Raquel, descendentes de Benjamim e perto dos limites da despovoada Efraim, de onde se divisava a desolação da terra. O panorama que o profeta nos apresenta, representando Raquel chorando por seus filhos, realizou-se na matança dos inocentes de Belém na terra de Judá, *cf*. Mt 2.6-18, visto que não eram os filhos de Raquel e sim os de Lia que eram pranteados. Raquel, contemplando as devastadas terras de Efraim, e lamentando seus filhos mortos e exilados, era testemunha de que havia começado o processo que terminaria com a ocupação da Terra Prometida pelos estrangeiros, a ocupação do trono por um rei edomita e pela matança dos filhos de Lia, com o intuito de matar o seu legítimo rei, destinado a salvar todo o Israel, e igualmente a Efraim, Benjamim e Judá. Esta descrição aparece com mais realidade nas dores das mães que choravam a matança de seus filhos em Belém; completava-se ali, com todas as cores de um quadro vivo. Raquel chorava de novo, e dessa vez com sua irmã Lia. As esperanças de Raquel de ver a volta de seus filhos para o Senhor, seu Deus e para Davi seu rei, Jr 30.9, baseavam-se no desejo de Lia de ver aquele filho de Davi em cujos dias Israel seria salvo e Judá habitaria sem temor, 23.6. O grito de Raquel era o primeiro das lamentações que continuariam através dos séculos e que seria ouvido em Belém, quando um rei estrangeiro, em hostilidades ao filho de Davi, legítimo rei dos judeus, mandaria homens armados para matar os infantes. Começou esse processo quando Raquel chorou a primeira vez, e terminava, então, quando o quadro profético se completava.

RATO (*no hebraico 'akhbãr*) – pequeno quadrúpede roedor, *Mus musculus*, e outras espécies aliadas da família *Muridae*, classificado como animal imundo pela lei cerimonial, Lv 11.29, mas que os israelitas comiam no tempo de Isaías, os que se entregaram ao paganismo deixando as leis mosaicas, Is 66.17. O rato dos campos, *Arvicola arvalis*, destruía as plantações, 1 Sm 6.5. A palavra no hebraico é *'akhbãr* e compreende não só o gênero *mus*, mas também a família *Muridae*, com muitos animais de outras famílias que têm afinidade ou analogia com o camundongo. Os árabes incluem o gerbo sob a designação dos *'akhbãr*, que eles comem, e vários outros animais parecidos com os ratos, como os ratos da areia, que pertencem à subfamília, *Gerbillinae*, e o *dormice*, relacionado com a família *Myoxidae*.

REABIAS (*no hebraico, "Jeová é compreensivo", ou "Jeová alargou"*) **–** nome de um dos filhos de Eliezer e neto de Moisés, *cf.* 1 Cr 23.17; 24.21; 26.25.

REAÍAS (*no hebraico, "Jeová tem visto"*) **1** Nome de um dos filhos de Sobal, descendente de Judá por intermédio de Hezrom, 1 Cr 4.2. **2** Nome de um rubenita, 1 Cr 5.5. **3** Nome do fundador da família dos netinins. Alguns deles voltaram do cativeiro, Ed 2.47; Ne 7.50.

REBA (*no hebraico, "quarta parte", ou "descendência", "rebento"*) **–** nome de um dos cinco reis midianitas aliados de Siom, ou seus vassalos, morto pelos israelitas na guerra que lhe moveu, por haverem seduzido o povo à idolatria e à licenciosidade, Nm 31.8; Js 13.21.

REBECA (*no hebraico ribhqâ, "corda com laço", i.é, donzela cuja beleza prende os homens. A raiz árabe, raboqa, significa "amarrar firme"*) **–** nome de uma das filhas de Betuel. Quando ela se aproximava do poço para tirar água, levando o seu cântaro, apareceu-lhe o servo de Abraão, que havia mandado procurar mulher para seu filho Isaque, e lhe pediu de beber. Ela não somente lhe deu a água que pedia, como também se ofereceu para dar de beber aos seus camelos. O servo viu nisto a resposta à oração que havia feito a Deus. Por esse ato de cortesia, a filha de Betuel revelou as disposições generosas que possuía. Encantado por sua beleza, encheu de presentes aquela que iria ser a esposa do filho de seu amo. Não sabia seu nome, mas perguntou-

lhe de quem era filha, e se havia lugar para ele em casa de seu pai. Satisfeito o seu desejo, expôs a Naor, pai da moça, o objetivo de sua viagem à Mesopotâmia, e pediu a ele, Rebeca, para esposa de Isaque. Obtido o consentimento, e manifesto o desejo da moça, o servo de Isaque a levou consigo; e ela veio a ser mãe de Esaú e de Jacó, Gn 24.1-67. Suas preferências eram por Jacó. Não confiando muito na promessa que lhe havia sido feita acerca de Jacó, lançou mão de artifícios a fim de alcançar para o seu predileto as bênçãos que, por direito de nascimento, pertenciam a seu irmão Esaú, 25.28; 27.1 até o cap. 28.5. Morreu quando ainda Jacó morava na Mesopotâmia, e foi sepultada na cova dos dois repartimentos, chamada Macpela, Gn 49.31.

REBUSCAR – apanhar os grãos ou as espigas que os colhedores deixam atrás de si, ou também as uvas que ficam nas parreiras depois da vindima, Jz 8.2; Rt 2.2,7,9,16; Is 17.6. Em benefício do estrangeiro, dos pobres, dos órfãos e da viúva, a lei ordenava: "Quando também segares a messe da tua terra, o canto do teu campo não segarás totalmente, nem as espigas caídas colherás da tua messe. Não rebuscarás [rabiscarás] a tua vinha, nem colherás os bagos caídos da tua vinha; deixá-los-ás ao pobre e ao estrangeiro", *cf.* Lv 19.9,10; 23.22; Dt 24.19.

RECA – nome de um lugar desconhecido da tribo de Judá, 1 Cr 4.12.

RECABE (*no hebraico rekab, "carreteiro", ou "cavaleiro"*) **1** Nome de um dos filhos de Rimom de Beerote, capitão de um bando de salteadores, ao serviço de Is-Bosete. Entrando em casa desse filho de Saul, e o encontrando dormindo à sesta, o matou e lhe cortou a cabeça, 2 Sm 4.2,6. **2** Nome de um queneu, *cf.* 1 Cr 2.55, pai de Jonadabe, convidado por Jeú a tomar lugar em seu coche para ver seu zelo pelo Senhor, na

RECABE

destruição dos adoradores de Baal, 2 Rs 10.15-17,23. **3** Nome do pai de Malquias, maioral do distrito de Bete-Haquerém, *cf.* Ne 3.14.

RECABITAS – nome de uma tribo de queneus que habitavam entre os israelitas. O chefe chamava-se Jonadabe, filho de Recabe, que lhes ordenou abstinência de vinho e de toda bebida que embriagasse, a não terem moradias fixas, a não plantarem vinhas, e a viverem em tendas. Dessa maneira, ele queria conservar os hábitos e os costumes primitivos. O profeta Jeremias provou a fidelidade dessa gente, colocando diante deles taças cheias de vinho, que eles recusaram. Por isso, Deus prometeu que nunca faltaria varão da estirpe de Jonadabe que estivesse todos os dias na sua presença, Jr 35.1-19. Ainda existem membros dessa seita na Mesopotâmia e no Iêmen.

RECENSEAMENTO – arrolamento ordenado por Augusto, imperador romano, que, na providência de Deus, obrigou José e Maria a irem até Belém, a fim de se cumprir a antiga profecia de que o Messias havia de nascer nessa cidade, Mq 5.2; Mt 2.5, 6; Lc 2.1-20. Outro recenseamento se fez que provocou grande agitação entre o povo, At 5.37 (veja *QUIRINO*).

RECHE (*no hebraico, rêsh*) – nome da 20ª. letra do alfabeto hebraico, de onde vem a mesma letra do nosso "r". Serve para enumerar a secção 20 do salmo 119, na qual cada uma das linhas começa, no original, por essa letra. Os copistas encontraram alguma dificuldade em distinguir o *resh* do *daleth*.

REDE – várias palavras hebraicas são traduzidas por rede: a) *Resheth*: uma grande rede para apanhar pássaros, alguns animais selvagens e marinhos; b) *Herem*: uma grande rede de arrastão para pescar; c) *Mᵉçôdhâ, mãçudh, mᵉcudhâ* e *mãcôdh*: uma rede para pescar; d) *Makmor, mikmar, mikmoreth*: uma rede de arrastão, "arrastão"; e) *Diktyon*: "rede de pesca"; f) *Sagéne*: "arrastão"; g) *Amphiblestron*: "rede de lançar", "tarrafa". A rede (*resheth*) era utilizada entre os hebreus para caçar aves, Pv 1.17. Sem dúvida, como no Egito, a rede ou armadilha consistia de dois semicírculos de madeira em forma de arco a que se prendia uma rede ou malha, colocados em um eixo comum. Colocava-se a armadilha aberta no chão, com a isca no centro. O movimento do pássaro, ao arrebatar a isca, soltava uma mola, os círculos fechavam-se rapidamente e a caça ficava presa. Também empregavam a rede (*mikmoreth*) para pegar animais de outra espécie, Is 51.20, sobre os quais a estendiam, ou lançavam (*resheth*), Ez 12.13; 19.8, ou a escondiam por baixo dos pés, Sl 9.15; 25.15; 57.6; Lm 1.13. As esculturas e os escritores antigos revelam que era costume estender as redes por grande espaço, presas a fortes estacas com uma entrada à moda de porta. Várias espécies de caça eram apanhadas por esse processo, como lebres, porcos silvestres, veados etc. Uma vez dentro, facilmente eram apanhados. Usavam pequenas redes para fechar as entradas no mato ou para cercar caminhos estreitos. Serviam-se ainda, os antigos, de sacos de malhas, em que os animais entravam como em um túnel sem saída. Na pescaria, empregavam as redes de arrastão (*herem*), Hc 1.15; (*sagéne*) Mt 13.47,48, e as redes de arremesso (*amphiblestron*) Mt 4.18; (*diktyon*) Jo 21.6; Heród. 1.141. Os hebreus também faziam uso das redes de arrastão à moda dos egípcios (*mikmar*) Is 19.8, eram muito largas e feitas de cordas de linho. A orla inferior descia ao fundo do rio ou do mar levada por blocos de chumbo a ela presos, e a orla superior flutuava com o auxílio de pedaços de madeira. Essa espécie de rede era utilizada em todo o mundo,

Homero, Odisséia, 22.384-387; Plínio, Hist. Nat. 16.8,13.

REDESINHAS (veja *COIFAS*).

REDOMA – pequeno vaso com tampo para guardar óleos essenciais, 2 Rs 9.1; Mt 26.7 (veja *COPO*).

REELAÍAS (*no hebraico, "temor causado por Jeová"*) – nome de um dos chefes do povo que vieram da Babilônia em companhia de Zorobabel e de Josué, Ed 2.2. Em Ne 7.7, é conhecido por um sinônimo do mesmo nome, que é *Raamias*.

REELIAS (*no hebraico, Jeová faz tremer"*) – nome de um homem que voltou com Zorobabel do cativeiro babilônio, 1 Ed 5.8. Em relação a Esdras e Neemias, a mesma posição é ocupada por *Bigvai*, Ed 2.2; Ne 7.7.

REFA (*no hebraico, "riqueza"*) – nome de um antecessor de Josué, e talvez filho de Berias, 1 Cr 7.25.

REFAÍAS (*no hebraico, "Jeová curou"*) **1** Nome de um homem da tribo de Issacar, da família de Tola, 1 Cr 7.2. **2** Nome de um descendente de Jônatas, 1 Cr 9.43. No cap. 8.37, chama-se Rafa, que é sinônimo. **3** Nome de um dos quatro simeonitas que conduziram uma expedição contra Edom, destruíram um bando de amalequitas que ali moravam e tomaram a sua terra, 1 Cr 4.42,43. **4** Nome de um dos filhos de Hur, capitão de um bairro de Jerusalém, que auxiliou a reparação do muro, Ne 3.9. **5** Nome do fundador de uma família que por negligência foi registrada com a descendência real de Davi, e que se presume ser uma linha colateral que a ele se prende, 1 Cr 3.21.

REFAINS (*no hebraico é rᵉph'îm, "antepassados"*) **1** Nome de um povo, homens de grande estatura que, nos tempos antigos,

e mesmo antes de Abraão, devem ter chegado à Palestina, ali habitaram, ocupando as terras de ambos os lados do Jordão, Gn 14.5; Dt 2.11,20; 3.11; e Gn 15.20; Js 17.15. Um remanescente refugiou-se entre os filisteus, quando os hebreus entraram em Canaã, 2 Sm 21.16,18,20,21. **2** Nome de um vale perto de Jerusalém e de Belém, Antig. 7.4,1; 2 Sm 23.13,14, ao sul da cidade e do vale de Enom, Js 15.8; 18.16, muito fértil, Is 17.5, que se presume ter sido habitado pelos refains. Por duas vezes, nesse vale, Davi derrotou os filisteus, 2 Sm 5.18-22; 23.13; 1 Cr 11.15; 14.9. É quase certo que seja o grande vale, de cerca de três milhas de comprimento, que se estende a sudoeste de Jerusalém, começando na ravina que serve de limite à cidade pelo lado do sul e do oeste, até meio caminho de Belém. Declina rapidamente para o ocidente. É pedregoso, mas muito fértil.

REFEIÇÕES – os israelitas comiam duas vezes ao dia, pela manhã e à tarde, Êx 16.12; 1 Rs 17.6; Jo 21.4,12. Esse costume não impedia que se comesse mais vezes, nos intervalos dessas refeições. Os servos tomavam refeições ao meio-dia, Rt 2.14. Os ascetas essenos tinham duas refeições ao dia. A primeira, à quinta hora, ou às 11 horas, e a outra, à tarde, Guerras 2.8,5. Entre os judeus, mais restritos do tempo de Cristo, o jejum da noite não era quebrado por uma refeição em dia comum, antes das nove horas do dia, que era a hora de oração, At 2.15. Nos dias de sábado, as refeições não deviam ser tomadas antes do meio-dia, quando terminava o culto na sinagoga, Vida, 54. A principal refeição do dia era tomada à tarde, Guerras 1.17; Vida 44, *cf.* Gn 19.1-3; Êx 12.18; Rt 3.7. Os banquetes entre os egípcios e os sírios eram muitas vezes celebrados ao meio-dia, Gn 43.16; 1 Rs 20.16. Quanto ao modo de sentarem à mesa, os antigos hebreus, à semelhança dos egípcios e dos gregos, Ilíada 10.578;

REFEIÇÕES

Comida Comunitária — Christian Computer Art

Anab. 6.1, 3, e dos modernos árabes, costumavam assentar-se, provavelmente, em capachos estendidos no chão, Gn 27.19; Jz 19.6; 1 Sm 20.5,24; 1 Rs 13.20. Mais tarde, reclinavam-se em leitos, Et 1.6; 7.8; Ez 23.41; Jo 21.20. Esse costume ainda prevalecia no período greco-romano, Mc 7.4. Estendiam três leitos ou divãs, ao lado das mesas, de modo a ocupar três lados de um quadrado, deixando o outro lado aberto para a entrada dos serventes portadores das iguarias. Os leitos eram de três categorias, superiores, médios e inferiores. O superior ficava à direita do servo que se aproximava da mesa. Em geral, somente três pessoas ocupavam um dos leitos e, ocasionalmente, quatro ou cinco. O corpo estendia-se no leito em posição diagonal, com a cabeça perto da mesa e os pés estendidos para trás e fora do leito. O cotovelo esquerdo descansava sobre um travesseiro para sustentar a parte superior do corpo. O braço direito ficava livre. A cabeça da pessoa reclinada defronte de outra apoiava-se no seio da que lhe ficava atrás, Jo 13.23; 21.20. As três posições em cada um dos leitos denominavam-se: superior, média e inferior. A pessoa de maior posição não tinha ninguém atrás de si. A posição de honra, Mt 23.6, era o lugar mais alto também do leito mais alto. Só em certos casos as mulheres comiam com os homens, Rt 2.14; 1 Sm 1.4; Jó 1.4. Os hebreus e os gregos, à semelhança dos árabes, lavavam as mãos antes de comer, Mt 26.23; Ilíada 10.577; Odis. 1.136, porque geralmente havia só um prato na mesa, onde todos colocavam a mão. Este costume converteu-se em ritual que era observado pelos fariseus, e, como tal, Jesus o condenou, Mc 7.1-13. Antes de tomar as refeições, pediam a bênção de Deus, como o fez Samuel, 1 Sm 9.13, como fazia Jesus, Mt 14.19; 15.36; 26.26, e como era costume entre os primitivos cristãos,

REFIDIM

At 27.35. No tempo de Cristo ainda vigorava esse hábito, *cf.* Guerras 2.8, 5. Uma casca de pão servia de colher para tirar o molho, a carne, ou a sopa da tigela, que era transportada na palma da mão, em concha, para um prato. Às vezes, preparavam pratos separados para cada um, Rt 2.14; 1 Sm 1.4; Jo 13.26. As orações depois da comida obedeciam às palavras de Dt 8.10; Guerras 2.8,5. Nos banquetes especiais, quando comparecia grande número de convidados que se reuniam em torno da mesa, observava-se grande cerimonial. Mandava a cortesia que os hóspedes recebessem o ósculo de boas-vindas, Lc 7.45, e que se lhes dessem água para lavar os pés e as mãos, Gn 18.4; 19.2; Lc 7.44; Jo 2.6. Os convidados, por sua vez, deveriam usar as melhores roupas, perfumar o cabelo, a barba e até as vestes, Am 6.6; Sab. 2.7. Em certos casos, recebiam esses cuidados na própria casa, onde eram recebidos, Lc 7.38; Jo 12.3. Geralmente traziam a cabeça coberta com turbante, Is 28.1; Sab. 2.7,8; Antig. 19.9,1, e trajavam-se conforme a sua categoria social, 1 Sm 9.22; Lc 14.8, como era costume no Egito, Gn 43.33. Distribuía-se, também, quinhões a cada um dos assistentes, 1 Sm 1.4, distinguindo com maior porção os hóspedes de mais dignidade, 1.5; 9.24, como ocorria no Egito, Gn 43.34. Aos banquetes presidia uma pessoa para isso indicada, a fim de dirigir os serviços, provar a comida e dar as providências que fossem reclamadas, Ecclus. 32.1, 2; Jo 2.9,10. Os banquetes tornavam-se mais agradáveis com a presença de uma orquestra de instrumentos músicos, Is 5.12; Ecclus. 32:5, 6, de cantores, 2 Sm 19.35; Am 6.4-6, de bailados, Mt 14.6; Lc 15.25, e adivinhações, Jz 14.12. Esses costumes refletiam a maneira que os gregos celebravam os seus banquetes. Os convidados ocupavam lugares de acordo com a sua hierarquia e os mais distintos eram servidos com iguarias, Heród. 6.57; Ilíada 7.321. No final dos banquetes, servia-se o vinho, distribuíam-se coroas e várias espécies de perfumes. Escolhia-se o presidente da festa dentre os assistentes, Anab. 6.1, 30. As suas ordens tinham foros de lei. Provava a comida e o vinho antes de irem para a mesa, governava os criados, regulava a porção do vinho e da água que tinha de ser misturada com este, determinava a quantidade que cada um poderia beber. Também dirigia os divertimentos: as danças, os cânticos e representações, Platão, Simpos 2; Legg. 671; Anab. 6.1, 3-13. Existia entre os egípcios uma prática muito esquisita. Segundo conta Heródoto, 2.78, nos banquetes das pessoas abastadas era costume trazer para a sala, a imagem de um morto dentro de um esquife, que faziam circular em torno da mesa, e mostravam-no a cada um dos convivas, com a seguinte observação: "Olha para isto, bebe e regala-te, porque depois da morte ficarás assim".

REFIDIM (*no hebraico é rᵉphîdîm, "planícies"*) — lugar onde acamparam os israelitas no deserto, entre Sim e o Sinai, Êx 17.1; 19.2; Nm 33.12,15. Não havia água nesse lugar, e o povo começou a murmurar. Moisés, acompanhado pelos anciãos, foi ter com Jeová que lhe ordenou ferir a rocha, de onde logo brotaram águas abundantes, Êx 17.5,6. A água corria para o campo e serviu para saciá-los durante o percurso até o monte Sinai. Refidim foi o lugar onde ocorreu a batalha dos israelitas contra Amaleque, sendo este derrotado, enquanto Moisés tinha as mãos erguidas para o céu, de quem dependia a vitória, Êx 17.8-16. O local não está bem determinado. Robinson, e depois dele Wilson, assinalam um ponto onde existe um parapeito de rochas, chamado *Wateiyah* correndo em direção de sudeste para sudoeste, até chegar ao *wady esh-Sheikh*. Burckhardt, Stanley e outros, supõem que deve ser o belo *wady Feiran*, por onde correm abundantes águas (veja *MERIBÁ*).

REFINADOR – pessoa que depura os metais preciosos, como a prata e o ouro, submetendo-os repetidas vezes à ação do fogo até que seja despojado de todas as escórias metálicas, Zc 13.9; *cf.* Sl 12.6. Dizem que o refinador sabe quando o metal está completamente depurado, logo que a sua imagem se reflete na superfície do metal em fusão. Deus é comparado a um refinador de prata; Ele lança o seu povo na fornalha da aflição até se purificar, e só então a sua imagem se reflete na alma, Ml 3.2,3.

REGÉM (*no hebraico, "amigo"*) – nome de um homem de Judá, filho de Jadai, 1 Cr 5.47.

RÉGEN-MELEQUE (*no hebraico, "amigo de Meleque", ou "amigo do rei"*) – nome de um homem que foi enviado de Betel em companhia de outros, para fazer perguntas aos sacerdotes acerca do jejum, *cf.* Zc 7.2.

RÉGIO (*no grego é rhegium; o significado é incerto*) – nome de uma cidade da Grécia, situada na costa da Itália, defronte de Messina na Sicília. O navio em que ia o apóstolo Paulo tocou em Régio, depois de haver feito um circuito por Siracura, At 28.13. Régio é atualmente capital da Calábria. É cidade considerável, exportadora de laranjas, limões, azeite etc.

REI (*no hebraico é melek, e no grego é basileus*) – nome que se dá ao chefe que governa um reino. A princípio, representava um poder autocrático. Nimrode governava um reino na Babilônia formado de diversas cidades, Gn 10.10. Quedorlaomer era rei dos elamitas e chefe de uma confederação de reis, 14.1-5. Faraó exercia autoridade sobre os príncipes do Egito, 12.15. Nabucodonosor, rei da Babilônia, e Artaxerxes, rei da Pérsia, eram reis que dominavam outros reis, Ed 7.12; Dn 2.37; *cf.* 2 Rs 24.17. Em Canaã, no tempo de Abraão, o governo de um rei circunscrevia-se à cidade de sua residência, Gn 14.2,18; 20.2. Alguns séculos depois, Josué enumerou 31 reis, que ele vencera, nos limites de Canaã, Js 12.7-24. Somente depois que as tribos e as nações vizinhas da Palestina haviam sido governadas por monarcas, é que os israelitas pediram um rei. Esse pedido foi prontamente atendido, apesar de ser uma rebelião contra Jeová, se bem que tal forma de governo não era incompatível com a teocracia. Essa instituição, em seus princípios, contemplava o governo divino, exercido por meio de agentes humanos (veja *TEOCRACIA*). Moisés previu a necessidade que mais tarde haveria para estabelecer-se um rei visível e enunciou as providências para o caso, do mesmo modo que o fizeram os profetas e os sacerdotes, explicando ao povo quais eram os direitos do rei, representantes do rei invisível, Dt 17.14-20. Estabelecido o primeiro rei sobre Israel, nem por isso foi abolida a teocracia, ele seria o vice-regente de Jeová. Logo que Saul perdeu de vista a sua verdadeira função, procurando agir de encontro à vontade de Deus, outro foi escolhido para ocupar o trono. Os reis que o sucederam, quando esqueciam das leis de Jeová, comprometiam os seus direitos ao trono, 1 Rs 11.31-36. Para estudo dos reis que governaram Judá e Israel (veja *CRONOLOGIA*). Para que um indivíduo qualquer pudesse exercer funções de realeza, era preciso que fosse nomeado para esse cargo por uma autoridade superior, 1 Sm 9.16; 16.1, 13; 2 Rs 23.33, 34; 24.17; por escolha popular, 1 Sm 18.8; 2 Sm 5.1-3; 1 Rs 12.20; 2 Rs 23.30; pela usurpação, 1 Rs 15.27, 28; ou por herança, 11.36. A cerimônia da coroação entre os israelitas consistia regularmente em colocar o rei no trono, colocar-lhe a coroa na cabeça, derramar-lhe óleo e fazer a proclamação, 2 Rs 11.12; *cf.* 1 Sm 10.24; 2 Sm 2.4; 5.3; 1 Rs 1.34; 2 Rs 23.30. Esse ato era acompanhado de sacrifício e, às vezes, seguido de uma procissão solene,

REINO

1 Sm 16.2,5; 1 Rs 1.25,43-46. Os reis, às vezes, conduziam os exércitos à batalha, Gn 14.5; Nm 21.23; 1 Sm 8.20; 14.20; faziam tratados em benefício seu e de seu povo, Gn 21.22-32; 1 Rs 15.19; faziam leis e as executavam, Et 3.12, 13; 8.7-12; Dn 3.4-6, 29; 6.6-9; exerciam funções judias, 2 Sm 15.2; Is 33.32, 22, e tinham poder de vida e morte, 2 Sm 14.1-11; 1 Rs 1.51,52; 2.24-34; Et 4.11; 7.9,10. As restrições para o rei eram o temor a Deus e o respeito aos homens. A vontade do povo deveria ser conhecida do rei, 1 Sm 14.45; 15.24. Se oprimissem o povo, sofreriam graves conseqüências, 1 Rs 12.4. Os oficiais da religião, tanto sacerdotes quanto profetas, agiam independentes da vontade do rei e não hesitavam em condenar os erros deste, 1 Sm 13.10-14; 15.10-31; 2 Sm 12.1-15; 1 Rs 18.17,18; 21.17-22; 2 Cr 26.16-21. Os reis déspotas rompiam todas essas restrições, 1 Sm 22.17-19; 1 Rs 12.13-16; Jr 26.20-23. Em virtude dos deveres inerentes às funções reais e às suas prerrogativas, os reis deveriam ter força física e mental a fim de bem governar. A superioridade física é apreciável sempre que ela se manifesta. Quando Saul foi apresentado ao povo e este o viu mais alto do que todos, do ombro para cima, exclamou: "Viva o rei", 1 Sm 10.23, 24; *cf*. 16.7. Para ser bom juiz, o rei deveria ser capacitado de espírito perspicaz, com aptidão de distinguir a verdade do erro, de fazer justiça ao inocente e castigar o criminoso. Por esse motivo, o povo sentiu-se profundamente impressionado com o primeiro julgamento de Salomão, que descobriu entre duas mulheres, que disputavam a posse de uma criança, qual delas era a verdadeira mãe, 1 Rs 3.28; *cf*. Is 11.1-9. Não basta, porém, um espírito aguçado; é preciso também ser dotado de qualidades morais que habilitem fazer justiça sem desrespeitar a pessoa dos grandes e sem desprezar o pobre. Para guarda de sua pessoa, o rei possuía um corpo de soldados sob o comando de um capitão, que vinha a ser o executor de sua vontade, *cf*. 2 Sm 15.18; 20.23; com 1 Rs 2.25,29. Os reis possuidores de grandes riquezas habitavam magníficos palácios e cercavam-se de grande magnificência, 1 Rs 10. Deus é comparado a um rei com ilimitado poder, que Ele usa sob a influência de suprema bondade, Sl 5.2; 10.16. Ele é o Rei dos reis, 1 Tm 6.15. Cristo é rei, assim chamado, pois o seu reino não é deste mundo, Jo 18.33-38, e também é Rei dos reis, Ap 19.16.

REÍ (*no hebraico, "amigável"*) – nome de um homem que não se reuniu a Adonias na tentativa de usurpar o trono de Davi, 1 Rs 1.8.

REINO – 1 Território, ou povo que é governado por um rei, 2 Rs 15.19. **2** O governo soberano que Deus exerce sobre o universo, 1 Cr 29.11; Sl 22.28; 145.13; Mt 6.13. **3** A soberania que Daniel profetizou que Deus estabeleceria na terra para sempre. Em confronto com os reinos deste mundo, representados sob a figura de animais, o reino de Deus é representado por um varão semelhante ao Filho do Homem, *cf*. Dn 7.13,14. João Batista e nosso Senhor declararam que esse reino estava próximo, Mt 3.2; 4.17. Jesus ensinou a seus discípulos que orassem pela sua vinda, 6.10, instruiu os apóstolos em sua primeira missão para que dissessem que o reino de Deus estava próximo, 10.7, e mais tarde declarou que esse reino já havia chegado, 12.28; ilustrou a natureza desse reino por meio de parábolas. Chama-se reino dos céus e reino de Deus. O evangelista Mateus prefere a expressão reino dos céus; Marcos e Lucas preferem dizer Reino de Deus, *cf*. Mt 13.24,31,33,44,45; com Mc 4.11,26,30; Lc 14.15; 17.20 etc. Esse reino é todo espiritual, e nenhum dos meios materiais violentos servirá para o seu estabelecimento na

REINO

terra, Jo 18.33-37. Começou na terra com o ministério real de Cristo e será consumado nas bem-aventuranças do mundo eterno, Mt 25.31-46; Lc 23.42,43. O reino dos céus vem a ser a "Igreja invisível". É a república dos filhos de Deus, a verdadeira companhia de todo o povo fiel, representada pela Igreja visível, mas que é maior do que ela em todas as épocas do mundo.

REIS, LIVRO DOS (*no hebraico é melãkhîm, "reis"*) – esses dois livros de Reis formavam originariamente um só volume, que os tradutores para o grego dividiram em dois e fazem parte dos livros "proféticos", do cânon hebraico, incluído no grupo que se denominava dos "primeiros profetas". Os escritos dessa classe formam uma narrativa continuada que começa com a morte de Moisés e termina com o cativeiro. O livro de Josué é o primeiro dessa série, e o livro de Reis é o último. Esses dois últimos foram escritos com o intuito de expor o ensino religioso da história nacional durante o período monárquico, desde a ascensão do rei Salomão. O autor mostra o desenvolvimento e a decadência do reino. Assinala as suas causas e dá grande atenção à parte da história em que predomina o caráter moral e religioso, *cf.* 2 Rs 17. O livro contém fatos que abrangem um período de cerca de 400 anos, e, portanto, o seu autor usou escritos anteriores como fontes de informação, principalmente do "livro da História dos Reis de Israel", *cf.* 1 Rs 14.19, até a morte de Pecá, e o "livro da História dos Reis de Judá", *cf.* v. 29, até a morte do rei Jeoiaquim. Acredita-se que essas crônicas foram originalmente, como bem o dizem os seus títulos, duas obras distintas, que se reuniram em um só volume, formando a obra citada pelo cronista com o nome de "livro da História dos Reis de Judá e Israel", *cf.* 2 Cr 16.11. Essas crônicas continham mais matéria do que os atuais livros dos Reis, pois o seu autor remete os leitores para esse livro a fim de obter maiores minudências, 1 Rs 14.19,29. O autor de Crônicas, ou *Paralipômenos*, também menciona alguns trechos que não se encontram nos livros de Reis, 2 Cr 27.7; 33.18. Diz-se geralmente que os dois livros de Crônicas não eram registros públicos, e sim compilações de vários documentos. Esta opinião firma-se no fato de se encontrarem neles os escritos de diversos profetas como fazendo parte dos reis de Israel, 2 Cr 20.34; *cf.* 32.32, o que não teria acontecido se o livro fosse o registro oficial de fatos que diariamente eram nele inseridos por algum escriba. As Crônicas foram escritas antes da queda de Jerusalém, porque a frase "... até ao dia de hoje" se refere invariavelmente ao tempo em que o templo e a cidade ainda existiam, *cf.* 1 Rs 8.8. Se isto não provar que o escritor dos livros de Reis existia antes do exílio, mostra, pelo menos, que o mesmo não se dava com o autor do livro por ele citado. Se o autor dos livros de Reis começou a escrevê-los antes da destruição de Jerusalém, ou não, com certeza não o concluiu, senão em meados do cativeiro da Babilônia, 2 Rs 25.27, visto que a obra não faz referência ao livramento do povo. O autor interessa-se mais particularmente com a história da monarquia de Davi. Semelhante ao autor de Gênesis, ocupa-se com os assuntos subsidiários em vez de tratar do tema principal. Segundo esse método, recorda acontecimentos referentes a Israel, antes de relatar a história contemporânea de Judá. Isto o leva, algumas vezes, a narrar o mesmo acontecimento em conexão com os dois reinos, do Norte e do Sul, 1 Rs 15.16,22,32; 2 Rs 17.5,6; 18.9. A obra divide-se em três partes. I. Reinado de Salomão, 1 Rs caps. 1–11. II. Narração Sincrônica dos Reinos de Judá e Israel, até o Cativeiro de Israel, 1 Rs caps. 12 a 2 Rs cap 17. III. O Reino de Judá até o Cativeiro da Babilônia.

RELÓGIO – nome de um instrumento, que consistia em uma superfície graduada por meio de linhas, e armado de um gnomo que projetava a sua sombra sobre as linhas, à medida que o sol se adiantava em seu curso diurno, indicando as horas; o *Relógio do rei Acaz*, 2 Rs 20.11; Is 38.8, era um aparelho dessa natureza, tendo um mostrador plano, ou côncavo, com linhas de graduação, introduzido na Palestina e usado na Babilônia antes do tempo de Heródoto, Heród. 2.10, ou pelo menos desde o oitavo século antes de Cristo. O relógio do rei Acaz, segundo antigos escritores, consistia em uma escadaria, cujos degraus eram dispostos de tal maneira que a sombra de um obelisco, levantado no centro, marcava as horas do dia pela sombra neles projetada. O recuo da sombra no relógio de Acaz tem sido explicado de diversos modos, motivado por um miraculoso movimento de reversão da terra, ou por igual movimento do sol, pela refração dos raios solares, ou ainda por um eclipse solar.

REMALIAS (*no hebraico, "Jeová adornou"*) – nome do pai do rei Pecá, 2 Rs 15.25.

REMETE (*no hebraico, "lugar alto"*) – nome de uma cidade nas fronteiras de Issacar, Js 19.21.

RENFÃ – nome de um deus, adorado pelos israelitas no deserto, At 7.43. Essa passagem é uma citação do Antigo Testamento. O nome, no hebraico, é *Raiphan*, que a LXX traduziu por *Kaivan*, como era conhecido o deus Saturno entre os sírios. Parece que é o mesmo deus referido por Am 5.26. Em vista de sua origem mais que provável do nome *Rephan*, a identificação proposta como deus *Renpu* dos egípcios cai por terra.

RENOVO – título aplicado a Jesus Cristo como renovo de Davi, Jr 23.5; 33.15; Zc 3.8; 6.12.

REOBE (*em hebraico r⁰hōbh, "lugar aberto", "praça", "mercado"*) **1** Nome de uma cidade, situada na linha divisória do território da tribo de Aser, Js 19.28, talvez a mesma cidade de igual nome pertencente a essa tribo, v. 30. Os israelitas não expulsaram dessa cidade os cananeus, Jz 1.31. Coube na partilha aos levitas, Js 21.31; 1 Cr 6.75. Localização desconhecida. **2** Nome do pai de Hadadezer, rei de Zobá, *cf.* 2 Sm 8.3,12. **3** Nome de um levita que assinou o pacto com Neemias, Ne 10.11.

REOBOÃO (*em hebraico r⁰habh'ãm, "o povo se expande"*) – nome do filho de Salomão com uma da suas mulheres amonitas, de nome Naamá, 1 Rs 14.31. Apesar de ser filho de pai sábio, possuía idéias muito limitadas. Tendo morrido o rei Salomão, em 931 a.C., os representantes das 12 tribos reuniram-se na cidade central de Siquém para o reconhecimento do novo rei, herdeiro do trono. Várias causas, mais ou menos remotas, criaram uma atmosfera pesada entre Judá e as tribos do norte e do oriente. O povo sofrera bastante com os pesados impostos para sustentar o esplendor da corte do rei Salomão. O povo aproveitou a oportunidade para levar suas queixas à presença do novo rei. Jeroboão serviu de intérprete das reclamações populares. Esse Jeroboão havia sido oficial do exército do falecido rei sábio, e possuía alta competência administrativa. O profeta Aías lhe anunciara que ele seria rei das dez tribos. O que o povo queria era a diminuição dos impostos. Reoboão pediu três dias para responder. Consultou os conselheiros de seu pai, que foram de parecer favorável ao que o povo pedia; depois consultou os moços, seus companheiros de infância, que o aconselharam a dizer: "O meu dedo mínimo é mais grosso que o costado de meu pai". "E, se meu pai pôs sobre vós um jugo pesado, eu ainda acrescentarei sobre o vosso jugo: meu pai açoitou-vos com correias e eu os açoitarei com escorpiões." Estas palavras mostram o calibre mental de Reoboão, que,

REOBOÃO

rejeitou os conselhos sábios dos antigos servidores de seu pai, e se deixou levar pela insensatez dos jovens. O efeito não se fez esperar. Dez das 12 tribos recusaram obediência a Reoboão, as quais a casa de Davi perdeu para sempre. Os filhos de Israel voltaram para as suas tendas. Reoboão enviou Adurão, superintendente dos tributos, para fazer a cobrança dos impostos, sendo morto a pedradas. Em vista disso, o rei Reoboão, a toda a pressa, montou no seu coche e fugiu para Jerusalém, *cf*. 1 Rs 12.1-20; 2 Cr 10.1-19. Ficaram com ele a tribo de Judá, uma grande parte de Benjamim e os simeonitas. Reuniu Reoboão 80 mil homens de guerra para cair sobre as tribos rebeldes. O profeta Semaías, por ordem do Senhor, saiu-lhe ao encontro para fazê-lo desistir de tal empresa, 1 Rs 12.21-24; 2 Cr 11.1-4. Abandonado o plano de ataque, ocupou-se a fortificar certo número das cidades de Judá e Benjamim e as guarneceu de soldados, v. 5-12. Jeroboão levantou dois bezerros de ouro, um em Dã e outro em Betel. Este ato provocou a saída de quase todo o corpo de levitas e sacerdotes para o Reino do Sul, aumentando a força do reino de Reoboão. Infelizmente, ele mesmo veio a cair em idolatria daí a três anos, 1 Rs 14.21-24; 2 Cr 11.13-17; 12:1. No quinto ano do reinado de Reoboão veio a Jerusalém, Sisaque, rei do Egito; invadiu todo o país, tomou as cidades fortificadas, saqueou o templo e o palácio real, 1 Rs 14.15-2; 2 Cr 12.2-12. Reoboão tinha oito mulheres e 60 concubinas, 28 filhos e 60 filhas, v. 21. Tinha 41 anos quando começou a reinar, e reinou 17 anos em Jerusalém e morreu no ano 915 a.C. deixando no trono seu filho Abias, 1 Rs 14.21,31, 2 Cr 12.13,16.

REOBOTE (*em hebraico r*ᵉ*hobhôth, "lugares amplos"*) **1** Nome de um poço, aberto por Isaque no vale de Gerar. Uma vez que os pastores filisteus não o reclamaram para si, como o haviam feito antes, ele o apeli-

dou de Reobote, que quer dizer largura, Gn 26.22. Robinson identifica esse vale com o *wady Ruheibeh*, situado a um dia de viagem para o sul de Berseba; porém não encontrou ali poço algum. Stewart encontrou um, que também foi visto por Rowlands. Palmer achou um segundo poço que havia escapado às vistas dos outros exploradores, por estar encoberto de pedras. **2** Nome de um subúrbio da cidade de Nínive, Gn 10.11. **3** Nome de uma cidade "do rio", Gn 36.37; 1 Cr 1.48. "O rio", quer dizer, o Eufrates. Chesney indicou Raabé, três milhas distante da margem direita do rio, e oito milhas abaixo da foz de Kabour. Nesse lugar há um castelo cercado de ruínas. Quatro ou cinco milhas mais abaixo, na margem oriental, existe outra Raabé, chamada Raabé Malique (Raabé Real). Qualquer destas pode ser o verdadeiro local, mas não é possível dizer com certeza qual delas será. A tradição judia inclina-se pela segunda.

REOBOTE-IR (*em hebraico r*ᵉ*hobhôth 'îr, "lugares amplos da cidade", ou "mercado da cidade"*) **–** nome de uma cidade que fazia parte da grande cidade de Nínive, como se disséssemos: Nínive, a Grande, Gn 10.11.

RÉPTIL – nome de todo animal que se arrasta, Gn 1.24,25, quer da terra, quer das águas, 6.7; Sl 104.25, e bem assim os que andam de rastos sobre a terra, ainda que tenham quatro ou mais pés, Lv 11.41,42.

REPÚDIO – ato que desfazia um casamento pela rejeição da esposa pelo marido, geralmente dando-lhe uma carta de divórcio para deixá-la livre, podendo contrair outro casamento, Dt 24.1-3. Jesus pregou contra essa prática, Mt 5.31,32 (veja *DIVÓRCIO, CARTA DE; CASAMENTO*).

REQUÉM (*no hebraico, "amizade"*) **1** Nome de um dos cinco reis de Midiã, aliado

RESSURREIÇÃO

ou vassalo de Siom, morto na guerra de Moisés contra os midianitas, que haviam seduzido os hebreus a práticas licenciosas e a atos de idolatria, Nm 31.8; Js 13.21. **2** Nome de um dos filhos de Hebrom, descendente de Calebe, 1 Cr 2.43. **3** Nome de uma cidade da tribo de Benjamim, Js 18.27. **4** Nome de um homem da tribo de Manassés, 1 Cr 7.16.

RESÁ – nome de um dos descendentes de Zorobabel e um dos antecessores de Cristo, Lc 3.27.

RESEFE (*no hebraico, "flama", ou "chama", ou ainda "raio"*) – nome de um dos descendentes de Efraim, e talvez filho de Berias, 1 Cr 7.25.

RESÉM (*em grego é dasen, talvez proceda do assírio res eni, "fortaleza"*) – nome de uma cidade da Assíria, situada entre Nínive e Calá, Gn 10.11,12. Esta e outras cidades próximas a Nínive constituíam um núcleo que denominavam a Grande Cidade. Localização desconhecida. Pensam alguns que estava situada onde existe a cidade de *Resheni* ao norte de *Dur-shar-rukin*.

RESH (veja *RECHE*).

RESINA (veja *BÁLSAMO*).

RESSURREIÇÃO (*Anástasis, égersis, levantar, erguer, surgir, sair de um local ou de uma situação para outra, latim – resurrectio, o ato de ressurgir, voltar à vida, reanimar-se*) – biblicamente, entende-se o termo ressurreição como o mesmo que ressurgir dos mortos, Mt 22.28,30,31. A ressurreição dos mortos ou do corpo é doutrina expressa na revelação bíblica. Significa, de maneira geral, e em linguagem popular, união da alma ou espírito ao seu corpo, após a morte física, Ec 12.7, e, especialmente, a reunião da alma humana ao seu próprio corpo, após a morte física, na segunda vinda do Senhor, e como antecedente ao julgamento final e universal da raça humana, de modo a nunca mais passar outra vez pela experiência da morte física. Exemplos de ressurreição, no sentido geral, de pessoas que morreram e que voltaram a viver por algum tempo, vindo, todavia, a morrer a segunda vez, são os casos de duas crianças, na época de Elias e Eliseu, profetas, *cf.* 1 Rs 17.21-24; 2 Rs 4.20, 32-36, a filha de Jairo, o filho da viúva de Naim, Lc 7.11-15; 8.49-55, a do amigo de Jesus, de nome Lázaro, Jo 11.1-44, e outros, 2 Rs 13.21; At 9.36-42; 20.9-12. A expressão *ressurreição do corpo* ou *da carne* não se encontra nas Escrituras, que usam pelo menos três fórmulas para denotar a doutrina: 1) ressurreição *de* mortos; 2) ressurreição *dos* mortos e 3) ressurreição *dentre* os mortos, 1 Co 15.12,13,20,21 e em outros lugares do Novo Testamento. Parece que as duas primeiras frases referem-se à ressurreição de modo genérico ou em geral, como um fato revelado e como doutrina, ao passo que a frase – dentre os mortos – procura enfatizar a mudança de estado ou de situação da alma ressurgida ou ressuscitada, que é um retorno à vida individual e pessoal. Alguns intérpretes julgam ver ainda nessa última frase, referência específica e exclusiva à ressurreição de Cristo ou só dos salvos em Cristo, que, na nova e gloriosa situação se separam definitivamente dos mortos que continuam nesse estado, tanto física quanto espiritualmente, e isto para sempre. A fórmula – ressurreição do *corpo* ou da *carne* – era comum na Igreja pós-apostólica, tanto entre os escritores cristãos da época quanto nos credos conhecidos, entre os quais o chamado Credo dos Apóstolos. As frases referidas eram usadas como protesto e reação à errônea crença pagã e gnóstica da época, de ser a matéria, o corpo, a carne, os seres físicos, enfim, maus por natureza e, assim, a fonte do mal

R

RESSURREIÇÃO

no mundo. Era generalizada, desde os dias mais antigos da humanidade, a crença da sobrevivência da alma, a sua imortalidade, ou seja, sua vida ou existência futura, após a morte física. Mas, quanto à ressurreição corporal, que passaria também à imortalidade no após túmulo, unido de novo à alma e em situação adequada à nova existência, no *além*, os antigos pagãos ignoravam completamente. A fé, crença ou esperança da ressurreição dos mortos, era e é doutrina revelada. A ressurreição, biblicamente entendida, é a do corpo humano, e não da alma, que não pode morrer nem dormir; visto que estes são fenômenos puramente físicos e materiais, totalmente fora do campo espiritual, Mt 10.28; 27.51; Fp 3.21; Rm 8.11; 1 Co 15.35,37,41-44,53,54, e outros do Novo Testamento. Cristo, em linguagem metafórica e veemente, chegou a dizer que "os *mortos* ouvirão a voz do Filho de Deus... e... viverão... todos os que se acham nos *túmulos* ouvirão a sua voz e sairão", Jo 5.25,28, [grifos do autor]. Ora, o que realmente morre e vai para o túmulo é o corpo, e nunca a alma, Ec 12.7. As palavras do Senhor, assim usadas metonimicamente, salientam que a ressurreição é a do *corpo*, a da *carne*, ou é a dos *mortos*. Isto a antiguidade, fora da Revelação, ignorou sempre. A doutrina da ressurreição geral foi vislumbrada desde muito cedo pelo povo de Deus, o povo hebreu, a princípio como matéria de grande esperança. O fato de ser Deus o Deus dos seus pais ou patriarcas, Êx 3.6; Mt 22.31,32; a trasladação para o céu, em pessoa, de Enoque e do profeta Elias, Gn 5.22,24; a crença firme de que os mortos crentes se reuniam aos seus queridos, ou no além, ou no *sheol* (lugar invisível dos mortos), como se lê em Gn 15.15; 37.35; Lc 16.22; este fato comprova a crença israelita na ressurreição dos mortos, pelo menos dos fiéis crentes do povo do Senhor. Essas idéias tomaram mais corpo e destaque no correr dos tempos entre os hebreus, e já se falava mesmo, antes do exílio, como depois, em uma ressurreição geral, Dn 12.2,3; Jó 3.14-19; 14.13-15; 19.25-27 (texto que alguns comentaristas julgam duvidoso, mas sem bases sérias); Sl 16.9-11; 17.15; 49.14,15; Is 26.19; 19.9; 38.18,19; Hb 11.19,26,35. Depois do exílio, já pelos fins da antiga aliança, a crença da ressurreição se tornara muito popularizada mediante a literatura apocalíptica e apócrifa da época. Tal era, então, essa crença na ressurreição geral dos fiéis, que foi também símbolo da restauração de Israel e da nação, *cf.* Ez 34.23,24; 37.24,25; Jr 30.7; Os 3.5 e semelhantes passos bíblicos. A doutrina de uma ressurreição, final e geral, era comum já nos dias de Cristo e dos apóstolos, embora negada pelos agnósticos materialistas, e os saduceus, Mt 22.20-23,31; Lc 20.33; Jo 11.23,24; At 23.6-8; 24.14,15,21; 26.4-8. Mas, a doutrina do fato da ressurreição dos mortos, ou seja da *pessoa humana*, corpo e alma, na segunda vinda de Cristo, para o juízo universal, só teve o seu ponto mais alto com o ensino de Cristo e de seus apóstolos inspirados. Foi Jesus, com a sua própria ressurreição e a glorificação do seu corpo, e ainda por sua obra redentora, 1 Co 15.12-22; Rm 4.24,25; 5.12,17, "... trouxe à luz a vida e a imortalidade, mediante o evangelho", 2 Tm 1.10, isto é, foi quem elucidou, esclareceu, evidenciou e certificou definitivamente o fato da vida eterna e da imortalidade da pessoa humana (e não só da alma, como era a crença geral antiga). Por isso, Cristo é a ressurreição e a vida, Ele mesmo, Jo 11.25. A ressurreição corporal é ato da sabedoria e da onipotência divina, e nele concorrem as três Pessoas da santíssima Trindade — o Pai, Mt 22.29-32; Jo 5.21; Rm 4.17; o Filho, Jo 5.21,28,29; 6.39,40,44,54; Fp 3.21; e o Espírito Santo, Rm 8.11. Essa obra ou ato da ressurreição dos mortos é representada em o Novo Testamento sob tríplice aspecto: 1) como *vivificação*, 1 Co 15.22; Rm 8.11; 2) como

RESSURREIÇÃO

transformação, 1 Co 15.51,52; 3) como espécie de *recriação*, 1 Co 15.36,37,38,49. De fato, nesse maravilhoso conteúdo, operam o Pai (o Agente), o Filho (o Mediador), e o Espírito Santo (o Executor). O Novo Testamento dá à ressurreição corporal algumas características: *1)* É parte essencial do Evangelho, isto é, é *graça divina*, Hb 6.2; 2 Tm 1.10; 1 Co 15.1, 3, 4. *2)* É *geral*, para todos os homens, Jo 5.28; At 24.15; Ap 20.13. *3)* É uma *bênção consoladora* para os remidos ou justos, agora e no futuro, Fp 3.11,20,21; Rm 8.19,23; 2 Co 1.9; 1 Ts 4.13-18. *4)* É reto *juízo* para os ímpios, perdidos e impenitentes, Dn 12.2; Jo 5.29; Ap 20.12,13. *5)* É *futura*, Jo 5.28,29; 6.39,40,44,54; 11.24; 1 Co 15.23; Mt 13.41,43; 24.30,31. *6)* É *plena de felicidade* para os remidos, pois terão preferência, no grande dia do seu acontecimento, 1 Co 15.23,51,52; 1 Ts 4.16,17; Ap 20.4-6; terão o prazer da recompensa de sua fidelidade, Lc 14.14; Ap 11.18; terão a vida eterna (comunhão com Deus permanente e feliz); e serão todos semelhantes aos anjos, Mt 22.30; Mt 12.25; Lc 20.36. Sobre a "primeira ressurreição", referida em Ap 20.4-6, já mencionado anteriormente, há três escolas de interpretação; uma diz que aí se relata a ressurreição espiritual, a conversão, a união com Cristo, 1 Co 15.17,18,19,20-23; Ap 14.13; Cl 3.1-4; outra diz que a primeira ressurreição é só a dos crentes, na segunda vinda, na era do milênio, cabendo após este, a ressurreição dos ímpios, para o juízo final, Ap 20.5. A terceira interpretação diz que a primeira ressurreição se refere à bênção que os crentes usufruem em Cristo, que, ressurgindo, se tornou as "primícias dos que dormem". Parece que a primeira interpretação é mais simples e razoável. 7) É *gloriosíssima*. Paulo cita várias transformações que hão de ocorrer no corpo ressurreto, quanto aos salvos. Sendo cada corpo ressurreto, o mesmo corpo humano que foi sepultado, passa, todavia, a possuir qualidades e condições adequadas e adaptadas ao seu novo estado futuro, espiritual e celestial, 1 Co 15.42-44,52-54. O padrão desse novo corpo transformado é o próprio corpo de glória de Cristo, Rm 6.5; Fp 3.20,21; 1 Jo 3.2. 8) É *pessoal*. Em 1 Co 15.35-50, Paulo desenvolve, ora por analogias, ora por argumentação clara, objetiva e inspirada, a doutrina da ressurreição dos mortos na sua natureza ou essência. Após combater a crença do politeísmo pagão de imortalidade ou ressurreição materializada, em que a nova vida humana seria carnal, sensual e física no mais alto grau, a ponto de se juntarem aos cadáveres, no ato de sepultá-los, em muitos casos, alimentos, roupas, recursos para a sua viagem até o seu novo estado, diz o apóstolo que a ressurreição do corpo não é de caráter físico, nem material ou biológico, como na vida terrena, 1 Co 15.50; depois de preservar a fé cristã da rude crença, então popular, da metempsicose ou transmigração das almas, quando estas assumiam corpos de animais inferiores, 1 Co 15.38-41, o apóstolo revela que na ressurreição dos mortos continua íntegra e completa a personalidade ou a individualidade específica de cada pessoa humana, pois o corpo que é tirado dos sepulcros, onde quer que estiver, não é qualquer corpo de outros seres animais, aves, peixes ou semelhantes, nem qualquer corpo mesmo humano, ou terreno, ou natural, 1 Co 15.39,40,44,47-49, mas é o mesmo corpo que foi sepultado, transformado, e adaptado, porém, às condições da sua nova existência, do seu novo estado, no além, e que passa a ser então corpo espiritual e celestial, 1 Co 15.44,46,47-49. Paulo apóstolo não entra na discussão da natureza desse corpo *espiritual*, nem diz o *modo* da ação divina nessa nova fase da existência das criaturas, no futuro. Afirma que o corpo da ressurreição participa da vitalidade que lhe é própria, unido de novo à alma ou espírito, como acontece à semente que,

RESSURREIÇÃO

plantada, se dissolve ou evolui, mas sempre com a sua própria vitalidade, e não outra matéria qualquer, 1 Co 15.35-38,42-44,53,54. O corpo ressurreto, no futuro, é o mesmo, reanimado e glorificado com as novas possibilidades e as novas condições do seu novo *habitat*, como aconteceu e acontece com o corpo glorificado de Cristo, o Redentor. Assim, as objeções tantas vezes suscitadas pelos ímpios ou agnósticos quanto à impossibilidade da ressurreição real, concreta, objetiva, em qualquer tempo, do corpo humano, o qual sepultado, se dissolve e desaparece no conteúdo da própria matéria, em contínuo movimento e transformação, não tem cabimento, no sentido bíblico sério das Escrituras, especialmente do Novo Testamento, antes e acima de tudo porque, para Deus, que pôde e pode tirar do nada, isto é, sem material preexistente, o Universo todo, os corpos, as almas, tudo, será até mais factível fazer surgir de novo da terra o corpo humano e uni-lo à alma ou espírito que o animou, visto ser material já criado, já em mãos, já à disposição da sabedoria e da onipotência divina. A identidade *pessoal* é assim garantida, em sua plenitude, na ressurreição dos mortos, pois aquela não depende do simples organismo físico, nem das partículas e elementos que formam o corpo humano, constantemente em mudança, mas a identidade, que não significa *igualdade* de partes materiais, existe no conteúdo íntegro do ser, da pessoa humana, corpo e alma substancialmente unidos. O princípio indestrutível é a personalidade, esta permanece, uma só e sempre, na ressurreição dos mortos, no futuro, dentro das condições de sua nova existência no mundo espiritual (veja *JESUS CRISTO*, sua ressurreição histórica: bem como – *RESSURREIÇÃO DE CRISTO, no verbete a seguir*).

RESSURREIÇÃO DE CRISTO – já está narrado, em síntese, no verbete, "Jesus Cristo", na parte final, neste volume, a documentação histórica e testemunhal quanto à realidade da ressurreição pessoal de Cristo, At 1.3; 1 Co 15.4-8; 1 Jo 1.1-4. Teremos a seguir os dois elementos centrais da doutrina da ressurreição do Senhor, após três dias de sua morte e sepultamento – a sua importância suprema e os seus efeitos ou resultados eternos. I – IMPORTÂNCIA DO FATO DA RESSURREIÇÃO DE CRISTO: **1** Foi o cumprimento à risca da palavra dos profetas e do próprio Jesus, que predisseram com antecedência de século, no primeiro caso, e de alguns meses, no segundo, o episódio, e até com minúcias, vários de seus elementos importantes, *cf.* Sl 16.10; At 13.34,35; 2.31; Is 26.19; 53.10; Mt 16.21; 17.23; 26.32; Lc 9.22; 18.33; Jo 2.19-22. **2** A veracidade das Escrituras foi justificada, pois dependiam do fato dessa ressurreição, *cf.* Lc 24.44-46; At 17.3. **3** Foi também a evidência central da divindade de Cristo, Rm 1.4, da sua exaltação e glorificação, At 13.33-35; Ef 1.19,20, e do seu supremo poder pessoal, Jo 2.19; 10.18. **4** Tornou idôneos, adequados, eficazes, verdadeiros e seguros à fé cristã a pregação do Evangelho da graça divina, o testemunho apostólico, a certeza do juízo final e o fundamento da esperança dos justos no futuro glorioso que os aguarda, *cf.* 1 Co 15.1-4,12,14,15,17,19; At 10.39-41; 4.33; 5.30; 1 Pe 3.22; 1.3-5; Rm 14.9, 10; At 17.31. **5** Tornou-se o símbolo ou emblema expressivo do novo nascimento ou regeneração da alma, Jo 5.21,25; Rm 6.4; 1 Pe 3.21, que é como uma ressurreição, ou uma nova vida espiritual. **6** Tornou-se a pedra de toque da confissão de fé dos que crêem, Rm 10.9,10; Fp 3.8-10; 2 Tm 2.8. II – EFEITOS, RESULTADOS OU BENEFÍCIOS DA RESSURREIÇÃO PESSOAL DE CRISTO. São grandes, maravilhosos, e excedem a todos os mais amplos desejos santos dos corações. **1** A ressurreição de Cristo garantiu a remissão dos pecados dos crentes e a sua justificação, 1 Co 15.17; Rm 4.25; 8.33, 34. **2** A ressurreição de Cristo assegurou definitivamente a ressurreição final dos mortos, especialmente, e feliz ressurreição dos justos, Rm 6.8; 8.11; 1 Co 15 12-23; Cl 1.18; 1 Ts 4.14. **3** A ressurreição de Cristo fê-lo as "primícias", e o "primogênito" da ressurreição dos justos, como o Líder e garantia da nossa ressurreição real, literal e objetiva, 1 Co 15.20,23; Cl 1.18; At 26.23, no futuro e na sua segunda vinda. **4** A ressurreição de Cristo é fonte permanente de poder para os santos fiéis, Fp 3.10. **5** A ressurreição de Cristo fez-se alvo afetuoso de recordação piedosa e constante dos que o amam, no mundo, 1 Co 15.2-4; 11.24-26; 2 Tm 2.8. **6** É pela sua união com Cristo ressurgido e vivo que os crentes são capacitados a dar bons frutos, dignos de Deus e do mesmo Jesus, Rm 7.4; 6.3, 4; 8:11; 5.9, 10. **7** Pela ressurreição, Cristo se fez O sumo sacerdote perfeito e compassivo do Seu povo, pelo qual vive a interceder, Rm 8.34; Hb 7.25; 1 Jo 2.1,2. **8** A ressurreição de Cristo, finalmente, é a segurança da nossa salvação e o santo estímulo perene da nossa alegria espiritual, At 13.32,33; 3.26; Fp 3.1, porque, naquele dia glorioso, no fim da presente era, ressuscitaremos todos à semelhança do Filho de Deus, nosso Redentor, Rm 6.5; 1 Co 15.49; Fp 3.21. Os anjos se alegraram com a ressurreição de Cristo e a testemunharam, anunciando-a com vivacidade e clareza aos fiéis discípulos do Senhor, Mt 28.5-7; Mc 16.5-7; Lc 24.4-7,23. A ressurreição de Cristo foi e é, realmente, o supremo e majestoso fato da História e dos Evangelhos (veja *JESUS CRISTO e RESSURREIÇÃO*).

RESTANTE/REMANESCENTE – porção do povo que sobreviveu aos processos divinos destinados a purificar o reino de Deus, Ed 9.8; Zc 14.2. Em virtude do grande amor de Jeová para com o seu povo, os restantes espalhados entre as nações escolhidos para formar o novo Israel; santo, para viver de conformidade com as leis de Jeová, ser-lhe fiel, e consagrado. Jeová promete defendê-lo e abençoá-lo, Is 1.26; 4.2-6; 6.13; 10.20-23; 11.11 até o cap. 12.6; Jr 23.3; 32.36-44; Am 9.8-15; Mq 4.6-8; 5.7,8; Sf 3.13; Zc 8.12; 13.9.

REÚ (*no hebraico, "amigo", "companheiro"*).

REUEL (*no hebraico, "amigo de Deus", ou "companheiro de Deus"*) **1** Nome de um dos descendentes de Esaú e de Ismael, Gn 36.2-4. **2** Nome do sogro de Moisés, Êx 2.18 (veja *JETRO*). **3** Nome de um benjamita, filho de Ibnijas, 1 Cr 9.8. **4** Nome de um gadita, pai de Eliasafe, Nm 2.14.

REUM (*no aramaico $r^eh\hat{u}m$, "amador"*) **1** Nome de um chanceler da Pérsia, no país além-do-rio, que no tempo de Artaxerxes acusava os judeus que estavam ocupados na reconstrução do templo, Ed 4.8,9. **2** Nome de um dos principais homens que vieram com Zorobabel de volta do cativeiro babilônico, Ed 2.2. Em Ne 7.7, está escrito *Neum*; naturalmente é erro de cópia. **3** Nome de um dos sacerdotes que voltaram do exílio com Zorobabel, Ne 12.3,7. Na geração seguinte, o chefe de uma família, que ocupava lugar correspondente a este, na enumeração dos sacerdotes, tem o nome de Harã, por causa talvez da troca de letras por ocasião da cópia. **4** Nome de um dos que assinaram o pacto com Neemias, Ne 10.25. **5** Nome de um levita, filho de Bani, que tomou parte na reconstrução do muro de Jerusalém, Ne 3.17.

REUMÁ (*no hebraico, "exaltada"*) – nome de uma concubina de Naor, irmão de Abraão, Gn 22.24.

REZEFE (*no hebraico, "pavimento", ou "fortaleza"*) – nome de um lugar que Rabsaqué se jactava de haver sido destruído pelos assírios, 2 Rs 19.12; Is 37.1,12. Sem

REZEFE

dúvida, há de ser a cidade de Rasapa, que por muito tempo serviu de residência a um governador da Assíria, que atualmente tem o nome de Rasafa, situada algumas milhas ao oriente do Eufrates, na estrada que vai a Palmeira.

REZIM – 1 Nome de um rei de Damasco. Cerca de 738 a.C., pagava tributos a Tiglate-Pileser, rei da Assíria. Quatro anos depois, no tempo de Acaz, reuniu-se com Peca, rei de Israel, com o intuito de tomar Jerusalém, e colocar gente sua sobre o trono de Davi. O plano fracassou, segundo o havia profetizado Isaías, *cf.* Is 7.1 até o cap. 9.11. Em vez de unir as suas tropas com as de Peca, Rezim marchou contra Elate, situada no golfo de Acaba, e tomou esta cidade ao reino de Judá, *cf.* 2 Rs 16.6. Acaz havia comprado o auxílio de Tiglate-Pileser. O rei assírio, depois de castigar os filisteus por terem participado das hostilidades contra Judá, marchou para Damasco, sitiou-a durante os anos 733-732 a.C., assolou os distritos vizinhos e, finalmente, tomou a cidade e matou Rezim, *cf.* 2Rs 16.7-9, e inscrições assírias. **2** Nome do fundador de uma família dos netinins. Alguns membros dessa família voltaram do cativeiro, Ed 2.48; Ne 7.50.

REZOM (*no hebraico é rᵉzôn, "importância"*) – nome de um dos filhos de Eliada, e súdito de Hadadezer, rei de Zobá. Quando Davi tomou a cidade de Zobá, Rezom reuniu um bando de homens, tomou Damasco e fundou o reino da Síria. Enquanto existiu esse reino, os israelitas mantiveram com ele contínuas relações, ora hostis, ora amigáveis, 1 Rs 11.23-25.

RIBAI (*no hebraico, "Jeová contende", "contencioso"*) – nome de um benjamita de Gibeá e pai de Itai, um dos valentes de Davi, 2 Sm 23.29; 1 Cr 11.31.

RIBEIRO (*no hebraico, nahal*) – pequena corrente de água, como a torrente de Quisom, 1 Rs 18.40, e o Jaboque, Gn 32.23. Na Escritura, emprega-se esse nome para as torrentes formadas pelas chuvas do inverno e que secam na estação de calor, como a torrente do Egito, Nm 34.5, a do Zerede, Dt 2.13, a do Cedrom etc., 2 Sm 15.23; Jo 18.1.

RIBLA (*no hebraico, "fertilidade"*) – nome de uma cidade do país de Hamate, 2 Rs 23.33; 25.21. Estavam acampados ali os egípcios, quando o rei Jeoacaz foi levado prisioneiro, 23.33. Quando Zedequias escapou de Jerusalém, fugindo dos inimigos, prenderam-no no caminho e o levaram à presença de Nabucodonosor, que acampara em Ribla, e lá lhe arrancaram os olhos e o ligaram com cadeias, sendo depois conduzido para Babilônia. À sua vista lhe mataram os filhos e os príncipes de Judá, 25.6,7,21; Jr 39.5-7; 52.2-11,27. Buckingham, em 1816, encontrou umas ruínas num lugar chamado Rubla, que agora escrevem Ribleh, à margem direita do Orontes, 36 milhas a nordeste de Baalbek, no meio da grande planície da Celesíria, muito convenientes ao acampamento de um grande exército, com fácil acesso, tanto pelo lado norte quanto pelo lado sul. As ruínas consistem de pequenas elevações rodeadas de escombros de construções antigas. É duvidoso se tais ruínas pertencem à antiga Ribla que ficava no limite norte da Palestina e ao oriente de Aim, Nm 34.11.

RIFÃ – nome de um povo, descendente de Gômer, *cf.* Gn 10.3; 1 Cr 1.6. Josefo o identifica com os paflagônios, Antig. 1.6,1. Esse nome perpetua-se na palavra *Riphean*, que designa um grupo de montanhas, que os antigos diziam ser a orla setentrional do mundo.

RIMOM (*no hebraico é rimmôn, "romã". O termo vem do acádio ramanu, "rugidor",* *"trovejador"*) **1** Nome de uma divindade da Síria, venerada em um templo de Damasco, onde Naamã e seu real senhor costumavam prestar adoração, 2 Rs 5.18. Na Assíria, o deus Rimom ou Ramã, como ali costumavam dizer, figurava entre os 12 grandes deuses desse império. Presidia às chuvas, às tempestades e aos trovões. Temiam-no por ser destruidor das searas e das colheitas. Os outros deuses favoreciam a fecundidade da terra, recebendo, por isso, especial adoração. Rimom é o mesmo Hadade, deus supremo da Síria, cujos nomes se combinam em Hadade-Rimom. **2** Nome de um benjamita que tinha dois filhos capitães de Is-Bosete, filho de Saul, que por eles foi assassinado no seu leito, *cf.* 2 Sm 4.2. **3** Nome de uma cidade ao sul de Judá, perto de Aim, Js 15.32; 1 Cr 4.32; Zc 14.10, e tão perto que parecia formar uma só povoação, Ne 11.29. Essa cidade, com outras, passaram à posse da tribo de Simeão, Js 19.7. Identificam-na com as ruínas de Um er-Rumamim, dez milhas a nordeste de Berseba. **4** Cidade nos limites de Zebulom e dada aos levitas, Js 19.13; 1 Cr 6.77; e Js 21.35, lê-se *Damna*, sem dúvida motivado pela confusão da letra *resh* com *daleth*. O nome dessa cidade conserva-se na aldeia Rumané, seis milhas a nordeste de Nazaré. **5** Nome de um rochedo perto de Gibeá onde se esconderam 600 benjamitas, durante quatro meses, Jz 20.45-47; 21.13, talvez seja uma rocha calcária existente três milhas e meia a este de Betel, isolada, e cercada de ravinas; contendo várias cavernas, nas quais os refugiados benjamitas bem poderiam viver por muito tempo. Os vestígios de seu antigo nome encontram-se em Ramum, aldeia situada no seu cume.

RIMOM-PEREZ (*no hebraico, "romã da fenda"*) **–** acampamento dos israelitas no deserto, Nm 33.19, 20. Localização desconhecida.

RINA (*no hebraico, "grito selvagem"*) **–** nome de um homem de Judá e filho de Simão, 1 Cr 4.20.

RINS (*no hebraico é k^{e}lāyôth*) **–** pensavam os hebreus, e outros povos da antigüidade supunham, que nesses órgãos existiam as sedes dos desejos e das esperanças, Sl 7.9; 16.7; 26.2; 73.21; Pv 23.16; Jr 12.2. Os rins com suas gorduras eram oferecidos a Jeová em sacrifício, Lv cap. 3; 4; 8; 9. Na versão em português, o termo hebraico k^{e}lāyôth tem sido traduzido, principalmente, por "rins", "entranha", "coração" e "íntimo". Dt 32.14; Jó 19.27; Sl 7.10; 73.21; Pv 23.16; Jr 11.20; 17.10.

RIO – das diversas palavras originais que têm essa tradução, somente três mencionamos aqui: **1** Nāhār, "torrente", que em grego se diz *potamos*, aplicável aos grandes rios conhecidos dos hebreus, como o Tigre e o Eufrates, *cf.* Gn 2.14; Ap 9.14; Abana e Farfar, *cf.* 2 Rs 5.12; o Jordão, *cf.* Mc 1.5, e rios da Etiópia, *cf.* Sf 3.10. Quando se faz menção do rio, ou do grande rio, é sempre ao Eufrates que se referem, *cf.* Gn 15.18; 31.21. **2** Nahal, nome de uma torrente perene, como o Jaboque, *cf.* Dt 2.37, designando em geral as torrentes formadas pelas chuvas do inverno, cujo leito seca no verão, é o *wady* dos hebreus. **3** Y^e'ōr, corrente usada exclusivamente em referência ao Nilo e às suas embocaduras. Essa palavra tem um som muito semelhante à pronúncia que os egípcios dão o nome do seu grande rio, *cf.* Gn 41.1; 2 Rs 19.24; Ez 29.3. Algumas vezes, também se refere ao Tigre, Dn 12.5-7; *cf.* 10.4.

RIO DO EGITO – **1** Frase aplicada especialmente ao braço oriental do Nilo, onde está Pelusium, Gn 15.18. Nesta passagem, encontram-se os nomes dos rios Nilo e Eufrates, designando os limites extremos da Terra Prometida. Rio do Egito, ou *wady* *el-Arish*, era considerado como o limite meridional da Palestina; mas o território entre esse *wady* e o braço oriental do Nilo compunha-se de uma planície quase deserta, e o Nilo era virtualmente o limite natural do Egito. Essa passagem quer dizer que os descendentes de Abraão possuiriam a terra que se estendia até o Egito. A diferença entre o Nilo e o *wady el-Arish* é assinalada pelas palavras *nāhār*, para aquele, e *nahal* para este. **2** Designação do grande *wady*, ou *nahal*, conhecido pela frase: rio do Egito, limite sudoeste de Canaã, Nm 34.5; 1 Rs 8.65; 2 Rs 24.7 e servindo também de limite, na mesma direção, à tribo de Judá, Js 15.4, 47. Desse modo o conheciam os assírios e os hebreus. O *wady el-Arish* consiste em um leito seco como seu nome indica, mas que recebe as águas pluviais do inverno que vêm do deserto e bem assim os seus tributários, um dos quais passa por Cades-Barnéia. Entra no Mediterrâneo a 50 milhas ao sul de Gaza.

RISPA (*no hebraico é riçpah, "pedra brilhante"*) – nome de uma filha de Aiá, e concubina de Saul. Por causa dessa mulher, originou-se uma desinteligência entre Is-Bosete e Abner, dando em resultado bandear-se este para o lado de Davi, 2 Sm 3.6-8. Os filhos dessa mulher, Armoni e Mefibosete, foram mortos durante a fome que ocorreu no reinado de Davi, por causa do mau tratamento que Saul dera aos gibeonitas, 2 Sm 21.8-11.

RISSA (*no hebraico, "orvalho", "chuva", ou "ruína"*) – nome de um acampamento dos israelitas no deserto, situava-se entre Libna e Queelata, Nm 33.21,22. Alguns a identificam com a moderna *Kuntilet el-Jerafi*.

RITMÁ (*no hebraico, "vassoura"*) – nome de um acampamento dos israelitas no deserto, estava entre Hazerote e Rimom-

Rodes (veja p. 1061)   Christian Computer Art

Perez, perto de Cades, no *wady* denominado Abu-Retemat, equivalente ao nome antigo, *cf.* Nm 33.18,19.

RIZIA (*no hebraico, "deleite"*) – nome de um grande guerreiro aserita, filho de Ula, 1 Cr 7.39.

ROBOÃO (veja *REOBOÃO*).

RODE (*no grego é rhode, "rosa"*) – nome de certa moça, serva de Maria, mãe de Marcos. Quando o apóstolo Pedro, depois de miraculosamente libertado da prisão, bateu à porta da casa de Maria, mãe de João, que tem por sobrenome Marcos, onde muitos estavam congregados e faziam oração, Rode, ouvindo a voz de Pedro, "tão alegre ficou, que nem o fez entrar, mas voltou correndo para anunciar que Pedro estava junto ao portão". Entretanto, Pedro continuava a bater; então, eles abriram a porta, viram-no e ficaram atônitos, *cf.* At 12.13-16.

RODES – nome de uma ilha nas costas da Cária, a sudoeste da Ásia Menor. Seu comprimento é, aproximadamente, 45 milhas de comprimento e 20 de largura, notável pelas grandes plantações de laranjas e cidras. Essa ilha estava no intercurso das grandes linhas dos navios costeiros, e foi centro comercial de importância igual a Alexandria e Cartago. A capital tem o mesmo nome da ilha, que, além do mais, se tornou famosa pelo seu colosso, um grande farol com cerca de 105 pés de altura, levantado em 300 ou 288 a.C. Rodes era semi-indepentende sob o governo romano, 1 Mac 15.23, exceto durante nove anos no reinado de Cláudio, a começar do ano 44 da nossa era, e outra vez no tempo de Vespasiano. O navio em que o apóstolo Paulo viajava para a Palestina, partido de Assôs, tocou em Rodes, At 21.1, que era então uma cidade esplêndida. Como essa ilha continuasse na plenitude de sua independência, em poder dos cavaleiros de S. João, que no ano 1130 se apoderaram dela, ali desafiaram eles o poder dos turcos até 1522, quando os cavaleiros se renderam, sendo-lhes concedida a sua transferência para a ilha de Malta. Desde esse tempo ficou sujeita aos turcos.

ROGA (*no hebraico, "clamor", "alarme"*) – nome de um homem da tribo de Aser, da família de Berias e da casa de Héber, *cf.* 1 Cr 7.30-34.

ROGEL (veja *FONTE DE ROGEL*).

ROGELIM (*na LXX é rogelleim, e rakabein, "pisoeiros" ou "espias"*) – nome de uma cidade de Gileade, morada de Barzilai, 2 Sm 17.27; 19.31. Localização desconhecida.

ROLA – espécie de pombo, ave dócil e inofensiva, belo emblema de um povo inocente e pacífico, Sl 74.19. É ave migratória, Jr 8.7, anunciadora da primavera, Ct 2.12. Abraão sacrificou uma rola com as outras vítimas, quando o Senhor fez o pacto com ele, Gn 15.9. A lei mandava oferecer as rolas em sacrifício pelo pecado, Lv 1.14. O pobre que não pudesse oferecer um cordeiro, ou uma cabra, oferecia duas rolas, ou dois pombinhos. Do mesmo modo, a mulher pobre depois de dar à luz, ou a mulher pela purificação de seu fluxo, e bem assim o nazireu, *cf.* 5.7; 12.6,8; 15.14,29,30; Nm 6.10,11. A rola estava ao alcance da gente pobre, por ser muito abundante na Palestina e era facilmente apanhada. Tristram descreve três espécies de rola que se encontram na Palestina. Em grande número, e a mais comum, é a *Turtur vulgaris*, que vem do sul em grandes bandos no princípio. A segunda é a *Turtur risorius*, entra pelo verão, procria nas árvores e nas moitas. A terceira é a *Turtur senegalensis* que não emigra, permanecendo nos vales do mar Morto que tem clima tropical.

ROLO

Rolos da Criação (Tábuas) — Christian Computer Art

ROLO – folha de papiro, ou de pergaminho, em que se escreviam antigamente os documentos. Enrolava-se com as mãos, preso a um pedaço de pau roliço como se costuma fazer com os mapas de geografia, segundo a maneira antiga, *cf.* Sl 40.7.

ROMA – a data de 753 a.C. é reconhecida pelas melhores autoridades como sendo a que Rômulo fundou a cidade de Roma, de que foi o primeiro rei. O pequeno reino foi crescendo em tamanho e em importância, atraindo para si os vizinhos mais próximos, durante o governo de sete reis, até que a tirania de Traquínio Soberto levou o povo a depositar o governo em suas próprias mãos e estabeleceu a república. No princípio desse novo regime, o governo esteve inteiramente nas mãos de algumas famílias patrícias. Os plebeus submetiam-se docilmente às resoluções tomadas pelo governo. Com o decorrer do tempo, porém, alcançaram consecutivos privilégios até que qualquer cidadão romano participava do governo. Durante o regime republicano, Roma estendeu o seu poder, a princípio sobre toda a península, e finalmente, sobre todo o mundo conhecido. O primeiro contato de Roma com a Ásia ocorreu no ano 190 a.C., quando os exércitos romanos derrotaram Antíoco, o Grande, rei da Síria, na batalha de Magnésia, assumindo o protetorado sobre algumas cidades da Ásia Menor, *cf.* 1 Mac. 10. A maior parte das conquistas subseqüentes realizou-se pacificamente ao poder de Roma. No ano 63 a.C., a Judéia passou a ser formalmente sujeita a Roma, depois que Pompeu a tomou, reduzindo o reino dos selêucidas à província romana. Nessas condições tornou-se tributária do império, com a faculdade de ser administrada por autoridades da própria terra. Entretanto, formaram-se vários partidos contrários entre si, resultando lutas inter-

ROMA

Coliseo Romano — Christian Computer Art

Pretorianos — Christian Computer Art

nas, que comprometiam a paz do império. Formou-se, então, o triunvirato de César, Pompeu e Crasso. Com a morte de Crasso e por causa da derrota de Pompeu nas lutas civis, o governo caiu inteiramente nas mãos de César, que, logo depois, foi assassinado, 44 a.C. Organizou-se novo triunvirato de que faziam parte Antônio, Otávio e Lépido, que, semelhante ao primeiro triunvirato, ficou reduzido a um só, na pessoa de Otávio. Este, dominado pela ambição, proclamou-se imperador, com o título de Augusto. Foi esse o princípio do império. Durante o reinado de Augusto, nasceu Jesus Cristo, e este foi crucificado no reinado de Tibério. O martírio de Tiago, irmão de João, aconteceu no reinado de Cláudio, At 11.28; 12.1,2. Nero governava o império quando Paulo apelou para César, 25.11. A destruição de Jerusalém, profetizada por nosso Senhor, Mt 24; Mc 13; Lc 19.41-44; 21.5-36, ocorreu no ano 70, sendo Tito, general do exército, e, mais tarde, imperador. Nos tempos de sua maior extensão, o império romano media três mil milhas de este a oeste, e duas mil de norte a sul, com uma população de 120.000.000. Enfraquecido por excessos e pela corrupção dos costumes da sua vida interna, e combatido por inimigos de fora, começou a declinar. O primeiro golpe sério deu-se com a divisão do império no ano 395, e desapareceu com a tomada de Roma por Odoacro, rei dos godos no ano 476. Durante o declínio do poder civil, os cristãos foram crescendo em poder e influência. Apesar da tolerância política do império em respeitar a religião dos povos conquistados, os cristãos sofreram perseguições desde o princípio da Igreja, devido, principalmente, a duas causas: atitude agressiva contra os ritos do paganismo e esforço para fazer prosélitos. As mais severas perseguições ocorreram no reinado de Nero, que atribuiu aos cristãos a prática de seus crimes nefandos. Outras perseguições cruéis aconteceram no tempo de Domiciano. Não obstante, as prisões e as mortes, os cristãos continuaram a crescer em número e em influência, a ponto de a igreja de Roma e seu bispo constituírem um fator considerável no progresso geral

ROMA

Fórum de Roma — Christian Computer Art

do cristianismo, que chegou a ser a religião do Estado no princípio do século sob o governo de Constantino, o Grande.

ROMÃ (*no hebraico é rimmôn, em árabe é rummán*) – espécie de fruta que contém muitos grãos. A romã, *punica granatum*, é árvore de 12 a 15 pés de altura, com alguns espinhos espalhados pelos galhos. As flores têm pétalas escarlatas, precedidas por um cálice resistente. Os frutos são do tamanho de uma laranja, de casca muito dura e de cor avermelhada, encerrando numerosas sementes, cada uma coberta com uma polpa vermelha, de sabor agradável. A romã é nativa no norte da África, no oeste da Ásia e, provavelmente, em Gileade, e cultivada em grande escala na Palestina, nos tempos bíblicos, Nm 13.23; 20.5; Dt 8.8; 1 Sm 14.2; Ct 4.3-13; 6.7, 11; 8.2; Jl 1.12; Ag 2.19. O licor feito de romã era muito apreciado, Ct 8.2. Aos pés da túnica do sumo sacerdote e em redor dela, havia umas como romãs de jacinto, misturadas por entre elas umas campainhas, Êx 28.33,34; 39.26. As circunferências do segundo capitel das colunas do pórtico do templo de Salomão eram ornamentadas com 200 romãs colocadas em duas ordens, 1 Rs 7.20; 2 Rs 25.17; 2 Cr 3.16. Ainda se cultiva na Palestina em grande escala.

ROMANOS – **1** Habitantes de Roma, 1 Mac 8.1; At 2.10. **2** Pessoas que representavam o governo romano, Jo 11.48; At 25.16; 28.17. **3** Pessoas nascidas no território do império, ou que fizeram jus ao título de cidadão romano, At 16.21,37,38; 22.25,26,27,29. Pela lei pórcia, assim chamada por haver sido criada e colocada em execução por P. Pórcio Laeca, tribuno do povo, no ano 248 a.C., ficou estabelecido que nenhum magistrado tinha o direito de ligar com cadeias, açoitar ou matar um cidadão romano. Não se podia condenar à morte um cidadão romano senão pelo voto decisivo de todo o povo, reunido em *comitia centuriata*, que era uma assembléia do povo, que votava por centúrias. Se um magistrado ou governador mandasse açoitar algum indivíduo protegido pela lei, bastava que ele dissesse: "Eu sou cidadão, romano", para suspender a execução, até que o povo se pronunciasse. Quando o voto popular passou para a pessoa do imperador, era ele quem resolvia. Os privilégios de cidadão romano, a princípio, eram limitados aos que nasciam ou residiam na capital; depois se estenderam a várias tribos e cidades da Itália, tornando-se extensivos a quase toda a Itália; mais tarde, a outros lugares além da península, e assim por diante, até que, segundo dizem, Caracala, 211-217, o conferiu a todos os habitantes do império romano. Durante o período de transição, todos os indivíduos que haviam prestado serviços ao governo poderiam comprar esse privilégio, mesmo que habitassem em cidades ou em distritos não privilegiados. Alguns dos que libertavam escravos adquiriam iguais direitos. Essas explicações servem para dar a entender por que o apóstolo Paulo, sendo descendente de judeu, desfrutava foros de cidadão romano, Fp 3.5. Cláudio Lísias tornou-se cidadão romano à custa de grande soma de dinheiro, At 22.28. Quando mandou açoitar o apóstolo Paulo, soube por boca de um centurião que ele era cidadão romano, pelo que mandou logo cessar o flagelo, 25.29. As autoridades da cidade de Filipos ficaram seriamente atemorizadas ao saber que Paulo e Silas, aos quais haviam mandado açoitar publicamente, sem forma alguma de juízo, desfrutavam foros de cidadão romano, 16.36-38. Torna-se claro também que Paulo, apelando a César, exercia um direito que a lei lhe conferia por ser cidadão romano, 25.11.

ROMANOS, EPÍSTOLA AOS – segundo a ordem dos livros do Novo Testamento, a Epístola aos Romanos é a primeira das epístolas do apóstolo Paulo. Na ordem, porém, de sua composição, ocupa o sexto lugar, tendo sido escrita em Corinto, como se observa pelas saudações por ele enviadas, *cf.* 16.23, com 1 Co 1.14, e 2 Tm 4.20, e pelo fato de ter sido enviada a Roma, pela irmã Febe, a serviço da igreja de Cencréia, Rm 16.1, existente perto de Corinto, At 18.18, em vista de que, a Epístola aos Romanos deveria ter sido escrita durante a sua visita à Grécia, mencionada no cap. 20.2,3, de Atos dos Apóstolos, e que se efetuou no inverno de 57 e 58. O apóstolo há muito que desejava visitar Roma, Rm 1.10-12; 15.23, e não tendo já motivo para demorar-se no oriente, 15.23, iria visitar a capital quando estivesse a caminho para a Espanha, v. 28. Antes disso, porém, resolveu ir a Jerusalém em serviço dos santos, levando consigo as coletas das igrejas dos gentios, em benefício dos irmãos pobres dessa cidade, v. 25,26. Não sabendo, porém, o que lhe poderia acontecer nessa perigosa viagem, v. 30-32; *cf.* At 20.22, enviou essa carta à igreja de Roma, onde tinha muitos amigos, *cf.* Rm 16, porquanto na qualidade de apóstolo dos gentios considerava a igreja de Roma como objeto de seus cuidados, 15.15, apesar de nunca a

haver visitado. O tema dessa epístola, uma das mais bem elaboradas que ele escreveu, foi determinado pelas controvérsias existentes e, por ser necessário expor formal e completamente o evangelho que ele pregava entre os gentios. É um tratado completo das doutrinas de salvação e, por isso, de suprema importância. Dirigindo-a aos cristãos de Roma, mostra quanto ele tinha em conta a influência que a igreja que estava na capital do mundo exerceria no futuro, e a conseqüente necessidade de estabelecer nela os fundamentos da fé para resistir aos assaltos do erro. Se a Epístola aos Gálatas é a "magna carta" da Igreja universal, a Epístola aos Romanos é a sua constituição. Analisando-a, encontramos o seguinte: Depois das saudações, 1.1-7, e do interesse que o apóstolo manifesta pelo bem-estar da igreja, v. 8-15, faz um resumo das feições do evangelho que ele pregava, e assim fazendo apresenta o tema do seu discurso: "...evangelho... é o poder de Deus para a salvação de todo aquele que crer... visto que a justiça se revela no evangelho, de fé em fé", Rm 1.16,17. Passa, então, a demonstrar que a justiça é necessidade universal, 1.18 até o cap. 3.20. Primeiro mostra que o mundo gentílico jaz em estado de miséria e pecado, merecedor de justa condenação, 1.18-32. Depois, que o povo judeu não está fora dessa regra e que igualmente merece a condenação, cap. 2. Responde à objeção que os benefícios da salvação dos gentios prejudicam os privilégios do povo de Deus, dizendo que tais privilégios consistiam apenas em ser ele o depositário da revelação que o declara, 3.1-19, de modo que não existe exceção alguma quanto à universalidade da culpa. Pela lei é que vem o conhecimento do pecado, v. 20. Fala em seguida da justiça pela qual Deus aplica aos crentes, pela obra redentora e sacrificial de Cristo, 3.31-30, e prova que esse meio de salvação tem raízes no Antigo Testamento, 3.31 até o cap. 4.25, que serve

ROMANOS, EPÍSTOLA AOS

de base a todo o conhecimento das doutrinas cristãs, 5.1-11, e que opera sobre os mesmos princípios do governo moral sobre que Deus age, em suas relações com o gênero humano na pessoa de seu representante, Adão, no jardim do Éden, v. 12-21. O apóstolo passa a refutar três objeções, que poderiam ser levantadas contra a doutrina da salvação pela obra de Cristo por nós, alcançada pela fé somente. A primeira objeção é que baseados nessa doutrina, os homens podem continuar a pecar e ainda ter a salvação, a que ele responde: Não, porque a fé em Cristo envolve união vital com ele, pela qual o crente ressuscita com Cristo para uma nova vida moral, *cf.* 6.1-14. A segunda objeção é que a doutrina ensinada por ele, acerca de sermos livres da condenação da lei, isenta o homem de obrigações morais. A isto responde: Não, porque o crente aceita uma obrigação mais nobre e elevada pela qual ele se consagra a fazer a vontade de Deus, *cf.* 6.15 até o cap. 7.6. A terceira objeção é que a doutrina de Paulo converte a lei de Deus em pecado, a que ele reponde: Não, pela razão de que a lei não nos pode salvar, não se segue daí que seja má; o homem é que, sendo pecador, não a pode guardar perfeitamente, *cf.* v. 7-25. Tendo refutado as objeções, cap. 8, passa a demonstrar que, na base da obra redentora de Cristo, existe uma provisão para renovar espiritualmente a alma e para completa santificação dos que estão em Cristo e sua final glorificação, os quais, sendo escolhidos e chamados por Deus, desfrutarão, com certeza, a fruição perfeita do amor divino. Tendo assim demonstrado o caminho da salvação, aberto pelo evangelho, o apóstolo denuncia o povo de Israel por havê-lo rejeitado. Assim fazendo, ensina que a promessa salvadora que Deus fez não era somente para os judeus como povo, mas somente para os eleitos, para a semente de Abraão, escolhida por ele, 9.1-13, e fundamenta essa doutrina nas próprias Escrituras, 14.29. Acrescenta ainda que os judeus foram rejeitados por causa da sua incredulidade, desprezando o caminho da salvação ensinado nas próprias Escrituras, 9.30 até o cap. 10.21. Finalmente, que essa rejeição não é completa, porque, segundo a eleição de sua graça, Deus salvou um pequeno número que Ele reservou para si 11.1-10. E, por fim, os judeus serão convertidos e, com os gentios, confiarão no Redentor prometido, v. 11-36. O restante da epístola contém exortações sobre a vida prática dos crentes, cap. 12, sobre os deveres civis e sociais, cap. 13, sobre a caridade e a união, 14.1 até o cap. 15.13, terminando com mensagens e saudações, 15.14 até o cap. 16.27. Teria a Epístola aos Romanos, nos tempos antigos, forma, talvez, mais resumida do que a atual? Em vista de certos fenômenos, existem duas teorias que merecem atenção somente sob o ponto de vista literário, sem prejuízo doutrinário. Segundo uma dessas teorias, fez-se um resumo da epístola, destinado a circular entre as igrejas, omitindo as referências locais como "em Roma", 1.7, e os capítulos 15 e 16 retendo inteiras as instruções doutrinais e as exortações essenciais à vida prática. As provas em que se apóia essa teoria são as seguintes: A doxologia, no final do capítulo 16.25-27, aparece em alguns manuscritos no fim do capítulo 14, como no capítulo 16, e também por não se encontrarem citações dos caps. 15 e 16 nos escritos de Tertuliano, Ireneu e Cipriano, e na aparente omissão que deles faz Marcion. A falta de citações ou referências a esses capítulos não tem importância, em vista do assunto de que tratam. Nunca foram muito citadas, principalmente no que diz respeito às saudações. A hipótese de ter havido uma edição resumida dessa epístola baseia-se principalmente em se haver encontrado a doxologia referida, no fim do capítulo 14, em alguns manuscritos. É prova muito fraca em vista de que não existe manuscrito que seja resumo da epístola, todos eles, sem exceção, contêm os capítulos 15 e 16. A outra teoria, e a mais vulgarizada, é que o capítulo 16 não fazia parte da epístola: era apenas uma nota adicional, recomendando a irmã Febe à igreja de Éfeso. O capítulo 15 não se pode facilmente destacar do cap. 14, visto ser ele a continuação dos apelos feitos antes, ao espírito de abnegação cristã daqueles que eram mais valentes na fé. Ainda mais: o capítulo 15 conclui com uma bênção no v. 33, semelhante à que se observa no fim de outras cartas escritas pelo mesmo apóstolo, 2 Co 13.11; 1 Ts 5.23; 2 Ts 3.16; Fp 4.9, forma uma conclusão à epístola aos Romanos, portanto, o cap. 16 parece mesmo ser um apêndice. Que o último capítulo foi originalmente uma carta de recomendação à irmã Febe para a igreja de Éfeso e não para os cristãos de Roma pode-se julgar pelas seguintes considerações: I) O fim principal consistia em recomendar aquela irmã, *cf.* 16.1. II) Áqüila e Priscila, a quem se mandam saudações, residiam com certeza em Éfeso, três anos antes de ser escrita a Epístola aos Romanos, e não estavam em Roma quando Paulo escreveu a Segunda Epístola a Timóteo, *cf.* 2 Tm 4.19. III) A referência a Epêneto, "primícias da Ásia", Rm 16.5, cabia mais em uma epístola. IV) Não é provável que o apóstolo tivesse tantas relações pessoais em uma igreja que ele nunca havia visitado, como se observa no capítulo 16. As objeções a essa teoria que apresenta o capítulo 16 como breve nota dirigida à igreja de Éfeso são as seguintes: a) Era costume adicionar saudações ocasionalmente depois de uma doxologia, ou após uma bênção, mesmo quando seguida do amém, Fp 4.20; 2 Ts 3.16; *cf.* 2 Tm 4.18. b) O fato de que o capítulo 16 é parte integrante da epístola em todos os manuscritos existentes. c) Áqüila e Priscila emigravam constantemente de um lugar para outro; residiam em Roma; quando todos os judeus receberam ordem de abandonar a cidade, foram residir em Corinto durante cerca de um ano e meio e acompanharam Paulo a Éfeso, onde trabalharam ativamente, e ali estiveram até que Paulo voltasse de uma jornada a Jerusalém. Não seria de estranhar que tivessem voltado a Roma especialmente em conexão com o plano do apóstolo de visitar aquela cidade com o fim de a evangelizar, At 19.21. d) Não é de admirar que Epêneto, convertido na Ásia, tivesse ido a Roma, porque cristãos judeus e gentios iam constantemente a Roma por diversos motivos, saindo de várias províncias do império, por exemplo, Epafras, de Colossos, Áqüila do Ponto e Herodes o tetrarca. e) As pessoas às quais se dirigem as saudações do cap. 16 têm nomes muito usuais na capital imperial, e alguns deles são conhecidos entre os cristãos daquela cidade. f) Não é necessário supor que as pessoas, a quem ele manda saudações, fossem conhecidos como cristãos ativos, por meio de cartas que havia recebido de Áqüila e Priscila, sobre os negócios da Igreja em Roma.

ROMANTI-EZER (*no hebraico, "tenho auxílio exaltado", "ajuda maior"*) — nome de um cantor, filho de Hemã, 1 Cr 25.4. Foi-lhe destinada pelo rei Davi a 24ª. sorte dos cantores, v. 31.

RÔS (*no hebraico, "chefe", "príncipe"*) **1** Nome de um filho de Benjamim que desceu ao Egito com Jacó e seus filhos, *cf.* Gn 46.21. Não deu origem a família tribal, Nm 26.38, porque, talvez, tenha morrido sem deixar filhos como aconteceu com Er e Onã de Judá. **2** Nome de um povo do norte, mencionado com Meseque e Tubal, Ez 38.2,3; 39.1. Gesenius acredita que esse povo seja o russo, apesar de não se encontrar mais esse nome em outro lugar durante séculos.

ROSA (veja *FLOR*).

RUA

Via Dolorosa — Christian Computer Art

RUA – as ruas das cidades orientais, em geral, eram estreitas, tortuosas e sujas, Antig. 20.5,3; Guerras 2.14,9; 15,5. A largura dava passagem a dois camelos emparelhados; e algumas tinham largura suficientes para o trânsito de carroças, Jr 17.25; Na 2.4. As grandes cidades possuíam, às vezes, extensas avenidas, como Alexandria e Ba-

Rua de Corinto — Christian Computer Art

Rua de Nazaré — Christian Computer Art

bilônia. A rua chamada Direita, da cidade de Damasco, era uma grandiosa avenida de 100 pés de largura, dividida em três seções paralelas, ordenadas de colunas. Muitas ruas eram fechadas por muros brancos com algumas portas de entrada. As janelas abrem-se para átrios internos. As ruas destinadas ao comércio tinham armazéns alinhados dos dois os lados, com amplas aberturas. As destinadas aos bazares serviam para um só gênero de comércio segundo o costume dos antigos tempos, Jr 37.21, Guerras 5.8,1. O ponto de intersecção das ruas era lugar para reuniões e divertimentos, Pv 1.21; Mt 6.5; Lc 13.26. Às portas das cidades havia lugares espaçosos onde ocorriam transações comerciais. Não há notícia que nos informe se as ruas tinham calçamento. Josefo, porém, afirma que Salomão mandou pavimentar as estradas que se dirigiam a Jerusalém com pedras pretas, Antig. 8.7,4. No tempo de Herodes, as ruas eram calçadas e varridas, 16.5,3; 20.7; 15.9,6.

RUAMA (*no hebraico, "ela alcançou misericórdia"*) – um dos nomes simbólicos com o qual os filhos de Judá e Israel, eventualmente saudavam-se, Os 2.1.

RÚBEN (*no hebraico é $r^{e'}\hat{u}bhen$*) **1** Nome do filho mais velho de Jacó, que lhe nasceu de sua mulher Lia, *cf.* Gn 29.31,32; 35.23; 46.8; 1 Cr 2.1; 5.1. Rúben manchou seu caráter por um ato evidente de desonestidade *cf.* Gn 35.22, contrastado por outro que muito abona os sentimentos humanitários de seu coração. Foi ele quem livrou da morte seu irmão José, propondo que o lançassem em uma cisterna de onde pretendia tirá-lo para o restituir a seu pai aflito. Não estava com seus irmãos quando estes o venderam aos midianitas, e por isso sentiu-se profundamente angustiado por não o encontrar na cisterna, Gn 37.21-29. Os filhos de Jacó sentiram-se em perigo no Egito 20 anos depois. Rúben apressou-se em lembrar-lhes o ato cruel contra o seu

RÚBEN

irmão José, em que ele não havia tomado parte, 42.22-24. Jacó relutou em não deixar que lhe levassem seu filho Benjamim ao Egito. Rúben ofereceu dois de seus filhos como reféns, caso não lhe trouxesse com vida Benjamim, v. 37. Rúben tinha quatro filhos ao todo, Enoque, Palu, Hezrom e Carmi, *cf.* Gn 46.8,9; Êx 6.14; 1 Cr 5.3. No leito de morte, Jacó declara que seu filho primogênito Rúben seria instável como água; "não serás mais excelente", disse ele, "porque subiste ao leito de teu pai e o manchaste"; por este ato perdeu os direitos da primogenitura, Gn 49.3,4. **2** Nome da tribo formada pelos descendentes de Rúben e do território em que ela se estabeleceu. A tribo dividia-se em quatro grandes famílias tribais, procedentes dos quatros filhos do patriarca, Nm 26.5-11, cujo príncipe, no tempo da peregrinação pelo deserto, era Elizur, Nm 1.5; 2.10; 7.30-35; 10.18. Por esse tempo, a tribo possuía 46.500 homens de guerra, 1.20,21, no segundo arrolamento, 38 anos depois, havia diminuído para 43.730; 26.7. Elizur chefiava os exércitos reunidos das tribos de Rúben, Simão e Gade, que montavam a 151.450 homens, Nm 2.10, 16. Samua, filho de Zecur, representou a tribo na comissão enviada para inspecionar a terra de Canaã antes da conquista, 13.4. Datã, Abirão e Om que se reuniram ao levita Coré, em rebelião contra Moisés e Arão, pertenciam à tribo de Rúben, 16.1-50; 26.9; Dt 11.6. Depois das batalhas contra Seom e Ogue, os gaditas e os rubenitas com a meia tribo de Manassés, as quais possuíam grandes riquezas em rebanhos, pediram a Moisés que os deixasse ficar a este do Jordão, onde mais facilmente poderiam apascentar os seus grandes rebanhos. Foram atendidos, sob condições de que deveriam fornecer o maior contingente de tropas para combater contra os cananitas, do outro lado do rio, Nm 32.1-42; Js 18.7. Assim o cumpriram, tomando parte em todas as campanhas de Josué contra os cananeus, Js 4.112, voltando gloriosos para as suas terras. Ao oriente do Jordão levantaram eles um altar de imensa grandeza, nos limites do Jordão, não para oferecerem sobre ele sacrifícios, mas para servir de testemunho. Por uma errônea interpretação desse ato, quase se envolveram em uma guerra civil com as outras tribos, 22.1-34. Os rubenitas não tomaram parte na guerra contra Sísera, e por isso, no cântico de Débora, tiveram desabonadora referência, Jz 5.15,16. Os filhos de Rúben e de Gade, e da meia tribo de Manassés, se uniram na guerra contra os hagarenos, vencendo-os, houve grande matança; e habitaram em seu lugar até a transmigração *cf.* 1 Cr 5.18-22. Ezequiel deu-lhes em partilha um lugar em Canaã, depois de ser ocupada de novo, Ez 48.6,7, e deu o nome de Rúben a uma das portas da cidade de Jerusalém, depois de sua restauração, v. 31. Quando o livro do Apocalipse menciona os 144 mil assinalados, registra a quota de 12 mil à tribo de Rúben, Ap 7.5. Os limites da tribo de Rúben eram: ao oriente a terra dos amonitas; ao sul, o rio Arnom, Nm 21.24, ao ocidente o mar Morto e o rio Jordão, Js 13.23, ao norte, a linha divisória corria desde o Jordão, ao sul de Betonim até Hesbom, Js 13.17,26; 21.37; Nm 32.36; Js 13.27. Dentro desses limites ficavam: Aroer, situada sobre a ribanceira da corrente de Arnom e no meio do vale a mesma torrente e toda a planície que vai a Medeba; e Hesbom com todas as suas aldeias, que estão nas campinas, também Dibom, Bamote-Baal, Bete-Baal-Meom Jaza, Quedemote, Mefaate, Quiriataim, Sibma, Zerete, Hassaar, Bete-Peor, Pisga, Bete-Jesimote e, finalmente, a parte sul do reino amonita de Seom, Js 13.15-23. As cidades de Bezer, Jaza, Quedemote e Mefaate, com os seus subúrbios, quatro cidades, com as cidades de outras tribos foram partilhadas pelos levitas da casa de Merari, Js 21.7,36,37; 1 Cr 6.63,78,79. A primeira das quatro, Bezer, servia de cidade de refúgio, Js 20.8; 1 Cr 6.78. Os rubenitas tinham as suas fronteiras muito abertas às incursões dos inimigos. De um lado, ficavam os moabitas; de outro, o deserto por onde vinham os salteadores que podiam invadir o território, pelo oriente e pelo sul. Comparadas às cidades rubenitas, mencionadas nessa seção, com as que estavam em poder dos moabitas, incidentalmente mencionadas em Is caps. 15 e 16; Jr 48 e na Pedra Moabita, observa-se que nos tempos do rei Mesa e dos profetas citados, a tribo de Rúben havia sofrido notável decrescimento de seu território por causa das conquistas dos seus vizinhos. Todo o território, ocupando grande planalto muito próprio para cultivo, estava abandonado pelos antigos donos, entregue às pilhagens das tribos nômades do deserto.

RUBIS – **1** Tradução da palavra hebraica *peninim* ou *peniyyim* que se encontra só no plural. Esse nome pode significar ramos, e assim sendo aplica-se muito bem ao coral, mas o verdadeiro sentido da palavra não está ainda bem determinado. Tinha a cor avermelhada, Lm 4.7, e era precioso, Jó 28.18; Pv 3.15. A cor serve para não o confundir com a pérola. O legítimo marfim ou coral assemelha-se à safira, variedade do corinto. É transparente e brilhante, de cor rubra. **2** Tradução do vocábulo hebraico *odem*, Êx 28.17; Ez 28.13, que nessas duas passagens se traduz por Sárdio, que melhor sentido dá ao original.

RUFO (*no latim é rufus, "de cabelo avermelhado"*) – nome de um filho daquele Simão de Cirene que foi compelido a carregar a cruz de Cristo, *cf.* Mc 51.21. Pode bem ser o mesmo Rufo que morava em Roma e a quem o apóstolo Paulo enviou saudações, *cf.* Rm 16.13.

RUMA (*no hebraico, "altura"*) – nome de um lugar a que pertencia o pai de Zébi-

da, filha de Pedaías e progenitora do rei Jeoiaquim, 2 Rs 23.36. Antigos geógrafos dizem ser a mesma Ruma das vizinhanças de Siquém, *cf.* Antig. 10.5,2. Também pode ser uma cidade da Galiléia, *cf.* Guerras 3.7,21, com o nome de Kumeh perto de Nazaré (veja *ARUMÁ*).

RUTE (*no hebraico é rûth, provável contração de r^e'ûth, "companhia feminina", ou "amiga da senhora"*) – nome de uma mulher moabita, casada em primeiras núpcias com Malom, efrateu, de Belém. Elimeleque, seu sogro, seu cunhado, Quiliom, e seu marido morreram. Rute abandonou a terra natal para acompanhar sua sogra Noemi para a terra de Belém. Quando recolhia espigas nos campos de Boaz, parente do marido de Noemi, foi favorecida por ele. Segundo o costume do tempo, um parente de Malom deveria casar com Rute, e Boaz a tomou por esposa, depois que outro parente mais próximo abriu mão de seus direitos. Por esse casamento, Rute entrou na linha genealógica de Davi. O casamento de Boaz e Rute não foi levirato, Dt 25.7-10; *cf.* Rute, 1.11-13, porque Boaz não era irmão do falecido marido de Rute. A lei preceituava que a viúva de um homem que não deixava filhos e desejasse vender a sua propriedade, se o morto não tivesse irmão, o parente mais próximo e herdeiro do morto deveria comprá-lo ou remi-lo, 4.3,4,9. Desse modo, a propriedade se perpetuava na família. Estava em uso também que o parente assumiria voluntariamente os deveres do levirato, ou tomaria para si a viúva em casamento, caso não desejasse arriscar a sua própria herança, 3.9; 4.5,6. Quem assim procedia, dava prova de grande magnanimidade e de ser leal à família. O filho que nascesse de tal união, por lei, pertencia ao morto, 4.5,10,14,17, e desfrutava os foros e prerrogativas dos primogênitos.

RUTE, O LIVRO DE

RUTE, O LIVRO DE – o livro de Rute fazia parte da coleção dos livros sagrados que se liam publicamente por ocasião de certos aniversários; porque tratando de assunto relativo às colheitas, liam-no nos dias de Pentecostes, que era a festa das colheitas. O livro de Rute figura na lista dos livros canônicos logo depois do livro de Juízes, tanto na versão da LXX quanto na enumeração feita por Josefo. Os acontecimentos que ele narra ocorreram nos tempos dos juízes, 1.1; 60 anos, ou mais, antes de Davi nascer, 4.21,22. O consórcio de um piedoso israelita com uma moabita é ato heróico que se registrou, e a prole dele é originada na linha genealógica de Davi. Depois do exílio, um casamento dessa natureza seria condenável e inadmissível. A narrativa é, pois, caracteristicamente histórica, e confirma a harmonia que se observa nas circunstâncias do tempo e das relações cordiais existentes entre Israel e Moabe, 1 Sm 22.3,4. Os fatos são registrados sem comentário algum, o que vem provar que foram escritos antes do cativeiro. A linguagem assemelha-se à sua pureza, aos escritores daquela época, em paralelo com o livro de Juízes. O livro de Rute não recebeu a sua forma literária final, senão muito tempo depois dos acontecimentos que ele contém; o que vem explicar o costume de tirar o sapato em sinal de testemunho na aquisição de propriedade, 4.7; usado nos tempos primitivos.

SAAFE (*no hebraico, "união", ou "amizade"*) **1** Nome de um dos filhos de Jadai, incluído no registro de Calebe, *cf*. 1 Cr 2.47. **2** Nome de um dos filhos de Calebe com sua concubina Maaca. Foi fundador da comunidade de Madmana, um lugar ao sul de Judá, *cf*. 1 Cr 2.49.

SAALABIM (*no hebraico, "chacais"*) – nome de uma cidade dos amorreus, situada dentro do território de Dã, *cf*. Js 19.42, nunca abandonada pelos seus primitivos donos, Jz 1.35, senão depois do estabelecimento definitivo dos hebreus na terra de Canaã, 1 Rs 4.9. Lugar desconhecido, ainda que alguns digam que se localizava onde, atualmente, está Saalabim, cerca de 6 km a noroeste de Aijalom.

SAALBONITA – nome dos habitantes ou naturais de Salabone, cidade desconhecida, ou mais provavelmente de Saalbonita (de Saalbim), *cf*. 2 Sm 23.32; 1 Cr 11.33. Talvez seja a mesma Saalabim, que sofreu variação morfológica. Essa posição é bem aceita entre os estudiosos (veja *SAALABIM*).

SAALIM (*no hebraico, "raposas", ou "tocas"*) – nome de um distrito, situado na tribo de Efraim, por onde passou Saul, depois de sair de Salisa, à procura das jumentas de seu pai, 1 Sm 9.4. Localização desconhecida.

SAARAIM (*no hebraico, "dupla aurora", "duas portas"*) **1** Nome de uma cidade situada na Sefelá, parte baixa de Judá, Js 15.36, a oeste de Socó e de Azeca, 1 Sm 17.1,52. Sua localização não foi identificada. Alguns assinalam seu antigo lugar em Saireh, entre as montanhas, cerca de 9,5 km a nordeste de Socó; e outros dizem a aldeia de Zakariya ao lado do *wady es-Sant*, cerca de 4 km a noroeste de Socó. Esse nome, porém, somente conserva uma única consoante em comum com *Saaraim*, além do que parece mais com o nome do profeta Zacarias, cujo túmulo se vê ali.

SAARAIM

2 Nome de uma cidade da tribo de Simeão, *cf.* 1 Cr 4.28-31. **3** Nome de um benjamita, pai de numerosos descendentes, *cf.* 1 Cr 8.8.

SAASGAZ – camareiro do rei Assuero. Era eunuco e tinha como tarefa guardar as concubinas do rei Assuero, dentre elas, Ester, *cf.* Et 2.14.

SAAZIMA (*no hebraico, "lugares altos", "alturas"*) **–** nome de uma cidade, situada nos limites de Issacar, entre o monte Tabor e Bete-Semes *cf.* Js 19.22. A moderna El Kerm tem sido identificada como a antiga Saazima, devido localizar-se na divisória dos ribeiros de Issacar e Naftali.

SÁBADO (*no hebraico é shabbath, "cessar", "repousar"*) **–** dia de descanso instituído por Deus, para ser observado por todos os homens. Completou a obra da criação em seis dias e cessou de trabalhar no dia sétimo. "E abençoou Deus o dia sétimo e o santificou; porque nele descansou de toda a sua obra que, como Criador, fizera", v. 3, *cf.* Gn 2.1-3 (veja *CRIAÇÃO*). A referência que segue à divisão do tempo em períodos de sete dias se repete por ocasião do Dilúvio, quando Noé recebeu prévio aviso da iminência da tempestade, sete dias antes de cair; e outra vez, quando soltou as aves, em intervalos de sete dias, para saber se já as águas do Dilúvio haviam baixado, *cf.* Gn 7.4; 8.10,12. E não pára aqui a lição: ela se repete em toda a cronologia do Dilúvio, quando interpretada de acordo com seus princípios, isto é, que a divisão semanária do tempo remonta-se às primeiras eras do mundo. Os acontecimentos medem-se por espaços de sete dias, tanto nas páginas da Bíblia quanto nos registros da Assíria (veja *DILÚVIO*). E o que é mais: Existem provas evidentes e muito abundantes, de que o sétimo dia representa uma das manifestações da benevolência divina para com o homem. Segundo ambas as narrativas, e contando desde o dia em que começou o Dilúvio, o poder divino que mandou a tempestade, a fez cessar no fim do sexto dia. O dia sétimo aparece luminoso e belo: era o descanso. Foi também em um sétimo dia que Deus ordenou que os habitantes da arca saíssem dela e quando Noé ofereceu sacrifícios de ações de graças. Um lance de vista pelas tábuas cronológicas evidencia que teria sido no dia sétimo que Noé soltou as aves, por ser um dia de grande favor divino. Desde os dias de Noé até o êxodo, não se encontram ordens expressas sobre a santificação do sétimo dia, pela abstenção do trabalho e pelas práticas religiosas. Não havia motivos que as justificassem, pela ausência de fatos e acontecimentos especiais. É certo que naqueles tempos remotos o dia de Sábado não se diferençava muito dos outros dias, mesmo entre o povo de Deus. Os pastores nômades eram obrigados a certos trabalhos inadiáveis. Os israelitas, no Egito, não eram donos de si e não poderiam observar a santificação do sétimo dia. Quando o povo se organizou em unidade política, no Sinai, adotou-se novo modo de vida. Os israelitas elaboraram suas leis, constituíram-se em comunidade independente, estabeleceram a sua norma de vida no deserto, entregaram-se à agricultura e ao comércio, e, como natural, a guarda do sábado assumiu nova feição. Tanto nos escritos literários dos hebreus quanto nos babilônicos anteriores ao êxodo, existem referências incidentais ao período semanal, *cf.* Gn 29.27,28. Deve-se entender, sem dúvida, que tal período corresponde aos sete dias da semana, a contar de modo que nos aprouver. A medição do tempo sempre se fez em períodos de sete dias. Várias causas contribuíram para generalizar esse costume; entre outras, contam-se as fases da lua, porém, além desta, sobrepuja a concepção traçada na narrativa do Dilúvio, que o sétimo dia era de repouso e de favor divino para com os homens. É assunto

SÁBADO

para discussão, se o nome sábado servia para designar o sétimo dia entre os assírios e babilônios. Tinham eles um dia de propiciação aos seus deuses, que pronunciavam *shabattu*, Sábado. Outros modos de pronunciar esse nome são igualmente possíveis, dando um sentido que satisfaz plenamente à descrição do dia. Não se pode provar que tenha sido um dia especial da semana em que não havia trabalho servil. Tabletes do tempo de Assurbanipal, 650 a.C., dizem que o sétimo, o 14º., o 19º., o 11º. e o 18º. dia de cada mês eram considerados de mau agouro para a prática de certos atos especiais. Esses dias aziagos, é bom observar, não se relacionam com as fases da lua, porque ela não faz quarto no dia 19; e em meses de 30 dias, como eram os meses em questão, só ocasionalmente havia quarto no sétimo dia. O azar do dia relacionava-se com o número sete. Não somente era malfadado o sétimo dia periódico, como também o 19º., isto é, o 49º. dia, produto de sete vezes sete, contados desde o primeiro dia do mês anterior. Esses sete dias periódicos não eram dias de descanso nacional quando os *tabletes* vigoravam; somente alguns atos especificados não convinham a esses dias sem grave perigo. Os negócios e os trabalhos habituais corriam como nos demais dias. Se esses *tabletes* nos relatam a existência do sábado, também testemunham a degradação de uma ordenança mais nobre de tempos mais remotos. Não perpetuam o pensamento que se descobre, mesmo nas inscrições dos assírios acerca do Dilúvio. Não atingem o padrão erguido no quarto mandamento, como foi promulgado séculos antes no Sinai, conhecido entre os hebreus em toda a sua grandeza, nos tempos de Jeremias, jovem contemporâneo de Assurbanipal. Nesses *tabletes*, como entre os hebreus, não era a lua que determinava o descanso, ou o sábado, entre os hebreus. Não era só o sétimo dia o único dia santo, mas também o dia

que começava e que consagrava o sétimo mês; era igualmente santo o sétimo ano, bem como o que seguia ao 49º. ano. Todos esses períodos de tempo associavam-se à idéia de repouso e adoração, de liberdade, de boa vontade para com os homens e do favor divino. A primeira vez que aparece o nome sábado nos livros hebreus é em Êxodo 16.23. Os israelitas ainda não tinham chegado ao monte Sinai, nem haviam recebido os Dez Mandamentos, que ali foram promulgados, e já no deserto de Sim, quando começou a cair o maná, eles o colhiam em dobro no sexto dia. E Moisés disse-lhes: "Isto é o disse o Senhor: Amanhã é repouso, o santo sábado do Senhor; o que quiserdes cozer no forno, cozei-o, e o que quiserdes cozer em água, cozei-o em água; e tudo o que sobrar separai, guardando para a manhã seguinte. E guardaram-no até pela manhã seguinte, como Moisés ordenara; e não cheirou mal, nem deu bichos. Então, disse Moisés: Comei-o hoje, porquanto o sábado é do Senhor; hoje, não o achareis no campo. Seis dias o colhereis, mas o sétimo dia é o sábado; nele, não haverá", Êx 16.23-26; *cf.* 5. Logo depois, o preceito que ordenava a guarda do sábado foi promulgado com os outros nove por Jeová no Sinai e mais tarde escritos pelo dedo de Deus sobre tábuas de pedra, *cf.* Êx 31.18; Dt 9.10. Com as outras leis, a guarda do sábado era de obrigação perpétua. Começa assim: "Guarda o dia de sábado, para o santificar, como te ordenou o Senhor, teu Deus". A frase dá a entender que não era a primeira vez que eles tinham conhecimento do sábado. Repetindo de novo as palavras da lei, 40 anos depois, em Sitim, Moisés faz lembrar que o Senhor Deus lhes havia ordenado que observassem cuidadosamente o sábado, e em vez de assinalar as razões em que se baseava esse preceito, acrescenta: ...porque te lembrarás que foste servo na terra do Egito e que o Senhor, teu Deus, te tirou dali com mão poderosa e braço estendido", motivo

SÁBADO

pelo qual o povo de Israel deveria sentir-se na obrigação de observar o descanso instituído por Deus, Dt 5.15. O dia sétimo se chamará santo porque é o descanso do Senhor, Lv 23.3; *cf.* Ez 46.3, sinal estabelecido para que soubessem que o Senhor é que os santifica, *cf.* Êx 31.13. A doutrina ensina claramente que esse dia foi ordenado por Deus, para repouso do corpo e bem-estar do homem; deveriam observá-lo, imitando o exemplo que Deus dá, e por causa das bênçãos por ele conferidas. A redenção do cativeiro de onde vieram os colocava sob a obrigação de guardar esse dia, em que deveriam reunir-se para o culto divino. Recordava esse dia que Deus descansou da sua obra e que o povo havia sido libertado da escravidão do Egito. No dia de sábado ofereciam-se dois cordeiros, em vez de um, que se oferecia nos outros dias da semana, Nm 28.9,19. Nesse dia, colocavam sobre a mesa os pães da proposição, para substituírem os que eram retirados e que pertenciam a Arão e a seus filhos, Lv 24.5-8; 1 Cr 9.32. Em obediência à lei do descanso, ninguém deveria acender fogo em suas casas; quem trabalhasse nesse dia era condenado à morte. Estando os filhos de Israel no deserto, acharam um homem enfeixando a lenha no dia de sábado, e o apresentaram a Moisés, e todo o povo o apedrejou e morreu como o Senhor tinha mandado, *cf.* Êx 35.3; Nm 15.32-36 (veja *PUNIÇÃO*), Is 56.2-6 e Jr 17.21-27 exortam fortemente o povo a guardar o sábado. O salmo 92 celebra as delícias do dia de sábado na contemplação das obras de Deus. Ezequiel lamenta que o dia de sábado tenha sido profanado em tão larga extensão, Ez 20.12-24; 22.8-26; 23.38. No tempo de Neemias, os negociantes, principalmente os de Tiro, traziam continuamente mercadorias a Jerusalém no dia de descanso, pelo que Neemias condenou com veemência esse costume e tomou severas medidas contra aqueles que contrariassem suas ordens, Ne 10.31; 13.15-22.

No começo da guerra da independência, sob a direção da família dos Macabeus, julgavam os defensores da pátria que não deveriam se defender, se fossem atacados no dia santo, pelos inimigos. Começou a campanha em dia de sábado. Morreram mil patriotas e suas famílias que não ofereceram resistência. Os sobreviventes resolveram, então, que dali em diante ofereceriam resistência se fossem atacados no dia de descanso, porém não iniciariam operações de guerra, 1 Mac 2.31-41. Por esse motivo, os gentios tinham vantagem sobre os hebreus, por não estarem obrigados a esse dever sagrado. Aproveitavam os dias de sábado para estabelecerem o cerco e fazerem outros preparativos de guerra, abstendo-se, porém, de atacar diretamente os judeus. O general Pompeu levantou trincheiras e assestou aríetes contra a cidade santa, em dia de sábado sem receber resistência alguma, deixando para depois de findar o dia, o ataque aos muros, Antig. 14.4,2,3. No tempo de Cristo, os fariseus aplicavam a lei do descanso aos atos mais triviais da vida, proibindo muitas obras de necessidade e misericórdia. Acusaram Jesus por fazer curas em dia de sábado, ao mesmo tempo em que achavam lícito retirar o boi, o animal, ou a ovelha que tivesse caído dentro de um poço. Também julgavam necessário levar os animais a beber, como em qualquer outro dia da semana, Mt 12.9-13; Lc 13.10-17. E não eram somente as curas feitas em dia de sábado que eles condenavam. Quando os discípulos de Jesus passavam pelas searas e colhiam espigas, e as comiam, porque tinham fome, os fariseus os censuraram, como se fosse, essencialmente, o mesmo trabalho de fazer colheitas e moer o trigo. A isto nosso Senhor deu uma notável resposta, dizendo: "O sábado foi estabelecido por causa do homem, e não o homem por causa do sábado; de sorte que o Filho do homem é senhor também do sábado" *cf.* Mc 2.23-28. O sábado foi instituído para

SÁBADO

benefício do gênero humano; as suas obrigações duram enquanto o homem viver e enquanto subsistirem suas necessidades. O Filho do homem não é escravo do sábado e sim dono dele. O dia consagrado ao culto na sinagoga era o sétimo da semana, Mt 12.9,10; At 13.14. Desde o princípio, a Igreja apostólica reunia-se para o culto no primeiro dia da semana, dia em que Jesus Cristo ressuscitou dos mortos para nossa justificação, At 2.1; 20.7. Nesse dia é que os cristãos da Galácia e de Corinto deveriam, segundo as recomendações do apóstolo Paulo, fazer as coletas em benefício dos pobres, 1 Co 16.1,2. Esse primeiro dia da semana chamou-se dia do Senhor, ou domingo, Ap 1.10, e passou a ser considerado como dia de descanso, igual ao sábado judeu. Serve igualmente para solenizar a redenção de seu povo. As bênçãos, tanto físicas quanto espirituais, que decorrem dessa instituição, demonstram muito bem a bondade divina para com o povo de Deus. A terra também tinha o seu sábado, depois de seis anos de semeadura, descansava. Seguia-se um ano de repouso, que se repetia, periodicamente de sete em sete anos. Nesse ano não havia sementeira nem colheitas, nem tampouco se colhiam as uvas e as azeitonas. Os produtos desse ano pertenciam a todos. No ano sabático, o credor não poderia mais cobrar ao devedor, cuja dívida era cancelada, e ficava livre o escravo hebreu, Êx 23.10, 11; Lv 23.3-7; Dt 15.1-18; Ne 10.31. No fim de sete anos sabáticos, isto é, depois de 49 anos, soava a trombeta para proclamar a liberdade por toda a terra dos hebreus; era o ano do jubileu. Voltava o homem à sua possessão, e cada um tornava para sua primeira família, Lv 25.8-10 (veja *JUBILEU, ANO DE*). São dignas de nota as notícias sobre a observância do ano sabático no tempo de Neemias, Ne 10.31, no ano 150 dos selêucidas, ou 164-163 a.C., 1 Mac 6.49-53; *cf.* Antig. 12.9,5, e o decreto de César, isentando de impostos os judeus, durante o ano sabático, Antig. 14.10, 6; *cf.* Tácito Hist. 5.4, ano 38-37 a.C., Antig. 14.16,2; 15.1,2, no ano anterior à queda de Jerusalém, d.C. 68-69, *cf.* também Antig. 11.8,5. Se os israelitas violassem as leis divinas, sofreriam o cativeiro em terra estranha. "Então, a terra folgará nos seus sábados, todos os dias da sua assolação... a terra descansará e folgará nos seus sábados", *cf.* Lv 26.34-43. Jeremias profetizou que o povo seria punido por causa da sua idolatria, ficando a terra abandonada, e os habitantes dela levados para o cativeiro babilônico serviriam ao rei da Babilônia 70 anos, *cf.* Jr 25.7-11. O cronista bíblico relaciona o cativeiro com as desobediências do povo e com a profanação do templo, acrescentando que os hebreus foram escravos na Babilônia 70 anos conforme o havia predito Jeremias; a terra celebrou os seus sábados; porque durante o tempo da sua desolação, esteve num sábado continuado, até que se completaram 70 anos, *cf.* 2 Cr 36.14,16,20,21. Não se deve inferir que o povo havia negligenciado o ano sabático exatamente 70 vezes ou que essa negligência ocorreu em anos contínuos. Sem dúvida, haviam cometido essa falta algumas vezes porque um povo idólatra e desobediente sempre se esquece das suas obrigações quando ferem interesses pecuniários. Evidentemente, qualquer espaço de tempo determinado para a santificação e o repouso chamava-se sábado, como o sétimo dia da semana, o sétimo ano e o dia da expiação que era o décimo do sétimo mês, Lv 23.32. A jornada de um sábado era avaliada a juízo dos escribas. Essa expressão encontra-se em At 1.12, determinando o espaço compreendido entre o monte das Oliveiras e a cidade de Jerusalém, ou desde essa cidade a um lugar no monte, de onde se avistava Betânia, Lc 24.50. Medindo-se a distância, desde a porta oriental de Jerusalém, conforme o método judeu de calcular, até o

SÁBADO

lugar onde está a igreja da Ascensão, no cume do monte das Oliveiras, igual ao vôo de um corvo, é de cerca de 2.250 pés ingleses, ou 742 m. A jornada de um sábado atual é consideravelmente maior. Segundo Josefo, o monte distava da cidade cerca de seis ou sete estádios, Antig. 20.8,6; Guerras 5.2,3. A regulamentação da jornada de um sábado originou-se de uma proibição contida no livro de Êx 16.29, ordenando que cada um ficasse na sua tenda no dia de sábado. Calcularam em dois mil côvados a viagem do sábado, baseando-se para isso em uma interpretação errônea de Nm 35.5, segundo a qual o distrito de uma cidade levítica se estendia dois mil côvados além dos muros em todas as direções, e servindo-se também do registro em Josué 3.4, estabelecendo o espaço de dois mil côvados entre o campo e o Tabernáculo, que poderiam percorrer no sábado. Dentro de uma cidade, a viagem deveria ser a mesma nesse dia.

SABÃO – o sentido dessa palavra difere do emprego que ela tem em nossos dias. As palavras hebraicas *bor*, *borith* querem dizer "algo que lava", espécie de "álcali". Empregava-se para a limpeza do corpo, Jó 9.30, para lavar os vestidos, Jr 2.22; Ml 3.2, e para dissolver as escórias de um metal derretido, Is 1.25. Os tradutores gregos julgaram que fosse uma planta, ou algum produto vegetal, porque o designaram pela palavra grega *poa*, erva, ou planta semelhante. A raiz da saponária, *Saponaria officinalis*, é muito conhecida na Palestina para branquear os tecidos de linho, sem deixar manchas. O emprego do álcali para dissolver as gorduras dá a entender que se usava dele em forma de cinzas. Sem dúvida, obtinha-se do mesmo modo, ou pelo mesmo processo, como a barrilha, *Salicornia fruticosa*, e a soda, *Salsola Kali*, que até agora são reduzidos a cinzas para se extrair delas o álcali que elas contêm.

SABAOTE (*no hebraico, "exércitos"*) **–** o Senhor de sabaote é o mesmo que dizer Senhor dos Exércitos, não traduzindo a segunda parte do título, Rm 9.29, com Is 1.9; Tg 5.4 (veja *SENHOR e DEUS, Nomes de*).

SABEDORIA – os hebreus dividiam os conhecimentos em três classes: Sabedoria, Lei e Profecia. A Lei continha os mandamentos e os preceitos que regulavam as obrigações do homem para com Deus. A Profecia denunciava os juízos de Deus contra aqueles que violavam as leis divinas, regulava o seu proceder e explicava o objeto do relacionamento de Deus com os homens. A Sabedoria buscava, pela observação, pela experiência e pela reflexão, o conhecimento das coisas, a sua essência, em suas relações com Deus e o homem. A Lei e a Profecia vinham de Deus diretamente, que em sentido mais elevado se denominam – Palavra de Deus. A Sabedoria tem sua origem no homem, como produto da experiência e da observação. Conquanto seja produto humano, sabe-se que a boa compreensão das coisas é dom de Deus, e que a sabedoria tem seus fundamentos no temor de Deus e na guarda de seus mandamentos, Sl 111.10; Pv 9.10; Ec 12.13. Nos primeiros capítulos do livro de Provérbios, no livro de Jó e na Sabedoria de Salomão, encontra-se a personificação desse sublime conhecimento. Os sábios conselheiros aparecem na história de Israel de tempos em tempos, Jr 18.18, como de Bete-Maaca, 20.18, as quatro celebridades, Etã, Hemã, Calcol e Darda, *cf.* 1 Rs 4.31, cujas palavras tomaram a forma de parabólicas, 2 Sm 14.4-11, de preceitos, Pv 24.27-29, de provérbios, 23-26, de enigma, 1.6, e a história da vida real com as suas lições, 24.30-34. Encontramos exemplos de profunda observação de métodos e de ditos sentenciosos na fábula de Jotão, *cf.* Jz 9.7-20, nos ditos enigmáticos e obscuros de Sansão, 14.14, na parábola do profeta Natã e das palavras sentenciosas da mulher de Tecoa a certo profeta, 2 Sm 12.1-7; 14.4-17;

1 Rs 20.35-43, e a fábula proferida pelo rei Joás, 2 Rs 14.9, 10. Mas obras notáveis da sabedoria dos hebreus foram Jó, Provérbios, Eclesiastes, Eclesiástico e Sabedoria de Salomão.

SABETAI (*no hebraico, "nascido no sábado", ou "pertencente ao sábado"*) – nome de um levita do tempo de Esdras, Ed 10.15; Ne 11.16.

SABEUS – 1 Povo descendente de Sabá, o neto de Cuxe, Gn 10.7; Ez 23.42. 2 Povo descendente de Jocsã, filho de Quetura com Abraão. Viviam espalhados em Edom, Síria e na Arábia, Gn 25.3; Jó 1.5; Jl 3.8

SABTÁ – nome de um povo descendente do terceiro filho de Cuxe, *cf.* Gn 10.7; 1 Cr 1.9, provavelmente localizado ao sul da Arábia. Uma forte corrente de opiniões aponta a cidade de Sabata ou Sabota, do país de Catramotita, como sendo o local da antiga Sabtá, porém, de identificação duvidosa. Gesenius acha que deve ser Sabate, Saba ou Sabai, nas vizinhanças da moderna *Arkiko*, cidade da Abissínia, situada em uma das baías do mar Vermelho.

SABTECÁ – nome de um povo descendente do quinto filho de Cuxe, *cf.* Gn 10.7; 1 Cr 1.9, provavelmente do sul da Arábia. Estudiosos acreditam que, originalmente, Sabtá e Sabtecá fossem um único nome que se desdobrou por um erro de copista. Seja como for, o lugar ainda é desconhecido.

SACAR (*no hebraico, "alugado", ou "mercadoria"*) 1 Nome de um hararita, pai de Aião e um dos valentes do rei Davi, 1 Cr 11.35. Em 2 Sm, tem o nome de Sarar, *cf.* 23.33. 2 Nome de um dos filhos de Obede-Edom, *cf.* 1 Cr 26.4.

SACERDOTE – ministro investido de autoridade. Às vezes denota um ministro de Estado, assistente responsável junto ao rei, 2 Sm 8.18. Em 2 Sm 20.26, o oficial Jair é denominado sacerdote de Davi; e em *cf.* 1 Cr 18.17, os filhos de Davi são os primeiros ao lado do rei. Em 1 Rs 4.5 diz-se que o sacerdote *Zabute* era íntimo, ou amigo do rei. Com freqüência os ministros do santuário são denominados sacerdotes levíticos, porquanto o sentido da palavra *kohen*, ministro, sacerdote, exige qualidades descritivas. Um ministro devidamente autorizado, para oficiar perante uma divindade, em favor de um povo e tomar parte em outros ritos é denominado sacerdote. A função essencial a seu cargo era a de mediador entre Deus e o homem. Em geral, formavam os sacerdotes uma classe de funcionários muito distinta entre as nações da Antigüidade, como no Egito, em Midiã na Filístia, na Grécia, em Roma etc. Gn 47.22; Êx 2.16; 1 Sm 6.2; At 14.13. Na falta de uma corporação regularmente organizada, o ofício de sacerdote era exercido desde tempos memoriais, por indivíduos particulares, como, Caim e Abel; pelos patriarcas em favor de suas famílias; ou da tribo, como Noé, Abraão, Isaque, Jacó, Jó, bem assim os chefes de uma corporação, ou de um povo. No tempo do êxodo, havia indivíduos dessas prerrogativas por direito natural, por causa da crescente necessidade do momento, em conseqüência do aumento da população e das influências do sacerdócio egípcio, Êx 19.22. Mesmo depois de organizado o sacerdócio levítico, homens havia que, fora dessa corporação, também exerciam as funções de sacerdote. Quando Deus mesmo dispensava a mediação dos sacerdotes ordenados, e se revelava imediatamente a um indivíduo estranho à corporação sacerdotal, tal pessoa sentia-se no direito de oferecer sacrifícios, sem que fosse necessária a intervenção dos mediadores regularmente ordenados, Jz 6.18,24,26; 13.16. Quando, por motivos políticos, tornava-se impossível aos que habitavam no Reino do Norte utilizarem-se do ministério

SACERDOTE

Roupas do Sacerdote — *Christian Computer Art*

Escritura se refere à classe sacerdotal, emprega as expressões – sacerdotes, ou filhos de Arão, aludindo à descendência desse sacerdote, 1.5; 2 Cr 26.18; 29.21; 35.14; *cf.* Nm 3.3; 10.8; Js 21.19; Ne 10.38, ou sacerdote da linhagem de Levi, aludindo à tribo a que pertenciam, Dt 17.9, 18; 18.1; Js 3.3; 8.33; 2 Cr 23.18; 30.27; Jr 33.18, 21; *cf.* Êx 38.21, ou ainda como sacerdotes e levitas, filhos de Zadoque, designando o ramo da família de que descendiam, Ez 44.15; *cf.* 43.19. Esse modo de referir-se à classe dos sacerdotes, como acabamos de observar nas passagens citadas, era muito comum no tempo em que se fazia questão fechada em distinguir as funções dos sacerdotes e dos levitas, como se observa na história em que os ministros do altar no Tabernáculo e no templo, e aqueles que traziam o Urim e o Turim também pertenciam à família de Arão. As obrigações dos sacerdotes eram, em geral, de três categorias: Ministrar no santuário diante do Senhor, ensinar o povo a guardar a lei de Deus e tomar conhecimento da vontade divina, consultando o Urim e o Turim, Êx 28.30; Ed 2.63; Nm 16.40; 18.5; 2 Cr 15.3; Jr 18.18; Ez 7.26; Mq 3.11. O sacerdote estava sujeito a leis especiais, Lv 10.8s. Em referência ao casamento, só poderia tomar mulher que dos sacerdotes levíticos o pai de família, ou outra pessoa indicada, de acordo com a lei primitiva, levantava o altar e oferecia sacrifícios a Jeová, 1 Rs 18.30. Quando o povo hebreu se organizou em nação no Sinai, levantou-se o Tabernáculo e o servo do santuário foi organizado de acordo com a dignidade de Jeová de modo a não ficar devendo nada às mais cultas nações da Antigüidade. Daí nasceu a necessidade de um corpo sacerdotal. Arão e seus filhos foram designados para esse cargo que se perpetuou na família, e a ela restrito, Êx 28.1; 40.12-15; Nm 16.40; *cf.* 17 e 18.1-18; *cf.* Dt 10.6; 1 Rs 8.4; Ed 2.36s. Todos os filhos de Arão eram sacerdotes, exceto nos casos de deformidades físicas, Lv 21.16s. Quando a

Sumo Sacerdote com Urim e Tumin — *Christian Computer Art*

SACO DE CILÍCIO

fosse de sua própria nação, mulher virgem ou viúva, que não fosse divorciada, e cuja genealogia fosse tão regular quanto a dos próprios sacerdotes, 21.7; Ed 10.18, 1; cont. Apiom. 1.7. As vestimentas consistiam de calções curtos desde os rins até as coxas; uma camisa estreita, tecida de alto a baixo e sem costura, descendo até os artelhos e apertada na cinta por um cíngulo bordado, simbolicamente ornamentado; uma tiara em forma cônica, tudo feito de linho fino e branco, Êx 28.40-42; Antig. 3.7,1-3. Os sacerdotes e outros oficiais do serviço religioso costumavam vestir uma estola de linho, sem bordados e sem os adornos custosos como o que usava o sumo sacerdote, *cf.* 1 Sm 2.18; 22.18. Por ocasião da conquista de Canaã, atendendo às necessidades dos descendentes de Arão, que sem dúvida já estavam na terceira geração, porém mais especialmente em atenção às necessidades futuras, separaram-se cidades para sua residência e criação de seus gados, Js 21.10-19. Davi dividiu os sacerdotes em 24 classes. Exceto por ocasião das grandes festividades em que todos eles tinham de oficiar, cada uma das classes oficiava uma semana de cada vez, substituída em cada sábado de tarde, antes do sacrifício, 1 Cr 24.1-19; 2 Rs 11.5-9; Antig. 7.14,7. Parece que dessas 24 classes, somente quatro voltaram da Babilônia com Zorobabel, Ed 2.36-38, porém, o antigo número foi reconstruído, segundo parece, *cf.* Lc 1.5-9. Havia distinções no corpo sacerdotal. O supremo pontífice era o sumo sacerdote; seguia-se o segundo sacerdote, 2 Rs 25.18, que provavelmente era denominado o pontífice da casa de Deus, 2 Cr 31.13; Ne 11.11, e o magistrado do templo, At 4.1; 5.24. Os pontífices de que fala o Novo Testamento eram os sumos sacerdotes, membros da família dos antigos sacerdotes e funcionavam irregularmente. A lei que regulava o acesso às funções do sumo sacerdócio havia caído em olvido em conseqüência das perturbações políticas e do domínio estrangeiro. Os pontífices eram investidos em seu ofício ou dele despojados à mercê dos governos dominantes.

SACHO – nome de um instrumento que servia para escavar o solo, semelhante a uma picareta, com duas lâminas em diferentes planos, uma delas, parecido a um machado, que servia para cortar, e a outra similar a uma enxó, destinada a arrancar as raízes das árvores. No Antigo Testamento, a palavra sacho, ou picareta, é a tradução de: – *mahareshah*, instrumento cortante, mencionado em 1 Sm 13.20. – *maharesheth* é outra palavra semelhante derivada da mesma raiz, que se encontra no v. 20, e que quer dizer relha de arado. Esses instrumentos eram feitos de metal. – A outra palavra é *mader*, instrumento para lavrar a terra; utilizado para cavar a terra e limpar os vinhedos, Is 7.25.

SACO DE CILÍCIO – tecido grosseiro de cor escura, fabricado com pêlo de bode, Ap 6.12, que os hebreus denominavam *sak*. Era costume vestirem com esse pano os carpidores, 2 Sm 3.31; 2 Rs 19.1, 2, e algumas vezes os profetas, Is 20.2; Ap 11.3, e os cativos 1 Rs 20.31; *cf.* Is 3.24. Tinha a semelhança de um saco, aberto em cima para enfiar a cabeça, e dos lados para introduzir os braços. Jacó cobriu-se de cilício ao ter notícia da suposta morte de seu filho José, Gn 37.34; os servos de Bene-Hadade cingiram-se de sacos para alcançarem o favor do rei de Israel, 1 Rs 20.31; Davi ordenou a Joabe e a todo o povo que estava com ele que rasgassem os seus vestidos e se cobrissem de saco, para chorar a morte de Abner, 2 Sm 3.31; os ninivitas vestiram-se de saco ao ouvirem a pregação de Jonas, Jn 3.6; *cf.* 2 Sm 21.10; Acabe cobriu sua carne de cilício, ao ouvir as denunciações de Elias, 1 Rs 21.27; o mesmo fez Jó, *cf.* 16.16, nos extremos de

SACO DE CILÍCIO

sua angústia. O pano de cilício servia também para fazer sacos, Gn 42.25; Js 9.4.

SADE/TSADÊ – décima oitava letra do alfabeto hebraico. Nenhuma letra do nosso alfabeto a ela corresponde. Marca uma das secções do salmo 119, cujas linhas no hebraico, começam por ela.

SADOQUE (*no hebraico, "justo", "reto"*) – nome de um dos antecessores de Cristo, que viveu depois do exílio, Mt 1.14.

SADRAQUE (*do babilônico Shuduraku, "decreto do deus lua"*) – nome que o príncipe dos eunucos, ou eunuco mor, deu a Ananias, um dos fiéis hebreus, que mais tarde foi miraculosamente salvo da fornalha ardente, Dn 1.7; 3.12-30.

SADUCEUS – nome de um partido oposto à seita dos fariseus, Antig. 13.10.6. Compunha-se de um número comparativamente reduzido de homens educados, ricos e de boa posição social, 18.1,4. A julgar pela sua ortografia, a palavra saduceu deriva-se de *Zadoque*, que em grego se escrevia *Sadouk*. Dizem os rabinos que o partido tirou o nome de *Zadok*, seu fundador, que viveu pelo ano 300 a.C., porém, compondo-se esse partido de elementos da alta aristocracia sacerdotal, acredita-se, geralmente, que o nome *Zadoque* se refere ao sacerdote de igual nome que oficiava no reinado de Davi, e em cuja família se perpetuou a linha sacerdotal até a confusão política na época dos Macabeus. Os descendentes desse *Zadoque* tinham o nome de "zadoquitas" ou "saduceus". Em oposição aos fariseus, acérrimos defensores das tradições antigas, os saduceus limitavam o seu credo às doutrinas que encontravam no texto sagrado. Sustentavam que só a palavra da lei escrita os obrigava, Antig. 13.10,6; defendiam o direito do juízo privado na interpretação da lei, 18.1,4; cingiam-se à

letra das Escrituras mesmo nos casos mais severos da administração da justiça, 20.9. Distinguiram-se dos fariseus nos seguintes pontos: 1) Negavam a ressurreição e o juízo futuro, afirmavam que a alma morre com o corpo, Mt 22.23-33; At 23.8; Antig. 18.1,4; Guerras 2.8,14. 2) Negavam a existência dos anjos e dos espíritos, At 23.8; 3) Negavam o fatalismo em defesa do livre-arbítrio, ensinando que todas as nossas ações estão sujeitas ao poder da vontade, de modo que nós somos a causa dos atos bons; que os males que sofremos resultam de nossa própria insensatez, e que Deus não intervém nos atos de nossa vida, quer sejam bons, quer não, Antig. 13.5,9; Guerras 2.8,14. Negavam a imortalidade e a ressurreição, baseando-se na ausência dessas doutrinas na lei mosaica, não defendiam a fé patriarcal na existência do *Sheol*, não só por não se achar bem defendida, como por não conter os germes das doutrinas bíblicas acerca da ressurreição do corpo e das recompensas futuras. Não se pode negar que os patriarcas acreditavam na existência futura da alma além da morte. Negando a existência da alma e do espírito, os saduceus entravam em conflito com a angelologia do judaísmo elaborada no seu tempo, e ainda iam a outro extremo: não se submetiam ao ensino da lei, Êx 3.2; 14.19. A princípio, provavelmente, davam relevo à doutrina a respeito da interferência divina nas ações humanas, punindo-as ou recompensando-as neste mundo, de acordo com seu caráter moral. Se realmente ensinavam, como afirma Josefo, que Deus não intervém em nossos atos, bons ou maus, repudiavam os ensinos claros da lei de Moisés em que professavam crer, Gn 3.17; 4.7; 6.5-7. É possível que começassem negando as doutrinas expressamente ensinadas na letra da Escritura. E, rendendo-se à influência da filosofia grega, adotaram os princípios aristotélicos, recusando-se a aceitar qualquer doutrina que não pudesse ser provada pela razão pura. Quanto à origem e desenvolvimento dos saduceus, Schurer é do parecer que a casa sacerdotal de Zadoque, que estava à testa dos negócios da Judéia, no quarto e terceiro século antes de Cristo, sob o domínio persa e grego, começou, talvez inconscientemente, a colocar a política acima das considerações religiosas. No tempo de Esdras e de Neemias, a família do sumo sacerdote era mundana e inclinada a consentir na junção de judeus com os gentios. No tempo de Antíoco Epifanes, grande número de sacerdotes amava a cultura grega, 2 Mac 4.14-16. Entre eles, contavam-se os sumos sacerdotes Jason, Menelau e Alcimus. O povo colocou-se ao lado dos Macabeus para defender a pureza da religião de Israel. Quando esse partido triunfou, os Macabeus tomaram conta do sacerdócio e obrigaram os zadoquitas a se retirarem para as fileiras da política, onde continuaram a desprezar os costumes e a civilização grega. João Hircano, Aristóbulo e Alexandre Janeu, 135-78 a.C. deram apoio aos saduceus, de modo que a direção dos negócios políticos estava em grande parte em suas mãos, durante o domínio dos romanos e de Herodes, visto serem os sacerdotes desse período, membros da seita dos saduceus, At 5.17; Antig. 20.9,1. Os saduceus, e assim mesmo os fariseus, que iam ao encontro de João Batista no deserto, foram por ele denominados raça de víboras, Mt 3.7. Unidos aos fariseus, pediram a Jesus que lhes fizesse ver algum prodígio do céu, Mt 16.1-4. Contra essas duas seitas, Jesus preveniu seus Discípulos, 6-12. Os saduceus tentaram a Jesus, propondo-lhe uma questão a respeito da ressurreição. A resposta de Jesus reduziu-os ao silêncio, 22.23-33. Uniram-se aos sacerdotes e ao magistrado do templo para perseguirem Pedro e João, At 4.1-22. Tanto os fariseus quanto os saduceus estavam no sinédrio, quando acusavam o apóstolo Paulo, que, aproveitando-se das suas divergências de doutrina, habilmente atirou uns contra os outros, 23.6-10.

SAFÃ (*no hebraico é shafhan, "texugo"*) **1** Nome de um escriba no reinado de Josias. Quando Hilquias achou o livro da lei na casa do Senhor, ele o deu a Safã, que o leu em particular e depois na presença do rei. Foi ele o mesmo que, mais tarde, se dirigiu à casa da profetisa Hulda para consultá-la a respeito das ameaças contidas no livro da lei, 2 Rs 22.8-14. Safã foi pai de Aicão, Jr 26.24; 39.14, de Gamarias, 36.10, e de Jazanias, Ez 8.11, e avô de Gedalias, 2 Rs 25.22. **2** Nome de um gadita morador em Basã, *cf*. 1 Cr 5.12.

SAFATE (*no hebraico é shafhat, "ele julga"*) **1** Nome de um representante da tribo de Simeão, filho de Hori, que fez parte da comissão enviada para reconhecer a terra de Canaã, Nm 13.5. **2** Nome de um gadita governador em Basã, *cf*. 1 Cr 5.12. **3** Nome de um filho de Adlai, guarda dos rebanhos de Davi, que se criavam nos vales, *cf*. 1 Cr 27.29. **4** Nome do pai do profeta Eliseu, 1 Rs 19.16. **5** Nome de um dos filhos de Semaías, e neto de Zorobabel, registrado com os descendentes de Davi, *cf*. 1 Cr 3.22.

SAFE (*no hebraico, "limiar", ou "preservador"*) – nome de um gigante filisteu, morto por Sibecai em Gobe, quando combatia, 2 Sm 21.18. Em *cf*. 1 Cr 20.4, tem o nome de Sipai.

SAFIR (*no hebraico, "bela", "agradável"*) – nome de uma cidade da tribo de Judá, Mq 1.11. Localização desconhecida. Robinson e outros expositores dizem que se situava onde se está a povoação de Suwâfir, 8 km a nordeste de Azoto.

SAFIRA (*no aramaico é shappirâ', no grego transliterado é sappheira, "bela"*) **1** Pedra preciosa, Tobias, 13.16, chamada em

SAFIRA

hebraico *sappir*. No peitoral do juízo, que ornava o peito do sumo sacerdote, ocupava a segunda ordem, entre outras duas pedras preciosas, *cf.* Êx 28.15,18. O segundo fundamento do muro da Nova Jerusalém, descrito pelo apóstolo João, é feito de pedras de safira, Ap 21.19. Prestava-se a ser polida, *cf.* Lm 4.7, e tinha grande valor, Jó, 28.16; *cf.* Ct 5.14; Is 54.11. A safira é uma das três variedades do espato adamantino, de que fazem parte também o *corundum* propriamente dito e o esmeril. Tem cor azulada, é transparente ou transluzente. É menos resistente que o diamante, e muito apreciada. Antigamente, vinha da Índia e da Etiópia. No Ceilão, encontram-se lindos tipos dessa pedra. **2** Nome da mulher de Ananias ferida de morte por haver mentido a Deus. Participou do pecado e da punição de seu marido que havia cometido igual pecado, At 5.1-10.

SAGE (*no hebraico, "vagueação"*) – nome de um hararita, pai de um dos valentes de Davi, *cf.* 1 Cr 11.34. Alguns expositores lêem Agé em vez de Sage, baseando-se em 2 Sm 23.11. Comparando 2 Sm 23.32,33 com a revisão da LXX feita por Luciano, conclui-se que o verdadeiro nome é *Shammah*.

SAL (*no hebraico é melach, no grego é álas*) – o sal de qualidade inferior encontrava-se nas praias do mar Morto, depois de evaporada a água salgada, e bem assim nos outeiros vizinhos. Servia na terra de Canaã e nas regiões adjacentes para temperar a carne dos animais mortos, e preservá-la da corrupção, Jó 6.6; Ecclus 39.26. Tudo que se oferecia em sacrifícios, segundo a lei, era temperado com sal, Lv 2.13; Ez 43.24; Antig. 3.9,1. A terra salgada não produz, Jó 39.6. Nas cidades vencidas e condenadas a total ruína, o inimigo semeava sal para evitar que a cultivassem de novo. Assim fez Abimeleque à cidade de Siquém, Jz 9.45. O sal preserva da corrupção, dá tempero ao alimento e serve para representar figuradamente os verdadeiros discípulos de Jesus, que pela sua doutrina e seus exemplos erguem o moral dos povos, Mt 5.13; Mc 9.50; Lc 14.34. O sal também representa o bom caráter e as palavras, Mc 9.50; Cl 4.6. O sal impuro da Síria, quando exposto à chuva e ao sol, ou conservado em lugares úmidos, perdia as suas propriedades boas e para nada mais servia, Mt 5.13; Lc 14.35. Durante as convulsões que deram fim às cidades de Sodoma e Gomorra, a mulher de Ló, detendo-se na região condenada, morreu, transformando-se em estátua de sal, Gn 19.26; Sab. 10.7; Antig. 1.11, 4. Provavelmente caiu sobre ela uma chuva de sal que a incrustou. Pacto de sal era aquele em que as obrigações estipuladas eram contínuas e permanentes, Lv 2.13; Nm 18.19; 2 Cr 13.5.

SAL, CIDADE DO – nome de uma cidade do deserto de Judá, mencionada com Em-Gedi, situada às margens do mar Morto, Js 15.62. Localização desconhecida.

SALÁ (*no hebraico, "missivo", "arremesso"*) – nome de um dos filhos de Arfaxade, *cf.* Gn 10.24; 11.12-15.

SALA DE VERÃO/CENÁCULO FRESCO – a sala de verão do rei Eglom estava situada em pavimento superior, para receber a brisa que amenizava o ambiente, *cf.* Jz 3.20.

SALAI (*no hebraico, "exaltado", "veloz"*) **1** Nome do chefe de uma família de benjamitas que residia em Jerusalém, *cf.* Ne 11.8. **2** Nome de um chefe da família sacerdotal depois do cativeiro, *cf.* Ne 12.20. O sacerdote, chefe dessa família, é chamado de Salu em *cf.* Ne 12.7.

SALAMINA (*no grego é Salamis*) – nome de uma cidade, situada na costa oriental

SALGUEIROS, TORRENTES DOS

de Chipre, que a tradição diz ter sido edificada por Teucro, que foi para lá da ilha de *Salamis*, que ficava distante da costa helênica. Existiam nela sinagogas de judeus, nas quais pregou o apóstolo Paulo, quando fez a sua primeira viagem missionária, At 13.4,5. Mais adiante, teve o nome de *Constância* e atualmente chama-se *Famagusta*, e está cerca de 5 km das antigas ruínas.

SALÁRIOS – o termo salário é de origem latina e referia-se ao pagamento que os soldados recebiam. Parte desse pagamento era feito com sal e vinagre. Do sal é que se derivou o termo "salário". Nos tempos antigos, não raras vezes, eram pagos em espécie, Gn 29.15,20; 30.28-31; no Egito, pagavam em dinheiro, ou em mercadorias, no tempo em que lá estiveram os israelitas, Êx 2.9. A lei mosaica mandava pagar o salário dos trabalhadores na tarde de cada dia, Lv 19.13; Dt 24.14,15. Reter o pagamento devido era crime que os profetas denunciaram em termos muito severos, Jr 22.13; Mt 3.5; Tg 5.4. Tobias pagava uma dracma, por dia, e mais o sustento, a cada trabalhador, Tob. 5.14. No tempo de Cristo, o salário para um dia de serviço regulava um denário, Mt 20.2. Ignora-se para que servia tão pequena quantia, mas, evidentemente, não era tão exígua quanto parece, Lc 10.35. Nos últimos tempos da república romana, o soldado ganhava dez asses por dia, igual a um *dime*, Tácito. Anais, 1.17.

SALATIEL (veja *SEALTIEL*).

SALCÁ (*no hebraico, "estrada"*) **–** nome de uma das cidades de Basã, perto de Edrei, *cf*. Dt 3.10; Js 12.5; 13.11. Ficava nos limites do reino de Ogue, e mais tarde, limite setentrional da tribo de Gade, *cf*. 1 Cr 5.11. Atualmente chama *Salkhad*, ligeira modificação do antigo nome. Fica cerca de 56 km ao oriente de Edrei e 106 km ao oriente do Jordão, fronteira a Bete-Seã, em Samaria.

SALEFE (veja *SELEFE*).

SALÉM (no hebraico é *shalem*, no grego *salem*, "completo", "pacífico", "seguro") **1** Abreviação natural do nome *Jerusalém*, que pode significar "cidade" ou "fundamento de paz", Sl 76.2; Gn 14.18. **2** Nome de uma cidade perto de Siquém, Gn 33.18, de acordo com as versões grega, latina e siríaca. Não se pode afirmar que seja a mesma *Salém* mencionada em Gn 14.18, porque aquela é a que mais tarde se chamou Jerusalém; também não pode ser Salim, situada cerca de 6 km ao oriente de Siquém, não mencionada no Antigo Testamento. Parece que é nome comum que significa "paz", ou "segurança".

SALEQUETE (*no hebraico, "lançar fora", "expulsão"*) **–** nome de uma das portas do templo de Salomão que ficava ao ocidente, *cf*. 1 Cr 26.16.

SALGUEIRO – 1 Qualquer árvore do gênero *Salix*. Em hebraico, tinha o nome de *tsaphtsephah*, Ez 17.5, e em árabe *safsaf*. Encontram-se várias espécies na Palestina. **2** Tradução do vocábulo hebraico *arabah*. Os israelitas deviam tomar ramos de salgueiro e de outras árvores para celebrar a Festa dos Tabernáculos, Lv 23.40. Crescia à beira das torrentes, Is 44.4, e oferecia abrigo ao corpulento Beemote, Jó 40.22. Nos salgueiros que havia junto aos rios da Babilônia, os hebreus levados cativos, penduravam suas harpas, l 137.2. Devia ser o salgueiro chorão, *Salix babylonica*, muito abundante nas margens do Eufrates e cultivado na Palestina. Intérpretes de reputação, seguindo a opinião de Wetzstein, entendem que o vocábulo árabe *gharab* e seu equivalente etimológico, o hebraico *arabah*, refere-se ao álamo do Eufrates, *Populus euphratica*.

SALGUEIROS, TORRENTES DOS **–** nome de uma torrente do país de Moabe,

SALGUEIROS, TORRENTES DOS

cf. Is 15.7, que talvez seja o *wady el-Ahsy*, curso superior do *wady Kurahi*, na linha divisória entre Moabe e Edom. Pode bem ser identificada com a torrente de Arabá, Am 6.14.

SALIM (*no hebraico é sha'alîm, no grego é Salim, "completo"*) – nome de um lugar perto do qual havia muitas águas, as águas de Enom, Jo 3.22,23.

SALISA, TERRA DE (*no hebraico é shalishah, "terra do terceiro terreno", ou "terra da terça parte"*) – nome de um distrito das terras montanhosas de Efraim, por onde passou Saul, quando procurava as jumentas de seu pai, 1 Sm 9.4. Conder identifica o lugar com *Khirbet Kerf Thilth*, cujas ruínas se encontravam 30 km a nordeste de Jafa.

SALITRE – nitrato de potassa, que os antigos chamavam carbonato de sódio e carbonato de potassa. É um álcali, que, dissolvido, servia para lavar as roupas, Pv 25.20; Jr 2.22.

SALMÃ (*no hebraico é Shalman*) – Tiglate-Pileser menciona o nome de *Salamanu* entre os príncipes que lhe foram tributários. Schrader é de opinião que esse príncipe é o mesmo Salmã que destruiu as fortificações de Bete-Arbel e a que se refere o profeta Oséias, *cf.* Os 10.14. Bete-Arbel estava ao oriente do Jordão e perto de Pala. Essas identificações podem ser verdadeiras, mas não têm bases seguras. Não consta que Salamanu de Moabe tivesse invadido a terra de Israel, e sim Salmaneser, rei da Assíria. À luz dos conhecimentos modernos, é mais natural que Salmã seja abreviatura de Salmaneser, do mesmo modo que o nome de Bene-Hadade; e que Bete-Arbel seja a cidade da Galiléia, perto da qual se acampou o exército de Salmaneser.

SALMANESER (*do assírio, Shulmanu-asharidu, "deus, Shulman é chefe". No hebraico, é Shalman'eser, e no grego, é Salmennasar*) – nome de vários reis da Assíria, como: **1** O que edificou ou reconstruiu e fortificou a cidade de Cale. Reinou no ano 1300 a.C. **2** Nome do filho de Assurbanipal. Reinou entre 860 e 825 a.C. e foi o primeiro dos reis assírios que entrou em conflito com os israelitas. Tinha temperamento forte e inflexível. Logo no primeiro ano de seu reinado, dominado por desejos hostis, atravessou o Eufrates e assolou as terras dos filisteus até o Mediterrâneo. Repetidas vezes passou o Eufrates para guerrear contra países do norte, do oriente e ao sul de Nínive. Para oferecer-lhe resistência no oeste, formou-se uma liga de elementos sírios, em que entrou Damasco, Hamate, e mais 12 reis do litoral, a que se ajuntavam ocasionalmente, soldados de povos vizinhos. Assim, por exemplo, o exército de Acabe, rei de Israel, batalhou ao lado dos homens de Damasco, em Carcar, contra o inimigo comum, 854 a.C. (veja *ACABE e BENE-HADADE*). Salmaneser gaba-se de ter ganhado a batalha de Carcar, mas não ganhou coisa alguma; retornou apressadamente para Nínive. Três anos mais tarde voltou de novo ao ataque, mas encontrou pela frente os exércitos aliados que lhe opuseram resistência. No ano seguinte, o 11º. de seu reinado, passou outra vez o Eufrates e devastou muitas cidades do reino de Hamate, mas teve de parar. No 14º. Ano, fez novas conquistas. As forças coligadas tiveram de ceder. No 18º. ano, 842 a.C., derrotou Hazael de Damasco no monte Hermom. Os reis de Tiro, de Sidom e Jeú, rei de Israel, dominados pelo medo, submeteram-se e enviaram-lhe presentes. **3** Nome de outro rei, entre 783 e 773 a.C. que não se relaciona com a história dos hebreus. **4** Nome de um sucessor de Tiglate-Pileser. Antes de subir ao trono, e mesmo depois, foi conhecido pelo nome de *Ululai*,

SALMOS, O LIVRO DOS

em grego *Iloulaios* (Cânon de Ptolomeu). Reinou desde o dia 25 de Tebete, décimo mês de 727 a.C., até 12 de Tebete de 722. Em 725, empreendeu uma expedição a terras estrangeiras. Segundo os anais da Síria, citados por Josefo, Salmaneser invadiu a Fenícia. À chegada dos exércitos assírios, Sidônia, Acre e Tiro do continente se revoltaram contra o domínio da ilha de Tiro e reconheceram a suserania do invasor, que em vista disso retirou-se, voltando depois para guerrear contra a ilha de Tiro. A sua frota guarnecida de marinheiros fenícios foi derrotada pelos tírios em combate naval. Salmaneser retirou-se e deixou tropas suficientes para manter o sítio da cidade que durou cinco anos, Antig. 9.4,2, ao termo dos quais rendeu-se a Sargom. Quando Salmaneser voltou do ocidente, o rei Osée lhe pagou tributos como havia feito ao seu antecessor. Confiado no apoio de So, rei do Egito, suspendeu o pagamento. Salmaneser prontamente o dominou e o prendeu. É muito provável que Osée, à frente de suas tropas, procurasse oferecer-lhe resistência, sendo derrotado e preso, e que a batalha se tivesse dado em um ponto estratégico, na famosa Arbela da Galiléia. Esta conjetura que leva a identificar Salmã com Salmaneser em Oséias 10.14 é sedutora, mas não deixa de ser conjetura. Depois de vencer o rei em Arbela, ou em outro lugar, Salmaneser sitiou a capital. Samaria sofreu três anos, caindo em mão dos assírios, *cf.* 2 Rs 17.1-6; 18.9,10. É coisa ainda a decidir se Salmaneser ainda estava no trono, ou se já era no tempo de Sargom.

SALMOM (*no hebraico shalma' e shalmôn. No grego, é salmon*) – nome do pai de Boaz. Pertencia à tribo de Judá e descendia de Paros, Hezrom e Rão, Rt 4.18-21, *cf.* Mt 1.4; Lc 3.32. O texto hebraico de Rt 4.20 emprega a forma *Shalmah*, mais tarde reduzida a Salma, 1 Cr 2.11. Julga-se que ele foi o antecessor dos habitantes de Belém,

mencionado em 1 Cr 2.51,54. Mas esse Salma vem pela linha de Calebe e não de Rão. A diferença de linhagem parece indicar que são pessoas distintas, se bem que ambas as genealogias se entrelacem.

SALMONA/SALMONE (no grego é *Salmoné*) – nome de um promontório de que se forma a parte oriental da ilha de Creta, At 27.7. Antigas inscrições dizem Salmônia. Atualmente é o cabo Sídero.

SALMOS, O LIVRO DOS – coleção de poemas religiosos empregados especialmente no culto público em honra do Deus de Israel. Essa coleção chama-se, em hebraico, Livro de Salmos conforme a denomina a tradução grega, Lc 20.42. A designação geral de Salmos de Davi deriva dos primeiros 73 salmos, atribuídos a Davi conforme os títulos no hebraico, *cf.* 4.7. O livro dos Salmos contém 150 poemas, distribuídos em cinco livros, correspondentes aos cinco livros do Pentateuco (veja *PENTATEUCO*). Essa divisão vem de longe; encontra-se na LXX, bem como no texto hebraico. Já no livro de Crônicas, livro primeiro cap. 16.35,36, *cf.* com Sl 106.47,48, se evidencia a existência desses livros. O comentarista Delitzsch diz que a passagem do salmo citado deriva do livro de Crônicas ou vice-versa. Os cinco livros dos salmos começam respectivamente com os salmos 1; 42; 73; 90 e 107, como se observa na Versão Brasileira. Cada um dos livros termina por uma doxologia. Os salmos do primeiro livro são atribuídos a Davi, exceto o primeiro, o segundo, o décimo e o 33º., a que chamam órfãos por não se conhecer o nome de seus autores. Na LXX, os salmos de que se compõe o livro primeiro são atribuídos a Davi, exceto o primeiro, que serve de introdução, e o segundo. O décimo está incorporado ao nono e o 33º. traz o título, "A Davi". O nome divino de Jeová aparece geralmente nos salmos que

SALMOS, O LIVRO DOS

compõem esse livro. O segundo livro contém 31 salmos. Os primeiros oito fazem parte de uma coleção de cânticos atribuídos aos filhos de Coré. O salmo 43, quer tenha sido escrito por eles, quer não, foi composto para conclusão do salmo 42. Esse grupo é seguido de um salmo de Asafe. Vêm depois um grupo de 20 salmos pertencentes a Davi, exceto dois, o 66 e o 67; este último, porém, a LXX o registra como sendo de Davi. O livro fecha com um salmo anônimo e outro salomônico, 71 e 72. Nesse livro predomina a palavra *Elohim* para designar a pessoa divina, e dois salmos são duplicatas de outros dois do primeiro livro, nos quais a palavra Deus é substituída pela de Jeová, 52,70, *cf.* 14 e 40.13-17. O livro terceiro contém 17 salmos. Os primeiros 11 são atribuídos a Asafe, quatro aos filhos de Coré, um a Davi e outro a Etã. Os salmos desse livro foram colecionados depois da destruição de Jerusalém e do incêndio do templo, 74.3,7,8; 79.1. O quarto livro contém igualmente 17 salmos: o primeiro é atribuído a Moisés e dois a Davi; os 14 restantes pertencem a autores anônimos. A LXX dá 11 a Davi, deixando apenas cinco para autores anônimos, 92; 100; 102; 105; 106. O quinto livro contém 28 salmos anônimos, enquanto que 15 são atribuídos a Davi e um a Salomão. As inscrições diferem muito na LXX. A coleção dos salmos desse livro foi feita tardiamente porque inclui odes que se referem ao exílio, 126 e 137. Observa-se, pois, que a composição dos salmos demandou grande período de tempo. Existem abundantes testemunhos e de tempos remotos, afirmando que Davi é autor de muitos dos salmos (veja *DAVI*). Os títulos dos salmos datam dos tempos remotos. Já existiam nos lugares em que estão, quando se fez a versão para o grego. Os termos músicos e outros que neles se encontram não foram entendidos pelos tradutores. O modo em que se encontram não se pode ter

como a expressão da verdade. O salmo 88, por exemplo, tem dois títulos. Semelhantes aos outros textos do Antigo Testamento, os títulos dos salmos estavam sujeitos às vicissitudes das transmissões. Os erros cresciam à medida que se faziam as cópias, que se vão expurgando pelos trabalhos da crítica textual. A preposição *lamed* ocorre constantemente nos títulos dos salmos, traduzida por "ao" na frase "Ao cantor-mor", Sl 4, e por "de" em expressões como esta: "Salmo de Davi", Sl 3. "Mictão de Davi", Sl 16. "Salmo dos filhos de Coré", Sl 47. "Salmo de Asafe", Sl 50. "Salmo e cântico de Davi", Sl 65. "Oração de Moisés, varão de Deus", Sl 90. "Oração do aflito", 102. "Salmo de Davi", 11. "Salmo dos filhos de Coré", 44. "Salmo de Salomão", 72; e simplesmente "de Davi", 122; "de Salomão", 127, e *para*, "Canção para o dia de sábado", Sl 92. "Salmo de ação de graças", Sl 100. A força dessa preposição era muito variada na linguagem hebraica. O intérprete deve ter em mente que os títulos prefixos aos poemas têm quatro sentidos muito importantes, como: 1) Posse, pertencente a alguém, Sl 24.1, representado pelo caso possessivo. 2) Autoria, Hc 3.1. 3) Dedicação, Gn 16.14. Poço Beer-Laai-Roi, consagrado. Aquele que me vê, Is 8.1. 4) Propósito em vista. Quando a preposição se emprega diversas vezes em um título pode ser usada cada vez em sentido diferente. No salmo 4 foi traduzida por "para" e "de"; no salmo 18, por "de" e "ao"; em Is 5.1, por "para", e "no tocante". A simples frase "de Davi", no salmo 11; "de Asafe", no salmo 81; e a ordem da colocação das palavras adotadas pelos hebreus dizendo "de Davi", Sl 24; "dos filhos de Coré-Masquil", Sl 44, dá a entender que a palavra salmo ou Mictão ou oração, Sl 4; 16; 17, é epíteto descrito do poema, e neste caso, como em outros semelhantes, pode separar-se por vírgula, ou por outra pontuação, da frase prepositiva que segue, como: "Salmo, de

SALMOS, O LIVRO DOS

Davi; salmo, para o dia de sábado". A preposição parece, às vezes, referir-se a uma coleção de salmos a que pertence o salmo por ela regido, como na frase: "dos filhos de Coré". Assim, pois, a frase semelhante "de Davi" pode determinar um salmo pertencente a uma coleção preparada por Davi. O livro de Salmos, como se encontra na Bíblia, era o livro de hinos cantados no segundo templo. Suas ricas e devocionais estrofes também foram cantadas em reuniões familiares para o culto divino, Mt 26.30. À moda dos atuais livros de hinos, os salmos eram compostos de poesias de época diversa, e em muitos casos, a origem está indicada nos títulos que os precedem. Por eles se observa que havia coleções de salmos em uso antes que o atual saltério fosse compilado. **1** A Coleção de Davi. Setenta e três salmos do saltério pertenciam originariamente a esse antigo livro de cânticos, como se observa pelas notas do texto hebraico, nos salmos 3 a 9; 11 a 32; 34 a 41; 51 a 65; 68 a 70; 86; 101; 103; 108 a 110; 122; 124; 131; 133; 138 a 145. Na versão grega, não aparecem essas notas nos salmos 122 e 124, mas encontram-se nos de números 33; 43; 67; 71; 91; 93; 99; 104 e 137; em aditamento aos salmos que as têm no texto hebraico. Nessa coleção, certo número de salmos é precedido de uma introdução em prosa, falando do momento em que foram escritos. Todos quantos têm esse prefácio, ou pelo menos, 13 deles, entraram na composição do livro dos Salmos, tais são os salmos, 3; 7; 18; 34; 51; 52; 54; 56; 57; 59; 60; 63; 142. Nenhum dos salmos tem uma introdução dessa natureza, exceto os que apresentam a frase "de Davi", a julgar pelo nome, pelas inscrições positivas, afirmando que o salmo pertence a Davi, conforme as cláusulas que se vêem em alguns deles, 7 e 18, a julgar pelos dons poéticos que possuía o grande rei, e a julgar pelo testemunho antigo, que nos dá conta do interesse que ele tinha de incentivar a música no serviço do santuário, essa coleção deve ter sido feita por Davi, e servia para o cântico no templo antes do exílio. É provável que as poesias fossem em parte de Davi e em parte escolhidas por ele e pertencentes a vários autores. É quase certo que essa coleção de hinos recebesse novos subsídios de diversas procedências, conservando o primitivo nome de Salmos de Davi, Sl 72.20. Não será verdade que muitos dos salmos do atual livro foram escritos depois da destruição de Jerusalém pelos babilônios, e que têm o nome de Davi, como se fossem por ele produzidos?. Quando se fez a coletânea dos salmos, cada um deles foi assinalado com o nome de Davi. Não é de estranhar que os escritos dos profetas, dos sacerdotes e dos poetas que viveram antes do exílio para Babilônia e que a ele sobreviveram, tenham sido compendiados e entrado mais tarde a fazer parte do novo hinário. **2** Coleção Usada pelos Filhos de Coré, Alguns dos Quais Serviam de Cantores no Templo. Onze salmos pertenciam a essa coleção, a saber: 42; 44 a 49; 84; 85; 87 e 88. **3** Outra Coleção Feita por Asafe, ou por membros dessa família, que serviam no coro como cantores e músicos, no santuário. Dessa coleção contam-se 12 salmos em que predomina o santo nome de Deus; são eles os seguintes: 50; 73 a 83. Além dessas três coleções, existiam outras produções avulsas, que, no decorrer do tempo, receberam aprovação das autoridades religiosas para serem usadas no culto público. Depois de organizadas as três coleções, formaram-se mais três grupos menores de poesias: I) Pela seleção de poesias escolhidas das três primeiras coleções, em que predomina a glorificação do nome de Deus na plenitude de seus atributos, Sl 42 a 83. E porque neles predomina a palavra *Elohim* em referência a Deus, esses salmos são conhecidos pela designação de *heloísticos*. Esse grupo continha a coleção de Asafe, talvez inteira, consistindo de 12 números; sete dos filhos de Coré; cerca de uma vintena tirada dos

SALMOS, O LIVRO DOS

salmos de Davi e um do livro de Salomão. Esse grupo foi organizado com o fim de preencher uma lacuna do serviço religioso, e compreendia: a) Salmos escritos originalmente, destinados à contemplação de divindade, e b) Salmos em que o nome divino, se não era a palavra Deus, era Jeová, e foi mudado para Deus ou Senhor, a fim de adaptar o salmo a uso especial, *cf.* 14 com 53, e 108.1-5 com 57.7-11, em que o nome Jeová foi trocado pelo nome Deus ou Senhor e vice-versa. Apenas um salmo heloístico se encontra no Saltério que não pertence a esse grupo, salmo 90, em que entrou a fazer parte, como um todo, sem alteração alguma, até onde se pode saber, do Saltério, cuja divisão em cinco livros, se fez em dois. II) Formou-se uma coleção de 15 salmos, escolhidos, a maioria dos quais consistia de poesias avulsas, intitulada *Cânticos das Subidas*, que entrou inteiro na feitura do Saltério. III) Outra coleção, tirada principalmente das três coleções primitivas, foi organizada pelo cantor-mor, contendo 55 salmos que aparecem no saltério, sendo 39 tirados da coleção de Davi, nove da dos filhos de Coré, cinco da de Asafe e um ou dois de origens ignoradas, o salmo 66 e o 67, a menos que este último não seja também de Davi. A esses 55, a LXX acrescenta o salmo 30 tirado da coleção de Davi, incluindo também nela a oração de Habacuque, Hc 3.19. Todos os salmos de que se compõe o atual Saltério, acompanhados de indicações musicais, pertencem a essa coleção. Nem todos os salmos que outrora figuravam nele tinham notas musicais. Este último fato, mais do que o primeiro, indica a existência de uma coleção; uma vez que as notas musicais sejam consideradas como simples instruções destinadas ao diretor da música do templo. Havia salmos que pertenciam à coleção do cantor-mor, como se pode observar pelas referências contidas no Saltério. A evidência interna para determinar a data em que foram escritos os salmos pode ser coligida de várias fontes: *1*) Dicção e construções gramaticais. As investigações nessas linhas devem ser feitas com muita cautela, em razão do limitado volume da literatura e de seu espaço para estudo comparativo, em razão de ser preciso recorrer ao subsídio do vocabulário semítico em busca de sinônimos empregados no paralelismo do verso hebraico, *cf.* Sl 19.2-4, em razão do vocabulário poético, caracteristicamente rico de palavras e construções desusadas, e, finalmente, em razão dos diversos dialetos falados entre os hebreus na Palestina, com o seu cortejo de palavras e de formas diferentes, *cf.* Jz 5; 1 Rs 17 a 2 Rs 8; Os e Jn. *2*) Acontecimentos históricos e condições sociais que se refletem nos salmos. A menos que um incidente tenha data conhecida e seja mencionado com toda a clareza, Sl 137, a evidência é inconcludente; porquanto, uma ocasião propícia que é familiar ao intérprete moderno (por exemplo, o livramento da invasão de Senaqueribe, Sl 46), poderia muito bem não estar na mente do escritor. A crítica deve indagar se a descrição é tão minuciosa de modo a determinar com certeza os fatos, e a dispensar a consideração de outros semelhantes. *3*) Os graus do desenvolvimento religioso que o salmo revela. O argumento dessa natureza é capaz de afrouxar as teorias a respeito da época dos documentos contidos no Pentateuco, ou em qualquer outro livro do Antigo Testamento, ou as opiniões acerca das coisas espirituais e íntimas, e, bem assim, enfraquecer a experiência religiosa sentida pelos mais ardentes homens, que viveram nos primeiros tempos da monarquia. Existem, contudo, alguns escritos que são reconhecidos por todas as escolas de críticos, como pertencentes aos tempos anteriores a Davi, outros, contemporâneos a ele, e ainda outros que vão além do oitavo século. Esses escritos oferecem uma

SALMOS, O LIVRO DOS

base comum para discussão, ainda que limitada, sobre os limites do saber religioso e da experiência humana. *4*) O fato de que a pessoa que fala no salmo, empregando o pronome da primeira pessoa do singular, ou do plural, em muitos casos, fala em nome da comunidade, e não exprime as suas emoções pessoais. Desde os mais remotos tempos, até os mais recentes da vida de Israel, era costume individualizar a nação. Observa-se isto na linguagem dos Dez Mandamentos, no seu prefácio, e com freqüência na linguagem dos profetas. Resulta daí que o emprego desse processo na redação de um salmo não oferece auxílio prático para se determinar a data da sua composição; *cf.* primeira pessoa do singular em Dt 7.17; 8.17; 9.4; Is 9.1, 2; Jr 3.4; 10.19,20; 31.18,19; Os 8.2; 12.8; 13.10; Mq 2.4. Ainda mais, esses vários critérios determinam a data dessas seções, somente no que diz respeito aquilo a que elas se aplicam, e não fixam a data do salmo inteiro, Sl 19.7-14; 51.18,19. O investigador cauteloso descobre que em muitos casos, chega-se a um resultado negativo, isto é, que não existe razão suficiente para negar a autenticidade do título, ou que o resultado da investigação venha dizer positivamente que o conteúdo do salmo está em harmonia com a ocasião de que fala o título. Os termos técnicos empregados nos salmos são: *Neginá*, instrumento de corda, e seu plural *Neginote* e *Neilote*, instrumento de sopro, 4; 5; 61. Termos, provavelmente, musicais: *Alamote*, donzelas, ou talvez voz trêmula de donzela, 46; 1 Cr 15.20; *Gitite*, procedente de Gete, ou talvez marcha da guarda gitita, Sl 8; 81; 84; *Selá*, pauta, ou mudança de *piano* para *forte*, 3.2; *Seminite oitava*, 6; 12; 1 Cr 15.21; Termos que exprimem o caráter do salmo: *Masquil*, poema didático, ou refletivo, 32. E mais 12 outros: *Mictão*, talvez epigramático, 16; 56 a 60; *Mizmor*, poema lírico, salmo regularmente

traduzido, 3 *et passim*; *Sigaiom*, provavelmente, quer dizer *ditirambo agreste*, 7 e Hc 3.1. Outros termos indicam melodias familiares, como: *Ajelé-Hás-Saar*, corça da alva, 22; *Jonate-Elém-Recoquim*, a pomba silenciosa daqueles que estão longe; ou, mudando a pronúncia da segunda palavra, a pomba dos terebintos distantes, 56; *Leanote*, lentidão, 53; 88; *Mute-Lában*, 9; *Sosanim*, *Sosanim-Edute* e *Susã-Edute*, testemunho adornado de lírios, 45; 60; 80. Os salmos de subida ou graduais eram destinados aos peregrinos que subiam para Jerusalém. NUMERAÇÃO DOS SALMOS EM VERSÕES DA BÍBLIA EM PORTUGUÊS. — Não coincide a numeração dos Salmos na versão de Figueiredo, de um lado, e do outro, a de Almeida e a V. Brasileira, concordando ambas estas entre si. Encontra-se a origem dessa diferença nos textos antigos: o hebraico, que é em geral seguido por Almeida e a V. Brasileira, diverge da Vulgata de Jerônimo e da Septuaginta grega, que são a fonte do texto de Figueiredo. As diferenças e semelhanças de numerações nas versões em português estão relatadas na tabela seguinte:

Figueiredo V. Bras. e Almeida Salmos		Vulgata e Septuaginta Hebraico Salmos
1 a 8	igual a	1 a 8
9	igual a	9 e 10
10 a 112	igual a	11 a 113
113	igual a	114 e 115
114 e 115	igual a	116
116 a 145	igual a	117 a 146
146 e 147	igual a	147
148 a 150	igual a	148 a 150

SALMUNA (veja *ZALMUNA*).

SALOMÃO

SALOMÃO (*no hebraico é sh^{e}lomoh, "pacificador", "pacífico", o termo é derivado de shalôm, que significa "paz"*) – nome do filho mais moço de Davi com Bate-Seba, *cf.* 2 Sm 12.24; 1 Cr 3.5; Antig. 7.14,2. Nasceu em Jerusalém e seu pai colocou-lhe o nome de Salomão, que quer dizer "pacífico", por antecipação da paz e tranqüilidade que caracterizaria o reino de seu filho, em contraste com as perturbações e guerras que alteraram a vida nacional de seu governo, *cf.* 1 Cr 22.9. "Davi o entregou nas mãos do profeta Natã, e este lhe chamou Jedidias, por amor do S<small>ENHOR</small>", *cf.* 2 Sm 12.25. Nos últimos dias do rei Davi, enfraquecido e velho, Adonias, um dos seus filhos, nascido em Hebrom, mais velho que Amom e Absalão, já mortos, pensou em governar sem o apoio do velho rei. O seu desígnio, porém, foi contrariado pelo profeta Natã que, com o auxílio de Zadoque, sumo sacerdote, e Benaia, general, do exército e pelo grosso das tropas, proclamaram rei a Salomão, *cf.* 1 Rs 1.5-40, com a derrota dos partidários de Adonias. Logo depois, Davi morria. Salomão começou a reinar no ano 970 a.C. com 20 anos de idade. Obediente às instruções de seu pai, tratou com justiça o pontífice Abiatar e a Simei. Tentando Adonias nova conspiração contra o rei, este mandou matá-lo bem assim a Joabe, também envolvido na conspiração, *cf.* 1 Rs 2.1-46. O jovem rei aparentou-se com Faraó, rei do Egito, porque se casou com uma de suas filhas e a levou para Jerusalém, *cf.* 1 Rs 3.1. Até então, não se tinha edificado templo ao nome do Senhor. O Tabernáculo ainda estava em Gibeão; a arca, porém, achava-se Jerusalém. O povo sacrificava nos altos. Salomão subiu para Gibeão a fim de oferecer sacrifícios. Ali o Senhor lhe apareceu em sonhos, durante a noite e lhe disse: "Pede-me o que queres que eu te dê", v. 5. Salomão pediu ao Senhor que lhe desse um coração sábio, para que pudesse julgar o povo e discernir entre o bem e o mal. Deus atendeu ao que pedia, o que ficou provado no julgamento que fez e decidiu a contenda entre as duas mulheres prostitutas, por causa do filho que ambas reclamavam para si, *cf.* 1 Rs 3.2-28; 2 Cr 1.3-12. Vinte ou mais anos depois, o Senhor lhe apareceu outra vez, como lhe tinha aparecido em Gibeão, prometendo firmar o seu trono para sempre e dando-lhe solenes admoestações, *cf.* 1 Rs 9.1,10; 2 Cr 7.12-22. Seu pai havia subjugado as nações contra Hamate. Foi obrigado a tomar essa cidade a fim de proteger a parte setentrional de seu reino. Hadade, rei de Edom e Rezim de Damasco, mostraram-se hostis ao monarca hebreu, que pouco se importou com isso. Salomão fortificou Hezar no alto Jordão e edificou uma torre no Líbano, a fim de guarnecer as fronteiras contra possíveis investidas de Damasco, protegendo por esse modo o trânsito entre Edom e Eziom-Geber. As relações com os demais povos vizinhos eram cordiais. Entregou-se, pois, o grande rei a cuidar da organização do reino e à cultura das artes e das ciências. Davi havia acumulado grande quantidade de metais preciosos para construir um magnífico templo consagrado a Jeová. Salomão colocou mãos à obra, e com o auxílio de Hirão, rei de Tiro, concluiu a construção no fim de sete anos, *cf.* 1 Rs caps. 5 e 6; 2 Cr cap. 2. Completadas que foram todas as ornamentações internas do templo, ele

Estábulos de Salomão — Christian Computer Art

SALOMÉ

o consagrou ao Senhor, *cf.* cap. 8.64; 2 Cr caps. 2 a 7. Em seguida, o monarca edificou um palácio para si que despendeu 13 anos, 1 Rs 7.1-12 (veja *PALÁCIO*). Mandou fazer jardins e plantar vinhas em Etã e talvez em Baal-Hamom, *cf.* 1 Rs 9.19; 2 Cr 8.6; Ec 2.6; Ct 8.11. Revelou-se hábil governador, cercando-se de eminentes auxiliares, entre eles contava, como general dos exércitos, o filho do sumo pontífice, 1 Rs 4.2-6. Mantinha o exército em plena atividade. Para fins administrativos, dividiu o reino em 12 distritos, inteiramente independentes das antigas divisas das tribos, *cf.* v. 7-19, sem descuidar-se dos negócios atinentes à religião do Estado. Por ocasião de fazer a dedicação do templo, congregou o povo para orar e impetrou as bênçãos de Deus sobre ele. Floresceu o comércio e aumentou a riqueza pública, 1 Rs 10.14-21; 2 Cr 9.13,14,21,27, desenvolveu a navegação em sucessivas e proveitosas viagens a Ofir e à Índia, 1 Rs 10.22,23; 2 Cr 9.10-22. Com o fim de intensificar o comércio e facilitar o intercurso internacional, mandou edificar várias cidades, entre as quais a de Palmira no deserto, a meio caminho de Damasco e do Eufrates, 1 Rs 9.18,19. Empenhou-se em assuntos literários e científicos; escreveu tratados de botânica, sobre todas as árvores, desde o cedro que há no Líbano, até o hissopo que brota do muro; tratou dos animais, das aves, dos répteis e dos peixes, 1 Rs 4.33. Colecionou e compôs muitos provérbios, alguns dos quais ocupam lugar distinto no Antigo Testamento (veja *PROVÉRBIOS*). São atribuídos a ele os dois salmos, o 72 e o 127 (veja *ECLESIASTES e CÂNTICO DOS CÂNTICOS*). O esplendor da sua corte, a magnificência de sua mesa e a grande pompa, quando fazia excursões, correspondiam à sua riqueza e ao poder político, 1 Rs 10.4,5,21; Ct 3.7-11. De todos os povos vinha gente ouvir a sabedoria de Salomão, 1 Rs 4.34; 10.23-25. "Tendo a rainha de Sabá ouvido a fama de Salomão", veio a Jerusalém para "...prová-lo com perguntas difíceis", *cf.* 10.1-13. Salomão errou em duas coisas: Primeiro: estabeleceu um harém onde recolheu cerca de mil mulheres. Não poucas dessas mulheres eram princesas que ali estavam como penhores de amizade política, por conseqüência, eram estrangeiras e idólatras, que lhe perverteram o coração a ponto de ser induzido por elas a erigir altares e templos aos seus deuses, *cf.* 1 Rs 11.1-8. Por causa de sua apostasia, Deus o castigou, tirando seu reino, deixando-lhe apenas uma pequena parcela como herança de família, *cf.* v. 9-13. O exemplo da apostasia de Salomão teve influência direta nesse caso. O profeta Aías, encontrando-se com Jeroboão no caminho de Jerusalém, anunciou-lhe que o reino de Israel seria rasgado das mãos de Salomão e que lhe seriam dadas dez tribos, *cf.* v. 28-39. Ficou ele, então, considerado como opositor do rei Salomão, porém, só apareceu quando Reoboão subiu ao trono de seu pai. Segundo: o segundo erro de sua vida consistiu nas enormes despesas da corte. O povo gemia sob o peso dos tributos e foi esta a causa da rebelião (veja *REOBOÃO*). Reinou 40 anos, *cf.* 1 Rs 11.42; 2 Cr 9.30,31, e morreu no ano 913 a.C. As demais ações de Salomão, assim o que ele fez como a sua sabedoria, tudo está escrito no Livro da História do seu reinado, *cf.* 1 Rs 11.41, e nos livros do profeta Natã e nos livros de Aías de Siló e na visão do vidente Ido acerca de Jeroboão, filho de Nebate, *cf.* 2 Cr 9.29.

SALOMÉ (*no grego é salome, derivado do hebraico shalôm, "paz"*) **–** nome da mulher de Zebedeu e mãe de Tiago e João, *cf.* Mt 27.56 com Mc 15.40; 16.1. Foi uma das mulheres que de longe contemplaram a tragédia do Calvário, Mt 27.56, e que foi ao sepulcro de nosso Senhor na manhã do primeiro dia da semana, levando aromas para ungir o seu corpo, Mc 16.1.

SALTÉRIO

SALTÉRIO – 1 Tradução usual do vocábulo hebraico *nebel*, falando-se de instrumento musical. A versão de Figueiredo diz lira em Is 5.12; 16.11; Am 5.23, e saltério em Is 5.12; 16.11; e lira em Am 5.23; 6.5. A palavra *nebel* vem do grego *nabla*, considerada de origem sidônia. A LXX emprega a palavra *nabla* nas seguintes passagens: 1 Sm 10.5; 2 Sm 6.5; 1 Cr 13.8; 15.16-20. O corpo do instrumento era feito de madeira, 2 Sm 6.5; 2 Cr 9.11, ou de metal, Antig. 8.3,8. As cordas eram de tripa, *minnim*, em número variado até o máximo de dez, Sl 33.2; 92.3, afinadas em Seminite, isto é, em oitava, 1 Cr 15.21. Os músicos tocavam esse instrumento caminhando, 1 Sm 10.5; 2 Sm 6.5. A palavra saltério é empregada ocasionalmente pela LXX, Sl 33.2; 57.9,8, tem sido identificada com o "*santir* dos árabes". A história desse instrumento e a origem de seu nome podem ser a seguinte: Os assírios usavam de um instrumento, consistindo de uma peça de madeira de pequena altura, comprida, sobre a qual esticavam as cordas de tripas, tangidas por meio de um plectro. Os gregos lhe deram o nome de *magadis*, quando fornecido com 20 cordas, e de *epigoneion*, quando armado com 40 cordas. Mais para diante, o *magadis* recebeu o nome de *psalterion*, que os aramaicos adotaram, Dn 3.5, e também os árabes, que o denominaram *santir*. À luz desse esboço histórico do *santir*, a identificação de seu nome com o saltério não parece ser a mesma com o *nebel* dos hebreus. Diz a tradição que o *nebel* era uma espécie de harpa. Afirma o historiador Josefo que existe diferença entre o *kinura*, em hebraico, *kinnor*, harpa, e o *nabla*. O *kinura* tinha dez cordas, tocadas pelo plectro, e o *nabla* 12, tocadas pela mão, Antig. 7.12,3. Segundo Eusébio, o *psalterion* era chamado *nabla* pelos hebreus, e tinha uma caixa metálica na parte superior para avolumar os sons. Agostinho, comentando o salmo 42, descreve-o como tendo a caixa na parte superior, por sobre as cordas, e não por baixo, como a cítara. As cordas do saltério estiravam-se entre um braço curvo e o tambor, ou caixa ressonante, que terminava na parte superior. Isidoro e Cassiodoro descrevem o saltério, como tendo a forma triangular, semelhante ao delta do alfabeto grego. Se não o confundiram com o *trigonon* que tinha armação triangular, e se fazem dele descrição correta, observa-se que o saltério assemelhava-se muito à harpa que os assírios tocavam andando e em posição vertical. A forma primitiva da caixa ressonante e do braço curvo era semelhante a um odre, e por isso deram ao instrumento musical o nome de *nebel* que quer dizer "garrafa", ou "odre". Era um dos instrumentos que o rancho dos profetas tocava quando saíram ao encontro de Saul, *cf.* 1 Sm 10.5, e um dos que Davi e todo o Israel tocavam por ocasião de transportarem a arca para Jerusalém, *cf.* 2 Sm 6.5. O grande rei organizou os tocadores de instrumentos e orquestras para o serviço do santuário, escolheu alguns músicos para tocarem o saltério, *cf.* 1 Cr 15.16,20,28; 16.5; 25.1,6, que continuou em uso nos tempos subseqüentes, *cf.* 2 Cr 5.12. Também o tocavam em reuniões festivas, Is 5.12; Am 6.5, algumas vezes combinando com a harpa, 1 Sm 10.5; 2 Sm 6.5; 2 Cr 9.11; Sl 81.2; 108.2. Para o seu emprego no santuário (veja *MÚSICA*). **2** Tradução do aramaico *sumphoneyah*, *sumphoneya*, Dn 3.5, 10, 15. Era um instrumento musical, consistindo em uma caixa de madeira de superfície plana, com duas tiras convergentes, também de madeira, a que se prendiam cordas metálicas, que soava ao contacto de pequenos martelos. Tinham de regular a tensão das cordas, cujos sons se avolumavam com o auxílio da caixa ressonante.

SALU (*no hebraico*, "*exaltação*") **1** Nome de um benjamita, filho de Mesulão e chefe de uma família, residente em Jerusalém, *cf*. 1 Cr 9.7; Ne 11.7. **2** Nome de um dos principais entre os sacerdotes, que veio da Babilônia com Zorobabel, Ne 12.7. Na geração seguinte, o chefe de uma casa que ocupa a mesma posição no catálogo correspondente, tem o nome *Salai*, v. 20. Um desses dois nomes não está correto por causa da confusão entre a letra *jod* e *vau*.

SALU (*no hebraico, "elevado", "exaltado"*) – nome de um simeonita, pai de Zimri, que Finéias matou, *cf*. Nm 25.14; 1 Mac 2.26.

SALUM (no hebraico é *shallum* e *shallum*, "retribuição", "recompensa") **1** Nome de um dos filhos de Naftali, e neto de Jacó, *cf*. 1 Cr 7.13. **2** Nome de um dos descendentes de Simeão, filho de Saul, *cf*. 1 Cr 4.24,25. **3** Nome de um dos descendentes de Judá, *cf*. 1 Cr 2.9,40,41. **4** Nome de um dos porteiros do santuário, *cf*. 1 Cr 9.17,18. Se existiu antes do exílio, como é provável, é o mesmo que se encontra em Jeremias 35.4. Era filho de Coré, e com sua família exerceu as funções de porteiro do santuário, *cf*. 1 Cr 9.19. O nome de Salum equivale a *Meselemias* e *Selemias*, *cf*. 26.1,14, se o registro no capítulo 9 se refere ao tempo anterior, ou posterior ao exílio. A comparação do cap. 9.21 com o cap. 16.2 não dá lugar a essa identificação. Se não houver provas em contrário, o registro deve ser o que se fez depois do exílio, e, neste caso, o nome Salum deve ser identificado com *Selemias*, e por isso, esse Salum, não se refere a uma pessoa, mas a uma família. **5** Nome de um dos filhos de Jabes, que assassinou o rei Zacarias, reinando em seu lugar sobre as dez tribos. Dentro de um mês foi morto por Manaém, *cf*. 2 Rs 15.8-15. **6** Nome do pai de certo Jeizquias, *cf*. 2 Cr 28.12. **7** Nome de um dos membros da família sacerdotal de Zadoque, e antecessor de Esdras. Viveu muito antes da tomada de Jerusalém por Nabucodonosor, *cf*. 1 Cr 6.12,13; Ed 7.2. Em *cf*. 1 Cr 9.11, tem o nome de *Mesulão*. **8** Nome de um dos filhos de Ticvá, e marido da profetisa Hulda. No reinado de Josias, foi ele encarregado de guardar as vestimentas dos sacerdotes, depositadas no templo, ou talvez as do rei, *cf*. 2 Rs 22.14; 2 Cr 34.22. **9** Nome de um tio de Jeremias e pai de Hananeel, *cf*. Jr 32.7,8. Não pertencia à família sacerdotal, como se tem pensado, porque seu filho morava em Anatote, cidade onde residiam os sacerdotes da linha de Itamar, *cf*. 1 Rs 2.26, e os sacerdotes dessa época pertenciam à linha de Eleazar. **10** Nome dado a Jeoacaz, filho de Josias, rei de Judá, *cf*. 2 Rs 23.30-34 (veja *JEOACAZ*). **11** Nome do filho de um certo Bani que foi induzido por Esdras a despedir sua mulher estrangeira, *cf*. Ed 10.42. **12** Nome de um levita porteiro do templo, que foi induzido por Esdras a despedir sua mulher estrangeira, *cf*. Ed 10.24. **13** Nome de um dos filhos de Halões, e capitão da metade de um bairro de Jerusalém. Com suas filhas, fez o conserto de uma parte do muro da cidade de Jerusalém, *cf*. Ne 3.12. **14** Nome de um capitão do distrito de Mispa, que edificou a porta da fonte de Jerusalém, *cf*. Ne 3.15. **15** Nome do pai de Maaséias, que era guarda do vestíbulo, Jr 35.4.

SALVADOR/SALVAÇÃO – em o Antigo Testamento, a palavra salvador emprega-se particularmente em referência a Deus e a Jeová, como libertador do povo escolhido de Israel, 2 Sm 22.3; Sl 106.21; Is 43.3,11; 45.15,21; 49.26; 63.8; Jr 14.8; Os 13.4. Os escritores clássicos empregavam o vocábulo grego *soter*, "libertador", Heród. 7.139, referindo-se aos seus deuses. Às vezes, também aos reis se dava esse título como fizeram Ptolomeu Soter e Demétrio I. Em o Novo Testamento, a palavra salvador aplica-se a Deus o Pai, 1 Tm 1.1; 4.10; Tt 1.3; 3.4; Jd 25, e com especialidade a Cristo, o Filho que salva o seu povo dos pecados dele, Mt 1.21, livrando-o de seu estado de pecado e de miséria, da maldição e da ira de Deus,

SALVADOR/SALVAÇÃO

do poder do pecado e dos laços de Satanás, e trazendo-o a um estado de salvação em íntima comunhão com Deus, Lc 19.10; At 5.31; Rm 5.8-11; Fp 3.20-21; 1 Tm 1.15; 2 Tm 1.10; Tt 2.13,14; Hb 7.25.

SAMA (*no hebraico, "ouvinte", "ele tem ouvido"*) – nome de um dos filhos de Hotão de Aroer, e um dos valentes de Davi, *cf*. 1 Cr 11.44.

SAMÁ (*no hebraico, "devastação", "desolação"*) **1** Nome de um descendente de Esaú e também de Ismael, Gn 36.3,4,13,17. Foi capitão na terra de Edom, 17. **2** Nome do terceiro filho de Jessé e irmão de Davi, 1 Sm 16.9; 17.13. **3** Nome de um dos primeiros três homens valentes de Davi, filho de Agé de Harari, *cf*. 2 Sm 23.11. Esse nome aparece no *cf*. v. 33. Em vista do que se lê em *cf*. 1 Cr 11.34, e das considerações sobre o texto, é razoável acreditar que essa pessoa é mencionada outra vez como pai de Jônatas. As palavras em o livro de Reis e nas Crônicas devem ser lidas assim: "Jônatas, filho de Sama ararita" (veja *SAMÁ, HARARITA*). **4** Nome de um dos valentes de Davi, natural de Harodi, *cf*. 2 Sm 23.25. Em *cf*. 1 Cr 11.27, aparece com o nome de Samote que é a forma do plural. Samute em *cf*. 1 Cr 27.8, é outra forma do mesmo nome. **5** Nome de um aserita, filho de Zofa, *cf*. 1 Cr 7.37. Esse último nome tem uma variação na forma escrita e significa "fama", "renome".

SAMÁ, HARARITA (*no hebraico, "que mora na montanha"*) – habitante da região serrana de Judá ou de Efraim (Simonis, Gesenius, Siegfried-Stade). Essa designação parece muito geral. Provavelmente, a julgar pelo contexto de 2 Sm 23.33, quer dizer habitante de um povoado chamado Harar, 2 Sm 23.11; 1 Cr 11.34,35.

SAMAI (*no hebraico, "devastado", ou "célebre"*) **1** Nome de um dos filhos de Onã

da casa de Jerameel, da tribo de Judá, *cf*. 1 Cr 2.28. **2** Nome de um filho de Requém da casa de Calebe da tribo de Judá, *cf*. 1 Cr 2.44. **3** Nome de um filho de Merede com Bitia, filha de Faraó, registrado na tribo de Judá, *cf*. 1 Cr 4.17.

SAMARIA (*no hebraico é shom^{e}rôn*) **1** Nome da capital do reino das dez tribos durante o período mais longo da sua história. Foi construída por Onri, rei de Israel, sobre um monte comprado por dois talentos de prata. Chamava-se a princípio *semer*, palavra que significa "vigia", "guardião", "sentinela", parecia muito apropriada a uma cidade situada no alto de um monte. Nesse sentido, Onri deu-lhe o nome de *shom^{e}rôn*, que quer dizer "lugar de vigília", 1 Rs 16.24. A eminência sobre que estava edificada tinha às vezes o nome de Monte de Samaria, Am 4.1; 6.1. A cidade ocupava o centro de um vale muito fértil, Is 28.1. Esse local, tão bem escolhido, continuou a ser a capital do reino até o cativeiro das dez tribos, ali reinaram sucessivamente os seus monarcas e foram sepultados, *cf*. 1 Rs 16.28,29; 20.43; 22.10,37,51 etc. Apenas se havia edificado Samaria, surgiram hostilidades entre Bene-Hadade I, rei da Síria, e Onri. Se é verdade o que diz seu filho, Bene-Hadade I, ganhou vantagens sobre Onri que se obrigou a fazer ruas em Samaria para os negociantes sírios se estabelecerem, *cf*. 1 Rs 20.34. Durante o reinado de Acabe, filho de Onri, e seu sucessor, Bene-Hadade II sitiou a cidade sem resultados favoráveis, 1 Rs 20.1-21. Dentro, ou perto da capital, havia uma piscina, onde os servos de Acabe lavaram a carroça que transportou o corpo de Acabe, morto em Ramote de Gileade, *cf*. 22.38. No reinado de Jeorão, Bene-Hadade II veio sitiar Samaria, *cf*. 2 Rs 6.8 até o cap. 7.20. Os anciãos de Samaria, com receio de desagradar Jeú, obedeceram a suas ordens, matando 70 filhos de Acabe, 10.1-10. Desde o fundamento dessa cidade, ela se tornou

SAMARIA

Samaria — Christian Computer Art

conhecida pela sua idolatria. "Acabe pôs um altar a Baal no templo de Baal que ele tinha edificado em Samaria", 1 Rs 16.32. No seu reinado se faz referência aos 400 profetas dos bosques que comiam à mesa de Jezabel, 18.19, e é bem provável que o ídolo permanecesse ali até o tempo de Jeú, 2 Rs 13.6. Esses atos de idolatria eram acompanhados de grande corrupção moral, Os 7.1-8; 13.16; Am 4.1; 8.14. O profeta Elias opôs-se a essas práticas idólatras, 1 Rs 18. Eliseu estabeleceu em Samaria o centro de suas operações, 2 Rs 5.3-9; 6.32, e também o profeta Oséias. Muitos profetas lançaram profecias contra a cidade e o reino de Samaria, Is 7.9; 8.4; Jr 31.5; Ez 16.46,51,53,55; 23.33; Os 8.5,6; 13.16; Am 3.12; Mq 1.5-9. Finalmente, as ameaças realizaram-se e o castigo chegou. No ano 724 a.C., no reinado de Salmaneser, os assírios sitiaram Samaria, e ao fim de três anos a tomaram, 2 Rs 17.3-6. A glória desse feito coube a Sargom, sucessor de Salmaneser, que naquele ano, 722, subiu ao trono. Os conquistadores povoaram de novo as cidades com elementos estrangeiros, v. 24. No ano 332, ou 331 a.C., Alexandre, o Grande, tomou Samaria e transferiu os seus habitantes para Siquém, e nela estabeleceu gentes vindas da Síria e da Macedônia. Pelo ano 109 a.C., João Hircano sitiou Samaria e levantou em torno dela um muro de circunvalação de 80 estádios de comprimento. Depois de um ano, rendeu-se pela fome. O vencedor a demoliu inteiramente, tentando apagar todos os vestígios que revelassem que ali existiu uma cidade fortificada, Antig. 13.10,2,3; Guerras 1.2,7,8. Foi novamente habitada no tempo de Alexandre Janeu. Pompeu a anexou à província da Síria, e Gabino a fortificou de novo, Antig. 13.15,4; 14.4,4,5,3. Mais tarde, Herodes, o Grande, a mandou reconstruir e fortificar e lhe deu o nome de Sebaste, palavra grega correspondente a Augusto, nome de seu patrono, o primeiro imperador romano, 15.8,5. Em Samaria, trabalhou o evangelista Filipe com bons resultados, cf. At 8.5-8, e aí se converteu o célebre Simão que praticava mágica, cf. v. 9-13. Os apóstolos que estavam em Jerusalém, tendo sabido que Samaria recebera a palavra de Deus, enviaram para lá Pedro e João, cf. v. 14-25. O local de Samaria tem

SAMARIA

sido identificado com a aldeia *es-Sebustieh*, situada sobre um monte escarpado, cerca de 9 km a noroeste de Siquém, na Palestina central, em um planalto de uma milha de este a oeste. Encontram-se ali colunas quebradas, grandes blocos de pedra, que parecem ter pertencido a edifícios importantes, e montes de entulho. Alguns desses *débris* rolaram para os vales, conforme o havia dito o profeta Miquéias, 1.6. **2** Nome do território ocupado pelas dez tribos, ou o reino de Israel personificado, 1 Rs 13.32; 21.1; 2 Rs 17.24; Ne 4.2; Is 7.9; Jr 31.5; Ez 16.46; Am 3.9 (veja *ISRAEL*). **3** Nome do distrito de Samaria que ocupava a Palestina central, entre a Galiléia ao norte e a Judéia ao sul, 1 Mac 10.30. A descrição de limites feita por Josefo, Guerras 3.3,4,5, não é muito clara, mas deixa ver que o limite ao norte passava por uma "aldeia situada na grande planície chamada Ginéia", que parece ser En-Ganim, *cf.* Js 19.21; 21.29, no ângulo sul da planície de Esdraelom. Servia de limite ao sul, a toparquia Acrabatene, distante de Siquém cerca de 10 km. O distrito de Samaria estendia-se, a este, até o Jordão, e para oeste, sem chegar ao Mediterrâneo. A cidade de Aco já pertencia à Judéia. O Talmude diz que Antípatris era o limite a oeste. Compreendia o antigo território de Manassés a oeste do Jordão, e também o de Efraim, com parte de Issacar e Benjamim. Pompeu, no ano 63 a.C., anexou o distrito de Samaria à província da Síria, Antig. 14.4,4. No ano 6 da era cristã, o imperador Augusto fez da Judéia, Samaria e Iduméia uma divisão da prefeitura da Síria, denominada província da Judéia sob o governo de procuradores, 17.13,5; *cf.* 11.4, que ainda vigorava no tempo de nosso Senhor.

SAMARITANO – o sentido dessa palavra na única passagem do Antigo Testamento, 2 Rs 17.29, aplica-se a um indivíduo pertencente ao antigo Reino do Norte de Israel. Em escritos posteriores, significa um indivíduo natural do distrito de Samaria, na Palestina central, Lc 17.11. De onde veio a raça, ou como se originou a nacionalidade samaritana?. Quando Sargom tomou Samaria, levou para o cativeiro, segundo ele diz, 27.280 de seus habitantes, deixando ainda alguns israelitas no país. Sabendo que eles conservavam o espírito de rebelião, planejou um meio de os desnacionalizar, estabelecendo ali colônias de habitantes da Babilônia, de Hamate, 2 Rs 17.24, e da Arábia. Esses elementos estrangeiros levaram consigo sua idolatria. A população deixada em Samaria era insuficiente para o cultivo das terras, interrompido pelas guerras, de modo que as feras começaram a invadir as povoações e a se multiplicarem espantosamente, servindo na mão de Deus de azorrague para aquele povo. Os leões mataram alguns dos novos colonizadores. Estes atribuíram o fato a um castigo do deus da terra que não sabiam como apaziguar, e nesse sentido pediram instruções ao rei da Assíria, que lhes mandou um sacerdote dos que havia entre os israelitas levados para o cativeiro. Ele foi residir em Betel e começou a instruir o povo nas doutrinas de Jeová, porém, não conseguiu que os gentios abandonassem a idolatria de seus antepassados. Levantaram imagens de seus deuses nos lugares altos de Israel combinando a idolatria com o culto de Jeová, 2 Rs 17.25-33. Esse regime híbrido de adoração permaneceu até a queda de Jerusalém, v. 34-41. Esar-Hadom continuou a política de seu avô Sargom, *cf.* Ed 4.2, e o grande e glorioso Asenafar, que talvez seja Assurbanipal, completou a obra de seus antecessores, acrescentando à população existente, mais gente vinda de Elã e de outros lugares, *cf.* cap 9 e 10. A nova província do império decaía. Josias mesmo, ou seus emissários, percorreram todo o país, destruindo por toda a parte os

SAMBALÁ

lugares altos, 2 Cr 34.6,7, onde havia altares de idolatria. O culto pagão decrescia sob a influência dos israelitas que ficaram no país, e por causa do ensino dos sacerdotes. A ação renovadora de Josias foi mais um golpe. Anos depois, alguns dentre os samaritanos costumavam ir a Jerusalém para visitar o templo e fazer adoração, Jr 41.5. Quando Zorobabel voltou do exílio, trazendo consigo bandos de cativos para Jerusalém, os samaritanos pediram licença para tomar parte na construção do templo, alegando que haviam adorado o Deus de Israel desde os dias de Esar-Hadom, cf. Ed 4.2. Desde muito tempo, a maioria dos judeus sentia repugnância em manter relacionamentos sociais e religiosos com os samaritanos, sentimento esse, veja Josefo, Antig. 9.14,3, que, à medida que o tempo passava aumentava, cf. Ed 4.3; Ecclus. 1.25,26; Lc 9.52,53; Jo 4.9. Os samaritanos não tinham sangue puro de hebreus, nem religião judia. Diz Josefo, que quando os judeus prosperavam, os samaritanos pretendiam ter aliança de sangue; mas em tempo de adversidade, repudiavam essas alianças, dizendo-se descendentes dos assírios. Tendo Zorobabel, Josué e seus associados rejeitado a oferta dos samaritanos para auxiliar a reconstrução do templo, não mais tentaram conciliações com os judeus, antes ao contrário, empenharam-se em obstar a conclusão da obra, cf. Ed 4.1-10, e mais tarde procuravam impedir o levantamento dos muros por Neemias, cf. Ne 4.1-23. O cabeça desse movimento era certo Sambalá Horonita, cujo genro havia sido expulso do sacerdócio por Neemias. O sogro, com certeza, fundou o templo samaritano sobre o monte Gerizim, para servir ao dignitário deposto em Jerusalém. Dali em diante, todos os elementos indisciplinados da Judéia procuravam o templo rival de Samaria, onde eram recebidos de braços abertos, Antig. 11.8,7. Enquanto durou a perseguição promovida por Antíoco Epifanes contra os judeus, declaravam não pertencer à mesma raça, e agradavam ao tirano, mostrando desejo de que o seu templo do monte Gerizim fosse dedicado a Júpiter, defensor dos estrangeiros, 2 Mac 6.2. Pelo ano 129 a.C., João Hircano tomou Siquém e o monte Gerizim, e destruiu o templo samaritano, Antig. 13.9,1; porém, os antigos adoradores continuaram a oferecer culto no cume do monte, onde havia o edifício sagrado. Prevalecia ainda esse costume no tempo de nosso Senhor, cf. Jo 4.20,21. Nessa época, suas doutrinas teológicas não diferiam muito na sua essência das doutrinas dos judeus e, especialmente, da seita dos saduceus. Partilhavam da crença na vinda do Messias, cf. Jo 4.25, mas somente aceitavam os cinco livros de Moisés. O motivo principal que levou os samaritanos a receber tão alegremente o evangelho pregado por Filipe foram os milagres por ele operados, At 8.5,6. Outro motivo, sem dúvida, que concorreu para o mesmo resultado, é que, ao contrário das doutrinas dos judeus, o cristianismo seguia os ensinos e os exemplos de seu fundador, admitindo os samaritanos os mesmos privilégios que desfrutavam os judeus convertidos ao Evangelho, cf. Lc 10.29-37; 17.16-18; Jo 4.1-42.

SAMBALÁ (*do babilônico sin-uballit, que significa "Sin [o deus-lua] deu vida"*) – nome de uma notabilidade samaritana, natural de Horonaim, e por isso denominada horonita, cf. Ne 2.10. Opôs-se à reedificação dos muros de Jerusalém por Neemias e tentou inutilmente impedi-la, cf. 4.7,8. Dolosamente, Sambalá e Gesém convidaram Neemias para uma conferência com o intuito de o assassinarem, cf. 6.1-4. Falhando esse plano, passaram a intimidá-lo, porém em vão o fizeram, cf. v. 5-14. Sambalate, o horonita, foi contemporâneo do pontífice Eliasibe, avô de Jedua. Em companhia de Tobias amonita, opôs-se à reconstrução do

SAMBALÁ

muro de Jerusalém por Neemias, no 20º. ano de Artaxerxes. Um dos filhos do pontífice Joiada casou com a filha de Sambalá, pelo que Neemias o afugentou, *cf*. Ne 3.1; 4.3,7; 13.4,28. Josefo faz menção de um Sambalá, natural de Cuta, a quem Dario, último rei da Pérsia, 336-330 a.C., enviou como governador para Samaria, Antig. 11.7,2; 8.2, continuando nesse cargo no tempo de Alexandre, o Grande, vencedor de Dario, 332 a.C., 8,4. Manassés, irmão do pontífice Jedua, casou-se com a filha de Sambalá, chamada Nicaso, com grande escândalo para as autoridades judias, que expulsaram do templo Manassés. Sambalá, com o consentimento de Alexandre, edificou um templo sobre o monte Gerizim, e nomeou seu genro no ofício de sacerdote, *cf*. 7.2; 8.2,4. Essas narrativas da história judia não combinam com os fatos da história de Sambalá já referidos. Antigos comentaristas pensam que Josefo fala de outro Sambalá, mas parece que ele tinha em mente o horonita, e o casamento referido em *cf*. Ne 13.28. É possível que tenha alterado a data em que existiu Sambalá, para menos 100 anos, com o fim de combinar os fatos a seu gosto, dizendo que o genro de Sambalá, não somente fundou e promoveu o engrandecimento da religião samaritana, mas também construiu o templo no monte Gerizim, e que esse templo foi levantado depois que Alexandre, o Grande, conquistou o país, Antig. 13.9,1; 200 anos mais ou menos antes de Cristo, e que Alexandre e o sacerdote Jedua foram contemporâneos, 11.8,5. Nesse caso, Josefo erra na data, como fez com Neemias, assinalando o ano 25 de Xerxes, que reinou apenas 21 anos, Antig. 11.5,7, em vez de dizer no ano 20 de Artaxerxes, seu sucessor, 2.1; errou igualmente, dando a chegada de Esdras a Jerusalém no sétimo ano de Xerxes, Antig. 11.5,2, e que se efetuou 21 anos depois, no sétimo ano de Artaxerxes, Ed 7.1,8; erra ainda, confundindo Onias I com Onias III, que viveu um século depois, 1 Mac 12.7,20; Antig. 12.4,10.

SAMBUCA – instrumento de sopro, usado na Idade Média, consistindo em um longo tubo de bronze, com uma chave móvel para mudar o som das notas da música, à semelhança de um trombone. O instrumento referido em Dn 3.5 pertence a uma classe muito diversa: é instrumento de corda, que em aramaico se denomina *sabbeka*. Se este nome for de origem semítica, descreve a guarnição das cordas; é evidentemente idêntico ao vocábulo grego *sambuke*, instrumento musical um pouco parecido com a harpa ou a lira, contendo apenas quatro cordas. Strabo afirma que o vocábulo grego é de origem bárbara, i.é., oriental. Ateneu diz que o instrumento foi inventado pelos sírios (veja *MÚSICA*).

SÂMELA (veja *SAMLÁ*).

SAMEQUE – nome da 15ª. letra do alfabeto hebraico. Serve para marcar a 15ª. secção do salmo 119, em que todos os versículos do original começam pela mesma letra.

SAMIR (*no hebraico "espinho", "ponta aguçada"*) **1** Nome de uma cidade situada na região serrana de Judá, Js 15.48, representada pelas ruínas de Khirbet-Somerah, cerca de 24 km a oeste-sudoeste de Hebrom. **2** Nome de uma cidade da tribo de Efraim, onde foi morar o juiz Tola e onde o sepultaram, Jz 10.1,2. Localização desconhecida. **3** Nome de um levita, filho de Mica, 1 Cr 24.24.

SAMLÁ (*no hebraico, "veste"*) – nome de um rei de Edom, natural de Masreca, Gn 36.36, 37; *cf*. 1 Cr 1.47,48. Reinou em Edom antes da conquista de Canaã por Israel. Reinou depois de Hadade, e foi sucedido por Saul, de Reobote.

SAMOS (*no grego é sámos*) – nome de uma ilha com cerca de 130 km de circun-

SAMUEL, O PROFETA

ferência ao largo da costa da Ásia Menor, a sudoeste de Éfeso e quase fronteira ao promontório de *Trogyllium*. Depois da derrota de Antíoco, o Grande, pelos romanos em Magnésia, no ano 190 a.C. ficou independente, 1 Mac 15.23, porém, sob a influência de Pérgamo. Com esta passou às mãos dos romanos no ano 133 a.C. Quando o apóstolo Paulo esteve lá, At 20.15, desfrutava autonomia que os romanos lhe haviam conferido no ano 19 a.C. Os seus habitantes distinguiam-se como negociantes de altas empresas. Ainda existem moedas desse tempo.

SAMOTRÁCIA (*no grego é Samothráke, "Samos da Trácia"*) – nome de uma ilha do arquipélago ao largo da costa da Trácia, fronteira à foz do Hebro. Tem a superfície de 48 km². Sobre ele ergue-se uma montanha de 1.143 m de altura. O apóstolo Paulo viajou em direção a essa ilha, tendo embarcado em Trôade, na Ásia Menor, *cf.* At 16.11.

SAMPSAMES – nome de país, e não de um rei, amigo de Roma, para onde Lúcio enviou uma carta defendendo os judeus, 1 Mac 15.23. Talvez seja Samsun, cidade portuária do mar Negro.

SAMUA (*no hebraico, "fama", "famoso"*) **1** Nome de um representante da tribo de Rúben que fez parte da comissão exploradora da terra de Canaã, Nm 13.4. **2** Nome de um dos filhos de Davi com sua mulher Bate-Seba, nascido em Jerusalém, 2 Sm 5.14; 1 Cr 3.5. O nome dele era semelhante ao de seu tio, 2.13. Em 1 Cr 3.5, tem o nome de *Simaa*, variante inútil, visto ter a mesma significação de *Samuaa*, diferindo apenas na sua formação. **3** Nome de um levita, descendente de Jedutum, Ne 11.17. **4** Nome de um sacerdote que viveu nos dias do sumo sacerdote Joiaquim. Foi chefe da casa de Bilga, Ne 12.18.

SAMUEL (*no hebraico é shemu'el, "nome de El [Deus]", ou "nome de Deus", ou "seu nome é El [Deus]"*) 1 Nome de um dos filhos de Amiúde. Fez parte da comissão encarregada de dividir a terra de Canaã, como representante da tribo de Simeão, Nm 34.20. 2 Nome de um homem da tribo de Issacar, da família de Tola e chefe de uma família, 1 Cr 7.2.

SAMUEL, O PROFETA – nome de um dos grandes profetas da antigüidade judia, depois de Moisés, e o último dos juízes de Israel, filho de Elcana, levita da família de Coate. Elcana era filho de Zufe, *cf.* 1 Sm 1.1; *cf.* 1 Cr 6.26,35, natural de Ramataim-Zofim do monte de Efraim, porque à sua família havia sido destinada aquela tribo para sua residência, *cf.* Js 21.5; *cf.* 1 Cr 6.66, e morava em Ramá, *cf.* 1 Sm 1.1,19–2.11. Elcana teve duas mulheres: Ana e Penina. E Penina tinha filhos. Ana, porém, não os tinha, e pedia a Deus que lhe desse um filho, e fez um voto dizendo: Senhor dos Exércitos, se deres à tua escrava um filho varão, eu te oferecerei por todos os dias da sua vida e não passará navalha pela sua cabeça, *cf.* Nm 6.1-5. Deus atendeu à sua petição; ao filho que lhe nasceu deu o nome de Samuel, porque o havia pedido ao Senhor. Quando desmamou o menino, o levou consigo à casa do Senhor em Siló e o deixou aos cuidados do sacerdote Eli para ser educado e instruído nas coisas sagradas, *cf.* 1 Sm 1 e 2.1-17. O menino ministrava diante do Senhor, vestido de um éfode de linho, de que usavam os candidatos ao sacerdócio e até mesmo os leigos, *cf.* 2.18. Morava Samuel no templo do Senhor, onde estava a arca de Deus, e ministrava ao Senhor junto a Eli, *cf.* 3.1-3,15. Ainda jovem, o Senhor se revelou a ele, anunciando-lhe o próximo castigo que viria sobre a casa de Eli por causa da vida irregular de seus filhos que ele não soube corrigir, *cf.* 3.1-18. Diz Josefo que Samuel estava, nessa

S

SAMUEL, O PROFETA

ocasião, com 12 anos de idade, Antig. 5.10,4. Esse testemunho é muito próximo da verdade, ainda que não se saiba em que autoridade se baseia. Quando já havia atingido a maioridade, todo o Israel, desde Dã até Berseba, acreditava que era profeta do Senhor a quem se havia revelado em Siló, *cf.* 1 Sm 3.20,21. Logo depois começou a cumprir-se o juízo de Deus contra a casa de Eli com a morte dos dois filhos do pontífice no campo de batalha em que a arca de Deus foi capturada. Eli morreu ao receber a triste notícia, *cf.* 4.1-22. A arca voltou logo depois à posse dos israelitas, que a transportaram para Quiriate-Jearim e a colocaram na casa de Abinadabe, até o povo se preparar para recebê-la. Samuel é reconhecido profeta, e depois da morte de Eli, toda a autoridade religiosa se concentrou em suas mãos. Consagrou-se à obra da regeneração popular. Vinte anos depois da arca ser restituída, observou que as condições morais do povo tinham melhorado; e convocou uma assembléia em Mispá perto do lugar onde a arca havia sido tomada, para uma confissão pública de seus pecados, e para jejuar na presença do Senhor e pedir-lhe misericórdia. Ouvindo os filisteus que os filhos de Israel tinham se reunido em Mispá, os seus príncipes marcharam contra Israel. Samuel exortou o povo a orar ao Senhor para que os livrasse. E aconteceu que ao tempo que Samuel oferecia o holocausto, começou o combate dos filisteus contra Israel. Mas o Senhor trovejou aquele dia com estrondo espantoso sobre os filisteus e os aterrou de medo, e foram derrotados no encontro de Israel. E os israelitas, saindo de Mispá, os perseguiram e os derrotaram e não ousaram mais vir sobre as terras de Israel enquanto Samuel esteve à frente do governo, *cf.* 1 Sm 7.3-14 (veja *FILISTEUS*). Essa vitória indicou que Deus havia constituído Samuel juiz e defensor em Israel. Semelhante a Débora e Moisés, Samuel foi reconhecido profeta e juiz. No desempenho de seus deveres, fazia anualmente um circuito por Betel, Gilgal e Mispá e administrava a justiça nos sobreditos lugares. Residia em Ramá em companhia de um rancho de Israel, *cf.* 7.15-17; com 19.18-22. Ali erigiu ele um altar ao Senhor, porque havia abandondo Siló; a arca continuava abrigada em Gibeá, o pacto em vacância, porque os israelitas o haviam quebrado com as suas sacrílegas idolatrias. Durante os anos de sua vigorosa administração, o país desfrutava liberdade e independência. Sentindo-se avançado em anos, constituiu por juízes em Israel seus filhos. Esses seus filhos não seguiam os caminhos do pai, pois se deixavam corromper pela avareza, e recebiam presentes e pervertiam os juízes. Essa conduta provocou descontentamento geral. Tendo-se reunido os anciãos de Israel, vieram ter com Samuel em Ramá e lhe disseram: Bem vês que estás velho e que teus filhos não seguem os teus caminhos. Constitui-nos um rei como o têm todas as nações, para que ele nos julgue. Samuel, por ordem de Deus, ungiu rei a Saul, que, sendo rejeitado, teve como sucessor Davi, ungido também por Samuel conforme Deus havia mandado. Samuel morreu quando Davi estava no deserto de En-Gedi, fugindo das perseguições de Saul. Foi sepultado em sua casa em Ramá e todo o Israel o chorou, *cf.* 25.1. Em a noite anterior à batalha de Gilboa, Saul foi consultar Samuel, por intermédio da feiticeira que havia em En-Dor, *cf.* 28.3-35. Hemã, um dos cantores de Davi, era neto de Samuel, *cf.* 1 Cr 6.33. O nome de Samuel figura na lista dos heróis da fé, Hb 11.32.

SAMUEL, OS LIVROS DE – a tradução de Figueiredo relata quatro livros com o nome de livro dos Reis. Almeida divide esses quatro livros em dois grupos de dois livros cada um. O primeiro grupo chama O Primeiro e Segundo Livro de Samuel, e o segundo, chama O Primeiro e O Segundo Livro dos Reis. Seguindo esta classificação,

SAMUEL, OS LIVROS DE

vamos dar notícia dos dois livros de Samuel. Os dois livros formavam um só volume como se pode observar na nota massorética a 1 Samuel 28.24, no texto em hebraico, onde se diz que esse versículo assinala a metade do livro. Nos manuscritos hebraicos, como na enumeração dos livros feita por Josefo, os dois livros são tidos como um só. A divisão em dois ocorreu quando se fez a impressão da Bíblia hebraica em 1517, à imitação da LXX e da Vulgata. Como Samuel fosse a figura predominante durante a primeira metade do período histórico de sua vida, e tendo sido o maior dos profetas de Israel, organizador do reino, e o agente na escolha dos primeiros reis, Saul e Davi, e coadjutor de Saul enquanto permaneceu fiel às suas obrigações teocráticas, o livro tomou o nome de Samuel. Ele contém a história dos primeiros dois reis, e por isso a LXX o dividiu em dois livros e os denominou Primeiro e Segundo Livro dos Reis. Aos outros dois livros que os seguem, em continuação à história dos reis, que a Versão de Almeida chama O Primeiro e O Segundo Livro dos Reis, a LXX diz Terceiro e Quarto Livro dos Reis. Jerônimo na sua versão latina substituiu a palavra Reinos por Reis, dizendo 1, 2, 3, 4 Livro dos Reis. Os dois livros de Samuel, ou para melhor dizer, o livro de Samuel, divide-se em três secções: **1** Samuel como Profeta e Juiz, caps. 1 até 7, compreendendo o seu nascimento, a sua infância, as causas que determinaram a sua entrada no ministério profético, 3.20, e que, como tal, entrou na posse exclusiva de juiz, que lhe abriu o caminho para a administração judicial, cap. 4, a sua obra reformadora, os atestados que lhe valeram os foros de governador pela vitória alcançada sobre os filisteus de que resultou a independência de Israel, 7.1-12, e o sumário de sua administração, v. 13-17. **2** Reinado de Saul caps. 8 a 31, incluindo: I) O pedido do povo para que Samuel lhe desse um rei; a promessa de ter satisfeito esse pedido, cap. 8; entrevista de Samuel com Saul, que foi ungido rei, cap. 9.1 até 10.16; a assembléia que Samuel convocou para se efetuar em Mispá e a escolha do rei por meio de sortes, *cf.* v. 17; fatos que levaram o povo a reconhecer Saul como rei por determinação divina cap. 11; últimas palavras de Samuel, cap. 12. II) Revolta contra os filisteus; Saul viola seus deveres teocráticos, cap. 13; façanha de Jônatas, debandando os filisteus, *cf.* 14.1-46; sumário das guerras de Saul, *cf.* v. 47,48; sua família *cf.* 49-51; pormenores de uma das suas guerras com Amaleque em que ele, mais uma vez e de modo agravante, manifesta desprezo pelos seus deveres teocráticos, *cf.* cap. 15. Segue-se depois: III) Narrativa dos últimos anos de Saul, com referência especial ao relacionamento entre ele e Davi, *cf.* cap. 16 a 31; rejeitado por Deus, Samuel, por ordem divina, unge rei a Davi, *cf.* 16.1-13. Saul, atormentado por um espírito mau, manda trazer Davi para tocar harpa em sua presença, *cf.* v. 14-23. Davi mata o gigante Golias e se torna *attaché* permanente da corte de Saul, *cf.* cap. 17.1 até 18.5; ciúmes de Saul e tentativa contra a vida de Davi, *cf.* 18.6 até o cap. 19.17; Davi afasta-se da corte e passa a ter vida errante, *cf.* 19.18 até o cap. 27.12; invasão dos filisteus e a consulta de Saul à feiticeira de En-Dor; *cf.* cap. 28; Davi, repelido do campo dos filisteus, persegue um bando de amalequitas, *cf.* caps. 29 e 30; batalha de Gilboa e morte de Saul, *cf.* cap. 31.3. Reinado de Davi, *cf.* 2 Sm caps. 1-24. Davi recebe notícia da morte de Saul, *cf.* cap. 1. Davi e Is-Bosete disputam o trono de Saul, Davi ungido rei sobre a casa de Judá *cf.* 2.4 e Is-Bosete contituído rei, por Abner, capitão do exército de Saul, 2.7,8, *cf.* caps. 2 a 4. Davi reconhecido em todo o Israel, *cf.* 5.1-3, seu reinado, *cf.* 5.4 até o cap. 24 (veja *DAVI*). O autor desse duplo volume foi profeta, porque o livro foi colocado entre os livros

SAMUEL, OS LIVROS DE

proféticos no cânon hebraico. Samuel escreveu um livro e o depositou diante do Senhor, 1 Sm 10.15, parte do volume duplo pode bem ser a história de Samuel, o vidente, 1 Cr 29.29, porém, apenas metade do livro poderia ter sido escrito por ele, pois sua morte ocorreu antes de terminar o reinado de Saul, 1 Sm 25.1, o livro todo deve ter sido escrito depois da morte de Davi. Uma alusão feita aos reis de Judá indica provavelmente que o livro ainda não estava completo quando houve a divisão dos israelitas nos dois reinos de Judá e de Israel, 1 Sm 27.6; mas a distinção entre Israel e Judá já existia no tempo de Davi, 11.8; 17.52; 18.6; 2 Sm 3.10; 24.1. Pela leitura de Jr 15.1, infere-se que esse profeta estava familiarizado com 1 Sm cap. 12. Não existe nele referência alguma ao cativeiro, e por isso, é crença geral que foi escrito antes da queda de Jerusalém. Existiam vários documentos referentes ao período de que trata o livro, como a História de Samuel, o Vidente, História do profeta Natã e a História de Gade, o Vidente, 1 Cr 29.29, mas o autor não menciona as fontes de onde tirou as informações, como fazem os autores dos livros dos Reis e de Crônicas. Welhausen faz uma análise dos livros e das suas origens, *Prolegomena* 3.1. Mocidade de Samuel. Prepara-se para o exercício das funções sacerdotais e anuncia o colapso do governo existente antes do estabelecimento do reino, 1 Sm caps. 1–3. Essa história foi arranjada depois que se fez conhecido em Israel. O cap. 2.1-10 contém interpolações de origem ignorada; os versículos 27-36 são nada mais que um enxerto de passagens de Deuteronômio, p. 126,281,415; *cf.* Kittel 2.2; Anm. 6.2. Narração da queda da casa de Eli, caps. 4 a 6. O versículo 18 do capítulo 4 é um aditivo, p. 254. 3. Elevação de Saul ao Trono. Existem duas narrações desse fato: a) Na primeira, Saul foi indicado secretamente para ser rei, e por sua autoridade o eleva à categoria de libertador de Israel, cap. 9.1 até o cap. 10.16; porém, o v. 9 do cap. 9 é interpolação, e o v. 8 do cap. 10 é obra de segunda mão. Samuel ordena a Saul para aguardar ocasião para agir, 10.17, que chega um mês mais tarde, v. 27, quando os amonitas começaram a combater contra Jabes-Gileade. Saul chama o povo às armas, dirige o combate e sai vitorioso; o povo o aclama como libertador da pátria, e o conduz a Gilgal onde renova a eleição do rei, cap. 11. Mas os versículos 12-14 desse capítulo foram ali insertos pela mão que escreveu o capítulo 8 e o 10, v. 17 e seguintes, com fim de harmonizar essa narrativa com a sua. A história da derrota dos filisteus por Saul e Jônatas, caps. 13 e 14, exceto os versículos 7-15 do cap. 13 e 10.8 que pertencem a escritor diferente e que foram escritos antes do capítulo 7. b) Segundo outra narrativa, Samuel convocou o povo para se reunir em Mispá, perto de Jerusalém, a fim de exortá-lo ao arrependimento, 7.2-4, e pedir a Deus que o livrasse das mãos dos filisteus. Estes começaram o combate contra Israel, mas foram repelidos e lançados para fora dos termos do país v. 5-14. Samuel julgou Israel durante sua vida, v. 15-17. Tendo envelhecido, reconhecia a incapacidade de seus filhos para o substituírem no juizado, os anciãos de Israel pediram um rei, subtraindo-se ao governo de Jeová e imitaram o exemplo das nações vizinhas, cap. 8. Por isso, e de acordo com o que pediam, Saul foi escolhido pela sorte para ser rei, 10.17-27. Samuel faz as suas despedidas, cap. 12.4. O capítulo 15 é uma produção secundária: é a forma original de onde se copiou a narrativa dos versículos 7-15, do capítulo 13 e muito relacionada com o cap. 28.3–25.5. Existem dois documentos completos a respeito de Davi que se suplementam entre si. O primeiro encontra-se em 1 Sm cap. 16 até 2 Sm cap. 8. O segundo compreende 2 Sm cap. 9 até 1 Rs cap. 2. Está mutilado no princípio, mas completo daí por diante. Em

SAMUEL, OS LIVROS DE

2 Sm cap. 21 a 24 há acréscimos. O primeiro documento compreende a história de Davi desde que foi ungido por Samuel até que se ausentou da presença de Saul. Está ligada com 1 Sm 14.52 em 16.14. Davi, como moço valente e hábil tocador de harpa, entra na corte de Saul nomeado seu escudeiro, 16.14-23, mas no v. 14 descobre-se a mão do redator. Alguma coisa deve ter seguido primitivamente esse final, narrando as guerras contra os filisteus inteiramente diferente da luta entre Davi e Golias. No conflito com os filisteus, Davi se notabilizou, e subiu gradualmente até fazer-se genro do rei, 18.6-30. As reflexões sobre a pessoa de Saul pertencem a outra mão. O cap. 18.29 continua a referir-se aos aplausos populares celebrando a vitória de Davi, e ao ódio crescente de Saul contra ele a ponto de procurar atravessá-lo com sua lança, 19.9,10. Depois de um entendimento com Jônatas, Davi foge. Saul mata os sacerdotes em Nobe, por manterem relacionamento de amizade com Davi, 21.2-7; 22.6-23. A Davi se reuniu uma tropa de 400 homens e foram habitar no deserto de Judá, 22.1-5. Há vários acréscimos à história de Davi, como: A unção de Davi; 16.1-13, que depende da legenda acerca do herói pastor em luta contra o gigante Golias, 17.1 até o cap. 18.5. O desejo de Saul de matar Davi serviu de motivo para Jônatas o aconselhar a refugiar-se, *cf.* 19.7, é aumento feito depois, que mostra que o autor se havia familiarizado com o cap. 17. A primeira fuga de Davi foi quando Saul tentou encravá-lo na parede, porém ele se desviou do golpe, *cf.* 19.8-10, mas Davi continuou em casa, e com o auxílio de sua mulher, escapou pela segunda vez, fugindo para Samuel em Ramá, *cf.* 19.11-24. Mas os versículos 18-24 estão alterados, e eram desconhecidos ao autor do cap. 15.35. O versículo 18 parece reproduzir o conteúdo do cap. 16.11, Davi está em Gibeá. O rei dá por falta dele. Certo de que Saul lhe tinha ódio de morte, Davi foge

para salvar a vida, cap. 20. Esta narração é incongruente do modo que está feita. Davi em Nobe obtém a espada de Golias, *cf.* 21.8-10. Temendo a ira do rei, Davi refugia-se na corte do rei Aquis, *cf.* v. 11-16. A descrição da vida de Davi no deserto, onde se escondeu de Saul, cap. 23 a 27, contém três adições no primeiro documento, que são: 27.7-12; 26.1-25; e 23.14 até o cap. 24.23. As duas últimas são paralelas. O capítulo 26 foi colocado antes do 27 porque o capítulo 26.19 e a passagem no cap. 23.14 até o cap. 24.23, foram colocados antes do cap. 25 para evitar justaposição com o cap. 26. O cap. 28.1,2 é a continuação imediata do cap. 27 que, por sua vez, continua nos caps. 29 a 31. Os versículos 3-25, onde menciona-se a entrevista de Saul com a feiticeira de En-Dor, estão intimamente relacionados com o cap. 15, que é o original de onde foi copiado o cap. 13.7-15. Nem o cap. 15 nem o 28 pertencem à tradição fundamental. Cada um deles constitui o prelúdio dos acontecimentos que os seguem. Os críticos da Bíblia, representando todas as escolas, são acordes em dizer que o autor dos livros de Samuel serviu-se do material de várias procedências para compor a sua história; e todos eles gostariam bem de saber com certeza quais procedências são essas. Nem todos aceitam a análise que Welhausen fez, e não adotam o seu método. A análise se baseia em contradições que ele alega existir entre certas passagens da história. A essas alegações sobre a existência de passagens discordantes e acerca da diversidade de documentos, responde-se: I) O autor não descobriu contradições entre as partes separadas. II) As contradições, que diz haver em suas narrações, ele as fundamenta por um processo expositivo de passagens isoladas, e pela manipulação de textos que combina para produzir inconsistências. A interpretação mais racional é aquela que, sem esforço, mostra a harmonia de todas as partes da

SAMUEL, OS LIVROS DE

história. Dizem existir irreconciliável contradição entre 1 Sm 7.13,14, e tudo mais que tem sido transmitido. Observa-se em seguida que o domínio dos filisteus não foi totalmente destruído, não só continuaram a oferecer resistência no tempo de Samuel, como ainda se apoderaram de terras israelitas, e até um dos seus oficiais habitou em Gibeá de Benjamim (Wellhausen). Diz Driver, com mais ponderação: "As conseqüências da vitória em Ebenézer, mencionadas no cap. 7.13, são generalizadas em termos que dificilmente se reconciliam com a história subseqüente; contrastam com a descrição feita imediatamente depois em que se descreve a ascendência dos filisteus", *cf.* 10.5; 13.3,19. A passagem não afirma, como diz Wellhausen, que os israelitas tomaram as cidades de Ecrom e Gate; eles poderiam ter feito isso: a passagem diz que foram restituídas a Israel as cidades desde Ecrom até Gate, situadas no seu antigo território. Os filisteus nunca mais ocuparam posições dentro dos limites de Israel, que libertou suas fronteiras, desde Ecrom até Gate, das mãos dos inimigos, 7.13,14; *cf.* limites em Jr 31.17. A mão do Senhor foi sobre os filisteus em todo o tempo de Samuel, v. 13; e todo o tempo de Samuel é o mesmo que dizer, de acordo com as expressões da Escritura, durante o tempo de sua administração. Não obstante os filisteus, repetidas vezes depois, invadiram as fronteiras de Israel, mesmo antes da morte de Samuel, chegaram até a pôr oficiais nas cidades de Judá, para receberem os tributos, como fez Davi em Damasco, *cf.* 2 Sm 8.6, porém, eles nunca se estabeleceram no país, nem expulsaram os hebreus que nele habitavam, Jz 1.34-36. Com a vitória de Ebenézer, Samuel livrou os israelitas do domínio dos filisteus e se apoderou das fronteiras de Israel. Enquanto durou a sua administração vigorosa, a fama de seu nome evitou que os inimigos renovassem as suas incursões; a personalidade de Samuel inspirava confiança a todo o povo. Envelhecendo, largou as rédeas do governo, para confiá-las a seus filhos. Estes não possuíam qualidades que os recomendassem à confiança pública, que desfalecia, diante de seus inveterados inimigos. Samuel estava em idade muito avançada e não poderia mais conduzir os exércitos à batalha; os filhos dele eram homens levianos; os amonitas e os filisteus cresciam em poder como nunca e estavam à espreita. A senilidade de um governador, ou a subida ao trono de um novo monarca inexperiente, geralmente oferecia oportunidade a inimigos vigilantes. Naás, rei dos amonitas, dava começo às hostilidades da outra banda do Jordão, *cf.* 1 Sm 12.12. "Dá-nos um rei", pediam os anciãos de Israel a Samuel, para que ele nos julgue e marche à nossa frente e peleje por nós, 8.5-20. As pretensões de um príncipe estrangeiro a exercer soberania sobre um povo poderão ser ignoradas durante anos; mas com o decorrer do tempo, o príncipe pretensioso, sentindo-se forte, cai com seus exércitos sobre o povo refratário para castigá-lo; ou então, vendo que ele se amedronta, e notando fraqueza e pusilanimidade de seus tributários, envia-lhes emissários para saberem dos motivos que os levaram a não pagar tributos, e forçá-los à restituição. Se houver submissão, tudo irá bem; cessam as hostilidades. Foi esse o plano dos filisteus. Quando viram que os israelitas eram importantes para uma resistência, e que Samuel havia sido rejeitado pelos anciãos de Israel, como representante do povo, tornaram efetiva a sua autoridade, 9.16, estabelecendo no país guarnições de soldados, 10.5; e, como medidas de precaução, chegaram a ponto de proibir o funcionamento de forjas em Israel a fim de evitar o fabrico de armas, 13.19-22. Nessa situação desalentadora, os anciãos de Israel pediram a Samuel que lhes desse um rei, que os defendesse contra os poderosos inimigos que os cercavam. O velho Samuel sentiu-se acabrunhado sob o peso de tamanha exigência. Samuel ouviu

SAMUEL, OS LIVROS DE

todas as palavras do povo e as referiu ao Senhor, que lhe disse: "Atende à voz do povo em tudo quanto te diz, pois não te rejeitou a ti, mas a mim, para eu não reinar sobre ele", v. 7, *cf.* 1 Sm cap. 8. Pouco depois disso, Deus revelou ao profeta que um homem de Benjamim havia de sair-lhe ao encontro, a quem ele deveria ungir rei sobre Israel para ser o libertador do povo, *cf.* 1 Sm 9.16. Chegando que foi Saul, o profeta o convidou a subir com ele ao alto da casa, onde passaram a tarde confabulando. Não é difícil adivinhar o assunto da conversa. Samuel lhe revelou que ele havia sido escolhido para libertar Israel do jugo dos filisteus, e lhe deu instruções precisas para o cumprimento de sua empresa. Também estabeleceu as condições que deveria respeitar para ter o auxílio de Deus na guerra. Na manhã seguinte, antes da partida de Saul, o profeta Samuel o ungiu secretamente e lhe asseverou que Deus o havia escolhido. "Desce a Gilgal, disse Samuel, primeiro que eu, e espera lá sete dias, até que eu vá ter contigo e te declare o que deves fazer", 10.7,8. O alcance dessas instruções tem sua explicação na conferência havida no alto da casa e nos fatos que a ela se seguiram, 9.16-25; 13.8. Saul não se proclamou rei, nem tentou ação alguma para libertar o povo de Israel, enquanto as circunstâncias não lhe indicaram o tempo. Gilgal seria o lugar da entrevista depois de uma espera de sete dias, até que o profeta chegasse para oferecer sacrifícios, suplicar o favor divino para o bom êxito da empresa, e receber as necessárias instruções, 10.8; 13.12. Com essa demora de sete dias, ficou patente que o rei era apenas um vice-regente da Divindade e que o exercício da realeza não invadia as prerrogativas sacerdotais. Rei e sacerdote deviam ser dois elementos de corporação para o bem da pátria. Saul observou esse princípio básico por algum tempo. Honrava a pessoa de Samuel e colocava-se a seu lado para colaborar com ele, 11.7. Sentia a necessidade de conhecer

a vontade de Deus, que somente se manifestava por intermédio do profeta, 28.15. Samuel, por sua vez, logo que Saul se estabeleceu no trono, dispôs-se a orar pelo povo de Deus, *cf.* 12.23. Apesar de Saul ter pecado contra Deus e de ser por ele rejeitado, ainda assim o profeta subiu a Gibeá de Benjamim, onde havia instalado sua corte, para auxiliá-lo no governo e instruí-lo no modo de fazer a vontade de Deus, *cf.* 13.15. Em obediência às instruções do profeta, regressou à casa paterna. "Sucedeu, pois, que, virando-se ele para despedir-se de Samuel, Deus lhe mudou o coração; e todos esses sinais se deram naquele mesmo dia", v. 9, especialmente quando se encontrou com um grupo de profetas, "o Espírito de Deus se apossou de Saul, e ele profetizou no meio deles", *cf.* 1 Sm 10.9-13. Samuel cumpria o que havia prometido aos representantes do povo. Saul subiu ao trono sem o apoio de sua autoridade; o caso era por demais delicado, e mais eram ainda as suas conseqüências. Convocou o povo em Mispá para assistir ao ato solene da escolha de seu rei que Deus ia fazer. Samuel indicou todas as tribos e caiu a sorte sobre a tribo de Benjamim e sobre suas famílias, até Saul, filho de Quis, homem de bela aparência e de elevada estatura. A tribo de Benjamim a que ele pertencia ficava no limite, entre o norte e o sul, servindo, portanto, para enfraquecer as velhas dissensões entre as tribos. E disse Samuel a todo o povo: "Vós bem vistes a quem o Senhor escolheu, porque não há em todo o povo quem lhe seja semelhante". E o povo o aclamou e disse: "Viva o rei". E assim ficou estabelecida a primeira monarquia dos hebreus, *cf.* 1 Sm 10.24,25. As precauções tomadas por Samuel tiveram plena justificação pelos acontecimentos posteriores à escolha, ainda que feita pelo próprio Deus, não agradou a todos, "...os filhos de Belial disseram: Como poderá este homem salvar-nos?", v. 27. Saul retirou-se para casa de seu pai, acompanhado por

SAMUEL, OS LIVROS DE

certos homens de valor, esperando os acontecimentos. Não reclamou logo os seus direitos ao trono, em face das manifestações hostis, provocando guerra civil; deixou correr as coisas até que Deus mudasse o coração do povo, evitando desse modo derramamento de sangue e continuou na administração da casa de seu pai. Assim decorreu cerca de um mês, 1 Sm 10.27. Naás amonita adiantou-se com seu exército até quase às margens do Jordão, e sitiava Jabes de Gileade. O povo da cidade estava em grande aperto. Naás impôs condições ignominiosas e vergonhosas para a rendição proposta de Israel. Os anciãos de Jabes pediram um prazo de sete dias a fim de enviarem mensageiros a todos os limites de Israel à procura de varões que os defendessem. Alguns desses mensageiros, senão todos, chegaram a Gibeá, onde estava Saul e referiram as circunstâncias aflitivas em que se encontravam. Saul estava no campo e ao chegar teve notícia do que acontecia, e da recusa feita pelo inimigo à rendição da cidade. O Espírito do Senhor se apoderou de Saul. Ao ouvir a mensagem, se acendeu o seu furor sobremaneira, e convocou o povo para acompanhá-lo a ele e a Samuel. Entrou no povo o temor do Senhor, e saíram como se fossem um só homem. Saul caiu sobre o inimigo e o destroçou a ponto de não ficar deles dois juntos. E assim ficou livre a cidade, *cf.* 1 Sm 11.1-11. Os filisteus não tinham motivos que impedissem o livramento da cidade; ao contrário, era de seu interesse que o país tributário fosse conservado intacto. A mesma história acerca de países sujeitos, que os vencedores deixam em liberdade para dirigir os seus negócios internos e sustentar lutas contra as nações vizinhas, era muito comum nos anais da Assíria e do Egito. Fortalecidos pela vitória e orgulhosos pelo valor de seu chefe, disse o povo a Samuel: "Quem são aqueles que diziam: Reinará Saul sobre nós? Trazei-os para aqui, para que os matemos", v. 12. Saul impediu a matança, e por sugestão de Samuel, o povo foi a Gilgal para renovar a eleição do rei. Concluída essa formalidade, ele ficou investido no cargo e todos os israelitas se alegraram em extremo, *cf.* 1 Sm 11.12 a cap. 12.25. Saul estava eleito, mas a obra que precisava fazer apenas começara. Os amonitas haviam sido batidos para fora dos limites de Israel, mas os israelitas continuavam a sofrer o jugo humilhante dos filisteus. Dirigiam seus negócios internos, tinham o seu rei com uma guarda de honra de três mil homens; mas pagavam tributos aos filisteus. Tinham dentro de seus limites os oficiais estrangeiros, e não podiam ter forjas para o fabrico de ferramentas e de armas. Saul se sentia cerceado em sua liberdade. Passados dois anos, segundo diz o atual texto hebraico, um pouco duvidoso, quando surgiu oportunidade para rompimento, Jônatas derrotou uma guarnição de filisteus que estava em Gibeá. Sabendo eles, reuniram os seus exércitos para vingar o insulto e sufocar a insurreição. Chegava o momento de agir. Saul chamou às armas, ao som de trombetas, todos os hebreus, que se reuniram a ele em Gilgal. Era isto que Samuel lhe havia ordenado que fizesse, *cf.* 1 Sm 13.1-7. Wellhausen exclui a narração da entrevista de Samuel com Saul em Gilgal, dizendo que não se encontra no original primitivo e que foi adicionada depois. Baseia-se para isso na troca de nomes de lugares entre os versículos 4 e 16; identifica Gibeá de Benjamim com Geba de Benjamim, *cf.* v. 2-4,16. Nesse ponto ele tem razão, porque os dois nomes se confundem no texto do livro de Juízes, porém não cita com muita exatidão a narrativa hebraica. "No princípio da narrativa", diz ele, "Saul está em Gibeá onde os filisteus o buscaram, e ali permaneceram por causa da resistência que encontraram. Subitamente dá-se como certo que Saul permaneceu em Gilgal desde que foi escolhido rei". Em face do que se lê no v. 4,

SAMUEL, OS LIVROS DE

Wellhausen faz uma exposição errônea. O que a passagem diz é inteiramente diverso. As tropas de Saul estavam em Micmás e em Betel, e as de Jônatas em Gibeá de Benjamim, quando este derrotou a guarnição dos filisteus em Geba, *cf.* v. 2,3. Foi quando Saul mandou tocar a trombeta e a ele se reuniu o povo em Gilgal, *cf.* v. 3,4; *cf.* 7. Segundo a análise de Wellhausen, o cap. 13.1-6 é a continuação do v. 16, que diz: "Saul, e Jônatas, seu filho, e o povo que se achava com eles ficaram em Geba de Benjamim; porém os filisteus se acamparam em Micmás". Isto é que é claro e consistente. Mas, continua Wellhausen: "No cap. 13.16, o leitor recebe outra vez a impressão de que Saul havia permanecido por muito tempo em Gilgal com a sua gente, quando o inimigo acampou em frente dela. Somente assim pode ser compreendido o contraste entre o particípio circunstancial e o perfeito incoativo". Ainda dessa vez, Wellhausen se mostra incorreto. A narrativa havia deixado os filisteus em Micmás, *cf.* v. 5, e Saul em Gilgal, segundo a análise feita por ele, se o v. 7 for incluído na mesma descrição. Diz o texto que Saul e os seus homens estavam em Geba de Benjamim e os filisteus acampados em Micmás, *cf.* v. 16. A mesma dificuldade, se alguma existe, encontra-se na descrição que Wellhausen diz ser original, como contra a narrativa que se encontra no atual texto hebraico. Quer dizer simplesmente que a seção omitida por ele, que vem a ser a dos versículos 7 a 15, relata os eventos que ocorreram em Gilgal, e conclui dizendo que Samuel se levantou e foi de Gilgal para Gibeá de Benjamim; e que Saul, após ter contado as suas tropas, esteve com Jônatas e com essa gente em Geba de Benjamim. A saída de Gilgal está expressamente descrita em referência a Samuel, e não é necessário repetir explicitamente isto em referência a Saul e à sua gente: a compreensão é implícita. E o autor emprega o particípio para indicar a circunstância que o rei continuou a morar em Gibeá. A passagem é bem clara em referência ao texto hebraico. A dificuldade imaginada desaparece, quando o texto se completa ou corrige com o auxílio da LXX. A tradução grega tem uma cláusula adicional. Driver imagina que o texto original diz assim: "E Samuel levantou-se de Gilgal (indo seu caminho. E o resto do povo acompanhou a Saul para encontrar-se com as tropas, e eles vieram de Gilgal) para Gibeá de Benjamim e Saul contou..." e assim por diante. A omissão existente no texto massorético é evidentemente devido à freqüente repetição da frase "de Gilgal", *Text of Samuel* p. 78. Em face do v. 16, esse novo texto justifica a identificação que Wellhausen faz de Gibeá nesse capítulo; porém, implica que os versículos 7 e 8 formam parte integrante da narrativa original. Driver aceita esse resultado, rejeitando a exclusão que Wellhausen faz do cap. 10.8 e do 13.7-15, da narrativa original, *Introduction* p. 176. Assim, pois, o capítulo inteiro forma um todo unido, quer o comparemos com o texto massorético, quer com o texto emendado com auxílio da LXX. Conquanto 1 Samuel 13 seja uma unidade, contudo, afirmam que não foi escrito pelo mesmo autor do capítulo 15; porque nesses dois capítulos existe uma narração duplicada e contraditória acerca de Saul, pelo motivo de ser rejeitado por Deus. Essa asserção não resiste ao mais leve exame... Samuel, realmente repreendeu Saul duas vezes em Gilgal, porém, só uma das vezes o fez em nome de Deus. Logo no princípio de seu reinado, quando iniciava a obra especial para que havia sido chamado, Saul desobedeceu Samuel que lhe havia ordenado esperasse sete dias até que ele chegasse para oferecer sacrifícios ao Senhor, implorando seu auxílio. Nessa ocasião, o rei foi repreendido e não rejeitado. "Procedeste nesciamente", disse Samuel, "em não guardar o mandamento que o Senhor, teu Deus, te

SAMUEL, OS LIVROS DE

ordenou; pois teria, agora, o Senhor confirmado o teu reino sobre Israel para sempre. Já agora não subsistirá o teu reino. O Senhor buscou para si um homem que lhe agrada e já lhe ordenou que seja príncipe sobre o seu povo, porquanto não guardaste o que o Senhor te ordenou", 13.13,14. O profeta não lhe disse que era indigno de ser rei sobre o povo de Deus, e não o abandonou, antes o acompanhou à capital, onde lhe prestou eficiente auxílio. Apenas o profeta declarou que o reino de Saul não continuaria para sempre e que eventualmente passaria à posse de outra família. Quando se efetuou o segundo ato flagrante de desobediência, violando suas obrigações teocráticas na guerra contra Amaleque, foi aí que o Senhor o rejeitou para não ser rei, *cf.* 15.23. Samuel se separou dele e nunca mais o viu até o dia da sua morte, *cf.* v. 34,35. Outro, pertencente a tribo diferente, recebeu o óleo da unção, *cf.* 16.1,13, o Espírito do Senhor daí em diante se comunicou a Davi, e se retirou de Saul, *cf.* v. 13,14. Davi e não Saul iria ser o libertador de Israel. A história de Samuel "como profeta do Senhor", *cf.* 1 Sm 3.20 e a elevação de Saul ao trono, compreendendo os primeiros anos de seu governo e o ato divino que o rejeitou, encontram-se em perfeita harmonia e não deve haver duas interpretações. O mesmo se pode afirmar em referência à história do reinado de Davi (veja *DAVI e JÔNATAS*). Não existe fundamento algum para se afirmar que documentos contraditórios foram combinados para a elaboração do Primeiro Livro de Samuel. III) Observa-se que o conteúdo dos referidos documentos que serviram de base à composição histórica do livro em questão não só se harmonizam, como se completam entre si. *I*) a narrativa original contida em 1 Sm 9.16 e 10.5 menciona que os filisteus renovaram o exercício de soberania sobre Israel. A explicação desse fato encontra-se no capítulo precedente, que os críticos dão como sendo narrativa poste-

rior; porque eles dizem que a atitude ameaçadora dos filisteus, e de outros velhos inimigos de Israel, quando Samuel largou as rédeas do governo, já consta no cap. 8.1,5,20. A narrativa original exige que o cap. 8 lhe sirva de parte complementar. A única saída consiste em afirmar categoricamente que os israelitas ficaram sujeitos aos filisteus desde o dia em que se apoderaram da arca; que Samuel nunca livrou os israelitas do jugo estrangeiro e que a história da segunda batalha de Ebenézer é pura fantasia, 7.2-17. Wellhausen não hesita fazer essa afirmação dogmática. Ele diz "que não existe uma só palavra verdadeira em toda essa história". Driver não nega explicitamente os fatos ocorridos, mas admite que os caps. 9 e 10 não se ligam diretamente com o cap. 7.1 e diz ainda que "é provável que a continuação original do cap. 4.1 até o cap. 7.1 tenha sido omitida para dar lugar ao cap. 7.2". Em outras palavras, o cap. 7.17 e o cap. 8 oferecem um quadro de acordo com as cores do tempo, como já foi mostrado. A teoria dos críticos peca por não explicar os fenômenos existentes. *II*) A narrativa original contida no cap. 11 supõe que a escolha de Saul para ser rei havia sido feita, e que, no entanto, é referida posteriormente no cap. 10.17-27. Se, como se afirma, Saul somente tinha sido ungido particularmente, 10.1, como se explica que daí a um mês fosse ele acompanhado por todos os homens armados, vindos de todas as tribos para socorrer Jabes-Gileade? O capítulo 11 exige que algum acontecimento tivesse sido registrado antes, igual ao que se acha na narrativa posterior, 10.17-27. *III*) A narrativa original da carreira de Davi, dizem eles, primeiro o representa como homem adulto, acostumado com as armas, hábil músico, e, portanto, reclamado por Saul para dar-lhe alívio nos momentos críticos de sua enfermidade, 16.14-23, continuando no cap. 18.6-30. É claro, porém, que essas duas passagens não se ligam. O cap. 18.6 refere-se à volta de Davi depois da matança dos filisteus. A narração do combate entre Davi e Golias, que é atribuída a outro escritor, fica de permeio e serve de liame, porém, esse laço foi eliminado da narrativa pelos críticos divisionistas, alegando que no cap. 17.33, Davi aparece como um jovem, e nos versículos 55-58 se declara que Saul não conhecia Davi. Não se encontram tais inconsistências notadas por nenhum outro intérprete (veja *DAVI*). Para fazê-las desaparecer, os críticos divisionistas são obrigados a descartar-se do cap. 17.14. Saul não pergunta quem era Davi, e sim quem era seu pai. Não há dúvida que alguma coisa se faz sentir entre o cap. 16.23 e o cap. 18.6. Diz Wellhausen que deveria ser alguma coisa inteiramente diversa do que agora lá existe, porque o cap. 17 relata que Davi deu cabo de um homem, ao passo que o cap. 18.7 fala de haver matado dez mil. Como se a morte do campeão filisteu e a fuga das hostes inimigas não tenham sido equivalentes à morte dos dez mil, cantados em versos pelas mulheres israelitas! O autor dos livros de Samuel com certeza assim entendeu. A narrativa original da carreira pública de Davi implica a existência da história posterior que os críticos dizem existir. A única saída para escapar ao dilema consiste em afirmar que alguma parte da narrativa original tem sido substituída por outra muito diferente. Não é o livro de Samuel que criou a dificuldade. As teorias é que não explicam os fenômenos nele contidos.

SAMUTE (*no hebraico, "desolação", alguns preferem "fama", "renome"*) – nome de um dos capitães de Davi que serviam no quinto mês com uma turma de 24 mil homens, *cf*. 1 Cr 27.8. Talvez seja o mesmo Samá que foi um dos valentes de Davi, *cf*. 2 Sm 23.25.

SANDÁLIAS (veja *CALÇADO*).

SANGAR (*no hebraico shamgar, talvez signifique "fugitivo", ou "copeiro"*) – nome de um dos juízes de Israel, filho de Anate, o que pode significar ser sua origem de Bete-Anote. Viveu pouco antes de Débora e Baraque, tempo em que, por causa da opressão dos filisteus, não se trilhavam os caminhos, indo-se por atalhos desviados, *cf*. Jz 5.6. Matou 600 inimigos com uma aguilhada de bois, e foi defensor de Israel, *cf*. 3.31.

SANGAR-NEBO (*do babilônico shumgir-nabu, "sê gracioso, Nebo"*) – nome de um dos príncipes de Nabucodonosor que entraram em Jerusalém, *cf*. Jr 39.3.

SANGUE – nome que se dá ao fluido vital que circula em todo o corpo, por meio de um sistema arterial que, do coração, se estende às extremidades e por outro sistema de veias superficiais devolvem o sangue ao coração. O sangue arterial é vermelho brilhante, ao passo que o sangue venoso é vermelho escuro. A vida está no sangue, Lv 17.11,14, ou o sangue é a vida, Dt 12.23, não exclusivamente, Sl 104.29. O sangue representa a vida, e esta é tão preciosa perante Deus, que o sangue de Abel pôde ser descrito como clamando a Deus por vingança, *cf*. Gn 4.10. Logo depois do Dilúvio, Deus proibiu comer carne com o sangue dos animais inferiores, apesar de ser permitida a sua matança, como necessária à alimentação do homem, Gn 9.3,4; At 15.20,29. A lei estabeleceu: "Se alguém derramar o sangue do homem, pelo homem se derramará o seu", *cf*. Gn 9.6. A perda da vida é o castigo do pecado, e o derramamento do sangue é sinal típico de sua expiação, porque sem derramamento de sangue não há remissão, Hb 9.22. Sob a lei mosaica, o sangue dos animais empregava-se em todos os sacrifícios pelo pecado. O sangue dos animais, mortos na caça e destinados à alimentação, tinha de ser derramado e

SANGUE

coberto com terra; porque Deus o reservou para os fins expiatórios, Lv 17.10-14; Dt 12.15,16. O sangue de Cristo, e o sangue do Cordeiro, são expressões figurativas da sua morte expiatória, sem a qual o homem não poderia voltar a ter comunhão com Deus, 1 Co 10.16; Ef 2.13; Hb 9.14; 10.19; 1 Pe 1.2,19; 1 Jo 1.7; Ap 7.14; 12.11.

SANGUESSUGA (*no hebraico é ªluqâ, "chupadora"*) **–** a sanguessuga, *Hemopsis*, era muito comum na Palestina. Os armênios a denominavam *ialuqa* e os árabes, *alaqat*, por causa da sua aderência à pele, Pv 30.15. É notável por causa de seu apetite insaciável pelo sangue. Em Provérbios é usada em sentido figurado, como tendo duas filhas, igualmente insaciáveis que parecem ser as duas mencionadas no princípio do v. 16.

SANLAI – nome do fundador de uma família de netinins. Alguns dos membros dela voltaram do cativeiro com Zorobabel, *cf*. Ed 2.46; Ne 7.48.

SANSANA (*no hebraico, "folha de palmeira", "ramo de tâmara", alguns preferem traduzir por "instrução"*) **–** nome de uma cidade situada no extremo norte de Judá, Js 15.31, talvez a mesma Hazar-Susa que ocupa posição correspondente na lista das cidades destinadas aos simeonitas, *cf*. Js 19.5.

SANSÃO (*no hebraico é shimshôm, nome proveniente do hebraico shemesh, "sol" e, provavelmente, com o nome divino Samas. O nome deve significar "pequeno sol" ou "filho do sol", ou "raio do sol", pode ser referência a sua grande força e energia, como a do sol*) **–** nome de um dos mais eminentes juízes de Israel, filho de Manoá da tribo de Dã, natural de Zorá. Um anjo do Senhor apareceu a seus pais para anunciar-lhes o nascimento do filho que ia ser libertador do povo. Desde que nasceu era nazireu de Deus; não passou navalha sobre a sua cabeça, nem bebidas fortes entraram na sua boca. Enquanto se submeteu a esse regime, possuía força para feitos heróicos contra os filisteus, inimigos da pátria, Jz 13.1-24. Circunstâncias ocasionais deram causa a que as tribos de Judá e de Dã se destacassem das outras tribos de Israel, para obrigarem essas duas a lutar pela sua independência. Por esse motivo, elas ficaram à mercê dos filisteus, que prontamente se dispuseram a oprimi-las. A tribo de Judá, por si, nada podia fazer, senão por meio de atos de audácia e de planos estratégicos. "E o Espírito do Senhor passou a incitá-lo em Maané-Dã", v. 25. Desde aquele momento mostrou um ponto fraco no seu caráter: era escravo de paixões. Descendo a Timnate, apaixonou-se por uma das mulheres filistéias dessa cidade, com a qual se casou. Ela, porém, deu-se depois em casamento a um dos amigos de Sansão, que, irado, jurou vingança. Sansão, talvez auxiliado pelos seus companheiros, tomou 300 raposas, e ajuntou-as umas às outras pelas caudas, e no meio atou uns fachos, e tendo-lhes chegado fogo, largou-as. Elas partiram logo a correr pelo meio das searas dos filisteus. E incendiadas estas, tanto os trigos enfaixados, quanto os que ainda estavam por colher, queimaram, de tal modo que o mesmo fogo consumiu também as vinhas e os olivais, *cf*. 14.1 até o cap. 15.5. Os filisteus invadiram a tribo de Judá e exigiram a entrega de Sansão. Este consentiu que seus tímidos compatriotas o amarrassem, ignorando que ele fosse o libertador da pátria. Estando ele para ser entregue nas mãos dos filisteus, o Espírito do Senhor se apoderou dele, quebrou as cordas e o soltou. Os filisteus temeram-no assombrados. Sansão, pegando na queixada de um jumento, que encontrou à mão, matou com ela mil homens. Reconhecendo que o poder de Deus o auxiliava, sentindo sede, pediu socorro ao Senhor, que providencial e milagrosamente matou sua sede. Então, os ho-

SANSÃO

mens de Judá se convenceram de que ele era o seu libertador, 6-20. Depois foi ele para Gaza, onde caiu em pecado com uma mulher pública. Sabendo isto, os filisteus pensaram em prendê-lo e para esse fim fecharam as portas da cidade. À meia-noite levantou-se Sansão, e pegou em ambas as metades da porta com os seus postes e fechaduras, e pondo-as às costas, as levou até o alto do monte que olha para Hebrom. Enamorou-se de outra mulher que assistia no Vale de Soreque, chamada Dalila. Foi esta a causadora de sua ruína. Aconselhada por seus patrícios, o importunou tanto até conseguir o segredo da sua grande força. A princípio ele explicou de modo enganoso, mas afinal, revelou-lhe o segredo: Se me for rapada a cabeça, ir-se-á de mim a minha fortaleza, e eu desfalecerei e serei como os demais homens. Imediatamente ela o enganou e lhe cortou os cabelos, e viram os filisteus que a força dele havia desaparecido. Arrancaram-lhe os olhos e o colocaram no cárcere, onde o obrigaram a virar a mó de um moinho. Em dia de grande festa, ajuntaram-se os filisteus para imolarem solenes hóstias a seu deus Dagom, mandaram buscar a Sansão para lhes servir de escárnio. Tendo-o tirado do cárcere, os divertia e o fizeram estar em pé entre duas colunas. Já os seus cabelos lhe tinham começado a crescer. O grande templo estava cheio de gente e todos os príncipes, e umas três mil pessoas de ambos os sexos que do teto e do pavimento viam Sansão, este conhecia a estrutura do edifício por ter estado antes em Gaza, e pediu ao moço que o guiava que o deixasse tocar as colunas em que se sustinha a casa para encostar-se nelas e descansar um pouco. Ele, porém, invocando o Senhor, disse: "Senhor Deus, peço-te que te lembres de mim, e dá-me força só esta vez, ó Deus, para que me vingue dos filisteus, ao menos por um dos meus olhos", v. 28. Abraçando-se com as colunas em que a casa se sustinha, e sacudindo-as com a sua

grande força, a casa caiu sobre todos e os matou, *cf.* 16.1-31. Apesar dos defeitos de seu caráter, o seu nome aparece no Novo Testamento como um dos heróis da fé, Hb 11.32. Sansão possuía força sobrenatural, pela qual realizava grandes feitos, sempre que era assistido pelo Espírito de Deus, e não eram os cabelos a sua base. Estes eram, apenas, um testemunho de que ele estava em relacionamento com Deus e que Seu nome atuava. Consentindo no corte do cabelo, quebrou os votos de seu nazireado e Deus o abandonou. A maravilhosa força que de que era capacitado o deixou, e somente reapareceu quando Deus atendeu à sua oração. A extraordinária força de Sansão servia de prova aos homens de Judá de que ele tinha sido chamado por Deus para livrá-los de seus inimigos e, ao mesmo tempo, patentear aos filisteus a superioridade de um servo de Jeová. Term havido várias tentativas para enfeixar os feitos de Sansão. Ewald, dominado por uma das suas teorias, pensou ter descoberto um drama em cinco atos. De fato, a história desse nazireu narra cinco grupos de fatos. **1** Os que houve com relação à mulher de Timnate que ele amou, como: o esquartejamento do leão, a matança de 30 filisteus em Ascalom, a soltura das raposas levando fachos ardentes nas caudas para incendiar as searas dos filisteus, e o destroço que fez neles por causa de lhe terem queimado a esposa. **2** Os acontecimentos que ocorreram na cova do Rochedo de Etão, quando seus compatriotas pediram para entregá-lo nas mãos dos inimigos, de que ele se livrou, quebrando as cordas que o haviam prendido, a matança de mil filisteus com a queixada do jumento, e a oração pedindo água para saciar a sede. **3** A visita à cidade de Gaza, cujas portas arrancou. **4** Os amores com Dalila, de que resultou o rompimento dos sete tendões frescos, com os quais o havia ligado; o rompimento das cordas novas com as quais ela de novo o havia manietado, e que ele quebrou como

SANSÃO

se fossem os fios de uma teia. **5** O cego e cativo na cidade de Gaza, onde, abraçando-se às colunas, derrubou o templo de Dagom. Os pormenores referentes a cada um dos cinco grupos são em número de 12. O nome de Sansão pode ser interpretado como significando os "raios do sol". Roskoff, Steinthal e, outras mentalidades de igual valor, têm-se esforçado para encontrar ligação desses 12 fatos com os 12 trabalhos de Hércules, ou com os de Izdudar da Babilônia, ou com os do deus sol Samas. Hércules viajou em busca de aventuras, matou um leão, adormeceu, foi vendido como escravo e voluntariamente se imolou. Izdubar venceu o leão e rejeitou as seduções de Istar, deusa do amor. Hércules é um mito do sol. A história de Izdubar é a de um antigo rei de Ereque, embelezado pela lenda e trabalhado e um poema épico, Sansão não pode ser identificado, nem com o deus-sol nem com Ereque, pelas seguintes razões: 1) Os antigos hebreus dão conta de Sansão, existindo no tempo dos juízes, antes de Samuel e Saul. 2) A narração bíblica contém precisamente o lugar do nascimento de Sansão, os feitos por ele praticados e o local de sua sepultura. 3) A enumeração dos 12 feitos por ele realizados só tem valor para aqueles que pretendem identificá-lo com Hércules ou Izdubar, nem possui a importância que se lhe quer dar. O número 12 não é bem determinado. A oração que ele fez, pedindo água, não é feito de Sansão: é antes uma das crises de sua vida. A narrativa bíblica contém outros feitos não especialmente entre os 12 referidos na comparação com os mitos, Jz 13.25, de modo a entendermos que o escritor do livro não se preocupava com a narração de 12 fatos somente. 4) A força de que Sansão era dotado vinha-lhe de Deus, não sendo, portanto, inerente à natureza humana. Privado dela, quando Deus o abandonou, não quer dizer que não fosse um poder sobrenatural, além do que se pode obter vigor natural. Na maior parte dos feitos praticados por Sansão encontramos paralelos nos anais da história. Davi, sem o auxílio de instrumentos, matou um leão e um urso; Jônatas e seu escudeiro, Eleazar, e Samá e Abisai realizaram prodígios de valor iguais aos de Sansão; *cf.* 1 Sm 14.1-17; 2 Sm 23.9-12,18, e a história moderna apresenta outros paralelos. A natureza dos feitos, referentes ao deslocamento das portas de Gaza e à queda das colunas do templo de Dagom, não pode ser determinada, sem que tenhamos à mão informações exatas a respeito da estrutura particular dessas portas e da arquitetura do templo. Esses feitos não podiam ser senão super-humanos e miraculosos.

SANSERAI (*no hebraico, "heróico"*) – nome de um benjamita, filho de Jeroão, *cf.* 1 Cr 8.26.

SANTO – a palavra hebraica geralmente usada é *kadosh*, que significa "separado", "santo". No Novo Testamento, é representada pela palavra grega *hagios*. Emprega-se para designar as pessoas ou coisas destinadas ao uso sagrado, bem como os dias reservados a serviço religioso, Êx 20.8; 30.31; Lv 21.7; Nm 5.17; Ne 8.9; Zc 14.21, tudo que a lei cerimonial manda separar, Êx 22.31; Lv 20.26, a purificação da carne e do espírito, 2 Co 7.1; 1 Ts 4.7, inclusive a separação dos falsos deuses e de práticas pagãs, Lv 20.6, 7; 21.6. Em um sentido mais lato, Deus é santo porque é separado de todos os outros entes pelas suas infinitas perfeições, como, a sabedoria, o poder, a santidade, a justiça, a bondade e a verdade, cuja glória enche a terra, Is 6.3. Os mesmos santos anjos rendem preito à sua santidade, Ap 4.8; 16.5.

SAPATOS (veja *CALÇADO*).

SAQUE – pilhagem que se fazia em um distrito conquistado, arrebatando todos os objetos de valor, roupas, ouro, prata, gados, escravos etc., Gn 14.11,12,16; Nm 31.9,26-52; Js 7.21. Na conquista de Canaã, os israelitas tinham de tirar a vida a todo que respirava e destruir todos os ídolos e lugares de idolatria, porém, nas demais conquistas, se lhes ordenava a matança dos homens somente, podendo distribuir o despojo pelo exército, Nm 33.52; Dt 20.14-16. Em casos excepcionais, fazia-se o inventário das presas e as distribuíam pelo povo, exceto o que era destinado ao santuário, Nm 31.26-47; Js 6.19; 1 Sm 15.2,3. Davi fez uma lei para que fossem participantes dos despojos, não só os combatentes, como também os que guardavam a bagagem, 1 Sm 30.23-25 (veja *DESPOJO*).

SAQUIAS – nome de homem benjamita, filho de Saarim e Hodes, *cf.* 1 Cr 8.10.

SARA (*no hebraico é sarah, "princesa"*) – nome da mulher de Abraão, dez anos mais nova que ele. Casou-se em Ur dos caldeus, *cf.* Gn 11.28-31; 17.17. Era meia-irmã de Abraão, por ser filha de seu pai somente e não de sua mãe, 20.12. O nome primitivo de Sara era Sarai, querendo dizer "princesa". Quando Abraão saiu de Harã em demanda de Canaã, tinha Sarai cerca de 65 anos de idade, 12.4. Evidentemente, era mulher bem conservada; viveu 127 anos. Logo depois de sair de Harã, e prestes a entrar no Egito, Abraão temeu que sua beleza atraísse a atenção dos egípcios e que o matassem para se apoderarem dela. Recomendou-lhe, pois, que dissesse que era sua irmã, v. 10-20. Anos depois lançou mão do mesmo expediente na corte de Abimeleque, rei de Gerar, 20.1-18. Não se diz a razão pela qual ele fez isto; nem se sabe se Abimeleque se deixou influenciar pela beleza dela. É provável que o rei de Gerar pensasse em fazer aliança com o chefe hebreu, e com esse fito determinou tomar para si uma das mulheres da parentela de Abraão e a colocou no seu harém, como se fazia naquele tempo, quando se concluíam alianças. Sara tinha uma escrava de nome Hagar, mas nem por isso se dispensava dos trabalhos domésticos, 18.6. Não tinha filhos, e, abeirando-se dos 70 anos, chegou à conclusão de que a sua esterilidade viesse a comprometer a promessa que Deus fizera a Abraão, de que a sua descendência seria numerosíssima. Assim, pois, tomou sua escrava Hagar e a deu a seu marido para que tivesse filhos por meio dela. De Hagar nasceu Ismael, 16.1-16. Chegando Sara à idade de 89 anos, teve a promessa de dar à luz um filho, *cf.* Hb 11.11,12, e ao fim de um ano nasceu-lhe Isaque, o filho da promessa. Foi por ocasião de receber a promessa que Deus lhe mudou o nome de Sarai, para Sara, que quer dizer "princesa", *cf.* Gn 17.15-22; 18.9-15; 21.1-5. No dia em que desmamaram o menino, deu Abraão um grande banquete. Sara, vendo seu filho a brincar com o filho da escrava, disse a Abraão: Deita fora esta escrava com seu filho, porque o filho da escrava não será herdeiro com meu filho Isaque, v. 9-21. Sara morreu na cidade de Quiriate-Arba, que é em Hebrom, tendo 127 anos de idade, 23.1,2, e foi sepultada na caverna do campo de Macpela, que Abraão comprou para servir de jazigo à sua família.

SARAFE (*no hebraico, "ardente", ou "queimadura"*) – nome de um dos descendentes de Selá, filho de Judá, que por algum tempo exerceu domínio sobre Moabe, *cf.* 1 Cr 4.22.

SARAI – **1** Nome da mulher de Abraão, que teve seu nome mudado para Sara, *cf.* Gn 17.15. Originalmente seu nome significa "Jeová é príncipe" (veja *SARA*). **2** Nome de um dos filhos de Bani, induzido por Esdras a divorciar-se de sua mulher estrangeira, Ed 10.40. Esse nome no hebraico tem o significado de "livre", ou "Jeová é libertador".

SARAIVA – pequenos glóbulos de gelo formados pelas gotas de chuva existentes nas camadas frias da atmosfera. A saraiva, ou chuva de pedras, cai em todos os climas, frios, temperados e quentes e até mesmo nas latitudes tropicais onde a neve e o gelo não se encontram senão nas grandes altitudes. Nas regiões mais quentes, as pedras de gelo aumentam de volume, porque as gotas da chuva são maiores do que nos climas temperados. Em todas as regiões, duas ou mais pedras podem unir-se e produzir um volume irregular de gelo que se torna formidável durante a sua queda. Ocasionalmente há chuvas de pedras no Egito, Êx 9.22-25, entre os meses de dezembro e abril. Na Palestina, esse fenômeno é mais freqüente, Js 10.11; Ag 2.17. A área atingida por uma chuva de pedras, geralmente se limita a uma zona estreita e comprida; de modo que, de dois lugares unidos, um pode ser atingido, e outro não. Por essa razão a terra de Gósen nada sofreu enquanto que a região limítrofe do Egito, para o lado do ocidente, sofreu grandemente, Êx 9.26. Um exército que perseguia o seu inimigo, escapou de uma colossal chuva de pedras, enquanto que o exército inimigo que ia em fuga a sua frente, foi por ela aniquilado, Js 10.11.

SARAR (*no hebraico, "firme"*) – nome de um ararita, e pai de um dos valentes de Davi, *cf*. 2 Sm 23.33. Em *cf*. 1 Cr 11.34 tem o nome de *Sage*.

SARÇA – **1** Tradução da palavra hebraica *seneh* e do grego *batos*, "moita de espinhos", Lc 6.44, a sarça ardente que Moisés viu, onde Jeová falou, Êx 3.2,3; Dt 33.16; Mc 12.26. Tristram julga ser a *acácia vera* ou *nilótica*, espinheiro do Egito. Tem a aparência de uma árvore seca, com uns 4 m de altura, e adornada de flores brancas. Cresce na África, na península do Sinai e nas praias do mar Morto. Produz a goma arábica do comércio que ela segrega em forma líquida solidificada pela ação do ar. **2** Tradução de outra palavra hebraica *siah*, Jó 30.7; Gn 2.5, em que se lê "plantas"; arbusto bastante copado para oferecer ampla sombra, Gn 21.15. **3** Ainda outra palavra hebraica *nahalol*, Is 7.19, traduzida pastos, na V. B., *matos* em Figueiredo e *espinhos* em Almeida.

SARDES (*no grego é sardeis*) – nome de uma cidade que pertenceu aos meônios e que veio a ser capital da Lídia. Estava situada ao pé do monte Tmolo, e nas margens do rio Pactolos, tributário do rio Hermo. A maior parte da cidade ocupava uma planície pantanosa, mas a cidade ficava sobre um outeiro de uma região muito fértil. Um dos seus reis chamava-se Creso, famoso pelas suas imensas riquezas. No ano 546 a.C. foi tomada por Ciro, o Grande, que fez dela a sede de uma satrapia. O incêndio de Sardes pelos atenienses em 499 a.C. provocou a invasão da Grécia pelos persas, nos reinados de Dario e Xerxes. No ano 334 a.C., entregou-se a Alexandre, o Grande, depois da vitória de Granico. Em 214 a.C., Antíoco, o Grande, a tomou, e a perdeu depois de vigorosa resistência no ano 190 a.C. após a derrota que os romanos lhe infligiram em Magnésia. Fez parte do reino de Pérgamo, porém, no ano 129 a.C. organizada que foi a província da Ásia, a cidade de Sardes ficou dentro de seus limites. Havia nela uma colônia de judeus, Antig. 14.10,24. O livro de Apocalipse menciona a existência de uma igreja nessa cidade, Ap 1.11; 3.1,4. Sardes existe atualmente, é uma pequena cidade ao lado do grande sítio arqueológico deixado pela glória da antiga cidade. Há nas suas vizinhanças magníficas ruínas de um templo que parece pertencer ao período em que era a capital da Lídia, e bem assim as ruínas de um estádio, de um teatro e de igrejas. A cidadela está destruída em

SAREPTA

Sardes, templo de Artemis — Christian Computer Art

parte, talvez por causa de alguns dos terremotos muito freqüentes nessa região.

SÁRDIO – nome de uma qualidade de pedra preciosa a que os gregos chamavam *sardios* e *sardion*, Ap 4.3, de que se constituía o sexto fundamento do muro da Nova Jerusalém, 21.20. Havia duas espécies distintas pela cor e conhecidas pelo mesmo nome, uma de vermelho transparente a que se dá o nome de *cornalina*, e outra de um vermelho escuro a que chamam *sardônio*. Segundo Plínio, encontrava-se perto de Sardes, de onde lhe vem o nome, porém as de melhor qualidade vinham da Babilônia. As melhores cornalinas vêm atualmente da Índia. Também se encontram na Arábia, de onde as traziam os antigos hebreus. Sárdio é tradução da palavra hebraica *odem*, pedra preciosa de cor vermelha; uma das pedras da primeira fila do peitoral do juízo que o sumo sacerdote trazia ao peito, *cf*. Êx 28.17; e também uma das pedras com que se ornava o príncipe de Tiro, Ez 28.13. Uma nota marginal da versão inglesa diz rubim, mas a LXX traduz *odem* por *sardion*. O mesmo faz Josefo, Guerras 5.5,7, em um lugar, e em outros, traduz por *sárdio*, que é uma variedade de Calcedônia, Antig. 3.7,5.

SARDÔNIO (*no grego é sardónyks*) – no uso moderno é um tipo de pedra preciosa à semelhança da ágata, com camadas de diferentes cores, neste caso, marrom e branco. Mas o uso do termo na antiguidade fazia referência a uma pedra que possuía camadas de várias cores. Na visão de João, essa pedra adornava o quinto dos 12 fundamentos da Nova Jerusalém, *cf*. Ap 21.20 (veja SÁRDIO).

SAREPTA (*no hebraico é çarᵉpat, "fornalha de fundição", ou "lugar de fundição"*) – nome de uma cidade pertencente a Sidom, *cf*. 1 Rs 17.9; Lc 4.26; Antig. 8.13,2. Ali esteve Elias depois que secou o ribeiro de Querite. Confiando na palavra desse profeta em nome de Jeová, uma pobre viúva o abrigou em sua casa enquanto durou a fome. Em recompensa à sua fé, nunca faltou o

SAREPTA

azeite na botija, nem a farinha na panela, e recobrou o seu filho, que o profeta fez voltar à vida, *cf.* 1 Rs 17.8-24. Sarepta foi o limite demarcado aos israelitas pelo profeta Obadias, 20. Esse nome ainda perdura, sob a forma *Surafend*, aldeia situada sobre um monte perto do mar, cerca de 23 km ao norte de Tiro, e aproximadamente 13 km de Sidom. A antiga cidade estava bem à costa onde se encontram importantes ruínas, em uma extensão de cerca de 2 km.

SAREZER (*no hebraico é sar'eçer, "possa ele proteger o rei", o nome é uma forma abreviada do babilônico shar-uçur, "ele tem protegido o rei", está sempre associado ao nome de uma divindade pagã*) **1** Nome de um dos filhos de Senaqueribe. De parceria com seus irmãos, deu a morte ao pai, *cf.* 2 Rs 19.37; Is 37.38. **2** Nome de um homem, enviado ao sacerdote em Jerusalém pelos homens de Betel, para saber se deviam continuar a chorar, com jejum, o aniversário da destruição do Templo, *cf.* Zc 7.2. O termo "de Betel", pode significar, como defendem alguns estudiosos, parte de um nome comum babilônico *Bel-shar-uçur* (Belsazar).

SARGOM/SARGÃO (*do assírio sharru-ukin, "rei constituído", ou, mais literalmente [o deus] constituiu o reinado*) – nome de um dos reis da Assíria, mencionado por Isaías no cap. 20.1, sucessor do último Salmaneser. Talvez seja de sangue real. É opinião geral que ele usurpou o trono para si e tomou o nome de Sargom, que pertenceu a um antigo e famoso rei da Babilônia. Não se pode determinar se, apossando-se do trono, completou depois o cerco de Samaria, que Salmaneser havia começado, em 724 a.C., ou se apoderou do governo, depois da tomada da capital do reino de Israel. A narração bíblica não é clara sobre esse ponto, *cf.* 2 Rs 17.1-6. O escritor sagrado relata que Salmaneser veio contra Oséias e continua dizendo que o rei da Assíria descobriu que ele conspirava, e por isso o colocou na prisão; e que o rei da Assíria sitiou Samaria durante três anos e que a tomou no nono ano do reinado de Oséias. Enquanto não saiu à luz a notícia de que foi Sargom quem capturou Samaria, os leitores da narrativa hebraica pensavam que havia sido Salmaneser que a havia conquistado, porém essa inferência não tinha base, porque o escritor continua a falar do rei da Assíria, sem dizer quem era o conquistador da cidade, *cf.* v. 24,26,27. Não particulariza o nome do rei; quando, porém, se refere ao sítio de Samaria, menciona o nome de Salmaneser, dizendo que ele a sitiou e tomou, *cf.* 18.9,10. Samaria foi tomada nos últimos meses do ano de 722 a.C.; e no dia 12 de Tebete, décimo mês daquele ano, babilônios auxiliados pelos elamitas revoltaram-se, e Sargom viu-se por algum tempo impossibilitado de subjugá-los. No ano 720, os israelitas que ficaram em Samaria, aliados a homens de Hamate rebelaram-se, mas foram, igualmente, subjugados por Sargom, que colonizou Samaria com os cativos que trouxe de Hamate. No mesmo ano derrotou as forças aliadas de Hanum, rei de Gaza, e Sibé, conhecidos dos leitores da Bíblia pelo nome de Sô, na batalha de Ráfia. Sargom tomou Carquemis, capital dos heteus em 717 e com a conquista de sua capital, caiu o império heteu. Em 716, os seus exércitos tentaram guerra na Armênia que se prolongou até 715 e levaram as suas operações até a Média. Nesse ano, também as tribos árabes foram colonizar Samaria por sua ordem e recebeu tributos de Faraó, rei do Egito. Sargom se vangloriou de ter subjugado a terra de Judá. O tablete em que aparece a história dessa conquista foi inscrito antes de terminar o ano 714, a julgar pelo que nele se lê. A combinação das datas assírias e hebraicas aponta o fim do ano 715 ou princípios de 714, ano em que o rei Ezequias reconheceu a

SATANÁS

suserania da Assíria, pagando-lhe tributos. Merodaque-Baladã incitou os povos desde o Elã até o Mediterrâneo a se revoltarem contra a Assíria. Em 711, portanto, Sargom enviou tropas contra Azoto, e em 710 tomou Babilônia, assumindo o título de rei da Babilônia. Deu começo à edificação de uma nova cidade e de um grande palácio, 16 km a nordeste de Nínive e a chamou *Dur-sharrukin, Sargonsburg,* cujas ruínas têm o nome de *Khorsabad* (veja *NÍNIVE*). Ali fixou residência pelo ano 707. Morreu assassinado em 705. Reinou em seu lugar seu filho Senaqueribe.

SARIDE (*no hebraico, "refúgio", ou "sobrevivente"*) – nome de uma aldeia situada na frente sul da tribo de Zebulom, *cf.* Js 19.10-20. Conder, imitando a LXX e a versão Siríaca, escreve *Sadide* em vez de *Saride,* e com alguma incerteza diz que o antigo lugar dessa aldeia é *Tell-Shadud,* localizada na parte setentrional da planície de Esdraelom, cerca de 8 km a sudoeste de Nazaré.

SAROM (*no hebraico é sharôn, "planície"*) **1** Nome do território compreendido entre Jope e o Carmelo na costa do Mediterrâneo, e que chega até as montanhas de Samaria. Era uma região fértil, Is 35.2, mui própria para os rebanhos que ali pastavam, 1 Cr 27.29; Is 65.10, porém convertido em um deserto, quando devastado pelos inimigos, Is 33.9. Entre a variedade de flores que produzia, notavam-se em particular os lírios e as anêmonas (veja *ROSA, FLOR*). Na parte norte ficava a cidade de Lida, At 9.35. Contava cerca de 80 km de comprimento e 14,5 km de largura. Não era região rigorosamente plana, tinha ondulações graciosas, adornadas de grupos de carvalhos, e com excelentes pastagens, exceto nos lugares tomados por espinhos e abrolhos. **2** Nome de uma região pastoril ao oriente do Jordão, 1 Cr 5.16. Alguns estudiosos acreditam ser Siriom, uma terra de pastagens ao redor do monte Hermom, devido a uma corrupção na grafia. Há também a tentativa de associar o lugar com o platô de Gileade, localizado entre o Hesbom e o vale do Arnom, *cf.* Dt 3.6-10, mas essas conjecturas não podem ser conclusivas, o lugar permanece desconhecido.

SARONITA – assim foi chamado Sitrai, o homem encarregado de cuidar dos rebanhos do rei Davi, na planície de Sarom, *cf.* 1 Cr 27.29.

SARSEQUIM (*no hebraico, "chefe dos eunucos"*) – nome de um dos príncipes de Nabucodonosor que entraram em Jerusalém, Jr 39.3.

SARTÃ (veja *ZARETÃ*).

SARUÉM (*no hebraico, "habitação da graça"*) – nome de uma aldeia do território de Simeão, *cf.* Js 19.6, que parece ser a mesma *Saaraim,* mencionada em 1 Cr 4.31, e a *Silim* de Js 15.32. No passado, era identificada com a cidade fortificada, *Sherohan* ou *Sheruhan,* na estrada que vai do Egito a Gaza, a que com freqüência se referem os registros militares do reino dos Faraós, mas as escavações arqueológicas de Flinders Petrie, em 1928, têm feito os estudiosos identificar Saruém com *Tell el-Farah.*

SASAI (*no hebraico, "nobre" ou "pálido"*) – nome de um dos filhos de Bani, que se separou de sua mulher gentia, a conselho de Esdras, *cf.* Ed 10.40.

SASAQUE (*no hebraico, "assaltante" ou "corredor"*) – nome de um benjamita pai de 11 filhos, era filho de Elpaal, *cf.* 1 Cr 8.14,25.

SATANÁS (*no hebraico é satan, "adversário"*) – Diabo, *cf.* Mt 4.1, com v. 10,11;

SATANÁS

Mc 1.13. Adversário, Jó 1.6; Zc 3.1, assim chamado, porque, em virtude de suas disposições hostis, promove toda a espécie de impiedade, opondo-se a Deus e aos homens, Jó 2.3; Lc 22.3; *cf.* 1 Cr 21.1, e Sl 109.6, comprometendo a obra de Deus, Mc 4.15, induzindo os homens a pecar, Lc 22.3; At 5.3; 26.18, a separarem-se de Deus, Jó 2.5; Mt 4.9,10, e a rejeitarem o plano da salvação, Zc 3.1,2. De Satanás, procedem, em muitos casos, as doenças, a perda dos bens temporais e as violências, Jó 1.11-22; Lc 13.16. Contudo, ele somente age pelo consentimento divino e sob o governo de Deus, Jó 1.12; 2.5,6; Lc 22.32. Quando Deus lhe permite executar os seus desígnios perversos, é somente como instrumento para realizar os planos divinos. No caso de Jó, os vãos esforços de Satanás para induzir o patriarca a pecar resultaram na formação do caráter e o aperfeiçoamento da fé em Deus. O Novo Testamento nos ensina que Satanás é o deus deste mundo que tem acesso aos corações, Lc 22.3; At 5.3; 26.18; 2 Co 4.4; 2 Ts 2.9; Ap 12.9. Ele é o príncipe dos demônios, exercendo poder sobre os principados e potestades do mundo espiritual, Mt 12.24-26; Lc 11.18; Ap 12.7. Foi ele quem seduziu Adão e Eva no Paraíso, 2 Co 11.3; Ap 12.9. Eles, os nossos primeiros pais, deveriam conhecer bem esse fato, ao menos que a existência do diabo e das suas más obras se manifestaram objetivamente pela persuasão de um animal irracional. O espírito maligno, agindo por meio da serpente, procurou desmanchar a obra de Deus, de forma sobrenatural, emprestando a faculdade da palavra a um réptil, ou comunicando-se de tal maneira com o pensamento de Eva, de modo a induzi-la a crer que ouvia palavras articuladas. Essa doutrina está de acordo com outra a respeito do diabo, aceita pelas maiores autoridades, Sab. 2.24; Jo 8.44; Rm 16.20; 2 Co 11.3; Ap 12.9 (veja *SERPENTE*). Satanás produzia as possessões demoníacas, Mt 12.22-29;

Mc 3.22-27; Lc 11.14-23, aproximou-se de Jesus para tentá-lo, Mt 4.1-11, arrebata a Palavra de Deus lançada nos corações dos homens, ignorantes ou desatenciosos, Mc 4.15, entrou no coração de Judas para ele cometer seu grande crime, Lc 22.3; Jo 13.27, tomou parte na queda de Pedro, Lc 22.31. Foi pela tentação de Satanás que Ananias e Safira mentiram ao Espírito Santo, At 5.3. Foi Satanás quem impediu a ida do apóstolo Paulo a Tessalônica, *cf.* 1 Ts 2.18, tendo previamente enviado um dos seus anjos para esbofeteá-lo, 2 Co 12.7. Pérgamo, onde o fiel Antipas sofreu o martírio, era habitação de Satanás, Ap 2.13. As criaturas de corações não regenerados estão sob o poder de Satanás, At 26.18. A reunião daqueles que se afastam da fé e que transgridem as leis da boa moral constitui-se em sinagoga de Satanás, Ap 2.9; 3.9; *cf.* 1 Tm 5.15. Os que são excluídos da Igreja ficam entregues a Satanás, com o fim de produzir reforma de sua vida, e não para sua destruição, 1 Co 5.5; 1 Tm 1.20. Existem profundidades em Satanás que os cristãos inexperientes não podem sondar, Ap 2.24. Satanás é tão insidioso de modo a transformar-se em anjo de luz, 2 Co 11.14. Em muitos casos, ele surpreende os crentes, 2.11, porém o Deus de paz o esmaga debaixo dos pés deles, Rm 16.20. Satanás é o real agente das operações realizadas pelo homem do pecado, 2 Ts 2.1-12; virá, porém, o dia em que, depois de um triunfo temporário, Satanás será expulso da terra e precipitado no abismo, Ap 12.9; 20.1,2 (veja *DIABO*). Jesus Cristo chamou Pedro de Satanás quando ele quis contradizer a profecia a respeito de sua morte e ressurreição, servindo-lhe de escândalo, e por não compreender as coisas de Deus, Mt 16.23; Mc 8.33.

SÁTIRO (*no hebraico é sa'îr, "bode", "cabeludo"*) — nome de um deus rústico dos gregos e romanos, companheiro de *Baco*.

SAUDAÇÃO

A princípio representavam-no com longas orelhas pontiagudas, nariz chato e cauda de bode. Depois lhe acrescentaram, também, pernas de cabra. Conferiam-lhe uma natureza de sensualidade brutal. Sátiro é a tradução da palavra hebraica *Seir*, "bode", "cabeludo", designando os animais selvagens, ou demônios, que dançavam entre as ruínas da Babilônia, Is 13.21, e das cidades de Edom, 34.14. Em duas passagens denota objeto de culto idólatra, Lv 17.7; 2 Cr 11.15. Nesta última passagem faz-se referência a uns deuses semelhantes a novilhos, dá a entender que são parecidos a bodes. Em Isaías 13.21,22, esse nome está associado ao de animais, que podem ser a coruja ou algum dos fantasmas que aparecem a horas mortas. Na adaptação dos termos de Isaías ao livro do Apocalipse, emprega-se a palavra "demônio", citando a LXX, Ap 18.2. Por essa razão, os intérpretes discutem sobre se o profeta hebreu quer dizer cabras montesas, avestruzes, lobos, chacais, ou algum animal bravio, habitantes dos desertos, que passeiam por entre as ruínas, ou se ele introduz nas suas descrições poéticas elementos existentes na imaginação popular, alimentada pela crença nos demônios que apareciam de noite em forma de bodes.

SÁTRAPA (*do persa, khshathrapâvan por abreviatura, khshathrapa, "protetor da terra ou do reino"; em hebraico é 'ahashdrapᵉnim*) – título oficial do vice-rei que em favor do monarca persa exercia autoridade civil e militar em diversas províncias pequenas formando um só governo. Cada uma dessas províncias tinha o seu governador, Ed 3.12. Nos documentos históricos aramaicos, escritos depois da conquista persa, encontra-se esse título designando os altos funcionários do império babilônio, e do reino sob o governo de Dario, o medo, Dn 3.2; 6.1.

SAUDAÇÃO (*no grego é aspasmós*) – entre os hebreus, as saudações consistiam na expressão dos bons desejos pela felicidade das pessoas que se encontravam, ou ainda uma fórmula de solenes bênçãos. Destas, as mais conhecidas e freqüentes são: **1** "Deus te conceda graça, meu filho", Gn 43.29. "Bendita sejas tu do Senhor", Rt 3.10; 1 Sm 15.13. **2** "O Senhor te abençoe", Rt 2.4. **3** "Paz seja convosco", paz que significa bem-estar, Lc 24.36. Era esta a mais comum de todas as saudações, ainda em uso entre os judeus, a que respondiam: "A paz seja a ti". Se o momento permitia, empregava-se outra fórmula: "...tenha paz a tua casa, e tudo o que possuis tenha paz", 1 Sm 25.6; Lc 10.5. **4** "Salve", saudação comum no período grego, Mt 26.49; 27.29; 28.9; Lc 1.28. **5** "Viva o rei... para sempre", saudação que um súdito hebreu dirigia ao soberano, *cf.* 1 Rs 1.31, também usada na Babilônia e na Pérsia, Ne 2.3; Dn 2.4; 3.9; 5.10; 6.6,21. Por ocasião da partida, havia uma invocação de bênçãos para os que saíam, Gn 24.60; 28.1; 47.10; Js 22.6, eventualmente formulada nas palavras: "Vai-te em paz", 1 Sm 1.17; 20.42; 2 Sm 15.9; Mc 5.34; At 16.36. A réplica a um superior consistia em palavras de profunda humildade, como: "Ache a tua serva mercê diante de ti", 1 Sm 1.18. Abraão e Ló, levantando-se, prostram-se diante de seus visitantes, oferecendo-lhes hospitalidade, Gn 18.2; 19.1. Boaz trocava saudações com os segadores do seu trigo, Rt 2.4. Os viajantes que passavam pelos caminhos, saudavam os trabalhadores dos campos, Sl 129.8. Os membros da família trocavam saudações pela manhã e ao se encontrar depois de longa separação, Êx 4.27; Pv 27.14. Em muitos casos, recusavam as saudações entre indivíduos de diferente religião, *cf.* Mt 5.47, às vezes, havia razão para proceder assim, sempre que a saudação implicava solidariedade com o erro, ou desejo para a vitória de uma causa má, *cf.* 2 Jo 11. Para evitar demora, certos mensageiros não deveriam fazer saudações pelo caminho, 2 Rs

SAUDAÇÃO

4.29; Lc 10.4. A saudação reverencial não consistia apenas em uma leve curvatura de corpo, mas sim em profunda prostração; e em casos de pessoas de diferente categoria social, como entre Abigail e Davi, o cavaleiro descia do animal, ou deixava o seu coche e prostrava-se no chão, 1 Sm 25.23; 2 Rs 5.21. As cartas escritas na Palestina, antes da conquista do país pelos hebreus, e também no Egito, começavam pelas saudações, todas elas obedecendo a uma fórmula. Um filho, escrevendo a seu pai, diz: "Ao Dudu, meu senhor, meu pai, assim fala Aziru, teu filho e teu servo. Prostro-me aos pés de meu pai. Aos pés de meu pai pode haver paz". Um súdito, dirigindo-se ao rei do Egito, diz: "Ao rei meu senhor, meu deus, meu deus-sol, assim fala Ypahi, teu servo, pó dos teus pés. Aos pés do rei meu senhor, meu deus, meu deus-sol, sete vezes sete me prostro a teus pés". Um governador de um distrito, escrevendo aos seus iguais, diz: "Aos reis de Canaã, servos, meus irmãos, assim o rei". O rei faraó, escrevendo a um monarca seu vizinho, começa: "A Kallima-Sin, rei de Karduniyash, meu irmão, assim fala Nibnuariya (Amenofis III), o grande rei do Egito, teu irmão Jônatas, saudações", 1 Mac 10. 18. As saudações epistolares na Palestina, no período greco-romano, eram mais breves, mais diretas e com menores preocupações, começando pelo nome de quem escrevia. "O rei Alexandre a seu irmão Jônatas, saudações", 1 Mac 10.18. "O rei Demétrio à nação dos judeus, saúde", 1 Mac 10.25; At 15.23; 23.26; Tg 1.1. A carta terminava, na maioria dos casos, com uma saudação à moda dos latinos: "Deus seja convosco", "Bem vos vá". Ainda à imitação dos latinos, os hebreus ajuntavam uma oração pela paz, 2 Mac 1.1. As saudações que o apóstolo Paulo usava nas suas cartas são variadas, *cf*. Rm 1.1-7. Nas epístolas a Timóteo, deseja a seu filho na fé, graça, misericórdia e paz, mas a usual é: "... graça e paz", encerrando-as com saudações suas e de outros, *cf*. 1 Ts 1.1; 5.26-28.

SAUL (*no hebraico é sha'ûl, "pedido" – a Jeová*) **1** Nome de um rei de Edom, de Reobote, *cf*. Gn 36.37, junto ao Eufrates. **2** Nome de um filho de Simeão com uma mulher cananéia, *cf*. Gn 46.10; Êx 6.15; 1 Cr 1.48, e chefe de uma família tribal, Nm 26.13. **3** Nome de um levita da família de Coate, descendente de Coré, Abiasafe e Taate, *cf*. 1 Cr 6.24. **4** Nome do primeiro rei de Israel, *cf*. 1 Sm 8.1-24 (veja *SAUL, O REI DE ISRAEL*).

SAUL, O REI DE ISRAEL – nome do primeiro rei de Israel, filho de Quis, da tribo de Benjamim (veja *QUIS*). O profeta Samuel havia envelhecido. Seus filhos, em razão de seu mau procedimento, mostraram-se incapazes de continuar a obra governamental de seu pai. As nações vizinhas preparavam-se para embaraçar a vida política de Israel e oprimir o seu povo, 1 Sm 8.1,3,20; 12.12. Por esse motivo, os anciãos de Israel vieram ter com Samuel e lhe pedir mudança na forma de governo, dando-lhes um rei visível que governasse sobre eles, à semelhança das nações bem organizadas que estavam próximas, a fim de conduzi-los à vitória sobre os inimigos, 8.4,5,19,20. Visto que o futuro governo fosse a monarquia, presidida por um rei representante de Jeová, de acordo com o que havia sido anunciado desde remotos tempos, Gn 17.6-16; 35.11; Dt 17.14-20, todavia o espírito do povo, pedindo um rei, nessa crise social, era irreligioso. Perderam a confiança em Deus, sem a qual era impossível o governo de Jeová, como rei teocrático. Abandonavam a fé em um Deus invisível para depositarem confiança em um rei visível. Por instruções divinas, Samuel informou aos anciãos quais seriam os direitos do rei e as obrigações do povo para com ele. Como os anciãos insistissem no seu pedido, foram atendidos e saíram. Elevação de Saul ao trono. Nessa época, haviam perdido umas jumentas do pai de

SAUL, O REI DE ISRAEL

Saul e este saiu à procura. Saul era ainda jovem, talvez com 35 anos de idade; dos ombros para cima, era o mais alto dos homens de Israel. Passaram-se três dias sem que aparecessem as jumentas, e ele estava prestes a voltar para casa. Seus criados o aconselharam a fazer um último esforço. Algumas das pessoas a quem os servos tinham pedido informações, acerca das jumentas perdidas, talvez os informassem de que na cidade vizinha havia um homem de Deus que poderia dar-lhes notícias delas, e aconselharam Saul a ir ter com ele. Esse homem de Deus era o profeta Samuel, a quem Deus dissera que um homem de Benjamim o procuraria e que a esse ungisse como rei sobre Israel. Saul e sua família, moradores de Gibeá, conheciam Samuel só de nome, 1 Sm 10.1-16. Saul nunca se encontrara com ele antes e não sabia que Samuel era o homem de Deus de quem o povo falava. Referindo-se a ele, dizia: "o homem de Deus" e ao encontrar-se com ele às portas da cidade, não o conhecia como tal, 18.19. Samuel disse-lhe que as jumentas de seu pai já haviam aparecido e lhe participou que Deus o havia escolhido para ser rei sobre Israel, e que ia dar-lhe o lugar de honra na festa sacrifical que ia celebrar. Na manhã seguinte, quando o seu hóspede se despedia, o profeta tomou uma pequena redoma de óleo e a derramou sobre a cabeça de Saul, e o beijando disse: "Eis aqui te ungiu o Senhor por príncipe sobre a sua herança". Proibiu-lhe dizer o que havia sucedido com ele, ordenou-lhe que fosse para Gilgal e que se detivesse ali sete dias até que lá chegasse para oferecer sacrifícios e dar-lhe as precisas instruções, 9.20 até o cap. 10.16. Em breve, Samuel reuniu o povo em Mispá. A escolha pertencia a Deus. Lançaram sortes e a escolha caiu sobre Saul, porém, ele se ocultou. Quando o tiraram de seu esconderijo e surgiu por entre a multidão, mais alto que todo o povo dos ombros para cima,

o aclamaram com entusiasmo. Deus havia escolhido um homem de bela aparência a fim de atrair a admiração e ganhar a confiança de todo o povo; e ainda mais, um homem da tribo de Benjamim, situada entre Efraim e Judá de modo a agradar tanto às gentes do norte quanto às do sul. Samuel havia entregado a escolha ao Senhor a fim de conseguir o apoio dos homens piedosos para o novo rei. Grande séqüito de homens obedientes a Deus acompanhou Saul até sua casa. Havia, porém, certo número de homens de Belial que não se mostraram contentes. Saul se retirou à vista privada até que se dissolvesse a causa dessa oposição. Dedicou-se ao cultivo das terras de seu pai. Um mês depois desses acontecimentos, 10.27, os amonitas cercaram a cidade de Jabes de Gileade. A pedido dos sitiados, os amonitas concederam-lhes, por escárnio, sete dias de prazo para encontrarem quem os livrasse. Alguns dos emissários chegaram até Gebas trazendo a triste notícia e pedindo socorro. Saul soube isto quando voltava do campo. O Espírito do Senhor apoderou-se dele. Cheio de ardor, convidou as tribos a acompanhá-lo em auxílio de seus irmãos. Samuel foi também. Jabes foi salva. Por essa ocasião, o povo quis matar os que se recusavam reconhecer Saul como seu rei. O profeta levou Saul até Gilgal, lugar mais próximo, onde se ofereciam sacrifícios. Ali Saul foi investido nas funções reais e Samuel despojou-se do seu cargo de juiz, 11.1 até o cap. 12.25 (veja *SAMUEL, OS LIVROS DE*). Reinado de Saul. A idade que Saul começou a reinar é desconhecida. O texto hebraico de *cf.* 1 Sm 13.1 não tem adjetivo numeral. O número 30 que se encontra nessa passagem da tradução brasileira vem da LXX. A idade de 30 anos é mais que suficiente para habilitar um homem a assumir o comando militar. Saul organizou um exército permanente de três mil homens; dois mil deles estavam com ele em Micmás e em Betel,

SAUL, O REI DE ISRAEL

e mil ficaram com Jônatas em Gibeá, *cf.* 13.2. Jônatas derrotou uma guarnição de filisteus em Gibeá, *cf.* v. 3. Sabendo disso, os filisteus se apresentaram para a campanha. Compreendendo o perigo que os ameaçava acudiram ao chamado de Saul para se reunirem em Gilgal, *cf.* v. 3,4, para onde Samuel havia ido a fim de suplicar o favor divino, *cf.* v. 8,11,12; 10.8. Um exército inimigo penetrou em terras de Israel e se acampou em Micmás. Os israelitas tomaram-se de medo. Muito de propósito, Samuel demorou-se a chegar; o povo espalhou-se, abandonando o rei; os filisteus começaram a descer sobre as forças enfraquecidas de Saul, *cf.* 13.8,11,12. Tardando Samuel em vir, Saul adiantou-se a oferecer o sacrifício. Chegando o profeta, repreendeu Saul por haver transgredido a ordem divina, 10.8, e declarou-lhe que por causa de sua desobediência o seu reino não subsistiria para o futuro, 13.9-14. Samuel seguiu para Gibeá, a fim de estar perto do rei. Saul e Jônatas tomaram posição em Gibeá de Benjamim, e os filisteus acamparam-se em Micmás. Por um ato de bravura, Jônatas levou o pânico ao campo do inimigo. Saul, aproveitando-se desse sucesso, alcançou uma esplêndida vitória, 13.15 até o cap. 14.46. Depois disso, Samuel mandou que o rei fizesse guerra de extermínio aos amalequitas. Saul deu começo à guerra que terminou com a derrota completa do inimigo; porém, nos despojos que deveriam ser destruídos, o rei separou o melhor do gado para ser oferecido em sacrifício ao Senhor, em Gilgal, e também poupou a vida do rei. Por este segundo ato de desobediência demonstrou, mais uma vez, que não servia para executar as ordens divinas, antes a elas opunha a sua vontade, Deus o rejeitou para não ser mais rei de Israel, 15.1-35 (veja *SAMUEL, OS LIVROS DE*). O Senhor enviou Samuel a Belém para ungir rei a Davi, 16.1-13. O Espírito do Senhor apartou-se de Saul, o qual começou a ser ator-

mentado por um espírito maligno. Era preciso que um harpista alegrasse seu temperamento melancólico e, para esse fim, chamaram Davi, v. 14-23. As aclamações que o povo fez ao jovem filho de Jessé, ao voltar da vitória sobre o gigante Golias, de tal modo enciumaram o rei, que por vezes tentou matá-lo, cap. 17 a 30. Afinal, os filisteus invadiram o território israelita e acamparam em Suném, perto do vale de Jezreel. Saul, dispondo-se a dar combate ao inimigo, tomou posições no desfiladeiro do monte Gilboa. Alarmado por maus pressentimentos, sobre o resultado da guerra, dirigiu-se pela escuridão da noite à casa de uma pitonisa que morava em En-Dor, muito perto do acampamento dos filisteus, a qual tinha fama de evocar o espírito dos mortos, e por ela foi informado de que ele e seu filho iam morrer no dia seguinte em combate, 28.1-25. Chegou o dia, e a batalha começou. Os inumeráveis inimigos avançaram, com denodo, contra as linhas de Saul. Na refrega morreram os três filhos de Saul, inclusive, o abnegado e heróico Jônatas. O rei ficou gravemente ferido e pediu a seu escudeiro que o atravessasse com a sua espada. O jovem soldado declinou da responsabilidade desse ato. Saul atirou-se na ponta da espada e se matou. Os filisteus vitoriosos, encontrando os corpos estendidos no campo, cortaram a cabeça de Saul e o despojaram das armas e a enviaram por toda a terra dos filisteus, colocaram as armas de Saul no templo de Astarote e penduraram o seu corpo no muro de Betsã, com os corpos de seus filhos. Os homens de Jabes de Gileade, que Saul salvara no princípio de seu reinado, em testemunho de gratidão, atravessaram o rio durante a noite em direção à cidade, tiraram os cadáveres do rei e de seus filhos e voltaram para Jabes e ali os queimaram; e tomaram os seus ossos e os sepultaram no bosque de Jabes. Davi chorou a sorte do Ungido do Senhor e do amado Jônatas em sentidas estrofes, *cf.*

SAVÉ, VALE DE

v. 31; 2 Sm 1. A Escritura não menciona a duração do reinado de Saul, mas, segundo o apóstolo Paulo e o historiador Josefo, foi de 40 anos, At 13.21; Antig. 6.14,9. SAUL E A MULHER DE EN-DOR: O aparecimento do ancião coberto com uma capa, durante a entrevista de Saul com a mulher de En-Dor, *cf.* 1 Sm 28.3-19, tem sido explicado de três modos diferentes: 1) A personagem que subiu da terra tornou-se cúmplice com a mulher. Quando apareceu, a mulher soltou grande grito e disse a Saul: Por que me enganaste?. Tu és Saul. O grito que a mulher soltou fazia parte do seu embuste. Ela percebeu que o consulente era o rei, por causa da sua elevada estatura, pelo modo de trajar, pela sua linguagem e pelo cortejo de que era acompanhado. 2) Outra explicação é que o grito que a mulher soltou foi em razão do aparecimento de um espírito que ela não esperava ver, e que lhe causou grande espanto. Essa aparição, segundo a opinião de Lutero e de Calvino ou era o diabo, como o entendiam aqueles que atribuem a Satanás a antiga feitiçaria e as modernas manifestações do espiritualismo (veja *DEMÔNIO e DEMONÍACO*), ou era realmente o próprio Samuel que se manifestava como fizeram Moisés e Elias no monte da Transfiguração, 1 Cr 10.13; Ecclus, 46.20, e desse parecer é a maioria dos intérpretes evangélicos, desde o tempo da Reforma. Essas opiniões baseiam-se no fato de que a narração afirma que Samuel apareceu, 1 Sm 28.14,15,16,20, e que as palavras, por ele proferidas, cumpriram-se literalmente. A narração bíblica apenas dá conta do que ocorreu. É bom notar que essa mulher violava, com as suas práticas, a lei de Deus, com grave ofensa à religião de Jeová. Além de tudo, ela somente viu uma aparição que relata em termos vagos, dizendo: "Vi um homem ancião e esse coberto com uma capa". Tal descrição pode aplicar-se a qualquer pessoa idosa; Saul concluiu que Samuel realmente apareceu, o que também afirma a Escritura. As palavras proferidas por Samuel anunciam com segurança o futuro, como fazem os feiticeiros, quando dele tem conhecimento seguro. As predições foram todas cumpridas e nada do que tinha sido dito pelo profeta falhou. 3) Ainda uma terceira opinião diz: Se, realmente, Samuel apareceu, é o único fato que a Escritura menciona, isto é, que o espírito de um morto tenha voltado à terra para conversar com os homens, uma vez que o aparecimento de Moisés e Elias em conversa com Jesus não é análogo. Seria muito para estranhar que, tendo Deus se recusado a revelar-se a Saul por meio de sonhos, ou por meio de seus profetas, consentisse que o seu servo Samuel se manifestasse para uma entrevista formalmente proibida por Deus, e por meio de uma mulher cuja profissão era condenada pelas leis civis e religiosas, Êx 22.18; Lv 20.27; Dt 18.10-14; 1 Sm 28.3,9; 1 Cr 10.13. No entanto, foi exatamente nesse episódio que Saul recebeu a sua sentença.

SAULO (*nome que no hebraico é Saul, que do grego para o português ganhou a forma de Saulo, veja PAULO*).

SAUSA (*no hebraico é shausa, "nobreza", "esplendor"*) – nome de um dos secretários de Davi e de Salomão, 1 Cr 18.16; 1 Rs 4.3. Parece que é o mesmo Seraías, 2 Sm 8.17, e o Seva de 2 Sm 20.25.

SAVÉ, VALE DE (*no hebraico é shaweh, "planície"*) – nome de um vale, que depois se chamou vale do rei, perto de Salém, onde o rei de Sodoma saiu ao encontro de Abraão depois que este derrotou a Quedorlaomer, *cf.* Gn 14.17,18. Nesse vale, Absalão levantou uma coluna para perpetuar a sua memória, 2 Sm 18.18, que, segundo Josefo, se via a um quarto de milha distante de Jerusalém, Antig. 7.10,3.

SAVÉ-QUIRIATAIM

SAVÉ-QUIRIATAIM (*no hebraico, "planície de Quiriataim", ou seja "Planície das Cidades Gêmeas"*) – nome de uma planície destinada a Rúben. O lugar era habitado pelos emins, os gigantes da antiguidade, e outros povos que foram ali derrotados pelo rei Quedorlaomer, *cf.* Gn 14.5.

SEAL (*no hebraico, "súplica"*) – nome de um dos filhos de Bani que se separou de sua mulher estrangeira a conselho de Esdras, *cf.* Ed 10.29.

SEALTIEL (*no hebraico é sheꞏaltî'el, "eu roguei a El" ou "pedi a Deus"*) – nome de um dos filhos do rei Jeconias, *cf.* 1 Cr 3.17; Mt 1.12, e também de um filho de Neri, Lc 3.27. Foi pai de Zorobabel, *cf.* Ed 3.2 etc., e talvez seu tio, e até seu avô, 1 Cr 3.17-19. Explica-se do seguinte modo: conquanto não fosse filho de Jeconias, nem pai de Zorobabel, segundo a carne, contudo era sucessor legítimo de Jeconias com direito ao título de rei, e por sua morte, os direitos ao trono passavam para Zorobabel. É ele o laço de união da realeza entre Jeconias e Zorobabel (veja *ASSIR, ZOROBABEL e CRONOLOGIA*).

SEARIAS (*no hebraico, "Jeová decide"*) **1** Nome de um dos descendentes de Jônatas, *cf.* 1 Cr 8.38. **2** Nome de um benjamita, filho de Jeroão, *cf.* 1 Cr 8.26. Esse nome tem grafia diferente, por isso seu significado é "Jeová é a aurora" ou "Jeová brotou como a alva".

SEAR-JASUBE (*no hebraico é sheꞏar-yashub, "Um-Resto-Volverá"*) – nome de um filho de Isaías em que se incorpora uma profecia, *cf.* Is 7.3; *cf.* 10.21.

SEBA (*no hebraico, "sete", "juramento", esse termo tem grafia diferente em vários textos das Escrituras*) **1** Nome de um poço que os servos de Davi se abrigaram perto de Berseba e que Isaque denominou *Shibah* em lembrança do pacto, que havia feito com Abimeleque, Gn 26.33. **2** Nome de uma cidade simeonita também denominada Berseba, Js 19.2. Quanto a ela, dizem uns que existia onde atualmente se encontra a povoação *Tell es-Seba*, cerca de 5 km a este de Berseba; dizem outros que a palavra *Sheba* é corrupção de *Shema*, *cf.* na LXX com Js 15.26, e ainda outros são de parecer que, não relatado esse nome em 1 Cr 4.28, estabelece harmonia com o sumário que se encontra em Js 19.6, concluindo-se daí que a palavra *Sheba* é forma abreviada de *Beer-Sheba* ou introduzida no texto por efeito ditográfico. **3** Nome de um benjamita, filho de Bicri. Depois de fracassar a revolta de Absalão, e da adesão das dez tribos à causa de Davi, Seba tocou a trombeta convocando as tribos a renunciar à aliança com Davi. Seba estava sitiado em Abel de Bete-Maaca, onde perdeu a vida porque os habitantes da cidade lhe cortaram a cabeça e a entregaram a Joabe, lançando-a por cima do muro, 2 Sm 20.1-22. **4** Nome de um gadita, habitante de Gileade e de Basã, 1 Cr 5.13.

SEBÁ – nome de um povo, Gn 10.7, descendente de Cuxe ou Cusi, que habitou o sul da Arábia. O nome Sebá associa-se com Sabá, país do extremo sul, Sl 72.10, e com o Egito, com a Etiópia e com a África, para onde emigraram muitos cusitas, Is 43.3; 45.14. Josefo identifica Sebá com ilha Meroe, Antig. 2.10,2, situada entre o Nilo e o seu afluente Atbara. Tem cerca de 644 km de comprimento por 322 km de largura. Essa região não tem semelhante nome nos documentos do Egito. Os hebreus a conheciam com o nome de Cusi. Mais se parece com o país vizinho às margens do mar Vermelho, onde se encontra o porto Sabá e a cidade Sabai.

SEBANIAS (*no hebraico, "Jeová misericordioso"*) **1** Nome de um dos levitas, tocador de trombeta diante da arca, no tempo do rei Davi, 1 Cr 15.24. **2** Nome de um dos chefes de família, que havia entre os exilados, Ne 12.14, e que assinou o pacto de obediência a Deus, 10.4, em favor de sua casa. **3** Nome de um levita que assistiu à Festa dos Tabernáculos no tempo de Esdras, Ne 9.4,5, e que assinou o pacto representando sua casa, 10.10. **4** Nome de outro levita que também assinou o pacto, Ne 10.12.

SEBARIM (*no hebraico, "aberturas", "ruínas"*) **1** Nome de uma localidade perto de Ai, Js 7.5. Localização geográfica desconhecida.

SEBATE – nome do 11º. mês do ano hebraico, Zc 1.7 (veja *ANO*).

SEBE – uma espécie de cerca feita com diversidade de materiais. As vinhas eram cercadas para impedir os ladrões e os animais, o material usado poderia ser plantas espinhentas, diversos tipos de arbustos, ou pedras empilhadas umas sobre as outras sem qualquer tipo de argamassa, Jó 1.10; Pv 15.9; Os 2.6; Na 3.17.

SEBER (*no hebraico, "fratura", "brecha"*) – nome de um dos filhos de Coate com sua concubina Maaca, *cf.* 1 Cr 2.48.

SEBNA (*no hebraico, "ternura", "juventude"*) – nome do prefeito do templo no reinado de Ezequias, Is 22.15, homem de grande influência; parece que era estrangeiro e amigo de ostentações, 16,18. Como costumavam fazer as pessoas ricas, construiu para si um sepulcro, v. 16, sendo, por isso, repreendido pelo profeta que o chamou de desonra da casa de seu Senhor. Predisse ao mesmo tempo a queda de sua posição, e que Eliaquim ocuparia o seu lugar, v. 17-25. No ano 701 a.C., Eliaquim foi elevado à categoria de prefeito, enquanto que Sebna foi servir de secretário do rei Ezequias, 2 Rs 18.18-26,37; 19.2.

SEBUEL (*no hebraico, "prisioneiro de Deus"; alguns estudiosos preferem "Deus é renomado"*) **1** Nome de um dos filhos de Gérson e neto de Moisés, 1 Cr 23.16; 26.24. No cap. 24.20 tem o nome de *Subael*, com o mesmo significado. **2** Nome de um dos filhos de Hemã, no tempo do rei Davi, 1 Cr 25.4.

SECACÁ (*no hebraico, "cerca", "tapume"*) – nome de uma aldeia situada no deserto de Judá, Js 15.61. Estudiosos se inclinam à possibilidade de ser a moderna *Khirbet es-Samrah*. O lugar tem cerca de 33,5 mil metros quadrados, que inclui seus muros duplos, uma cisterna, açudes para águas pluviais serem colhidas, torre de pedras e uma casamata no lado oriental.

SECANIAS (*no hebraico, "Jeová habita"*) **1** Nome de um dos descendentes de Arão, cuja família tomou posição entre as principais do tempo de Davi, contada no 14º. grupo em que o rei dividiu a classe sacerdotal, 1 Cr 24.1,6,11. **2** Nome de um levita do tempo de Ezequias, 2 Cr 31.15. **3** Nome de um dos sacerdotes que voltaram do cativeiro com Zorobabel, *cf.* Ne 12.3,7. Na geração seguinte, aparece como chefe de uma família com o nome de Sebanias. **4** Nome do fundador de uma família e talvez descendente de Davi, mas não da linha de sucessão ao trono, *cf.* 1 Cr 3.21,22, porque o seu nome não figura com Zorobabel na lista da realeza. Talvez pertença à família cujos representantes voltaram da Babilônia com Esdras, *cf.* Esdras 8. O nome desse representante desapareceu do texto hebraico entre os nomes de Secanias. Hatus era neto de Secanias, *cf.* 1 Cr 3.22, mas isto não encontra apoio no texto de Ed 8.13, no hebraico e na LXX. **5** Nome de um dos filhos de Ezequiel e descendente de Zatu que regressou da Babilônia com Esdras,

SECANIAS

Ed 8.5; 8.32. **6** Nome de um dos filhos de Jeiel dos filhos de Elão. Confessou-se culpado de haver tomado mulher estrangeira e prometeu lançá-la fora, Ed 10.2,3. **7** Nome do pai de Semaías, guarda da porta do oriente no tempo de Neemias e talvez um dos levitas, Ne 3.29. **8** Nome do sogro de Tobias e filho de Ará, Ne 6.18.

SECU (*no hebraico, "ponto de aviso", "torre de vigia"*) **–** nome de uma aldeia, perto de Ramá, cidade de Samuel, 1 Sm 19.22, provavelmente em direção a Gibeá. Conder acha provável que estivesse situada onde atualmente se encontra a moderna *Khirbet Shuweikeh*, cerca de 5 km a noroeste de Ramá.

SECUNDO (*no latim, "segundo"*) **–** nome de um homem de Tessalônica que acompanhou o apóstolo Paulo da Macedônia à Ásia Menor, At 20.4.

SEDA (*no hebraico é meshî*) **–** fio muito delgado produzido por várias espécies de lagartas e do qual se fabricam lindos tecidos. A seda apareceu nos mercados do oriente logo depois da conquista de Alexandre, o Grande. Os gregos a conheciam pelo nome de *serikon*, derivado de *Sers*, povo da Índia, lugar de sua procedência. Era objeto muito apreciado como artigo de comércio, Ap 18.12, e se empregava no fabrico das vestes dos imperadores romanos, Guerras 7.5,4. No tempo do imperador Aureliano, 270-275 d.C., compravam-se os tecidos de seda pura a peso de ouro. As roupas bordadas de que fala, Ez 16.10,13, feitas de *meshi*, segundo entendiam os intérpretes rabínicos, eram de seda. Esse profeta conheceu o tecido em Babilônia. A palavra original usada em Am 3.12 se refere, sem dúvida, a um tecido geralmente denominado "damasco".

SEDEUR (*no hebraico, "emissão de luz", ou "fonte de luz"*) **–** nome do pai de Elizur,

e chefe da tribo de Rúben, quando Israel vagueava no deserto do Sinai, Nm 1.5; 2.10.

SEERÁ (*no hebraico, "parenta"*) **–** nome de uma filha de Efraim ou talvez de seu filho Berias. Esta, ou seus descendentes, reedificou a alta e a baixa Bete-Orom, e Uzém-Seerá, *cf.* 1 Cr 7.24. É provável que se tivesse casado com Bequer de quem se originou a família tribal dos bequeritas.

SEFÃ (*no hebraico, "frutífera"*) **–** nome de um lugar no limite setentrional de Canaã, e perto de Ribla, Nm 34.10,11. Localização geográfica desconhecida.

SEFAR (*no hebraico, "numeração", "contagem"*) **–** nome de um lugar que assinalava o limite do território ocupado pelos descendentes de Joctã, Gn 10.30, situado talvez ao sul da Arábia. A despeito de não ser igual à primeira letra desse nome, geralmente o identificam com *Zafar*, que começa pela letra árabe apical *za* (*tethe*). Havia dois lugares com o mesmo nome: um era o porto de mar em *Hadramaut*, perto da montanha do incenso, o outro era ao sul do Iêmen, capital dos reis himiaritas.

SEFARADE **–** nome de um lugar para onde seria levado cativo o povo de Jerusalém, Ob 20. A localização onde existiu é desconhecida. Alguns têm dito que talvez seja *Sparda*, nome de um distrito mencionado em inscrições persas, com Jônia, Armênia de Capadócia, e que parece a mesma *Sárdis* da Ásia Menor. Encontra-se esse nome em inscrições assírias do tempo de Esar-Hadom, 680-668 a.C. (*Expository Times*, 13.308). Talvez esteja próximo da verdade identificá-lo com *Saparda*, lugar para onde Sargom, depois de subjugar Judá, como se jacta de ter feito, transportou os israelitas para as cidades da Média, entre cujos nomes se encontra o distrito *Saparda* situado a sudoeste, 2 Rs 17.6.

SEFARVAIM (*no hebraico é sefarwayim, talvez signifique "siparas gêmeas"*) – nome de um lugar de onde os assírios trouxeram colonos para Samaria, 2 Rs 17.24,31, talvez a mesma cidade mencionada no cap. 18.34 e 19.13. Na margem oriental do Eufrates, acima da Babilônia, e muito perto da Mesopotâmia, existiu a famosa cidade de Sipar, lugar de adoração do deus-sol, e por isso denominada *Sipar de Shamash*. Mas Anunite, esposa do deus firmamento, recebia culto na mesma cidade, segundo parece, em um lugar que também denominavam *Sipar de Anunite*. A dualidade de nomes explica, suficientemente, o nome hebreu que é dual na forma, equivalente a cidades gêmeas de Sipara. Atualmente tem o nome de *Abu Habba*.

SEFARVITAS – nome dos habitantes de Sefarvaim, 2 Rs 17.31.

SEFATIAS (*no hebraico, "Jeová é juiz", "Jeová tem julgado"*) **1** Nome de um harufita, um dos benjamitas que se reuniram a Davi em Ziclague, *cf.* 1 Cr 12.5. **2** Nome de um dos filhos de Davi que lhe nasceu em Hebrom, de sua mulher Abital 2 Sm 3.4; *cf.* 1 Cr 3.3. **3** Nome de um dos filhos de Maaca, e chefe da tribo de Simeão no tempo de Davi, *cf.* 1 Cr 27.16. **4** Nome do pai de um benjamita que habitou em Jerusalém, *cf.* 1 Cr 9.8. **5** Nome de um dos filhos do rei Jeosafá, *cf.* 2 Cr 21.2. **6** Nome de um príncipe, filho de Matã, e um daqueles que aconselharam o rei Zedequias a matar o profeta Jeremias por causa das suas desanimadoras palavras sobre a defesa de Jerusalém, durante o sítio de Nabucodonosor, *cf.* Jr 38.1. 7 Nome do fundador de uma família de cujos membros 372 voltaram do cativeiro com Zorobabel, Ed 2.4; Ne 7.9, e mais 80 que vieram com Esdras, Ed 8.8. **8** Nome de um homem de Judá, da família de Perez, que viveu antes do exílio, Ne 11.4. **9** Nome de um homem

cujos descendentes vieram da Babilônia com Zorobabel, Ed 2.57; Ne 7.59.

SEFELÁ (*no hebraico é sh^{e}felah, "o baixo", i.e., "terra baixa"*) – nome de uma região que originalmente pertenceu à tribo de Dã. Trata-se de uma cadeia de colinas de pedra calcária no pé da cadeia de montanhas de Judá. Colinas que são características na geografia da Palestina. O termo tem sido traduzido por vale, planícies e campinas, em várias versões, *cf.* Dt 1.7; Js 9.1; 10.40; 11.2; 16.15,33; 1 Cr 27.28; 2 Cr 28.18, embora a palavra *Sefelá* só apareça em 1 Mac 12.38. As traduções mais recentes estão apenas transliterando o termo hebraico para evitar erros.

SÉFER (*no hebraico, "beleza", "elegância"*) – nome de um monte, entre Queelata e Harada, em frente ao qual os israelitas acamparam no deserto, Nm 33.23,24.

SEFÔ (*no hebraico, "despreocupado", ou "lisura"*) – nome de um dos filhos de Sobal, ou natural da tribo que tem esse nome, descendente de Seir, o horeu, *cf.* Gn 36.23.

SEFUFÁ – nome de um descendente de Benjamim, *cf.* 1 Cr 8.5.

SEGA (*no grego é therízo, "segar", sempre relacionado à agricultura*) – período de colheita de grãos e frutos em Israel. Essas ocasiões eram sempre especiais, marcadas com festas, celebrações e culto, Lv 19.9; Rt 2.9; Jó 4.8; Pv 22.8; Mt 6.26; 25.24 etc. Algumas colheitas são descritas mais especificamente nas Escrituras, e existem colheitas que estão relacionadas com o período de festa santa em Israel: a) O início da festa da Páscoa coincidia com o começo da colheita da cevada, Lv 23.9-14; 2 Sm 21.9; Rt 2.23. b) A colheita do trigo tem seu início no final da colheita da cevada,

SEGA

Gn 30.14; Êx 34.22. No tempo de Rute, essa colheita durava sete semanas, Rt 2.23. c) Azeitonas e outros frutos eram colhidos no mês de novembro, Dt 24.20. d) Figos, uvas e outros frutos de verão tinham suas colheitas entre agosto e setembro, uma vez que novembro já é inverno na Palestina.

SEGUBE (*no hebraico é segûb, "exaltado"*) **1** Nome do filho mais moço de Hiel. Morreu quando seu pai levantava as portas de Jericó, 1 Rs 16.34, cumprindo-se assim a maldição lançada por Josué, Js 6.26. **2** Nome de um dos filhos de Hebrom com a filha de Maquir, *cf.* 1 Cr 2.21,22.

SEGUNDA – tradição da palavra hebraica *mishneh*, que se refere a um lugar de Jerusalém, a segunda parte, ou o segundo quarteirão, *cf.* 2 Rs 22.14; 2 Cr 34.22, da cidade baixa de Jerusalém.

SEIR (*no hebraico é se'îr, "cabeludo", "áspero"*) **1** Nome de um país e de seus habitantes. Seir designava uma cordilheira da terra de Edom, Gn 36.21; Nm 24.18; Ez 35.15. Os primitivos habitantes dessas montanhas eram os horeus, ou habitantes das cavernas, *cf.* Gn 14.6. Em Gn 36.20, a população primitiva é personificada em um indivíduo, e as tribos que dela procedem têm o nome de filhos (veja *EGITO, Mizraim*), *cf.* Gn 10.6,13. Emprega-se também o nome Seir representando um povo, Ez 25.8. Esaú habitou em Seir, Gn 32.3, e os seus descendentes expulsaram de lá os horitas, 1 Sm 14.48; 15.7; 2 Sm 8.12, e se refugiaram nessas montanhas, sendo finalmente destruídos pelos simeonitas, 1 Cr 4.42,43. **2** Nome de uma cordilheira nos limites de Judá, a oeste de Jarim, Js 15.10. Parece ser o lugar onde se localiza a aldeia de Saris.

SEIRÁ (*no hebraico, "animal peludo", "cabra". Aplicado a um lugar, quer dizer "coberto de árvores"*) – nome de uma localidade do monte de Efraim, talvez na parte sudeste onde se refugiou Eúde, depois que matou a Eglom, rei de Moabe, Jz 3.26.

SEITA (veja *HERESIA*).

SELÁ (*no hebraico, "elevar", "elevação"*) – palavra que se encontra 71 vezes nos salmos e também em Hc 3.9,13. Stainer oferece seis opiniões distintas quanto ao sentido: 1) pausa; 2) repetição semelhante à da capo; 3) final de uma estrofe; 4) toque com força (*fortíssimo*); 5) curvatura do corpo em sinal de obediência; e 6) repetição da sinfonia (*ritornello*). Provavelmente significa uma pausa da orquestra ou mudança de *piano* para *forte*.

SELEDE (*no hebraico, "exultação"*) – nome de um homem de Judá da família de Jerameel, 1 Cr 2.20.

SELEFE (*no hebraico, "extração"*) – povo semítico descendente de Joctã, Gn 10.26; 1 Cr 1.20, provavelmente, habitava o sul da Arábia. Esse nome é muito comum no Iêmen.

SELEMIAS (*no hebraico, "Jeová tem recompensado", ou "Jeová tem restaurado"*) **1** Nome de um porteiro do santuário no tempo de Davi, 1 Cr 26.14. **2** Nome de um dos filhos de Cusi, *cf.* Jr 36.14. **3** Nome de um dos filhos de Abdeel, *cf.* Jr 36.26. **4** Nome do filho de Hananias, *cf.* Jr 37.13. **5** Nome do pai de Jucal, *cf.* Jr 38.1. **6** Nome de um homem induzido por Esdras a abandonar sua mulher estrangeira Ed 10.39. **7** Nome de outro homem que foi induzido por Esdras a abandonar sua mulher estrangeira, Ed 10.41. **8** Nome do pai daquele Hananias que ajudou a reedificar o muro de Jerusalém, Ne 3.30. **9** Nome de um sacerdote que Neemias nomeou como intendente dos celeiros destinados aos levitas, Ne 13.13.

SEM

SELES (*no hebraico, "trio", ou "poderoso"*) – nome de um aserita, filho de Helém, 1 Cr 7.35.

SELÊUCIA (*no grego é seleukía, "concernente a Seleuco"*) – nome de uma cidade situada na costa da Síria, 1 Mac 11.8, ao norte da foz do Orontes. Foi construída por Seleuco Nicanor no lugar de uma antiga cidade. Servia de porto de mar à cidade de Antioquia, que ficava 32 km rio acima. Pompeu concedeu-lhe os foros de cidade livre. Paulo e Barnabé, estando ali, navegaram até Chipre, At 13.4. Existem no porto de *es-Suweidiyel*, cerca de 6,5 km para o sul, dois molhes denominados Paulo e Barnabé.

SELEUCO (*no grego é seléukos*) – nome de um dos reis da Síria, 1 Mac 7.1; 2 Mac 3.3, denominado Filopater, filho e sucessor de Antíoco, o Grande; reinou desde 187 a 175 a.C. Foi assassinado por Heliodoro, um dos seus cortesãos. Antíoco Epifanes subiu ao trono em seu lugar (veja *ANTÍOCO*). Tomou parte na desastrosa batalha de Magnésia. Procurou engrandecer o reino; entrou em relações conciliatórias com os judeus, apesar de dizerem que tentou saquear o templo, 2 Mac 3.4-40, talvez com o fim de auxiliá-lo a satisfazer o enorme tributo que foi compelido a pagar aos romanos.

SELO (veja *SINETE*).

SELOMI (*no hebraico, "pacífico", ou "Jeová é paz"*) – nome do pai de Aiúde, príncipe da tribo de Aser, no final da peregrinação pelo deserto, Nm 34.27.

SELOMITE (*no hebraico, "pacífico", "perfeito", "completo"*) **1** Nome de uma mulher da tribo de Dã, filha de Dibri e mãe do israelita que foi morto no deserto por ter blasfemado o nome do Senhor, *cf.* Lv 24.11. **2** Nome de um levita da família de Coate da casa de Jizar *cf.* 1 Cr 23.18; 24.22. **3** Nome de um descendente de Moisés por via de Eliezer. Ele e seus irmãos foram nomeados por Davi para superintender os tesouros, *cf.* 1 Cr 26.25,26. **4** Nome de um filho ou filha de Reoboão com sua esposa Maaca, *cf.* 2 Cr 11.20. **5** Nome de um gersonita, filho de Simei, *cf.* 1 Cr 23.9. **6** Nome de um dos filhos de Josifias, Ed 8.10. O texto hebraico não diz assim. A LXX dá esse nome a um membro da família de Bani, nos seguintes termos: "Dos filhos de Bani, Selemote, filho de Josifias". **7** Nome de uma filha de Zorobabel, *cf.* 1 Cr 3.19. **8** Um levita gersonita, filho de Simei, 1 Cr 23.9.

SELUMIEL (*no hebraico, "amigo de Deus", ou "Deus é minha paz"*) – nome de um príncipe da tribo de Simeão, logo no começo da peregrinação pelo deserto, Nm 1.6; 2.12; 7.36; 10.19.

SEM – 1 Nome de um filho de Noé, talvez o primogênito, Gn 10.1,21; *cf.* 9.22-24; 5.32. Para a explicação do cap. 11.10, (veja *CRONOLOGIA*), *na seção o período desde a Criação até Abraão*. Sem e seus descendentes figuram no final do cap. 10, de acordo com o sistema do autor, de começar as genealogias pelos nomes subordinados, deixando para o fim a linha principal do povo de Deus. Sem nasceu no ano 500 da vida de Noé. Por ocasião do Dilúvio, já era casado, mas ainda não tinha filhos, Gn 7.7; 1 Pe 3.20. Depois da grande catástrofe revelou profundo respeito pelo seu velho pai, quando o irmão mais moço praticou um ato reprovável para com o seu progenitor. Por esse motivo Sem recebeu uma bênção, em termos tais que lhe garantiam graças divinas, para que o culto do verdadeiro Deus se perpetuasse na sua família, Gn 9.23,27. Os filhos de Sem foram: Elão, Assur, Arfaxade, Lude e Arã, Gn 10.21,22. **2** Nome de um pequeno lugar, ao lado da Pedra do Socorro, que Samuel levantou e chamou *Ebenézer*,

1131

SEM

cf. 1 Sm 7.12. O texto não parece exato. As versões grega e siríaca registram *Jesaná*.

SEMA (*no hebraico, "rumor", "fama"*) **1** Nome de uma cidade do extremo sul de Judá, Js 15.26. **2** Nome de um dos filhos de Hebrom, pertencente à tribo de Judá, 1 Cr 2.43,44. **3** Nome de um rubenita, filho de Joel, 1 Cr 5.8; *cf.* v. 4. **4** Nome de um benjamita chefe de uma família em Aijalom, 1 Cr 8.13. No versículo 21 tem o nome de *Simei*. **5** Nome de um dos homens que estavam junto de Esdras, quando fazia a leitura da lei diante do povo, Ne 8.4.

SEMAÁ (*no hebraico, "fama"*) – nome de um benjamita que se reuniu a Davi em Ziclague, *cf.* 1 Cr 12.3.

SEMAÍAS (*no hebraico é shᵉma'yah, shᵉma'yahû, "Jeová ouviu"*) **1** Nome de um profeta de Deus, do tempo de Reoboão, que proibiu a esse rei tentar conquistar as dez tribos revoltadas *cf.* 1 Rs 12.22-24; 2 Cr 11.2-4. Cinco anos depois Sisaque invadiu o país. Segundo declaração do profeta, a invasão foi permitida por Deus, como punição dos pecados do povo. À vista disto, o príncipe humilhou-se, e Deus atenuou o castigo, 2 Cr 12.5-8. As ações de Reoboão foram escritas no livro do profeta Semaías, v. 15. **2** Nome de um dos filhos de Joel, da tribo de Rúben, *cf.* 1 Cr 5.4. **3** Nome de um levita, príncipe dos filhos de Elisafã que fez parte dos 200 que acompanharam a arca quando saiu da casa de Obede-Edom para o monte Sião, *cf.* 1 Cr 15.8-11. **4** Nome de um levita, filho de Natanael. Foi escriba no tempo de Davi e tomou nota das 24 divisões dos sacerdotes, *cf.* 1 Cr 24.6. **5** Nome do filho mais velho de Obede-Edom, *cf.* 1 Cr 26.4. Teve vários filhos valentes, que, com ele, serviram de porteiros do Tabernáculo, *cf.* 1 Cr 26.6-8. **6** Nome de um simeonita, *cf.* 1 Cr 4.37. **7** Nome de um dos levitas enviados por Jeosafá para ensinar o povo, 2 Cr 17.8. **8** Nome de um levita descendente de Jedutum. Ajudou na purificação do templo no reinado de Ezequias, 2 Cr 29.14,15. Talvez seja o mesmo levita, mencionado em *cf.* 1 Cr 9.16, e a mesma pessoa com o nome de *Samua*, referida em Ne 11.17. **9** Nome de um levita no tempo de Ezequias encarregado, em companhia de outros, da distribuição dos dons destinados aos levitas, 2 Cr 31.15. **10** Nome de um dos chefes dos levitas, encarregado de prover o necessário para a festa da Páscoa. Ele com mais alguns de seus irmãos deram aos levitas, para o mesmo fim, cinco mil reses miúdas e 500 bois, 2 Cr 35.9. **11** Nome do pai de Urias de Quiriate-Jearim, que foi morto por ordem do rei Jeoiaquim, por haver anunciado os castigos que viriam sobre Jerusalém e sobre o povo, Jr 26.20-23. **12** Nome do pai de Delaías que foi príncipe no reinado de Jeoiaquim, Jr 36.12. **13** Nome de um neelamita, falso profeta entre os exilados na Babilônia, que profetizou próximo regresso à pátria. Escreveu cartas a todo o povo de Jerusalém e ao sacerdote que cuidava do templo, queixando-se de não terem repreendido Jeremias por anunciar que o cativeiro da Babilônia seria longo. Quando Jeremias soube disso, profetizou que Semaías não deixaria varão que se assentasse no meio do povo e não viveria para contemplar a volta do cativeiro, Jr 29.24-32. **14** Nome de um dos principais dentre os sacerdotes que vieram da Babilônia com Zorobabel, Ne 12.6,7. Na geração encontra-se um chefe de família com igual nome, v. 18. **15** Nome de um dos filhos de Adonicão e um dos chefes das famílias que vierem do cativeiro com Esdras, para a terra de Canaã, Ed 8.13. **16** Nome de um dos chefes enviados por Esdras a Ido para obterem ministros para a casa de Deus dos quais havia falta entre os que haviam deixado a terra do cativeiro, Ed 8.16. **17** e **18** Nomes de dois homens, um deles filhos de Haarim e outro, filho de Erém, aos quais Esdras induziu a se separarem de suas mulheres estrangeiras, Ed 10.21,31. **19** Nome de um dos filhos de Secanias, 1 Cr 3.22. **20** Nome de um guarda da porta do oriente, que talvez seja levita, que reparou uma parte do muro de Jerusalém no tempo de Neemias, Ne 3.29. **21** Nome de um levita, descendente de Buni, superintendente das obras do templo, nos dias de Neemias, Ne 11.15. **22** Nome de um falso profeta, filho de Delaías, filho de Meetabel, a quem Tobias e Sambalá haviam alugado para intimidar Neemias, aconselhando-o esconder-se no templo a portas fechadas para escapar à morte, *cf*. Ne 6.10-13. **23** Nome de um sacerdote que assinou o pacto com Neemias, *cf*. Ne 10.8. **24** Nome de um príncipe de Judá que participou da festa da dedicação do muro de Jerusalém, *cf*. Ne 12.34. **25** Nome de um levita da linhagem de Asafe, *cf*. Ne 12.35. **26** Nome de um que fez parte do corpo coral, quando se inaugurou o muro de Jerusalém, *cf*. Ne 12.36. **27** Nome de um sacerdote que tocou a trombeta na ocasião mencionada anteriormente, *cf*. Ne 12.42.

SEMANA – a Escritura dá-nos conta da divisão do tempo em períodos de sete dias, em conexão com a instituição do sábado, Gn 2.1-3. Segundo as narrativas, tanto hebraicas quanto babilônicas, era assim que se fazia nos dias de Noé, 7.4-10; 8.10,12. A lenda babilônica de Adapa, conhecida de todos, 15 séculos, ou mais, antes de Cristo, menciona que o vento deixou de soprar durante sete dias. Há motivos para se acreditar que a referência a esse fenômeno de Izdubar durou seis dias e sete noites. Desse modo contavam eles o período semanal. Gudea, príncipe de Lagash, comemorou a conclusão de um templo com uma festa que durou sete dias. Igual número de dias durava uma festa de núpcias na Síria, no tempo de Labão e de Jacó, Gn 29.27,28. O mesmo costume prevalecia entre os filisteus nos dias de Sansão, Jz 14.12,17. As cerimônias fúnebres, como a de Jacó e de outros, duraram sete dias, Gn 50.10; 1 Sm 31.13. As semanas entravam constantemente em todos os arranjos da lei cerimonial, Êx 12.15; 13.6,7; 22.30; 29.30,35,37; Lv 12.2; 13.5; 14.8 etc. Na maior parte desses casos, não existia um dia fixo para se contar o primeiro dia da semana. A semana das festas nupciais, por exemplo, começava no dia do casamento, qualquer que fosse a data em que era celebrado. Em todos esses numerosos exemplos, observa-se que o período de sete dias era tomado como padrão; é digno de nota que os períodos são consecutivos na narrativa do Dilúvio (veja *DILÚVIO*), como também serviu mais tarde para determinar a data de Pentecostes. Para saber a origem da semana, (veja o artigo *SÁBADO*). Os antigos hebreus não davam nome algum aos dias da semana, a não ser ao sétimo que eles denominavam sábado. Contavam os dias de festa. O historiador babilônio enumera cada um dos sete dias durante os quais a arca esteve detida. No período do Novo Testamento, os hebreus designavam os dias da semana por meio de números, Mt 28.1; At 20.7. Chamavam da preparação o dia anterior ao sétimo, Mc 15.42. A semana com os nomes dos dias de que ela se compunha entrou em uso no império romano, em um período comparativamente tardio. Os antigos romanos tinham uma semana de oito dias. Os gregos dividiam o mês em três períodos. Os egípcios, já no tempo das pirâmides, tinham períodos de dez dias, cada um dos quais começava, quando surgia no horizonte uma das 36 constelações sucessivas. Dio Cássio, escritor do segundo século da era cristã, fala de uma divisão hebdomadária da época, adotada universalmente no império romano, à semelhança dos egípcios, baseada em cálculos astrológicos. Dos dois sistemas referidos, um ou outro dos quais ele considera que são os nomes dos

SEMANA

planetas que fixaram os diferentes dias da semana, somente um é plausível: cada dia sucessivo foi atribuído a um dos planetas; como seu patrono; as horas também foram distribuídas por eles. Se os planetas forem nomeados na ordem de suas distâncias da terra, como se acreditava no tempo de Dio Cássio, Saturno, Júpiter, Marte, o Sol, Vênus, Mercúrio, a Lua e outros mais, então, a primeira hora pertencia a Saturno, a segunda a Júpiter, e assim por diante; a 25ª. hora, que era a primeira do dia seguinte, pertencia ao Sol e na manhã seguinte, à Lua e em seguida a Marte, Mercúrio, Júpiter e Vênus. Se o planeta a que pertence a primeira hora do dia for reconhecido como o patrono ou regente do dia, os dias da semana serão assim designados: Dia de Saturno, dia do Sol, dia da Lua, e assim por diante. Esta teoria deve ser recebida com cautelosas reservas. Pode haver uma razão inteiramente diversa para assinar a ordem dos planetas, se bem que todo o esforço para explicar satisfatoriamente os nomes adotados pelos astrônomos da Babilônia ainda não tenha produzido resultados finais. Os nomes adotados pelos romanos passaram deles para toda a Europa, tanto com a forma latina quanto também quando transferidos para as linhas germânicas, com os nomes das divindades germânicas, em substituição aos nomes das divindades romanas a eles correspondentes. Também se encontram esses nomes na Índia, que, segundo se acredita, os receberam com a astronomia e com a astrologia da Grécia e de Roma. Esses nomes são de origem pagã, nascidos da superstição do povo. Nenhuma associação dessa natureza se liga a eles, além do nome que tem. Janeiro era o mês de Janus, deus do Sol e do ano; março era o mês de Marte, deus da guerra; junho era o mês consagrado a deus Juno. A palavra semana é tradução do hebraico *shabua*, que quer dizer hebdômada, que tanto pode referir-se a um período de sete dias, quanto de sete anos. A existência do ano sabático justificou o seu emprego. Não é, pois, fora de propósito que a palavra hebraica empregada por Daniel em referência a um período de sete anos, seja assim entendida pelos intérpretes, Dn 9.24-27; *cf.* Lv 25.8.

SEMANAS, FESTA DAS – era a segunda das três festas anuais a que devia comparecer todo israelita, e a primeira das duas festividades das colheitas, Êx 34.22,23; 2 Cr 8.12,13; *cf.* 1 Rs 9.25. Recebia esse nome porque caía na sétima semana depois que se oferecia o molho da oferta movida, *cf.* Lv 23.15,16, *cf.* Dt 16.9,10. Esse feixe era elevado diante do Senhor na manhã depois do sábado, Lv 23.11,12. Os baitoseanos, saduceus, interpretavam esse sábado como significando o sábado que ocorria durante a festa dos pães asmos. Alguns teólogos adotam essa idéia. Outros sustentam que apenas se refere ao sábado semanal que caía imediatamente antes da colheita. A opinião mais antiga e a melhor é que se refere ao primeiro dia da festa dos asmos. Assim o entenderam os tradutores gregos, Lv 23.7,11, bem como os que dirigiam os serviços religiosos do segundo templo, Antig. 3.10. Esse primeiro dia era guardado como santo, não se fazia nele obra alguma, *cf.* Lv 23.32; 25.2. Na manhã, após a Páscoa, os novos grãos não podiam ser comidos senão depois de levantar o feixe diante do Senhor, *cf.* Lv 23.14; Js 5.10, 11. O festival caía no qüinquagésimo dia depois de se levantar o feixe, de que se originava a palavra "Pentecostes", ou "qüinquagésimo dia", At 2.1. Também se denomina solenidade da ceifa, ou dia dos primeiros frutos, Êx 23.16; 34.22; Nm 28.26. Nessa semana celebrava-se o fim das colheitas. Unia-se ao ciclo das festas religiosas pelo número sete. Era observado como sábado, com ausência de toda obra servil, Lv 23.21; Nm 28.26. Ofereciam ao Senhor em suas casas dois pães das primícias de duas dízimas de farinha fermentada, representando os primeiros frutos da colheita do trigo, Lv 23.17,20; *cf.* Êx 34.22; Nm 28.26; Dt 16.10. Com esses pães, ofereciam dez animais em holocausto, um bode pelo pecado e dois cordeiros por oferta pacífica, *cf.* Lv 23.18,19. Os sacrifícios destinados a esse dia eram distribuídos da seguinte forma: 1) O sacrifício diário regular de dois cordeiros, Nm 28.3,31. 2) Sacrifícios especiais para o dia da festa, v. 27-30, que eram os mesmos como no dia da lua nova, e dos asmos, v. 11,19. 3) Sacrifícios com a oferta dos pães e dos dois cordeiros, Lv 23.17-19. Josefo dá o número exato dos sacrifícios adicionais ao sacrifício diário, exceto que ele, no texto que nos foi transmitido, menciona dois carneiros em vez de três, Antig. 3.10,6. Como acontecia na festa das colheitas, também nesta o povo era exortado a lembrar-se dos pobres, Dt 16.11,12. A festa de Pentecostes veio a ser considerada nos últimos tempos, especialmente nos primeiros séculos da era cristã, como comemorativa da promulgação da lei no monte Sinai; mas o Antigo Testamento não autoriza essa idéia, porquanto, não se pode provar que a lei fosse dada exatamente 50 dias depois da Páscoa. A mais notável das festas de Pentecostes foi a que ocorreu logo depois da ascensão de Cristo, *cf.* Atos 2, que veio comemorar a fundação da Igreja. Os traços essenciais de uma instituição encontram-se na história de seu estabelecimento. Na instituição da Igreja, o Espírito Santo desceu sobre todos os crentes, sem distinção de idade, sexo ou classe, *cf.* 1-4,14-21 (veja *DONS ESPIRITUAIS*). A vinda havia sido comunicada. O Espírito descia sobre os homens antes, mas, agora a Igreja é que havia entrado na dispensação do Espírito; todos o recebiam sem medida, sem intervenção dos ritos. Deus havia reservado para si um povo sobre a terra. Nessa nova era, aplicava a sua energia divina à sua Igreja com larga amplitude divina, aperfeiçoando-a e consolidando a sua fé.

SEMAQUIAS (*no hebraico, "Jeová tem sustentado"*) – nome de um levita descendente do porteiro Obede-Edom, *cf.* 1 Cr 26.7.

SEMARIAS (*no hebraico, "Jeová tem conservado", "Jeová tem guardado"*) **1** Nome de um benjamita que se reuniu a Davi em Ziclague, *cf.* 1 Cr 12.5. **2** Nome de um dos filhos de Reoboão, 2 Cr 11.19. **3** e **4** Nome de um dos filhos de Herém, e de um filho de Bani, que se desquitaram de suas mulheres estrangeiras a conselho de Esdras, Ed 10.32,41.

SEMEADOR – as sementeiras começavam no mês de outubro (veja *ANO*). As sementes deveriam ser limpas, segundo determinava a lei cerimonial, Lv 11.37,38. O semeador segurava a vasilha da semente com a mão esquerda, e com a outra a lançava sobre a terra. Em ocasiões favoráveis, atirava a semente adiante do arado que ao mesmo tempo a cobria com terra. Semeava-se o trigo em superfícies niveladas, *cf.* Is 28.25. A lei cerimonial proibia semear o campo com diversas sementes, Lv 19.19; Dt 22.9, como sendo contrária às leis da natureza estabelecidas por Deus. As sementes de espécies diferentes poderiam ser lançadas no mesmo campo, em lugares separados.

SEMEBER (*no hebraico é shem'eber, "esplendor do heroísmo"*) – nome do rei de Zeboim derrotado, em companhia de outros reis que governavam as cidades da planície, por Quedorlaomer e seus confederados, *cf.* Gn 14.2,8,10.

SEMEDE (*no hebraico, "vigia", "destruição"*) – nome de um benjamita descendente de Elpaal. Foi ele quem repovoou as cidades de Ono e Lode com seus distritos, após o exílio babilônio, *cf.* 1 Cr 8.12.

SEMEI (*no hebraico é shim'eî, uma abreviação de sh^e ma'yah, "Jeová ouviu"*) – nome de um dos antecessores de Cristo, posterior a Zorobabel, *cf.* Lc 3.26.

SEMER (*no hebraico é shemer, "vigia", ou "borra do vinho"*) **1** Nome de um homem de quem Onri comprou o monte de Samaria sobre que edificou a cidade que tem esse nome, *cf.* 1 Rs 16.24. **2** Nome de um levita, filho de Merari, *cf.* 1 Cr 6.46. **3** Nome de um aserita, *cf.* 1 Cr 7.34.

SEMIDA (*no hebraico, "fama de sabedoria", ou "fama do conhecimento"*) – nome de um dos filhos de Gileade e fundador de uma família tribal, Nm 26.32; Js 17.2.

SEMIRAMOTE (*no hebraico, "fama do mais alto", ou "alto nome"*) **1** Nome de um levita e cantor no tempo de Davi, *cf.* 1 Cr 15.18,20. **2** Nome de um levita nomeado por Jeosafá para ensinar o povo, 2 Cr 17.8.

SEMÍTICAS – as línguas que, geralmente falando, eram ou são vernáculos, as descendentes de Sem chamam-se línguas semíticas. O primeiro termo deriva do hebraico *Shem* e o segundo, do grego, *Sem*. As línguas semíticas constituem uma das principais famílias de línguas. Como nem todos os descendentes de Sem falavam essas línguas, e alguns dos descendentes dos outros filhos de Noé as falavam, ficou resolvido denominar essas línguas siro-árabes, sem abolir a designação de línguas semíticas. É incontestável que, a princípio, só existia uma dessas línguas; mas, por causa da separação das tribos que dela faziam uso, deu-se a formação de vários dialetos. Em todos eles, as raízes das palavras são quase sempre de três letras consoantes. Muitas delas parecem basear-se em raízes de duas letras levando a supor que, a princípio, só havia duas consoantes nas raízes. As diversas modificações de sentido foram produzidas com essas raízes e o emprego de vogais, de que, somente três, *a, i, u*, eram usadas originalmente. Assim, as três consoantes *k, s, r*, sugerem a idéia de separar e *kasar* quer dizer "ele colheu", *kesor* "colher", *koser* "colhedor", *kasir* "colheita", *kasur* "colhido". O significado das palavras também se modificava por meio de sinais de pontuação em outras consoantes e por meio de afixos, assim: *gadal* ele se fez grande, *giddal* ele engrandeceu, *gaddel* engrandecer, *migdal* torre. A família das línguas semíticas tem duas grandes divisões, a do norte e a do sul. A do norte subdivide-se em um grupo oriental, formado pelo babilônico e pelo assírio; em um grupo central formado de vários dialetos da língua aramaica, compreendendo o siríaco, o neo-siríaco, o mandaítico, o dialeto do Talmude babilônico no oriente e o samaritano no ocidente, o caldaico da Bíblia, os Targuns, e o Talmude de Jerusalém, o dialeto das instruções de Palmira e de Nabata, e um grupo ocidental formado pelo hebreu, pelo moabita e pelo fenício. A divisão meridional subdivide-se em arábico, himiarítico ou sabeu da Arábia do sul e em geês ou etiópico e no amarico da África. A escrita semítica, na maior parte dos dialetos, faz-se da direita para a esquerda, isto é, de modo inverso ao nosso. A primeira página da Bíblia hebraica está no lugar que para nós é o fim do livro; a partir desse fim, vai-se até onde para nós é o princípio do livro. A capacidade intelectual da raça semítica revela-se nas posições que os judeus assumem nos países cristãos onde se estabelecem. O seu vigor físico também é grande, porém, na história do passado onde as forças semíticas e arianas mediam-se na guerra, geralmente a vitória cabia aos arianos. As forças persa-arianas aniquilaram o império semítico-babilônico. Os ario-romanos deram fim aos semitas de Cartago. E os guerreiros arianos da Europa,

SENAQUERIBE

depois de algum tempo, riscaram as linhas ao domínio dos semitas sarracenos.

SENAÁ (*no hebraico, "cerca de espinhos"*) – os filhos de Senaá edificaram a porta dos peixes de Jerusalém, Ne 3.3. Alguns dos filhos de Senaá, cerca de 3.600, voltaram da Babilônia com Zorobabel, *cf.* Ed 2.35; o nome aparece sem o artigo definido – *senaá*. É caso para averiguar se é nome de pessoa ou de cidade.

SENAQUERIBE (*no hebraico é sanhêríbh; no assírio é Sin-ahhe-eriba, que significa "o deus Sin aumentou os irmãos"*) – nome do filho de Sargom, que subiu ao trono da Assíria logo depois do assassinato de seu pai, a 12 de abril de 705, a.C. Ainda que hábil guerreiro, não chegou a ser igual a Sargom. Foi cruel e orgulhoso; não soube manter suas conquistas por meio de uma política conciliadora. Por ocasião de assumir o governo, Merodaque-Baladã, da Babilônia, tentou o jugo assírio. Senaqueribe o derrotou, bem como a seu aliado, o rei de Elã, e colocou no trono da Babilônia a Belibni, voltando triunfante para Nínive, com numerosos cativos e abundantes despojos. No ocidente também se manifestou revolta entre os povos que Sargom havia submetido. Para dominá-la, Senaqueribe apareceu na Fenícia, tomou a Grande e a Pequena Sidônia, Sarepta, Aczibe e Aco. Tiro resistiu. Os povos vizinhos apressaram-se a se submeter. Passando à Filístia, tomou Ascalom, Betdagom e Jope. Em seguida tomou Laquis, enviou um destacamento de tropas para Jerusalém, pôs em liberdade o rei de Ecrom, que estava ali detido, derrotou as tropas combinadas do Egito e da Etiópia na batalha de Elteque, e ajuntou o próprio Ecrom ao número de suas conquistas. Nessa campanha não somente tomou Laquis e Elteque, cidades de Judá, mas ainda 46 cidades fortificadas desse reino, e levou consigo 200.150

cativos, muitos cavalos, mulas, camelos e ovelhas. A sua carreira de conquistas teve paradeiro em conseqüência da peste que irrompeu no meio de seus exércitos e que o obrigou a retroceder para Nínive. Não existe referência alguma a esse fracasso nas inscrições da Assíria nem sobre haver tomado Jerusalém. Parece que, por causa da inglória conclusão de sua campanha, deixou de mencionar a tomada dessa cidade, dizendo apenas que havia recebido tributos do rei Ezequias, nos seguintes termos: "O próprio Ezequias encerrei em Jerusalém qual pássaro em gaiola; levantei fortificações contra ele e vedei as saídas desde a porta da cidade. Arrebatei-lhes as cidades que entreguei ao saque e as dei a Mitinti, rei de Azoto; a Padi, rei de Ecrom e a Silbel rei de Gaza. Aos tributos já existentes acrescentei ainda os tributos da minha soberania. O pavor que a minha glória lhe havia infundido pesou sobre ele, Ezequias; ele mesmo, enviou-me para Nínive, minha real cidade, os árabes, seus leais súditos, que ele havia arranjado para a defesa de Jerusalém, sua cidade real, contribuindo como pagamento, além de 30 talentos de ouro, 800 talentos de prata depurada, pedras preciosas, leitos de marfim, tronos de marfim, couros de elefantes, marfins, variedade de madeiras preciosas, vastos e ricos tesouros, bem como suas filhas, damas de seu palácio e muitas outras mulheres; ele me enviou embaixadores com as suas homenagens". Outra versão, contada pelos sacerdotes egípcios, e citada pelo historiador grego Heródoto, diz que Senaqueribe avançou contra o Egito, chegando até Pelusium. Imensa quantidade de ratos do campo, durante a noite, roeram as cordas dos arcos dos assírios, sendo por isso obrigados a evacuar o país, na manhã seguinte. Para a série de acontecimentos históricos entre Senaqueribe e Ezequias, veja o artigo sobre *EZEQUIAS*. O fracasso de Senaqueribe

SENAQUERIBE

em Jerusalém ocorreu no ano 701 a.C. No entanto, novas dificuldades surgiram na Babilônia. No ano terceiro do reinado de Belibni, 700 a.C., o rei dos assírios marchou para o sul, depois a Belibni e deu o trono a Asurnadinsum. Vencidas essas dificuldades, Senaqueribe voltou sua atenção para noroeste, colocando a Cilícia sob o jugo da Assíria. Em 694, fez nova expedição por mar, tentando desalojar os defensores de Merodaque-Baladã de seu refúgio na foz do Ualai. Essa campanha surtiu alguns resultados, porém os elamitas invadiram Babilônia, prenderam Asurnadinsum e colocaram no trono um rei babilônio que governou o país durante ano e meio. Apesar de Senaqueribe haver tomado Ereque, e deposto o rei da Babilônia e devastado Elã, outro rei da Babilônia subiu ao trono e os assírios não puderam castigar a grande cidade senão no ano 690. Foi então que Senaqueribe avançou contra a Babilônia, que foi por ele saqueada, trucidados os seus habitantes, incendiados os seus edifícios, arrasados os muros e os templos, cujas ruínas cobriu com as águas do Eufrates e de seus canais. Os últimos oito anos do reinado transcorreram em paz. Algum tempo antes fechou de muros a cidade de Nínive com uma cinta de 13 km de circunferência. Em 695, concluiu o grande palácio que havia mandado construir para sua residência na parte noroeste da cidade; tinha cerca de 457 m de comprimento e 213 m de largura, com grandes alpendres, espaçosos salões e amplos quartos. Restaurou outro palácio e construiu um sistema de canais para o abastecimento de água potável. Depois de um reinado de 24 anos e cinco meses, foi assassinado no dia 20 de Tebete, correspondente ao final de 681, ou mais provavelmente, ao mês de janeiro de 680. Os autores da morte foram dois de seus filhos, Adrameleque e Sarezer, por ciúmes de outro irmão chamado Esar-Hadom mais querido do pai, *cf.* 2 Rs 19.37; 2 Cr 32.21.

SENAZAR (*no hebraico, "o deus Sin (lua), valei-me", ou "Sin é protetor"*) – nome de um filho, ou descendente de Jeconias, *cf.* 1 Cr 3.18.

SENÉ (*no hebraico, "arbusto", "espinheiro"*) – nome de uma das rochas escarpadas que franqueavam a passagem de este para oeste, entre Micmás e Gibeá. Ocupava o extremo meridional, mais próximo de Gibeá do que de Micmás. Entre esses rochedos é que Jônatas e o seu escudeiro passaram para atacar o acampamento dos filisteus, *cf.* 1 Sm 14.4,5.

SENHOR – em referência a Deus, assim se traduz a palavra hebraica *'adôn* em Êx 23.17; *cf.* Sl 114.7. Com mais freqüência se traduz do mesmo modo o vocábulo *adonai* no sentido de meu Senhor, Êx 4.10; Is 40.10. A palavra grega *Kurios* tem igual significado, Mt 1.20. *YHVH* é no hebraico o nome por excelência, Gn 2.4, que representa a divindade e que traduzimos por "Jeová" (veja *DEUS, Nomes de*).

SENIR (*no hebraico é s^{e}nîr, "cota de malha", ou "monte nevado"*) – nome do monte Hermom, que os sidônios chamavam Siriom e os amorreus Senir, Dt 3.9. Em Cântico dos Cânticos de Salomão, os dois nomes de Hermom e Senir são distintos um do outro, cada um deles referindo-se, parece, a dois picos diferentes da gigantesca montanha. As faias de Senir empregavam-se no fabrico das coberturas dos navios de Tiro, Ez 27.5.

SEOL (veja *INFERNO*).

SEOM (*no hebraico é sîhôn, "grande", ou "ousado"*) – nome de um rei dos amorreus, que lançou fora os moabitas dentre Hezbom e o Arnom, e tomou posse de seu território, Nm 21.16-30. Cinco tribos midianitas se fizeram seus vassalos, Js 13.21. Quando os israelitas chegaram ao deserto pelo lado sueste do Arnom, Moisés enviou mensageiros a Seom, pedindo-lhe licença para atravessar o país, Nm 21.22; Dt 2.26. Sendo-lhe negada, os israelitas entraram violentamente abrindo caminho para as margens do Jordão. Seom reuniu tropas e saiu de encontro a eles no deserto e veio a Jasa. Desse encontro resultou a sua derrota e a perda do reino que entrou na posse dos israelitas, Nm 21.21-32; *cf.* Sl 11; 134; desde o Arnom até Jaboque e até os filhos de Amom, *cf.* Nm 21.24.32; Dt 2.36; Jz 11.22. O campo de Israel estabeleceu-se no Pisga, posição segura sobre as montanhas de Abarim, quase no centro do território conquistado, ponto estratégico para a campanha contra Basã, *cf.* Nm 21.20; *cf.* 22.1; 33.47. O reino de Seom tocou em partilha às tribos de Rúben e de Gade, região muito desejada para a criação de rebanhos, *cf.* Nm 32.1-4, 33-38.

SEORIM (*no hebraico, "cevada"*) – nome de um dos descendentes de Arão que veio a ser chefe de família no campo de Davi, constituindo o quarto curso dos sacerdotes, segundo a divisão que o rei fez, *cf.* 1 Cr 24.1,6,8.

SEPULCRO – em geral os hebreus sepultavam os seus mortos em cavernas naturais ou artificiais, Gn 23.9; Is 22.16; Mt 27.60; Jo 11.38. As cavernas naturais sofriam aumentos por meio de escavações, Gn 50.5. Os rochedos perto de Jerusalém estão cheios desses sepulcros. Fechava-se a entrada para eles e suas dependências por meio de pedras, Mt 27.60, para protegê-los contra a invasão dos chacais e outros animais carnívoros que se alimentavam de cadáveres. Julgava-se conveniente que os cadáveres fossem sepultados em lugares distanciados das habitações. Poderiam ser colocados nos jardins, *cf.* 2 Rs 21.18,26, ou dentro dos muros da cidade, 1 Rs 2.10; geralmente, os enterros se faziam fora dos muros, entre árvores, ou no meio de jardins, Jo 19.41. Muitas vezes, porém, abriam sepulcros nos paredões das rochas, bem no alto. Costumavam caiar de branco

Sepulcro — Christian Computer Art

SEPULCRO

os sepulcros, Mt 23.27, não somente por amor à limpeza, mas para ser agradável à vista. Nos sepulcros internos, abriam-se as covas no pavimento e eram cobertas com umas lajes de pedra; ou cortados na rocha à maneira de um nicho. Também era costume abrir sepulturas ao lado das cavernas, e fechá-las com uma pedra chata servindo de porta. Abriam-se, igualmente, compartimentos nas paredes das cavernas, à maneira de estantes, ou prateleiras, às vezes em linhas duplas de nichos. Dispensavam-se os caixões. As pessoas abastadas costumavam encerrar os cadáveres em urnas de pedra ou sarcófagos, que depositavam nos sepulcros. Às vezes, a entrada era ricamente ornamentada, e até mesmo erguiam belos monumentos em forma de pilares, 2 Rs 23.17, ou mausoléu, 1 Mac 13.27. Os hebreus e os povos vizinhos gostavam muito de ter sepulcros de família, construídos de tal jeito a depositar em tantos nichos quantos fossem necessários, os despojos de seus membros, Gn 49.29-31; 2 Sm 2.32; 1 Rs 13.22; 1 Mac 9.19; 13.25. Havia cemitérios públicos para o enterro de gente pobre e de estrangeiros 2 Rs 23.6; Jr 26.23; Mt 27.7. Quando os exploradores da Palestina descobrem uma sepultura cavada no chão e coberta de terra, supõem pertencer a um cristão; e as abertas horizontalmente na rocha, presumem pertencer a um judeu.

SEPULCRO DOS REIS – o lugar destinado a enterrar os reis encontra-se na cidade de Davi, não longe do jardim do rei, 1 Rs 2.10; 2 Cr 21.20; Ne 3.15,16, e sem dúvida no campo dos sepulcros do rei, 2 Cr 26.23; *cf.* 2 Rs 15.7. Tedoreto, citando Josefo, diz que o sepulcro dos reis ficava perto do tanque de Siloé, em uma caverna; revelando grandeza verdadeiramente real (Quest. 6 in 3 Reg.). Compunha-se de vários quartos, Antig. 7.15,3. João Hircano levou dali grandes tesouros. Herodes, o Grande, foi levado a procurar mais riquezas, que não conseguiu descobrir. Alguma coisa o amedrontou de sorte que abandonou essa

Sepulcro dos reis — Christian Computer Art

empreitada. Mandou levantar na sua entrada um monumento propiciatório de pedras brancas, ibid. 13.8,4; 16.7,1; Guerras 1,2,5. Ainda existia no tempo de Cristo, At 2.29. Todos os reis desde Davi até Ezequias foram sepultados na cidade de Davi. Parece que Asa e Ezequias possuíam túmulos próprios, 2 Cr 16.14; 32.33. Jorão, Joás, Uzias e Acaz não tiveram lugar no sepulcro dos reis, cf. 21.20; 24.25; 26.23; 28.27. Manassés, Amom e Josias foram sepultados em Jerusalém, em túmulos próprios, 2 Rs 21.26; cf. 2 Cr 35.24. Jeoacaz morreu no Egito; Jeoaquim e Zedequias ficaram na Babilônia. A caverna dos reis, a que se refere Josefo, é conhecida pela gruta de Jeremias, Guerras 5.4,2.

Sepulcro dos reis — Christian Computer Art

SEPULTURA, COVA – cavidade aberta no solo em que os judeus costumavam depositar os seus mortos, Tobias 8.9,18; era mais comum sepultá-los em cavernas abertas na rocha, ou naturalmente existentes, Gn 23.9; Mt 27.60; Jo 11.38 (veja SEPULCRO).

SEQUIAS (veja SAQUIAS).

SERA (no hebraico, "abundância") – nome de uma das filhas de Aser, Gn 46.17; cf. 1 Cr 7.30.

SERAFIM (no hebraico é s^{e}raphim, plural de saraph, "ardente", "queimar", mas a raiz do termo significa "consumir com fogo") – nome de entes celestiais que estavam ao redor do trono de Deus, na visão de Isaías. Cada um deles tinha seis asas; com duas cobriam a face, e com outras duas cobriam os pés e com duas voavam. E clamavam um para o outro, e diziam: "Santo, santo, santo, é o S<small>ENHOR</small> dos Exércitos, toda a terra está cheia da sua glória", cf. Is 6.2,3. Tendo o profeta confessado ser homem de lábios impuros, um dos serafins voou para ele levando na mão uma brasa viva, que havia tomado do altar com uma tenaz, e tocou com ela a boca do profeta dizendo: "Eis aqui tocou esta brasa os teus lábios, e será tirada a tua iniqüidade, e lavado será o seu pecado". A Escritura nada mais diz a respeito de serafins, senão o que se contém nessa passagem. Quem eram eles? **1** Gesenius deriva esse nome do vocábulo árabe *sharafa*, que significa alto, nobre. A raiz árabe pode bem haver entrado na formação da palavra *saraph* do hebraico, mas não existem provas de que jamais a usassem nessa língua, nem há palavras que se prendam a essa raiz. Gesenius teve de ir buscar o seu derivado fora do léxico hebraico, o que torna a sua explicação bastante difícil. **2** Cheyne imagina que a palavra *serafim* se refira a raios luminosos parecidos com serpentes, visto que os vocábulos *saraph* e *seraphim* se empregam para designar as serpentes que apareceram no deserto, cujas mordeduras queimavam como fogo, Nm 21.6,8; Is 14.29; 30.6, porém, mesmo que as palavras serafim e serpente tenham a mesma forma no singular, o que é incerto, e mesmo que ambas derivem de uma raiz semítica, como é provável, então neste caso, não se podem aplicar às mesmas entidades, ou a indivíduos que tenham formas semelhantes. O nome não designa formas. A característica comum que a palavra exprime é ardente, em sentido transitivo;

SERAFIM

não entidades ardentes ou luminosas, mas, sim *criaturas que destroem queimando*. Os serafins não se parecem às serpentes na forma, porque têm mãos, pés e asas. O Prof. Cheyne é de parecer que Isaías não os teve como animais, quanto à forma. **3** Os serafins são idênticos aos grifos dos egípcios, *serref* (Dillmann, citando L. Stern) que os israelitas imitaram. Nesta hipótese, eles eram personificações de objetos ou fenômenos naturais. Na visão de Isaías, representavam simbolicamente as forças da natureza exercendo ordens do Deus da natureza, *cf.* Zc 6.1-8. **4** Os serafins eram uma ordem superior de anjos, segundo o entendimento dos judeus. O Targum insere a palavra em *cf.* Ez 1.8 e Zc 3.7. Eram criaturas que proclamavam a santidade de Deus três vezes repetidas, impressionadas com os atributos da divindade, adornando-o apaixonadamente, e exercendo os seus propósitos santificadores no seio da humanidade (Delitzsch). A conclusão a que se chega por este argumento é que os serafins que rendiam preito à santidade divina e que se empregavam no ministério de purificação representam entidades morais, e não forças físicas personificadas.

SERAÍAS (*no hebraico é s^erayahû, "Jeová é príncipe", ou "Jeová tem prevalecido"*) **1** Nome de um dos filhos de Quenaz, *cf.* 1 Cr 4.13. **2** Nome de um escriba, secretário do rei Davi, 2 Sm 8.17. **3** Nome de um simeonita, filho de Asiel, *cf.* 1 Cr 4.35. **4** Nome de um dos beleguins enviados para prender Baruque e o profeta Jeremias, Jr 36.26. **5** Nome do primeiro sacerdote que Nabucodonosor prendeu quando conquistou Jerusalém, e mandou matar em Ribla, 2 Rs 25.18-21; Jr 52.24-27. Era pai de Josedeque, que foi levado para o cativeiro, e avô de Josué, que foi pontífice logo depois do cativeiro, e antecessor de Esdras o escriba, *cf.* 1 Cr 6.14,15; Ed 3.2; 7.1. **6** Nome de um dos filhos de Nerias, levado

cativo para Babilônia, Jr 51.59-64. **7** Nome de um dos filhos de Tanumete, netofatita, 2 Rs 25.23; Jr 40.8. **8** Nome de um dos que acompanharam Zorobabel, quando voltou da Babilônia, Ed 2.2. Em Ne 7.7, chama-se Azarias. **9** Nome de um dos sacerdotes que voltaram da Babilônia com Zorobabel, *cf.* Ne 12.1-7. Na geração seguinte aparece o seu nome como em uma família de que era chefe Meraías, *cf.* v. 12. **10** Nome de um sacerdote, sem dúvida, chefe de uma família que com Neemias assinou o pacto de se conservar separado do paganismo e observar a lei de Deus, *cf.* Ne 10.2. Talvez seja o mesmo que segue. **11** Nome de um dos sacerdotes, filho de Hilquias, e príncipe da casa de Deus após o exílio, *cf.* Ne 11.11. O nome Azarias e Seraías parece designar pessoas distintas; tendo o primeiro existido antes do exílio e o segundo depois dele. Também pode se referir a diferentes pessoas que vieram depois do exílio, sendo Azarias predecessor de Seraías, *cf.* 1 Cr 6.13,14. Se assim não for, pode-se admitir que o texto tenha sido alterado. Em uma das passagens, o nome poderia ser mal-entendido pelo copista. Como ambos os nomes se referem à genealogia sacerdotal, sendo um sucessor do outro, é provável ter escapado alguma palavra do texto, como: "Seraías, filho de ..." frase esta que poderia ter sido omitida antes do nome de Azarias, ou a frase "filho de Azarias", depois do nome de Seraías.

SEREBIAS (*no hebraico, "Jeová fez tremer"*) **1** Nome de um levita, chefe de uma família, vinda da Babilônia com Zorobabel, *cf.* Ne 12.8. O representante dessa família selou o pacto com Esdras, 10.12. Era composta de cantores, *cf.* Ne 12.24. **2** Nome do chefe de uma família de levitas que vieram com Esdras da Babilônia. Talvez fosse representante de parte da família já mencionada que havia ficado atrás dos exilados que vinham com Zorobabel, e, como tal, oficialmente trazia o nome da família.

SERPENTE DE BRONZE

Parece que é o Serebias mencionado no v. 24; se bem que nessa passagem ele figura como sacerdote, e um dos homens a quem Esdras confiou a guarda das ofertas para o templo, durante a viagem para Jerusalém. **3** Nome de um dos levitas que assistiam Esdras, quando lia a lei diante do povo, servindo-lhe de intérprete, *cf*. Ne 8.7. Tomou parte na confissão pública de pecados depois da festa dos tabernáculos, *cf*. 9.4.

SEREDE (*no hebraico, "escape", "livramento", ou "temor"*) – nome de um dos filhos de Zebulom, e fundador de uma família tribal, Gn 46.14; Nm 26.26.

SERES (*no hebraico, "raiz", "renovo"*) – nome de um homem de Manassés da família de Maquir, 1 Cr 7.16.

SÉRGIO PAULO – nome do procônsul de Chipre que era província senatorial no tempo do apóstolo Paulo, At 13.5-12 (veja *CHIPRE*). Antigas inscrições em moedas, encontradas em Soli, na costa setentrional da ilha, dizem "Paulus procônsul".

SEROM (*no grego é Séron, talvez forma grega de Hirã*) – nome de um comandante do exército da Síria no reinado de Antíoco Epifanes, 1 Mac 3.13. Tentou reprimir a revolta dos judeus, mas foi derrotado por Judas Macabeu, perto de Bete-Horom, em 166 a.C. (14-24). Segundo Josefo, esse Serom perdeu a vida em combate, Antig. 12.7,1.

SERPENTE – **1** Nome de um animal, que anda de rastos sobre o peito, Gn 3.1,14. Tem cabeça e cauda, mas é desprovido de membros. Em hebraico, *nahash*, e em grego, *ophis*, *cf*. Gn 3.13, com 2 Co 11.3; Nm 21.9, com Jo 3.14 Rastejando sobre a terra, a boca fica em contato com a terra, Mq 7.17; *cf*. Gn 3.14; Is 65.25. A picada de algumas serpentes é fatal, produzindo a morte, Nm 21.6; Sl 58.4; Pv 23.32. Algumas podem

ser hipnotizadas, Ec 10.11. Encontra-se a serpente nos desertos e nos distritos abandonados, à beira dos caminhos, nas cercas, nas rochas e nos muros, Gn 49.17; Nm 21.6; Pv 30.19; Ec 10.8; Am 5.19. As serpentes venenosas que morderam os filhos de Israel no deserto, e lhes causaram a morte, Nm 21.6, eram de uma espécie que se encontra na Arábia e em outros lugares, cujas picadas produzem inflamação semelhante à queimadura, acompanhada de sede intensa (veja *SERPENTE DE BRONZE*). A serpente tentadora do Éden era cobra comum, um dos animais do campo, notável pela sutileza e perícia em segurar a presa. Tendo participado da queda do homem, Deus a amaldiçoou, Gn 3.1,14. Eva não via senão uma serpente, mas o diabo estava dentro dela, como depois se colocou nas criaturas humanas e nos porcos, dominando-os e lhes comunicando a sua astúcia sobrenatural, e foi assim que se aproximou de Eva, Sab. 2.24; Jo 8.44; Rm 16.20; 2 Co 11.3; Ap 12.9 (veja *SATANÁS*). A serpente recebeu o castigo como o recebem outras criaturas inocentes, quando se fazem instrumentos do pecado, Lv 20.15, 16. Já antes de ser amaldiçoada, andava de rastos sobre a terra, mas depois, esse modo de locomoção, com o pó que lhe serve de sustento, converteram-se em sinais de sua degradação. Nada sofre com isso, a não ser quando é pisada e morta pelo homem. Quanto mais temos conhecimento que o espírito maligno dominava a serpente, tanto mais ódio lhe votamos. **2** Espécie de serpente que em hebraico chama *pethen*, *cf*. Sl 91.13 (veja *COBRA*).

SERPENTE DE BRONZE (*no hebraico é n^{e}hush-tân*) – imagem de uma serpente, feita de metal, e levantada por Moisés no deserto na ocasião em que os israelitas foram mordidos pelas serpentes venenosas. Todos que olhassem para a serpente de metal, com fé nas promessas de Deus, eram

SERPENTE DE BRONZE

curados, *cf*. Nm 21.8,9. Posteriormente, fizeram uso dela como uma deusa pelo que o rei Ezequias a quebrou e a chamou *neustã*, que quer dizer, "pedaço de bronze", 2 Rs 18.4. Jesus, predizendo a sua crucifixão, explicou o sentido espiritual desse símbolo, comparando-se à serpente de metal, Jo 3.14,15.

SERRA – instrumento dentado, que serve para cortar madeira e pedras, 1 Rs 7.9; Is 10.15. As vítimas das perseguições cruéis eram, às vezes, serradas ao meio, Hb 11.37. Davi trouxe os amonitas de Rabá, e os mandou serrar, e que passassem por cima deles carroças ferradas e que os fizessem em pedaços com cutelos, 2 Sm 12.31; 1 Cr 20.3. Esse ato de excepcional severidade da parte de Davi é inteiramente estranho a tudo quanto se conhece de seu caráter. A mudança da letra *resh* para *mem* no verbo empregado na citação de Crônicas, e de *resh* para *daleth*, no livro de Samuel, mencionado, muda o sentido, de modo a entender-se que Davi exigiu que os cativos lhe prestassem serviços com as serras, carroças e cutelos. As serras usadas pelos egípcios tinham um só cabo e as folhas eram feitas de bronze presas ao cabo ou amarradas com correias. Os dentes das serras eram, em geral, inclinados para o lado da mão. A madeira era colocada perpendicularmente e serrada de cima para baixo. Os assírios usavam serras com dois cabos com folhas de ferro.

SERUGUE (*no hebraico, "firmeza", "força" ou "rebento"*) **–** nome de um dos filhos de Reú, pai de Naor, e antecessor de Abraão, *cf*. Gn 11.20,23; 1 Cr 1.26; Lc 3.35.

SERVO (*no hebraico é 'ebhedh, "servo"*) **–** é termo geral, compreendendo o que serve voluntariamente e o que é obrigado a servir, desde o escravo prisioneiro de guerra, ou adquirido por compra, até o ministro de um rei, e ao que serve a Deus,

cf. Gn 39.1 com 41.12; 40.20; Êx 32.13; At 16.17. Os orientais empregam sistematicamente esse termo, sempre que se dirigem a um superior ou a Deus, Gn 32.4, 20; 50.18; Dt 3.24; 2 Sm 9.2; Lc 2.29; At 4.29. Aplica-se também aos povos conquistados e compelidos a pagar tributos ao conquistador, 2 Sm 8.2. Deus chama de servos à suas criaturas que o adoram, Gn 26.24; Nm 12.7; 2 Sm 7.5 (veja *MINISTRO, ESCRAVO*).

SERVO DO SENHOR – nome que se dá a todo que reconhece Jeová (Senhor) como seu Deus, e de acordo com o valor do termo, que fielmente faz a sua vontade, como Abraão, Sl 105.6. Moisés, v. 26, Davi, Sl 132.10, Isaías, Is 20.3. A palavra servo ocupa lugar proeminente nos capítulos 40 a 66 do livro de Isaías. Grande parte dos estudiosos é de parecer que o servo de Jeová mencionado nesses capítulos é Israel. Algumas vezes o pensamento do profeta atém-se sobre a nação, outras vezes, sobre a parte do povo consagrada ao Senhor, outras, ainda, sobre aquele verdadeiro israelita que é Cristo. Para refutar outras idéias, basta dizer o seguinte: **1** O servo mencionado no cap. 53 refere-se ao Messias, conforme entendem os Targuns judeus. **2** O profeta Zacarias parece dizer que o renovo a que se refere como servo do Senhor é uma expressão familiar de Jesus Cristo, que há de tirar a iniqüidade da terra em um só dia, Zc 3.8-10; *cf*. Jr 23.5-8. **3** A descrição feita no capítulo 53 de Isaías somente se explica referindo-se a Cristo. O intérprete do cap. 53 de Isaías deve ter sempre em mente os seguintes fatos: 1) Quando esse capítulo foi escrito, os hebreus possuíam noções exatas de seus deveres, Gn 39.9; 2 Sm 12.5-13; Is 6.5-7; *cf*. Sl 32 e 51: 2) O povo crente, em geral, reconhecia os seus pecados e se sentia responsável pelos crimes nacionais e pela desobediência às leis de Deus, deixando de corresponder aos fins de sua vocação para serem servos de Deus entre os homens. Os melhores dentre os israelitas sentiam profundamente essa verdade, Ne 1.6,7; Dn 9.5-11,20. Israel era uma unidade solidária em todas as suas partes componentes: os pecados de uma parte do povo arrastavam consigo toda a nação, Dt 21.1,7,8; Js 7.11,13,15,25; Jz 20.6,10,13. 3) Quando o cap. 53 de Isaías foi escrito, tinham perfeito conhecimento do simbolismo referente à expiação. Os críticos que mencionam essa profecia como produção de Isaías acreditam geralmente que o livro de Levítico já existia séculos antes; outros críticos relatam esse capítulo como produto dos tempos do exílio, posterior a Ezequiel e escrito muito depois que o sistema sacrifical estava em uso. A profecia foi proferida quando as verdades referentes ao perdão que Deus concedia depois de uma punição reparadora, Is 40.2, ainda que a simples punição do pecado, ou compensação de uma injúria, não bastasse para absolver o pecador. Para isso, eram necessárias a punição, a restituição e a purificação, Is 4.3,4; 6.6,7; 53.10; Lv 5.14-16; Nm 5.5-8; Sl 2.7. 4) A doutrina da substituição também era bem conhecida, delineada nos versículos 5,6,11,12, do cap. 53 e publicamente ilustrada no dia anual da expiação, Lv 16.20-22. 5) Para cumprir essas condições e satisfazer ao credo de Israel, o servo do Senhor devia ter merecimentos bastantes para substituí-lo, para se identificar com ele a fim de poder representá-lo diante de Deus, e que nele estavam cumpridas todas as suas obrigações; e ao mesmo tempo esse servo do Senhor deveria ser distinto de Israel para não participar das suas culpas e não ter obrigação de expiá-las por si mesmo. Todas essas qualidades fazem perceber que somente uma pessoa divina poderia exercer as funções do servo do Senhor, descritas no cap. 53 de Isaías.

SERVOS (veja *EMISSÁRIOS*).

SERVOS DE SALOMÃO – certas pessoas cujos descendentes se associaram aos netinins. Resolveram voltar do cativeiro, com Zorobabel, 392 servos de Salomão, *cf.* Ed 2.55-58; Ne 7.57-60. Alguns desses exilados tinham nomes de feição estrangeira. Parece que procediam de cananeus de várias tribos, que Salomão havia escolhido em número de 30 mil para trabalharem nas obras do templo, 1 Rs 5.13-18; 9.21 (veja *NETININS*).

SESÃ (*no hebraico, "livre", "nobre" ou "alvacento"*) – nome de um homem de Judá, da família de Hezrom, da casa de Jerameel, 1 Cr 2.31. Só teve filhas, uma das quais ele deu em casamento a um escravo egípcio, v. 34,35.

SESAI (*no hebraico, "livre", "nobre"*) – nome de um filho de Anaque, ou da família desse nome, residente em Hebrom e dali expulso por Calebe, Nm 13.30-33; *cf.*; Js 15.14.

SESAQUE (*no hebraico é sheshak*) – segundo antigas tradições, essa palavra emprega-se em lugar de Babel, construída sob o sistema *athbash*, pelo qual as letras do alfabeto eram contadas tanto na ordem regular de sua seqüência quanto na inversa. Quando se desejava a cifra de um nome, as suas consoantes eram substituídas pelas letras que tinham o mesmo número na contagem inversa. B é a segunda letra do alfabeto hebraico e *s* ou *sh*, é a segunda a contar do fim; *l* é duodécima letra a contar do princípio, e *k* é a 12ª., a contar do fim. Portanto, a cifra para Babel era *Sheshak*. É possível que não houvesse cifra alguma nesse nome, e neste caso seria ele a designação de um quarteirão da cidade, talvez *Shish-Ku* (Lauth, Delitzsch.).

SESBAZAR (*no hebraico é sheshbaççar, talvez uma corruptela do babilônico*

SESBAZAR

shamash-apal-uçur ou sin-apal-uçur, "o deus/Samas ou Sin/ protege o filho") – nome de um príncipe de Judá a quem Ciro nomeou governador, e a quem fez entrega dos vasos sagrados que Nabucodonosor havia levado para Babilônia. Sesbazar, chegando a Jerusalém, lançou os fundamentos do templo, *cf.* Ed 1.8-11; 5.14-16. O nome desse príncipe é evidentemente o nome babilônio de *Zorobabel*, como *Baltazar* era o nome de Daniel.

SETAR-BOZENAI (*no aramaico é sh^{e}tar bôz^{e}naî, que no hebraico significa, "esplendor estrelado"*) – nome de um oficial persa que, com outros, tentou impedir que os judeus vindos do cativeiro reedificassem o templo de Jerusalém, *cf.* Ed 5.3,6; 6.6.

SETE – sete é um dos algarismos empregados nos processos de calcular, sem ligação alguma com assuntos religiosos. Era, contudo, número considerado sagrado pelos hebreus e por outros povos da raça semítica, entre os quais se contam os arianos da Pérsia e até mesmo os gregos, Ilíada 19.243. Esse caráter religioso perdeu-se no tempo. Encontra-se esse número na descrição do templo da Sabedoria, Pv 9.1; nas sete tranças da cabeleira de Sansão, consagrado a Deus, Jz 16.13,19; nas vítimas que eram sacrificadas pela violação do pacto, 2 Sm 21.6,9; no número das pedras que os antigos árabes cobriam com o sangue das partes que faziam tratados, Heród. 3.8; nas sete cordeiras que serviram para atestar o tratado entre Abraão e Abimeleque, Gn 21.28-30; nas palavras hebraicas empregadas no juramento e na santificação do sétimo dia da semana. A idéia de que o número sete deriva seu caráter sagrado da soma do número três mais o número quatro é pura fantasia. Considera-se número sagrado porque Deus o empregou na contagem dos luminosos colocados no firmamento: o sol, a lua e os cinco planetas; as fases da lua renovam-se de sete em sete dias. Todos esses fenômenos servem para confirmar a sagração do número sete. Deus abençoou o dia sétimo e o santificou. Não precisamos mais do que isto para considerarmos sagrado esse número. O número 12 não alcançou os foros de número sagrado, não obstante o Senhor ter dividido o ano em 12 meses, os 12 signos do zodíaco e fazer o sol conformar-se a este no seu curso, e a voltar à primavera logo que terminam os 12 meses lunares, cada um dos quais se assinala pelas quatro fases da lua. O homem observou esses fenômenos desde os mais remotos tempos, adaptou-os à sua vida diária, entraram no seu código de linguagem e prestou-lhes honras religiosas. Na Babilônia, serviu para um sistema de numeração denominada duodecimal na Assíria; o panteão abrigava 12 grandes deuses. Apesar de tudo isso, o número 12 não conseguiu as honras de número sagrado, mas o número sete chegou a ser número sagrado, e o sétimo dia também, acompanhado de uma bênção. Desde tempos remotos foi tido como dia de bênçãos divinas para o homem, no qual Deus lhe manifestava os seus favores (veja *SÁBADO*).

SETE (*no hebraico sheth, "compensação"*) – nome de um dos filhos de Adão, 1 Cr 1.1, que lhe nasceu depois da morte de Abel, de quem, em certo sentido, foi substituto, Gn 4.25; 5.3. Foi pai de Enos e morreu quando tinha 912 anos de idade, Gn 5.6-8; Lc 3.38.

SETE (*no hebraico é she'th, "tumulto"*) – nome que aparece uma única vez nas Escrituras, aplicado aos moabitas por serem promotores de guerras e de tumultos, Nm 24.17.

SETE-ESTRELO – filhas da navegação, estrelas que indicam pela sua altura o tempo de se navegar com segurança,

SIÃO

talvez esse nome dê a idéia de grupo compacto. A palavra hebraica *kimah* é o nome de uma estrela brilhante, ou de uma constelação, Jó 9.9; escritores antigos referem-se às Plêiades, que os árabes dizem *Thuriyya*, ou grupo compacto. As Plêiades formam um grupo localizado na constelação de Touro. Por alguma razão, que nos é desconhecida, os antigos diziam *Sete-Estrelo*, e como somente se contam seis estrelas no grupo, é de presumir que uma delas desapareceu. Em noites claras, pode-se ver apenas seis a olho nu. Com o auxílio do telescópio se divulgam dezenas de estrelas. Josefo costumava servir-se do ocaso das Plêiades para determinar o tempo, Antig. 13.8,2.

SETUR (*no hebraico, "escondido", "oculto", "secreto"*) **–** nome de um espia que representava a tribo de Aser, Nm 13.13.

SEVA (*no hebraico, "vaidade"*) **1** Nome de um homem de Judá, da família de Hezrom, da casa de Calebe. Foi antecessor dos habitantes de Macbena e de Gibeá, *cf*. 1 Cr 2.49. **2** Nome de um escriba (no hebraico, *sheʷwa*) do reinado de Davi, 2 Sm 20.25.

SEVENE (*do egípcio swn, "que dá entrada", ou "lugar de troca", "mercado"*) **–** nome de uma cidade, que assinalava o limite extremo do Egito em uma direção dependente da tradução de Ez 29.10; 30.6. Se, como é provável, a tradução preferida for "desde Migdol até Sevene", neste caso, a cidade fica ao sul do Egito e nos limites da Etiópia, e vem a ser a Sevene dos romanos, que é a moderna *Assouã*, ao lado do Egito e ao pé da primeira catarata, onde se encontram ruínas de uma antiga cidade. Aí, ou na ilha que está ao lado, ficava uma guarnição de soldados, Heród. 2.30. Na ilha, desde os tempos da conquista persa, a colônia judia mantinha um templo a Jeová (*Elephantine papyri*).

SEXTÁRIO – medida da capacidade para líquidos usada entre os judeus para medir o azeite, Lv 14.10,12,15,21,24. Diziam os rabinos que essa medida era igual a 12 hins, equivalente a 72% do valor de capacidade do ômer. Como essas medidas são sempre aproximadas, podemos concluir que o sextário possuía valor entre 1,8 a 1,95 litros.

SHADAI (veja *DEUS, Nomes de*).

SHEOL (veja *INFERNO*).

SHIN – nome da 21ª. letra do alfabeto hebraico, de onde se origina o *S* do nosso alfabeto que aparece em nomes de origem semítica, como Simão, Ismael etc. Emprega-se na divisão do Salmo 119, sob número 21. Cada linha dessa seção começa pela mesma letra.

SIAÁ (*no hebraico, "assembléia"*) **–** nome de uma família de netinins. Alguns de seus membros voltaram do cativeiro com Zorobabel, Ed 2.44; Ne 7.47.

SIÃO (*no hebraico, "fortaleza"*) **1** Nome de um dos montes em que estava edificada a cidade de Jerusalém. Aparece a primeira vez no Antigo Testamento, como fortaleza dos jebuseus. Davi apoderou-se dela e lhe mudou o nome para *Cidade de Davi, cf*. 2 Sm 5.7; 1 Cr 11.5. Para ali conduziu ele a arca e desde esse tempo esse monte ficou sendo monte sagrado, 2 Sm 6.10-12. A arca foi removida dali para o Templo pelo rei Salomão, 1 Rs 8.1; 2 Cr 3.1; 5.2. O templo estava no monte Moriá, e, portanto, distinto do monte Sião. Qual dos dois era o monte Sião? (veja *JERUSALÉM*). **2** Depois da construção do templo sobre o monte Moriá e a transferência da arca para ele, o nome Sião compreendia também o templo, Is 8.18; 18.7; 24.23; Jl 3.17; Mq 4.7. Serve isto para explicar a razão por que no Antigo Testamento a palavra Sião aparece entre

SIÃO

100 e 200 vezes, e o monte Moriá, uma só vez, 2 Cr 3.1, ou quando muito duas vezes, Gn 22.2. **3** A palavra Sião emprega-se muitas vezes em referência a toda a cidade de Jerusalém, 2 Rs 10.21; Sl 48; 69.35; 133.3; Is 1.8; 3.16; 4.3; 10.24; 52.1; 60.14. **4** No período dos Macabeus, o monte sobre o qual estava o templo era distinto da cidade de Davi, 1 Mac 7.32,33. **5** A Igreja, e bem assim, o seu regime político, eram conhecidos pelo nome de Sião, Sl 126.1; 129.5; Os 33.14; 34.8; 49.14; 52.8. **6** O céu descrito em Hb 12.22, e em Ap 14.1, tem o nome de Sião.

SIBECAI (*no hebraico, "Jeová está intervindo"*) **–** nome de um homem husatita, e um dos 30 valentes de Davi, notável por haver matado o filisteu Safe, da raça dos gigantes, *cf.* 2 Sm 21.18. Comandou uma divisão do exército destacada para servir no oitavo mês, *cf.* 1 Cr 27.11. *Cf.* em 2 Sm 23.27, tem o nome de Mebunai, uma diferença grave no português, mas pequena no hebraico, que deixa claro tratar-se de uma corruptela do nome Sibecai.

SIBMA (*no hebraico, "bálsamo", "frescura"*) **–** nome de uma cidade, destinada à tribo de Rúben, Nm 32.38; Js 13.19, e que depois reverteu para Moabe. Foi notável pelas suas vinhas, Is 16.8, 9; Jr 48.32. A forma masculina é Sebã, Nm 32.3. Segundo Jerônimo, estava situada cerca de 800 m de Hezbom. Mas o local provável é *Khirbet Qurn el-Kibsh*, aproximadamente 5 km a oeste-sudoeste de Hezbom.

SIBOLETE (*no hebraico é shibboleth, "riacho", "correnteza", "enchente"*) **–** o dialeto local dos eframitas caracterizava-se pela ausência do som palatal sibilante *sh* no começo das palavras, e pelo emprego do lingual sibilante *s* em seu lugar. Quando Jefté, à frente dos homens de Gileade, havia derrotado os de Efraim, e ocupado passagens do Jordão, muitos dos que haviam sido derrotados vinham ao rio, procurando passar pelos vaus. Os de Gileade perguntavam se eram de Efraim e eles negavam. Dizei *shibolete*, ordenavam os de Efraim, e quando pronunciavam *sibolete*, eram mortos sem mais cerimônia, Jz 12.5,6.

SIBRAIM (*no hebraico, "colina dupla"*) **–** nome de um lugar ainda não identificado, que segundo Ez 47.16 estava entre os confins de Hamate e de Damasco, ao norte de Canaã.

SICAR (*no grego é sychar*) **–** nome de uma cidade de Samaria, nas vizinhanças da terra que Jacó deu a seu filho José e perto do poço a que deu o nome, Jo 4.5; *cf.* Gn 48.22. Supunha-se, a princípio, que a palavra Sicar era alteração do vocábulo *shechem*, ou alcunha que lhe deram depois de ser ocupada pelos samaritanos. Havia também quem dissesse que a palavra Sicar derivava do hebraico *sheker*, que quer dizer falsidade, ou de *shikkor*, embriagado. Sabe-se, atualmente, que se localizava onde existe a aldeia Ascar, na encosta oriental do monte Ebal, um pouco ao norte do poço de Jacó.

SICÁRIOS (*no grego é sikarioi*) **–** termo registrado em Atos 21.38 para designar seguidores de certo egípcio. Era aplicado a judeus nacionalistas militares no primeiro século, que armados com adagas, no latim *sicae*, assassinavam homens tidos por inimigos da nação judia, Antig. 20.8.5,10.

SICIOM (*no grego é grafada de três formas com o mesmo significado, sikuón, sukuón e sikión, "cidade do pepino"*) **–** nome de uma cidade do Peloponeso, Heród. 8.43, no golfo de Corinto, cerca de 16 km a noroeste da cidade do mesmo nome. A velha Siciom que ficava no porto foi abandonada no ano 303 a.C. e seus habitantes transferidos para a nova cidade fundada 3 km para o interior da costa, em um lugar que garantia a sua defesa natural. Essa cidade entrou na liga de Acaia em 251 a.C. Cinqüenta anos depois, manifestou-se amiga dos romanos e assim continuou durante outros 50 anos. No ano 146, quando ocorreu a destruição de Corinto, pelo general romano Mummius, recebeu grande porção do terreno conquistado, inclusive a direção dos jogos istmos. Conservou-se nessa posição saliente por mais de um século, até a reconstrução de Corinto que passou a ser colônia do império romano. O senado de Roma no ano 139 a.C. enviou uma carta à cidade de Siciom, mencionada em 1 Mac 15.23.

SICLO – peso empregado para avaliar os metais, Gn 24.22; 1 Sm 17.5, 7. Em tempos remotos, essa quantidade de prata fundida em barra serviu de padrão para as transações comerciais, Gn 23.15,16. Quando se fez o arrolamento do povo, cada um de 20 anos para cima, dava meio siclo em resgate de sua pessoa, Êx 30.14. Entre 141 e 140 a.C., no quarto ano do sacerdócio de Simão Macabeu, Antíoco VII, que ainda não era rei da Síria, mas já no exercício de autoridade, concedeu-lhe licença para cunhar moeda em seu nome; desde esse tempo começaram a circular as moedas de prata de um siclo e de meio siclo (veja *DINHEIRO*).

SICÔMORO – espécie de figueira, que os hebreus chamavam *shiq^e mâ* e os gregos *sykomoraía*, muito abundante nas terras baixas de Judá, 1 Rs 10.27; 1 Cr 27.28; 2 Cr 1.15; 9.27, no vale do Jordão, Lc 19.4, e nas terras cultivadas do Egito, Sl 78.47. A madeira do sicômoro, apesar de inferior ao cedro, era empregada nas construções, Is 9.10. O *Ficus sycomorus* cresce de 8 m a 16 m de altura. As folhas têm a forma de coração e são felpudas pelo lado de baixo. Costumavam plantá-las à beira do caminho por causa da sua agradável sombra, *cf.*

Lc 19.4. Produzem frutas em grupo sobre os galhos a começar do próprio tronco, de onde se estendem para os braços superiores. Não servem para comer enquanto não estiverem maduras, e só depois de remover insetos que os atacam, *cf.* Am 7.14. Não se deve confundir o sicômoro com o sicâmoro, *Platanus occidentalis*, não mencionado na Bíblia (veja *AMOREIRA*).

SICROM (*no hebraico, "embriaguez"*) – nome de uma cidade situada no extremo norte da tribo de Judá, Js 15.11. A localização geográfica é desconhecida, alguns estudioso apontam para *Tell el-Ful*, ao norte do vale de Soreque.

SICUTE – esta palavra encontra-se em Amós 5.26. Tida como nome próprio, corresponde a *Sakkth*, designação dada pelos babilônios ao planeta Saturno, que também denominavam *Kaiwan*.

SIDE – nome de uma cidade marítima, situada na costa oriental da Panfília da Ásia Menor. A essa cidade, o senado romano, por intermédio do cônsul Lúcio, enviou cartas a favor dos judeus, 1 Mac 15.23. Estava localizada na foz do rio Eurímedom, onde fica atualmente a moderna Eski Adalia. Foi parte das conquistas de Alexandre, o Grande, e palco de muitas disputas. Seu enorme porto motivou seu desenvolvimento e guerras, partes das ruínas do porto e, também da cidade, ainda podem ser vistas ao longo da costa.

SIDIM, VALE DE – o termo Sidim, no hebraico, *siddîm*, deve ser derivado do hitita *siyantes*, "sal". Em Gn 14.3,8,10, o lugar é descrito como palco da derrota dos reis de Sodoma, Gomorra e demais reis da pentápole do Jordão, para Quedorlaomer e seus aliados do oriente. O local atualmente é uma área submersa, no extremo sul do mar Morto, pela ação de um terremoto.

SIDOM

SIDOM (*no hebraico é çîdhon, talvez signifique "fortificada"*) – nome de uma antiga cidade dos cananeus, Gn 10.15, situada na costa do mar, cerca de 14 km de Tiro. No século 15 a.C., esteve sujeita ao Egito. Homero dá-lhe grande relevo, referindo-se sempre a ela e nunca à cidade de Tiro. Fala de Sidom e dos sidônios como sinônimo de Fenícia e fenícios. Ficava no limite norte de Canaã, em sentido restrito, Gn 10.19. O território de Sidom era vizinho da tribo de Zebulom, *cf.* 49.13, e entestava com a tribo de Aser, *cf.* Js 19.28, que nessa passagem e no cap. 11.8 se denomina a grande Sidom. A tribo de Aser não consentiu expulsar os cananeus dessa posição, *cf.* Jz 1.31. No governo dos juízes, os sidônios oprimiram os israelitas, 10.12. Estes, por sua vez, passaram a adorar os deuses dos sidônios, v. 6, cujo principal deles foi Baal, que simbolizava o sol, 1 Rs 16.31. O objeto principal de adoração era a deusa Astarote, símbolo da fertilidade, *cf.* 11.5,33; 2 Rs 23.13. Etbaal, rei dos sidônios, era pai de Jezabel, mulher de Acabe, rei de Israel, 1 Rs 16.31. Isaías profetizou a ruína de Sidom e a transferência de seus habitantes para Quetim que é Chipre, Is 23.12. Por algum tempo esteve sujeita ao domínio de Tiro, Antig. 9.14,2. Em 701 a.C., submeteu-se a Senaqueribe, rei da Assíria. Em 648, foi destruída por Esar-Hadom. Jeremias profetizou que ela seria subjugada por Nabucodonosor, rei da Babilônia, Jr 27.3,6, e Ezequiel denunciou os juízos de Deus sobre ela, por ter sido um tropeço de amargura para a casa de Israel, Ez 28.21,22. O profeta Joel acusa os sidônios de terem, em companhia de outros, saqueado Jerusalém, levando prata e ouro, e vendendo os filhos de Judá e os filhos de Jerusalém, aos filhos dos gregos, Jl 3.4-6. No ano 526 a.C., Sidom submeteu-se a Cambises, filho de Ciro, rei dos persas. Os sidônios forneciam madeira aos judeus para a reconstrução do templo por Zorobabel, Ed 3.7. Rebelou-se contra Artaxerxes Oco, rei da Pérsia, em 351 a.C. sendo, então, destruída. Sacudindo o jugo persa, em 333, abriu as portas a Alexandre, o Grande. No ano 64 passou para o domínio romano.

Sidom

Gente de Sidom veio à Galiléia para ouvir a palavra de Jesus e presenciar os seus milagres, Mc 3.8; Lc 6.17 etc. Jesus visitou essa região e talvez tenha entrado na cidade, Mt 15.21; Mc 7.24-31. Herodes Agripa II esteve irritado contra os de Tiro e de Sidom, porém foram pedir-lhe paz, "porque das terras do rei é que o seu pai tirava a subsistência", At 12.20. O apóstolo Paulo passou no porto de Sidom, indo prisioneiro para Roma, 27.3. Desde os tempos do Novo Testamento que essa cidade tem passado por várias vicissitudes. A moderna cidade chama-se Saída, situada sobre um promontório que se estende pelo mar afora. O antigo porto era formado por uma linha de arrecifes paralela à praia. Em parte foi ele obstruído com pedras e terra por Fakhr ed-Din, governador dos drusos no século 17. Existe um muro de proteção do lado fronteiro à terra. A parte superior, onde está a cidadela, fica para a banda do sul. A cidade é cercada de jardins e pomares, mas tem pouco comércio que se tem desviado para Beirute. Encontram-se nos seus arredores algumas colunas de granito quebradas e vários sarcófagos, inclusive o famoso sarcófago de Esmunazar, retirado dos túmulos da vizinhança.

SIDÔNIA (veja *SIDOM*).

SIFI (*no hebraico, "abundância", "plenitude"*) **–** nome de um simeonita, filho de Alom e pai de Ziza, *cf*. 1 Cr 4.37.

SIFMITA – pessoa natural, ou habitante de Sifomote, *cf*. 1 Cr 27.27.

SIFMOTE (*no hebraico, "frutífera"*) **–** nome de um lugar que Davi visitou durante a sua peregrinação e a cujos moradores enviou despojos tomados em Ziclague, *cf*. 1 Sm 30.28; *cf*. 1 Cr 27.27. Local desconhecido.

SIFRÁ (*no hebraico, "esplendor", "beleza"*) **–** nome de uma das parteiras dos hebreus no Egito, que desobedeceu à ordem de Faraó, conservando a vida dos meninos ao nascerem, *cf*. Êx 1.15.

SIFTÃ (*no hebraico, "judicial"*) **–** nome de um efraimita, pai de Quemuel, *cf*. Nm 34.24.

SIGNOS DO ZODÍACO, CONSTELAÇÕES **–** aspecto cintilante do firmamento, *cf*. Jó 38.32. Os revisores da versão inglesa dizem à margem que esse luzeiro, ou *Mazzaroth*, são os signos do Zodíaco, equivalente à palavra hebraica *mazzaloth*, em 2 Rs 23.5. A passagem paralela em *cf*. Jó 9.9 faz lembrar a constelação do hemisfério sul, aquele grupo de pontos luminosos localizados entre as estrelas. Tal é a idéia sugerida pela palavra original, *mazzoroth*.

SILA (*no hebraico, "estrada"*) **–** nome de um lugar desconhecido perto de Milo. O lugar é mencionado em conexão ao assassinato do rei Joás, *cf*. 2 Rs 12.20.

SILAS (*uma contração do nome Silvanus*) **–** distinto membro da igreja apostólica de Jerusalém. Em companhia do apóstolo Paulo, foi a Antioquia levar aos cristãos dessa cidade as decisões do concilio de Jerusalém, *cf*. At 15.22,27,32. Quando o apóstolo dispensou a companhia de Marcos, na segunda viagem missionária, partindo com Barnabé escolheu Silas para fazer parte de sua missão, v. 40. Ambos foram encarcerados em Filipos, 16.19,25,29. Silas estava em companhia de Paulo quando se levantou o tumulto contra eles em Tessalônica, 17.4. Retirando-se, Paulo, para a parte do mar, Silas e Timóteo ficaram ali, v. 14. Eles tiveram de seguir para Atenas atendendo a um chamado urgente de Paulo, v. 15, mas parece que não subiram com ele senão depois de chegar a Corinto, 18.5. Nessa cidade Silas prestou valioso auxílio ao trabalho de Paulo, 2 Co 1.19. A mesma pessoa, familiarmente designada pelo

SILAS

nome de Silas em Atos dos Apóstolos, tem o nome de Silvano nas epístolas. O seu nome aparece com o de Paulo e Timóteo nas duas epístolas aos Tessalonicenses, 1 Ts 1.1; 2 Ts 1.1. Possivelmente seja ele o mesmo Silvano que foi portador da primeira epístola de Pedro, 1 Pe 5.12.

SILÉM (*no hebraico, "recompensa", "retribuição"*) – nome de um dos filhos de Naftali, e fundador de uma família tribal, Gn 46.24; Nm 26.49. Salum é sinônimo de Silém, e mais usado, 1 Cr 7.13 (veja *SALUM*).

SILI (*no hebraico, "armado com dardos", ou "dotado de dardos"*) – nome do pai de Azuba, mãe de Jeosafá, 1 Rs 22.42; 2 Cr 20.31.

SILIM (*no hebraico, "arma de arremesso", ou "fontes"*) – nome de uma cidade no extremo sul de Judá, *cf.* Js 15.32. Talvez seja a mesma Saruém, Js 19.6, e Saaraim, 1 Cr 4.31.

SILÓ (*no hebraico é shilô e shiloh, o significado é incerto, alguns optam por "tranqüilidade", "repouso"*) – nome de uma cidade, ao norte de Betel ao sul de Lebona, ao oriente do caminho que vai de Betel a Siquém, Jz 21.19, e, portanto dentro do território de Efraim. Foi ali onde os filhos de Israel se reuniram e levantaram o Tabernáculo do testemunho, Js 18.1, e onde se fez a demarcação das terras e se lançaram sortes, 19.51; 22.9. Em Siló se congregaram todos os israelitas das tribos ocidentais do Jordão, para pelejarem contra as tribos estabelecidas ao oriente do mesmo rio, v. 12. No tempo dos juízes celebrava-se ali uma festa anual a Jeová, Jz 21.19; 1 Sm 1.3, em uma das quais os benjamitas roubaram para si mulheres, as donzelas que dançavam, por terem sido exterminadas as mulheres de Benjamim, *cf.* Jz 21.16-23. No tempo do pontífice Eli e durante os primeiros anos da vida de Samuel, ainda existia

ali o Tabernáculo e a arca, Jz 18.31; 1 Sm 1.9,24; 2.14,22; 3.3-21; 4.3,4; 14.3. A tomada da arca pelos filisteus queria significar que o Senhor havia abandonado Siló, Sl 78.60; Jr 7.12,14; 26.6,9. O pacto feito no Sinai, do qual a arca e o ritual serviam de garantia, fora suspenso. Quando a arca voltou, devolvida pelos filisteus, não ficou mais em Siló, 1 Sm 6.21; 7.1,2; 2 Sm 6.2,11,17. A obra regeneradora e, a restauração dos privilégios do pacto, começaram com Samuel. O profeta Aías, que anunciou a Jeroboão que ele seria rei, morava em Siló, para lá se dirigiu a mulher de Jeroboão, a fim de saber o futuro acerca de seu filho enfermo, *cf.* 1 Rs 14.2,4. Siló continuou a ser habitada pelo menos até o tempo de Jeremias, Jr 41.5. Robinson a identificou com *Seilum*, situada 16 km a nordeste de Betel e cujas ruínas se encontram em um vale rodeado de montanhas. As encostas do estreito vale estão repletas de sepulcros. Um fio de límpidas águas corre pela vizinhança. Existem três interpretações da palavra Siló, ou *Shiloh*, virtualmente incluída na difícil passagem de Gn 49.10, a saber: **1** *Shiloh* é nome próprio que designa o Messias, e refere-se às disposições pacíficas de seu reino. **2** *Shiloh* quer dizer "lugar de tranqüilidade", nome da cidade central da Palestina, onde se colocou o Tabernáculo logo depois da conquista de Canaã por Josué, Js 18.1. **3** *Shiloh* não é nome próprio nem palavra de simples formação: é palavra composta de pronome relativo "she", da preposição "l" e do sufixo pronominal da terceira pessoa do masculino, "oh". A mesma forma do sufixo ocorre duas vezes no versículo seguinte. Essa frase tem sido interpretada como significando "aquilo que é seu", "cujo ele é", ou "o seu próprio". A segunda dessas três significações é a que melhor corresponde a Ezequiel 21.27, mas não é gramaticalmente admissível; e a primeira considerada como objetivo, "ele virá para

SILÓ

o que é seu" é gramaticalmente difícil, porque uma cláusula objetiva relativa com um antecedente indefinido, é precedida por uma preposição ou pelo sinal do acusativo. Essa concepção da palavra como frase é antiga e foi adotada pelos tradutores das antigas versões como a LXX, os Targuns de Onkelos e Jônatas, a Siríaca e a de Jerônimo. A primeira e a terceira das interpretações referem-se expressamente ao Messias. Na segunda, há referências às bênçãos do pacto, as quais os profetas revelaram pertencer em sua plenitude aos tempos do Messias. Rúben comprometeu os direitos de sua primogenitura por causa de seu proceder irregular, Gn 49.4; 35.22. Simeão e Levi incorreram nas justas censuras de seu pai, 49.5-7; 34.30; e Judá tomou o lugar de primogênito e se tornou representante da tribo e o herdeiro das bênçãos do pacto feito com Abraão e à sua semente, 49.8. A promessa que Deus fez à semente da mulher, 3.15, as bênçãos do favor divino centralizadas na pessoa de Sem, 9.26,27, a conseqüente centralização das bênçãos do pacto na família de Abraão cap. 17, dali em diante pertenciam exclusivamente a Judá, herdeiro e possuidor dos direitos da primogenitura. Por ele, conforme a primeira e a terceira interpretação referidas, as prerrogativas de que era possuidor passariam para um dos seus, um da sua tribo, o homem da paz a quem os povos dariam obediência e em quem se concentrariam todas as bênçãos do pacto. Essa interpretação, com muitas modificações de minúcias e considerando o centro como emblema da realeza ou o símbolo do mando em geral, observa-se claramente representada no texto das versões inglesas. Esta deve ser essencialmente a verdadeira interpretação; porque a cidade de Siló não compreende as condições históricas e não há razão alguma pela qual Jacó, não falando em revelação especial, poderia julgar que Siló iria ser o futuro centro de adoração, nem que Judá

teria o lugar de honra entre as demais tribos, antes que o Tabernáculo fosse levantado em Siló, exceto se alguma circunstância especial lhe desse o bastão de mando, enquanto o povo marchava para Canaã, a fim de erguer suas tendas em frente ao Tabernáculo. A chefia estava a princípio nas mãos de Moisés da tribo de Levi. Os príncipes de Rúben não viam isto com bons olhos. Depois da morte de Moisés, até o tempo em que o Tabernáculo se ergueu em Siló, o bastão de mando esteve nas mãos de Josué da tribo de Efraim. É mais natural considerar o nome Siló, nessa passagem designando a cidade, porque é nessa acepção que ele se emprega em toda parte, e, desse modo, as palavras de Jacó se entendem facilmente. Esta é a idéia predominante, entre todos que negam ser o patriarca Jacó quem proferiu as palavras referidas, afirmando que ela contém uma profecia já realizada, porém, o discurso de Jacó não é produção de um velho profeta, comentando a história passada das 12 tribos, e colocando nos lábios de Jacó, seu antecessor, as suas reflexões; porque as descrições não combinam com o estado atual das coisas em qualquer período da história nacional (veja para exemplo o versículo 13 e o artigo *ZEBULOM*). Os que acreditam na legitimidade do discurso sustentam que as palavras se referem a Siló como cidade, para explicar como Jacó chegou a usar o nome, e como Moisés, o levita, e Josué, o efraimita, podiam guiar o povo, enquanto ainda o cetro pertencia a Judá. O argumento de Delitzsch pode ser ampliado. Sem dúvida que Siló já existia nos tempos dos patriarcas. Jacó antevia o regresso final de seu povo para Canaã, Gn 15.13-16; 46.3,4; 48.21, e emprega esse nome, que significa lugar de tranqüilidade, como presságio do futuro, deleitando-se com esse nome, como Esaú se comprazia com o nome de Jacó, e Miquéias com os nomes das cidades de Judá. Não importava que Deus destinasse homens

SILÓ

de outras tribos para servirem em emergências especiais, uma vez que os direitos de primogenitura e os privilégios que lhe eram inerentes pertenciam a Judá. Tudo isto se confirma pela posição que ocupava à frente dos exércitos e pela localização de suas tendas defronte do Tabernáculo, e pela multiplicação de seus descendentes, de modo que ela possuía mais povo do que as outras tribos, durante os 40 anos da viagem pelo deserto. Verifica-se ainda que a primeira das sortes na distribuição da terra conquistada saiu à tribo de Judá. A vinda de Jacó à cidade de Siló, ele não a julgava necessária. O cumprimento de suas palavras tinha mais sentido literal do que a expressão das coisas que esperava: tinha simplesmente em vista a posse tranqüila da Terra Prometida. A edificação do Tabernáculo em Siló, cidade que Josué teria preferido por causa das palavras de Jacó, marcava o primeiro passo da realização da promessa. Chegava novo período da história de Israel. A conquista estava completa, a herança era dele, a posse estava começada, e o descanso havia também começado. Judá, na posse de seus direitos de primogenitura, tinha chegado ao lugar de sua tranqüilidade em Canaã, conseguindo a obediência dos povos, e estava pronto a desfrutar a possessão conquistada, *cf.* Gn 49.10-12. As palavras não querem dizer que ao chegar a Siló, o cetro seria tirado; devem ser entendidas em harmonia com as palavras de Is 43.4: "Não será triste, nem turbulento, até que estabeleça na terra a sua justiça". Isto não quer dizer que o servo, a que se referem essas palavras, estava sujeito a desanimar na sua obra. Do mesmo modo Jacó quer dizer que os privilégios conferidos pelo direito de primogenitura, centralizados no pacto abraâmico, não seriam transferidos até que Judá tivesse alcançado as bênçãos prometidas com a posse de Canaã, e só então iria usufruí-las. Abre-se para ele novo período. Deus lhe havia destinado o primeiro lugar entre as tribos, e seria ela a primeira em entrar em luta contra os cananeus na terra da conquista. Foi também a primeira chamada para a guerra contra Benjamim para castigar o seu pecado. O primeiro e único libertador do povo de Israel, durante o período dos juízes, saiu da tribo de Judá, Jz 3.7-11. Saul, que era da tribo de Benjamim, à semelhança dos juízes, foi chamado para ser o libertador de Israel, 1 Sm 9.16; 10.6, e poderia conservar a coroa na sua família, 13.13,14; 15.23,26,28, não fora o pecado, do mesmo modo que Rúben perdeu os direitos de primogenitura, e Judá a permanência do trono. A obediência dos cananeus, a posse da terra, desfrutar sua fertilidade, eram apenas o tipo dos triunfos messiânicos incluídos nas bênçãos do pacto. À medida que os tempos se completavam, a realidade ia aparecendo. Os profetas deliciavam-se considerando as verdades sobre os últimos dias, quando todas as nações subiriam ao monte da casa do Senhor, porque de Sião sairia a lei e de Jerusalém a palavra do Senhor. "Ele julgará entre os povos e corrigirá muitas nações; estas converterão as suas espadas em relhas de arados e suas lanças, em podadeiras; uma nação não levantará a espada contra outra nação, nem aprenderão mais guerra", Is 2.4. "... assentar-se-á cada um debaixo da sua videira e debaixo da sua figueira, e não haverá quem os espante, porque a boca do Senhor dos Exércitos o disse", Mq 4.4, *cf.* Is 2.2-4; Mq 4.1-5; Jl 3.9-21.

SILOÉ (*no grego é siloam, do hebraico shilôah, "enviado", referindo-se especialmente à água que vinha pelo aqueduto*) – nome de um tanque existente em Jerusalém, Jo 9.7, o mesmo Siloé, cujas águas correm em silêncio, referido por Is 8.6; a piscina de Siloé ao longo do jardim do rei de que fala Ne 3.15. Diz Josefo que o tanque de Siloé estava situado na extremidade do vale dos

SIMÃO

vendedores de queijos, perto de uma curva do velho muro por baixo de Ofel, Guerras 5.4,1,2. O nome Siloé existe sob a forma *Birket silwan*, nome este de um tanque que ocupa o lugar do antigo; é reservatório de pouco mais de 17 m de comprimento por 5,5 m de largura e quase 6 m de profundidade, construído de pedra, cujo lado ocidental se encontra quase destruído. A nascente fica na parte superior em uma escavação feita na rocha, justamente na extremidade do túnel aberto para trazer a água da Fonte da Virgem. Do reservatório inferior, a água corre como um pequeno riacho, atravessa o caminho e irriga os jardins do vale de Cedrom. Em 1880, descobriu-se uma inscrição, de seis linhas, nos muros do túnel. Um moço, que havia entrado pelo tanque de Siloé, a encontrou. A inscrição era feita em caracteres de puro hebraico, que parece pertencer ao tempo de Acaz ou de Ezequias. Uma parte das três primeiras linhas está destruída pelo tempo, e em certos lugares não é possível reconstruir os caracteres, com precisão. Apesar disso, o sentido é perfeitamente claro. Descreve como foi que os trabalhadores, começando a escavação nos dois extremos opostos do túnel, se encontraram. Diz assim: "Eis como se fez a escavação. À medida que os mineiros se aproximavam uns dos outros, e quando ainda faltavam três cúbitos para se encontrarem, ouviram as vozes de um e outro lado, que passavam por uma fenda da rocha à mão direita... E no dia em que se encontraram, a picareta de um bateu na do outro lado contrário. E a água correu desde a fonte até o tanque, 1.200 cúbitos; à profundidade de 100 cúbitos acima da cabeça dos mineiros". A torre de Siloé que caiu sobre 18 homens e os matou, Lc 13.4, provavelmente, era algum penhasco de Ofel, perto de Siloé (veja *JERUSALÉM*).

SILONITA – 1 Designação de pessoa natural de Siló, ou morador nela, 1 Rs 11.29.

2 Nome de um membro da família tribal de Siloé, Ne 11.5.

SILSA (*no hebraico, "poder", "trio", ou "heroísmo"*) **–** nome de um aserita, filho de Zofá, *cf.* 1 Cr 7.37.

SILVANO (veja *SILAS*).

SIM – 1 Cidade e fortaleza do Egito, Ez 30.15,16. A LXX diz *Sais*, que nunca foi grande fortaleza. A Vulgata diz *Pelusium*, que era a chave do Egito, grandemente fortificada. Não se podia entrar no Egito pelo lado do nordeste sem primeiro tomar essa cidade. O nome Sim faz lembrar a palavra *Sun*, a Syene dos gregos e a moderna Assuã da primeira catarata do Nilo. A ordem da enumeração das cidades do Egito, a contar do sul para o norte, como se encontra em Ez 30.16-18, favorece essa identificação.

SIM, DESERTO DE – nome do deserto por onde passaram os israelitas quando saíram de Elim depois de deixarem a terra do Egito, e acamparam em Refidim, *cf.* Êx 16.1; 17.1; Nm 33.11,12. Identificação disputada. O lugar preferido é entre Debete *er-Ramleh*, ou planície de areia, no interior da península nas raízes do *Jebel et-Tih* e na planície deserta *el-Markhah* na costa do mar. Se for ali, então, os israelitas tendo deixado esse lugar, continuaram a sua jornada ao longo da costa, penetrando depois no interior pelo *wady Feiran*.

SIMALCUE – nome de um árabe que educou o jovem Antíoco, filho de Alexandre Balas, 1 Mac 11.39. Na Antig. 13.5,1, chama-se Malcus. Esse nome, sem dúvida, contém a palavra árabe *malik*, rei.

SIMÃO (*no grego simon, é uma forma do nome hebraico Simeão*) **1** Nome de um homem registrado na tribo de Judá, 1 Cr 4.20. **2** Nome do segundo filho do

SIMÃO

sacerdote Matatias, também chamado Tassi, que talvez signifique diretor ou guia, 1 Mac 2.3, em siríaco *Tarsi*. Esse Simão, com seus irmãos, simpatizou com a atitude de seu pai na revolta contra a intolerância religiosa dos sírios, v. 14. Considerando-o como o melhor e mais sábio dos filhos, seu pai, estando para morrer, nomeou-o conselheiro da família, mas conferiu a autoridade militar a Judas, irmão mais novo de Simão, v. 65,66, que serviu no exército sob as ordens de Judas, e comandou um exército para auxiliar os judeus da Galiléia, 5.17,20-23. Depois da morte de Judas, Jônatas assumiu a direção do governo e nomeou Simão comandante das tropas que operavam na costa, 11.59; 12.33,34. Quando Jônatas foi preso por Trifom, Simão assumiu a direção da guerra, como sendo o último dos irmãos remanescentes da família dos Macabeus, 13.1-9. Imediatamente procedeu à conclusão das fortificações de Jerusalém e assegurou a posse de Jope, 10,11. Quando Trifom invadiu a Judéia, Simão o perseguiu, 20, e quando Trifom abandonou o país, Simão reconstruiu as fortificações da Judéia, 33. Também se aliou a Demétrio II, rival de Trifom e alcançou dele o reconhecimento da independência da Judéia, 142 a.C., v. 34-42. Depois sitiou e capturou Gezer (Gaza), 43-48. Na primavera do ano 141, submeteu a cidadela síria de Jerusalém, 49-52. Seguiu-se um período de paz durante o qual Simão aplicou as suas energias à administração interna, a desenvolver o comércio e a agricultura, 14.4-15. Embelezou o túmulo da família em Modim, onde havia depositado os restos mortais de seu irmão Jônatas, 13.25-30. Roma e Esparta renovaram a união com ele, 14.16-24; 15.15-24. Os judeus o reconheceram como sumo sacerdote, capitão e chefe, 13.42; 14.41,42,47; 15.1,2, e no ano 140 a.C., o autorizaram a usar a púrpura, 14.43,44. Antíoco Sidetes, nas vésperas de ir para a Síria, a fim de auxiliar a causa de Demétrio, que estava ausente, contra Trifom, fez concessões a Simão e lhe deu autoridade para cunhar moedas, 15.6, mas, depois, separou-se dele e exigiu que lhe entregasse Jope, Gaza e a cidadela de Jerusalém, 26-31. Simão se recusou e sucedeu a guerra, 138-137. a.C., mas os sírios foram vencidos. No princípio da primavera de 135 a.C. quando visitava as cidades por ele conquistadas, foi traiçoeiramente assassinado no castelo de Doque, perto de Jericó, por seu genro, 16.14-16. **3** Nome do pai de Judas Iscariotes, *cf.* Jo 6.71, que também tinha o mesmo apelido de Iscariotes, *cf.* 13.26. **4** Simão Pedro, o apóstolo de Jesus, Mt 10.2; At 15.14 (veja *PEDRO*). **5** Simão, chamado Zelote, nome de um dos 12 apóstolos, *cf.* Lc 6.15; At 1.13. **6** Nome de um dos irmãos do Senhor, Mt 13.55; Mc 6.3. **7** Nome de um fariseu que deu um banquete a Jesus em sua casa, e onde uma mulher pecadora ungiu os pés do Senhor, Lc 7.36-50. **8** Nome de um morador de Betânia. Havia sido leproso e talvez fosse curado por Jesus. Quando Jesus estava à mesa em sua casa, Maria, irmã de Lázaro, ungiu-lhe os pés com precioso bálsamo, Mt 26.6-13; Mc 15.3-9; Jo 12.1-8. Marta servia, e Lázaro era um dos que estavam à mesa. A presença de Lázaro e de suas irmãs e a parte ativa que elas tomaram, e bem assim o fato de a casa de Simão encontrar-se na mesma povoação de Betânia, dão a entender que esse Simão era parente ou amigo íntimo de Lázaro e de suas irmãs. Não há motivo para pensar que ele era o pai ou esposo de Maria. É mais provável que fosse marido de Marta (veja *MARIA*). **9** Nome de um homem de Cirene que foi constrangido a levar a cruz de Cristo. Era pai de Alexandre e de Rufo, Mt 27.32. **10** Nome de um curtidor de peles, residente em Jope, em cuja casa se hospedou o apóstolo Pedro, At 9.43; 10.6,17,32. **11** Nome de um cristão, profeta ou doutor, residente em Antioquia, o qual tinha por apelido Níger, talvez por ser de raça africana, At 13.1.

SIMÃO, O MÁGICO (*no grego é Simom, magos*) **–** nome de um feiticeiro, conhecido por Simão, o mágico, "que praticava... a mágica, iludindo o povo de Samaria, insinuando ser ele grande vulto; ao qual todos davam ouvidos, do menor ao maior, dizendo: Este homem é o poder de Deus", At 8.9,10, ele teve uma conversão aparente por instrumento de Filipe, o evangelista, que o batizou. Posteriormente, tentou obter o dom do Espírito Santo por meio de dinheiro, a fim de impor as mãos e transmitir o poder santificador. O apóstolo Pedro o repreendeu severamente, declarando que seu coração não era reto diante de Deus; que estava em fel de amargura e preso aos laços da iniqüidade. Simão recebeu com brandura essa repreensão e pediu ao apóstolo que rogasse por ele para que não viesse sobre si tudo quanto havia dito, *cf.* At 8.9-24. Teve medo, mas não consta ter se arrependido. A tradição eclesiástica diz que esse Simão voltou novamente a exercer a feitiçaria e foi grande e persistente antagonista do apóstolo Pedro, acompanhando-o de um lugar para outro e procurando opor-se às suas doutrinas, mas sendo constantemente confundido. Dizem que foi ele um dos fundadores do gnosticismo. Há notícias contraditórias quanto ao modo de sua morte.

SIMEÃO (*no hebraico é shimᵉʻôn, um derivado de shâma', "ouvir"*) **1** Nome do segundo filho de Jacó com sua mulher Lia, Gn 29.33. Em companhia de seu irmão, Levi, massacrou os moradores de Siquém por causa da ofensa de um deles contra Diná, sua irmã, Gn 34.24-31. Quando um dos filhos de Jacó estava a ponto de ficar prisioneiro no Egito, como refém para garantir a volta dos irmãos, trazendo Benjamim, José mandou que algemassem Simeão, *cf.* Gn 42.24. Nas declarações finais de Jacó, quando estava para morrer, refere-se às injustiças de Simeão e Levi contra os moradores de Siquém e anuncia que, por causa disso, os dois irmãos haviam de ser divididos em Jacó e espalhados em Israel, *cf.* Gn 49.5-7. **2** Nome da tribo de que Simeão, filho de Jacó, foi o progenitor. Simeão teve seis filhos: Jemuel, Jamim, Oade, Jaquim, Zoar e Saul. À exceção de Oade, todos os outros foram chefes de famílias tribais, Gn 46.10; Nm 26.12-14; 1 Cr 4.24. O príncipe da tribo nos tempos da peregrinação pelo deserto foi Selumiel, filho de Zurisadai, Nm 1.6; 2.12; 7.36-41; 10.19, e mais tarde, Samuel, filho de Amiúde, 34.20. Quando se fez o primeiro arrolamento do povo no deserto, a tribo estava com 59.300 homens de guerra, 1.23; 2.13, e no segundo tinha apenas 22.200, 26.12-14. O representante da tribo na comissão enviada para o reconhecimento da terra de Canaã chamava-se Safate, filho de Hori, *cf.* Nm 13.5,6. Moisés, antes de morrer, abençoou as tribos, mas deixou de mencionar explicitamente o nome de Simeão, Dt 33. Essa omissão explica-se talvez pela construção artificial do poema. Moisés precisava contar 12 tribos, e formou dois grupos de seis por ordem de nascimentos, colocando os filhos das duas mulheres de Jacó no primeiro grupo, e os das duas escravas, no segundo grupo.

Lia 3 – Escrava de Lia 1

Raquel 3 – Escrava de Raquel 2

Lia 2 – Escrava de Lia 1

O primeiro grupo contém oito, omitindo o nome de Simeão; e o segundo grupo, justamente a metade de oito. O primeiro grupo subdivide-se em três grupos menores, começando pelos três filhos mais velhos de Lia e terminando com os dois últimos, e colocando, no centro, os três filhos de Raquel. O segundo grupo obedece às mesmas disposições. Começa pelo primogênito da serva de Lia e termina pelo segundo filho

SIMEÃO

da mesma serva entre os quais se encontram os dois filhos da serva de Raquel. As bênçãos pronunciadas sobre essas tribos estão implicitamente compreendidas em uma bênção sobre todo o Israel, Dt 33.2-5,25-29. A tribo de Simeão não tem menção particular por encontrar-se espalhada em Israel, Gn 49.5-7. Igual punição estava reservada à tribo de Levi que, de algum modo, modificou-se em acontecimentos posteriores que lhe deram lugar distinto entre as demais tribos. Depois da morte de Moisés, a tribo de Simeão não teve parte na divisão da terra, senão no território de Judá. Apesar de não ser individualizada, nem por isso deixou de participar das bênçãos invocadas sobre as demais tribos. Os rubenitas achavam-se implicitamente compreendidos na bênção geral pronunciada sobre Israel, que serviu de início e de encerramento ao poema. A tribo de Simeão foi uma das que estiveram sobre o monte Gerizim para abençoar o povo, Dt 27.12. Quando se fez a distribuição da terra de Canaã, por meio das sortes, a segunda sorte saiu aos filhos de Simeão, cuja herança lhes tocou no meio da herança dos filhos de Judá, no extremo sul da terra, Js 19.1,2,9. As duas tribos fizeram causa comum contra os cananeus, Jz 1.1,3,17. Entre as cidades simeonitas contavam-se Berseba, Ziclague e Hormá ao sul, Js 19.2-9. No reinado de Ezequias, os simeonitas derribaram as tendas de Cão e mataram os habitantes que estavam ali. Quinhentos homens, dentre os filhos de Simeão, passaram ao monte de Seir e "Feriram o restante dos que escaparam dos amalequitas e habitam ali até ao dia de hoje", *cf*. 1 Cr 4.24-43. Acredita-se que, ultimamente, grande parte da tribo desapareceu. Contudo, nas profecias de Ezequiel, ela aparece na lista dos donatários da futura Canaã, e nas visões do Apocalipse encontram-se 122 mil assinalados da tribo de Simeão, Ez 48.24,25,33; Ap 7.7. **3** Nome de um dos antecessores de Cristo que viveu depois de Davi, e antes de Zorobabel, Lc 3.30. **4** Nome de um sacerdote da família de Joaribe e antecessor dos Macabeus, 1 Mac 2.1. **5** Nome de um homem reto e bom a quem o Espírito Santo revelou que não veria a morte, sem ver primeiro o Messias da Promessa. Chegando ao templo, quando José e Maria haviam ali entrado com o menino, Simeão, reconhecendo nele o Messias prometido, disse: "Agora, Senhor, podes despedir em paz o teu servo, segundo a tua palavra", v. 29, e profetizou o que havia de acontecer a Maria por causa desse menino, *cf*. Lc 2.25-35. **6** Nome que tem grafia diferente dos demais, seu sentido no hebraico é "audição", um dos filhos de Herém, induzido por Esdras a lançar fora sua mulher estrangeira, *cf*. Ed 10.31.

SIMEATE (*no hebraico, "rumor"*) – nome de uma mulher amonita, mãe de um dos assassinos do rei Josias, 2 Rs 12.21.

SIMEATITAS – família de cineus, descendentes do fundador da casa de Recabe, e residente em Jabes, *cf*. 1 Cr 2.55.

SIMEI (*uma forma abreviada do hebraico shema'yahû, "Jeová ouviu"*) **1** Nome de um dos filhos de Gérson e neto de Levi. Fundou uma das subdivisões da família tribal de Gérson, Êx 6.17; Nm 3.18,21; *cf*. 1 Cr 23.7,10; Zc 12.13. **2** Nome de um levita da família de Merari, *cf*. 1 Cr 6.29. **3** Nome de um simeonita, provavelmente da família de Saul. Teve 16 filhos e seis filhas, *cf*. 1 Cr 4.24-27. **4** Nome de um levita, filho de Jaate, da família de Gérson, *cf*. 1 Cr 6.42. **5** Nome de um benjamita, chefe de uma família estabelecida em Aijalom, *cf*. 1 Cr 8.21. No v. 13 tem o nome de Sema. **6** Nome de um levita da família de Gérson e chefe de uma das subdivisões da família Ledã, que mais tarde também foi subdivisão da casa de Libni, *cf*. 1 Cr 23.9. **7** Nome de um levita, chefe da décima classe dos cantores no reinado de Davi, e evidentemente filho de Jedutum, *cf.* 1 Cr 25.3,17. **8** Nome de um homem de Romati, encarregado das vinhas do rei Davi, *cf.* 1 Cr 27.27. **9** Nome de um benjamita, filho de Gera, da família do rei Saul, que havia perdido o trono. Quando viu Davi com o seu séquito, descendo o monte das Oliveiras por ter Absalão ocupado a cidade de Jerusalém, julgou-se com direito a insultar o rei deposto em linguagem por demais insultuosa. Davi lhe perdoou a ofensa, porém, mais tarde Salomão mandou matá-lo, 1 Rs 2.44-46, por haver desobedecido à suas ordens. **10** Nome de um dos valentes de Davi que não apoiaram Adonias, *cf.* 1 Rs 1.8. Era filho de Ela, governador de Salomão no território de Benjamim, 4.18. **11** Nome de um rubenita, *cf.* 1 Cr 5.4. **12** Nome de um levita, filho de Hemã, que auxiliou a purificação do templo no reinado de Ezequias, *cf.* 2 Cr 29.14-16. Pode ser identificado com o seguinte: **13** Nome de um levita, irmão de Conenias no reinado de Ezequias, e que tomava conta dos dízimos e das primícias, *cf.* 2 Cr 31.12. **14** Nome de um benjamita, filho de Quis e antecessor de Mordecai, *cf.* Et 2.5. **15** Nome de um homem, pertencente à família real de Judá e irmão de Zorobabel, *cf.* 1 Cr 3.19. **16; 17; 18** Nome de três homens, um deles, levita; outros filho de Hasom e o terceiro, filho de Bani, que, induzidos por Esdras, lançaram fora suas mulheres estrangeiras, Ed 10.23,33,38.

SIMÉIA – 1 Nome de um levita da família de Merari da casa de Mooli, *cf.* 1 Cr 6.30. **2** Nome de um levita da família de Gérson, *cf.* 1 Cr 6.39,44. **3** Nome de um irmão do rei Davi, 2 Sm 13.3; *cf.* 1 Cr 20.7. Em 1 Sm 19.9 e 17.13 aparece com o nome de Sama com a queda de letra do alfabeto hebraico, ou por haver mudança de nome, com significado mais nobre, passando de "desolação" para "fama", depois que foram os israelitas libertados do poder dos filisteus. Esta última conjectura é muito provável como no caso de Icabode que era nome memorável. **4** Nome de um filho de Davi (veja *SAMUA*). **5** Nome de outro Samá, soletrado em hebraico de modo diverso, *cf.* 1 Cr 8.32. **6** Nome de um benjamita, filho de Miclote residente em Jerusalém, *cf.* 1 Cr 9.38; 8.32.

SIN (*quanto à letra hebraica, veja SHIN*).

SIN (*quanto à cidade e deserto, veja SIM*).

SINABE – nome de um dos reis de Admá, derrotado por Quedorlaomer, *cf.* Gn 14.2,8,10.

SINAGOGA (*no grego é synagoge, "assembléia"*) **–** lugar destinado à oração. As sinagogas serviam também para o funcionamento dos tribunais e para escolas. Antes do cativeiro, as práticas religiosas de elevada categoria somente eram celebradas no templo de Jerusalém. A lição das Escrituras fazia-se publicamente em qualquer lugar, Jr 36.6,10,12-15. O povo tinha liberdade de procurar instrução na casa dos profetas, onde quer que estivessem, 2 Rs 4.38. Enquanto durou o cativeiro na Babilônia, era impossível assistir ao culto no templo de Jerusalém, e por isso ergueram-se sinagogas em diversas partes, dentro e fora da Judéia. Na sinagoga não se ofereciam sacrifícios: lia-se as Escrituras e fazia-se oração. No Antigo Testamento não se encontram referências a esses lugares de adoração. Desde o primeiro século da era cristã, há notícias da existência de sinagogas nos lugares onde havia judeus. Até mesmo em pequenas localidades fora da Palestina, encontram-se sinagogas, como em Salamina, na ilha de Chipre, *cf.* At 13.5, Antioquia da Pisídia, *cf.* v. 14, Icônio, 14.1, Beréia, 17.10. Nas grandes cidades, como Jerusalém e Alexandria, 6.9, havia muitas sinagogas. Essas comunidades religiosas

SINAGOGA

mantinham existência separada do Estado. Contudo, os seus negócios civis e religiosos eram subordinados às leis do país em que viviam, Antig. 19.5-3. Um corpo de anciãos dirigia os negócios da sinagoga e da comunidade religiosa por ela representada, Lc 7.3,5. Os encarregados da direção do culto, mantenedores da ordem e que tomavam conta das coisas temporais, eram os seguintes: **1** O príncipe da sinagoga, At 18.8. Em algumas sinagogas havia vários chefes em exercício, 13.15; Mc 5.22. O príncipe é quem presidia ao culto. A leitura das Escrituras, as orações e as exortações, At 13.15, eram feitas por membros para esses fins designados, sob responsabilidade do príncipe, Lc 13.14. Os atos de culto não eram exercidos por oficiais permanentes para isso destinados, e sim por membros particulares que manifestavam aptidões. Jesus leu as Escrituras na sinagoga de Nazaré, 4.16, e muitas vezes entrava nelas para ensinar, Mt 4.23. Os chefes da sinagoga de Antioquia de Psídia convidaram Paulo e Barnabé a exortar, o povo, At 13.15. **2** Além do príncipe da sinagoga, havia oficiais de categoria inferior, encarregados de entregar o livro da lei a quem o ia ler, e colocá-lo outra vez no seu lugar. Esses oficiais também executavam as penas impostas pelo tribunal aos delinqüentes, Lc 4.20. **3** Os encarregados de administrar as esmolas, *cf*. Mt 6.2. **4** Os homens ricos da congregação, em número indeterminado, representavam a comunidade nos dias de culto, que se reunia em cada sábado para adorar a Deus, At 15.21, e também no segundo e quinto dia da semana para ouvir a leitura das Escrituras. Os homens tomavam assentos separados das mulheres. Um dos membros da sinagoga fazia oração. Consistia principalmente na leitura de Dt 6.4-9; 11.11-21; Nm 15.37-41, e em repetir algumas, ou todas as 18 orações e bênçãos. O povo ficava em pé durante as orações, Mt 6.5; Mc 11.25, e todas as pessoas presentes diziam amém, quando terminavam. A leitura da lei fazia-se, At 15.21, por diversos assistentes, cada um dos quais lia um parágrafo alternadamente; começava e terminava com ação de graças. Seguia-se uma lição dos profetas que era lida pela mesma pessoa que abria o serviço com oração. Depois da leitura, fazia uma exposição sobre ela, o leitor, ou qualquer outra pessoa presente, Lc 4.16-22; At 13.15. O culto

Sinagoga — *Christian Computer Art*

terminava com a bênção pronunciada por um sacerdote, se estivesse algum presente; e a congregação dizia amém. Os judeus denominavam a sinagoga de casa das reuniões. Existem ruínas de antigas sinagogas em *Tell Hum* da Galiléia, que parece ser Cafarnaum, em *Irbid, Kefr Birim, Nebartein* e em outros lugares. Eram construções retangulares, voltadas para o norte e para o sul, tinham uma porta larga no centro e duas menores, uma de cada lado na parte sul. O interior dividia-se em cinco naves formadas por quatro ordens de colunas. Os ângulos do lado setentrional tinham duas colunas uma de cada lado. Em *Tell Hum*, as colunas são ornadas de capitéis coríntios; e em *lrbid* são um misto de coríntio e jônico. As lumieiras das portas centrais geralmente eram ornamentadas com representações de folhas de parreira com cachos de uva. Nas ruínas da sinagoga de *Nebartein* observa-se a representação do candeeiro do templo, com uma inscrição; na de *Kefr Birim*, uma figura que parece ser do cordeiro pascal, e em *Tell Hum*, vê-se também a enorme figura e com ela a do vaso que guardava o maná. O espaço destinado aos assistentes continha uma estante, ou púlpito, onde lia-se as Escrituras, um armário para guardar os rolos dos livros e alguns assentos destinados às pessoas mais ricas da congregação e aos anciãos, Mt 23.6; Tg 2.2,3. Os lugares mais distintos ficavam próximos do armário onde se guardava a lei. Os homens ocupavam lugares separados das mulheres. Havia lugares reservados onde se aplicavam os castigos decretados pelas autoridades da sinagoga, Mt 10.17; At 22.19. A grande sinagoga é o nome de um concílio, organizado por Neemias no ano 410 a.C., formado de 120 membros (Megilloth 17,18). Esdras era o presidente. Os profetas transmitiam a essa corporação a lei de Moisés (Pirke aboth, 1.1). Simão, o Justo, que morreu no ano 275 a.C., foi um dos últimos membros desse concílio que foi substituído pelo sinédrio, 10.1. Sua função principal foi reorganizar o culto religioso entre os que voltavam do cativeiro e coligir os livros canônicos. Tal é a tradição judia a esse respeito. A existência da grande sinagoga parece ter cessado, visto não haver mais notícia a seu respeito nos livros Apócrifos, nas obras de Josefo e nas de Filo, nem mesmo consta nas Escrituras; mas, nem por isso se deve rejeitar *in totum* a tradição. A grande sinagoga compunha-se provavelmente de escribas encarregados de resolver as questões teológicas; durou cerca de século e meio, composta de 120 membros promissores entre os quais ocupavam lugar distinto todos os escribas de reputação, desde Esdras a Simão, o Justo.

SINAI – nome de uma montanha, também chamada Horebe, aonde chegaram os israelitas, ao terceiro mês, depois da saída do Egito, passando por Mara, Elim e mar Vermelho, Êx 19.1. Era distante de Cades-Barnéia 11 dias de jornada pelo caminho do monte Seir, Dt 1.2. Na base desse monte existia um deserto extenso bastante para servir de alojamento aos israelitas, *cf*. Êx 19.2, acamparam em frente ao monte, mas não podiam tocá-lo, *cf*. v. 12, e cuja extremidade se avistava do acampamento, *cf*. v. 16,18,20. Do cimo desse monte foi proclamada a lei dos Dez Mandamentos, e na sua base foi ratificado o pacto que formou a nacionalidade hebraica, tendo a Jeová por seu rei, cap. 20.1 até o cap. 24.8. Toda a legislação contida em Êx 20 até Nm 10 foi promulgada sobre o monte ou ao pé dele de conformidade com a dupla exposição dela que temos, Êx 24.12; 31.18; 34.2; Lv 1.1; 16.1; 25.1; 26.46; 27.34; Nm 1.1; 9.1. O profeta Elias chegou até o monte Horebe, quando fugia às ameaças de Jezabel, 1 Rs 19.8. O professor Sayce localizava o monte Sinai nas fronteiras do monte Seir. É crença geral que se deve procurar nas montanhas interiores da península sinaítica. Desde os

SINAI

Monte Sinai — Christian Computer Art

tempos de Eusébio que a tradição se pronunciou pelo monte Serbal, no *wady Feiran*, e desde Justiniano que se diz que o local do Sinai é o monte Jebel Musa. Nenhum dos dois que a tradição aponta merece crédito absoluto. O Serbal é o mais imponente dos dois; eleva-se a 2.045 m de altura, visível a grande distância, mas não tem a seus pés deserto algum que mereça o nome de deserto do Sinai. Jebel Musa faz parte de uma pequena cordilheira de formação vulcânica de 3 km de comprimento na direção noroeste para sudeste. A cordilheira tem dois picos: o *Ras es-Sufsafeth*, ou pico dos salgueiros, na extremidade setentrional com 1.993 m de altitude; e o Jebel Musa, que é o Sinai da tradição, situado no extremo meridional com altitude de 2.244 m. Alguns doutores, entre os quais se conta o sábio Tischendorf, são de opinião que a planície situada nas cabeceiras do *wady es-Sadad*, ao oriente do Jebel Musa, deve ser o local onde acamparam os israelitas; mas a sua área é por demais limitada para acomodar tão grande multidão. A base do *Ras es-Sufsafeh*, facejando o noroeste, consiste de uma esplanada muito íngreme, em cujo fim se encontra a planície de *er-Rahah* de cerca de 1,5 km em quadra de comprimento, com os *wadis* adjacentes, *esh-Sheik* e *ed-Deir* inteiramente apropriados para um acampamento. A descrição bíblica obriga a perguntar se a lei foi dada sobre o Jebel Musa, ou sobre o Ras es-Sufsafeh, e qual das duas extremidades é o monte do Senhor, em contraste com o restante da cordilheira. O mosteiro de Santa Catarina é um convento de monges gregos, situado na encosta oriental da montanha, que fica para baixo do Jebel Musa, no *wady ed-Deir* a 1.528 m de altura sobre o nível do mar. Cercado de muralhas de granito, forma uma espécie de fortificação. Julga-se que foi o imperador Justiniano quem mandou edificá-lo no ano 527 d.C., em volta de uma torre que a rainha Helena, mãe de Constantino, havia antes mandado construir. Parece haver alguma confusão neste caso. O que afirma o secretário particular de Justiniano é que esse imperador ordenara a edificação de um castelo no ano 530 com o fim de proteger os monges que habitavam nessa região. O mosteiro recebeu o nome de Santa Catarina, por ter sido ela submetida ao suplício das rodas e decapitada em Alexandria no ano 307. Dizem os monges que o seu corpo foi conduzido pelos anjos e depositado no ponto mais elevado do Jebel Katherin, cerca de 3.620 m a sudoeste de Jebel Musa. Dizem ainda que a cabeça e uma das mãos estão depositadas em um sarcófago de mármore na capela do mosteiro. Esse convento foi destruído por várias vezes e reconstruído. A igreja da transfiguração é uma antiga basílica cristã com mosaicos do sétimo ou oitavo século. A parte mais antiga da igreja deve ser a capela da Sarça Ardente, colocada atrás da abside e no lugar onde se diz ter acontecido o memorável fato. A princípio existiam lá cerca de 400 monges. Os jardins abundavam em figueiras, laranjeiras, oliveiras, amendoeiras, macieiras, abricoteiros, videiras, e alguns velhos ciprestes. A sua biblioteca encerra valiosos manuscritos, principalmente em grego e árabe, e muitos outros em siríaco e em etíope. Em 1844 e 1859, Tischendorf encontrou ali o códice sinaítico datado de 400 d.C. (veja *NOVO TESTAMENTO*). Em 1892, Mrs. Lewis descobriu também um manuscrito contendo o texto dos evangelhos siríacos, escritos talvez no quinto século (veja *VERSÕES*).

SINEAR/SINAR (*no hebraico é shin'ar, no grego é senaár ou sennar, o significado é desconhecido*) **1** Nome de um lugar na Babilônia, *cf*. Gn 14.1. As ruínas de Larsa, que formam o terrapleno de *Senkereh*, ao sul de Ereque, parecem apontar a sua posição antiga. **2** Nome de uma terra, onde se edificaram as grandes cidades da Babilônia, Ereque e Acade, *cf*. Gn 10.10; 11.2; Dn 1.2. Segundo entendiam os hebreus, a terra de Sinar compreendia a planície da Babilônia. A mesma região talvez tenha

sido conhecida dos semitas da Mesopotâmia, do mesmo modo que conheciam *Shanhar*, como dizem as inscrições encontradas em Tell el Amarna. Nos tempos abraâmicos, Anrafel reinava em toda a terra de Sinar, ou pelo menos em grande parte dela, *cf*. Gn 14.1,9. Alguns judeus foram levados cativos para lá, Is 11.11; Zc 5.11.

SINÉDRIO (*do grego synedrion, "concílio", "assento junto"*) **–** nome que os escritores da história e das antiguidades judias davam ao tribunal supremo que deliberava sobre a vida e costumes dos hebreus no tempo de Cristo. O Sinédrio compunha-se de 71 membros, que no período do Novo Testamento era assistido por três classes: Os escribas, que geralmente eram fariseus; os anciãos, que eram os mais velhos dos chefes das famílias e dos clãs e os ex-sumos sacerdotes com os anciãos das quatro famílias sumo sacerdotais. Por ser o tribunal supremo da nação judia, tinha caráter tanto religioso quanto secular, podia prender e coagir, mas não tinha poder para exercer penas capitais, estas deveriam ser confirmadas pelo governador romano. O processo para esse tipo de condenação exigia o respaldo do testemunho de duas pessoas, eram ouvidos primeiro os defensores do acusado. A sentença para absolvição poderia ser pronunciada no mesmo dia do processo, mas a de condenação somente no dia seguinte. A votação era simples, o membro ficava em pé, começando sempre pelo mais novo membro. A condenação exigia a maioria acima de dois votos, ou seja, mais de 51% dos votos. Para absolvição bastava maioria simples, ou seja, 51% dos votos. O surgimento do Sinédrio parece remontar à época de Esdras e Neemias, quando receberam autoridade para dirimir com os judeus as questões locais, Ed 5.5-9; 6.7,14; 7.25,26; 10.8; Ne 2.16; 4.14,19; 5.7; 7.5. Tempos depois os gregos outorgaram a existência

SINÉDRIO

do *gerousia*, "senado", composto de anciãos que representavam a nação, Antig. 12.3,3; 1 Mac 12.3,6; 14.30. Mas tradicionalmente sua origem está no "conselho" dos 70 anciãos estabelecidos por Moisés no período do êxodo, Nm 11.16,17.

SINETE – anel ou cilindro em que se gravava o nome de seu possuidor, só ou com algum outro desenho, Êx 28.11; Et 8.8. Quando o sinete era feito em anel, traziam-no no dedo, ou pendurado ao pescoço, Gn 38.18; Jr 22.24. Esses sinetes serviam para a assinatura de cartas e de outros documentos, 1 Rs 21.8; Ne 9.38; Et 8.8; Jr 32.10,44; Jo 3.33. Faziam-se as impressões dos sinetes no barro ainda mole, Jó 38.14. Os selos aplicavam-se a tudo quanto se queria guardar inviolável, como, cofres, túmulos etc., Jó 14.17; 41.15; Dn 6.17; Mt 27.66; Ap 5.1.

Sinete — Christian Computer Art

SINEUS – nome de uma tribo de cananeus, mencionada em *cf*. Gn 10.17. Jerônimo fala de um lugar chamado Sim, não distante de Arca, e Estrabão refere-se a uma fortaleza com o nome de Sina, existente no monte Líbano.

SINRATE (*no hebraico, "vigia"*) – nome de um benjamita, filho de Simei de Aijalom, *cf*. 1 Cr 8.21.

SINRI (*no hebraico, "vigilante"*) **1** Nome de um simeonita, filho de Semaías, *cf*. 1 Cr 4.37. **2** Nome do pai de Jediael, um dos valentes de Davi, *cf*. 1 Cr 11.45. **3** Nome de um levita, da casa de Merari, e filho de Hosa, *cf*. 1 Cr 26.10. **4** Nome de um levita, que viveu no reinado de Ezequias, e filho de Elisafã, da família de Coate, *cf*. 2 Cr 29.13.

SINRITE (*no hebraico, "vigia"*) – nome da mãe de Jeozabade, um dos assassinos de Joás, rei de Judá, *cf*. 2 Cr 24.26. No livro de Reis, ela é chamada de Somer, 2 Rs 12.21.

SINROM (*no hebraico, "vigia", "guardião"*) **1** Nome de um dos filhos de Issacar, e fundador de uma família tribal, Gn 46.13; Nm 26.24. **2** Nome de uma cidade dos limites de Zebulom. Seu rei fez aliança com outros reis da região para resistir à invasão de Israel, sob o comando de Josué. Com a possessão da terra, passou a pertencer à tribo de Zebulom, Js 10.10,15; 11.1; 19.15. Entre outros lugares, julga-se ter existido no local do moderno *Tell es-Semuniyeh*, cerca de 8 km ao oriente de Nazaré.

SINROM-MEROM – nome de uma cidade dos cananeus, cujo rei foi vencido e morto por Josué, Js 12.20.

SINSAI (*no hebraico, "esplendor", "brilhante", ou "Jeová é esplendor ou brilhante"*) – nome de um dos escribas que escreveram a Artaxerxes Longímano, denunciando os judeus que estavam reconstruindo o templo, e os muros de Jerusalém, Ed 4.8.

SÍNTIQUE (*no grego é suntúche, "afortunada"*) – nome de uma mulher da igreja dos filipenses a quem o apóstolo Paulo fez exortação em carta dirigida à igreja, *cf*. Fp 4.2.

SIOM (*no hebraico é shi'on, o significado é incerto*) **1** Nome de uma cidade da tribo de Issacar, *cf.* Js 19.19, cujas ruínas parecem existir em *Ayun esh-Sha'in*, cerca de 5 km a noroeste do monte Tabor. **2** Nome de grafia diferente do mencionado, aplicado ao monte Hermom, Dt 4.48. Seu significado no hebraico é "exaltado", "elevado".

SIOR (*no hebraico é shîhôr, talvez signifique "túrbido", "lamacento"*) **–** o Nilo, Is 23.3; Jr 2.18. O braço oriental do rio Nilo, ao lado de Pelusium, estava na divisa do Egito para os lados de Canaã, Js 13.3; 1 Cr 13.5 (veja *RIO DO EGITO*). **1** Muitos comentaristas dizem que Sior é o nome de um ribeiro do Egito, o *wady el-Arish*, Js 13.3. Segundo a opinião de Brugsch, dava-se a princípio esse nome a um canal que ficava no limite oriental do Egito, paralelo ao braço de Pelusium.

SIOR-LIBNATE – nome de um pequeno rio da tribo de Aser, *cf.* Js 19.26, nas vizinhanças do Carmelo. Acredita-se que seja, atualmente, o *Nahr ez-Zerqa*, cerca de 9,5 km ao sul de Dor.

SIQUÉM (*no hebraico é sh^ekhem, "ombro"*) **1** Nome de uma cidade, situada nas montanhas de Efraim, Js 20.7, perto da qual acampou o patriarca Abraão, *cf.* Gn 12.6. Encontrou ele os cananeus estabelecidos ali, mas Deus lhe anunciou que aquela terra seria herança e posse de seus descendentes; em ação de graças erigiu um altar ao Senhor que lhe tinha aparecido, *cf.* v. 7. Jacó, chegando ali encontrou a tribo de Hamor, povo de heveus. Comprou de Hamor uma parte do campo, onde mais tarde sepultaram José, *cf.* 33.18,19; Js 24.32. Em At 7.16, Estêvão trocou o nome de Jacó pelo de Abraão. Simeão e Levi trucidaram os homens de Siquém, depois do que assolaram a cidade em vingança do estupro feito a sua irmã Diná, Gn 34.25-27. Os irmãos de José apascentavam os rebanhos de seu pai em Siquém, 37.12,13.

Perto dessa cidade passavam as linhas divisórias entre as tribos de Efraim e Manassés, Js 17.7. Fizeram dela uma das cidades de refúgio e patrimônio dos levitas, 20.7; 21.21. Nessa cidade Josué reuniu as tribos de Israel para despedir-se delas nas vésperas de sua morte, *cf.* 24.1. Depois da morte de Gideão, os filhos de Israel se rebelaram e se contaminaram com Baal, mantendo em Siquém aliança com ele, Jz 8.33. Nessa cidade residia a concubina de Gideão, cujo filho Abimeleque, por algum tempo, teve o auxílio de seus compatriotas na execução de seus planos políticos, sendo aclamado rei, *cf.* Jz 9.1,3,6. Finalmente, os siquemitas se rebelaram contra ele. Em represália, Abimeleque destruiu a cidade, *cf.* v. 23,45. Reoboão veio a Siquém e o povo de Israel foi a seu encontro para pedir-lhe que aliviasse o jugo estabelecido por Salomão. Não sendo atendido, o povo constituiu rei a Jeroboão, sobre as dez tribos, 1 Rs 12.1-19; 2 Cr 10.1-19. O novo rei fortificou a cidade e fez dela a capital do novo reino, *cf.* 1 Cr 7.28; 1 Rs 12.25. Os salmos 60.6; 108.7 fazem referências a essa cidade, cuja existência se perpetuou até depois da tomada de Jerusalém, Jr 41.5, como uma das principais de Samaria, Ecclus. 1.26; Antig. 11.8,6. João Hircano a tomou, 13.9,1. Tem sido, com freqüência, identificada com a Sicar do Novo Testamento, porém, as duas cidades, não obstante serem vizinhas, ocupam posições bem diferentes. Os gregos a denominavam Neápolis, ou Cidade Nova, Guerras 4.8,1, nome este que, ao contrário dos outros nomes que haviam colocado nas antigas cidades dos hebreus, se enraizou e ainda existe sob a forma de Nablus ou Nabulus, Siquém ou Nabulus, está situada ao norte de Jerusalém a distância de 50 km e cerca de 8 km a sudeste de Samaria, sobre um terreno elevado, formando um vale entre o monte Gerizim ao sul e o monte Ebal ao norte. Por uma considerável extensão, ocupa a encosta setentrional deste último,

SIQUÉM

de modo que uma parte da cidade situa-se muito próximo às paredes aprumadas da montanha. As ruas são estreitas e ornadas de arcos; e algumas delas servem de leito às correntes das águas pluviais na estação das chuvas. Há em torno da cidade 80 nascentes de águas, as quais contribuem para a excepcional fertilidade dessa região. As águas são distribuídas por intermédio de canais que passam pelos jardins e se unem em um ponto, formando levadas que vão mover os moinhos. Os jardins, as hortas e os pomares formam um conjunto verde, onde se vêem em profusão, por entre os variados maciços, as flores e os frutos, entre os quais se destacam as amoras, as laranjas, as romãs etc. O poço de Jacó fica aproximadamente 3,2 km a este-sudeste da cidade, e o túmulo de José a mesma distância para este. **2** Nome de um dos filhos de Hamor, e que foi príncipe de Siquém, Gn 34.1-31. **3** Nome de um dos filhos de Gileade, e fundador de uma família tribal, Nm 26.31; Js 27.2. **4** Nome de um dos filhos de Semida, da tribo de Manassés, 1 Cr 7.19.

SIRÁ, POÇO DE (*no hebraico, "poço de desvio"*) – nome de uma cisterna de onde voltou Abner a chamado de Joabe. Retornando Abner a Hebrom, Joabe o levou à porta para lhe falar aleivosamente e aí mesmo o feriu na virilha e o matou em vingança da morte de seu irmão Asael, *cf.* 2 Sm 3.26. Segundo Josefo, a cisterna ficava 20 estádios de Hebrom, Antig. 7.1-5. Parece ser *Ain Sarah*, 2,5 km a noroeste de Hebrom.

SIRACUSA (*no grego é surákousai*) – nome de uma cidade célebre, situada na costa oriental da Sicília, fundada no ano 735 a.C. por uma colônia de coríntios e dóricos, capitaneada por Arquias de Corinto. Teve grande brilho na antiguidade. No ano 413 a.C., os habitantes de Siracusa destruíram uma frota ateniense de cerca de 200 naus. No ano 212 a.C., os romanos a tomaram. O apóstolo Paulo aportou ali, onde permaneceu três dias, na sua viagem para Roma, At 28.12. Os sarracenos se apoderaram dela no ano 878. Ainda existe em proporções reduzidas.

SÍRIA – país situado ao longo da costa oriental do Mediterrâneo. Compreendia a maior parte das regiões designadas no Antigo Testamento pelos nomes de Canaã e Arã. A palavra Síria é abreviação da palavra Assíria, que entrou em uso depois das conquistas de Alexandre, o Grande. A Síria formou a mais importante das províncias do reino dos Selêucidas, cuja capital foi a Babilônia tanto sob o ponto de vista comercial quanto militar. Breve, porém, se fez sentir que a Ásia ocidental reclamava um governo próprio, mais chegado ao espírito grego do que ao sistema adotado no extremo oriente. Para esse fim, fundou-se a cidade de Antioquia no ano 300 a.C. para servir de capital, *cf.* Mac 3.37,31,32. O reino dos selêucidas reduziu-se gradualmente em conseqüência das usurpações de seus inimigos, até que, ao terminar o segundo século antes de Cristo, ficou somente com a Síria. Com a conquista dos romanos em 64 a.C., o reino foi convertido em província da Síria, governada por um legado do império residente em Antioquia. O antigo nome de Síria limitava-se a essa província que compreendia o território a oeste do Eufrates, desde as montanhas do Tauro até as divisas do Egito. Desde o tempo de Augusto foi governada por um legado consular do imperador. No ano 70, a Judéia, separada da Síria, constituiu uma província distinta, governada por um legado imperial.

SÍRIO – nome que designa um indivíduo nascido ou domiciliado na Síria. No Antigo Testamento encontra-se a palavra Síria em Gn 28.5 (Fig.), que se refere à Mesopotâmia ou Padã-Arã (veja *ARÃ, DAMASCO,*

SÍRIA, depois da conquista de Alexandre, o Grande).

SIRIOM (*no hebraico é siryôn, "couraça"*) – nome que os sidônios davam ao monte Hermom, Dt 3.9; Sl 29.6.

SIRO-FENÍCIA (*no grego é surophoinikissa*) – Fenícia da Síria para distingui-la da Líbio-Fenícia do norte da África, Mc 7.26; *cf.* Mt 15.22. No final do segundo século da era cristã fez-se nova distinção: a província da Síria foi dividida em duas com os nomes de Síria Magna e Síria da Fenícia.

SIRTE (*no grego é syrtis, "um banco de areia"*) – banco móvel de areia. A Sirte que amedrontou os marujos da nau em que o apóstolo Paulo viajava, *cf.* At 27.17, e que infundia terror aos antigos marinheiros era uma das duas, denominadas a Grande e a Pequena Sirte. A primeira ocupava a parte sudeste da grande curva oceânica ao norte da África e do sul da Silícia, e a segunda ficava a sudoeste da mesma curva. A Grande Sirte ou Sirte Maior, que atualmente tem o nome de golfo de Sidra, encurva-se para dentro da costa africana ao norte. A Sirte Menor tem sua embocadura desde a ilha de Querquena ao norte e a de Jerba ao Sul, e oferece grande perigo aos navegantes por causa dos ventos e das marés. Chama-se, atualmente, golfo de Gabes.

SISA (*no hebraico é shîsha, "distinção", "nobreza"*) – nome encontrado somente em *cf.* 1 Rs 4.3. Foi pai de dois secretários do rei Salomão, Eliorefe e Aias (veja *SAUSA*).

SÍSERA (*no hebraico é sîseˈraˈ*) – nome de um general do exército de Jabim rei dos cananeus e opressor de Israel, que reinou em Hasor. Sísera habitava em Harosete das gentes. Destacou-se como figura proeminente em uma curta guerra. Baraque,

a instâncias de Débora, começou a lutar pela independência de seu povo e derrotou o exército cananeu comandado por Sísera, junto à torrente de Quisom. Sísera fugiu e foi abrigar-se na tenda de Héber, queneu, porque havia paz entre Jabim, rei de Hasor, e a casa de Héber, queneu. Saindo Jael, mulher de Héber, ao encontro de Sísera convidou-o a entrar, e o matou com uma estaca da tenda, enquanto dormia, *cf.* Juízes caps. 4 e 5 (veja *JAEL*). É provável que aqueles netinins, filhos de Sísera, mencionados em Ed 2.53, Ne 7.55, fossem descendentes dos vencidos nessa guerra (veja *NETININS*).

SISMAI (*no hebraico, "Jeová é distinguido"*) – nome de um homem da tribo de Judá, da família de Hezrom da casa de Jerameel, 1 Cr 2.40.

SISTRUM – nome de um instrumento musical, formado por diversas varas de metal, introduzidas em uma armação metálica de forma oval. As varetas eram soltas, ou tinham argolas penduradas, de modo a produzir sons, quando sacudidas, 2 Sm 6.5.

SITIM (*no hebraico é shittim, "as acácias"*) **1** Nome de um acampamento importante dos israelitas, nas planícies de Moabe, ao oriente do Jordão, nas fronteiras de Jericó, *cf.* Nm 22.1 com 25.1, logo depois de terem saído de Pisga sobre as montanhas de Abarim, após a derrota de Seom e de Ogue, Nm 21.20; 22.1; 33.47,48. Ficava em um planalto, o mais elevado dos três, que nesse ponto formam o vale do Jordão, entre os bosques de acácias, dilatando-se desde Bete-Jesimote até Abel-Sitim, *cf.* 33.49, com cerca de 5 km de extensão. O acampamento se fez ordenadamente pelas suas tribos, apresentando um aspecto grandioso, *cf.* 24.2,5,6. A viagem para esse lugar fez-se por intermédio de muitos incidentes. Depois de se estabelecerem

SITIM

ali, Balaão tentou amaldiçoá-los, *cf*. caps. 22 a 24, o povo entrou em contato com as filhas de Moabe e de Midiã e se consagrou a Baal-Peor, sendo por isso castigado com uma praga, *cf*. cap. 25. Foi ainda nesse lugar que se fez o segundo recenseamento, *cf*. cap. 26, e onde se promulgaram as leis, regulando a herança das filhas, *cf*. 27.1-11. Em Sitim, Moisés designou Josué, seu sucessor, para dirigir o povo, *cf*. v. 12-23; legislou sobre o modo de fazer as ofertas e os sacrifícios, *cf*. caps. 28–30; ocorreu ali o combate às cinco tribos dos midianitas da vizinhança por causa de atraírem os israelitas para as suas práticas licenciosas do culto de Baal-Peor, *cf*. cap. 31. As tribos de Rúben e de Gade pediram que a sua herança fosse ao oriente do Jordão, *cf*. cap. 32. Fez-se um itinerário da viagem desde a saída do Egito até o Jordão, *cf*. cap. 33. Tomaram-se medidas para a ocupação definitiva de Canaã. Em vista dos últimos acontecimentos, ordenou-se que, com toda a urgência, se desse princípio à expulsão dos cananeus e se destruíssem os seus ídolos e os seus altares. Foram definidos os limites da terra e nomeou-se uma comissão para fazer a distribuição da terra pelas tribos, e das cidades destinadas aos levitas e a servirem de refúgio para abrigo dos assassinos involuntários, *cf*. caps. 33.50 até o cap. 35. Regulamentação das heranças das filhas de Israel, *cf*. cap. 36. Depois disso, Moisés fez as suas despedidas; Josué entrou na posse de seu cargo e Moisés subiu ao monte Nebo, e ali morreu. Depois da morte de Moisés, Josué enviou dois espias para examinar a terra e dar relatório sobre as defesas de Jericó, Js cap. 1. Então o povo levantou acampamento e atravessou o Jordão, cap. 3. **2** Nome de um vale seco e comparativamente improdutivo, onde cresciam acácias e espinheiros em abundância, Jl 3.18. Se na mente do profeta havia outra idéia, talvez se referisse ao Arabá do mar Morto, *cf*. Ez 47.1-12. O profeta dá-lhe esse nome em lembrança do acampamento dos israelitas em Sitim, e o apresenta como tipo, porque as águas do mar eram praticamente inanimadas, e a região sul, composta de rochas nuas e de montanhas salgadas. Depois que Jeová tiver julgado as nações, o reino de Deus florescerá e os reinos do mundo desaparecerão, Jl 3.9-21. As montanhas de Judá produzirão vinho novo, os seus outeiros destilarão doçura e manarão leite e as águas se espalharão por todos os regatos de Judá, e da casa do Senhor sairá uma fonte que regará a torrente dos espinhos. Em outras palavras: o deserto florescerá como um jardim; a vida espiritual terá sua fonte em Deus, que suprirá as necessidades de seu reino, *cf*. Ap 22.1,2.

SITNA (*no hebraico é sitnâ, "ódio", "contenda"*) – nome de um poço aberto por Isaque na terra dos filisteus, perto de Gerar, cuja posse foi disputada pelos habitantes do lugar, *cf*. Gn 26.21. Palmer e Drake, em 1870, descobriram um pequeno vale, chamado *wady Shutnet er-Ruheibeh*. A primeira parte do nome correspondente a Sitna, e *Ruheibeh*, a Reobote, que ficava nas vizinhanças de Sitna, *cf*. v. 22 (veja *GERAR*).

SITRAI (*no hebraico, "Jeová está decidindo"*) – nome de um saronita que tomava conta dos rebanhos de Davi no campo de Sarom, *cf*. 1 Cr 27.29.

SITRI (*no hebraico, "Jeová é proteção"*) – nome de um levita, da família de Coate, da casa de Uziel, *cf*. Êx 6.22.

SIVÃ – nome do terceiro mês do ano babilônico e judeu, contado desde a lua nova de maio até a de junho, *cf*. Et 8.9 (veja *ANO*).

SIZA (*no hebraico, "esplendor"*) – nome de um rubenita, pai de um dos heróis de Davi, *cf*. 1 Cr 11.42.

SÔ (*no hebraico é sô'*) – nome de um dos reis do Egito cujo auxílio, Oséias, rei de Israel, procurou obter para opor-se ao rei da Assíria, 724 a.C., *cf.* 2 Rs 17.4. Como as consoantes hebraicas têm o som *Seve*, esse rei é geralmente identificado mui corretamente com Sibe, Tartã do Egito, que em 720 a.C., aliado a Hanum, rei de Gaza, saiu de encontro a Sargom, rei da Assíria e com ele combateu em Rafia no Mediterrâneo, 32 km ao sul de Gaza. Os dois aliados sofreram grande derrota; Sibe fugiu e Hanum ficou prisioneiro. Faraó pagou tributos à Assíria. Há certa dúvida em afirmar que esse Sibe seja o Shabaca, rei do Egito. A etimologia opõe-se a essa identificação. Pelo menos, nesse tempo, o nome usado era mais Tartã do que Faraó.

SOA (*no hebraico, "rica"*) – nome de um país e denominação de seus habitantes mencionados em conexão aos babilônios, caldeus e assírios, *cf.* Ez 23.23, e sem dúvida os *sutu*, mencionados pelos babilônios e assírios como ocupantes da região montanhosa, adjacente à Babilônia pelo lado do nordeste, entre o rio Tigre e as montanhas de Elã e da Média (Delitzsch, *Paradies*, 334).

SOÃO (*no hebraico, "berilo verde"*) – nome de um levita, filho de Jaazias, descendente de Merari, *cf.* 1 Cr 24.27.

SOBABE (*no hebraico, "retorno", ou "restaurado"*) **1** Nome de um homem de Judá, da família de Hezrom, da casa de Calebe. Sua mãe chamava-se Azuba, *cf.* 1 Cr 2.18. **2** Nome de um dos filhos de Davi, que lhe nasceu em Jerusalém, 2 Sm 5.14.

SOBAI (*no hebraico, "Jeová é glorioso"*) – nome de um levita, fundador de uma família de porteiros. Alguns dos membros dessa família voltaram do cativeiro babilônio com Zorobabel, Ed 2.42.

SOBAL (*no hebraico, "vagueação", "viajante"*) **1** Nome de uma tribo de horitas, *cf.* Gn 36.20, composta de várias famílias, *cf.* v. 23, governada por um príncipe, *cf.* v. 29. **2** Nome de um dos filhos de Hur, da tribo de Judá, da família de Hezrom e da casa de Calebe. Dele procedem os habitantes de Quiriate-Jearim, 1 Cr 2.50; 4.1,2,4.

SOBEQUE (*no hebraico, "livre", ou "esquecido"*) – nome de um judeu que, com Neemias, assinou o pacto, Ne 10.24.

SOBI (*no hebraico é shobi, "Jeová é glorioso", ou, "aquele que conduz escravos"*) – nome de um filho de Naás, residente em Rabá dos amonitas, 2 Sm 17.27. Sobi levou mantimentos e objetos de uso a Davi quando chegou a Maanaim.

SOBOQUE (*no hebraico é shôbhak, talvez "expansão"*) – nome de um general do exército de Hadadezer, rei de Zobá, *cf.* 2 Sm 10.16. Em *cf.* 1 Cr 19.16-18, tem o nome de Sofaque (no hebraico, *shôphak*). A diferença atribui-se a engano do escriba, trocando a letra *beth* e *pe*; mesmo assim, os dois são sinônimos.

SOCÓ (*no hebraico é sôkoh, talvez signifique "espinho", "cerca de espinhos", ou "lugar espinhento"*) **1** Nome de uma cidade, situada na parte baixa de Judá, Js 15.35, na borda do vale de Elá, em posição de fácil defensiva, isolada da cordilheira. Os filisteus acamparam entre Socó e Azeca na ocasião em que Golias saiu a campo contra os israelitas, 1 Sm 17.1. Reoboão fortificou várias cidades muradas, entre elas a de Socó, 2 Cr 11.7. Os filisteus a tomaram quando Acaz reinava em Jerusalém, 28.18. Robinson determinou a antiga posição de Socó nas ruínas de *Shuweikeh*. É a moderna *Khirbet Shuweikeh* no *Wadi es Sant*, cerca de 21 km distante de Belém, para o lado sudoeste. **2** Nome de uma cidade situada na

SOCÓ

parte montanhosa de Judá, Js 15.48, cujas ruínas se encontram em outra *Shuweikeh*, cerca de 16 km de Hebrom para o lado sudeste. Não há certeza sobre qual delas aparece em 1 Rs 4.10 e 1 Cr 4.18. **3** Outra cidade na planície de Sarom, na área de Hefer, de onde o rei Salomão recolhia tributo, 1 Rs 4.10. Tem sido identificada com a moderna *Tell er-Rãs*, perto de Shuweikeh, ao norte de *Tul-Karem*, cerca de 24 km a noroeste de Siquém.

SODI – nome do pai do espião representante da tribo de Zebulom, enviado para reconhecer a terra de Canaã, Nm 13.10.

SODOMA (*no hebraico é s^{e}dhom, o significado do termo é incerto*) **–** nome de uma das cinco cidades da planície do Jordão, Gn 13.10. Quando Ló se separou de Abraão, escolheu Sodoma para sua residência, apesar de ser lugar de notória perversidade, v. 11,12. Quedorlaomer, rei dos elamitas, saqueou Sodoma, 14.11; Abraão deu sobre ele até Hobá e recobrou todos os bens, e a Ló, seu irmão, com tudo que lhe pertencia, como também as mulheres e o povo, v. 21-24. Subseqüentemente, a cidade de Sodoma e, pelo menos, mais três outras foram destruídas por causa das suas impiedades. Sem dúvida, Deus serviu-se, para esse fim, dos elementos que ali existiam, o asfalto e o súlfur, que produziram uma erupção tremenda. Ló e as duas filhas escaparam da catástrofe, Gn 19.1-29; Dt 29.23; Sl 1.9,10; 3.9; 13.19; Jr 49.18; 50.40; Lm 4.6; Ez 16.46-56; Am 4.11; Sf 2.9; Mt 10.15, 11.24; Lc 10.12; 17.29; Rm 9.29; 2 Pe 2.6; Jd 7. No Apocalipse, dá-se o nome de Sodoma e Egito à grande cidade do crime, Ap 11.8. Não se pode determinar com exatidão o local da antiga Sodoma. Existem dois argumentos substanciais em favor do extremo norte. **1** De um ponto, nas vizinhanças de Betel, Abraão e Ló teriam visto toda a planície do Jordão, Gn 13.3,10. **2** O rei Quedorlaomer, vindo do sul, havia derrotado os amorreus de Asasontamar, isto é, En-Gedi, antes do encontro com os reis de Sodoma e seus aliados, 14.7,8, fato esse que parece indicar que a batalha se deu entre En-Gedi e o extremo norte do mar. De outro lado, há três argumentos de peso em favor do extremo meridional. 1) O asfalto existe em grande quantidade somente ao sul do mar Morto, *cf.* Gn 14.10; 2) Admitindo que esse mar cubra a superfície ocupada pelas cidades, *cf.* 14.3, elas deveriam estar situadas no extremo sul, onde a profundidade das águas é de 70 cm a 7 m e não ao norte, onde a profundidade é de 182 a 305 m. Sob o ponto de vista geológico, observa-se que a parte sul é a que denuncia formação recente. 3) Zoar uma das cidades destruídas, *cf.* 13.10, estava situada no extremo sul do mar Morto, Guerras 4.8,4.

SODOMITA – pessoa que pratica os atos viciosos do povo de Sodoma, *cf.* Gn 19.5. A palavra hebraica é *kadesh*, que quer dizer "pessoa consagrada aos cultos impuros do paganismo", Dt 23.17; Jó 36.14. As sacerdotisas de Astarte e de Istar na Babilônia prostituíam-se em honra de seus deuses; *cf.* Gn 38.21,22; Dt 23.17; Os 4.14. A lei de Moisés condenava a sodomia, Dt 23.17, não obstante havia sodomitas em Judá nos tempos do reinado de Reoboão, 1 Rs 14.24. Asa e Jeosafá tiraram da terra os efeminados e alimparam todas as imundícias dos ídolos, 15.12; 22.46. Outra vez as práticas indecorosas do paganismo invadiram o país, sendo necessária a ação vigorosa de Josias para, de novo, sanear o reino de Judá, 2 Rs 23.7.

SOFERETE (*no hebraico, "erudição", ou "secretariado"*) **–** nome de pessoa que exercia algum ofício de que tirou o nome. Pertencia a uma classe dos servos de Salomão. Alguns membros de sua família voltaram do cativeiro com Zorobabel, Ed 2.55; Ne 7.57.

SOFONIAS (*no hebraico, "Jeová escondeu"*) **1** Nome de um levita da família de Coate, *cf.* 1 Cr 6.36-38. **2** Nome de um sacerdote, filho de Maaséias, *cf.* Jr 21.1; 37.3. Certo falso profeta, que habitava na Babilônia, chamado Semaías, enviou cartas a Sofonias para que ele castigasse o profeta Jeremias por causa de suas predições desanimadoras, as quais levou ao conhecimento do profeta, 29.24-32. Ele exercia as funções de vigilante do templo e de segundo sacerdote, sob a chefia de Seraías. Depois da tomada de Jerusalém, pelos babilônios, Sofonias foi morto em Ribla, 2 Rs 25.18-21; Jr 52.24-27. **3** Nome de um homem, cujo filho de nome Josias, viveu nos dias de Zorobabel e do profeta Zacarias, Zc 6.10,14. **4** Nome de um profeta, cujos descendentes vêm da linhagem de Ezequias através de quatro gerações, Sf 1.1. Esse Ezequias é, provavelmente, o rei a cuja origem remota se refere. O profeta viveu e trabalhou nos dias do rei Josias.

SOFONIAS, O LIVRO DE – Sofonias é o nono dos profetas menores. O tempo mencionado no primeiro versículo é confirmado pela omissão da palavra Gate, na enumeração, das cidades dos filisteus, *cf.* 2.4, pela ausência do nome de Nínive, ainda existente, *cf.* 13, e pela falta de alusões aos caldeus. O assunto fundamental da profecia é a grande doutrina do juízo universal. **1** Juízo universal semelhante ao Dilúvio em seus efeitos, *cf.* 1.2,3; destruição da idolatria de Jerusalém, *cf.* v. 4-6; julgamento sobre os pecadores de Judá, como se o Senhor preparasse um grande sacrifício, *cf.* v. 7-13; será um dia de angústia e de desolação por causa da sua iniqüidade, *cf.* v. 14-18. **2** Convite para o arrependimento, meio único de escapar, *cf.* 2.1,2, e de encontrar asilo no dia do furor do Senhor, *cf.* v. 3. reforçado pelas declarações de que o castigo de Deus cairia sobre as outras nações por causa das suas maldades, *cf.* v.

4-15. Jerusalém não escapará porque não se arrependeu; o Senhor no meio dela fará justiça, *cf.* 3.1-8. **3** Resultados benéficos que o juízo de Deus produz. As nações se voltarão para o Senhor, *cf.* v. 9,10, as relíquias de Israel confiarão no Senhor, e serão santas, *cf.* v. 11-13, e o Senhor reinará glorioso como rei no meio de seu povo, *cf.* v. 14-18, trazendo-o do cativeiro e fazendo dele o louvor de todos os povos da terra, *cf.* v. 19,20. Parece que essa profecia foi enunciada antes da reforma religiosa inaugurada por Josias em 622 a.C., 2 Rs 22.3; 2 Cr 34.8 a cap. 35.19. Pode bem ser que tenha sido proferida nos anos prévios à conquista de Nabucodonosor, Jr 25.3; 26.1-6,12,13,20; 2 Rs 23.32,37.

SOL (*no hebraico é shemesh*) – grande luminar que Deus criou para presidir o dia, Gn 1.16; Sl 74.16; 136.8, é ele quem o governa e dirige, Jr 31.35; Mt 5.45; Sl 104.22, auxilia a vegetação, Dt 33.14; 2 Sm 23.4, e também pode destrui-la com o seu calor, Jn 4.18. Segundo as aparências visuais, o sol nasce e se põe; em linguagem poética estendeu o seu tabernáculo no céu com a alegria e vigor de um esposo que sai do seu tálamo, dá saltos como gigante para correr o caminho. À sua saída, e desde uma extremidade do céu até a outra, não há quem se esconda do seu calor, Sl 19.4-6. A morte no meio da vida da vida e a perda repentina da prosperidade são comparadas ao pôr-do-sol no meio do dia, Jr 15.9; Am 8.9; Mq 3.6. Os povos contemporâneos dos hebreus, notadamente os fenícios, adoravam o Sol, sob a invocação de Baal; os assírios sob o nome de *Shamash*; e os egípcios, sob a designação de *Raphe* (veja *ASSÍRIA, BAAL, EGITO, OM*). Os hebreus receberam instruções contra as práticas do paganismo, contudo, o deus sol abriu caminho para Israel. Manassés dedicou altares a todos os astros do céu, 2 Rs 21.5. O rei Josias aboliu os agoureiros

SOL

e os que ofereciam incenso a Baal; até cavalos lhe eram dados pelos reis de Judá 2 Rs 23.5,11; *cf.* Heród. 1.189; 7.54, e o povo, olhando para o sol no seu luzimento atirava-lhe beijos com a mão, Jó 31.26,27. Josué mandou parar o sol. Antigos comentaristas referem-se às palavras de Habacuque em apoio a esse fato, mas a construção gramatical e o contexto opõem-se a ele. "O sol e a lua param nas suas moradas", Hc 3.11. O temor da presença de Deus domina a natureza inteira e revela-se no abalo das montanhas, no bramido das ondas; o sol e a lua param na sua habitação, retiram-se à luz das suas flechas, *cf.* v. 10,11. A primeira referência ao prolongamento do dia em Bete-Horom encontra-se no livro do Eclesiástico, cujo autor, evidentemente, acreditava que o sol e a lua pararam no seu curso. "Não é que a sua mão fez voltar atrás o sol? e o dia não se fez igual a dois?", Ecclus, 46.4. Assim o entendeu o historiador Josefo, Antig. 5.1,17. Não há dúvida que Deus podia operar tal maravilha com todas as suas conseqüências. As circunstâncias, contudo, apenas oferecem uma ocasião adequada para tão estupendo milagre. Há outra interpretação muito aceitável. É certo que os versículos 12 e 13 do cap. 10 de Josué são de forma poética. Os versículos 12-15, com toda probabilidade, formam um parágrafo, *cf.* a repetição das palavras do v. 15 e do 43, e foram citadas do Livro dos Justos, *cf.* Livro de Jasar, coleção de poemas acompanhada de notas em prosa, tanto no princípio quanto no fim, *cf.* Jó com o seu prólogo e epílogo em prosa; *cf.* a posição da cláusula mencionada em Js 10.13 com 2 Sm 1.18. As palavras de Josué são a ordem do dia de um general a seus soldados, animando-os à peleja nas vésperas da batalha. Desejando que Israel tivesse bastante tempo para derrotar o inimigo, dirige ao sol e à lua frases imperiosas: "Sol, detém-te sobre Gibeão; e tu, Lua, pára sobre o vale de Aijalom". E Deus

fez-lhe a vontade. Antes de findar o dia, o povo havia se vingado de seus inimigos. Uma tempestade de neve veio em auxílio dos israelitas que perseguiram o inimigo até Azeca e Maqueda, ocorrendo grande mortalidade. Esse acontecimento foi poeticamente celebrado no Livro de Jasar, e deve ser interpretado como o interpreta o salmista quando, falando do maná, diz: "E mandou as nuvens de cima e abriu as portas do céu. E lhes choveu o maná para comer e lhes deu pão do céu", Sl 78.23,24, ou como o entende o poeta sagrado, que após relatar a passagem do mar Vermelho e do Jordão, acrescenta: "Os montes saltaram de prazer como carneiros", Sl 114.6; e assim mesmo as palavras de Habacuque falando de Deus como guerreiro: "Tu montarás sobre os teus cavalos, e as tuas carroças são a nossa salvação", Hc 3.8.

SOMER (*no hebraico, "vigilante", "guarda"*) **1** Nome de um aserita, filho de Heber, *cf.* 1 Cr 7.32 (veja *SEMER*). **2** Nome de uma moabita, cujo filho participou do assassinato do rei Joás, *cf.* 2 Rs 12.21 (veja *SIMEATE*).

SONHO – nome que se dá à idéias presentes ao espírito, durante o sono. Os sonhos podem ser classificados: 1) sonhos vãos, Jó 20.8; Sl 73.20; Is 29.8; 2) sonhos de que Deus usa para fins especiais. Produzindo esses sonhos, Deus age de conformidade com as leis do espírito, e talvez, empregue causas secundárias. Esses sonhos têm por fim: a) cativar a vida espiritual dos indivíduos. Assim sucedeu com os midianitas, cujo sonho abateu o ânimo das hostes inimigas e elevou o espírito de Gideão, que providencialmente ouviu a sua narrativa, Jz 7.13. Da mesma maneira aconteceu com o sonho da mulher de Pilatos, Mt 27.19. Muitos outros sonhos providenciais se têm havido nos tempos modernos. João Newton, impressionado pela salvação de

SOSÍPATRO

sua alma, teve um sonho, que veio esclarecer o caminho a seguir; b) sonhos proféticos e instrutivos de que Deus se servia quando a revelação era ainda incompleta, os quais tinham em si mesmos as credenciais da sua origem divina. Deus se comunicou, por esse meio, com Abimeleque, Gn 20.3, com Jacó, 28.12; 31.10, com Labão, 31.24, com José, 37.5,9,10,20, com Faraó, 41.7,15,25,26, com o padeiro mor e com o copeiro de Faraó, 40.5, com Salomão, 1 Rs 3.5, com Nabucodonosor, Dn 2.1,4,36; 4.1s., com Daniel, 7.1s., com José, o esposo de Maria, Mt 1.20, com os magos, 2.12. A faculdade de interpretar os sonhos proféticos com exatidão foi conferida a certos indivíduos, como a José, Gn 41.16, e a Daniel, Dn 2.25-28,47. Os sonhos, oferecidos à igreja como revelações divinas, estavam sujeitos a provas que determinassem o seu caráter. Se inculcavam proceder imoral eram tidos como falsos e seus autores, condenados à morte, Dt 13.1-5; *cf.* Jr 23.25-32; 29.8; Zc 10.2 (veja *VISÕES*).

SÓPATRO (*no grego é sópatros, "de boa família"*) – nome de um cristão de Beréia, filho de Pirro, e um dos companheiros do apóstolo Paulo, durante a sua terceira viagem missionária, indo da Grécia para a província da Ásia, At 20.4.

SOREQUE, VALE DE (*no hebraico, "vinha escolhida", ou "vinha seleta"*) –nome de um vale, onde assistia Dalila, Jz 16.4. Parece que é o atual *wady es-Sarar*, que principia 21 km a oeste de Jerusalém e segue em linha tortuosa para as bandas de noroeste em direção ao Mediterrâneo. É cortado por uma corrente que desemboca no mar 13,5 km ao sul de Jope. O nome bíblico Surik encontra-se em uma ruína ao norte do vale, 3 km distante de Zorá, onde nasceu Sansão.

SORTE – era costume entre as nações da antiguidade resolver os casos difíceis por meio de sortes, Et 3.7; Jn 1.7; Mt 27.35. Lançavam pedrinhas, ou lâminas inscritas, ou coisas semelhantes, dentro de um vaso que sacudiam, lançando fora o conteúdo. Oravam antes, habitualmente, apelando a Deus para decidir a questão, At 1.23-26; Ilíada 3.316-325; 7.174-181. Deus era servido, na história primitiva do povo judeu, lançar mão da sorte como meio de fazer conhecida a sua vontade, como se lê em Pv 16.33. "Em sete partes fareis o gráfico da terra e mo trareis a mim, para que eu aqui vos lance as sortes perante o Senhor, nosso Deus", Js 18.6. A terra de Canaã foi dividida pelas 12 tribos por meio de sortes, *cf.* Js 14.2 (veja *CANAÃ*). Em uma ocasião, Saul e Jônatas, colocados de um lado, lançaram sortes contra o povo. A sorte caiu sobre Saul. Lançando de novo a sorte entre Saul e Jônatas, caiu esta sobre Jônatas, 1 Sm 14.40-45. Os turnos dos sacerdotes eram determinados por meio de sortes, 1 Cr 24.5s. Por esse processo se fez a eleição de Matias para suceder a Judas Iscariotes no apostolado, At 1.15-26. Esse método de seleção não se repetiu depois da descida do Espírito Santo.

SOSANIM – palavra que se encontra nos títulos dos Sl 45 e 69. Existem três opiniões para explicar o sentido dela: Sumariando o sentido de todo o salmo; referência a um instrumento musical parecido com um lírio, e melodia familiar. Parece fora de dúvida que se refere a uma ária popular. Assim o dá a entender a combinação das palavras *Sosanim Edute*, "testemunho dos lírios", título do salmo 80, e *Susã-Edute*, "testemunho do lírio", título do salmo 60.

SOSÍPATRO (*no grego é sosipatros, "salvador de um pai"*) – nome de um cristão, compatriota de Paulo, a quem ele associou às suas saudações de Corinto, dirigidas à igreja de Roma, Rm 16.21.

SÓSTENES

SÓSTENES (*no grego é sosthenes, "inquebrantável"*) **–** cabeça da sinagoga judia na cidade de Corinto, quando o apóstolo Paulo ali esteve. No tumulto havido na cidade por causa da pregação do Evangelho, a multidão exaltada lançou mão de Sóstenes e lhe davam pancadas diante do tribunal, At 18.17. Talvez esse Sóstenes tivesse se convertido, pois se encontra nome igual associado ao de Paulo em 1 Coríntios 1.1, deve tratar-se da mesma pessoa.

SOTAI (*no hebraico, "desviado", ou "Jeová está se afastando"*) **–** nome de um homem pertencente à classe dos servos de Salomão. Fundou uma família, alguns de cujos membros voltaram do cativeiro com Zorobabel, Ed 2.55; Ne 7.57.

SUA/SUÁ – há vários personagens nas Escrituras com esse nome, embora no hebraico possuam grafia diferentes. Veja nomes e significados a seguir:

Suá **–** nome de um homem de Judá, irmão de Quelube, *cf.* 1 Cr 4.11. Seu nome significa "depressão".

Suá **–** nome de uma mulher aserita, e filha de Héber *cf.* 1 Cr 7.32. Seu nome significa "depressão".

Suá/ Suã **–** nome de um filho de Dã, e fundador de uma família tribal, Nm 26.42, chamado Husim em Gn 46.23. Seu nome significa "depressão".

Sua **–** nome de um aserita, filho de Zofa, *cf.* 1 Cr 7.36. Seu nome significa "prosperidade".

Sua **–** nome de um cananeu cuja filha foi mulher ou concubina de Judá, e mãe dos filhos: Er, Onã e Selá, *cf.* Gn 38.2,12; 1 Cr 2.3. Seu nome significa "prosperidade".

Sua **–** nome de um dos filhos de Abraão com sua mulher Quetura, Gn 25.2, origem da tribo árabe, denominada suíta, que habitava perto da terra de Hus, Jó 2.11. O lugar que ocupava parece que é o atual distrito do mesmo nome, a oeste do Eufrates, perto da foz dos rios Belich e Khabour. Seu nome significa "depressão".

SUAL (*no hebraico, "raposa", ou "chacal"*) **1** Nome de um aserita, e filho de Zofa, *cf.* 1 Cr 7.36. **2** Nome de um distrito perto de Ofra, ao norte de Micmás, *cf.* 1 Sm 13.17. Há uma possível identificação dessa cidade com *Saalim*, "raposas", lugar onde Saul foi procurar as jumentas perdidas de seu pai, *cf.* 1 Sm 9.4.

SUCATITAS – nome de pessoa nascida ou moradora em um lugar desconhecido, denominado Sucá, *cf.* 1 Cr 2.55.

SUCOTE (*no hebraico é sukkôth, "tendas", "barracas"*) **1** Nome de um lugar ao oriente do Jordão, Jz 8.4,5; Gn 33.17, onde o patriarca Jacó, quando voltava da Mesopotâmia, depois de passar o Jaboque, Gn 32.22, edificou uma casa e levantou os pavilhões para os seus rebanhos, Gn 33.17. Dali foi para Siquém, v. 18. Sucote ficava no vale do Jordão, perto de Sartã, 1 Rs 7.46; Sl 60.6; 108.7, e tocou em partilha aos gaditas, Js 13.27. Foi uma importante cidade, nos dias de Gideão, governada por 77 anciãos. Gideão pediu pão aos habitantes de Sucote para os seus soldados, quando perseguia Zeba e Salmuna, reis de Midiã. Recusaram o auxílio pedido. Voltando Gideão vitorioso da campanha, puniu severamente os homens de Sucote, Jz 8.5-16. O local dessa antiga cidade deve ter sido nas proximidades do vau de Damieh, na estrada entre es-Salt e Nablus. Talvez seja Tell Deir Alla, porque, diz o Talmude, o nome antigo de Sucote era Dar'alah porquanto o Tell está ao lado do norte de Jaboque e a história diz com certeza que Sucote ficava ao sul. **2** Nome do primeiro acampamento dos israelitas depois que saíram de Ramessés, Êx 12.37; 13.20; Nm 33.5,5. O nome Sucote parece ser modificação da palavra Thuku, com que os egípcios denominavam a cidade civil que circundava os templos sagrados de Pitom.

SUCOTE-BENOTE (*no hebraico é sukkôth-benôth, "tendas de filhas", ou "tendas de meninas"*) – nome de um ídolo que os colonos da Babilônia trouxeram para Samaria, *cf.* 2 Rs 17.30. A divindade tutelar da Babilônia era o deus Marduque e sua consorte Zarpanitum (*Zer-banit*), além de numerosas divindades a que prestavam adoração. O historiador Rawlinson e com ele Schrader propuseram que se identificasse Sucote-Benote com Zarpanitum, porque a parte final de ambos os nomes é essencialmente igual. Frederich Delitzsch oferece idéia mais aceitável; considera Sucote-Benote como uma hebraização dos vocábulos assírios *sakkut binúti*, cujo significado é supremo juiz do universo, e pensa que era um dos apelidos de Marduque.

SUFÁ – é provável que seja nome próprio designando a região em que estava situada Vaebe, *cf.* Nm 21.14. Tristram liga esse nome com o *Sufieh*, oásis existente a sudeste do mar Morto, porém os sons sibilantes não se correspondem.

SUFÃ – nome de um filho ou descendente remoto de Benjamim e fundador de uma família tribal, *cf.* Nm 26.39. Chama-se Mupim em Gn 46.21, e Supim em 1 Cr 7.12,15. As letras *m* e *s*, ou *sh* eram muito semelhantes no antigo hebraico. Talvez seja conhecido também pelo nome de Sefufá, 1 Cr 8.5. Nesta passagem, o nome figura na lista dos descendentes de Bela, visto não ser impossível que a enumeração dos filhos de Bela termine com o nome de Gera, e que o nome de Sefufá esteja registrado como filho de Benjamim. No cap. 7.12, o mesmo nome se encontra catalogado entre os filhos de Benjamim, mas não está claro se figura como filho, no sentido próprio da palavra ou como descendente dele, nascido de seu filho Belá, por meio de Uri, v. 7. Neste último caso, nasceu depois que Jacó e sua família desceram para o Egito, porém encontra-se enumerado com aqueles que foram para o Egito por ser o fundador de uma família tribal (veja *EGITO*).

SULAMITA (*no hebraico é shûlammîth*) – nome de uma jovem mencionada nos Cânticos de Salomão, 6.13. Com certeza deriva o nome da cidade de Suném. A LXX traduziu *Sounamitis*, isto é, Sunamite; e a cidade de Suném era conhecida no tempo de Eusébio pelo nome de Sulém e atualmente se chama Solã. A forma Sulamite deveria preferir-se a Sulamita por causa de sua consonância com Salomão, em hebraico *Shelomoh*.

SUMATEUS – nome de uma das principais famílias calebitas que habitavam em Quiriate-Jearim, *cf.* 1 Cr 2.53.

SUMO SACERDOTE – pontífice supremo e representante da nação judia perante Jeová. Arão foi designado para esse ofício logo depois do pacto do Sinai e do estabelecimento do santuário, ou Tabernáculo, *cf.* Êx 27.21; e o cap. 28. A referência em Êxodo 16.33,34, em que Moisés ordena a Arão que enchesse um vaso novo com maná e o colocasse diante do Senhor, não é uma antecipação de seu ofício. "Como o Senhor ordenara a Moisés, assim Arão o colocou diante do Testemunho para o guardar" *cf.* v. 31-35. As primeiras indicações a respeito da entrada dos filhos de Arão para o alto cargo de sacerdotes encontram-se depois da proclamação do pacto, Êx 24.1,9. A distinção que lhes foi conferida não quer dizer que eles representassem o sacerdócio nacional. Arão não era o sumo sacerdote nessa ocasião; era apenas o profeta de

SUMO SACERDOTE

Moisés. Seus filhos entraram na comissão designada para testemunhar as manifestações da glória de Deus. Isto quer dizer que os filhos de Arão seriam herdeiros do seu ofício. O chefe legal da casa de Arão entrou nas funções desse cargo; ou os primogênitos deveriam ser os sucessores, a menos que houvesse restrições legais, Lv 21.16-20. Motivos de ordem também entravam na escolha desses funcionários, 1 Rs 2.26,27,35. Segundo as tradições, não poderiam tomar posse do cargo antes de 20 anos de idade. Todavia, Aristóbulo já era sacerdote aos 17 anos, Antig. 15.3,3. O proceder do sumo sacerdote era regulado por uma legislação especial, Lv 21.1-15. Tinha de fiscalizar o santuário, de dirigir os atos de culto e de guardar os tesouros do templo, 2 Rs 12.7s.; 22:4. No dia da expiação, competia-lhe entrar no Santo dos Santos e consultar Jeová pelo Urim e Tumim. Além dos deveres inerentes a seu cargo, também podia exercer quaisquer outras funções sacerdotais. Competia-lhe oferecer os sacrifícios nos dias de sábado, das luas novas e das festas anuais, Guerras 5.5,7. Presidia ao conselho do Sinédrio, sempre que tinha de resolver alguma questão religiosa, Mt 26.57; At 5.21. As suas vestes oficiais consistiam, além da camisa de linho branca em comum com os demais sacerdotes: **1** O peitoral do juízo, feito de ouro, de jacinto, de púrpura, de linho fino retorcido, obra tecida de várias cores, ornado com quatro ordens de pedras preciosas, três em cada uma onde estavam inscritos os nomes de cada tribo dos filhos de Israel, cada um em sua pedra, conforme a ordem das 12 tribos. Nesse peitoral do juízo estavam o Urim e o Tumim, Doutrina e Verdade. **2** A estola sacerdotal, de ouro, de jacinto, de púrpura, de escarlate tinta duas vezes, de linho, com duas aberturas, uma de cada lado, servindo para a frente e para as costas do sacerdote, feita em duas partes, unidas por cima dos ombros, por duas pedras cornelinas. Os nomes dos filhos de Israel seriam gravados nelas, seis nomes em cada uma. Teriam dois ganchos de ouro e duas pequenas cadeias, também de ouro. A estola sacerdotal ficava por baixo do peitoral do juízo, unida a este por duas argolinhas e por uma fita de jacinto, de púrpura e de linho retorcido. **3** A sobrepeliz da estola sacerdotal, mais comprida que a estola, toda de cor de jacinto, sem mangas, adornada na parte inferior com umas romãs alternadas com campainhas de ouro (veja *CAMPAINHAS*). **4** A tiara, turbante de linho ao qual se sobrepunha outro de jacinto. Sobre ele usava uma chapa de ouro com a inscrição "Santidade ao Senhor" atada com uma fita de jacinto, *cf.* Êx cap. 28; Ecclus. 45.8-13; Antig. 3.7.1-6; *cf.* 1 Mac 10.20. O sumo sacerdote usava essas vestimentas oficiais, quando desempenhava funções privativas, exceto no dia da expiação, em que as colocava de lado para entrar no Santo dos Santos. O modo de consagração dos sacerdotes está relatado no cap. 29 do livro de Êxodo. Entre outras cerimônias, derramava-se óleo sobre a cabeça, Êx 29.7; Lv 8.12; Sl 133.2. O sumo sacerdote distingue-se dos outros sacerdotes pela expressão "Ungido", Lv 4.3,5,16; 21.10; Nm 35.25. Consagrava-se, os sacerdotes comuns, aspergindo óleo pelos seus vestidos, Êx 29.21; Lv 8.30. As tradições rabínicas faziam distinção no modo de ungir os sacerdotes e o sumo pontífice; consistia apenas na quantidade do óleo, sendo mais abundante para a cabeça do sumo sacerdote, sobre a qual era derramado, ao passo que na cabeça dos sacerdotes era aspergido apenas um pouco. A princípio, o ofício do sumo sacerdote, pertencia-lhe durante a vida; mais tarde, porém, Herodes e os romanos, invejosos das prerrogativas sacerdotais exercidas durante a vida, nomeavam e destituíam os sacerdotes de acordo com seus interesses. Jesus Cristo é o sumo sacerdote da nossa confissão, de que eram tipos os dignitários da velha dispensação, *cf.* Hb 3.1-13; 8.1-6; 9.24-28.

SUMO SACERDOTE

Linha dos Sumos Sacerdotes Hebreus

1 Desde o Estabelecimento do Sacerdócio Araônico ao Cativeiro. A Bíblia contém dois catálogos da linha sacerdotal, *cf.* 1 Cr 6.1-15 e Ed 7.1-15, cada um dos quais omite linhas genealógicas, como se observa em quase todas as tábuas dos hebreus.

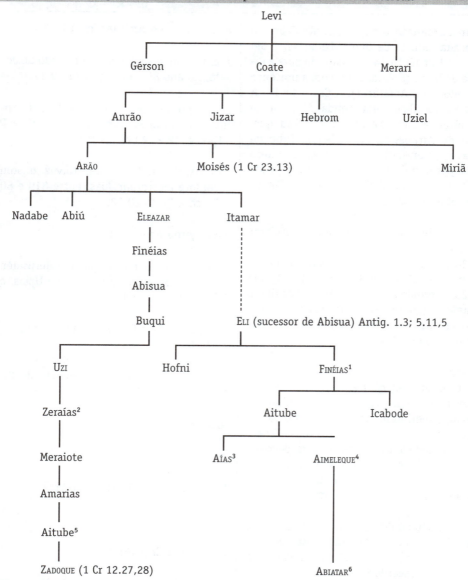

Levi
├── Gérson
├── Coate
│   ├── Anrão
│   │   ├── Arão
│   │   │   ├── Nadabe
│   │   │   ├── Abiú
│   │   │   ├── Eleazar
│   │   │   │   └── Finéias
│   │   │   │   └── Abisua
│   │   │   │   └── Buqui
│   │   │   │   └── Uzi
│   │   │   │   └── Zeraías[2]
│   │   │   │   └── Meraiote
│   │   │   │   └── Amarias
│   │   │   │   └── Aitube[5]
│   │   │   │   └── Zadoque (1 Cr 12.27,28)
│   │   │   └── Itamar
│   │   │   ⋮ Eli (sucessor de Abisua) Antig. 1.3; 5.11,5
│   │   │   ├── Hofni
│   │   │   └── Finéias[1]
│   │   │   ├── Aitube
│   │   │   │   ├── Aías[3]
│   │   │   │   └── Aimeleque[4]
│   │   │   │   └── Abiatar[6]
│   │   │   └── Icabode
│   │   ├── Moisés (1 Cr 23.13)
│   │   └── Miriã
│   ├── Jizar
│   ├── Hebrom
│   └── Uziel
└── Merari

---

[1] Oficiou durante a vida de seu pai, que havia renunciado em virtude de sua idade avançada. Antig. 5; 11; 2.

[2] A arca entre os filisteus durante sete meses, *cf.* 1 Sm 6.1; depois, em Quiriate-Jearim, 20 anos, *cf.* 1 Sm 7.2 até a segunda batalha de Ebenézer. Anos depois, Davi a transportou.

[3] Aías em Silo com a estola sacerdotal, *cf.* 1 Sm 14.3,18. Saul pede a Aías a arca de Deus em Gibeá de Benjamim.

SUMO SACERDOTE

[4]AIMELEQUE, *cf.* 1 Sm 22.9,11,12, sacerdote em Nobe. Menção aos pães da proposição, da estola sacerdotal, *cf.* 1 Sm 21.1,2,4,5,9. Saul manda matar Aimeleque, sacerdote do Senhor, e mais 85 sacerdotes, *cf.* 1 Sm 22.1-18. Matança em Nobe, cidade desses sacerdotes, *cf.* 1 Sm 22.19.

[5]Pela falta de um filho de Aimeleque, no reinado de Saul, para se encarregar do Tabernáculo, essa obrigação passou à outra linha sacerdotal.

[6]ABIATAR escapa e foge para Davi, *cf.* 1 Sm 22.20, com a estola sacerdotal, *cf.* 1 Sm 23.6,9; 30.4.

---

[7]A arca é transportada de Quiriate-Jearim e colocada na casa de Obede-Edom, *cf.* 2 Sm 6.1-11; 1 Cr 13.13,14. Transferida para a Cidade de Davi, *cf.* 2 Sm 6.12, com a presença de Zadoque e Abiatar, *cf.* 1 Cr 15.11,12. A arca é colocada em uma tenda. Elevação de um altar, 2 Sm 6.12,17; *cf.* 7.2. Zadoque, filho de Aitube, e Abimeleque, filho de Abiatar, nomeados sacerdotes, durante certo período do reinado de Davi, *cf.* 2 Sm 3.17; 1 Cr 18.16. A data é incerta. Parece que foi antes da revolta de Absalão.

ZADOQUE e os levitas trazem a arca. Abiatar acompanha Davi na sua fuga, *cf.* 2 Sm 15.24s. Zadoque e Abiatar são chamados sacerdotes, *cf.* 2 Sm 15.35; 17.15; 19.11; 20.25, servindo de mensageiros, seus filhos Aimaás e Jônatas. Na tentativa de afastar Salomão de subir ao trono e favorecer a candidatura de Adonias.

ZADOQUE é fiel a Davi, *cf.* 1 Rs 1.8. Abiatar favorece Adonias, *cf.* 1 Rs 1.7. Zadoque, dos filhos de Eleazar, e Aimeleque, dos filhos de Itamar, superintendem a divisão dos sacerdotes em turnos, *cf.* 1 Cr 24.3,6,31. Fazem isto por serem os chefes das respectivas famílias, em conseqüência de uma segunda conspiração em favor de Adonias, que ocorreu antes da elevação de Salomão ao trono.

ZADOQUE no lugar de Abiatar, *cf.* 1 Rs 2.26,35. Pela deposição de Abiatar, desaparece a casa de Eli, *cf.* 1 Rs 2.27, e Zadoque é o único sumo sacerdote.

ZADOQUE gerou Aimaás, *cf.* 1 Cr 6.8.

AIMAÁS gerou a Azarias, *cf.* 1 Cr 6.9.

AZARIAS gerou a Amarias, *cf.* 1 Cr 6.11.

AMARIAS, sumo sacerdote no reinado de Jeosafá, no ano 853 a.C., *cf.* 2 Cr 19.11.

JOIADA, no reinado de Atalia e Joás. Morreu nos dias de Joás com 130 anos, *cf.* 2 Rs 11.4-19; 12.2; 2 Cr 22.10s.; 24.15.

ZACARIAS, filho de Joiada, talvez o sumo sacerdote morto por Joás, entre 819 e 805 a.C., *cf.* 2 Cr 24.20,22.

JOANÃ gerou Azarias, 1 Cr 6.10.

AZARIAS, oficiou no templo em Jerusalém, pelo ano 750 a.C., no reinado de Uzias, *cf.* 1 Cr 6.10; 2 Cr 26.17.

URIAS, ano 752 a.C., no reinado de Acaz, *cf.* 2 Rs 16.10.

AZARIAS, ano 727 a.C., no reinado de Ezequias, *cf.* 2 Cr 31.10,13.

AMARIAS

AITUBE

MERAIOTE, *cf.* 1 Cr 9.11; Ne 11.11

ZADOQUE

SALUM, *cf.* 1 Cr 6.12; 9.11

HILQUIAS, Décimo oitavo ano de Josias, 622 a.C., *cf.* 1 Cr 9.11; 2 Cr 34.8,9.

AZARIAS

SUMO SACERDOTE

SERAÍAS

JEOZADAQUE, que foi levado cativo para Babilônia por Nabucodonosor, no ano 587 a.C., *cf*. 1 Cr 6.15.

Intervalo de 50 anos, Durante o Exílio.

2 Desde o Cativeiro, até os Sacerdotes Macabeus

JESUA, filho de Jeozadaque, que voltou do cativeiro com Zorobabel, e foi sumo sacerdote desde 538 a 520 a.C., *cf*. Ed 2.2; 3.2; Ne 12.10; Zc 1.7; 3.1; 6.11.

JOIAQUIM, *cf*. Ne 12.10,12; nos dias de Artaxerxes, Antig. 11.5,1.

ELIASIBE, no 20º. ano de Artaxerxes, 440 a.C. e ainda funcionando em 433 a.C., *cf*. Ne 3.20; 12.10; 13.4,6.

JOIADA

JÔNATAS, *cf*. Ne 12.11, ou antes de *Joanã*, *cf*. v. 22,23, em grego, João, sumo sacerdote em 411 a.C. (*Elephantini papyri*) e no reinado de Artaxerxes (Menemon), Antig. 11.7,1; *cf*. 5,4, que ocupou o trono desde 405 e 362 a.C.

JADUA, sumo sacerdote, quando Alexandre, o Grande, visitou Jerusalém, 332 a.C. e morreu ao mesmo tempo em que Alexandre em 323 a.C., *cf*. Ne 12.11; Antig. 11.8,4; 5,7.

ONIAS, em hebraico *Coniá*, contemporâneo de Ário, rei de Esparta, 309 a 265 a.C.; 1 Mac 12.7,20; Antig. 11.8,7.

SIMÃO, O JUSTO, filho de Onias.

ELEAZAR, filho de Onias e irmão de Simão, no tempo de Ptolomeu Filadelfo, que reinou de 285 a 247, Antig. 11.8,7.

MANASSÉS, tio de Eleazar, Antig. 12.4,1.

ONIAS II, filho de Simão, o Justo, no tempo de Ptolomeu Evergetes, que reinou de 247 a 222, Antig. 12.4,1.

SIMÃO II, filho de Onias II, Antig. 12.4,10.

ONIAS III, filho de Simão, no tempo de Seleuco IV, chamado Filopáter, que reinou entre 187 a 175 a.C., 2 Mac 3; Antig. 12.4,10.

JOSUÉ, em grego, JESUS, filho de Simão II, que tomou o nome de JASSOM, induziu Antíoco Epifanes, que reinou entre 175 a 164 a.C, a depor Onias, 2 Mac 4.7,26-35. Após três anos de exercício, Jassom foi suplantado, 171 a.C. por MENELAU, chamado também, ONIAS, filho de Simão II, Antig. 12.5,1; 15.3,1. Segundo o livro de 2 Mac 4.23, era irmão de Simão, o benjamita. Menelau exerceu seu cargo durante dez anos, Antig. 12.9,7. Foi morto no tempo de Judas Macabeu, 2 Mac 13.3-8.

JAQUIM, com o nome grego de ALCIMUS, não pertencente à linha sacerdotal, ainda que da descendência de Arão; foi elevado às funções de sacerdote por Demétrio, 161 a.C., e deteve-se três anos, 1 Mac 7.5-9,12-25; 9.1,54-56; Antig. 12.9,7; 20.10,1.

SACERDÓCIO VAGO DURANTE SETE ANOS, Antig. 20.10,1

3 Período Sacerdotal dos Macabeus

JÔNATAS, da família sacerdotal de Jeoiaribe, 1 Mac 3.1; *cf*. 1 Cr 24.7, feito sumo sacerdote em 152 a.C. por Alexandre Balas, que pretendeu o trono da Síria, 1 Mac 10.18-21. Exerceu o sacerdócio durante sete anos, Antig. 20.10,1.

SIMÃO, irmão de Jônatas, foi sacerdote oito anos.

SUMO SACERDOTE

João Hircano, filho de Simão, durante 30 anos.

Aristóbulo, filho de Hircano, por um ano.

Alexandre Janeu, filho de Hircano, por 27 anos.

Hircano, filho de Alexandre, por nove anos.

Aristóbulo, filho de Alexandre, por três anos e três meses.

Hircano, pela segunda vez, por 24 anos, desde 63 a.C.

Antígono, filho de Aristóbulo, por três anos e três meses, até que Herodes, o Grande, tomou posse de Jerusalém no ano 37 a.C., Antig. 14.16,4; 20.10,1.

4 Desde a Elevação de Herodes, o Grande, ao Trono da Judéia, até a Tomada de Jerusalém por Tito. Durante esse período, houve 28 sacerdotes. Antig. 20.10,1 geralmente, em sucessão ao que antes fora demitido.

Sacerdotes Nomeados por Herodes, o Grande, Desde 37 a.C. a 4 d.C.:

Hananel, ou Ananelus, em grego latinizado, Antig. 15.2,4.

Aristóbulo, neto de Hircano, por um ano, 35 a.C., Antig. 15.3,1 e 3.

Hananel, pela segunda vez, Antig. 15.3,3.

Jesus, filho de Fabes, Antig. 15.9,3.

Simão, filho de Boetus, desde 24 a.C. a 5 d.C., Antig. 15.9,3.

Matias, filho de Teófilo e enteado de Boetus, Antig. 17.4,2

Joazar, filho de Boetus, Antig. 17.6,4; 13.1.

Sacerdotes Nomeados por Arquelau, Entre o Ano 4 a.C. até 6 d.C.:

Eleazar, filho de Boetus, durante pouco tempo, Antig. 17.13,1.

Jesus, filho de Sie, Antig. 17.3,1

Sacerdotes Nomeados por Quirino, Presidente da Síria:

Anás, ou Ananus, filho de Sete, que alcançou o ofício no ano 6 ou 7 da era cristã.

Joazar que a multidão aclamou sumo sacerdote, mas foi deposto, Antig. 18.2,1; *cf.* 1.1.

Sacerdotes Nomeados por Valério Grato, Procurador da Judéia, 14-25 d.C.:

Ismael, filho de Fabi, que exerceu o ofício pouco tempo, Antig. 18.2,2.

Eleazar, filho Anás, por um ano, Antig. 18.2,2.

Simom, filho de Camitus, por um ano, Antig. 18.2,2.

José Caifás, genro de Anás, desde 18 a 36, *cf.* Jo 18.13; Antig. 18.4,2.

Sacerdotes Nomeados por Vitélio, Presidente da Síria:

Jônatas, filho de Anás, no ano 36, Antig. 18.4,2,3; *cf.* 19.6,4; 20.8,5.

Teófilo, filho de Anás, no ano 37, Antig. 18.5,3.

Sacerdotes Nomeados pelo Rei Herodes Agripa, Entre 41-44:

SIMOM CANTERAS, filho de Boetus, Antig. 19.6,2.

MATIAS, filho de Anás, Antig. 19.6,4.

ELIONEU, filho de Canteras, Antig. 19.8,1.

Sacerdotes Nomeados por Herodes, Rei de Cálcis, Que Morreu no Ano 48:

JOSÉ, filho de Camidos, Antig. 20.1,3.

ANANIAS, filho de Nedebeus, Antig. 20.5,2. Foi enviado preso a Roma durante a procuradoria de Cumanus. Depois de solto assumiu as funções sacerdotais que ainda exercia no ano 57, dois antes de Félix ser substituído por Festo, *cf*. At 23.2; 24.1-27.

Sacerdotes Nomeados por Agripa II:

ISMAEL, filho de Fabi, Antig. 20.8,8, ano 59. Foi remetido a Roma em refém, 20.8,11.

JOSÉ, também chamado CABI, filho do primeiro Simom, sacerdote, Antig. 20.8,11.

ANÁS, filho de Anás, por três meses, no ano 62, Antig. 20.9,1.

JESUS, filho de Danaeus, Antig. 20.9,1.

JESUS, filho de Gamaliel, Antig. 20.9,4.

MATIAS, filho de Teófilo, no ano 64, Antig. 20.9,7.

Sacerdote Aclamado pelo Povo Durante a Guerra:

FANAS ou FANIAS, filho de Samuel, Antig. 20.10; Guerras 4.3,8.

SUNAMITA (veja *SULAMITA*).

SUNÉM (*no hebraico é shûnem, "lugar de repouso"*) – nome de uma cidade de Issacar, *cf*. Js 19.18, fronteira ao monte Gilboa, *cf*. 1 Sm 28.4, onde acamparam os filisteus antes do combate com Saul. Situava-se onde atualmente existe Solam, na encosta ocidental de um monte 5,5 km a noroeste de Jezreel, 8 km ao norte do limite ocidental do monte Gilboa e cerca de 25 km distante do Carmelo, onde a Sunamita foi ao encontro de Eliseu, *cf*. 2 Rs 4.25.

SUNI (*no hebraico, "calmo", "tranqüilo", ou "afortunado"*) – nome de um filho de Gade e fundador de uma família tribal, *cf*. Gn 46.16; Nm 26.15.

SUOR – em casos excepcionais, ocorre repentina transpiração, que generaliza por todo o corpo, quando a pessoa está sob a influência de forte emoção. Existem casos autênticos em que o suor aparece cor de sangue, fenômeno este a que a ciência médica denomina diapedese, que outra coisa não é senão a filtração dos glóbulos vermelhos através dos vasos sangüíneos sem haver ruptura. Durante a agonia de Cristo no Getsêmani, veio-lhe um suor, como de gotas de sangue, que corria sobre a terra, *cf*. Lc 22.44.

SUPIM (*no hebraico, "almoxarifado"*) – casa em que se guardavam as alfaias e mais objetos, pertencentes ao serviço do Templo, situada perto da porta sul do átrio exterior. Dois levitas da casa de Obede-Edom eram encarregados de a guardar, *cf*. 1 Cr 26.15-17. **1** Nome de um benjamita, irmão de Hupim, filho de Ir, *cf*. 1 Cr 7.12,15 (veja *SUFA*). **2** Nome de um levita que serviu de porteiro do santuário, *cf*. 1 Cr 26.16. Com certeza, o texto original encontra-se alterado. Talvez que esse nome Supim se tenha destacado do versículo precedente que termina por uma palavra muito parecida com ela.

SUR (*no hebraico é shûr, "muralha", "fortaleza"*) – nome de uma localidade do deserto ao sul da Palestina ou mais exatamente ao sul de Beer-Laai-Rói e ao oriente do Egito, *cf*. Gn 16.7; 25.18. Ainda não foi identificada, mas deve situar-se em frente às fortalezas do Egito. Por esse nome foi conhecido o deserto por onde passaram os israelitas durante três dias, logo que atravessaram o mar Vermelho, *cf*. Êx 15.22. É também conhecido pelo nome de deserto de Etã, *cf*. Nm 33.8.

SUSÃ (*no hebraico é shushan, talvez signifique "lírio"*) – nome da cidade real do império persa e residência do soberano, *cf*. Ne 1.1; Et 1.2, situada na província de Elão, sobre o rio Ulai, *cf*. Dn 8.2. Nela se guardavam os tesouros da coroa, Heród. 5.49. O lugar referido, nessas passagens é Susã. Assurbanipal tomou essa cidade no ano 660 a.C. ficando sujeita aos reis da Babilônia. A família real a que pertencia Ciro, conquistador da Babilônia, governava em Ansã que parece ter sido um distrito ao oriente de Elã. Quando Ciro estabeleceu o império persa, graças a seus dotes militares, a cidade de Susã foi elevada à categoria de capital do império em igual importância com Ecbatana e Babilônia. Por ocasião da entrada de Alexandre, o Grande, em Susã, 331 a.C., encerrava ela imensos tesouros de que ele se apoderou. No ano 315, foi novamente saqueada por Antígono que também dela se apoderou; começou então a declinar, mas ainda resistiu aos sarracenos quando estes conquistaram a Pérsia. O local da antiga Susã é atualmente Sus, na latitude norte de 32 graus e 10 segundos e 48 graus e 26 minutos latitude oriental, entre o rio Euleus (nome romano do Ulai de Daniel) e o Shahpur, e distante 160 km do golfo Pérsico. As ruínas principais cobrem uma área de 18 km de comprimento por 14 km de largura com uma circunferência de 5 km, que chegam a 8 km ou 12 km se tomarmos em conta as ruínas esparsas. Consistem em uma série de elevações, numa das quais os exploradores encontraram as ruínas de um palácio, que não é outro senão aquele a que deu começo o rei Dario e em que Xerxes estabeleceu a sua corte. Parece ser o mesmo que o rei Assuero dava os seus banquetes e celebrava as suas festas, *cf*. Et 1.2,3,9; 2.18 etc.

SUSANA (*nome de origem hebraica, shushan, "lírio"*) – nome de uma das mulheres que assistiam Jesus com as suas posses, *cf*. Lc 8.3.

SUSANQUITAS (*do elamita susininak, um adjetivo para os habitantes da cidade de Susã*) – moradores ou naturais de Susã, capital da Pérsia, que com outros povos, entraram na Palestina central para suprir as faltas deixadas pelo cativeiro das dez tribos, *cf*. Ed 4.9.

SUSI (*no hebraico, "cavaleiro", ou "Jeová é veloz"*) – nome do pai de Gadi, enviado a reconhecer a terra, como representante da tribo de Manassés, *cf*. Nm 13.11.

SUTELA – **1** Nome de um dos filhos de Efraim, fundador de uma família tribal, *cf*. Nm 26.35,36; 1 Cr 7.20. **2** Nome de outro descendente de Efraim, na mesma linha genealógica, *cf*. 1 Cr 7.21.

TAÃ (*no hebraico, "graciosidade", "inclinação"*) **1** Nome de um dos descendentes de Efraim, e fundador de uma família, *cf.* Nm 26.35. **2** Nome de um efraimita, filho de Tela, *cf.* 1 Cr 7.25. Era descendente da quarta geração do mencionado no item **1**.

TAANAQUE (*no hebraico é ta'anak, talvez signifique "parapeito", ou "barreira"*) – nome de uma cidade dos cananeus, cujo nome aparece 1600 antes de Cristo em conexão com o avanço de Tutmés III contra Megido. O rei de Taanaque foi derrotado e morto por Josué, *cf.* Js 12.21. Situava-se dentro dos limites de Issacar e, nominalmente, na posse da tribo de Manassés, *cf.* Js 17.11; 1 Cr 7.29. Foi destinada a servir de residência aos levitas das famílias dos filhos de Coate, Js 21.25. Os da tribo de Manassés não expulsaram dela os seus habitantes cananeus, mas os fizeram tributários, *cf.* Jz 1.27. A grande batalha entre Baraque e Sísera ocorreu nas proximidades de Taanaque, *cf.* 5.19. Teve grande importância no tempo de Salomão, *cf.* 1 Rs 4.12. O lugar da antiga cidade é a modernamente *Tell Ta'anaque*, entre as montanhas na orla da planície de Jezreel, 8 km a sudeste da antiga Megido.

TAANATE-SILÓ (*no hebraico, "círculo de Siló", ou "próximo a Siló"*) – nome de uma cidade situada entre Efraim e Manassés, *cf.* Js 16.6, onde se encontra a moderna *Ta'nah*, 11 km a sudeste de Siquém.

TAÁS (*no hebraico, "porco marinho"*) – nome de um dos filhos de Naor e de sua concubina Reumá, *cf.* Gn 22.24.

TAATE (*no hebraico, "que está debaixo", ou "depressão", "humildade"*) **1** Nome de uma estação dos israelitas no deserto, *cf.* Nm 33.26,27. Localização desconhecida. **2** Nome de um levita da família de Coate, da casa de Isar e da linha de Coré e Ebiasafe, 1 Cr 6.24,37. A essas duas famílias prende-se o ramo de Uriel e Sofonias. **3** Nome de um efraimita, filho de Berede, da família de

TAATE

Sutela, 1 Cr 7.20. **4** Nome de um dos filhos de Eleada e descendente de Taate, filho de Berede, 1 Cr 7.20.

TABAOTE (*no hebraico, "anéis"*) – nome de uma família de netinins que veio da Babilônia com Zorobabel, Ed 2.43; Ne 7.46.

TABATE (*no hebraico, "famoso", ou "extensão", no grego da LXX é grafado, Tabáth*) – situado próximo a Abel-Meolá, onde ocorreu a fuga dos midianitas, depois do ataque de Gideão, na planície de Jezreel, Jz 7.22. Localização geográfica desconhecida, ainda que alguns estudiosos se inclinem para Rãs Abu Tabat, nas vertentes do monte 'Ajlun.

TABEEL (*no hebraico tabh'el, "Deus é bom"*) **1** Nome de um homem, cujo filho, os reis aliados Rezim da Síria e Pecá, de Israel, tentaram colocar no trono de Judá como instrumento de sua política, *cf.* Is 7.6. Também grafado em algumas versões como *Tabeal*. **2** Nome de um governador persa, provavelmente de raça síria, que se queixou a Artaxerxes I, que os judeus estavam reconstruindo o muro de Jerusalém, Ed 4.7.

TABERÁ (*no hebraico é tabh'erah, "incêndio"*) – nome de um lugar onde os israelitas murmuraram contra Deus. Um incêndio se manifestou contra eles que devorou a última parte do campo, *cf.* Nm 11.1-3; Dt 9.22. Moisés orou ao Senhor e o fogo se extinguiu.

TABERNÁCULO, **TENDA** – **1** Tenda provisória, onde o Senhor falava a seu povo, *cf.* Êx 33.7-10. **2** Construção portátil, em forma de tenda, que Deus ordenou a Moisés que fizesse para servir de sua morada no meio do povo de Israel, Êx 25.8,9, de onde lhe veio o nome de habitação, 25.9; 26.1, lugar onde Jeová falava a seu povo, 41.34,35, onde estavam depositadas as tábuas da lei ou o testemunho, "...o tabernáculo do Testemunho", 38.21; *cf.* 25.21,22; Nm 9.15, também denominado "Casa do

Tabernáculo — Christian Computer Art

TABERNÁCULO, TENDA

Senhor", *cf.* Êx 34.26; Js 6.24. Os materiais para construção do Tabernáculo foram adquiridos em grande quantidade. As madeiras vieram das florestas do deserto. Homens e mulheres deram braceletes, arrecadas, anéis e ornatos dos braços; todos os vasos de ouro foram colocados à parte para donativos do Senhor. Se algum tinha jacinto, púrpura e escarlata, linho fino e pêlos de cabra, pêlos de carneiro, metais de prata e de cobre, paus de cetim para vários usos, tudo ofereciam ao Senhor. Os príncipes ofereceram pedras de ônix e pedras preciosas para a estola sacerdotal e para o peitoral, *cf.* Êx 35.21-29. O grande uso de metais preciosos para uma construção temporária foi plenamente justificado, uma vez que todos os materiais tinham de ser aproveitados, quando se procedesse à construção permanente. O Senhor deu a Moisés instruções minuciosas para a edificação do Tabernáculo, a começar pela arca, que era o ponto central para o encontro de Jeová com o seu povo, *cf.* Êx 25.22. I. Feições Essenciais e Permanentes: a arca, a mesa dos pães da proposição e o candeeiro de ouro, *cf.* Êx 25.10-40, símbolo de coisas celestiais, Hb 9.23. Seguem-se os pormenores, *cf.* Êx 26.1-37, para o altar dos sacrifícios, 27.1-8, para a localização do átrio, *cf.* v. 9-19. O candeeiro deveria ser alimentado com azeite puro de oliveira para conservá-lo sempre aceso, *cf.* v. 20,21. O cap. 25.30 relata sobre os pães da proposição que deveriam estar sempre na presença de Deus. II. Aproximação a Deus por Mediação do Sacerdócio. Sua instituição, 28.1; suas vestes, v. 2-43, modo de sua consagração, 29.1-36. Depois de criada a ordem sacerdotal, vêm as especificações referentes ao altar, v. 37, e ao sacrifício perpétuo, v. 38-42. III. Passa em Seguida para o Altar dos Incensos, 30.1-10, simbolizando a adoração que o povo santificado oferece a seu Deus. Somente nesse lugar é que se fala do altar dos perfumes em separado dos demais objetos que ornavam o Tabernáculo. Deveria ocupar logicamente o ponto em que o povo oferecia as suas adorações ao Senhor. Em outros lugares,

Tenda Beduínos — Christian Computer Art

TABERNÁCULO, TENDA

figura ele em conjunto com as outras peças na seguinte ordem: a arca, a mesa, o candeeiro, o altar dos incensos e o altar dos sacrifícios, como se diz em relação a esses objetos, 37.25-28, na enumeração de todas as peças, 39.38, nas instruções sobre a maneira de levantar o Tabernáculo, 40.5, e na história final de sua elevação, v. 26. IV. PROVISÕES PARA AS NECESSIDADES DO CULTO: A contribuição de meio siclo, preço do resgate de cada pessoa, *cf.* Êx 30.11-16, a bacia de bronze, v. 17-21, as santas unções de óleo, v. 22-33, e o incenso, v. 34-38. O Tabernáculo formava um paralelogramo de 30 cúbitos de comprimento por 10 de largura, com entrada pelo lado do oriente. A parte de trás e os dois lados eram feitos com 48 tábuas, 20 de cada lado e 8 nos fundos, das quais, duas formavam os ângulos. Cada tábua tinha 10 cúbitos de altura por 1 ½ de largura, todas cobertas de ouro. As tábuas se apoiavam em bases de prata, duas em cada tábua, ligadas entre si por barrotes de pau de cetim; cinco para conterem as tábuas a um lado do Tabernáculo, outros cinco para o outro lado, e cinco para o lado oriental, presos à argolas de ouro, 26.15-30. Toda a frente servia de entrada, onde se erguiam cinco colunas de pau de cetim douradas, cujos capitéis eram de ouro e as bases de bronze, de onde pendia um véu de jacinto e de púrpura. O interior dividia-se em duas secções, separadas por uma cortina suspensa de quatro colunas douradas, com capitéis de ouro e bases de prata, v. 32,37. Os dois compartimentos ficavam na parte ocidental, onde estava o santo dos santos, medindo 10 cúbitos em todas as direções, e o santuário, ou lugar santo, que tinha 20 cúbitos de comprimento, 10 de largura e 10 de altura, *cf.* 26.16. "Farás o tabernáculo, que terá dez cortinas", 26.1. O comprimento de cada cortina era de 28 côvados, e a largura de quatro côvados, de linho retorcido, estofo azul, de púrpura e carmesim; com querubins. Todas as cortinas de igual medida. Cinco cortinas eram ligadas umas às outras; e as outras cinco se uniam do mesmo modo, de maneira que formavam duas peças que se prendiam entre si, *cf.* v. 1-6. **3** "O côvado de um lado e o côvado de outro lado, do que sobejar no comprimento das cortinas da tenda, penderão dum e doutro lado do tabernáculo para o cobrir", *cf.* v. 13. As cortinas do Tabernáculo, para servirem de tenda, eram feitas de pêlos de cabra. Eram 11 cortinas, tendo cada uma delas 30 côvados e a largura de quatro côvados, *cf.* v. 7,8. Essas 11 cortinas se juntavam umas às outras, formando duas seções: uma com cinco, e outra com seis. A parte formada pelas cinco cobria o teto e três lados do santo dos santos; a mais larga cobria o teto e os lados do santuário, "a sexta... dobrarás na parte dianteira da tenda", *cf.* v. 7-13. **4** "Também farás de peles de carneiro tintas de vermelho uma coberta para a tenda", *cf.* v. 14. **5** À entrada do santuário pendia um véu de estofo azul, e púrpura, e carmesim e linho fino retorcido; com querubins, para indicar que ninguém poderia aproximar-se da presença de Jeová, *cf.* v. 31-37. O Tabernáculo ocupava um átrio retangular de 100 cúbitos de comprimento na direção de leste a oeste, e de 50 de largura de norte a sul, cercado por 20 colunas de cada lado com outras tantas bases de bronze e capitéis de prata, cada uma separada da outra, cinco cúbitos com cortinas de linho retorcido. Na entrada havia cortinas de linho fino retorcido, *cf.* Êx 27.9-18. O Tabernáculo ocupava a metade da parte ocidental do átrio; o mar de bronze e o altar dos sacrifícios ficavam na outra metade para o lado do oriente sem coberta alguma. A arca era o ponto de convergência de todo o cerimonial e ocupava o santo dos santos. No santuário, bem defronte ao véu que o separava do santo dos santos, erguia-se o altar dos incensos, que, não obstante, também pertencia ao oráculo, 1 Rs 6.22; Hb 9.3. **6** Nesse mesmo lugar estavam a mesa dos pães da proposição ao lado direito, e ao

TABERNÁCULOS, FESTA DOS

lado esquerdo o candeeiro de ouro. Fora do átrio ficava o mar de bronze e o altar dos sacrifícios. A descrição e simbolismo desses objetos se encontram em artigos separados. Fez-se a dedicação do Tabernáculo no primeiro dia do segundo ano depois que os israelitas saíram do Egito. Enquanto durou a viagem pelo deserto, durante o dia, uma nuvem o cobria, e, à noite, pairava sobre ele uma coluna de fogo. Quando se levantava o acampamento, os levitas se encarregavam de desmontar o Tabernáculo e de novo o levantarem em outro lugar, *cf.* Êxodo caps. 26; 27.9-19; 35.4 a 36.38; 40.1-38. Enquanto durou a conquista de Canaã a arca permaneceu no campo em Gilgal. Depois de se estabelecerem na Terra Prometida, Josué levantou o Tabernáculo em Silo, onde permaneceu em todo o tempo dos juízes, *cf.* Js 18.1. Parece que em torno do santuário havia dependências destinadas aos sacerdotes e à guarda das ofertas que o povo fazia ao Senhor, *cf.* 1 Sm 3.3; acampamento dos levitas em torno dele, *cf.* Nm 3.23,29,35. Essas dependências com certeza eram protegidas de modo distinto, porque era o Tabernáculo. Fala-se em tendas, 2 Sm 7.6, em porta do tabernáculo do testemunho, Js 19.51; 1 Sm 2.22, em habitação de Jeová, Js 22.19,29; Jz 19.18; 1 Sm 1.7,24; 3.15. Quando os filisteus tomaram a arca, o Tabernáculo perdeu toda a sua glória e todo o seu valor, Sl 78.60. No reinado de Saul a arca esteve em Nobe, *cf.* 1 Sm 21.1 com Mc 2.26. No reinado de Davi e de Salomão, até a construção do templo, o Tabernáculo estava em um alto que havia em Gibeom, *cf.* 1 Cr 16.39; 21.29. Depois que Salomão edificou o templo, segundo o modelo do Tabernáculo, porém em maiores proporções, tudo que havia no Tabernáculo foi transferido para ele, 1 Rs 8.4; 2 Cr 5.5.

TABERNÁCULOS, FESTA DOS – a festa dos tabernáculos era a última das três grandes festas anuais, a que todo israelita era obrigado a comparecer, e a segunda das festas da colheita, Dt 16.16; 2 Cr 8.12, 13; *cf.* 1 Rs 9.25; 12.32; Zc 14.16. Recebeu esse nome porque, durante a sua realização, o povo se abrigava em tendas, Lv 23.40-42. Depois do estabelecimento do santuário em Jerusalém, o povo armava as tendas nos lugares abertos da cidade, nos telhados, nos átrios das habitações e no recinto do templo, Ne 8.16, e até mesmo fora dos muros da capital. Era a festa mais nobre de cada ano. Ainda que essencialmente agrícola, relacionava-se, historicamente, com os antecedentes da Páscoa, Lv 23.39,43. Celebrava-se no sétimo mês, número sagrado, e no fim da estação das colheitas, quando todos os produtos eram recolhidos aos celeiros, tanto os do campo quanto os apanhados nos olivedos e nas vinhas. Também se denominava solenidade das ceifas, tempo em que foi instituída, Êx 23.16; 34.22; *cf.* Lv 23.39; Dt 16.13,15. Começava no dia 15 do sétimo mês e celebrava-se por sete dias. O número total de bezerros sacrificados era de 70, oferecidos em escala decrescente durante a semana, dois carneiros e 14 cordeiros diariamente, e um bode pelo pecado, Nm 29.12-34; *cf.* Lv 23.36; Ed 3.4. As cabanas feitas de ramos de árvores davam idéia da vida rural, e serviam também para recordar a peregrinação pelo deserto após a saída do Egito, Lv 23.43; *cf.* Os 12.9. De sete em sete anos, lia-se publicamente a lei de Moisés. O ano em que se fazia essa leitura coincidia com o ano da remissão e não havia colheitas, *cf.* Dt 31.9-13. A festa ocorria quase imediatamente ao dia da expiação. O povo se purificava de acordo com a lei cerimonial e assistia à festa, banqueteava-se em honra do Senhor que o abençoava abundantemente, *cf.* Dt 16.14. Ao oitavo dia, ofereciam holocausto ao Senhor; nesse dia não se fazia obra alguma. Distinguia-se dos outros dias de festa; não havia barracas nem tendas, e as oferendas não tinham relação com as dos

TABERNÁCULOS, FESTA DOS

dias anteriores, Lv 23.36, 39; Nm 29.35-38; Antig. 3.10,4. Não se destinava a servir de fechamento aos dias de festas dos tabernáculos, e sim a dar ao ciclo anual das festas um termo característico. Em tempos posteriores, considerava-se a festa como tendo a duração de oito dias, 2 Mac 10.6; Antig. 3.10,4. Existem opiniões diferentes sobre o dia mais solene da festa a que se refere João 7.37, se era o sétimo ou oitavo dia. Cerimônias esplêndidas foram adicionadas subseqüentemente às prescrições da lei. Por ocasião do sacrifício da manhã, o povo empunhava ramos de palmas, de mirto e de salgueiros entrelaçados, e com as mãos cheias de frutas dirigia-se ao templo e marchava em torno do altar dos sacrifícios uma vez por dia, e sete vezes no último dia, à maneira da tomada de Jericó, Antig. 3.10,4; 13.13,5; *cf.* 2 Mac 10.6, 7. Outro costume que parece ter estado em voga no tempo de Cristo era que, diariamente, enquanto durava a festa, por ocasião das oblações da manhã e da tarde, o sacerdote tomava um vaso de ouro e o enchia de água do tanque de Siloé e o conduzia ao templo, onde o recebiam ao som de trombetas, entoando as palavras de Is 12.3: "Vós, com alegria, tirareis água das fontes da salvação". Essa água era misturada com o vinho dos sacrifícios e, enquanto os sacerdotes tocavam as trombetas e os levitas faziam soar os instrumentos músicos e cantavam salmos, a derramavam atrás do altar, de onde saía para a torrente de Cedrom, por um cano de esgoto. Também costumavam, na tarde depois do primeiro dia da festa, e talvez nas tardes seguintes, iluminar o átrio das mulheres com dois postes, cada um dos quais sustentava quatro enormes lâmpadas que iluminavam, não somente, os átrios do templo, mas também uma parte da cidade. Os pavios eram feitos de linho que havia servido nas vestes dos sacerdotes. Os levitas ficavam em pé nos degraus do átrio, tocando instrumentos musicais e entoando

salmos; pessoas de alta categoria social, com os sacerdotes, entregavam-se a danças festivas. Os judeus, que moravam longe da cidade, ou em terras estrangeiras, não podiam assistir às festas em Jerusalém, faziam-nas nas sinagogas locais, mas sem oferecer sacrifícios.

TABITA (*do aramaico taby^{e}ta', "gazela"*) – nome aramaico de uma mulher do Novo Testamento, Dorcas. Ela foi ressuscitada pelo apóstolo Pedro, *cf.* At 9.36-40 (veja **DORCAS**).

TABOR – nome de uma cidade da tribo de Zebulom dada aos levitas da casa de Merari, *cf.* 1 Cr 6.77, talvez nos limites da tribo de Issacar, Js 19.22, dificilmente identificada com a cidade de Quislote-tabor, *cf.* Js 19.12, e que mais corresponde a Quesulote, *cf.* v. 18.

TABOR, **CARVALHO DE** – carvalho que é mencionado somente em 1 Sm 10.3. Foi onde Saul encontrou três homens que iam para Betel. Parece estar no território de Benjamim, mas o local exato é desconhecido.

TABOR, **MONTE** (*no hebraico har tabhôr*) – nome de um monte localizado nos limites do território de Issacar, Antig. 5.1,22; *cf.* Js 19.22. O monte Tabor situava-se entre montes, *cf.* Jr 46.18, e figurava entre os mais notáveis da Palestina, ainda que inferior em tamanho ao Hermom, Sl 89.12. As forças militares de Issacar e Zebulom concentraram-se no monte Tabor para darem combate a Sísera, Jz 4.6,12,14. No ano 218 a.C., Antíoco, o Grande, tomou uma cidade que existia no seu cume, com as posições nele existentes, Políbio, 5.70,6. Josefo levantou muros de defesa em torno de sua crista, Vida 37, Guerras 4.1,8. O Tabor chama-se, atualmente, Jebel el-Tor, monte separado de entre outros de formação

TAFNES

calcária, erguendo-se a 1.843 pés sobre o nível do Mediterrâneo, na parte setentrional da planície de Jezreel, 12 milhas ao norte de Gilboa, 5 ½ a sudeste de Nazaré e 12 milhas a oeste sul da curva meridional do lago de Genesaré. Visto do lado noroeste, assemelha-se a um cone truncado, e do lado sudoeste, parece um segmento de círculo. O lado do norte cobre-se de espessas matas de carvalhos e terebintos. O cume é plano e de forma elíptica. Pensavam os teólogos, do segundo século, que no Tabor é que ocorreu a cena da Transfiguração, e por isso, de tempos em tempos, construíam lá monumentos comemorativos. Os que afirmam existir no seu cume uma fortaleza, no tempo de Cristo, encontram sérias dificuldades em provar isto.

TABRIMOM (*no hebraico é tabh- rimmon, "o deus Rimom é bom"*) **–** nome de um dos filhos de Heziom, rei da Síria, e pai de Bene-Hadade I, também rei da Síria, *cf.* 1 Rs 15.18.

TADEU (*no grego thaddaios, veja JUDAS*).

TADMOR – nome de uma cidade do deserto, *cf.* 2 Cr 8.4, que Salomão mandou fortificar, sem dúvida com o fim de regular o trânsito das caravanas que por ela passavam. Em passagem paralela de 1 Rs 9.18, encontra-se a palavra Tamar, em referência a ele na V. B. Em Figueiredo diz-se: "Palmira na terra do deserto". Parece que esta frase "terra do deserto" tem por fim assinalar a extensão do reino do grande filho de Davi, v. 19 e cap. 4.21,24. Alguém tem sugerido que essa cidade pode ser identificada com a Tamar, mencionada em Ez 47.19; 48.28, situada no limite meridional da Terra Prometida, provavelmente na estrada que vai de Hebrom a Elate (veja *TAMAR*). Essa identificação é aceitável e pode incluir ou corrigir a palavra Tadmor, de 2 Cr 8.4, que tem servido para explicar a passagem paralela de 1 Rs 9.18. Mas o texto do livro de Reis é suspeito; porque a frase "na terra" é supérflua, uma vez que todas as cidades mencionadas estavam na terra; além de que o texto se afasta de enumeração paralela no livro de Crônicas deixando de mencionar em Hamate as cidades de Salomão que lhe serviam de celeiros. Talvez que o texto original dissesse "Tamar do deserto na terra de Hamate, todas as cidades que serviam de celeiro". Tadmor, eventualmente, veio a ser presa dos romanos que latinizaram seu nome, denominando-a Palmeira, Antig. 8.6,1. Entre os anos 251 e 273 da era cristã, desfrutou relativa independência. Ainda subsiste o nome de Tadmor, levemente modificado para Tadmur, nome de um oásis 225 km a nordeste de Damasco e 120 do Eufrates. É um montão de ruínas que se estende por cerca de duas milhas. Encontram-se extensas linhas de colunas de ordem coríntia e jônica com numerosos túmulos parecidos a torres. As inscrições são gregas e semíticas.

TAFATE (*no hebraico, "gota", ou "ornamento"*) **–** nome de uma das filhas de Salomão e mulher de Ben-Abinadabe, *cf.* 1 Rs 4.11.

TAFNES (*no hebraico é tahpanhes, uma tradução do egípcio T-h-p-nhsj, o significado é incerto*) **1** Nome de uma rainha do Egito do tempo de Salomão, *cf.* 1 Rs 11.19,20. **2** Nome de uma cidade do Egito, Ez 30.18, para onde se retiraram os judeus para escapar à vingança dos babilônios por causa da morte de Gedalias, Jr 43.7-9. Supõe-se que os judeus se estabeleceram ali definitivamente, 44.1; 46.14. A LXX traduziu Tafnis por Tafne ou Tafnai, que é o mesmo que Dafne, cidade fortificada do canal de Pelusium, Heród. 2.30,107, que parece identificada com as ruínas de Defené, 19 km ao norte de Pitom.

TALENTO

TALENTO – nome de um peso que servia para usos comuns, comércio e também avaliar metais preciosos, porém de vários padrões, de acordo com a espécie de que se tratava (veja *PESOS*). O valor do talento, utilizado no período greco-romano, era o átrio, que variava entre 1.180 e 960 dólares. O evangelho contém uma parábola denominada dos talentos, em que um senhor distribui certo número de talentos para seus servos para que negociem e obtenham lucros. A cada um confiou um número correspondente à sua capacidade, *cf.* Mt 25.14-30. No nosso uso comum a palavra talento emprega-se, em sentido figurado, para aptidões pessoais (veja *PESOS*).

TALHA, CÂNTARO, BILHA, ALMOTOLIA – **1** Vasilha feita de barro ou de qualquer outro material, no grego *udría*, Jo 2.6; *cf.* Odisséia, 13.105, destinada a conservar líquidos ou cereais. As talhas de barro tinham, geralmente, uma ou duas asas e serviam para carregar água apanhada nas fontes vizinhas, *cf.* Ec 12.6. Em geral, as mulheres carregavam essas vasilhas ao ombro ou na cabeça, Gn 24.13,15,16; Jo 4.28, e os homens também faziam esse serviço, Mc 14.13. As talhas de barro serviam também para depositar vinho, Heród. 3.6; Anabasis 6.1,15; *cf.* Odisséia 2.290, e para esse fim, as faziam com grande capacidade, Odisséia 2.340, *pithos*. As vasilhas de barro destinadas a guardar azeite tinham o nome de almotolia, algumas versões traduzem por botija, 1 Rs 17.12. **2** Vasilhas de pedra, Jo 2.6, que serviam para depósitos de água. Em grego, chamavam-se *Metretas* e tinham a capacidade de 1952.17 polegadas cúbicas, para cerca de 38 litros de vinho.

TALITA CUMI – expressão aramaica *taly^{e}ta kûmi*, que foi transliterada para o grego, *talitha koumi*, que significa "Menina, eu te mando, levanta-te!", *cf.* Mc 5.41. Nesse texto, o grego grafado é *koum* e não *koumi*, isso se deve ao fato que alguns dialetos não pronunciavam a letra final, mas o texto traduzido com *kumi* representa uma correção redacional.

TALMAI – **1** Nome de um dos filhos de Anaque, fundador da família dos anaquins, Nm 13.22, expulsos de Hebrom por Calebe,

Cântaros — Christian Computer Art

Js 15.14; Jz 1.10. **2** Nome de um rei de Gesur, cuja filha Maaca foi uma das mulheres de Davi e mãe de Absalão, *cf.* 2 Sm 3.3; 13.37, 1 Cr 3.2.

TALMOM (*no hebraico, "opressor", ou "oprimido"*) **–** nome de um porteiro, que passou a designar a família por ele fundada, 1 Cr 9.17; Ne 11.19; 12.25. Alguns dos membros dessa família voltaram do cativeiro da Babilônia com Zorobabel, Ed 2.42; Ne 7.45. Continuaram no mesmo ofício de porteiros do novo templo.

TAMA (*no hebraico, "riso"*) **–** nome do fundador de uma família de netinins, da qual alguns membros voltaram do cativeiro com Zorobabel, *cf.* Ed 2.53; em Neemias está registrado como Tamá, *cf.* Ne 7.55.

TAMAR (*no hebraico, "palmeira"*) **1** Nome da mulher de Her, filho de Judá. Depois de enviuvar, teve dois filhos gêmeos, Perez e Zerá, cujo pai foi o próprio sogro, Gn 38.6-30. Deles procederam várias famílias tribais, Nm 26.20,21. **2** Nome de uma mulher, filha de Davi e irmã de Absalão, de quem se enamorou Amnom, seu irmão paterno, o qual a forçou criminosamente. Essa barbaridade custou-lhe a vida que foi tirada por Absalão, *cf.* 2 Sm 13.1-39; 1 Cr 3.9. **3** Nome de uma filha de Absalão, de nome igual ao de sua irmã, *cf.* 2 Sm 14.27. **4** Nome de uma cidade do deserto, denominada Tadmor, em 1 Rs 9.18; 2 Cr 8.4. **5** Nome de um lugar no extremo oriental da Palestina, Êx 47.19; 48.28; deveria ser ao sul a aldeia Tâmara que Eusébio diz localizar-se entre Hebrom e Elate.

TÂMARA – fruto da tamareira ou *Phoenix dactylifera*, de que se fazia mel, Guerras 4.8,3.

TAMARGUEIRA – tradução das palavras hebraicas *A ar*, Jr 17.6, em árabe junípero,

J. Oxycedrus e *aroer*, Jr 48.6, ambas envolviam a idéia de nudez. A tamareira é árvore, coberta de folhas estreitas, muito pequenas e rígidas. A espécie *Erica verticillata*, de flores pediceladas, de cor rosada e de doce e suave perfume encontra-se nas encostas do Líbano. A maior parte dos intérpretes considera essa palavra, pelo menos em Jr 48.6, representando uma pessoa desamparada, uma vez que *aroer* tem esse sentido no Sl 102.17. Algumas versões variam nas traduções entre tamargueira, arvoredo ou bosque nos seguintes textos: Gn 21.33; 1 Sm 22.6; 31.13.

TAMBOR – instrumento de música, tem a forma de caixa cilíndrica, com as bases de pele presas bem esticadas, onde se extrai o som com o toque de baquetas, 1 Sm 10.5 (veja *MÚSICA*).

TAMBORES, TAMBORIM, ADUFES, PANDEIROS, TAMBORIL – espécie de tambor de pequenas proporções, de onde se originou o moderno pandeiro. A palavra hebraica é *toph*, instrumento que se usa batendo nele com a mão, muito empregado nas festividades familiares, acompanhando as cantigas e marcando o compasso das danças. Também servia para acompanhar as orquestras nos atos de culto a Deus, Gn 31.27; Êx 15.20; Jz 11.34; 1 Sm 10.5; 18.6; 1 Cr 13.8; Jó 21.12; Sl 81.2; Is 5.12 (veja *MÚSICA*).

TAMUZ (*no hebraico é tammûz, nome de uma divindade*) **–** nome de uma divindade babilônia que denominavam *Dumuzi*, ou *Duzi*, que parece significar "filho da vida", de onde vem a palavra *Tamuz*. Era adorado em toda a Babilônia, na Assíria, na Fenícia e na Palestina. Deu nome ao quarto mês do ano semítico. Tamuz era esposo da deusa Istar e rei do mundo inferior, deus das pastagens e patrono dos rebanhos e dos pastores; ele próprio se denominava

TAMUZ

pastor. Morria anualmente para de novo aparecer no ano seguinte. Segundo entendiam alguns, o deus-sol *Shamash* é quem o matava. Como se observa, uma história puramente mitológica. Todavia, em seus pormenores simboliza o curso do sol, desde o nascimento ao ocaso, e a morte e o renascer da vegetação. O profeta Ezequiel, em visão, presenciou, na porta da casa do Senhor que olha para a banda do norte, umas mulheres que, assentadas, choravam a Adonis ou Tamuz, divindade pagã que havia entrado na Palestina, *cf.* Ez 8.14. Cirilo de Alexandria e Jerônimo identificam-no com o deus fenício Adônis, com aceitação geral. Diz Jerônimo que os sírios celebravam uma solenidade anual a Adonis no mês de junho. Nesse mês, as mulheres choravam sua morte; depois que voltava à vida, entoavam-lhe cânticos. Sabe-se de outras fontes que em Biblos, na Fenícia, existia o centro do culto de Adonis. Celebrava-se a festa anual em sua honra nas vizinhanças do templo de *Afrodite* no monte Líbano e durava sete dias. Começava pela comemoração do desaparecimento do deus. Enchiam vasilhas de terra com rebentos de trigo, de cevada, de alface e de funcho, a que chamavam jardins de Adonis, e os expunham ao calor do sol. O murchar das plantas simbolizava a morte da mocidade pelo deus-fogo *Marte*. Depois, saíam as mulheres à procura do deus *Adonis*. Finalmente o encontravam em um dos jardins. Este encontro era celebrado com atos de luxúria e cantos. Depositavam a imagem em um esquife, mostrando em seu corpo a ferida que lhe fez o simbólico javali causador da morte do jovem deus. O povo se assentava no chão ao redor do ataúde, rasgava os vestidos, e as mulheres soltavam estrondosas lamentações. Ofereciam sacrifícios ao deus morto e sepultavam o ídolo.

TANAQUE (veja *TAANAQUE*).

TANGEDOR – aquele que tange ou toca qualquer instrumento, 2 Rs 3.15.

TANUMETE (*no hebraico, "consolação"*) – nome do pai de Seraías, um capitão, submeteu-se a Gedalias depois da queda de Jerusalém, 2 Rs 25.23; Jr 40.8.

TAPUA (*no hebraico, "maçã"*) **1** Nome de uma cidade na parte baixa de Judá, *cf.* Js 15.34. Havia dentre as cidades de Judá uma chamada Bete-Tapua, "Casa de Tapua", associada aos filhos de Calebe, Js 15.53. **2** Nome de uma cidade da tribo de Manassés, situada a oeste de Siquém, na linha divisória da tribo de Efraim, Js 15.32; 16.8; 17.7,8, provavelmente é a moderna Tell Sheikh Abu Zarad. **3** Nome de um dos filhos de Hebrom, 1 Cr 2.43.

TAQUEMONI – palavra que se encontra em 2 Sm 23.8, como referência ao nome do primeiro dos heróis de Davi naquela lista. No entanto, parece ser uma corrupção do texto hebraico da palavra *Hachmonita*, na qual o copista trocou a letra *h* pelo *t*, *cf.* 1 Cr 11.11.

TARALA (*no hebraico, "cambalear"*) – nome de uma cidade da tribo de Benjamim, Js 18.27. A localização exata do lugar é desconhecida, mas acredita-se que se situava na região montanhosa, a noroeste de Jerusalém.

TARÉIA (*no hebraico, "habilidade"*) – nome de um descendente do rei Saul e de seu filho Jônatas, *cf.* 1 Cr 8.35; 9.41.

TARPELITAS – habitantes de um lugar que se presume ser Tarpel ou Tarpete, situado perto da Babilônia ou Elã, Ed 4.9. Mas existem muitas dúvidas quanto à origem da palavra. O que se sabe com exatidão é que se trata de povo que foi transportado para Samaria.

TÁRSIS (*no hebraico é tarshish, alguns estudiosos sugerem a origem fenícia para a palavra, com significado de "refinaria", ou seja, em referência a um lugar onde o metal é fundido e refinado*) **1** Nome de um povo descendente de Javã, *cf.* Gn 10.4 e do lugar por ele habitado. Quando Jonas entrou em um navio, no porto de Jope, em demanda de Társis, teria evidentemente de atravessar o Mediterrâneo. Era um país longínquo, Is 66.19. Tiro era a filha do mar, ou filha de Társis, como está em Is 23.10, talvez por sua origem no comércio de Társis, que exportava prata em lâminas, Jr 10.9, ferro, estanho e chumbo, Ez 27.12. Há quem diga que Társis era a Tartessus, cidade do sul da Espanha, perto de Gibraltar, Heród. 4.152, no país de Turti ou Turditânia a que a cidade pertencia. A riqueza mineral daquela região atraía os fenícios que breve se estabeleceram nela, e cujo nome passou a ter forma semítica. Desde muito que a Espanha se fez conhecida pelas suas riquezas minerais. Os navios de Társis, a princípio, limitavam a sua rota ao comércio local; mais tarde; porém, navios de alto bordo trafegavam para diversos portos, Sl 48.7; Is 2.16; 23.1,14; 60.9; Ez 27.25. Jeosafá construiu frotas que paravam no porto de Eziom-Geber no mar Vermelho, que iam até Ofir atrás de ouro, 1 Rs 22.48. As frotas de Salomão iam de três em três anos, com gente de Hirão, a Társis, de onde traziam ouro e prata, marfim e bugios e pavões, 2 Cr 9.2; *cf.* 1 Rs 10.22; 2 Cr 20.36. **2** Nome de um benjamita, filho de Bilã, *cf.* 1 Cr 7.10. **3** Nome de um dos sete príncipes da Pérsia, Et 1.14.

TARSO (*o termo não se deriva de tarsus, nome grego que significa "cesto de vime", ou "qualquer superfície plana"*) – os assírios pronunciavam *Tarzi*, e aparece em caracteres aramaicos com a forma *Trz*. Tarso era a principal cidade da Cilícia, na parte oriental da Ásia Menor. Estava situada em ambas as margens do rio Cidno, distante da costa cerca de 20 km. No ano 833 a.C., já era conhecida por Salmaneser, rei da Assíria. Quando os romanos formaram a província da Cilícia, no ano 64 a.C., a cidade de Tarso servia de residência ao governador. Para compensá-lo do que havia sofrido pela sua aliança ao partido de César, Marco Antônio a nomeou cidade livre e a isentou de impostos. Notabilizou-se pelas suas escolas que rivalizavam com as de Atenas e Alexandria. Ali nasceu o apóstolo Paulo, que depois de sua conversão a visitou, uma vez pelo menos, At 9.11,30; 11.25; 21.39; 22.3. Visto que muito longe da primitiva grandeza, ainda é cidade importante. Existem nela algumas relíquias da antigüidade.

Tarso — Christian Computer Art

TARTÃ

TARTÃ (*do acádio tartanu, no hebraico é tartan, significado desconhecido*) — nome titular do comandante-chefe do exército assírio, embora seja confundido com nome próprio, que figura por duas vezes nas Escrituras. O primeiro foi enviado por Sargom II, rei da Assíria, para conquistar a cidade de Asdode, Is 20.1. O outro foi enviado por Senaqueribe para capturar a cidade de Jerusalém, 2 Rs 18.17. Há quem confunda esses títulos com nomes próprios. Os assírios pronunciavam esse nome de dois modos: *tartanu* e *turtanu*.

TARTAQUE (*no hebraico, talvez signifique "herói das trevas"*) — nome de um ídolo, *tartaq*, que os heveus adoravam e estabeleceram essa adoração em Samaria, 2 Rs 17.31.

TATENAI (*no hebraico é tatt^enai*) — nome de um governador persa, residente a este do rio Eufrates. Opôs-se tenazmente à reconstrução do templo de Jerusalém pelos que voltaram do cativeiro da Babilônia, *cf.* Ed 5.3; 6.6.

TAU — vigésima segunda letra do alfabeto hebraico; pronuncia-se *t* ou *th* segundo a posição que ocupa. É representada pelo *t* do nosso alfabeto e aparece nas palavras de origem hebraica como Tamar, Natã etc. Assinala uma das seções do salmo 119. Cada versículo dessa seção começa por essa letra. Os escribas ocasionalmente trocavam a letra *tau* pela *he*.

TAXAS — no tempo dos juízes as contribuições regulares e obrigatórias destinavam-se ao culto de Jeová. Nesse tempo ainda não tinham exércitos nem os gastos com a manutenção da corte, mas havia um tabernáculo e um sacerdócio, mantidos pelos dízimos e pelas ofertas e pelas terras à disposição permanente dos levitas. Depois do estabelecimento do reino, as rendas públicas provinham de várias fontes. **1** Contribuições em espécie para a corte do rei, consistindo em produtos dos campos e dos rebanhos, 1 Rs 4.7-28; *cf.* Am 7.1. **2** Ofertas especiais recebidas por Saul logo no princípio de seu reinado, 1 Sm 10.27, ou em tempos de guerra, 16.20; 17.18. **3** Tributos que pagavam os povos vencidos, 2 Sm 8.6,14; 1 Rs 10.15; 2 Rs 3.4, inclusive serviços manuais a que foram obrigados a prestar os cananeus que viviam no meio de Israel, Jz 1.28,30; 1 Rs 9.20,21. Quando os hebreus ficavam sujeitos a algum país estrangeiro, pagavam-lhe tributos, além dos impostos destinados ao seu próprio governo. **4** Os negociantes e agentes de comércio pagavam impostos de acordo com a natureza de seus lucros, *cf.* 1 Rs 10.14,15. Sem lançar novos tributos em dinheiro ou em produtos, e com a redução de suas despesas pessoais, Davi conseguiu manter um exército permanente, formando brigadas de 24 mil homens que serviam ao rei, distribuídas pelas suas turmas, entrando e saindo de guarda, todos os meses do ano, 1 Cr 27.1. O governo de Salomão oprimiu bastante o povo com impostos, o que ocasionou a divisão do reino, 1 Rs 12.4. Eram isentas de impostos as pessoas que prestavam serviços específicos à pátria, 1 Sm 17.25; Antig. 17.2,1. No tempo do domínio persa, por decreto de Dario Histaspes, os sátrapas de cada província pagavam soma fixa para o tesouro do rei, Heród. 3.89. Os súditos eram obrigados a contribuir também para o sustento pessoal dos governadores. A essa contribuição chamavam o pão do governador. Os governadores de Judá oprimiam o povo cobrando dele, todos os dias, 40 siclos em pão, vinho e dinheiro, *cf.* Ne 5.14,15. As rendas públicas resultavam dos tributos e dos rendimentos anuais, Ed 4.13,20. Os sacerdotes, os levitas e os netinins não pagavam impostos em Judá, 7.24; todo o peso das contribuições caía sobre a massa do povo, que igualmente era sujeito às despesas do santuário. Muita gente do povo ainda precisava empenhar os seus campos e suas vinhas para pagar os tributos do rei, Ne 5.4; 9.37. Os reis do Egito e da Síria, em vez de fixarem os impostos que o povo devia pagar, colocavam em leilão o monopólio da cobrança e a concediam a quem oferecia mais. Quem se obrigava a dar a maior parte das rendas de uma província, tinha a seu dispor forças militares suficientes para auxiliá-lo no exercício de suas funções, Antig. 12.4,1-5. Os reis da Síria criaram um imposto de captação, tributavam o comércio do sal, cobravam uma soma arbitrária em substituição da coroa de ouro que era costume dar todos os anos, tomavam a terça parte dos cereais, a metade dos frutos e ainda por cima cobravam os dízimos e as capitações destinadas ao templo de Jerusalém, 1 Mac 10.29-31; 11.34, 35; 13.37,39; Antig. 12.3,3. Por ocasião da tomada de Jerusalém pelo general Pompeu, no ano 63 a.C., os romanos impuseram um tributo aos judeus, que rapidamente atingiu a mais de dez mil talentos, Antig. 14.4.4. Júlio César decretou que os impostos não deviam ser arrendados e que no ano sabático fossem suspensos, que no ano seguinte somente fosse arrecadado um quarto da renda do ano anterior, 10,5,6. Herodes, o Grande, lançou impostos sobre os produtos dos campos, 15.9,1, e sobre os lucros de compra e venda, 17.8,4. Logo que os romanos se apoderaram da Judéia, introduziram nela o sistema financeiro do império, que consistia na cobrança, por meio de exatores ou publicanos, dos impostos sobre: 1) o solo, pago em espécie ou em dinheiro; 2) o imposto de capitação, Mt 22.17, e da propriedade particular; 3) imposto sobre as mercadorias que entravam pelos portos de mar e pelas portas das cidades. Em Jerusalém havia uma recebedoria de rendas sustentada pelos próprios habitantes, Antig. 19.6,2. Depois do exílio, todo israelita, ao chegar aos 21 anos e daí

em diante, pagava uma taxa de meio siclo para custeio do templo, Mt 17.24. Os coletores visitavam todas as cidades em tempo certo para receberem os tributos. Em terras estrangeiras havia lugares designados para esse fim (veja *TRIBUTO*).

TEAR (veja *TECELAGEM*).

TEATRO (*no grego é théatron, do verbo theáomai, "olhar", "contemplar"*) — lugar onde se fazem representações dramáticas. O teatro com o seu auditório, com a sua orquestra e tablado, acomodava enormes multidões, e se prestava, admiravelmente, para assembléias públicas e para transações comerciais, segundo o uso nas antigas cidades gregas. No mundo antigo, eram descobertos com assentos de pedra e de formato semicircular. Geralmente, os teatros gregos eram construídos em lugares altos, onde se aproveitava o declive do terreno, At 19.20-31; Antig. 19.8,2.

TEBÁ (*no hebraico, "matança"*) — nome de um filho de Naor com sua concubina Reumá, *cf.* Gn 22.24, e da tribo por ele formada. O nome da tribo encontra-se em 2 Sm 8.8, segundo a LXX e a versão siríaca, e também em *cf.* 1 Cr 18.8, sob a forma *Tibate*, referente a uma cidade de Aranzobá. Em 2 Sm 8.28 algumas versões dizem, *Betá*.

TEBALIAS (*no hebraico, "Jeová purificou", ou "Jeová mergulhou"*) — nome de um levita, e terceiro filho de Hosa da família de Merari, 1 Cr 26.11.

TEBAS (veja *NÔ-AMOM*).

TEBES (*no hebraico é tebheç, "resplendor", "brilho"*) — nome de uma cidade perto de Siquém, onde havia uma torre alta e forte. Abimeleque a sitiou. Abeirando-se da torre, perdeu ali a vida, quando uma pedra

TEBES

de moinho lhe foi atirada na cabeça por uma mulher, Jz 9.50-55; 2 Sm 9.21. Ainda existe com o nome de Tubas, aldeia situada 16 km ao norte de Nablus, e a nordeste de Siquém, na estrada de Bete-Seã.

TEBETE – nome do décimo mês do calendário semítico, Et 2.16 (veja *ANO*).

TECELAGEM – os egípcios já faziam tecidos antes da chegada dos israelitas ao seu meio, principalmente em panos de linho, Gn 41.42. Esse serviço pertencia de preferência aos homens, Heród. 2.32, se bem que também as mulheres aparecem como tecelãs nas esculturas e desenhos do antigo Egito. No tempo do Êxodo, os hebreus sabiam fazer tecidos simples e bordados, Êx 35.35. Trabalhavam em tecidos finos para ornamentos e vestuários, panos grossos para o fabrico de tendas, e de roupas para gente pobre. A matéria prima consistia em pêlos de cabra e de camelo, Mt 3.4; Êx 26.7, linho e lã, de várias cores, Êx 26.1; *cf.* 28.39; Heród. 3.47. Faziam estofos com fios de ouro, Êx 39.3, e bordavam com agulhas, 27.16; 38.23. Muitos intérpretes são de opinião que a palavra hebraica que traduziram por bordados refere-se a alguém que fazia desenhos, como os modernos desenhos árabes denominados *markum*, destinados a servir de cortinas ornamentadas para divisão de aposentos nas tendas. Entre os hebreus, tanto os tecidos quanto a fiação eram feitos por mulheres, 2 Rs 23.7; *cf.* 1 Sm 2.19 Pv 31.22,24; At 9.39. Capas e túnicas chegavam dos teares já prontas para serem usadas. As túnicas feitas de uma só peça não tinham costuras. Os sacerdotes só usavam túnica sem costura, Êx 28.6, 8; Antig. 3.7,4. Jesus vestia uma dessas túnicas nas vésperas de sua morte, Jo 19.23, talvez simbolizando a sua missão sacerdotal. Os teares no Egito eram verticais ou horizontais. A armação dos verticais ficava um pouco acima do chão;

a tecedeira agachava-se para fazer passar as linhas. A urdidura fazia-se, passando os fios entre as barras de madeira a que se prendiam; liços de feitio muito rudimentar separavam os fios da urdidura para a passagem da lançadeira; a batedeira dos fios da trama ficava entre o tecelão e a parte já tecida. Com uma varinha faziam chegar o último fio, apertando-o junto dos outros. O tear dos hebreus tinha igualmente órgão e lançadeira, 1 Sm 21.19 e Jó 7.6. O pino do órgão, ou antes o pino do tecido, porque empregavam uma palavra diferente da que usamos para o órgão, poderia ter sido o pente ou sedeiro por onde passam os fios da trama para fazê-los chegar ao seu lugar, Jz 16.13,14. Depois tiram o tecido do cadilho, Is 38.12 ou, mais propriamente, do tear.

TECOA (*no hebraico é teqôᵃ, o significado do nome é incerto, embora alguns prefiram "firmeza"*) – nome de uma cidade de Judá, 1 Cr 2.34; 4.5, situada no deserto para os lados de En-Gedi, 2 Cr 20.20; *cf.* 20.16. Foi pátria do profeta Amós, Am 1.1. No tempo de Neemias, o povo de Tecoa ajudou a reconstruir o muro de Jerusalém, enquanto que os nobres da cidade se conservaram indiferentes à obra do Senhor, Ne 3.5,27. O nome Tecoa subsiste em uma pequena aldeia em ruínas localizada cerca de 8 km ao sul de Belém, sobre um monte, onde há uma planície cheia de antigas fundações de edifícios, muitas delas com pedras aparelhadas, numa área de oito a 10 mil m². Também existe lá um castelo de época mais recente.

TECOÍTA – pessoa que nasceu em Tecoa, ou residente nessa cidade, *cf.* 2 Sm 23.26.

TEFOM (*no grego é tephón*) – nome de uma cidade da Judéia, fortificada por Baquides, 1 Mac 9.50. Parece que essa palavra é modificação do nome En-Tapuá, nome de várias cidades da Judéia (veja *TAPUA*).

TEMPLO

TEÍNA (*no hebraico, "súplica"*) – nome de um homem de Judá, descendente de Quelube e antecessor dos habitantes da cidade de Naás, *cf.* 1 Cr 4.12.

TELA (*no hebraico, "fratura"*) – nome de um dos descendentes de Berias, da linhagem de Efraim, *cf.* 1 Cr 7.25.

TEL-ABIBE (*no hebraico é tel-'abibh, "colina de espigas de trigo"*) – nome de um lugar da Babilônia, perto do rio Quebar, onde moravam os judeus exilados, *cf.* Ez 3.15. Localização geográfica exata desconhecida.

TEL-HARSA (*no hebraico, "colina do mago"*) – nome de um lugar da Babilônia, onde residiam certos indivíduos que se diziam pertencer ao povo judeu ali exilado, e que vieram para Jerusalém com Zorobabel, Ed 2.59; Ne 7.61. Localização geográfica exata desconhecida.

TEL-MELÃ (*no hebraico, "colina de sal"*) – nome de um lugar na Babilônia, onde certa gente se dizia pertencer ao povo judeu e que veio para Jerusalém com Zorobabel, Ed 2.59; Ne 7.61. Localização geográfica desconhecida.

TELAIM (*no hebraico é tʰela'îm, "cordeiros"*) – nome de um lugar onde Saul reuniu o seu exército para combater os amalequitas, 1 Sm 15.4; 27.8. Pode ser a Telém mencionada em Js 15.24. Os dois nomes têm sentidos diferentes no modo de pronunciá-los.

TELASSAR (*no hebraico é tʰela'ssar, "colina de Assur"*) – nome de um lugar, ocupado pelos filhos de Éden, 2 Rs 19.12; Is 37.12, e, portanto, situado ao ocidente da Mesopotâmia, perto de Harã. Desconhece-se a localização exata.

TELÉM (*no hebraico, "opressão"*) **1** Nome de uma cidade do extremo sul de Judá, situava-se próximo de Zife e de Bealote, *cf.* Js 15.24. Localização desconhecida. **2** Nome de um porteiro a quem Esdras induziu a abandonar sua mulher estrangeira, Ed 10.24.

TEMA (*no hebraico é têma', o significado é incerto*) **1** Nome de um filho de Ismael e do distrito por eles ocupado, *cf.* Gn 25.15; 1 Cr 1.30; Is 21.14, cujas caravanas, e o distrito que habitavam, eram bem conhecidos, Jó 6.19. Tema é muitas vezes identificada com Taima do Aurã; porém a palavra Tema refere-se antes a um povo de nomeada que habitava em Taima, ou nas suas vizinhanças, ao oriente do golfo Aelanítico do mar Vermelho e a meio caminho de Damasco e Medina.

TEMÃ (*no hebraico é têman, "o sul"*) – nome de um neto de Esaú e do distrito que seus descendentes ocupavam, *cf.* Gn 36.11,15,34, na terra de Edom, Jr 49.20; Am 1.12, e na sua parte setentrional, Ez 25.13. Os habitantes dessa região eram notáveis pelo seu saber, Jr 49.7.

TEMANITAS – pessoas pertencentes à tribo de Temã, Gn 36.34. Elifaz, amigo de Jó era de Temã, Jó 2.11.

TEMENI (*no hebraico, "afortunado"*) – nome de um dos filhos de Assur, 1 Cr 4.5,6.

TEMPLO (*hebraico, "casa grande", "palácio"*) – uma construção consagrada à adoração de uma divindade, *cf.* Jl 3.5; Ed 5.14, com, 1.7; At 19.27. Em três passagens, esse nome aplica-se ao Tabernáculo, 1 Sm 1.9; 3.3; 2 Sm 22.7; *cf.* Ap 15.5, mas, em geral, refere-se aos templos sucessivamente consagrados a Jeová em Jerusalém.

TEMPLO

1 O Templo de Salomão: A construção de uma casa permanente para substituir o Tabernáculo ocupou sempre o pensamento de Davi, e, por isso, logo no princípio de seu reinado, cuidou de armazenar materiais necessários à realização de seu plano, 2 Sm cap. 7; 1 Rs 5.3-5; 8.17; 1 Cr caps. 22; 28.11, até o cap. 29.9. Ajuntou 100 mil talentos de ouro e 1.000.000 de talentos de prata, para a construção da casa do Senhor, 1 Cr 22.14. Além disso, deu ele de seu bolso três mil talentos de ouro e sete mil talentos de prata; e os príncipes contribuíram com cinco mil talentos de ouro, dez mil soldos de ouro, e dez mil talentos de prata, 29.4,7, totalizando 108 mil talentos de ouro, dez mil soldos de ouro e 1.017.000 talentos de prata. Essa soma equivale a quase 4.900 milhões de dólares, ou quase 2.450 milhões de dólares, se fizermos o cálculo pelo sistema de peso mais reduzido. Não é de admirar que ele ajuntasse tão grandes riquezas tomando em conta os despojos das guerras com os reinos vizinhos e os tributos dos países vencidos. Não obstante isto, a soma vultosa; é bom admitir que haja alterações no texto. Todo o material amontoado foi colocado à disposição do rei Salomão para a construção do templo e ainda sobejou, 1 Rs 7.51; 2 Cr 5.1. Salomão iniciou a obra no quarto ano de seu reinado e a concluiu dentro de sete anos e meio, 1 Rs 6.1,38. A aliança de Salomão com Hirão, rei de Tiro, facilitou a aquisição de madeiras do Líbano e de hábeis artífices. O rei escolheu obreiros em todo o Israel, 30 mil homens, que ele mandava ao Líbano por seu turno, dez mil cada mês, 1 Rs 5.13. Havia mais 150 mil entre carregadores e cabouqueiros, 1 Rs 5.15; 9.20,21; 2 Cr 2.2,17,18. Sobre esse número de operários havia 550 inspetores e 3.300 subinspetores, 1 Rs 5.16; 9.23, dos quais 3.600 eram cananeus e 250 israelitas, 2 Cr 2.17; 8.10. O templo foi levantado sobre o monte Moriá, no lugar que tinha sido mostrado a Davi seu pai, na eira de Ornã, o jebuseu, *cf.* 2 Cr 3.1. O plano geral obedecia ao mesmo plano do Tabernáculo; as dimensões eram em dobro e as ornamentações mais ricas. O interior do edifício media 60

Templo — Christian Computer Art

TEMPLO

cúbitos de comprimento e 20 de largura e 30 de altura. Nesse particular, as proporções não condiziam com as do Tabernáculo, 1 Rs 6.2. As paredes do templo foram construídas com pedras que já vinham prontas, lavradas e perfeitas, v. 7. A coberta era de um tabuado de cedro, cf. v. 9. As paredes da casa pelo interior eram guarnecidas de tábuas de cedro, cf. v. 15; e 2 Cr 3.5. Todo o interior era coberto de ouro puríssimo, 1 Rs 6.20,22,30; e 2 Cr 3, et passim, e os muros, ornamentados com figuras de querubins, de palmas e de flores. O santo dos santos media 20 côvados de cada lado com igual altura, 1 Rs 6.16,20. O espaço compreendido, entre o teto e a cobertura, servia provavelmente para as câmaras superiores, revestidas de ouro, 1 Cr 28.11; 2 Cr 3.9. A arca repousava no santo dos santos, cf. 1 Rs 8.6, sob as asas de dois querubins colossais, feitos de madeira de oliveira. Cada um deles tinha dez côvados de altura; o comprimento das asas era de cinco côvados, isto é, dez côvados desde a extremidade de uma das asas até a extremidade da outra, cf. 1 Rs 6.23-28. Os querubins tinham as suas asas estendidas, e uma asa tocava na parede, e a asa do segundo querubim tocava na outra parede, e as asas juntavam-se no meio do templo. Os querubins estavam em pé e os seus rostos virados para o exterior do templo, cf. 2 Cr 3.13. A divisão entre o santo dos santos e o lugar santo era feita de tábuas de cedro, forradas de ouro de ambos os lados, e tinha duas portas de madeira de oliveira, decoradas com palmeiras, querubins e flores abertas, e também forradas de ouro, cf. 1 Rs 6.16,21,31,32; 2 Cr 3.14; cf. Antig. 8.3,3,7. O Santo dos Santos, ou santuário, tinha 20 côvados de comprimento, 20 de largura, e 20 de altura, com janelas oblíquas, próximas ao teto, para facilitar a ventilação e dar saída à fumaça, cf. 1 Rs 6.4. O altar do incenso era feito de cedro e coberto de ouro, cf. v. 20,22; 7.48. Pertencia ao Santo

dos Santos, Hb 9.3,4, mas permanecia fora dele, sem dúvida, para que os sacerdotes, que só entravam no Santo dos Santos uma vez no ano, pudessem diariamente oferecer o incenso. Havia dez castiçais de ouro e dez mesas. Para a entrada do Santo lugar, fez ombreiras de madeira de oliveira, cf. 6.33,34. Sobre a parede do templo havia diversos andares, com quartos ao redor, destinados aos oficiais do templo e à guarda das alfaias, 6.5-10. Havia um pórtico diante do templo, de 20 côvados no sentido da largura contra dez de fundo, cf. 1 Rs 6.3; 2 Cr 3.4; cf. a LXX e a versão Siríaca. Esse pórtico tinha duas colunas de bronze, Jaquim e Boaz, cada uma delas com 18 côvados de altura, ricamente ornamentadas, cf. 1 Rs 7.15-22; 2 Cr 3.15-17. O templo tinha dois átrios, o átrio dos sacerdotes e o grande átrio, 2 Rs 23.12; 2 Cr 4.9; Jr 36.10, separados entre si, tanto por diferença de nível, quanto por um pequeno muro, formado de três ordens de pedras cortadas e de uma ordem de cedro, 1 Rs 6.36; 7.12. No átrio dos sacerdotes havia um altar de bronze para os sacrifícios, 8.64; 2 Rs 16.14; 2 Cr 15.8, quatro vezes maior do que o que tinha no Tabernáculo, 4.1, e um mar de bronze e dez bacias também de bronze, 1 Rs 7.23-39. O mar destinava-se à purificação dos sacerdotes; as bacias serviam para lavar nelas tudo o que se oferecesse em holocausto, 2 Cr 4.6 (veja *ALTAR, MAR e BACIA*). O átrio exterior, ou grande átrio, destinava-se ao povo de Israel cf. 1 Rs 8.14, cujo pavimento era lajeado de pedra, cercado por um muro com porta ao lado, 4.9; cf. Ez 40.5. Os babilônios saquearam e, reduziram a cinzas esse templo, quando tomaram Jerusalém no ano 587 a.C., 2 Rs 25.8-17. **2** O Templo de Zorobabel: Ciro, rei dos persas, autorizou a reedificação do templo com 60 côvados de altura e 60 de largura, cf. Ed 6.3; Antig. 11.4,6. Essas dimensões serviram de base para a construção do templo de Herodes. Iniciou-se no ano 537 a.C. no

TEMPLO

segundo ano depois da volta do cativeiro. Depois de muitas e tenazes oposições, por parte dos habitantes de Samaria, foi concluído no ano 515 a. C. no sexto ano de Dario, Ed 3.8; 6.15; cont. Apiom, 1.21. Desconhece-se tudo quanto às dimensões das outras partes, contudo, acompanharam o plano do antigo templo de Salomão, mas sem tanta magnificência. Empregaram na nova construção, madeira de cedro do Líbano, Ed 3.7, e metais preciosos que o povo ofereceu voluntariamente, como outrora no deserto, 1.6; 2.68,69. Grande parte dos primitivos vasos do templo foi restaurada. Adotaram a mesma divisão do Santo dos Santos ou santuário, separado por um véu, 1 Mac 1.21,22; 4.48,51. O Santo dos Santos estava vazio, a arca havia desaparecido (Cícero pro Flaco, 28; Tácito, Hist. 5.9). O santuário tinha o altar dos incensos, um só candeeiro e a mesa dos pães da proposição, 1 Mac 1.21,22; 4.49. Os quartos externos estavam unidos à casa do Senhor, Ne 10.37-39; 12.44; 13.4; 1 Mac 4.38, que era cercada de átrios, Ne 8.16; 13.7; Antig. 14.16,2. Tinha um mar de bronze, Ecclus. 1.3, e um altar para os sacrifícios, Ed 7.17, construído de pedras, 1 Mac 4.44-47. O átrio dos sacerdotes era eventualmente separado por uma balaustrada, Antig. 13.13.5. O templo e suas dependências eram protegidos por meio de portas, Ne 6.10; 1 Mac 4.38. **3** O Templo de Herodes: Excedeu muito ao de Zorobabel. Josefo o descreve minuciosamente por haver assistido à sua construção, Antig. 15.11; Guerras 5.5. Muitos dos materiais foram retirados das ruínas do antigo templo. A construção começou no 18º. ano do reinado de Herodes, 19 a.C. O edifício principal foi construído pelos sacerdotes em um ano e meio e os átrios em oito anos, 11 ou 9 a.C; mas o restante da obra só terminou no tempo do procurador Albino, 62-64 d.C., Antig. 15.11,5,6; 20.9,7; *cf.* Jo 2.20. A área aumentou em dobro as primeiras dimensões, Guerras 1.21,1. O templo

propriamente dito ocupava a parte mais elevada. Foi construído de grandes blocos de pedra branca. O interior tinha as mesmas dimensões do templo de Salomão. A altura, porém, excedia em dez côvados ao antigo. Dividia-se em duas partes. O Santo dos Santos e o santuário, com as mesmas linhas. O Santo dos Santos estava vazio, separado do lugar santo por um véu, Guerras 5.5,5. A ruptura desse véu por ocasião da morte de Cristo, quando houve o terremoto, significava que o caminho para o trono das misericórdias estava franqueado pela mediação do sumo sacerdote Jesus, a todo sincero adorador, Mt 27.51; Hb 6.19; 10.20. O lugar santo continha, como sempre, um altar de ouro para o incenso, a mesa para os pães da proposição e o candeeiro de ouro. Entrava-se nesse recinto por uma porta que se abria para o oriente, cujas folhas eram de ouro, cada uma delas tinha 55 cúbitos de altura e 16 de largo, com um véu de púrpura, de jacinto de escarlata e de linho fino retorcido, circundado pelo lado de fora por uma videira de onde pendiam enormes cachos de uvas. Aos lados do templo e na parte traseira, erguia-se um edifício de três pavimentos com 40 cúbitos de alto, *cf.* Guerras 6.4,7, suplementados por duas alas, uma das quais continha uma escada de volta que dava acesso por um dos lados da frente. Todo o edifício media 100 cúbitos de comprimento e 54 de largura, e incluindo as duas alas da frente, 70 cúbitos de largura. Por cima do Santo dos Santos e do lugar santo construíram um sobrado que tinha as mesmas dimensões de ambos os apartamentos inferiores. Esse pavimento, com a sua elevação, dava ao sagrado edifício uma altura de mais de 90 cúbitos. O templo era adornado com um vestíbulo ou pórtico em toda a sua frente que tinha 100 cúbitos de comprimento e outros tantos de altura, com 20 de largura. O portal era de 70 cúbitos de alto e 25 de largura (ou segundo a *Mishna* 40

TEMPLO

por 20 cúbitos) sem folhas, dando entrada para o santuário que podia ver-se do lado de fora. Sobre esse pórtico Herodes mandou colocar a célebre águia de ouro, *cf*. Antig. 17.6,2,3; Guerras 1.33,2,3. Havia 12 degraus por onde se passava do vestíbulo para o átrio dos sacerdotes. Esse átrio cercava todo o edifício. Nele estava o altar dos sacrifícios, cuja altura era de 15 cúbitos, com base de 50 cúbitos. Segundo a *Mishna*, foi construído de pedras toscas, diminuindo de 32 para 24 cúbitos da base para o cimo. Chegava-se a ele por um plano inclinado. Estava em uso o mar de bronze (*Mishna*). Esse átrio era cercado por um muro, de um cúbito de altura. Em volta do átrio dos sacerdotes havia, como dantes, o grande átrio, que então tinha o dobro do antigo, fechado por um muro de 25 cúbitos de altura do pavimento. Pelo lado interior desse muro construíram apartamentos para as alfaias, Guerras 6.5,2, e na frente desses, para o lado do templo, corria uma coluna coberta. Esse átrio dividia-se em duas partes por um muro. A parte ocidental que cercava o átrio dos sacerdotes se destinava ao povo de Israel, e, nele, só entravam homens. O átrio das mulheres ficava para o lado do nascente. Chegava-se a ele, saindo do átrio dos homens por uma porta espaçosa que se abria no centro do muro divisório, descendo por uma escada de 15 degraus. Somente os israelitas poderiam entrar. As mulheres não deviam passar além. Os três átrios, com o templo, estavam dentro do *chel*, ou recinto sagrado. Havia três ordens de muros divisórios. O muro que separava o átrio de Israel e das mulheres, já mencionado, muito parecido a uma fortaleza por ser de grande espessura, *cf*. Guerras 6.4,1, o terraço cuja superfície plana tinha dez cúbitos de largura, no topo, e na base, mais um muro de três cúbitos de altura com pilares contendo inscrições, proibindo a entrada de pessoas estranhas ao povo de Israel. Dizia uma delas em grego. "É vedada

aos gentios a passagem para dentro deste muro e bem assim do fecho que cerca o santuário, sob pena de morte." Essas divisões davam entrada por nove portas, Ef 2.14, forradas de ouro e prata, quatro ao norte e quatro ao sul. Uma dessas quatro, de cada lado, dava entrada ao átrio das mulheres, e três ao átrio dos homens; a nona porta era a grande porta oriental, a única que havia nesse lado e que, provavelmente, deveria ser a porta Formosa, referida em Atos 3.2,10. A diferença de nível entre o vestíbulo do templo e o átrio dos gentios devia ser de 15 cúbitos. Do vestíbulo para o átrio dos sacerdotes subia-se por 12 degraus; do átrio dos homens para o das mulheres havia 15, desse para o terraço 5; e desses para o átrio dos gentios ocupava o restante da área do templo e cercava completamente o recinto sagrado. Era quadrangular, Guerras 6.5,4, e media seis estádios, ou três quartos de milha, em circuito, Guerras 5.5,2, todo ele pavimentado. No ângulo de noroeste estava a torre Antônia. Exceto em um ponto, era cercado de magníficas colunas cobertas, ou claustros, Antig. 17.10.2, *cf*. Guerras 6.3,2. O claustro da parte do sul era o mais belo; compunha-se de 162 colunas dispostas em quatro ordens, formando três naves. Cada coluna era feita de um monólito branco de 25 cúbitos de alto. A cobertura era de cedro, artisticamente ornamentado e, perfeitamente polido. Os outros três claustros eram formados por duas ordens de colunas. A que ficava ao oriente do átrio representava as relíquias do primitivo templo e denominava-se alpendre de Salomão, Jo 10.23; At 3.11; Antig. 20.9,7; Guerras 5.5,1. Era nessa parte que os cambistas tinham as suas mesas e que os comerciantes vendiam o gado destinado aos sacrifícios, Mt 21.12; Jo 2.14. Finalmente, todo o recinto sagrado era fechado de grossas muralhas. Ao lado ocidental do muro abriam-se quatro portas, duas davam saída para os subúrbios, a terceira para o vale

TEMPLO

Tiropeom, no ponto em que se encontra o arco de Wilson, e a quarta, mais para o sul, dava para o vale por uma escadaria que saía do átrio do templo, Antig. 15.11,5. Na parte do muro que ficava para o lado do sul havia mais duas portas conhecidas pelo nome de Hudá. Na parte oriental do muro, ficava a porta Susã, e mais uma na face setentrional, Guerras 6.4,1. Durante o sítio de Jerusalém pelos romanos, no ano 70 da era cristã, os judeus converteram o templo em fortaleza de guerra e lançaram fogo aos claustros externos. Um soldado romano, contra as ordens do general Tito, incendiou o templo reduzindo a cinzas todas as construções de madeira, Guerras 6.3,1; 4.5; *cf.* 5.1; 9.2. Depois disto, os conquistadores derrubaram os muros, 7.1,1. No lugar do antigo templo, o imperador Adriano mandou edificar um templo a Júpiter Capitolino, ano 136. O imperador Juliano, cognominado apóstata, no ano 363, mandou reconstruir o templo, com o fim de desmentir a profecia de Cristo, Mt 24.1,2, plano que fracassou por causa da irrupção de labaredas que saíam dos alicerces. A mesquita de Omar, ali construída, ocupa o local do antigo templo. O explorador Warren esteve lá, entre fevereiro de 1867 e abril de 1870; fez sondagens nos entulhos espalhados pelo monte Moriá, chegando a 100 e a 125 pés de profundidade. Ainda se vêem as pedras angulares do templo que têm 14 a 15 pés de comprimento e 3 ½ a 4 ½ de espessura. Algumas das pedras existentes no ângulo meridional contêm inscrições fenícias que parecem datar dos tempos de Herodes ou de Salomão. Os muros que cercavam a área do templo tinham 300 m de comprimento, e a plataforma onde estava o lugar santo era amparada por um contraforte de 60 m de altura acima do vale que lhe ficava por baixo. Finalmente, uma das inscrições existentes, tendo sido restaurada, diz que era vedado o ingresso no segundo átrio, aos estrangeiros.

TENDA (*no hebraico é 'ohel, também sukka, no grego é skené*) **1** Habitação portátil, como as que usavam os pastores, as tribos nômades e os soldados, Gn 4.20;

Tenda — Christian Computer Art

25.27; Jz 8.11. Em geral as tendas eram feitas de um tecido escuro de pêlos de cabras, Ct 1.5, e se armavam sobre cordas presas a estacas que se enterravam no solo, batidas a martelo, Êx 35.18; Is 54.2. Havia tendas de forma cônica, e outras chatas e oblongas. **2** Nome geral das habitações, tomando-se uma parte pelo todo, e uma espécie de habitação, por outra, de acordo com as circunstâncias, Gn 9.27; 1 Rs 8.66; 2 Rs 13.5; Jó 8.22; Sl 83.11; Jr 30.18; Lm 2.4; Zc 12.7; Ml 2.12 (veja *TABERNÁCULO*).

TENDA DA CONGREGAÇÃO – lugar provisório onde Jeová visitava o seu povo, Êx 33.7-11; 34.35. Depois que fabricaram o bezerro de ouro, Jeová recusou relacionar-se com o povo e habitar no meio dele; fez-se estranho e distanciou-se. Para simbolizar esse fato, Moisés tirou a tenda e a colocou bem longe, fora do campo, Êx 33.7, provavelmente, até que Jeová voltasse a habitar no meio do povo, 34.9. Não se sabe qual a sua qualidade; porém, era, sem dúvida, o centro do governo e da administração do acampamento. Ali é que Moisés se assentava para fazer justiça ao povo e dar-lhe audiência, Êx 13.13. Veio a ser o lugar de suprema justiça depois de organizado o corpo de juízes, v. 21-26. Naturalmente se depositou ali o livro do pacto, caps. 20 a 23, que era ao mesmo tempo o volume sagrado dos estatutos do Senhor, 18.16, e o livro que continha as leis civis para o governo de Israel. Foi, provavelmente, essa tenda que Moisés transportou para fora do campo. Deu-lhe o nome de tenda da consagração porque: 1) Era o tribunal de justiça. Todos os do povo, que tinham alguma dificuldade, saíam à tenda da congregação, fora do arraial, 33.7. Em casos de contendas, buscavam a face do Senhor, 2 Sm 21.1; para ouvirem pronunciar a sentença de Deus, Êx 18.15; para lhe exporem os seus requerimentos, v. 19; Nm 27.5, onde comparecia diante do Senhor, Êx 21.6; 22.9; Dt 19.17; e porque era: 2) Lugar de revelação. Ali Jeová encontrava o seu povo, representado por Moisés, quando a nuvem descia à porta da tenda, Êx 33.9. O nome tenda da congregação é tirado do primeiro Tabernáculo, exceto se Moisés lhe deu esse nome de acordo com instruções que recebera, referentes ao Tabernáculo permanente, uma vez que representava, simbolicamente, as mesmas verdades, 27.21. Devia ter um altar perto, 18.12, mas a Tenda da Congregação não era o santuário nacional, não tinha a arca para adoração, nem possuía sacerdócio e estava aos cuidados de Moisés e do pessoal que o servia, 33.11. A nuvem descia sobre a tenda quando Moisés entrava para consultar o Senhor, e cobria o Tabernáculo permanente que a glória do Senhor enchia, vedando entrada ao próprio Moisés, 40.33.

TEOCRACIA – Josefo empregou esse termo para designar o governo instituído no Sinai. "O nosso legislador", diz ele, "deunos um governo que podemos denominar teocrático, sem esforço de linguagem, a que se atribui o poder e a autoridade divina" (cont. Apiom 2.17). Jeová era o chefe da nação, habitando entre os querubins, Êx 25.22. Nele se concentravam todos os poderes: o legislativo, o judicial e o executivo. Como legislador, promulgava a lei fundamental do Estado aos ouvidos da congregação. Depois disso, exercia o seu governo, em grande parte, por meio de seus delegados. À maneira dos potentados da terra, confiava as funções judiciárias a homens por ele escolhidos, reservando para si, os casos mais graves, Êx 18.19 (veja *URIM e TUMIM*). Exercia as funções legislativas por instrumentos de Moisés e dos profetas, Dt 18.15-19. A lei tinha suas intermitências. O corpo de leis era em si mesmo completo; algumas vezes, porém, sofria restrições ou ampliações. As funções executivas eram igualmente exercidas

TEOCRACIA

intermitentemente, durante anos, por meio de chefes, denominados juízes, ocasionalmente chamados por Deus, que se impunham à confiança do povo, por atos de valor. O governo teocrático foi estabelecido no Sinai sob condição de obediência, Êx 19.4-9. Essa condição foi aceita pelos anciãos, representantes do povo, v. 7,8. O próprio Jeová proclamou os Dez Mandamentos, de modo a chegar aos ouvidos de todos, como base fundamental do pacto, 20.1,19,22; Dt 4.12,33,36; 5.4,22, a fim de que eles cressem, Êx 19.9. A pedido da congregação, as outras leis, que serviam de comentário aos Dez Mandamentos em sua aplicação prática, foram dadas por intermédio de Moisés, Êx 20.18-21. Seguiu-se a ratificação do pacto. Moisés escreveu todas as ordenações do Senhor, levantou um altar, e 12 padrões, conforme o número das 12 tribos de Israel, mandou que se oferecessem holocaustos e que se imolassem vítimas; tomou a metade do sangue e o derramou sobre o altar. Tomando o livro da aliança, o leu, ouvindo todo o povo que prometeu obedecer. Em testemunho, Moisés derramou sobre o povo o restante do sangue, dizendo: "Eis aqui o sangue da aliança que o Senhor fez convosco a respeito de todas estas palavras", v. 8. Finalmente, terminou com o banquete contratual. E assim foi estabelecido o governo teocrático em Israel, *cf.* 24.3-11. Esse livro do pacto contém a constituição e as leis mais antigas de Israel. Os Dez Mandamentos constituíam a lei fundamental do Estado. Segundo o modo de dizer atual poderia bem denominar-se constituição do país. De acordo com a concepção dos hebreus, as leis promulgadas constituíam o pacto estabelecido entre Deus e o povo. Tratado entre a comunidade e o seu Deus. Sendo lei fundamental, gravou-a em tábuas de pedra e mandou que as depositassem na arca, e a denominaram o pacto, Dt 4.13; 9.9, 11; 1 Rs 8.9-21, *cf.* também Nm 10.33; Jz 20.27; 1 Sm 4.3, ou testemunho, Êx

31.18; 32.15 etc. As leis suplementares aos Dez Mandamentos tinham o nome de estatutos; nenhuma delas, porém, contrariava os princípios constitucionais. Serviam de comentário a eles e ensinavam o modo de aplicá-los aos negócios de cada dia, eram disposições transitórias, sujeitas a alterações e emendas, podendo mesmo ser revogadas. Podiam ser ampliadas de acordo com as condições de cada época. A codificação dessas leis mostra que a elas se presidiu atento cuidado. Estão dispostas em ordem e quase sempre em grupos de dez e cinco artigos, precedidos da conjunção "se". A Ordem de Classificação é como Segue: **1** Leis regulando as formas de culto, Êx 20.23-26. **2** Leis garantidoras dos direitos do homem: a) Protegendo a liberdade, 21.2-11; b) a respeito das ofensas pessoais, v. 12-36; c) Sobre os direitos de propriedade, 22.1-17. **3** Leis regulando o procedimento pessoal, Êx 22.18 até o cap. 23.9. **4** Leis sobre o descanso e sobre os sacrifícios, 10-19. **5** Recompensas prometidas, v. 20-33. Para saber da antiguidade, do caráter e da codificação dessas leis, veja *ANRAFEL e MOISÉS*; e para conhecer o processo de revogá-las e de sua aplicação durante os 40 anos seguintes veja *ZELOFEADE e DEUTERONÔMIO*. No ato de instituir o governo teocrático no monte Sinai ficou claro na mente do povo que Deus era o soberano, e Moisés o seu representante acreditado, por meio do qual exercia o poder legislativo, judicial e executivo. Por sua vez, Moisés tinha juízes subordinados que lhe serviam de assistentes, Êx 18.21-26. Terminado o período dos 40 anos no deserto, Deus prometeu continuar a promulgação de suas leis, Dt 18.15-19, e revelar a sua vontade. Moisés alimentava a esperança de que o Senhor destinaria homens que o sucedessem, e que em seu tempo, porque o povo não tinha fé, haveria necessidade de um rei temporal, quando do povo se estabelecesse na Palestina. Segundo a lei geral das monarquias, esse

TEOFANIA

futuro se encontra esboçado em Dt 17.14-20. A estabilidade de um povo sob a forma teocrática dependia, em primeiro lugar, da fidelidade de Deus para com os seus governados, e os resultados finais, em qualquer tempo, dependiam da atitude do povo para com o seu Deus e para com as provisões do pacto. Obediência a Deus e confiança nas suas promessas eram condições irrevogáveis. A teocracia se baseava na concepção de comunidade. Observe quão frágeis eram os laços que uniam a primitiva comunidade de Israel. Os hebreus dividiam-se em 12 tribos, ligadas entre si pelo sangue, pela linguagem, pelas desgraças e pelas necessidades que lhes eram comuns. Estavam unidos na prossecução de um grande fim e na esperança de que viria um homem que, sob a proteção divina, lhes daria liberdade e uma pátria desejada. As tribos se mantinham unidas pela providência. Todos esses elementos de unificação foram fracos, com exceção do último; podiam ser facilmente quebrados, como o foram por muitas vezes. Essa falta de resistência comunal servia de grande obstáculo à teocracia, a que a própria monarquia não pôde resistir.

TEOFANIA (*no grego é theophánia, "aparição de Deus"*) – manifestação divina à criatura humana. Não consiste na revelação imediata feita por Deus, o Pai, Jo 1.18; 1 Tm 6.16. Jeová se manifesta na pessoa do anjo do Senhor, Gn 16.7, no anjo da presença do Senhor, Êx 32.34; 33.14, no anjo do Testamento, que é o Cristo, Ml 3.1. A classificação das teofanias é a seguinte: **1** A Teofania do Antigo Testamento, epifania do Cristo que havia de vir. **2** Encarnação de Cristo, o Deus feito carne. **3** A Segunda Vinda de Cristo. As teofanias do Antigo Testamento consistiam em manifestações passageiras e em localizações permanentes. Jeová se manifestava ocasionalmente aos patriarcas e habitava na *shekinah*. As teofanias concedidas aos patriarcas consistiam em manifestações incorpóreas de aparência humana. Alguns intérpretes, como Tertuliano, acreditam que ao menos, ocasionalmente, havia manifestações corporais, verdadeiros corpos humanos, justamente como o de Cristo, que era Deus manifestado em carne, possuindo carne e sangue antes e depois de ressuscitar, que podia ser visto e apalpado, Lc 24.30-43; Jo 20.27. Se o anjo do Senhor aparecia revestido de corpo humano é porque o fazia miraculosamente, como Jesus, que fez da água vinho. Cristo possuía corpo humano, carne e sangue, e desapareceu da vista dos homens. Na teofania do Antigo Testamento, o anjo do Senhor alimentou-se, *cf*. Gn 18.1-8. Isto prova que o anjo havia tomado corpo? Josefo interpreta dizendo que a ação de comer foi aparente, Antig. 1.11,2, e do mesmo modo pensa Filo, Op 2.18, e o autor do livro de Tobias, Tob. 12.19. Justino Mártir diz que o anjo consumia o alimento do mesmo modo que o fogo consome a lenha (Dial. c. Trifo, 34). O anjo do Senhor que apareceu a Manoá, tocou o alimento e ele se consumiu. A terra seca absorve a água de modo diferente dos raios solares (Agostinho). As manifestações transitórias convertem-se gradualmente em localizações estáveis. A *shekinah* era a visível majestade da presença divina, especialmente habitava entre os querubins, no Tabernáculo, no templo, no meio do povo de Israel, que era o povo de Deus. Manifestou-se a primeira vez por ocasião do êxodo. O Senhor ia adiante dele, de dia numa coluna de nuvem, e de noite numa coluna de fogo, Êx 13.21,22. Uma espessa nuvem cobria o monte Sinai que fumegava, porque o Senhor tinha descrito sobre ele, 19.16,18. Mais tarde a glória do Senhor descansou sobre o Sinai, cobrindo-o com uma nuvem por seis dias. Ao sétimo dia chamou Deus a Moisés do meio da escuridade. A representação da glória do Senhor era como um fogo ardente, à vista

TEOFANIA

dos filhos de Israel, Êx 24.16,17. Quando Moisés entrou no Tabernáculo do concerto, a coluna de nuvem desceu e parou à porta e, o Senhor falou com Moisés, cara a cara, bem como um homem costuma falar com outro homem, Êx 33.11; *cf.* Dt 5.4. Quando se levantou o Tabernáculo, o Senhor tomou posse dele. A nuvem do Senhor repousava sobre ele durante o dia, e de noite aparecia sobre ele uma chama que os filhos de Israel viam de todos os seus acampamentos, Êx 40.34,35; Nm 9.15,16. Quando Moisés entrava no Tabernáculo para consultar o oráculo, ouvia uma voz que lhe falava desde o propiciatório que estava sobre a arca do testemunho, entre os dois querubins, de onde também lhe falava, Nm 7.89; *cf.* Êx 25.22; Lv 16.2. É provável que a glória do Senhor não fosse visível constantemente; eles a viam brilhar através da nuvem que a escondia, Êx 16.7,10; Lv 9.6,23; Nm 14.10; 16.19,42; 20.6. Parece que o Senhor continuou a se manifestar entre os querubins. Afinal, quando Salomão procedeu à consagração do templo a nuvem cobriu a casa do Senhor de tal modo que os sacerdotes não podiam manter-se em pé, nem fazer as funções do seu ministério por causa da névoa, porque a glória do Senhor enchia a casa, *cf.* 1 Rs 8.10,11. As manifestações temporárias deram lugar a que a presença do Senhor se perpetuasse no Tabernáculo e no templo de Salomão. Finalmente, "E o Verbo se fez carne e habitou entre nós, cheio de graça e de verdade, e vimos a sua glória, glória como do unigênito do Pai", Jo 1.14. A glória dessa última casa será maior do que a primeira, diz o Senhor dos Exércitos, Ag 2.9. A presença divina habitou o corpo de Cristo como em um templo.

TEÓFILO (*no grego é theophilos, "amante de Deus", ou "amigo de Deus"*) — nome de um cristão a quem Lucas dirigiu o seu evangelho e Atos dos Apóstolos, Lc 1.3; At 1.1.

TEQUEL (veja *MENE*).

TERÁ (*no hebraico terah, no grego da LXX é thárra*) **1** Nome do pai de Abrão e de Naor; morou em Ur dos caldeus grande parte de sua vida, serviu a deuses estranhos, a Jeová, *cf.* Js 24.2, com aqueles que adoravam o deus-lua em um célebre templo que ali havia. Com Abraão e Ló mudou-se para a terra de Canaã, onde morreu com a idade de 205 anos, Gn 11.25-32. **2** Nome de um acampamento dos israelitas no deserto, Nm 33.27,28. Localização desconhecida.

TERAFIM — imagens de vários deuses usadas em família e por indivíduos em particular. Esses ídolos eram de vários tamanhos e de diversas formas, desde muito pequenos que podiam ser levados escondidos nos arreios de camelo, Gn 31.19, 30, até o tamanho de um homem, 1 Sm 19.13. Eram tidos como portadores de felicidade. Consultavam-nos respeitosamente sobre resoluções a tomar, Ez 21.20,21; Zc 10.2. Essa palavra tem a forma do plural, e significação plural, 1 Sm 19.13. Na Babilônia eram muito venerados os terafins, Ez 21.21. Labão os tinha em sua casa em Harã. Sua filha Raquel lhos furtou, quando saiu de casa, sem que Jacó o soubesse, e os levou para Canaã, Gn 31.19,34. Chegado que foi a Siquém, ordenou que lançassem fora os deuses estranhos que os membros de sua casa haviam trazido de Harã, 35.2-4. No tempo dos juízes Mica tinha em sua casa, pertencente a sua mulher Mical, v. 19, túnica sacerdotal e terafins, Jz 17.5, imagens de escultura e de fundição, por meio das quais consultavam ao Senhor, 18.4,5,6,14. Os danitas que tinham chegado à casa de Mica levaram tudo consigo, *cf.* v. 17-20. O profeta Samuel classificou essas idolatrias com a adivinhação e com o pecado de rebeldia contra o Senhor, 1 Sm 15.23, e apesar disso, Davi tinha um em sua casa, pertencente a sua mulher Mical,

19.13. Com outros objetos de idolatria, os terafins tinham ampla cotação no reino de Israel do norte, Os 3.4. Os terafins foram condenados, com outros ídolos, como abominações e destruídos pelo rei Josias por ocasião da reforma religiosa, 2 Rs 23.24, não obstante, ainda depois do exílio, os encontramos em Israel, Zc 10.2.

TÉRCIO (*no grego é tértius, "terceiro", talvez "terceiro filho"*) **–** nome de um amanuense do apóstolo Paulo, que escreveu a Epístola aos Romanos, ditada pelo próprio apóstolo, Rm 16.22.

TEREBINTO – **1** Tradução da palavra hebraica *'elâ*, que significa, "árvore robusta". É, provavelmente, o terebinto, *Pistacia terebinthus*, pequena árvore, flores pequenas, unissexuais e apétalas, produzindo pequenas frutas arredondadas de cor purpurina escura. É natural do sul da Europa, do norte da África e do ocidente da Ásia, incluindo a Palestina. Produz a terebentina que se extrai fazendo incisões no tronco. Confunde-se com a *Pistacia Palestina*, que também ali se encontra, como variedade da espécie. Essa palavra ocorre 15 vezes no original do Antigo Testamento. Em três delas, emprega-se como designação geográfica, funcionando como nome próprio (vale de Elá e vale de Terebinto, na versão de Figueiredo, outras versões grafam "carvalho"), em 1 Sm 17.2,19; 21.9. Em duas passagens, onde se encontra associada à palavra carvalho, *'allôn*, a versão inglesa revista registra "terebinto", e "til" e "olmo" na antiga versão em Isaías 6.13; Oséias 4.13. Nas dez outras passagens diz carvalho, com terebinto à margem (veja *CARVALHO*). **2** Tradução da palavra hebraica *botenîm*, nozes de pistácia, Gn 43.11. A legítima árvore pistácia, *Pistacia vera*, pertence à ordem *Anacardiacea*, *anacardos* ou terebintos. As suas folhas, geralmente, têm três ou quatro folíolos; os frutos têm menos de uma polegada de diâmetro, consistem de casca envolvida em uma película seca contendo uma noz oleosa, que se pode comer como se comem as amêndoas e que serve para confeitaria. É natural da Ásia ocidental, de onde veio para a Europa. É, atualmente, muito comum na Palestina. Jacó mandou algumas dessas nozes de presente ao primeiro-ministro do Egito, Gn 43.11.

TERES (*no hebraico, "austero", "severo", ou "reverência"*) **–** nome de um dos eunucos, que estavam à porta do rei Assuero e que intentaram levantar-se contra o rei e matá-lo. Por esse crime ele foi executado em companhia de seu cúmplice, *cf*. Et 2.21-23; 6.2.

TERRA (*dois termos hebraicos são usados no AT, a saber: 'ereç, em geral, era usada em referência ao mundo habitado, algumas vezes aludia a um lugar ou região; 'adhamâ – palavra usada em referência mais direta ao solo, o barro*) **1** Nome do planeta que habitamos, para distingui-la do firmamento que se estende acima de nossas cabeças, *cf*. Gn 1.1. **2** Nome do elemento árido, distinto do agregado das águas, Gn 1.10, e do mundo habitado, Gn 1.28; 10.25; 18.18. O termo presta-se a comparações poéticas. Ana, mãe de Samuel, diz em seu cântico a Deus. "...do Senhor são as colunas da terra, e assentou sobre elas o mundo", 1 Sm 2.8. Na resposta de Jó a seu amigo Bildade, o suíta, diz: Ele "move a terra para fora do seu lugar, cujas colunas estremecem", Jó 9.6. Davi, no Sl 75.3, diz: "Vacilem a terra e todos os seus moradores, ainda assim eu firmarei as suas colunas". E a descreve fundada sobre os mares e estabelecida sobre os rios, Sl 24.2, e 135.6, *cf*. Êx 20.4. Em linguagem figurada, e em expressões puramente literais, a Bíblia relata, em diversos lugares, os fundamentos da terra, Sl 102.25; 104.5-9; Pv 3.19; 8.29; Is 48.13.

TERRA

3 A palavra terra serve também para representar o solo onde crescem os vegetais, Gn 27.28; Sl 104.14. **4** Emprega-se a mesma palavra para representar os habitantes do mundo, ou de qualquer das suas regiões, Gn 11.1; Sl 98.9.

TERRA DE SINIM – nome de um país, citado para ilustrar a promessa a respeito da conversão dos gentios, ou dos israelitas espalhados, e de sua reunião, vindos das mais remotas regiões da terra. "Eis que estes virão de longe, e eis que aqueles, do Norte e do Ocidente, e aqueles outros, da terra de Sinim", *cf.* Is 49.12. Uma vez que não se faz menção do ocidente e do norte, não é lá que devemos procurar a terra de Sinim, porém, no sul ou no oriente. Qualquer que seja o local em que se encontrava o profeta, quando proferiu essas palavras, é fora de dúvida que não pode ser Sinim da Fenícia, Gn 10.17, porque não era povo remoto; e além disso, era tribo de somenos importância. Pela mesma razão, o povo de Siene ou Pelúsio e de outras cidades do Egito não pode ser compreendido nas palavras de Ez 30.15,16. Os tais povos, que o profeta se refere, deveriam estar quase no coração do mundo habitado, separados dos limites remotos da terra, pela Etiópia e pela Líbia. Ainda mais, nenhum habitante dessas cidades construiu nação distinta, nem o profeta Isaías poderia referir-se à terra de Sitim do Nilo, a menos que mencionasse o Egito, e nenhumas dessas cidades tinha importância bastante para representar o grande império dos Faraós. As principais teorias a esse respeito são: **1** A expressão serve para designar as terras situadas ao sul da Palestina, porque é nessa direção que fica a cidade de Sim (Pelúsio), o deserto de Sim, Êx 16.1, e o monte Sinai. Mas essa região era por demais próxima para representar nações de longe. Sabá e Cus que designavam os lugares mais remotos da terra para os lados do sul, estavam muito distantes. **2** Os sinins habitavam desde remotos tempos no sopé dos montes *Kush* da Índia. **3** A idéia aceitável é que a palavra *Sinim* se refere à China. O profeta não afirma que nesse tempo já existiam judeus morando lá, caso as palavras se restrinjam à volta dos exilados. Mas pode bem ser que já nesse tempo eles lá estivessem porque a presença desse elemento étnico, na China, se notou desde o terceiro século antes de Cristo, sem, contudo, saber-se em que tempo emigraram. O povo hebreu espalhou-se em todas as direções, e ainda novos limites lhe estavam reservados, Is 11.11,12. Os fugitivos de Israel se ajuntarão, vindos das quatro plagas da terra. Parece estranho que o nome da China fosse conhecido na Ásia ocidental? É historicamente certo, segundo dizem os anais da China, que os negociantes do Celeste Império visitaram terras estrangeiras 12 séculos antes de Cristo, e que negociantes estrangeiros entraram na China desde o ano 1000 a.C. É muito provável que existissem relações diretas de comércio entre a China e a Índia, e indiretamente, pelo menos, com os povos do extremo ocidente. Em Tebas do Egito encontram-se artigos de porcelana com inscrições chinesas. M. Pauthier diz que existe, entre os chineses, uma tradição afirmando que no ano 2353 a.C. chegou lá um enviado de país longínquo levando de presente uma tartaruga divina que tinha 100 anos de idade, em cuja casca estava escrito em caracteres estranhos, parecidos com rãs, a história do mundo desde a criação. Uma segunda embaixada de um povo que usa vestes compridas ali chegou no ano 1110 a.C. que demorou um ano para voltar à sua terra, navegando desde Sião pela costa do mar. Os caracteres semelhantes a rãs devem ser inscrições cuneiformes usados pelos assírios e babilônios; e as vestes compridas que não estavam em uso nas terras quentes do sul da China favorecem a idéia de que se trata de embaixadores vindos da Mesopotâmia, assírios ou babilônios.

TERRA DO ORIENTE/TERRA ORIENTAL – nome da região situada ao oriente da Palestina, *cf*. Zc 8.7, compreendendo os desertos da Arábia e da Síria, Gn 25.1-7.

TERRA DOS HETEUS – nome de uma região visitada pelos que faziam o arrolamento do povo por ordem de Davi, antes de chegarem ao bosque de Dã, contornando Sidom, *cf*. 2 Sm 24.6. Não se encontra esse nome em outros lugares.

TERREMOTO – tremor de terra com movimentos vibratórios ou ondulantes, superficialmente sobre grande área, ou para o centro da terra, de 2 km a 50 km de profundidade, mais ou menos. Essas vibrações são produzidas, segundo se pensa, pelas contrações da crosta terrestre. Os terremotos e os vulcões relacionam-se entre si e se originam em regiões específicas e em linhas contínuas. Uma dessas linhas vem das montanhas do Touro para o golfo de Acaba passando pelos vales do Orontes e do Jordão. Nos grandes terremotos, e nos pontos de maior violência, os montes se movem e os outeiros tremem, a terra se comove e os fundamentos dos montes estremecem, Jr 4.24; Sl 18.7, ou outeiros se partem, a terra abre-se e fecha-se, *cf*. Zc 14.4,5, tragando em suas fauces hiantes as criaturas, Nm 16.31-33. Com freqüência, os terremotos abalam as habitações, demolindo-as e sepultando os moradores em sua ruínas. Quando esses fenômenos ocorrem perto do mar, as águas se deslocam invadindo a terra em altas ondas, e no seu recuo arrastam tudo quanto encontram à sua passagem. A Judéia foi visitada por um tremendo terremoto nos dias de Uzias e de Jeroboão II, Am 1.1; Zc 14.5; Antig. 9.10,4. Outros notáveis terremotos ocorreram no sétimo ano de Herodes, o Grande, que matou muito gado e tirou a vida de mais de dez mil pessoas, Antig. 15.5,2. Outro, acompanhado de trevas, assinalou a morte de Cristo, Mt 27.45,51-54; outro ainda anunciou a sua ressurreição, 28.2, e finalmente, outro desses fenômenos se repetiu na Macedônia, quando Paulo e Silas estiveram encarcerados em Filipos, At 16.26.

TERROR-POR-TODOS-OS-LADOS – nome profético, *Magor-Missabibe*, que Jeremias deu a Pasur, sacerdote e governador do templo, que o havia maltratado, *cf*. Jr 20.3.

TÉRTULO (*no grego é tértullos, diminutivo de Tércio*) – nome de um advogado romano encarregado pelos judeus para acusar o apóstolo Paulo diante do tribunal de Félix, procurador do império na Judéia, *cf*. At 24.1-8. O seu discurso está muito de acordo com o estilo empolado, em voga naquele tempo.

TESBITA – nome que designa membro de alguma família, ou pessoa residente ou natural de uma cidade chamada *Tishbeh*, *cf*. 1 Rs 17.1. Não se conhece família com esse nome. Procurando-o entre as cidades, encontra-se uma com o nome de Tisbé no livro de Tobias, 1.2, situada ao sul de Quídios de Naftali; outra, Josefo diz encontrar-se no texto de 1 Rs 17.1, em harmonia com a LXX, situada ao oriente do Jordão, em Gileade. O sinal do número plural que precede a palavra Gileade no texto hebraico, que a versão inglesa traduziu por *sojourners*, os tradutores gregos consideraram nome local e o passaram para as suas páginas com o sinal do genitivo plural. Ao nome Tesom ou Tessebom de Tesbé, Josefo prefixa a palavra cidade e acrescenta uma terminação singular àquele nome, Antig. 8.13,2; texto de Niese.

TESSALÔNICA

TESSALÔNICA (*no grego é thessalonike, "conquista ou vitória de Tessália"*) – nome de uma cidade situada no golfo Termaico, que agora se chama golfo de Salônica. O primeiro nome da cidade era Terme, ou Terma, que quer dizer, fonte de água quente. Cassandro, um dos sucessores de Alexandre, o Grande, foi residir nela e lhe deu o nome de Tessalônica em honra de sua mulher Thessalonike, filha do conquistador do Quersoneso e irmã do grande Alexandre. No tempo dos romanos serviu de capital do segundo distrito, um dos quatro em que foi dividida a Macedônia. Foi estação militar e comercial na Via Egnatia e declarada cidade livre no ano 42 a.C. Os magistrados civis tinham o nome de politarcas, ou governadores da cidade, At 17.6. Havia lá uma sinagoga judia, onde o apóstolo Paulo pregou e alguns se converteram, formando o núcleo de uma igreja, At 17.1-13; *cf.* Fp 4.16. A essa igreja o apóstolo Paulo enviou duas epístolas. Dois de seus coadjutores, Aristarco e Secundo eram de Tessalônica, At 20.4; 27.2. Essa cidade foi tomada pelos sarracenos no ano 904 d.C. Depois de várias vicissitudes, o sultão Amurate II a tomou em 1430. Ainda existe com o nome de Salônica, com uma população de 100 mil habitantes, composta de maometanos, cristãos e judeus.

TESSALONICENSES, EPÍSTOLAS DE PAULO AOS – A Primeira Epístola aos Tessalonicenses é a mais antiga de quantas escreveu o apóstolo Paulo. Foi dirigida à igreja de Tessalônica com Silvano (Silas) e Timóteo. Paulo havia fundado essa igreja em sua segunda viagem missionária, passando dali a Beréia, em caminho para Atenas, por causa da perseguição que lhe moveram os judeus. Essa epístola contém alusões à sua estada nessa cidade, 1 Ts 2. Também diz que, estando em Atenas, lhes havia enviado Timóteo para fortalecê-los no meio das perseguições 3.1-3, e que o mesmo Timóteo havia sido portador de boas notícias. Pela lição de Atos 18.5, sabe-se que Silas e Timóteo se reuniram ao apóstolo em Corinto, onde escreveu a epístola talvez no ano 52. As alusões que

Ruínas de Tessalônica — Christian Computer Art

TESSALONICENSES, EPÍSTOLAS DE PAULO AOS

nela se contêm à permanência de Paulo em Tessalônica, a tristeza que a igreja sentia pela morte de seus amigos, bem como a feição rudimentar da doutrina que a epístola contém, confirmam a data referida. O estado da igreja apresenta três feições muito especiais que impressionaram o apóstolo e que o moveram a escrever a epístola, e vem a ser: **1** A tendência para negligenciar as suas obrigações diárias, provavelmente sob a expectativa da próxima vinda de Cristo, resultando daí, certo afrouxamento da moral. **2** Tristeza pela morte de irmãos que não puderam usufruir as glórias do reino que ia ser estabelecido por Jesus, cuja segunda vinda se esperava. **3** Fricções entre os oficiais da igreja e as pessoas capacitadas pelo Espírito Santo com o poder de operar milagres. Resulta de tudo isto a seguinte análise: 1) Agradável testemunho de seu fervor religioso, firmeza nas tribulações e a salutar influência de sua vida no proceder das outras igrejas, cap. 1. 2) Recordação do procedimento do apóstolo quando ali esteve e do entusiasmo que manifestaram pela pregação, a despeito das perseguições dos judeus, cap. 2. 3) Manifestação de sua alegria pelas boas notícias que Timóteo lhe deu sobre as animadoras condições da igreja, cap. 3. 4) Instrução sobre pontos especiais, cap. 4.1 até o cap. 5.24, referentes: a) à pureza das relações sexuais, 4.3-8; b) sobre a cordialidade que deve existir entre irmãos, v. 9-12; c) sobre a morte dos crentes, declarando que por ocasião da Segunda Vinda de Cristo, os crentes mortos ressuscitarão primeiro, e, em companhia dos que ainda viverem, irão receber a Cristo nos ares, v. 13-18; d) instruções sobre a necessidade de vigilância e sobriedade na vida, 5.1-11; e) sobre o respeito devido aos oficiais da igreja, sobre o cuidado com as necessidades alheias, sobre a cultura dos dons espirituais e sobre outros deveres da vida cristã, v. 12-24. 5) Últimas palavras, v. 25-28. A epístola ilustra brilhantemente as dificuldades inerentes à vida de uma igreja gentílica de formação recente, e a grandeza de visão do grande apóstolo tão graficamente revelada. A Segunda Epístola de Paulo aos Tessalonicenses evidentemente seguiu-se à primeira em pouco tempo. Também deve datar de 52 e foi escrita em Corinto. A sua leitura dá a entender que a situação da igreja de Tessalônica se agravara seriamente e conservava a mesma feição. Essa epístola, semelhante à primeira, foi escrita pelo apóstolo Paulo com Silvano (Silas) e Timóteo; trata amplamente da Segunda Vinda de Cristo e das idéias errôneas sobre esse assunto. Refere-se outra vez às irregularidades da vida religiosa, 2 Ts 3.6-12. Na primeira epístola ocupa-se da Segunda Vinda em suas relações com os crentes, e na segunda epístola trata do mesmo assunto em relação aos ímpios, 1.5-10. Em seguida, adverte a igreja a não pensar que o dia do Senhor estaria próximo, 2.2, e que a manifestação pessoal do Salvador seria em breve. Não ocorreria enquanto não viesse a apostasia, predita por Cristo, Mt 24.912, e referida pelo apóstolo em At 20.29,30; Rm 16.17-20; 2 Co 11.13-15; 1 Tm 4.1, e antes que viesse o homem do pecado, o filho da perdição, 2 Ts 2.3, 4; Dn 7.25; 11.36; 1 Jo 2.18, veja *ANTICRISTO*, a quem o Senhor destruirá com o assopro da sua boca. "Não vos recordais de que, ainda convosco, eu costumava dizer-vos estas cousas?", 2 Ts 2.5, pergunta o apóstolo. A epístola presta-se à seguinte divisão: *1*) Congratulações pela fidelidade que manifestaram em meio às perseguições, pela certeza de que por intermédio delas, a fé se avigorou, e de que os ímpios serão punidos à chegada do Salvador, cap. 1. *2*) Exortação aos irmãos para não pensarem que o Dia do Senhor estaria perto; descreve a apostasia que o há de preceder, o aparecimento do homem do pecado, antes da Segunda Vinda, *cf.* 2.1-12. *3*) Confiança que o apóstolo tem na eleição e fidelidade dos irmãos, membros

TESSALONICENSES, EPÍSTOLAS DE PAULO AOS

da igreja de Tessalônica, *cf.* v. 13-17. 4) Admoestações finais, pedindo que, por ele, se apartem dos que andam desordenadamente, que tenham cuidado, que obedeçam à sua autoridade apostólica etc., cap. 3. Pelo que se observa no cap. 2.2, parece que circulou na igreja uma carta apócrifa, o que o levou a dizer no cap. 3.17: "A saudação é de próprio punho: Paulo. Este é o sinal em cada epístola; assim é que eu assino". Por aqui se nota que, desde o princípio, a igreja reconheceu a autoridade do apóstolo, tanto nas suas cartas quanto em seus ensinos orais. O que se diz em referência à apostasia e ao homem do pecado tem recebido várias interpretações. É mais provável que o apóstolo se refira a uma apostasia que havia de manifestar-se dentro da própria igreja, culminando em um anticristo pessoal, detido em sua ação, 2.6, por elementos civis, ou, mais provavelmente, pela influência do Espírito Santo. A Primeira Epístola aos Tessalonicenses encontra-se na versão latina, na lista do fragmento Muratório; é citada por Ireneu, que a atribui a Paulo, por Clemente de Alexandria e por Tertuliano. Nas obras de Policarpo e nas de Justino Mártir existem citações da Segunda Epístola aos Tessalonicenses.

TESTAMENTO – tradução do grego *diatheke*, testamento, pacto. Ainda tem mais um significado que não cabe no presente artigo. Em Hb 9.16,17, a palavra grega referida tem o sentido de testamento; porém no cap. 8.6-10,13 e cap. 9.1,4, o sentido é evidentemente de aliança no original. Em vez de se dizer Antigo e Novo Testamento, seria melhor que se dissesse: Antiga e Nova Aliança para designar as duas partes em que está dividida a Bíblia (veja *HERDEIRO, NOVO TESTAMENTO, ANTIGO TESTAMENTO*).

TESTEMUNHO (*no grego é martyrion, termo mais freqüente no NT, do qual vem a nossa palavra "martírio"*) – evidência para

a qual se apela em tempos futuros confirmada por algum monumento tangível, como um montão de pedras, Gn 31.46-52, pelo testemunho de pessoas, 23.10-18, por documentos escritos etc., Dt 24.1, 3; Jr 32.10. O depoimento conteste de duas testemunhas era suficiente, pela lei de Moisés, para comprovar o crime, Nm 35.30; Dt 17.6; Hb 10.28; *cf.* 1 Rs 21.10,13; Mt 26.60. Esse princípio serviu de regra geral em todos os casos judiciais, Dt 19.15. A lei mosaica proibia a tortura como meio de obter testemunho. A testemunha, antes de prestar depoimento, prometia dizer a verdade sem ocultar coisa alguma, sob pena de incorrer em iniqüidade, Lv 5.1; Pv 29.24. A lei proibia dar falso testemunho contra o próximo. A testemunha falsa, quando convencida de perjúrio, seria tratada do mesmo modo como tinha intento de tratar a seu irmão, Êx 20.16; Dt 19.16-19. A testemunha tomava parte na execução da sentença de morte. Diz o historiador Josefo que as mulheres e as crianças não podiam servir de testemunhas, Antig. 4.8,15. A lei nada estabelecia sobre essa proibição; porém, tratando-se da pena de morte, as mulheres e as crianças eram excluídas. O testemunho de Josefo, evidentemente, representa a interpretação corrente da lei mosaica no seu tempo. O excelente princípio, estabelecendo o depoimento de ao menos duas testemunhas, tem grande aplicação nas questões entre homem e homem, Is 8.2; Mt 17.1,2; 18.16; Jo 8.17,18; 1 Tm 5.19. Todos quantos testemunham em face de perigos e tristezas, a respeito da verdade divina, são testemunhas de alto valor, Hb caps. 10.11; 12.1. A palavra é de origem grega, e quer dizer testemunha e veio significar toda pessoa que sela o seu testemunho com o sangue, como no caso de Estêvão e de Antipas, At 22.20; Ap 2.13.

TETH/TETE – nona letra do alfabeto hebraico. O *teta* grego tem igual procedência,

TEUDAS

mas a LXX o representa em os nomes hebraicos pela letra *tau*, reservando o *theta* para o *tau* aspirado. Essa letra assinala a nona secção do salmo 119 e se emprega no princípio de cada versículo de que se compõe a secção.

TETRARCA (*no grego é tetrarches, tetra, "quatro" e arché, "chefe", "comandante da quarta parte de uma região"*) – título que designava o governador da quarta parte de um reino ou de uma província. Filipe da Macedônia dividiu a Tessália em quatro distritos que denominou tetrarquias. Eventualmente, a mesma palavra veio determinar qualquer soberano que ficava sujeito a outro país, ainda mesmo que o seu território não estivesse em quatro tetrarquias. Os romanos adotaram esse termo para designar um príncipe a quem se confiava o governo de uma província, ou de pequeno território, sem honra de soberano. No Novo Testamento encontra-se esse nome aplicado a três pequenos dignitários do império. Herodes, tetrarca da Galiléia; Filipe, tetrarca da Ituréia e de Traconites, e Lisânias, tetrarca de Abilene, Lc 3.1. Em referência a Herodes Antipas e a Filipe, cabe-lhes bem o título, com a significação primitiva, porque o imperador Augusto deu a metade do reino de Herodes, o Grande, a Arquelau com o título de etnarca, e dividiu o restante em duas tetrarquias que distribuiu entre ambas, Antig. 17.11,4; Guerras 2.6,3. Às vezes dá-se o nome de rei a um tetrarca, por simples cortesia, Mt 14.1, 9; Mc 6.14.

TEUDAS (*no grego é theudas, talvez uma contração de theodoros, "presente de Deus"*) – Gamaliel, fariseu e doutor da lei, fez um discurso perante o sinédrio, pelo ano 32 d.C., e se referiu a certo Teudas, que se dizia ser grande homem e a quem se acostou o número de 400 pessoas, que foi morto, sendo dispersos todos que o

acompanhavam. Também se refere a Judas Galileu que se levantou nos dias em que se fazia o arrolamento, sendo mortos e dispersos todos quantos a ele se juntaram, At 5.36,37. Não pode haver dúvida de que o Judas de que se fala era o Judas Gaulonita, de Gamala, que nos dias de Quirino, durante o governo do procurador Copônio, promoveu uma sedição, opondo-se ao alistamento, Antig. 18.1,1; Guerras, 2.8,1. Teudas se levantou antes dele no ano 6. Josefo menciona em seus escritos o nome de um mágico chamado Teudas, que no tempo em que Fadus exerceu o cargo de procurador da Judéia, d.C. 44-46, induziu grande parte do povo a acompanhá-lo para as bandas do Jordão, porque se dizia profeta, e que a seu mando as águas do Jordão se dividiriam para dar-lhes passagem. Fadus enviou atrás dele um esquadrão de cavalaria que caiu de improviso sobre o povo, matou a muitos deles, a outros aprisionou, cortou a cabeça a Teudas e a levou para Jerusalém, Antig. 20.5,1. Será que Lucas e Josefo se referem à mesma pessoa? Dizem alguns que sim, e dizem, ao mesmo tempo, que um dos dois está em erro. Josefo dificilmente teria errado em seus pormenores, porém, em referência a Lucas, não se pode admitir que tenha errado. Segundo acreditam outros intérpretes, é muito provável que se trate de duas pessoas de igual nome, separadas entre si por um período de 40 anos, e que ambos tenham caído nas suspeitas do governo romano e sofrido o castigo que mereciam. Não parece crível que o Teudas, mágico, fosse insurgente da mesma espécie que o Teudas mencionado por Gamaliel. Um era impostor com pretensões a profecia, que abusando da fé que o povo tinha, conseguiu levar após si grande multidão. O outro também se achava grande, e arrastou consigo 400 pessoas. Qual é, pois, o Teudas a quem Gamaliel se refere? Com certeza é um dos chefes sediciosos que conduziram bandos revolucionários

TEUDAS

ao findar o governo de Herodes, o Grande. O último ano de governo desse rei foi de grandes agitações. Josefo menciona três e faz alusão a muitas outras. Teudas era um desses revolucionários, citado por Gamaliel, para provar que as causas ruins e quem as promovem, acabam mal. Teudas era nome muito vulgar; é muito natural que em um período de cerca de meio século se encontrem duas pessoas com o mesmo nome, envolvidas em acontecimentos populares. Analogicamente, Josefo fala de quatro homens com o nome de Simão que viveram sucessivamente em um período de 40 anos; e de três, com o nome de Judas, todos os quais foram instigadores de rebeliões. Também pode ser que o Teudas, referido por Gamaliel, seja um dos três insurgentes de que fala Josefo. Dois deles são parecidos nos feitos a Teudas. Um era Simão, Antig. 17.10,6; Guerras 2.4,2, escravo de Herodes que pretendeu fazer-se rei por morte de seu senhor. Notabilizou-se como perturbador da paz nessa ocasião e cujo nome poderia ocorrer a Gamaliel. O tal Simão era homem de altas pretensões e sofreu morte violenta. Parece que teve poucos aderentes. Por ser escravo era muito comum a troca de nome com a mudança de posição social. Gamaliel dá-lhe o nome de Teudas, pelo qual era conhecido havia muito em Jerusalém aos membros do sinédrio; ao passo que Josefo lhe dá o nome de Simão, nome que ele adotou quando apareceu como rei dos judeus e pelo qual era conhecido do governo romano e do povo. O outro era certo Matias, Antig. 17.6,2; Guerras 1.32,2. Matias é forma grega do hebraico *Mattanyah*, dom de Deus, equivalente à palavra grega Teudas, que é o mesmo que Theodas, abreviatura de Teodoro, que significa dom de Deus. Matias foi mestre eloqüente, que, com outro mestre, chefiou um bando de revoltosos nos dias do rei Herodes e destruiu a águia de ouro que esse rei havia colocado sobre a grande porta do templo. Foi preso e queimado vivo com alguns de seus companheiros. O restante deles foi morto de várias maneiras.

TIAGO (*no hebraico é ya^{a}qobh, "suplantador", no grego é iakobos, uma forma do nome Jacó*) **1** Tiago, filho de Zebedeu, Mt 4.21; 10.2; Mc 1.19; 3.17, e irmão do apóstolo João, Mt 17.1; 5.37; At 12.2, um dos primeiros discípulos, Mt 4.21; Mc 1.19, 29; *cf.* Jo 1.40,41, e um dos apóstolos mais íntimos de nosso Senhor, Mt 17.1; Mc 5.37; 9.2; 13.3; 14.33; Lc 8.51; 9.28. Nada sabemos do seu nascimento, da sua família, nem dos antecedentes de sua vida. Ocupava-se no serviço de pescador, no mar da Galiléia, em sociedade com Pedro e André, Lc 5.10, o que parece indicar que residiam por ali perto. A pescaria no mar da Galiléia era franca para os israelitas. Havia uma distinção social entre os filhos de Zebedeu e os filhos de Jonas, o que dá a entender que Zebedeu tinha a seu serviço jornaleiros, Mc 1.20. Sabe-se que o apóstolo João era conhecido do sumo sacerdote, Jo 18.16, e que talvez tivesse casa em Jerusalém, 19.27. O nome de seu pai aparece só uma vez nas páginas dos evangelhos, Mt 4.21; Mc 1.19, por onde se observa que nenhum embaraço fez a seus filhos para seguirem Jesus. Comparando Mt 27.56, com Mc 15.40; 16.1, e com Jo 19.25, tira-se a razoável conclusão de que sua mãe se chamava Salomé e era irmã da mãe de Jesus. Assim sendo, Tiago era primo de Jesus, pertencendo igualmente à linhagem de Davi. O seu nome encontra-se somente nos evangelhos sinópticos. No Evangelho Segundo João há duas alusões a ele, nos caps. 1.40,41 e 21.2. Sempre que se fala de seu nome é em paralelo com o de João e em precedência a este, Mt 4.21; 10.2; 17.1; Mc 1.19, 29; 3.17; 5.37; 9.54. Quando se menciona João é como irmão de Tiago, Mt 4.21; 10.2; 17.1; Mc 1 19; 3.17; 5.37. Conclui-se que ele era irmão mais velho. Ocasionalmente nota-se a inversão desses

TIAGO

nomes em Lc 18.51 e 9.28, e em At 1.13; 12.2, graças à grande consideração que desfrutava o discípulo amado no círculo apostólico. Ao nome de João, recebeu de Cristo o sobrenome de Boanerges, ou filho do trovão, Mc 3.17. Em companhia dos outros discípulos foi repreendido por Jesus, por se manifestar tão irado contra a cidade dos samaritanos que negou hospedagem ao Mestre, Lc 9.55. Foi igualmente merecedor da indignação de seus companheiros, quando pediu um lugar de honra ao lado de Jesus, Mc 10.41. Depois da crucificação, encontramo-lo com os outros discípulos na Galiléia, Jo 21.2, e em Jerusalém, At 1.13, terminando a referência a seu nome, com a sua morte à espada por ordem de Herodes Agripa I, no ano 44 d.C., At 12.2. Foi o primeiro do círculo apostólico a selar com sangue o testemunho de Cristo. **2** Tiago, filho de Alfeu e um dos apóstolos de nosso Senhor, Mt 10.3; Mc 3.18; Lc 6.15; At 1.13. Nada mais se diz a seu respeito. É natural supor que o Tiago mencionado em Mt 27.56; Mc 15.40; 16.1; Lc 24.10, seja esse mesmo Tiago, e neste caso, tem ele o sobrenome de "Menor", talvez por ser de pequena estatura, Mc 15.40. Sua mãe chamava-se Maria e foi uma das mulheres que acompanharam Cristo. Sabe-se também que era irmão de José, Levi ou Mateus, que segundo Mc 2.14, era filho de Alfeu, pode bem ser mais um de seus irmãos, e também Judas o apóstolo, entra na irmandade de Tiago, segundo a tradução de Figueiredo (e que a V. B. dá como sendo filho dele), segundo Lc 6.16 e At 1.13. É possível ainda identificar Maria, mulher de Cléopas, mencionada em Jo 19.25, com a Maria, mãe de Tiago, e, portanto, irmã de Maria, mãe de Jesus. De acordo com essa combinação, Tiago, filho de Alfeu, deve ter sido primo irmão de Jesus. Pode-se ainda tirar outra conclusão, por causa da semelhança de nomes dos irmãos do Senhor com os dos filhos de Alfeu, que esse primo irmão de

Jesus é um dos irmãos do Senhor. Todos esses raciocínios não são muito seguros e não têm base sólida nos fatos bíblicos. **3** Tiago, irmão do Senhor, Mt 13.55; Mc 6.3; Gl 1.19, figura importante na igreja de Jerusalém nos tempos apostólicos, At 12.17; 15.13; 21.18; Gl 1.19; 2.9,12. Esse Tiago é mencionado nominalmente duas vezes nos evangelhos, Mt 13.55; Mc 6.3, mas os traços gerais de sua vida, só os poderemos encontrar nas relações com as notícias sobre "os irmãos do Senhor" que constituem classe distinta, tanto em vida do Senhor, quando ainda não acreditavam nele, Jo 7.5, quanto depois da sua ressurreição, quando se encontram no meio dos discípulos em Jerusalém, At 1.14. O exato relacionamento, desses "irmãos" com o Senhor Jesus, tem dado lugar a muita discussão. Alguns os identificam com os filhos de Alfeu, seus primos irmãos. Pensam outros que esses irmãos do Senhor vêm a ser filhos de José, de um primeiro casamento. Como eles aparecem sempre em companhia de Maria, morando com ela e a acompanhando em viagens e mantendo relacionamento muito íntimo, não é para duvidar que eles sejam realmente seus filhos e verdadeiros irmãos de Jesus, Mt 12.46, 47; Lc 8.19; Jo 2.12. Como o nome de Tiago é o primeiro que aparece na enumeração dos irmãos de Jesus, é de supor que fosse ele o mais velho, Mt 13.55; Mc 6.3. É provável que ele tenha participado da descrença de seus irmãos, *cf.* Jo 7.5, e sem dúvida também dos cuidados pela segurança de sua vida, Mc 3.31. Quando e de que modo se operou a sua mudança em servo de Cristo, não sabemos, At 1.14; Tg 1.1. Quem sabe se ele se converteu em virtude de uma revelação especial como foi a do apóstolo Paulo, 1 Co 15.7. Desde o início da igreja de Jerusalém que o nome de Tiago aparece à sua frente, At 12.17; 15.13. 21.18; Gl 1.19; 2.9,12. Quando, pelo ano 40, Paulo visitou Jerusalém, depois de convertido,

TIAGO

declara haver estado com Tiago; sinal evidente de que ele estava à testa da igreja, Gl 1.19. Há uma referência em At 12.17 e outra em 21.18, pelas quais se observa que esse discípulo continuava em destaque nos anos 44 e 58 respectivamente. A leitura do versículo 6 do cap. 15 dá-nos a entender em que consistia a sua preeminência. Não sendo apóstolo é lícito pensar que ele era o presidente da corporação de presbíteros da igreja de Jerusalém e pastor dela. O seu nome aparece nessa qualidade, como se depreende das seguintes passagens: *cf*. Gl 2.12; At 12.17; 15.13; 21.18. Os visitantes que iam a Jerusalém dirigiam-se em primeiro lugar a ele, 12.17; 21.18; Gl 1.19; 2.9. A sua posição na igreja serviu muito para facilitar a mudança dos judeus para o cristianismo. Os fundamentos de sua fé aliavam-se perfeitamente com as idéias do apóstolo Paulo como se evidencia pela leitura de Gl 2.9; At 15.13; 21.20. Nas passagens citadas ele fala também em favor da consciência cristã dos judeus convertidos. Como Paulo fazia-se tudo para todos, era judeu com os judeus para ganhar os judeus. O emprego de seu nome pelos judaizantes, Gl 2.12; Lit. Clementina, e a admiração que existia por ele entre os judeus, a ponto de o apelidarem de "justo", tem explicado nesse traço de seu caráter, Eusébio, H. E., 2.23. A última vez que o Novo Testamento se refere a ele, é em At 21.18, onde se diz que o apóstolo Paulo havia ido à sua casa em Jerusalém, 58 d.C. A história profana, contudo, informa que ele sofreu o martírio por ocasião do motim dos judeus no interregno entre a morte de Festo e a nomeação de seu sucessor, 62 d.C., Antig. 20.9,1; Eusébio, H. E., 2.23. **4** Tiago, pai ou irmão do apóstolo Judas, Lc 6.16; At 1.13. Nada mais consta a seu respeito.

TIAGO, EPÍSTOLA DE – essa epístola, que se atribui ao apóstolo Tiago, descreve seu autor como simples servo de Deus e de nosso Senhor Jesus Cristo, no cap. 1. **1** É natural atribuir sua autoria a Tiago, irmão do Senhor, como parece indicar sua linguagem. Essa epístola tem o perfume das primitivas eras do cristianismo. A igreja ainda tem a denominação de sinagoga, congresso ou reunião, v. 2. **2** Os crentes em Cristo são designados pelo nome das 12 tribos dispersas, 1.1, sem distinção entre judeus e gentios. Os pecados, a que ela se refere e os erros que ela corrige, são plantas do solo judeu. Não se observa nela traço algum das controvérsias que já na sexta década do primeiro século da era cristã convulsionaram a Igreja de Cristo. Pode-se datá-la em 45 d.C., e considerá-la como sendo o mais antigo documento dos escritos do Novo Testamento. Foi dirigida às tribos dispersas, ou da dispersão, 1.1, isto é, não dos judeus dispersos, nem mesmo dirigida a toda a Igreja, no sentido do Israel espiritual, mas provavelmente aos cristãos, 2.1,5,7; 5.7, que estavam entre os judeus dispersos, nome que, tecnicamente, se dava aos judeus que habitavam fora da Terra Santa, Jo 7.35; *cf*. 2 Mac 1.27. O objetivo dessa carta era corrigir os erros e condenar os pecados a que estavam sujeitos os primitivos judeus convertidos ao cristianismo, e animar os crentes a sofrer as provações a que estavam expostos. Depois da saudação, 1.1, Tiago, em primeiro lugar, consola os leitores e os exorta a permanecerem firmes, assinalando ao mesmo tempo as causas que originam a apostasia, 1.2-21. Procede em seguida a admoestá-los contra as falsas demonstrações de religião, explicando em que consiste a verdadeira fé, 1.22-27, quais são os efeitos que ela produz, sobre o pecado da distinção de pessoas, 2.1-13, e de que modo se evidencia uma fé verdadeira, 2.14-26. Exortações contra a presunção do exercício ministerial e a falsa sabedoria, 3.1-18; reprova as contendas, 4.1-12; os juízos temerários, 4.13 até 5.6. A epístola termina com exortação à paciência nos sofrimentos, *cf.* 5.7-12, e à oração como recurso dos crentes em todas as circunstâncias, v. 13-18, juntando uma declaração sobre a satisfação e os bons resultados do trabalho cristão, v. 19,20. A feição literária da epístola é muito elevada. Foi escrita em grego correto que só poderá ser comparado à pureza de Lucas, elevando-se acima dos demais escritores do Novo Testamento. O seu estilo se assemelha muito ao dos profetas hebreus. Contém mais imagens tiradas da natureza do que todas as epístolas do apóstolo Paulo, relembrando desse modo a maneira dos ensinos de nosso Senhor, com os quais apresenta numerosos paralelos. O tom e os assuntos de que trata são muito próprios aos tempos e às pessoas a quem se dirige. A seção que discorre da fé e das obras, 2.14-26, tem sido mal interpretada por muitos, julgando ser uma polêmica contra a doutrina de Paulo sobre a justificação pela fé, ou pelo menos, um corretivo às falsas idéias sobre aquela doutrina. É realmente a reprovação de uma falsa noção judia que afirmava ser necessário para a salvação, um entendimento completo das coisas divinas. Tiago, do mesmo modo que Paulo, afirma que o instrumento da salvação é a fé 2.22,23; e Paulo, com a mesma firmeza de Tiago, insiste em que a única fé salvadora é a fé que se manifesta por obras, Gl 5.6. Fica provado, evidentemente, que essa epístola era lida na Igreja Primitiva em tempos muito remotos. Não obstante isso, Orígenes, escrevendo no princípio do terceiro século, é o primeiro escritor que a cita nominalmente. Houve um período que escritores latinos pouco a mencionavam. Lutero, não encontrando completa harmonia entre essa epístola e os escritos de Paulo, pronunciou-se indiscretamente a seu respeito. Historicamente é reconhecida como parte integrante do cânon sagrado.

TIATIRA (*no grego é thuateira, o significado é incerto*) – nome de uma cidade da Ásia Menor, na Lídia, nos limites da Mísia. Ficava na estrada que de Pérgamo vai a Sardes. Já era conhecida pelo nome de Pelópia e Euipia, quando Seleuco Nicator

Ruínas de Tiatira — Christian Computer Art

TIATIRA

a colonizou com elementos gregos no ano 280 a.C., dando-lhe então o nome de Tiatira. Notabilizou-se pelos famosos tecidos de púrpura. Lídia, que comerciava em púrpura na cidade de Filipos, era da cidade dos tiatirenos, At 16.14. Nela estava uma das sete igrejas da Ásia, mencionadas em Ap 1.11; 2.18-24. Encontram-se traços de sua antiga existência nos fragmentos de colunas e de edifícios, nas ruas e nas casas de Ak Hissar, sua atual representante. Parte da população é cristã.

TIBATE (*no hebraico é tibhhath, de significado duvidoso, talvez "extensão", ou "matança"*) – nome de uma cidade sujeita ao rei Hadadezer, rei de Zobá, *cf.* 1 Cr 18.8. Localização geográfica desconhecida.

TIBERÍADES – nome de uma cidade do mar da Galiléia, Jo 6.23, construída por Herodes tetrarca, assim denominada em honra de Tibério César, imperador romano, Antig. 18.2,3; Guerras 2.9,1. Josefo fortificou essa cidade durante a guerra judia, Vida 8; Guerras 2.20,6. Vespasiano a invadiu. Tendo aprisionado certo número dos habitantes de uma cidade vizinha denominada Tariquéia, aos quais havia prometido garantia de vida, os levou para Tiberíades, onde os fez matar a sangue-frio, Guerras 3.10. Após a destruição de Jerusalém, e depois que os judeus foram expulsos da Judéia em conseqüência da rebelião de Barcochebas, Tiberíades veio a ser virtualmente a capital da nação judia, como se verifica pelas moedas que trazem os nomes de Tibério, Cláudio, Trajano, Antonino Pio e Adriano. O sinédrio foi transferido para lá na metade do segundo século, e se tornou centro intelectual da Judéia. Fundaram uma célebre escola onde se elaborou o volume das tradições chamado *Mishna*, pelo ano 190, e os suplementos a ele feitos com o nome de *Gemara*, codificados no século quarto. O Massorá, ou corpo de tradições que relatavam os pormenores do texto hebraico do Antigo Testamento, e fixavam a sua pronúncia por meio dos sinais massoréticos em lugar das vogais, teve sua origem em grande parte em Tiberíades (veja *ANTIGO TESTAMENTO*). Os judeus contavam a cidade de Tiberíades entre as quatro cidades sagradas, com Jerusalém, Hebrom e Safede, onde se faziam contínuas orações, sem as quais o mundo voltaria ao caos. Ainda existe com o nome de *el-Tabariyeh*, na costa ocidental do mar da Galiléia, distante 17 km da entrada do Jordão e 9 km da saída. Nesse lugar, a cadeia de montanhas não se avizinha muito do lago, deixando estreita faixa de terreno ondulado, na parte setentrional em que se encontra Tiberíades, que se estende ao longo da praia, cerca de 1 km. Pelo lado da terra defende-a grossa muralha guarnecida de torres e alto castelo. As casas, na sua maioria, são construídas de basalto negro. Em 1º. de janeiro de 1837, sofreu muito com um terremoto, mas está, em grande parte, reconstruída. O quarteirão dos judeus fica perto do mar. O mar de Tiberíades é mais conhecido pelo nome de mar da Galiléia, Jo 6.1; 21.1 (veja *GALILÉIA, MAR DA*).

TIBÉRIO (veja *CÉSAR*).

TIBNI – nome de um dos filhos de Ginate candidato ao trono de Israel, para suceder a Zinri, *cf.* 1 Rs 16.20-22.

TÍCIO – nome de um piedoso homem de Corinto, cognominado Justo, *cf.* At 18.7.

TICVÁ (*no hebraico, "esperança"*) **1** Nome do pai de Salum, marido da profetisa Hulda, *cf.* 2 Rs 22.14; 2 Cr 34.22. **2** Nome do pai de certo Jaseías, Ed 10.15.

TIDAL (*no hebraico é tidh'al, talvez signifique "esplendor", "renome"*) – nome do rei de Goim e um dos confederados de Quedorlaomer, *cf.* Gn 14.1,9. Esse Tidal é o

TIGLATE-PILESER

Tudul, rei de Gutium, país situado a nordeste da Babilônia.

TIFSA (*no hebraico é tiphsah, "passagem", "vau"*) **1** Nome de uma cidade no limite extremo do reino de Salomão para as bandas do Eufrates, *cf*. 1 Rs 4.24. Geralmente a identificam com Thapsacus, grande cidade, situada à beira do Eufrates, perto da moderna Rakka, onde se encontra um vau, por onde passaram as forças de Ciro, o Moço, e as de Alexandre, o Grande. **2** Nome de um lugar, destruído por Menaém e a cujos habitantes infligiu crueldades, 2 Rs 15.16. Esse nome associa-se com o de Tirsa que ficava próximo. Conder a identifica com a aldeia de Tafsa, cerca de 10 km a sudoeste de Siquém.

TIGLATE-PILESER (*do assírio Tukulti-apil-Eshara, "a minha força está no deus Nínibe"*) **–** nome de um rei da Assíria, 745 a 727 a.C., também conhecido pelo nome de *Pul*. A lista dos reis da Babilônia, organizada por Ptolomeu, o menciona com o nome de Poros. Nos registros dinásticos da Babilônia aparece com o nome de Pulu, e nas crônicas desse império caldeu vem com o nome de Tiglate-Pileser. Provavelmente, Pul é o nome primitivo, e por ocasião de assumir o governo, tomou o título grandioso que se encontra nas crônicas, título já famoso de um rei anterior. Há motivos para se acreditar que ele deve a sua elevação ao trono, às perturbações em Calá no ano 746. Tomou posse do trono da Assíria no dia 13 do segundo mês, e no sétimo mês marchava sobre a Babilônia. Os israelitas o conheceram pelo nome de Ful. Durante os anos 743-740, seu quartel general foi em Arpade ao norte da Síria, pouco distante de Antioquia. Desse ponto destacou expedições que levaram o terror a mais de 160 km de distância, chegando até as terras de Israel. Menaém deu-lhe mil talentos de prata para que ele o socorresse e lhe firmasse o reino,

2 Rs 15.19,20. Tiglate-Pileser menciona em seus registros os nomes dos reis que lhe pagaram tributos entre os quais se encontra o nome de Menaém de Samaria. Alguns anos depois, levou a guerra até o extremo oriente, tomou a direção norte e nordeste e chegou a Nínive; em 734, voltou outra vez para o ocidente. A aliança de Pecá e Rezim contra Acaz, rei de Judá, levou esse rei a valer-se de auxílios humanos, desobedecendo assim às exortações do profeta Isaías. Pediu ajuda a Tiglate-Pileser a quem enviou prata e ouro que encontrou na casa do Senhor e nos tesouros do rei 16.7,8. O rei assírio aproveitou tão grande oportunidade para estender a sua influência ao lado de Acaz. Marchou contra a Filístia; tomou as cidades da costa à medida que avançava. Em seus registros, menciona com clareza a tomada das cidades do norte de Israel. Foi durante o seu avanço para o sul, ou na sua volta para o norte, que ele tomou Aiom, Abel-Bete-Maaca, Janoa, Quedes, Hazor, Gileade e Galiléia, todas situadas na terra de Naftali, e levou todos os seus habitantes para a Assíria, 2 Rs 15.29. Também capturou Gaza, dos filisteus, fazendo-os pagar duramente as depredações cometidas contra o reino de Judá, 2 Cr 28.18. Nos anos 732 e 733 a.C., segundo relatam as crônicas da Assíria, esteve em Damasco. Durante o sítio dessa cidade, ou depois dele, devastou 16 distritos a ela pertencentes, deixando-os tão arruinados quanto se tivesse passado por eles uma tempestade, e matou Rezim, rei de Damasco. O Deus de Israel suscitou o espírito de Ful, rei dos assírios, e o espírito de Tiglate-Pileser, rei de Assur, e transportou a tribo de Rúben e a tribo de Gade e a meia tribo de Manassés para Hala, Habor, Hara e para o rio Gosã, 1 Cr 5.26. Menciona ainda os tributos recebidos de muitos reis, entre outros, dos reis de Amom, de Moabe, de Edom e de Acaz, rei de Judá. Tudo isso está de acordo com o que está escrito em 2 Rs 16.10, no qual se diz que o rei Acaz foi a

TIGLATE-PILESER

Damasco ao encontro de Tiglate-Pileser. No ano 730 a.C., segundo a cronologia bíblica, Oséias se revoltou contra Pecá, instigado por Tiglate-Pileser ou por ele auxiliado, que nessa ocasião deveria estar em Nínive, porque, diz ele: "Pecá a quem matei, e nomeei a Oséias para governar sobre eles". Depois da queda de Damasco em 733 ou 732, Tiglate-Pileser voltou para Nínive. Durante o restante de sua vida, entregou-se à consolidação de seu governo, ficando-lhe ainda tempo para operações de guerra; comandou um exército contra a Babilônia, onde se proclamou rei. Morreu no décimo mês de Tebete, do ano 727 a.C., tendo ocupado o trono 18 anos. Nunca antes o império assírio havia atingido tão elevado grau de glória.

TIGRE (*no hebraico hiddeqel, do acádio idiklat, do sumeriano idigna*) – nome do rio que nasce no antitauro armênio e se une ao Eufrates para desembocar no golfo Pérsico, após passar por Diarbekir, Mossul, Bagdá e as ruínas de Nínive. É mencionado nas Escrituras como um dos quatro rios do Éden, Gn 10.4 (veja *HIDÉQUEL*).

TIJOLO – massa de barro modelado em formas retangulares e endurecido pelo calor do forno, ou pela ação dos raios solares, Gn 11.3; Heród. 2.136, quando o barro era misturado com palha, *cf*. Êx 5.7. Tanto os tijolos quanto as telhas, encontrados nas ruínas antigas, contêm nomes e inscrições, de que derivam muitos dos nossos conhecimentos dos tempos antigos. Os ladrilhos de barro eram queimados e preparados para receber inscrições históricas de grande valor.

TIL – do latim *titulus*, no grego *keraia*, sinal que se usava sobre uma letra para distingui-la de outra igual ou de forma semelhante. O ponto, ou pequena linha horizontal servia para diferenciar uma letra do alfabeto hebraico, de outra semelhante. As pequenas obrigações da lei são comparadas ao til, ou ao *i* minúsculo, sinais do alfabeto, Mt 5.18, em grego *Keraia*.

TILOM – nome de um dos filhos de Simão registrado na tribo de Judá, *cf*. 1 Cr 4.20.

TIMÃO (*no grego é timom, uma forma plural do adjetivo tímios, "honroso", talvez o nome signifique "aquele que honra"*) – nome de um dos sete homens escolhidos para aliviar os apóstolos de serviços semi-seculares da Igreja Primitiva, *cf*. At 6.5.

TIMBALES, **CÍMBALOS** (do grego *cymbalon*) – instrumento musical, 2 Sm 6.5; *cf*. 1 Cr 16.5, nome derivado de uma raiz hebraica que significa tinir, produzir som. O nome desse instrumento tem a forma dual para denotar que ele se compõe de duas partes distintas. Consiste de duas lâminas circulares de bronze com uma parte côncava no centro, cujo som é produzido batendo uma na outra com as duas mãos, 1 Cr 15.19 (veja *MÚSICA, SALTÉRIO*).

TIMEU (*no grego é timaios, de origem hebraica e significa, "muito estimado"*) – nome do pai daquele cego que pedia esmola, assentado junto ao caminho que ia dar em Jericó, *cf*. Mc 10.46.

TIMNA – **1** Nome da irmã de Lotã e concubina de Elifaz, filho mais velho de Esaú, e mãe de Amaleque, *cf*. Gn 36.12,22; 1 Cr 1.39. Convém observar que os nomes referentes a graus de parentesco empregam-se também para designar tribos e indivíduos. **2** Nome de um governador de Edom, Gn 36.40; 1 Cr 1.51. **3** Nome de um homem filho de Elifaz, filho de Esaú, que aparece somente em 1 Cr 1.36. **4** Nome de uma concubina de Elifaz, filho de Esaú, que só aparece em Gn 36.12. **5** Nome de uma cidade situada na fronteira de Judá, e pouco distante de Bete-Semes, Js

Timna — Christian Computer Art

15.10. Mais tarde passou para a tribo de Dã, 19.43. Os filisteus ocuparam-na nos dias de Sansão, Jz 14.2, e a tomaram no reinado de Acaz, 2 Cr 28.18. Encontram-se os vestígios dessa cidade na atual Tibné, situada cerca de 5 km a sudoeste de Bete-Semes, aproximadamente 25 km a sudoeste de Jerusalém e cerca de 26 km a oeste de Azoto. **6** Nome de uma cidade localizada na região serrana de Judá, Js 15.57, o mesmo lugar referido em *cf*. Gn 38.12,14. Nos mapas, aparece com o nome de Tibná, 14 km a oeste sul de Belém, distante demais de Maom, do Carmelo e de Zife. **7** Nome de uma cidade enumerada depois de Emaús, Bete-Horom e Betel, e antes de Faraton, 1 Mac 9.50. Foi guarnecida de fortalezas por Baquides. Serviu de cidade principal de uma toparquia, Guerras 3.3,5, limitando com as toparquias de Gofna, Lida e Emaús, 2.20,4, entre Antipatris e Lídia, 4.8,1. Sua localização antiga encontra-se nas ruínas de Tibné, sete milhas e ½ a oeste noroeste de Jufna (Gofna) na velha estrada de Antipatris para Jerusalém passando por Gofna.

TIMNATE-SERA – nome de uma cidade da região serrana de Efraim, no lado norte do monte Gaás, que Josué havia pedido para si, e onde morreu e foi sepultado, *cf*. Js 19.50; 24.30. Em Jz 2.9 está registrado Timnate-Heres, que quer dizer, "porção que pertence ao sol". É bem possível que a terminação *heres* tenha sido escrita por acaso de trás para diante, formando a palavra final *serah*. Conder supõe que devia localizar-se onde está Kerf Haris, que parece eco de Heres, e onde a tradição samaritana diz estar os túmulos de Josué e Calebe.

TIMNITA – natural ou habitante de Timna, *cf*. Jz 14.2.

TIMÓTEO (*no grego é timotheos, "que honra a Deus"*) **1** Chefe de uma grande corporação de amonitas contra quem Judas Macabeu travou diversos combates, 1 Mac 5.6,40. **2** Nome de um dos conversos do apóstolo Paulo que se tornou companheiro de trabalho e coadjutor em missões. As expressões "meu filho muito amado e fiel

TIMÓTEO

no Senhor", *cf.* 1 Co 4.17 "amado filho na fé", 1 Tm 1.2, parecem indicar não só o grande amor que lhe tinha, mas também que ele era seu pai espiritual. Seja como for, torna-se claro, 2 Tm 1.5; 3.11, que, por ocasião da primeira viagem missionária, o apóstolo visitou Listra, que Eunice, mãe de Timóteo e sua avó Lóide já eram crentes e que o moço Timóteo tinha idade bastante para compreender as lições sobre a nova fé que sua mãe havia adotado. A mãe era mulher fiel da Judéia e o pai era gentio, At 16.1. De outro lado, desde a infância havia sido instruído nas sagradas letras, 2 Tm 3.15, apesar de não ter ainda sido circuncidado, At 16.3. Quer tenha sido convertido por Paulo, ou pela influência de sua mãe, certo é que em breve se tornou cristão ativo e fervoroso. Alguns anos mais tarde, por ocasião da segunda viagem missionária, Paulo visitou Listra outra vez, e soube que o jovem ministro tinha bom testemunho dos irmãos que estavam em Listra e em Icônio, 16.2. A voz das profecias já havia indicado que Timóteo se destinava a serviço especial, 1 Tm 1.18; 4.14. Paulo resolveu levá-lo consigo. O jovem convertido foi separado para ser evangelista, pela imposição da mão do presbitério e do apóstolo, 4.14; 2 Tm 1.6. Para não ofender os judeus, Timóteo foi circuncidado. Por esse ato, o apóstolo manifestou o desejo de, sem ofensa de princípios, preparar o jovem evangelista para começar a sua obra, sem escandalizar os judeus a quem ia pregar. Dali em diante, Paulo e Timóteo se uniram no mesmo trabalho. Evidentemente, Timóteo acompanhou o apóstolo pela Galácia, Trôade, Filipos, Tessalônica e Beréia. Diz-se em Atos, 17.14, que Silas e Timóteo ficaram em Beréia, quando Paulo se retirou para a parte do mar. Chegado que foi a Atenas, mandou buscar Timóteo, apressadamente foi encontrar-se com ele, v. 15. Observa-se pela leitura de 1 Ts 3.1,2, que ele fez voltar Timóteo a Tessalônica, e

que Silas e Timóteo não se juntaram a ele enquanto não chegou a Corinto, At 18.5; 1 Ts 3.6. Timóteo permaneceu com Paulo em Corinto, 1 Ts 1.1; 2 Ts 1.1, e provavelmente o acompanhou na sua volta. Ouve-se falar de Timóteo durante o ministério de Paulo em Éfeso. Diz Paulo, em 1 Co 4.17, que antes de escrever essa epístola, ele havia enviado Timóteo a Corinto para corrigir abusos que ali existiam. Ainda por alguma razão, como se depreende de 1 Co 16.10, ocorria a probabilidade de que Timóteo não chegasse a Corinto, o que de fato parece ter acontecido. Sabe-se, porém, que voltou a Éfeso. Timóteo e Erasto foram por ele enviados à Macedônia, At 19.22, onde encontrou jovens companheiros, 2 Co 1.1. Todos juntos entraram em Corinto, Rm 16.21. Timóteo foi um dos que acompanharam Paulo, quando fazia a terceira viagem a Jerusalém, At 20.4, mas não se diz se ele chegou até lá com o apóstolo; não aparece nos acontecimentos em Cesaréia, nem na viagem para Roma. Mas encontra-se seu nome nas epístolas de Paulo, que ele escreveu de Roma, Fp 1.1; 2.19-22; Cl 1.1; Filemom 1. Evidentemente, Timóteo foi com o apóstolo para Roma, onde lhe prestou relevantes serviços. Depois de solto, o grande Paulo confiou-lhe o desempenho de sérias obrigações. Na Primeira Epístola a Timóteo, nota-se que a igreja de Éfeso ficou a seu cargo; missão difícil, plena de responsabilidades, principalmente para um jovem ministro do Evangelho, 1 Tm 4.12. Tinha de dar combate a falsos doutores, nomear oficiais, e corrigir abusos introduzidos na vida da Igreja. Parece que ele foi como delegado apostólico, e por isso não é de admirar que Paulo lhe escrevesse tratando especialmente desse assunto. A Segunda Epístola de Paulo a Timóteo foi escrita pouco antes da sua morte. Quase só, e com a morte diante dos olhos, Paulo desejava ardentemente a presença de seu "filho", 2 Tm 4.9,21, cuja ausência lhe era

TIMÓTEO, EPÍSTOLAS DE PAULO A

tão sensível. É provável que ele, Timóteo, ainda chegasse a Roma antes da morte de Paulo. Sabe-se, no entanto, que esteve preso em Roma e que havia sido posto em liberdade, Hb 13.23. Se a epístola aos Hebreus foi escrita por Paulo, a prisão de Timóteo deveria ter-se dado no período entre a liberdade do apóstolo e a segunda prisão (veja *PAULO*). Se não foi escrita por ele, segue-se que Timóteo estava em companhia de Paulo na prisão. É simples conjectura, porque nada se conhece a respeito dos últimos dias de Timóteo.

TIMÓTEO, EPÍSTOLAS DE PAULO

A – 1 A Primeira Epístola de Paulo a Timóteo – foi escrita depois que ele saiu da primeira prisão que sofreu em Roma e de reassumir a sua posição no trabalho missionário. Timóteo estava encarregado de cuidar da igreja de Éfeso enquanto Paulo se detinha em Macedônia, 1 Tm 1.3. Supõem alguns que a epístola foi escrita na Macedônia, o que não parece provável, deve ter sido pelo ano 64 ou 65. Trata das dificuldades eclesiásticas que Timóteo tinha de vencer e para esse fim dá-lhe instruções específicas. Por ela se evidencia o interesse que ele mostrava pelo trabalho prático da igreja e o cuidado que ele tinha pelo bem-estar pessoal de Timóteo e pelo êxito feliz de seu trabalho. O conteúdo da epístola oferece a seguinte divisão: 1) Instruções sobre a maneira de governar e instruir a igreja, cap. 1-3, incluindo advertências sobre os falsos mestres, cap. 1, intrusões sobre atos de culto, cap. 2, sobre os oficiais da igreja, terminando com breve exposição sobre a dignidade da igreja e das verdades fundamentais que lhe servem de base, cap. cap. 3. 2) Instruções sobre o procedimento pessoal, caps. 4-6, referente às doutrinas falsas e os erros que ele tinha de enfrentar, cap. 4, e ao modo de tratar as diversas classes de pessoas de que se compunha a igreja, 5 1 até 6.2, acompanhadas de exortações finais, parte de feição pessoal e parte reforçando as instruções anteriores, 6.3-21. **2** A Segunda Epístola de Paulo a Timóteo – foi escrita em Roma, depois do apóstolo estar preso pela segunda vez, no ano 67, último produto de sua pena inspirada. Fala de si como prisioneiro do Senhor, 2 Tm 1.8,16; 2.9, acusado de malfeitor, 2.9, esperando ser martirizado breve, 4.6. Muitos de seus amigos o haviam abandonado, 1.15; 4.10,12. Dos seus antigos companheiros, somente Lucas estava com ele, 4.11, desfrutando, contudo, de um círculo de novos irmãos, entre os quais, particulariza Êubulo, Prudente, Lino e Cláudia, *cf.* v. 21. Já tinha havido o primeiro julgamento de que saiu livre, v. 16,17, estando, então, novamente para ser julgado. Solitário e ameaçado de novos perigos, lembra-se de Timóteo. Em parte, a sua carta tem como objetivo encorajá-lo para exercer a obra de evangelista e lhe pedir que apressasse sua volta a Roma, levando consigo alguns objetos de que precisava. A epístola prestase à seguinte divisão: 1) Depois de curta introdução, exprime o desejo de ver Timóteo, e se regozija pela sua firmeza, 1.1-5, admoesta-o para que torne a acender o fogo da graça de Deus que havia recebido, a despeito das provações, v. 6-12, e a ser fiel à verdade que tinha recebido, v. 13-18. 2) Exorta-o a ser forte, a fazer-se bom soldado de Jesus Cristo, a ter em mente o imperecível fundamento da verdade em que se baseia o cristianismo, a evitar os erros e a cuidar de sua própria espiritualidade, cap. 2. 3) Anuncia-lhe o crescimento do erro e faz-lhe lembrar o exemplo que ele lhe oferece e os ensinos das Escrituras inspiradas em que ele havia sido instruído, cap. 3. 4) Finalmente, ordena-lhe que pregue a palavra e faça a obra de evangelista, 4.1-5, acrescentando solenemente que ele estava a ponto de ser sacrificado e que a morte se avizinhava dele, v. 6-8. Termina com algumas referências pessoais, v. 9-22. As

TIMÓTEO, EPÍSTOLAS DE PAULO A

epístolas de Paulo, a Timóteo e a Tito, chamavam-se epístolas pastorais, classificação justificada pelo assunto que versam. Os escritos racionalistas recusam-se a acreditar que Paulo seja o autor dessas cartas, pelo menos de acordo com a sua forma atual. Há, contudo, abundantes provas externas a favor de sua autenticidade, conforme o testemunho da Igreja pós-apostólica que as recebeu como tais levando ainda em conta o fato de que nos últimos anos da vida do apóstolo, ele se entreteve a estudar a vida prática das igrejas. Essas epístolas ensinam as mesmas doutrinas que se encontrou em todos os seus escritos, somente com mais alguma ênfase sobre os aspectos práticos da fé cristã, de acordo com a situação. Paulo não seria homem de grandes horizontes que nós conhecemos, se não tivesse discutido, como fez nessas epístolas, as feições das igrejas e sua organização, nas vésperas de separar-se delas.

TINTEIRO – objeto feito de chifres ou de qualquer outro material, servindo para levar tinta de escrever. Os escribas costumavam trazê-lo à cinta, Ez 9.2. No oriente ainda se usam tinteiros presos à cinta, consistindo de uma caixa de madeira, de chifre ou de metal, com um depósito para a tinta, e um escaninho para colocar as canetas.

TIO – irmão do pai de alguém, *cf.* 2 Rs 24.17. A palavra hebraica é *dod*, que tem sentido mais amplo, aplicando-se não somente ao irmão do pai, como a qualquer parente do lado paterno, Lv 10.4; Am 6.10, como primo, Jr 32.12; *cf.* 8.9, ou a um membro da mesma tribo, Nm 36.11.

TÍQUICO (*no grego é túchikos, "fortuna", ou "sob a proteção da fortuna" – a deusa da fortuna tiche*) – nome de um cristão da província da Ásia, que em companhia de outros viajou para Trôade desde a Macedônia e naquela cidade ficaram à espera do apóstolo Paulo, *cf.* At 20.4. Tíquico era irmão muito amado e fiel ministro do Senhor. Serviu de portador das epístolas aos Efésios e aos Colossenses, Ef 6.21; Cl 4.7. Paulo o enviou a Creta para visitar Tito, *cf.* Tt 3.12. Mais tarde, o enviou a Éfeso, 2 Tm 4.12.

TIRACA (veja *FARAÓ*).

TIRANÁ – nome de um dos filhos de Calebe, irmão de Jerameel, com sua concubina Maaca, *cf.* 1 Cr 2.48.

TIRANO (*no grego é turannos, "tirano"*) – nome de um homem de Éfeso, mestre de filosofia, ou de retórica, que dava instruções sobre a lei. Na sua escola, Paulo discursava com o fim de tornar conhecido o cristianismo ali, depois do mau êxito que teve na sinagoga dos judeus, *cf.* At 19.9.

TIRAS – nome de um país e pelo qual se conheciam os seus habitantes descendentes de Jafé, *cf.* Gn 10.2. Antigas opiniões o identificam com a Trácia, Antig. 1.6,1, por causa de ligeira semelhança de som. Outros afirmam ser o rio Turas, o moderno Dniester, e os Turitai que moram nas suas margens. As condições favorecem mais os *tursenoi*, antigo povo *pelásgico* que ocupava as ilhas e a costa do mar Egeu, Heród. 1.57, 94. Talvez se trate dos piratas *turusa* que invadiram a Síria e o Egito, 13 séculos antes de Cristo. *Tursenos* é a forma iônica da palavra *Turrenos* (Thyrrheno).

TIRATITAS – família de escribas queneus de Tirá que habitavam em Jabez, *cf.* 1 Cr 2.55.

TIRIA – nome de um dos filhos de Jealeleel, *cf.* 1 Cr 4.16.

TIRO (*no hebraico é çôr, relativo a çur, "a rocha"*) – nome de uma importante cidade

TIRO

Tiro

da Fenícia e de remota antigüidade, *cf.* Is 23.8; Antig. 8.3,1, depois de Sidom, Gn 10.15; Is 23.12. Os sacerdotes de Melcarte disseram a Heródoto que havia sido fundada 2.300 anos antes de haver chegado lá, de modo que a cidade deveria ter 2.750 anos de existência, Heród. 2.44. Segundo antigas informações, Tiro situava-se no continente. No decorrer do tempo, para livrar-se dos assédios a que estava sujeita, foi transferida para uma ilha vizinha que deu nome à localidade. Antigos escritores aludem com freqüência à sua localização marítima, Ez 26.17,27,32. No continente era chamada Palatiros, ou Velha Tiro. Ficava mais perto dos israelitas do que Sidom. Este fato, com o crescimento e grandeza da cidade, deu lugar a que fosse denominada em primeiro lugar dizendo-se sempre Tiro e Sidom. Tiro esteve sujeita ao Egito, no século 15 a.C., segundo os tabletes de Tell el-Amarna. No tempo de Josué, era uma praça forte, Js 19.29, estava nos limites da tribo de Aser, mas não ficou pertencendo a ela, nem a nenhuma outra, 19.29; Jz 1.31,

32, nem consta que os israelitas se tivessem apoderado dela em qualquer período de sua história. No tempo de Davi, tinha fama de ser forte praça de guerra, 2 Sm 24.7. Hirão, rei de Tiro, manteve estreitas relações e amizade com Davi e Salomão, e os ajudou na construção dos palácios e do templo, 5.11; 1 Rs 5.1; 1 Cr 14; 1 Rs 5.1; 9.10-14; 2 Cr 2.3,11; Sl 45.12. Havia outro Hirão, filho de uma mulher viúva da tribo de Naftali, cujo pai era de Tiro, que trabalhava em bronze, o qual fundou as duas colunas do templo, 1 Rs 7.13,14,40,45. Os tírios dedicavam-se mais às manufaturas, ao comércio, às viagens marítimas e à colonização, do que às aventuras guerreiras. Produziam a púrpura, obras de fundição, vidros etc., e mantinham relações comerciais com as nações mais remotas, *cf.* 1 Rs 9.28. Os comerciantes de Tiro eram príncipes e os ínclitos da terra, Is 23.8. No nono século, antes de Cristo, os tírios fundaram Cartago que veio a ser formidável rival de Roma. Não obstante serem dados à prática do comércio, nem por isso rejeitaram a guerra,

TIRO

quando a ela eram forçados. No princípio do nono século, adquiriram certas imunidades de Asurnasirpal, rei da Assíria, e, mais tarde, se fizeram representar na aliança de Acabe para resistir ao filho de Asurnasirpal e sucessor de Salmaneser, a quem afinal tiveram de pagar tributos, com outras nações. Pelo ano 724 a.C. Salmaneser, rei da Assíria, chamado o Quarto, tendo submetido a Velha Tiro, sitiou a ilha, morreu, porém, em 722, sem realizar o seu intento, Antig. 9.14,2; *cf.* Is 23. A ilha entregou-se a Sargom, sucessor de Salmaneser. As relações de amizade dos tírios com Israel cessaram por esse tempo. Os profetas acusaram os tírios de entregarem os israelitas aos edomitas, Am 1.9, e de os despojarem e os vender como escravos aos gregos, Jl 3.5,6. A cidade não foi saqueada como haviam sido as cidades vizinhas por Senaqueribe, mas foi sitiada por Esar-Hadom e entregue sob condições honrosas e Assurbanipal no ano 664 a.C. No século seguinte, desfrutou grande prosperidade comercial, mantendo relações com todos os países do mundo conhecido, Ez cap. 27. Jeremias profetizou a sua queda, Jr 27.1-11. A clássica profecia contra Tiro, mais pormenorizada, encontra-se em Ezequiel, Ez caps. 26 a 28.19 e 29.18-20. Essas profecias de Jeremias e Ezequiel referem-se grandemente ao sítio de Tiro por Nabucodonosor, que durou anos, cont. Apiom, 1.21. Não se sabe com certeza se ele se apoderou de alguma parte das duas cidades, *cf.* Ez 29.18-20. Se fez alguma presa foi na cidade da costa, 26.7-11,12, cujos resultados não compensaram as despesas do sítio. Todavia, Tiro teve de aceitar a suserania de Nabucodonosor, segundo se lê em um dos ladrilhos da Babilônia. Em 332 a.C., Alexandre, o Grande, tomou a ilha de Tiro, depois de um sítio de sete meses, tendo para esse fim construído um molhe desde o continente até a ilha, através do pequeno estreito. Não demorou em readquirir considerável prosperidade,

cf. Is 23.15-18. Nosso Senhor visitou uma vez as costas de Tiro e de Sidom, Mt 15.21-31; Mc 7.24-31. Dessa região vieram alguns para assistir ao ministério de Jesus, Mc 3.8; Lc 6.17. Mostrou Ele que a responsabilidade dessas cidades pagãs era menor do que a dos lugares em torno do mar da Galiléia, que ouviram constantemente a sua pregação e presenciaram os seus feitos maravilhosos, Mt 11.21,22; Lc 10.13,14. No primeiro século da era presente havia ali uma comunidade cristã, At 21.3-6. Orígenes, que morreu no ano 254 d.C., foi sepultado na basílica cristã de Tiro. Outra basílica maior e mais rica foi construída pelo bispo Paulino. No ato de sua consagração, no ano 323, o historiador Eusébio, bispo de Cesaréia, pregou o sermão inaugural. Em 638, os maometanos tomaram a cidade. Pouparam as vidas e as propriedades dos cidadãos em condições muito humilhantes; não poderiam mais construir novas igrejas, nem repicar os sinos, os cristãos não poderiam montar em cavalos, e não seria tolerado nenhum desacato à religião muçulmana. No dia 27 de junho de 1124, a cidade foi tomada pelos cruzados. O imperador germano Barbaroxa, que morreu afogado em 1190, foi sepultado na catedral de Tiro. Em março de 1291, a cidade foi de novo tomada e reduzida a um montão de ruínas. Desde esse tempo está em poder dos maometanos. Grande quantidade das pedras de seus edifícios destruídos tem ido para Beirute, Acre e Jope para novas edificações. Os muros foram derrubados e, em parte, desapareceram cobertos de areia. Antigamente havia ali dois portos, atualmente só existe um, que é o antigo porto sidônio, no lado nordeste; o outro, que era o porto egípcio, está obstruído pela areia. Ainda se vê o molhe que o imperador Alexandre mandou fazer para tomar a ilha. Tem quase meia milha de largura. A maior parte das ruínas, inclusive as da catedral, pertencem à época dos cruzados. As fontes e reservatórios, chamados Ras el-Ain, abasteciam a cidade por meio de um aqueduto com uma elevação de 5 m a 7 m acima do nível do solo, a fim de ter queda suficiente para o curso da água. Por tempo considerável, esteve completamente desabitada. Chama-se Sur, que é o antigo nome em árabe. As habitações ocupavam a parte oriental do que outrora se chamava a ilha, porque a ilha mesmo passou a ser promontório depois que Alexandre a ligou ao continente. A escada de Tiro é a alta montanha que se eleva sobre a costa da Síria a 100 estádios, ou cerca de 18 km ao norte de Ptolemaida, Guerras 2.10,2. Por meio desse cálculo da distância e pela direção indicada, não será fora de propósito dizer que a montanha referida é uma parte, senão o todo do promontório montanhoso, que tem sete milhas de largura, que emerge das águas, formando a divisa natural entre a Palestina e a Fenícia, 1 Mac 11.59. Pelo lado do sudoeste, no ângulo *Ras en-Nakurah*, projeta-se alteroso cabo sem dar lugar a qualquer subida, sendo preciso tomar a estrada que corta ao meio, em escala ascendente. Essa parte do grande promontório é o que habitualmente denominam a Escada. Alguns viajantes localizam a Escada no ângulo de noroeste, onde se encontra o *Ras el-Abyad*, que é o promontório branco. A estrada corta os seus agudos penhascos na extensão de uma milha, sempre subindo, e atinge em alguns pontos 60 m acima do mar.

TIRSATA (*no hebraico é tirshat'*) – nome persa que designava as funções de 'governador' de Judá quando esteve sob o domínio persa. Esse nome foi criado por Zorobabel e empregado por Neemias, Ed 2.63; Ne 7.65,70. No cap. 12.25, o original tem a palavra *pehah*, que quer dizer governador, equivalente a Atersata.

TIRZA (*no hebraico é tirçah, "deleite", "satisfação"*) **1** Nome de uma das cinco

filhas de Zelofeade e a mais moça delas, *cf.* Nm 26.33; 27.1; 36.11; Js 17.3. **2** Nome de uma cidade famosa pela sua beleza, Ct 6.4, pertencente aos cananeus, a qual foi tomada por Josué, Js 12.24. Jeroboão I se estabeleceu nela, 1 Rs 14.17, e fez dela a capital do reino das dez tribos, 15.21,33; 16.6,8,9,15,17, até a edificação de Samaria por Onri, v. 23,24. Passando a capital para a nova cidade, Tirza ficou sendo cidade providencial, sem prejuízo de sua importância, 2 Rs 15.14,16. Robinson indica, com certa hesitação, Tuluza, situada seis milhas ao oriente de Samaria, como sendo o lugar provável de sua existência. Conder não hesita em afirmar que é em Teiasir, com suas antigas ruínas, cerca de 20 km a nordeste de Samaria, sobre um planalto, onde os vales começam a descer rapidamente para o Jordão. No entanto, achados arqueológicos nas escavações nas dunas de Tell el Farah, aproximadamente 11 km a nordeste de Nablus, têm apontado o lugar como localização de Tirza.

TISBITA (veja *TESBITA*).

TISRI – nome do sétimo mês do calendário hebraico, 1 Rs 8.2 (veja *ANO*).

TITO – nome do grande companheiro do apóstolo Paulo. Esse nome não aparece no livro de Atos, mas encontra-se repetidas vezes nas epístolas do grande apóstolo. Era filho de pais gentios, *cf.* Gl 2.3. Tomou parte na comissão da igreja de Antioquia, At 15.2, com Paulo e Barnabé, que foram a Jerusalém assistir ao concílio da igreja, Gl 2.3. É possível que fosse natural de Antioquia, uma vez que o apóstolo Paulo o chama de amado filho na fé que nos é comum, Tt 1.4; e que fosse convertido por ele. Evidentemente era mais moço que Paulo. A presença de Tito no concílio escandalizou os que eram da circuncisão, porém a igreja se recusou a ordenar quem

TITO

se circuncidasse, tomando desse modo o partido de Paulo que era advogado dos gentios para liberá-los do jugo da lei, *cf.* Gl 2.3-5. Tito aparece na casa de Paulo em Éfeso, onde lhe fez companhia. Pela leitura de 2 Co 2.13; 7.16; 8.6,16 e 12.18, sabe-se que foi mandado a Corinto para corrigir certos abusos que muito afligiam o espírito de Paulo. Supõem alguns que ele foi um dos irmãos que serviram de portador da Primeira Epístola aos Coríntios, 1 Co 16.12. É mais provável contudo, que ele e mais outro, 2 Co 12.18, fossem enviados lá, depois de remeter a primeira carta em virtude de novas informações que o apóstolo recebeu. A sua missão foi muito delicada, de modo que Paulo aguardava a sua volta com grande ansiedade, *cf.* 2 Co 2.13. Quando o apóstolo deixou Éfeso, esperava encontrar Tito em Trôade, 12,13, e, como não o encontrou, seguiu para a Macedônia. Ali Tito foi encontrá-lo, dando-lhe boas notícias, 7.6,13,14, sendo imediatamente enviado a Corinto, levando consigo a Segunda Epístola para a igreja daquela cidade, 2 Co 8.6,18,23. Não se ouve mais falar dele, senão depois que Paulo foi solto da prisão em Roma. Pela epístola a Tito, sabe-se que esteve em Creta para superintender a organização das igrejas nessa ilha. Parece que esteve em Éfeso como deputado apostólico. Sua missão foi temporária, porque logo teve de reunir-se ao apóstolo em Nicópolis. A última notícia que temos dele encontra-se em 2 Timóteo 4.10, onde se diz que havia ido para a Dalmácia.

TITO, **EPÍSTOLA A** – a epístola do apóstolo Paulo a Tito foi escrita depois que o apóstolo saiu da prisão em Roma, e reassumiu sua obra missionária. Deve datar do ano 65 ou 66. Tito ficou supervisionando a igreja de Creta. A epístola que Paulo lhe enviou, à maneira da Primeira Epístola a Timóteo, tinha a finalidade de dirigi-lo no modo de resolver as dificuldades que iria

encontrar. Pode dividir-se da seguinte forma: **1** SAUDAÇÕES, descrevendo particularmente a dignidade da mensagem apostólica, 1.1-4. **2** INSTRUÇÕES a respeito do caráter dos que deveriam ser escolhidos para o cargo de bispos ou anciãos, especialmente, tendo em visto os falsos discípulos que havia de encontrar e o modo de combatê-los, v. 5-16. **3** INSTRUÇÕES que ele deveria ministrar às várias classes de pessoas de que se compunha a igreja, a fim de que fossem todos zelosos de boas obras, cap. 2. **4** DIREÇÕES acerca dos deveres dos cristãos para com a sociedade, imitando o amor de Deus para com os homens, manifestado na pessoa de Cristo, 3.1-8. **5** INSTRUÇÕES para evitar a influência das doutrinas falsas e heréticas, v. 9-11. **6** DIREÇÕES PESSOAIS, exortações finais e bênção apostólica, v. 12-15. O pensamento central da epístola é colocar em destaque a importância das boas obras que devem ter todos que professam o cristianismo. Sobre as epístolas pastorais, veja parte final do verbete *TIMÓTEO, EPÍSTOLAS DE PAULO A*.

TIZITA – designação de certo Joa, irmão de Jediael, 1 Cr 11.45, provavelmente indicando o lugar onde havia nascido.

TOÁ (*no hebraico, "baixo"*) – nome de um levita dos filhos de Coate, *cf.* 1 Cr 6.34.

TOBE (*no hebraico é tôbh, "bom"*) – região situada ao oriente do rio Jordão para onde fugiu Jefté, quando deserdado por seus irmãos, *cf.* Jz 11.3,5. Quando Hanum, rei amonita, deu motivos de ofensa a Davi, mandou vir soldado de Tobe e de outros lugares, *cf.* 2 Sm 10.6, o que indica que essa região ficava além das divisas de Israel, talvez no distrito de Gileade, conhecido dos gregos pelo nome de Tubias, 1 Mac 5-.13; *cf.* 2 Mac 12.17. Localização ainda desconhecida.

TOBE-ADONIAS (*no hebraico, "bom é o meu Senhor Jeová"*) – nome de um dos

TOMÉ

levitas enviados por Jeosafá para ensinar nas cidades de Judá, *cf.* 2 Cr 17.8.

TOBIAS (*no hebraico é tôbiyyãh, "Jeová é bom"*) **1** Nome de um dos levitas enviados por Jeosafá para ensinar nas cidades de Judá, *cf.* 2 Cr 17.8. **2** Nome de um judeu, que veio do cativeiro, de quem o profeta Zacarias recebeu ouro e prata, para as coroas destinadas à cabeça de Josué, sumo sacerdote, Zc 6.10,14. **3** Nome do fundador de uma família, da qual alguns membros vieram para Jerusalém depois do cativeiro, cuja identidade não puderam determinar, Ed 2.60; Ne 7.62. **4** Nome de um amonita que ridicularizou o esforço dos judeus para reconstruírem o muro de Jerusalém, Ne 2.10; 4.3,7. **5** Nome de um distrito ao oriente do Jordão, 1 Mac 5.13; *cf.* 2 Mac 12.17. Talvez seja a terra de Tobe.

TOBIAS, **LIVRO DE** (veja *APÓCRIFO*).

TOFEL (*no hebraico significa, "pilão", a LXX grafa tophol*) **–** nome de um lugar onde os israelitas acamparam no deserto, Dt 1.1. Robinson, e com ele outros, identificam esse lugar como Tufilé, cerca de 23 km a sudeste da curva sudoeste do mar Morto. As consoantes empregadas nessa palavra são diferentes; o *teth* está em lugar do *tau*, o que faz supor que a identificação não seja exata.

TOFETE (*no hebraico tophet, "crematório", ou "lugar da chama", ou "fornalha"*) **–** nome de certos lugares altos, construídos no vale dos filhos de Hinom, onde o povo de Jerusalém, nos tempos de Isaías e de Jeremias, costumava sacrificar seus filhos pelo fogo a Moloque, Jr 7.31; 2 Rs 23.10. O lugar de Tofete era uma abertura dilatada e profunda, onde se colocava grande quantidade de lenha à qual se ateava fogo por meio de uma torrente de enxofre, *cf.* Is 30.33. O rei Josias o contaminou, 2 Rs 23.10, e Jeremias

profetizou que ali haveria grande mortandade e que o nome Tofete seria mudado para vale da Matança, Jr 7.32,33; 29.6. Tofete do mesmo tipo estava aparelhado pelo rei da Assíria, Is 30.33.

TOGARMA (*no hebraico é togarmah, de significado incerto*) **–** nome de um país do extremo norte, Ez 38.6, habitado por um povo descendente de Jafé por via de Gômer, Gn 10.3. Negociavam em cavalos e mulas, Ez 27.14. Julga-se que seja o povo da Armênia. Frederico Delitzsch, é de parecer que esse nome esteja representado em Til-Garimmu, cidade do extremo oriente da Capadócia, cujo nome aparece em inscrições da Assíria, e na língua hitita tem a forma de Tegarama.

TOÍ **–** nome de um rei de Hamate que esteve em guerra com Hadadezer, rei de Zobá, e que mandou congratulações a Davi pela sua vitória sobre o inimigo comum, *cf.* 2 Sm 8.9-12; 1 Cr 19.9-11.

TOLA (*no hebraico é tôla', significado incerto*) **1** Nome de um filho de Issacar e fundador de uma família tribal, *cf.* Gn 46.13; Nm 26.23; 1 Cr 7.1. **2** Nome de um filho de Pua, da tribo de Issacar, que julgou Israel 23 anos. Morou em Samir, onde morreu e foi sepultado, no monte de Efraim, Jz 10.1,2.

TOMÉ (*no grego é thomas, palavra grega derivada do aramaico t^e'ôma', que significa "gêmeo"*) **–** nome de um dos 12 apóstolos, *cf.* Mt 10.3, também chamado Dídimo, cujo sentido em grego é igual ao de Tomé em hebraico. Quando os discípulos se admiraram de que Jesus tencionasse voltar para a Judéia, onde pouco antes o queriam apedrejar, Jo 11.7,8, disse então Tomé aos outros condiscípulos: "Vamos também nós para morrermos com ele", v. 16. Quando Jesus falou da sua próxima saída deste

1229

TOMÉ

mundo, e de ir preparar lugar para seus discípulos, disse-lhes: "E vós sabeis o caminho para onde eu vou. Disse-lhe Tomé: Senhor, não sabemos para onde vais; como saber o caminho? Respondeu-lhe Jesus: Eu sou o caminho, e a verdade, e a vida", Jo 14.4-6. Tomé não estava presente quando Jesus se manifestou vivo depois de sua ressurreição, e quando teve conhecimento deste fato, disse: "Se eu não vir nas suas mãos o sinal dos cravos, e ali não puser o meu dedo, e não puser a minha mão no seu lado, de modo algum acreditarei", *cf.* 20.24,25. Deus converteu este incidente em bem para os outros discípulos. "Ele duvidou para que nós crêssemos" (Agostinho). Passados oito dias, Jesus lhe deu as provas exigidas, à vista das quais Tomé exclamou: "Senhor meu e Deus meu!", *cf.* v. 26-29. Estava no mar da Galiléia, com outros seis de seus companheiros, quando Jesus manifestou-se junto ao mar de Tiberíades e disse-lhes: "Filhos, tendes aí alguma cousa de comer? Responderam-lhe: Não. Então, lhes disse: Lançai a rede à direita do barco e achareis", *cf.* 21.1-8. Tomé também estava com os demais apóstolos no quarto de cima em Jerusalém, depois que Jesus foi assunto ao céu, At 1.13. Diz a tradição que Tomé trabalhou na Pártia e na Pérsia, onde morreu. Dizem ainda que ele esteve na Índia, onde sofreu martírio. Há um lugar perto de Madras que se chama monte de S. Tomé.

TOPÁZIO – pedra preciosa, em grego *topazion*, em hebraico *pitedah*. Era a segunda pedra da primeira ordem das pedras preciosas que ornavam o peitoral do juízo usado pelo sumo sacerdote, *cf.* Êx 28.17; *cf.* a versão grega e Antig. 3.7,5. O topázio encontrava-se na Etiópia, Jó 28.19, e em uma ilha do mar Vermelho (Diodoro Siculo, 3.28; Plínio, Hist. Nat. 37.9). Serve de adorno ao nono fundamento da Nova Jerusalém, Ap 21.20. O topázio dos antigos era uma variedade da safira amarela. Parece que os romanos transferiram a palavra crisólita para o topázio, e que denominavam ambas pelo nome geral de pedras preciosas.

TOQUÉM (*no hebraico, "medida", "peso"*) – nome de uma cidade, pertencente à tribo de Simeão, *cf.* 1 Cr 4.32. Na lista paralela de cidades aparece como Eter, *cf.* Js 19.7. Localização geográfica desconhecida.

TORRE – edifício mais alto do que as habitações comuns, mais estreito do que largo, com uma guarita destinada ao abrigo e proteção do guarda que vigiava a vinha, Is 1.8. Quando a torre era construída com bastante solidez e esmero, significava que o dono da vinha pretendia explorá-la por muito tempo, Is 5.2; *cf.* Mt 21.33; Mc 12.1. Além dessas, havia outras que se destinavam à defesa de vidas e propriedades, construídas para garantia dos pastores e para afastar os salteadores, 2 Rs 17.9; 2 Cr 26.10. As torres também serviam de defesa das cidades fortificadas, 14.7; Ne 3.1. Erguiam-se aos lados das portas das cidades, nos ângulos dos muros e nos espaços intermediários, 2 Cr 26.9. Colocavam-se sentinelas dentro das torres, e armavam as máquinas destinadas a desferir as flechas e a lançar as pedras contra o invasor, 2 Cr 26.15. As torres serviam de refúgio aos moradores das cidades em casos de serem encurralados pelos inimigos, *cf.* Jz 9.51,52; Sl 61.3. Dentro de seus muros grossos e resistentes, havia garantia de vida. De cima delas tinha-se abundante luz e ar, fora do alcance das armas inimigas, e de lá se podia, com vantagem, combater o inimigo.

TORRE DE BABEL (veja *BABEL*).

TORRE DOS CEM – nome de uma torre de Jerusalém, perto da torre de Hananeel e da porta do rebanho, *cf.* Ne 3.1; 12.39 (veja *JERUSALÉM*).

TOÚ (*no hebraico, "baixo", "depressão"*) – nome de um levita coatita, filho de Zufe, *cf.* 1 Sm 1.1.

TOUPEIRA – tradução das palavras hebraicas *h^{a}phar pereth*, abridor de buracos, *cf.* Is 2.20. As duas palavras unidas, *h^{a}phorpereth*, significam cavadores, que tanto podem ser toupeiras quanto ratos. Dizem que nenhuma das espécies da *Talpa*, gênero que pertence a toupeira, *Talpa europea*, existe na Palestina, e que o seu lugar é preenchido pelo rato, *Spalax typhlus*, que é naturalmente o animal que Isaías se refere, e que é muito comum na Terra Santa, formando verdadeiras colônias subterrâneas. Tem a aparência do rato, mas não pertence à mesma ordem. É roedor e se alimenta, especialmente, de vegetais, de preferência os tuberosos, ao passo que a toupeira é insetívora. O rato é maior que a toupeira; tem cerca de 22 cm ou mais de comprimento, o pêlo tem a cor de prata oxidada, a cauda é longa e os olhos são rudimentares.

TOURO – nome do macho da espécie que os naturalistas denominam *Bos taurus*, *cf.* Jó 21.10; Sl 22.12.

TRAÇA (*no hebraico é 'ash, no grego é sos, "traça"*) – inseto proverbial pelos estragos que faz na roupa, *cf.* Jó 13.28; Mt 6.19; Tg 5.2. As larvas sustentam-se de lã, Is 51.8, de que fazem um casulo em que vivem, Jó 27.18, colocam a cabeça para fora quando precisam alimentar-se. As traças da roupa, *Tinea*, são de diversas espécies, como a *T. pellionella* e a *Vestianella*, que se alimentam de pêlos e de lã.

TRACONITES – região que por ocasião do aparecimento de João Batista, como pregador, formava com a Ituréia uma tetrarquia governada por Filipe, irmão de Herodes, tetrarca da Galiléia, *cf.* Lc 3.1.

Ficava para além de Damasco, Estrabo 16.2,20, e compreendia a extensão de rochas vulcânicas conhecida atualmente pelo nome de *el-Lejjah* em direção a Ulata e a Panéias, para a banda do oriente; para o sul chegava até os limites de Batanéia e de Jebel Haurã, Antig. 15.10,3; 17.2,1,2; Ptolomeu 5.15,4.

TRAVESSEIRO – a palavra hebraica que dá nosso vocábulo, almofada ou travesseiro, serve para representar o objeto que se usa para descanso da cabeça durante o sono. Jacó, dormindo em campo aberto, tomou uma pedra que lhe serviu de travesseiro, *cf.* Gn 28.11,18. Jesus, provavelmente, serviu-se da almofada de couro de que os remadores usavam, para repousar a cabeça, quando foi dormir na popa da barca, Mc 4.38.

TRÊS VENDAS – nome de uma pequena estação da Via Ápia, distante uma milha do Forum e 30 da cidade de Roma, onde alguns irmãos residentes na cidade foram encontrar-se com o apóstolo Paulo, *cf.* At 28.15.

TRIBUTO – **1** Pagamento em dinheiro, em mercadorias ou em serviços, imposto por um soberano a súditos estrangeiros, Dt 20.11; Jz 1.28; Ed 4.13; *cf.* Ne 5.4; Et 10.1; Mt 17.25. Os fariseus tentaram colocar Jesus em um dilema, perguntando-lhe se era lícito pagar tributos ao imperador romano, Mt 22.17. Se ele respondesse afirmativo, ofenderia o povo, uma vez que a sua independência estava ligada ao exercício de sua religião e somente com relutância é que pagavam os tributos. Os fariseus esperavam que ele dissesse que era ilegal o tributo pago ao governo estrangeiro, porque o mesmo Jesus já havia anunciado as suas pretensões ao trono de Davi. Neste caso, o acusariam de rebelião contra o governo de César. "Mostra-me cá a moeda do censo",

TRIBUTO

disse Jesus, e perguntou-lhes: "De quem é esta imagem e inscrição? Responderam eles: de César. Então lhes disse Jesus: "Pois dai a César o que é de César e a Deus o que é de Deus". Jesus reconheceu a distinção entre as duas esferas do poder, civil e religioso. **2** A didracma ou meio *shekel* pago para as despesas do templo, Mt 17.24. Essa contribuição baseava-se na taxa de meio *shekel*, paga por todos os israelitas quando chegavam à idade de 20 anos, preço do resgate de sua pessoa, Êx 30.11-16. No tempo de Neemias, os israelitas pagavam anualmente a terça parte de um *shekel* para custear as despesas do culto no templo, Ne 10.32,33. Mais adiante, a terça parte do *shekel* passou para metade de um *shekel*, cobrada anualmente de todo varão de 20 anos de idade e daí para cima, em todo o mundo, Antig. 18.9,1. O coletor de Cafarnaum perguntou a Pedro se o Mestre não pagava o tributo das duas dracmas, a que ele, impulsivamente, respondeu que sim, Mt 17.24,25. Jesus pagaria certamente, e o fez por intermédio de Pedro. Chegado que foi à casa, perguntou Jesus a Pedro: Que te parece Simão, de quem recebem os reis da terra o tributo, de seus filhos, ou dos estranhos? Dos estranhos, respondeu Pedro; disse-lhe Jesus, logo são isentos os filhos. Havia pouco, Pedro tinha confessado que Jesus era o Filho de Deus. O tributo reclamado destinava-se ao serviço da casa de Deus; não era razoável que exigissem dele o pagamento. Tal é a interpretação que se dá às palavras de Jesus. Depois da queda de Jerusalém, o imperador Vespasiano ordenou que os judeus, espalhados pelo império romano, pagassem o tributo das duas dracmas, em favor de Júpiter Capitolino, e que antes se destinava ao serviço do templo, Guerras 7.6,6.

TRIFENA (*no grego é truphaina, "dengosa"*) — nome de uma mulher residente em Roma, à qual o apóstolo Paulo enviou saudações e que estava trabalhando notavelmente no serviço cristão, *cf.* Rm 16.12.

TRIFO/TRIFOM (*no grego é truphon, "dissoluto", ou "sensual"*) — nome de um general de Alexandre Balas, 1 Mac 11.39, natural de Casiana, perto de Apaméia na Síria, antes conhecido pelo nome de Diodoto, Estrabo 16.2,10. Depois da morte de Balas e do reconhecimento de Demétrio II, Trifom proclamou Antíoco VI, filho de Alexandre Balas como rival de Demétrio, 11.39,40 e, com o auxílio dos judeus, conquistou rapidamente o país. Tendo traído Jônatas Macabeu, 12.39-50, fez os judeus, seus aliados, passarem para o lado de Demétrio. Trifom, no entanto, matou o jovem Antíoco e se proclamou rei, 12.31,39. A prisão de Demétrio por Arsaces, rei dos partas, deixou Trifom entregue a si mesmo por um pouco; mas Antígono VII, irmão de Demétrio, opôs-se a ele, e o perseguiu, primeiro em Dor, na costa fenícia, 15.10,14,37, e depois em Apaméia, onde Trifom perdeu a vida, no ano 138 a.C., Antig. 13.7,2.

TRIFOSA (*no grego é truphôsa, "delicada"*) — nome de uma mulher residente em Roma, associado ao de Trifena na lista, daquelas pessoas da igreja às quais o apóstolo Paulo enviou saudações e que estavam trabalhando com notoriedade no serviço cristão, *cf.* Rm 16.12.

TRIGO — o trigo era cultivado na Babilônia, Heród. 1.193, na Mesopotâmia, *cf.* Gn 30.14, no Egito, Êx 9.32, na Palestina, 34.22; Dt 8.8; Jz 6.11, e em outras localidades, desde tempos mui remotos. Na Palestina o semeavam em novembro ou dezembro, depois de começarem as chuvas. A melhor maneira de semeá-lo era em leiras, *cf.* Is 28.25. A colheita fazia-se em abril, maio ou junho, variando conforme o local, a qualidade do solo e a estação. O pão comum usado na Palestina era feito de farinha de trigo, Êx 29.2. Costumavam torrar as espigas e comer os grãos, Lv 2.14; Rt 2.14. O trigo quebrado e moído também servia de alimento, 23.14; 2 Rs 4.42. O Egito foi o celeiro das regiões do Mediterrâneo que exportavam o trigo em grande escala para Roma pelo porto de Alexandria, At 26.6,38. Segundo Plínio, a melhor qualidade de trigo vinha do alto Egito, Hist. Nat. 18.47. O trigo do Egito era cheio de arestas e dava muitas espigas no mesmo pé, *Triticum compositum*. Encontra-se desenhado em antigos monumentos. Na Palestina, cultivava-se o *Triticum vulgare*, que dava uma só espiga.

TRINCHEIRA, TRANQUEIRA, BALUARTES –
nome que se dá às instalações levantadas contra os muros de uma cidade sitiada por um exército invasor, *cf*. Jr 6.6; Dn 11.15; 2 Sm 20.15; 2 Rs 19.32; Ez 26.8,9; Is 29.3.

TRISTEZA –
a tristeza entre os orientais era e ainda é ostentosa. As manifestações públicas de tristeza consistiam em despojar-se dos ornamentos pessoais, Êx 33.4; 2 Sm 14.2; 19.24; Mt 6.16-18, em rasgar os vestidos, Lv 10.6; 2 Sm 13.31; Jl 2.13, em rapar a cabeça e arrancar os cabelos, Ed 9.3; Jr 7.29, em vestir-se de saco, Jl 1.8, em lançar pó e cinza sobre a cabeça, 2 Sm 15.32, em jejuns, Sl 35.13, em chorar e lamentar, Jl 1.8, 13. Alguns desses vários modos eram exercidos em conjunto, Gn 37.34; 2 Sm 3.31; 13.19; 15.32; Ed 9.3, 5; Jó 1.20; 41.5. Os amigos da casa traziam tocadores de flauta e carpidores profissionais, que eram geralmente mulheres que faziam grandes lamentações, Jr 9.17; Mt 9.23; At 9.39. Como ainda se faz, atualmente, davam banquetes fúnebres ao pessoal que comparecia a essas solenidades, Jr 16.7; Baruque, 6.32. Depois do enterro, as mulheres iam bem cedo na manhã seguinte visitar a sepultura, como ainda costumam fazer, para ali rezar, chorar, soluçar, ou cantar hinos e bater no peito, Mc 16.1,2. Alugavam muitas dessas pessoas, para esses atos, porém outras choravam sinceramente como os pais, os parentes e os amigos do morto, Jo 11.31. Essas práticas prevaleciam no Egito, na Pérsia, na Cítia, Heród. 2.66,85; 4.71; 8.99; 9.24. O tempo que duravam essas demonstrações variava. O luto pela morte de Arão e Moisés durou 30 dias, Nm 20.29; Dt 34.8, e por Saul, sete dias apenas, 1 Sm 31.13. Os egípcios choraram Jacó durante 70 dias e mais sete dias na eira de Atade, em públicas manifestações de pesar, *cf*. Gn 50.3,10.

TRÔADE
(*no grego é troas*) – porto de mar da Mísia, *cf*. At 16.11, onde o apóstolo Paulo teve a visão do homem macedônio que em pé lhe rogava: "Passa à Macedônia, e ajuda-nos", At 16.8-10; 2 Co 2.12. O apóstolo demorou-se em Trôade uma semana, quando regressava da sua terceira viagem, At 20.6. De uma feita, havia deixado em Trôade a sua capa, os livros e os pergaminhos, 2 Tm 4.13. A cidade de Trôade foi fundada por Antígono, um dos sucessores de Alexandre, o Grande, que lhe deu o nome de Antigônia. Depois de sua morte, Lisímaco, rei da Trácia, que era inimigo de Antígono, mudou-lhe o nome para o de Alexandre, a que acrescentaram a palavra Trôade para distingui-la da Alexandria do Egito. Estava situada ao sul da Tróia de Homero, cujo nome se tornou extensivo a todo o distrito. As suas grandes ruínas têm, atualmente, o nome de *Eski Stambul*, na Turquia.

TRÓFIMO
(*no grego é trophimos, "nutrindo", ou "nutriente"*) – nome de um cristão gentio de Éfeso, companheiro do apóstolo Paulo em suas viagens missionárias. Tendo-o visto em Jerusalém na companhia do apóstolo, julgaram os judeus que havia entrado no templo a despeito das leis proibitivas.

TRÓFIMO

Serviu isto de falsa acusação contra Paulo, cf. At 20.4; 21.29. A última vez que se menciona Trófimo é em 2 Tm 4.20, onde o apóstolo conta que o deixou doente em Mileto.

TROMBETA – **1** Trombeta é tradução da palavra hebraica *shôphar*. Em quatro passagens do original aparece a palavra *hasoserah* ($h^a\varsigma o\varsigma^e r\hat{a}$), traduzida por buzina, cf. 1 Cr 15.28; 2 Cr 15.14; Sl 98.6; Os 5.8, cujo som se ouvia a grande distância, Êx 19.16-19, dando volume às manifestações de Júbilo, 2 Sm 6.15; 2 Cr 15.14; Sl 98.6, porém, não se prestava ao acompanhamento de flautas e de harpas, em uma orquestra. Nos acompanhamentos militares, o som da trombeta chamava os soldados à forma, Jz 3.37; 6.34; 1 Sm 13.3, e dava sinal para o combate, Jó 39.24 tocava para cessar o avanço, 2 Sm 2.28, e para ordenar a retirada, 20.1,22. A trombeta dava sinal de alarme em caso de perigo, Jr 6.1; Am 3.6. Ao som de trombetas se anunciava ao povo a subida do rei ao trono, 2 Sm 15.10; 1 Rs 1.34; 2 Rs 9.13, e o começo do ano do jubileu, Lv 25.9. O primeiro dia do sétimo mês era de solene descanso, em que se ofereciam holocaustos ao Senhor, 23.24,25; Nm 29.1-6, porque esse dia marcava um período de tempo que se alternava. Era o dia do sonido das trombetas, chamando o povo a lembrar-se da presença do Senhor, cf. Êx 28.12,29; 30.16. Diz a tradição judia que a trombeta usada nessa solenidade era a *shophar*, cf. Lv 25.9. **2** Trombeta é a tradução invariável da palavra hebraica *hasoserah* ($h^a\varsigma o\varsigma^e r\hat{a}$). Duas delas soavam para chamar o povo a reunir-se à entrada do Tabernáculo, Nm 10.2, mas o número delas aumentou com o decorrer do tempo, 2 Rs 12.13. Quando se fez a dedicação do templo, soaram 120 trombetas, 2 Cr 5.12. As que se usavam no santuário eram de prata, Nm 10.2. Tinha menos de um côvado de comprimento. O tubo era estreito, regulando com o da flauta, terminando em forma de campainha, à semelhança das trombetas comuns, Antig. 3.12,6. Os sacerdotes é que as tocavam para anunciar os dias de festa, para convocar as assembléias do povo e dar o sinal de combate, Nm 10.1-10; 31.6. Raras vezes se diz que um leigo as tocava em campo de batalha, Os 5.8. Por ocasião de ser coroado o rei Joás, 2 Rs 11.14; 2 Cr 23.13, soaram as trombetas. Sobre o uso desse instrumento na orquestra do templo veja *MÚSICA*. **3** No Novo Testamento, a palavra trombeta é *salpinx*, usada na guerra, 1 Co 14.8 e para anunciar a segunda vinda de Cristo, Mt 24.31 e a ressurreição dos mortos, 1 Co 15.52. As sete visões do Apocalipse foram anunciadas por número igual de trombetas, cf. Ap cap. 8 a 9 até o versículo 19. A *salpinx* é a mesma *hasoserah*, trombeta sagrada referida em Ecclus. 1.16; 1 Mac 3.54; 4.40; 5.33; 16.8.

TROMBETA DE CARNEIRO – instrumento de sopro feito de chifre de algum animal, cuja forma conservava quando fabricado de outro material, por exemplo,

Chifre (Trombeta) — Christian Computer Art

de metal, Js 6.5; *cf.* Dn 3.5; 8.20. A palavra em hebraico, *keren*, deu origem no grego a *keras*, e, no latim, a *cornu*.

TRONCO (veja *CEPO*).

TRONO – cadeira de estado, em hebraico *kisse'*, em grego *thronos*, em que se assentavam as pessoas investidas de autoridade, quer fossem sacerdote, juiz, chefe militar, ou monarca, *cf.* Gn 41.40; 1 Sm 1.9; 2 Sm 3.10; Ne 3.7; Sl 122.5; Jr 1.15; Mt 19.28. Os tronos dos reis, como os de Acabe e Jeosafá, eram transportáveis, 1 Rs 22.10, bem como o de Senaqueribe em Laquis. O trono de Salomão estava colocado sobre um estrado acima de seis degraus, feito de marfim, guarnecido de ouro mui luzente; o alto do trono era redondo pelo espaldar; duas mãos, uma de cada lado, seguravam o assento, com dois leões ao pé de cada mão, e 12 leõezinhos, colocados sobre os seis degraus, de uma parte e de outra, 1 Rs 10.18-20; 2 Cr 9.17-19. Parecia-se muito com os tronos dos monarcas assírios e egípcios. O trono de Salomão com o seu dossel era o mais magnífico de seu tempo. O rei, em trajes de gala, assentava-se no trono para dar audiências, receber homenagens, administrar a justiça e promulgar leis, 1 Rs 2.19; 7.7; 22.10; 2 Rs 11.19; Jn 3.6. Os tronos simbolizavam o poder supremo, Gn 41.40, e a autoridade constituída.

TROVÃO – estampido produzido pelo raio. As tempestades acompanhadas de raios e trovões tomam caráter pavoroso, *cf.* Êx 9.23. Na estação do verão havia poucas trovoadas na Palestina por causa da falta de chuvas, Pv 26.1. Chuvas e trovões nessa época do ano vinham, às vezes, em resposta às orações, como um sinal de atenção divina, 1 Sm 12.17. O nome hebraico é simplesmente *qôl*, que quer dizer "som, como uma voz", "rumor", representando, poeticamente a voz de Jeová, Jó 37.2-5;

40.9; Sl 29.3-9, que manda e dirige a tempestade, Jó 28.26. Os trovões e a tempestade acompanhavam as manifestações da presença de Deus, quando aparecia em poder e majestade, Êx 19.16; Ap 4.5; serviam para indicar o poder divino operando na natureza, Sl 29.3-9. Assim como o trovão é o precursor de tempestade, simboliza ele a vingança divina 1 Sm 2.10; 2 Sm 22.14,15; Sl 77.18.

TSADÊ (veja *SADE*).

TUBAL – nome de uma tribo descendente de Jafé, *cf.* Gn 10.2. Esse nome se encontra associado ao de Javã, Is 66.19, e ao de Meseque, Ez 32.26, como negociante de escravos e de vasos de metal dos mercados de Tiro, 27.13. Gogue era príncipe de Magogue e de Tubal, 38.2,3; 39.1. Os descendentes de Tubal são os *Tubla* das inscrições assírias, e os Tabareni ou Tibarenói dos escritos clássicos (veja *MESEQUE*).

TUBALCAIM (*no hebraico é tubal-qayin, talvez signifique, "Tubal, o ferreiro", ou "produto de forjas"*) – nome de um dos filhos de Lameque e de Sela sua mulher. Foi oficial de martelo e artífice em toda qualidade de obras de ferro e cobre, *cf.* Gn 4.22.

TUIA – madeira que se vendia nos mercados da mística Babilônia, Ap 18.12. Árvore grande da família dos ciprestes, *Callitris quadrivalvis*, de cor vermelho-escura e odorífera. Era muito apreciada pelos romanos para o fabrico de artigos de ornamento e custava muito caro. Dela se extrai a resina conhecida pelo nome de *sandaraca*.

TUMOR (veja *CHAGA*).

TURBANTE (veja *COROA*).

TURQUESA

TURQUESA – nome de uma pedra preciosa de cor azul esverdeado ou cinza esverdeado, não transparente. É dura como o ferro, sua composição básica é fosfato hidratado de alumínio e cobre. É a pedra que inicia a quarta ordem do peitoral do juízo usado pelo sumo sacerdote, *cf.* Êx 28.20 (veja *BERILO*).

UCAL (*no hebraico, "sou forte"*) – nome de um dos dois filhos, discípulos ou contemporâneos a quem Agur se dirige, *cf.* Pv 30.1. Essa interpretação representa a tradicional pontuação hebraica, baseada nas palavras do v. 4, onde alguém faz perguntas e pede respostas, no caso de poder dar.

UEL (*no hebraico, "vontade de Deus"*) – nome de um dos filhos de Bani, a quem Esdras ordenou separar-se de sua mulher estrangeira, *cf.* Ed 10.34.

UFAZ – nome de um lugar onde se ia buscar ouro, *cf.* Jr 10.9; Dn 10.5. Parece tratar-se de uma forma corrompida de *Ofir*, mas a diferença da palavra ainda não teve explicação satisfatória.

ULA (*no hebraico, "carga", "jugo"*) – nome de um aserita, *cf.* 1 Cr 7.39, talvez descendente de Helém, v. 35.

ULAI – nome de um rio em cujas margens o profeta Daniel teve a visão do bode e do carneiro etc., *cf.* Dn 8.2,16. O Ulai não pode ser outro, senão o rio *Eulaeus*, identificado com o *Kherlhah*, que banha os muros de Susã, ou Shushan, e o Karun, que banha a parte oriental da cidade. O conflito de idéias, quanto a essa identificação, explica-se do seguinte modo: Um braço do rio *Kherlhah*, saindo 20 milhas a noroeste de Susã, ligou-se ao Karun, de modo que o nome Ulai pode aplicar-se a ambos.

ULÃO (*no hebraico, "primeiro", "líder"*) – **1** Nome de um dos filhos de Maquir, da tribo de Manassés, *cf.* 1 Cr 7.16,17. **2** Nome de um dos filhos de Eseque, descendente de Benjamim na linha de Saul e Jônatas 1 Cr 8.39,40.

ÚLCERA – tumor, inflamação. Foi uma das pragas com que Deus castigou os egípcios, no hebraico é *bha'buoth*, Êx 9.8-11;

ÚLCERA

cf. Dt 28.27,35, sintomas proeminentes da lepra, Lv 13.18-20. Um tumor colocou em risco a vida de Ezequias, 2 Rs 20.7; Is 38.21. Jó sofreu a moléstia das úlceras, desde a cabeça até a planta dos pés, Jó 2.7. Manifestam-se, em geral, nas partes do Oriente onde há mais calor e durante a estação chuvosa; têm aspecto repugnante, mas sem conseqüências graves. O carbúnculo é um dos tipos de úlceras, com a diferença que este provém das impurezas do sangue e destrói a vida. Talvez fosse esta a úlcera de Ezequias, a que foi aplicada a pasta de figos, mas cujos resultados finais são devidos a Deus (*veja CHAGA*).

UMÁ (*no hebraico, "conjunção", "união", ou "parentela"*) – nome de uma cidade da tribo de Aser, próxima a Reobe ou Afeque, *cf*. Js 19.30. Há concordância entre os estudiosos que seja a atual Alma, situada cinco milhas da praia de Rãs en-Nâkûrah. Por causa de importantes considerações, julga-se que o texto original diga *Akko* e não *Ummah*. Não raras vezes os copistas confundem o *caph* com o *mem* (*veja BETE*).

UNÇÃO (*no grego, chrisma*) – termo que aparece por três vezes na primeira epístola de João, *cf*. 1 Jo 2.20,27. Sua referência é a presença e capacitação que o Espírito Santo dá ao crente. O verbo grego ungir, *chrío*, é usado cinco vezes no Novo Testamento, *cf*. Lc 4.18; At 4.27; 10.38; 2 Co 1.21 e Hb 1.9, porém seu adjetivo, *christós*, que significa "ungido", e daí procede o termo Cristo (que corresponde no hebraico ao termo Messias), é usado mais de 500 vezes (*veja UNGIR*).

UNGIR – derramar óleo sobre a cabeça, ou aplicá-lo a qualquer pessoa ou coisa. Ungiam-se os enfermos, ungiam-se os sacerdotes e os reis. As unções eram geralmente serviço de toucador, *cf*. 2 Sm 12.20;

Dn 10.3; Mt 6.17. Ungir a cabeça com óleo era ato de cortesia para com os hóspedes e visitantes, Lc 7.46. A unção oficial era conferida aos profetas, aos sacerdotes e aos reis. O profeta Elias ungiu Eliseu, seu sucessor, *cf*. 1 Rs 19.16, Arão e seus sucessores de sacerdócio foram ungidos com óleo santo, *cf*. Êx 28.41; 29.7; 30.30; 40.13,15. Também os reis, como Saul, 1 Sm 9.16; 10.1, Davi, 1 Sm 16.1,12,13; 2 Sm 2.7; 3.39 etc., Salomão, *cf*. 1 Rs 1.34, Hazael da Síria, *cf*. 1 Rs 19.15, Jeú, 1 Rs 19.16, Joás, 2 Rs 11.12, e outros. As palavras Messias e Cristo significam o Ungido. Jesus, o Cristo, foi ungido pelo Espírito Santo para ser profeta, sacerdote e rei. Os utensílios do altar e do Tabernáculo eram ungidos, Êx 29.36; 30.26; 40.9,11. A unção médica ou cirúrgica nem sempre era feita com óleo, que, habitualmente, se empregava nas doenças e nos casos de ferimentos, *cf*. Is 1.6; Lc 10.34; Ap 3.18. Os cristãos não confiavam nesses meios naturais em si mesmos, mas em Deus, que opera por eles e os torna eficazes, Tg 5.14,15.

UNGÜENTO (*veja BÁLSAMO*).

UNHA – parte da ponta dos dedos, *cf*. Dt 21.12; Dn 4.33.

UNI (*no hebraico, "aflito", ou "respondendo com Jeová"*) – **1** Nome de um levita da segunda ordem no reinado de Davi, que tocava saltérios ou címbalos. Talvez alguns fossem porteiros do santuário, *cf*. 1 Cr 15.18,20. **2** Nome de um levita do tempo de Zorobabel, *cf*. Ne 12.9. Foi contemporâneo do sumo sacerdote Josué.

UNICÓRNIO – tradução da palavra hebraica *dishon*, "pisador", ou "que salta", nome de um animal limpo, *cf*. Dt 14.5. **1** O unicórnio dos antigos era um antílope branco sem cauda. Parece ter sido o *ádax, Antílope adaax*, ou *Adaax nasomaculatus*.

Ambos os sexos possuem cornos torcidos e anelados. Têm um capucho de pêlos brancos na testa; o restante do corpo é branco acinzentado; no tamanho é parecido com um grande jumento. É natural do nordeste da África, cf. Heród. 4.192, porém, também se encontra na fronteira sudeste da Palestina. **2** Qualquer animal que só tem um corno, como o rinoceronte, Is 34.7. O rinoceronte da Bíblia tem dois, Dt 33.17; era dotado de grande força, Nm 23.22; 24.8, mas indomável ao jugo e inútil para auxiliar o homem nos trabalhos agrícolas, Jó 39.9-12. Quando novo, era alegre, Sl 29.6, não domesticável, como o búfalo, Nm 23.22. A Versão Brasileira prefere "boi selvagem", que é o mesmo que órix, *Antílope leucorix*. Essa interpretação baseia-se na analogia da palavra hebraica *reem* com a arábica *rim*, usada agora na Síria para indicar a gazela branca e amarela. Mas o órix é animal tímido, que no antigo Egito domesticavam para puxar o arado. Há motivos para crer que o vocábulo hebraico se refere pelo vocábulo assírio *rimu*. As admiráveis representações desse boi pelos artistas assírios mostram que era ele o auroque, *Bos primigenius*. Tiglate-Pileser, lá pelos anos 1120 a 1100 a.C., fazia caçadas desses bois na parte inferior da encosta do monte Líbano. É raça extinta. O nome serve atualmente para representar outro animal da Síria. Tristram descobriu vestígios desse animal nas cavernas do Líbano. Júlio César, que o encontrou na Gália, descreve-o como sendo o *Bos aurus*, Belo Gálico. Independente de seu tamanho, distingue-se do boi comum que dele descende, pela amplitude da fronte e pela largura dos chifres com dupla curvatura.

UR (*no hebraico, "chama", ou "luz"*) **–** nome do pai de um dos homens valentes de Davi, *cf.* 1 Cr 11.35. Nome de uma cidade da Caldéia, onde nasceu o patriarca Abraão, Gn 11.28,31; Ne 9.7. Dizem que a localiza-ção da antiga Ur é em Mugeir ou Ungemiru em Bitumenede ou Mãe do Bitume, na baixa Babilônia, na margem ocidental do Eufrates. Nos tijolos da Caldéia está escrito Uri em vez de Ur, e ficava em um distrito chamado Kaldu (Caldéia), pelo menos no nono século antes de Cristo. O deus-lua tinha ali o centro de sua adoração. Encontram-se nesse lugar consideráveis ruínas.

URBANO (*no grego é Ourbánós, e no latim é Urbanus, que significa, "urbano", "polido", "citadino", "refinado"*) **–** nome de um cristão, fiel cooperador, a quem o apóstolo Paulo enviou saudações, *cf.* Rm 16.9.

URI (*no hebraico, "ardente", "iluminado"; ou talvez "luz de Jeová", sendo abreviatura de Erijah*) **– 1** Nome do pai de Bezaleel, hábil no fabrico de toda casta de obras, *cf.* Êx 31.2. **2** Filho de Geber, intendente de Salomão, *cf.* 1 Rs 4.19. **3** Nome de um dos porteiros, a quem Esdras induziu a lançar fora sua mulher gentia, *cf.* Ed 10.24.

URIAS (*no hebraico, "luz de Jeová"*) **– 1** Nome de um heteu, valente oficial do exército de Davi, *cf.* 2 Sm 23.39; 1 Cr 11.41. O rei ordenou que o colocassem na frente de um batalhão onde fosse mais intenso o combate, para que fosse ferido e morresse, a fim de ocultar a ofensa que havia feito ao fiel servidor na pessoa de sua mulher, *cf.* 2 Sm 11.1-27; Mt 1.6. **2** Nome de um sacerdote e uma das duas testemunhas que assistiram ao que o profeta Isaías escreveu por ordem do Senhor em um livro, *cf.* Is 8.2. **3** Nome de um profeta, filho de Semaías de Quiriate-Jearim. Predisse que o reino de Judá seria temporariamente destruído. De tal modo se enraiveceu o rei Jeoiaquim ao saber disso, que tentou matá-lo. Para salvar a vida, o profeta escondeu-se no Egito. De lá o foram tirar para ser morto, *cf.* Jr 26.20-23. **4** Nome de um sacerdote, pai de certo Meremote, *cf.* Ed 8.33; Ne 3.4, 21. **5** Nome

URIAS

de um assistente de Esdras, quando falava ao povo, *cf.* Ne 8.4. **6** Nome do sacerdote que serviu durante o reinado de Acaz. Este rei ordenou ao sacerdote Urias que fizesse um altar, igual ao modelo que lhe enviou, reprodução do que havia em Damasco, *cf.* 2 Rs 16.10-16. Era ele com certeza uma das duas testemunhas das enigmáticas inscrições de Isaías, *cf.* Is 8.2. **7** Nome de um profeta, *cf.* Jr 26.20. **8** Nome de um sacerdote, *cf.* Ne 3.4,21. **9** Nome de uma personagem que esteve ao lado de Esdras, quando falava ao povo, *cf.* Ne 8.4.

URIEL (*no hebraico, "luz de Deus", ou "Deus é luz"*) **– 1** Nome de um levita da família de Coate, da casa de Assir, descendente de Coré, de Ebiasafe e de Taate, *cf.* 1 Cr 6.24. É pessoa diferente de Sofonias, *cf.* v. 36, e pertencia à linha colateral que se prendia a Taate. O chefe da família dos coatitas, no reinado de Davi, tinha igual nome e por isso acredita-se que se trata da mesma pessoa, *cf.* 15.5,11. **2** Nome de um homem de Gibeá, cuja filha Micaía foi mãe de Abias, *cf.* 2 Cr 13.2.

URIM e TUMIM (*no hebraico, "luz e perfeição"*) **–** nome de um ou mais objetos pertencentes ao peitoral do juízo que o sumo sacerdote usava de modo que estivesse sobre o coração do sacerdote quando se apresentava diante do Senhor, *cf.* Êx 28.30; Lv 8.8. Esses objetos, provavelmente, eram guardados em uma dobra do peitoral do juízo, ou por baixo dele. Por meio do Urim e Tumim, o sumo sacerdote consultava a vontade de Deus em casos difíceis. Esse processo não era aplicável a casos particulares, nem a interesses privados, somente sobre negócios de interesse público. Por isso mesmo, o lugar do Urim e Tumim era no peitoral do juízo, onde estavam gravados os nomes das 12 tribos de Israel sobre pedras preciosas. Por meio dele, isto é, do Urim e Tumim, se consultava a vontade

de Deus acerca de assuntos judiciais e de negócios públicos, *cf.* Nm 27.21; com Js 9.14; Jz 1.1; 20.18,23,27,28; 1 Sm 10.22; 14.36-42; 22.10,13; 23.9-12; 28.6; 30.7,8; 2 Sm 2.1; 5.19,23,24. O Urim e Tumim eram consultados, não só no santuário onde ficava a arca, *cf.* Jz 20.27,28; 1 Sm 22.10, como em qualquer outro lugar, onde estivesse presente o sacerdote devidamente autorizado. As respostas eram simples consistindo em afirmativas ou negativas, nem sempre era este o caso, *cf.* 1 Sm 10.22; 2 Sm 5.23,24. Ocasionalmente, também, quando o pecado interrompia a comunhão com Deus, não havia resposta, *cf.* 1 Sm 14.37; 28.6. Não se encontram referências ao Urim e Tumim, depois do reinado de Davi. Após a volta do cativeiro, nenhum dos sacerdotes usava o Urim e Tumim, *cf.* Ed 2.63; Ne 7.65. Parece que Josefo está em erro, quando diz que esse modo de consultar o Senhor tinha desaparecido havia 200 anos antes de seu tempo (Antig. 3.8,9). Somente o sumo sacerdote poderia desfrutar o privilégio de consultar o Senhor por meio do Urim e Tumim. Esse privilégio constituiu a glória da tribo de Levi, *cf.* Dt 33.8. Tem havido diferentes explicações sobre o Urim e Tumim. Por exemplo: Procuram descobrir analogia com as insígnias que usava o sacerdote egípcio, quando exercia a função de supremo juiz. Dizem os escritores clássicos que ele trazia um emblema suspenso ao pescoço por uma cadeia de ouro, representando a verdade, somente enquanto duravam suas funções de juiz, que colocava sobre a pessoa a favor de quem pronunciava a sentença. Não existem provas que indiquem que tal insígnia também servisse para consultar a vontade divina. Outros são de parecer que, por ocasião de o sacerdote vestir a estola sacerdotal, com o Urim e Turim, e fazer oração a Deus, ocorria-lhe uma idéia, cuja origem divina se confirmava por um brilho estranho produzido pelas pedras preciosas do peitoral do juízo. Desse fenômeno se originou a palavra Urim, que quer dizer luzes. Tem-se pensado que as respostas se percebiam através de um brilho sucessivo das letras que formavam os nomes próprios, gravados nas pedras; mas para nada dizer sobre o fato de que o alfabeto completo não havia produzido esses nomes, e que em várias das respostas de que há notícia, há letras que não se encontram nas pedras, a idéia integral parece indicar milagres inventados pelos sacerdotes gregos e romanos, inteiramente estranhos aos métodos e concepções do ritual hebraico. Existem apenas duas teorias dignas de atenção: **1** O Urim e Tumim eram um ou mais acessórios da estola sacerdotal e que dela podiam separar-se para serem usados à maneira de dados, e pelo modo que caíam, revelavam a vontade de Deus. Esta é realmente uma concepção possível, mas sem provas a seu favor. Procuram firmar essa teoria dizendo que duas vezes se faz referência ao lançamento de sorte, em íntima conexão com as consultas ao Urim e Tumim, *cf.* 1 Sm 10.19-22; 14.37-42. Neste último caso, Saul rogou ao Senhor que lhe desse a conhecer por meio da sorte por que é que não respondia ao seu servo. A palavra usada no original é *thamim*; que se pronunciava *thummim*. Assim sendo, o Urim e Tumim eram uma espécie de sorte. Mas nas duas passagens citadas, o lançar as sortes é ato distinto de consultar o Senhor, e se realizava para propósito diferente daquele que pedia conselhos. **2** O Urim e Tumim não faziam manifestações exteriores, era antes um símbolo. O sumo sacerdote vestia a estola sacerdotal com o Urim e Tumim, sinais de sua investidura para obter a luz e a verdade, como as duas palavras indicam, a fim de que pudesse buscar o conselho de Jeová da maneira por ele indicada. Humildemente colocava diante de Deus a sua petição. A resposta vinha-lhe à mente; e como tivesse feito o seu pedido de acordo com as instruções divinas, e firmada na promessa de que recebera luz e verdade, tinha-a como a expressão da vontade de Deus. A fé em Deus baseava-se na evidência das coisas não vistas. Essa interpretação do Urim e Tumim se harmoniza com o espírito de todo o ritualismo do Tabernáculo. A resposta consistia em uma iluminação interior sem nenhum sinal exterior em paralelo com as revelações dos profetas.

URSA – nome com que os gregos e os romanos designavam uma grande e brilhante estrela, que quer dizer: Guarda do Urso, porque a sua órbita no firmamento passa por detrás da cauda da Ursa Maior. É tradução da palavra hebraica *Ash* ou *Ayish* que se encontra em *cf.* Jó 9.9; 38.32, porém, *Ash* não é o Arcturo. Este astro aparece solitário, e o *Ayish* de Jó 38.32, tem um cortejo de sete pequenas estrelas, provavelmente é a Ursa mesmo, como traduziu o padre Antônio Pereira de Figueiredo e como se encontra na Versão Brasileira, em Jó 9.9. Quatro das sete estrelas parecem, pela sua disposição, um ataúde conduzindo um cadáver, enquanto que as outras três, que formam a cauda do Urso, segundo a imaginação dos árabes, assemelham-se aos filhos do morto que acompanham o esquife para o cemitério.

URSO (*no hebraico, dob*) **–** o urso da Síria, *Ursus syriacus*, tem a cor amarelo-escura e se alimenta de vegetais. É animal perigoso quando em companhia de outros, *cf.* Is 11.7; Am 5.19, e quando lhe roubam os cachorros, *cf.* 2 Sm 17.8; Pv 17.12; Os 13.8. Esse animal encontrava-se em toda a Palestina; atualmente, porém, vive nas montanhas do Líbano, no Hermom, em Gileade e em Basã, ao oriente do Jordão, *cf.* Pv 28.15. Davi matou um urso nas vizinhanças de Belém, *cf.* 1 Sm 17.34. Perto de Betel, dois ursos saídos das matas devoraram 42 meninos que zombavam do profeta,

URSO

Eliseu, *cf.* 2 Rs 2.24. O urso mencionado em *cf.* Dn 7.5, ao qual foi ordenado que devorasse, fizesse em pedaços e pisasse o que sobejasse, simbolizava o império medo-persa, um dos quatro impérios sucessivos que dominaram o mundo. As quatro bestas do livro de Daniel fundem-se em uma só besta, mencionada em Ap 13.2, para simbolizar todos os poderes da terra. Os seus pés eram como pés de urso.

URTIGAS (*veja ESPINHOS*).

UTA (*no grego, Outá*) **–** nome de um israelita cujos filhos retornaram do cativeiro babilônio com Zorobabel. Seu nome encontra-se apenas no livro de 1 Esdras 5.30, sendo omitido nas passagens paralelas de Ed 2.45 e Ne 7.48.

UTAI (*no hebraico, "proveitoso", ou "Jeová é a ajuda"*) **– 1** Nome de um homem da tribo de Judá, da família de Perez e filho de Amiúde. Foi chefe da família a que pertencia e morava em Jerusalém, *cf.* 1 Cr 9.4. **2** Nome de um descendente de Bigvai; veio da Babilônia em companhia de Esdras, *cf.* Ed 8.14.

UZ (*no hebraico, "firmeza"*) **–** nome de uma tribo de aramaicos, *cf.* Gn 10.23, cuja origem se prende, em parte, a Naor, *cf.* Gn 22.21 e ligada pelo sangue, ou por interesses políticos, ao capitão horita Lotã, *cf.* 36.29. Jó morava na terra de Uz, exposto aos ataques dos sabeus e dos caldeus, Jó 1.15,17. No tempo de Jeremias, os edomitas habitavam na terra de Uz, *cf.* Lm 4.21. Josefo supõe que dessa tribo saíram os fundadores de Traconitis e de Damasco, Antig. 1.6,4. Diz Ptolomeu que Uz localizava-se onde atualmente está Ausitai, no deserto ao ocidente do Eufrates. Segundo essas informações, deveria estar situada no deserto da Síria entre a latitude de Damasco e de Edom.

UZÁ (*no hebraico, "força"*) **– 1** Nome de um benjamita, filho, ou descendente de Aiúde, *cf.* 1 Cr 8.7. **2** Nome de um homem conhecido somente por ser proprietário de um jardim que passou às mãos de Manassés, rei de Judá, e que ficava no precinto de seu palácio. Tanto esse rei quanto seu filho Amom foram sepultados ali, *cf.* 2 Rs 21.18,26; com 2 Cr 33.20. Esse jardim ficava na cidade de Jerusalém, ou perto dela, em lugar não determinado. **3** Nome de um filho de Abinadabe. Quando a arca havia chegado à eira de Nacom, em caminho para Jerusalém, tropeçaram os bois, e pendendo a arca, Uzá estendeu a mão e a segurou. Imediatamente Deus o feriu por esta irreverência; e morreu ali mesmo junto à arca. Chamou-se aquele lugar, Perez-Uzá, *cf.* 2 Sm 6.3-11; 2 Cr 13.7-14. **4** Nome de um dos filhos de Merari, *cf.* 1 Cr 6.29.

UZAI (*no hebraico, "esperado", ou "robusto"*) **–** nome do pai de um homem que ajudou a reconstruir o muro de Jerusalém, *cf.* Ne 3.25.

UZAL (*no hebraico, "viandante"*) – nome de um povo árabe descendente de Joctã, *cf.* Gn 10.27; 1 Cr 1.20-21; Ez 27.19. O nome Usal, que pertence à mesma família, era, segundo a tradição árabe, o antigo nome de Sana, capital do Iêmen na Arábia.

UZÉM-SEERÁ (*no hebraico, "ponto de Seerá"*) – nome de uma cidade reedificada por Sara, filha de um efraimita chamado Efraim, *cf.* 1 Cr 7.24. Esse nome acha-se associado com a alta e baixa Bete-Horom. Julga-se que situava-se no lugar onde existe a atual Beit Sira, três milhas distante da Bee-Hom inferior, e 13 milhas a noroeste de Jerusalém.

UZI (*no hebraico, "minha força"*) **1** Nome de um homem da tribo de Issacar, da família Tola e chefe de uma família, *cf.* 1 Cr 7.2,3. **2** Nome de um sacerdote, filho de Buqui, e pai de Zeraías da linha de Eleazar, *cf.* 1 Cr 6.5,6,51. Foi um dos ascendentes de Esdras, *cf.* Ed 7.4. **3** Nome de um benjamita da família de Bela e chefe de uma família, *cf.* 1 Cr 7.7. **4** Nome de outro benjamita, filho de Micri e pai de Elá, *cf.* 1 Cr 9.8.

UZIAS (no hebraico, "minha força é Jeová") – nome de um homem da cidade de Astaro e um dos valentes de Davi, *cf.* 1 Cr 11.44.

UZIAS, **OZIAS** (no hebraico, "força de Jeová") **1** Nome de um levita da família de Coate e filho de Saul, *cf.* 1 Cr 6.24. **2** Nome do pai de certo Jônatas, do tempo de Davi, *cf.* 1 Cr 27.25. **3** Nome de um rei de Judá, *cf.* 2 Rs 15.13,30-34; 2 Cr e Is; Os 1.1; Am 1.1; Zc 14.5; Mt 1.9. Tem o nome de Azarias nas seguintes passagens: 2 Rs 14.21; 15.1-8,17-27; 1 Cr 3.12. Sucedeu a seu pai Amasias, no ano 786 a.C. nos últimos dias desse rei, poucos anos depois da derrota que lhe infligiu o rei de Israel. É evidente que já reinava em vida de seu pai, conforme se observa pelas narrativas referentes a seu reinado. Foi ele quem edificou Elate depois da morte do rei seu pai, *cf.* 2 Rs 14.22. Tinha 16 anos quando subiu ao trono, *cf.* v. 21. Tendo governado 24 anos, diz-se que "No vigésimo sétimo ano de Jeroboão, rei de Israel, começou a reinar Azarias, filho de Amazias, rei de Judá", *cf.* 15.1. Não se encontra no original a palavra – "começou". Essa diferença de número de anos explica-se facilmente, diz Kleinert, admitindo que nesse ano o reino de Judá havia reconquistado completa soberania, libertando-se da vassalagem de Jeroboão em que havia estado desde os dias de Azarias, quando foi tomada a cidade de Jerusalém, feita a reorganização do exército, a reconstrução das fortificações da cidade e o total equipamento do exército. Alcançou importantes vitórias sobre os filisteus e os árabes, derrubou os muros de Gate, de Jabne e Asdode; impôs tributos aos amonitas e outros povos. A sua reputação se infundiu até o Egito por causa de suas freqüentes vitórias, *cf.* 2 Cr 26.6-8. Uzias promoveu a agricultura, construindo torres no deserto e abrindo poços. Ele próprio prestava culto a Jeová, mas conservou os altos, onde o povo sacrificava a outros deuses. "Mas, havendo-se já fortificado, exaltou-se o seu coração para a sua própria ruína", *cf.* v. 16, entrou arrogantemente no templo, e a despeito da resistência dos sacerdotes, tentou oferecer incenso, sendo ferido de lepra da qual nunca se libertou. Jotão, seu filho, reinou em seu lugar. Durante o seu reinado, houve um terremoto, *cf.* Am 1.1. Reinou 52 anos. Morreu no ano 735 a.C., 2 Rs 15.1-7; 2 Cr 26.1-23. Antes de sua morte, deram início à sua missão os profetas Isaías, Amós e Oséias, Is 1.1; Os 1.1; Am 1.1. **4** Nome de um sacerdote, filho de Harim, que foi induzido por Esdras a separar-se de sua mulher gentia, *cf.* Ed 10.21. **5** Nome de um homem de Judá, da família de Perez, *cf.* Ne 11.4. Esse nome na versão de Figueiredo é Azião.

UZIEL (no hebraico, "Deus é força") **1** Nome de um levita, filho de Coate e fundador de uma família tribal, *cf.* Êx 6.18-22; Nm 3.19,27,30. Era descendente de Arão pelo lado paterno, *cf.* Lv 10.4. Aminadabe, chefe dos ozelitas e 112 de seus irmãos foram nomeados por Davi para entrarem no cortejo que iria trazer a arca para a cidade de Davi, *cf.* 1 Cr 15.10. **2** Nome de um benjamita, da família de Bela, *cf.* 1 Cr 7.7. **3** Nome de um levita, tocador de instrumentos no reinado de Davi, *cf.* 1 Cr 25.4, no versículo 18 tem o nome de Azarel. **4** Nome de um levita, filho de Jedutum, assistente de Ezequias na obra de reforma religiosa de Judá, *cf.* 2 Cr 29.14. **5** Nome de um chefe simeonita, que no reinado de Ezequias comandou uma

UZIEL

expedição contra os amalequitas do monte de Seir, desbaratando-os, *cf.* 1 Cr 4.41-43. **6** Nome de um ourives filho de Haraías, que tomou parte na reconstrução do muro de Jerusalém, *cf.* Ne 3.8. Em Figueiredo está escrito Eziel.

VACA – as vacas são animais domésticos desde tempos mui remotos. O Egito, a Filístia e a Palestina ofereciam excelentes pastagens onde se criava esse útil animal, *cf.* Gn 41.2; Dt 7.13; 1 Sm 6.7. Abraão e seus descendentes eram criadores de gado, *cf.* Gn 12.16; 32.15. O leite servia de alimento, *cf.* 2 Sm 17.29. Empregavam-se vacas nos sacrifícios por ocasião de ratificar um pacto, *cf.* Gn 15.1-9; na cerimônia para inocentar de culpa quando fosse achado o corpo de um homem assassinado, sem saber-se quem fora o matador, *cf.* Dt 21.3; no sacrifício pacífico, *cf.* Lv 3.1; no sacrifício pelo pecado para purificação por haver tocado um corpo morto, *cf.* Nm 19.11-22; Hb 9.13, e em casos excepcionais, nos holocaustos, *cf.* 1 Sm 6.14.

VAEBE EM SUFÁ – nome de significado desconhecido que vem designar, na versão em português, um lugar perto do Arnom, *cf.* Nm 21.14,15. A versão inglesa King James traduz "o que ele fez no mar Vermelho". Pouco se sabe sobre o local e o significado do nome, exceto "sufá", no hebraico *suphah*, que pode significar "tempestade", ou "redemoinho", como em *cf.* Jó 21.18; Is 5.28; Jr 4.13 etc.

VAISATA (*no hebraico, "forte como o vento"*) – nome de um dos filhos de Hamã, um perseguidor dos judeus que morreu com toda a sua família, *cf.* Et 9.9.

VALE DE SIDIM – nome de um vale, onde havia muitos poços de betume, na região do mar Salgado, ou mar Morto. Nesse lugar, Quedorlaomer, rei dos elamitas, derrotou o rei de Sodoma e seus aliados, *cf.* Gn 14.3,8,10.

VALE DO SAL – nome de um lugar, em Edom, tomado por Amazias, rei de Judá, e que ele denominou Jocteel, *cf.* 2 Rs 14.7. Parece que existem referências a esse lugar em Jz 1.36; em 2 Cr 25.12; Is 42.11; Ob 3, e talvez em Is 16.1. Essas indicações dão a

VALE DO SAL

Vale de Sidim (veja p. 1243) — Christian Computer Art

conhecer uma ravina a que os gregos chamam Petra, que é simplesmente tradução da palavra hebraica *Sela*. Pelo ano 300 a.C., passou dos edomitas para os árabes nabateus. A dinastia, que então começa a reinar em Petra, contém diversos reis com o nome de Aretas, um dos quais é mencionado em *cf.* 2 Co 11.32. O reino dos nabateus terminou no ano 105 da nossa era, quando a Arábia Pétrea passou a ser província do império romano. Burckhardt descobriu, em 1812, esse lugar que tem sido visitado por vários exploradores. Encontra-se no ângulo de um profundo fosso escavado pelas águas no flanco setentrional do monte Hor. O vale, com outros que a ele se interligam, deve ter uns 4.500 pés de comprimento por 740 a 1.500 de largura, cercado por todos os lados de paredões de argila arenosa. A maior das gargantas chama-se *wady Musa*, que quer dizer Vale de Moisés, onde por certo ele nunca esteve. É banhado em toda a sua extensão por pequeno regato. A variedade de cores que as rochas têm emprestam ao lugar beleza especial. Vêem-se nelas o vermelho, o pardo, a púrpura e o amarelo. Encontram-se ali túmulos, ruínas de templos, um anfiteatro, um arco triunfal etc., que parecem pertencer ao tempo dos romanos. Além dessas relíquias, há nos outeiros adjacentes, túmulos e habitações particulares de tempos mais remotos. No alto, que dominava a antiga cidade, está a grande cidadela; nas elevações vizinhas encontram-se altares consagrados às suas divindades. Nome do vale em que Davi matou 18 mil homens edomitas, *cf.* 2 Sm 8.13,14; 1 Cr 18.12 com 1 Rs 11.15-17; Sl 60, título. Amazias matou dez mil edomitas no vale do Sal e tomou a sua capital, *cf.* 2 Rs 14.7; 2 Cr 25.11. O lugar que mais se parece com o vale do Sal localiza-se ao sul do mar Morto, onde existe uma linha de montanhas de cinco milhas de comprimento, coberta de camadas de sal. Entre essa linha de montanhas e o mar, fica um vale de seis a oito milhas de comprimento. A essa identificação opõe-se a palavra hebraica *ge*, que mais se refere a uma encosta, ou vale estreito, do que a um vale nas proporções descritas. Pode bem ser um desfiladeiro que desce das montanhas de Edom, dirigindo-se para a planície salgada.

VALE DOS ARTÍFICES – nome de um vale na tribo de Judá, *cf.* 1 Cr 4.14, ocupado, depois do exílio, pela tribo de Benjamim, Ne 11.35. Conder diz que Hirsa, cujas ruínas existem a 3.300 m do sul de Aijalom, e 20 km a oeste-noroeste de Jerusalém, é como que um eco do mesmo nome.

VANIAS (*no hebraico, "Jeová é louvor"*) – nome de um dos filhos de Bani, *cf.* Ed 10.36, induzido por Esdras a abandonar sua mulher estrangeira.

VASNI (*no hebraico, "Jeová é forte"*) – segundo *cf.* 1 Cr 6.28, é o filho mais velho de Samuel, que é o mesmo Joel do versículo *cf.* 33 e de *cf.* 1 Sm 8.2. Mas o texto está alterado. O nome de Joel foi acidentalmente omitido. A conjunção *vau* antes do nome Abia uniu-se a ele e formou a palavra *vashni*.

VASTI (*no hebraico, Washtî, um nome pessoal de origem persa*) – rainha da Pérsia e mulher do soberano Assuero. Recusando-se comparecer a um banquete oficial, celebrado no terceiro ano de seu reinado, o rei Assuero divorciou-se dela, e a depôs do trono, *cf.* Et 1.3,9 até o cap. 2.1. A palavra Vasti, segundo o antigo persa, quer dizer a mais doce, Vashiti, e também pode referir-se ao nome de uma deusa elamita chamada Wasti (*veja ESTER*); também pode ser reprodução hebraica do nome persa que os gregos pronunciavam Amestris, filha de Otanes e mulher de Xerxes, Heród. 7.61,114. Se esta era a mesma Vasti, segue-se que foi restaurada ao favor do rei, porque Amestris era reconhecida como esposa de Xerxes pelo ano 479 a.C. no oitavo, ou nono ano de governo (9.109).

VAU (*no hebraico, maabar ou mabarah*) – sexta letra do alfabeto hebraico. Emprega-se para marcar a sexta seção do salmo 119, e no início de cada linha do versículo da mesma seção. Em diversas fases do desenvolvimento do alfabeto hebraico veio a assemelhar-se com outras letras do mesmo alfabeto. No túmulo de Tiago, já um século antes de Cristo, *vau* e *zain* distinguiam-se uma da outra com muita dificuldade. O *jod* somente se conhecia por um pequeno ângulo na extremidade superior. Nas inscrições de uma sinagoga, em Kef Birim, desapareceu completamente a diferença entre *vau* e *jod*.

VEADO – nome de um animal do gênero *Cervus*, ou da família *Cervidae*. Tristram enumera duas espécies de *Cervus* existentes ainda na Palestina. O gamo, *Cervus capreolus*, e a corça, *Cervus dama*. Os restos de três outras espécies, o veado vermelho, *Cervus elaphus*, o rangífer, *Cervus tarandus*, e o alce, *Cervus alces*, encontram-se petrificados nas cavernas das montanhas do Líbano. Tradução da palavra hebraica *Ayyal*, gamo, veado, animal limpo, *cf.* Dt 12.15; 14.5; 1 Rs 4.23; Sl 42.1; Ct 8.14. O veado de cinco anos é perfeitamente desenvolvido na sua armadura frontal.

VEDÃ E JAVÃ – lugar de negociações da gente de Tiro, *cf.* Ez 27.19. Talvez seja Adim ou Weddan entre Meca e Medina. Mas o texto pode estar errado. A versão de Figueiredo diz Dã. Pode bem ser que a primeira sílaba fosse tomada pela conjunção *vau*.

VENENO – qualquer substância vegetal, animal ou mineral que produz efeitos mortais ou mórbidos, quando introduzidos no organismo animal, *cf.* 2 Rs 4.39,40; Rm 3.13. O veneno das serpentes é representado pela palavra hebraica *hemah*, que significa calor, Dt 32.24,33; Sl 58.4, termo

VENENO

de ampla aplicação para representar o calor das paixões e o calor produzido pelo vinho. Outra palavra hebraica que tem igual sentido é *rosh*, Dt 32.33; Jó 20.16, que também significa ervas amargas. O livro de Jó, no capítulo 6.4, alude ao costume de envenenar as pontas das setas com substâncias vegetais, ou com o vírus das serpentes, costume muito praticado na antigüidade, Hom. Odisséia, 1.261; Plínio, Hist. Nat. 11.115; 18.1. O veneno vegetal era fornecido pelo teixo, Hist. Nat. 16.20. Os gauleses usavam uma erva venenosa chamada *limeum*, 27.76. O suicídio de Ptolomeu Macrom com veneno, o envenenamento de Feroras e a nomeada daquela mulher árabe famosa pelo fabrico de poções venenosas, 2 Mac 10.13; Antig. 17.4,1, servem para provar que os crimes praticados naquele tempo em Roma se reproduziam em Judá e no oriente, *cf.* Mc 16.18, se bem que em grau menos elevado, visto não haver referência direta a eles na Bíblia.

VENTO – os hebreus não indicavam com rigor a direção dos ventos, como se faz atualmente; contudo, reconheciam quatro ventos: o do oriente, o do ocidente, o do norte e o do sul, *cf.* Jr 49.36; Ez 37.9; Ap 7.1. Deus criou o vento, Am 4.13, é Ele quem o pesa e o governa conforme sua vontade, *cf.* Jó 28.25; Sl 78.26; 107.25; 135.7; 148.8; Mt 8.26. Os ventos que sopravam do ocidente, de sudoeste e de nordeste traziam chuvas torrenciais para a Palestina, acompanhadas de tempestades, *cf.* 1 Rs 18.43-45; Sl 147.18; Pv 25.23; Ez 13.13. O vento forte destruía casas e navios, *cf.* Jó 1.19; Sl 48.7; Mt 7.27. O vento oriental secava as águas e queimava os vegetais, *cf.* Gn 41.6; Is 11.15; Ez 19.12; Jn 4.18. O do sul e o sudeste atravessavam o deserto da Arábia; eram secos e quentes, *cf.* Jó 37.17; Lc 12.55. O vento norte era temperado, Ecclus. 43.20, e muito favorável à vegetação, *cf.* Ct 4.16. O vento auxiliava a limpeza do trigo, separando a palha e as cascas, *cf.* Jó 21.18; Sl 1.4. Os marinheiros orientavam-se pelo vento, *cf.* At 27.40. Vejamos alguns termos nas Escrituras que significam vento: No Antigo Testamento, encontramos o termo hebraico *ruach*, "vento", que figura com o sentido de "espírito" em mais de 300 passagens, e quase 100 vezes aparece como "vento", *cf.* Gn 8.1 etc. No Novo Testamento, encontramos três termos gregos, a saber. 1) *Pneuma*, "vento", "espírito". Com exceção de João 3.8, onde figura como "vento", em todas as outras passagens é "espírito". 2) *Pnoé*, "vento". Aparece apenas por duas vezes, *cf.* At 2.2. 3) *Ánemos*, "vento", figura nesse sentido por mais de 30 vezes, como em *cf.* Mt 7.25,27; 8.26,27; 11.7; Mc 4.37 etc.

VENTO ORIENTAL – vento que soprava da parte do oriente. No Egito, fazia secar as espigas do trigo, *cf.* Gn 41.23,27, e na Palestina queimava as vinhas e destruía todas as plantações, *cf.* Ez 17.7-10; 19.10-12. O vento oriental nessas regiões é quente e abrasador, muito prejudicial à vegetação, em conseqüência de sua passagem pelos desertos da Arábia e da Síria, Os 13.15. Sem dúvida, foi esse o vento que muito afligiu o profeta Jonas, Jn 4.8.

VERDUGOS (*no grego, basanistés*) **–** carcereiros encarregados de reter na prisão os devedores até pagarem toda a dívida. Os condenados, além de privados de sua liberdade, eram colocados no cepo e amarrados com cadeias, *cf.* Mt 18.34. Os verdugos costumavam aplicar torturas para obterem a confissão do crime, *cf.* At 22.24; Antig. 16.8,4; 11.6.

VERGA – peça de madeira, ou de outro qualquer material, empregada na parte superior das portas ou janelas, em hebraico *Mashkoph*, *cf.* Êx 12.22. **1** Tradução da palavra *Ayil* em *cf.* 1 Rs 6.31, significando

VERSÕES

uma verga ou um poste saliente. Essa palavra encontra-se 18 vezes em Ezequiel caps. 40 e 41, no sentido arquitetônico. **2** Tradução da palavra hebraica *Kaphtor* em Amós, 9.1, e Sf 2.14. Em Êxodo, caps. 25 e 37, aparece 16 vezes, no sentido de botão-cornija, rebordo, bordadura etc.

VERME – pequeno animal que rasteja, corpo sem ossos, formado por uma série de articulações, sem membros apreciáveis, ou mesmo com ausência absoluta deles. O nome hebraico é genericamente *tolaath* ou *toleah* e em grego, *skolex*, verme destruidor das vinhas e outras plantas, *cf.* Dt 28.39; Jn 4.7, que corrompia o maná durante a noite, *cf.* Êx 16.20, consumia os cadáveres, *cf.* Is 14.11; com 66.24; Mc 9.48, dava a morte aos vivos, *cf.* At 12.23. O homem fraco e desprezado é comparado ao verme, *cf.* Jó 25.6; Is 25.6; Is 41.14. **1** Tradução do vocábulo hebraico *rimmah*, verme, que se alimenta de podridão e de cadáveres, *cf.* Jó 21.26; 24.20; Is 14.11. **2** Tradução da palavra *sas*, traça que destrói as roupas, *cf.* Is 51.8. **3** O termo hebraico, *tolaath shani*, que é isento, segundo a classificação moderna, *Coccus illicis*, de onde se extraía um corante vermelho, *cf.* Dt 28.39; Jó 25.6; Sl 22.6; Is 14.11; 41.14; 66.24; Jn 4.7. **4** A palavra hebraica *zachal* refere-se a algum verme que se arrasta e que se chama réptil em Mq 7.17. **5** Tradução do vocábulo grego *skóleks*, que figura somente uma vez em todo o Novo Testamento, *cf.* Mc 9.48.

VERMELHÃO – tinta que se obtém pela trituração do cinábrio, Plínio, Hist. Nat. 33.38. Em hebraico, chamava-se *shashar* e em grego, *miltos*. Era usada para pintar as paredes, para decoração de murais e para colorir ídolos, *cf.* Jr 22.14; Ez 23.14; Sab. 13.14. O vermelhão traduz perfeitamente a palavra hebraica nessas passagens. A palavra grega *miltos* tem sentido mais amplo, significando qualquer tinta vermelha de origem mineral, como o vermelho de chumbo, ou o barro misturado com óxido de ferro a que chamam ocre. Os africanos pintam-se com vermelhão, Heród. 4.191,194, e certas tribos empregam essa cor como emblema de guerra, 7.69.

VERSÕES – tradução da Bíblia, ou de alguns de seus livros, para línguas vernáculas, para uso das pessoas pouco versadas nas línguas originais, ou que as ignoram completamente. As versões são imediatas ou mediatas, feitas diretamente do texto original, ou por meio de outras traduções. Existem quatro versões do Antigo Testamento feitas imediatamente sobre o original: a Septuaginta, os Targuns de Onkelos e de Jônatas ben Uzziel, a Pishito Siríaca e a Vulgata Latina. A importância dessas versões deriva do fato de terem sido feitas antes que o texto hebraico recebesse as vogais massoréticas. O Pentateuco samaritano não é propriamente uma versão, é o texto hebraico escrito em samaritano ou com os velhos caracteres hebraicos, com várias divergências do texto hebraico dos massoretas. A versão samaritana do Pentateuco é tradução do texto divergente para o dialeto samaritano (*veja PENTATEUCO SAMARITANO*). I. ANTIGAS VERSÕES DO ANTIGO TESTAMENTO FEITAS PARA USO DOS JUDEUS. **1** *A Septuaginta*: A mais célebre versão das Escrituras do Antigo Testamento hebraico, a mais antiga e a mais completa que se conhece, é a dos Setenta. Deriva este nome, figurado pelos algarismos romanos LXX, por haver sido feita por 70 tradutores, que a ela se dedicaram, no tempo de Ptolomeu Filadelfo, entre 285 e 247 a.C. Um sacerdote judeu de nome Aristóbulo, residente em Alexandria, no reinado de Ptolomeu Filometor, 181-146 a.C., referido em 2 Mac 1.10, e citado por Clemente de Alexandria e por Eusébio diz que, quando as partes originais referentes à história dos hebreus haviam sido vertidas para o grego, já os

VERSÕES

Versão Siríaca dos Evangelhos — Christian Computer Art

livros da Lei estavam traduzidos para essa língua sob a direção de Demétrio Falero no reinado de Ptolomeu Filadelfo. A mesma tradição, consideravelmente embelezada, se lê em uma carta escrita por Aristeas a seu irmão, tida como espúria pelos modernos doutores. A mesma história de Aristeas a repete Josefo, com ligeiras alterações, que de certo a tinha diante dos olhos. Diz ele que Demétrio Falero, bibliotecário de Ptolomeu Filadelfo, que reinou de 283-247 a.C. desejou adicionar à sua biblioteca, de 200 mil volumes, um exemplar dos livros da lei dos hebreus, traduzido para a língua grega, a fim de serem mais bem entendidos. O rei consentiu nisso e pediu a Eleazar, sumo sacerdote em Jerusalém, que lhe mandasse 72 intérpretes peritos, homens de idade madura, seis de cada tribo, para fazerem a tradução. Esses 72 doutores chegaram a Alexandria levando consigo a lei, escrita com letras de ouro em rolos de pergaminho. Foram gentilmente recebidos e os alojaram em uma solitária habitação na ilha de Faros, situada no porto de Alexandria, onde transcreveram a lei e a interpretaram em 72 dias, Antig. 12.2,1-13; cont. Apiom 2.4. Essas antigas informações acerca da origem da versão grega são muitos valiosas, se bem que não se possa depositar, em seus pormenores e no escopo da obra, absoluta confiança. É admissível, não obstante, que a Septuaginta teve sua origem no Egito, que o Pentateuco foi traduzido para a língua grega no tempo de Ptolomeu Filadelfo; que os demais livros foram gradualmente traduzidos e a obra terminada no ano 150 a.C. Jesus, filho de Siraque, no ano 132 a.C. (Prólogo ao Ecclus), refere-se a uma versão grega da lei dos profetas e de outros livros. É provável que a obra tenha sido revista no período

VERSÕES

dos Macabeus. A versão é obra de muitos tradutores, como se observa pela diferença de estilo e de método. Em diversas partes, há notáveis desigualdades e muitas incorreções. A tradução do Pentateuco, exceto lugares poéticos, Gênesis cap. 49; Deuteronômio caps 22 e 23, é a melhor parte da obra, e o todo revela uma tradução fiel, se bem que não é literal. Os tradutores, de Provérbios e de Jó, mostram-se peritos no estilo grego, mas pouco proficientes em hebraico, que em alguns lugares traduziram um pouco arbitrariamente. Fizeram a tradução de Provérbios sobre um texto hebraico, muito diferente do atual texto massorético. O sentido geral de Salmos está muito bem reproduzido. O Eclesiastes está servilmente traduzido. A tradução dos profetas é de caráter muito desigual; a de Amós e Ezequiel é sofrível; a de Isaías não corresponde ao que se esperava; a de Jeremias parece ter sido feita sobre outro texto que não o massorético. De todos os livros do Antigo Testamento, o de Daniel é o mais pobremente traduzido, de modo que os antigos doutores, a começar por Ireneu e Hipólito, substituíram-no pela versão de Teodócio. Cristo e os seus apóstolos serviam-se com freqüência da LXX. Citando o Antigo Testamento,

faziam-no literalmente, ou de memória, sem alteração essencial; em outros casos, cingiam-se ao texto hebraico. Existem cerca de 350 citações do Antigo Testamento, nos evangelhos, nas epístolas e em Atos dos Apóstolos, e somente se encontram umas 50 diferenças materiais da versão grega. O eunuco, que Filipe encontrou lendo as Escrituras, servia-se do texto grego, *cf.* At 8.30-33. Fizeram-se três principais revisões da Septuaginta, uma no ano 236 d.C., e duas outras, antes do ano 311. A de Orígenes na Palestina, a de Luciano na Ásia Menor e em Constantinopla, e a de Hesíquios no Egito. O manuscrito da LXX que há no Vaticano considera-se o mais perfeito, de acordo com o texto original; presume-se que seja a reprodução do mesmo texto de que se serviu Orígenes e que aparece na quinta coluna da sua Hexapla. A revisão de Luciano foi editada em parte por Lagarde e por Oesterley. Luciano foi presbítero de Antioquia e morreu mártir em Nicomédia no ano 311, ou 312. Deu à luz o texto revisto da Septuaginta, baseado na comparação do texto grego comum, com o texto hebraico, considerado bom, porém diferente do massorético. Hesíquios era bispo no Egito e sofreu o martírio no ano 310 ou 311; o

Vulgata

Christian Computer Art

VERSÕES

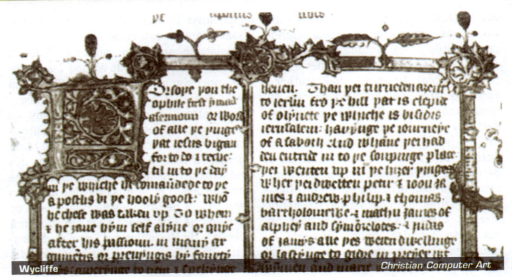
Wycliffe — Christian Computer Art

seu trabalho perdeu-se. Há, contudo, um códice, assinalado pela letra Q, depositado na biblioteca do Vaticano, contendo os profetas, que lhe é atribuído. **2** *Outras Versões Gregas Menores*: Depois da destruição de Jerusalém no ano 70, a versão da Septuaginta perdeu muito do seu valor entre os judeus, em parte em conseqüência do modo que os cristãos a usavam para fundamentar as doutrinas de Cristo, e em parte porque o seu estilo era desprovido de elegância. Por causa disto, os judeus fizeram três versões dos livros canônicos do Antigo Testamento, no segundo século. I) Áqüila, natural do Ponto e prosélito do judaísmo, viveu no tempo do imperador Adriano, e tentou fazer uma versão literal das Escrituras hebraicas, com o fim de contrariar o emprego que os cristãos faziam da LXX para fundamentar as suas doutrinas. A tradução era tão servilmente liberal, que em muitos casos se tornava obscura aos leitores que não conheciam bem o hebraico e o grego. II) A revisão da Septuaginta por Teodócio, judeu prosélito, natural de Éfeso, segundo Ireneu, e de acordo com Eusébio, um ebionita que acreditava na missão do Messias, mas não na divindade de Cristo. Viveu no ano 160, porque dele faz menção Justino Mártir. Na revisão que fez, da LXX, serviu-se muito da tradução elegante, porém, perifrástica feita por Símaco, samaritano ebionita. Orígenes arranjou o texto hebraico em quatro versões diferentes, em seis colunas paralelas para efeito de estudo comparativo. Na primeira coluna, vinha o texto hebraico; na segunda, o texto hebraico em caracteres gregos; na terceira, a versão de Áqüila; na quarta, a de Símaco; na quinta, a da Septuaginta; e na sexta, a revisão de Teodócio. Em virtude dessas seis colunas, tomou o nome de Hexapla. Na coluna destinada ao texto da LXX marcava, com um sinal, palavras que não encontrava no texto hebraico. Emendava o texto grego, suprindo as palavras do texto hebraico que lhe faltavam, assinalando-as por um asterisco. Conservou a mesma grafia hebraica para os nomes próprios. Orígenes preparou uma edição, de menor formato, contendo as últimas quatro colunas, que se chamou Tétrapla. Essas duas obras foram colocadas na biblioteca fundada por Panfilo, discípulo de Orígenes em Cesaréia. Jerônimo as consultou no quarto século e ainda existiam no século sexto. Parece que desapareceram, quando os maometanos invadiram

VERSÕES

a cidade em 639. Alguns fragmentos da grande obra de Orígenes ainda se conservam nas citações que dela fizeram os santos pais. A coluna da Septuaginta foi dada à luz por Panfilo e Eusébio, e vertida para o siríaco por Paulo, bispo de Tela em 617-18. Orígenes usou um método infeliz comparando o texto da LXX com o texto hebraico do seu tempo. Uma vez que a grande aspiração dos sábios é restaurar o texto grego como o deixaram as mãos dos tradutores, porque esse texto iria lançar luz sobre o texto hebraico por eles usado. Ainda mais, os sinais e asteriscos que ele usou foram muitas vezes negligenciados pelos copistas, e, talvez, os tivessem empregado sem a devida cautela, de modo que os acréscimos feitos à versão da Septuaginta, e às porções dela que não encontrou no texto hebraico, jamais se descobriu. **3** *Targuns*: Quando os judeus voltaram do cativeiro da Babilônia, o idioma hebraico, de seus antepassados, deixou de ser a linguagem usual do povo. O aramaico, ou pseudocaldaico, tomou o seu lugar. Em pouco tempo foi necessário que a leitura das Escrituras, feita em público, fosse oralmente explicada pelo leitor, ou por seu assistente, a fim de que o povo a pudesse compreender. O costume de explicar as palavras e frases obscuras, quando se liam as Escrituras em público, já estava em voga no tempo de Esdras, *cf.* Ne 8.8. Esta passagem tem sido citada como prova evidente de que as palavras que se liam precisavam de tradução. Isto, porém, diz mais do que a letra afirma, dependendo de uma resposta à pergunta. Durante o exílio teriam os hebreus adotado outra língua? O Targum oral, isto é, a interpretação ou tradução, que se tornou necessária, era a princípio uma simples paráfrase em aramaico; mas eventualmente foi elaborado, e a fim de dar-lhe forma definitiva e servir de padrão autorizado para ensino do povo, por isso o reduziram a escrito. Esses Targuns são de grande auxílio para se determinar o texto como era lido nas sinagogas

antigas e para ter-se o sentido que os judeus davam às passagens difíceis. Os Targuns principais eram os de Onkelos sobre o Pentateuco e o de Jônatas Ben Uzziel sobre os profetas. Segundo o Talmude, Onkelos era amigo de Gamaliel e companheiro de Paulo nos estudos, e, portanto, viveu pelo ano 70. O seu Targum deveria antedatar o princípio do segundo século; mas geralmente se diz que pertence a data posterior, isto é, ao princípio do segundo século. É um Targum puramente literal. O de Jônatas ben Uzziel é, ao contrário, perifrástico e deve ser de data posterior. Os Targuns, sobre o Hagiógrafo, datam do século 11. II. VERSÕES ANTIGAS DE UMA PARTE OU DO TODO DA BÍBLIA, DESTINADAS PRINCIPALMENTE AOS CRISTÃOS. **1** *Versões Siríacas do Novo Testamento*: I) Antiga versão siríaca, do Novo Testamento, representada pelos evangelhos descobertos por Mrs. Lewis no Convento de Santa Catarina do monte Sinai em 1892, e pelos fragmentos intimamente relacionados com eles, descobertos por Cureton na Síria, em um convento do deserto da Nitria, em 1841-43. II) A Pesito, que significa simples ou vulgata. O Antigo Testamento foi tirado diretamente do hebraico, e, primitivamente, destinado à instrução dos prosélitos hebreus; pertence ao primeiro século. O Novo Testamento é uma revisão do antigo siríaco, com o fim de colocá-lo em maior harmonia com o texto grego e melhorar a sua dicção e estilo. A Pesito parece que já estava em circulação no segundo século. Em virtude de sua elegância, a denominam rainha das versões. III) Versão Filoxênia do Novo Testamento. Deram-lhe esse nome, porque foi traduzida no ano 508 por Filoxeno, bispo de Hierápolis, na Ásia Menor. IV) Versão do Novo Testamento siríaca da Palestina ou de Jerusalém; ainda pouco conhecida, mas que promete ser de grande valor crítico. **2** *Versões Latinas*: I) A antiga versão latina ou africana do norte. Pelo fim do segundo século, entrou em circulação ao norte da África

V

VERSÕES

uma versão latina das Santas Escrituras. Faziam uso dela Tertuliano que morreu no ano 220, Cipriano e o grande Agostinho. O Antigo Testamento não foi vertido diretamente do hebraico, e sim baseado no texto grego. II) Versão Ítala ou Italiana. Diz Agostinho que existia uma tradução do Novo Testamento que alguém havia feito com grande conhecimento da língua grega. A versão africana tinha uma linguagem provinciana, que desagradava o ouvido dos romanos que falavam o latim de Roma. No quarto século, pois, fez-se uma revisão do texto africano na Itália, e por esse motivo ficou chamando-se Ítala. III) A Vulgata. À publicação da versão italiana seguiram-se várias revisões, o que resultou grande confusão de textos, até que afinal, no ano 383, um padre cristão de nome Jerônimo ou Hieronymo, 329, ou de 331 a 420, o mais sábio de seu tempo, e homem capacitado de grande piedade e valor moral, a pedido de Damaso, bispo de Roma, empreendeu uma revisão do Novo Testamento latino. Comparou os evangelhos com o original grego, removeu as interpolações e corrigiu muitos erros graves. Fez a revisão também de duas versões latinas de Salmos, comparando-as com a Septuaginta. Essas revisões têm o nome de versões romanas e galicanas de Salmos, porque foram introduzidas em Roma e na Gália respectivamente. Jerônimo, então, se dispôs fazer uma revisão da Bíblia inteira. Em 387, instalou-se em um mosteiro de Belém, onde começou e terminou a sua obra, baseando-se no texto da Hexapla de Orígenes, porém, ultimamente fez uma versão diretamente do hebraico, referindo-se constantemente às versões gregas, com especial preferência à de Símacus. Quando moço, dedicou-se ao estudo do hebraico. Depois de transferir-se para Belém, aperfeiçoou-se nesse estudo com o auxílio de mestres judeus. Os quatro livros de Reis, prefaciados pelo famoso Prologus galleatus, dando notícia do cânon hebraico, saíram à luz no ano 392; a obra inteira completou-se no ano 405. Os homens de seu tempo não lhe deram o valor merecido, nem reconheceram o grande serviço que lhes havia prestado o eminente padre, cujo temperamento não era dos mais tolerantes; ele retribuiu com o maior desprezo as agressões da ignorância. Com o decorrer do tempo, a sua obra, que não era feita para uma geração, e sim para os séculos futuros, tem merecido a consagração devida. A Vulgata passou a ser a Bíblia da Igreja do ocidente na Idade Média, e, não obstante as traduções em vernáculos, ainda é a Bíblia da Igreja Católica Romana. Por ordem do imperador Carlos Magno, no ano 802, Alcuíno a passou em revista. A Vulgata Latina foi a primeira obra impressa, logo depois da invenção da tipografia, saindo à luz no ano de 1455. No ano de 1546, em 8 de abril, resolveu o Concílio de Trento que se fizesse nova revisão do texto. Os encarregados dessa revisão demoraram a fazê-la, até que, por fim, um pontífice de vontade férrea, o papa Sisto V colocou mãos à obra, participando pessoalmente de seu acabamento. A nova revisão foi publicada em 1590. Outra edição veio à luz sob os auspícios do papa Clemente VIII em 1592; muito melhorada, sem, contudo, prejudicar a edição Sistina. Ambas continuam em uso. O texto Clementino, do Antigo Testamento, com algumas variantes do códice Amiantinus, foi editado por Heyse e Tischendorf. Muitos termos técnicos, usados na teologia, saíram da Vulgata, por exemplo, as palavras sacramento, justificação e santificação, provenientes do latim *sacramentum, justificatio* e *sanctificatio*. **3 Versões Cópticas do Novo Testamento.** Aparecem principalmente em dois dialetos: o menfítico e o tebaico. Supõe-se que a versão menfítica data do fim do segundo século. É muito fiel e, conserva o melhor texto corrente entre os pais de Alexandria, isenta das corrupções prevalecentes no segundo século. A versão tebaica é mais tardia e

VERSÕES

menos fiel ao original. **4** *Versão Etíope da Bíblia*, feita em alguma época, entre o século quarto e o sexto; é o mais antigo monumento da literatura etíope, bem como a pedra angular de seus fundamentos. Os que a traduziram não estavam muito familiarizados com o grego, nem possuíam erudição; não obstante, é tradução fiel. O Antigo Testamento foi vertido da Septuaginta, e, portanto, vem auxiliar a verificação do texto grego. **5** *A Versão Gótica* feita na última metade do quarto século, pelo bispo Ulfilias, compreendendo toda a Bíblia, exceto os quatro livros de Reis, que o bispo omitiu por julgar que a narração das guerras, e do combate à idolatria, seria de mau uso nas mãos dos godos. Dessa versão existe a maior parte do Novo Testamento e algumas porções do Antigo Testamento. A tradução é muito fiel e esmerada. **6** *Versões Árabes*. As que há são antigas, e não merecem importância, sob o ponto de vista crítico. III. Versões Inglesas. **1** *Antigas Versões*. Nos tempos dos anglo-saxônios, fizeram-se traduções em vernáculo de algumas partes das Escrituras, como os Salmos, os Dez Mandamentos e partes do Novo Testamento. Em conseqüência das alterações de linguagem, por causa da conquista normanda, alguns livros da Bíblia, especialmente os evangelhos, foram vertidos para o idioma nacional. Não houve tentativa alguma de uma versão integral. **2** *A Bíblia de Wycliffe e de Purvey*. A primeira aparece entre 1382 e 83; e a segunda, em 1388. A primeira saiu em linguagem robusta e tersa, mas de pouco polimento; é atribuída a Wycliffe. A segunda, em estilo mais primoroso, saiu das mãos de Purvey, porque Wycliffe, nascido em 1324, havia morrido em 31 de dezembro de 1384. A versão mais conhecida é a de Purvey. As duas versões foram tiradas da Vulgata Latina. A Versão de Wycliffe foi a primeira que se fez para o inglês moderno e serviu-lhe de modelo; também exerceu grande influência na vida nacional. A princípio

circulava em manuscritos; e só foi impressa em 1848. **3** *Pelo ano 1526*, chegou à Inglaterra uma tradução do Novo Testamento, segundo o original grego, obra do reformador William Tyndale, que havia fugido da sua pátria para escapar às perseguições. Foi publicada em Worms. Essa versão obedecia à versão grega feita por Erasmo e publicada em 1519, e sob consulta da edição de 1522. Tyndale fez tradução diretamente do grego, auxiliando-se, ao mesmo tempo, do Novo Testamento de Lutero e da Vulgata. A sua obra sofreu grande oposição dos altos dignitários da igreja dominante, mas o povo a recebeu alegremente. O livro estava adulterado e foi queimado na praça pública. Em 1530 e 1534, publicou uma tradução do Pentateuco, e em 1531, uma do livro de Jonas, ambas feitas diretamente do hebraico com o auxílio da Bíblia de Lutero e da Vulgata. Em 1534, publicou em Antuérpia mais uma edição do Novo Testamento. Não há dúvida que ele traduziu outros livros do Antigo Testamento, além dos já mencionados, provavelmente, até o fim dos livros de Crônicas e alguns livros proféticos, porém não chegou a publicá-los em vida. Foi preso em 23 ou 24 de maio de 1535, em Antuérpia, onde se havia estabelecido, e em 6 de outubro de 1536 foi, primeiramente, estrangulado e depois queimado como herético. Mas a sua obra permaneceu. Fixou os moldes da tradução da Bíblia; a sua dicção e o seu estilo vivem na versão inglesa, à qual emprestam beleza literária e rigidez de feição. **4** *A Bíblia de Coverdale*. Esta obra foi publicada em 1535, sem indicar o nome do impressor, nem o lugar de sua procedência, provavelmente foi em Zurique, que reclama essa honra, mas é bem possível que fossem Frankfurt ou Colônia. É a primeira Bíblia completa que se publicou em inglês. O Novo Testamento e a maior parte do Antigo são visivelmente da versão de Tyndale. Somente a parte compreendida desde Jó a Malaquias foi traduzida independentemente por Miles

V

VERSÕES

Coverdale, servindo-se, não do original hebraico, e sim de uma Bíblia alemã impressa em Zurique entre 1527 e 29. A versão de Salmos, virtualmente imutável, ainda figura no livro do ritual da Igreja da Inglaterra. **5** *A Bíblia de Mathews*. O nome de Tomás Matheus é pseudônimo adotado por John Rogers, sucessor de Tyndale, como capelão servindo aos negociantes ingleses que moravam em Antuérpia, e que foi o primeiro mártir das perseguições de Maria Tudor. Em 1537, imprimiu uma edição da Bíblia, cremos que na mesma cidade de Antuérpia. Continha o texto de Tyndale. Os livros, não contidos na versão de Tyndale, ele os tirou da de Coverdale. Era acompanhada de audaciosas anotações; contudo foi a primeira Bíblia licenciada pelas autoridades públicas. **6** *A Bíblia de Taverner* foi publicada no ano de 1539, destinada a contrapor-se à influência da Bíblia de Mathews e, principalmente, às suas atrevidas anotações. **7** *A Grande Bíblia*, também chamada a Bíblia de Cranmer. O primeiro nome justificava-se pelo seu tamanho. Cada página media 13¼ por 7½ polegadas, e o segundo nome vinha-lhe de ter sido Cranmer quem escreveu a introdução. Essa Bíblia foi empreendida por sugestão de Cromwell, e representa a revisão do texto da Bíblia de Mathews. Veio à luz em 1539-41. Teve caloroso acolhimento. Esgotaram-se, rapidamente, sete edições. **8** *A Bíblia de Genebra*. Resultou dos esforços de três exilados, refugiados em Genebra, durante as perseguições de Maria a Sanguinária. Foram eles Whittingham, Gilby e Sampson, que a traduziram cotejando a Grande Bíblia. O Novo Testamento surgiu em 1557 e a Bíblia inteira em 1560. Essas duas edições foram as primeiras que apareceram divididas em versículos. Os tradutores serviram-se da colaboração dos mais ilustres teólogos daquele tempo. Era um volume manual de tamanho do *in quarto* pequeno. O povo a recebeu com grande entusiasmo, especialmente as pessoas que tendiam para os puritanos. Durante 75 anos esteve em uso na Inglaterra. Era acompanhada de notas, que lhe serviam de bom comentário, com algumas exposições práticas e doutrinais. Foi a primeira Bíblia impressa na Escócia. **9** *A Bíblia dos Bispos*. A popularidade da Bíblia de Genebra não agradou aos bispos, que, em 1568, publicaram sua Bíblia adaptada aos moldes da de Genebra, e dividida em capítulos e versículos. Em 1571, o Sínodo a aprovou e mandou que fosse colocada em todas as igrejas. **10** *A Bíblia de Reims e de Douay*. Essa é a versão autorizada pela Igreja Católica Romana para o povo inglês. Foi traduzida da Vulgata. O Novo Testamento saiu à luz em Reims no ano de 1582, e o Antigo Testamento, em Douay em 1609-10. Contém comentários de elevada controvérsia. O estilo tinha o sabor latino, colocando em uso muitas palavras desse idioma, entre as quais se contam: impenitente, propiciação, remissão etc. **11** *Versão Autorizada*. O Dr. Reynolds, presidente do Colégio Corpus Christi de Oxford, propôs na Conferência de Hampton, em 16 e 18 de janeiro de 1604, durante a discussão entre anglicanos e puritanos, que se fizesse uma versão autorizada da Bíblia. O rei Tiago I, muito conhecido pelo interesse que mostrava por assuntos teológicos, acolheu a proposta, e em 10 de fevereiro de 1604, ordenou, entre outras coisas, "que se fizesse uma tradução da Bíblia, diretamente do hebraico e do grego, para ser impressa e publicada sem notas marginais, destinada a ser lida em todas as igrejas da Inglaterra por ocasião do culto divino". O rei nomeou 54 tradutores, mas somente 47 tomaram parte nesse serviço. Essa comissão dividia-se em seis grupos: dois funcionavam em Westminster, dois em Oxford, e dois em Cambridge. Concluíram o trabalho em 1611, acompanhado de uma dedicatória ao rei Tiago. Não foi, realmente nova tradução, merece antes o nome de revisão. É endereçada a todos os cristãos

VERSÕES

que falam a língua inglesa, e está atualmente em uso. **12** *A Versão Revista*. A Versão da antiga Bíblia, já estava em uso mais de dois séculos e meio. A descoberta de novos manuscritos, e o estudo cuidadoso dos textos, revelaram a existência de erros no Novo Testamento grego que serviu para a versão inglesa. Tendo-se obtido um texto mais perfeito, além de ter havido grandes progressos no estudo do grego e do hebraico, durante o mesmo período, em fevereiro de 1870, em reunião ocorrida em Canterbury, resolveu-se rever a antiga versão. Formaram-se duas comissões, uma para o Novo Testamento e outra para o Antigo. A do Antigo Testamento compunha-se de 27 membros, e a do Novo Testamento, também de 27 membros. A maior parte do tempo funcionou só com 24. Dois terços pertenciam à igreja da Inglaterra. Havia mais duas comissões na América cooperando nesse trabalho, compostas, uma de 14 membros, para o Antigo Testamento e, outra de 13 para o Novo, representando diferentes igrejas protestantes. A revisão começou em 2 de junho de 1870. A revisão do Novo Testamento demorou dez anos e meio, e saiu à luz em maio de 1881. A revisão do Antigo Testamento começou em 30 de junho de 1870 e terminou 14 anos depois, em 20 de junho de 1884. A Versão Revista Americana e a Versão Revista de 1881 e 1884 foram novamente editadas, o Novo Testamento em 1900 e o Antigo em 1901. A edição americana incorpora no texto as variantes e traduções preferidas pelas duas comissões, adiciona referências às passagens ilustrativas paralelas, fornece indicações para os tópicos de cada página, muda o número dos versículos da margem para o texto, substitui o nome de Jeová pelo de Senhor e Deus, onde ele existe no original, aumenta o número de mudanças por amor aos eufemismos. A Versão Revista é inferior à Versão Autorizada no acerto da expressão, e as sentenças são menos perfeitas no

seu ritmo e na sua cadência. Como trabalho científico é muito superior à Antiga Versão, especialmente, nas partes poéticas e proféticas do Antigo Testamento, nas epístolas do Antigo Testamento, e nas epístolas do Novo em que o sentido se tornou mais claro. A ortografia dos nomes próprios foi grandemente melhorada. IV. Versões em Português. Entre os antigos monumentos da língua portuguesa encontram-se alguns fragmentos da História Sagrada. Foi, porém, a rainha D. Leonor, mulher de D. João II, quem fez imprimir em 1495, a expensas suas, a versão em português da "Vida de Cristo", obra escrita em latim por Ludolfo ou Lentolfo da Saxônia, na qual vinha completo o Evangelho de Mateus, com interpolações das passagens dos Evangelhos de Marcos, Lucas e João que não correspondem às daquele evangelho. Em 1505, a rainha D. Leonor mandou ainda imprimir Atos e as epístolas de Tiago, Pedro, João e Judas, traduzidas anteriormente por frei Bernardo Brivega. Limitando-nos a mencionar as traduções dos evangelhos e epístolas, em um antigo missal, por Gonçalo Garcia, a de frei Francisco de Jesus Maria Sarmento, paráfrase em 44 volumes publicados em 1777, a de A. L. Blackford, que em 1879, publicou no Rio de Janeiro o Novo Testamento completo, vertido do grego, e ainda outras, tratamos aqui das principais versões em uso: **1** *Almeida*: João Ferreira de Almeida, nascido em 1628, em Torre de Tavares, Portugal, emigrou para a Holanda, de onde foi para Java em 1641. Ali se uniu à igreja reformada portuguesa. Em 1642, traduziu do espanhol para o português um resumo dos evangelhos e das epístolas. Iniciou a tradução da Bíblia pelo Novo Testamento, logo depois de sua ordenação em 16 de outubro de 1656. O Novo Testamento, vertido do grego, foi concluído em 1670, sendo impresso em Amsterdã em 1681. Almeida morreu em 6 de agosto de 1691,

VERSÕES

deixando o Antigo Testamento vertido do hebraico até os últimos versículos da profecia de Ezequiel. Alguns missionários do Tranquebar, a expensas de Teodoro van Cloon, governador geral da Índia holandesa, cotejaram a tradução de Almeida pelo hebraico, e completaram a obra. O mais ilustre, que deu continuidade a esse trabalho, foi Nicolau Dal. Teodósio Walther que traduziu o livro de Daniel. Em 1819, a Sociedade Bíblica Britânica começou a publicar o texto de Almeida em um volume completo. O texto de Almeida ressente-se, desde a edição de 1681, das imperfeições de revisão. Em 1894 e em 1925 fizeram-se revisões gerais no todo ou em parte que lhe mudaram bastante a forma ortográfica. Essas manipulações sucessivas de certa forma desfiguraram o texto primitivo, do qual disse Teófilo Braga: "É, esta tradução, o maior e mais importante documento para se estudar o estado da língua portuguesa no século XVII; o padre João Ferreira de Almeida, pregador do evangelho em Batávia, pela sua longa permanência no exterior escapou incólume à retórica dos seiscentistas; a sua origem popular e a sua comunicação com o povo o levaram a empregar formas vulgatas que nenhum escritor cultista do seu tempo ousaria escrever. Muitas vezes, o esquecimento das palavras usuais portuguesas o leva a recordar termos equivalentes, e é essa uma das causas da riqueza do seu vocabulário. Além disto, a tradução completa da Bíblia presta-se a um severo estudo comparativo com as traduções do século XIV, e com a tradução do padre Figueiredo, do século XVIII. É um magnífico monumento literário". **2** *Figueiredo*. O padre Antônio Pereira de Figueiredo, 1725-1797, da congregação do Oratório, deputado da real Mesa Censória, sócio da Academia Real das Ciências, um dos maiores latinistas de seu tempo, escritor elegante e primoroso, traduziu a Bíblia da Vulgata, saindo à luz o Novo Testamento em 1778,

em seis volumes. O Antigo Testamento veio seguidamente em 17 volumes, entre 1783 e 1790. A edição de 1819, em sete volumes, é considerada o padrão, havendo sido retocada na tradução e notas. É o texto autorizado pela Igreja Romana. Em 1821, a Sociedade Bíblica Britânica publicou o texto de Figueiredo em um só volume. Na edição de 1828, suprimiram-se os livros apócrifos, e um exemplar enviado em 1842 pela alfândega de Angra do Heroísmo, Açores, ao governo português, foi examinado pelo arcebispo D. Francisco de S. Luís, posteriormente cardeal Saraiva, que deu parecer favorável ao livro. **3** *Tradução Brasileira*. Em 1902, a Sociedade Bíblica Americana e a Sociedade Bíblica Britânica nomearam uma comissão composta dos Revs. William Cabell Brown, depois bispo de Minnesota, J. R. Smith, J. M. Kyle, A. B. Trajano, E. C. Pereira e Hipólito de Oliveira Campos, para do hebraico e grego fazerem uma versão que acompanhasse mais de perto o original, servindo-se dos textos resultantes do cotejo dos manuscritos estudados pela crítica científica. Saiu a lume o Novo Testamento completo em 1910 e a Bíblia toda em 1917.

VESPAS, VESPÕES – tradução da palavra hebraica *tsirah*, nas antigas versões. Termo que aparece apenas três vezes no Antigo Testamento. O Senhor prometeu enviar vespas para expulsar os cananeus, *cf.* Êx 23.28; Dt 7.20; Js 24.12. Há dúvidas quanto ao modo de entender essas palavras, se literalmente, ou em sentido figurado. Em favor do primeiro, temos o que Eliano relata em referência aos Faselitas que tiveram de abandonar a sua terra por causa das vespas; em favor do segundo, temos o silêncio das Escrituras que nada dizem em referência às vespas, como elemento de conquista. Figuradamente, picada das vespas, pode representar o terror que os cananeus sentiram, ao se aproximarem deles os israelitas, cujos exércitos eram invencíveis.

VESTE SUNTUOSA – parte das vestimentas femininas que envolviam o tronco até o estômago, e que costumavam ser ricamente ornamentada. A tradução em Is 3.24 é da palavra hebraica *pethigil*, designando um dos artigos com que se ataviavam as damas judias. O verdadeiro sentido do vocábulo original não se conhece. A versão inglesa diz, vestido, e Lutero, manto.

VESTIMENTAS – o homem no princípio de sua existência andava nu, *cf.* Gn 2.25. As primeiras roupas que usou eram feitas de peles de animais, 3.21. Subseqüentemente, os materiais empregados no fabrico de vestimentas eram a lã, 31.19; Lv 13.47; Jó 31.20, o linho, Êx 11.31; Lv 16.4, o linho fino, Gn 41.42, e finíssimo, Lc 16.19, a seda, Ez 14.10,13; Ap 18.12, o saco de cilício, Ap 6.12, e as peles de camelo, Mt 3.4. As peças essenciais dos trajes do homem e da mulher eram duas: uma túnica, espécie de camisa de mangas curtas, chegando até os joelhos, Gn 37.3; 2 Sm 13.18, às vezes tecida de alto a baixo e sem costura, Jo 19.23,24, cingida por um cinto. Outra peça consistindo em um manto, Rt 3.15; 1 Rs 11.30; At 9.39, feito de um pano de forma quadrada, guarnecido de fitas, Nm 15.38; Mt 23.5. Colocava-se sobre o ombro esquerdo, passando uma das extremidades por cima ou por baixo do braço direito. A parte inferior do manto chama-se orla, *cf.* Ag 2.12; Zc 8.23. As vestes dos profetas eram de peles de ovelhas, ou de cabritos, *cf.* 2 Rs 1.8; Zc 3.4; Hb 11.37, e também de peles de camelo, Mt 3.4. Outra peça de roupa era, às vezes, usada entre a túnica e a manta, por pessoas de distinção, e oficialmente pelo sumo sacerdote, *cf.* Lv 8.7; 1 Sm 2.19; 18.4; 24.4; 2 Sm 13.18; 1 Cr 15.27; Jó 1.20. Era uma veste comprida sem mangas, apertada na cinta, Antig. 3.7,4. Os cintos serviam para facilitar os movimentos do corpo e eram feitos de couro, linho cru ou fino, *cf.* 2 Rs 1.8; Jr 13.1; Ez 16.10, muitas vezes bem elaborados com decorações artísticas, Êx 18.39; 39.29; Dn 2.5; Ap 1.13. A espada era levada à cinta e o dinheiro também, *cf.* Jz 3.16; 1 Sm 25.13; Mt 10.9. Fora de casa traziam sandálias, sapato rudimentar, feitas com uma sola de madeira ou de couro, apertadas aos pés nus por meio de correias, passando pelo peito do pé e à roda dos artelhos, *cf.* Gn 14.23; Is 5.27; At 12.8. O povo comum andava com a cabeça descoberta. Às vezes, traziam turbantes, Jó 29.14; Is 3.20; Ez 23.20. O véu usado pelas mulheres em presença de pessoas estranhas, *cf.* Gn 24.65; Ct 5.7, se bem que muitas vezes elas saíam com as faces descobertas, *cf.* Gn 24.16; 26.8; Judite, 10.7,14. A lei mosaica proibia aos homens, vestir roupas de mulher, *cf.* Dt 22.5; com 1 Co 11.6,14.

VÍBORA – **1** Tradução da palavra hebraica *Epheh*, soprar, assobiar, serpente venenosa, que se encontra ao sul da Palestina, cuja espécie não está bem determinada, *cf.* Jó 20.16; Is 30.6; 59.5. **2** Tradução da palavra hebraica *Akshub*, "áspide", que aparece apenas em *cf.* Sl 140.3. **3** Réptil venenoso, que em grego se chama *Échidna*, incidentalmente mencionado quando o apóstolo Paulo esteve na ilha de Malta, *cf.* At 28.3, muito conhecido aos judeus, *cf.* Mt 3.7. Talvez seja a víbora, *Vipera communis*, ou *Pelias berus*, muito abundante nas costas do Mediterrâneo.

VIGA, FORCA – Hamã mandou levantar uma viga de 50 côvados de altura a fim de pendurar Mordecai, *cf.* Et 5.14. Suspender, por meio de corda enlaçada ao pescoço não era processo de execução adotado pelos persas. O intuito de Hamã era empalar Mordecai, *cf.* 2.23. Heród. 3.159.

VINAGRE – vinho, ou qualquer outro líquido alcoólico que azeda em virtude

VINAGRE

de fermentação acética, *cf.* Nm 6.3. Se a fermentação vinosa continua por muito tempo, ou se o vinho é guardado em demasia, converte-se em vinagre. O vinagre é ácido que embota os dentes, *cf.* Pv 10.26, e endurece o sabão, neutralizando o álcali nele contido, *cf.* 25.20. Não serve para beber, *cf.* Sl 69.21, porém, misturado com um pouco de azeite, serve no oriente para acalmar a sede na falta de água fresca. Também se usava o vinagre às refeições, por ocasião das colheitas, molhando nele o pão; produzia o efeito de calmante, *cf.* Rt 2.14. O vinagre que Boaz mandava dar aos segadores, dizem alguns que era vinho fraco e não vinho azedo. Os soldados romanos, quando em campanha, tomavam vinho fraco e azedo, chamado *acetum*, puro ou misturado com água. Neste último caso tinha o nome de *posca*, Plínio, Hist. Nat. 19.29. Talvez tenha sido esse tipo de bebida que os soldados romanos, ofereceram a Jesus para mitigar-lhe a sede, depois de o crucificarem, *cf.* Mc 15.36; Jo 19.29,30. Essa bebida, que Jesus tomou, era diferente daquela outra mistura com fel, ou com mirra, que Ele não quis beber, *cf.* Mt 27.34; Mc 15.23.

VINGADOR DO SANGUE – vingador de sangue é aquele que, por suas próprias mãos, castiga o assassino, vingando a majestade da lei. "Se alguém derramar o sangue do homem, pelo homem se derramará o seu; porque Deus fez o homem segundo a sua imagem", *cf.* Gn 9.6; Nm 35.31. Quando a vida civil é regulada por leis o castigo, contra o assassino, é aplicado pelos tribunais. Antigamente, porém, as nações semíticas, e bem assim, os antigos gregos, os germanos, e eslavos consentiam que a parte ofendida se vingasse por suas mãos. Quando ocorria um homicídio proposital ou involuntário, o parente mais próximo da vítima deveria vingar a morte. Matava o assassino sumariamente sem qualquer forma

de processo. Depois, muito provavelmente, o parente mais próximo, do segundo homem morto, matava o vingador; desse modo, se estabelecia um regime de vingança de sangue interminável. A lei mosaica traçou limitações a esse sistema, estabelecendo cidades de refúgio. Qualquer que cometesse homicídio, e se refugiasse em alguma dessas cidades, estava garantido em seus direitos de defesa, e não poderia ser morto, a menos que fosse condenado perante a congregação, *cf.* Nm 35.12,19,21,24,27; 2 Sm 14.11 (*veja CIDADES DE REFÚGIO*).

VINHA DE SODOMA – planta que se encontrava perto de Sodoma, produzindo frutos amargosos, *cf.* Dt 32.32. A expressão parece figurada. Josefo descreve uns frutos que davam nas vizinhanças da antiga Sodoma, tão rosados que desafiavam o apetite. Ao colhê-los, desfaziam-se em cinzas e dissolviam-se como fumaça, Guerras 4.8,4; *cf.* Tácito, Hist. 5.6. Esse fruto não corresponde às uvas amargas peculiares à vinha de Sodoma. Tem-se afirmado, contudo, que ambas são uma e a mesma planta procurando meios de as identificar. Excluindo as que são mais comuns em toda a Palestina, as principais que podem entrar nesta categoria são: **1** A que os árabes chamam *ushar*, planta asclepiadácea. *Calotropia gigantea* ou *procera*, natural do alto Egito, da Arábia e da Índia. Cresce em En-Gedi e em outros lugares do vale do mar Morto; é árvore de 10 a 15 pés de altura, e produz uns frutos semelhantes a maçãs ou laranjas em pencas de três ou quatro. São muito agradáveis à vista e ao tato, porém, quando apertados, com a mão, estouram como se fossem bola de ar, deixando fragmentos da casca e algumas fibras. Faz-se grande objeção identificar-se com a vinha, por ser arbusto aprumado sem nada que a ela corresponda. **2** A colocíntida, *Citrullus*, *colocynthus*, planta rasteira. Os frutos que ela produz não são agradáveis à vista, e

VINHO

quando espremidos, depois de bem maduros, encontra-se dentro deles, pó misturado com as sementes (Tristram).

VINHO – o vinho era feito de uvas. Colhiam-se os cachos maduros em cestos, *cf.* Jr 6.9, conduziam-nos para o lagar, onde os depositavam. O lagar era feito em cima da terra ou escavado na rocha, e consistia em uma espécie de caixa pouco profunda, tendo na parte inferior alguns orifícios de onde saía o suco para outros receptáculos destinados a recebê-lo, quase sempre abertos também na rocha, *cf.* Is 5.2; Jl 3.13. O lagar media cerca de oito pés quadrados e 15 polegadas de profundidade. A cuba inferior regulava ter a metade dessas dimensões. As uvas eram pisadas com os pés, *cf.* Ne 13.15; Jó 24.11, por um ou mais homens, conforme a capacidade do lagar. No Egito, e provavelmente também na Palestina, seguravam-se com as mãos, em cordas que lhes ficavam por cima da cabeça para evitar quedas. Os pisadores entoavam canções talvez para amenizar a monotonia do trabalho, *cf.* Is 16.10; Jr 25.30; 48.33. O sumo vermelho das uvas corria em torno deles, e lhes salpicava as vestes e o corpo, *cf.* Is 63.1-3. O suco que passava para as cubas de baixo era recolhido em odres, *cf.* Jó 32.19, Mt 9.17, ou em grandes vasilhas de barro para fermentar. Depois de terminada a fermentação, o vinho passava para outras vasilhas, *cf.* Jr 48.11,12. O suco das uvas usava-se em várias condições: quando saía do lagar, era o mosto; depois da fermentação vinosa, era o vinho, e passando à fermentação acética era o vinagre, provavelmente nos antigos tempos, como ainda atualmente, uma parte do mosto era reduzida a xarope por meio da fervura. O vinagre e o vinho eram designados em grego pela palavra *oxos*, e em hebraico pelo vocábulo *homes*. Conforme outras condições em que se achava o vinho, davam-lhe nomes diferentes, como se pode observar a seguir:

A palavra hebraica *tirosh* significa vinho que embriaga, *cf.* Nm 18.12; Ne 10.37. Alguns intérpretes tentam limitar o significado dessa palavra, dizendo que nem sempre se aplica ao vinho novo, ou mosto. Tem esse sentido em Jl 2.24; "As eiras se encherão de trigo, e os lagares transbordarão de vinho e de óleo", e no cap. 3.13: "Lançai a foice, porque já está madura a seara; vinde, pisai, porque o lagar está cheio, os seus compartimentos transbordam". Também significa suco das uvas, ou vinho novo como está em Os 4.11: "A sensualidade, o vinho e o mosto tiram o entendimento"; a exegese é forçada e portanto, sem valor, quando afirma que a imoralidade procede do abuso do vinho, e que este se liga ao abuso, isto é, à fermentação do *tirosh* ou mosto. A passagem citada diz que todos os três fazem perder o sentido. Em Isaías encontramos: a) "Nunca mais darei o teu cereal por sustento aos teus inimigos, nem os estrangeiros beberão o teu vinho, fruto de tuas fadigas. Mas os que o ajuntarem o comerão e louvarão ao Senhor; e os que o recolherem beberão nos átrios do meu santuário", Is 62.8,9; b) "Como quando se acha vinho num cacho de uvas, dizem: Não o desperdices, pois a bênção nele, assim farei por amor de meus servos", Is 65.8. O comendador Cheyne traduz assim: "Como quando se encontram bagos no cacho e se diz: não os destruas porque eles são bênçãos", porém o mesmo sentido se dá, quando se diz: "Como quando se encontra o suco no cacho etc., Alexander, Delitzsch e Dillmann; c) Em Mq 6.15: "Semearás; contudo, não segarás". Os hebreus falam em pisar as uvas, *cf.* Am 9.13, e em pisar o vinho, *cf.* Is 16.10. d) Nas numerosas passagens, os frutos da terra são mencionados em conjunto, como o trigo, o vinho e o azeite, *cf.* Nm 18.12; Dt 7.13; 11.14; 12.17; Os 2.8, 22; Jl 1.10; 2.19. Em muitas dessas passagens fala-se no dízimo do trigo, do vinho e do azeite. Uma vez que *wishar* é o

VINHO

nome do óleo que se tira da oliveira, *cf.* 2 Rs 18.32; Zc 4.14, *tirosh* pode também se referir ao suco da uva. E, assim como o grão era batido na eira, o *tirosh* e o azeite eram espremidos no lagar. Falando-se do trigo na eira, não se podem olvidar o vinho e o azeite no lagar. A única questão vem a ser: Não havia primícias e dízimos de outros produtos da vinha que não eram reduzidos a vinho? Tinha sim, mas não são especificamente incluídos na tríplice designação, muitas vezes repetida. As primícias de todos os produtos da terra eram apresentadas diante do Senhor como bem explicitamente o diz o livro de Números no capítulo 18.13. A hortelã e o cominho eram dizimados ainda que não estivessem discriminados. Falando-se de grãos, e de óleo, estavam compreendidos todos os produtos da terra. A palavra hebraica *asis* representa qualquer coisa que seja pisada, de onde provém o suco de uva, o vinho, *cf.* Is 49.26; Am 9.13, e não se refere somente às uvas, mas também a outros frutos. A palavra grega, *gleukos*, é empregada por Josefo falando das uvas que o copeiro mor espremia no copo de Faraó, *cf.* Gn 40.11; Antig. 2.5,2. Hesíquio explica como era que o suco escorria espontaneamente das uvas antes de serem pisadas. Recolhiam-no em separado do outro produzido pela pressão. Os apóstolos foram acusados de estarem embriagados no dia de Pentecostes, *cf.* At 2.13. O mosto bebia-se, mas depois de fermentado, produzia embriaguez, *cf.* Os 4.11, diz *tirosh*, *cf.* At 2.13, diz *gleukos* e, provavelmente, Is 49.26, diz *asis*. De qualquer modo que o mosto fosse bebido, o vinho velho sempre era o preferido, Ecclus. 9.10; *cf.* Lc 5.39. Plínio era de parecer que o mosto fazia mal ao estômago, Hist. Nat. 23.18. O vocábulo hebraico *yayin* é etimologicamente igual ao grego e ao latino *vinus*. Hamar é nome aramaico, e *hemer* é etimologicamente equivalente a ele empregado na poesia hebraica. A palavra hebraica

yayin aparece na Escritura pela primeira vez, referindo-se ao sumo fermentado da uva, *cf.* Gn 9.21; não há motivos para acreditar que tenha outro significado nos lugares em que se encontra. O grego *oinos* também se refere a suco fermentado, salvo quando é acompanhado do adjetivo novo; mesmo assim, não se pode dizer que haja dois vinhos, um fermentado e outro não. O mosto chama-se vinho novo, e só se torna vinho por meio da fermentação. Dizem que, pelo fato de ser proibido o fermento durante os sete dias da festa pascal, o vinho usado nessa solenidade não devia ser fermentado. O argumento não procede. A fermentação vinosa nunca se chamou fermento. Durante a Páscoa, os judeus não deviam beber líquidos fermentados, nem mesmo provar o pão com fermento (*Mishna*, Pesachoth, 2). Havia numerosas qualidades de vinhos, diferentes no gosto e em corpo, como o vinho do Líbano e o de Helbom. Fruto da vide, frase falada por Jesus por ocasião de instituir a Santa Ceia, *cf.* Mt 26.29, é expressão usada pelos judeus, desde tempos imemoriais, para designar o vinho que tomavam em ocasiões solenes, como, na festa da Páscoa e na tarde do sábado (*Mishna*, Berakoth, 6.1). Os gregos também empregavam a mesma frase como sinônimo de vinho capaz de embriagar, Heród. 1.211, 212. O sumo da uva comum era de cor vermelha, *cf.* Is 63.2; Ap 14.19,20, e por isso davam-lhe o nome de sangue da uva, *cf.* Gn 49.11; Dt 32.14; 1 Mac 6.34, que era o próprio vinho, Ecclus. 50.15. O vinho com mistura era designado pelas expressões *mesek*, *cf.* Sl 75.8, *mimsak*, *cf.* Pv 23.30; Is 55.11, e *mezeg*, Ct 7.2, cada uma das quais designava vinho misturado com certas especiarias que lhe davam gosto agradável, *cf.* Ct 8.2; Plínio, Hist. Nat. 14.19,5, ou com água para enfraquecê-lo, Heród. 6.84. O vinho, propriamente dito, era diferente do *shekar*, porque o vinho era feito do suco da uva; e o *shekar* era líquido produzido por outros frutos e até mesmo pela infusão de grãos, com propriedades inebriantes, cf. Is 28.7; 29.9. Empregavam no seu fabrico a cevada, Heród. 2.77, o mel, ou mesmo as tâmaras, 1.193; 2.86; Jerônimo, Epist. ad Nepotianum, e o lótus, Heród. 4.177. O vinho feito de tâmaras era muito bom para a saúde e de qualidades calmantes, mas, em dias quentes, fermentava rapidamente, e, tomado em excesso, produzia embriaguez. A palavra shekar, tomada em sentido geral, designa qualquer bebida forte, em contraste com a água, e emprega-se em cf. Nm 28.7, em referência ao vinho. Sobe é palavra hebraica, derivada de uma raiz que significa embeber, ou tomar em excesso, cf. Is 1.22; Na 1.10. Shemarim é outra palavra hebraica referente aos resíduos do vinho, e emprega-se para designar o vinho velho. Usava-se o vinho como remédio, cf. Pv 31.6; Lc 10.34; 1 Tm 5.23, e também no serviço de Deus, cf. Êx 29.39-41; Lv 23.13. O vinho leve era artigo de comércio na Palestina e em outros países do Mediterrâneo, desde tempos mui remotos, cf. Nm 6.20; Dt 14.26; 2 Cr 2.15; Ne 5.18; Mt 11.19; 1 Tm 3.8. Na Palestina havia falta de carne e os vegetais eram raros. O vinho supria essas faltas, contudo, é erro pensar que o vinho fosse invariavelmente companheiro das refeições muitas das quais se faziam sem ele. Sendo de uso comum, o vinho e o pão representavam o sustento essencial do corpo, cf. Sl 104.14,15; Pv 4.17. Com ele se obsequiavam as visitas e os hóspedes e era elemento obrigatório nas festas particulares, cf. Gn 14.18; Jo 2.3. Em geral, o povo hebreu tinha hábitos muito simples e temperamento meigo; mas os efeitos do vinho, mesmo que fosse fraco, tomado em demasia, eram muito sensíveis. Por isso, os sacerdotes, que serviam no santuário, não o deviam tomar, cf. Lv 10.9, bem assim os que ocupavam a cadeira da justiça, cf. Pv 31.4,5; com Ec 10.17. Todos deveriam ter o cuidado de não o tomarem em excesso. Os meios empregados para neutralizar os efeitos perigosos do vinho eram: **1** Enfraquecê-lo com água, 2 Mac 15.39; Heród. 6.84, como se pode observar no modo de celebrar a Páscoa em que os servos levavam uma vasilha com água quente para misturar no vinho que ia ser usado nessa solenidade (Mishna, Pesachim, 7.13; 10.2,4,7). A Igreja Primitiva havia adotado o costume de misturar água com o vinho usado na celebração da Santa Ceia, Justino Mártir Apol. 1.65. **2** O encarregado das festas e banquetes, Ecclus. 32.1,2; tinha de fixar a proporção da água e do vinho que entrava na composição e regular a porção que tocava a cada um dos convivas. Era este o costume observado pelos gregos. **3** Faziam advertências solenes para evitar que o vinho que brilhava nos copos não os tentassem à embriaguez, apontando para os efeitos degradantes exemplificados em cf. Gn 9.21; Pv 23.29-35; Is 5.22. **4** Mostrando quão louco é o embriagar-se, sob o ponto de vista social, profligado por meio de provérbios registrados na literatura sagrada do povo, cf. Pv 20.1; 21.17; 23.20,21; Hc 2.5; Ecclus. 31.25-31. **5** O pecado da embriaguez energicamente condenado por Deus nas seguintes passagens: cf. 1 Sm 1.14-16; Is 5.11-17; 1 Co 5.11; 6.10; Gl 5.21; Ef 5.18; 1 Pe 4.3.

VISÕES – não se conhece bem a diferença entre visões e sonhos. Ambos se confundem. A Bíblia reconhece: **1** A visão noturna, que desaparece, cf. Jó 20.8; Is 29.7. **2** As visões dos profetas, a maior parte de caráter privado, sem que pessoas estranhas as percebessem. Às vezes, cooperavam causas naturais para as produzir. A visão, que o apóstolo Pedro teve, aparecendo-lhe uma como grande toalha suspensa pelas pontas, e a voz que ouviu, dizendo-lhe: "Levanta-te, Pedro! Mata e come", relacionava-se com uma necessidade corporal que era a fome, cf. At 10.9-13. As visões, dos

VISÕES

profetas, têm pontos de contato com as que operam em condições anormais. Devem classificar-se como fenômenos mentais. Esses fatos são, apenas, provas adicionais daquilo que se poderia esperar, a saber, que Deus, mantendo comunicação com os homens, opera de conformidade com as leis da mente humana. As visões proféticas, contudo, formam classe única, com talvez uma exceção, *cf*. Nm 24.4. Eram concedidas somente aos homens que mantinham íntimo relacionamento com o seu soberano. Todos que presenciavam tais fenômenos os reconheciam como vindos de Deus, distintos de quaisquer outros. A Igreja recebia essas comunicações, com muita cautela, e não lhes dava crédito senão depois de bem provadas, *cf*. Jr 23.16,21,22,27; com Is 8.20; Dt 18.10s. As visões que revela a Bíblia são únicas na história das religiões, pela sua pureza e retidão. Jamais foram vãs, nunca vazias de significação, nem destituídas de verdade; encerravam sempre uma lição moral claramente apreciável. Em muitos casos, havia caráter profético, cuja realização lhes imprimia o selo da verdade, e só as tinham aqueles que, por vários modos, provavam estar em comunicação com Deus. Como existissem visões reais, não faltava quem procurasse imitá-las. Os profetas do Senhor denunciavam os embusteiros e prediziam a sua condenação, *cf*. Jr 14.14; 23.16; Ez 13.7s.

VIÚVA (*no hebraico, almanah, "viúva", "silenciosa", no grego é chéra, "viúva", "destituída"*) – desde tempos remotos, as viúvas trajavam de modo apropriado à sua condição social, *cf*. Gn 38.14,19, despojavam-se de seus ornamentos, vestiam-se de saco, não se penteavam nem ungiam o rosto, Judite, 10.3,4; 16.8. Deus sempre mostrou compaixão especial para com as classes desprotegidas e, principalmente, para com as viúvas, *cf*. Dt 10.18; Sl 68.5; 146.9; Pv 15.25; Jr 49.11. A lei mosaica

ordenava que as viúvas fossem tratadas com justiça e consideração, determinando severas penas a quem a violasse, *cf*. Êx 22.22; Dt 14.29; 16.14; 24.17-21; 26.12, 13; Is 1.17; Jr 7.6; 22.3; Zc 7.10; Ml 3.5. Jesus também condenou os que devoram as casas das viúvas, *cf*. Mc 12.40. A igreja apostólica dispensava especiais cuidados às suas viúvas, *cf*. At 6.1; Tg 1.27. Nas igrejas ao cuidado de Timóteo, certas viúvas, que eram verdadeiramente viúvas, sem filhos ou netos que lhes prestassem auxílio, *cf*. 1 Tm 5.4, eram socorridas pelas igrejas e ocupavam cargos de beneficência, *cf*. v. 16. Para desempenharem certas funções, era preciso que tivessem ao menos 60 anos, que tivessem tido um só marido, que tivessem bom testemunho na prática das boas obras, *cf*. v. 9,10. Essas instruções deram origem a uma instituição. A começar do final do segundo século até o quarto, dizem os escritores eclesiásticos, criou-se na Igreja a ordem das viúvas anciãs, cujos deveres consistiam em servir à Igreja, e velar sobre as mulheres da congregação, particularmente sobre as viúvas e os órfãos. Essa ordem foi abolida pelo concílio de Laodicéia em 364. Quanto ao casamento, com o irmão do falecido marido, (*veja CASAMENTO*).

VOFSI (*no hebraico, "rico"*) – nome do pai de Naabi, um dos espias, representante da tribo de Naftali, *cf*. Nm 13.14,15.

VOTO – obrigação voluntária contraída para com Deus, em virtude de certos favores de que dependia a realização do voto. Em casos de enfermidades, de aflições ou em tempos de angústia, existem, na humanidade, desejos de fazer votos a Deus para serem cumpridos depois de passada a calamidade, ou de alcançarem os fins desejados, *cf*. Gn 28.20-22; Nm 21.2; 1 Sm 1.11; 2 Sm 15.8. Os votos tinham sua origem no reconhecimento da inteira dependência de Deus e no dever de lhe sermos agradecidos.

VOTO

Em todos os povos havia gente que fazia votos a Deus, *cf*. Jn 1.16. A notícia, mais remota, que temos de um voto, é o caso típico de Jacó em Betel. Ele prometeu que, se Deus fosse com ele, e o guardasse no caminho em que andava, e se voltasse em paz para a casa de seu pai, a pedra que havia levantado por coluna chamaria Casa de Deus, e de tudo que possuísse daria o dízimo ao Senhor, *cf*. Gn 28.18-22. A lei mosaica não prescrevia votos, apenas os regulamentava em três casos: Votos de consagração, votos de abstinência e votos de destruição. **1** Voto de Consagração – tinha lugar, quando uma pessoa ou um objeto, ainda não separado para fins sagrados, podia ser votado ao santuário, e podia ser resgatado, exceto no caso de ser animal para sacrifícios, *cf*. Lv 21.1-27. O resgate se fazia com o acréscimo de um quinto a mais do valor do objeto. As pessoas que se consagravam a Deus serviam no santuário, *cf*. 1 Sm 1.11,24,28, mas eram geralmente remidas, *cf*. 2 Rs 12.4, especialmente quando o serviço dos levitas tornava inútil tal voto. O preço variava conforme a idade e o sexo. **2** Voto de Abstinência – consistia na prática do jejum, como prova de penitência, e todas as demais obrigações a que se impunham os nazireus, *cf*. Nm 6.2-4. **3** Pelo que se registra em *cf*. Êx 22.20; Dt 13.16, conclui-se que somente o que estava condenado por causa de idolatria poderia ser votado à destruição. Neste caso, não havia remissão, *cf*. Lv 27.28,29. Os princípios gerais aplicáveis em caso de votos eram: 1) Os votos eram voluntários, mas, uma vez feitos, tornavam-se obrigatórios, *cf*. Nm 30.2; Dt 23.21-23. Somente em casos excepcionais, como no de Sansão, Samuel e João Batista, que tinham missão especial a cumprir, é que o voto de nazireu se tornava obrigatório. 2) Voto de abstinência, feito por filha solteira, ou por mulher casada, não tinha valor sem consentimento do pai ou do marido, *cf*. Nm 30.3-16. 3) O produto de negócios ilícitos, ou pecaminosos, não podia ser objeto de voto, *cf*. Dt 23.18. 4) Os votos não deviam ser feitos imprudentemente. Esse princípio tem sua força no exemplo de Jefté e nos conselhos do livro de Provérbios, *cf*. Pv 20.25.

XERXES (*no persa antigo, xsayarsan; no acádio, hisi'arsa, e no hebraico, 'kshwrsh. A forma original do nome está sem vogal, no entanto, é provável que em português, Assuero, venha da vocalização hebraica 'ahashwerosh. O nome Xerxes vem do grego, Ksérkes*) – foi filho de Dario Histaspes, e neto de Ciro, o Grande, fundador do império persa, de quem sua mãe Atossa era filha. Foi escolhido por Dario para ocupar o trono da Pérsia, o que resultou no início da morte do império, pois Xerxes não era homem sábio para governar. Perdeu sucessivas guerras, dentre elas, a batalha de Platéia, em que os atenienses destruíram uma esquadra e um exército misto, soldados provenientes de várias nações, que Xerxes formou na tentativa de dominar a Europa, tendo como objetivo primário Atenas. Era apaixonado pela rainha Ester, *cf*. Et 1.12,19; 2.16,17 (*veja ASSUERO*).

XOFRANGO (*no hebraico, ozniyyah*) – nome de uma ave considerada imunda pela lei, *cf*. Lv 11.13; Dt 14.12. É difícil saber que espécie de ave se trata. Alguns supõem tratar-se de uma ave marinha, outros, porém, preferem pensar em uma ave de rapina. Seja como for, era ave proibida para o consumo alimentar em Israel.

ZAÃ (*no hebraico, "desgosto"*) – nome de um dos filhos do rei de Judá Reoboão, *cf.* 2 Cr 11.19.

ZAANÃ (*no hebraico, "lugar das manadas", ou "rica em rebanhos"*) – nome de uma cidade, que talvez seja a mesma Zenã, *cf.* Mq 1.11.

ZAANANIM (*no hebraico, "partidas"*) – nome de uma cidade da fronteira de Naftali, *cf.* Js 19.33, perto de Quedes, *cf.* Jz 4.11. Conder segue a versão grega que diz *Besamiein* em vez de Zaananim e crê que, provavelmente, deveria situar-se perto de *Bessum* sobre o planalto a oeste do mar da Galiléia.

ZAAVÃ (*no hebraico, "inquieto"*) – nome de um dos filhos de Eser, horita, Gn 36.27; *cf.* 1 Cr 1.42.

ZABADE (*no hebraico, "doador", ou "[Deus] deu"*) – **1** Nome de um descendente de Efraim, da família de Sutela, *cf.* 1 Cr 7.21. **2** Nome de um homem de Judá, da família de Hesrom, da casa de Jerameel, descendente de Sesã e neto de Alai, *cf.* 1 Cr 2.31; 34-37. Parece que era dos valentes de Davi que tinha nome idêntico, *cf.* 11.41. **3** Forma alterada do nome Jeozabade, *cf.* 2 Cr 24.26. **4**, **5**, **6** Nome de três hebreus a quem Esdras induziu a se desquitarem de suas mulheres gentias, *cf.* Ed 10.27,33,43.

ZABADEANOS – nome de uma tribo árabe, estabelecida entre o rio Eleutero, o Hamate e Damasco, 1 Mac 12.30-32; *cf.* 25, e que parece ter ocupado parte das montanhas do Antilíbano, onde se situavam as aldeias de Zebedani e Zebade, na estrada de Baalbeque para Damasco.

ZABAI (*talvez seja uma forma abreviada de zabhadhyâ, "Jeová proporcionou"*) – nome de um dos filhos de Bebai, induzido por Esdras a separar-se de sua mulher estrangeira, *cf.* Ed 10.28. Era pai de certo

ZABAI

Baruque que ajudou a reconstruir o muro de Jerusalém, *cf.* Ne 3.20.

ZABDI (*no hebraico, "Yahweh deu", ou "dom de Jeová"*) — **1** Nome de um homem de Judá, da família de Zerá e fundador de uma casa, *cf.* Js 7.1. Em 1 Cr 2.6 tem o nome de Zinri, por causa da troca das letras, *m, d* e *r* (*veja BETE, DÁLETE*). **2** Nome de um benjamita, *cf.* 1 Cr 8.19. **3** Nome de um oficial de Davi encarregado de fiscalizar as adegas do rei, *cf.* 1 Cr 27.27. **4** Nome de um dos filhos de Asafe, *cf.* Ne 11.17.

ZABDIEL (*no hebraico, "dom de Deus", ou "Deus é que deu"*) — **1** Nome do pai de Jesobeão, *cf.* 1 Cr 27.2. **2** Nome do filho de Gedolim, um dos poderosos do seu tempo, *cf.* Ne 11.14. **3** Nome de um príncipe árabe que traiçoeiramente decapitou Alexandre Balas e enviou a cabeça a Ptolomeu, 1 Mac 11.17; Antig. 13.4,8. É provável que seja o mesmo homem a quem se refere Diodoro Sículo com o nome de Diocles, governador de Abai, aos cuidados de quem Alexandre deixou seu filho. Viajando em companhia de Zabdiel, Alexandre foi assassinado por dois de seus próprios oficiais.

ZABUDE (*no hebraico, "dotado"*) — **1** Nome de um dos filhos de Natã, secretário e amigo do rei Salomão, *cf.* 1 Rs 4.5. Talvez o mesmo *Zabade* de 1 Cr 2.36. **2** Chefe de uma família entre os filhos de Bigvai, que veio da Babilônia com Esdras, *cf.* Ed 8.14.

ZACAI (*no hebraico, "puro", "inocente"*) — fundador de uma família. Alguns de seus membros voltaram do cativeiro da Babilônia com Zorobabel, *cf.* Ed 2.9; Ne 7.14.

ZACARIAS (*no hebraico z^ekaryah, "Yahweh lembrou"; no Novo Testamento encontramos a forma grega do vocábulo hebraico grafado como Zacharias*) — **1** Nome do pai do capitão José, 1 Mac 5.18. **2** Nome do pai de João Batista, e sacerdote da turma de Abias, *cf.* Lc 1.5. Ele e sua mulher Isabel eram pessoas piedosas. Isabel era parenta de Maria de Nazaré, mãe de Jesus, *cf.* 6.36. Morava na região serrana da Judéia, *cf.* v. 39,40. Era costume distribuir, pelos membros da turma dos sacerdotes, as obrigações de cada dia. Quando a turma de Zacarias se reuniu em Jerusalém, ele foi sorteado para queimar o incenso. Enquanto desempenhava essas funções, na hora da oração, apareceu-lhe um anjo e lhe comunicou que sua oração havia sido atendida. Havia muito que ele pedia a Deus que lhe desse um filho. Correu o tempo e o Senhor não respondia; e por isso, não pediu mais, *cf.* v. 18. Mas a oração, que sempre fazia, pedindo o advento do Messias foi atendida, *cf.* v. 68-75. Disse-lhe o anjo que sua mulher teria um filho "...irá adiante do Senhor no espírito... habilitar para o Senhor um povo preparado", *cf.* v. 13-17. Zacarias duvidou da promessa e pediu um sinal, visto que tanto ele quanto sua mulher eram avançados em anos. Foi-lhe dado um sinal, que era ao mesmo tempo uma punição: Deus o privou da fala até o dia em que se cumpriu a promessa feita, *cf.* v. 18-22,62-64. Nascida a criança, a língua se soltou, encheu-se do Espírito Santo e pronunciou palavras de reconhecimento e louvor, *cf.* v. 67-79. **3** Nome de um servo de Deus que foi morto entre o templo e o altar, *cf.* Mt 23.35; Lc 11.51. **4** Nome de um benjamita, da família de Jeiel de Gibeão, *cf.* 1 Cr 9.37, que em 1 Cr 8.31 se chama Zequer. Se a vocalização for correta, Zequer é sinônimo de um nome que significa "memória". Talvez seja abreviatura de Zacarias, como Acaz é de Acazias que se pronunciava Zacar, que significa: "ele se lembrou". **5** Nome de um levita da família de Coate, da casa de Isaar, descendente de Abiasafe. Era o filho mais velho de Meselemias, e exercia as funções de porteiro do Tabernáculo do Testemunho, no reinado de Davi, *cf.* 1 Cr 9.21,22; 26.2,

ZACARIAS

por ser homem prudentíssimo e discreto conselheiro, *cf.* v. 14. **6** Nome de um levita da segunda ordem, que tocava saltério no préstito que acompanhou a arca para Jerusalém, e que depois continuou como empregado no Tabernáculo quando Davi fixou a arca, *cf.* 1 Cr 15.18,20; 16.5. Há dúvidas se a palavra porteiros no capítulo 15.18 também a ele se refere. **7** Nome de um sacerdote que tocou a trombeta, quando conduziam a arca para a casa de Obede-Edom, *cf.* 1 Cr 15.24. **8** Nome de um levita da família de Coate, da casa de Uziel. Era filho de Issijá e viveu no tempo do reinado de Davi, *cf.* 1 Cr 24.25. **9** Nome de um levita da família de Merari, e quarto filho de Hosa. Exerceu o cargo de porteiro no reinado de Davi, *cf.* 1 Cr 26.11. **10** Nome de um homem da tribo de Manassés, pai de Ido, que viveu no reinado de Davi, *cf.* 1 Cr 27.21. **11** Nome de um levita dos filhos de Asafe, e, portanto da família de Gérson, *cf.* 2 Cr 20.14. **12** Nome de um dos príncipes que Jeosafá enviou para ensinar nas cidades de Judá, *cf.* 2 Cr 17.7. **13** Nome do quarto filho do rei Josafá, *cf.* 2 Cr 21.2. **14** Nome do filho de Jeoiada, sumo sacerdote, homem reto como havia sido seu pai. Viveu no reinado de Joás, rei de Judá. O Espírito do Senhor veio sobre ele para falar ao povo a respeito de sua apostasia em seguida da morte de Joiada. Por ordem do rei, o apedrejaram no pátio do templo, *cf.* 2 Cr 24.20-23. Julga-se que a ele se refere nosso Senhor quando diz que a nação teria de dar conta do sangue inocente derramado sobre a terra, desde o sangue de Abel até o sangue de Zacarias que foi morto entre o altar e o templo, *cf.* Lc 11.51. Zacarias, filho de Joiada, é a única pessoa mencionada na Escritura, que sofreu esse gênero de morte, memorável nas gerações seguintes. Foi ele o último dos homens justos que sofreram morte cruel, como o justo Abel tinha sido o primeiro. Sua morte está registrada no livro de Crônicas que é o último livro das Escrituras do cânon

hebraico. Na passagem paralela de Mt 23.35, diz-se que era filho de Baraquias, que naturalmente o identifica com o bem conhecido profeta que viveu depois do cativeiro. Essa cláusula explicativa de Mateus pode ser atribuída a alguma nota marginal que os copistas incorporaram no texto. **15** Nome de um homem, profeta, sábio nas visões de Deus, que dava conselhos ao rei, enquanto Uzias buscou o Senhor, Deus o fez prosperar, *cf.* 2 Cr 26.5. **16** Nome de um rei de Israel, o último da dinastia de Jeú. Subiu ao trono de Samaria no 38º. ano de Azarias, rei de Judá, e reinou seis meses, 749 a.C. Era filho de Jeroboão II, e foi assassinado por Salum, que reinou em seu lugar, *cf.* 2 Rs 14.29; 15.8-12. Deste modo se cumpriu o que havia sido anunciado, que a quarta geração dos filhos de Jeú se assentaria sobre o trono, *cf.* 10.30. **17** Nome de um príncipe da tribo de Rúben, *cf.* 1 Cr 5.7. **18** Nome de um filho de Jeberequias, uma das testemunhas que Isaías tomou para atestarem o que havia escrito, em frases enigmáticas, um ano antes de serem explicadas por meio de uma profecia, *cf.* Is 8.2. **19** Nome do avô materno de Ezequias, *cf.* 2 Rs 18.2. **20** Nome de um levita, descendente de Asafe, que tomou parte na purificação do templo durante o reinado de Ezequias, *cf.* 2 Cr 29.13. **21** Nome de um levita, da casa de Coate, superintendente dos oficiais empregados na reparação do templo no reinado de Josias, *cf.* 2 Cr 34.12. **22** Nome de um dos príncipes da casa de Deus no reinado de Josias, *cf.* 2 Cr 35.8. **23** Nome de um filho de um silonita, *cf.* Ne 11.5. **24** Nome de um homem de Judá, da família de Perez, *cf.* Ne 11.4. **25** Nome de um sacerdote, descendente de Pasur, da casa de Malquias, *cf.* Ne 11.12. **26** Nome de um descendente de Parós, que voltou da Babilônia em companhia de outros, *cf.* Ed 8.3. **27** Nome de um filho de Bebai, que veio da Babilônia em companhia de outros, *cf.* Ed 8.11. **28** Nome de um dos chefes que Esdras

Z

ZACARIAS

enviou a Ido e aos netinins, para trazerem os ministros da casa de Deus, em companhia dos exilados que voltaram do cativeiro, *cf*. Ed 8.16,17. **29** Nome de um dos homens que estavam à direita de Esdras quando falava ao povo e lia as Escrituras, *cf*. Ne 8.4. **30** Nome de um dos filhos de Elão, induzido por Esdras a desquitar-se de sua mulher estrangeira, *cf*. Ed 10.26. **31** Nome de um levita, filho de Jônatas, e descendente de Asafe. Dirigiu um grupo de levitas músicos, quando se fez a dedicação do muro de Jerusalém, *cf*. Ne 12.35,36. **32** Nome de um sacerdote que tocou a trombeta quando se fez a dedicação do muro da cidade de Jerusalém, *cf*. Ne 12.41. **33** Nome de um sacerdote, da família de Ido, nos dias do sumo sacerdote, Joiaquim, *cf*. Ne 12.16. **34** Nome de um profeta, filho de Berequias, e neto de Ido, *cf*. Zc 1.1. Profetizou, a princípio, no segundo ano de Dario Histaspes, 520 a.C., *cf*. 1.1; Ed 4.24; 5.1. Foi contemporâneo de Zorobabel, governador da Judéia, de Jesus, sumo sacerdote e do profeta Ageu, *cf*. Zc 3.1; 4.6; 6.11; Ed 5.1,2, e se uniu a este último para exortar os chefes do povo a reassumir a obra do templo do Senhor. É difícil acreditar que tivesse nascido na Babilônia, porque os exilados haviam regressado à Palestina havia apenas 18 anos e Zacarias começou a profetizar antes de ter 18 anos de idade. É quase certo pertencer à tribo de Levi, e semelhante a Jeremias e a Ezequiel, fosse profeta e sacerdote ao mesmo tempo; porque, segundo Neemias, *cf*. Ne 12.1,4,7, Ido era chefe de uma família sacerdotal e um dos que voltaram do cativeiro com Zorobabel. Um dos descendentes de Ido, chamado Zacarias, foi chefe da casa sacerdotal de Ido, nos dias de Joiaquim filho de Jesua, *cf*. v. 10,12,16. É verdade que a genealogia, que se encontra no livro de Neemias pode ser inteiramente distinta da genealogia a que pertence o profeta, não obstante estar nela os mesmos nomes e na mesma ordem,

porém a teoria que as identifica não tem a mínima conformação. 1) Quando Ido regressou do cativeiro, no ano 538 a.C., e se tornou chefe de uma família sacerdotal, é acertado concluir que já fosse avançado em anos, Zacarias, seu descendente, chegou à mesma posição na geração seguinte, o que significa ter atingido a mesma idade, no ano 520 a.C., para que fosse considerado jovem. O profeta Zacarias é assim chamado (é verdade que por um anjo) no ano 520 a.C., *cf*. Zc 2.4. 2) Admitindo que Baraquias, pai do profeta, era filho de Ido, e que morreu antes do ano 520, sem chegar a ser chefe de uma família, então, o profeta Zacarias teria ficado na linha seguinte da sucessão e, por isso, Esdras o chama filho de Ido, como seu sucessor e descendente. Mesmo que Baraquias estivesse vivo, seu nome poderia ser omitido, pois só era necessário mencionar o nome do chefe da família a que pertencia, a fim de dar-lhe lugar entre as tribos de Israel. A suposição de Baraquias ter morrido, também deve explicar, por que na geração posterior, à volta do cativeiro, Zacarias aparece como chefe de uma família. 3) A teoria que menciona o profeta como sacerdote se explica pela familiaridade que ele revela com as idéias e funções sacerdotais, caps. 3 e 4. A outra idéia é defendida por Kimchi. Segundo ele, o termo profeta, que se encontra no cap. 1.1,7, refere-se a Ido. Essa teoria é falha de provas, mas nem por isso se deve desprezar, porque, entre o vidente Ido e o profeta Zacarias, decorre um período de quatro séculos.

ZACARIAS, O LIVRO DE – o livro de Zacarias é o 11º. dos profetas menores, e pode ser assim dividido: I. Introdução e uma Série de Oito Divisões: A introdução fere a nota principal de todo o livro, *cf*. 1.1-6. Voltar atrás aos caminhos da obediência. "Convertei-vos, agora, dos vossos maus caminhos e das vossas más obras", *cf*. v. 4.

ZACARIAS, O LIVRO DE

Primeira Visão: A manada de cavalos, *cf.* v. 7-17, velozes e incansáveis mensageiros. Desse modo, Deus ensina que ele preside os acontecimentos do mundo. Não há indícios de salvação para o povo de Deus nem de punições para os seus opressores. Tudo está em paz. Deus é cioso por Sião e sente-se profundamente indignado contra os inimigos do seu povo, portanto, volta-se para Jerusalém em misericórdia, promete edificar a sua cidade, e a sua casa, e dar grande prosperidade à sua terra. A primeira visão serve de intróito às sete que se lhe seguem. Segunda Visão: Os quatro chifres e os quatro ferreiros, *cf.* v. 18-21. Quer dizer que os quatro chifres representam os quatro povos que devastaram Judá, cuja destruição está decretada. Terceira Visão: O varão que tinha na mão um cordel de medidores, *cf.* cap. 2. A animadora mensagem da primeira visão vai realizar-se, isto é, a reconstrução de Jerusalém. A idéia se expande. A cidade não será medida, como geralmente são as cidades, pela extensão de seus muros; porque ela desfrutará ilimitada prosperidade sem muros que a atrapalhem. Não lhe faltará segurança. Jeová será para ela um muro de fogo para sua defesa. Quarta Visão: O sumo sacerdote Josué, *cf.* cap. 3. O sacerdócio, ainda que humano e profanado, contudo, como um tição tirado do fogo, o Senhor o purificou, mandou que se lhe tirassem os hábitos sujos e que se lhes dessem outros limpos. Sob promessa de obediência, o Senhor promete a continuação de suas bênçãos. Torna-se patente que os sacerdotes são tipos do Messias. Por uma ação simbólica declara-se que Deus tem um propósito que vai realizar. Ele fará aparecer aqueles que os tipos representam. Quinta Visão: O candelabro de ouro e as duas oliveiras, *cf.* cap. 4. Parece indicar que a luz da igreja, visto que fraca, depois do exílio, vai morrer. Assim não acontecerá. Deus preparou abundante e inesgotável reserva de óleo para alimentar por si mesmo as sete lâmpadas. Sexta Visão: O rolo voante, 5.1-4. Deus pronuncia maldição sobre a face da terra para a destruição dos maus. Sétima Visão: É a continuação da sexta. A impiedade personificada por uma mulher, presa dentro de uma talha, que foi arrebatada da terra, *cf.* v. 5-11. Oitava Visão: Os quatro carros saindo da presença do Deus de toda a terra, *cf.* 6.1-8. Os quatro carros representam os quatro ventos, que são as forças ocultas da divindade. Essa visão quer dizer que todo o plano esboçado nas visões anteriores será executado pelo Senhor de toda a terra. II. Ação Simbólica: A coroação do sumo sacerdote, *cf.* 6.9-15. Esse cerimonial vai realizar-se no futuro, e se refere ao renovo que brotará por si mesmo da linhagem de Davi. III. Os Homens Que Vieram de Betel para saber se deveriam continuar a jejuar, pois os motivos que os justificavam, em parte, haviam cessado e as quatro respostas dos profetas, *cf.* caps. 7, 8; a) Os jejuns que fizeram no cativeiro não foram para o Senhor, senão para si mesmos. O que Deus quer é obediência, *cf.* 7.4-7; b) Deus deseja que haja justiça e verdade. Não deveria se lamentar, a desolação do país e a dispersão do povo, pois ocorriam como castigo da desobediência e meio de operar a reforma de vida, *cf.* v. 8-14; c) Deus volta-se para Sião com grande zelo, e lhe dará justiça e santidade, *cf.* 8.1-17; d) Os jejuns se transformarão em festas, *cf.* v. 18-23. IV. Às Visões Seguem-se os Pesos revelando o propósito divino de destruir os opressores de Judá e trazer muitos povos ao seu reino. Primeiro Peso: Jeová destruirá os inimigos do reino de Deus. As punições pendem sobre todas as nações vizinhas para abatê-las, contudo, umas relíquias da Filístia serão incorporadas ao reino de Deus. Jerusalém estará em segurança no meio das desolações, pois o Senhor se acampará em torno de Judá, cujo rei está para chegar, *cf.* cap. 9. Episódio: Exortação a buscar o Senhor a fim de alcançar as bênçãos prometidas, porque os

Z

1273

ZACARIAS, O LIVRO DE

ídolos deram respostas vãs e os adivinhos tiveram visões mentirosas, *cf.* 10.1,2. Em resumo: O Senhor, como já se disse, visitou o seu rebanho e o colocou como o cavalo de guerra de sua glória. Os de Judá serão como os valentes de Efraim, e o seu coração se alegrará como com o vinho, *cf.* v. 3-12. Tão abundantes bênçãos, porém, seriam um tanto proteladas. A desolação da terra, tal é o grito profético, *cf.* 11.1-3. A explicação dessa calamidade encontra-se na parábola do pastor rejeitado, *cf.* v. 4-17, na contínua rejeição do governo divino, por cujo motivo Deus quebrou o seu concerto com todos os povos, e Israel foi votado à desolação. Pela mesma razão, a unidade de Judá com Efraim continua rota, resultando daí a fraqueza, a discórdia e a desolação. Segundo Peso: Conflitos com o reino de Deus e vitória final. Os povos da terra se armarão contra Jerusalém e contra Judá, que no tempo de Zacarias formavam a Igreja visível de Jeová; mas Jeová coloca Jerusalém como a verga de uma porta de embriaguez para todos os povos dos arredores e como pedra de carga para todos eles. Fere-os de loucura para que reconheçam que os homens de Sião se fortalecem no Senhor, *cf.* 12.1-8. Preparação de Jerusalém, *cf.* 12.9 até o cap. 14.5. Deus prepara Jerusalém, primeiro por uma graciosa mudança espiritual, *cf.* 12.10 até o cap. 13.6; segundo, por meio de uma punição santificadora, *cf.* 13.7, até o cap. 14.5. Vitória final, *cf.* v. 5-21. O Senhor virá, nesse dia não haverá luz, mas sim frio e gelo. E na tarde desse dia aparecerá a luz. A Igreja florescerá, e todos os que restarem de todas as gentes que vierem contra Jerusalém virão a ela de ano em ano para adorar o rei, o Senhor dos Exércitos. Chegará então o reino de Deus e a Igreja será santa. José Mede, do Colégio da Igreja de Cristo em Cambridge, no ano 1653, foi o primeiro a dizer que o livro de Zacarias não foi inteiramente escrito pelo profeta Zacarias. Ele pretende provar que os caps. 9 até

11 foram escritos por Jeremias, pois Mateus, citando Zacarias, no cap. 11.13, refere-se a Jeremias, *cf.* Mt 27.9. Este argumento não mudou a opinião dos críticos. Dizem uns que Mateus errou mencionando Jeremias, outros que, provavelmente, houve violação do texto de Mateus, outros ainda que os hebreus, quando arranjavam o catálogo dos livros, começaram pelos últimos profetas, colocando Jeremias em primeiro lugar, seguindo-se Ezequiel e Isaías, em vez da ordem atual, Isaías, Jeremias, Ezequiel (*veja CÂNON*). Essa secção, de livros proféticos, era citada pelo nome de Jeremias, como Salmos e Provérbios são mencionados como de Davi e de Salomão respectivamente, e todos sabem que Davi não é o único autor de Salmos, nem Salomão dos Provérbios. Desde os tempos de Mede, muitos críticos sustentam que o livro de Zacarias contém escritos de dois, três, ou mais profetas. Dizem eles que os capítulos 9 a 11 foram escritos pouco antes da queda de Samaria no ano 722 a.C.; que os caps. 12–14 foram escritos pouco antes da tomada de Jerusalém em 587 a.C.; que os caps. 9 a 14 foram escritos no último período do domínio persa, isto é, mais de um século e meio depois da morte de Zacarias, ou no período dos Macabeus; que os caps. 9 a 14, bem como os caps. 1 até 8 pertencem a Zacarias. As discussões, portanto, têm versado somente sobre os caps. 9 a 14. Todos os críticos concordam que os primeiros oito capítulos foram escritos por Zacarias. As partes em discussão tratam dos dois pesos. Quando foram escritos? Em referência ao primeiro peso, fala-se de um tempo em que a Casa de Deus estava firme, *cf.* 9.15; 11.13; porém, desse fato nada se pode deduzir quanto à data, porque o templo de Salomão permaneceu levantado até o tempo do cativeiro, e o novo templo que se levantou, depois de voltarem da Babilônia, ainda subsistia até depois de 515. A referência do cap. 10.10,11 tem servido

ZACARIAS, O LIVRO DE

para provar que o Egito e a Assíria eram grandes potências na época em que a profecia foi pronunciada, e ela o foi depois que Israel fora para o cativeiro, *cf.* v. 6, portanto depois da tomada de Samaria, e antes da queda de Nínive, no ano 606 a.C. Mas um profeta, quer pertencesse a uma época posterior ao exílio, ou a outra anterior, poderia predizer que os israelitas seriam restaurados às terras de onde tinham vindo, a saber, do Egito e da Assíria. Apesar de este último império ter sucumbido ao peso de outro império, ainda assim poderia dizer que o orgulho da Assíria, cujo poder conservava os israelitas em cativeiro, seria abatido. Também a palavra Assíria poderia ser empregada no sentido da região geográfica, incluindo a Babilônia, como já o havia feito Esdras, *cf.* Ed 6.22, não obstante estar toda a região sob o domínio persa, portanto, o primeiro peso poderia ter sido pronunciado, ou antes da queda de Nínive, quando a Assíria ainda estava fortalecida, ou depois do exílio, quando o império da Assíria originara outros impérios, uma vez que o templo ainda existia depois do sexto ano de Dario, rei da Pérsia. Outro fato que contribui para a solução deste caso é a declaração que diz: "Então, quebrei a segunda vara, chamada União, para romper a irmandade entre Judá e Israel", *cf.* Zc 11.14. A irmandade existiu até o reinado de Reoboão, quando se rompeu pela revolta das tribos do Norte, negando aliança ao trono de Davi. Também se pode dizer que a irmandade deixou de haver por ocasião da queda de Samaria e pela dispersão das tribos de que se compunha o Reino do Norte. A irmandade existiu de novo, mais uma vez, depois do cativeiro da Babilônia. Ora, o peso foi pronunciado depois da queda de Samaria e do cativeiro de Efraim, *cf.* 10.6, e portanto, deve datar de uma época posterior ao exílio, quando a concepção corrente admitia a irmanação de Efraim e Judá. De fato, estavam reunidos fraternalmente. Muitos dos membros das dez tribos tinham-se unido a Judá. Por este motivo, considerava-se universalmente que a nação estava representada pelas suas 12 tribos. Nos dias de Esdras, pois, por ocasião de se dedicar à Casa de Deus, foram oferecidos 12 bodes, pelo pecado de todo o Israel, conforme o número das 12 tribos, *cf.* Ed 6.17; 8.35; *cf.* Mt 19.28; Lc 2.36; At 4.36; 26.7; Fp 3.5. É verdade também que o profeta emprega com freqüência os velhos termos de Judá e Efraim; por isso parece provar que a profecia foi pronunciada muito antes do tempo de Zacarias, porém, esse modo de referência à nação israelita estava muito em voga mesmo depois da volta do cativeiro. O próprio Zacarias utiliza as mesmas expressões, casa de Judá e casa de Israel, nos primeiros oito capítulos de seu livro. É a esse período pós-exílio, portanto, que se referem as palavras irmandade de Efraim e Judá. Declara a profecia que Deus levantaria Judá contra os filhos distantes da Grécia, o que é mais um sinal, *cf.* 9.13. Deve-se levar em conta que os gregos são aqui mencionados por duas razões: *a*) Porque o profeta conhece o conflito da Igreja com as nações mais distantes do mundo. Javã, ou a Grécia com suas ilhas, situava-se nessa época dentro do horizonte geográfico dos hebreus, e seus nomes serviam para representar as nações pagãs mais remotas, *cf.* Gn 10.4,5; Is 41.5; 59.18; 66.19; Ez 27.13; *b*) a Grécia aparece aqui como a potência culminante do paganismo. A data mais remota, que o poder da Grécia surge aos olhos do observador, foi durante os anos de 500 a 479 a.C. A grandeza da Grécia em competência com a Pérsia começa a desenhar-se nitidamente. A Grécia impediu o avanço dos exércitos persas. As cidades gregas da Ásia Menor revoltaram-se contra os governadores persas durante os anos 500 a 495. Os persas foram derrotados em Maratona em 490. Depois da vitória alcançada pelos gregos sobre os persas, nas Termópilas, seguiu-se a vitória decisiva de Salamina, 480,

Z

ZACARIAS, O LIVRO DE

a de Platéia e Micale em 479. Evidências consideráveis e várias nos levam a acreditar que o profeta Zacarias era moço, talvez com 20 ou 25 anos, quando, em 520 a. C., exortou Zorobabel a reconstruir o templo. Por conseguinte, todos esses acontecimentos de tanto realce, reveladores da grandeza da Grécia, fazem supor que essa nação faria sentir sua influência nas terras do oriente, justamente na época em que Zacarias iniciava a sua carreira profética. O segundo peso, caps. 12 a 14, pelo assunto de que trata, vê-se pertencer ao período pós-exílio. O escritor alude o terror do povo quando ocorreu o terremoto nos dias de Uzias, como acontecimento ainda vivo em sua memória, não só por ser de recente data, como também pela impressão deixada em seu espírito. Certamente, deve ter sido marcante, visto perpetuar-se na lembrança do povo daquela época, *cf.* Am 1.1, e ainda recordado no primeiro século da era cristã, como acontecimento notável, Antig. 9.10,4. Há mais uma nota histórica, no segundo peso, é a referência ao pranto de Hadadrimom no Vale de Megido, *cf.* Zc 12.11. A única referência natural não pode deixar de ser a morte de Josias, que se opôs a Faraó-Neco em Megido, sendo ali mortalmente ferido e cuja morte foi lamentada com pranto que o profeta Jeremias colocou em versos nas suas Lamentações, portanto, o segundo peso foi pronunciado, em uma época, nas vésperas do exílio. Não somente as referências históricas dos dois pesos apontam para um período recente, como também a característica literária de sua linguagem estão a dizer que foram produzidas pelo autor dos primeiros oito capítulos. Certos críticos negam isto a pés juntos. Dizem eles que existe diferença considerável de estilo entre as visões e os pesos. Isto é verdade, mas também é verdade, como princípio cardeal de crítica literária, que o estilo de um autor difere em vários períodos de sua carreira literária, e quando ensaia diferentes formas de literatura. O estilo de Zacarias sofreria alterações durante um período de 30 ou 40 anos; não poderia ele escrever do mesmo modo visões e ações simbólicas com o mesmo estilo com que fazia solenes admoestações. Ainda mais, na parábola, ou representação simbólica do Bom Pastor, há traços feitos pela mesma pena que descreveu as visões e a coroação do sumo sacerdote. Mais sutis marcas, da mesma pena, se descobrem no emprego freqüente de certas palavras e expressões muito características, nos primeiros oito capítulos, em comum com os seis restantes. Entre outras estão *Qal de yashab*, empregada na voz passiva, *cf.* 2.8; 9.5; 12.6, *meober umishshab*, 7.14; 9.8; *ehad*, em lugar do artigo indefinido, 5.7; 12.7, *alyamin*, *weal-semol adamah*, 4.11; 12.6; 2.16; 9.16; 13.5. O emprego de igual vocábulo em sentido distinto, que caracteriza o estilo dos primeiros oito capítulos considerados genuínos, também se encontra nos seis restantes, cuja autenticidade é impugnada. Tudo isto vem provar que Zacarias foi o autor do livro todo, e que a sua idade madura se passou entre 520 e 479 a.C.

ZACUR (*no hebraico, "pensativo"*) — **1** Nome de um rubenita, *cf.* Nm 13.4. **2** Nome de um simeonita descendente de Misma, *cf.* 1 Cr 4.26. **3** Nome de um levita, filho de Merari, *cf.* 1 Cr 24.27. **4** Nome de um levita gersonita, filho de Asafe, e diretor de uma turma de músicos no reinado de Davi, *cf.* 1 Cr 25.2,10. **5** Nome de um dos filhos de Inri que tomaram parte na reconstrução dos muros de Jerusalém, *cf.* Ne 3.2. **6** Nome de um levita que subscreveu o pacto de obediência a Deus, *cf.* Ne 10.12. **7** Nome de um filho de Matanias e pai de Hanã, *cf.* Ne 13.13.

ZADOQUE (*no hebraico çãdôq, "reto", "justo"*) — **1** Nome de um dos descenden-

ZALAFE

tes de Eleazar, filho de Arão, *cf.* 1 Cr 24.3, filho de Aitube, *cf.* 2 Sm 8.17. Sem dúvida, era o valoroso jovem que, em companhia dos príncipes das tribos de Israel, foi a Hebrom para constituírem rei a Davi sobre todo o Israel, *cf.* 1 Cr 12.27,28. Logo no princípio do reinado de Davi serviu de sacerdote com Abiatar, *cf.* 2 Sm 8.17. Enquanto durou a revolta de Absalão, os dois colegas acompanharam Davi, quando fugia de Jerusalém levando a arca; porém o rei os constrangeu a regressar à cidade, aguardando ali o resultado final da luta, *cf.* 15.24-29. Depois da morte de Absalão, o rei mandou dizer aos dois pontífices, Zadoque e Abiatar, que falassem aos anciãos de Judá, que ainda não tinham se pronunciado a favor da sua volta para a capital, *cf.* 19.11. Nos últimos dias de Davi, Adonias conspirou para se apoderar do trono; nessa conjectura Zadoque se conservou fiel a Davi, e seu colega Abiatar acompanhou Adonias, *cf.* 1 Rs 1.7,8. Chegando a notícia aos ouvidos do rei, este mandou chamar Zadoque e o profeta Natã para que fossem ungir rei a Salomão, *cf.* v. 32-45. Abiatar foi deposto do sacerdócio, ficando Zadoque como sacerdote até o fim de sua vida, enquanto durou o reinado do novo monarca, *cf.* 2.26,27; com 4.4. O ofício de sumo sacerdote foi restaurado na linha de Eleazar. **2** Nome de um sacerdote da linhagem dos sacerdotes, pai de Salum, *cf.* 1 Cr 6.12. Descendia do segundo Aitube, *ibid.* Ed 7.2, por via do segundo Meraiote, *cf.* 1 Cr 9.11; Ne 11.11. **3** Nome do pai de Jerusa, mãe do rei Uzias, *cf.* 2 Rs 15.33. **4** Nome de um dos filhos de Baaná que tomaram parte na reconstrução do muro de Jerusalém, *cf.* Ne 3.4, e talvez o mesmo que assinou o pacto de obediência a Deus, *cf.* 10.21. **5** Nome de um sacerdote, filho de Imer, que reparou o muro da cidade em frente de sua casa, *cf.* Ne 3.29, e talvez o mesmo que foi encarregado dos celeiros, *cf.* 13.13.

ZAFENATE-PANÉIA – segundo Steindorff, o nome deve significar, "Deus fala", "Ele vive". Há discordâncias.Outras sugestões divergentes têm surgido, mas nada pode ser conclusivo. Alguns estudiosos se apegam à consonância das palavras e concluem que o nome pode significar "revelador de segredos" (Targum Onkelos, Antig. 2.6,1). Outros especialistas preferem entender o significado do nome como "fornecedor do nutrimento da vida", outros ainda chegam à conclusão que se trata da designação do nome de José somado a um sobrenome comum da época. Seja como for, esse foi o nome que Faraó deu a José, depois de lhe haver interpretado os sonhos, *cf.* Gn 41.45.

ZAFOM (*na LXX Saphán e Saphón, "esconderijo", "oculta", ou como prefere outros estudiosos, "norte"*) – nome de uma cidade dos gaditas situada no vale do Jordão, *cf.* Js 13.27; com Jz 12.1. O Talmude a menciona como Amato. Se for certo, então vem a ser a Amatus, Antig. 13.13,5; 14.5,4, situada onde se localiza Tell Ammete, no vale do Jordão, ao oriente do rio Smiles e a noroeste da foz do Jaboque.

ZAINE – sétima letra do alfabeto hebraico, que assinala a sétima seção do salmo 119 e com a qual começa a primeira linha de cada versículo de toda a seção.

ZAIR (*no hebraico, "pequena"*) – nome de um lugar perto de Edom, onde Jeorão, rei de Judá, acampou antes de atacar os edomitas, *cf* 2 Rs 8.21; com o texto diferente em 2 Cr 21.9. Conder supõe que Zuwera, cidade perto do mar Morto, na estrada do extremo sul desse mar, em direção a Hebrom, seja o local mencionado.

ZALAFE (*no hebraico, talvez "purificação", ou "fratura"*) – nome do pai de certo Hanum, *cf.* Ne 3.30.

Z

ZALMOM

ZALMOM (*no hebraico, "terraço", "subida"*) – **1** Nome de um homem de Aode e um dos valentes de Davi, *cf.* 2 Sm 23.28, também chamado Ilai em *cf.* 1 Cr 11.29. **2** Nome de um monte coberto de árvores perto de Siquém, *cf.* Jz 9.48; com Sl 68.14.

ZALMONA (*no hebraico, "escura", "sombria"*) – nome de um acampamento dos israelitas, *cf.* Nm 33.41,42, ao oriente ou ao ocidente de Edom.

ZALMUNA (*no hebraico, "abrigo negado"*) – nome de um dos dois reis de Midiã que Gideão matou, *cf.* Jz 8.4-28; Sl 83.11.

ZANOA (*no hebraico, água suja", o que nem todos os estudiosos concordam, alguns preferem "distrito truncado"*) – **1** Nome de uma cidade, na planície de Judá, *cf.* Js 15.34, ocupada depois da volta do cativeiro, *cf.* Ne 11.30. Parece ser a mesma cidade cujos habitantes edificaram a porta do vale de Jerusalém, *cf.* 3.13. Robinson a identifica com Zanua, três milhas a sudoeste de Bete-Semes. **2** Nome de uma cidade da parte montanhosa de Judá, *cf.* Js 15.56, e talvez a mesma mencionada em *cf.* 1 Cr 4.18. Julga-se que seja representada pela atual Zanuta situada 12½ milhas e a sudeste de Hebrom, 2½ ao sul de *Shuweikeh* e 5 milhas ao ocidente de es-Semua, porque pertence ao grupo das cidades mencionadas por Josué no cap. 15.48-51 e não às dos versículos 55-57.

ZANZUMINS (*no hebraico zamzummîm, um nome de significado incerto, talvez signifique "barulhentos", "murmuradores", alguns preferem "poderosos", "vigorosos"*) – nome de uma tribo de Refaim que nos antigos tempos ocupava o oriente do Jordão, e onde depois se estabeleceram os amonitas, *cf.* Dt 2.20. Talvez seja o mesmo que Zuzim.

ZAQUEU (*forma grega do hebraico Zakkay, "puro", "justo"*) – nome de um homem rico de Jericó, coletor das rendas do governo romano. Converteu-se a Cristo de quem se fez discípulo, *cf.* Lc 19.1-10.

ZARETÃ (*no hebraico é çareᵉtan, "refrigerante", "frescor"*) – nome de uma aldeia, abaixo de Jezreel, perto de Bete-Seã, *cf.* Js 3.16; 1 Rs 4.12. Em uma terra barrenta, nos campos do Jordão, entre Sucote e Sartã é onde Salomão mandou fundir os utensílios de bronze destinados à casa do Senhor, *cf.* 1 Rs 7.46. Algumas descobertas arqueológicas sugerem sua localização na margem ocidental do Jordão, nas vizinhanças de Qarn Sartaba. Mas não se pode afirmar com certeza o lugar de sua existência.

ZATU – nome do fundador de uma família. Alguns de seus membros voltaram do cativeiro, *cf.* Ed 2.8; Ne 7.13, casados com mulheres estrangeiras, das quais se desquitaram a instâncias de Esdras, *cf.* Ed 10.27. Um de seus chefes assinou o pacto com Neemias, *cf.* Ne 10.14.

ZAZA (*no hebraico, "abundância"*) – nome de um homem da tribo de Judá, da família de Hebrom, da casa de Jerameel, *cf.* 1 Cr 2.33.

ZEBÁ (*no hebraico, zebah, "matança", "sacrifício"*) – nome de um dos dois reis midianitas, perseguido e morto por Gideão, *cf.* Jz 8.4-28; Sl 83.12.

ZEBADIAS (*no hebraico, "Jeová deu"*) – **1** Nome de um benjamita, da casa de Berias, *cf.* 1 Cr 8.15,16. **2** Nome de um benjamita descendente de Elpaal, *cf.* 1 Cr 8.17,18. **3** Nome de um dos filhos de Jeroão de Gedor, que foi unir-se a Davi em Ziclague, *cf.* 1 Cr 12.7. **4** Nome de um dos filhos de Asael, irmão de Joabe, *cf.* 1 Cr

27.7. **5** Nome de um levita descendente de Coré, filho de Meselemias, no reinado de Davi, *cf*. 1 Cr 26.1,2. **6** Nome de um dos levitas enviados por Jeosafá para ensinar a lei ao povo, *cf*. 2 Cr 17.8. **7** Nome de um príncipe de Judá, que presidia os negócios atinentes ao serviço do rei Jeosafá em Jerusalém, *cf*. 2 Cr 19.11. **8** Nome de um dos descendentes de Sefatias, e um dos que voltaram do cativeiro com Esdras, *cf*. Ed 8.8. **9** Nome de um sacerdote da casa de Imer, induzido por Esdras a desquitar-se de sua mulher estrangeira, *cf*. Ed 10.20.

ZEBEDEU (*no grego é zebedaios, derivado do hebraico zabdî, abreviado de zabdîyah, "dom de Jeová"*) ▬ nome do marido de Salomé, e pai de Tiago e João, pescador do mar da Galiléia, *cf*. Mt 4.21, homem de abastança, porque tinha servos alugados, *cf*. Mc 1.19,20. Não opôs embaraço algum para que seus filhos seguissem Jesus.

ZEBIDA (*no hebraico, "dotada"*) ▬ nome de uma filha de Pedaías de Ruma, e mãe do rei Jeoaquim, *cf*. 2 Rs 23.36.

ZEBINA (*no hebraico, "adquirido", "comprado"*) ▬ nome de um dos descendentes de Nebo, induzido por Esdras a deixar sua mulher estrangeira, *cf*. Ed 10.43.

ZEBOIM (*na LXX é saboeím, o termo hebraico é çᵉbhõ'îm, "hienas"*) ▬ **1** Nome de um vale, no território de Benjamim, entre Micmás e o deserto pelo lado do oriente, *cf*. 1 Sm 13.16-18. Um rochedo escarpado que fica acima da planície do Jordão, perto de Jericó, chamado Shukh ed-Duba, que quer dizer "ravina de hienas", parece indicar a antiga Zeboim. **2** Nome de uma cidade ocupada pelos benjamitas depois do cativeiro, *cf*. Ne 11.34. Deve localizar-se no sopé das montanhas que ornam a planície do Sarom, perto de Lida. **3** Nome de uma das cinco cidades da planície, *cf*. Gn 10.19. O rei de Zeboim foi derrotado por Quedorlaomer, *cf*. 14.2-8,10. A cidade foi destruída, pelo fogo do céu, com outras, *cf*. 19.17-29; Dt 29.23; Os 11.8.

ZEBUL (*no hebraico zᵉbul, possivelmente significa "altura", "domínio", habitação, elevação"*) ▬ nome de um dos governadores da cidade de Siquém no tempo de Abimeleque, a quem mostrou inquebrantável fidelidade, *cf*. Jz 9.28,36-39. Era o nome de um deus pré-filisteu em Canaã, provavelmente uma forma abreviada de Baal-Zebul, "o senhor da terra", divindade mencionada nos escritos de Ras Shamra.

ZEBULOM (*no hebraico zebûlûn, "habitação"*) ▬ **1** Nome do décimo filho de Jacó, e o sexto, com sua mulher Lia, *cf*. Gn 30.20. Desceu com seu pai para o Egito, *cf*. Êx 1.3, levando consigo três filhos: Serede, Elom e Jaleel, *cf*. Gn 46.14. Jacó, ao despedir-se dos filhos, disse que Zebulom habitaria na praia do mar e no ancoradouro dos navios, estendendo-se até Sidom, *cf*. 49.13, profecia essa que se realizou não muito minuciosamente. A Zebulom pertenceu o território vizinho ao mar, e possuiu os mercados da costa do Mediterrâneo, mas estava separado do mar da Galiléia pela tribo de Naftali e de Issacar, e do mar Mediterrâneo e de Sidom, pela tribo de Aser. A discordância entre as palavras de Jacó e a posição da tribo de Zebulom na Palestina é forte argumento contra os que dizem que a despedida de Jacó foi escrita depois do estabelecimento das tribos. **2** A tribo da qual Zebulom foi o progenitor. Dos seus três filhos saíram três famílias em que se dividiu a tribo, *cf*. Nm 26.26,27. O príncipe da tribo no deserto foi Eliabe, filho de Helom, *cf*. 1.9; 10.16, e mais tarde foi Elizafã, filho de Parnaque, *cf*. 34.25. O espião que representou a tribo na comissão exploradora da terra de Canaã chamava-se Gadiel, filho de Sodi, *cf*. 13.10. Quando se fez o primeiro censo, a

ZEBULOM

tribo contava 57.400 homens de guerra, *cf.* 1.30,31, no segundo arrolamento, acusava 60.500, *cf.* 26.27. Foi uma das seis tribos, cujos representantes estiveram no monte Ebal, pronunciando as maldições contra os transgressores do pacto, *cf.* Dt 27.13; com Js 8.32-35. Antes de sua morte, Moisés, associando o nome dos dois irmãos, filho de Lia, e tendo em mente as palavras proféticas de Jacó, disse: "Alegra-te, Zebulom, nas tuas saídas marítimas, e tu, Issacar, nas tuas tendas. Os dois chamarão os povos ao monte; ali apresentarão ofertas legítimas, porque chuparão a abundância dos mares e os tesouros escondidos da areia", *cf.* Dt 33.18,19. No monte da herança de Jeová, *cf.* Êx 15.17, onde estabeleceria o seu povo escolhido, Zebulom e Issacar traziam ricas ofertas a seu grande benfeitor. Depois da conquista de Canaã, tocou a Zebulom a parte do território ao norte do país, que ficava ao norte de Issacar, ao oriente de Aser e ao sul e ocidente de Naftali, *cf.* Js 19.27,34. A linha divisória ao sul corria pelo Dabesete, na raiz ocidental, do monte Tabor, passava por Quislote-Tabor, e depois de atravessar a planície de Esdraelom, passava defronte de Jocneão, *cf.* v. 11,12, que parece ser o *wady el-Milh*, tributário do Quisom. O limite oriental passava por Gate-Hefer, que ficava cerca de três milhas a nordeste de Nazaré, sobre o Rimom, e quase seis milhas ao norte de Nazaré, *cf.* v. 13. No ângulo de noroeste, do território, ficava o vale de Iftá-El, *cf.* v. 14, provavelmente, nove milhas a nordeste de Nazaré deixando a planície fértil. Uma vez que Belém pertencia a Zebulom, *cf.* v. 15, o limite ocidental era, sem dúvida, em parte, o *wady el-Hhalladiyeh*. A região pertencente a Zebulom era muito fértil, compreendia uma parte da região montanhosa da baixa Galiléia, e o lado ocidental da planície de Esdraelom. Os zebulonitas formavam uma parte importante das forças de Baraque contra Sísera, *cf.* Jz 4.6-10,18, e das forças de Gideão contra Midiã, cap. 5;

6 e 7. Débora cantou que desceram de Zebulom os que comandaram o exército para a batalha, *cf.* 5.14. O juiz Elom, da tribo de Zebulom, julgou Israel dez anos, morreu e foi sepultado em Aijalom; *cf.* 2 Rs 25.19; Jz 12.12. Cinqüenta mil homens de guerra, comandados por hábeis capitães, desceram com os de outras tribos a Hebrom para proclamarem rei Davi sobre todo o Israel, *cf.* 1 Cr 12.33. Ismaías, filho de Obadias, foi príncipe da tribo de Zebulom no reinado de Davi, *cf.* 27.19. A tribo de Zebulom com o restante da Galiléia muito sofreram com as guerras dos assírios, mas Isaías profetizou que alcançariam bênçãos compensadoras nos tempos messiânicos, *cf.* Is 9.1,2; Mt 4.12-16. Alguns homens dessa tribo aceitaram o convite de Ezequias para virem a Jerusalém e participar da festa solene da Páscoa, *cf.* 2 Cr 30.10,11,18. Em sua profecia, Ezequiel destina uma das portas de Jerusalém, por ele descrita, aos zebulonitas, *cf.* Ez 48.33. O livro de Apocalipse registra 12 mil assinalados nas suas testas, da tribo de Zebulom, como servos de nosso Deus, *cf.* Ap 7.8.

ZEBULONITA – pessoa pertencente à tribo de Zebulom, ou residente em seu território, *cf.* Nm 26.27; Jz 12.11,12.

ZEDADE (*no hebraico, "ladeira", "inclinação"*) – nome de um lugar, ou mais provável de uma torre, no limite setentrional da Palestina, *cf.* Nm 34.8; Ez 47.15. Alguns acreditam que seja o lugar que chamam Sudude ou Sadabe no deserto, ao oriente da estrada que vai de Damasco a Hums.

ZEDEQUIAS (*no hebraico çidhqiyyãhû, "justiça de Jeová", ou "Jeová é minha justiça", em alguns textos o nome é grafado como çidhqiyyâ e tem o mesmo significado*) – **1** Nome do filho de Quenaaná. Tendo-se unido com outros falsos profetas, foi persuadir a Acabe para combater contra

Ramote de Gileade e destruir o poder da Síria. Ficou encolerizado quando Micaías, profeta de Jeová, o contrariou, que se atirou contra ele dando-lhe uma bofetada acompanhada de insultos. Micmás respondeu-lhe: "Eis que o verás naquele mesmo dia, quando entrares de câmara em câmara, para te esconderes" *cf.* 1 Rs 22.11-25. **2** Nome de um profeta, imoral e mentiroso, filho de Maaséias, e que Nabucodonosor fez assar no fogo, *cf.* Jr 29.21-23. **3** Nome de um filho de Hananias, e príncipe de Judá no reinado de Jeoiaquim, *cf.* Jr 36.12. **4** Nome que Nabucodonosor deu a Matanias, um dos filhos de Josias, quando o constituiu rei de Judá em lugar de seu sobrinho Jeoiaquim, *cf.* 2 Rs 24.17; 1 Cr 3.15; em 2 Crônicas 36.10, a V. B., diz irmão de Jeoiaquim, i.é., parente chegado. Era o mais moço dos dois filhos de Josias com sua mulher Hamutal, *cf.* 2 Rs 23.31; 24.18. Tinha 21 anos quando começou a reinar e reinou 11 anos, desde 598 a 587 a.C. Nem ele, nem o seu povo, deram ouvidos à palavra do Senhor proferida por Jeremias, *cf.* 2 Cr 36.12; Jr 37.2. Profanaram o templo com idolatrias, *cf.* 2 Cr 36.14, e abandonaram a justiça, *cf.* Jr 21.11,12. Forte partido, auxiliado por falsos profetas, aconselhou o rei a sacudir o jugo estrangeiro, *cf.* 27.12-22. Edom, Moabe, Amom, Tiro e Sidom, vieram a Jerusalém para combinar um plano de revolta contra o rei da Babilônia, Jeremias, divinamente inspirado condenou o plano, *cf.* v. 2-11. Zedequias enviou uma embaixada a Nabucodonosor, com o fim, parece, de assegurar sua fidelidade, *cf.* 29.3, tendo ido ele mesmo a Babilônia no quarto ano de seu reinado, *cf.* 51.59. Nos últimos tempos resolveu revoltar-se. No dia 10 do décimo mês, do nono ano de seu reinado, o monarca babilônio tomou posições, em frente de Jerusalém, e começou a levantar trincheiras contra ela. Era forte demais para ser tomada por assalto. Os babilônios a sitiaram. As avançadas dos egípcios obrigaram os sitiantes a se retirar, *cf.* Jr 37.5, mas em pouco tempo voltaram às posições abandonadas. Em o nono dia do quarto mês, do ano 11º. de Zedequias, não havia mais mantimentos na cidade. Zedequias, com todos os homens de guerra, na noite desse dia, deixou secretamente a cidade, e, passando silenciosamente pelos baluartes inimigos, dirigiu-se ao Jordão. Os babilônios, sabendo que o rei havia fugido, saíram a persegui-los e o alcançaram na planície de Jericó. Os soldados fugiram em todas as direções e deixaram o rei quase sozinho. Levaram-no prisioneiro à presença de Nabucodonosor que lhe mandou arrancar os olhos, depois de mandar matar na sua presença a todos os seus filhos. Carregado de algemas, foi conduzido para Babilônia, *cf.* 2 Rs 24.17-20; 25.1-7; 2 Cr 36.11-21; Jr 39.1-14, permaneceu na prisão até o dia da sua morte, *cf.* Jr 52.11. Jeremias profetizou durante o reinado de Zedequias. **5** Nome de um dos filhos de Jeoaquim, *cf.* 1 Cr 3.16. Alguns comentadores dizem que a palavra filho tem o sentido de descendente. **6** Nome de uma alta personagem que selou o pacto logo depois de Neemias, *cf.* Ne 10.1.

ZEEBE (*no hebraico z^e'eb, "chacal"*) – nome de um príncipe midianita que Gideão prendeu e matou, em um lagar que ficou chamando o Lagar de Zeebe, *cf.* Jz 7.25. Localização desconhecida, mas que deveria ser o ocidente do Jordão e perto do rio.

ZEFATÁ (*no hebraico ç^{e}fathâ, "vigia da montanha"*) – nome de um vale perto de Maressa, *cf.* 2 Cr 14.10, na tribo de Judá. Conder indica o *wady Safieh*, que começa a uma milha a nordeste de Maressa, perto de Bete-Jibrim e segue em direção a essa cidade em um curto trecho.

ZEFATE (*no hebraico "vigia da montanha", ou "torre do vigia"*) – nome de uma cidade dos cananeus, situada ao sul do

ZEFATE

país, nos limites de Edom, a qual tocou em partilha à tribo de Simeão. Os simeonitas, com o auxílio de seus irmãos da tribo de Judá, tomaram a cidade e a chamaram de Horma, *cf.* Jz 1.17. Robinson supõe que este se conserva sob a forma Sufah, passagem que dá acesso ao sul de Judá, saindo de Arabá. A opinião geral é redescoberta por Rowlands e Palmer, 24 milhas ao nordeste de Cadesbarnéia, 26½ milhas a sudoeste de Berseba. As ruínas cobrem uma área de 1.500 jardas. A identificação filológica é problemática.

ZEFI/ZEFÔ (*no hebraico, "vigia"*) – nome de um filho de Elifaz e neto de Esaú. Fundou uma tribo, *cf.* Gn 36.11,15; 1 Cr 1.36.

ZEFOM – nome de um filho de Gade e fundador de uma família tribal, *cf.* Nm 26.15. Chama-se Zifiom em Gn 46.16, que é nome sinônimo. Seus descendentes são chamados de zefonitas.

ZELA – nome de uma cidade que tocou em partilha à tribo de Benjamim, *cf.* Js 18.28. Nela se encontra o sepulcro de Quis e descansam os ossos de Saul e de Jônatas, *cf.* 2 Sm 21.14.

ZELEQUE (*no hebraico, "fenda", "rasgadura", "brecha", "racha"*) – nome de um amonita que fazia parte dos homens fortes de Davi, *cf.* 2 Sm 23.37; 1 Cr 11.39.

ZELOFEADE – nome de um homem da tribo de Manassés, da família de Maquir, subfamília de Gileade, e casa de Hefer. Não teve filhos, mas somente filhas, *cf.* Nm 26.33. Esse fato deu ocasião à promulgação de uma lei que dava direito de posse, entre os parentes do pai, às filhas, quando não havia filho varão, a fim de participarem da herança, *cf.* Nm 27.1-8. Essa lei foi logo depois ampliada, pelo acréscimo de uma provisão, ordenando que as filhas de

Zelofeade casassem com quem quisessem, desde que fosse com homem da sua tribo, para que a herança não se transferisse de uma tribo para outra, *cf.* 36.1-12. A herança dessa família ficava ao oriente do Jordão, *cf.* Js 17.1-6.

ZELOTE (*no grego "zeloso"*) – membro de um partido nacionalista, Guerras 4.3,9; 7.8,1. O apóstolo Simão e outros se distinguiam de Simão Pedro pelo epíteto de zelote, *cf.* Lc 6.15; At 1.13. Esse partido converteu-se em centro de resistência aos romanos, no tempo de Cirênio, sob direção de Judas Galileu. Crescendo em fanatismo provocou guerra contra o império dos Césares. Nos últimos tempos degenerou em um corpo de assassinos, ou sicários, Antig. 18.1,6; Guerras 2.8,1; 17.8; 4.3,9 (*veja CANANEU*).

ZELZA (*no hebraico, "sombra no calor do sol", "proteção solar"*) – nome de uma cidade na fronteira de Benjamim, perto do sepulcro de Raquel, *cf.* 1 Sm 10.2. Localização desconhecida.

ZEMARAIM (*no hebraico, "dois cortes"*) – **1** Nome de uma cidade da tribo de Benjamim, *cf.* Js 18.22. Existem grandes ruínas de uma povoação três milhas a oeste do Jordão e quatro milhas a nordeste de Jericó na estrada que vai a Jerusalém, presume-se ser o local da antiga Samaria. **2** Nome de um monte, na parte serrana de Efraim, de onde o rei Abias falou em termos de paz a Jeroboão e a todo o Israel antes de entrar em combate, *cf.* 2 Cr 13.4. Talvez estivesse ao sul de Betel, *cf.* v. 19, e não longe da cidade do mesmo nome.

ZEMAREUS – nome de uma tribo de cananeus, *cf.* Gn 10.18; 1 Cr 1.16. Esse nome figura com os nomes Aradio e Amateu, habitantes de Simura, que, atualmente, chama Sunra, na costa entre Arvade e Trípoli.

ZEMIRA (*no hebraico, "melodia", "canção"*) – nome de um benjamita, filho de Bequer, *cf*. 1 Cr 7.8.

ZENÃ (*no hebraico, "lugar de rebanhos"*) – nome de uma cidade ao ocidente de Judá, ou dentro da planície na parte baixa, *cf*. Js 15.37. Talvez seja a mesma Zaanã mencionada em Mq 1.11, localização desconhecida.

ZENAS (*uma contração do nome grego Zenodoros, "dom de Zeus"*) – nome de um doutor da lei, companheiro de viagem em Creta com Apolo, enviados por Tito para se encontrarem com Paulo em Nicópolis, *cf*. Tt 3.13.

ZER (*no hebraico, "pederneira", "rocha"*) – cidade fortificada de Naftali, *cf*. Js 19.35. Localização desconhecida.

ZERA/ZERÁ (*no hebraico zãrah, "clarão", "crepúsculo"*) – **1** Nome de um capitão de Edom descendente de Esaú e também de Ismael, *cf*. Gn 36.3,4,13,17; 1 Cr 1.37 e talvez v. 44. **2** Nome de um dos filhos de Judá, com Tamar, fundador de uma família tribal, *cf*. Nm 26.20; Js 7.1,17. **3** Nome de um filho de Simeão e fundador de uma família tribal, *cf*. Nm 26.13, também chamado Zoar em *cf*. Gn 46.10; Êx 6.15, que quer dizer tribo. **4** Nome de um levita da família de Gérson, *cf*. 1 Cr 6.21,41. **5** Nome de um etíope, que comandou numeroso exército para atacar o rei Asa, e foi derrotado com grande mortandade em Maressa, *cf*. 2 Cr 14.8-15.

ZERAÍAS (*no hebraico, "o Senhor ressuscitou"*) – **1** Nome de um sacerdote, filho de Uzi, e descendente de Finéias, *cf*. 1 Cr 6.6,51; Ed 7.4. **2** Nome de um dos filhos de Paate-Moabe, *cf*. Ed 8.4.

ZERAÍTAS – pessoas pertencentes à família de Zerá. Havia duas famílias com nome idêntico, uma na tribo de Simeão e outra na tribo de Judá, *cf*. Nm 26.13,20; Js 7.17; com 1 Cr 11.13.

ZEREDÁ (*no hebraico, "refrigério", "fresquidão"*) – nome de uma aldeia de onde saiu Nebate, efrateu, pai de Jeroboão, *cf*. 1 Rs 11.26. Zeredá ficava perto de Sucote. No terreno barrento entre Sucote, ao oriente do Jordão e Zeredá, que ficava ao ocidente, Salomão mandou fundir o vaso da casa do Senhor, *cf*. 2 Cr 4.17. O lugar da fundação deve ter sido no lado ocidental, porque o terreno do lado oposto não se prestava a esse trabalho, por ser pouco nivelado. Zeredá, provavelmente, é a mesma Zaretã mencionada em 1 Rs 7.46. Conder diz com certa hesitação que a localização de Zeredá, deve ser Surda, que fica duas milhas e meia a noroeste de Betel. A LXX aponta para a região montanhosa de Efraim, 1 Rs 12.24. Mas essa versão a confunde, provavelmente, com Tirza. É quase certo que Zeredá situava-se no vale do Jordão.

ZEREDE (*no hebraico, "crescimento exuberante"*) – nome de um ribeiro e de um vale que os israelitas atravessaram 38 anos depois de terem voltado ao deserto de Cades Barnéia, limite máximo da sua peregrinação, *cf*. Nm 21.12; Dt 2.13,14. Ficava ao sul do Arnom, ao longo da margem oriental, *cf*. Nm 21.11,13, e não no limite sul de Moabe. Não é, pois, o *wady el-Ahsy* que servia de limite entre Moabe e Edom. Pode ser o *Sail Saideh*, braço oriental do Arnom, ou curso superior do *wady Kerek*.

ZERERÁ – parece que é o mesmo que Zeredá, se dermos ao segundo *r* o som de *d*, como nas versões árabe e siríaca, ou se os dois *rr* estão unidos em um só, na palavra Zaretã, *cf*. Jz 7.22 com 1 Rs 4.12.

ZERES (*nome persa que significa "ouro", no hebraico é zeresh*) – nome da mulher de Hamã, *cf*. Et 5.10; 6.13.

ZERETE

ZERETE (*no hebraico, "brilho", "esplendor"*) – nome de um dos filhos de Asur da tribo de Judá, com sua mulher, Hela, *cf.* 1 Cr 4.5-7.

ZERETE-SAAR (*no hebraico, "esplendor da aurora"*) – nome de uma cidade, da tribo de Rúben, situada sobre um monte de onde se descortinava todo o vale do mar Morto, *cf.* Js 13.19. Seetzen diz que Sara ou Zara, perto da foz do Zerca Maim, é o lugar da antiga Zerete. Os nomes, porém, não são idênticos.

ZERI (*no hebraico, "bálsamo"*) – nome de um dos filhos de Jedutum, *cf.* 1 Cr 25.3, que no versículo 11 tem o nome de Izri. Parece que na transcrição foi omitida a inicial *jod*, porque esta última é a forma verdadeira da palavra.

ZEROR (*no hebraico, "feixe", "pacote"*) – nome de um benjamita, antecessor do rei Saul, *cf.* 1 Sm 9.1.

ZERUA (*no hebraico, "leproso"*) – nome da mãe de Jeroboão, *cf.* 1 Rs 11.26.

ZERUIA (*no hebraico çᵉruyâ, "bálsamo"*) – nome de uma das irmãs de Davi, *cf.* 1 Cr 2.16, provavelmente como sua irmã Abigail, não era filha de Jessé. Era irmã de Davi do primeiro casamento de sua mãe com Naás, *cf.* 2 Sm 17.25. Zeruia era mãe de Joabe, de Asael e de Abisai, *cf.* 2.18; 1 Cr 2.16.

ZETÃ – nome de dois homens no Antigo Testamento. Seus nomes são grafados de forma diferente, mas possuem o mesmo significado. **1** Nome de um levita gersonita, da casa de Ladã, filho de Jeiel, *cf.* 1 Cr 23.8; 26.22. **2** Nome de um benjamita, da família de Jadiael, *cf.* 1 Cr 7.10.

ZETAR (*no hebraico, "sacrifício"*) – nome de um dos sete eunucos do rei Assuero, *cf.* Et 1.10.

ZIA (*no hebraico, "terror"*) – nome de um gadita, talvez chefe de uma família, *cf.* 1 Cr 5.13. Ele era da tribo de Gade e chefe de uma das famílias de Israel, *cf.* 1 Cr 5.13. Nome do fundador e único chefe da família dos netinins. Alguns dos membros dessa família voltaram da Babilônia, *cf.* Ed 2.43; Ne 7.46. Talvez o mesmo Zia de Ne 11.21.

ZIBA (*no hebraico çîbã', o significado do nome é muito incerto*) – nome de um escravo do rei Saul que havia conseguido a sua liberdade, Antig. 7.5,5, talvez por ocasião da vitória dos filisteus sobre Saul. Constituiu grande família e por sua vez adquiriu escravos, *cf.* 2 Sm 9.10. Davi fez dele e de seus filhos, servos de Mefibosete, filho de Saul e lhes ordenou que cultivassem as terras dele, *cf.* 9.12. Quando Davi foi compelido a fugir de Jerusalém, por causa da revolta de Absalão, Ziba, apareceu com um par de mulas carregadas de provisões para o rei, e ao mesmo tempo lhe comunicou que seu amo havia ficado em Jerusalém esperando que lhe fosse restaurado o reino de seu pai Saul. O rei deu a Ziba tudo quanto era de Mefibosete, *cf.* 16.1-4. Depois da morte de Absalão, quando Davi voltou para Jerusalém, entre as pessoas que saíram ao seu encontro, à beira do Jordão, estava Ziba, com seus filhos e servos, *cf.* 19.17. Mefibosete também foi encontrar-se com o rei mostrando, pela falta de cuidado pessoal, quanto havia sentido a ausência do rei. Contou-lhe por que não o havia acompanhado em sua fuga, pois Ziba, não só deixou de aparelhar a cavalgadura para a viagem, como ainda o acusou diante do rei. Davi se enfadou com as desculpas e mandou que os bens fossem repartidos entre ambos, *cf.* v. 24-30.

ZIBEÃO (*no hebraico, "tinto"*) – **1** Nome de um heveu, *cf.* Gn 36.2, que, tendo talvez emigrado com sua família para o monte Seir, ali organizou a tribo dos horeus, *cf.*

v. 20,24, com um chefe, *cf.* v. 29. Foi antecessor de uma das mulheres de Esaú, *cf.* v. 2,25. **2** Nome de um filho de Seir, o horeu, *cf.* Gn 36.20,24,29; 1 Cr 1.38,40.

ZIBIA (*no hebraico, "gazela fêmea"*) **– 1** Nome de um benjamita, filho de Saaraim e chefe de uma família, *cf.* 1 Cr 8.9. **2** Nome de uma mulher de Berseba, esposa de Acazias e mãe de Joás, rei de Judá, *cf.* 2 Rs 12.1.

ZICLAGUE – nome de uma cidade do extremo sul de Judá, *cf.* Js 15.31, que tocou em partilha à tribo de Judá, Js 15.31, que tocou em partilha à tribo de Simeão, *cf.* 19.5; 1 Cr 4.30. No tempo de Saul ainda estava em mãos dos filisteus. Davi habitou nela como vassalo do rei Aquis, *cf.* 1 Sm 27.6; 1 Cr 12.1-22. Essa cidade foi tomada pelos amalequitas que a saquearam e a reduziram a cinzas. Davi os perseguiu e lhes tomou despojos que repartiu pelas cidades vizinhas, *cf.* 1 Sm 30.1-31; 2 Sm 1.1; 4.10. Depois disso, a cidade de Ziclague foi desmembrada do reino dos filisteus e colocada sob o domínio dos reis de Judá, *cf.* 1 Sm 27.6. Depois do cativeiro não foi mais ocupada, *cf.* Ne 11.28. Localização não identificada, a não ser que sejam as ruínas de Zuheilikah, descobertas por Conder, 11 milhas a sudeste de Gaza. Não tem razão os que dizem ser Asluj, 32 milhas ao sul de Gaza, por ausência de provas.

ZICRI (*no hebraico, "famoso", "renomado"*) **– 1** Nome de um levita da família de Coate e filho de Jizar, *cf.* Êx 6.21. **2** Nome de um benjamita, filho de Simei, *cf.* 1 Cr 8.19. **3** Nome de um benjamita e filho de Sasaque, *cf.* 1 Cr 8.23. **4** Nome de um benjamita, filho de Jeroão, *cf.* 8.27. **5** Nome de um levita de Asafe, *cf.* 1 Cr 9.15, provavelmente é a mesma pessoa que tem o nome de Zacur, sinônimo de Zicri, que se encontra em 25.2,10; *cf.* Ne 12.35 e também o mesmo indivíduo com o nome de Zabdi em 11.17. **6** Nome de um levita, descendente de Eliezer, filho de Moisés, *cf.* 1 Cr 26.25. **7** Nome de um rubenita, pai de Amasias, oficial do exército de Jeosafá, *cf.* 2 Cr 17.16, e, possivelmente também pai de Elisafate, que auxiliou Joiada a depor a rainha Atalia, *cf.* 2 Cr 23.1. **8** Nome de um rubenita, *cf.* 1 Cr 27.16. **9** Nome de um homem poderoso de Efraim, que matou a Maaséias, filho do rei Acaz, e mais dois oficiais da corte, *cf.* 2 Cr 28.7. **10** Nome de um benjamita, *cf.* Ne 11.9. **11** Nome de um sacerdote, chefe da família de Abias. Viveu nos dias de Joiaquim, *cf.* Ne 12.17.

ZIDIM (*no hebraico, "faldas montanhosas"*) **–** nome de uma cidade fortificada pertencente à tribo de Naftali, *cf.* Js 19.35. O Talmude chama esta cidade Kefar Chittai. Tem sido identificada com a moderna Hatim, uma aldeia localizada cerca de 8 km a noroeste do Tiberíades e a menos de 800 m ao norte dos célebres Cornos de Hatim.

ZIFA (*no hebraico, "emprestado"*) **–** nome de um dos filhos de Jealelel, descendente de Calebe, filho de Jefoné, *cf.* 1 Cr 4.16.

ZIFE (*no hebraico zîf, significado incerto*) **– 1** Nome de uma cidade no extremo sul de Judá, *cf.* Js 15.24. Identificada com *Khirbet ez Zeifeh*, a sueste de Hebrom. **2** Nome de uma cidade na região serrana de Judá, *cf.* Js 15.55, nas vizinhanças do deserto e de uma floresta, *cf.* 1 Sm 23.14,15; cidade que Reoboão fortificou, *cf.* 2 Cr 11.8. Existem umas ruínas com o nome de Zife sobre uma cordilheira entre dois pequenos vales cerca de quatro milhas a sudoeste de Hebrom, a atual *Khirbet es Zife*. Para o oriente, estende-se o deserto montanhoso com pequenos vales de ricas margas. Ainda no tempo das Cruzadas havia ali opulentas florestas que desapareceram. **3** Nome de um homem de Judá, da casa de Jealelel, *cf.* 1 Cr 4.16. **4**

ZIFE

Nome de um neto de Calebe, filho de Hezrom, *cf*. 1 Cr 2.42.

ZIFEUS – naturais ou habitantes de Zife, *cf*. 1 Sm 23.19; 26.1; título do Sl 54.

ZIFIOM – nome de um filho de Gade, *cf*. Gn 46.16

ZIFROM (*no hebraico, "fragrância"*) – nome de um lugar no limite sul da Terra Prometida, na divisa com a Síria, *cf*. Nm 34.9. Localização desconhecida.

ZILÁ (*no hebraico, "sombra", ou "proteção"*) – nome de uma das mulheres de Lameque e mãe de Tubal-Caim, *cf*. Gn 4.19,22,23.

ZILETAI (*no hebraico, "sombra", "proteção"*) – **1** Nome de um benjamita, filho de Simei, *cf*. 1 Cr 8.20. **2** Nome de um homem da tribo de Manassés que fugiu para Davi quando estava em Ziclague, *cf*. 1 Cr 12.20.

ZILPA (*no hebraico zilfah, "gota"*) – nome de uma escrava que Labão deu a sua filha Lia, mulher de Jacó, em dote de casamento, *cf*. Gn 29.24. Lia, tendo cessado de ter filhos, entregou a seu marido a escrava Zilpa, que foi mãe de Gade e Aser, *cf*. 30.9-13.

ZIM (*no hebraico çin, "palmeira baixa", ou "terra baixa"*) – nome de um deserto que os israelitas atravessaram quando iam do Egito para Canaã. Ficava mui perto do extremo sul, *cf*. Nm 13.21; 21.1; 27.14; 33.36; Dt 32.51. Constituía o limite ocidental de Edom e de Judá a sudeste, *cf*. Js 15.1-3, e parte do deserto de Parã, ou do deserto de Cades. Não era propriamente o deserto de Zim. No hebraico as duas palavras são distintas inteiramente.

ZIMA (*no hebraico, "conselho", "artifício", "consideração"*) – nome de um levita

da família de Gérson, filho de Simei e neto de Jaate, *cf*. 1 Cr 6.20,42,43 e talvez 2 Cr 29.12.

ZIMBRO (*no hebraico rothem*) – **1** Nome de um arbusto copado com varas pobres de folhas, produz flores brancas levemente coloridas de vermelho; nasce no vale do Jordão e na Arábia; é muito comum na península do Sinai, *cf*. Jó 30.4; 1 Rs 19.4,5. Tem extensas raízes de que se fabricava carvão, *cf*. Sl 120.4. **2** Planta leguminosa, *Retama raetam*, semelhante a uma giesta de poucas folhas, *cf*. 1 Rs 19.4,5; Jó 30.4. Não se deve confundir com a conífera do gênero *Juniperus*, de que se encontram várias espécies no Líbano, na Galiléia e em Basã (*veja TAMARGUEIRA*).

ZIMRI – **1** Nome de um israelita, filho de Salu, príncipe da tribo de Simeão que foi morto em Sitim por atos de licenciosidade com uma midianita, *cf*. Nm 25.14; 1 Mac 2.26. **2** Nome de um povo conhecido por essa denominação, *cf*. Jr 25.25. Supõe-se que descendiam de Zinrã.

ZINRÃ (*no hebraico zimrãn, de significado incerto*) – nome de um filho, ou para melhor dizer, de uma tribo descendente de Abraão e Quetura, *cf*. Gn 25.2; 1 Cr 1.32. Supõe-se que Zabrã, nome de uma cidade ao ocidente de Meca, sobre o mar Vermelho, Ptol. 6.7,5, ou Zamareni, nome de uma tribo árabe, Plínio, Hist. Nat. 6.32,5, seja eco de Zinrã.

ZINRI (*no hebraico zimrî, "o célebre", "celebrado"*) – **1** Nome de um filho de Zerá e neto de Judá, *cf*. 1 Cr 2.6, também chamado Zabdi em Js 7.1,17,18. **2** Nome de um benjamita, descendente de Jônatas, filho de Saul, *cf*. 1 Cr 8.36; 9.42. **3** Nome de um militar, que comandava metade das carroças de Elá, rei de Israel, que ele assassinou, cumprindo-se desse modo as denunciações contra a casa de Baasa. Depois disso, fez-se proclamar rei em Tirza. Sem demora os israelitas proclamaram rei a Onri, que era comandante-chefe das forças. Marchou Onri contra o usurpador e tomou a sua capital, Tirza. Quando Zinri viu a cidade em chamas, lançou fogo ao seu palácio e morreu no incêndio. O seu reinado durou apenas uma semana, 885 a.C., *cf.* 1 Rs 16.8-20. Pensam alguns que esse Zinri era descendente de Saul, *cf.* 1 Cr 8.36, que tentava reconquistar o trono.

ZIOR (*no hebraico, "pequenez"*) – nome de uma cidade, na parte montanhosa de Judá, perto de Hebrom, *cf.* Js 15.54. O local tem sido identificado com a moderna *Si'ir*, ou *Si'air*, localizada cerca de 8 km a noroeste de Hebrom.

ZIPOR (*no hebraico çippôr ou çippõr, "ave", "pássaro", ou "pardal"*) – nome do pai de Balaque, rei de Moabe, *cf.* Nm 22.4,10.

ZÍPORA (no hebraico é *çipporah*, forma feminina de *Zipor*, deve significar "ave", "pardal", ou "pardoca") – nome da filha de Jetro, sacerdote de Midiã, com quem Moisés se casou, *cf.* Êx 2.21. "Tomou, pois, Moisés a sua mulher e os seus filhos... e voltou para o Egito", *cf.* v. 20. Zípora opôs-se à circuncisão de seu segundo filho, mas na viagem para o Egito em que a vida de seu esposo corria risco por causa da violação do pacto, ela imediatamente acedeu, *cf.* Êx 4.18-26; Jetro, sogro de Moisés, levou ao campo de Refidim, Zípora, mulher de Moisés e seus filhos, *cf.* 18.1-12 (*veja MOISÉS*).

ZIVE (*no hebraico, talvez, "esplendor"*) – nome do segundo mês do ano judeu, *cf.* 1 Rs 6.1,37, correspondente ao mês de maio (*veja ANO*).

ZIZ (*no hebraico é ma'aleh ha-sis, "subida de Ziz"*) – nome de uma encosta, ou subida por onde foram os moabitas e os amonitas, indo de En-Gedi para o deserto de Jeruel e de Tecoa, *cf.* 2 Cr 20.16; com v. 2,20. Robinson acredita que seja a subida para En-Gedi; Tristram e Conder acham que é o caminho que sobe para o planalto e que passa a oeste de En-Gedi.

ZIZA (*no hebraico, "brilho"*) – **1** Nome de um levita da família de Gérson, da casa de Simei, *cf.* 1 Cr 23.11. **2** Nome de um simeonita descendente de Semaías, *cf.* 1 Cr 4.37. **3** Nome de um filho de Reoboão com sua mulher Maaca, *cf.* 2 Cr 11.20.

ZOÃ (*no hebraico é co'an*) – nome de uma cidade do Egito, situada na parte oriental do delta, sobre o braço do Nilo chamado Zoã perto de 31° de latitude norte. Foi edificada sete anos antes de Hebrom que já existia nos tempos de Abraão, *cf.* Nm 13.22. Zoã é conhecida pelo menos desde o reinado de Rameri Pepi, da sexta dinastia, cuja pirâmide ainda existe. Os mais antigos reis da 12ª. dinastia estabeleceram nela a sua capital com o fim de impedir as invasões do oriente. Os reis pastores a fortificaram e a conservaram como capital do império. Depois de expulsos os reis pastores, a cidade caiu em abandono por alguns séculos. Ergueu-se de novo no tempo de Ramsés II e de outros reis da 19ª. dinastia, que a enriqueceram de belas construções e que por vezes estabeleceram nela a sua corte. A nova cidade, que perto dela se ergueu, chamava-se Pa-Ramsés, isto é, a cidade de Ramsés. Zoã foi a cidade onde Moisés se encontrou com Faraó, *cf.* Sl 78.12,43. Era ainda importante no tempo de Isaías e de Ezequiel, *cf.* Is 19.11,13; com 30.4; Ez 30.14. Entre os dias de Isaías e de Ezequiel foi tomada pelos assírios. Os gregos a conheciam pelo nome de Tânis. Passou para os tempos modernos com o nome de *San el-Hagar*, próxima do lago Menzalé, a nordeste do Delta egípcio. As ruínas de

ZOÃ

Tânis foram exploradas sob os auspícios da *Egyptian Exploration Fund*. As ruínas consistem de um templo rodeado por um grande círculo de escombros, de onde exumaram uma colossal estátua de Ramsés II.

ZOAR (*no hebraico, "brilho", "brancura"*) **– 1** Nome do pai de Efrom, heteu, *cf*. Gn 23.8. **2** Nome de um filho de Simeão, *cf*. Gn 46.10, também chamado Zerá, *cf*. Nm 26.13.

ZOAR, CIDADE DE (*no hebraico, "pequena"*) – nome de uma das cidades da planície e talvez a menor delas, *cf*. Gn 19.20,22,23. A planície era visível do monte Nebo, *cf*. Dt 34.3. O antigo nome dessa cidade era Bela e tinha um rei, que foi derrotado por Quedorlaomer, *cf*. Gn 13.10; 14.2,8. Quando os juízos de Deus estavam prestes a cair sobre as cidades malditas, Ló intercedeu a favor de Zoar, onde escapou da tremenda catástrofe, *cf*. 19.20-33. Um outeiro, ou pelo menos uma elevação de terra, levantou-se imediatamente atrás dele com uma caverna, na qual Ló se escondeu com as suas filhas e onde permaneceu por algum tempo, *cf*. v. 30. Zoar ainda existia nos tempos de Isaías e de Jeremias. Como eles se referem a ela em conexão com Moabe, é de presumir que estivesse do lado desse reino, ou do lado oriental do mar Morto, *cf*. Is 15.5; Jr 48.34; com Gn 19.37. No período dos Macabeus, pertencia a um reino árabe do qual Petra era a capital, Antig. 13.15,4; 14.1,4. Situava-se no extremo sul do mar Morto, Guerras 4.8,4. Na Idade Média, foi um ponto importante da estrada de Elate a Jerusalém, três dias de jornada desta última cidade até Hebrom. Por esses dados se conclui que o local não era um contraforte do monte Nebo, como diz Tristram, nem mesmo do Lisã, projetando-se para o lado meridional do mar Morto, como afirma Robinson. Basta dizer que Zoar situava-se perto do lugar onde começa o *wady el-Ahsy*

em direção às montanhas de Moabe, que se erguem na planície cerca de duas milhas distantes do extremo sul do mar Morto.

ZOBÁ – nome de um reino arameu localizado na faixa de terra entre os rios Orontes e Eufrates, que no período da implantação da monarquia hebréia estava em expansão e entrou em guerra com o rei Saul e, posteriormente, com Davi. O reino tinha ao sul a cidade de Hamate e a nordeste Damasco, *cf*. 1 Sm 14.47; 2 Sm 8.3,5,12; 10.6,8; 23.36; 1 Rs 11.23; 1 Cr 18.3,5,9; 19.6; 2 Cr 8.3.

ZOBÁ – adjetivo de origem gentílica que aparece nas versões inglesas e gregas em *cf*. 1 Cr 11.47. O texto hebraico está evidentemente alterado.

ZOBEBA (*no hebraico, "movimento brando", ou "afável"*) – nome de um filho de Coz, homem de Judá, *cf*. 1 Cr 4.8.

ZOELETE (no hebraico *'ebhen hazzõheleth*, "pedra do réptil") – nome de uma pedra, junto da Fonte de Rogel, *cf*. 1 Rs 1.9. Localização não identificada. Clermont-Ganneau indica uns pequenos rochedos, onde assenta a vila *Silwan*, como sendo o antigo Zoelete. Os árabes pronunciam *Zehwele* e também *Zahweilleh* que parece alteração de Zoelete, porém os nomes árabes não têm verdadeira afinidade com os nomes hebraicos, e não se diz com certeza se o vocábulo pedra poderia aplicar-se a um rochedo, além de que a posição dos pequenos rochedos, já referidos, é muito além da Fonte de Rogel.

ZOETE (*no hebraico, "corpulento", "forte"*) – nome de um dos filhos de Isi, registrado na tribo de Judá, *cf*. 1 Cr 4.20.

ZOFA (*no hebraico, "expansão"*) – nome de um aserita, filho de Helém, *cf*. 1 Cr 7.35,36.

ZOFAI (*no hebraico, "vigilante"*) – nome de um filho de Elcana e irmão do profeta Samuel, *cf.* 1 Cr 6.26. Esse nome aparece como Zufe em *cf.* 1 Cr 6.35.

ZOFAR (*no hebraico, "gorjeador", ou "áspero"*) – nome de um dos três amigos de Jó que vieram consolá-lo, *cf.* Jó 2.11; 11.1; 20.1; 42.9. Zofar era naamatita e não se sabe que lugar é esse. As palavras de Zofar a Jó estão registradas em Jó 11.1-20 e 20.1-29.

ZOFIM (*no hebraico, "vigias"*) – nome de um campo sobre o monte Pisga, de onde Balaão podia ver uma parte dos acampamentos de Israel em Sitim, *cf.* Nm 23.14. Conder indica o lugar denominado *Talat es-Safa*, no vale que separa o Pisga de Luíte, pelo lado meridional, como sendo o antigo Zofim.

ZORÁ – nome de uma cidade da tribo de Judá, *cf.* Js 15.33, habitada pelos danitas, *cf.* 19.41, pátria de Manoá, pai de Sansão, *cf.* Jz 13.2, e perto da qual foi sepultado esse grande juiz de Israel, *cf.* 16.31. Os cinco espiões danitas encarregados de explorar a terra de Estaol eram de Zorá, ou Saráa, *cf.* 18.2,8,11. Os guerreiros que tomaram Laís também eram de Zorá. Reoboão, rei de Judá, fortificou Laís para defesa de suas fronteiras, *cf.* 2 Cr 11.10. Os israelitas que voltaram do cativeiro habitaram nela, *cf.* Ne 11.29. Parece não haver dúvida que estava situada onde atualmente se encontra a cidade de Surá, ao norte do vale de Soreque, duas milhas a oeste sudoeste de Estaol.

ZORATITAS – naturais ou habitantes de Sareia, Saara ou Zorá, *cf.* 1 Cr 2.53; 4.2.

ZOREU – se não forem os mesmos zoratitas, são habitantes ou naturais de outro lugar desconhecido, *cf.* 1 Cr 2.54.

ZOROBABEL (*no hebraico z^erubbabel, no acádio é zerbabili, "descendente da Babilônia", ou "nascido na Babilônia"*) – nome de um filho de Pedaías e herdeiro do trono de Judá, *cf.* 1 Cr 3.17-19. Em muitos lugares aparece como filho de Salatiel que era irmão de Pedaías e que não podia ser ao mesmo tempo filho, *cf.* Ed 3.2,8; Ne 12.1; Ag 1.1,12,14; 2.2,23; Mt 1.12,13; Lc 3.27. Parece que Salatiel morreu sem filhos, e por este motivo Zorobabel era seu herdeiro legal como se fosse filho, também pode bem ser que Pedaías se casasse com a viúva de seu irmão. Se assim foi, o primeiro filho pertencia ao irmão morto, *cf.* Dt 25.5-10 etc. Quando Ciro, depois de conquistar a Babilônia, adotou a sábia política de consentir que os judeus voltassem para a sua terra, nomeou Zorobabel, por ser sucessor legal do trono, governador persa na Judéia, *cf.* Ed 1.8; Ag 2.21. No decreto real tem ele o nome babilônio de Sesbazar, *cf.* Ed 1.8,11; 5.14-16. Apoiado por Josué, e por outros dignitários do povo, Zorobabel conduziu os exilados da Babilônia para a sua pátria no ano 538 a.C., *cf.* Ed 2; 12.1-9. Ergueram um altar, restauraram as festas e as funções dos levitas, *cf.* Ed 3.1-9. Em seguida lançaram os fundamentos do templo. Os inimigos tentaram inutilmente embaraçar a execução da obra. Continuaram seus esforços por meio de insistentes queixas aos reis persas, de modo que as obras ficaram interrompidas até o segundo ano de Dario Histaspes, 4.1-24. Nesse ano, o profeta Ageu, falando em nome do Senhor, aconselhou a continuação da obra, *cf.* Ag 1.2-11. Zorobabel e seus companheiros obedeceram às palavras do Senhor, animados pelo apoio espiritual de Ageu e Zacarias, *cf.* Ed 5.1,2; Ag 1.12 até o cap. 2.23; Zc 4.1-14; com o cap. 3. A obra foi concluída no ano 515 a.C. Esse templo, em virtude do ofício de Zorobabel, e do interesse que ele mostrou na direção dos trabalhos, chamou-se templo de Zorobabel. As suas funções governativas continuaram, pelo menos, até o ano 515.

ZOROBABEL

Zorobabel era, no seu tempo, o representante da monarquia de Davi, *cf.* Ag 2.20-23, e estava na linha direta da genealogia de Cristo, *cf.* Mt 1.12,13; Lc 3.27.

ZUAR (*no hebraico, "pequeno", "pequenez"*) – nome do pai de Natanael, que foi príncipe da tribo de Issacar no deserto, *cf.* Nm 1.8; 2.5; 7.18,23; 10.15.

ZUFE – **1** Nome de um levita descendente de Coate e antecessor do profeta Ezequiel, *cf.* 1 Cr 6.35. Sofai e Zofai são variantes da mesma palavra, *cf.* v. 26. **2** Nome de um distrito fora dos limites de Benjamim, para os lados do sul, segundo se supõe, *cf.* 1 Sm 9.4-6; 10.2. Parece que esse nome deriva da família de Zufe que se estabeleceu ali.

ZUR (*no hebraico, "rocha"*) – **1** Nome de um rei midianita, aliado ou vassalo de

Seom, e pai de uma mulher chamada Cosbi, *cf.* Nm 25.15. Foi morto no dia da praga no caso de Peor, pois enganaram os israelitas, *cf.* Nm 25.15,18; 31.8; Js 13.21. **2** Nome de um benjamita, filho de Jeiel, *cf.* 1 Cr 8.30.

ZURIEL (*no hebraico, "Deus é rocha"*) – nome de um levita, chefe dos meraritas no deserto, *cf.* Nm 3.35.

ZURISADAI (*no hebraico, "o Todo Poderoso é rocha"*) – nome do pai do príncipe dos simeonitas no deserto, *cf.* Nm 1.6; 2.12; 7.36,41; 10.19.

ZUZINS – nome de uma tribo que ocupava um distrito chamado Hã, ao oriente do Jordão, conquistada por Quedorlaomer, *cf.* Gn 14.5. Os estudiosos concordam que se trata de uma nação constituída de homens fortes, gigantes, como era Golias.

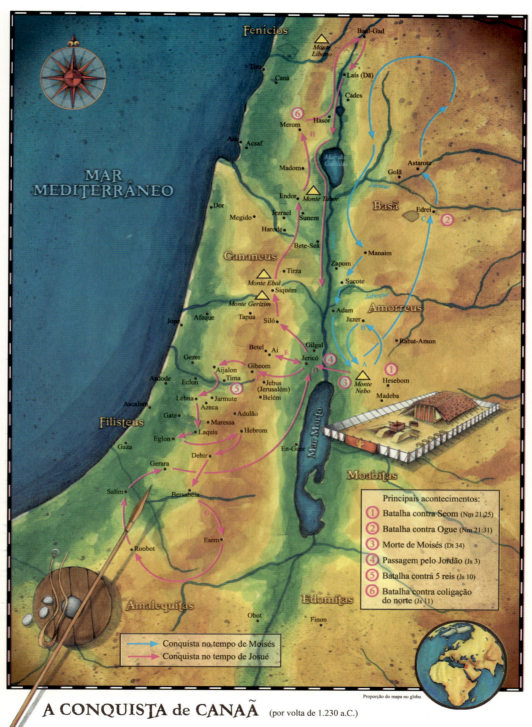

A JERUSALÉM do NOVO TESTAMENTO (63 a.C. - 70 d.C)

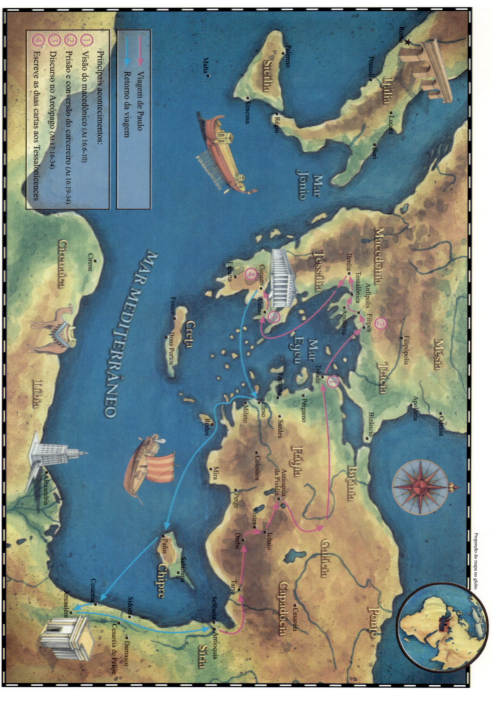

A TERCEIRA VIAGEM MISSIONÁRIA de PAULO (53-58 d.C.)